新訂増補
号・別名辞典

古代
中世
近世

日外アソシエーツ

A
Dictionary of Japanese Pseudonyms Before 1868

Revised Edition

Compiled by
Nichigai Associates, Inc.

©2003 by Nichigai Associates, Inc.

Printed in Japan

本書はディジタルデータでご利用いただくことができます。詳細はお問い合わせください。

●編集担当●　宮川　淳

刊行にあたって

　本名以外のいわゆる「別名」は人物調査の重要な手がかりであるにも関わらず、従来のツールでは十分な検索ができなかったのが実状である。同一人物であっても、ツールにより本名・通称・諱・号など種々の名前で見出しが立てられ、その記載のしかたはまちまちであり、この人物とあの人物は同じ人なのであろうか、という素朴な疑問を持たれたままの方も多いのではないかと思われる。

　特に俳人・歌人・画人などの文人は、その号によって記憶されることが多く、数種の号を使い分けることも当たり前に行われていた。また、武士にしろ、役者にしろ、地位の上昇に伴ってあたかも出世魚のごとく名前を変えていったのが近世までの仕来りであった。

　また、例えば俳人の"無腸"についてどんな人物なのかを調べようとした時、大方の人名辞典では別名参照がこと細かく立てられていないため"無腸"で引くことはまず不可能である。その上、姓あるいは苗字がわからないと、その人物を探すための苦労は格段に大きくなる。"無腸"は上田秋成の俳号であるとわかるまでの道は遠い。逆に上田秋成が"無腸"という俳号を持っていることを確認することは、従来のツールであっても比較的容易なことである。

　小社では、そのような苦労を解決するため、1990年に古代から近世までの歴史上の人物の号・通称・諱・名・字などを集め、それらから引けるようにした「号・別名辞典　古代〜近世」を刊行した。本書はその新訂増補版である。本版では約2,500人、3,700件の号・別名を新たに収録し、総数は8,642人、20,555件となっている。

　収録に際しては可能なかぎりの努力をしたが、何分にも膨大な分量のため、収録した人物の全ての号・別名を網羅しえた訳ではなく、未収録となった例も多々あると思われる。お気付きの点などご教示いた

だければ幸いである。
　本書刊行の意図が汲まれ、人物調査の一助として多くの方々に利用されることを期待したい。

　2003年3月

　　　　　　　　　　　　　　　　　　日外アソシエーツ

目　次

凡　　例 ……………………………………………………………… (6)
音訓よみガイド ……………………………………………………… (9)
総画順ガイド ………………………………………………………… (45)
本　　文 ……………………………………………………………… 1
姓名から引く号・別名一覧 ………………………………………… 543

凡　例

1. **本書の内容**

   本書は、古代から近世までの人物が用いた号・通称・諱・名・字などの別名を収録し、代表的な姓名とその読み、生没年、身分・職業、出生地・出身地などを示した、名の部分から引く「号・別名辞典」である。

2. **収録対象**

   日本国内で活動した外国人を含む、近世以前の人物8,642人、20,555件の号・別名を収録した。

3. **記載事項**

   見出し名（名・号）／見出し名の種類
   人名（代表的な姓名）／人名読み／生没年／身分・職業／出生地・出身地
   (1) 号・通称・諱・名・字などの別名を見出し名とした。人名（代表的な姓名）と姓（苗字）が異なる場合は、姓（苗字）を〔　〕で補記した。
   (2) 見出し名の後に、その種類を可能な限り記載した。
   (3) 見出し名の次に、その名を号・別名として持つ人名（代表的な姓名）を記載した。その際、一般的に最も通用していると思われる人名（姓名）を採用した。
   (4) 人名（代表的な姓名）の読みは現代仮名遣いとし、「ぢ」「づ」は「じ」「ず」に統一した。
   (5) 生没年は西暦で記載した。
   (6) 身分・職業などを簡潔に記載し、可能な限り出身地・出生地も記載した。
   (7) 使用漢字は原則として新字体に統一した。

4．排　列

　（1）見出し名の先頭第一文字を親字とし、親字の字音の五十音順に排列した。濁音・半濁音は、この順序で清音の後に排列した。同じ読みの親字については、総画数順とし、総画数も同じ親字は部首順とした。また、仮名で始まる見出し名は、末尾に平仮名、片仮名の順に排列した。

　（2）親字が同一の見出し名については、第二字目以降の漢字の総画数順、部首順に排列した。仮名は親字同様に末尾に排列した。

　（3）〔　〕で補記された姓は、排列上無視した。

5．音訓読みガイド

　本文親字の主要な字音・字訓を五十音順に排列し、その所在ページを示した。濁音・半濁音は、この順序で清音の後に排列した。同じ読みの親字については、字訓・字音の順とし、総画数順、部首順に排列した。

6．総画順ガイド

　本文親字を総画数順に排列し、その所在ページを示した。同画数の親字については、部首順に排列した。

7．姓名から引く号・別名一覧

　本文に収録した8,642人の人名（代表的な姓名）を、姓名の読みの五十音順に排列し、各人物の号・別名（見出し名）を一括して記載した。なお、号・別名の先頭に＊を付与したものはその人物の姓（苗字）に当たるものなので、参考にして頂きたい。

音訓よみガイド

音訓よみガイド　あ

	【あ】			秋	232	あざなう	糾	92		敦	418
				穐	234	あさひ	旭	99		馘	339
ア	亜	3	あきぞら	旻	449	あざみ	薊	118		篤	417
	阿	3	あきなう	商	265	あし	止	192	あつまる	会	51
	蛙	3	あきらか	明	486		芦	530		朝	378
	雅	50		的	392		足	339		湊	337
ああ	於	37		亮	524		葦	13		集	234
	猗	13		昭	263		葭	47		聚	234
あい	相	335		郁	14		蘆	531		蟠	441
	逢	473		哲	392	あじ	味	483	あつめる	集	234
	藍	510		晃	163	あじか	簣	78		鳩	93
アイ	愛	4		朗	533	あしかせ	鐐	526	あて	当	400
	靄	4		彬	449	あしきる	兀	171	あてる	充	236
あいだ	間	64		章	265	あした	旦	356		当	400
あいて	対	346		晶	268		晨	284	あと	後	146
あう	会	51		晹	506		朝	378	あな	孔	149
	合	168		煥	65	あじわう	味	483		穴	119
	逢	473		彰	269	あずき	荅	404		坎	59
あお	青	305		瑩	31	あずま	東	400		涓	123
	蒼	337		皚	167	あずまや	亭	387		堀	109
	碧	466		叡	31	あぜ	阡	325			
あおい	青	305		顕	127		畔	440	あに	兄	110
	葵	76				あせる	焦	268		昆	171
	蒼	337	あきらめる	諦	391	あそび	游	501		庸	505
あおぎり	梧	147	あく	明	486		遊	501	あね	姉	198
あおぐ	仰	98		空	108	あそぶ	游	501	あぶら	油	493
あおる	仰	98		開	53		遊	501	あぶる	熏	78
あか	丹	355	アク	悪	4		遊	501	あま	天	394
	朱	217	あくた	芥	52	あたう	能	426		尼	422
	赤	319		蔡	178	あたえる	与	503		雨	25
あかい	赤	319	あくる	明	486		予	504	あまい	甘	59
	紅	162	あけ	朱	217	あたたか	温	41	あまえる	甘	59
あかがね	銅	415	あげ	揚	505		暖	359	あます	余	504
あかざ	藜	515	あけぼの	曙	250	あたたかい	温	41	あまつさえ	剰	272
あかし	証	268	あける	明	486		暖	359	あまねし	周	222
あかす	明	486		空	108	あたたまる	温	41		普	453
あがた	県	121		開	53		暖	359		遍	467
あかつき	暁	98	あげる	上	270	あたためる	温	41	あまやかす	甘	59
あがめる	崇	294		挙	93		暖	359	あまり	余	504
あからむ	赤	319		称	265	あたま	頭	408		衍	35
	明	486		揚	505	あたらしい	新	285		剰	272
				裏	275	あたる	丁	372	あまる	余	504
あからめる	赤	319		翹	99		中	365		剰	272
あかり	明	486	あご	腮	178		当	400	あまんじる	甘	59
あがる	上	270	あこう	榕	506		応	37	あみ	羅	507
	挙	93	あさ	晁	377	アツ	亜	3	あめ	天	394
	揚	505		麻	481	あつい	竺	209		雨	25
あかるい	明	486		朝	378		厚	161		飴	13
あかるむ	明	486	あざ	字	202		惇	418	あや	文	458
あき	烋	232	あさい	浅	327		淳	248		紋	492

号・別名辞典　古代・中世・近世　(11)

い　　　　　　　　　音訓よみガイド

	彪	449		褞	39		懿	14		烏	25
	章	265	あわい	淡	356		鷾	14		悪	4
	斐	443		濘	357	いい	粢	188		焉	35
	絢	123	あわす	合	168	いいつけ	令	527	いずみ	泉	327
	彰	269	あわせる	合	168	いう	云	25	いそ	磯	78
	綾	525	アン	安	4		曰	32		礒	84
	綺	77		行	157		言	134	いそがしい	惚	337
あやかる	肖	257		按	7		道	411	いそぐ	急	92
あやしい	奇	69		晏	7	いえ	宇	24	いた	板	440
	異	13		殷	22		宅	354	いだく	抱	472
あやつる	操	338		庵	7		家	45		腹	457
あやまち	過	47		陰	22		宮	92	いたす	致	360
あやまつ	過	47		悋	22		廬	521	いたずらに	徒	398
あやまる	謝	213	あんず	杏	95	いおり	庵	7	いただく	戴	347
あゆみ	歩	468					廬	521	いたり	至	197
あゆむ	歩	468	【い】			いかす	生	303	いたる	至	197
あらい	荒	162	い	井	297	いかずち	雷	508		格	55
あらう	洒	309		莞	60	いかめしい	峨	50		造	338
	滌	66		猪	371	いかる	怒	400	いち	市	195
あらかじめ	予	504	イ	以	7	いき	気	68	イチ	一	14
あらき	樸	480		台	354		息	340		壱	20
あらし	嵐	510		伊	7	いきおい	勢	315		逸	20
あらす	荒	162		圯	10	いきる	生	303	いちご	苺	481
あらず	非	443		夷	10		活	58	いちじるしい	著	371
	匪	443		衣	10	いく	行	157	いつ	五	142
あらた	新	285		位	10		幾	76		稜	525
あらたま	璞	434		依	10		渭	13	イツ	一	14
あらたまる	革	55		怡	10	イク	拗	38		壱	20
あらためる	更	159		威	10		郁	14		逸	20
	革	55		施	199	いくさ	兵	465	いつくし	厳	139
あらわす	表	448		為	10		軍	110	いつくしみ	慈	208
	現	136		畏	12		師	199	いつくしむ	仁	289
	著	371		韋	12	いくり	棟	391		慈	208
	璋	269		倭	537	いけ	池	359	いつたび	五	142
あらわれる	形	110		倚	12		汪	38	いつつ	五	142
	表	448		唯	493	いげた	韓	66	いつわる	修	67
	現	136		尉	12	いける	生	303		詐	175
	彰	269		惟	12	いこう	休	91		陽	506
	顕	127		焉	35	いさお	功	149			
	露	532		猗	13	いささか	些	173	いと	糸	197
あり	蟻	84		異	13		聊	725		綸	527
ある	在	178		移	13	いざなう	誘	503	いど	井	297
	存	340		蛇	213	いさましい	勇	499	いとけない	稚	361
	有	497		渭	13	いさむ	勇	499	いとしい	愛	4
あるく	歩	468		葦	13	いさる	漁	94	いな	稲	407
あるじ	主	214		意	13	いし	石	318		庄	255
あれる	荒	162		飴	13	いしやま	岨	332	いなか	庄	255
	蕪	455		維	13	いずく	何	43	いなや	不	450
あわ	粟	340		韓	14	いずくんぞ	安	4	いにしえ	古	139

(12) 号・別名辞典　古代・中世・近世

いぬ	犬	120		胤	21		承	257	うべなう	諾	355
いぬい	乾	60		音	41	うごく	蕩	408	うま	午	145
いね	禾	43		員	22	うさぎ	兎	398		馬	427
	稲	407		寅	22		菟	399	うまい	甘	59
いのしし	猪	371		殷	22		莵	399		旨	197
いのり	祈	70		院	22	うさぎうま	驢	521		覃	357
いのる	祈	70		寅	22	うし	牛	93	うまや	厩	93
いばら	荊	111		陰	22	うじ	氏	192		駅	32
	楚	334		愔	22	うしお	潮	379	うまれる	生	303
いぼ	贅	318		飲	22	うしなう	逸	20		産	187
いま	今	171		筠	22	うしろ	後	146	うみ	海	52
いましめ	戒	52		蔭	22	うす	碓	347		溟	488
	警	118		隠	22	うすい	淡	356		瀛	31
いましめる	戒	52					涼	525	うむ	生	303
	警	118	【う】			うすもの	羅	507		孕	202
います	在	178				うずら	鶉	247		産	187
	座	175	う	卯	476	うそぶく	嘯	270	うめ	梅	428
いまだ	未	483		鵜	392	うた	唱	265		楳	431
いも	芋	25	ウ	于	23		歌	48	うやうやしい	恭	95
	妹	481		右	23	うたう	吟	105	うやまう	敬	113
いもうと	妹	481		宇	24		唱	265	うら	浦	469
いもむし	蜀	275		有	497		詠	31		裏	515
いる	入	423		羽	24		歌	48	うらない	卜	479
	内	353		芋	25	うち	中	365		占	325
	居	93		迂	25		内	353		兆	372
	佑	505		佑	499		家	45	うらなう	卜	479
	要	505		盂	25	うつ	伐	437		占	325
	鋳	371		雨	25		征	305	うり	瓜	43
いれる	入	423		栩	107		椎	384	うる	売	428
	内	353		烏	25		撲	480		得	415
	函	59		優	503		鏗	168	うるおい	沢	354
	容	505	うい	初	249	うつくしい	奕	31	うるおう	沽	395
	納	425	うえ	上	270		美	446		潤	249
いろ	色	275	うえる	芸	118		婚	247	うるおす	沢	354
いろどり	彩	176		殖	275	うつし	写	212		潤	249
いろどる	彩	176		種	217	うつす	写	212	うるし	漆	211
いろり	炉	531		稼	49		移	13	うるむ	潤	249
いわ	岩	67		樹	219	うつつ	現	136	うるわしい	猗	13
	磐	442	うお	魚	94	うつる	写	212		麗	529
いわお	巌	68	うがい	漱	338		移	13	うれい	患	63
いわく	日	32	うかがう	候	163	うつわ	器	77	うれえる	桓	60
いわんや	況	95	うかぶ	浮	452	うで	腕	537		患	63
いん	院	22	うかべる	浮	452	うてな	台	354		虞	108
イン	允	20	うかれる	浮	452	うでわ	釧	327	うれしい	嬉	77
	尹	20	うき	浮	452	うとい	疎	334	うれる	売	428
	引	21	うきくさ	萍	466	うとむ	疎	334		熟	242
	印	21	うく	浮	452	うながす	督	415	うろこ	鱗	527
	因	21	うぐいす	鶯	39	うば	姥	469	うわ	上	270
	吽	21	うけたまわる	承	257	うぶ	産	187	うわぎ	表	448
	均	100	うける	享	95						

音訓よみガイド

ウン	云	25		枝	198	えんじゅ	槐	53		汪	38
	吽	21	えだみち	岐	68					覆	457
	温	41	エツ	曰	32	【お】			おおいに	大	348
	運	25		悦	32	お	小	251		祁	110
	雲	26		越	32		尾	443	おおう	奄	34
	篔	27		鉞	32		阿	3		蒙	489
			えのき	榎	48		雄	501		覆	457
【え】			えび	蝦	49	オ	和	535	おおがね	鏽	507
え	兄	110		鰕	49		於	37	おおかみ	狼	533
	江	156	えびす	夷	10		烏	25	おおきい	大	348
	図	292		胡	141		悪	4		巨	93
	重	236		蛮	442	おい	老	532		奕	31
	絵	53	えむ	笑	265		姪	392		浩	163
	櫃	97	えら	腮	178		笈	92		泰	347
エ	会	51	えらぶ	撰	328	おいて	於	37		傀	53
	回	52		選	328	おいる	老	532		碩	320
	衣	10		簡	66	おう	生	303		駿	247
	依	10	えり	襟	105		負	452	おおざら	盤	442
	廻	52	える	得	415		追	384	おおせ	仰	98
	恵	261	エン	円	32		逐	364	おおとり	鳳	475
	絵	53		奄	34		趁	383		鴻	167
	隈	537		延	34	オウ	夭	505	おおはまぐり	蜃	288
	慧	117		炎	35		王	37	おおみず	洪	162
	蕙	118		垣	35		凹	37	おおやけ	公	148
	衛	31		衍	35		央	37		官	59
エイ	永	27		員	22		匡	94	おか	丘	91
	曳	28		涓	123		亜	3		岡	159
	兌	345		袁	35		応	37		陸	515
	英	28		偃	35		汪	38	おかす	干	59
	栄	29		淡	356		押	38	おがら	蒸	275
	盈	31		淵	35		拗	38	おき	沖	367
	媖	31		渕	35		皇	162		冲	367
	景	114		焉	35		桜	38	おぎ	荻	392
	瑛	31		堰	36		翁	39		兼	124
	詠	31		媛	36		黄	39	おきて	法	472
	影	31		援	36		奥	39	おきな	叟	336
	瑩	31		覃	357		溫	39		翁	39
	鋭	31		園	36		横	39	おきる	起	71
	叡	31		塩	36		潢	167		興	97
	頴	31		煙	36		鴬	39	おく	居	93
	穎	31		猿	36		鴨	40		奥	39
	衛	31		瑷	36		甕	40	オク	屋	40
	瀛	31		遠	36		鷗	40		奥	39
エキ	奕	31		演	37		鷹	507		億	40
	益	31		縁	37	おうぎ	扇	327		憶	40
	釈	213		燕	37	おうし	特	415	おくらす	遅	361
	駅	32		贇	27	おうち	樗	371	おくり	送	336
	懌	32		薗	37	おお	大	348	おくる	送	336
えだ	支	192		艶	37	おおい	多	345			

(14) 号・別名辞典 古代・中世・近世

音訓よみガイド　　　　　　　　　　　　　　　　　　　　　　　か

	帰	70		徳	415	おぼろ	朧	533		隠	22
	贈	339	おしえる	教	96	おみ	臣	276		穏	41
おくれる	後	146	おしはかる	億	40	おも	主	214	おんな	女	250
	遅	361	おしむ	愛	4	おもい	思	199			
おこす	起	71	おしゃべり	囀	507		重	236	**【か】**		
	興	97	おす	牡	469		意	13	か	日	422
おごそか	荘	336		押	38	おもう	以	7		乎	139
	厳	139		雄	501		念	425		香	162
おこたる	懶	510	おそい	晏	7		思	199		蚋	318
おこなう	行	157		晩	442		惟	12		鹿	535
おこる	勃	480		遅	361		意	13		箇	49
	怒	400	おそう	襲	234		憶	40	カ	下	41
	発	437		虜	108		懐	54		化	42
	起	71	おそれ	畏	12	おもうに	惟	12		天	505
	興	97	おそれる	瞿	107	おもて	表	448		火	42
おごる	泰	347	おそわる	教	96	おもねる	阿	3		加	42
おさ	尹	20	おだやか	妥	346	おもむき	況	95		可	42
	令	527		穏	41	おもり	権	124		禾	43
	伯	433	おち	遠	36	おもんぱかる	虞	108		瓜	43
	長	372	オチ	越	32	おや	親	288		何	43
	師	199	おちぶれる	凋	377	およぐ	游	501		伽	43
	綜	338	おちる	落	510	およそ	凡	480		花	43
おさえ	鎮	383	オツ	乙	40	および	及	91		佳	44
おさえる	抑	507	おっと	夫	451	およぶ	及	91		和	535
	制	305	おと	乙	40		趙	379		果	44
	押	38		音	41	およぼす	及	91		河	45
	按	7	おとうと	弟	385	おり	機	77		夏	45
	尉	12	おとこ	子	189	おりる	下	41		家	45
おさない	稚	361		夫	451	おる	処	249		荷	46
おさまる	収	219		男	358		宋	335		華	47
	治	205		郎	532		居	93		崋	47
	修	233	おとす	落	510		織	275		葭	47
	納	425	おどす	威	10	おろか	俑	400		賀	50
おさめる	収	219	おとろえる	蔡	178		胐	171		過	47
	乱	510	おどろかす	驚	98		愚	108		嘉	47
	治	205	おどろく	驚	98		痴	361		榎	48
	紀	70	おなじ	同	410		魯	531		歌	48
	修	233	おに	鬼	71	おろす	下	41		箇	49
	納	425	おの	斧	451	おわる	了	521		稼	49
	理	514	おのずから	自	204		御	147		蝦	49
	御	147	おののく	栗	516	おん	音	41		蝸	49
	統	407	おのれ	己	139	オン	袁	35		鍋	49
	摂	321	おび	帯	346		陰	22		霞	49
	臧	339	おびだま	佩	428		愔	22		鰕	49
	蔵	339		璜	167		温	41	ガ	牙	49
おし	押	38	おびる	佩	428		飲	22		瓦	50
おじ	叔	241		帯	346		園	36		何	43
おしえ	教	96	おぼえる	覚	55		瑗	36		伽	43
	意	415		憶	40		遠	36		我	50

号・別名辞典　古代・中世・近世　(15)

音訓よみガイド

か

	画	50		顧	142		鶴	56	かすか	幽	499
	队	50	かえる	反	437	ガク	学	57		微	447
	峨	50		回	52		岳	57	かずとり	策	179
	賀	50		帰	70		楽	58	かすみ	霞	49
	雅	50		復	456		額	58	かすむ	霞	49
	鷲	51		蛙	3		鰐	58	かせ	校	163
かい	貝	428		還	66	かくす	隠	22	かぜ	風	455
カイ	介	51	かおり	芳	470	かくれる	隠	22	かせぐ	稼	49
	会	51		香	162		蔵	339	かぞえる	数	295
	回	52		薫	110		蠖	56		算	188
	奈	52		馨	118	かぐわしい	郁	14	かた	方	469
	快	52	かおりぐさ	蕙	118	かげ	陰	22		片	467
	戒	52		薫	110		景	114		形	110
	芥	52	かおる	香	162		蔭	22		象	269
	廻	52		薫	110		影	31		楷	53
	海	52		馨	118	かける	県	121	かたい	固	140
	皆	53	かかえる	抱	472		鉤	167		堅	123
	晦	53	かがみ	鏡	97		繋	118		犀	178
	淮	537		鑑	67	かげる	陰	22		確	56
	傀	53	かがやき	輝	77	かこつける	託	354	かたく	堅	123
	絵	53	かがやく	暉	76	かこむ	淮	537	かたくな	頑	68
	開	53		輝	77	かさ	松	294	かたしろ	補	425
	塊	53	かかる	県	121		笠	519	かたち	形	110
	愷	54	かかわる	渉	265		嵩	295		容	505
	慨	54		関	65		層	338	かたつむり	蝸	49
	楷	53	かき	垣	35	かざ	風	455	かたどる	肖	257
	解	53		柿	199	かささぎ	鵲	214		象	269
	槐	53		堵	399	かさなる	重	236	かたな	刀	400
	魁	54		蠣	528		層	338	かたまり	団	358
	懐	54		籬	515	かさね	襲	234		塊	53
	諧	54	かぎ	勾	149	かさねる	重	236	かたまる	固	140
	鎧	54		鉤	167		鄭	391	かたみ	胖	440
	蟹	54		鍵	126	かさむ	松	294		匡	443
	鱠	54	かぎる	画	50	かざる	文	458	かため	固	140
ガイ	外	54	かく	書	250	かし	樞	97	かためる	固	140
	苅	54		斯	201	かじ	梶	446	かたらう	語	147
	愷	54	カク	角	54	かしこい	賢	125	かたる	語	147
	慨	54		画	50	かしこし	畏	12		談	359
	鎧	54		恪	55	かしこまる	畏	12	かたわら	傍	477
かいがらぼね	胛	162		革	55	かしら	孟	489	かち	徒	398
かいな	腕	537		格	55		魁	54	カチ	葛	58
かう	交	153		鬲	529		頭	408	かつ	克	168
	牧	479		瓠	142	かしわ	柏	434		勝	266
	買	431		覚	55		栢	434	カッ	合	168
かえす	反	437		隔	56	かす	糟	338	カツ	活	58
	帰	70		廓	56	かず	員	22		筈	58
	復	456		憨	56		数	295		聒	58
かえで	楓	456		確	56		算	188		葛	58
かえりみる	省	264		蠖	56					越	32

音訓よみガイド き

	滑	59	かもめ	鷗	40		冠	60		雁	67
	豁	59	かや	茅	477		咸	60		頑	68
ガツ	合	168		栢	434		巻	60		翫	68
ガツ	月	119		萱	123		看	60		願	68
かつぐ	担	356	かよう	通	384		竿	60		巌	68
かつて	曽	334	から	空	108		桓	60	かんがえ	考	157
	嘗	269		唐	404		莞	60	かんがえる	考	157
かつら	桂	111		漢	65		乾	60		校	163
かど	角	54	からうた	詩	201		勘	61		勘	61
	門	491	からくり	機	77		患	63		稽	118
	廉	529	からし	芥	52		菅	63	かんがみる	鑑	67
	稜	525	からす	枯	141		貫	63	かんじる	感	65
かな	乎	139		烏	25		寒	63	かんぬき	関	65
	金	101	からだ	体	346		喚	63	かんばしい	芳	470
かなう	叶	94	からたち	枳	70		堪	64	かんむり	弁	467
	適	392	からなし	奈	419		組	64		冠	60
	諧	54	かり	田	396		間	64			
かなえ	鬲	529		苅	54		閑	64	【き】		
	鼎	391		雁	67		寛	64			
かなめ	要	505		權	124		幹	65	き	寸	296
かならず	必	447	かる	苅	54		感	65		木	490
かに	蟹	54		薙	391		漢	65		生	303
かね	金	101	かるい	軽	116		煥	65		黄	39
	鐘	270	かれ	伊	7		瑷	36		樹	219
かねざし	矩	107	かれる	枯	141		管	65	キ	几	68
かねて	兼	121	かろやか	軽	116		緞	527		乞	171
かねる	兼	121	かろんじる	軽	116		関	65		己	139
	摂	321	かわ	川	324		歓	65		机	68
かぶ	株	217		皮	443		監	65		気	68
	菁	314		河	45		澣	66		虫	367
かぶら	蕪	455		革	55		還	66		妓	78
かぶらな	菁	314	かわかす	乾	60		館	66		岐	68
かま	釜	452	かわく	乾	60		環	66		希	68
	蒲	469	かわす	交	153		韓	66		杞	140
	鎌	530	かわせみ	翠	293		簡	66		沂	69
がま	蒲	469	かわやなぎ	檉	392		観	66		祁	110
かまびすしい	聒	58	かわら	瓦	50		懽	66		其	69
	囂	334	かわりあう	侂	346		灌	66		奇	69
かみ	上	270	かわる	化	42		灘	359		季	69
	皇	162		神	281		鑑	67		居	93
	神	281	かん	干	59		丸	67		枝	198
	紙	200	カン	甘	59	ガン	元	127		祈	70
かみなり	雷	508		甲	153		含	67		祇	79
かむろ	禿	415		旦	325		岸	67		奎	111
かめ	亀	71		坎	59		岩	67		枳	70
	瓶	450		完	59		玩	67		紀	70
	甕	40		侃	59		桓	60		倚	12
かも	鴨	40		函	59		修	67		帰	70
かもす	醸	275		官	59		組	64		既	71
										記	71

号・別名辞典 古代・中世・近世 (17)

き　　　　　　　　　　　　　音訓よみガイド

	起	71		璣	78	きのと	乙	40		漁	94
	鬼	71		磯	84	きば	牙	49		語	147
	亀	71		魏	84	きび	黍	250	きよい	浄	272
	基	73		蟻	84	きびしい	綱	113		清	309
	寄	73		麒	78		厳	139		皎	167
	崎	73		曦	84	きみ	公	148	キョウ	兄	110
	淇	73	きあさ	蕉	270		王	37		叶	94
	規	74	きいと	純	248		君	109		交	153
	喜	74	きえる	消	264		皇	162		共	94
	幾	76	ぎぎ	鯉	171		卿	95		匡	94
	琦	76	きく	利	511	キャ	伽	43		向	155
	葵	76		聞	462	キャク	格	55		孝	158
	貴	76		聴	380	ギャク	劇	119		杏	95
	暉	76	キク	菊	84		額	58		狂	95
	熙	76		鞠	85	キュウ	九	105		享	95
	祺	76	きくのはな	菊	84		久	89		京	95
	熈	76	きこえ	聞	462		及	91		招	258
	箕	76	きこえる	聞	462		弓	91		況	95
	綺	77	きこり	樵	270		丘	91		狭	95
	器	77	きこる	樵	270		旧	91		県	121
	嬉	77	きざし	兆	372		休	91		荊	111
	毅	77		幾	76		吸	92		香	162
	熹	77	きざす	兆	372		朽	92		卿	95
	輝	77	きざむ	契	111		汲	92		恭	95
	徹	77	きし	岸	67		灸	92		校	163
	憙	77	きじ	素	332		求	92		強	96
	機	77		雉	362		玖	107		教	96
	熾	78		翟	392		糺	92		皎	167
	熏	78		樸	480		急	92		経	113
	璣	78	きずく	城	271		笈	92		郷	96
	磯	78		築	364		宮	92		喬	96
	禧	78	きた	北	478		亀	71		敬	113
	寶	78	きたえる	段	358		球	93		暁	98
	騏	78	きたす	来	508		厩	93		軽	116
	麒	78	きたる	来	508		鳩	93		僑	96
	曦	84	キチ	吉	85		牛	93		嶠	96
	驥	78		姞	88		灸	92		慶	116
ギ	妓	78	きちがい	狂	95	ギュウ	弧	141		橋	97
	岐	68	キツ	吉	85	きゆみ				興	97
	祁	110		佶	88	キョ	去	93		薑	97
	其	69		姞	88		巨	93		橿	97
	宜	78		橘	88		車	212		鞠	85
	祇	79	きつね	狐	140		居	93		警	118
	淇	73	きぬ	絹	124		挙	93		鏡	97
	葵	76		縑	125		据	94		鏗	168
	義	79	きのう	昨	179		虚	94		馨	118
	儀	83	きのえ	甲	153		許	94		驚	98
	毅	77	きのこ	茸	272	ギョ	魚	94		驍	99
	誼	84		蕈	288		寓	108		蘘	98
							御	147			

(18)　号・別名辞典　古代・中世・近世

ギョウ	仰	98		槿	104	くさむら	叢	338	くめ	粂	109
	刑	110		瑾	104	くさめ	嚏	392	くも	雲	26
	行	157		蕈	288	くさらす	腐	453	くもり	曇	419
	形	110		錦	104	くさり	鎖	175	くもる	曇	419
	尭	98		謹	105	くさる	腐	453	くら	倉	336
	喬	96		襟	105	くされる	腐	453		庫	141
	堯	98		覲	105	くし	奇	69		座	175
	暁	98	ギン	吟	105		枇	446		蔵	339
	業	98		岑	276	くしゃみ	嚏	392	くらい	位	10
	凝	98		言	134	くじら	鯨	119		幽	499
	翹	99		銀	105	くしろ	釧	327		胎	171
	驍	99				くず	葛	58		冥	487
キョク	旭	99	【く】			くすぐる	擽	517		晦	53
	曲	99	ク	九	105	くすのき	楠	421		陰	22
	革	55		久	89	くすり	薬	493		夢	486
	剋	477		于	23	くだ	管	65		溟	488
	極	99		工	148	くだく	砕	176		蒙	489
	頊	99		功	149	くだける	砕	176	くらいする	位	10
ギョク	玉	99		句	107	くださる	下	41	くらす	暮	469
	頊	99		休	91	くだす	下	41	くらべる	方	469
	凝	98		玖	107	くだもの	果	44		比	443
きよまる	清	309		具	107	くだる	下	41		校	163
きよめる	清	309		紅	162	くちなし	梔	200	ぐらむ	瓦	50
きり	桐	404		娯	147	くちる	朽	92	くり	栗	516
	霧	486		宮	92	クツ	堀	109	くる	来	508
きる	伐	437		庫	141	くつがえす	覆	457	くるう	狂	95
	衣	10		枸	107	くつがえる	覆	457	くるおしい	狂	95
	剪	327		矩	107	くつろぐ	寛	64	くるま	車	212
きれ	片	467		鉤	167	くに	邦	471	くるわ	廓	56
きわまる	谷	168		鳩	93		国	169	くれ	呉	145
	極	99		駒	107	くにつかみ	祇	79		晩	442
きわみ	極	99		瞿	107	くぬぎ	栩	107		暮	469
きわめる	極	99	グ	弘	152		櫟	529	くれない	紅	162
キン	今	171		旧	91	くばる	配	428	くれる	呉	145
	吟	105		具	107	くび	首	217		暮	469
	均	100		球	93	くぼみ	凹	37	くろ	玄	131
	忻	100		嶇	109	くぼむ	凹	37		畔	440
	沂	69		隅	109	くま	曲	99		黒	170
	芹	100		愚	108		阿	3	くろい	黒	170
	近	100		虞	108		奥	39		盧	531
	京	95					嶋	109		驪	515
	欣	101	クウ	空	108		隈	537	くろうま	驪	515
	金	101	グウ	宮	92		熊	502	くろがね	鉄	393
	亀	71		寓	108	くみ	什	236		銕	393
	菫	103		嶋	109	ぐみ	茱	217	くろこま	驪	515
	勤	103		隅	109	くみする	与	503	くろみどり	騏	78
	欽	103	くき	岫	232	くみひも	組	64	くわ	桑	336
	琴	103	くぐい	鵠	171	くむ	汲	92	くわえて	加	42
	軽	116	くさ	艸	335		挹	500	くわえる	加	42
				草	335						

		尚	257		毬	113		兼	121		諺	138
くわしい	細	177		敬	113		剣	122		還	66
	精	316		景	114		峴	122		厳	139
くわわる	加	42		軽	116		拳	122		顕	127
クン	君	109		徯	116		涓	123		願	68
	軍	110		継	116		乾	60			
	郡	110		銈	116		健	123		**【こ】**	
	珺	109		慶	116		現	136	こ	子	189
	群	110		慧	117		萱	63		小	251
	輝	77		稽	118		堅	123		木	490
	薫	110		蕙	118		検	123		児	205
グン	軍	110		薊	118		硯	123		黄	39
	郡	110		褧	118		絢	123		筒	49
	群	110		繋	118		萱	123	コ	己	139
				雞	118		間	64		火	42
	【け】			瓊	118		閑	64		乎	139
け	毛	489		警	118		暖	359		去	93
ケ	化	42		鏡	97		献	123		古	139
	気	68		鶏	118		絹	124		杞	140
	芥	52		馨	118		兼	124		固	140
	家	45		驚	98		関	65		狐	140
	華	47	ゲイ	児	205		権	124		虎	140
	璣	78		芸	118		憲	125		孤	141
ゲ	下	41		迎	119		縑	125		弧	141
	外	54		輗	119		賢	125		枯	141
	牙	49		鯨	119		謙	126		胡	141
	夏	45	けがれ	汝	462		鍵	126		家	45
	解	53	ケキ	劇	119		顕	127		庫	141
	霞	49	ゲキ	劇	119		鵙	127		菰	141
ケイ	兄	110	けしき	景	114	ゲン	元	127		虚	94
	刑	110	けす	消	264		幻	130		許	94
	圭	110	ケツ	穴	119		玄	131		壺	141
	形	110		血	119		言	134		湖	142
	京	95	ゲツ	月	119		弦	134		瓠	142
	径	110	けむい	煙	36		咸	60		雇	142
	勁	110	けむり	煙	36		彦	134		鼓	142
	契	111	けむる	煙	36		原	136		皷	142
	奎	111	けらい	臣	276		峴	122		箇	49
	荊	111	けわしい	陀	346		拳	122		護	147
	卿	95		崎	73		涓	123		顧	142
	綱	111		巌	68		乾	60	ゴ	五	142
	奚	111	ケン	犬	120		修	67		午	145
	恵	111		玄	131		患	63		呉	145
	桂	111		見	120		現	136		吾	146
	珪	112		身	276		硯	123		後	146
	啓	112		巻	60		嫄	136		胡	141
	渓	112		建	121		源	136		娯	147
	経	113		県	121		頑	68		悟	147
	綱	113		研	121		愿	138			

	梧	147		格	55		超	379		兀	171
	御	147		校	163		趙	379		滑	59
	語	147		栲	168	こおり	氷	448	ゴツ	兀	171
	護	147		浩	163		郡	110	こと	言	134
	鯉	147		耕	163	こがす	焦	268		事	205
こい	乞	171		高	163	こがれる	焦	268		異	13
	鯉	515		康	166	ゴキ	極	99		琴	103
こいねがう	希	68		教	96	こぐ	棹	406	ごとく	如	423
こう	乞	171		皐	167	コク	可	42	ことごとく	悉	211
	神	281		皎	167		石	318	こととする	事	205
コウ	工	148		黄	39		克	168	ことなる	異	13
	亢	148		組	64		角	54	ことに	特	415
	公	148		覚	55		谷	168	ことば	言	134
	勾	149		蒿	167		国	169		詞	201
	孔	149		鉤	167		黒	170		語	147
	功	149		蕨	167		穀	170	ことぶき	寿	218
	句	107		綱	167		樛	171	ことほぐ	寿	218
	尻	149		豪	168		鵠	171	ことわざ	諺	138
	広	149		横	39	ゴク	玉	99	ことわり	理	514
	弘	152		潢	167		極	99	ことわる	断	358
	甲	153		鱇	167	こけ	苔	346		謝	213
	亘	325		稿	167		蘚	328	この	此	197
	交	153		篁	167	こげる	焦	268		是	296
	仰	98		橘	97		蕉	270		斯	201
	光	153		璜	167	ここ	此	197	このむ	好	156
	向	155		興	97		是	296		楽	58
	好	156		薫	97	ここに	于	23	こばち	碗	537
	江	156		衡	167		聿	20	こぶし	拳	122
	考	157		鴻	167	ここの	九	105	こま	駒	107
	行	157		鵠	171	ここのたび	九	105	こまか	細	177
	孝	158		鰹	168	ここのつ	九	105	こまかい	細	177
	宏	158		衞	168	こころ	心	275	こみち	径	110
	更	159	ゴウ	合	168		意	13	こめ	米	466
	杏	95		吽	21		精	316	こやし	肥	443
	岡	159		剛	168	こころざし	志	197	こやす	肥	443
	幸	159		栲	168	こころざす	志	197	こよみ	暦	529
	押	38		強	96	こころみる	嘗	269	こらす	凝	98
	厚	161		郷	96	こころよい	快	52	こる	凝	98
	後	146		業	98	こす	越	32	これ	之	192
	恒	161		豪	168		超	379		此	197
	洪	162	こうし	犢	417	こずえ	梶	446		伊	7
	畊	162	こうべ	元	127		梢	265		祁	110
	皇	162		首	217	こぞる	挙	93		是	296
	紅	162		頭	408	こたえ	答	407		時	207
	肛	162	こうむる	蒙	489	こたえる	応	37		唯	493
	荒	162		肥	443		荅	404		惟	12
	香	162	こえ	曜	507		答	407		焉	35
	候	163	こえる	肥	443	ゴチ	估	88		斯	201
	晃	163		越	32	コツ	乞	171		維	13

		諸	250		西	304	さかずき	爵	213	さち	幸	159
ころがす	転	396		斉	176	さかな	魚	94	サチ	薩	179
ころがる	転	396		采	176	さかる	盛	313	サツ	早苗	335
ころげる	転	396		柴	176	さがる	下	41	サツ	苗	179
ころす	夷	10		砕	176	さかん	史	193		蔡	178
ころぶ	転	396		宰	176		目	490		薩	179
ころも	衣	10		崔	176		典	395	ザツ	雑	179
こわい	剛	168		彩	176		昌	258	さつき	皐	167
コン	今	171		採	176		郁	14	さと	里	513
	近	100		斎	177		殷	22		郷	96
	坤	171		済	177		盛	313		落	510
	昆	171		細	177		彭	473	さとい	哲	392
	欣	101		菜	177		熾	202		敏	450
	金	101		最	177	さかんに	祁	110		舜	247
	建	121		犀	178	さき	先	325		慧	117
	根	171		裁	178		咲	263	さとす	喩	493
	崑	171		塞	178		崎	73		悟	147
	崐	171		歳	178	さぎ	鷺	532	さとり	悟	147
	欽	103		腮	178	さきがけ	魁	54	さとる	喩	493
	献	123		蓑	175	さきに	向	155		惺	315
	鯤	171		載	178		郷	96		暁	98
ゴン	言	134		蔡	178	さきんじる	先	325		覚	55
	欣	101		臍	318	さく	咲	263		解	53
	勤	103		臍	318	サク	乍	172	さばく	裁	178
	銀	105		齎	318		作	178	さび	寂	214
	権	124	ザイ	才	175		昨	179	さびしい	寂	214
	厳	139		在	178		柞	179		寥	525
				材	178		雀	214	さびれる	寂	214
【さ】				斉	176		策	179	さぶらう	候	163
さ	早	335	さいわい	幸	159	さくら	桜	38	さます	覚	55
	狭	95		祥	264	さぐる	探	356		醒	317
サ	乍	172		禄	535	ざくろ	榴	521	さまよう	逍	266
	左	172		禎	391	さける	迂	25	さむい	寒	63
	再	176		福	456	さげる	下	41		滄	337
	些	173		祺	76		提	391	さむさ	寒	63
	佐	173		禧	78	ささ	笹	179	さむらい	士	188
	作	178	ざえ	才	175	ささえる	支	192	さめる	覚	55
	沙	174	さえぎる	蘭	510	ささき	鷦	270		醒	317
	砂	175	さえずる	暁	533	さざなみ	漣	529	さら	更	159
	茶	364	さお	竿	60	さじ	枇	446	さらう	浚	247
	莎	175		棹	406	さしがね	矩	107	さる	去	93
	詐	175	さか	坂	440	さしわたし	径	110		申	276
	蓑	175		阪	440	さす	指	199		猿	36
	瑳	175	さが	性	305	さそう	誘	503	さわ	沢	354
	鎖	175	さかい	皐	167	さだか	定	385		皐	167
	座	175	さかえ	栄	29	さだまる	定	385	さわる	障	269
ザ	犀	178	さかえる	栄	29	さだめ	定	385	サン	三	180
さい	才	175	さがす	捜	336	さだめる	定	385		山	186
サイ	再	176		探	356		断	358		杉	187

音訓よみガイド　　　し

	参	187		是	296		雄	362	しず	静	316
	残	188		柿	199		爾	209	しずか	間	64
	産	187		柴	176	しあわせ	幸	159		閑	64
	散	187		枳	70	しい	椎	384		禅	332
	粲	188		師	199	しいる	強	96		静	316
	算	188		恣	200	しお	入	423		嘷	491
	撰	328		時	207		鹵	531		謐	447
	賛	188		紙	200		塩	36	しずく	渧	123
	選	328		栀	200		潮	379		滴	392
	讃	188		紫	200	しおき	刑	110	しずまる	静	316
	纘	188		視	201	しおち	鹵	531		鎮	383
ザン	残	188		喜	74	しか	鹿	535	しずむ	湛	357
	漸	332		堤	391	しかして	而	204		静	316
	暫	188		媞	201		然	331	しずめる	静	316
				斯	201	しかり	爾	209		鎮	383
【し】				滋	208	しかる	呵	418	した	下	41
				詞	201	しかれども	而	204	したがう	伏	456
じ	路	531		嗣	201		然	331		若	213
シ	士	188		獅	201	しき	敷	453		倭	537
	子	189		蓍	201	しぎ	鴫	209		従	241
	已	192		詩	201	シキ	式	209		循	248
	之	192		資	201		色	275		随	293
	支	192		飴	13		織	275		順	248
	止	192		幟	202		職	275		遜	342
	氏	192		賜	202		識	209		遵	249
	仕	193		憙	77	ジキ	直	380		鯰	507
	司	193		熾	202	しきもの	蓐	269	したがえる	従	241
	史	193		積	320	しきり	閑	64	したしい	親	288
	只	193		織	275	しきりに	仍	271	したしむ	親	288
	四	193		識	209		連	529	したたか	健	123
	市	195		二	421	しく	布	451	したためる	認	425
	此	197	ジ	士	188		如	423	したたり	滴	392
	矢	197		仕	193		施	199	したたる	滴	392
	寺	202		字	202		衍	35	シチ	七	209
	旨	197		寺	202		渭	13	シツ	七	209
	次	202		次	202		敷	453		実	211
	糸	197		而	204		竺	209		室	211
	自	204		耳	204	ジク	逐	364		執	211
	至	197		自	204	しげし	密	484		悉	211
	志	197		似	205		繁	441		蛭	211
	芝	198		児	205	しげる	茂	488		漆	211
	事	205		事	205		茸	272	ジッ	十	235
	始	198		治	205		滋	208	ジツ	日	422
	姉	198		持	207		蕃	443		尼	422
	枝	198		時	207		繁	441		実	211
	祇	79		媞	201		穣	275	しつらえる	設	320
	呮	199		滋	208	しこうして	而	204	しとみ	蔀	475
	思	199		詞	201	しし	獅	201	しな	品	449
	指	199		慈	208	じじ	祖	332	しなやか	婧	309
	施	199									

号・別名辞典　古代・中世・近世　（23）

し　　　　　　　音訓よみガイド

	靭	291		爵	213		宿	241		恂	247
	綽	213		鵲	214		枩	294		春	243
	纖	328	ジャク	若	213		崇	294		准	247
しの	篠	270		寂	214		習	234		浚	247
しのぐ	凌	524		笛	392		蓁	501		珣	247
しのばせる	忍	425		蓍	371		就	234		純	248
しのび	忍	425		雀	214		瘦	337		隼	248
しのぶ	忍	425		鵲	214		萩	234		淳	248
しば	芝	198					集	234		婼	247
	柴	176	シュ	主	214		嵩	295		笱	248
しばらく	少	255		守	215		棲	234		順	248
	暫	188		朱	217		漱	338		舜	247
しぶ	渋	241		舟	219		聚	234		雋	328
しぶい	渋	241		走	335		銃	241		遵	249
しぶる	渋	241		姝	217		繡	234		蕈	247
しぼむ	凋	377		茱	217		璹	234		駿	247
	瑩	31		首	217		穐	234		鵼	247
しま	州	219		修	233		襲	234	ジュン	恂	247
	島	404		株	217		鷲	234		盾	247
	嶋	407		珠	217	ジュウ	入	423		准	247
しみ	染	326		棕	217		十	235		純	248
しみる	染	326		須	292		什	236		隼	248
しめす	呈	385		数	295		充	236		惇	418
	観	66		種	217		住	236		淳	248
しめる	占	325		聚	234		寿	218		循	248
しも	下	41		撞	415		拾	232		笱	248
	霜	338	ジュ	入	423		柔	236		順	248
しもと	楚	334		寿	218		重	236		楯	249
シャ	予	504		従	241		従	241		準	249
	写	212		就	234		紐	371		潤	249
	它	345		聚	234		渋	241		遵	249
	些	173		樹	219		習	234		鶉	247
	沙	174		鷲	234		集	234	ショ	処	249
	車	212	シュウ	什	236		銃	241		初	249
	舎	212		収	219		縦	241		助	250
	洒	309		充	236		襲	234		岨	332
	砂	175		州	219	シュク	夙	241		狙	332
	莎	175		舟	219		叔	241		怨	251
	捨	213		秀	220		宿	241		書	250
	斜	213		周	222		淑	241		野	492
	謝	213		宗	223		粛	241		絮	251
				岫	232		縮	241		舒	251
ジャ	蛇	213		拾	232		璹	234		黍	251
	謝	213		烋	232	ジュク	熟	242		諸	250
シャク	尺	213		秋	232	シュツ	出	242		曙	250
	石	318		首	217		朮	242	ジョ	女	250
	赤	319		修	233	ジュツ	朮	242		如	423
	昔	319		叟	336		述	242		汝	250
	釈	213		袖	234	シュン	俊	242		助	250
	綽	213		執	211						

	序	251		渉	265		浄	272	しるし	印	21
	恕	251		清	309		茸	272		首	217
	絮	251		章	265		貞	387		記	71
	舒	251		笙	337		停	391		章	265
じょう	允	20		紹	265		剰	272		瑞	294
ショウ	上	270		菖	266		婧	309		徴	379
	小	251		菁	314		常	272		徹	77
	井	297		逍	266		盛	313		識	209
	升	255		勝	266		紹	265	しるす	志	197
	少	255		晶	268		摂	321		紀	70
	召	255		湘	268		蒸	275		記	71
	正	297		湯	406		誠	316		載	178
	生	303		焦	268		靖	316		銘	488
	向	155		葉	506		誉	269		識	209
	庄	255		証	268		静	316	しろ	白	431
	床	257		象	269		韶	269		城	271
	肖	257		奨	269		縄	275	しろい	白	431
	尚	257		照	269		鄭	391		皎	167
	性	305		聖	315		錠	408		皚	167
	承	257		蒋	269		錠	275	しろがね	銀	105
	招	258		菅	269		襄	275		鐐	526
	昇	258		彰	269		穣	275	しろぎぬ	素	332
	昌	258		瑲	269		譲	275	シン	心	275
	松	259		精	316		醸	275		申	276
	沼	263		障	269	しょうぶ	菖	266		伸	276
	邵	263		韶	269	じょうまえ	錠	275		岑	276
	青	305		樅	269	ショク	式	209		忱	276
	乗	271		璋	269		色	275		臣	276
	咲	263		蕉	270		即	339		身	276
	政	306		霄	270		足	339		辰	276
	昭	263		嘯	270		殖	275		参	187
	星	309		樵	270		粟	340		信	277
	洋	505		縦	241		種	382		津	280
	妙	449		蕭	270		蜀	275		甚	290
	省	264		篠	270		織	275		神	281
	相	335		襄	275		職	275		振	281
	荘	336		鐘	270		識	209		晋	281
	宵	264		鐘	270	しら	白	431		真	282
	将	264		鷦	270	しらげよね	精	316		秦	284
	従	241	ジョウ	上	270	しらせる	知	359		針	284
	消	264		丈	271	しらべる	按	7		晨	284
	祥	264		仍	271		検	123		深	284
	称	265		兆	372		調	380		進	284
	笑	265		成	303	しり	尻	149		森	284
	商	265		耳	204	しりぞく	退	346		慎	284
	唱	265		定	385		蟶	56		新	285
	婧	309		邵	263	しりぞける	退	346		榛	288
	常	272		乗	271	しる	知	359		榛	288
	梢	265		城	271		識	209		審	288

す　　　　　　　　　音訓よみガイド

	潭	357		穂	293		涼	525		墨	479
	蕈	288	ズイ	遂	293	すすむ	前	329		澄	379
	震	288		随	293		晋	281	すみれ	菫	103
	親	288		瑞	294		進	284	すむ	住	236
	鬢	289	すう	吸	92		漸	332		栖	309
ジン	人	289	スウ	足	339	すずむ	涼	525		済	177
	仁	289		崧	294	すずめ	雀	214		棲	315
	臣	276		崇	294	すすめる	享	95		澄	379
	甚	290		嵩	295		進	284	すめらぎ	皇	162
	神	281		数	295		奨	269	すもも	李	513
	秦	284		雛	295	すずり	硯	123	する	摩	481
	訊	291	すえ	末	481	すでに	既	71	するどい	利	511
	進	284		季	69		業	98		犀	178
	陳	383		据	94	すてる	捨	213		鋭	31
	尋	291		陶	406		釈	213	すわえ	楚	334
	靭	291	すえる	据	94	すな	沙	174	すわる	座	175
	蜃	288	すき	杞	140		砂	175		据	94
	塵	292		銭	328	すなお	悌	390	スン	寸	296
	蕈	288	すぎ	杉	187		淳	248			
			すぎる	過	47		順	248	【せ】		
【す】			すく	好	156		樸	480			
			すくう	匡	94	すなどり	漁	94	せ	瀬	510
す	州	219		巣	336	すなどる	魚	94		灘	359
	巣	336		済	177		漁	94	セ	世	296
ス	子	189		薩	179	すなわち	即	339		施	199
	主	214	すくない	少	255		便	467		崔	176
	守	215	すぐれる	卓	354		則	339		勢	315
	州	219		俊	242		曽	334	ゼ	是	296
	素	332		雋	328		焉	35	セイ	井	297
	須	292		優	503	すねる	拗	38		世	296
	数	295		駿	247	すばしこい	趙	379		正	297
	藪	338	すけ	介	51	すばる	昴	477		生	303
	蘇	334		佐	173	すびつ	盧	531		成	303
ズ	図	292		助	250	すべて	凡	480		西	304
	杜	398		甫	468		都	399		制	305
	事	205		亮	524		総	338		征	305
	菟	399		弼	447	すべる	部	455		性	305
	頭	408		輔	469		統	407		斉	176
スイ	水	292	すげ	菅	63		滑	59		青	305
	出	242	すこし	少	255		総	338		政	306
	吹	293	すごす	過	47		綜	338		星	309
	垂	293	すこやか	健	123	すまい	宋	335		浄	272
	帥	293	すさび	遊	501		堂	410		洒	264
	崔	176	すじ	理	514		宅	354		省	264
	酔	293		統	407	すまう	住	236		栖	309
	椎	384	すず	鈴	528	すます	済	177		婧	309
	遂	293	すすぐ	雪	320		澄	379		済	177
	随	293		漱	338	すみ	角	54		清	309
	睡	293	すずしい	涼	524		隅	109		盛	313
	翠	293									

(26)　号・別名辞典　古代・中世・近世

音訓よみガイド　そ

		細	177	せばめる	狭	95		禅	332		湘	268
		菁	314	せぼね	呂	530		漸	332		湊	337
		悽	315	せまい	狭	95		銭	328		痩	337
		晴	315	せみ	蟬	328		蟬	328		僧	337
		棲	315	せむし	駝	345	せんと	仙	324		奨	269
		犀	178	せめる	数	295	せんにん	仙	324		滝	533
		証	268		譲	275		僊	327		滄	337
		勢	315	せり	芹	100					蒋	269
		歳	178	セン	千	322		【そ】			蒼	337
		聖	315		山	186					噌	334
		誠	316		川	324	ソ	初	249		増	339
		靖	316		仙	324		岨	332		層	338
		精	316		占	325		祖	332		彰	269
		静	316		亘	325		狙	332		漱	338
		栓	317		先	325		祖	332		瑣	269
		醒	317		全	328		素	332		総	338
		臍	318		阡	325		曽	334		綜	338
		贅	318		前	329		疎	334		操	338
		躋	318		宣	326		楚	334		精	338
		霽	318		専	326		噌	334		霜	338
		妠	318		染	326		蘇	334		叢	338
ゼイ	蚋	318		泉	327	ソ	曽	334		藪	338
	贅	318		浅	327	そう	傍	477		贈	339
せき	堰	36		酒	309	ソウ	双	334		藻	338
	関	65		茎	327		爪	335		蘂	338
セキ	夕	318		扇	327		庄	255		造	338
	尺	213		剪	327		艸	335	ゾウ	象	269
	石	318		船	327		宋	335		増	339
	赤	319		釧	327		走	335		臧	339
	昔	319		僊	327		宗	223		雑	179
	寂	214		詮	327		承	257		蔵	339
	碩	320		雋	328		相	335		贈	339
	適	392		漸	332		草	335	そうじて	惣	337
	積	320		箋	328		荘	336	そうろう	候	163
せく	堰	36		銭	328		送	336	ソク	即	339
せず	不	450		銓	328		倉	336		足	339
セチ	設	320		撰	328		叟	336		則	339
	節	321		潜	328		将	264		息	340
セツ	拙	320		選	328		捜	336		粟	340
	苗	179		澶	357		桑	336		塞	178
	契	111		還	66		巣	336	ゾク	族	340
	設	320		繊	328		掃	336		粟	340
	雪	320		蟬	328		族	340		蜀	275
	摂	321		蘚	328		曽	334	そこなう	残	188
	準	249		蘇	328	そしり	誹	443
	節	321		闡	328	そしる	誹	443
ゼツ	絶	322	ゼン	全	328	そそぐ	注	371
ぜに	泉	327		前	329	そそぐ	灌	66
	銭	328		善	329				漫	483
せばまる	狭	95		然	331	そぞろに

号・別名辞典　古代・中世・近世　(27)

そつ	帥	293		它	345		提	391		託	354
ソツ	帥	293		多	345		醍	354		琢	355
そで	袖	234		池	359	だいだい	橙	408		棹	406
そと	外	54		佗	345	たいら	平	463		翟	392
そなえ	具	107		妥	346		坦	356	ダク	諾	355
	備	446		侘	345	たいらげる	夷	10		濁	355
そなえる	具	107		陀	346		成	303	たぐい	双	334
	備	446		茶	364	たえ	妙	484		倫	527
そなわる	備	446		茶	399		妙	449		類	527
その	其	69		駄	346		栲	168	たくましい	逞	391
	園	36		駞	345	たえる	任	425	たくみ	工	148
	爾	209	ダ	兌	345		勝	266	たくみどり	鴗	270
	薗	37		妥	346		堪	64	たけ	丈	271
そば	岨	332		陀	346		絶	322		竹	362
そま	杣	340		梛	346	たおれる	斃	466		岳	57
そまる	染	326		蛇	213	たか	高	163		竺	209
そむく	韋	12		駄	346		額	58		茸	272
	畔	440		駞	345		鷹	507	だけ	丈	271
そめる	初	249		大	348	たかい	兀	171	たけし	武	453
	染	326		太	342		夌	92		威	10
そら	天	394		台	354		尭	98		健	123
	空	108		体	346		高	163		猛	489
	霄	270		兌	345		崧	294		毅	77
そらす	反	437		対	346		崇	294		驍	99
そらんじる	諷	456		岱	346		隆	520	たけしい	桓	60
そる	反	437		苔	346		喬	96	たけなわ	闌	510
それ	夫	451		待	346		堯	98	たけのこ	筍	248
	其	69		胎	346		嵩	295	たける	長	372
それがし	某	477		退	346		僑	96	たしか	確	56
それる	非	443		追	384		襄	275	たしかめる	確	56
	逸	20		帯	346		魏	84	たす	足	339
そろう	斉	176		泰	347	たかさ	高	163	だす	出	242
ソン	寸	296		袋	347	たかどの	堂	410	たすかる	助	250
	存	340		棣	391		楼	533	たすけ	佐	173
	村	340		碓	347	たかね	峨	50		援	36
	荃	327		鋭	31	たかぶる	亢	148		輔	469
	孫	341		諦	391	たかまる	高	163	たすける	介	51
	尊	341		醍	354	たかむら	篁	167		右	23
	巽	342		戴	347	たかめる	高	163		左	172
	遜	342	ダイ	大	348	たがやす	畊	162		佐	173
	樽	342		内	353		耕	163		佑	499
ゾン	存	340		台	354	たから	宝	471		助	250
				弟	385	たき	滝	533		相	335
【た】				奈	419	たく	栲	168		祐	500
た	田	396		岱	346	だく	抱	472		弼	447
	咥	199		待	346	タク	宅	354		援	36
タ	大	348		代	354		沢	354		輔	469
	太	342		能	426		卓	354		賛	188
	他	344		第	354		度	400		翼	507

音訓よみガイド　　　　　　　　　　　　　　　　　　　　ち

たずねる	原	136			貴	76			嘿	491		断	358
	尋	291	たつみ	巽	342		黙	491		弾	358
ただ	只	193	たて	盾	247	たまわる	賜	202		敦	418
	伊	7		鹵	531	たみ	民	484		暖	359
	但	356		楯	249	ため	為	10		談	359
	祇	79		縦	241	たもつ	存	340		檀	359
	唯	493		館	66		有	497		灘	359
	第	354	たで	蓼	525		保	468			
たたえる	湛	357	たていと	経	113	たやす	絶	322		【ち】	
	賛	188	たてまつる	奉	471	たより	信	277	ち	千	322
たたく	敲	167		献	123		便	467		血	119
ただし	但	356	たてる	立	515		頼	508		茅	477
ただしい	正	297		建	121	たよる	頼	508	チ	池	359
	侑	88		樹	219	たらい	盤	441		治	205
	貞	387	たとえる	喩	493		盤	442		知	359
	楷	53	たなつもの	穀	170	たらす	垂	293		持	207
	禎	391	たに	谷	168	たりる	足	339		恥	360
ただす	尹	20		渓	112	たる	足	339		耻	360
	正	297	たぬき	狸	514		樽	342		致	360
	匡	94	たね	胤	21	たれる	垂	293		智	361
	糺	92		種	382	たわむれる	弄	532		遅	361
	政	306		種	217	たわら	俵	448		痴	361
	格	55	たのしい	楽	58	タン	丹	355		稚	361
	規	74		娯	147		反	437		雉	362
	董	407	たのしむ	愷	54		旦	356		徴	379
ただちに	直	380		楽	58		但	356		薙	391
ただよう	漂	449		嬉	77		坦	356	ちいさい	小	251
たち	性	305	たのむ	負	452		担	356		妙	449
ダチ	達	355		倚	12		炎	35		繊	328
たちどころに	立	515		頼	508		単	356	ちえ	智	361
たちばな	橘	88	たのもしい	頼	508		段	358	ちかい	近	100
たちまち	乍	172	たび	度	400		探	356		幾	76
	奄	34		旅	521		淡	356	ちかう	矢	197
たちもとおる	迯	266	たま	丸	67		堪	64	ちから	力	526
たつ	立	515		玉	99		弾	358	チキ	稙	382
	辰	276		圭	110		湛	357	ちぎる	契	111
	建	121		珪	112		短	357	チク	竹	362
	竜	518		珠	217		覃	357		竺	209
	起	71		球	93		端	357		逐	364
	断	358		弾	358		潭	357		筑	364
	絶	322		璋	269		談	359		築	364
	裁	178		霊	528		曇	419	ちぢまる	縮	241
タツ	達	355		瓊	78		澹	357	ちぢむ	縮	241
たっとい	尊	341	たまう	賜	202		檀	359	ちぢめる	縮	241
	貴	76	たまき	環	66	ダン	団	358	ちぢらす	縮	241
たっとぶ	宗	223	たましい	神	281		但	356	ちぢれる	縮	241
	尚	257	たまもの	賜	202		男	358	チツ	姪	392
	崇	294	だまる	憺	22		南	419		蛭	211
	尊	341					段	358	ちなむ	因	21

号・別名辞典　古代・中世・近世　(29)

ちゃ	茶	364		調	380		宰	176	つたない	拙	320
チャ	茶	364		聴	380		曹	336	つたわる	伝	396
チャク	著	371		寵	380		部	455	つち	土	399
チュ	株	217	ちょうちょう	蝶	379		職	275		坤	171
チュウ	中	365	チョク	直	380	つかさどる	司	193		椎	384
	仲	366		種	382		典	395		槌	384
	冲	367	ちらかす	散	187		宰	176	つちかう	培	431
	虫	367	ちらかる	散	187		職	275	つちくれ	塊	53
	沖	367	ちらす	散	187	つかまつる	仕	193	つちのえ	戊	469
	忠	367	ちり	塵	292	つかわす	発	437	つちのと	己	139
	注	371	ちる	散	187	つき	月	119	つちばし	坏	10
	昼	371	チン	枕	382	つぎ	次	202	つつ	筒	407
	紐	371		亭	387		継	116		銃	241
	偸	371		珍	382	つぎに	次	202	つつしみ	慎	284
	鋳	371		陳	383	つきる	既	71	つつしむ	姑	88
	籀	507		湛	357	つく	即	339		恪	55
チュツ	朮	242		趁	383		著	371		斎	177
チュン	椿	383		椿	383		就	234		粛	241
チョ	屠	399		鎮	383		撞	415		欽	103
	猪	371					築	364		慎	284
	著	371					鏗	168		愿	138
	樗	371	【つ】				翟	515		慤	56
チョウ	丁	372	っ	津	280	つぐ	次	202		謹	105
	丈	271	ツ	通	384		亜	3		龔	98
	兆	372		都	399		紹	265	つつみ	包	470
	町	372		菟	399		嗣	201		堤	391
	長	372	ツイ	対	346		継	116		塘	407
	亭	387		追	384		韶	269	つつむ	包	470
	昶	377		椎	384		襲	234	つと	苞	473
	重	236		槌	384		纘	188	つどう	集	234
	凋	377	ついで	序	251	つくえ	几	68	つとに	夙	241
	挺	391		倫	527		机	68	つとまる	勤	103
	晁	377		第	354	つくす	悉	211	つとめ	勗	477
	停	391	ついに	了	521	つくり	作	178		勤	103
	張	377		遂	293	つくる	作	178		職	275
	彫	377	ツウ	通	384		為	10		力	526
	釣	378	つえ	棒	478		造	338	つとめる	勗	477
	鳥	378		策	179		就	234		勤	103
	敦	418	つか	把	427	つける	語	147		懋	478
	朝	378	つが	栂	385	つげる	纘	188	つな	維	13
	超	379	つがい	番	442	つづける	約	493		綱	167
	徴	379	つかう	事	205	つづまやか	鼓	142	つなぐ	維	13
	暢	379	つがう	番	442	つづみ	皷	142		繋	118
	肇	379	つかえる	支	192	つづめる	約	493	つね	恒	161
	蔦	379		仕	193	つづら	葛	58		常	272
	趙	379	つがえる	番	442	つた	蔦	379		庸	505
	澄	379	つかさ	工	148	つたう	伝	396		経	113
	潮	379		司	193	つたえ	伝	396		尋	291
	蝶	379		吏	511	つたえる	伝	396		雅	50
				官	59						

つねに	恒	161	つんぼ	聾	533		轍	394		刀	400
	常	272				てら	寺	202		斗	398
つの	角	54		【て】			坊	476		冬	400
つばき	椿	383				てらす	照	269		同	410
つばさ	翼	507	デ	弟	385	てり	照	269		当	400
つばめ	燕	37	テイ	丁	372	てる	照	269		伺	400
つぶ	粒	520		体	346	でる	出	242		東	400
つぶさに	具	107		呈	385	てれる	照	269		洞	410
つぼ	坪	466		弟	385	テン	天	394		萏	404
	壺	141		町	372		田	396		逃	404
つまずく	頓	419		定	385		伝	396		唐	404
つまだてる	翹	99		牴	387		呑	419		島	404
つまびらか	媞	201		亭	387		典	395		桐	404
	審	288		貞	387		沾	395		桃	405
	諦	391		庭	390		淀	396		納	425
つむ	積	320		悌	390		転	396		通	384
つむじかぜ	飆	449		挺	391		鎮	383		偸	371
つめ	爪	335		停	391	デン	田	396		啁	406
	甲	153		逞	391		伝	396		堂	410
つもる	積	320		堤	391		淀	396		陶	406
	蟠	441		媞	201					棟	406
つや	彩	176		提	391		【と】			棹	406
	艶	37		棣	391					棠	406
つゆ	露	532		淳	391	と	十	235		湯	406
つよい	侃	59		禎	391	ト	土	399		登	399
	勁	110		鼎	391		斗	398		童	411
	剛	168		鄭	391		吐	398		等	406
	強	96		薙	391		図	292		答	407
	毅	77		諦	391		杜	398		筒	407
つよまる	強	96		醍	354		兎	398		統	407
つよめる	強	96		錠	275		度	400		董	407
つらつら	熟	242		檉	392		徒	398		道	411
つらなる	洛	510		聴	380		茶	399		塘	407
	連	529		嚔	392		菟	399		嶋	407
	綿	488		鵜	392		堵	399		樋	407
	麗	529	デイ	泥	392		屠	399		稲	407
つらぬく	貫	63		褋	425		都	399		読	418
つらねる	矢	197	テキ	廸	392		渡	399		銅	415
	連	529		的	392		登	399		撞	415
	陳	383		荻	392		菟	399		蕩	408
	羅	507		笛	392		頭	408		鋥	408
つり	釣	378		滴	392	ド	土	399		橙	408
つる	弦	134		翟	392		杜	398		頭	408
	釣	378		適	392		度	400		璹	234
	鶴	56		闃	510		怒	400		藤	408
つるぎ	剣	122	テツ	姪	392		茶	399			
つれる	連	529		哲	392	とい	問	492	ドウ	同	410
つわもの	兵	465		鉄	393	とう	存	340		伺	400
	軍	110		銕	393		問	492		洞	410
				徹	393	トウ	丁	372			

		桐	404		竺	209	とまる	止	192		純	248
		堂	410		特	415		泊	434		悖	418
		棠	406		得	415		留	518		敦	418
		童	411		恵	415	とみ	富	452		鈍	419
		道	411		督	415		頓	419		頓	419
		銅	415		徳	415	とみに	富	452		遜	419
		撞	415		読	418	とむ	止	192	ドン	呑	419
		藤	408		篤	417	とめる	泊	434		鈍	419
とうとい	尊	341		職	275		留	518		遜	419
	貴	76		犢	417	とも	友	495		曇	419
とうとぶ	尊	341	ドク	独	417		共	94			
	貴	76		特	415		伴	440	【な】		
とお	十	235		読	418		朋	472	な	名	486
	什	236		溶	506		鞆	418		菜	177
	拾	232	とける	解	53	ども	共	94	ナ	奈	419
とおい	迂	25		融	503	ともえ	巴	426		南	419
	弥	443	とげる	遂	293	ともがら	徒	398		納	425
	悠	500	とこ	床	257		曹	336		梛	346
	遠	36		常	272	ともなう	伴	440	ない	亡	476
とおざかる	遠	36	とこしえに	永	27	ともに	与	503		无	453
とおす	通	384	ところ	処	249		共	94		無	485
とおみち	迂	25		攸	499		同	410		微	447
とおり	通	384	とざす	鎖	175	ともにする	同	410	ナイ	内	353
とおる	昶	377	とし	年	425	どもる	訥	418		廼	425
	通	384		敏	450	とよ	豊	474	なお	仍	271
	逞	391		歳	178	とら	虎	140		猶	501
	達	355	とたび	十	235		寅	22	なおい	直	380
	徹	393	トツ	咄	418	とらえる	執	211		縮	241
	融	503		訥	418	とり	酉	499	なおす	治	205
とが	栂	385		頓	419		鳥	378		直	380
	過	47	ドツ	訥	418		難	118	なおる	治	205
とかす	溶	506	とつぐ	帰	70		鶏	118		直	380
	解	53	とどく	達	355	とりで	塞	178	なか	中	365
とき	寸	296	ととのう	調	380		廓	56		仲	366
	季	69	ととのえる	均	100	とる	征	305	ながい	永	27
	烑	232		住	236		秉	466		長	372
	秋	232		留	518		采	176		昶	377
	時	207		停	391		執	211		曼	442
	斎	177		淳	391		採	176		猗	13
	晨	284	とどめる	稲	118		押	492		覃	357
	穐	234		称	265		操	338		駿	247
とぎ	伽	43	となえる	唱	265				ながす	流	518
とく	釈	213	となり	隣	527	とろ	浄	272	なかだか	隆	520
	恵	415	となる	隣	527	どろ	泥	392	なかば	半	437
	溶	506	とのえる	調	380	とん	問	492		央	37
	解	53	とばす	飛	443	トン	団	358	なかばする	半	437
とぐ	研	121	とぶ	飛	443		呑	419	ながめる	詠	31
	鋥	408	とます	斗	398		盾	247	ながら	乍	172
トク	禿	415	とまり	泊	434		退	346	なかれ	無	485

ながれ	流	518	ならう	習	234	にごり	濁	355				**【ね】**			
ながれる	流	518		閑	64	にごる	濁	355							
なぎ	梛	346	ならす	鳴	488	にし	西	304	ね		音	41			
なく	吟	105	ならぶ	双	334	にしき	錦	104			根	171			
	鳴	488		比	443	にせ	修	67	ネ		襧	425			
なぐ	薙	391		対	346	ニチ	日	422	ネイ		寧	425			
なくなる	亡	476		配	428	にな	螺	507	ねがい		願	68			
なげうつ	抛	470		麗	529	になう	任	425	ねがう		尚	257			
なげく	慨	54	ならべる	方	469		担	356			願	68			
なごむ	和	535		比	443		荷	46							
なごやか	和	535		枇	446	にぶい	鈍	419	ねこ		猫	449			
なし	梨	514		配	428	にぶる	鈍	419	ねじける		拗	38			
なす	成	303	なり	也	492	ニャク	若	213	ねむい		眠	485			
	作	178	なる	成	303	ニュウ	入	423	ねむり		眠	485			
	為	10		造	338		柔	236			睡	293			
なづける	名	486		鳴	488	ニョ	女	250	ねむる		眠	485			
なずむ	泥	392	なれしか	麋	447		如	423			睡	293			
なぞらえる	准	247	なれる	奕	31	ニョウ	女	250	ねらう		狙	332			
なだ	洋	505	なわ	縄	275		仍	271	ねりぎぬ		練	530			
	灘	359	なん	何	43		寧	425	ねる		練	530			
なだめる	宥	499	ナン	男	358	にる	似	205			錬	530			
なつ	夏	45		南	419		肖	257	ネン		年	425			
ナツ	納	425		納	425		湘	268			念	425			
なつかしい	懐	54		楠	421		熟	242			然	331			
なつかしむ	懐	54	なんじ	汝	250	にわ	庭	390	ねんじる		念	425			
なつく	懐	54		爾	209	にわうめ	棣	391							
なつける	懐	54	なんぞ	何	43	にわかに	勃	480			**【の】**				
なでる	押	492		胡	141	にわざくら	棣	391							
	撫	455		奚	111	にわとり	難	118	の		之	192			
など	等	406		寧	425		鶏	118			野	492			
なな	七	209	なんなんとする	垂	293	ニン	人	289			箆	466			
ななたび	七	209					仁	289	ノウ		納	425			
ななつ	七	209		**【に】**			任	425			能	426			
ななめ	斜	213					忍	425			囊	426			
なに	何	43	に	丹	355		訒	291	のがす		逃	404			
	甚	290		荷	46		認	425	のがれる		逃	404			
なの	七	209	ニ	二	421						遁	419			
なのる	名	486		仁	289		**【ぬ】**		のき		宇	24			
なべ	鍋	49		尼	422				のぎ		禾	43			
なま	生	303		而	204	ヌ	怒	400	のこす		残	188			
なます	鱠	54		児	205	ぬいとり	繡	234	のこる		残	188			
なまめかしい	艶	37		爾	209	ぬいめ	縫	476	のせる		乗	271			
なみ	波	427	にあらず	不	450	ぬう	縫	476			載	178			
	浪	533	にい	新	285	ぬかずく	頓	419			駄	346			
なめしがわ	韋	12	にがす	逃	404	ぬく	挺	391	のぞく		勾	149			
なめらか	滑	59	にがな	茶	399	ぬし	主	214	のぞみ		望	477			
なめる	嘗	269	にくむ	悪	4	ぬすむ	偸	371	のぞむ		望	477			
なら	楢	234	にげる	北	478	ぬの	布	451			臨	527			
ならい	習	234		逃	404	ぬま	沼	263	のたまう		宣	326			
			にごす	濁	355	ぬるで	栲	168							

【は】

のたまわく	曰	32
のち	後	146
のっと	節	321
のっとる	式	209
	法	472
	則	339
	楷	53
のばす	伸	276
	延	34
のびる	申	276
	伸	276
	延	34
	昶	377
	覃	357
	暢	379
のべる	序	251
	延	34
	述	242
	陳	383
	舒	251
	演	37
のぼす	上	270
のぼせる	上	270
のぼり	幟	202
のぼる	上	270
	升	255
	昇	258
	登	399
	襄	275
	躋	318
のみ	耳	204
のむ	呑	419
	飲	22
のり	礼	528
	刑	110
	式	209
	芸	118
	典	395
	法	472
	則	339
	律	516
	紀	70
	矩	107
	規	74
	象	269
	準	249
	詮	327
	儀	83
	範	441

	憲	125
のる	乗	271
	宣	326
	載	178
	暖	359
ノン		

【は】

は	牙	49
	羽	24
	葉	506
	端	357
ば	羽	24
ハ	巴	426
	伯	433
	把	427
	芭	427
	波	427
	破	427
	播	427
	幡	427
	瀬	427
パ	芭	427
	馬	427
	麻	481
	磨	481
ハイ	北	478
	貝	428
	佩	428
	胚	171
	俳	428
	配	428
	培	431
	菩	469
バイ	売	428
	貝	428
	苺	481
	某	477
	梅	428
	培	431
	買	431
	楳	431
	禖	431
はいる	入	423
はえ	栄	29
はえる	生	303
	栄	29
ばかす	化	42
はかみち	阡	325
はかり	銓	328

	衡	167
ばかり	可	42
	許	94
はかりごと	画	50
	献	502
はかる	寸	296
	図	292
	画	50
	度	400
	称	265
	量	525
	献	502
	銓	328
	権	124
	衡	167
	萩	234
はぎ	吐	398
はく	掃	336
ハク	白	431
	百	447
	伯	433
	泊	434
	柏	434
	栢	434
	博	434
	撲	480
	樸	480
	璞	434
バク	麦	434
	博	434
はぐさ	䓫	501
はげ	禿	415
はげしい	烈	529
	劇	119
	蒋	269
はげます	兀	171
はげる	禿	415
ばける	化	42
はこ	函	59
	匱	443
はこぶ	運	25
	梁	525
はし	端	357
	橋	97
はじ	恥	360
	䘏	97
はじかみ	榛	288
はしばみ	始	198
はじまる	一	14
はじめ		

	大	348
	初	249
	甫	468
	始	198
	孟	489
	岱	346
	祖	332
	肇	379
はじめて	初	249
はじめる	始	198
	肇	379
はじらう	恥	360
はしる	走	335
	逸	20
はじる	恥	360
	耻	360
はす	芙	451
	蓮	529
はず	筈	58
はずかしい	恥	360
はずかしめ	汝	462
はずす	外	54
はずむ	弾	358
はずれる	外	54
はた	畑	435
	端	357
	機	77
はたがしら	伯	433
はたけ	畑	435
はたす	果	44
はたらき	用	505
はち	盂	25
	椀	537
	蜂	474
ハチ	八	435
はつ	初	249
	法	472
ハツ	八	435
	発	437
	般	440
バツ	末	481
	伐	437
はて	果	44
はてる	果	44
はと	鳩	93
はな	花	43
	芭	427
	英	28
	華	47

音訓よみガイド ひ

	鼻	447	はるか	悠	500		火	42		弾	358
はなし	咄	418	はれ	晴	315		氷	448		援	36
はなす	放	472	はれる	晴	315		陽	506	ひげ	須	292
	離	515		晹	506		樋	407	ひける	引	21
はなつ	放	472		霽	318	ヒ	不	450	ひこ	彦	134
	発	437	ばん	播	427		比	443	ひこばえ	蘖	473
	縦	241	ハン	凡	480		皮	443	ひさご	匏	473
はなはだ	太	342		反	437		披	443		瓠	142
	孔	149		半	437		枇	446		瓢	449
	甚	290		帆	440		波	427	ひさしい	久	89
はなはだしい	甚	290		伴	440		肥	443		寿	218
はなぶさ	英	28		判	440		非	443		弥	443
はなやか	華	47		坂	440		胚	171	ひしくい	鴻	167
	菁	314		阪	440		飛	443	ひしゃく	斗	398
はなれる	放	472		板	440		匪	443		璋	269
	離	515		泮	440		斐	443	ひじり	聖	315
はね	羽	24		胖	440		琵	447	ひそか	密	484
はねかざり	葆	473		班	440		鼻	447	ひそかに	密	484
ばば	姥	469		畔	440		誹	443	ひそむ	潜	328
ははそ	柞	179		般	440	ビ	未	483	ひたい	額	58
はびこる	衍	35		斑	440		尾	443	ひたす	漚	39
はぶく	省	264		番	442		味	483	ひだり	左	172
はま	浜	449		飯	440		弥	443	ヒツ	必	447
はますげ	莎	175		槃	441		枇	446		弼	447
はや	早	335		樊	441		眉	446		筆	447
はやい	夙	241		盤	442		美	446		謐	447
	早	335		磐	442		惟	12	ビツ	謐	447
	逞	391		範	441		梶	446	ひつじ	未	483
	穐	382		蕃	443		備	446		羊	505
	鋭	31		繁	441		琵	447	ひつじさる	坤	171
はやし	林	526		蟠	441		微	447	ひと	一	14
はやす	生	303		万	481		鼻	447		人	289
はやぶさ	隼	248	バン	伴	440		麋	447		仁	289
はやまる	早	335		判	440	ひいでる	秀	220	ひとえ	単	356
はやめる	早	335		板	440		英	28		繋	118
はら	原	136		般	440	ひがし	東	400	ひとえもの	綱	113
	腹	457		曼	442	ひかり	光	153	ひとしい	均	100
はらい	払	457		晩	442		熙	76		斉	176
はらう	払	457		満	483	ひかる	光	153		等	406
	掃	336		番	442		熙	76		準	249
はらご	鯡	171		蛮	442		熙	76	ひとしく	斉	176
はらす	晴	315		槃	441	ひきいる	帥	293	ひとしくする	淮	537
はらむ	胎	346		盤	442		将	264	ひとたび	一	14
はり	針	284		磐	442		督	415	ひとつ	一	14
	張	377		蕃	443	ひきしめる	綱	113		壱	20
	梁	525		蟠	441	ひく	引	21	ひとり	孤	141
	榛	288		【ひ】			曳	28		独	417
はる	春	243					曼	442		特	415
	張	377	ひ	日	422		貫	63	ひな	雛	295

ひねる	捫	492		曼	442		負	452			更	159
ひので	暘	506		博	434		逢	473	ふご	杞	140
ひのと	丁	372		寛	64		部	455	ふさ	房	477
ひび	日	422		熙	76		無	485		総	338
ひめ	媛	36		谿	59		葡	455	ふさぐ	杜	398
ひも	紐	371	ひろう	拾	232		蒲	469		塞	178
ひもろぎ	福	456		筑	364		蕗	475		雍	506
ヒャク	百	447	ひろがる	広	149		輔	469	ふし	節	321
	栢	434	ひろげる	広	149		撫	455	ふじ	藤	408
	碧	466	ひろまる	広	149		舞	455	ふじばかま	蘭	511
ビャク	白	431	ひろめる	広	149		蕉	455	ふす	伏	456
ヒュウ	彪	449		弘	152		鮒	453		臥	50
ひょう	豹	448		博	434		霧	486	ふせぐ	障	269
ヒョウ	平	463	ヒン	品	449	フウ	夫	451	ふせる	伏	456
	氷	448		浜	449		伏	456		偃	35
	兵	465		彬	449		風	455	ふた	二	421
	坪	466		汎	462		梵	458		双	334
	苞	473	ビン	旻	449		涪	456	ふだ	箋	328
	表	448		便	467		富	452		簡	66
	俵	448		珉	449		楓	456	ふたご	孿	530
	豹	448		敏	450		豊	474	ふたたび	再	421
	玼	473		瓶	450		鳳	475		二	176
	彪	449		縄	275		諷	456	ふたつ	二	421
	漂	449					覆	457		双	334
	瓢	449	【ふ】			ふえ	笛	392		両	522
	飄	449					笙	337	ふち	沂	69
ビョウ	平	463	フ	不	450		管	65		潯	35
	妙	484		夫	451	ふえる	殖	275		渕	35
	玅	449		布	451		増	339		禄	535
	猫	449		甫	468		洞	410		潭	357
ひら	平	463		芙	451	ふかい	深	284		縁	37
ひらく	披	443		斧	451		潭	357	フツ	不	450
	悌	390		歩	468		深	284		払	457
	啓	112		負	452	ふかさ	深	284	ブツ	仏	457
	開	53		風	455	ふかす	更	159		物	458
	闢	328		浮	452		深	284	ふで	聿	20
ひらける	開	53		釜	452	ふかまる	深	284		筆	447
	谿	59		富	452	ふかめる	深	284	ふとい	太	342
ひらたい	平	463		普	453	ふく	吹	293	ふところ	懐	54
ひる	千	59		腐	453	フク	伏	456	ふとる	太	342
	昼	371		輔	469		復	456	ふな	舟	219
	蛭	211		撫	455		福	456		船	327
ひるがお	舜	247		敷	453		腹	457		鮒	453
ひろ	尋	291		鮒	453		覆	457	ふね	舟	219
ひろい	広	149	プ	不	450	ブク	伏	456		船	327
	弘	152		分	458	ふくべ	瓢	449	ふび	史	193
	宏	158		无	453	ふくむ	含	67		文	458
	汪	38		奉	471	ふくめる	含	67	ふみ	史	193
	浩	163		武	453	ふくろ	袋	347		書	250
				歩	468		囊	426			
						ふける	老	532			

音訓よみガイド　　　　　　　　　　　　　　　ほ

ふもと	麓	535		蛇	213		芳	470		懸	478
ふやす	殖	275	へや	坊	476		邦	471	ぼうし	帽	477
	増	339		房	477		奉	471	ぼうず	僧	337
ふゆ	冬	400		室	211		宝	471	ほえる	吠	21
ぶよ	蚋	318		曹	336		房	477	ほお	朴	479
ふり	振	281	へら	箆	466		抱	472	ほか	他	344
ふる	振	281	へらす	蔡	178		放	472		外	54
ふるい	古	139		縁	37		朋	472		佗	345
	旧	91	へりくだる	遜	342		法	472	ほがらか	洞	410
	陳	383		謙	126		苞	473		朗	533
ふるう	振	281	へる	経	113		保	468		腹	533
	震	288		歴	529		峰	473	ホク	北	478
	奮	458		片	467		峯	473		朴	479
ふるえる	震	288	ヘン	弁	467		豹	448		撲	480
ふるさと	郷	96		遍	467		逢	473		樸	480
ふるす	古	139		蝙	467		匏	473	ボク	卜	479
フン	分	458		鞭	467		培	431		木	490
	奮	458	ベン	平	463		掤	473		目	490
ブン	分	458		弁	467		部	455		朴	479
	文	458		便	467		傍	477		牧	479
	汶	462		眠	485		彭	473		羑	479
	紋	492		嬪	468		棒	478		墨	479
	聞	492		綿	488		葆	473		撲	480
	聞	462		鞭	467		蓬	473		樸	480
ぶんまわし	規	74	べんす	片	467		蜂	474		穆	480
						豊	474	ほこる	伐	437
【へ】			【ほ】				蔀	475		佗	345
ヘイ	平	463	ほ	火	42		鳳	475	ほさき	頴	31
	兵	465		帆	440		縫	476		穎	31
	坪	466		穂	293	ボウ	亡	476	ほし	星	309
	秉	466	ホ	甫	468		毛	489	ほしいまま	恣	200
	瓶	450		歩	468		卯	476	ほす	干	59
	萍	466		保	468		戊	469	ほぞ	臍	318
	箆	466		浦	469		坊	476	ほそい	細	177
	甓	466		部	455		忘	476		繊	328
ベイ	米	466		普	453		牡	469	ほそる	細	177
	酩	488		葡	455		房	477	ホチ	発	437
ヘキ	碧	466		葆	473		茅	477	ホッ	法	472
ベキ	糸	197		蒲	469		茂	488	ホッ	払	457
べし	可	42		輔	469		昴	477		勃	480
へそ	臍	318	ボ	戊	469		某	477		胛	171
へだたり	隔	56		牡	469		昴	477		発	437
へだたる	隔	56		姥	469		望	477	ボッ	坊	476
へだて	障	269		菩	469		猫	489	ボツ	勃	480
へだてる	隔	56		暮	469		傍	477	ほとけ	仏	457
ベチ	別	467	ホウ	方	469		帽	477	ほとけぐさ	菩	469
ベツ	別	467		包	470		棒	478	ほどこす	施	199
べに	紅	162		庄	255		蒙	489	ほとり	沂	69
へび	它	345		抛	470						

ほのお	炎	35		播	427	まぜる	交	153	まるめる	丸	67
ほふる	屠	399	まくら	枕	382	また	又	493	まれ	希	68
ほまれ	誉	504	まける	負	452		也	492	まわす	回	52
ほめる	美	446	まげる	曲	99		至	111	まわり	周	222
	誉	504	まご	孫	341		復	456	まわる	回	52
	讃	188	まごころ	忠	367		還	66		廻	52
ほら	洞	410	まこと	允	20	まだら	斑	440	マン	万	481
ほり	堀	109		忱	276	まち	坊	476		孟	489
ほる	堀	109		信	277		町	372		曼	442
	彫	377		恂	247	まつ	松	259		満	483
ほろびる	亡	476		真	282		待	346		漫	483
ホン	反	437		惇	418		遅	361			
	本	480		誠	316		徯	116	【み】		
	体	346		懇	56	マツ	末	481			
	品	449		諦	391	まったい	全	328	み	三	180
ボン	凡	480	まことに	真	282		完	59		子	189
	門	491		涼	525	まったく	全	328		巳	192
	梵	458		誠	316		完	59		身	276
	飯	440	まこも	菰	141	まっとうする	全	328		実	211
	蟠	441		蒋	269		完	59		箕	76
			まさ	正	297	まつりごと	政	306	ミ	未	483
【ま】			まさかり	鉞	32		的	392		味	483
			まさに	多	345	まと	鵠	171		弥	443
ま	目	490		祇	79		窓	336		眉	446
	真	282		将	264	まとう	洛	510		美	446
	馬	427		鼎	391	まどう	迷	487	みえる	見	120
	間	64		適	392	まなこ	目	490	みか	甕	40
マ	馬	427	まさる	多	345	まなぶ	学	57	みがく	研	121
	麻	481		勝	266	まねき	招	258		琢	355
	摩	481		賢	125	まねく	招	258		瑳	175
	磨	481	まざる	交	153	まぼろし	幻	130		瑩	31
まい	舞	455	まじえる	交	153	まま	継	116		鋥	408
マイ	米	466		雑	179	まみえる	見	120		磨	481
	売	428					観	105			
	妹	481	まじる	什	236	まもり	守	215	みかづき	朏	171
	苺	481		交	153		衛	31	みき	幹	65
まいる	参	187		雑	179	まもる	守	215	みぎ	右	23
まう	舞	455	まじわる	交	153		衛	31	みさお	節	321
まえ	前	329		参	187		護	147		操	338
まがき	樊	441		崔	176	まゆ	眉	446	みじかい	短	357
	籬	515	ます	升	255	まゆみ	檀	359	みず	水	292
まかす	任	425		斗	398	まよい	迷	487		瑞	294
	負	452		字	202	まよう	迷	487	みずうみ	湖	142
まかせる	任	425		枡	481	まり	鞠	85	みずから	自	204
	信	277		益	31		丸	67		身	276
まがる	勾	149		滋	208	まる	円	32		親	288
	曲	99		増	339	まるい	円	32	みずたまり	潢	167
まき	牧	479	ます	先	325		丸	67	みずもり	準	249
	巻	60	ますます	益	31	まるた	団	358	みせる	見	120
まく	巻	60		滋	208		材	178	みそか	晦	53

みそさざい	鷦	270	みみなぐさ	苓	528	むける	向	155		寵	380
みたす	充	236	みや	宮	92	むこう	向	155	めぐむ	恵	111
	満	483	みやこ	京	95	むし	虫	367		寵	380
みだす	乱	510		師	199	むしろ	莞	60	めぐらす	運	25
みたび	三	180		都	399		寧	425	めぐり	廻	52
みだり	漫	483	みやびやか	雅	50	むす	蒸	275	めぐる	周	222
みだりに	漫	483	ミョウ	名	486	むすめ	女	250		廻	52
みだれる	乱	510		妙	484	むたび	六	533		桓	60
みち	阡	325		孟	489	むち	荊	111		般	440
	廸	392		明	486		策	179		転	396
	径	110		茅	477		鞭	467		運	25
	倫	527		妙	449	むちうつ	鞭	467		還	66
	彭	473		猫	449	むつ	六	533		環	66
	道	411		銘	488	むっつ	六	533	めし	飯	440
	路	531	みる	見	120	むな	棟	406	めしびつ	盧	531
みちびく	道	411		看	60	むなしい	虚	94	めす	召	255
みちる	充	236		省	264	むね	旨	197		徴	379
	実	211		相	335		宗	223	めずらしい	奇	69
	盈	31		視	201		棟	406		珍	382
	弸	473		督	415		極	99	めでる	愛	4
	満	483		監	65	むべ	宜	78	めどぎ	蓍	201
	塞	178		瞿	107	むら	村	340	めーとる	米	466
みつ	三	180		観	66		群	110	めもり	度	400
	参	187		民	484	むらがる	群	110	メン	綿	488
ミツ	密	484	ミン	旻	449		叢	338			
みっつ	三	180		珉	449	むらさき	紫	200	【も】		
みとめ	認	425		敏	450	むらざと	庄	255			
みとめる	認	425		眠	485	むらす	蒸	275	も	最	177
みどり	碧	466				むれ	群	110		藻	338
	緑	526	【む】			むれる	群	110	モ	茂	488
	翠	293					蒸	275		姥	469
みな	咸	60	む	六	533	むろ	室	211	モウ	亡	476
	皆	53	ム	无	453					毛	489
みなしご	孤	141		武	453	【め】				孟	489
みなと	湊	337		無	485					望	477
みなみ	南	419		夢	486	め	女	250		猛	489
みなもと	源	136		舞	455		目	490		帽	477
みにくい	莠	501		蕪	455	メ	米	466		蒙	489
みね	岑	276		霧	486		馬	427		設	320
	岫	232	むい	六	533	めい	姪	392	もうける	設	320
	峰	473	むかう	向	155	メイ	名	486	もうす	申	276
	峯	473		対	346		明	486		白	431
	嶺	529		逢	473		迷	487		啓	112
みの	蓑	175	むかえる	迎	119		冥	487	もえる	炎	35
みのり	稔	49	むかし	昔	319		溟	488		然	331
みのる	年	425	むぎ	麦	434		酩	488	もく	杢	490
	西	499	むく	向	155		銘	488	モク	木	490
	実	211	むくげ	舜	247		鳴	488		目	490
				槿	104	めぐみ	恵	111		牧	479
みみ	耳	204	むぐら	葎	516		潤	249		墨	479

や　　　　　　　　　　　音訓よみガイド

	嘿	491		樅	269	やすまる	休	91		諧	54
	黙	491	もも	百	447	やすむ	休	91	やわらげる	和	535
	穆	480		桃	405		息	340		柔	236
もぐる	潜	328	もや	靄	4		偃	35			
もし	即	339	もよう	紋	492	やすめる	休	91	【ゆ】		
	設	320	もり	守	215	やすらか	悌	390	ゆ	湯	406
もしくは	若	213		杜	398		媞	201	ユ	由	497
もだす	黙	491		森	284	やすんじる	安	4		油	493
もち	持	207	もる	盛	313		保	468		喩	493
	望	477	もろもろ	諸	250		尉	12		裕	501
もちあわ	朮	242	モン	文	458		靖	316		遊	501
もちいる	用	505		汶	462	やせる	痩	337		瑜	493
	庸	505		門	491	やたび	八	435		雍	506
	須	292		紋	492	やつ	八	435			
もつ	有	497		問	492	やっつ	八	435	ユイ	由	497
	持	207		捫	492	やど	宿	241		唯	493
モツ	物	458		聞	462	やとい	雇	142		惟	12
もっこ	杞	140				やとう	雇	142		維	13
もって	以	7		【や】		やどす	宿	241	ゆう	夕	318
	用	505				やどる	舎	212	ユウ	又	493
	将	264	や	八	435		宿	241		友	495
もっとも	最	177		矢	197	やな	梁	525		右	23
もっぱら	専	326		弥	443	やなぎ	柳	517		由	497
	純	248		屋	40		楊	506		有	497
もてあそぶ	弄	532		家	45	やね	屋	40		佑	499
	玩	67	ヤ	也	492	やはず	筈	58		攸	499
	翫	68		夜	492	やぶ	藪	338		酉	499
もと	下	41		野	492	やぶる	破	427		岫	232
	元	127	やかた	館	66	やぶれる	破	427		油	493
	旧	91	やから	族	340	やま	山	186		勇	499
	本	480	やく	火	42	やまあらし	豪	168		宥	499
	原	136	ヤク	奕	31	やまと	倭	537		幽	499
	素	332		約	493	やまなし	杜	398		祐	500
	基	73		益	31		棠	406		挹	500
	許	94		薬	493	やまびと	僊	327		涌	500
	葆	473		榛	529	やまみち	嶋	96		悠	500
	資	201	やけ	宅	354	やむ	住	236		莠	501
もとい	基	73	やさしい	優	503		息	340		湧	501
もとづく	基	73	やしき	第	354	やめる	休	91		游	501
もとめる	亘	325	やしない	養	506	やや	良	522		猶	501
	求	92	やしなう	牧	479	やわら	柔	236		裕	501
	要	505		養	506	やわらか	柔	236		遊	501
	須	292	やす	靖	316	やわらかい	柔	236		雄	501
もとる	左	172	やすい	安	4	やわらぐ	和	535		楢	234
もの	物	458		妥	346		愔	22		猷	502
ものいみ	斎	177		泰	347		愷	54		熊	502
ものうい	懶	510		康	166		雍	506		誘	503
ものさし	尺	213		廉	529		調	380		融	503
もみ	粟	340		靖	316		穆	480		優	503
				寧	425						

(40)　号・別名辞典　古代・中世・近世

		繇	507		吉	85		養	506		依	10
ゆうべ	夕	318		好	156		繇	507		夜	492
ゆえに	以	7		克	168		鏽	507		倚	12
ゆか	床	257		利	511		鷹	507		託	354
ゆかしい	床	257		良	522	ようやく	漸	332		寄	73
ゆき	雪	320		佳	44	よく	克	168		寓	108
ゆく	于	23		美	446		義	79		隠	22
	之	192		宵	264	ヨク	抑	507		縁	37
	如	423		淑	241		谷	168		繇	507
	行	157		酔	293		億	40	よろい	甲	153
	征	305		善	329		翼	507		鎧	54
	徂	332		義	79	よくする	能	426	よろこび	喜	74
	彭	473		嘉	47	よこ	横	39	よろこぶ	台	354
	適	392		臧	339	よこたえる	横	39		允	345
ゆずる	禅	332		儀	83	よこたわる	横	39		忻	100
	遜	342		慶	116	よし	由	497		怡	10
	譲	275		誼	84	よしとする	義	79		欣	101
ゆたか	胖	440		徹	77	よしみ	誼	84		悦	32
	裕	501		懿	14	よせ	寄	73		喜	74
	豊	474	よう	八	435	よせる	寄	73		賀	50
ゆだめ	弱	447		酔	293		寓	108		熙	76
ゆび	指	199		酩	488	よたび	四	193		慶	116
ゆみ	弓	91	ヨウ	夭	505	よつ	四	193		歓	65
ゆめ	夢	486		永	27	よっつ	四	193		憙	77
ゆめみる	夢	486		用	505	よって	因	21		懌	32
ゆるす	允	20		羊	505	よど	淀	396		懽	66
	放	472		応	37	よどむ	淀	396	よろしい	宜	78
	宥	499		拗	38	よなげる	沙	174	よろず	万	481
	容	505		栄	29	よね	米	466	よわい	年	425
	恕	251		洋	505	よぶ	喚	63		歳	178
	許	94		要	505	よぼろ	丁	372	よん	四	193
	釈	213		容	505	よみ	読	418			
	縦	241		桜	38	よみがえる	活	58	**【ら】**		
	聴	380		涌	500		蘇	334			
ゆるやか	寛	64		媄	31	よみする	嘉	47	ら	等	406
	綽	213		庸	505	よむ	詠	31	ラ	果	44
				陶	406		読	418		蝸	49
【よ】				揚	505	よもぎ	萍	466		螺	507
よ	世	296		湧	501		蓬	473		羅	507
	乎	139		瑛	31		蒿	167		囉	507
	四	193		葉	506		蕭	270	ライ	礼	528
	夜	492		陽	506	より	由	497		来	508
ヨ	与	503		賜	506		自	204		雷	508
	予	504		楊	506		於	37		頼	508
	余	504		溶	506		従	241		藜	515
	於	37		雍	506		繇	507		類	527
	誉	504		榕	506	よる	仍	271		懶	510
	璵	505		影	31		由	497		瀬	510
よい	可	42		縄	275		因	21	ラク	洛	510

音訓よみガイド

ラン	落	510		榴	521	【れ】			狼	533	
	楽	58		瑠	521				竜	518	
	擽	517	リョ	呂	530	レイ	令	527	胧	533	
	乱	510		旅	521		礼	528	楼	533	
	浪	533		盧	531		姈	528	滝	533	
	嵐	510		廬	521		苓	528	櫟	529	
	漣	529		鷺	532		蛎	528	臘	533	
	藍	510		驢	521		鈴	528	朧	533	
	蘭	511	リョウ	了	521		霊	528	露	532	
	懶	510		令	527		嶺	529	聾	533	
	蘭	511		両	522		藜	515	ロク	六	533
	鸞	511		良	522		麗	529	角	54	
【り】				苓	528		驪	515	陸	515	
				亮	524	レキ	鬲	529	鹿	535	
リ	吏	511		凌	524		暦	529	禄	535	
	利	511		涼	524		歴	529	礫	535	
	李	513		竜	518		櫟	529	緑	526	
	里	513		梁	525		擽	517	麓	535	
	狸	514		涼	525	レツ	烈	529	【わ】		
	梨	514		聊	525	レン	連	529			
	理	514		量	525		廉	529	わ	我	50
	裏	515		稜	525		漣	529	輪	527	
	璃	515		鈴	528		蓮	529	環	66	
	鯉	515		寥	525		練	530	ワ	和	535
	離	515		漁	94		錬	530	倭	537	
	麗	529		綾	525		鎌	530	蛙	3	
	籬	515		蓼	525		攣	530	ワイ	淮	537
	驪	515		霊	528	【ろ】			隈	537	
リキ	力	526		嶺	529				わかい	夭	505
りきむ	力	526		鐐	526	ロ	呂	530	妙	484	
リク	六	533	リョク	力	526		芦	530	若	213	
	陸	515		緑	526		炉	531	わかじに	夭	505
	蓼	525	リン	林	526		鹵	531	わかち	段	358
リチ	律	516		倫	527		路	531	わかつ	分	458
リツ	立	515		琳	527		魯	531	わかる	分	458
	律	516		鈴	528		盧	531	わかれ	別	467
	栗	516		綸	527		廬	521	わかれる	分	458
	葎	516		輪	527		蘆	531		別	467
リャク	歴	529		隣	527		露	532	わきまえる	弁	467
	擽	517		臨	527		鷺	532	わく	冲	367
リュウ	立	515		鱗	527		驢	521		沖	367
	柳	517		麟	527		鸕	532		涌	500
	流	518	【る】			ロウ	老	532	湧	501	
	留	518					弄	532	ワク	蠖	56
	竜	518	ル	流	518		郎	532	わける	分	458
	笠	519		留	518		哢	533		弁	467
	粒	520	ルイ	雷	508		朗	533		判	440
	隆	520		類	527		浪	533		別	467
	游	501									

(42) 号・別名辞典 古代・中世・近世

	班	440
	部	455
わざ	工	148
	芸	118
	幹	65
	業	98
わざおぎ	妓	78
	俳	428
	優	503
わざわい	夭	505
わし	鷲	234
わずか	涓	123
わずかに	才	175
わずらう	患	63
わすれる	忘	476
わた	絮	251
	綿	488
わたし	渡	399
わたす	渡	399
わだち	轍	394
わたり	亘	325
わたる	済	177
	渉	265
	渡	399
わに	鰐	58
わび	謝	213
わびしい	侘	345
わびる	侘	345
	佗	345
わら	稿	167
わらい	笑	265
わらう	咲	263
	笑	265
	莞	60
わらじむし	蟠	441
わらべ	童	411
わりふ	契	111
わるい	悪	4
わるがしこい	媞	201
われ	余	504
	吾	146
	我	50
わん	碗	537
ワン	貫	63
	椀	537
	腕	537
	碗	537
	関	65

総画順ガイド

総画順ガイド

【1画】

一	14
乙	40

【2画】

字	頁	字	頁
七	209	刀	400
丁	372	力	526
九	105	十	235
了	521	卜	479
二	421	又	493
人	289		
入	423		
八	435		
几	68		

【3画】

字	頁	字	頁
下	41	士	399
三	180	夕	188
上	270	大	318
丈	271	女	348
万	481	子	250
与	503	寸	189
丸	67	小	296
久	89	山	251
乞	171	川	186
也	492		324
于	23		
亡	476		
兀	171		
凡	480		
千	322		
及	91		

【4画】

字	頁	字	頁
工	148	仕	289
己	139	仏	457
巳	192	仍	271
干	59	允	20
弓	91	元	127
才	175	公	148
不	450	六	533
中	365	円	32
丹	355	内	353
之	192	分	458
予	504	勾	149
井	297	午	145
云	25	升	255
五	142	双	334
亢	148	反	437
化	42	友	495
介	51	太	342
今	171	夫	394
什	236	天	451
		孔	505
		少	149
		尺	255
		尹	213
		巴	20
		幻	426
		引	130
		心	21
			275

【5画】

字	頁	字	頁
丘	91	旦	356
世	296	本	480
主	214	未	481
平	139	末	483
作	172	此	242
以	7	正	197
仕	193	民	27
仙	324	永	448
他	344	氷	49
令	527	牙	131
兄	110	玄	99
写	212	玉	50
冬	400	瓦	59
処	249	生	303
凹	37	用	505
出	242	甲	153
加	149	申	276
功	470	田	396
包	478	由	497
北	437	白	431
半	325	皮	443
占	476		
卯	93		
去	219		
収	23		
右	42		
可	275		
叶	94		
句	107		
古	139		
司	193		
史	255		
召	354		
台	32		
只	193		
四	193		
外	54		
央	37		
它	345		
尻	149		
巨	422		
左	93		
市	172		
布	195		
平	451		
広	463		
弁	149		
弘	467		
必	152		
戊	447		
払	469		

【6画】

字	頁	字	頁
両	522	印	85
亘	325	吉	92
交	153	吸	155
伊	7	向	168
会	51	合	398
休	91	吐	410
仰	98	同	486
仲	366	名	511
伝	396	因	21
任	425	回	52
伐	437	団	358
伏	456	圮	10
光	153	圭	110
充	236	在	178
先	325	凩	241
兆	372	多	345
共	94	夷	10
再	176	好	156
冲	367	如	423
刑	110	字	202
匡	94	存	340
	21	安	4
		宇	24
		守	215
		宅	354
		寺	202
		州	219
		帆	440
		年	425
		庄	255
		式	209
		当	400
		成	303
		旭	99
		旨	197
		早	335
		曳	28
		曲	99
		有	497
		機	68
		朽	92
		朱	217
		朴	479
		次	202
		気	68
		汲	92
		江	156
		汝	359
		池	250
		全	328
		瓜	43
		百	447
		竹	362
		米	466
		糸	197
		羊	505
		羽	24
		考	157
		老	532
		而	204
		耳	204
		聿	20
		自	204
		至	197
		舟	219
		色	275

目 490
矢 197
石 318
礼 528
禾 43
穴 119
立 515

総画順ガイド

芋	25	図	292	杞	140	麦	434	定	385	枇	446
艸	335	均	100	杣	340			宝	471	枕	382
虫	367	坂	440	汶	462	【8画】		尚	257	林	526
血	119	坊	476	沖	367			居	93	枡	481
行	157	坎	59	求	92	事	205	岡	159	欣	101
衣	10	壱	20	沙	174	亨	95	岳	57	武	453
西	304	売	428	沢	354	京	95	岸	67	歩	468
迂	25	奈	52	汪	38	侗	400	岩	67	泙	440
阡	325	妓	78	沂	69	依	10	岨	332	河	45
		妥	346	牡	469	佳	44	岱	346	況	95
【7画】		妙	484	狂	95	侃	59	岫	232	治	205
		孝	158	玖	107	佶	88	幸	159	沼	263
乱	510	完	59	甫	468	佗	345	延	34	注	371
亜	3	宏	158	男	358	佩	428	廸	392	泥	392
些	173	宋	335	町	372	侊	98	弦	134	波	427
位	10	寿	218	祁	110	兎	398	弥	443	泊	434
何	43	対	346	秀	220	具	107	径	110	法	472
伽	43	尾	443	秃	415	其	69	征	305	油	493
佐	173	岐	68	私	92	典	395	徂	332	沽	395
作	178	岌	92	肖	257	函	59	柢	387	炎	35
似	205	岑	276	臣	276	制	305	性	305	炉	531
住	236	希	68	良	522	卓	354	忠	367	物	458
伸	276	序	251	芦	530	参	187	念	425	牧	479
体	346	床	257	花	43	叔	241	怡	10	狐	140
但	356	弄	532	芥	52	周	222	房	477	狙	332
伯	433	弟	385	苅	54	味	483	押	38	玩	67
伴	440	形	110	芹	100	和	535	承	257	画	50
佑	499	応	37	芸	118	咄	418	招	258	的	392
余	504	快	52	芝	198	固	140	拙	320	盂	25
佗	345	志	197	芭	427	国	169	担	356	直	380
克	168	忍	425	芙	451	坤	171	披	443	知	359
児	205	忘	476	芳	470	垂	293	抱	472	祈	70
兌	345	忻	100	見	120	坦	356	拗	38	祇	79
兵	465	忱	276	角	54	夜	492	放	466	秉	466
初	249	我	50	言	134	奄	34	斉	176	空	108
判	440	戒	52	谷	168	奇	69	斧	37	竺	209
別	467	把	427	貝	428	奈	419	於	471	肥	443
利	511	抑	507	赤	319	奉	528	昆	171	阯	50
助	250	抛	470	走	335	始	198	昇	258	舎	212
即	339	攸	499	足	339	姉	198	昌	319	苗	179
含	67	更	159	身	276	妹	481	明	486	英	28
吟	105	杏	95	車	212	学	57	旻	449	茅	477
君	109	材	178	辰	276	季	69	朋	472	若	213
呉	145	杉	187	近	100	孟	489	果	44	苔	346
吾	146	村	340	迎	119	官	59	枝	198	茂	488
吹	293	杜	398	邦	471	宜	78	松	259	苓	528
呈	385	李	490	酉	499	実	211	東	400	苺	481
呑	419	来	508	里	513	宗	223	板	440	苞	473
呂	530	李	513	阪	440					虎	140
吽	21										

(48) 号・別名辞典 古代・中世・近世

総画順ガイド

表	448	屋	40	洪	162	茎	327	原	136	既	71
述	242	昼	371	浄	272	荊	111	叟	336	晦	53
邵	263	巻	60	泉	327	荒	162	員	22	晃	163
采	176	帥	293	浅	327	草	335	哲	392	時	207
金	101	幽	499	津	280	荘	336	唐	404	晋	281
長	372	度	400	洞	410	茸	272	唫	533	晏	7
門	491	廸	52	洋	505	茶	364	㖿	111	晁	377
阿	3	建	121	洛	510	茱	217	夏	45	書	250
陀	346	弧	141	洒	309	苔	404	奚	111	朗	533
雨	25	彦	134	為	10	衍	35	娯	147	格	55
青	305	後	146	狭	95	要	505	孫	341	株	217
非	443	待	346	独	417	貞	387	寅	22	栢	434
			律	516	妙	449	負	452	家	45	桓	60
【9画】		急	92	珉	449	軍	110	宮	92	桐	404
乗	271	恒	161	珍	382	送	336	宰	176	栗	516
亭	387	思	199	甚	290	退	346	宵	264	桑	336
亮	524	怒	400	畏	12	追	384	容	505	桂	111
俊	242	恪	55	畑	435	逃	404	峴	122	校	163
信	277	徇	247	畔	162	迷	487	峨	50	根	171
便	467	按	7	発	437	郁	14	島	404	桜	38
保	468	指	199	皆	53	郎	532	峰	473	栖	309
冠	60	持	207	皇	162	重	236	峯	473	桃	405
前	329	拾	232	盈	31	革	55	帰	70	梅	428
則	339	政	306	看	60	韋	12	師	199	柵	107
勃	480	施	199	県	121	音	41	帯	346	栲	168
勇	499	昨	179	盾	247	風	455	庫	141	残	188
勁	110	春	243	省	264	飛	443	座	175	殷	22
単	356	昭	263	相	335	首	217	庭	390	浦	469
南	419	是	296	眉	446	香	162	従	241	浩	163
厚	161	星	309	研	121			徒	398	消	264
咲	263	昴	377	砂	175	【10画】		悦	32	泰	347
品	449	昿	477	砕	176	候	163	恭	95	浜	449
咸	60	胙	171	神	281	修	233	恵	111	浮	452
咫	199	枒	354	祖	332	倉	336	悟	147	涌	500
垣	35	栄	29	祐	500	俳	428	恕	251	流	518
城	271	柿	199	烋	232	俵	448	息	340	浪	533
契	111	枯	141	秋	232	倫	527	恥	360	涓	123
奕	31	柴	176	竿	60	倭	537	悌	390	凌	247
奎	111	柔	236	笈	92	倚	12	态	200	烏	25
姝	217	染	326	籴	109	兼	121	扇	327	烈	529
姑	88	栂	385	紀	70	冥	487	挹	500	特	415
威	10	柏	434	紅	162	准	247	挙	93	狸	514
姥	469	某	477	約	493	凋	377	振	122	狼	533
姪	392	柳	517	美	446	凌	524	捜	281	狥	247
孤	141	枳	70	胤	21	涼	524	剣	122	珪	112
室	211	柞	179	胡	141	剛	168	挺	336	珠	217
宣	326	段	358	胎	346	匪	443	敏	391	班	440
宥	499	海	52	肵	162	卿	95	旅	521	畔	440
専	326	活	58	胖	440			既	71	留	518

号・別名辞典 古代・中世・近世 (49)

総画順ガイド

益	31	高	163	庸	505	淵	35	菁	314	喚	63
真	282	髙	529	強	96	淀	396	萍	466	喜	74
眠	485	鬼	71	張	377	涼	525	虚	94	喬	96
炬	107			弸	473	渕	35	蛎	528	善	329
破	427	【11画】		彩	176	洪	73	蛇	213	喩	493
祥	264			彫	377	淮	537	袋	347	堰	36
称	265	乾	60	彪	449	焉	35	規	74	堪	64
秦	284	亀	71	彬	449	猪	371	視	201	堅	123
竜	518	健	123	得	415	猫	449	許	94	堤	391
笑	265	停	391	悪	4	猛	489	設	320	堯	98
紙	200	偓	35	惟	12	猗	13	訥	418	壺	141
純	248	修	67	患	63	珺	109	貫	63	奥	39
素	332	偸	371	悉	211	球	93	転	396	嬢	468
納	425	剰	272	悖	418	現	136	逸	20	婿	247
紐	371	剪	327	悠	500	琢	355	進	284	媞	201
紋	492	勘	61	採	176	理	514	逎	266	媛	36
翁	39	勗	477	捨	213	瓶	450	逞	391	寓	108
耕	163	匏	473	据	94	産	187	郷	96	富	452
耻	360	唱	406	掃	336	異	13	都	399	尋	291
能	426	啓	112	探	356	皐	167	酔	455	尊	341
致	360	商	265	捫	492	皎	167	部	293	就	234
般	440	問	492	教	96	盛	313	釈	213	琵	113
荻	392	唯	493	斎	177	移	13	野	492	嵐	510
荷	46	基	73	斜	213	窓	336	釦	327	嶋	109
華	47	執	211	断	358	章	265	釣	378	嵳	342
莞	60	堵	399	族	340	笠	519	陰	22	帽	477
莎	175	堂	410	晨	284	笹	179	陳	383	幾	76
茶	399	培	431	曽	334	第	354	陶	406	弾	358
莵	399	堀	109	曹	336	笛	392	陸	515	弼	447
蚋	318	婣	309	曼	442	笙	337	隆	520	彭	473
袖	234	婬	31	望	477	粒	520	雀	214	御	147
袁	35	寄	73	梶	446	経	113	雪	320	循	248
訒	291	寂	214	梧	147	細	177	魚	94	復	456
記	71	宿	241	梢	265	紫	200	鳥	378	憎	22
託	354	寅	22	梨	514	紹	265	鹵	531	惣	337
豹	448	密	484	梁	525	綢	113	鹿	535	惠	415
起	71	尉	12	梔	200	習	234	麻	481	惺	315
逢	473	屠	399	椰	346	聊	525	黄	39	援	36
造	338	崧	294	梵	458	粛	241	黒	170	提	391
逐	364	崑	171	涪	456	船	327			揚	505
通	384	崎	73	渓	112	菊	84	【12画】		敬	113
連	529	崇	294	済	177	菜	141			散	187
郡	110	崋	47	渋	241	菖	177	備	446	敦	418
配	428	崔	171	淑	241	菅	266	傍	477	斑	440
釜	452	巣	176	淳	248	菩	63	傀	53	斐	443
針	284	常	336	渉	265	著	371	寒	63	斯	201
院	22	庵	272	深	284	菫	469	勤	103	暁	98
隼	248	康	7	清	309	菷	501	勝	266	景	114
馬	427	康	166	淡	356	董	103	博	93	晶	268

総画順ガイド

晴	315	硯	123	買	431	幹	65	獣	502	豊	474
智	361	禄	535	越	32	廉	529	瑗	36	資	201
晩	442	童	411	超	379	溪	116	瑞	294	路	531
普	453	策	179	趁	383	微	447	瑜	493	載	178
最	177	筑	364	軽	116	愾	54	痴	361	遠	36
朝	378	等	406	運	25	愛	4	睡	293	遜	342
腋	533	答	407	過	47	意	13	督	415	酪	488
検	123	筒	407	遂	293	慨	54	碓	347	鉄	393
森	284	筈	58	達	355	感	65	碗	537	鈴	528
棲	315	筆	447	遅	361	愚	108	碌	535	鉞	32
椎	384	筍	248	道	411	慈	208	禅	332	鉤	167
棟	406	粟	340	遍	467	慎	284	禎	391	隔	56
棒	478	組	64	遊	501	摂	321	福	456	雅	50
椀	537	絢	123	量	525	数	295	祺	76	雋	328
棕	217	絵	53	鈍	419	新	285	稚	361	雄	362
棣	391	絶	322	開	53	暖	359	稜	525	雍	506
椋	406	統	407	間	64	暉	76	種	382	雷	508
棠	406	絮	251	閑	64	賜	506	筐	22	靖	316
欽	103	聒	58	隅	109	楽	58	節	321	頊	99
殖	275	腕	537	限	537	業	98	粲	188	頓	68
温	41	舒	251	随	293	極	99	継	116	頎	419
湖	142	羡	479	陽	506	楯	249	絹	124	飴	13
滋	208	葵	76	雁	67	楚	334	義	79	鳩	93
湘	268	葦	13	雇	142	槌	384	群	110	鼎	391
湛	357	葛	58	集	234	椿	383	聖	315	鼓	142
渡	399	萱	123	雄	501	楢	234	腹	457		
湯	406	苑	399	雲	26	楠	421	腮	178	【14画】	
満	483	董	407	靱	291	楳	431	舜	247	僑	96
湊	337	萩	234	順	248	楓	456	蒲	469	嘉	47
湧	501	葡	455	須	292	楊	506	蒋	269	嘗	269
渭	13	葉	506	飲	22	楼	533	蒸	275	嘖	334
淳	391	落	510	飯	440	楷	53	蒼	337	塵	292
游	501	葎	516	黍	250	歳	178	蓬	473	増	339
焦	268	葭	47			滑	59	蓑	175	墨	479
然	331	葆	473	【13画】		漢	65	蒙	489	寧	425
無	485	蛙	3	僧	337	源	136	蓮	529	寥	525
犀	178	蛮	442	傀	327	準	249	兼	124	層	338
猶	501	蛭	211	勢	315	滝	533	蒿	167	嶋	407
琦	76	裁	178	嗣	201	溶	506	著	201	廊	56
瑛	31	裕	501	園	36	漣	529	虞	108	彰	269
琴	103	覃	357	塩	36	滄	337	蜂	474	徴	379
琶	447	覚	55	塊	53	溟	488	蜀	275	徳	415
琳	527	詠	31	塞	178	煙	36	蚕	288	愿	138
瓠	142	訴	175	塘	407	照	269	裏	515	厳	167
番	442	詞	201	夢	486	煥	76	解	53	暢	379
疎	334	証	268	奨	269	熙	76	詩	201	暮	469
痩	337	賀	269	嫄	136	猿	36	誠	316	暦	529
登	399	貴	50	寛	64	獻	123	詮	327	榎	48
短	357			嵩	295	獅	201	誉	504	榛	288

号・別名辞典　古代・中世・近世　(51)

総画順ガイド

樋	407	聚	234	幟	202	蕙	118	操	338	諺	138
槐	53	肇	379	影	31	蕉	270	曇	419	諦	391
槃	441	腐	453	徹	393	蔵	339	橲	317	諾	54
榕	506	臧	339	憫	56	蕩	408	機	77	諷	456
榴	521	蔭	22	慶	116	蕃	443	橘	88	賢	125
歌	48	蔀	475	慧	117	蕉	455	橘	97	還	66
歴	529	蔦	379	撰	328	薑	288	樹	219	醒	317
漚	39	蔡	178	撞	415	蝦	49	樵	270	醍	354
演	37	蓼	525	播	427	蝶	379	樽	342	錦	104
漁	94	禛	431	撫	455	蝸	49	橙	408	錠	275
漆	211	語	147	撲	480	蝙	467	樸	480	錬	530
漸	332	読	418	摩	481	誼	84	濁	355	隣	527
滴	392	認	425	敷	453	諸	250	澣	66	頭	408
漂	449	誘	503	暫	188	諾	355	澹	357	頼	508
漫	483	豪	168	横	39	談	359	熈	78	館	66
漱	338	趙	379	権	124	調	380	燕	37	鮒	453
熊	502	輔	469	樗	371	誹	443	熹	78	鴬	39
熙	76	適	392	槿	104	賛	188	熾	202	鴨	40
爾	209	銈	116	樅	269	賜	202	璜	167	鳴	209
瑢	269	銀	105	樊	441	輗	119	瓊	78		
瑳	175	銃	241	歓	65	輝	77	璞	434	【17画】	
皷	142	銭	328	毅	77	輪	527	瓢	449		
碩	320	銅	415	潢	167	遵	249	盧	531	優	503
碧	466	銘	488	潤	249	選	328	磨	481	厳	139
稲	407	銕	393	澄	379	遯	419	頴	31	嶺	529
穀	170	銓	328	潜	328	鄭	391	穎	31	懋	478
種	217	関	65	潭	379	鋥	408	穏	41	曙	250
端	357	隠	22	潮	357	鋭	31	積	320	檉	392
箇	49	障	269	澀	77	鋳	371	穆	480	檜	97
管	65	雑	179	熟	242	震	288	賢	27	檀	359
算	188	静	316	璃	515	霊	528	築	364	檪	529
箆	466	鞆	418	瑩	31	霄	270	篤	417	爵	213
箕	76	韶	269	瑾	104	養	506	練	125	嶼	505
箋	328	駅	32	璋	269	駒	107	縦	241	環	66
精	316	駄	346	畴	167	駝	345	繁	441	幡	427
綾	525	魁	54	監	65	魯	531	縫	476	磯	78
維	13	鳳	475	盤	442	黙	491	輿	97	禧	78
綱	167	鳴	488	確	56			薗	37	薄	247
総	338	鼻	447	磐	442	【16画】		薫	110	篠	270
綜	338			稼	49	凝	98	薨	391	糟	338
綿	488	【15画】		稽	118	叡	31	薬	493	繇	507
緑	526	億	40	稿	167	嘯	270	薔	97	繋	118
練	530	儀	83	穂	293	奮	458	蕭	118	繍	234
綺	77	劇	119	範	441	徹	77	薊	270	縮	241
綽	213	嘿	491	篁	167	憶	40	融	503	織	328
編	527	器	77	縁	37	懐	54	衛	31	翼	507
翟	392	嬉	77	縄	275	憲	125	衡	167	聴	380
翠	293	審	288	甑	68	憙	77	謦	118	薩	179
聞	462	嶠	96	舞	455	憚	32	親	288	藍	510

(52) 号・別名辞典 古代・中世・近世

総画順ガイド

螺	507	贅	318	雞	118	鷲	98	
襄	275	鎧	54	鵲	214	驍	99	
謹	105	鎌	530	鶉	247	鷗	40	
謙	126	鎖	175	麗	529	糞	98	
謝	213	鎮	383	麓	535			
謠	447	雞	118	麒	78	【23画】		
谿	59	雛	295			鑑	67	
鍵	126	鞭	467	【20画】		鷸	14	
鍋	49	額	58	巌	68	鷲	234	
闊	510	顕	127	懼	66	鷦	270	
霞	49	類	527	曦	84			
霜	338	騏	78	灌	66	【24画】		
鞠	85	魏	84	朧	533	靄	4	
韓	66	鯉	515	藥	338	鱗	527	
駿	247	鵜	392	衡	168	鱏	54	
鴻	167	鵠	171	蘇	328	鷺	532	
麋	447	鶯	51	護	147	鷹	507	
		鵑	127	譲	275	麟	527	
【18画】				醸	275			
叢	338	【19画】		鐘	270	【25画】		
嚢	426	寵	380	鐐	526	籬	515	
嚔	392	廬	521	闌	328	纘	188	
戴	347	懶	510	露	532			
擦	517	瀬	510	飄	449	【26画】		
艶	466	瀛	31	馨	118	驢	521	
檍	171	憤	417	騶	521			
璃	234	瓊	118	鬚	289	【27画】		
甕	40	羅	507	鰐	58	驥	78	
畢	107	臘	533	鰕	49	鸛	532	
礒	84	艶	37	鼇	147			
禰	425	蘇	334			【29画】		
穡	275	藻	338	【21画】		驪	515	
簡	66	蘭	511	灘	359			
簧	78	蘆	531	躋	318	【30画】		
織	275	蟹	54	韓	14	鸞	511	
翹	99	蟻	84	顧	142			
職	275	蠖	56	鶴	56			
臍	318	警	118	穐	234			
臨	527	識	209					
藤	408	轍	394	【22画】				
藪	338	鏨	270	囉	507			
藜	515	鏞	507	學	530			
蟬	328	鏡	97	懿	14			
蟠	441	鏗	168	瀾	427			
襟	105	離	515	聾	533			
覆	457	霧	486	襲	234			
観	66	願	68	讃	188			
覲	105	鯨	119	霽	318			
贈	339	鯤	171					

号・別名辞典　古代・中世・近世　(53)

号・別名辞典

あ（亜, 阿, 蛙）

【亜】

亜元
　亜元　あげん　1773～1842　徳川末期の国学者、僧侶　㊙伊豆国三島
亜古丸〈幼名〉
　河野 李由　こうの・りゆう　1662～1705　徳川中期の俳人
〔永田〕亜欧堂
　亜欧堂 田善　あおうどう・でんぜん　1748～1822　徳川中期の銅版画家　㊙岩代須賀川

【阿】

阿一〈名〉
　継山 検校　つぐやま・けんぎょう　～1697　箏曲家、継山流箏曲の始祖
阿人
　江原 阿人　えばら・あじん　江戸時代中期～後期の俳人
阿山人〈号〉
　直江 木導　なおえ・もくどう　1666～1723　近江彦根の藩士
阿仏尼
　阿仏尼　あぶつに　～1283　鎌倉時代の女流歌人、女子教育論者
阿円我
　阿円我　あえんが　1813～1890　紀伊高野山如意輪寺36世、大僧都
阿本
　阿本　あほん　～1564　高野山大塔再興の発願人、高野山の住僧
阿礼
　稗田 阿礼　ひえだの・あれ　『古事記』の口述者、天武朝より元明朝に至る頃の人
阿米夜〈名〉
　阿米夜　あめや　1493～1574　朝鮮人（或は明人）の陶工、楽焼の祖
阿沢
　東 阿沢　あずま・あたく　江戸時代中期の俳人
阿国
　出雲 阿国　いずもの・おくに　慶長初期の歌舞伎踊の名手、歌舞伎踊の始祖
阿弥陀院大僧正
　阿弥陀院大僧正　あみだいんだいそうじょう　1242～1293　高僧
阿弥陀聖
　空也　くうや　900?～970?　市聖（若しくは市上人、阿弥陀聖）と呼ばれた踊念仏の開祖　㊙京都
阿波大臣
　大炊御門 経宗　おおいみかど・つねむね　1119～1189　平安時代末期の廷臣、従1位左大臣
阿波介〈通称〉
　山田 錦所　やまだ・きんしょ　1762～1835　徳川中期の国学者　㊙京都
阿波太夫
　鳴渡 阿波太夫　なると・あわだゆう　正徳―延享時代の大阪の浄瑠璃太夫、阿波太夫の流祖　㊙淡路
〔鳴戸〕阿波太夫〈別名〉
　鳴渡 阿波太夫　なると・あわだゆう　正徳―延享時代の大阪の浄瑠璃太夫、阿波太夫の流祖　㊙淡路

阿波院
　土御門天皇　つちみかどてんのう　1195～1231　第83代の天皇、後鳥羽天皇第1皇子
阿直岐
　阿知吉師　あちきし　上代の百済使節、阿直岐史の祖
阿知〈名〉
　阿知吉師　あちきし　上代の百済使節、阿直岐史の祖
阿知吉師
　阿知吉師　あちきし　上代の百済使節、阿直岐史の祖
阿邪美能伊理毘売
　阿邪美能伊理毘売　あざみのいりびめ　垂仁天皇の妃
阿茶局
　阿茶局　あちゃのつぼね　1555～1637　家康の側室
阿桑門〈号〉
　稲津 祇空　いなつ・ぎくう　1663～1733　徳川中期の俳人　㊙大阪堺
阿竜
　武藤 阿竜　むとう・ありゅう　1819～1877　幕末明治初期の漢学者　㊙土佐
阿曽沼豊前守
　熊谷 元直　くまがい・もとなお　1556～1605　安土・桃山時代の武将、安芸国三入荘高松城主
阿部屋〈屋号〉
　村山 伝兵衛(1代)　むらやま・でんべえ　江戸中期、蝦夷地での場所請負人
阿閇皇女
　元明天皇　げんめいてんのう　661～721　第43代天皇
阿麻和利
　阿麻和利　あまわり　～1458　室町前期の琉球の武将　㊙琉球
阿富方
　留方　とめのかた　～1560　徳川家康の外祖母
阿斯能舎〈別称〉
　芦野屋 麻績一　あしのや・おみのいち　1803～1855　徳川末期の国学者、鍼医　㊙江戸
阿覚大師
　安然　あんねん　841～　天台の密教化を計ってこれを大成した天台宗の学僧
阿達照莚〈号〉
　石川 昔信　いしかわ・せきしん　徳川時代末期の画家
阿新丸
　日野 邦光　ひの・くにみつ　～1363　吉野朝の廷臣
阿摩和利
　阿麻和利　あまわり　～1458　室町前期の琉球の武将　㊙琉球

【蛙】

蛙水
　柴田 蛙水　しばた・あすい　?～1827　江戸時代後期の俳人
蛙助
　松井 蛙助　まつい・わすけ　日向飫肥の人
蛙助

松井 義彰　まつい・よしあき　江戸時代中期〜後期の儒者
蛙柳〈別名〉
並木 良輔　なみき・りょうすけ　宝暦期の江戸の歌舞伎狂言作者
蛙遊〈号〉
鈴鹿 秀満　すずか・ひでまろ　1797〜1877　幕末明治初期の歌人、祠官
蛙麿
花廼屋(3代)　はなのや　1817〜1868　狂歌師
蛙麿〈別号〉
中島 広足　なかじま・ひろたり　1792〜1864　幕末の国学者、歌人

【愛】

愛之助〈通称〉
江幡 木雞　えばし・もくけい　徳川末期の易学者　[出]出羽大館
愛之進
東郷 愛之進　とうごう・あいのしん　〜1868　薩摩藩派遣留学生
愛方
愛方　あいのかた　1552〜1589　徳川家康の側室
愛石〈号〉
愛石　あいせき　徳川中期の画僧　[出]紀州
愛次郎〈通称〉
大出 東皐　おおいで・とうこう　1841〜1905　幕末明治の画家　[出]江戸神田
愛竹
千秋堂 愛竹　せんしゅうどう・あいちく　1817〜1904　江戸末期の狂歌師　[出]陸中盛岡
愛和園主人〈筆名〉
大蔵 永常　おおくら・ながつね　1768〜　江戸後期の農学者　[出]豊後日田郡隈町
〔安東〕愛季
秋田 愛季　あきた・よしすえ　?〜1587　織豊時代の武将
愛亭〈別号〉
美図垣 笑顔　みずがき・えがお　1789〜1846　戯作者、狂歌師
愛省軒〈別号〉
柳亭 種彦(1世)　りゅうてい・たねひこ　1783〜1842　戯作者　[出]江戸
愛姫
陽徳院　ようとくいん　1568〜1653　伊達政宗の正室
愛雪楼〈別号〉
佐竹 永海　さたけ・えいかい　1803〜1874　幕末明治初期の画家　[出]奥州会津
愛歌人
鄙振庵 愛歌人　ひなぶりあん・あかんど　狂歌師　[出]信濃小県郡別所七欠里湯本

【靄】

靄厓
高久 靄厓　たかく・あいがい　1796〜1843　徳川中期の南画家　[出]下野那須郡小松庄杉渡戸村

【悪】

〔赤井〕悪右衛門
荻野 直正　おぎの・なおまさ　1529〜1578　戦国〜織豊時代の武将
悪左府
藤原 頼長　ふじわらの・よりなが　1120〜1156　平安時代の政治家、左大臣
悪源太
源 義平　みなもとの・よしひら　1141〜1160　平安後期の武将
悪霊左府
藤原 顕光　ふじわらの・あきみつ　944〜1021　平安時代の朝臣

【安】

安
会沢 正志斎　あいざわ・せいしさい　1781〜1863　徳川末期の水戸藩儒　[出]水戸城西南下谷
安万呂
太 安万呂　おおの・やすまろ　〜723　奈良朝時代の学者、民部卿
安万侶
太 安万呂　おおの・やすまろ　〜723　奈良朝時代の学者、民部卿
〔岩上亭〕安久楽
面堂 安久楽(2世)　めんどう・あぐら　1827〜1902　狂歌師
〔面堂〕安久楽(1世)
古面翁　こめんおう　1799〜1881　徳川末期・明治初期の狂歌師
安久楽(2世)
面堂 安久楽(2世)　めんどう・あぐら　1827〜1902　狂歌師
安山
河野 安山　こうの・あんざん　1674〜1738　江戸時代前期〜中期の俳人
安之丞
浅見 安之丞　あさみ・やすのじょう　1833〜1865　幕末の徳山藩士
安之丞〈通称〉
美月軒 古道(1世)　びげつけん・こどう　1708〜1776　徳川末期の華道師範、神宮
安之進〈通称〉
槇村 正直　まきむら・まさなお　1834〜1896　萩藩無給通士　[出]長門国美祢郡大田村
安元〈通称〉
多紀 藍渓　たき・らんけい　1732〜1801　医家
安太郎
阿比野 安太郎　あびの・やすたろう　1813〜1861　徳川末期の志士　[出]讃岐国鵜足郡宇多津村
安太郎〈通称〉
蛇口 義明　へびぐち・よしあき　1839〜1864　農民　[出]陸奥国盛岡花屋町
安太郎〈通称〉
福島 親之　ふくしま・ちかゆき　1837〜1882　明治初期の根付師
安王
足利 安王丸　あしかが・あんおうまる　1430〜1441　関東管領持氏の第3子

安王丸
足利 安王丸　あしかが・あんおうまる　1430～1441　関東管領持氏の第3子
〔鈴木〕安且
会田 安明　あいだ・やすあき　1747～1817　数学者　[出]羽州最上山形
安世〈別名〉
石丸 虎五郎　いしまる・とらごろう　1834～1902　1866年渡英、官吏、小野浜造船所長
安世
良岑 安世　よしみねの・やすよ　785～830　桓武天皇の皇子
〔良峯〕安世
良岑 安世　よしみねの・やすよ　785～830　桓武天皇の皇子
安代
一平 安代　いっぺい・やすよ　1680～1728　江戸時代中期の刀工
〔主馬首一平〕安代
一平 安代　いっぺい・やすよ　1680～1728　江戸時代中期の刀工
安右衛門
雲林院 文造（13代）　うんりんいん・ぶんぞう　～1818　京都粟田焼の陶家
安右衛門
呉服屋 安右衛門　ごふくや・やすえもん　～1588　織豊時代の耶蘇教殉教者　[出]泉州堺
安右衛門〈通称〉
多賀 宗之　たか・むねゆき　1647～1726　徳川中期の槍術家　[出]土佐
安右衛門〈通称〉
大森 漸斎　おおもり・ぜんさい　1545～1626　徳川初期の儒者、書家、茶人
安左衛門〈本名〉
石井 仏心　いしい・ぶっしん　1795～1863　江戸末期の数奇者
安左衛門
石田 安左衛門　いしだ・あんざえもん　1629～1693　江戸初期の佐賀藩士
安平
雲林院 文造（10代）　うんりんいん・ぶんぞう　～1752　京都粟田焼の陶家
安平
雲林院 文造（5代）　うんりんいん・ぶんぞう　～1608　京都粟田焼の陶家
安平康成
雲林院 文造（2代）　うんりんいん・ぶんぞう　～1568　京都粟田焼の陶家
安正〈名〉
綾部 絅斎　あやべ・けいさい　1676～1750　徳川中期の豊後杵築藩の儒者　[出]豊後
安民
秋元 正一郎　あきもと・しょういちろう　1823～1862　幕末の国学者　[出]播磨国姫路
安立
安立 安立　あだち・あんりゅう　徳川中期の浪華の医家
〔高田〕安立坊
安立坊 周玉　あんりつぼう・しゅうぎょく　江戸時代の華道家
安次
佐久間 安政　さくま・やすまさ　1555～1627　織豊～江戸時代前期の武将、大名
安江〈旧名〉
田口 俊平　たぐち・しゅんぺい　1818～1867　軍艦操練所教授
安兵衛
雲林院 文造（9代）　うんりんいん・ぶんぞう　～1723　京都粟田焼の陶家
〔中山〕安兵衛
堀部 安兵衛　ほりべ・やすべえ　1670～1703　江戸時代前期の武士
安兵衛為宗
雲林院 文造（4代）　うんりんいん・ぶんぞう　～1595　京都粟田焼の陶家
安良〈名〉
関岡 野洲良　せきおか・やすら　1772～1832　徳川中期の歌人　[出]武蔵八王子
安芸
伊達 宗重　だて・むねしげ　1615～1671　江戸時代前期の武士
安芸宰相・中納言
毛利 輝元　もうり・てるもと　1553～1625　安土・桃山時代の大名
安芳
勝 海舟　かつ・かいしゅう　1822～1899　幕末及び明治初期の政治家　[出]本所亀沢町
安国
浅井 安国　あさい・やすくに　1805～1867　幕末の兵学家、仙台藩士
安国淡雲〈別称〉
淡雲　たんうん　1830～1905　真宗西派、博多明蓮寺の僧
安居院法印
聖覚　せいかく　1167～1235　鎌倉時代の僧
安房
勝 海舟　かつ・かいしゅう　1822～1899　幕末及び明治初期の政治家　[出]本所亀沢町
安房守〈通称〉
勝 海舟　かつ・かいしゅう　1822～1899　幕末及び明治初期の政治家　[出]本所亀沢町
安房守
上杉 憲定　うえすぎ・のりさだ　～1412　山内家上杉憲方の子
安房侍従
里見 義康　さとみ・よしやす　1573～1603　桃山時代の武将、安房の豪族
安明
会田 安明　あいだ・やすあき　1747～1817　数学者　[出]羽州最上山形
安法法師
源 趁　みなもとの・ちん　平安朝時代の歌人、中古三十六歌仙の一人
安阿弥
快慶　かいけい　鎌倉時代の彫刻家
安亭
石川 安亭　いしかわ・あんてい　1772～1801　江戸後期の儒者
安信
寺島 安信　てらしま・やすのぶ　～1722　徳川中期の俳人　[出]尾州鳴海の本陣
安信

土屋 安親（1代） つちや・あんしん 1670～1744 金工、奈良派三作の一 [出]出羽庄内

安宣
別府 安宣 べっぷ・やすのぶ 1791～1863 徳川中末期の歌人

安政
本山 安政 もとやま・やすまさ ～1626 会津の二本松城の守将

〔桃林〕安栄
墨渓 ぼっけい ?～1473 室町時代の画僧

安貞〈字〉
三浦 梅園 みうら・ばいえん 1723～1789 豊後杵築藩の儒者 [出]豊後国国東郡富永村

安貞
石川 安貞 いしかわ・あんてい 1736～1810 江戸中期の儒学者 [出]尾張

安貞
多賀谷 安貞 たがや・やすさだ 1734～1804 徳川中期の医家 [出]上野

安殷
谷 安殷 たに・やすしげ 1669～1721 徳川中期の篤学者、幕府幣制改革の功労者 [出]堺

安泰
宮井 安泰 みやい・あんたい ～1815 和算家 [出]加賀金沢

安祥寺僧都
恵運 えうん 798～869 平安朝時代の僧、安祥寺の開山 [出]京都

安祥院
安祥院 あんしょういん ～1789 徳川家重の侍女

〔新城〕安基
大新城 おおあらぐすく ?～1567 琉球の政治家

〔藤原〕安宿媛
光明皇后 こうみょうこうごう 701～760 聖武帝の皇后

安康天皇
安康天皇 あんこうてんのう 第20代の天皇、允恭天皇の第3皇子

安規〈名〉
寺島 業言 てらしま・ぼくげん 1646～1736 徳川中期の俳人 [出]尾州鳴海の本陣

安規
池城 安規 いけぐすく・あんき ～1877 明治初期の琉球の政治家 [出]沖縄県首里

安麻呂
阿倍 安麻呂 あべの・やすまろ 8世紀前半元正・聖武朝の官僚

安麻呂
太 安万呂 おおの・やすまろ ～723 奈良朝時代の学者、民部卿

安麻呂
大伴 安麻呂 おおともの・やすまろ ～714 壬申の乱の功臣

〔阿部〕安麻呂
阿倍 安麻呂 あべの・やすまろ 8世紀前半元正・聖武朝の官僚

安勝子
本多 月楽 ほんだ・げつらく 江戸時代中期の浮世草子作者

安喜門院
安喜門院 あんきもんいん 1207～1286 後堀河天皇の皇后

安智
京極 高広 きょうごく・たかひろ 1599～1677 江戸時代前期の大名

安然
安然 あんねん 841～ 天台の密教化を計ってこれを大成した天台宗の学僧

安雄
紀 安雄 きの・やすお 822～886 平安朝初期の学者 [出]讃岐

安雄
文屋 安雄 ふんやの・やすお 狂歌師

〔刈田〕安雄
紀 安雄 きの・やすお 822～886 平安朝初期の学者 [出]讃岐

安楽
安楽 あんらく ～1207 住蓮と共に斬首となれる法然の弟子 [出]京都

安楽房〈号〉
安楽 あんらく ～1207 住蓮と共に斬首となれる法然の弟子 [出]京都

安照
金春 安照 こんぱる・やすてる ～1621 織豊時代・徳川初期の猿楽師

安禅寺宮
応善女王 おうぜんじょおう 1476～1497 後土御門天皇の第3皇女

安禅寺宮
観心女王 かんしんにょおう 1434～1490 安禅寺宮、後花園天皇第1皇女

安禅寺宮
心月女王 しんげつじょおう 1580～1590 陽光太上天皇の第3王女

安禅寺宮
普光女王 ふこうじょおう 1537～1562 後奈良天皇の皇女

安節
井上 因碩（11世） いのうえ・いんせき 1798～1853 囲碁の家元

安資〈名〉
滝宮 豊後 たきみや・ぶんご ～1582 織豊時代の武将

安雅堂〈別号〉
松本 楓湖 まつもと・ふうこ 1840～1923 日本画家 [出]常陸国河内郡寺内村

安嘉門院
安嘉門院 あんかもんいん 1209～1283 高倉天皇の皇子守貞親王の王女

安嘉門院四条〈別称〉
阿仏尼 あぶつに ～1283 鎌倉時代の女流歌人、女子教育論者

安綱
大原 安綱 おおはらの・やすつな 平安朝時代の刀工 [出]東伯郡大原村

安蔭〈名〉
荒巻 利蔭 あらまき・としかげ 1836～1913 歌人、もと和歌山藩士

安静
荻田 安静 おぎた・あんせい ～1669 徳川初期の俳人 [出]京都

安慶
　安慶　あんきょう　平安朝時代の僧
〔上月〕安範
　森川 安範　もりかわ・やすのり　1665～1730　江戸時代中期の篤学者
安蔵〈通称〉
　生懸 持吉　きがけ・もちよし　1769～1818　徳川中期江戸の狂歌師　⑩遠江立野
安養尼
　安養尼　あんように　恵心僧都源信の実妹
安濃津侍従・中将
　織田 信包　おだ・のぶかね　1543～1614　伊勢安濃津城主、織田氏の一族
〔奈良〕安親
　土屋 安親(1代)　つちや・あんしん　1670～1744　金工、奈良派三作の一　⑩出羽庄内
安親(1代)
　土屋 安親(1代)　つちや・あんしん　1670～1744　金工、奈良派三作の一　⑩出羽庄内
安麿
　大伴 安麻呂　おおともの・やすまろ　～714　壬申の乱の功臣

【按】

按針
　三浦 按針　みうら・あんじん　～1620　江戸前期最初に渡来したイギリス人航海士　⑩イギリス・ケント州ギリンガム
按察局
　按察局　あぜちのつぼね　後嵯峨天皇の宮人

【晏】

晏斎〈別号〉
　小野 湖山　おの・こざん　1814～1910　幕末・維新期の志士、漢詩人　⑩近江東浅井郡田根村

【庵】

庵〈名〉
　川辺 伊織　かわべ・いおり　1804～1874　幕末の出羽新庄藩の家老
庵々〈号〉
　山口 黒露　やまぐち・こくろ　1686～1767　徳川中期の俳人

【以】

以中坊
　松沢 以中坊　まつざわ・いちゅうぼう　江戸時代中期～後期の俳人
以之
　丹羽 以之　にわ・ともゆき　～1759　徳川中期の俳人　⑩尾張名古屋
以心庵
　良純法親王　りょうじゅんほうしんのう　1603～1669　知恩院初代御門跡、後陽成天皇第八皇子
以心斎〈号〉
　千 宗守〈武者小路千家7世〉　せんの・そうしゅ　1830～1891　茶道家
以文〈名〉

山田 錦所　やまだ・きんしょ　1762～1835　徳川中期の国学者　⑩京都
以仙
　高滝 以仙　たかたき・いせん　1605～?　江戸時代前期の俳人
以正
　疋田 以正　ひきた・これまさ　徳川初期の神道学者
以俊
　岡部 以俊　おかべ・もちとし　～1582　織豊時代の築城家
以信
　大住院 以信　だいじゅういん・いしん　1607～1696　江戸時代前期の華道家、京都本能寺の僧侶
以南
　以南　いなん　～1795　化政期の俳人　⑩越後出雲崎
以哉坊
　以哉坊　いさいぼう　1715～1774　天明期の俳人　⑩美濃の黒野
以貞〈号〉
　翠兒　すいけい　～1813　化政期の俳人　⑩常陸竜ヶ崎
以脩
　加藤 東岡　かとう・とうこう　1772～1857　江戸時代後期の歌人
以貫〈号〉
　内藤 希顔　ないとう・きがん　1625～1692　江戸前期の儒学者・書家
以貫
　穂積 以貫　ほずみ・いかん　1692～1769　儒者　⑩播磨国姫路
以敬斎〈号〉
　有賀 長伯　ありが・ちょうはく　1662～1737　徳川中期の国学者、歌人　⑩京都
以顕〈号〉
　有吉 蔵器　ありよし・ぞうき　1734～1800　閑谷郷黌の講学　⑩備前和気郡

【伊】

伊八(4代)
　須原屋 伊八(4代)　すはらや・いはち　1823～1896　書店主
伊十郎(1代)
　芳村 伊十郎(1代)　よしむら・いじゅうろう　江戸長唄唄方
伊十郎(2代)
　芳村 伊三郎(3代)　よしむら・いさぶろう　1754～1833　江戸長唄の名家
〔芳村〕伊十郎(3代)
　吉住 小三郎(2代)　よしずみ・こさぶろう　1799～1854　江戸長唄の唄方の名家
伊十郎(4代)
　芳村 伊三郎(5代)　よしむら・いさぶろう　1832～1882　江戸長唄の名家　⑩江戸麹町番町
伊三次
　日下部 伊三次　くさかべ・いそうじ　1814～1858　幕末の志士　⑩常陸国多賀郡
伊三治
　日下部 伊三次　くさかべ・いそうじ　1814～1858　幕末の志士　⑩常陸国多賀郡

伊三郎〈幼名〉
山崎 北華　やまさき・ほくか　1700～1746　徳川中期の俳人　[出]江戸
伊三郎
草間 直方　くさま・なおかた　1753～1831　『三貨図彙』の著者
伊三郎〈通称〉
大久保 忠保　おおくぼ・ただやす　1830～1886　歌人
伊三郎〈通称〉
大久保 漣々　おおくぼ・れんれん　1798～1858　徳川末期の俳人　[出]江戸
伊三郎
油屋 伊三郎　あぶらや・いさぶろう　幕末の開墾家　[出]西宮
〔中屋〕伊三郎
中 伊三郎　なか・いさぶろう　?～1860　江戸時代後期の銅版画家
〔萩野〕伊三郎〈後名〉
坂東 三津五郎（2代）　ばんどう・みつごろう　1741～1829　江戸の歌舞伎俳優
伊三郎（2代）
荻野 伊三郎（2代）　おぎの・いさぶろう　1750～1829　江戸の歌舞伎俳優、天明―文化時代の立役の上手
伊三郎（2代）
芳村 伊十郎（1代）　よしむら・いじゅうろう　江戸長唄唄方
伊三郎（3代）
芳村 伊三郎（3代）　よしむら・いさぶろう　1754～1833　江戸長唄の名家
伊三郎（5代）
芳村 伊三郎（5代）　よしむら・いさぶろう　1832～1882　江戸長唄の名家　[出]江戸麹町番町
〔橋本〕伊与〈本名〉
姉小路局　あねのこうじのつぼね　～1880　幕末期の江戸城大奥の上臈年寄　[出]京都
伊川院
狩野 伊川院　かのう・いせんいん　1775～1828　徳川幕府の奥絵師　[出]江戸
伊予
見性院　けんしょういん　1703～1770　中御門天皇の宮人
伊予
船越 宗舟　ふなこし・そうしゅう　1597～1670　江戸時代前期の武士、茶人
伊予局
三位局　さんみのつぼね　1497～1558　後奈良天皇の後宮
伊予長慶
柳生 兵庫助　やぎゅう・ひょうごのすけ　1579～1650　江戸初期の剣術家、尾張柳生の祖
伊予阿闍梨
日頂　にっちょう　～1317　日蓮門下六老僧の1人、日蓮宗本山弘法寺の開山　[出]駿河
伊介〈通称〉
安立 安立　あだち・あんりゅう　徳川中期の浪華の医家
伊尹
藤原 伊尹　ふじわらの・これただ　924～972　平安時代の政治家、摂政太政大臣
伊右衛門
近藤 伊右衛門　こんどう・いえもん　茶人
伊右衛門〈通称〉
寺島 業言　てらしま・ぼくげん　1646～1736　徳川中期の俳人　[出]尾州鳴海の本陣
伊右衛門〈通称〉
小西 来山　こにし・らいざん　1654～1716　徳川中期の俳人　[出]大阪
伊右衛門
上野屋 伊右衛門　うえのや・いえもん　1737～1808　徳川中期の漢学者　[出]八戸二十三日町
伊右衛門〈通称〉
布施 松翁　ふせ・しょうおう　1725～1784　徳川中期の心学者
伊右衛門
平瀬 伊右衛門　ひらせ・いえもん　～1870　淡路洲本の焚略者　[出]淡路国洲本
伊右衛門〈名〉
鈴木 五平次　すずき・ごへいじ　江戸中期の名古屋呉服町の鉄商
伊右衛門
河野 守弘　こうの・もりひろ　1793～1863　江戸時代後期の国学者
〔紺屋〕伊右衛門〈別称〉
原 呉山　はら・ござん　1827～1897　加賀金沢の作陶家
伊右衛門勝豊〈通称〉
宮竹屋 小春　みやたけや・しょうしゅん　～1718　徳川中期の俳人　[出]加賀金沢
伊左衛門
加藤 村三郎（1代）　かとう・むらさぶろう　尾張瀬戸の陶工
伊左衛門
岩井 伊左衛門　いわい・いざえもん　享保元文時代の大阪の歌舞伎狂言作者
伊左衛門〈通称〉
高瀬 栄寿　たかせ・えいじゅ　彫金工
伊左衛門〈通称〉
坂田 藤十郎（1代）　さかた・とうじゅうろう　1647～1709　歌舞伎俳優　[出]京都
伊左衛門〈通称〉
相楽 等躬　さがら・とうきゅう　1628～1705　徳川中期の俳人　[出]奥州須賀川
〔平野〕伊左衛門〈通称〉
一柳 友善（1代）　ひとつやなぎ・ゆうぜん　徳川時代水戸の装剣金工、一柳派の祖
伊年〈号〉
喜多川 相説　きたがわ・そうせつ　徳川初期の画家
伊佐比宿禰
五十狭茅 宿禰　いさちの・すくね　麛坂王の武将
伊佐智須区禰
五十狭茅 宿禰　いさちの・すくね　麛坂王の武将
伊兵衛
伊兵衛　いへえ　～1624　徳川初期の殉教者　[出]相模
伊兵衛〈通称〉
高林 方朗　たかばやし・みちあきら　1769～1846　徳川中期の国学者　[出]遠江長上郡有玉
伊兵衛〈通称〉
三田 葆光　さんた・かねみつ　1824～1907　歌人　[出]江戸

い（伊）

伊兵衛
　大坂屋 伊兵衛　おおさかや・いへえ　～1718　徳川中期江戸十組問屋の主唱者
〔沢屋〕伊兵衛〈通称〉
　尾崎 康工　おざき・やすよし　1701～1779　徳川中期の俳人　㊗越中戸出
〔東国屋〕伊兵衛
　鞘町 東伊　さやちょうの・とうい　江戸時代中期の俠客
伊助〈別名〉
　岩井 伊左衛門　いわい・いざえもん　享保元文時代の大阪の歌舞伎狂言作者
伊助〈本名〉
　若竹 笛躬(2代)　わかたけ・ふえみ　大阪の豊竹座の浄瑠璃作者
伊助
　草間 直方　くさま・なおかた　1753～1831　『三貨図彙』の著者
伊助〈別称〉
　穂積 以貫　ほずみ・いかん　1692～1769　儒者　㊗播磨国姫路
〔五番屋〕伊助
　赤松 光信　あかまつ・みつのぶ　1738～1821　徳川中期の陶工　㊗三木郡志度村
〔鴻池屋〕伊助〈通称〉
　草間 直方　くさま・なおかた　1753～1831　『三貨図彙』の著者
伊豆〈号〉
　山田 錦所　やまだ・きんしょ　1762～1835　徳川中期の国学者　㊗京都
伊豆
　秋山 巌山　あきやま・げんざん　1807～1863　江戸時代後期の儒者、神職
伊豆守〈別称〉
　穴山 信君　あなやま・のぶきみ　～1582　戦国時代の武将
伊豆守
　神後 宗治　じんご・むねはる　織豊時代の剣術家
伊豆亭〈号〉
　唐来 三和　とうらい・さんな　1744～1810　徳川中期江戸の戯作者、狂歌師
伊周
　藤原 伊周　ふじわらの・これちか　973～1010　平安時代の政治家、内大臣正三位内覧
伊奈侍従
　毛利 秀頼　もうり・ひでより　～1593　信長の臣、赤母衣衆、のち秀吉麾下　㊗江州小谷
伊洲
　菊田 伊洲　きくだ・いしゅう　1791～1852　徳川末期の画家　㊗陸前仙台
〔入江〕伊津子
　右兵衛局　うひょうえのつぼね　?～1763　江戸時代前期～中期の女官
伊美賀古王
　石上部皇子　いそのかみべのおうじ　欽明天皇の皇子
伊香
　甘南備 伊香　かんなびの・いかご　奈良時代の地方官
伊香王

伊香
　甘南備 伊香　かんなびの・いかご　奈良時代の地方官
伊賀入道〈別称〉
　加藤 信景　かとう・のぶかげ　里見氏家臣
伊賀守〈別称〉
　加藤 信景　かとう・のぶかげ　里見氏家臣
伊賀守
　篠塚 重広　しのづか・しげひろ　南北朝時代の武将
伊賀宅娘
　宅子娘　やかこのいらつめ　天智天皇の宮人、大友皇子の母
伊賀局
　亀菊　かめぎく　鎌倉時代京都の白拍子、後鳥羽上皇の愛妾
伊賀侍従
　筒井 定次　つつい・さだつぐ　1562～1614　武将、キリシタン大名慈明寺順光の子　㊗大和国
伊賀皇子
　弘文天皇　こうぶんてんのう　648～672　第39代の天皇
伊賀道知
　有馬 道智　ありま・どうち　1542～1640　織豊時代長崎5僧の最古参者　㊗肥前牛島
〔市川〕伊達十郎〈前名〉
　関 三十郎(3代)　せき・さんじゅうろう　1805～1870　歌舞伎俳優　㊗江戸
伊勢
　松室 敦子　まつむろ・あつこ　～1746　霊元天皇の後宮
伊勢上人
　伊勢上人　いせのしょうにん　伊勢国度会郡宇治の慶光院の住尼　㊗近江
伊勢太夫
　豊竹 伊勢太夫　とよたけ・いせだゆう　徳川中期の義太夫節の浄瑠璃太夫
伊勢守
　高木 守富　たかぎ・もりとみ　徳川中期の剣客、剣法玉影流の祖
伊勢守
　上泉 伊勢守　こういずみ・いせのかみ　戦国時代の剣客　㊗上野
伊勢守頼長
　青柳 伊勢守頼長　あおやぎ・いせのかみよりなが　～1587　小笠原氏家臣
伊勢屋〈屋号〉
　水越 与三兵衛(1代)　みずこし・よそべえ　文政(1818～30)ころの京焼の陶工
伊蒿子〈号〉
　藤井 懶斎　ふじい・らいさい　1626～1706　徳川初期京都の儒者　㊗筑後
伊興〈名〉
　笹山 嗣立　ささやま・しりゅう　1791～1853　幕末の書家　㊗長崎
伊
　以南　いなん　～1795　化政期の俳人　㊗越後出雲崎
伊織
　川辺 伊織　かわべ・いおり　1804～1874　幕末の出羽新庄藩の家老
伊織

号・別名辞典　古代・中世・近世　9

藤堂 元甫　とうどう・げんぽ　1677〜1762　代々伊勢津藩藤堂氏の国老　[出]伊賀大野
伊織〈通称〉
氷室 長翁　ひむろ・ながとし　1784〜1863　歌人
〔川部〕伊織
川辺 伊織　かわべ・いおり　1804〜1874　幕末の出羽新庄藩の家老
伊邇色入彦命
伊邇色入彦命　いにしきいりひこのみこと　垂仁天皇の皇子
〔越道〕伊羅都売
道 伊羅都売　みちの・いらつめ　飛鳥時代の女官

【圯】

圯橋〈号〉
小林 一茶　こばやし・いっさ　1763〜1827　徳川中期の俳人　[出]信州水内郡柏原村

【夷】

夷麻呂
馬 夷麻呂　うまの・ひなまろ　奈良時代の官僚

【衣】

衣一〈名〉
腕崎 検校　うでさき・けんぎょう　江戸後期の盲人音楽家
衣紋亭〈別号〉
佐屋裏 襟　さやのうら・えり　1780〜1841　江戸の狂歌師　[出]上総武射郡山中村
衣通郎女
衣通郎女　そとおしのいらつめ　5世紀中葉允恭天皇の妃
衣通姫
衣通郎女　そとおしのいらつめ　5世紀中葉允恭天皇の妃

【位】

〔藤原〕位子
新陽明門院　しんようめいもんいん　1262〜1296　亀山天皇の女御

【依】

依相子〈号〉
宗旦　そうたん　〜1693　俳人、伊丹派
依道
金蓮　こんれん　奈良時代の僧

【怡】

怡子内親王
怡子内親王　いしないしんのう　輔仁親王（後三条天皇皇子）の王女
怡真堂〈号〉
円山 応瑞　まるやま・おうずい　1766〜1829　円山派の画家　[出]京都
怡斎〈号〉
熊野 正紹　くまの・せいしょう　〜1797　徳川中期の郷土史家
怡雲〈別号〉
岐陽 方秀　きよう・ほうしゅう　1361〜1424　室町時代五山文学者たる南禅寺主　[出]讃岐熊岡

【威】

威如斎〈号〉
三宅 橘園　みやけ・きつえん　1767〜1819　徳川中期の儒者　[出]加賀
威陽〈号〉
平松 旦海　ひらまつ・たんかい　1823〜1901　幕末・明治の儒者　[出]岡山三番町

【為】

為一
葛飾 北斎　かつしか・ほくさい　1760〜1849　江戸末期の浮世絵師　[出]江戸本所割下水
〔米田〕為八〈幼名〉
立石 斧次郎　たていし・おのじろう　1843〜1917　オランダ通詞、英語通詞、英語教育、ハワイ移民に尽力
為十郎（1代）
浅尾 為十郎（1代）　あさお・ためじゅうろう　1735〜1804　大阪の歌舞伎俳優　[出]京都麩屋町四条下る町
為十郎（3代）
浅尾 為十郎（3代）　あさお・ためじゅうろう　〜1836　大阪の歌舞伎俳優、文化—天保時代の敵役の上手
為山
関 為山　せき・いざん　1804〜1878　徳川末期—明治初年の俳人　[出]江戸
為山
関 為山　せき・いざん　1804〜1878　徳川末期—明治初年の俳人　[出]江戸
為之進〈通称〉
荒木 元融　あらき・げんゆう　徳川中期の画家
為氏
藤原 為氏　ふじわらの・ためうじ　1222〜1286　鎌倉時代の歌人、二条家の祖
〔御子左〕為氏
藤原 為氏　ふじわらの・ためうじ　1222〜1286　鎌倉時代の歌人、二条家の祖
〔二条〕為氏
藤原 為氏　ふじわらの・ためうじ　1222〜1286　鎌倉時代の歌人、二条家の祖
為世
二条 為世　にじょう・ためよ　1250〜1338　鎌倉時代末期の歌人
〔藤原〕為世
二条 為世　にじょう・ためよ　1250〜1338　鎌倉時代末期の歌人
為左衛門〈通称〉
末永 虚舟　すえなが・きょしゅう　1635〜1729　徳川中期の地理学者　[出]久留米
為永
井沢 為永　いざわ・ためなが　1654〜1738　徳川中期の治水家　[出]紀伊国溝口村

い（為）

〔藤原〕為守
　冷泉 為守　れいぜい・ためもり　1265〜1328　鎌倉時代末の歌人
為成
　託間 為成　たくま・ためなり　藤原時代の画家、絵所長者で託磨派の祖と伝へられている
〔宅磨〕為成
　託間 為成　たくま・ためなり　藤原時代の画家、絵所長者で託磨派の祖と伝へられている
〔詫磨〕為成
　託間 為成　たくま・ためなり　藤原時代の画家、絵所長者で託磨派の祖と伝へられている
為竹〈通称〉
　岡本 一抱　おかもと・いっぽう　江戸中期の医家　㊞加賀
為良〈名〉
　肥田 浜五郎　ひだ・はまごろう　1830〜1889　幕末明治の海軍軍人　㊞伊豆田方郡対馬村八幡野
為実〈名〉
　安藤 抱琴　あんどう・ほうきん　1654〜1717　江戸中期の国学者　㊞丹波
〔藤原〕為実
　五条 為実　ごじょう・ためざね　1266〜1333　鎌倉時代の公卿
為定
　二条 為定　にじょう・ためさだ　1293?〜1360　鎌倉末・南北朝期の歌人
〔藤原〕為定
　二条 為定　にじょう・ためさだ　1293?〜1360　鎌倉末・南北朝期の歌人
為幸
　吉田 為幸　よしだ・ためゆき　1819〜1892　和算家、名古屋藩士
為明〈初名〉
　安藤 為章　あんどう・ためあきら　1659〜1716　徳川中期の儒者にして国学者　㊞丹波桑田郡千年山下小口村
為虎〈名〉
　吉分 大魯　よしわけ・だいろ　〜1778　徳川中期の俳人　㊞阿波徳島
〔今田〕為虎
　吉分 大魯　よしわけ・だいろ　〜1778　徳川中期の俳人　㊞阿波徳島
為長
　井鳥 景雲　いとり・けいうん　1701〜1782　徳川中期肥後の武術家　㊞肥後東武士町
〔高辻〕為長
　菅原 為長　すがわらの・ためなが　1158〜1246　鎌倉時代の公卿、学者
為信
　小笠原 一庵　おがさわら・いちあん　江戸初期の旗本、長崎奉行
為信
　井鳥 巨雲　いとり・きょうん　1650〜1721　江戸時代前期〜中期の剣術家
為春
　三浦 為春　みうら・ためはる　1573〜1652　江戸前期の仮名草子作家　㊞相模国三浦
為相
　冷泉 為相　れいぜい・ためすけ　〜1328　鎌倉時代の歌人

〔藤原〕為相
　冷泉 為相　れいぜい・ためすけ　〜1328　鎌倉時代の歌人
為重
　藤原 為重　ふじわらの・ためしげ　1325〜1385　吉野朝頃の歌人
〔二条〕為重
　藤原 為重　ふじわらの・ためしげ　1325〜1385　吉野朝頃の歌人
為兼
　京極 為兼　きょうごく・ためかね　1254〜1332　鎌倉時代の歌人
〔藤原〕為兼
　京極 為兼　きょうごく・ためかね　1254〜1332　鎌倉時代の歌人
〔冷泉〕為兼
　京極 為兼　きょうごく・ためかね　1254〜1332　鎌倉時代の歌人
〔御子左〕為家
　藤原 為家　ふじわらの・ためいえ　1198〜1275　鎌倉時代の公卿、歌人
為恭〈諱〉
　岡田 為恭　おかだ・ためちか　1823〜1864　幕末の画家　㊞京都
〔冷泉〕為恭
　岡田 為恭　おかだ・ためちか　1823〜1864　幕末の画家　㊞京都
為祥
　座光寺 為祥　ざこうじ・ためよし　1735〜1818　徳川中期甲斐の儒医
〔藤原〕為教
　京極 為教　きょうごく・ためのり　1227〜1279　鎌倉時代の公卿、歌人
為斎
　葛飾 為斎　かつしか・いさい　1821〜1880　江戸末期の浮世絵師　㊞江戸
為章
　安藤 為章　あんどう・ためあきら　1659〜1716　徳川中期の儒者にして国学者　㊞丹波桑田郡千年山下小口村
為経
　藤原 為経　ふじわらの・ためつね　平安時代の歌人
為隆
　藤原 為経　ふじわらの・ためつね　平安時代の歌人
為朝
　源 為朝　みなもとの・ためとも　1139〜1170　平安時代の武将
為閑
　吉田 為閑　よしだ・いかん　徳川初期の水戸藩士
為楽庵〈号〉
　松平 雪川　まつだいら・せっせん　1753〜1803　徳川中期の俳人　㊞江戸
為業
　藤原 為業　ふじわらの・ためなり　平安時代の歌人
〔御子左〕為遠
　二条 為遠　にじょう・ためとお　1341〜1381　南北朝時代の公卿、歌人
為誰庵〈号〉
　豊島 由誓　とよしま・ゆせい　1789〜1859　徳川中期の俳人　㊞江戸
〔工藤〕為憲

号・別名辞典　古代・中世・近世　11

い（畏，韋，倚，尉，惟）

藤原 為憲　ふじわらの・ためのり　平安時代中期の官吏
為頼
　土岐 為頼　とき・ためより　～1583　上総万喜城主

【畏】

畏甫〈号〉
　相原 友直　あいはら・ともなお　1703～1782　徳川中期の仙台藩士

【韋】

韋軒〈号〉
　秋月 韋軒　あきずき・いけん　1824～1900　旧会津藩士、明治の漢学者　㊨会津若松

【倚】

倚松庵〈号〉
　江村 専斎　えむら・せんさい　～1664　室町時代の儒医
倚柱子〈号〉
　慶 紀逸　けい・きいつ　1694～1761　徳川中期の俳人　㊨江戸

【尉】

尉助〈通称〉
　古屋 竹原　ふるや・ちくげん　1788～1861　幕末の画家　㊨高知

【惟】

惟一〈名〉
　日高 涼台　ひたか・りょうだい　1797～1868　幕末明治の医家　㊨安芸の山県郡新庄
惟久
　巨勢 惟久　こせの・これひさ　鎌倉時代の巨勢派の画家
惟中
　岡西 惟中　おかにし・いちゅう　1639～1711　徳川中期の俳人　㊨因州鳥取
惟仁〈御名〉
　清和天皇　せいわてんのう　850～880　第56代の天皇
惟方
　藤原 惟方　ふじわらの・これかた　1125～　平安時代の朝臣
惟木〈号〉
　綾部 絅斎　あやべ・けいさい　1676～1750　徳川中期の豊後杵築藩の儒者　㊨豊後
惟孝
　愛洲 惟孝　あいず・いこう　1452～1538　室町時代末期即ち戦国の頃の剣客で、愛洲蔭流始祖
惟孝〈諱〉
　緒方 城次郎　おがた・じょうじろう　1844～1905　緒方病院薬局長、和露辞典『魯語箋』の編者
惟孝〈名〉
　小林 百啝　こばやし・ひゃっぽ　1804～1887　幕末・明治前期の和算家　㊨越後（新潟県）
惟孝〈諱〉

藤江 岱山　ふじえ・たいざん　1758～1823　徳川中期竜野藩儒
惟足
　吉川 惟足　きっかわ・これたる　1615～1694　吉川流神道の創始者　㊨江戸
惟典
　今井 惟典　いまい・これすけ　1799～1847　幕末の志士　㊨水戸
惟和〈諱〉
　平井 伺谷　ひらい・とうこく　1714～1797　播州竜野の書家
惟実
　安藤 惟実　あんどう・これざね　1530～1570　伏見宮邦輔親王の王子
惟明親王
　大炊御門宮　おおいみかどのみや　1179～1221　高倉天皇の第3子惟明親王
〔宇治〕惟直
　阿蘇 惟直　あそ・これなお　?～1336　南北朝時代の武将
〔阿蘇〕惟長
　菊池 武経　きくち・たけつね　?～1537　戦国時代の武将
惟政
　和田 惟政　わだ・これまさ　1530～1571　室町末期の武将
〔大神〕惟栄
　緒方 惟義　おがた・これよし　平安時代後期の武将
惟将
　平 惟将　たいらの・これまさ　～981　平安時代の武将
惟恭
　秋山 厳山　あきやま・げんざん　1807～1863　江戸時代後期の儒者、神職
惟時
　阿蘇 惟時　あそ・これとき　～1353　南北朝時代の武将、肥後国一宮の阿蘇大宮司
〔宇治〕惟時
　阿蘇 惟時　あそ・これとき　～1353　南北朝時代の武将、肥後国一宮の阿蘇大宮司
惟翁
　安藤 惟実　あんどう・これざね　1530～1570　伏見宮邦輔親王の王子
惟寅〈字〉
　雨森 白水　あめのもり・はくすい　1793～1881　幕末・明治時代の画家　㊨京都
惟喬親王
　惟喬親王　これたかしんのう　844～897　文徳天皇の皇子
惟然
　広瀬 惟然　ひろせ・いぜん　～1711　徳川中期の俳人　㊨美濃国関
惟雄〈名〉
　岡 泰安　おか・たいあん　1796～1858　徳川末期の医家　㊨周防国熊毛郡平生村
惟僊
　樵谷 惟僊　しょうこく・いせん　鎌倉時代の僧
惟暉〈別称〉
　布田 惟暉　ぬのた・これてる　1801～1873　幕末・維新期の治水家　㊨肥後国上益城郡矢部郷
惟義

い（猗, 異, 移, 渭, 葦, 意, 飴, 維）

大内 惟義　おおうち・これよし　鎌倉時代伊賀の守護
〔平賀〕惟義
　大内 惟義　おおうち・これよし　鎌倉時代伊賀の守護
惟徳〈名〉
　伴 信友　ばん・のぶとも　1772～1846　徳川中期の国学者　㊣若狭遠敷郡小浜
〔恵良〕惟澄
　阿蘇 惟澄　あそ・これずみ　?～1364　南北朝時代の武将
惟誰軒素水〈号〉
　中川 濁子　なかがわ・じょくし　徳川中期の俳人、大垣藩士
惟衡
　平 惟衡　たいらの・これひら　平安時代の武将
惟親
　阿部 惟親　あべ・これちか　1734～1808　徳川中期の史家、藩医　㊣鳥取
惟親（諱）
　鈴木 広川　すずき・こうせん　1780～1838　徳川中末期の儒者　㊣上野佐波郡剛志村保泉
惟賢
　阿蘇 惟賢　あそ・これかた　織豊時代の神官にして文学者、肥後の阿蘇大宮司家の支族

【猗】

猗蘭
　本多 忠統　ほんだ・ただむね　1691～1757　江戸時代中期の大名、儒者

【異】

〔馬〕異才
　与那原 良応　よなばる・りょうおう　1761～1820　琉球の政治家
〔朝日〕異国太夫〈前名〉
　富士岡 若太夫　ふじおか・わかだゆう　宝暦—安永時代の常磐津浄瑠璃の太夫、富士岡派の家元

【移】

移竹
　田川 移竹　たがわ・いちく　1710～1760　徳川中期の俳人　㊣京都
移香
　愛洲 惟孝　あいず・いこう　1452～1538　室町時代末期即ち戦国の頃の剣客で、愛洲蔭流始祖

【渭】

渭川
　渭川　いせん　～1703　俳人、芭蕉一門
渭北
　松木 淡々　まつき・たんたん　1674～1761　徳川中期の俳人　㊣大阪西横堀
渭北
　右江 渭北　みぎえ・いぼく　1703～1755　江戸時代中期の俳人
渭虹
　土肥 秋窓　どひ・しゅうそう　1754～1834　江戸時代後期の武士、俳人
渭虹
　土肥 秋窓　どひ・しゅうそう　1754～1834　江戸時代後期の武士、俳人
渭浜庵
　溝口 素丸　みぞぐち・そがん　1713～1795　徳川中期の俳人　㊣江戸

【葦】

葦仮庵〈号〉
　斎藤 彦麿　さいとう・ひこまろ　1768～1854　徳川中期の国学者　㊣三河国矢作
葦庵〈号〉
　百拙 元養　ひゃくせつ・げんよう　1667～1749　徳川中期の画僧　㊣京師
葦斎
　玉木 正英　たまき・まさひで　1671～1736　江戸時代中期の神道家

【意】

意山〈号〉
　平野 喜房　ひらの・きぼう　江戸末期頃の和算家、尾州藩士
意心斎〈号〉
　広瀬 十口　ひろせ・じゅうこう　1723～1791　徳川中期の俳人　㊣京都
意水庵〈号〉
　杉田 旦藁　すぎた・たんこう　徳川中期の俳人　㊣名古屋
意吉麻呂
　長 奥麻呂　ながの・おきまろ　万葉集の歌人
意安
　吉田 意庵　よしだ・いあん　～1572　室町後期・戦国時代の京都の医師・土倉業者
意林庵〈号〉
　朝山 意林庵　あさやま・いりんあん　1589～1664　江戸前期の儒学者　㊣京都
意美麻呂
　中臣 意美麻呂　なかとみの・おみまろ　～711　奈良朝時代の祠官、神祇伯
意庵
　吉田 意庵　よしだ・いあん　～1572　室町後期・戦国時代の京都の医師・土倉業者
意教
　江戸太夫 意教　えどだゆう・いきょう　享保期の江戸節浄瑠璃の太夫、意教節の祖

【飴】

飴也
　阿米夜　あめや　1493～1574　朝鮮人（或は明人）の陶工、楽焼の祖
飴爺〈俗称〉
　阿米夜　あめや　1493～1574　朝鮮人（或は明人）の陶工、楽焼の祖

【維】

〔藤原〕維子

号・別名辞典　古代・中世・近世　13

盛化門院　せいかもんいん　1759～1783　後桃園天皇の女御
維文〈名〉
緒方 宗哲　おがた・そうてつ　～1722　江戸前・中期の儒学者　[出]備後
維平
浅草庵 維平　せんそうあん・いへい　1820～1886　江戸末期の歌人、狂歌師、新聞記者　[出]江戸
維平
由利 八郎　ゆり・はちろう　?～1190　平安後期～鎌倉時代の武士
維光〈初名〉
巌垣 松苗　いわがき・まつなえ　1774～1849　江戸後期の儒者
維舟〈別号〉
松江 重頼　まつえ・しげより　1602～1680　徳川初期の俳人　[出]大阪
維言〈名〉
川口 竹人　かわぐち・ちくじん　徳川中期の俳人　[出]伊賀
維岳〈諱〉
辻 将曹　つじ・しょうそう　1823～1894　幕末維新期の政治家
維政
和田 惟政　わだ・これまさ　1530～1571　室町末期の武将
維貞
座田 維貞　さいだ・これさだ　1800～1859　徳川末期の国学者　[出]美濃高須
維貞
大仏 維貞　おさらぎ・これさだ　1285～1327　鎌倉後期の武将
〔北条〕維貞
大仏 維貞　おさらぎ・これさだ　1285～1327　鎌倉後期の武将
維将
平 惟将　たいらの・これまさ　～981　平安時代の武将
維時〈名〉
平松 古道　ひらまつ・こどう　1686～1738　徳川中期の漢学者　[出]大和
維盛
平 維盛　たいらの・これもり　1157～1184　源平時代の武将
維新〈字〉
堀田 六林　ほった・ろくりん　1710～1792　徳川中期の俳人　[出]名古屋
維駒
維駒　これこま　天明期の俳人
〔黒柳〕維駒
維駒　これこま　天明期の俳人
維衡
平 惟衡　たいらの・これひら　平安時代の武将
維輯
大江 維輯　おおえ・いしゅう　1763～1811　徳川中期の儒者　[出]京都
維鱗〈名〉
川田 田福　かわだ・でんぷく　1721～1793　徳川中期の俳人　[出]京都

【韓】

韓村
木下 韓村　きのした・いそん　1805～1867　江戸末期の儒者　[出]肥後菊池

【懿】

〔源〕懿子
藤原 懿子　ふじわらの・いし　1116～1143　後白河天皇の妃

【鶏】

鶏斎〈号〉
杉田 玄白　すぎた・げんぱく　1733～1817　徳川中期の蘭学医　[出]江戸牛込矢来

【郁】

郁々堂〈号〉
蘭台　らんだい　～1793　化政期の俳人、越中井波瑞泉寺十四代住職誠心院従祐
郁之助
荒井 郁之助　あらい・いくのすけ　1835～1909　旧幕臣、気象台長
郁芳門院
郁芳門院　いくほうもんいん　1076～1096　白河天皇の第1皇女
郁賀
山口 郁賀　やまぐち・いくが　江戸時代後期の俳人

【一】

一〈字〉
恒丸　つねまる　～1810　化政期の俳人　[出]奥州三春
一〈名〉
荒木 千洲　あらき・せんしゅう　1807～1876　幕末の画家　[出]長崎
一
石川 貞幹　いしかわ・さだもと　1843～1864　幕末の尊攘運動家
〔長谷部〕一〈通称〉
藤堂 監物　とうどう・けんもつ　1842～1870　津藩士
一九
十返舎 一九　じっぺんしゃ・いっく　1765～1831　戯作者　[出]駿府
〔十返舎〕一九（2代）
十字亭 三九　じゅうじてい・さんく　江戸時代後期の戯作者
一二三堂〈号〉
久世 央　くぜ・おう　1822～1875　幕末・明治初期の算家　[出]越中上新川郡下砂子坂
一入〈名〉
楽 吉左衛門（4代）　らく・きちざえもん　1640～1696　京都楽焼の家元
一十軒〈号〉
中川 貞佐　なかがわ・ていさ　1680～1747　徳川中期の俳人　[出]京都
一寸一葉〈別号〉

三陀羅法師　さんだらほうし　1731〜1814　狂歌師
一寸法師〈別号〉
西来居 未仏　さいらいきょ・みぶつ　狂歌師
〔寧〕一山
一山 一寧　いっさん・いちねい　1247〜1317　禅僧、元からの勧降使、後に南禅寺の寺主　[出]宋台州
〔京太夫〕一中〈別名〉
都太夫 一中（2代）　みやこだゆう・いっちゅう　一中節浄瑠璃の宗家
〔都〕一中
都太夫 一中（1世）　みやこだゆう・いっちゅう　1650〜1724　一中節の家元
一中（1世）
都太夫 一中（1世）　みやこだゆう・いっちゅう　1650〜1724　一中節の家元
一中（2代）
都太夫 一中（2代）　みやこだゆう・いっちゅう　一中節浄瑠璃の宗家
〔都太夫〕一中（3代）
都 金太夫三中　みやこ・かねだゆうさんちゅう　正徳—寛延時代の一中節浄瑠璃の太夫
〔都太夫〕一中（4代）
都秀太夫 千中　みやこひでだゆう・せんちゅう　享保—宝暦時代の一中節浄瑠璃の太夫
一中（5代）
都太夫 一中（5代）　みやこだゆう・いっちゅう　〜1822　一中節浄瑠璃の宗家
一中（8代）
都太夫 一中（8代）　みやこだゆう・いっちゅう　1848〜1877　一中節浄瑠璃の宗家　[出]江戸
一中（9代）
都太夫 一中（9代）　みやこだゆう・いっちゅう　一中節浄瑠璃の宗家
一之
常見 浩斎　つねみ・こうさい　1746〜1836　江戸時代中期〜後期の儒者
一元〈名〉
小沢 何丸　おざわ・なにまる　1760〜1837　徳川中期の俳人　[出]信濃水内郡吉田
一六
仲地 麗伸　なかち・れいしん　?〜1638　朝鮮出身の陶工
一円
無住 一円　むじゅう・いちえん　1226〜1312　鎌倉後期の禅僧（臨済宗）、説話集作者　[出]相州鎌倉
一円
無住 道暁　むじゅう・どうぎょう　1227〜1312　鎌倉時代の僧
一円堂（2世）〈号〉
白井 鳥酔　しらい・ちょうすい　1701〜1769　徳川中期の俳人　[出]上総埴生郡地引村
一円斎〈号〉
青柳 真武　あおやぎ・さねたけ　1802〜1862　徳川末期の剣客、奇兵隊長
一円斎〈号〉
鈴木 李東　すずき・りとう　1781〜1838　徳川中期の俳人　[出]伊勢四日市
一双
屏風 一双　びょうぶ・いっそう　文化文政頃の狂歌師
一太郎〈通称〉
桜井 石門　さくらい・せきもん　1748〜1799　徳川中期出石藩の儒者
一心斎〈号〉
戸塚 彦介　とずか・ひこすけ　1813〜1886　幕末・明治期の代表的な柔術家
一方〈号〉
安藤 真鉄　あんどう・まがね　1753〜1827　神道禊教教祖井上正鉄の父　[出]江戸
一氏〈名〉
石田 正澄　いしだ・まさずみ　〜1600　安土桃山時代の武将、三成の兄
一水〈号〉
友次　ゆうじ　〜1669　俳人、貞門　[出]名古屋
一水（美笑流別家2世）
美笑軒 一水（美笑流別家2世）　びしょうけん・いっすい　徳川末期の華道師範、尾張藩士
一牛居士〈号〉
菱田 房明　ひしだ・ふさあき　1697〜1766　徳川中期の幕府の能吏　[出]江戸
一以
大道 一以　だいどう・いちい　1292〜1370　鎌倉〜南北朝時代の僧
一右衛門
桜井 一右衛門　さくらい・かずえもん　1785〜1856　徳川末期の経世家　[出]対馬厳原
一四
西川 一四　にしかわ・いっし　1709〜1746　江戸時代中期の俳人
一払斎〈別号〉
芝 甘交　しば・かんこう　〜1804　戯作者　[出]江戸
一本
相生 治五右衛門　あいおい・じごえもん　1680〜1755　江戸時代前期〜中期の力士
一玉（1代）
宝松庵 一玉（1代）　ほうしょうあん・いちぎょく　1824〜1871　遠州流挿花家
一玉（2世）
宝松庵 一玉（2世）　ほうしょうあん・いちぎょく　1823〜1883　遠州流挿花家
一生観〈別号〉
平沢 白翁　ひらざわ・はくおう　幕末の易学者　[出]大阪
一白
富田 知信　とみた・とものぶ　?〜1599　織豊時代の武将
一礼斎国信〈画号〉
志満 山人　しま・さんにん　画家、戯作者
一伝斎〈号〉
浅山 三五郎　あさやま・さんごろう　徳川初期の剣客にして浅山一伝流の祖　[出]伊賀
一任斎〈号〉
安国寺 恵瓊　あんこくじ・えけい　〜1600　安芸安国寺の僧、武田氏の遺孤
一光
石川 一光　いしかわ・かずみつ　〜1583　秀吉馬廻　[出]美濃鏡島
〔横萩〕一光
土屋 一光（1代）　つちや・いっこう　1808〜1882　陶工　[出]越中
〔石河〕一光

石川 一光　いしかわ・かずみつ　～1583　秀吉馬廻　㊥美濃鏡島
一光（1代）
土屋 一光（1代）　つちや・いっこう　1808～1882　陶工　㊥越中
一向
一向　いっこう　1239～1287　一向衆の祖とされる
〔不二川〕一向〈別名〉
藤川 山八　ふじかわ・さんぱち　1723～1775　宝暦―安永時代の京都の歌舞伎狂言作者
一圭
遠山 荷塘　とおやま・かとう　1795～1831　江戸時代後期の僧
一如
大谷 旧旅　おおたに・きゅうりょ　1649～1700　東本願寺法主にして俳人
一字恵廸〈号〉
酒泉 竹軒　さかいずみ・ちくけん　1654～1718　徳川中期の史家　㊥筑前福岡
〔番〕一安
伴 道雪　ばん・どうせつ　?～1621　織豊～江戸時代前期の弓術家
一有〈号〉
岡西 惟中　おかにし・いちゅう　1639～1711　徳川中期の俳人　㊥因州鳥取
一有〈号〉
渭川　いせん　～1703　俳人、芭蕉一門
一灯〈号〉
千 宗室（8世）　せんの・そうしつ　1719～1771　茶道家
一瓜子〈号〉
相楽 等躬　さがら・とうきゅう　1628～1705　徳川中期の俳人　㊥奥州須賀川
一糸〈字〉
文守 一糸　ぶんしゅ・いっし　1607～1645　江戸時代初期の臨済宗の僧
一色〈旧名〉
向山 一履　むこうやま・かずふみ　1826～1897　幕臣、漢詩人、駐仏全権公使としてナポレオン三世に謁見
一色律師
一色 公深　いっしき・こうしん　?～1330　鎌倉時代の武将
一作〈別称〉
原田 亀太郎　はらだ・かめたろう　～1864　維新時代の志士
〔中村〕一作〈本名〉
金城 一国斉（1代）　きんじょう・いっこくさい　幕末の漆芸家、旧尾張藩士
一助
荒木 一助　あらき・かずすけ　越前丸岡藩の世臣にして漢学者
一呆廬〈号〉
三浦 樗良　みうら・ちょら　1729～1780　徳川中期の俳人　㊥志州鳥羽
一寿斎〈別号〉
歌川 芳員　うたがわ・よしかず　江戸末期の浮世絵師
一対局
葉室 宣子　はむろ・のぶこ　～1679　後陽成天皇の典侍
一志〈号〉
笠家 逸志　かさや・いっし　1675～1747　徳川中期の俳人
一条局
徽安門院一条　きあんもんいんのいちじょう　南北朝時代の女官、歌人
一甫
和田 東潮　わだ・とうちょう　1658～1706　江戸時代前期の俳人
一甫（1世）
本松斎 一甫（1世）　ほんしょうさい・いっぽ　～1872　遠州流華道師範
一甫派（3世）
本松斎 一鯨（1世）　ほんしょうさい・いっけい　～1847　遠州流の華道師範　㊥江戸
一甫派（4世）
本松斎 一鯨（2世）　ほんしょうさい・いっけい　～1851　遠州流の華道師範
一甫派（5世）
本松斎 一鯨（3世）　ほんしょうさい・いっけい　～1867　遠州流の華道師範
一甫派（6世）
本松斎 一甫（1世）　ほんしょうさい・いっぽ　～1872　遠州流華道師範
一秀
大村 一秀　おおむら・いっしゅう　1824～1891　幕末―明治中期の和算家　㊥江戸
一肖
八千房 淡叟　はっせんぼう・たんそう　1792～1846　江戸時代後期の俳人
一肖
八千房 淡叟　はっせんぼう・たんそう　1792～1846　江戸時代後期の俳人
〔藤村〕一角〈初名〉
福岡 弥五四郎　ふくおか・やごしろう　1641～元録―享保時代の京阪の歌舞伎俳優、狂言作者
一事庵百古〈号〉
河村 公成　かわむら・こうせい　1808～1868　徳川末期の俳人　㊥長門
一具
高梨 一具　たかなし・いちぐ　1781～1853　徳川中期の俳人　㊥出羽国村山郡楯岡
〔一具菴〕一具
高梨 一具　たかなし・いちぐ　1781～1853　徳川中期の俳人　㊥出羽国村山郡楯岡
一具庵〈号〉
高梨 一具　たかなし・いちぐ　1781～1853　徳川中期の俳人　㊥出羽国村山郡楯岡
一国斉（1代）
金城 一国斉（1代）　きんじょう・いっこくさい　幕末の漆芸家、旧尾張藩士
一奇
安西 一奇　あんざい・いっき　江戸時代後期の俳人
一学〈通称〉
雛田 中清　ひなた・なかきよ　1819～1886　幕末の志士
一学〈別称〉
入江 修敬　いりえ・しゅうけい　～1773　江戸中期の数学者　㊥播磨

一実
廓山　かくざん　1572〜1625　安土桃山・江戸初期の僧　[出]甲斐八代郡市部村
〔大薩摩〕一宝斉〈別名〉
芳村 孝次郎(4代)　よしむら・こうじろう　1833〜1902　江戸長唄の唄方の名家
一抱
岡本 一抱　おかもと・いっぽう　江戸中期の医家　[出]加賀
一斉〈号〉
石井 孫兵衛　いしい・まごべえ　1827〜1899　幕末・明治時代の大鼓師、石井流9世(前田藩抱役者)
〔豊田〕一東〈狂言作者名〉
坂東 豊三郎　ばんどう・とよさぶろう　〜1775　宝暦期の大阪の歌舞伎俳優　[出]大阪
一直斎〈号〉
鈴木 素雪　すずき・そせつ　〜1736　徳川中期の書家　[出]佐渡夷町
一阿
立川 一阿　たちかわ・いちあ　江戸時代後期の俳人
一乗阿闍梨
日門　にちもん　〜1296　日蓮宗の僧、常陸妙光寺の開山
一保
鈴木 一保　すずき・かずやす　1744〜1812　徳川中期の国学者
一室
栂井 道敏　とがのい・みちとし　1722〜1791　江戸時代中期の歌人
一幽子〈号〉
西山 宗因　にしやま・そういん　1605〜1682　徳川初期の連歌俳諧師　[出]肥後八代
一柳軒〈号〉
岡村 不卜　おかむら・ふぼく　1632〜1691　徳川初期・中期の俳人
一柳軒〈別号〉
平巌 仙山　ひらいわ・せんざん　徳川初期の儒者　[出]京都東山
一柳斎〈別号〉
喜多 武清　きた・ぶせい　1776〜1856　江戸末期の浮世絵師　[出]江戸
一洗
奈河 篤助(1代)　なかわ・とくすけ　1764〜1842　京阪の歌舞伎狂言作者
一竿〈号〉
三浦 一竿　みうら・いっかん　幕末・明治時代の漢学者・官吏
一紅
羽鳥 一紅　はとり・いっこう　1724〜1795　江戸時代中期の俳人
一草
子日庵 一草　ねのひあん・いっそう　1732〜1819　徳川中期の俳人　[出]奥州南部鬼柳の里
一茶
小林 一茶　こばやし・いっさ　1763〜1827　徳川中期の俳人　[出]信州水内郡柏原村
一貞〈名〉
平沢 九郎　ひらさわ・くろう　1777〜1844　尾張藩士
一貞尼
村野 一貞尼　むらの・いっていに　?〜1837　江戸時代後期の歌人
一郎
丸川 松隠　まるかわ・しょういん　1758〜1831　江戸時代中期〜後期の儒者
一郎右衛門〈通称〉
岡村 不卜　おかむら・ふぼく　1632〜1691　徳川初期・中期の俳人
一音
一音　いちおん　徳川中期の俳人　[出]越後
一風〈号〉
内藤 丈草　ないとう・じょうそう　1661〜1704　徳川中期の俳人　[出]尾張国犬山
一宮〈尊称〉
済深法親王　さいしんほうしんのう　1671〜1701　霊元天皇第1皇子
一峯〈号〉
池永 道雲　いけなが・どううん　1674〜1737　徳川中期江戸の書家
一時軒〈号〉
岡西 惟中　おかにし・いちゅう　1639〜1711　徳川中期の俳人　[出]因州鳥取
一桜井亀文〈号〉
桜井 亀文　さくらい・きぶん　1742〜1805　徳川中期の諸侯にして俳人
一殊牧
珠牧　しゅぼく　戦国〜織豊時代の画家
一矩
青木 紀伊守　あおき・きいのかみ　〜1600　秀長の臣
一笑〈号〉
橘田 春湖　きつだ・しゅんこ　1815〜1886　俳人　[出]甲府
一笑
小椙 一笑　こすぎ・いっしょう　1653〜1688　徳川中期の俳人　[出]加賀金沢
一笑
小杉 一笑　こすぎ・いっしょう　1653〜1688　江戸時代前期の俳人
一純
雪叟 一純　せっそう・いちじゅん　1377〜1455　南北朝〜室町時代の僧
一翁〈字〉
一翁 院豪　いちおう・いんごう　1210〜1281　上州長楽寺僧　[出]上州
一翁〈号〉
狩野 重郷　かのう・しげさと　1570〜1616　狩野派の画家、のちの根岸御行松狩野家の祖
一翁〈号〉
千 宗守(1世)　せんの・そうしゅ　1592〜1675　茶道家、武者小路流の祖
一翁
大久保 一翁　おおくぼ・いちおう　1817〜1888　徳川末期—明治中期の政治家　[出]江戸
一翁〈号〉
里村 玄陳　さとむら・げんちん　1591〜1665　織豊時代・徳川初期の連歌師　[出]堺
一造〈通称〉
大国 隆正　おおくに・たかまさ　1792〜1871　幕末明治初期の国学者　[出]江戸桜田
一馬(4代)

貞松斎 一馬(4代)　ていしょうさい・いちば　1827〜1900　正風遠州流の華道師範　[出]土佐
一啜斎〈号〉
千 宗守(5世)　せんの・そうしゅ　1763〜1838　茶道家
一庵〈剃髪名〉
小笠原 一庵　おがさわら・いちあん　江戸初期の旗本、長崎奉行
一得斎〈号〉
岡本 一抱　おかもと・いっぽう　江戸中期の医家　[出]加賀
一斎
佐藤 一斎　さとう・いっさい　1772〜1859　徳川中末期の碩学　[出]江戸浜町
一斎
谷 一斎　たに・いっさい　1624〜1695　儒学者　[出]土佐
〔井筒〕一斎〈狂言作者名〉
百村 友九郎(2代)　ひゃくむら・ともくろう　1774〜1834　大阪の歌舞伎俳優
一渓
狩野 一渓　かのう・いっけい　1599〜1662　幕府の表絵師
一渓
狩野 一渓　かのう・いっけい　1630〜1716　徳川幕府の表絵師
一清
葛西 一清　かさい・いっせい　幕末・明治初年頃の算家　[出]仙台領志田郡葛西
〔佐藤〕一清
葛西 一清　かさい・いっせい　幕末・明治初年頃の算家　[出]仙台領志田郡葛西
〔銭屋〕一清
伊藤 一清　いとう・いっせい　江戸時代後期の俳人
〔林華斎〕一紫
清松斎 一杉(1代)　せいしょうさい・いっさん　江戸時代後期の華道家
一紹〈別称〉
高橋 梨一　たかはし・りいち　1714〜1783　徳川中期の俳人
一貫〈号〉
鈴木 房政　すずき・ふさまさ　1832〜1908　歌人　[出]武蔵橘樹郡長尾村向丘
一貫堂鈍斎〈号〉
随朝 陳　ずいちょう・のぶる　1790〜1850　江戸中・末期の算家兼儒学者　[出]京都
一貫斎
朝日 一貫斎　あさひ・いっかんさい　1783〜1834　江戸末期の儒者
一貫斎
国友 藤兵衛　くにとも・とうべえ　1778〜1840　江戸時代後期の砲術家、蘭学者
一雪
椋梨 一雪　むくなし・いっせつ　徳川初期の俳人　[出]京都
一握堂〈号〉
斎藤 中立　さいとう・ちゅうりつ　1743〜1804　徳川中期の算家　[出]三州吉田(豊橋)
一暁〈別名〉
中村 東蔵(3代)　なかむら・とうぞう　1791〜1848　京阪の歌舞伎俳優
一晶
芳賀 一晶　はが・いっしょう　1645〜1707　徳川中期の俳人　[出]京都
〔熊谷〕一琴
船田 一琴　ふなだ・いっきん　1812〜1863　江戸時代後期の装剣金工
一筆坊〈号〉
伊村 鷗沙　いむら・おうしゃ　1724〜1796　徳川中期の俳人　[出]名古屋
〔古実庵〕一葉
春秋軒 一葉(1代)　しゅんじゅうけん・いちよう　江戸時代中期の華道家
〔千菊園〕一葉
翠 千条　みどり・せんじょう　江戸時代後期の狂歌師
一葉庵〈号〉
白井 鳥酔　しらい・ちょうすい　1701〜1769　徳川中期の俳人　[出]上総埴生郡地引村
一蛙
横井 一蛙　よこい・いちあ　江戸時代後期の俳人
一遍
一遍　いっぺん　1239〜1289　時宗の開祖　[出]伊予
一閑
飛来 一閑　ひらい・いっかん　1578〜1657　安土・桃山・江戸前期の漆工　[出]中国
一閑
宝生家(4世)　ほうしょうけ　〜1558　能役者
一閑
田中 宗得　たなか・むねのり　1625〜1701　江戸時代前期の神道家
一閑斎
松原 慶輔　まつばら・けいほ　1689〜1765　江戸時代中期の医師
一陽亭〈別号〉
志満 山人　しま・さんにん　画家、戯作者
一陽斎
狩野 永納　かのう・えいのう　1631〜1697　徳川初期京狩野三代目の画家　[出]京都
一集
雌雄軒 双蛾　しゆうけん・そうが　1770〜1832　江戸時代後期の華道家
一雄
松本 一雄　まつもと・かずお　徳川中期の画家、水画の創始者　[出]大阪
一雄斎〈号〉
歌川 豊国(3代)　うたがわ・とよくに　1786〜1864　浮世絵師　[出]江戸
一夢
稲富 祐直　いなとみ・すけなお　1551〜1611　砲術家　[出]丹後田辺
一夢
石川 一夢　いしかわ・いちむ　1804〜1854　徳川末期の講談師
一楽
関 載甫　せき・さいほ　1646〜1730　徳川初期の儒者
一楽〈号〉
北条 角磨　ほうじょう・すみまろ　1818〜1902　幕末明治の漢学者　[出]羽州新庄
一楽亭〈別名〉

一楽亭 栄水　いちらくてい・えいすい　江戸時代の画家
一源子〈号〉
中島 随流　なかじま・ずいりゅう　1629～1708　徳川中期の俳人
一猿〈別名〉
坂東 彦左衛門（2代）　ばんどう・ひこざえもん　～1849　江戸の歌舞伎俳優
一碗亭〈号〉
神谷 玄武坊　かみや・げんぶぼう　1713～1798　徳川中期の俳人　[出]江戸
一蜂
河曲 一蜂　かわふ・いっぽう　1641～1725　江戸時代前期～中期の俳人
一誠
前原 一誠　まえばら・いっせい　1834～1876　萩藩士　[出]長門
一豊妻
山内 一豊妻　やまのうち・かずとよのつま　1557～1617　賢婦、浅井氏家臣若宮喜助友興の娘　[出]近江国坂田郡飯村
一雅
大全 一雅　だいぜん・いちが　1341～1395　南北朝時代の僧
一鼎〈号〉
石田 安左衛門　いしだ・あんざえもん　1629～1693　江戸初期の佐賀藩士
一寧
一山 一寧　いっさん・いちねい　1247～1317　禅僧、元からの勧降使、後に南禅寺の寺主　[出]宋台州
一徳〈名〉
斎藤 監物　さいとう・けんもつ　1822～1860　幕末の勤王家　[出]常陸那珂郡静村
一徳（3代）
中山 よしを（2代）　なかやま・よしを　?～1862　江戸時代後期の歌舞伎役者
一徳斎〈別号〉
徳亭 三孝　とくてい・さんこう　徳川中期の狂歌師、戯作者
一摶〈号〉
青人　あおんど　～1740　俳人、伊丹派　[出]伊丹
一漁（1代）
鶴海 一漁（1代）　つるみ・いちぎょ　?～1735　江戸時代中期の俳人
一漁（2代）
鶴海 一漁（2代）　つるみ・いちぎょ　江戸時代中期の俳人
一漁（3代）
須田 一漁　すだ・いちぎょ　江戸時代中期の俳人
一漁（4代）
下村 一漁　しもむら・いちぎょ　江戸時代中期の俳人
一練窓〈号〉
溝口 素丸　みぞぐち・そがん　1713～1795　徳川中期の俳人　[出]江戸
一翠子〈別称〉
宮川 道達　みやがわ・みちさと　国学者　[出]江戸
一鳳
西沢 一鳳　にしざわ・いっぽう　1802～1852　浪華の書肆兼作家
一履〈諱〉
向山 一履　むこうやま・かずふみ　1826～1897　幕臣、漢詩人、駐仏全権公使としてナポレオン三世に謁見
一慶
雲章 一慶　うんしょう・いっけい　1386～1463　宮中にて『元亨釈書』を進講した臨済宗僧　[出]京都
一蕙
浮田 一蕙　うきた・いっけい　1795～1859　江戸中期の画家にして志士　[出]京都
一蕙
足立 一蕙　あだち・いっけい　江戸時代後期の俳人
〔右喜多〕一蕙
浮田 一蕙　うきた・いっけい　1795～1859　江戸中期の画家にして志士　[出]京都
一蔵〈俗称〉
井田 寒匡　いだ・かんがい　1743～1810　徳川中期の俳人　[出]能登小木町真脇村
一蔵〈初名〉
石野 氏利　いしの・うじとし　1621～1693　徳川初期の武芸家にして離想流槍術の祖
一蝶
中山 新九郎（1代）　なかやま・しんくろう　1702～1775　京阪の歌舞伎俳優
一蝶（1世）
英 一蝶（1世）　はなぶさ・いっちょう　1652～1724　徳川初中期の画家　[出]大阪
一蝶斎（3世）
柳川 一蝶斎（3世）　やながわ・いっちょうさい　1847～1909　幕末明治時代の手品師　[出]江戸神田平永町
一調
吉田 一調　よしだ・いっちょう　1812～1881　尺八の名手、旧幕の家臣
一鞏
固山 一鞏　こざん・いっきょう　1284～1360　鎌倉～南北朝時代の僧
一養斎〈別号〉
里の家 芳滝　さとのや・よしたき　1841～1899　幕末―明治中期関西の浮世絵師　[出]大阪
一嘯〈号〉
円山 応挙　まるやま・おうきょ　1732～1795　写生画の大家、円山派の祖　[出]丹波国桑田郡穴太村
一樹庵〈号〉
岸 紹易　きし・しょうえき　1726～1799　徳川中期の堺奉行与力、茶人
一樵〈号〉
勝屋 四郎　かつや・しろう　徳川末期明治時代の礼法家
一瓢
清水 一瓢　しみず・いっぴょう　1770～1840　徳川中期の俳人
一簑烟客〈別号〉
大西 圭斎　おおにし・けいさい　徳川時代後期の画家　[出]江戸
一繁〈名〉
桂五　けいご　～1812　化政期の俳人　[出]名古屋
一興
斎藤 九畹　さいとう・きゅうえん　徳川中期岡山藩の儒者
一醒〈号〉
友次　ゆうじ　～1669　俳人、貞門　[出]名古屋

いち（聿, 壱）　いつ（逸）　いん（允, 尹）

一鶯
　美笑軒 一鶯　びしょうけん・いちおう　1795～1888
　幕末明治時代の華道師範、美笑流宗家9世、幕臣
一賛〈俳名〉
　久世 氏美　くぜ・うじよし　1703～1770　江戸中期の民政家
一谿〈号〉
　青山 興道　あおやま・おきみち　1702～1756　徳川中期の儒者
一蠧軒〈別号〉
　安原 貞室　やすはら・ていしつ　1610～1673　徳川初期の俳人　㉄京都
一瞬庵〈別号〉
　浜野 政随　はまの・しょうずい　1696～1769　江戸時代の彫金家
一麿
　石橋 一麿　いしばし・いちまろ　?～1778　江戸時代中期の俳人、戯作者
一鏡〈号〉
　松平 四山　まつだいら・しざん　～1854　徳川中期の俳人、出雲母里藩主
一鯨（1世）
　本松斎 一鯨（1世）　ほんしょうさい・いっけい　～1847　遠州流の華道師範　㉄江戸
一鯨（2世）
　本松斎 一鯨（2世）　ほんしょうさい・いっけい　～1851　遠州流の華道師範
一鯨（3世）
　本松斎 一鯨（3世）　ほんしょうさい・いっけい　～1867　遠州流の華道師範
一鶯〈号〉
　鈴木 鷲湖　すずき・がこ　1816～1870　幕末の日本画家　㉄下総金堀村
一鷗〈号〉
　今村 一鷗　いまむら・いちおう　徳川中期の小児科医　㉄広島
一鷹舎
　滝 瓢水　たき・ひょうすい　1684～1762　徳川中期の俳人　㉄播磨国別府
〔天祥〕一麟
　一庵 一麟　いちあん・いちりん　1329～1407　南北朝～室町時代の僧

【聿】

聿
　木村 権之衛門　きむら・ごんのえもん　1824～1863　幕末の武士

【壱】

壱〈名〉
　人見 卜幽軒　ひとみ・ぼくゆうけん　1599～1670　儒者　㉄京二条烏丸
壱岐
　大神 壱岐　おおが・いき　1834～1865　祠官　㉄筑前国
壱岐
　富田 氏紹　とみた・うじつぐ　1626～1705　江戸時代前期の武士

【逸】

〔林〕逸〈本姓名〉
　饅頭屋 宗二（1代）　まんじゅうや・そうじ　1498～1581　歌人　㉄大和奈良
逸人
　加藤 逸人　かとう・いつじん　1774～1829　徳川中期の俳人　㉄尾張枇杷島
逸平〈通称〉
　今尾 清香　いまお・きよか　1805～1873　徳川末期の国学者　㉄下野足利
逸竹斎達竹〈別号〉
　滝沢 馬琴　たきざわ・ばきん　1767～1848　江戸時代の小説家　㉄深川高松通浄心寺側
逸志
　笠家 逸志　かさや・いっし　1675～1747　徳川中期の俳人
逸見相繁〈本名〉
　石竜子（1代）　せきりゅうし　～1808　徳川中期の観相家
逸堂
　完敏親王　さだとししんのう　1640～1695　第181代天台座主、後水尾天皇第10皇子
逸斎
　笹山 養意　ささやま・ようい　～1743　徳川中期の画家
逸斎
　水野 忠暁　みずの・ただあき　1767～1834　江戸時代後期の園芸家
逸淵
　児玉 逸淵　こだま・いつえん　1790～1861　江戸時代後期の俳人
逸渕
　逸渕　いつえん　～1861　幕末期の俳人　㉄武蔵国八幡
逸筆坊〈号〉
　伊村 鷗沙　いむら・おうしゃ　1724～1796　徳川中期の俳人　㉄名古屋

【允】

〔令宗〕允亮
　惟宗 允亮　これむねの・ただすけ　平安時代中期の官吏
允能
　允能　いんのう　室町時代の医僧

【尹】

〔三条〕尹子
　正親町三条 尹子　おおぎまちさんじょう・ただこ　足利義教の妻
尹重〈名〉
　佐枝 政之進　さえだ・まさのしん　徳川中期の兵学家
尹宮
　朝彦親王　あさひこしんのう　1824～1891　伏見宮邦家親王第4王子、久邇宮第1代、神宮斎主　㉄京都

【引】

引拙
引拙　いんせつ　足利時代の茶人　[出]奈良

引雪
引拙　いんせつ　足利時代の茶人　[出]奈良

【印】

印元
古先 印元　こせん・いんげん　1295～1374　鎌倉・吉野朝時代の僧、円覚・建長寺主、五山文学者

印玄
金剛仏子 印玄　こんごうぶっし・いんげん　鎌倉時代の画家

印西
吉田 重氏　よしだ・しげうじ　1562～1638　織豊～江戸時代前期の弓術家

印官〈字〉
芃 道生　はん・どうせい　1637～1670　江戸前期に来日した中国福建省泉州の仏師

印定
印定　いんじょう　1777～1851　真宗本願寺派勧学　[出]越中上新川郡

印雪
引拙　いんせつ　足利時代の茶人　[出]奈良

印雪軒〈号〉
青木 春澄　あおき・はるすみ　1653～1715　徳川中期の俳人　[出]京都

【因】

因角〈号〉
松木 淡々　まつき・たんたん　1674～1761　徳川中期の俳人　[出]大阪西横堀

因砂
井上 因碩（10世）　いのうえ・いんせき　～1829　囲碁の家元　[出]石見

〔蘇〕因高
小野 妹子　おのの・いもこ　推古朝に於ける遣隋大使、小野の祖

因済
井上 因碩（10世）　いのうえ・いんせき　～1829　囲碁の家元　[出]石見

因随
井上 因碩（10世）　いのうえ・いんせき　～1829　囲碁の家元　[出]石見

因節
井上 因碩（5世）　いのうえ・いんせき　1672～　囲碁の家元　[出]越前

因蔭
安藤 因蔭　あんどう・よりかげ　1843～1902　幕末明治期の書家　[出]名古屋

因徹〈名〉
井上 因碩（11世）　いのうえ・いんせき　1798～1853　囲碁の家元

〔井上〕因碩（**1世**）
中村 道碩　なかむら・どうせき　1582～1630　江戸時代前期の囲碁棋士

因碩（**2世**）
井上 玄覚　いのうえ・げんかく　1605～1673　江戸時代前期の囲碁棋士

因碩（**3世**）
井上 道砂　いのうえ・どうさ　1649～1697　江戸時代前期の囲碁棋士

因碩（**4世**）
井上 因碩（4世）　いのうえ・いんせき　～1719　囲碁の家元　[出]美濃大垣

因碩（**5世**）
井上 因碩（5世）　いのうえ・いんせき　1672～　囲碁の家元　[出]越前

因碩（**6世**）
井上 因碩（6世）　いのうえ・いんせき　1707～1772　囲碁の家元　[出]下総

因碩（**7世**）
井上 因碩（7世）　いのうえ・いんせき　1736～1792　囲碁の家元　[出]常陸国筑波郡小野村

因碩（**8世**）
井上 因達　いのうえ・いんたつ　1747～1805　江戸時代中期～後期の囲碁棋士

因碩（**9世**）
井上 春策　いのうえ・しゅんさく　1774～1810　江戸時代後期の囲碁棋士

因碩（**10世**）
井上 因碩（10世）　いのうえ・いんせき　～1829　囲碁の家元　[出]石見

因碩（**11世**）
井上 因碩（11世）　いのうえ・いんせき　1798～1853　囲碁の家元

因碩（**12世**）
井上 因碩（12世）　いのうえ・いんせき　1820～1856　囲碁の家元

因碩（**13世**）
井上 因碩（13世）　いのうえ・いんせき　～1891　囲碁の家元　[出]総州葛飾

因碩（**14世**）
井上 因碩（14世）　いのうえ・いんせき　1831～1904　囲碁の家元

【吽】

吽〈本名〉
佐和 文智　さわ・ぶんち　1768～1873　徳川末期石州九日市の儒者

吽々斎〈号〉
住山 楊甫　すみやま・ようほ　1782～1855　茶匠

【胤】

胤及
岡本 胤及　おかもと・いんきゅう　～1676　徳川初期の俳人　[出]備前岡山

胤正〈名〉
高畑 房次郎　たかはた・ふさじろう　1828～1862　幕末の志士　[出]茨城県久慈郡小島村

胤永
秋月 韋軒　あきずき・いけん　1824～1900　旧会津藩士、明治の漢学者　[出]会津若松

胤吉
胤吉　たねよし　1821～1903　幕末明治時代の刀匠　[出]近江石山

胤次
深沢 又市　ふかざわ・またいち　江戸時代前期の柔術家
胤信
原 胤信　はら・たねのぶ　～1623　キリシタン
胤信
原 主水　はら・もんど　1587～1623　江戸時代前期の武士、キリシタン
胤栄
宝蔵院 胤栄　ほうぞういん・いんえい　1521～1607　宝蔵院流槍術の祖
胤康
慈眼寺 胤康　じげんじ・いんこう　1823～1866　幕末明治維新時代の勤王僧　[出]武蔵北豊島郡赤塚村
〔東〕胤富
遠藤 胤富　えんどう・たねとみ　1761～1814　江戸時代後期の大名
胤継
富木 日常　とき・にちじょう　1216～1299　鎌倉時代の僧
胤親
松本 斗機蔵　まつもと・ときぞう　?～1841　江戸時代後期の武士
〔千葉〕胤頼
東 胤頼　とう・たねより　平安後期～鎌倉時代の武将

【員】

員仍〈名〉
柏原 瓦全　かしわばら・がぜん　1744～1825　徳川中期の俳人　[出]京都
員矩
石川 康勝　いしかわ・やすかつ　?～1615　織豊～江戸時代前期の武将
員能
喜多 十太夫(7代)　きた・じゅうだゆう　能楽師

【寅】

寅載
寅載　いんさい　1650～1721　徳川時代初期の神仏一致を強調せる浄土宗僧　[出]磐城国相馬

【殷】

殷富門院
殷富門院　いんぷもんいん　1147～1216　後白河天皇の皇女

【院】

院豪
一翁 院豪　いちおう・いんごう　1210～1281　上州長楽寺僧　[出]上州

【寅】

寅〈名〉
雨森 白水　あめのもり・はくすい　1793～1881　幕末・明治時代の画家　[出]京都
寅之介
住谷 寅之介　すみや・とらのすけ　1818～1867　明治維新時代の勤王家、水戸藩士
寅之助
宮川 寅之助　みやがわ・とらのすけ　1841～1915　幕末・明治時代の陶工
寅右衛門（1代）
歌沢 笹丸　うたざわ・ささまる　1797～1857　江戸時代後期のうた沢節演奏家
寅闇
常庵 竜崇　じょうあん・りゅうそう　1470～1536　室町～戦国時代の僧

【陰】

陰明門院
陰明門院　おんめいもんいん　1185～1243　土御門天皇の皇后

【愔】

〔藤原〕愔子
玄輝門院　げんきもんいん　1246～1329　第92代伏見天皇の御母

【飲】

飲光〈名〉
飲光　おんこう　1718～1804　学僧、慈雲尊者　[出]大阪中の島
〔慈雲〕飲光
飲光　おんこう　1718～1804　学僧、慈雲尊者　[出]大阪中の島

【筠】

筠〈名〉
児島 大梅　こじま・だいばい　1772～1841　徳川中期の俳人　[出]江戸蔵前
筠居〈号〉
喜多村 信節　きたむら・のぶよ　1783～1856　徳川中期―後期の国学者　[出]江戸
筠庭〈号〉
喜多村 信節　きたむら・のぶよ　1783～1856　徳川中期―後期の国学者　[出]江戸

【蔭】

蔭山殿〈号〉
お万の方　おまんのかた　1580～1653　将軍徳川家康の側室
蔭香〈号〉
日野 鼎哉　ひの・ていさい　1797～1850　幕末の蘭方医　[出]豊後

【隠】

〔深慨〕隠士
超然　ちょうねん　1792～1868　歌僧　[出]近江
隠元
隠元　いんげん　1592～1673　日本黄檗宗の開祖　[出]明の福州福清
隠岐院

う（于，右）

後鳥羽天皇　ごとばてんのう　1180〜1239　第82代の天皇、高倉天皇第4の皇子
隠谷子〈号〉
　白雲 慧暁　はくうん・えぎょう　1223〜1297　東福寺の僧　㊥讃岐国
隠翁〈号〉
　千 宗旦　せんの・そうたん　1578〜1658　織豊時代・徳川初期の茶道家

【于】

于当
　于当　うとう　〜1828　化政期の俳人　㊥近江坂本
〔三津川〕于当
　于当　うとう　〜1828　化政期の俳人　㊥近江坂本

【右】

右大将道綱母
　右大将道綱母　うだいしょうみちつなのはは　平安中期の歌人
右之坊〈号〉
　清水 一瓢　しみず・いっぴょう　1770〜1840　徳川中期の俳人
右平〈通称〉
　安藤 為章　あんどう・ためあきら　1659〜1716　徳川中期の儒者にして国学者　㊥丹波桑田郡千年山下小口村
右平次
　石崎 右平次　いしざき・うへいじ　1810〜1867　近江坂田郡原村の赤絵工
右仲
　大野 右仲　おおの・うちゅう　1836〜　幕末の志士、肥前唐津藩士
〔市川〕右団次〈前名〉
　沢村 源之助(3代)　さわむら・げんのすけ　1804〜1863　江戸の歌舞伎俳優
右兵衛尉為成〈名〉
　微妙　びみょう　鎌倉時代の舞女
右近
　高山 右近　たかやま・うこん　1552〜1614　戦国時代のキリシタン大名、摂津高槻城主　㊥摂津
右近〈通称〉
　斎藤 信幸　さいとう・のぶゆき　1709〜1776　徳川中期の歌人
右近〈通称〉
　藤 定房　とう・さだふさ　1694〜1732　江戸中期の歴史学者
右近大夫
　高山 右近　たかやま・うこん　1552〜1614　戦国時代のキリシタン大名、摂津高槻城主　㊥摂津
〔別喜〕右近大夫
　築山 広正　やなだ・ひろまさ　信長の臣
右近少将〈別名〉
　下萌少将　したもえのしょうしょう　平安朝後期の女歌人、藤原俊成の女
右近右衛門
　鷹見 右近右衛門　たかみ・うこんえもん　織豊・徳川時代の商売にして黒田藩本陣

右近信房
　南部 畔李　なんぶ・はんり　1765〜1835　徳川中期の諸侯、俳人　㊥江戸
右京〈幼名〉
　足羽 敬明　あすわ・もりあき　1672〜1759　徳川中期の国学者、神道家　㊥越前福井
右京次郎〈本名〉
　篠井 全及　しののい・ぜんきゅう　1370〜1448　室町時代の華道師範
右和佐古式部〈別称〉
　岸沢 古式部(1代)　きしざわ・こしきぶ　常磐津浄瑠璃の三絃の家元、宝暦期の宮古路節三絃の名手、古式部の祖
右門
　幾田 伊俊　いくた・これとし　1797〜1858　江戸時代後期の槍術家
右馬大夫信門
　竜造寺 右馬大夫信門　りゅうぞうじ・うめのたゆうのぶかど　〜1584　竜造寺氏家臣
右馬之允〈通称〉
　坂本 玄岡　さかもと・げんこう　1773〜1858　徳川中末期の儒者　㊥仙台
右膳〈別称〉
　阿部 北溟　あべ・ほくめい　1704〜1765　徳川中期の医家　㊥越後村上町
右膳
　近藤 右膳　こんどう・ゆうぜん　茶人　㊥江戸
右膳
　石河 積翠　いしこ・せきすい　1738〜1803　徳川中期の俳人　㊥江戸
右衛門
　小鹿島 右衛門　おがしま・うえもん　1827〜1893　幕末明治時代の肥前大村藩家老
右衛門
　甘糟 信綱　あまかす・のぶつな　?〜1629　江戸時代前期のキリシタン
〔河野〕右衛門大夫
　来島 通康　くるしま・みちやす　伊予河野氏の臣　㊥信濃の村上
右衛門太郎〈別称〉
　貞次　さだつぐ　鎌倉時代備中青江の刀工
右衛門太郎入道〈通称〉
　服部 持法　はっとり・じほう　鎌倉・南北朝期の伊賀国御家人
〔高畠〕右衛門太郎入道持法
　服部 持法　はっとり・じほう　鎌倉・南北朝期の伊賀国御家人
右衛門佐〈別称〉
　阿仏尼　あぶつに　〜1283　鎌倉時代の女流歌人、女子教育論者
右衛門佐
　貞次　さだつぐ　鎌倉時代備中青江の刀工
右衛門佐局
　右衛門佐局　うえもんのすけのつぼね　〜1706　徳川綱吉の侍女
右衛門佐局
　松室 敦子　まつむろ・あつこ　〜1746　霊元天皇の後宮
右衛門督
　丹波局　たんばのつぼね　後鳥羽天皇の宮人

号・別名辞典　古代・中世・近世　23

【宇】

宇万伎
　加藤　宇万伎　かとう・うまき　1721〜1777　江戸中期の国学者、歌人　㊐江戸
〔河津〕宇万伎
　加藤　宇万伎　かとう・うまき　1721〜1777　江戸中期の国学者、歌人　㊐江戸
宇中
　宇中　うちゅう　享保時代の俳人　㊐加賀の小松
宇内〈通称〉
　鳥山　崧岳　とりやま・すうがく　〜1776　江戸中・後期の儒学者　㊐越前国府中
宇太右衛門
　大熊　宇太右衛門　おおくま・うたえもん　1664〜1721　元禄期の江戸の歌舞伎俳優
宇右衛門〈通称〉
　益田　親祥　ますだ・ちかよし　1842〜1886　萩藩永代家老代役　㊐長門国萩
宇右衛門
　多胡　宇右衛門　たこ・うえもん　朝倉義景の臣
〔大和屋〕宇右衛門
　水木　辰之助(1代)　みずき・たつのすけ　1673〜1745　元禄期上方の名女形俳優　㊐大阪
〔藤村〕宇左衛門〈前名〉
　福岡　弥五郎　ふくおか・やごしろう　1641〜元禄―享保時代の京阪の歌舞伎俳優、狂言作者
〔市村〕宇左衛門〈2代〉
　村田　九郎右衛門　むらた・くろうえもん　1622〜1652　江戸時代前期の歌舞伎役者、座元
宇左衛門〈4代〉
　市村　竹之丞(1代)　いちむら・たけのじょう　1654〜1718　江戸時代前期の歌舞伎役者、座元
宇平太
　田上　宇平太　たがみ・うへいた　1817〜1869　萩藩八組士　㊐長門国萩
宇合
　藤原　宇合　ふじわらの・うまかい　694?〜737　奈良時代の朝臣
宇多天皇
　宇多天皇　うだてんのう　867〜931　第59代天皇
宇考
　佐々木　宇考　ささき・うこう　1739〜1820　徳川中期の俳人
宇兵衛〈通称〉
　宮川　松堅　みやかわ・しょうけん　1632〜1726　徳川中期の俳人　㊐京都
宇狂
　佐々木　宇喬　ささき・うきょう　1769〜1837　徳川中期の俳人
宇宙堂〈号〉
　赤松　小三郎　あかまつ・こさぶろう　1831〜1867　幕末の洋兵学者、信州上田藩士
宇宙閑人〈号〉
　壇　秋芳　だん・あきよし　1804〜1886　幕末明治時代の漢学者　㊐筑後山門郡松延
宇治大納言
　源　隆国　みなもとの・たかくに　1004〜1077　平安後期の公卿
〔花園〕宇治太夫

吾妻路　富士太夫　あづまじ・ふじたゆう　?〜1862　江戸時代後期の浄瑠璃太夫
宇治僧正
　覚円　かくえん　1031〜1098　平安朝時代天台宗の僧
宇治殿
　藤原　頼通　ふじわらの・よりみち　990〜1074　平安時代の政治家、関白
宇都宮侍従
　蒲生　秀行　がもう・ひでゆき　1583〜1612　会津若松城主
〔石上〕宇麻呂
　物部　宇麻乃　もののべの・うまの　飛鳥時代の官吏
宇喜寿老人〈号〉
　本多　清秋　ほんだ・せいしゅう　1724〜1817　徳川中期の俳人、伊勢神戸藩主
宇喬
　佐々木　宇喬　ささき・うきょう　1769〜1837　徳川中期の俳人
宇朝
　朝岡　正章　あさおか・まさあき　1794〜1840　徳川中期の歌人　㊐名古屋

【羽】

〔市村〕羽左衛門〈座元1代〉
　村山　又三郎　むらやま・またさぶろう　1605〜1652　江戸前期の歌舞伎興行主　㊐泉州堺
〔市村〕羽左衛門〈座元2代〉
　村山　又三郎(3代)　むらやま・へいえもん　〜1718　京都の村山座の櫓主、歌舞伎俳優
羽左衛門〈座元3代・名義1代〉
　市村　羽左衛門〈座元3代・名義1代〉　いちむら・うざえもん　1628〜1686　承応〜寛文時代の歌舞伎座元、市村座名及び宇左衛門の元祖　㊐上州下津間
羽左衛門〈座元4代〉
　市村　竹之丞(2代)　いちむら・たけのじょう　1654〜1718　寛文・延宝時代の歌舞伎座元、延宝期の立役の名優
羽左衛門〈座元6代〉
　市村　竹之丞(3代)　いちむら・たけのじょう　1680〜1686　貞享時代の歌舞伎座元　㊐江戸
羽左衛門〈座元8代・名義3代〉
　市村　羽左衛門〈座元8代・名義3代〉　いちむら・うざえもん　1698〜1762　元禄〜宝暦時代の歌舞伎座元、宝暦期の立役の名優　㊐江戸
羽左衛門〈座元9代・名義4代〉
　市村　羽左衛門〈座元9代・名義4代〉　いちむら・うざえもん　1725〜1785　宝暦〜天明時代の歌舞伎座元、立役の上手　㊐江戸
羽左衛門〈座元10代・名義5代〉
　市村　羽左衛門〈座元10代・名義5代〉　いちむら・うざえもん　1748〜1799　天明・寛政時代の歌舞伎座元、立役　㊐江戸
羽左衛門〈座元12代・名義7代〉
　市村　羽左衛門〈座元12代・名義7代〉　いちむら・うざえもん　1812〜1851　文政〜嘉永時代の歌舞伎座元、天保・弘化時代の立役の上手　㊐江戸
羽官〈字〉
　森川　許六　もりかわ・きょろく　1656〜1715　徳川中期の俳人　㊐江州彦根

羽長坊
西田 羽長坊　にしだ・うちょうぼう　1724〜1802　江戸時代中期〜後期の俳人
羽染宗三郎〈通称〉
四季歌垣 筈高　しきのうたがき・はずたか　1797〜1877　狂歌師　[出]会津白沢
羽紅
羽紅　うこう　俳人、芭蕉一門、凡兆の妻
羽紅
竹田 羽紅　たけだ・うこう　1687〜1743　江戸時代中期の俳人
羽笠
羽笠　うりゅう　〜1726　俳人、芭蕉一門　[出]尾張熱田中瀬町
羽舞八〈前名〉
坂東 三八（5代）　ばんどう・さんぱち　江戸の歌舞伎俳優
〔流石庵〕羽積
川村 羽積　かわむら・はづみ　?〜1812　江戸時代中期〜後期の地歌作詞家、古銭研究家

【芋】

芋代官
井戸 平左衛門　いど・へいざえもん　1671〜1733　江戸中期の幕府民政家　[出]武蔵
芋印亭〈号〉
堀田 六林　ほった・ろくりん　1710〜1792　徳川中期の俳人　[出]名古屋

【迂】

迂亭〈別号〉
桜間 青厓　さくらま・せいがい　1786〜1851　徳川末期の画家　[出]江戸
迂叟
川村 迂叟　かわむら・うそう　〜1885　幕末・維新期の尊王家、産業功労者
〔河村〕迂叟
川村 迂叟　かわむら・うそう　〜1885　幕末・維新期の尊王家、産業功労者
迂斎
山本 迂斎　やまもと・うさい　1819〜1889　幕末明治時代の漢学者　[出]土佐

【盂】

盂耶観〈号〉
河野 李由　こうの・りゆう　1662〜1705　徳川中期の俳人

【雨】

雨〈名〉
高橋 草坪　たかはし・そうへい　1802〜1833　徳川中期の南画家　[出]豊後杵築
雨石
石井 雨石　いしい・うせき　江戸時代後期の俳人
雨考
雨考　うこう　〜1827　化政期の俳人　[出]奥州須賀川
雨亭〈号〉
福山 鳳洲　ふくやま・ほうしゅう　1724〜1785　徳川末期の儒者　[出]広島
雨廼屋〈号〉
福島 隣春　ふくしま・ちかはる　1811〜1882　土佐風の画家
雨柳
長谷川 雨柳　はせがわ・うりゅう　?〜1789　江戸時代中期の俳人
雨洛〈別号〉
露 五郎兵衛　つゆの・ごろべえ　1643〜1703　徳川初中期京都の落語家
雨香仙史〈別号〉
藤井 竹外　ふじい・ちくがい　1807〜1866　徳川末期の詩儒　[出]摂津
雨華庵〈庵名〉
酒井 抱一　さかい・ほういつ　1761〜1828　徳川末期の画家にして俳人　[出]神田小川町
雨窓
新井 雨窓　あらい・うそう　1813〜1875　幕末の儒者　[出]陸奥登米郡石森
雨僧正
仁海　にんかい　951〜1046　真言宗小野流の祖　[出]和泉
〔下河原〕雨塘
小河原 雨塘　おがわら・うとう　1758〜1832　江戸時代中期〜後期の俳人
雨譚
小山 雨譚　こやま・うたん　江戸時代中期の川柳作者

【烏】

烏水〈号〉
宝雲　ほううん　1791〜1847　真宗本願寺派の学僧　[出]筑前秋月
〔葛〕烏石
松下 烏石　まつした・うせき　1699〜1779　江戸時代中期の書家
烏旭
石出 烏旭　いしで・うきょく　江戸時代後期の俳人
烏明
松露庵 烏明　しょうろあん・うめい　1726〜1801　徳川中期の俳人　[出]江戸
烏洲
金井 烏洲　かない・うしゅう　1796〜1857　画家、豪農　[出]上州佐位郡島村
烏黒
烏黒　うこく　1838〜1906　俳人

【云】

云々斎〈号〉
住山 楊甫　すみやま・ようほ　1782〜1855　茶匠

【運】

運良
恭翁 運良　きょうおう・うんりょう　1267〜1341　鎌倉〜南北朝時代の僧
運敞

運敞　うんしょう　1614～1693　徳川初期真言宗智積院派の僧、智積院の第7世　[出]大阪

【雲】

雲山叟〈別称〉
渕野 真斎　ふちの・しんさい　1760～1823　徳川中期の画家　[出]豊後

雲井園〈別号〉
天廼門 都竜　あまのと・とりゅう　1818～1877　幕末明治の狂歌師

雲太夫〈通称〉
広瀬 台山　ひろせ・だいざん　1751～1813　徳川中期の南画家

雲平
草野 潜渓　くさの・せんけい　1715～1796　江戸時代中期の儒者

雲光院
阿茶局　あちゃのつぼね　1555～1637　家康の側室

雲安
横山 雲安　よこやま・うんあん　1813～1880　幕末明治の漢詩人、画家　[出]出雲

雲竹
北向 雲竹　きたむき・うんちく　1632～1703　徳川中期の京都の書家

雲沢
原 雲沢　はら・うんたく　～1774　江戸の医家

雲甫
良因　りょういん　室町時代の画僧

雲谷〈号〉
呉 師虔　ご・しけん　1672～1743　琉球王朝時代の代表的花鳥画家

雲坪
長井 雲坪　ながい・うんぺい　1833～1899　南画家　[出]越後沼垂

雲居
雲居　うんご　1582～1659　松島瑞厳寺の中興　[出]土佐

雲衲井月
井上 井月　いのうえ・せいげつ　1822～1887　徳川末期～明治中期の俳人　[出]越後長岡

雲亭〈号〉
新井 勝房　あらい・かつふさ　1793～1846　徳川末期の画家

雲柱
瀬上 雲柱　せがみ・うんちゅう　江戸時代中期の俳人

雲峰〈号〉
高桑 元吉　たかくわ・もとよし　幕末の蘭学者　[出]富山

雲峰
大岡 雲峰　おおおか・うんぽう　1765～1848　江戸後期の画家

雲峰
都塵舎　とじんしゃ　1678～1748　徳川中期の俳人、浮世草子作者　[出]京都

雲峯〈号〉
都塵舎　とじんしゃ　1678～1748　徳川中期の俳人、浮世草子作者　[出]京都

雲帯
成沢 雲帯　なるさわ・うんたい　1739～1824　江戸時代中期～後期の俳人

雲扇
井上 雲扇　いのうえ・うんせん　江戸時代中期の俳人

雲浜
梅田 雲浜　うめだ・うんぴん　1815～1859　幕末の志士

雲竜〈号〉
青山 延干　あおやま・のぶゆき　1776～1843　江戸中期、水戸藩の儒者

雲華
大含　だいがん　1773～1850　江戸時代後期の僧

雲軒〈号〉
由利 公正　ゆり・きみまさ　1829～1909　維新の功臣、子爵　[出]越前足羽郡毛矢町

雲堂
川勝 雲堂　かわかつ・うんどう　1661～1730　江戸時代前期～中期の俳人

雲斎
穴沢 盛秀　あなざわ・もりひで　?～1615　織豊～江戸時代前期の武術家

雲斎（1世）
安達 雲斎（1世）　あだち・うんさい　江戸前期仙台藩の茶頭

雲斎（2世）
安達 雲斎（2世）　あだち・うんさい　江戸前期仙台藩の茶頭

雲梯堂〈号〉
寿軌　ひでのり　徳川中期の金工

雲渓
小笠原 雲渓　おがさわら・うんけい　徳川中期の漢詩人　[出]山城西岡

雲渓
桃水 雲渓　とうすい・うんけい　1605～1683　禅僧　[出]筑後柳河

〔笠原〕雲渓
小笠原 雲渓　おがさわら・うんけい　徳川中期の漢詩人　[出]山城西岡

雲窓
山田 雲窓　やまだ・うんそう　1775～1825　徳川中期の画家　[出]安芸広島

雲章〈初号〉
塩川 文麟　しおかわ・ぶんりん　1808～1877　四条派の画家　[出]京都

雲裡
雲裡　うんり　～1761　天明期の俳人　[出]尾張

雲間〈号〉
松平 雪川　まつだいら・せっせん　1753～1803　徳川中期の俳人　[出]江戸

雲夢〈号〉
大竹 親従　おおたけ・ちかより　徳川中期水戸藩の儒者

雲煙
安西 雲煙　あんざい・うんえん　1806～1852　徳川中期の書画商、画家

雲照
渡辺 雲照　わたなべ・うんしょう　1827～1909　真言宗の僧　[出]出雲国神門郡東園村

〔釈〕雲照

うん（篔）　えい（永）

渡辺 雲照　わたなべ・うんしょう　1827〜1909　真言宗の僧　㊗出雲国神門郡東園村
雲蓮社空花〈号〉
諦忍　たいにん　1705〜1786　江戸中期の真言宗の僧　㊗美濃
雲鈴
吉井 雲鈴　よしい・うんれい　〜1717　徳川中期の俳人
雲鼓
雲鼓　うんこ　〜1728　享保時代の俳人　㊗大和吉野
〔堀内〕雲鼓
雲鼓　うんこ　〜1728　享保時代の俳人　㊗大和吉野
雲嶂
山田 宮常　やまだ・きゅうじょう　1747〜1794　江戸時代中期〜後期の画家
〔野原〕雲輔
紀 定丸　きの・さだまる　1760〜1841　江戸時代後期の狂歌師
雲幢
雲幢　うんどう　1759〜1824　真宗本願寺派の学者　㊗伊予
雲潮
虎角　こかく　1539〜1593　戦国〜織豊時代の僧
雲樵〈号〉
路堂　ろどう　〜1853　幕末期の俳人
雲錦〈号〉
加茂 季鷹　かもの・すえたか　1751〜1841　江戸後期の国学者　㊗京都
雲錦堂〈別号〉
榊原 琴洲　さかきばら・きんしゅう　1832〜1881　幕末明治初期の国学者　㊗水戸
雲の屋〈別号〉
遠藤 素山　えんどう・そうざん　1820〜1869　徳川末期の俳人　㊗羽前赤湯

【篔】

篔窓〈号〉
市野 光彦　いちの・みつひこ　1765〜1826　漢学者

【永】

永〈名〉
安田 石牙　やすだ・せきが　1733〜1797　徳川中期の俳人　㊗甲州山梨郡小原村
永二〈通称〉
小野 素郷　おの・そごう　1749〜1820　徳川中期の俳人　㊗盛岡
永子内親王
章善門院　しょうぜんもんいん　〜1338　後深草天皇の皇女
永仙
桜井 基佐　さくらい・もとすけ　室町時代の連歌師
永仙
狩野 元信　かのう・もとのぶ　1476〜1559　画家、室町時代狩野家二代目の大家　㊗京都
永可〈号〉
爪木 晩山　つまき・ばんざん　1661〜1730　徳川中期の俳人

〔狩野〕永玄
三谷 永玄　みたに・えいげん　？〜1724　江戸時代中期の画家
永吉〈通称〉
渡辺 定好　わたなべ・さだよし　1759〜1814　徳川中期の書家
永因
三益 永因　さんえき・えいいん　室町〜戦国時代の僧
永安門院
永安門院　えいあんもんいん　1216〜1279　穠子内親王
永年〈号〉
安藤 永年　あんどう・えいねん　1778〜1832　徳川末期の画家
永年
春田 永年　はるた・ながとし　1753〜1800　具足師　㊗尾張
永年〈号〉
曽 占春　そ・せんしゅん　1758〜1834　江戸後期の本草学者　㊗江戸
永助〈通称〉
重富 縄山　しげとみ・じょうざん　1806〜1874　幕末明治時代の漢学者　㊗筑後浮羽郡樋口村
永助入道親王
熈永親王　よしながしんのう　1362〜1437　後光巌天皇の皇子
〔藤田〕永寿
狩野 永寿　かのう・えいじゅ　1659〜1736　江戸時代前期〜中期の画家
永寿王丸
足利 成氏　あしかが・しげうじ　1434〜1497　室町時代の武将
永寿院〈号〉
多紀 藍渓　たき・らんけい　1732〜1801　医家
永寿堂
永寿堂　えいじゅどう　江戸の書肆、戯作者
永言斎〈別号〉
横井 也有　よこい・やゆう　1702〜1783　徳川中期の俳人　㊗尾張
永叔〈別号〉
狩野 主信　かのう・もりのぶ　1675〜1724　徳川幕府の奥絵師
〔大蔵〕永季
日田 永季　ひたの・ながすえ　1056〜1104　平安時代後期の豪族
永宗
智翁 永宗　ちおう・えいしゅう　1372〜1426　室町時代の曹洞宗の僧　㊗日向
永岳
狩野 永岳　かのう・えいがく　1790〜1867　徳川中期京狩野九代目の画家　㊗京都
永忠
永忠　えいちゅう　743〜816　梵釈寺主　㊗京都
永房〈名〉
桑岡 貞佐　くわおか・ていさ　1674〜1734　徳川中期の俳人　㊗江戸
永武
今井 永武　いまい・ながたけ　1818〜1882　彫金家　㊗京都
永保〈名〉

号・別名辞典　古代・中世・近世

犬上 郡兵衛　いぬがみ・ぐんべえ　1705〜1780　柔術、扱心流中興の祖とされる

永海
佐竹 永海　さたけ・えいかい　1803〜1874　幕末明治初期の画家　[出]奥州会津

永貞〈名〉
原 芸庵　はら・うんあん　1643〜1716　徳川初期の医家　[出]播磨姫路

永貞
有沢 永貞　ありさわ・ながさだ　1639〜1715　徳川中期金沢藩の兵学家

〔田中〕永貞
彦坂 菊作　ひこさか・きくさく　1808〜1879　幕末・明治時代の和算家　[出]三州吉田（今の豊橋）

永原媛
永原媛　ながはらひめ　淳和天皇の女御

〔宮良〕永将
石垣 永将　いしがき・えいしょう　?〜1635　琉球のキリシタン

永恩
春沢 永恩　しゅんたく・えいおん　?〜1592　戦国〜織豊時代の僧

永悟法親王
永悟法親王　えいごほうしんのう　1659〜1676　後西天皇第3皇子

永敏
大村 益次郎　おおむら・ますじろう　1824〜1869　徳川末・明治初期の兵学者　[出]周防鋳銭司村

永納
狩野 永納　かのう・えいのう　1631〜1697　徳川初期京狩野三代目の画家　[出]京都

永崇尼
永崇尼　えいすうに　1609〜1690　徳川初・中期の尼僧、後陽成天皇の皇女

永崇尼
永崇尼　えいすうに　1609〜1690　徳川初・中期の尼僧、後陽成天皇の皇女

永常
大蔵 永常　おおくら・ながつね　1768〜　江戸後期の農学者　[出]豊後日田郡隈町

永琢
盤珪 永琢　ばんけい・えいたく　1622〜1693　江戸時代の禅僧　[出]播磨揖保郡浜田郷（網干）

永釈
弥天 永釈　みてん・えいしゃく　?〜1406　南北朝〜室町時代の僧

〔足利〕永隆
虎山 永隆　こざん・えいりゅう　1403〜1442　室町時代の僧

永勝
藤掛 永勝　ふじかけ・ながかつ　1557〜1617　織田氏の一族

〔藤懸〕永勝
藤掛 永勝　ふじかけ・ながかつ　1557〜1617　織田氏の一族

永喜
林 永喜　はやし・えいき　1585〜1638　儒官、林羅山の弟

永悳
狩野 永悳　かのう・えいとく　1814〜1891　徳川末期・明治初期中橋狩野家最終の画家　[出]江戸

永閑〈号〉
虎屋 永閑　とらや・えいかん　万治—元禄時代の江戸の浄瑠璃太夫、永閑節の始祖

永閑
能登 永閑　のと・えいかん　戦国時代の連歌師

永陽門院
永陽門院　えいようもんいん　1272〜1346　後深草天皇の第4皇女

永雄
英甫 永雄　えいほ・えいゆう　〜1602　五山文学者、建仁・南禅の寺主　[出]若狭

〔太田〕永雲
狩野 永雲　かのう・えいうん　?〜1697　江戸時代前期の画家

永福門院
永福門院　えいふくもんいん　1271〜1342　伏見天皇の中宮

永継〈名〉
佐伯 長継　さえき・ながつぐ　770〜828　平安初期の詩人

永嘉門院
永嘉門院　えいかもんいん　1272〜1329　後宇多天皇の後宮

永徳
狩野 永徳　かのう・えいとく　1543〜1590　安土桃山時代の画家　[出]京都

永種
松永 永種　まつなが・ながたね　1538〜1598　織豊時代の連歌師

永瑾
雪嶺 永瑾　せつれい・えいきん　〜1537　室町時代の僧、建仁寺主、五山文学者　[出]丹後

永蔵〈通称〉
関 為山　せき・いざん　1804〜1878　徳川末期—明治初年の俳人　[出]江戸

永機
穂積 永機　ほずみ・えいき　1823〜1904　幕末明治の俳人　[出]江戸下谷御徒町

〔其角堂〕永機
穂積 永機　ほずみ・えいき　1823〜1904　幕末明治の俳人　[出]江戸下谷御徒町

永璵
東陵 永璵　とうりょう・えいよ　〜1365　日本禅宗二十四流の一たる東陵派の祖　[出]元国四明

【曳】

曳尾庵
加藤 曳尾庵　かとう・えびあん　1763〜　江戸後期の文人

【英】

英二〈通称〉
佐久間 熊水　さくま・ゆうすい　1751〜1817　徳川中期の儒者　[出]陸奥守山

英二〈名〉
菅江 真澄　すがえ・ますみ　1754?〜1829　徳川中期の国学者、紀行家　[出]三河岡崎

英子（1代）

津打 治兵衛(2代)　つうち・じへえ　1679～1760　江戸時代中期の歌舞伎作者

英山
菊川 英山　きくかわ・えいざん　1787～1867　江戸末期の浮世絵師、菊川流の祖　[出]江戸市ケ谷

英生
今村 市兵衛　いまむら・いちべえ　1671～1736　江戸時代中期のオランダ通詞

英助
井関 英太郎　いせき・えいたろう　1846～1863　幕末の武士

英寿
一筆庵 英寿　いっぴつあん・えいじゅ　徳川末期の浮世絵師

〔景斎〕英寿
一筆庵 英寿　いっぴつあん・えいじゅ　徳川末期の浮世絵師

英秀
大森 重光(3代)　おおもり・しげみつ　1730～1798　江戸の金工家　[出]江戸

〔大森〕英辰
徳野 英辰　とくの・てるとき　1749～?　江戸時代中期～後期の装剣金工

英房
早田 英房　はやだ・ひでふさ　1785～1847　徳川中期の金工家

英昌
大森 重光(2代)　おおもり・しげみつ　1705～1780　江戸の金工家

英長〈前名〉
大橋 宗与(7代 宗与)　おおはし・そうよ　将棋家元

英乗〈号〉
上野 俊之丞　うえの・としのじょう　1791～1852　徳川末期の科学者、日本写真術の鼻祖　[出]肥前長崎銀屋町

英俊
英俊　えいしゅん　1517～1596　興福寺多聞院の僧、法印

英俊〈名〉
戸塚 彦介　とずか・ひこすけ　1813～1886　幕末・明治期の代表的な柔術家

英俊
村上 英俊　むらかみ・ひでとし　1811～1890　幕末明治中期の仏蘭西学者　[出]下野那須郡佐久村

英信
狩野 英信　かのう・てるのぶ　1717～1763　徳川幕府の奥絵師

英信
雪鯨斎 英信　せつげいさい・ひでのぶ　江戸時代中期～後期の浮世絵師

英彦〈諱〉
日置 帯刀　へき・たてわき　1829～1918　岡山藩家老　[出]備前国岡山

英泉
池田 英泉　いけだ・えいせん　1790～1848　江戸後期の浮世絵師　[出]江戸星ケ岡

〔菊川〕英泉
池田 英泉　いけだ・えいせん　1790～1848　江戸後期の浮世絵師　[出]江戸星ケ岡

〔渓斎〕英泉
池田 英泉　いけだ・えいせん　1790～1848　江戸後期の浮世絵師　[出]江戸星ケ岡

英帯能子
藤原 帯子　ふじわらの・たらしこ　～794　平城天皇の贈皇后

英時
赤橋 英時　あかはし・ひでとき　～1333　鎌倉幕府最後の鎮西探題

〔北条〕英時
赤橋 英時　あかはし・ひでとき　～1333　鎌倉幕府最後の鎮西探題

英竜
江川 太郎左衛門　えがわ・たろうざえもん　1801～1855　幕末の兵術家、先覚者　[出]伊豆韮山

英笑
春川 英笑　はるかわ・えいしょう　江戸末期の浮世絵師

英淑〈号〉
井上 淑蔭　いのうえ・よしかげ　1804～1886　国学者　[出]武州入間郡勝呂村

英勝
宝生家(14世)　ほうしょうけ　～1811　能役者

英勝院
亜欧堂 田善　あおうどう・でんぜん　1748～1822　徳川中期の銅版画家　[出]岩代須賀川

英朝〈名〉
東陽 英朝　とうよう・えいちょう　1428～1504　京都大徳寺(臨済宗)の禅僧　[出]美濃国加茂郡

英満
大森 重光(5代)　おおもり・しげみつ　江戸の金工家

英種
万安 英種　ばんなん・えいしゅ　1591～1654　江戸時代前期の僧

英親〈名〉
建部 巣兆　たけべ・そうちょう　1760～1812　徳川中期の俳人にして画家　[出]江戸

【栄】

栄
葛飾 応為　かつしか・おうい　江戸末期の女流浮世絵師

栄〈名〉
関屋 致鶴　せきや・ちかく　儒者

栄〈諱〉
向山 一履　むこうやま・かずふみ　1826～1897　幕臣、漢詩人、駐仏全権公使としてナポレオン三世に謁見

栄
今井 栄　いまい・さかえ　～1869　久留米藩士

栄九郎〈別称〉
服部 沾圃　はっとり・せんぽ　～1730　徳川中期の俳人　[出]江戸

栄八〈初名〉
酒井 抱一　さかい・ほういつ　1761～1828　徳川末期の画家にして俳人　[出]神田小川町

〔高橋〕栄三〈本名〉
市川 左団次(1代)　いちかわ・さだんじ　1842～1904　歌舞伎俳優　[出]大阪島の内

〔嵐〕栄三郎〈前名〉

えい（栄）

岩井 紫若（3代）　いわい・しじゃく　1840～1873
江戸の歌舞伎俳優、幕末明治時代の若女方
栄三郎〈1代〉
　尾上 松助（2代）　おのえ・まつすけ　1784～1849
歌舞伎俳優　㊗江戸
栄三郎〈2代〉
　尾上 松助（3代）　おのえ・まつすけ　1805～1851
歌舞伎俳優、天保―嘉永時代の立役の中堅　㊗江戸
栄三郎〈3代〉
　尾上 菊五郎（4代）　おのえ・きくごろう　1808～1860　歌舞伎俳優、弘化―安政時代の若女方の名優　㊗大阪
栄子
　高階 栄子　たかしな・えいし　～1216　平安朝・鎌倉時代の巾幗政治家、平業房の室、後白後法皇の妃
〔藤原〕栄子
　吉徳門院　きっとくもんいん　～1522　後奈良天皇の後宮
栄山〈僧号〉
　深井 志道軒　ふかい・しどうけん　1682～1765　江戸中期の講釈師
栄川院
　狩野 栄川院　かのう・えいせんいん　1730～1790　徳川幕府の奥絵師　㊗江戸
栄川院典信
　狩野 栄川院　かのう・えいせんいん　1730～1790　徳川幕府の奥絵師　㊗江戸
栄之
　鳥文斎 栄之　ちょうぶんさい・えいし　1756～1829　江戸時代後期の浮世絵師
〔細田〕栄之
　鳥文斎 栄之　ちょうぶんさい・えいし　1756～1829　江戸時代後期の浮世絵師
栄之進
　江上 栄之進　えがみ・えいのしん　1834～1865　幕末期の志士、福岡藩士
〔岡本〕栄之進
　中路 延年　なかじ・のぶとし　1823～1892　幕末の志士、もと尾張名古屋藩士
栄五郎〈通称〉
　向山 一履　むこうやま・かずふみ　1826～1897　幕臣、漢詩人、駐仏全権公使としてナポレオン三世に謁見
栄水
　一楽亭 栄水　いちらくてい・えいすい　江戸時代の画家
栄左衛門
　久米 栄左衛門　くめ・えいざえもん　1780～1841　徳川末期の経世家、砲術家　㊗讃岐大川郡篠原
栄休
　楢林 鎮山　ならばやし・ちんざん　1649～1711　江戸時代前期～中期のオランダ通詞、蘭方医
〔古賀〕栄吉〈初名〉
　樋渡 雄七　ひわたり・ゆうしち　1827～1887　幕末・明治時代の和算家　㊗肥前国小城郡芦刈村道免
栄次郎〈本名〉
　松永 和風（3代）　まつなが・わふう　1837～1916　江戸長唄の唄方
栄江〈通称〉
　井原 応輔　いはら・おうすけ　1823～1866　幕末の志士　㊗土佐国香美郡

栄西
　明庵 栄西　みょうあん・えいさい　1141～1215　日本臨済宗の開祖、建仁寺派の派祖　㊗備中吉備津
栄寿
　高瀬 栄寿　たかせ・えいじゅ　彫金工
栄里
　礫川亭 栄里　れきせんてい・えいり　江戸中期の浮世絵師
〔鳴鳩斎〕栄里
　礫川亭 栄里　れきせんてい・えいり　江戸中期の浮世絵師
〔鳥橋斎〕栄里
　礫川亭 栄里　れきせんてい・えいり　江戸中期の浮世絵師
〔近藤〕栄治郎〈本名〉
　夜雪庵 金羅　やせつあん・きんら　1830～1894　俳人　㊗東京
栄信
　狩野 伊川院　かのう・いせんいん　1775～1828　徳川幕府の奥絵師　㊗江戸
栄信
　田中 愿仲　たなか・げんちゅう　1732～1792　江戸時代中期の医師
栄貞親王
　尊胤法親王　そんいんほうしんのう　1715～1740　霊元天皇の第18皇子
栄重
　小野 栄重　おの・えいじゅう　1763～1831　江戸中期の数学者　㊗上野吾妻郡中野谷
栄翁〈号〉
　津軽 信寿　つがる・のぶひさ　1669～1746　徳川中期の諸侯にして俳人　㊗江戸
栄琢
　伊佐 幸琢（4代）　いさ・こうたく　～1816　石州流茶人
栄菴〈号〉
　安立 安立　あだち・あんりゅう　徳川中期の浪華の医家
栄尊
　栄尊　えいそん　1195～1272　肥前万寿寺の開基　㊗筑後三潴草
栄朝
　釈円 栄朝　しゃくえん・えいちょう　～1247　上野長楽寺主
〔元利〕栄満
　出目 栄満　でめ・よしみつ　?～1705　江戸時代前期の能面師
栄賀
　栄賀　えいが　鎌倉時代の宅磨派の絵師
栄閑〈号〉
　藤田 友閑　ふじた・ゆうかん　徳川初期の書画家　㊗摂州富田
栄輔〈通称〉
　早野 仰斎　はやの・こうさい　1746～1790　徳川中期大阪の儒者
栄蔵〈本名〉
　姉川 行道　あねがわ・ゆきみち　1824～1890　幕末明治時代の志士、久留米藩士
栄蔵〈通称〉
　大岳 麻谷　おおだけ・まこく　1727～1798　徳川中期江戸の儒者

栄親
　天野 栄親　あまの・えいしん　1841〜1881　幕末・明治初期の数学者

【盈】

盈仁法親王
　盈仁法親王　えいにんほうしんのう　1772〜1830　閑院宮典仁親王第7王子
盈科堂〈号〉
　藤井 貞幹　ふじい・ていかん　1732?〜1797?　考古学者　㊐京都

【媖】

媖子内親王
　陽徳門院　ようとくもんいん　1288〜1352　後深草天皇の第5皇女

【瑛】

〔藤原〕瑛子
　昭訓門院　しょうくんもんいん　1273〜1336　亀山天皇の後宮

【詠】

詠宗
　智翁 永宗　ちおう・えいしゅう　1372〜1426　室町時代の曹洞宗の僧　㊐日向

【影】

影法師
　井鳥 景雲　いとり・けいうん　1701〜1782　徳川中期肥後の武術家　㊐肥後東武士器町

【瑩】

瑩山
　瑩山 紹瑾　けいざん・じょうきん　1268〜1325　鎌倉時代の僧、総持寺の開山にして曹洞宗中興の祖　㊐越前多祢邑

【鋭】

鋭五郎〈幼名〉
　伴 信友　ばん・のぶとも　1772〜1846　徳川中期の国学者　㊐若狭遠敷郡小浜

【叡】

叡山大師
　最澄　さいちょう　762〜822　日本天台宗の開祖　㊐江州志賀
叡空
　叡空　えいくう　〜1179　法然を指導した比叡山の学僧
叡尊
　叡尊　えいそん　1201〜1290　鎌倉時代の僧、真言律宗中興の祖　㊐大和添上郡

【頴】

頴川
　奥田 頴川　おくだ・えいせん　1753〜1811　徳川中期京都の陶工

【穎】

穎則
　伊能 穎則　いのう・ひでのり　1805〜1877　徳川末期・明治初期の国学者　㊐下総香取郡佐原村

【衛】

衛介
　長野 熊之丞　ながの・くまのじょう　1842〜1863　幕末の武士
衛司〈通称〉
　佐竹 永海　さたけ・えいかい　1803〜1874　幕末明治初期の画家　㊐奥州会津

【瀛】

瀛洲
　新井 瀛洲　あらい・えいしゅう　1755〜1803　徳川中期の儒者

【奕】

奕堂
　諸岳 奕堂　もろがく・えきどう　1805〜1879　幕末・維新期の禅僧（曹洞宗）　㊐尾張名古屋
〔施崖〕奕堂
　諸岳 奕堂　もろがく・えきどう　1805〜1879　幕末・維新期の禅僧（曹洞宗）　㊐尾張名古屋

【益】

益人
　田口 益人　たぐち・ますひと　「万葉集」の歌人
益友
　武村 益友　たけむら・えきゆう　江戸時代前期〜中期の俳人
益方
　出雲臣 益方　いずものおみ・ますかた　奈良時代の出雲の国造
〔国造〕益方
　出雲臣 益方　いずものおみ・ますかた　奈良時代の出雲の国造
〔国造〕益方
　出雲 益方　いずもの・ますかた　奈良時代の豪族
益弘
　度会 益弘　わたらい・ますひろ　1641〜1732　江戸前・中期の伊勢外宮の祢宜・神道学者　㊐伊勢国宇治山田
〔黒瀬〕益弘
　度会 益弘　わたらい・ますひろ　1641〜1732　江戸前・中期の伊勢外宮の祢宜・神道学者　㊐伊勢国宇治山田
益田直金鐘〈名〉
　金鐘　こんしゅ　奈良時代の僧
益次郎

号・別名辞典　古代・中世・近世　31

えき（駅, 懌） えつ（日, 悦, 越, 鉞） えん（円）

大村 益次郎　おおむら・ますじろう　1824〜1869
徳川末・明治初期の兵学者　㊨周防鋳銭司村
益信
益信　やくしん　827〜906　寛平法皇の師僧　㊨備後
益信
狩野 洞雲　かのう・どううん　1625〜1694　幕府の表絵師　㊨京都
益荒
伊藤 嘉融　いとう・よしなが　1844〜1864　幕末の武士
益根
河村 乾堂　かわむら・けんどう　1756〜1819　徳川中期の儒者
〔六角〕益継
益継　ますつぐ　室町時代の画家

【駅】

駅路軒〈号〉
鈴木 重昌　すずき・しげまさ　1812〜1880　幕末・明治時代の算家　㊨上総周准郡（現今君津郡）貞元

【懌】

懌子内親王
懌子内親王　えきしないしんのう　1262〜1294　後嵯峨天皇の第6皇女

【日】

日人
遠藤 日人　えんどう・えつじん　1758〜1836　徳川中期の俳人　㊨仙台

【悦】

悦
植木 悦　うえき・えつ　寛文頃の人、「慶長軍記」の著者
悦子内親王
延政門院　えんせいもんいん　1256〜1332　後嵯峨天皇第4皇女
悦仁親王
悦仁親王　としひとしんのう　1816〜1821　光格天皇の第7皇子

【越】

越人
越智 越人　おち・えつじん　1656〜　徳川中期の俳人　㊨越路
越中守
高野 越中守　たかの・えっちゅうのかみ　秀次の馬廻組頭
〔羽柴〕越中守
細川 忠興　ほそかわ・ただおき　1563〜1645　安土桃山・江戸前期の大名
〔長岡〕越中守
細川 忠興　ほそかわ・ただおき　1563〜1645　安土桃山・江戸前期の大名
越前大掾

竹本 越前大掾　たけもと・えちぜんのたいじょう　1791〜1855　義太夫節の太夫　㊨阿波津田浦
越前少掾
豊竹 越前少掾　とよたけ・えちぜんのしょうじょう　1681〜1764　元禄—延享時代の義太夫節の浄瑠璃太夫、東風浄瑠璃の流祖　㊨大阪南船場
越前守〈別称〉
大岡 忠相　おおおか・ただすけ　1677〜1751　江戸町奉行にして名判官
越前守
水野 忠邦　みずの・ただくに　1794〜1851　江戸時代後期の大名
〔羽柴〕越前守
伊達 政宗　だて・まさむね　1567〜1636　織豊時代・徳川初期の武将　㊨出羽米沢
越前守能済〈別称〉
今堀 登代太郎　いまほり・とよたろう　1830〜1898　幕末・明治時代の剣士　㊨江戸
越前阿闍梨
静誉　じょうよ　真言宗光明山流の祖
越哉
雨宮 越哉　あめのみや・えっさい　1826〜1874　徳川末期・明治初期の俳人　㊨甲斐西山梨郡山城村上今井
越後守
富田 重政　とだ・しげまさ　1564〜1625　織豊〜江戸時代前期の武将、剣術家
越渓〈号〉
佐々木 泉竜　ささき・せんりゅう　画家
越渓
敬長　けいちょう　1779〜1836　江戸時代後期の僧
越智百庵
寺町 百庵　てらまち・ひゃくあん　1695〜1786　徳川中期の俳人　㊨江戸
越雲〈別号〉
吉川 介山　よしかわ・かいざん　1829〜1897　幕末明治の漢学者　㊨富山
越路太夫（2代）
竹本 越路太夫（2代）　たけもと・こしじだゆう　1836〜1917　義太夫節の太夫　㊨大坂順慶町

【鉞】

鉞三郎〈幼名〉
斎藤 市左衛門（9代）　さいとう・いちざえもん　1804〜1878　『江戸名所図会』編著者　㊨江戸神田雉子町

【円】

円山〈号〉
荒木 元融　あらき・げんゆう　徳川中期の画家
円仁
円仁　えんにん　794〜864　延暦寺第3世の座主　㊨下野都賀郡
円心〈法名〉
赤松 円心　あかまつ・えんしん　1277〜1350　武将
円心
鉄牛 円心　てつぎゅう・えんしん　1254〜1326　鎌倉時代の僧

32　号・別名辞典　古代・中世・近世

えん（円）

円月
　中巌 円月　ちゅうがん・えんげつ　1300〜1375　南北朝時代の禅僧（臨済宗）　㊵鎌倉
円月堂〈号〉
　石川 昔信　いしかわ・せきしん　徳川時代末期の画家
円生（2代）
　三遊亭 円生（2代）　さんゆうてい・えんしょう　1806〜1862　落語家
円伊
　仲方 円伊　ちゅうほう・えんい　1354〜1413　南北朝〜室町時代の僧
円光大師
　法然　ほうねん　1133〜1212　平安朝時代の高僧、浄土宗の開祖　㊵美作国久米
円光院
　園 文英　その・ぶんえい　1609〜1680　江戸時代前期の尼僧
円光禅師
　別峰 大珠　べっぽう・だいじゅ　1321〜1402　吉野朝時代の禅僧　㊵周防
円吉〈通称〉
　早川 広海　はやかわ・こうかい　1775〜1830　徳川中期の医家　㊵甲斐東山梨郡日下部村八日市場
円旨
　別源 円旨　べっげん・えんし　1294〜1364　建仁寺主、五山文学者　㊵越前
円有
　在庵 円有　ざいあん・えんう　1266〜1349　鎌倉〜南北朝時代の僧
円次〈通称〉
　中谷 梧庵　なかや・ごあん　1769〜1841　徳川中期の俳人　㊵淡路
円耳
　虚応 円耳　こおう・えんに　1559〜1619　織豊〜江戸時代前期の僧
円耳
　虚応 円耳　こおう・えんに　1559〜1619　織豊〜江戸時代前期の僧
円岡
　円岡　えんけい　1634〜1706　江戸初期浄土宗知恩寺主　㊵京都
円応禅師
　寂室 元光　じゃくしつ・げんこう　1290〜1367　鎌倉・吉野朝時代の臨済僧、永源寺派の祖　㊵美作
円快
　円快　えんかい　平安時代の仏師
円戒国師
　真盛　しんぜい　1443〜1495　天台宗真盛派の祖　㊵伊勢一志郡
円明大師
　無文 元選　むもん・げんせん　1323〜1390　南北朝時代の禅僧（臨済宗）
円明禅師
　節香 徳忠　せっこう・とくちゅう　室町時代の僧、農濃温泉寺（曹洞宗）開山　㊵信濃
〔加藤〕円治
　西浦 円治（3代）　にしうら・えんじ　1807〜1884　美濃多治見の陶業家
円治（3代）

西浦 円治（3代）　にしうら・えんじ　1807〜1884　美濃多治見の陶業家
円陀
　遠山 荷塘　とおやま・かとう　1795〜1831　江戸時代後期の僧
円乗坊〈号〉
　古市 宗円　ふるいち・そうえん　織豊時代の茶道家
円信
　円信　えんしん　三条仏所、法印長円の弟子
　高橋 宗直　たかはし・むねなお　1703〜1785　有職家　㊵京都
円城寺〈称〉
　頼助　らいじょ　1246〜1296　鎌倉時代の真言宗の僧侶
円珍
　円珍　えんちん　814〜891　天台宗寺門派の開祖　㊵讃岐那珂郡
円兼
　存如　ぞんにょ　1396〜1457　室町時代の僧
円恵法親王
　円恵法親王　えんえほうしんのう　1152〜1183　後白河天皇の皇子
円真
　円信　えんしん　三条仏所、法印長円の弟子
円通大応国師
　南浦 紹明　なんぽ・しょうみょう　1235〜1308　鎌倉時代の僧　㊵駿河安倍郡
円通大師
　寂昭　じゃくしょう　962〜1034　恵心僧都の天台宗27問を携へて入宋した僧
円通大師
　鉄舟 徳済　てっしゅう・とくさい　1394〜　京都天竜寺（臨済宗）の禅僧　㊵下野
円馬
　三遊亭 円馬（1代）　さんゆうてい・えんば　1828〜1880　落語家
〔葉南志坊〕円馬
　三遊亭 円橘　さんゆうてい・えんきつ　1838〜1906　落語家
円馬（1代）
　三遊亭 円馬（1代）　さんゆうてい・えんば　1828〜1880　落語家
円斎〈号〉
　弘 鴻　ひろ・ひろし　1829〜1903　幕末・明治時代の和算家　㊵周防国都濃郡花岡
円清
　大橋 円清　おおはし・えんせい　徳川初期の能楽師
円喜〈法名〉
　長崎 高綱　ながさき・たかつな　〜1333　鎌倉後期の武士、御内人
円喬〈別号〉
　橘家 円喬（1代）　たちばなや・えんきょう　落語家
円喬（1代）
　橘家 円喬（1代）　たちばなや・えんきょう　落語家
〔山松亭〕円喬（1代）
　橘家 円喬（1代）　たちばなや・えんきょう　落語家
円喬（2代）
　橘家 円喬（2代）　たちばなや・えんきょう　落語家
〔山松亭〕円喬（2代）
　橘家 円喬（2代）　たちばなや・えんきょう　落語家

号・別名辞典　古代・中世・近世　33

円智〈号〉
大江 仙兵衛　おおえ・せんべえ　徳川初期の佐分利流槍術の名家
円朝（1代）
三遊亭 円朝（1代）　さんゆうてい・えんちょう　1839～1900　落語家、近世の名人　[出]江戸
円満本光国師
大休 宗休　たいきゅう・しゅうきゅう　1468～1549　室町時代の僧、妙心寺主
円満常照国師
無学 祖元　むがく・そげん　1225～1286　鎌倉時代の臨済僧、円覚寺の開山　[出]宋明州
円然
奇山 円然　きざん・えんねい　臨済宝渚派祖　[出]駿河久能
円覚
道御　どうぎょ　1223～1311　鎌倉時代の僧
〔田口〕円覚
円覚　えんかく　平安時代前期の僧
円慈
東嶺 円慈　とうれい・えんじ　1721～1792　江戸時代中期の僧
円照
円照　えんしょう　1220～1277　大和戒壇院の中興　[出]奈良
円照
無外 円照　むがい・えんしょう　1311～1381　南北朝時代の僧
円照大師
一遍　いっぺん　1239～1289　時宗の開祖　[出]伊予
円照本光国師
以心 崇伝　いしん・すうでん　1569～1633　室町時代公家、武家、諸寺の諸法度を記案した禅僧　[出]京都
円頓斎〈号〉
川上 宗雪　かわかみ・そうせつ　徳川中期の茶人　[出]紀州新宮
円慧
可庵 円慧　かあん・えんえ　1269～1343　鎌倉～南北朝時代の僧
円澄
円澄　えんちょう　771～837　奈良朝・平安時代延暦寺座主第2世　[出]武蔵埼玉郡
円範
無隠 円範　むいん・えんぱん　1230～1307　鎌倉時代の僧
円蔵〈通称〉
小林 見外　こばやし・けんがい　1807～1873　明治初期の俳人　[出]甲州猿橋
〔橘屋〕円蔵（1代）
三遊亭 円生（2代）　さんゆうてい・えんしょう　1806～1862　落語家
円橘
三遊亭 円橘　さんゆうてい・えんきつ　1838～1906　落語家
円橘庵〈号〉
早川 広海　はやかわ・こうかい　1775～1830　徳川中期の医家　[出]甲斐東山梨郡日下部村八日市場
〔東白〕円曙
曙蔵主　しょぞうす　鎌倉～南北朝時代の僧
円環
円環　えんかん　1696～1734　徳川中期の僧
円観
円観　えんかん　1281～1356　鎌倉時代天台宗の律僧　[出]近江国坂本
円鑑国師
授翁 宗弼　じゅおう・そうひつ　1296～1380　藤原藤房と伝へられる京都妙心寺の2世

【奄】

〔豊野〕奄智
奄智王　あんちおう　?～784　鈴鹿王の王子

【延】

延三郎（1代）
実川 額十郎（2代）　じつかわ・かくじゅうろう　1813～1867　歌舞伎俳優　[出]京都
延子
藤原 延子　ふじわらの・えんし　1016～1095　後朱雀天皇の女御
延子内親王
延明門院　えんめいもんいん　1291～　伏見天皇の皇女
延于
青山 延于　あおやま・のぶゆき　1776～1843　江戸中期、水戸藩の儒者
延太郎〈別称〉
平田 延胤　ひらた・のぶたね　1828～1872　国学者
延光〈名〉
青山 延光　あおやま・のぶみつ　1806～1871　幕末の修史家、水戸藩儒　[出]水戸
延年
延年　えんねん　1746～1819　徳川中期の篆刻家
延年
中路 延年　なかじ・のぶとし　1823～1892　幕末の志士、もと尾張名古屋藩士
延寿〈名〉
青山 鉄槍　あおやま・てっそう　1820～1906　儒者
延寿
富本 延寿　とみもと・えんじゅ　1727～1802　寛延―寛政時代の富本節浄瑠璃の太夫　[出]筑前
延寿太夫（1代）
清元 延寿太夫（1代）　きよもと・えんじゅだゆう　1777～1825　清元浄瑠璃の家元　[出]江戸
延寿太夫（2代）
清元 太兵衛（1世）　きよもと・たへえ　1802～55　浄瑠璃の太夫
延寿太夫（4代）
清元 太兵衛（2世）　きよもと・たへえ　1832～1904　浄瑠璃の太夫
延佳
度会 延佳　わたらい・のぶよし　1615～1690　江戸初期の伊勢神宮外宮祠官・神道家　[出]伊勢山田
〔出口〕延佳
度会 延佳　わたらい・のぶよし　1615～1690　江戸初期の伊勢神宮外宮祠官・神道家　[出]伊勢山田
延命院僧都
元杲　げんごう　914～995　平安時代中期の上醍醐延命院の僧

えん（炎，垣，衍，袁，偃，淵，渕，焉）

延実
　阿川 四郎　あがわ・しろう　1842〜1866　幕末の武士
延宗
　茶屋 四郎次郎（5代）　ちゃや・しろうじろう　貿易家
延房
　染崎 延房　そめざき・のぶふさ　1818〜1886　幕末・明治前期の戯作者　㊋江戸
延明門院
　延明門院　えんめいもんいん　1291〜　伏見天皇の皇女
延若〈1代〉
　実川 延若（1代）　じつかわ・えんじゃく　1831〜1885　歌舞伎俳優　㊋大阪高津新地
延陀丸〈号〉
　松永 貞徳　まつなが・ていとく　1571〜1653　織豊時代―徳川初期の俳人にして国学者　㊋京都
延政門院
　延政門院　えんせいもんいん　1256〜1332　後嵯峨天皇第4皇女
延美〈字〉
　七五三 長斎　しめ・ちょうさい　1757〜1824　徳川中期の俳人　㊋大阪
延胤〈別称〉
　平田 延胤　ひらた・のぶたね　1828〜1872　国学者
延貞〈名〉
　大西 定林　おおにし・じょうりん　〜1727　江戸の釜師大西家の祖
延清
　志水 延清　しみず・えんせい　1666〜1734　江戸時代前期〜中期の俳人
〔出口〕延経
　度会 延経　わたらい・のぶつね　1657〜1714　江戸時代前期〜中期の神職
延勝〈名〉
　江尻 喜多右衛門　えじり・きたえもん　〜1739　徳川中期日向延岡藩の奉行
延景
　朝倉 義景　あさくら・よしかげ　1533〜1573　戦国〜織豊時代の武将
延器〈字〉
　殷 元良　いん・げんりょう　1718〜1767　琉球の画家　㊋首里
延齢〈名〉
　平出 修甫　ひらで・しゅうほ　1809〜1861　幕末の医家
延胤〈別称〉
　平田 延胤　ひらた・のぶたね　1828〜1872　国学者

【炎】

炎次郎〈別名〉
　市川 森三郎　いちかわ・もりさぶろう　1852〜1882　1866年渡英、開成学校教授、のち物理学者

【垣】

垣守
　石川 垣守　いしかわの・かきもり　〜786　奈良末期から平安初期の貴族

垣覗坊〈号〉
　油屋 基田　あぶらや・きでん　1806〜1857　徳川末期の座頭にして俳人　㊋土佐幡多郡下田村

【衍】

衍劫
　衍劫　えんこう　1724〜1799　江戸中期の禅僧、万福寺24世　㊋信濃小県
衍真尼
　隠巌 衍真尼　いんがん・えんしんに　1663〜1732　江戸時代中期の尼僧
衍親〈名〉
　松平 雪川　まつだいら・せっせん　1753〜1803　徳川中期の俳人　㊋江戸
衍曜
　璞巌 衍曜　はくがん・えんよう　1767〜1836　江戸時代後期の僧
衍臞
　衍臞　えんよう　1767〜1836　江戸末期の禅僧、万福寺29世　㊋肥前長崎

【袁】

袁丁
　森川 袁丁　もりかわ・えんてい　1744〜1831　江戸時代中期〜後期の俳人
袁比良
　藤原 宇比良古　ふじわらの・うひらこ　?〜762　奈良時代の女官

【偃】

偃松子〈別号〉
　佐治 丹岳　さじ・たんがく　1805〜1869　幕末の画家、測量家　㊋近江甲賀郡水口
偃鼠亭〈号〉
　今井 似閑　いまい・じかん　1657〜1723　徳川初期の国学者　㊋京都

【淵】

淵
　池永 淵　いけなが・えん　徳川末期の紀伊の儒者
淵〈名〉
　飛鳥 圭洲　あすか・けいしゅう　〜1755　徳川中期の漢学者　㊋長崎
淵信
　和泉法眼 淵信　いずみほうげん・えんしん　鎌倉時代の荘官
淵竜〈字〉
　佐々木 文山　ささき・ぶんざん　1651〜1727　江戸中期の書家

【渕】

渕黙〈号〉
　古田 弘計　ふるた・ひろかず　豊後岡藩の老職にして国学者

【焉】

えん（堰, 媛, 援, 園, 塩, 煙, 猿, 瑗, 遠）

〔立川〕焉馬〈別号〉
　烏亭 焉馬（1世）　うてい・えんば　1743〜1822
　江戸中期の狂歌師、戯作者　㊌江戸
焉馬（1世）
　烏亭 焉馬（1世）　うてい・えんば　1743〜1822
　江戸中期の狂歌師、戯作者　㊌江戸
焉馬（2世）
　烏亭 焉馬（2世）　うてい・えんば　1792〜1862
　江戸末期の狂歌師　㊌江戸

【堰】

堰埭楼〈別号〉
　志満 山人　しま・さんにん　画家、戯作者

【媛】

媛蹈鞴五十鈴媛命
　媛蹈鞴五十鈴媛命　ひめたたらいすずひめのみこと　神武天皇の皇后

【援】

援造〈通称〉
　美馬 君田　みま・くんでん　1812〜1874　幕末の志士

【園】

園女
　斯波 園女　しば・そのじょ　1664〜1726　徳川中期の俳人　㊌伊勢山田
園右衛門〈通称〉
　瀬下 敬忠　せしも・よしただ　1709〜1789　徳川中期の国学者
園治
　木村 園夫　きむら・えんぶ　1738〜?　江戸時代中期〜後期の歌舞伎作者
〔木村〕園治（2代）〈前名〉
　桜田 治助（4代）　さくらだ・じすけ　江戸の歌舞伎狂言作者

【塩】

塩山亭〈別号〉
　高井 几董　たかい・きとう　1741〜1788　徳川中期の俳人　㊌京都
塩車〈号〉
　桑岡 貞佐　くわおか・ていさ　1674〜1734　徳川中期の俳人　㊌江戸
塩屋
　藤原 時朝　ふじわらの・ときあさ　鎌倉時代の歌人
塩屋主人〈別号〉
　塩谷 艶二　しおや・えんじ　江戸の作家
塩屋色主〈別号〉
　塩谷 艶二　しおや・えんじ　江戸の作家
塩焼
　氷上 塩焼　ひかみの・しおやき　〜764　奈良時代の官人
塩焼王
　氷上 塩焼　ひかみの・しおやき　〜764　奈良時代の官人

【煙】

煙舟亭〈号〉
　田川 移竹　たがわ・いちく　1710〜1760　徳川中期の俳人　㊌京都
煙草屋与右衛門〈通称〉
　篠目 保雅楽　しののめ・ほがら　狂歌師
煙渓〈号〉
　浅見 安之丞　あさみ・やすのじょう　1833〜1865　幕末の徳山藩士
煙霞楼〈別号〉
　朝比奈 如有子　あさひな・じょゆうし　1749〜1829　徳川中期の地誌家

【猿】

猿〈号〉
　飛鳥井 雅親　あすかい・まさちか　1417〜1490　室町時代の公卿にして歌人
猿人
　知恵 猿人　ちえの・さるひと　1818〜1883　幕末―明治中期の狂歌師
猿山
　猿山　えんざん　〜1732　俳人、談林派　㊌信濃長野
猿左
　猿左　えんさ　〜1801　俳人、談林派
猿若〈俗称〉
　清水 道閑　しみず・どうかん　1579〜1648　徳川初期の茶道家（遠州流清水派1世）　㊌京都
猿雖
　窪田 猿雖　くぼた・えんすい　1640〜1704　徳川中期の俳人　㊌伊賀上野

【瑗】

瑗〈名〉
　海野 蠖斎　うんの・かくさい　1748〜1833　徳川中期の書画家

【遠】

遠々庵〈別号〉
　桃李園 栗窓　とうりえん・くりまど　狂歌師
遠州〈通称〉
　小堀 遠州　こぼり・えんしゅう　1579〜1647　江戸前期の武将、茶人　㊌近江坂田郡小堀邑
遠江〈通称〉
　杉谷 宗故　すぎたに・そうこ　室町時代の武人、佐伯惟勝の家人　㊌豊後国
遠舟
　和気 遠舟　わけ・えんしゅう　1653〜?　江戸時代前期の俳人
遠叔〈字〉
　三島 中洲　みしま・ちゅうしゅう　1830〜1919　漢学者　㊌備中（岡山県）
遠思楼主人〈別号〉
　広瀬 淡窓　ひろせ・たんそう　1782〜1856　儒者　㊌豊後日田町
遠晋卿

清村 晋卿　きよむら・しんけい　唐から渡来した官僚
遠智娘
蘇我 造媛　そがの・みやつこひめ　蘇我倉山田石川麻呂の女
遠智娘
蘇我 造媛　そがの・みやつこひめ　蘇我倉山田石川麻呂の女

【演】

演蓮社智誉向阿〈号〉
幡 随意　ばん・ずいい　1542〜1615　浄土宗の僧　㊨相模藤沢

【縁】

縁麿
竹川 政胖　たけかわ・まさひろ　1809〜1882　幕末の経世家　㊨伊勢飯南郡射和村

【燕】

燕石
富永 燕石　とみなが・えんせき　1625〜1660　江戸時代前期の俳人
燕志
東 燕志　あずま・えんし　江戸時代中期の俳人
〔談洲楼〕燕枝
柳亭 燕枝（1代）　りゅうてい・えんし　1838〜1900　落語家
燕枝（1代）
柳亭 燕枝（1代）　りゅうてい・えんし　1838〜1900　落語家
燕説
無外坊 燕説　むがいぼう・えんせつ　1671〜1743　徳川中期の俳人　㊨濃州大垣

【薗】

薗八（2代）
宮古路 薗八（2代）　みやこじ・そのはち　〜1785　浄瑠璃太夫　㊨京都
薗八（3世）
宮古路 薗八（3世）　みやこじ・そのはち　宮古路節の太夫、初世の門弟
〔宮古路〕薗八（3代）
春富士 正伝　はるふじ・しょうでん　延享—明和時代の京都の浄瑠璃太夫、正伝節の流祖

【艶】

艶二
塩谷 艶二　しおや・えんじ　江戸の作家
艶士
横田 艶士　よこた・えんし　?〜1712　江戸時代前期の俳人
艶鏡
歌舞伎堂 艶鏡　かぶきどう・えんきょう　1749〜1803　江戸末期の浮世絵師、狂言作者

【於】

於大の方
伝通院　でんつういん　1528〜1602　徳川家康の生母
於次〈幼名〉
羽柴 秀勝　はしば・ひでかつ　1568〜1585　織田信長の第4子
於美津之方〈通称〉
本寿院　ほんじゅいん　徳川家慶側室　㊨江戸
於菟〈諱〉
安西 雲煙　あんざい・うんえん　1806〜1852　徳川中期の書画商、画家
〔加藤〕於菟之介
住谷 寅之介　すみや・とらのすけ　1818〜1867　明治維新時代の勤王家、水戸藩士
於静〈名〉
常光院　じょうこういん　1584〜1635　徳川秀忠の側室　㊨武蔵国板橋

【王】

王川居〈号〉
絵馬屋 額輔（3世）　えまや・がくすけ　1841〜1904　狂歌師
王仁
王仁　わに　上古百済より来朝せる者
王民
藤村 王民　ふじむら・おうみん　1748〜1826　徳川中期の詩人　㊨讃岐三豊郡和田浜
王社年〈歌名〉
鈴木 真実　すずき・まざね　1749〜1819　国学者
王蘭堂〈別号〉
北向 雲竹　きたむき・うんちく　1632〜1703　徳川中期の京都の書家

【凹】

凹巷
山口 凹巷　やまぐち・おうこう　1772〜1830　徳川中期の漢詩人　㊨伊勢山田
〔山本〕凹庵
山口 凹巷　やまぐち・おうこう　1772〜1830　徳川中期の漢詩人　㊨伊勢山田

【央】

央
久世 央　くぜ・おう　1822〜1875　幕末・明治初期の算家　㊨越中上新川郡下砂子坂
央坡〈別名〉
市川 清流　いちかわ・せいりゅう　1824〜1862年遣欧使節に参加、文部省官吏、辞書編纂者、書籍館創設の功労者

【応】

応々山人〈号〉
浪化　ろうか　1671〜1703　俳人、芭蕉一門、越中井波瑞泉寺住職　㊨京都
応々翁〈別号〉

おう（汪, 押, 拗, 桜）

滝 方山　たき・ほうざん　1651～1730　徳川中期の俳人
応一武者〈号〉
　神谷 玄武坊　かみや・げんぶぼう　1713～1798　徳川中期の俳人　㊺江戸
応山
　近衛 信尋　このえ・のぶひろ　1599～1649　江戸時代前期の公卿
応心〈名〉
　烏黒　うこく　1838～1906　俳人
応文
　国井 応文　くにい・おうぶん　1833～1887　幕末・明治時代の円山派の画家　㊺京都
応応
　応応　おうおう　～1842　江戸時代の俳人
応其
　木食 応其　もくじき・おうご　1536～1608　室町時代の高僧にして連歌学者　㊺近江
応為
　葛飾 応為　かつしか・おうい　江戸末期の女流浮世絵師
応神天皇
　応神天皇　おうじんてんのう　362?～394?　第15代の天皇
応挙
　円山 応挙　まるやま・おうきょ　1732～1795　写生画の大家、円山派の祖　㊺丹波国桑田郡穴太村
応真院常照〈法号〉
　浪化　ろうか　1671～1703　俳人、芭蕉一門、越中井波瑞泉寺住職　㊺京都
応斎〈号〉
　秋山 光好　あきやま・みつよし　1794～1866　徳川末期秋田藩の俳人
応善女王
　応善女王　おうぜんじょおう　1476～1497　後土御門天皇の第3皇女
応期
　土生 熊五郎　はぶ・くまごろう　江戸時代後期の儒者
応賀
　万亭 応賀　まんてい・おうが　1818～1890　戯作者　㊺江戸神田明神下
応瑞
　円山 応瑞　まるやま・おうずい　1766～1829　円山派の画家　㊺京都
応模〈名〉
　斎藤 雁鷗　さいとう・がんおう　1664～1725　旗本
応総〈名〉
　斎藤 雁鷗　さいとう・がんおう　1664～1725　旗本
応輔〈通称〉
　井原 応輔　いはら・おうすけ　1823～1866　幕末の志士　㊺土佐国香美郡
応震
　円山 応震　まるやま・おうしん　1790～1838　円山派の画家　㊺京都
応謙〈字〉
　佐竹 噲々　さたけ・かいかい　1738～1790　画家、畸人　㊺京都

【汪】

汪々〈名〉
　鈴木 千里　すずき・せんり　1807～1859　幕末の儒者、志士　㊺米沢

【押】

押小路斎院〈別称〉
　正子内親王　まさこないしんのう　1045～1114　斎院、後朱雀天皇の皇女
〔恵美〕押勝
　藤原 仲麻呂　ふじわらの・なかまろ　706?～764　奈良時代の政治家

【拗】

拗斎
　柴田 収蔵　しばた・しゅうぞう　1820～1859　江戸時代後期の地理学者

【桜】

桜山子〈号〉
　水田 西吟　みずた・さいぎん　～1709　徳川中期の俳人　㊺摂州桜塚
桜井王
　大原 桜井　おおはらの・さくらい　奈良時代の官吏
桜戸〈号〉
　宮崎 玉緒　みやざき・たまお　1828～1896　国学者　㊺近江蒲生郡玉緒村
桜水〈号〉
　美馬 君田　みま・くんでん　1812～1874　幕末の志士
桜宇〈字〉
　坂本 浩雪　さかもと・こうせつ　1800～1853　幕末の本草家、菌類採集家
桜町天皇
　桜町天皇　さくらまちてんのう　1720～1750　第115代の天皇
桜谷
　佐伯 桜谷　さえき・おうこく　～1858　幕末の漢学者
桜谷翁〈号〉
　荒木田 末寿　あらきだ・すえほぎ　～1828　徳川末期の国学者、伊勢内宮の神官
桜所〈号〉
　杉田 玄端　すぎた・げんたん　1818～1889　幕末・明治前期の蘭方医　㊺江戸
桜舎〈別号〉
　榊原 琴洲　さかきばら・きんしゅう　1832～1881　幕末明治初期の国学者　㊺水戸
桜洲
　中井 桜洲　なかい・おうしゅう　1838～1894　政治家　㊺鹿児島平の馬場
桜風〈号〉
　東 金羅　あずま・きんら　～1794　徳川中期の俳人　㊺江戸
桜烏仙〈号〉
　宇中　うちゅう　享保時代の俳人　㊺加賀の小松
桜園〈号〉
　岩下 貞融　いわした・さだあき　1801～1867　徳川末期の国学者　㊺信濃善光寺

おう（翁, 黄, 奥, 滬, 横, 鶯）

桜園〈号〉
　佐藤 枝彦　さとう・しげひこ　1791～1853　徳川中期末期の歌人　㊍佐渡赤泊
桜園〈号〉
　長利 仲聴　おさり・なかあきら　1830～1903　明治時代の国学者、弘前藩士　㊍弘前市禰宜町
桜塢
　加鏡美 光章　かがみ・みつあき　1711～1782　江戸時代中期の国学者、神道家

【翁】

翁子〈狂言作者名〉
　百村 友九郎（2代）　ひゃくむら・ともくろう　1774～1834　大阪の歌舞伎俳優
〔井筒〕翁子〈狂言作者名〉
　百村 友九郎（2代）　ひゃくむら・ともくろう　1774～1834　大阪の歌舞伎俳優
翁助（2代）
　並木 翁輔　なみき・おうすけ　寛延―寛政時代の大阪の歌舞伎狂言作者、浄瑠璃作者
翁満
　黒沢 翁満　くろさわ・おきなまろ　1795～1859　徳川中・末期の国学者　㊍伊勢国桑名
翁輔
　並木 翁輔　なみき・おうすけ　寛延―寛政時代の大阪の歌舞伎狂言作者、浄瑠璃作者

【黄】

黄口〈別号〉
　中島 広足　なかじま・ひろたり　1792～1864　幕末の国学者、歌人
黄中
　香川 景柄　かがわ・かげもと　1745～1821　江戸時代中期～後期の歌人
黄州〈号〉
　竹内 重信　たけのうち・じゅうしん　1830～1890　幕末明治時代の和算家、信州上田藩士
黄村〈雅号〉
　向山 一履　むこうやま・かずふみ　1826～1897　幕臣、漢詩人、駐仏全権公使としてナポレオン三世に謁見
黄邨〈雅号〉
　向山 一履　むこうやま・かずふみ　1826～1897　幕臣、漢詩人、駐仏全権公使としてナポレオン三世に謁見
黄門
　徳川 光圀　とくがわ・みつくに　1628～1700　水戸藩第2代の藩主　㊍水戸
黄雀園〈号〉
　建部 巣兆　たけべ・そうちょう　1760～1812　徳川中期の俳人にして画家　㊍江戸
黄葉園主人〈筆名〉
　大蔵 永常　おおくら・ながつね　1768～　江戸後期の農学者　㊍豊後日田郡隈町
黄落庵〈号〉
　服部 嵐雪　はっとり・らんせつ　1654～1707　徳川中期の俳人、蕉門十哲の1人　㊍江戸湯島
黄裳

鮫島 白鶴　さめしま・はっかく　1774～1859　江戸時代後期の書家

【奥】

奥山（1代）
　浅尾 為十郎（1代）　あさお・ためじゅうろう　1735～1804　大阪の歌舞伎俳優　㊍京都麩屋町四条下る町
奥山（2代）〈別名〉
　浅尾 為十郎（3代）　あさお・ためじゅうろう　～1836　大阪の歌舞伎俳優、文化―天保時代の敵役の上手
奥山（3代）
　浅尾 奥山（3代）　あさお・おくやま　大阪の歌舞伎俳優、幕末明治初期の敵役の巧者
奥右衛門〈通称〉
　住田 素鏡　すみた・そきょう　1772～1847　徳川中期の俳人　㊍信濃国長沼穂保
奥右衛門保堅〈通称〉
　住田 素鏡　すみた・そきょう　1772～1847　徳川中期の俳人　㊍信濃国長沼穂保
奥竜
　玄楼 奥竜　げんろう・おくりゅう　1720～1813　徳川中期の僧侶　㊍志摩
奥麻呂
　長 奥麻呂　ながの・おきまろ　万葉集の歌人
奥蔵（1代）
　西川 奥蔵（1代）　にしかわ・おくぞう　～1768　江戸長唄三絃の名家

【滬】

滬華道人〈別号〉
　慶仲 周賀　きょうちゅう・しゅうが　1363～1425　室町時代五山文学者たる相国、天竜寺主

【横】

横波〈号〉
　臼杵 駿平　うすき・しゅんぺい　1806～1864　徳川末期の豊浦藩儒者
横斜庵〈号〉
　山本 孟遠　やまもと・もうえん　1669～1729　徳川中期の俳人　㊍江州彦根
横船
　吉田 蘭秀軒　よしだ・らんしゅうけん　1653～1696　徳川中期の俳人　㊍名古屋
横塘
　春田 横塘　はるた・おうとう　1768～1828　徳川中期の儒者　㊍和泉岸和田

【鶯】

鶯村〈別号〉
　酒井 抱一　さかい・ほういつ　1761～1828　徳川末期の画家にして俳人　㊍神田小川町
鶯邨〈号〉
　酒井 抱一　さかい・ほういつ　1761～1828　徳川末期の画家にして俳人　㊍神田小川町
鶯栖園隠士〈別号〉

号・別名辞典　古代・中世・近世　39

渡辺 重石丸　わたなべ・いかりまろ　1837～1915　国学者　[出]豊前中津桜町
鴬巣園〈号〉
大石 千秋　おおいし・ちあき　1811～1868　徳川末期の歌人
鴬笠〈号〉
田川 鳳朗　たがわ・ほうろう　1762～1845　徳川末期の俳人　[出]肥後熊本
鴬園〈号〉
前田 夏蔭　まえだ・なつかげ　1793～1864　国学者　[出]江戸

【鴨】

鴨
芹沢 鴨　せりざわ・かも　～1863　新撰組の首領
鴨里〈号〉
岡田 僑　おかだ・たかし　1806～1880　明治初期の史家　[出]淡路津名郡王子村

【甕】

甕江〈号〉
川田 甕江　かわだ・おうこう　1830～1896　漢文学者　[出]備中浅口郡阿賀崎村

【鷗】

鷗舟〈号〉
渡辺 真楫　わたなべ・まかじ　1830～1891　幕末明治の国学者　[出]江戸小川町
鷗村
森 鷗村　もり・おうそん　1831～1907　漢学者　[出]栃木県下都賀郡藤岡町
鷗沙
伊村 鷗沙　いむら・おうしゃ　1724～1796　徳川中期の俳人　[出]名古屋
鷗歩
鷗歩　おうほ　俳人、芭蕉一門
鷗翁〈号〉
今井 柳荘　いまい・りゅうそう　1751～1811　徳川中期の俳人　[出]里信濃
鷗巣〈号〉
春甫　しゅんぽ　～1854　幕末期の俳人　[出]信濃長沼穂保
鷗嶼〈号〉
守村 抱儀　もりむら・ほうぎ　1807～1862　徳川中期の俳人　[出]江戸浅草蔵前

【屋】

屋主
丹比 屋主　たじひの・やぬし　「万葉集」中の歌人
〔多治比〕屋主
丹比 屋主　たじひの・やぬし　「万葉集」中の歌人
屋烏
八千房 屋烏　はっせんぼう・おくう　1755～1830　江戸時代中期～後期の俳人
〔石井〕屋烏
八千房 屋烏　はっせんぼう・おくう　1755～1830　江戸時代中期～後期の俳人

【億】

億計天皇
仁賢天皇　にんけんてんのう　第24代の天皇
億計王
仁賢天皇　にんけんてんのう　第24代の天皇

【憶】

憶蔵〈別名〉
西川 奥蔵（1代）　にしかわ・おくぞう　～1768　江戸長唄三絃の名家

【乙】

乙二
亘理 乙二　わたり・おつに　1758～1823　徳川中期の俳人、陸前白石城下千手院の住職で権大僧都
〔岩間〕乙二
亘理 乙二　わたり・おつに　1758～1823　徳川中期の俳人、陸前白石城下千手院の住職で権大僧都
乙五郎〈通称〉
石川 安亭　いしかわ・あんてい　1772～1801　江戸後期の儒者
乙由
中川 乙由　なかがわ・おつゆう　1675～1739　徳川中期の俳人　[出]伊勢国川崎町
乙州
川井 乙州　かわい・おとくに　～1710　徳川中期の俳人　[出]江州大津
乙次郎
植田 乙次郎　うえだ・おとじろう　1825～1893　幕末期の志士、広島藩士　[出]広島
〔上田〕乙次郎
植田 乙次郎　うえだ・おとじろう　1825～1893　幕末期の志士、広島藩士　[出]広島
乙児
松木 乙児　まつき・おつじ　1724～1772　徳川中期の俳人
乙侍従
相模　さがみ　平安時代中期の歌人
乙彦
乙彦　おとひこ　1826～1886　幕末から明治初期の俳人
〔萩原〕乙彦
乙彦　おとひこ　1826～1886　幕末から明治初期の俳人
乙柳軒〈別号〉
浜野 政随　はまの・しょうずい　1696～1769　江戸時代の彫金家
乙姫宮
姝子内親王　しゅしないしんのう　1141～1176　鳥羽天皇第6皇女、二条天皇中宮
乙莵斎〈号〉
嵐窓　らんそう　～1838　化政期の俳人
乙鳥舎〈号〉
梅路　ばいろ　～1747　享保時代の俳人　[出]伊勢山田
乙満〈号〉
藍沢 無満　あいざわ・むまん　1775～1864　徳川末期の国学者　[出]上野

おん（音，温，穏）　か（下）

乙語
　佐方 乙語　さかた・おつご　1701〜1767　江戸時代中期の俳人
乙縄
　藤原 乙縄　ふじわらの・たかつな　〜781　奈良時代の廷臣、刑部卿
乙蔵
　丹下 乙蔵　たんげ・おとぞう　江戸時代後期の農民

【音】

音人
　安部井 櫟堂　あべい・れきどう　1808〜1883　明治初期の篆刻家、近江の人
音八（1代）
　嵐 音八（1代）　あらし・おとはち　1698〜1769　江戸の歌舞伎俳優、宝暦期の道外方の名手　㊧京都
音八（2代）
　嵐 音八（2代）　あらし・おとはち　江戸の歌舞伎俳優、寛政期の道外方、敵役の達者
音十郎（2代）
　笹尾 音十郎（2代）　ささお・おとじゅうろう　京阪の歌舞伎俳優、舞踊笹尾流の祖
音之助〈初名〉
　嵐 音八（1代）　あらし・おとはち　1698〜1769　江戸の歌舞伎俳優、宝暦期の道外方の名手　㊧京都
〔多喜助〕音右衛門〈後名〉
　富士田 音蔵（2代）　ふじた・おとぞう　1798〜1859　江戸長唄謡い
〔滝村〕音右衛門
　富士田 音蔵（2代）　ふじた・おとぞう　1798〜1859　江戸長唄謡い
音右衛門（1代）
　沢村 音右衛門（1代）　さわむら・おとえもん　1687〜1741　歌舞伎俳優
音右衛門（2代）
　沢村 音右衛門（2代）　さわむら・おとえもん　歌舞伎俳優
音右衛門（3代）
　沢村 音右衛門（3代）　さわむら・おとえもん　歌舞伎俳優
音吉〈初名〉
　嵐 三幸（2代）　あらし・さんこう　京阪の歌舞伎俳優、天保—慶応時代の大阪浜芝居の大立者
音羽屋〈屋号〉
　尾上 松助（2代）　おのえ・まつすけ　1784〜1849　歌舞伎俳優　㊧江戸
〔葛飾〕音助〈初名〉
　桜田 治助（3代）　さくらだ・じすけ　1802〜1877　江戸の歌舞伎狂言作者
音門〈別称〉
　安部井 櫟堂　あべい・れきどう　1808〜1883　明治初期の篆刻家、近江の人
音阿弥
　音阿弥　おんあみ　〜1467　室町時代の能役者、観世第3代
音船〈別号〉
　佐我 介我　さほ・かいが　1652〜1718　徳川中期の俳人　㊧江戸本所
〔滝村〕音蔵〈後名〉

富士田 音蔵（2代）　ふじた・おとぞう　1798〜1859　江戸長唄謡い
音蔵（1代）
　富士田 音蔵（1代）　ふじた・おとぞう　〜1827　江戸長唄謡い
音蔵（2代）
　富士田 音蔵（2代）　ふじた・おとぞう　1798〜1859　江戸長唄謡い
音蔵（3代）
　富士田 音蔵（3代）　ふじた・おとぞう　1838〜1871　江戸長唄謡い

【温】

温〈名〉
　阿部 良平　あべ・りょうへい　幕末の篆刻家
温
　葛井 文哉　かつらい・ぶんさい　1811〜1849　江戸時代後期の儒者
温子
　藤原 温子　ふじわらの・おんし　872〜907　宇多天皇の女御
温之〈名〉
　伴 侗庵　ばん・とうあん　1806〜1873　徳川末期の儒者　㊧近江彦根
温古堂〈号〉
　古田 弘計　ふるた・ひろかず　豊後岡藩の老職にして国学者
温明殿女御
　源 厳子　みなもとの・げんし　？〜879　清和天皇の女御
温明殿女御
　源 貞子　みなもとの・ていし　？〜873　清和天皇の女御
温故斎〈号〉
　青木 宗鳳（2代）　あおき・そうほう　1730〜1793　徳川中期の茶人、初代宗鳳の子
温斎
　土屋 温斎　つちや・おんさい　1823〜1890　幕末明治時代の和算家　㊧豊後西国東郡大岩屋

【穏】

穏子
　藤原 穏子　ふじわらの・おんし　885〜954　醍醐天皇の皇后

【下】

下山殿
　秋山 津摩　あきやま・つま　〜1591　徳川家康の侍女
下田処士〈号〉
　石田 安左衛門　いしだ・あんざえもん　1629〜1693　江戸初期の佐賀藩士
下物
　山川 下物　やまかわ・かぶつ　？〜1800　江戸時代中期〜後期の俳人
下記〈通称〉
　井上 正継　いのうえ・まさつぐ　〜1646　徳川初期井上流砲術の祖

号・別名辞典　古代・中世・近世　41

か（化，火，加，可）

下馬将軍
　酒井 忠清　さかい・ただきよ　1623〜1681　江戸時代初期の大老、上野廐橋（後の前橋）の城主
下萌少将
　下萌少将　したもえのしょうしょう　平安朝後期の女歌人、藤原俊成の女
下野
　伊能 友鷗　いのう・ゆうおう　〜1875　幕末の勤王家、宇和島藩士
下野
　四条宮 下野　しじょうのみや・しもつけ　平安朝の女流歌人、下野守源政隆の女
下野守信時
　波多 信時　はた・のぶとき　〜1598　秀吉の臣
下間少進〈俗官名〉
　下間 少進　しもつま・しょうしん　1551〜1616　本願寺坊官で素人能役者
〔山内〕下総
　酒井 勝作　さかい・しょうさく　1819〜1876　土佐藩の執政　㊥土佐国高知
〔羽柴〕下総守
　滝川 雄利　たきかわ・かつとし　〜1610　織豊末徳川初期の武将

【化】

化笛斎〈号〉
　堀内 仙鶴　ほりのうち・せんかく　1675〜1748　江戸中期の茶人、俳人　㊥江戸

【火】

火の君〈号〉
　肥君　ひのきみ　肥後国（熊本県）球磨郡地方に勢力を張った地方豪族

【加】

加卜
　大村 加卜　おおむら・かぼく　徳川初期の刀工　㊥越後岩船郡桃川
加友
　加友　かゆう　俳人、貞門
加友
　荒木 加友　あらき・かゆう　〜1673　徳川初期の医者にして俳人
加州住清光〈銘〉
　清光（1代）　きよみつ　元和頃の刀匠
〔四書屋〕加助
　五井 持軒　ごい・じけん　1641〜1721　徳川初期の儒者　㊥大阪
加那〈幼名〉
　阿麻和利　あまわり　〜1458　室町前期の琉球の武将　㊥琉球
加保茶元成（3世）〈別号〉
　三亭 春属　さんてい・しゅんば　〜1851　戯作家
加納〈前名〉
　嵐 かのふ（1代）　あらし・かのう　大阪の歌舞伎俳優、文化・文政時代の若女方の功者
加納御前
　亀姫　かめひめ　1560〜1625　奥平信昌の妻

加造
　近松 加造　ちかまつ・かぞう　寛政—天保時代の大阪の浄瑠璃作者、歌舞伎狂言作者
〔伏見〕加賀
　待賢門院加賀　たいけんもんいんのかが　平安時代後期の歌人
〔鶴賀〕加賀八太夫〈前名〉
　富士松 魯中（1代）　ふじまつ・ろちゅう　1797〜1861　新内節浄瑠璃の太夫
加賀大納言
　前田 利家　まえだ・としいえ　1538〜1599　加賀藩主前田家の祖、豊臣氏筆頭の臣　㊥尾張愛知郡荒子村
加賀中納言
　前田 利長　まえだ・としなが　1562〜1614　安土桃山・江戸初期の大名、利家の長子　㊥尾張荒子
加賀内侍〈別称〉
　丹波局　たんばのつぼね　後鳥羽天皇の宮人
加賀太夫（1代）
　富士松 魯中（1代）　ふじまつ・ろちゅう　1797〜1861　新内節浄瑠璃の太夫
〔宮古路〕加賀太夫（1代）
　富士松 薩摩像（1代）　ふじまつ・さつまのじょう　1686〜1757　江戸時代中期の浄瑠璃太夫
加賀守
　原 昌俊　はら・まさとし　?〜1549　戦国時代の武将
加賀掾
　宇治 加賀掾　うじ・かがのじょう　1635〜1711　延宝—宝永時代の京都の浄瑠璃太夫、嘉太夫節の流祖　㊥紀州和歌山の宇治
加賀掾藤原好澄〈受領号〉
　宇治 加賀掾　うじ・かがのじょう　1635〜1711　延宝—宝永時代の京都の浄瑠璃太夫、嘉太夫節の流祖　㊥紀州和歌山の宇治
加賀殿
　加賀殿　かがどの　〜1605　豊臣秀吉の側室
加慶〈別号〉
　山本 荷分　やまもと・かけい　1648〜1716　徳川中期の俳人　㊥名古屋の城東志水
加藤太
　加藤 光員　かとう・みつかず　鎌倉時代の武人、源頼朝の臣　㊥加賀

【可】

可々斎〈別号〉
　神沢 杜口　かんざわ・とこう　1710〜1795　徳川中期の国学者、京都町奉行組の与力　㊥大阪
可大
　栗の本 可大　くりのもと・かだい　1807〜1862　徳川中期の俳人　㊥陸奥陸島
可什
　物外 可什　もつがい・かじゅう　〜1341　鎌倉末期の禅僧
可(哥)内〈前名〉
　宮古路 蘭八（3世）　みやこじ・そのはち　宮古路節の太夫、初世の門弟
可月〈号〉
　大木 藤十郎　おおき・とうじゅうろう　1785〜1873　徳川末期の洋式砲術家　㊥肥前長崎

可布庵〈号〉
逸渕　いつえん　～1861　幕末期の俳人　[出]武蔵国八幡
〔町野〕可名生
三善 庸礼　みよし・ようれい　1779～?　江戸時代後期の儒者
可因
司馬 可因　しば・かいん　?～1799　江戸時代中期～後期の俳人
可汲〈字〉
今井 桐軒　いまい・どうけん　1646～1683　徳川初期の水戸の儒者
可竹斎〈別号〉
塩川 文麟　しおかわ・ぶんりん　1808～1877　四条派の画家　[出]京都
可官
赤尾 可官　あかお・よしたか　1764～1852　徳川末期の国学者、林丘寺宮の家司　[出]京都
可怜〈字〉
斎藤 彦麿　さいとう・ひこまろ　1768～1854　徳川中期の国学者　[出]三河国矢作
可南女
向井 可南女　むかい・かなじょ　徳川中期の俳人
〔一筆庵〕可候
池田 英泉　いけだ・えいせん　1790～1848　江戸後期の浮世絵師　[出]江戸星ケ岡
可翁〈道号〉
宗然　そうねん　～1345　鎌倉時代末期・南北朝時代ごろの禅僧
可庵〈別号〉
喜多 武清　きた・ぶせい　1776～1856　江戸末期の浮世絵師　[出]江戸
可斎
桑山 貞政　くわやま・さだまさ　1613～1700　江戸時代前期の武士、茶人
可都里
五味 可都里　ごみ・かつり　1743～1817　徳川中期の俳人　[出]甲斐
可敬
夏目 重蔵　なつめ・じゅうぞう　?～1862　江戸時代後期の商人
可琴軒〈別号〉
鷹見 泉石　たかみ・せんせき　1785～1858　蘭学者、古河藩老臣　[出]古河
可董
蓑内 可董　みのうち・かとう　?～1803　江戸時代中期～後期の俳人
可遊〈別号〉
堀 麦水　ほり・ばくすい　1718～1783　徳川中期の俳人　[出]加賀金沢
可楽〈俳名〉
西国 兵五郎(1代)　さいこく・ひょうごろう　1656～1705　江戸の歌舞伎俳優
可楽(1代)
三笑亭 可楽(1代)　さんしょうてい・からく　～1833　落語家戯作者　[出]馬喰町
可慶
十寸見 可慶　ますみ・かけい　1806～1871　文政—明治時代の河東節浄瑠璃の太夫　[出]北越
可澄
丸山 活堂　まるやま・かつどう　1657～1731　江戸時代前期～中期の儒者
可磨斎〈通称〉
松本 顧言　まつもと・こげん　1817～1881　幕末明治の俳人　[出]江戸
可興〈名〉
高橋 東皐　たかはし・とうこう　1739～1820　徳川中期の俳人
可頼
青地 可頼　あおち・からい　江戸時代前期の俳人

【禾】

禾麿
安養寺 禾麿　あんようじ・のぎまろ　1697～1767　徳川中期の漢学者　[出]土佐

【瓜】

瓜狐庵〈号〉
伊村 鷗沙　いむら・おうしゃ　1724～1796　徳川中期の俳人　[出]名古屋

【何】

何丸〈字〉
小沢 何丸　おざわ・なにまる　1760～1837　徳川中期の俳人　[出]信濃水内郡吉田
何尾亭〈号〉
井上 童平　いのうえ・どうへい　徳川中期の俳人　[出]岐阜
何羨堂〈号〉
里村 玄仍　さとむら・げんじょう　1572～1607　織豊時代の連歌師

【伽】

伽羅庵〈号〉
小栗 旨原　おぐり・しげん　1725～1778　徳川中期の俳人　[出]江戸

【花】

花山天皇
花山天皇　かざんてんのう　968～1008　第65代の天皇
花山院
花山天皇　かざんてんのう　968～1008　第65代の天皇
花友〈別名〉
藤川 友吉(2代)　ふじかわ・ともきち　～1834　大阪の歌舞伎俳優
花友〈前名〉
藤川 友吉(3代)　ふじかわ・ともきち　～1872　大阪の歌舞伎俳優
花友〈前名〉
藤川 友吉(4代)　ふじかわ・ともきち　～1871　大阪の歌舞伎俳優
花月堂〈号〉
石野 広道　いしの・ひろみち　1718～1800　徳川中期の国学者　[出]江戸
花月堂〈号〉

か（佳, 果）

樋口 宗武　ひぐち・むねたけ　1674〜1754　徳川中期の国学者　㊔京都
花月斎〈号〉
　関岡 野洲良　せきおか・やすら　1772〜1832　徳川中期の歌人　㊔武蔵八王子
花木
　日置 花木　へき・かぼく　徳川中期水戸の藩儒
花叔
　春日 花叔　かすが・かしゅく　1774〜1824　江戸時代後期の俳人
花妻（1代）
　佐野川 花妻（1代）　さのかわ・はなづま　京阪の歌舞伎俳優
花妻（2代）
　佐野川 花妻（2代）　さのかわ・はなづま　〜1762　京阪の歌舞伎俳優　㊔近江
花妻（3代）
　佐野川 花妻（3代）　さのかわ・はなづま　京阪の歌舞伎俳優
花所〈号〉
　福島 隣春　ふくしま・ちかはる　1811〜1882　土佐風の画家
花門
　鳳語園 花門　ほうごえん・はなかど　狂歌師　㊔下野日光原町
花亭
　岡本 花亭　おかもと・かてい　1768〜1850　徳川末期の勘定奉行
花咲庵〈別号〉
　俵 米守　たわらの・よねもり　1781〜1848　狂歌師　㊔上総木更津
花咲の翁〈号〉
　松永 貞徳　まつなが・ていとく　1571〜1653　織豊時代—徳川初期の俳人にして国学者　㊔京都
花城
　三橋 花城　みはし・かじょう　1749〜1831　江戸時代中期〜後期の俳人
花屋庵〈号〉
　菅沼 奇渕　すがぬま・きえん　1763〜1834　徳川中期の俳人　㊔大阪
花屋〈号〉
　藤井 鼎左　ふじい・ていさ　1802〜1869　徳川末期の俳人　㊔備後
花屋裏〈号〉
　藤井 鼎左　ふじい・ていさ　1802〜1869　徳川末期の俳人　㊔備後
花屋裏奇渕〈号〉
　菅沼 奇渕　すがぬま・きえん　1763〜1834　徳川中期の俳人　㊔大阪
花廼屋（1代）
　花廼屋（1代）　はなのや　〜1810　狂歌師
花廼屋（2代）
　花廼屋（2代）　はなのや　狂歌師
花廼屋（3代）
　花廼屋（3代）　はなのや　1817〜1868　狂歌師
花扇〈別号〉
　橘家 円喬（1代）　たちばなや・えんきょう　落語家
花朗家〈画号〉
　古瀬 勝雄　ふるせ・かつお　狂歌師
花庵〈号〉

船曳 鉄門　ふなびき・かねと　1823〜1895　幕末明治の国学者、祠官　㊔筑後三瀦郡鳥飼村字大石
花渓〈号〉
　笹山 嗣立　ささやま・しりゅう　1791〜1853　幕末の書家　㊔長崎
花祭
　原 花祭　はら・かさい　1719〜1769　徳川中期肥前の儒者
花逕樵夫〈別号〉
　士由　しゅう　〜1850　化政期の俳人　㊔羽前狼河原
花満
　日の下 花満　ひのもと・はなみつ　1785〜1835　狂歌師
花街楼〈別号〉
　三亭 春馬　さんてい・しゅんば　〜1851　戯作家
花園天皇
　花園天皇　はなぞのてんのう　1297〜1348　第95代の天皇、伏見天皇の皇子
花園宮
　満良親王　みつよししんのう　後醍醐天皇の皇子
花蔭〈号〉
　下沢 保躬　しもざわ・やすみ　1838〜1896　幕末明治時代の国学者
花墻〈号〉
　大久保 忠保　おおくぼ・ただやす　1830〜1886　歌人
花癖少沙〈号〉
　松叟　しょうそう　〜1820　化政期の俳人、名古屋本重町常瑞寺の住職
花の本（9世）〈別号〉
　堤 梅通　つつみ・ばいつう　1797〜1864　徳川末期の俳人　㊔京都

【佳】

佳山（1代）
　中村 佳山（1代）　なかむら・かさん　?〜1788　江戸時代中期の俳人
佳風
　豊島 佳風　としま・かふう　1679〜1728　江戸時代前期〜中期の俳人
佳峰園
　鳥越 等栽　とりごえ・とうさい　1803〜1890　幕末明治の俳人　㊔大阪
佳幹〈名〉
　滝平 主殿　たきひら・とのも　1837〜1865　幕末の志士、常陸国行方郡玉造大宮神社祠官　㊔常陸国新治郡玉川村

【果】

果仙〈号〉
　宮地 太仲　みやじ・たちゅう　1769〜1842　江戸後期の医者・農学者　㊔土佐国安芸郡
果亭
　平賀 晋民　ひらが・しんみん　1721〜1792　徳川中期の儒者　㊔安芸豊田郡忠海
果園
　佐久間 果園　さくま・かえん　1803〜1892　幕末明治の国学者、豊前小倉藩士

44　号・別名辞典　古代・中世・近世

か（河, 夏, 家）

【河】

河上娘
　蘇我 河上娘　そがの・かわかみのいらつめ　6世紀後半、崇峻天皇の妃、蘇我馬子の娘
河上庵〈号〉
　橋本 泰里　はしもと・たいり　1741〜1819　徳川中期の俳人　㊁江戸深川
河丈〈前名〉
　十寸見 河丈(1代)　ますみ・かじょう　〜1734　河東節浄瑠璃の太夫
河丈(1代)
　十寸見 河丈(1代)　ますみ・かじょう　〜1734　河東節浄瑠璃の太夫
河丈(2代)
　十寸見 河丈(2代)　ますみ・かじょう　河東節浄瑠璃の太夫
河丈(5代)
　十寸見 可慶　ますみ・かけい　1806〜1871　文政―明治時代の河東節浄瑠璃の太夫　㊁北越
河内
　楽浪 河内　さざなみの・かわち　元明〜孝謙朝の官僚
河内
　俊子内親王家河内　としこないしんのうけのかわち　平安時代後期の女官、歌人
〔高丘〕河内
　楽浪 河内　さざなみの・かわち　元明〜孝謙朝の官僚
河内介
　藤原 吉次　ふじわらの・よしつぐ　中世末から近世初期に京都で活躍した浄瑠璃太夫
河内侍従
　毛利 秀頼　もうり・ひでより　〜1593　信長の臣、赤母衣衆、のち秀吉麾下　㊁江州小谷
河良(1代)
　山彦 河良(1代)　やまびこ・かりょう　〜1779　河東節浄瑠璃の三絃の名家
河良(2代)
　山彦 河良(2代)　やまびこ・かりょう　〜1788　河東節浄瑠璃の三絃の名家
河良(3代)
　山彦 河良(3代)　やまびこ・かりょう　〜1814　河東節浄瑠璃の三絃の名家　㊁本郷菊坂
河良(4代)
　山彦 河良(4代)　やまびこ・かりょう　〜1833　河東節浄瑠璃の三絃の名家
河良(5代)
　山彦 河良(5代)　やまびこ・かりょう　〜1859?　河東節浄瑠璃の三絃の名家
河東
　十寸見 河東(1代)　ますみ・かとう　1684〜1725　河東節浄瑠璃の家元、河東節の流祖　㊁江戸
〔江戸太夫〕河東
　十寸見 河東(1代)　ますみ・かとう　1684〜1725　河東節浄瑠璃の家元、河東節の流祖　㊁江戸
河東(1代)
　十寸見 河東(1代)　ますみ・かとう　1684〜1725　河東節浄瑠璃の家元、河東節の流祖　㊁江戸
河東(2代)〈後名〉
　十寸見 河丈(1代)　ますみ・かじょう　〜1734　河東節浄瑠璃の太夫
河東(9代)
　十寸見 可慶　ますみ・かけい　1806〜1871　文政―明治時代の河東節浄瑠璃の太夫　㊁北越
河東隠士〈号〉
　植村 正道　うえむら・まさみち　〜1860　徳川幕臣
河原左大臣
　源 融　みなもとの・とおる　822〜895　嵯峨天皇皇子
河野宮
　梵勝　ぼんしょう　南朝の皇胤

【夏】

夏山
　秋山 色樹　あきやま・いろき　江戸時代中期の国学者
夏冬庵〈号〉
　昨非窓 左明　さくひそう・さめい　1711〜1760　徳川中期の俳人　㊁江戸
〔原〕夏若〈通称〉
　布留 糸道　ふるの・いとみち　〜1792　狂歌師、江戸三味線の名手
夏門〈号〉
　赤井 水雄　あかい・みずお　幕末の歌人　㊁岩代国
夏海
　浅縹庵 夏海　せんけんあん・なつみ　〜1853　狂歌師
〔清原〕夏野(27世)
　舟橋 秀賢　ふなはし・ひでかた　1575〜1614　江戸初期の公卿、明経博士
夏雲〈号〉
　円山 応挙　まるやま・おうきょ　1732〜1795　写生画の大家、円山派の祖　㊁丹波国桑田郡穴太村
夏蔭
　前田 夏蔭　まえだ・なつかげ　1793〜1864　国学者　㊁江戸

【家】

家久
　島津 家久　しまず・いえひさ　〜1610　武将、貴久の子
家久
　島津 家久　しまず・いえひさ　1576〜1638　安土桃山・江戸前期の大名、島津義弘の第3子
〔紀〕家子
　美濃局　みののつぼね　平安時代後期の女官
家友
　安芸 三郎左衛門　あき・さぶろうざえもん　1597〜1671　江戸時代前期の製紙家
家文〈号〉
　上野屋 伊右衛門　うえのや・いえもん　1737〜1808　徳川中期の漢学者　㊁八戸二十三日町
家文
　上野 家文　うわの・かぶん　1735〜1808　江戸時代中期〜後期の俳人
〔足利〕家氏
　斯波 家氏　しば・いえうじ　鎌倉時代の武将
家永〈名〉

か（荷）

吉田 追風（1代）　よしだ・おいかぜ　鎌倉時代の相撲行司、越前福井の郷士
〔藤原〕家光
日野 家光　ひの・いえみつ　1199～1237　鎌倉時代の公卿
家成
藤原 家成　ふじわらの・いえなり　1107～1154　平安後期の公卿
〔中御門〕家成
藤原 家成　ふじわらの・いえなり　1107～1154　平安後期の公卿
家次
春田 家次　はるた・いえつぐ　～1628　金工
〔早田〕家次
春田 家次　はるた・いえつぐ　～1628　金工
家行
度会 家行　わたらい・いえゆき　1256?～1351?　南北朝時代の伊勢外宮の補宜
〔渡会〕家行
度会 家行　わたらい・いえゆき　1256?～1351?　南北朝時代の伊勢外宮の補宜
〔藤原〕家行
持明院 家行　じみょういん・いえゆき　1175～1226　鎌倉時代の公卿
〔衣笠〕家良
藤原 家良　ふじわらの・いえよし　1192～1264　鎌倉時代の公卿、歌人
〔藤原〕家実
近衛 家実　このえ・いえざね　1179～1243　鎌倉時代の公卿
〔藤原〕家実
日野 資実　ひの・すけざね　1162～1223　鎌倉時代の公卿
〔徳川〕家定夫人
天璋院　てんしょういん　1836～1883　徳川13代将軍家定の夫人　㊼鹿児島城下
家忠
藤原 家忠　ふじわらの・いえただ　1061～1136　平安時代の朝臣
〔花山院〕家忠
藤原 家忠　ふじわらの・いえただ　1061～1136　平安時代の朝臣
家斉
徳川 家斉　とくがわ・いえなり　1773～1841　徳川第11代将軍
〔一橋〕家斉
徳川 家斉　とくがわ・いえなり　1773～1841　徳川第11代将軍
家昌
浪越 家昌　なごえ・いえまさ　～1629　釜師　山城
〔名越〕家昌
浪越 家昌　なごえ・いえまさ　～1629　釜師　㊼山城
家茂
徳川 家茂　とくがわ・いえもち　1846～1866　徳川14代将軍　㊼江戸和歌山藩邸（赤坂）
〔徳川〕家茂夫人
静寛院宮　せいかんいんのみや　1846～1877　仁孝天皇第8皇女、孝明天皇の妹、14代将軍徳川家茂夫人

家長〈名〉
吉田 追風（1代）　よしだ・おいかぜ　鎌倉時代の相撲行司、越前福井の郷士
家俊
宍戸 司箭　ししど・しせん　戦国～織豊時代の剣術家
家持
大伴 家持　おおともの・やかもち　～785　奈良時代の歌人
〔河内大掾〕家重
井関 家重　いぜき・いえしげ　1581～1657　江戸時代前期の能面師
家兼
斯波 家兼　しば・いえかね　1308～1356　南北朝時代の武将
〔水ケ江〕家兼
竜造寺 家兼　りゅうぞうじ・いえかね　1454～1546　室町～戦国時代の武将
家純
岩松 家純　いわまつ・いえずみ　室町時代の武将
〔藤原〕家能
持明院 家行　じみょういん・いえゆき　1175～1226　鎌倉時代の公卿
家康
徳川 家康　とくがわ・いえやす　1542～1616　江戸幕府の初代将軍
〔徳川〕家康生母
伝通院　でんつういん　1528～1602　徳川家康の生母
〔徳川〕家康室
旭姫　あさひひめ　1543～1590　徳川家康の室、豊臣秀吉の異父妹
〔留守〕家景
伊沢 家景　いさわ・いえかげ　?～1221　平安後期～鎌倉時代の武士
家煕
近衛 家煕　このえ・いえひろ　1667～1736　徳川中期の関白、太政大臣
家雅
花山院 定煕　かざんいん・さだひろ　1558～1634　織豊～江戸時代前期の公卿
家増
源 家増　みなもとの・いえます　?～1571　戦国時代の画家
家憲〈名〉
伊能 友鷗　いのう・ゆうおう　～1875　幕末の勤王家、宇和島藩士
家賢
妙光寺 家賢　みょうこうじ・いえかた　1331～1366　吉野朝時代の歌人
〔花山院〕家賢
妙光寺 家賢　みょうこうじ・いえかた　1331～1366　吉野朝時代の歌人

【荷】

荷兮
山本 荷兮　やまもと・かけい　1648～1716　徳川中期の俳人　㊼名古屋の城東志水
荷汀
荷汀　かてい　～1864　幕末期の俳人

46　号・別名辞典　古代・中世・近世

荷沢〈別号〉
畑中 荷沢　はたなか・かたく　1734～1797　江戸中期の儒者　[出]仙台

荷青
安芸 荷青　あき・かせい　徳川中期の俳人　[出]阿波板野郡川端村

【華】

華
伊勢 華　いせ・さかえ　1822～1886　萩藩八組士、宮内省京都支庁長官　[出]長門国萩小松江

華〈字〉
阪井 虎山　さかい・こざん　1798～1850　徳川末期の儒者　[出]安芸広島城下段原村

華山
横山 華山　よこやま・かざん　1784～1837　画家　[出]京都

華山〈号〉
熊本 元朗　くまもと・げんろう　徳川中期の儒者　[出]江戸の人

華山〈号〉
渡辺 崋山　わたなべ・かざん　1793～1841　南画家　[出]江戸

華中亭〈号〉
高橋 道八（3代）　たかはし・どうはち　1811～1879　京都の陶工

華谷
佐和 華谷　さわ・かこく　1749～1831　徳川中期石見の儒者

華岳
久津見 華岳　くつみ・かがく　徳川中期の儒者

華岸〈号〉
福島 親之　ふくしま・ちかゆき　1837～1882　明治初期の根付師

華竜
岩倉 具視　いわくら・ともみ　1825～1883　幕末明治中期時代の政治家、維新の元勲　[出]京都

華堂
喜田 華堂　きだ・かどう　1812～1879　幕末明治の画家　[出]美濃今須

華渓〈号〉
松村 景文　まつむら・けいぶん　1779～1843　四条派画家　[出]京都

華陽
富永 華陽　とみなが・かよう　1816～1879　幕末・明治初期の漢学者

【崋】

崋山〈号〉
渡辺 崋山　わたなべ・かざん　1793～1841　南画家　[出]江戸

【葭】

葭汀〈号〉
関 政方　せき・まさみち　1786～1861　徳川中期の音韻学者

【過】

過去庵〈号〉
伊村 鷗沙　いむら・おうしゃ　1724～1796　徳川中期の俳人　[出]名古屋

過海大師
鑑真　がんじん　688～763　奈良朝時代の高僧　[出]中国揚州江陽県

【嘉】

〔千葉〕嘉六
都太夫 一中（5代）　みやこだゆう・いっちゅう　～1822　一中節浄瑠璃の宗家

嘉太夫
宇治 加賀掾　うじ・かがのじょう　1635～1711　延宝―宝永時代の京都の浄瑠璃太夫、嘉太夫節の流祖　[出]紀州和歌山の宇治

嘉太夫（1代）〈前名〉
宇治 加賀掾　うじ・かがのじょう　1635～1711　延宝―宝永時代の京都の浄瑠璃太夫、嘉太夫節の流祖　[出]紀州和歌山の宇治

嘉代〈通称〉
亀台尼　きだいに　～1810　化政期の俳人、武蔵川越古市場の豪農沢田安信の女

嘉右衛門〈通称〉
月渓　げっけい　～1811　天明期の画家・俳人　[出]尾張

嘉右衛門
高島 嘉右衛門　たかしま・かえもん　1832～1914　幕末明治時代の実業家、易学大家　[出]常陸国牛渡村

嘉右衛門〈通称〉
斎藤 西山　さいとう・せいざん　1754～1809　徳川中期の肥前蓮池藩儒　[出]肥前

嘉右衛門〈通称〉
寺島 安信　てらしま・やすのぶ　～1722　徳川中期の俳人　[出]尾州鳴海の本陣

嘉右衛門〈通称〉
腹唐 秋人　はらから・あきんど　1758～1821　書家、狂歌師

嘉四郎〈通称〉
小林 百哺　こばやし・ひゃっぽ　1804～1887　幕末・明治前期の和算家　[出]越後（新潟県）

嘉左衛門〈別名〉
山村 歌左衛門　やまむら・かざえもん　元禄―享保時代の京阪の歌舞伎俳優、山村系祖

嘉左衛門
篠塚 嘉左衛門　しのずか・かざえもん　享保―宝暦時代の歌舞伎俳優

嘉平田舎〈号〉
関 政方　せき・まさみち　1786～1861　徳川中期の音韻学者

〔石川〕嘉平次〈通称〉
沢山人 沢山　たくさんじん・たくさん　1801～1867　狂歌師　[出]武蔵南多摩郡栗須村

嘉仲
加藤 嘉仲　かとう・かちゅう　～1718　尾張赤津の陶工

嘉当〈別称〉
福田 金塘　ふくだ・きんとう　1807～1858　徳川末期の和算家

嘉兵衛

か（榎，歌）

松下 之綱　まつした・ゆきつな　1537〜1598　戦国〜織豊時代の武将
〔山口〕嘉兵衛〈通称〉
吉武 助左衛門　よしたけ・すけざえもん　1824〜1906　久留米藩郷士
〔山本〕嘉兵衛〈通称〉
天廼間 都竜　あまのと・とりゅう　1818〜1877　幕末明治の狂歌師
〔北川〕嘉兵衛〈通称〉
鹿都部 真顔　しかつべの・まがお　1752〜1829　徳川中期の戯作者、狂歌師　㊟江戸
嘉助〈通称〉
舟木 嘉助　ふなき・かすけ　徳川時代の儒者
嘉助〈通称〉
柏原 瓦全　かしわばら・がぜん　1744〜1825　徳川中期の俳人　㊟京都
嘉言
丹羽 謝𧀹　にわ・しゃあん　1742〜1786　徳川中期の画家　㊟名古屋
嘉言
藤田 嘉言　ふじた・よしとき　1772〜1828　徳川中期の和算家
〔一柳〕嘉言
村田 嘉言　むらた・よしこと　〜1849　歌人　㊟大阪
嘉言親王
嘉言親王　よしことしんのう　1821〜1868　伏見宮邦家親王第2王子
嘉長
宮内 嘉長　みやうち・よしなが　1789〜1843　徳川中期の国学者　㊟下総海上郡新生町（今銚子市のうち）
〔小島〕嘉門〈通称〉
山陽堂 山陽　さんようどう・さんよう　1763〜1836　徳川中期の狂歌師
嘉度
立 嘉度　たち・よしのり　1845〜1879　通詞、官吏、横須賀製鉄所などで通訳として活躍
嘉春
中島 東関　なかじま・とうかん　1772〜1835　江戸時代後期の儒者
嘉貞
石川 魯庵　いしかわ・ろあん　1773〜1841　江戸時代後期の儒者
嘉菊
三井 嘉菊　みつい・かきく　1767〜1847　徳川中期の俳人　㊟京都
嘉善〈通称〉
井上 蘭台　いのうえ・らんだい　1705〜1761　江戸中期の儒者　㊟江戸材木町
嘉智子
橘 嘉智子　たちばなの・かちこ　786〜850　嵯峨天皇の皇后
嘉陽門院
嘉陽門院　かようもんいん　1200〜1273　後鳥羽天皇の皇女
嘉楽門院
嘉楽門院　からくもんいん　1411〜1488　後土御門天皇の母君
嘉種親王

盈仁法親王　えいにんほうしんのう　1772〜1830　閑院宮典仁親王第7王子
嘉遜〈別号〉
朝川 同斎　あさかわ・どうさい　1814〜1857　江戸末期の儒者
嘉樹
大塚 蒼梧　おおつか・そうご　1731〜1803　徳川中期の有職家　㊟江戸

【榎】

榎本庵〈号〉
三浦 樗良　みうら・ちょら　1729〜1780　徳川中期の俳人　㊟志州鳥羽

【歌】

〔加賀屋〕歌七
中村 歌右衛門（1代）　なかむら・うたえもん　1714〜1791　京阪の歌舞伎俳優　㊟加州金沢
歌七（1代）
中村 歌右衛門（1代）　なかむら・うたえもん　1714〜1791　京阪の歌舞伎俳優　㊟加州金沢
歌七（4代）
中村 歌七（4代）　なかむら・かしち　1817〜1881　大阪の歌舞伎俳優
歌川〈別称〉
貞景　さだかげ　江戸末期の浮世絵師　㊟江戸
歌川〈号〉
鈴木 広貞　すずき・ひろさだ　江戸末期の浮世絵師　㊟大阪
〔滝中〕歌川〈前名〉
沢村 宗十郎（2代）　さわむら・そうじゅうろう　1713〜1770　歌舞伎俳優
〔滝中〕歌川〈前名〉
嵐 璃光（1代）　あらし・りこう　1784〜1839　大阪の歌舞伎俳優、化政期の若女方の上手
〔竹中〕歌川〈前名〉
沢村 宗十郎（2代）　さわむら・そうじゅうろう　1713〜1770　歌舞伎俳優
歌六（1代）
中村 歌六（1代）　なかむら・かろく　1779〜1859　大阪の歌舞伎俳優
歌仙（3代）
水木 歌仙（3代）　みずき・かせん　1803〜1873　舞踊水木流の家元
歌仙堂〈別号〉
青木 鷺水　あおき・ろすい　1658〜1733　徳川中期の俳人　㊟京都
歌右衛門（1代）
中村 歌右衛門（1代）　なかむら・うたえもん　1714〜1791　京阪の歌舞伎俳優　㊟加州金沢
歌右衛門（2代）
中村 歌右衛門（2代）　なかむら・うたえもん　1752〜1798　京阪の歌舞伎俳優　㊟京都
歌右衛門（3代）
中村 歌右衛門（3代）　なかむら・うたえもん　1778〜1836　京阪の歌舞伎俳優
歌右衛門（4代）
中村 歌右衛門（4代）　なかむら・うたえもん　1796〜1852　京阪の歌舞伎俳優　㊟江戸

か（箇, 稼, 蝦, 蝸, 鍋, 霞, 鰕）　が（牙）

歌左衛門
　山村 歌左衛門　やまむら・かざえもん　元禄―享保時代の京阪の歌舞伎俳優、山村系祖
歌石〈作者名〉
　山本 彦五郎　やまもと・ひこごろう　正徳―元文時代の大阪の歌舞伎俳優　㊧大阪
歌成〈別名〉
　富士田 音蔵（2代）　ふじた・おとぞう　1798～1859　江戸長唄謡い
〔滝村〕歌成〈後名〉
　富士田 音蔵（3代）　ふじた・おとぞう　1838～1871　江戸長唄謡い
〔中村〕歌助〈前名〉
　関 三十郎（2代）　せき・さんじゅうろう　1786～1839　歌舞伎俳優
〔中村〕歌門（1代）
　佐野川 花妻（4代）　さのがわ・はなづま　江戸時代後期の歌舞伎役者
歌垣
　九鬼 隆度　くき・たかのり　～1834　丹後綾部藩主にして狂歌師
歌風〈号〉
　鈴木 八束　すずき・やつか　1838～1920　歌人　㊧伊豆田方郡中大見村梅木
歌菊〈前名〉
　沢村 小伝次（3代）　さわむら・こでんじ　～1771　歌舞伎俳優
歌麿
　喜多川 歌麿　きたがわ・うたまろ　1753～　江戸末期の浮世絵師

【箇】

箇三寺
　石川 数正　いしかわ・かずまさ　～1593　戦国時代の武将、信濃深志城主

【稼】

稼堂
　成島 筑山　なるしま・ちくざん　1803～1854　江戸時代後期の儒者

【蝦】

蝦平舎〈号〉
　青木 千枝　あおき・ちえだ　1820～1897　幕末明治の歌人、彦根藩士
蝦夷
　賀茂 蝦夷　かもの・えみし　～695　上古の武人、壬申の乱の功臣
〔鴨〕蝦夷
　賀茂 蝦夷　かもの・えみし　～695　上古の武人、壬申の乱の功臣

【蝸】

蝸牛
　式守 伊之助（1代）　しきもり・いのすけ　1743～1823　江戸時代中期～後期の相撲行司
蝸牛窟〈号〉

大出 東皐　おおいで・とうこう　1841～1905　幕末明治の画家　㊧江戸神田
蝸廬亭〈号〉
　下里 知足　しもさと・ちそく　1640～1704　徳川中期の俳人　㊧尾張鳴海

【鍋】

鍋五郎〈名〉
　松岡 青蘿　まつおか・せいら　1740～1791　徳川中期の俳人　㊧江戸
鍋助〈通称〉
　井上 蘭台　いのうえ・らんだい　1705～1761　江戸中期の儒者　㊧江戸材木町

【霞】

霞夫
　霞夫　かふ　～1784　天明期の俳人　㊧但馬出石
霞亭〈号〉
　北条 霞亭　ほうじょう・かてい　1780～1823　江戸後期の儒学者、伊勢林崎文庫の長　㊧志摩国的矢
霞洲
　榊原 霞洲　さかきばら・かしゅう　1691～1748　徳川中期の漢学者　㊧紀州
霞窓〈別号〉
　原 菜蘋　はら・さいひん　1798～1859　幕末の女流詩人
霞堤〈号〉
　荷江　かてい　～1864　幕末期の俳人
霞裳
　原田 霞裳　はらだ・かしょう　1797～1831　詩人　㊧紀伊

【鰕】

鰕十郎（1代）
　市川 鰕十郎（1代）　いちかわ・えびじゅうろう　1777～1827　歌舞伎俳優、文化・文政時代の実悪の名優
鰕十郎（2代）
　市川 鰕十郎（2代）　いちかわ・えびじゅうろう　1806～1829　歌舞伎俳優、文政時代の実悪の花形
鰕十郎（4代）
　市川 鰕十郎（4代）　いちかわ・えびじゅうろう　1809～1858　歌舞伎俳優、弘化―安政時代の立役の上手
鰕蔵
　市川 団十郎（5代）　いちかわ・だんじゅうろう　1741～1806　歌舞伎俳優、安永―寛政時代の立役の名優　㊧江戸

【牙】

牙卿〈字〉
　雨森 宗真　あめのもり・そうしん　1756～1815　徳川中期の医家、漢詩人　㊧越前大野
牙籌堂〈号別号〉
　小林 百哺　こばやし・ひゃっぽ　1804～1887　幕末・明治前期の和算家　㊧越後（新潟県）

号・別名辞典　古代・中世・近世　49

【瓦】

瓦全
柏原 瓦全　かしわばら・がぜん　1744～1825　徳川中期の俳人　[出]京都

【我】

我当（1代）
片岡 我当（1代）　かたおか・がとう　1810～1863　大坂の歌舞伎俳優
我為我堂〈号〉
雛田 中清　ひなた・なかきよ　1819～1886　幕末の志士
我黒
中尾 我黒　なかお・がこく　1640～1710　江戸時代前期～中期の俳人
我童（1代）
片岡 仁左衛門（7代）　かたおか・にざえもん　1755～1837　大阪の歌舞伎俳優　[出]京都
我童（2代）
片岡 我当（1代）　かたおか・がとう　1810～1863　大坂の歌舞伎俳優

【画】

画仙堂〈号〉
鈴木 百年　すずき・ひゃくねん　1825～1891　四条派の画家　[出]京都
画安
出久廼坊 画安　でくのぼう・かきやす　～1871　徳川末期の狂歌師、画家
画雲〈号〉
岸 良　きし・よし　1798～1852　徳川末期の画家
画賢斎〈号〉
左術　さじゅつ　幕末江戸の浮世絵師

【臥】

臥牛
赤田 臥牛　あかた・がぎゅう　1747～1822　江戸時代後期の儒者　[出]飛田国高山
臥牛山人〈号〉
赤田 臥牛　あかた・がぎゅう　1747～1822　江戸時代後期の儒者　[出]飛田国高山
臥央
桜田 臥央　さくらだ・がおう　～1810　徳川中期の俳人　[出]名古屋
臥河居士〈別号〉
中林 竹渓　なかばやし・ちくけい　1816～1867　幕末の画家
臥虎山人〈号〉
阪井 虎山　さかい・こざん　1798～1850　徳川末期の儒者　[出]安芸広島城下段原村
臥竜〈字〉
佐々木 文山　ささき・ぶんざん　1651～1727　江戸中期の書家
臥渓
井出 松翠　いで・しょうすい　1644～?　江戸時代前期の書家
臥雪〈別号〉
高木 大翁　たかぎ・たいおう　幕末の画家
臥遊〈号〉
原 在中　はら・ざいちゅう　1750～1837　画家　[出]京都
臥雲〈別号〉
有馬 涼及　ありま・りょうきゅう　1633～1701　徳川中期京都の医家　[出]京都
臥雲山人
瑞渓 周鳳　ずいけい・しゅうほう　1391～1473　相国寺主、五山文学者　[出]和泉堺

【峨】

峨眉山人〈号〉
東 金羅　あずま・きんら　～1794　徳川中期の俳人　[出]江戸
峨峰〈号〉
高幢 竜暢　たかはた・りゅうちょう　1827～1912　幕末明治の高僧　[出]讃岐三木郡池戸村
峨興〈号〉
安島 帯刀　あじま・たてわき　1812～1859　幕末の志士、水戸藩士

【賀】

〔奥田〕賀久輔
絵馬屋 額輔（1世）　えまや・がくすけ　1781～1854　狂歌師　[出]江戸赤坂
賀子
斎藤 賀子　さいとう・がし　江戸時代前期の俳人
〔藤原〕賀子
新崇賢門院　しんしゅけんもんいん　1675～1709　東山天皇の典侍、中御門天皇の御母
賀茂〈別名〉
鴨 吉備麻呂　かもの・きびまろ　上代の遣唐史、国守
賀邸
内山 賀邸　うちやま・がてい　徳川中期の儒者　[出]江戸

【雅】

雅二郎
冷泉 雅二郎　れいぜい・まさじろう　1841～1903　萩藩大組の士
〔藤原〕雅子
新待賢門院　しんたいけんもんいん　1803～1856　仁孝天皇の後宮、藤原雅子
雅五郎菅定晴〈本名〉
久松 風陽　ひさまつ・ふうよう　徳川中期の尺八の名手
雅仁親王
後白河天皇　ごしらかわてんのう　1127～1192　第77代の天皇、鳥羽天皇第4の皇子
雅方〈名〉
佐久間 晴岳　さくま・せいがく　1819～1885　幕末明治初期の画家
雅世
飛鳥井 雅世　あすかい・まさよ　1390～1452　室町時代の公卿にして歌人、雅縁の子
雅成親王

雅成親王　まさなりしんのう　1200〜1255　後鳥羽天皇の皇子
雅枝〈本名〉
　飛鳥井 雅庸　あすかい・まさつね　1569〜1615　織豊時代・徳川初期の歌人にして蹴鞠家
雅俊
　飛鳥井 雅俊　あすかい・まさとし　1461〜1523　飛鳥井家、雅親の子
〔藤原〕雅俊
　飛鳥井 雅俊　あすかい・まさとし　1461〜1523　飛鳥井家、雅親の子
雅信
　狩野 勝川　かのう・しょうせん　1823〜1879　木挽町狩野家最後の画家
〔飛鳥井〕雅宣
　難波 宗勝　なんば・むねかつ　1587〜1651　江戸時代前期の公卿
雅昭〈初名〉
　飛鳥井 雅章　あすかい・まさあき　1611〜1679　徳川初期の歌人
〔源〕雅家
　北畠 雅家　きたばたけ・まさいえ　1215〜1275　鎌倉時代の公卿
雅晁〈名〉
　百池　ひゃくち　〜1835　天明期の俳人　⑥京都
〔久我〕雅通
　源 雅通　みなもとの・まさみち　1118〜1175　平安時代後期の公卿
雅康
　飛鳥井 雅康　あすかい・まさやす　1436〜1509　室町時代の歌人、雅世の次子
雅庸
　飛鳥井 雅庸　あすかい・まさつね　1569〜1615　織豊時代・徳川初期の歌人にして蹴鞠家
雅望
　石川 雅望　いしかわ・まさもち　1753〜1830　江戸中・末期の文人、狂歌師、国学者　⑥江戸
雅章
　飛鳥井 雅章　あすかい・まさあき　1611〜1679　徳川初期の歌人
雅経
　飛鳥井 雅経　あすかい・まさつね　1169〜1221　鎌倉時代の公卿にして歌人、定家らと共に『新古今集』を撰進、蹴鞠の師範、飛鳥井流の祖
雅経〈名〉
　木村 雅経　きむら・まさつね　1827〜1890　幕末・明治の狩野派の画家　⑥越中富山
〔藤原〕雅経
　飛鳥井 雅経　あすかい・まさつね　1169〜1221　鎌倉時代の公卿にして歌人、定家らと共に『新古今集』を撰進、蹴鞠の師範、飛鳥井流の祖
雅量〈名〉
　飛鳥井 曽衣　あすかい・そえ　戦国時代の蹴鞠家
雅楽〈通称〉
　荒木田 尚賢　あらきだ・ひさかた　1739〜1788　徳川中期の神宮祠官　⑥宇治
雅楽介
　狩野 雅楽介　かのう・うたのすけ　1513〜1575　室町時代狩野派の画家
雅楽助

狩野 雅楽介　かのう・うたのすけ　1513〜1575　室町時代狩野派の画家
雅澄
　鹿持 雅澄　かもち・まさずみ　1791〜1858　徳川中期の国学者、歌人　⑥高知県土佐郡福井村
〔飛鳥井〕雅澄
　鹿持 雅澄　かもち・まさずみ　1791〜1858　徳川中期の国学者、歌人　⑥高知県土佐郡福井村
雅興
　伊丹 元扶　いたみ・もとすけ　?〜1529　戦国時代の武将
雅親
　飛鳥井 雅親　あすかい・まさちか　1417〜1490　室町時代の公卿にして歌人

【鵞】

鵞立閣〈号〉
　路堂　ろどう　〜1853　幕末期の俳人
鵞峰
　林 鵞峰　はやし・がほう　1618〜1680　江戸前期の儒学者　⑥京都
鵞峯
　林 鵞峰　はやし・がほう　1618〜1680　江戸前期の儒学者　⑥京都
鵞湖
　鈴木 鵞湖　すずき・がこ　1816〜1870　幕末の日本画家　⑥下総金堀村

【介】

介八郎〈別称〉
　平 広常　たいらの・ひろつね　〜1183　平安時代の武将
介三郎〈通称〉
　佐々 十竹　さっさ・じっちく　1640〜1698　徳川中期の儒者
介山
　吉川 介山　よしかわ・かいざん　1829〜1897　幕末明治の漢学者　⑥富山
介石
　野呂 介石　のろ・かいせき　1747〜1828　南画家　⑥紀州和歌山
介石園〈号〉
　舟泉　しゅうせん　〜1737　俳人、芭蕉一門　⑥三河の挙母
介我
　介我　かいが　幕末期の俳人
介我
　佐保 介我　さほ・かいが　1652〜1718　徳川中期の俳人　⑥江戸本所
介亭
　伊藤 介亭　いとう・かいてい　1685〜1772　江戸中期の儒者

【会】

会心斎〈号〉
　狩野 養信　かのう・おさのぶ　1796〜1846　江戸後期の画家
会津中将

保科 正之　ほしな・まさゆき　1611〜1672　会津藩主松平氏の祖
会津中納言
上杉 景勝　うえすぎ・かげかつ　1555〜1623　織豊時代及び徳川初期の武将、大名　㊥越後上田
会津少将
蒲生 氏郷　がもう・うじさと　1556〜1595　安土・桃山時代の武将
会津楼〈号〉
生懸 持吉　きがけ・もちよし　1769〜1818　徳川中期江戸の狂歌師　㊥遠江立野

【回】

回水園〈号〉
中島 宜門　なかじま・よしかど　1807〜1894　幕末・明治初期の国学者
回全
西村 回全　にしむら・かいぜん　1834〜1876　幕末の陶工

【夰】

夰〈名〉
安部井 櫟堂　あべい・れきどう　1808〜1883　明治初期の篆刻家、近江の人

【快】

快国〈別号〉
里井 浮丘　さとい・ふきゅう　1799〜1866　江戸後期の文人、砂糖仲買　㊥和泉国日根郡佐野村
快翁
安藤 定実　あんどう・さだざね　?〜1605　織豊時代の武将
快堂〈号〉
結城 秀伴　ゆうき・ひでとも　1820〜1897　明治時代の神官
快尊
上杉 快尊　うえすぎ・かいそん　1393〜1417　室町時代の僧
快閑
清水 静井　しみず・せいせい　1651〜1716　江戸時代前期〜中期の茶人
快禅
小松 快禅　こまつ・かいぜん　江戸中期頃の僧侶、碁客　㊥加賀能美郡小松
快慶
快慶　かいけい　鎌倉時代の彫刻家
快賢
常陸坊 海尊　ひたちぼう・かいそん　源義経の家臣

【戒】

戒山
慧堅　えけん　1649〜1704　江戸時代前期の僧

【芥】

芥室〈号〉
大江丸　おおえまる　1722〜1805　化政期の俳人　㊥大阪
芥蔵
林 毛川　はやし・もうせん　1801〜1858　江戸時代後期の武士

【廻】

廻心斎〈号〉
大江丸　おおえまる　1722〜1805　化政期の俳人　㊥大阪

【海】

海老〈号〉
春田 横塘　はるた・おうとう　1768〜1828　徳川中期の儒者　㊥和泉岸和田
海老蔵（1代）
市川 団十郎（1代）　いちかわ・だんじゅうろう　1660〜1704　歌舞伎俳優、元禄期の江戸劇壇を代表する立役の名優、市川の系祖、荒事の創始者　㊥江戸
海老蔵（2代）
市川 団十郎（2代）　いちかわ・だんじゅうろう　1688〜1757　歌舞伎俳優、享保—宝暦時代の江戸劇壇を代表する立役の名優　㊥江戸
海老蔵（3代）
市川 団十郎（4代）　いちかわ・だんじゅうろう　1711〜1778　歌舞伎俳優、宝暦期の実悪の名優　㊥江戸
海老蔵（4代）
市川 団十郎（6代）　いちかわ・だんじゅうろう　1778〜1799　歌舞伎俳優、寛政時代の立役の花形　㊥江戸
海老蔵（5代）
市川 団十郎（7代）　いちかわ・だんじゅうろう　1791〜1859　歌舞伎俳優、文政・天保時代の江戸劇壇を代表する立役の名優　㊥江戸
海老蔵（6代）
市川 団十郎（8代）　いちかわ・だんじゅうろう　1823〜1854　歌舞伎俳優、弘化—嘉永時代の立役の人気役者　㊥江戸
海舟
勝 海舟　かつ・かいしゅう　1822〜1899　幕末及び明治初期の政治家　㊥本所亀沢町
海西〈別号〉
鶴峯 戊申　つるみね・しげのぶ　1786〜1859　徳川中末期の国学者　㊥豊後臼杵
〔椿庭〕海寿
海寿 椿庭　かいじゅ・ちんてい　1318〜1401　室町初期の僧侶（禅宗）　㊥遠江国
海村〈号〉
伴 侗庵　ばん・とうあん　1806〜1873　徳川末期の儒者　㊥近江彦根
海門〈号〉
赤崎 源助　あかざき・げんすけ　1742〜1802　江戸後期の儒学者　㊥薩摩国谷山
海南雲山人〈号〉
高屋 近文　たかや・ちかぶみ　1681〜1719　徳川中期の神学者　㊥土佐
海屋
貫名 海屋　ぬきな・かいおく　1778〜1863　儒者にして書画家　㊥阿波徳島

かい（皆，晦，傀，絵，開，塊，楷，解，槐）

海荘
　菊池 渓琴　きくち・けいきん　1798〜1881　維新の志士　㊋紀州有田郡
海尊
　常陸坊 海尊　ひたちぼう・かいそん　源義経の家臣
海隅小生〈号〉
　陶山 鈍翁　すやま・どんおう　1657〜1732　徳川中期の儒者　㊋対馬厳原
海雲
　青木 北海　あおき・ほっかい　1782〜1865　徳川中期の国学者、富山藩士
海雲
　祥水 海雲　しょうすい・かいうん　1738〜1827　江戸時代中期〜後期の僧、漢詩人
海僊
　小田 海僊　おだ・かいせん　1785〜1862　幕末の画家　㊋長州
海蔵和尚
　虎関 師錬　こかん・しれん　1278〜1346　鎌倉時代の南禅寺の学僧　㊋京都

【皆】

皆山〈俳号〉
　大谷 白話　おおたに・はくわ　1625〜1671　真宗大谷派東本願寺第14世法主にして俳人
皆助〈通称〉
　入江 寧　いりえ・ねい　〜1812　徳川中期の江戸の儒者
皆虚
　皆虚　かいきょ　徳川初期の俳人、貞徳系

【晦】

晦堂〈号〉
　今井 潜　いまい・ひそむ　1830〜1877　徳川末期の足利の儒者

【傀】

傀儡子〈別号〉
　滝沢 馬琴　たきざわ・ばきん　1767〜1848　江戸時代の小説家　㊋深川高松通浄心寺側

【絵】

絵屋〈屋号〉
　鷹見 右近右衛門　たかみ・うこんえもん　織豊・徳川時代の商売にして黒田藩本陣
絵荘
　三島 中洲　みしま・ちゅうしゅう　1830〜1919　漢学者　㊋備中（岡山県）
絵島
　絵島　えじま　1681〜1741　江戸幕府7代将軍徳川家継の大奥女中

【開】

開化天皇
　開化天皇　かいかてんのう　第9代の天皇
開明門院

開明門院　かいめいもんいん　1718〜1790　桜町天皇の後宮

【塊】

塊翁
　竹内 塊翁　たけうち・かいおう　1764〜1829　徳川中期の俳人　㊋尾州知多郡草木村
塊然斎〈別号〉
　士由　しゆう　〜1850　化政期の俳人　㊋羽前狼河原

【楷】

楷之助〈通称〉
　本多 忠民　ほんだ・ただもと　1817〜1883　岡崎藩主、老中

【解】

解記
　佐藤 解記　さとう・げき　1814〜1859　徳川末期の和算家　㊋越後小千谷
解庵
　皐月 平砂　さつき・へいさ　1708〜1783　徳川中期の俳人　㊋江戸
解脱
　貞慶　じょうきょう　1155〜1212　法相宗の高僧
解脱上人〈勅諡〉
　貞慶　じょうきょう　1155〜1212　法相宗の高僧

【槐】

槐之道諷竹〈別号〉
　槐本 之道　えもと・しどう　〜1711　徳川中期の俳人
槐市
　槐市　かいし　〜1731　俳人、芭蕉一門　㊋伊賀上野
槐堂〈号〉
　大関 増裕　おおぜき・ますひろ　1837〜1866　徳川末期の黒羽17代の藩主　㊋遠江国
槐堂
　淡海 槐堂　おうみ・かいどう　1822〜1879　徳川末期の勤王家　㊋近江国坂田郡下坂本村
〔板倉〕槐堂
　淡海 槐堂　おうみ・かいどう　1822〜1879　徳川末期の勤王家　㊋近江国坂田郡下坂本村
槐庵〈号〉
　直山 大夢　なおやま・だいむ　1794〜1874　幕末明治の俳人　㊋加賀金沢
槐莽〈号〉
　宮杉 伝八郎　みやすぎ・でんぱちろう　1818〜1892　幕末明治中期の画家　㊋下野都賀郡部屋村
槐莽
　脇田 槐莽　わきた・かいあん　1786〜1851　江戸時代後期の医家
槐園〈別号〉
　岡内 綾川　おかうち・りょうせん　1764〜1832　徳川中期の漢学者

号・別名辞典　古代・中世・近世　53

かい（魁, 懐, 諸, 蟹, 繪）　がい（外, 苅, 愷, 慨, 鎧）　かく（角）

【魁】

魁蕾子〈別号〉
　滝沢 馬琴　たきざわ・ばきん　1767〜1848　江戸時代の小説家　㊥深川高松通浄心寺側

【懐】

懐良親王
　懐良親王　かねながしんのう　〜1383　南北朝時代の征西将軍宮、後醍醐天皇の皇子
懐風館主人〈別号〉
　関 赤城　せき・せきじょう　1766〜1808　徳川中期の儒者　㊥上野利根郡沼田
懐奘
　孤雲 懐奘　こうん・えじょう　1198〜1280　鎌倉時代の僧、日本曹洞宗の第2祖　㊥京都
懐賢
　吉田 兼方　よしだ・かねかた　正安中の国学者

【諸】

諸〈名〉
　美馬 君田　みま・くんでん　1812〜1874　幕末の志士

【蟹】

蟹子丸（1世）
　文々舎 蟹子丸（1世）　ぶんぶんしゃ・かにこまる　1780〜1837　江戸の狂歌師
蟹守
　今泉 蟹守　いまいずみ・かにもり　1818〜1898　徳川末期明治時代の国学者　㊥肥前小城

【繪】

繪山窟〈別号〉
　沢 露川　さわ・ろせん　1661〜1743　徳川中期の俳人　㊥伊賀国山田郡友生村

【外】

外市〈通称〉
　吉本 虫雄　よしもと・むしお　1715〜1805　国学者
外郎
　外郎　ういろう　大元の老臣礼部員外郎陳宗敬のこと
〔陳〕外郎
　外郎　ういろう　大元の老臣礼部員外郎陳宗敬のこと
外記
　伊能 穎則　いのう・ひでのり　1805〜1877　徳川末期・明治初期の国学者　㊥下総香取郡佐原村
外記
　薩摩 外記　さつま・げき　外記節浄瑠璃の流祖
外記〈通称〉
　菅沼 曲翠　すがぬま・きょくすい　〜1717　徳川中期の俳人　㊥膳所
外記
　谷森 善臣　たにもり・よしおみ　1817〜1911　幕末明治時代の国学者　㊥京都

外記〈別称〉
　竹田 出雲（1代）　たけだ・いずも　〜1747　江戸時代の浄瑠璃作家、大坂竹本座の座元
外記
　梅津 其雫　うめず・きだ　1672〜1720　徳川中期の俳人　㊥秋田
外記
　羽倉 簡堂　はぐら・かんどう　1790〜1862　江戸時代後期の儒者、武士
〔薩摩掾〕外記
　薩摩 外記　さつま・げき　外記節浄瑠璃の流祖

【苅】

苅田麻呂
　坂上 苅田麻呂　さかのうえの・かりたまろ　728〜786　奈良時代の武官、坂上田村麻呂の父
苅田麿
　坂上 苅田麻呂　さかのうえの・かりたまろ　728〜786　奈良時代の武官、坂上田村麻呂の父

【愷】

愷欽
　大屋 愷欽　おおや・がいこう　1839〜1901　幕末明治時代の洋学者、教育家、加賀藩士

【慨】

慨痴道人〈別称〉
　淡雲　たんうん　1830〜1905　真宗西派、博多明蓮寺の僧

【鎧】

鎧軒
　葉山 高行　はやま・たかゆき　1796〜1864　江戸時代後期の武士

【角】

角上
　角上　かくじょう　〜1747　徳川中期の俳人、芭蕉一門、近松堅田本福寺住職
〔三上〕角上
　角上　かくじょう　〜1747　徳川中期の俳人、芭蕉一門、近松堅田本福寺住職
角大師
　良源　りょうげん　912〜985　天台の高僧　㊥近江浅井郡
角太夫
　山本 角太夫　やまもと・かくだゆう　〜1712?　寛文―元禄時代の京都の浄瑠璃太夫、角太夫節の流祖
角左衛門
　秋山 角左衛門　あきやま・かくざえもん　〜1711　江戸中期の義民　㊥安房国安房郡湊村
角左衛門〈通称〉
　平山 尚住　ひらやま・なおずみ　〜1768　尾道築港功労者、広島藩士
〔常田〕角左衛門
　秋山 角左衛門　あきやま・かくざえもん　〜1711　江戸中期の義民　㊥安房国安房郡湊村

角兵衛
　中山 家吉　なかやま・いえよし　江戸時代前期の槍術家
角兵衛（1代）
　栖原 角兵衛（1代）　すはら・かくべえ　徳川時代の事業家
角兵衛（2代）
　栖原 角兵衛（2代）　すはら・かくべえ　徳川時代の事業家
角兵衛（3代）
　栖原 角兵衛（3代）　すはら・かくべえ　徳川時代の事業家
角兵衛（4代）
　栖原 角兵衛（4代）　すはら・かくべえ　徳川時代の事業家
角兵衛（7代）
　栖原 角兵衛（7代）　すはら・かくべえ　徳川時代の事業家
角茄軒〈号〉
　皆虚　かいきょ　徳川初期の俳人、貞徳系
角虎道人
　常庵 竜崇　じょうあん・りゅうそう　1470〜1536　室町〜戦国時代の僧
角麿
　北条 角麿　ほうじょう・すみまろ　1818〜1902　幕末明治の漢学者　[出]羽州新庄

【恪】

恪堂〈号〉
　大久保 忠保　おおくぼ・ただやす　1830〜1886　歌人

【革】

革上人〈呼称〉
　行円　ぎょうえん　平安朝の僧
革聖
　行円　ぎょうえん　平安朝の僧

【格】

〔倉橋〕格〈本名〉
　恋川 春町　こいかわ・はるまち　1744〜1789　江戸中期の浮世絵師、戯作者　[出]駿州田中
格亮
　辻 格亮　つじ・かくりょう　徳川時代の彫工

【覚】

覚
　安積 澹泊　あさか・たんぱく　1655〜1737　徳川中期の水戸藩儒　[出]水戸
覚一
　明石 覚一　あかし・かくいち　〜1371　南北朝時代の盲目の琵琶法師
覚了〈僧名〉
　宇都宮 黙霖　うつのみや・もくりん　1824〜1897　幕末・維新期の勤王僧　[出]安芸国賀茂郡長浜
覚子内親王
　正親町院　おおぎまちいん　1214〜1285　土御門天皇の皇女
覚円
　覚円　かくえん　1031〜1098　平安朝時代天台宗の僧
覚円
　鏡堂 覚円　きょうどう・かくえん　1244〜1306　南宋から来日した僧
覚円法親王
　覚円法親王　かくえんほうしんのう　1461〜1513　伏見宮貞常親王第四王子
覚心
　心地 覚心　しんち・かくしん　1207〜1298　鎌倉時代の禅僧　[出]信濃国東筑摩郡神林
覚心
　藤原 長房　ふじわらの・ながふさ　1170〜1243　鎌倉時代の公卿、僧
〔無本〕覚心
　心地 覚心　しんち・かくしん　1207〜1298　鎌倉時代の禅僧　[出]信濃国東筑摩郡神林
覚仙〈諱〉
　原 坦山　はら・たんざん　1819〜1892　禅僧　[出]磐城国磐城郡平村
覚（角）左衛門〈通称〉
　良品　りょうぼん　〜1730　俳人、芭蕉一門　[出]伊賀上野
覚左衛門〈名〉
　今泉 今右衛門（5代）　いまいずみ・いまえもん　江戸中期の肥田有田の窯元
覚如
　覚如　かくにょ　1270〜1351　鎌倉時代本願寺第3世の法主　[出]京都
覚明
　孤峰 覚明　こほう・かくみょう　〜1361　鎌倉後期の禅僧（臨済宗）　[出]陸奥国会津
覚明
　西仏　さいぶつ　1157〜1241　平安後期〜鎌倉時代の僧
覚明房
　長西　ちょうさい　1184〜1266　鎌倉時代の僧
覚法法親王
　覚法法親王　かくほうほうしんのう　1091〜1153　白河天皇の第4皇子
覚阿〈法名〉
　大江 広元　おおえの・ひろもと　1148〜1225　鎌倉時代の政治家、明法学者
覚彦
　浄厳　じょうごん　1639〜1702　江戸時代前期の僧
覚柳斎
　狩野 岑信　かのう・みねのぶ　1662〜1708　画家、徳川初期浜町狩野家の祖
覚洲
　覚洲　かくしゅう　〜1756　唯識学者　[出]和泉
覚洞院侍従僧正
　勝賢　しょうけん　1132〜1190　仁和寺守覚法親王の師僧
覚恵
　元性　がんしょう　1151〜1184　平安時代後期の僧
〔仏地〕覚晏
　覚晏　かくあん　鎌倉時代の僧
覚翁

宏源　こうげん　1626～1682　江戸時代前期の僧

覚深法親王
覚深法親王　かくしんほうしんのう　1588～1648　後陽成天皇第一皇子

覚智
安達 景盛　あだち・かげもり　?～1248　鎌倉時代の武将

覚運
覚運　かくうん　～1007　平安朝時代の僧、天台宗檀那流の祖　[出]京都

覚猷
覚猷　かくゆう　1053～1140　平安後期の天台宗の画僧　[出]京都

覚継
慧信　えしん　1124～1171　平安時代後期の僧

覚慶〈号〉
足利 義昭　あしかが・よしあき　1537～1597　足利15代将軍、義輝の弟、奈良一乗院の門主

覚慶
足利 義昭　あしかが・よしあき　1537～1597　足利15代将軍、義輝の弟、奈良一乗院の門主

覚鑁
覚鑁　かくばん　1095～1143　平安時代真言宗新義派の開祖　[出]肥前藤津

【隔】

隔梅山人〈別号〉
瀬川 恒成　せがわ・つねなり　戯作者　[出]京都

【廓】

廓山
廓山　かくざん　1572～1625　安土桃山・江戸初期の僧　[出]甲斐八代郡市部村

【慤】

慤〈名〉
林 梅洞　はやし・ばいどう　1643～1666　江戸前期の儒者

【確】

確太郎
石川 確太郎　いしかわ・かくたろう　幕末・明治初期の化学者　[出]大和国高市郡石川村

〔石河〕確太郎
石川 確太郎　いしかわ・かくたろう　幕末・明治初期の化学者　[出]大和国高市郡石川村

確斎
石塚 確斎　いしずか・かくさい　1766～1817　江戸末期の儒者　[出]薩摩国加世田

確斎
鳥山 新三郎　とりやま・しんざぶろう　1819～1856　幕末の儒者

確斎
渡辺 道可　わたなべ・どうか　1772～1824　江戸時代後期の医師

確蓮坊〈号〉
山崎 北華　やまさき・ほくか　1700～1746　徳川中期の俳人　[出]江戸

【蠖】

蠖屈軒〈別号〉
荒井 鳴門　あらい・めいもん　1775～1853　徳川中期の儒者　[出]阿波

蠖堂
村田 精一　むらた・せいいち　1843～1866　幕末の武士

蠖斎
海野 蠖斎　うんの・かくさい　1748～1833　徳川中期の書画家

【鶴】

〔中村〕鶴十郎〈前名〉
坂東 又太郎(6代)　ばんどう・またたろう　江戸の歌舞伎俳優

〔望月〕鶴三郎〈前名〉
宝 山左衛門(2代)　たから・さんざえもん　1835～1910　長唄囃方

鶴山
亀田 純蔵　かめだ・じゅんぞう　?～1834　江戸時代後期の商人

鶴之助〈初名〉
坂東 彦三郎(5代)　ばんどう・ひこさぶろう　1832～1877　江戸の歌舞伎俳優　[出]江戸

〔高崎〕鶴五郎
田上 宇平太　たがみ・うへいた　1817～1869　萩藩八組士　[出]長門国萩

鶴永〈別号〉
井原 西鶴　いはら・さいかく　1642～1693　江戸初期の俳人また浮世草子作者　[出]大阪

鶴吉
鶴賀 若狭掾　つるが・わかさのじょう　1717～1786　新内浄瑠璃を創めた最初の人　[出]越前国敦賀

鶴吉（1代）
鶴賀 鶴吉(1代)　つるが・つるきち　～1827　新内節、鶴賀の元祖若狭掾の娘

鶴吉（2代）
鶴賀 鶴吉(2代)　つるが・つるきち　1788～1855　新内節

鶴吉（3代）
鶴賀 新内(5代)　つるが・しんない　1826～1883　新内節浄瑠璃の太夫

鶴吉（3代）
鶴賀 鶴吉(3代)　つるが・つるきち　新内節

鶴助（1代）
中村 歌右衛門(4代)　なかむら・うたえもん　1796～1852　京阪の歌舞伎俳優　[出]江戸

鶴助（2代）
中村 芝翫(3代)　なかむら・しかん　1810～1847　歌舞伎俳優　[出]江戸

鶴助（4代）
中村 鶴助(4代)　なかむら・つるすけ　～1904　京阪の歌舞伎俳優

鶴寿
梅廼家 鶴寿　うめのや・かくじゅ　1801～1865　狂歌師　[出]江戸

〔松枝〕鶴寿
梅廼家 鶴寿　うめのや・かくじゅ　1801～1865　狂歌師　[出]江戸

〔梅屋〕鶴寿
梅廼家 鶴寿　うめのや・かくじゅ　1801〜1865　狂歌師　㊞江戸
鶴尾軒〈号〉
桜井 一右衛門　さくらい・かずえもん　1785〜1856　徳川末期の経世家　㊞対馬厳原
鶴亭
海眼 浄光　かいげん・じょうこう　1722〜1786　江戸時代中期の画僧
鶴城〈号〉
佐藤 神符麿　さとう・しのぶまろ　徳川中末期の皇医、国学者　㊞陸奥伊達郡飯坂村
鶴彦
真弓の屋 鶴彦　まゆみのや・つるひこ　狂歌師
鶴洲
鶴洲　かくしう　1655〜1746　祥福寺住職、大和絵画家
鶴洲〈別号〉
渡辺 秀実　わたなべ・しゅうじつ　1778〜1830　江戸時代の画家　㊞長崎
鶴飛〈号〉
谷川 護物　たにかわ・ごぶつ　1772〜1844　徳川中期の俳人　㊞伊勢
鶴翁
花月菴 鶴翁　かげつあん・かくおう　1762〜1848　徳川末期の煎茶家の祖
鶴翁〈別号〉
喜多 武清　きた・ぶせい　1776〜1856　江戸末期の浮世絵師　㊞江戸
鶴翁〈号〉
真島 鶴堂　まじま・かくどう　幕末・明治の尺八家　㊞出雲
鶴翁〈号〉
辻 六郎左衛門　つじ・ろくろうざえもん　1653〜1738　江戸中期に活躍した地方巧者の幕臣
鶴翁
壺井 義知　つぼい・よしちか　1657〜1735　江戸時代前期〜中期の有職家
〔田中〕鶴翁
花月菴 鶴翁　かげつあん・かくおう　1762〜1848　徳川末期の煎茶家の祖
鶴堂
真島 鶴堂　まじま・かくどう　幕末・明治の尺八家　㊞出雲
鶴巣〈号〉
瀬下 敬忠　せしも・よしただ　1709〜1789　徳川中期の国学者
鶴巣〈号〉
豊城 豊雄　とよき・とよお　1837〜1917　国学者、信濃佐良志奈神社の神職
鶴梁〈僧名〉
宇都宮 黙霖　うつのみや・もくりん　1824〜1897　幕末・維新期の勤王僧　㊞安芸国賀茂郡長浜
鶴渓〈号〉
牛島 盛庸　うしじま・せいよう　1756〜1840　徳川中期の数学者、熊本藩の算学師範
鶴陵
片倉 鶴陵　かたくら・かくりょう　1751〜1822　江戸後期の医師　㊞相模国築井郡
鶴殿
藤原 基家　ふじわらの・もといえ　1203〜1280　鎌倉時代の歌人
鶴鳴
市川 鶴鳴　いちかわ・かくめい　1740〜1795　徳川中期の儒者　㊞武州河越
鶴蔵（1代）
中村 仲蔵（3代）　なかむら・なかぞう　1809〜1886　江戸の歌舞伎俳優　㊞江戸
鶴蔵（2代）
中村 鶴蔵（2代）　なかむら・つるぞう　1831〜1890　歌舞伎俳優　㊞江戸
鶴橋〈別号〉
原田 復初　はらだ・ふくしょ　1767〜1825　徳川中期の儒者　㊞肥前佐賀
鶴隣〈通称〉
雲津 水国　くもつ・すいごく　1682〜1734　徳川中期の俳人　㊞江戸
鶴雛人〈別号〉
芦辺 田鶴丸　あしべ・たずまる　1759〜1835　江戸末期の狂歌師　㊞名古屋
鶴雛子〈別号〉
鶴廼屋 梅好　つるのや・うめよし　徳川中末期大阪の狂歌師
鶴や〈別号〉
句空　くくう　徳川中期の俳人、芭蕉一門　㊞加州金沢

【学】

学古
丸山 学古　まるやま・がくこ　1776〜1837　徳川中期の漢学者　㊞出羽庄内
学古堂〈号〉
丸山 学古　まるやま・がくこ　1776〜1837　徳川中期の漢学者　㊞出羽庄内
学古塾〈号〉
朝川 善菴　あさかわ・ぜんあん　1781〜1849　徳川末期江戸の儒者　㊞江戸
学海
下郷 学海　しもさと・がくかい　1742〜1790　徳川中期の俳人　㊞尾張鳴海
学運
無能　むのう　1683〜1719　江戸時代中期の僧
学斅
学斅　がくきょう　高野山の町石卒都婆発願者

【岳】

岳〈名〉
古畑 玉函　ふるはた・ぎょくかん　1778〜1848　徳川末期の儒者
岳〈名〉
平野 五岳　ひらの・ごがく　1809〜1893　詩画僧　㊞豊後日田
岳雨〈号〉
笠家 旧室　かさや・きゅうしつ　1693〜1764　徳川中期の俳人
岳陰〈号〉
橘田 春湖　きつだ・しゅんこ　1815〜1886　俳人　㊞甲府

【楽】

楽
今村 楽　いまむら・たのし　1765～1810　徳川中期の国学者　[出]土佐
楽山〈号〉
下郷 学海　しもさと・がくかい　1742～1790　徳川中期の俳人　[出]尾張鳴海
楽山〈号〉
多賀谷 安貞　たがや・やすさだ　1734～1804　徳川中期の医家　[出]上野
楽山〈号〉
内藤 希顔　ないとう・きがん　1625～1692　江戸前期の儒学者・書家
楽山堂
簗山 楽山　つきやま・らくざん　?～1837　江戸時代後期の画家
楽木〈号〉
今枝 直方　いまえだ・なおかた　1653～1728　徳川中期の国学者
楽水居
弓の屋（1代）　ゆみのや　1827～1897　狂歌師
楽只館〈別号〉
平沢 白翁　ひらざわ・はくおう　幕末の易学者　[出]大阪
楽平
吉川 楽平　よしかわ・よしひら　1816～1885　国学者　[出]尾張名古屋
楽成
小松 小太郎　こまつ・こたろう　1844～1863　幕末の尊攘運動家
楽成
小松 小太郎　こまつ・こたろう　1844～1863　幕末の尊攘運動家
楽圃
飯室 昌栩　いいむろ・まさのぶ　1789～1859　江戸時代後期の博物学者
楽翁
松平 定信　まつだいら・さだのぶ　1758～1829　徳川末期の老中　[出]江戸
〔白河〕楽翁
松平 定信　まつだいら・さだのぶ　1758～1829　徳川末期の老中　[出]江戸
楽善〈字〉
天沼 恒庵　あまぬま・こうあん　1743～1794　徳川中期の儒者　[出]江戸神田
楽善坊〈別号〉
坂東 彦三郎（3代）　ばんどう・ひこさぶろう　1754～1828　江戸の歌舞伎俳優　[出]江戸
楽聖堂〈号〉
福原 五岳　ふくはら・ごがく　1730～1799　徳川中期の南画家　[出]備後尾道

【額】

額十郎（2代）
実川 額十郎（2代）　じつかわ・かくじゅうろう　1813～1867　歌舞伎俳優　[出]京都
額田冠者〈別称〉
熱田大宮司 季範　あつただいぐうじ・すえのり　1090～1155　平安朝時代の尾張熱田神宮の大宮司
額輔（1世）
絵馬屋 額輔（1世）　えまや・がくすけ　1781～1854　狂歌師　[出]江戸赤坂
額輔（2世）
絵馬屋 額輔（2世）　えまや・がくすけ　1821～1890　狂歌師　[出]越後
額輔（3世）
絵馬屋 額輔（3世）　えまや・がくすけ　1841～1904　狂歌師

【鰐】

鰐糞〈号〉
笠家 旧室　かさや・きゅうしつ　1693～1764　徳川中期の俳人

【活】

活々井〈号〉
笠家 旧室　かさや・きゅうしつ　1693～1764　徳川中期の俳人
活々坊〈号〉
笠家 旧室　かさや・きゅうしつ　1693～1764　徳川中期の俳人
活水〈号〉
熊谷 立設　くまがい・りゅうせつ　～1655　徳川初期の儒者
活剣子〈号〉
菊岡 沾涼　きくおか・せんりょう　1680～1747　徳川中期の俳人　[出]江戸
活堂〈号〉
吉田 令世　よしだ・のりよ　1791～1844　江戸後期の国学者
活堂
江馬 活堂　えま・かつどう　1806～1891　幕末明治時代の本草学者　[出]美濃安八郡藤江村
活蘆〈俳名〉
沢村 音右衛門（2代）　さわむら・おとえもん　歌舞伎俳優

【筈】

筈高
四季歌垣 筈高　しきのうたがき・はずたか　1797～1877　狂歌師　[出]会津白沢

【聒】

聒々坊〈号〉
笠家 旧室　かさや・きゅうしつ　1693～1764　徳川中期の俳人

【葛】

葛人
葛人　かつじん　～1787　化政期の俳人　[出]江戸
〔小島〕葛人
葛人　かつじん　～1787　化政期の俳人　[出]江戸
葛三
倉田 葛三　くらた・かっさん　1762～1818　徳川中期の俳人　[出]信州松代
葛城〈号〉

かつ（滑, 豁）　かん（干, 甘, 坎, 完, 侃, 函, 官）

柘植 葛城　つげ・かつらぎ　1804〜1874　幕末・維新期の草莽　⊕河内国安宿郡国分村
葛城王
　橘 諸兄　たちばなの・もろえ　〜757　奈良時代の政治家、三野王の子
葛城高名姫
　尾張大海媛　おわりのおおあまひめ　崇神天皇の妃
葛屋〈号〉
　久木 政寿　ひさき・まさひさ　1752〜1818　徳川末期の歌人、近江彦根藩士
葛葉山人
　並木 五瓶(2代)　なみき・ごへい　1768〜1819　歌舞伎狂言作者　⊕江戸本所割下水
葛飾偶人〈別号〉
　東西庵 南北　とうざいあん・なんぼく　〜1827　徳川中期の江戸の戯作者
葛盧〈号〉
　天野 政徳　あまの・まさのり　1784〜1861　江戸後期の国学者、歌人

【滑】

滑稽堂〈号〉
　北条 団水　ほうじょう・だんすい　1613〜1711　徳川中期の俳人にして浮世草紙の作者　⊕大阪

【豁】

豁然居士〈別号〉
　田中 桐江　たなか・とうこう　1668〜1742　江戸中期の文人　⊕出羽国庄内

【干】

干啓〈諱〉
　髙橋 梨一　たかはし・りいち　1714〜1783　徳川中期の俳人
干慶〈初名〉
　安達 清河　あだち・せいか　1726〜1792　徳川中期の儒者　⊕下野鳥山

【甘】

甘井〈号〉
　鈴木 一保　すずき・かずやす　1744〜1812　徳川中期の国学者
甘交
　芝 甘交　しば・かんこう　〜1804　戯作者　⊕江戸
甘吉〈通称〉
　若松 竹軒　わかまつ・ちくけん　1831〜1908　幕末明治の漢学者、上州沼田藩の世臣
甘谷〈別号〉
　山東 京伝　さんとう・きょうでん　1761〜1816　戯作者　⊕江戸深川木場
甘谷
　菅 甘谷　すが・かんこく　1690〜1764　江戸中期の儒学者　⊕江戸
〔菅谷〕甘谷
　菅 甘谷　すが・かんこく　1690〜1764　江戸中期の儒学者　⊕江戸
甘雨〈号〉
　太田 権右衛門　おおた・ごんえもん　1834〜1864　幕末時代の志士
甘雨亭〈別号〉
　佐保 介我　さほ・かいが　1652〜1718　徳川中期の俳人　⊕江戸本所
甘泉庵〈別号〉
　椎本 才麿　しいのもと・さいまろ　1656〜1738　徳川中期の俳人　⊕大和宇陀郡
甘庵〈別号〉
　芳室 ほうしつ　〜1747　享保時代の俳人　⊕和泉の堺
甘藷先生
　青木 昆陽　あおき・こんよう　1698〜1769　江戸中期の儒者　⊕江戸
甘露〈号〉
　慧雲　えうん　1730〜1782　真宗の学匠、芸州轍を開いた人　⊕安芸広島

【坎】

坎水園〈号〉
　伯先　はくせん　〜1820　化政期の俳人
坎窩〈通称〉
　豊島 由誓　とよしま・ゆせい　1789〜1859　徳川中期の俳人　⊕江戸

【完】

完来
　大島 完来　おおしま・かんらい　1748〜1817　徳川中期の俳人　⊕伊勢津
完敏親王
　完敏親王　さだとししんのう　1640〜1695　第181代天台座主、後水尾天皇第10皇子
完蔵〈通称〉
　沼尻 完蔵　ぬまじり・かんぞう　1774〜1856　江戸末期の天文・地理学者　⊕常陸
完蔵〈通称〉
　飯田 篤老　いいだ・とくろう　1778〜1826　徳川中期の俳人　⊕芸州広島

【侃】

侃斎
　石川 侃斎　いしかわ・かんさい　1764〜1840　江戸中・末期の画家　⊕越後新潟

【函】

函洲
　川西 函洲　かわにし・かんしゅう　1801〜1842　江戸後期の儒学者　⊕三河

【官】

官吉〈前名〉
　藤川 友吉(4代)　ふじかわ・ともきち　〜1871　大阪の歌舞伎俳優
官兵衛〈通称〉
　黒田 孝高　くろだ・よしたか　1546〜1603　豊臣時代の武将
官兵衛

山口 素堂　やまぐち・そどう　1642〜1716　徳川初期の俳人　[出]甲州巨摩郡教来石村山口
官鼠
陶 官鼠　すえ・かんそ　〜1803　徳川中期の俳人　[出]伊豆田方郡三浦
官慶
頑極 官慶　がんごく・かんけい　1682〜1768　江戸時代中期の僧
官蔵〈通称〉
今井 兼庭　いまい・けんてい　1717〜1779　江戸中期の暦算家　[出]武蔵児玉郡西金久保

【冠】

冠九郎〈前名〉
嵐 冠十郎(1代)　あらし・かんじゅうろう　1774〜1846　歌舞伎俳優、化政期の実悪の老巧　[出]江戸
冠十郎(1代)
嵐 冠十郎(1代)　あらし・かんじゅうろう　1774〜1846　歌舞伎俳優、化政期の実悪の老巧　[出]江戸
冠十郎(2代)
嵐 冠十郎(2代)　あらし・かんじゅうろう　1805〜1861　歌舞伎俳優、幕末時代の敵役の達者
冠子
吉田 文三郎(1代)　よしだ・ぶんざぶろう　〜1760　義太夫節の人形遣の名家
冠山
池田 定常　いけだ・さだつね　1767〜1833　江戸時代中期〜後期の大名
〔松平〕冠山
池田 定常　いけだ・さだつね　1767〜1833　江戸時代中期〜後期の大名
冠里
安藤 信友　あんどう・のぶとも　1671〜1732　徳川中期の老中
冠峯子〈別号〉
菅 春風　すが・しゅんぷう　1820〜1902　幕末・明治の国学者、松代藩士
冠翁〈別号〉
菅 春風　すが・しゅんぷう　1820〜1902　幕末・明治の国学者、松代藩士

【咸】

咸〈名〉
桜間 青厓　さくらま・せいがい　1786〜1851　徳川末期の画家　[出]江戸

【巻】

巻阿
加藤 巻阿　かとう・かんあ　〜1787　徳川中期の俳人　[出]江戸

【看】

看山〈号〉
伊佐 幸琢(4代)　いさ・こうたく　〜1816　石州流茶人
看忙舎〈別号〉
巨州　きょしゅう　〜1780　享保時代の俳人　[出]和泉の岸和田
看森堂〈初号〉
文廼屋 秀茂　ふみのや・ひでしげ　1843〜1923　狂歌師

【竿】

竿秋
松木 竿秋　まつき・かんしゅう　1685〜1772　徳川中期の俳人　[出]江戸
〔香稲庵〕竿秋
松木 竿秋　まつき・かんしゅう　1685〜1772　徳川中期の俳人　[出]江戸

【桓】

桓〈字〉
山崎 北華　やまさき・ほくか　1700〜1746　徳川中期の俳人　[出]江戸
桓〈名〉
神波 即山　かんなみ・そくざん　1832〜1891　漢詩人　[出]尾張(現・愛知県)
桓武天皇
桓武天皇　かんむてんのう　737〜806　第50代の天皇

【莞】

莞斎〈号〉
斎藤 市左衛門(8代)　さいとう・いちざえもん　1772〜1818　『江戸名所図会』編著者

【乾】

乾〈名〉
増野 徳民　ましの・とくみん　1842〜1877　幕末長州藩の尊攘家・医家
乾也
三浦 乾也　みうら・けんや　1821〜1889　幕末から明治へかけての東都の陶工
乾山
尾形 乾山　おがた・けんざん　1663〜1743　徳川中期の陶工、光琳の弟　[出]京都
乾山
尾形 乾山　おがた・けんざん　1663〜1743　徳川中期の陶工、光琳の弟　[出]京都
乾什(1代)
岩本 乾什(1代)　いわもと・けんじゅう　1680〜1759　江戸時代中期の俳人
乾亭
乾亭　けんてい　徳川末期の京都の陶工
乾屋〈号〉
河村 乾堂　かわむら・けんどう　1756〜1819　徳川中期の儒者
乾峰(1代)
居初 乾峰(1代)　いそめ・けんぽう　1713〜1746　江戸時代中期の俳人
乾堂〈号〉
河村 乾堂　かわむら・けんどう　1756〜1819　徳川中期の儒者
乾堂〈初号〉
石田 未得　いしだ・みとく　1587〜1669　徳川初期の俳人　[出]江戸

【勘】

勘七
　青海 勘七　せいかい・かんしち　江戸中期の漆芸家　㊞江戸
〔清海〕勘七
　青海 勘七　せいかい・かんしち　江戸中期の漆芸家　㊞江戸
〔西村〕勘九郎
　斎藤 道三　さいとう・どうさん　〜1556　戦国時代の武将　㊞山城国西岡
〔野々村〕勘九郎
　泉 十郎　いずみ・じゅうろう　〜1865　徳川末期の志士、長門豊浦藩士　㊞長門国長府
〔嵐〕勘九郎〈別名〉
　杉山 勘左衛門(2代)　すぎやま・かんざえもん　京阪の歌舞伎俳優
〔森〕勘八
　毛利 高政　もうり・たかまさ　1556〜1628　戦国時代豊後佐伯城主
勘十郎
　市来 勘十郎　いちき・かんじゅうろう　1842〜1919　薩摩藩士、海軍中将　㊞鹿児島城下
勘十郎〈前名〉
　藤間 勘十郎(亀三勘十郎)　ふじま・かんじゅうろう　〜1877　江戸の劇場振附師、舞踊藤間派の別家家元
勘十郎(1代)〈別名〉
　藤間 勘十郎(1代)　ふじま・かんじゅうろう　〜1821　日本舞踊の舞踊家・振付師、藤間流の一分派の家元
勘十郎(2代)
　藤間 勘十郎(2代)　ふじま・かんじゅうろう　1796〜1840　日本舞踊家
〔猿若〕勘三郎
　中村 勘三郎(1代)　なかむら・かんざぶろう　1598〜1658　歌舞伎劇場の座元・俳優
〔彦作〕勘三郎〈通称〉
　中村 勘三郎(1代)　なかむら・かんざぶろう　1598〜1658　歌舞伎劇場の座元・俳優
勘三郎(1代)
　中村 勘三郎(1代)　なかむら・かんざぶろう　1598〜1658　歌舞伎劇場の座元・俳優
〔明石〕勘三郎(1代)〈別名〉
　中村 勘三郎(2代)　なかむら・かんざぶろう　1647〜1674　歌舞伎俳優
勘三郎(2代)
　中村 勘三郎(2代)　なかむら・かんざぶろう　1647〜1674　歌舞伎俳優
勘三郎(4代)
　中村 勘三郎(4代)　なかむら・かんざぶろう　1622〜1713　歌舞伎座元および俳優
勘三郎(7代)
　中村 勘三郎(7代)　なかむら・かんざぶろう　1717〜1775　歌舞伎俳優
勘三郎(8代)
　中村 伝九郎(2代)　なかむら・でんくろう　1719〜1777　江戸の歌舞伎俳優
勘三郎(9代)
　中村 勘三郎(9代)　なかむら・かんざぶろう　1765〜1785　歌舞伎俳優
勘三郎(11代)
　中村 伝九郎(3代)　なかむら・でんくろう　1766〜1829　歌舞伎俳優
勘三郎(12代)
　中村 勘三郎(12代)　なかむら・かんざぶろう　1800〜1851　歌舞伎俳優
勘之助
　近松 勘之助　ちかまつ・かんのすけ　元禄時代の若衆方の名優
勘五郎(2代)
　杵屋 勘五郎(2代)　きねや・かんごろう　〜1699　江戸長唄三絃、江戸長唄三味線の始祖
勘五郎(3代)
　杵屋 勘五郎(3代)　きねや・かんごろう　1815?〜1877　江戸長唄三絃　㊞江戸
勘介
　石川 柏山　いしかわ・はくざん　1665〜1732　江戸時代前期〜中期の書家
勘六〈通称〉
　岡崎屋 勘亭　おかざきや・かんてい　1746〜1805　安永〜享和時代の江戸の書家、勘亭流の祖　㊞江戸
勘六(2代)
　加藤 勘六(2代)　かとう・かんろく　1766〜1848　尾張瀬戸の陶工
勘太〈初名〉
　杉山 勘左衛門(2代)　すぎやま・かんざえもん　京阪の歌舞伎俳優
勘太〈初名〉
　嵐 三右衛門(2代)　あらし・さんえもん　1661〜1701　大阪の歌舞伎俳優、元禄時代の立役の名優
勘太郎〈初名〉
　中村 勘三郎(4代)　なかむら・かんざぶろう　1622〜1713　歌舞伎座元および俳優
勘太郎(2代)
　三条 勘太郎(2代)　さんじょう・かんたろう　1702〜1763　歌舞伎俳優
勘右衛門〈通称〉
　下郷 伝芳　しもさと・でんぽう　1763〜1820　徳川中期の俳人　㊞尾張鳴海
勘右衛門
　小松 弥右衛門(子)　こまつ・やえもん　仙台平織出しの元祖、弥右衛門の子
勘右衛門〈本名〉
　藤間 勘右衛門(2代)　ふじま・かんえもん　1840〜1925　江戸の劇場振附師、藤間流家元　㊞江戸湯島天神町
勘右衛門
　寺田 正重　てらだ・まさしげ　1618〜1674　江戸時代前期の柔術家
〔岩室〕勘右衛門
　加藤 弥三郎　かとう・やさぶろう　?〜1573　織豊時代の武士
〔富士見〕勘右衛門〈別名〉
　大薩摩 文太夫(3代)　おおざつま・ぶんだゆう　〜1842　大薩摩節の太夫、文政・天保時代の人
〔和泉屋〕勘右衛門〈通称〉
　徳亭 三孝　とくてい・さんこう　徳川中期の狂歌師、戯作者
勘右衛門(1代)
　藤間 勘右衛門(1代)　ふじま・かんえもん　1813〜1851　江戸の劇場振附師、藤間流家元
勘右衛門(2代)

藤間 勘右衛門（2代）　ふじま・かんえもん　1840〜1925　江戸の劇場振附師、藤間流家元　[出]江戸湯島天神町

勘四郎〈別称〉
松平 信一　まつだいら・のぶかず　1537〜1624　武将、松平利長の子

勘四郎
青山 勘四郎　あおやま・かんしろう　1806〜1878　徳川末期の蒔絵師　[出]江戸

勘四郎〈通称〉
青人　あおんど　〜1740　俳人、伊丹派　[出]伊丹

〔堺屋〕勘四郎
青山 勘四郎　あおやま・かんしろう　1806〜1878　徳川末期の蒔絵師　[出]江戸

勘左衛門〈通称〉
井上 長政　いのうえ・ながまさ　〜1625　金沢藩士

勘左衛門（2代）
杉山 勘左衛門（2代）　すぎやま・かんざえもん　京阪の歌舞伎俳優

勘左衛門（3代）〈後名〉
杉山 平八　すぎやま・へいはち　元禄―元文時代の大阪の歌舞伎俳優

〔森田〕勘次郎〈前名〉
坂東 三津五郎（3代）　ばんどう・みつごろう　1773〜1831　江戸の歌舞伎俳優　[出]江戸

〔藤井〕勘次郎〈通称〉
福廼屋 内成　ふくのや・うちなり　狂歌師

勘兵衛〈名〉
下里 知足　しもさと・ちそく　1640〜1704　徳川中期の俳人　[出]尾張鳴海

勘兵衛〈通称〉
三浦 樗良　みうら・ちょら　1729〜1780　徳川中期の俳人　[出]志州鳥羽

勘兵衛〈通称〉
山口 素堂　やまぐち・そどう　1642〜1716　徳川初期の俳人　[出]甲州巨摩郡教来石村山口

勘兵衛〈通称〉
配力　はいりき　〜1732　俳人、芭蕉一門　[出]伊賀上野

勘兵衛
鈴虫 勘兵衛　すずむし・かんべえ　元禄―正徳時代の芝居囃子の江戸小唄謡の名手

勘兵衛
沢村 勝為　さわむら・かつため　1613〜1655　江戸時代前期の治水家

〔岡島〕勘兵衛〈通称〉
近江 大掾語斎　おうみの・だいじょうごさい　承応―寛文時代の江戸の浄瑠璃太夫、近江（語斎）節の流祖

〔小唄〕勘兵衛〈別名〉
鈴虫 勘兵衛　すずむし・かんべえ　元禄―正徳時代の芝居囃子の江戸小唄謡の名手

勘兵衛（1世）
末吉 勘兵衛（1世）　すえよし・かんべえ　1526〜1607　江戸幕府の伏見銀座初代の頭役

勘兵衛（2世）
末吉 吉安　すえよし・よしやす　1570〜1617　徳川初期の貿易家

勘兵衛（3世）
末吉 勘兵衛（3世）　すえよし・かんべえ　京都銀座へ無役にて奉仕

勘兵衛（3代）
藤間 勘十郎（1代）　ふじま・かんじゅうろう　〜1821　日本舞踊の舞踊家・振付師、藤間流の一分派の家元

勘兵衛（4代）
藤間 勘兵衛（4代）　ふじま・かんべえ　〜1829　舞踊藤間派の本家

勘兵衛（5代）
藤間 勘兵衛（5代）　ふじま・かんべえ　〜1840　舞踊藤間派の本家

勘兵衛（6代）
藤間 勘兵衛（6代）　ふじま・かんべえ　〜1867　舞踊藤間派の本家

勘兵衛長行
後庁 勘兵衛長行　ごちょう・かんべえながゆき　小笠原氏家臣

勘助
榊山 勘助　さかきやま・かんすけ　正徳・享保時代の京都の歌舞伎狂言作者、俳優

勘助
山本 勘助　やまもと・かんすけ　〜1561?　戦国時代の武将　[出]三河宝飯郡牛窪

勘助
中村 勘助　なかむら・かんすけ　1655〜1703　赤穂義士の1人

勘弥〈名〉
大沢 政勝　おおさわ・まさかつ　1645〜1728　徳川中期の国学者

勘弥（1代）
森田 太郎兵衛　もりた・たろべえ　〜1664　寛永―寛文時代の小唄文作の名手、江戸の森田座（後の守田屋）の元祖

勘弥（3代・名義2代）
森田 勘弥（3代・名義2代）　もりた・かんや　〜1734　江戸の森田座の座元、歌舞伎俳優

勘弥（4代・名義3代）
森田 勘弥（4代・名義3代）　もりた・かんや　〜1722　江戸の森田座の座元、歌舞伎俳優

勘弥（7代・名義6代）
森田 勘弥（7代・名義6代）　もりた・かんや　1724〜1780　江戸の森田座の座元、歌舞伎俳優　[出]江戸

〔守田〕勘弥（11代）〈後名〉
坂東 三津五郎（4代）　ばんどう・みつごろう　1800〜1863　江戸の歌舞伎俳優　[出]江戸

〔森田〕勘弥（11代）〈後名〉
坂東 三津五郎（4代）　ばんどう・みつごろう　1800〜1863　江戸の歌舞伎俳優　[出]江戸

勘亭
岡崎屋 勘亭　おかざきや・かんてい　1746〜1805　安永―享和時代の江戸の書家、勘亭流の祖　[出]江戸

勘翁〈晩名〉
藤間 勘右衛門（2代）　ふじま・かんえもん　1840〜1925　江戸の劇場振附師、藤間流家元　[出]江戸湯島天神町

勘解由
伊能 忠敬　いのう・ただたか　1745〜1818　徳川中期の地理学者、測量家　[出]上総山武郡小関村

勘解由〈通称〉
新井 白石　あらい・はくせき　1657〜1725　江戸時代中期の儒者、政治家、史学者、地理学者、言語学者　[出]江戸柳原

かん（患, 菅, 貫, 寒, 喚）

勘解由〈通称〉
　滝本 千丈　たきのもと・ちたけ　～1843　狂歌師、画家
勘解由
　中山 勘解由　なかやま・かげゆ　1633～1687　江戸幕府の旗本
勘解由左衛門
　古藤田 勘解由左衛門　ことうだ・かげゆざえもん　江戸初期の剣術家　㊗相模
〔小藤田〕勘解由左衛門
　古藤田 勘解由左衛門　ことうだ・かげゆざえもん　江戸初期の剣術家　㊗相模

【患】

患次郎〈通称〉
　岡本 真古　おかもと・まふる　1780～1856　江戸後期の郷士史家

【菅】

菅三品〈尊称〉
　菅原 文時　すがわらの・ふみとき　899～981　平安朝時代の学者
菅之舎〈号〉
　佐々木 太郎　ささき・たろう　1818～1888　幕末明治の国学者　㊗大阪
菅江
　朱楽 菅江　あけら・かんこう　1740～1800　江戸時代の狂歌師、戯作者　㊗江戸四谷二十騎町
菅相公
　菅原 是善　すがわらの・これよし　812～880　平安時代前期の公卿、学者
菅梅人〈号〉
　平山 梅人　ひらやま・ばいじん　1744～1801　徳川中期の俳人

【貫】

貫
　長山 貫　ながやま・かん　江戸時代末期の西洋兵学などを研究した儒者
貫之
　紀 貫之　きの・つらゆき　～946　平安朝前期の歌人
貫之女
　紀 内侍　きの・ないし　平安時代中期の歌人
貫斗〈号〉
　百ясу 久信　ひゃくさい・ひさのぶ　江戸末期の浮世絵師
貫四
　松 貫四　まつ・かんし　安永・天明時代の江戸の浄瑠璃作者
貫立〈号〉
　朱楽 菅江　あけら・かんこう　1740～1800　江戸時代の狂歌師、戯作者　㊗江戸四谷二十騎町
貫阿〈号〉
　加藤 巻阿　かとう・かんあ　～1787　徳川中期の俳人　㊗江戸
貫洪〈号〉

青山 勘四郎　あおやま・かんしろう　1806～1878　徳川末期の蒔絵師　㊗江戸
貫卿〈字〉
　馬場 錦江　ばば・きんこう　1801～1860　徳川中期の俳人、和算家　㊗江戸四谷
貫翁〈別号〉
　世阿弥　ぜあみ　1363～1443　室町時代の能役者、謡曲作者
貫通斎〈別号〉
　福田 金塘　ふくだ・きんとう　1807～1858　徳川末期の和算家
貫道
　山口 貫道　やまぐち・つらみち　徳川中期の神官、国学者
〔大神〕貫道
　山口 貫道　やまぐち・つらみち　徳川中期の神官、国学者

【寒】

寒水〈号〉
　別府 安宣　べっぷ・やすのぶ　1791～1863　徳川中末期の歌人
寒瓜〈号〉
　寒瓜　かんが　～1765　享保時代の俳人
寒竹
　新井 寒竹　あらい・かんちく　～1731　江戸中期の画家　㊗野州足利
寒厓
　井田 寒厓　いだ・かんがい　1743～1810　徳川中期の俳人　㊗能登小木町真脇村
寒岳園白斎〈号〉
　白斎　はくさい　～1851　幕末期の俳人
寒松〈号〉
　松平 康純　まつだいら・やすずみ　1746～1813　徳川中期の漢学者　㊗近江
寒歩坊〈号〉
　白井 鳥酔　しらい・ちょうすい　1701～1769　徳川中期の俳人　㊗上総埴生郡地引村
寒翁〈号〉
　千 宗室（9世）　せんの・そうしつ　1746～1801　茶道家
〔喜多村〕寒葉斎
　建部 凌岱　たてべ・りょうたい　1719～1774　画家、俳諧・画・歌・国文と才学の人
〔喜多村〕寒葉斎
　建部 涼袋　たけべ・りょうたい　1719～1774　徳川中期の俳人にして画家　㊗弘前
寒殿司
　寒殿司　かんでんす　鎌倉時代の画僧、東福寺の殿司
寒雉
　宮崎 寒雉　みやざき・かんち　～1712　釜師　㊗加賀
寒蓼堂〈号〉
　服部 嵐雪　はっとり・らんせつ　1654～1707　徳川中期の俳人、蕉門十哲の1人　㊗江戸湯島

【喚】

喚醒〈号〉

号・別名辞典　古代・中世・近世　63

かん（堪, 綑, 間, 閑, 寛）

関 重熹　せき・しげさと　1756〜1836　徳川中末期上野伊勢崎藩の老職にして史学者

【堪】

堪殿司
寒殿司　かんでんす　鎌倉時代の画僧、東福寺の殿司

【綑】

綑剴
青木 綑剴　あおき・かんたん　〜1782　徳川中期の医家

【間】

間々軒〈別号〉
竹内 十丈　たけうち・じゅうじょう　徳川中期の俳人　㊞越中高岡
間人皇女
間人皇后　はしひとのこうごう　〜665　舒明天皇の皇女
間人皇后
間人皇后　はしひとのこうごう　〜665　舒明天皇の皇女
〔長橋〕間右衛門〈通称〉
桃李園 栗窓　とうりえん・くりまど　狂歌師

【閑】

閑々翁〈号〉
岡西 惟中　おかにし・いちゅう　1639〜1711　徳川中期の俳人　㊞因州鳥取
閑々堂〈号〉
岡西 惟中　おかにし・いちゅう　1639〜1711　徳川中期の俳人　㊞因州鳥取
閑田子〈号〉
伴 蒿蹊　ばん・こうけい　1733〜1806　徳川中期の国学者、歌人　㊞近江八幡
閑花林〈号〉
皐月 平砂　さつき・へいさ　1708〜1783　徳川中期の俳人　㊞江戸
閑花林〈号〉
松平 四山　まつだいら・しざん　〜1854　徳川中期の俳人、出雲母里藩主
閑事庵〈別号〉
坂本 周斎　さかもと・しゅうさい　1666〜1749　徳川中期の茶道家
閑海〈号〉
藤田 貞升　ふじた・さだます　1797〜1840　江戸末期の和算家、久留米藩士
閑叟
鍋島 閑叟　なべしま・かんそう　1814〜1871　佐賀藩主　㊞江戸
閑翁〈号〉
千 宗守(1世)　せんの・そうしゅ　1592〜1675　茶道家、武者小路流の祖
閑斎
閑斎　かんさい　徳川中期の俳人　㊞吉備の中山
閑斎〈別号〉

滝沢 馬琴　たきざわ・ばきん　1767〜1848　江戸時代の小説家　㊞深川高松通浄心寺側
閑斎〈号〉
内藤 希顔　ないとう・きがん　1625〜1692　江戸前期の儒学者・書家
閑窓〈号〉
千秋堂 愛竹　せんしゅうどう・あいちく　1817〜1904　江戸末期の狂歌師　㊞陸中盛岡
閑経〈別号〉
浜野 政随　はまの・しょうずい　1696〜1769　江戸時代の彫金家
閑陸
加藤 勘六(2代)　かとう・かんろく　1766〜1848　尾張瀬戸の陶工
閑雲〈号〉
下沢 保躬　しもざわ・やすみ　1838〜1896　幕末明治時代の国学者
閑雅〈俳名〉
宝田 寿莱　たからだ・じゅらい　1740〜1796　天明時代の江戸の歌舞伎狂言作者　㊞江戸

【寛】

寛〈名〉
下郷 学海　しもさと・がくかい　1742〜1790　徳川中期の俳人　㊞尾張鳴海
寛〈名〉
浅田 上山　あさだ・じょうざん　江戸時代の書家
寛〈名〉
箕作 省吾　みつくり・しょうご　1821〜1846　徳川末期の地理学者
〔三森〕寛〈本姓名〉
春秋庵 幹雄　しゅんじゅうあん・みきお　1829〜1910　俳人　㊞磐城(現・福島県)石川郡形見村
〔太伴〕寛十郎〈通称〉
芝 甘文　しば・かんこう　〜1804　戯作者　㊞江戸
寛三郎
秀島 寛三郎　ひでしま・かんざぶろう　1785〜1871　徳川末期の儒者、肥前松浦郡浦川内村の里正　㊞肥前国松浦郡浦川内村
〔菅原〕寛子
五条 寛子　ごじょう・ひろこ　1718〜?　江戸時代中期の女官
寛山〈号〉
日高 涼台　ひたか・りょうだい　1797〜1868　幕末明治の医家　㊞安芸の山県郡新庄
寛左衛門〈通称〉
堀内 匡平　ほりうち・きょうへい　1824〜1883　郷士　㊞伊予国和気郡興居島村
寛平法皇
宇多天皇　うだてんのう　867〜931　第59代天皇
寛成親王
長慶天皇　ちょうけいてんのう　1343〜1394　第98代(南朝第3代)天皇
寛佐
東井坊 寛佐　とうせいぼう・かんさ　1584〜1642　江戸時代前期の僧、連歌師
寛快
荒木 寛快　あらき・かんかい　1785〜1860　徳川中・末期の画家　㊞江戸
寛宝法親王

邦頼親王　くによりしんのう　1733〜1802　伏見宮貞建親王第2王子
寛居〈号〉
足代 弘訓　あじろ・ひろのり　1784〜1856　国学者、伊勢神宮の神主
寛斉
畠中 銅脈　はたなか・どうみゃく　1752〜1801　徳川中期の狂詩家、戯作者
寛明〈御名〉
朱雀天皇　すざくてんのう　923〜952　第61代の天皇
寛空
寛空　かんくう　882〜970　平安時代東寺の長者　[出]河内
寛信
狩野 融川　かのう・ゆうせん　1778〜1815　徳川中期浜町狩野家五代目の画家
寛哉
古満 寛哉　こま・かんさい　1767〜1835　江戸末期の漆芸家
寛恒親王
彦胤法親王　げんいんほうしんのう　1509〜1540　後柏原天皇の第6皇子
寛美
交 寛美　こう・かんび　江戸時代中期〜後期の俳人
寛栗〈名〉
安達 幸之助　あだち・こうのすけ　1821〜1869　幕末の兵学家　[出]加賀
寛畝
荒木 寛畝　あらき・かんぽ　1831〜1915　画家　[出]江戸
寛斎
市河 寛斎　いちかわ・かんさい　1749〜1820　徳川中期の儒者　[出]上野甘楽郡
寛義親王
公啓法親王　こうけいほうしんのう　1732〜1772　閑院宮直仁親王第2王子
寛徳院
理子女王　さとこじょおう　1691〜1710　徳川吉宗の正室

【幹】

幹々
谷 幹々　たに・かんかん　1770〜1799　江戸時代中期〜後期の画家
〔青井〕幹三郎
村松 文三　むらまつ・ぶんぞう　1828〜1874　幕末維新の志士　[出]伊勢山田八日市場町
幹六〈通称〉
山井 清渓　やまのい・せいけい　1846〜1912　漢学者　[出]山城国
幹忠
石河 徳五郎　いしかわ・とくごろう　1796〜1857　江戸時代後期の武士
幹雄
春秋庵 幹雄　しゅんじゅうあん・みきお　1829〜1910　俳人　[出]磐城（現・福島県）石川郡形見村

【感】

感空〈号〉
頓阿　とんあ　1289〜1372　鎌倉―吉野時代の歌僧
感通〈別称〉
井上 通女　いのうえ・つうじょ　1660〜1738　徳川中期の女流文学者　[出]丸亀
感殿司
寒殿司　かんでんす　鎌倉時代の画僧、東福寺の殿司

【漢】

漢人〈別称〉
高向 玄理　たかむこの・くろまろ　〜654　上古時代の儒者、遣唐押使

【煥】

煥〈名〉
芥川 丹丘　あくたがわ・たんきゅう　1710〜1785　徳川中期の漢学者　[出]京都
煥〈名〉
松本 交山　まつもと・こうざん　1784〜1866　画家　[出]江戸
煥光
春木 煥光　はるき・あきみつ　1777〜1843　徳川中期の本草家　[出]伊勢
煥図〈名〉
安藤 東野　あんどう・とうや　1683〜1719　江戸中期の儒者　[出]下野黒羽

【管】

管山〈号〉
岩下 貞融　いわした・さだあき　1801〜1867　徳川末期の国学者　[出]信濃善光寺

【関】

関亭〈号〉
関岡 野洲良　せきおか・やすら　1772〜1832　徳川中期の歌人　[出]武蔵八王子

【歓】

歓子
藤原 歓子　ふじわらの・かんし　1020〜1102　後冷泉天皇の皇后
歓斎〈別号〉
畠中 銅脈　はたなか・どうみゃく　1752〜1801　徳川中期の狂詩家、戯作者

【監】

監物
吉川 経幹　きっかわ・つねもと　1829〜1869　周防岩国藩主
監物
斎藤 監物　さいとう・けんもつ　1822〜1860　幕末の勤王家　[出]常陸那珂郡静村
監物〈別称〉

かん（澣，還，館，環，韓，簡，観，懽，灌）

藤原 吉次　ふじわらの・よしつぐ　中世末から近世初期に京都で活躍した浄瑠璃太夫
監物
　藤堂 監物　とうどう・けんもつ　1842〜1870　津藩士
監物〈通称〉
　林 良本　はやし・よしもと　1794〜1869　国学者

【澣】

澣斎〈号〉
　鈴木 千里　すずき・せんり　1807〜1859　幕末の儒者、志士　㊨米沢

【還】

還諸子〈号〉
　大河内 存真　おおこうち・そんしん　1796〜1883　徳川中末期の医家

【館】

館〈名〉
　桜井 雪館　さくらい・せっかん　1715〜1790　徳川中末期の画家　㊨常陸

【環】

〔児玉〕環
　川柳(8世)　せんりゅう　1820〜1892　川柳点者
環三郎〈前名〉
　嵐 猪三郎(1代)　あらし・いさぶろう　1766〜1825　大阪の歌舞伎俳優、化政期の立役の達者
環翠〈号〉
　原田 兵介　はらだ・ひょうすけ　1792〜1863　幕末の水戸藩士
環翠
　三宅 環翠　みやけ・かんすい　徳川中期の国学者
環翠軒〈号〉
　清原 宣賢　きよはら・のぶかた　1475〜1550　戦国時代の儒学者

【韓】

韓川〈別号〉
　戸部 良凞　とべ・よしひろ　1713〜1795　江戸中・後期の儒学者

【簡】

簡斎
　深江 簡斎　ふかえ・かんさい　1771〜1848　徳川末期の儒者　㊨肥前多久
簡斎
　山本 広足　やまもと・ひろたり　1642〜1710　江戸時代前期〜中期の神道家
簡斎
　山本 良臣　やまもと・よしたみ　江戸時代後期の医師、本草家

【観】

観〈名〉
　小川 破笠　おがわ・はりつ　1663〜1747　徳川中期の俳人、倣工芸術家　㊨江戸
観山〈号〉
　法道 寺善　ほうどう・じぜん　1820〜1868　和算家　㊨広島
観山居〈号〉
　清民　せいみん　〜1867　幕末期の俳人　㊨須賀川
観之坊〈号〉
　河村 再和坊　かわむら・さいわぼう　1726〜1786　徳川中期の俳人　㊨尾張
観心女王
　観心女王　かんしんにょおう　1434〜1490　安禅寺宮、後花園天皇第1皇女
観水軒〈号〉
　谷 木因　たに・ぼくいん　1646〜1725　徳川中期の俳人　㊨美濃大垣
観行院
　橋本 経子　はしもと・つねこ　1826〜1865　堂上公家（羽林家）、仁孝天皇女房
観松彦香殖稲尊
　孝昭天皇　こうしょうてんのう　第5代天皇
観画楼主人〈号〉
　相沢 石湖　あいざわ・せきこ　1806〜1847　徳川末期の画家　㊨江戸
観阿弥
　観阿弥　かんあみ　1333〜1384　能楽、観世流の始祖　㊨伊賀
観海居士〈別号〉
　渡辺 崋山　わたなべ・かざん　1793〜1841　南画家　㊨江戸
観流斎〈号〉
　原 武太夫　はら・ぶだゆう　〜1776　江戸中期の三絃の名手、狂歌師
観巣〈号〉
　高橋 景保　たかはし・かげやす　1785〜1829　江戸中期の天文学者　㊨大坂
観斎〈別号〉
　畠中 銅脈　はたなか・どうみゃく　1752〜1801　徳川中期の狂詩家、戯作者
観鏡
　証入　しょうにゅう　1196〜1245　鎌倉時代の僧
観瀾
　三宅 観瀾　みやけ・かんらん　1674〜1718　徳川中期の儒者
観瀾〈号〉
　藤岡 有貞　ふじおか・ありさだ　1820〜1849　江戸末期の和算家、雲州松江藩士　㊨出雲国松江
観瀾
　松崎 白圭　まつざき・はくけい　1682〜1753　江戸時代中期の儒者

【懽】

懽子内親王
　宣政門院　せんせいもんいん　1315〜1362　光厳天皇の後宮

【灌】

かん（鑑）　がん（丸, 含, 岸, 岩, 玩, 修, 雁）

灌頂〈幼名〉
　寺野 守水老　てらの・しゅすいろう　1836～1907　俳人　㊗富山

【鑑】

鑑真
　鑑真　がんじん　688～763　奈良朝時代の高僧　㊗中国揚州江陽県
鑑連
　立花 鑑連　たちばな・あきつら　1516～1585　戦国時代の武将
〔戸次〕鑑連
　立花 鑑連　たちばな・あきつら　1516～1585　戦国時代の武将
鑑智国師
　証空　しょうくう　1177～1247　鎌倉時代の僧

【丸】

丸三
　横山 丸三　よこやま・まるみつ　1780～1854　江戸時代後期の武士
丸上老人
　丸上老人　まるがみろうじん　1836～1905　崎人、東京日本橋の袋物屋の主人
〔汐止亭〕丸丸
　脇坂 安董　わきざか・やすただ　1768～1841　江戸時代中期～後期の大名
丸幸〈別名〉
　中村 友三(1代)　なかむら・ともぞう　1762～1819　大阪の歌舞伎俳優

【含】

含斎
　沢野 含斎　さわの・がんさい　1828～1903　幕末明治の儒者　㊗出雲松江
含斎
　樋野 含斎　ひの・がんさい　～1865　徳川末期の儒者

【岸】

岸太郎
　加藤 岸太郎　かとう・きしたろう　幕末の陶工
〔西村〕岸太郎〈通称〉
　雪人　せつじん　1818～1918　俳人　㊗山形県東村山郡山辺村
岸舟〈号〉
　大屋 愷敦　おおや・がいこう　1839～1901　幕末明治時代の洋学者、教育家、加賀藩士
岸流
　佐々木 岸流　ささき・がんりゅう　織豊時代の剣客
岸流
　佐々木 岸流　ささき・がんりゅう　織豊時代の剣客

【岩】

岩之丞惟貞
　紀太 理兵衛(8代)　きた・りへえ　讃岐高松藩窯の陶工

岩之助〈通称〉
　斎藤 九畹　さいとう・きゅうえん　徳川中期岡山藩の儒者
岩五郎
　坂東 岩五郎　ばんどう・いわごろう　1732～1795　宝暦―寛政時代の大阪の歌舞伎俳優　㊗大阪
岩戸少卿〈号〉
　原田 種直　はらだ・たねなお　源平内乱期の武将
岩吉
　岩吉　いわきち　～1860　栄力丸乗組員、イギリス公使館通訳
岩次郎〈初名〉
　嵐 小六(4代)　あらし・ころく　1783～1826　大阪の歌舞伎俳優、文化文政時代の若女方の大立者
岩次郎〈幼名〉
　嵐 雛助(1代)　あらし・ひなすけ　1741～1796　大阪の歌舞伎俳優、天明・寛政時代の京阪劇壇を代表する立役の名優
岩松〈初名〉
　坂東 助三郎　ばんどう・すけさぶろう　宝暦期の京都の歌舞伎俳優
岩宮
　光子女王　みつこじょおう　1699～1738　伏見宮邦永親王第2王女
岩橋〈別号〉
　橘家 円喬(1代)　たちばなや・えんきょう　落語家
岩ケ岳
　窪田 真吉　くぼた・しんきち　1830～1864　幕末の尊攘運動家

【玩】

玩三
　新井 玩三　あらい・がんぞう　1823～1905　幕末・明治時代の数学者　㊗下総印旛郡大森町亀成
玩月楼〈別号〉
　鳳語園 花門　ほうごえん・はなかど　狂歌師　㊗下野日光原町
玩易斎
　佐々木 宗六　ささき・そうろく　1768～1853　徳川中期の書家　㊗京都

【修】

修紫楼〈別号〉
　柳亭 種彦(1世)　りゅうてい・たねひこ　1783～1842　戯作者　㊗江戸

【雁】

雁八〈前名〉
　中村 鶴蔵(2代)　なかむら・つるぞう　1831～1890　歌舞伎俳優　㊗江戸
雁山〈初号〉
　山口 黒露　やまぐち・こくろ　1686～1767　徳川中期の俳人
雁赤
　神田 雁赤　かんだ・がんせき　～1816　徳川中期の俳人
雁宕

号・別名辞典　古代・中世・近世　67

砂岡 雁宕　いさおか・がんとう　～1773　徳川中期の俳人　[出]下総結城

雁鷗

斎藤 雁鷗　さいとう・がんおう　1664～1725　旗本

【頑】

頑石

内田 鵜洲　うちだ・ていしゅう　1736～1797　江戸時代中期～後期の儒者

【翫】

翫土斎

坂 新兵衛（高麗左衛門家筋8代）　さか・しんべえ　1796～1877　萩焼の陶工

翫月庵〈号〉

曲山人　きょくさんじん　～1836　人情本作者　[出]江戸

翫雀（1代）

中村 歌右衛門（4代）　なかむら・うたえもん　1796～1852　京阪の歌舞伎俳優　[出]江戸

【願】

願行

憲静　けんじょう　?～1295　鎌倉時代の僧

願西尼

安養尼　あんように　恵心僧都源信の実妹

願証尼

安養尼　あんように　恵心僧都源信の実妹

【巌】

巌流

佐々木 岸流　ささき・がんりゅう　織豊時代の剣客

巌翁

多賀谷 巌翁　たがや・がんおう　～1722　徳川中期の俳人

【几】

几圭

高井 几圭　たかい・きけい　1687～1762　徳川中期の俳人　[出]京都

几圭庵宋是〈号〉

高井 几圭　たかい・きけい　1687～1762　徳川中期の俳人　[出]京都

几董

高井 几董　たかい・きとう　1741～1788　徳川中期の俳人　[出]京都

几薫

高井 几董　たかい・きとう　1741～1788　徳川中期の俳人　[出]京都

【机】

机墨庵〈号〉

望月 宋屋　もちずき・そうおく　1688～1766　徳川中期の俳人　[出]京都

【気】

気吹及舎〈号〉

平田 篤胤　ひらた・あつたね　1766～1843　国学者、世に国学の4大人と称せられる　[出]出羽国秋田久保城下下谷地

気求

大和田 気求　おおわた・ききゅう　～1677　徳川初期の儒者、国学者

気長足姫尊

神功皇后　じんぐうこうごう　170～269　第14代仲哀天皇の皇后

【岐】

岐山〈別号〉

今津 桐園　いまず・とうえん　1789～1856　徳川中期より末期に至る儒者　[出]周防三田尻

岐阜中納言

織田 秀信　おだ・ひでのぶ　1580～1601　織豊時代の美濃国岐阜城主

岐阜侍従

池田 輝政　いけだ・てるまさ　1564～1613　織豊時代の武将　[出]尾張清洲

【希】

希八郎〈通称〉

阪谷 朗廬　さかたに・ろうろ　1822～1881　幕末明治の儒学者、漢詩人　[出]備中川上郡九名村

希中〈字〉

新井 雨窓　あらい・うそう　1813～1875　幕末の儒者　[出]陸奥登米郡石森

希文

田辺 晋斎　たなべ・しんさい　1692～1773　江戸時代中期の儒者

希因

和田 希因　わだ・きいん　1700～1750　徳川中期の俳人

希声破人〈号〉

露秀　ろしゅう　～1806　化政期の俳人　[出]奥州郡山

希杖

希杖　きじょう　～1835　幕末期の俳人

希斎〈号〉

秋山 章　あきやま・あきら　1723～1808　徳川中期の国学者にして、地誌家　[出]伊豆君沢郡安久村

希曽〈字〉

守村 抱儀　もりむら・ほうぎ　1807～1862　徳川中期の俳人　[出]江戸浅草蔵前

希翊〈字〉

榊原 篁洲　さかきばら・こうしゅう　1656～1706　江戸時代中期の儒者　[出]和泉

希雄

英岩 希雄　えいがん・きゆう　1417～1491　室町時代の僧

希璞

藤井 希璞　ふじい・きぼく　1824～1893　幕末維新の志士、のち官吏　[出]近江

希賢

き（沂, 其, 奇, 季）

田辺 整斎　たなべ・せいさい　1653～1738　江戸時代前期～中期の儒者
〔稲留〕希賢
由美 原泉　ゆみ・げんせん　1689～1772　江戸時代中期の儒者
希顔
内藤 希顔　ないとう・きがん　1625～1692　江戸前期の儒学者・書家

【沂】

沂水〈号〉
平尾 沂水　ひらお・ぎんすい　1764～1837　徳川中期彦根藩の儒者、国学者
沂風
沂風　きふう　～1800　徳川中期の俳人、真宗高田派の僧侶

【其】

其一
鈴木 其一　すずき・きいち　1796～1858　画家　㊍江戸
其川〈号〉
小栗 旨原　おぐり・しげん　1725～1778　徳川中期の俳人　㊍江戸
其水〈俳名〉
古河 黙阿弥　ふるかわ・もくあみ　1816～1893　幕末明治時代の江戸の歌舞伎狂言作者、江戸歌舞伎最後の最大の集大成たる名作者　㊍江戸日本橋通り2丁目式部小路
其水
竹柴 其水　たけしば・きすい　1847～1923　歌舞伎作者　㊍江戸京橋
〔河竹〕其水〈別名〉
古河 黙阿弥　ふるかわ・もくあみ　1816～1893　幕末明治時代の江戸の歌舞伎狂言作者、江戸歌舞伎最大の集大成たる名作者　㊍江戸日本橋通り2丁目式部小路
其角
其角　きかく　1661～1707　俳人、芭蕉一門
〔榎本〕其角
其角　きかく　1661～1707　俳人、芭蕉一門
〔晋〕其角〈別称〉
其角　きかく　1661～1707　俳人、芭蕉一門
〔宝井〕其角
其角　きかく　1661～1707　俳人、芭蕉一門
〔戸田〕其免白〈通称〉
至清堂 波雄　しせいどう・なみお　狂歌師
其明
中野 其明　なかの・きめい　1834～1892　画家
其映〈号〉
有馬 頼徸　ありま・よりゆき　1712～1783　筑後久留米藩主にして和算家
其香
本多 其香　ほんだ・きこう　1772～1823　徳川中期の俳人
其梅
野村 其梅　のむら・きばい　1719～1788　江戸中期間の俳人
其笑

八文字屋 其笑　はちもんじや・きしょう　～1750　延享―宝暦頃の浮世草子作者、出版者　㊍京都
其雫
梅津 其雫　うめず・きだ　1672～1720　徳川中期の俳人　㊍秋田
其答〈俳名〉
沢村 国太郎（1代）　さわむら・くにたろう　1739～1818　京阪の歌舞伎俳優
其源〈俳名〉
佐野川 花妻（3代）　さのかわ・はなづま　京阪の歌舞伎俳優
其寧
関 其寧　せき・きねい　1733～1800　江戸中期の書家
其蜩庵〈別号〉
神沢 杜口　かんざわ・とこう　1710～1795　徳川中期の国学者、京都町奉行組の与力　㊍大阪
其樹〈号〉
皐月 平砂　さつき・へいさ　1708～1783　徳川中期の俳人　㊍江戸
〔江島屋〕其磧
江島 其磧　えじま・きせき　1667～1735　浮世草子作者
〔江嶋〕其磧
江島 其磧　えじま・きせき　1667～1735　浮世草子作者
其諺
四時堂 其諺　しじどう・きげん　1666～1736　徳川中期の僧侶、俳人

【奇】

奇山〈字〉
奇山 円然　きざん・えんねい　臨済宝渚派祖　㊍駿河久能
奇山〈号〉
坂本 奇山　さかもと・きざん　1810～1887　幕末明治時代の漢学者、肥後熊本藩士
奇良
岡田 惣右衛門　おかだ・そうえもん　1765～1826　江戸時代後期の剣術家
奇淵
菅沼 奇淵　すがぬま・きえん　1765～1834　江戸時代後期の俳人
奇渕
菅沼 奇渕　すがぬま・きえん　1763～1834　徳川中期の俳人　㊍大阪
奇雲〈号〉
半井 卜養　なからい・ぼくよう　1607～1678　徳川初期の医家、狂歌師　㊍和泉国堺

【季】

〔藤原〕季子
顕親門院　けんしんもんいん　1265～1336　第95代花園天皇の御母、藤原季子の院号
季山〈別号〉
三浦 梅園　みうら・ばいえん　1723～1789　豊後杵築藩の儒者　㊍豊後国国東郡富永村
〔松前〕季広

蠣崎 季広　かきざき・すえひろ　1507〜1595　戦国〜織豊時代の武将
〔大江〕季光
毛利 季光　もうり・すえみつ　1202〜1247　鎌倉時代の武将
季吟
北村 季吟　きたむら・きぎん　1624〜1705　徳川中期の俳人、古典学者　[出]近江栗太郡北村
〔藤原〕季房
万里小路 季房　までのこうじ・すえふさ　?〜1333　鎌倉時代の公卿
季茂
度会 鶴渓　わたらい・かくけい　1675〜1733　江戸時代中期の神職、儒者
季荘
喜田川 季荘　きたがわ・きそう　1810〜　徳川中期の風俗史家　[出]大阪
季重〈名〉
北村 湖春　きたむら・こしゅん　1645〜1697　徳川中期の国学者、俳人
季風〈本名〉
熱田大宮司 季兼　あつただいぐうじ・すえかね　1044〜1101　平安時代の祠官
季兼
安倍 季兼　あべ・すえかね　1564〜1616　桃山時代・徳川初期の楽師
季兼
熱田大宮司 季兼　あつただいぐうじ・すえかね　1044〜1101　平安時代の祠官
季通〈名〉
久我 敦通　こが・あつみち　廷臣
季渓〈号〉
上野 彦馬　うえの・ひこま　1838〜1904　写真家　[出]長崎
季義
斎藤 季義　さいとう・すえよし　1717〜1803　徳川中期大阪の雅人
季舜〈名〉
荒木 寛快　あらき・かんかい　1785〜1860　徳川中・末期の画家　[出]江戸
季誠
岡田 季誠　おかだ・きせい　徳川中期の陽明学者
季範
熱田大宮司 季範　あつただいぐうじ・すえのり　1090〜1155　平安朝時代の尾張熱田神宮の大宮司
〔藤原〕季範
熱田大宮司 季範　あつただいぐうじ・すえのり　1090〜1155　平安朝時代の尾張熱田神宮の大宮司
季蔵〈字〉
井上 竹逸　いのうえ・ちくいつ　1814〜1886　徳川末—明治中期の画家
季鷹
加茂 季鷹　かもの・すえたか　1751〜1841　江戸後期の国学者　[出]京都
〔賀茂〕季鷹
加茂 季鷹　かもの・すえたか　1751〜1841　江戸後期の国学者　[出]京都

【祈】

祈親
祈親　きしん　1018〜1107　高野山を再興した僧　[出]大和楠本

【枳】

枳園〈号〉
森 立之　もり・りっし　1807〜1885　幕末・維新期の医学者

【紀】

紀〈本名〉
林 研海　はやし・けんかい　1844〜1882　1862年渡蘭、陸軍軍医
紀二位
藤原 朝子　ふじわらの・ちょうし　?〜1166　平安時代後期の女官
紀六〈号〉
堀田 六林　ほった・ろくりん　1710〜1792　徳川中期の俳人　[出]名古屋
紀六林〈通称〉
堀田 六林　ほった・ろくりん　1710〜1792　徳川中期の俳人　[出]名古屋
紀太郎〈幼名〉
林 研海　はやし・けんかい　1844〜1882　1862年渡蘭、陸軍軍医
紀文〈通称〉
紀伊国屋 文左衛門　きのくにや・ぶんざえもん　江戸中期の豪商　[出]紀州
紀文大臣〈呼称〉
千山　せんさん　享保時代の俳人
紀平佐丸〈初号〉
鶴廼屋 平佐丸　つるのや・おさまる　〜1839　徳川中末期の狂歌師　[出]摂津桜井谷
紀伊守
青木 紀伊守　あおき・きいのかみ　〜1600　秀長の臣
〔羽柴〕紀伊守
青木 紀伊守　あおき・きいのかみ　〜1600　秀長の臣
紀充
筒井 紀充　つつい・のりみつ　1668〜1747　徳川中期の刀工
紀孝
島村 紀孝　しまむら・のりたか　1807〜1887　幕末・明治時代の国学者　[出]近江神崎郡金屋村
紀逸
慶 紀逸　けい・きいつ　1694〜1761　徳川中期の俳人　[出]江戸

【帰】

帰山〈別号〉
内海 椿水　うつみ・ちんすい　1812〜1887　幕末明治初期の画家　[出]越前
帰正痴士〈筆名〉
阿部 真造　あべ・しんぞう　1831〜1888　唐通事筆者、キリスト教教導職　[出]長崎
帰童仙〈号〉
田中 五竹坊　たなか・ごちくぼう　1700〜1780　徳川中期の俳人　[出]美濃国北方

き（既, 記, 起, 鬼, 亀）

帰雲〈号〉
　進鴻渓　しんこうけい　1821〜1884　明治時代の漢学者、旧備中松山藩士
帰雲坊〈号〉
　佐々木 松後　ささき・しょうご　1732〜1798　徳川中期の俳人　㋖岡山橋本町

【既】

既明〈名〉
　加藤 巻阿　かとう・かんあ　〜1787　徳川中期の俳人　㋖江戸

【記】

記内
　高橋 記内　たかはし・きない　〜1696　越前福井の鐔師
〔石川〕記内
　高橋 記内(1代)　たかはし・きない　?〜1681　江戸時代前期の装剣金工
記内(2代)
　高橋 記内　たかはし・きない　〜1696　越前福井の鐔師
記達〈名〉
　佐々木 宇考　ささき・うこう　1739〜1820　徳川中期の俳人

【起】

起徳〈名〉
　土屋 善四郎(3代)　つちや・ぜんしろう　〜1854　出雲楽山・布志名の陶工

【鬼】

鬼三太
　鬼三太　きさんた　鎌倉時代の勇士
〔姉川〕鬼久蔵〈初名〉
　中村 鶴蔵(2代)　なかむら・つるぞう　1831〜1890　歌舞伎俳優　㋖江戸
〔森〕鬼太郎
　来島 又兵衛　きじま・またべえ　1816〜1864　幕末時代の志士、長州藩士　㋖長門国厚狭郡西高泊村
鬼外
　平賀 源内　ひらが・げんない　1726〜1779　本草学者、戯作者　㋖讃岐志度浦
鬼外楼〈別号〉
　福廼屋 内成　ふくのや・うちなり　狂歌師
〔浅尾〕鬼吉〈初名〉
　姉川 新四郎(4代)　あねかわ・しんしろう　1809〜1853　大阪の歌舞伎俳優、弘化・嘉永時代の実悪の達者
鬼次(1代)〈前名〉
　大谷 広次(2代)　おおたに・ひろじ　〜1757　歌舞伎俳優、寛延・宝暦時代の立役の名優
鬼次(2代)〈前名〉
　大谷 広次(3代)　おおたに・ひろじ　1740〜1802　歌舞伎俳優、明和ー寛政時代の名優
鬼次(4代)〈前名〉
　大谷 広次(4代)　おおたに・ひろじ　歌舞伎俳優、文化・文政時代の立役の達者

鬼卵
　大須賀 鬼卵　おおすが・きらん　1741〜1823　徳川中期の文筆家　㋖河内
〔栗杖亭〕鬼卵
　大須賀 鬼卵　おおすが・きらん　1741〜1823　徳川中期の文筆家　㋖河内
〔中山〕鬼卵
　大須賀 鬼卵　おおすが・きらん　1741〜1823　徳川中期の文筆家　㋖河内
鬼拉〈号〉
　宮下 正岑　みやした・まさみね　1774〜1838　徳川中期の国学者　㋖信濃上伊那郡飯島村
鬼門〈雅号〉
　末永 茂世　すえなが・しげつぐ　1837〜1915　歌人、福岡藩士　㋖筑前福岡郊外春吉村
鬼笑
　来年亭 鬼笑　らいねんてい・きしょう　文化頃の狂歌師
鬼貫
　上島 鬼貫　うえしま・おにつら　1661〜1738　江戸中期の俳人　㋖摂津国伊丹

【亀】

亀一〈諱〉
　秀島 寛三郎　ひでしま・かんざぶろう　1785〜1871　徳川末期の儒者、肥前松浦郡浦川内村の里正　㋖肥前国松浦郡浦川内村
亀七〈初名〉
　広川 晴軒　ひろかわ・せいけん　1803〜1884　幕末・明治時代の科学者　㋖越後北魚沼郡小千谷町
亀二郎〈名〉
　大黒 梅陰　だいこく・ばいいん　1797〜1851　徳川中期の漢学者　㋖江戸
〔市村〕亀三郎〈前名〉
　坂東 彦三郎(4代)　ばんどう・ひこさぶろう　1800〜1873　江戸の歌舞伎俳優　㋖江戸
〔松本〕亀三郎〈通称〉
　古瀬 勝雄　ふるせ・かつお　狂歌師
亀三勘十郎
　藤間 勘十郎(亀三勘十郎)　ふじま・かんじゅうろう　〜1877　江戸の劇場振附師、舞踊藤間派の別家家元
亀丸
　万年舎 亀丸　まんねんしゃ・かめまる　狂歌師
亀千代〈幼名〉
　向井 魯町　むかい・ろちょう　1656〜1727　徳川中期の俳人、長崎聖堂祭酒　㋖長崎立山
亀子
　安藤 亀子　あんどう・かめこ　1630〜1668　徳川初期の女流歌人　㋖丹波国千年郷
亀山〈号〉
　人見 竹洞　ひとみ・ちくどう　1628〜1696　徳川中期の儒者
亀山天皇
　亀山天皇　かめやまてんのう　1249〜1305　第90代の天皇
亀山侍従
　前田 秀以　まえだ・ひでもち　1576〜1601　丹波亀山城主
〔嵐〕亀之丞〈別名〉

き（亀）

中村 大吉（2代）　なかむら・だいきち　大阪の歌舞伎俳優
〔山下〕亀之丞〈3代〉
　三条 浪江（1代）　さんじょう・なみえ　1716～　歌舞伎俳優
〔山下〕亀之丞〈5代〉
　中村 紫若　なかむら・しじゃく　～1873　幕末・明治時代の大阪の歌舞伎俳優
亀之丞惟通
　紀太 理兵衛（9代）　きた・りへえ　讃岐高松藩窯の陶工
亀之助〈幼名〉
　大沢 政勝　おおさわ・まさかつ　1645～1728　徳川中期の国学者
亀太夫〈通称〉
　大蔵 永常　おおくら・ながつね　1768～　江戸後期の農学者　㊙豊後日田郡隈町
亀太郎
　原田 亀太郎　はらだ・かめたろう　～1864　維新時代の志士
亀太郎
　松浦 松洞　まつうら・しょうどう　1837～1862　幕末の画家
〔大塚〕亀太郎〈本姓名〉
　井上 因碩（14世）　いのうえ・いんせき　1831～1904　囲碁の家元
亀文
　桜井 亀文　さくらい・きぶん　1742～1805　徳川中期の諸侯にして俳人
〔大河原〕亀文
　周 滑平　す・こつへい　1773～1831　江戸時代後期の儒者
亀方
　亀方　かめのかた　1573～1642　徳川家康の妾
亀王丸
　足利 義晴　あしかが・よしはる　1511～1550　室町幕府12代将軍
亀世
　亀世　かめよ　～1764　天明期の俳人
〔下郷〕亀世
　亀世　かめよ　～1764　天明期の俳人
亀台尼
　亀台尼　きだいに　～1810　化政期の俳人、武蔵川越古市場の豪農沢田安信の女
亀玉
　亀玉堂 亀玉　きぎょくどう・きぎょく　1779～1858　徳川末期の狂歌師
〔松田〕亀玉
　黒川 亀玉（2代）　くろかわ・きぎょく　1754～1814　画家
亀玉〈1代〉
　黒川 亀玉（1代）　くろかわ・きぎょく　1732～1756　南蘋流の画家　㊙江戸
亀玉〈2代〉
　黒川 亀玉（2代）　くろかわ・きぎょく　1754～1814　画家
亀石堂〈号〉
　藤井 貞幹　ふじい・ていかん　1732?～1797?　考古学者　㊙京都
亀吉〈通称〉

正阿　しょうあ　～1838　化政期の俳人　㊙信濃諏訪矢ケ崎村
亀吉〈初名〉
　竹沢 権右衛門（3代）　たけざわ・ごんえもん　義太夫節三絃
〔豊沢〕亀吉〈前名〉
　竹沢 権右衛門（3代）　たけざわ・ごんえもん　義太夫節三絃
亀年
　亀年　きねん　～1561　室町時代の妙心寺の僧
亀次郎〈幼名〉
　川上 宗雪　かわかみ・そうせつ　徳川中期の茶人　㊙紀州新宮
亀助〈俗称〉
　春川 英笑　はるかわ・えいしょう　江戸末期の浮世絵師
亀助
　奈河 亀輔　ながわ・かめすけ　江戸時代中期の歌舞伎狂言作者　㊙奈良
〔青木〕亀助〈通称〉
　春川 五七　はるかわ・ごしち　1776～1832　江戸末期の浮世絵師
〔丹波屋〕亀助〈別称〉
　亀祐　きすけ　1765～1837　徳川中・末期の京焼の陶工
〔奈川〕亀助〈別名〉
　奈河 亀輔　ながわ・かめすけ　江戸時代中期の歌舞伎狂言作者　㊙奈良
亀助〈1代〉
　奈河 亀輔　ながわ・かめすけ　江戸時代中期の歌舞伎狂言作者　㊙奈良
亀助〈2代〉
　奈河 篤助（1代）　なかわ・とくすけ　1764～1842　京阪の歌舞伎狂言作者
亀寿丸〈幼名〉
　佐々木 近綱　ささき・ちかつな　大膳大夫高頼の長子
亀寿斎〈後名〉
　鈴木 万里（1代）　すずき・ばんり　～1816　京阪における江戸長唄、ぶんご節謡
亀岡〈号〉
　林 良本　はやし・よしもと　1794～1869　国学者
亀松
　岩井 半四郎（2代）　いわい・はんしろう　歌舞伎俳優、元禄・宝永時代の座元
亀阿弥
　亀阿弥　きあみ　室町前期の田楽の名手
亀亭
　和気 亀亭　わけ・きてい　京都の陶工　㊙備前
亀屋
　原 善三郎　はら・ぜんざぶろう　1824～1899　生糸売込商　㊙武蔵児玉郡若泉村渡瀬
亀祐
　亀祐　きすけ　1765～1837　徳川中・末期の京焼の陶工
亀峰
　一柳 亀峰　ひとつやなぎ・きほう　1804～1855　徳川末期伊予小松藩士
亀翁
　多賀谷 亀翁　たがや・きおう　徳川中期の俳人　㊙江戸

き（基, 寄, 崎, 淇）

亀巣
　亀巣　きそう　～1852　幕末期の俳人　㊸加賀国宮の腰（金沢市金石町）
亀菊
　亀菊　かめぎく　鎌倉時代京都の白拍子、後鳥羽上皇の愛妾
亀熊
　亀熊　かめくま　京都の陶工
亀輔
　奈河 亀輔　ながわ・かめすけ　江戸時代中期の歌舞伎狂言作者　㊸奈良
亀蔵〈後名〉
　坂東 彦三郎（4代）　ばんどう・ひこさぶろう　1800～1873　江戸の歌舞伎俳優　㊸江戸
亀蔵〈幼名〉
　畔上 楳仙　あぜがみ・ばいせん　1825～1901　幕末・明治の僧侶、曹洞宗総持寺独住第2代　㊸信濃高井郡夜間瀬村
亀蔵（1代）
　市村 羽左衛門（座元9代・名義4代）　いちむら・うざえもん　1725～1785　宝暦—天明時代の歌舞伎座元、立役の上手　㊸江戸
亀蔵（2代）
　市村 羽左衛門（座元10代・名義5代）　いちむら・うざえもん　1748～1799　天明・寛政時代の歌舞伎座元、立役　㊸江戸

【基】

〔源〕基子
　西華門院　せいかもんいん　1269～1355　後宇多天皇の後宮、後二条天皇の御母
〔藤原〕基子
　新広義門院　しんこうぎもんいん　1624～1677　後水尾天皇の後宮
基平
　藤原 基平　ふじわらの・もとひら　1246～1268　鎌倉時代の歌人
〔近衛〕基平
　藤原 基平　ふじわらの・もとひら　1246～1268　鎌倉時代の歌人
基田
　油屋 基田　あぶらや・きでん　1806～1857　徳川末期の座頭にして俳人　㊸土佐幡多郡下田村
〔春日〕基光
　藤原 基光　ふじわらの・もとみつ　平安時代後期の画家
基次
　後藤 又兵衛　ごとう・またべえ　1560～1615　織豊・徳川初期の黒田家の武臣
基佐
　桜井 基佐　さくらい・もとすけ　室町時代の連歌師
〔藤原〕基実
　近衛 基実　このえ・もとざね　1143～1166　平安時代後期の公卿
〔上村〕基宗
　沢村 基宗　さわむら・もとむね　鎌倉～南北朝時代の土豪
〔松殿〕基房
　藤原 基房　ふじわらの・もとふさ　1145～1231　平安後期～鎌倉時代の公卿

基宣
　園 基隆　その・もとたか　1314～1374　鎌倉～南北朝時代の公卿
基家
　藤原 基家　ふじわらの・もといえ　1203～1280　鎌倉時代の歌人
基家
　畠山 義豊　はたけやま・よしとよ　?～1499　室町～戦国時代の武将
〔藤原〕基家
　持明院 基家　じみょういん・もといえ　1132～1214　平安後期～鎌倉時代の公卿
基通
　加藤 藤次郎　かとう・とうじろう　尾張瀬戸窯本家の2世
基通
　藤原 基通　ふじわらの・もとみち　1160～1233　平安鎌倉時代の政治家、摂政内大臣
〔近衛〕基通
　藤原 基通　ふじわらの・もとみち　1160～1233　平安鎌倉時代の政治家、摂政内大臣
基連
　長谷川 与五左衛門　はせがわ・よござえもん　1540～1626　戦国～織豊時代の武士
基経
　藤原 基経　ふじわらの・もとつね　836～891　平安時代の政治家、摂政関白太政大臣
基磧
　江島 其磧　えじま・きせき　1667～1735　浮世草子作者
〔持明院〕基頼
　藤原 基頼　ふじわらの・もとより　1040～1122　平安時代後期の官吏

【寄】

寄三
　河田 寄三　かわだ・きさん　1807～1872　明治初期の俳人　㊸武州熊谷
寄梅
　奥平 壱岐　おくだいら・いき　江戸時代後期の武士
寄斎
　三宅 寄斎　みやけ・きさい　1580～1649　徳川初期の儒者　㊸泉州堺

【崎】

崎之助（1代）
　芳沢 あやめ（2代）　よしざわ・あやめ　1702～1754　京阪の歌舞伎俳優
崎之助（2代）
　芳沢 あやめ（3代）　よしざわ・あやめ　1720～1774　京阪の歌舞伎俳優
崎之助（3代）
　芳沢 あやめ（4代）　よしざわ・あやめ　1737～1792　江戸時代中期の歌舞伎役者

【淇】

淇水

き（規，喜）

上河 淇水　うえかわ・きすい　1748〜1817　幕末京都の心学者　⑲近江国神崎郡今田居
淇園
　柳沢 淇園　やなぎさわ・きえん　1703〜1758　詩人画家、書家、儒学者

【規】

規礼
　亀井 規礼　かめい・きれい　1770〜1835　江戸時代末期の円山派画家　⑲京都
〔亀岡〕規礼
　亀井 規礼　かめい・きれい　1770〜1835　江戸時代末期の円山派画家　⑲京都
規周〔別名〕
　大野 弥三郎　おおの・やさぶろう　1820〜1886　1862年渡蘭、造幣局技師、計測機器の製作を指導
規矩庵〔号〕
　大場 蓼和　おおば・りょうわ　1677〜1759　徳川中期の俳人　⑲江戸
規清
　梅辻 規清　うめつじ・のりきよ　1798〜1861　江戸後・幕末期の神道家　⑲山城
〔賀茂〕規清
　梅辻 規清　うめつじ・のりきよ　1798〜1861　江戸後・幕末期の神道家　⑲山城

【喜】

喜一〈別称〉
　船山 輔之　ふなやま・ほし　1738〜1804　江戸中期の暦算家、仙台藩士
〔河野〕喜七〈通称〉
　春日 長文　はるひの・ながぶみ　狂歌師　⑲武蔵糠田
喜八
　木内 喜八　きうち・きはち　1826〜1902　幕末・明治時代の木工家　⑲江戸深川佐賀町
喜八
　野沢 喜八郎（1代）　のざわ・きはちろう　義太夫節三絃野沢の流祖
〔山城屋〕喜八〈通称〉
　大月 光興　おおつき・みつおき　1766〜1834　徳川中期の彫金家
喜八郎
　山国 兵部　やまぐに・ひょうぶ　1793〜1865　江戸時代後期の武士
喜八郎（1代）
　野沢 喜八郎（1代）　のざわ・きはちろう　義太夫節三絃野沢の流祖
喜八郎（2代）
　野沢 喜八郎（2代）　のざわ・きはちろう　義太夫節三絃　⑲京都富小路
喜八郎（3代）
　野沢 喜八郎（3代）　のざわ・きはちろう　義太夫節三絃
喜三二
　朋誠堂 喜三二　ほうせいどう・きさんじ　1735〜1813　江戸後期の戯作者・狂歌師　⑲江戸
喜三太
　鬼三太　きさんた　鎌倉時代の勇士

喜三郎〈通称〉
　今津 桐園　いまず・とうえん　1789〜1856　徳川中期より末期に至る儒者　⑲周防三田尻
喜三郎
　五十嵐 道甫（2代）　いがらし・どうほ　1635〜1697　江戸時代前期の蒔絵師
〔浅井〕喜三郎〈本姓名〉
　岩本 昆寛　いわもと・こんかん　1744〜1801　金工家　⑲江戸
〔野出の〕喜三郎
　腕の喜三郎　うでのきさぶろう　江戸の侠客
喜三郎（1代）
　杵屋 勘五郎（2代）　きねや・かんごろう　〜1699　江戸長唄三絃、江戸長唄三味線の始祖
喜三郎（2代）
　杵屋 六左衛門（2代）　きねや・ろくざえもん　〜1667　江戸長唄の三絃、杵屋家元、伝杵屋家系4代
喜三郎（4代）
　杵屋 六左衛門（3代）　きねや・ろくざえもん　江戸長唄の三絃、杵屋家元、伝杵屋家系6代
喜三郎（6代）
　杵屋 喜三郎（6代）　きねや・きさぶろう　〜1787　江戸長唄三絃の家元、杵屋本家
喜三郎（7代）
　杵屋 喜三郎（7代）　きねや・きさぶろう　1785〜1842　江戸長唄三絃の家元、杵屋本家
〔岡安〕喜久三郎（2代）〈前名〉
　坂田 仙四郎（3代）　さかた・せんしろう　〜1862　江戸長唄謡
喜山
　岩波 喜山　いわなみ・きざん　信州諏訪の俳人で、好事的の作陶家
喜之助〈幼名〉
　嵐 三五郎（1代）　あらし・さんごろう　1687〜1739　京阪の歌舞伎俳優、享保元文時代の立役　⑲京都岡崎村
喜元
　仲宗根 喜元　なかずに・きげん　琉球焼の名工
喜六
　高松 喜六　たかまつ・きろく　〜1713　徳川初期の名主、江戸内藤新宿の開発者
喜六〈通称〉
　佐川田 昌俊　さかわだ・まさとし　1579〜1643　桃山・徳川初期の歌人　⑲下野
喜六〈幼名〉
　白井 鳥酔　しらい・ちょうすい　1701〜1769　徳川中期の俳人　⑲上総埴生郡地引村
喜内
　久留島 義太　くるしま・よしひろ　〜1757　徳川中期の算家
喜内〈通称〉
　大蔵 永常　おおくら・ながつね　1768〜　江戸後期の農学者　⑲豊後日田郡隈町
喜太夫
　喜志 喜太夫　きし・きだゆう　徳川中期の能役者
喜太夫
　虎屋 喜太夫　とらや・きだゆう　承応―元禄時代の浄瑠璃太夫、喜太夫節の流祖
〔貴志〕喜太夫
　喜志 喜太夫　きし・きだゆう　徳川中期の能役者
喜太郎〈通称〉

き（喜）

荷汀　かてい　〜1864　幕末期の俳人
喜世太郎〈1代〉
　岩井 喜世太郎〈1代〉　いわい・きよたろう　寛保・寛延時代の江戸の歌舞伎若女方
〔岩井〕喜世太郎〈2代〉
　市川 八百蔵〈4代〉　いちかわ・やおぞう　1772〜1844　歌舞伎俳優、文化・天保時代の立役の功者
〔菊川〕喜世太郎〈2代〉〈前名〉
　岩井 喜世太郎〈1代〉　いわい・きよたろう　寛保・寛延時代の江戸の歌舞伎若女方
〔岩井〕喜代三〈前名〉
　嵐 三右衛門〈11代〉　あらし・さんえもん　〜1878　大阪の歌舞伎俳優、幕末・明治時代の若女方の立者
〔竹田〕喜代三〈別名〉
　中村 喜代三郎〈3代〉　なかむら・きよさぶろう　京阪の歌舞伎俳優
喜代三郎〈後名〉
　姉川 千代三郎〈1代〉　あねかわ・ちよさぶろう　京都の歌舞伎俳優、享保・元文時代の若女方の上手
喜代三郎〈3代〉
　中村 喜代三郎〈3代〉　なかむら・きよさぶろう　京阪の歌舞伎俳優
喜代太〈通称〉
　寺田 宗有　てらだ・むねあり　1745〜1825　近世後期の剣術家、天真伝一刀流の祖
〔中島〕喜代治〈通称〉
　学の門 悟章　まなびのと・ごしょう　狂歌師　㋤下野栃木
喜右衛門
　河井 喜右衛門　かわい・きえもん　〜1624　徳川初期の切支丹殉教者　㋤秋田
喜右衛門
　大森 喜右衛門　おおもり・きえもん　〜1631　徳川初期の殉教者
喜右衛門〈通称〉
　中川 乙由　なかがわ・おつゆう　1675〜1739　徳川中期の俳人　㋤伊勢国川崎町
喜右衛門〈通称〉
　白井 鳥酔　しらい・ちょうすい　1701〜1769　徳川中期の俳人　㋤上総埴生郡地引村
〔切立村〕喜四郎
　島村 喜四郎　しまむら・きしろう　？〜1758　江戸時代中期の一揆指導者
喜左衛
　喜左衛　きさえ　1534〜1597　切支丹殉教者、二十六聖人の1人　㋤備前
喜左衛門
　伴 道雪　ばん・どうせつ　？〜1621　織豊〜江戸時代前期の弓術家
喜平〈通称〉
　井上 矩慶　いのうえ・くけい　1724〜1807　江戸中期の数学者、熊本藩士
喜平次〈通称〉
　向井 去来　むかい・きょらい　1651〜1704　徳川中期の俳人　㋤長崎
喜平次
　辻 常陸大掾　つじ・ひたちのだいじょう　？〜1845　江戸時代後期の陶工
喜任〈名〉
　阿部 櫟斎　あべ・れきさい　1805〜1870　幕末の本草家　㋤江戸

喜多右衛門
　江尻 喜多右衛門　えじり・きたえもん　〜1739　徳川中期日向延岡藩の奉行
喜安
　喜安　きあん　〜1653　茶人　㋤泉州堺
喜宇助〈別名〉
　福森 久助〈1代〉　ふくもり・きゅうすけ　1767〜1818　江戸の歌舞伎狂言作者　㋤江戸本所
喜作
　渋沢 喜作　しぶさわ・きさく　1838〜1912　幕末の志士にして明治時代の実業家　㋤武蔵榛沢郡八基村
喜兵衛
　鍵屋 喜兵衛　かぎや・きへえ　京都粟田焼の陶工
喜兵衛〈名〉
　今村 不僧　いまむら・ふそう　1628〜1694　徳川初期の軍学者　㋤江戸
喜兵衛〈通称〉
　信俣 正幸　しのまた・まさゆき　徳川初期の兵学家
〔錦光山〕喜兵衛
　鍵屋 喜兵衛　かぎや・きへえ　京都粟田焼の陶工
〔小林〕喜兵衛
　錦光山〈3代〉　きんこうざん　江戸時代中期の陶工
〔武藤〕喜兵衛
　真田 昌幸　さなだ・まさゆき　〜1611　戦国時代の武将
喜侍
　大島 喜侍　おおしま・きじ　〜1733　徳川中期の数学暦術家　㋤大阪
喜房
　平野 喜房　ひらの・きぼう　江戸末期頃の和算家、尾州藩士
喜阿弥
　亀阿弥　きあみ　室町前期の田楽の名手
喜庵〈通称〉
　高屋 宋甫　たかや・そうほ　1623〜1690　徳川中期の医家　㋤仙台
喜庵
　高屋 宋鵲　たかや・そうじゃく　1689〜1746　徳川中期の医家　㋤仙台
喜斎〈別号〉
　三宅 寄斎　みやけ・きさい　1580〜1649　徳川初期の儒者　㋤泉州堺
喜遊
　岩亀楼 喜遊　がんきろう・きゆう　1846〜1861　幕末期の遊女
喜雄
　宮内 喜雄　みやうち・よしお　1826〜1900　幕末明治の国学者
喜雲
　中川 喜雲　なかがわ・きうん　江戸時代前期の俳人、仮名草子作者
喜楽〈1代〉
　中山 新九郎〈3代〉　なかやま・しんくろう　1761〜1827　京阪の歌舞伎俳優
〔中山〕喜楽〈2代〉
　尾上 松寿〈1代〉　おのえ・しょうじゅ　歌舞伎俳優、天保〜安政時代の立役の功者
喜蔵
　上野 喜蔵　あがの・きぞう　安土桃山時代の上野焼及び八代焼の開祖、朝鮮の渡来人

号・別名辞典　古代・中世・近世　75

【幾】

幾太郎
桑原 治兵衛　くわばら・じへえ　1800～1861　江戸時代後期の武士
幾因〈初号〉
和田 希因　わだ・きいん　1700～1750　徳川中期の俳人
幾因〈初号〉
和田 希因　わだ・きいん　1700～1750　徳川中期の俳人
幾宮
高覚女王　こうかくにょおう　1737～1764　閑院宮直仁親王第6王女
幾宮
堯恭法親王　ぎょうきょうほうしんのう　1717～1764　霊元天皇第19皇子

【琦】

琦〈名〉
駒井 源琦　こまい・げんき　1747～1797　画家　[出]京都

【葵】

葵斎〈別号〉
九淵 竜賝　きゅうえん・りゅうじん　～1498　五山文学者たる建仁・南禅寺主
葵園〈号〉
亜元　あげん　1773～1842　徳川末期の国学者、僧侶　[出]伊豆国三島
葵園〈号〉
坂本 葵園　さかもと・きえん　1827～1881　幕末明治初期の儒者　[出]淡路三原郡上堺村
葵園〈号〉
山田 弁道　やまだ・さだみち　1821～1891　幕末明治の国学者　[出]信濃小諸
葵園〈号〉
大国 隆正　おおくに・たかまさ　1792～1871　幕末明治初期の国学者　[出]江戸桜田

【貴】

貴子
高階 貴子　たかしなの・たかこ　平安朝中期の女流歌人、円融天皇の内侍
貴平親王
永悟法親王　えいごほうしんのう　1659～1676　後西天皇第3皇子
貴雄〈字〉
歩簫　ほしょう　1791～1827　化政期の俳人　[出]飛騨国高山

【暉】

暉子内親王
室町院　むろまちいん　1228～1300　後堀河天皇の第一皇女
暉児〈名〉
古橋 源六郎　ふるはし・げんろくろう　1813～1902　幕末・明治の民政家　[出]三河北設楽郡稲橋村
暉芳〈字〉
戸賀崎 熊太郎　とがさき・くまたろう　1744～1809　江戸時代の剣術家　[出]武蔵国埼玉郡清久
暉昌
藤原 暉昌　ふじわら・あきまさ　1685～1752　徳川中期の国学者、遠江曳馬五社神主　[出]浜松
〔森〕暉昌
藤原 暉昌　ふじわら・あきまさ　1685～1752　徳川中期の国学者、遠江曳馬五社神主　[出]浜松
暉真〈字〉
酒井 抱一　さかい・ほういつ　1761～1828　徳川末期の画家にして俳人　[出]神田小川町
暉意
大島 暉意　おおしま・きい　尾張犬山焼の経営者

【煕】

煕子
藤原 煕子　ふじわらの・ひろこ　1662～1741　徳川家宣の御台所
煕永親王
煕永親王　よしながしんのう　1362～1437　後光厳天皇の皇子
〔竜野〕煕近
竜 煕近　りゅう・ひろちか　1616～1693　江戸時代前期の神道家
煕明親王
任助法親王　にんじょほうしんのう　1525～1584　伏見宮貞敦親王の第5王子
煕卿〈字〉
東久世 通禧　ひがしくぜ・みちとみ　1833～1912　所謂七卿の1人、伯爵　[出]京都丸太町
煕景
赤井 照景　あかい・てるかげ　戦国時代の武将

【祺】

〔御藤原〕祺子
新朔平門院　しんさくへいもんいん　1811～1847　仁孝天皇の女
〔藤原〕祺子
新朔平門院　しんさくへいもんいん　1811～1847　仁孝天皇の女

【凞】

凞〈通称〉
春甫　しゅんぽ　～1854　幕末期の俳人　[出]信濃長沼穂保

【箕】

箕山〈号〉
安藤 箕山　あんどう・きざん　1738～1781　徳川中期の漢学者　[出]因幡鳥取
箕山〈号〉
江間 細香　えま・さいこう　1789～1861　幕末の閨秀画家、詩人　[出]美濃（岐阜県）大垣
箕山〈号〉
藤本 箕山　ふじもと・きざん　1626～1704　生涯の過半を色道の樹立と体系化に費やした京都の上層町人

き（綺，器，嬉，毅，煕，輝，徽，憙，機）

〔畠山〕箕山
藤本 箕山　ふじもと・きざん　1626～1704　生涯の過半を色道の樹立と体系化に費やした京都の上層町人
箕踞庵〈別号〉
平松 古道　ひらまつ・こどう　1686～1738　徳川中期の漢学者　㊗大和

【綺】

〔狂言〕綺語堂
西沢 一鳳　にしざわ・いっぽう　1802～1852　浪華の書肆兼作家

【器】

器水園〈別号〉
浅縹庵 夏海　せんけんあん・なつみ　～1853　狂歌師
器遊斎
川原 弥五郎　かわはら・やごろう　江戸時代中期～後期の陶工

【嬉】

〔藤原〕嬉子〈諱〉
今出川院　いまでがわいん　1252～1318　亀山天皇の皇后

【毅】

毅〈名〉
佐々木 貞介　ささき・ていすけ　1835～1885　幕末明治時代の漢学者、長門萩藩士
毅
三島 中洲　みしま・ちゅうしゅう　1830～1919　漢学者　㊗備中（岡山県）
毅甫〈字〉
赤松 太庾　あかまつ・たいゆ　1709～1767　江戸中期の儒者　㊗江戸
毅卿〈字〉
川田 甕江　かわだ・おうこう　1830～1896　漢文学者　㊗備中浅口郡阿賀崎村
〔山本〕毅軒
玉松 操　たままつ・みさお　1810～1872　明治維新時代岩倉具視の謀臣にして皇学者
毅堂〈号〉
鷲津 毅堂　わしず・きどう　1825～1882　幕末明治の漢学者　㊗尾張丹羽郡丹羽邑
毅庵〈別号〉
江村 青旬　えむら・せいでん　1666～1734　徳川中期の宮津藩儒者　㊗京都
毅斎〈号〉
井上 毅斎　いのうえ・きさい　1792～1846　徳川中期の江戸の儒者
毅斎
三宅 友信　みやけ・とものぶ　1806～1886　幕末・維新期の蘭学愛好家
毅斎
朝枝 玖珂　あさえだ・くか　1697～1745　江戸時代中期の儒者
毅斎

木村 高敦　きむら・たかあつ　1681～1742　江戸時代中期の武士

【煕】

煕子女王
煕子女王　てるこにょおう　～950　平安時代中期の女御、保明親王（醍醐天皇皇子、文彦太子）の王女

【輝】

輝元
毛利 輝元　もうり・てるもと　1553～1625　安土・桃山時代の大名
輝弘
大内 輝弘　おおうち・てるひろ　～1569　戦国時代の武将
輝任〈名〉
阿部 将翁　あべ・しょうおう　1650?～1753　江戸中期の本草学者　㊗陸奥盛岡
輝松
綾岡 輝松　あやおか・てるまつ　1817～1887　幕末～明治中期の商人、書家、画家　㊗江戸
輝虎
上杉 謙信　うえすぎ・けんしん　1530～1578　戦国時代の武将　㊗越後国頸城郡
輝政
池田 輝政　いけだ・てるまさ　1564～1613　織豊時代の武将　㊗尾張清洲
〔松平〕輝貞
大河内 輝貞　おおこうち・てるさだ　1665～1747　江戸時代前期～中期の大名
〔松平〕輝規
大河内 輝規　おおこうち・てるのり　1682～1756　江戸時代中期の大名
〔松平〕輝澄
池田 輝澄　いけだ・てるずみ　1604～1662　江戸時代前期の大名
〔松平〕輝興
池田 輝興　いけだ・てるおき　1611～1647　江戸時代前期の大名

【徽】

徽〈名〉
久永 松陵　ひさなが・しょうりょう　徳川末期の儒者
徽子女王
斎宮女御　さいぐうのにょうご　929～985　平安時代の女流歌人

【憙】

憙子内親王
昭慶門院　しょうけいもんいん　1273～1324　亀山天皇の皇女
憙季
秋田 肥季　あきた・ともすえ　1810～1865　江戸時代後期の大名

【機】

号・別名辞典　古代・中世・近世

き（漑，熹，璣，磯，禧，簣，騏，麒，驥）　ぎ（妓，宜）

機〈名〉
　大庭 恭平　おおば・きょうへい　1830〜1902　幕末の志士、会津藩の浪人
機安〈号〉
　吉田 宗活　よしだ・そうかつ　1591〜1641　江戸初期の医家
機庵〈号〉
　吉田 宗活　よしだ・そうかつ　1591〜1641　江戸初期の医家

【漑】

漑氏
　喜連川 漑氏　きつれがわ・ひろうじ　1812〜1861　喜連川藩主　㊼下野国塩谷郡喜連川
〔足利〕漑氏
　喜連川 漑氏　きつれがわ・ひろうじ　1812〜1861　喜連川藩主　㊼下野国塩谷郡喜連川
漑麿
　町原 漑麿　まちはら・ひろまろ　1815〜1890　幕末明治の漢学者

【熹】

熹子内親王
　昭慶門院　しょうけいもんいん　1273〜1324　亀山天皇の皇女

【璣】

璣
　宍戸 璣　ししど・たまき　1829〜1901　幕末の勤王家、明治時代の政治家
璣邑
　人見 璣邑　ひとみ・きゆう　1729〜1797　徳川中期の儒者

【磯】

磯丸
　糟谷 磯丸　かすや・いそまる　1764〜1848　江戸時代後期の歌人
磯波翁〈号〉
　岡田 盤斎　おかだ・ばんさい　1667〜1744　江戸中期垂加派の神道家　㊼江戸
磯城津彦玉手看尊
　安寧天皇　あんねいてんのう　第3代天皇
磯部王
　磯部王　いそべのおう　天武天皇皇孫

【禧】

〔藤原〕禧子
　礼成門院　れいせいもんいん　1303〜1393　後醍醐天皇の皇后、名は藤原禧子

【簣】

簣山
　塩谷 簣山　しおのや・きざん　1812〜1874　幕末明治初期の漢学者　㊼江戸愛宕山下

【騏】

騏六
　笹屋 騏六　ささや・きろく　1736〜1810　江戸時代中期〜後期の俳人
騏道
　木村 騏道　きむら・きどう　〜1810　徳川中期の俳人　㊼近江大津

【麒】

麒角〈号〉
　其角　きかく　1661〜1707　俳人、芭蕉一門

【驥】

驥〈名〉
　斎藤 鳴湍　さいとう・めいたん　1822〜1895　幕末・明治時代の漢学者　㊼仙台

【妓】

妓女
　妓女　ぎじょ　平清盛に寵愛された白拍子の妹
妓王
　妓王　ぎおう　平清盛に寵愛された白拍子　㊼近江野洲郡江部庄（今の祇王村）

【宜】

宜〈名〉
　安藤 竜淵　あんどう・りゅうえん　1806〜1884　幕末明治期の書家、幕吏
宜
　吉田 宜　きったの・よろし　奈良前期の医家
〔吉〕宜
　吉田 宜　きったの・よろし　奈良前期の医家
宜来〈号〉
　大島 蓼太　おおしま・りょうた　1718〜1787　徳川中期の俳人　㊼信州伊那郡大島
宜麦
　川路 宜麦　かわじ・ぎばく　1757〜1828　徳川中期の幕臣、俳人　㊼江戸
〔老鶯巣〕宜麦
　川路 宜麦　かわじ・ぎばく　1757〜1828　徳川中期の幕臣、俳人　㊼江戸
宜明
　斎藤 宜明　さいとう・ぎめい　1794〜1860　徳川中末期の算家　㊼上州勢多郡飯土井
〔滴水〕宜牧
　由利 滴水　ゆり・てきすい　1822〜1899　禅僧　㊼丹波河鹿郡白道村
宜長
　斎藤 宜長　さいとう・ぎちょう　1784〜1844　徳川中・末期の算家　㊼上毛群馬郡板井村
宜門
　中島 宜門　なかじま・よしかど　1807〜1894　幕末・明治初期の国学者
宜信斎〈号〉
　箕作 秋坪　みつくり・しゅうへい　1825〜1886　幕末明治の蘭学者
宜秋門院〈院号〉

宜秋門院　ぎしゅうもんいん　1173〜1238　後鳥羽天皇の中宮任子の院号
宜秋門院丹後
　宜秋門院丹後　ぎしゅうもんいんのたんご　新中古36歌仙の1人
宜時
　安藤 宜時　あんどう・よしとき　装剣工
〔上条〕宜順斎
　上杉 義春　うえすぎ・よしはる　1517〜1643　織豊・徳川初期の武家
宜義
　斎藤 宜義　さいとう・ぎぎ　1816〜1889　幕末・明治時代の算家　㊐江戸
宜義
　津田 宜義　つだ・ぎぎ　幕末明治初年の和算家　㊐江戸

【祇】

祇女
　妓女　ぎじょ　平清盛に寵愛された白拍子の妹
祇王
　妓王　ぎおう　平清盛に寵愛された白拍子　㊐近江野洲郡江部庄（今の祇王村）
祇空
　稲津 祇空　いなつ・ぎくう　1663〜1733　徳川中期の俳人　㊐大阪堺
祇脚〈字〉
　今村 了庵　いまむら・りょうあん　1814〜1890　幕末・明治時代の医師
祇報
　萩原 祇報　はぎわら・ぎほう　江戸時代中期の俳人
祇徳
　自在庵 祇徳　じざいあん・ぎとく　1702〜1754　徳川中期江戸の札差、俳人
祇徳（2代）
　仲 祇徳（2代）　なか・ぎとく　1728〜1779　江戸時代中期の俳人

【義】

義〈名〉
　稲生 若水　いのう・じゃくすい　1655〜1715　江戸中期の本草学者　㊐江戸
〔秋田〕義一
　津田 宜義　つだ・ぎぎ　幕末明治初年の和算家　㊐江戸
義三〈通称〉
　早野 流水　はやの・りゅうすい　1778〜1831　徳川中期大阪の儒者
義久
　石橋 尚義　いしばし・ひさよし　?〜1580　織豊時代の武将
〔東〕義久
　佐竹 義久　さたけ・よしひさ　1554〜1601　織豊時代の武将
義子内親王
　和徳院　かとくもんいん　1234〜1289　仲恭天皇の皇女
義之
　吉井 義之　よしい・よしゆき　1826〜1892　幕末維新の志士　㊐但馬朝来郡梁瀬村
義五郎〈幼名〉
　生川 春明　なるかわ・はるあき　1804〜1890　和歌とともに国語法・風俗史の研究　㊐伊勢津市岩田町
義介
　徹通 義介　てっつう・ぎかい　1219〜1309　越前永平寺第3代（曹洞宗）　㊐越前足羽郡
義仁
　佐竹 義人　さたけ・よしひと　1400〜1468　室町時代の武将
義公
　徳川 光圀　とくがわ・みつくに　1628〜1700　水戸藩第2代の藩主　㊐水戸
義円
　足利 義教　あしかが・よしのり　1393〜1441　足利6代将軍、将軍義満の第4子
〔源〕義円
　義円　ぎえん　1155〜1181　平安時代後期の僧
義太
　久留島 義太　くるしま・よしひろ　〜1757　徳川中期の算家
義太夫（1代）
　竹本 義太夫（1代）　たけもと・ぎだゆう　1651〜1714　義太夫節の太夫　㊐摂津国東成郡
義太夫（2代）
　竹本 義太夫（2代）　たけもと・ぎだゆう　1691〜1744　江戸時代の義太夫節太夫　㊐大阪島の内三津寺町
義尹〈諱〉
　寒巌 義尹　かんがん・ぎいん　1217〜1300　鎌倉中期の禅僧（曹洞宗）
義尹
　足利 義稙　あしかが・よしたね　1466〜1523　足利10代将軍
義方〈名〉
　二山 伯養　ふたやま・はくよう　1623〜1709　徳川初期江戸の儒者　㊐石見国浜田
義比〈諱〉
　平井 収二郎　ひらい・しゅうじろう　1835〜1863　幕末の高知藩士　㊐土佐
義比
　福岡 惣助　ふくおか・そうすけ　1831〜1864　幕末の武士
〔大宝寺〕義氏
　武藤 義氏　むとう・よしうじ　1551〜1583　織豊時代の武将
義冬
　足利 義冬　あしかが・よしふゆ　1509〜1573　将軍義澄の次子
義右衛門〈通称〉
　新井 雨窓　あらい・うそう　1813〜1875　幕末の儒者　㊐陸奥登米郡石森
義央
　吉良 義央　きら・よしなか　〜1702　江戸幕府の高家　㊐江戸
義平
　源 義平　みなもとの・よしひら　1141〜1160　平安後期の武将
義平太

号・別名辞典　古代・中世・近世　79

宮崎 義平太　みやざき・ぎへいた　元禄―享保時代の京都の歌舞伎俳優
義広
蘆名 盛重　あしな・もりしげ　1575～1631　織豊～江戸時代前期の武将
〔佐竹〕義広
蘆名 盛重　あしな・もりしげ　1575～1631　織豊～江戸時代前期の武将
〔志田〕義広
源 義広　みなもとの・よしひろ　?～1184　平安時代後期の武将
〔白川〕義広
蘆名 盛重　あしな・もりしげ　1575～1631　織豊～江戸時代前期の武将
義弘
郷 義弘　ごうの・よしひろ　1299～1325　鎌倉時代の刀剣工　[出]越中国松倉郷
義弘
島津 義弘　しまず・よしひろ　1535～1619　室町時代の武将
義本〈名〉
平尾 沂水　ひらお・ぎんすい　1764～1837　徳川中期彦根藩の儒者、国学者
義仲
源 義仲　みなもとの・よしなか　1154～1184　平安時代の武将、左馬頭、伊予守、征夷大将軍
〔木曽〕義仲
源 義仲　みなもとの・よしなか　1154～1184　平安時代の武将、左馬頭、伊予守、征夷大将軍
義光
源 義光　みなもとの・よしみつ　～1127　平安後期の武将
義光
最上 義光　もがみ・よしあき　1546～1614　織豊江戸初期の武将
義冲
義冲　ぎちゅう　1282～1352　南北朝時代の僧侶（臨済宗）、京都南禅寺住持　[出]筑前
〔大陽〕義冲
義冲　ぎちゅう　1282～1352　南北朝時代の僧侶（臨済宗）、京都南禅寺住持　[出]筑前
義成
里見 義成　さとみ・よしなり　1157～1234　鎌倉時代の武将　[出]上野碓氷郡
〔吉良〕義成
蒔田 義成　まいた・よしなり　1629～1691　江戸時代前期の高家
〔新田〕義成
里見 義成　さとみ・よしなり　1157～1234　鎌倉時代の武将　[出]上野碓氷郡
義有
一色 義季　いっしき・よしすえ　室町～戦国時代の武将
義行
松平 義行　まつだいら・よしゆき　1656～1715　美濃高須藩祖
〔若林〕義行〈本名〉
松林 伯円（2代）　しょうりん・はくえん　1827～1905　講釈師
〔徳川〕義行
松平 義行　まつだいら・よしゆき　1656～1715　美濃高須藩祖
義亨
徹翁 義亨　てつおう・ぎこう　1290～1369　京都大徳寺の僧（臨済宗）　[出]出雲
〔天川屋〕義兵衛
天野屋 利兵衛　あまのや・りへえ　～1727　徳川時代大阪の侠客
義助〈通称〉
原 斗南　はら・となん　徳川中期の儒者　[出]京都
義助
五条 義助　ごじょう・よしすけ　室町～戦国時代の刀工
〔新田〕義助
脇屋 義助　わきや・よしすけ　1301～1342　鎌倉～南北朝時代の武将
〔朝田〕義助
小田 彦二郎　おだ・ひこじろう　1833～1862　幕末の勤王家、水戸藩士
義材
小野 美材　おのの・よしき　～902　平安前期の歌人、書家
義材
足利 義稙　あしかが・よしたね　1466～1523　足利10代将軍
義沖
義冲　ぎちゅう　1282～1352　南北朝時代の僧侶（臨済宗）、京都南禅寺住持　[出]筑前
〔太陽〕義沖
義冲　ぎちゅう　1282～1352　南北朝時代の僧侶（臨済宗）、京都南禅寺住持　[出]筑前
〔和田〕義秀
朝比奈 義秀　あさひな・よしひで　1176～?　鎌倉時代の武将
義良親王
後村上天皇　ごむらかみてんのう　1328～1368　第97代の天皇
義言
長野 主膳　ながの・しゅぜん　1815～1862　幕末の彦根藩重臣、歌人　[出]伊勢国飯高郡滝野村
義近
津川 義近　つがわ・よしちか　1542～1600　秀吉の臣
〔斯波〕義近
津川 義近　つがわ・よしちか　1542～1600　秀吉の臣
義典〈諱〉
佐々木 太郎　ささき・たろう　1818～1888　幕末明治の国学者　[出]大阪
義和〈名〉
佐久間 洞嵓　さくま・どうがん　1653～1736　徳川中期の儒者また書画家　[出]仙台
義季
佐竹 昌成　さたけ・まさなり　平安後期～鎌倉時代の武将
〔北条〕義宗
赤橋 義宗　あかはし・よしむね　1253～1277　鎌倉時代の武将
〔足利〕義承
義承　ぎしょう　1406～1467　室町時代の僧
義明

ぎ（義）

蛇口 義明　へびぐち・よしあき　1839～1864　農民　㊟陸奥国盛岡花屋町
義明
村上 忠勝　むらかみ・ただかつ　?～1623　江戸時代前期の大名
義明
村上 頼勝　むらかみ・よりかつ　織豊～江戸時代前期の武将
義治
佐々木 義弼　ささき・よしすけ　～1612　安土時代の武将
義直
有馬 義貞　ありま・よしさだ　1521～1576　肥前日野江城主
義知
松平 明矩　まつだいら・あきのり　1713～1749　江戸時代中期の大名
義空
義空　ぎくう　1172～1241　京都大報恩寺開山
義英
内藤 露沾　ないとう・ろせん　1655～1733　徳川中期の俳人　㊟江戸桜田
義長〈諱〉
田川 鳳朗　たがわ・ほうろう　1762～1845　徳川末期の俳人　㊟肥後熊本
義長〈通称〉
田川 鳳朗　たがわ・ほうろう　1762～1845　徳川末期の俳人　㊟肥後熊本
義長〈号〉
二山 伯養　ふたやま・はくよう　1623～1709　徳川初期江戸の儒者　㊟石見国浜田
義長
柿原 源吾　かきはら・げんご　?～1572　戦国～織豊時代の武将
義門
義門　ぎもん　1786～1843　江戸後期の国語学者、妙玄寺（真宗）住職　㊟若狭国小浜
義門
筑紫 衛　つくし・まもる　1836～1865　幕末の武士
〔東条〕義門
義門　ぎもん　1786～1843　江戸後期の国語学者、妙玄寺（真宗）住職　㊟若狭国小浜
〔妙玄寺〕義門
義門　ぎもん　1786～1843　江戸後期の国語学者、妙玄寺（真宗）住職　㊟若狭国小浜
義俊
多田 南嶺　ただ・なんれい　1698～1750　江戸時代中期の国学者、有職故実家、浮世草子作家　㊟摂津
義信
小林 義信　こばやし・よしのぶ　～1683　徳川初期の暦学者　㊟長崎
〔源〕義信
平賀 義信　ひらが・よしのぶ　平安後期～鎌倉時代の武将
〔大内〕義信
平賀 義信　ひらが・よしのぶ　平安後期～鎌倉時代の武将
〔軍記〕義保〈通称〉
浮風　ふふう　～1762　享保時代の俳人　㊟筑前直方
義宣

佐竹 義宣　さたけ・よしのぶ　1569～1633　豊臣時代および徳川初期の武将
義巻
吉野 義巻　よしの・よしまる　1844～1903　国学者　㊟千葉県夷隅郡上野村名木細殿
義持
足利 義持　あしかが・よしもち　1386～1428　足利4代将軍、義満の長子
義政
足利 義政　あしかが・よしまさ　1435～1490　足利8代将軍
〔塩田〕義政
北条 義政　ほうじょう・よしまさ　1242～1282　鎌倉時代の武将
義春
上杉 義春　うえすぎ・よしはる　1517～1643　織豊・徳川初期の武家
〔畠山〕義春
上杉 義春　うえすぎ・よしはる　1517～1643　織豊・徳川初期の武家
義昭
足利 義昭　あしかが・よしあき　1537～1597　足利15代将軍、義輝の弟、奈良一乗院の門主
義栄
足利 義栄　あしかが・よしひで　1538～1568　足利14代将軍　㊟阿波平島館
〔松平〕義柄
徳川 治行　とくがわ・はるゆき　1760～1793　江戸時代中期の大名
義海
松兄　しょうけい　～1807　化政期の俳人、名古屋西別院内正覚寺十世の住職
義秋
足利 義昭　あしかが・よしあき　1537～1597　足利15代将軍、義輝の弟、奈良一乗院の門主
義貞
有馬 義貞　ありま・よしさだ　1521～1576　肥前日野江城主
義貞
松平 義真　まつだいら・よしざね　1714～1729　江戸時代中期の大名
義重
斯波 義重　しば・よししげ　1371～1418　室町時代の武将
〔足利〕義重
斯波 義重　しば・よししげ　1371～1418　室町時代の武将
〔源〕義兼
石川 義兼　いしかわ・よしかね　平安後期～鎌倉時代の武将
〔源〕義兼
足利 義兼　あしかが・よしかね　?～1199　平安後期～鎌倉時代の武将
義剛〈諱〉
秀島 寛三郎　ひでしま・かんざぶろう　1785～1871　徳川末期の儒者、肥前松浦郡浦川内村の里正　㊟肥前国松浦郡浦川内村
義家
源 義家　みなもとの・よしいえ　1039?～1106　平安後期の武将
義家〈名〉

号・別名辞典　古代・中世・近世　81

ぎ（義）

島津 家久　しまず・いえひさ　～1610　武将、貴久の子
〔八幡太郎〕義家
源 義家　みなもとの・よしいえ　1039?～1106　平安後期の武将
義将
斯波 義将　しば・よしまさ　1350～1410　室町時代の武将
〔足利〕義将
斯波 義将　しば・よしまさ　1350～1410　室町時代の武将
義展〈名〉
大島 有隣　おおしま・うりん　1755?～1836　江戸後期の心学者
義敏
斎藤 義敏　さいとう・ぎびん　徳川中期の算者　㊚羽州山形
義時
北条 義時　ほうじょう・よしとき　1162～1224　鎌倉幕府の執権
義根
佐竹 義根　さたけ・よしね　1688～1767　徳川中期の天文家　㊚仙台
義真〈名〉
井上 千之助　いのうえ・せんのすけ　1841～1870　幕末の志士、山口藩　㊚長門国萩
義真
義真　ぎしん　～833　第一世の天台座主にして延暦寺の戒壇院を創設した僧　㊚相模
義祚
佐竹 義祚　さたけ・よしとし　1819～1858　徳川中期の秋田の画家
義純
有馬 義純　ありま・よしずみ　1553～1571　肥前日野江城主
義翁〈号〉
斎藤 道節　さいとう・どうせつ　茶人　㊚大坂
義殷
井上 稲丸　いのうえ・いねまる　1770～1808　徳川中期の俳人　㊚奥州津軽
義軒〔庵号〕
津軽 信寿　つがる・のぶひさ　1669～1746　徳川中期の諸侯にして俳人　㊚江戸
〔佐原〕義連
三浦 義連　みうら・よしつら　平安後期～鎌倉時代の武将
義澄
足利 義澄　あしかが・よしずみ　1479～1511　足利11代将軍　㊚伊豆
〔志水〕義高
源 義高　みなもとの・よしたか　1173～1184　平安時代後期の武将
義康
里見 義康　さとみ・よしやす　1573～1603　桃山時代の武将、安房の豪族
〔源〕義康
足利 義康　あしかが・よしやす　?～1157　平安時代後期の武将
義教
足利 義教　あしかが・よしのり　1393～1441　足利6代将軍、将軍義満の第4子

義斎
薗井 東庵　そのい・とうあん　1718～1787　江戸時代中期の医師
義梵
仙厓 義梵　せんがい・ぎぼん　1750～1837　江戸後期の禅僧（臨済宗）、画家　㊚美濃国武儀郡宇多院
〔仙厓〕義梵
仙厓 義梵　せんがい・ぎぼん　1750～1837　江戸後期の禅僧（臨済宗）、画家　㊚美濃国武儀郡宇多院
〔松平〕義淳
徳川 宗勝　とくがわ・むねかつ　1705～1761　江戸時代中期の大名
〔源〕義清
足利 義清　あしかが・よしきよ　?～1183　平安時代後期の武将
〔佐藤〕義清
西行　さいぎょう　1118～1190　平安末期の歌人
義焉子〈号〉
向井 去来　むかい・きょらい　1651～1704　徳川中期の俳人　㊚長崎
義盛
伊勢 義盛　いせの・よしもり　～1186　鎌倉時代の武人、源義経四天王の一人　㊚伊勢江村
義経
源 義経　みなもとの・よしつね　1159～1189　平安後期の武将、源義朝の9男
義進〈儀之進〉〈字〉
大蟻　たいぎ　～1800　天明期の俳人
〔新田〕義隆
脇屋 義則　わきや・よしのり　1355～1403　南北朝～室町時代の武将
〔森〕義隆
源 義隆　みなもとの・よしたか　?～1160　平安時代後期の武将
義勝
伊東 義勝　いとう・よしかつ　1569～1594　大友宗麟（義鎮）に寄食、キリシタンに入り受洗
義勝
足利 義勝　あしかが・よしかつ　1434～1443　足利7代将軍、義教の長子
義勝
柏原 禎吉　かしわばら・ていきち　1838～1864　幕末の武士
〔大宝寺〕義勝
武藤 義勝　むとう・よしかつ　1573～1623　織豊時代の武将
義博
水原 三折　みずはら・さんせつ　1782～1864　江戸時代後期の医師
義尋
足利 義視　あしかが・よしみ　1439～1491　室町時代の武将
義弼
佐々木 義弼　ささき・よしすけ　～1612　安土時代の武将
義弼
六角 義治　ろっかく・よしはる　1545～1612　戦国時代の武将
〔六角〕義弼
佐々木 義弼　ささき・よしすけ　～1612　安土時代の武将

82　号・別名辞典　古代・中世・近世

義敦
佐竹 曙山　さたけ・しょざん　1748〜1785　秋田藩士、秋田派の洋画家
義智
宗 義智　そう・よしとも　1568〜1615　対馬府中藩祖
義満
足利 義満　あしかが・よしみつ　1358〜1408　足利3代将軍
義統
大心 義統　だいしん・ぎとう　1657〜1730　大徳寺の第273世住持　[出]京都
〔足利〕義覚
義覚　ぎかく　1468〜1483　室町時代の僧
義達〈名〉
路堂　ろどう　〜1853　幕末期の俳人
義道〈名〉
天野 拙斎　あまの・せっさい　1662〜1732　徳川中期の儒者　[出]伊予
義熙
足利 義尚　あしかが・よしひさ　1465〜1489　室町幕府9代将軍
義稙
足利 義稙　あしかが・よしたね　1466〜1523　足利10代将軍
義継
二本松 義継　にほんまつ・よしつぐ　〜1585　戦国時代の武将
〔畠山〕義継
二本松 義継　にほんまつ・よしつぐ　〜1585　戦国時代の武将
義詮
足利 義詮　あしかが・よしあきら　1330〜1367　足利2代の将軍で尊氏の第3子
義資〈名〉
水越 与三兵衛（1代）　みずこし・よそべえ　文政（1818〜30）ころの京焼の陶工
義路〈名〉
新井 瀛洲　あらい・えいしゅう　1755〜1803　徳川中期の儒者
義遐
足利 義澄　あしかが・よしずみ　1479〜1511　足利11代将軍　[出]伊豆
義彰
春木 義彰　はるき・よしあき　1846〜1904　幕末の志士、のち司法官　[出]大和法隆寺村
義概
内藤 風虎　ないとう・ふうこ　1619〜1685　徳川初期の諸侯にして俳人　[出]江戸桜田
義維
足利 義冬　あしかが・よしふゆ　1509〜1573　将軍義澄の次子
義適〈諱〉
合原 猪三郎　あいはら・いさぶろう　1827〜1901　幕末の神奈川奉行
義澄
足利 義澄　あしかが・よしずみ　1479〜1511　足利11代将軍　[出]伊豆
義範
源 義広　みなもとの・よしひろ　?〜1184　平安時代後期の武将
義質〈名〉
新井 滄洲　あらい・そうしゅう　1714〜1792　徳川中期の儒者、仙台藩士
義輝
足利 義輝　あしかが・よしてる　1536〜1565　足利13代将軍
義憲
佐竹 義人　さたけ・よしひと　1400〜1468　室町時代の武将
義興
大宝寺 義興　だいほうじ・よしおき　〜1587　出羽大宝寺（庄内）城主
〔武藤〕義興
大宝寺 義興　だいほうじ・よしおき　〜1587　出羽大宝寺（庄内）城主
義親
結城 義親　ゆうき・よしちか　織豊時代の武将
義親
島 浪間　しま・なみま　1843〜1865　幕末の武士
〔白河〕義親
結城 義親　ゆうき・よしちか　織豊時代の武将
義賢
伊東 義賢　いとう・よしかた　1568〜1594　大友宗麟（義鎮）に寄食、キリシタンに入り受洗
義賢
義賢　ぎけん　1399〜1468　室町時代の僧、醍醐寺座主第74代
義賢
佐々木 義賢　ささき・よしかた　〜1598　近江観音寺城主
〔六角〕義賢
佐々木 義賢　ささき・よしかた　〜1598　近江観音寺城主
義藤
足利 義輝　あしかが・よしてる　1536〜1565　足利13代将軍
義観
覚王院 義観　かくおういん・ぎかん　1823〜1869　上野東叡山寛永寺の僧　[出]武蔵国新座郡根峰村
義鎮
大友 宗麟　おおとも・そうりん　1530〜1587　戦国末期の武将　[出]豊後府内
義鑑
大友 義鑑　おおとも・よしあき　1502〜1550　豊前・豊後の守護

【儀】

儀
安井 金竜　やすい・きんりゅう　1748〜1798　江戸時代中期〜後期の儒者
儀一郎
脇 愚山　わき・ぐざん　1764〜1814　儒者　[出]豊後速見郡小浦
〔川部〕儀八郎正秀
水心子 正秀　すいしんし・まさひで　1750〜1825　江戸中期の刀匠
儀山〈別号〉
美笑軒 月指　びしょうけん・げっし　1644〜1740　徳川中期の華道師範、美笑流宗家4世、京都大徳寺の僧

儀之進
　松岡 大蟻　まつおか・たいぎ　?～1800　江戸時代中期～後期の武士、俳人
儀太夫
　安藤 継明　あんどう・つぐあき　1747～1793　江戸時代中期～後期の武士
儀太夫
　深沢 勝幸　ふかざわ・かつゆき　1612～1694　江戸時代前期の捕鯨業者
儀太夫
　深沢 勝清　ふかざわ・かつきよ　1584～1663　江戸時代前期の捕鯨業者
儀右衛門〈通称〉
　久木 政寿　ひさき・まさひさ　1752～1818　徳川末期の歌人、近江彦根藩士
儀右衛門〈通称〉
　福田 大華　ふくだ・たいか　1796～1854　画家また国学者
〔三浦〕儀右衛門〈別名〉
　三保木 儀左衛門(1代)　みほき・ぎざえもん　～1745?　歌舞伎俳優
〔山村〕儀左衛門〈後名〉
　坂東 国五郎(3代)　ばんどう・くにごろう　大阪の歌舞伎俳優
儀左衛門(1代)
　三保木 儀左衛門(1代)　みほき・ぎざえもん　～1745?　歌舞伎俳優
儀左衛門(2代)
　三保木 儀左衛門(2代)　みほき・ぎざえもん　1731～1789　歌舞伎俳優
儀平
　松本 儀平　まつもと・ぎへえ　1786～1867　銅版画家
儀任
　黒滝 儀任　くろたき・よしとう　1838～1901　幕末明治の儒者、旧弘前藩士
儀同三司母
　高階 貴子　たかしなの・たかこ　平安朝中期の女流歌人、円融天皇の内侍
儀兵衛
　松浦 儀兵衛　まつうら・ぎべえ　庄屋(穢多頭)　㊁京都天部村
〔太鼓屋〕儀兵衛〈通称〉
　松浦 儀兵衛　まつうら・ぎべえ　庄屋(穢多頭)　㊁京都天部村
儀助〈通称〉
　天野 房義　あまの・ふさよし　文政頃の綴錦の名手
儀貫斎〈号〉
　有賀 長基　ありが・ながもと　1777～1833　徳川中期の歌人　㊁大阪
儀蔵〈通称〉
　東 東洋　あずま・とうよう　1755～1839　徳川中期の画家　㊁陸前登米郡石越村

【誼】

誼道〈名〉
　新井 雨窓　あらい・うそう　1813～1875　幕末の儒者　㊁陸奥登米郡石森

【磯】

磯右衛門〈通称〉
　今井 柳荘　いまい・りゅうそう　1751～1811　徳川中期の俳人　㊁里信濃

【魏】

魏公上人〈法名〉
　藤原 長親　ふじわらの・ながちか　～1429　吉野朝の国学者、歌人
魏祖〈字〉
　鈴鹿 秀満　すずか・ひでまろ　1797～1877　幕末明治初期の歌人、祠官

【蟻】

蟻門亭〈別号〉
　槐本 之道　えもと・しどう　～1711　徳川中期の俳人
蟻洞
　矢島 蟻洞　やじま・ぎどう　1802～1882　徳川末期の俳人　㊁江州長浜
蟻洞軒
　菊地 序克　きくち・じょこく　1751～　江戸中期の彫金家
蟻道
　森本 蟻道　もりもと・ぎどう　1664～1711　徳川中期の俳人　㊁摂州伊丹

【曦】

曦子内親王
　仙華門院　せんかもんいん　1224～1262　土御門天皇の皇女

【菊】

〔東籬亭〕菊人
　池田 東籬　いけだ・とうり　1788～1857　江戸時代後期の読み本作家
〔姉川〕菊八〈初名〉
　嵐 三右衛門(7代)　あらし・さんえもん　大阪の歌舞伎俳優、明和―寛政時代の若女方の功者
〔瀬川〕菊三郎(2代)〈初名〉
　嵐 璃光(1代)　あらし・りこう　1784～1839　大阪の歌舞伎俳優、化政期の若女方の上手
菊之丞(1代)
　瀬川 菊之丞(1代)　せがわ・きくのじょう　1691～1749　江戸の歌舞伎俳優
菊之丞(2代)
　瀬川 菊之丞(2代)　せがわ・きくのじょう　1741～1773　江戸の歌舞伎俳優　㊁武州王子
菊之丞(3代)
　瀬川 菊之丞(3代)　せがわ・きくのじょう　1751～1810　江戸の歌舞伎俳優　㊁大阪
菊之丞(4代)
　瀬川 菊之丞(4代)　せがわ・きくのじょう　1782～1812　江戸の歌舞伎俳優
菊之丞(5代)
　瀬川 菊之丞(5代)　せがわ・きくのじょう　1802～1832　江戸の歌舞伎俳優

菊之助〈前名〉
　瀬川 菊之丞（4代）　せがわ・きくのじょう　1782
　～1812　江戸の歌舞伎俳優
菊五郎（1代）
　尾上 菊五郎（1代）　おのえ・きくごろう　1717～
　1783　歌舞伎俳優、宝暦期の立役の名優　㊋京都
菊五郎（2代）
　尾上 菊五郎（2代）　おのえ・きくごろう　1769～
　1787　歌舞伎俳優、天明時代の若女方
菊五郎（3代）
　尾上 松助（2代）　おのえ・まつすけ　1784～1849
　歌舞伎俳優　㊋江戸
菊五郎（4代）
　尾上 菊五郎（4代）　おのえ・きくごろう　1808～
　1860　歌舞伎俳優、弘化―安政時代の若女方の名
　優　㊋大阪
菊后亭〈号〉
　大目 秋色　おおめ・しゅうしき　～1725　徳川中
　期の俳人　㊋江戸
菊守園〈号〉
　小林 見外　こばやし・けんがい　1807～1873　明
　治初期の俳人　㊋甲州猿橋
〔尾上〕菊次郎〈変名〉
　岡見 留次郎　おかみ・とめじろう　1842～1864
　幕末の志士、水戸藩士
菊作
　彦坂 菊作　ひこさか・きくさく　1808～1879　幕
　末・明治時代の和算家　㊋三州吉田（今の豊橋）
菊兎〈初号〉
　武藤 白尼　むとう・はくに　1711～1792　徳川中
　期の俳人
菊所
　木下 道円　きのした・どうえん　1633～1717　江
　戸時代前期～中期の儒者、医師
菊明〈号〉
　小林 一茶　こばやし・いっさ　1763～1827　徳川
　中期の俳人　㊋信州水内郡柏原村
〔八重の家〕菊枝
　筑波庵（2世）　つくばあん　1824～1886　狂歌師
菊松〈前名〉
　坂東 彦三郎（1代）　ばんどう・ひこさぶろう
　1693～1751　江戸の歌舞伎俳優
菊松〈前名〉
　谷村 楯八（2代）　たにむら・たてはち　大阪の歌
　舞伎俳優
菊松（2代）〈前名〉
　坂東 彦三郎（2代）　ばんどう・ひこさぶろう
　1741～1768　江戸の歌舞伎俳優　㊋江戸
菊舎
　田上 菊舎尼　たがみ・きくしゃに　1753～1826
　徳川中期の俳人　㊋長門国長府在田耕村人名4
菊舎尼
　田上 菊舎尼　たがみ・きくしゃに　1753～1826
　徳川中期の俳人　㊋長門国長府在田耕村人名4
菊阿仏〈別号〉
　森川 許六　もりかわ・きょろく　1656～1715　徳
　川中期の俳人　㊋江州彦根
菊後亭〈号〉
　大目 秋色　おおめ・しゅうしき　～1725　徳川中
　期の俳人　㊋江戸
菊峰
　武田 菊峰　たけだ・きくほう　江戸時代中期の俳人
菊軒〈別号〉
　山東 京伝　さんとう・きょうでん　1761～1816
　戯作者　㊋江戸深川木場
菊貫
　菊貫　きくつら　～1815　化政期の俳人
菊幢丸
　足利 義輝　あしかが・よしてる　1536～1565　足
　利13代将軍
菊麿
　喜多川 月麿　きたがわ・つきまろ　江戸末期の浮
　世絵師
菊の家〈初号〉
　至清堂 波雄　しせいどう・なみお　狂歌師
菊の家〈号〉
　上田 仲敏　うえだ・なかとし　1809～1863　幕末
　の砲術家にして蘭学者、名古屋藩士

【鞠】

鞠塢
　北野 鞠塢　きたの・きくう　1762～1831　江戸時
　代後期の本草家
〔佐原〕鞠塢
　北野 鞠塢　きたの・きくう　1762～1831　江戸時
　代後期の本草家

【吉】

吉
　お吉　おきち　1841～1890　米国総領事ハリスの
　侍妾　㊋尾張国知多郡内海
吉〈名〉
　荒木 寛畝　あらき・かんぽ　1831～1915　画家
　㊋江戸
吉〈名〉
　有木 元善　ありき・げんぜん　江戸中期の医家
　㊋備前沼隈
吉九郎〈通称〉
　猿左　えんさ　～1801　俳人、談林派
〔芳沢〕吉十郎（1代）〈初名〉
　松本 米三郎（1代）　まつもと・よねさぶろう
　1774～1805　江戸の歌舞伎俳優
〔荻野〕吉三郎〈前名〉
　関 三十郎（1代）　せき・さんじゅうろう　1747～
　1808　歌舞伎俳優、関系祖
〔竹田〕吉三郎〈初名〉
　嵐 吉三郎（1代）　あらし・きちさぶろう　1737～
　1780　大阪の歌舞伎俳優、明和安永時代の立役の
　上手
〔中村〕吉三郎
　染松 七三郎（2代）　そめまつ・しちさぶろう　江
　戸時代中期の歌舞伎役者
吉三郎（1代）
　嵐 吉三郎（1代）　あらし・きちさぶろう　1737～
　1780　大阪の歌舞伎俳優、明和安永時代の立役の
　上手
吉三郎（2代）
　嵐 吉三郎（2代）　あらし・きちさぶろう　1769～
　1821　大阪の歌舞伎俳優、文化文政時代の立役の
　名優　㊋大阪

きち（吉）

吉三郎〈3代〉
　嵐 吉三郎（3代）　あらし・きちさぶろう　1810～1864　大阪の歌舞伎俳優、幕末時代の立役の名優
〔観世〕吉久
　檜垣本 吉久　ひがいもと・よしひさ　1483～1518　戦国時代の能役者小鼓方
吉子
　徳川 吉子　とくがわ・よしこ　1804～1893　有栖川宮織仁親王王女、徳川斉昭夫人　㊋京都
吉山〈名〉
　明兆　みんちょう　1352～1431　吉野朝・室町初期の画僧　㊋淡路
吉之介〈名〉
　西郷 隆盛　さいごう・たかもり　1827～1877　明治維新の首勲、政治家　㊋鹿児島
吉之助
　西郷 隆盛　さいごう・たかもり　1827～1877　明治維新の首勲、政治家　㊋鹿児島
〔大島〕吉之助
　西郷 隆盛　さいごう・たかもり　1827～1877　明治維新の首勲、政治家　㊋鹿児島
吉之進〈通称〉
　一柳 亀峰　ひとつやなぎ・きほう　1804～1855　徳川末期伊予小松藩士
吉五郎
　木鼠 長吉　きねずみ・ちょうきち　江戸時代中期の盗賊
〔市村〕吉五郎〈初名〉
　坂東 彦三郎（3代）　ばんどう・ひこさぶろう　1754～1828　江戸の歌舞伎俳優　㊋江戸
吉六
　井田 吉六　いだ・きちろく　1792～1861　古陶磁の模造家　㊋下総海上郡布間村
〔飯島〕吉六
　井田 吉六　いだ・きちろく　1792～1861　古陶磁の模造家　㊋下総海上郡布間村
吉太〈字〉
　天野 方壺　あまの・ほうこ　1824～1894　徳川末期の画家　㊋伊予
吉太夫〈通称〉
　岡田 吉太夫　おかだ・きちだゆう　1818～1872　明治初期の公史　㊋肥前長崎
吉太郎〈通称〉
　大島 完来　おおしま・かんらい　1748～1817　徳川中期の俳人　㊋伊勢津
吉太郎〈前名〉
　富士田 音蔵（3代）　ふじた・おとぞう　1838～1871　江戸長唄謡い
吉右衛門〈通称〉
　原田 東岳　はらだ・とうがく　1729～1783　徳川中期の儒者　㊋豊後
〔坪井屋〕吉右衛門〈通称〉
　木村 兼葭堂　きむら・けんかどう　1736～1802　徳川中期の博学者　㊋大阪堀江
〔万屋〕吉右衛門〈通称〉
　松 貫四　まつ・かんし　安永・天明時代の江戸の浄瑠璃作者
吉右衛門（1代）
　中村 吉右衛門（1代）　なかむら・きちえもん　1694～1770　京阪の歌舞伎俳優
吉左衛門〈通称〉

岩下 探春　いわした・たんしゅん　1716～1785　徳川中期の儒者、熊本藩士
吉左衛門〈通称〉
　高橋 仲善　たかはし・ちゅうぜん　1799～1854　徳川中末期の和算家　㊋羽州山形
吉左衛門
　菱川 吉左衛門　ひしかわ・きちざえもん　1597～1662　江戸初期の縫箔染色家
吉左衛門
　菱川 師房　ひしかわ・もろふさ　江戸中期の浮世絵師
吉左衛門
　加藤 景遠　かとう・かげとお　?～1811　江戸代中期～後期の陶工
〔岡島〕吉左衛門〈通称〉
　近江 大掾語斎　おうみの・だいじょうごさい　承応―寛文時代の江戸の浄瑠璃太夫、近江（語斎）節の流祖
〔泉屋〕吉左衛門〈別名〉
　住友 吉左衛門（4代）　すみとも・きちざえもん　1668～1719　住友財閥　㊋大阪
吉左衛門（4代）
　楽 吉左衛門（4代）　らく・きちざえもん　1640～1696　京都楽焼の家元
吉左衛門（4代）
　住友 吉左衛門（4代）　すみとも・きちざえもん　1668～1719　住友財閥　㊋大阪
吉左衛門（5代）
　楽 吉左衛門（5代）　らく・きちざえもん　1664～1716　京都楽焼の家元
吉左衛門（9代）
　楽 吉左衛門（9代）　らく・きちざえもん　1756～1834　京都楽焼の家元
吉左衛門（10代）
　楽 吉左衛門（10代）　らく・きちざえもん　1795～1854　京都楽焼の家元
吉左衛門（11代）
　楽 吉左衛門（11代）　らく・きちざえもん　1817～1902　京都楽焼の家元
〔水野〕吉平〈前名〉
　松原 惣兵衛　まつばら・そうべえ　尾張犬山焼の陶工　㊋春日井郡志段味村
吉平次
　滝川 吉平次　たきかわ・きっぺいじ　1669～1715　元禄期の江戸の歌舞伎俳優
吉田侍従
　池田 輝政　いけだ・てるまさ　1564～1613　織豊時代の武将　㊋尾張清洲
吉光
　粟田口 吉光　あわたぐち・よしみつ　鎌倉中期の山城を代表する刀鍛冶
吉安
　末吉 吉安　すえよし・よしやす　1570～1617　徳川初期の貿易家
吉成
　毛利 勝信　もうり・かつのぶ　?～1611　織豊時代の武将
吉次〈名〉
　佐久間 修理　さくま・しゅり　1581～1657　徳川初期の画家　㊋尾張
吉次

藤原 吉次　ふじわらの・よしつぐ　近世初期の京都の浄瑠璃太夫、操り師
吉次
藤原 吉次　ふじわらの・よしつぐ　中世末から近世初期に京都で活躍した浄瑠璃太夫
吉次
小泉 次大夫　こいずみ・じだゆう　1539～1624　織豊～江戸時代前期の武士、治水家
〔狭掾藤原〕吉次
藤原 吉次　ふじわらの・よしつぐ　近世初期の京都の浄瑠璃太夫、操り師
〔若狭守〕吉次
藤原 吉次　ふじわらの・よしつぐ　近世初期の京都の浄瑠璃太夫、操り師
〔藤田〕吉次〈前名〉
富士田 吉次（1代）　ふじた・きちじ　～1771　江戸長唄謡い
〔浜村〕吉次〈初名〉
瀬川 菊之丞（1代）　せがわ・きくのじょう　1691～1749　江戸の歌舞伎俳優
吉次（1代）〈前名〉
瀬川 菊之丞（1代）　せがわ・きくのじょう　1691～1749　江戸の歌舞伎俳優
吉次（1代）
富士田 吉次（1代）　ふじた・きちじ　～1771　江戸長唄謡い
吉次（2代）〈前名〉
瀬川 菊之丞（2代）　せがわ・きくのじょう　1741～1773　江戸の歌舞伎俳優　[出]武州王子
吉次（2代）
富士田 吉次（2代）　ふじた・きちじ　1845～1919　江戸長唄謡い　[出]甲府
吉次（3代）
瀬川 吉次（3代）　せがわ・きつじ　江戸の歌舞伎俳優　[出]江戸
吉次郎〈通称〉
高橋 正賀　たかはし・まさよし　徳川中期の刀匠　[出]奥州津軽
吉次郎
盛資　せいし　戦国～織豊時代の画家
吉次郎
石川 清賞　いしかわ・せいしょう　1800～1867　江戸時代後期の儒者
〔藤田〕吉次郎〈前名〉
富士田 吉次（1代）　ふじた・きちじ　～1771　江戸長唄謡い
吉兵衛〈通称〉
三島 景雄　みしま・かげお　1727～1812　徳川中期の国学者　[出]江戸
吉兵衛〈通称〉
西郷 隆盛　さいごう・たかもり　1827～1877　明治維新の首勲、政治家　[出]鹿児島
吉兵衛〈俗称〉
菱川 師宣　ひしかわ・もろのぶ　1618～1694　江戸中期の浮世絵師　[出]千葉県安房の保田村
吉兵衛
菱川 師房　ひしかわ・もろふさ　江戸中期の浮世絵師
吉兵衛
鈴木 李東　すずき・りとう　1781～1838　徳川中期の俳人　[出]伊勢四日市
吉兵衛
西 玄甫　にし・げんぽ　?～1684　江戸時代前期の蘭方医、オランダ通詞
吉兵衛
石井 磯岳　いしい・きがく　1784～1846　江戸時代後期の商人、社会事業家
〔丸屋〕吉兵衛〈通称〉
百丸　ひゃくまる　～1727　俳人、伊丹派　[出]伊丹
〔山坂〕吉兵衛
山吉　やまきち　室町～桃山時代の鐔工
〔上松〕吉兵衛〈本名〉
富士田 吉次（2代）　ふじた・きちじ　1845～1919　江戸長唄謡い　[出]甲府
〔藤本〕吉兵衛
瀬川 如皐（3代）　せがわ・じょこう　1806～1881　江戸の歌舞伎狂言作者
〔奈良屋〕吉兵衛〈通称〉
綾岡 輝松　あやおか・てるまつ　1817～1887　幕末—明治中期の商人、書家、画家　[出]江戸
〔二朱判〕吉兵衛
中村 吉兵衛　なかむら・きちべえ　1684～1765　江戸時代中期の歌舞伎役者
〔俵屋〕吉兵衛〈通称〉
宗旦　そうたん　～1693　俳人、伊丹派
〔銹屋〕吉兵衛
岩倉山 吉兵衛　いわくらやま・きちべえ　江戸時代中期の陶工
吉兵衛（1代）
野沢 吉兵衛（1代）　のざわ・きちべえ　義太夫節三紘　[出]京都
吉甫〈字〉
安達 清河　あだち・せいか　1726～1792　徳川中期の儒者　[出]下野烏山
吉房
三好 吉房　みよし・よしふさ　秀次・秀勝・秀保三人の実父
吉房〈名〉
田村 仁平　たむら・にへい　1815～1899　下野国（栃木県）河内郡下蒲生村の篤農家
吉松〈初名〉
瀬川 吉次（3代）　せがわ・きつじ　江戸の歌舞伎俳優　[出]江戸
〔若狭目藤原〕吉若次〈別名〉
藤原 吉次　ふじわらの・よしつぐ　近世初期の京都の浄瑠璃太夫、操り師
吉信
狩野 昌庵　かのう・しょうあん　1552～1640　狩野派の画家　[出]京都
吉政
毛利 勝永　もうり・かつなが　?～1615　織豊～江戸時代前期の武将
吉春〈名〉
白雄　しらお　1738～1791　天明期の俳人　[出]江戸深川
吉胤
石出 掃部亮　いしで・かもんのすけ　1532～1618　戦国～江戸時代前期の地域開発者
〔三円瀬〕吉郎
樺山 資之　かばやま・すけゆき　薩摩藩士　[出]鹿児島城下
吉郎次

きつ（佶, 姞, 橘）

安田 吉右衛門　やすだ・きちえもん　江戸時代前期～中期の歌舞伎役者
吉郎兵衛
　戎屋 吉郎兵衛　えびすや・きちろべえ　慶安―明暦時代の京都の女方の名優
〔夷屋〕吉郎兵衛
　戎屋 吉郎兵衛　えびすや・きちろべえ　慶安―明暦時代の京都の女方の名優
吉重〈名〉
　佐久間 玄徳　さくま・げんとく　1607～1669　徳川初期の画家
吉重〈名〉
　怒風　どふう　～1743　俳人、芭蕉一門
吉家〈名〉
　大森 喜右衛門　おおもり・きえもん　～1631　徳川初期の殉教者
吉真
　田中 正利　たなか・まさとし　17世紀の後半に活躍した数学者
吉造（4代）
　内海 吉造（4代）　うつみ・きちぞう　1831～1885　加賀金沢の陶画工
吉通〈初名〉
　久我 敦通　こが・あつみち　廷臣
吉康〈名〉
　末吉 吉安　すえよし・よしやす　1570～1617　徳川初期の貿易家
吉梵〈別号〉
　淡島 椿岳　あわしま・ちんがく　1823～1889　幕末明治の画家　㊗武蔵川越在小ケ谷村
吉章〈名〉
　高井 立志（2世）　たかい・りつし　1658～1705　徳川中期の俳人
吉野院
　後醍醐天皇　ごだいごてんのう　1288～1339　第96代天皇
〔岩城〕吉隆
　佐竹 義隆　さたけ・よしたか　1609～1672　江戸時代前期の大名
吉備内親王
　吉備内親王　きびないしんのう　～729　奈良時代長屋王の妻
吉備皇女
　吉備内親王　きびないしんのう　～729　奈良時代長屋王の妻
吉備麻呂
　鴨 吉備麻呂　かもの・きびまろ　上代の遣唐史、国守
吉備雄〈号〉
　平賀 元義　ひらが・もとよし　1800～1865　歌人、国学者　㊗備前国下道郡穂下郷陶村内奈良
〔出目〕吉満
　大野 出目　おおの・でめ　面打師、大光坊幸賢の弟子　㊗越前国大野
〔是閑〕吉満
　大野 出目　おおの・でめ　面打師、大光坊幸賢の弟子　㊗越前国大野
吉葛園〈号〉
　竹川 政胖　たけかわ・まさひろ　1809～1882　幕末の経世家　㊗伊勢飯南郡射和村
吉道〈名〉

阿部 宗兵衛　あべ・そうべえ　1831～1866　幕末の山口藩士　㊗周防国山口
吉道
　案山 吉道　あんざん・きつどう　1608～1677　江戸時代前期の僧
〔前波〕吉継
　桂田 長俊　かつらだ・ながとし　～1574　織豊時代の武将、越前守護代　㊗越前
吉徳
　磯村 吉徳　いそむら・よしのり　～1710　江戸前・中期の和算家
〔磯村〕吉徳
　磯村 吉徳　いそむら・よしのり　～1710　江戸前・中期の和算家
吉徳門院
　吉徳門院　きっとくもんいん　～1522　後奈良天皇の後宮
〔桟原〕吉蔵
　吉田 又市　よしだ・またいち　?～1836　江戸時代後期の陶工
〔田中〕芝楽〈初名〉
　玉村 芝楽　たまむら・しらく　天保―安政時代の大阪に於ける歌舞伎囃子方の長唄、ぶんごの名手
吉親〈字〉
　下里 知足　しもさと・ちそく　1640～1704　徳川中期の俳人　㊗尾張鳴海

【佶】

佶〈名〉
　福田 半香　ふくだ・はんこう　1804～1864　幕末の南画家　㊗遠州見附
〔藤原〕佶子
　京極院　きょうごくいん　1245～1272　亀山天皇の皇后
佶摩
　北添 佶摩　きたぞえ・きつま　1835～1864　幕末期の志士
佶磨
　北添 佶摩　きたぞえ・きつま　1835～1864　幕末期の志士

【姞】

〔藤原〕姞子
　大宮院　おおみやいん　1225～1292　後嵯峨天皇の皇后

【橘】

橘十郎（2代）
　坂東 三八（5代）　ばんどう・さんぱち　江戸の歌舞伎俳優
橘三郎〈晩名〉
　嵐 吉三郎（2代）　あらし・きちさぶろう　1769～1821　大阪の歌舞伎俳優、文化文政時代の立役の名優　㊗大阪
橘三郎（2代）〈前名〉
　嵐 璃寛（2代）　あらし・りかん　1788～1837　大阪の歌舞伎俳優、文政・天保時代の立役の名優　㊗大阪新靱町

橘三郎（2代）
嵐 璃寛（2代）　あらし・りかん　1788〜1837　江戸時代後期の歌舞伎役者
橘三郎（3代）〈別名〉
嵐 吉三郎（3代）　あらし・きちさぶろう　1810〜1864　大阪の歌舞伎俳優、幕末時代の立役の名優
橘中居〈号〉
清水 一瓢　しみず・いっぴょう　1770〜1840　徳川中期の俳人
橘之助〈前名〉
吾妻 藤蔵（5代）　あずま・とうぞう　1821〜1862　江戸の歌舞伎俳優、幕末時代の若女方の達者
橘之助〈前名〉
坂東 三八（5代）　ばんどう・さんぱち　江戸の歌舞伎俳優
橘五郎〈前名〉
嵐 冠十郎（2代）　あらし・かんじゅうろう　1805〜1861　歌舞伎俳優、幕末時代の敵役の達者
橘夫人〈別称〉
広岡 古那可智　ひろおかの・こなかち　〜759　聖武天皇の夫人
橘仙堂〈号〉
荷汀　かてい　〜1864　幕末期の俳人
橘生堂〈別号〉
手塚 兎月　てずか・とげつ　徳川中期享和文化頃の戯作者　[出]京都
〔坂東〕橘作〈初名〉
吾妻 藤蔵（2代）　あずま・とうぞう　1724〜1776　江戸の歌舞伎俳優、宝暦期の若女方の上手、舞踊吾妻流の祖　[出]江戸
橘門〈号〉
秋月 竜　あきずき・りょう　1809〜1880　徳川末期より明治初期にわたる儒者
橘姫
草香幡梭皇女　くさかはたひのひめみこ　5世紀後半の皇后、仁徳天皇の皇女
橘軒〈号〉
辻原 元甫　つじはら・げんぽ　江戸初期の儒者、仮名草子作者
橘堂〈号〉
北条 団水　ほうじょう・だんすい　1613〜1711　徳川中期の俳人にして浮世草紙の作者　[出]大阪
橘庵〈別号〉
芦辺 田鶴丸　あしべ・たずまる　1759〜1835　江戸末期の狂歌師　[出]名古屋
橘庵
田宮 仲宣　たみや・ちゅうせん　1753?〜1815　江戸時代中期〜後期の戯作者
橘斎〈別号〉
井上 因碩（11世）　いのうえ・いんせき　1798〜1853　囲碁の家元
橘斎〈号〉
三宅 嘯山　みやけ・しょうざん　1718〜1801　儒医にして俳人　[出]京都
橘園
三宅 橘園　みやけ・きつえん　1767〜1819　徳川中期の儒者　[出]加賀
橘豊日尊
用明天皇　ようめいてんのう　?〜587　第31代天皇
橘蝶〈前名〉
嵐 璃寛（3代）　あらし・りかん　1812〜1863　大阪の歌舞伎俳優、弘化—文久時代の立役の名優　[出]京都二条新地
橘館〈号〉
平住 専庵　ひらずみ・せんあん　徳川中期大阪の儒者

【久】

久七〈通称〉
小林 反古　こばやし・はんこ　1742〜1817　徳川中期の俳人　[出]信州長野新町
〔玉巻〕久二
福森 久助（1代）　ふくもり・きゅうすけ　1767〜1818　江戸の歌舞伎狂言作者　[出]江戸本所
久三郎〈名〉
福田 松琴　ふくだ・しょうきん　1841〜1901　幕末明治の画家　[出]江戸浪花町
〔池田屋〕久三郎〈本名〉
浅野 北水　あさの・ほくすい　江戸時代の戯作者
久也
間宮 五郎兵衛　まみや・ごろべえ　?〜1678　江戸時代前期の剣術家
久子内親王
永陽門院　えいようもんいん　1272〜1346　後深草天皇の第4皇女
〔山路〕久之丞
長尾 種常　ながお・たねつね　高岡城主
〔桜田〕久之助
下岡 蓮杖　しもおか・れんじょう　1823〜1914　幕末明治の写真技術家にして画家　[出]伊豆下田町中原町
〔不二屋〕久之助
下岡 蓮杖　しもおか・れんじょう　1823〜1914　幕末明治の写真技術家にして画家　[出]伊豆下田町中原町
久太郎〈通称〉
頼 山陽　らい・さんよう　1772〜1832　鴻儒　[出]大阪
久右衛門〈通称〉
丸山 株修　まるやま・もとのぶ　1793〜1866　書家、歌人　[出]備中小田郡笠岡町
久右衛門〈通称〉
丸山 株徳　まるやま・もとのり　1834〜1909　歌人　[出]備中小田郡笠岡町
久右衛門〈通称〉
佐々木 宇考　ささき・うこう　1739〜1820　徳川中期の俳人
久右衛門
三文字屋 九右衛門　さんもんじや・くえもん　京都粟田焼の祖
久右衛門〈通称〉
倉田 葛三　くらた・かっさん　1762〜1818　徳川中期の俳人　[出]信州松代
久右衛門
八島 増行　やじま・ますゆき　織豊時代の武士、茶人
〔伏見屋〕久右衛門〈通称〉
槐本 之道　えもと・しどう　〜1711　徳川中期の俳人
久右衛門（4代）

きゅう（久）

広岡 久右衛門（4代）　ひろおか・きゅうえもん
　江戸中期の大坂玉水町の豪商
〔近江屋〕久四郎
　浅田 久四郎　あさだ・きゅうしろう　江戸時代前
　期〜中期の歌舞伎役者・作者
久左衛門
　小川 文斎（1代）　おがわ・ぶんさい　1809〜1885
　京都の陶工
〔豊永〕久左衛門
　左 行秀　さの・ゆきひで　1813〜1887　幕末明治
　時代の刀工　㊙筑前国上坐郡星丸村
久左衛門利定
　成田 蒼虬　なりた・そうきゅう　1761〜1842　徳
　川中期の俳人　㊙金沢
久光山
　久兵衛（1代）　きゅうべえ　？〜1769　江戸時代中
　期の陶工
久吉
　又平 久吉　またべい・ひさきち　江戸中期の町絵師
久好
　松屋 久好　まつや・ひさよし　〜1633　茶人
〔荒木田〕久守〈本名〉
　度会 久守　わたらい・ひさもり　1779〜1853　江
　戸末期の神職にして国学者、皇大神宮権祢宜、久
　老の子　㊙宇治上中之郷
久成
　町田 久成　まちだ・ひさなり　1838〜1897　博物
　館創設者、薩摩藩士
〔玉巻〕久次〈前名〉
　福森 久助（1代）　ふくもり・きゅうすけ　1767〜
　1818　江戸の歌舞伎狂言作者　㊙江戸本所
久九郎〈幼名〉
　岩井 半四郎（6代）　いわい・はんしろう　1799〜
　1836　文政・天保時代の歌舞伎俳優、若女方の名
　優　㊙江戸
久九郎〈初名〉
　岩井 半四郎（8代）　いわい・はんしろう　1829〜
　1882　幕末・明治時代の歌舞伎俳優、若女方の名
　優　㊙江戸住吉町
〔篠田〕久次郎〈通称〉
　笠亭 仙果（2代）　りってい・せんか　1837〜1884
　戯作者、狂歌師
久米之助〈幼名〉
　泉屋 桃妖　いずみや・とうよう　〜1751　徳川中
　期の俳人　㊙加賀山中温泉場
久米之助〈初名〉
　足立 信行　あだち・しんこう　江戸末期の暦術家
久米六右衛門〈通称〉
　燕栗園 千寿　ささぐりえん・ちおぎ　1804〜1858
　徳川末期の狂歌師、戯作者　㊙武蔵児玉郡八幡山
久米蔵〈俗称〉
　歌川 国虎　うたがわ・くにとら　徳川末期の浮世
　絵師
久老
　荒木田 久老　あらきだ・ひさおい　1746〜1804
　国学者
久兵衛
　久兵衛　きゅうべえ　両替屋
久兵衛
　唐物 久兵衛　からもの・きゅうべえ　江戸中期の
　鋳工・仏具師　㊙和泉国堺

久兵衛〈初名〉
　有村 碗右衛門　ありむら・わんえもん　薩摩堅野
　窯の陶工
〔茶碗屋〕久兵衛
　壺屋 九郎兵衛　つぼや・くろべえ　京都の陶器商
〔唐物屋〕久兵衛
　唐物 久兵衛　からもの・きゅうべえ　江戸中期の
　鋳工・仏具師　㊙和泉国堺
〔両替屋〕久兵衛
　久兵衛　きゅうべえ　両替屋
久助〈通称〉
　卓郎　たくろう　幕末期の俳人　㊙伊豆三島
久助〈通称〉
　北村 季吟　きたむら・きぎん　1624〜1705　徳川
　中期の俳人、古典学者　㊙近江栗太郡北村
久助（1代）
　福森 久助（1代）　ふくもり・きゅうすけ　1767〜
　1818　江戸の歌舞伎狂言作者　㊙江戸本所
久助（2代）
　福森 久助（2代）　ふくもり・きゅうすけ　江戸の
　歌舞伎狂言作者
久寿〈号〉
　増田 宗介　ますだ・むねすけ　平安末文治年中の
　金工
久秀〈名〉
　今井 宗久　いまい・そうきゅう　1520〜1592　和
　泉堺の商人、茶人　㊙大和国今井荘
久秀
　松永 久秀　まつなが・ひさひで　〜1577　三好長
　慶の家宰　㊙京都西岡
久免方
　久免方　くめのかた　〜1777　徳川氏の外戚
久国
　藤原 久国　ふじわら・ひさくに　室町時代中期の
　大和絵の画家
久弥〈通称〉
　鈴木 房政　すずき・ふさまさ　1832〜1908　歌人
　㊙武蔵橘樹郡長尾村向丘
久武
　天草 久武　あまくさ・ひさたけ　〜1582　肥後天
　草郡本渡城主、領内に布教させ彼も受洗
久治
　吉川 忠行　きっかわ・ただゆき　1799〜1864　江
　戸時代後期の武士
久信〈号〉
　百斎 久信　ひゃくさい・ひさのぶ　江戸末期の浮
　世絵師
久恒
　尼子 長三郎　あまこ・ちょうざぶろう　1818〜
　1863　江戸時代後期の武士
久政
　松屋 久政　まつや・ひさまさ　〜1598　奈良の茶人
久胤
　原 久胤　はら・ひさたね　1792〜1844　歌人　㊙
　相模大槻
久重
　松屋 久重　まつや・ひさしげ　1566〜1652　茶人
久家〈号〉
　石橋 鋥之助　いしばし・じょうのすけ　蒔絵師
　㊙神田九軒町
久時

北条 久時　ほうじょう・ひさとき　1272〜1307　鎌倉将軍久明親王の時の六波羅探題（北方）

〔赤橋〕久時
北条 久時　ほうじょう・ひさとき　1272〜1307　鎌倉将軍久明親王の時の六波羅探題（北方）

久留米侍従
毛利 秀包　もうり・ひでかね　1566〜1601　戦国時代の筑後久留米城主

久馬助〈幼名〉
服部 嵐雪　はっとり・らんせつ　1654〜1707　徳川中期の俳人、蕉門十哲の1人　[出]江戸湯島

久域〈名〉
建部 涼袋　たけべ・りょうたい　1719〜1774　徳川中期の俳人にして画家　[出]弘前

久清
赤穴 久清　あかな・ひさきよ　尼子氏家臣、光清の三男

久翌
土佐 光吉　とさ・みつよし　1539〜1613　戦国〜江戸時代前期の画家

久敬〈字〉
士由　しゆう　〜1850　化政期の俳人　[出]羽前狼河原

久敬
浅香 久敬　あさか・ひさたか　1657〜1727　江戸前期の国学者　[出]加賀

久敬
大石 久敬　おおいし・きゅうけい　1721〜1794　徳川中期の経済学者

久須姫命
五百野皇女　いおののこうじょ　景行天皇皇女

久雍
加倉井 砂山　かくらい・さざん　1805〜1855　江戸時代後期の儒者

久嘉親王
堯恭法親王　ぎょうきょうほうしんのう　1717〜1764　霊元天皇第19皇子

久徴
島津 天錫　しまづ・てんしゃく　1752〜1809　江戸時代中期〜後期の武士、漢詩人

久臧〈号〉
豊島 由誓　とよしま・ゆせい　1789〜1859　徳川中期の俳人　[出]江戸

久蔵〈初名〉
狩野 重郷　かのう・しげさと　1570〜1616　狩野派の画家、のちの根岸御行松狩野家の祖

久蔵〈通称〉
豊島 由誓　とよしま・ゆせい　1789〜1859　徳川中期の俳人　[出]江戸

【及】

及庵
武下 及庵　たけした・きゅうあん　江戸時代前期の画家

【弓】

弓月君
弓月君　ゆずきのきみ　秦氏の祖先とされる渡来人

弓の屋（1代）
弓の屋（1代）　ゆみのや　1827〜1897　狂歌師

【丘】

〔玉巻〕丘次〈前名〉
福森 久助（1代）　ふくもり・きゅうすけ　1767〜1818　江戸の歌舞伎狂言作者　[出]江戸本所

〔昌橋〕丘次〈初名〉
福森 久助（1代）　ふくもり・きゅうすけ　1767〜1818　江戸の歌舞伎狂言作者　[出]江戸本所

丘隅
田中 丘隅　たなか・きゅうぐ　1662〜1729　江戸中期の農政家　[出]武蔵国八王子平沢村

【旧】

旧州〈号〉
大江丸　おおえまる　1722〜1805　化政期の俳人　[出]大阪

旧国〈号〉
大江丸　おおえまる　1722〜1805　化政期の俳人　[出]大阪

旧室
笠家 旧室　かさや・きゅうしつ　1693〜1764　徳川中期の俳人

旧室〈別号〉
芳室　ほうしつ　〜1747　享保時代の俳人　[出]和泉の堺

〔活井〕旧室
笠家 旧室　かさや・きゅうしつ　1693〜1764　徳川中期の俳人

旧旅
大谷 旧旅　おおたに・きゅうりょ　1649〜1700　東本願寺法主にして俳人

旧徳〈名〉
椎本 才麿　しいのもと・さいまろ　1656〜1738　徳川中期の俳人　[出]大和宇陀郡

【休】

休々山人〈号〉
浪化　ろうか　1671〜1703　俳人、芭蕉一門、越中井波瑞泉寺住職　[出]京都

休山
狩野 休山　かのう・きゅうざん　1655〜1724　徳川幕府の表絵師

休太郎〈通称〉
北村 湖春　きたむら・こしゅん　1645〜1697　徳川中期の国学者、俳人

休心法師
村田 珠光　むらた・じゅこう　〜1502　室町後期の茶人

休右衛門〈別称〉
肥田 景正　ひだ・かげまさ　1817〜1889　幕末の志士　[出]日向国都城

休安
蔭山 休安　かげやま・きゅうあん　江戸時代前期の俳人

休西〈号〉

上田 秋成　うえだ・あきなり　1734～1809　江戸中期の国学者、歌人、俳人、浮世草子及び読本作者、茶人　[出]摂津曽根崎
休伯（1代）
狩野 長信　かのう・ながのぶ　1577～1654　織豊～江戸時代前期の画家
休甫〈別号〉
内藤 采女　ないとう・うねめ　江戸時代初期のキリシタン、如安の子
休泊
大谷 新左衛門　おおたに・しんざえもん　戦国時代の殖産興業家　[出]上野平井
休柳
池上 休柳　いけがみ・きゅうりゅう　徳川中期の画家　[出]信濃高遠
休翁〈号〉
烏黒　うこく　1838～1906　俳人
休翁〈号〉
千 宗守（5世）　せんの・そうしゅ　1763～1838　茶道家
休翁〈号〉
美馬 君田　みま・くんでん　1812～1874　幕末の志士
休雪
三輪 休雪　みわ・きゅうせつ　1615～1705　萩焼の陶工　[出]大和国三輪荘
休復
宇喜多 秀家　うきた・ひでいえ　1572～1655　安土・桃山時代の武将　[出]備前国岡山
休意
古満 休意（古満家の祖）　こま・きゅうい　～1663　蒔絵師
休意
増田 雅宅　ますだ・まさいえ　1678～1768　江戸時代中期の歴史家
休徳〈号〉
岩田 盛弘　いわた・もりひろ　～1650　加賀藩士、浅井畷四本槍の一人
休徳
上林 久茂　かんばやし・ひさもち　1542～1606　織豊～江戸時代前期の武将、茶師

【吸】

吸松斎宗全〈法号〉
笠原 宗全　かさはら・そうぜん　戦国時代の堺の侘び茶人

【朽】

朽檽軒〈号〉
瀬川 昌坢　せがわ・しょうばん　～1708　徳川中期の連歌師

【汲】

汲斎〈号〉
中村 宗哲（3代）　なかむら・そうてつ　1699～1776　徳川中期の塗師、千家十職の一

【岌】

岌淵〈号〉
武田 象庵　たけだ・しょうあん　1596～1659　徳川初期の儒医

【求】

求法〈号〉
義空　ぎくう　1172～1241　京都大報恩寺開山

【糺】

糺
渡辺 内蔵助　わたなべ・くらのすけ　?～1615　織豊～江戸時代前期の槍術家

【急】

急西
急西　きゅうさい　～1647　浄土宗の僧　[出]山城醍醐
急賀斎
奥平 急賀斎　おくだいら・きゅうがさい　～1602　剣客、奥平信昌の族臣

【笈】

笈月山人〈号〉
春秋庵 幹雄　しゅんじゅうあん・みきお　1829～1910　俳人　[出]磐城（現・福島県）石川郡形見村

【宮】

宮山子〈号〉
三上 千那　みかみ・せんな　1651～1723　徳川中期の俳人、近江堅田本福寺第14世住職　[出]近江堅田
宮川舎〈号〉
斎藤 彦麿　さいとう・ひこまろ　1768～1854　徳川中期の国学者　[出]三河国矢作
宮内〈通称〉
跡部 良顕　あとべ・よしあき　1659～1729　徳川中期垂加派の神道家　[出]江戸
宮内〈別称〉
天野 信景　あまの・さだかげ　1661～1723　徳川初期の国学者、尾張藩士
〔寺田〕宮内〈通称〉
自然軒 鈍全　しぜんけん・どんぜん　狂歌師
宮内卿
後鳥羽院宮内卿　ごとばいんのくないきょう　鎌倉時代の歌人
宮内卿法印
山岡 景友　やまおか・かげとも　1540～1603　秀吉お咄の衆
〔吾妻路〕宮古太夫〈前名〉
都太夫 一中（5代）　みやこだゆう・いっちゅう　～1822　一中節浄瑠璃の宗家
〔吾妻路〕宮古太夫（1代）〈後名〉
都 金太夫三中　みやこ・かねだゆうさんちゅう　正徳―寛延時代の一中節浄瑠璃の太夫
宮商洞〈別号〉
炭 太祇　たん・たいぎ　1709～1771　徳川中期の俳人　[出]江戸

【球】

球卿
　工藤 平助　くどう・へいすけ　1732～1800　徳川中期の儒医、経世家　㊗紀州

【厩】

厩戸皇子〈別称〉
　聖徳太子　しょうとくたいし　～622　用明天皇第2の皇子
厩豊聡耳皇子〈別称〉
　聖徳太子　しょうとくたいし　～622　用明天皇第2の皇子

【鳩】

鳩〈号〉
　覚洲　かくしゅう　～1756　唯識学者　㊗和泉
鳩邛斎〈号〉
　柏原 瓦全　かしわばら・がぜん　1744～1825　徳川中期の俳人　㊗京都
〔平岡〕鳩平〈別称〉
　北畠 治房　きたばたけ・はるふさ　1833～1921　幕末の志士、男爵　㊗大和国
鳩杖翁〈号〉
　在原 古玩　ありわら・こがん　1829～1922　幕末—大正時代の画家　㊗江戸
鳩渓〈号〉
　平賀 源内　ひらが・げんない　1726～1779　本草学者、戯作者　㊗讃岐志度浦

【牛】

牛口山人〈別号〉
　堀 麦水　ほり・ばくすい　1718～1783　徳川中期の俳人　㊗加賀金沢
牛子〈別号〉
　安芸 荷青　あき・かせい　徳川中期の俳人　㊗阿波板野郡川端村
牛山
　香月 啓益　かげつ・けいえき　1656～1740　江戸中期の医者　㊗筑前
牛山〈別号〉
　坂本 朱拙　さかもと・しゅせつ　徳川中期の俳人　㊗豊後日田
牛太夫
　牛太夫　うしだゆう　室町時代の中期の能楽の笛方
牛舟翁〈別号〉
　喜田 華堂　きだ・かどう　1812～1879　幕末明治の画家　㊗美濃今須
牛呑
　徳山斎 牛呑　とくざんさい・ぎゅうどん　1723～1792　江戸時代中期の俳人
牛若〈幼名〉
　源 義経　みなもとの・よしつね　1159～1189　平安後期の武将、源義朝の9男
牛若丸
　源 義経　みなもとの・よしつね　1159～1189　平安後期の武将、源義朝の9男
牛阿〈法名〉
　牛太夫　うしだゆう　室町時代の中期の能楽の笛方
牛南〈号〉
　雨森 宗真　あめのもり・そうしん　1756～1815　徳川中期の医家、漢詩人　㊗越前大野
牛島庵〈号〉
　佐藤 晩得　さとう・ばんとく　～1792　俳人、佐竹侯の臣　㊗秋田角館
牛渚老漁〈号〉
　佐藤 晩得　さとう・ばんとく　～1792　俳人、佐竹侯の臣　㊗秋田角館
牛隠軒〈別号〉
　里村 昌休　さとむら・しょうきゅう　1511～1552　室町時代の連歌師
牛露軒〈号〉
　椋梨 一雪　むくなし・いっせつ　徳川初期の俳人　㊗京都

【去】

去来
　向井 去来　むかい・きょらい　1651～1704　徳川中期の俳人　㊗長崎
去音
　高屋 去音　たかや・きょおん　1687～1749　江戸時代中期の俳人

【巨】

巨川
　大久保 巨川　おおくぼ・きょせん　1722～1777　江戸時代中期の俳人
巨石
　巨石　きょせき　～1805　幕末期の俳人　㊗福島県小田付（現、喜多方）
巨州
　巨州　きょしゅう　～1780　享保時代の俳人　㊗和泉の岸和田
巨禎〈名〉
　白石 平八郎　しらいし・へいはちろう　1812～1861　幕末の志士、水戸藩郷士　㊗常陸久慈郡大中
巨関
　今村 弥次兵衛（1代）　いまむら・やじべえ　陶工　㊗朝鮮熊川
巨霊堂〈号〉
　坂倉 東鶯　さかくら・とうしゅう　徳川中期の俳人　㊗名古屋
巨瓢子〈別号〉
　塩田 随斎　しおだ・ずいさい　1798～1845　徳川中末期の詩人

【居】

居貞斎〈号〉
　有賀 長収　ありが・ちょうしゅう　1750～1818　徳川中期の歌人　㊗大阪
居射室〈号〉
　大国 隆正　おおくに・たかまさ　1792～1871　幕末明治初期の国学者　㊗江戸桜田

【挙】

挙公〈字〉

荒木 寛快　あらき・かんかい　1785～1860　徳川中・末期の画家　[出]江戸
挙白
草壁 挙白　くさかべ・きょはく　徳川中期の俳人　[出]江戸
挙白〈号〉
木下 長嘯子　きのした・ちょうしょうし　1569～1649　小浜城主、「挙白集」の著者
挙誠
仁賀保 挙誠　にかぼ・たかのぶ　1560～1625　由利十二党の筆頭　[出]出羽由利郡
〔二賀保〕挙誠
仁賀保 挙誠　にかぼ・たかのぶ　1560～1625　由利十二党の筆頭　[出]出羽由利郡

【据】

据風呂〈異名〉
宮崎 義平太　みやざき・ぎへいた　元禄―享保時代の京都の歌舞伎俳優

【虚】

虚心子〈号〉
木畑 定直　こばた・さだなお　～1712　徳川中期の俳人　[出]備前岡山
虚白〈別称〉
南化 玄興　なんげ・げんこう　1538～1604　室町時代末・江戸時代初期の臨済宗の僧侶
虚舟〈号〉
今北 洪川　いまきた・こうせん　1816～1892　徳川末期より明治時代に亘る禅僧　[出]摂津西成郡福島村
虚舟
末永 虚舟　すえなが・きょしゅう　1635～1729　徳川中期の地理学者　[出]久留米
虚舟
黒瀬 虚舟　くろせ・きょしゅう　1690～1769　江戸時代中期の俳人
虚津比売命
豊姫　とよひめ　神功皇后の御妹
虚庵〈別号〉
天竜 道人　てんりゅう・どうじん　1718～1810　江戸中・後期の文人
〔渋川〕虚庵
天竜 道人　てんりゅう・どうじん　1718～1810　江戸中・後期の文人
虚無斎〈号〉
立羽 不角　たてば・ふかく　1662～1753　徳川中期の俳人　[出]江戸
虚瓢〈別号〉
青人　あおんど　～1740　俳人、伊丹派　[出]伊丹
虚甕〈号〉
高平 真藤　たかひら・まふじ　1831～1895　幕末・明治時代の国学者

【許】

許六
森川 許六　もりかわ・きょろく　1656～1715　徳川中期の俳人　[出]江州彦根

【魚】

魚丸
佐藤 魚丸　さとう・うおまる　戯作者、狂歌師
魚江
田中 魚江　たなか・ぎょこう　?～1750　江戸時代中期の俳人
魚声閣李山〈号〉
阿部 惟親　あべ・これちか　1734～1808　徳川中期の史家、藩医　[出]鳥取
魚渕
佐藤 魚渕　さとう・なぶち　1755～1834　徳川中期の医家にして俳人　[出]信州長沼の穂保
魚麻呂〈別号〉
佐藤 魚丸　さとう・うおまる　戯作者、狂歌師
魚路
笠井 魚路　かさい・ぎょろ　江戸時代中期の俳人
魚養
朝野 魚養　あさのの・うおかい　奈良時代桓武朝の官僚
〔忍海原連〕魚養
朝野 魚養　あさのの・うおかい　奈良時代桓武朝の官僚

【漁】

〔小泉〕漁夫〈別号〉
朝川 同斎　あさかわ・どうさい　1814～1857　江戸末期の儒者
漁叟〈号〉
宇都宮 正顕　うつのみや・まさあき　1815～1885　幕末の志士　[出]福岡藩筑前黒崎駅

【叶】

〔市川〕叶枡〈別名〉
嵐 雛助（7代）　あらし・ひなすけ　～1872　大阪の歌舞伎俳優、幕末・明治初期の立役の上手

【共】

共昌〈名〉
平賀 鷹峰　ひらが・ようほう　1690～1751　徳川中期の儒者、長門藩士

【匡】

匡平
堀内 匡平　ほりうち・きょうへい　1824～1883　郷士　[出]伊予国和気郡興居島村
匡広
毛利 元平　もうり・もとひら　1675～1729　江戸時代前期～中期の大名
匡麻呂
市川 鶴鳴　いちかわ・かくめい　1740～1795　徳川中期の儒者　[出]武州河越
匡敬
毛利 重就　もうり・しげなり　1725～1789　江戸時代中期の大名
〔壬生〕匡遠
小槻 匡遠　おづきの・ただとお　?～1366　南北朝時代の官吏

【杏】

杏安
井上 杏安　いのうえ・きょうあん　1820〜1860　徳川中期の小児科医　[出]仙台

【狂】

狂々老夫〈別号〉
小野 湖山　おの・こざん　1814〜1910　幕末・維新期の志士、漢詩人　[出]近江東浅井郡田根村
狂六堂〈号〉
椎本 才麿　しいのもと・さいまろ　1656〜1738　徳川中期の俳人　[出]大和宇陀郡
狂文亭〈別号〉
為永 春江　ためなが・しゅんこう　1813〜1889　幕末明治初期の作家
狂而堂〈号〉
其角　きかく　1661〜1707　俳人、芭蕉一門
狂言寺
井上 井月　いのうえ・せいげつ　1822〜1887　徳川末期〜明治中期の俳人　[出]越後長岡
狂言堂
瀬川 如皐（2代）　せがわ・じょこう　1757〜1833　江戸の歌舞伎狂言作者　[出]江戸
狂言道人
井上 井月　いのうえ・せいげつ　1822〜1887　徳川末期〜明治中期の俳人　[出]越後長岡
狂斎
原 狂斎　はら・きょうさい　1735〜1790　徳川中期の儒者　[出]淡路洲本
狂雲子
一休 宗純　いっきゅう・そうじゅん　1394〜　禅僧、京都大徳寺（臨済宗）46世　[出]京師
狂詩〈別号〉
関 兎毛　せき・とも　〜1828　狂歌師、秋山藩士
狂雷堂〈号〉
其角　きかく　1661〜1707　俳人、芭蕉一門
狂歌堂〈別号〉
鹿都部 真顔　しかつべの・まがお　1752〜1829　徳川中期の戯作者、狂歌師　[出]江戸

【享】

享〈字〉
阿部 櫟斎　あべ・れきさい　1805〜1870　幕末の本草家　[出]江戸
享平
尾池 享平　おいけ・きょうへい　1790〜1867　徳川末期の漢詩人　[出]讃岐丸亀
〔江戸〕享蔵〈初名〉
坂本 梁雲（2代）　さかもと・りょううん　半太夫節浄瑠璃の太夫

【京】

京山
山東 京山　さんとう・きょうざん　1769〜1858　江戸後期の戯作者
京水
山東 京水　さんとう・きょうすい　1816〜1867　江戸時代後期の画家
京右衛門（2代）
山下 又太郎（1代）　やました・またたろう　1712〜1762　京阪の歌舞伎俳優
京伝
山東 京伝　さんとう・きょうでん　1761〜1816　戯作者　[出]江戸深川木場
京国
久津見 華岳　くつみ・かがく　徳川中期の儒者
京陵山人〈号〉
田川 鳳朗　たがわ・ほうろう　1762〜1845　徳川末期の俳人　[出]肥後熊本
京極局
壬生院　みぶいん　1602〜1656　後光明天皇の母
京極院〈院号〉
京極院　きょうごくいん　1245〜1272　亀山天皇の皇后
京極殿
松丸殿　まつまるどの　〜1634　豊臣秀吉の側室

【況】

況斎〈号〉
岡本 保孝　おかもと・やすたか　1797〜1878　江戸中期―明治初期の国学者、漢学者

【狭】

狭庵〈号〉
遠藤 日人　えんどう・えつじん　1758〜1836　徳川中期の俳人　[出]仙台
狭穂姫
狭穂姫　さおひめ　垂仁天皇の皇后

【卿】

卿二位
卿二位　きょうにい　1155〜1229　鎌倉時代の政治家
卿三位
卿二位　きょうにい　1155〜1229　鎌倉時代の政治家
卿局
卿二位　きょうにい　1155〜1229　鎌倉時代の政治家

【恭】

恭〈名〉
人見 璣邑　ひとみ・きゆう　1729〜1797　徳川中期の儒者
恭
鳥海 松亭　とりのうみ・しょうてい　1772〜1819　江戸時代後期の儒者、蘭学者
恭之〈字〉
鶏山　けいざん　〜1777　天明期の俳人　[出]信濃佐久町岩村田
恭平
大庭 恭平　おおば・きょうへい　1830〜1902　幕末の志士、会津藩の浪人
恭礼門院〈院号〉

恭礼門院　きょうらいもんいん　1743～1795　桃園天皇の女御藤原富子の院号
恭次郎〈幼名〉
小西 春村　こにし・はるむら　1767～1836　徳川中期後期の歌人
恭助〈通称〉
藤森 弘庵　ふじもり・こうあん　1799～1862　江戸の儒者　[出]江戸
恭胤
原 恭胤　はら・やすたね　1748～1793　徳川中期の儒者
恭庵〈号〉
阿部 惟親　あべ・これちか　1734～1808　徳川中期の史家、藩医　[出]鳥取

【強】

強〈名〉
鈴木 春山　すずき・しゅんざん　1801～1846　徳川中期の医家、兵学家、三河国田原藩士
強介
児島 強介　こじま・きょうすけ　1837～1862　幕末期の志士　[出]下野宇都宮
強右衛門
鳥居 勝商　とりい・かつあき　～1575　織豊時代の勇士
強恕
安藤 真之助　あんどう・しんのすけ　1843～1864　幕末の武士
強斎〈号〉
若林 強斎　わかばやし・きょうさい　1676～1732　徳川中期の漢学者　[出]京都

【教】

教中
菊池 教中　きくち・きょうちゅう　1828～1862　江戸時代末期の江戸の豪商　[出]宇都宮
教之〈別名〉
立石 斧次郎　たていし・おのじろう　1843～1917　オランダ通詞、英語通詞、英語教育、ハワイ移民に尽力
教仁法親王
教仁法親王　きょうにんほうしんのう　1819～1851　閑院宮孝仁親王第2王子
教王上人〈別称〉
学斅　がくきょう　高野山の町石卒都婆発願者
教正
池田 教正　いけだ・のりまさ　～1595　若江三人衆の一人、河内若江城主、キリシタン受洗
教孝
金子 教孝　かねこ・のりたか　1804～1861　幕末の水戸藩勤王家　[出]水戸
教来石民部
馬場 信房　ばば・のぶふさ　1515～1575　武田信虎・信玄・勝頼の三代の臣　[出]甲斐教来石
教定
二条 教定　にじょう・のりさだ　1210～1266　鎌倉中期の学者
〔藤原〕教定
二条 教定　にじょう・のりさだ　1210～1266　鎌倉中期の学者
〔飛鳥井〕教定
二条 教定　にじょう・のりさだ　1210～1266　鎌倉中期の学者
教祐
赤松 教康　あかまつ・のりやす　1423～1441　室町前期の武将
教兼
矢頭 右衛門七　やとう・えもしち　1686～1703　江戸時代前期の武士
教康
赤松 教康　あかまつ・のりやす　1423～1441　室町前期の武将
教清
山名 教清　やまな・のりきよ　室町時代の武将、修理大夫
教景
朝倉 教景　あさくら・のりかげ　1474～1555　室町時代の越前守護
教景
朝倉 孝景　あさくら・たかかげ　1428～1481　室町時代の武将
教養斎〈号〉
有賀 長因　ありが・ちょういん　1712～1778　徳川中期の歌人　[出]京都

【郷】

郷成
蒲生 郷成　がもう・さとなり　蒲生氏の臣
郷成
佐野 郷成　さの・さとなり　1653～1720　徳川中期の国学者
郷義
山崎 源太左衛門　やまざき・げんたざえもん　1773～1846　江戸時代後期の武士

【喬】

喬〈名〉
原田 復初　はらだ・ふくしょ　1767～1825　徳川中期の儒者　[出]肥前佐賀
喬〈名〉
今枝 直方　いまえだ・なおかた　1653～1728　徳川中期の国学者
喬木〈号〉
志賀 巽軒　しが・そんけん　1831～1879　徳川末期・明治初期の国学者、筑後柳河藩士

【僑】

僑
岡田 僑　おかだ・たかし　1806～1880　明治初期の史家　[出]淡路津名郡王子村

【嶠】

嶠南
平部 嶠南　ひらべ・きょうなん　1815～1890　幕末・明治初期の儒者　[出]日向

【橋】

橋水
内田 橋水　うちだ・きょうすい　?～1688　江戸時代前期の俳人
橋守
関 橋守　せき・はしもり　1804～1883　歌人　[出]上野群馬郡室田
橋長水清処〈雅号〉
末永 茂世　すえなが・しげつぐ　1837～1915　歌人、福岡藩士　[出]筑前福岡郊外春吉村
〔大川〕橋蔵
尾上 松助(2代)　おのえ・まつすけ　1784～1849　歌舞伎俳優　[出]江戸

【興】

興
倭王 興　わおう・こう　中国史料に見える5世紀中ごろの王者、倭の五王の1人
興三
中村 興三　なかむら・こうぞう　1809～1879　幕末明治の国学者、歌人、高松藩士
興山〈別号〉
役 藍泉　えんの・らんせん　1750～1806　徳川中期の儒僧
興山上人
木食 応其　もくじき・おうご　1536～1608　室町時代の高僧にして連歌学者　[出]近江
興之進〈通称〉
大脇 順若　おおわき・まさより　1825～1905　幕末の志士、土佐藩　[出]高知
興仁〈御名〉
崇光天皇　すこうてんのう　1334～1398　北朝3代目の天皇
興仙
市河 頼房　いちかわ・よりふさ　南北朝～室町時代の武将
興正
荒木田 興正　あらきだ・おきまさ　伊勢山田の祠官
興正菩薩
叡尊　えいそん　1201～1290　鎌倉時代の僧、真言律宗中興の祖　[出]大和添上郡
興用
朴 平意　ぼく・へいい　1560～1624　朝鮮出身の陶工、白薩摩の創始者
興行
安倍 興行　あべの・おきゆき　平安前期の官僚、文人
〔安部〕興行
安倍 興行　あべの・おきゆき　平安前期の官僚、文人
興良親王
興良親王　おきながしんのう　大塔宮護良親王の王子
興邦〈名〉
安藤 自笑　あんどう・じしょう　～1815　徳川中期の俳人　[出]京都
興里
長曽祢 虎徹　ながそね・こてつ　～1678　刀工にして甲冑工　[出]越前
興治〈名〉
田口 柳所　たぐち・りゅうしょ　1839～1892　幕末明治時代の漢詩人　[出]江戸
興教大師
覚鑁　かくばん　1095～1143　平安時代真言宗新義派の開祖　[出]肥前藤津
興郷〈字〉
足立 正声　あだち・まさな　1841～1907　旧鳥取藩士、男爵
興隆
唐金 梅所　からかね・ばいしょ　1675～1739　江戸時代中期の漢詩人
興麻呂
長 奥麻呂　ながの・おきまろ　万葉集の歌人
興道
青山 興道　あおやま・おきみち　1702～1756　徳川中期の儒者
興禎
朝岡 興禎　あさおか・おきさだ　1800～1856　徳川末期の画家　[出]江戸
〔芳賀〕興綱
宇都宮 興綱　うつのみや・おきつな　1475～1536　戦国時代の武将
〔心越〕興儔
興儔 心越　こうちゅう・しんえつ　1640～1696　徳川中期の僧、曹洞宗心越派の祖

【薑】

薑園〈号〉
桜 東雄　さくら・あずまお　1811～1860　幕末の志士、歌人　[出]常陸新治郡浦須村

【橿】

橿之本〈号〉
鴨 北元　かも・ほくげん　1776～1838　徳川中期の俳人　[出]江戸
橿園〈号〉
吉岡 信之　よしおか・のぶゆき　1813～1874　幕末明治の国学者　[出]相模小田原
橿園〈号〉
中島 広足　なかじま・ひろたり　1792～1864　幕末の国学者、歌人
橿寮〈号〉
川村 碩布　かわむら・せきふ　1750～1843　徳川中期の俳人　[出]武蔵入間郡毛呂

【鏡】

鏡女王
鏡女王　かがみのおおきみ　藤原鎌足の嫡室
鏡山〈別号〉
古野 梅峯　ふるの・ばいほう　1674～1740　徳川中期福岡藩の儒者
鏡円
通翁 鏡円　つうおう・きょうえん　1258～1325　鎌倉時代の僧
鏡水〈号〉
日根野 弘享　ひねの・ひろあき　1786～1854　儒者
鏡王女

鏡女王　かがみのおおきみ　藤原鎌足の嫡室
鏡姫王
鏡女王　かがみのおおきみ　藤原鎌足の嫡室
鏡湖楼〈号〉
下沢 保躬　しもざわ・やすみ　1838～1896　幕末明治時代の国学者

【驚】

驚夢山人〈号〉
高野 長英　たかの・ちょうえい　1804～1850　蘭学者、医家　[出]陸奥国胆沢郡水沢

【龔】

龔〈名〉
広瀬 元恭　ひろせ・げんきょう　1821～1870　蘭方医　[出]甲斐の国藤田村

【仰】

仰之館〈号〉
大原 重徳　おおはら・しげとみ　1801～1879　公卿、維新の元勲　[出]京都
仰止楼〈別号〉
佐脇 嵩雪　さわき・すうせつ　1736～1804　江戸末期の町絵師
仰斎
早野 仰斎　はやの・こうさい　1746～1790　徳川中期大阪の儒者

【尭】

尭山
柳沢 保光　やなぎさわ・やすみつ　1753～1817　江戸時代中期～後期の大名
尭厳
九条 尚実　くじょう・なおざね　1717～1787　江戸時代中期の公卿

【堯】

堯民
荒井 堯民　あらい・ぎょうみん　徳川中期の儒者
堯民〈字〉
常盤 潭北　ときわ・たんぼく　～1744　徳川中期の俳人、教育者　[出]下野国那須
堯戒〈名〉
定泉　じょうせん　1273～　鎌倉後期の律宗の学僧
堯延法親王
堯延法親王　ぎょうえんほうしんのう　1676～1718　霊元天皇第6皇子
堯珉
宇津宮 堯珉　うつのみや・ぎょうみん　1820～1866　幕末の志士、豊前英彦山修験奉行職　[出]豊前国
〔宇都宮〕堯珉
宇津宮 堯珉　うつのみや・ぎょうみん　1820～1866　幕末の志士、豊前英彦山修験奉行職　[出]豊前国
堯恭法親王
堯恭法親王　ぎょうきょうほうしんのう　1717～1764　霊元天皇第19皇子
堯恕法親王
完敏親王　さだとししんのう　1640～1695　第181代天台座主、後水尾天皇第10皇子
堯景〈別号〉
里村 昌休　さとむら・しょうきゅう　1511～1552　室町時代の連歌師
堯然法親王
堯然法親王　ぎょうねんほうしんのう　1602～1661　後陽成天皇第6皇子
堯達〈字〉
川上 宗雪　かわかみ・そうせつ　徳川中期の茶人　[出]紀州新宮

【暁】

暁山〈号〉
大屋 愷敋　おおや・がいこう　1839～1901　幕末明治時代の洋学者、教育家、加賀藩士
暁月房
冷泉 為守　れいぜい・ためもり　1265～1328　鎌倉時代末の歌人
暁台
加藤 暁台　かとう・ぎょうだい　1732～1792　天明期の俳人　[出]名古屋
〔久村〕暁台
加藤 暁台　かとう・ぎょうだい　1732～1792　天明期の俳人　[出]名古屋
暁宗〈名〉
宮下 崧岳　みやした・しゅうがく　1826～1900　幕末明治の漢学者　[出]信濃更級郡大塚村
暁雨
大口屋 治兵衛　おおぐちや・じへえ　江戸中期の札差　[出]江戸
暁夢〈別号〉
福田 半香　ふくだ・はんこう　1804～1864　幕末の南画家　[出]遠州見附
暁夢楼主人〈号〉
高野 長英　たかの・ちょうえい　1804～1850　蘭学者、医家　[出]陸奥国胆沢郡水沢
暁碧〈号〉
日野 鼎哉　ひの・ていさい　1797～1850　幕末の蘭方医　[出]豊後

【業】

業〈名〉
平井 澹所　ひらい・たんしょ　1762～1820　徳川中期の儒者　[出]伊勢の菰野
業夫〈字〉
佐原 盛純　さはら・もりずみ　1835～1908　幕末・明治の儒者　[出]会津若松
業広
木下 韡村　きのした・いそん　1805～1867　江戸末期の儒者　[出]肥後菊池
業行
普照　ふしょう　奈良時代の僧

【凝】

凝香〈号〉
水原 梅屋　みずはら・ばいおく　1835～1893　幕末・明治の漢学者　[出]大阪

【翹】

翹之〈名〉
　荒木 呉橋　あらき・ごきょう　1781～1811　江戸時代の書家

【驍】

驍々閣〈別号〉
　塩谷 艶二　しおや・えんじ　江戸の作家

【旭】

旭山〈号〉
　斎藤 宜長　さいとう・ぎちょう　1784～1844　徳川中・末期の算家　㊗上毛群馬郡板井村
旭山〈号〉
　斎藤 尚中　さいとう・しょうちゅう　1773～1844　徳川中・末期の和算家　㊗奥州一関
旭山〈名〉
　平沢 元愷　ひらさわ・げんかい　1733～1791　江戸中・後期の儒学者　㊗山城国宇治
旭水楼〈別号〉
　福林亭 津葉成　ふくりんてい・つばなり　狂歌師
旭荘〈号〉
　広瀬 旭荘　ひろせ・きょくそう　1807～1863　詩儒　㊗豊後日田
旭姫
　旭姫　あさひひめ　1543～1590　徳川家康の室、豊臣秀吉の異父妹

【曲】

曲山人
　曲山人　きょくさんじん　～1836　人情本作者　㊗江戸
曲尺亭〈号〉
　駒沢 利斎(1代)　こまざわ・りさい　1673～1746　指物師
曲水〈号〉
　菅沼 曲水　すがぬま・きょくすい　～1717　徳川中期の俳人　㊗膳所
曲亭馬琴〈別号〉
　滝沢 馬琴　たきざわ・ばきん　1767～1848　江戸時代の小説家　㊗深川高松通浄心寺側
曲斎
　原田 曲斎　はらだ・きょくさい　1817～1874　幕末明治の俳人　㊗周防徳山
曲翠
　菅沼 曲翠　すがぬま・きょくすい　～1717　徳川中期の俳人　㊗膳所

【極】

極喜堂〈別号〉
　実詮　じっせん　1662～1740　徳川中期真言宗の学匠　㊗丹波

【項】

〔藤原〕項子

万秋門院　ばんしゅうもんいん　1268～1338　後二条天皇の後宮

【玉】

玉〈別称〉
　井上 通女　いのうえ・つうじょ　1660～1738　徳川中期の女流文学者　㊗丸亀
玉〈名〉
　細川 ガラシヤ　ほそかわ・がらしや　1562～1600　安土・桃山時代のキリシタン、明智光秀の次女、細川忠興の妻
〔清水〕玉〈通称〉
　歌川 芳玉　うたがわ・よしたま　1836～1870　幕末明治の女流浮世絵師
玉三郎(1代)〈前名〉
　坂東 しうか(1代)　ばんどう・しゅうか　1813～1855　江戸の歌舞伎俳優　㊗江戸
玉三郎(2代)
　坂東 玉三郎(2代)　ばんどう・たまさぶろう　1830～1872　江戸の歌舞伎俳優　㊗江戸
玉山
　秋山 玉山　あきやま・ぎょくざん　1702～1763　江戸中期の熊本藩儒者　㊗豊後鶴崎
玉山
　石田 玉山　いしだ・ぎょくざん　?～1812?　江戸時代後期の挿絵画家
玉山人〈号〉
　清水 一瓢　しみず・いっぴょう　1770～1840　徳川中期の俳人
玉川
　狩野 養信　かのう・おさのぶ　1796～1846　江戸後期の画家
玉川〈初号〉
　大森 漸斎　おおもり・ぜんさい　1545～1626　徳川初期の儒者、書家、茶人
玉之助〈初名〉
　坂東 しうか(1代)　ばんどう・しゅうか　1813～1855　江戸の歌舞伎俳優　㊗江戸
玉方
　桂昌院　けいしょういん　1624～1705　徳川3代将軍家光の側室、将軍綱吉の生母　㊗京都
玉市〈通称〉
　坂東 玉三郎(2代)　ばんどう・たまさぶろう　1830～1872　江戸の歌舞伎俳優　㊗江戸
玉光宮
　敦慶親王　あつよししんのう　888～930　宇多天皇の第4皇子
玉妃命
　豊姫　とよひめ　神功皇后の御妹
玉函
　古畑 玉函　ふるはた・ぎょくかん　1778～1848　徳川末期の儒者
玉岡〈号〉
　高橋 景保　たかはし・かげやす　1785～1829　江戸中期の天文学者　㊗大坂
玉林〈通称〉
　琳阿弥　りんあみ　南北朝末期の地下の遁世者
玉亭光峨〈別号〉
　滝沢 馬琴　たきざわ・ばきん　1767～1848　江戸時代の小説家　㊗深川高松通浄心寺側

きん（均,忻,芹,近）

玉海〈別号〉
　太田 晴斎　おおた・せいさい　1834～1897　幕末明治の儒者
玉海〈字〉
　箕作 省吾　みつくり・しょうご　1821～1846　徳川末期の地理学者
玉泉
　望月 玉泉　もちずき・ぎょくせん　1834～1913　画家　⑲京都
玉屑
　栗本 玉屑　くりのもと・ぎょくせつ　1753～1827　徳川中期の俳人　⑲肥後熊本
玉峨〈号〉
　東 東洋　あずま・とうよう　1755～1839　徳川中期の画家　⑲陸前登米郡石越村
玉峰〈号〉
　福原 五岳　ふくはら・ごがく　1730～1799　徳川中期の南画家　⑲備後尾道
玉桂坊〈別号〉
　内田 沾山　うちだ・せんざん　～1758　徳川中期の俳人
玉翁
　百々 玉翁　どど・ぎょくおう　～1840　蒔絵師
玉堂〈号〉
　亀井 半二　かめい・はんじ　尾張瀬戸の陶画工　⑲名古屋
玉崗
　九華 玉崗　きゅうか・ぎょくこう　1500～1578　室町後期の僧侶（臨済宗）、儒学者、足利学校第7世座主　⑲大隅
玉渓〈別号〉
　望月 玉泉　もちずき・ぎょくせん　1834～1913　画家　⑲京都
玉笥山人〈号〉
　稲津 祇空　いなつ・ぎくう　1663～1733　徳川中期の俳人　⑲大阪堺
〔藍場〕玉粒
　芝 全交（2世）　しば・ぜんこう　1775～1827　戯作者
玉善
　百々 玉翁　どど・ぎょくおう　～1840　蒔絵師
玉楽
　狩野 玉楽　かのう・ぎょくらく　足利末期の画家
玉緒
　宮崎 玉緒　みやざき・たまお　1828～1896　国学者　⑲近江蒲生郡玉緒村
玉蘊
　平田 玉蘊　ひらた・ぎょくうん　1787～1855　徳川末期の閨秀画家　⑲備後尾道
玉蟾
　望月 玉蟾　もちずき・ぎょくせん　1673～1755　徳川中期の画家　⑲京都
玉巌
　太田 玉巌　おおた・ぎょくがん　徳川中期江戸の儒者
玉巌〈号〉
　鈴木 房政　すずき・ふさまさ　1832～1908　歌人　⑲武蔵橘樹郡長尾村向丘
玉瀾
　池 玉瀾　いけの・ぎょくらん　1727～1784　徳川中期の画家、池大雅の妻　⑲京都

〔徳山〕玉瀾
　池 玉瀾　いけの・ぎょくらん　1727～1784　徳川中期の画家、池大雅の妻　⑲京都
玉鱗〈字〉
　渕野 真斎　ふちの・しんさい　1760～1823　徳川中期の画家　⑲豊後

【均】

均
　伊木 均　いき・ひとし　1826～1876　清末藩士　⑲長門国豊浦郡清末
均斎
　加藤 誠之　かとう・せいし　1805～1862　徳川中・末期の算家　⑲京都

【忻】

〔藤原〕忻子〈御名〉
　長楽門院　ちょうらくもんいん　1283～1352　後二条天皇の皇后

【芹】

芹舎
　八木 芹舎　やぎ・きんしゃ　1805～1890　幕末明治の俳人　⑲山城八条村
〔花の本〕芹舎
　八木 芹舎　やぎ・きんしゃ　1805～1890　幕末明治の俳人　⑲山城八条村
芹草斎〈号〉
　山口 黒露　やまぐち・こくろ　1686～1767　徳川中期の俳人

【近】

近文
　高屋 近文　たかや・ちかぶみ　1681～1719　徳川中期の神学者　⑲土佐
近水楼主人〈号〉
　青柳 文蔵　あおやぎ・ぶんぞう　1761～1839　徳川中期の儒医
近江〈通称〉
　宮本 池臣　みやもと・いけおみ　1798～1878　丹後朝代社祠官、のち出石神社主典兼少講義　⑲丹後与謝郡男山
近江
　近江　おうみ　1611～1704　江戸時代の能面工
近江(2代)
　石村 近江(2代)　いしむら・おうみ　～1636　三味線の名工
近江(3代)
　石村 近江(3代)　いしむら・おうみ　～1657　三味線の名工
近江(4代)
　石村 近江(4代)　いしむら・おうみ　～1696　三味線の名工
近江(5代)
　石村 近江(5代)　いしむら・おうみ　～1708　三味線の名工
近江(6代)

石村 近江(6代)　いしむら・おうみ　～1716　三味線の名工
近江〈7代〉
　石村 近江(7代)　いしむら・おうみ　～1715　三味線の名工
近江〈8代〉
　石村 近江(8代)　いしむら・おうみ　～1785　三味線の名工
近江〈9代〉
　石村 近江(9代)　いしむら・おうみ　～1787　三味線の名工
近江〈10代〉
　石村 近江(10代)　いしむら・おうみ　～1804　三味線の名工
近江〈11代〉
　石村 近江(11代)　いしむら・おうみ　～1865　三味線の名工
近江中納言
　豊臣 秀次　とよとみ・ひでつぐ　1568～1595　織豊時代の武将
近江大掾語斎〈別名〉
　近江 大掾語斎　おうみの・だいじょうごさい　承応―寛文時代の江戸の浄瑠璃太夫、近江(語斎)節の流祖
近江屋〈家号〉
　伴 伝兵衛　ばん・でんべえ　近江商人
近綱
　佐々木 近綱　ささき・ちかつな　大膳大夫高頼の長子
近憲
　松平 吉透　まつだいら・よしとお　1668～1705　江戸時代前期～中期の大名
近嶺
　沢 近嶺　さわ・ちかね　1788～1838　徳川中期の歌人

【欣】

欣子内親王
　新清和院　しんせいわいん　1779～1846　光格天皇の皇后
欣夫〈字〉
　向山 一履　むこうやま・かずふみ　1826～1897　幕臣、漢詩人、駐仏全権公使としてナポレオン三世に謁見
欣文〈字〉
　向山 一履　むこうやま・かずふみ　1826～1897　幕臣、漢詩人、駐仏全権公使としてナポレオン三世に謁見

【金】

〔島羽〕金七〈本名〉
　鈴木 貞斎　すずき・ていさい　～1740　江戸中期の儒学者
金八
　高松 喜六　たかまつ・きろく　～1713　徳川初期の名主、江戸内藤新宿の開発者
金八
　増子 金八　ましこ・きんぱち　1823～1881　浪人(水戸藩)

金八〈1代〉
　増山 金八(1代)　ますやま・きんぱち　江戸の歌舞伎狂言作者
金八〈2代〉
　増山 金八(2代)　ますやま・きんぱち　～1826　江戸の歌舞伎狂言作者
〔吉岡〕金三郎〈本名〉
　月岡 芳年　つきおか・よしとし　1839～1892　浮世絵師　㊗江戸新橋丸屋町
金三郎元雄〈名〉
　亀世　かめよ　～1764　天明期の俳人
金丸
　堀部 弥兵衛　ほりべ・やへえ　1627～1703　江戸時代前期の武士
金山〈号〉
　青木 絸剴　あおき・かんたん　～1782　徳川中期の医家
金山
　青木 金山　あおき・きんざん　1781～1818　徳川中期の漢学者
金山侍従
　森 忠政　もり・ただまさ　1570～1634　美濃金山城主　㊗美濃国可児郡金山
金之丞
　浅野 金之丞　あさの・きんのじょう　1816～1880　江戸末期の幕臣　㊗江戸
金五郎〈幼名〉
　下里 知足　しもさと・ちそく　1640～1704　徳川中期の俳人　㊗尾張鳴海
金太夫三中
　都 金太夫三中　みやこ・かねだゆうさんちゅう　正徳―寛延時代の一中節浄瑠璃の太夫
金太郎〈初名〉
　坂東 三八(2代)　ばんどう・さんぱち　江戸の歌舞伎俳優
金太郎〈通称〉
　榊原 琴洲　さかきばら・きんしゅう　1832～1881　幕末明治初期の国学者　㊗水戸
金太郎〈名〉
　住田 又兵衛(1代)　すみだ・またべえ　1805～1861　長唄囃子笛方
金太郎〈初名〉
　藤間 勘右衛門(2代)　ふじま・かんえもん　1840～1925　江戸の劇場振附師、藤間流家元　㊗江戸湯島天神町
金太郎
　坂田 公時　さかたの・きんとき　平安時代中期の武人
〔市川〕金太郎〈前名〉
　藤間 勘右衛門(1代)　ふじま・かんえもん　1813～1851　江戸の劇場振附師、藤間流家元
金毛
　芳沢 金毛　よしざわ・きんもう　1667～1747　江戸時代前期～中期の俳人
金水
　松亭 金水　しょうてい・きんすい　1795～1862　江戸中末期の戯作者
金王丸〈幼名〉
　足利 氏満　あしかが・うじみつ　1359～1398　第2代関東管領、足利基氏の子
〔渋谷〕金王丸

きん(金)

土佐坊 昌俊　とさぼう・しょうしゅん　～1185　鎌倉時代の武人、のち僧
金令舎
　応応　おうおう　～1842　江戸時代の俳人
金令舎〈号〉
　鈴木 道彦　すずき・みちひこ　1757～1819　徳川末期の俳人　㊿仙台
金右衛門〈名〉
　岩間 政廬　いわま・まさよし　1764～1837　徳川末期の彫金家　㊿江戸
〔和泉屋〕金右衛門〈通称〉
　太田 玉巌　おおた・ぎょくがん　徳川中期江戸の儒者
金四郎
　遠山 景元　とおやま・かげもと　～1855　徳川末期の名町奉行
金四郎
　遠山 景晋　とおやま・かげくに　1764～1837　徳川中期の幕臣
金左衛門長孝〈通称〉
　大田 白雪　おおた・はくせつ　1661～1735　徳川中期の俳人　㊿三河国新城
金左衛門重英〈通称〉
　太田 桃先　おおた・とうせん　～1725　徳川中期の俳人　㊿三河新城
金平
　鵜飼 錬斎　うがい・れんさい　1633～1693　徳川初期・中期の儒者　㊿京都
金平〈通称〉
　岩間 誠之　いわま・しげゆき　～1896　幕末水戸藩の勤王家
金平
　笹本 金平　ささもと・きんぺい　1797～1857　歌沢の始祖　㊿江戸
金平〈幼名〉
　森川 許六　もりかわ・きょろく　1656～1715　徳川中期の俳人　㊿江州彦根
〔沢村〕金平〈初名〉
　助高屋 高助(2代)　すけたかや・たかすけ　1747～1818　江戸の歌舞伎俳優
金田屋〈屋号〉
　浅尾 工左衛門(1世)　あさお・くざえもん　1758～1824　歌舞伎俳優
金田屋〈屋号〉
　浅尾 工左衛門(2代)　あさお・くざえもん　1786～1845　大阪の歌舞伎俳優、天保弘化時代の敵役の老巧
金石〈号〉
　鈴木 半兵衛　すずき・はんべえ　1815～1856　幕末の水戸藩の蘭学者、医者
金光堂〈号〉
　井上 守親　いのうえ・もりちか　彫金家
金光堂〈号〉
　井上 宗次　いのうえ・むねつぐ　～1811　岡山の金工
〔柴田〕金吉
　哥沢 芝金(1代)　うたざわ・しばきん　1828～1874　江戸時代俗曲家元
金成(1代)
　十方園 金成(1代)　じっぽうえん・かねなり　狂歌師　㊿尾張名古屋

金成(2代)
　十方園 金成(2代)　じっぽうえん・かねなり　狂歌師　㊿名古屋
金次郎〈前名〉
　十寸見 河丈(2代)　ますみ・かじょう　河東節浄瑠璃の太夫
金次郎〈通称〉
　二宮 尊徳　にのみや・そんとく　1787～1856　江戸後期の農政家　㊿相模国栢山村(神奈川県足柄上郡桜井村字東栢山)
金次郎
　鈴木 貞斎　すずき・ていさい　～1740　江戸中期の儒学者
〔荒井〕金次郎
　仙客亭 柏琳　せんかくてい・はくりん　江戸の戯作者
金作〈通称〉
　原田 曲斎　はらだ・きょくさい　1817～1874　幕末明治の俳人　㊿周防徳山
金作〈幼名〉
　松尾 芭蕉　まつお・ばしょう　1644～1694　徳川初期の俳人名宗房、桃青、或は芭蕉庵桃青と号し、別に伯船堂、釣月軒など号した　㊿伊賀国上野
金作(1代)
　山下 金作(1代)　やました・きんさく　～1750　京阪の歌舞伎俳優
金助〈名〉
　原田 曲斎　はらだ・きょくさい　1817～1874　幕末明治の俳人　㊿周防徳山
金吾〈通称〉
　広沢 真臣　ひろさわ・さねおみ　1833～1871　幕末明治の勤王家、萩藩士　㊿長門国萩十日市
金吾〈通称〉
　大村 一秀　おおむら・いっしゅう　1824～1891　幕末―明治中期の和算家　㊿江戸
〔波多野〕金吾
　広沢 真臣　ひろさわ・さねおみ　1833～1871　幕末明治の勤王家、萩藩士　㊿長門国萩十日市
金吾中納言
　小早川 秀秋　こばやかわ・ひであき　1577～1602　安土・桃山時代の大名　㊿近江国長浜
〔横井〕金谷
　金谷 斧叟　かなや・ふそう　修験法印、好事的に陶器を作った人　㊿近江
〔島田〕金谷
　腹唐 秋人　はらから・あきんど　1758～1821　書家、狂歌師
金和〈名〉
　星山 仲次(2代)　ほしやま・ちゅうじ　江戸前期の薩摩焼の陶工
〔篠田〕金治(1代)
　並木 五瓶(2代)　なみき・ごへい　1768～1819　歌舞伎狂言作者　㊿江戸本所割下水
〔篠田〕金治(2代)
　並木 五瓶(3代)　なみき・ごへい　1789～1855　歌舞伎狂言作者
〔篠田〕金治(3代)
　並木 五瓶(4代)　なみき・ごへい　1829～1901　歌舞伎狂言作者　㊿江戸
金春禅竹

きん（菫, 勤, 欽, 琴）

今春 氏信　こんぱる・うじのぶ　1405〜　室町時代の猿楽家、金春流猿楽の祖
金貞
　青山 金貞　あおやま・かねさだ　1783〜1855　徳川末期秋田の画家
金埓
　銭屋 金埓　ぜにや・きんらつ　1751〜1807　江戸中期の狂歌師
〔馬場〕金埓
　銭屋 金埓　ぜにや・きんらつ　1751〜1807　江戸中期の狂歌師
金峨
　井上 金峨　いのうえ・きんが　1732〜1784　徳川中期の儒者　㊋江戸青山
金峨〈号〉
　古市 金峨　ふるいち・きんが　1805〜1880　幕末明治の画家　㊋備前児島郡郷内村
金時
　池田 長恵　いけだ・ながよし　1745〜1800　江戸時代中期の武士
金竜〈号〉
　高桑 元吉　たかくわ・もとよし　幕末の蘭学者　㊋富山
金竜山人〈別号〉
　為永 春水(1世)　ためなが・しゅんすい　1790〜1843　徳川末期の戯作者　㊋江戸
金鳥庵〈号〉
　白井 鳥酔　しらい・ちょうすい　1701〜1769　徳川中期の俳人　㊋上総埴生郡地引村
金華
　平野 金華　ひらの・きんか　1688〜1731　儒者　㊋陸奥
金馬仙〈号〉
　佐々木 松雨　ささき・しょうう　1752〜1830　徳川中期の俳人　㊋岡山
金高
　巨勢 金高　こせの・きんたか　平安朝時代の画家
金亀堂
　奈河 篤助(1代)　なかわ・とくすけ　1764〜1842　京阪の歌舞伎狂言作者
金渓道人
　良敏　りょうびん　室町時代の画家
〔十方園〕金就〈号〉
　十方園 金成(2代)　じっぽうえん・かねなり　狂歌師　㊋名古屋
金粟〈号〉
　江馬 元齢　えま・げんれい　幕末の蘭医
金塘
　福田 金塘　ふくだ・きんとう　1807〜1858　徳川末期の和算家
金豊〈名〉
　星山 仲次(3代)　ほしやま・ちゅうじ　江戸中期の薩摩焼の陶工
金蔵〈通称〉
　岡田 啓　おかだ・けい　1781〜1860　徳川末期の歴史家
金蔵〈名〉
　岩間 政廬　いわま・まさよし　1764〜1837　徳川末期の彫金家　㊋江戸
〔柴田〕金蔵

哥沢 芝金(1代)　うたざわ・しばきん　1828〜1874　江戸時代俗曲家元
金衛門〈通称〉
　今井 惟恢　いまい・これすけ　1799〜1847　幕末の志士　㊋水戸
金羅
　東 金羅　あずま・きんら　〜1794　徳川中期の俳人　㊋江戸
金羅
　夜雪庵 金羅　やせつあん・きんら　1830〜1894　俳人　㊋東京
〔関口〕金鶏
　篠田 行休　しのだ・こうきゅう　1685〜1763　江戸時代中期の書家
〔奇々羅〕金鶏
　畑 道雲　はた・どううん　1767〜1809　徳川中期の医家、狂歌師
金鐘
　金鐘　こんしゅ　奈良時代の僧

【菫】

菫庵〈号〉
　春甫　しゅんぽ　〜1854　幕末期の俳人　㊋信濃長沼穂保
菫壺〈号〉
　谷森 善臣　たにもり・よしおみ　1817〜1911　幕末明治時代の国学者　㊋京都

【勤】

勤作
　森 通寧　もり・みちやす　1831〜1865　幕末の武士
勤堂
　原 勤堂　はら・きんどう　1825〜1896　幕末明治の医家　㊋能登鳳至郡鵜川村

【欽】

欽〈名〉
　佐久間 熊水　さくま・ゆうすい　1751〜1817　徳川中期の儒者　㊋陸奥守山
欽古堂
　亀祐　きすけ　1765〜1837　徳川中・末期の京焼の陶工
欽古堂亀祐〈号〉
　亀祐　きすけ　1765〜1837　徳川中・末期の京焼の陶工
欽次郎〈通称〉
　春山 弟彦　はるやま・おとひこ　1831〜1899　国学者、姫路藩の儒臣
欽若〈字〉
　随朝 陳　ずいちょう・のぶる　1790〜1850　江戸中・末期の算家兼儒学者　㊋京都
欽斎〈別号〉
　桜田 虎門　さくらだ・こもん　1774〜1839　儒者　㊋仙台

【琴】

琴上

橋本 琴上　はしもと・きんじょう　江戸時代後期の俳人
琴川〈号〉
杉浦 正職　すぎうら・まさもと　徳川中期の琴曲家、幕臣
琴川〈号〉
川関楼 琴川　せんかんろう・きんせん　戯作者
琴古（3代）
黒沢 琴古（3代）　くろさわ・きんこ　1772〜1816　琴古流尺八唄合所指南　[出]江戸
琴台〈号〉
佐々木 仁里　ささき・じんり　1744〜1800　徳川中期の儒者　[出]近江大溝
琴左〈号〉
田中 五竹坊　たなか・ごちくぼう　1700〜1780　徳川中期の俳人　[出]美濃国北方
琴甫〈号〉
黒沢 琴古（3代）　くろさわ・きんこ　1772〜1816　琴古流尺八唄合所指南　[出]江戸
琴谷〈別号〉
岸田 月窓　きしだ・げっそう　1814〜1834　徳川中期の書家
琴里〈号〉
丸山 株修　まるやま・もとのぶ　1793〜1866　書家、歌人　[出]備中小田郡笠岡町
琴所
沢村 琴所　さわむら・きんしょ　1686〜1739　徳川中期の儒者　[出]近江
琴舎〈号〉
堀 秀成　ほり・ひでなり　1819〜1887　国語学者　[出]下総古河
琴洲
榊原 琴洲　さかきばら・きんしゅう　1832〜1881　幕末明治初期の国学者　[出]水戸
琴洲佳園〈号〉
榊原 琴洲　さかきばら・きんしゅう　1832〜1881　幕末明治初期の国学者　[出]水戸
琴風
生玉 琴風　いくたま・きんぷう　1639〜1726　徳川中期の俳人　[出]大阪
琴風
篠田 琴風　しのだ・きんぷう　江戸時代後期の俳人
琴風軒〈号〉
田代 松意　たしろ・しょうい　徳川中期の俳人　[出]大和
琴卿
川田 雄琴　かわだ・ゆうきん　1684〜1761　江戸時代中期の儒者
琴誉〈号〉
石村 近江（11代）　いしむら・おうみ　〜1865　三味線の名工
琴路
琴路　きんろ　〜1790　享保時代の俳人　[出]敦賀
琴樹園二喜〈初号〉
武隈庵 双樹　たけくまあん・ふたき　〜1843　江戸の狂歌師
琴嶺
滝沢 宗伯　たきざわ・そうはく　1798〜1835　江戸時代後期の医師

【槿】

槿花翁〈号〉
越智 越人　おち・えつじん　1656〜　徳川中期の俳人　[出]越路
槿花翁〈号〉
上島 鬼貫　うえしま・おにつら　1661〜1738　江戸中期の俳人　[出]摂津国伊丹
槿堂〈別号〉
桜井 蕉雨　さくらい・しょうう　1775〜1829　徳川中期の俳人　[出]信州飯田本町

【瑾】

瑾〈名〉
天竜 道人　てんりゅう・どうじん　1718〜1810　江戸中・後期の文人
〔王〕瑾
天竜 道人　てんりゅう・どうじん　1718〜1810　江戸中・後期の文人

【錦】

錦小路殿〈別称〉
足利 直義　あしかが・ただよし　1306〜1352　尊氏の同母弟
錦丘〈号〉
玉川 春菴　たまがわ・しゅんあん　水戸の医家
〔松本〕錦四郎〈本名〉
井上 因碩（13世）　いのうえ・いんせき　〜1891　囲碁の家元　[出]総州葛飾
錦光山（1代）
小林 徳右衛門（1代）　こばやし・とくえもん　江戸時代前期の陶工
錦光山（2代）
小林 徳右衛門（2代）　こばやし・とくえもん　江戸時代前期〜中期の陶工
〔瀬川〕錦次
松本 幸四郎（4代）　まつもと・こうしろう　1737〜1802　江戸の歌舞伎俳優　[出]京都
錦江
馬場 錦江　ばば・きんこう　1801〜1860　徳川中期の俳人、和算家　[出]江戸四谷
錦江
正田 錦江　しょうだ・きんこう　江戸時代前期の俳人
錦所〈号〉
山田 錦所　やまだ・きんしょ　1762〜1835　徳川中期の国学者　[出]京都
錦林子〈別号〉
日根野 対山　ひねの・たいざん　1813〜1869　徳川中末期の南画家　[出]泉州佐野
錦波〈号〉
河村 公成　かわむら・こうせい　1808〜1868　徳川末期の俳人　[出]長門
錦城〈号〉
大田 錦城　おおた・きんじょう　1765〜1825　江戸時代中期の儒者　[出]加賀
〔太田〕錦城
大田 錦城　おおた・きんじょう　1765〜1825　江戸時代中期の儒者　[出]加賀

錦海〈号〉
船越 晋　ふなこし・しん　徳川中期の作家
錦屏山人〈号〉
新井 白石　あらい・はくせき　1657〜1725　江戸時代中期の儒者、政治家、史学者、地理学者、言語学者　[出]江戸柳原
錦渓舎〈号〉
琴路　きんろ　〜1790　享保時代の俳人　[出]敦賀
錦雪庵三雅〈別号〉
七珍 万宝　しっちん・まんぽう　1758〜1831　戯作者、狂歌師
錦橋
池田 瑞仙　いけだ・ずいせん　1734〜1816　痘科医　[出]周防岩国
錦橋
池田 独美　いけだ・どくび　1735〜1816　江戸時代中期〜後期の医師

【謹】

謹斎
平元 謹斎　ひらもと・きんさい　1810〜1876　徳川末期の儒者　[出]出羽

【襟】

襟
佐屋裏 襟　さやのうら・えり　1780〜1841　江戸の狂歌師　[出]上総武射郡山中村

【覲】

覲子内親王
宣陽門院　せんようもんいん　1181〜1252　後白河法皇の皇女

【吟】

吟市〈通称〉
金子 楚常　かねこ・そじょう　1663〜1688　徳川中期の俳人　[出]加賀金沢郊外卯辰山附近鶴来
吟石
山田 吟石　やまだ・ぎんせき　?〜1802　江戸時代中期〜後期の俳人
吟坐居士〈別号〉
南橋 散史　なんきょう・さんし　1831〜1887　狂詩家　[出]筑後吉井町
吟花堂〈号〉
爪木 晩山　つまき・ばんざん　1661〜1730　徳川中期の俳人
吟松
奥田 吟松　おくだ・ぎんしょう　?〜1745　江戸時代中期の俳人
吟泉〈号〉
山田 弁道　やまだ・さだみち　1821〜1891　幕末明治の国学者　[出]信濃小諸
吟雪〈号〉
富川 吟雪　とみかわ・ぎんせつ　江戸中・後期の浮世絵師・戯作者
吟雲庵了閑〈号〉
三宅 康高　みやけ・やすたか　〜1791　三河田原藩主、茶人
吟霞
堀内 吟霞　ほりうち・ぎんか　1724〜1784　江戸時代中期の俳人

【銀】

銀次郎
戸田 銀次郎　とだ・ぎんじろう　1829〜1865　水戸藩士、父は戸田銀次郎忠敞　[出]常陸国
銀次郎
戸田 銀次郎　とだ・ぎんじろう　1804〜1855　水戸藩士　[出]常陸国
銀杏下〈号〉
臼井 治堅　うすい・はるかた　1809〜1853　徳川末期の医家にして国学者
銀馬
立川 銀馬　たてかわ・ぎんば　徳川時代享和文化頃の落語家　[出]江戸
〔談語楼〕銀馬
立川 銀馬　たてかわ・ぎんば　徳川時代享和文化頃の落語家　[出]江戸
銀鶏
平亭 銀鶏　へいてい・ぎんけい　1790〜1870　前田家の医家、戯作者　[出]上野国甘楽郡
銀鶴堂〈別名〉
奈河 七五三助（2代）　なかわ・しめすけ　京阪の歌舞伎狂言作者

【九】

九一〈通称〉
入江 弘毅　いりえ・ひろき　1838〜1864　徳川末期の志士、長州藩士　[出]長門国萩土原村
〔嵐〕九八〈前名〉
坂東 又太郎（4代）　ばんどう・またたろう　江戸の歌舞伎俳優
九十九坊〈号〉
仁井田 碓嶺　にいだ・たいれい　1781〜1847　徳川中期の俳人　[出]上州坂本
九十九湾漁史〈号〉
横田 笙嶹　よこた・しょうとう　1806〜1888　幕末明治の漢学者
九三〈通称〉
丸川 廉斎　まるかわ・れんさい　1797〜1847　徳川中期の儒者　[出]備中浅口郡西阿知村（今の河内町）
九山
均上 九山　さかがみ・くざん　1810〜1867　大坂南久宝寺町の町人
九内〈通称〉
沢村 琴所　さわむら・きんしょ　1686〜1739　徳川中期の儒者　[出]近江
九太夫〈通称〉
谷 木因　たに・ぼくいん　1646〜1725　徳川中期の俳人　[出]美濃大垣
九太夫〈通称〉
末永 虚舟　すえなが・きょしゅう　1635〜1729　徳川中期の地理学者　[出]久留米
九右衛門〈通称〉
大橋 長広　おおはし・ながひろ　1788〜1851　徳川末期の国学者
〔升屋〕九右衛門〈俗称〉

く（九）

植村 宗峰　うえむら・そうほう　江戸時代の彫工
〔正本屋〕九右衛門
　山本 九右衛門　やまもと・くえもん　?〜1762　江戸時代中期の版元
九左(右)衛門
　雲林院 文造(8代)　うんりんいん・ぶんぞう　〜1683　京都粟田焼の陶家
九衛門
　塩屋 九郎右衛門(2代)　しおや・くろうえもん　江戸時代前期の歌舞伎芝居の名代
九左衛門
　丸田 盛次　まるた・もりつぐ　?〜1628　織豊〜江戸時代前期の砲術家
〔山本屋〕九左衛門〈通称〉
　富川 吟雪　とみかわ・ぎんせつ　江戸中・後期の浮世絵師・戯作者
九吉〈通称〉
　佐竹 義根　さたけ・よしね　1688〜1767　徳川中期の天文家　㊙仙台
九州宮
　懐良親王　かねながしんのう　〜1383　南北朝時代の征西将軍宮、後醍醐天皇の皇子
九成
　林 義端　はやし・ぎたん　?〜1711　江戸時代前期〜中期の本屋、浮世草子作者
九老〈号〉
　紀 梅亭　き・ばいてい　江戸時代の画家　㊙京都
九兵衛
　作屋 九兵衛　さくや・くへえ　寛永〜延宝時代の歌舞伎俳優
九兵衛
　春日 九兵衛　かすが・くへえ　秀吉馬廻
九兵衛〈通称〉
　清水 九兵衛　しみず・くへえ　蒔絵師
九兵衛〈通称〉
　西 ルイス　にし・るいす　〜1646　江戸前期の海外貿易商
九兵衛
　林 義端　はやし・ぎたん　?〜1711　江戸時代前期〜中期の本屋、浮世草子作者
〔磯〕九兵衛
　山浦 玄蕃　やまうら・げんば　?〜1654　江戸時代前期のキリシタン
〔作弥〕九兵衛
　作屋 九兵衛　さくや・くへえ　寛永〜延宝時代の歌舞伎俳優
〔正本屋〕九兵衛
　山本 九兵衛　やまもと・くへえ　1669〜1741　江戸時代前期〜中期の版元
〔立花屋〕九兵衛〈通称〉
　紀 梅亭　き・ばいてい　江戸時代の画家　㊙京都
九助〈前名〉
　岸沢 竹遊斎(2代)　きしざわ・ちくゆうさい　1838〜1906　常磐津浄瑠璃の三絃の名家、明治時代の老功　㊙江戸浅草橋場
九条院〈院号〉
　九条院　くじょうのいん　1133〜1176　近衛天皇の皇后
九返舎一八〈別号〉
　三亭 春馬　さんてい・しゅんば　〜1851　戯作者
九邨〈別号〉

坂田 丈平　さかた・じょうへい　1839〜1899　漢学者　㊙備中国川上郡九名村
九幸翁〈号〉
　杉田 玄白　すぎた・げんぱく　1733〜1817　徳川中期の蘭学医　㊙江戸牛込矢来
九郎
　平沢 九郎　ひらさわ・くろう　1777〜1844　尾張藩士
九郎(16世)
　宝生 九郎(16世)　ほうしょう・くろう　1837〜1917　能の宝生流シテ方宗家　㊙江戸神田
九郎三郎〈通称〉
　秋広　あきひろ　1360(延文5)年前後に活躍した刀匠
九郎右衛門〈通称〉
　鶏冠井 令徳　かえでい・りょうとく　1589〜1679　徳川初期の俳人　㊙京都
九郎右衛門〈通称〉
　今井 師聖　いまい・しせい　1803〜1867　徳川末期の小諸藩の儒者
九郎右衛門〈通称〉
　天春 度　あまかす・わたる　1777〜1859　幕末の歌人、伊勢の代官　㊙伊勢朝明郡中野村
〔綿屋〕九郎右衛門〈通称〉
　山本 西武　やまもと・にしたけ　1606〜1678　徳川初期の俳人
九郎左衛門〈通称〉
　原田 長俊　はらだ・ながとし　〜1576　戦国時代の武人
九郎左衛門〈通称〉
　斎藤 中立　さいとう・ちゅうりつ　1743〜1804　徳川中期の算家　㊙三州吉田(豊橋)
九郎左衛門〈通称〉
　大河原 具顕　おおかわら・ともあき　〜1789　徳川中期の岡藩校教授
九郎左衛門
　大賀 九郎左衛門　おおが・くろうざえもん　〜1641　織豊・徳川初期の貿易家
九郎左衛門尉〈通称〉
　綾井 定友　あやい・さだとも　室町時代の堺の豪商
九郎次〈前名〉
　大鳥 道右衛門　おおとり・みちえもん　宝永―享保時代の大阪の歌舞伎俳優
九郎兵衛
　壺屋 九郎兵衛　つぼや・くろべえ　京都の陶器商
九郎兵衛重和〈通称〉
　荻田 安静　おぎた・あんせい　〜1669　徳川初期の俳人　㊙京都
九郎知栄〈本名〉
　宝生 九郎(16世)　ほうしょう・くろう　1837〜1917　能の宝生流シテ方宗家　㊙江戸神田
九朗〈別称〉
　平沢 九郎　ひらさわ・くろう　1777〜1844　尾張藩士
九華〈号〉
　佐和 文智　さわ・ぶんち　1768〜1873　徳川末期石州九日市の儒者
九華亭〈号〉
　松井 汶村　まつい・ぶんそん　徳川中期の俳人、近江彦根藩士
九淵〈字〉

阿部 千万多　あべ・ちまた　1821〜1868　幕末の志士　㊓羽後飽海郡鵜渡川原村
九渕斎〈別号〉
塩田 冥々　しおだ・めいめい　1741〜1824　徳川中期の俳人　㊓岩代郡山
九皐
春田 九皐　はるた・きゅうこう　1812〜1862　徳川末期の儒者
九皐楼主人〈号〉
広川 晴軒　ひろかわ・せいけん　1803〜1884　幕末・明治時代の科学者　㊓越後北魚沼郡小千谷町
九畳仙史〈別号〉
田能村 竹田　たのむら・ちくでん　1777〜1835　徳川中期の文人画家　㊓豊後直入郡竹田村
九陽亭〈別号〉
東里 山人　とうり・さんにん　1790〜1858　徳川中末期の江戸の戯作者
九畹
斎藤 九畹　さいとう・きゅうえん　徳川中期岡山藩の儒者
九畹
仙石 九畹　せんごく・きゅうえん　1768〜1821　徳川中期の画家、高知藩士
九節
内神屋 九節　うちのかみや・きゅうせつ　?〜1704　江戸時代前期の俳人
九蔵〈通称〉
鷲津 毅堂　わしず・きどう　1825〜1882　幕末明治の漢学者　㊓尾張丹羽郡丹羽邑
九蔵（1代）
市川 団十郎（2代）　いちかわ・だんじゅうろう　1688〜1757　歌舞伎俳優、享保―宝暦時代の江戸劇壇を代表する立役の名優　㊓江戸
九蔵（2代）
市川 九蔵（2代）　いちかわ・くぞう　〜1720　歌舞伎俳優、正徳・享保時代の若衆方の名手
九蔵（3代）
市川 団蔵（6代）　いちかわ・だんぞう　1800〜1871　歌舞伎俳優、弘化―安政時代の立役の上手　㊓江戸

【句】

句空
句空　くくう　徳川中期の俳人、芭蕉一門　㊓加州金沢

【玖】

玖也
松山 玖也　まつやま・きゅうや　1623〜1676　江戸時代前期の俳人

【栩】

栩々斎〈号〉
松尾 芭蕉　まつお・ばしょう　1644〜1694　徳川初期の俳人名宗房、桃青、或は芭蕉庵桃青と号し、別に伯船堂、釣月軒など号した　㊓伊賀国上野

【矩】

矩〈名〉
箕作 秋坪　みつくり・しゅうへい　1825〜1886　幕末明治の蘭学者
矩二郎〈通称〉
箕作 秋坪　みつくり・しゅうへい　1825〜1886　幕末明治の蘭学者
矩子
津崎 矩子　つざき・のりこ　1786〜1873　女流勤王家　㊓京都嵯峨
矩道〈名〉
布施 松翁　ふせ・しょうおう　1725〜1784　徳川中期の心学者
矩随（3代）
浜野 矩随（3代）　はまの・のりゆき　徳川時代の彫金家
矩慶
井上 矩慶　いのうえ・くけい　1724〜1807　江戸中期の数学者、熊本藩士
矩蕃
浜野 矩随（3代）　はまの・のりゆき　徳川時代の彫金家

【駒】

駒吉
浪花亭 駒吉　なにわてい・こまきち　1842〜1906　浪曲師
駒次郎〈幼名〉
松平 雪川　まつだいら・せっせん　1753〜1803　徳川中期の俳人　㊓江戸
駒谷〈号〉
吉田 長叔　よしだ・ながよし　1779〜1824　江戸時代後期の蘭医　㊓江戸
駒命婦
小馬命婦　こうまのみょうぶ　平安時代の歌人

【瞿】

瞿麦園〈号〉
今尾 清香　いまお・きよか　1805〜1873　徳川末期の国学者　㊓下野足利

【具】

具元
柏崎 永以　かしわざき・えいい　?〜1772　江戸時代中期の国学者
具平親王
具平親王　ともひらしんのう　964〜1009　村上天皇の皇子
具安
田丸 直昌　たまる・なおまさ　戦国〜織豊時代の武将
〔堀川〕具守
源 具守　みなもとの・とももり　1249〜1316　鎌倉時代の公卿
具行
北畠 具行　きたばたけ・ともゆき　1290〜1332　南北朝時代の公卿
〔源〕具行
北畠 具行　きたばたけ・ともゆき　1290〜1332　南北朝時代の公卿

ぐ（愚，虞）　くう（空）　ぐう（寓）

具康
　木造 具康　こずくり・ともやす　戦国時代の武将、伊勢日置城主
具視
　岩倉 具視　いわくら・ともみ　1825〜1883　幕末明治中期時代の政治家、維新の元勲　㊁京都
具慶
　住吉 具慶　すみよし・ぐけい　1631〜1705　徳川中期の住吉派画家
具顕
　大河原 具顕　おおかわら・ともあき　〜1789　徳川中期の岡藩校教授

【愚】

愚山〈別号〉
　大谷 旧旅　おおたに・きゅうりょ　1649〜1700　東本願寺法主にして俳人
愚山
　脇 愚山　わき・ぐざん　1764〜1814　儒者　㊁豊後速見郡小浦
愚人人〈別号〉
　滝沢 馬琴　たきざわ・ばきん　1767〜1848　江戸時代の小説家　㊁深川高松通浄心寺側
愚玄〈別号〉
　琢如　たくにょ　1625〜1671　徳川初期の僧、真宗大谷派第14世
愚春〈名〉
　高梨 一具　たかなし・いちぐ　1781〜1853　徳川中期の俳人　㊁出羽国村山郡楯岡
愚叟
　土岐 朝旨　とき・ともむね　1773〜1838　江戸時代後期の武士
愚島〈号〉
　芳郷 光隣　ほうごう・こうりん　〜1536　東福寺第200世、五山文学者
〔東窠〕愚堂
　愚堂 東窠　ぐどう・とうしょく　1577〜1661　江戸前期の禅僧（臨済宗）　㊁美濃伊自良
愚庵〈号〉
　樋口 武　ひぐち・たけし　1815〜1870　幕末の高知藩士　㊁土佐国幡多郡中村
愚斎
　清水 六兵衛（1代）　きよみず・ろくべえ　1738〜1799　京都清水焼の名工　㊁摂津島上郡
愚蒙
　愚蒙　ぐもう　1683〜1761　徳川中期の僧

【虞】

虞山
　加藤 一純　かとう・いちじゅん　1721〜1793　江戸時代中期の武士

【空】

〔宿屋〕空々
　児玉 空々　こだま・くうくう　1735〜1811　江戸時代中期〜後期の琴楽家
空也
　空也　くうや　900?〜970?　市聖（若しくは市上人、阿弥陀聖）と呼ばれた踊念仏の開祖　㊁京都
空中
　高橋 道八（1代）　たかはし・どうはち　1740〜1804　京都の陶工　㊁伊勢亀山藩
空中斎〈号〉
　本阿弥 光甫　ほんあみ・こうほ　1601〜1682　相剣、製陶家
空性
　重仁親王　しげひとしんのう　1140〜1162　崇徳天皇の第1皇子
空性
　了源　りょうげん　1295〜1336　鎌倉時代の僧
空性法親王
　空性法親王　くうしょうほうしんのう　1573〜1650　陽光太上天皇（誠仁親王）第2王子
空阿
　遅月庵 空阿　ちげつあん・くうあ　1750〜1812　江戸時代後期の僧、俳人
空室〈号〉
　秋元 正一郎　あきもと・しょういちろう　1823〜1862　幕末の国学者　㊁播磨国姫路
空海
　空海　くうかい　774〜834　真言宗の開祖、本邦入木道の祖師　㊁讃岐国屏風ケ浦
空草庵〈号〉
　榎並 舎羅　えなみ・しゃら　徳川中期の俳人　㊁大阪
空華斎士〈号〉
　大島 完来　おおしま・かんらい　1748〜1817　徳川中期の俳人　㊁伊勢津
空華道人
　義堂 周信　ぎどう・しゅうしん　1324〜1388　南北朝時代の禅僧（臨済宗）、五山文学者
空斎
　長岡 住右衛門（2代）　ながおか・すみえもん　〜1859　出雲楽山の陶工
空斎〈号〉
　嵐窓　らんそう　〜1838　化政期の俳人
空然〈号〉
　松本 梶柯　まつもと・さいか　1785〜1840　徳川中期の俳人　㊁江戸
空閑〈号〉
　稲津 祇空　いなつ・ぎくう　1663〜1733　徳川中期の俳人　㊁大阪堺
空鉢上人〈別号〉
　慈信　じしん　平安朝初期の僧、宝寺の開山
空摩〈号〉
　大島 蓼太　おおしま・りょうた　1718〜1787　徳川中期の俳人　㊁信州伊那郡大島
空羅〈別称〉
　松本 顧一　まつもと・こげん　1817〜1881　幕末明治の俳人　㊁江戸
空願〈名〉
　皆虚　かいきょ　徳川初期の俳人、貞徳系

【寓】

寓所〈号〉
　坂上 忠介　さかがみ・ただすけ　1818〜1890　幕末明治時代の漢学者　㊁長門国萩

ぐう（嵎, 隅）　くつ（堀）　くめ（粂）　くん（君, 珺）

寓窩子〈号〉
　川口 竹人　かわぐち・ちくじん　徳川中期の俳人
　⑱伊賀

【嵎】

嵎夷〈号〉
　秋元 澹園　あきもと・たんえん　江戸時代中期の儒者

【隅】

隅叟〈別号〉
　浦野 知周　うらの・ともちか　1744〜1823　徳川中期の伊勢崎藩大目付

【堀】

堀河女御
　藤原 昭子　ふじわらの・しょうし　後三条天皇の女御
堀河女御
　藤原 延子　ふじわらの・えんし　?〜1019　敦明親王（小一条院）の妃
堀南嶼〈号〉
　菅 甘谷　すが・かんこく　1690〜1764　江戸中期の儒学者　⑱江戸
堀越公方
　足利 政知　あしかが・まさとも　1435〜1491　足利将軍家の一族、将軍義教の第3子で義政の弟

【粂】

粂三郎(1代)〈前名〉
　岩井 半四郎(5代)　いわい・はんしろう　1776〜1847　文化文政時代の歌舞伎俳優、若女方を代表する名優　⑱江戸
粂三郎(2代)
　岩井 半四郎(6代)　いわい・はんしろう　1799〜1836　文政・天保時代の歌舞伎俳優、若女方の名優　⑱江戸
粂三郎(3代)〈前名〉
　岩井 半四郎(8代)　いわい・はんしろう　1829〜1882　幕末・明治時代の歌舞伎俳優、若女方の名優　⑱江戸住吉町
粂之助
　今村 粂之助　いまむら・くめのすけ　寛文・延宝時代の若女方の俳優、今村系祖
粂之助〈通称〉
　斎藤 高行　さいとう・たかゆき　〜1894　幕末明治の篤行家、中村藩士にして二宮尊徳の高弟
〔村山〕粂之助〈初名〉
　今村 粂之助　いまむら・くめのすけ　寛文・延宝時代の若女方の俳優、今村系祖
粂次郎〈通称〉
　原 更山　はら・こうざん　1768〜1845　徳川末期の漆工

【君】

君山
　松平 君山　まつだいら・くんざん　1697〜1783　尾張藩の儒者　⑱名古屋
君玉〈字〉
　海野 蠖斎　うんの・かくさい　1748〜1833　徳川中期の書画家
君田〈字〉
　美馬 君田　みま・くんでん　1812〜1874　幕末の志士
君安
　田中 金峰　たなか・きんぽう　1844〜1862　江戸時代後期の儒者
君舟〈号〉
　生山 正方　いくやま・まさかた　1764〜1830　徳川中期の国学者　⑱甲斐
君威〈字〉
　吉分 大魯　よしわけ・だいろ　〜1778　徳川中期の俳人　⑱阿波徳島
君洞〈号〉
　古屋 真章　ふるや・さねあき　1729〜1806　徳川中期の国学者　⑱甲斐東八代郡一宮村
君美〈名〉
　新井 白石　あらい・はくせき　1657〜1725　江戸時代中期の儒者、政治家、史学者、地理学者、言語学者　⑱江戸柳原
君美
　中根 東平　なかね・とうへい　1741〜1805　江戸時代中期〜後期の儒者
君栗〈字〉
　下郷 学海　しもさと・がくかい　1742〜1790　徳川中期の俳人　⑱尾張鳴海
君浦〈号〉
　宮内 喜雄　みやうち・よしお　1826〜1900　幕末明治の国学者
〔国〕君麻呂
　国中連 公麻呂　くになかのむらじ・きみまろ　〜774　奈良時代の鋳工
君裕〈字〉
　津阪 東陽　つさか・とうよう　1757〜1825　江戸時代の儒者　⑱伊勢・津
君峰〈字〉
　古川 謙　ふるかわ・けん　1783〜1837　幕末の算家
君徳
　小出 君徳　こいで・くんとく　幕末の解剖学者　⑱備後
君紳〈字〉
　堀 勝名　ほり・かつな　1716〜1793　熊本藩の家臣
君彝〈字〉
　田能村 竹田　たのむら・ちくでん　1777〜1835　徳川中期の文人画家　⑱豊後直入郡竹田村
君績〈字〉
　柘植 葛城　つげ・かつらぎ　1804〜1874　幕末・維新期の草莽　⑱河内国安宿郡国分村
君翼〈号〉
　笹野 春泉　ささの・しゅんせん　1798〜1864　徳川末期の医家、狂歌師にして岡山藩士　⑱備前
君巌〈字〉
　富永 正翼　とみなが・まさしげ　1698〜1771　江戸時代中期の儒者、医師

【珺】

くん（薫）　ぐん（軍，郡，群）　け（祁）　けい（兄，刑，圭，形，径，勁）

珺璋〈号〉
　古川 氏清　ふるかわ・うじきよ　1758～1820　和算家

【薫】

薫
　正墻 薫　しょうがき・かおる　1818～1876　江戸末期の鳥取藩士、儒者
薫子
　若江 薫子　わかえ・におこ　1835～1881　女流漢学者　㊗京都
薫松軒〈号〉
　石川 太浪　いしかわ・たいろう　1766～1817　江戸中期の幕臣、画工
薫卿〈字〉
　荒木田 興正　あらきだ・おきまさ　伊勢山田の祠官
薫梅子
　土井 薫梅　どい・くんばい　江戸時代中期の歌人
薫堂〈号〉
　腹唐 秋人　はらから・あきんど　1758～1821　書家、狂歌師

【軍】

軍太郎
　田中 正雄　たなか・まさお　1842～1866　明治維新時代広島藩出身の志士

【郡】

郡上侍従
　稲葉 貞通　いなば・さだみち　1546～1603　織豊時代の武将、豊後臼杵城主
郡兵衛
　犬上 郡兵衛　いぬがみ・ぐんべえ　1705～1780　柔術、扱心流中興の祖とされる

【群】

〔牧野〕群馬
　小笠原 只八　おがさわら・ただはち　1829～1868　幕末・維新期の政治家　㊗土佐国高知江ノ口
〔牧野〕群馬
　小笠原 唯八　おがさわら・ただはち　1829～1868　土佐藩士　㊗高知城下大川筋

【祁】

祁季之進〈通称〉
　広沢 真臣　ひろさわ・さねおみ　1833～1871　幕末明治の勤王家、萩藩士　㊗長門国萩十日市

【兄】

兄之〈本名〉
　吉川 五明　きっかわ・ごめい　1730～1803　徳川中期の俳人　㊗秋田
兄雄
　阿倍 兄雄　あべの・あにお　～808　平安前期の官僚
〔阿部〕兄雄
　阿倍 兄雄　あべの・あにお　～808　平安前期の官僚

【刑】

刑部〈通称〉
　荒木田 盛員　あらきだ・もりかず　1635～1687　徳川初期の国学者
刑部〈通称〉
　荒木田 盛徴　あらきだ・もりずみ　1596～1663　徳川初期の国学者、伊勢内宮禰宜
刑部
　大谷 吉継　おおたに・よしつぐ　1559～1600　織豊時代の武将
〔尾〕刑部
　高野 越中守　たかの・えっちゅうのかみ　秀次の馬廻組頭
刑部卿法印
　青木 重直　あおき・しげなお　1528～1613　秀吉の臣
刑部親王
　刑部親王　おさかべしんのう　～705　天武天皇の第9皇子

【圭】

圭次郎〈別名〉
　小沢 清次郎　おざわ・せいじろう　1850～　留学生、橘耕斎にロシア語を習う
圭洲
　飛鳥 圭洲　あすか・けいしゅう　～1755　徳川中期の漢学者　㊗長崎
圭徐
　大透 圭徐　だいとう・けいじょ　1525～1598　戦国～織豊時代の僧
圭斎
　大西 圭斎　おおにし・けいさい　徳川時代後期の画家　㊗江戸
圭頓
　悟宗 圭頓　ごしゅう・けいとん　1473～1555　室町時代の僧、肥前妙雲寺（曹洞宗）開山　㊗肥後
圭蔵〈通称〉
　村井 鳳洲　むらい・ほうしゅう　1814～1874　幕末明治初期の俳人　㊗奥州

【形】

形役庵〈号〉
　古沢 鷺動　ふるさわ・らんどう　1665～1686　徳川中期の俳人　㊗摂州伊丹

【径】

径童（1代）
　一睡庵 径童　いっすいあん・けいどう　江戸時代中期の俳人
径童（2代）
　佐々木 径童　ささき・けいどう　1718～1787　江戸時代中期の俳人

【勁】

けい（契, 奎, 荊, 堨, 奚, 恵, 桂）

勁節堂〈別号〉
　菅 春風　すが・しゅんぷう　1820〜1902　幕末・明治の国学者、松代藩士

【契】

契月〈号〉
　原 久胤　はら・ひさたね　1792〜1844　歌人　⊕相模大槻
契沖
　契沖　けいちゅう　1640〜1701　国学者　⊕尼崎
〔円珠庵〕契沖
　契沖　けいちゅう　1640〜1701　国学者　⊕尼崎
契聞
　不聞 契聞　ふもん・かいもん　1302〜1369　鎌倉〜南北朝時代の僧

【奎】

奎堂
　松本 奎堂　まつもと・けいどう　1830〜1863　幕末期の志士、刈谷藩士、天誅組総裁　⊕三河国刈谷

【荊】

荊口
　宮崎 荊口　みやざき・けいこう　徳川中期の俳人、美濃大垣の藩士
荊山〈号〉
　大江 維輯　おおえ・いしゅう　1763〜1811　徳川中期の儒者　⊕京都
荊山
　日尾 荊山　ひお・けいざん　1789〜1859　徳川末期の儒者　⊕武蔵国秩父郡日尾村

【堨】

堨堂〈号〉
　馬屋原 重帯　まやはら・しげよ　1762〜1836　徳川中期の儒者　⊕備後品治郡（今の芦品郡）向永谷村

【奚】

奚疑〈別称〉
　竹田 出雲（1代）　たけだ・いずも　〜1747　江戸時代の浄瑠璃作家、大坂竹本座の座元

【恵】

恵心
　源信　げんしん　942〜1017　平安中期の天台宗の僧　⊕大和国北葛城郡当麻
恵心僧都
　源信　げんしん　942〜1017　平安中期の天台宗の僧　⊕大和国北葛城郡当麻
恵日
　薬師恵日　くすしのえにち　最初の遣唐使
恵右衛門弘言〈別称〉
　日根野 弘亨　ひねの・ひろあき　1786〜1854　儒者
恵旭
　恵旭　えきょく　江戸中期の真宗大谷派の僧　⊕三河

恵林院
　足利 義稙　あしかが・よしたね　1466〜1523　足利10代将軍
恵空
　邦高親王　くにたかしんのう　1456〜1532　伏見宮貞常親王（後崇光太上天皇）の第1皇子
恵乗〈名〉
　鷺十　ろじゅう　〜1790　徳川中期の俳人、丹後橘立真照寺の住職
恵俊〈本名〉
　都太夫 一中（1世）　みやこだゆう・いっちゅう　1650〜1724　一中節の家元
恵俊
　巴鼻庵　はびあん　加賀の禅僧
恵春
　観心女王　かんしんにょおう　1434〜1490　安禅寺宮、後花園天皇第1皇女
恵春
　恵春　えしゅん　織豊時代の南蛮流医僧　⊕加賀
恵音
　興隆　こうりゅう　1759〜1842　江戸時代後期の僧
恵尊法親王
　静尊法親王　せいそんほうしんのう　後醍醐天皇の皇子
恵湛
　象海 恵湛　ぞうかい・えたん　1682〜1733　江戸時代中期の僧
恵運
　恵運　えうん　798〜869　平安朝時代の僧、安祥寺の開山　⊕京都
恵総
　慧聰　えそう　6世紀末に渡来した百済の僧
恵観
　一条 昭良　いちじょう・あきよし　1605〜1672　関白左大臣
恵灌
　恵灌　えかん　7世紀前半に渡来した高句麗の僧
恵鎮
　円観　えんかん　1281〜1356　鎌倉時代天台宗の律僧　⊕近江国坂本
恵瓊
　安国寺 恵瓊　あんこくじ・えけい　〜1600　安芸安国寺の僧、武田氏の遺孤
〔瑤甫〕恵瓊
　安国寺 恵瓊　あんこくじ・えけい　〜1600　安芸安国寺の僧、武田氏の遺孤
恵灌
　恵灌　えかん　7世紀前半に渡来した高句麗の僧

【桂】

桂〈名〉
　平巌 仙山　ひらいわ・せんざん　徳川初期の儒者　⊕京都東山
桂二坊〈別号〉
　内田 沾山　うちだ・せんざん　〜1758　徳川中期の俳人
桂子〈別名〉
　中村 大吉（3代）　なかむら・だいきち　1815〜1857　大阪の歌舞伎俳優

号・別名辞典　古代・中世・近世　111

桂山
多紀 桂山　たき・けいざん　1755～1810　江戸時代の医者
桂山居士〈別号〉
長井 雲坪　ながい・うんぺい　1833～1899　南画家　[出]越後沼垂
桂川〈号〉
江森 月居　えもり・げっきょ　1756～1824　徳川中期の俳人　[出]京都
桂中楼白瑛〈号〉
福地 白瑛　ふくち・はくえい　浮世絵師、作家
桂五
桂五　けいご　～1812　化政期の俳人　[出]名古屋
〔金森〕桂五
桂五　けいご　～1812　化政期の俳人　[出]名古屋
〔長野〕桂次郎〈別名〉
立石 斧次郎　たていし・おのじろう　1843～1917　オランダ通詞、英語通詞、英語教育、ハワイ移民に尽力
桂羽
粟田口 桂羽　あわたぐち・けいう　1779～1821　徳川幕府の御絵坊主
桂寿〈別名〉
近松 加造　ちかまつ・かぞう　寛政―天保時代の大阪の浄瑠璃作者、歌舞伎狂言作者
桂花
幸島 桂花　ゆきしま・けいか　1830～1899　俳諧師　[出]遠江国佐野郡掛川
桂花園(2世)〈号〉
幸島 桂花　ゆきしま・けいか　1830～1899　俳諧師　[出]遠江国佐野郡掛川
桂昌院
桂昌院　けいしょういん　1624～1705　徳川3代将軍家光の側室、将軍綱吉の生母　[出]京都
桂舎〈舎号〉
入谷 澄士　いりや・ちょうし　1806～1882　幕末・明治の文学者　[出]高松
桂悟
了庵 桂悟　りょうあん・けいご　1425～1514　室町時代中期の僧侶（臨済宗）、東福寺・南禅寺住持　[出]伊勢
〔了菴〕桂悟
了庵 桂悟　りょうあん・けいご　1425～1514　室町時代中期の僧侶（臨済宗）、東福寺・南禅寺住持　[出]伊勢
桂庵
古林 見宜　ふるばやし・けんぎ　1579～1657　江戸時代前期の医師
桂斎白豪〈号〉
浅野 西湖　あさの・せいこ　徳川末期の江戸の画家
桂葉〈号〉
役 尊為　えき・たかため　1624～1706　徳川初期の国学者　[出]羽後能代
桂葉下〈号〉
二木 白図　ふたつぎ・はくと　～1801　徳川中期の俳人　[出]名古屋の塩町
桂園〈号〉
岡村 尚謙　おかむら・しょうけん　江戸後期の本草学者　[出]江戸
桂園
秋場 桂園　あきば・けいえん　1813～1895　徳川末期より明治中期に互る儒者　[出]下総
桂園〈号〉
藤尾 景秀　ふじお・かげひで　1796～1868　歌人
桂園
森田 岡太郎　もりた・おかたろう　1812～1861　江戸時代後期の武士
桂蔭〈号〉
春原 定信　はるはら・さだのぶ　1812～1886　国学者

【珪】

珪琳
松木 珪琳　まつき・けいりん　～1742　徳川中期の俳人　[出]江戸
珪琳斎〈号〉
松木 珪琳　まつき・けいりん　～1742　徳川中期の俳人　[出]江戸

【啓】

啓
岡田 啓　おかだ・けい　1781～1860　徳川末期の歴史家
啓〈名〉
佐久間 象山　さくま・しょうざん　1811～1864　幕末の学者、開国論者　[出]信州松代
啓
鳥山 啓　とりやま・ひらく　1837～1914　理学者　[出]紀伊田辺
啓〈名〉
藤井 竹外　ふじい・ちくがい　1807～1866　徳川末期の詩儒　[出]摂津
啓明堂〈号〉
鳥山 啓　とりやま・ひらく　1837～1914　理学者　[出]紀伊田辺
啓書記
祥啓　しょうけい　室町時代の画僧　[出]下野
啓益
香月 啓益　かげつ・けいえき　1656～1740　江戸中期の医者　[出]筑前
〔吉田〕啓斎
望月 武然　もちずき・ぶぜん　1720～1803　徳川中期の俳人
啓輔〈通称〉
岡 千仞　おか・せんじん　1833～1914　幕末・明治時代の漢学者、漢詩人　[出]仙台

【渓】

渓南〈号〉
浦上 盛栄　うらがみ・もりひで　1767～1820　徳川中期の公益家　[出]備後蘆品郡府中
渓翁〈別号〉
北向 雲竹　きたむき・うんちく　1632～1703　徳川中期の京都の書家
〔水野〕渓斎
小川 鈴之　おがわ・すずゆき　1821～1893　幕末維新の勤王家　[出]下総国結城郡
渓琴

けい（経, 絅, 毉, 敬）

菊池 渓琴　きくち・けいきん　1798～1881　維新の志士　㊁紀州有田郡
〔垣内〕渓琴
菊池 渓琴　きくち・けいきん　1798～1881　維新の志士　㊁紀州有田郡
渓隣〈号〉
足立 信頭　あだち・しんとう　1769～1845　江戸末期の暦術家　㊁大阪

【経】

経子
橋本 経子　はしもと・つねこ　1826～1865　堂上公家（羽林家）、仁孝天皇女房
〔中御門〕経任
藤原 経任　ふじわらの・つねとう　1233～1297　鎌倉時代の公卿
経光
土佐 行広　とさ・ゆきひろ　室町時代の画家
〔藤原〕経光
広橋 経光　ひろはし・つねみつ　1212～1274　鎌倉時代の公卿、歌人
〔中村〕経年
松亭 金水　しょうてい・きんすい　1795～1862　江戸中末期の戯作者
経成〈名〉
岡見 留次郎　おかみ・とめじろう　1842～1864　幕末の志士、水戸藩士
経宗
大炊御門 経宗　おおいみかど・つねむね　1119～1189　平安時代末期の廷臣、従1位左大臣
〔藤原〕経宗
大炊御門 経宗　おおいみかど・つねむね　1119～1189　平安時代末期の廷臣、従1位左大臣
経定
山本 経定　やまもと・けいてい　1687～1734　江戸時代中期の俳人
経房
吉田 経房　よしだ・つねふさ　1142～1200　平安朝末の廷臣
〔藤原〕経房
吉田 経房　よしだ・つねふさ　1142～1200　平安朝末の廷臣
経俊
首藤 経俊　すどう・つねとし　1137～1225　鎌倉時代の武将、源頼朝の臣
〔山内〕経俊
首藤 経俊　すどう・つねとし　1137～1225　鎌倉時代の武将、源頼朝の臣
〔荒川〕経晃
中川 経晃　なかがわ・つねてる　1650～1724　江戸時代前期～中期の神職、国学者
経基
源 経基　みなもとの・つねもと　～961　平安中期の武将
〔松平〕経隆
柳沢 経隆　やなぎさわ・つねたか　1695～1725　江戸時代中期の大名
〔藤原〕経隆
土佐 経隆　とさ・つねたか　鎌倉時代の画家
経覚
一乗院 経覚　いちじょういん・きょうかく　1395～1473　室町時代の法相宗の僧
〔大乗院〕経覚
経覚　きょうがく　1395～1473　室町時代の僧
経幹
吉川 経幹　きっかわ・つねもと　1829～1869　周防岩国藩主
経照
蓮秀　れんしゅう　1481～1552　戦国時代の僧
経豊〈名〉
竹田 春江　たけだ・しゅんこう　1683～1759　徳川中期熊本藩の兵学者
経雅
荒木田 経雅　あらきだ・つねただ　1742～1805　徳川中期の国学者、祠官　㊁伊勢
〔中川〕経雅
荒木田 経雅　あらきだ・つねただ　1742～1805　徳川中期の国学者、祠官　㊁伊勢
経種
枝吉 経種　えだよし・つねたね　1822～1862　幕末の志士　㊁佐賀郡今津
経顕
勧修寺 経顕　かじゅうじ・つねあき　1298～1373　公卿
〔藤原〕経顕
勧修寺 経顕　かじゅうじ・つねあき　1298～1373　公卿

【絅】

絅斎〈号〉
綾部 絅斎　あやべ・けいさい　1676～1750　徳川中期の豊後杵築藩の儒者　㊁豊後
絅斎
浅見 絅斎　あさみ・けいさい　1652～1711　徳川中期の儒者　㊁近江高島郡太田村

【毉】

毉文会
毉文会　けいもんえ　飛鳥時代の仏工

【敬】

敬〈名〉
岡田 季誠　おかだ・きせい　徳川中期の陽明学者
〔李〕敬〈朝鮮名〉
高麗左衛門　こうらいざえもん　1569～1643　長門萩焼の祖
敬之
井田 青峰　いだ・せいほう　江戸時代中期の書家、篆刻家
敬元〈字〉
荒川 天散　あらかわ・てんさん　1652～1734　徳川中期の漢学者　㊁山城国
敬夫〈字〉
田中 玄蕃（10代）　たなか・げんばん　1778～1849　醬油醸造家
敬立〈字〉
天田 菁莪　あまだ・せいが　幕末の医家にして俳人
敬仲〈字〉

けい（景）

原 恭胤　はら・やすたね　1748～1793　徳川中期の儒者
敬宇〈号〉
中村 敬宇　なかむら・けいう　1832～1891　明治初年に於ける教育家、道徳家及び文章家　㊧江戸
敬西房
信瑞　しんずい　?～1279　鎌倉時代の僧
敬忠〈本名〉
松本 楓湖　まつもと・ふうこ　1840～1923　日本画家　㊧常陸国河内郡寺内村
敬忠
瀬下 敬忠　せしも・よしただ　1709～1789　徳川中期の国学者
敬明
足羽 敬明　あすわ・もりあき　1672～1759　徳川中期の国学者、神道家　㊧越前福井
敬法門院
敬法門院　けいほうもんいん　1657～1732　第111代霊元天皇の後宮
敬雨〈号〉
稲津 祇空　いなつ・ぎくう　1663～1733　徳川中期の俳人　㊧大阪堺
敬祐〈名〉
船越 晋　ふなこし・しん　徳川中期の作家
敬卿〈字〉
斎藤 誠軒　さいとう・せいけん　1826～1876　徳川末期伊勢津藩の儒者
敬時堂〈別号〉
太田 晩成　おおた・ばんせい　1799～1865　徳川末期の江戸の儒者
〔藤川〕敬造〈本名〉
玉楮 象谷　たまかじ・ぞうこく　1805～1869　高松の漆工
敬隆〈名〉
天野 鵲橋　あまの・じゃくきょう　1792～1857　江戸末期の篆刻家
〔青山〕敬慎
芙蓉亭 文雄　ふようてい・ふみお　狂歌師
敬業
大塚 敬業　おおつか・けいぎょう　1821～1874　徳川末期の富山藩儒者
敬義〈名〉
今井 栄　いまい・さかえ　～1869　久留米藩士
敬義〈名〉
樋口 道立　ひぐち・どうりゅう　1732～1812　徳川中期の俳人にして儒者　㊧京都
〔中井〕敬義
腹唐 秋人　はらから・あきんど　1758～1821　書家、狂歌師
敬輔〈通称〉
岡 千仞　おか・せんじん　1833～1914　幕末・明治時代の漢学者、漢詩人　㊧仙台
敬輔〈名〉
中村 敬宇　なかむら・けいう　1832～1891　明治初年に於ける教育家、道徳家及び文章家　㊧江戸
敬儀
田山 敬儀　たやま・たかのり　1766～1814　徳川中期の歌人　㊧伊賀上野
敬敷〈名〉
託間 樊六　たくま・はんろく　1833～1864　幕末の鳥取藩士

敬蔵〈通称〉
高本 順　たかもと・したごう　1738～1813　徳川中期の儒者
敬蔵〈通称〉
福原 濔水　ふくはら・はすい　1777～1806　徳川末期の儒者
敬簡
木下 浄庵　きのした・じょうあん　江戸時代前期の儒者
敬顕
田村 宗顕　たむら・むねあき　1784～1827　江戸時代後期の大名

【景】

景三
横川 景三　おうせん・けいさん　1429～1493　室町時代の禅僧（臨済宗）　㊧播磨
景久〈別名〉
加藤 景豊　かとう・かげとよ　美濃大平窯の開祖
〔大庭〕景久
股野 五郎　またの・ごろう　相模の武族
〔大庭〕景久
俣野 景久　またの・かげひさ　?～1183　平安時代後期の武将
景三〈号〉
藤岡 有貞　ふじおか・ありさだ　1820～1849　江戸末期の和算家、雲州松江藩士　㊧出雲国松江
景山
溝口 直諒　みぞぐち・なおあき　1799～1858　江戸時代後期の大名
景山
大野 景山　おおの・けいざん　1786～1864　江戸時代後期の俳人
景之〈名〉
樋口 十三郎　ひぐち・じゅうざぶろう　徳川初期の剣客　㊧上野多野郡入野村馬庭
景元〈名〉
遠山 景元　とおやま・かげもと　～1855　徳川末期の名町奉行
景元〈字〉
荒川 天散　あらかわ・てんさん　1652～1734　徳川中期の漢学者　㊧山城国
景友
山岡 景友　やまおか・かげとも　1540～1603　秀吉お咄の衆
景文
松村 景文　まつむら・けいぶん　1779～1843　四条派画家　㊧京都
景文〈字〉
松本 交山　まつもと・こうざん　1784～1866　画家　㊧江戸
景方〈名〉
辻 荻子　つじ・てきし　～1729　徳川中期の俳人、伊賀上野の藩士
景右衛門昌逸〈通称〉
秋山 文鳥　あきやま・ぶんちょう　徳川中期の俳人
景正
加藤 景正　かとう・かげまさ　1168～1249　尾張瀬戸焼中興の祖　㊧大和
景正

山本 春正（2代） やまもと・しゅんしょう ～1707 京都の蒔絵師
景正
肥田 景正 ひだ・かげまさ 1817～1889 幕末の志士 [出]日向国都城
〔平〕景正
鎌倉 景政 かまくら・かげまさ 平安末期の武士 [出]相模国鎌倉
景成
加藤 景成 かとう・かげなり 美濃大萱窯の開祖
景行
朝倉 源太郎 あさくら・げんたろう 1836～1865 幕末の武士
景秀
藤尾 景秀 ふじお・かげひで 1796～1868 歌人
景見
相川 景見 あいかわ・かげみ 1811～1875 徳川末期・明治初期の国学者
景国
加藤 藤三郎 かとう・とうざぶろう 尾張瀬戸窯本家の3世
景忠〈字〉
疋田 豊五郎 ひきた・ぶんごろう 1537?～1605 近世初頭の剣術家、疋田新陰流の祖
景房
加藤 唐左衛門（3代） かとう・とうざえもん 尾張瀬戸の陶業家
景明
大場 景明 おおば・かげあき 1719～1785 江戸中期の暦算家、水戸藩士 [出]水戸
景直
肥田 景直 ひだ・かげなお 1843～1868 幕末の志士
景虎
上杉 謙信 うえすぎ・けんしん 1530～1578 戦国時代の武将 [出]越後国頚城郡
〔長尾〕景虎
上杉 謙信 うえすぎ・けんしん 1530～1578 戦国時代の武将 [出]越後国頚城郡
景金園〈号〉
住吉 広行 すみよし・ひろゆき 1754～1811 徳川中期の土佐派の画家、幕府の絵師
景保〈名〉
高橋 景保 たかはし・かげやす 1785～1829 江戸中期の天文学者 [出]大坂
景則
御牧 景則 みまき・かげのり ～1600 秀吉馬廻
景則
大場 景則 おおば・かげのり 江戸中期の暦学者、享保頃の人
〔四手井〕景則
御牧 景則 みまき・かげのり ～1600 秀吉馬廻
景政
鎌倉 景政 かまくら・かげまさ 平安末期の武士 [出]相模国鎌倉
景春
加藤 景春 かとう・かげはる ～1566 尾張瀬戸の陶工
景倫
上杉 綱憲 うえすぎ・つなのり 1663～1704 江戸時代前期の大名
〔葛山〕景倫
願性 がんしょう ?～1276 鎌倉時代の武士、僧
景兼〈字〉
疋田 豊五郎 ひきた・ぶんごろう 1537?～1605 近世初頭の剣術家、疋田新陰流の祖
景晋
遠山 景晋 とおやま・かげくに 1764～1837 徳川中期の幕臣
景能
岡上 景能 おかのぼり・かげよし 1630?～1687 江戸前期の民政家
景能〈名〉
大庭 景義 おおば・かげよし ～1210 鎌倉前期の武士
〔張〕景婉
梁川 紅蘭 やながわ・こうらん 1804～1879 幕末・維新期の女流詩人、画家 [出]美濃国安八郡曽根村
景惇
梶原 藍渠 かじわら・らんきょ 1763～1834 江戸時代後期の歴史家
景清
平 景清 たいらの・かげきよ ～1196 平氏の侍大将 [出]伊勢
〔悪七兵衛〕景清
平 景清 たいらの・かげきよ ～1196 平氏の侍大将 [出]伊勢
〔藤原〕景清
平 景清 たいらの・かげきよ ～1196 平氏の侍大将 [出]伊勢
景盛
加藤 唐左衛門（2代） かとう・とうざえもん 尾張瀬戸の陶業家
〔大神〕景貫
山井 青霞 やまのい・せいか 1708～1795 徳川中期の儒者 [出]京都
景郷
加藤 仁兵衛 かとう・にへえ 尾張赤津の陶工
景勝
上杉 景勝 うえすぎ・かげかつ 1555～1623 織豊時代及び徳川初期の武将、大名 [出]越後上田
景陽〈字〉
北条 霞亭 ほうじょう・かてい 1780～1823 江戸後期の儒学者、伊勢林崎文庫の長 [出]志摩国的矢
景雄〈名〉
下郷 伝芳 しもさと・でんぽう 1763～1820 徳川中期の俳人 [出]尾張鳴海
景雄
三島 景雄 みしま・かげお 1727～1812 徳川中期の国学者 [出]江戸
景雲
井鳥 景雲 いとり・けいうん 1701～1782 徳川中期肥後の武術家 [出]肥後東武士器町
景順
朝倉 茂入（2代） あさくら・もにゅう 江戸前期の古筆鑑定家
景順〈諱〉
末永 虚舟 すえなが・きょしゅう 1635～1729 徳川中期の地理学者 [出]久留米
景愛尼
無外 如大 むがい・にょだい 鎌倉時代の尼僧

けい（軽, 傒, 継, 銈, 慶）

景義
　大庭 景義　おおば・かげよし　～1210　鎌倉前期の武士
景豊
　加藤 景豊　かとう・かげとよ　美濃大平窯の開祖
景綱〈名〉
　片倉 小十郎　かたくら・こじゅうろう　1557～1615　仙台藩伊達氏の重臣
〔伊原〕景綱
　藤原 景綱　ふじわらの・かげつな　平安時代後期の武将
景総
　朝倉 元景　あさくら・もとかげ　?～1505　室町～戦国時代の武将
景範
　加藤 景範　かとう・かげのり　1720～1796　徳川中期の歌人　㊥大阪
景樹
　香川 景樹　かがわ・かげき　1768～1843　江戸時代の歌人　㊥因幡国（鳥取県）鳥取
景衡
　朝倉 景衡　あさくら・かげひら　徳川中期正徳頃の国学者、幕臣
景賢〈名〉
　辻 荻子　つじ・てきし　～1729　徳川中期の俳人、伊賀上野の藩士
景頼
　朝倉 茂入（2代）　あさくら・もにゅう　江戸前期の古筆鑑定家
景蘇軒〈斎号〉
　向山 一履　むこうやま・かずふみ　1826～1897　幕臣、漢詩人、駐仏全権公使としてナポレオン三世に謁見

【軽】

軽
　軽　かる　～1702　徳川中期京都の妓　㊥山城国京都
軽大郎女
　衣通郎女　そとおしのいらつめ　5世紀中葉允恭天皇の妃
軽太子
　木梨 軽太子　きなしの・かるのたいし　允恭天皇の皇子
軽皇子
　孝徳天皇　こうとくてんのう　～654　第36代の天皇
軽皇子
　文武天皇　もんむてんのう　683～707　第42代天皇
軽挙道人〈別号〉
　酒井 抱一　さかい・ほういつ　1761～1828　徳川末期の画家にして俳人　㊥神田小川町
軽鷗〈号〉
　昨非窓 左明　さくひそう・さめい　1711～1760　徳川中期の俳人　㊥江戸

【傒】

傒志

岡田 傒志　おかだ・けいし　徳川中期の人、摂陽群談を著す

【継】

〔木村〕継次〈本名〉
　芹沢 鴨　せりざわ・かも　～1863　新撰組の首領
継覚
　大初 継覚　たいしょ・けいがく　1345～1413　南北朝～室町時代の僧
継縄
　藤原 継縄　ふじわらの・つぐただ　727～796　奈良平安時代の朝臣

【銈】

〔飯田〕銈之助〈通称〉
　宝松庵 一玉（2世）　ほうしょうあん・いちぎょく　1823～1883　遠州流挿花家

【慶】

慶入〈楽家11代〉〈号〉
　楽 吉左衛門（11代）　らく・きちざえもん　1817～1902　京都楽焼の家元
慶千代〈幼名〉
　向井 去来　むかい・きょらい　1651～1704　徳川中期の俳人　㊥長崎
慶山
　河畑 慶山　かわばた・けいざん　1707～1750　江戸時代中期の俳人
慶友
　慶友　けいゆう　織豊時代の医家　㊥葡萄
慶広
　松前 慶広　まつまえ・よしひろ　1549～1616　松前藩主
〔蠣崎〕慶広
　松前 慶広　まつまえ・よしひろ　1549～1616　松前藩主
慶永
　松平 慶永　まつだいら・よしなが　1828～1880　越前福井藩主
〔徳川〕慶永
　松平 慶永　まつだいら・よしなが　1828～1880　越前福井藩主
慶伝
　曽谷 伯庵　そだに・はくあん　1598～1652　江戸時代前期の医師
慶光天皇
　慶光天皇　きょうこうてんのう　1733～1794　追尊太上天皇、光格天皇の父
慶次郎〈前名〉
　杵屋 勝五郎（2代）　きねや・かつごろう　～1853　江戸長唄三絃、弘化・嘉永時代の功者
慶次郎〈通称〉
　青野 太節　あおの・たこう　1764～1828　徳川末期の俳人　㊥下総香取
慶羽
　粟田口 慶羽　あわたぐち・けいう　1723～1791　徳川末期の画家
慶孝〈字〉

小野 素水　おの・そすい　1814～1897　幕末明治の俳人　[出]信濃国上伊那郡小野村
慶寿〈別名〉
近松 加造　ちかまつ・かぞう　寛政―天保時代の大阪の浄瑠璃作者、歌舞伎狂言作者
〔住吉〕慶忍
慶忍　けいにん　鎌倉時代の絵仏師
慶治〈名〉
林 有美　はやし・ゆうび　～1862　江戸末期の碁客
慶阿上人
大熊 弁玉　おおくま・べんぎょく　1818～1880　幕末明治の歌人　[出]江戸浅草
〔曽我〕慶祐
曽谷 慶祐　そだに・けいゆう　織豊時代の医師
慶首座
南坊 宗啓　なんぼう・そうけい　織豊時代の僧、茶人
〔住吉〕慶恩
慶忍　けいにん　鎌倉時代の絵仏師
慶賀
陽春亭 慶賀　ようしゅんてい・けいが　天明寛政頃の狂歌師、戯作者
慶雲院
足利 義勝　あしかが・よしかつ　1434～1443　足利7代将軍、義教の長子
慶順〈通称〉
高本 順　たかもと・したごう　1738～1813　徳川中期の儒者
慶福
徳川 家茂　とくがわ・いえもち　1846～1866　徳川14代将軍　[出]江戸和歌山藩邸（赤坂）
慶徳図書〈号〉
中川 乙由　なかがわ・おつゆう　1675～1739　徳川中期の俳人　[出]伊勢国川崎町
慶蔵〈通称〉
高本 順　たかもと・したごう　1738～1813　徳川中期の儒者

【慧】

慧子内親王
恵子内親王　さとこないしんのう　?～881　文徳天皇の皇女
慧心
竺雲 慧心　じくうん・えしん　～1579　室町・織豊時代の僧、東福・南禅寺主、五山文学者、允芳の法嗣
慧日
東明 慧日　とうみょう・えにち　1271～1340　鎌倉後期・南北朝時代の禅僧（曹洞宗）　[出]宋（中国）明州定海県
慧日光明国師
慈雲 妙意　じうん・みょうい　1274～1345　鎌倉・吉野朝時代の僧、臨済宗国泰寺派祖　[出]信濃
慧広
慧広　えこう　1273～1335　臨済宗の僧
慧玄
関山 慧玄　かんざん・えげん　1277～1360　南北朝時代の禅僧（臨済宗）　[出]信濃
慧印
指月 慧印　しげつ・えいん　1689～1764　江戸時代中期の僧
慧安
東巌 慧安　とうがん・えあん　1225～1277　京都正伝寺（臨済宗）の禅僧　[出]播磨
慧成大師
法然　ほうねん　1133～1212　平安朝時代の高僧、浄土宗の開祖　[出]美作国久米
慧灯大師
蓮如　れんにょ　1415～1499　浄土真宗中興の祖
慧明
了庵 慧明　りょうあん・えみょう　1337～1411　南北朝～室町時代の僧
慧明国師
木庵 性瑫　もくあん・しょうとう　1611～1684　明から来日した僧
慧俊
恵春　えしゅん　織豊時代の南蛮流医僧　[出]加賀
慧海
慧海　えかい　1701～1765　江戸中期、真言高田派の篤学者
慧済
川僧 慧済　せんそう・えさい　?～1475　室町時代の僧
慧猛
慧猛　えみょう　1614～1675　河内野中寺中興の律僧
慧暁
白雲 慧暁　はくうん・えぎょう　1223～1297　東福寺の僧　[出]讃岐国
慧湛
大用 慧堪　だいゆう・えかん　1268～1347　鎌倉～南北朝時代の僧
慧等
覚翁 慧等　かくおう・えとう　?～1610　織豊～江戸時代前期の僧
慧雲
慧雲　えうん　1730～1782　真宗の学匠、芸州轍を開いた人　[出]安芸広島
慧雲
山叟 慧雲　さんそう・えうん　1227～1301　鎌倉時代の僧、東福寺主　[出]武蔵飯沢
慧雲
寥海　りょうかい　?～1611　織豊～江戸時代前期の僧
慧端
道鏡 慧端　どうきょう・えたん　1642～1721　江戸時代前期～中期の僧
慧聡
慧聡　えそう　6世紀末に渡来した百済の僧
慧隠
慧隠　えおん　遣隋使小野妹子に従って留学した学問僧
慧鳳
翺子 慧鳳　こうし・えほう　室町時代の僧侶（臨済宗）、五山文学者　[出]周防
〔翺之〕慧鳳
翺子 慧鳳　こうし・えほう　室町時代の僧侶（臨済宗）、五山文学者　[出]周防
慧澄
慧澄　えちょう　1780～1862　安楽律の再興者にして天台学を興隆せしめた徳川時代後期の高僧　[出]近江滋賀郡仰木村

けい（稽, 蕙, 薊, 褧, 繋, 雞, 瓊, 警, 鶏, 馨）　げい（芸）

慧薆
　鄂隠 慧薆　がくいん・えかつ　1357〜1425　室町前期の禅僧（臨済宗）、五山文学者　㋣筑後
　〔頤隠〕慧薆
　鄂隠 慧薆　がくいん・えかつ　1357〜1425　室町前期の禅僧（臨済宗）、五山文学者　㋣筑後
慧鎮
　円観　えんかん　1281〜1356　鎌倉時代天台宗の律僧　㋣近江国坂本
慧潅
　恵潅　えかん　7世紀前半に渡来した高句麗の僧
慧鶴
　白隠 慧鶴　はくいん・えかく　1685〜1768　徳川時代に於ける臨済禅の復興者　㋣駿河駿東郡浮島

【稽】

稽古楼〈号〉
　石橋 真国　いしばし・まくに　〜1855　国語学者
稽翁〈別号〉
　岡 太玄　おか・たいげん　〜1823　徳川中期の漢詩人　㋣土佐安芸郡安芸町
稽翁〈号〉
　望月 木節　もちずき・ぼくせつ　徳川中期の俳人　㋣近江国大津

【蕙】

蕙斎
　鍬形 蕙斎　くわがた・けいさい　1761〜1824　浮世絵師　㋣江戸
　〔鍬形〕蕙斎
　北尾 政美　きたお・まさよし　1764〜1824　江戸時代中期〜後期の浮世絵師

【薊】

薊山
　川谷 致真　かわたに・ちしん　1704〜1768　徳川中期の暦学家、土佐藩士　㋣土佐
薊瓊入媛
　阿邪美能伊理毘売　あざみのいりびめ　垂仁天皇の妃

【褧】

褧〈名〉
　安部井 帽山　あべい・ぼうざん　1778〜1845　徳川中期の儒者

【繋】

〔御藤原〕繋子
　新皇嘉門院　しんこうかもんいん　1798〜1823　仁孝天皇の女
〔藤原〕繋子
　新皇嘉門院　しんこうかもんいん　1798〜1823　仁孝天皇の女
繋雲〈別号〉
　竺雲 等連　じくうん・とうれん　1390〜1470　南禅寺主、五山文学者

【雞】

雞口
　谷口 雞口　たにぐち・けいこう　1718〜1802　徳川中期の俳人　㋣江戸
雞頭樹屋〈号〉
　関 政方　せき・まさみち　1786〜1861　徳川中期の音韻学者

【瓊】

瓊之舎〈号〉
　日野 資徳　ひの・すけかつ　1848〜1909　幕末明治の歌人　㋣越後新潟古町
瓊翁〈号〉
　仙石 九畹　せんごく・きゅうえん　1768〜1821　徳川中期の画家、高知藩士

【警】

警軒〈号〉
　坂田 丈平　さかた・じょうへい　1839〜1899　漢学者　㋣備中国川上郡九名村

【鶏】

鶏山
　鶏山　けいざん　〜1777　天明期の俳人　㋣信濃佐久町岩村田
鶏頭野客〈号〉
　三輪 素覧　みわ・そらん　徳川中期の俳人　㋣名古屋

【馨】

馨
　井上 馨　いのうえ・かおる　1835〜1915　幕末勤王の志士、明治大正時代の政治家　㋣周防吉敷郡湯田村
馨〈名〉
　斎藤 竹堂　さいとう・ちくどう　1815〜1852　江戸時代末期の儒者　㋣陸奥国遠田郡沼辺村
馨三郎
　小山 馨三郎　おやま・けいざぶろう　1847〜1865　幕末の志士　㋣下野真岡町
　〔小山〕馨之允
　小山 馨三郎　おやま・けいざぶろう　1847〜1865　幕末の志士　㋣下野真岡町

【芸】

芸〈本名〉
　平福 穂庵　ひらふく・すいあん　1844〜1890　日本画家　㋣秋田
芸台
　楠部 子春　くすべ・ししゅん　1760〜1820　徳川中期の漢学者、書家
芸阿弥
　芸阿弥　げいあみ　1431〜1485　室町時代の画家、能阿弥の子
芸庵

原 芸庵　はら・うんあん　1643〜1716　徳川初期の医家　[出]播磨姫路
芸庵
赤塚 芸庵　あかつか・うんあん　〜1692　徳川中期の国学者

【迎】

迎光庵〈号〉
雲鼓　うんこ　〜1728　享保時代の俳人　[出]大和吉野
迎風道人〈号〉
青野 太筇　あおの・たこう　1764〜1828　徳川末期の俳人　[出]下総香取

【輗】

輗
明石 輗　あかし・げい　1788〜1871　徳川末期の書家、鳥取藩士

【鯨】

鯨
庵井 鯨　いおいの・くじら　上古の武人
〔廬井〕鯨
庵井 鯨　いおいの・くじら　上古の武人
鯨児
浪岡 鯨児　なみおか・げいじ　宝暦—明和時代の大阪の浄瑠璃作者
〔並木〕鯨児〈別名〉
浪岡 鯨児　なみおか・げいじ　宝暦—明和時代の大阪の浄瑠璃作者

【劇】

劇神仙（1代）〈別号〉
宝田 寿萊　たからだ・じゅらい　1740〜1796　天明時代の江戸の歌舞伎狂言作者　[出]江戸
劇神仙（2代）
劇神仙（2代）　げきしんせん　江戸の歌舞伎狂言作者

【穴】

穴戸武媛
穴戸武媛　あなとたけひめ　日本武尊の妃
〔吉備〕穴戸武媛
穴戸武媛　あなとたけひめ　日本武尊の妃
穴穂天皇
安康天皇　あんこうてんのう　第20代の天皇、允恭天皇の第3皇子

【血】

血槍九郎
長坂 信政　ながさか・のぶまさ　?〜1572　戦国〜織豊時代の武士

【月】

月々堂〈別号〉
古山 師政　ふるやま・もろまさ　江戸中期の浮世絵師
月下庵〈号〉
吉分 大魯　よしわけ・だいろ　〜1778　徳川中期の俳人　[出]阿波徳島
月丸〈号〉
鴨 北元　かも・ほくげん　1776〜1838　徳川中期の俳人　[出]江戸
月山
菱川 月山　ひしかわ・げつざん　1769〜1816　徳川中期の儒者
月処〈号〉
百武 万里　ひゃくたけ・ばんり　1794〜1854　徳川末期福岡の蘭医　[出]筑前宗像郡福間
月江
明空　みょうくう　1240?〜　鎌倉中期の僧で、早歌（宴曲）の大成者
月池山人〈別号〉
関亭 伝笑　せきてい・でんしょう　徳川中期の戯作者
月池交友〈別号〉
芝 全交（1世）　しば・ぜんこう　1746〜1793　戯作者
月岑〈号〉
斎藤 市左衛門（9代）　さいとう・いちざえもん　1804〜1878　『江戸名所図会』編著者　[出]江戸神田雉子町
月沢道人〈号〉
河野 李由　こうの・りゆう　1662〜1705　徳川中期の俳人
月良
四谷庵 月良　よつやあん・つきよし　1789〜1870　狂歌師
〔津江〕月良
四谷庵 月良　よつやあん・つきよし　1789〜1870　狂歌師
月見庵〈号〉
栗の本 可大　くりのもと・かだい　1807〜1862　徳川中期の俳人　[出]陸奥陸島
月居
江森 月居　えもり・げっきょ　1756〜1824　徳川中期の俳人　[出]京都
月底
三輪 月底　みわ・げってい　1778〜1860　江戸時代後期の俳人
月枝
大潮 元皓　だいちょう・げんこう　1676〜1768　徳川中期黄檗宗の僧　[出]肥前
月歩
月歩　げっぽ　〜1838　幕末期の俳人　[出]岩代の会津高田町
月空居士〈別号〉
沢 露川　さわ・ろせん　1661〜1743　徳川中期の俳人　[出]伊賀国山田郡友生村
月指
美笑軒 月指　びしょうけん・げっし　1644〜1740　徳川中期の華道師範、美笑流宗家4世、京都大徳寺の僧
月洲
岩垣 月洲　いわがき・げっしゅう　1808〜1873　徳川末期より明治初年に亙る儒者　[出]京都

〔巌垣〕月洲
岩垣 月洲　いわがき・げっしゅう　1808～1873　徳川末期より明治初年に亙る儒者　[出]京都
月叟
宝井 月叟　たからい・げっそう　江戸時代後期の俳人
月峰〈号〉
石村 近江（10代）　いしむら・おうみ　～1804　三味線の名工
月峰
辰亮　しんりょう　1760～1839　江戸時代後期の画僧
月華門院〈院号〉
月華門院　げっかもんいん　1247～1269　第88代後嵯峨天皇第1皇女、綜子内親王の院号
月院舎〈別号〉
小沢 何丸　おざわ・なにまる　1760～1837　徳川中期の俳人　[出]信濃水内郡吉田
月巣
山村 月巣　やまむら・げっそう　1730～1785　徳川中期の俳人　[出]出羽村山郡寒河江
月渓
月渓　げっけい　～1811　天明期の画家・俳人　[出]尾張
〔松村〕月渓
月渓　げっけい　～1811　天明期の画家・俳人　[出]尾張
月渚〈別号〉
祐常　ゆうじょう　1723～1773　円満院第37世門跡、画家
月窓
岸田 月窓　きしだ・げっそう　1814～1834　徳川中期の書家
月窓〈号〉
風光　ふうこう　～1755　享保時代の俳人　[出]奥州白河城下
月尋
藤岡 月尋　ふじおか・げつじん　～1715　徳川中期の俳人　[出]大阪
月湛
全苗 月湛　ぜんみょう・げったん　1728～1803　江戸時代中期～後期の僧
月潭〈号〉
平元 梅隣　ひらもと・ばいりん　1660～1743　徳川中期の儒医、俳人　[出]秋田
月輪大師
俊芿　しゅんじょう　1166～1227　戒律宗北宗律の祖　[出]肥後飽田郡味木庄
月輪関白
藤原 兼実　ふじわらの・かねざね　1149～1207　鎌倉時代初期の政治家、五摂家の一つ九条家の祖
月橋〈号〉
青木 周弼　あおき・しゅうすけ　1803～1863　徳川末期の蘭医　[出]周防大島
月樵
張 月樵　ちょう・げっしょう　1765～1832　徳川中期名古屋の画家
月麿
喜多川 月麿　きたがわ・つきまろ　江戸末期の浮世絵師
月の本〈号〉
関 為山　せき・いざん　1804～1878　徳川末期―明治初年の俳人　[出]江戸

【犬】

犬公方
徳川 綱吉　とくがわ・つなよし　1646～1709　徳川第5代将軍
犬王
犬王　いぬおう　～1413　近江猿楽の日吉座の名人
犬居士〈別号〉
上島 鬼貫　うえしま・おにつら　1661～1738　江戸中期の俳人　[出]摂津国伊丹
犬松〈幼名〉
高井 立志（2世）　たかい・りつし　1658～1705　徳川中期の俳人

【見】

見山
島田 虎之助　しまだ・とらのすけ　1814～1852　江戸時代後期の剣術家
見心
杉山 見心　すぎやま・けんしん　1750～1811　尾州藩の熱田奉行、側用人
見牛〈号〉
今井 似閑　いまい・じかん　1657～1723　徳川初期の国学者　[出]京都
見外
小林 見外　こばやし・けんがい　1807～1873　明治初期の俳人　[出]甲州猿橋
見性院
見性院　けんしょういん　1703～1770　中御門天皇の宮人
見性院
山内 一豊妻　やまのうち・かずとよのつま　1557～1617　賢婦、浅井氏家臣若宮喜助友興の娘　[出]近江国坂田郡飯村
見林
松下 見林　まつした・けんりん　1637～1703　江戸中期の儒医にして国学者　[出]大坂
見風
白達磨 見風　はくだるま・けんぷう　1711～1783　徳川中期の俳人　[出]加賀津幡
見風
河合 見風　かわい・けんぷう　1711～1783　江戸時代中期の俳人
見真大師
親鸞　しんらん　1173～1262　浄土真宗の宗祖　[出]京都
見竜〈号〉
各務 支考　かがみ・しこう　1665～1731　徳川中期の俳人　[出]美濃山県郡北野
〔海都〕見馬〈初名〉
佐々木 市蔵（1代）　ささき・いちぞう　～1768　常磐津浄瑠璃三絃
見道〈号〉
伊良子 道牛　いらこ・どうぎゅう　1671～1728　徳川中期の西洋流外科医　[出]羽後山形

【建】

建
川上 梟帥　かわかみの・たける　古代の伝説的人物
建尹
伴 建尹　ばん・けんいん　徳川中期弘前藩の儒者
建礼門院〈院号〉
平 徳子　たいらの・とくこ　1155〜1213　高倉天皇の皇后、平清盛の第2女
建立大師
相応　そうおう　831〜918　平安時代前期〜中期の僧
建春門院〈院号〉
建春門院　けんしゅんもんいん　1142〜1176　第80代高倉天皇の御母、平滋子の院号
建隆
興豊 建隆　こうほう・けんりゅう　戦国時代の僧

【県】

県居
賀茂 真淵　かもの・まぶち　1697〜1769　徳川中期の国学者、歌人　[出]遠江浜松
県居翁
賀茂 真淵　かもの・まぶち　1697〜1769　徳川中期の国学者、歌人　[出]遠江浜松
県麻呂〈号〉
斎藤 市左衛門（8代）　さいとう・いちざえもん　1772〜1818　『江戸名所図会』編著者

【研】

研岳
稲垣 寒翠　いながき・かんすい　1803〜1843　江戸時代後期の儒者
研海
林 研海　はやし・けんかい　1844〜1882　1862年渡蘭、陸軍軍医

【兼】

兼久〈名〉
今井 宗薫　いまい・そうくん　〜1627　茶人
兼久
町尻 説久　まちじり・ときひさ　1715〜1783　江戸時代中期の公卿
〔藤原〕兼子
卿二位　きょうにい　1155〜1229　鎌倉時代の政治家
兼山
菅野 兼山　すがの・けんざん　1680〜1747　江戸時代末期の儒者
兼山〈号〉
青地 斎賢　あおち・せいけん　徳川中期の儒者、加賀藩士
兼元
孫六 兼元　まごろく・かねもと　室町時代の美濃の刀工
兼円
賢円　けんえん　平安時代後期の仏師
兼太夫（1代）
常磐津 兼太夫（1代）　ときわず・かねだゆう　1731〜1799　常磐津節の太夫
〔常磐津〕兼太夫（2代）〈前名〉
吾妻 国太夫　あずま・くにだゆう　1755〜1802　常磐津節の別派吾妻の創始者
兼太夫（6代）
常磐津 文字太夫（5代）　ときわず・もじだゆう　1822〜1869　常磐津節浄瑠璃
兼方
吉田 兼方　よしだ・かねかた　正安中の国学者
〔卜部〕兼方
吉田 兼方　よしだ・かねかた　正安中の国学者
兼氏
志津 兼氏　しず・かねうじ　1278〜1344　鎌倉時代の刀工、正宗門下十哲の1人
兼平
鷹司 兼平　たかつかさ・かねひら　1227〜1294　公卿、鷹司家の祖
兼永
五条 兼永　ごじょう・かねなが　平安時代中期の刀工
〔勘解由小路〕兼仲
広橋 兼仲　ひろはし・かねなか　1244〜1308　鎌倉時代の公卿
〔藤原〕兼光
日野 兼光　ひの・かねみつ　1145〜1196　平安後期〜鎌倉時代の公卿
兼吉〈幼名〉
仮名垣 魯文　かながき・ろぶん　1829〜1894　戯作者、新聞記者　[出]江戸京橋
〔卜部〕兼吉〈本名〉
猪熊 千倉　いのくま・ちくら　徳川初期の神職
兼好
吉田 兼好　よしだ・けんこう　1283?〜1350?　南北朝時代の歌人、文人
〔卜部〕兼好
吉田 兼好　よしだ・けんこう　1283?〜1350?　南北朝時代の歌人、文人
兼好法師
吉田 兼好　よしだ・けんこう　1283?〜1350?　南北朝時代の歌人、文人
兼如
猪苗代 兼如　いなわしろ・けんにょ　?〜1609　織豊〜江戸時代前期の連歌師
兼行〈初名〉
安倍 季兼　あべ・すえかね　1564〜1616　桃山時代・徳川初期の楽師
〔東儀〕兼行
安倍 季兼　あべ・すえかね　1564〜1616　桃山時代・徳川初期の楽師
兼寿
蓮如　れんにょ　1415〜1499　浄土真宗中興の祖
兼志〈名〉
池西 言水　いけにし・ごんすい　1650〜1722　徳川中期の俳人　[出]奈良
兼秀〈本名〉
市川 文吉　いちかわ・ぶんきち　1847〜1927　1865年渡露、外務省官吏で千島・樺太交換条約締結に尽力
兼邦〈名〉

けん（剣, 峴, 拳）

下村 春坡　しもむら・しゅんぱ　1750～1810　徳川中期の俳人
兼実
　藤原 兼実　ふじわらの・かねざね　1149～1207　鎌倉時代初期の政治家、五摂家の一つ九条家の祖
〔九条〕兼実
　藤原 兼実　ふじわらの・かねざね　1149～1207　鎌倉時代初期の政治家、五摂家の一つ九条家の祖
〔吉田〕兼延
　卜部 兼延　うらべ・かねのぶ　平安時代中期の神職
兼明親王
　兼明親王　かねあきらしんのう　914～987　醍醐天皇の皇子
兼武〈名〉
　有村 雄助　ありむら・ゆうすけ　1833～1860　幕末の志士、薩藩士
兼若
　辻村 高平　つじむら・たかひら　江戸時代前期の刀工
兼亮
　吉田 忠左衛門　よしだ・ちゅうざえもん　1640～1703　江戸時代前期の武士
兼政
　小出 兼政　こいで・かねまさ　1797～1865　江戸後・幕末期の暦算家　㊈阿波
兼相
　薄田 兼相　すすきだ・かねすけ　～1615　秀頼の臣
兼倶
　吉田 兼倶　よしだ・かねとも　1435～1511　室町後期の神道家
〔卜部〕兼倶
　吉田 兼倶　よしだ・かねとも　1435～1511　室町後期の神道家
兼叟〈別号〉
　真田 敦寛　さなだ・あつひろ　1718～1791　徳川中期の歌人　㊈摂津西宮
兼員〈名〉
　今井 宗久　いまい・そうきゅう　1520～1592　和泉堺の商人、茶人　㊈大和国今井荘
兼庭
　今井 兼庭　いまい・けんてい　1717～1779　江戸中期の暦算家　㊈武蔵児玉郡西金久保
兼従
　萩原 兼従　はぎわら・かねつぐ　1588～1660　織豊より江戸初期へかけての神道家
〔吉田〕兼従
　萩原 兼従　はぎわら・かねつぐ　1588～1660　織豊より江戸初期へかけての神道家
兼純
　猪苗代 兼純　いなわしろ・けんじゅん　1487～?　戦国時代の連歌師
兼通〈名〉
　入江 若水　いりえ・じゃくすい　1671～1729　徳川中期の詩人　㊈摂州富田
兼連
　吉田 兼敬　よしだ・かねゆき　1653～1732　江戸時代前期～中期の神道家
兼望
　町尻 説望　まちじり・ときもち　1738～1785　江戸時代中期の公家
兼規〈名〉
　今井 兼規　いまい・かねのり　1717～1776　徳川中期の佐倉藩の儒者
兼隆
　今井 兼隆　いまい・かねたか　1602～1633　徳川初期の堺の茶人
兼隆
　平 兼隆　たいらの・かねたか　～1180　平安時代伊豆の豪族
〔関〕兼隆
　平 兼隆　たいらの・かねたか　～1180　平安時代伊豆の豪族
〔山木〕兼隆
　平 兼隆　たいらの・かねたか　～1180　平安時代伊豆の豪族
〔山木判官〕兼隆
　平 兼隆　たいらの・かねたか　～1180　平安時代伊豆の豪族
兼随
　浜野 政随（2代）　はまの・まさゆき　1740～1776　徳川時代の彫金工
兼順
　顕誓　けんせい　1499～1570　戦国時代の僧
〔卜部〕兼煕
　吉田 兼煕　よしだ・かねひろ　1348～1402　南北朝～室町時代の神道家
兼載
　猪苗代 兼載　いなわしろ・けんさい　1452～1510　室町時代の連歌師　㊈会津
兼遐
　一条 昭良　いちじょう・あきよし　1605～1672　関白左大臣
〔藤原〕兼雅
　花山院 兼雅　かざんいん・かねまさ　1148～1200　平安後期～鎌倉時代の公卿
兼輔
　藤原 兼輔　ふじわらの・かねすけ　877～933　平安朝初期の歌人、三十六歌仙の1
兼輝
　一条 内房　いちじょう・うちふさ　1652～1705　公卿
〔平〕兼衡
　関 兼衡　せき・かねひら　?～1184　平安時代後期の武士

【剣】

剣仲
　薮内 紹智（薮内流1世）　やぶのうち・じょうち　1536～1627　安土桃山・江戸時代初期の茶道家

【峴】

峴山〈号〉
　今城 峴山　いまき・けんざん　徳川中期の松本藩の儒者

【拳】

拳骨和尚
　物外 不遷　もつがい・ふせん　1794～1867　拳骨和尚で有名な僧　㊈伊予松山

けん（涓，健，堅，検，硯，絢，萱，献）

【涓】

涓泉〈号〉
　萱泉　けんせん　〜1702　俳人、芭蕉一門　㊗摂津の萱野郷

【健】

健〈名〉
　原 老柳　はら・ろうりゅう　1783〜1854　徳川中期の医家　㊗摂津西宮
健〈名〉
　広瀬 淡窓　ひろせ・たんそう　1782〜1856　儒者　㊗豊後日田町
健
　林 壮軒　はやし・そうけん　1828〜1853　江戸時代後期の儒者
健太
　弘瀬 健太　ひろせ・けんた　〜1863　維新時代の志士　㊗高知
健次郎〈通称〉
　鈴木 八束　すずき・やつか　1838〜1920　歌人　㊗伊豆田方郡中大見村梅木
健易
　東漸 健易　とうぜん・けんえき　1344〜1423　南北朝〜室町時代の僧
健叟〈別号〉
　玄恵 法印　げんえ・ほういん　〜1349　学僧
健斎
　井部 健斎　いべ・けんさい　1836〜1892　漢学者
〔木下〕健蔵〈通称〉
　方外 道人　ほうがい・どうじん　狂詩家

【堅】

堅光
　寂室 堅光　じゃくしつ・けんこう　1753〜1830　江戸時代後期の僧
堅卓
　慧岩　えがん　?〜1740　江戸時代中期の僧
堅叟
　千 宗守(4世)　せんの・そうしゅ　1715〜1782　茶道家
堅塩媛
　蘇我 堅塩媛　そがの・かたしひめ　欽明天皇妃

【検】

〔松本〕検吾
　翠濤　すいとう　1836〜1908　俳人　㊗丹後(京都府)田辺
検校
　継山 検校　つぐやま・けんぎょう　〜1697　箏曲家、継山流箏曲の始祖
検校
　高山 検校　たかやま・けんぎょう　平家琵琶の名手
検校
　山田 検校　やまだ・けんぎょう　1757〜1817　箏曲家　㊗江戸
検校
　八坂 検校　やさか・けんぎょう　〜1318　八坂流平曲の祖
検校
　八重崎 検校　やえざき・けんぎょう　江戸後期、大坂の地唄三弦家
検校
　疋田 検校　ひきた・けんぎょう　〜1455　平曲の名手
検校
　峰崎 検校　みねさき・けんぎょう　地唄の名人　㊗大阪
検校
　明石 覚一　あかし・かくいち　〜1371　南北朝時代の盲目の琵琶法師
検校
　腕崎 検校　うでさき・けんぎょう　江戸後期の盲人音楽家
検校(1代)
　津山 検校(1代)　つやま・けんぎょう　〜1836　大阪地唄三絃の名家
〔中川〕検校(1代)
　津山 検校(1代)　つやま・けんぎょう　〜1836　大阪地唄三絃の名家

【硯】

硯田舎〈号〉
　慶 紀逸　けい・きいつ　1694〜1761　徳川中期の俳人　㊗江戸
硯堂〈号〉
　福羽 美静　ふくば・びせい　1831〜1907　幕末明治の津和野藩出身の国学者、歌人、官吏、子爵　㊗石見国鹿足郡木部村下組木園

【絢】

絢屋楼〈号〉
　馬場 錦江　ばば・きんこう　1801〜1860　徳川中期の俳人、和算家　㊗江戸四谷
絢堂〈号〉
　溝口 素丸　みぞぐち・そがん　1713〜1795　徳川中期の俳人　㊗江戸
絢堂〈号〉
　長谷川 馬光　はせがわ・ばこう　1687〜1751　徳川中期の俳人

【萱】

萱泉
　萱泉　けんせん　〜1702　俳人、芭蕉一門　㊗摂津の萱野郷
萱野
　高橋 熊彦　たかはし・くまひこ　〜1880　徳川末期・明治初期の国学者

【献】

献〈名〉
　古市 金峨　ふるいち・きんが　1805〜1880　幕末明治の画家　㊗備前児島郡郷内村
献〈名〉

号・別名辞典　古代・中世・近世　123

山中 信天翁　やまなか・しんてんおう　1822～1885　幕末・明治の政治家
献
土田 献　つちだ・けん　江戸後期の漢方医
献臣〈名〉
栗山 孝庵　くりやま・こうあん　1731～1793　江戸中・後期の漢蘭折衷派医、萩藩医

【絹】

絹一〈名〉
腕崎 検校　うでさき・けんぎょう　江戸後期の盲人音楽家

【兼】

兼葭
慈恩尼　じおんに　1716～1778　江戸時代中期の心学者
兼葭堂
木村 兼葭堂　きむら・けんかどう　1736～1802　徳川中期の博学者　[出]大阪堀江

【権】

権七〈別名〉
芳沢 あやめ（1代）　よしざわ・あやめ　1673～1729　京阪の歌舞伎俳優
権七郎〈通称〉
岩田 凉菟　いわた・りょうと　1661～1717　徳川中期の俳人　[出]伊勢山田
権八
玉井 権八　たまい・ごんぱち　延宝―元禄時代の江戸の歌舞伎狂言作者
権八
白井 権八　しらい・ごんぱち　歌舞伎などで知られる江戸時代の武士
〔草野〕権八
合原 窓南　あいはら・そうなん　1663～1737　徳川中期の儒者　[出]筑後久留米
〔白井〕権八
平井 権八　ひらい・ごんぱち　1655?～1679　江戸時代前期の武士
〔平井〕権八
白井 権八　しらい・ごんぱち　歌舞伎などで知られる江戸時代の武士
権八郎〈別名〉
玉井 権八　たまい・ごんぱち　延宝―元禄時代の江戸の歌舞伎狂言作者
権十郎
小堀 政尹　こぼり・まさただ　1625～1694　江戸時代前期の武士、茶人
〔市川〕権十郎〈前名〉
榊山 段四郎（1代）　さかきやま・だんしろう　京阪の歌舞伎俳優
権十郎（1代）
河原崎 権之助（4代）　かわらざき・ごんのすけ　～1796　歌舞伎俳優、寛政時代の座元
権三郎〈幼名〉
天野 信景　あまの・さだかげ　1661～1723　徳川初期の国学者、尾張藩士
権大夫
七条院 権大夫　しちじょういんの・ごんのだいぶ　平安後期～鎌倉時代の女官、歌人
権大輔
久保 利世　くぼ・としよ　1571～1640　江戸時代前期の茶人
権之丞〈通称〉
大野 広城　おおの・ひろき　～1841　徳川中期の国学者　[出]江戸
〔塩田〕権之丞〈変名〉
町田 申四郎　まちだ・しんしろう　1847～　薩摩藩士　[出]薩摩国日置郡伊集院郷石谷
権之助〈幼名〉
井上 親明　いのうえ・ちかあき　徳川中期の長州藩士にして画家
権之助
馬詰 権之助　うまずめ・ごんのすけ　1748～1807　土佐藩士、民政家・歌人
権之助（4代）
河原崎 権之助（4代）　かわらざき・ごんのすけ　～1796　歌舞伎俳優、寛政時代の座元
権之助（5代）
河原崎 権之助（5代）　かわらざき・ごんのすけ　～1830　歌舞伎俳優、寛政―文政時代の座元
権五郎景正
鎌倉 景政　かまくら・かげまさ　平安末期の武士　[出]相模国鎌倉
権太夫〈通称〉
弘員　ひろかず　～1717　俳人、芭蕉一門、伊勢の神宮
権太夫〈通称〉
勝木 氏家　かつき・うじいえ　加賀金沢の象嵌金工
権太夫〈通称〉
足代 弘訓　あじろ・ひろのり　1784～1856　国学者、伊勢神宮の神主
権右衛門〈通称〉
曽北　そほく　～1743　享保時代の俳人　[出]伊勢国一志町
権右衛門
太田 権右衛門　おおた・ごんえもん　1834～1864　幕末時代の志士
〔井筒屋〕権右衛門
小野 権右衛門　おの・ごんえもん　1662～1732　江戸時代前期～中期の豪商
〔鍵屋〕権右衛門
小野 権右衛門　おの・ごんえもん　1662～1732　江戸時代前期～中期の豪商
〔樋口〕権右衛門
小林 義信　こばやし・よしのぶ　～1683　徳川初期の暦学家　[出]長崎
〔豊沢〕権右衛門〈別名〉
竹沢 権右衛門（3代）　たけざわ・ごんえもん　義太夫節三絃
〔竹沢〕権右衛門（2代）
豊沢 広助（1代）　とよざわ・ひろすけ　1777～1824　義太夫節三絃の名家、豊沢の家元
権右衛門（3代）
竹沢 権右衛門（3代）　たけざわ・ごんえもん　義太夫節三絃
権右衛門（4代）〈後名〉

けん（憲，縑，賢）

竹沢 弥七（5代）　たけざわ・やしち　～1855　義太夫節三絃　㊵堺
権左衛門〈通称〉
　三浦 千春　みうら・ちはる　1828～1903　幕末明治の国学者　㊵名古屋
権左衛門
　鈴虫 権左衛門　すずむし・ごんざえもん　延宝—元禄時代の芝居囃子の江戸小唄うたいの名家、鈴虫系祖
〔勝田〕権左衛門〈本名〉
　宇治 紫文（1世）　うじ・しぶん　1791～1858　一中節宇治派の始祖　㊵江戸
〔小唄〕権左衛門
　鈴虫 権左衛門　すずむし・ごんざえもん　延宝—元禄時代の芝居囃子の江戸小唄うたいの名家、鈴虫系祖
権平〈通称〉
　榎本 馬州　えのもと・ばしゅう　1702～1763　徳川中期の俳人　㊵尾張犬山
権平
　松永 権平　まつなが・ごんべい　～1744　徳川中期の和算家
権平〈通称〉
　藤田 貞資　ふじた・さだすけ　1734～1807　和算家　㊵武州本田村
権佐〈別称〉
　斎藤 芝山　さいとう・しざん　1743～1808　徳川中期熊本藩の儒者
権兵衛
　権兵衛　ごんべえ　～1694　江戸前期の陶工　㊵長門
権兵衛
　呉須 権兵衛　ごす・ごんべえ　江戸中期肥前の陶工
権兵衛
　仙石 秀久　せんごく・ひでひさ　1551～1614　戦国時代の武将、秀吉麾下　㊵美濃加茂郡黒岩村
権兵衛〈通称〉
　大菅 中養父　おおすが・なかやぶ　1709～1778　徳川中期の国学者、彦根藩士
権兵衛〈通称〉
　渡辺 沢山　わたなべ・たくざん　1825～1909　幕末の算数家　㊵下総匝瑳郡共興村登戸
〔宇田〕権兵衛〈別名〉
　呉須 権兵衛　ごす・ごんべえ　江戸中期肥前の陶工
〔倉崎〕権兵衛
　権兵衛　ごんべえ　～1694　江戸前期の陶工　㊵長門
〔村井〕権兵衛
　小野 権右衛門　おの・ごんえもん　1662～1732　江戸時代前期～中期の豪商
権斎
　安立 権斎　あだち・ごんさい　1821～1903　幕末・明治時代の数学者　㊵越後三島郡上岩井村

【憲】

憲子内親王
　新宣陽門院　しんせんようもんいん　1344～1391　後村上天皇の皇女
憲孝
　上杉 憲孝　うえすぎ・のりたか　1367～1392　室町時代の武将
憲良
　松平 忠憲　まつだいら・ただのり　1620～1647　江戸時代前期の大名
憲定
　上杉 憲定　うえすぎ・のりさだ　～1412　山内家上杉憲方の子
憲栄
　泰巌　たいがん　1711～1763　江戸時代中期の僧
憲章
　八田 竜渓　はった・りゅうけい　1692～1755　江戸時代中期の儒者
憲勝
　上杉 憲勝　うえすぎ・のりかつ　室町時代の武将
憲欽
　佐藤 憲欽　さとう・のりよし　1826～1893　羽後亀田藩の儒者

【縑】

縑州〈号〉
　阿部 良平　あべ・りょうへい　幕末の篆刻家
縑浦漁者〈号〉
　清宮 秀堅　せいみや・ひでかた　1809～1879　徳川末期・明治初期の国学者　㊵下総佐原

【賢】

〔藤原〕賢子
　大弐三位　だいにのさんみ　平安時代の女流歌人、紫式部の一子
賢円
　賢円　けんえん　平安時代後期の仏師
賢木之舎〈号〉
　大滝 光憲　おおたき・こうけん　1799～1862　江戸中・末期の数学者、国学者　㊵羽州庄内大山
賢忠
　幸地 賢忠　こうち・けんちゅう　1623～1682　江戸前期の琉球の音楽家、湛水流の創始者　㊵琉球（沖縄）首里
〔湛水〕賢忠
　幸地 賢忠　こうち・けんちゅう　1623～1682　江戸前期の琉球の音楽家、湛水流の創始者　㊵琉球（沖縄）首里
賢知〈名〉
　人見 玄徳　ひとみ・げんとく　1604～1684　徳川初期の小児科医
賢俊　けんしゅん　1299～1357　鎌倉後期・南北朝時代の真言宗の僧、菩提寺大僧正
〔日野〕賢俊
　賢俊　けんしゅん　1299～1357　鎌倉後期・南北朝時代の真言宗の僧、菩提寺大僧正
賢家
　上原 賢家　うえはら・かたいえ　～1495　細川氏家臣
〔物部〕賢家
　上原 賢家　うえはら・かたいえ　～1495　細川氏家臣
賢純〈名〉

有馬 晴純　ありま・はるずみ　1483～1566　有馬日野江城に住んだ、藤原純友18代の裔
〔諸田〕賢順
賢順　けんじゅん　1534?～1623?　織豊～江戸時代前期の箏曲家
賢輔
吉田 賢輔　よしだ・けんすけ　1838～1893　幕末明治の学者　[出]江戸

【謙】

謙〈名〉
井上 静軒　いのうえ・せいけん　徳川中期の儒者　[出]但馬出石
謙
古川 謙　ふるかわ・けん　1783～1837　幕末の算家
謙〈名〉
広瀬 旭荘　ひろせ・きょくそう　1807～1863　詩儒　[出]豊後日田
謙〈名〉
滝 和亭　たき・かてい　1832～1901　南画家　[出]江戸千駄谷
〔三浦〕謙〈別名〉
杉浦 大学　すぎうら・だいがく　1830～1873　幕末の志士
〔林〕謙三
安保 清康　あぼ・きよやす　1843～1909　海軍中将、男爵　[出]備後三原
謙三郎
佐座 謙三郎　さざ・けんざぶろう　1840～1865　福岡藩士　[出]筑前国
謙三郎〈通称〉
松本 奎堂　まつもと・けいどう　1830～1863　幕末期の志士、刈谷藩士、天誅組総裁　[出]三河国刈谷
〔左座〕謙三郎
佐座 謙三郎　さざ・けんざぶろう　1840～1865　福岡藩士　[出]筑前国
謙山〈号〉
肥田 景直　ひだ・かげなお　1843～1868　幕末の志士
謙之
増田 立軒　ますだ・りっけん　1664～1743　江戸時代前期～中期の儒者
謙之允
樋口 謙之允　ひぐち・けんのじょう　1825～1866　対馬府中藩士
謙吉〈通称〉
広瀬 旭荘　ひろせ・きょくそう　1807～1863　詩儒　[出]豊後日田
謙吉〈字〉
新井 白蛾　あらい・はくが　1714～1792　江戸時代中期の儒者、易家　[出]江戸
謙吉
小松 千年　こまつ・せんねん　1789～1859　江戸時代後期の儒者
謙次〈通称〉
安藤 野雁　あんどう・のかり　1810～1867　江戸末期の歌人　[出]岩代半田
謙次郎〈通称〉
高原 美直　たかはら・よしなお　1837～1916　福岡藩士、郷土史研究　[出]筑前御笠郡乙金村
謙次郎〈旧称〉
谷村 直　たにむら・なおし　1828～1865　明治維新の金沢藩の志士
〔橋本〕謙次郎
歌川 貞秀　うたがわ・さだひで　1807～1873　浮世絵師
〔松本〕謙吾〈本名〉
翠濤　すいとう　1836～1908　俳人　[出]丹後（京都府）田辺
謙宗
南英 謙宗　なんえい・けんしゅう　1387～1460　室町時代の僧
謙亭〈号〉
巌垣 松苗　いわがき・まつなえ　1774～1849　江戸後期の儒者
謙亭
小宮山 昌世　こみやま・まさよ　1689～1773　江戸時代中期の武士
謙信
上杉 謙信　うえすぎ・けんしん　1530～1578　戦国時代の武将　[出]越後国頚城郡
謙貞
小林 義信　こばやし・よしのぶ　～1683　徳川初期の暦学家　[出]長崎
〔樋口〕謙貞
小林 義信　こばやし・よしのぶ　～1683　徳川初期の暦学家　[出]長崎
謙堂〈号〉
渡辺 兵次　わたなべ・へいじ　1809～1855　幕末の地誌家　[出]遠江引佐郡金指町
謙斎〈号〉
阪東 篤之輔　ばんどう・とくのすけ　1820～1891　篠山藩士
謙斎〈別号〉
心田 清播　しんでん・せいはん　1375～1447　室町時代の僧、建仁・南禅寺主、五山文学者　[出]淡路
謙斎
富永 仲基　とみなが・なかもと　1715～1746　徳川中期の独創的思想家　[出]大阪
謙斎〈号〉
露秀　ろしゅう　～1806　化政期の俳人　[出]奥州郡山
謙虚道人〈号〉
溝口 素丸　みぞぐち・そがん　1713～1795　徳川中期の俳人　[出]江戸
謙徳公
藤原 伊尹　ふじわらの・これただ　924～972　平安時代の政治家、摂政太政大臣
謙蔵〈通称〉
井上 静軒　いのうえ・せいけん　徳川中期の儒者　[出]但馬出石
謙蔵〈別称〉
久松 風陽　ひさまつ・ふうよう　徳川中期の尺八の名手

【鍵】

鍵屋
村井 茂兵衛　むらい・もへえ　1821～1873　盛岡藩用達商人　[出]陸奥国盛岡

けん（顕,鵑）　げん（元）

【顕】

顕三
　河野 顕三　こうの・けんぞう　1838〜1862　明治維新時代の勤王家、所謂坂下事変の志士　㊶宇都宮在吉田村
〔越智〕顕三
　河野 顕三　こうの・けんぞう　1838〜1862　明治維新時代の勤王家、所謂坂下事変の志士　㊶宇都宮在吉田村
顕子女王
　顕子女王　あきこじょおう　1639〜1676　伏見宮貞清親王の第7王女、徳川家綱御台所
顕日
　高峰 顕日　こうほう・けんにち　1241〜1316　鎌倉時代の禅僧　㊶山城
顕広〈初名〉
　藤原 俊成　ふじわらの・としなり　1114〜1204　平安末・鎌倉初期の代表的歌人
顕光
　藤原 顕光　ふじわらの・あきみつ　944〜1021　平安時代の朝臣
顕如
　顕如 光佐　けんにょ・こうさ　1543〜1592　戦国時代に武力的教家として著しかつた本願寺主　㊶大阪石山
顕成
　阿知子 顕成　あちし・あきなり　1635〜1676　江戸時代前期の俳人
顕孝
　伯耆 顕孝　ほうき・あきたか　1561〜1608　肥後宇土の領主
〔名和〕顕孝
　伯耆 顕孝　ほうき・あきたか　1561〜1608　肥後宇土の領主
顕国
　顕国　あきくに　新刀の名工、日向国の住人
顕季
　藤原 顕季　ふじわらの・あきすえ　1055〜1123　平安時代の官僚、歌人
〔六条〕顕季
　藤原 顕季　ふじわらの・あきすえ　1055〜1123　平安時代の官僚、歌人
顕宗天皇
　顕宗天皇　けんそうてんのう　450〜487　第23代の天皇
顕房
　源 顕房　みなもとの・あきふさ　1026〜1094　平安朝の廷臣
〔藤原〕顕房
　源 顕房　みなもとの・あきふさ　1026〜1094　平安朝の廷臣
顕信
　北畠 顕信　きたばたけ・あきのぶ　〜1380　南北朝時代の武将
顕昭
　顕昭　けんしょう　1130?〜　平安・鎌倉時代の歌人、歌学者
〔藤原〕顕昭
　顕昭　けんしょう　1130?〜　平安・鎌倉時代の歌人、歌学者

顕時
　金沢 顕時　かねさわ・あきとき　1248〜1301　鎌倉時代の武将、北条氏の一門、実時の子
〔源〕顕時
　春日 顕国　かすが・あきくに　?〜1344　南北朝時代の武将
〔北条〕顕時
　金沢 顕時　かねさわ・あきとき　1248〜1301　鎌倉時代の武将、北条氏の一門、実時の子
顕村
　藤村 芳隆　ふじむら・よしたか　1672〜1736　江戸時代前期〜中期の茶人
顕常
　大典 顕常　だいてん・けんじょう　1719〜1801　徳川中期の禅僧　㊶近江神崎郡伊庭
〔梅荘〕顕常
　大典 顕常　だいてん・けんじょう　1719〜1801　徳川中期の禅僧　㊶近江神崎郡伊庭
顕斎
　平井 顕斎　ひらい・けんさい　1802〜1856　幕末の画家　㊶遠江榛原郡川崎町谷之口
顕隆
　葉室 顕隆　はむろ・あきたか　1072〜1129　平安後期の公卿
〔藤原〕顕隆
　葉室 顕隆　はむろ・あきたか　1072〜1129　平安後期の公卿
顕道
　荒井 顕道　あらい・あきみち　1814〜1862　幕末期の幕府民政家　㊶江戸
顕順〈幼名〉
　中資王　なかすけおう　1157〜1222　鎌倉時代初期の神祇伯
顕誉
　祐天　ゆうてん　1637〜1718　浄土宗の高徳、画家　㊶陸奥磐城国石城郡新倉村
顕徳〈名〉
　荒井 郁之助　あらい・いくのすけ　1835〜1909　旧幕臣、気象台長
〔六条〕顕輔
　藤原 顕輔　ふじわらの・あきすけ　1090〜1155　平安時代後期の公卿、歌人
顕蔵〈通称〉
　新井 剛斎　あらい・ごうさい　1786〜1834　徳川末期の国学者　㊶仙台
顕親門院〈院号〉
　顕親門院　けんしんもんいん　1265〜1336　第95代花園天皇の御母、藤原季子の院号
〔藤原〕顕頼
　葉室 顕頼　はむろ・あきより　1094〜1148　平安時代後期の公卿

【鵑】

鵑翁〈号〉
　豊島 露月　とよしま・ろげつ　1667〜1751　徳川中期の俳人　㊶江戸

【元】

元〈名〉

号・別名辞典　古代・中世・近世　127

げん（元）

長井 雲坪　ながい・うんぺい　1833～1899　南画家　㊗越後沼垂
元三大師
　良源　りょうげん　912～985　天台の高僧　㊗近江浅井郡
元五郎〈別称〉
　原田 茂嘉　はらだ・しげよし　1740～1807　徳川中期の天文算数家　㊗備前岡山
元日坊〈号〉
　東藤　とうとう　俳人、芭蕉一門　㊗尾張扇川
元日堂〈号別〉
　宝嘉僧　ほうかそう　徳川中期の戯作者
元氏
　細川 清氏　ほそかわ・きようじ　?～1362　南北朝時代の武将
元右衛門〈通称〉
　高橋 残夢　たかはし・ざんむ　1775～1851　徳川末期の歌人にして国語学者、桂門十哲の一人　㊗京都室町頭柳原南町金竜水
元右衛門
　高木 元右衛門　たかぎ・もとえもん　1833～1864　幕末の志士　㊗肥後菊池郡深川村
元右衛門
　野中 元右衛門　のなか・げんえもん　～1867　佐賀藩士、パリ万国博覧会の出品担当
元可
　薬師寺 公義　やくしじ・きんよし　南北朝時代の武士、歌人
元弘
　江馬 元弘　えま・げんこう　～1820　徳川末期の蘭医
元正天皇
　元正天皇　げんしょうてんのう　680～748　奈良時代の女帝
元礼〈字〉
　里井 浮丘　さとい・ふきゅう　1799～1866　江戸後期の文人、砂糖仲買　㊗和泉国日根郡佐野村
元立坊
　小野 元立坊　おの・げんりゅうぼう　1631～1699　大隅元立院焼の創始者
元光
　寂室 元光　じゃくしつ・げんこう　1290～1367　鎌倉・吉野朝時代の臨済僧、永源寺派の祖　㊗美作
〔常滑〕元光斎
　元光斎(1代)　げんこうさい　1721～1783　江戸時代中期の陶工
元吉〈通称〉
　高橋 草坪　たかはし・そうへい　1802～1833　徳川中期の南画家　㊗豊後杵築
元吉
　高桑 元吉　たかくわ・もとよし　幕末の蘭学者　㊗富山
元吉
　川村 元吉　かわむら・もとよし　1628～1692　徳川中期の殖産水利功労者、仙台藩士
元安
　金春 禅鳳　こんぱる・ぜんぽう　1454～1520?　室町後期の能役者・能作者
元成〈号〉
　向井 魯町　むかい・ろちょう　1656～1727　徳川中期の俳人、長崎聖堂祭酒　㊗長崎立山

元次郎〈幼名〉
　平井 顕斎　ひらい・けんさい　1802～1856　幕末の画家　㊗遠江榛原郡川崎町谷之口
〔高橋〕元次郎〈前名〉
　今村 七三郎(1代)　いまむら・しちさぶろう　1670～1716　京都の歌舞伎俳優
元作
　上田 宜珍　うえだ・よしうず　1755～1829　江戸時代中期～後期の国学者、陶業家
元助
　春木 元助　はるき・もとすけ　安永・天明時代の大阪の歌舞伎狂言作者
元助
　池田 元助　いけだ・もとすけ　1564～1584　美濃大垣城主
〔藤本〕元助〈前名〉
　桜田 治助(4代)　さくらだ・じすけ　江戸の歌舞伎狂言作者
元孝〈諱〉
　木呂子 退蔵　きろこ・たいぞう　1827～1901　館林藩士　㊗山形城内
元孚
　赤城軒 元孚　せきじょうけん・もとたか　江戸中期の水戸の彫金家
元甫
　辻原 元甫　つじはら・げんぽ　江戸初期の儒者、仮名草子作者
元甫
　藤堂 元甫　とうどう・げんぽ　1677～1762　代々伊勢津藩藤堂氏の国老　㊗伊賀大野
元秀〈名〉
　阿部 北溟　あべ・ほくめい　1704～1765　徳川中期の医家　㊗越後村上町
元秀
　狩野 元秀　かのう・もとひで　狩野派の画家
元秀
　上原 元秀　うえはら・もとひで　～1493　細川氏家臣
〔物部〕元秀
　上原 元秀　うえはら・もとひで　～1493　細川氏家臣
〔松嶺〕元秀尼
　元秀女王　げんしゅうじょおう　1696～1752　霊元天皇の第9皇女
元良
　殷 元良　いん・げんりょう　1718～1767　琉球の画家　㊗首里
元辰〈名〉
　原 総右衛門　はら・そうえもん　1648～1703　赤穂47士の1人
〔鈴木〕元邦
　鱸 松塘　すずき・しょうとう　1823～1898　幕末明治時代の漢詩人　㊗安房国安房郡国府村谷向
元佶
　閑室 元佶　かんしつ・げんきつ　1544～1612　足利学校の中興者、禅僧(臨済宗)　㊗肥前小城郡晴気村
元周
　片倉 鶴陵　かたくら・かくりょう　1751～1822　江戸後期の医師　㊗相模国築井郡
元国

細川 政国　ほそかわ・まさくに　1428〜1495　室町時代の武将
元宜〈字〉
斎藤 季義　さいとう・すえよし　1717〜1803　徳川中期大阪の雅人
元忠
観世 左近（7世）　かんぜ・さこん　1509〜1583　能楽師、シテ方
元忠
観世 宗節　かんぜ・そうせつ　1509〜1583　能楽師、七世観世大夫左近元忠
元杲
元杲　げんごう　914〜995　平安時代中期の上醍醐延命院の僧
元直
熊谷 元直　くまがい・もとなお　1556〜1605　安土・桃山時代の武将、安芸国三入荘高松城主
元知
明石 元知　あかし・もととも　秀吉家人
元茂
桜井 元茂　さくらい・もとしげ　徳川中期の歌人　[出]大和郡山
元茂〈名〉
伯先　はくせん　〜1820　化政期の俳人
元長
田村 元長　たむら・げんちょう　徳川中期の医家にして本草家
元長〈名〉
鈴木 其一　すずき・きいち　1796〜1858　画家　[出]江戸
元信
狩野 元信　かのう・もとのぶ　1476〜1559　画家、室町時代狩野家二代目の大家　[出]京都
元信
土岐 霞亭　とき・かてい　1733〜1793　江戸時代中期の医師、儒者
元政
元政　げんせい　1623〜1668　徳川中期の日蓮宗の高僧　[出]京都一条
〔深草〕元政
元政　げんせい　1623〜1668　徳川中期の日蓮宗の高僧　[出]京都一条
元昺〈名〉
首藤 水晶　すどう・すいしょう　1740〜1772　徳川中期の漢学者　[出]美濃厳村
〔東陽斎〕元春〈修業銘〉
赤城軒 元孚　せきじょうけん・もとたか　江戸中期の水戸の彫金家
元昭
高 遊外　こう・ゆうがい　1674〜1763　江戸中期の禅僧（黄檗宗）　[出]肥前国蓮池
〔月海〕元昭
高 遊外　こう・ゆうがい　1674〜1763　江戸中期の禅僧（黄檗宗）　[出]肥前国蓮池
〔柴山〕元昭
高 遊外　こう・ゆうがい　1674〜1763　江戸中期の禅僧（黄檗宗）　[出]肥前国蓮池
元海
佐藤 信淵　さとう・のぶひろ　1767〜1850　徳川中期の経済学者　[出]出羽雄勝郡西馬音内村
元祖道長
幸阿弥（1代）　こうあみ　1410〜1478　蒔絵師
元秋
浅井 元秋　あさい・もとあき　1645〜1725　仙台伊達家の軍学者
元美
林 元美　はやし・げんび　1778〜1861　碁所林家11世、水戸の藩士
〔観世〕元重
音阿弥　おんあみ　〜1467　室町時代の能役者、観世第3代
元風
芥川 元風　あくたがわ・もとかぜ　1676〜1741　徳川中期江戸の歌人
元哲〈別称〉
中村 宗哲（2代）　なかむら・そうてつ　〜1706　徳川中期の塗師、千家十職の一
元恭
広瀬 元恭　ひろせ・げんきょう　1821〜1870　蘭方医　[出]甲斐の国藤田村
元晦
無隠 元晦　むいん・げんかい　?〜1358　鎌倉〜南北朝時代の僧
元朗
熊本 元朗　くまもと・げんろう　徳川中期の儒者　[出]江戸の人
元益
江馬 活堂　えま・かつどう　1806〜1891　幕末明治時代の本草学者　[出]美濃安八郡藤江村
元素〈名〉
福原 五岳　ふくはら・ごがく　1730〜1799　徳川中期の南画家　[出]備後尾道
〔松平〕元康
徳川 家康　とくがわ・いえやす　1542〜1616　江戸幕府の初代将軍
〔末次〕元康
毛利 元康　もうり・もとやす　1560〜1601　織豊時代の武将
元清
南条 元清　なんじょう・もときよ　〜1614　豊臣時代の伯耆岩倉城主
元清
穂田 元清　ほいだ・もときよ　〜1597　安芸桜尾城主、毛利元就の四男
〔観世〕元清
世阿弥　ぜあみ　1363〜1443　室町時代の能役者、謡曲作者
〔小鴨〕元清
南条 元清　なんじょう・もときよ　〜1614　豊臣時代の伯耆岩倉城主
〔毛利〕元清
穂田 元清　ほいだ・もときよ　〜1597　安芸桜尾城主、毛利元就の四男
元淡
谷口 大雅　たにぐち・たいが　1677〜1742　江戸時代前期〜中期の儒者
元渕〈字〉
向井 去来　むかい・きょらい　1651〜1704　徳川中期の俳人　[出]長崎
元章
観世 左近（15世）　かんぜ・さこん　1725〜1774　能楽師、シテ方、観世流家元

げん（幻）

元章
　箕浦 猪之吉　みのうら・いのきち　1844〜1868
　幕末・維新期の志士　㊗土佐
元規
　喜多 元規　きた・げんき　徳川初期の長崎の肖像画家
元貫〈別称〉
　天田 菁莪　あまだ・せいが　幕末の医家にして俳人
元善〈字〉
　有木 元善　ありき・げんぜん　江戸中期の医家　㊗備前沼隈
元善
　川辺 佐次衛門　かわべ・さじえもん　1832〜1862
　幕末の武士
〔荒木〕元善
　有木 元善　ありき・げんぜん　江戸中期の医家　㊗備前沼隈
元寔
　玉澗 元寔　ぎょっかん・げんしょく　1771〜1856
　江戸時代後期の僧
元棣
　心華 元棣　しんげ・げんてい　1339〜?　南北朝〜室町時代の僧
元琪
　篠嶋 元琪　しのじま・げんき　江戸時代中期の画家
元皓
　大潮 元皓　だいちょう・げんこう　1676〜1768
　徳川中期黄檗宗の僧　㊗肥前
元順〈名〉
　伊藤 不玉　いとう・ふぎょく　徳川中期の俳人
元愷
　平沢 元愷　ひらさわ・げんかい　1733〜1791　江戸中・後期の儒学者　㊗山城国宇治
〔沢〕元愷
　平沢 元愷　ひらさわ・げんかい　1733〜1791　江戸中・後期の儒学者　㊗山城国宇治
元椿〈号〉
　百拙 元養　ひゃくせつ・げんよう　1667〜1749
　徳川中期の画僧　㊗京師
〔照山〕元瑶
　光子内親王　みつこないしんのう　1634〜1727
　後水尾天皇の皇女、林丘寺宮元瑶内親王
元禎〈名〉
　新井 精斎　あらい・せいさい　1773〜1841　徳川中・末期の医家にして文章家　㊗上野厩橋
元義
　平賀 元義　ひらが・もとよし　1800〜1865　歌人、国学者　㊗備前下道郡穂下郷陶村内奈良
元詰
　姫井 桃源　ひめい・とうげん　1750〜1818　徳川中期の儒者　㊗備中鴨方
元雅〈名〉
　佐善 礼耕　さぜん・れいこう　1694〜1771　徳川中期の儒者
元徳
　石崎 元徳　いしざき・げんとく　〜1770　徳川中期の画家　㊗長崎
元徳〈名〉
　多紀 藍渓　たき・らんけい　1732〜1801　医家
元瑶内親王

光子内親王　みつこないしんのう　1634〜1727
　後水尾天皇の皇女、林丘寺宮元瑶内親王
元総尼
　了然 元総尼　りょうねん・げんそうに　1646〜1711　江戸時代前期〜中期の尼僧
元輔〈別名〉
　春木 元助　はるき・もとすけ　安永・天明時代の大阪の歌舞伎狂言作者
元儔
　深川 元儔　ふかがわ・もととし　1810〜1856　儒者　㊗上総飯富村
〔小林〕元儔
　深川 元儔　ふかがわ・もととし　1810〜1856　儒者　㊗上総飯富村
元慶
　松雲 元慶　しょううん・げんけい　1648〜1710
　江戸時代の僧で、もと仏師　㊗京師
〈余〉元澄
　青木 東庵　あおき・とうあん　1650〜1700　江戸時代前期の医師、詩人
元潜〈医号〉
　淡輪 元潜　たんなわ・げんせん　1729〜1808　筑後柳河藩の大坂蔵屋敷に勤めた藩医
元質
　陰山 東門　かげやま・とうもん　1669〜1732　江戸時代中期の儒者、和算家
元選
　無文 元選　むもん・げんせん　1323〜1390　南北朝時代の禅僧（臨済宗）
元養
　百拙 元養　ひゃくせつ・げんよう　1667〜1749
　徳川中期の画僧　㊗京師
元興〈字〉
　三宅 橘園　みやけ・きつえん　1767〜1819　徳川中期の儒者　㊗加賀
元融
　荒木 元融　あらき・げんゆう　徳川中期の画家
元親
　長宗我部 元親　ちょうそかべ・もとちか　1538〜1599　戦国・織豊時代の武将
元隣〈俗称〉
　山岡 元隣　やまおか・げんりん　1631〜1672　江戸前期の仮名草子作者・俳人　㊗伊勢国山田
元譲〈字〉
　佐藤 憲欽　さとう・のりよし　1826〜1893　羽後亀田藩の儒者
元齢
　江馬 元齢　えま・げんれい　幕末の蘭医
元簡〈字〉
　安東 侗庵　あんどう・とうあん　1667〜1702　徳川初期の儒者
元簡
　多紀 桂山　たき・けいざん　1755〜1810　江戸時代の医者
元贇
　陳 元贇　ちん・げんぴん　1586〜1671　徳川初期の陶工、渡来明人

【幻】

幻々斎〈号〉

藤本 箕山　ふじもと・きざん　1626〜1704　生涯の過半を色道の樹立と体系化に費やした京都の上層町人
幻世
　麋塒　びじ　〜1718　俳人、芭蕉一門
幻空〈自号〉
　雪村 友梅　せっそん・ゆうばい　1290〜1346　鎌倉・吉野朝時代の僧、建仁寺主、五山文学者　㊗越後白鳥
幻華菴〈号〉
　雲幢　うんどう　1759〜1824　真宗本願寺派の学者　㊗伊予
幻庵〈号〉
　井上 因碩(11世)　いのうえ・いんせき　1798〜1853　囲碁の家元

【玄】

玄〈名〉
　岡 太玄　おか・たいげん　〜1823　徳川中期の漢詩人　㊗土佐安芸郡安芸町
玄々一
　竹内 玄々一　たけのうち・げんげんいち　1742〜1804　徳川中期の俳人　㊗播州高野
玄々軒〈号〉
　鈴木 正三　すずき・しょうさん　1579〜1655　江戸初期の禅学家、また仮名草子の作家　㊗三河東加茂郡
玄々堂〈号〉
　松本 儀平　まつもと・ぎへえ　1786〜1867　銅版画家
玄七
　木村 甚七　きむら・じんしち　江戸時代中期の陶工
玄二坊
　吉田 玄二坊　よしだ・げんにぼう　江戸時代中期〜後期の俳人
玄丈〈名〉
　桜田 臥央　さくらだ・がおう　〜1810　徳川中期の俳人　㊗名古屋
玄与
　阿蘇 惟賢　あそ・これかた　織豊時代の神官にして文学者、肥後の阿蘇大宮司家の支族
玄与〈通称〉
　原 南陽　はら・なんよう　1753〜1820　徳川中期の医家　㊗水戸
〔黒斎〕玄与
　阿蘇 惟賢　あそ・これかた　織豊時代の神官にして文学者、肥後の阿蘇大宮司家の支族
玄也
　小笠原 玄也　おがさわら・げんや　〜1636　細川忠興の重臣
玄中〈名〉
　平野 金華　ひらの・きんか　1688〜1731　儒者　㊗陸奥
玄之
　角倉 素庵　すみのくら・そあん　1571〜1632　江戸前期の京都の豪商、朱印船貿易家、角倉了以の子
玄仍
　里村 玄仍　さとむら・げんじょう　1572〜1607　織豊時代の連歌師
玄心

山脇 玄心　やまわき・げんしん　1597〜1678　医家　㊗近江山脇村
玄方
　規伯 玄方　きはく・げんぽう　1588〜1661　江戸時代前期の僧
玄以
　前田 玄以　まえだ・げんい　1539〜1602　豊臣家五奉行の1人
玄仙
　蛭田 玄仙　ひるた・げんせん　1745〜1817　徳川中期の産科医　㊗陸奥国白河郡渡瀬村
玄可
　西 玄可　にし・げんか　1555〜1609　肥前生月の籠手田氏家老
玄札
　高島 玄札　たかしま・げんさつ　1607〜1689　徳川中期の医家、俳人　㊗伊勢山田
玄白
　杉田 玄白　すぎた・げんぱく　1733〜1817　徳川中期の蘭学医　㊗江戸牛込矢来
玄仲〈号〉
　三浦 樗良　みうら・ちょら　1729〜1780　徳川中期の俳人　㊗志州鳥羽
玄仲〈名〉
　平野 金華　ひらの・きんか　1688〜1731　儒者　㊗陸奥
玄仲
　里村 玄仲　さとむら・げんちゅう　1578〜1638　織豊時代・徳川初期の連歌師　㊗江戸
玄光
　独庵 玄光　どくあん・げんこう　1630〜1698　江戸時代前期の僧侶（曹洞宗）　㊗肥前国佐賀
玄沖〈名〉
　平野 金華　ひらの・きんか　1688〜1731　儒者　㊗陸奥
玄同〈別号〉
　滝沢 馬琴　たきざわ・ばきん　1767〜1848　江戸時代の小説家　㊗深川高松通浄心寺側
玄同
　竹内 玄同　たけうち・げんどう　1805〜1880　幕末・明治初期の医家　㊗加賀（石川県）大聖寺
〔菅原〕玄同
　菅 得庵　かん・とくあん　1581〜1628　江戸時代前期の儒者
玄旨法印
　細川 藤孝　ほそかわ・ふじたか　1534〜1610　室町時代の武将、歌人
玄朴〈通称〉
　鈴木 泰平　すずき・やすひら　〜1869　歌人　㊗紀伊日高郡南部
玄佐〈通称〉
　木畑 定直　こばた・さだなお　〜1712　徳川中期の俳人　㊗備前岡山
玄伯
　伊東 玄伯　いとう・げんぱく　1832〜1898　1862年渡蘭、侍医
玄児〈号〉
　福田 練石　ふくだ・れんせき　1702〜1789　徳川中期の俳人　㊗京都
玄医

名古屋 玄医　なごや・げんい　1628〜1696　江戸前期の医者　[出]京都

〔名護屋〕玄医
名古屋 玄医　なごや・げんい　1628〜1696　江戸前期の医者　[出]京都

玄対
渡辺 玄対　わたなべ・げんたい　1749〜1822　画家　[出]江戸

〔内田〕玄対
渡辺 玄対　わたなべ・げんたい　1749〜1822　画家　[出]江戸

玄沢
大槻 玄沢　おおつき・げんたく　1757〜1827　江戸中期仙台藩の蘭医　[出]陸奥国一ノ関

玄良
小森 桃塢　こもり・とうう　1782〜1843　江戸時代後期の蘭方医

玄芝〈名〉
藤井 西洞　ふじい・さいどう　1730〜1770　徳川中期の書家、医家

玄尚〈幼名〉
伊東 玄伯　いとう・げんぱく　1832〜1898　1862年渡蘭、侍医

玄岡〈号〉
坂本 玄岡　さかもと・げんこう　1773〜1858　徳川中末期の儒者　[出]仙台

〔高〕玄岱
深見 玄岱　ふかみ・げんたい　1648〜1722　江戸時代前期〜中期の儒者、書家

玄承
義天 玄詔　ぎてん・げんしょう　1396〜1465　室町時代洛北竜安寺第2世（臨済宗）　[出]土佐

玄昌〈幼名〉
伊東 玄伯　いとう・げんぱく　1832〜1898　1862年渡蘭、侍医

玄昌
文之 玄昌　ぶんし・げんしょう　1555〜1620　儒僧　[出]日向

〔寺井〕玄東
井上 挹翠　いのうえ・ゆうすい　〜1702　徳川中期水戸の儒医　[出]京都

玄武坊
神谷 玄武坊　かみや・げんぶぼう　1713〜1798　徳川中期の俳人　[出]江戸

玄長
松井 源水（1代）　まつい・げんすい　戦国時代の売薬者　[出]越中国戸波

玄門〈字〉
智幽　ちゆう　1666〜1752　江戸前期の天台律僧

玄亭〈号〉
維駒　これこま　天明期の俳人

玄昱
里村 玄昱　さとむら・げんいく　徳川中期の連歌師

玄柔
剛中 玄柔　ごうちゅう・げんじゅう　1318〜1388　南北朝時代の僧

玄洲〈号〉
朝比奈 文淵　あさひな・ぶんえん　〜1734　徳川中期の漢学者

玄風〈号〉
下沢 保躬　しもざわ・やすみ　1838〜1896　幕末明治時代の国学者

玄哲〈号〉
笠家 逸志　かさや・いっし　1675〜1747　徳川中期の俳人

玄哲
有馬 玄哲　ありま・げんてつ　1581〜1665　徳川初期の医家　[出]摂津有馬

玄圃〈通称〉
横谷 藍水　よこたに・らんすい　1720〜1778　江戸中期の漢詩人

玄圃〈号〉
恒丸　つねまる　〜1810　化政期の俳人　[出]奥州三春

玄圃斎恒丸〈号〉
恒丸　つねまる　〜1810　化政期の俳人　[出]奥州三春

玄峰堂〈号〉
服部 嵐雪　はっとり・らんせつ　1654〜1707　徳川中期の俳人、蕉門十哲の1人　[出]江戸湯島

玄悦
横川 玄悦　よこかわ・げんえつ　徳川時代の和算家

玄悦
船橋 玄悦　ふなばし・げんえつ　〜1664　朝鮮釜山窯の名工　[出]京都

玄恵
玄慧　げんえ　〜1350　室町時代の初めに出た学僧

玄悟
無関 普門　むかん・ふもん　1212〜1291　鎌倉中期の禅僧（臨済宗）　[出]信濃国保科

玄悟
無関 玄悟　むかん・げんご　1212〜1292　鎌倉時代の僧

玄恕〈通称〉
伊藤 風国　いとう・ふうこく　徳川中期の俳人　[出]京都

玄朔
曲直瀬 正紹　まなせ・まさつぐ　1541〜1622　医師

玄朔
桃隠 玄朔　とういん・げんさく　?〜1461　室町時代の僧

玄梅
石岡 玄梅　いしおか・げんばい　徳川中期の俳人　[出]奈良

玄真
宇田川 榛斎　うだがわ・しんさい　1769〜1834　蘭医　[出]伊勢

〔安岡〕玄真
宇田川 榛斎　うだがわ・しんさい　1769〜1834　蘭医　[出]伊勢

玄亀〈医名〉
加藤 曳尾庵　かとう・えびあん　1763〜　江戸後期の文人

玄康
巧如　ぎょうにょ　1376〜1440　室町時代の僧

玄得
月渚 永乗　げっしょ・えいじょう　1465〜1541　室町〜戦国時代の僧

玄斎

げん（玄）

鈴木 泰平　すずき・やすひら　～1869　歌人　㊍
紀伊日高郡南部
玄斎
八田 玄斎　はんだ・げんさい　織豊時代の陶工
玄梁
津要 玄梁　しんよう・げんりょう　1680～1745
徳川中期の僧
玄理
高向 玄理　たかむこの・くろまろ　～654　上古
時代の儒者、遣唐押使
玄菴〈号〉
熱田 玄菴　あつた・げんあん　1803～1848　徳川
末期の医家　㊍下総匝瑳郡長谷村
玄陳
里村 玄陳　さとむら・げんちん　1591～1665　織
豊時代・徳川初期の連歌師　㊍堺
玄哲〈名〉
中村 宗哲(1代)　なかむら・そうてつ　1616～
1695　徳川中期の塗師、千家十職の一　㊍京都
玄朝
元興寺 玄朝　げんこうじ・げんちょう　絵仏師
〔品ль〕
玄湖
胴胆 太記　どうぎもの・ふとき　1770～1854　江
戸時代後期の狂歌師、医師
玄蛙
小田 玄蛙　おだ・げんあ　1762～1835　江戸時代
中期～後期の俳人
玄詔
義天 玄詔　ぎてん・げんしょう　1396～1465　室
町時代洛北竜安寺第2世(臨済宗)　㊍土佐
玄達
松岡 恕庵　まつおか・じょあん　1668～1746　江
戸時代中期の本草家
玄雄〈名〉
下郷 蝶羅　しもさと・ちょうら　1723～1776　徳
川中期の俳人　㊍尾張鳴海
玄順〈名〉
伊藤 不玉　いとう・ふぎょく　徳川中期の俳人
玄幹〈別称〉
大槻 玄幹　おおつき・げんかん　1785～1832　江
戸後期の蘭医　㊍仙台
玄獣国師
夢窓 疎石　むそう・そせき　1275～1351　臨済宗
の碩徳、天竜寺の開山　㊍伊勢
玄節
木内 政章　きうち・まさあき　1769～1833　江戸
時代後期の医師、本草家
〔天草〕**玄察**
会津 玄察　あいづ・げんさつ　1611～1638?　江
戸時代前期の医師
玄嶂
雲外 玄嶂　うんがい・げんしょう　戦国時代の僧
玄徳
佐久間 玄徳　さくま・げんとく　1607～1669　徳
川初期の画家
玄徳
人見 玄徳　ひとみ・げんとく　1604～1684　徳川
初期の小児科医
玄端
杉田 玄端　すぎた・げんたん　1818～1889　幕
末・明治前期の蘭方医　㊍江戸

玄輔〈名〉
榊原 篁洲　さかきばら・こうしゅう　1656～1706
江戸時代中期の儒者　㊍和泉
玄徹
井上 玄徹　いのうえ・げんてつ　1602～1686　医家
玄慧
玄慧　げんえ　～1350　室町時代の初めに出た
学僧
玄蔵〈通称〉
井上 竹逸　いのうえ・ちくいつ　1814～1886　徳
川末―明治中期の画家
玄蔵〈通称〉
春田 九皐　はるた・きゅうこう　1812～1862　徳
川末期の儒者
玄蕃〈通称〉
荒木田 末寿　あらきだ・すえほぎ　～1828　徳川
末期の国学者、伊勢内宮の神官
玄蕃〈通称〉
足代 立渓　あじろ・りっけい　1703～1761　徳川
中期の漢学者
玄蕃〈通称〉
田中 玄蕃(10代)　たなか・げんばん　1778～
1849　醬油醸造家
玄蕃〈通称〉
田中 玄蕃(9代)　たなか・げんばん　1740～1811
醬油醸造家
玄蕃
阿川 義広　あがわ・よしひろ　江戸時代後期の国
学者、歌人
玄蕃
藤堂 良重　とうどう・よししげ　?～1615　織豊
～江戸時代前期の武将
玄蕃(9代)
田中 玄蕃(9代)　たなか・げんばん　1740～1811
醬油醸造家
玄蕃(10代)
田中 玄蕃(10代)　たなか・げんばん　1778～
1849　醬油醸造家
玄蕃允
佐久間 盛政　さくま・もりまさ　1554～1583　織
豊時代の武将
玄蕃頭
有馬 豊氏　ありま・とようじ　1542～1614　久留
米藩祖　㊍播磨
玄賞斎
狩野 伊川院　かのう・いせんいん　1775～1828
徳川幕府の奥絵師　㊍江戸
玄輝門院〈院号〉
玄輝門院　げんきもんいん　1246～1329　第92代
伏見天皇の御母
玄樹
桂庵 玄樹　けいあん・げんじゅ　1427～1508　室
町時代の臨済宗の僧、南海朱子学派即ち桂庵派の
祖　㊍周防山口
玄興
南化 玄興　なんげ・げんこう　1538～1604　室町
時代末・江戸時代初期の臨済宗の僧侶
玄厳
季亨 玄厳　きこう・げんごん　～1457　五山文学
者たる東福寺主　㊍日向
玄蘇

号・別名辞典　古代・中世・近世　133

げん（言，弦，彦）

中原 玄蘇　なかはら・げんそ　1537〜1611　対馬以酊庵の開山（臨済宗）　㊞筑前国宗像郡西郷
玄鑑〈別称〉
　今大路 道三　いまおおじ・どうさん　1577〜1626　医家
〔曲直瀬〕玄鑑
　今大路 道三　いまおおじ・どうさん　1577〜1626　医家
玄鱗〈名〉
　中川 淳庵　なかがわ・じゅんあん　1739〜1786　徳川中期の蘭学医　㊞江戸

【言】

言夫〈字〉
　下郷 常和　しもさと・じょうわ　1715〜1785　徳川中期の俳人　㊞尾張鳴海
言水
　池西 言水　いけにし・ごんすい　1650〜1722　徳川中期の俳人　㊞奈良
言外堂〈号〉
　遠藤 日人　えんどう・えつじん　1758〜1836　徳川中期の俳人　㊞仙台
言寓斎〈庵号〉
　風光　ふうこう　〜1755　享保時代の俳人　㊞奥州白河城下
言葉綾知
　桜川 杜芳　さくらがわ・とほう　〜1788　戯作者、狂歌師
言道
　大隈 言道　おおくま・ことみち　1798〜1868　歌人　㊞筑前福岡

【弦】

弦庵〈号〉
　尾藤 水竹　びとう・すいちく　〜1854　徳川末期江戸の儒者

【彦】

彦一
　葛城 彦一　かつらぎ・ひこいち　1818〜1880　幕末の志士、大隅加治木郷の郷士　㊞大隅国姶良郡加治木郷
彦七〈通称〉
　新井 瀛洲　あらい・えいしゅう　1755〜1803　徳川中期の儒者
彦七
　大森 彦七　おおもり・ひこしち　吉野朝時代の足利高氏の臣　㊞伊予
彦二郎
　小田 彦二郎　おだ・ひこじろう　1833〜1862　幕末の勤王家、水戸藩士
〔木全〕彦二郎
　滝川 忠征　たきがわ・ただゆき　1559〜1635　秀吉の臣
彦八
　彦八　ひこはち　貞享・元禄頃の落語家
〔米沢〕彦八〈通称〉
　彦八　ひこはち　貞享・元禄頃の落語家

彦十郎〈通称〉
　今井 永武　いまい・ながたけ　1818〜1882　彫金家　㊞京都
彦十郎
　仙国 彦十郎　せんごく・ひこじゅうろう　〜1761　享保―宝暦時代の江戸の歌舞伎俳優
〔田川〕彦十郎〈別名〉
　仙国 彦十郎　せんごく・ひこじゅうろう　〜1761　享保―宝暦時代の江戸の歌舞伎俳優
彦三郎〈通称〉
　原田 佐秀　はらだ・すけひで　〜1333　吉野朝時代の武人
彦三郎〈通称〉
　斯波 家兼　しば・いえかね　1308〜1356　南北朝時代の武将
彦三郎
　青木 彦三郎　あおき・ひこさぶろう　1825〜1864　幕末の志士　㊞下野国足利郡大前村
〔とぎや〕彦三郎〈通称〉
　立花 牧童　たちばな・ぼくどう　徳川中期の俳人、研刀師　㊞加賀小松
彦三郎（1代）
　坂東 彦三郎（1代）　ばんどう・ひこさぶろう　1693〜1751　江戸の歌舞伎俳優
彦三郎（2代）
　坂東 彦三郎（2代）　ばんどう・ひこさぶろう　1741〜1768　江戸の歌舞伎俳優　㊞江戸
彦三郎（3代）
　坂東 彦三郎（3代）　ばんどう・ひこさぶろう　1754〜1828　江戸の歌舞伎俳優　㊞江戸
彦三郎（4代）
　坂東 彦三郎（4代）　ばんどう・ひこさぶろう　1800〜1873　江戸の歌舞伎俳優　㊞江戸
彦三郎（5代）
　坂東 彦三郎（5代）　ばんどう・ひこさぶろう　1832〜1877　江戸の歌舞伎俳優　㊞江戸
〔広分〕彦也
　広岡 浪秀　ひろおか・なみひで　1841〜1864　幕末の志士　㊞長門国美弥郡大嶺
〔藤原〕彦子
　宣仁門院　せんにんもんいん　1227〜1262　四条天皇の女御
彦之丞〈通称〉
　斎藤 真蔭　さいとう・まかげ　幕末元治頃の歌人　㊞信濃
彦之進
　江村 彦之進　えむら・ひこのしん　1832〜1864　徳川末期の勤王家、徳山藩士
彦五郎
　山本 彦五郎　やまもと・ひこごろう　正徳―元文時代の大阪の歌舞伎俳優　㊞大阪
彦介
　戸塚 彦介　とずか・ひこすけ　1813〜1886　幕末・明治期の代表的な柔術家
〔具平〕彦六〈別称〉
　尾崎 長流　おざき・ながる　歌人　㊞大和宇田
彦六侍従
　稲葉 典通　いなば・のりみち　1566〜1626　美濃曽禰城主、秀吉の臣
彦太夫〈諱〉

げん（彦）

酒泉 竹軒　さかいずみ・ちくけん　1654～1718　徳川中期の史家　㊐筑前福岡
彦太夫〈通称〉
藤田 貞資　ふじた・さだすけ　1734～1807　和算家　㊐武州本田村
彦太郎
中津 彦太郎　なかつ・ひこたろう　1835～1864　幕末の志士　㊐肥後菊池郡水次村
〔篠本〕彦太郎
笹本 金平　ささもと・きんぺい　1797～1857　歌沢の始祖　㊐江戸
〔楠〕彦太郎〈本名〉
南仙笑 楚満人　なんせんしょう・そまひと　1729～1807　江戸時代中期の戯作者　㊐江戸
彦仙
巨勢 卓軒　こせ・たくけん　?～1701　江戸時代前期の儒者
彦右衛門〈通称〉
岩井 宗雪　いわい・そうせつ　徳川初期の具足師
彦右衛門〈通称〉
今井 宗久　いまい・そうきゅう　1520～1592　和泉堺の商人、茶人　㊐大和国今井荘
彦右衛門〈前名〉
坂東 助三郎　ばんどう・すけさぶろう　宝暦期の京都の歌舞伎俳優
彦右衛門
鳥居 元忠　とりい・もとただ　1539～1600　戦国～織豊時代の武将
〔綿屋〕彦右衛門〈通称〉
和田 希因　わだ・きいん　1700～1750　徳川中期の俳人
〔木梨〕彦右衛門
椙原 治人　すぎはら・はるんど　1821～1889　幕末の志士、山口藩士
彦四郎〈通称〉
佐久間 洞巖　さくま・どうがん　1653～1736　徳川中期の儒者また書画家　㊐仙台
彦四郎〈通称〉
佐竹 噌々　さたけ・かいかい　1738～1790　画家、畸人　㊐京都
彦四郎〈通称〉
新井 滄洲　あらい・そうしゅう　1714～1792　徳川中期の儒者、仙台藩士
彦四郎〈別称〉
平田 就久　ひらた・なりひさ　～1671　徳川初期の金工
彦四郎〈通称〉
平田 道仁　ひらた・どうにん　1646　徳川初期の七宝師、我国七宝の創製者　㊐美濃
彦四郎〈通称〉
柳亭 種彦(1世)　りゅうてい・たねひこ　1783～1842　戯作者　㊐江戸
彦左衛門
大久保 忠教　おおくぼ・ただたか　1560～1639　忠世の弟でその家臣　㊐三河
〔古郡〕彦左衛門
池田 昌意　いけだ・しょうい　江戸初期の数学者
〔鎰屋〕彦左衛門〈通称〉
安原 貞室　やすはら・ていしつ　1610～1673　徳川初期の俳人　㊐京都
彦左衛門(1代)

坂東 彦左衛門(1代)　ばんどう・ひこざえもん　江戸の歌舞伎俳優
彦左衛門(2代)
坂東 彦左衛門(2代)　ばんどう・ひこざえもん　～1849　江戸の歌舞伎俳優
〔古郡〕彦左衛門之政〈初名〉
池田 昌意　いけだ・しょうい　江戸初期の数学者
彦吉〈初名〉
嵐 音八(2代)　あらし・おとはち　江戸の歌舞伎俳優、寛政期の道外方、敵役の達者
彦次郎
豊田 天功　とよだ・てんこう　1805～1864　江戸時代後期の儒者
〔猿若〕彦作
三国 彦作(1代)　みくに・ひこさく　江戸時代前期の歌舞伎役者
彦兵衛
金井 烏洲　かない・うしゅう　1796～1857　画家、豪農　㊐上州佐位郡島村
彦兵衛〈通称〉
坂本 奇山　さかもと・きざん　1810～1887　幕末明治時代の漢学者、肥後熊本藩士
彦兵衛〈別称〉
菅野 兼山　すがの・けんざん　1680～1747　江戸時代末期の儒者
彦兵衛〈別称〉
服部 嵐雪　はっとり・らんせつ　1654～1707　徳川中期の俳人、蕉門十哲の1人　㊐江戸湯島
〔野中〕彦兵衛〈本名〉
富士松 魯中(1代)　ふじまつ・ろちゅう　1797～1861　新内節浄瑠璃の太夫
彦兵衛尉〈別称〉
大沢 政勝　おおさわ・まさかつ　1645～1728　徳川中期の国学者
彦兵衛理正
大原 利明　おおはら・りめい　～1831　徳川中期の数学者　㊐武蔵足立郡梅田村
彦助〈通称〉
成田 蒼虬　なりた・そうきゅう　1761～1842　徳川中期の俳人　㊐金沢
彦助(2代)
仙国 彦助(2代)　せんごく・ひこすけ　～1780　江戸の歌舞伎俳優
彦明〈名〉
巌垣 彦明　いわがき・ひこあき　1737～1806　江戸後期の儒者(古学派)　㊐京都
彦信〈名〉
吉田 賢輔　よしだ・けんすけ　1838～1893　幕末明治の学者　㊐江戸
彦胤法親王
彦胤法親王　げんいんほうしんのう　1509～1540　後柏原天皇の第6皇子
彦馬
上野 彦馬　うえの・ひこま　1838～1904　写真家　㊐長崎
彦博
猪飼 敬所　いかい・けいしょ　1761～1845　江戸時代中期～後期の儒者
彦復〈字〉
林 読耕斎　はやし・どくこうさい　1624～1661　江戸前期の儒者

彦湯支命
彦湯支命　ひこゆきのみこと　綏靖天皇時代の朝臣、物部氏の祖
彦蔵
アメリカ 彦蔵　あめりか・ひこぞう　1836〜1897　幕末・明治期の貿易商、通訳　[出]播磨（兵庫県）
彦蔵〈通称〉
下村 春坡　しもむら・しゅんぱ　1750〜1810　徳川中期の俳人
〔播州〕彦蔵〈別名〉
アメリカ 彦蔵　あめりか・ひこぞう　1836〜1897　幕末・明治期の貿易商、通訳　[出]播磨（兵庫県）
〔浜田〕彦蔵
アメリカ 彦蔵　あめりか・ひこぞう　1836〜1897　幕末・明治期の貿易商、通訳　[出]播磨（兵庫県）
彦衛〈通称〉
坂本 奇山　さかもと・きざん　1810〜1887　幕末明治時代の漢学者、肥後熊本藩士
彦麿
斎藤 彦麿　さいとう・ひこまろ　1768〜1854　徳川中期の国学者　[出]三河国矢作

【原】

〔岡本〕原一〈本名〉
七 才子　しち・さいし　宝暦期の大阪の浄瑠璃作者
原松
加藤 原松　かとう・げんしょう　1685〜1742　江戸時代中期の俳人
〔岡安〕原富〈別名〉
原 武太夫　はら・ぶだゆう　〜1776　江戸中期の三絃の名手、狂歌師
原超
越翁 周超　えつおう・しゅうちょう　〜1540　総寧寺主　[出]江州

【現】

現金社〈別号〉
十方園 金成（2代）　じっぽうえん・かねなり　狂歌師　[出]名古屋

【嫄】

〔藤原〕嫄子
弘徽殿中宮　こきでんのちゅうぐう　1016〜1039　後朱雀天皇の皇后

【源】

〔高原〕源
韓国 源　からくにの・みなもと　奈良〜平安時代前期の官吏
源一郎
伊舟城 源一郎　いばらぎ・げんいちろう　1830〜1864　幕末の志士　[出]姫路
源七（1代）
春山 源七（1代）　はるやま・げんしち　京都の歌舞伎俳優
源七（2代）
春山 源七（2代）　はるやま・げんしち　〜1741　京都の歌舞伎俳優
源八〈通称〉
高屋 近文　たかや・ちかぶみ　1681〜1719　徳川中期の神学者　[出]土佐
源八
勝井 源八　かつい・げんぱち　1778〜1828　文化・文政時代の江戸の歌舞伎狂言作者　[出]武州浦和
源八郎
新井 源八郎　あらい・げんぱちろう　1824〜1865　幕末の水戸藩士
〔檮山〕源八郎
那須 俊平　なす・しゅんぺい　1807〜1864　幕末の志士　[出]高知高岡郡梼原村
源十郎
加藤 景成　かとう・かげなり　美濃大萱窯の開祖
源十郎
加藤 源十郎　かとう・げんじゅうろう　京都の陶工
源十郎〈通称〉
荒木田 守夏　あらきだ・もりなつ　1668〜1724　徳川中期の国学者、神道家　[出]宇治山田
源十郎（飛騨の加藤源十郎）
加藤 源十郎　かとう・げんじゅうろう　京都の陶工
源十郎（美濃の加藤源十郎）
加藤 景成　かとう・かげなり　美濃大萱窯の開祖
〔赤埴〕源三
赤垣 源蔵　あかがき・げんぞう　1669〜1703　江戸中期赤穂四十七士の一人
源三位
源 頼政　みなもとの・よりまさ　1104?〜1180　平安朝末の武将、歌人
源三位入道
源 頼政　みなもとの・よりまさ　1104?〜1180　平安朝末の武将、歌人
源三郎〈通称〉
佐々木 仁里　ささき・じんり　1744〜1800　徳川中期の儒者　[出]近江大溝
源三郎〈前名〉
春山 源七（1代）　はるやま・げんしち　京都の歌舞伎俳優
源三郎
小原 桃洞　おはら・とうどう　1746〜1825　江戸中・後期の動物学者　[出]紀伊
源三郎〈通称〉
太田 資政　おおた・すけまさ　1835〜1895　徳川末期の語学者　[出]肥前長崎
源三郎
百人一首 源三郎　ひゃくにんいっしゅ・げんざぶろう　元禄―享保時代の京阪の歌舞伎俳優
源三郎
蒔絵師 源三郎　まきえし・げんざぶろう　江戸時代前期の浮世絵師、蒔絵師
〔漆屋〕源三郎
松屋 久重　まつや・ひさしげ　1566〜1652　茶人
〔津田〕源三郎
織田 勝長　おだ・かつなが　?〜1582　戦国〜織豊時代の武将
〔百人首〕源三郎
百人一首 源三郎　ひゃくにんいっしゅ・げんざぶろう　元禄―享保時代の京阪の歌舞伎俳優
源三郎（3代）
松屋 久政　まつや・ひさまさ　〜1598　奈良の茶人
源三郎（4代）

げん（源）

松屋 久好　まつや・ひさよし　～1633　茶人
源三郎〈5代〉
　松屋 久重　まつや・ひさしげ　1566～1652　茶人
源之丞〈俗称〉
　広瀬 惟然　ひろせ・いぜん　～1711　徳川中期の俳人　㊽美濃国関
源之丞〈俗称〉
　広瀬 惟然　ひろせ・いぜん　～1711　徳川中期の俳人　㊽美濃国関
源之助〈1代〉
　三桝 大五郎（4代）　みます・だいごろう　1798～1859　京阪の歌舞伎俳優
源之助〈1代〉
　沢村 源之助（1代）　さわむら・げんのすけ　歌舞伎俳優　㊽江戸
源之助〈2代〉
　沢村 源之助（2代）　さわむら・げんのすけ　歌舞伎俳優
〔三桝〕源之助（2代）〈後名〉
　嵐 三五郎（5代）　あらし・さんごろう　1818～1860　京阪の歌舞伎俳優、弘化―安政時代の立役の功者
源之助〈3代〉
　沢村 源之助（3代）　さわむら・げんのすけ　1804～1863　江戸の歌舞伎俳優
源五〈通称〉
　大高 源吾　おおたか・げんご　1672～1703　赤穂義士の一人
源五侍従
　織田 有楽斎　おだ・うらくさい　1542～1615　安土桃山・江戸前期の武将、茶道有楽流の祖
源五郎〈通称〉
　李東　りとう　俳人、芭蕉一門
源介〈通称〉
　赤崎 源助　あかざき・げんすけ　1742～1802　江戸後期の儒学者　㊽薩摩国谷山
〔小場〕源介
　住谷 寅之介　すみや・とらのすけ　1818～1867　明治維新時代の勤王家、水戸藩士
源六郎
　古橋 源六郎　ふるはし・げんろくろう　1813～1902　幕末・明治の民政家　㊽三河北設楽郡稲橋村
源内
　平賀 源内　ひらが・げんない　1726～1779　本草学者、戯作者　㊽讃岐志度浦
源内〈通称〉
　有馬 白噢　ありま・はくしょ　1735～1817　徳川中期の熊本藩儒員
源太夫〈号〉
　窪田 清音　くぼた・すがね　1791～1866　幕末の兵学者、講武所頭取兼兵学師範役
源太夫
　多川 源太夫　たがわ・げんだゆう　元禄―享保時代の義太夫節の太夫　㊽大阪
源太夫〈別名〉
　大薩摩 文太夫（2代）　おおざつま・ぶんだゆう　～1827　大薩摩節の太夫、文化・文政時代の名手　㊽水戸
源太夫〈通称〉
　風麦　ふうばく　～1700　俳人、芭蕉一門　㊽伊賀上野
〔竹本〕源太夫〈別名〉

多川 源太夫　たがわ・げんだゆう　元禄―享保時代の義太夫節の太夫　㊽大阪
〔豊竹〕源太夫〈後名〉
　多川 源太夫　たがわ・げんだゆう　元禄―享保時代の義太夫節の太夫　㊽大阪
源太郎〈通称〉
　坂田 炉休　さかた・ろきゅう　～1740　徳川中期の茶道家
源太郎〈〔伝〕初名〉
　薩摩 浄雲　さつま・じょううん　1593～1672　元和―明暦時代の浄瑠璃太夫、伝江戸浄瑠璃の開祖
源太郎〈通称〉
　末吉 道節　すえよし・どうせつ　1608～1654　徳川初期の俳人　㊽摂州平野
源水〈1代〉
　松井 源水（1代）　まつい・げんすい　戦国時代の売薬者　㊽越中国戸波
源水〈2代〉
　松井 源水（2代）　まつい・げんすい　売薬者
源右衛門
　粟生屋 源右衛門　あおや・げんえもん　1792～1858　加賀九谷の陶工
源右衛門〈通称〉
　重辰　じゅうしん　～1727　俳人、芭蕉一門
源右衛門
　藤井 晋尚　ふじい・しんりゅう　1681～1761　徳川中期の俳人　㊽上州小泉村
源右衛門〈通称〉
　平野 金華　ひらの・きんか　1688～1731　儒者　㊽陸奥
〔近江屋〕源右衛門〈本名〉
　手島 堵庵　てじま・とあん　1718～1786　徳川中期の心学者　㊽京都富小路四条
〔工藤〕源右衛門
　内藤 昌豊　ないとう・まさとよ　～1575　戦国時代武田晴信の臣　㊽甲斐
〔天野〕源右衛門
　安田 国継　やすだ・くにつぐ　明智光秀の臣
源四郎〈通称〉
　立花 北枝　たちばな・ほくし　～1718　徳川中期の俳人　㊽加賀国小松
源左衛門〈通称〉
　笠家 逸石　かさや・いっし　1675～1747　徳川中期の俳人
源左衛門〈通称〉
　宮地 楚水　みやじ・そすい　徳川中期の漢学者　㊽信濃木曽福島
源左衛門
　青野 源左衛門　あおの・げんざえもん　1653～1706　江戸中期の儒学者、修史家　㊽京都
源左衛門〈名〉
　宅間 源左衛門　たくま・げんざえもん　徳川中期の和算家　㊽大阪
源左衛門〈通称〉
　中島 随流　なかじま・ずいりゅう　1629～1708　徳川中期の俳人
源左衛門〈通称〉
　樋口 道立　ひぐち・どうりゅう　1732～1812　徳川中期の俳人にして儒者　㊽京都
源左衛門

号・別名辞典　古代・中世・近世　137

げん（愿, 諺）

山岡 次隆　やまおか・つぎたか　1781～1847　江戸時代後期の武士
源左衛門
　武田 定清　たけだ・さだきよ　1653～1712　江戸時代前期～中期の武士
源左衛門宗重〈通称〉
　槐市 かいし　～1731　俳人、芭蕉一門　㊥伊賀上野
　〔沢村〕源平〈初名〉
　助高屋 高助(4代)　すけたかや・たかすけ　1838～1886　江戸の歌舞伎俳優
源立
　道残　どうざん　?～1593　戦国～織豊時代の僧
源次郎〈名〉
　新屋 由高　あらや・よしたか　徳川中期の暦数家
源兵衛〈号〉
　岩佐 勝重　いわさ・かつしげ　～1673　江戸初期の風俗画家　㊥福井
源兵衛
　中山 吉成　なかやま・よしなり　1621～1684　江戸時代前期の槍術家
　〔伊勢屋〕源兵衛〈通称〉
　分草庵 筒長　ぶんそうあん・つつなが　狂歌師　㊥上野山田郡大間々
　〔磯部〕源兵衛〈通称〉
　三亭 春馬　さんてい・しゅんば　～1851　戯作者
　〔十二屋〕源兵衛〈通称〉
　藤村 当直　ふじむら・まさなお　1612～1699　徳川初期の茶人　㊥京都
　〔青海〕源兵衛
　池田 源兵衛　いけだ・げんべえ　江戸時代中期の塗師
源兵衛尉〈通称〉
　藤村 当直　ふじむら・まさなお　1612～1699　徳川初期の茶人　㊥京都
源助〈通称〉
　荒木田 盛員　あらきだ・もりかず　1635～1687　徳川初期の国学者
源助
　赤崎 源助　あかざき・げんすけ　1742～1802　江戸後期の儒学者　㊥薩摩国谷山
源吾
　大高 源吾　おおたか・げんご　1672～1703　赤穂義士の一人
源吾〈通称〉
　富士谷 御杖　ふじたに・みつえ　1768～1823　徳川中期の国学者　㊥京都
　〔菊池〕源吾
　西郷 隆盛　さいごう・たかもり　1827～1877　明治維新の首勲、政治家　㊥鹿児島
源吾次
　春鴻　しゅんこう　～1803　化政期の俳人　㊥相模国戸塚在下飯田
源秀〈諱〉
　今大路 悠山　いまおおじ・ゆうざん　1790～1849　徳川中期の画家
源京国
　久津見 華岳　くつみ・かがく　徳川中期の儒者
源空
　法然　ほうねん　1133～1212　平安朝時代の高僧、浄土宗の開祖　㊥美作国久米

源信〈諱〉
　源信　げんしん　942～1017　平安中期の天台宗の僧　㊥大和国葛城郡当麻
源清〈諱〉
　樋口 甚蔵　ひぐち・じんぞう　1747～1796　徳川中期の儒者　㊥筑後上妻郡酒井田(今の八女郡三河村の内)
　〔信濃房〕源盛
　源盛　げんせい　1303～1359　鎌倉～南北朝時代の僧
源尊
　巨勢 源尊　こせの・げんそん　画僧
源琦
　駒井 源琦　こまい・げんき　1747～1797　画家　㊥京都
　〔瓜生〕源琳
　林 源琳　はやしの・げんりん　鎌倉～南北朝時代の武将
源蓮社然誉大阿〈号〉
　太田 呑竜　おおたの・どんりゅう　1556～1623　江戸初期の浄土宗の僧　㊥武蔵岩槻
源誉
　存応　ぞんおう　1544～1620　浄土宗の僧
　〔左文字〕源慶
　左　さ　鎌倉～南北朝時代の刀工
源蔵〈通称〉
　井上 東渓　いのうえ・とうけい　徳川中期の江戸の儒者
源蔵
　赤垣 源蔵　あかがき・げんぞう　1669～1703　江戸中期赤穂四十七士の一人
　〔菊地〕源蔵〈本姓名〉
　吉田 天山　よしだ・てんざん　江戸後期の大坂の講釈師
　〔赤埴〕源蔵
　赤垣 源蔵　あかがき・げんぞう　1669～1703　江戸中期赤穂四十七士の一人
　〔和泉屋〕源蔵〈通称〉
　唐来 三和　とうらい・さんな　1744～1810　徳川中期江戸の戯作者、狂歌師

【愿】

愿山〈号〉
　戸部 良熙　とべ・よしひろ　1713～1795　江戸中・後期の儒学者

【諺】

諺蔵(1代)
　勝 諺蔵(1代)　かつ・げんぞう　1796～1852　歌舞伎狂言作者
　〔勝〕諺蔵(1代)〈前名〉
　古河 黙阿弥　ふるかわ・もくあみ　1816～1893　幕末明治時代の江戸の歌舞伎狂言作者者、江戸歌舞伎最後の最大の集大成たる名作者　㊥江戸日本橋通り2丁目式部小路
　〔竹柴〕諺蔵(1代)
　勝 能進　かつ・のうしん　1821～1886　幕末・明治初期の大阪の歌舞伎狂言作者　㊥江戸
諺蔵(2代)

勝 能進　かつ・のうしん　1821～1886　幕末・明治初期の大阪の歌舞伎狂言作者　[出]江戸

【厳】

〔藤原〕厳子
通陽門院　つうようもんいん　1351～1406　後小松天皇の母

厳中
厳中　げんちゅう　1359～1428　室町時代の僧侶（臨済宗）、五山文学者

厳包
柳生 厳包　やぎゅう・としかね　1625～1694　兵法家、利厳の子

厳華〈号〉
大石 久敬　おおいし・きゅうけい　1721～1794　徳川中期の経済学者

厳雄
広瀬 厳雄　ひろせ・いずお　1815～1874　国学者　[出]出羽鶴岡肴町

厳橿本〈号〉
鈴木 重胤　すずき・しげたね　1812～1863　幕末時代の国学者　[出]淡路仁井村

【己】

己卯庵〈号〉
菅沼 曲翠　すがぬま・きょくすい　～1717　徳川中期の俳人　[出]膳所

【乎】

乎佐丸
鶴廼屋 乎佐丸　つるのや・おさまる　～1839　徳川中末期の狂歌師　[出]摂津桜井谷

【古】

古人大兄皇子
古人大兄皇子　ふるひとのおおえのみこ　～645　舒明天皇の皇子

古人皇子
古人大兄皇子　ふるひとのおおえのみこ　～645　舒明天皇の皇子

古友尼
古友尼　こゆうに　享保時代の俳人

古文
寺倉 古文　てらくら・ひさふみ　1825～1898　歌人

古文
文屋 古文　ふみのや・こぶん　狂歌師

古水〈雅号〉
野中 元右衛門　のなか・げんえもん　～1867　佐賀藩士、パリ万国博覧会の出品担当

古右京
狩野 光信　かのう・みつのぶ　1565～1608　織豊時代狩野家六代目の画家　[出]山城

古右京
狩野 光信　かのう・みつのぶ　1565～1608　織豊時代狩野家六代目の画家　[出]山城

古永徳
狩野 永徳　かのう・えいとく　1543～1590　安土桃山時代の画家　[出]京都

古帆軒〈号〉
東久世 通禧　ひがしくぜ・みちとみ　1833～1912　所謂七卿の1人、伯爵　[出]京都丸太町

古式部（1代）
岸沢 古式部（1代）　きしざわ・こしきぶ　常磐津浄瑠璃の三絃の家元、宝暦期の宮古路節三絃の名手、古式部の祖

古式部（2代）
岸沢 式佐（1代）　きしざわ・しきさ　1730～1783　常磐津浄瑠璃三絃の家元、明和―天明時代の名手

古式部（3代）
岸沢 式佐（2代）　きしざわ・しきさ　1757～1823　常磐津浄瑠璃三絃の家元、天明―文政時代の老功

古式部（4代）
岸沢 古式部（4代）　きしざわ・こしきぶ　1806～1866　常磐津岸沢派家元　[出]江戸

古式部（6代）〈後名〉
岸沢 竹遊斎（2代）　きしざわ・ちくゆうさい　1838～1906　常磐津浄瑠璃の三絃の名家、明治時代の老功　[出]江戸浅草橋場

古竹園〈号〉
平野 五岳　ひらの・ごがく　1809～1893　詩画僧　[出]豊後日田

古来庵〈号〉
馬場 存義　ばば・そんぎ　1702～1782　徳川中期の俳人　[出]江戸

古那可智
広岡 古那可智　ひろおかの・こなかち　～759　聖武天皇の夫人

〔橘〕古那可智
広岡 古那可智　ひろおかの・こなかち　～759　聖武天皇の夫人

古学舎〈号〉
高橋 富兄　たかはし・とみえ　1825～1914　幕末明治の国学者

古松亭〈別号〉
今井 柳荘　いまい・りゅうそう　1751～1811　徳川中期の俳人　[出]里信濃

古松軒
古川 古松軒　ふるかわ・こしょうけん　1726～1807　江戸後期の地理学者　[出]備中国下道郡新本村

古河姫君
喜連川 頼純女　きつれがわ・よりすみのじょ　徳川初期の烈女

古玩
在原 古玩　ありわら・こがん　1829～1922　幕末―大正時代の画家　[出]江戸

古柳
西川 古柳　にしかわ・こりゅう　1825～1897　車人形創始者　[出]武蔵国高麗郡落合村阿須

古茶
お万の方　おまんのかた　1548～1619　将軍徳川家康の側室、越前家の祖結城秀康の生母

古面翁
古面翁　こめんおう　1799～1881　徳川末期・明治初期の狂歌師

古香
村井 蕉雪　むらい・しょうせつ　1769～1842　江戸時代後期の医師

古益〈俳号〉

こ（杞, 固, 狐, 虎）

大谷 古益　おおたに・こえき　1643〜1709　徳川中期の俳人、東本願寺第14世琢如の第2子
古能
　喜多 七太夫(9代)　きた・しちだゆう　〜1829　徳川時代の能楽師
古渓
　古渓 宗陳　こけい・しゅうちん　1532〜1597　織豊時代の茶僧　㊙越前
〔蒲庵〕古渓
　古渓 宗陳　こけい・しゅうちん　1532〜1597　織豊時代の茶僧　㊙越前
古㘴堂
　会田 吾山　あいだ・ござん　1717〜1787　徳川中期の俳人にて言語学者　㊙武蔵越谷村
古渡堂横船〈号〉
　吉田 蘭秀軒　よしだ・らんしゅうけん　1653〜1696　徳川中期の俳人　㊙名古屋
古童
　荒木 古童(1代)　あらき・こどう　1821〜1908　近世尺八の名手　㊙近江水口
古童
　豊田 古童　とよだ・こどう　〜1851　琴古流尺八の名人
古童(1世)
　豊田 古童　とよだ・こどう　〜1851　琴古流尺八の名人
古童(1代)
　荒木 古童(1代)　あらき・こどう　1821〜1908　近世尺八の名手　㊙近江水口
古童(2世)
　荒木 古童(1代)　あらき・こどう　1821〜1908　近世尺八の名手　㊙近江水口
古道
　平松 古道　ひらまつ・こどう　1686〜1738　徳川中期の漢学者　㊙大和
古道
　村井 古道　むらい・こどう　1681〜1749　江戸時代中期の俳人、地誌家
古道(1世)
　美月軒 古道(1世)　びげつけん・こどう　1708〜1776　徳川末期の華道師範、神宮
古雲〈号〉
　相場 朋厚　あいば・ともあつ　1834〜1911　幕末明治時代の志士、画家　㊙下野足利田島村
古僊〈号〉
　白斎　はくさい　〜1851　幕末期の俳人
古慊〈名〉
　天姥　てんぼ　〜1823　化政期の俳人　㊙信濃戸倉
古関〈号〉
　佐竹 古関　さたけ・こかん　織豊時代の書家
古器観
　青木 木米　あおき・もくべい　1767〜1833　徳川後期の陶匠　㊙京都
古調〈雅名〉
　酒井 仲　さかい・ちゅう　〜1830　徳川中期の奇行家、実は上野伊勢崎藩主酒井駿河守忠温の第3子
古橘庵〈号〉
　晋佐山　しんさざん　鳥取藩主池田慶徳の茶道師範
古濂

沼 嘯翁　ぬま・しょうおう　1721〜1781　江戸時代中期の医師

【杞】

杞憂道人
　鵜飼 徹定　うがい・てつじょう　1814〜1891　徳川末期明治期の僧侶　㊙筑後

【固】

固仲〈字〉
　天野 容斎　あまの・ようさい　1802〜1868　江戸の儒者
固浄
　河野 固浄　こうの・こじょう　1744〜1803　江戸時代中期〜後期の僧、歌人
固禅〈号〉
　裏松 固禅　うらまつ・こぜん　1736〜1804　有職故実家　㊙京都

【狐】

狐肝軒〈号〉
　瀬名 貞雄　せな・さだお　1716〜1796　徳川中期の故実家　㊙江戸
狐軒打安〈別号〉
　竹芝 浦人　たけしばの・うらびと　狂歌師

【虎】

虎〈名〉
　塚田 大峯　つかだ・たいほう　1745〜1832　江戸時代後期の尾張藩の儒者（朱子学派）　㊙信濃
虎山〈号〉
　阪井 虎山　さかい・こざん　1798〜1850　徳川末期の儒者　㊙安芸広島城下段原村
〔岩屋〕虎之助〈変名〉
　東郷 愛之進　とうごう・あいのしん　〜1868　薩摩藩派遣留学生
〔秋山〕虎之助
　田中 正雄　たなか・まさお　1842〜1866　明治維新時代広島藩出身の志士
〔松下〕虎之助
　絵馬屋 額輔(1世)　えまや・がくすけ　1781〜1854　狂歌師　㊙江戸赤坂
〔内匠〕虎之助〈前名〉
　土佐少掾橘 正勝(1代)　とさのしょうじょうたちばなの・まさかつ　浄瑠璃太夫、土佐節の流祖
〔富岡〕虎之助〈変名〉
　熊谷 直光　くまがい・なおみつ　1842〜1902　剣士、官吏　㊙出羽国仙北郡六郷
虎五郎
　石丸 虎五郎　いしまる・とらごろう　1834〜1902　1866年渡英、官吏、小野浜造船所長
虎吉〈通称〉
　安西 雲煙　あんざい・うんえん　1806〜1852　徳川中期の書画商、画家
虎成
　今村 楽　いまむら・たのし　1765〜1810　徳川中期の国学者　㊙土佐
〔中村〕虎次〈初名〉

こ（孤, 弧, 枯, 胡, 庫, 菰, 壺）

坂東 国五郎(2代)　ばんどう・くにごろう　大阪の歌舞伎俳優
虎助〈幼名〉
　江左 尚白　こうさ・しょうはく　1650〜1722　徳川中期の俳人　㊹近江大津
虎杖
　宮本 虎杖　みやもと・こじょう　1741〜1823　江戸時代中期〜後期の俳人
虎明
　大蔵 虎明　おおくら・とらあきら　1597〜1662　江戸初期の狂言役者、大蔵流家元13代目
虎林〈別号〉
　岸 竹堂　きし・ちくどう　1826〜1897　徳川末期・明治時代の画家
虎門
　桜田 虎門　さくらだ・こもん　1774〜1839　儒者　㊹仙台
虎清
　大蔵 弥太郎(12世)　おおくら・やたろう　1566〜1646　大蔵流狂言師の家元
虎源太〈幼名〉
　井上 肇堂　いのうえ・ちょうどう　1804〜1881　幕末明治の漢方医
虎綱
　高坂 虎綱　こうさか・とらつな　1527〜1578　武田家の武臣　㊹甲斐伊沢
〔春日〕虎綱
　高坂 虎綱　こうさか・とらつな　1527〜1578　武田家の武臣　㊹甲斐伊沢
虎関
　虎関 師錬　こかん・しれん　1278〜1346　鎌倉時代の南禅寺の学僧　㊹京都
虎徹
　長曽祢 虎徹　ながそね・こてつ　〜1678　刀工にして甲冑工　㊹越前
虎蔵〈通称〉
　谷 北渓　たに・ほっけい　1727〜1797　徳川中期の国学者　㊹土佐国香美郡山田村
虎蔵〈初名〉
　嵐 冠十郎(2代)　あらし・かんじゅうろう　1805〜1861　歌舞伎俳優、幕末時代の敵役の達者
〔谷村〕虎蔵〈初名〉
　大谷 友右衛門(2代)　おおたに・ともえもん　1769〜1830　歌舞伎俳優、文化・文政時代の敵役の名優

【孤】

孤山〈号〉
　児島 大梅　こじま・だいばい　1772〜1841　徳川中期の俳人　㊹江戸蔵前
孤円斎〈号〉
　松平 四山　まつだいら・しざん　〜1854　徳川中期の俳人、出雲母里藩主
孤竹斎〈号〉
　谷 宗牧　たに・そうぼく　〜1545　室町時代の連歌師、越前の人と伝わる
孤屋
　孤屋　こおく　俳人、芭蕉一門
〔小泉〕孤屋
　孤屋　こおく　俳人、芭蕉一門
孤峰〈号〉

川上 宗雪　かわかみ・そうせつ　徳川中期の茶人　㊹紀州新宮
孤雲山人
　井上 井月　いのうえ・せいげつ　1822〜1887　徳川末期〜明治中期の俳人　㊹越後長岡
孤篷庵
　小堀 遠州　こぼり・えんしゅう　1579〜1647　江戸前期の武将、茶人　㊹近江坂田郡小堀邑

【弧】

弧山堂〈号〉
　卓郎　たくろう　幕末期の俳人　㊹伊豆三島

【枯】

枯木庵〈号〉
　烏黒　うこく　1838〜1906　俳人
枯魚堂〈号〉
　梅価　ばいか　〜1843　化政期の俳人

【胡】

胡床庵〈号〉
　常世田 長翠　つねよだ・ちょうすい　〜1813　徳川中期の俳人　㊹下総匝瑳郡木戸村
胡床庵〈号〉
　常世田 長翠　つねよだ・ちょうすい　〜1813　徳川中期の俳人　㊹下総匝瑳郡木戸村
胡虚〈号〉
　春甫　しゅんぽ　〜1854　幕末期の俳人　㊹信濃長沼穂保

【庫】

庫之助
　木下 嘉久次　きのした・かくじ　1844〜1864　幕末の武士

【菰】

菰山
　菰山　こざん　伊勢の陶工

【壺】

壺外
　乾 壺外　いぬい・こがい　1751〜1820　江戸時代中期〜後期の俳人
壺斉〈号〉
　佐川田 昌俊　さかわだ・まさとし　1579〜1643　桃山・徳川初期の歌人　㊹下野
壺邱
　毛利 扶揺　もうり・ふよう　1730〜1786　江戸時代中期の儒者
壺星楼〈別号〉
　壺星楼 繁門　こせいろう・しげかど　〜1817　徳川中期の狂歌師　㊹江戸
壺瓢軒〈号〉
　岸本 調和　きしもと・ちょうわ　1638〜1715　徳川中期の俳人　㊹石州

号・別名辞典　古代・中世・近世　141

【湖】

〔森部〕湖十
深川 湖十（1代）　ふかがわ・こじゅう　1677～1738　江戸時代前期～中期の俳人
〔村瀬〕湖十
深川 湖十（2代）　ふかがわ・こじゅう　?～1746　江戸時代中期の俳人
湖山
小野 湖山　おの・こざん　1814～1910　幕末・維新期の志士、漢詩人　[出]近江東浅井郡田根村
湖中
岡野 湖中　おかの・こちゅう　～1831　徳川中期の俳人、水戸藩の御十人目附組頭　[出]水戸
湖月亭〈別号〉
北村 季吟　きたむら・きぎん　1624～1705　徳川中期の俳人、古典学者　[出]近江栗太郡北村
湖月堂〈号〉
大高 源吾　おおたか・げんご　1672～1703　赤穂義士の一人
湖南〈号〉
原 雲沢　はら・うんたく　～1774　江戸の医家
湖南〈別号〉
梅田 雲浜　うめだ・うんぴん　1815～1859　幕末の志士
湖南人〈号〉
広瀬 惟然　ひろせ・いぜん　～1711　徳川中期の俳人　[出]美濃国関
湖春
北村 湖春　きたむら・こしゅん　1645～1697　徳川中期の国学者、俳人
湖鯉鮒
便便館 湖鯉鮒　べんべんかん・こりゅう　1749～1818　狂歌師

【瓠】

瓠形庵〈号〉
山田 白居　やまだ・はくきょ　1724～1800　徳川中期の俳人　[出]仙台
瓠界
北村 瓠界　きたむら・こかい　江戸時代前期の俳人

【雇】

雇〈名〉
斎藤 雁鷗　さいとう・がんおう　1664～1725　旗本
雇総〈名〉
斎藤 雁鷗　さいとう・がんおう　1664～1725　旗本

【鼓】

鼓山〈号〉
進鴻渓　しんこうけい　1821～1884　明治時代の漢学者、旧備中松山藩士
鼓川〈号〉
白尾 斎蔵　しらお・さいぞう　1762～1821　江戸中期の国学者
鼓缶子〈別号〉
桜田 虎門　さくらだ・こもん　1774～1839　儒者　[出]仙台
鼓判官
平 知康　たいらの・ともやす　平安鎌倉時代の廷臣
鼓泉〈号〉
白尾 斎蔵　しらお・さいぞう　1762～1821　江戸中期の国学者

【皷】

皷渓〈号〉
秀島 寛三郎　ひでしま・かんざぶろう　1785～1871　徳川末期の儒者、肥前松浦郡浦川内村の里正　[出]肥前国松浦郡浦川内村

【顧】

顧言
松本 顧言　まつもと・こげん　1817～1881　幕末明治の俳人　[出]江戸
顧軒〈号〉
中江 藤樹　なかえ・とうじゅ　1608～1648　徳川初期の儒者

【五】

五〈名〉
原 花祭　はら・かさい　1719～1769　徳川中期肥前の儒者
五一
熊谷 五一　くまがい・ごいち　～1882　幕末の萩藩の用達人、のち神職　[出]長門阿武郡奈古村
〔熊野〕五一
熊谷 五一　くまがい・ごいち　～1882　幕末の萩藩の用達人、のち神職　[出]長門阿武郡奈古村
五七〈画名〉
春川 五七　はるかわ・ごしち　1776～1832　江戸末期の浮世絵師
五十之助〈通称〉
久松 祐之　ひさまつ・すけゆき　安政・文久頃の国学者　[出]江戸
五十狭芹彦命
大吉備津彦命　おおきびつひこのみこと　孝霊天皇の皇子
五十狭茅宿禰
五十狭茅 宿禰　いさちの・すくね　麛坂王の武将
五十宮
倫子女王　ともこじょおう　1738～1771　徳川十代将軍家治の御台所
五十鈴媛命
媛蹈韛五十鈴媛命　ひめたたらいすずひめのみこと　神武天皇の皇后
五十槻舎〈号〉
原 久胤　はら・ひさたね　1792～1844　歌人　[出]相模大槻
五十槻園〈号〉
度会 久守　わたらい・ひさもり　1779～1853　江戸末期の神職にして国学者、皇大神宮権祢宜、久老の子　[出]宇治上中之郷
五十瓊敷入彦命
伊邇色入彦命　いにしきいりひこのみこと　垂仁天皇の皇子
五千叟〈号〉

ご（五）

貴志 沾洲　きし・せんしゅう　1670～1739　徳川中期の俳人　㊊江戸
五山
　菊池 五山　きくち・ござん　1769～1853　徳川中期讃岐高松藩の儒者　㊊高松
五太夫〈通称〉
　原 花祭　はら・かさい　1719～1769　徳川中期前の儒者
五仙窓〈号〉
　松岡 士川　まつおか・しせん　徳川中期の俳人　㊊摂津の灘
五左衛門
　松脇 五左衛門　まつわき・ござえもん　1840～1864　幕末の鹿児島藩士
五左衛門
　沼波 弄山　ぬなみ・ろうざん　1718～1777　万古焼の始祖　㊊伊勢桑名
五左衛門
　樋口 五左衛門　ひぐち・ござえもん　1636～1658　徳川初期の対馬府中藩士
〔津打〕五左衛門
　中津 五左衛門　なかつ・ござえもん　江戸時代前期～中期の歌舞伎作者
〔辻村〕五左衛門
　清光（1代）　きよみつ　元和頃の刀匠
五平
　五平　ごへい　加賀の楽焼工
〔浅野屋〕五平
　五平　ごへい　加賀の楽焼工
〔浅野村〕五平
　五平　ごへい　加賀の楽焼工
五平次
　奥貫 五平次　おくぬき・ごへいじ　1708～1787　江戸中期の儒者（古学派）　㊊武蔵入間郡
五平次〈通称〉
　辻 荻子　つじ・てきし　～1729　徳川中期の俳人、伊賀上野の藩士
五平次
　鈴木 五平次　すずき・ごへいじ　江戸中期の名古屋呉服町の鉄商
五辻斎院
　頌子内親王　しょうしないしんのう　1145～1208　鳥羽天皇の第7皇女
五交〈号〉
　大西 十左衛門　おおにし・じゅうざえもん　徳川中期の俳人
〔春ён〕五百枝
　五百枝王　いおえのおう　760～829　平安時代前期の公卿
五百重媛
　藤原 五百重媛　ふじわらの・いおえひめ　内大臣藤原鎌足の女
五百宮
　獣子女王　みちこじょおう　1720～1735　伏見宮貞建親王の第1王女
〔竹内〕五百都
　葛城 彦一　かつらぎ・ひこいち　1818～1880　幕末の志士、大隅加治木郷の郷士　㊊大隅国始良郡加治木郷
五百野皇女
　五百野皇女　いおののこうじょ　景行天皇皇女

五竹坊〈号〉
　田中 五竹坊　たなか・ごちくぼう　1700～1780　徳川中期の俳人　㊊美濃国北方
五行
　木食 五行　もくじき・ごぎょう　1718～1810　徳川末期の僧　㊊甲斐国西八代郡古関村
五兵衛
　武田 五兵衛　たけだ・ごひょうえ　1569～1603　安土・桃山時代のキリシタン武士
〔近江屋〕五兵衛
　深尾 式部　ふかお・しきぶ　1812～1862　商人、知恩院宮家士
〔銭屋〕五兵衛〈通称〉
　亀巣 きそう　～1852　幕末期の俳人　㊊加賀宮の腰（金沢市金石町）
〔清水〕五兵衛保高〈通称〉
　亀巣 きそう　～1852　幕末期の俳人　㊊加賀宮の腰（金沢市金石町）
五助〈通称〉
　森川 許六　もりかわ・きょろく　1656～1715　徳川中期の俳人　㊊江州彦根
五助
　平沢 元愷　ひらさわ・げんかい　1733～1791　江戸中・後期の儒学者　㊊山城国宇治
五助（1代）
　加藤 五助（1代）　かとう・ごすけ　尾張瀬戸の陶工
五助（2代）
　加藤 五助（2代）　かとう・ごすけ　尾張瀬戸の陶工
五助（3代）
　加藤 五助（3代）　かとう・ごすけ　尾張瀬戸の陶工
五条大納言〈別称〉
　藤原 邦綱　ふじわらの・くにつな　1122～1181　平安末期の公卿
五条后〈別称〉
　藤原 穏子　ふじわらの・おんし　885～954　醍醐天皇の皇后
五条坊山逕〈号〉
　伊藤 木児　いとう・もくじ　1689～1763　徳川中期の俳人
五条坊山慶〈号〉
　伊藤 木児　いとう・もくじ　1689～1763　徳川中期の俳人
五条院
　懌子内親王　えきしないしんのう　1262～1294　後嵯峨天皇の第6皇女
五条の翁〈号〉
　松永 貞徳　まつなが・ていとく　1571～1653　織豊時代―徳川初期の俳人にして国学者　㊊京都
五村〈俳号〉
　新井 勝重　あらい・かつしげ　1821～1893　幕末明治時代の画家　㊊下野足利本町
五良大夫〈通称〉
　大原 安綱　おおはらの・やすつな　平安朝時代の刀工　㊊東伯郡大原村
五良大甫
　呉 祥瑞　ご・しょうずい　1577～1663　戦国時代の陶磁器工　㊊伊勢国松阪
五岳
　福原 五岳　ふくはら・ごがく　1730～1799　徳川中期の南画家　㊊備後尾道
五岳

号・別名辞典　古代・中世・近世　143

ご（五）

平野 五岳　ひらの・ごがく　1809〜1893　詩画僧　㊶豊後日田
五明
　吉川 五明　きっかわ・ごめい　1730〜1803　徳川中期の俳人　㊶秋田
五松
　五松　ごしょう　〜1766　享保時代の俳人、千梅の長男
五省〈別号〉
　青木 鷺水　あおき・ろすい　1658〜1733　徳川中期の俳人　㊶京都
五郎
　股野 五郎　またの・ごろう　相模の武族
五郎〈幼名〉
　今川 氏真　いまがわ・うじざね　1538〜1614　戦国時代の武将
五郎〈通称〉
　斎藤 鶯江　さいとう・らんこう　1785〜1848　徳川中期の儒者　㊶阿波
五郎〈通称〉
　小南 五郎　こみなみ・ごろう　1812〜1882　幕末の高知藩士　㊶土佐国土佐郡江ノ口村
五郎〈通称〉
　和田 正忠　わだ・まさただ　吉野朝時代の武将
〔安積〕五郎〈変名〉
　那珂 通高　なか・みちたか　1827〜1879　盛岡藩士　㊶出羽国大館
〔江帾〕五郎
　那珂 通高　なか・みちたか　1827〜1879　盛岡藩士　㊶出羽国大館
〔国分〕五郎〈変名〉
　那珂 通高　なか・みちたか　1827〜1879　盛岡藩士　㊶出羽国大館
五郎七
　九鬼 五郎八　くき・ごろうはち　〜1600　武将、嘉隆の三男
五郎七
　髙原 五郎七　たかはら・ごろしち　肥前の陶工、本邦磁器の功労者、朝鮮系の人
五郎七郎義英〈幼名〉
　内藤 露沾　ないとう・ろせん　1655〜1733　徳川中期の俳人　㊶江戸桜田
五郎八
　九鬼 五郎八　くき・ごろうはち　〜1600　武将、嘉隆の三男
五郎三郎
　神尾 春央　かんお・はるひで　1687〜1753　江戸中期の幕臣、勘定奉行
五郎介
　浅見 五郎介　あさみ・ごろすけ　徳川時代末の陶工
五郎太夫〈通称〉
　今立 春山　いまだて・しゅんざん　〜1855　徳川末期の画家　㊶越前福井
〔祥瑞〕五郎太夫
　呉 祥瑞　ご・しょうずい　1577〜1663　戦国時代の陶磁器工　㊶伊勢国松阪
〔伊勢〕五郎太夫祥瑞
　呉 祥瑞　ご・しょうずい　1577〜1663　戦国時代の陶磁器工　㊶伊勢国松阪
五郎右衛門

玉水 五郎右衛門　たまみず・ごろえもん　延宝—宝永時代の江戸小唄謡の名手
五郎右衛門〈別称〉
　小南 五郎　こみなみ・ごろう　1812〜1882　幕末の高知藩士　㊶土佐国土佐郡江ノ口村
五郎右衛門
　松木 乙児　まつき・おつじ　1724〜1772　徳川中期の俳人
〔吾妻〕五郎右衛門〈別名〉
　玉水 五郎右衛門　たまみず・ごろえもん　延宝—宝永時代の江戸小唄謡の名手
〔祖父江〕五郎右衛門
　青山 清長　あおやま・きよなが　〜1615　信長の臣、のち福島正則に属す　㊶尾張祖父江村
〔美濃屋〕五郎右衛門〈通称〉
　詞海斎輪田丸　しかいさいわたまる　狂歌師
〔鈴虫〕五郎右衛門〈後名〉
　玉水 五郎右衛門　たまみず・ごろえもん　延宝—宝永時代の江戸小唄謡の名手
五郎左衛門〈通称〉
　吉田 為閑　よしだ・いかん　徳川初期の水戸藩士
五郎左衛門〈通称〉
　佐藤 剛斎　さとう・ごうさい　1650〜1719　徳川中期の儒者　㊶備後福山
五郎左衛門〈通称〉
　三浦 浄心　みうら・じょうしん　1565〜1644　仮名草子作者　㊶相模国三浦
五郎左衛門
　三亘 五郎右衛門　みなみ・ごろざえもん　1569〜1603　キリシタン殉教者
五郎左衛門〈通称〉
　大西 定林　おおにし・じょうりん　〜1727　江戸の釜師大西家の祖
五郎左衛門
　望月 五郎左衛門　もちずき・ごろえもん　1596〜1673　徳川初期の水戸藩吏
五郎左衛門
　富田 勢源　とだ・せいげん　戦国時代の剣術家
〔恒隆〕五郎左衛門
　望月 五郎左衛門　もちずき・ごろえもん　1596〜1673　徳川初期の水戸藩吏
〔蔵崎〕五郎左衛門
　権兵衛　ごんべえ　〜1694　江戸前期の陶工　㊶長門
〔尼崎屋〕五郎左衛門〈通称〉
　吉川 惟足　きっかわ・これたる　1615〜1694　吉川流神道の創始者　㊶江戸
五郎市
　松本 五郎市　まつもと・ごろういち　文政・天保時代の江戸の劇場振附師の名手
五郎吉〈通称〉
　白雄　しらお　1738〜1791　天明期の俳人　㊶江戸深川
五郎次
　幸 正能　こう・まさよし　1539〜1626　織豊〜江戸時代前期の能役者小鼓方
〔岡田〕五郎次郎〈本名〉
　鶴賀 新内（1代）　つるが・しんない　1714〜1774　新内節浄瑠璃の太夫
五郎兵衛

原 五郎兵衛　はら・ごろべえ　1775～1849　徳川中期の治水功労者　[出]武蔵横見郡一ツ木村
五郎兵衛
露 五郎兵衛　つゆの・ごろべえ　1643～1703　徳川初中期京都の落語家
〔丸屋〕五郎兵衛〈通称〉
森本 蟻道　もりもと・ぎどう　1664～1711　徳川中期の俳人　[出]摂州伊丹
〔山名〕五郎兵衛
福間 寿昭　ふくま・じゅしょう　1807～1885　徳山藩家老　[出]周防国都濃郡徳山村
〔大和屋〕五郎兵衛〈通称〉
坂上 呉老　さかのうえ・ごろう　～1834　徳川中期の俳人　[出]大阪
〔上総〕五郎兵衛尉
藤原 忠光　ふじわらの・ただみつ　～1192　鎌倉時代の武将、平氏の家臣
五郎助〈名〉
生川 春明　なるかわ・はるあき　1804～1890　和歌とともに国語法・風俗史の研究　[出]伊勢津市岩田町
五郎治〈通称〉
希杖　きじょう　～1835　幕末期の俳人
五郎治
秋山 清風　あきやま・せいふう　1798～1874　徳川末期の儒者
五郎時致
曽我 時致　そが・ときむね　1174～1193　鎌倉時代の武士、孝子
五重軒〈号〉
豊島 露月　とよしま・ろげつ　1667～1751　徳川中期の俳人　[出]江戸
五家園〈別号〉
沢田 名垂　さわだ・なたり　1775～1845　幕末の国学者　[出]会津
五席庵〈号〉
橋本 泰里　はしもと・たいり　1741～1819　徳川中期の俳人　[出]江戸深川
五朗
吉田 鹿助　よしだ・しかすけ　名古屋藩士
五朗
寺尾 市四郎　てらお・いちしろう　1807～1878　尾張瀬戸の陶工　[出]春日井郡大森村
五彩堂〈別号〉
巨州　きょしゅう　～1780　享保時代の俳人　[出]和泉の岸和田
五渓
清風 与平（2代）　せいふう・よへい　1844～1878　京都の陶工
五清堂〈別号〉
喜多 武清　きた・ぶせい　1776～1856　江戸末期の浮世絵師　[出]江戸
五瓶（2代）
並木 五瓶（2代）　なみき・ごへい　1768～1819　歌舞伎狂言作者　[出]江戸本所割下水
五瓶（3代）
並木 五瓶（3代）　なみき・ごへい　1789～1855　歌舞伎狂言作者
五瓶（4代）
並木 五瓶（4代）　なみき・ごへい　1829～1901　歌舞伎狂言作者　[出]江戸
五陵香山〈号〉
榊原 香山　さかきばら・こうざん　1730～1797　徳川中期の儒者　[出]江戸
五鹿園〈別号〉
佐和 華谷　さわ・かこく　1749～1831　徳川中期石見の儒者
五智〈号〉
融源　ゆうげん　真言宗僧　[出]肥前
五湖亭〈号〉
貞景　さだかげ　江戸末期の浮世絵師　[出]江戸
五渡亭〈号〉
歌川 豊国（3代）　うたがわ・とよくに　1786～1864　浮世絵師　[出]江戸
五無庵〈号〉
天野 桃隣　あまの・とうりん　1639～1719　徳川中期の俳人、芭蕉の門人　[出]伊賀上野
五筑坊〈号〉
田中 五竹坊　たなか・ごちくぼう　1700～1780　徳川中期の俳人　[出]美濃国北方
五雲
岡 五雲　おか・ごうん　1720～　徳川中期の俳人　[出]江戸
五雲
河端 五雲　かわばた・ごうん　1699～1773　江戸時代中期の俳人
五雲
今田 五雲　いまだ・ごうん　1808～1859　江戸時代後期の俳人
五粽亭〈号〉
鈴木 広貞　すずき・ひろさだ　江戸末期の浮世絵師　[出]大阪
五橋〈号〉
菊池 清彦　きくち・きよひこ　1812～1883　幕末明治時代の志士、公益家　[出]豊後大分郡高松

【午】

午之助
富本 豊前掾（2代）　とみもと・ぶぜんのじょう　1754～1822　常磐津太夫　[出]江戸
午心
午心　ごしん　～1817　化政期の俳人　[出]相模小田原
午寂
人見 午寂　ひとみ・ごじゃく　1661～1742　江戸時代前期～中期の俳人

【呉】

呉一
加藤 暁台　かとう・ぎょうだい　1732～1792　天明期の俳人　[出]名古屋
呉山
原 呉山　はら・ござん　1827～1897　加賀金沢の作陶家
呉山
坂本 呉山　さかもと・ござん　1820～1875　幕末・明治時代の儒者
呉山〈俳名〉
増山 金八（1代）　ますやま・きんぱち　江戸の歌舞伎狂言作者
呉山〈俳名〉

増山 金八（2代）　ますやま・きんぱち　～1826　江戸の歌舞伎狂言作者

呉山
三浦 呉山　みうら・ござん　?～1809　江戸時代後期の俳人

呉江
荒木 呉江　あらき・ごこう　1729～1793　江戸時代の書家

呉竹軒〈号〉
天野 桃隣　あまの・とうりん　1639～1719　徳川中期の俳人、芭蕉の門人　[出]伊賀上野

呉竹園〈別号〉
益亭 三友　えきてい・さんゆう　徳川末期の戯作者　[出]江戸

呉老
坂上 呉老　さかのうえ・ごろう　～1834　徳川中期の俳人　[出]大阪

呉春
月渓　げっけい　～1811　天明期の画家・俳人　[出]尾張

〔松村〕呉春
月渓　げっけい　～1811　天明期の画家・俳人　[出]尾張

呉橋
荒木 呉橋　あらき・ごきょう　1781～1811　江戸時代の書家

【吾】

吾山
会田 吾山　あいだ・ござん　1717～1787　徳川中期の俳人にて言語学者　[出]武蔵越谷村

〔越谷〕吾山〈呼称〉
会田 吾山　あいだ・ござん　1717～1787　徳川中期の俳人にて言語学者　[出]武蔵越谷村

吾斗〈別名〉
山村 舞扇斎　やまむら・ぶせんさい　1781～1844　文化—天保時代の大阪の劇場振附師、舞踊山村流の祖　[出]大阪

〔柏崎〕吾四郎
望月 太左衛門（1代）　もちずき・たざえもん　江戸長唄囃子の名家、望月流の家元、望月系祖

吾仲
渡辺 吾仲　わたなべ・ごちゅう　1673～1733　徳川中期の俳人

吾笥
土師 吾笥　はじの・あけ　贄土師部の始祖

吾輔
金沢 吾輔　かなざわ・ごすけ　文政・天保時代の大阪の歌舞伎狂言作者

【後】

後一
加藤 暁台　かとう・ぎょうだい　1732～1792　天明期の俳人　[出]名古屋

後川
和田 後川　わだ・ごせん　～1799　徳川中期の俳人　[出]加州金沢

後白河天皇
後白河天皇　ごしらかわてんのう　1127～1192　第77代の天皇、鳥羽天皇第4の皇子

後白河法皇
後白河天皇　ごしらかわてんのう　1127～1192　第77代の天皇、鳥羽天皇第4の皇子

〔都越〕後目
都 万太夫　みやこ・まんだゆう　江戸時代前期の歌舞伎の名代

後村上天皇
後村上天皇　ごむらかみてんのう　1328～1368　第97代の天皇

後京極院
礼成門院　れいせいもんいん　1303～1333　後醍醐天皇の皇后、名は藤原禧子

後奈良天皇
後奈良天皇　ごならてんのう　1496～1557　第105代の天皇、後柏原天皇の第2皇子

後柏原天皇
後柏原天皇　ごかしわばらてんのう　1464～1526　第104代の天皇、後土御門天皇の第1皇子

後凋子〈号〉
舟泉　しゅうせん　～1737　俳人、芭蕉一門　[出]三河の挙母

後素〈名〉
大塩 平八郎　おおしお・へいはちろう　1792～1837　天保乱の張本人　[出]大坂

後高倉院
後高倉院　ごたかくらいん　1179～1223　高倉天皇の第2子

後崇光太上天皇
後崇光院　ごすこういん　1372～1456　室町前期の僧、栄仁親王の王子

後崇光院
後崇光院　ごすこういん　1372～1456　室町前期の僧、栄仁親王の王子

後鳥羽上皇
後鳥羽天皇　ごとばてんのう　1180～1239　第82代の天皇、高倉天皇第4の皇子

後鳥羽天皇
後鳥羽天皇　ごとばてんのう　1180～1239　第82代の天皇、高倉天皇第4の皇子

〔都越〕後掾
都 万太夫　みやこ・まんだゆう　江戸時代前期の歌舞伎の名代

後遍智院准后〈別称〉
義賢　ぎけん　1399～1468　室町時代の僧、醍醐寺座主第74代

後僧正〈別称〉
真然　しんねん　804～891　真言僧、金剛峯寺の第2世　[出]讃岐国多度郡

後楽園〈号〉
三井 嘉菊　みつい・かきく　1767～1847　徳川中期の俳人　[出]京都

後節右衛門
古谷 道生　ふるや・どうせい　1815～1888　幕末明治時代の和算家　[出]駿河

後鈴屋
本居 春庭　もとおり・はるにわ　1763～1828　国学者　[出]伊勢松坂

【娯】

娯庵〈別号〉
菊池 五山　きくち・ござん　1769〜1853　徳川中期讃岐高松藩の儒者　[出]高松

【悟】

悟章
学の門 悟章　まなびのと・ごしょう　狂歌師　[出]下野栃木
悟喜
学の門 悟喜　まなびのと・ごき　〜1846　狂歌師　[出]下野栃木
悟黙軒〈別称〉
平野 昌伝　ひらの・しょうでん　江戸末期頃の測量術家

【梧】

梧泉
岩崎 梧泉　いわさき・ごせん　〜1817　徳川中期の俳人
梧桐庵〈号〉
後藤 梧桐庵　ごとう・ごどうあん　本草家　[出]江戸
梧桐庵〈別号〉
沢 近嶺　さわ・ちかね　1788〜1838　徳川中期の歌人
梧堂〈別号〉
石田 無得　いしだ・むとく　1773〜1840　秋田藩の書家　[出]久保田（今の秋田市）
梧岡
津田 鳳卿　つだ・ほうけい　1779〜1847　江戸時代後期の武士
梧庵
中谷 梧庵　なかや・ごあん　1769〜1841　徳川中期の俳人　[出]淡路

【御】

御子神主膳
小野 次郎右衛門（忠明）　おの・じろうえもん　〜1628　近世初期の武芸者、徳川家の臣
〔神〕御井
大神 巳井　おおみわの・みい　平安時代前期の官吏
御主人
阿部 御主人　あべの・みうし　〜703　奈良朝時代の右大臣
〔阿倍〕御主人
阿部 御主人　あべの・みうし　〜703　奈良朝時代の右大臣
〔布勢〕御主人
阿部 御主人　あべの・みうし　〜703　奈良朝時代の右大臣
〔天野〕御民
冷泉 雅二郎　れいぜい・まさじろう　1841〜1903　萩藩大組の士
御杖
富士谷 御杖　ふじたに・みつえ　1768〜1823　徳川中期の国学者　[出]京都
〔厳島〕御室
任助法親王　にんじょほうしんのう　1525〜1584　伏見宮貞敦親王の第5王子
御柳園〈号〉
下郷 学海　しもさと・がくかい　1742〜1790　徳川中期の俳人　[出]尾張鳴海
御風〈号〉
秋山 光好　あきやま・みつよし　1794〜1866　徳川末期秋田藩の俳人
御射山翁〈号〉
山口 羅人　やまぐち・らじん　1699〜1752　徳川中期の俳人　[出]江州守山
御堂関白
藤原 道長　ふじわらの・みちなが　966〜1027　平安時代の政治家、摂政太政大臣従一位
御間城入彦五十瓊殖尊
崇神天皇　すじんてんのう　第10代天皇
御園〈俳号〉
上田 秋成　うえだ・あきなり　1734〜1809　江戸中期の国学者、歌人、俳人、浮世草子及び読本作者、茶人　[出]摂津曽根崎
御蒼生
今泉 蟹守　いまいずみ・かにもり　1818〜1898　徳川末期明治時代の国学者　[出]肥前小城

【語】

語一郎〈通称〉
乙彦　おとひこ　1826〜1886　幕末から明治初期の俳人
〔森〕語一郎
乙彦　おとひこ　1826〜1886　幕末から明治初期の俳人
語石庵
広田 精知　ひろた・せいち　〜1886　幕末明治の俳人　[出]江戸
語雪〈別号〉
榎並 舎羅　えなみ・しゃら　徳川中期の俳人　[出]大阪

【護】

護
正木 護　まさき・まもる　本願寺派光永寺僧、邪教探索諜者
護佐丸
毛 国鼎　もう・こくてい　〜1458　第一尚氏の第6世尚泰久王時代の中城按司　[出]沖縄
護良親王
護良親王　もりながしんのう　1308〜1335　後醍醐天皇の皇子
護花関〈号〉
堀田 六林　ほった・ろくりん　1710〜1792　徳川中期の俳人　[出]名古屋
護物
谷川 護物　たにかわ・ごぶつ　1772〜1844　徳川中期の俳人　[出]伊勢

【䯊】

䯊堂〈号〉

こう（工, 亢, 公）

平元 謹斎　ひらもと・きんさい　1810〜1876　徳川末期の儒者　⑲出羽

【工】

〔浅尾〕工左衛門
　姉川 新四郎（4代）　あねかわ・しんしろう　1809〜1853　大阪の歌舞伎俳優、弘化・嘉永時代の実悪の達者
〔朝井〕工左衛門〈別称〉
　浅尾 工左衛門（1世）　あさお・くざえもん　1758〜1824　歌舞伎俳優
工左衛門（1世）
　浅尾 工左衛門（1世）　あさお・くざえもん　1758〜1824　歌舞伎俳優
工左衛門（2世）
　浅尾 工左衛門（2代）　あさお・くざえもん　1786〜1845　大阪の歌舞伎俳優、天保弘化時代の敵役の老巧

【亢】

亢章〈字〉
　有馬 白嶼　ありま・はくしょ　1735〜1817　徳川中期の熊本藩儒員

【公】

〔藤原〕公子
　東二条院　ひがしにじょういん　1232〜1304　後深草天皇の皇后
〔市木〕公太
　金子 重之輔　かねこ・しげのすけ　1831〜1855　商人、萩藩江戸藩邸小吏　⑲長門国萩津守町
公木園〈別号〉
　武隈庵 双樹　たけくまあん・ふたき　〜1843　江戸の狂歌師
公台
　野村 東皐　のむら・とうこう　1717〜1784　江戸時代中期の儒者
公正
　由利 公正　ゆり・きみまさ　1829〜1909　維新の功臣、子爵　⑲越前足羽郡毛矢町
公正
　渋江 松石　しぶえ・しょうせき　1743〜1814　江戸時代中期〜後期の神職、国学者
公成
　河村 公成　かわむら・こうせい　1808〜1868　徳川末期の俳人　⑲長門
公均〈別号〉
　吉田 広均　よしだ・こうきん　〜1875　画家　⑲越中
公条
　三条西 公条　さんじょうにし・きんえだ　1487〜1563　公卿、歌人
公甫
　有吉 公甫　ありよし・こうほ　1741〜1787　徳川中期の漢学者、萩藩士
〔三条〕公秀
　正親町三条 公秀　おおぎまちさんじょう・きんひで　1285〜1363　鎌倉〜南北朝時代の公卿

公季
　藤原 公季　ふじわらの・きんすえ　956〜1029　平安時代の朝臣、太政大臣従1位
〔閑院〕公季
　藤原 公季　ふじわらの・きんすえ　956〜1029　平安時代の朝臣、太政大臣従1位
公実〈名〉
　阪井 虎山　さかい・こざん　1798〜1850　徳川末期の儒者　⑲安芸広島城下段原村
公宗
　西園寺 公宗　さいおんじ・きんむね　1310〜1335　鎌倉後期の公卿
〔藤原〕公宗
　西園寺 公宗　さいおんじ・きんむね　1310〜1335　鎌倉後期の公卿
〔渋江〕公尚
　小鹿島 右衛門　おがしま・うえもん　1827〜1893　幕末明治時代の肥前大村藩家老
公茂
　巨勢 公望　こせの・きんもち　平安朝時代の画家
公持
　巨勢 公望　こせの・きんもち　平安朝時代の画家
公紀〈字〉
　今城 鯤山　いまき・けんざん　徳川中期の松本藩の儒者
公香〈名〉
　梅価　ばいか　〜1843　化政期の俳人
公孫〈号〉
　原 時行　はら・ときゆき　1826〜1899　幕末・明治の儒者　⑲日向延岡
公恕〈字〉
　斎藤 守敬　さいとう・もりゆき　1810〜1837　幕末の儒者　⑲陸前遠田郡沼部村
〔北条〕公時
　名越 公時　なごえ・きんとき　1267〜1295　鎌倉時代の武将
公裁〈字〉
　緒方 洪庵　おがた・こうあん　1810〜1863　幕末時代蘭医の泰斗　⑲備中足守
〔藤原〕公能
　徳大寺 公能　とくだいじ・きんよし　1115〜1161　平安時代後期の公卿、歌人
〔藤原〕公通
　西園寺 公通　さいおんじ・きんみち　1117〜1173　平安時代後期の公卿、歌人
公高
　巨勢 金高　こせの・きんたか　平安朝時代の画家
公啓法親王
　公啓法親王　こうけいほうしんのう　1732〜1772　閑院宮直仁親王第2王子
公商〈号〉
　山口 素堂　やまぐち・そどう　1642〜1716　徳川初期の俳人　⑲甲州巨摩郡教来石村山口
公教
　藤原 公教　ふじわらの・きんのり　1103〜1160　平安時代の朝臣
〔三条〕公教
　藤原 公教　ふじわらの・きんのり　1103〜1160　平安時代の朝臣
公斎〈名〉

148　号・別名辞典　古代・中世・近世

こう（勾, 孔, 功, 尻, 広）

七五三 長斎　しめ・ちょうさい　1757〜1824　徳川中期の俳人　㊚大阪
公望
　巨勢 公望　こせの・きんもち　平安朝時代の画家
公盛
　三条 公広　さんじょう・きんひろ　1577〜1626　織豊〜江戸時代前期の公卿
〔藤原〕公経
　西園寺 公経　さいおんじ・きんつね　1171〜1244　鎌倉時代の公卿
公逸〈名〉
　原 狂斎　はら・きょうさい　1735〜1790　徳川中期の儒者　㊚淡路洲本
公麻呂
　国中連 公麻呂　くになかのむらじ・きみまろ　〜774　奈良時代の鋳工
〔国中〕公麻呂
　国中連 公麻呂　くになかのむらじ・きみまろ　〜774　奈良時代の鋳工
公弼
　大草 公弼　おおくさ・こうひつ　1775〜1817　徳川中期の国学者
公梦〈字〉
　荒木 呉橋　あらき・ごきょう　1781〜1811　江戸時代の書家
公棋〈名〉
　井上 東渓　いのうえ・とうけい　徳川中期の江戸の儒者
〔藤原〕公雄
　小倉 公雄　おぐら・きんお　鎌倉時代の公卿
〔橘〕公業
　小鹿島 公業　おがしま・きみなり　平安後期〜鎌倉時代の武将
公瑜〈字〉
　天竜 道人　てんりゅう・どうじん　1718〜1810　江戸中・後期の文人
〔麻田〕公輔
　周布 政之助　すふ・まさのすけ　1823〜1864　明治維新時代長州藩の勤王家、政務座筆頭　㊚萩
公澄法親王
　公澄法親王　こうちょうほうしんのう　1776〜1828　伏見宮邦頼親王第2王子
公賢
　洞院 公賢　とういん・きんかた　1291〜1360　鎌倉吉野時代の朝臣、太政大臣
〔藤原〕公賢
　洞院 公賢　とういん・きんかた　1291〜1360　鎌倉吉野時代の朝臣、太政大臣
公頼〈実名〉
　山家 清兵衛　やんべ・せいべえ　1579〜1620　宇和島藩の惣奉行
公顕
　公璋法親王　こうしょうほうしんのう　1760〜1776　典仁親王の第3王子

【勾】

勾大兄
　安閑天皇　あんかんてんのう　466〜536　第27代天皇
勾当
　三ツ橋 勾当　みつはし・こうとう　徳川後期の地唄作曲家　㊚大阪
勾当
　峰崎 検校　みねさき・けんぎょう　地唄の名人　㊚大阪
〔三津橋〕勾当
　三ツ橋 勾当　みつはし・こうとう　徳川後期の地唄作曲家　㊚大阪

【孔】

〔天愚〕孔平
　萩野 鳩谷　はぎの・きゅうこく　1717?〜1817　江戸時代中期〜後期の儒者
孔実〈字〉
　佐伯 順蔵　さえき・じゅんぞう　1788〜1849　徳川中期富山藩の儒者
孔恭
　木村 蒹葭堂　きむら・けんかどう　1736〜1802　徳川中期の博学者　㊚大阪堀江
孔寅〈名〉
　長山 牧斎　ながやま・ぼくさい　1765〜1849　画家　㊚秋田

【功】

功久〈名〉
　大森 繁右衛門　おおもり・しげえもん　1744〜1809　徳川中期対馬藩の家老
〔妙喜庵〕功叔
　功叔　こうしゅく　?〜1594　織豊時代の僧、茶人
〔菊地〕功阿弥
　軍地 功阿弥　ぐんじ・こうあみ　?〜1681　江戸時代前期の装剣金工

【尻】

尻焼猿人〈狂号〉
　酒井 抱一　さかい・ほういつ　1761〜1828　徳川末期の画家にして俳人　㊚神田小川町

【広】

広〈名〉
　原田 亀太郎　はらだ・かめたろう　〜1864　維新時代の志士
広丸
　天 広丸　あまの・ひろまる　1770〜1823　江戸中期の狂歌師　㊚鎌倉
〔歌川〕広丸
　鳥羽 広丸　とば・ひろまる　江戸時代後期の浮世絵師
広川
　鈴木 広川　すずき・こうせん　1780〜1838　徳川中末期の儒者　㊚上野佐波郡剛志村保泉
広五郎〈初名〉
　大谷 広次(4代)　おおたに・ひろじ　歌舞伎俳優、文化・文政時代の立役の達者
広元
　大江 広元　おおえの・ひろもと　1148〜1225　鎌倉時代の政治家、明法学者
〔中原〕広元

号・別名辞典　古代・中世・近世　149

こう（広）

大江 広元 おおえ・ひろもと 1148〜1225 鎌倉時代の政治家、明法学者

広世
後藤 庄三郎(2代) ごとう・しょうざぶろう 1606〜1644 江戸時代前期の御金改役

広右衛門(2代)
大谷 広右衛門(2代) おおたに・ひろえもん 〜1747 歌舞伎俳優、享保—延享時代の敵役の名優

広右衛門(3代)
大谷 広右衛門(3代) おおたに・ひろえもん 1726〜1790 歌舞伎俳優、明和—天明時代の実悪の功者

〔大谷〕広右衛門(4代)
坂田 半五郎(4代) さかた・はんごろう 1791〜1840 江戸の歌舞伎俳優

広右衛門(5代)
大谷 広右衛門(5代) おおたに・ひろえもん 1804〜1855 歌舞伎俳優、弘化・嘉永時代の実悪の達者

広本
覚芝 広本 かくし・こうほん 1686〜1746 江戸時代中期の僧

広正
簗田 広正 やなだ・ひろまさ 信長の臣

〔梁田〕広正
簗田 広正 やなだ・ひろまさ 信長の臣

〔磯田〕広吉〈通称〉
天 広丸 あま・ひろまる 1770〜1823 江戸中期の狂歌師 ㊞鎌倉

広好
袂 広好 たもと・ひろよし 狂歌師

〔住吉〕広守門近藤五郎兵衛〈別称〉
粟田口 慶羽 あわたぐち・けいう 1723〜1791 徳川末期の画家

広当
板谷 慶舟 いたや・けいしゅう 1729〜1797 江戸時代中期〜後期の画家

〔住吉〕広当
板谷 慶舟 いたや・けいしゅう 1729〜1797 江戸時代中期〜後期の画家

広成
葛井 広成 ふじいの・ひろなり 奈良時代の法律家、詩歌人

広成
斎部 広成 いんべの・ひろなり 平安初期の官僚、『古語拾遺』を著わす

広成
丹墀 広成 たじひの・ひらなり 〜739 奈良初期の詩人

〔紀〕広成
山脇 東暉 やまわき・とうき 1777〜 画家 ㊞京都

〔多治比〕広成〈姓〉
丹墀 広成 たじひの・ひらなり 〜739 奈良初期の詩人

〔白猪〕広成
葛井 広成 ふじいの・ひろなり 奈良時代の法律家、詩歌人

〔物部〕広成
斎部 広成 いんべの・ひろなり 平安初期の官僚、『古語拾遺』を著わす

広次(1代)
大谷 広次(1代) おおたに・ひろじ 1696〜1747 歌舞伎俳優、延享時代の立役の名優 ㊞江戸

広次(2代)
大谷 広次(2代) おおたに・ひろじ 〜1757 歌舞伎俳優、寛延・宝暦時代の立役の名優

広次(3代)
大谷 広次(3代) おおたに・ひろじ 1740〜1802 歌舞伎俳優、明和—寛政時代の名優

広次(4代)
大谷 広次(4代) おおたに・ひろじ 歌舞伎俳優、文化・文政時代の立役の達者

広次(5代)
大谷 広次(5代) おおたに・ひろじ 1832〜1873 歌舞伎俳優 ㊞江戸

広虫
和気 広虫 わけの・ひろむし 730〜799 奈良時代の女官 ㊞備前国藤野郡

〔藤野〕広虫
和気 広虫 わけの・ひろむし 730〜799 奈良時代の女官 ㊞備前国藤野郡

広行
住吉 広行 すみよし・ひろゆき 1754〜1811 徳川中期の土佐派の画家、幕府の絵師

広作〈幼名〉
立 嘉度 たち・よしのり 1845〜1879 通詞、官吏、横須賀製鉄所などで通訳として活躍

広助(1代)
豊沢 広助(1代) とよざわ・ひろすけ 1777〜1824 義太夫節三絃の名家、豊沢の家元

広均
吉田 広均 よしだ・こうきん 〜1875 画家 ㊞越中

広秀
赤松 広通 あかまつ・ひろみち 1562〜1600 織豊時代の武将

広見
藤田 広見 ふじた・ひろみ 1822〜1901 幕末・明治の歌人 ㊞長門

広足
中島 広足 なかじま・ひろたり 1792〜1864 幕末の国学者、歌人

〔物部韓国〕広足
韓国 広足 からくにの・ひろたり 奈良時代の呪術者、官吏

〔安藤〕広近
歌川 広近(2代) うたがわ・ひろちか 1835〜 浮世絵師

広近(1代)
歌川 広近(1代) うたがわ・ひろちか 徳川末期の浮世絵師 ㊞江戸

広近(2代)
歌川 広近(2代) うたがわ・ひろちか 1835〜 浮世絵師

広忠
松平 広忠 まつだいら・ひろただ 1526〜1549 三河松平本家8代の祖、徳川家康の父

〔徳川〕広忠
松平 広忠 まつだいら・ひろただ 1526〜1549 三河松平本家8代の祖、徳川家康の父

広明

こう（広）

加藤 教明　かとう・のりあき　戦国〜織豊時代の武将
広明堂〈号〉
　伊藤 潮花　いとう・ちょうか　1810〜1880　幕末・明治時代の軍談師
〔住吉〕広長
　板谷 広長　いたや・ひろなが　1760〜1814　江戸時代中期〜後期の画家
広城〈名〉
　大野 広城　おおの・ひろき　〜1841　徳川中期の国学者　🏠江戸
広海〈名〉
　早川 広海　はやかわ・こうかい　1775〜1830　徳川中期の医家　🏠甲斐東山梨郡日下部村八日市場
広相
　橘 広相　たちばなの・ひろみ　837〜890　文章博士
広胖
　坂部 広胖　さかべ・こうはん　1759〜1824　徳川中期の和算家　🏠江戸
広胖
　小野 広胖　おの・こうはん　幕末後期の和算家
〔戸田〕広胖
　坂部 広胖　さかべ・こうはん　1759〜1824　徳川中期の和算家　🏠江戸
広貞
　菅原 広貞　すがわらの・ひろさだ　平安朝の医家　🏠摂津
広貞
　鈴木 広貞　すずき・ひろさだ　江戸末期の浮世絵師　🏠大阪
〔出雲〕広貞
　菅原 広貞　すがわらの・ひろさだ　平安朝の医家　🏠摂津
〔一立斎〕広重
　安藤 広重（1世）　あんどう・ひろしげ　1797〜1855　江戸後期の浮世絵師　🏠江戸八重州河岸
広重（1世）
　安藤 広重（1世）　あんどう・ひろしげ　1797〜1855　江戸後期の浮世絵師　🏠江戸八重州河岸
〔歌川〕広重（1代）
　安藤 広重（1世）　あんどう・ひろしげ　1797〜1855　江戸後期の浮世絵師　🏠江戸八重州河岸
広重（2代）
　歌川 広重（2代）　うたがわ・ひろしげ　1826〜1869　浮世絵師
〔島津〕広兼
　諏訪 甚六　すわ・じんろく　1829〜1898　幕末の志士、鹿児島藩士
広卿〈号〉
　烏黒　うこく　1838〜1906　俳人
〔住吉〕広夏（俗称）
　鶴洲　かくしう　1655〜1746　祥福寺住職、大和絵画家
広家
　吉川 広家　きっかわ・ひろいえ　〜1625　戦国徳川初期の武将　🏠安芸
広島
　国造 広島　くにのみやつこ・ひろしま　奈良朝時代の出雲国造
広庭
　安倍 広庭　あべの・ひろにわ　659〜732　奈良時代の廷臣
〔阿倍〕広庭
　安倍 広庭　あべの・ひろにわ　659〜732　奈良時代の廷臣
〔阿部〕広庭
　安倍 広庭　あべの・ひろにわ　659〜732　奈良時代の廷臣
〔中原〕広通
　石野 広通　いしの・ひろみち　1718〜1800　江戸時代中期〜後期の武士、歌人
〔土佐〕広通
　住吉 如慶　すみよし・じょけい　1599〜1670　江戸時代前期の画家
広高
　巨勢 広貴　こせ・ひろたか　平安時代の画家
広基
　江田 広基　えだ・ひろもと　鎌倉時代の武人、義経の部下
広常
　平 広常　たいらの・ひろつね　〜1183　平安時代の武将
〔上総介〕広常
　平 広常　たいらの・ひろつね　〜1183　平安時代の武将
〔千葉〕広常
　平 広常　たいらの・ひろつね　〜1183　平安時代の武将
広隆
　烏丸 広賢　からすまる・ひろかた　徳川初期の歌人
広備
　高橋 坦室　たかはし・たんしつ　1771〜1823　江戸時代後期の儒者
広貴
　巨勢 広貴　こせ・ひろたか　平安時代の画家
広道
　石野 広道　いしの・ひろみち　1718〜1800　徳川中期の国学者　🏠江戸
〔高橋〕広道
　柳亭 種彦（2世）　りゅうてい・たねひこ　1806〜1868　神官、戯作者　🏠尾張国熱田
広義門院
　広義門院　こうぎもんいん　1291〜1357　後伏見天皇の女御
〔出雲臣〕広嶋
　国造 広島　くにのみやつこ・ひろしま　奈良朝時代の出雲国造
広蔭
　鬼島 広蔭　きじま・ひろかげ　1793〜1873　徳川中期末期の国学者　🏠紀伊和歌山
〔富樫〕広蔭
　鬼島 広蔭　きじま・ひろかげ　1793〜1873　徳川中期末期の国学者　🏠紀伊和歌山
広幡御息所
　源 計子　みなもとの・けいし　村上天皇の更衣
広澄〈名〉
　住吉 具慶　すみよし・ぐけい　1631〜1705　徳川中期の住吉派画家
広賢
　烏丸 広賢　からすまる・ひろかた　徳川初期の歌人

号・別名辞典　古代・中世・近世　151

【弘】

弘〈名〉
酒泉 竹軒　さかいずみ・ちくけん　1654～1718　徳川中期の史家　㊸筑前福岡

弘〈通称〉
中井 桜洲　なかい・おうしゅう　1838～1894　政治家　㊸鹿児島平の馬場

弘〈名〉
樋野 含斎　ひの・がんさい　～1865　徳川末期の儒者

弘丁〈俳名〉
藤間 勘十郎（1代）　ふじま・かんじゅうろう　～1821　日本舞踊の舞踊家・振付師、藤間流の一派の家元

弘也
空也　くうや　900?～970?　市聖（若しくは市上人、阿弥陀聖）と呼ばれた踊念仏の開祖　㊸京都

弘之〈名〉
加藤 弘之　かとう・ひろゆき　1836～1916　啓蒙学者　㊸但馬国（現・兵庫県）出石城下谷山町

弘之進
若杉 直綱　わかすぎ・なおつな　1843～1864　幕末の医師

弘文天皇
弘文天皇　こうぶんてんのう　648～672　第39代の天皇

弘氏
弘氏　ひろうじ　～1683　俳人、芭蕉一門　㊸伊勢

弘句庵〈号〉
内藤 丈草　ないとう・じょうそう　1661～1704　徳川中期の俳人　㊸尾張国犬山

弘孝〈名〉
高山 信濃　たかやま・しなの　徳川中期の日向飫肥藩の儒者

弘享
日根野 弘享　ひねの・ひろあき　1786～1854　儒者

弘法大師
空海　くうかい　774～834　真言宗の開祖、本邦入木道の祖師　㊸讃岐国屏風ケ浦

弘門〈名〉
志倉 西馬　しくら・さいば　1808～1858　徳川末期の俳人　㊸上州高崎

弘保親王
教仁法親王　きょうにんほうしんのう　1819～1851　閑院宮孝仁親王第2王子

弘計
古田 弘計　ふるた・ひろかず　豊後岡藩の老職にして国学者

弘計王
顕宗天皇　けんそうてんのう　450～487　第23代の天皇

弘卿〈字〉
古田 弘計　ふるた・ひろかず　豊後岡藩の老職にして国学者

弘員
弘員　ひろかず　～1717　俳人、芭蕉一門、伊勢の神宮

弘訓
足代 弘訓　あじろ・ひろのり　1784～1856　国学者、伊勢神宮の神主

弘高
巨勢 広貴　こせの・ひろたか　平安時代の画家

弘基
江田 広基　えだ・ひろもと　鎌倉時代の武人、義経の部下

弘庵
藤森 弘庵　ふじもり・こうあん　1799～1862　江戸の儒者　㊸江戸

弘済〈名〉
今井 弘済　いまい・こうさい　1652～1689　徳川中期の国学者にして医家　㊸水戸

弘視
均上 九山　さかがみ・くざん　1810～1867　大坂南久宝寺町の町人

弘就
日祢野 弘就　ひねの・ひろなり　～1602　斎藤氏家臣　㊸美濃石津郡五町村

〔日根野〕弘就
日祢野 弘就　ひねの・ひろなり　～1602　斎藤氏家臣　㊸美濃石津郡五町村

弘覚大師
法然　ほうねん　1133～1212　平安朝時代の高僧、浄土宗の開祖　㊸美作国久米

弘道
足代 立渓　あじろ・りっけい　1703～1761　徳川中期の漢学者

弘道親王
公澄法親王　こうちょうほうしんのう　1776～1828　伏見宮邦頼親王第2王子

弘遠〈字〉
宮下 崧岳　みやした・しゅうがく　1826～1900　幕末明治の漢学者　㊸信濃更級郡大塚村

弘毅
入江 弘毅　いりえ・ひろき　1838～1864　徳川末期の志士、長州藩士　㊸長門国萩土原村

弘蔵〈幼名〉
加藤 弘之　かとう・ひろゆき　1836～1916　啓蒙学者　㊸但馬国（現・兵庫県）出石城下谷山町

弘徽殿女御
弘徽殿女御　こきでんのにょうご　～985　花山天皇の女御

弘徽殿女御
弘徽殿女御　こきでんのにょうご　933～947　村上天皇の女御

弘徽殿女御
藤原 義子　ふじわらの・ぎし　974～1053　一条天皇の女御

弘徽殿中宮
弘徽殿中宮　こきでんのちゅうぐう　1016～1039　後朱雀天皇の皇后

弘篤〈名〉
宇井 黙斎　うい・もくさい　1725～1781　徳川中期の崎門派の儒者　㊸肥前唐津

弘興〈諱〉
足代 弘興　あじろ・ひろおき　～1574　室町末期の伊勢神宮の祠官

弘顕
山口 慎斎　やまぐち・しんさい　1801～1861　江戸時代後期の儒者

【甲】

甲子太郎
伊東 甲子太郎　いとう・きねたろう　～1867　幕末新撰組隊士、のち山陵衛士、志筑藩士
甲東〈号〉
大久保 利通　おおくぼ・としみち　1830～1878　明治維新の元勲、政治家　[出]鹿児島
甲斐
原田 甲斐　はらだ・かい　1618～1671　江戸前期の藩政家

【交】

交山
松本 交山　まつもと・こうざん　1784～1866　画家　[出]江戸
交来
武田 交来　たけだ・こうらい　1819～1882　芝居茶屋、備書家、戯作者
交教〈字〉
士由　しゆう　～1850　化政期の俳人　[出]羽前狼河原

【光】

光
桑楊庵 光　そうようあん・ひかる　1753～1796　江戸中期の狂歌師　[出]江戸亀井町
〔頭〕光
桑楊庵 光　そうようあん・ひかる　1753～1796　江戸中期の狂歌師　[出]江戸亀井町
光三郎〈幼名〉
荒木 寛畝　あらき・かんぽ　1831～1915　画家　[出]江戸
光久
土佐 光久　とさ・みつひさ　室町時代の画家
光大
岡田 光大　おかだ・みつひろ　江戸末期の有職家
〔藤原〕光子
壬生院　みぶいん　1602～1656　後光明天皇の母
光子女王
光子女王　みつこじょおう　1699～1738　伏見宮邦永親王第2王女
光子内親王
光子内親王　みつこないしんのう　1634～1727　後水尾天皇の皇女、林丘寺宮元瑤内親王
光仁天皇
光仁天皇　こうにんてんのう　708～781　第49代の天皇、天智天皇の皇孫
光円
良如　りょうにょ　1613～1662　江戸時代前期の僧
光太夫
大黒屋 幸太夫　だいこくや・こうだゆう　1750～1828　江戸時代ロシアへ漂流した船頭
光太郎〈通称〉
長 三洲　ちょう・さんしゅう　1833～1895　漢学者、書家　[出]豊後（現・大分県）日田郡
光世〈名〉
裏松 固禅　うらまつ・こぜん　1736～1804　有職故実家　[出]京都
〔三池典太〕光世
光世　みつよ　平安時代後期の刀工
光右衛門（2代）
不知火 光右衛門（2代）　しらぬい・こうえもん　1825～1879　力士（横綱）　[出]肥後国菊池郡陣内村
光玄
存覚　ぞんかく　1290～1373　鎌倉～南北朝時代の僧
光吉
石川 貞清　いしかわ・さだきよ　?～1626　織豊時代の武将
光好
秋山 光好　あきやま・みつよし　1794～1866　徳川末期秋田藩の俳人
光存
光存　こうぞん　京都の好事的作陶家
光成
青柳 良光　あおやぎ・よしみつ　江戸時代中期～後期の装剣金工
光次
後藤 庄三郎　ごとう・しょうざぶろう　織豊時代の鋳造家　[出]近江国坂本
光竹〈号〉
菱川 吉左衛門　ひしかわ・きちざえもん　1597～1662　江戸初期の縫箔染色家
光行
菊岡 光行　きくおか・みつゆき　1750～1800　江戸時代末期の俳人、表具を業とし、彫物に巧であった
光行〈名〉
菊岡 沾涼　きくおか・せんりょう　1680～1747　徳川中期の俳人　[出]江戸
光佐
顕如 光佐　けんにょ・こうさ　1543～1592　戦国時代に武力的教家として著しかつた本願寺主　[出]大阪石山
〔本願寺〕光佐
顕如 光佐　けんにょ・こうさ　1543～1592　戦国時代に武力的教家として著しかつた本願寺主　[出]大阪石山
光問
隆誉　りゅうよ　～1492　室町時代の僧　[出]近江蒲生郡
光助
順如　じゅんにょ　1442～1483　室町時代の僧
光孝天皇
光孝天皇　こうこうてんのう　830～887　第58代の天皇
光寿
教如 光寿　きょうにょ・こうじゅ　1558～1614　織豊時代の僧、東本願寺（真宗大谷派本山）の始祖　[出]大阪
〔本願寺〕光寿
教如 光寿　きょうにょ・こうじゅ　1558～1614　織豊時代の僧、東本願寺（真宗大谷派本山）の始祖　[出]大阪
光形
戸田 次郎　とだ・じろう　1836～1864　幕末の武士
光村〈名〉
平秩 東作（2世）　へずつ・とうさく　1758～1825　狂歌師
光甫〈字〉

こう（光）

早川 広海　はやかわ・こうかい　1775〜1830　徳川中期の医家　㊨甲斐東山梨郡日下部村八日市場
光甫
　本阿弥 光甫　ほんあみ・こうほ　1601〜1682　相剣、製陶家
光辰〈名〉
　荒木 素白　あらき・そはく　1600〜1685　徳川初期の書道家
〔土佐〕光国
　藤原 光国　ふじわらの・みつくに　室町時代の画家
光定
　光定　こうじょう　779〜858　平安朝時代の比叡山に戒壇を設けた僧　㊨伊像風早郡
光延
　間 喜兵衛　はざま・きへえ　1635〜1703　江戸時代前期の武士
光忠
　光忠　みつただ　鎌倉中期の刀工
〔長船〕光忠
　光忠　みつただ　鎌倉中期の刀工
光明
　槙島 光明　まきしま・みつあき　1841〜1865　幕末の志士　㊨江戸
〔藤原〕光明子
　光明皇后　こうみょうこうごう　701〜760　聖武帝の皇后
光明天皇
　光明天皇　こうみょうてんのう　1321〜1380　北朝第2代の天皇
光明皇后
　光明皇后　こうみょうこうごう　701〜760　聖武帝の皇后
光明院
　光明天皇　こうみょうてんのう　1321〜1380　北朝第2代の天皇
光枝
　花廼屋（2代）　はなのや　狂歌師
光英〈号〉
　高橋 道八（3代）　たかはし・どうはち　1811〜1879　京都の陶工
光英〈名〉
　和気 定加　わけの・さだます　織豊時代の医家
光茂
　亀井 規礼　かめい・きれい　1770〜1835　江戸時代末期の円山派画家　㊨京都
光長
　常盤 光長　ときわ・みつなが　大和絵の名手
〔土佐〕光長
　常盤 光長　ときわ・みつなが　大和絵の名手
〔藤原〕光長
　常盤 光長　ときわ・みつなが　大和絵の名手
光信
　狩野 光信　かのう・みつのぶ　1565〜1608　織豊時代狩野家六代目の画家　㊨山城
光信
　赤松 光信　あかまつ・みつのぶ　1738〜1821　徳川中期の陶工　㊨三木郡志度村
〔源〕光信
　土岐 光信　とき・みつのぶ　?〜1145　平安後期の武人
〔猪熊〕光則

山浦 玄蕃　やまうら・げんば　?〜1654　江戸時代前期のキリシタン
光圀
　徳川 光圀　とくがわ・みつくに　1628〜1700　水戸藩第2代の藩主　㊨水戸
〔水戸〕光圀
　徳川 光圀　とくがわ・みつくに　1628〜1700　水戸藩第2代の藩主　㊨水戸
光宣〈名〉
　一井 鳳梧　ひとつい・ほうご　1616〜1731　徳川中期の儒者　㊨出雲松江
光彦
　市野 光彦　いちの・みつひこ　1765〜1826　漢学者
光春〈名〉
　広辻 松叟　ひろつじ・しょうそう　1815〜1888　幕末の茶人　㊨伊勢山田
光春〈名〉
　山本 利兵衛（3代）　やまもと・りへえ　1770〜1838　京都の蒔絵師
光春
　明智 秀満　あけち・ひでみつ　〜1582　安土・桃山時代の武将、明智光秀の家老
光昭
　准如　じゅんにょ　1577〜1631　織豊〜江戸時代前期の僧
光昶〈名〉
　広辻 松叟　ひろつじ・しょうそう　1815〜1888　幕末の茶人　㊨伊勢山田
光栄
　賀茂 光栄　かもの・みつひで　〜1015　平安中期の陰陽師
〔加茂〕光栄
　賀茂 光栄　かもの・みつひで　〜1015　平安中期の陰陽師
光海翁〈号〉
　跡部 良顕　あとべ・よしあき　1659〜1729　徳川中期垂加派の神道家　㊨江戸
光重
　中川 光重　なかがわ・みつしげ　1562〜1614　茶人、信長の臣、秀吉の臣
光風
　間 新六　はざま・しんろく　1680〜1703　江戸時代前期の武士
〔宍戸〕光風〈姓名〉
　都の錦　みやこのにしき　1675〜　浮世草子の作者　㊨摂津大阪
光兼
　実如 光兼　じつにょ・こうけん　1458〜1525　後柏原天皇の即位大典の資を献じた本願寺第9世
光員
　加藤 光員　かとう・みつかず　鎌倉時代の武人、源頼朝の臣　㊨加賀
〔橘〕光家
　大田 光家　おおた・みついえ　鎌倉時代の武士
光悦
　本阿弥 光悦　ほんあみ・こうえつ　1558〜1637　桃山・徳川初期の天才的芸術家　㊨京都
光時
　高橋 道八（2代）　たかはし・どうはち　1783〜1855　京都の陶工
光時

林 光時　はやし・みつとき　～1573　信長の臣
〔北条〕光時
名越 光時　なごえ・みつとき　鎌倉時代の武将
〔藤原〕光益
六角 寂済　ろっかく・じゃくさい　1348～1424　室町時代の画家
光訓
樋口 光訓　ひぐち・みつのり　1842～1915　幕末明治の国学者
〔恵日〕光院
安藤 惟実　あんどう・これざね　1530～1570　伏見宮邦輔親王の王子
光高
津野 之高　つの・ゆきたか　1418～1479　室町時代の武将
光常
寂如　じゃくにょ　1651～1725　江戸時代前期～中期の僧
光彪
秋山 光彪　あきやま・こうひょう　1775～1832　徳川末期の国学者、小倉藩士
光教
証如　しょうにょ　1516～1554　戦国時代の僧
光章〈名〉
井上 杏安　いのうえ・きょうあん　1820～1860　徳川中期の小児科医　[出]仙台
〔藤原〕光経
九条 光経　くじょう・みつつね　1276～?　鎌倉～南北朝時代の公卿
光郷
阿曽沼 弘綱　あそぬま・ひろつな　南北朝時代の武将
〔猫間〕光隆
藤原 光隆　ふじわらの・みつたか　1127～1201　平安後期～鎌倉時代の公卿
光勝
空也　くうや　900?～970?　市聖（若しくは市上人、阿弥陀聖）と呼ばれた踊念仏の開祖　[出]京都
光晴
常如　じょうにょ　1641～1694　江戸時代前期の僧
光瑛〈諱〉
琢如　たくにょ　1625～1671　徳川初期の僧、真宗大谷派第14世
光琳
尾形 光琳　おがた・こうりん　1658～1716　画家　[出]京都
〔小形〕光琳
尾形 光琳　おがた・こうりん　1658～1716　画家　[出]京都
光嗣〈初名〉
葉室 定嗣　はむろ・さだつぐ　1208～1272　鎌倉中期の公卿
光摂
本如　ほんにょ　1778～1827　江戸時代後期の僧
光暉
文如　もんにょ　1744～1799　江戸時代中期～後期の僧
光源院
足利 義輝　あしかが・よしてる　1536～1565　足利13代将軍
〔藤原〕光雅
葉室 光雅　はむろ・みつまさ　1149～1200　平安後期～鎌倉時代の公卿
光嘉
分部 光嘉　わけべ・みつよし　1542～1601　桃山時代の武将　[出]伊勢
光徳院
足利 義栄　あしかが・よしひで　1538～1568　足利14代将軍　[出]阿波平島館
光範門院
光範門院　こうはんもんいん　1384～1440　後小松天皇の後宮、藤原資子の院号
光憲
大滝 光憲　おおたき・こうけん　1799～1862　江戸中・末期の数学者、国学者　[出]羽州庄内大山
光興
大月 光興　おおつき・みつおき　1766～1834　徳川中期の彫金家
光興
間 十次郎　はざま・じゅうじろう　1678～1703　江戸時代前期の武士
〔葉室〕光親
藤原 光親　ふじわらの・みつちか　1176～1221　鎌倉時代の公卿
光隣
芳郷 光隣　ほうごう・こうりん　～1536　東福寺第200世、五山文学者
光頼
狩野 山楽　かのう・さんらく　1559～1635　画家、京狩野家の祖　[出]近江蒲生郡
光頼
藤原 光頼　ふじわらの・みつより　1124～1173　平安時代の朝臣
〔葉室〕光頼
藤原 光頼　ふじわらの・みつより　1124～1173　平安時代の朝臣
光厳天皇
光厳院　こうごんいん　1313～1364　後伏見天皇の第1皇子
光厳院
顕子女王　あきこじょおう　1639～1676　伏見宮貞清親王の第7王女、徳川家綱御台所
光厳院
光厳院　こうごんいん　1313～1364　後伏見天皇の第1皇子
光謙
霊空　れいくう　1652～1739　安楽律の大成者　[出]福岡
光顕
伊良子 光顕　いらこ・こうけん　1737～1799　徳川中期の西洋流外科医　[出]年山城伏見
光顕〈名〉
槇島 光明　まきしま・みつあき　1841～1865　幕末の志士　[出]江戸

【向】

向旭楼〈号〉
溝口 素丸　みぞぐち・そがん　1713～1795　徳川中期の俳人　[出]江戸
向西

随波 ずいは 1563〜1635 織豊〜江戸時代前期の僧
向栄庵 〈号〉
西山 宗因 にしやま・そういん 1605〜1682 徳川初期の連歌俳諧師 ㊤肥後八代
向陵 〈号〉
野村 望東 のむら・ぼうとう 1806〜1867 維新時代の女流勤王家、歌人

【好】

好々亭 〈別号〉
真弓の屋 鶴彦 まゆみのや・つるひこ 狂歌師
好々庵 〈号〉
由利 公正 ゆり・きみまさ 1829〜1909 維新の功臣、子爵 ㊤越前足羽郡毛矢町
好々斎 〈号〉
千 宗守(6世) せんの・そうしゅ 1795〜1835 茶道家
好文 〈名〉
藤井 松林 ふじい・しょうりん 1824〜1894 幕末明治の画家 ㊤備後福山
好古
仁井田 好古 にいだ・こうこ 1770〜1848 江戸時代の儒者
好古 〈号〉
藤井 貞幹 ふじい・ていかん 1732?〜1797? 考古学者 ㊤京都
好古
樋口 知足斎 ひぐち・ちそくさい 1750〜1826 徳川中期の漢学者、名古屋藩士
好古
小西 梁山 こにし・りょうざん 江戸時代中期の儒者
好古軒 〈別号〉
鈴木 竜洞 すずき・りゅうどう 徳川中期の国学者
好古堂
土橋 友直 つちはし・ともなお 1685〜1730 江戸中期の教育運動家 ㊤和泉国貝塚
好在 〈諱〉
伊良子 道牛 いらこ・どうぎゅう 1671〜1728 徳川中期の西洋流外科医 ㊤羽後山形
好次 〈別号〉
内藤 采女 ないとう・うねめ 江戸時代初期のキリシタン、如安の子
〔恋川〕好町
鹿都部 真顔 しかつべの・まがお 1752〜1829 徳川中期の戯作者、狂歌師 ㊤江戸
好忠
曽祢 好忠 そねの・よしただ 930?〜 歌人
〔曽根〕好忠
曽祢 好忠 そねの・よしただ 930?〜 歌人
好屋翁 〈別号〉
鹿都部 真顔 しかつべの・まがお 1752〜1829 徳川中期の戯作者、狂歌師 ㊤江戸
好春
児玉 好春 こだま・こうしゅん 1649〜1707 江戸時代前期の俳人
好祖
河相 周兵衛 かわい・しゅうべえ 1764〜1833 江戸時代後期の公共事業家

好問亭 〈別号〉
生川 春明 なるかわ・はるあき 1804〜1890 和歌とともに国語法・風俗史の研究 ㊤伊勢津市岩田町
好問斎 〈号〉
藤堂 元甫 とうどう・げんぽ 1677〜1762 代々伊勢津藩藤堂氏の国老 ㊤伊賀大野
好済 〈名〉
桑野 万李 くわの・まんり 1678〜1756 徳川中期の俳人、福岡藩士
好運
池田 好運 いけだ・こううん 江戸前期の航海家
好義 〈名〉
小関 三英 おぜき・さんえい 1787〜1839 徳川中・末期の蘭医家、蘭学者 ㊤出羽庄内
〔摩志原〕好話
静観房 好阿 じょうかんぼう・こうあ 江戸時代中期の戯作者
好謙 〈名〉
鶏山 けいざん 〜1777 天明期の俳人 ㊤信濃佐久町岩村田
好蘭堂 〈別号〉
江馬 元弘 えま・げんこう 〜1820 徳川末期の蘭医

【江】

江口君
江口の 妙 えぐちの・たえ 平安時代後期の遊女
江戸屋
岩井 与左衛門 いわい・よざえもん 徳川初期の甲冑師
江月 〈号〉
高田 茂三郎 たかた・もさぶろう 1836〜1902 金沢の蒔絵師
江存
光存 こうぞん 京都の好事的作陶家
江岑
千 宗左(4世) せんの・そうさ 1613〜1672 茶道家、表千家初代
江村軒 〈別号〉
今村 不僧 いまむら・ふそう 1628〜1694 徳川初期の軍学者 ㊤江戸
江南
三宅 寄斎 みやけ・きさい 1580〜1649 徳川初期の儒者 ㊤泉州堺
江南
箕浦 直彝 みのうら・なおつね 1730〜1816 江戸時代中期〜後期の儒者
江音 〈俳名〉
民谷 四郎五郎 たみや・しろごろう 1685〜1745 正徳—寛保時代の京阪の歌舞伎俳優
江島
絵島 えじま 1681〜1741 江戸幕府7代将軍徳川家継の大奥女中
江翁 〈別号〉
松江 重頼 まつえ・しげより 1602〜1680 徳川初期の俳人 ㊤大阪
江雪
板部岡 江雪斎 いたべおか・こうせつさい 1536〜1609 後北条氏家臣
〔岡〕江雪

こう（考, 行）

板部岡 江雪斎　いたべおか・こうせつさい　1536
〜1609　後北条氏家臣
江雪斎
　板部岡 江雪斎　いたべおか・こうせつさい　1536
〜1609　後北条氏家臣

【考】

考甫〈字〉
　井上 東渓　いのうえ・とうけい　徳川中期の江戸
の儒者
考槃翁〈別号〉
　井上 金峨　いのうえ・きんが　1732〜1784　徳川
中期の儒者　㊻江戸青山

【行】

行〈名〉
　亀谷 省軒　かめたに・せいけん　1838〜1913　幕
末明治時代の漢学者、漢詩人　㊻江戸
行円
　行円　ぎょうえん　平安朝の僧
行広
　氏家 行広　うじいえ・ゆきひろ　〜1615　美濃大
垣城主、秀吉に属す
〔藤原〕行広
　土佐 行広　とさ・ゆきひろ　室町時代の画家
行光
　土佐 行光　とさ・ゆきみつ　吉野朝時代の土佐派
画家
〔藤原〕行光
　土佐 行光　とさ・ゆきみつ　吉野朝時代の土佐派
画家
〔大井〕行吉
　岩尾 行吉　いわお・ゆきよし　1542〜1584　戦国
〜織豊時代の武将
行助
　行助　ぎょうじょ　1419〜1489　室町時代の連歌師
行助入道親王
　後高倉院　ごたかくらいん　1179〜1223　高倉天
皇の第2子
行秀
　左 行秀　さの・ゆきひで　1813〜1887　幕末明治
時代の刀工　㊻筑前国上坐郡星丸村
行秀
　土佐 行秀　とさ・ゆきひで　室町時代前期の土佐
派画家
〔春日〕行秀
　土佐 行秀　とさ・ゆきひで　室町時代前期の土佐
派画家
〔藤原〕行秀
　土佐 行秀　とさ・ゆきひで　室町時代前期の土佐
派画家
行忠
　二階堂 行忠　にかいどう・ゆきただ　1220〜1290
鎌倉中期の武将
行忠
　武田 行忠　たけだ・ぎょうちゅう　1817〜1890
真宗大谷派の学匠
〔信濃〕行忠
　二階堂 行忠　にかいどう・ゆきただ　1220〜1290
鎌倉中期の武将
〔西河原〕行忠
　度会 行忠　わたらい・ゆきただ　1236〜1306　鎌
倉時代の神職
〔一条〕行房
　藤原 行房　ふじわらの・ゆきふさ　?〜1337　鎌
倉〜南北朝時代の公家、書家
〔世尊寺〕行房
　藤原 行房　ふじわらの・ゆきふさ　?〜1337　鎌
倉〜南北朝時代の公家、書家
行者
　近路 行者　きんろ・ぎょうじゃ　江戸中期の戯作
者　㊻大阪
行者
　役 小角　えんの・おづぬ　634〜　呪術者　㊻大
和葛木郡茅原
行長
　東条 行長　とうじょう・ゆきなが　1546〜1608
秀吉の馬廻
〔藤原〕行長
　土佐 行長　とさ・ゆきなが　鎌倉時代の画家
行阿
　行阿　ぎょうあ　南北朝時代の僧
行勇
　退耕 行勇　たいこう・ぎょうゆう　〜1241　高野
山金剛三昧院に台密禅の三宗を置いた僧
〔藤原〕行政
　二階堂 行政　にかいどう・ゆきまさ　鎌倉時代の
幕府官僚
行重
　近松 勘六　ちかまつ・かんろく　1670〜1703　江
戸時代前期の武士
行家
　度会 家行　わたらい・いえゆき　1256?〜1351?
南北朝時代の伊勢外宮の禰宜
行家
　夜須 行宗　やす・ゆきむね　平安後期〜鎌倉時代
の武将
〔平〕行時
　西洞院 行時　にしのとういん・ゆきとき　1324〜
1369　南北朝時代の公卿
行高
　奥田 貞右衛門　おくだ・さだえもん　1678〜1703
江戸時代前期の武士
行朝
　秋元 景朝　あきもと・かげとも　1525〜1587　戦
国〜織豊時代の武将
行道
　姉川 行道　あねがわ・ゆきみち　1824〜1890　幕
末明治時代の志士、久留米藩士
行道
　木食 五行　もくじき・ごぎょう　1718〜1810　徳
川末期の僧　㊻甲斐国西八代郡古関村
行雄
　二階堂 行清　にかいどう・ゆききよ　1231〜1277
鎌倉時代の武将
行蓮
　狩野 正信　かのう・まさのぶ　1434?〜1530?　室
町時代の画家、狩野派の始祖
行輸坊

こう（孝，宏）

内田 沾山　うちだ・せんざん　～1758　徳川中期の俳人
行舳斎〈号〉
　貴志 沾洲　きし・せんしゅう　1670～1739　徳川中期の俳人　㊙江戸
行綱
　源 行綱　みなもとの・ゆきつな　平安後期の武将
〔多田〕行綱
　源 行綱　みなもとの・ゆきつな　平安後期の武将
行誡
　福田 行誡　ふくだ・ぎょうかい　1806～1888　幕末・明治前期の浄土宗の僧　㊙武蔵(東京)豊島郡
行蔵〈別称〉
　田能村 竹田　たのむら・ちくでん　1777～1835　徳川中期の文人画家　㊙豊後直入郡竹田村
行蔵〈通称〉
　平山 子竜　ひらやま・しりょう　1737～1806　徳川中期の兵学家　㊙江戸
〔東田〕行蔵
　福田 秀一　ふくだ・ひでいち　1839～1870　幕末の名古屋藩士　㊙名古屋東田町
行憲
　明石 西軒　あかし・ゆうけん　1773～1833　江戸時代後期の武士、儒者
〔根井〕行親
　根々井 行親　ねねい・ゆきちか　?～1184　平安時代後期の武士
行観
　覚融　かくゆう　1241～1325　鎌倉時代の僧

【孝】

孝〈名〉
　広瀬 林外　ひろせ・りんがい　1836～1874　詩儒　㊙豊後日田
〔波多野〕孝一
　波多野検校　はたのけんぎょう　?～1651　江戸時代前期の平曲家(平家琵琶家)
孝一郎(3代)〈別名〉
　芳村 孝次郎(4代)　よしむら・こうじろう　1833～1902　江戸長唄の唄方の名家
孝子内親王
　礼成門院　れいせいもんいん　1650～1725　後光明天皇の第1皇女、孝子内親王
孝文
　吉村 了斎　よしむら・りょうさい　1793～1864　江戸時代後期の画家
孝平
　神田 孝平　かんだ・たかひら　1830～1898　蘭学者　㊙美濃不破郡岩手村
孝吉〈通称〉
　武田 交来　たけだ・こうらい　1819～1882　芝居茶屋、備書家、戯作者
〔奥山〕孝次郎〈本名〉
　芳村 孝次郎(1代)　よしむら・こうじろう　1766～1853　江戸長唄の唄方の名家
孝次郎(1代)
　芳村 孝次郎(1代)　よしむら・こうじろう　1766～1853　江戸長唄の唄方の名家
孝次郎(3代)
　芳村 孝次郎(3代)　よしむら・こうじろう　1817～1895　江戸長唄の唄方の名家
孝次郎(4代)
　芳村 孝次郎(4代)　よしむら・こうじろう　1833～1902　江戸長唄の唄方の名家
孝兵衛〈通称〉
　今小路 範成　いまこうじ・のりしげ　1820～1864　幕末の勤王家　㊙会見郡境村
孝和
　関 孝和　せき・たかかず　～1708　江戸中期の和算家
孝思〈名〉
　佐伯 子則　さえき・しそく　徳川中期の儒者
孝高
　黒田 孝高　くろだ・よしたか　1546～1603　豊臣時代の武将
孝庵
　栗山 孝庵　くりやま・こうあん　1731～1793　江戸中・後期の漢蘭折衷派医、萩藩医
孝敬
　吉村 蘭陵　よしむら・らんりょう　1769～1836　江戸時代後期の画家
孝景
　朝倉 孝景　あさくら・たかかげ　1428～1481　室町後期の武将
孝順院〈号〉
　今城 媋子　いまき・たつこ　1809～1875　仁孝天皇女房　㊙京都
孝幹〈名〉
　里井 浮丘　さとい・ふきゅう　1799～1866　江戸後期の文人、砂糖仲買　㊙和泉国日根郡佐野村
孝徳天皇
　孝徳天皇　こうとくてんのう　～654　第36代の天皇
孝綽〈名〉
　津阪 東陽　つさか・とうよう　1757～1825　江戸時代の儒者　㊙伊勢・津
〔津坂〕孝綽
　津阪 東陽　つさか・とうよう　1757～1825　江戸時代の儒者　㊙伊勢・津
孝肇〈名〉
　尾藤 二洲　びとう・にしゅう　1745～1813　徳川中期の儒者　㊙伊予川江
孝憲〈名〉
　田能村 竹田　たのむら・ちくでん　1777～1835　徳川中期の文人画家　㊙豊後直入郡竹田村
孝謙天皇
　孝謙天皇　こうけんてんのう　718～770　奈良時代の女帝

【宏】

宏
　国島 筈斎　くにしま・かっさい　1769～1826　江戸時代後期の儒者
宏明〈字〉
　新井 世傑　あらい・せいけつ　1779～1851　徳川末期の儒者、郡奉行　㊙安房館山
宏海
　南洲 宏海　なんしゅう・こうかい　?～1303　鎌倉時代の僧

158　号・別名辞典　古代・中世・近世

こう（更, 岡, 幸）

宏隆
　大江 宏隆　おおえ・ひろたか　1669〜1729　徳川中期の国学者、神道家　㊨肥前長崎

【更】

更山〈号〉
　原 更山　はら・こうざん　1768〜1845　徳川末期の漆工

【岡】

岡右衛門
　葉山 岡右衛門　はやま・おかえもん　元禄・宝永時代の江戸の歌舞伎俳優
〔羽山〕岡右衛門〈別名〉
　葉山 岡右衛門　はやま・おかえもん　元禄・宝永時代の江戸の歌舞伎俳優
岡松軒〈号〉
　水田 西吟　みずた・さいぎん　〜1709　徳川中期の俳人　㊨摂州桜塚
岡舎〈号〉
　栗田 土満　くりた・ひじまろ　1737〜1811　徳川中期の歌人
〔手柄〕岡持
　朋誠堂 喜三二　ほうせいどう・きさんじ　1735〜1813　江戸後期の戯作者・狂歌師　㊨江戸
岡崎屋〈別称〉
　坂上 重次郎(1代)　さかがみ・じゅうじろう　1788〜1830　紀伊の陶工
岡崎殿
　徳姫　とくひめ　1559〜1636　織田信長の娘
岡麻呂
　海犬養 岡麻呂　あまのいぬかいの・おかまろ　8世紀中葉聖武朝の官僚
岡麿
　海犬養 岡麻呂　あまのいぬかいの・おかまろ　8世紀中葉聖武朝の官僚
岡の舎〈号〉
　高平 真藤　たかひら・まふじ　1831〜1895　幕末・明治時代の国学者

【幸】

〔松本〕幸二
　福森 久助(2代)　ふくもり・きゅうすけ　江戸の歌舞伎狂言作者
幸八〈通称〉
　入江 南溟　いりえ・なんめい　1678〜1765　徳川中期の儒者、秋江の徂徠学の開祖　㊨武州
幸八(1代)〈前名〉
　佐々木 市蔵(1代)　ささき・いちぞう　〜1768　常磐津浄瑠璃三絃
幸八(2代)
　佐々木 幸八(2代)　ささき・こうはち　常磐津浄瑠璃の三絃方
幸十郎〈別名〉
　玉沢 林弥　たまざわ・りんや　正徳・享保時代の江戸の歌舞伎俳優
幸十郎〈通称〉

幸十郎(1代)〈前名〉
　竹島 幸左衛門(2代)　たけしま・こうざえもん　大阪の歌舞伎俳優
幸三郎〈通称〉
　入江 太華　いりえ・たいか　1721〜1738　徳川中期の江戸の儒者
〔服部〕幸三郎〈通称〉
　万亭 応賀　まんてい・おうが　1818〜1890　戯作者　㊨江戸神田明神下
〔源〕幸子
　敷政門院　ふせいもんいん　1390〜1448　後崇光太上天皇の妃
〔庭田〕幸子
　敷政門院　ふせいもんいん　1390〜1448　後崇光太上天皇の妃
幸子女王
　承秋門院　しょうしゅうもんいん　1680〜1720　東山天皇の皇后
幸之丞〈通称〉
　安養寺 禾麿　あんようじ・のぎまろ　1697〜1767　徳川中期の漢学者　㊨土佐
幸之助
　安達 幸之助　あだち・こうのすけ　1821〜1869　幕末の兵学家　㊨加賀
〔加藤〕幸之助〈本名〉
　蝶花楼 馬楽(1代)　ちょうかろう・ばらく　〜1889　落語家
〔山内〕幸元〈別名〉
　鴻池 新六　こうのいけ・しんろく　1570〜1653　富豪鴻池家の祖
幸太夫
　大黒屋 幸太夫　だいこくや・こうだゆう　1750〜1828　江戸時代ロシアへ漂流した船頭
〔大黒〕幸太夫
　大黒屋 幸太夫　だいこくや・こうだゆう　1750〜1828　江戸時代ロシアへ漂流した船頭
幸太郎
　安達 幸太郎　あだち・こうたろう　1825〜1867　幕末の志士　㊨越後国新発田
幸文
　木下 幸文　きのした・たかふみ　1779〜1821　徳川末期の歌人　㊨備中国
幸右衛門〈通称〉
　大島 有隣　おおしま・うりん　1755?〜1836　江戸後期の心学者
幸右衛門
　鵤 幸右衛門　いかるが・こうえもん　山城伏見の人形師
〔人形屋〕幸右衛門
　鵤 幸右衛門　いかるが・こうえもん　山城伏見の人形師
〔鼻高〕幸四郎
　松本 幸四郎(5代)　まつもと・こうしろう　1764〜1838　江戸の歌舞伎俳優
〔松本〕幸四郎(2代)
　市川 団十郎(4代)　いちかわ・だんじゅうろう　1711〜1778　歌舞伎俳優、宝暦期の実悪の名優　㊨江戸
〔松本〕幸四郎(3代)

号・別名辞典　古代・中世・近世　159

市川 団十郎（5代） いちかわ・だんじゅうろう 1741～1806 歌舞伎俳優、安永―寛政時代の立役の名優 [出]江戸
幸四郎（4代）
松本 幸四郎（4代） まつもと・こうしろう 1737～1802 江戸の歌舞伎俳優 [出]京都
幸四郎（5代）
松本 幸四郎（5代） まつもと・こうしろう 1764～1838 江戸の歌舞伎俳優
幸四郎（6代）
松本 幸四郎（6代） まつもと・こうしろう 1811～1849 江戸の歌舞伎俳優 [出]江戸
幸左衛門（2代）
竹島 幸左衛門（2代） たけしま・こうざえもん 大阪の歌舞伎俳優
幸左衛門（3代）
竹島 幸左衛門（3代） たけしま・こうざえもん 大阪の歌舞伎俳優
幸弘〈名〉
菊貫 きくつら ～1815 化政期の俳人
〔真田〕幸弘
菊貫 きくつら ～1815 化政期の俳人
〔岡山〕幸吉
表具師 幸吉 ひょうぐし・こうきち 1757～1847 江戸時代後期の発明家、表具師
〔備前屋〕幸吉
表具師 幸吉 ひょうぐし・こうきち 1757～1847 江戸時代後期の発明家、表具師
幸成〈名〉
斎藤 市左衛門（9代） さいとう・いちざえもん 1804～1878 『江戸名所図会』編著者 [出]江戸神田雉子町
幸次
村岡 幸治（1代） むらおか・こうじ 江戸の歌舞伎狂言作者
幸次郎〈本名〉
原田 梅年 はらだ・ばいねん 1826～1905 俳人 [出]江戸
幸次郎〈通称〉
田中 五竹坊 たなか・ごちくぼう 1700～1780 徳川中期の俳人 [出]美濃国北方
幸佐
高田 幸佐 たかだ・こうさ 江戸時代前期～中期の俳人
〔佐野屋〕幸兵衛
菊池 教中 きくち・きょうちゅう 1828～1862 江戸時代末期の江戸の豪商 [出]宇都宮
〔佐野屋〕幸兵衛
菊池 淡雅 きくち・たんが 1788～1853 江戸の豪商 [出]宇都宮
幸助
田木 幸助 たぎ・こうすけ 享保―寛保時代の京阪の歌舞伎狂言作者
幸孝〈諱〉
斎藤 市左衛門（8代） さいとう・いちざえもん 1772～1818 『江戸名所図会』編著者
幸孝
斎藤 県麿 さいとう・あがたまろ 1772～1818 江戸時代中期～後期の国学者
幸村
真田 幸村 さなだ・ゆきむら 1567～1615 安土桃山～江戸時代前期の武将
幸村妻
真田 安岐 さなだ・あぎ ?～1649 真田幸村の妻
幸和
江崎 幸和 えざき・こうわ ～1644 徳川初期の俳人 [出]京都
幸松〈幼名〉
鈴鹿 連胤 すずか・つらたね 1795～1870 国学者、神官 [出]洛東吉田
幸治（1代）
村岡 幸治（1代） むらおか・こうじ 江戸の歌舞伎狂言作者
幸舎〈号〉
福田 美楯 ふくだ・みたて 1789～1850 徳川中末期の国学者 [出]京都
幸阿弥（1代）
幸阿弥（1代） こうあみ 1410～1478 蒔絵師
幸阿弥（2代）
幸阿弥（2代） こうあみ 1433～1500 蒔絵師
幸阿弥（3代）
幸阿弥（3代） こうあみ 1457～1521 蒔絵師
幸阿弥（4代）
幸阿弥（4代） こうあみ 1479～1554 蒔絵師
幸阿弥（5代）
幸阿弥（5代） こうあみ 1484～1557 蒔絵師
幸阿弥（6代）
幸阿弥（6代） こうあみ 1506～1603 蒔絵師
幸阿弥（7代）
幸阿弥（7代） こうあみ 1569～1610 蒔絵師
幸阿弥（8代）
幸阿弥（8代） こうあみ 1589～1613 蒔絵師
幸阿弥（9代）
幸阿弥（9代） こうあみ ～1618 蒔絵師
幸阿弥（10代）
幸阿弥（10代） こうあみ 1599～1651 蒔絵師
幸阿弥（11代）
幸阿弥（11代） こうあみ 1628～1682 蒔絵師
幸阿弥（12代）
幸阿弥（12代） こうあみ 1661～1723 蒔絵師
幸阿弥（13代）
幸阿弥（13代） こうあみ 蒔絵師
幸阿弥（14代）
幸阿弥（14代） こうあみ 蒔絵師
幸阿弥（15代）
幸阿弥（15代） こうあみ 蒔絵師
幸阿弥（16代）
幸阿弥（16代） こうあみ 蒔絵師
幸阿弥（17代）
幸阿弥（17代） こうあみ 蒔絵師
幸阿弥（18代）
幸阿弥（18代） こうあみ 蒔絵師
幸阿弥（19代）
幸阿弥（19代） こうあみ 蒔絵師
幸信
狩野 常川 かのう・じょうせん 1717～1770 江戸時代中期の画家
幸祐
田木 幸助 たぎ・こうすけ 享保―寛保時代の京阪の歌舞伎狂言作者
幸胤〈字〉

こう（厚, 恒）

岡田 野水　おかだ・やすい　1658〜1743　徳川中期の俳人　㊥名古屋
幸教親王
　守澄法親王　しゅちょうほうしんのう　1634〜1680　輪王寺宮門跡の初代、後水尾天皇第6皇子
幸琢〈1代〉
　伊佐 幸琢〈1代〉　いさ・こうたく　〜1745　石州流茶人
幸琢〈2代〉
　伊佐 幸琢〈2代〉　いさ・こうたく　1706〜1795　石州流茶人
幸琢〈3代〉
　伊佐 幸琢〈3代〉　いさ・こうたく　〜1808　石州流茶人
幸琢〈4代〉
　伊佐 幸琢〈4代〉　いさ・こうたく　〜1816　石州流茶人
幸盛
　山中 鹿之助　やまなか・しかのすけ　1540〜1578　戦国末期の武将
〔良什坊〕幸貫〈別称〉
　髙根 正也　たかね・まさや　1822〜1894　幕末の志士、英彦山修験奉行職
幸雄〈諱〉
　斎藤 市左衛門〈7代〉　さいとう・いちざえもん　1737〜1799　『江戸名所図会』編著者、徳川中期の国学者
幸雄
　斎藤 長秋　さいとう・ちょうしゅう　1737〜1799　江戸時代中期〜後期の国学者
幸順
　武川 幸順　たけかわ・こうじゅん　1725〜1780　徳川中期京師の医家
幸豊〈名〉
　菊貫　きくつら　〜1815　化政期の俳人
幸豊
　池上 太郎左衛門　いけがみ・たろうざえもん　1718〜1798　江戸時代中期の殖産家
幸輔
　吉井 友実　よしい・ともざね　1828〜1891　明治の功臣、伯爵　㊥鹿児島
幸蔵〈通称〉
　橘 春湖　きつだ・しゅんこ　1815〜1886　俳人　㊥甲府
幸蔵
　尾形 幸蔵　おがた・こうぞう　安永—文化時代の江戸長唄うたいの上手
幸興〈字〉
　斎藤 市左衛門〈7代〉　さいとう・いちざえもん　1737〜1799　『江戸名所図会』編著者、徳川中期の国学者
幸の屋〈別号〉
　採撰亭 直古　さいせんてい・なおふる　徳川中期の狂歌師　㊥駿河

【厚】

厚丸
　神田庵 厚丸　かんだあん・あつまる　〜1829　徳川中期の狂歌師　㊥江戸
〔小金〕厚丸
　神田庵 厚丸　かんだあん・あつまる　〜1829　徳川中期の狂歌師　㊥江戸
〔朝夷〕厚生
　朝比奈 如有子　あさひな・じょゆうし　1749〜1829　徳川中期の地誌家
厚軒〈別号〉
　古野 梅峯　ふるの・ばいほう　1674〜1740　徳川中期福岡藩の儒者
厚載〈号〉
　井上 頼圀　いのうえ・よりくに　1839〜1914　幕末・明治時代の国学者、歌人　㊥江戸神田松下町

【恒】

恒〈名〉
　玉木 西涯　たまき・せいがい　1835〜1882　幕末明治時代の漢学者
恒〈名〉
　佐瀬 得所　させ・とくしょ　1823〜1878　幕末明治初期の書家　㊥会津
恒〈名〉
　坂上 忠介　さかがみ・ただすけ　1818〜1890　幕末明治時代の漢学者　㊥長門国萩
恒〈名〉
　藤沢 南岳　ふじさわ・なんがく　1842〜1920　儒者　㊥讃岐国大川郡引田村
恒丸　つねまる　〜1810　化政期の俳人　㊥奥州三春
〔今泉〕恒丸
　恒丸　つねまる　〜1810　化政期の俳人　㊥奥州三春
恒久〈名〉
　山田 雲窓　やまだ・うんそう　1775〜1825　徳川中期の画家　㊥安芸広島
恒山〈号〉
　堀田 六林　ほった・ろくりん　1710〜1792　徳川中期の俳人　㊥名古屋
恒仁〈御名〉
　亀山天皇　かめやまてんのう　1249〜1305　第90代の天皇
恒太郎〈通称〉
　玉木 西涯　たまき・せいがい　1835〜1882　幕末明治時代の漢学者
恒右衛門
　石井 庄助　いしい・しょうすけ　1743〜?　江戸時代中期の蘭学者
恒成
　瀬川 恒成　せがわ・つねなり　戯作者　㊥京都
恒兵衛〈通称〉
　綾部 重麗　あやべ・じゅうれい　徳川中期寛政項の高鍋藩儒
恒忠〈諱〉
　弘中 与三右衛門　ひろなか・よさうえもん　1825〜1864　幕末の志士　㊥長門国萩
恒貞親王
　恒貞親王　つねさだしんのう　825〜884　淳和天皇の第2皇子
恒寂
　恒貞親王　つねさだしんのう　825〜884　淳和天皇の第2皇子

号・別名辞典　古代・中世・近世　161

恒庵〈通称〉
岡田 篁所　おかだ・こうしょ　1821〜1903　徳川末期明治時代の漢学者、医家　[出]肥前長崎
恒庵〈号〉
大河内 存真　おおこうち・そんしん　1796〜1883　徳川中末期の医家
恒庵〈号〉
天沼 恒庵　あまぬま・こうあん　1743〜1794　徳川中期の儒者　[出]江戸神田
〔伊藤〕恒庵
天沼 恒庵　あまぬま・こうあん　1743〜1794　徳川中期の儒者　[出]江戸神田
恒斎
田中 式如　たなか・のりゆき　1660〜1734　江戸時代前期〜中期の国学者
恒輔
大槻 西磐　おおつき・せいばん　1818〜1857　徳川末期の儒者　[出]仙台
恒蔵〈幼名〉
曽 占春　そ・せんしゅん　1758〜1834　江戸後期の本草学者　[出]江戸
恒興
池田 恒興　いけだ・つねおき　1536〜1584　安土・桃山時代の武将　[出]摂津池田
〔池田〕恒興母
養徳院　ようとくいん　池田恒興（勝入）の母

【洪】

洪川〈字〉
今北 洪川　いまきた・こうせん　1816〜1892　徳川末期より明治時代に亘る禅僧　[出]摂津西成郡福島村
洪庵
緒方 洪庵　おがた・こうあん　1810〜1863　幕末時代蘭医の泰斗　[出]備中足守

【畊】

畊雲〈号〉
藤原 長親　ふじわらの・ながちか　〜1429　吉野朝の国学者、歌人

【皇】

皇后統子内親王〈尊称〉
上西門院　じょうさいもんいん　1126〜1189　鳥羽天皇の皇女
皇后曦子内親王〈尊称〉
仙華門院　せんかもんいん　1224〜1262　土御門天皇の皇女
皇極天皇
皇極天皇　こうぎょくてんのう　594?〜661　7世紀中葉の女帝
皇嘉門院
藤原 聖子　ふじわらの・せいし　1121〜1181　崇徳天皇の中宮

【紅】

紅子
片野 紅子　かたの・もみこ　徳川中期の歌人
紅日庵〈別号〉
馬場 錦江　ばば・きんこう　1801〜1860　徳川中期の俳人、和算家　[出]江戸四谷
紅花叟〈号〉
鈴木 清風　すずき・せいふう　徳川中期の俳人、羽州尾花沢の富商　[出]羽前国尾花沢
〔市川〕紅粉助〈前名〉
嵐 雛助（7代）　あらし・ひなすけ　〜1872　大阪の歌舞伎俳優、幕末・明治初期の立役の上手
紅荳詞人〈別号〉
田能村 竹田　たのむら・ちくでん　1777〜1835　徳川中期の文人画家　[出]豊後直入郡竹田村
紅朝〈俳名〉
玉沢 才次郎　たまざわ・さいじろう　享保—寛延時代の江戸の歌舞伎俳優
紅葉楼〈号〉
関 橘守　せき・はしもり　1804〜1883　歌人　[出]上野群馬郡室田
紅蘭
梁川 紅蘭　やながわ・こうらん　1804〜1879　幕末・維新期の女流詩人、画家　[出]美濃国安八郡曽根村

【胛】

〔城上〕胛巨茂
太羊 甲許母　おおひつじの・ここも　奈良時代の医師

【荒】

荒五郎（1代）
市川 荒五郎（1代）　いちかわ・あらごろう　1759〜1813　歌舞伎俳優、寛政—文化時代の立役の達者
荒尊
常陸坊 海尊　ひたちぼう・かいそん　源義経の家臣

【香】

香〈初名〉
菱田 房明　ひしだ・ふさあき　1697〜1766　徳川中期の幕府の能吏　[出]江戸
香久山鉾杉〈初号〉
採撰亭 直古　さいせんてい・なおふる　徳川中期の狂歌師　[出]駿河
香山
井部 香山　いべ・こうざん　1794〜1853　徳川中期の漢学者　[出]越後中頸城郡西島村
香山〈号〉
宮川 寅之助　みやがわ・とらのすけ　1841〜1915　幕末・明治時代の陶工
香山
榊原 香山　さかきばら・こうざん　1730〜1797　徳川中期の儒者　[出]江戸
香山
石川 安貞　いしかわ・あんてい　1736〜1810　江戸中期の儒学者　[出]尾張
香山人〈別号〉
文廼屋 秀茂　ふみのや・ひでしげ　1843〜1923　狂歌師
香山院〈院号〉

こう（候, 晃, 校, 浩, 耕, 高）

樋口 竜温　ひぐち・りゅうおん　1800〜1885　幕末明治の真宗大谷派の学者　⑩会津
香以
　細木 香以　さいき・こうい　1822〜1870　富商、俳人
香竹
　伴 香竹　ばん・こうちく　1659〜1732　国学者
香竹堂〈号〉
　伴 香竹　ばん・こうちく　1659〜1732　国学者
香村
　香村 こうそん　〜1864　幕末期の俳人　⑩福島県北会津郡香塩
香谷
　村田 香谷　むらた・こうこく　1830〜1912　画家　⑩筑前福岡
香実〈号〉
　深田 正韶　ふかだ・まさあき　1773〜1850　儒者
香松庵〈号〉
　松岡 青蘿　まつおか・せいら　1740〜1791　徳川中期の俳人　⑩江戸
香亭
　中根 淑　なかね・しゅく　1839〜1913　幕末・明治の漢学者、史家
香保留
　蘭花亭 香保留　らんかてい・かおる　1823〜1892　閨秀狂歌師
香保留
　蘭奢亭 香保留　らんじゃてい・かおる　1769〜1824　狂歌師
〔橘〕香保留
　蘭奢亭 香保留　らんじゃてい・かおる　1769〜1824　狂歌師
香海〈号〉
　大川 椿海　おおかわ・ちんかい　徳川中期の画家　⑩上総八日市場
香翁〈号〉
　藤沢 南岳　ふじさわ・なんがく　1842〜1920　儒者　⑩讃岐国大川郡引田村
香斎〈号〉
　真葛 長造　まくず・ちょうぞう　1797〜1851　京都の陶工
香涼〈院号〉
　武田 行忠　たけだ・ぎょうちゅう　1817〜1890　真宗大谷派の学匠
香楽庵南星〈号〉
　村田 珠光　むらた・じゅこう　〜1502　室町後期の茶人
香椿亭〈号〉
　高橋 梨一　たかはし・りいち　1714〜1783　徳川中期の俳人

【候】

候兵衛
　門田 候兵衛　かどた・そろべえ　宝暦・明和時代の歌舞伎狂言作者

【晃】

晃山

　石川 晃山　いしかわ・こうざん　1821〜1869　江戸末期の画家　⑩下野

【校】

校尉
　喜多村 政方　きたむら・まさかた　1682〜1729　江戸時代中期の武士、兵法家
〔津軽〕校尉
　喜多村 政方　きたむら・まさかた　1682〜1729　江戸時代中期の武士、兵法家

【浩】

浩斎
　福田 宗禎　ふくだ・そうてい　1791〜1841　江戸時代後期の医師
浩雪
　坂本 浩雪　さかもと・こうせつ　1800〜1853　幕末の本草家、菌類採集家
浩然〈通称〉
　坂本 浩雪　さかもと・こうせつ　1800〜1853　幕末の本草家、菌類採集家

【耕】

耕石
　中西 耕石　なかにし・こうせき　1807〜1884　幕末明治の南画家　⑩筑前芦屋
耕助
　御堀 耕助　みほり・こうすけ　1841〜1871　幕末の山口藩士　⑩萩城下椿村
耕雲〈号〉
　間 重富　はざま・しげとみ　1756〜1816　江戸中期の天文・暦学者　⑩大坂
耕雲漁者〈別号〉
　春木 南溟　はるき・なんめい　1795〜1878　徳川末期の南宗画家
耕寛斎
　狩野 常信　かのう・つねのぶ　1636〜1713　木挽町狩野家2代目の画家
耕煙〈号〉
　太田 資政　おおた・すけまさ　1835〜1895　徳川末期の語学者　⑩肥前長崎
耕豊〈名〉
　水原 梅屋　みずはら・ばいおく　1835〜1893　幕末・明治の漢学者　⑩大阪

【高】

高子
　藤原 高子　ふじわらの・たかいこ　842〜910　清和天皇の女御
高子舎〈号〉
　高井 几董　たかい・きとう　1741〜1788　徳川中期の俳人　⑩京都
高内侍
　高階 貴子　たかしなの・たかこ　平安朝中期の女流歌人、円融天皇の内侍
高天原広野姫尊
　持統天皇　じとうてんのう　645〜703　第41代天皇

号・別名辞典　古代・中世・近世　163

こう（高）

高文
　藤堂　高文　とうどう・たかふみ　1720～1784　伊勢津藩藤堂氏の国老で漢学者
高方
　佐久間　高方　さくま・たかかた　1661～1741　徳川中期の兵学者
高氏
　佐々木　高氏　ささき・たかうじ　1296～1373　吉野朝時代の武将
高氏
　足利　尊氏　あしかが・たかうじ　1305～1358　室町幕府初代将軍
〔京極〕高氏
　佐々木　高氏　ささき・たかうじ　1296～1373　吉野朝時代の武将
高丘親王
　高岳親王　たかおかしんのう　799～865　平城天皇の第3皇子
高台院
　豊臣　秀吉室杉原氏　とよとみ・ひでよししつぎはらし　1542～1624　北政所　㊥尾張
高平親王
　道永法親王　どうえいほうしんのう　?～1535　貞常親王の王子
高弁
　明恵　みょうえ　1173～1232　華厳宗の高徳　㊥紀伊国有田郡石垣荘吉原村
高吉
　藤堂　高吉　とうどう・たかよし　1579～　武人、藤堂高虎の老職
〔宮内〕高吉
　藤堂　高吉　とうどう・たかよし　1579～　武人、藤堂高虎の老職
高名〈実名〉
　芳賀　禅可　はが・ぜんか　南北朝時代の下野の武将
高安
　大原　高安　おおはらの・たかやす　?～743　奈良時代の官吏
高次
　京極　高次　きょうごく・たかつぐ　1563～1609　京極氏中興の祖
高次室
　京極　高次室　きょうごく・たかつぐしつ　～1633　浅井長政の次女
高行
　斎藤　高行　さいとう・たかゆき　～1894　幕末明治の篤行家、中村藩士にして二宮尊徳の高弟
〔助高屋〕高助(1代)
　沢村　宗十郎(1代)　さわむら・そうじゅうろう　1685～1756　歌舞伎俳優　㊥京都西上京
高助(2代)
　助高屋　高助(2代)　すけたかや・たかすけ　1747～1818　江戸の歌舞伎俳優
〔助高屋〕高助(3代)
　沢村　源之助(2代)　さわむら・げんのすけ　歌舞伎俳優
高助(4代)
　助高屋　高助(4代)　すけたかや・たかすけ　1838～1886　江戸の歌舞伎俳優
高寿〈名〉

斎藤　芝山　さいとう・しざん　1743～1808　徳川中期熊本藩の儒者
高尾
　紺屋　高尾　こんや・たかお　江戸時代前期吉原の遊女
高尾
　紺屋　高尾　こんや・たかお　江戸時代前期吉原の遊女
高尾太夫
　紺屋　高尾　こんや・たかお　江戸時代前期吉原の遊女
高秀
　佐々木　高秀　ささき・たかひで　～1391　吉野時代の武人
〔京極〕高秀
　佐々木　高秀　ささき・たかひで　～1391　吉野時代の武人
高見
　棟上　高見　むねあげの・たかみ　1744～1801　狂歌師
高尚
　藤井　高尚　ふじい・たかなお　1764～1840　徳川中期末の国学者　㊥備中国賀湯郡宮内
高岳親王
　高岳親王　たかおかしんのう　799～865　平城天皇の第3皇子
高或
　京極　高或　きょうごく・たかもち　1692～1724　徳川中期の讃岐丸亀城主
高房
　竜造寺　高房　りゅうぞうじ・たかふさ　1586～1607　秀吉の臣
高房
　片岡　源五右衛門　かたおか・げんごえもん　1667～1703　江戸時代前期の武士
高明
　源　高明　みなもとの・たかあきら　914～982　醍醐天皇皇子
高松院
　姝子内親王　しゅしないしんのう　1141～1176　鳥羽天皇第6皇女、二条天皇中宮
高直〈名〉
　猪　隼太　いの・はやた　源頼政の郎党、多田源氏
高直
　村松　三太夫　むらまつ・さんだゆう　1677～1703　江戸時代前期の武士
〔北条〕高直
　大仏　高直　おさらぎ・たかなお　?～1334　鎌倉時代の武将
〔京極〕高知
　毛利　秀頼　もうり・ひでより　～1593　信長の臣、赤母衣衆、のち秀吉麾下　㊥江州小谷
高英〈名〉
　三井　嘉菊　みつい・かきく　1767～1847　徳川中期の俳人　㊥京都
高屋〈別称〉
　田中　清六　たなか・せいろく　家康の臣
高政
　菅野谷　高政　すげのや・たかまさ　徳川中期の俳人
高政

こう（高）

毛利 高政　もうり・たかまさ　1556〜1628　戦国時代豊後佐伯城主

高貞
塩谷 高貞　えんや・たかさだ　〜1341　吉野朝時代の武将、出雲守護

〔塩冶〕高貞
塩谷 高貞　えんや・たかさだ　〜1341　吉野朝時代の武将、出雲守護

高倉下
天香山命　あめのかぐやまのみこと　神武天皇の時の功臣

高倉北政所〈別称〉
隆姫女王　たかひめこにょおう　995〜1087　村上天皇の皇孫、関白太政大臣藤原頼通（宇治関白）の室

高倉宮
以仁王　もちひとおう　1151〜1180　後白河天皇の第3皇子

高倉殿〈別称〉
足利 直義　あしかが・ただよし　1306〜1352　尊氏の同母弟

〔藤原〕高能
一条 高能　いちじょう・たかよし　1176〜1198　鎌倉時代の公卿

高教
潮田 高教　うしおだ・たかのり　1669〜1703　赤穂四十七士の一人

高望
平 高望　たいらの・たかもち　桓武天皇の曽孫

高望王
平 高望　たいらの・たかもち　桓武天皇の曽孫

高経
足利 高経　あしかが・たかつね　1305〜1367　足利氏の一族、家貞の子

高経〈本名〉
多賀谷 尊経　たがや・たかつね　〜1527　足利時代の常陸下妻城主

〔斯波〕高経
足利 高経　あしかが・たかつね　1305〜1367　足利氏の一族、家貞の子

高継
芳賀 高継　はが・たかつぐ　?〜1592　織豊時代の武将

高野天皇
孝謙天皇　こうけんてんのう　718〜770　奈良時代の女帝

高野御室
覚法法親王　かくほうほうしんのう　1091〜1153　白河天皇の第4皇子

高陰
三井 高陰　みつい・たかかげ　1759〜1839　江戸末期の国学者

高隆古〈別号〉
高久 隆古　たかひさ・りゅうこ　1801〜1859　画家　⑮福島県白河

高敦
藤堂 高嶷　とうどう・たかさと　1746〜1806　江戸時代中期〜後期の大名

高景
加藤 唐左衛門（4代）　かとう・とうざえもん　1772〜1832　尾張瀬戸の陶業家　⑮尾張

高渠〈号〉
滝 鴻　たき・こう　1745〜1792　徳川中期の漢学者、長門萩藩士

〔真如〕高覚
高覚女王　こうかくにょおう　1737〜1764　閑院宮直仁親王第6王女

高覚女王
高覚女王　こうかくにょおう　1737〜1764　閑院宮直仁親王第6王女

高貴
高貴　こうき　韓国百済の陶業技術家

〔新漢陶部〕高貴
高貴　こうき　韓国百済の陶業技術家

〔陶部〕高貴
高貴　こうき　韓国百済の陶業技術家

〔陶部〕高貴
高貴　こうき　韓国百済の陶業技術家

高貴宮
悦仁親王　としひとしんのう　1816〜1821　光格天皇の第7皇子

高陽〈号〉
有吉 公甫　ありよし・こうほ　1741〜1787　徳川中期の漢学者、萩藩士

高陽院〈院号〉
高陽院　かやのいん　1095〜1155　鳥羽天皇の皇后

高雄僧正
真済　しんぜい　800〜860　空海の十大弟子の一人　⑮京都

高嗣〈名〉
葉室 定嗣　はむろ・さだつぐ　1208〜1272　鎌倉中期の公卿

〔多気〕高幹
大掾 高幹　だいじょう・たかもと　南北朝時代の武将

〔三井〕高業〈通称〉
仙果亭 嘉栗　せんかてい・かりつ　1748〜1799　江戸中期の狂歌師、狂言作者

高照〈初名〉
三井 高陰　みつい・たかかげ　1759〜1839　江戸末期の国学者

高福
三井 高福　みつい・たかよし　1808〜1885　実業家　⑮京都

高豊
藤堂 高朗　とうどう・たかほら　1717〜1785　江戸時代中期の大名

高綱
亀田 高綱　かめだ・たかつな　〜1633　桃山・徳川初期の武人、備後東条領主　⑮尾張

高綱
佐々木 高綱　ささき・たかつな　〜1214　鎌倉時代の武士、源頼朝の家人

高綱
長崎 高綱　ながさき・たかつな　〜1333　鎌倉後期の武士、御内人

高蔵〈通称〉
尾張 水竹　びとう・すいちく　〜1854　徳川末期江戸の儒者

高頼

号・別名辞典　古代・中世・近世　165

こう（康）

六角 高頼　ろっかく・たかより　～1520　室町後期の近江半国の守護大名
高規
　京極 高規　きょうごく・たかのり　1643～1708　江戸時代前期～中期の武士
〔佐々木〕高頼
　六角 高頼　ろっかく・たかより　～1520　室町後期の近江半国の守護大名
高聴
　毛利 高誠　もうり・たかのぶ　1776～1829　江戸時代後期の大名
高麗左衛門
　高麗左衛門　こうらいざえもん　1569～1643　長門萩焼の祖
〔坂〕高麗左衛門
　高麗左衛門　こうらいざえもん　1569～1643　長門萩焼の祖
〔市川〕高麗蔵（2代）
　松本 幸四郎（4代）　まつもと・こうしろう　1737～1802　江戸の歌舞伎俳優　㊥京都
〔市川〕高麗蔵（3代）
　松本 幸四郎（5代）　まつもと・こうしろう　1764～1838　江戸の歌舞伎俳優
〔市川〕高麗蔵（4代）
　中山 富三郎（2代）　なかやま・とみさぶろう　1793～1837　江戸の歌舞伎俳優
〔市川〕高麗蔵（5代）
　松本 幸四郎（6代）　まつもと・こうしろう　1811～1849　江戸の歌舞伎俳優　㊥江戸
高巌院
　顕子女王　あきこじょおう　1639～1676　伏見宮貞清親王の第7王女、徳川家綱御台所

【康】

〔藤原〕康子
　北山院　きたやまいん　～1419　将軍足利義満の室
〔日野〕康子
　北山院　きたやまいん　～1419　将軍足利義満の室
康工
　尾崎 康工　おざき・やすよし　1701～1779　徳川中期の俳人　㊥越中戸出
〔久松〕康元
　松平 康元　まつだいら・やすもと　1552～1603　織豊～江戸時代前期の武将、大名
康礼〔名〕
　岡田 啓　おかだ・けい　1781～1860　徳川末期の歴史家
〔松平〕康任
　松平 康任　まつだいら・やすとう　1780～1841　江戸時代後期の大名
康有
　三善 康有　みよし・やすあり　1228～1290　鎌倉中期の幕府間注所執事
〔太田〕康有
　三善 康有　みよし・やすあり　1228～1290　鎌倉中期の幕府間注所執事
康西堂
　仲安 真庸　なかやす・さねやす　室町時代の画家

〔用土〕康邦
　藤田 康邦　ふじた・やすくに　?～1555　戦国時代の武将
康国
　依田 康国　よだ・やすくに　1570～1590　依田信蕃の長子
〔芦田〕康国
　依田 康国　よだ・やすくに　1570～1590　依田信蕃の長子
〔松平〕康国
　依田 康国　よだ・やすくに　1570～1590　依田信蕃の長子
〔三善〕康宗
　太田 康宗　おおた・やすむね　1212～1265　鎌倉時代の幕府官僚
〔松井〕康定
　松平 康定　まつだいら・やすさだ　1748～1807　江戸時代後期の大名
康長
　戸田 康長　とだ・やすなが　～1632　信濃松本藩主　㊥三河二連木城
康長
　石川 三長　いしかわ・みつなが　1554～1643　織豊～江戸時代前期の大名
〔松平〕康長
　戸田 康長　とだ・やすなが　～1632　信濃松本藩主　㊥三河二連木城
〔町野〕康俊
　三善 康俊　みよし・やすとし　1167～1238　鎌倉時代の幕府官僚
〔町野〕康持
　三善 康持　みよし・やすもち　1206～1257　鎌倉時代の幕府官僚
〔世保〕康政
　土岐 康政　とき・やすまさ　?～1418　南北朝～室町時代の武将
康重
　松平 康重　まつだいら・やすしげ　1540～1612　家康の臣、和泉岸和田藩主、康親の子
〔松井〕康重
　松平 康重　まつだいら・やすしげ　1540～1612　家康の臣、和泉岸和田藩主、康親の子
康純
　松平 康純　まつだいら・やすずみ　1746～1813　徳川中期の漢学者　㊥近江
〔太田〕康連
　三善 康連　みよし・やすつら　1193～1256　鎌倉時代の幕府官僚
康高
　三宅 康高　みやけ・やすたか　～1791　三河田原藩主、茶人
康勝
　依田 康勝　よだ・やすかつ　家康の臣
〔松平〕康勝
　依田 康勝　よだ・やすかつ　家康の臣
〔松井〕康福
　松平 康福　まつだいら・やすよし　1719～1789　江戸時代中期の大名
康継
　越前 康継　えちぜん・やすつぐ　1554～1621　織豊～江戸時代前期の刀工

こう（皐，皎，蒿，鉤，敲，綱，澒，皥，稿，篁，璜，衡，鴻）

〔葵〕康継
　越前 康継　えちぜん・やすつぐ　1554〜1621　織豊〜江戸時代前期の刀工
康資王母
　四条宮 筑前　しじょうのみやの・ちくぜん　平安時代中期〜後期の女官、歌人
〔松井〕康親
　松平 康親　まつだいら・やすちか　1521〜1583　戦国〜織豊時代の武将

【皐】

皐〈名〉
　熱田 玄菴　あつた・げんあん　1803〜1848　徳川末期の医家　㊤下総匝瑳郡長谷村
〔海籟〕皐民〈別名〉
　日野 資徳　ひの・すけかつ　1848〜1909　幕末明治の歌人　㊤越後新潟古町
皐舎〈別号〉
　鶴峯 戊申　つるみね・しげのぶ　1786〜1859　徳川中末期の国学者　㊤豊後臼杵

【皎】

皎天斎〈号〉
　酢屋 国雄　すや・くにお　徳川中期狩野派の画家　㊤大阪
皎斎〈別号〉
　住田 素鏡　すみた・そきょう　1772〜1847　徳川中期の俳人　㊤信濃国長沼穂保

【蒿】

蒿村〈号〉
　伊能 頴則　いのう・ひでのり　1805〜1877　徳川末期・明治初期の国学者　㊤下総香取郡佐原村
蒿蹊〈号〉
　伴 蒿蹊　ばん・こうけい　1733〜1806　徳川中期の国学者、歌人　㊤近江八幡

【鉤】

鉤致堂〈号〉
　水谷 豊文　みずたに・とよぶみ　1779〜1833　徳川中期の本草家

【敲】

敲氷
　上矢 敲氷　うわや・こうひょう　1732〜1801　江戸時代中期〜後期の俳人
敲石
　中村 敲石　なかむら・こうせき　1696〜1788　江戸時代中期の俳人

【綱】

綱太夫（2代）
　竹本 綱太夫（2代）　たけもと・つなだゆう　義太夫節の太夫　㊤京猪熊
綱吉〈初名〉

　姉川 新四郎（3代）　あねかわ・しんしろう　1748〜1805　大阪の歌舞伎俳優、寛政期の立役の功者
綱吉
　徳川 綱吉　とくがわ・つなよし　1646〜1709　徳川第5代将軍
綱義
　青砥 綱義　あおと・つなよし　江戸中期の養魚家　㊤越後国村上
綱豊
　徳川 家宣　とくがわ・いえのぶ　1662〜1712　江戸幕府6代将軍

【澒】

澒南〈号〉
　関 克明　せき・こくめい　1768〜1835　江戸末期の書家

【皥】

皥〈別名〉
　市川 清流　いちかわ・せいりゅう　1824〜　1862年遣欧使節に参加、文部省官吏、辞書編纂者、書籍館創設の功労者

【稿】

稿南居〈号〉
　貴志 沾洲　きし・せんしゅう　1670〜1739　徳川中期の俳人　㊤江戸

【篁】

篁民〈別名〉
　滝沢 馬琴　たきざわ・ばきん　1767〜1848　江戸時代の小説家　㊤深川高松通浄心寺側
篁所
　岡田 篁所　おかだ・こうしょ　1821〜1903　徳川末期明治時代の漢学者、医家　㊤肥前長崎
篁洲
　榊原 篁洲　さかきばら・こうしゅう　1656〜1706　江戸時代中期の儒者　㊤和泉
篁影堂〈号〉
　貴志 沾洲　きし・せんしゅう　1670〜1739　徳川中期の俳人　㊤江戸

【璜】

璜子内親王
　章徳門院　しょうとくもんいん　後伏見天皇の皇女

【衡】

衡介〈通称〉
　静間 三積　しずま・さんせき　徳川末期の国学者　㊤長州萩
衡平
　桑原 衡平　くわた・こうへい　1836〜1905　幕末明治時代の洋医　㊤武蔵高麗郡平沢村

【鴻】

号・別名辞典　古代・中世・近世　167

鴻
弘 鴻　ひろ・ひろし　1829～1903　幕末・明治時代の和算家　[出]周防国都濃郡花岡
鴻〈名〉
若林 友輔　わかばやし・ともすけ　1799～1867　仙台藩の漢学者
鴻〈名〉
早瀬 来山　はやせ・らいざん　1808～1890　幕末・明治の画家
鴻
滝 鴻　たき・こう　1745～1792　徳川中期の漢学者、長門萩藩士
鴻
広井 遊冥　ひろい・ゆうめい　1770～1853　江戸時代後期の儒者、和算家
鴻之允〈通称〉
滝 鴻　たき・こう　1745～1792　徳川中期の漢学者、長門萩藩士
鴻伊〈通称〉
草間 直方　くさま・なおかた　1753～1831　『三貨図彙』の著者
鴻巣〈別号〉
雨宮 越哉　あめのみや・えっさい　1826～1874　徳川末期・明治初期の俳人　[出]甲斐西山梨郡山城村上今井

【鏗】

鏗〈名〉
佐々木 雪峰　ささき・せっぽう　1810～1873　幕末明治時代の漢学者　[出]美作勝田郡吉野村

【衡】

衡園〈号〉
藤田 祥元　ふじた・しょうげん　徳川中期の画家　[出]羽後秋田郡八幡岱村新田

【合】

合歓堂〈号〉
水間 沾徳　みずま・せんとく　1662～1726　徳川中期の俳人　[出]江戸

【剛】

剛〈名〉
川田 甕江　かわだ・おうこう　1830～1896　漢文学者　[出]備中浅口郡阿賀崎村
剛
石川 彦岳　いしかわ・げんがく　1746～1815　江戸時代中期～後期の儒者
剛介
川田 甕江　かわだ・おうこう　1830～1896　漢文学者　[出]備中浅口郡阿賀崎村
剛立
麻田 剛立　あさだ・ごうりゅう　1734～1799　徳川中期の天文学者　[出]豊後杵築
〔綾部〕剛立
麻田 剛立　あさだ・ごうりゅう　1734～1799　徳川中期の天文学者　[出]豊後杵築
剛健〈庵号〉
津軽 信寿　つがる・のぶひさ　1669～1746　徳川中期の諸侯にして俳人　[出]江戸
剛斎〈号〉
佐藤 剛斎　さとう・ごうさい　1650～1719　徳川中期の儒者　[出]備後福山
剛斎
新井 剛斎　あらい・ごうさい　1786～1834　徳川末期の国学者　[出]仙台

【梼】

梼幡娘姫皇女
稚足姫皇女　わかたらしのひめみこ　雄略天皇の皇女

【豪】

豪空
三光院 豪空　さんこういん・ごうくう　1511～1579　室町時代の歌人
豪信
藤原 豪信　ふじわら・ごうしん　画僧
豪逸
阿部 豪逸　あべ・ごういつ　1834～1882　幕末の志士、筑前英彦山の修験者　[出]豊前
〔中坊〕豪端
阿部 豪逸　あべ・ごういつ　1834～1882　幕末の志士、筑前英彦山の修験者　[出]豊前

【克】

克〈名〉
福原 灝水　ふくはら・はすい　1777～1806　徳川末期の儒者
克三〈名〉
井上 井月　いのうえ・せいげつ　1822～1887　徳川末期～明治中期の俳人　[出]越後長岡
克子
鴨脚 克子　いちょう・かつこ　1816～1883　孝明天皇女房　[出]京都
克之〈名〉
荒木 呉江　あらき・ごこう　1729～1793　江戸時代の書家
克昌〈名〉
堤 梅通　つつみ・ばいつう　1797～1864　徳川末期の俳人　[出]京都
克明
関 克明　せき・こくめい　1768～1835　江戸末期の書家
克明〈名〉
蛭田 玄仙　ひるた・げんせん　1745～1817　徳川中期の産科医　[出]陸奥国白河郡渡瀬村
克従〈字〉
児島 大梅　こじま・だいばい　1772～1841　徳川中期の俳人　[出]江戸蔵前
克敬〈字〉
鈴木 広川　すずき・こうせん　1780～1838　徳川中末期の儒者　[出]上野佐波郡剛志村保泉

【谷】

谷三郎〈前名〉

谷村 楯八（3代）　たにむら・たてはち　大阪の歌舞伎俳優
谷住
　法昌庵 谷住　ほうしょうあん・たにずみ　狂歌師
谷松〈初名〉
　谷村 楯八（3代）　たにむら・たてはち　大阪の歌舞伎俳優
谷金川〈別号〉
　宝田 千町　たからだ・せんちょう　天保時代の江戸の歌舞伎狂言作者、戯作者
谷阿闍梨
　安慶　あんきょう　平安朝時代の僧
〔斎藤〕谷亮〈通称〉
　福林亭 津葉成　ふくりんてい・つばなり　狂歌師
谷宮
　宗澄女王　そうちょうじょおう　1639～1678　後水尾天皇の第12皇女
谷峨（1世）
　梅暮里 谷峨（1世）　うめぼり・こくが　1750～1821　江戸中期の洒落本作者、上総・久留里藩士
〔梅暮里〕谷峨（2世）
　乙彦　おとひこ　1826～1886　幕末から明治初期の俳人
谷崎勾当
　谷崎 永律　たにざき・ながのり　?～1733　江戸時代中期の医師、国学者

【国】

国
　出雲 阿国　いずもの・おくに　慶長初期の歌舞伎踊の名手、歌舞伎踊の始祖
〔武生〕国人
　馬毘登 国人　うまのひと・くにひと　奈良時代の官吏
〔坂田〕国八〈前名〉
　仙国 彦助（2代）　せんごく・ひこすけ　～1780　江戸の歌舞伎俳優
国三郎〈初名〉
　坂東 岩五郎　ばんどう・いわごろう　1732～1795　宝暦―寛政時代の大阪の歌舞伎俳優　㊁大阪
〔藤原〕国子
　新広義門院　しんこうぎもんいん　1624～1677　後水尾天皇の後宮
国五郎（2代）
　坂東 国五郎（2代）　ばんどう・くにごろう　大阪の歌舞伎俳優
〔浅尾〕国五郎（2代）
　片岡 仁左衛門（7代）　かたおか・にざえもん　1755～1837　大阪の歌舞伎俳優　㊁京都
国五郎（3代）
　坂東 国五郎（3代）　ばんどう・くにごろう　大阪の歌舞伎俳優
国五郎（4代）
　坂東 国五郎（4代）　ばんどう・くにごろう　大阪の歌舞伎俳優
国友
　清光　きよみつ　鎌倉時代の漆工
国太夫
　吾妻 国太夫　あずま・くにだゆう　1755～1802　常磐津節の別派吾妻の創始者

国太夫（1代）
　宮古路 豊後掾　みやこじ・ぶんごのじょう　～1740　正徳―元文頃の浄瑠璃太夫、豊後節浄瑠璃の総祖　㊁京都
〔都〕国太夫半中
　宮古路 豊後掾　みやこじ・ぶんごのじょう　～1740　正徳―元文頃の浄瑠璃太夫、豊後節浄瑠璃の総祖　㊁京都
国太郎
　沢村 国太郎（1代）　さわむら・くにたろう　1739～1818　京阪の歌舞伎俳優
国太郎（2代）
　沢村 国太郎（2代）　さわむら・くにたろう　～1836　京阪の歌舞伎俳優
国王丸
　二本松 義綱　にほんまつ・よしつな　1574～1589　織豊時代の武将
国広
　国広　くにひろ　～1614　織豊時代の刀匠　㊁日向飫肥
〔観世〕国広
　似我 与左衛門　じが・よざえもん　1506～1580　戦国～織豊時代の能役者太鼓方
〔堀川〕国広
　国広　くにひろ　～1614　織豊時代の刀匠　㊁日向飫肥
国光（1世）
　国光（1世）　くにみつ　1250～1310　鎌倉時代の刀匠
〔国造〕国成
　出雲 国成　いずもの・くになり　奈良時代の豪族
〔来〕国次
　国次　くにつぐ　鎌倉時代の刀工
〔山田〕国次郎
　歌川 国輝（2代）　うたがわ・くにてる　1830～1874　幕末明治初期の浮世絵師
〔当麻〕国行
　国行　くにゆき　鎌倉時代の刀工
〔来〕国行
　国行　くにゆき　鎌倉時代の刀工
国児〈字〉
　榊原 忠次　さかきばら・ただつぐ　1732～1792　姫路藩主、儒者
国秀
　生田 万　いくた・よろず　1801～1837　江戸時代後期の国学者
国花女
　歌川 きん　うたがわ・きん　1810～1871　江戸末期の浮世絵師
国芳
　歌川 国芳　うたがわ・くによし　1797～1861　江戸末期の浮世絵師　㊁江戸
国姓爺
　鄭 成功　てい・せいこう　1624～1662　明末・清初の明朝の遺臣　㊁平戸
国定
　三田村 国定　みたむら・くにさだ　～1573　浅井長政の族臣
〔藤原〕国明
　源 国明　みなもとの・くにあき　1064～1105　平安時代後期の官吏

こく（黒，穀）

国虎
　歌川 国虎　うたがわ・くにとら　徳川末期の浮世絵師
〔来〕国俊
　国俊　くにとし　鎌倉時代の刀工
〔歌川〕国信〈画号〉
　志満 山人　しま・さんにん　画家、戯作者
国政〈2代〉
　歌川 豊国（4代）　うたがわ・とよくに　1823〜1880　浮世絵師　㊐中川沿岸大島村
国政〈2代〉
　歌川 国宗（2代）　うたがわ・くにむね　1792〜1857　江戸時代後期の浮世絵師
国貞
　歌川 豊国（3代）　うたがわ・とよくに　1786〜1864　浮世絵師　㊐江戸
国貞〈2世〉
　歌川 豊国（4代）　うたがわ・とよくに　1823〜1880　浮世絵師　㊐中川沿岸大島村
国貞〈2代〉
　国貞（2代）　くにさだ　刀匠　㊐日向飫肥
国重
　国重　くにしげ　1312〜1371　山城住の刀匠、正宗門下十哲の一
国重
　国重　くにしげ　備中水田住の刀匠、天文頃の人
国重
　国重　くにしげ　江戸住の刀匠、明和年中の人
国香園〈別号〉
　山本 迂斎　やまもと・うさい　1819〜1889　幕末明治時代の漢学者　㊐土佐
国倫〈名〉
　平賀 源内　ひらが・げんない　1726〜1779　本草学者、戯作者　㊐讃岐志度浦
〔御神本〕国兼
　藤原 国兼　ふじわらの・くにかね　平安時代後期の官吏
国桂〈号〉
　白尾 斎蔵　しらお・さいぞう　1762〜1821　江戸中期の国学者
国泰
　今川 仲秋　いまがわ・なかあき　南北朝〜室町時代の武将
国清
　山浦 国清　やまうら・くにきよ　上杉氏家臣
〔村上〕国清
　山浦 国清　やまうら・くにきよ　上杉氏家臣
〔立川斎〕国郷
　歌川 国郷　うたがわ・くにさと　?〜1858　江戸時代後期の浮世絵師
国朝
　喜連川 国朝　きつれがわ・くにとも　1572〜1593　下野喜連川邑主
〔足利〕国朝
　喜連川 国朝　きつれがわ・くにとも　1572〜1593　下野喜連川邑主
国雄
　酢屋 国雄　すや・くにお　徳川中期狩野派の画家　㊐大阪
〔林〕国雄

棹歌亭 真楫　とうかてい・まかじ　徳川中期の国学者、狂歌師
国継
　安田 国継　やすだ・くにつぐ　明智光秀の臣
国鼎
　毛 国鼎　もう・こくてい　〜1458　第一尚氏の第6世尚泰久王時代の中城按司　㊐沖縄
国綱
　粟田口 国綱　あわたぐち・くにつな　鎌倉中期の刀鍛冶　㊐山城
国蔵〈前名〉
　坂東 国五郎（3代）　ばんどう・くにごろう　大阪の歌舞伎俳優
国蔵〈初名〉
　大谷 広右衛門（3代）　おおたに・ひろえもん　1726〜1790　歌舞伎俳優、明和—天明時代の実悪の功者
〔山村〕国蔵〈初名〉
　坂東 国五郎（3代）　ばんどう・くにごろう　大阪の歌舞伎俳優
〔松島〕国蔵〈初名〉
　榊山 四郎太郎（5代）　さかきやま・しろたろう　京阪の歌舞伎俳優
国輝〈2代〉
　歌川 国輝（2代）　うたがわ・くにてる　1830〜1874　幕末明治初期の浮世絵師
国賢〈別称〉
　船山 輔之　ふなやま・ほし　1738〜1804　江戸中期の暦算家、仙台藩士

【黒】

黒谷上人
　法然　ほうねん　1133〜1212　平安朝時代の高僧、浄土宗の開祖　㊐美作国久米
黒雪
　観世 身愛　かんぜ・ただちか　1566〜1627　織豊〜江戸時代前期の能役者シテ方
黒麻呂〈名〉
　高向 玄理　たかむこの・くろまろ　〜654　上古時代の儒者、遣唐押使
〔横道〕黒塗師
　永崎 仁助　ながさき・にすけ　1640〜1690　江戸時代前期の漆工、狂歌師
黒蔵主
　浪岡 鯨児　なみおか・げいじ　宝暦—明和時代の大阪の浄瑠璃作者
黒顚〈別号〉
　青木 北海　あおき・ほっかい　1782〜1865　徳川中期の国学者、富山藩士
黒露
　山口 黒露　やまぐち・こくろ　1686〜1767　徳川中期の俳人

【穀】

穀〈名〉
　坂井 似堂　さかい・じどう　1825〜1862　徳川末期の漢学者、広島藩士
穀我
　佐保 穀我　さほ・こくが　江戸時代中期の俳人

【穀】

穀媛娘
宍人 穀媛娘　ししひとの・かじひめのいらつめ　天武天皇の宮人

【鵠】

鵠之〈字〉
若林 友輔　わかばやし・ともすけ　1799～1867　仙台藩の漢学者

【乞】

乞食桃水
桃水 雲渓　とうすい・うんけい　1605～1683　禅僧　[出]筑後柳河

【兀】

兀峰
桜井 兀峰　さくらい・こっぽう　1662～1722　徳川中期の俳人　[出]岡山
兀翁〈号〉
宗旦　そうたん　～1693　俳人、伊丹派

【朏】

朏隣居〈別号〉
今泉 蟹守　いまいずみ・かにもり　1818～1898　徳川末期明治時代の国学者　[出]肥前小城

【今】

今日庵〈号〉
山口 素堂　やまぐち・そどう　1642～1716　徳川初期の俳人　[出]甲州巨摩郡教来石村山口
今出川院
今出川院　いまでがわいん　1252～1318　亀山天皇の皇后
今出川殿
足利 義視　あしかが・よしみ　1439～1491　室町時代の武将
今右衛門（5代）
今泉 今右衛門（5代）　いまいずみ・いまえもん　江戸中期の肥田有田の窯元
今式部〈別称〉
安藤 亀子　あんどう・かめこ　1630～1668　徳川初期の女流歌人　[出]丹波国千年郷
今昔庵〈号〉
平沢 九郎　ひらさわ・くろう　1777～1844　尾張藩士
今若
阿野 全成　あの・ぜんじょう　～1203　鎌倉前期の武将
今若宮
法蓮院宮　ほうれんいんのみや　1484～1494　後土御門天皇の第4皇子
今城王
大原 今城　おおはらの・いまき　奈良時代の官吏
今宮
守澄法親王　しゅちょうほうしんのう　1634～1680　輪王寺宮門跡の初代、後水尾天皇第6皇子
今宵庵〈号〉
土屋 林紅　つちや・りんこう　徳川中期の俳人　[出]越中井波
今釈〈号〉
斎藤 宜義　さいとう・ぎぎ　1816～1889　幕末・明治時代の算家　[出]江戸

【坤】

坤井堂〈号〉
久世 宥瑞　くぜ・しょうずい　1746～1811　徳川中期の狂歌師　[出]大和奈良

【昆】

昆侖
山井 昆侖　やまのい・こんろん　～1728　徳川中期の儒者　[出]紀伊
昆陽
青木 昆陽　あおき・こんよう　1698～1769　江戸中期の儒者　[出]江戸
昆寛
岩本 昆寛　いわもと・こんかん　1744～1801　金工家　[出]江戸

【根】

根本大師
最澄　さいちょう　762～822　日本天台宗の開祖　[出]江州志賀
根麻呂
史 根麻呂　ふひとの・ねまろ　～707　壬申乱の武将
根麻呂
史 根麻呂　ふひとの・ねまろ　～707　壬申乱の武将
〔書〕根麻呂
史 根麻呂　ふひとの・ねまろ　～707　壬申乱の武将

【崐】

崐山〈号〉
今井 兼規　いまい・かねのり　1717～1776　徳川中期の佐倉藩の儒者

【崑】

崑崙
山井 昆侖　やまのい・こんろん　～1728　徳川中期の儒者　[出]紀伊

【鯤】

鯤〈名〉
春木 南湖　はるき・なんこ　1759～1839　徳川中末期の南宗画家
鯤〈名〉
大原 呑舟　おおはら・どんしゅう　～1857　徳川末期の画家　[出]阿波

鯤崘〈号〉
大原 呑舟　おおはら・どんしゅう　～1857　徳川末期の画家　[出]阿波

【乍】

乍単〈号〉
相楽 等躬　さがら・とうきゅう　1628～1705　徳川中期の俳人　[出]奥州須賀川

乍単斎〈号〉
相楽 等躬　さがら・とうきゅう　1628～1705　徳川中期の俳人　[出]奥州須賀川

乍憚〈号〉
相楽 等躬　さがら・とうきゅう　1628～1705　徳川中期の俳人　[出]奥州須賀川

【左】

左入
楽 左入　らく・さにゅう　1685～1739　江戸時代中期の陶工

〔田中〕左入
楽 左入　らく・さにゅう　1685～1739　江戸時代中期の陶工

左内〈名〉
足立 信行　あだち・しんこう　江戸末期の暦術家

左内〈通称〉
足立 信頭　あだち・しんとう　1769～1845　江戸末期の暦術家　[出]大阪

左内
平沢 随貞　ひらさわ・ずいてい　江戸時代中期の易者

〔島田〕左内〈通称〉
酒上 熟寝　さかのうえの・じゅくね　1725～1784　狂歌師　[出]江戸

左内太夫〈別称〉
藤原 吉次　ふじわらの・よしつぐ　近世初期の京都の浄瑠璃太夫、操り師

左太夫〈本名〉
田中 布舟　たなか・ふしゅう　1734～1808　徳川中期の俳人　[出]播磨国高砂

左太夫〈通称〉
福王家(3世)　ふくおうけ　1609～1627　能楽脇方

左交
桜田 治助(1代)　さくらだ・じすけ　1734～1806　江戸の歌舞伎狂言作者　[出]江戸

〔狂言堂〕左交
桜田 治助(3代)　さくらだ・じすけ　1802～1877　江戸の歌舞伎狂言作者

左充〈通称〉
佐藤 成充　さとう・しげみつ　1657～1708　徳川中期の儒者　[出]江戸

左吉〈通称〉
図司 呂丸　ずし・ろがん　～1693　徳川中期の俳人　[出]出羽羽黒山麓手向町

左団次(1代)
市川 左団次(1代)　いちかわ・さだんじ　1842～1904　歌舞伎俳優　[出]大阪島の内

左次右衛門〈通称〉
岡田 野水　おかだ・やすい　1658～1743　徳川中期の俳人　[出]名古屋

左次右衛門〈通称〉
岩下 方平　いわした・まさひら　1827～1900　幕末・維新期の志士　[出]薩摩(鹿児島県)

左兵衛〈通称〉
国重　くにしげ　備中水田住の刀匠、天文頃の人

左兵衛〈通称〉
福田 美楯　ふくだ・みたて　1789～1850　徳川中末期の国学者　[出]京都

〔正木〕左兵衛
本多 政重　ほんだ・まさしげ　1580～1647　前田利家の臣

左助〈通称〉
自笑　じしょう　～1713　俳人、芭蕉一門

左近〈通称〉
岡田 盤斎　おかだ・ばんさい　1667～1744　江戸中期垂加派の神道家　[出]江戸

左近
前田 左近　まえだ・さこん　1576～1601　安土桃山時代の武将、玄以の長子

左近
島 左近　しま・さこん　～1600　織豊政権期の武将

左近〈通称〉
桧垣 常名　ひがき・つねな　1765～1844　徳川中期の神主

〔吉田〕左近〈幼名〉
有馬 頼徸　ありま・よりゆき　1712～1783　筑後久留米藩主にして和算家

〔松井〕左近〈初名〉
春山 源七(1代)　はるやま・げんしち　京都の歌舞伎俳優

左近(7世)
観世 左近(7世)　かんぜ・さこん　1509～1583　能楽師、シテ方

左近(9世)
観世 左近(9世)　かんぜ・さこん　1566～1626　能楽師、シテ方、観世流家元

左近(15世)
観世 左近(15世)　かんぜ・さこん　1725～1774　能楽師、シテ方、観世流家元

左近将監
石谷 貞清　いしがい・さだきよ　1594～1672　江戸時代前期の武士

〔羽柴〕左近将監
立花 宗茂　たちばな・むねしげ　1568～1642　織豊時代・徳川初期の武将　[出]筑前岩屋城

左京〈別称〉
佐久間 修理　さくま・しゅり　1581～1657　徳川初期の画家　[出]尾張

左京大夫道雅
左京大夫道雅　さきょうだいぶみちまさ　993～1054　平安中期の歌人

左京大夫義泰
内藤 風虎　ないとう・ふうこ　1619～1685　徳川初期の諸侯にして俳人　[出]江戸桜田

〔宇喜多〕左京亮
坂崎 直盛　さかざき・なおもり　～1616　家康の臣

〔筒井〕左京進
白雲子　はくうんし　江戸時代前期の書家

左明
昨非窓 左明　さくひそう・さめい　1711～1760　徳川中期の俳人　[出]江戸

さ（些, 佐）

左金吾〈通称〉
　大原 呑響　おおはら・どんきょう　～1810　徳川中期の画家　㊁陸中東磐井郡大原
左金吾
　松平 定朝　まつだいら・さだとも　1773〜1856　江戸時代後期の武士、園芸家
左門〈通称〉
　以南　いなん　～1795　化政期の俳人　㊁越後出雲崎
左門
　林 左門　はやし・さもん　1818〜1880　徳川末期の尾州名古屋藩士　㊁名古屋
〔松木〕左流
　染野井 半四郎　そめのい・はんしろう　江戸時代中期の歌舞伎役者、歌舞伎作者
左陣〈名〉
　桜間 左陣　さくらま・さじん　1835〜1917　能役者
左馬之助〈通称〉
　岩崎 秋溟　いわさき・しゅうめい　1834〜1887　幕末明治の志士にして漢学者　㊁土佐安芸郡井口村
〔細川〕左馬之助
　池 内蔵太　いけ・くらた　1841〜1866　幕末期の志士、変名細川左馬之助、細井徳太郎　㊁土佐国小高坂村
〔織田〕左馬允
　津田 盛月　つだ・せいげつ　～1593　信長の麾下
左馬助
　明智 秀満　あけち・ひでみつ　～1582　安土・桃山時代の武将、明智光秀の家老
〔新宮〕左馬助
　堀内 氏弘　ほりうち・うじひろ　藤堂高虎の家臣
左術
　左術　さじゅつ　幕末江戸の浮世絵師
〔堀越〕左源次
　阿北斎 雀翁　あほくさい・じゃくおう　1747〜1810　江戸時代後期の狂歌師
左橘
　鈴木 万里(3代)　すずき・ばんり　京阪における江戸長唄、ぶんご節謡
左膳
　寺村 左膳　てらむら・さぜん　1834〜1896　土佐藩士　㊁土佐国高知八軒町
左膳
　藤井 晋流　ふじい・しんりゅう　1681〜1761　徳川中期の俳人　㊁上州小泉村
〔吉見〕左膳
　伊能 友鷗　いのう・ゆうおう　～1875　幕末の勤王家、宇和島藩士
〔羽柴〕左衛門大夫
　福島 正則　ふくしま・まさのり　1561〜1624　豊臣時代の武将、のち広島藩主　㊁尾張海東郡二寺村
〔羽柴〕左衛門侍従
　小早川 秀秋　こばやかわ・ひであき　1577〜1602　安土・桃山時代の大名　㊁近江国長浜
左衛門尉
　遠山 景元　とおやま・かげもと　～1855　徳川末期の名町奉行
左衛門尉
　結城 左衛門尉　ゆうき・さえもんのじょう　1534〜1565　戦国時代のキリシタン武士
左衛門尉
　垂水 繁昌　たるみ・しげまさ　鎌倉時代の在地領主
〔羽柴〕左衛門督
　堀 秀政　ほり・ひでまさ　1553〜1590　織田豊臣時代の武将　㊁美濃の茜部
〔大崎〕左衛門督・少将
　伊達 政宗　だて・まさむね　1567〜1636　織豊時代・徳川初期の武将　㊁出羽米沢
左簾(1代)
　笠家 左簾(1代)　かさや・されん　1714〜1779　江戸時代中期の俳人

【些】

些居
　江森 月居　えもり・げっきょ　1756〜1824　徳川中期の俳人　㊁京都

【佐】

佐々目僧正〈別称〉
　頼助　らいじょ　1246〜1296　鎌倉時代の真言宗の僧侶
佐一郎〈通称〉
　原 老柳　はら・ろうりゅう　1783〜1854　徳川中期の医家　㊁摂津西宮
佐一郎
　白井 佐一郎　しらい・さいちろう　1821〜1877　幕末明治の漢学者　㊁奥州須賀川
佐七〈通称〉
　佐野川 花妻(1代)　さのかわ・はなずま　京阪の歌舞伎俳優
佐七郎〈通称〉
　堀部 魯九　ほりべ・ろきゅう　～1743　徳川中期の俳人　㊁美濃蜂屋
佐八郎〈通称〉
　素由　そゆう　～1866　幕末期の俳人
〔仙国〕佐十郎〈前名〉
　坂田 半五郎(2代)　さかた・はんごろう　1724〜1782　江戸の歌舞伎俳優
〔田中〕佐十郎(2代)
　今藤 長斎　こんどう・ちょうさい　1771〜1843　文化天保時代の江戸長唄鼓方の名手　㊁常陸水戸
佐之介〈幼名〉
　怒風　どふう　～1743　俳人、芭蕉一門
〔山下〕佐五右衛門
　光瀬 左近　みつせ・さこん　江戸時代前期の歌舞伎役者
〔仙国〕佐六〈初名〉
　坂田 半五郎(2代)　さかた・はんごろう　1724〜1782　江戸の歌舞伎俳優
佐内
　葉山 高行　はやま・たかゆき　1796〜1864　江戸時代後期の武士
佐文山〈通称〉
　佐々木 文山　ささき・ぶんざん　1651〜1727　江戸中期の書家
〔御船〕佐世
　菅野 佐世　すがのの・すけよ　802〜880　平安時代前期の官吏、学者
〔桑名屋〕佐吉〈通称〉

号・別名辞典　古代・中世・近世　173

さ（沙）

青岐　せいき　〜1804　化政期の俳人　㊐淡路洲本
佐右衛門〈通称〉
　斎藤季義　さいとう・すえよし　1717〜1803　徳川中期大阪の雅人
〔西原〕佐右衛門〈通称〉
　文虎　ぶんこ　〜1855　幕末期の俳人　㊐信濃水内郡鳥居村
佐左衛門〈通称〉
　岡田野水　おかだ・やすい　1658〜1743　徳川中期の俳人　㊐名古屋
佐市
　和田佐市　わだ・さいち　1832〜1863　幕末の志士、天誅組士
佐平〈通称〉
　宮負定雄　みやおい・やすお　1797〜1858　江戸後期の国学者
佐平次〈通称〉
　荒巻助然　あらまき・じょぜん　〜1737　徳川中期の俳人　㊐筑前内野
佐吉
　小川佐吉　おがわ・さきち　1832〜1868　幕末の勤王家　㊐久留米芋紺ト
佐吉
　図司呂丸　ずし・ろがん　〜1693　徳川中期の俳人　㊐出羽黒山麓手向町
佐吉〈前名〉
　鈴木万里(3代)　すずき・ばんり　京阪における江戸長唄、ぶんこ節謡
〔深谷〕佐吉
　日下部伊三次　くさかべ・いそうじ　1814〜1858　幕末の志士　㊐常陸国多賀郡
佐多雄
　仙石佐多雄　せんごく・さたお　1842〜1863　幕末期の志士、鹿野藩士
佐次兵衛〈通称〉
　菱川師寿　ひしかわ・もろひさ　〜1773　縫箔染色、書画
佐兵衛〈字〉
　綾部道弘　あやべ・みちひろ　1635〜1700　徳川初期の漢学者、杵築藩儒医　㊐豊後国東郡麻田
佐兵衛
　佐久間佐兵衛　さくま・さへえ　1833〜1864　幕末の志士、山口藩士　㊐長門国萩
佐兵衛〈名〉
　大西浄元(大家家9代)　おおにし・じょうげん　1749〜1811　京都の釜師
〔会津屋〕佐兵衛
　石川一夢　いしかわ・いちむ　1804〜1854　徳川末期の講談師
佐助〈前名〉
　篠田瑳助　しのだ・さすけ　〜1859　天保―安政時代の江戸の歌舞伎狂言作者
佐助〈本名〉
　勢力冨五郎　せいりき・とみごろう　1813〜1849　徳川中期博徒の頭領
〔山田〕佐助〈通称〉
　燕栗園千寿　ささぐりえん・ちおぎ　1804〜1858　徳川末期の狂歌師、戯作者　㊐武蔵児玉郡八幡村
佐秀

原田佐秀　はらだ・すけひで　〜1333　吉野朝時代の武人
〔歌流〕佐右衛門
　袖崎歌流　そでさき・かりゅう　江戸時代前期〜中期の歌舞伎役者
佐治右衛門〈通称〉
　岡田野水　おかだ・やすい　1658〜1743　徳川中期の俳人　㊐名古屋
佐保姫
　狭穂姫　さおひめ　垂仁天皇の皇后
佐為
　橘佐為　たちばなの・さい　〜737　奈良前期の貴族
〔橘宿禰〕佐為
　橘佐為　たちばなの・さい　〜737　奈良前期の貴族
佐紀乃屋〈号〉
　大国隆正　おおくに・たかまさ　1792〜1871　幕末明治初期の国学者　㊐江戸桜田
佐野七〈前名〉
　竹沢弥七(2代)　たけざわ・やしち　義太夫節三絃
佐渡公〈別称〉
　日向にっこう　1253〜1314　日蓮門下6老僧の1人、身延山久遠寺の第2世　㊐上総茂原
佐渡守
　本多正信　ほんだ・まさのぶ　1538〜1616　戦国〜江戸時代前期の武将、大名
佐渡院
　順徳天皇　じゅんとくてんのう　1197〜1242　第84代の天皇
佐賀侍従
　竜造寺政家　りゅうぞうじ・まさいえ　1566〜1607　織豊時代の武将
佐徳〈号〉
　広瀬十口　ひろせ・じゅうこう　1723〜1791　徳川中期の俳人　㊐京都
佐膳〈名〉
　藤井晋流　ふじい・しんりゅう　1681〜1761　徳川中期の俳人　㊐上州小泉村
〔伊庵知〕佐衛門尉重貞
　桂庵玄樹　けいあん・げんじゅ　1427〜1508　室町時代の臨済宗の僧、南海朱子学派即ち桂庵派の祖　㊐周防山口
佐藤太〈別名〉
　佐川藤太　さがわ・とうた　文化・文政時代の浄瑠璃作者

【沙】

沙也可
　金忠善　きん・ちゅうぜん　1571〜1643　織豊時代の武将
沙弥洞然〈法名〉
　上村長国　うえむら・ながくに　〜1546　相良氏家臣
沙弥満誓
　沙弥満誓　さみまんせい　万葉集歌人
沙弥賢安〈通称〉
　茂木知世　もてぎ・ともよ　南北朝時代の武将、下野国茂木郡茂木郷の在地領主
沙界〈号〉

大富 善好　おおとみ・ぜんこう　室町時代の茶人
沙羅
堀田 沙羅　ほった・しゃら　1748～1816　徳川中期の俳人　[出]江戸

【砂】

砂長
得閑斎（3代）　とくかんさい　狂歌師

【莎】

莎鶏
阿部 莎鶏　あべ・しゃけい　1724～1778　江戸時代中期の俳人

【詐】

詐善居士〈号〉
高井 几董　たかい・きとう　1741～1788　徳川中期の俳人　[出]京都

【蓑】

蓑州〈号〉
関 白駒　せき・はっく　1802～1875　大阪の画家
蓑虫庵〈号〉
下郷 蝶羅　しもさと・ちょうら　1723～1776　徳川中期の俳人　[出]尾張鳴海
蓑助（1代）〈前名〉
坂東 三津五郎（3代）　ばんどう・みつごろう　1773～1831　江戸の歌舞伎俳優　[出]江戸
蓑助（2代）〈前名〉
坂東 三津五郎（4代）　ばんどう・みつごろう　1800～1863　江戸の歌舞伎俳優　[出]江戸
蓑助（3代）
坂東 蓑助（3代）　ばんどう・みのすけ　江戸の歌舞伎俳優
蓑助（4代）〈後名〉
坂東 玉三郎（2代）　ばんどう・たまさぶろう　1830～1872　江戸の歌舞伎俳優　[出]江戸
蓑杖〈号〉
杉山 杉風　すぎやま・さんぷう　1647～1732　徳川中期の俳人　[出]江戸小田原町
蓑枝〈号〉
杉山 杉風　すぎやま・さんぷう　1647～1732　徳川中期の俳人　[出]江戸小田原町
蓑翁〈号〉
杉山 杉風　すぎやま・さんぷう　1647～1732　徳川中期の俳人　[出]江戸小田原町
蓑笠翁〈別号〉
滝沢 馬琴　たきざわ・ばきん　1767～1848　江戸時代の小説家　[出]深川高松通浄心寺側
蓑笠庵〈号〉
高橋 梨一　たかはし・りいち　1714～1783　徳川中期の俳人
〔日置〕蓑麻呂
栄井 蓑麻呂　さかいの・みのまろ　704～?　奈良時代の官吏

【瑳】

瑳助
篠田 瑳助　しのだ・さすけ　～1859　天保―安政時代の江戸の歌舞伎狂言作者

【鎖】

鎖翠〈号〉
須山 三益　すやま・さんえき　1810～1870　幕末の医家にして本草家

【座】

座馳〈号〉
佐竹 噌々　さたけ・かいかい　1738～1790　画家、畸人　[出]京都

【才】

才三郎
山下 宗十郎　やました・そうじゅうろう　江戸時代前期～中期の歌舞伎役者
〔花井〕才三郎（3代）
三条 勘太郎（2代）　さんじょう・かんたろう　1702～1763　歌舞伎俳優
才丸〈号〉
椎本 才麿　しいのもと・さいまろ　1656～1738　徳川中期の俳人　[出]大和宇陀郡
才子
七 才子　しち・さいし　宝暦期の大阪の浄瑠璃作者
才牛
市川 団十郎（1代）　いちかわ・だんじゅうろう　1660～1704　歌舞伎俳優、元禄期の江戸劇壇を代表する立役の名優、市川の系祖、荒事の創始者　[出]江戸
才右衛門〈通称〉
有沢 永貞　ありさわ・ながさだ　1639～1715　徳川中期金沢藩の兵学家
才平
山下 才平　やました・さいへい　1822～1894　幕末・明治初期の篤農家
才次郎
玉沢 才次郎　たまざわ・さいじろう　享保―寛延時代の江戸の歌舞伎俳優
才次郎〈通称〉
今井 潜　いまい・ひそむ　1830～1877　徳川末期の足利の儒者
才佐〈通称〉
大田 錦城　おおた・きんじょう　1765～1825　江戸時代中期の儒者　[出]加賀
才助
山村 才助　やまむら・さいすけ　1770～1807　江戸時代後期の蘭学者、志士　[出]常陸国土浦
才助〈通称〉
伴 建尹　ばん・けんいん　徳川中期弘前藩の儒者
才尾
豊島 佳風　としま・かふう　1679～1728　江戸時代前期～中期の俳人
才麿
椎本 才麿　しいのもと・さいまろ　1656～1738　徳川中期の俳人　[出]大和宇陀郡

【再】

再生翁〈別号〉
大西 圭斎　おおにし・けいさい　徳川時代後期の画家　㊍江戸
再形庵〈号〉
藤堂 元甫　とうどう・げんぽ　1677～1762　代々伊勢津藩藤堂氏の国老　㊍伊賀大野
再和坊
河村 再和坊　かわむら・さいわぼう　1726～1786　徳川中期の俳人　㊍尾張

【斉】

斉世親王
真寂法親王　しんじゃくほうしんのう　886～927　宇多天皇の第3皇子
斉宣
松平 斉宣　まつだいら・なりのぶ　1825～1844　江戸時代後期の大名
斉延
藤原 斉延　ふじわら・ただのぶ　1661～1738　江戸中期の神道学者　㊍対馬厳原
〔藤〕斉延
藤原 斉延　ふじわら・ただのぶ　1661～1738　江戸中期の神道学者　㊍対馬厳原
斉明天皇
皇極天皇　こうぎょくてんのう　594?～661　7世紀中葉の女帝
斉恒〈名〉
松平 斉恒　まつだいら・なりつね　1791～1822　出雲松江藩主　㊍江戸
斉昭
徳川 斉昭　とくがわ・なりあき　1800～1860　水戸藩主
〔田安〕斉荘
徳川 斉荘　とくがわ・なりたか　1810～1845　江戸時代後期の大名
斉斎
松平 斉貴　まつだいら・なりたけ　1815～1863　江戸時代後期の大名
〔清水〕斉順
徳川 斉順　とくがわ・なりゆき　1801～1846　江戸時代後期の大名
〔清水〕斉彊
徳川 斉彊　とくがわ・なりかつ　1820～1849　江戸時代後期の大名

【采】

采女
駿河婇女　するがのうねめ　万葉歌人
采女
内藤 采女　ないとう・うねめ　江戸時代初期のキリシタン、如安の子
采女
伊東 重門　いとう・しげかど　1650～1669　江戸時代前期の武士
采女
稲葉 正純　いなば・まさずみ　1667～1741　江戸時代前期～中期の武士
采卿〈字〉
作並 清亮　さくなみ・きよすけ　1841～1915　幕末・明治時代の漢学者　㊍仙台

【柴】

柴立子〈別号〉
藤原 惺窩　ふじわら・せいか　1561～1619　織豊時代—徳川初期の儒者　㊍播馬国細川荘
柴庵〈号〉
樋口 道立　ひぐち・どうりゅう　1732～1812　徳川中期の俳人にして儒者　㊍京都
柴の戸の誰也良〈狂号〉
深川 元儁　ふかがわ・もととし　1810～1856　儒者　㊍上総飯富村

【砕】

砕玉軒〈号〉
佐枝 政之進　さえだ・まさのしん　徳川中期の兵学家

【宰】

宰相花波臣
宰相花波臣　さいしょうかなみおみ　1764～1831　徳川中期の狂歌師　㊍京都
宰鳥〈別号〉
谷口 蕪村　たにぐち・ぶそん　1716～1783　天明期の俳人、南画家　㊍摂津国東成郡毛馬

【崔】

崔下庵〈号〉
菊岡 光行　きくおか・みつゆき　1750～1800　江戸時代末期の俳人、表具を業とし、彫物に巧であった
崔下庵〈別号〉
菊岡 沾涼　きくおか・せんりょう　1680～1747　徳川中期の俳人　㊍江戸

【彩】

彩菊散人〈別号〉
条野 採菊　じょうの・さいぎく　1832～1902　戯作者、新聞記者　㊍江戸日本橋
彩雲翁〈号〉
藤田 友閑　ふじた・ゆうかん　徳川初期の書画家　㊍摂州富田
彩瀾〈号〉
佐々木 仁里　ささき・じんり　1744～1800　徳川中期の儒者　㊍近江大溝

【採】

採花女
佐藤 採花女　さとう・さいかじょ　1844～1901　幕末明治の俳人　㊍信州
採花幽人〈別号〉
士由　しゆう　～1850　化政期の俳人　㊍羽前狼河原
採茶庵（2世）〈号〉

さい（斎, 済, 細, 菜, 最）

平山 梅人　ひらやま・ばいじん　1744～1801　徳川中期の俳人
採荼庵〈号〉
杉山 杉風　すぎやま・さんぷう　1647～1732　徳川中期の俳人　㊁江戸小田原町
採菊
条野 採菊　じょうの・さいぎく　1832～1902　戯作者、新聞記者　㊁江戸日本橋
採菊山人〈号〉
条野 採菊　じょうの・さいぎく　1832～1902　戯作者、新聞記者　㊁江戸日本橋

【斎】

斎〈通称〉
疋田 柳塘　ひきた・りゅうとう　1750～1800　幕末の秋田藩執政
〔堀〕斎
蒲生 済助　がもう・さいすけ　1818～1875　村松藩儒
斎太
小本村 斎太　こもとむら・さいた　江戸後期の義民　㊁陸奥国下閉伊郡小本村
斎必簡
斎 静斎　いつき・せいさい　1729～1778　江戸中期の儒者　㊁安芸沼田郡中調子（今安佐郡川内村）
斎宮
貞子内親王　さだこないしんのう　1607～1675　摂政二条康道の室、後陽成天皇第5皇女
斎宮〈通称〉
徳元 とくげん　～1647　俳人、貞門　㊁岐阜
斎宮女御
斎宮女御　さいぐうのにょうご　929～985　平安時代の女流歌人
斎宮太夫（1代）
富本 延寿　とみもと・えんじゅ　1727～1802　寛延―寛政時代の富本節浄瑠璃の太夫　㊁筑前
斎宮太夫（2代）
清元 延寿太夫（1代）　きよもと・えんじゅだゆう　1777～1825　清元浄瑠璃の家元　㊁江戸
〔富本〕斎宮太夫（2代）
清元 延寿太夫（1代）　きよもと・えんじゅだゆう　1777～1825　清元浄瑠璃の家元　㊁江戸
斎宮頭〈通称〉
徳元 とくげん　～1647　俳人、貞門　㊁岐阜
斎宮の女御
斎宮女御　さいぐうのにょうご　929～985　平安時代の女流歌人
斎蔵
白尾 斎蔵　しらお・さいぞう　1762～1821　江戸中期の国学者
斎麕〈号〉
荒木田 氏筠　あらきだ・うじたけ　1717～1751　徳川中期の伊勢神宮の祠官、漢学者　㊁山田
斎賢
青地 斎賢　あおち・せいけん　徳川中期の儒者、加賀藩士

【済】

済

倭王 済　わおう・せい　5世紀中頃、倭の五王のひとり
済入道親王
済仁法親王　さいにんほうしんのう　1797～1847　有栖川宮第6代織仁親王の第5王子
済夫〈字〉
栗田 知周　あわた・ともちか　熱田の神官にして歌人、宝暦天明頃の人
済民〈名〉
金子 徳之助　かねこ・とくのすけ　1789～1865　幕末の広島藩士
済助
蒲生 済助　がもう・さいすけ　1818～1875　村松藩儒
済信
済信　さいしん　954～1030　平安朝時代の僧
済美〈字〉
若林 友輔　わかばやし・ともすけ　1799～1867　仙台藩の漢学者
済美〈字〉
新井 白石　あらい・はくせき　1657～1725　江戸時代中期の儒者、政治家、史学者、地理学者、言語学者　㊁江戸柳原
済庵〈号〉
緒方 春朔　おがた・しゅんさく　1748～1810　筑前秋月藩の蘭医
済深法親王
済深法親王　さいしんほうしんのう　1671～1701　霊元天皇第1皇子

【細】

細香
江間 細香　えま・さいこう　1789～1861　幕末の閨秀画家、詩人　㊁美濃（岐阜県）大垣
〔江馬〕細香
江間 細香　えま・さいこう　1789～1861　幕末の閨秀画家、詩人　㊁美濃（岐阜県）大垣
細道庵〈号〉
遠藤 日人　えんどう・えつじん　1758～1836　徳川中期の俳人　㊁仙台

【菜】

菜翁〈号〉
建部 巣兆　たけべ・そうちょう　1760～1812　徳川中期の俳人にして画家　㊁江戸
菜窓〈号〉
高柳 荘丹　たかやなぎ・そうたん　1732～1815　徳川中期の俳人　㊁武州川越
〔堀越〕菜陽
壕越 二三治　ほりこし・にそうじ　1721～1781?　徳川中期宝暦期の江戸の歌舞伎狂言作者
菜蘋
原 菜蘋　はら・さいひん　1798～1859　幕末の女流詩人

【最】

最明寺殿

号・別名辞典　古代・中世・近世　177

さい（犀, 裁, 塞, 歳, 腮, 載, 蔡）　ざい（在, 材）　さく（作）

北条 時頼　ほうじょう・ときより　1227～1263　鎌倉幕府の執権
最誉〈号〉
　急西　きゅうさい　～1647　浄土宗の僧　㊥山城醍醐
最澄
　最澄　さいちょう　762～822　日本天台宗の開祖　㊥江州志賀

【犀】

犀潭
　木下 韡村　きのした・いそん　1805～1867　江戸末期の儒者　㊥肥後菊池

【裁】

裁松窩鯯主〈別号〉
　宰相花波臣　さいしょうかなみおみ　1764～1831　徳川中期の狂歌師　㊥京都

【塞】

〔一庵〕塞馬
　板倉 塞馬　いたくら・さいば　1788～1867　江戸時代後期の俳人

【歳】

歳三
　土方 歳三　ひじかた・としぞう　1834～1866　幕末新撰組の名士　㊥武蔵多摩郡石田村

【腮】

腮髯長〈号〉
　笹野 春泉　ささの・しゅんせん　1798～1864　徳川末期の医家、狂歌師にして岡山藩士　㊥備前

【載】

載甫
　関 載甫　せき・さいほ　1646～1730　徳川初期の儒者
載陽堂〈号〉
　大村 成富　おおむら・しげとみ　徳川中期の古銭家　㊥江戸

【蔡】

蔡温
　蔡温　さいおん　1682～1761　琉球の政治家、三司官　㊥那覇久米邑
蔡徴
　野際 白雪　のぎわ・はくせつ　1773～1849　江戸時代後期の画家

【在】

在〈名〉
　菱川 月山　ひしかわ・げつざん　1769～1816　徳川中期の儒者

〔源〕在子
　承明門院　しょうめいもんいん　1171～1257　後鳥羽天皇の後宮
在中
　原 在中　はら・ざいちゅう　1750～1837　画家　㊥京都
在中〈字〉
　新井 白石　あらい・はくせき　1657～1725　江戸時代中期の儒者、政治家、史学者、地理学者、言語学者　㊥江戸柳原
在五中将
　在原 業平　ありはらの・なりひら　825～880　平安時代前期の官史、歌人
在色
　野口 在色　のぐち・ざいしき　1643～1719　徳川中期の俳人　㊥遠州今泉在草崎村
在庵〈名〉
　有馬 凉及　ありま・りょうきゅう　1633～1701　徳川中期京都の医家　㊥京都
在衡
　藤原 在衡　ふじわらの・ありひら　891～969　平安時代の朝臣

【材】

材太郎〈通称〉
　伴 侗庵　ばん・とうあん　1806～1873　徳川末期の儒者　㊥近江彦根

【作】

作十郎〈通称〉
　天野 房義　あまの・ふさよし　文政頃の綴錦の名手
〔佐原〕作十郎
　三浦 義成　みうら・しげなり　家康の臣
作也〈通称〉
　高橋 正功　たかはし・まさこと　1824～1865　幕末の近江膳所藩士
作太夫
　信田 作太夫　しだ・さくだゆう　1829～1865　徳山藩士　㊥周防国徳山
〔信太〕作太夫
　信田 作太夫　しだ・さくだゆう　1829～1865　徳山藩士　㊥周防国徳山
作太夫包元（宗正）〈別称〉
　野明　やめい　俳人、芭蕉一門
〔倉舗屋〕作右衛門〈通称〉
　七五三 長斎　しめ・ちょうさい　1757～1824　徳川中期の俳人　㊥大阪
作右衛門（6代）
　高木 作太夫　たかぎ・さくだゆう　1672～1705　江戸時代前期の町役人
作右衛門（12代）
　高木 健三郎　たかぎ・けんざぶろう　1814～1848　江戸時代後期の町役人
作右衛門光任〈通称〉
　直江 木導　なおえ・もくどう　1666～1723　近江彦根の藩士
作左衛門〈通称〉
　高橋 景保　たかはし・かげやす　1785～1829　江戸中期の天文学者　㊥大坂

さく（昨，柞，策）　ささ（笹）　さつ（苴，薩）　ざつ（雑）

作左衛門〈通称〉
　高橋 作左衛門　たかはし・さくざえもん　1764～1804　徳川中期の天文学者　㊋大坂
作左衛門〈通称〉
　疋田 棟隆　ひきた・むねたか　1807～1884　幕末明治の国学者　㊋京都
作左衛門
　本多 重次　ほんだ・しげつぐ　1529～1596　戦国～織豊時代の武将
作次郎〈通称〉
　疋田 棟隆　ひきた・むねたか　1807～1884　幕末明治の国学者　㊋京都
〔板倉〕作次郎〈通称〉
　満月居 望暦　まんげつきょ・もちまろ　狂歌師
作兵衛
　安田 国継　やすだ・くにつぐ　明智光秀の臣
作兵衛
　筒井村 作兵衛　つついむら・さくべえ　1688～1732　江戸中期の義農　㊋伊予国伊予郡筒井村
作兵衛重利
　紀太 理兵衛(1代)　きた・りへえ　～1678　讃岐高松藩窯の陶工
作助
　加藤 作助(1代)　かとう・さくすけ　1808～1893　尾張赤津の陶工
作助（1代）
　加藤 作助(1代)　かとう・さくすけ　1808～1893　尾張赤津の陶工
作楽〈号〉
　坂上 忠介　さかがみ・ただすけ　1818～1890　幕末明治時代の漢学者　㊋長門国萩
作楽園〈号〉
　山田 清安　やまだ・きよやす　1794～1849　国学者　㊋鹿児島清水馬場
〔三木〕作蔵
　歌川 芳盛　うたがわ・よしもり　1830～1884　江戸末期の浮世絵師　㊋江戸

【昨】

昨日庵〈号〉
　仁井田 碓嶺　にいだ・たいれい　1781～1847　徳川中期の俳人　㊋上州坂本
昨非居士〈別号〉
　渡辺 崋山　わたなべ・かざん　1793～1841　南画家　㊋江戸
昨鳥〈号〉
　白雄　しらお　1738～1791　天明期の俳人　㊋江戸深川
昨夢斎〈号〉
　今井 宗久　いまい・そうきゅう　1520～1592　和泉堺の商人、茶人　㊋大和国今井荘

【柞】

柞良〈別号〉
　杜若　とじゃく　～1792　俳人、芭蕉一門　㊋伊賀上野
柞舎〈号〉
　千家 尊朝　せんげ・たかとも　1820～1840　徳川末期の歌人

【策】

策伝
　安楽庵 策伝　あんらくあん・さくでん　1554～1642　安土桃山―江戸初期の説教僧、茶人、文人　㊋美濃
〔深川〕策助
　高木 元右衛門　たかぎ・もとえもん　1833～1864　幕末の志士　㊋肥後菊池郡深川村
〔周良〕策彦
　策彦 周良　さくげん・しゅうりょう　1501～1579　戦国時代の禅僧（臨済宗）　㊋丹波
策翁〈号〉
　大森 宗勲　おおもり・そうくん　1568～1625　豊臣・徳川期の尺八の名人
策庵〈号〉
　浅井 周伯　あさい・しゅうはく　1643～1705　医家
策庵〈別号〉
　里村 昌叱　さとむら・しょうしつ　1533～1603　室町・織豊時代の連歌師　㊋京都

【笹】

〔歌沢〕笹丸
　笹本 金平　ささもと・きんぺい　1797～1857　歌沢の始祖　㊋江戸

【苴】

苴〈名〉
　桜井 石門　さくらい・せきもん　1748～1799　徳川中期出石藩の儒者

【薩】

薩摩太夫（1代）
　薩摩 浄雲　さつま・じょううん　1593～1672　元和―明暦時代の浄瑠璃太夫、伝江戸浄瑠璃の開祖
薩摩太夫（2代）
　薩摩太夫(2代)　さつまだゆう　～1690　江戸の浄瑠璃太夫
薩摩太夫次郎右衛門（2代）〈別名〉
　薩摩太夫(2代)　さつまだゆう　～1690　江戸の浄瑠璃太夫
薩摩少将
　島津 家久　しまず・いえひさ　1576～1638　安土桃山・江戸前期の大名、島津義弘の第3子
薩摩侍従
　島津 義弘　しまず・よしひろ　1535～1619　室町時代の武将
薩摩掾（1代）
　富士松 薩摩掾(1代)　ふじまつ・さつまのじょう　1686～1757　江戸時代中期の浄瑠璃太夫

【雑】

雑木堂〈号〉
　平松 旦海　ひらまつ・たんかい　1823～1901　幕末・明治の儒者　㊋岡山三番町
雑体吟社〈別号〉
　燕栗園 千穎　ささぐりえん・ちかい　1776～1837　狂歌師　㊋伊勢

号・別名辞典　古代・中世・近世　179

【三】

三八
嵐 三八　あらし・さんぱち　～1812　寛政期の実悪の俳優
三八（1代）
坂東 三八（1代）　ばんどう・さんぱち　～1770　江戸の歌舞伎俳優
三八（2代）
坂東 三八（2代）　ばんどう・さんぱち　江戸の歌舞伎俳優
〔嵐〕三八（2代）〈前名〉
大谷 友右衛門　おおたに・ともえもん　1793～1839　天保時代の大阪の歌舞伎俳優　[出]京都
三八（3代）
坂東 三津五郎（4代）　ばんどう・みつごろう　1800～1863　江戸の歌舞伎俳優　[出]江戸
三八（4代）
坂東 三八（4代）　ばんどう・さんぱち　～1846　江戸の歌舞伎俳優
三八（5代）
坂東 三八（5代）　ばんどう・さんぱち　江戸の歌舞伎俳優
三十六峰外史〈別号〉
頼 山陽　らい・さんよう　1772～1832　鴻儒　[出]大阪
〔太田〕三十郎〈初名〉
坂東 三八（1代）　ばんどう・さんぱち　～1770　江戸の歌舞伎俳優
〔八木〕三十郎〈前名〉
嵐 三十郎（1代）　あらし・さんじゅうろう　大阪の歌舞伎俳優、元禄期後半の和事の上手
三十郎（1代）
関 三十郎（1代）　せき・さんじゅうろう　1747～1808　歌舞伎俳優、関系祖
三十郎（1代）
嵐 三十郎（1代）　あらし・さんじゅうろう　大阪の歌舞伎俳優、元禄期後半の和事の上手
三十郎（2代）
関 三十郎（2代）　せき・さんじゅうろう　1786～1839　歌舞伎俳優
三十郎（2代）
嵐 三十郎（2代）　あらし・さんじゅうろう　大阪の歌舞伎俳優、元文—寛永時代の実事の雄鎮
三十郎（3代）
関 三十郎（3代）　せき・さんじゅうろう　1805～1870　歌舞伎俳優　[出]江戸
〔嵐〕三十郎（3代）
佐野川 花妻（3代）　さのかわ・はなずま　京阪の歌舞伎俳優
〔嵐〕三十郎（4代）〈前名〉
関 三十郎（1代）　せき・さんじゅうろう　1747～1808　歌舞伎俳優、関系祖
三十郎（6代）〈前名〉
嵐 雛助（4代）　あらし・ひなすけ　～1825　大阪の歌舞伎俳優、文政時代の立役
三十郎（7代）〈前名〉
嵐 雛助（5代）　あらし・ひなすけ　大阪の歌舞伎俳優、文政・天保時代の立役
三十郎（7代）
嵐 雛助（5代）　あらし・ひなすけ　大阪の歌舞伎俳優、文政・天保時代の立役
〔野村〕三千三
山城屋 和助　やましろや・わすけ　1836～1872　明治初期の御用商人　[出]長門玖珂郡和泉村
三千井
石田 三千井　いしだ・みちい　1845～1865　八幡隊兵、農民　[出]周防国都濃郡富田
三千代
県犬養橘 三千代　あがたいぬかいのたちばなの・みちよ　橘氏の祖、光明皇后の母
〔橘〕三千代
県犬養橘 三千代　あがたいぬかいのたちばなの・みちよ　橘氏の祖、光明皇后の母
〔県犬養〕三千代
県犬養橘 三千代　あがたいぬかいのたちばなの・みちよ　橘氏の祖、光明皇后の母
三千赤城〈号〉
黒田 桃民　くろだ・とうみん　1838～1895　幕末の医家にして志士　[出]上野新田郡生品村
三千風
大淀 三千風　おおよど・みちかぜ　1639～1707　徳川中期の俳人　[出]伊勢飯南郡射和村
三千蔵惟持
紀太 理兵衛（6代）　きた・りへえ　讃岐高松藩窯の陶工
三千蔵惟精
紀太 理兵衛（5代）　きた・りへえ　讃岐高松藩窯の陶工
〔杉廼屋〕三寸美
竹葉舎 杜若　ちくようしゃ・とじゃく　江戸時代後期の狂歌師
三山
谷 一斎　たに・いっさい　1624～1695　儒学者　[出]土佐
三中（1代）〈略称〉
都 金太夫三中　みやこ・かねだゆうさんちゅう　正徳—寛延時代の一中節浄瑠璃の太夫
三之
木瀬 三之　きせ・さんし　1606～1695　徳川初期の歌学者　[出]京都山科
三之介
桧山 三之介　ひやま・さんのすけ　1839～1865　幕末の水戸藩士　[出]常陸国
三之丞
今村 弥次兵衛（2代）　いまむら・やじべえ　陶工
三之助〈幼名〉
霞夫　かふ　～1784　天明期の俳人　[出]但馬出石
〔嵐〕三五〈初名〉
佐川 文蔵（2代）　さがわ・ぶんぞう　大阪の歌舞伎俳優
三五郎〈通称〉
寺田 宗有　てらだ・むねあり　1745～1825　近世後期の剣術家、天真伝一刀流の祖
三五郎
浅山 三五郎　あさやま・さんごろう　徳川初期の剣客にして浅山一伝流の祖　[出]伊賀
〔川澄〕三五郎〈通称〉
美笑軒 一水（美笑流別家2世）　びしょうけん・いっすい　徳川末期の華道師範、尾張藩士
三五郎（1代）

三五郎(1代)
嵐 三五郎(1代) あらし・さんごろう 1687～1739 京阪の歌舞伎俳優、享保元文時代の立役 ㊲京都岡崎村
三五郎(2代)
嵐 三五郎(2代) あらし・さんごろう 1732～1803 京阪の歌舞伎俳優、天明寛政時代の立役の名優
三五郎(3代)
嵐 三五郎(3代) あらし・さんごろう ～1836 京阪の歌舞伎俳優、文化文政時代の立役の上手
三五郎(4代)
嵐 三五郎(4代) あらし・さんごろう 1804～1837 京阪の歌舞伎俳優、天保時代の立役の花形
三五郎(5代)
嵐 三五郎(5代) あらし・さんごろう 1818～1860 京阪の歌舞伎俳優、弘化―安政時代の立役の功者
三五庵木算〈雅号〉
三浦 浄心 みうら・じょうしん 1565～1644 仮名草子作者 ㊲相模国三浦
三介
西郷 隆盛 さいごう・たかもり 1827～1877 明治維新の首勲、政治家 ㊲鹿児島
三六
幸塚 野鶴 こうづか・やかく 1824～1871 幕末―明治の俳人 ㊲越中高岡守山町
三円
樺山 資之 かばやま・すけゆき 薩摩藩士 ㊲鹿児島城下
三升
市川 団十郎(2代) いちかわ・だんじゅうろう 1688～1757 歌舞伎俳優、享保―宝暦時代の江戸劇壇を代表する立役の名優 ㊲江戸
三升鶴包〈初号〉
亀玉堂 亀玉 きぎょくどう・きぎょく 1779～1858 徳川末期の狂歌師
三友
益亭 三友 えきてい・さんゆう 徳川末期の戯作者 ㊲江戸
三友堂〈号〉
春木 煥光 はるき・あきみつ 1777～1843 徳川中期の本草家 ㊲伊勢
三太夫
坂本 三太夫 さかもと・さんだゆう ～1631 徳川初期の切支丹殉教者
三太夫〈通称〉
深江 簡斎 ふかえ・かんさい 1771～1848 徳川末期の儒者 ㊲肥前多久
三太夫直由〈別称〉
入楚 にゅうそ ～1775 享保時代の俳人
三太郎〈通称〉
早野 流水 はやの・りゅうすい 1778～1831 徳川中期大阪の儒者
三巴亭〈号〉
永寿堂 えいじゅどう 江戸の書肆、戯作者
三巴亭青〈別名〉
永寿堂 えいじゅどう 江戸の書肆、戯作者
三文舎自楽〈号〉
曲山人 きょくさんじん ～1836 人情本作者 ㊲江戸
三日民上人
了誉 聖冏 りょうよ・しょうげい 1341～1420 南北朝時代の僧侶（浄土宗）

三木亭〈号〉
里村 玄昱 さとむら・げんいく 徳川中期の連歌師
三丘
木梨 恒充 きなし・つねみつ ?～1855 江戸時代後期の画家
三去
明石屋 三去 あかしや・さんきょ 江戸時代後期の俳人
三右衛門
岡本 三右衛門 おかもと・さんえもん 1606～1685 江戸時代の渡来人 ㊲イタリー国シシリー島
三右衛門
加藤 三右衛門 かとう・さんえもん 尾張品野窯の中興祖
三右衛門〈別名〉
関 三十郎(1代) せき・さんじゅうろう 1747～1808 歌舞伎俳優、関系祖
三右衛門〈通称〉
原 念斎 はら・ねんさい 1774～1820 徳川中期の儒者
三右衛門〈通称〉
杉山 見心 すぎやま・けんしん 1750～1811 尾州藩の熱田奉行、側用人
三右衛門〈通称〉
百池 ひゃくち ～1835 天明期の俳人 ㊲京都
三右衛門〈前名〉
嵐 新平 あらし・しんぺい 大阪の歌舞伎俳優
三右衛門
木越 正光 きごし・まさみつ 1784～1845 江戸時代後期の鋳物師
〔丸小〕三右衛門〈初名〉
嵐 三右衛門(1代) あらし・さんえもん 1635～1690 大阪の歌舞伎俳優、延宝期の京阪劇壇を代表する立役の名優 ㊲摂州西の宮
〔市野屋〕三右衛門〈通称〉
市野 光彦 いちの・みつひこ 1765～1826 漢学者
〔西崎〕三右衛門〈本名〉
嵐 三右衛門(1代) あらし・さんえもん 1635～1690 大阪の歌舞伎俳優、延宝期の京阪劇壇を代表する立役の名優 ㊲摂州西の宮
〔石屋〕三右衛門〈通称〉
井上 市郎太夫 いのうえ・いちろだゆう 貞享・元禄時代の大阪の浄瑠璃太夫 ㊲泉州堺
〔大島〕三右衛門
西郷 隆盛 さいごう・たかもり 1827～1877 明治維新の首勲、政治家 ㊲鹿児島
〔平福屋〕三右衛門〈通称〉
井上 千山 いのうえ・せんざん ～1726 徳川中期の俳人、平福屋と号した豪商、姫路六人衆の1人
三右衛門(1代)
嵐 三右衛門(1代) あらし・さんえもん 1635～1690 大阪の歌舞伎俳優、延宝期の京阪劇壇を代表する立役の名優 ㊲摂州西の宮
〔叶〕三右衛門(1代)〈前名〉
嵐 小六(4代) あらし・ころく 1783～1826 大阪の歌舞伎俳優、文化文政時代の若女方の大立者
三右衛門(2代)
嵐 三右衛門(2代) あらし・さんえもん 1661～1701 大阪の歌舞伎俳優、元禄時代の立役の名優
〔叶〕三右衛門(2代)〈前名〉

さん（三）

嵐 かのふ（1代）　あらし・かのう　大阪の歌舞伎俳優、文化・文政時代の若女方の功者
三右衛門〈3代〉
　嵐 三右衛門（3代）　あらし・さんえもん　1697～1754　大阪の歌舞伎俳優、享保―延享時代の立役の名優　㊙大阪
三右衛門〈4代〉
　嵐 三右衛門（4代）　あらし・さんえもん　1732～1756　大阪の歌舞伎俳優、宝暦期の若女方
三右衛門〈5代〉〈別名〉
　嵐 小六（1代）　あらし・ころく　1710～1786　大阪の歌舞伎俳優、宝暦期の若女方の名優
三右衛門〈6代〉
　嵐 三右衛門（6代）　あらし・さんえもん　～1785　大阪の歌舞伎俳優、安永・天明時代の若女方
三右衛門〈7代〉
　嵐 三右衛門（7代）　あらし・さんえもん　大阪の歌舞伎俳優、明和―寛政時代の若女方の功者
三右衛門〈8代〉〈前名〉
　嵐 小六（4代）　あらし・ころく　1783～1826　大阪の歌舞伎俳優、文化文政時代の若女方の大立者
三右衛門〈9代〉〈前名〉
　嵐 かのふ（1代）　あらし・かのう　大阪の歌舞伎俳優、文化・文政時代の若女方の功者
三右衛門〈10代〉
　嵐 三右衛門（10代）　あらし・さんえもん　1805～1859　大阪の歌舞伎俳優、天保―安政時代の若女方の上手
三右衛門〈11代〉
　嵐 三右衛門（11代）　あらし・さんえもん　～1878　大阪の歌舞伎俳優、幕末・明治時代の若女方の立者
三右衛門重光
　加藤 三右衛門　かとう・さんえもん　尾張品野窯の中興祖
三四郎〈初名〉
　熊谷 五一　くまがい・ごいち　～1882　幕末の萩藩の用達人、のち神職　㊙長門阿武郡奈古村
三四郎
　久世 広当　くぜ・ひろまさ　1598～1660　江戸時代前期の武士
三四庵〈号〉
　雲裡　うんり　～1761　天明期の俳人　㊙尾張
三左衛門〈通称〉
　伊能 頴則　いのう・ひでのり　1805～1877　徳川末期・明治初期の国学者　㊙下総香取郡佐原村
三左衛門
　山崎 北華　やまさき・ほくか　1700～1746　徳川中期の俳人　㊙江戸
三左衛門
　猪飼 三枝　いがい・さんし　1692（元禄5）年頃の池坊流の門弟
〔羽柴〕三左衛門
　池田 輝政　いけだ・てるまさ　1564～1613　織豊時代の武将　㊙尾張清洲
三平
　斎藤 三平　さいとう・さんぺい　鉄山師　㊙陸奥国閉伊郡門村
三平
　緒方 洪庵　おがた・こうあん　1810～1863　幕末時代蘭医の泰斗　㊙備中足守
三平

美玉 三平　みたま・さんぺい　1822～1863　幕末の鹿児島藩士　㊙鹿児島
〔金井〕三平
　門田 候兵衛　かどた・そろべえ　宝暦・明和時代の歌舞伎狂言作者
三平重実〈通称〉
　萱泉 けんせん　～1702　俳人、芭蕉一門　㊙摂津の萱野郷
三田八〈初名〉
　坂東 三津五郎（3代）　ばんどう・みつごろう　1773～1831　江戸の歌舞伎俳優　㊙江戸
三田次
　志斐 三田次　しひの・みたすき　奈良時代の学者
三白
　恵美 三白　えみ・さんぱく　1707～1781　徳川中期の医家　㊙安芸広島
三光
　立川 三玉斎（1代）　たてかわ・さんぎょくさい　江戸時代後期の落語家
三卍屋〈号〉
　夜雪庵 金羅　やせつあん・きんら　1830～1894　俳人　㊙東京
〔佐藤〕三吉〈本姓名〉
　三遊亭 円橘　さんゆうてい・えんきつ　1838～1906　落語家
三吉（2代）〈初名〉
　嵐 三五郎（5代）　あらし・さんごろう　1818～1860　京阪の歌舞伎俳優、弘化―安政時代の立役の功者
三吉侍従〈通称〉
　織田 信秀　おだ・のぶひで　信長の六男、祖父信秀と同名
三次〈通称〉
　荒木 素白　あらき・そはく　1600～1685　徳川初期の書道家
〔西村〕三次〈前名〉
　尾形 幸蔵　おがた・こうぞう　安永―文化時代の江戸長唄うたいの上手
三舟〈別名〉
　谷 北渓　たに・ほっけい　1727～1797　徳川中期の国学者　㊙土佐国香美郡山田村
三岬子
　松の門 三岬子　まつのと・みさこ　1832～1914　歌人　㊙江戸下谷
三位〈別称〉
　允能　いんのう　室町時代の医僧
三位局
　三位局　さんみのつぼね　1497～1558　後奈良天皇の後宮
三位房〈別称〉
　日向　にっこう　1253～1314　日蓮門下6老僧の1人、身延山久遠寺の第2世　㊙上総茂原
〔猿若〕三作
　三国 彦作（2代）　みくに・ひこさく　江戸時代前期の歌舞伎役者
三伯
　稲村 三伯　いなむら・さんぱく　1758～1811　徳川末期の鳥取藩医、蘭学者　㊙因幡国鳥取川端三町
三兵衛
　金ケ江 三兵衛　かねがえ・さんべえ　1579～1653　肥前有田の磁祖（間接には日本磁器の創業者）
三助

さん（三）

松平 雪川　まつだいら・せっせん　1753〜1803
徳川中期の俳人　㊞江戸
三孝
徳亭 三孝　とくてい・さんこう　徳川中期の狂歌師、戯作者
三志
小谷 庄兵衛　おたに・しょうべえ　1765〜1841
徳川末期の富士講教主　㊞武蔵北足立郡鳩ケ谷
〔禄行〕三志
小谷 三志　こたに・さんし　1766〜1841　江戸時代後期の行者
三条天皇
三条天皇　さんじょうてんのう　976〜1017　第67代の天皇、冷泉天皇の皇子
三条院
三条天皇　さんじょうてんのう　976〜1017　第67代の天皇、冷泉天皇の皇子
三秀〈号〉
不遷法序　ふせんほうじょ　1311〜1381　南禅寺主、五山文学者　㊞相州
三角
奥田 三角　おくだ・さんかく　1702〜1783　徳川中期伊勢津藩の儒者　㊞伊勢櫛田
三谷〈号〉
平井 顕斎　ひらい・けんさい　1802〜1856　幕末の画家　㊞遠江榛原郡川崎町谷之口
三和
唐来 三和　とうらい・さんな　1744〜1810　徳川中期江戸の戯作者、狂歌師
三幸（1代）
嵐 三八　あらし・さんぱち　〜1812　寛政期の実悪の俳優
三幸（2代）
嵐 三幸(2代)　あらし・さんこう　京阪の歌舞伎俳優、天保—慶応時代の大阪浜芝居の大立者
三枝
猪飼 三枝　いがい・さんし　1692(元禄5)年頃の池坊流の門弟
三松
津川 義近　つがわ・よしちか　1542〜1600　秀吉の臣
三松の戸〈号〉
鳥山 啓　とりやま・ひらく　1837〜1914　理学者　㊞紀伊田辺
三東堂〈別号〉
笑雲 清三　しょううん・せいさん　室町時代の僧、五山文学者　㊞伊勢
三河大納言
徳川 家康　とくがわ・いえやす　1542〜1616　江戸幕府の初代将軍
三河少将
結城 秀康　ゆうき・ひでやす　1574〜1607　下総結城城主、晴朝の養子、実は家康の次男　㊞遠江敷智郡宇布見村
三法師
織田 秀信　おだ・ひでのぶ　1580〜1601　織豊時代の美濃国岐阜城主
三知〈本名〉
寺町 百庵　てらまち・ひゃくあん　1695〜1786
徳川中期の俳人　㊞江戸
三英

小関 三英　おぜき・さんえい　1787〜1839　徳川中・末期の蘭医家、蘭学者　㊞出羽庄内
三阿弥
真能　しんのう　1397〜1471　室町時代の画家　㊞京都
三陀羅法師
三陀羅法師　さんだらほうし　1731〜1814　狂歌師
三亭〈別号〉
炭 太祇　たん・たいぎ　1709〜1771　徳川中期の俳人　㊞江戸
三洲〈号〉
長 三洲　ちょう・さんしゅう　1833〜1895　漢学者、書家　㊞豊後(現・大分県)日田郡
三津人
松井 三津人　まつい・みつんど　徳川中期の俳人　㊞大阪
三津五郎（1代）
坂東 三津五郎(1代)　ばんどう・みつごろう　1745〜1782　江戸の歌舞伎俳優　㊞大阪
三津五郎（2代）
坂東 三津五郎(2代)　ばんどう・みつごろう　1741〜1829　江戸の歌舞伎俳優
三津五郎（2代）〈前名〉
嵐 三幸(2代)　あらし・さんこう　京阪の歌舞伎俳優、天保—慶応時代の大阪浜芝居の大立者
三津五郎（3代）
坂東 三津五郎(3代)　ばんどう・みつごろう　1773〜1831　江戸の歌舞伎俳優　㊞江戸
三津五郎（4代）
坂東 三津五郎(4代)　ばんどう・みつごろう　1800〜1863　江戸の歌舞伎俳優　㊞江戸
三津五郎（5代）
坂東 しうか(1代)　ばんどう・しゅうか　1813〜1855　江戸の歌舞伎俳優　㊞江戸
三津五郎（5代）
坂東 三津五郎(5代)　ばんどう・みつごろう　1811〜1855　歌舞伎俳優
三津右衛門
坂東 三津右衛門　ばんどう・みつえもん　〜1846　文化—天保時代の江戸に於る敵役の俳優　㊞江戸
三津右衛門〈別名〉
嵐 三八　あらし・さんぱち　〜1812　寛政期の実悪の俳優
三津右衛門（2代）〈前名〉
嵐 三幸(2代)　あらし・さんこう　京阪の歌舞伎俳優、天保—慶応時代の大阪浜芝居の大立者
三畏〈通称〉
高階 重信　たかはし・しげのぶ　1799〜1855　徳川末期の儒医　㊞陸前栗原郡二迫富村(富野村)
三省
新井 勝房　あらい・かつふさ　1793〜1846　徳川末期の画家
三省〈号〉
太田 保明　おおた・ほうめい　徳川中・末期の算者
三省軒〈別号〉
青木 鷺水　あおき・ろすい　1658〜1733　徳川中期の俳人　㊞京都
三省堂〈号〉
玉川 春菴　たまがわ・しゅんあん　水戸の医家
三省堂〈号〉

号・別名辞典　古代・中世・近世　183

笹原 如是観　ささはら・にょぜかん　～1832　徳川中期の国学者にして僧侶　[出]薩摩
三要
閑室 元佶　かんしつ・げんきつ　1544～1612　足利学校の中興者、禅僧（臨済宗）　[出]肥前小城郡晴気村
三郎
伊勢 義盛　いせの・よしもり　～1186　鎌倉時代の武人、源義経四天王の一人　[出]伊勢江村
三郎〈通称〉
大滝 光憲　おおたき・こうけん　1799～1862　江戸中・末期の数学者、国学者　[出]羽州庄内大山
三郎〈通称〉
大矢野 種村　おおやの・たねむら　鎌倉時代の元寇の偉勲者
三郎〈通称〉
沢 熊山　さわ・ゆうざん　徳川時代伊予の儒者
三郎
緒方 惟義　おがた・これよし　平安時代後期の武将
三郎
朝比奈 義秀　あさひな・よしひで　1176～?　鎌倉時代の武将
〔安田〕三郎
宍戸 璣　ししど・たまき　1829～1901　幕末の勤王家、明治時代の政治家
〔荻野〕三郎
梶原 景継　かじわら・かげつぐ　?～1221　鎌倉時代の武士
〔三島〕三郎
河野 顕三　こうの・けんぞう　1838～1862　明治維新時代の勤王家、所謂坂下事変の志士　[出]宇都宮在吉田村
〔新羅〕三郎
源 義光　みなもとの・よしみつ　～1127　平安後期の武将
〔竹田〕三郎
金春 豊氏　こんぱる・とようじ　?～1458　室町時代の能役者太鼓方
〔中島〕三郎
寺島 忠三郎　てらじま・ちゅうざぶろう　1843～1864　萩藩無給通士　[出]周防国熊毛郡原村
〔武田〕三郎
上杉 景虎　うえすぎ・かげとら　1553?～1579　織豊時代の武将
〔結崎〕三郎元清〈本名〉
世阿弥　ぜあみ　1363～1443　室町時代の能役者、謡曲作者
三郎右衛門〈通称〉
伊能 忠敬　いのう・ただたか　1745～1818　徳川中期の地理学者、測量家　[出]上総山武郡小関村
三郎右衛門
宇治屋 三郎右衛門　うじや・さぶろうえもん　尾張名古屋の古物商にして雅陶の作者
三郎右衛門
今井 三郎右衛門　いまい・さぶろうえもん　1819～1864　幕末の志士、但馬豊岡藩士　[出]但馬国豊岡
三郎右衛門
柘植 三郎左衛門尉　つげ・さぶろうざえもんのじょう　～1579　信長の臣、もと伊勢木造具康の老臣
三郎右衛門
平塚 三郎右衛門　ひらつか・さぶろうえもん　秀吉の臣
〔亀屋〕三郎右衛門〈通称〉
万年舎 亀丸　まんねんしゃ・かめまる　狂歌師
〔増田〕三郎右衛門
宇治屋 三郎右衛門　うじや・さぶろうえもん　尾張名古屋の古物商にして雅陶の作者
三郎右衛門光喜〈別称〉
桜井 蕉雨　さくらい・しょうう　1775～1829　徳川中期の俳人　[出]信州飯田本町
三郎右衛門長利〈通称〉
佐久間 柳居　さくま・りゅうきょ　1686～1748　徳川中期の俳人　[出]江戸
三郎右衛門尉直玄〈通称〉
永野 野紅　ながの・やこう　1660～1740　徳川中期の俳人　[出]豊後日田渡里
三郎左衛門〈通称〉
佐久間 柳居　さくま・りゅうきょ　1686～1748　徳川中期の俳人　[出]江戸
三郎左衛門〈通称〉
若林 友輔　わかばやし・ともすけ　1799～1867　仙台藩の漢学者
〔加賀屋〕三郎左衛門〈通称〉
小西 似春　こにし・じしゅん　徳川中期の俳人　[出]大阪
三郎左衛門尉〈別称〉
芦名 盛久　あしな・もりひさ　～1444　室町時代中期の武将、会津芦名盛政の子
三郎左衛門尉
柘植 三郎左衛門尉　つげ・さぶろうざえもんのじょう　～1579　信長の臣、もと伊勢木造具康の老臣
三郎左衛門尉〈別称〉
有井 庄司　ありい・しょうじ　吉野朝時代の勤王家、土佐幡多郡有川村の庄司
三郎兵衛〈通称〉
高岡 夢堂　たかおか・むどう　1817～1869　幕末の大垣藩士
三郎兵衛〈通称〉
佐野 紹益　さの・しょうえき　1607～1691　江戸初期の豪商　[出]京都
三郎兵衛〈通称〉
斜嶺　しゃれい　～1702　俳人、芭蕉一門
三郎兵衛〈通称〉
中川 宗瑞　なかがわ・そうずい　1685～1744　徳川中期の俳人　[出]江戸
三郎兵衛〈通称〉
入楚　にゅうそ　～1775　享保時代の俳人
三郎兵衛
平塚 三郎右衛門　ひらつか・さぶろうえもん　秀吉の臣
三郎兵衛〈通称〉
椋梨 一雪　むくなし・いっせつ　徳川初期の俳人　[出]京都
〔小柴〕三郎兵衛
小藤 平蔵　こふじ・へいぞう　1839～1866　幕末の志士　[出]筑前国福岡地行
三郎兵衛（1代）
竹本 三郎兵衛（1代）　たけもと・さぶろべえ　～1747　江戸時代の人形遣い、吉田系の祖
〔吉田〕三郎兵衛（1代）〈別名〉

竹本 三郎兵衛（1代） たけもと・さぶろべえ ～1747 江戸時代の人形遣い、吉田系の祖
〔竹本〕三郎兵衛（1代）
吉田 三郎兵衛（1代） よしだ・さぶろべえ ?～1747 江戸時代中期の人形浄瑠璃の人形遣い
三郎兵衛（2代）
吉田 文三郎（2代） よしだ・ぶんざぶろう 1732～1790 義太夫節の人形遣の名家 [出]大阪
三郎兵衛（3代）〈別名〉
吉田 文吾（3代） よしだ・ぶんご ～1827 義太夫節の人形遣の名家
三郎助〈初名〉
杵屋 六左衛門（8世） きねや・ろくざえもん 長唄演奏家
三郎助（1代）
杵屋 喜三郎（6代） きねや・きさぶろう ～1787 江戸長唄三絃の家元、杵屋本家
三郎助（1代）
杵屋 喜三郎（8代） きねや・きさぶろう ?～1787? 江戸時代中期の長唄三味線方
三郎助（2代）
杵屋 六左衛門（5代） きねや・ろくざえもん ～1819 江戸長唄の三絃、杵屋家元、杵屋別家9代
三郎助（2代）
杵屋 六左衛門（9代） きねや・ろくざえもん ?～1819 江戸時代後期の長唄三味線方
三郎助（3代）
杵屋 喜三郎（7代） きねや・きさぶろう 1785～1842 江戸長唄三絃の家元、杵屋本家
三郎助（3代）
杵屋 喜三郎（9代） きねや・きさぶろう ?～1842 江戸時代後期の長唄三味線方
三郎助（4代）
杵屋 六左衛門（6代） きねや・ろくざえもん 1800～1858 江戸長唄の三絃、杵屋家元、杵屋別家10代
三郎助（5代）
杵屋 勘五郎（3代） きねや・かんごろう 1815?～1877 江戸長唄三絃 [出]江戸
三哲
雨森 三哲 あめのもり・さんてつ 1667～1722 徳川中期の漢学者
三恵〈通称〉
三浦 浪兮女 みうら・ろうけいじょ 1838～1869 幕末明治初期の俳人 [出]陸前薄衣村
三益〈字〉
江左 尚白 こうさ・しょうはく 1650～1722 徳川中期の俳人 [出]近江大津
三益
須山 三益 すやま・さんえき 1810～1870 幕末の医家にして本草家
三益
武田 立斎 たけだ・りっさい 1736～1813 江戸時代中期～後期の儒者、医師
三笑
金井 三笑 かない・さんしょう 1731～1797 宝暦―寛政時代の江戸の歌舞伎狂言作者、金井の系祖 [出]江戸
三笑
福亭 三笑 ふくてい・さんしょう 文化文政頃の戯作者
〔富久亭〕三笑〈別号〉
福亭 三笑 ふくてい・さんしょう 文化文政頃の戯作者
三造
伊能 穎則 いのう・ひでのり 1805～1877 徳川末期・明治初期の国学者 [出]下総香取郡佐原村
三馬
式亭 三馬 しきてい・さんば 1776～1822 戯作者 [出]江戸
三崎策雲〈幼名〉
井上 因碩（5世） いのうえ・いんせき 1672～ 囲碁の家元 [出]越前
三斎〈号〉
佐竹 義祚 さたけ・よしとし 1819～1858 徳川中期の秋田の画家
三斎
細川 忠興 ほそかわ・ただおき 1563～1645 安土桃山・江戸前期の大名
三斛庵〈号〉
白井 鳥酔 しらい・ちょうすい 1701～1769 徳川中期の俳人 [出]上総埴生郡地引村
三渓
菊池 三渓 きくち・さんけい 1819～1891 幕末明治時代の漢学者 [出]紀伊
三眺庵〈号〉
松岡 青蘿 まつおか・せいら 1740～1791 徳川中期の俳人 [出]江戸
三菓〈別号〉
谷口 蕪村 たにぐち・ぶそん 1716～1783 天明期の俳人、南画家 [出]摂津国東成郡毛馬
三菓園〈号〉
江森 月居 えもり・げっきょ 1756～1824 徳川中期の俳人 [出]京都
三喜斎
田代 三喜斎 たしろ・さんきさい 足利氏家臣
三善〈名〉
鍋田 晶山 なべた・しょうざん 1788～1858 磐城平藩中老
三復〈号〉
佐藤 成充 さとう・しげみつ 1657～1708 徳川中期の儒者 [出]江戸
三愛舎〈別号〉
至清堂 捨魚 しせいどう・すてな 江戸の狂歌師
三楽〈通称〉
松根 図書 まつね・としょ 1820～1894 宇和島藩老臣
〔松応斎〕三楽
藤野 三楽 ふじの・さんらく 江戸時代後期の茶人、華道家
〔森〕三楊〈別称〉
松木 淡々 まつき・たんたん 1674～1761 徳川中期の俳人 [出]大阪西横堀
三猿斎
伊木 三猿斎 いき・さんえんさい 1818～1886 備前岡山藩の首席家老 [出]備前
三綱〈名〉
山崎 春樹 やまさき・はるき ～1831 徳川中期の俳人
三穂介
木村 善道 きむら・よしみち 1811～1865 幕末の尊攘運動家
〔難波〕三蔵

陸竹 小和泉太夫 むつたけ・こいずみだゆう
1711〜1748 元文―延享時代の義太夫節浄瑠璃太夫、陸竹座の座元
三蔵楼〈別号〉
芦辺 田鶴丸 あしべ・たずまる 1759〜1835 江戸末期の狂歌師 ㊥名古屋
三蝶〈俳名〉
民谷 十三郎（1代） たみや・じゅうざぶろう 〜1747 京阪の歌舞伎俳優
三遷号〈号〉
吉分 大魯 よしわけ・だいろ 〜1778 徳川中期の俳人 ㊥阿波徳島
三積
静岡 三積 しずま・さんせき 徳川末期の国学者 ㊥長州萩
三厳
柳生 三厳 やぎゅう・みつよし 1607〜1650 徳川初期の剣客
三嶺
美馬 君田 みま・くんでん 1812〜1874 幕末の志士
三藐院
近衛 信尹 このえ・のぶただ 1565〜1614 公卿
三藻
宮部 義正 みやべ・よしまさ 1729〜1792 江戸時代中期の歌人

【山】

山々亭有人〈別号〉
条野 採菊 じょうの・さいぎく 1832〜1902 戯作者、新聞記者 ㊥江戸日本橋
山人
志満 山人 しま・さんにん 画家、戯作者
山人
生駒 山人 いこま・さんじん 1712〜1752 徳川中期の漢学者 ㊥河内
山人
東里 山人 とうり・さんにん 1790〜1858 徳川中末期の江戸の戯作者
〔蓬莱〕山人（2代）
烏亭 焉馬（2世） うてい・えんば 1792〜1862 江戸末期の狂歌師 ㊥江戸
山八
藤川 山八 ふじかわ・さんぱち 1723〜1775 宝暦―安永時代の京都の歌舞伎狂言作者
山十郎〈別号〉
嵐 三十郎（1代） あらし・さんじゅうろう 大阪の歌舞伎俳優、元禄期後半の和事の上手
〔松本〕山十郎〈別号〉
佐野川 市松（2代） さのかわ・いちまつ 1747〜1785 江戸の歌舞伎俳優
山三郎
名古屋 山三郎 なごや・さんざぶろう 〜1603 安土・桃山時代の歌舞伎俳優
〔名越〕山三郎
名古屋 山三郎 なごや・さんざぶろう 〜1603 安土・桃山時代の歌舞伎俳優
山井〈号〉
浅香 久敬 あさか・ひさたか 1657〜1727 江戸前期の国学者 ㊥加賀

山月庵主人
瀬川 恒成 せがわ・つねなり 戯作者 ㊥京都
山木判官
平 兼隆 たいらの・かねたか 〜1180 平安時代伊豆の豪族
山奴
北見 山奴 きたみ・さんぬ 江戸時代中期〜後期の俳人
山左衛門（2代）
宝 山左衛門（2代） たから・さんざえもん 1835〜1910 長唄囃方
〔猿若〕山左衛門（4代）
六郷 新三郎（2代） ろくごう・しんざぶろう 1742〜1834 江戸長唄囃子方の名家、六郷家元
山本屋〈号〉
坂上 稲丸 さかのうえ・いねまる 1654〜1736 徳川中期の俳人 ㊥摂州池田
山民〈字〉
谷頭 有寿 たにず・ありとし 1820〜1881 明治時代の漢学者、旧豊前小倉藩士
山生亭花楽〈別号〉
三笑亭 可楽（1代） さんしょうてい・からく 1777〜1833 落語家戯作者 ㊥馬喰町
山田赤見皇女〈別名〉
春日山田皇女 かすがのやまだのこうじょ 安閑天皇の皇后
山吉
山吉 やまきち 室町〜桃山時代の鐔工
山旭亭主人
山旭亭 主人 さんきょくてい・しゅじん 徳川中期寛政年間の戯作者
〔中村〕山次〈前名〉
尾形 幸蔵 おがた・こうぞう 安永―文化時代の江戸長唄うたいの上手
山夋慧雲
山夋 慧雲 さんそう・えうん 1227〜1301 鎌倉時代の僧、東福寺主 ㊥武蔵飯沢
山君〈字〉
安西 雲煙 あんざい・うんえん 1806〜1852 徳川中期の書画商、画家
山李坊〈号〉
松岡 青蘿 まつおか・せいら 1740〜1791 徳川中期の俳人 ㊥江戸
〔奥原〕山甫
独笑庵 山甫 どくしょうあん・さんぽ ?〜1858 江戸時代後期の華道家
山花人〈初号〉
午心 ごしん 〜1817 化政期の俳人 ㊥相模小田原
山東庵〈別号〉
山東 京伝 さんとう・きょうでん 1761〜1816 戯作者 ㊥江戸深川木場
山南陳人〈号〉
陶 官鼠 すえ・かんそ 〜1803 徳川中期の俳人 ㊥伊豆田方郡三浦
山城（1代）
堀 浄栄 ほり・じょうえい 江戸時代初期の釜師、江戸堀家の祖
山城守〈通称〉
国重 くにしげ 江戸住の刀匠、明和年中の人
山海堂〈号〉

さん（杉，参，産，散）

風光　ふうこう　～1755　享保時代の俳人　㊨奥州白河城下
山海陳人〈別号〉
　武隈庵 双樹　たけくま あん・ふたき　～1843　江戸の狂歌師
山茶花逸人〈号〉
　神戸 友琴　かんべ・ゆうきん　1633～1706　徳川中期の俳人　㊨京都
山叟〈号〉
　山叟 慧雲　さんそう・えうん　1227～1301　鎌倉時代の僧、東福寺主　㊨武蔵飯沢
山素堂〈号〉
　山口 素堂　やまぐち・そどう　1642～1716　徳川初期の俳人　㊨甲州巨摩郡教来石村山口
山翁〈号〉
　高橋 東皐　たかはし・とうこう　1739～1820　徳川中期の俳人
山梁〈別号〉
　狩野 永岳　かのう・えいがく　1790～1867　徳川中期京狩野九代目の画家　㊨京都
山鳥
　岡 山鳥　おか・さんちょう　～1828　江戸中期の戯作者
〔丹前舎〕山鳥
　岡 山鳥　おか・さんちょう　～1828　江戸中期の戯作者
山鳥房〈号〉
　呂蛄　ろきゅう　化政期の俳人　㊨京都
山閑人交来〈号〉
　武田 交来　たけだ・こうらい　1819～1882　芝居茶屋、俳書家、戯作者
山陽
　山陽堂 山陽　さんようどう・さんよう　1763～1836　徳川中期の狂歌師
山陽
　頼 山陽　らい・さんよう　1772～1832　鴻儒　㊨大阪
〔山陽堂〕山陽
　芝の屋 山陽　しばのや・さんよう　？～1836？　江戸時代中期～後期の狂歌師
山雲子〈号〉
　坂内 直頼　さかうち・なおより　徳川初中期京都の国学者
山楽
　狩野 山楽　かのう・さんらく　1559～1635　画家、京狩野家の祖　㊨近江蒲生郡
山隠宗勺〈号〉
　佐久間 直勝　さくま・なおかつ　1570～1642　徳川初期の茶道家（織部流）
山樵〈号〉
　坂上 忠介　さかがみ・ただすけ　1818～1890　幕末明治時代の漢学者　㊨長門国萩
〔九霞〕山樵
　池 大雅　いけの・たいが　1723～1776　江戸中期の画家、日本南画大成者　㊨京都
山興〈号〉
　桜井 雪館　さくらい・せっかん　1715～1790　徳川中末期の画家　㊨常陸
山の井〈号〉
　相川 景見　あいかわ・かげみ　1811～1875　徳川末期・明治初期の国学者

【杉】

杉山検校
　杉山 和一　すぎやま・わいち　1610～1694　江戸時代前期の鍼医
杉夫〈号〉
　雲裡　うんり　～1761　天明期の俳人　㊨尾張
杉谷主人〈号〉
　蘭台　らんだい　～1793　化政期の俳人、越中井波瑞泉寺十四代住職誠心院従祐
杉廼舎〈号〉
　福島 親之　ふくしま・ちかゆき　1837～1882　明治初期の根付師
杉風
　杉山 杉風　すぎやま・さんぷう　1647～1732　徳川中期の俳人　㊨江戸小田原町
〔鯉屋〕杉風
　杉山 杉風　すぎやま・さんぷう　1647～1732　徳川中期の俳人　㊨江戸小田原町
杉尋
　久米田 杉尋　くめだ・さんじん　～1729　徳川中期の医家、俳人
杉暁〈俳名〉
　坂田 半五郎（1代）　さかた・はんごろう　1683～1735　江戸の歌舞伎俳優
杉蔵
　入江 弘毅　いりえ・ひろき　1838～1864　徳川末期の志士、長州藩士　㊨長門国萩土原村
杉蔵
　入江 九一　いりえ・くいち　1837～1864　幕末の武士

【参】

〔李〕参平
　金ケ江 三兵衛　かねがえ・さんべえ　1579～1653　肥前有田の磁祖（間接には日本磁器の創業者）
参議等
　源 等　みなもとの・ひとし　880～951　平安時代の歌人

【産】

産子〈俳名〉
　三保木 七太郎　みおき・しちたろう　～1766？　享保―宝暦時代の京阪の歌舞伎俳優

【散】

散人
　香以 散人　こうい・さんじん　～1870　徳川末期の狂歌師　㊨江戸
散木
　田中 世誠　たなか・つぐよし　1749～1816　江戸時代中期～後期の武士、儒者
散木
　文宝亭 文宝　ぶんぽうてい・ぶんぽう　1768～1829　江戸時代中期～後期の狂歌師
散史
　南橋 散史　なんきょう・さんし　1831～1887　狂詩家　㊨筑後吉井町

号・別名辞典　古代・中世・近世　187

さん（粲,算,賛,讃,纘）　ざん（残,暫）　し（士）

【粲】

粲
　小出 粲　こいで・つばら　1833〜1908　歌人 ㊤江戸
粲〈名〉
　信夫 恕軒　しのぶ・じょけん　1835〜1910　漢学者　㊤江戸藩邸
〔滕〕粲堂
　中田 粲堂　なかだ・さんどう　1771〜1832　江戸時代後期の儒者、篆刻家

【算】

算長
　津田 監物　つだ・けんもつ　?〜1568　戦国時代の砲術家
算哲
　安井 算哲　やすい・さんてつ　1639〜1715　江戸前・中期の暦学者、幕府の碁方安井算哲の子 ㊤京都
算哲
　安井 算哲　やすい・さんてつ　1590〜1652　碁客、徳川幕府の碁院四家の一たる安井家第1世
〔渋川〕算哲
　安井 算哲　やすい・さんてつ　1590〜1652　碁客、徳川幕府の碁院四家の一たる安井家第1世
算象〈別号〉
　斎藤 宜義　さいとう・ぎぎ　1816〜1889　幕末・明治時代の算家 ㊤江戸

【賛】

賛
　倭王 讃　わおう・さん　中国史料に見える5世紀前半の王者、倭の五王の最初の王
賛平〈幼名〉
　入田 披雲　いりた・ひうん　1826〜1907　幕末明治時代の漢学者　㊤豊後直入郡岡本村字挾田

【讃】

讃〈名〉
　原田 霞裳　はらだ・かしょう　1797〜1831　詩人 ㊤紀伊
讃
　倭王 讃　わおう・さん　中国史料に見える5世紀前半の王者、倭の五王の最初の王
讃岐律師
　頼源　らいげん　吉野朝時代の僧、山雲鰐淵寺の長吏

【纘】

纘
　佐久間 纘　さくま・さん　1819〜1896　幕末・明治時代の和算家　㊤磐城田村郡石森

【残】

残月亭〈号〉
　鈴木 清風　すずき・せいふう　徳川中期の俳人、羽州尾花沢の富商　㊤羽前国尾花沢
残月軒〈号〉
　鈴木 清風　すずき・せいふう　徳川中期の俳人、羽州尾花沢の富商　㊤羽前国尾花沢
残夢〈別号〉
　岸 竹堂　きし・ちくどう　1826〜1897　徳川末期・明治時代の画家
残夢
　高橋 残夢　たかはし・ざんむ　1775〜1851　徳川末期の歌人にして国語学者、桂門十哲の一人 ㊤京都室町頭柳原南町金竜水
残夢
　残夢　ざんむ　〜1576　室町時代の奇行僧
残露庵〈号〉
　常世田 長翠　つねよだ・ちょうすい　〜1813　徳川中期の俳人　㊤下総匝瑳郡木戸村

【暫】

暫休庵〈号〉
　斎藤 雁鵑　さいとう・がんおう　1664〜1725　旗本
暫酔〈俳号〉
　大谷 暫酔　おおたに・ざんすい　1626〜1681　徳川中期の俳人、東本願寺第13世宣如の第3子

【士】

士与〈字〉
　森 鷗村　もり・おうそん　1831〜1907　漢学者 ㊤栃木県下都賀郡藤岡町
士川
　松岡 士川　まつおか・しせん　徳川中期の俳人 ㊤摂津の灘
士文〈字〉
　加藤 巻阿　かとう・かんあ　〜1787　徳川中期の俳人　㊤江戸
士弘
　青葉 士弘　あおば・しこう　1693〜1772　徳川中期の漢学者
士由
　士由　しゆう　〜1850　化政期の俳人 ㊤羽前狼河原
士安
　鉄山 士安　てつさん・しあん　1246〜1336　鎌倉時代の僧
士攷〈字〉
　曽 占春　そ・せんしゅん　1758〜1834　江戸後期の本草学者 ㊤江戸
士考〈字〉
　曽 占春　そ・せんしゅん　1758〜1834　江戸後期の本草学者 ㊤江戸
士亨
　奥田 三角　おくだ・さんかく　1702〜1783　徳川中期伊勢津藩の儒者　㊤伊勢櫛田
士明〈字〉
　水原 梅屋　みずはら・ばいおく　1835〜1893　幕末・明治の漢学者 ㊤大阪
士長〈字〉
　荒木 元融　あらき・げんゆう　徳川中期の画家
士厚〈字〉

林 榴岡　はやし・りゅうこう　1681〜1758　幕府の儒官
士郎
井上 士朗　いのうえ・しろう　1742〜1812　江戸後期の俳人　㊞尾張国守山
士朗
井上 士朗　いのうえ・しろう　1742〜1812　江戸後期の俳人　㊞尾張国守山
〔河西〕士竜
川西 函洲　かわにし・かんしゅう　1801〜1842　江戸後期の儒学者　㊞三河
士斎〈号〉
岸本 調和　きしもと・ちょうわ　1638〜1715　徳川中期の俳人　㊞石州
士勤〈字〉
安東 守経　あんどう・もりつね　徳川中期明和頃の儒者　㊞筑後柳川
士雲
南山 士雲　なんざん・しうん　1254〜1335　京都東福寺（臨済宗）の禅僧　㊞遠江
士愛
唐崎 士愛　からさき・ことちか　1737〜1796　江戸後期の勤王家
士新
宇野 明霞　うの・めいか　1698〜1745　徳川中期の儒者　㊞京都
士雅
津田 東陽　つだ・とうよう　1702〜1754　江戸時代中期の儒者
士徳
浅井 奉政　あさい・ともまさ　1697〜1734　江戸時代中期の武士
士徳
田中 河内介　たなか・かわちのすけ　1815〜1862　幕末の尊攘運動家
士毅〈号〉
雨森 栗斎　あめのもり・りっさい　1784〜1842　江戸時代の篆刻家
士縄〈字〉
三国 大学　みくに・だいがく　1810〜1896　幕末・維新期の儒学者　㊞越前（福井県）三国
士曇
乾峯 士曇　けんぽう・しどん　1285〜1361　鎌倉後期・南北朝時代の禅僧（臨済宗）　㊞筑前国博多

【子】

子一〈字〉
長山 貫　ながやま・かん　江戸時代末期の西洋兵学などを研究した儒者
子元
無学 祖元　むがく・そげん　1225〜1286　鎌倉時代の臨済僧、円覚寺の開山　㊞宋明州
〔中臣栗原〕子公
栗原 子公　くりはらの・こきみ　奈良時代の官吏
子円〈字〉
佐藤 成知　さとう・なりとも　1763〜1834　徳川中末期の儒者　㊞仙台
子文〈字〉
佐久間 熊水　さくま・ゆうすい　1751〜1817　徳川中期の儒者　㊞陸奥守山
子文〈字〉
百池　ひゃくち　〜1835　天明期の俳人　㊞京都
子平〈字〉
新井 瀛洲　あらい・えいしゅう　1755〜1803　徳川中期の儒者
子正〈字〉
座田 維貞　さいだ・これさだ　1800〜1859　徳川末期の国学者　㊞美濃高須
子永〈字〉
斎藤 尚善　さいとう・しょうぜん　1826〜1862　徳川末期の数学者　㊞羽州山形
子玄
賀川 玄悦　かがわ・げんえつ　1700〜1777　江戸時代中期の医師
子玉
中島 米華　なかじま・べいか　1801〜1834　江戸時代後期の儒者
子由〈字〉
柏原 瓦全　かしわばら・がぜん　1744〜1825　徳川中期の俳人　㊞京都
子圭〈字〉
松本 顧言　まつもと・こげん　1817〜1881　幕末明治の俳人　㊞江戸
子存〈字〉
井上 南台　いのうえ・なんだい　1749〜1798　徳川中期の幕府の儒官　㊞常陸
子安〈字〉
渡辺 崋山　わたなべ・かざん　1793〜1841　南画家　㊞江戸
子成〈字〉
伊良子 大洲　いらこ・たいしゅう　1763〜1829　徳川中期の漢学者　㊞鳥取
子成〈字〉
荒 至重　あらし・しじゅう　1826〜1909　幕末・明治時代の数学者　㊞奥州相馬中村
子成〈字〉
今村 楽　いまむら・たのし　1765〜1810　徳川中期の国学者　㊞土佐
子成〈字〉
頼 山陽　らい・さんよう　1772〜1832　鴻儒　㊞大阪
子旭〈字〉
菅 甘谷　すが・かんこく　1690〜1764　江戸中期の儒学者　㊞江戸
子朴〈字〉
佐々 十竹　さっさ・じっちく　1640〜1698　徳川中期の儒者
子行〈字〉
丸山 株修　まるやま・もとのぶ　1793〜1866　書家、歌人　㊞備中小田郡笠岡町
子行〈字〉
鍋田 晶山　なべた・しょうざん　1788〜1858　磐城平藩中老
子秀〈字〉
足立 信頭　あだち・しんとう　1769〜1845　江戸末期の暦術家　㊞大阪
子良〈字〉
松本 順　まつもと・じゅん　1832〜1907　医家
子邦〈字〉
市野 光彦　いちの・みつひこ　1765〜1826　漢学者
子典〈字〉

し（子）

伊良子 大洲　いらこ・たいしゅう　1763〜1829　徳川中期の漢学者　㊐鳥取
子叔〈字〉
井上 蘭台　いのうえ・らんだい　1705〜1761　江戸中期の儒者　㊐江戸材木町
子和〈字〉
安東 節庵　あんどう・せつあん　1785〜1835　徳川中期の儒者　㊐筑後柳川
子和〈字〉
斎藤 中立　さいとう・ちゅうりつ　1743〜1804　徳川中期の算家　㊐三州吉田（豊橋）
子国〈字〉
梅価　ばいか　〜1843　化政期の俳人
子奇〈字〉
荒木田 麗　あらきだ・れい　1732〜1806　江戸時代の閨秀文学者
子実〈字〉
入江 北海　いりえ・ほっかい　1714〜1789　徳川中期の儒者　㊐出羽
〔左〕子岳
佐々木 魯庵　ささき・ろあん　1733〜1782　江戸時代中期の漢詩人
子斉〈字〉
伊能 忠敬　いのう・ただたか　1745〜1818　徳川中期の地理学者、測量家　㊐上総山武郡小関村
子昌〈字〉
高橋 景保　たかはし・かげやす　1785〜1829　江戸中期の天文学者　㊐大坂
子明〈字〉
高橋 梨一　たかはし・りいち　1714〜1783　徳川中期の俳人
子明〈字〉
佐久間 象山　さくま・しょうざん　1811〜1864　幕末の学者、開国論者　㊐信州松代
子牧〈字〉
安東 省庵　あんどう・せいあん　1622〜1701　徳川初期の柳川藩儒　㊐筑後
子英
岩本 子英　いわもと・しえい　?〜1715　江戸時代前期〜中期の俳人
〔山本〕子英
岩本 子英　いわもと・しえい　?〜1715　江戸時代前期〜中期の俳人
子迪〈字〉
佐久間 象山　さくま・しょうざん　1811〜1864　幕末の学者、開国論者　㊐信州松代
子信〈字〉
瀬下 敬忠　せしも・よしただ　1709〜1789　徳川中期の国学者
子信〈字〉
林 羅山　はやし・らざん　1583〜1657　徳川初期の幕府儒官　㊐京都
子則〈字〉
佐伯 子則　さえき・しそく　徳川中期の儒者
子春〈字〉
高橋 作左衛門　たかはし・さくざえもん　1764〜1804　徳川中期の天文学者　㊐大坂
子春
楠部 子春　くすべ・ししゅん　1760〜1820　中期の漢学者、書家
子栄

桜井 元茂　さくらい・もとしげ　徳川中期の歌人　㊐大和郡山
子盈〈字〉
荒木 呉江　あらき・ごこう　1729〜1793　江戸時代の書家
子約〈字〉
今村 文吾　いまむら・ぶんご　1808〜1864　幕末の志士　㊐大和添下郡安堵村
子勉〈字〉
井上 修　いのうえ・おさむ　1841〜1908　幕末の志士　㊐岡山
子哲〈字〉
雨森 三哲　あめのもり・さんてつ　1667〜1722　徳川中期の漢学者
子恭〈字〉
阿部 淡斎　あべ・たんさい　1813〜1880　徳川末期の儒者
子恵〈字〉
紀 梅亭　き・ばいてい　江戸時代の画家　㊐京都
子敏〈字〉
井上 杏庵　いのうえ・きょうあん　1820〜1860　徳川中期の小児科医　㊐仙台
子晋〈字〉
山口 素堂　やまぐち・そどう　1642〜1716　徳川初期の俳人　㊐甲州巨摩郡教来石村山口
子朗〈字〉
田口 柳所　たぐち・りゅうしょ　1839〜1892　幕末明治時代の漢詩人　㊐江戸
子竜〈字〉
今井 潜　いまい・ひそむ　1830〜1877　徳川末期の足利の儒者
子竜〈号〉
佐藤 正行　さとう・せいこう　1817〜1883　幕末・明治時代の算家、奥州津軽藩士　㊐弘前亀甲町
子竜〈号〉
滝川 有㐂　たきかわ・ゆうかい　1787〜1844　徳川中末期の和算家　㊐加賀金沢
子竜
平山 子竜　ひらやま・しりょう　1737〜1806　徳川中期の兵学家　㊐江戸
子華
稲垣 隆秀　いながき・たかひで　1723〜1797　江戸時代中期の儒者
子豹〈字〉
関 孝和　せき・たかかず　〜1708　江戸中期の和算家
子起〈字〉
大塩 平八郎　おおしお・へいはちろう　1792〜1837　天保乱の張本人　㊐大坂
子通〈字〉
太田 澄玄　おおた・ちょうげん　1721〜1795　徳川中期の本草学者、医家　㊐江戸
子啓
賀川 玄迪　かがわ・げんてき　1739〜1779　江戸時代中期の医師
子常〈字〉
新井 剛斎　あらい・ごうさい　1786〜1834　徳川末期の国学者　㊐仙台
子済〈字〉
天沼 恒庵　あまぬま・こうあん　1743〜1794　徳川中期の儒者　㊐江戸神田

190　号・別名辞典　古代・中世・近世

子渕〈字〉
鈴木 其一　すずき・きいち　1796〜1858　画家　[出]江戸
子章〈字〉
榊原 香山　さかきばら・こうざん　1730〜1797　徳川中期の儒者　[出]江戸
子善〈字〉
岡田 梅間　おかだ・ばいかん　1773〜1849　徳川中期の俳人、名古屋藩士　[出]尾張
子善〈字〉
丸山 株徳　まるやま・もとのり　1834〜1909　歌人　[出]備中小田郡笠岡町
子嵓〈字〉
佐久間 洞嵓　さくま・どうがん　1653〜1736　徳川中期の儒者また書画家　[出]仙台
子彭
石井 蠡　いしい・れい　1738〜1812　江戸時代中期〜後期の儒者
子揚〈字〉
石野 東陵　いしの・とうりょう　徳川中期林田藩の儒者　[出]播州太田村
子敬〈字〉
呉 師虔　ご・しけん　1672〜1743　琉球王朝時代の代表的花鳥画家
子敬〈字〉
新井 滄洲　あらい・そうしゅう　1714〜1792　徳川中期の儒者、仙台藩士
子敬〈字〉
竹田 定直　たけだ・さだなお　1661〜1745　徳川中期の儒家　[出]筑前福岡
子敬〈字〉
平松 正篤　ひらまつ・まさあつ　1815〜1848　徳川末期の伊勢津藩士
子温〈字〉
和田 正尹　わだ・まさただ　1685〜1739　徳川中期の国学者　[出]備前岡山
子琴
葛 蠹庵　かつ・とあん　1739〜1784　江戸時代中期の医師、漢詩人
子絢〈字〉
阪谷 朗盧　さかたに・ろうろ　1822〜1881　幕末明治の儒学者、漢詩人　[出]備中川上郡九名村
子葉〈号〉
大高 源吾　おおたか・げんご　1672〜1703　赤穂義士の一人
子象〈字〉
佐瀬 得所　させ・とくしょ　1823〜1878　幕末明治初期の書家　[出]会津
子道〈字〉
入江 寧　いりえ・ねい　〜1812　徳川中期の江戸の儒者
子順〈別号〉
浜野 政随　はまの・しょうずい　1696〜1769　江戸時代の彫金家
子園〈字〉
入江 南溟　いりえ・なんめい　1678〜1765　徳川中期の儒者、秋田の徂徠学の開祖　[出]武州
子新〈字〉
井上 富蔵　いのうえ・とみぞう　徳川中期の儒者
子遠〈字〉
入江 弘毅　いりえ・ひろき　1838〜1864　徳川末期の志士、長州藩士　[出]長門国萩土原村
子徳〈字〉
斎藤 竹堂　さいとう・ちくどう　1815〜1852　江戸時代末期の儒者　[出]陸奥国遠田郡沼辺村
子徳〈字〉
斎藤 鳴湍　さいとう・めいたん　1822〜1895　幕末・明治時代の漢学者　[出]仙台
子徳〈字〉
坂本 玄岡　さかもと・げんこう　1773〜1858　徳川中末期の儒者　[出]仙台
子漁〈字〉
三浦 一竿　みうら・いっかん　幕末・明治時代の漢学者・官吏
子精〈字〉
佐藤 解記　さとう・げき　1814〜1859　徳川末期の和算家　[出]越後小千谷
子隠〈字〉
高野 昌碩　たかの・しょうせき　1760〜1802　江戸後期の民政家　[出]常陸国久慈郡太田村
子静〈字〉
井上 静軒　いのうえ・せいけん　徳川中期の儒者　[出]但馬出石
子静〈字〉
飛鳥 圭洲　あすか・けいしゅう　〜1755　徳川中期の漢学者　[出]長崎
子鳳〈字〉
杉田 玄白　すぎた・げんぱく　1733〜1817　徳川中期の蘭学医　[出]江戸牛込矢来
子徹〈字〉
入江 若水　いりえ・じゃくすい　1671〜1729　徳川中期の詩人　[出]摂州富田
子範〈字〉
今井 兼規　いまい・かねのり　1717〜1776　徳川中期の佐倉藩の儒者
子彜〈字〉
平賀 源内　ひらが・げんない　1726〜1779　本草学者、戯作者　[出]讃岐志度浦
子憲〈字〉
安藤 箕山　あんどう・きざん　1738〜1781　徳川中期の漢学者　[出]因幡鳥取
子曇
西磵 子曇　さいかん・しどん　鎌倉時代に来日した宋（中国）の禅僧（臨済宗）　[出]浙江省
〔西澗〕子曇
西磵 子曇　さいかん・しどん　鎌倉時代に来日した宋（中国）の禅僧（臨済宗）　[出]浙江省
子樸
藤堂 高文　とうどう・たかふみ　1720〜1784　伊勢津藩藤堂氏の国老で漢学者
〔百川〕子興
栄松斎 長喜　えいしょうさい・ちょうき　徳川末期の浮世絵画家
子績〈字〉
高橋 東洋　たかはし・とうよう　1700〜1781　徳川中期の儒者　[出]陸中下閉伊郡宮古
子謙〈字〉
坂 秋斎　さか・しゅうさい　〜1785　徳川中期、京都の国学者
子曜

古川 古松軒　ふるかわ・こしょうけん　1726〜1807　江戸後期の地理学者　[出]備中国下道郡新本村
子簡〈字〉
佐久間 六所　さくま・ろくしょ　1792〜1863　徳川中期の画家
子観〈字〉
高橋 東皐　たかはし・とうこう　1739〜1820　徳川中期の俳人
子顕〈字〉
坂部 広胖　さかべ・こうはん　1759〜1824　徳川中期の和算家　[出]江戸
子顕〈字〉
桜井 舟山　さくらい・しゅうざん　1717〜1757　徳川中期出石藩の儒者
子鵬〈字〉
佐藤 魚渕　さとう・なぶち　1755〜1834　徳川中期の医家にして俳人　[出]信州長沼の穂保
子譲〈字〉
北条 霞亭　ほうじょう・かてい　1780〜1823　江戸後期の儒学者、伊勢林崎文庫の長　[出]志摩国的矢
子馨
羽倉 惟得　はぐら・これのり　1765〜1827　江戸時代中期〜後期の歌人
子鶴〈字〉
井部 香山　いべ・こうざん　1794〜1853　徳川中期の漢学者　[出]越後中頸城郡西島村

【巳】

巳千斎〈別号〉
鳥山 紫山　とりやま・しざん　幕末明治時代の華道師範（古今流の始祖）、細川流盆景の名手
〔竹田〕巳之助〈前名〉
坂東 三津五郎（1代）　ばんどう・みつごろう　1745〜1782　江戸の歌舞伎俳優　[出]大阪
巳之助（1代）
西川 扇蔵（3代）　にしかわ・せんぞう　〜1817　江戸の劇場振付師、舞踊西川流の家元　[出]江戸日本橋
巳之助（2代）
西川 扇蔵（5代）　にしかわ・せんぞう　〜1860　江戸の劇場振付師、舞踊西川流の家元

【之】

之元〈字〉
三宅 嘯山　みやけ・しょうざん　1718〜1801　儒医にして俳人　[出]京都
之平翁〈号〉
青木 春澄　あおき・はるすみ　1653〜1715　徳川中期の俳人　[出]京都
之白
根来 之白　ねごろ・しはく　1644〜1713　徳川中期の俳人　[出]摂州堺
之助
池田 元助　いけだ・もとすけ　1564〜1584　美濃大垣城主
之宗〈名〉
鴻池 善右衛門（2代）　こうのいけ・ぜんえもん　〜1696　大坂の豪商
之信
狩野 雅楽介　かのう・うたのすけ　1513〜1575　室町時代狩野派の画家
之浜〈号〉
安藤 抱琴　あんどう・ほうきん　1654〜1717　江戸中期の国学者　[出]丹波
〔曽〕之唯
曽谷 学川　そだに・がくせん　1738〜1797　江戸時代中期〜後期の篆刻家、漢詩人
之寅〈名〉
鈴木 素雪　すずき・そせつ　〜1736　徳川中期の書家　[出]佐渡夷町
之道〈号〉
槐本 之道　えもと・しどう　〜1711　徳川中期の俳人
之徳〈名〉
鈴木 四郎兵衛　すずき・しろべえ　1754〜1815　徳川中期の儒者にして公益家　[出]下野鹿沼町
之褧
石川 竹崖　いしかわ・ちくがい　1793〜1843　江戸後期の儒学者　[出]近江国膳所
〔石河〕之褧
石川 竹崖　いしかわ・ちくがい　1793〜1843　江戸後期の儒学者　[出]近江国膳所

【支】

支山
雲渓 支山　うんけい・しざん　1329〜1391　五山文学者にして相国寺主、別号は率性老人
支考
各務 支考　かがみ・しこう　1665〜1731　徳川中期の俳人　[出]美濃山県郡北野
支朗
井上 士朗　いのうえ・しろう　1742〜1812　江戸後期の俳人　[出]尾張国守山

【止】

止子山人〈号〉
田代 紫紅　たしろ・しこう　〜1731　徳川中期の俳人　[出]江戸
止水
田中 保親　たなか・やすちか　1674〜1739　江戸時代前期〜中期の剣術家
止白堂〈号〉
無外坊 燕説　むがいぼう・えんせつ　1671〜1743　徳川中期の俳人　[出]濃州大垣
止利
鞍作 鳥　くらつくりの・とり　飛鳥時代の仏師
止利仏師
鞍作 鳥　くらつくりの・とり　飛鳥時代の仏師

【氏】

氏一
古川 謙　ふるかわ・けん　1783〜1837　幕末の算家
氏平年〈名〉
淡島 椿岳　あわしま・ちんがく　1823〜1889　幕末明治の画家　[出]武蔵川越在小ケ谷村
氏弘
堀内 氏弘　ほりうち・うじひろ　藤堂高虎の家臣

氏安
　金春 氏安　こんぱる・うじやす　平安中期の能楽師
〔今春〕氏安
　金春 氏安　こんぱる・うじやす　平安中期の能楽師
氏利
　石野 氏利　いしの・うじとし　1621〜1693　徳川初期の武芸家にして離想流槍術の祖
氏忠
　佐野 氏忠　さの・うじただ　下野国佐野の城主
〔北条〕氏忠
　佐野 氏忠　さの・うじただ　下野国佐野の城主
〔太田〕氏房
　北条 氏房　ほうじょう・うじふさ　1565〜1592　織豊時代の武将
氏信
　今春 氏信　こんぱる・うじのぶ　1405〜　室町時代の猿楽家、金春流猿楽の祖
〔佐々木〕氏信
　京極 氏信　きょうごく・うじのぶ　1220〜1295　鎌倉時代の武将
氏美
　久世 氏美　くぜ・うじよし　1703〜1770　江戸中期の民政家
氏家
　勝木 氏家　かつき・うじいえ　加賀金沢の象嵌金工
氏真
　今川 氏真　いまがわ・うじざね　1538〜1614　戦国時代の武将
氏清
　古川 氏清　ふるかわ・うじきよ　1758〜1820　和算家
〔藤波〕氏経
　荒木田 氏経　あらきだ・うじつね　1402〜1487　室町時代の神職
氏郷
　蒲生 氏郷　がもう・うじさと　1556〜1595　安土・桃山時代の武将
氏善
　堀内 氏善　ほりうち・うじよし　1549〜1615　紀伊新宮城主、安房守　㊞紀伊
氏暁
　関口 氏暁　せきぐち・うじあき　1640〜1729　徳川初中期の柔術家
氏満
　足利 氏満　あしかが・うじみつ　1359〜1398　第2代関東管領、足利基氏の子
氏筠
　荒木田 氏筠　あらきだ・うじたけ　1717〜1751　徳川中期の伊勢神宮の祠官、漢学者　㊞山田
〔佐々木〕氏詮
　京極 氏詮　きょうごく・うじあき　?〜1362　南北朝時代の武将
氏端〈名〉
　大和田 気求　おおわた・ききゅう　〜1677　徳川初期の儒者、国学者
氏憲
　上杉 氏憲　うえすぎ・うじのり　〜1416　室町時代の武将
〔今川〕氏親妻
　寿桂尼　じゅけいに　?〜1568　今川氏親の妻
氏頼

佐々木 氏頼　ささき・うじより　1326〜1370　吉野朝時代の武人
〔六角〕氏頼
　佐々木 氏頼　ささき・うじより　1326〜1370　吉野朝時代の武人

【仕】

仕学斎〈号〉
　安東 守経　あんどう・もりつね　徳川中期明和頃の儒者　㊞筑後柳川

【司】

司書
　加藤 徳成　かとう・とくなり　1830〜1865　幕末の武士
司馬
　武田 司馬　たけだ・しば　1797〜1853　幕末の天文家　㊞仙台
司馬山人〈号〉
　曲山人　きょくさんじん　〜1836　人情本作者　㊞江戸
司馬山人〈号〉
　芝 晋交　しば・しんこう　戯作者
司馬全交〈別号〉
　芝 全交(1世)　しば・ぜんこう　1746〜1793　戯作者
司馬曳〈別号〉
　司馬 芝叟　しば・しばそう　天明ー文化時代の大阪の浄瑠璃作者、歌舞伎狂言作者、読本作者、講談師　㊞肥前長崎
〔鞍部〕司馬達等
　司馬 達等　しば・たっと　6世紀の渡来人
司晨楼主人〈号〉
　浪化　ろうか　1671〜1703　俳人、芭蕉一門、越中井波瑞泉寺住職　㊞京都

【史】

史邦
　中村 史邦　なかむら・ふみくに　徳川中期の俳人　㊞尾張犬山

【只】

只七〈通称〉
　伴 侗庵　ばん・とうあん　1806〜1873　徳川末期の儒者　㊞近江彦根
只七〈通称〉
　伴 東山　ばん・とうざん　1773〜1834　徳川中期の儒者
只八
　小笠原 只八　おがさわら・ただはち　1829〜1868　幕末・維新期の政治家　㊞土佐国高知江ノ口
只丸
　弄松閣 只丸　ろうしょうかく・しがん　1640〜1712　江戸時代前期〜中期の俳人

【四】

四九郎〈通称〉

鈴木 広川　すずき・こうせん　1780〜1838　徳川中末期の儒者　[出]上野佐波郡剛志村保泉
四十九軒〈号〉
山本 孟遠　やまもと・もうえん　1669〜1729　徳川中期の俳人　[出]江州彦根
四千翁〈別号〉
井原 西鶴　いはら・さいかく　1642〜1693　江戸初期の俳人また浮世草子作者　[出]大阪
四山
松平 四山　まつだいら・しざん　〜1854　徳川中期の俳人、出雲母里藩主
四山道人〈号〉
夏目 成美　なつめ・せいび　1749〜1816　徳川中期の俳人　[出]江戸
四方吉〈通称〉
斎藤 宜長　さいとう・ぎちょう　1784〜1844　徳川中・末期の算家　[出]上毛群馬郡板井村
四方赤良〈別号〉
大田 南畝　おおた・なんぽ　1749〜1823　江戸中期の狂歌師、戯作者　[出]江戸
四方郎〈別号〉
坂本 朱拙　さかもと・しゅせつ　徳川中期の俳人　[出]豊後日田
四方庵〈号〉
菅沼 游鷗　すがぬま・ゆうおう　〜1866　幕府の寄合衆で、のち西丸側衆
四方歌垣〈別号〉
鹿都部 真顔　しかつべの・まがお　1752〜1829　徳川中期の戯作者、狂歌師　[出]江戸
四辻宮
四辻宮　よつつじのみや　順徳天皇の第6皇子
四辻宮
善統親王　よしむねしんのう　1233〜1317　順徳天皇の第6皇子
四季山人〈別号〉
式亭 三馬　しきてい・さんば　1776〜1822　戯作者　[出]江戸
四明〈号〉
井上 四明　いのうえ・しめい　1730〜1819　江戸中期の儒者　[出]江戸
四明〈別号〉
谷口 蕪村　たにぐち・ぶそん　1716〜1783　天明期の俳人、南画家　[出]摂津国東成郡毛馬
四海〈号〉
大沢 赤城　おおさわ・せきじょう　徳川中期の国学者　[出]江戸
四郎
岡野 四郎　おかの・しろう　1843〜1875　幕末維新の志士、金沢藩士
四郎
山本 四郎　やまもと・しろう　1839〜1862　維新時代の志士
四郎
勝屋 四郎　かつや・しろう　徳川末期明治時代の礼法家
四郎
小藤 四郎　こふじ・しろう　1843〜1868　徳川末期の志士　[出]筑前早良郡鳥飼村
四郎
仁田 忠常　にった・ただつね　〜1203　鎌倉時代初期の武士
〔外亀〕四郎〈旧称〉
岡野 四郎　おかの・しろう　1843〜1875　幕末維新の志士、金沢藩士
〔児島〕四郎
相楽 総三　さがら・そうぞう　〜1868　維新佐幕党の志士、赤報隊長　[出]江戸
〔小泉〕四郎
筒井 定次　つつい・さだつぐ　1562〜1614　武将、キリシタン大名慈明寺順国の子　[出]大和国
〔村上〕四郎
相楽 総三　さがら・そうぞう　〜1868　維新佐幕党の志士、赤報隊長　[出]江戸
〔天草〕四郎
益田 時貞　ますだ・ときさだ　1620〜1638　江戸前期島原の乱の総大将
四郎二郎〈通称〉
安藤 永年　あんどう・えいねん　1778〜1832　徳川末期の画家
四郎三〈後名〉
桜山 四郎三郎（2代）　さくらやま・しろさぶろう　京阪の歌舞伎俳優
四郎三郎
本間 光丘　ほんま・みつおか　1733〜1801　江戸時代中期〜後期の豪商
四郎三郎（1代）
桜山 四郎三郎（1代）　さくらやま・しろさぶろう　〜1732　京阪の歌舞伎俳優
四郎三郎（2代）
桜山 四郎三郎（2代）　さくらやま・しろさぶろう　京阪の歌舞伎俳優
四郎五郎〈前名〉
助高屋 高助（2代）　すけたかや・たかすけ　1747〜1818　江戸の歌舞伎俳優
四郎五郎
民谷 四郎五郎　たみや・しろごろう　1685〜1745　正徳―寛保時代の京阪の歌舞伎俳優
四郎五郎
阿倍 正之　あべ・まさゆき　1584〜1651　江戸時代前期の武士
〔歌川〕四郎五郎〈前名〉
沢村 宗十郎（2代）　さわむら・そうじゅうろう　1713〜1770　歌舞伎俳優
〔沢村〕四郎五郎（1代）〈前名〉
助高屋 高助（2代）　すけたかや・たかすけ　1747〜1818　江戸の歌舞伎俳優
四郎五郎（2代）
沢村 四郎五郎（2代）　さわむら・しろごろう　〜1832　歌舞伎俳優
四郎太夫〈号〉
三輪 素覧　みわ・そらん　徳川中期の俳人　[出]名古屋
四郎太郎〈前名〉
榊山 小四郎（2代）　さかきやま・こしろう　1697〜1768　京都の歌舞伎俳優
〔山下〕四郎太郎〈別名〉
榊山 四郎太郎（4代）　さかきやま・しろたろう　京阪の歌舞伎俳優
四郎太郎（1代）
榊山 小四郎（2代）　さかきやま・こしろう　1697〜1768　京都の歌舞伎俳優
四郎太郎（2代）〈前名〉

榊山 小四郎（3代）　さかきやま・こしろう　1724〜1767　京都の歌舞伎俳優
四郎太郎（3代）〈前名〉
榊山 小四郎（4代）　さかきやま・こしろう　1740〜1768　京都の歌舞伎俳優
四郎太郎（4代）
榊山 四郎太郎（4代）　さかきやま・しろたろう　京阪の歌舞伎俳優
四郎太郎（5代）
榊山 四郎太郎（5代）　さかきやま・しろたろう　京阪の歌舞伎俳優
四郎左衛門
加藤 景正　かとう・かげまさ　1168〜1249　尾張瀬戸焼中興の祖　[出]大和
四郎左衛門〈通称〉
砂岡 雁宕　いさおか・がんとう　〜1773　徳川中期の俳人　[出]下総結城
四郎左衛門〈通称〉
飯島 吐月　いいじま・とげつ　1727〜1780　徳川中期の俳人　[出]駿河国島田
四郎左衛門〈別称〉
樋口 種実　ひぐち・たねざね　1794〜1864　徳川末期の国学者　[出]日向延岡中町
〔外峯〕四郎左衛門
津田 盛月　つだ・せいげつ　〜1593　信長の麾下
〔徳山〕四郎左衛門
板倉 勝静　いたくら・かつきよ　1823〜1889　幕末の老中、備中松山藩主　[出]備中松山
四郎左衛門景正
加藤 景正　かとう・かげまさ　1168〜1249　尾張瀬戸焼中興の祖　[出]大和
四郎次郎
幸 忠能　こう・ただよし　1507〜1580　戦国〜織豊時代の能役者小鼓方
四郎次郎（1代）
茶屋 四郎次郎（1代）　ちゃや・しろじろう　1542〜1596　初期の徳川家に仕へた貿易家
四郎次郎（2代）
茶屋 四郎次郎（2代）　ちゃや・しろじろう　〜1603　貿易家
四郎次郎（3代）
茶屋 四郎次郎（3代）　ちゃや・しろじろう　1584〜1622　貿易家
四郎次郎（4代）
茶屋 四郎次郎（4代）　ちゃや・しろじろう　〜1663　貿易家
四郎次郎（5代）
茶屋 四郎次郎（5代）　ちゃや・しろうじろう　貿易家
四郎兵衛〈通称〉
下郷 蝶羅　しもさと・ちょうら　1723〜1776　徳川中期の俳人　[出]尾張鳴海
四郎兵衛〈通称〉
三輪 素覧　みわ・そらん　徳川中期の俳人　[出]名古屋
四郎兵衛〈通称〉
土橋 友直　つちはし・ともなお　1685〜1730　江戸中期の教育運動家　[出]和泉国貝塚
四郎兵衛
鈴木 四郎兵衛　すずき・しろべえ　1754〜1815　徳川中期の儒者にして公益家　[出]下野鹿沼町
四郎兵衛
中村 歌七（2代）　なかむら・かしち　?〜1841　江戸時代後期の歌舞伎役者
四郎兵衛（5代）
後藤 四郎兵衛（5代）　ごとう・しろうべえ　1547〜1631　大判金並に目貫笄彫物御用後藤家　[出]京都
四郎時貞
益田 時貞　ますだ・ときさだ　1620〜1638　江戸前期島原の乱の総大将
四時庵〈号〉
慶 紀逸　けい・きいつ　1694〜1761　徳川中期の俳人　[出]江戸
四時庵〈号〉
広田 精知　ひろた・せいち　〜1886　幕末明治の俳人　[出]江戸
四梅廬〈号〉
河野 李由　こうの・りゆう　1662〜1705　徳川中期の俳人
四野人〈別号〉
坂本 朱拙　さかもと・しゅせつ　徳川中期の俳人　[出]豊後日田
四野狂夫〈別号〉
坂本 朱拙　さかもと・しゅせつ　徳川中期の俳人　[出]豊後日田
四楽庵〈別号〉
堀 麦水　ほり・ばくすい　1718〜1783　徳川中期の俳人　[出]加賀金沢

【市】

市
小谷方　おだにのかた　1547〜1583　織田信長の妹、柴田勝家の妻　[出]尾張
市九〈通称〉
十返舎 一九　じっぺんしゃ・いっく　1765〜1831　戯作者　[出]駿府
市二三
高麗井 市二三　こまい・いちにさん　江戸時代後期の戯作者
市十郎〈前名〉
佐々木 幸八（2代）　ささき・こうはち　常磐津浄瑠璃の三絃方
〔染川〕市十郎〈初名〉
沢村 宗十郎（遙波宗十郎）　さわむら・そうじゅうろう　〜1748　歌舞伎俳優　[出]京都
市上人
空也　くうや　900?〜970?　市聖（若しくは市上人、阿弥陀聖）と呼ばれた踊念仏の開祖　[出]京都
市中庵〈別号〉
今井 柳荘　いまい・りゅうそう　1751〜1811　徳川中期の俳人　[出]里信濃
市中庵（2世）〈号〉
如髪　じょはつ　〜1829　幕末期の俳人
市之丞〈名〉
贄 正寿　にえ・まさとし　1741〜1795　江戸中・後期の幕臣
市之丞（1代）〈後名〉
吾妻 藤蔵（5代）　あずま・とうぞう　1821〜1862　江戸の歌舞伎俳優、幕末時代の若女方の達者
市之進〈通称〉

し（市）

安東 省庵　あんどう・せいあん　1622～1701　徳川初期の柳川藩儒　⑰筑後
市之進〈通称〉
　桂五　けいご　～1812　化政期の俳人　⑰名古屋
市之進〈諱〉
　原 市之進　はら・いちのしん　1830～1867　幕末の水戸藩士、将軍徳川慶喜の謀臣　⑰常陸国
〔太田〕市之進
　御堀 耕助　みほり・こうすけ　1841～1871　幕末の山口藩士　⑰萩城下椿村
市太夫
　椎原 市太夫　しいはら・いちだゆう　江戸時代前期の蒔絵師
市太郎
　坂田 市太郎　さかた・いちたろう　享保―寛延時代の歌舞伎俳優
市太郎〈初名〉
　嵐 璃珏（2代）　あらし・りかく　1812～1864　大阪の歌舞伎俳優、弘化―文久時代の立役の名優　⑰大阪
市右衛門
　市右衛門　いちえもん　～1624　徳川初期の切支丹宗徒
市右衛門
　安井 道頓　やすい・どうとん　1533～1615　織豊～江戸時代前期の町人
市右衛門
　久貝 正勝　くがい・まさかつ　？～1587　戦国～織豊時代の武将
市四郎
　寺尾 市四郎　てらお・いちしろう　1807～1878　尾張瀬戸の陶工　⑰春日井郡大森村
市左衛門
　下郷 常和　しもさと・じょうわ　1715～1785　徳川中期の俳人　⑰尾張鳴海
市左衛門〈通称〉
　斎藤 市左衛門（9代）　さいとう・いちざえもん　1804～1878　『江戸名所図会』編著者　⑰江戸神田雉子町
市左衛門
　式見 市左衛門　しきみ・いちざえもん　江戸前期のキリシタン
市左衛門
　原田 利重　はらだ・とししげ　江戸時代前期～中期の剣術家
市左衛門〈7代〉
　斎藤 市左衛門（7代）　さいとう・いちざえもん　1737～1799　『江戸名所図会』編著者、徳川中期の国学者
市左衛門〈8代〉
　斎藤 市左衛門（8代）　さいとう・いちざえもん　1772～1818　『江戸名所図会』編著者
市左衛門〈9代〉
　斎藤 市左衛門（9代）　さいとう・いちざえもん　1804～1878　『江戸名所図会』編著者　⑰江戸神田雉子町
市兵衛〈通称〉
　安藤 有益　あんどう・ゆうえき　1624～1708　江戸初期の数学者、経済家　⑰出羽
市兵衛〈通称〉

貝増 卓袋　かいます・たくたい　1659～1706　徳川中期の俳人　⑰伊賀上野
市兵衛〈通称〉
　高野 百里　たかの・ひゃくり　1666～1727　俳人、魚問屋
市兵衛〈通称〉
　杉山 杉風　すぎやま・さんぷう　1647～1732　徳川中期の俳人　⑰江戸小田原町
市兵衛
　野々口 立圃　ののぐち・りゅうほ　1595～1669　徳川初期の俳人　⑰丹波保津
〔住吉屋〕市兵衛〈通称〉
　佐々木 泉明　ささき・せんめい　1716～1793　徳川中期の俳人　⑰浪華
〔大関〕市兵衛〈本名〉
　中村 歌右衛門（3代）　なかむら・うたえもん　1778～1836　京阪の歌舞伎俳優
〔大文字屋〕市兵衛
　今井 似閑　いまい・じかん　1657～1723　徳川初期の国学者　⑰京都
〔土屋〕市兵衛〈通称〉
　足羽 川浪　あすは・かわなみ　～1832　江戸中期の狂歌師　⑰越前福井
市弥（3代）
　袖島 源次　そでしま・げんじ　江戸時代前期～中期の歌舞伎役者
市松（1代）
　佐野川 市松（1代）　さのかわ・いちまつ　1722～1762　江戸の歌舞伎俳優　⑰山城国伏見
市松（2代）
　佐野川 市松（2代）　さのかわ・いちまつ　1747～1785　江戸の歌舞伎俳優
〔佐野川〕市松（3代）
　市川 荒五郎（1代）　いちかわ・あらごろう　1759～1813　歌舞伎俳優、寛政―文化時代の立役の達者
市郎
　仙田 市郎　せんだ・いちろう　1821～1864　維新時代福岡藩勤王家
市郎八〈通称〉
　田中 五竹坊　たなか・ごちくぼう　1700～1780　徳川中期の俳人　⑰美濃国北方
市郎太夫
　井上 市郎太夫　いのうえ・いちろだゆう　貞享・元禄時代の大阪の浄瑠璃太夫　⑰泉州堺
市郎右衛門〈通称〉
　和田 後川　わだ・ごせん　～1799　徳川中期の俳人　⑰加州金沢
〔江島屋〕市郎右衛門〈通称〉
　江島 其磧　えじま・きせき　1667～1735　浮世草子作者
〔藤屋〕市郎右衛門〈通称〉
　沢 露川　さわ・ろせん　1661～1743　徳川中期の俳人　⑰伊賀国山田郡友生村
市郎左衛門〈通称〉
　安藤 真鉄　あんどう・まがね　1753～1827　神道禊教教祖井上正鉄の父　⑰江戸
市郎左衛門重賢〈本名〉
　荒巻 助然　あらまき・じょぜん　～1737　徳川中期の俳人　⑰筑前内野
市郎平

横井 也有　よこい・やゆう　1702〜1783　徳川中期の俳人　[出]尾張
〔奈良屋〕市郎兵衛〈通称〉
松木 竿秋　まつき・かんしゅう　1685〜1772　徳川中期の俳人　[出]江戸
市郎兵衛（**1**代）〈前名〉
井上 播磨掾　いのうえ・はりまのじょう　1632?〜1685?　明暦—延宝時代の京阪の浄瑠璃太夫、播磨節の流祖　[出]京都
市陽軒捕風〈号〉
桜井 一右衛門　さくらい・かずえもん　1785〜1856　徳川末期の経世家　[出]対馬厳原
市暄堂〈号〉
野口 在色　のぐち・ざいしき　1643〜1719　徳川中期の俳人　[出]遠州今泉在草崎村
市聖
空也　くうや　900?〜970?　市聖（若しくは市上人、阿弥陀聖）と呼ばれた踊念仏の開祖　[出]京都
市隠
市隠　しいん　〜1722　俳人、貞徳系　[出]伊賀上野
市隠詩社〈別号〉
安達 清河　あだち・せいか　1726〜1792　徳川中期の儒者　[出]下野鳥山
〔岸沢〕市蔵〈前名〉
佐々木 市蔵（2代）　ささき・いちぞう　1798〜1861　常磐津浄瑠璃三絃
〔土井〕市蔵〈別名〉
菰山　こざん　伊勢の陶工
市蔵（**1**代）
佐々木 市蔵（1代）　ささき・いちぞう　〜1768　常磐津浄瑠璃三絃
市蔵（**1**代）
市川 鰕十郎（1代）　いちかわ・えびじゅうろう　1777〜1827　歌舞伎俳優、文化・文政時代の実悪の名優
市蔵（**2**代）
佐々木 市蔵（2代）　ささき・いちぞう　1798〜1861　常磐津浄瑠璃三絃
市蔵（**2**代）
市川 鰕十郎（2代）　いちかわ・えびじゅうろう　1806〜1829　歌舞伎俳優、文政時代の実悪の花形

【此】

〔竹本〕此太夫
豊竹 此太夫（2代）　とよたけ・このだゆう　1726〜1769　義太夫節の浄瑠璃太夫　[出]大阪堂島
此太夫（**1**代）
豊竹 筑前少掾　とよたけ・ちくぜんのしょうじょう　1700〜1768　義太夫節の名手
此太夫（**2**代）
豊竹 此太夫（2代）　とよたけ・このだゆう　1726〜1769　義太夫節の浄瑠璃太夫　[出]大阪堂島
此君庵〈号〉
生駒 万子　いこま・まんし　1654〜1719　徳川中期の俳人、加賀金沢の藩士
此筋
宮崎 此筋　みやざき・しきん　徳川中期の俳人、美濃大垣の藩士

【矢】

矢之助
土屋 蕭海　つちや・しょうかい　1829〜1864　幕末の長州藩士　[出]萩
矢之助
土屋 蕭海　つちや・しょうかい　1829〜1864　幕末の長州藩士　[出]萩
矢太夫〈通称〉
白井 矢太夫　しらい・やだいふ　1753〜1812　江戸後期の文人、藩政家
矢筈岳
中津 彦太郎　なかつ・ひこたろう　1835〜1864　幕末の志士　[出]肥後菊池郡水次村

【旨】

旨明
石庵 旨明　せきあん・しみょう　鎌倉時代の僧
旨原
小栗 旨原　おぐり・しげん　1725〜1778　徳川中期の俳人　[出]江戸
旨恕
片岡 旨恕　かたおか・しじょ　徳川中期の俳人

【糸】

糸白〈別号〉
寺崎 紫白女　てらさき・しはくじょ　徳川中期の俳人　[出]肥前田代
糸道
布留 糸道　ふるの・いとみち　〜1792　狂歌師、江戸三味線の名手

【至】

至孝
無徳 至孝　むとく・しこう　1284〜1363　鎌倉〜南北朝時代の僧
至重
荒 至重　あらし・しじゅう　1826〜1909　幕末・明治時代の数学者　[出]奥州相馬中村
至時〈名〉
高橋 作左衛門　たかはし・さくざえもん　1764〜1804　徳川中期の天文学者　[出]大坂
至翁〈別号〉
世阿弥　ぜあみ　1363〜1443　室町時代の能役者、謡曲作者
至道
東洲 至道　とうしゅう・しどう　鎌倉時代の僧
至誠
本間 精一郎　ほんま・せいいちろう　1834〜1862　幕末の尊攘運動家

【志】

志玄
無極 志玄　むごく・しげん　1282〜1359　五山文学者、天竜寺2世　[出]京都
志由〈号〉
士由　しゆう　〜1850　化政期の俳人　[出]羽前狼河原

し（芝, 始, 姉, 枝）

志知
　小林 志知　こばやし・しち　1649～1711　豊後杵築の儒綾部道弘の妻、綾部綱斎の母
〔綾部〕志知
　小林 志知　こばやし・しち　1649～1711　豊後杵築の儒綾部道弘の妻、綾部綱斎の母
志津磨
　佐々木 志津磨　ささき・しずま　1619～1695　徳川初期の書家　㊞京都賀茂
志賀僧正
　明尊　みょうそん　971～1063　天台座主
志賀漢人慧隠
　慧隠　えおん　遣隋使小野妹子に従って留学した学問僧
志道
　山口 志道　やまぐち・しどう　徳川時代の国学者　㊞安房
〔覚山〕志道
　覚山尼　かくさんに　1252～1306　鎌倉時代の尼僧
〔杉庵〕志道
　山口 志道　やまぐち・しどう　徳川時代の国学者　㊞安房
志道軒
　深井 志道軒　ふかい・しどうけん　1682～1765　江戸中期の講釈師
志摩守宗玄
　松平 四山　まつだいら・しざん　～1854　徳川中期の俳人、出雲母里藩主
志摩守直興
　松平 四山　まつだいら・しざん　～1854　徳川中期の俳人、出雲母里藩主
志蔵〈通称〉
　杉坂 百明　すぎさか・ひゃくめい　～1784　徳川中期の俳人　㊞上総東金
志頭磨
　佐々木 志津磨　ささき・しずま　1619～1695　徳川初期の書家　㊞京都賀茂

【芝】

〔中村〕芝三郎〈初名〉
　坂東 寿太郎(3代)　ばんどう・じゅうたろう　1843～1873　大阪の歌舞伎俳優
芝山
　斎藤 芝山　さいとう・しざん　1743～1808　徳川中期熊本藩の儒者
芝山
　陳 元贇　ちん・げんぴん　1586～1671　徳川初期の陶工、渡来明人
芝助
　金沢 芝助　かなざわ・しばすけ　1778～1828　文化・文政時代の大阪の歌舞伎狂言作者
芝金(1代)
　哥沢 芝金(1代)　うたざわ・しばきん　1828～1874　江戸時代俗曲家元
芝柏
　根来 之白　ねごろ・しはく　1644～1713　徳川中期の俳人　㊞摂州堺
芝洛

芝金沢 吾輔　かなざわ・ごすけ　文政・天保時代の大阪の歌舞伎狂言作者
芝叟
　司馬 芝叟　しば・しばそう　天明―文化時代の大阪の浄瑠璃作者、歌舞伎狂言作者、読本作者、講談師　㊞肥前長崎
〔芝屋〕芝叟〈別号〉
　司馬 芝叟　しば・しばそう　天明―文化時代の大阪の浄瑠璃作者、歌舞伎狂言作者、読本作者、講談師　㊞肥前長崎
芝楽
　玉村 芝楽　たまむら・しらく　天保―安政時代の大阪に於ける歌舞伎囃子方の長唄、ぶんごの名手
〔中村〕芝楽〈別名〉
　玉村 芝楽　たまむら・しらく　天保―安政時代の大阪に於ける歌舞伎囃子方の長唄、ぶんごの名手
〔柳屋〕芝源助〈通称〉
　大薩摩 主膳太夫(1代)　おおざつま・しゅぜんだゆう　～1759　享保―宝暦時代の浄瑠璃太夫、大薩摩節の流祖　㊞水戸
芝翫(1代)〈別名〉
　中村 歌右衛門(3代)　なかむら・うたえもん　1778～1836　京阪の歌舞伎俳優
芝翫(2代)
　中村 歌右衛門(4代)　なかむら・うたえもん　1796～1852　京阪の歌舞伎俳優　㊞江戸
芝翫(3代)
　中村 芝翫(3代)　なかむら・しかん　1810～1847　歌舞伎俳優　㊞江戸
芝翫(4代)
　中村 芝翫(4代)　なかむら・しかん　1830～1899　歌舞伎俳優　㊞大阪
〔中村〕芝蔵(2代)〈前名〉
　坂東 寿太郎(3代)　ばんどう・じゅうたろう　1843～1873　大阪の歌舞伎俳優
芝蘭〈号〉
　大島 喜侍　おおしま・きじ　～1733　徳川中期の数学暦家　㊞大阪
〔中村〕芝鶴(1代)〈後名〉
　吾妻 藤蔵(4代)　あずま・とうぞう　～1843　江戸の歌舞伎俳優、化政期の若女方の老巧

【始】

始取天下之天皇
　神武天皇　じんむてんのう　第1代の天皇

【姉】

姉小路局
　姉小路局　あねのこうじのつぼね　～1880　幕末期の江戸城大奥の上﨟年寄　㊞京都

【枝】

枝直
　加藤 枝直　かとう・えなお　1692～1785　徳川中期の歌人　㊞伊勢松坂
〔橘〕枝直
　加藤 枝直　かとう・えなお　1692～1785　徳川中期の歌人　㊞伊勢松坂

枝彦
佐藤 枝彦　さとう・しげひこ　1791〜1853　徳川中期末期の歌人　[出]佐渡赤泊

【咫】

咫尺〈通称〉
大場 寥和　おおば・りょうわ　1677〜1759　徳川中期の俳人　[出]江戸
咫尺斎〈号〉
大場 寥和　おおば・りょうわ　1677〜1759　徳川中期の俳人　[出]江戸

【思】

思円〈字〉
叡尊　えいそん　1201〜1290　鎌倉時代の僧、真言律宗中興の祖　[出]大和添上郡
思甫〈字〉
石川 安亭　いしかわ・あんてい　1772〜1801　江戸後期の儒者
思格〈字〉
新井 玩三　あらい・がんぞう　1823〜1905　幕末・明治時代の数学者　[出]下総印旛郡大森町亀成
思斎
成田 重兵衛　なりた・じゅうべえ　江戸時代後期の養蚕家
思順
天祐 思順　てんゆう・しじゅん　鎌倉時代の僧
思誠〈字〉
安島 帯刀　あじま・たてわき　1812〜1859　幕末の志士、水戸藩士

【指】

指雪斎〈号〉
里村 昌休　さとむら・しょうきゅう　1511〜1552　室町時代の連歌師

【施】

施基皇子
施基皇子　しきのおうじ　〜716　歌人、天智天皇の皇子

【柿】

柿右衛門
酒井田 柿右衛門　さかいだ・かきえもん　1596〜1666　江戸前期の陶工　[出]肥前国有田
柿右衛門(1代)
酒井田 柿右衛門　さかいだ・かきえもん　1596〜1666　江戸前期の陶工　[出]肥前国有田
柿壺〈号〉
七五三 長斎　しめ・ちょうさい　1757〜1824　徳川中期の俳人　[出]大阪
柿園〈号〉
吉川 楽平　よしかわ・よしひら　1816〜1885　国学者　[出]尾張名古屋
柿園〈別号〉
三亭 春馬　さんてい・しゅんば　〜1851　戯作家
柿園
森田 柿園　もりた・しえん　1823〜1908　石川県の郷土史家
柿園〈号〉
大橋 長広　おおはし・ながひろ　1788〜1851　徳川末期の国学者

【師】

師心〈名〉
江森 月居　えもり・げっきょ　1756〜1824　徳川中期の俳人　[出]京都
師光
藤原 師光　ふじわらの・もろみつ　〜1177　平安時代の朝臣
師竹庵〈別号〉
会田 吾山　あいだ・ござん　1717〜1787　徳川中期の俳人にて言語学者　[出]武蔵越谷村
師寿〈号〉
菱川 師寿　ひしかわ・もろひさ　〜1773　縫箔染色、書画
師房
菱川 師房　ひしかわ・もろふさ　江戸中期の浮世絵師
師明親王
性信法親王　しょうしんほうしんのう　1005〜1085　三条天皇第4皇子
師信
菱川 師信　ひしかわ・もろのぶ　江戸中期の浮世絵師
師宣
菱川 師宣　ひしかわ・もろのぶ　1618〜1694　江戸中期の浮世絵師　[出]千葉県安房の保田村
師政
古山 師政　ふるやま・もろまさ　江戸中期の浮世絵師
師重
菱川 師重　ひしかわ・もろしげ　江戸時代の画家
〔古山〕師重
菱川 師重　ひしかわ・もろしげ　江戸時代の画家
〔花山院〕師兼
藤原 師兼　ふじわらの・もろかね　南北朝時代の公卿、歌人
〔松殿〕師家
藤原 師家　ふじわらの・もろいえ　1172〜1238　平安後期〜鎌倉時代の公卿
師虔〈唐名〉
呉 師虔　ご・しけん　1672〜1743　琉球王朝時代の代表的花鳥画家
師蛮
卍元 師蛮　まんげん・しばん　1626〜1710　徳川初期の禅僧　[出]相模
師嗣
藤原 師嗣　ふじわらの・もろつぐ　1356〜1400　室町時代の歌人、公卿
〔二条〕師嗣
藤原 師嗣　ふじわらの・もろつぐ　1356〜1400　室町時代の歌人、公卿
師継
藤原 師継　ふじわらの・もろつぐ　1222〜1281　鎌倉時代の朝臣
〔花山院〕師継

し（恣, 紙, 梔, 紫）

藤原 師継　ふじわらの・もろつぐ　1222〜1281　鎌倉時代の朝臣

師聖
　今井 師聖　いまい・しせい　1803〜1867　徳川末期の小諸藩の儒者

師綱
　朝山 梵灯庵　あさやま・ぼんとうあん　1349〜？　南北朝〜室町時代の連歌師

師輔
　藤原 師輔　ふじわらの・もろすけ　908〜960　平安朝時代の朝臣

〔九条〕師輔
　藤原 師輔　ふじわらの・もろすけ　908〜960　平安朝時代の朝臣

師興
　菱川 師興　ひしかわ・もろおき　〜1787　江戸中期の浮世絵師

師薑〈字〉
　松井 汶村　まつい・ぶんそん　徳川中期の俳人、近江彦根藩士

師錬〈名〉
　虎関 師錬　こかん・しれん　1278〜1346　鎌倉時代の南禅寺の学僧　㊙京都

【恣】

恣睡〈号〉
　浅井 元秋　あさい・もとあき　1645〜1725　仙台伊達家の軍学者

【紙】

紙鳶堂〈号〉
　平賀 源内　ひらが・げんない　1726〜1779　本草学者、戯作者　㊙讃岐志度浦

【梔】

梔園〈号〉
　小出 粲　こいで・つばら　1833〜1908　歌人　㊙江戸

【紫】

紫山〈号〉
　荒木田 麗　あらきだ・れい　1732〜1806　江戸時代の閨秀文学者

紫山
　鳥山 紫山　とりやま・しざん　幕末明治時代の華道師範（古今流の始祖）、細川流盆景の名手

紫孔
　田代 紫紅　たしろ・しこう　〜1731　徳川中期の俳人　㊙江戸

紫文（1世）
　宇治 紫文（1世）　うじ・しぶん　1791〜1858　一中節宇治派の始祖　㊙江戸

紫文斎
　宇治 紫文（1世）　うじ・しぶん　1791〜1858　一中節宇治派の始祖　㊙江戸

紫白女
　寺崎 紫白女　てらさき・しはくじょ　徳川中期の俳人　㊙肥前田代

紫色主〈別号〉
　塩谷 艶二　しおや・えんじ　江戸の作家

紫花園〈号〉
　松本 梶柯　まつもと・さいか　1785〜1840　徳川中期の俳人　㊙江戸

紫府真人〈別号〉
　季享 玄厳　きこう・げんごん　〜1457　五山文学者たる東福寺主　㊙日向

紫狐庵〈別号〉
　谷口 蕪村　たにぐち・ぶそん　1716〜1783　天明期の俳人、南画家　㊙摂津国東成郡毛馬

紫若
　中村 紫若　なかむら・しじゃく　〜1873　幕末・明治時代の大阪の歌舞伎俳優

紫若（1代）〈前名〉
　岩井 半四郎（7代）　いわい・はんしろう　1804〜1845　文政弘化時代の歌舞伎俳優、若女方の名優　㊙江戸

紫若（2代）〈前名〉
　岩井 半四郎（8代）　いわい・はんしろう　1829〜1882　幕末・明治時代の歌舞伎俳優、若女方の名優　㊙江戸住吉町

紫若（3代）
　岩井 紫若（3代）　いわい・しじゃく　1840〜1873　江戸の歌舞伎俳優、幕末明治時代の若女方

紫海〈号〉
　文暁　ぶんぎょう　〜1816　徳川中期の俳人、肥後八代正教寺第10世住職　㊙肥後国八代

紫洲〈号〉
　前田 宗恭　まえだ・むねやす　1802〜1855　歌人　㊙大隅国種子島

紫洋
　横尾 文輔　よこお・ふみすけ　1734〜1784　江戸時代中期の儒者

紫紅
　田代 紫紅　たしろ・しこう　〜1731　徳川中期の俳人　㊙江戸

紫貞
　木村 紫貞　きむら・してい　1683？〜1751　江戸時代中期の俳人

紫峰
　紀太 理兵衛（1代）　きた・りへえ　〜1678　讃岐高松藩窯の陶工

紫笛
　如雲舎 紫笛　じょうんしゃ・してき　1718〜1779　江戸時代中期の狂歌師

紫野の玄々子〈号〉
　松平 四山　まつだいら・しざん　〜1854　徳川中期の俳人、出雲母里藩主

紫雪庵〈別号〉
　青木 宗鳳（1代）　あおき・そうほう　〜1765　徳川中期の遠州流茶人　㊙大阪

紫暁
　宮 紫暁　みや・しぎょう　徳川中期の俳人　㊙京都

紫硯
　内藤 風虎　ないとう・ふうこ　1619〜1685　徳川初期の諸侯にして俳人　㊙江戸桜田

紫道〈後名〉
　大谷 広次（5代）　おおたに・ひろじ　1832〜1873　歌舞伎俳優　㊙江戸

紫陽〈号〉

200　号・別名辞典　古代・中世・近世

し（視, 媞, 斯, 詞, 嗣, 獅, 蓍, 詩, 資）

新井 白石　あらい・はくせき　1657〜1725　江戸時代中期の儒者、政治家、史学者、地理学者、言語学者　㊗江戸柳原
紫雲
　篠原 長房　しのはら・ながふさ　?〜1572　戦国〜織豊時代の武将
紫溟〈号〉
　高本 順　たかもと・したごう　1738〜1813　徳川中期の儒者
〔李〕紫溟
　高本 順　たかもと・したごう　1738〜1813　徳川中期の儒者
紫薩
　筑波庵（1世）　つくばあん　〜1832　狂歌師
紫隠里〈号〉
　横井 也有　よこい・やゆう　1702〜1783　徳川中期の俳人　㊗尾張
紫曙堂〈号〉
　幸島 桂花　ゆきしま・けいか　1830〜1899　俳諧師　㊗遠江国佐野郡掛川
紫藤軒〈号〉
　池西 言水　いけにし・ごんすい　1650〜1722　徳川中期の俳人　㊗奈良
紫爛〈号〉
　海野 紫爛　うんの・しらん　徳川中期の広瀬藩儒者

【視】

視吾堂〈号〉
　吉川 惟足　きっかわ・これたる　1615〜1694　吉川流神道の創始者　㊗江戸

【媞】

媞子内親王
　郁芳門院　いくほうもんいん　1076〜1096　白河天皇の第1皇女

【斯】

斯文〈字〉
　安東 守経　あんどう・もりつね　徳川中期明和頃の儒者　㊗筑後柳川

【詞】

詞海斎輪田丸
　詞海斎輪田丸　しかいさいわたまる　狂歌師

【嗣】

嗣立〈字〉
　笹山 嗣立　ささやま・しりゅう　1791〜1853　幕末の書家　㊗長崎
〔岡野〕嗣成
　板部岡 江雪斎　いたべおか・こうせつさい　1536〜1609　後北条氏家臣

【獅】

獅子吼〈号〉
　古沢 鷺動　ふるさわ・らんどう　1665〜1686　徳川中期の俳人　㊗摂州伊丹
獅子門（4世）
　田中 五竹坊　たなか・ごちくぼう　1700〜1780　徳川中期の俳人　㊗美濃国北方
獅子眠〈号〉
　谷口 鶏口　たにぐち・けいこう　1718〜1802　徳川中期の俳人　㊗江戸
獅子庵〈号〉
　各務 支考　かがみ・しこう　1665〜1731　徳川中期の俳人　㊗美濃山県郡北野
獅子庵〈号〉
　仙石 廬元坊　せんごく・ろげんぼう　1692〜1747　徳川中期の俳人　㊗美濃北方

【蓍】

蓍山
　星野 文平　ほしの・ぶんぺい　1835〜1863　幕末の儒者

【詩】

詩仏
　大窪 詩仏　おおくぼ・しぶつ　1767〜1837　徳川中期の漢詩人　㊗常陸多賀郡大久保村
〔梁〕詩禅
　梁川 星巌　やながわ・せいがん　1789〜1858　江戸時代後期の漢詩人
詩聖堂〈別号〉
　大窪 詩仏　おおくぼ・しぶつ　1767〜1837　徳川中期の漢詩人　㊗常陸多賀郡大久保村
詩瀑山人〈別号〉
　鈴木 桃野　すずき・とうや　1800〜1852　江戸後期の随筆家

【資】

資子
　源 資子　みなもとの・しし　崇光天皇及び光明天皇の宮人
〔庭田〕資子
　源 資子　みなもとの・しし　崇光天皇及び光明天皇の宮人
〔藤原〕資子
　光範門院　こうはんもんいん　1384〜1440　後小松天皇の後宮、藤原資子の院号
資之
　樺山 資之　かばやま・すけゆき　薩摩藩士　㊗鹿児島城下
資之
　松波 資之　まつなみ・すけゆき　1830〜1906　歌人　㊗安芸（現・広島県）
資永
　城 資永　じょう・すけなが　〜1181　平安末期に越後地方を領した武士
資名女
　日野 名子　ひの・めいし　?〜1358　南北朝時代の日記文学作者
資芳〈名〉

号・別名辞典　古代・中世・近世　201

し（幟, 賜, 熾）　じ（字, 寺, 次）

伴 蒿蹊　ばん・こうけい　1733〜1806　徳川中期の国学者、歌人　㊙近江八幡
〔藤原〕資季
二条 資季　にじょう・すけすえ　1207〜1289　鎌倉時代の公卿、歌人
〔藤原〕資実
日野 資実　ひの・すけざね　1162〜1223　鎌倉時代の公卿
〔平〕資宗
飯沼 助宗　いいぬま・すけむね　〜1293　鎌倉中期の武士
〔松平〕資昌
本庄 資昌　ほんじょう・すけまさ　1744〜1762　江戸時代中期の大名
資明
藤原 資明　ふじわらの・すけあき　1297〜1353　吉野朝の廷臣、権大納言
〔日野〕資明
藤原 資明　ふじわらの・すけあき　1297〜1353　吉野朝の廷臣、権大納言
〔柳原〕資明
藤原 資明　ふじわらの・すけあき　1297〜1353　吉野朝の廷臣、権大納言
資知
北郷 資知　ほんごう・すけとも　1835〜　都城島津家老臣　㊙日向国北諸県郡都城
資長
太田 資長　おおた・すけなが　室町時代の武将　㊙相模
〔藤原〕資長
日野 資長　ひの・すけなが　1119〜1195　平安時代後期の公卿
〔松平〕資俊
本庄 資俊　ほんじょう・すけとし　1660〜1723　江戸時代前期〜中期の大名
資政
太田 資政　おおた・すけまさ　1835〜1895　徳川末期の語学者　㊙肥前長崎
資時
武藤 資時　むとう・すけとき　1263〜1281　元寇役の功臣
〔少弐〕資時
武藤 資時　むとう・すけとき　1263〜1281　元寇役の功臣
資矩〈名〉
伴 香竹　ばん・こうちく　1659〜1732　国学者
〔松平〕資訓
本庄 資訓　ほんじょう・すけのり　1700〜1752　江戸時代中期の大名
〔藤原〕資基〈俗名〉
蓮禅　れんぜん　平安末期の文人貴族、漢詩人
資規
伴 資規　ばん・すけのり　〜1810　国学者　㊙近江国坂田郡日撫村
資朝
日野 資朝　ひの・すけとも　〜1332　吉野朝の公卿
〔藤原〕資朝
日野 資朝　ひの・すけとも　〜1332　吉野朝の公卿
資愛
太田 資愛　おおた・すけよし　1739〜　遠江掛川藩主、老中

資愛
日野 資愛　ひの・すけなる　1780〜1846　公卿　㊙京都
〔大田〕資愛
太田 資愛　おおた・すけよし　1739〜　遠江掛川藩主、老中
資業
藤原 資業　ふじわらの・すけなり　988〜1070　平安中期の廷臣
〔日野〕資業
藤原 資業　ふじわらの・すけなり　988〜1070　平安中期の廷臣
資徳
日野 資徳　ひの・すけかつ　1848〜1909　幕末明治の歌人　㊙越後新潟古町
〔武藤〕資頼
少弐 資頼　しょうに・すけより　1160〜1228　平安後期〜鎌倉時代の武将

【幟】

幟仁親王
有栖川宮 幟仁親王　ありすがわのみや・たかひとしんのう　1812〜1886　幕末・維新期の皇族　㊙京都

【賜】

賜堂〈別号〉
宝田 千町　たからだ・せんちょう　天保時代の江戸の歌舞伎狂言作者、戯作者

【熾】

熾仁親王
有栖川宮 熾仁親王　ありすがわのみや・たるひとしんのう　1835〜1895　幕末・維新期の皇族、戊辰戦争の東征大総督　㊙京都

【字】

字尺〈号〉
自在庵 祇徳　じざいあん・ぎとく　1702〜1754　徳川中期江戸の札差、俳人

【寺】

寺善
法道 寺善　ほうどう・じぜん　1820〜1868　和算家　㊙広島

【次】

次右衛門〈通称〉
小栗 旨原　おぐり・しげん　1725〜1778　徳川中期の俳人　㊙江戸
次右衛門〈通称〉
馬屋原 重帯　まやはら・しげよ　1762〜1836　徳川中期の儒者　㊙備後品治郡（今の芦品郡）向永谷村
次右衛門
桑原 貞也　くわばら・さだなり　織豊時代の武将
〔常陸屋〕次右衛門〈通称〉

江戸太夫 双笠　えどだゆう・そうりつ　享保元文時代の江戸節浄瑠璃の太夫
次左衛門〈通称〉
荒井 千春　あらい・ちはる　1733～1826　江戸中期の画家　[出]江戸
〔森〕次左衛門
下和田村 治左衛門　しもわだむら・じざえもん　1765～1836　近世最大規模の百姓一揆とされる甲州一揆(1836)郡内衆の指導者
次兵衛〈俗名〉
金鍔 次兵衛　きんつば・じへえ　1598～1637　江戸前期のアウグスチノ会日本人宣教師
〔布屋〕次兵衛
田中 治兵衛　たなか・じへえ　1697～1728　江戸時代中期の商人
次良左衛門〈通称〉
早見 晋我　はやみ・しんが　1671～1745　徳川中期の俳人　[出]下総結城
次房
杉野 十平次　すぎの・じゅうへいじ　1676～1703　江戸時代前期の武士
次郎
後藤 次郎　ごとう・じろう　文禄朝鮮役の嚮導者　[出]松前
次郎
東 次郎　ひがし・じろう　1835～1911　盛岡藩家老　[出]陸奥国盛岡
次郎
土肥 実平　どひ・さねひら　平安後期～鎌倉時代の武将
次郎
塙 忠宝　はなわ・ただとみ　1808～1863　江戸時代後期の国学者
次郎
平野 国臣　ひらの・くにおみ　1828～1864　幕末の武士
〔永日〕次郎〈別名〉
近藤 長次郎　こんどう・ちょうじろう　1838～1866　幕末期の志士　[出]高知城下水道町
〔松延〕次郎
村井 政礼　むらい・まさのり　1835～1867　蔵人所衆　[出]尾張
〔南部〕次郎〈通称〉
東 次郎　ひがし・じろう　1835～1911　盛岡藩家老　[出]陸奥国盛岡
次郎八〈通称〉
下郷 学海　しもさと・がくかい　1742～1790　徳川中期の俳人　[出]尾張鳴海
次郎八〈通称〉
下郷 常和　しもさと・じょうわ　1715～1785　徳川中期の俳人　[出]尾張鳴海
次郎八〈通称〉
下郷 蝶羽　しもさと・ちょうう　1677～1741　徳川中期の俳人　[出]尾張鳴海
次郎三
岸野 次郎三郎　きしの・じろさぶろう　元禄期の京阪歌舞伎囃子三絃の名家
次郎三〈通称〉
岸野 次郎三郎　きしの・じろさぶろう　元禄期の京阪歌舞伎囃子三絃の名家
次郎三郎
岸野 次郎三郎　きしの・じろさぶろう　元禄期の京阪歌舞伎囃子三絃の名家
〔岡崎〕次郎三郎
徳川 信康　とくがわ・のぶやす　1559～1579　徳川家康の長子　[出]駿府
〔村田〕次郎三郎
大津 唯雪　おおつ・いせつ　1825～1887　幕末の志士、萩藩士　[出]長門国萩
次郎太夫〈通称〉
荒木田 盛徴　あらきだ・もりずみ　1596～1663　徳川初期の国学者、伊勢内宮禰宜
〔大阪屋〕次郎太夫〈通称〉
万乎　まんこ　～1724　俳人、芭蕉一門　[出]伊賀上野
次郎太郎
近藤 為美　こんどう・ためよし　1840～1864　幕末の尊攘運動家
次郎右衛門〈通称〉
荒井 堯民　あらい・ぎょうみん　徳川中期の儒者
次郎右衛門〈通称〉
三井 嘉菊　みつい・かきく　1767～1847　徳川中期の俳人　[出]京都
次郎右衛門
小野 次郎右衛門(忠明)　おの・じろうえもん　～1628　近世初期の武芸者、徳川家の臣
次郎右衛門〈通称〉
松木 珪琳　まつき・けいりん　～1742　徳川中期の俳人　[出]江戸
次郎右衛門
平岡 次郎右衛門　ひらおか・じろうえもん　1584～1643　徳川初期の治水家、幕臣
〔虎屋〕次郎右衛門〈通称〉
薩摩 浄雲　さつま・じょううん　1593～1672　元和―明暦時代の浄瑠璃太夫、伝江戸浄瑠璃の開祖
〔江戸〕次郎右衛門〈別名〉
薩摩 浄雲　さつま・じょううん　1593～1672　元和―明暦時代の浄瑠璃太夫、伝江戸浄瑠璃の開祖
〔川北〕次郎右衛門〈通称〉
西瀬居 美玖丸　さいらいきょ・みくまる　狂歌師　[出]尾張半田
次郎右衛門(1代)〈別名〉
薩摩 浄雲　さつま・じょううん　1593～1672　元和―明暦時代の浄瑠璃太夫、伝江戸浄瑠璃の開祖
〔薩摩〕次郎右衛門(2代)
薩摩太夫(2代)　さつまだゆう　～1690　江戸の浄瑠璃太夫
次郎四郎〈通称〉
下郷 伝芳　しもさと・でんぽう　1763～1820　徳川中期の俳人　[出]尾張鳴海
次郎左衛門
次郎左衛門　じろざえもん　江戸時代の能面工
次郎左衛門〈通称〉
徳永 宗也　とくなが・むねなり　安土桃山・江戸時代初期の商人　[出]博多
次郎左衛門〈通称〉
野々口 立圃　ののぐち・りゅうほ　1595～1669　徳川初期の俳人　[出]丹波保津
次郎左衛門
井関 次郎左衛門　いぜき・じろうざえもん　戦国時代の能面師
次郎左衛門

じ（而，耳，自）

薬師寺 貴能　やくしじ・たかよし　?～1484　室町時代の武士
〔井関〕次郎左衛門〈通称〉
次郎左衛門　じろざえもん　江戸時代の能面工
次郎左衛門（2代）
篠塚 嘉左衛門　しのづか・かざえもん　享保―宝暦時代の歌舞伎俳優
〔出渕〕次郎吉〈本名〉
三遊亭 円朝(1代)　さんゆうてい・えんちょう　1839～1900　落語家、近世の名人　㊥江戸
次郎作〈幼名〉
桜井 梅室　さくらい・ばいしつ　1769～1852　徳川末期の俳人　㊥加賀金沢
次郎作〈通称〉
西山 宗因　にしやま・そういん　1605～1682　徳川初期の連歌俳諧師　㊥肥後八代
次郎兵衛〈俗称〉
岡上 景能　おかのぼり・かげよし　1630?～1687　江戸前期の民政家
次郎兵衛〈通称〉
守村 抱儀　もりむら・ほうぎ　1807～1862　徳川中期の俳人　㊥江戸浅草蔵前
次郎兵衛〈通称〉
大橋 円清　おおはし・えんせい　徳川初期の能楽師
次郎兵衛〈通称〉
風麦　ふうばく　～1700　俳人、芭蕉一門　㊥伊賀上野
〔岩田〕次郎兵衛〈本名〉
芦辺 田鶴丸　あしべ・たずまる　1759～1835　江戸末期の狂歌師　㊥名古屋
〔春正〕次郎兵衛
山本 春正(2代)　やまもと・しゅんしょう　～1707　京都の蒔絵師
〔田中〕次郎兵衛〈本名〉
宝 山左衛門(2代)　たから・さんざえもん　1835～1910　長唄囃方
次郎長
清水 次郎長　しみず・の・じろちょう　1820～1893　幕末明治初期の大侠客　㊥駿河国清水

【而】

而咲堂〈号〉
福田 鞭石　ふくだ・べんせき　1649～1728　徳川中期の俳人　㊥京都
而愠斎〈号〉
山岡 元隣　やまおか・げんりん　1631～1672　江戸前期の仮名草子作者・俳人　㊥伊勢国山田
而楽〈雅号〉
末永 茂世　すえなが・しげつぐ　1837～1915　歌人、福岡藩士　㊥筑前福岡郊外春吉村

【耳】

耳面刀自
藤原 耳面刀自　ふじわらの・みみのもとじ　弘文天皇の妃

【自】

自了〈号〉

城間 清豊　ぐすくま・せいほう　1614～1644　徳川初期の画家　㊥琉球
自由亭〈号〉
関 孝和　せき・たかかず　～1708　江戸中期の和算家
自列亭〈狂号〉
沢田 名垂　さわだ・なたり　1775～1845　幕末の国学者　㊥会津
自在庵〈号〉
慶 紀逸　けい・きいつ　1694～1761　徳川中期の俳人　㊥江戸
自在庵〈号〉
自在庵 祇徳　じざいあん・ぎとく　1702～1754　徳川中期江戸の札差、俳人
自在庵〈号〉
樋口 道立　ひぐち・どうりゅう　1732～1812　徳川中期の俳人にして儒者　㊥京都
自全斎〈号〉
大沢 友信　おおさわ・とものぶ　1773～1835　徳川中期の医家にして開拓家　㊥前橋
自牧〈号〉
若林 強斎　わかばやし・きょうさい　1676～1732　徳川中期の漢学者　㊥京都
自貞
瀬川　せがわ　江戸時代中期の遊女
自悦
浜川 自悦　はまかわ・じえつ　江戸時代前期の俳人
自笑
安藤 自笑　あんどう・じしょう　～1815　徳川中期の俳人　㊥京都
自笑
自笑　じしょう　～1713　俳人、芭蕉一門
自笑
八文字屋 八左衛門　はちもんじや・はちざえもん　～1745　江戸中期の京都の本屋　㊥京都
〔八文字屋〕自笑(2代)
八文字 屋瑞笑　はちもんじや・ずいしょう　1727～1767　江戸時代中期の版元、浮世草子作者
自耕斎〈別号〉
天田 菁莪　あまだ・せいが　幕末の医家にして俳人
自軒〈号〉
弘中 重義　ひろなか・しげよし　徳川中期の歌人
自強〈字〉
鈴木 春山　すずき・しゅんざん　1801～1846　徳川中期の医家、兵学家、三河国田原藩士
〔狩野〕自得〈号〉
西川 祐信　にしかわ・すけのぶ　1670～1751　江戸中期の浮世絵師　㊥京都
自得庵〈号〉
滝 瓢水　たき・ひょうすい　1684～1762　徳川中期の俳人　㊥播磨国別府
〔黄山〕自惚
浅野 北水　あさの・ほくすい　江戸時代の戯作者
自惚山人
浅野 北水　あさの・ほくすい　江戸時代の戯作者
自斎〈号〉
椋梨 一雪　むくなし・いっせつ　徳川初期の俳人　㊥京都
自堕落先生〈号〉
山崎 北華　やまさき・ほくか　1700～1746　徳川中期の俳人　㊥江戸

自然
　黒川 良安　くろかわ・りょうあん　1817～1890　江戸中期―明治初年の蘭学医　㊹越中（富山県）新川郡黒川村
自然堂〈号〉
　田川 鳳朗　たがわ・ほうろう　1762～1845　徳川末期の俳人　㊹肥後熊本
自証院
　お振の方　おふりのかた　?～1640　徳川家光の側室
自閑〈通称〉
　今井 似閑　いまい・じかん　1657～1723　徳川初期の国学者　㊹京都
自雲
　秋山 自雲　あきやま・じうん　痔の病に霊験ありとして広く喧伝された霊神
自寛〈号〉
　三島 景雄　みしま・かげお　1727～1812　徳川中期の国学者　㊹江戸
自楽居士〈号〉
　玉井 竹堂　たまい・ちくどう　1815～1897　幕末明治の儒者、教育家　㊹淡路州本
自遣堂〈号〉
　浪化　ろうか　1671～1703　俳人、芭蕉一門、越中井波瑞泉寺住職　㊹京都
自綱
　姉小路 頼綱　あねのこうじ・よりつな　1540～1587　飛驒高山城主
〔三木〕自綱
　姉小路 頼綱　あねのこうじ・よりつな　1540～1587　飛驒高山城主
自適斎
　狩野 尚信　かのう・なおのぶ　1607～1650　木挽町狩野家二代目の画家
自嘲翁
　自嘲翁　じしょうおう　徳川中期の歌人
自彊〈別号〉
　竺雲 等蓮　じくうん・とうれん　1390～1470　南禅寺主、五山文学者
自謙
　植松 自謙　うえまつ・じけん　1750～1810　徳川末期の心学者　㊹信濃国

【似】

似我老人〈号〉
　逸淵 いつえん　～1861　幕末期の俳人　㊹武蔵国八幡
似空〈号〉
　荻田 安静　おぎた・あんせい　～1669　徳川初期の俳人　㊹京都
似空軒〈号〉
　荻田 安静　おぎた・あんせい　～1669　徳川初期の俳人　㊹京都
似幽〈号〉
　今井 太郎右衛門　いまい・たろうえもん　1824～1877　幕末の志士
似春
　小西 似春　こにし・じしゅん　徳川中期の俳人　㊹大阪
似堂〈号〉

坂井 似堂　さかい・じどう　1825～1862　徳川末期の漢学者、広島藩士
似船
　富尾 似船　とみお・じせん　1629～1705　徳川中期の俳人　㊹京都
似閑〈通称〉
　今井 似閑　いまい・じかん　1657～1723　徳川初期の国学者　㊹京都
似蜂軒波丸〈号〉
　鉄格子 波丸　てつごうし・なみまる　～1811　徳川中期大阪の狂歌師

【児】

児島屋〈通称〉
　鶴沢 友次郎（2代）　つるざわ・ともじろう　～1807　義太夫節三絃

【事】

事負〈号〉
　伴 信友　ばん・のぶとも　1772～1846　徳川中期の国学者　㊹若狭遠敷郡小浜

【治】

治人
　椙原 治人　すぎはら・はるんど　1821～1889　幕末の志士、山口藩士
〔青木〕治三郎〈本名〉
　柳川 一蝶斎（3世）　やながわ・いっちょうさい　1847～1909　幕末明治時代の手品師　㊹江戸神田平永町
治太夫
　松本 治太夫　まつもと・じだゆう　天和―宝永時代の京都の浄瑠璃太夫、治太夫節の始祖
治右衛門〈通称〉
　岡本 苔蘇　おかもと・たいそ　～1709　徳川時代の俳人　㊹伊賀上野
治右衛門〈通称〉
　黒野田宿 泰順　くろのたじゅく・たいじゅん　1804?～1862　近世末期の甲州一揆の指導者
治右衛門〈通称〉
　青木 鷺水　あおき・ろすい　1658～1733　徳川中期の俳人　㊹京都
治右衛門〈通称〉
　二木 白図　ふたつぎ・はくと　～1801　徳川中期の俳人　㊹名古屋の塩町
治右衛門〈通称〉
　堀田 六林　ほった・ろくりん　1710～1792　徳川中期の俳人　㊹名古屋
治右衛門
　渡辺 一　わたなべ・かず　1767～1839　江戸時代後期の和算家
〔梶取屋〕治右衛門
　山瀬 春政　やませ・はるまさ　江戸時代中期の本草家
〔浅野屋〕治右衛門〈通称〉
　丹羽 以之　にわ・ともゆき　～1759　徳川中期の俳人　㊹尾張名古屋
〔大文字屋〕治右衛門〈通称〉

じ（治）

松江 重頼　まつえ・しげより　1602～1680　徳川初期の俳人　㊐大阪
治左衛門
　下和田村 治左衛門　しもわだむら・じざえもん　1765～1836　近世最大規模の百姓一揆とされる甲州一揆(1836)郡内衆の指導者
治左衛門〈通称〉
　市隠　しいん　～1722　俳人、貞徳系　㊐伊賀上野
治右衛門〈通称〉
　千川　せんせん　～1706　俳人、芭蕉一門
治右衛門貞和〈通称〉
　豊島 露月　とよしま・ろげつ　1667～1751　徳川中期の俳人　㊐江戸
治平〈通称〉
　雲谷 等顔　うんこく・とうがん　1547～1618　室町時代の画家、雲谷派の始祖　㊐肥前
治平
　今津 桐園　いまず・とうえん　1789～1856　徳川中期より末期に至る儒者　㊐周防三田尻
治平
　帯屋 治平　おびや・じへい　1823～1900　博多商人（帯屋）　㊐筑前国那珂郡博多
〔川上〕治平
　帯屋 治平　おびや・じへい　1823～1900　博多商人（帯屋）　㊐筑前国那珂郡博多
〔薬種屋〕治平〈通称〉
　宇中　うちゅう　享保時代の俳人　㊐加賀の小松
治兵衛
　伊兵衛　いへえ　～1624　徳川初期の殉教者　㊐相模
治兵衛〈通称〉
　松尾 宗二　まつお・そうじ　1677～1752　徳川中期の茶人　㊐京都
治兵衛〈通称〉
　翠兄　すいけい　～1813　化政期の俳人　㊐常陸竜ヶ崎
治兵衛〈通称〉
　赤城軒 元孚　せきじょうけん・もとか　江戸中期の水戸の彫金家
治兵衛
　大口屋 治兵衛　おおぐちや・じへえ　江戸中期の札差　㊐江戸
治兵衛
　吉向 治兵衛　きっこう・じへえ　1784～1861　江戸時代後期の陶工
〔榎本〕治兵衛〈通称〉
　酒月 米人　さかずき・よねんど　狂歌師　㊐江戸
〔塩屋〕治兵衛〈通称〉
　若竹 笛躬(2代)　わかたけ・ふえみ　大阪の豊竹座の浄瑠璃作者
〔津打〕治兵衛(3代)
　鈍通 与三兵衛(1代)　どんつう・よさべえ　～1771　江戸の歌舞伎狂言作者
治兵衛(4代)
　津打 治兵衛(4代)　つうち・じへえ　歌舞伎狂言作者
治助〈名〉
　服部 嵐雪　はっとり・らんせつ　1654～1707　徳川中期の俳人、蕉門十哲の1人　㊐江戸湯島
〔桔梗屋〕治助〈通称〉

呑獅　どんし　～1814　天明期の俳人
〔津村〕治助〈前名〉
　桜田 治助(1代)　さくらだ・じすけ　1734～1806　江戸の歌舞伎狂言作者　㊐江戸
〔田川〕治助〈初名〉
　桜田 治助(1代)　さくらだ・じすけ　1734～1806　江戸の歌舞伎狂言作者　㊐江戸
治助(1代)
　桜田 治助(1代)　さくらだ・じすけ　1734～1806　江戸の歌舞伎狂言作者　㊐江戸
治助(2代)
　桜田 治助(2代)　さくらだ・じすけ　1768～1829　江戸の歌舞伎狂言作者
治助(3代)
　桜田 治助(3代)　さくらだ・じすけ　1802～1877　江戸の歌舞伎狂言作者
治助(4代)
　桜田 治助(4代)　さくらだ・じすけ　江戸の歌舞伎狂言作者
治村〈別称〉
　水谷 蟠竜　みずのや・ばんりゅう　1521～1596　安土桃山時代の武将
治季
　秋田 延季　あきた・のぶすえ　1718～1773　江戸時代中期の大名
治忠〈名〉
　梅田 杢之丞　うめだ・もくのじょう　1626～1694　近世の槍術、本心鏡智流（鍵槍）の祖
治房〈名〉
　青人　あおんど　～1740　俳人、伊丹派　㊐伊丹
治房
　北畠 治房　きたばたけ・はるふさ　1833～1921　幕末の志士、男爵　㊐大和国
治信
　杉村 治兵衛　すぎむら・じへえ　江戸時代前期の浮世絵師
治胤〈名〉
　大野 道犬　おおの・どうけん　～1615　豊臣氏の将
治貞〈通称〉
　芳賀 一晶　はが・いっしょう　1645～1707　徳川中期の俳人　㊐京都
治郎右衛門〈別称〉
　小沢 何丸　おざわ・なにまる　1760～1837　徳川中期の俳人　㊐信濃水内郡吉田
治郎左衛門〈通称〉
　水間 沾徳　みずま・せんとく　1662～1726　徳川中期の俳人　㊐江戸
治郎兵衛〈通称〉
　犬井 貞恕　いぬい・ていじょ　1633～1702　徳川中期の俳人
治済
　一橋 治済　ひとつばし・はるなり　1751～1827　江戸時代の三卿・一橋家の2代目
〔徳川〕治済
　一橋 治済　ひとつばし・はるなり　1751～1827　江戸時代の三卿・一橋家の2代目
治郷
　松平 治郷　まつだいら・はるさと　1751～1818　第7代の出雲松江藩主、宗衍の子　㊐江戸
治部卿法印

じ（持，時）

桑山 重晴　くわやま・しげはる　1524〜1606　織豊時代の武将　㊶尾張
治堅
臼井 治堅　うすい・はるかた　1809〜1853　徳川末期の医家にして国学者
〔讃岐屋〕治義〈通称〉
竹田 治蔵　たけだ・じぞう　宝暦期の大阪の歌舞伎狂言作者
〔徳川〕治察
田安 治察　たやす・はるあき　1753〜1774　三卿田安家の2代
治蔵
竹田 治蔵　たけだ・じぞう　宝暦期の大阪の歌舞伎言作者
治憲
上杉 治憲　うえすぎ・はるのり　1751〜1822　出羽国米沢藩主　㊶江戸

【持】

持吉
生懸 持吉　きがけ・もちよし　1769〜1818　徳川中期江戸の狂歌師　㊶遠江立野
持明〈名〉
岩付 太郎左衛門　いわつけ・たろうざえもん　越後村上藩士
持法
服部 持法　はっとり・じほう　鎌倉・南北朝期の伊賀国御家人
〔赤松〕持家
有馬 持家　ありま・もちいえ　室町時代の武将
持軒
五井 持軒　ごい・じけん　1641〜1721　徳川初中期の儒者　㊶大阪
持清
佐々木 持清　ささき・もちきよ　1417〜1470　室町時代の武将
持経上人
祈親　きしん　1018〜1107　高野山を再興した僧　㊶大和楠本
持豊
山名 宗全　やまな・そうぜん　1404〜1473　室町時代の武将
〔世保〕持頼
土岐 持頼　とき・もちより　?〜1440　室町時代の武将

【時】

時々庵〈号〉
由良 了祐　ゆら・りょうゆう　1817〜1886　幕末・明治の茶人　㊶大阪
時子
平 時子　たいらの・ときこ　〜1185　平清盛の妻
時中
天木 時中　あまき・じちゅう　1697〜1736　徳川中期京都の儒者　㊶尾張知多郡須佐村
〔平〕時広
北条 時広　ほうじょう・ときひろ　1222〜1275　鎌倉時代の武将、歌人
時行

原 時行　はら・ときゆき　1826〜1899　幕末・明治の儒者　㊶日向延岡
時行〈字〉
佐々木 貞介　ささき・ていすけ　1835〜1885　幕末明治時代の漢学者、長門萩藩士
時芸
綽如　しゃくにょ　1350〜1393　南北朝時代の僧
時尭
正木 時茂　まさき・ときしげ　里見氏家臣
時宗
北条 時宗　ほうじょう・ときむね　1251〜1284　鎌倉幕府の執権
〔北条〕時幸
名越 時幸　なごえ・ときゆき　?〜1246　鎌倉時代の武将
〔藤原〕時房
万里小路 時房　までのこうじ・ときふさ　1395〜1457　室町時代の公卿
時治〈名〉
三井 秋風　みつい・しゅうふう　1646〜1717　徳川中期の俳人　㊶京都
〔北条〕時直
金沢 時直　かねざわ・ときなお　?〜1333　鎌倉時代の武将
時茂
正木 時茂　まさき・ときしげ　里見氏家臣
〔藤原〕時長
葉室 時長　はむろ・ときなが　平安後期〜鎌倉時代の文学者
時雨庵〈号〉
栗の本 可大　くりのもと・かだい　1807〜1862　徳川中期の俳人　㊶陸奥陸島
〔六角〕時信
佐々木 時信　ささき・ときのぶ　1306〜1346　鎌倉時代の武将
時貞
益田 時貞　ますだ・ときさだ　1620〜1638　江戸前期島原の乱の総大将
〔天草〕時貞
益田 時貞　ますだ・ときさだ　1620〜1638　江戸前期島原の乱の総大将
〔畑〕時倚
平亭 銀鶏　へいてい・ぎんけい　1790〜1870　前田家の医家、戯作者　㊶上野国甘楽郡
時家〈初名〉
斯波 家兼　しば・いえかね　1308〜1356　南北朝時代の武将
時敏〈名〉
紀 梅亭　き・ばいてい　江戸時代の画家　㊶京都
時致
曽我 時致　そが・ときむね　1174〜1193　鎌倉時代の武士、孝子
時幸
姥柳 時幸　うばやぎ・ときなが　1721〜1786　徳川中期の漢学者、備後岡藩士
〔三善〕時連
太田 時連　おおた・ときつら　鎌倉〜南北朝時代の幕府官僚
〔北条〕時基
名越 時基　なごえ・ときもと　鎌倉時代の武将
〔北条〕時章

号・別名辞典　古代・中世・近世　207

じ（滋, 慈）

名越 時章　なごえ・ときあきら　1215〜1272　鎌倉時代の武将
時習軒〈号〉
　松井 蛙助　まつい・わすけ　日向飫肥の人
時習堂〈号〉
　二山 伯養　ふたやま・はくよう　1623〜1709　徳川初期江戸の儒者　㊍石見国浜田
時習斎〈別号〉
　文之 玄昌　ぶんし・げんしょう　1555〜1620　儒僧　㊍日向
時尭
　正木 時茂　まさき・ときしげ　里見氏家臣
時朝
　藤原 時朝　ふじわらの・ときあさ　鎌倉時代の歌人
〔笠間〕時朝
　藤原 時朝　ふじわらの・ときあさ　鎌倉時代の歌人
〔一色〕時棟
　前田 東渓　まえだ・とうけい　1656〜1725　徳川中期の儒者　㊍京都
時遠
　高橋 保遠　たかはし・やすとお　鎌倉時代承元頃の讃岐塩飽島の地頭
時綱
　藤波 時綱　ふじなみ・ときつな　1648〜1717　徳川中期の神道学者　㊍尾張
〔真野〕時綱
　藤波 時綱　ふじなみ・ときつな　1648〜1717　徳川中期の神道学者　㊍尾張
時適〈号〉
　岡西 惟中　おかにし・いちゅう　1639〜1711　徳川中期の俳人　㊍因州鳥取
時憲
　山本 文之進　やまもと・ぶんのしん　江戸時代後期の天文暦学者　㊍因州
時隣
　北条 時隣　ほうじょう・ときちか　1802〜1877　国学者
時頼
　斎藤 時頼　さいとう・ときより　平安朝時代の武人、平重盛の臣
時頼
　北条 時頼　ほうじょう・ときより　1227〜1263　鎌倉幕府の執権

【滋】

滋子
　建春門院　けんしゅんもんいん　1142〜1176　第80代高倉天皇の御母、平滋子の院号
〔平〕滋子
　建春門院　けんしゅんもんいん　1142〜1176　第80代高倉天皇の御母、平滋子の院号

【慈】

慈山
　妙立　みょうりゅう　1637〜1690　天台安楽律の創唱者　㊍美作
慈円
　慈円　じえん　1155〜1225　平安朝・鎌倉時代の歌僧

慈円〈名〉
　竜石　りゅうせき　天明期の俳人
慈尺〈初号〉
　自在庵 祇徳　じざいあん・ぎとく　1702〜1754　徳川中期江戸の札差、俳人
慈心
　藤原 長房　ふじわらの・ながふさ　1170〜1243　鎌倉時代の公卿、僧
慈永
　青山 慈永　せいざん・じえい　1302〜1369　鎌倉〜南北朝時代の僧
慈忍
　慧猛　えみょう　1614〜1675　河内野中寺中興の律僧
慈忍
　尋禅　じんぜん　943〜990　平安時代中期の僧
慈周
　六如　りくにょ　1734〜1801　江戸時代中期〜後期の僧、漢詩人
慈延
　慈延　じえん　1748〜1805　歌僧　㊍信濃国長野
慈念
　延昌　えんしょう　880〜964　平安時代中期の僧
慈昌
　存応　ぞんおう　1544〜1620　浄土宗の僧
慈空
　性憲　しょうけん　1646〜1719　江戸時代前期〜中期の僧
慈亭
　友石 宗左衛門　ともいし・そうざえもん　1799〜1858　江戸時代後期の儒者
慈信
　慈信　じしん　平安朝初期の僧、宝寺の開山
慈威和尚〈別名〉
　円観　えんかん　1281〜1356　鎌倉時代天台宗の律僧　㊍近江国坂本
慈昭院
　足利 義政　あしかが・よしまさ　1435〜1490　足利8代将軍
慈恩
　念阿弥 慈恩　ねんあみ・じおん　南北朝時代の剣術家
慈恵大師
　良源　りょうげん　912〜985　天台の高僧　㊍近江浅井郡
慈栢
　森女　しんじょ　一休宗純の弟子
慈教大師
　法然　ほうねん　1133〜1212　平安朝時代の高僧、浄土宗の開祖　㊍美作国久米
慈眼大師
　天海　てんかい　1536?〜1643　寛永寺の開基
慈眼房
　叡空　えいくう　〜1179　法然を指導した比叡山の学僧
慈覚大師
　円仁　えんにん　794〜864　延暦寺第3世の座主　㊍下野都賀郡
慈雲尊者
　飲光　おんこう　1718〜1804　学僧、慈雲尊者　㊍大阪中の島

じ（爾）　しき（式, 識）　しぎ（鴫）　じく（竺）　しち（七）

慈摂大師
　真盛　しんぜい　1443～1495　天台宗真盛派の祖　㊙伊勢一志郡
慈照
　高山 慈照　こうさん・じしょう　1266～1343　鎌倉時代の僧、建仁寺主　㊙京都白川
慈慧大師
　良源　りょうげん　912～985　天台の高僧　㊙近江浅井郡
慈観
　綱厳　こうごん　1334～1419　南北朝～室町時代の僧
慈鎮
　慈円　じえん　1155～1225　平安朝・鎌倉時代の歌僧

【爾】

爾時庵〈別号〉
　沂風　きふう　～1800　徳川中期の俳人、真宗高田派の僧侶
爾然
　無外 爾然　むがい・にねん　鎌倉時代の僧

【式】

式佐（1代）
　岸沢 式佐（1代）　きしざわ・しきさ　1730～1783　常磐津浄瑠璃三絃の家元、明和―天明時代の名手
式佐（2代）
　岸沢 式佐（2代）　きしざわ・しきさ　1757～1823　常磐津浄瑠璃三絃の家元、天明―文政時代の老功
式佐（5代）
　岸沢 古式部（4代）　きしざわ・こしきぶ　1806～1866　常磐津岸沢派家元　㊙江戸
式部
　深尾 式部　ふかお・しきぶ　1812～1862　商人、知恩院宮家士
式部
　竹内 式部　たけのうち・しきぶ　1712～1767　徳川中期の国学者　㊙越後新潟
〔武内〕式部
　竹内 式部　たけのうち・しきぶ　1712～1767　徳川中期の国学者　㊙越後新潟
式部大輔
　木下 長嘯子　きのした・ちょうしょうし　1569～1649　小浜城主、「挙白集」の著者
式部大輔鎮並
　蒲池 鎮連　かまち・しげなみ　戦国時代の武将、筑後柳河城主
式部太夫
　広瀬 式部太夫　ひろせ・しきぶだゆう　元禄期に於ける江戸の浄瑠璃太夫、式部節の流祖
式部卿法印
　徳永 寿昌　とくなが・ながまさ　1549～1612　戦国―徳川初期の武将、美濃高須城主　㊙近江

【識】

識月〈号〉

豊島 露月　とよしま・ろげつ　1667～1751　徳川中期の俳人　㊙江戸
識趣斎〈号〉
　神戸 友琴　かんべ・ゆうきん　1633～1706　徳川中期の俳人　㊙京都
識廬〈別号〉
　雪嶺 永瑾　せつれい・えいきん　～1537　室町時代の僧、建仁寺主、五山文学者　㊙丹後

【鴫】

鴫立庵〈号〉
　白井 鳥酔　しらい・ちょうすい　1701～1769　徳川中期の俳人　㊙上総埴生郡地引村
鴫立庵
　白雄　しらお　1738～1791　天明期の俳人　㊙江戸深川

【竺】

竺信
　梅峰 竺信　ばいほう・じくしん　1633～1707　江戸時代前期の僧
竺源
　東海 竺源　とうかい・じくげん　1270～1344　鎌倉～南北朝時代の僧

【七】

七七軒〈号〉
　山本 孟遠　やまもと・もうえん　1669～1729　徳川中期の俳人　㊙江州彦根
七十郎（1代）
　市山 七十郎（1代）　いちやま・しちじゅうろう　～1822　江戸の劇場振附師、寛政～文化時代の名手、江戸市山家の祖
〔三保木〕七三郎〈前名〉
　今村 七三郎（2代）　いまむら・しちさぶろう　1720～1762　京都の歌舞伎俳優
七三郎（1代）
　今村 七三郎（1代）　いまむら・しちさぶろう　1670～1716　京都の歌舞伎俳優
七三郎（2代）
　今村 七三郎（2代）　いまむら・しちさぶろう　1720～1762　京都の歌舞伎俳優
七三郎（3代）
　中村 勘三郎（9代）　なかむら・かんざぶろう　1765～1785　歌舞伎俳優
七久里山人〈別号〉
　鄙振庵 愛歌人　ひなぶりあん・あかんど　狂歌師　㊙信濃小県郡別所七欠里湯本
七之介〈通称〉
　竹田 定直　たけだ・さだなお　1661～1745　徳川中期の儒家　㊙筑前福岡
七之助〈前名〉
　大橋 宗与（6代 宗英）　おおはし・そうよ　将棋家元
七五三助（2代）
　奈河 七五三助（2代）　なかわ・しめすけ　京阪の歌舞伎狂言作者
〔奈河〕七五三助（4代）

しち（七）

近松 八十翁　ちかまつ・やそおう　～1880　天保―明治時代の大阪の歌舞伎狂言作者
七五郎（2代）
　嵐 七五郎（2代）　あらし・しちごろう　1733～1788　大阪の歌舞伎俳優、安永天明時代の実悪の功者
七五郎（3代）
　嵐 七五郎（3代）　あらし・しちごろう　1761～1798　大阪の歌舞伎俳優、寛政時代の実悪の花形
七太夫（1代）
　喜多 七太夫（1代）　きた・しちだゆう　～1653　能楽師、能楽喜多流の祖　㊨和泉堺
七太夫（3代）
　喜多 七太夫（3代）　きた・しちだゆう　～1731　徳川時代の能楽師
七太夫（9代）
　喜多 七太夫（9代）　きた・しちだゆう　～1829　徳川時代の能楽師
七太郎
　三保木 七太郎　みおき・しちたろう　～1766?　享保―宝暦時代の京阪の歌舞伎俳優
七右衛門〈通名〉
　井田 寒厓　いだ・かんがい　1743～1810　徳川中期の俳人　㊨能登小木町真脇村
七右衛門〈通称〉
　高橋 東皐　たかはし・とうこう　1739～1820　徳川中期の俳人
七右衛門〈通称〉
　田中 千梅　たなか・せんばい　1686～1769　俳人　㊨近江栗太郡辻村
七左衛門〈通称〉
　井上 信重　いのうえ・のぶしげ　徳川中期の瓦工　㊨松本
七左衛門〈通称〉
　下川 丹斎　しもかわ・たんさい　「近代四座役者目録」にある人物
七衛門〈通称〉
　山中 信天翁　やまなか・しんてんおう　1822～1885　幕末・明治の政治家
七左衛門〈通称〉
　林 桐葉　はやし・とうよう　～1712　徳川中期の俳人　㊨尾張熱田
七左衛門知郷〈通称〉
　五松　ごしょう　～1766　享保時代の俳人、千梅の長男
〔中村〕七次〈前名〉
　吾妻 藤蔵（4代）　あずま・とうぞう　～1843　江戸の歌舞伎俳優、化政期の若女方の老巧
七兵衛〈通称〉
　佐々木 志津磨　ささき・しずま　1619～1695　徳川初期の書家　㊨京都賀茂
七兵衛〈通称〉
　武藤 巴信　むとう・はじゃく　1686～1752　徳川中期の俳人
〔伊勢屋〕七兵衛〈通称〉
　中西 大町　なかにし・だいちょう　～1728　徳川中期の俳人
〔京屋〕七兵衛〈別名〉
　嵐 三五郎（2代）　あらし・さんごろう　1732～1803　京阪の歌舞伎俳優、天明寛政時代の立役の名優
〔松浦〕七兵衛

亀屋 佐京　かめや・さきょう　1789～1850　江戸時代後期の商人
七兵衛（1代）
　大梶 七兵衛（1代）　おおかじ・しちべえ　1621～1689　徳川時代の治水家　㊨出雲国
七兵衛（2代）
　大梶 七兵衛（2代）　おおかじ・しちべえ　徳川時代の治水家
七兵衛（3代）
　大梶 七兵衛（3代）　おおかじ・しちべえ　徳川時代の治水家
七兵衛朝泰
　大梶 七兵衛（1代）　おおかじ・しちべえ　1621～1689　徳川時代の治水家　㊨出雲国
七条院
　七条院　しちじょういん　1157～1228　高倉天皇の後宮
七国楼〈別号〉
　烏亭 焉馬（2世）　うてい・えんば　1792～1862　江戸末期の狂歌師　㊨江戸
七宝斎
　市山 七十郎（1代）　いちやま・しちじゅうろう　～1822　江戸の劇場振附師、寛政～文化時代の名手、江戸市山家の祖
七松子〈別号〉
　北村 季吟　きたむら・きぎん　1624～1705　徳川中期の俳人、古典学者　㊨近江栗太郡北村
七郎
　原田 七郎　はらだ・しちろう　1816～1866　幕末の志士
七郎〈通称〉
　荒木田 盛員　あらきだ・もりかず　1635～1687　徳川初期の国学者
〔園田〕七郎
　亀田 徳三郎　かめた・とくさぶろう　1826～1864　幕末の志士　㊨下野安蘇郡船越村
〔七沢〕七郎
　上杉 憲勝　うえすぎ・のりかつ　室町時代の武将
七郎右衛門
　雪芝　せつし　～1711　俳人、芭蕉一門　㊨伊賀上野
七郎右衛門〈通称〉
　足代 弘興　あじろ・ひろおき　～1574　室町末期の伊勢神宮の祠官
七郎右衛門〈名〉
　藤本 箕山　ふじもと・きざん　1626～1704　生涯の過半を色道の樹立と体系化に費やした京都の上層町人
七郎右衛門
　内山 七郎右衛門　うちやま・しちろうえもん　1807～1881　幕末・維新期の藩政家
七郎左衛門〈通称〉
　杉山 丹後掾　すぎやま・たんごのじょう　元和―寛文時代の浄瑠璃太夫、江戸操浄瑠璃の開祖
七郎左衛門〈別号〉
　杉山 丹後掾　すぎやま・たんごのじょう　元和―寛文時代の浄瑠璃太夫、江戸操浄瑠璃の開祖
七郎左衛門利文〈通称〉
　牡年　ぼねん　～1727　俳人、芭蕉一門、去来・魯町の弟
七郎兵衛〈通称〉

高橋 政重　たかはし・まさしげ　1650〜1726　徳川中期の水利功労者
七郎兵衛〈通称〉
　川村 碩布　かわむら・せきふ　1750〜1843　徳川中期の俳人　㊚武蔵入間郡毛呂
七郎兵衛〈通称〉
　土橋 友直　つちはし・ともなお　1685〜1730　江戸中期の教育運動家　㊚和泉国貝塚
七彩堂〈号〉
　菅沼 奇渕　すがぬま・きえん　1763〜1834　徳川中期の俳人　㊚大阪
七富道人〈号〉
　山崎 北華　やまさき・ほくか　1700〜1746　徳川中期の俳人　㊚江戸
〔秋田〕七賀助〈本名〉
　中村 歌七(4代)　なかむら・かしち　1817〜1881　大阪の歌舞伎俳優
七蔵〈前名〉
　瀬川 如皐(1代)　せがわ・じょこう　1739〜1794　江戸の歌舞伎狂言作者　㊚大阪
〔松本〕七蔵〈前名〉
　岩井 半四郎(4代)　いわい・はんしろう　1747〜1800　歌舞伎若女方の名優　㊚江戸

【室】

室町院　むろまちいん　1228〜1300　後堀河天皇の第一皇女

【執】

執中〈名〉
　広田 精一　ひろた・せいいち　1837〜1864　幕末の志士、宇都宮藩士

【悉】

悉斐〈名〉
　志斐 三田次　しひの・みたすき　奈良時代の学者

【蛭】

蛭牙斎〈号〉
　山口 羅人　やまぐち・らじん　1699〜1752　徳川中期の俳人　㊚江州守山

【漆】

漆翁〈号〉
　中村 宗哲(1代)　なかむら・そうてつ　1616〜1695　徳川中期の塗師、千家十職の一　㊚京都

【実】

〔藤原〕実子
　宣光門院　せんこうもんいん　1297〜1360　花園天皇の後宮
〔香川〕実玄〈本名あて字〉
　仁村 守三　にむら・もりぞう　広島の真宗本願寺派の僧侶、異宗探索の諜者
〔津栗〕実生〈別名〉

瀬川 如皐(2代)　せがわ・じょこう　1757〜1833　江戸の歌舞伎狂言作者　㊚江戸
実休
　三好 義賢　みよし・よしかた　1526〜1562　戦国時代の武将
実行〈名〉
　網代 清九郎　あじろ・せいくろう　1802〜1874　幕末・明治の碁客　㊚仙台
〔藤原〕実行
　三条 実行　さんじょう・さねゆき　1080〜1162　平安時代後期の公卿
〔藤原〕実国
　滋野井 実国　しげのい・さねくに　1140〜1183　平安時代後期の公卿、歌人
実季
　秋田 実季　あきた・さねすえ　〜1659　常陸宍戸藩主、秀吉の臣
〔藤原〕実宗
　西園寺 実宗　さいおんじ・さねむね　1144〜1213　平安後期〜鎌倉時代の公卿
実定
　後徳大寺 実定　ごとくだいじ・さねさだ　1139〜1191　平安後期の歌人
実定
　後徳大寺 実定　ごとくだいじ・さねさだ　1139〜1191　平安後期の歌人
〔藤原〕実定
　後徳大寺 実定　ごとくだいじ・さねさだ　1139〜1191　平安後期の歌人
〔徳大寺〕実定
　後徳大寺 実定　ごとくだいじ・さねさだ　1139〜1191　平安後期の歌人
〔藤原〕実房
　三条 実房　さんじょう・さねふさ　1147〜1225　平安後期〜鎌倉時代の公卿
実明〈諱〉
　岡田 吉太夫　おかだ・きちだゆう　1818〜1872　明治初期の公史　㊚肥前長崎
〔三条西〕実枝
　三光院 豪空　さんこういん・ごうくう　1511〜1579　室町時代の歌人
実英〈法名〉
　下間 頼秀　しもつま・よりひで　〜1538　戦国時代の本願寺家宰
実茂〈名〉
　橘田 春湖　きつだ・しゅんこ　1815〜1886　俳人　㊚甲府
実政
　北条 実政　ほうじょう・さねまさ　1247〜1302　鎮西探題
〔金沢〕実政
　北条 実政　ほうじょう・さねまさ　1247〜1302　鎮西探題
〔大見〕実政
　宇佐美 実政　うさみ・さねまさ　?〜1190　平安後期〜鎌倉時代の武士
実相〈号〉
　円照　えんしょう　1220〜1277　大和戒壇院の中興　㊚奈良
実秋

財部 実秋　たからべ・さねあき　1826～1913　歌人、もと日向都城藩主
〔姉小路〕実紀
自嘯翁　じしょうおう　徳川中期の歌人
実重
吉田 実重　よしだ・さねしげ　室町時代吉田流の射術家　[出]近江
実兼
藤原 実兼　ふじわらの・さねかね　1249～1322　鎌倉時代の廷臣
〔西園寺〕実兼
藤原 実兼　ふじわらの・さねかね　1249～1322　鎌倉時代の廷臣
実時
北条 実時　ほうじょう・さねとき　1224?～1276　鎌倉幕府の評定衆
〔金沢〕実時
北条 実時　ほうじょう・さねとき　1224?～1276　鎌倉幕府の評定衆
〔北条〕実泰
金沢 実泰　かねざわ・さねやす　1208～1263　鎌倉時代の武将
〔藤原〕実能
徳大寺 実能　とくだいじ・さねよし　1096～1157　平安時代後期の公卿
〔山科〕実教
藤原 実教　ふじわらの・さねのり　1150～1227　平安後期～鎌倉時代の公卿
実斎〈号〉
宮内 嘉長　みやうち・よしなが　1789～1843　徳川中期の国学者　[出]下総海上郡新生町（今銚子市のうち）
実斎
藤木 実斎　ふじき・じつさい　1824～1859　幕末の漢学者
実経
一条 実経　いちじょう・さねつね　1223～1284　鎌倉中期の公卿
〔藤原〕実経
一条 実経　いちじょう・さねつね　1223～1284　鎌倉中期の公卿
実規
徳大寺 実通　とくだいじ・さねみち　1514～1545　戦国時代の公卿
実勝〈名〉
佐久間 直勝　さくま・なおかつ　1570～1642　徳川初期の茶道家（織部流）
実尊
大乗院 実尊　だいじょういん・じっそん　1180～1236　鎌倉前期の法相宗の僧
実朝
源 実朝　みなもとの・さねとも　1192～1219　鎌倉幕府第3代の将軍
〔西園寺〕実雄
洞院 実雄　とういん・さねお　1217～1273　鎌倉時代の公卿
〔藤原〕実雄
洞院 実雄　とういん・さねお　1217～1273　鎌倉時代の公卿
実順
今出川 実順　いまでがわ・さねあや　1832～1864　堂上公家（清華家）　[出]京都
〔菊亭〕実順〈別名〉
今出川 実順　いまでがわ・さねあや　1832～1864　堂上公家（清華家）　[出]京都
実廉
小倉 鹿門　おぐら・ろくもん　1703～1776　江戸時代中期の儒者
実愛
正親町三条 実愛　おおぎまちさんじょう・さねなる　1820～1909　維新期の元勲　[出]京都
〔嵯峨〕実愛
正親町三条 実愛　おおぎまちさんじょう・さねなる　1820～1909　維新期の元勲　[出]京都
実詮
実詮　じつせん　1662～1740　徳川中期真言宗の学匠　[出]丹波
実資
藤原 実資　ふじわらの・さねすけ　957～1046　平安時代の政治家、右大臣従一位
〔小野宮〕実資
藤原 実資　ふじわらの・さねすけ　957～1046　平安時代の政治家、右大臣従一位
〔一条〕実雅
藤原 実雅　ふじわらの・さねまさ　1196～1228　鎌倉時代の公卿
〔三条〕実雅
正親町三条 実雅　おおぎまちさんじょう・さねまさ　1409～1467　室町時代の公卿
〔藤原〕実綱
日野 実綱　ひの・さねつな　1013～1082　平安時代中期の官吏、漢詩人
実頼
藤原 実頼　ふじわらの・さねより　900～970　平安時代の政治家、摂政太政大臣従1位
〔小野宮〕実頼
藤原 実頼　ふじわらの・さねより　900～970　平安時代の政治家、摂政太政大臣従1位

【写】

写楽
東洲斎 写楽　とうしゅうさい・しゃらく　江戸中期の浮世絵師

【車】

車来
車来　しゃらい　～1733　俳人、芭蕉一門
車要
車庸　しゃよう　俳人、芭蕉一門　[出]大阪
車庸
車庸　しゃよう　俳人、芭蕉一門　[出]大阪

【舎】

舎人〈通称〉
高林 方朗　たかばやし・みちあきら　1769～1846　徳川中期の国学者　[出]遠江長上郡有玉
舎人〈通称〉

しゃ（捨, 斜, 謝） じゃ（蛇） しゃく（尺, 釈, 綽, 爵） じゃく（若）

鍋田 晶山　なべた・しょうざん　1788〜1858　磐城平藩中老
舎人親王
　舎人親王　とねりしんのう　〜735　天武天皇の皇子
〔嵐〕舎丸〈前名〉
　大谷 友右衛門　おおたに・ともえもん　1793〜1839　天保時代の大阪の歌舞伎俳優　㊍京都
〔藤原〕舎子
　青綺門院　せいきもんいん　1716〜1790　桜町天皇の女御、後桜町天皇の御母
舎安〈字〉
　北条 角暦　ほうじょう・すみまろ　1818〜1902　幕末明治の漢学者　㊍羽州新庄
舎利菩薩
　舎利尼　しゃりに　奈良時代の尼僧
舎羅
　榎並 舎羅　えなみ・しゃら　徳川中期の俳人　㊍大阪

【捨】

捨女
　田 捨女　でん・すてじょ　1634〜1698　徳川中期の俳人　㊍丹波氷上郡柏原村
捨魚
　至清堂 捨魚　しせいどう・すてな　江戸の狂歌師
捨蔵
　佐藤 一斎　さとう・いっさい　1772〜1859　徳川中末期の碩学　㊍江戸浜町

【斜】

斜嶺
　斜嶺　しゃれい　〜1702　俳人、芭蕉一門

【謝】

謝名親方
　謝名 利山　じゃな・りざん　1545〜1611　江戸前期琉球の三司官　㊍沖縄
謝菴
　丹羽 謝菴　にわ・しゃあん　1742〜1786　徳川中期の画家　㊍名古屋
謝徳
　八巣 謝徳　はっそう・しゃとく　〜1888　幕末明治の俳人　㊍江戸日本橋

【蛇】

蛇足
　曽我 蛇足　そが・じゃそく　室町時代の画僧

【尺】

尺山
　松永 尺山　まつなが・せきざん　江戸時代前期〜中期の俳人

【釈】

釈円房〈号〉

釈円 栄朝　しゃくえん・えいちょう　〜1247　上野長楽寺主
釈阿〈法名〉
　藤原 俊成　ふじわらの・としなり　1114〜1204　平安末・鎌倉初期の代表的歌人

【綽】

綽〈字〉
　佐藤 中陵　さとう・ちゅうりょう　1762〜1848　徳川中末期の本草学者　㊍江戸青山
綽空
　親鸞　しんらん　1173〜1262　浄土真宗の宗祖　㊍京都

【爵】

爵〈名〉
　天沼 恒庵　あまぬま・こうあん　1743〜1794　徳川中期の儒者　㊍江戸神田

【若】

若太夫
　富士岡 若太夫　ふじおか・わかだゆう　宝暦―安永時代の常磐津浄瑠璃の太夫、富士岡派の家元
若太夫（1代）
　豊竹 越前少掾　とよたけ・えちぜんのしょうじょう　1681〜1764　元禄―延享時代の義太夫節の浄瑠璃太夫、東風浄瑠璃の流祖　㊍大阪南船場
〔常磐津〕若太夫（1代）〈前名〉
　富士岡 若太夫　ふじおか・わかだゆう　宝暦―安永時代の常磐津浄瑠璃の太夫、富士岡派の家元
若太夫（2代）
　豊竹 若太夫（2代）　とよたけ・わかだゆう　〜1784　義太夫節の浄瑠璃太夫の名家　㊍大阪島の内周防町
〔常磐津〕若太夫（2代）
　船遊亭 扇橋（1代）　せんゆうてい・せんきょう　?〜1829　江戸時代後期の落語家
若太夫（4代）
　豊竹 若太夫（4代）　とよたけ・わかだゆう　〜1835　義太夫節の浄瑠璃太夫の名家　㊍紀州
若太夫（6代）
　豊竹 若太夫（6代）　とよたけ・わかだゆう　〜1869　義太夫節の浄瑠璃太夫の名家
若日下命
　草香幡梭皇女　くさかはたひのひめみこ　5世紀後半の皇后、仁徳天皇の皇女
若水
　稲生 若水　いのう・じゃくすい　1655〜1715　江戸中期の本草学者　㊍江戸
若水
　随朝 陳　ずいちょう・のぶる　1790〜1850　江戸中・末期の算家兼儒学者　㊍京都
若水
　入江 若水　いりえ・じゃくすい　1671〜1729　徳川中期の詩人　㊍摂州富田
〔稲〕若水
　稲生 若水　いのう・じゃくすい　1655〜1715　江戸中期の本草学者　㊍江戸

号・別名辞典　古代・中世・近世　213

若芝
　蘭渓　若芝　らんけい・じゃくし　1630～1707　江戸時代の画家、金工　㊗肥前国佐賀
〔河村〕若芝
　蘭渓　若芝　らんけい・じゃくし　1630～1707　江戸時代の画家、金工　㊗肥前国佐賀
若拙
　宗朗　しゅうろう　?～1778　江戸時代中期の僧
若狭
　八板　若狭　やいた・わかさ　1527～1570　刀匠八板金兵衛の娘　㊗薩摩種子島
〔八坂〕若狭
　八板　若狭　やいた・わかさ　1527～1570　刀匠八板金兵衛の娘　㊗薩摩種子島
若狭太夫〈2代〉
　鶴賀　新内（5代）　つるが・しんない　1826～1883　新内節浄瑠璃の太夫
若狭少将・宰相
　木下　長嘯子　きのした・ちょうしょうし　1569～1649　小浜城主、『挙白集』の著者
若狭目〈受領名〉
　藤原　吉次　ふじわらの・よしつぐ　近世初期の京都の浄瑠璃太夫、操り師
若狭守〈別称〉
　京極　高次　きょうごく・たかつぐ　1563～1609　京極氏中興の祖
若狭守
　神尾　春央　かんお・はるひで　1687～1753　江戸中期の幕臣、勘定奉行
若狭守〈別称〉
　藤原　吉次　ふじわらの・よしつぐ　近世初期の京都の浄瑠璃太夫、操り師
若狭掾
　鶴賀　若狭掾　つるが・わかさのじょう　1717～1786　新内浄瑠璃を創めた最初の人　㊗越前国敦賀
若狭掾〈別称〉
　藤原　吉次　ふじわらの・よしつぐ　近世初期の京都の浄瑠璃太夫、操り師
〔朝日〕若狭掾
　鶴賀　若狭掾　つるが・わかさのじょう　1717～1786　新内浄瑠璃を創めた最初の人　㊗越前国敦賀
若草舎〈号〉
　船曳　鉄門　ふなびき・かねと　1823～1895　幕末明治の国学者、祠官　㊗筑後三瀦郡鳥飼村字大石
若翁
　堀　若翁　ほり・じゃくおう　1734～1814　江戸時代中期～後期の俳人
若野毛二俣王
　若野毛二俣王　わかぬけふたまたのおう　応神天皇の皇子とされる人物
若夢〈号〉
　呂蛤　ろこう　化政期の俳人　㊗京都

【寂】

寂心
　慶滋　保胤　よししげの・やすたね　～1002　平安朝の儒者、詩文の大家
寂玄
　秋の坊　あきのぼう　徳川中期の俳人　㊗加賀
鶴来

寂光大師
　円澄　えんちょう　771～837　奈良朝・平安時代延暦寺座主第2世　㊗武蔵埼玉郡
寂西〈号〉
　藤原　信実　ふじわらの・のぶざね　1176～　鎌倉時代の画家にして歌人
寂念
　藤原　為業　ふじわらの・ためなり　平安時代の歌人
寂阿
　並木　寂阿　なみき・じゃくあ　1734～1801　江戸時代中期～後期の俳人
寂俊
　源　俊房　みなもとの・としふさ　1035～1121　平安時代後期の公卿
寂保斎〈号〉
　宇中　うちゅう　享保時代の俳人　㊗加賀の小松
寂昭
　寂昭　じゃくしょう　962～1034　恵心僧都の天台宗27問を携へて入宋した僧
寂庵〈別号〉
　椿　仲輔　つばき・なかすけ　1803～1846　徳川末期の国学者　㊗下総香取郡猿山村
寂済
　六角　寂済　ろっかく・じゃくさい　1348～1424　室町時代の画家
寂然
　藤原　頼業　ふじわらの・よりなり　平安末・鎌倉時代の歌人
寂超
　藤原　為経　ふじわらの・ためつね　平安時代の歌人
寂蓮
　寂蓮　じゃくれん　～1202　平安末期から鎌倉時代の歌僧
寂霊
　通幻　寂霊　つうげん・じゃくれい　1322～1391　曹洞宗通幻派の祖にして、同宗の興隆に与って力あつた僧　㊗豊後国東郡武蔵郷
寂囁〈号〉
　高森　正因　たかもり・まさよし　1640～1718　徳川初中期の医家　㊗京都

【雀】

雀庵
　加藤　雀庵　かとう・じゃくあん　1796～1875　俳人、雑学者　㊗江戸
雀斎〈号〉
　佐々城　朴庵　ささき・ぼくあん　徳川中期の婦人科医　㊗陸前桃生郡中津山村新田

【鵲】

鵲橋〈号〉
　天野　鵲橋　あまの・じゃくきょう　1792～1857　江戸末期の篆刻家

【主】

主一〈字〉
　望月　玉泉　もちずき・ぎょくせん　1834～1913　画家　㊗京都

主水〈俗称〉
円山 応挙　まるやま・おうきょ　1732～1795　写生画の大家、円山派の祖　[出]丹波国桑田郡穴太村
主水〈通称〉
宮内 嘉長　みやうち・よしなが　1789～1843　徳川中期の国学者　[出]下総海上郡新生町（今銚子市のうち）
主水〈別称〉
宮内 喜雄　みやうち・よしお　1826～1900　幕末明治の国学者
主水
上田 主水　うえだ・もんど　豊臣時代より徳川初期の茶人　[出]尾州
主水
大久保 藤五郎　おおくぼ・とうごろう　～1617　宇津左衛門五郎忠茂の五男、三河大久保党三六騎の1人
主水〈名〉
滝 方山　たき・ほうざん　1651～1730　徳川中期の俳人
主水〈通称〉
入谷 澄士　いりや・ちょうし　1806～1882　幕末・明治の文学者　[出]高松
主水〈通称〉
樋口 宗武　ひぐち・むねたけ　1674～1754　徳川中期の国学者　[出]京都
主水〈通称〉
樋口 泉　ひぐち・いずみ　1809～1874　幕末明治の和算家
主水〈通称〉
儘田 柳軒　ままだ・りゅうけん　1723～1795　歌人　[出]上野碓永郡松井田
〔宮藤〕主水
佐伯 稜威雄　さえき・いずお　1824～1865　幕末の志士、周防国佐波郡鈴屋村の八幡宮祠官　[出]周防国佐波郡鈴屋八幡宮
〔林〕主水〈通称〉
棹歌亭 真楫　とうかてい・まかじ　徳川中期の国学者、狂歌師
主水正
上田 重安　うえだ・しげやす　1563～1650　織豊～江戸時代前期の武将、茶人
主信〈名〉
井原 道閲　いはら・どうえつ　1649～1720　徳川初・中期の京都の医家　[出]筑前
主信
狩野 主信　かのう・もりのぶ　1675～1724　徳川幕府の奥絵師
主計〈通称〉
藤堂 良忠　とうどう・よしただ　1642～1666　江戸前期の俳人、津藩士　[出]伊賀上野
主計
武田 真元　たけだ・しんげん　～1846　徳川中末期の和算家　[出]泉州左海
主計
浅野 陵　あさの・りょう　江戸時代後期の医師
主計正〈通称〉
武田 真元　たけだ・しんげん　～1846　徳川中末期の和算家　[出]泉州左海
主馬〈通称〉
長野 主膳　ながの・しゅぜん　1815～1862　幕末の彦根藩重臣、歌人　[出]伊勢国飯高郡滝野村
〔吉田〕主馬
八代 利征　やしろ・としゆき　1832～1873　幕末の福岡藩士
主善〈字〉
阿部 惟親　あべ・これちか　1734～1808　徳川中期の史家、藩医　[出]鳥取
主税〈通称〉
荒木田 久老　あらきだ・ひさおい　1746～1804　国学者
主税〈通称〉
斎藤 定易　さいとう・さだやす　1657～1744　近世中期の馬術家
主税〈通称〉
大石 主税　おおいし・ちから　1688～1703　赤穂義士の一
主税〈通称〉
林 良輔　はやし・よしすけ　1819～1882　幕末の山口藩士　[出]長門国萩
主殿〈通称〉
益田 親祥　ますだ・ちかよし　1842～1886　萩藩永代家老代役　[出]長門国萩
主殿
滝平 主殿　たきひら・とのも　1837～1865　幕末の志士、常陸国行方郡玉造大宮神社祠官　[出]常陸国新治郡玉川村
主鈴〈通称〉
宮下 有常　みやした・ありつね　1814～1871　幕末の漢学者　[出]信濃松代
主鈴右衛門
人見 藤寧　ひとみ・とうねい　1818～1861　徳川中期の国学者、秋田藩士
主膳〈別称〉
深井 秋水　ふかい・しゅうすい　1642～1723　徳川中期の槍術家　[出]土佐高知
主膳〈通称〉
長野 主膳　ながの・しゅぜん　1815～1862　幕末の彦根藩重臣、歌人　[出]伊勢国飯高郡滝野村
主膳
古内 重広　ふるうち・しげひろ　1589～1658　江戸時代前期の武士
主膳
前田 茂勝　まえだ・しげかつ　1579～?　織豊～江戸時代前期の武将
主膳
中 清泉　なか・せいせん　1783～1847　江戸時代後期の儒者
主膳太夫（1代）
大薩摩 主膳太夫（1代）　おおざつま・しゅぜんだゆう　～1759　享保―宝暦時代の浄瑠璃太夫、大薩摩節の流祖　[出]水戸
主膳太夫（3代）
大薩摩 主膳太夫（3代）　おおざつま・しゅぜんだゆう　～1800　明和―寛政時代の浄瑠璃太夫、大薩摩節家元

【守】

守一

しゅ（守）

泉 守一　いずみ・しゅいち　～1814　徳川末期の画家　㊋江戸
守一〈名〉
大森 捜雲　おおもり・しゅううん　徳川中期享保頃の画家
〔寿香亭〕守一
泉 守一　いずみ・しゅいち　～1814　徳川末期の画家　㊋江戸
守三
仁村 守三　にむら・もりぞう　広島の真宗本願寺派の僧侶、異宗探索の諜者
守中
代賢 守中　だいけん・しゅちゅう　1515～1584　戦国〜織豊時代の僧
守太夫
祇園 守太夫　ぎおん・もりだゆう　天保時代の江戸の浄瑠璃太夫
守水老
寺野 守水老　てらの・しゅすいろう　1836～1907　俳人　㊋富山
守仙
彭叔 守仙　ほうしゅく・しゅせん　1490～1555　戦国時代の僧侶（臨済宗）　㊋信濃国
守正〈初名〉
安東 省庵　あんどう・せいあん　1622～1701　徳川初期の柳川藩儒　㊋筑後
守礼〈名〉
安東 節庵　あんどう・せつあん　1785～1835　徳川中期の儒者　㊋筑後柳川
守光〈名〉
谷 宗臨　たに・そうりん　1532～1601　織豊時代の雅人　㊋堺
守全法親王
天真法親王　てんしんほうしんのう　1664～1690　後西天皇の第5皇子
守行
高橋 守行　たかはし・もりゆき　1715～1766　徳川中期の里正、史学者　㊋上野山田郡桐生今泉
守村
新居 守村　あらい・もりむら　1808～1893　幕末明治期の国学者　㊋上野
守良
薗田 守良　そのだ・もりよし　1785～1840　徳川中期の律令学者　㊋伊勢宇治
〔荒木田〕守良
薗田 守良　そのだ・もりよし　1785～1840　徳川中期の律令学者　㊋伊勢宇治
守参〈諱〉
辻 六郎左衛門　つじ・ろくろうざえもん　1653～1738　江戸中期に活躍した地方巧者の幕臣
守周
神足 高雲　かんたり・こううん　江戸時代前期の画家
守拙〈号〉
坂本 朱拙　さかもと・しゅせつ　徳川中期の俳人　㊋豊後日田
守武
荒木田 守武　あらきだ・もりたけ　1473～1549　室町時代の俳人、伊勢内宮の神官
守直〈名〉

安東 佩庵　あんどう・とうあん　1667～1702　徳川初期の儒者
守直
石田 守直　いしだ・もりなお　1721～1786　徳川末期の画家　㊋京都
守舎
大垣 守舎　おおがき・もりや　1777～1830　徳川末期の狂歌師　㊋上野大間々
〔浅草庵〕守舎
大垣 守舎　おおがき・もりや　1777～1830　徳川末期の狂歌師　㊋上野大間々
守信
狩野 探幽　かのう・たんゆう　1602～1674　鍛冶橋狩野家の祖
守信亭
赤城山人　あかぎさんじん　江戸時代後期の戯作者
守宣
薗田 守宣　そのだ・もりのぶ　1823～1887　神宮学者
〔荒木田〕守宣
薗田 守宣　そのだ・もりのぶ　1823～1887　神宮学者
守政
狩野 探信　かのう・たんしん　1653～1718　徳川幕府の奥絵師
守約
安東 省庵　あんどう・せいあん　1622～1701　徳川初期の柳川藩儒　㊋筑後
守貞
喜田川 季荘　きたがわ・きそう　1810～　徳川中期の風俗史家　㊋大阪
守貞〈名〉
後高倉院　ごたかくらいん　1179～1223　高倉天皇の第2子
〔尾張部〕守貞〈別称〉
喜田川 季荘　きたがわ・きそう　1810～　徳川中期の風俗史家　㊋大阪
守貞親王
後高倉院　ごたかくらいん　1179～1223　高倉天皇の第2子
守重
近藤 重蔵　こんどう・じゅうぞう　1771～1829　江戸後期の旗本・探検家　㊋江戸駒込
守重〈名〉
明石 掃部　あかし・かもん　安土桃山・江戸前期の武将
守哲
代翁 守哲　だいおう・しゅてつ　1566～1627　織豊〜江戸時代前期の僧
守夏
荒木田 守夏　あらきだ・もりなつ　1668～1724　徳川中期の国学者、神道家　㊋宇治山田
守悦尼
慶光院 守悦尼　けいこういん・しゅえつに　?～1509　室町〜戦国時代の尼僧
守恕法親王
守恕法親王　しゅじょほうしんのう　1706～1729　京極宮文仁親王第2王子
守時
赤橋 守時　あかばし・もりとき　～1333　鎌倉時代の武将、鎌倉幕府の執権

しゅ（朱，姝，茱，首，株，珠，棕，種）

〔北条〕守時
 赤橋 守時 あかばし・もりとき ～1333 鎌倉時代の武将、鎌倉幕府の執権
〔井面〕守訓
 荒木田 守訓 あらきだ・もりのり 1767～1842 江戸時代中期～後期の神職、国学者
守常〈名〉
 山口 黒露 やまぐち・こくろ 1686～1767 徳川中期の俳人
〔薗田〕守晨
 荒木田 守晨 あらきだ・もりとき 1466～1516 室町～戦国時代の神職
守経〈名〉
 安東 守経 あんどう・もりつね 徳川中期明和頃の儒者 ㊶筑後柳川
守黒庵〈別号〉
 佐久間 柳居 さくま・りゅうきょ 1686～1748 徳川中期の俳人 ㊶江戸
守善
 石田 遊汀 いしだ・ゆうてい ?～1793 江戸時代中期～後期の画家
守富
 高木 守富 たかぎ・もりとみ 徳川中期の剣客、剣法玉影流の祖
守敬
 斎藤 守敬 さいとう・もりゆき 1810～1837 幕末の儒者 ㊶陸前遠田郡沼部村
守景
 久隅 守景 くすみ・もりかげ 江戸時代前期の画家
守琮
 泰雲 守琮 たいうん・しゅそう 1433～1501 室町～戦国時代の僧
守雄〈名〉
 中川 濁子 なかがわ・じょくし 徳川中期の俳人、大垣藩士
守継〈名〉
 佐々木 泉景 ささき・せんけい 1773～1848 徳川中期の画家
守雌〈名〉
 松本 槐柯 まつもと・さいか 1785～1840 徳川中期の俳人 ㊶江戸
守静〈号〉
 春原 定信 はるはら・さだのぶ 1812～1886 国学者
守澄法親王
 守澄法親王 しゅちょうほうしんのう 1634～1680 輪王寺宮門跡の初代、後水尾天皇第6皇子
守親
 井上 守親 いのうえ・もりちか 彫金家
守謙
 越渓 守謙 えっけい・しゅけん 1810～1884 妙心寺主 ㊶若狭
守彝
 薗田 一斎 そのだ・いっさい 1785～1851 江戸時代後期の儒者

【朱】

朱拙
 坂本 朱拙 さかもと・しゅせつ 徳川中期の俳人 ㊶豊後日田

朱雀天皇
 朱雀天皇 すざくてんのう 923～952 第61代の天皇
朱楽館〈号〉
 朱楽 菅江 あけら・かんこう 1740～1800 江戸時代の狂歌師、戯作者 ㊶江戸四谷二十騎町
朱樹叟〈号〉
 井上 士朗 いのうえ・しろう 1742～1812 江戸後期の俳人 ㊶尾張国守山
朱縞〈名〉
 宋 素卿 そう・そけい ～1525 室町後期の日明貿易家 ㊶明国浙江

【姝】

姝子内親王
 姝子内親王 しゅしないしんのう 1141～1176 鳥羽天皇第6皇女、二条天皇中宮

【茱】

茱月洞〈号〉
 藤井 晋流 ふじい・しんりゅう 1681～1761 徳川中期の俳人 ㊶上州小泉村

【首】

首皇子
 聖武天皇 しょうむてんのう 701～756 第45代の天皇

【株】

株修
 丸山 株修 まるやま・もとのぶ 1793～1866 書家、歌人 ㊶備中小田郡笠岡町
株徳
 丸山 株徳 まるやま・もとのり 1834～1909 歌人 ㊶備中小田郡笠岡町

【珠】

珠永輝〈唐名〉
 仲宗根 喜元 なかずに・きげん 琉球焼の名工
珠光
 村田 珠光 むらた・じゅこう ～1502 室町後期の茶人
珠林舎〈号〉
 木村 蒹葭 きむら・きどう ～1810 徳川中期の俳人 ㊶近江大津
珠阿光冏〈別称〉
 隆誉 りゅうよ ～1492 室町時代の僧 ㊶近江蒲生郡

【棕】

棕軒
 阿部 正精 あべ・まさきよ 1775～1826 江戸時代後期の大名

【種】

号・別名辞典 古代・中世・近世 217

じゅ（寿）

種子女王
　種子女王　たねこじょおう　1810〜1863　伏見宮貞敬親王第6王女
種方〈名〉
　原田 七郎　はらだ・しちろう　1816〜1866　幕末の志士
〔青柳〕種正
　長野 種正　ながの・たねまさ　1789〜1854　江戸時代後期の国学者
種次郎〈通称〉
　佐久間 果園　さくま・かえん　1803〜1892　幕末明治の国学者、豊前小倉藩士
種村
　大矢野 種村　おおやの・たねむら　鎌倉時代の元寇の偉勲者
種臣
　副島 種臣　そえじま・たねおみ　1828〜1905　佐賀藩士、明治時代の功臣、伯爵
種実
　秋月 種実　あきづき・たねざね　1545〜1596　戦国時代の武将
種実
　樋口 種実　ひぐち・たねざね　1794〜1864　徳川末期の国学者　㊤日向延岡中町
種明
　原田 権左衛門　はらだ・ごんざえもん　江戸時代前期の馬術家
種直
　原田 種直　はらだ・たねなお　源平内乱期の武将
種茂
　原田 七兵衛　はらだ・しちべえ　1636〜1703　江戸時代前期の馬術家
種信〈号〉
　青柳 種信　あおやぎ・たねのぶ　1766〜1825　徳川中期の国学者、福岡藩士　㊤筑前福岡
種保
　大矢野 種保　おおやの・たねやす　鎌倉時代の元寇の偉勲者　㊤肥後天草郡大矢野島
〔高屋〕種彦
　柳亭 種彦(1世)　りゅうてい・たねひこ　1783〜1842　戯作者　㊤江戸
種彦(1世)
　柳亭 種彦(1世)　りゅうてい・たねひこ　1783〜1842　戯作者　㊤江戸
種彦(2世)
　柳亭 種彦(2世)　りゅうてい・たねひこ　1806〜1868　神官、戯作者　㊤尾張国熱田
種彦(3代)
　柳亭 種彦(3代)　りゅうてい・たねひこ　1838〜1885　幕府の坊主衆、戯作者　㊤江戸浅草七軒町組屋敷
種常
　長尾 種常　ながお・たねつね　高岡城主
種清
　柳水亭 種清　りゅうすいてい・たねきよ　1821〜1907　戯作者
種雄〈名〉
　原田 復初　はらだ・ふくしょ　1767〜1825　徳川中期の儒者　㊤肥前佐賀
種寛

朝江 種寛　あさえ・たねひろ　1638〜?　江戸時代前期の俳人
種徳〈字〉
　佐伯 桜谷　さえき・おうこく　〜1858　幕末の漢学者
種徳親王
　増賞法親王　ぞうしょうほうしんのう　1734〜1770　職仁親王の王子
種穎
　秋月 種茂　あきづき・たねしげ　1744〜1819　江戸時代中期〜後期の大名

【寿】

寿〈別名〉
　嵐 三右衛門(10代)　あらし・さんえもん　1805〜1859　大阪の歌舞伎俳優、天保―安政時代の若女方の上手
寿一郎〈通称〉
　高島 千春　たかしま・ちはる　1777〜1859　大和絵画家　㊤大阪
〔真鍋〕寿七郎
　竹志田 熊雄　たけした・くまお　1846〜1863　幕末の志士　㊤肥後玉名郡大浜町
寿人
　瀬脇 寿人　せわき・ひさと　1823〜1878　幕末の蘭英学者　㊤周防熊毛郡小周防村
寿三郎〈前名〉
　嵐 璃寛(2代)　あらし・りかん　1788〜1837　大阪の歌舞伎俳優、文政・天保時代の立役の名優　㊤大阪新靱町
〔坂東〕寿三郎(1代)
　中村 歌七(4代)　なかむら・かしち　1817〜1881　大阪の歌舞伎俳優
〔山の井〕寿女
　泉源楼 うず女　せんげんろう・うずめ　1792〜1860　江戸時代後期の狂歌師
寿子内親王
　徽安門院　きあんもんいん　1318〜1358　花園天皇の第2皇女
寿元
　岡 寿元　おか・じゅげん　徳川初期の小児科医
寿六〈通称〉
　佐々木 真足　ささき・またり　1761〜1838　徳川中期京都の歌人
寿太郎
　奥田 頼杖　おくだ・らいじょう　?〜1849　江戸時代後期の心学者
〔坂東〕寿太郎(2代)
　市川 鰕十郎(4代)　いちかわ・えびじゅうろう　1809〜1858　歌舞伎俳優、弘化―安政時代の立役の上手
寿太郎(3代)
　坂東 寿太郎(3代)　ばんどう・じゅたろう　1843〜1873　大阪の歌舞伎俳優
〔神吉〕寿平〈通称〉
　甚左衛門　じんざえもん　1766〜1820　徳川中期の肥後の金工家
〔倉橋〕寿平
　恋川 春町　こいかわ・はるまち　1744〜1789　江戸中期の浮世絵師、戯作者　㊤駿州田中

寿安
後藤 寿安　ごとう・じゅあん　1578～1623　江戸前期のキリシタン
寿安
北山 寿安　きたやま・じゅあん　～1701　徳川初期の医家　[出]肥前長崎
寿成門院
寿成門院　じゅせいもんいん　1302～　後二条天皇の皇女
〔宝田〕寿助
劇神仙（2代）　げきしんせん　江戸の歌舞伎狂言作者
寿妖軒〈号〉
立花 北枝　たちばな・ほくし　～1718　徳川中期の俳人　[出]加賀国小松
寿応丸〈幼名〉
飛鳥井 雅世　あすかい・まさよ　1390～1452　室町時代の公卿にして歌人、雅縁の子
寿秀
田付 東渓　たつけ・とうけい　1757～1833　江戸時代後期の蒔絵師
寿昌
徳永 寿昌　とくなが・ながまさ　1549～1612　戦国―徳川初期の武将、美濃高須城主　[出]近江
寿采
既白 寿采　きはく・じゅさい　江戸時代前期の画僧
寿昭
福間 寿昭　ふくま・じゅしょう　1807～1885　徳山藩家老　[出]周防国都濃郡徳山村
寿星
南極 寿星　なんごく・じゅせい　?～1490　室町時代の僧
寿海（1世）〈俳名〉
市川 団十郎（7代）　いちかわ・だんじゅうろう　1791～1859　歌舞伎俳優、文政・天保時代の江戸劇壇を代表する立役の名優　[出]江戸
〔市川〕寿美蔵（3代）
中山 富三郎（2代）　なかやま・とみさぶろう　1793～1837　江戸の歌舞伎俳優
寿美蔵（4代）
市川 雷蔵（4代）　いちかわ・らいぞう　1820～1866　歌舞伎俳優、安政―慶応時代の立役
寿軌
寿軌　ひでのり　徳川中期の金工
寿桂
月舟 寿桂　げっしゅう・じゅけい　?～1533　室町～戦国時代の僧
寿純
有馬 一準　ありま・かずのり　1698～1757　江戸時代中期の大名
寿庵
黒川 寿庵　くろかわ・じゅあん　～1697　江戸前期に来日したイタリア人宣教師
〔桔梗屋〕寿庵〈名〉
橋本 多兵衛　はしもと・たひょうえ　～1619　京都キリシタンの柱石
寿理安
中浦 ジュリアン　なかうら・じゅりあん　1568～1633　天正遣欧切支丹少年使節団の副使　[出]肥前波佐見
寿萊
宝田 寿萊　たからだ・じゅらい　1740～1796　天明時代の江戸の歌舞伎狂言作者　[出]江戸
寿萊
宝田 寿萊　たからだ・じゅらい　1740～1796　天明時代の江戸の歌舞伎狂言作者　[出]江戸
寿閑〈別称〉
阿比留 茂山　あひる・もさん　朝鮮釜山窯の名工、対島の厳原在の人
寿愷〈名〉
一柳 亀峰　ひとつやなぎ・きほう　1804～1855　徳川末期伊予小松藩士
寿輔〈別名〉
並木 十輔　なみき・じゅうすけ　宝暦―寛政時代の大阪の歌舞伎狂言作者

【樹】

樹下子〈号〉
春秋庵 幹雄　しゅんじゅうあん・みきお　1829～1910　俳人　[出]磐城（現・福島県）石川郡形見村
樹堂
青木 樹堂　あおき・じゅどう　1807～1881　徳川末期・明治初期の漢学者

【収】

収
石井 三朶花　いしい・さんだか　1649～1724　江戸時代前期～中期の儒者
収二郎
平井 収二郎　ひらい・しゅうじろう　1835～1863　幕末の高知藩士　[出]土佐
収蔵〈幼名〉
高橋 梨一　たかはし・りいち　1714～1783　徳川中期の俳人
収駿窩〈号〉
高屋 近文　たかや・ちかぶみ　1681～1719　徳川中期の神学者　[出]土佐

【州】

州五郎〈名〉
伴 信友　ばん・のぶとも　1772～1846　徳川中期の国学者　[出]若狭遠敷郡小浜
州信
狩野 永徳　かのう・えいとく　1543～1590　安土桃山時代の画家　[出]京都

【舟】

舟山
桜井 舟山　さくらい・しゅうざん　1717～1757　徳川中期出石藩の儒者
舟竹
清水 周竹　しみず・しゅうちく　徳川中期の俳人　[出]江戸
舟泉
舟泉　しゅうせん　～1737　俳人、芭蕉一門　[出]三河の挙母
舟雪〈号〉
安西 雲煙　あんざい・うんえん　1806～1852　徳川中期の書画商、画家

【秀】

秀〈名〉
荒川 天散　あらかわ・てんさん　1652〜1734　徳川中期の漢学者　㊗山城国

秀一
長谷川 秀一　はせがわ・ひでかず　〜1594　織豊時代の武将　㊗尾張

秀一
福田 秀一　ふくだ・ひでいち　1839〜1870　幕末の名古屋藩士　㊗名古屋東田町

秀久
仙石 秀久　せんごく・ひでひさ　1551〜1614　戦国時代の武将、秀吉麾下　㊗美濃加茂郡黒岩村

〔藤原〕秀子
陽禄門院　ようろくもんいん　1311〜1352　光厳天皇の妃

〔叶〕秀之助〈前名〉
嵐 雛助(2代)　あらし・ひなすけ　1774〜1801　大阪の歌舞伎俳優、寛政・享和時代の立役の上手

秀之助(2代)〈前名〉
嵐 雛助(4代)　あらし・ひなすけ　〜1825　大阪の歌舞伎俳優、文政時代の立役

秀之進〈本名〉
下斗米 秀之進　しもどまい・ひでのしん　1798〜1822　江戸後期檜山騒動の主謀者　㊗奥州南部

秀仁親王
四条天皇　しじょうてんのう　1231〜1242　第87代天皇

秀太郎〈幼名〉
市川 文吉　いちかわ・ぶんきち　1847〜1927　1865年渡露、外務省官吏で千島・樺太交換条約締結に尽力

〔李〕秀文
秀文　しゅうぶん　1403〜?　朝鮮から渡来した画家

秀以
青木 紀伊守　あおき・きいのかみ　〜1600　秀長の臣

秀以
前田 秀以　まえだ・ひでもち　1576〜1601　丹波亀山城主

秀包
毛利 秀包　もうり・ひでかね　1566〜1601　戦国時代の筑後久留米城主

〔小早川〕秀包
毛利 秀包　もうり・ひでかね　1566〜1601　戦国時代の筑後久留米城主

秀本〈号〉
石村 近江(11代)　いしむら・おうみ　〜1865　三味線の名工

秀永
大森 重光(4代)　おおもり・しげみつ　江戸の金工家

秀吉
豊臣 秀吉　とよとみ・ひでよし　1536?〜1598　関白太政大臣　㊗尾張中村

〔羽柴〕秀吉
豊臣 秀吉　とよとみ・ひでよし　1536?〜1598　関白太政大臣　㊗尾張中村

秀吉室杉原氏
豊臣 秀吉室杉原氏　とよとみ・ひでよししつすぎはらし　1542〜1624　北政所　㊗尾張

秀成
堀 秀成　ほり・ひでなり　1819〜1887　国語学者　㊗下総古河

秀次
小笠原 玄也　おがさわら・げんや　〜1636　細川忠興の重臣

秀次
豊臣 秀次　とよとみ・ひでつぐ　1568〜1595　織豊時代の武将

〔羽柴〕秀次
豊臣 秀次　とよとみ・ひでつぐ　1568〜1595　織豊時代の武将

秀次(1代)
篠井 秀次(1代)　しののい・ひでつぐ　漆工

秀次(2代)
篠井 秀次(2代)　しののい・ひでつぐ　漆工　㊗奈良

秀次(3代)
篠井 秀次(3代)　しのい・ひでつぐ　江戸初期の塗師

秀次(4代)
篠井 秀次(4代)　しのい・ひでつぐ　江戸前期の塗師

秀行
蒲生 秀行　がもう・ひでゆき　1583〜1612　会津若松城主

秀伴
結城 秀伴　ゆうき・ひでとも　1820〜1897　明治時代の神官

〔菅井〕秀助
増田 仁右衛門　ますだ・にえもん　1840〜1865　幕末の膳所藩主

秀甫
本因坊 秀甫　ほんいんぼう・しゅうほ　1838〜1886　本因坊第18世　㊗江戸上車坂下

〔村瀬〕秀甫
本因坊 秀甫　ほんいんぼう・しゅうほ　1838〜1886　本因坊第18世　㊗江戸上車坂下

秀典
喜多川 秀典　きたがわ・ひでつね　彫工、彦根彫の元祖　㊗京師八幡町

秀和
小野寺 十内　おのでら・じゅうない　1643〜1703　江戸時代前期の武士

秀和
大野 秀和　おおの・しゅうわ　1651〜1714　江戸時代前期〜中期の俳人

秀実
渡辺 秀実　わたなべ・しゅうじつ　1778〜1830　江戸時代の画家　㊗長崎

秀延〈名〉
田代 松意　たしろ・しょうい　徳川中期の俳人　㊗大和

秀忠
徳川 秀忠　とくがわ・ひでただ　1578〜1632　徳川第2代将軍　㊗遠江浜松

〔徳川〕秀忠室
崇源院　すうげんいん　1573〜1626　2代将軍徳川秀忠の室

秀昌
　磯野 員昌　いその・かずまさ　戦国〜織豊時代の武将
秀明〈諱〉
　伊庭 是水軒　いば・ぜすいけん　1649〜1713　徳川中期の剣客にして心形刀流剣術の祖
秀治
　堀 秀治　ほり・ひではる　1575〜1606　桃山・徳川時代初期の武将
秀直
　村松 喜兵衛　むらまつ・きへえ　1642〜1703　江戸時代前期の武士
秀茂
　文廼屋 秀茂　ふみのや・ひでしげ　1843〜1923　狂歌師
秀長
　豊臣 秀長　とよとみ・ひでなが　〜1591　秀吉の異父弟
〔羽柴〕秀長
　豊臣 秀長　とよとみ・ひでなが　〜1591　秀吉の異父弟
秀俊〈名〉
　三田村 国定　みたむら・くにさだ　〜1573　浅井長政の族臣
〔羽柴〕秀俊
　小早川 秀秋　こばやかわ・ひであき　1577〜1602　安土・桃山時代の大名　⑬近江国長浜
〔豊臣〕秀俊
　小早川 秀秋　こばやかわ・ひであき　1577〜1602　安土・桃山時代の大名　⑬近江国長浜
秀信
　織田 秀信　おだ・ひでのぶ　1580〜1601　織豊時代の美濃国岐阜城主
秀信
　狩野 柳雪　かのう・りゅうせつ　1647〜1712　江戸時代前期〜中期の画家
秀保
　羽柴 秀保　はしば・ひでやす　1579〜1595　関白秀次の末弟三好吉房（三位法印一路）の第3子
〔豊臣〕秀保
　羽柴 秀保　はしば・ひでやす　1579〜1595　関白秀次の末弟三好吉房（三位法印一路）の第3子
秀政
　青木 紀伊守　あおき・きいのかみ　〜1600　秀長の臣
秀政
　堀 秀政　ほり・ひでまさ　1553〜1590　織田豊臣時代の武将　⑬美濃の茜部
秀祐〈名〉
　大森 漸斎　おおもり・ぜんさい　1545〜1626　徳川初期の儒者、書家、茶人
秀秋
　小早川 秀秋　こばやかわ・ひであき　1577〜1602　安土・桃山時代の大名　⑬近江国長浜
秀胤
　三牧 謙蔵　みまき・けんぞう　1839〜1865　幕末の尊攘運動家
〔上総〕秀胤
　千葉 秀胤　ちば・ひでたね　？〜1247　鎌倉時代の武将
秀重〈名〉

　加賀井 重望　かがのい・しげもち　1561〜1600　重宗の子、名は幾つも伝わっている
秀倉
　高橋 秀倉　たかはし・ほくら　〜1759　徳川中期の国学者
秀家
　宇喜多 秀家　うきた・ひでいえ　1572〜1655　安土・桃山時代の武将　⑬備前国岡山
秀真〈名〉
　高木 大翁　たかぎ・たいおう　幕末の画家
〔越谷〕秀真
　会田 吾山　あいだ・ござん　1717〜1787　徳川中期の俳人にて言語学者　⑬武蔵越谷村
秀康
　結城 秀康　ゆうき・ひでやす　1574〜1607　下総結城城主、晴朝の養子、実は家康の次男　⑬遠江敷智郡宇布見村
〔羽柴〕秀康
　結城 秀康　ゆうき・ひでやす　1574〜1607　下総結城城主、晴朝の養子、実は家康の次男　⑬遠江敷智郡宇布見村
〔松平〕秀康
　結城 秀康　ゆうき・ひでやす　1574〜1607　下総結城城主、晴朝の養子、実は家康の次男　⑬遠江敷智郡宇布見村
〔徳川〕秀康
　結城 秀康　ゆうき・ひでやす　1574〜1607　下総結城城主、晴朝の養子、実は家康の次男　⑬遠江敷智郡宇布見村
〔豊臣〕秀康
　結城 秀康　ゆうき・ひでやす　1574〜1607　下総結城城主、晴朝の養子、実は家康の次男　⑬遠江敷智郡宇布見村
秀斎〈号〉
　藤田 助次郎　ふじた・すけじろう　1824〜1880　幕末・明治の和算家　⑬備中都窪郡常盤村
秀望〈名〉
　加賀井 重望　かがのい・しげもち　1561〜1600　重宗の子、名は幾つも伝わっている
〔藤原〕秀郷
　俵 藤太　たわら・とうた　ムカデ退治伝説の主人公
秀勝
　羽柴 秀勝　はしば・ひでかつ　1569〜1592　安土桃山時代の武将、秀吉の甥
秀勝
　羽柴 秀勝　はしば・ひでかつ　1568〜1585　織田信長の第4子
〔豊臣〕秀勝
　羽柴 秀勝　はしば・ひでかつ　1569〜1592　安土桃山時代の武将、秀吉の甥
〔豊臣〕秀勝
　羽柴 秀勝　はしば・ひでかつ　1569〜1592　安土桃山時代の武将、秀吉の甥
秀堅
　清宮 秀堅　せいみや・ひでかた　1809〜1879　徳川末期・明治初期の国学者　⑬下総佐原
秀満
　明智 秀満　あけち・ひでみつ　〜1582　安土・桃山時代の武将、明智光秀の家老
秀満

しゅう（周）

鈴鹿 秀満　すずか・ひでまろ　1797〜1877　幕末明治初期の歌人、祠官
秀雄
　織田 秀雄　おだ・ひでかつ　1583〜1610　越前大野城主
〔白井〕秀雄〈本名〉
　菅江 真澄　すがえ・ますみ　1754?〜1829　徳川中期の国学者、紀行家　㊐三河岡崎
秀煕〈名〉
　春木 南溟　はるき・なんめい　1795〜1878　徳川末期の南宗画家
〔佐々木〕秀詮
　京極 秀詮　きょうごく・ひであき　?〜1362　南北朝時代の武将
秀種
　多賀 秀種　たが・ひでたね　1565〜1616　武将
〔堀〕秀種
　多賀 秀種　たが・ひでたね　1565〜1616　武将
秀綱
　佐々木 秀綱　ささき・ひでつな　〜1353　吉野朝時代の武将、検非違使
秀綱
　鮭延 秀綱　さけのぶ・ひでつな　最上氏家臣
〔京極〕秀綱
　佐々木 秀綱　ささき・ひでつな　〜1353　吉野朝時代の武将、検非違使
秀調〈1代〉
　坂東 三津五郎〈4代〉　ばんどう・みつごろう　1800〜1863　江戸の歌舞伎俳優　㊐江戸
秀調〈2代〉
　坂東 秀調〈2代〉　ばんどう・しゅうちょう　1848〜1901　江戸の歌舞伎俳優　㊐名古屋の薬屋町
秀賢
　舟橋 秀賢　ふなはし・ひでかた　1575〜1614　江戸初期の公卿、明経博士
〔清原〕秀賢
　舟橋 秀賢　ふなはし・ひでかた　1575〜1614　江戸初期の公卿、明経博士
〔船橋〕秀賢
　舟橋 秀賢　ふなはし・ひでかた　1575〜1614　江戸初期の公卿、明経博士
秀頼
　毛利 秀頼　もうり・ひでより　〜1593　信長の臣、赤母衣衆、のち秀吉麾下　㊐江州小谷
〔豊臣〕秀頼室
　千姫　せんひめ　1597〜1666　徳川秀忠の第一女、豊臣秀頼の夫人　㊐京都伏見

【周】

周九
　万里 集九　ばんり・しゅうく　1428〜　室町後期の禅僧（臨済宗）
周三〈名〉
　山本 利兵衛〈2代〉　やまもと・りへえ　1743〜1791　京都の蒔絵師
周丸〈小字〉
　岩倉 具視　いわくら・ともみ　1825〜1883　幕末明治中期時代の政治家、維新の元勲　㊐京都
周及
　愚中 周及　ぐちゅう・しゅうきゅう　1322〜1409　吉野朝・室町時代の僧、愚中派の派祖　㊐美濃
〔島津〕周子
　賢章院　けんしょういん　1792〜1824　島津斉興の妻
周之
　周元　しゅうげん　室町〜戦国時代の画家
周文
　越渓 周文　えっけい・しゅうぶん　室町時代の画僧（禅宗）
〔天章〕周文
　越渓 周文　えっけい・しゅうぶん　室町時代の画僧（禅宗）
周右衛門〈通称〉
　今城 峴山　いまき・けんざん　徳川中期の松本藩の儒者
周左衛門〈1代〉
　加藤 周左衛門〈1代〉　かとう・しゅうざえもん　尾張瀬戸の陶工
周左衛門〈2代〉
　加藤 周左衛門〈2代〉　かとう・しゅうざえもん　尾張瀬戸の陶工
〔新興〕周平
　牧 夏岳　まき・かがく　?〜1763　江戸時代中期の書家
周平光重〈号〉
　高橋 道八〈1代〉　たかはし・どうはち　1740〜1804　京都の陶工　㊐伊勢亀山藩
周玉
　安立坊 周玉　あんりつぼう・しゅうぎょく　江戸時代の華道家
周竹
　清水 周竹　しみず・しゅうちく　徳川中期の俳人　㊐江戸
周伯
　浅井 周伯　あさい・しゅうはく　1643〜1705　医家
周応
　曇芳 周応　どんぽう・しゅうおう　?〜1401　南北朝〜室町時代の僧
周沢
　竜湫 周沢　りゅうしゅう・しゅうたく　1308〜1388　五山文学者、建仁・天竜・南禅寺主　㊐甲斐国
周良
　策彦 周良　さくげん・しゅうりょう　1501〜1579　戦国時代の禅僧（臨済宗）　㊐丹波
周典親王
　守恕法親王　しゅじょほうしんのう　1706〜1729　京極宮文仁親王第2王子
周延
　豊原 周延　とよはら・ちかのぶ　1838〜1912　画家　㊐越後高田
〔橋本〕周延
　豊原 周延　とよはら・ちかのぶ　1838〜1912　画家　㊐越後高田
〔揚洲〕周延
　豊原 周延　とよはら・ちかのぶ　1838〜1912　画家　㊐越後高田
周東
　片山 周東　かたやま・しゅうとう　?〜1784　江戸時代中期の俳人
周知〈名〉

しゅう（宗）

山本 荷分　やまもと・かけい　1648～1716　徳川中期の俳人　⑩名古屋の城東志水
周信
　義堂 周信　ぎどう・しゅうしん　1324～1388　南北朝時代の禅僧（臨済宗）、五山文学者
周信
　狩野 周信　かのう・ちかのぶ　1660～1728　木挽町狩野家三代目の画家
〔宇田〕周悦
　萱野 宗斎（萱野流3世）　かやの・そうさい　1683～1739　茶匠
周挙〈名〉
　加藤 暁台　かとう・ぎょうだい　1732～1792　天明期の俳人　⑩名古屋
周朗
　月庭 周朗　げってい・しゅうろう　1322～1403　南北朝～室町時代の僧
周乾
　用健 周乾　ようけん・しゅうけん　1376～1431　室町時代の僧
周崇
　太岳 周崇　たいがく・しゅうすう　1345～1423　南北朝・室町前期の禅僧（臨済宗）　⑩阿波
周斎
　坂本 周斎　さかもと・しゅうさい　1666～1749　徳川中期の茶道家
周斎
　浅井 周斎　あさい・しゅうさい　～1800　山城南山焼の主人
周斎〈号〉
　谷村 直　たにむら・なおし　1828～1865　明治維新の金沢藩の志士
周渓〈号〉
　渡辺 清　わたなべ・きよし　1778～1861　大和絵派の画家　⑩名古屋
周清尼
　慶光院 周清尼　けいこういん・しゅせいに　?～1648　江戸時代前期の尼僧
周皎
　碧潭 周皎　へきたん・しゅうこう　1291～1374　禅僧
周勝
　古篭 周勝　こどう・しゅうしょう　1370～1433　相国・南禅寺主、五山文学者
周弼
　青木 周弼　あおき・しゅうすけ　1803～1863　徳川末期の蘭医　⑩周防大島
周敦親王
　性承法親王　しょうじょうほうしんのう　1637～1678　後水尾天皇の第7皇子
周暁〈本名〉
　猨山 竜池　さやま・りょうち　～1792　徳川中期江戸の書家
周賀
　慶仲 周賀　きょうちゅう・しゅうが　1363～1425　室町時代五山文学者たる相国、天竜寺主
周超
　越翁 周超　えつおう・しゅうちょう　～1540　総寧寺主　⑩江州
周達〈号〉

谷村 直　たにむら・なおし　1828～1865　明治維新の金沢藩の志士
周道〈名〉
　平住 専庵　ひらずみ・せんあん　徳川中期大阪の儒者
周徳
　惟馨 周徳　いけい・しゅうとく　室町時代の画家
周輔〈通称〉
　岡田 僑　おかだ・たかし　1806～1880　明治初期の史家　⑩淡路津名郡王子村
周鳳
　瑞渓 周鳳　ずいけい・しゅうほう　1391～1473　相国寺主、五山文学者　⑩和泉堺
周慶親王
　堯延法親王　ぎょうえんほうしんのう　1676～1718　霊元天皇第6皇子
周蔵〈名〉
　平賀 蕉斎　ひらが・しょうさい　～1804　徳川中期安芸の儒者
〔勝浦〕周蔵
　勝井 源八　かつい・げんぱち　1778～1828　文化・文政時代の江戸の歌舞伎狂言作者　⑩武州浦和
〔木津屋〕周蔵〈通称〉
　鉄格子 波丸　てつごうし・なみまる　～1811　徳川中期大阪の狂歌師
周養尼
　慶光院 周養尼　けいこういん・しゅように　?～1611　織豊～江戸時代前期の尼僧
周輸親王
　真仁法親王　しんにんほうしんのう　1768～1805　閑院宮典仁親王（慶光天皇）第5王子
周興
　周興　しゅうこう　～1579　足利氏家臣
周興
　彦竜 周興　げんりゅう・しゅうこう　1458～1491　臨済宗の僧、五山文学者
周麟
　景徐 周麟　けいじょ・しゅうりん　1440～1518　室町時代の禅僧、五山文学者

【宗】

宗一郎〈通称〉
　伊舟城 源一郎　いばらぎ・げんいちろう　1830～1864　幕末の志士　⑩姫路
宗乙
　虎哉 宗乙　こさい・そうおつ　1530～1611　戦国～江戸時代前期の僧
宗七〈通称〉
　宗好　そうこう　～1711　俳人、芭蕉一門　⑩伊賀上野
宗七
　宗七（1代）　そうしち　～1766　筑前博多瓦町の素焼物細工師　⑩播州
〔正木〕宗七
　宗七（1代）　そうしち　～1766　筑前博多瓦町の素焼物細工師　⑩播州
宗七（1代）
　宗七（1代）　そうしち　～1766　筑前博多瓦町の素焼物細工師　⑩播州
宗九

しゅう（宗）

徹岫 宗九　てっしゅう・しゅうく　1481～1557
京都大徳寺（臨済宗）の禅僧　㊤近江石山

宗二
山上 宗二　やまのうえ・そうじ　1544～1590　茶人　㊤堺山上

宗二
松尾 宗二　まつお・そうじ　1677～1752　徳川中期の茶人　㊤京都

宗二（宗次）
大江丸　おおえまる　1722～1805　化政期の俳人　㊤大阪

〔林〕宗二
饅頭屋 宗二（1代）　まんじゅうや・そうじ　1498～1581　歌人　㊤大和奈良

宗二（1代）
饅頭屋 宗二（1代）　まんじゅうや・そうじ　1498～1581　歌人　㊤大和奈良

宗入〈号〉
楽 吉左衛門（5代）　らく・きちざえもん　1664～1716　京都楽焼の家元

宗入居士〈号〉
髙瀬 梅盛　たかせ・ばいせい　1611～1699　徳川中期の俳人、貞門七俳仙の1人

宗十郎〈通称〉
三井 髙陰　みつい・たかかげ　1759～1839　江戸末期の国学者

宗十郎（遙波宗十郎）
沢村 宗十郎（遙波宗十郎）　さわむら・そうじゅうろう　～1748　歌舞伎俳優　㊤京都

宗十郎（1代）
沢村 宗十郎（1代）　さわむら・そうじゅうろう　1685～1756　歌舞伎俳優　㊤京都西上京

宗十郎（2代）
沢村 宗十郎（2代）　さわむら・そうじゅうろう　1713～1770　歌舞伎俳優

宗十郎（3代）
沢村 宗十郎（3代）　さわむら・そうじゅうろう　1753～1801　歌舞伎俳優　㊤江戸

宗十郎（4代）
沢村 源之助（1代）　さわむら・げんのすけ　歌舞伎俳優　㊤江戸

宗十郎（5代）
沢村 源之助（2代）　さわむら・げんのすけ　歌舞伎俳優

〔沢村〕宗十郎（6代）
助高屋 高助（4代）　すけたかや・たかすけ　1838～1886　江戸の歌舞伎俳優

宗三
近藤 寿俊　こんどう・ひさとし　1704～1784　江戸時代中期の武士、馬術家

宗三
三好 政長　みよし・まさなが　？～1549　戦国時代の武将

宗三郎〈別称〉
西村 回全　にしむら・かいぜん　1834～1876　幕末の陶工

〔加藤〕宗三郎〈本名〉
藤舎 蘆船（1代）　とうしゃ・ろせん　1830～1889　東流二絃琴の家元

〔夫泉〕宗丈
曽我 蛇足　そが・じゃそく　室町時代の画僧

宗与（4代 宗与）
大橋 宗与（4代 宗与）　おおはし・そうよ　～1764　将棋家元

宗与（6代 宗英）
大橋 宗与（6代 宗英）　おおはし・そうよ　将棋家元

宗与（7代 宗与）
大橋 宗与（7代 宗与）　おおはし・そうよ　将棋家元

宗与（8代 宗珉）
大橋 宗与（8代 宗珉）　おおはし・そうよ　将棋家元

宗久
今井 宗久　いまい・そうきゅう　1520～1592　和泉堺の商人、茶人　㊤大和国今井荘

〔納屋〕宗久
今井 宗久　いまい・そうきゅう　1520～1592　和泉堺の商人、茶人　㊤大和国今井荘

宗也
徳永 宗也　とくなが・むねなり　安土桃山・江戸時代初期の商人　㊤博多

宗也
藪内 宗也　やぶのうち・そうや　1630～1702　江戸時代前期の茶人

〔長崎〕宗也〈通称〉
徳永 宗也　とくなが・むねなり　安土桃山・江戸時代初期の商人　㊤博多

宗也（3世）
古市 宗也（3世）　ふるいち・そうや　～1759　徳川中期の茶道家

宗及
津田 宗及　つだ・そうきゅう　～1591　織豊時代の堺の茶人

〔天王寺屋〕宗及
津田 宗及　つだ・そうきゅう　～1591　織豊時代の堺の茶人

〔藤原〕宗子
敬法門院　けいほうもんいん　1657～1732　第111代霊元天皇の後宮

〔藤原〕宗子
池禅尼　いけのぜんに　平忠盛の妻

〔藤原〕宗子
二条太皇太后宮 大弐　にじょうたいこうたいごうぐうの・だいに　平安時代後期の女官、歌人

宗己
復庵 宗己　ふくあん・そうき　1280～1358　鎌倉～南北朝時代の僧

宗之
多賀 宗之　たか・むねゆき　1647～1726　徳川中期の槍術家　㊤土佐

宗云
本庄 宗云　ほんじょう・そううん　1809～1857　徳川末期の茶人　㊤大阪

〔本荘〕宗云
本庄 宗云　ほんじょう・そううん　1809～1857　徳川末期の茶人　㊤大阪

〔木内〕宗五郎
佐倉 惣五郎　さくら・そうごろう　～1645　江戸前期の百姓一揆の指導者

宗介
増田 宗介　ますだ・むねすけ　平安末文治年中の金工

〔紀〕宗介

明珍 宗介　みょうちん・むねすけ　1642～1726　江戸時代前期～中期の甲冑師
〔松屋〕宗介
並木 宗輔　なみき・そうすけ　1695～1751　享保―寛延時代の大阪の浄瑠璃作者、歌舞伎狂言作者、並木系祖　[出]大阪
宗允
和田 静観窩　わだ・せいかんか　1602～1672　江戸時代前期の儒者
〔湯浅〕宗元
木本 宗元　きのもと・むねもと　南北朝時代の武士
宗六
佐々木 宗六　ささき・そうろく　1768～1853　徳川中期の書家　[出]京都
宗六〈前名〉
竹沢 弥七（4代）　たけざわ・やしち　～1833　義太夫節三絃　[出]大阪
宗六（**2代**）〈前名〉
竹沢 弥七（5代）　たけざわ・やしち　～1855　義太夫節三絃　[出]堺
宗円
永楽 善五郎（8代）　えいらく・ぜんごろう　～1769　京都の陶工
宗円
古市 宗円　ふるいち・そうえん　織豊時代の茶道家
〔生駒〕宗円
山田 宗円　やまだ・そうえん　1710～1757　江戸時代中期の茶人
宗尹
徳川 宗尹　とくがわ・むねただ　1721～1764　一橋家初代
〔一橋〕宗尹
徳川 宗尹　とくがわ・むねただ　1721～1764　一橋家初代
宗巴
千 宗把　せんの・そうは　1523～1589　千利休の弟
宗巴
鳩野 宗巴　はとの・そうは　1641～1697　江戸前期の医学者
宗巴
福王 宗巴　ふくおう・そうは　1609～1673　能役者
〔中島〕宗巴
鳩野 宗巴　はとの・そうは　1641～1697　江戸前期の医学者
〔服部〕宗巴
福王 盛親　ふくおう・もりちか　1609～1673　江戸時代前期の能役者ワキ方
宗心〈号〉
窪田 松琵　くぼた・しょうひ　1672～1750　徳川中期の俳人　[出]近江大津
宗心〈名〉
坂本 周斎　さかもと・しゅうさい　1666～1749　徳川中期の茶道家
宗心
祖道 宗心　そどう・そうしん　1638～1683　江戸時代前期の僧
宗心
即庵 宗心　そくあん・そうしん　鎌倉時代の僧
〔加藤〕宗月
依田 康勝　よだ・やすかつ　家康の臣
宗仙〈字〉
坂上 稲丸　さかのうえ・いねまる　1654～1736　徳川中期の俳人　[出]摂州池田
宗加
町田 寿安　まちだ・じゅあん　?～1632　江戸時代前期のキリシタン
宗半
中川 光重　なかがわ・みつしげ　1562～1614　茶人、信長の臣、秀吉の臣
宗右衛門
多胡 宇右衛門　たこ・うえもん　朝倉義景の臣
宗右衛門〈通称〉
野々口 立圃　ののぐち・りゅうほ　1595～1669　徳川初期の俳人　[出]丹波保津
〔能美屋〕宗右衛門〈通称〉
路健　ろけん　俳人、芭蕉一門　[出]越中井波
宗古〈号〉
上田 主水　うえだ・もんど　豊臣時代より徳川初期の茶人　[出]尾州
宗四郎
西村 宗四郎　にしむら・そうしろう　京都及び江戸の土風呂師
宗四郎〈通称〉
直山 大夢　なおやま・だいむ　1794～1874　幕末明治の俳人　[出]加賀金沢
〔松木〕宗四郎
西村 宗四郎　にしむら・そうしろう　京都及び江戸の土風呂師
宗左（**4世**）
千 宗左（4世）　せんの・そうさ　1613～1672　茶道家、表千家初代
宗左衛門
安倍 頼任　あべ・よりとう　1624～1693　江戸時代前期の剣術家
宗旦
宗旦　そうたん　～1693　俳人、伊丹派
宗旦
千 宗旦　せんの・そうたん　1578～1658　織豊時代・徳川初期の茶道家
宗正
幸阿弥（4代）　こうあみ　1479～1554　蒔絵師
宗正〈字〉
藤堂 良忠　とうどう・よしただ　1642～1666　江戸前期の俳人、津藩士　[出]伊賀上野
宗民〈前名〉
大橋 宗与（4代 宗与）　おおはし・そうよ　～1764　将棋家元
宗永
山口 正弘　やまぐち・まさひろ　1545～1600　織豊時代の武将
宗玄〈法名〉
鷺 仁右衛門　さぎ・にえもん　1558～1651　徳川初期の能役者、狂言方鷺流家元初世
宗玄
大友 義鑑　おおとも・よしあき　1502～1550　豊前・豊後の守護
宗玄居士〈号〉
松平 四山　まつだいら・しざん　～1854　徳川中期の俳人、出雲母里藩主
宗立
江雪 宗立　こうせつ・そうりゅう　1595～1666　大徳寺第181世の住持　[出]堺

宗亘
古岳 宗亘　こがく・そうこう　1465～1548　室町～戦国時代の僧
宗亘
古岳 宗亘　こがく・そうこう　1465～1548　室町～戦国時代の僧
宗休〈号〉
今井 宗久　いまい・そうきゅう　1520～1592　和泉堺の商人、茶人　[出]大和国今井荘
宗休
大休 宗休　たいきゅう・しゅうきゅう　1468～1549　室町時代の僧、妙心寺主
宗伍〈通称〉
五味 可都里　ごみ・かつり　1743～1817　徳川中期の俳人　[出]甲斐
宗伝
宗伝　そうでん　～1618　朝鮮帰化の陶工、肥前深海氏の祖
宗伝〈法名〉
杉山 見心　すぎやま・けんしん　1750～1811　尾州藩の熱田奉行、側用人
宗伝
続翁 宗伝　ぞくおう・そうでん　?～1594　戦国～織豊時代の僧
宗光
月菴 宗光　げつあん・しゅうこう　1326～1389　吉野朝時代の臨済宗僧　[出]美濃
〔月庵〕宗光
月菴 宗光　げつあん・しゅうこう　1326～1389　吉野朝時代の臨済宗僧　[出]美濃
宗吉
橋本 宗吉　はしもと・そうきち　1763～1836　徳川中末期の蘭学者　[出]大阪
宗吉〈前名〉
鈴木 万里（2代）　すずき・ばんり　1775～1819　京阪における江戸長唄、ぶんご節謡
〔福原〕宗吉
清水 豊明　しみず・ほうめい　～1874　徳川中—明治中期の算家　[出]房州（九重村）清水
宗因
西山 宗因　にしやま・そういん　1605～1682　徳川初期の連歌俳諧師　[出]肥後八代
宗好
宗好　そうこう　～1711　俳人、芭蕉一門　[出]伊賀上野
宗安
山科 李蹊　やましな・りけい　1702～1747　江戸時代中期の医師
〔銭屋〕宗安
松江 宗安　まつえ・そうあん　1586～1666　江戸時代前期の商人、茶人
宗宇〈号〉
小川 破笠　おがわ・はりつ　1663～1747　徳川中期の俳人、嵌工芸術家　[出]江戸
宗守（武者小路千家7世）
千 宗守（武者小路千家7世）　せんの・そうしゅ　1830～1891　茶道家
宗守（1世）
千 宗守（1世）　せんの・そうしゅ　1592～1675　茶道家、武者小路流の祖
宗守（2世）
千 宗守（2世）　せんの・そうしゅ　1658～1708　茶道家
宗守（3世）
千 宗守（3世）　せんの・そうしゅ　1693～1745　茶道家
宗守（4世）
千 宗守（4世）　せんの・そうしゅ　1715～1782　茶道家
宗守（5世）
千 宗守（5世）　せんの・そうしゅ　1763～1838　茶道家
宗守（6世）
千 宗守（6世）　せんの・そうしゅ　1795～1835　茶道家
宗成〈名〉
鳥山 崧岳　とりやま・すうがく　～1776　江戸中・後期の儒学者　[出]越前国府中
宗有
寺田 宗有　てらだ・むねあり　1745～1825　近世後期の剣術家、天真伝一刀流の祖
宗有
立花 実山　たちばな・じつざん　1655～1708　江戸時代前期～中期の武士、茶人
宗次
井上 宗次　いのうえ・むねつぐ　～1811　岡山の金工
〔上杉〕宗次郎〈別名〉
近藤 長次郎　こんどう・ちょうじろう　1838～1866　幕末期の志士　[出]高知城下水道町
宗全
笠原 宗全　かさはら・そうぜん　戦国時代の堺の侘び茶人
宗全
幸阿弥（3代）　こうあみ　1457～1521　蒔絵師
宗全
山名 宗全　やまな・そうぜん　1404～1473　室町時代の武将
宗全
西村 善五郎（3代）　にしむら・ぜんごろう　～1623　京都の永楽焼の陶工
宗羽〈号〉
小川 破笠　おがわ・はりつ　1663～1747　徳川中期の俳人、嵌工芸術家　[出]江戸
宗自
宗白　そうはく　戦国時代の画家
〔藤原〕宗行
葉室 宗行　はむろ・むねゆき　1174～1221　鎌倉時代の公卿
宗伯〈医名〉
浅田 宗伯　あさだ・そうはく　1813～1894　漢方医の名家　[出]信州筑摩郡栗田村
宗児
上田 宗児　うえだ・そうじ　1842～1868　土佐藩士　[出]高知城下上町
宗兵衛〈通称〉
阿部 宗兵衛　あべ・そうべえ　1831～1866　幕末の山口藩士　[出]周防国山口
〔浅田屋〕宗兵衛〈通称〉
鶴廼屋 平佐丸　つるのや・おさまる　～1839　徳川中末期の狂歌師　[出]摂津桜井谷
宗助〈通称〉

菱川 月山　ひしかわ・げつざん　1769〜1816　徳川中期の儒者
〔松屋〕宗助
　並木 宗輔　なみき・そうすけ　1695〜1751　享保—寛延時代の大阪の浄瑠璃作者、歌舞伎狂言作者、並木系租　㊍大阪
宗吾〈通称〉
　佐倉 惣五郎　さくら・そうごろう　〜1645　江戸前期の百姓一揆の指導者
宗吾
　児玉 南柯　こだま・なんか　1746〜1830　江戸時代中期〜後期の儒者
〔木内〕宗吾
　佐倉 惣五郎　さくら・そうごろう　〜1645　江戸前期の百姓一揆の指導者
宗孝
　忠室 宗孝　ちゅうしつ・そうこう　?〜1533　戦国時代の僧
宗寿〈号〉
　菊地 序悦　きくち・じょこく　1751〜　江戸中期の彫金家
宗岑〈号〉
　片岡 旨恕　かたおか・しじょ　徳川中期の俳人
宗把
　千 宗把　せんの・そうは　1523〜1589　千利休の弟
宗甫〈号〉
　小堀 遠州　こぼり・えんしゅう　1579〜1647　江戸前期の武将、茶人　㊍近江坂田郡小堀邑
宗秀
　本庄 宗秀　ほんじょう・むねひで　1809〜1873　丹後宮津藩主、老中　㊍丹後国
〔本荘〕宗秀
　本庄 宗秀　ほんじょう・むねひで　1809〜1873　丹後宮津藩主、老中　㊍丹後国
宗良親王
　宗良親王　むねながしんのう　1311〜　後醍醐天皇の皇子
宗見
　中村 宗見　なかむら・そうけん　1843〜1902　1865年渡英、外交官
宗近
　三条 宗近　さんじょう・むねちか　平安中期の刀工
宗邦
　鈴木 宗邦　すずき・そうほう　1802〜1869　徳川中末期の算家　㊍下総香取郡石成
宗典
　喜多川 秀信　きたがわ・ひでつね　彫工、彦根彫の元祖　㊍京師八幡町
宗和
　金森 宗和　かなもり・そうわ　1584〜1656　徳川初期の茶人、宗和流の祖　㊍飛騨国高山
宗固
　柳川 直光　やながわ・なおみつ　1733〜1809　江戸時代中期〜後期の装剣金工、茶人
〔山口〕宗季〈本姓名〉
　呉 師虔　ご・しけん　1672〜1743　琉球王朝時代の代表的花鳥画家
宗定〈字〉
　阿部 与七郎　あべ・よしちろう　〜1635　徳川初期の稲留流砲術の達人
宗弥

祐長 宗弥　ゆうちょう・そうみ　織豊時代の茶人
宗忽
　天倫 宗忽　てんりん・そうこつ　1626〜1697　江戸時代前期の僧
宗忠
　西村 彦兵衛　にしむら・ひこべえ　1719〜1773　江戸時代中期の漆器商
〔氷見〕宗忠〈別称〉
　氷見 ひみ　室町時代の能面創作期の名工の一人
宗怡〈別号〉
　清水 道閑　しみず・どうかん　1579〜1648　徳川初期の茶道家（遠州流清水派1世）　㊍京都
宗房
　松尾 芭蕉　まつお・ばしょう　1644〜1694　徳川初期の俳人名宗房、桃青、或は芭蕉庵桃青と号し、別に伯船堂、釣月軒など号した　㊍伊賀国上野
宗房
　前原 伊助　まえばら・いすけ　1664〜1703　江戸時代前期の武士
宗易
　千 利休　せんの・りきゅう　1521〜1591　織豊時代の茶道家　㊍泉州堺今市町
宗武
　田安 宗武　たやす・むねたけ　1715〜1771　江戸中期の国学者、歌人、将軍徳川吉宗の子　㊍江戸
宗武
　樋口 宗武　ひぐち・むねたけ　1674〜1754　徳川中期の国学者　㊍京都
〔徳川〕宗武
　田安 宗武　たやす・むねたけ　1715〜1771　江戸中期の国学者、歌人、将軍徳川吉宗の子　㊍江戸
宗歩
　天野 宗歩　あまの・そうほ　1816〜1859　幕末の将棋名士　㊍江戸
宗治〈別号〉
　清水 道閑　しみず・どうかん　1579〜1648　徳川初期の茶道家（遠州流清水派1世）　㊍京都
宗治〈別名〉
　並木 荘治　なみき・そうじ　宝暦—安永時代の大阪の歌舞伎狂言作者
〔曲淵〕宗治〈別称〉
　松木 淡々　まつき・たんたん　1674〜1761　徳川中期の俳人　㊍大阪西横堀
宗牧
　谷 宗牧　たに・そうぼく　〜1545　室町時代の連歌師、越前の人と伝わる
宗玩
　江月 宗玩　こうげつ・そうがん　1574〜1643　織豊〜江戸時代前期の僧
宗直
　高橋 宗直　たかはし・むねなお　1703〜1785　有職家　㊍京都
〔紀〕宗直
　高橋 宗直　たかはし・むねなお　1703〜1785　有職家　㊍京都
〔紀〕宗直
　高橋 宗直　たかはし・むねなお　1703〜1785　有職家　㊍京都
宗祇
　飯尾 宗祇　いいお・そうぎ　1421〜1502　室町時代の連歌師　㊍近江国湖東

号・別名辞典　古代・中世・近世　227

宗英
内本 宗英　うちもと・そうえい　江戸時代前期の俳人
宗茂
立花 宗茂　たちばな・むねしげ　1568～1642　織豊時代・徳川初期の武将　[出]筑前岩屋城
宗長
柴屋軒 宗長　さいおくけん・そうちょう　1448～1532　室町後期の連歌師　[出]駿河国島田
〔島田〕宗長
柴屋軒 宗長　さいおくけん・そうちょう　1448～1532　室町後期の連歌師　[出]駿河国島田
宗阿弥
宝生家（2世）　ほうしょうけ　～1494　能役者
宗信〈名〉
坂本 周斎　さかもと・しゅうさい　1666～1749　徳川中期の茶道家
宗信
堀内 宗信　ほりうち・そうしん　1719～1767　徳川中期の茶道家
宗信
狩野 祐雪　かのう・ゆうせつ　?～1545　戦国時代の画家
宗保
萱野 宗保（萱野流7世）　かやの・そうほ　1814～1904　茶匠
宗保
郡 宗保　こおり・むねやす　1546～1615　秀吉馬廻
宗保（萱野流7世）
萱野 宗保（萱野流7世）　かやの・そうほ　1814～1904　茶匠
宗室（4世）
千 宗室（4世）　せんの・そうしつ　1622～1697　茶道家
宗室（5世）
千 宗室（5世）　せんの・そうしつ　1673～1704　茶道家
宗室（8世）
千 宗室（8世）　せんの・そうしつ　1719～1771　茶道家
宗室（9世）
千 宗室（9世）　せんの・そうしつ　1746～1801　茶道家
宗室（10世）
千 宗室（10世）　せんの・そうしつ　1770～1826　茶道家
宗宣
大仏 宗宣　おさらぎ・むねのぶ　1259～1312　鎌倉幕府第11代執権
〔北条〕宗宣
大仏 宗宣　おさらぎ・むねのぶ　1259～1312　鎌倉幕府第11代執権
宗宥
在仲 宗宥　ざいちゅう・そうゆう　室町時代の僧
〔金甫〕宗屋
古田 織部　ふるた・おりべ　1543～1615　安土・桃山時代の武将・茶人　[出]美濃
〔神谷〕宗幽
藤林 宗幽　ふじばやし・そうゆう　江戸時代中期の茶人
宗彦
大綱 宗彦　だいこう・そうげん　1772～1860　大徳寺の第435世住持　[出]京都
宗恒
高橋 宗恒　たかはし・むねつね　1640～1706　有職家　[出]京都
宗恂
吉田 宗恂　よしだ・そうじゅん　1558～1610　医師で経書研究家
〔角倉〕宗恂
吉田 宗恂　よしだ・そうじゅん　1558～1610　医師で経書研究家
宗故
杉谷 宗故　すぎたに・そうこ　室町時代の武人、佐伯惟勝の家人　[出]豊後国
宗春
伊達 村豊　だて・むらとよ　1682～1737　江戸時代前期～中期の大名
宗昭
覚如　かくにょ　1270～1351　鎌倉時代本願寺第3世の法主　[出]京都
宗柏
竹田 宗柏　たけだ・そうはく　～1551　室町時代の医家
宗柏（舎弟）
幸阿弥（5代）　こうあみ　1484～1557　蒔絵師
宗活
吉田 宗活　よしだ・そうかつ　1591～1641　江戸初期の医家
宗珊
卍海 宗珊　まんかい・そうさん　1707～1767　江戸時代中期の僧
宗砌
高山 宗砌　たかやま・そうぜい　～1455　室町時代の連歌師　[出]大和の人
宗胡
月舟 宗胡　げっしゅう・そうこ　1618～1696　江戸時代前期の僧
宗冑
清庵 宗冑　せいあん・そうちゅう　1484～1562　戦国時代の僧
宗貞
永楽 善五郎（6代）　えいらく・ぜんごろう　～1741　京都の陶工
宗貞〈名〉
鴻池 善右衛門（4代）　こうのいけ・ぜんえもん　1698～1745　大坂の豪商
宗貞
糸屋 宗貞　いとや・むねさだ　1559～1643　敦賀の豪商
宗貞
良岑 宗貞　よしみねの・むねさだ　平安前期の歌人
〔打它〕宗貞
糸屋 宗貞　いとや・むねさだ　1559～1643　敦賀の豪商
宗重
服部 左近衛門　はっとり・さこんえもん　1549～1628　織豊～江戸時代前期の武士
宗員
永楽 善五郎（6代）　えいらく・ぜんごろう　～1741　京都の陶工
宗哲

緒方 宗哲　おがた・そうてつ　～1722　江戸前・中期の儒学者　[出]備後
〔漆桶〕宗哲〈別称〉
中村 宗哲（3代）　なかむら・そうてつ　1699～1776　徳川中期の塗師、千家十職の一
宗哲（1代）
中村 宗哲（1代）　なかむら・そうてつ　1616～1695　徳川中期の塗師、千家十職の一　[出]京都
宗哲（2代）
中村 宗哲（2代）　なかむら・そうてつ　～1706　徳川中期の塗師、千家十職の一
宗哲（3代）
中村 宗哲（3代）　なかむら・そうてつ　1699～1776　徳川中期の塗師、千家十職の一
宗套
大林 宗套　だいりん・そうとう　1480～1568　戦国―織豊時代の禅僧、大徳寺主　[出]京都
宗家
早田 宗家　はやた・むねいえ　～1636　徳川初期の金工
宗峰
植村 宗峰　うえむら・そうほう　江戸時代の彫工
宗恭
前田 宗恭　まえだ・むねやす　1802～1855　歌人　[出]大隅国種子島
宗恵
内海 宗恵　うつみ・そうけい　江戸時代前期の歌人、商人
宗悟〈別号〉
清水 道閑　しみず・どうかん　1579～1648　徳川初期の茶道家（遠州流清水派1世）　[出]京都
宗桂〈名〉
吉田 意庵　よしだ・いあん　～1572　室町後期・戦国時代の京都の医師・土倉業者
宗梅〈号〉
笠家 逸志　かさや・いっし　1675～1747　徳川中期の俳人
宗益〈名〉
鴻池 善右衛門（5代）　こうのいけ・ぜんえもん　1717～1764　大坂の豪商
宗益
損翁 宗益　そんのう・そうえき　1650～1705　江戸時代前期の僧
宗真〈名〉
雨森 宗真　あめのもり・そうしん　1756～1815　徳川中期の医家、漢詩人　[出]越前大野
宗真
西 ルイス　にし・るいす　～1646　江戸前期の海外貿易商
宗真
大源 宗真　たいげん・そうしん　～1370　南北朝時代の禅僧（曹洞宗）　[出]加賀
宗真
実伝 宗真　じつでん・そうしん　1434～1507　室町～戦国時代の僧
〔太源〕宗真
大源 宗真　たいげん・そうしん　～1370　南北朝時代の禅僧（曹洞宗）　[出]加賀
宗矩
柳生 宗矩　やぎゅう・むねのり　1571～1646　徳川氏の臣、父についで撃剣に長ず　[出]柳生
宗純
一休 宗純　いっきゅう・そうじゅん　1394～　禅僧、京都大徳寺（臨済宗）46世　[出]京師
宗翁
和田 以悦　わだ・いえつ　1596～1679　江戸時代前期の歌人
宗能
喜多 七太夫（3代）　きた・しちだゆう　～1731　徳川時代の能楽師
宗能
久能 宗能　くのう・むねよし　1528～1609　遠江久能城主、今川氏の麾下　[出]遠江
〔久野〕宗能
久能 宗能　くのう・むねよし　1528～1609　遠江久能城主、今川氏の麾下　[出]遠江
宗記
入江 淡　いりえ・たん　1832～1902　徳川末期・明治時代の漢学者、教育家　[出]豊前企救郡足立村
宗通（1世）
石塚 宗通（1世）　いしずか・そうつう　～1808　江戸後期の茶人
宗通（2世）
石塚 宗通（2世）　いしずか・そうつう　～1833　江戸後期の茶人
宗通（3世）
石塚 宗通（3世）　いしずか・そうつう　～1849　江戸後期の茶人
宗透
佐久間 宗透　さくま・そうとう　1557～1631　織豊・徳川初期の茶道家
宗得〈通称〉
鈴木 新兵衛　すずき・しんべえ　朽木竜橋の家臣
宗教〈本名〉
寺野 守水老　てらの・しゅすいろう　1836～1907　俳人　[出]富山
宗斎
青木 宗平　あおき・そうへい　1778～1859　江戸時代後期の医師、作陶家
宗斎（萱野流3世）
萱野 宗斎（萱野流3世）　かやの・そうさい　1683～1739　茶匠
宗淳〈諱〉
佐々 十竹　さっさ・じっちく　1640～1698　徳川中期の儒者
宗淳
千 宗淳　せん・そうじゅん　1546～1614　豊臣時代の茶道家、千利休の次子
宗深
雪江 宗深　せっこう・そうしん　1408～1486　室町前期の禅僧（臨済宗）　[出]摂津
宗清
茶屋 四郎次郎（3代）　ちゃや・しろじろう　1584～1622　貿易家
〔志水〕宗清女
亀方　かめのかた　1573～1642　徳川家康の妾
宗淵
如水 宗淵　じょすい・そうえん　室町後期の禅僧（臨済宗）・画僧　[出]相模
宗渕
宗渕　しゅうえん　1786～1859　僧侶　[出]京都
宗渕

しゅう（宗）

如水 宗淵　じょすい・そうえん　室町後期の禅僧（臨済宗）・画僧　㊗相模
宗理
　古市 宗也（3世）　ふるいち・そうや　〜1759　徳川中期の茶道家
　〔菱川〕宗理
　俵屋 宗理（3代）　たわらや・そうり　江戸時代後期の画家
宗設
　謙道 宗設　けんどう・そうせつ　戦国時代の僧
　〔松江〕宗訥
　銭屋 宗訥　ぜにや・そうとつ　?〜1590　織豊時代の商人、茶人
宗陳
　古渓 宗陳　こけい・しゅうちん　1532〜1597　織豊時代の茶僧　㊗越前
宗隆
　那須 与一　なす・よいち　鎌倉前期の武将　㊗下野国那須
宗隆
　柔仲 宗隆　じゅうちゅう・そうりゅう　室町時代の僧
宗雪
　岩井 宗雪　いわい・そうせつ　徳川初期の具足師
宗雪
　喜多川 相説　きたがわ・そうせつ　徳川初期の画家
宗雪〈号〉
　川上 宗雪　かわかみ・そうせつ　徳川中期の茶人　㊗紀州新宮
宗雪
　俵屋 宗雪　たわらや・そうせつ　江戸時代前期の画家
宗勝
　伊達 宗勝　だて・むねかつ　1621〜1679　江戸前期の大名　㊗仙台
　〔浦〕宗勝
　乃美 宗勝　のみ・むねかつ　1527〜1592　戦国〜織豊時代の武将
宗博〈名〉
　今村 文吾　いまむら・ぶんご　1808〜1864　幕末の志士　㊗大和添下郡安堵村
宗喜〈名〉
　広岡 久右衛門（4代）　ひろおか・きゅうえもん　江戸中期の大坂玉水町の豪商
宗善
　永楽 善五郎（2代）　えいらく・ぜんごろう　〜1594　京都の陶工
宗善
　永楽 善五郎（4代）　えいらく・ぜんごろう　〜1653　京都の陶工
宗堅
　沢田 宗堅　さわだ・そうけん　1624〜1707　徳川中期の儒者　㊗京都
宗弼
　授翁 宗弼　じゅおう・そうひつ　1296〜1380　藤原藤房と伝へられる京都妙心寺の2世
宗彭
　沢庵 宗彭　たくあん・そうほう　1573〜1645　桃山・江戸初期の禅僧　㊗但馬出石
宗徧

山田 宗徧　やまだ・そうへん　1624〜1708　徳川初期の茶道家、宗徧流の祖
宗敬
　本庄 宗敬　ほんじょう・そうけい　1729〜1805　徳川中期の茶人　㊗大阪
　〔本荘〕宗敬
　本庄 宗敬　ほんじょう・そうけい　1729〜1805　徳川中期の茶人　㊗大阪
宗智〈名〉
　鴻池 善右衛門（5代）　こうのいけ・ぜんえもん　1717〜1764　大坂の豪商
宗朝
　武野 安斎　たけの・あんさい　1597〜?　江戸時代前期の茶人、儒者
宗森〈号〉
　片岡 旨恕　かたおか・しじょ　徳川中期の俳人
宗温〈諱〉
　今北 洪川　いまきた・こうせん　1816〜1892　徳川末期より明治時代に亘る禅僧　㊗摂津西成郡福島村
宗湛
　小栗 宗湛　おぐり・そうたん　1413〜1481　室町時代の画家
宗湛
　神屋 宗湛　かみや・そうたん　1551〜1635　博多の豪商神屋家の6代、茶人
　〔神谷〕宗湛
　神屋 宗湛　かみや・そうたん　1551〜1635　博多の豪商神屋家の6代、茶人
宗然〈字〉
　宗然 そうねん　〜1345　鎌倉時代末期・南北朝時代ごろの禅僧
宗無
　木村 宗無　きむら・そうむ　秀吉の臣
　〔住吉屋〕宗無
　山岡 宗無　やまおか・そうむ　?〜1595　戦国〜織豊時代の商人、茶人
宗無居士〈号〉
　小西 来山　こにし・らいざん　1654〜1716　徳川中期の俳人　㊗大阪
宗筌
　永楽 善五郎（5代）　えいらく・ぜんごろう　〜1697　京都の陶工
宗覚
　即庵 宗覚　そくあん・そうかく　1407〜1484　室町時代の僧
宗訴
　笑嶺 宗訴　しょうれい・そうきん　1505〜1583　大徳寺第107世住持　㊗伊予高田
宗達
　津田 宗達　つだ・そうたつ　1504〜1566　室町時代の茶人　㊗泉州堺大小路
宗達
　俵屋 宗達　たわらや・そうたつ　〜1643　徳川初期の画家
　〔天王寺屋〕宗達
　津田 宗達　つだ・そうたつ　1504〜1566　室町時代の茶人　㊗泉州堺大小路
宗鈍
　鉄山 宗鈍　てつざん・そうどん　1532〜1617　戦国〜江戸時代前期の僧

宗雲
　永楽 善五郎（4代）　えいらく・ぜんごろう　〜1653　京都の陶工
宗雲〈別号〉
　根来 之白　ねごろ・しはく　1644〜1713　徳川中期の俳人　㊨摂州堺
宗順
　永楽 善五郎（7代）　えいらく・ぜんごろう　〜1744　京都の陶工
宗順〈号〉
　早川 丈石　はやかわ・じょうせき　1695〜1779　徳川中期の俳人　㊨京都
宗順
　逆翁 宗順　ぎゃくおう・そうじゅん　1433〜1488　室町時代の僧
宗園
　春屋 宗園　しゅんおく・そうおん　1529〜1611　大徳寺主　㊨山城
宗椿
　春荘 宗椿　しゅんそう・そうちん　1458〜1513　室町〜戦国時代の僧
宗楞
　安叟 宗楞　あんそう・そうりょう　1387〜1484　室町時代の僧
宗源
　双峰 宗源　そうほう・そうげん　1263〜1335　鎌倉時代の僧
宗瑞
　阿佐井野 宗瑞　あさいの・そうずい　〜1531　室町時代の婦人科医にして『医書大全』の刊行者　㊨堺
宗瑞
　中川 宗瑞　なかがわ・そうずい　1685〜1744　徳川中期の俳人　㊨江戸
宗瑞
　毛利 輝元　もうり・てるもと　1553〜1625　安土・桃山時代の大名
〔阿佐井〕宗瑞
　阿佐井野 宗瑞　あさいの・そうずい　〜1531　室町時代の婦人科医にして『医書大全』の刊行者　㊨堺
宗瑞（2代）
　広岡 宗瑞　ひろおか・そうずい　1721〜1772　江戸時代中期の俳人
宗瑞（3代）
　松井 宗瑞　まつい・そうずい　1743〜1814　江戸時代中期〜後期の俳人
宗瑞（4代）
　浅井 宗瑞　あさい・そうずい　1761〜1803　江戸時代中期〜後期の俳人
宗禅
　永楽 善五郎（2代）　えいらく・ぜんごろう　〜1594　京都の陶工
宗節
　観世 宗節　かんぜ・そうせつ　1509〜1583　能楽師、七世観世大夫左近元忠
宗頤
　日峰 宗舜　にっぽう・そうしゅん　1368〜1448　室町時代の僧　㊨山城
宗舜
　浄耀　じょうよう　1293〜1370　鎌倉〜南北朝時代の絵仏師
宗雅
　酒井 忠以　さかい・ただざね　1756〜1790　江戸時代中期の大名
〔松江〕宗徳
　銭屋 宗徳　ぜにや・そうとく　?〜1683　江戸時代前期の茶人
宗滴〈別称〉
　朝倉 教景　あさくら・のりかげ　1474〜1555　室町時代の越前守護
宗瑛〈名〉
　髙屋 宋甫　たかや・そうほ　1623〜1690　徳川中期の医家　㊨仙台
宗端
　井上 宗端　いのうえ・そうたん　1785〜1861　徳川末期の蘭医
宗箇
　上田 重安　うえだ・しげやす　1563〜1650　織豊〜江戸時代前期の武将、茶人
〔佐々木〕宗綱
　京極 宗綱　きょうごく・むねつな　1248〜1297　鎌倉時代の武将
宗説
　喜多川 相説　きたがわ・そうせつ　徳川初期の画家
宗輔〈名〉
　原田 甲斐　はらだ・かい　1618〜1671　江戸前期の藩政家
宗輔
　並木 宗輔　なみき・そうすけ　1695〜1751　享保―寛延時代の大阪の浄瑠璃作者、歌舞伎狂言作者、並木系祖　㊨大阪
宗関
　今川 氏真　いまがわ・うじざね　1538〜1614　戦国時代の武将
宗静
　土橋 宗静　つちはし・そうじょう　1636〜1698　江戸時代前期の連歌師、俳人
宗鳳
　在天 宗鳳　ざいてん・そうほう　1490〜1572　戦国時代の僧
宗鳳（1代）
　青木 宗鳳（1代）　あおき・そうほう　〜1765　徳川中期の遠州流茶人　㊨大阪
宗鳳（2代）
　青木 宗鳳（2代）　あおき・そうほう　1730〜1793　徳川中期の茶人、初代宗鳳の子
宗勲
　大森 宗勲　おおもり・そうくん　1568〜1625　豊臣・徳川期の尺八の名人
宗慶〈本名〉
　阿米夜　あめや　1493〜1574　朝鮮人（或は明人）の陶工、楽焼の祖
宗慶
　田中 宗慶　たなか・そうけい　1536〜?　織豊時代の陶工
宗頤
　養叟 宗頤　ようそう・そうい　1376〜1458　室町時代の僧
宗養
　谷 宗養　たに・そうよう　1526〜1562　室町時代の連歌師
宗叡

しゅう（岫, 拾, 烋, 秋）

宗叡　しゅうえい　809～884　平安朝初期の僧、のち入唐僧正と称せらるる入唐八家の一人　⑱京都
宗薫〈号〉
　今井 宗薫　いまい・そうくん　～1627　茶人
宗賢〈名〉
　百丸　ひゃくまる　～1727　俳人、伊丹派　⑱伊丹
宗隣
　江川 宗隣　えがわ・そうりん　水戸の金工、江川氏の祖　⑱水戸
〔桂〕宗隣
　江川 宗隣　えがわ・そうりん　水戸の金工、江川氏の祖　⑱水戸
〔藤原〕宗頼
　葉室 宗頼　はむろ・むねより　1154～1203　鎌倉時代の公卿
宗厳
　永楽 善五郎（9代）　えいらく・ぜんごろう　～1779　京都の陶工
宗厳
　柳生 宗厳　やぎゅう・むねよし　1527～1606　安土桃山・江戸初期の剣術家、新陰流の祖、但馬守　⑱大和柳生庄
宗閑〈号〉
　秋月 種実　あきずき・たねざね　1545～1596　戦国時代の武将
宗臨
　谷 宗臨　たに・そうりん　1532～1601　織豊時代の雅人　⑱堺
〔阿瀬川〕宗藤
　湯浅 宗藤　ゆあさ・むねふじ　鎌倉～南北朝時代の武士
宗観
　直菴 宗観　じきあん・しゅうかん　室町時代の僧、石見霊光院（曹洞宗）開山　⑱上州
宗観
　井伊 直弼　いい・なおすけ　1815～1860　幕末の大名
宗邇〈名〉
　上島 鬼貫　うえしま・おにつら　1661～1738　江戸中期の俳人　⑱摂津国伊丹
宗鏡禅師〈諡号〉
　碧潭 周皎　へきたん・しゅうこう　1291～1374　禅僧
宗鑑
　山崎 宗鑑　やまざき・そうかん　1465～1553　室町時代の俳人、連歌師　⑱近江
宗鑑
　明窓 宗鑑　みょうそう・そうかん　1234～1318　鎌倉時代の僧
宗麟
　大友 宗麟　おおとも・そうりん　1530～1587　戦国末期の武将　⑱豊後府内

【岫】

岫庵〈号〉
　大森 宗勲　おおもり・そうくん　1568～1625　豊臣・徳川期の尺八の名人

【拾】

拾楽斎〈号〉
　山崎 北華　やまさき・ほくか　1700～1746　徳川中期の俳人　⑱江戸
拾翠園〈号〉
　荷汀　かてい　～1864　幕末期の俳人
拾穂軒〈別号〉
　北村 季吟　きたむら・きぎん　1624～1705　徳川中期の俳人、古典学者　⑱近江栗太郡北村

【烋】

烋色女
　烋色女　しゅうしきじょ　～1784　天明期の俳人　⑱江戸

【秋】

秋二
　大橋 秋二　おおはし・しゅうじ　1795～1857　陶工　⑱尾張海東郡津島
秋人
　腹唐 秋人　はらから・あきんど　1758～1821　書家、狂歌師
秋也〈字〉
　上田 秋成　うえだ・あきなり　1734～1809　江戸中期の国学者、歌人、俳人、浮世草子及び読本作者、茶人　⑱摂津曽根崎
秋子師
　秋元 澹園　あきもと・たんえん　江戸時代中期の儒者
秋月〈字〉
　舟橋 晴潭　ふなばし・せいたん　徳川末期の儒者
〔高城〕秋月
　秋月 等観　しゅうげつ・とうかん　室町時代の画家　⑱薩摩島津
秋水〈号〉
　佐竹 義根　さたけ・よしね　1688～1767　徳川中期の天文家　⑱仙台
秋水
　深井 秋水　ふかい・しゅうすい　1642～1723　徳川中期の槍術家　⑱土佐高知
秋台
　浅野 秋台　あさの・しゅうだい　～1815　徳川中期金沢の書家
秋広
　秋広　あきひろ　1360（延文5）年前後に活躍した刀匠
秋成〈字〉
　上田 秋成　うえだ・あきなり　1734～1809　江戸中期の国学者、歌人、俳人、浮世草子及び読本作者、茶人　⑱摂津曽根崎
秋瓜
　多少庵 秋瓜　たしょうあん・しゅうか　？～1790　江戸時代中期の俳人
秋色
　大目 秋色　おおめ・しゅうしき　～1725　徳川中期の俳人　⑱江戸
秋色（2代）
　深川 秋色　ふかがわ・しゅうしき　1727～1784　江戸時代中期の俳人
秋村

しゅう（修）

椎名 秋村　しいな・しゅうそん　1800～1868　徳川中期の詩文家　㊟上野新田郡藪塚
秋良
　山岸 秋良　やまぎし・しゅうりょう　1750～1821　江戸時代中期～後期の俳人
秋芳
　壇 秋芳　だん・あきよし　1804～1886　幕末明治時代の漢学者　㊟筑後山門郡松延
秋芳
　北野 鞠塢　きたの・きくう　1762～1831　江戸時代後期の本草家
秋坪
　箕作 秋坪　みつくり・しゅうへい　1825～1886　幕末明治の蘭学者
秋居〈前号〉
　中島 秋挙　なかじま・しゅうきょ　1773～1826　徳川中期の俳人　㊟三河刈谷
秋枝王
　秋枝王　あきえおう　仲嗣王の王子
秋彦
　水野 秋彦　みずの・あきひこ　1849～1889　幕末明治の国学者
秋風
　三井 秋風　みつい・しゅうふう　1646～1717　徳川中期の俳人　㊟京都
秋風子〈号〉
　池田 是誰　いけだ・ぜすい　徳川初期の俳人　㊟播磨姫路
秋風閣〈号〉
　有馬 頼徸　ありま・よりゆき　1712～1783　筑後久留米藩主にして和算家
秋風の女房
　秋風の女房　あきかぜのにょうぼう　1760～1826　江戸の狂歌師
秋香庵〈号〉
　建部 巣兆　たけべ・そうちょう　1760～1812　徳川中期の俳人にして画家　㊟江戸
秋香庵〈号〉
　鈴木 道彦　すずき・みちひこ　1757～1819　徳川末期の俳人　㊟仙台
秋挙
　中島 秋挙　なかじま・しゅうきょ　1773～1826　徳川中期の俳人　㊟三河刈谷
秋斎
　坂 秋斎　さか・しゅうさい　～1785　徳川中期、京都の国学者
秋斎〈号〉
　生山 正方　いくやま・まさかた　1764～1830　徳川中期の国学者　㊟甲斐
秋野殿
　桂昌院　けいしょういん　1624～1705　徳川3代将軍家光の側室、将軍綱吉の生母　㊟京都
秋園〈号〉
　山田 清安　やまだ・きよやす　1794～1849　国学者　㊟鹿児島清水馬場
秋溟
　岩崎 秋溟　いわさき・しゅうめい　1834～1887　幕末明治の志士にして漢学者　㊟土佐安芸郡井口村
秋嵐〈通称〉
　高久 靄厓　たかく・あいがい　1796～1843　徳川中期の南画家　㊟下野那須郡小松庄杉渡戸村

秋篠禅師
　源 清　みなもとの・きよし　嵯峨天皇の皇子
秋蘭〈号〉
　若江 薫子　わかえ・におこ　1835～1881　女流漢学者　㊟京都
秋の坊
　秋の坊　あきのぼう　徳川中期の俳人　㊟加賀鶴来

【修】

修〈名〉
　安達 清河　あだち・せいか　1726～1792　徳川中期の儒者　㊟下野烏山
修
　井上 修　いのうえ・おさむ　1841～1908　幕末の志士　㊟岡山
修〈名〉
　岡 千仞　おか・せんじん　1833～1914　幕末・明治時代の漢学者、漢詩人　㊟仙台
修
　深井 象山　ふかい・しょうざん　1783～1839　徳川中期の兵学者　㊟讃岐高松
修文〈名〉
　太田 晴斎　おおた・せいさい　1834～1897　幕末明治の儒者
修平〈通称〉
　日根野 弘亨　ひねの・ひろあき　1786～1854　儒者
修広
　道御　どうぎょ　1223～1311　鎌倉時代の僧
修竹
　仲野 安雄　なかの・やすお　1694～1778　江戸時代中期の庄屋
修甫
　平出 修甫　ひらで・しゅうほ　1809～1861　幕末の医家
修明門院
　修明門院　しゅめいもんいん　1182～1264　後鳥羽天皇の後宮、順徳天皇の御母
修真道人〈号〉
　原 狂斎　はら・きょうさい　1735～1790　徳川中期の儒者　㊟淡路洲本
修庵
　香川 修庵　かがわ・しゅうあん　1683～1755　江戸中期の儒医　㊟播磨姫路
修理〈別称〉
　佐久間 修理　さくま・しゅり　1581～1657　徳川初期の画家　㊟尾張
修理〈通称〉
　佐久間 象山　さくま・しょうざん　1811～1864　幕末の学者、開国論者　㊟信州松代
修理〈通称〉
　若林 友輔　わかばやし・ともすけ　1799～1867　仙台藩の漢学者
修理大夫〈別称〉
　小笠原 貞朝　おがさわら・さだとも　1461～1515　室町時代の射術家
修敬
　入江 修敬　いりえ・しゅうけい　～1773　江戸中期の数学者　㊟播磨
修敬

入江 東阿　いりえ・とうあ　1699〜1773　江戸時代中期の暦算家、兵法家
修道親王
済仁法親王　さいにんほうしんのう　1797〜1847　有栖川宮第6代織仁親王の第5王子
修業堂〈号〉
窪田 清音　くぼた・すがね　1791〜1866　幕末の兵学者、講武所頭取兼兵学師範役
修禅大師
義真　ぎしん　〜833　第一世の天台座主にして延暦寺の戒壇院を創設した僧　[出]相模
修徳〈名〉
香川 修庵　かがわ・しゅうあん　1683〜1755　江戸中期の儒医　[出]播磨姫路
修輔〈通称〉
沢野 含斎　さわの・がんさい　1828〜1903　幕末明治の儒者　[出]出雲松江
修蔵
土屋 修蔵　つちや・しゅうぞう　1798〜1882　須坂（長野県高井郡）の藩士
修蔵〈名〉
入谷 澄士　いりや・ちょうし　1806〜1882　幕末・明治の文学者　[出]高松

【袖】

〔羅綾亭〕袖彦
春日 長文　はるひの・ながぶみ　狂歌師　[出]武蔵糠田
袖香
山田 袖香　やまだ・しゅうこう　1825〜1906　幕末明治の女流歌人　[出]播磨加東郡中東条村大畑

【習】

習々軒〈号〉
下郷 蝶羽　しもさと・ちょうう　1677〜1741　徳川中期の俳人　[出]尾張鳴海

【就】

就久
平田 就久　ひらた・なりひさ　〜1671　徳川初期の金工
就美
岸本 武太夫　きしもと・ぶだゆう　1742〜1810　江戸時代中期〜後期の武士

【萩】

萩舎〈号〉
鈴木 直徳　すずき・なおのり　1797〜1853　徳川末期の歌人　[出]備後三原
萩原院
花園天皇　はなぞのてんのう　1297〜1348　第95代の天皇、伏見天皇の皇子
萩翁〈号〉
林 良本　はやし・よしもと　1794〜1869　国学者
萩園〈号〉
三浦 千春　みうら・ちはる　1828〜1903　幕末明治の国学者　[出]名古屋

【集】

集九
万里 集九　ばんり・しゅうく　1428〜　室町後期の禅僧（臨済宗）
集虚斎〈別号〉
石田 無得　いしだ・むとく　1773〜1840　秋田藩の書家　[出]久保田（今の秋田市）
集証
亀泉 集証　きせん・しゅうしょう　〜1493　室町中期の禅僧（臨済宗）、五山文学者
集義〈名〉
朝日 一貫斎　あさひ・いっかんさい　1783〜1834　江戸末期の儒者

【楢】

楢園〈号〉
古川 松根　ふるかわ・まつね　1813〜1871　幕末の国学者、佐賀藩士　[出]江戸桜田

【聚】

聚〈名〉
東 夢亭　あずま・むてい　1791〜1849　徳川末期の漢学者　[出]松阪
聚芳園〈号〉
内山 真弓　うちやま・まゆみ　1786〜1852　徳川中期末期の歌人　[出]信濃国北安曇郡十日市場村

【繍】

繍江〈号〉
熊代 繍江　くましろ・しゅうこう　1693〜1772　江戸中期の画家　[出]長崎

【璹】

璹子内親王
朔平門院　さくへいもんいん　1287〜1310　伏見天皇の第1皇女

【穐】

穐峰斎〈別号〉
浜野 政随　はまの・しょうずい　1696〜1769　江戸時代の彫金家

【襲】

襲〈名〉
佐々木 文山　ささき・ぶんざん　1651〜1727　江戸中期の書家
襲津彦
葛城 襲津彦　かつらぎの・そつひこ　大和時代の武人

【鷲】

鷲丘〈号〉
恵旭　えきょく　江戸中期の真宗大谷派の僧　[出]三河

鷲助〈晩名〉
榊山 小四郎（2代） さかきやま・こしろう 1697〜1768 京都の歌舞伎俳優
鷲巣〈別号〉
青木 樹堂 あおき・じゅどう 1807〜1881 徳川末期・明治初期の漢学者

【十】

〔秋田〕十七郎
津田 宜義 つだ・ぎぎ 幕末明治初年の和算家 [出]江戸
十三郎
樋口 十三郎 ひぐち・じゅうざぶろう 徳川初期の剣客 [出]上野多野郡入野村馬庭
十三郎（1代）
民谷 十三郎（1代） たみや・じゅうざぶろう 〜1747 京阪の歌舞伎俳優
十丈
竹内 十丈 たけうち・じゅうじょう 徳川中期の俳人 [出]越中高岡
十万堂〈号〉
小西 来山 こにし・らいざん 1654〜1716 徳川中期の俳人 [出]大阪
十口
広瀬 十口 ひろせ・じゅうこう 1723〜1791 徳川中期の俳人 [出]京都
〔青木〕十口
広瀬 十口 ひろせ・じゅうこう 1723〜1791 徳川中期の俳人 [出]京都
十五山水精舎〈号〉
香村 こうそん 〜1864 幕末期の俳人 [出]福島県北会津郡香塩
〔吉田〕十五郎〈通称〉
節藁 仲貫 ふしわらの・なかぬき 安永天明頃の狂歌師
十仏
坂 十仏 さか・じゅうぶつ 南北朝時代の医師、連歌師
十六林〈号〉
伊村 鷗沙 いむら・おうしゃ 1724〜1796 徳川中期の俳人 [出]名古屋
十太夫（5代）
喜多 十太夫（5代） きた・じゅうだゆう 能楽師
十太夫（7代）
喜多 十太夫（7代） きた・じゅうだゆう 能楽師
十太夫（8代）
喜多 十太夫（8代） きた・じゅうだゆう 能楽師
十太夫勝昌〈通称〉
溝口 素丸 みぞぐち・そがん 1713〜1795 徳川中期の俳人 [出]江戸
十太郎〈前名〉
榊山 小四郎（3代） さかきやま・こしろう 1724〜1767 京都の歌舞伎俳優
十太郎〈前名〉
榊山 小四郎（4代） さかきやま・こしろう 1740〜1768 京都の歌舞伎俳優
十月堂〈号〉
寒瓜 かんが 〜1765 享保時代の俳人
十右衛門
郡 宗保 こおり・むねやす 1546〜1615 秀吉馬廻
十右衛門〈通称〉
池田 利牛 いけだ・りぎゅう 徳川中期の俳人 [出]江戸
十右衛門
杉生 貞則 すぎお・さだのり 1765〜1830 江戸時代後期の武士
〔山野〕十右衛門
田中 佳政 たなか・よしまさ ?〜1723 江戸時代前期〜中期の武士、和算家
十左衛門
大西 十左衛門 おおにし・じゅうざえもん 徳川中期の俳人
十吉
佐野川 万菊 さのがわ・まんぎく 1690〜1747 江戸時代中期の歌舞伎役者
十竹
佐々 十竹 さっさ・じっちく 1640〜1698 徳川中期の儒者
十兵衛〈通称〉
逸見 満清 へんみ・まんせい 1683〜1768 徳川中期の和算家 [出]羽州山形
十兵衛
丹前 十兵衛 たんぜん・じゅうべえ 寛文—貞享時代の江戸小唄謡の名手
十兵衛〈通称〉
末永 虚舟 すえなが・きょしゅう 1635〜1729 徳川中期の地理学者 [出]久留米
十兵衛
柳生 三厳 やぎゅう・みつよし 1607〜1650 徳川初期の剣客
〔小唄〕十兵衛〈別名〉
丹前 十兵衛 たんぜん・じゅうべえ 寛文—貞享時代の江戸小唄謡の名手
十町〈別名〉
大谷 広次（4代） おおたに・ひろじ 歌舞伎俳優、文化・文政時代の立役の達者
十返舎一九
十返舎 一九 じっぺんしゃ・いっく 1765〜1831 戯作者 [出]駿府
十返舎一九（3世）〈別号〉
三亭 春馬 さんてい・しゅんば 〜1851 戯作家
十里亭〈号〉
蓑田 卯七 みのだ・うしち 徳川中期の俳人 [出]長崎
十明庵〈号〉
慶 紀逸 けい・きいつ 1694〜1761 徳川中期の俳人 [出]江戸
十郎
海間 十郎 かいま・じゅうろう 1818〜1873 幕末明治初期の志士 [出]美作
十郎
泉 十郎 いずみ・じゅうろう 〜1865 徳川末期の志士、長門豊浦藩士 [出]長門国長府
十郎
曽我 祐成 そが・すけなり 1172〜1193 鎌倉時代の武士、孝子
十郎〈別称〉
大矢野 種保 おおやの・たねやす 鎌倉時代の元寇の偉勲者 [出]肥後天草郡大矢野島
十郎〈通称〉

じゅう（什，充，住，柔，重）

北郷 資知　ほんごう・すけとも　1835～　都城島津家老臣　㊙日向国北諸県郡都城
十郎右衛門
　貴田 惟邦　きだ・これくに　?～1822　江戸時代後期の武士
〔吉田屋〕十郎右衛門
　海間 十郎　かいま・じゅうろう　1818～1873　幕末明治初期の志士　㊙美作
十郎左衛門
　水野 十郎左衛門　みずの・じゅうろうざえもん　～1664　江戸前期の旗本奴　㊙備後国福山
十郎左衛門〈通称〉
　鷹見 泉石　たかみ・せんせき　1785～1858　蘭学者、古河藩老臣　㊙古河
十郎左衛門
　伊藤 清長　いとう・きよなが　1628～1697　江戸時代前期の剣術家
十郎左衛門
　真柄 直澄　まがら・なおずみ　?～1570　戦国～織豊時代の武将
十郎兵衛
　横田 康景　よこた・やすかげ　1524～1575　戦国～織豊時代の武士
十郎兵衛
　樋口 定　ひぐち・さだたか　1703～1796　江戸時代中期～後期の剣術家
〔板東〕十郎兵衛
　阿波 十郎兵衛　あわの・じゅうろべえ　1646～1698　江戸時代前期の庄屋
十時庵〈号〉
　乙彦　おとひこ　1826～1886　幕末から明治初期の俳人
十時庵〈号〉
　鈴木 道彦　すずき・みちひこ　1757～1819　徳川末期の俳人　㊙仙台
十畝園主〈別号〉
　古屋 竹原　ふるや・ちくげん　1788～1861　幕末の画家　㊙高知
十無居士〈号〉
　山崎 北華　やまさき・ほくか　1700～1746　徳川中期の俳人　㊙江戸
十達
　十達　じったつ　1258～1352　鎌倉・吉野朝初期の僧、奈要戒壇院主
十蔵
　俊才　しゅんさい　1259～1353　鎌倉～南北朝時代の僧
十返舎〈別号〉
　十返舎 一九　じっぺんしゃ・いっく　1765～1831　戯作者　㊙駿府
十夢〈号〉
　高梨 一具　たかなし・いちぐ　1781～1853　徳川中期の俳人　㊙出羽国村山郡楯岡
十輔
　並木 十輔　なみき・じゅうすけ　宝暦―寛政時代の大阪の歌舞伎狂言作者
十編舎一九〈別号〉
　十返舎 一九　じっぺんしゃ・いっく　1765～1831　戯作者　㊙駿府
十蔵〈通称〉
　越智 越人　おち・えつじん　1656～　徳川中期の俳人　㊙越路
十蔵
　玉虫 尚茂　たまむし・ひさしげ　1745～1801　江戸時代中期～後期の武士
十蔵
　石谷 貞清　いしがい・さだきよ　1594～1672　江戸時代前期の武士
〔佐野川〕十蔵
　中村 吉右衛門（1代）　なかむら・きちえもん　1694～1770　京阪の歌舞伎俳優
〔市野谷〕十蔵〈前名〉
　佐川 文蔵（2代）　さがわ・ぶんぞう　大阪の歌舞伎俳優
十蔵（1代）
　中村 吉右衛門（1代）　なかむら・きちえもん　1694～1770　京阪の歌舞伎俳優
〔中村〕十蔵（3代）〈前名〉
　嵐 雛助（2代）　あらし・ひなすけ　1774～1801　大阪の歌舞伎俳優、寛政・享和時代の立役の上手
十髯双堂〈別号〉
　鱸 松塘　すずき・しょうとう　1823～1898　幕末明治時代の漢詩人　㊙安房国安房郡国府村谷向

【什】

什助〈通称〉
　稲垣 棟隆　いながき・むねたか　1730～1800　江戸中期の国学者

【充】

充甫〈字〉
　杉田 玄端　すぎた・げんたん　1818～1889　幕末・明治前期の蘭方医　㊙江戸
充茂〈名〉
　勝見 二柳　かつみ・じりゅう　1723～1803　徳川中期の俳人　㊙加賀国山中
充蔵〈通称〉
　石野 東陵　いしの・とうりょう　徳川中期林田藩の儒者　㊙播州太田村

【住】

住右衛門（2代）
　長岡 住右衛門（2代）　ながおか・すみえもん　～1859　出雲楽山の陶工
〔中村〕住平〈前名〉
　竹島 幸左衛門（3代）　たけしま・こうざえもん　大阪の歌舞伎俳優

【柔】

柔心
　関口 氏心　せきぐち・うじむね　1597～1670　江戸時代前期の柔術家
柔斎
　池田 霧渓　いけだ・むけい　1784～1857　江戸後期の医者　㊙上野

【重】

じゅう（重）

重九斎〈別号〉
　菊川 英山　きくかわ・えいざん　1787〜1867　江戸末期の浮世絵師、菊川流の祖　㊣江戸市ケ谷
重久
　林 重治(5代)　はやし・しげはる　1770〜1823　肥後の金工
重子
　日野 重子　ひの・しげこ　1411〜1463　室町幕府6代将軍足利義教の室
〔藤原〕重子
　修明門院　しゅめいもんいん　1182〜1264　後鳥羽天皇の後宮、順徳天皇の御母
〔裏松〕重子
　日野 重子　ひの・しげこ　1411〜1463　室町幕府6代将軍足利義教の室
重之輔
　金子 重之輔　かねこ・しげのすけ　1831〜1855　商人、萩藩江戸藩邸小吏　㊣長門国萩津守町
重予斎〈号〉
　跡部 良顕　あとべ・よしあき　1659〜1729　徳川中期垂加派の神道家　㊣江戸
重五
　加藤 重五　かとう・じゅうご　徳川中期の俳人　㊣尾張名古屋
重五郎〈幼名〉
　佐々木 春行　ささき・はるゆき　1764〜1819　江戸後期の集書家、能楽研究家
重五郎〈初名〉
　坂田 重兵衛(3代)　さかた・じゅうべえ　江戸長唄囃子方
重友
　宝生家(8世)　ほうしょうけ　〜1685　能役者
〔塙〕重友
　原田 直政　はらだ・なおまさ　〜1576　信長の臣
重太郎〈通称〉
　足立 信順　あだち・しんじゅん　1796〜1841　江戸末期の暦術家
重氏
　吉田 茂氏　よしだ・しげうじ　1588〜1644　徳川初期の弓術家
重以
　谷口 重以　たにぐち・じゅうい　江戸時代前期の俳人
重右衛門〈通称〉
　池田 正式　いけだ・まさのり　徳川中期の俳人　㊣大和郡山
重左衛門〈通称〉
　山岸 半残　やまぎし・はんざん　1654〜1726　徳川中期の俳人　㊣伊賀上野
重右衛門〈通称〉
　山岸 陽和　やまぎし・ようわ　〜1719　徳川中期の俳人　㊣伊賀上野
重正
　青木 重成　あおき・しげなり　1625〜1693　江戸時代前期の大名
重民
　那須 信吾　なす・しんご　1829〜1863　幕末の武士
重石丸
　渡辺 重石丸　わたなべ・いかりまろ　1837〜1915　国学者　㊣豊前中津桜町
重光
　杵淵 重光　きねぶち・しげみつ　〜1181　源平時代の勇将　㊣信濃
重光
　大森 重光(1代)　おおもり・しげみつ　1696〜1725　江戸の金工家
重光
　林 重治(2代)　はやし・しげはる　1667〜1744　肥後の金工
重光〈字〉
　鷲津 毅堂　わしず・きどう　1825〜1882　幕末明治の漢学者　㊣尾張丹羽郡丹羽邑
重光(1代)
　大森 重光(1代)　おおもり・しげみつ　1696〜1725　江戸の金工家
重光(2代)
　大森 重光(2代)　おおもり・しげみつ　1705〜1780　江戸の金工家
重光(3代)
　大森 重光(3代)　おおもり・しげみつ　1730〜1798　江戸の金工家　㊣江戸
重光(4代)
　大森 重光(4代)　おおもり・しげみつ　江戸の金工家
重光(5代)
　大森 重光(5代)　おおもり・しげみつ　江戸の金工家
重充〈名〉
　鈴木 貞斎　すずき・ていさい　〜1740　江戸中期の儒学者
重吉
　原田 曲斎　はらだ・きょくさい　1817〜1874　幕末明治の俳人　㊣周防徳山
重吉
　小栗 重吉　おぐり・じゅうきち　1785〜1853　督乗丸乗組員、初の和露字典を編纂
重吉〈名〉
　青木 紀伊守　あおき・きいのかみ　〜1600　秀長の臣
重吉〈名〉
　林 重治(1代)　はやし・しげはる　1613〜1699　肥後の金工、肥後林家の祖　㊣尾張
重吉
　林 重治(3代)　はやし・しげはる　1723〜1791　肥後の金工
〔古河〕重吉
　古川 善兵衛　ふるかわ・ぜんべえ　1577〜1637　江戸時代初期の治水功労者　㊣信濃更級郡塩崎
〔田中〕重吉
　吉田 重蔵　よしだ・じゅうぞう　1831〜1864　幕末の福岡藩士　㊣筑前筑紫郡隈
〔徳川〕重好
　清水 重好　しみず・しげよし　1745〜1795　三卿の清水家初代
重安
　伊勢村 重安　いせむら・じゅうあん　江戸時代前期の俳人
重成〈字〉
　岡野 湖中　おかの・こちゅう　〜1831　徳川中期の俳人、水戸藩の御十人目附組頭　㊣水戸
重成
　三浦 重成　みうら・しげなり　家康の臣

重成
　山本 重成　やまもと・しげなり　1554〜1616　家康の臣
重成
　石田 重成　いしだ・しげなり　〜1600　桃山時代の武人
重成
　大高 重成　だいこう・しげなり　〜1375　南北朝時代の武将
重次〈名〉
　犬井 貞恕　いぬい・ていじょ　1633〜1702　徳川中期の俳人
重治
　林 重治(4代)　はやし・しげはる　1744〜1784　肥後の金工
重次
　井上 正貞　いのうえ・まささだ　1630〜1690　江戸時代前期の武士
重次
　国友 重次　くにとも・しげつぐ　江戸時代前期の刀工
重次郎(1代)
　坂上 重次郎(1代)　さかがみ・じゅうじろう　1788〜1830　紀伊の陶工
重行
　安藤 信友　あんどう・のぶとも　1671〜1732　徳川中期の老中
重行〈名〉
　白井 矢太夫　しらい・やだいふ　1753〜1812　江戸後期の文人、藩政家
重兵衛
　中居屋 重兵衛　なかいや・じゅうべえ　1820〜1861　幕末期の生糸貿易商　㊟上野国吾妻郡嬬恋村三原
重兵衛(1代)
　坂田 重兵衛(1代)　さかた・じゅうべえ　江戸長唄囃子方
重兵衛(3代)
　坂田 重兵衛(3代)　さかた・じゅうべえ　江戸長唄囃子方
重助〈名〉
　車来　しゃらい　〜1733　俳人、芭蕉一門
〔守川〕重助〈通称〉
　至清堂 捨魚　しせいどう・すてな　江戸の狂歌師
〔菱屋〕重助〈通称〉
　松本 重巻　まつもと・しげまき　元禄期の京阪の歌舞伎俳優
〔中村〕重助(2代)
　歌舞伎堂 艶鏡　かぶきどう・えんきょう　1749〜1803　江戸末期の浮世絵師、狂言作者
重助(4代)
　中村 重助(4代)　なかむら・じゅうすけ　1807〜1841　江戸の歌舞伎狂言作者　㊟江戸
重孝〈名〉
　佐野 紹益　さの・しょうえき　1607〜1691　江戸初期の豪商　㊟京都
重寿〈名〉
　在原 古玩　ありわら・こがん　1829〜1922　幕末〜大正時代の画家　㊟江戸
重寿
　松本 重寿　まつもと・じゅうじゅ　尾張常滑の陶工
重琴〈名〉

望月 玉泉　もちずき・ぎょくせん　1834〜1913　画家　㊟京都
〔鈴木〕重秀〈本名〉
　雑賀 孫一　さいか・まごいち　戦国時代の国人
重良〈名〉
　狩野 一渓　かのう・いっけい　1599〜1662　幕府の表絵師
重辰
　重辰　じゅうしん　〜1727　俳人、芭蕉一門
〔児玉〕重辰
　重辰　じゅうしん　〜1727　俳人、芭蕉一門
重近
　金森 宗和　かなもり・そうわ　1584〜1656　徳川初期の茶人、宗和流の祖　㊟飛騨国高山
重和
　久松 喜代馬　ひさまつ・きよま　1834〜1865　幕末の武士
重固
　竹中 重固　たけなか・しげかた　幕臣(若年寄並)　㊟美濃国不破郡岩手村
重国
　南紀 重国　なんき・しげくに　江戸前期の刀工
重実
　萱野 三平　かやの・さんぺい　1675〜1702　江戸時代前期の武士
重房
　宝生家(7世)　ほうしょうけ　〜1665　能役者
重房
　木村 長右衛門　きむら・ちょうえもん　?〜1712　江戸時代前期〜中期の陶工
重昌
　鈴木 重昌　すずき・しげまさ　1812〜1880　幕末・明治時代の算家　㊟上総周准郡(現今君津郡)貞元
重明
　儘田 柳軒　ままだ・りゅうけん　1723〜1795　歌人　㊟上野碓永郡松井田
重明
　山口 菅山　やまぐち・かんざん　1772〜1854　江戸時代後期の儒者
重枝〈歌名〉
　豊城 豊雄　とよき・とよお　1837〜1917　国学者、信濃佐良志奈神社の神職
重治
　村瀬 重治　むらせ・しげはる　〜1633　織田信雄の臣
重治〈名〉
　竹中 重治　たけなか・しげはる　〜1575　戦国時代の武人　㊟美濃池田郡
重治〈名〉
　林 重治(1代)　はやし・しげはる　1613〜1699　肥後の金工、肥後林家の祖　㊟尾張
重治
　菊池 義武　きくち・よしたけ　?〜1554　戦国時代の武将
重治(1代)
　林 重治(1代)　はやし・しげはる　1613〜1699　肥後の金工、肥後林家の祖　㊟尾張
重治(2代)
　林 重治(2代)　はやし・しげはる　1667〜1744　肥後の金工
重治(3代)

じゅう（重）

重治（3代）
林 重治（3代） はやし・しげはる 1723〜1791 肥後の金工
重治（4代）
林 重治（4代） はやし・しげはる 1744〜1784 肥後の金工
重治（5代）
林 重治（5代） はやし・しげはる 1770〜1823 肥後の金工
重治（6代）
林 重治（6代） はやし・しげはる 〜1839 肥後の金工
重治（7代）
林 重治（7代） はやし・しげはる 〜1877 肥後の金工
重直
青木 重直 あおき・しげなお 1528〜1613 秀吉の臣
重英
加藤 嘉仲 かとう・かちゅう 〜1718 尾張赤津の陶工
重茂〈名〉
加賀井 重望 かがのい・しげもち 1561〜1600 重宗の子、名は幾つも伝わっている
重長
吉田 実重 よしだ・さねしげ 室町時代吉田流の射術家 ㉚近江
重長
吉田 重賢 よしだ・しげかた 室町時代の弓術家、吉田流弓術の祖
重長
桑山 宗仙 くわやま・そうせん 1560〜1632 織豊〜江戸時代前期の武士、茶人
重俊〈名〉
岡 清兵衛 おか・せいべえ 寛文・延宝時代の金平浄瑠璃の作者、江戸舌耕士の祖 ㉚江戸
重俊
堀内 氏善 ほりうち・うじよし 1549〜1615 紀伊新宮城主、安房守 ㉚紀伊
重信
高階 重信 たかはし・しげのぶ 1799〜1855 徳川末期の儒医 ㉚陸前栗原郡二迫富村（富野村）
重信
狩野 永徳 かのう・えいとく 1543〜1590 安土桃山時代の画家 ㉚京都
重信
狩野 重郷 かのう・しげさと 1570〜1616 狩野派の画家、のちの根岸御行松狩野家の祖
重信
竹内 重信 たけのうち・じゅうしん 1830〜1890 幕末明治時代の和算家、信州上田藩士
重保
大橋 重保 おおはし・しげやす 1582〜1645 書家、秀次の臣 ㉚甲斐
重則
鈴木 主水 すずき・もんど 1548〜1589 戦国〜織豊時代の武将
重厚
井上 重厚 いのうえ・じゅうこう 1742〜1804 徳川中期の俳人 ㉚京都
重巻
松本 重巻 まつもと・しげまき 元禄期の京阪の歌舞伎俳優
重政
大橋 重政 おおはし・しげまさ 1618〜1672 書家
重政
中川 重政 なかがわ・しげまさ 織田一門で、初め織田駿河守といった
重春
山本 義信 やまもと・よしのぶ 江戸時代中期の浮世絵師
〔山口〕重春
柳斎 重春 りゅうさい・しげはる 1802〜1852 江戸時代後期の浮世絵師
重胤
鈴木 重胤 すずき・しげたね 1812〜1863 幕末時代の国学者 ㉚淡路仁井村
〔千葉〕重胤
東 重胤 とう・しげたね 鎌倉時代の武将
〔穂積〕重胤
鈴木 重胤 すずき・しげたね 1812〜1863 幕末時代の国学者 ㉚淡路仁井村
重貞〈名〉
阿部 随波 あべ・ずいは 〜1691 徳川中期の仙台の富豪 ㉚陸中西磐井郡山ノ目
重貞
桂庵 玄樹 けいあん・げんじゅ 1427〜1508 室町時代の臨済宗の僧、南海朱子学派即ち桂庵派の祖 ㉚周防山口
重郎左衛門
池田 正式 いけだ・まさのり 徳川中期の俳人 ㉚大和郡山
重帯
馬屋原 重帯 まやはら・しげよ 1762〜1836 徳川中期の儒者 ㉚備後国治郡（今の芦品郡）向永谷村
重時〈名〉
鈴木 半兵衛 すずき・はんべえ 1815〜1856 幕末の水戸藩の蘭学者・医者
〔平〕重時
北条 重時 ほうじょう・しげとき 1198〜1261 鎌倉時代の武将
〔板倉〕重途
淡海 槐堂 おうみ・かいどう 1822〜1879 徳川末期の勤王家 ㉚近江国坂田郡下坂本村
重妓
木村 常陸介 きむら・ひたちのすけ 〜1595 豊臣秀次の家臣
重能〈名〉
河尻 鎮吉 かわじり・しげよし 〜1584 戦国時代の武将、信濃岩久保城主 ㉚伊勢
重通
江戸 重通 えど・しげみち 1556〜1598 室町織豊時代の武将、水戸城主 ㉚常陸
重常
馬島 重常 まじま・しげつね 〜1527 馬島流眼科別派の始祖
〔宗慈坊〕重常
馬島 重常 まじま・しげつね 〜1527 馬島流眼科別派の始祖
重望
加賀井 重望 かがのい・しげもち 1561〜1600 重宗の子、名は幾つも伝わっている

じゅう(重)

〔加々江〕重望
　加賀井 重望　かがのい・しげもち　1561～1600
　重宗の子、名は幾つも伝わっている
〔中島〕重清
　黒田 与一郎　くろだ・よいちろう　1834～1866
　幕末の志士　㊗但馬国養父郡高田村
重盛
　奥田 孫太夫　おくだ・まごだゆう　1647～1703
　江戸時代前期の武士
重章〈名〉
　山井 清渓　やまのい・せいけい　1846～1912　漢
　学者　㊗山城国
重郷
　狩野 重郷　かのう・しげさと　1570～1616　狩野
　派の画家、のちの根岸御行松狩野家の祖
重険
　島村 衛吉　しまむら・えきち　1834～1865　幕末
　の尊攘運動家
重隆〈名〉
　富尾 似船　とみお・じせん　1629～1705　徳川中
　期の俳人　㊗京都
〔下坂〕重勝
　重勝　しげかつ　江戸時代前期の刀工
重堅
　荒木 重堅　あらき・しげかた　～1600　秀吉の臣
重富
　間 重富　はざま・しげとみ　1756～1816　江戸中
　期の天文・暦学者　㊗大坂
重弼〈名〉
　淡輪 元潜　たんなわ・げんせん　1729～1808　筑
　後柳河藩の大坂蔵屋敷に勤めた藩医
重敦〈名〉
　大河内 存真　おおこうち・そんしん　1796～1883
　徳川中末期の医家
重晴
　桑山 重晴　くわやま・しげはる　1524～1606　織
　豊時代の武将　㊗尾張
〔鈴木〕重朝
　雑賀 孫一　さいか・まごいち　戦国時代の国人
重然
　古田 織部　ふるた・おりべ　1543～1615　安土・
　桃山時代の武将・茶人　㊗美濃
重董（諱）
　鈴木 貞次郎　すずき・ていじろう　1811～1886
　幕末・明治時代の算家　㊗上総(山武郡)牛熊
重道
　阿部 重道　あべ・じゅうどう　1825～1875　幕
　末・明治初期の数学者　㊗羽州大泉郡鶴岡
重道
　江戸 重通　えど・しげみち　1556～1598　室町織
　豊時代の武将、水戸城主　㊗常陸
重道
　田所 騰次郎　たどころ・とうじろう　1841～1864
　幕末の武士
重陽堂〈号〉
　小林 見外　こばやし・けんがい　1807～1873　明
　治初期の俳人　㊗甲州猿橋
重微〈実名〉
　中川 潜叟　なかがわ・せんそう　～1883　幕末の
　志士にして教育家
重源
　重源　ちょうげん　～1195　鎌倉時代の浄土宗の僧
〔俊乗坊〕重源
　重源　ちょうげん　～1195　鎌倉時代の浄土宗の僧
重義
　弘中 重義　ひろなか・しげよし　徳川中期の歌人
重義
　深尾 角馬　ふかお・かくま　1631～1682　江戸時
　代前期の剣術家
重義
　竹中 重次　たけなか・しげつぐ　?～1634　江戸
　時代前期の大名
重遠〈名〉
　谷 秦山　たに・しんざん　1663～1718　江戸中期
　の儒学者　㊗土佐国長岡郡八幡村
重徳
　寺田 重徳　てらだ・じゅうとく　徳川中期の俳人
重徳
　大原 重徳　おおはら・しげとみ　1801～1879　公
　卿、維新の元勲　㊗京都
重徳〈名〉
　平元 謹斎　ひらもと・きんさい　1810～1876　徳
　川末期の儒者　㊗出羽
重輔
　金子 重之輔　かねこ・しげのすけ　1831～1855
　商人、萩藩江戸藩邸小吏　㊗長門国萩津守町
重器
　西村 茂樹　にしむら・しげき　1828～1902　思想
　家、教育家、佐倉藩士　㊗江戸
重蔵
　吉田 重蔵　よしだ・じゅうぞう　1831～1864　幕
　末の福岡藩士　㊗筑前筑紫郡隈
重蔵
　近藤 重蔵　こんどう・じゅうぞう　1771～1829
　江戸後期の旗本・探検家　㊗江戸駒込
重興
　日暮 重興　ひぐらし・しげおき　1639?～?　江戸
　時代前期の俳人
重賢
　吉田 重賢　よしだ・しげかた　室町時代の弓術
　家、吉田流弓術の祖
重賢〈名〉
　松尾 宗二　まつお・そうじ　1677～1752　徳川中
　期の茶人　㊗京都
〔赤埴〕重賢
　赤垣 源蔵　あかがき・げんぞう　1669～1703　江
　戸中期赤穂四十七士の一人
重頼
　阿部 重頼　あべ・しげより　徳川中期の公益家
　㊗仙台
重頼
　松江 重頼　まつえ・しげより　1602～1680　徳川
　初期の俳人　㊗大阪
重慶
　関 重慶　せき・しげさと　1756～1836　徳川中末
　期上野伊勢崎藩の老職にして史学者
〔鈴木〕重麿
　穂積 重麿　ほづみ・しげまろ　1774～1837　江戸
　時代後期の国学者
重麗
　綾部 重麗　あやべ・じゅうれい　徳川中期寛政項
　の高鍋藩儒

240　号・別名辞典　古代・中世・近世

【従】

従太郎
　田中 葵園　たなか・きえん　1782〜1846　江戸時代後期の儒者
従容軒〈別号〉
　坂田 炉休　さかた・ろきゅう　〜1740　徳川中期の茶道家
従容軒〈別号〉
　三浦 千春　みうら・ちはる　1828〜1903　幕末明治の国学者　[出]名古屋

【渋】

渋右衛門
　酒井田 渋右衛門　さかいだ・しぶえもん　江戸時代前期〜中期の陶工
渋柿蒂成〈狂号〉
　今村 楽　いまむら・たのし　1765〜1810　徳川中期の国学者　[出]土佐

【銃】

銃兵衛
　大艸 銃兵衛　おおくさ・じゅうべえ　徳川末期文政頃の砲術家

【縦】

縦性〈自号〉
　別源 円旨　べつげん・えんし　1294〜1364　建仁寺主、五山文学者　[出]越前

【夙】

夙夜
　青木 夙夜　あおき・しゅくや　〜1789　徳川中期の画家

【叔】

叔〈名〉
　村田 香谷　むらた・こうこく　1830〜1912　画家　[出]筑前福岡
叔元
　青野 源左衛門　あおの・げんざえもん　1653〜1706　江戸中期の儒学者、修史家　[出]京都
叔孝〈字〉
　有吉 蔵器　ありよし・ぞうき　1734〜1800　閑谷郷黌の講学　[出]備前和気郡
叔明
　安藤 叔明　あんどう・しゅくめい　1807〜1842　徳川末期の画家　[出]能登
叔明〈字〉
　向井 魯町　むかい・ろちょう　1656〜1727　徳川中期の俳人、長崎聖堂祭酒　[出]長崎立山
叔明〈字〉
　大西 圭斎　おおにし・けいさい　徳川時代後期の画家　[出]江戸
叔明〈名〉
　平賀 晋民　ひらが・しんみん　1721〜1792　徳川中期の儒者　[出]安芸豊田郡忠海
叔泰〈字〉
　新井 精斎　あらい・せいさい　1773〜1841　徳川中・末期の医家にして文章家　[出]上野厩橋
叔清〈字〉
　鈴木 朖　すずき・あきら　1764〜1837　徳川中期の国学者　[出]尾張枇杷島
叔達〈字〉
　今井 柳荘　いまい・りゅうそう　1751〜1811　徳川中期の俳人　[出]里信濃
叔道〈字〉
　阪東 篤之輔　ばんどう・とくのすけ　1820〜1891　篠山藩士
叔潭
　石川 大凡　いしかわ・たいぼん　?〜1741　江戸時代中期の儒者
叔蔵〈通称〉
　藤井 貞幹　ふじい・ていかん　1732?〜1797?　考古学者　[出]京都
叔貔〈字〉
　塚田 大峯　つかだ・たいほう　1745〜1832　江戸時代後期の尾張藩の儒者（朱子学派）　[出]信濃

【宿】

宿奈麻呂
　阿倍 宿奈麻呂　あべの・すくなまろ　〜720　奈良時代の政治家
宿奈麻呂
　大伴 宿奈麻呂　おおともの・すくなまろ　奈良時代の官僚
〔阿部〕宿奈麻呂
　阿倍 宿奈麻呂　あべの・すくなまろ　〜720　奈良時代の政治家
宿奈麿
　大伴 宿奈麻呂　おおともの・すくなまろ　奈良時代の官僚
宿阿〈別称〉
　託何　たくが　1285〜1354　南北朝時代の僧侶（時宗）　[出]上総矢野
宿禰
　石川 宿禰　いしかわの・すくね　武内宿禰の子

【淑】

淑
　中根 淑　なかね・しゅく　1839〜1913　幕末・明治の漢学者、史家
淑景舎女御
　藤原 原子　ふじわらの・げんし　?〜1002　居貞親王（三条天皇）の妃
淑蔭
　井上 淑蔭　いのうえ・よしかげ　1804〜1886　国学者　[出]武州入間郡勝呂村

【粛】

粛〈名〉
　藤原 惺窩　ふじわら・せいか　1561〜1619　織豊時代—徳川初期の儒者　[出]播馬国細川荘

【縮】

縮緬堂〈別号〉
佐屋裏 襟　さやのうら・えり　1780〜1841　江戸の狂歌師　[出]上総武射郡山中村

【熟】

熟寝
酒上 熟寝　さかのうえの・じゅくね　1725〜1784　狂歌師　[出]江戸

【出】

出目
大野 出目　おおの・でめ　面打師、大光坊幸賢の弟子　[出]越前国大野
出羽
篠原 一孝　しのはら・かずたか　1561〜1616　織豊〜江戸時代前期の武士
出羽守
坂崎 直盛　さかざき・なおもり　〜1616　家康の臣
出羽侍従
最上 義光　もがみ・よしあき　1546〜1614　織豊江戸初期の武将
出羽掾
伊藤 出羽掾　いとう・でわのじょう　明暦—寛文時代の大阪の浄瑠璃太夫
出雲〈通称〉
藤堂 高文　とうどう・たかふみ　1720〜1784　伊勢津藩藤堂氏の国老で漢学者
出雲（1代）
竹田 出雲（1代）　たけだ・いずも　〜1747　江戸時代の浄瑠璃作家、大坂竹本座の座元
出雲（2代）
竹田 出雲（2代）　たけだ・いずも　1691〜1756　竹本座座元にして浄瑠璃の名作が多い
出雲守
服部 出雲守　はっとり・いずものかみ　前田利長の臣
〔村上〕出雲守
久留島 通総　くるしま・みちふさ　〜1597　伊予風早郡領主　[出]伊予の来島
出雲掾〈受領号〉
春富士 正伝　はるふじ・しょうでん　延享—明和時代の京都の浄瑠璃太夫、正伝節の流祖

【朮】

朮
相沢 朮　あいざわ・おけら　1825〜1904　幕末明治初期の西尾藩侍医、歌人　[出]江戸

【述】

〔藤原〕述子
弘徽殿女御　こきでんのにょうご　933〜947　村上天皇の女御
述斎〈別号〉
赤松 太庾　あかまつ・たいゆ　1709〜1767　江戸中期の儒者　[出]江戸

【俊】

俊〈名〉
天野 方壺　あまの・ほうこ　1824〜1894　徳川末期の画家　[出]伊予
俊子
承香殿俊子　しょうきょうでんのとしこ　平安時代中期の歌人
俊才〈諱〉
十達　じったつ　1258〜1352　鎌倉・吉野朝初期の僧、奈要戒壇院主
俊之丞
上野 俊之丞　うえの・としのじょう　1791〜1852　徳川末期の科学者、日本写真術の鼻祖　[出]肥前長崎銀屋町
俊太郎
古高 俊太郎　こたか・しゅんたろう　1829〜1864　徳川末期の勤王家　[出]近江国大津
俊左衛門
木村 林　きむら・しげてる　1797〜1858　江戸時代後期の和算家
俊平
田口 俊平　たぐち・しゅんぺい　1818〜1867　軍艦操練所教授
俊平
那須 俊平　なす・しゅんぺい　1807〜1864　幕末の志士　[出]高知高岡郡梼原村
俊光
正木 段之進　まさき・だんのしん　1689〜1776　江戸時代中期の武術家
〔藤原〕俊光
日野 俊光　ひの・としみつ　1260〜1326　鎌倉時代の公卿、歌人
俊成
藤原 俊成　ふじわらの・としなり　1114〜1204　平安末・鎌倉初期の代表的歌人
俊成女
藤原 俊成女　ふじわらの・としなりのむすめ　〜1254　鎌倉時代初期の歌人
俊作
安家村 俊作　あつかむら・しゅんさく　〜1873　百姓一揆の指導者
〔菊池〕俊作
安家村 俊作　あつかむら・しゅんさく　〜1873　百姓一揆の指導者
俊助
深栖 幾太郎　ふかす・きたろう　1842〜1865　幕末の武士
俊孝
浅見 俊孝　あさみ・としたか　〜1518　京極高峯の臣
俊良〈別称〉
井上 稚川　いのうえ・ちせん　徳川中期の医家
俊良〈名〉
雨森 芳洲　あめのもり・ほうしゅう　1621〜1708　徳川中期の儒者　[出]近江
俊良〈名〉
平部 嶠南　ひらべ・きょうなん　1815〜1890　幕末・明治初期の儒者　[出]日向
俊芿
俊芿　しゅんじょう　1166〜1227　戒律宗北宗律の祖　[出]肥後飽田郡味木庄
俊明〈名〉

山岡 俊明　やまおか・しゅんめい　1712〜1780　徳川中期の国学者　[出]江戸
俊明
山崎 北華　やまさき・ほくか　1700〜1746　徳川中期の俳人　[出]江戸
俊明〈字〉
志倉 西馬　しくら・さいば　1808〜1858　徳川末期の俳人　[出]上州高崎
俊長
甘呂 俊長　かんろ・としなが　南北朝時代の近江の刀工
〔鎌田〕俊長
藤井 俊長　ふじい・としなが　鎌倉時代の幕府官僚
俊乗房
重源　ちょうげん　〜1195　鎌倉時代の浄土宗の僧
俊信
佐々木 俊信　ささき・としのぶ　1750〜1800　徳川中期の漢学者　[出]周防都濃郡鹿野
俊信
千家 俊信　せんげ・としざね　1764〜1831　徳川末期の国学者
俊貞〈名〉
安藤 永年　あんどう・えいねん　1778〜1832　徳川末期の画家
俊卿〈字〉
市野 光彦　いちの・みつひこ　1765〜1826　漢学者
俊豈〈名〉
坂本 天山　さかもと・てんざん　1745〜1803　砲術学者、信州高遠藩士　[出]信濃国高遠
〔森〕俊斎
中山 忠光　なかやま・ただみつ　1845〜1864　維新時代の勤王家　[出]京都
俊敬
江木 仙右衛門　えぎ・せんえもん　1824〜1865　幕末の武士
俊景〈名〉
岡 無理弥　おか・むりや　1819〜1888　幕末明治の公益家　[出]松本市
俊賀
宅磨 俊賀　たくま・しゅんが　鎌倉時代の画僧
〔一向〕俊聖
一向　いっこう　1239〜1287　一向衆の祖とされる
俊徳
雲岡 舜徳　うんこう・しゅんとく　1438〜1516　江戸青松寺開山
俊爾〈字〉
大場 景明　おおば・かげあき　1719〜1785　江戸中期の暦算家、水戸藩士　[出]水戸
俊綱
橘 俊綱　たちばな・としつな　1028〜1094　平安中期の歌人
〔藤原〕俊綱
橘 俊綱　たちばな・としつな　1028〜1094　平安中期の歌人
俊蔵
田川 俊蔵　たがわ・しゅんぞう　1813〜1866　徳川末期の書家　[出]安芸広島
俊興
栖原 角兵衛(2代)　すはら・かくべえ　徳川時代の事業家

【春】

春〈名〉
佐々木 志津磨　ささき・しずま　1619〜1695　徳川初期の書家　[出]京都賀茂
春卜
大岡 春卜(春朴)　おおおか・しゅんぼく　1680〜1763　画家　[出]大阪
春三
柳川 春三　やながわ・しゅんさん　1832〜1870　幕末の洋学者　[出]尾張国名古屋大和町
〔柳河〕春三
柳川 春三　やながわ・しゅんさん　1832〜1870　幕末の洋学者　[出]尾張国名古屋大和町
〔片山〕春子〈本名〉
井上 八千代(3世)　いのうえ・やちよ　1838〜1938　日本舞踊家、京舞井上流3世家元　[出]京都
春山
今立 春山　いまだて・しゅんざん　〜1855　徳川末期の画家　[出]越前福井
春山〈号〉
佐竹 義根　さたけ・よしね　1688〜1767　徳川中期の天文家　[出]仙台
春山〈画号〉
出久廼坊 画安　でくのぼう・かきやす　〜1871　徳川末期の狂歌師、画家
春山〈号〉
鈴木 春山　すずき・しゅんざん　1801〜1846　徳川中期の医家、兵学家、三河国田原藩士
〔吉野〕春山〈変名〉
竹中 重固　たけなか・しげかた　幕臣（若年寄並）　[出]美濃国不破郡岩手村
春五郎〈前名〉
沢村 宗十郎(遙波宗十郎)　さわむら・そうじゅうろう　〜1748　歌舞伎俳優　[出]京都
春分斎〈号〉
中島 来章　なかじま・らいしょう　1796〜1871　円山派画家　[出]京都
春友
為永 春友　ためなが・しゅんゆう　江戸時代の作家
春太夫
春富士 春太夫　はるふじ・はるだゆう　宝暦一寛政時代の京都の浄瑠璃太夫、春太夫節の流祖
〔宮薗〕春太夫
春富士 春太夫　はるふじ・はるだゆう　宝暦一寛政時代の京都の浄瑠璃太夫、春太夫節の流祖
〔宮古路〕春太夫
春富士 春太夫　はるふじ・はるだゆう　宝暦一寛政時代の京都の浄瑠璃太夫、春太夫節の流祖
春夫
佐々木 太郎　ささき・たろう　1818〜1888　幕末明治の国学者　[出]大阪
春日
嵇文会　けいもんえ　飛鳥時代の仏工
春日山田皇女
春日山田皇女　かすがのやまだのこうじょ　安閑天皇の皇后
春日少将
北畠 顕信　きたばたけ・あきのぶ　〜1380　南北朝時代の武将
春日局

しゅん（春）

治部卿局　じぶきょうのつぼね　鎌倉時代の女官
春日宮天皇
施基皇子　しきのおうじ　～716　歌人、天智天皇の皇子
春水〈号〉
高井 立志（3世）　たかい・りつし　1683～1724　徳川中期の俳人
春水
勝宮川 春水　かつみやがわ・しゅんすい　江戸末期の浮世絵師
〔宮川〕春水
勝宮川 春水　かつみやがわ・しゅんすい　江戸末期の浮世絵師
〔勝川〕春水
勝宮川 春水　かつみやがわ・しゅんすい　江戸末期の浮世絵師
春水（1世）
為永 春水（1世）　ためなが・しゅんすい　1790～1843　徳川末期の戯作者　㊙江戸
〔為永〕春水（2代）〈世襲名〉
染崎 延房　そめざき・のぶふさ　1818～1886　幕末・明治前期の戯作者　㊙江戸
春王
足利 春王丸　あしかが・しゅんおうまる　1429～1441　鎌倉管領持氏の子で安王丸の兄
春王丸
足利 春王丸　あしかが・しゅんおうまる　1429～1441　鎌倉管領持氏の子で安王丸の兄
春兄
弓の屋（1代）　ゆみのや　1827～1897　狂歌師
春古山
伊藤 小平太　いとう・こへいた　江戸時代前期の陶業家
春央
神尾 春央　かんお・はるひで　1687～1753　江戸中期の幕臣、勘定奉行
春正（2代）
山本 春正（2代）　やまもと・しゅんしょう　～1707　京都の蒔絵師
春正（3代）
山本 春正（3代）　やまもと・しゅんしょう　1654～1740　京都の蒔絵師
春正（4代）
山本 春正（4代）　やまもと・しゅんしょう　1703～1770　京都の蒔絵師
春正（5代）
山本 春正（5代）　やまもと・しゅんしょう　1734～1803　京都の蒔絵師
春正（6代）
山本 春正（6代）　やまもと・しゅんしょう　1774～1831　京都の蒔絵師
春正（7代）
山本 春正（7代）　やまもと・しゅんしょう　1806～1871　京都の蒔絵師
春正（8代）
山本 春正（8代）　やまもと・しゅんしょう　1816～1877　京都の蒔絵師
春正（9代）
山本 春正（9代）　やまもと・しゅんしょう　京都の蒔絵師
春永〈別名〉

加藤 景彦　かとう・かげはる　～1566　尾張瀬戸の陶工
春永〈号〉
加藤 勝助　かとう・かつすけ　尾張瀬戸の陶工
春生〈字〉
荒木田 氏筠　あらきだ・うじたけ　1717～1751　徳川中期の伊勢神宮の祠官、漢学者　㊙山田
春吉
千種庵（4世）　ちくさあん　1838～1899　狂歌師
春向軒〈号〉
浅見 俊孝　あさみ・としたか　～1518　京極高峯の臣
春好（2代）
勝川 春扇　かつかわ・しゅんせん　江戸末期の浮世絵師
春安〈通称〉
山村 月巣　やまむら・げっそう　1730～1785　徳川中期の俳人　㊙出羽村山郡寒河江
春帆
富森 助右衛門　とみのもり・すけえもん　1670～1703　江戸時代前期の武士
春成
北川 春成　きたがわ・はるなり　京都の画家
春朴
大岡 春卜（春朴）　おおおか・しゅんぼく　1680～1763　画家　㊙大阪
春次〈前名〉
大谷 広次（3代）　おおたに・ひろじ　1740～1802　歌舞伎俳優、明和―寛政時代の名優
春江
為永 春江　ためなが・しゅんこう　1813～1889　幕末明治初期の作家
春江
竹田 春江　たけだ・しゅんこう　1683～1759　徳川中期熊本藩の兵学者
春色
法雲寺 春色　ほううんじ・しゅんしょく　1646～1703　江戸時代前期の俳人
春行
佐々木 春行　ささき・はるゆき　1764～1819　江戸後期の集書家、能楽研究家
春村
黒川 春村　くろかわ・はるむら　1798～1866　徳川末期の国学者　㊙江戸
春村
小西 春村　こにし・はるむら　1767～1836　徳川中期後期の歌人
〔浅草庵〕春村
黒川 春村　くろかわ・はるむら　1798～1866　徳川末期の国学者　㊙江戸
〔本居〕春村
小西 春村　こにし・はるむら　1767～1836　徳川中期後期の歌人
春沙
立原 春沙　たちはら・しゅんさ　1818～1858　画家
春甫
春甫　しゅんぽ　～1854　幕末期の俳人　㊙信濃長沼穂保
春町
恋川 春町　こいかわ・はるまち　1744～1789　江戸中期の浮世絵師、戯作者　㊙駿州田中

しゅん（春）

春花園凡兆〈号〉
　酒井 凡兆　さかい・ぼんちょう　1755〜1812　庄内藩第9代主にして俳人
春芳〈名〉
　今西 正立　いまにし・せいりゅう　徳川中期の医家　㊟摂津
春芳
　千金斎 春芳　せんきんさい・はるよし　1767〜1847　江戸中期の狂歌師
春芳
　堀尾 秀斎　ほりお・しゅうさい　1714〜1794　江戸時代中期の儒者
春里〈号〉
　腹唐 秋人　はらから・あきんど　1758〜1821　書家、狂歌師
春坡
　下村 春坡　しもむら・しゅんぱ　1750〜1810　徳川中期の俳人
春夜楼〈号〉
　高井 几董　たかい・きとう　1741〜1788　徳川中期の俳人　㊟京都
春学〈号〉
　江崎 幸和　えざき・こうわ　〜1644　徳川初期の俳人　㊟京都
春宗
　加藤 春宗　かとう・はるむね　〜1619　尾張瀬戸の陶工
春岳
　松平 慶永　まつだいら・よしなが　1828〜1880　越前福井藩主
春岱
　加藤 春岱　かとう・しゅんたい　1802〜1877　尾張赤津の陶工
春明
　生川 春明　なるかわ・はるあき　1804〜1890　和歌とともに国語法・風俗史の研究　㊟伊勢津市岩田町
春枝王
　秋枝王　あきえおう　仲嗣王の王子
春東
　林 晋軒　はやし・しんけん　1654〜1676　江戸時代前期の儒者
春林〈号〉
　泉屋 道栄　いずみや・どうえい　1412〜1484　堺の豪商、会合衆
春育〈名〉
　嵐山 甫安　あらしやま・ほあん　1632〜1693　医家　㊟筑前
春信
　鈴木 春信　すずき・はるのぶ　1723〜1770　江戸中期の浮世絵師　㊟江戸
春信
　岳亭 丘山　がくてい・きゅうざん　江戸時代後期の浮世絵師、戯作者
春城
　浅井 安国　あさい・やすくに　1805〜1867　幕末の兵学家、仙台藩士
春星〈字〉
　谷口 蕪村　たにぐち・ぶそん　1716〜1783　天明期の俳人、南画家　㊟摂津国東成郡毛馬
春星亭〈別号〉

高橋 東皐　たかはし・とうこう　1739〜1820　徳川中期の俳人
春海
　安井 算哲　やすい・さんてつ　1639〜1715　江戸前・中期の暦学者、幕府の碁方安井算哲の子　㊟京都
〔渋川〕春海
　安井 算哲　やすい・さんてつ　1639〜1715　江戸前・中期の暦学者、幕府の碁方安井算哲の子　㊟京都
春泉
　笹野 春泉　ささの・しゅんせん　1798〜1864　徳川末期の医家、狂歌師にして岡山藩士　㊟備前
春秋亭可鶴〈号〉
　芦辺 田鶴丸　あしべ・たずまる　1759〜1835　江戸末期の狂歌師　㊟名古屋
春秋山
　栗山 満光　くりやま・みつてる　1702〜1772　徳川中期の歌人　㊟和泉国堺
春秋庵〈号〉
　白雄　しらお　1738〜1791　天明期の俳人　㊟江戸深川
春秋庵（4世）
　川村 碩布　かわむら・せきふ　1750〜1843　徳川中期の俳人　㊟武蔵入間郡毛呂
〔日野〕春草〈通称〉
　寺村 左膳　てらむら・さぜん　1834〜1896　土佐藩士　㊟土佐国高知八軒町
春草堂
　陸竹 小和泉太夫　むつたけ・こいずみだゆう　1711〜1748　元文―延享時代の義太夫節浄瑠璃太夫、陸竹座の座元
春風
　菅 春風　すが・しゅんぷう　1820〜1902　幕末・明治の国学者、松代藩士
〔富〕春叟
　田中 桐江　たなか・とうこう　1668〜1742　江戸中期の文人　㊟出羽国庄内
春圃
　高橋 春圃　たかはし・しゅんぽ　1805〜1868　徳川末期の蘭学医　㊟肥後阿蘇郡
春宵楼〈通称〉
　宮 紫暁　みや・しぎょう　徳川中期の俳人　㊟京都
春峰〈号〉
　石村 近江（9代）　いしむら・おうみ　〜1787　三味線の名工
春庭
　本居 春庭　もとおり・はるにわ　1763〜1828　国学者　㊟伊勢松坂
春扇
　勝川 春扇　かつかわ・しゅんせん　江戸末期の浮世絵師
春朔
　茨木 春朔　いばらき・しゅんさく　1614〜1671　徳川初期の酒井侯の臣
春朔
　緒方 春朔　おがた・しゅんさく　1748〜1810　筑前秋月藩の蘭医
〔勝川〕春朗（1代）
　葛飾 北斎　かつしか・ほくさい　1760〜1849　江戸末期の浮世絵師　㊟江戸本所割下水

号・別名辞典　古代・中世・近世　245

しゅん（春）

春流〈字〉
　清水 春流　しみず・しゅんりゅう　1626～　徳川初期の俳人　㊞尾州名古屋
〔為永〕春笑〈通称〉
　染崎 延房　そめざき・のぶふさ　1818～1886　幕末・明治前期の戯作者　㊞江戸
春耕〈別号〉
　心田 清播　しんでん・せいはん　1375～1447　室町時代の僧、建仁・南禅寺主、五山文学者　㊞淡路
春華園凡兆〈号〉
　酒井 凡兆　さかい・ぼんちょう　1755～1812　庄内藩第9代主にして俳人
春馬
　三亭 春馬　さんてい・しゅんば　～1851　戯作家
春庵〈号〉
　竹田 定直　たけだ・さだなお　1661～1745　徳川中期の儒家　㊞筑前福岡
春斎
　春川 英笑　はるかわ・えいしょう　江戸末期の浮世絵師
春斎
　林 鵞峰　はやし・がほう　1618～1680　江戸前期の儒学者　㊞京都
〔井坂〕春清
　井上 春清　いのうえ・しゅんせい　江戸時代前期の俳人
春理斎〈号〉
　椎本 才麿　しいのもと・さいまろ　1656～1738　徳川中期の俳人　㊞大和宇陀郡
春菴〈別称〉
　玉川 春菴　たまがわ・しゅんあん　水戸の医家
春郷〈諱〉
　林 良輔　はやし・よしすけ　1819～1882　幕末の山口藩士　㊞長門国萩
〔勝ນ〕春喬
　菱川 柳谷　ひしかわ・りゅうこく　江戸末期の浮世絵師
春暁〈俳名〉
　嵐 和歌野(1代)　あらし・わかの　～1728　京阪の歌舞伎俳優、享保時代の若女方の上手
春景
　加藤 唐左衛門(5代)　かとう・とうざえもん　尾張瀬戸の陶業家
春湖〈号〉
　橘田 春湖　きつだ・しゅんこ　1815～1886　俳人　㊞甲府
春琴
　浦上 春琴　うらがみ・しゅんきん　1779～1846　江戸時代の文人画家　㊞備前
春琳
　加藤 春琳　かとう・しゅんりん　?～1747　江戸時代中期の陶工
〔岡田〕春達〈本名〉
　井上 因碩(7世)　いのうえ・いんせき　1736～1792　囲碁の家元　㊞常陸国筑波郡小野村
〔千代〕春道
　橘本 德瓶　はしもと・とくべい　1758～1825　江戸時代中期～後期の戯作者
春陽軒〈号〉
　加友　かゆう　俳人、貞門
春意〈通称〉
　佐藤 成充　さとう・しげみつ　1657～1708　徳川中期の儒者　㊞江戸
春瑞
　井上 肇堂　いのうえ・ちょうどう　1804～1881　幕末明治の漢方医
春継
　山本 春正(4代)　やまもと・しゅんしょう　1703～1770　京都の蒔絵師
春頌翁〈初号〉
　万亭 応賀　まんてい・おうが　1818～1890　戯作者　㊞江戸神田明神下
春察〈別称〉
　林 榴岡　はやし・りゅうこう　1681～1758　幕府の儒官
春徳〈通称〉
　林 読耕斎　はやし・どくこうさい　1624～1661　江戸前期の儒者
春蔭
　鈴木 春蔭　すずき・はるかげ　1786～1847　国学者
春慶
　加藤 景正　かとう・かげまさ　1168～1249　尾張瀬戸焼中興の祖　㊞大和
春慶
　堺 春慶　さかい・しゅんけい　室町時代堺の茶壺師
春澄
　青木 春澄　あおき・はるすみ　1653～1715　徳川中期の俳人　㊞京都
春潭〈号〉
　荒木 千洲　あらき・せんしゅう　1807～1876　幕末の画家　㊞長崎
春樹
　山崎 春樹　やまさき・はるき　～1831　徳川中期の俳人
春樹道人〈号〉
　山崎 春樹　やまさき・はるき　～1831　徳川中期の俳人
〔伊藤〕春磧〈初名〉
　井上 因碩(6世)　いのうえ・いんせき　1707～1772　囲碁の家元　㊞下総
春嶺
　大脇 春嶺　おおわき・はるみね　1789～1834　徳川中期の国学者　㊞越後
春曙
　井上 千山　いのうえ・せんざん　～1726　徳川中期の俳人、平福屋と号した豪商、姫路六人衆の1人
春曙堂〈号〉
　岩本 昆寛　いわもと・こんかん　1744～1801　金工家　㊞江戸
春鴻
　春鴻　しゅんこう　～1803　化政期の俳人　㊞相模国戸塚在下飯田
春齢
　江馬 蘭斎　えま・らんさい　1746～1838　徳川中期末期の蘭医　㊞美濃大垣
春齢
　三宅 董庵　みやけ・とうあん　1814～1859　江戸時代後期の医師
春麗園〈号〉
　下郷 蝶羅　しもさと・ちょうら　1723～1776　徳川中期の俳人　㊞尾張鳴海
春鶯

為永 春鶯　ためなが・しゅんおう　江戸の戯作者　[出]名古屋

【浚】

浚明
五十嵐 浚明　いがらし・しゅんめい　1700～1781　徳川中期の画家　[出]越後新潟
〔呉〕浚明
五十嵐 浚明　いがらし・しゅんめい　1700～1781　徳川中期の画家　[出]越後新潟
浚宵堂〈号〉
仙石 九畹　せんごく・きゅうえん　1768～1821　徳川中期の画家、高知藩士
浚新斎
青地 礼幹　あおち・れいかん　1675～1744　江戸時代前期～中期の儒者

【珣】

珣子内親王
新室町院　しんむろまちいん　1311～1337　後醍醐天皇の皇后

【婥】

婥子
今城 婥子　いまき・たつこ　1809～1875　仁孝天皇女房　[出]京都
〔藤原〕婥子
今城 婥子　いまき・たつこ　1809～1875　仁孝天皇女房　[出]京都

【舜】

舜治〈別称〉
渡辺 小崋　わたなべ・しょうか　1835～1887　画家、崋山の子
舜空
良恵　りょうえ　1599～1674　融通念仏宗の僧　[出]摂津東成郡北花田村
舜海
佐藤 舜海　さとう・しゅんかい　1827～1882　幕末・明治期の医家
舜徳
雲岡 舜徳　うんこう・しゅんとく　1438～1516　江戸青松寺開山
舜慶
堺 春慶　さかい・しゅんけい　室町時代堺の茶壺師

【怟】

〔藤原〕怟子
藻壁門院　そうへきもんいん　1209～1233　後堀河天皇の皇后

【駿】

駿〈名〉
入江 太華　いりえ・たいか　1721～1738　徳川中期の江戸の儒者
駿三〈通称〉
望月 玉泉　もちずき・ぎょくせん　1834～1913　画家　[出]京都
駿太〈通称〉
平川 坦翁　ひらかわ・たんおう　1815～1883　幕末・明治初期の儒者　[出]肥後
駿台
中川 忠英　なかがわ・ただてる　1753～1830　江戸時代中期～後期の武士、儒者
駿平
臼杵 駿平　うすき・しゅんぺい　1806～1864　徳川末期の豊浦藩儒者
駿河大納言
徳川 家康　とくがわ・いえやす　1542～1616　江戸幕府の初代将軍
駿河大納言
徳川 忠長　とくがわ・ただなが　1606～1633　江戸前期の大名、2代将軍徳川秀忠の第3子
駿河守茂綱
青地 茂綱　あおじ・しげつな　～1570　信長の臣
駿河守政光
小田 政光　おだ・まさみつ　～1553　小弐時尚の麾下
駿河婇女
駿河婇女　するがのうねめ　万葉歌人
駿河御前〈別称〉
旭姫　あさひひめ　1543～1590　徳川家康の室、豊臣秀吉の異父妹
駿河御前
築山殿　つきやまどの　～1579　徳川家康の前夫人

【鶉】

鶉兮〈号〉
上田 秋成　うえだ・あきなり　1734～1809　江戸中期の国学者、歌人、俳人、浮世草子及び読本作者、茶人　[出]摂津曽根崎
鶉居
上田 秋成　うえだ・あきなり　1734～1809　江戸中期の国学者、歌人、俳人、浮世草子及び読本作者、茶人　[出]摂津曽根崎
鶉翁〈号〉
上田 秋成　うえだ・あきなり　1734～1809　江戸中期の国学者、歌人、俳人、浮世草子及び読本作者、茶人　[出]摂津曽根崎

【恂】

恂子内親王
上西門院　じょうさいもんいん　1126～1189　鳥羽天皇の皇女

【盾】

盾雄〈名〉
原 道太　はら・みちた　1838～1864　維新時代久留米藩の世臣

【准】

准后
京極 准后　きょうごく・じゅごう　後嵯峨天皇妃

じゅん（純，隼，淳，循，筍，順）

【純】

純仁法親王
　嘉言親王　よしことしんのう　1821〜1868　伏見宮邦家親王第2王子
純玄
　五島 純玄　ごとう・すみはる　〜1594　豊臣時代の武将
〔宇久〕純玄
　五島 純玄　ごとう・すみはる　〜1594　豊臣時代の武将
純沢
　坂本 浩雪　さかもと・こうせつ　1800〜1853　幕末の本草家、菌類採集家
純忠
　大村 純忠　おおむら・すみただ　1533〜1587　室町織豊時代の肥前大村藩主にして切支丹大名
純卿〈字〉
　井上 金峨　いのうえ・きんが　1732〜1784　徳川中期の儒者　㊨江戸青山
純恵
　松野 梅山　まつの・ばいざん　1783〜1857　江戸時代後期の画僧
純斎〈別名〉
　小松 無極子　こまつ・むきょくし　幕末の和算家
純清
　徳標 純清　とくひょう・じゅんしょう　?〜1445　室町時代の僧
〔渡辺〕純蔵
　桜 任蔵　さくら・じんぞう　1812〜1859　幕末期の志士　㊨常陸国真壁郡真壁

【隼】

隼人
　阿和 善右衛門　あわ・ぜんえもん　秀次の臣
隼人〈通称〉
　春木 煥光　はるき・あきみつ　1777〜1843　徳川中期の本草家　㊨伊勢
隼人
　薄田 兼相　すすきだ・かねすけ　〜1615　秀頼の臣
〔内藤〕隼人
　土方 歳三　ひじかた・としぞう　1834〜1866　幕末新撰組の名士　㊨武蔵多摩郡石田村
隼之助
　河合 隼之助　かわい・じゅんのすけ　1767〜1841　徳川中期の姫路藩士
隼之助
　建部 賢明　たけべ・かたあきら　1661〜1716　江戸時代前期〜中期の和算家
隼太〈通称〉
　今泉 蟹守　いまいずみ・かにもり　1818〜1898　徳川末期明治時代の国学者　㊨肥前小城
隼太〈通称〉
　佐々木 貞介　ささき・ていすけ　1835〜1885　幕末明治時代の漢学者、長門萩藩士
隼太
　猪 隼太　いの・はやた　源頼政の郎党、多田源氏

【淳】

淳〈名〉
　平田 涪渓　ひらた・ばいけい　1796〜1879　幕末・明治の儒者
淳子〈本名〉
　山田 袖香　やまだ・しゅうこう　1825〜1906　幕末明治の女流歌人　㊨播磨加東郡中東条村大畑
淳仁天皇
　淳仁天皇　じゅんにんてんのう　733〜765　第47代の天皇
淳和天皇
　淳和天皇　じゅんなてんのう　786〜840　第53代の天皇
淳庵
　中川 淳庵　なかがわ・じゅんあん　1712〜1781　徳川中期の医家
淳庵
　中川 淳庵　なかがわ・じゅんあん　1739〜1786　徳川中期の蘭学医　㊨江戸
淳寧〈院号〉
　琢如　たくにょ　1625〜1671　徳川初期の僧、真宗大谷派第14世
淳蔵〈通称〉
　有阪 長為　ありさか・ちょうい　1784〜1855　徳川末期の砲術家
〔松村〕淳蔵
　市来 勘十郎　いちき・かんじゅうろう　1842〜1919　薩摩藩士、海軍中将　㊨鹿児島城下
淳麿
　平井 淳麿　ひらい・あつまろ　1835〜1906　幕末の志士、豊前小倉藩士

【循】

循庵〈号〉
　三浦 為春　みうら・ためはる　1573〜1652　江戸前期の仮名草子作家　㊨相模国三浦

【筍】

筍斎
　原田 筍斎　はらだ・じゅんさい　1808〜1875　幕末明治の儒者

【順】

順
　髙本 順　たかもと・したごう　1738〜1813　徳川中期の儒者
順〈名〉
　今井 桐軒　いまい・どうけん　1646〜1683　徳川初期の水戸の儒者
順
　松本 順　まつもと・じゅん　1832〜1907　医家
順〈字〉
　中谷 梧庵　なかや・ごあん　1769〜1841　徳川中期の俳人　㊨淡路
順了
　宝景　ほうけい　1746〜1828　江戸時代中期〜後期の僧
順之助〈幼名〉
　松本 順　まつもと・じゅん　1832〜1907　医家

じゅん（楯, 準, 潤, 遵）　しょ（処, 初）

順之助
　千秋 藤篤　せんしゅう・ふじあつ　1815～1864　江戸時代後期の武士
順孝
　天叟 順孝　てんそう・じゅんこう　?～1532　戦国時代の僧
順房〈名〉
　深江 簡斎　ふかえ・かんさい　1771～1848　徳川末期の儒者　㊋肥前多久
順治〈通称〉
　斎藤 竹堂　さいとう・ちくどう　1815～1852　江戸時代末期の儒者　㊋陸奥国遠田郡沼辺村
順治
　田中 玄蕃（10代）　たなか・げんばん　1778～1849　醤油醸造家
順空
　蔵山 順空　ぞうざん・じゅんくう　1233～1308　京都東福寺僧
順若
　大脇 順若　おおわき・まさより　1825～1905　幕末の志士、土佐藩　㊋高知
順亭〈通称〉
　松本 顧言　まつもと・こげん　1817～1881　幕末明治の俳人　㊋江戸
順則〈唐名〉
　程 順則　てい・じゅんそく　1663～1734　江戸中期の琉球の儒学者　㊋琉球（沖縄）那覇久米村
順益
　平出 修甫　ひらで・しゅうほ　1809～1861　幕末の医家
順庵
　衣関 甫軒　きぬどめ・ほけん　1748～1807　江戸時代中期～後期の医師
順策〈別称〉
　井上 因磧（12世）　いのうえ・いんせき　1820～1856　囲碁の家元
順徳
　津軽 順承　つがる・ゆきつぐ　1800～1865　江戸時代後期の大名
順徳天皇
　順徳天皇　じゅんとくてんのう　1197～1242　第84代の天皇
順徳院
　順徳天皇　じゅんとくてんのう　1197～1242　第84代の天皇
順輔〈通称〉
　綾部 融　あやべ・とおる　1786～1837　徳川中期の儒者、高鍋藩士
順蔵〈通称〉
　佐伯 順蔵　さえき・じゅんぞう　1788～1849　徳川中期富山藩の儒者
順蔵〈通称〉
　大橋 順蔵　おおはし・じゅんぞう　1816～1862　徳川末期の勤王儒者　㊋江戸

【楯】

楯八（1代）
　谷村 楯八（1代）　たにむら・たてはち　大阪の歌舞伎俳優、谷村系祖
楯八（2代）

　谷村 楯八（2代）　たにむら・たてはち　大阪の歌舞伎俳優
楯八（3代）
　谷村 楯八（3代）　たにむら・たてはち　大阪の歌舞伎俳優
楯之舎主人〈号〉
　平賀 元義　ひらが・もとよし　1800～1865　歌人、国学者　㊋備前国下道郡穂下郷陶村内奈良
〔泉川〕楯蔵（2代）〈前名〉
　百村 友九郎（2代）　ひゃくむら・ともくろう　1774～1834　大阪の歌舞伎俳優

【準】

準愚公谷人〈別号〉
　菅 春風　すが・しゅんぷう　1820～1902　幕末・明治の国学者、松代藩士

【潤】

潤屋宮〈尊称〉
　種子女王　たねこじょおう　1810～1863　伏見宮貞敬親王第6王女
潤照
　粟津 潤照　あわず・じゅんしょう　1700～1775　徳川中期の女流書家　㊋京都

【遵】

遵
　谷 維揚　たに・いよう　1722～1784　江戸時代中期の儒者
遵生軒〈号〉
　三宅 環翠　みやけ・かんすい　徳川中期の国学者
遵西
　安楽 あんらく　～1207　住蓮と共に斬首となれる法然の弟子　㊋京都

【処】

〔葦原〕処士
　児島 強介　こじま・きょうすけ　1837～1862　幕末期の志士　㊋下野宇都宮
処信〈字〉
　春甫　しゅんぽ　～1854　幕末期の俳人　㊋信濃長沼穂保
処謙
　潜渓 処謙　せんけい・しょけん　～1330　鎌倉時代の僧、南禅寺主、五山文学者　㊋武蔵

【初】

初〈名〉
　京極 高次室　きょうごく・たかつぐしつ　～1633　浅井長政の次女
初三郎〈通称〉
　平尾 魯仙　ひらお・ろせん　1808～1880　幕末明治の画家また国学者　㊋陸奥弘前
初之進〈通称〉
　乃木 初太郎　のぎ・はつたろう　1847～1864　萩藩八組士　㊋江戸萩藩邸（麻布）
初太夫

号・別名辞典　古代・中世・近世　249

しょ（書，黍，諸，曙）　じょ（女，汝，助）

瀬川 初太夫　せがわ・はつだゆう　承応―寛文時代の歌舞伎俳優、瀬川系祖
〔藤村〕初太夫〈別名〉
瀬川 初太夫　せがわ・はつだゆう　承応―寛文時代の歌舞伎俳優、瀬川系祖
初太郎〈通称〉
乃木 初太郎　のぎ・はつたろう　1847～1864　萩藩八組士　㊨江戸萩藩邸（麻布）
初平
加藤 周左衛門（2代）　かとう・しゅうざえもん　尾張瀬戸の陶工

【書】

書主
興世 書主　おきよの・ふみぬし　778～850　平安朝時代の新羅琴の名手
〔吉田〕書主
興世 書主　おきよの・ふみぬし　778～850　平安朝時代の新羅琴の名手
書写上人
性空　しょうくう　910～1007　平安朝中期の僧にして歌人、播磨書写山円教寺の開山　㊨京都
書画斎〈別号〉
広瀬 台山　ひろせ・だいざん　1751～1813　徳川中期の南画家

【黍】

黍〈名〉
人見 䃤邑　ひとみ・きゆう　1729～1797　徳川中期の儒者

【諸】

諸九尼
有井 諸九尼　ありい・しょきゅうに　1714～1781　徳川中期の俳人、有井浮風の妻　㊨筑前直方
諸兄
橘 諸兄　たちばなの・もろえ　～757　奈良時代の政治家、三野王の子
諸経
志岐 諸経　しき・もろつね　～1589　肥後天草志岐城主
諸葛監
清水 諸葛監　しみず・しょかつかん　1717～1790　画家　㊨江戸

【曙】

曙山〈号〉
幸島 桂花　ゆきしま・けいか　1830～1899　俳諧師　㊨遠江国佐野郡掛川
曙山
佐竹 曙山　さたけ・しょざん　1748～1785　秋田藩士、秋田派の洋画家
曙庵〈号〉
中島 秋挙　なかじま・しゅうきょ　1773～1826　徳川中期の俳人　㊨三河刈谷
曙覧
橘 曙覧　たちばな・あけみ　1812～1868　徳川末期の歌人　㊨越前福井石場町

〔井手〕曙覧
橘 曙覧　たちばな・あけみ　1812～1868　徳川末期の歌人　㊨越前福井石場町

【女】

女国重
国重 お源　くにしげ・おげん　1733～1808　江戸時代中期～後期の刀工

【汝】

汝玉
池辺 璞　いけべ・はく　1732～1778　江戸時代中期の暦算家
汝霖
若霖　じゃくりん　1675～1735　江戸時代前期～中期の僧

【助】

〔藤本〕助〈初名〉
桜田 治助（4代）　さくらだ・じすけ　江戸の歌舞伎狂言作者
〔坂〕助八
高麗左衛門　こうらいざえもん　1569～1643　長門萩焼の祖
助三〈通称〉
久永 松陵　ひさなが・しょうりょう　徳川末期の儒者
助三郎
坂東 助三郎　ばんどう・すけさぶろう　宝暦期の京都の歌舞伎俳優
助之丞〈通称〉
榎並 隆雄　えなみ・たかてる　1775～1844　徳川中期の国学者　㊨京都
助之丞〈通称〉
関 重曖　せき・しげさと　1756～1836　徳川中末期上野伊勢崎藩の老職にして史学者
助之進〈通称〉
安東 守経　あんどう・もりつね　徳川中期明和頃の儒者　㊨筑後柳川
助之進〈通称〉
弘員　ひろかず　～1717　俳人、芭蕉一門、伊勢の神宮
助之進〈通称〉
白尾 斎蔵　しらお・さいぞう　1762～1821　江戸中期の国学者
助五郎〈通称〉
戸部 良凞　とべ・よしひろ　1713～1795　江戸中・後期の儒学者
助五郎
山本 道句　やまもと・どうしゃく　戦国～織豊時代の茶人
〔仙国〕助五郎
中村 助五郎（1代）　なかむら・すけごろう　1711～1763　江戸の歌舞伎俳優
助五郎（1代）
中村 助五郎（1代）　なかむら・すけごろう　1711～1763　江戸の歌舞伎俳優
助六〈通称〉

水谷 豊文　みずたに・とよぶみ　1779～1833　徳川中期の本草家
助太夫〈通称〉
　竹田 定直　たけだ・さだなお　1661～1745　徳川中期の儒家　㊿筑前福岡
助太郎〈通称〉
　窪田 清音　くぼた・すがね　1791～1866　幕末の兵学者、講武所頭取兼兵学師範役
助右衛門〈通称〉
　滝本 千丈　たきのもと・ちたけ　～1843　狂歌師、画家
助右衛門
　百池　ひゃくち　～1835　天明期の俳人　㊿京都
〔内藤〕助右衛門
　葛城 彦一　かつらぎ・ひこいち　1818～1880　幕末の志士、大隅加治木郷の郷士　㊿大隅国姶良郡加治木郷
〔万屋〕助右衛門〈通称〉
　安川 落梧　やすかわ・らくご　～1691　徳川中期の俳人
助四郎〈通称〉
　安東 節庵　あんどう・せつあん　1785～1835　徳川中期の儒者　㊿筑後柳川
助左衛門〈通称〉
　伊藤 信徳　いとう・しんとく　1633～1698　徳川中期の俳人　㊿京都
助左衛門〈通称〉
　伊良子 道牛　いらこ・どうぎゅう　1671～1728　徳川中期の西洋流外科医　㊿羽後山形
助左衛門
　吉武 助左衛門　よしたけ・すけざえもん　1824～1906　久留米藩郷士
助左衛門
　納屋 助左衛門　なや・すけざえもん　安土桃山・江戸前期の堺の貿易商
〔奥屋〕助左衛門
　納屋 助左衛門　なや・すけざえもん　安土桃山・江戸前期の堺の貿易商
〔呂宋（ルソン）〕助左衛門〈通称〉
　納屋 助左衛門　なや・すけざえもん　安土桃山・江戸前期の堺の貿易商
助広
　津田 助広　つだ・すけひろ　1637～1682　江戸前期の刀工　㊿摂津
〔越前守〕助広
　津田 助広　つだ・すけひろ　1637～1682　江戸前期の刀工　㊿摂津
助広（2世）
　津田 助広　つだ・すけひろ　1637～1682　江戸前期の刀工　㊿摂津
助次郎
　藤田 助次郎　ふじた・すけじろう　1824～1880　幕末・明治の和算家　㊿備中都窪郡常盤村
助国
　国分寺 助国　こくぶんじ・すけくに　元徳・建武ころの刀工
助宗
　飯沼 助宗　いいぬま・すけむね　～1293　鎌倉中期の武士
助然

荒巻 助然　あらまき・じょぜん　～1737　徳川中期の俳人　㊿筑前内野
助給〈号〉
　雲鼓　うんこ　～1728　享保時代の俳人　㊿大和吉野
助雄王
　文室 助雄　ふんやの・すけお　807～858　平安時代前期の官吏
助義
　野一色 助義　のいっしき・すけよし　1548～1600　初め浅井長政の家人、のち秀吉の臣中村一氏に仕う

【序】

序令
　石内 序令　いしうち・じょれい　江戸時代前期～中期の俳人
序克
　菊地 序克　きくち・じょこく　1751～　江戸中期の彫金家
序活〈別名〉
　江戸太夫 意教　えどだゆう・いきょう　享保期の江戸節浄瑠璃の太夫、意教節の祖
序睡〈号〉
　琴路　きんろ　～1790　享保時代の俳人　㊿敦賀

【恕】

恕〈名〉
　猪瀬 東寧　いのせ・とうねい　1838～1903　画家　㊿下総三坂新田
恕珊
　九峰 恕珊　くほう・にょさん　?～1592　戦国～織豊時代の僧
恕軒
　信夫 恕軒　しのぶ・じょけん　1835～1910　漢学者　㊿江戸藩邸
恕軒
　賀島 兵助　かしま・ひょうすけ　1645～1697　江戸時代前期の武士

【絮】

絮蘿架〈号〉
　生玉 琴風　いくたま・きんぷう　1639～1726　徳川中期の俳人　㊿大阪

【舒】

舒明天皇
　舒明天皇　じょめいてんのう　～641　第34代の天皇

【小】

小一条院
　敦明親王　あつあきらしんのう　994～1051　三条天皇の皇子
小一郎〈通称〉
　宇井 黙斎　うい・もくさい　1725～1781　徳川中期の崎門派の儒者　㊿肥前唐津
小七〈通称〉

しょう〈小〉

嵐 小六〈1代〉 あらし・ころく 1710～1786 大阪の歌舞伎俳優、宝暦期の若女方の名優
小七〈晩名〉
　嵐 小六〈1代〉 あらし・ころく 1710～1786 大阪の歌舞伎俳優、宝暦期の若女方の名優
小七〈前名〉
　嵐 雛助〈3代〉 あらし・ひなすけ 1791～1813 大阪の歌舞伎俳優、文化時代の立役の功者
小七〈後名〉
　嵐 雛助〈5代〉 あらし・ひなすけ 大阪の歌舞伎俳優、文政・天保時代の立役
〔嵐〕小七〈2代〉
　染松 七三郎〈2代〉 そめまつ・しちさぶろう 江戸時代中期の歌舞伎役者
小七〈3代〉
　嵐 雛助〈5代〉 あらし・ひなすけ 大阪の歌舞伎俳優、文政・天保時代の立役
小八郎〈幼名〉
　高井 几董 たかい・きとう 1741～1788 徳川中期の俳人 ㊥京都
小十郎
　片倉 小十郎 かたくら・こじゅうろう 1557～1615 仙台藩伊達氏の重臣
小十郎〈6代〉〈別名〉
　中村 仲蔵〈1代〉 なかむら・なかぞう 1736～1790 江戸の歌舞伎俳優 ㊥江戸深川小松町
〔蜂屋〕小十郎定章〈雅名〉
　淡山 尚綱 あわやま・しょうけい 1686～1749 江戸中期の数学者
小三〈別称〉
　松の門 三艸子 まつのと・みさこ 1832～1914 歌人 ㊥江戸下谷
小三郎〈前名〉
　杵屋 勝三郎〈2代〉 きねや・かつさぶろう 1820～1896 江戸長唄三絃、幕末・明治時代の長唄三絃を代表する名人 ㊥江戸
小三郎
　赤松 小三郎 あかまつ・こさぶろう 1831～1867 幕末の洋式兵学者、信州上田藩士
小三郎〈初名〉
　嵐 雛助〈3代〉 あらし・ひなすけ 1791～1813 大阪の歌舞伎俳優、文化時代の立役の功者
〔磯貝〕小三郎
　村瀬 重治 むらせ・しげはる ～1633 織田信雄の臣
〔加藤〕小三郎〈通称〉
　歩簫 ほしよう 1791～1827 化政期の俳人 ㊥飛騨国高山
小三郎〈2代〉
　吉住 小三郎〈2代〉 よしずみ・こさぶろう 1799～1854 江戸長唄の唄方の名家
小三馬
　式亭 小三馬 しきてい・こさんば 1812～1853 戯曲者
小川法印
　忠賢 ちゅうかい 1159～1227 平安後期～鎌倉時代の僧
小弓御所
　足利 義明 あしかが・よしあき ?～1538 室町～戦国時代の武将
小六
　蜂須賀 小六 はちすか・ころく 1526～1586 安土桃山時代の武将 ㊥尾張国海部郡蜂須賀
〔吉田〕小六〈初名〉
　嵐 小六〈1代〉 あらし・ころく 1710～1786 大阪の歌舞伎俳優、宝暦期の若女方の名優
小六〈1代〉
　嵐 小六〈1代〉 あらし・ころく 1710～1786 大阪の歌舞伎俳優、宝暦期の若女方の名優
小六〈2代〉〈前名〉
　嵐 三右衛門〈7代〉 あらし・さんえもん 大阪の歌舞伎俳優、明和―寛政時代の若女方の功者
小六〈3代〉〈別名〉
　嵐 雛助〈3代〉 あらし・ひなすけ 1741～1796 大阪の歌舞伎俳優、天明・寛政時代の京阪劇壇を代表する立役の名優
小六〈4代〉
　嵐 小六〈4代〉 あらし・ころく 1783～1826 大阪の歌舞伎俳優、文化文政時代の若女方の大立者
小六〈5代〉
　嵐 小六〈5代〉 あらし・ころく ～1858 大阪の歌舞伎俳優、天保―安政時代の年増役の上手
小六玉〈俗称〉
　嵐 雛助〈1代〉 あらし・ひなすけ 1741～1796 大阪の歌舞伎俳優、天明・寛政時代の京阪劇壇を代表する立役の名優
小太夫
　桜山 四郎三郎〈1代〉 さくらやま・しろさぶろう ～1732 京阪の歌舞伎俳優
小太郎〈通称〉
　原 時行 はら・ときゆき 1826～1899 幕末・明治の儒者 ㊥日向延岡
小太郎〈初名〉
　榊山 四郎太郎〈4代〉 さかきやま・しろたろう 京阪の歌舞伎俳優
小太郎〈通称〉
　馬場 錦江 ばば・きんこう 1801～1860 徳川中期の俳人、和算家 ㊥江戸四谷
〔河島〕小太郎〈別名〉
　入江 弘毅 いりえ・ひろき 1838～1864 徳川末期の志士、長州藩士 ㊥長門国萩土原村
〔常磐津〕小文字太夫〈1代〉
　富本 豊前太夫〈1代〉 とみもと・ぶぜんだゆう 1716～1764 富本節浄瑠璃の家元
小文字太夫〈2代〉
　常磐津 文字太夫〈3代〉 ときわず・もじだゆう 1791～1819 常磐津節浄瑠璃
小文字太夫〈3代〉
　常磐津 文字太夫〈4代〉 ときわず・もじだゆう 1804～1862 常磐津節浄瑠璃
小文字太夫〈4代〉
　常磐津 文字太夫〈5代〉 ときわず・もじだゆう 1822～1869 常磐津節浄瑠璃
小主人〈通称〉
　政二 まさじ 化政期の俳人 ㊥川越
小兄比売
　蘇我 小姉君 そがの・おあねきみ 舒明天皇の妃
小右衛門〈通称〉
　疋田 以正 ひきた・これまさ 徳川初期の神道学者
〔升屋〕小右衛門
　山片 蟠桃 やまがた・ばんとう 1748～1821 江戸時代中期～後期の商人、学者

しょう（小）

〔田沼〕小右衛門〈通称〉
　佐野 渡　さのの・わたり　1762〜1837　狂歌師
小四郎〈通称〉
　今井 似閑　いまい・じかん　1657〜1723　徳川初期の国学者　㊨京都
〔江間〕小弁
　北条 義時　ほうじょう・よしとき　1162〜1224　鎌倉幕府の執権
〔山下〕小四郎〈初名〉
　榊山 小四郎（5代）　さかきやま・こしろう　京都の歌舞伎俳優
小四郎（1代）
　榊山 小四郎（1代）　さかきやま・こしろう　1671〜1747　京都の歌舞伎俳優
小四郎（2代）
　榊山 小四郎（2代）　さかきやま・こしろう　1697〜1768　京都の歌舞伎俳優
小四郎（3代）
　榊山 小四郎（3代）　さかきやま・こしろう　1724〜1767　京都の歌舞伎俳優
小四郎（4代）
　榊山 小四郎（4代）　さかきやま・こしろう　1740〜1768　京都の歌舞伎俳優
小四郎（5代）
　榊山 小四郎（5代）　さかきやま・こしろう　京都の歌舞伎俳優
小左衛門
　伊東 小左衛門　いとう・こざえもん　伏見の材木商
小左衛門
　荒山 小左衛門　あらやま・こざえもん　〜1604　織豊時代の民政家
小左衛門
　斎藤 小左衛門　さいとう・こざえもん　1577〜1633　安土桃山・江戸前期のキリシタン　㊨丹波
小左衛門
　瀬山 小左衛門　せやま・こざえもん　元禄—正徳時代の大阪歌舞伎俳優
小左衛門〈通称〉
　杜若　とじゃく　〜1792　俳人、芭蕉一門　㊨伊賀上野
小左衛門〈旧称〉
　平井 淳麿　ひらい・あつまろ　1835〜1906　幕末の志士、豊前小倉藩士
〔山崎〕小左衛門〈前名〉
　瀬山 小左衛門　せやま・こざえもん　元禄—正徳時代の大阪歌舞伎俳優
〔松本〕小左衛門〈後名〉
　瀬山 小左衛門　せやま・こざえもん　元禄—正徳時代の大阪歌舞伎俳優
〔納屋〕小左衛門
　伊東 小左衛門　いとう・こざえもん　伏見の材木商
小平〈通称〉
　入谷 澄土　いりや・ちょうし　1806〜1882　幕末・明治の文学者　㊨高松
小平太
　服部 一忠　はっとり・かずただ　?〜1595　戦国〜織豊時代の武将
〔熊野〕小平太〈〔一説〕初名〉
　薩摩 浄雲　さつま・じょううん　1593〜1672　元和—明暦時代の浄瑠璃太夫、伝江戸浄瑠璃の開祖
小平治〈通称〉

阿部 重頼　あべ・しげより　徳川中期の公益家　㊨仙台
小平治〈通称〉
　阿部 随波　あべ・ずいは　〜1691　徳川中期の仙台の富豪　㊨陸中西磐井郡山ノ目
〔一宮〕小弁
　小弁　こべん　平安時代中期の歌人
小玉〈号〉
　妹尾 信正　せのお・のぶまさ　1657〜1733　徳川中期の儒者　㊨備後芦田郡広谷
小伝次
　和田 小伝次　わだ・こでんじ　1835〜1863　幕末の萩藩士
〔沢村〕小伝次（2代）
　森田 勘弥（7代・名義6代）　もりた・かんや　1724〜1780　江戸の森田座の座元、歌舞伎俳優　㊨江戸
小伝次（3代）
　沢村 小伝次（3代）　さわむら・こでんじ　〜1771　歌舞伎俳優
小吉〈幼名〉
　羽柴 秀勝　はしば・ひでかつ　1569〜1592　安土桃山時代の武将、秀吉の甥
小吉〈幼名〉
　西郷 隆盛　さいごう・たかもり　1827〜1877　明治維新の首勲、政治家　㊨鹿児島
小吉
　勝 惟寅　かつ・これとら　1802〜1850　江戸時代後期の武士
小宅女王
　小宅女王　こやけのひめみこ　斎宮、天武天皇の孫三原王の第二女
小梁子〈別号〉
　竺雲 等連　じくうん・とうれん　1390〜1470　南禅寺主、五山文学者
小次郎〈通称〉
　荒巻 利藤　あらまき・としかげ　1836〜1913　歌人、もと和歌山藩士
小次郎
　佐々木 岸流　ささき・がんりゅう　織豊時代の剣客
小次郎信光
　観世 小次郎信光　かんぜ・こじろうのぶみつ　1435〜1516　室町時代の能役者、能作者
小竹葉舎
　滝原 宋閑　たきはら・そうかん　1773〜1845　歌人　㊨京都
小竹園〈号〉
　亜元　あげん　1773〜1842　徳川末期の国学者、僧侶　㊨伊豆国三島
小自在庵
　木俣 守易　きまた・もりやす　江戸時代後期の武士
小伯〈号〉
　疋田 文五郎　ひきた・ぶんごろう　〜1605　織豊時代の剣道家、疋田陰流の祖
小兵衛〈別称〉
　京極 高次　きょうごく・たかつぐ　1563〜1609　京極氏中興の祖
小兵衛〈通称〉
　孤屋　こおく　俳人、芭蕉一門
小兵衛
　塩見 政誠　しおみ・まさなり　1646〜1719　江戸時代前期〜中期の蒔絵師

〔大和屋〕小兵衛〈通称〉
春山 和風　はるやま・わふう　嘉永頃の狂歌師
小角
役 小角　えんの・おずぬ　634～　呪術者　[出]大和葛木郡茅原
小谷方
小谷方　おだにのかた　1547～1583　織田信長の妹、柴田勝家の妻　[出]尾張
小足媛
阿倍 小足媛　あべの・おたらしひめ　孝徳天皇の妃
小車
福井 敬斎　ふくい・けいさい　?～1801　江戸時代中期～後期の医師
小和泉太夫
陸竹 小和泉太夫　むつたけ・こいずみだゆう　1711～1748　元文―延享時代の義太夫節浄瑠璃太夫、陸竹座の座元
小姉君
蘇我 小姉君　そがの・おあねきみ　舒明天皇の妃
小松中将
平 維盛　たいらの・これもり　1157～1184　源平時代の武将
小松宰相
丹羽 長重　にわ・ながしげ　1571～1637　秀吉の臣、のち秀忠の臣　[出]美濃国岐阜
小松の帝
光孝天皇　こうこうてんのう　830～887　第58代の天皇
小東人
大和 長岡　やまとの・ながおか　689～769　奈良時代の官吏
小法師〈別称〉
京極 高次　きょうごく・たかつぐ　1563～1609　京極氏中興の祖
小知
伊勢屋 八兵衛　いせや・はちべえ　1726～1817　江戸時代中期～後期の俳人
小舠〈別号〉
大竹 蒋塘　おおたけ・しょうとう　1800～1858　幕末の書家　[出]下野足利郡助戸村
小青軒〈号〉
守村 抱儀　もりむら・ほうぎ　1807～1862　徳川中期の俳人　[出]江戸浅草蔵前
小春
宮竹屋 小春　みやたけや・しょうしゅん　～1718　徳川中期の俳人　[出]加賀金沢
小草亭〈号〉
鈴木 李東　すずき・りとう　1781～1838　徳川中期の俳人　[出]伊勢四日市
小倉親王
兼明親王　かねあきらしんのう　914～987　醍醐天皇の皇子
小家女王
小宅女王　こやけのひめみこ　斎宮、天武天皇の孫三原王の第二女
小竜
河田 小竜　かわだ・しょうりゅう　1824～1898　画家　[出]土佐高知
小馬命婦
小馬命婦　こうまのみょうぶ　平安時代の歌人
小崋
渡辺 小崋　わたなべ・しょうか　1835～1887　画家、崋山の子
小笠山樵〈号〉
腹唐 秋人　はらから・あきんど　1758～1821　書家、狂歌師
小紫〈初名〉
岩井 半四郎(7代)　いわい・はんしろう　1804～1845　文政弘化時代の歌舞伎俳優、若女方の名優　[出]江戸
〔三浦屋〕小紫
小紫　こむらさき　江戸時代前期の遊女
小野后
藤原 歓子　ふじわらの・かんし　1020～1102　後冷泉天皇の皇后
小野寺
芥川 元風　あくたがわ・もとかぜ　1676～1741　徳川中期江戸の歌人
小野皇太后
藤原 歓子　ふじわらの・かんし　1020～1102　後冷泉天皇の皇后
小野皇后
藤原 歓子　ふじわらの・かんし　1020～1102　後冷泉天皇の皇后
小野宮
惟喬親王　これたかしんのう　844～897　文徳天皇の皇子
小野僧正
仁海　にんかい　951～1046　真言宗小野流の祖　[出]和泉
小釣雪〈別号〉
菊池 五山　きくち・ござん　1769～1853　徳川中期讃岐高松藩の儒者　[出]高松
小鹿
紀 郎女　きの・いらつめ　歌人
小黒麻呂
藤原 小黒麻呂　ふじわらの・おぐろまろ　733～794　奈良時代末期の公卿
小黒麿
藤原 小黒麻呂　ふじわらの・おぐろまろ　733～794　奈良時代末期の公卿
小勝(2代)
三升家 小勝(2代)　みますや・こかつ　落語家
小善〈通称〉
菅 甘谷　すが・かんこく　1690～1764　江戸中期の儒学者　[出]江戸
小湫
伊勢 華　いせ・さかえ　1822～1886　萩藩八組士、宮内省京都支庁長官　[出]長門国萩小松江
〔関〕小番
蒲生 郷成　がもう・さとなり　蒲生氏の臣
小道
柳条亭(1代)　りゅうじょうてい　京都の狂歌師
小源太〈別称〉
杵淵 重光　きねぶち・しげみつ　～1181　源平時代の勇将　[出]信濃
小源太〈前名〉
薩摩 小源太夫　さつま・こげんだゆう　宝暦期の外記浄瑠璃の太夫
小源太夫
虎屋 永閑　とらや・えいかん　万治―元禄時代の江戸の浄瑠璃太夫、永閑節の始祖

しょう（升, 少, 召, 庄）

小源太夫
　薩摩 小源太夫　さつま・こげんだゆう　宝暦期の外記浄瑠璃の太夫
〔大井〕小源太夫〈別名〉
　薩摩 小源太夫　さつま・こげんだゆう　宝暦期の外記浄瑠璃の太夫
小源太兼丸
　向井 魯町　むかい・ろちょう　1656〜1727　徳川中期の俳人、長崎聖堂祭酒　㊞長崎立山
〔岡安〕小源次〈前名〉
　富士田 吉次(2代)　ふじた・きちじ　1845〜1919　江戸長唄謡い　㊞甲府
小痴道人〈別号〉
　大西 圭斎　おおにし・けいさい　徳川時代後期の画家　㊞江戸
小督局
　お万の方　おまんのかた　1548〜1619　将軍徳川家康の側室、越前家の祖結城秀康の生母
小碓皇子
　日本武尊　やまとたけるのみこと　景行天皇の皇子
小碓尊
　日本武尊　やまとたけるのみこと　景行天皇の皇子
小蓑庵〈号〉
　常世田 長翠　つねよだ・ちょうすい　〜1813　徳川中期の俳人　㊞下総匝瑳郡木戸村
小蓑庵(2世)
　仁井田 碓嶺　にいだ・たいれい　1781〜1847　徳川中期の俳人　㊞上州坂本
小鉄
　会津 小鉄　あいずの・こてつ　1845〜1885　幕末・江戸の侠客
小膳〈通称〉
　菅 甘谷　すが・かんこく　1690〜1764　江戸中期の儒学者　㊞江戸
小膳
　藤井 高尚　ふじい・たかなお　1764〜1840　徳川末期の国学者　㊞備中国賀湯郡宮内
小藤太
　山内 致信　やまのうち・むねのぶ　1738〜1792　江戸時代中期の武士
小麓庵〈別号〉
　桜井 蕉雨　さくらい・しょうう　1775〜1829　徳川中期の俳人　㊞信州飯田本町

【升】

升六
　黄華庵 升六　こうかあん・しょうろく　?〜1813　江戸時代後期の俳人
〔宝亭〕升成
　黄金 升成　こがね・ますなり　江戸時代後期の狂歌師
升金〈俳号〉
　加藤 雀庵　かとう・じゃくあん　1796〜1875　俳人、雑学者　㊞江戸

【少】

少文〈字〉
　椎本 才麿　しいのもと・さいまろ　1656〜1738　徳川中期の俳人　㊞大和宇陀郡

少以〈別称〉
　丹羽 以之　にわ・ともゆき　〜1759　徳川中期の俳人　㊞尾張名古屋
少将内侍
　後深草院少将内侍　ごふかくさいんのしょうしょうのないし　鎌倉時代の歌人
少納言局
　松室 仲子　まつむろ・なかこ　1707〜1751　霊元天皇の後宮
少庵〈号〉
　千 宗淳　せん・そうじゅん　1546〜1614　豊臣時代の茶道家、千利休の次子
少斎〈号〉
　駒沢 利斎(1代)　こまざわ・りさい　1673〜1746　指物師
〔神崎〕少進
　藤井 希璞　ふじい・きぼく　1824〜1893　幕末維新の志士、のち官吏　㊞近江
〔万喜〕少弼
　土岐 為頼　とき・ためより　〜1583　上総万喜城主
少蝶庵〈号〉
　役 尊閑　えき・たかやす　1651〜1737　徳川初期の国学者　㊞羽後能代

【召】

召波
　黒柳 召波　くろやなぎ・しょうは　〜1771　徳川中期の俳人　㊞山城

【庄】

〔大阪屋〕庄一郎〈通称〉
　幸島 桂花　こうしま・けいか　1830〜1899　俳諧師　㊞遠江国佐野郡掛川
庄七〈前名〉
　桜山 庄左衛門(1代)　さくらやま・しょうざえもん　京阪の歌舞伎俳優、桜山系祖
庄二郎〈通称〉
　鳥居 清倍(1代)　とりい・きよます　〜1716　鳥居流の浮世絵師
庄二郎〈通称〉
　片岡 旨恕　かたおか・しじょ　徳川中期の俳人
庄八
　岡野 湖中　おかの・こちゅう　〜1831　徳川中期の俳人、水戸藩の御十人目付組頭　㊞水戸
〔天星〕庄八〈本名〉
　実川 延若(1代)　じつかわ・えんじゃく　1831〜1885　歌舞伎俳優　㊞大阪高津新地
庄三郎
　後藤 庄三郎　ごとう・しょうざぶろう　織豊時代の鋳造家　㊞近江国坂本
庄三郎〈通称〉
　自笑　じしょう　〜1713　俳人、芭蕉一門
〔吉本〕庄三郎〈本名〉
　林屋 正蔵(5代)　はやしや・しょうぞう　1824〜1923　落語家
〔小沢〕庄三郎〈本名〉
　名見崎 徳治(5代)　なみざき・とくじ　富本節浄瑠璃三絃の名家
庄之助

号・別名辞典　古代・中世・近世　255

しょう（庄）

内藤 丈草　ないとう・じょうそう　1661～1704　徳川中期の俳人　⑯尾張国犬山
庄五郎〈通称〉
　窪田 松琶　くぼた・しょうひ　1672～1750　徳川中期の俳人　⑯近江大津
庄五郎〈通称〉
　貞景　さだかげ　江戸末期の浮世絵師　⑯江戸
庄五郎〈通称〉
　平林 惇信　ひらばやし・あつのぶ　1696～1753　書家　⑯江戸
庄太夫〈通称〉
　川口 竹人　かわぐち・ちくじん　徳川中期の俳人　⑯伊賀
〔袖岡〕庄太郎
　市川 九蔵(2代)　いちかわ・くぞう　～1720　歌舞伎俳優、正徳・享保時代の若衆方の名手
庄右衛門〈通称〉
　青木 春澄　あおき・はるすみ　1653～1715　徳川中期の俳人　⑯京都
〔津田〕庄右衛門〈通称〉
　文柳堂 和翠　ぶんりゅうどう・わすい　狂歌師　⑯越前三国藩
〔布屋〕庄右衛門〈通称〉
　井上 遅春　いのうえ・ちしゅん　～1821　徳川中期の俳人　⑯摂州池田
〔岩岡〕庄右衛門正字〈通称〉
　曽良　そら　～1710　俳人、芭蕉一門　⑯信州上諏訪
庄司
　有井 庄司　ありい・しょうじ　吉野朝時代の勤王家、土佐幡多郡有川村の庄司
庄左衛門
　戸次 庄左衛門　べつき・しょうざえもん　～1652　軍学者、徳川初期の浪人、承応事件の主謀者
庄左衛門〈通称〉
　高橋 守行　たかはし・もりゆき　1715～1766　徳川中期の里正、史学者　⑯上野国山田郡桐生今泉
庄左衛門〈通称〉
　水田 西吟　みずた・さいぎん　～1709　徳川中期の俳人　⑯摂州桜塚
庄左衛門
　飯室 昌栩　いいむろ・まさのぶ　1789～1859　江戸時代後期の博物学者
〔大文字屋〕庄左衛門〈通称〉
　三田 浄久　みた・じょうきゅう　1608～1688　江戸中期の国学者　⑯河内志紀郡柏原
〔渡瀬〕庄左衛門〈通称〉
　臍穴主　へそのあなぬし　狂歌師
〔風月〕庄左衛門
　沢田 一斎　さわだ・いっさい　1701～1782　江戸時代中期の儒者、出版者
〔別木〕庄左衛門
　戸次 庄左衛門　べつき・しょうざえもん　～1652　軍学者、徳川初期の浪人、承応事件の主謀者
庄左衛門(1代)
　桜山 庄左衛門(1代)　さくらやま・しょうざえもん　京阪の歌舞伎俳優、桜山系祖
庄左衛門(2代)〈前名〉
　桜山 四郎三郎(2代)　さくらやま・しろぶろう　京阪の歌舞伎俳優
〔多門〕庄左衛門(2代)〈後名〉

吉川 多門　よしかわ・たもん　元禄―宝永時代の江戸の歌舞伎俳優
庄次郎
　野村 勝次郎　のむら・しょうじろう　柴田勝家の養子勝豊の臣
〔白崎〕庄次郎〈通称〉
　琴路　きんろ　～1790　享保時代の俳人　⑯敦賀
〔和泉屋〕庄次郎(2代)
　松沢 老泉　まつざわ・ろうせん　1769～1822　江戸時代後期の出版人
庄兵衛〈通称〉
　幸塚 野鶴　こうずか・やかく　1824～1871　幕末―明治の俳人　⑯越中高岡守山町
庄兵衛〈通称〉
　山田 白居　やまだ・はくきょ　1724～1800　徳川中期の俳人　⑯仙台
庄兵衛
　小谷 庄兵衛　おたに・しょうべえ　1765～1841　徳川末期の富士講教主　⑯武蔵北足立郡鳩ケ谷
庄兵衛〈通称〉
　坪井 杜国　つぼい・とこく　～1690　徳川中期の俳人　⑯尾張名古屋
庄兵衛
　鶴賀 鶴吉(3代)　つるが・つるきち　新内節
庄兵衛〈通称〉
　野々口 立圃　ののぐち・りゅうほ　1595～1669　徳川初期の俳人　⑯丹波保津
〔井筒屋〕庄兵衛〈通称〉
　川田 田福　かわだ・でんぷく　1721～1793　徳川中期の俳人　⑯京都
〔高井〕庄兵衛〈通称〉
　鶴賀 若狭掾　つるが・わかさのじょう　1717～1786　新内浄瑠璃を創めた最初の人　⑯越前国敦賀
〔速水〕庄兵衛
　渡辺 勝　わたなべ・かつ　1562～1626　秀吉馬廻
〔尼ケ崎屋〕庄兵衛
　尼庄　あましょう　江戸中期文政頃の盗賊、大阪の商売
〔浜島〕庄兵衛〈本名〉
　日本左衛門　にほんざえもん　1718～1747　徳川中期の大盗
庄助〈通称〉
　安藤 箕山　あんどう・きざん　1738～1781　徳川中期の漢学者　⑯因幡鳥取
庄助
　吉岡 庄助　よしおか・しょうすけ　1831～1864　萩藩卒　⑯長門国萩
庄助〈名〉
　幸島 桂花　ゆきしま・けいか　1830～1899　俳諧師　⑯遠江国佐野郡掛川
〔吉田〕庄助
　吉岡 庄助　よしおか・しょうすけ　1831～1864　萩藩卒　⑯長門国萩
〔藤川〕庄松〈前名〉
　松本 友十郎(1代)　まつもと・ともじゅうろう　京都の歌舞伎俳優
庄蔵〈通称〉
　小林 文母　こばやし・ぶんぼ　1723～1798　徳川中期の俳人　⑯江戸
〔角田〕庄蔵〈本姓名〉

歌川 豊国（3代）　うたがわ・とよくに　1786～1864　浮世絵師　[出]江戸
〔幾竹屋〕庄蔵
豊竹 若太夫（4代）　とよたけ・わかだゆう　～1835　義太夫節の浄瑠璃太夫の名家　[出]紀州

【床】

床山
石崎 右平次　いしざき・うへいじ　1810～1867　近江坂田郡原村の赤絵工

【肖】

肖柏
牡丹花 肖柏　ぼたんか・しょうはく　1443～1527　室町後期の連歌師
肖菊翁〈別号〉
四時堂 其諺　しじどう・きげん　1666～1736　徳川中期の僧侶、俳人

【尚】

尚一郎
宮本 茶村　みやもと・ちゃそん　1793～1862　江戸時代後期の儒者
〔藤原〕尚子
新中和門院　しんちゅうかもんいん　1702～1720　中御門天皇の女御、桜町天皇の御母
尚不愧斎〈号〉
原 市之進　はら・いちのしん　1830～1867　幕末の水戸藩士、将軍徳川慶喜の謀臣　[出]常陸国
尚中〈号〉
佐藤 舜海　さとう・しゅんかい　1827～1882　幕末・明治期の医家
尚中
斎藤 尚中　さいとう・しょうちゅう　1773～1844　徳川中・末期の和算家　[出]奥州一関
〔肝付〕尚五郎
小松 帯刀　こまつ・たてわき　1835～1870　幕末の志士　[出]鹿児島
尚文〈名〉
今泉 千春　いまいずみ・ちはる　1775～1836　徳川末期の筑紫流箏曲第10代家元　[出]肥前佐賀
尚白
江左 尚白　こうさ・しょうはく　1650～1722　徳川中期の俳人　[出]近江大津
尚行〈字〉
小川 破笠　おがわ・はりつ　1663～1747　徳川中期の俳人、嵌工芸術家　[出]江戸
尚住
平山 尚住　ひらやま・なおずみ　～1768　尾道築港功労者、広島藩士
尚和菴〈号〉
天野 平岸　あまの・へいがん　1803～1865　江戸中末期の画家　[出]駿河
〔竜野〕尚舎
竜 熙近　りゅう・ひろちか　1616～1693　江戸時代前期の神道家
尚信
狩野 尚信　かのう・なおのぶ　1607～1650　木挽町狩野家二代目の画家
尚政
中村 市右衛門　なかむら・いちえもん　1577～1652　江戸時代前期の槍術家
〔新田〕尚純
岩松 尚純　いわまつ・ひさずみ　戦国時代の武将
尚庵〈号〉
原 双桂　はら・そうけい　1718～1767　徳川中期の儒医
〔淡山〕尚絅
蜂屋 定章　はちや・さだあき　1686～1749　江戸時代中期の和算家
尚善
斎藤 尚善　さいとう・しょうぜん　1826～1862　徳川末期の数学者　[出]羽州山形
尚絅〈号〉
宮下 有常　みやした・ありつね　1814～1871　幕末の漢学者　[出]信濃松代
尚絅
淡山 尚絅　あわやま・しょうけい　1686～1749　江戸中期の数学者
尚褧舎〈号〉
鈴鹿 連胤　すずか・つらたね　1795～1870　国学者、神官　[出]洛東吉田
尚賢〈名〉
原 雲沢　はら・うんたく　～1774　江戸の医家
尚賢
荒木田 尚賢　あらきだ・ひさかた　1739～1788　徳川中期の神宮祠官　[出]宇治
〔蓬萊〕尚賢
荒木田 尚賢　あらきだ・ひさかた　1739～1788　徳川中期の神宮祠官　[出]宇治
尚謙
岡村 尚謙　おかむら・しょうけん　江戸後期の本草学者　[出]江戸
尚謙
森 儼塾　もり・げんじゅく　1653～1721　江戸時代前期～中期の儒者

【承】

承広
無外 承広　むがい・しょうこう　室町時代の僧
承安第三宮
大炊御門宮　おおいみかどのみや　1179～1221　高倉天皇の第3子惟明親王
承兌
西笑 承兌　さいしょう・しょうたい　1548～1607　織豊時代・徳川初期の僧、相国・南禅寺主
〔豊光寺〕承兌
西笑 承兌　さいしょう・しょうたい　1548～1607　織豊時代・徳川初期の僧、相国・南禅寺主
承明門院
承明門院　しょうめいもんいん　1171～1257　後鳥羽天皇の後宮
〔余〕承祐
大内 熊耳　おおうち・ゆうじ　1697～1776　徳川中期の儒者　[出]陸奥三春
承秋門院

しょう（招，昇，昌）

承秋門院　しょうしゅうもんいん　1680～1720
　東山天皇の皇后
承香殿女御
　斎宮女御　さいぐうのにょうご　929～985　平安時代の女流歌人
承香殿女御
　源 和子　みなもとの・わし　?～947　光孝天皇の皇女
承香殿女御
　藤原 元子　ふじわらの・げんし　一条天皇の女御
承陽大師
　道元　どうげん　1200～1253　日本曹洞宗の開祖
承誉
　弁房 承誉　べんぼう・しょうよ　鎌倉時代の荘官

【招】

招月〈号〉
　野村 望東　のむら・ぼうとう　1806～1867　維新時代の女流勤王家、歌人
招月庵〈号〉
　清巌 正徹　せいがん・しょうてつ　1380～1458　室町前期の禅僧（臨済宗）、歌人　㊥備中
招鳩軒〈別号〉
　滝 方山　たき・ほうざん　1651～1730　徳川中期の俳人

【昇】

昇子内親王
　春華門院　しゅんかもんいん　1195～1211　後鳥羽天皇の第1皇女
昇山〈号〉
　山下 才平　やました・さいへい　1822～1894　幕末・明治初期の篤農家
昇之助〈通称〉
　宮下 松岳　みやした・しゅうがく　1826～1900　幕末明治の漢学者　㊥信濃更級郡大塚村
昇角
　彭城 百川　さかき・ひゃくせん　1697～1752　徳川中期の画家　㊥名古屋本町八丁目

【昌】

昌山〈号〉
　石崎 元徳　いしざき・げんとく　～1770　徳川中期の画家　㊥長崎
〔伊東〕昌之助〈別名〉
　岡 保義　おか・やすよし　1847～　1866年渡英、教師、開成所教授
昌之進〈通称〉
　月歩　げっぽ　～1838　幕末期の俳人　㊥岩代の会津高田町
昌元
　赤松 青竜軒　あかまつ・せいりゅうけん　江戸中期の講釈師　㊥播磨三木
〔原〕昌元
　赤松 青竜軒　あかまつ・せいりゅうけん　江戸中期の講釈師　㊥播磨三木
昌叱
　里村 昌叱　さとむら・しょうしつ　1533～1603　室町・織豊時代の連歌師　㊥京都
昌平
　松平 宗昌　まつだいら・むねまさ　1675～1724　江戸時代前期～中期の大名
昌永
　山村 才助　やまむら・さいすけ　1770～1807　江戸時代後期の蘭学者、志士　㊥常陸国土浦
昌玄〈医名〉
　伯先　はくせん　～1820　化政期の俳人
昌休
　里村 昌休　さとむら・しょうきゅう　1511～1552　室町時代の連歌師
昌伝
　平野 昌伝　ひらの・しょうでん　江戸末期頃の測量術家
昌安
　五十川 昌安　いそがわ・まさやす　装剣師にして彫師
〔志水〕昌佐
　清水 将作　しみず・しょうさく　徳川中期の歌人
昌克〈名〉
　原 南陽　はら・なんよう　1753～1820　徳川中期の医家　㊥水戸
昌秀
　小宮山 楓軒　こみやま・ふうけん　1764～1840　江戸時代中期～後期の武士、儒者
昌周
　阪 昌周　ばん・しょうしゅう　?～1784　江戸時代中期の連歌師
昌坪
　瀬川 昌坪　せがわ・しょうばん　～1708　徳川中期の連歌師
昌幸
　真田 昌幸　さなだ・まさゆき　～1611　戦国時代の武将
昌忠
　甘利 晴吉　あまり・はるよし　1534～1564　戦国時代の武将
昌房
　馬場 信春　ばば・のぶはる　織豊時代の武将
昌明
　宍戸 弥四郎　ししど・やしろう　1833～1863　幕末の武士
〔常陸房〕昌明
　昌明　しょうみょう　平安後期～鎌倉時代の僧
昌阿
　細井 貞雄　ほそい・さだお　1772～1823　江戸時代後期の国学者
昌俊
　佐川田 昌俊　さかわだ・まさとし　1579～1643　桃山・徳川初期の歌人　㊥下野
昌俊
　土佐坊 昌俊　とさぼう・しょうしゅん　～1185　鎌倉時代の武人、のち僧
〔土佐房〕昌俊
　土佐坊 昌俊　とさぼう・しょうしゅん　～1185　鎌倉時代の武人、のち僧
昌信
　高坂 虎綱　こうさか・とらつな　1527～1578　武田家の武臣　㊥甲斐伊沢

258　号・別名辞典　古代・中世・近世

しょう（松）

昌倪
　里村 昌倪　さとむら・しょうけん　1602～1665　江戸時代前期の連歌師
〔菱川〕昌則
　古山 師政　ふるやま・もろまさ　江戸中期の浮世絵師
昌昭
　寺島 忠三郎　てらじま・ちゅうざぶろう　1843～1864　萩藩無給通士　㊥周防国熊毛郡原村
〔千秋〕昌能
　熱田大宮司 昌能　あつただいぐうじ・まさよし　南北朝時代の神職
〔藤原〕昌能
　熱田大宮司 昌能　あつただいぐうじ・まさよし　南北朝時代の神職
昌啓〈名〉
　曽 占春　そ・せんしゅん　1758～1834　江戸後期の本草学者　㊥江戸
昌庵
　狩野 昌庵　かのう・しょうあん　1552～1640　狩野派の画家　㊥京都
昌庵古信
　狩野 昌庵　かのう・しょうあん　1552～1640　狩野派の画家　㊥京都
昌晙
　東海 昌晙　とうかい・しょうしゅん　？～1865　江戸時代後期の僧
〔諸角〕昌清
　両角 虎定　もろずみ・とらさだ　？～1561　戦国時代の武将
昌琢
　里村 昌琢　さとむら・しょうたく　1574～1636　織豊時代の連歌師
昌盛〈諱〉
　市川 森三郎　いちかわ・もりさぶろう　1852～1882　1866年渡英、開成学校教授、のち物理学者
昌菴〈号〉
　狩野 昌庵　かのう・しょうあん　1552～1640　狩野派の画家　㊥京都
昌隆親王
　道尊法親王　どうそんほうしんのう　1675～1705　後西天皇の第9皇子
〔飯富〕昌景
　山県 昌景　やまがた・まさかげ　？～1575　戦国～織豊時代の武将
昌雄〈名〉
　下郷 常和　しもさと・じょうわ　1715～1785　徳川中期の俳人　㊥尾張鳴海
昌意
　池田 昌意　いけだ・しょうい　江戸初期の数学者
昌豊
　内藤 昌豊　ないとう・まさとよ　～1575　戦国時代武田晴信の臣　㊥甲斐
昌碩
　高野 昌碩　たかの・しょうせき　1760～1802　江戸後期の民政家　㊥常陸国久慈郡太田村
昌綱
　朽木 竜橋　くちき・りゅうきょう　1750～1802　徳川中期の丹波福知山城主
昌熹〈名〉

入江 昌熹　いりえ・まさよし　1722～1800　徳川中期寛政の頃の国学者、商人　㊥浪華
昌親
　松平 吉品　まつだいら・よしのり　1640～1711　江戸時代前期～中期の大名
昌謹
　無言 昌謹　むごん・しょうきん　南北朝～室町時代の僧

【松】

〔武田〕松
　信松院　しんしょういん　1561～1616　武田信玄の娘
松下井三和〈別号〉
　唐来 三和　とうらい・さんな　1744～1810　徳川中期江戸の戯作者、狂歌師
松丸
　佩香園(2代)　はいこうえん　京都の狂歌師　㊥京都
松丸殿
　松丸殿　まつまるどの　～1634　豊臣秀吉の側室
松山〈号〉
　赤松 光信　あかまつ・みつのぶ　1738～1821　徳川中期の陶工　㊥三木郡志度村
松之介
　広木 松之介　ひろき・まつのすけ　1838～1862　幕末の志士、水戸藩士　㊥常陸国
松之丞〈初名〉
　嵐 三右衛門(4代)　あらし・さんえもん　1732～1756　大阪の歌舞伎俳優、宝暦期の若女方
〔山下〕松之丞〈前名〉
　瀬川 富三郎(2代)　せがわ・とみさぶろう　～1804　江戸の歌舞伎俳優
松之助〈前名〉
　岩井 半四郎(7代)　いわい・はんしろう　1804～1845　文政弘化時代の歌舞伎俳優、若女方の名優　㊥江戸
松之助〈前名〉
　嵐 三五郎(3代)　あらし・さんごろう　～1836　京阪の歌舞伎俳優、文化文政時代の立役の上手
〔三輪〕松之助
　大神 壱岐　おおが・いき　1834～1865　祠官　㊥筑前国
松五郎〈幼名〉
　佐々木 松後　ささき・しょうご　1732～1798　徳川中期の俳人　㊥岡山橋本町
松友〈号〉
　松永 貞徳　まつなが・ていとく　1571～1653　織豊時代―徳川初期の俳人にして国学者　㊥京都
松戸〈別号〉
　広辻 松叟　ひろつじ・しょうそう　1815～1888　幕末の茶人　㊥伊勢山田
松月堂
　立羽 不角　たてば・ふかく　1662～1753　徳川中期の俳人　㊥江戸
松月庵
　清巌 正徹　せいがん・しょうてつ　1380～1458　室町前期の禅僧（臨済宗）、歌人　㊥備中
松月庵〈号〉

号・別名辞典　古代・中世・近世　259

しょう（松）

中島 随流　なかじま・ずいりゅう　1629〜1708
徳川中期の俳人

松牛牧士〈号〉
白井 鳥酔　しらい・ちょうすい　1701〜1769　徳川中期の俳人　㊐上総埴生郡地引村

松兄
松兄　しょうけい　〜1807　化政期の俳人、名古屋西別院内正覚寺十世の住職

松石〈号〉
丸山 株徳　まるやま・もとのり　1834〜1909　歌人　㊐備中小田郡笠岡町

松石
香川 松石　かがわ・しょうせき　1844〜1911　書家

松任侍従
丹羽 長重　にわ・ながしげ　1571〜1637　秀吉の臣、のち秀忠の臣　㊐美濃国岐阜

松宇
松井 松宇　まつい・しょうう　徳川中期の俳人　㊐信州水内郡長沼

松宇
松井 松宇　まつい・しょうう　徳川中期の俳人　㊐信州水内郡長沼

松宇〈号〉
曽 占春　そ・せんしゅん　1758〜1834　江戸後期の本草学者　㊐江戸

松帆樹〈号〉
荷汀　かてい　〜1864　幕末期の俳人

松次郎〈前名〉
嵐 三右衛門（6代）　あらし・さんえもん　〜1785　大阪の歌舞伎俳優、安永・天明時代の若女方

松江
松江　しょうこう　〜1696　俳人、芭蕉一門　㊐大垣

松江〈別名〉
中村 大吉（3代）　なかむら・だいきち　1815〜1857　大阪の歌舞伎俳優

〔本間〕**松江**
松江　しょうこう　〜1696　俳人、芭蕉一門　㊐大垣

松江（1代）
中村 里好（1代）　なかむら・りこう　1742〜1786　大阪の歌舞伎俳優　㊐大阪

松江（3代）
中村 富十郎（2代）　なかむら・とみじゅうろう　1786〜1855　京阪の歌舞伎俳優　㊐大阪

松江（5代）
中村 大吉（3代）　なかむら・だいきち　1815〜1857　大阪の歌舞伎俳優

松竹
藤寿亭 松竹　とうじゅてい・しょうちく　〜1835　徳川中末期の江戸の戯作者

松竹堂〈号〉
佐々木 志津磨　ささき・しずま　1619〜1695　徳川初期の書家　㊐京都賀茂

松舟軒〈号〉
片岡 旨恕　かたおか・しじょ　徳川中期の俳人

松兵衛
井上 松坪　いのうえ・しょうへい　1831〜1895　尾張瀬戸の陶工

松助（1代）

尾上 松緑（1代）　おのえ・しょうろく　1744〜1815　歌舞伎俳優

松助（2代）
尾上 松助（2代）　おのえ・まつすけ　1784〜1849　歌舞伎俳優　㊐江戸

松助（3代）
尾上 松助（3代）　おのえ・まつすけ　1805〜1851　歌舞伎俳優、天保―嘉永時代の立役の中堅　㊐江戸

松吾〈号〉
佐々木 松後　ささき・しょうご　1732〜1798　徳川中期の俳人　㊐岡山橋本町

松坂少将
蒲生 氏郷　がもう・うじさと　1556〜1595　安土・桃山時代の武将

松壱舎〈号〉
永寿堂　えいじゅどう　江戸の書肆、戯作者

松寿
月光亭 笑寿　げっこうてい・しょうじゅ　江戸時代後期の戯作者

松寿（1代）
尾上 松寿（1代）　おのえ・しょうじゅ　歌舞伎俳優、天保―安政時代の立役の功者

松寿軒〈別号〉
井原 西鶴　いはら・さいかく　1642〜1693　江戸初期の俳人また浮世草子作者　㊐大阪

松寿軒〈別名〉
並木 十輔　なみき・じゅうすけ　宝暦―寛政時代の大阪の歌舞伎狂言作者

松寿館老人〈別号〉
東随舎　とうずいしゃ　徳川中期の狂歌師、戯作者

松杉堂〈別号〉
藤村 蘭室　ふじむら・らんしつ　1650〜1733　徳川中期の茶道家

松坪〈号〉
井上 松坪　いのうえ・しょうへい　1831〜1895　尾張瀬戸の陶工

松岳〈別号〉
亀泉 集証　きせん・しゅうしょう　〜1493　室町中期の禅僧（臨済宗）、五山文学者

松承庵〈号〉
古友尼　こゆうに　享保時代の俳人

松東院
松浦 マンシヤ　まつうら・まんしや　1571?〜1656　キリスト教信者、大村純忠の女、松浦久信の妻

松林
藤井 松林　ふじい・しょうりん　1824〜1894　幕末明治の画家　㊐備後福山

松林山人
林 稚瞻　はやし・ちせん　?〜1792　江戸時代中期―後期の画家

松林居
宮 紫暁　みや・しぎょう　徳川中期の俳人　㊐京都

松林堂〈号〉
佐竹 義祚　さたけ・よしとし　1819〜1858　徳川中期の秋田の画家

〔千歳亭〕**松武**（初号）
藤寿亭 松竹　とうじゅてい・しょうちく　〜1835　徳川中末期の江戸の戯作者

松治務本〈初名〉
阿部 重道　あべ・じゅうどう　1825〜1875　幕末・明治初期の数学者　㊐羽州大泉郡鶴岡

松苗
巌垣 松苗　いわがき・まつなえ　1774〜1849　江戸後期の儒者
松門〈号〉
福山 鳳洲　ふくやま・ほうしゅう　1724〜1785　徳川末期の儒者　[生]広島
松門亭〈号〉
片岡 旨恕　かたおか・しじょ　徳川中期の俳人
松雨
佐々木 松雨　ささき・しょうう　1752〜1830　徳川中期の俳人　[生]岡山
松雨軒〈号〉
高井 立志（2世）　たかい・りつし　1658〜1705　徳川中期の俳人
松亭子〈号〉
宮川 松堅　みやかわ・しょうけん　1632〜1726　徳川中期の俳人　[生]京都
松亭竹馬〈別号〉
藤寿亭 松竹　とうじゅてい・しょうちく　〜1835　徳川中末期の江戸の戯作者
松亭軒〈号〉
宮川 松堅　みやかわ・しょうけん　1632〜1726　徳川中期の俳人　[生]京都
松城〈号〉
佐瀬 得所　させ・とくしょ　1823〜1878　幕末明治初期の書家　[生]会津
松屋〈別号〉
秋野 庸彦　あきの・つねひこ　1841〜1920　幕末明治の国学者　[生]山形県西田川郡加茂町
松屋〈通称〉
鶴沢 清七（1代）　つるざわ・せいしち　1748〜1826　義太夫節の三味線方
松屋町〈通称〉
野沢 吉兵衛（1代）　のざわ・きちべえ　義太夫節三絃　[生]京都
〔秦〕松峡
松室 松峡　まつむろ・しょうこう　1692〜1747　江戸時代中期の神職、儒者
松後
佐々木 松後　ささき・しょうご　1732〜1798　徳川中期の俳人　[生]岡山橋本町
松栄
狩野 松栄　かのう・しょうえい　1519〜1592　狩野宗家4代目の画家
松柯亭〈号〉
葛人　かつじん　〜1787　化政期の俳人　[生]江戸
松泉主人〈別号〉
亀泉 集証　きせん・しゅうしょう　〜1493　室町中期の禅僧（臨済宗）、五山文学者
松泉堂〈号〉
永寿堂　えいじゅどう　江戸の書肆、戯作者
松洞〈号〉
木下 長嘯子　きのした・ちょうしょうし　1569〜1649　小浜城主、「挙白集」の著者
松風亭空中〈号〉
高橋 道八（1代）　たかはし・どうはち　1740〜1804　京都の陶工　[生]伊勢亀山藩
松風軒〈別号〉
井原 西鶴　いはら・さいかく　1642〜1693　江戸初期の俳人また浮世草子作者　[生]大阪
松風軒〈号〉
渭川　いせん　〜1703　俳人、芭蕉一門
松風庵〈号〉
植村 正道　うえむら・まさみち　〜1860　徳川幕臣
松倚亭〈号〉
川田 田福　かわだ・でんぷく　1721〜1793　徳川中期の俳人　[生]京都
松原庵〈号〉
白井 鳥酔　しらい・ちょうすい　1701〜1769　徳川中期の俳人　[生]上総埴生郡地引村
松叟
広辻 松叟　ひろつじ・しょうそう　1815〜1888　幕末の茶人　[生]伊勢山田
松叟〈号〉
松叟　しょうそう　〜1820　化政期の俳人、名古屋本重町常瑞寺の住職
松姫
信松院　しんしょういん　1561〜1616　武田信玄の娘
松島侍従
蒲生 氏郷　がもう・うじさと　1556〜1595　安土・桃山時代の武将
松根
古川 松根　ふるかわ・まつね　1813〜1871　幕末の国学者、佐賀藩士　[生]江戸桜田
松根
村山 松根　むらやま・まつね　1822〜1882　歌人　[生]薩摩鹿児島
松浦
富家 五十鈴　とみいえ・いすず　1806〜1865　江戸時代後期の書家
松涛舎〈号〉
小野 素郷　おの・そごう　1749〜1820　徳川中期の俳人　[生]盛岡
松涛庵〈号〉
車庸　しゃよう　俳人、芭蕉一門　[生]大阪
松益〈医名〉
佐藤 魚渕　さとう・なぶち　1755〜1834　徳川中期の医家にして俳人　[生]信州長沼の穂保
松翁〈号〉
井上 士朗　いのうえ・しろう　1742〜1812　江戸後期の俳人　[生]尾張国守山
松翁〈号〉
村上 英俊　むらかみ・ひでとし　1811〜1890　幕末明治中期の仏蘭西学者　[生]下野那須郡佐久村
松翁
布施 松翁　ふせ・しょうおう　1725〜1784　徳川中期の心学者
松堂〈別号〉
句空　くくう　徳川中期の俳人、芭蕉一門　[生]加州金沢
松堂〈号〉
文虎　ぶんこ　〜1855　幕末期の俳人　[生]信濃水内郡鳥居村
松庵〈号〉
藤本 由己　ふじもと・ゆうき　徳川中期の医家、狂歌師
松斎〈別号〉
江馬 元弘　えま・げんこう　〜1820　徳川末期の蘭医
松斎〈号〉

今村 文吾　いまむら・ぶんご　1808〜1864　幕末の志士　[出]大和添下郡安堵村
松斎〈号〉
石竜子(1代)　せきりゅうし　〜1808　徳川中期の観相家
松斎〈号〉
藤井 高尚　ふじい・たかなお　1764〜1840　徳川中期末の国学者　[出]備中国賀湯郡宮内
松斎〈別号〉
野々口 立圃　ののぐち・りゅうほ　1595〜1669　徳川初期の俳人　[出]丹波保津
松渓〈号〉
雛田 中清　ひなた・なかきよ　1819〜1886　幕末の志士
松盛斎〈号〉
関本 理遊　せきもと・りゆう　1772〜1849　江戸の人、いけ花流派古流の中興の祖とされる
松窓〈号〉
樋野 含斎　ひの・がんさい　〜1865　徳川末期の儒者
松窓〈別号〉
亘理 乙二　わたり・おつに　1758〜1823　徳川中期の俳人、陸前白石城下千手院の住職で権大僧都
松窓庵〈号〉
久世 道空　くぜ・どうくう　1704〜1784　徳川中期の典礼家
松笠軒〈別号〉
椎本 才麿　しいのもと・さいまろ　1656〜1738　徳川中期の俳人　[出]大和宇陀郡
松菴〈号〉
大橋 秋二　おおはし・しゅうじ　1795〜1857　陶工　[出]尾張海東郡津島
松陰
二川 相近　ふたがわ・すけちか　1767〜1836　江戸時代後期の書家、歌人
松陰子
狩野 洞雲　かのう・どううん　1625〜1694　幕府の表絵師　[出]京都
松陰母
吉田 松陰母　よしだ・しょういんのはは　1807〜1890　山口藩士杉百合之助の妻　[出]毛利志摩
松陵
久永 松陵　ひさなが・しょうりょう　徳川末期の儒者
松堅
宮川 松堅　みやかわ・しょうけん　1632〜1726　徳川中期の俳人　[出]京都
松壷〈号〉
千家 尊澄　せんげ・たかずみ　1810〜1878　幕末明治初期の国学者
松湾
尾池 享平　おいけ・きょうへい　1790〜1867　徳川末期の漢詩人　[出]讃岐丸亀
松琴
福田 松琴　ふくだ・しょうきん　1841〜1901　幕末明治の画家　[出]江戸浪花町
松琵
窪田 松琵　くぼた・しょうひ　1672〜1750　徳川中期の俳人　[出]近江大津
松葉〈初号〉
立花 牧童　たちばな・ぼくどう　徳川中期の俳人、研刀師　[出]加賀小松
松隈所〈号〉
蔵田 茂樹　くらた・しげき　1798〜1853　佐渡相川の地役人、歌人
松雲
松雲　しょううん　1648〜1710　徳川初中期の禅僧にして仏師
松雲〈号〉
浅井 了意　あさい・りょうい　〜1691　徳川初期の仮名草子作者　[出]京都
松雲〈別号〉
早瀬 蘭川　はやせ・らんせん　1777〜1837　徳川中期の画家　[出]福井
松雲子〈号〉
浅井 了意　あさい・りょうい　〜1691　徳川初期の仮名草子作者　[出]京都
松雲元慶禅師
松雲　しょううん　1648〜1710　徳川初中期の禅僧にして仏師
松園〈号〉
阿部 伯孝　あべ・おさたか　1801〜1867　徳川末期の尾張藩士、漢学者
松園〈号〉
佐々木 了綱　ささき・りょうこう　1826〜1901　幕末明治時代の僧、歌人
松園〈号〉
斎藤 勝明　さいとう・かつあき　1813〜1894　幕末・明治時代の国学者　[出]仙台
松園〈号〉
文虎　ぶんこ　〜1855　幕末期の俳人　[出]信濃水内郡鳥居村
松園〈別号〉
棹歌亭 真楫　とうかてい・まかじ　徳川中期の国学者、狂歌師
松塘
鱸 松塘　すずき・しょうとう　1823〜1898　幕末明治時代の漢詩人　[出]安房国安房郡国府村谷向
松塢〈号〉
菊田 伊洲　きくだ・いしゅう　1791〜1852　徳川末期の画家　[出]陸前仙台
松意
田代 松意　たしろ・しょうい　徳川中期の俳人　[出]大和
松楽軒〈号〉
高井 立志(1世)　たかい・りつし　〜1681　徳川中期の俳人松楽軒、知譜堂と号した　[出]京都
松緑(1代)
尾上 松緑(1代)　おのえ・しょうろく　1744〜1815　歌舞伎俳優
松蔭〈号〉
雨森 宗真　あめのもり・そうしん　1756〜1815　徳川中期の医家、漢詩人　[出]越前大野
松蔭山房〈別号〉
福田 半香　ふくだ・はんこう　1804〜1864　幕末の南画家　[出]遠州見附
松墩〈号〉
佐々木 貞介　ささき・ていすけ　1835〜1885　幕末明治時代の漢学者、長門萩藩士
松暾〈号〉

福原 灞水　ふくはら・はすい　1777〜1806　徳川末期の儒者
松薫
天南 松薫　てんなん・しょうくん　1573〜1640　織豊〜江戸時代前期の僧
松隣
若竹 笛躬（2代）　わかたけ・ふえみ　大阪の豊竹座の浄瑠璃作者
松隣〈号〉
大井 貞広　おおい・さだひろ　1676〜1733　徳川中期の水戸藩儒臣　[出]京都
松隣軒〈号〉
三輪 素覧　みわ・そらん　徳川中期の俳人　[出]名古屋
松濤軒〈別号〉
斎藤 市左衛門（9代）　さいとう・いちざえもん　1804〜1878　『江戸名所図会』編著者　[出]江戸神田雉子町
松濤軒長秋〈号〉
斎藤 市左衛門（7代）　さいとう・いちざえもん　1737〜1799　『江戸名所図会』編著者、徳川中期の国学者
松谿〈号〉
住友 友善　すみとも・ともよし　1810〜1871　大阪の富商、歌人
松齢堂〈号〉
内海 吉造（4代）　うつみ・きちぞう　1831〜1885　加賀金沢の陶画工
松露庵〈号〉
白井 鳥酔　しらい・ちょうすい　1701〜1769　徳川中期の俳人　[出]上総埴生郡地引村
松鶴
笑福亭 松鶴（1世）　しょうふくてい・しょかく　上方の落語家
松鶴（1世）
笑福亭 松鶴（1世）　しょうふくてい・しょかく　上方の落語家
松籟子〈号〉
平賀 源内　ひらが・げんない　1726〜1779　本草学者、戯作者　[出]讃岐志度浦
松籟庵〈別号〉
佐久間 柳居　さくま・りゅうきょ　1686〜1748　徳川中期の俳人　[出]江戸
松蘿〈号〉
黒川 亀玉（1代）　くろかわ・きぎょく　1732〜1756　南蘋流の画家　[出]江戸
松蘿
黒川 亀玉（2代）　くろかわ・きぎょく　1754〜1814　画家
松鱸
坂倉 松鱸　さかくら・しょうろ　?〜1854　江戸時代後期の川柳作者
松の舎〈号〉
島村 紀孝　しまむら・のりたか　1807〜1887　幕末・明治時代の国学者　[出]近江神崎郡金屋村
松の舎〈号〉
藤井 高尚　ふじい・たかなお　1764〜1840　徳川中期末の国学者　[出]備中国賀湯郡宮内

【沼】

沼名木之入日売命
渟名城入姫命　ぬなきいりひめのみこと　崇神天皇の皇女

【邵】

邵元
古源 邵元　こげん・しょうげん　1295〜1364　鎌倉〜南北朝時代の僧

【咲】

〔藤永〕咲太夫〈前名〉
祇園 守太夫　ぎおん・もりだゆう　天保時代の江戸の浄瑠璃太夫
咲太夫（1代）
竹本 男徳斎（1代）　たけもと・なんとくさい　?〜1797　江戸時代中期〜後期の浄瑠璃太夫
咲太夫（2代）
竹本 男徳斎（2代）　たけもと・なんとくさい　江戸時代中期〜後期の浄瑠璃太夫
〔竹本〕咲太夫（6代）
豊竹 巴太夫（3代）　とよたけ・ともえだゆう　?〜1860　江戸時代後期の浄瑠璃太夫

【昭】

昭子
藤原 昭子　ふじわらの・しょうし　後三条天皇の女御
昭仁〈名〉
桜町天皇　さくらまちてんのう　1720〜1750　第115代の天皇
昭元
細川 昭元　ほそかわ・あきもと　1548〜1592　晴元の子
〔細川〕昭元妻
お犬　おいぬ　?〜1582　織田信長の妹
昭方〈名〉
阿部 文治郎　あべ・ぶんじろう　1834〜1863　徳川末期の和算家　[出]陸前玉造郡一栗村
昭良
一条 昭良　いちじょう・あきよし　1605〜1672　関白左大臣
昭乗
松花堂 昭乗　しょうかどう・しょうじょう　1584〜1639　江戸時代の学僧、書家、画人
〔滝本坊〕昭乗
松花堂 昭乗　しょうかどう・しょうじょう　1584〜1639　江戸時代の学僧、書家、画人
昭宣公
藤原 基経　ふじわらの・もとつね　836〜891　平安時代の政治家、摂政関白太政大臣
昭訓門院
昭訓門院　しょうくんもんいん　1273〜1336　亀山天皇の後宮
昭裕
松田 棣園　まつだ・ていえん　1770〜1829　江戸時代後期の儒者
昭超

しょう（省,宵,将,消,祥）

准秀　じゅんしゅう　1607〜1660　江戸時代前期の僧
昭儀坊〈号〉
　浅井 了意　あさい・りょうい　〜1691　徳川初期の仮名草子作者　㊟京都
昭慶門院
　昭慶門院　しょうけいもんいん　1273〜1324　亀山天皇の皇女

【省】

省三
　井上 省三　いのうえ・しょうぞう　1845〜1886　幕末明治の事業家　㊟長州厚狭郡宇津井
省五郎〈通称〉
　高橋 知周　たかはし・ともちか　1794〜1852　徳川中末期の伊勢津藩士　㊟伊賀
省吾〈通称〉
　箕作 省吾　みつくり・しょうご　1821〜1846　徳川末期の地理学者
〔朝倉〕省吾〈変名〉
　田中 静洲　たなか・せいしゅう　1842〜1865年渡英、医師、鉱山技師
省事亭〈号〉
　久世 氏美　くぜ・うじよし　1703〜1770　江戸中期の民政家
省軒
　亀谷 省軒　かめたに・せいけん　1838〜1913　幕末明治時代の漢学者、漢詩人　㊟江戸
省庵
　安東 省庵　あんどう・せいあん　1622〜1701　徳川初期の柳川藩儒　㊟筑後
〔安藤〕省庵
　安東 省庵　あんどう・せいあん　1622〜1701　徳川初期の柳川藩儒　㊟筑後
省菴〈号〉
　桑田 衡平　くわた・こうへい　1836〜1905　幕末明治時代の洋医　㊟武蔵高麗郡平沢村
省蔵〈通称〉
　原 勤堂　はら・きんどう　1825〜1896　幕末明治の医家　㊟能登鳳至郡鵜川村

【宵】

宵雨軒〈号〉
　藤岡 月尋　ふじおか・げつじん　〜1715　徳川中期の俳人　㊟大阪

【将】

将作
　清水 将作　しみず・しょうさく　徳川中期の歌人
将門
　平 将門　たいらの・まさかど　〜940　平安朝中期の武将
〔堀〕将俊
　明石 次郎　あかし・じろう　1620〜1679　江戸時代前期の織物研究家
将翁
　阿部 将翁　あべ・しょうおう　1650?〜1753　江戸中期の本草学者　㊟陸奥盛岡

将曹
　辻 将曹　つじ・しょうそう　1823〜1894　幕末維新期の政治家
〔碇山〕将曹
　島津 兵庫　しまず・ひょうご　薩摩藩家老
将監
　横沢 将監　よこざわ・しょうげん　支倉一行をメキシコまで帰るのを迎えに行った陸奥仙台藩士
将監〈通称〉
　荒木田 守夏　あらきだ・もりなつ　1668〜1724　徳川中期の国学者、神道家　㊟宇治山田
将監〈別称〉
　佐久間 直勝　さくま・なおかつ　1570〜1642　徳川初期の茶道家(織部流)
将監
　水野 福富　みずの・ふくとみ　1652〜1714　徳川中期の俳人　㊟備後福山
将監〈通称〉
　滝原 宋閑　たきはら・そうかん　1773〜1845　歌人　㊟京都
将監〈号〉
　氷室 長翁　ひむろ・ながとし　1784〜1863　歌人
将監
　向井 忠勝　むかい・ただかつ　1582〜1641　江戸時代前期の武将
将監
　山路 正国　やまじ・まさくに　1546〜1583　戦国〜織豊時代の武将
〔向井〕将監
　横沢 将監　よこざわ・しょうげん　支倉一行をメキシコまで帰るのを迎えに行った陸奥仙台藩士
将蔵
　北辻 将蔵　きたつじ・しょうぞう　1828〜1863　維新の志士　㊟河内南河内郡向野村
〔秦〕将蔵
　北辻 将蔵　きたつじ・しょうぞう　1828〜1863　維新の志士　㊟河内南河内郡向野村
将興〈字〉
　今井 弘済　いまい・こうさい　1652〜1689　徳川中期の国学者にして医家　㊟水戸

【消】

消日居士〈号〉
　平林 惇信　ひらばやし・あつのぶ　1696〜1753　書家　㊟江戸

【祥】

祥山〈号〉
　進 鴻渓　しんこうけい　1821〜1884　明治時代の漢学者、旧備中松山藩士
祥元
　藤田 祥元　ふじた・しょうげん　徳川中期の画家　㊟羽後秋田郡八幡岱村新田
祥啓
　祥啓　しょうけい　室町時代の画僧　㊟下野
〔賢江〕祥啓
　祥啓　しょうけい　室町時代の画僧　㊟下野
祥庵〈号〉

しょう（称, 笑, 商, 唱, 梢, 渉, 章, 紹）

藤井 西洞　ふじい・さいどう　1730〜1770　徳川中期の書家、医家
祥幅〈名〉
帯梅　たいばい　〜1826　化政期の俳人　㊺尾張知多郡横須賀
祥瑞
呉 祥瑞　ご・しょうずい　1577〜1663　戦国時代の陶磁器工　㊺伊勢国松阪
祥瑞
呉 祥瑞　ご・しょうずい　1577〜1663　戦国時代の陶磁器工　㊺伊勢国松阪

【称】

称名寺殿
北条 実時　ほうじょう・さねとき　1224?〜1276　鎌倉幕府の評定衆
称念院入道
鷹司 兼平　たかつかさ・かねひら　1227〜1294　公卿、鷹司家の祖
称徳天皇
孝謙天皇　こうけんてんのう　718〜770　奈良時代の女帝

【笑】

笑岩
三好 康長　みよし・やすなが　戦国〜織豊時代の武将
笑翁〈号〉
秋月 種実　あきずき・たねざね　1545〜1596　戦国時代の武将
笑訓亭〈別号〉
為永 春友　ためなが・しゅんゆう　江戸時代の作家
笑顔
美図垣 笑顔　みずがき・えがお　1789〜1846　戯作者、狂歌師

【商】

商塘〈別号〉
椿 仲輔　つばき・なかすけ　1803〜1846　徳川末期の国学者　㊺下総香取郡猿山村

【唱】

唱阿
性心　しょうしん　?〜1299　鎌倉時代の僧

【梢】

〔小川〕梢風
友田 梢風尼　ともだ・しょうふうに　1669〜1758　徳川中期の俳人　㊺伊賀上野
梢風尼
友田 梢風尼　ともだ・しょうふうに　1669〜1758　徳川中期の俳人　㊺伊賀上野

【渉】

渉川〈号〉
其角　きかく　1661〜1707　俳人、芭蕉一門

渉壁〈号〉
関 為山　せき・いざん　1804〜1878　徳川末期―明治初年の俳人　㊺江戸

【章】

章〈名〉
安藤 箕山　あんどう・きざん　1738〜1781　徳川中期の漢学者　㊺因幡鳥取
章
秋山 章　あきやま・あきら　1723〜1808　徳川中期の国学者にして、地誌家　㊺伊豆君沢郡安久村
章〈名〉
緒方 洪庵　おがた・こうあん　1810〜1863　幕末時代蘭医の泰斗　㊺備中足守
章子内親王
二条院　にじょういん　1027〜1105　後冷泉天皇の中宮
章子内親王
二条院　にじょういん　1027〜1105　後冷泉天皇の中宮
章可〈号〉
入 庸昌　いり・ようしょう　1693〜1752　江戸中期の数学者、信濃松代藩士
章信
狩野 素川　かのう・そせん　1765〜1826　浅草猿屋町代地狩野家六代目の画家
章卿〈字〉
安部井 帽山　あべい・ぼうざん　1778〜1845　徳川中期の儒者
章堂〈号〉
一柳 千古　ひとつやなぎ・ちふる　〜1832　歌人　㊺江戸
章善門院
章善門院　しょうぜんもんいん　〜1338　後深草天皇の皇女
章義門院
章義門院　しょうぎもんいん　〜1336　伏見天皇の皇女
章徳門院
章徳門院　しょうとくもんいん　後伏見天皇の皇女

【紹】

紹化
南溟 紹化　なんめい・しょうか　室町〜戦国時代の僧
紹仁
義翁 紹仁　ぎおう・しょうにん　1217〜1281　南宋から来日した僧
紹巴
里村 紹巴　さとむら・じょうは　〜1602　室町時代の連歌師
紹由
灰屋 紹由　はいや・じょうゆう　〜1622　江戸前期の豪商　㊺京都
〔佐野〕紹由
灰屋 紹由　はいや・じょうゆう　〜1622　江戸前期の豪商　㊺京都
紹有

豊田 忠村　とよだ・ただむら　1656～1723　江戸時代前期～中期の武士、茶人
紹朴〈号〉
中村 宗哲（3代）　なかむら・そうてつ　1699～1776　徳川中期の塗師、千家十職の一
紹拙
藪内 紹拙　やぶのうち・じょうせつ　江戸時代前期の茶人
紹易
岸 紹易　きし・しょうえき　1726～1799　徳川中期の堺奉行与力、茶人
紹明
南浦 紹明　なんぽ・しょうみょう　1235～1308　鎌倉時代の僧　[出]駿河安倍郡
紹春
藪内 紹春　やぶのうち・じょうしゅん　江戸時代前期の茶人
紹栄
枯木 紹栄　こぼく・しょうえい　南北朝～室町時代の僧
紹貞
藪内 紹貞　やぶのうち・じょうてい　江戸時代前期の茶人
紹珠
春叢 紹珠　しゅんそう・しょうじゅ　1751～1835　江戸時代中期～後期の僧
紹益〈号〉
佐野 紹益　さの・しょうえき　1607～1691　江戸初期の豪商　[出]京都
〔灰屋〕紹益
佐野 紹益　さの・しょうえき　1607～1691　江戸初期の豪商　[出]京都
紹庵
藪内 紹庵　やぶのうち・じょうあん　江戸時代前期の茶人
紹喜
快川 紹喜　かいせん・しょうき　～1582　臨済宗の傑僧　[出]美濃
紹智（藪内流1世）
藪内 紹智（藪内流1世）　やぶのうち・じょうち　1536～1627　安土桃山・江戸時代初期の茶道家
紹智（藪内流2世）
藪内 紹智（藪内流2世）　やぶのうち・じょうち　1580～1655　茶匠
紹智（藪内流3世）
藪内 紹智（藪内流3世）　やぶのうち・じょうち　1599～1674　茶匠
紹智（藪内流4世）
藪内 紹智（藪内流4世）　やぶのうち・じょうち　1654～1712　茶匠
紹智（藪内流5世）
藪内 紹智（藪内流5世）　やぶのうち・じょうち　1678～1745　茶匠　[出]京都
紹智（藪内流6世）
藪内 紹智（藪内流6世）　やぶのうち・じょうち　1726～1800　茶匠
紹智（藪内流7世）
藪内 紹智（藪内流7世）　やぶのうち・じょうち　1773～1846　茶匠
紹智（1世）
藪内 紹智（藪内流1世）　やぶのうち・じょうち　1536～1627　安土桃山・江戸時代初期の茶道家
紹廉
小野 紹廉　おの・しょうれん　1676～1761　江戸時代前期～中期の俳人
紹節
藪内 紹節　やぶのうち・じょうせつ　江戸時代前期の茶人
紹碩
峨山 紹碩　がざん・しょうせき　1275～1365　鎌倉時代総持寺（今の曹洞宗本山）の第2世、瑩山の四哲の1人　[出]能登
紹瑾
瑩山 紹瑾　けいざん・じょうきん　1268～1325　鎌倉時代の僧、総持寺の開山にして曹洞宗中興の祖　[出]越前多祢邑
紹鷗
武野 紹鷗　たけの・じょうおう　1502～1555　室町時代の茶人　[出]和泉堺浦

【菖】

菖庵
高柳 荘丹　たかやなぎ・そうたん　1732～1815　徳川中期の俳人　[出]武州川越
菖庵〈別号〉
沢田 宗堅　さわだ・そうけん　1624～1707　徳川中期の儒者　[出]京都

【逍】

逍遊軒〈号〉
松永 貞徳　まつなが・ていとく　1571～1653　織豊時代―徳川初期の俳人にして国学者　[出]京都

【勝】

勝
渡辺 勝　わたなべ・かつ　1562～1626　秀吉馬廻
勝〈名〉
平沢 白翁　ひらざわ・はくおう　幕末の易学者　[出]大阪
勝三
武田 勝三　たけだ・かつみつ　武田勝頼の第3子
勝三郎〈通称〉
高林 方朗　たかばやし・みちあきら　1769～1846　徳川中期の国学者　[出]遠江長上郡有玉
勝三郎〈前名〉
藤川 友吉（4代）　ふじかわ・ともきち　～1871　大阪の歌舞伎俳優
〔豊島〕勝三郎〈初名〉
姉川 新四郎（1代）　あねかわ・しんしろう　1685～1749　大阪の歌舞伎俳優、享保―寛延時代の立役の名優、姉川家の祖　[出]大阪
勝三郎（2代）
杵屋 勝三郎（2代）　きねや・かつさぶろう　1820～1896　江戸長唄三絃、幕末・明治時代の長唄三絃を代表する名人　[出]江戸
勝久
神田 勝久　かんだ・かつひさ　兵学を業とする
勝千代〈幼名〉

穴山 信君　あなやま・のぶきみ　〜1582　戦国時代の武将
勝千代〈幼名〉
　武田 信玄　たけだ・しんげん　1521〜1573　戦国時代の武将、政治家にして、軍政家、民政家　㊟甲斐の躑躅崎
勝山
　丹前 勝山　たんぜん・かつやま　江戸で有名な遊女、正保3年(1646)〜明暦2年(1656)在籍と伝
勝川
　狩野 勝川　かのう・しょうせん　1823〜1879　木挽町狩野家最後の画家
勝川院雅信
　狩野 勝川　かのう・しょうせん　1823〜1879　木挽町狩野家最後の画家
勝之
　増井 玄覧　ますい・げんらん　1721〜1773　江戸時代中期の儒者
勝之助
　弘 勝之助　ひろ・かつのすけ　1837〜1864　幕末の志士　㊟長門国萩
〔豊島〕勝之助〈初名〉
　姉川 新四郎(1代)　あねかわ・しんしろう　1685〜1749　大阪の歌舞伎俳優、享保〜寛延時代の立役の名優、姉川家の祖　㊟大阪
勝之進〈通称〉
　井上 井月　いのうえ・せいげつ　1822〜1887　徳川末期〜明治中期の俳人　㊟越後長岡
勝五郎(1代)
　杵屋 勝五郎(1代)　きねや・かつごろう　〜1839　江戸長唄三絃、文化〜天保時代の妙手
勝五郎(2代)
　杵屋 勝五郎(2代)　きねや・かつごろう　〜1853　江戸長唄三絃、弘化・嘉永時代の功者
勝介
　田中 勝介　たなか・しょうすけ　京都の商人
勝仁〈名〉
　後柏原天皇　ごかしわばらてんのう　1464〜1526　第104代の天皇、後土御門天皇の第1皇子
勝以〈号〉
　岩佐 勝以　いわさ・かつもち　1578〜1650　江戸初期の画家
〔石井〕勝右衛門〈通称〉
　雨考　うこう　〜1827　化政期の俳人　㊟奥州須賀川
勝左衛門〈後名〉
　杵屋 勝五郎(1代)　きねや・かつごろう　〜1839　江戸長唄三絃、文化〜天保時代の妙手
勝左衛門〈通称〉
　鈴木 重胤　すずき・しげたね　1812〜1863　幕末時代の国学者　㊟淡路仁井村
勝永
　屋代 秀正　やしろ・ひでまさ　1558〜1623　織豊〜江戸時代前期の武将
勝吉
　宝生家(6世)　ほうしょうけ　〜1630　能役者
勝名
　堀 勝名　ほり・かつな　1716〜1793　熊本藩の家臣
勝次郎〈前名〉
　藤川 友吉(2代)　ふじかわ・ともきち　〜1834　大阪の歌舞伎俳優

勝次郎〈通称〉
　武田 交来　たけだ・こうらい　1819〜1882　芝居茶屋、備書家、戯作者
勝次郎
　野村 勝次郎　のむら・しょうじろう　柴田勝家の養子勝豊の臣
勝行入道親王
　良尚法親王　りょうしょうほうしんのう　1623〜1693　智仁親王の第2王子
勝作
　酒井 勝作　さかい・しょうさく　1819〜1876　土佐藩の執政　㊟土佐国高知
勝作(2代)〈後名〉
　杵屋 勝三郎(2代)　きねや・かつさぶろう　1820〜1896　江戸長唄三絃、幕末・明治時代の長唄三絃を代表する名人　㊟江戸
勝兵衛〈通称〉
　島屋 西国　しまや・さいこく　1647〜1695　徳川中期の俳人　㊟豊後国日田町豆田
〔正木〕勝兵衛〈本名〉
　三浦 為春　みうら・ためはる　1573〜1652　江戸前期の仮名草子作家　㊟相模国三浦
勝助
　加藤 勝助　かとう・かつすけ　尾張瀬戸の陶工
勝助
　遠藤 鶴洲　えんどう・かくしゅう　1789〜1851　江戸時代後期の儒者
〔芝屋〕勝助
　司馬 芝叟　しば・しばそう　天明〜文化時代の大阪の浄瑠璃作者、歌舞伎狂言作者、読本作者、講談師　㊟肥前長崎
〔雄崎〕勝助〈本名〉
　司馬 芝叟　しば・しばそう　天明〜文化時代の大阪の浄瑠璃作者、歌舞伎狂言作者、読本作者、講談師　㊟肥前長崎
勝村〈別称〉
　水谷 蟠竜　みずのや・ばんりゅう　1521〜1596　安土桃山時代の武将
勝近
　武田 勝三　たけだ・かつみつ　武田勝頼の第3子
勝命
　勝命　しょうみょう　鎌倉時代の歌僧
勝定院
　足利 義持　あしかが・よしもち　1386〜1428　足利4代将軍、義満の長子
勝宝感神聖武皇帝
　聖武天皇　しょうむてんのう　701〜756　第45代の天皇
勝房
　三輪 西阿　みわ・せいあ　南北朝時代の武将　㊟大和国三輪
勝房
　新井 勝房　あらい・かつふさ　1793〜1846　徳川末期の画家
勝明
　斎藤 勝明　さいとう・かつあき　1813〜1894　幕末・明治時代の国学者　㊟仙台
勝明〈名〉
　板倉 節山　いたくら・せつざん　1809〜1857　上州安中3万石の城主　㊟江戸
勝明

しょう（晶，湘，焦，証）

長尾 隼人　ながお・はやと　1651〜1706　江戸時代前期の武士
勝直〈名〉
中島 随流　なかじま・ずいりゅう　1629〜1708　徳川中期の俳人
勝俊〈名〉
木下 長嘯子　きのした・ちょうしょうし　1569〜1649　小浜城主、「挙白集」の著者
勝俊
松平 康俊　まつだいら・やすとし　1555〜1586　戦国〜織豊時代の武将
勝春〈名〉
高野 百里　たかの・ひゃくり　1666〜1727　俳人、魚問屋
勝栄〈初名〉
窪田 清音　くぼた・すがね　1791〜1866　幕末の兵学者、講武所頭取兼兵学師範役
勝重
岩佐 勝重　いわさ・かつしげ　〜1673　江戸初期の風俗画家　㊨福井
勝重
新井 勝重　あらい・かつしげ　1821〜1893　幕末明治時代の画家　㊨下野足利本町
〔岡部〕勝重
伊丹 勝重　いたみ・かつしげ　1637〜1717　江戸時代前期の武士
勝姫
高田の方　たかだのかた　1601〜1672　徳川秀忠の3女
〔柴田〕勝家室
小谷方　おだにのかた　1547〜1583　織田信長の妹、柴田勝家の妻　㊨尾張
勝悟
勝虞　しょうぐ　732〜811　奈良〜平安時代前期の僧
勝造〈本名〉
井上 井月　いのうえ・せいげつ　1822〜1887　徳川末期〜明治中期の俳人　㊨越後長岡
勝達〈名〉
中島 随流　なかじま・ずいりゅう　1629〜1708　徳川中期の俳人
〔池田〕勝馬
黒駒 勝蔵　くろこまの・かつぞう　1832〜1871　幕末期の博徒の親分　㊨甲斐国黒駒村
勝商
鳥居 勝商　とりい・かつあき　〜1575　織豊時代の勇士
勝彪
板倉 八右衛門　いたくら・はちえもん　1779〜1851　江戸時代後期の武士
勝猛
島 左近　しま・さこん　〜1600　織田政権期の武将
〔日下部〕勝皐
奈佐 勝皐　なさ・かつひろ　1745〜1799　江戸時代中期〜後期の国学者
勝善〈諱〉
山田 検校　やまだ・けんぎょう　1757〜1817　筝曲家　㊨江戸
勝賀
宅磨 勝賀　たくま・しょうが　鎌倉時代初期の代表的絵仏師

〔託磨〕勝賀
宅磨 勝賀　たくま・しょうが　鎌倉時代初期の代表的絵仏師
勝雄
古瀬 勝雄　ふるせ・かつお　狂歌師
勝熊〈幼名〉
松永 貞徳　まつなが・ていとく　1571〜1653　織豊時代〜徳川初期の俳人にして国学者　㊨京都
勝静
板倉 勝静　いたくら・かつきよ　1823〜1889　幕末の老中、備中松山藩主　㊨備中松山
勝鳴〈別号〉
秋山 清風　あきやま・せいふう　1798〜1874　徳川末期の儒者
勝蔵
黒駒 勝蔵　くろこまの・かつぞう　1832〜1871　幕末期の博徒の親分　㊨甲斐国黒駒村
〔中村〕勝蔵
植松 是勝　うえまつ・ぜしょう　1790〜1862　徳川中期の数学者　㊨上総山辺郡真亀村
勝賢
勝賢　しょうけん　1132〜1190　仁和寺守覚法親王の師僧

【晶】

晶山〈号〉
鍋田 晶山　なべた・しょうざん　1788〜1858　磐城平藩中老

【湘】

湘山隠士〈号〉
吉川 惟足　きっかわ・これたる　1615〜1694　吉川流神道の創始者　㊨江戸
湘江斎〈号〉
赤松 直　あかまつ・ただし　陶工
湘英
小笠原 湘英　おがさわら・しょうえい　1823〜1859　女流書家　㊨能登菅原
湘雨〈号〉
福田 大華　ふくだ・たいか　1796〜1854　画家また国学者
湘夢〈号〉
江間 細香　えま・さいこう　1789〜1861　幕末の閨秀画家、詩人　㊨美濃（岐阜県）大垣

【焦】

焦翁〈号〉
里村 玄仲　さとむら・げんちゅう　1578〜1638　織豊時代・徳川初期の連歌師　㊨江戸

【証】

証救
済翁 証救　さいおう・しょうく　?〜1260　鎌倉時代の僧
証賀
宅磨 勝賀　たくま・しょうが　鎌倉時代初期の代表的絵仏師
証誠大師

一遍　いっぺん　1239〜1289　時宗の開祖　㊐伊予

【象】

象〈名〉
　斎藤 響江　さいとう・らんこう　1785〜1848　徳川中期の儒者　㊐阿波
象山
　佐久間 象山　さくま・しょうざん　1811〜1864　幕末の学者、開国論者　㊐信州松代
象山
　深井 象山　ふかい・しょうざん　1783〜1839　徳川中期の兵学者　㊐讃岐高松
象谷
　玉楮 象谷　たまかじ・ぞうこく　1805〜1869　高松の漆工
象岳〈号〉
　友安 盛敏　ともやす・もりとし　1833〜1886　国学者
象庵〈号〉
　武田 象庵　たけだ・しょうあん　1596〜1659　徳川初期の儒医
象雅〈別号〉
　杵屋 勝五郎(1代)　きねや・かつごろう　〜1839　江戸長唄三絃、文化—天保時代の妙手
象雅〈別号〉
　杵屋 勝五郎(2代)　きねや・かつごろう　〜1853　江戸長唄三絃、弘化・嘉永時代の功者
象賢
　羽地 朝秀　はねじ・ちょうしゅう　1617〜1675　江戸前期琉球の政治家、歴史家　㊐沖縄首里
〔向〕象賢
　羽地 朝秀　はねじ・ちょうしゅう　1617〜1675　江戸前期琉球の政治家、歴史家　㊐沖縄首里

【奨】

奨子内親王
　達智門院　だっちもんいん　1286〜1348　後宇多天皇の皇女、尊称皇后奨子内親王
奨輔
　井上 奨輔　いのうえ・しょうすけ　1843〜1868　幕末の志士、山口藩士

【照】

照子女王
　溺子女王　てるこにょおう　〜950　平安時代中期の女御、保明親王(醍醐天皇皇子、文彦太子)の王女
照山
　白石 照山　しらいし・しょうざん　1815〜1883　幕末明治時代の漢学者　㊐豊前中津
照井〈本名〉
　粟津 潤照　あわず・じゅんしょう　1700〜1775　徳川中期の女流書家　㊐京都
照天祖鑑国師
　亀年　きねん　〜1561　室町時代の妙心寺の僧
照阿
　三村 照阿　みむら・しょうあ　〜1842　徳川中期の茶人　㊐河内石川郡春日村

【蒋】

蒋塘
　大竹 蒋塘　おおたけ・しょうとう　1800〜1858　幕末の書家　㊐下野足利郡助戸村
蒋潭〈別号〉
　浅野 金之丞　あさの・きんのじょう　1816〜1880　江戸末期の幕臣　㊐江戸

【嘗】

嘗草林処〈号〉
　坂本 浩雪　さかもと・こうせつ　1800〜1853　幕末の本草家、菌類採集家

【彰】

彰〈名〉
　新井 剛斎　あらい・ごうさい　1786〜1834　徳川末期の国学者　㊐仙台
彰子
　藤原 彰子　ふじわらの・しょうし　988〜1074　一条天皇の中宮、藤原道長の長女
彰往軒〈号〉
　闌幽　せんゆう　〜1731　享保時代の俳人、信濃高島藩主
彰信〈字〉
　稲生 若水　いのう・じゃくすい　1655〜1715　江戸中期の本草学者　㊐江戸
彰信〈名〉
　狩野 素川　かのう・そせん　1765〜1826　浅草猿屋町代地狩野家六代目の画家

【瑲】

瑲々室〈号〉
　大熊 弁玉　おおくま・べんぎょく　1818〜1880　幕末明治の歌人　㊐江戸浅草

【障】

障岳〈号〉
　広沢 真臣　ひろさわ・さねおみ　1833〜1871　幕末明治の勤王家、萩藩士　㊐長門国萩十日市

【韶】

韶興
　雲沢 韶興　うんたく・しょうこう　室町時代の僧
韶麟
　瑞巌 韶麟　ずいがん・しょうりん　1343〜?　南北朝〜室町時代の僧

【樅】

樅園〈別号〉
　猿渡 盛章　さわたり・もりあき　1790〜1863　徳川末期の国学者　㊐武蔵国府中

【璋】

璋

しょう（蕉,霄,嘯,樵,蕭,篠,鏱,鐘,鷦）　じょう（上）

中根 元圭　なかね・げんけい　1662〜1733　江戸時代前期〜中期の暦算家
璋子
　藤原 璋子　ふじわらの・しょうし　1101〜1145　鳥羽天皇の皇后、崇徳・後白河両天皇の母
璋庵〈号〉
　麻田 剛立　あさだ・ごうりゅう　1734〜1799　徳川中期の天文学者　㊣豊後杵築

【蕉】

蕉雨
　桜井 蕉雨　さくらい・しょうう　1775〜1829　徳川中期の俳人　㊣信州飯田本町
蕉庵
　桃源 瑞仙　とうげん・ずいせん　1430〜1489　京都相国寺（臨済宗）の禅僧、五山文学者
蕉雨亭〈号〉
　三島 景雄　みしま・かげお　1727〜1812　徳川中期の国学者　㊣江戸
蕉雨斎〈号〉
　人見 藤寧　ひとみ・とうねい　1818〜1861　徳川中期の国学者、秋田藩士
蕉華庵〈号〉
　乙彦　おとひこ　1826〜1886　幕末から明治初期の俳人
蕉斎
　平賀 蕉斎　ひらが・しょうさい　〜1804　徳川中期安芸の儒者
蕉陰〈号〉
　木村 熊之進　きむら・くまのしん　1817〜1868　幕末の会津藩士
蕉雪〈別号〉
　惟肖 得巌　いしょう・とくがん　1360〜1437　天竜並に南禅の寺主たる五山文学者　㊣備中
蕉雪〈別号〉
　佐久間 晴岳　さくま・せいがく　1819〜1885　幕末明治初期の画家
蕉鹿
　高尾 蕉鹿　たかお・しょうろく　江戸末期の浮世絵師
蕉堅道人〈号〉
　絶海 中津　ぜっかい・ちゅうしん　1336〜1405　吉野朝時代義堂と共に五山文学者の双璧たりし僧　㊣土佐津野

【霄】

霄雨軒〈別号〉
　藤岡 月尋　ふじおか・げつじん　〜1715　徳川期の俳人　㊣大阪

【嘯】

嘯山
　三宅 嘯山　みやけ・しょうざん　1718〜1801　儒医にして俳人　㊣京都
嘯翁〈号〉
　服部 蘇門　はっとり・そもん　1724〜1769　徳川中期の儒者　㊣京都

【樵】

樵者〈号〉
　菱川 柳谷　ひしかわ・りゅうこく　江戸末期の浮世絵師
樵庵〈別号〉
　雪嶺 永瑾　せつれい・えいきん　〜1537　室町時代の僧、建仁寺主、五山文学者　㊣丹後

【蕭】

蕭白
　曽我 蕭白　そが・しょうはく　〜1781　徳川中期の画家　㊣伊勢
蕭海
　土屋 蕭海　つちや・しょうかい　1829〜1864　幕末の長州藩士　㊣萩
蕭鏡
　正宗 竜統　しょうじゅう・りゅうとう　1428〜1498　室町〜戦国時代の僧

【篠】

篠音〈俳名〉
　笹尾 音十郎（2代）　ささお・おとじゅうろう　京阪の歌舞伎俳優、舞踊笹尾流の祖

【鏱】

〔藤原〕鏱子
　永福門院　えいふくもんいん　1271〜1342　伏見天皇の中宮

【鐘】

〔昼夜言耳元〕鐘近
　篠野 春泉　ささの・しゅんせん　1798〜1864　江戸時代後期の狂歌師

【鷦】

鷦鷯正輔
　為永 春水（1世）　ためなが・しゅんすい　1790〜1843　徳川末期の戯作者　㊣江戸

【上】

上山
　浅田 上山　あさだ・じょうざん　江戸時代の書家
上王
　石上皇子　いそのかみのおうじ　欽明天皇の皇子
上西門院
　上西門院　じょうさいもんいん　1126〜1189　鳥羽天皇の皇女
上東門院
　藤原 彰子　ふじわらの・しょうし　988〜1074　一条天皇の中宮、藤原道長の長女
上昭
　寂庵 上昭　じゃくあん・じょうしょう　1229〜1316　鎌倉時代の僧
上宮太子〈別称〉

じょう（丈, 仍, 乗, 城）

聖徳太子　しょうとくたいし　～622　用明天皇第2の皇子
上野介〈別称〉
　吉良 義央　きら・よしなか　～1702　江戸幕府の高家　㊥江戸
上野介
　小栗 忠順　おぐり・ただまさ　1827～1868　幕末の幕臣　㊥江戸
上野介
　本多 正純　ほんだ・まさずみ　1565～1637　織豊～江戸時代前期の武将、大名
上野介重賢
　吉田 重賢　よしだ・しげかた　室町時代の弓術家、吉田流弓術の祖
上野少掾（1代）
　豊竹 越前少掾　とよたけ・えちぜんのしょうじょう　1681～1764　元禄―延享時代の義太夫節の浄瑠璃太夫、東風浄瑠璃の流祖　㊥大阪南船場
〔豊竹〕上野少掾（2代）
　竹本 大和掾　たけもと・やまとのじょう　1702～1766　義太夫節の名人
上野守
　田口 益人　たぐち・ますひと　「万葉集」の歌人
上覚
　行慈　ぎょうじ　1147～1226　平安後期～鎌倉時代の僧、歌人
上総
　堀河院中宮上総　ほりかわいんちゅうぐうのかずさ　平安時代後期の女官、歌人
上総介
　山入 与義　やまいり・ともよし　～1422　室町時代の武士
上総介親信
　親信　ちかのぶ　能面工
上総少掾
　虎屋 喜太夫　とらや・きだゆう　承応―元禄時代の浄瑠璃太夫、喜太夫節の流祖

【丈】

丈〈名〉
　坂田 丈平　さかた・じょうへい　1839～1899　漢学者　㊥備中国川上郡九名村
丈山
　石川 丈山　いしかわ・じょうざん　1583～1672　江戸初期の武人、詩人　㊥三河碧海郡泉郷
丈右衛門〈別名〉
　三笠 城右衛門　みかさ・じょうえもん　元禄・宝永時代の京阪の歌舞伎俳優
丈平
　坂田 丈平　さかた・じょうへい　1839～1899　漢学者　㊥備中国川上郡九名村
丈石
　早川 丈石　はやかわ・じょうせき　1695～1779　徳川中期の俳人　㊥京都
丈石斎〈号〉
　早川 丈石　はやかわ・じょうせき　1695～1779　徳川中期の俳人　㊥京都
丈助〈通称〉
　坂田 丈平　さかた・じょうへい　1839～1899　漢学者　㊥備中国川上郡九名村

丈芝坊〈号〉
　山田 白居　やまだ・はくきょ　1724～1800　徳川中期の俳人　㊥仙台
丈草
　内藤 丈草　ないとう・じょうそう　1661～1704　徳川中期の俳人　㊥尾張国犬山

【仍】

仍覚
　三条西 公条　さんじょうにし・きんえだ　1487～1563　公卿、歌人

【乗】

乗化亭（2世）〈号〉
　大関 増裕　おおぜき・ますひろ　1837～1866　徳川末期の黒羽17代の藩主　㊥遠江国
〔石川〕乗政
　松平 乗政　まつだいら・のりまさ　1637～1684　江戸時代前期の大名
〔石川〕乗紀
　松平 乗紀　まつだいら・のりただ　1674～1717　江戸時代前期～中期の大名
乗意
　杉浦 乗意　すぎうら・じょうい　1698～1761　徳川中期江戸の彫金家
〔奈良〕乗意
　杉浦 乗意　すぎうら・じょうい　1698～1761　徳川中期江戸の彫金家
乗鶴〈号〉
　岸 良　きし・よし　1798～1852　徳川末期の画家

【城】

城三〈通称〉
　淡島 椿岳　あわしま・ちんがく　1823～1889　幕末明治の画家　㊥武蔵川越在小ケ谷村
城久〈名〉
　油屋 基田　あぶらや・きでん　1806～1857　徳川末期の座頭にして俳人　㊥土佐幡多郡下田村
城山〈号〉
　竹内 武信　たけのうち・ぶしん　1784～1853　徳川末期の和算家、上田藩士
城太郎〈通称〉
　城 資永　じょう・すけなが　～1181　平安末期に越後地方を領した武士
城右衛門
　三笠 城右衛門　みかさ・じょうえもん　元禄・宝永時代の京阪の歌舞伎俳優
城玄
　八坂 検校　やさか・けんぎょう　～1318　八坂流平曲の祖
城次郎
　緒方 城次郎　おがた・じょうじろう　1844～1905　緒方病院薬局長、和露辞典『魯語箋』の編者
城間
　尊円 城間　そんえん・ぐすくま　1542～　室町末期琉球（沖縄）の御家流能書家
城間親方盛久

号・別名辞典　古代・中世・近世　271

じょう（浄，茸，剰，常）

尊円 城間　そんえん・ぐすくま　1542〜　室町末期琉球（沖縄）の御家流能書家

【浄】

浄人
　弓削 浄人　ゆげの・きよと　奈良後期の政治家
浄入〈大西家5代〉
　大西 浄入〈大西家5代〉　おおにし・じょうにゅう　1647〜1716　京都の釜師
浄久
　三田 浄久　みた・じょうきゅう　1608〜1688　江戸中期の国学者　㊐河内志紀郡柏原
浄元〈大西家9代〉
　大西 浄元〈大西家9代〉　おおにし・じょうげん　1749〜1811　京都の釜師
浄心
　三浦 浄心　みうら・じょうしん　1565〜1644　仮名草子作者　㊐相模国三浦
浄心〈号〉
　石村 近江（4代）　いしむら・おうみ　〜1696　三味線の名工
浄本〈号〉
　石村 近江（2代）　いしむら・おうみ　〜1636　三味線の名工
浄玄〈大西家3代〉
　大西 浄玄〈大西家3代〉　おおにし・じょうげん　1630〜1684　京都の釜師
浄玄〈大西家7代〉
　大西 浄玄〈大西家7代〉　おおにし・じょうげん　1720〜1783　京都の釜師
浄印翊聖国師
　絶海 中津　ぜっかい・ちゅうしん　1336〜1405　吉野朝時代義堂と共に五山文学者の双璧たりし僧　㊐土佐津野
浄如房〈号〉
　円快　えんかい　平安時代の仏師
浄甫
　堀 山城（2代）　ほり・やましろ　?〜1682　江戸時代前期の釜師
〔阿倍小殿〕浄足
　秦 浄足　はたの・きよたり　奈良時代の官吏
浄典
　鷹羽 浄典　たかば・じょうてん　1823〜1866　幕末の志士、英彦山修験執当職
浄林〈大西家1代〉
　大西 浄林〈大西家1代〉　おおにし・じょうりん　1590〜1663　京都の釜師　㊐南山城広瀬村
浄法軒
　養甫軒 パウロ　ようほけん・ぱうろ　〜1596　京都の外科医、キリシタンに入り受洗、霊名パウロ
浄阿
　真観　しんかん　1276〜1341　鎌倉・吉野朝時代の僧、時宗四条派の祖　㊐上総
浄栄〈号〉
　堀 浄栄　ほり・じょうえい　江戸時代初期の釜師、江戸堀家の祖
浄勝〈法名〉
　山名 教清　やまな・のりきよ　室町時代の武将、修理大夫
浄覚

宣瑜　せんゆ　1240〜1325　鎌倉時代の僧
浄運
　坂 浄運　さか・じょううん　室町〜戦国時代の医僧
浄雲
　薩摩 浄雲　さつま・じょううん　1593〜1672　元和―明暦時代の浄瑠璃太夫、伝江戸浄瑠璃の開祖

【茸】

茸陳
　杉 茸陳　すぎ・じょうちん　1713〜1789　幕府の新御番

【剰】

剰庵〈号〉
　児島 大梅　こじま・だいばい　1772〜1841　徳川中期の俳人　㊐江戸蔵前

【常】

常三
　吉雄 俊蔵　よしお・しゅんぞう　1787〜1843　江戸時代後期の蘭学者
常丸
　忍岡 常丸　しのぶがおか・つねまる　江戸中期の作家
〔松崎〕常五郎〈初名〉
　安達 幸太郎　あだち・こうたろう　1825〜1867　幕末の志士　㊐越後国新発田
常介〈通称〉
　鈴木 朖　すずき・あきら　1764〜1837　徳川中期の国学者　㊐尾張枇杷島
常吉
　山入 与義　やまいり・ともよし　〜1422　室町時代の武士
常尹親王
　盛胤法親王　せいいんほうしんのう　1651〜1680　後水尾天皇の第18皇子
常仙
　志村 常仙　しむら・じょうせん　1676〜?　江戸時代前期〜中期の俳人
常光国師
　空谷 明応　くうこく・みょうおう　1328〜1407　五山文学者たる相国・天竜寺主　㊐近江浅井郡
常光院
　常光院　じょうこういん　1584〜1635　徳川秀忠の側室　㊐武蔵国板橋
〔吉田〕常吉〈本名〉
　宝井 馬琴（1代）　たからい・ばきん　講談師
〔富沢〕常吉〈本名〉
　三升家 小勝（2代）　みますや・こかつ　落語家
常名
　桧垣 常名　ひがき・つね　1765〜1844　徳川中期の神主
〔臼井〕常安
　千葉 常安　ちば・つねやす　平安後期〜鎌倉時代の武将
常成
　茅野 和助　かやの・わすけ　1667〜1703　江戸時代前期の武士

じょう（常）

常行
  安達 雲斎（2世）　あだち・うんさい　江戸前期仙台藩の茶頭
常伯
  米川 常伯　よねかわ・じょうはく　～1676　徳川中期の香道家、米川流の祖
常寿
  梶川 文竜斎　かじかわ・ぶんりゅうさい　官工
常忍
  富木 日常　とき・にちじょう　1216～1299　鎌倉時代の僧
〔境〕常秀
  千葉 常秀　ちば・つねひで　鎌倉時代の武将
常辰
  隼士 常辰　はやと・じょうしん　?～1685　江戸時代前期の俳人
常典
  飛鳥部 常則　あすかべ・つねのり　平安時代の画家
常和
  下郷 常和　しもさと・じょうわ　1715～1785　徳川中期の俳人　㋑尾張鳴海
常和
  桧垣 常和　ひがき・つねかず　1617～1700　徳川中期の神主
常忠
  速水 常忠　はやみ・つねただ　1753～1791　徳川中期の儒者
常房
  大黒 常是（8代）　だいこく・じょうぜ　～1814　徳川時代の銀貨鋳造師
常昌
  度会 常昌　わたらい・つねよし　1263～1339　吉野朝時代の神職、豊受大神宮祢宜にして神道学者
〔桧垣〕常昌
  度会 常昌　わたらい・つねよし　1263～1339　吉野朝時代の神職、豊受大神宮祢宜にして神道学者
常治〈通称〉
  人見 藤寧　ひとみ・とうねい　1818～1861　徳川中期の国学者、秋田藩士
常牧
  繁田 常牧　はんだ・じょうぼく　江戸時代前期の俳人
常茂〈初名〉
  桧垣 貞度　ひがき・さだのり　1784～1831　徳川中期の国学者
常長
  支倉 常長　はせくら・つねなが　1571～1622　伊達政宗の臣
常長
  多賀 左近　たが・さこん　?～1657　江戸時代前期の武士、茶人
常信
  狩野 常信　かのう・つねのぶ　1636～1713　木挽町狩野家2代目の画家
常信
  大黒 常是（3代）　だいこく・じょうぜ　～1674　徳川時代の銀貨鋳造師
常信親王
  覚円法親王　かくえんほうしんのう　1461～1513　伏見宮貞常親王第四王子
常則
  飛鳥部 常則　あすかべ・つねのり　平安時代の画家
常政
  大黒 常是（4代）　だいこく・じょうぜ　～1687　徳川時代の銀貨鋳造師
常春〈名〉
  小堀 長順（3世）　こぼり・ちょうじゅん　～1771　小堀流家元
常春
  大黒 常是（2代）　だいこく・じょうぜ　～1639　徳川時代の銀貨鋳造師
常春
  服部 常春　はっとり・じょうしゅん　1646～1715　江戸時代前期～中期の俳人
〔東〕常春
  遠藤 常春　えんどう・つねはる　1667～1689　江戸時代前期の大名
〔湯浅〕常是
  大黒 常是（1代）　だいこく・じょうぜ　～1633　徳川時代の銀貨鋳造師　㋑和泉堺
常是（1代）
  大黒 常是（1代）　だいこく・じょうぜ　～1633　徳川時代の銀貨鋳造師　㋑和泉堺
常是（2代）
  大黒 常是（2代）　だいこく・じょうぜ　～1639　徳川時代の銀貨鋳造師
常是（3代）
  大黒 常是（3代）　だいこく・じょうぜ　～1674　徳川時代の銀貨鋳造師
常是（4代）
  大黒 常是（4代）　だいこく・じょうぜ　～1687　徳川時代の銀貨鋳造師
常是（5代）
  大黒 常是（5代）　だいこく・じょうぜ　1665～1732　徳川時代の銀貨鋳造師
常是（6代）
  大黒 常是（6代）　だいこく・じょうぜ　1693～1768　徳川時代の銀貨鋳造師
常是（7代）
  大黒 常是（7代）　だいこく・じょうぜ　1727～1790　徳川時代の銀貨鋳造師
常是（8代）
  大黒 常是（8代）　だいこく・じょうぜ　～1814　徳川時代の銀貨鋳造師
常是（9代）
  大黒 常是（9代）　だいこく・じょうぜ　～1861　徳川時代の銀貨鋳造師
常胤法親王
  妙法院 常胤法親王　みょうほういん・じょういんほっしんのう　1548～1621　天台座主
常貞
  大黒 常是（6代）　だいこく・じょうぜ　1693～1768　徳川時代の銀貨鋳造師
〔平〕常重
  千葉 常重　ちば・つねしげ　1083～1180　平安時代後期の武将
常叟〈号〉
  千 宗室（5世）　せんの・そうしつ　1673～1704　茶道家
常峯
  大黒 常是（7代）　だいこく・じょうぜ　1727～1790　徳川時代の銀貨鋳造師

じょう（常）

常真
　桧垣 常真　ひがき・つねざね　1477〜1573　神主
常矩
　田中 常矩　たなか・つねのり　〜1682　徳川初期の俳人　㊐京都
常純
　関 常純　せき・つねずみ　1801〜1872　徳川末期の和算家　㊐秋田藩
常翁〈字〉
　桜井 雪館　さくらい・せっかん　1715〜1790　徳川中末期の画家　㊐常陸
常通
　安富 常通　やすとみ・じょうつう　1715〜1788　茶人　㊐京都
〔天満屋〕常通
　安富 常通　やすとみ・じょうつう　1715〜1788　茶人　㊐京都
常高院
　京極 高次室　きょうごく・たかつぐしつ　〜1633　浅井長政の次女
常清〈初名〉
　桧垣 常真　ひがき・つねざね　1477〜1573　神主
常清
　有馬 白噢　ありま・はくしょ　1735〜1817　徳川中期の熊本藩儒員
常陸介〈通称〉
　唐崎 士愛　からさき・ことちか　1737〜1796　江戸後期の勤王家
常陸介
　木村 常陸介　きむら・ひたちのすけ　〜1595　豊臣秀次の家臣
常陸侍従
　佐竹 義宣　さたけ・よしのぶ　1569〜1633　豊臣時代および徳川初期の武将
常道
　杉 百合之助　すぎ・ゆりのすけ　1804〜1865　江戸時代後期の武士
常量
　大黒 常是（5代）　だいこく・じょうぜ　1665〜1732　徳川時代の銀貨鋳造師
〔長尾〕常閑
　三好 吉房　みよし・よしふさ　秀次・秀勝・秀保三人の実父
常陽
　木戸 常陽　きど・じょうよう　江戸時代前期〜中期の俳人
常照
　浪化　ろうか　1671〜1703　俳人、芭蕉一門、越中井波瑞泉寺住職　㊐京都
常熈〈名〉
　柘植 葛城　つげ・かつらぎ　1804〜1874　幕末・維新期の草莽　㊐河内国安宿郡国分村
常嘉親王
　尭然法親王　ぎょうねんほうしんのう　1602〜1661　後陽成天皇第6皇子
常彰
　度会 常彰　わたらい・つねあきら　1675〜1752　江戸中期の神職、豊受大神宮権祢宜にして神道学者　㊐山田宮後町
〔久志本〕常彰

度会 常彰　わたらい・つねあきら　1675〜1752　江戸中期の神職、豊受大神宮権祢宜にして神道学者　㊐山田宮後町
常徳院
　足利 義尚　あしかが・よしひさ　1465〜1489　室町幕府9代将軍
常総庵〈別号〉
　算木 有政　さんぎ・ありまさ　〜1794　江戸の狂歌師
常慶
　楽 常慶　らく・じょうけい　1536〜1635　京都の陶工
〔田中〕常慶
　楽 常慶　らく・じょうけい　1536〜1635　京都の陶工
常磐井〈号〉
　右衛門佐局　うえもんのすけのつぼね　〜1706　徳川綱吉の侍女
常磐井宮
　恒明親王　つねあきしんのう　1303〜1351　亀山天皇の第7皇子
常磐井宮
　作宮　さくのみや　1689〜1692　霊元天皇の皇子
常磐舎〈別号〉
　椿 仲輔　つばき・なかすけ　1803〜1846　徳川末期の国学者　㊐下総香取郡猿山村
常磐舎〈別号〉
　棹歌亭 真楫　とうかてい・まかじ　徳川中期の国学者、狂歌師
常範
　井ノ口 常範　いのくち・つねのり　江戸前期の民間の天文暦学者　㊐江戸
〔井口〕常範
　井ノ口 常範　いのくち・つねのり　江戸前期の民間の天文暦学者　㊐江戸
常蔵〈通称〉
　佐藤 正行　さとう・せいこう　1817〜1883　幕末・明治時代の算家、奥州津軽藩士　㊐弘前亀甲町
常蔵〈通称〉
　大脇 春嶺　おおわき・はるみね　1789〜1834　徳川中期の国学者　㊐越後
常樹
　岡島 常樹　おかじま・つねき　1672〜1703　赤穂四十七士の1
常賢
　愚谷 常賢　ぐこく・じょうけん　?〜1339　鎌倉〜南北朝時代の僧
常是
　大黒 常是（9代）　だいこく・じょうぜ　〜1861　徳川時代の銀貨鋳造師
常償〈名〉
　新井 寒竹　あらい・かんちく　〜1731　江戸中期の画家　㊐野州足利
〔自息軒〕常観
　常観　じょうかん　?〜1628　織豊〜江戸時代前期の僧
常麿〈幼名〉
　大原 重徳　おおはら・しげとみ　1801〜1879　公卿、維新の元勲　㊐京都

【蒸】

蒸民〈字〉
有吉 公甫　ありよし・こうほ　1741～1787　徳川中期の漢学者、萩藩士

【縄】

縄山〈号〉
重富 縄山　しげとみ・じょうざん　1806～1874　幕末明治時代の漢学者　[出]筑後浮羽郡樋口村
縄虎庵〈別号〉
太田 晩成　おおた・ばんせい　1799～1865　徳川末期の江戸の儒者

【錠】

〔槇島〕錠之助
槇島 光明　まきしま・みつあき　1841～1865　幕末の志士　[出]江戸

【襄】

襄〈名〉
頼 山陽　らい・さんよう　1772～1832　鴻儒　[出]大阪

【禳】

禳子内親王
永安門院　えいあんもんいん　1216～1279　禳子内親王

【譲】

譲〈名〉
北条 霞亭　ほうじょう・かてい　1780～1823　江戸後期の儒学者、伊勢林崎文庫の長　[出]志摩国的矢
譲水〈号〉
青地 斎賢　あおち・せいけん　徳川中期の儒者、加賀藩士
譲四郎〈通称〉
北条 霞亭　ほうじょう・かてい　1780～1823　江戸後期の儒学者、伊勢林崎文庫の長　[出]志摩国的矢
譲助〈通称〉
今枝 夢梅　いまえだ・むばい　1803～1852　徳川末期の京都の医家

【醸】

醸泉
日野 醸泉　ひの・じょうせん　～1858　幕末の漢学者

【色】

色定
安覚 良祐　あんかく・りょうゆう　1160～1242　平安後期～鎌倉時代の僧
色部
目子媛　めのこひめ　継体天皇の妃

【殖】

殖〈名〉
原田 東岳　はらだ・とうがく　1729～1783　徳川中期の儒者　[出]豊後
〔藤原〕殖子
七条院　しちじょういん　1157～1228　高倉天皇の後宮

【蜀】

蜀山人〈別号〉
大田 南畝　おおた・なんぽ　1749～1823　江戸中期の狂歌師、戯作者　[出]江戸
蜀山人（2代）
文宝亭 文宝　ぶんぽうてい・ぶんぽう　1768～1829　江戸時代中期～後期の狂歌師

【織】

織之丞
井上 織之丞　いのうえ・おりのじょう　1753～1820　徳川中期の福井藩士
織之助
藤井 織之助　ふじい・おりのすけ　1827～1868　幕末の志士　[出]大和十津川郷永井
織田駿河守
中川 重政　なかがわ・しげまさ　織田一門で、初め織田駿河守といった
織部
古田 織部　ふるた・おりべ　1543～1615　安土・桃山時代の武将・茶人　[出]美濃
織部〈通称〉
新井 白蛾　あらい・はくが　1714～1792　江戸時代中期の儒者、易家　[出]江戸
織部
水野 福富　みずの・ふくとみ　1652～1714　徳川中期の俳人　[出]備後福山
織部正〈通称〉
菅沼 游鷗　すがぬま・ゆうおう　～1866　幕府の寄合衆で、のち西丸側衆

【職】

職夫
馬場 佐十郎　ばば・さじゅうろう　1787～1822　江戸時代後期のオランダ通詞、蘭学者
職秀
花房 職之　はなぶさ・もとゆき　1549～1617　織豊～江戸時代前期の武将
〔中原〕職忠
平田 職忠　ひらた・もとただ　1580～1660　江戸時代前期の有職家
職麻那那加比跪
千熊 長彦　ちくま・ながひこ　「日本書紀」神功皇后紀にみえる人物

【心】

心友
中田 心友　なかだ・しんゆう　江戸時代前期の俳人
心月〈号〉

しん（申，伸，岑，忱，臣，身，辰）

墨江 武禅　すみえ・ぶぜん　1734〜1806　徳川中期の画家、彫金家　㊐大阪
心月女王　しんげつじょおう　1580〜1590　陽光太上天皇の第3王女
心正堂〈号〉
　窪田 松琶　くぼた・しょうひ　1672〜1750　徳川中期の俳人　㊐近江大津
心戒房
　平 宗親　たいらの・むねちか　平安後期〜鎌倉時代の武将、僧
心祇
　魚貫　ぎょかん　1707〜1763　江戸時代中期の俳人
心阿
　万無　まんむ　1607〜1681　江戸時代前期の僧
心海
　広渡 心海　ひろわたり・しんかい　1596〜1685　江戸時代前期の画家
心凉
　檀渓 心凉　だんけい・しんりょう　1302〜1374　鎌倉〜南北朝時代の僧
心恵
　心敬　しんけい　1406〜1475　室町前期の連歌師　㊐紀伊国名草郡田井荘
心通禅空〈法名〉
　長尾 政長　ながお・まさなが　1527〜1569　室町時代の武将
心庵〈号〉
　横川 玄悦　よこかわ・げんえつ　徳川時代の和算家
心斎
　杉原 心斎　すぎはら・しんさい　〜1868　徳川末期の儒者　㊐江戸
心敬
　心敬　しんけい　1406〜1475　室町前期の連歌師　㊐紀伊国名草郡田井荘
心越
　興儔 心越　こうちゅう・しんえつ　1640〜1696　徳川中期の僧、曹洞宗心越派の祖
〔東皐〕心越
　興儔 心越　こうちゅう・しんえつ　1640〜1696　徳川中期の僧、曹洞宗心越派の祖
心慧
　智海　ちかい　?〜1306　鎌倉時代の僧
心観院
　倫子女王　ともこじょおう　1738〜1771　徳川十代将軍家治の御台所

【申】

申四郎
　町田 申四郎　まちだ・しんしろう　1847〜　薩摩藩士　㊐薩摩国日置郡伊集院郷石谷
申子〈初号〉
　和田 希因　わだ・きいん　1700〜1750　徳川中期の俳人

【伸】

伸虎〈字〉

首藤 水晶　すどう・すいしょう　1740〜1772　徳川中期の漢学者　㊐美濃巌村
伸斎
　春川 英笑　はるかわ・えいしょう　江戸末期の浮世絵師

【岑】

岑信
　狩野 岑信　かのう・みねのぶ　1662〜1708　画家、徳川初期浜町狩野家の祖
〔村部〕岑雄
　久米 岑雄　くめの・みねお　平安時代前期の官吏
岑嗣
　菅原 岑嗣　すがわらの・みねつぐ　793〜870　平安朝初期の医家　㊐京都
〔出雲〕岑嗣
　菅原 岑嗣　すがわらの・みねつぐ　793〜870　平安朝初期の医家　㊐京都

【忱】

忱〈名〉
　平井 顕斎　ひらい・けんさい　1802〜1856　幕末の画家　㊐遠江榛原郡川崎村谷之口

【臣】

臣下庵〈号〉
　高林 方朗　たかばやし・みちあきら　1769〜1846　徳川中期の国学者　㊐遠江長上郡有玉
臣麻呂
　中臣 意美麻呂　なかとみの・おみまろ　〜711　奈良朝時代の祠官、神祇伯

【身】

身禄
　食行 身禄　じきぎょう・みろく　1670〜1733　江戸中期の富士講行者の指導者　㊐伊勢国一志郡

【辰】

辰〈名〉
　富永 華陽　とみなが・かよう　1816〜1879　幕末・明治初期の漢学者
〔小島〕辰三郎
　雲井 竜雄　くもい・たつお　1844〜1870　明治維新の際米沢藩出身の志士　㊐出羽米沢袋町
辰千代〈幼名〉
　今村 不僧　いまむら・ふそう　1628〜1694　徳川初期の軍学者　㊐江戸
辰之介
　宮本 辰之介　みやもと・たつのすけ　1832〜1865　水戸藩士　㊐常陸国
辰之介
　山口 辰之介　やまぐち・たつのすけ　1832〜1860　水戸藩士　㊐常陸国
辰之丞〈幼名〉
　横井 也有　よこい・やゆう　1702〜1783　徳川中期の俳人　㊐尾張
辰之助〈幼名〉

亀世　かめよ　～1764　天明期の俳人

辰之助
宮本 辰之介　みやもと・たつのすけ　1832～1865 水戸藩士　[出]常陸国

辰之助
山口 辰之介　やまぐち・たつのすけ　1832～1860 水戸藩士　[出]常陸国

辰之助（1代）
水木 辰之助（1代）　みずき・たつのすけ　1673～1745　元禄期上方の名女形俳優　[出]大阪

辰之助（2代）〈前名〉
水木 辰之助（2代）　みずき・たつのすけ　歌舞伎俳優

〔永島〕辰五郎
歌川 芳虎　うたがわ・よしとら　幕末明治の浮世絵師　[出]江戸

辰五郎（2代）
吉田 辰五郎（2代）　よしだ・たつごろう　～1844 義太夫節の人形遣の名家

辰王丸〈幼名〉
安国寺 恵瓊　あんこくじ・えけい　～1600　安芸安国寺の僧、武田氏の遺孤

辰次
井上 松坪　いのうえ・しょうへい　1831～1895 尾張瀬戸の陶工

辰寿〈俳名〉
富永 平兵衛　とみなが・へいべえ　延宝―元禄時代の京阪の歌舞伎狂言作者

辰造（1代）
吉田 辰五郎（2代）　よしだ・たつごろう　～1844 義太夫節の人形遣の名家

辰斎
柳々居 辰斎　りゅうりゅうきょ・しんさい　江戸末期の浮世絵師

辰貴〈名〉
大崗 竜　おおおかの・りょう　武烈帝時代の画家

辰蔵
下河内村 辰蔵　しもこうちむら・たつぞう　1796～1837　江戸後期の一揆の指導者　[出]三河国加茂郡下河内村

〔松平〕辰蔵
下河内村 辰蔵　しもこうちむら・たつぞう　1796～1837　江戸後期の一揆の指導者　[出]三河国加茂郡下河内村

【信】

信〈名〉
杉田 成卿　すぎた・せいけい　1817～1859　徳川末期の蘭学医　[出]江戸

信
菱田 房明　ひしだ・ふさあき　1697～1766　徳川中期の幕府の能吏　[出]江戸

信一
松平 信一　まつだいら・のぶかず　1537～1624 武将、松平利長の子

〔相田〕信也〈前名〉
東 知退　ひがし・ちたい　1641～1713　徳川中期の国学者　[出]京都

〔藤原〕信子
嘉楽門院　からくもんいん　1411～1488　後土御門天皇の母君

信之
吉岡 信之　よしおか・のぶゆき　1813～1874　幕末明治の国学者　[出]相模小田原

信之〈名〉
小林 一茶　こばやし・いっさ　1763～1827　徳川中期の俳人　[出]信州水内郡柏原村

信之
樋口 泉　ひぐち・いずみ　1809～1874　幕末明治の和算家

信之助
吉村 柳亭　よしむら・りゅうてい　1794～1865 江戸時代後期の儒者

信之妻
真田 小松　さなだ・こまつ　1573～1620　真田信之の妻

信友
安藤 信友　あんどう・のぶとも　1671～1732　徳川中期の老中

信友
伴 信友　ばん・のぶとも　1772～1846　徳川中期の国学者　[出]若狭遠敷郡小浜

信友
男谷 精一郎　おだに・せいいちろう　1798～1864 江戸時代後期の剣術家

信天翁
山中 信天翁　やまなか・しんてんおう　1822～1885　幕末・明治の政治家

信天翁
士由　しゆう　～1850　化政期の俳人　[出]羽前狼河原

信天翁〈別号〉
滝沢 馬琴　たきざわ・ばきん　1767～1848　江戸時代の小説家　[出]深川高松通浄心寺側

信尹
近衛 信尹　このえ・のぶただ　1565～1614　公卿

〔三藐院〕信尹
近衛 信尹　このえ・のぶただ　1565～1614　公卿

信包
織田 信包　おだ・のぶかね　1543～1614　伊勢安濃津城主、織田氏の一族

信古
大河内 信古　おおこうち・のぶひさ　1829～1888 吉田藩主　[出]武蔵国

〔松平〕信古
大河内 信古　おおこうち・のぶひさ　1829～1888 吉田藩主　[出]武蔵国

信四郎
樋口 正虎　ひぐち・まさとら　1776～1848　江戸時代後期の剣術家

信平
久保田 信平　くぼた・しんぺい　1832～1876　国学者　[出]淡路三原郡志知村

〔鷹司〕信平
松平 信平　まつだいら・のぶひら　1636～1689 江戸時代前期の武士

信広
富田 知信　とみた・とものぶ　?～1599　織豊時代の武将

〔松前〕信広

武田 信広　たけだ・のぶひろ　1431〜1494　室町時代の武将
〔津田〕信広
織田 信広　おだ・のぶひろ　?〜1574　戦国〜織豊時代の武将
信正
妹尾 信正　せのお・のぶまさ　1657〜1733　徳川中期の儒者　[出]備後芦田郡広谷
信玄
武田 信玄　たけだ・しんげん　1521〜1573　戦国時代の武将、政治家にして、軍政家、民政家　[出]甲斐の躑躅崎
信由
石黒 信由　いしぐろ・のぶよし　1760〜1836　江戸末期の数学者　[出]越中
信立〈諱〉
安島 帯刀　あじま・たてわき　1812〜1859　幕末の志士、水戸藩士
信光
観世 小次郎信光　かんぜ・こじろうのぶみつ　1435〜1516　室町時代の能役者、能作者
信光
栗原 信光　くりはら・のぶみつ　1794〜1870　故実家　[出]江戸駿河台紅梅坂
〔津田〕信光
織田 信光　おだ・のぶみつ　?〜1556　戦国時代の武将
信充〈名〉
林 榴岡　はやし・りゅうこう　1681〜1758　幕府の儒官
信吉
佐野 信吉　さの・のぶよし　1566〜1622　下野佐野唐沢山城主
〔三好〕信吉
豊臣 秀次　とよとみ・ひでつぐ　1568〜1595　織豊時代の武将
〔富田〕信吉
佐野 信吉　さの・のぶよし　1566〜1622　下野佐野唐沢山城主
信好
岡崎 廬門　おかざき・ろもん　1734〜1787　江戸時代中期の漢詩人
信存〈名〉
原 如童　はら・じょどう　1833〜1892　尺八の名手　[出]常陸水戸
信安
植村 信安　うえむら・しんあん　1664〜1731　江戸時代前期〜中期の俳人
〔棹歌斎〕信安
植村 信安　うえむら・しんあん　1664〜1731　江戸時代前期〜中期の俳人
信成
牧野 成命　まきの・なりなが　〜1529　戦国の武将　[出]三河渥美郡今橋（豊橋）
信行
足立 信行　あだち・しんこう　江戸末期の暦術家
信行
寺坂 吉右衛門　てらさか・きちえもん　1665〜1747　江戸時代前期〜中期の武士
信行和尚
津要 玄梁　しんよう・げんりょう　1680〜1745　徳川中期の僧
信西
藤原 通憲　ふじわらの・みちのり　〜1159　平安時代の政治家
信君〈名〉
穴山 信君　あなやま・のぶきみ　〜1582　戦国時代の武将
信孝
織田 信孝　おだ・のぶたか　1558〜1583　織豊時代の武将、織田信長の第3子
〔神戸〕信孝
織田 信孝　おだ・のぶたか　1558〜1583　織豊時代の武将、織田信長の第3子
信寿
津軽 信寿　つがる・のぶひさ　1669〜1746　徳川中期の諸侯にして俳人　[出]江戸
信秀
織田 信秀　おだ・のぶひで　信長の六男、祖父信秀と同名
信良〈名〉
細川 昭元　ほそかわ・あきもと　1548〜1592　晴元の子
信芳〈諱〉
斎藤 中立　さいとう・ちゅうりつ　1743〜1804　徳川中期の算家　[出]三州吉田（豊橋）
信邦〈名〉
駒沢 利斎（1代）　こまざわ・りさい　1673〜1746　指物師
〔松平〕信和
吉井 信発　よしい・のぶおき　〜1890　上野吉井藩主
信実
藤原 信実　ふじわらの・のぶざね　1176〜　鎌倉時代の画家にして歌人
信実
武田 信実　たけだ・のぶざね　〜1575　戦国時代の武将
〔河窪〕信実
武田 信実　たけだ・のぶざね　〜1575　戦国時代の武将
信宗
五十公野 信宗　いじみの・のぶむね　〜1587　上杉氏家臣
信宗
飯尾 信宗　いいお・のぶむね　1528〜1591　近江八幡山城主
〔織田〕信宗
飯尾 信宗　いいお・のぶむね　1528〜1591　近江八幡山城主
信幸
斎藤 信幸　さいとう・のぶゆき　1709〜1776　徳川中期の歌人
信房〈名〉
大賀 九郎左衛門　おおが・くろうざえもん　〜1641　織豊・徳川初期の貿易家
信房
馬場 信房　ばば・のぶふさ　1515〜1575　武田信虎・信玄・勝頼の三代の臣　[出]甲斐教来石
〔中原〕信房

宇都宮 信房　うつのみや・のぶふさ　1156～1234　平安後期～鎌倉時代の武将
〔馬場〕信房
馬場 信房　ばば・のぶふさ　1515～1575　武田信虎・信玄・勝頼の三代の臣　[出]甲斐教来石
〔加津野〕信昌
真田 信尹　さなだ・のぶただ　1547～1632　織豊～江戸時代前期の武士
信直〈名〉
春原 民部　はるはら・みんぶ　1650～1703　徳川初期の神道家
〔出雲路〕信直
春原 民部　はるはら・みんぶ　1650～1703　徳川初期の神道家
信政
遠山 信政　とおやま・のぶまさ　1601～1624　江戸前期のキリシタン　[出]甲斐
信政〈名〉
狩野 素川　かのう・そせん　1607～1658　狩野派の画家
信春〈名〉
文斎 万陀伎　ぶんさい・まだき　狂歌師
信春
長谷川 等伯　はせがわ・とうはく　1539～1610　織豊～江戸時代前期の画家
〔馬場〕信春
馬場 信房　ばば・のぶふさ　1515～1575　武田信虎・信玄・勝頼の三代の臣　[出]甲斐教来石
信発
吉井 信発　よしい・のぶおき　～1890　上野吉井藩主
〔松平〕信発
吉井 信発　よしい・のぶおき　～1890　上野吉井藩主
信胤〈名ならびに通称〉
佐藤 魚渕　さとう・なぶち　1755～1834　徳川中期の医家にして俳人　[出]信州長沼の穂保
〔佐々木〕信胤
飽浦 信胤　あくら・のぶたね　南北朝時代の武将
信重
井上 信重　いのうえ・のぶしげ　徳川中期の瓦工　[出]松本
信重
津軽 信寿　つがる・のぶひさ　1669～1746　徳川中期の諸侯にして俳人　[出]江戸
信風
春日 易重　かすが・やすしげ　1752～1810　江戸時代中期～後期の神職
〔多賀〕信香〈本名〉
英 一蝶(1世)　はなぶさ・いっちょう　1652～1724　徳川初中期の画家　[出]大阪
〔関〕信兼
平 信兼　たいらの・のぶかね　平安時代後期の武将
信卿〈字〉
宇井 黙斎　うい・もくさい　1725～1781　徳川中期の崎門派の儒者　[出]肥前唐津
信時
波多 信時　はた・のぶとき　～1598　秀吉の臣
信能
藤原 信能　ふじわらの・のぶよし　1190～1221　鎌倉時代の朝臣、参議従三位
〔一条〕信能
藤原 信能　ふじわらの・のぶよし　1190～1221　鎌倉時代の朝臣、参議従三位
〔中村〕信造〈変名〉
大島 友之允　おおしま・とものじょう　1826～1882　幕末・維新期の志士　[出]対馬国厳原
信寂
高階 信平　たかしなの・のぶひら　平安時代中期の官吏、歌人
信康
徳川 信康　とくがわ・のぶやす　1559～1579　徳川家康の長子　[出]駿府
〔松平〕信康
徳川 信康　とくがわ・のぶやす　1559～1579　徳川家康の長子　[出]駿府
信救
西仏　さいぶつ　1157～1241　平安後期～鎌倉時代の僧
信斎〈号〉
秀島 寛三郎　ひでしま・かんざぶろう　1785～1871　徳川末期の儒者、肥前松浦郡浦川内村の里正　[出]肥前国松浦郡浦川内村
信清
加藤 遠塵斎　かとう・えんじんさい　1734～1810　江戸時代中期～後期の画家
〔藤原〕信清
坊門 信清　ぼうもん・のぶきよ　1159～1216　平安後期～鎌倉時代の公卿
〔坊門〕信清女
坊門局　ぼうもんのつぼね　鎌倉時代の女官
信淵
佐藤 信淵　さとう・のぶひろ　1767～1850　徳川中期の経済学者　[出]出羽雄勝郡西馬音内村
〔杉森〕信盛〈本名〉
近松 門左衛門　ちかまつ・もんざえもん　1653～1724　狂言本作者、浄瑠璃作者
信章〈名〉
山口 素堂　やまぐち・そどう　1642～1716　徳川初期の俳人　[出]甲州巨摩郡教来石村山口
信章斎〈号〉
山口 素堂　やまぐち・そどう　1642～1716　徳川初期の俳人　[出]甲州巨摩郡教来石村山口
信貫〈名〉
阪東 篤之輔　ばんどう・とくのすけ　1820～1891　篠山藩士
信郷
柏原 省三　かしわばら・しょうぞう　1835～1864　幕末の医師
〔片桐〕信隆
下条 信隆　しもじょう・のぶたか　1625～1716　江戸時代前期～中期の武士
信勝〈名〉
武田 象庵　たけだ・しょうあん　1596～1659　徳川初期の儒医
信勝〈名〉
林 羅山　はやし・らざん　1583～1657　徳川初期の幕府儒官　[出]京都
信勝〈名〉
和田 佐市　わだ・さいち　1832～1863　幕末の志士、天誅組士
〔馬場〕信勝

馬場 信房　ばば・のぶふさ　1515～1575　武田信虎・信玄・勝頼の三代の臣　[出]甲斐教来石
信景
加藤 信景　かとう・のぶかげ　里見氏家臣
信景
加藤 信景　かとう・のぶかげ　里見氏家臣
信景
御牧 信景　みまき・のぶかげ　山城久世郡市田村千石
信景
天野 信景　あまの・さだかげ　1661～1723　徳川初期の国学者、尾張藩士
信智〈字〉
寅載　いんさい　1650～1721　徳川時代初期の神仏一致を強調せる浄土宗僧　[出]磐城国相馬
信証院
蓮如　れんにょ　1415～1499　浄土真宗中興の祖
信道
坪井 信道　つぼい・しんどう　1795～1848　蘭医
〔武田〕信道
顕了 道快　けんりょう・どうかい　1574～1643　江戸時代前期の僧
〔米沢〕信随
岩間 信随　いわま・のぶより　1789～1842　江戸時代後期の装剣金工
信雄
織田 信雄　おだ・のぶお　1558～1630　織豊時代の武将、信長の次男
信順
住谷 寅之介　すみや・とらのすけ　1818～1867　明治維新時代の勤王家、水戸藩士
信順〈名〉
石川 安亭　いしかわ・あんてい　1772～1801　江戸後期の儒者
信順
足立 信順　あだち・しんじゅん　1796～1841　江戸末期の暦術家
信愛
林 竜潭　はやし・りゅうたん　1744～1771　江戸時代中期の儒者
〔南部〕信愛
北 信愛　きた・のぶちか　1523～1613　戦国～江戸時代前期の武将
信禅〈法名〉
安保 直実　あぼ・ただざね　南北朝時代の武将
信節
喜多村 信節　きたむら・のぶよ　1783～1856　徳川中期—後期の国学者　[出]江戸
信義
栖原 角兵衛（7代）　すはら・かくべえ　徳川時代の事業家
信蓮社志誉〈法号〉
円冏　えんけい　1634～1706　江戸初期浄土宗知恩寺主　[出]京都
信徳
伊藤 信徳　いとう・しんとく　1633～1698　徳川中期の俳人　[出]京都
信徳〈名〉
唐崎 士愛　からさき・ことちか　1737～1796　江戸後期の勤王家
信綱
武田 信廉　たけだ・のぶかど　?～1582　戦国～織豊時代の武将
信澄
織田 信澄　おだ・のぶずみ　1557～1582　織田氏の一族、摂津伊丹の城主
〔津田〕信澄
織田 信澄　おだ・のぶずみ　1557～1582　織田氏の一族、摂津伊丹の城主
信蕃
芦田 信蕃　あしだ・のぶしげ　1548～1583　信玄・勝頼の臣　[出]信濃
〔依田〕信蕃
芦田 信蕃　あしだ・のぶしげ　1548～1583　信玄・勝頼の臣　[出]信濃
信輝
池田 恒興　いけだ・つねおき　1536～1584　安土・桃山時代の武将　[出]摂津池田
信濃
高山 信濃　たかやま・しなの　徳川中期の日向飫肥藩の儒者
信濃
後鳥羽院下野　ごとばいんのしもつけ　鎌倉時代の歌人
信篤
林 信篤　はやし・のぶあつ　1644～1732　徳川幕府儒官　[出]江戸
信繁
真田 幸村　さなだ・ゆきむら　1567～1615　安土桃山～江戸時代前期の武将
信興〈名〉
白井 鳥酔　しらい・ちょうすい　1701～1769　徳川中期の俳人　[出]上総埴生郡地引村
〔松平〕信興
大河内 信興　おおこうち・のぶおき　1630～1691　江戸時代前期の大名
信親〈名〉
脇田 槐葊　わきた・かいあん　1786～1851　江戸時代後期の医家
信賢
粟野 信賢　あわの・のぶかた　徳川中期の和算家
信賢
安藤 信友　あんどう・のぶとも　1671～1732　徳川中期の老中
信頭
足立 信頭　あだち・しんとう　1769～1845　江戸末期の暦術家　[出]大阪
信鴻
柳沢 米翁　やなぎさわ・べいおう　1725～1792　徳川中期の諸侯にして俳人、大和郡山藩主

【津】

津大夫（1世）
竹本 越前大掾　たけもと・えちぜんのたいじょう　1791～1855　義太夫節の太夫　[出]阿波津田浦
津大夫（2世）
竹本 津大夫（2世）　たけもと・つだゆう　1839～1912　人形浄瑠璃太夫
津太夫（1世）
竹本 越前大掾　たけもと・えちぜんのたいじょう　1791～1855　義太夫節の太夫　[出]阿波津田浦

津太夫〈2世〉
　竹本 津大夫〈2世〉　たけもと・つだゆう　1839～1912　人形浄瑠璃太夫
津葉成
　福林亭 津葉成　ふくりんてい・つばなり　狂歌師
津軽稲丸〈別称〉
　井上 稲丸　いのうえ・いねまる　1770～1808　徳川中期の俳人　㉘奥州津軽
津摩
　秋山 津摩　あきやま・つま　～1591　徳川家康の侍女

【神】

神子〈号〉
　栄尊　えいそん　1195～1272　肥前万寿寺の開基　㉘筑後三潴郡
神介
　福王家〈2世〉　ふくおうけ　1560～1625　能楽脇方
神日本磐余彦命
　神武天皇　じんむてんのう　第1代の天皇
神日本磐余彦尊
　神武天皇　じんむてんのう　第1代の天皇
神功皇后
　神功皇后　じんぐうこうごう　170～269　第14代仲哀天皇の皇后
神右衛門〈通称〉
　福王家〈1世〉　ふくおうけ　1521～1606　能楽脇方　㉘播磨
神右衛門〈通称〉
　福王家〈2世〉　ふくおうけ　1560～1625　能楽脇方
神右衛門
　山本 重澄　やまもと・しげずみ　1590～1669　江戸時代前期の武士
神兵衛〈通称〉
　福王家〈4世〉　ふくおうけ　～1637　能楽脇方
神叔
　青木 神叔　あおき・しんしゅく　江戸時代前期の俳人
神武天皇
　神武天皇　じんむてんのう　第1代の天皇
神風〈号〉
　託間 樊六　たくま・はんろく　1833～1864　幕末の鳥取藩士
神風館〈3世〉〈号〉
　岩田 涼菟　いわた・りょうと　1661～1717　徳川中期の俳人　㉘伊勢山田
神通〈別号〉
　青木 北海　あおき・ほっかい　1782～1865　徳川中期の国学者、富山藩士
神符麿
　佐藤 神符麿　さとう・しのぶまろ　徳川中末期の皇医、国学者　㉘陸奥伊達郡飯坂村
神渟名川耳尊
　綏靖天皇　すいぜいてんのう　第2代天皇
神陽〈号〉
　枝吉 経種　えだよし・つねたね　1822～1862　幕末期の志士　㉘佐賀郡今津

【振】

振〈別称〉
　井上 通女　いのうえ・つうじょ　1660～1738　徳川中期の女流文学者　㉘丸亀
振衣〈字〉
　岡 千仞　おか・せんじん　1833～1914　幕末・明治時代の漢学者、漢詩人　㉘仙台
振洋〈号〉
　上甲 振洋　じょうこう・しんよう　1817～1878　宇和島藩儒　㉘伊予国宇和島城下
振姫
　徳川 振姫　とくがわ・ふりひめ　1580～1617　徳川家康の3女　㉘遠江国浜松
振鷺亭〈2世〉〈別号〉
　為永 春水〈1世〉　ためなが・しゅんすい　1790～1843　徳川末期の戯作者　㉘江戸

【晋】

晋〈名〉
　三浦 梅園　みうら・ばいえん　1723～1789　豊後杵築藩の儒者　㉘豊後国国東郡富永村
晋
　船越 晋　ふなこし・しん　徳川中期の作家
晋子〈号〉
　其角　きかく　1661～1707　俳人、芭蕉一門
晋民〈名〉
　平賀 晋民　ひらが・しんみん　1721～1792　徳川中期の儒者　㉘安芸豊田郡忠海
晋交
　芝 晋交　しば・しんこう　戯作者
晋米斎玉粒〈別号〉
　芝 全交〈2世〉　しば・ぜんこう　1775～1827　戯作者
晋佐山
　晋佐山　しんさざん　鳥取藩主池田慶徳の茶道師範
晋作〈通称〉
　高杉 晋作　たかすぎ・しんさく　1839～1867　幕末の志士、山口藩士高杉春樹の子
晋兵衛〈通称〉
　芝 全交〈2世〉　しば・ぜんこう　1775～1827　戯作者
〔里見〕晋兵衛〈本名〉
　三笑亭 夢楽〈1代〉　さんしょうてい・むらく　1777～1831　落語家　㉘江戸麻布
晋我
　早見 晋我　はやみ・しんが　1671～1745　徳川中期の俳人　㉘下総結城
晋明〈号〉
　高井 几董　たかい・きとう　1741～1788　徳川中期の俳人　㉘京都
晋柳
　藤井 晋流　ふじい・しんりゅう　1681～1761　徳川中期の俳人　㉘上州小泉村
晋卿
　清村 晋卿　きよむら・しんけい　唐から渡来した官僚
晋流〈号〉
　藤井 晋流　ふじい・しんりゅう　1681～1761　徳川中期の俳人　㉘上州小泉村
〔斯波〕晋輔〈前名〉

しん（真）

古河 黙阿弥　ふるかわ・もくあみ　1816～1893　幕末明治時代の江戸の歌舞伎狂言作者、江戸歌舞伎最後の最大の集大成たる名作者　㊐江戸日本橋通り2丁目式部小路
〔柴〕晋輔〔前名〕
古河 黙阿弥　ふるかわ・もくあみ　1816～1893　幕末明治時代の江戸の歌舞伎狂言作者、江戸歌舞伎最後の最大の集大成たる名作者　㊐江戸日本橋通り2丁目式部小路

【真】

真
　久坂 玄機　くさか・げんき　1820～1854　江戸時代後期の医師
〔藤野別〕真人
　和気 清麻呂　わけの・きよまろ　733～799　奈良朝末平安朝初期の廷臣　㊐備前藤野郡
真入〈号〉
　足代 弘興　あじろ・ひろおき　～1574　室町末期の伊勢神宮の祠官
真弓
　内山 真弓　うちやま・まゆみ　1786～1852　徳川中期末期の歌人　㊐信濃国北安曇郡十日市場村
真中条〈初号〉
　千金斎 春芳　せんきんさい・はるよし　1767～1847　江戸中期の狂歌師
真之
　細川 真元　ほそかわ・まさもと　～1582　室町時代の阿波勝瑞城主
真仁法親王
　真仁法親王　しんにんほうしんのう　1768～1805　閑院宮典仁親王(慶光天皇)第5王子
真元
　細川 真元　ほそかわ・まさもと　～1582　室町時代の阿波勝瑞城主
真元〈号〉
　武田 真元　たけだ・しんげん　～1846　徳川中末期の和算家　㊐泉州左海
真月〈別号〉
　岸 竹堂　きし・ちくどう　1826～1897　徳川末期・明治時代の画家
真木の舎〈号〉
　藤田 広見　ふじた・ひろみ　1822～1901　幕末・明治の歌人　㊐長門
真牛〈童名〉
　殷 元良　いん・げんりょう　1718～1767　琉球の画家　㊐首里
真世王
　直世王　なおよおう　777?～834　平安時代前期の公卿
真仙門院
　真仙門院　しんせんもんいん　1231～1301　後堀河天皇の皇女
真古
　岡本 真古　おかもと・まふる　1780～1856　江戸後期の郷土史家
真先
　藤原 執弓　ふじわらの・とりゆみ　?～764　奈良時代の公卿
真吉〈通称〉

樋口 武　ひぐち・たけし　1815～1870　幕末の高知藩士　㊐土佐国幡多郡中村
真如
　高岳親王　たかおかしんのう　799～865　平城天皇の第3皇子
真如親王
　高岳親王　たかおかしんのう　799～865　平城天皇の第3皇子
真改
　国貞(2代)　くにさだ　刀匠　㊐日向飫肥
真臣〈諱〉
　広沢 真臣　ひろさわ・さねおみ　1833～1871　幕末明治の勤王家、萩藩士　㊐長門国萩十日市
真臣〈別号〉
　青木 北海　あおき・ほっかい　1782～1865　徳川中期の国学者、富山藩士
真芸
　芸阿弥　げいあみ　1431～1485　室町時代の画家、能阿弥の子
真足
　佐々木 真足　ささき・またり　1761～1838　徳川中期京都の歌人
真国
　石橋 真国　いしばし・まくに　～1855　国語学者
真実
　鈴木 真実　すずき・まざね　1749～1819　国学者
真武
　青柳 真武　あおやぎ・さねたけ　1802～1862　徳川末期の剣客、奇兵隊長
真空
　如円　にょえん　?～1292　鎌倉時代の僧
真空坊〈号〉
　佐々木 松後　ささき・しょうご　1732～1798　徳川中期の俳人　㊐岡山橋本町
真虎
　大石 真虎　おおいし・まとら　1792～1833　徳川中期の画家　㊐名古屋
〔梅廼門〕真門
　毛利 元義　もうり・もとよし　1785～1843　江戸時代後期の大名
真阿上人
　宗渕　しゅうえん　1786～1859　僧侶　㊐京都
真彦〈通称〉
　樋口 光訓　ひぐち・みつのり　1842～1915　幕末明治の国学者
真政
　円忍　えんにん　1609～1678　江戸時代前期の僧
真映〈名〉
　天野 平岸　あまの・へいがん　1803～1865　江戸中末期の画家　㊐駿河
真相
　真相　しんそう　～1525　室町時代の画家
真宰〈字〉
　松本 交山　まつもと・こうざん　1784～1866　画家　㊐江戸
真珠舎〈号〉
　広瀬 厳雄　ひろせ・いずお　1815～1874　国学者　㊐出羽鶴岡肴町
真能
　真能　しんのう　1397～1471　室町時代の画家　㊐京都

しん（真）

真造
　阿部 真造　あべ・しんぞう　1831～1888　唐通事筆者、キリスト教教導職　㊨長崎
真寂法親王
　真寂法親王　しんじゃくほうしんのう　886～927　宇多天皇の第3皇子
真庸
　仲安 真庸　なかやす・さねやす　室町時代の画家
真教
　真教　しんきょう　1237～1319　鎌倉時代の僧　㊨京都
真斎〈号〉
　田中 常矩　たなか・つねのり　～1682　徳川初期の俳人　㊨京都
真斎
　渕野 真斎　ふちの・しんさい　1760～1823　徳川中期の画家　㊨豊後
真梁
　石屋 真梁　せきおく・しんりょう　1345～1423　南北朝～室町時代の僧
真済
　真済　しんぜい　800～860　空海の十大弟子の一人　㊨京都
真清翁〈号〉
　大和田 気求　おおわた・ききゅう　～1677　徳川初期の儒者、国学者
真淵
　賀茂 真淵　かもの・まぶち　1697～1769　徳川中期の国学者、歌人　㊨遠江浜松
〔岡部〕真淵
　賀茂 真淵　かもの・まぶち　1697～1769　徳川中期の国学者、歌人　㊨遠江浜松
真渕〈名〉
　彭城 百川　さかき・ひゃくせん　1697～1752　徳川中期の画家　㊨名古屋本町八丁目
真盛
　真盛　しんぜい　1443～1495　天台宗真盛派の祖　㊨伊勢一志郡
真盛
　大宮 真盛　おおみや・まさもり　～1672　江戸時代の能面作者、大和奈良春日神社の社人
真章
　古屋 真章　ふるや・さねあき　1729～1806　徳川中期の国学者　㊨甲斐東八代郡一宮村
真菅乃舎〈号〉
　平田 篤胤　ひらた・あつたね　1766～1843　国学者、世に国学の4大人と称せられる　㊨出羽国秋田久保城下下谷町
真郷
　本田 四明　ほんだ・しめい　1762～1809　江戸時代中期～後期の儒者
真敬法親王
　一乗院宮 真敬法親王　いちじょういんのみや・しんけいほうしんのう　1649～1706　南都興福寺の一乗院門跡、父は後水尾天皇
真然
　真然　しんねん　804～891　真言僧、金剛峯寺の第2世　㊨讃岐国多度郡
〔工藤〕真葛
　只野 真葛子　ただの・まくずこ　1765～1825　徳川中期の女流国学者

真葛子
　只野 真葛子　ただの・まくずこ　1765～1825　徳川中期の女流国学者
〔旭〕真葉行
　山旭亭 主人　さんきょくてい・しゅじん　徳川中期寛政年間の戯作者
〔津〕真道
　菅野 真道　すがのの・まみち　741～814　奈良～平安時代前期の公卿
真楯
　藤原 真楯　ふじわらの・またて　715～766　奈良朝の廷臣、歌人
真楫
　渡辺 真楫　わたなべ・まかじ　1830～1891　幕末明治の国学者　㊨江戸小川町
真楫
　棹歌亭 真楫　とうかてい・まかじ　徳川中期の国学者、狂歌師
真瑞〈名〉
　愛石　あいせき　徳川中期の画僧　㊨紀州
真義
　石川 潤次郎　いしかわ・じゅんじろう　1836～1864　幕末の武士
真鉄
　安藤 真鉄　あんどう・まがね　1753～1827　神道禊教教祖井上正鉄の父　㊨江戸
真雅
　真雅　しんが　801～879　真言宗の僧、空海十大弟子の一人　㊨讃岐
真蔭
　斎藤 真蔭　さいとう・まかげ　幕末元治頃の歌人　㊨信濃
真説
　狩野 元秀　かのう・もとひで　狩野派の画家
真澄
　岡田 真澄　おかだ・ますみ　～1838　徳川中・末期の国学者、書家
真澄
　菅江 真澄　すがえ・ますみ　1754?～1829　徳川中期の国学者、紀行家　㊨三河岡崎
真潮
　谷 北渓　たに・ほっけい　1727～1797　徳川中期の国学者　㊨土佐国香美郡山田村
真磨〈号〉
　大石 鳳分　おおいし・ほうけい　1790～1837　徳川中期の地方史家、熊本藩郡代
真興〈名〉
　足代 弘興　あじろ・ひろおき　～1574　室町末期の伊勢神宮の祠官
真賢
　平田 真賢　ひらた・さねかた　対馬府中藩士
真藤
　高平 真藤　たかひら・まふじ　1831～1895　幕末・明治時代の国学者
真観
　真観　しんかん　1276～1341　鎌倉・吉野朝時代の僧、時宗四条派の祖　㊨上総
真観
　藤原 光俊　ふじわらの・みつとし　1203～1276　鎌倉時代の公家、歌人
真顔

しん（秦, 針, 晨, 深, 進, 森, 慎）

鹿都部 真顔　しかつべの・まがお　1752～1829
　徳川中期の戯作者、狂歌師　⑬江戸
〔狂歌堂〕真顔
　鹿都部 真顔　しかつべの・まがお　1752～1829
　徳川中期の戯作者、狂歌師　⑬江戸
〔四方〕真顔
　鹿都部 真顔　しかつべの・まがお　1752～1829
　徳川中期の戯作者、狂歌師　⑬江戸
真瓊園〈号〉
　大国 隆正　おおくに・たかまさ　1792～1871　幕末明治初期の国学者　⑬江戸桜田
真藁
　季瓊 真藁　きけい・しんずい　1401～1469　室町時代の僧

【秦】

秦山〈号〉
　谷 秦山　たに・しんざん　1663～1718　江戸中期の儒学者　⑬土佐国長岡郡八幡村

【針】

〔網破損〕針金
　北 静廬　きた・せいろ　1765～1848　江戸時代後期の国学者、狂歌師

【晨】

晨耀〈名〉
　菅 甘谷　すが・かんこく　1690～1764　江戸中期の儒学者　⑬江戸

【深】

深心院〈法諡〉
　藤原 基平　ふじわらの・もとひら　1246～1268　鎌倉時代の歌人
深処〈別号〉
　日置 花木　へき・かぼく　徳川中期水戸の藩儒
深信院〈院号〉
　雲幢　うんどう　1759～1824　真宗本願寺派の学者　⑬伊予
深草帝
　仁明天皇　にんみょうてんのう　810～850　第54代の天皇、嵯峨天皇の皇子
〔後藤〕深造
　上田 宗児　うえだ・そうじ　1842～1868　土佐藩士　⑬高知城下上町
深蔵
　松村 深蔵　まつむら・しんぞう　1837～1890　熊本藩郷士　⑬肥後国玉名郡梅林村大字安楽寺
深蔵
　松山 正夫　まつやま・まさお　1837～1864　幕末の武士
〔後藤〕深蔵
　上田 宗児　うえだ・そうじ　1842～1868　土佐藩士　⑬高知城下上町
深諦院〈院号〉
　宝雲　ほううん　1791～1847　真宗本願寺派の学僧　⑬筑前秋月

【進】

進三〈初名〉
　竹柴 其水　たけしば・きすい　1847～1923　歌舞伎作者　⑬江戸京橋
進士
　牧園 茅山　まきぞの・ぼうざん　1767～1836　江戸時代中期～後期の儒者
進居〈名〉
　若林 強斎　わかばやし・きょうさい　1676～1732　徳川中期の漢学者　⑬京都
進斎〈号〉
　有井 進斎　ありい・しんさい　1830～1889　徳川末期・明治初期の儒者　⑬阿波徳島
進鴻渓
　進鴻渓　しんこうけい　1821～1884　明治時代の漢学者、旧備中松山藩士

【森】

森々庵〈号〉
　佐々木 松後　ささき・しょうご　1732～1798　徳川中期の俳人　⑬岡山橋本町
森々園〈号〉
　堀田 六林　ほった・ろくりん　1710～1792　徳川中期の俳人　⑬名古屋
森三郎
　市川 森三郎　いちかわ・もりさぶろう　1852～1882　1866年渡英、開成学校教授、のち物理学者
森戸〈屋号〉
　下和田村 治左衛門　しもわだむら・じざえもん　1765～1836　近世最大規模の百姓一揆とされる甲州一揆（1836）郡内衆の指導者
森侍者
　森女　しんじょ　一休宗純の弟子
森茂〈名〉
　大場 寥和　おおば・りょうわ　1677～1759　徳川中期の俳人　⑬江戸
〔雪廼屋〕森蔭
　田口 森蔭　たぐち・もりかげ　1793～1859　江戸時代後期の狂歌師、画家
森潤亭〈別号〉
　西瀬居 美玖丸　さいらいきょ・みくまる　狂歌師　⑬尾張半田
森羅万象（1世）〈号〉
　平賀 源内　ひらが・げんない　1726～1779　本草学者、戯作者　⑬讃岐志度浦
森羅万象（2世）
　森羅 万象（2世）　しんら・ばんしょう　1754～1808　江戸時代の戯作者
森羅万象（3世）〈別号〉
　七珍 万宝　しっちん・まんぽう　1758～1831　戯作者、狂歌師

【慎】

慎七〈通称〉
　遠藤 蒼山　えんどう・そうざん　1820～1869　徳川末期の俳人　⑬羽前赤湯
慎三

大橋 慎三　おおはし・しんぞう　1836〜1872　土佐藩士（山内家家老深尾氏の臣）　㊨土佐国高岡郡佐川

慎亭
　吉成 又右衛門　よしなり・またえもん　1797〜1850　江戸時代後期の武士

慎軒
　甲斐 隆義　かい・りゅうぎ　1815〜1898　幕末―明治中期の算家、肥後熊本藩士

慎斎〈号〉
　深田 正倫　ふかだ・まさみち　1683〜1737　徳川中期の儒者　㊨近江

慎終
　南寿 慎終　なんじゅ・しんしゅう　南北朝時代の僧

【新】

新〈名〉
　日置 花木　へき・かぼく　徳川中期水戸の藩儒
新々館〈号〉
　笹原 如是観　ささはら・にょぜかん　〜1832　徳川中期の国学者にして僧侶　㊨薩摩
新七
　井上 新七　いのうえ・しんしち　京都の蒔絵師
新七〈通称〉
　若林 強斎　わかばやし・きょうさい　1676〜1732　徳川中期の漢学者　㊨京都
〔吉村〕新七〈本名〉
　古河 黙阿弥　ふるかわ・もくあみ　1816〜1893　幕末明治時代の江戸の歌舞伎狂言作者、江戸歌舞伎最後の最大の集大成たる名作者　㊨江戸日本橋通2丁目式部小路
新七〈1代〉
　河竹 新七〈1代〉　かわたけ・しんしち　1746〜1795　歌舞伎狂言作者
新七〈1代〉
　尾上 新七〈1代〉　おのえ・しんしち　1745〜1809　歌舞伎俳優、安永―享和時代の立役の名優　㊨江戸
新七〈2代〉
　尾上 新七〈2代〉　おのえ・しんしち　1780〜1818　歌舞伎俳優、文化時代の立役の上手
〔河竹〕新七〈2代〉〈前名〉
　古河 黙阿弥　ふるかわ・もくあみ　1816〜1893　幕末明治時代の江戸の歌舞伎狂言作者、江戸歌舞伎最後の最大の集大成たる名作者　㊨江戸日本橋通2丁目式部小路
〔尾上〕新七〈3代〉
　市川 男女蔵〈3代〉　いちかわ・おめぞう　歌舞伎俳優、安政・文久時代の立役
〔茶屋〕新七味頼〈通称〉
　小椙 一笑　こすぎ・いっしょう　1653〜1688　徳川中期の俳人　㊨加賀金沢
新七郎〈通称〉
　古山 師政　ふるやま・もろまさ　江戸中期の浮世絵師
新九郎〈前名〉
　松本 友十郎〈2代〉　まつもと・ともじゅうろう　京都の歌舞伎俳優
〔伊勢〕新九郎
　北条 早雲　ほうじょう・そううん　1432〜1519　戦国時代の武将

〔和歌山〕新九郎
　中山 新九郎〈1代〉　なかやま・しんくろう　1702〜1775　京阪の歌舞伎俳優
新九郎〈1代〉
　中山 新九郎〈1代〉　なかやま・しんくろう　1702〜1775　京阪の歌舞伎俳優
新九郎〈2代〉
　中山 来助〈1代〉　なかやま・らいすけ　1738〜1783　大阪の歌舞伎俳優
新九郎〈3代〉
　中山 新九郎〈3代〉　なかやま・しんくろう　1761〜1827　京阪の歌舞伎俳優
〔中井〕新八
　中江 新八　なかえ・しんぱち　織豊〜江戸時代前期の剣術家
新八郎
　友部 方升　ともべ・まさのり　1787〜1854　江戸時代後期の国学者
新十郎〈通称〉
　高柳 荘丹　たかやなぎ・そうたん　1732〜1815　徳川中期の俳人　㊨武州川越
新十郎〈別名〉
　中山 新九郎〈1代〉　なかやま・しんくろう　1702〜1775　京阪の歌舞伎俳優
〔六郷〕新三郎〈1代〉〈別名〉
　宇野 長七　うの・ちょうしち　〜1766　正徳―明和時代の江戸長唄の鼓打の名家
新三郎〈2代〉
　六郷 新三郎〈2代〉　ろくごう・しんざぶろう　1742〜1834　江戸長唄囃子方の名家、六郷家元
新上西門院
　新上西門院　しんじょうさいもんいん　1653〜1712　霊元天皇の皇后
新上東門院
　新上東門院　しんじょうとうもんいん　1545〜1620　後陽成天皇の御母
新万屋〈家号〉
　佐野川 市松〈1代〉　さのかわ・いちまつ　1722〜1762　江戸の歌舞伎俳優　㊨山城国伏見
新万屋〈家号〉
　佐野川 市松〈2代〉　さのかわ・いちまつ　1747〜1785　江戸の歌舞伎俳優
新川
　山田 新川　やまだ・しんせん　1827〜1905　幕末明治の漢詩人　㊨越中
新中和門院
　新中和門院　しんちゅうかもんいん　1702〜1720　中御門天皇の女御、桜町天皇の御母
新之丞〈名〉
　古川 謙　ふるかわ・けん　1783〜1837　幕末の算家
新之丞
　長谷川 宗也　はせがわ・そうや　1590〜1667　江戸時代前期の画家
〔叶屋〕新之丞〈通称〉
　滝 瓢水　たき・ひょうすい　1684〜1762　徳川中期の俳人　㊨播磨国別府
新之助〈初名〉
　姉川 新四郎〈2代〉　あねかわ・しんしろう　大阪の歌舞伎俳優、宝暦期の若衆方、若女方
新之助〈幼名〉

藤堂 探丸　とうどう・たんがん　1666～1710　徳川中期の俳人　[出]伊賀上野
新之助〈幼名〉
浮風　ふふう　～1762　享保時代の俳人　[出]筑前直方
新五郎〈通称〉
顕国　あきくに　新刀の名工、日向国の住人
新五郎〈通称〉
長尾 政長　ながお・まさなが　1527～1569　室町時代の武将
新六
鴻池 新六　こうのいけ・しんろく　1570～1653　富豪鴻池家の祖
新六〈通称〉
日置 花木　へき・かぼく　徳川中期水戸の藩儒
新六〈通称〉
有吉 公甫　ありよし・こうほ　1741～1787　徳川中期の漢学者、萩藩士
新六
金剛 氏正　こんごう・うじまさ　1507～1576　戦国～織豊時代の能役者シテ方
新内（1代）
鶴賀 新内（1代）　つるが・しんない　1714～1774　新内節浄瑠璃の太夫
新内（5代）
鶴賀 新内（5代）　つるが・しんない　1826～1883　新内節浄瑠璃の太夫
新太夫（1代）
豊竹 肥前掾　とよたけ・ひぜんのじょう　1704～1757　享保―宝暦時代の義太夫節の浄瑠璃太夫、江戸肥前座の座本　[出]大阪松屋町
新太夫（2代）
豊竹 伊勢太夫　とよたけ・いせだゆう　徳川中期の義太夫節の浄瑠璃太夫
新太郎〈通称〉
安藤 了翁　あんどう・りょうおう　1577～1637　徳川初期の国学者　[出]丹波
新太郎〈通称〉
黒田 清綱　くろだ・きよつな　1830～1917　明治維新時代の鹿児島藩の志士、明治の歌人　[出]鹿児島城下高見馬場
新太郎〈初名〉
榊山 小四郎（4代）　さかきやま・こしろう　1740～1768　京都の歌舞伎俳優
〔深海〕新太郎
宗伝　そうでん　～1618　朝鮮帰化の陶工、肥前深海氏の祖
〔藤田〕新太郎
北条 氏邦　ほうじょう・うじくに　1541～1597　戦国～織豊時代の武将
〔内田屋〕新太郎
内新好　ないしんこう　徳川中期の江戸の戯作者
新少将
待賢門院 新少将　たいけんもんいん・しんしょうしょう　鎌倉時代の女流歌人
新右衛門
鴻池 新六　こうのいけ・しんろく　1570～1653　富豪鴻池家の祖
新右衛門〈通称〉
赤城軒 元孚　せきじょうけん・もとたか　江戸中期の水戸の彫金家
新右衛門〈通称〉
滝 瓢水　たき・ひょうすい　1684～1762　徳川中期の俳人　[出]播磨国別府
新右衛門
堀 衆楽　ほり・しゅうらく　1677～1756　江戸時代中期の書家
〔磯貝〕新右衛門
磯谷 久次　いそがい・ひさつぐ　?～1578　戦国～織豊時代の武将
新右衛門（2代）
杵屋 弥十郎（4代）　きねや・やじゅうろう　1816～1873　江戸長唄三絃
新右衛門尉〈通称〉
蜷川 親俊　にながわ・ちかとし　～1569　室町幕府の政所執事伊勢氏の被官
新右衛門親当〈俗名〉
蜷川 智蘊　にながわ・ちうん　～1447　室町時代の連歌師
新四郎〈幼名〉
小出 粲　こいで・つばら　1833～1908　歌人　[出]江戸
新四郎〈幼名〉
太田 桃先　おおた・とうせん　～1725　徳川中期の俳人　[出]三河新城
新四郎
茶屋 新四郎　ちゃや・しんしろう　～1663　江戸前期尾張徳川家の呉服師
新四郎〈通称〉
呑溟　どんめい　天明期の俳人　[出]江州の湖南
新四郎（1代）
姉川 新四郎（1代）　あねかわ・しんしろう　1685～1749　大阪の歌舞伎俳優、享保―寛延時代の立役の名優、姉川家の祖　[出]大阪
新四郎（2代）
姉川 新四郎（2代）　あねかわ・しんしろう　大阪の歌舞伎俳優、宝暦期の若衆方、若女方
新四郎（3代）
姉川 新四郎（3代）　あねかわ・しんしろう　1748～1805　大阪の歌舞伎俳優、寛政期の立役の功者
新四郎（4代）
姉川 新四郎（4代）　あねかわ・しんしろう　1809～1853　大阪の歌舞伎俳優、弘化・嘉永時代の実悪の達者
新左衛門〈通称〉
原 久胤　はら・ひさたね　1792～1844　歌人　[出]相模大槻
新左衛門
山中 新左衛門　やまなか・しんざえもん　1818～1864　維新時代の志士
新左衛門
大谷 新左衛門　おおたに・しんざえもん　戦国時代の殖産興業家　[出]上野平井
新左衛門〈通称〉
大塚 敬業　おおつか・けいぎょう　1821～1874　徳川末期の富山藩儒者
新左衛門〈通称〉
平田 涪渓　ひらた・ばいけい　1796～1879　幕末・明治の儒者
新左衛門
大谷 休泊　おおや・きゅうはく　1521～1578　戦国～織豊時代の開拓者

〔甲田〕新左衛門
東 梅竜軒　あずま・ばいりゅうけん　江戸時代前期の槍術家
〔山口〕新左衛門
山中 新左衛門　やまなか・しんざえもん　1818〜1864　維新時代の志士
〔北条〕新左衛門〈通称〉
伊勢 華　いせ・さかえ　1822〜1886　萩藩八組士、宮内省京都支庁長官　[出]長門国萩小松江
新平〈通称〉
滝川 有乂　たきかわ・ゆうかい　1787〜1844　徳川中末期の和算家　[出]加賀金沢
新平〈晩名〉
嵐 三右衛門（3代）　あらし・さんえもん　1697〜1754　大阪の歌舞伎俳優、享保—延享時代の立役の名優　[出]大阪
新平
嵐 新平　あらし・しんぺい　大阪の歌舞伎俳優
〔長山〕新平〈通称〉
真弓の屋 鶴彦　まゆみのや・つるひこ　狂歌師
新広義門院
新広義門院　しんこうぎもんいん　1624〜1677　後水尾天皇の後宮
〔内田〕新好
内新好　ないしんこう　徳川中期の江戸の戯作者
新庄侍従
吉川 広家　きっかわ・ひろいえ　〜1625　戦国徳川初期の武将　[出]安芸
新次郎（1代）
早川 新勝　はやかわ・しんかつ　?〜1754　江戸時代中期の歌舞伎役者、長唄唄方
新兵衛〈通称〉
大垣 守舎　おおがき・もりや　1777〜1830　徳川末期の狂歌師　[出]上野大間々
新兵衛〈通称〉
大西 浄入（大西家5代）　おおにし・じょうにゅう　1647〜1716　京都の釜師
新兵衛
鈴木 新兵衛　すずき・しんべえ　朽木竜橋の家臣
〔雲井田〕新兵衛
小島 弥太郎　こじま・やたろう　〜1582　戦国時代の武将
〔播磨屋〕新兵衛〈通称〉
百薬 長人　ひゃくやく・ちょうにん　狂歌師、天保頃の人
〔富田屋〕新兵衛〈通称〉
文屋 安雄　ふんやの・やすお　狂歌師
〔有来〕新兵衛
新兵衛　しんべえ　織豊〜江戸時代前期の茶人、陶工
新兵衛（高麗左衛門家筋3代）
坂 新兵衛（高麗左衛門家筋3代）　さか・しんべえ　1648〜1729　長門萩焼の陶工
新兵衛（高麗左衛門家筋4代）
坂 新兵衛（高麗左衛門家筋4代）　さか・しんべえ　1683〜1748　萩焼の陶工
新兵衛（高麗左衛門家筋6代）
坂 新兵衛（高麗左衛門家筋6代）　さか・しんべえ　1739〜1803　萩焼の陶工
新兵衛（高麗左衛門家筋8代）
坂 新兵衛（高麗左衛門家筋8代）　さか・しんべえ　1796〜1877　萩焼の陶工
新助〈通称〉
関 孝和　せき・たかかず　〜1708　江戸中期の和算家
〔木屋〕新助〈通称〉
木村 騏道　きむら・きどう　〜1810　徳川中期の俳人　[出]近江大津
新甫〈号〉
植村 政勝　うえむら・まさかつ　1695〜1777　徳川中期の採薬使にして本草学者　[出]松坂近在杉村
新花林〈号〉
皐月 平砂　さつき・へいさ　1708〜1783　徳川中期の俳人　[出]江戸
〔市川〕新車〈前名〉
嵐 雛助（6代）　あらし・ひなすけ　1812〜1847　大阪の歌舞伎俳優、天保・弘化時代の立役の達者　[出]江戸木挽町
新室町院
新室町院　しんむろまちいん　1311〜1337　後醍醐天皇の皇后
新待賢門院
阿野 廉子　あの・れんし　1311〜1359　後醍醐天皇の寵妃
新待賢門院
新待賢門院　しんたいけんもんいん　1803〜1856　仁孝天皇の後宮、藤原雅子
新柳亭
寺町 百庵　てらまち・ひゃくあん　1695〜1786　徳川中期の俳人　[出]江戸
新柳軒〈号〉
青木 宗鳳（2代）　あおき・そうほう　1730〜1793　徳川中期の茶人、初代宗鳳の子
新発知〈別名〉
中村 勘三郎（2代）　なかむら・かんざぶろう　1647〜1674　歌舞伎俳優
新皇
平 将門　たいらの・まさかど　〜940　平安朝中期の武将
新皇嘉門院
新皇嘉門院　しんこうかもんいん　1798〜1823　仁孝天皇の女
新家皇女
元正天皇　げんしょうてんのう　680〜748　奈良時代の女帝
新朔平門院
新朔平門院　しんさくへいもんいん　1811〜1847　仁孝天皇の女
新造
肥後 新造　ひご・しんぞう　薩摩焼の陶画工、狩野派の画家
新崇賢門院
新崇賢門院　しんしゅけんもんいん　1675〜1709　東山天皇の典侍、中御門天皇の御母
新清和院
新清和院　しんせいわいん　1779〜1846　光格天皇の皇后
新陽明門院
新陽明門院　しんようめいもんいん　1262〜1296　亀山天皇の女御
新漢人日文

しん（蜃, 榛, 審, 葷, 震, 親）

新漢人旻　いまきのあやひと・みん　～653　百済系の学僧で大化改新期の国博士
新蔵〈通称〉
　井上 南台　いのうえ・なんだい　1749～1798　徳川中期の幕府の儒官　⑬常陸
新蔵〈通称〉
　大場 景則　おおば・かげのり　江戸中期の暦学者、亨保頃の人
〔鍋屋〕新蔵〈通称〉
　大薩摩 文太夫（2代）　おおざつま・ぶんだゆう　～1827　大薩摩節の太夫、文化・文政時代の名手　⑬水戸
〔富士田〕新蔵（1代）〈別名〉
　大薩摩 文太夫（2代）　おおざつま・ぶんだゆう　～1827　大薩摩節の太夫、文化・文政時代の名手　⑬水戸
新蔵（2代）〈前名〉
　富士田 千蔵（2代）　ふじた・せんぞう　～1859　江戸長唄謡い、富士田の3代め　⑬仙台
新蔵（3代）
　富士田 音蔵（2代）　ふじた・おとぞう　1798～1859　江戸長唄謡い
〔市川〕新蔵（3代）
　中山 富三郎（2代）　なかやま・とみさぶろう　1793～1837　江戸の歌舞伎俳優
新藤五〈別称〉
　国光（1世）　くにみつ　1250～1310　鎌倉時代の刀匠

【蜃】
蜃子言満〈狂名〉
　寺町 百庵　てらまち・ひゃくあん　1695～1786　徳川中期の俳人　⑬江戸

【榛】
榛斎
　宇田川 榛斎　うだがわ・しんさい　1769～1834　蘭医　⑬伊勢

【審】
審斎〈号〉
　石河 正養　いしこ・まさかい　1821～1891　徳川末期の国学者　⑬石見鹿足郡津和野

【葷】
葷溪〈号〉
　坂本 浩雪　さかもと・こうせつ　1800～1853　幕末の本草家、菌類採集家

【震】
震柳舎〈号〉
　大島 完来　おおしま・かんらい　1748～1817　徳川中期の俳人　⑬伊勢津

【親】
親子内親王

静寛院宮　せいかんいんのみや　1846～1877　仁孝天皇第8皇女、孝明天皇の妹、14代将軍徳川家茂夫人
親之
　福島 親之　ふくしま・ちかゆき　1837～1882　明治初期の根付師
親方利山
　謝名 利山　じゃな・りざん　1545～1611　江戸前期琉球の三司官　⑬沖縄
〔世良田〕親氏
　松平 親氏　まつだいら・ちかうじ　室町時代の武将
〔源〕親広
　大江 親広　おおえの・ちかひろ　？～1242　鎌倉時代の武将
親白〈名〉
　白尾 斎蔵　しらお・さいぞう　1762～1821　江戸中期の国学者
親光
　工藤 親光　くどう・ちかみつ　～1189　鎌倉時代の武将、源頼朝の臣
〔狩野〕親光
　工藤 親光　くどう・ちかみつ　～1189　鎌倉時代の武将、源頼朝の臣
親吉
　丸毛 兼利　まるも・かねとし　？～1647　織豊～江戸時代前期の武将
親宅
　松平 念誓　まつだいら・ねんせい　1534～1604　戦国～織豊時代の武士
親当
　蜷川 智蘊　にながわ・ちうん　～1447　室町時代の連歌師
親良
　堀 親良　ほり・ちかよし　1580～1637　江戸前期の大名、秀政の次男
親周〈諱〉
　入江 淡　いりえ・たん　1832～1902　徳川末期・明治時代の漢学者、教育家　⑬豊前企救郡足立村
親実
　吉良 親実　きら・ちかざね　～1588　織豊時代の武将
〔蓮池〕親実
　吉良 親実　きら・ちかざね　～1588　織豊時代の武将
〔曲直瀬〕親昌
　今大路 親昌　いまおおじ・ちかまさ　1608～1639　徳川幕府の侍医
〔千秋〕親昌
　熱田大宮司 親昌　あつただいぐうじ・ちかまさ　南北朝時代の神職
親明
　井上 親明　いのうえ・ちかあき　徳川中期の長州藩士にして画家
親朋
　志賀 親朋　しが・しんほう　1842～1916　幕末明治時代のロシア語学者、代官支配地庄屋　⑬長崎浦上渕村
親俊
　蜷川 親俊　にながわ・ちかとし　～1569　室町幕府の政所執事伊勢氏の被官
親信

しん（鬒） じん（人，仁）

親信　ちかのぶ　能面工
〔水無瀬〕親信
　藤原 親信　ふじわらの・ちかのぶ　1137～1197
　平安後期～鎌倉時代の公卿
〔坊門〕親信
　藤原 親信　ふじわらの・ちかのぶ　1137～1197
　平安後期～鎌倉時代の公卿
親重〈名〉
　野々口 立圃　ののぐち・りゅうほ　1595～1669
　徳川初期の俳人　㊥丹波保津
親音〈名〉
　馬詰 権之助　うまづめ・ごんのすけ　1748～1807
　土佐藩士、民政家・歌人
親従
　大竹 親従　おおたけ・ちかより　徳川中期水戸藩
　の儒者
親祥
　益田 親祥　ますだ・ちかよし　1842～1886　萩藩
　永代家老代役　㊥長門国萩
親能
　喜多 十太夫（8代）　きた・じゅうだゆう　能楽師
親能
　中原 親能　なかはら・ちかよし　1143～1208　明
　法博士、鎌倉幕府の臣
〔藤原〕親能
　中原 親能　なかはら・ちかよし　1143～1208　明
　法博士、鎌倉幕府の臣
〔藤原〕親致
　摂津 親致　せっつの・ちかむね　1246～1303　鎌
　倉時代の幕府官僚
親清
　今小路 道三　いまおおじ・どうさん　1577～1626
　医家
親愛〈名〉
　土屋 修蔵　つちや・しゅうぞう　1798～1882　須
　坂（長野県高井郡）の藩士
親徳
　床井 荘三　とこい・しょうぞう　1838～1865　幕
　末の武士
〔杉原〕親憲
　水原 親憲　すいばら・ちかのり　1546～1616　織
　豊～江戸時代前期の武将
親賢
　田原 紹忍　たわら・しょうにん　?～1600　戦国
　～織豊時代の武将
親麈〈号〉
　白尾 斎蔵　しらお・さいぞう　1762～1821　江戸
　中期の国学者
親鸞
　親鸞　しんらん　1173～1262　浄土真宗の宗祖
　㊥京都

【鬒】

鬒髪山人〈号〉
　石川 晃山　いしかわ・こうざん　1821～1869　江
　戸末期の画家　㊥下野

【人】

人十町〈名〉

大谷 広次（1代）　おおたに・ひろじ　1696～1747
　歌舞伎俳優、延享時代の立役の名優　㊥江戸
〔阿保〕人上
　建部 人上　たけるべの・ひとかみ　奈良時代の官吏
人左〈号〉
　桜井 吏登　さくらい・りとう　1681～1755　徳川
　中期の俳人
〔阿年〕人足
　泰仙　たいせん　平安時代前期の発明家
〔国造〕人長
　出雲 人長　いずもの・ひとおさ　奈良～平安時代
　前期の豪族
人麻呂
　柿本 人麻呂　かきのもとの・ひとまろ　奈良時代
　の歌人
人間世廬〈号〉
　小林 見外　こばやし・けんがい　1807～1873　明
　治初期の俳人　㊥甲州猿橋
人麿
　柿本 人麻呂　かきのもとの・ひとまろ　奈良時代
　の歌人

【仁】

仁〈名〉
　清水 春流　しみず・しゅんりゅう　1626～　徳川
　初期の俳人　㊥尾州名古屋
仁十郎
　信田 仁十郎　しのだ・にじゅうろう　1826～1858
　幕末期の志士　㊥陸奥国石川郡元鎌子村
〔志太〕仁十郎
　信田 仁十郎　しのだ・にじゅうろう　1826～1858
　幕末期の志士　㊥陸奥国石川郡元鎌子村
〔信太〕仁十郎
　信田 仁十郎　しのだ・にじゅうろう　1826～1858
　幕末期の志士　㊥陸奥国石川郡元鎌子村
仁三郎〈〔一説〕前名〉
　富士田 音蔵（1代）　ふじた・おとぞう　～1827
　江戸長唄謡い
〔竹田〕仁三郎〈初名〉
　浅尾 工左衛門（1世）　あさお・くざえもん　1758
　～1824　歌舞伎俳優
仁太夫
　本木 仁太夫　もとき・にだゆう　1735～1794　長
　崎蘭通詞　㊥長崎
仁右衛門〈通称〉
　安藤 東野　あんどう・とうや　1683～1719　江戸
　中期の儒者　㊥下野黒羽
仁右衛門〈通称〉
　坂本 呉山　さかもと・ござん　1820～1875　幕
　末・明治時代の儒者
仁右衛門
　鷺 仁右衛門　さぎ・にえもん　1558～1651　徳川
　初期の能役者、狂言方鷺流家元初世
仁右衛門
　春田 横塘　はるた・おうとう　1768～1828　徳川
　中期の儒者　㊥和泉岸和田
仁右衛門
　増田 仁右衛門　ますだ・にえもん　1840～1865
　幕末の膳所藩主
〔八木〕仁右衛門〈晩名〉

号・別名辞典　古代・中世・近世　289

じん（甚）

嵐 三十郎（1代）　あらし・さんじゅうろう　大阪の歌舞伎俳優、元禄期後半の和事の上手
〔福島屋〕仁右衛門〈通称〉
　七珍 万宝　しっちん・まんぽう　1758〜1831　戯作者、狂歌師
仁左衛門〈通称〉
　大場 寥和　おおば・りょうわ　1677〜1759　徳川中期の俳人　㊋江戸
〔片岡〕仁左衛門（3代）
　藤川 繁右衛門　ふじかわ・しげえもん　元禄期の京阪の歌舞伎俳優
〔片岡〕仁左衛門（4代）
　三保木 儀左衛門（1代）　みほき・ぎざえもん　〜1745?　歌舞伎俳優
仁衛門（5代）
　片岡 仁左衛門（5代）　かたおか・にざえもん　大阪の歌舞伎俳優、狂言作者の功者
〔片岡〕仁左衛門（6代）
　三保木 儀左衛門（2代）　みほき・ぎざえもん　1731〜1789　歌舞伎俳優
仁衛門（7代）
　片岡 仁左衛門（7代）　かたおか・にざえもん　1755〜1837　大阪の歌舞伎俳優　㊋京都
仁衛門（8代）
　片岡 我当（1代）　かたおか・がとう　1810〜1863　大坂の歌舞伎俳優
仁左衛門森茂〈通称〉
　大場 寥和　おおば・りょうわ　1677〜1759　徳川中期の俳人　㊋江戸
仁平
　田村 仁平　たむら・にへい　1815〜1899　下野国（栃木県）河内郡下蒲生村の篤農家
仁次郎〈通称〉
　竹田 春江　たけだ・しゅんこう　1683〜1759　徳川中期熊本藩の兵学者
仁住亭〈号〉
　滝原 宋閑　たきはら・そうかん　1773〜1845　歌人　㊋京都
仁兵衛
　加藤 仁兵衛　かとう・にへえ　尾張赤津の陶工
仁兵衛〈通称〉
　今村 知商　いまむら・ちしょう　江戸初期の算家　㊋河内
仁兵衛〈通称〉
　大西 浄玄（大西家3代）　おおにし・じょうげん　1630〜1684　京都の釜師
仁兵衛〈通称〉
　大西 浄林（大西家1代）　おおにし・じょうりん　1590〜1663　京都の釜師　㊋南山城広瀬村
仁寿庵〈号〉
　北山 寿安　きたやま・じゅあん　〜1701　徳川初期の医家　㊋肥前長崎
仁里〈号〉
　宮内 嘉長　みやうち・よしなが　1789〜1843　徳川中期の国学者　㊋下総海上郡新生町（今銚子市のうち）
仁里
　佐々木 仁里　ささき・じんり　1744〜1800　徳川中期の儒者　㊋近江大溝
仁和寺大僧正〈別称〉
　済信　さいしん　954〜1030　平安朝時代の僧

仁明天皇
　仁明天皇　にんみょうてんのう　810〜850　第54代の天皇、嵯峨天皇の皇子
仁海
　仁海　にんかい　951〜1046　真言宗小野流の祖　㊋和泉
仁恭
　石梁 仁恭　せきりょう・にんきょう　1266〜1335　元から来日した僧
仁浩
　無涯 仁浩　むがい・にんこう　1294〜1359　鎌倉〜南北朝時代の僧
仁翁〈号〉
　千 宗守（6世）　せんの・そうしゅ　1795〜1835　茶道家
仁庵〈号〉
　吉田 徳春　よしだ・とくしゅん　1384〜1468　室町時代の医家
仁清
　野々村 仁清　ののむら・にんせい　京都の名陶工、京窯系の中心人物にして、日本趣味陶器の創成者　㊋丹波北桑田郡野々村
仁意〈名〉
　岡本 胤及　おかもと・いんきゅう　〜1676　徳川初期の俳人　㊋備前岡山
仁徳天皇
　仁徳天皇　にんとくてんのう　第16代の天皇、応神天皇の皇子
仁賢天皇
　仁賢天皇　にんけんてんのう　第24代の天皇

【甚】

甚七郎
　松尾 芭蕉　まつお・ばしょう　1644〜1694　徳川初期の俳人名宗房、桃青、或は芭蕉庵桃青と号し、別に伯船堂、釣月軒など号した　㊋伊賀国上野
甚九郎〈通称〉
　佐久間 宗透　さくま・そうとう　1557〜1631　織豊・徳川初期の茶道家
甚八郎利直〈通称〉
　野口 在色　のぐち・ざいしき　1643〜1719　徳川中期の俳人　㊋遠州今泉在草崎村
〔伊丹〕甚十郎
　郡 宗保　こおり・むねやす　1546〜1615　秀吉馬廻
甚三郎〈通称〉
　松本 重寿　まつもと・じゅうじゅ　尾張常滑の陶工
甚三郎〈通称〉
　西村 定雅　にしむら・ていが　1744〜1826　徳川中期の俳人　㊋京都
〔美濃屋〕甚三郎〈通称〉
　美図垣 笑顔　みずがき・えがお　1789〜1846　戯作者、狂歌師
甚之丞〈通称〉
　津田 助広　つだ・すけひろ　1637〜1682　江戸前期の刀工　㊋摂津
甚之丞
　山内 道慶　やまのうち・みちよし　1695〜1778　江戸時代中期の殖産家
甚之助〈初名〉

岩井 喜世太郎(1代)　いわい・きよたろう　寛保・寛延時代の江戸の歌舞伎若女方
甚五兵衛〈通称〉
　中川 濁子　なかがわ・じょくし　徳川中期の俳人、大垣藩士
甚五郎
　左 甚五郎　ひだり・じんごろう　1594〜1651　徳川初期の宮大工、宮彫の名工　㊙播磨国明石
甚六
　諏訪 甚六　すわ・じんろく　1829〜1898　幕末の志士、鹿児島藩士
〔岡安〕甚六〈初名〉
　坂田 仙四郎(3代)　さかた・せんしろう　〜1862　江戸長唄謡
甚内
　脇坂 安治　わきざか・やすはる　1554〜1626　織豊〜江戸時代前期の大名
〔勾崎〕甚内
　向坂 甚内　こうさか・じんない　?〜1613　江戸時代前期の盗賊
甚右衛門
　平手 甚左衛門　ひらて・じんざえもん　〜1572　信長の臣
〔平野屋〕甚右衛門〈通称〉
　均上 九山　さかがみ・くざん　1810〜1867　大坂南久宝寺町の町人
甚四郎〈別称〉
　大饗 正虎　おおあえ・まさとら　1520〜1596　安土桃山時代の書家　㊙備前
〔柊屋〕甚四郎〈通称〉
　山口 羅人　やまぐち・らじん　1699〜1752　徳川中期の俳人　㊙江州守山
甚左衛門〈通称〉
　坂田 炉休　さかた・ろきゅう　〜1740　徳川中期の茶道家
甚左衛門
　松倉 嵐蘭　まつくら・らんらん　1647〜1693　徳川中期の俳人
甚左衛門
　甚左衛門　じんざえもん　1766〜1820　徳川中期の肥後の金工家
甚左衛門
　泉屋 桃妖　いずみや・とうよう　〜1751　徳川中期の俳人　㊙加賀山中温泉場
甚左衛門
　平手 甚左衛門　ひらて・じんざえもん　〜1572　信長の臣
甚左衛門(1代)
　大和山 甚左衛門(1代)　やまとやま・じんざえもん　1677〜1721　京阪の歌舞伎俳優　㊙大和
甚平〈通称〉
　河田 寄三　かわだ・きさん　1807〜1872　明治初期の俳人　㊙武州熊谷
〔泉屋〕甚次郎〈通称〉
　住友 友善　すみとも・ともよし　1810〜1871　大阪の富商、歌人
甚兵衛
　松倉 嵐蘭　まつくら・らんらん　1647〜1693　徳川中期の俳人
甚兵衛

川島 甚兵衛　かわしま・じんべえ　1819〜1879　豪商(呉服・貿易商)　㊙越中国砺波郡城端町
甚兵衛〈通称〉
　田中 常矩　たなか・つねのり　〜1682　徳川初期の俳人　㊙京都
甚兵衛
　福王家(4世)　ふくおうけ　〜1637　能楽脇方
甚兵衛
　益田 好次　ますだ・よしつぐ　?〜1638　江戸時代前期の武士
甚兵衛
　山内 道恒　やまのうち・みちつね　1719〜1797　江戸時代中期〜後期の殖産家
甚兵衛
　田中 保親　たなか・やすちか　1674〜1739　江戸時代前期〜中期の剣術家
〔上田屋〕甚兵衛〈通称〉
　川島 甚兵衛　かわしま・じんべえ　1819〜1879　豪商(呉服・貿易商)　㊙越中国砺波郡城端町
〔常陸屋〕甚兵衛〈通称〉
　忍岡 常丸　しのぶがおか・つねまる　江戸中期の作家
〔天草〕甚兵衛
　益田 好次　ますだ・よしつぐ　?〜1638　江戸時代前期の武士
〔大和屋〕甚兵衛(3代)〈後名〉
　水木 辰之助(2代)　みずき・たつのすけ　歌舞伎俳優
甚助
　林崎 重信　はやしざき・しげのぶ　1542〜?　織豊時代の剣術家
甚蔵〈通称〉
　岡内 綾川　おかうち・りょうせん　1764〜1832　徳川中期の漢学者
甚蔵〈通称〉
　小林 見外　こばやし・けんがい　1807〜1873　明治初期の俳人　㊙甲州猿橋
甚蔵
　樋口 甚蔵　ひぐち・じんぞう　1747〜1796　徳川中期の儒者　㊙筑後上妻郡酒井田(今の八女郡三河村の内)
甚兵衛〈通称〉
　佐野 郷成　さの・さとなり　1653〜1720　徳川中期の国学者

【訒】

訒斎
　中根 半仙　なかね・はんせん　1798〜1849　江戸時代後期の漢学者

【尋】

尋尊
　大乗院 尋尊　だいじょういん・じんそん　1430〜1508　室町時代の南都僧

【靭】

靭負

じん（塵）　す（須）　ず（図）　すい（水）

今田 靱負　いまだ・ゆげい　1832～1866　幕末岩国藩の執政　㊐周防国岩国
靱負〈通称〉
　桜 東雄　さくら・あずまお　1811～1860　幕末の志士、歌人　㊐常陸新治郡浦須村
靱負〈名〉
　諏訪 頼安　すわ・よりやす　旗本

【塵】

塵外楼〈号〉
　石川 清澄　いしかわ・きよずみ　1786～1834　江戸末期の狂歌師　㊐江戸

【須】

須伊〈通称〉
　須原屋 伊八（4代）　すはらや・いはち　1823～1896　書店主
須気酒屋〈別号〉
　菅 春風　すが・しゅんぷう　1820～1902　幕末・明治の国学者、松代藩士
須和
　阿茶局　あちゃのつぼね　1555～1637　家康の側室
須弥仏〈号〉
　山本 孟遠　やまもと・もうえん　1669～1729　徳川中期の俳人　㊐江州彦根
須知〈名〉
　阿茶局　あちゃのつぼね　1555～1637　家康の側室
須磨屋〈号〉
　山口 黒露　やまぐち・こくろ　1686～1767　徳川中期の俳人

【図】

図号〈号〉
　浅井 図南　あさい・となん　1706～1780　徳川中期の医家　㊐京都東洞院下立売
図南
　高橋 宗直　たかはし・むねなお　1703～1785　有職家　㊐京都
図南
　浅井 図南　あさい・となん　1706～1780　徳川中期の医家　㊐京都東洞院下立売
図書〈通称〉
　塩川 文麟　しおかわ・ぶんりん　1808～1877　四条派の画家　㊐京都
図書
　高山 図書　たかやま・ずしょ　～1595　安土・桃山時代の武将、キリシタン
図書〈通称〉
　佐々木 利綱　ささき・としつな　1741～1802　徳川中期の医家にして歌人　㊐伊勢三重郡小杉村
図書
　狩野 探信　かのう・たんしん　1653～1718　徳川幕府の奥絵師
図書
　松根 図書　まつね・としょ　1820～1894　宇和島藩老臣

図書〈通称〉
　船曳 文陽　ふなびき・ぶんよう　1747～1814　徳川中期播磨三日月藩の儒医

【水】

水心子〈号〉
　水心子 正秀　すいしんし・まさひで　1750～1825　江戸中期の刀匠
水戸黄門
　徳川 光圀　とくがわ・みつくに　1628～1700　水戸藩第2代の藩主　㊐水戸
水母野叟〈号〉
　坂 秋斎　さか・しゅうさい　～1785　徳川中期、京都の国学者
水石〈号〉
　香村 こうそん　～1864　幕末期の俳人　㊐福島県北会津郡香塩
水石〈号〉
　大塚 敬業　おおつか・けいぎょう　1821～1874　徳川末期の富山藩儒者
水石居〈号〉
　河田 寄三　かわだ・きさん　1807～1872　明治初期の俳人　㊐武州熊谷
水光洞〈号〉
　自在庵 祇徳　じざいあん・ぎとく　1702～1754　徳川中期江戸の札差、俳人
水竹
　尾藤 水竹　びとう・すいちく　～1854　徳川末期江戸の儒者
水尾天皇
　清和天皇　せいわてんのう　850～880　第56代の天皇
水国
　雲津 水国　くもつ・すいごく　1682～1734　徳川中期の俳人　㊐江戸
水国亭〈号〉
　生駒 万子　いこま・まんし　1654～1719　徳川中期の俳人、加賀金沢の藩士
水国館〈号〉
　生駒 万子　いこま・まんし　1654～1719　徳川中期の俳人、加賀金沢の藩士
水往亭〈号〉
　清水 夫萊　しみず・ふらい　1721～1790　徳川中期の俳人
水茎主人〈号〉
　岡本 真古　おかもと・まふる　1780～1856　江戸後期の郷土史家
水茎廬
　葛人　かつじん　～1787　化政期の俳人　㊐江戸
水青〈別称〉
　広瀬 厳雄　ひろせ・いずお　1815～1874　国学者　㊐出羽鶴岡肴町
水斎〈号〉
　黒滝 儀任　くろたき・よしとう　1838～1901　幕末明治の儒者、旧弘前藩士
水善〈号〉
　吉岡 信之　よしおか・のぶゆき　1813～1874　幕末明治の国学者　㊐相模小田原
水晶

すい（吹、垂、帥、酔、遂、睡、翠、穂）　ずい（随）

首藤 水晶　すどう・すいしょう　1740〜1772　徳川中期の漢学者　㊗美濃巌村
水晶山人〈号〉
　首藤 水晶　すどう・すいしょう　1740〜1772　徳川中期の漢学者　㊗美濃巌村
水道〈名〉
　御輔 長道　みすけの・ながみち　800〜861　平安朝時代の法律学者　㊗右京
水雄
　赤井 水雄　あかい・みずお　幕末の歌人　㊗岩代国
水雲
　宮本 茶村　みやもと・ちゃそん　1793〜1862　江戸時代後期の儒者
水源堂〈号〉
　阿部 千万多　あべ・ちまた　1821〜1868　幕末の志士　㊗羽後飽海郡鵜渡川原村
水語〈号〉
　炭 太祇　たん・たいぎ　1709〜1771　徳川中期の俳人　㊗江戸
水篤庵〈号〉
　鶏山 けいざん　〜1777　天明期の俳人　㊗信濃佐久町岩村田

【吹】

吹雪庵〈号〉
　文暁　ぶんぎょう　〜1816　徳川中期の俳人、肥後八代正教寺第10世住職　㊗肥後国八代

【垂】

垂
　吉備笠 垂　きびのかさの・しだる　7世紀中葉古人大兄皇子の謀反の密告者
〔笠〕垂
　吉備笠 垂　きびのかさの・しだる　7世紀中葉古人大兄皇子の謀反の密告者

【帥】

帥内大臣
　藤原 伊周　ふじわらの・これちか　973〜1010　平安時代の政治家、内大臣正三位内覧

【酔】

酔仙〈号〉
　大川 椿海　おおかわ・ちんかい　徳川中期の画家　㊗上総八日市場
酔桃子〈別号〉
　鈴木 桃野　すずき・とうや　1800〜1852　江戸後期の随筆家
酔亀亭〈別号〉
　天 広丸　あまの・ひろまる　1770〜1823　江戸中期の狂歌師　㊗鎌倉
酔斎〈別号〉
　十返舎 一九　じっぺんしゃ・いっく　1765〜1831　戯作者　㊗駿府
酔郷祭酒長斎〈号〉
　七五三 長斎　しめ・ちょうさい　1757〜1824　徳川中期の俳人　㊗大阪
酔夢亭

高尾 蕉鹿　たかお・しょうろく　江戸末期の浮世絵師

【遂】

遂幽〈号〉
　上甲 振洋　じょうこう・しんよう　1817〜1878　宇和島藩儒　㊗伊予国宇和島城下

【睡】

睡峒〈号〉
　関 重嶷　せき・しげさと　1756〜1836　徳川中末期上野伊勢崎藩の老職にして史学者
睡眠舎〈号〉
　菊岡 光行　きくおか・みつゆき　1750〜1800　江戸時代末期の俳人、表具を業とし、彫物に巧であった
睡翁〈号〉
　如髪 じょはつ　〜1829　幕末の俳人
睡庵〈別号〉
　浦上 春琴　うらがみ・しゅんきん　1779〜1846　江戸時代の文人画家　㊗備前

【翠】

翠中軒〈号〉
　近藤 右膳　こんどう・ゆうぜん　茶人　㊗江戸
翠兄
　翠兄　すいけい　〜1813　化政期の俳人　㊗常陸竜ヶ崎
翠羽
　三輪 翠羽　みわ・すいう　1767〜1846　徳川中期の女流俳人　㊗久保田
翠羽女
　三輪 翠羽　みわ・すいう　1767〜1846　徳川中期の女流俳人　㊗久保田
翠柳軒〈号〉
　鈴鹿 秀満　すずか・ひでまろ　1797〜1877　幕末明治初期の歌人、祠官
翠翁
　久松 祐之　ひさまつ・すけゆき　安政・文久頃の国学者　㊗江戸
翠湾〈号〉
　瀬見 善水　せみ・よしみ　1813〜1892　歌人　㊗紀伊日高郡江川村
翠雲軒〈号〉
　斧木 ふぼく　1772〜1825　歌人
翠雲堂〈別号〉
　佐脇 嵩雪　さわき・すうせつ　1736〜1804　江戸末期の町絵師
翠濤
　翠濤 すいとう　1836〜1908　俳人　㊗丹後（京都府）田辺

【穂】

穂庵
　平福 穂庵　ひらふく・すいあん　1844〜1890　日本画家　㊗秋田

【随】

号・別名辞典　古代・中世・近世　293

随川峯信
狩野 岑信　かのう・みねのぶ　1662～1708　画家、徳川初期浜町狩野家の祖
随処〈別号〉
松波 資之　まつなみ・すけゆき　1830～1906　歌人　[出]安芸（現・広島県）
随安居士〈別号〉
渡辺 崋山　わたなべ・かざん　1793～1841　南画家　[出]江戸
随有
滝川 恕水　たきがわ・じょすい　江戸時代前期の儒者、俳人
随所〈号〉
松波 資之　まつなみ・すけゆき　1830～1906　歌人　[出]安芸（現・広島県）
随波
阿部 随波　あべ・ずいは　～1691　徳川中期の仙台の富豪　[出]陸中西磐井郡山ノ目
随流
中島 随流　なかじま・ずいりゅう　1629～1708　徳川中期の俳人
随斎
塩田 随斎　しおだ・ずいさい　1798～1845　徳川中末期の詩人
随斎〈号〉
夏目 成美　なつめ・せいび　1749～1816　徳川中期の俳人　[出]江戸
随意
幡 随意　ばん・ずいい　1542～1615　浄土宗の僧　[出]相模藤沢
随縁居士〈別号〉
田能村 竹田　たのむら・ちくでん　1777～1835　徳川中期の文人画家　[出]豊後直入郡竹田村
〔海上〕随鷗
稲村 三伯　いなむら・さんぱく　1758～1811　徳川末期の鳥取藩医、蘭学者　[出]因幡国鳥取川端三町

【瑞】

瑞也
北川 瑞也　きたがわ・ずいや　播州赤穂藩の人
瑞子女王
永嘉門院　えいかもんいん　1272～1329　後宇多天皇の後宮
瑞山
武市 瑞山　たけち・ずいざん　1829～1865　幕末期の志士　[出]土佐国長岡郡仁井田郷吹井村
瑞方
面山 瑞方　めんざん・ずいほう　1683～1769　曹洞宗の僧
瑞仙
池田 瑞仙　いけだ・ずいせん　1734～1816　痘科医　[出]周防岩国
瑞仙
池田 霧渓　いけだ・むけい　1784～1857　江戸後期の医者　[出]上野
瑞仙
桃源 瑞仙　とうげん・ずいせん　1430～1489　京都相国寺（臨済宗）の禅僧、五山文学者
瑞仙（1代）
池田 独美　いけだ・どくび　1735～1816　江戸時代中期～後期の医師
瑞仙院
栗本 瑞仙院　くりもと・ずいせんいん　1756～1834　徳川中期幕府の医官、本草学者　[出]江戸神田紺屋町
瑞岩〈別号〉
長井 雲坪　ながい・うんぺい　1833～1899　南画家　[出]越後沼垂
瑞枝
井上 瑞枝　いのうえ・みずえ　1840～1906　幕末時代の志士、石見津和野藩士
瑞英
池田 京水　いけだ・きょうすい　1786～1836　江戸時代後期の医師
瑞保
有節 瑞保　うせつ・ずいほう　1548～1633　織豊～江戸時代前期の僧
瑞泉
碧山 瑞泉　へきざん・ずいせん　?～1586　戦国～織豊時代の僧
瑞卿
大槻 西磐　おおつき・せいばん　1818～1857　徳川末期の儒者　[出]仙台
瑞桂
湖月 瑞桂　こげつ・ずいけい　?～1558　戦国時代の僧
瑞竜院
日秀尼　にっしゅうに　1533～1625　織豊～江戸時代前期の尼僧
瑞馬
山口 瑞馬　やまぐち・ずいば　江戸時代中期～後期の俳人、戯作者
〔生々〕瑞馬
山口 瑞馬　やまぐち・ずいば　江戸時代中期～後期の俳人、戯作者
瑞庵〈号〉
有馬 玄哲　ありま・げんてつ　1581～1665　徳川初期の医家　[出]摂津有馬
瑞智
惟明 瑞智　いみょう・ずいち　室町時代の僧
瑞超
江春 瑞超　こうしゅん・ずいちょう　1514～1585　戦国～織豊時代の僧
瑞雲院
周興　しゅうこう　～1579　足利氏家臣

【崧】

崧岳〈号〉
宮下 崧岳　みやした・しゅうがく　1826～1900　幕末明治の漢学者　[出]信濃更級郡大塚村
崧岳
鳥山 崧岳　とりやま・すうがく　～1776　江戸中・後期の儒学者　[出]越前国府中

【崇】

崇一郎〈通称〉
東 沢瀉　ひがし・たくしゃ　1832～1891　幕末明治時代の儒者にして勤王家　[出]周防岩国

崇山〈号〉
滝川 有乂　たきかわ・ゆうかい　1787〜1844　徳川中末期の和算家　[出]加賀金沢
崇広堂〈別号〉
太田 澄玄　おおた・ちょうげん　1721〜1795　徳川中期の本草学者、医家　[出]江戸
崇伝
以心 崇伝　いしん・すうでん　1569〜1633　室町時代公家、武家、諸寺の諸法度を記案した禅僧　[出]京都
〔金地院〕崇伝
以心 崇伝　いしん・すうでん　1569〜1633　室町時代公家、武家、諸寺の諸法度を記案した禅僧　[出]京都
崇光天皇
崇光天皇　すこうてんのう　1334〜1398　北朝3代目の天皇
崇孚
太原 雪斎　たいげん・せっさい　1496〜1555　今川氏家臣
崇明門院
崇明門院　そうめいもんいん　後宇多天皇の皇女
崇峻天皇
崇峻天皇　すしゅんてんのう　〜592　第32代の天皇
崇透
済関 崇透　さいかん・すうとう　戦国時代の僧
崇常
安達 雲斎(1世)　あだち・うんさい　江戸前期仙台藩の茶頭
崇道天皇
早良親王　さわらしんのう　〜785　光仁天皇の皇子
崇道尽敬皇帝
舎人親王　とねりしんのう　〜735　天武天皇の皇子
崇源院
崇源院　すうげんいん　1573〜1626　2代将軍徳川秀忠の室
崇賢門院
崇賢門院　しゅけんもんいん　1335〜1427　後光厳天皇の典侍、後円融天皇の御母

【嵩】

嵩山
浅野 文驥　あさの・ぶんき　1764〜1830　江戸時代後期の医師
嵩山
池田 正直　いけだ・せいちょく　1597〜1677　江戸時代前期の医師
嵩山
波多 兼虎　はた・けんこ　1735〜1785　江戸時代中期の儒者
嵩雪
佐脇 嵩雪　さわき・すうせつ　1736〜1804　江戸末期の町絵師

【数】

〔曹〕数也
平尾 数也(1代)　ひらお・かずや　?〜1664　江戸時代前期の茶人
数右衛門〈通称〉
安立 権斎　あだち・ごんさい　1821〜1903　幕末・明治時代の数学者　[出]越後三島郡上岩井村
数正
石川 数正　いしかわ・かずまさ　〜1593　戦国時代の武将、信濃深志城主
数吉〈名〉
士朗　とらん　〜1819　化政期の俳人　[出]京都
数馬〈通称〉
荒木田 興正　あらきだ·おきまさ　伊勢山田の祠官
数馬〈通称〉
佐々原 宣明　ささはら・のぶあき　〜1855　幕末の書家　[出]大阪
数馬〈通称〉
平亭 銀鶏　へいてい・ぎんけい　1790〜1870　前田家の医家、戯作者　[出]上野国甘楽郡
〔池田〕数馬
黒駒 勝蔵　くろこまの・かつぞう　1832〜1871　幕末期の博徒の親分　[出]甲斐国黒駒村
数斎〈別号〉
佐藤 解記　さとう・げき　1814〜1859　徳川末期の和算家　[出]越後小千谷
数衛
安立 権斎　あだち・ごんさい　1821〜1903　幕末・明治時代の数学者　[出]越後三島郡上岩井村

【雛】

雛三郎〈初名〉
嵐 三右衛門(10代)　あらし・さんえもん　1805〜1859　大阪の歌舞伎俳優、天保―安政時代の若女方の上手
雛丸
弥生庵(1代)　やよいあん　狂歌師
雛助(1代)
嵐 雛助(1代)　あらし・ひなすけ　1741〜1796　大阪の歌舞伎俳優、天明・寛政時代の京阪劇壇を代表する立役の名優
〔叶〕雛助(1代)〈別名〉
嵐 雛助(1代)　あらし・ひなすけ　1741〜1796　大阪の歌舞伎俳優、天明・寛政時代の京阪劇壇を代表する立役の名優
雛助(2代)
嵐 雛助(2代)　あらし・ひなすけ　1774〜1801　大阪の歌舞伎俳優、寛政・享和時代の立役の上手
〔叶〕雛助(2代)
嵐 雛助(5代)　あらし・ひなすけ　大阪の歌舞伎俳優、文政・天保時代の立役
〔叶〕雛助(2代)
嵐 雛助(6代)　あらし・ひなすけ　1812〜1847　大阪の歌舞伎俳優、天保・弘化時代の立役の達者　[出]江戸木挽町
雛助(3代)
嵐 雛助(3代)　あらし・ひなすけ　1791〜1813　大阪の歌舞伎俳優、文化時代の立役の功者
〔叶〕雛助(3代)
嵐 雛助(6代)　あらし・ひなすけ　1812〜1847　大阪の歌舞伎俳優、天保・弘化時代の立役の達者　[出]江戸木挽町

すん（寸） せ（世） ぜ（是）

〔叶〕雛助〈3代〉〈前名〉
　嵐雛助〈7代〉　あらし・ひなすけ　～1872　大阪の歌舞伎俳優、幕末・明治初期の立役の上手
雛助〈4代〉
　嵐雛助〈4代〉　あらし・ひなすけ　～1825　大阪の歌舞伎俳優、文政時代の立役
雛助〈5代〉
　嵐雛助〈5代〉　あらし・ひなすけ　大阪の歌舞伎俳優、文政・天保時代の立役
雛助〈6代〉
　嵐雛助〈6代〉　あらし・ひなすけ　1812～1847　大阪の歌舞伎俳優、天保・弘化時代の立役の達者　㊕江戸木挽町
雛助〈7代〉
　嵐雛助〈7代〉　あらし・ひなすけ　～1872　大阪の歌舞伎俳優、幕末・明治初期の立役の上手
雛岳〈別号〉
　鳥山崧岳　とりやま・すうがく　～1776　江戸中・後期の儒学者　㊕越前国府中
雛亀
　桃江園雛亀　とうこうえん・ひなかめ　?～1856　江戸時代後期の狂歌師
雛群
　弥生庵〈3代〉　やよいあん　1813～1867　狂歌師
雛興
　弥生庵〈4代〉　やよいあん　狂歌師

【寸】

寸松庵〈号〉
　佐久間直勝　さくま・なおかつ　1570～1642　徳川初期の茶道家（織部流）
寸松庵
　佐久間真勝　さくま・さねかつ　1570～1642　織豊～江戸時代前期の武士、茶人
寸松斎〈号〉
　清水周竹　しみず・しゅうちく　徳川中期の俳人　㊕江戸
寸長
　片山寸長　かたやま・すんちょう　1713～1761　江戸時代中期の俳人
寸草〈号〉
　芥川元風　あくたがわ・もとかぜ　1676～1741　徳川中期江戸の歌人
寸翁
　河合隼之助　かわい・じゅんのすけ　1767～1841　徳川中期の姫路藩士

【世】

世万〈字〉
　荒木千洲　あらき・せんしゅう　1807～1876　幕末の画家　㊕長崎
世外〈号〉
　井上馨　いのうえ・かおる　1835～1915　幕末勤王の志士、明治大正時代の政治家　㊕周防吉敷郡湯田村
世良〈名〉
　阿部良山　あべ・りょうざん　1773～1821　徳川中期の篆刻家　㊕讃岐山田郡六条村由良山下
世茂〈名〉

足立長雋　あだち・ちょうしゅん　1775～1836　医家
世阿弥
　世阿弥　ぜあみ　1363～1443　室町時代の能役者、謡曲作者
世美
　北山橘庵　きたやま・きつあん　1731～1791　江戸時代中期～後期の医師、漢詩人
世恭
　江田世恭　えだ・せいきょう　～1795　徳川中期の国学者
世琉兜宇須〈朝鮮名〉
　後藤次郎　ごとう・じろう　文禄朝鮮役の嚮導者　㊕松前
世竜〈名〉
　高野昌碩　たかの・しょうせき　1760～1802　江戸後期の民政家　㊕常陸国久慈郡太田村
世竜
　渕野真斎　ふちの・しんさい　1760～1823　徳川中期の画家　㊕豊後
世教〈字〉
　斎藤鸞江　さいとう・らんこう　1785～1848　徳川中期の儒者　㊕阿波
世済
　唐橋君山　からはし・くんざん　1736～1800　江戸時代中期～後期の医師
世章〈字〉
　鳥山崧岳　とりやま・すうがく　～1776　江戸中・後期の儒学者　㊕越前国府中
世富
　万流亭世富　まんりゅうてい・よとみ　狂歌師
世尊
　渓百年　たに・ひゃくねん　1754～1831　江戸時代中期～後期の儒者
世傑
　新井世傑　あらい・せいけつ　1779～1851　徳川末期の儒者、郡奉行　㊕安房館山
世源
　太古世源　たいこ・せいげん　1233～1321　鎌倉時代の僧
世綱〈名〉
　今城睨山　いまき・けんざん　徳川中期の松本藩の儒者
世襲足媛皇后
　大井媛　おおいひめ　第5代孝昭天皇の皇后

【是】

是人
　藤原是人　ふじわらの・これひと　～822　平安朝の廷臣
是三〈通称〉
　土屋林紅　つちや・りんこう　徳川中期の俳人　㊕越中井波
是仏坊〈号〉
　各務支考　かがみ・しこう　1665～1731　徳川中期の俳人　㊕美濃山県郡北野
是円
　二階堂是円　にかいどう・ぜえん　鎌倉後期・南北朝時代の武将、明法家
是円

中原 章賢　なかはらの・のりかた　鎌倉～南北朝時代の官吏
是水軒
伊庭 是水軒　いば・ぜすいけん　1649～1713　徳川中期の剣客にして心形刀流剣術の祖
是守弥助〈前名〉
福森 久助（2代）　ふくもり・きゅうすけ　江戸の歌舞伎狂言作者
是助
下郷 伝芳　しもさと・でんぽう　1763～1820　徳川中期の俳人　[出]尾張鳴海
〔源〕是忠
是忠親王　これただしんのう　857～922　光孝天皇の第1皇子
是信〈名〉
狩野 休山　かのう・きゅうざん　1655～1724　徳川幕府の表絵師
是容
長岡 監物　ながおか・けんもつ　1813～1859　江戸時代後期の武士
是真
是真　ぜしん　1795～1872　歌僧　[出]岩城
是翁
真野 安通　まの・やすみち　1730～1797　江戸時代中期の有職家
是勝
植松 是勝　うえまつ・ぜしょう　1790～1862　徳川中期の数学者　[出]上総山辺郡真亀村
〔出目〕是閑
大野 出目　おおの・でめ　面打師、大光坊幸賢の弟子　[出]越前国大野
〔菅原〕是綱
高辻 是綱　たかつじ・これつな　1030～1107　平安時代中期～後期の官吏
是誰
池田 是誰　いけだ・ぜすい　徳川初期の俳人　[出]播磨姫路
是橘
鵜沢 是橘　うざわ・ぜきつ　江戸時代前期～中期の医師、俳人

【井】

井月
井上 井月　いのうえ・せいげつ　1822～1887　徳川末期～明治中期の俳人　[出]越後長岡
〔乞食〕井月
井上 井月　いのうえ・せいげつ　1822～1887　徳川末期～明治中期の俳人　[出]越後長岡
井左
浅野 井左　あさの・せいさ　江戸時代後期の俳人
井房阿闍梨
安慶　あんきょう　平安朝時代の僧
井眉
岡 井眉　おか・せいび　1760～1837　徳川末期の俳人　[出]大阪
井眉庵〈号〉
岡 井眉　おか・せいび　1760～1837　徳川末期の俳人　[出]大阪
井亀軒〈号〉
福田 鞭石　ふくだ・べんせき　1649～1728　徳川中期の俳人　[出]京都
〔高麗〕井酔逸
高麗井 市二三　こまい・いちにさん　江戸時代後期の戯作者
井筒屋
小野 善助　おの・ぜんすけ　～1888　幕末明治時代の京都の素封家　[出]京都

【正】

正〈通称〉
平元 謹斎　ひらもと・きんさい　1810～1876　徳川末期の儒者　[出]出羽
正一
今村 弥次兵衛（2代）　いまむら・やじべえ　陶工
正一郎
秋元 正一郎　あきもと・しょういちろう　1823～1862　幕末の国学者　[出]播磨国姫路
正七〈名〉
井上 鹵滴　いのうえ・ろてき　1814～1888　幕末・明治の畸人　[出]阿波板野郡斎田
正三〈前名〉
富士田 音蔵（1代）　ふじた・おとぞう　～1827　江戸長唄謡い
正三
鈴木 正三　すずき・しょうさん　1579～1655　江戸初期の禅学家、また仮名草子の作家　[出]三河東加茂郡
正丸〈童名〉
浪化　ろうか　1671～1703　俳人、芭蕉一門、越中井波瑞泉寺住職　[出]京都
正久
磯貝 十郎左衛門　いそがい・じゅうろうざえもん　1679～1703　江戸時代前期の武士
〔松平〕正久
大河内 正久　おおこうち・まさひさ　1659～1720　江戸時代前期～中期の大名
正也
高根 正也　たかね・まさや　1822～1894　幕末の志士、英彦山修験奉行職
正子内親王
正子内親王　まさこないしんのう　1045～1114　斎院、後朱雀天皇の皇女
正己〈名〉
早野 流水　はやの・りゅうすい　1778～1831　徳川中期大阪の儒者
正之
山本 春正（6代）　やまもと・しゅんしょう　1774～1831　京都の蒔絵師
正之
保科 正之　ほしな・まさゆき　1611～1672　会津藩主松平氏の祖
正之進〈通称〉
安東 侗庵　あんどう・とうあん　1667～1702　徳川初期の儒者
正之進〈通称〉
原 得斎　はら・とくさい　徳川末期の儒者　[出]京都
正五郎〈通称〉
斎藤 勝明　さいとう・かつあき　1813～1894　幕末・明治時代の国学者　[出]仙台

せい（正）

正仏
　生仏　しょうぶつ　平家琵琶の祖
〔松平〕正升
　大河内 正升　おおこうち・まさのり　1742～1804　江戸時代中期～後期の大名
正友
　福来 石王兵衛　ふくらい・いしおうびょうえ　室町時代の能面師
正尹
　和田 正尹　わだ・まさただ　1685～1739　徳川中期の国学者　㊞備前岡山
正文
　島村 省吾　しまむら・しょうご　1845～1864　幕末の尊攘運動家
正方
　生山 正方　いくやま・まさかた　1764～1830　徳川中期の国学者　㊞甲斐
〔四方〕正木〈別称〉
　文亭 梅彦　ぶんてい・うめひこ　1822～1896　人情本作者、狂言作者
正令
　阿部 淡斎　あべ・たんさい　1813～1880　徳川末期の儒者
正令
　山本 春正(5代)　やまもと・しゅんしょう　1734～1803　京都の蒔絵師
正功
　高橋 正功　たかはし・まさこと　1824～1865　幕末の近江膳所藩士
正平
　波多野 正平　はたの・しょうへい　1813～1892　鋳金家　㊞京都北山
〔亀文堂〕正平
　波多野 正平　はたの・しょうへい　1813～1892　鋳金家　㊞京都北山
正弘〈名〉
　雨森 栗斎　あめのもり・りっさい　1784～1842　江戸時代の篆刻家
正由〈通称〉
　宮川 松堅　みやかわ・しょうけん　1632～1726　徳川中期の俳人　㊞京都
正立
　今西 正立　いまにし・せいりゅう　徳川中期の医家　㊞摂津
正会
　南 正会　みなみ・まさえ　1740～1819　徳川中期の茶人　㊞堺
正伝
　春富士 正伝　はるふじ・しょうでん　延享―明和時代の京都の浄瑠璃太夫、正伝節の流祖
〔春富士〕正伝
　宮古路 蘭八(3世)　みやこじ・そのはち　宮古路節の太夫、初世の門弟
正伝藤原貞政
　春富士 正伝　はるふじ・しょうでん　延享―明和時代の京都の浄瑠璃太夫、正伝節の流祖
正吉〈通称〉
　平田 篤胤　ひらた・あつたね　1766～1843　国学者、世に国学の4大人と称せられる　㊞出羽国秋田久保城下下谷畑
〔川上〕正吉〈本名〉
　大坂屋 伊兵衛　おおさかや・いへえ　～1718　徳川中期江戸十組問屋の主唱者
〔桃江〕正吉
　正木 護　まさき・まもる　本願寺派光永寺僧、邪教探索謀者
正名〈名〉
　三宅 石庵　みやけ・せきあん　1665～1730　儒者　㊞京都三条通
正因
　高森 正因　たかもり・まさよし　1640～1718　徳川初中期の医家　㊞京都
正因
　富森 助右衛門　とみのもり・すけえもん　1670～1703　江戸時代前期の武士
正式
　池田 正式　いけだ・まさのり　徳川中期の俳人　㊞大和郡山
正成〈名〉
　山本 重成　やまもと・しげなり　1554～1616　家康の臣
正成
　楠木 正成　くすのき・まさしげ　～1336　建武中興の忠臣、従4位上摂津河内守
正成
　服部 半蔵　はっとり・はんぞう　1542～1596　織豊時代の武将
〔楠〕正成
　楠木 正成　くすのき・まさしげ　～1336　建武中興の忠臣、従4位上摂津河内守
正次
　岡本 苔蘇　おかもと・たいそ　～1709　徳川時代の俳人　㊞伊賀上野
正次
　高橋 正次　たかはし・まさつぐ　江戸の金工
正次
　日置 正次　へき・まさつぐ　室町時代の射術家、日置流の祖　㊞大和
正次
　百川 治兵衛　ももかわ・じへえ　1580～1638　江戸時代前期の和算家
正次
　豊島 信満　としま・のぶみつ　?～1628　江戸時代前期の武士
正羽
　栗崎 道有　くりさき・どうゆう　1660～1726　江戸時代前期～中期の医師
正行〈名〉
　宮川 松堅　みやかわ・しょうけん　1632～1726　徳川中期の俳人　㊞京都
正行
　佐藤 正行　さとう・せいこう　1817～1883　幕末・明治時代の算家、奥州津軽藩士　㊞弘前亀甲町
正行
　楠木 正行　くすのき・まさつら　～1348　吉野朝の武将
〔楠〕正行
　楠木 正行　くすのき・まさつら　～1348　吉野朝の武将
正作
　鳥山 正作　とりやま・しょうさく　1763～1832　仙台伊達侯の家臣

正体〈名〉
　桧垣 繁太郎　ひがき・しげたろう　1849〜1864
　幕末の志士　㊙土佐羽根村
正克〈名〉
　井上 奨輔　いのうえ・しょうすけ　1843〜1868
　幕末の志士、山口藩士
正兵衛〈通称〉
　山田 白居　やまだ・はくきょ　1724〜1800　徳川
　中期の俳人　㊙仙台
正兵衛
　竹内 正兵衛　たけのうち・しょうべえ　1819〜1864
　幕末山口藩の志士　㊙長門国大津郡三隅村浅田
正利〈名〉
　井上 遅春　いのうえ・ちしゅん　〜1821　徳川中
　期の俳人　㊙摂州池田
正利
　岡田 盤斎　おかだ・ばんさい　1667〜1744　江戸
　中期垂加派の神道家　㊙江戸
正利
　田中 正利　たなか・まさとし　17世紀の後半に活
　躍した数学者
正助〈通称〉
　稲生 若水　いのう・じゃくすい　1655〜1715　江
　戸中期の本草学者　㊙江戸
正声
　足立 正声　あだち・まさな　1841〜1907　旧鳥取
　藩士、男爵
正寿
　贄 正寿　にえ・まさとし　1741〜1795　江戸中・
　後期の幕臣
正峯
　宮下 正峯　みやした・まさみね　1774〜1838　徳
　川中期の国学者　㊙信濃上伊那郡飯島村
正応
　岡田 正応　おかだ・まさかず　1806〜1872　徳川
　末期伊勢の本草学者　㊙伊勢員弁郡治田村
正応坊観道〈別称〉
　鷹羽 浄典　たかば・じょうてん　1823〜1866　幕
　末の志士、英彦山修験執当職
正志斎
　会沢 正志斎　あいざわ・せいしさい　1781〜1863
　徳川末期の水戸藩儒　㊙水戸城西南下谷
正村〈別称〉
　水谷 蟠竜　みずのや・ばんりゅう　1521〜1596
　安土桃山時代の武将
正秀
　水心子 正秀　すいしんし・まさひで　1750〜1825
　江戸中期の刀匠
正秀
　水田 正秀　みずた・まさひで　1657〜1723　徳川
　中期の俳人　㊙近江膳所
〔度会〕正身
　橘村 正身　はしむら・まさのぶ　1714〜1771　江
　戸時代中期の神職、国学者
正辰〈名〉
　宮地 楚水　みやじ・そすい　徳川中期の漢学者
　㊙信濃木曽福島
正辰〈名〉
　中村 勘助　なかむら・かんすけ　1655〜1703　赤
　穂義士の1人
正辰

間瀬 孫九郎　まぜ・まごくろう　1681〜1703　江
戸時代前期の武士
正受老人
　道鏡 慧端　どうきょう・えたん　1642〜1721　江
　戸時代前期〜中期の僧
正周
　山本 春正(8代)　やまもと・しゅんしょう　1816
　〜1877　京都の蒔絵師
〔松平〕正和
　大河内 正和　おおこうち・まさとも　1823〜1862
　江戸時代後期の大名
正国
　金井 半兵衛　かない・はんべえ　〜1651　由井正
　雪の一味の浪人剣士
正宗
　正宗　まさむね　鎌倉時代の刀工
〔岡崎〕正宗
　正宗　まさむね　鎌倉時代の刀工
〔五郎〕正宗
　正宗　まさむね　鎌倉時代の刀工
〔相州〕正宗
　正宗　まさむね　鎌倉時代の刀工
正宗国師
　白隠 慧鶴　はくいん・えかく　1685〜1768　徳川
　時代に於ける臨済禅の復興者　㊙駿河駿東郡浮島
正定〈名〉
　和田 蘭石　わだ・らんせき　1769〜1837　徳川中
　期の儒者　㊙備前岡山
正幸
　信俣 正幸　しのまた・まさゆき　徳川初期の兵学家
正幸
　宮川 正幸　みやがわ・まさゆき　江戸時代中期の
　浮世絵師
正忠
　和田 正忠　わだ・まさただ　吉野朝時代の武将
正忠
　瀬田 掃部　せた・かもん　1548〜1595　織豊時代
　の武士、茶人
正忠
　富岡 正美　とみおか・まさよし　1774〜1859　江
　戸時代後期の武士
正念
　大休 正念　だいきゅう・しょうねん　1215〜1289
　臨済宗の僧　㊙中国温州
正斉
　新井 正斉　あらい・まさなり　1597〜1678　徳川
　初期の武士、白石の父　㊙常陸
正明
　石原 正明　いしはら・まさあきら　〜1821　徳川
　中期の国学者　㊙尾張国海部郡神守駅
正明
　間瀬 久太夫　まぜ・きゅうだゆう　1641〜1703
　江戸時代前期の武士
正明
　井戸 平左衛門　いど・へいざえもん　1671〜1733
　江戸中期の幕府民政家　㊙武蔵
正武〈諱〉
　秋山 要助　あきやま・ようすけ　1772〜1833　近
　世後期の剣術家
正治

せい（正）

御子田 正治　みこだ・まさはる　～1587　秀吉古参の家人
〔神子田〕正治
御子田 正治　みこだ・まさはる　～1587　秀吉古参の家人
正直
中村 敬宇　なかむら・けいう　1832～1891　明治初年に於ける教育家、道徳家及び文章家　㊙江戸
正直
槇村 正直　まきむら・まさなお　1834～1896　萩藩無給通士　㊙長門国美祢郡大田村
正祇〈名〉
杜若　とじゃく　～1792　俳人、芭蕉一門　㊙伊賀上野
正英
東 梅竜軒　あずま・ばいりゅうけん　江戸時代前期の槍術家
正虎
大饗 正虎　おおあえ・まさとら　1520～1596　安土桃山時代の書家　㊙備前
〔楠〕正虎
大饗 正虎　おおあえ・まさとら　1520～1596　安土桃山時代の書家　㊙備前
正述〈字〉
佐久間 纉　さくま・さん　1819～1896　幕末・明治時代の和算家　㊙磐城田村郡石森
正阿
正阿　しょうあ　～1838　化政期の俳人　㊙信濃諏訪矢ケ崎村
〔秋阿〕正阿弥
正阿弥 伝兵衛　しょうあみ・でんべえ　1651～1727　江戸時代前期～中期の装剣金工
正信
阿部 正信　あべ・まさのぶ　徳川中期の駿府城加番にして『駿国雑志』の著者
正信
高島 正信　たかしま・まさのぶ　徳川初期の画家
正信
狩野 正信　かのう・まさのぶ　1434?～1530?　室町時代の画家、狩野派の始祖
正信
小栗 仁右衛門　おぐり・にえもん　1589～1661　江戸時代前期の武士、武術家
〔松平〕正信
大河内 正信　おおこうち・まさのぶ　1621～1693　江戸時代前期の大名
正保〈名〉
高桑 闌更　たかくわ・らんこう　1726～1798　徳川中期の俳人　㊙金沢
正則
福島 正則　ふくしま・まさのり　1561～1624　豊臣時代の武将、のち広島藩主　㊙尾張海東郡二寺村
正室
深田 円空　ふかだ・えんくう　?～1663　江戸時代前期の学者
正室
深田 明峯　ふかだ・めいほう　1639～1707　江戸時代前期の儒者
正宣
香田 正宣　こうだ・しょうせん　1661～1718　江戸時代前期～中期の俳人

正恒
石川 麟洲　いしかわ・りんしゅう　1707～1759　江戸時代中期の儒者
正持
佐藤 正持　さとう・まさもち　1809～1857　徳川中期の画家　㊙江戸
正春〈名〉
井上 士朗　いのうえ・しろう　1742～1812　江戸後期の俳人　㊙尾張国守山
正春
正木 正康　まさき・まさやす　上総勝浦の城主
正栄
本木 庄左衛門　もとき・しょうざえもん　1767～1822　江戸時代後期のオランダ通詞
正栄院
お牟須の方　おむすのかた　?～1592　徳川家康の側室
〔水野尾〕正珉
赤松 眉公　あかまつ・びこう　1757～1808　江戸時代中期～後期の篆刻家
正盈〈本姓名〉
畠中 銅脈　はたなか・どうみゃく　1752～1801　徳川中期の狂詩家、戯作者
正秋〈名〉
吉田 東洋　よしだ・とうよう　1816～1862　幕末期の政治家　㊙土佐
正胤
竹尾 正胤　たけお・まさたね　1833～1874　歌人　㊙三河額田郡山中村舞木
正胤
山本 忠亮　やまもと・ただすけ　1842～1866　幕末の武士
〔松平〕正貞
大河内 正貞　おおこうち・まささだ　1682～1749　江戸時代中期の大名
正風園〈号〉
関 為山　せき・いざん　1804～1878　徳川末期―明治初年の俳人　㊙江戸
正香〈別号〉
生川 春明　なるかわ・はるあき　1804～1890　和歌とともに国語法・風俗史の研究　㊙伊勢津市岩田町
正倫
深田 正倫　ふかだ・まさみち　1683～1737　徳川中期の儒者　㊙近江
正員〈諱〉
今村 不僧　いまむら・ふそう　1628～1694　徳川初期の軍学者　㊙江戸
正員〈名〉
藤村 蘭室　ふじむら・らんしつ　1650～1733　徳川中期の茶道家
正員
蜂須賀 宗員　はちすか・むねかず　1709～1735　江戸時代中期の大名
〔毛利〕正員
稲葉 正員　いなば・まさかず　1649～1728　江戸時代前期～中期の武士
正峰
幸阿弥(13代)　こうあみ　蒔絵師
正恭〈諱〉
広岡 浪秀　ひろおか・なみひで　1841～1864　幕末の志士　㊙長門国美弥郡大嶺

せい(正)

正敏
　浅見 正敏　あさみ・まさとし　1784〜1858　徳川末期の儒者、周防徳山藩士
〔結城〕正敏
　仙田 市郎　せんだ・いちろう　1821〜1864　維新時代福岡藩勤王家
正格〈名〉
　斎藤 誠軒　さいとう・せいけん　1826〜1876　徳川末期伊勢津藩の儒者
正矩〈本名〉
　小栗 美作　おぐり・みまさか　1626〜1681　越後高田藩主松平光長の家臣
正竜〈諱〉
　林 了蔵　はやし・りょうぞう　1829〜1865　幕末の水戸藩士　㊽常陸国
正致〈名〉
　岩田 涼菟　いわた・りょうと　1661〜1717　徳川中期の俳人　㊽伊勢山田
正軒〈号〉
　関 載甫　せき・さいほ　1646〜1730　徳川初期の儒者
正通
　稲葉 正往　いなば・まさゆき　1640〜1716　江戸時代前期〜中期の大名
正高
　杉村 治兵衛　すぎむら・じへえ　江戸時代前期の浮世絵師
正啓
　下村 彦右衛門　しもむら・ひこえもん　1688〜1748　江戸時代中期の商人
正庵〈号〉
　麻田 剛立　あさだ・ごうりゅう　1734〜1799　徳川中期の天文学者　㊽豊後杵築
正康
　正木 正康　まさき・まさやす　上総勝浦の城主
正授
　牧中 正授　ぼくちゅう・しょうじゅ　?〜1511　室町〜戦国時代の僧
正淳
　平井 淳暦　ひらい・あつまろ　1835〜1906　幕末の志士、豊前小倉藩士
〔主水正〕正清
　正清　まさきよ　1670〜1730　江戸時代中期の刀工
正琇
　温伯 正琇　おんぱく・しょうしゅう　?〜1455　室町時代の僧
正盛
　曲直瀬 正盛　まなせ・まさもり　1508〜1595　医師
正盛
　林 藤左衛門　はやし・とうざえもん　1621〜1697　江戸時代前期の治水家
〔今大路〕正盛
　曲直瀬 正盛　まなせ・まさもり　1508〜1595　医師
正章〈名〉
　安原 貞室　やすはら・ていしつ　1610〜1673　徳川初期の俳人　㊽京都
正章
　山本 春正(9代)　やまもと・しゅんしょう　京都の蒔絵師
正章

朝岡 正章　あさおか・まさあき　1794〜1840　徳川中期の歌人　㊽名古屋
正経
　保田 信六郎　やすだ・しんろくろう　1838〜1865　幕末の武士
正紹
　曲直瀬 正紹　まなせ・まさつぐ　1541〜1622　医師
正紹
　熊野 正紹　くまの・せいしょう　〜1797　徳川中期の郷土史家
正視
　山岡 静山　やまおか・せいざん　1829〜1855　幕末の武士、槍術家
正郷〈名〉
　奥貫 五平次　おくぬき・ごへいじ　1708〜1787　江戸中期の儒者(古学派)　㊽武蔵入間郡
正都〈名〉
　高橋 利兵衛　たかはし・りへえ　1840〜1864　幕末の志士、周防熊毛郡上島田村の農
正勝
　中井 範五郎　なかい・はんごろう　1840〜1868　鳥取藩士
正勝
　蜂須賀 小六　はちすか・ころく　1526〜1586　安土桃山時代の武将　㊽尾張国海部郡蜂須賀
正勝
　栗崎 道喜(2代)　くりさき・どうき　1622〜1698　江戸時代前期の医師
正勝
　佐久間 不干斎　さくま・ふかんさい　1556〜1631　織豊〜江戸時代前期の武将、茶人
正勝
　福野 七郎右衛門　ふくの・しちろうえもん　織豊〜江戸時代前期の柔術家
正勝(1代)
　土佐少掾橘 正勝(1代)　とさのしょうじょうたちばなの・まさかつ　浄瑠璃太夫、土佐節の流祖
正喬
　稲葉 正喬　いなば・まさより　1647〜1714　江戸時代前期〜中期の武士、歌人
正就
　土井 杢之丞　どい・もくのじょう　1793〜1853　江戸時代後期の武士
正揚〈名〉
　上河 淇水　うえかわ・きすい　1748〜1817　幕末京都の心学者　㊽近江国神崎郡今田居
〔松平〕正敬
　大河内 正敬　おおこうち・まさかた　1794〜1832　江戸時代後期の大名
〔松平〕正温
　大河内 正温　おおこうち・まさはる　1725〜1782　江戸時代中期の大名
正琳
　曲直瀬 正琳　まなせ・しょうりん　1565〜1611　医家　㊽山城
正統
　馬場 錦江　ばば・きんこう　1801〜1860　徳川中期の俳人、和算家　㊽江戸四谷
正董〈名〉
　荒木田 久老　あらきだ・ひさおい　1746〜1804　国学者

正覚心宗国師
夢窓 疎石　むそう・そせき　1275〜1351　臨済宗の碩徳、天竜寺の開山　[出]伊勢
正覚普通国師
大林 宗套　だいりん・そうとう　1480〜1568　戦国―織豊時代の禅僧、大徳寺主　[出]京都
正賀
高橋 正賀　たかはし・まさよし　徳川中期の刀匠　[出]奥州津軽
正道
植村 正道　うえむら・まさみち　〜1860　徳川幕臣
正道
清岡 治之助　きよおか・じのすけ　1826〜1864　幕末の尊攘運動家
正道親王
舜仁法親王　しゅんにんほうしんのう　1789〜1843　有栖川宮織仁親王の第4王子
正雄
丹羽 正雄　にわ・まさお　1834〜1864　幕末三条家の家士　[出]近江愛知郡鯰江村
正雄
田中 正雄　たなか・まさお　1842〜1866　明治維新時代広島藩出身の志士
〔鉄元堂〕正楽
岡本 尚茂　おかもと・なおしげ　?〜1780　江戸時代中期の装剣金工
正準
吉田 正準　よしだ・まさとし　1790〜1846　徳川末期の国学者　[出]土佐
正継
井上 正継　いのうえ・まさつぐ　〜1646　徳川初期井上流砲術の祖
正義〈名〉
大利 正樹　おおり・まさき　1841〜1864　幕末土佐藩の志士　[出]高知城下上町
正義
有馬 新七　ありま・しんしち　1825〜1862　幕末の武士
〔松平〕正義
大河内 正義　おおこうち・まさよし　1806〜1837　江戸時代後期の大名
正路
浅井 南溟　あさい・なんめい　1734〜1781　江戸時代中期の医師
〔松平〕正路
大河内 正路　おおこうち・まさみち　1765〜1808　江戸時代後期の大名
正徳
山本 春正（7代）　やまもと・しゅんしょう　1806〜1871　京都の蒔絵師
正種
前田 繁馬　まえだ・しげま　1838〜1863　幕末の尊攘運動家
正種
不破 数右衛門　ふわ・かずえもん　1670〜1703　江戸時代前期の武士
〔松平〕正綱
大河内 正綱　おおこうち・まさつな　1576〜1648　織豊〜江戸時代前期の大名
正輔
大堀 正輔　おおほり・まさすけ　1767〜1830　徳川中期の歌人　[出]近江国
正隠〈名〉
藤村 蘭室　ふじむら・らんしつ　1650〜1733　徳川中期の茶道家
正韶
深田 正韶　ふかだ・まさあき　1773〜1850　儒者
正韶
深田 香実　ふかだ・こうじつ　1773〜1850　江戸時代後期の儒者
正儀
楠木 正儀　くすのき・まさのり　吉野朝時代の武将、参議左衛門督
〔楠〕正儀
楠木 正儀　くすのき・まさのり　吉野朝時代の武将、参議左衛門督
正徹
清巌 正徹　せいがん・しょうてつ　1380〜1458　室町前期の禅僧（臨済宗）、歌人　[出]備中
正慶
曲直瀬 正盛　まなせ・まさもり　1508〜1595　医師
正澄〈名〉
高橋 残夢　たかはし・ざんむ　1775〜1851　徳川末期の歌人にして国語学者、桂門十哲の一人　[出]京都室町頭柳原南町金竜水
正澄
石田 正澄　いしだ・まさずみ　〜1600　安土桃山時代の武将、三成の兄
正澄
清拙 正澄　せいせつ・しょうちょう　1274〜1339　元から来日した僧
〔豊田〕正蔵〈別名〉
為永 太郎兵衛　ためなが・たろべえ　宝暦期の上方の浄瑠璃作者、歌舞伎狂言作者　[出]大阪
正蔵（5代）
林屋 正蔵（5代）　はやしや・しょうぞう　1824〜1923　落語家
正養
石河 正養　いしこ・まさかい　1821〜1891　徳川末期の国学者　[出]石見鹿足郡津和野
正曇
天海 正曇　てんかい・しょうどん　?〜1603　織豊時代の僧
正樹
大利 正樹　おおり・まさき　1841〜1864　幕末土佐藩の志士　[出]高知城下上町
正篤
平松 正篤　ひらまつ・まさあつ　1815〜1848　徳川末期の伊勢津藩士
〔中島〕正興〈通称〉
学の門 悟喜　まなびのと・ごき　〜1846　狂歌師　[出]下野栃木
正親町院
正親町院　おおぎまちいん　1214〜1285　土御門天皇の皇女
正謙〈名〉
斎藤 拙堂　さいとう・せつどう　1797〜1865　江戸時代末期の儒者　[出]江戸柳原
正職
杉浦 正職　すぎうら・まさもと　徳川中期の琴曲家、幕臣

せい（生，成）

正顕
　宇都宮 正顕　うつのみや・まさあき　1815～1885　幕末の志士　㊨福岡藩筑前黒崎駅

【生】

生山〈号〉
　加茂 季鷹　かもの・すえたか　1751～1841　江戸後期の国学者　㊨京都
生仏
　生仏　しょうぶつ　平家琵琶の祖
生玉隠士〈号〉
　赤津 隆基　あかず・りゅうき　1831～1897　幕末明治の僧　㊨磐城旧菊多郡後田村
生成
　万年堂 生成　まんねんどう・いきなり　～1866　狂歌師
生西法師
　生西 法師　しょうざい・ほっし　鎌倉後期の悪党
生駒
　日下 生駒　くさか・いこま　1712～1752　徳川中期の儒者、勧業家　㊨河内日下郷
〔孔〕生駒
　日下 生駒　くさか・いこま　1712～1752　徳川中期の儒者、勧業家　㊨河内日下郷
生観〈法号〉
　佐々木 持清　ささき・もちきよ　1417～1470　室町時代の武将

【成】

成〈名〉
　伴 侗庵　ばん・とうあん　1806～1873　徳川末期の儒者　㊨近江彦根
成〈名〉
　有馬 白噢　ありま・はくしょ　1735～1817　徳川中期の熊本藩儒員
成一〈諱〉
　新井 玩三　あらい・がんぞう　1823～1905　幕末・明治時代の数学者　㊨下総印旛郡大森町亀成
成一〈名〉
　石川 善右衛門　いしかわ・ぜんえもん　1607～1669　備前岡山藩の郡奉行
成一郎
　渋沢 喜作　しぶさわ・きさく　1838～1912　幕末の志士にして明治時代の実業家　㊨武蔵榛沢郡八基村
成三楼主人
　成三楼 主人　せいさんろう・しゅじん　江戸の作家
成三楼酒盛〈別号〉
　成三楼 主人　せいさんろう・しゅじん　江戸の作家
成久〈名〉
　半田 門吉　はんだ・もんきち　1834～1864　維新時代の久留米藩士
成之〈名〉
　加藤 弘之　かとう・ひろゆき　1836～1916　啓蒙学者　㊨但馬国（現・兵庫県）出石城下谷山町
成之
　水野 十郎左衛門　みずの・じゅうろうざえもん　～1664　江戸前期の旗本奴　㊨備後国福山
〔佐々〕成之

丹羽 正雄　にわ・まさお　1834～1864　幕末三条家の家士　㊨近江愛知郡鯰江村
成之進〈通称〉
　太田 晴斎　おおた・せいさい　1834～1897　幕末明治の儒者
成元
　宇喜多 秀家　うきた・ひでいえ　1572～1655　安土・桃山時代の武将　㊨備前国岡山
成功
　鄭 成功　てい・せいこう　1624～1662　明末・清初の明朝の遺臣　㊨平戸
成田屋県〈初名〉
　福森 久助(2代)　ふくもり・きゅうすけ　江戸の歌舞伎狂言作者
成充
　佐藤 成充　さとう・しげみつ　1657～1708　徳川中期の儒者　㊨江戸
成安
　半井 成安　なからい・なりやす　医師
成安〈名〉
　番 忠左衛門　ばん・ちゅうざえもん　1628～1658　徳川初期の対馬府中藩士
成行
　山本 成行　やまもと・なりゆき　徳川家康の臣
成忍
　恵日房 成忍　えにちぼう・じょうにん　鎌倉初期の画家、栂尾高山寺の僧
成良
　田口 成能　たぐち・しげよし　源平時代の阿波の豪族
成命
　牧野 成命　まきの・なりなが　～1529　戦国の武将　㊨三河渥美郡今橋（豊橋）
成命
　牧野 信成　まきの・のぶしげ　？～1529　戦国時代の武将
〔白江〕成定
　白井 範秀　しらい・のりひで　？～1595　織豊時代の武将
成尚〈名〉
　樋口 五左衛門　ひぐち・ござえもん　1636～1658　徳川初期の対馬府中藩士
成知
　佐藤 成知　さとう・なりとも　1763～1834　徳川中末期の儒者　㊨仙台
成阿
　了実　りょうじつ　1304～1386　鎌倉～南北朝時代の僧
〔千葉〕成信
　藤井 織之助　ふじい・おりのすけ　1827～1868　幕末の志士　㊨大和十津川郷永井
成政
　佐々 成政　さっさ・なりまさ　～1588　織豊時代の武将　㊨尾張春日井郡比良村
成祐〈名〉
　原田 兵介　はらだ・ひょうすけ　1792～1863　幕末の水戸藩士
成美
　夏目 成美　なつめ・せいび　1749～1816　徳川中期の俳人　㊨江戸
成修処子〈別号〉

号・別名辞典　古代・中世・近世　303

せい（西）

延年　えんねん　1746〜1819　徳川中期の篆刻家
成卿〈字〉
　杉田 成卿　すぎた・せいけい　1817〜1859　徳川末期の蘭学医　㊥江戸
成能
　田口 成能　たぐち・しげよし　源平時代の阿波の豪族
成連
　藤山 衛門　ふじやま・えもん　1831〜1864　幕末の尊攘運動家
成章〈名〉
　今井 柳荘　いまい・りゅうそう　1751〜1811　徳川中期の俳人　㊥里信濃
成章〈諱〉
　松本 要人　まつもと・かなめ　1817〜1893　仙台藩士　㊥陸奥国遠田郡富永村休塚
成章
　富士谷 成章　ふじたに・なりあきら　1738〜1779　徳川中期の国学者、歌人　㊥京都
成章
　清岡 道之助　きよおか・みちのすけ　1833〜1864　幕末の尊攘運動家
成富
　大村 成富　おおむら・しげとみ　徳川中期の古銭家　㊥江戸
成尋
　成尋　じょうじん　1011〜1081　天台宗僧
成就院〈号〉
　足利 茶々丸　あしかが・ちゃちゃまる　〜1491　足利将軍家の一族、堀越公方政知の子
成裕〈名〉
　佐藤 中陵　さとう・ちゅうりょう　1762〜1848　徳川中末期の本草学者　㊥江戸青山
成覚房
　幸西　こうさい　1163〜1247　鎌倉時代の僧
〔高階〕成順
　乗蓮　じょうれん　？〜1040　平安時代中期の僧
〔葉室〕成頼
　藤原 成頼　ふじわらの・なりより　1136〜1202　平安後期〜鎌倉時代の公卿

【西】

西丸〈号〉
　椎本 才麿　しいのもと・さいまろ　1656〜1738　徳川中期の俳人　㊥大和宇陀郡
西丸殿
　松丸殿　まつまるどの　〜1634　豊臣秀吉の側室
西山
　斎藤 西山　さいとう・せいざん　1754〜1809　徳川中期の肥前蓮池藩儒　㊥肥前
西山外史〈号〉
　菊池 清彦　きくち・きよひこ　1812〜1883　幕末明治時代の志士、公益家　㊥豊後大分郡高松
西山樵翁
　木下 長嘯子　きのした・ちょうしょうし　1569〜1649　小浜城主、「挙白集」の著者
西允〈名〉
　大西 圭斎　おおにし・けいさい　徳川時代後期の画家　㊥江戸
西奴〈初号〉
　白井 鳥酔　しらい・ちょうすい　1701〜1769　徳川中期の俳人　㊥上総埴生郡地引村
西光
　藤原 師光　ふじわらの・もろみつ　〜1177　平安時代の朝臣
西江軒〈号〉
　住山 楊甫　すみやま・ようほ　1782〜1855　茶匠
西行
　西行　さいぎょう　1118〜1190　平安末期の歌人
西吟
　水田 西吟　みずた・さいぎん　〜1709　徳川中期の俳人　㊥摂州桜塚
西吟
　水田 西吟　みずた・さいぎん　〜1709　徳川中期の俳人　㊥摂州桜塚
西国
　島屋 西国　しまや・さいこく　1647〜1695　徳川中期の俳人　㊥豊後国日田町豆田
〔中村〕西国
　島屋 西国　しまや・さいこく　1647〜1695　徳川中期の俳人　㊥豊後国日田町豆田
西坡〈号〉
　竹内 玄同　たけうち・げんどう　1805〜1880　幕末・明治初期の医家　㊥加賀（石川県）大聖寺
西忠
　松平 親忠　まつだいら・ちかただ　？〜1501　室町時代の武将
西林軒〈別号〉
　富永 平兵衛　とみなが・へいべえ　延宝―元禄時代の京阪の歌舞伎狂言作者
西武
　山本 西武　やまもと・にしたけ　1606〜1678　徳川初期の俳人
西阿
　三輪 西阿　みわ・せいあ　南北朝時代の武将　㊥大和国三輪
〔開地井〕西阿
　三輪 西阿　みわ・せいあ　南北朝時代の武将　㊥大和国三輪
〔玉井〕西阿
　三輪 西阿　みわ・せいあ　南北朝時代の武将　㊥大和国三輪
西幽子
　西山 宗因　にしやま・そういん　1605〜1682　徳川初期の連歌俳諧師　㊥肥後八代
西洞〈号〉
　藤井 西洞　ふじい・さいどう　1730〜1770　徳川中期の書家、医家
西宮左大臣
　源 高明　みなもとの・たかあきら　914〜982　醍醐天皇皇子
西峯散人〈号〉
　松下 見林　まつした・けんりん　1637〜1703　江戸中期の儒医にして国学者　㊥大坂
西華坊
　各務 支考　かがみ・しこう　1665〜1731　徳川中期の俳人　㊥美濃山県郡北野
西華門院
　西華門院　せいかもんいん　1269〜1355　後宇多天皇の後宮、後二条天皇の御母
西院帝

淳和天皇　じゅんなてんのう　786～840　第53代の天皇
西馬
楽亭 西馬　らくてい・さいば　1799～1858　書肆、戯作者
西馬
志倉 西馬　しくら・さいば　1808～1858　徳川末期の俳人　[出]上州高崎
西涯
玉木 西涯　たまき・せいがい　1835～1882　幕末明治時代の漢学者
西郷局
愛方　あいのかた　1552～1589　徳川家康の側室
西温〈号〉
高岡 夢堂　たかおか・むどう　1817～1869　幕末の大垣藩士
西湖〈別号〉
悦岩 東悆　えつがん・とうよ　～1529　建仁寺主　[出]京都
西湖
浅野 西湖　あさの・せいこ　徳川末期の江戸の画家
西湖〈号〉
田村 元長　たむら・げんちょう　徳川中期の医家にして本草家
西塢〈号〉
青山 興道　あおやま・おきみち　1702～1756　徳川中期の儒者
西磐
大槻 西磐　おおつき・せいばん　1818～1857　徳川末期の儒者　[出]仙台
西鵬〈別号〉
井原 西鶴　いはら・さいかく　1642～1693　江戸初期の俳人また浮世草子作者　[出]大阪
西鶴
井原 西鶴　いはら・さいかく　1642～1693　江戸初期の俳人また浮世草子作者　[出]大阪

【制】

制兵衛〈通称〉
早田 英房　はやだ・ひでふさ　1785～1847　徳川中期の金工家

【征】

征西将軍宮
懐良親王　かねながしんのう　～1383　南北朝時代の征西将軍宮、後醍醐天皇の皇子

【性】

性一
独吼 性獅　どっく・しょうし　1624～1688　明から来日した僧
性仏
生仏　しょうぶつ　平家琵琶の祖
性如
法岸　ほうがん　1744～1816　江戸時代中期～後期の僧
性侒
千呆 性侒　せんがい・しょうあん　1636～1705　明から来日した僧
性岱
崇芝 性岱　すうし・しょうたい　1414～1496　室町時代の僧
性承法親王
性承法親王　しょうじょうほうしんのう　1637～1678　後水尾天皇の第7皇子
性易
独立　どくりゅう　1596～1672　江戸初期に来日した中国の禅僧
性空
性空　しょうくう　910～1007　平安朝中期の僧にして歌人、播磨書写山円教寺の開山　[出]京都
性乗〈法名〉
下間 少進　しもつま・しょうしん　1551～1616　本願寺坊官で素人能役者
性信法親王
性信法親王　しょうしんほうしんのう　1005～1085　三条天皇第4皇子
性海
慈航　じこう　1644～1727　江戸時代前期～中期の僧
性派
南源 性派　なんげん・しょうは　1631～1692　明から来日した僧
性恵女王
性恵女王　しょうえにょおう　1416～1441　後崇光太上天皇第一王女
性真〈号〉
石村 近江(5代)　いしむら・おうみ　～1708　三味線の名工
性善
大眉 性善　だいび・しょうぜん　1616～1673　明から来日した僧
性瑫
木庵 性瑫　もくあん・しょうとう　1611～1684　明から来日した僧
性激
高泉 性潡　こうせん・しょうとん　1633～1695　江戸前期の禅僧、『扶桑禅林僧宝伝』の著者　[出]中国福州福清県
性潜
竜渓 性潜　りゅうけい・しょうせん　1602～1670　隠元を補佐して宇治万福寺建立に最も与って力あった僧　[出]京都
性融
逸然 性融　いつねん・しょうゆう　1601～1668　明からの渡来僧
性讃
喜山 性讃　きざん・しょうさん　1377～1442　室町時代の僧

【青】

青々処〈号〉
鶴田 卓池　つるだ・たくち　1768～1846　徳川末期の俳人　[出]三河岡崎
青人〈号〉
斎藤 定易　さいとう・さだやす　1657～1744　近世中期の馬術家

青人
青人　あおんど　～1740　俳人、伊丹派　[出]伊丹
青牛
栽松 青牛　さいしょう・せいぎゅう　?～1506　室町～戦国時代の僧
青布〈俳名〉
佐野川 市松（2代）　さのかわ・いちまつ　1747～1785　江戸の歌舞伎俳優
青白子〈号〉
神谷 玄武坊　かみや・げんぶぼう　1713～1798　徳川中期の俳人　[出]江戸
青州〈別号〉
吉川 介山　よしかわ・かいざん　1829～1897　幕末明治の漢学者　[出]富山
青岐
青岐　せいき　～1804　化政期の俳人　[出]淡路洲本
〔上野〕青岐
青岐　せいき　～1804　化政期の俳人　[出]淡路洲本
青甸
江村 青甸　えむら・せいでん　1666～1734　徳川中期の宮津藩儒者　[出]京都
青邨〈号〉
広瀬 青邨　ひろせ・せいそん　1819～1884　詩儒　[出]豊前下毛郡土田村
青匡
桜間 青匡　さくらま・せいがい　1786～1851　徳川末期の画家　[出]江戸
青松庵〈号〉
高井 立志（5世）　たかい・りつし　徳川中期の俳人　[出]江戸
青柯〈別号〉
秋山 玉山　あきやま・ぎょくざん　1702～1763　江戸中期の熊本藩儒者　[出]豊後鶴崎
青海皇女
飯豊青皇女　いいとよあおのこうじょ　第17代履中天皇の皇子市辺押磐皇子の女
青虷〈号〉
溝口 素丸　みぞぐち・そがん　1713～1795　徳川中期の俳人　[出]江戸
青峨
鴛田 青峨　おしだ・せいが　?～1730　江戸時代中期の俳人
青峨
前田 青峨　まえだ・せいが　1698～1759　江戸時代中期の俳人
青峰〈号〉
佐々木 真足　ささき・またり　1761～1838　徳川中期京都の歌人
青流〈号〉
稲津 祇空　いなつ・ぎくう　1663～1733　徳川中期の俳人　[出]大阪堺
青流洞〈号〉
稲津 祇空　いなつ・ぎくう　1663～1733　徳川中期の俳人　[出]大阪堺
青竜軒
赤松 青竜軒　あかまつ・せいりゅうけん　江戸中期の講釈師　[出]播磨三木
青渓〈別号〉
広瀬 淡窓　ひろせ・たんそう　1782～1856　儒者　[出]豊後日田町
青陽〈別号〉
池上 休柳　いけがみ・きゅうりゅう　徳川中期の画家　[出]信濃高遠
青雲居〈号〉
木村 騏道　きむら・きどう　～1810　徳川中期の俳人　[出]近江大津
青雲軒主人〈別号〉
東随舎　とうずいしゃ　徳川中期の狂歌師、戯作者
青蓼〈号〉
大場 寥和　おおば・りょうわ　1677～1759　徳川中期の俳人　[出]江戸
青猿翁〈号〉
青野 太笻　あおの・たこう　1764～1828　徳川末期の俳人　[出]下総香取
青蓮院宮〈称号〉
朝彦親王　あさひこしんのう　1824～1891　伏見宮邦家親王第4王子、久邇宮第1代、神宮斎主　[出]京都
青綺門院
青綺門院　せいきもんいん　1716～1790　桜町天皇の女御、後桜町天皇の御母
青黎閣〈号〉
須原屋 伊八（4代）　すはらや・いはち　1823～1896　書店主
青霞
山井 青霞　やまのい・せいか　1708～1795　徳川中期の儒者　[出]京都
青壚〈号〉
岡田 米仲　おかだ・べいちゅう　～1766　徳川中期の俳人　[出]江戸
青蘿
松岡 青蘿　まつおか・せいら　1740～1791　徳川中期の俳人　[出]江戸

【政】

政
高畠 藍泉　たかばたけ・らんせん　1838～1885　明治初期の戯作者、新聞記者　[出]江戸下谷世俗鳩組
政一〈名〉
小堀 遠州　こぼり・えんしゅう　1579～1647　江戸前期の武将、茶人　[出]近江坂田郡小堀邑
〔中村〕政一〈別名〉
歌舞伎堂 艶鏡　かぶきどう・えんきょう　1749～1803　江戸末期の浮世絵師、狂言作者
政二
政二　まさじ　化政期の俳人　[出]川越
政久
来島 又兵衛　きじま・またべえ　1816～1864　幕末時代の志士、長州藩士　[出]長門国厚狭郡西高泊村
政子
北条 政子　ほうじょう・まさこ　1157～1225　鎌倉前期の政治家、源頼朝の妻
〔平〕政子
北条 政子　ほうじょう・まさこ　1157～1225　鎌倉前期の政治家、源頼朝の妻
政子女王
政子女王　まさこじょおう　1817～1894　越後瑞泉寺住職室、伏見宮貞敬親王第11王女

せい（政）

〔三笠〕政之介〈変名〉
名越 平馬　なごし・へいま　1845〜　薩摩藩イギリス留学生
政之助
周布 政之助　すふ・まさのすけ　1823〜1864　明治維新時長州藩の勤王家、政務座筆頭　㊗萩
政之助〈通称〉
小原 桃洞　おはら・とうどう　1746〜1825　江戸中・後期の動物学者　㊗紀伊
政之助〈名〉
新井 勝重　あらい・かつしげ　1821〜1893　幕末明治時代の画家　㊗下野足利本町
政之進
佐枝 政之進　さえだ・まさのしん　徳川中期の兵学家
政五郎
相模屋 政五郎　さがみや・まさごろう　1807〜1886　江戸の侠客　㊗江戸
政円〈名〉
深井 秋水　ふかい・しゅうすい　1642〜1723　徳川中期の槍術家　㊗土佐高知
〔若竹〕政太夫
竹本 義太夫（2代）　たけもと・ぎだゆう　1691〜1744　江戸時代の義太夫節太夫　㊗大阪島の内三津寺町
政太夫（1代）
竹本 義太夫（2代）　たけもと・ぎだゆう　1691〜1744　江戸時代の義太夫節太夫　㊗大阪島の内三津寺町
政太夫（3代）
竹本 中太夫（1代）　たけもと・なかだゆう　1732〜1811　義太夫節の太夫　㊗大阪
政方
関 政方　せき・まさみち　1786〜1861　徳川中期の音韻学者
〔坂田〕政右衛門
袖島 市弥（2代）　そでしま・いちや　江戸時代前期〜中期の歌舞伎役者
政広
斎村 政広　さいむら・まさひろ　1562〜1600　秀吉の臣
政礼
村井 政礼　むらい・まさのり　1835〜1867　蔵人所衆　㊗尾張
政任〈名〉
風麦　ふうばく　〜1700　俳人、芭蕉一門　㊗伊賀上野
政光
小田 政光　おだ・まさみつ　〜1553　小弐時尚の麿下
政光
横道 兵庫助　よこみち・ひょうごのすけ　？〜1570　戦国〜織豊時代の武将
政吉
荒井 静野　あらい・せいや　〜1868　徳川末の国学者　㊗上野邑楽郡館林
〔笹木〕政吉
中井 範五郎　なかい・はんごろう　1840〜1868　鳥取藩士
政利

一木 権兵衛　いちき・ごんべえ　1628〜1679　江戸時代前期の土木技術者
政利
菅谷 半之丞　すがや・はんのじょう　1660〜1703　江戸時代前期の武士
政図
東 次郎　ひがし・じろう　1835〜1911　盛岡藩家老　㊗陸奥国盛岡
政寿
久木 政寿　ひさき・まさひさ　1752〜1818　徳川末期の歌人、近江彦根藩士
政寿
分部 光嘉　わけべ・みつよし　1542〜1601　桃山時代の武将　㊗伊勢
政村
赤松 晴政　あかまつ・はるまさ　1495〜1565　戦国時代の武将
政言
佐野 政言　さの・まさこと　1756〜1784　天明事変の幕臣
政典
広瀬 蒙斎　ひろせ・もうさい　1768〜1829　徳川中期江戸の儒者　㊗奥州白河
政典
田代 毅軒　たしろ・きけん　1782〜1841　江戸時代後期の武士
政宗
伊達 政宗　だて・まさむね　1567〜1636　織豊時代・徳川初期の武将　㊗出羽米沢
政幸
山本 春正（3代）　やまもと・しゅんしょう　1654〜1740　京都の蒔絵師
政房〈名〉
近藤 善蔵　こんどう・ぜんぞう　茶人
政明
種子田 政明　たねだ・まさあき　1837〜1876　薩摩藩士　㊗鹿児島城下高麗町
〔種田〕政明
種子田 政明　たねだ・まさあき　1837〜1876　薩摩藩士　㊗鹿児島城下高麗町
政治
牧村 政治　まきむら・まさはる　1545〜1593　秀吉に仕えた馬廻衆、利休七哲の1人
政直〈初名〉
藤村 当直　ふじむら・まさなお　1612〜1699　徳川初期の茶人　㊗京都
政知
足利 政知　あしかが・まさとも　1435〜1491　足利将軍家の一族、将軍義教の第3子で義政の弟
政長
長尾 政長　ながお・まさなが　1527〜1569　室町時代の武将
政乗
六郷 政乗　ろくごう・まさのり　1567〜1634　出羽本荘藩主
政信
大蔵 弥太郎（9世）　おおくら・やたろう　大蔵流狂言師の家元
政随
浜野 政随（4代）　はまの・まさゆき　徳川時代の彫金工

号・別名辞典　古代・中世・近世　307

政信
松本 尚勝　まつもと・なおかつ　1468〜1524　室町〜戦国時代の剣術家
〔北尾〕政信
山東 京伝　さんとう・きょうでん　1761〜1816　戯作者　[出]江戸深川木場
政恒
榊原 政愛　さかきばら・まさちか　1814〜1861　江戸時代後期の大名
政昭
浅井 八百里　あさい・やおり　1811〜1849　徳川中期の儒者、福井藩士
政栄
内藤 露沾　ないとう・ろせん　1655〜1733　徳川中期の俳人　[出]江戸桜田
政為
下冷泉 政為　しもれいぜい・まさため　1446〜1523　室町時代の歌人
〔冷泉〕政為
下冷泉 政為　しもれいぜい・まさため　1446〜1523　室町時代の歌人
政美〈名〉
安藤 野雁　あんどう・のかり　1810〜1867　江戸末期の歌人　[出]岩代半田
政美
青木 政美　あおき・まさよし　〜1874　徳川末期の兵法家、小倉藩師範
政美
毛利 匡邦　もうり・まさくに　1761〜1832　江戸時代中期〜後期の大名
〔北尾〕政美〈別名〉
鍬形 蕙斎　くわがた・けいさい　1761〜1824　浮世絵師　[出]江戸
政胤〈名〉
大江丸　おおえまる　1722〜1805　化政期の俳人　[出]大阪
政胖
竹川 政胖　たけかわ・まさひろ　1809〜1882　幕末の経世家　[出]伊勢飯南郡射和村
政重
高橋 政重　たかはし・まさしげ　1650〜1726　徳川中期の水利功労者
政重
本多 政重　ほんだ・まさしげ　1580〜1647　前田利家の臣
政家
竜造寺 政家　りゅうぞうじ・まさいえ　1566〜1607　織豊時代の武将
政家
鎌田 正清　かまた・まさきよ　1123〜1160　平安時代後期の武士
政敏
小沢 蘭江　おざわ・らんこう　1755〜1787　江戸時代中期の暦算家
政能〈名〉
桜井 孫兵衛　さくらい・まごべえ　1649〜1732　江戸時代中期の甲斐の代官
政通
鈴木 政通　すずき・まさみち　『茶人系譜』・『古今茶人花押藪』の著者
政連〈別名〉
加藤 藤九郎　かとう・とうくろう　尾張瀬戸窯本家の4世
政高
浅井 政高　あさい・まさたか　〜1615　秀吉・秀頼の臣
〔三好〕政康
十河 存保　そごう・ながやす　1554〜1586　讃岐十河城主
政勝
植村 政勝　うえむら・まさかつ　1695〜1777　徳川中期の採薬使にして本草学者　[出]松坂近在杉村
政勝
大沢 政勝　おおさわ・まさかつ　1645〜1728　徳川中期の国学者
政勝（2代）
下間 政勝（2代）　しもつま・まさかつ　〜1800　京都の釜師
政勝（3代）
下間 政勝（3代）　しもつま・まさかつ　京都の釜師
政勝（5代）
下間 政勝（5代）　しもつま・まさかつ　京都の釜師
政景
伊達 政景　だて・まさかげ　1550〜1607　奥州一関城主
政随（1代）
浜野 政随　はまの・しょうずい　1696〜1769　江戸時代の彫金家
政随（2代）
浜野 政随（2代）　はまの・まさゆき　1740〜1776　徳川時代の彫金工
政随（3代）
浜野 政随（3代）　はまの・まさゆき　1756〜1793　徳川時代の彫金工
政随（4代）
浜野 政随（4代）　はまの・まさゆき　徳川時代の彫金工
政義〈諱〉
林 庸　はやし・よう　1843〜1864　徳川末期の常陸水戸支藩守山藩士
政徳
天野 政徳　あまの・まさのり　1784〜1861　江戸後期の国学者、歌人
政徳
森山 繁之介　もりやま・しげのすけ　1835〜1861　幕末の武士
政演〈別号〉
山東 京伝　さんとう・きょうでん　1761〜1816　戯作者　[出]江戸深川木場
〔北尾〕政演
山東 京伝　さんとう・きょうでん　1761〜1816　戯作者　[出]江戸深川木場
〔松平〕政綱
池田 政綱　いけだ・まさつな　1605〜1631　江戸時代前期の大名
政輔〈通称〉
辻 嵐外　つじ・らんがい　1771〜1845　徳川末期の俳人　[出]越前敦賀
政範〈名〉
栗田 樗堂　くりた・ちょどう　1749〜1814　徳川中期の俳人　[出]伊予松山
〔上条〕政繁

せい（星，洒，栖，婧，清）

上杉 義春　うえすぎ・よしはる　1517～1643　織豊・徳川初期の武家
〔橘〕政親
中谷 梧庵　なかや・ごあん　1769～1841　徳川中期の俳人　㊣淡路
〔北条〕政顕
金沢 政顕　かねざわ・まさあき　1269～?　鎌倉時代の武将
政廬
岩本 政廬　いわま・まさよし　1764～1837　徳川末期の彫金家　㊣江戸
政繹
岡野 政繹　おかの・せいえき　～1877　幕末維新の勤王家、金沢藩士

【星】

星丸
晴間 星丸　はれま・ほしまる　文政頃の狂歌師、信濃上田藩士
星月
北見 星月　きたみ・せいげつ　徳川中期の算家　㊣佐渡
星布尼
榎本 星布尼　えのもと・せいふに　1732～1814　徳川中期の俳人
星府
山川 星府　やまかわ・せいふ　1761～1824　江戸時代中期～後期の俳人
星香〈号〉
青山 暘城　あおやま・ようじょう　徳川末期の尾張藩の書家
星渓
服部 大方　はっとり・たいほう　1770～1846　江戸時代後期の儒者、医師
星虞〈号〉
大石 千引　おおいし・ちびき　1769～1834　徳川中期の国学者で歌人　㊣江戸本所横川
星聚館〈号〉
円山 応震　まるやま・おうしん　1790～1838　円山派の画家　㊣京都

【洒】

洒堂〈別称〉
洒堂　しゃどう　俳人、芭蕉一門　㊣近江膳所
〔高宮〕洒堂
洒堂　しゃどう　俳人、芭蕉一門　㊣近江膳所
〔浜田〕洒堂
洒堂　しゃどう　俳人、芭蕉一門　㊣近江膳所
洒落堂〈庵号〉
洒堂　しゃどう　俳人、芭蕉一門　㊣近江膳所

【栖】

栖雲斎〈号〉
疋田 豊五郎　ひきた・ぶんごろう　1537?～1605　近世初頭の剣術家、疋田新陰流の祖

【婧】

〔藤原〕婧子

東京極院　ひがしきょうごくいん　1780～1843　光格天皇の後宮、仁孝天皇の御母

【清】

清〈名〉
滝 無量　たき・むりょう　徳川中期出雲の儒者
清
渡辺 清　わたなべ・きよし　1778～1861　大和絵派の画家　㊣名古屋
清
松浦 静山　まつら・せいざん　1760～1841　江戸時代中期～後期の大名
清七〈1代〉
鶴沢 清七（1代）　つるざわ・せいしち　1748～1826　義太夫節の三味線方
清九郎〈通称〉
平沢 九郎　ひらさわ・くろう　1777～1844　尾張藩士
清九郎
網代 清九郎　あじろ・せいくろう　1802～1874　幕末・明治の碁客　㊣仙台
清二郎〈通称〉
宝松庵 一玉（1代）　ほうしょうあん・いちぎょく　1824～1871　遠州流挿花家
清人
弓削 浄人　ゆげの・きよと　奈良後期の政治家
〔山城屋〕清八〈通称〉
宮薗 千之（1代）　みやその・せんし　～1834　宮薗節浄瑠璃の名家、斯流中興の祖
清十郎〈通称〉
窪田 松琵　くぼた・しょうひ　1672～1750　徳川中期の俳人　㊣近江大津
清十郎
道化 清十郎　どうけ・せいじゅうろう　～1570　信長の臣、もと美濃斎藤氏の臣
〔市川〕清十郎〈前名〉
沢村 源之助（3代）　さわむら・げんのすけ　1804～1863　江戸の歌舞伎俳優
〔道家〕清十郎
道化 清十郎　どうけ・せいじゅうろう　～1570　信長の臣、もと美濃斎藤氏の臣
清三
笑雲 清三　しょううん・せいさん　室町時代の僧、五山文学者　㊣伊勢
〔明石〕清三郎
中村 明石清三郎　なかむら・あかしせいざぶろう　元禄期の江戸の歌舞伎狂言作者
清三郎〈1代〉
中村 明石清三郎　なかむら・あかしせいざぶろう　元禄期の江戸の歌舞伎狂言作者
清万呂
大中臣 清万呂　おおなかとみの・きよまろ　702～788　奈良朝時代の右大臣
清子〈初名〉
沢村 源之助（3代）　さわむら・げんのすけ　1804～1863　江戸の歌舞伎俳優
〔市川〕清子〈前名〉
沢村 源之助（3代）　さわむら・げんのすけ　1804～1863　江戸の歌舞伎俳優
清之允

号・別名辞典　古代・中世・近世　309

せい（清）

清之允
　玉造 清之允　たまつくり・せいのじょう　1845〜1865　幕末の志士、水戸藩士
清五郎
　幸 宗能　こう・むねよし　?〜1668　江戸時代前期の能役者小鼓方
清六〔通称〕
　佐野 郷成　さの・さとなり　1653〜1720　徳川中期の国学者
清六
　田中 清六　たなか・せいろく　家康の臣
清太夫
　田中 桐江　たなか・とうこう　1668〜1742　江戸中期の文人　㊞出羽国庄内
清太夫〔通称〕
　鈴木 直徳　すずき・なおのり　1797〜1853　徳川末期の歌人　㊞備後三原
清太郎〔通称〕
　堀内 匡平　ほりうち・きょうへい　1824〜1883　郷士　㊞伊予国和気郡興居島村
清太郎
　清水 親知　しみず・ちかとも　1843〜1865　幕末の武士
清心院
　新助の方　しんすけのかた　1667〜1739　将軍徳川綱吉の側室
清主〔別称〕
　千家 俊信　せんげ・としざね　1764〜1831　徳川末期の国学者
清右衛門〔通称〕
　鶏山 けいざん　〜1777　天明期の俳人　㊞信濃佐久町岩村田
清右衛門〈名〉
　大西 浄玄（大西家7代）　おおにし・じょうげん　1720〜1783　京都の釜師
清右衛門〔通称〕
　野々村 仁清　ののむら・にんせい　京都の名陶工、京窯系の中心人物にして、日本趣味陶器の創成者　㊞丹波北桑田郡野々村
清右衛門
　吉田 清基　よしだ・きよもと　1831〜1867　幕末の武士
清古〈名〉
　平川 坦翁　ひらかわ・たんおう　1815〜1883　幕末・明治初期の儒者　㊞肥後
清古散人〈号〉
　広瀬 十臼　ひろせ・じゅうこう　1723〜1791　徳川中期の俳人　㊞京都
清左衛門〔通称〕
　遠藤 日人　えんどう・えつじん　1758〜1836　徳川中期の俳人　㊞仙台
清左衛門
　千々石 ミゲル　ちぢわ・みげる　天正遣欧使節の一人、切支丹宗徒
清左衛門
　千々石 ミゲル　ちぢわ・みげる　天正遣欧使節の一人、切支丹宗徒
〔吉野〕清左衛門〈変名〉
　中村 宗見　なかむら・そうけん　1843〜1902　1865年渡英、外交官
〔見付〕清左衛門
　名和 清左衛門　なわ・せいざえもん　?〜1717　江戸時代前期〜中期の講釈師
〔赤松〕清左衛門
　名和 清左衛門　なわ・せいざえもん　?〜1717　江戸時代前期〜中期の講釈師
清民
　清民　せいみん　〜1867　幕末期の俳人　㊞須賀川
清永
　観世 清永　かんぜ・きよひさ　1843〜1911　幕末・明治時代の能楽師　㊞江戸京橋弓町
清光
　清光　きよみつ　鎌倉時代の漆工
清光〈号〉
　堀 浄栄　ほり・じょうえい　江戸時代初期の釜師、江戸堀家の祖
清光（1代）
　清光（1代）　きよみつ　元和頃の刀匠
清光（2代）
　清光（2代）　きよみつ　寛文頃の刀匠
清光（3代）
　清光（3代）　きよみつ　元禄頃の刀匠
〔宮崎〕清吉〈初名〉
　榊山 勘助　さかきやま・かんすけ　正徳・享保時代の京都の歌舞伎狂言作者、俳優
〔奈良屋〕清吉〔通称〕
　普栗 釣方　ふぐりの・つりかた　〜1783　狂歌師
〔度会〕清在
　喜早 清在　きそ・きよあり　1682〜1736　江戸時代中期の国学者、神職
清安
　山田 清安　やまだ・きよやす　1794〜1849　国学者　㊞鹿児島清水馬場
清次
　菱田 毅斎　ひしだ・きさい　1784〜1857　江戸時代後期の儒者
〔観世〕清次
　観阿弥　かんあみ　1333〜1384　能楽、観世流の始祖　㊞伊賀
清次右衛門
　梶 清次衛門　かじ・せいじえもん　1821〜1865　幕末に於ける水戸藩勤王家　㊞常陸国
清次右衛門〔通称〕
　斎藤 九晥　さいとう・きゅうえん　徳川中期岡山藩の儒者
清次郎〔通称〕
　菊地 序克　きくち・じょこく　1751〜　江戸中期の彫金家
清次郎〔通称〕
　高橋 鳳雲　たかはし・ほううん　1810〜1858　江戸末期の仏師　㊞江戸神田
清次郎
　小沢 清次郎　おざわ・せいじろう　1850〜　留学生、橘耕斎にロシア語を習う
清次衛門
　梶 清次衛門　かじ・せいじえもん　1821〜1865　幕末に於ける水戸藩勤王家　㊞常陸国
清行
　宮城 清行　みやぎ・せいこう　1804〜1829　京都の算家
清行

三善 清行　みよし・きよゆき　846〜918　平安朝の儒者、廷臣

清兵衛〔通称〕
阿部 伯孝　あべ・おさたか　1801〜1867　徳川末期の尾張藩士、漢学者

清兵衛
岡 清兵衛　おか・せいべえ　寛文・延宝時代の金平浄瑠璃の作者、江戸舌耕士の祖　㊋江戸

清兵衛〔初称〕
加藤 村三郎（5代）　かとう・むらさぶろう　尾張瀬戸の陶工

清兵衛
荒井 顕道　あらい・あきみち　1814〜1862　幕末期の幕府民政家　㊋江戸

清兵衛〔別名〕
三桝 大五郎（3代）　みます・だいごろう　1782〜1824　京阪の歌舞伎俳優　㊋京都

清兵衛
山家 清兵衛　やんべ・せいべえ　1579〜1620　宇和島藩の惣奉行

清兵衛〔通称〕
北郷 資知　ほんごう・すけとも　1835〜　都城島津家老臣　㊋日向国北諸県郡都城

清兵衛〔通称〕
野々村 仁清　ののむら・にんせい　京都の名陶工、京窯系の中心人物にして、日本趣味陶器の創成者　㊋丹波北桑田郡野々村

〔加藤〕**清兵衛**
本山 安政　もとやま・やすまさ　〜1626　会津の二本松城の守将

〔相良〕**清兵衛**
犬童 頼兄　いんどう・よりもり　相良氏家臣

〔大鯛屋〕**清兵衛**〔通称〕
岩崎 梧泉　いわさき・ごせん　〜1817　徳川中期の俳人

〔長岡〕**清兵衛**〔通称〕
滝廼屋 清麿　たきのや・きよまろ　1824〜1897　狂歌師　㊋江戸

〔内田〕**清兵衛**〔通称〕
風月庵 友俊　ふうげつあん・ともとし　狂歌師

清助〔通称〕
大隈 言道　おおくま・ことみち　1798〜1868　歌人　㊋筑前福岡

清助馬房
加藤 唐左衛門（1代）　かとう・とうざえもん　〜1752　尾張瀬戸の陶業家

清花堂〔号〕
路健　ろけん　俳人、芭蕉一門　㊋越中井波

清芳
鳥居 清芳　とりい・きよよし　1832〜1892　画家

清和天皇
清和天皇　せいわてんのう　850〜880　第56代の天皇

清定
竹田 出雲（2代）　たけだ・いずも　1691〜1756　竹本座座元にして浄瑠璃の名作が多い

清尚
観世 鉄之丞（1世）　かんぜ・てつのじょう　1731〜1782　能楽師、シテ方、観世流分家

清延
茶屋 四郎次郎（1代）　ちゃや・しろじろう　1542〜1596　初期の徳川家に仕へた貿易家

〔中島〕**清延**
茶屋 四郎次郎（1代）　ちゃや・しろじろう　1542〜1596　初期の徳川家に仕へた貿易家

清忠
茶屋 四郎次郎（2代）　ちゃや・しろじろう　〜1603　貿易家

清忠
坊門 清忠　ぼうもん・きよただ　〜1338　鎌倉・南北朝時代の公卿、左近衛中将藤原俊輔の子

清明
雪廼門（1代）　ゆきのと　〜1852　大阪の狂歌師

清武
松平 清武　まつだいら・きよたけ　1663〜1724　上州館林藩主

〔越智〕**清武**
松平 清武　まつだいら・きよたけ　1663〜1724　上州館林藩主

清河〔号〕
安達 清河　あだち・せいか　1726〜1792　徳川中期の儒者　㊋下野烏山

清直
御巫 清直　みかなぎ・きよなお　1812〜1894　国学者、神官　㊋伊勢国度会郡山田吹上町

清長
青山 清長　あおやま・きよなが　〜1615　信長の臣、のち福島正則に属す　㊋尾張祖父江村

清長
鳥居 清長　とりい・きよなが　1752〜1815　江戸中期の浮世絵師　㊋相州浦賀

清亮
作並 清亮　さくなみ・きよすけ　1841〜1915　幕末・明治時代の漢学者　㊋仙台

清彦
菊池 清彦　きくち・きよひこ　1812〜1883　幕末明治時代の志士、公益家　㊋豊後大分郡高松

清彦親王
尊鎮法親王　そんちんほううしんのう　1504〜1550　後柏原天皇の皇子

清春
昌雲軒 清春　しょううんけん・せいしゅん　江戸時代前期の俳人

清洲侍従
福島 正則　ふくしま・まさのり　1561〜1624　豊臣時代の武将、のち広島藩主　㊋尾張海東郡二寺村

清浄院
淡雲　たんうん　1830〜1905　真宗西派、博多明蓮寺の僧

清秋
本多 清秋　ほんだ・せいしゅう　1724〜1817　徳川中期の俳人、伊勢神戸藩主

清重（1代）
鳥居 清重（1代）　とりい・きよしげ　江戸中期の浮世絵師

清音
窪田 清音　くぼた・すがね　1791〜1866　幕末の兵学者、講武所頭取兼兵学師範役

清風〔字〕
岡田 篁所　おかだ・こうしょ　1821〜1903　徳川末期明治時代の漢学者、医家　㊋肥前長崎

せい（清）

清風〈名〉
　広瀬 台山　ひろせ・だいざん　1751〜1813　徳川中期の南画家
清風〈別号〉
　高原 東郊　たかはら・とうこう　1776〜1854　幕末の漢学者
清風〈号〉
　三枝 斐子　さいぐさ・あやこ　1759〜　徳川中期の堺奉行土屋紀伊守の妻、女流文学者
清風
　秋山 清風　あきやま・せいふう　1798〜1874　徳川末期の儒者
清風
　鈴木 清風　すずき・せいふう　徳川中期の俳人、羽州尾花沢の富商　⑲羽前国尾花沢
清風軒〈号〉
　吉田 一調　よしだ・いっちょう　1812〜1881　尺八の名手、旧幕の家臣
清風楼主人〈号〉
　塩尻 梅宇　しおじり・ばいう　1804〜1876　幕末明治時代の漢学者、備中岡田藩士
清香
　今尾 清香　いまお・きよか　1805〜1873　徳川末期の国学者　⑲下野足利
〔奥河内〕清香
　今尾 清香　いまお・きよか　1805〜1873　徳川末期の国学者　⑲下野足利
清倍（1代）
　鳥居 清倍（1代）　とりい・きよます　〜1716　鳥居流の浮世絵師
清娯斎〈別号〉
　武藤 阿竜　むとう・ありゅう　1819〜1877　幕末明治初期の漢学者　⑲土佐
清峯〈号〉
　鳥居 清満（2代）　とりい・きよみつ　1787〜1868　浮世絵師
清敏〈名〉
　髙平 真藤　たかひら・まふじ　1831〜1895　幕末・明治時代の国学者
清晃〈号〉
　足利 義澄　あしかが・よしずみ　1479〜1511　足利11代将軍　⑲伊豆
清晃
　足利 義澄　あしかが・よしずみ　1479〜1511　足利11代将軍　⑲伊豆
清流
　市川 清流　いちかわ・せいりゅう　1824〜1862　年遣欧使節に参加、文部省官吏、辞書編纂者、書籍館創設の功労者
清流〈号〉
　速水 常忠　はやみ・つねただ　1753〜1791　徳川中期の儒者
清矩
　小中村 清矩　こなかむら・きよのり　1821〜1894　明治前期の国学者　⑲江戸麹町5丁目
清造
　金沢 吾輔　かなざわ・ごすけ　文政・天保時代の大阪の歌舞伎狂言作者
清馬
　楠目 藤盛　くすめ・ふじもり　1842〜1863　幕末の武士

清啓
　天誉 清啓　てんよ・せいけい　室町時代の禅僧、五山文学者
〔天与〕清啓
　天誉 清啓　てんよ・せいけい　室町時代の禅僧、五山文学者
清常
　朝山 清常　あさやま・きよつね　1783〜1846　徳川末期の歌人　⑲京都
清庵〈号〉
　水田 正秀　みずた・まさひで　1657〜1723　徳川中期の俳人　⑲近江膳所
〔四手井〕清庵
　御牧 信景　みまき・のぶかげ　山城久世郡市田村千石
清康
　安保 清康　あぼ・きよやす　1843〜1909　海軍中将、男爵　⑲備後三原
清康
　松平 清康　まつだいら・きよやす　1511〜1535　三河松平本家7代の祖、家康の祖父　⑲三河の安祥
〔徳川〕清康
　松平 清康　まつだいら・きよやす　1511〜1535　三河松平本家7代の祖、家康の祖父　⑲三河の安祥
清渓
　山井 清渓　やまのい・せいけい　1846〜1912　漢学者　⑲山城国
清渚〈号〉
　荒木田 麗　あらきだ・れい　1732〜1806　江戸時代の閨秀文学者
清眼
　馬島 清眼　まじま・せいがん　〜1379　室町時代の僧医
清眼僧都
　馬島 清眼　まじま・せいがん　〜1379　室町時代の僧医
清麻呂
　大中臣 清万呂　おおなかとみの・きよまろ　702〜788　奈良朝時代の右大臣
清麻呂
　和気 清麻呂　わけの・きよまろ　733〜799　奈良朝末平安朝初期の廷臣　⑲備前藤野郡
〔中臣〕清麻呂
　大中臣 清万呂　おおなかとみの・きよまろ　702〜788　奈良朝時代の右大臣
〔藤野〕清麻呂
　和気 清麻呂　わけの・きよまろ　733〜799　奈良朝末平安朝初期の廷臣　⑲備前藤野郡
〔八谷〕清喜
　竹内 正兵衛　たけうち・しょうべえ　1819〜1864　幕末山口藩の志士　⑲長門国大津郡三隅村浅田
清富〈名〉
　山田 文衛門（16代）　やまだ・ぶんえもん　1818〜1883　北海道拓殖功労者
清軒〈別号〉
　鳥居 清重（1代）　とりい・きよしげ　江戸中期の浮世絵師
清湖庵〈号〉
　遠藤 日人　えんどう・えつじん　1758〜1836　徳川中期の俳人　⑲仙台
清満（2代）

鳥居 清満（2代）　とりい・きよみつ　1787〜1868　浮世絵師
清満（3代）
鳥居 清芳　とりい・きよよし　1832〜1892　画家
〔奥平〕清道
松平 清道　まつだいら・きよみち　1634〜1645　江戸時代前期の大名
清雄
本間 清雄　ほんま・きよお　1843〜1923　1867年パリ万博参加、外交官
清雄〈通称〉
亘理 乙二　わたり・おつに　1758〜1823　徳川中期の俳人、陸前白石城下千手院の住職で権大僧都
〔岩間〕清雄〈俗称〉
亘理 乙二　わたり・おつに　1758〜1823　徳川中期の俳人、陸前白石城下千手院の住職で権大僧都
清雲院
お夏の方　おなつのかた　1581〜1660　徳川家康の側室
〔慶光院〕清順
伊勢上人　いせのしょうにん　伊勢国度会郡宇治の慶光院の住尼　[出]近江
清順尼
伊勢上人　いせのしょうにん　伊勢国度会郡宇治の慶光院の住尼　[出]近江
清園〈号〉
高橋 残夢　たかはし・ざんむ　1775〜1851　徳川末期の歌人にして国語学者、桂門十哲の一人　[出]京都室町頭柳原南町金竜水
清廉
藤原 清廉　ふじわらの・きよかど　平安中期の私営田領主
清慎公
藤原 実頼　ふじわらの・さねより　900〜970　平安時代の政治家、摂政太政大臣従1位
清暉楼〈別号〉
大岳 麻谷　おおだけ・まこく　1727〜1798　徳川中期江戸の儒者
清瑜
温中 清瑜　おんちゅう・しょうゆ　?〜1397　南北朝〜室町時代の僧
清稚〈名〉
冷泉 雅二郎　れいぜい・まさじろう　1841〜1903　萩藩大組の士
清豊
城間 清豊　ぐすくま・せいほう　1614〜1644　徳川初期の画家　[出]琉球
清遠〈号〉
藤井 松林　ふじい・しょうりん　1824〜1894　幕末明治の画家　[出]備後福山
清寥〈僧堂名〉
不遷法序　ふせんほうじょ　1311〜1381　南禅寺主、五山文学者　[出]相州
清綱
黒田 清綱　くろだ・きよつな　1830〜1917　明治維新時代の鹿児島藩の志士、明治の歌人　[出]鹿児島城下高見馬場
〔津久井〕清影〈別称〉
平塚 瓢斎　ひらつか・ひょうさい　1794〜1875　儒者　[出]京都
清播
心田 清播　しんでん・せいはん　1375〜1447　室町時代の僧、建仁・南禅寺主、五山文学者　[出]淡路
清澄
石川 清澄　いしかわ・きよずみ　1786〜1834　江戸末期の狂歌師　[出]江戸
〔塵外楼〕清澄
石川 清澄　いしかわ・きよずみ　1786〜1834　江戸末期の狂歌師　[出]江戸
清潭〈号〉
竹内 卯吉郎　たけのうち・うきちろう　1813〜1863　幕末期の航海技術者　[出]長崎
清蔵〈通称〉
大石 千秋　おおいし・ちあき　1811〜1868　徳川末期の歌人
清濁庵
清水 超波　しみず・ちょうは　1705〜1740　徳川中期の俳人　[出]江戸
清繁
清繁　きよしげ　徳川中期の刀匠
清興
観世 鉄之丞（2世）　かんぜ・てつのじょう　1761〜1815　能楽師、シテ方、観世流分家
清興〈名〉
島 左近　しま・さこん　〜1600　織豊政権期の武将
清衡
藤原 清衡　ふじわらの・きよひら　1056〜1128　平安時代陸奥の豪族
〔清原〕清衡
藤原 清衡　ふじわらの・きよひら　1056〜1128　平安時代陸奥の豪族
清親
日置 清親　へき・きよちか　江戸中期の町絵師
清韓
文英 清韓　ぶんえい・せいかん　〜1621　江戸時代初期の僧侶（臨済宗）　[出]伊勢
清麿
源 清麿　みなもと・きよまろ　1813〜1854　江戸時代末期の刀工　[出]信州小諸在の滋野村
清麿
滝廼屋 清麿　たきのや・きよまろ　1824〜1897　狂歌師　[出]江戸
〔山浦〕清麿
源 清麿　みなもと・きよまろ　1813〜1854　江戸時代末期の刀工　[出]信州小諸在の滋野村
〔中臣〕清麿
大中臣 清万呂　おおなかとみの・きよまろ　702〜788　奈良朝時代の右大臣
〔独峰〕清巍
大友 氏泰　おおとも・うじやす　1321〜1362　南北朝時代の武将

【盛】

〔平岡〕盛三郎〈別名〉
市川 森三郎　いちかわ・もりさぶろう　1852〜1882　1866年渡英、開成学校教授、のち物理学者
盛久
芦名 盛久　あしな・もりひさ　〜1444　室町時代中期の武将、会津芦名盛政の子
盛之

柴村 盛之　しばむら・もりゆき　徳川中期の和算家　[出]江戸
盛化門院
盛化門院　せいかもんいん　1759〜1783　後桃園天皇の女御
盛仍
福王家(6世)　ふくおうけ　1644〜1680　能楽脇方
盛月
津田 盛月　つだ・せいげつ　〜1593　信長の麾下
盛世
福王家(10世)　ふくおうけ　〜1790　能楽脇方
盛弘
岩田 盛弘　いわた・もりひろ　〜1650　加賀藩士、浅井畷四本槍の一人
盛永〈実名〉
須藤 惣左衛門　すどう・そうざえもん　1497〜1574　戦国期の後北条氏家臣で職人頭
盛任〈名〉
丸橋 忠弥　まるばし・ちゅうや　〜1651　慶安の変の首領　[出]出羽山形
盛充
福王家(11世)　ふくおうけ　能楽脇方
盛有
福王家(8世)　ふくおうけ　能楽脇方
盛次
鮎貝 宗重　あゆかい・むねしげ　1555〜1624　織豊〜江戸時代前期の武将
盛和〈名〉
原 武太夫　はら・ぶだゆう　〜1776　江戸中期の三絃の名手、狂歌師
盛定
勝木 盛定(1代)　かつき・もりさだ　江戸時代前期の金工
盛府〈俳名〉
佐野川 市松(1代)　さのかわ・いちまつ　1722〜1762　江戸の歌舞伎俳優　[出]山城国伏見
盛府〈俳名〉
佐野川 市松(2代)　さのかわ・いちまつ　1747〜1785　江戸の歌舞伎俳優
盛忠
福王家(1世)　ふくおうけ　1521〜1606　能楽脇方　[出]播磨
〔朝倉〕盛明〈変名〉
田中 静洲　たなか・せいしゅう　1842〜　1865年渡英、医師、鉱山技師
盛長〈名〉
大森 彦七　おおもり・ひこしち　吉野朝時代の足利高氏の臣　[出]伊予
盛長〈名〉
日根野 対山　ひねの・たいざん　1813〜1869　徳川中末期の南画家　[出]泉州佐野
盛信
福王家(7世)　ふくおうけ　1660〜1721　能楽脇方
盛厚
福王家(4世)　ふくおうけ　〜1637　能楽脇方
盛栄
浦上 盛栄　うらがみ・もりひで　1767〜1820　徳川中期の公益家　[出]備後蘆品郡府中
盛胤法親王
盛胤法親王　せいいんほうしんのう　1651〜1680　後水尾天皇の第18皇子
盛貞
福王家(3世)　ふくおうけ　1609〜1627　能楽脇方
盛員
荒木田 盛員　あらきだ・もりかず　1635〜1687　徳川初期の国学者
〔堤〕盛員
荒木田 盛員　あらきだ・もりかず　1635〜1687　徳川初期の国学者
盛敏
友安 盛敏　ともやす・もりとし　1833〜1886　国学者
盛純〈名〉
佐原 盛純　さはら・もりずみ　1835〜1908　幕末・明治の儒者　[出]会津若松
盛翁
福王家(11世)　ふくおうけ　能楽脇方
〔三浦〕盛連
佐原 盛連　さはら・もりつら　?〜1233　鎌倉時代の武士
盛庸
牛島 盛庸　うしじま・せいよう　1756〜1840　徳川中期の数学者、熊本藩の算学師範
盛庸〈字〉
藤本 箕山　ふじもと・きざん　1626〜1704　生涯の過半を色道の樹立と体系化に費やした京都の上層町人
盛教〈名〉
松倉 嵐蘭　まつくら・らんらん　1647〜1693　徳川中期の俳人
盛清〈旧名〉
赤穴 久清　あかな・ひさきよ　尼子氏家臣、光清の三男
盛章
猿渡 盛章　さわたり・もりあき　1790〜1863　徳川末期の国学者　[出]武蔵国府中
盛勝
福王家(9世)　ふくおうけ　1716〜1785　能楽脇方
盛善〈名〉
鵜浦 有磧　ううら・ゆうせき　1798〜1871　幕末の蘭医　[出]陸前西磐井郡涌津
盛義
福王家(2世)　ふくおうけ　1560〜1625　能楽脇方
〔二階堂〕盛義妻
お南の方　おなんのかた　?〜1602　二階堂盛義の妻
〔遠藤〕盛遠
文覚　もんがく　鎌倉初期の僧、山城高雄山の中興
盛徴〈別称〉
荒木田 盛徴　あらきだ・もりずみ　1596〜1663　徳川初期の国学者、伊勢内宮禰宜
盛澄〈名〉
丸橋 忠弥　まるばし・ちゅうや　〜1651　慶安の変の首領　[出]出羽山形
盛澄〈初名〉
荒木田 盛徴　あらきだ・もりずみ　1596〜1663　徳川初期の国学者、伊勢内宮禰宜

【菁】

菁々

鈴木 其一　すずき・きいち　1796〜1858　画家　[出]江戸
菁青堂〈号〉
藤井 晋流　ふじい・しんりゅう　1681〜1761　徳川中期の俳人　[出]上州小泉村
菁莪
天田 菁莪　あまだ･せいが　幕末の医家にして俳人

【惺】

惺窩
藤原 惺窩　ふじわら・せいか　1561〜1619　織豊時代—徳川初期の儒者　[出]播馬国細川荘

【晴】

晴々斎〈号〉
中野 其明　なかの・きめい　1834〜1892　画家
〔藤原〕晴子
新上東門院　しんじょうとうもんいん　1545〜1620　後陽成天皇の御母
晴川
狩野 養信　かのう・おさのぶ　1796〜1846　江戸後期の画家
晴川院〈別称〉
狩野 養信　かのう・おさのぶ　1796〜1846　江戸後期の画家
晴成
四宮 与右衛門　しのみや・よえもん　?〜1828　江戸時代後期の武士
〔豊〕晴助(1代)
奈河 晴助(1代)　ながわ・はるすけ　1782〜1826　江戸時代後期の歌舞伎作者
晴季
今出川 晴季　いまでがわ・はるすえ　1539〜1617　桃山時代の公卿、右大臣
晴岳
佐久間 晴岳　さくま・せいがく　1819〜1885　幕末明治初期の画家
晴幸
山本 勘助　やまもと・かんすけ　〜1561?　戦国時代の武将　[出]三河宝飯郡牛窪
晴虎
中野 方蔵　なかの・ほうぞう　1835〜1862　幕末の武士
晴信〈別称〉
武田 信玄　たけだ・しんげん　1521〜1573　戦国時代の武将、政治家にして、軍政家、民政家　[出]甲斐の躑躅崎
晴信
有馬 晴信　ありま・はるのぶ　1567〜1612　豊臣時代のキリシタン大名　[出]肥前
晴信
狩野 舟川　かのう・しゅうせん　江戸時代中期の画家
晴星
雲津 水国　くもつ・すいごく　1682〜1734　徳川中期の俳人　[出]江戸
晴研〈諱〉
浪化　ろうか　1671〜1703　俳人、芭蕉一門、越中井波瑞泉寺住職　[出]京都
晴純
有馬 晴純　ありま・はるずみ　1483〜1566　有馬日野江城に住んだ、藤原純友18代の裔
晴軒〈号〉
広川 晴軒　ひろかわ・せいけん　1803〜1884　幕末・明治時代の科学者　[出]越後北魚沼郡小千谷町
晴軒
太田 晴軒　おおた・せいけん　1795〜1873　徳川末期の漢学者
晴斎
太田 晴斎　おおた・せいさい　1834〜1897　幕末明治の儒者
晴雪楼主人〈号〉
菊池 三渓　きくち・さんけい　1819〜1891　幕末明治時代の漢学者　[出]紀伊
晴湖〈号〉
荒井 堯民　あらい・ぎょうみん　徳川中期の儒者
晴寛〈諱〉
浪化　ろうか　1671〜1703　俳人、芭蕉一門、越中井波瑞泉寺住職　[出]京都
晴潭〈号〉
舟橋 晴潭　ふなばし・せいたん　徳川末期の儒者
晴賢〈改名〉
陶 隆房　すえ・たかふさ　〜1555　大内氏家臣

【棲】

棲鳳
鈴木 棲鳳　すずき･せいほう　江戸時代後期の画家

【勢】

勢三〈別名〉
福田 寵松軒　ふくだ・ちょうしょうけん　明和—天明時代の大阪の歌舞伎狂言作者

【聖】

聖一国師〈諡〉
円爾 弁円　えんに・べんえん　1202〜1280　鎌倉中期の禅僧(臨済宗)　[出]駿河
〔近江〕聖人
中江 藤樹　なかえ・とうじゅ　1608〜1648　徳川初期の儒者
聖子
藤原 聖子　ふじわらの・せいし　1121〜1181　崇徳天皇の中宮
聖円〈法名〉
大炊御門宮　おおいみかどのみや　1179〜1221　高倉天皇の第3子惟明親王
聖心
仏厳　ぶつごん　平安後期〜鎌倉時代の僧
聖光
聖光　しょうこう　1162〜1238　浄土宗鎮西派の祖　[出]筑前遠賀郡
聖冏
了誉 聖冏　りょうよ・しょうげい　1341〜1420　南北朝時代の僧侶(浄土宗)
聖応大師
良忍　りょうにん　1072〜1132　融通念仏宗祖で声明業の中興　[出]尾張知多郡富田

せい（誠，靖，精，静）

聖宝
　聖宝　しょうぼう　832～909　真言宗小野流の祖
聖武天皇
　聖武天皇　しょうむてんのう　701～756　第45代の天皇
聖兼〈諱〉
　阿弥陀院大僧正　あみだいんだいそうじょう　1242～1293　高僧
聖徳太子
　聖徳太子　しょうとくたいし　～622　用明天皇第2の皇子
聖聡
　聖聡　しょうそう　1366～1429　江戸増上寺の開山　㊞下総千葉
聖澄
　月渓 聖澄　げっけい・しょうちょう　1536～1615　戦国～江戸時代前期の僧
聖鑑国師
　無文 元選　むもん・げんせん　1323～1390　南北朝時代の禅僧（臨済宗）

【誠】

誠〈名〉
　杉浦 梅潭　すぎうら・ばいたん　1826～1900　幕臣、幕末─明治時代の詩人　㊞江戸
誠
　日下 誠　くさか・まこと　1763～1839　徳川中期の算家　㊞江戸
〔松元〕誠一
　高見 弥一　たかみ・やいち　土佐藩士　㊞土佐国
〔落合〕誠三郎〈変名〉
　増子 金八　ましこ・きんぱち　1823～1881　浪人（水戸藩）
誠之
　加藤 弘之　かとう・ひろゆき　1836～1916　啓蒙学者　㊞但馬国（現・兵庫県）出石城下谷山町
誠之
　加藤 誠之　かとう・せいし　1805～1862　徳川中・末期の算家　㊞京都
誠之
　岩間 誠之　いわま・しげゆき　～1896　幕末水戸藩の勤王家
誠信
　浜野 政随(3代)　はまの・まさゆき　1756～1793　徳川時代の彫金工
誠信
　浜野 鋪随　はまの・のぶゆき　1756～1793　江戸時代中期～後期の装剣金工
〔鈴木〕誠政
　日下 誠　くさか・まこと　1763～1839　徳川中期の算家　㊞江戸
誠軒〈号〉
　斎藤 誠軒　さいとう・せいけん　1826～1876　徳川末期伊勢津藩の儒者
誠斎〈号〉
　坪井 信道　つぼい・しんどう　1795～1848　蘭医
誠斎〈号〉
　土橋 友直　つちはし・ともなお　1685～1730　江戸中期の教育運動家　㊞和泉国貝塚
誠斎〈号〉

鈴鹿 連胤　すずか・つらたね　1795～1870　国学者、神官　㊞洛東吉田
誠清〈名〉
　雨森 芳洲　あめのもり・ほうしゅう　1621～1708　徳川中期の儒者　㊞近江
誠道〈字〉
　松田 東吉郎　まつだ・とうきちろう　1837～1859　福井藩士　㊞越前国福井

【靖】

靖〈名〉
　林 読耕斎　はやし・どくこうさい　1624～1661　江戸前期の儒者
靖之〈名〉
　今田 靱負　いまだ・ゆげい　1832～1866　幕末岩国藩の執政　㊞周防国岩国
靖亭〈号〉
　若林 友輔　わかばやし・ともすけ　1799～1867　仙台藩の漢学者
靖斎〈号〉
　大久保 要　おおくぼ・かなめ　1798～1859　幕末の志士、土浦藩用人　㊞江戸
靖斎
　小川 幸三　おがわ・こうぞう　1836～1864　幕末の尊攘運動家
靖道
　宇津木 静斎　うつぎ・せいさい　1809～1837　江戸時代後期の儒者

【精】

精〈名〉
　日高 涼台　ひたか・りょうだい　1797～1868　幕末明治の医家　㊞安芸の山県郡新庄
精一
　広田 精一　ひろた・せいいち　1837～1864　幕末の志士、宇都宮藩士
精知
　広田 精知　ひろた・せいち　～1886　幕末明治の俳人　㊞江戸
精翁
　雨森 精翁　あめのもり・せいおう　1822～1882　松江藩儒　㊞出雲国松江
精斎〈別号〉
　雨森 精翁　あめのもり・せいおう　1822～1882　松江藩儒　㊞出雲国松江
精斎
　新井 精斎　あらい・せいさい　1773～1841　徳川中・末期の医家にして文章家　㊞上野厩橋
精斎
　森 宇左衛門　もり・うざえもん　1805～1863　江戸時代後期の武士
精渓〈号〉
　昌谷 精渓　さかや・せいけい　1792～1858　徳川末期の漢学者、津山藩士　㊞備中川上郡九名村

【静】

静

316　号・別名辞典　古代・中世・近世

桜 東雄　さくら・あずまお　1811～1860　幕末の志士、歌人　[出]常陸新治郡浦須村
静々斎〈号〉
千 宗守(3世)　せんの・そうしゅ　1693～1745　茶道家
静女
静女　しずじょ　白拍子、源義経の妾
静子
頼 静子　らい・しずこ　1760～1843　山陽の母　[出]大阪
静山
神保 判太夫　じんぼ・はんだゆう　?～1851　江戸時代後期の儒者
静方〈通称〉
春山 弟彦　はるやま・おとひこ　1831～1899　国学者、姫路藩の儒臣
静波〈号〉
春秋庵 幹雄　しゅんじゅうあん・みきお　1829～1910　俳人　[出]磐城(現・福島県)石川郡形見村
静舎〈号〉
喜多村 信節　きたむら・のぶよ　1783～1856　徳川中期―後期の国学者　[出]江戸
静思翁〈号〉
赤松 滄洲　あかまつ・そうしゅう　1721～1801　江戸時代後期の儒者　[出]播磨
静洲
田中 静洲　たなか・せいしゅう　1842～　1865年渡英、医師、鉱山技師
静修
姫井 桃源　ひめい・とうげん　1750～1818　徳川中期の儒者　[出]備中鴨方
静軒〈号〉
井上 静軒　いのうえ・せいけん　徳川中期の儒者　[出]但馬出石
静軒
野間 三竹　のま・さんちく　1608～1676　江戸時代前期の医師、儒者
静庵〈号〉
佐々木 志津磨　ささき・しずま　1619～1695　徳川初期の書家　[出]京都賀茂
静斎〈号〉
喜多村 信節　きたむら・のぶよ　1783～1856　徳川中期―後期の国学者　[出]江戸
静斎
斎 静斎　いつき・せいさい　1729～1778　江戸中期の儒者　[出]安芸沼田郡中調子(今安佐郡川内村)
静斎
清水 諸葛監　しみず・しょかつかん　1717～1790　画家　[出]江戸
静斎〈号〉
平住 専庵　ひらずみ・せんあん　徳川中期大阪の儒者
静斎〈号〉
平林 惇信　ひらばやし・あつのぶ　1696～1753　書家　[出]江戸
〔斎宮〕静斎
斎 静斎　いつき・せいさい　1729～1778　江戸中期の儒者　[出]安芸沼田郡中調子(今安佐郡川内村)
静淵〈号〉
黒川 良安　くろかわ・りょうあん　1817～1890　江戸中期―明治初年の蘭学医　[出]越中(富山県)新川郡黒川村
〔安孫子〕静逸
林 左門　はやし・さもん　1818～1880　徳川末期の尾州名古屋藩士　[出]名古屋
静野
荒井 静野　あらい・せいや　～1868　徳川末の国学者　[出]上野邑楽郡館林
静御前
静女　しずじょ　白拍子、源義経の妾
静閑舎〈別号〉
坂上 呉老　さかのうえ・ごろう　～1834　徳川中期の俳人　[出]大阪
静寛院宮
静寛院宮　せいかんいんのみや　1846～1877　仁孝天皇第8皇女、孝明天皇の妹、14代将軍徳川家茂夫人
静照
無象 静照　むぞう・じょうしょう　1234～1306　鎌倉時代の僧
静誉
静誉　じょうよ　真言宗光明山流の祖
〔山本〕静観房
静観房 好阿　じょうかんぼう・こうあ　江戸時代中期の戯作者
静観僧正
増命　ぞうみょう　843～927　平安時代前期～中期の僧
静瀾〈号〉
明石 博高　あかし・ひろあきら　1839～1910　幕末明治時代の医家にして歌人　[出]京都

【榍】

榍柯
松本 榍柯　まつもと・さいか　1785～1840　徳川中期の俳人　[出]江戸

【醒】

醒々子我足庵〈号〉
斎藤 総模　さいとう・そうも　1693～1766　江戸幕府の西丸観音院番
醒々老人〈別号〉
山東 京伝　さんとう・きょうでん　1761～1816　戯作者　[出]江戸深川木場
醒々翁〈別号〉
山東 京伝　さんとう・きょうでん　1761～1816　戯作者　[出]江戸深川木場
醒狂〈号〉
藤沢 南岳　ふじさわ・なんがく　1842～1920　儒者　[出]讃岐国大川郡引田村
醒斎〈別号〉
山東 京伝　さんとう・きょうでん　1761～1816　戯作者　[出]江戸深川木場
醒斎
石田 醒斎　いしだ・せいさい　1795～1834　徳川末期の雑学者

【臍】

臍人〈号〉
山崎 北華　やまさき・ほくか　1700～1746　徳川中期の俳人　[出]江戸
臍穴主
臍穴主　へそのあなぬし　狂歌師

【躋】

躋庵
駒井 躋庵　こまい・せいあん　1810～1866　徳川末期の勤王家　[出]加賀国金沢城下
〔柴田〕躋庵
駒井 躋庵　こまい・せいあん　1810～1866　徳川末期の勤王家　[出]加賀国金沢城下

【霽】

霽宇〈号〉
深川 元儁　ふかがわ・もととし　1810～1856　儒者　[出]上総飯富村

【蚋】

蚋蔵主〈号〉
上田 秋成　うえだ・あきなり　1734～1809　江戸中期の国学者、歌人、俳人、浮世草子及び読本作者、茶人　[出]摂津曽根崎

【贅】

贅亭〈号〉
夏目 成美　なつめ・せいび　1749～1816　徳川中期の俳人　[出]江戸

【夕】

夕丈（1代）
十寸見 藤十郎（2代）　ますみ・とうじゅうろう　?～1744　江戸時代中期の浄瑠璃太夫
夕可庵〈号〉
長谷川 馬光　はせがわ・ばこう　1687～1751　徳川中期の俳人
夕佳園〈号〉
日根野 弘享　ひねの・ひろあき　1786～1854　儒者
夕雨〈号〉
宗旦　そうたん　～1693　俳人、伊丹派
夕道
長谷川 夕道　はせがわ・せきどう　～1723　徳川中期の俳人　[出]尾張名古屋
夕陽観〈号〉
角上　かくじょう　～1747　徳川中期の俳人、芭蕉一門、近松堅田本福寺住職
夕雲
針ケ谷 夕雲　はりがや・せきうん　1593～1662　江戸初期の剣術家
〔針谷〕夕雲〈号〉
針ケ谷 夕雲　はりがや・せきうん　1593～1662　江戸初期の剣術家
夕顔庵〈号〉
風光　ふうこう　～1755　享保時代の俳人　[出]奥州白河城下
夕づつの屋〈号〉
鳥山 啓　とりやま・ひらく　1837～1914　理学者　[出]紀伊田辺

【石】

石
丹波局　たんばのつぼね　後鳥羽天皇の宮人
石々翁〈号〉
福田 練石　ふくだ・れんせき　1702～1789　徳川中期の俳人　[出]京都
石上
樹下 石上　じゅか・せきじょう　江戸の戯作者
〔梶原〕石上
樹下 石上　じゅか・せきじょう　江戸の戯作者
石上皇子
石上皇子　いそのかみのおうじ　欽明天皇の皇子
石上部皇子
石上部皇子　いそのかみべのおうじ　欽明天皇の皇子
石山断流閣〈号〉
中西 耕石　なかにし・こうせき　1807～1884　幕末明治の南画家　[出]筑前芦屋
石山僧都
真紹　しんしょう　797～873　平安時代前期の僧
〔蘇我〕石川
石川 宿禰　いしかわの・すくね　武内宿禰の子
石川夫人
石川夫人　いしかわのおおとじ　天智帝の夫人
石川麻呂
蘇我 石川麻呂　そがの・いしかわまろ　～649　大化改新政府の右大臣
石中堂〈号〉
服部 嵐雪　はっとり・らんせつ　1654～1707　徳川中期の俳人、蕉門十哲の1人　[出]江戸湯島
石之助〈幼名〉
宝生 九郎（16世）　ほうしょう・くろう　1837～1917　能の宝生流シテ方宗家　[出]江戸神田
石王兵衛
福来 石王兵衛　ふくらい・いしおうびょうえ　室町時代の能面師
石平道人〈号〉
鈴木 正三　すずき・しょうさん　1579～1655　江戸初期の禅学家、また仮名草子の作家　[出]三河東加茂郡
石牙
安田 石牙　やすだ・せきが　1733～1797　徳川中期の俳人　[出]甲州山梨郡小原村
石州
片桐 貞昌　かたぎり・さだまさ　1605～1673　徳川初期石州流茶道の祖、大和小泉城主　[出]摂津
石舟〈別号〉
大竹 蒋塘　おおたけ・しょうとう　1800～1858　幕末の書家　[出]下野足利郡助戸村
石舟斎
柳生 宗厳　やぎゅう・むねよし　1527～1606　安土桃山・江戸初期の剣術家、新陰流の祖、但馬守　[出]大和柳生庄
石甫〈字〉

茫 道生　はん・どうせい　1637〜1670　江戸前期に来日した中国福建省泉州の仏師
石見守
岩本 正倫　いわもと・まさのり　江戸時代後期の武士
石谷〈号〉
町田 久成　まちだ・ひさなり　1838〜1897　博物館創設者、薩摩藩士
石門〈号〉
桜井 石門　さくらい・せきもん　1748〜1799　徳川中期出石藩の儒者
石津王
藤原 石津　ふじわらの・いしづ　奈良時代の官吏
石竜子(1代)
石竜子(1代)　せきりゅうし　〜1808　徳川中期の観相家
石翁〈号〉
千 宗室(9世)　せんの・そうしつ　1746〜1801　茶道家
石巣〈別号〉
高久 靄厓　たかく・あいがい　1796〜1843　徳川中期の南画家　[出]下野那須郡小松庄杉渡戸村
石庵〈号〉
三宅 石庵　みやけ・せきあん　1665〜1730　儒者　[出]京都三条通
石窓〈号〉
衔劫　えんこう　1724〜1799　江戸中期の禅僧、万福寺24世　[出]信濃小県
石鳥
燕川洞 石鳥　えんせんどう・せきちょう　江戸時代中期の浮世絵師
石堅〈字〉
坂井 似堂　さかい・じどう　1825〜1862　徳川末期の漢学者、広島藩士
石湖
相沢 石湖　あいざわ・せきこ　1806〜1847　徳川末期の画家　[出]江戸
石園
飯田 年平　いいだ・としひら　1820〜1886　幕末・明治初期の国学者、歌人、神官　[出]因幡気多郡寺内村
石楯〈号〉
平賀 元義　ひらが・もとよし　1800〜1865　歌人、国学者　[出]備前国下道郡穂下郷陶村内奈良
石痴道人〈別号〉
横山 雲安　よこやま・うんあん　1813〜1880　幕末明治の漢詩人、画家　[出]出雲
石橋〈号〉
鈴木 四郎兵衛　すずき・しろべえ　1754〜1815　徳川中期の儒者にして公益家　[出]下野鹿沼町
石樹〈別号〉
燕栗園 千寿　ささぐりえん・ちおぎ　1804〜1858　徳川末期の狂歌師、戯作者　[出]武蔵児玉郡八幡山
〔境部〕石積
坂合部 磐積　さかいべの・いわつみ　7世紀後半の遣唐留学生
〔阪合部〕石積
坂合部 磐積　さかいべの・いわつみ　7世紀後半の遣唐留学生
石霞
高橋 石霞　たかはし・せっか　1808〜1883　幕末・明治時代の漢学者　[出]安芸賀茂郡竹原
石霜庵〈号〉
稲津 祇空　いなつ・ぎくう　1663〜1733　徳川中期の俳人　[出]大阪堺
石顛〈号〉
佐和 文智　さわ・ぶんち　1768〜1873　徳川末期石州九日市の儒者
石巌山人〈号〉
恒丸　つねまる　〜1810　化政期の俳人　[出]奥州三春

【赤】

赤人
山部 赤人　やまべの・あかひと　奈良時代の歌人、36歌仙の1人
赤子〈号〉
榎本 東順　えのもと・とうじゅん　1622〜1693　徳川中期の医家　[出]近江堅田
〔四方〕赤良
大田 南畝　おおた・なんぽ　1749〜1823　江戸中期の狂歌師、戯作者　[出]江戸
赤城
関 赤城　せき・せきじょう　1766〜1808　徳川中期の儒者　[出]上野利根郡沼田
赤城〈号〉
今井 兼庭　いまい・けんてい　1717〜1779　江戸中期の暦算家　[出]武蔵児玉郡西金久保
赤城
大沢 赤城　おおさわ・せきじょう　徳川中期の国学者　[出]江戸
赤城軒〈別号〉
赤城軒 元孚　せきじょうけん・もとたか　江戸中期の水戸の彫金家
赤染右衛門
赤染衛門　あかぞめえもん　960?〜1041?　平安時代中期の女流歌人
赤染衛門
赤染衛門　あかぞめえもん　960?〜1041?　平安時代中期の女流歌人
赤草〈別号〉
赤松 太庾　あかまつ・たいゆ　1709〜1767　江戸中期の儒者　[出]江戸
赤斎〈号〉
唐崎 士愛　からさき・ことちか　1737〜1796　江戸後期の勤王家
〔大原〕赤麻呂
忍坂王　おさかおう　奈良時代の官吏
赤蜂
遠弥計 赤蜂　おやけ・あかはち　〜1500　室町後期八重山で叛乱をおこした豪族　[出]琉球八重山

【昔】

昔男軒〈号〉
在原 古玩　ありわら・こがん　1829〜1922　幕末—大正時代の画家　[出]江戸
昔信
石川 昔信　いしかわ・せきしん　徳川時代末期の画家

【碩】

碩〈名〉
原 勤堂　はら・きんどう　1825～1896　幕末明治の医家　[出]能登鳳至郡鵜川村
碩〈名〉
昌谷 精渓　さかや・せいけい　1792～1858　徳川末期の漢学者、津山藩士　[出]備中川上郡九名村
碩水〈号〉
楠本 碩水　くすもと・せきすい　1832～1916　幕末・明治時代の儒者　[出]肥前針尾島
碩布
川村 碩布　かわむら・せきふ　1750～1843　徳川中期の俳人　[出]武蔵入間郡毛呂
碩果翁〈号〉
樋口 知足斎　ひぐち・ちそくさい　1750～1826　徳川中期の漢学者、名古屋藩士

【積】

積高〈名〉
尾藤 水竹　びとう・すいちく　～1854　徳川末期江戸の儒者
積徳園〈号〉
竹川 政胖　たけかわ・まさひろ　1809～1882　幕末の経世家　[出]伊勢飯南郡射和村
積翠
石河 積翠　いしこ・せきすい　1738～1803　徳川中期の俳人　[出]江戸

【拙】

拙翁〈号〉
斎藤 拙堂　さいとう・せつどう　1797～1865　江戸時代末期の儒者　[出]江戸柳原
拙堂〈号〉
斎藤 拙堂　さいとう・せつどう　1797～1865　江戸時代末期の儒者　[出]江戸柳原
拙斎〈通称〉
岡宗 泰純　おかむね・たいじゅん　1768～1833　徳川中期の医家、国学者　[出]土佐国
拙斎〈号〉
青山 延干　あおやま・のぶゆき　1776～1843　江戸中期、水戸藩の儒者
拙斎〈号〉
天野 拙斎　あまの・せっさい　1662～1732　徳川中期の儒者　[出]伊予
〔矢野〕拙斎
天野 拙斎　あまの・せっさい　1662～1732　徳川中期の儒者　[出]伊予
拙蔵〈通称〉
玉井 竹堂　たまい・ちくどう　1815～1897　幕末明治の儒者、教育家　[出]淡路州本

【設】

設楽堂〈別号〉
川井 乙州　かわい・おとくに　～1710　徳川中期の俳人　[出]江州大津

【雪】

雪人
雪人　せつじん　1818～1918　俳人　[出]山形県東村山郡山辺村
雪下庵〈号〉
望月 武然　もちずき・ぶぜん　1720～1803　徳川中期の俳人
〔伊川〕雪下園
井川 鳴門　いかわ・めいもん　1751～1806　江戸時代中期～後期の画家、書家
雪山〈号〉
一宮 長常　いちのみや・ながつね　1721～1786　徳川末期の金属彫刻家　[出]越前
雪山〈号〉
合川 珉和　あいかわ・みんわ　～1821　浮世絵師
雪山〈号〉
佐藤 解記　さとう・げき　1814～1859　徳川末期の和算家　[出]越後小千谷
雪川
松平 雪川　まつだいら・せっせん　1753～1803　徳川中期の俳人　[出]江戸
雪中庵〈号〉
原田 梅年　はらだ・ばいねん　1826～1905　俳人　[出]江戸
雪中庵〈号〉
大島 蓼太　おおしま・りょうた　1718～1787　徳川中期の俳人　[出]信州伊那郡大島
雪中庵〈号〉
服部 嵐雪　はっとり・らんせつ　1654～1707　徳川中期の俳人、蕉門十哲の1人　[出]江戸湯島
雪中庵（7世）
村井 鳳洲　むらい・ほうしゅう　1814～1874　幕末明治初期の俳人　[出]奥州
雪外老人〈号〉
松木 珪琳　まつき・けいりん　～1742　徳川中期の俳人　[出]江戸
雪奴〈初号〉
高柳 荘丹　たかやなぎ・そうたん　1732～1815　徳川中期の俳人　[出]武州川越
雪岑〈画号〉
福王家(9世)　ふくおうけ　1716～1785　能楽脇方
雪岑
福王 盛勝　ふくおう・もりかつ　1701～1785　江戸時代中期の能役者ワキ方
雪志〈号〉
桜井 雪館　さくらい・せっかん　1715～1790　徳川中末期の画家　[出]常陸
雪芝
雪芝　せつし　～1711　俳人、芭蕉一門　[出]伊賀上野
雪典
桂 宗信　かつら・むねのぶ　1735～1790　江戸時代中期の画家
雪居〈別号〉
高木 大翁　たかぎ・たいおう　幕末の画家
雪岳〈号〉
太田 美農里　おおた・みのり　1831～1909　徳川末期の蘭医
雪信
清原 雪信　きよはら・ゆきのぶ　～1682　徳川初期の閨秀画家
〔狩野〕雪信

せつ（摂, 節）

清原 雪信　きよはら・ゆきのぶ　～1682　徳川初期の閨秀画家
〔清水〕雪信
　清原 雪信　きよはら・ゆきのぶ　～1682　徳川初期の閨秀画家
〔狩野〕雪信女
　清原 雪信　きよはら・ゆきのぶ　～1682　徳川初期の閨秀画家
雪保
　桜井 秋山　さくらい・しゅうざん　?～1824　江戸時代中期～後期の画家
雪屋人〈号〉
　山村 月巣　やまむら・げっそう　1730～1785　徳川中期の俳人　㊗出羽村山郡寒河江
雪廼舎〈号〉
　相沢 朮　あいざわ・おけら　1825～1904　幕末明治初期の西尾藩侍医、歌人　㊗江戸
雪廼門（1代）
　雪廼門（1代）　ゆきのと　～1852　大阪の狂歌師
雪香斎〈号〉
　志水 盤谷　しみず・ばんこく　徳川中期の俳人　㊗摂津西成郡
雪峰
　佐々木 雪峰　ささき・せっぽう　1810～1873　幕末明治時代の漢学者　㊗美作勝田郡吉野村
雪庭〈字〉
　坂内 直頼　さかうち・なおより　徳川初中期京都の国学者
雪翁〈別号〉
　田中 桐江　たなか・とうこう　1668～1742　江戸中期の文人　㊗出羽国庄内
雪耕庵〈号〉
　清水 一瓢　しみず・いっぴょう　1770～1840　徳川中期の俳人
雪荷
　吉田 重勝　よしだ・しげかつ　1514～1590　戦国～織豊時代の弓術家
雪華谷〈号〉
　英俊　えいしゅん　1517～1596　興福寺多聞院の僧、法印
雪華道人〈別号〉
　田中 桐江　たなか・とうこう　1668～1742　江戸中期の文人　㊗出羽国庄内
雪堂〈号〉
　笠家 逸志　かさや・いっし　1675～1747　徳川中期の俳人
雪堂
　弘員　ひろかず　～1717　俳人、芭蕉一門、伊勢の神宮
雪堂〈別号〉
　石塚 確斎　いしづか・かくさい　1766～1817　江戸末期の儒者　㊗薩摩国加世田
雪堂
　宮原 雪堂　みやはら・せつどう　1716～1776　江戸時代中期の俳人
雪庵〈号〉
　以哉坊　いさいぼう　1715～1774　天明期の俳人　㊗美濃の黒野
雪斎〈別号〉
　佐藤 牧山　さとう・ぼくさん　1801～1891　幕末明治の儒者　㊗尾張中島郡山崎村

雪斎
　太原 雪斎　たいげん・せっさい　1496～1555　今川氏家臣
雪斎
　妹尾 徳風　せのお・とくふう　1846～1887　幕末明治時代の書家　㊗江戸
雪斎
　増山 正賢　ましやま・まさかた　1754～1819　江戸時代中期～後期の大名、画家
〔高森〕雪斎
　伊達 政景　だて・まさかげ　1550～1607　奥州一関城主
雪渓〈号〉
　井上 雪渓　いのうえ・せっけい　1684～1739　徳川中期の熊本藩の儒者　㊗肥州野田村
雪窓〈号〉
　阿円我　あえんが　1813～1890　紀伊高野山如意輪寺36世、大僧都
雪散舎其残〈号〉
　岩波 喜山　いわなみ・きざん　信州諏訪の俳人で、好事的の作陶家
雪雄〈俳号〉
　桜井 梅室　さくらい・ばいしつ　1769～1852　徳川末期の俳人　㊗加賀金沢
雪鼎
　恵実　えじつ　江戸時代中期の僧
雪愿斎
　藤田 祥元　ふじた・しょうげん　徳川中期の画家　㊗羽後秋田郡八幡岱村新田
雪髯〈別号〉
　高木 大翁　たかぎ・たいおう　幕末の画家
雪館〈号〉
　桜井 雪館　さくらい・せっかん　1715～1790　徳川中末期の画家　㊗常陸
雪鮮
　桜井 雪鮮　さくらい・せっせん　1762～1804　江戸時代中期～後期の画家
雪蘭〈号〉
　大串 雪蘭　おおぐし・せつらん　1658～1696　徳川初期の水戸藩士

【摂】

摂西陳人〈号〉
　岡田 儀志　おかだ・けいし　徳川中期の人、摂陽群談を著す
摂信〈別称〉
　華園 摂信　はなぞの・せっしん　1808～1877　僧侶　㊗京都
摂津
　二条太皇太后宮 摂津　にじょうたいこうたいごうぐうの・せっつ　平安時代後期の女官、歌人
摂津大掾
　竹本 越路太夫（2代）　たけもと・こしじだゆう　1836～1917　義太夫節の太夫　㊗大坂順慶町

【節】

節〈名〉
　今村 一鷗　いまむら・いちおう　徳川中期の小児科医　㊗広島

節〈名〉
　若松 竹軒　わかまつ・ちくけん　1831～1908　幕末明治の漢学者、上州沼田藩の世臣
節〈名〉
　人見 竹洞　ひとみ・ちくどう　1628～1696　徳川中期の儒者
節山〈号〉
　板倉 節山　いたくら・せつざん　1809～1857　上州安中3万石の城主　㊐江戸
節青堂〈号〉
　水田 正秀　みずた・まさひで　1657～1723　徳川中期の俳人　㊐近江膳所
節信
　喜多村 信節　きたむら・のぶよ　1783～1856　徳川中期―後期の国学者　㊐江戸
〔加久夜〕節信
　藤原 節信　ふじわらの・ときのぶ　平安時代中期の官吏
節浄堂〈号〉
　水田 正秀　みずた・まさひで　1657～1723　徳川中期の俳人　㊐近江膳所
節原中貫〈別号〉
　節藁 仲貫　ふしわらの・なかぬき　安永天明頃の狂歌師
節庵〈号〉
　安東 節庵　あんどう・せつあん　1785～1835　徳川中期の儒者　㊐筑後柳川
節庵〈号〉
　平井 佝谷　ひらい・とうこく　1714～1797　播州竜野の書家
節斎〈別号〉
　江村 訥斎　えむら・とっさい　1623～1673　徳川初期の宇和島藩儒者　㊐京都

【絶】

絶鉱炉〈別号〉
　此山 妙在　しざん・みょうざい　1296～1377　天竜・建仁・南禅・円覚寺主、五山文学者　㊐信濃

【千】

千丈〈号〉
　安藤 叔明　あんどう・しゅくめい　1807～1842　徳川末期の画家　㊐能登
千丈
　滝本 千丈　たきのもと・ちたけ　～1843　狂歌師、画家
千万多
　阿部 千万多　あべ・ちまた　1821～1868　幕末の志士　㊐羽後飽海郡鵜渡川原村
千子
　向井 千子　むかい・ちね　～1688　徳川中期の俳人
千山
　井上 千山　いのうえ・せんざん　～1726　徳川中期の俳人、平福屋と号した豪商、姫路六人衆の1人
千山
　千山　せんさん　享保時代の俳人
千川
　千川　せんせん　～1706　俳人、芭蕉一門
千中

都秀太夫 千中　みやこひでだゆう・せんちゅう
　享保―宝暦時代の一中節浄瑠璃の太夫
千之〈1代〉
　宮薗 千之〈1代〉　みやその・せんし　～1834　宮薗節浄瑠璃の名家、斯流中興の祖
千之右衛門
　水野 岷山　みずの・みんざん　1734～1822　江戸時代中期～後期の武士
千之助
　井上 千之助　いのうえ・せんのすけ　1841～1870　幕末の志士、山口藩　㊐長門国萩
千之助〈幼名〉
　藤堂 元甫　とうどう・げんぽ　1677～1762　代々伊勢津藩藤堂氏の国老　㊐伊賀大野
〔井川〕千之助
　井上 千之助　いのうえ・せんのすけ　1841～1870　幕末の志士、山口藩　㊐長門国萩
〔中村〕千之助〈前名〉
　瀬川 菊之丞〈4代〉　せがわ・きくのじょう　1782～1812　江戸の歌舞伎俳優
〔小桜〕千右助〈2代〉
　村山 平右衛門〈3代〉　むらやま・へいえもん　～1718　京都の村山座の櫓主、歌舞伎俳優
千太郎〈通称〉
　井上 修　いのうえ・おさむ　1841～1908　幕末の志士　㊐岡山
千太郎〈初名〉
　榊山 小四郎〈3代〉　さかきやま・こしろう　1724～1767　京都の歌舞伎俳優
千太郎〈初名〉
　富士田 千蔵〈2代〉　ふじた・せんぞう　～1859　江戸長唄謡い、富士田の3代　㊐仙台
千引
　大石 千引　おおいし・ちびき　1769～1834　徳川中期の国学者で歌人　㊐江戸本所横川
千木〈俳名〉
　近松 勘之助　ちかまつ・かんのすけ　元禄時代の若衆方の名優
千比呂〈歌人名〉
　高野 昌頎　たかの・しょうせき　1760～1802　江戸後期の民政家　㊐常陸国久慈郡太田村
千代
　加賀 千代　かがの・ちよ　1703～1775　江戸中期の女流俳人　㊐加賀国松任
千代〈通称〉
　向井 千子　むかい・ちね　～1688　徳川中期の俳人
千代三郎〈1代〉
　姉川 千代三郎〈1代〉　あねかわ・ちよさぶろう　京都の歌舞伎俳優、享保・元文時代の若女方の上手
千代女
　加賀 千代　かがの・ちよ　1703～1775　江戸中期の女流俳人　㊐加賀国松任
千代女〈本名〉
　土佐 光久　とさ・みつひさ　室町時代の画家
千代之助
　富沢 文左衛門　とみざわ・ぶんざえもん　江戸時代前期～中期の歌舞伎役者
千代五郎〈通称〉
　荒山 小左衛門　あらやま・こざえもん　～1604　織豊時代の民政家
千代寿〈幼名〉

下間 少進　しもつま・しょうしん　1551～1616　本願寺坊官で素人能役者
千代松竹〈別号〉
藤寿亭 松竹　とうじゅてい・しょうちく　～1835　徳川中末期の江戸の戯作者
千仭〈名〉
岡 千仭　おか・せんじん　1833～1914　幕末・明治時代の漢学者、漢詩人　[出]仙台
千右衛門〈通称〉
富士谷 御杖　ふじたに・みつえ　1768～1823　徳川中期の国学者　[出]京都
千右衛門〈通称〉
富士谷 成章　ふじたに・なりあきら　1738～1779　徳川中期の国学者、歌人　[出]京都
千古
一柳 千古　ひとつやなぎ・ちふる　～1832　歌人　[出]江戸
千本の屋〈号〉
吉野 義巻　よしの・よしまる　1844～1903　国学者　[出]千葉県夷隅郡上野村名木細殿
千光国師
明庵 栄西　みょうあん・えいさい　1141～1215　日本臨済宗の開祖、建仁寺派の派祖　[出]備中吉備津
千光祖師
明庵 栄西　みょうあん・えいさい　1141～1215　日本臨済宗の開祖、建仁寺派の派祖　[出]備中吉備津
〔須賀〕千朴
都太夫 一中（1世）　みやこだゆう・いっちゅう　1650～1724　一中節の家元
千百翁〈号〉
雲鼓　うんこ　～1728　享保時代の俳人　[出]大和吉野
千寿
燕栗園 千寿　ささぐりえん・ちおぎ　1804～1858　徳川末期の狂歌師、戯作者　[出]武蔵児玉郡八幡山
〔久米〕千寿
燕栗園 千寿　ささぐりえん・ちほぎ　1804～1858　江戸時代後期の狂歌師
千寿（1代）
宮薗 千寿（1代）　みやぞの・せんじゅ　1806～1868　宮薗節浄瑠璃の名家
〔霧波〕千寿（2代）
民島 千寿　たみしま・せんじゅ　?～1765　江戸時代中期の歌舞伎役者
千寿丸
栄実　えいじつ　1201～1214　源頼家の子
千町
宝田 千町　たからだ・せんちょう　天保時代の江戸の歌舞伎狂言作者、戯作者
千那
三上 千那　みかみ・せんな　1651～1723　徳川中期の俳人、近江堅田本福寺第14世住職　[出]近江堅田
千那堂官江〈号〉
三上 千那　みかみ・せんな　1651～1723　徳川中期の俳人、近江堅田本福寺第14世住職　[出]近江堅田
千里〈字〉
入江 太華　いりえ・たいか　1721～1738　徳川中期の江戸の儒者
千里
鈴木 千里　すずき・せんり　1807～1859　幕末の儒者、志士　[出]米沢
千里
苗村 千里　なえむら・ちり　1648～1716　江戸時代前期～中期の俳人
千季
秋田 倩季　あきた・よしすえ　1751～1813　江戸時代中期～後期の大名
千枝
青木 千枝　あおき・ちえだ　1820～1897　幕末明治の歌人、彦根藩士
千前〈俳号〉
竹田 出雲（1代）　たけだ・いずも　～1747　江戸時代の浄瑠璃作家、大坂竹本座の座元
千前軒〈号〉
竹田 出雲（2代）　たけだ・いずも　1691～1756　竹本座座元にして浄瑠璃の名作が多い
千客亭万亀〈別号〉
千鶴庵 万亀　せんかくあん・ばんき　戯作者、狂歌師
千春
荒井 千春　あらい・ちはる　1733～1826　江戸中期の画家　[出]江戸
千春
高島 千春　たかしま・ちはる　1777～1859　大和絵画家　[出]大阪
千春
今泉 千春　いまいずみ・ちはる　1775～1836　徳川末期の筑紫流箏曲第10代家元　[出]肥前佐賀
千春
三浦 千春　みうら・ちはる　1828～1903　幕末明治の国学者　[出]名古屋
千柳（1代）〈別名〉
並木 宗輔　なみき・そうすけ　1695～1751　享保—寛延時代の大阪の浄瑠璃作者、歌舞伎狂言作者、並木系祖　[出]大阪
千柳（2代）
並木 翁輔　なみき・おうすけ　寛延—寛政時代の大阪の歌舞伎狂言作者、浄瑠璃作者
千洲
荒木 千洲　あらき・せんしゅう　1807～1876　幕末の画家　[出]長崎
千秋
大石 千秋　おおいし・ちあき　1811～1868　徳川末期の歌人
千秋庵〈別号〉
三陀羅法師　さんだらほうし　1731～1814　狂歌師
千倉
猪熊 千倉　いのくま・ちくら　徳川初期の神職
千姫
千姫　せんひめ　1597～1666　徳川秀忠の第一女、豊臣秀頼の夫人　[出]京都伏見
千家国師
明庵 栄西　みょうあん・えいさい　1141～1215　日本臨済宗の開祖、建仁寺派の派祖　[出]備中吉備津
千梅
田中 千梅　たなか・せんばい　1686～1769　俳人　[出]近江栗太郡辻村
千翁〈号〉
立羽 不角　たてば・ふかく　1662～1753　徳川中期の俳人　[出]江戸
千規

せん（川，仙）

徳永 千規　とくなが・ちのり　1804〜1870　国学者　㊐土佐高知
千鳥庵〈号〉
　丹羽 以之　にわ・ともゆき　〜1759　徳川中期の俳人　㊐尾張名古屋
千尋
　藤原 御楯　ふじわらの・みたて　715〜764　奈良時代の公卿
千賀
　清水 千賀　しみず・ちか　1837〜1862　幕末の俳人
千載堂〈号〉
　早川 丈石　はやかわ・じょうせき　1695〜1779　徳川中期の俳人　㊐京都
千峪〈号〉
　関 為山　せき・いざん　1804〜1878　徳川末期—明治初年の俳人　㊐江戸
千種庵（1世）
　千種庵（1世）　ちくさあん　1761〜1811　狂歌師　㊐常陸国
千種庵（2世）
　宇治 紫文（1世）　うじ・しぶん　1791〜1858　一中節宇治派の始祖　㊐江戸
千種庵（3世）
　千種庵（3世）　ちくさあん　1811〜1860　狂歌師
千種庵（4世）
　千種庵（4世）　ちくさあん　1838〜1899　狂歌師
千蔭
　橘 千蔭　たちばな・ちかげ　1735〜1808　江戸中期の歌人、国学者、能書家　㊐江戸
〔加藤〕千蔭
　橘 千蔭　たちばな・ちかげ　1735〜1808　江戸中期の歌人、国学者、能書家　㊐江戸
千幡
　源 実朝　みなもとの・さねとも　1192〜1219　鎌倉幕府第3代の将軍
千穂〈号〉
　原 時行　はら・ときゆき　1826〜1899　幕末・明治の儒者　㊐日向延岡
千蔵〈通称〉
　下郷 学海　しもさと・がくかい　1742〜1790　徳川中期の俳人　㊐尾張鳴海
千蔵〈通称〉
　天沼 恒庵　あまぬま・こうあん　1743〜1794　徳川中期の儒者　㊐江戸神田
〔佐伯川〕千蔵
　富士田 吉次（1代）　ふじた・きちじ　〜1771　江戸長唄謡い
千蔵（1代）
　富士田 千蔵（1代）　ふじた・せんぞう　1757〜1823　江戸長唄謡い、富士田の2代　㊐江戸
千蔵（2代）
　富士田 千蔵（2代）　ふじた・せんぞう　〜1859　江戸長唄謡い、富士田の3代　㊐仙台
千蔵（6代・名義4代）〈前名〉
　富士田 吉次（2代）　ふじた・きちじ　1845〜1919　江戸長唄謡い　㊐甲府
千蝶〈俳名〉
　為永 太郎兵衛　ためなが・たろべえ　宝暦期の上方の浄瑠璃作者、歌舞伎狂言作者　㊐大阪
千頴〈号〉

井上 淑蔭　いのうえ・よしかげ　1804〜1886　国学者　㊐武州入間郡勝呂村
千頴〈名〉
　燕栗園 千頴　ささぐりえん・ちかい　1776〜1837　狂歌師　㊐伊勢
千羅
　三上 千羅　みかみ・せんら　1754〜1807　江戸時代後期の俳人
千鶴庵万亀
　千鶴庵 万亀　せんかくあん・ばんき　戯作者、狂歌師

【川】

川中島侍従
　森 忠政　もり・ただまさ　1570〜1634　美濃金山城主　㊐美濃国可児郡金山
川柳
　柄井 川柳　からい・せんりゅう　1718〜1790　江戸後期の前句附点者　㊐江戸
川柳（1世）
　柄井 川柳　からい・せんりゅう　1718〜1790　江戸後期の前句附点者　㊐江戸
川柳（4世）
　川柳（4世）　せんりゅう　1778〜1844　川柳点者
川柳（5世）
　川柳（5世）　せんりゅう　1787〜1858　川柳点者　㊐日本橋南茅場町
川柳（6世）
　川柳（6世）　せんりゅう　1814〜1882　川柳点者
川柳（7世）
　川柳（7世）　せんりゅう　1825〜1891　川柳点者
川柳（8世）
　川柳（8世）　せんりゅう　1820〜1892　川柳点者
川柳（9世）
　川柳（9世）　せんりゅう　1835〜1904　川柳点者
川浪
　足羽 川浪　あすは・かわなみ　〜1832　江戸中期の狂歌師　㊐越前福井
川象
　福田 大華　ふくだ・たいか　1796〜1854　画家また国学者
川関楼惟充〈号〉
　川関楼 琴川　せんかんろう・きんせん　戯作者

【仙】

仙千代〈幼名〉
　狩野 探信　かのう・たんしん　1653〜1718　徳川幕府の奥絵師
仙女
　瀬川 菊之丞（3代）　せがわ・きくのじょう　1751〜1810　江戸の歌舞伎俳優　㊐大阪
仙女路考〈俗称〉
　瀬川 菊之丞（3代）　せがわ・きくのじょう　1751〜1810　江戸の歌舞伎俳優　㊐大阪
仙山
　平巌 仙山　ひらいわ・せんざん　徳川初期の儒者　㊐京都東山
仙之助〈初名〉

せん（占, 亘, 先, 阡）

坂田 重兵衛（1代）　さかた・じゅうべえ　江戸長唄囃子方
〔山本〕仙之助
祐天 仙之助　ゆうてん・せんのすけ　?〜1863　幕末の博徒
〔千葉〕仙之助〈本名〉
都太夫 一中（8代）　みやこだゆう・いっちゅう　1848〜1877　一中節浄瑠璃の宗家　⊕江戸
仙右衛門
高木 仙右衛門　たかぎ・せんえもん　1823〜1899　長崎郊外浦上村本原郷のキリシタン
仙右衛門
伊藤 孫右衛門　いとう・まごえもん　1543〜1628　織豊〜江戸時代前期の殖産家
仙四郎（1代）
坂田 仙四郎（1代）　さかた・せんしろう　江戸長唄師
〔坂田〕仙四郎（2代）
芳村 伊三郎（3代）　よしむら・いさぶろう　1754〜1833　江戸長唄の名家
仙四郎（3代）
坂田 仙四郎（3代）　さかた・せんしろう　〜1862　江戸長唄謡
〔上坂〕仙吉〈本名〉
会津 小鉄　あいずの・こてつ　1845〜1885　幕末・江戸の侠客
仙朴
秋山 仙朴　あきやま・せんぼく　江戸中期の碁客　⊕武蔵
仙兵衛
大江 仙兵衛　おおえ・せんべえ　徳川初期の佐分利流槍術の名家
〔千葉〕仙助〈本名〉
都太夫 一中（9代）　みやこだゆう・いっちゅう　一中節浄瑠璃の宗家
〔笠々亭〕仙果
笠亭 仙果（2代）　りってい・せんか　1837〜1884　戯作者、狂歌師
〔浅草庵〕仙果
笠亭 仙果（1代）　りってい・せんか　1806〜1868　戯作者、狂歌師　⊕尾張国熱田
〔浅草庵〕仙果
柳亭 種彦（2世）　りゅうてい・たねひこ　1806〜1868　神官、戯作者　⊕尾張国熱田
仙果（1代）
笠亭 仙果（1代）　りってい・せんか　1806〜1868　戯作者、狂歌師　⊕尾張国熱田
〔笠亭〕仙果（1代）
柳亭 種彦（2世）　りゅうてい・たねひこ　1806〜1868　神官、戯作者　⊕尾張国熱田
仙果（2代）
笠亭 仙果（2代）　りってい・せんか　1837〜1884　戯作者、狂歌師
仙果亭嘉栗
仙果亭 嘉栗　せんかてい・かりつ　1748〜1799　江戸中期の狂歌師、狂言作者
仙英
仏洲 仙英　ぶっしゅう・せんえい　1791〜1864　徳川末期の禅僧　⊕因幡岩井郡（今の岩美郡の内）浦富村
仙叟〈号〉

千 宗室（4世）　せんの・そうしつ　1622〜1697　茶道家
仙流〈号〉
青山 金貞　あおやま・かねさだ　1783〜1855　徳川末期秋田の画家
仙華門院
仙華門院　せんかもんいん　1224〜1262　土御門天皇の皇女
仙渓
富春軒 仙渓　ふしゅんけん・せんけい　江戸時代のいけ花作家
仙渓亭〈号〉
三井 嘉菊　みつい・かきく　1767〜1847　徳川中期の俳人　⊕京都
仙都
疋田 検校　ひきた・けんぎょう　〜1455　平曲の名手
仙鳥女
仙鳥女　せんちょうじょ　天明期の俳人　⊕相模鎌倉
仙蔵〈通称〉
鈴木 真実　すずき・まざね　1749〜1819　国学者
仙嶺〈号〉
円山 応挙　まるやま・おうきょ　1732〜1795　写生画の大家、円山派の祖　⊕丹波国桑田郡穴太村
仙巌〈号〉
有馬 晴純　ありま・はるずみ　1483〜1566　有馬日野江城に住んだ、藤原純友18代の裔
仙鶴
堀内 仙鶴　ほりのうち・せんかく　1675〜1748　江戸中期の茶人、俳人　⊕江戸
仙鶴堂〈号〉
松本 一雄　まつもと・かずお　徳川中期の画家、水画の創始者　⊕大阪

【占】

占春〈号〉
曽 占春　そ・せんしゅん　1758〜1834　江戸後期の本草学者　⊕江戸
占春
曽 占春　そ・せんしゅん　1758〜1834　江戸後期の本草学者　⊕江戸

【亘】

亘
木村 黙老　きむら・もくろう　1774〜1856　江戸後期の藩政家

【先】

先民〈字〉
井上 毅斎　いのうえ・きさい　1792〜1846　徳川中期の江戸の儒者

【阡】

阡陌園〈別号〉
東西庵 南北　とうざいあん・なんぼく　〜1827　徳川中期の江戸の戯作者

せん（宣，専，染）

【宣】

宣子
　葉室 宣子　はむろ・のぶこ　〜1679　後陽成天皇の典侍
宣之〈名〉
　石田 安左衛門　いしだ・あんざえもん　1629〜1693　江戸初期の佐賀藩士
宣仁門院
　宣仁門院　せんにんもんいん　1227〜1262　四条天皇の女御
宣光
　鷲津 毅堂　わしず・きどう　1825〜1882　幕末明治の漢学者　㊗尾張丹羽郡丹羽邑
宣光門院
　宣光門院　せんこうもんいん　1297〜1360　花園天皇の後宮
宣房
　藤原 宣房　ふじわらの・のぶふさ　1258〜　吉野朝の廷臣、権大納言
〔万里小路〕宣房
　藤原 宣房　ふじわらの・のぶふさ　1258〜　吉野朝の廷臣、権大納言
宣明
　佐々原 宣明　ささはら・のぶあき　〜1855　幕末の書家　㊗大阪
宣長
　本居 宣長　もとおり・のりなが　1730〜1801　江戸時代の国学者　㊗伊予松坂本町
宣政門院
　宣政門院　せんせいもんいん　1315〜1362　光厳天皇の後宮
宣卿
　新井 宣卿　あらい・せんきょう　〜1741　徳川中期の儒者、白石の子
〔北条〕宣時
　大仏 宣時　おさらぎ・のぶとき　1238〜1323　鎌倉時代の武将
宣陽門院
　宣陽門院　せんようもんいん　1181〜1252　後白河法皇の皇女
宣義〈字〉
　稲生 若水　いのう・じゃくすい　1655〜1715　江戸中期の本草学者　㊗江戸
〔彭城〕宣義
　劉 東閣　りゅう・とうかく　1633〜1695　儒者　㊗長崎
宣賢
　清原 宣賢　きよはら・のぶかた　1475〜1550　戦国時代の儒学者
〔舟橋〕宣賢
　清原 宣賢　きよはら・のぶかた　1475〜1550　戦国時代の儒学者
〔船橋〕宣賢
　清原 宣賢　きよはら・のぶかた　1475〜1550　戦国時代の儒学者
宣耀殿女御
　藤原 芳子　ふじわらの・ほうし　?〜967　村上天皇の女御

【専】

専八〈通称〉
　荒 至重　あらし・しじゅう　1826〜1909　幕末・明治時代の数学者　㊗奥州相馬中村
〔丹治〕専右衛門〈通称〉
　鳳語園 花門　ほうごえん・はなかど　狂歌師　㊗下野日光原町
専好〈1代〉
　池坊 専好(1代)　いけのぼう・せんこう　?〜1621　戦国〜江戸時代前期の華道家
専助〈通称〉
　栗田 樗堂　くりた・ちょどう　1749〜1814　徳川中期の俳人　㊗伊予松山
専応
　池坊 専応　いけのぼう・せんおう　1482〜1543　戦国時代の華道家
専定
　池坊 専定　いけのぼう・せんじょう　1769〜1832　江戸時代後期の華道家
専林〈字〉
　佐々木 志津磨　ささき・しずま　1619〜1695　徳川初期の書家　㊗京都賀茂
専栄
　池坊 専栄　いけのぼう・せんえい　戦国〜織豊時代の華道家
専庵〈通称〉
　井上 士朗　いのうえ・しろう　1742〜1812　江戸後期の俳人　㊗尾張国守山
専庵
　平住 専庵　ひらずみ・せんあん　徳川中期大阪の儒者
専斎
　江村 専斎　えむら・せんさい　〜1664　室町時代の儒医
専順
　池坊 専順　いけのぼう・せんじゅん　1411〜1476　室町時代の連歌師、華道家
専慶
　池坊 専慶　いけのぼう・せんけい　室町時代の華道家
専鎮
　池坊 専鎮　いけのぼう・せんちん　室町時代の華道家
専鯉〈号〉
　佐久間 柳居　さくま・りゅうきょ　1686〜1748　徳川中期の俳人　㊗江戸

【染】

染太夫〈3代〉
　竹本 梶太夫(1代)　たけもと・かじだゆう　〜1806　義太夫節の太夫
染太夫〈5代〉
　竹本 越前大掾　たけもと・えちぜんのたいじょう　1791〜1855　義太夫節の太夫　㊗阿波津田浦
染太夫〈6代〉
　竹本 染太夫(6代)　たけもと・そめだゆう　1798〜1869　義太夫節の太夫
染殿后

せん（泉, 浅, 茎, 扇, 剪, 船, 釧, 僊, 詮）

藤原 明子　ふじわらの・あきらけいこ　829～900　文徳天皇の女御、清和天皇の御母

【泉】

泉
　樋口 泉　ひぐち・いずみ　1809～1874　幕末明治の和算家
泉子〈号〉
　恒丸　つねまる　～1810　化政期の俳人　㊣奥州三春
泉石
　鷹見 泉石　たかみ・せんせき　1785～1858　蘭学者、古河藩老臣　㊣古河
泉宇〈号〉
　志水 盤谷　しみず・ばんこく　徳川中期の俳人　㊣摂津西成郡
泉声〈別号〉
　塩川 文麟　しおかわ・ぶんりん　1808～1877　四条派の画家　㊣京都
泉花堂
　泉花堂　せんかどう　戯作者
泉花堂三蝶〈号〉
　泉花堂　せんかどう　戯作者
泉明
　佐々木 泉明　ささき・せんめい　1716～1793　徳川中期の俳人　㊣浪華
泉竜
　佐々木 泉竜　ささき・せんりゅう　画家
泉景
　佐々木 泉景　ささき・せんけい　1773～1848　徳川中期の画家
泉廓〈号〉
　近藤 善蔵　こんどう・ぜんぞう　茶人

【浅】

〔夫神村〕浅之丞
　中沢 浅之丞　なかざわ・あさのじょう　1725?～1763　江戸時代中期の一揆指導者
浅茅庵〈初号〉
　大垣 守舎　おおがき・もりや　1777～1830　徳川末期の狂歌師　㊣上野大間々
浅宮
　顕子女王　あきこじょおう　1639～1676　伏見宮貞清親王の第7王女、徳川家綱御台所
浅裏庵〈別号〉
　秋 広好　たもと・ひろよし　狂歌師
浅瀬庵〈別号〉
　鶴脛 長喜　つるのはぎ・ながき　徳川中期江戸の狂歌師

【茎】

茎岡〈号〉
　中西 耕石　なかにし・こうせき　1807～1884　幕末明治の南画家　㊣筑前芦屋

【扇】

〔荻野〕扇女〈後名〉
　藤川 友吉（3代）　ふじかわ・ともきち　～1872　大阪の歌舞伎俳優
扇子〈俳名〉
　嵐 和歌野（2代）　あらし・わかの　1727～1763　京阪の歌舞伎俳優、宝暦期の若女方の巧者
扇川堂〈号〉
　東藤　とうとう　俳人、芭蕉一門　㊣尾張扇川
扇之助〈通称〉
　春木 南華　はるき・なんか　1819～1866　幕末の画家
〔重〕扇助（1代）
　金井 由輔（2代）　かない・ゆうすけ　江戸の歌舞伎狂言作者
扇数〈号〉
　久留島 義太　くるしま・よしひろ　～1757　徳川中期の算家
扇蔵（3代）
　西川 扇蔵（3代）　にしかわ・せんぞう　～1817　江戸の劇場振付師、舞踊西川流の家元　㊣江戸日本橋
扇蔵（5代）
　西川 扇蔵（5代）　にしかわ・せんぞう　～1860　江戸の劇場振付師、舞踊西川流の家元
〔西川〕扇蔵（6代）〈別名〉
　藤間 勘右衛門（2代）　ふじま・かんえもん　1840～1925　江戸の劇場振附師、藤間流家元　㊣江戸湯島天神町

【剪】

剪枝畸人〈俳号〉
　上田 秋成　うえだ・あきなり　1734～1809　江戸中期の国学者、歌人、俳人、浮世草子及び読本作者、茶人　㊣摂津曽根崎

【船】

船積
　俵 船積　たわらの・ふなつみ　～1820　狂歌師、戯作者

【釧】

釧太郎〈幼名〉
　中村 敬宇　なかむら・けいう　1832～1891　明治初年に於ける教育家、道徳家及び文章家　㊣江戸

【僊】

僊可
　巣雪 僊可　そうせつ・せんか　戦国時代の画家
僊那
　菩提 僊那　ぼだい・せんな　700～760　奈良時代の渡来僧

【詮】

詮久
　尼子 晴久　あまこ・はるひさ　1514～?　戦国時代の武将
詮子
　藤原 詮子　ふじわらの・せんし　961～1001　円融天皇の女御、一条天皇の母

号・別名辞典　古代・中世・近世　327

せん（雋, 箋, 銭, 銓, 撰, 潜, 選, 繊, 蟬, 薜, 闡）　ぜん（全）

【雋】

雋〈名〉
　斎藤 尚善　さいとう・しょうぜん　1826〜1862
　徳川末期の数学者　㊐羽州山形

【箋】

箋斎
　今井 箋斎　いまい・せんさい　幕末の伊豆熱海村村長

【銭】

銭塘
　萱野 来章　かやの・らいしょう　1729〜1781　江戸時代中期の武士

【銓】

銓
　沈 南蘋　しん・なんぴん　江戸中期に来日した清（中国）の花鳥画家　㊐清（中国）呉興

【撰】

〔黒岩〕撰之助
　中居屋 重兵衛　なかいや・じゅうべえ　1820〜1861
　幕末期の生糸貿易商　㊐上野国吾妻郡嬬恋村三原

【潜】

潜〈名〉
　井上 四明　いのうえ・しめい　1730〜1819　江戸中期の儒者　㊐江戸
潜〈名〉
　井部 健斎　いべ・けんさい　1836〜1892　漢学者
潜
　今井 潜　いまい・ひそむ　1830〜1877　徳川末期の足利の儒者
潜
　今枝 夢梅　いまえだ・むばい　1803〜1852　徳川末期の京都の医家
潜〈名〉
　平山 子竜　ひらやま・しりょう　1737〜1806　徳川中期の兵学家　㊐江戸
潜
　椋木 潜　むくのき・ひそむ　1828〜1912　津和野藩士、明治時代の教育家　㊐石見津和野
〔倉木〕潜
　椋木 潜　むくのき・ひそむ　1828〜1912　津和野藩士、明治時代の教育家　㊐石見津和野
潜叟
　中川 潜叟　なかがわ・せんそう　〜1883　幕末の志士にして教育家
潜軒〈号〉
　平山 子竜　ひらやま・しりょう　1737〜1806　徳川中期の兵学家　㊐江戸
潜庵〈号〉
　伊藤 不玉　いとう・ふぎょく　徳川中期の俳人
潜淵子〈号〉

　有馬 頼徸　ありま・よりゆき　1712〜1783　筑後久留米藩主にして和算家
潜淵庵〈号〉
　伊藤 不玉　いとう・ふぎょく　徳川中期の俳人
潜隠
　伊地知 季安　いじち・すえやす　1782〜1867　江戸時代後期の武士
潜蔵〈通称〉
　井部 健斎　いべ・けんさい　1836〜1892　漢学者
潜蔵〈幼名〉
　本間 清雄　ほんま・きよお　1843〜1923　1867年パリ万博参加、外交官
〔谷〕潜蔵〈変名〉
　高杉 晋作　たかすぎ・しんさく　1839〜1867　幕末の志士、山口藩士高杉春樹の子

【選】

選子内親王
　選子内親王　せんしないしんのう　964〜1035　村上天皇の皇女

【繊】

繊月〈号〉
　豊島 露月　とよしま・ろげつ　1667〜1751　徳川中期の俳人　㊐江戸

【蟬】

蟬吟〈号〉
　藤堂 良忠　とうどう・よしただ　1642〜1666　江戸前期の俳人、津藩士　㊐伊賀上野

【薜】

薜舎〈号〉
　中村 興三　なかむら・こうぞう　1809〜1879　幕末明治の国学者、歌人、高松藩士

【闡】

闡幽
　闡幽　せんゆう　〜1731　享保時代の俳人、信濃高島藩主

【全】

全及
　篠井 全及　しののい・ぜんきゅう　1370〜1448　室町時代の華道師範
全田〈法名〉
　益田 貞兼　ますだ・さだかね　〜1526　室町中期の国人領主
全交（1世）
　芝 全交（1世）　しば・ぜんこう　1746〜1793　戯作者
全交（2世）
　芝 全交（2世）　しば・ぜんこう　1775〜1827　戯作者
全成

阿野 全成　あの・ぜんじょう　〜1203　鎌倉前期の武将
全宗
　施薬院 全宗　やくいん・ぜんそう　1525〜1599　施薬院使　㊐近江国甲賀郡
〔丹波〕全宗
　施薬院 全宗　やくいん・ぜんそう　1525〜1599　施薬院使　㊐近江国甲賀郡
〔徳雲軒〕全宗
　施薬院 全宗　やくいん・ぜんそう　1525〜1599　施薬院使　㊐近江国甲賀郡
〔雨順斎〕全長
　本庄 繁長　ほんじょう・しげなが　1539〜1613　謙信の麾下、越後本庄城主
全登〈号〉
　明石 掃部　あかし・かもん　安土桃山・江戸前期の武将
全愚道人〈号〉
　太岳 周崇　たいがく・しゅうすう　1345〜1423　南北朝・室町前期の禅僧（臨済宗）　㊐阿波
全暇
　赤猫斎 全暇　せきみょうさい・ぜんか　江戸時代中期の画家
全豊〈名〉
　明石 元知　あかし・もととも　秀吉家人

【前】

〔近衛〕前子
　中和門院　ちゅうかもんいん　1575〜1630　後水尾天皇御生母、近衛前子
〔藤原〕前子
　中和門院　ちゅうかもんいん　1575〜1630　後水尾天皇御生母、近衛前子
前中書王
　兼明親王　かねあきらしんのう　914〜987　醍醐天皇の皇子

【善】

善〈名〉
　原 念斎　はら・ねんさい　1774〜1820　徳川中期の儒者
〔丸屋〕善七〈通称〉
　早矢仕 有的　はやし・うてき　1837〜1901　蘭学者、書店主　㊐美濃国武儀郡武儀村笠賀村
善九郎
　本郷村 善九郎　ほんごうむら・ぜんくろう　〜1774　江戸後期の義民
〔馬場〕善九郎
　本郷村 善九郎　ほんごうむら・ぜんくろう　〜1774　江戸後期の義民
〔万葉〕善九郎
　本郷村 善九郎　ほんごうむら・ぜんくろう　〜1774　江戸後期の義民
善八〈通称〉
　田口 保明　たぐち・やすあき　1804〜1892　幕末・明治時代の国学者　㊐月武蔵入間郡入間村
善十郎〈通称〉
　平塚 瓢斎　ひらつか・ひょうさい　1794〜1875　儒者　㊐京都

善三郎
　原 善三郎　はら・ぜんざぶろう　1824〜1899　生糸売込商　㊐武蔵児玉郡若泉村渡瀬
善三郎〈通称〉
　谷 宗臨　たに・そうりん　1532〜1601　織豊時代の雅人　㊐堺
善之〈名〉
　田村 元長　たむら・げんちょう　徳川中期の医家にして本草家
善之〈通称〉
　穂積 永機　ほずみ・えいき　1823〜1904　幕末明治の俳人　㊐江戸下谷御徒町
善之助〈字〉
　天野 鵲橋　あまの・じゃくきょう　1792〜1857　江戸末期の篆刻家
善五
　島田 清庵　しまだ・せいあん　？〜1588　織豊時代の医師
〔坂上〕善五郎〈本姓名〉
　伊丹 椿園　いたみ・ちんえん　〜1781　初期読本の作者
〔鍋屋〕善五郎〈通称〉
　質亭 文斗　しちてい・ぶんと　1768〜1849　狂歌師　㊐江戸
善五郎(1代)
　西村 善五郎(1代)　にしむら・ぜんごろう　〜1558　京都の永楽焼の陶工
〔永楽〕善五郎(1代)
　西村 善五郎(1代)　にしむら・ぜんごろう　〜1558　京都の永楽焼の陶工
善五郎(2代)
　永楽 善五郎(2代)　えいらく・ぜんごろう　〜1594　京都の陶工
善五郎(3代)
　西村 善五郎(3代)　にしむら・ぜんごろう　〜1623　京都の永楽焼の陶工
善五郎(4代)
　永楽 善五郎(4代)　えいらく・ぜんごろう　〜1653　京都の陶工
善五郎(5代)
　永楽 善五郎(5代)　えいらく・ぜんごろう　〜1697　京都の陶工
善五郎(6代)
　永楽 善五郎(6代)　えいらく・ぜんごろう　〜1741　京都の陶工
善五郎(7代)
　永楽 善五郎(7代)　えいらく・ぜんごろう　〜1744　京都の陶工
善五郎(8代)
　永楽 善五郎(8代)　えいらく・ぜんごろう　〜1769　京都の陶工
善五郎(9代)
　永楽 善五郎(9代)　えいらく・ぜんごろう　〜1779　京都の陶工
善五郎(10代)
　西村 善五郎(10代)　にしむら・ぜんごろう　〜1841　京都の永楽焼の陶工　㊐京都
〔永楽〕善五郎(10代)
　西村 善五郎(10代)　にしむら・ぜんごろう　〜1841　京都の永楽焼の陶工　㊐京都
〔西村〕善五郎(11代)

ぜん（善）

永楽 保全　えいらく・ほぜん　1795〜1854　京都の陶工、永楽焼の11代目

善六〈通称〉
天木 時中　あまき・じちゅう　1697〜1736　徳川中期京都の儒者　㊔尾張知多郡須佐村

善水
瀬見 善水　せみ・よしみ　1813〜1892　歌人　㊔紀伊日高郡江川村

善右衛門
阿和 善右衛門　あわ・ぜんえもん　秀次の臣

善右衛門〈別称〉
原田 兵介　はらだ・ひょうすけ　1792〜1863　幕末の水戸藩士

善右衛門〈通称〉
松井 松宇　まつい・しょうう　徳川中期の俳人　㊔信州水内郡長沼

善右衛門
石川 善右衛門　いしかわ・ぜんえもん　1607〜1669　備前岡山藩の郡奉行

善右衛門〈通称〉
大島 喜侍　おおしま・きじ　〜1733　徳川中期の数学暦術家　㊔大阪

〔加(賀)島〕善右衛門〈通称〉
鷗歩　おうほ　俳人、芭蕉一門

〔川方屋〕善右衛門〈通称〉
加藤 重五　かとう・じゅうご　徳川中期の俳人　㊔尾張名古屋

善右衛門(2代)
鴻池 善右衛門(2代)　こうのいけ・ぜんえもん　〜1696　大坂の豪商

善右衛門(4代)
鴻池 善右衛門(4代)　こうのいけ・ぜんえもん　1698〜1745　大坂の豪商

善右衛門(5代)
鴻池 善右衛門(5代)　こうのいけ・ぜんえもん　1717〜1764　大坂の豪商

善四郎〈通称〉
雨森 白水　あめのもり・はくすい　1793〜1881　幕末・明治時代の画家　㊔京都

善四郎〈本名〉
芳村 孝次郎(3代)　よしむら・こうじろう　1817〜1895　江戸長唄の唄方の名家

善四郎(1代)
土屋 善四郎(1代)　つちや・ぜんしろう　〜1786　出雲楽山・布志名の陶工

善四郎(3代)
土屋 善四郎(3代)　つちや・ぜんしろう　〜1854　出雲楽山・布志名の陶工

善左衛門〈通称〉
吉田 追風(1代)　よしだ・おいかぜ　鎌倉時代の相撲行司、越前福井の郷士

善左衛門
佐野 政言　さの・まさこと　1756〜1784　天明事変の幕臣

善左衛門〈初名〉
船山 輔之　ふなやま・ほし　1738〜1804　江戸中期の暦算家、仙台藩士

〔宮木〕善左衛門〈別名〉
宮崎 義平太　みやざき・ぎへいた　元禄—享保時代の京都の歌舞伎俳優

善平
堺 善平　さかい・ぜんべい　宝暦—安永時代の歌舞伎狂言作者、浄瑠璃作者、大阪道頓堀いろは茶屋の主人

〔栄〕善平〈別名〉
堺 善平　さかい・ぜんべい　宝暦—安永時代の歌舞伎狂言作者、浄瑠璃作者、大阪道頓堀いろは茶屋の主人

〔近松〕善平〈後名〉
堺 善平　さかい・ぜんべい　宝暦—安永時代の歌舞伎狂言作者、浄瑠璃作者、大阪道頓堀いろは茶屋の主人

〔坂井〕善平〈初名〉
堺 善平　さかい・ぜんべい　宝暦—安永時代の歌舞伎狂言作者、浄瑠璃作者、大阪道頓堀いろは茶屋の主人

〔堺谷〕善平〈別名〉
堺 善平　さかい・ぜんべい　宝暦—安永時代の歌舞伎狂言作者、浄瑠璃作者、大阪道頓堀いろは茶屋の主人

〔永田〕善吉〈本名〉
亜欧堂 田善　あおうどう・でんぜん　1748〜1822　徳川中期の銅版画家　㊔岩代須賀川

善好
大富 善好　おおとみ・ぜんこう　室町時代の茶人

〔筑地〕善好〈別名〉
坂東 彦左衛門(2代)　ばんどう・ひこざえもん　〜1849　江戸の歌舞伎俳優

善成
四辻 善成　よつつじ・よしなり　1326〜1402　南北朝時代の公卿・歌人・古典学者

〔源〕善成
四辻 善成　よつつじ・よしなり　1326〜1402　南北朝時代の公卿・歌人・古典学者

善朴
白井 善朴　しらい・ぜんぼく　幕府の御広間組頭格

善次(1代)〈前名〉
坂東 彦左衛門(1代)　ばんどう・ひこざえもん　江戸の歌舞伎俳優

善次(2代)〈前名〉
坂東 彦左衛門(2代)　ばんどう・ひこざえもん　〜1849　江戸の歌舞伎俳優

善次郎〈通称〉
竹内 重信　たけのうち・じゅうしん　1830〜1890　幕末明治時代の和算家、信州上田藩士

善次郎〈通称〉
菱川 師興　ひしかわ・もろおき　〜1787　江戸中期の浮世絵師

善次郎〈本名〉
並木 五瓶(4代)　なみき・ごへい　1829〜1901　歌舞伎狂言作者　㊔江戸

善住坊
善住坊　ぜんじゅうぼう　佐々木義賢(承禎)に頼まれ、越前から退却の信長を狙撃した　㊔近江杉谷

〔杉谷〕善住坊
善住坊　ぜんじゅうぼう　佐々木義賢(承禎)に頼まれ、越前から退却の信長を狙撃した　㊔近江杉谷

善兵衛
古川 善兵衛　ふるかわ・ぜんべえ　1577〜1637　江戸時代初期の治水功労者　㊔信濃更級郡塩崎

善兵衛〈名〉

秋山 自雲　あきやま・じうん　痔の病に霊験あり
として広く喧伝された霊神
善兵衛〈通称〉
　大江丸　おおえまる　1722～1805　化政期の俳人
　㊗大阪
善兵衛〈通称〉
　平野 昌伝　ひらの・しょうでん　江戸末期頃の測
　量術家
善兵衛
　佐渡山田村 善兵衛　さどやまだむら・ぜんべえ
　1793～1839　江戸時代後期の一揆指導者
〔笠屋〕善兵衛〈通称〉
　桜田 治助(1代)　さくらだ・じすけ　1734～1806
　江戸の歌舞伎狂言作者　㊗江戸
〔古河〕善兵衛
　古川 善兵衛　ふるかわ・ぜんべえ　1577～1637
　江戸時代初期の治水功労者　㊗信濃更級郡塩崎
〔中川〕善兵衛
　佐渡山田村 善兵衛　さどやまだむら・ぜんべえ
　1793～1839　江戸時代後期の一揆指導者
〔中山川〕善兵衛
　光存　こうぞん　京都の好事的作陶家
善助〈通称〉
　髙木 善助　たかぎ・ぜんすけ　～1854　江戸後期
　の商人、紀行文家　㊗大坂天満
善助
　小野 善助　おの・ぜんすけ　～1888　幕末明治時
　代の京都の素封家　㊗京都
善吾〈通称〉
　荒川 天散　あらかわ・てんさん　1652～1734　徳
　川中期の漢学者　㊗山城国
善吾〈名〉
　竹内 武信　たけのうち・ぶしん　1784～1853　徳
　川中末期の和算家、上田藩士
善均
　平山 善均　へいざん・ぜんきん　南北朝時代の僧
善材
　原 芸庵(2代)　はら・うんあん　?～1776　江戸時
　代中期の医師
善玖
　石室 善玖　せきしつ・ぜんきゅう　1294～1389
　鎌倉～南北朝時代の僧
善臣
　谷森 善臣　たにもり・よしおみ　1817～1911　幕
　末明治時代の国学者　㊗京都
善育
　大林 善育　だいりん・ぜんいく　1291～1372　鎌
　倉～南北朝時代の僧
善信〈諱〉
　阿比野 安太郎　あびの・やすたろう　1813～1861
　徳川末期の志士　㊗讃岐国鵜足郡宇多津村
善信
　親鸞　しんらん　1173～1262　浄土真宗の宗祖
　㊗京都
善哉
　公暁　くぎょう　1200～1219　鎌倉時代の僧
善哉庵〈号〉
　其角　きかく　1661～1707　俳人、芭蕉一門
善相公
　三善 清行　みよし・きよゆき　846～918　平安朝
　の儒者、廷臣

善庵
　国友 尚克　くにとも・たかかつ　1801～1862　江
　戸時代後期の儒者
善救
　普済 善救　ふさい・ぜんきゅう　1347～1408　南
　北朝～室町時代の僧
善斎〈号〉
　篠井 秀次(1代)　しののい・ひでつぐ　漆工
善紹〈号〉
　篠井 秀次(3代)　しのい・ひでつぐ　江戸初期の
　塗師
善菴〈号〉
　朝川 善菴　あさかわ・ぜんあん　1781～1849　徳
　川末期江戸の儒者　㊗江戸
善訥〈字〉
　桜間 青厓　さくらま・せいがい　1786～1851　徳
　川末期の画家　㊗江戸
善喜〈名〉
　西来居 未仏　さいらいきょ・みぶつ　狂歌師
善統親王
　四辻宮　よつつじのみや　順徳天皇の第6皇子
善統親王四辻宮
　四辻宮　よつつじのみや　順徳天皇の第6皇子
善覚
　金剛 正明　こんごう・まさあき　1449～1529　室
　町～戦国時代の能役者シテ方
善蓮社浄誉〈法名〉
　大熊 弁玉　おおくま・べんぎょく　1818～1880
　幕末明治の歌人　㊗江戸浅草
善輔
　山井 清渓　やまのい・せいけい　1846～1912　漢
　学者　㊗山城国
善輔
　牧 百峰　まき・ひゃくほう　1801～1863　江戸時
　代後期の儒者
善慧大師
　成尋　じょうじん　1011～1081　天台宗僧
善縄
　春澄 善縄　はるずみ・よしただ　797～870　平安
　初期の学者　㊗伊勢員弁郡
善蔵
　近藤 善蔵　こんどう・ぜんぞう　茶人
善蔵
　桜井 舟山　さくらい・しゅうざん　1717～1757
　徳川中期出石藩の儒者
善叢
　茂彦 善叢　もげん・ぜんそう　?～1541　戦国時
　代の僧
善鏡
　篠井 秀次(2代)　しののい・ひでつぐ　漆工　㊗
　奈良
〔野路〕善鏡
　篠井 秀次(2代)　しののい・ひでつぐ　漆工　㊗
　奈良
〔野路〕善鏡
　篠井 秀次(3代)　しのい・ひでつぐ　江戸初期の
　塗師

【然】

然空

ぜん（禅，漸）　そ（岨，徂，狙，祖，素）

礼阿　らいあ　～1294　浄土宗一条流祖
然阿
　然阿 良忠　ねんあ・りょうちゅう　1199～1287　鎌倉時代中期の僧侶（浄土宗）、浄土宗の第3祖　㊥石見国三隅
然誉
　太田 呑竜　おおたの・どんりゅう　1556～1623　江戸初期の浄土宗の僧　㊥武蔵岩槻

【禅】

禅可
　芳賀 禅可　はが・ぜんか　南北朝時代の下野の武将
禅曲
　金春 安照　こんぱる・やすてる　～1621　織豊時代・徳川初期の猿楽師
禅材
　古月 禅材　こげつ・ぜんざい　1667～1751　江戸時代前期～中期の僧
禅秀〈号〉
　上杉 氏憲　うえすぎ・うじのり　～1416　室町時代の武将
〔上杉〕禅秀妻
　左衛門　さえもん　?～1417　上杉氏憲（禅秀）の妻
禅弥
　天釈 禅弥　てんしゃく・ぜんみ　室町時代の僧
禅林寺僧正
　宗叡　しゅうえい　809～884　平安朝初期の僧、のち入唐僧正と称せらるる入唐八家の一人　㊥京都
禅茂
　南英 禅茂　なんえい・ぜんも　戦国時代の僧
禅海
　一路庵 禅海　いちろあん・ぜんかい　室町時代の茶人、隠者
禅傑
　特芳 禅傑　どくほう・ぜんけつ　1419～1506　室町～戦国時代の僧
禅鳳
　金春 禅鳳　こんぱる・ぜんぽう　1454～1520?　室町後期の能役者・能作者
禅鑑
　象外 禅鑑　ぞうがい・ぜんかん　1279～1355　鎌倉～南北朝時代の僧

【漸】

漸斎〈号〉
　大森 漸斎　おおもり・ぜんさい　1545～1626　徳川初期の儒者、書家、茶人

【岨】

岨雲
　今村 岨雲　いまむら・そうん　1763～1832　徳川中期の医家にして、山県大弐の遺子

【徂】

徂徠
　荻生 徂徠　おぎゅう・そらい　1666～1728　江戸中期の儒学者　㊥江戸二番町

【狙】

狙仙
　森 狙仙　もり・そせん　1747～1821　画家　㊥肥前長崎

【祖】

祖元
　無学 祖元　むがく・そげん　1225～1286　鎌倉時代の臨済僧、円覚寺の開山　㊥宋明州
祖円
　規菴 祖円　きあん・そえん　1261～1313　鎌倉時代南禅寺第2世　㊥信濃水内
〔規庵〕祖円
　規菴 祖円　きあん・そえん　1261～1313　鎌倉時代南禅寺第2世　㊥信濃水内
祖圭
　大質 祖圭　だいしつ・そけい　?～1515　戦国時代の僧
祖応
　夢巌 祖応　むがん・そおう　?～1374　南北朝時代の僧
祖命
　天先 祖命　てんせん・そみょう　1367～1458　南北～室町時代の僧
祖門〈名〉
　日高 鉄翁　ひたか・てつおう　1791～1871　徳川末期長崎の画僧　㊥長崎
〔鉄翁〕祖門
　日高 鉄翁　ひたか・てつおう　1791～1871　徳川末期長崎の画僧　㊥長崎
祖桂
　山崎 長吉　やまざき・ながよし　朝倉氏家臣
祖能
　大拙 祖能　だいせつ・そのう　1313～1377　鎌倉～南北朝時代の僧
祖雄
　遠渓 祖雄　えんけい・そゆう　1286～1344　鎌倉～南北朝時代の僧
祖禅
　定山 祖禅　じょうざん・そぜん　1298～1374　鎌倉末期・吉野朝時代の僧、東福・南禅寺主　㊥相模
祖黙
　存耕 祖黙　そんこう・そもく　?～1467　室町時代の僧
祖濬
　哲巌 祖濬　てつがん・そしゅん　1324～1405　南北～室町時代の僧
祖闌
　仲猷 祖闌　ちゅうゆう・そせん　明から来日した僧

【素】

素〈名〉
　阪谷 朗廬　さかたに・ろうろ　1822～1881　幕末明治の儒学者、漢詩人　㊥備中川上郡九名村
素三郎〈通称〉
　阪谷 朗廬　さかたに・ろうろ　1822～1881　幕末明治の儒学者、漢詩人　㊥備中川上郡九名村
素丸

そ（素）

溝口 素丸　みぞぐち・そがん　1713～1795　徳川中期の俳人　㊵江戸
素丸〈号〉
長谷川 馬光　はせがわ・ばこう　1687～1751　徳川中期の俳人
素山〈号〉
白石 照山　しらいし・しょうざん　1815～1883　幕末明治時代の漢学者　㊵豊前中津
素山
東 常氏　とう・つねうじ　戦国時代の武将、歌人
素川
狩野 素川　かのう・そせん　1607～1658　狩野派の画家
素川
狩野 素川　かのう・そせん　1765～1826　浅草猿屋町代地狩野家六代目の画家
〔小田村〕素太郎
楫取 素彦　かとり・もとひこ　1829～1912　幕末の志士、男爵　㊵長門国大津郡三隅村二条窪
素心〈号〉
青木 春澄　あおき・はるすみ　1653～1715　徳川中期の俳人　㊵京都
素心
朝山 意林庵　あさやま・いりんあん　1589～1664　江戸前期の儒学者　㊵京都
素心子〈号〉
青木 春澄　あおき・はるすみ　1653～1715　徳川中期の俳人　㊵京都
素月
今泉 素月　いまいずみ・そげつ　1759～1819　江戸時代後期の俳人
素水
小野 素水　おの・そすい　1814～1897　幕末明治の俳人　㊵信濃国上伊那郡小野村
素牛
広瀬 惟然　ひろせ・いぜん　～1711　徳川中期の俳人　㊵美濃国関
素仙〈号〉
藤本 箕山　ふじもと・きざん　1626～1704　生涯の過半を色道の樹立と体系化に費やした京都の上層町人
素外
谷 素外　たに・そがい　1733～1823　徳川中期の俳人　㊵大阪鰻谷
〔一陽ум〕素外
谷 素外　たに・そがい　1733～1823　徳川中期の俳人　㊵大阪鰻谷
素玉〈号〉
安藤 自笑　あんどう・じしょう　～1815　徳川中期の俳人　㊵京都
素由
素由　そゆう　～1866　幕末期の俳人
素白
荒木 素白　あらき・そはく　1600～1685　徳川初期の書道家
素向〈字〉
有馬 玄哲　ありま・げんてつ　1581～1665　徳川初期の医家　㊵摂津有馬
素竹軒〈号〉
笠家 逸志　かさや・いっし　1675～1747　徳川中期の俳人

素行〈名〉
鈴木 良知　すずき・りょうち　1758～1816　徳川中期の医家、本草学者　㊵江戸
素行
本多 小太郎　ほんだ・こたろう　1820～1864　幕末の武士
〔万町〕素狄
伏屋 素狄　ふせや・そてき　1748～1812　江戸時代中期～後期の医師
素良〈名〉
井上 織之丞　いのうえ・おりのじょう　1753～1820　徳川中期の福井藩士
素芯〈別号〉
桜井 梅室　さくらい・ばいしつ　1769～1852　徳川末期の俳人　㊵加賀金沢
素阿
素眼　そがん　南北朝時代の書家、連歌師
素信
桜井 梅室　さくらい・ばいしつ　1769～1852　徳川末期の俳人　㊵加賀金沢
素彦
楫取 素彦　かとり・もとひこ　1829～1912　幕末の志士、男爵　㊵長門国大津郡三隅村二条窪
素卿
宋 素卿　そう・そけい　～1525　室町後期の日明貿易家　㊵明国浙江
素哲〈諱〉
明峰 素哲　めいほう・そてつ　1277～1350　鎌倉後期・南北朝時代の禅僧（曹洞宗）
素竜
柏木 素竜　かしわぎ・そりゅう　?～1716　江戸時代前期～中期の歌人、俳人
素純
東 胤氏　とう・たねうじ　?～1530　室町～戦国時代の武将、歌人
素純
東 胤氏　とう・たねうじ　?～1530　室町～戦国時代の武将、歌人
素軒〈別号〉
安藤 抱琴　あんどう・ほうきん　1654～1717　江戸中期の国学者　㊵丹波
素堂
山口 素堂　やまぐち・そどう　1642～1716　徳川初期の俳人　㊵甲州巨摩郡教来石村山口
素庵
角倉 素庵　すみのくら・そあん　1571～1632　江戸前期の京都の豪商、朱印船貿易家、角倉了以の子
素菊
秋岡 素菊　あきおか・そきく　1765～1809　江戸中期の狂歌師　㊵近江彦根
素郷
小野 素郷　おの・そごう　1749～1820　徳川中期の俳人　㊵盛岡
素雪
鈴木 素雪　すずき・そせつ　～1736　徳川中期の書家　㊵佐渡夷町
素尋〈俳名〉
佐野川 花妻(1代)　さのかわ・はなずま　京阪の歌舞伎俳優
素瑛

号・別名辞典　古代・中世・近世　333

藍田 素瑛　らんでん・そえい　?〜1451　室町時代の僧
素道
鈴木 黄軒　すずき・おうけん　江戸時代後期の儒者
素順〈名〉
早見 晋我　はやみ・しんが　1671〜1745　徳川中期の俳人　[出]下総結城
素舜〈法名〉
藤原 資業　ふじわらの・すけなり　988〜1070　平安中期の廷臣
素暹
東 胤行　とう・たねゆき　鎌倉時代の武将、歌人
素檗
藤森 素檗　ふじもり・そばく　1758〜1821　徳川中期の俳人　[出]信州上諏訪
素覧
三輪 素覧　みわ・そらん　徳川中期の俳人　[出]名古屋
素鏡
住田 素鏡　すみた・そきょう　1772〜1847　徳川中期の俳人　[出]信濃国長沼穂保

【曽】

曽丹
曽祢 好忠　そねの・よしただ　930？〜　歌人
曽北
曽北　そほく　〜1743　享保時代の俳人　[出]伊勢国一志町
曽由
素由　そゆう　〜1866　幕末期の俳人
曽衣
飛鳥井 曽衣　あすかい・そえ　戦国時代の蹴鞠家
曽衣
飛鳥井 雅量　あすかい・まさかず　戦国時代の公家
曽良
曽良　そら　〜1710　俳人、芭蕉一門　[出]信州上諏訪
〔河合〕曽良
曽良　そら　〜1710　俳人、芭蕉一門　[出]信州上諏訪
〔岩波〕曽良
曽良　そら　〜1710　俳人、芭蕉一門　[出]信州上諏訪
曽瑟〈字〉
佐々木 雪峰　ささき・せっぽう　1810〜1873　幕末明治時代の漢学者　[出]美作勝田郡吉野村
曽禰侍従
稲葉 貞通　いなば・さだみち　1546〜1603　織豊時代の武将、豊後臼杵城主

【疎】

疎石
夢窓 疎石　むそう・そせき　1275〜1351　臨済宗の碩徳、天竜寺の開山　[出]伊勢
疎竹〈号〉
高森 正因　たかもり・まさよし　1640〜1718　徳川初中期の医家　[出]京都
疎林外史〈別号〉
高久 靄厓　たかく・あいがい　1796〜1843　徳川中期の南画家　[出]下野那須郡小松庄杉渡戸村

【楚】

楚水〈号〉
宮地 楚水　みやじ・そすい　徳川中期の漢学者　[出]信濃木曽福島
楚俊
明極 楚俊　みんき・そしゅん　1262〜1336　鎌倉時代の僧　[出]元の明州慶元府
楚常
金子 楚常　かねこ・そじょう　1663〜1688　徳川中期の俳人　[出]加賀金沢郊外卯辰山附近鶴来
楚満人
南仙笑 楚満人　なんせんしょう・そまひと　1729〜1807　江戸時代中期の戯作者　[出]江戸

【噌】

噌々〈号〉
佐竹 噌々　さたけ・かいかい　1738〜1790　画家、畸人　[出]京都
噌々〈号〉
鈴木 其一　すずき・きいち　1796〜1858　画家　[出]江戸

【蘇】

蘇生坊〈号〉
小林 一茶　こばやし・いっさ　1763〜1827　徳川中期の俳人　[出]信州水内郡柏原村
蘇狂〈号〉
佐藤 晩得　さとう・ばんとく　〜1792　俳人、佐竹侯の臣　[出]秋田角館
蘇門
服部 蘇門　はっとり・そもん　1724〜1769　徳川中期の儒者　[出]京都
蘇門山人〈号〉
服部 蘇門　はっとり・そもん　1724〜1769　徳川中期の儒者　[出]京都
蘇洲〈号〉
鷲津 毅堂　わしず・きどう　1825〜1882　幕末明治の漢学者　[出]尾張丹羽郡丹羽邑
蘇楳〈号〉
佐原 盛純　さはら・もりずみ　1835〜1908　幕末・明治の儒者　[出]会津若松

【双】

双林寺宮
阿夜　あや　鳥羽天皇の皇女
双桂〈号〉
原 双桂　はら・そうけい　1718〜1767　徳川中期の儒医
双笠
江戸太夫 双笠　えどだゆう・そうりつ　享保元文時代の江戸節浄瑠璃の太夫
双雀庵（2世）
氷壺　ひょうこ　〜1869　幕末期の俳人　[出]常陸土浦
双樹

武隈庵 双樹　たけくまあん・ふたき　〜1843　江戸の狂歌師

【爪】

爪畝〈号〉
赤川 晩翠　あかがわ・ばんすい　幕末の文人画家

【早】

早良親王
早良親王　さわらしんのう　〜785　光仁天皇の皇子
早苗
橘樹園 早苗　きつじゅえん・さなえ　〜1855　徳川中末期の狂歌師　[出]相模橘樹郡
〔山田〕早苗
橘樹園 早苗　きつじゅえん・さなえ　〜1855　徳川中末期の狂歌師　[出]相模橘樹郡
早雲
北条 早雲　ほうじょう・そううん　1432〜1519　戦国時代の武将
〔伊勢〕早雲
北条 早雲　ほうじょう・そううん　1432〜1519　戦国時代の武将
早稲〈歌名〉
鈴木 真実　すずき・まざね　1749〜1819　国学者

【艸】

艸竜〈別号〉
天竜 道人　てんりゅう・どうじん　1718〜1810　江戸中・後期の文人

【宋】

宋世
飛鳥井 雅康　あすかい・まさやす　1436〜1509　室町時代の歌人、雅世の次子
宋甫
高屋 宋甫　たかや・そうほ　1623〜1690　徳川中期の医家　[出]仙台
宋阿〈号〉
早野 巴人　はやの・はじん　1677〜1742　徳川中期の俳人　[出]下野国烏山
宋屋
望月 宋屋　もちずき・そうおく　1688〜1766　徳川中期の俳人　[出]京都
宋閑
滝原 宋閑　たきはら・そうかん　1773〜1845　歌人　[出]京都
宋鵲
高屋 宋鵲　たかや・そうじゃく　1689〜1746　徳川中期の医家　[出]仙台

【走】

走〈名〉
春田 横塘　はるた・おうとう　1768〜1828　徳川中期の儒者　[出]和泉岸和田

【相】

相一〈名〉
疋田 検校　ひきた・けんぎょう　〜1455　平曲の名手
相四郎〈幼名〉
山東 京山　さんとう・きょうざん　1769〜1858　江戸後期の戯作者
相州磯部〈初号〉
仙客亭 柏琳　せんかくてい・はくりん　江戸の戯作者
相行〈別称〉
高橋 梨一　たかはし・りいち　1714〜1783　徳川中期の俳人
〔松宮〕相良
井手 孫太郎　いで・まごたろう　〜1866　幕末の志士　[出]周防国熊毛郡大野村
相良兵部〈別称〉
犬童 頼兄　いんどう・よりもり　相良氏家臣
相見
巨勢 相見　こせの・おうみ　平安朝時代の画家
相阿弥
真相　しんそう　〜1525　室町時代の画家
相政〈異称〉
相模屋 政五郎　さがみや・まさごろう　1807〜1886　江戸の侠客　[出]江戸
相流〈号〉
石村 近江(7代)　いしむら・おうみ　〜1715　三味線の名工
相雄〈字〉
芦本　ろぼん　〜1736　享保時代の俳人　[出]美濃
相模守
藤原 是人　ふじわらの・これひと　〜822　平安朝の廷臣
相説
喜多川 相説　きたがわ・そうせつ　徳川初期の画家
相蔵〈初名〉
坂東 三八(4代)　ばんどう・さんぱち　〜1846　江戸の歌舞伎俳優
相蔵〈初名〉
坂東 三八(5代)　ばんどう・さんぱち　江戸の歌舞伎俳優
相覧
巨勢 相見　こせの・おうみ　平安朝時代の画家

【草】

草丸
竹下 草丸　たけのした・くさまる　1780〜1836　江戸時代後期の俳人
草主翁〈号〉
桑野 万李　くわの・まんり　1678〜1756　徳川中期の俳人、福岡藩士
草坪
高橋 草坪　たかはし・そうへい　1802〜1833　徳川中期の南画家　[出]豊後杵築
草香幡梭皇女
草香幡梭皇女　くさかはたひのひめみこ　5世紀後半の皇后、仁徳天皇の皇女
草香幡梭姫

そう（荘，送，倉，叟，捜，桑，巣，掃，曹，窓）

草香幡梭皇女　くさかはたひのひめみこ　5世紀後半の皇后、仁徳天皇の皇女
草流軒〈号〉
　菊地 序克　きくち・じょこく　1751～　江戸中期の彫金家
草軒
　加藤 善庵　かとう・ぜんあん　?～1862　江戸時代後期の儒者、医師
草薩舎〈号〉
　荒井 静野　あらい・せいや　～1868　徳川末の国学者　㊞上野邑楽郡館林
草壁皇子
　草壁皇子　くさかべのおうじ　662～689　天武天皇の皇子

【荘】

荘二〈別名〉
　並木 荘治　なみき・そうじ　宝暦―安永時代の大阪の歌舞伎狂言作者
荘丹
　高柳 荘丹　たかやなぎ・そうたん　1732～1815　徳川中期の俳人　㊞武州川越
荘五郎
　涌井 藤四郎　わくい・とうしろう　1721～1770　江戸時代中期の一揆指導者
荘左衛門〈通称〉
　佐久間 高方　さくま・たかかた　1661～1741　徳川中期の兵学者
荘左衛門
　松木 長操　まつき・ながもち　1625～1652　徳川初期の義民　㊞若狭遠敷郡新道村
荘次郎〈通称〉
　高安 蘆屋　たかやす・ろおく　大阪の儒者
荘兵衛
　下間 政勝(5代)　しもつま・まさかつ　京都の釜師
荘助〈字〉
　伊形 荘助　いがた・そうすけ　徳川中期の漢詩人　㊞熊本
荘助〈別称〉
　古屋 竹原　ふるや・ちくげん　1788～1861　幕末の画家　㊞高知
荘治
　並木 荘治　なみき・そうじ　宝暦―安永時代の大阪の歌舞伎狂言作者
荘郎〈号〉
　高柳 荘丹　たかやなぎ・そうたん　1732～1815　徳川中期の俳人　㊞武州川越

【送】

送月堂〈号〉
　石原 文樵　いしはら・ぶんしょう　徳川中期の俳人

【倉】

倉山田石川麻呂
　蘇我 石川麻呂　そがの・いしかわまろ　～649　大化改新政府の右大臣
倉梯麻呂
　阿倍 内麻呂　あべの・うちのまろ　～649　孝徳朝の中央豪族
〔阿部〕倉梯麿
　阿倍 内麻呂　あべの・うちのまろ　～649　孝徳朝の中央豪族

【叟】

叟延〈号〉
　井上 因磧(6世)　いのうえ・いんせき　1707～1772　囲碁の家元　㊞下総

【捜】

捜雲
　大森 捜雲　おおもり・しゅううん　徳川中期享保頃の画家

【桑】

桑々畔〈号〉
　桑岡 貞佐　くわおか・ていさ　1674～1734　徳川中期の俳人　㊞江戸
桑田王王子
　磯部王　いそべのおう　天武天皇皇孫
桑流下〈号〉
　太田 巴静　おおた・はじょう　1681～1744　徳川中期の俳人　㊞美濃竹が鼻

【巣】

巣兆
　建部 巣兆　たけべ・そうちょう　1760～1812　徳川中期の俳人にして画家　㊞江戸
巣雲〈号〉
　浅見 正敏　あさみ・まさとし　1784～1858　徳川末期の儒者、周防徳山藩士
巣雲〈号〉
　堀 勝名　ほり・かつな　1716～1793　熊本藩の家臣
巣鴬舎〈号〉
　希杖　きじょう　～1835　幕末期の俳人

【掃】

掃部〈別称〉
　佐久間 玄徳　さくま・げんとく　1607～1669　徳川初期の画家
掃部
　明石 掃部　あかし・かもん　安土桃山・江戸前期の武将
掃部助〈別称〉
　藤原 久国　ふじわら・ひさくに　室町時代中期の大和絵の画家

【曹】

曹海
　華厳 曹海　けごん・そうかい　1685～1761　江戸時代中期の僧

【窓】

そう（笙, 惣, 湊, 痩, 僧, 滄, 蒼）

窓巴
　相良 窓巴　さがら・そうは　?～1808　江戸時代後期の俳人
窓南〈号〉
　合原 窓南　あいはら・そうなん　1663～1737　徳川中期の儒者　⑮筑後久留米

【笙】

笙嶹
　横田 笙嶹　よこた・しょうとう　1806～1888　幕末明治の漢学者

【惣】

惣七郎〈通称〉
　窪田 猿雖　くぼた・えんすい　1640～1704　徳川中期の俳人　⑮伊賀上野
〔金子〕惣二郎〈通称〉
　志満 山人　しま・さんにん　画家、戯作者
惣五郎
　佐倉 惣五郎　さくら・そうごろう　～1645　江戸前期の百姓一揆の指導者
〔河合〕惣五郎〈通称〉
　曽良　そら　～1710　俳人、芭蕉一門　⑮信州上諏訪
〔木内〕惣五郎〈本名〉
　佐倉 惣五郎　さくら・そうごろう　～1645　江戸前期の百姓一揆の指導者
〔音羽屋〕惣太郎
　乾亭　けんてい　徳川末期の京都の陶工
惣右衛門〈通称〉
　平賀 晋民　ひらが・しんみん　1721～1792　徳川中期の儒者　⑮安芸豊田郡忠海
〔銭屋〕惣四郎〈通称〉
　佐々木 春行　ささき・はるゆき　1764～1819　江戸後期の集書家、能楽研究家
惣左衛門〈通称〉
　須藤 惣左衛門　すどう・そうざえもん　1497～1574　戦国期の後北条氏家臣で職人頭
惣吉
　鈴木 万里（2代）　すずき・ばんり　1775～1819　京阪における江戸長唄、ぶんご節謡
惣兵衛
　松原 惣兵衛　まつばら・そうべえ　尾張犬山焼の陶工　⑮春日井郡志段味村
〔久留〕惣兵衛〈別称〉
　久留 豊　ひさとみ・ゆたか　1844～1863　幕末の志士　⑮長門国萩
惣蔵
　土屋 昌恒　つちや・まさつね　1556～1582　戦国～織豊時代の武士

【湊】

湊太夫（2代）
　豊竹 八重太夫（3代）　とよたけ・やえだゆう　～1795　義太夫節の浄瑠璃太夫　⑮大阪
湊太夫（3代）
　豊竹 麓太夫（2代）　とよたけ・ふもとだゆう　1766～1838　義太夫節の浄瑠璃太夫

【痩】

痩居士〈号〉
　佐久間 柳居　さくま・りゅうきょ　1686～1748　徳川中期の俳人　⑮江戸
痩梅〈号〉
　香村　こうそん　～1864　幕末期の俳人　⑮福島県北会津郡香塩
痩梅〈別号〉
　大窪 詩仏　おおくぼ・しぶつ　1767～1837　徳川中期の漢詩人　⑮常陸多賀郡大久保村

【僧】

僧正遍昭
　良岑 宗貞　よしみねの・むねさだ　平安前期の歌人
僧正遍照
　良岑 宗貞　よしみねの・むねさだ　平安前期の歌人
僧旻
　新漢人 旻　いまきのあやひと・みん　～653　百済系の学僧で大化改新期の国博士
僧音
　興隆　こうりゅう　1759～1842　江戸時代後期の僧
僧潭
　鳳潭　ほうたん　1659～1738　江戸時代前期～中期の僧

【滄】

滄洲〈号〉
　新井 滄洲　あらい・そうしゅう　1714～1792　徳川中期の儒者、仙台藩士
滄洲
　赤松 滄洲　あかまつ・そうしゅう　1721～1801　江戸時代後期の儒者　⑮播磨
〔向井〕滄洲
　柳川 滄洲　やながわ・そうしゅう　1666～1731　江戸時代前期～中期の儒者
滄洲楼〈号〉
　銭屋 金埓　ぜにや・きんらつ　1751～1807　江戸中期の狂歌師
滄浪
　秦 鼎　はた・かなえ　1761～1831　江戸後期の儒者　⑮三河
滄浪居〈号〉
　三宅 嘯山　みやけ・しょうざん　1718～1801　儒医にして俳人　⑮京都
滄浪居士〈別号〉
　入江 南溟　いりえ・なんめい　1678～1765　徳川中期の儒者、秋田の徂徠学の開祖　⑮武州

【蒼】

蒼山
　遠藤 蒼山　えんどう・そうざん　1820～1869　徳川末期の俳人　⑮羽前赤湯
〔長嶋〕蒼山
　遠藤 蒼山　えんどう・そうざん　1820～1869　徳川末期の俳人　⑮羽前赤湯
蒼虬

号・別名辞典　古代・中世・近世　337

そう（層，漱，総，綜，操，糟，霜，叢，藪，藻，蘂）　ぞう（造）

成田 蒼虬　なりた・そうきゅう　1761〜1842　徳川中期の俳人　㊙金沢
蒼狐
　小菅 蒼狐　こすげ・そうこ　1712〜1766　江戸時代中期の俳人
蒼海〈号〉
　副島 種臣　そえじま・たねおみ　1828〜1905　佐賀藩士、明治時代の功臣、伯爵
蒼竜〈号〉
　樋口 光訓　ひぐち・みつのり　1842〜1915　幕末明治の国学者
蒼梧
　大塚 蒼梧　おおつか・そうご　1731〜1803　徳川中期の有職家　㊙江戸

【層】

層城〈号〉
　富士谷 成章　ふじたに・なりあきら　1738〜1779　徳川中期の国学者、歌人　㊙京都

【漱】

漱芳庵〈号〉
　猿左　えんさ　〜1801　俳人、談林派

【総】

総三
　相楽 総三　さがら・そうぞう　〜1868　維新佐幕党の志士、赤報隊長　㊙江戸
総右衛門
　原 総右衛門　はら・そうえもん　1648〜1703　赤穂47士の1人
総本寺半伝連社〈号〉
　菅野谷 高政　すげのや・たかまさ　徳川中期の俳人〔高畠〕総次郎
　高畑 房次郎　たかはた・ふさじろう　1828〜1862　幕末の志士　㊙茨城県久慈郡小島村
総角
　総角　あげまき　徳川初期京都島原の娼妓
総持坊〈号〉
　行助　ぎょうじょ　1419〜1489　室町時代の連歌師
総模
　斎藤 総模　さいとう・そうも　1693〜1766　江戸幕府の西丸観音院番

【綜】

綜子内親王
　月華門院　げっかもんいん　1247〜1269　第88代後嵯峨天皇第1皇女、綜子内親王の院号

【操】

操
　玉松 操　たままつ・みさお　1810〜1872　明治維新時代岩倉具視の謀臣にして皇学者
操〈名〉
　渡辺 蒙庵　わたなべ・もうあん　1687〜　徳川中期の漢学者　㊙遠江浜松
操叟〈別号〉

堀 麦水　ほり・ばくすい　1718〜1783　徳川中期の俳人　㊙加賀金沢
操軒〈号〉
　大江 宏隆　おおえ・ひろたか　1669〜1729　徳川中期の国学者、神道家　㊙肥前長崎

【糟】

糟長者〈初号〉
　鉄格子 波丸　てつごうし・なみまる　〜1811　徳川中期大阪の狂歌師

【霜】

霜山〈号〉
　金子 徳之助　かねこ・とくのすけ　1789〜1865　幕末の広島藩士
霜解
　千種庵（1世）　ちくさあん　1761〜1811　狂歌師　㊙常陸国

【叢】

叢園〈別号〉
　佐治 丹岳　さじ・たんがく　1805〜1869　幕末の画家、測量家　㊙近江甲賀郡水口

【藪】

藪流下〈号〉
　太田 巴静　おおた・はじょう　1681〜1744　徳川中期の俳人　㊙美濃竹が鼻

【藻】

藻虫斎〈号〉
　大村 由己　おおむら・ゆうこ　〜1596　豊臣秀吉の御伽衆、『天正記』の著者　㊙播磨
藻魚庵〈号〉
　池永 大虫　いけなが・だいちゅう　〜1870　徳川末期明治初年の俳人
藻雅堂〈号〉
　舟木 嘉助　ふなき・かすけ　徳川時代の儒者
藻壁門院
　藻壁門院　そうへきもんいん　1209〜1233　後堀河天皇の皇后

【蘂】

蘂園〈号〉
　大野 広城　おおの・ひろき　〜1841　徳川中期の国学者　㊙江戸

【造】

造酒太夫（1代）
　豊名賀 造酒太夫（1代）　とよなが・みきだゆう　〜1783　常磐津節浄瑠璃の別派豊名賀の名家
〔常磐津〕造酒太夫（1代）
　豊名賀 造酒太夫（1代）　とよなが・みきだゆう　〜1783　常磐津節浄瑠璃の別派豊名賀の名家
造酒太夫（2代）

338　号・別名辞典　古代・中世・近世

豊名賀 造酒太夫（2代）　とよなが・みきだゆう　1738～1794　常磐津節浄瑠璃の別派豊名賀の名家
〔常磐津〕造酒太夫（**2代**）
豊名賀 造酒太夫（2代）　とよなが・みきだゆう　1738～1794　常磐津節浄瑠璃の別派豊名賀の名家
造酒太夫（**3代**）
豊名賀 造酒太夫（3代）　とよなが・みきだゆう　常磐津節浄瑠璃の別派豊名賀の名家
〔常磐津〕造酒太夫（**3代**）
豊名賀 造酒太夫（3代）　とよなが・みきだゆう　常磐津節浄瑠璃の別派豊名賀の名家
造媛
蘇我 造媛　そがの・みやつこひめ　蘇我倉山田石川麻呂の女

【増】

増井
石橋庵 真酔　いしばしあん・ますい　1774～1847　江戸時代後期の戯作者
増太郎〈通称〉
今尾 祐迪　いまお・ゆうてき　1797～1856　徳川中期末期の医家　[出]足利
増吉〈前名〉
瀬川 雄次郎（2代）　せがわ・ゆうじろう　江戸の歌舞伎俳優
増則〈名〉
末吉 道節　すえよし・どうせつ　1608～1654　徳川初期の俳人　[出]摂州平野
増隆
高岡 増隆　たかおか・ぞうりゅう　1823～1893　幕末・明治期の高野山無量寿院の僧
増裕
大関 増裕　おおぜき・ますひろ　1837～1866　徳川末期の黒羽17代の藩主　[出]遠江国
増賀〈名〉
今村 百八郎　いまむら・ひゃくはちろう　1842～1876　秋月藩士、敬神党の部将　[出]越前国秋月
増蔵〈通称〉
深田 正韶　ふかだ・まさあき　1773～1850　儒者

【臧】

臧〈名〉
藤井 懶斎　ふじい・らいさい　1626～1706　徳川初期京都の儒者　[出]筑後

【蔵】

〔滝沢〕蔵一〈初名〉
竹沢 弥七（6代）　たけざわ・やしち　義太夫節三絃
蔵人
関 忠親　せき・ただちか　1778～1844　江戸時代後期の武士
蔵之助〈通称〉
岡 熊臣　おか・くまおみ　1783～1851　徳川中期の国学者　[出]石見鹿足郡木部木薗郷中村組
蔵六
真清水 蔵六（1代）　ましみず・ぞうろく　1822～1877　京都の陶工　[出]京都久我村
〔村田〕蔵六
大村 益次郎　おおむら・ますじろう　1824～1869　徳川末・明治初期の兵学者　[出]周防鋳銭司村
蔵六（**1代**）
真清水 蔵六（1代）　ましみず・ぞうろく　1822～1877　京都の陶工　[出]京都久我村
蔵六（**1代**）
浜村 蔵六（1代）　はまむら・ぞうろく　～1794　徳川時代の篆刻家、浜村家の祖　[出]武蔵葛飾
蔵六（**2代**）
浜村 蔵六（2代）　はまむら・ぞうろく　1772～1819　徳川時代の篆刻家
蔵六（**3代**）
浜村 蔵六（3代）　はまむら・ぞうろく　1791～1843　徳川時代の篆刻家
蔵六岡〈号〉
亀世　かめよ　～1764　天明期の俳人
蔵六堂〈号〉
朝山 清常　あさやま・きよつね　1783～1846　徳川末期の歌人　[出]京都
蔵珍
玉崗 蔵珍　ぎょっこう・ぞうちん　1315～1395　南北朝～室町時代の僧
蔵器〈号〉
有吉 蔵器　ありよし・ぞうき　1734～1800　閑谷郷黌の講学　[出]備前和気郡

【贈】

贈納言
橘 広相　たちばなの・ひろみ　837～890　文章博士

【即】

即山〈号〉
神波 即山　かんなみ・そくざん　1832～1891　漢詩人　[出]尾張（現・愛知県）

【足】

〔余〕足人
百済 足人　くだらの・たるひと　?～770　奈良時代の武人
足穂
遠藤 足穂　えんどう・たるほ　1814～1890　幕末明治の歌人　[出]上野館林町
〔日下田〕足穂
遠藤 足穂　えんどう・たるほ　1814～1890　幕末明治の歌人　[出]上野館林町
足薪翁〈別号〉
高畠 藍泉　たかばたけ・らんせん　1838～1885　明治初期の戯作者、新聞記者　[出]江戸下谷世俗鳩組
足薪翁〈別号〉
柳亭 種彦（1世）　りゅうてい・たねひこ　1783～1842　戯作者　[出]江戸

【則】

則才〈名〉
今泉 蟹守　いまいずみ・かにもり　1818～1898　徳川末期明治時代の国学者　[出]肥前小城
〔羽倉〕則之〈通称〉

算木 有政　さんぎ・ありまさ　～1794　江戸の狂歌師
則休
神崎 与五郎　かんざき・よごろう　1666～1703　江戸時代前期の武士
則任
安倍 則任　あべの・のりとう　平安朝時代の武将
則好〈名〉
池西 言水　いけにし・ごんすい　1650～1722　徳川中期の俳人　[出]奈良
則村
赤松 円心　あかまつ・えんしん　1277～1350　武将
則実〈名〉
明石 元知　あかし・もととも　秀吉家人
則宗
一文字 則宗　いちもんじ・のりむね　1152～1214　鎌倉時代の刀工、福岡鍛治一文字の元祖　[出]備前長船
則春〈名〉
明石 元知　あかし・もととも　秀吉家人
則頼
有馬 則頼　ありま・のりより　1519～1602　摂津三田藩主　[出]摂津有馬

【息】

息長帯比売命
神功皇后　じんぐうこうごう　170～269　第14代仲哀天皇の皇后
息斎〈号〉
浅野 秋台　あさの・しゅうだい　～1815　徳川中期金沢の書家

【族】

族父〈字〉
建部 巣兆　たけべ・そうちょう　1760～1812　徳川中期の俳人にして画家　[出]江戸

【粟】

粟田大臣
藤原 在衡　ふじわらの・ありひら　891～969　平安時代の朝臣
粟田左大臣
藤原 在衡　ふじわらの・ありひら　891～969　平安時代の朝臣
粟田別当
藤原 惟方　ふじわらの・これかた　1125～　平安時代の朝臣
粟田宮〈称号〉
朝彦親王　あさひこしんのう　1824～1891　伏見宮邦家親王第4王子、久邇宮第1代、神宮斎主　[出]京都
粟田関白
藤原 道兼　ふじわらの・みちかね　961～995　平安時代の政治家、関白右大臣

【杣】

杣人〈別号〉
南仙笑 楚満人　なんせんしょう・そまひと　1729～1807　江戸時代中期の戯作者　[出]江戸

【存】

存之〈名〉
原 斗南　はら・となん　徳川中期の儒者　[出]京都
存円
天鑑 存円　てんかん・そんえん　?～1401　南北朝～室町時代の僧
存応
存応　ぞんおう　1544～1620　浄土宗の僧
存保
十河 存保　そごう・ながやす　1554～1586　讃岐十河城主
存栄
繁興 存栄　はんこう・そんえい　1514～1577　戦国～織豊時代の僧
存真
大河内 存真　おおこうち・そんしん　1796～1883　徳川中末期の医家
存耕庵〈号〉
杉山 杉風　すぎやま・さんぷう　1647～1732　徳川中期の俳人　[出]江戸小田原町
存義
馬場 存義　ばば・そんぎ　1702～1782　徳川中期の俳人　[出]江戸
存義（2代）
橋本 泰里　はしもと・たいり　1741～1819　徳川中期の俳人　[出]江戸深川

【村】

村三郎（1代）
加藤 村三郎（1代）　かとう・むらさぶろう　尾張瀬戸の陶工
村三郎（5代）
加藤 村三郎（5代）　かとう・むらさぶろう　尾張瀬戸の陶工
村正
村正　むらまさ　吉野朝時代の刀匠
〔勢州〕村正
村正　むらまさ　吉野朝時代の刀匠
〔千子〕村正
村正　むらまさ　吉野朝時代の刀匠
村岡
津崎 矩子　つざき・のりこ　1786～1873　女流勤王家　[出]京都嵯峨
村岡
津崎 矩子　つざき・のりこ　1786～1873　女流勤王家　[出]京都嵯峨
村岡局
津崎 矩子　つざき・のりこ　1786～1873　女流勤王家　[出]京都嵯峨
村菴〈号〉
希世 霊彦　きせい・れいげん　1403～1488　室町中期の禅僧（臨済宗）、五山文学者　[出]京都
村瓢子〈別号〉
瓢亭 百成　ひょうてい・ひゃくなり　江戸の作家、文化頃の人　[出]上野

【孫】

孫一
　雑賀 孫一　さいか・まごいち　戦国時代の国人
孫二郎
　金子 教孝　かねこ・のりたか　1804〜1861　幕末の水戸藩勤王家　㊗水戸
孫八〈通称〉
　坂本 天山　さかもと・てんざん　1745〜1803　砲術学者、信州藩藩士　㊗信濃国高遠
〔井草〕孫三郎
　歌川 国芳　うたがわ・くによし　1797〜1861　江戸末期の浮世絵師　㊗江戸
孫之丞〈通称〉
　久世 氏美　くぜ・うじよし　1703〜1770　江戸中期の民政家
孫之丞〈別称〉
　服部 嵐雪　はっとり・らんせつ　1654〜1707　徳川中期の俳人、蕉門十哲の1人　㊗江戸湯島
孫五郎〈別称〉
　加藤 信景　かとう・のぶかげ　里見氏家臣
孫六
　孫六 兼元　まごろく・かねもと　室町時代の美濃の刀工
孫太郎
　井手 孫太郎　いで・まごたろう　〜1866　幕末の志士　㊗周防国熊毛郡大野村
孫太郎〈幼名〉
　長谷川 馬光　はせがわ・ばこう　1687〜1751　徳川中期の俳人
孫太郎
　南北 孫太郎　なんぼく・まごたろう　〜1736　元禄—享保時代の江戸の歌舞伎俳優、鶴の祖
〔鶴屋〕孫太郎〈別名〉
　南北 孫太郎　なんぼく・まごたろう　〜1736　元禄—享保時代の江戸の歌舞伎俳優、鶴の祖
孫右衛門〈通称〉
　横ელ 也有　よこい・やゆう　1702〜1783　徳川中期の俳人　㊗尾張
孫右衛門〈通称〉
　高島 正信　たかしま・まさのぶ　徳川初期の画家
〔鍵屋〕孫右衛門〈通称〉
　田中 布舟　たなか・ふしゅう　1734〜1808　徳川中期の俳人　㊗播磨国高砂
孫四郎〈通称〉
　介我　かいが　幕末期の俳人
孫四郎〈通称〉
　佐保 介我　さほ・かいが　1652〜1718　徳川中期の俳人　㊗江戸本所
孫左衛門
　末吉 吉安　すえよし・よしやす　1570〜1617　徳川初期の貿易家
孫左衛門
　末吉 長方　すえよし・ながかた　1588〜1639　徳川初期の代官
〔平野〕孫左衛門
　末吉 長方　すえよし・ながかた　1588〜1639　徳川初期の代官
孫市
　雑賀 孫一　さいか・まごいち　戦国時代の国人
孫次郎〈通称〉

平賀 晋民　ひらが・しんみん　1721〜1792　徳川中期の儒者　㊗安芸豊田郡忠海
〔奥山〕孫次郎
　奥平 急賀斎　おくだいら・きゅうがさい　〜1602　剣客、奥平信昌の族臣
〔鶴屋〕孫次郎〈名〉
　勝 諺蔵（1代）　かつ・げんぞう　1796〜1852　歌舞伎狂言作者
孫兵衛〈通称〉
　高野 幽山　たかの・ゆうざん　徳川中期の俳人　㊗京都
孫兵衛〈通称〉
　高野 幽山　たかの・ゆうざん　徳川中期の俳人　㊗京都
孫兵衛
　桜井 孫兵衛　さくらい・まごべえ　1649〜1732　江戸時代中期の甲斐の代官
孫兵衛
　石井 孫兵衛　いしい・まごべえ　1827〜1899　幕末・明治時代の大鼓師、石井流9世（前田藩抱役者）
孫兵衛
　川村 元吉　かわむら・もとよし　1628〜1692　徳川中期の殖産水利功労者、仙台藩士
孫兵衛〈通称〉
　如舟　じょしゅう　〜1724　俳人、芭蕉一門
孫兵衛〈通称〉
　鈴木 桃野　すずき・とうや　1800〜1852　江戸後期の随筆家
孫兵衛
　伊藤 忠一　いとう・ただかず　1604〜1672　江戸時代前期の剣術家
孫助〈通称〉
　長谷川 夕道　はせがわ・せきどう　〜1723　徳川中期の俳人　㊗尾張名古屋
〔風月堂〕孫助
　長谷川 夕道　はせがわ・せきどう　〜1723　徳川中期の俳人　㊗尾張名古屋

【尊】

尊五亭〈号〉
　青木 政美　あおき・まさよし　〜1874　徳川末期の兵法家、小倉藩師範
尊氏
　足利 尊氏　あしかが・たかうじ　1305〜1358　室町幕府初代将軍
尊光（氷上山別当）
　大内 輝弘　おおうち・てるひろ　〜1569　戦国時代の武将
尊秀
　鳥羽 尊秀　とば・そんしゅう　南朝の遺臣
〔源〕尊秀〈本名〉
　鳥羽 尊秀　とば・そんしゅう　南朝の遺臣
尊秀尼王
　高栄女王　こうえいじょおう　1661〜1722　後西天皇の第4皇女
尊治親王
　後醍醐天皇　ごだいごてんのう　1288〜1339　第96代天皇
尊信

そん（巽, 遜, 樽）　た（太）

大乗院 尊信　だいじょういん・そんしん　1226〜
1283　鎌倉中期の法相宗の僧
尊海
　芝 尊海　しば・そんかい　室町時代嘉吉中の仏画師
尊為
　役 尊為　えき・たかため　1624〜1706　徳川初期
　の国学者　㊞羽後能代
〔平田〕尊為
　役 尊為　えき・たかため　1624〜1706　徳川初期
　の国学者　㊞羽後能代
尊祖〈号〉
　鵜浦 有磧　ううら・ゆうせき　1798〜1871　幕末
　の蘭医　㊞陸前西磐井郡涌津
尊経
　多賀 尊経　たがや・たかつね　〜1527　足利時
　代の常陸下妻城主
尊敬法親王
　守澄法親王　しゅちょうほうしんのう　1634〜
　1680　輪王寺宮門跡の初代、後水尾天皇第6皇子
尊敦親王
　尊朝法親王　そんちょうほうしんのう　1344〜
　1378　光厳天皇の皇子
尊朝
　千家 尊朝　せんげ・たかとも　1820〜1840　徳川
　末期の歌人
尊満
　足利 尊満　あしかが・そんまん　1381〜1403　室
　町時代の僧
尊賀尼王
　文察女王　ぶんさつじょおう　1654〜1683　後水
　尾天皇の第18皇女
尊閑
　役 尊閑　えき・たかやす　1651〜1737　徳川初期
　の国学者　㊞羽後能代
〔大光院〕尊閑
　役 尊閑　えき・たかやす　1651〜1737　徳川初期
　の国学者　㊞羽後能代
〔平田〕尊閑
　役 尊閑　えき・たかやす　1651〜1737　徳川初期
　の国学者　㊞羽後能代
尊雲法親王
　護良親王　もりながしんのう　1308〜1335　後醍
　醐天皇の皇子
尊雲親王
　護良親王　もりながしんのう　1308〜1335　後醍
　醐天皇の皇子
尊徳〈実名〉
　二宮 尊徳　にのみや・そんとく　1787〜1856　江
　戸後期の農政家　㊞相模国栢山村（神奈川県足柄上
　郡桜井村字東栢山）
尊影
　近藤 尊影　こんどう・たかかげ　江戸末期頃の磐
　城相馬焼の陶工
尊澄
　千家 尊澄　せんげ・たかずみ　1810〜1878　幕末
　明治初期の国学者
尊澄法親王
　宗良親王　むねながしんのう　1311〜　後醍醐天
　皇の皇子
尊興

尊興法親王　そんこうほうしんのう　1375〜1424
　常磐井宮第3代満仁親王の王子
尊興法親王
　尊興法親王　そんこうほうしんのう　1375〜1424
　常磐井宮第3代満仁親王の王子
尊融法親王
　朝彦親王　あさひこしんのう　1824〜1891　伏見
　宮邦家親王第4王子、久邇宮第1代、神宮斎主　㊞
　京都

【巽】

巽
　都野 巽　つの・たつみ　1828〜1895　幕末の志士
　㊞周防岩国
巽二坊〈号〉
　風光 ふうこう　〜1755　享保時代の俳人　㊞奥
　州白河城下
巽軒
　志賀 巽軒　しが・そんけん　1831〜1879　徳川末
　期・明治初期の国学者、筑後柳河藩士
巽庵〈号〉
　石田 未得　いしだ・みとく　1587〜1669　徳川初
　期の俳人　㊞江戸
巽斎〈別号〉
　木村 蒹葭堂　きむら・けんかどう　1736〜1802
　徳川中期の博学者　㊞大阪堀江

【遜】

遜志
　根本 遜志　ねもと・そんし　1699〜1764　江戸時
　代中期の漢学者　㊞相模
遜斎〈別号〉
　木村 蒹葭堂　きむら・けんかどう　1736〜1802
　徳川中期の博学者　㊞大阪堀江

【樽】

〔地黄坊〕樽次
　茨木 春朔　いばらき・しゅんさく　1614〜1671
　徳川初期の酒井侯の臣
樽巷郎〈号〉
　松木 珪琳　まつき・けいりん　〜1742　徳川中期
　の俳人　㊞江戸

【太】

太一
　山本 荷兮　やまもと・かけい　1648〜1716　徳川
　中期の俳人　㊞名古屋の城東志水
太一〈本名〉
　田辺 蓮舟　たなべ・れんしゅう　1831〜1915　漢
　学者、外交官
太刀山人〈号〉
　山田 新川　やまだ・しんせん　1827〜1905　幕末
　明治の漢詩人　㊞越中
太十郎
　太十郎　たじゅうろう　1759〜1806　若宮丸乗組
　員、初めて世界一周
太内〈通称〉

岡崎 徳本　おかざき・とくほん　～1869　江戸末期の算者、因州鳥取藩士
太夫助〈別称〉
下郷 常和　しもさと・じょうわ　1715～1785　徳川中期の俳人　[出]尾張鳴海
太木
大根 太木　おおね・ふとき　徳川時代天明頃の狂歌師
太右衛門
穴沢 太右衛門　あなざわ・たえもん　～1628　徳川初期の切支丹殉教者
太右衛門
十一屋 多右衛門　じゅういちや・たえもん　江戸中期の華道家、池坊流の門弟
太左衛門
宇多 太左衛門　うだ・たざえもん　1820～1868　幕末の志士、肥前大村藩士　[出]肥前国大村
太左衛門〈通称〉
宮崎 荊口　みやざき・けいこう　徳川中期の俳人、美濃大垣の藩士
太左衛門〈通称〉
宮崎 此筋　みやざき・しきん　徳川中期の俳人、美濃大垣の藩士
太左衛門〈通称〉
江崎 幸和　えざき・こうわ　～1644　徳川初期の俳人　[出]京都
太左衛門（1代）
望月 太左衛門（1代）　もちずき・たざえもん　江戸長唄囃子の名家、望月流の家元、望月系祖
太左衛門（3代）
望月 太左衛門（3代）　もちずき・たざえもん　1784～1861　江戸長唄囃子の名家、望月流の家元
〔望月〕太左衛門（4代）
福原 百之助（1代）　ふくはら・ひゃくのすけ　～1859　江戸歌舞伎囃子方
太市〈名〉
山本 荷兮　やまもと・かけい　1648～1716　徳川中期の俳人　[出]名古屋の城東志水
太平〈通称〉
深井 象山　ふかい・しょうざん　1783～1839　徳川中期の兵学者　[出]讃岐高松
太玄
岡 太玄　おか・たいげん　～1823　徳川中期の漢詩人　[出]土佐安芸郡安芸町
太田皇女
大田皇女　おおたのひめみこ　～667　大海人皇子（天武天皇）の妃
太白山人〈号〉
佐久間 洞嵓　さくま・どうがん　1653～1736　徳川中期の儒者また書画家　[出]仙台
太白堂〈号〉
天野 桃隣　あまの・とうりん　1639～1719　徳川中期の俳人、芭蕉の門人　[出]伊賀上野
太仲
宮地 太仲　みやじ・たちゅう　1769～1842　江戸後期の医者・農学者　[出]土佐国安芸郡
太仲〈通称〉
藤井 晋流　ふじい・しんりゅう　1681～1761　徳川中期の俳人　[出]上州小泉村
太冲〈字〉
畑中 荷沢　はたなか・かたく　1734～1797　江戸中期の儒者　[出]仙台
太吉〈号〉
桑野 万李　くわの・まんり　1678～1756　徳川中期の俳人、福岡藩士
太吉〈前名〉
柴崎 林左衛門（2代）　しばさき・りんざえもん　1741～1798　歌舞伎俳優
〔壺井屋〕太吉〈通称〉
木村 蒹葭堂　きむら・けんかどう　1736～1802　徳川中期の博学者　[出]大阪堀江
太年廬〈号〉
樂 寥松　みね・りょうしょう　1760～1832　徳川中期の俳人　[出]江戸
太兵衛
中島 長守　なかじま・ながもり　1694～1762　江戸時代中期の砲術家
〔綿屋〕太兵衛
大島 暉意　おおしま・きい　尾張犬山焼の経営者
太兵衛（1世）
清元 太兵衛（1世）　きよもと・たへえ　1802～55　浄瑠璃の太夫
太兵衛（2世）
清元 太兵衛（2世）　きよもと・たへえ　1832～1904　浄瑠璃の太夫
太助〈通称〉
呑溟　どんめい　天明期の俳人　[出]江州の湖南
太忘軒〈号〉
内藤 丈草　ないとう・じょうそう　1661～1704　徳川中期の俳人　[出]尾張国犬山
太沖
西村 太沖　にしむら・たちゅう　1767～1835　江戸時代後期の暦学者　[出]越中礪波郡
太祇
炭 太祇　たん・たいぎ　1709～1771　徳川中期の俳人　[出]江戸
太郎
高松 太郎　たかまつ・たろう　1842～1898　郷士、坂本竜馬の甥　[出]土佐国安芸郡安田村
太郎
佐々木 太郎　ささき・たろう　1818～1888　幕末明治の国学者　[出]大阪
太郎〈幼名〉
武田 信玄　たけだ・しんげん　1521～1573　戦国時代の武将、政治家にして、軍政家、民政家　[出]甲斐の躑躅崎
太郎
北有馬 太郎　きたありま・たろう　1828～1862　久留米藩浪士　[出]肥前国高来郡北有馬村
太郎
熊沢 惟興　くまざわ・これおき　1791～1854　江戸時代後期の儒者、国学者
太郎
江戸 重長　えど・しげなが　平安後期～鎌倉時代の武将
〔安東〕太郎
秋田 実季　あきた・さねすえ　～1659　常陸宍戸藩主、秀吉の臣
〔蒲生〕太郎〈変名〉
松村 深蔵　まつむら・しんぞう　1837～1890　熊本藩郷士　[出]肥後国玉名郡梅林村大字安楽寺

た（他）

〔坂東〕太郎
　中村 鶴助（4代）　なかむら・つるすけ　～1904　京阪の歌舞伎俳優
〔相模〕太郎
　北条 時宗　ほうじょう・ときむね　1251～1284　鎌倉幕府の執権
太郎介
　太郎介　たろすけ　豊前の楽焼工
〔向〕太郎介
　太郎介　たろすけ　豊前の楽焼工
太郎右衛門
　久保田 太郎右衛門　くぼた・たろうえもん　1645～1711　徳川中期の勧農家　㊙讃岐阿野郡萱原村
太郎右衛門
　今井 太郎右衛門　いまい・たろうえもん　1824～1877　幕末の志士
太郎右衛門〈通称〉
　坂上 稲丸　さかのうえ・いねまる　1654～1736　徳川中期の俳人　㊙摂州池田
〔久保〕太郎右衛門
　久保田 太郎右衛門　くぼた・たろうえもん　1645～1711　徳川中期の勧農家　㊙讃岐阿野郡萱原村
〔島屋〕太郎右衛門〈通称〉
　藤森 素檗　ふじもり・そばく　1758～1821　徳川中期の俳人　㊙信州上諏訪
太郎左衛門
　岩付 太郎左衛門　いわつけ・たろうざえもん　越後村上藩士
太郎左衛門
　江川 太郎左衛門　えがわ・たろうざえもん　1801～1855　幕末の兵術家、先覚者　㊙伊豆韮山
太郎左衛門〈通称〉
　真田 敦寛　さなだ・あつひろ　1718～1791　徳川中期の歌人　㊙摂津西宮
太郎左衛門
　天草 久種　あまくさ・ひさたね　織豊時代の武将
〔雲院〕太郎左衛門
　宝山 文蔵（1代）　ほうざん・ぶんぞう　戦国時代の陶工　㊙近江国信楽
太郎左衛門尉順清〈名〉
　山田 道安　やまだ・どうあん　～1573　水墨画にすぐれた武人画家
〔大和屋〕太郎次
　十寸見 文思　ますみ・ぶんし　1730～1800　宝暦―天明時代の河東節浄瑠璃の名手　㊙江戸
太郎兵衛
　為永 太郎兵衛　ためなが・たろべえ　宝暦期の上方の浄瑠璃作者、歌舞伎狂言作者　㊙大阪
太郎兵衛〈通称〉
　高瀬 梅盛　たかせ・ばいせい　1611～1699　徳川中期の俳人、貞門七俳仙の1人
太郎兵衛〈通称〉
　小沢 卜尺　おざわ・ぼくせき　1723～1749　徳川中期の俳人
太郎兵衛
　森田 太郎兵衛　もりた・たろべえ　～1664　寛永―寛文時代の小唄文作の名手、江戸の森田座（後の守田屋）の元祖
太郎兵衛
　浜野 政随　はまの・しょうずい　1696～1769　江戸時代の彫金家

太郎兵衛
　山内 久重　やまのうち・ひさしげ　織豊～江戸時代前期の砲術家
〔宇奈木〕太郎兵衛
　森田 太郎兵衛　もりた・たろべえ　～1664　寛永―寛文時代の小唄文作の名手、江戸の森田座（後の守田屋）の元祖
太郎助
　上野 太郎助　あがの・たろすけ　江戸時代前期～中期の陶工
〔氷上〕太郎高弘
　大内 輝弘　おおうち・てるひろ　～1569　戦国時代の武将
太宰
　河瀬 太宰　かわせ・だざい　1819～1866　幕末の志士、京都の儒者　㊙近江国膳所
〔川瀬〕太宰
　河瀬 太宰　かわせ・だざい　1819～1866　幕末の志士、京都の儒者　㊙近江国膳所
太浪
　石川 太浪　いしかわ・たいろう　1766～1817　江戸時代の幕臣、画工
太華〈号〉
　入江 太華　いりえ・たいか　1721～1738　徳川中期の江戸の儒者
太笻
　青野 太笻　あおの・たこう　1764～1828　徳川末期の俳人　㊙下総香取
太虚庵〈別号〉
　北向 雲竹　きたむき・うんちく　1632～1703　徳川中期の京都の書家
太庾
　赤松 太庾　あかまつ・たいゆ　1709～1767　江戸中期の儒者　㊙江戸
太庾山人〈号〉
　赤松 太庾　あかまつ・たいゆ　1709～1767　江戸中期の儒者　㊙江戸
太湖〈号〉
　谷 鉄臣　たに・てつおみ　1822～1905　維新時代の彦根藩士、のち左院一等議官
太無
　古川 太無　ふるかわ・たいむ　?～1774　江戸時代中期の俳人
太極
　太極　たいきょく　1421～1486?　室町後期の禅僧（臨済宗）
太寧〈号〉
　恒丸　つねまる　～1810　化政期の俳人　㊙奥州三春
太賢
　浅利 太賢　あさり・ふとかた　江戸中期の神道家

【他】

他阿
　真教　しんきょう　1237～1319　鎌倉時代の僧　㊙京都
他阿弥陀仏（1代）
　真教　しんきょう　1237～1319　鎌倉時代の僧　㊙京都
他朗〈号〉

加藤 暁台　かとう・ぎょうだい　1732〜1792　天明期の俳人　[出]名古屋

【它】

它山〈号〉
岡 太玄　おか・たいげん　〜1823　徳川中期の漢詩人　[出]土佐安芸郡安芸町

【多】

〔仁科〕多一郎〈変名〉
勝野 豊作　かつの・とよさく　1809〜1859　志士
多子
藤原 多子　ふじわらの・たし　1140〜1201　近衛天皇の皇后
多太麻呂
田中 多太麻呂　たなか・ただまろ　〜778　奈良時代の官僚
多太麿
田中 多太麻呂　たなか・ただまろ　〜778　奈良時代の官僚
多代女
市原 多代女　いちはら・たよじょ　1776〜1865　徳川末期の俳人　[出]奥州須賀川
多右衛門
十一屋 多右衛門　じゅういちや・たえもん　江戸中期の華道家、池坊流の門弟
多田爺
田舎老人 多田爺　いなかろうじん・ただのじじい　江戸後期の洒落本作者
多仲
畑井 蟠竜　はたい・ばんりゅう　1799〜1850　江戸時代後期の儒者
多吉〈別名〉
富村 丁慶　とみむら・ちょうけい　元文—宝暦時代の京都の歌舞伎狂言作者
多佐
吉備 田狭　きびの・たさ　雄略天皇朝の任那国司
多兵衛
菊地 多兵衛　きくち・たへえ　1755〜1828　江戸後期の仙台藩の義民
多兵衛
橋本 多兵衛　はしもと・たひょうえ　〜1619　京都キリシタンの柱石
〔菊池〕多兵衛
菊地 多兵衛　きくち・たへえ　1755〜1828　江戸後期の仙台藩の義民
多門〈号〉
榎本 馬州　えのもと・ばしゅう　1702〜1763　徳川中期の俳人　[出]尾張犬山
多門
吉川 多門　よしかわ・たもん　元禄—宝永時代の江戸の歌舞伎俳優
多門〈通称〉
塚田 大峯　つかだ・たいほう　1745〜1832　江戸時代後期の尾張藩の儒者（朱子学派）　[出]信濃
多門〈通称〉
樋野 含斎　ひの・がんさい　〜1865　徳川末期の儒者
多門
金谷 武英　かなや・たけひで　江戸時代後期の武士
〔市川〕多門〈俗称〉
榎本 馬州　えのもと・ばしゅう　1702〜1763　徳川中期の俳人　[出]尾張犬山
多門（1代）〈前名〉
瀬川 菊之丞（5代）　せがわ・きくのじょう　1802〜1832　江戸の歌舞伎俳優
多門次〈通称〉
鈴木 春蔭　すずき・はるかげ　1786〜1847　国学者
多善〈通称〉
安田 石牙　やすだ・せきが　1733〜1797　徳川中期の俳人　[出]甲州山梨郡小原村
多善〈字〉
早川 広海　はやかわ・こうかい　1775〜1830　徳川中期の医家　[出]甲斐東山梨郡日下部村八日市場
多須奈
鞍作 多須奈　くらつくりの・たすな　6世紀後半の仏師
多嘉士〈通称〉
原田 復初　はらだ・ふくしょ　1767〜1825　徳川中期の儒者　[出]肥前佐賀
多蔵〈幼名〉
井上 淑蔭　いのうえ・よしかげ　1804〜1886　国学者　[出]武州入間郡勝呂村
〔尾上〕多蔵〈前名〉
嵐 三五郎（5代）　あらし・さんごろう　1818〜1860　京阪の歌舞伎俳優、弘化—安政時代の立役の功者
多橘〈字〉
桑野 万李　くわの・まんり　1678〜1756　徳川中期の俳人、福岡藩士
多頭廼舎〈号〉
石河 正養　いしこ・まさかい　1821〜1891　徳川末期の国学者　[出]石見鹿足郡津和野

【佗】

佗心子〈通称〉
高瀬 梅盛　たかせ・ばいせい　1611〜1699　徳川中期の俳人、貞門七俳仙の1人
佗助
笠原 宗全　かさはら・そうぜん　戦国時代の堺の侘び茶人

【侘】

侘助宗全〈通称〉
笠原 宗全　かさはら・そうぜん　戦国時代の堺の侘び茶人

【駝】

〔小森〕駝岳
八千房 淡叟　はっせんぼう・たんそう　1792〜1846　江戸時代後期の俳人

【兌】

兌庵〈号〉
広瀬 十口　ひろせ・じゅうこう　1723〜1791　徳川中期の俳人　[出]京都

【妥】

妥彰〈名〉
麻田 剛立　あさだ・ごうりゅう　1734～1799　徳川中期の天文学者　[出]豊後杵築
〔綾部〕妥彰
麻田 剛立　あさだ・ごうりゅう　1734～1799　徳川中期の天文学者　[出]豊後杵築

【陀】

陀隣子〈別号〉
鶏冠井 令徳　かえでい・りょうとく　1589～1679　徳川初期の俳人　[出]京都

【梛】

梛園〈号〉
鈴木 春蔭　すずき·はるかげ　1786～1847　国学者

【駄】

駄染高尾
紺屋 高尾　こんや・たかお　江戸時代前期吉原の遊女

【体】

体子内親王
真仙門院　しんせんもんいん　1231～1301　後堀河天皇の皇女

【対】

対山
日根野 対山　ひねの・たいざん　1813～1869　徳川中末期の南画家　[出]泉州佐野
対山
大島 対山　おおしま・たいざん　1787～1843　江戸時代後期の俳人
〔日根〕対山
日根野 対山　ひねの・たいざん　1813～1869　徳川中末期の南画家　[出]泉州佐野
対竹〈号〉
田川 鳳朗　たがわ・ほうろう　1762～1845　徳川末期の俳人　[出]肥後熊本
対岳〈号〉
岩倉 具視　いわくら・ともみ　1825～1883　幕末明治中期時代の政治家、維新の元勲　[出]京都
対馬侍従
宗 義智　そう・よしとも　1568～1615　対馬府中藩祖

【岱】

岱山
藤江 岱山　ふじえ・たいざん　1758～1823　徳川中期竜野藩儒
岱山
藤江 梅軒　ふじえ・ばいけん　1758～1823　江戸時代中期～後期の儒者

【苔】

苔翁
古寿衣 苔翁　こじゅい・たいおう　江戸時代中期の俳人
苔蘇
岡本 苔蘇　おかもと・たいそ　～1709　徳川時代の俳人　[出]伊賀上野

【待】

待月〈俳号〉
入谷 澄士　いりや・ちょうし　1806～1882　幕末・明治の文学者　[出]高松
待伴舎〈別号〉
佐野 渡　さのの・わたり　1762～1837　狂歌師
待宵小侍従
小侍従　こじじゅう　平安後期～鎌倉時代の歌人
待賢門院〈別称〉
藤原 璋子　ふじわらの・しょうし　1101～1145　鳥羽天皇の皇后、崇徳・後白河両天皇の母
待賢門院新少将
待賢門院 新少将　たいけんもんいん・しんしょうしょう　鎌倉時代の女流歌人

【胎】

胎中天皇
応神天皇　おうじんてんのう　362?～394?　第15代の天皇

【退】

〔堅田〕退庵
山本 退庵　やまもと・たいあん　江戸時代中期の茶人
退道山人〈号〉
藤田 貞資　ふじた・さだすけ　1734～1807　和算家　[出]武州本田村
退蔵
木呂子 退蔵　きろこ・たいぞう　1827～1901　館林藩士　[出]山形城内

【帯】

帯刀
安島 帯刀　あじま・たてわき　1812～1859　幕末の志士、水戸藩士
帯刀〈通称〉
三宅 環翠　みやけ・かんすい　徳川中期の国学者
帯刀
小松 帯刀　こまつ・たてわき　1835～1870　幕末の志士　[出]鹿児島
帯刀〈通称〉
上田 仲敏　うえだ・なかとし　1809～1863　幕末の砲術家にして蘭学者、名古屋藩士
帯刀
日置 帯刀　へき・たてわき　1829～1918　岡山藩家老　[出]備前国岡山
帯刀
安藤 直次　あんどう・なおつぐ　1554～1635　織豊～江戸時代前期の武将

帯刀
　石出 常軒　いしで・じょうけん　1615〜1689　江戸時代前期の武士、国学者
帯子
　藤原 帯子　ふじわらの・たらしこ　〜794　平城天皇の贈皇后
〔高橋〕帯山
　帯山 与兵衛(1代)　たいざん・よへえ　江戸時代前期〜中期の陶工
帯雨〈号〉
　安藤 因蔭　あんどう・よりかげ　1843〜1902　幕末明治期の書家　⊕名古屋
帯梅
　帯梅　たいばい　〜1826　化政期の俳人　⊕尾張知多郡横須賀

【泰】

泰
　大庭 泰　おおば・たい　徳川中期の儒者　⊕熊本
泰〈名〉
　綿引 東海　わたびき・とうかい　1837〜1915　幕末明治の漢学者　⊕常陸久慈郡松栄村
〔久保〕泰十郎〈通称〉
　文々舎 蟹子丸(1世)　ぶんぶんしゃ・かにこまる　1780〜1837　江戸の狂歌師
〔藤原〕泰子
　高陽院　かやのいん　1095〜1155　鳥羽天皇の皇后
泰円〈号〉
　滝田 融智　たきた・ゆうち　1837〜1912　幕末明治時代の曹洞宗の僧　⊕尾張
泰円〈初名〉
　風外　ふうがい　1779〜1847　画僧　⊕伊勢
泰平
　鈴木 泰平　すずき・やすひら　〜1869　歌人　⊕紀伊日高郡南部
泰安
　岡 泰安　おか・たいあん　1796〜1858　徳川末期の医家　⊕周防国熊毛郡平生村
泰助
　藤林 普山　ふじばやし・ふざん　1781〜1836　医家　⊕山城国普賢寺村
泰助〈通称〉
　綿引 東海　わたびき・とうかい　1837〜1915　幕末明治の漢学者　⊕常陸久慈郡松栄村
泰邦
　安倍 泰邦　あべ・やすくに　江戸中期の暦学家・陰陽頭
〔土御門〕泰邦
　安倍 泰邦　あべ・やすくに　江戸中期の暦学家・陰陽頭
泰里
　橋本 泰里　はしもと・たいり　1741〜1819　徳川中期の俳人　⊕江戸深川
泰里〈初号〉
　馬場 存義　ばば・そんぎ　1702〜1782　徳川中期の俳人　⊕江戸
泰岳〈号〉
　杉田 玄端　すぎた・げんたん　1818〜1889　幕末・明治前期の蘭方医　⊕江戸

泰岳〈号〉
　頓阿　とんあ　1289〜1372　鎌倉—吉野時代の歌僧
泰岸〈名〉
　毘尼薩 台巌　びにさつ・たいがん　1829〜1909　歌僧
泰武
　木村 平八郎　きむら・へいはちろう　?〜1859　江戸時代後期の陶工
泰室
　橋本 泰里　はしもと・たいり　1741〜1819　徳川中期の俳人　⊕江戸深川
泰純
　岡宗 泰純　おかむね・たいじゅん　1768〜1833　徳川中期の医家、国学者　⊕土佐国
泰純
　和田 東郭　わだ・とうかく　1744〜1803　江戸時代中期〜後期の医師
泰庵〈通称〉
　荒木 加友　あらき・かゆう　〜1673　徳川初期の医者にして俳人
泰尋〈号〉
　頓阿　とんあ　1289〜1372　鎌倉—吉野時代の歌僧
泰道
　林 泰道　はやし・たいどう　江戸時代中期の俳人
泰雄〈名〉
　以南　いなん　〜1795　化政期の俳人　⊕越後出雲崎
泰順
　黒野田宿 泰順　くろのたじゅく・たいじゅん　1804?〜1862　近世末期の甲州一揆の指導者
泰福
　土御門 泰福　つちみかど・やすとみ　1655〜1717　江戸中期の陰陽家
〔安倍〕泰福
　土御門 泰福　つちみかど・やすとみ　1655〜1717　江戸中期の陰陽家
〔六角〕泰綱
　佐々木 泰綱　ささき・やすつな　1213〜1276　鎌倉時代の武将
泰嶺〈別号〉
　佐竹 曙山　さたけ・しょざん　1748〜1785　秋田藩士、秋田派の洋画家

【袋】

袋中
　袋中　たいちゅう　1544〜1639　江戸前期琉球に渡島した学僧　⊕陸奥
袋庵〈号〉
　佐竹 古関　さたけ・こかん　織豊時代の書家

【碓】

碓嶺
　仁井田 碓嶺　にいだ・たいれい　1781〜1847　徳川中期の俳人　⊕上州坂本

【戴】

戴斗
葛飾 戴斗　かつしか・たいと　江戸末期の浮世絵師
戴斗（2代）
近藤 北泉　こんどう・ほくせん　江戸時代の画家

【大】

〔県居〕大人
賀茂 真淵　かもの・まぶち　1697〜1769　徳川中期の国学者、歌人　[出]遠江浜松
〔大原〕大刀自
藤原 五百重媛　ふじわらの・いおえひめ　内大臣藤原鎌足の女
大十町〈俗称〉
大谷 広次（1代）　おおたに・ひろじ　1696〜1747　歌舞伎俳優、延享時代の立役の名優　[出]江戸
大三
大倉 大三　おおくら・たいぞう　徳川中期の歌人、本居宣長の門人
〔中村〕大三郎〈初名〉
嵐 猪三郎（1代）　あらし・いさぶろう　1766〜1825　大阪の歌舞伎俳優、化政期の立役の達者
大及斎〈号〉
天野 平岸　あまの・へいがん　1803〜1865　江戸中末期の画家　[出]駿河
〔山口〕大口
漢山口 大口　あやのやまぐちの・おおぐち　飛鳥時代の仏師
大中庵〈号〉
高井 立志（5世）　たかい・りつし　徳川中期の俳人　[出]江戸
大之丞〈通称〉
中島 秋挙　なかじま・しゅうきょ　1773〜1826　徳川中期の俳人　[出]三河刈谷
大井媛
大井媛　おおいひめ　第5代孝昭天皇の皇后
大五郎〈通称〉
佐和 文智　さわ・ぶんち　1768〜1873　徳川末期石州九日市の儒者
〔坂東〕大五郎〈前名〉
坂田 半五郎（4代）　さかた・はんごろう　1791〜1840　江戸の歌舞伎俳優
大五郎（3代）
三桝 大五郎（3代）　みます・だいごろう　1782〜1824　京阪の歌舞伎俳優　[出]京都
大五郎（4代）
三桝 大五郎（4代）　みます・だいごろう　1798〜1859　京阪の歌舞伎俳優
大介〈字〉
安部井 櫟堂　あべい・れきどう　1808〜1883　明治初期の篆刻家、近江の人
大円〈号〉
大円 良胤　だいえん・りょういん　1212〜1291　鎌倉時代の真言宗の僧　[出]丹後
大円広慧国師
高泉 性潡　こうせん・しょうとん　1633〜1695　江戸前期の禅僧、『扶桑禅林僧宝伝』の著者　[出]中国福州福清県
大円国師
夢窓 疎石　むそう・そせき　1275〜1351　臨済宗の碩徳、天竜寺の開山　[出]伊勢
大円国師
無住 道暁　むじゅう・どうぎょう　1227〜1312　鎌倉時代の僧
大円宝鑑国師〈諡号〉
愚堂 東寔　ぐどう・とうしょく　1577〜1661　江戸前期の禅僧（臨済宗）　[出]美濃伊自良
大円宝鑑禅師
愚堂 東寔　ぐどう・とうしょく　1577〜1661　江戸前期の禅僧（臨済宗）　[出]美濃伊自良
大円禅師
鏡堂 覚円　きょうどう・かくえん　1244〜1306　南宋から来日した僧
大友天皇
弘文天皇　こうぶんてんのう　648〜672　第39代の天皇
大友皇子
弘文天皇　こうぶんてんのう　648〜672　第39代の天皇
〔中村〕大太郎〈前名〉
坂東 国五郎（2代）　ばんどう・くにごろう　大阪の歌舞伎俳優
大心〈字〉
高岡 増隆　たかおか・ぞうりゅう　1823〜1893　幕末・明治期の高野山無量寿院の僧
大心〈号〉
大心 義統　だいしん・ぎとう　1657〜1730　大徳寺の第273世住持　[出]京都
大日本彦耜友尊
懿徳天皇　いとくてんのう　第4代天皇
大日本根子彦太瓊尊
孝霊天皇　こうれいてんのう　第7代天皇
大日本根子彦国牽尊
孝元天皇　こうげんてんのう　第8代天皇
大可〈字〉
岡田 篁所　おかだ・こうしょ　1821〜1903　徳川末期明治時代の漢学者、医家　[出]肥前長崎
大市
文屋 大市　ふんやの・おおち　704〜780　奈良時代の公卿
〔文室〕大市
文屋 大市　ふんやの・おおち　704〜780　奈良時代の公卿
大平
本居 大平　もとおり・おおひら　1756〜1833　国学者　[出]伊勢飯高郡松坂
〔稲垣〕大平
本居 大平　もとおり・おおひら　1756〜1833　国学者　[出]伊勢飯高郡松坂
大平山人〈別号〉
猨山 竜池　さやま・りょうち　〜1792　徳川中期江戸の書家
大必山人〈号〉
夏目 成美　なつめ・せいび　1749〜1816　徳川中期の俳人　[出]江戸
大田皇女
大田皇女　おおたのひめみこ　〜667　大海人皇子（天武天皇）の妃
大光院〈別称〉
役 尊為　えき・たかため　1624〜1706　徳川初期の国学者　[出]羽後能代
大光普照国師

隠元　いんげん　1592〜1673　日本黄檗宗の開祖　[出]明の福州福清
大吉〈名〉
江左 尚白　こうさ・しょうはく　1650〜1722　徳川中期の俳人　[出]近江大津
大吉
坂東 大吉　ばんどう・だいきち　〜1843　文化—天保時代の江戸の道外方の俳優
大吉
藤岡 大吉　ふじおか・だいきち　正徳—宝暦時代の歌舞伎俳優
大吉（1代）
中村 大吉（1代）　なかむら・だいきち　1773〜1823　大阪の歌舞伎俳優　[出]京都
大吉（2代）
中村 大吉（2代）　なかむら・だいきち　大阪の歌舞伎俳優
〔生島〕大吉（2代）
吾妻 藤蔵（2代）　あずま・とうぞう　1724〜1776　江戸の歌舞伎俳優、宝暦期の若女方の上手、舞踊吾妻流の祖　[出]江戸
大吉（3代）
中村 大吉（3代）　なかむら・だいきち　1815〜1857　大阪の歌舞伎俳優
〔生島〕大吉（4代）
吾妻 藤蔵（3代）　あずま・とうぞう　1756〜1798　江戸の歌舞伎俳優、寛政期の若女方の巧者　[出]江戸
大吉備建比売
穴戸武媛　あなとたけひめ　日本武尊の妃
大吉備津彦命
大吉備津彦命　おおきびつひこのみこと　孝霊天皇の皇子
大圭
児島 大圭　こじま・たいけい　1691〜1734　江戸時代中期の俳人
大安徹道居士〈法名〉
中初狩宿 伝兵衛　なかはつかりじゅく・でんべえ　〜1837　江戸後期の義民
大州〈号〉
太田 澄玄　おおた・ちょうげん　1721〜1795　徳川中期の本草学者、医家　[出]江戸
大次郎〈通称〉
大場 景明　おおば・かげあき　1719〜1785　江戸中期の暦算家、水戸藩士　[出]水戸
大次郎〈通称〉
敷田 年治　しきだ・としはる　1817〜1902　幕末明治の国学者　[出]豊前宇佐郡敷田村
大江丸
大江丸　おおえまる　1722〜1805　化政期の俳人　[出]大阪
〔安井〕大江丸
大江丸　おおえまる　1722〜1805　化政期の俳人　[出]大阪
〔大伴〕大江丸
大江丸　おおえまる　1722〜1805　化政期の俳人　[出]大阪
〔大伴〕大江丸
大江丸　おおえまる　1722〜1805　化政期の俳人　[出]大阪
大江知方〈別号〉
十方園 金成（1代）　じっぽうえん・かねなり　狂歌師　[出]尾張名古屋
大江知香〈別号〉
十方園 金成（2代）　じっぽうえん・かねなり　狂歌師　[出]名古屋
大江隣〈別号〉
大江丸　おおえまる　1722〜1805　化政期の俳人　[出]大阪
大灯国師
妙超　みょうちょう　1282〜1337　京都大徳寺の開山、臨済宗大徳寺派の始祖　[出]播磨国揖西
大虫
池永 大虫　いけなが・だいちゅう　〜1870　徳川末期明治初年の俳人
大弐三位
大弐三位　だいにのさんみ　平安時代の女流歌人、紫式部の一子
大作〈前名〉
大谷 広右衛門（5代）　おおたに・ひろえもん　1804〜1855　歌舞伎俳優、弘化・嘉永時代の実悪の達者
〔相馬〕大作
下斗米 秀之進　しもどまい・ひでのしん　1798〜1822　江戸後期檜山騒動の主謀者　[出]奥州南部
大伴
黄文 大伴　きふみの・おおとも　〜710　壬申の乱の功臣
〔黄文〕大伴
黄文 大伴　きふみの・おおとも　〜710　壬申の乱の功臣
大助
世家間 大助　せやま・だいすけ　天保—嘉永時代の大阪の劇場振附師の名手
大助〈通称〉
福原 五岳　ふくはら・ごがく　1730〜1799　徳川中期の南画家　[出]備後尾道
〔岩井〕大助〈前名〉
藤間 勘十郎（2代）　ふじま・かんじゅうろう　1796〜1840　日本舞踊家
〔世家真〕大助〈前名〉
世家間 大助　せやま・だいすけ　天保—嘉永時代の大阪の劇場振附師の名手
〔瀬山〕大助〈前名〉
藤間 勘十郎（2代）　ふじま・かんじゅうろう　1796〜1840　日本舞踊家
大助（1代）〈前名〉
藤間 勘十郎（2代）　ふじま・かんじゅうろう　1796〜1840　日本舞踊家
〔藤間〕大助（2代）〈前名〉
世家間 大助　せやま・だいすけ　天保—嘉永時代の大阪の劇場振附師の名手
大応〈別号〉
高木 大翁　たかぎ・たいおう　幕末の画家
大応国師
南浦 紹明　なんぽ・しょうみょう　1235〜1308　鎌倉時代の僧　[出]駿河安倍郡
大沢〈号〉
石野 広道　いしの・ひろみち　1718〜1800　徳川中期の国学者　[出]江戸
大町
中西 大町　なかにし・だいちょう　〜1728　徳川中期の俳人

だい（大）

大町庵〈別号〉
　式亭 三馬　しきてい・さんば　1776〜1822　戯作者　㊗江戸
大角
　鍛 大角　かぬちの・おおすみ　大宝律令撰定者の1人
大角〈号〉
　平田 篤胤　ひらた・あつたね　1766〜1843　国学者、世に国学の4大人と称せられる　㊗出羽国秋田久保城下下谷地
大角〈通称〉
　平田 銕胤　ひらた・かねたね　1799〜1880　神道学者　㊗伊予国喜多郡新谷
〔鍛造〕大角
　鍛冶 大隅　かぬちの・おおすみ　奈良時代の学者
〔鍛冶造〕大角
　鍛 大角　かぬちの・おおすみ　大宝律令撰定者の1人
大和〈通称〉
　春富士 大和掾　はるふじ・やまとのじょう　宝暦期に於ける豊後節三絃の名手、春富士（正伝節）三絃の祖
大和
　大宮 真盛　おおみや・まさもり　〜1672　江戸時代の能曲作者、大和奈良春日神社の社人
大和大納言
　豊臣 秀長　とよとみ・ひでなが　〜1591　秀吉の異父弟
大和中納言
　羽柴 秀保　はしば・ひでやす　1579〜1595　関白秀次の末弟三好吉房（三位法印一路）の第3子
〔常磐津〕大和太夫〈初名〉
　吾妻 国太夫　あずま・くにだゆう　1755〜1802　常磐津節の別派吾妻の創始者
大和太夫（1代）
　富本 大和太夫（1代）　とみもと・やまとだゆう　富本浄瑠璃の名家
大和少掾
　井上 播磨掾　いのうえ・はりまのじょう　1632?〜1685?　明暦―延宝時代の京阪の浄瑠璃太夫、播磨節の流祖　㊗京都
大和守親俊
　蜷川 親俊　にながわ・ちかとし　〜1569　室町幕府の政учений所執事伊勢氏の被官
大和屋〈屋号〉
　坂東 三津五郎（5代）　ばんどう・みつごろう　1811〜1855　歌舞伎俳優
大和掾
　春富士 大和掾　はるふじ・やまとのじょう　宝暦期に於ける豊後節三絃の名手、春富士（正伝節）三絃の祖
大和掾
　竹本 大和掾　たけもと・やまとのじょう　1702〜1766　義太夫節の名人
大学〈名〉
　阿部 正信　あべ・まさのぶ　徳川中期の駿府城加番にして『駿国雑志』の著者
大学〈通称〉
　安藤 抱琴　あんどう・ほうきん　1654〜1717　江戸中期の国学者　㊗丹波
大学〈通称〉
　荒木田 末寿　あらきだ・すえほぎ　〜1828　徳川末期の国学者、伊勢内宮の神官
大学
　三国 大学　みくに・だいがく　1810〜1896　幕末・維新期の儒学者　㊗越前（福井県）三国
大学
　杉浦 大学　すぎうら・だいがく　1830〜1873　幕末の志士
大学
　浅野 長広　あさの・ながひろ　1670〜1734　江戸時代前期〜中期の武士
〔後藤〕大学〈通称〉
　美笑軒 道覚　びしょうけん・どうかく　1521〜1616　戦国時代の華道師範、美笑流宗家1世
大学大允〈通称〉
　松波 資之　まつなみ・すけゆき　1830〜1906　歌人　㊗安芸（現・広島県）
大学山〈号〉
　武田 象庵　たけだ・しょうあん　1596〜1659　徳川初期の儒医
大官令〈号〉
　大江 広元　おおえの・ひろもと　1148〜1225　鎌倉時代の政治家、明法学者
大宝円鑑国師
　春屋 宗園　しゅんおく・そうおん　1529〜1611　大徳寺主　㊗山城
大明国師
　無関 普門　むかん・ふもん　1212〜1291　鎌倉中期の禅僧（臨済宗）　㊗信濃国保科
大明国師
　無関 玄悟　むかん・げんご　1212〜1292　鎌倉時代の僧
大法正眼国師
　盤珪 永琢　ばんけい・えいたく　1622〜1693　江戸時代の禅僧　㊗播磨揖保郡浜田郷（網干）
大炊王
　淳仁天皇　じゅんにんてんのう　733〜765　第47代の天皇
大炊御門宮
　大炊御門宮　おおいみかどのみや　1179〜1221　高倉天皇の第3子惟明親王
大空庵〈号〉
　鈴木 新兵衛　すずき・しんべえ　朽木竜橋の家臣
大俊
　鵜飼 大俊　うがい・たいしゅん　1846〜1878　獄囚教誨に力めし勤王僧　㊗尾張中島郡片原一色村
大垣少将
　小早川 秀秋　こばやかわ・ひであき　1577〜1602　安土・桃山時代の大名　㊗近江国長浜
大政所
　天瑞院　てんずいいん　1513〜1592　豊臣秀吉の生母
大栄山人〈別号〉
　滝沢 馬琴　たきざわ・ばきん　1767〜1848　江戸時代の小説家　㊗深川高松通浄心寺側
大海
　鬼沢 大海　きさわ・おおみ　1791〜1873　徳川末期明治時代の国学者　㊗常陸鹿島郡高浜
大海人皇子
　天武天皇　てんむてんのう　〜686　第40代の天皇
大洲〈号〉

だい（大）

伊良子 大洲　いらこ・たいしゅう　1763〜1829　徳川中期の漢学者　㊼鳥取
大洋〈字〉
　東 東洋　あずま・とうよう　1755〜1839　徳川中期の画家　㊼陸前登米郡石越村
大神
　金光 大陣（大神）　こんこう・たいじん　1814〜1883　幕末・明治時代の神道家、神道13派の1金光教祖　㊼備中浅口郡占見村
大胡
　上泉 伊勢守　こういずみ・いせのかみ　戦国時代の剣客　㊼上野
大倭根子天之広野日女尊
　持統天皇　じとうてんのう　645〜703　第41代天皇
〔三諸〕**大原**
　文室 大原　ふんやの・おおはら　?〜806　奈良〜平安時代前期の官吏
大原庵〈号〉
　中林 竹洞　なかばやし・ちくどう　1776〜1853　徳川中期の画家　㊼尾張
大娘
　膳 菩岐岐美郎女　かしわでの・ほききみのいらつめ　?〜622　聖徳太子の妃
大宮院
　大宮院　おおみやいん　1225〜1292　後嵯峨天皇の皇后
大峰〈号〉
　塚田 大峯　つかだ・たいほう　1745〜1832　江戸時代後期の尾張藩の儒者（朱子学派）　㊼信濃
大峯
　塚田 大峯　つかだ・たいほう　1745〜1832　江戸時代後期の尾張藩の儒者（朱子学派）　㊼信濃
〔冢田〕**大峯**
　塚田 大峯　つかだ・たいほう　1745〜1832　江戸時代後期の尾張藩の儒者（朱子学派）　㊼信濃
大根土成〈狂号〉
　福地 白瑛　ふくち・はくえい　浮世絵師、作家
大梅〈号〉
　児島 大梅　こじま・だいばい　1772〜1841　徳川中期の俳人　㊼江戸蔵前
大梅居〈号〉
　児島 大梅　こじま・だいばい　1772〜1841　徳川中期の俳人　㊼江戸蔵前
大珠
　別峰 大珠　べっぽう・だいじゅ　1321〜1402　吉野朝時代の禅僧　㊼周防
大珠円光禅師〈勅号〉
　別峰 大珠　べっぽう・だいじゅ　1321〜1402　吉野朝時代の禅僧　㊼周防
大竜斎〈号〉
　大月 光興　おおつき・みつおき　1766〜1834　徳川中期の彫金家
大笑亭娯狂〈初号〉
　万流亭 世富　まんりゅうてい・よとみ　狂歌師
大納言典侍
　後嵯峨院大納言典侍　ごさがいんのだいなごんのてんじ　1233〜1263?　鎌倉時代の歌人
大納言典侍
　三条局　さんじょうのつぼね　鎌倉時代の女官
大翁
　高木 大翁　たかぎ・たいおう　幕末の画家
大華〈号〉
　福田 大華　ふくだ・たいか　1796〜1854　画家また国学者
大通智勝国師
　快川 紹喜　かいせん・しょうき　〜1582　臨済宗の傑僧　㊼美濃
大陣
　金光 大陣（大神）　こんこう・たいじん　1814〜1883　幕末・明治時代の神道家、神道13派の1金光教祖　㊼備中浅口郡占見村
大寂庵〈号〉
　立綱　りゅうこう　1763〜1824　僧侶、国学者　㊼近江彦根
大斎院
　選子内親王　せんしないしんのう　964〜1035　村上天皇の皇女
大梁敬公〈法名〉
　上杉 憲孝　うえすぎ・のりたか　1367〜1392　室町時代の武将
大梁興宗禅師
　江月 宗玩　こうげつ・そうがん　1574〜1643　織豊〜江戸時代前期の僧
大淑
　季弘 大淑　きこう・だいしゅく　1421〜1487　室町時代五山文学者たる東福寺主　㊼備州
大涼院
　栄姫　えいひめ　?〜1635　黒田長政の後妻
大菊庵〈号〉
　呂蛤　ろこう　化政期の俳人　㊼京都
大野宰相
　織田 秀雄　おだ・ひでかつ　1583〜1610　越前大野城主
大陸山人〈別号〉
　浅田 上山　あさだ・じょうざん　江戸時代の書家
大魚〈字〉
　今枝 夢梅　いまえだ・むばい　1803〜1852　徳川末期の京都の医家
大鳥舎〈号〉
　佐藤 神符麿　さとう・しのぶまろ　徳川中末期の皇医、国学者　㊼陸奥伊達郡飯坂村
大黒屋
　大黒 常是（1代）　だいこく・じょうぜ　〜1633　徳川時代の銀貨鋳造師　㊼和泉堺
大黒庵〈号〉
　菅沼 奇渕　すがぬま・きえん　1763〜1834　徳川中期の俳人　㊼大阪
大黒庵〈号〉
　藤井 鼎左　ふじい・ていさ　1802〜1869　徳川末期の俳人　㊼備後
大塔若宮
　興良親王　おきながしんのう　大塔宮護良親王の王子
大塔宮
　護良親王　もりながしんのう　1308〜1335　後醍醐天皇の皇子
大悲円満国師
　雲居　うんご　1582〜1659　松島瑞厳寺の中興　㊼土佐
大掾〈受領号〉

だい（大）

大掾語斎
　近江 大掾語斎　おうみの・だいじょうごさい　承応―寛文時代の江戸の浄瑠璃太夫、近江（語斎）節の流祖
大掾語斎
　近江 大掾語斎　おうみの・だいじょうごさい　承応―寛文時代の江戸の浄瑠璃太夫、近江（語斎）節の流祖
大智坊
　馬島 重常　まじま・しげつね　〜1527　馬島流眼科別派の始祖
大智院
　足利 義視　あしかが・よしみ　1439〜1491　室町時代の武将
大渦道人〈別号〉
　井上 鹵滴　いのうえ・ろてき　1814〜1888　幕末・明治の畸人　⑱阿波板野郡斎田
大測〈号〉
　新井 玩三　あらい・がんぞう　1823〜1905　幕末・明治時代の数学者　⑱下総印旛郡大森町亀成
大痩生〈号〉
　早野 仰斎　はやの・こうさい　1746〜1790　徳川中期大阪の儒者
大覚
　大覚　だいがく　1297〜1364　南北朝時代の日蓮宗の僧
大覚禅師
　蘭渓 道隆　らんけい・どうりゅう　1213〜1278　鎌倉建長寺の開山　⑱宋の西蜀涪江
大道真源禅師〈諡〉
　東陽 英朝　とうよう・えいちょう　1428〜1504　京都大徳寺（臨済宗）の禅僧　⑱美濃国加茂郡
大隅
　亀田 高綱　かめだ・たかつな　〜1633　桃山・徳川初期の武人、備後東条領主　⑱尾張
大隅
　鍛冶 大隅　かぬちの・おおすみ　奈良時代の学者
〔守部連〕大隅
　鍛冶 大隅　かぬちの・おおすみ　奈良時代の学者
〔鍛師連〕大隅
　鍛冶 大隅　かぬちの・おおすみ　奈良時代の学者
〔朝臣〕大隅
　岸本 由豆流　きしもと・ゆずる　1789〜1846　幕末の国学者　⑱伊勢朝田村
大夢
　直山 大夢　なおやま・だいむ　1794〜1874　幕末明治の俳人　⑱加賀金沢
大愚
　良寛　りょうかん　1757〜1831　歌人、禅僧、書家にして農村託児所の最初の暗示者　⑱越後出雲崎
大慈普応禅師
　鉄牛 道機　てつぎゅう・どうき　1628〜1700　徳川中期の黄檗宗僧　⑱石見
大業〈号〉
　均上 九山　さかがみ・くざん　1810〜1867　大坂南久宝寺町の町人
大椿翁〈号〉
　鈴木 百年　すずき・ひゃくねん　1825〜1891　四条派の画家　⑱京都
大溝侍従
　京極 高次　きょうごく・たかつぐ　1563〜1609　京極氏中興の祖

大碓命
　大碓皇子　おおうすのみこ　説話上の景行天皇の皇子
大碓皇子
　大碓皇子　おおうすのみこ　説話上の景行天皇の皇子
大節〈字〉
　宮内 喜雄　みやうち・よしお　1826〜1900　幕末明治の国学者
大蓮社西誉
　聖聡　しょうそう　1366〜1429　江戸増上寺の開山　⑱下総千葉
大雅〈字〉
　岩下 探春　いわした・たんしゅん　1716〜1785　徳川中期の儒者、熊本藩士
大雅
　池 大雅　いけ・たいが　1723〜1776　江戸中期の画家、日本南画大成者　⑱京都
大雅〈名〉
　藤森 弘庵　ふじもり・こうあん　1799〜1862　江戸の儒者　⑱江戸
大雅堂
　青木 夙夜　あおき・しゅくや　〜1789　徳川中期の画家
〔五大院〕大徳
　安然　あんねん　841〜　天台の密教化を計ってこれを大成した天台宗の学僧
大誦
　深見 大誦　ふかみ・たいしょう　長崎の訳官　⑱福建彰郡
〔高〕大誦
　深見 大誦　ふかみ・たいしょう　長崎の訳官　⑱福建彰郡
大輔〈通称〉
　宮崎 玉緒　みやざき・たまお　1828〜1896　国学者　⑱近江蒲生郡玉緒村
〔菊地〕大輔〈姓名〉
　式亭 三馬　しきてい・さんば　1776〜1822　戯作者　⑱江戸
大輔信門
　竜造寺 右馬大夫信門　りゅうぞうじ・うめのたゆうのぶかど　〜1584　竜造寺氏家臣
大慶喜心院〈諡名〉
　華園 摂信　はなぞの・せっしん　1808〜1877　僧侶　⑱京都
大慧
　痴兀 大慧　ちこつ・たいえ　1229〜1312　鎌倉時代の僧侶（臨済宗）　⑱伊勢宗
大璃寛〈俗称〉
　嵐 吉三郎（2代）　あらし・きちさぶろう　1769〜1821　大阪の歌舞伎俳優、文化文政時代の立役の名優　⑱大阪
大蔵
　吉田 茂氏　よしだ・しげうじ　1588〜1644　徳川初期の弓術家
〔江口〕大蔵
　上田 楠次　うえだ・くすじ　1837〜1868　幕末の志士、高知藩士　⑱土佐郡江口村
大蔵大夫〈号〉
　原田 種直　はらだ・たねなお　源平内乱期の武将
大蔵大夫〈通称〉

藤原 清廉　ふじわらの・きよかど　平安中期の私営田領主
大魯
吉分 大魯　よしわけ・だいろ　～1778　徳川中期の俳人　[出]阿波徳島
〔今田〕大魯
吉分 大魯　よしわけ・だいろ　～1778　徳川中期の俳人　[出]阿波徳島
大機〈名〉
松本 交山　まつもと・こうざん　1784～1866　画家　[出]江戸
大橋
大橋　おおはし　徳川中期京都島原の名妓
大樸〈号〉
藤堂 高文　とうどう・たかふみ　1720～1784　伊勢津藩藤堂氏の国老で漢学者
大膳〈名〉
伊能 友鷗　いのう・ゆうおう　～1875　幕末の勤王家、宇和島藩士
大膳
木造 具康　こずくり・ともやす　戦国時代の武将、伊勢日置城主
大膳亮〈別称〉
正木 時茂　まさき・ときしげ　里見氏家臣
大興正法国師
俊芿　しゅんじょう　1166～1227　戒律宗北宗律の祖　[出]肥後飽田郡味木庄
大壑〈号〉
平田 篤胤　ひらた・あつたね　1766～1843　国学者、世に国学の4大人と称せられる　[出]出羽国秋田久保城下下谷地
大薩摩〈号〉
虎屋 永閑　とらや・えいかん　万治―元禄時代の江戸の浄瑠璃太夫、永閑節の始祖
大薩摩外記藤原直勝〈別号〉
大薩摩 主膳太夫（1代）　おおざつま・しゅぜんだゆう　～1759　享保―宝暦時代の浄瑠璃太夫、大薩摩節の流祖　[出]水戸
大蟻
大蟻　たいぎ　～1800　天明期の俳人
大蟻
松岡 大蟻　まつおか・たいぎ　?～1800　江戸時代中期～後期の武士、俳人
大麓〈字〉
天野 平岸　あまの・へいがん　1803～1865　江戸中末期の画家　[出]駿河
大闡
大法 大闡　だいほう・だいせん　1306～1384　南北朝時代の僧
大蕤娘
石川 大蕤娘　いしかわの・おおぬのいらつめ　～724　天武天皇の夫人
〔蘇我〕大蕤娘
石川 大蕤娘　いしかわの・おおぬのいらつめ　～724　天武天皇の夫人
大鶴庵〈号〉
竹内 塊翁　たけうち・かいおう　1764～1829　徳川中期の俳人　[出]尾州知多郡草木村
大鑑禅師
清拙 正澄　せいせつ・しょうちょう　1274～1339　元から来日した僧
大鷦鷯命
仁徳天皇　にんとくてんのう　第16代の天皇、応神天皇の皇子
大鷺〈俗称〉
鷺 仁右衛門　さぎ・にえもん　1558～1651　徳川初期の能役者、狂言方鷺流家元初世

【内】

〔ひまの〕内子
小余綾 磯女　こよろぎ・いそめ　?～1852　江戸時代中期～後期の狂歌師
内匠
安藤 抱琴　あんどう・ほうきん　1654～1717　江戸中期の国学者　[出]丹波
内匠太夫（1代）
竹本 大和掾　たけもと・やまとのじょう　1702～1766　義太夫節の名人
内匠頭
浅野 長矩　あさの・ながのり　1665～1701　播磨赤穂藩主
内成
福廼屋 内成　ふくのや・うちなり　狂歌師
内房
一条 内房　いちじょう・うちふさ　1652～1705　公卿
内記
阿蘇 惟賢　あそ・これかた　織豊時代の神官にして文学者、肥後の阿蘇大宮司家の支族
内記
今枝 直方　いまえだ・なおかた　1653～1728　徳川中期の国学者
内麻呂
阿倍 内麻呂　あべの・うちのまろ　～649　孝徳朝の中央豪族
〔阿部〕内麻呂
阿倍 内麻呂　あべの・うちのまろ　～649　孝徳朝の中央豪族
内新好
内新好　ないしんこう　徳川中期の江戸の戯作者
内蔵之助
阿保 内蔵之助　あほ・くらのすけ　1573～1666　徳川初期の弘前藩士
内蔵之助〈通称〉
関 橋守　せき・はしもり　1804～1883　歌人　[出]上野群馬郡室田
内蔵之助
森山 弥七郎　もりやま・やしちろう　1573～1666　江戸時代前期の武士
内蔵介〈通称〉
平田 銕胤　ひらた・かねたね　1799～1880　神道学者　[出]伊予国喜多郡新谷
内蔵允〈通称〉
竹田 宗柏　たけだ・そうはく　～1551　室町時代の医家
内蔵太
池 内蔵太　いけ・くらた　1841～1866　幕末期の志士、変名細川左馬之助、細井徳太郎　[出]土佐国小高坂村
内蔵助〈通称〉

だい（台, 杁, 第, 醍）　たく（宅, 沢, 卓, 託）

岩田 盛弘　いわた・もりひろ　〜1650　加賀藩士、浅井畷四本槍の一人
内蔵助〈通り名〉
大石 良雄　おおいし・よしお　1659〜1703　徳川中期の義士、播磨赤穂藩の家老
内膳〈通称〉
荒木 素白　あらき・そはく　1600〜1685　徳川初期の書道家
内膳〈別称〉
狩野 重郷　かのう・しげさと　1570〜1616　狩野派の画家、のちの根岸御行松狩野家の祖
内膳
小宮山 友晴　こみやま・ともはる　?〜1582　織豊時代の武士
〔池田〕内膳
蜂須賀 山城　はちすか・やましろ　1606〜1673　江戸時代前期の武士
内膳重郷
狩野 重郷　かのう・しげさと　1570〜1616　狩野派の画家、のちの根岸御行松狩野家の祖

【台】

台八〈通称〉
広瀬 蒙斎　ひろせ・もうさい　1768〜1829　徳川中期江戸の儒者　㊐奥州白河
台与
壱与　いよ　邪馬台国の女王
台山
広瀬 台山　ひろせ・だいざん　1751〜1813　徳川中期の南画家
台徳院
徳川 秀忠　とくがわ・ひでただ　1578〜1632　徳川第2代将軍　㊐遠江浜松
台嶺
石川 台嶺　いしかわ・たいれい　1843〜1871　僧侶　㊐三河国幡豆郡室村順成寺
台巌
昆尼薩 台巌　びにさつ・たいがん　1829〜1909　歌僧

【杁】

杁々庵〈号〉
川井 乙州　かわい・おとくに　〜1710　徳川中期の俳人　㊐江州大津

【第】

第一園
平山 梅人　ひらやま・ばいじん　1744〜1801　徳川中期の俳人
第作〈通称〉
佐伯 桜谷　さえき・おうこく　〜1858　幕末の漢学者

【醍】

醍醐天皇
醍醐天皇　だいごてんのう　885〜930　第60代の天皇

【宅】

宅子
宅子娘　やかこのいらつめ　天智天皇の宮人、大友皇子の母
宅子娘
宅子娘　やかこのいらつめ　天智天皇の宮人、大友皇子の母
宅媛
宅媛　やかひめ　安閑天皇の妃
〔物部〕宅媛
宅媛　やかひめ　安閑天皇の妃

【沢】

沢一
大神 活都　おおが・いくと　1684〜1726　江戸時代中期の儒者
沢山
沢山人 沢山　たくさんじん・たくさん　1801〜1867　狂歌師　㊐武蔵南多摩郡栗須村
沢山〈号〉
渡辺 沢山　わたなべ・たくさん　1825〜1909　幕末の算数家　㊐下総匝瑳郡共興村登戸
〔若村〕沢之助
三保木 儀左衛門（1代）　みほき・ぎざえもん　〜1745?　歌舞伎俳優
沢民〈字〉
鈴木 四郎兵衛　すずき・しろべえ　1754〜1815　徳川中期の儒者にして公益家　㊐下野鹿沼町
沢瀉
東 沢瀉　ひがし・たくしゃ　1832〜1891　幕末明治時代の儒者にして勤王家　㊐周防岩国

【卓】

卓池
鶴田 卓池　つるだ・たくち　1768〜1846　徳川末期の俳人　㊐三河岡崎
卓郎
卓郎　たくろう　幕末期の俳人　㊐伊豆三島
卓朗
小森 卓朗　こもり・たくろう　1798〜1866　江戸時代後期の俳人
〔孤山堂〕卓朗
小森 卓朗　こもり・たくろう　1798〜1866　江戸時代後期の俳人
卓馬〈通称〉
柘植 葛城　つげ・かつらぎ　1804〜1874　幕末・維新期の草莽　㊐河内国安宿郡国分村
卓袋
貝増 卓袋　かいます・たくたい　1659〜1706　徳川中期の俳人　㊐伊賀上野
〔大屋〕卓蔵〈通称〉
士由　しゆう　〜1850　化政期の俳人　㊐羽前狼河原

【託】

託何

託何　たくが　1285〜1354　南北朝時代の僧侶（時宗）　[出]上総矢野
託静軒〈号〉
蘭台　らんだい　〜1793　化政期の俳人、越中井波瑞泉寺十四代住職誠心院従祐

【琢】

琢々庵〈別号〉
森川 許六　もりかわ・きょろく　1656〜1715　徳川中期の俳人　[出]江州彦根
琢左衛門〈通称〉
原 鳳山　はら・ほうざん　1717〜1787　徳川中期の兵学家　[出]土佐
琢如
琢如　たくにょ　1625〜1671　徳川初期の僧、真宗大谷派第14世
琢斎〈号〉
藤本 箕山　ふじもと・きざん　1626〜1704　生涯の過半を色道の樹立と体系化に費やした京都の上層町人

【諾】

諾右衛門（2代）
不知火 光右衛門（2代）　しらぬい・こうえもん　1825〜1879　力士（横綱）　[出]肥後国菊池郡陣内村

【濁】

濁子
中川 濁子　なかがわ・じょくし　徳川中期の俳人、大垣藩士
濁斉〈号〉
遠藤 日人　えんどう・えつじん　1758〜1836　徳川中期の俳人　[出]仙台
濁斎〈号〉
遠藤 日人　えんどう・えつじん　1758〜1836　徳川中期の俳人　[出]仙台

【達】

達
辻 端亭　つじ・たんてい　1624〜1668　江戸時代前期の儒者
達本〈字〉
春澄 善縄　はるずみ・よしただ　797〜870　平安初期の学者　[出]伊勢員弁郡
達助〈通称〉
徳永 千規　とくなが・ちのり　1804〜1870　国学者　[出]土佐高知
達庵〈号〉
荒木 寛快　あらき・かんかい　1785〜1860　徳川中・末期の画家　[出]江戸
達庵〈別号〉
荒木 寛畝　あらき・かんぽ　1831〜1915　画家　[出]江戸
達斎
市川 一学　いちかわ・いちがく　1778〜1859　江戸時代後期の兵法家、儒者
達智門院
達智門院　だっちもんいん　1286〜1348　後宇多天皇の皇女、尊称皇后奨子内親王

【丹】

丹一〈名〉
高山 検校　たかやま・けんぎょう　平家琵琶の名手
丹下〈通称〉
荒木田 氏筠　あらきだ・うじたけ　1717〜1751　徳川中期の伊勢神宮の祠官、漢学者　[出]山田
〔大岡〕丹下〈変名〉
斎藤 三平　さいとう・さんぺい　鉄山師　[出]陸奥国閉伊郡門村
丹三郎〈通称〉
谷 秦山　たに・しんざん　1663〜1718　江戸中期の儒学者　[出]土佐国長岡郡八幡村
丹山〈号〉
阿部 将翁　あべ・しょうおう　1650?〜1753　江戸中期の本草学者　[出]陸奥盛岡
丹山
順芸　じゅんげい　1785〜1847　江戸時代後期の僧
丹内〈字〉
谷 北渓　たに・ほっけい　1727〜1797　徳川中期の国学者　[出]土佐国香美郡山田村
丹丘
芥川 丹丘　あくたがわ・たんきゅう　1710〜1785　徳川中期の漢学者　[出]京都
丹州〈号〉
栗本 瑞仙院　くりもと・ずいせんいん　1756〜1834　徳川中期幕府の医官、本草学者　[出]江戸神田紺屋町
丹次〈通称〉
今村 楽　いまむら・たのし　1765〜1810　徳川中期の国学者　[出]土佐
丹岳
佐治 丹岳　さじ・たんがく　1805〜1869　幕末の画家、測量家　[出]近江甲賀郡水口
丹波太夫〈別称〉
桜井 丹波少掾　さくらい・たんばのしょうじょう　承応―貞享時代の金平浄瑠璃の太夫、和泉太夫節（一名金平節）の流祖
丹波少将
羽柴 秀勝　はしば・ひでかつ　1568〜1585　織田信長の第4子
丹波少将・中納言
羽柴 秀勝　はしば・ひでかつ　1569〜1592　安土桃山時代の武将、秀吉の甥
丹波少掾〈前名〉
桜井 丹波少掾　さくらい・たんばのしょうじょう　承応―貞享時代の金平浄瑠璃の太夫、和泉太夫節（一名金平節）の流祖
丹波局
丹波局　たんばのつぼね　後鳥羽天皇の宮人
丹波局
丹波局　たんばのつぼね　後鳥羽天皇の宮人
丹後〈通称〉
菱田 房明　ひしだ・ふさあき　1697〜1766　徳川中期の幕府の能吏　[出]江戸
〔異浦〕丹後

たん（旦, 但, 坦, 担, 単, 探, 淡）

宜秋門院丹後　ぎしゅうもんいんのたんご　新中古36歌仙の1人
丹後局
　高階 栄子　たかしな・えいし　〜1216　平安朝・鎌倉時代の巾幗政治家、平業房の室、後白河法皇の妃
丹後侍従
　細川 忠興　ほそかわ・ただおき　1563〜1645　安土桃山・江戸前期の大名
丹後掾
　杉山 丹後掾　すぎやま・たんごのじょう　元和—寛文時代の浄瑠璃太夫、江戸操浄瑠璃の開祖
丹斎
　下川 丹斎　しもかわ・たんさい　「近代四座役者目録」にある人物
丹頂堂
　井上 千山　いのうえ・せんざん　〜1726　徳川中期の俳人、平福屋と号した豪商、姫路六人衆の1人
丹陽〈号〉
　高屋 栄甫　たかや・そうほ　1623〜1690　徳川中期の医家　㊞仙台

【旦】

旦入〈号〉
　楽 吉左衛門（10代）　らく・きちざえもん　1795〜1854　京都楽焼の家元
旦海
　平松 旦海　ひらまつ・たんかい　1823〜1901　幕末・明治の儒者　㊞岡山三番町
旦蘷
　杉田 旦蘷　すぎた・たんこう　徳川中期の俳人　㊞名古屋

【但】

但見〈号〉
　人見 藤寧　ひとみ・とうねい　1818〜1861　徳川中期の国学者、秋田藩士
但馬
　藻壁門院但馬　そうへきもんいんのたじま　鎌倉時代の女官、歌人
但馬守〈通称〉
　長尾 政長　ながお・まさなが　1527〜1569　室町時代の武将
但馬守
　柳生 宗矩　やぎゅう・むねのり　1571〜1646　徳川氏の臣、父についで撃剣に長ず　㊞柳生
但馬守
　上田 重秀　うえだ・しげひで　織豊〜江戸時代前期の馬術家
但馬宮
　雅成親王　まさなりしんのう　1200〜1255　後鳥羽天皇の皇子

【坦】

坦山〈字〉
　原 坦山　はら・たんざん　1819〜1892　禅僧　㊞磐城国磐城郡平村
坦奄〈号〉

江川 太郎左衛門　えがわ・たろうざえもん　1801〜1855　幕末の兵術家、先覚者　㊞伊豆韮山
坦翁
　平川 坦翁　ひらかわ・たんおう　1815〜1883　幕末・明治初期の儒者　㊞肥後
坦窩
　斎木 坦窩　さいき・たんか　1706〜1786　徳川中期の漢学者、書家

【担】

担堂〈号〉
　高橋 正功　たかはし・まさこと　1824〜1865　幕末の近江膳所藩士

【単】

単丁斎〈号〉
　今井 宗薫　いまい・そうくん　〜1627　茶人

【探】

探丸
　藤堂 探丸　とうどう・たんがん　1666〜1710　徳川中期の俳人　㊞伊賀上野
〔大弐〕探元
　木村 探元　きむら・たんげん　1679〜1767　江戸時代中期の画家
探仙
　吉村 周山　よしむら・しゅうざん　?〜1776　江戸時代中期の画家、根付師
探信
　狩野 探信　かのう・たんしん　1653〜1718　徳川幕府の奥絵師
探幽
　狩野 探幽　かのう・たんゆう　1602〜1674　鍛冶橋狩野家の祖
探春
　岩下 探春　いわした・たんしゅん　1716〜1785　徳川中期の儒者、熊本藩士
〔鹿鳴〕探春
　鹿島 探春　かしま・たんしゅん　?〜1778　江戸時代中期の儒者
探春亭
　岩下 探春　いわした・たんしゅん　1716〜1785　徳川中期の儒者、熊本藩士

【淡】

淡
　入江 淡　いりえ・たん　1832〜1902　徳川末期・明治時代の漢学者、教育者　㊞豊前企救郡足立村
淡々
　松木 淡々　まつき・たんたん　1674〜1761　徳川中期の俳人　㊞大阪西横堀
淡水子〈号〉
　斎藤 市左衛門（7代）　さいとう・いちざえもん　1737〜1799　『江戸名所図会』編著者、徳川中期の国学者
淡右衛門〈通称〉
　沢辺 北冥　さわべ・ほくめい　1764〜1852　徳川末期の儒者　㊞丹後宮津

淡海公
藤原 不比等　ふじわらの・ふひと　659〜720　上代の政治家
淡叟
村垣 淡叟　むらがき・たんそう　1813〜1880　幕末の外交家　[出]江戸築地
淡崖〈号〉
神田 孝平　かんだ・たかひら　1830〜1898　蘭学者　[出]美濃不破郡岩手村
淡斎〈号〉
阿部 淡斎　あべ・たんさい　1813〜1880　徳川末期の儒者
淡斎〈号〉
田山 敬儀　たやま・たかのり　1766〜1814　徳川中期の歌人　[出]伊賀上野
淡斎〈字〉
伯先　はくせん　〜1820　化政期の俳人
淡斎
佐羽 吉右衛門(2代)　さば・きちえもん　1772〜1825　江戸時代後期の商人、漢詩人
淡窓〈別号〉
広瀬 淡窓　ひろせ・たんそう　1782〜1856　儒者　[出]豊後日田町
淡雲
淡雲　たんうん　1830〜1905　真宗西派、博多明蓮寺の僧
淡路公
淳仁天皇　じゅんにんてんのう　733〜765　第47代の天皇
淡路守
脇坂 安照　わきざか・やすてる　1658〜1722　江戸時代前期〜中期の大名
淡路守
脇坂 安董　わきざか・やすただ　1768〜1841　江戸時代中期〜後期の大名
淡路阿闍梨
日賢　にっけん　1243〜1338　日蓮宗の僧　[出]駿河安東
淡雅
菊池 淡雅　きくち・たんが　1788〜1853　江戸の豪商　[出]宇都宮
〔大橋〕淡雅
菊池 淡雅　きくち・たんが　1788〜1853　江戸の豪商　[出]宇都宮

【湛】

湛〈名〉
井上 南台　いのうえ・なんだい　1749〜1798　徳川中期の幕府の儒官　[出]常陸
湛々翁〈号〉
小西 来山　こにし・らいざん　1654〜1716　徳川中期の俳人　[出]大阪
湛月
橋本 湛月　はしもと・たんげつ　江戸時代前期〜中期の俳人
湛水〈号〉
幸地 賢忠　こうち・けんちゅう　1623〜1682　江戸前期の琉球の音楽家、湛水流の創始者　[出]琉球(沖縄)首里
湛翁〈号〉
小西 来山　こにし・らいざん　1654〜1716　徳川中期の俳人　[出]大阪
湛楽斎〈号〉
大河原 具顕　おおかわら・ともあき　〜1789　徳川中期の岡藩校教授
湛照
東山 湛照　とうざん・たんしょう　1231〜1291　鎌倉時代の僧
湛慧
信培　しんばい　1676〜1747　江戸時代前期〜中期の僧
湛露〈号〉
佐藤 晩得　さとう・ばんとく　〜1792　俳人、佐竹侯の臣　[出]秋田角館

【短】

短長斎〈号〉
慶 紀逸　けい・きいつ　1694〜1761　徳川中期の俳人　[出]江戸
短頭翁〈別号〉
中川 貞佐　なかがわ・ていさ　1680〜1747　徳川中期の俳人　[出]京都

【覃】

覃〈名〉
倉田 葛三　くらた・かっさん　1762〜1818　徳川中期の俳人　[出]信州松代

【端】

端山〈号〉
三宅 観瀾　みやけ・かんらん　1674〜1718　徳川中期の儒者
端祥斎〈号〉
藤井 貞幹　ふじい・ていかん　1732?〜1797?　考古学者　[出]京都
端楓〈号〉
白尾 斎蔵　しらお・さいぞう　1762〜1821　江戸中期の国学者

【潭】

潭北
常盤 潭北　ときわ・たんぼく　〜1744　徳川中期の俳人、教育者　[出]下野国那須

【澹】

澹如
菊池 教中　きくち・きょうちゅう　1828〜1862　江戸時代末期の江戸の豪商　[出]宇都宮
澹所〈号〉
平井 澹所　ひらい・たんしょ　1762〜1820　徳川中期の儒者　[出]伊勢の菰野
澹泊
安積 澹泊　あさか・たんぱく　1655〜1737　徳川中期の水戸藩儒　[出]水戸
澹斎
長沼 宗敬　ながぬま・むねよし　1635〜1690　江戸時代前期の兵法家

だん（団、男、段、断、弾）

瀧淵〈別号〉
　太田 晴斎　おおた・せいさい　1834～1897　幕末明治の儒者
瀧園〈号〉
　秋元 瀧園　あきもと・たんえん　江戸時代中期の儒者

【団】

団十郎（1代）
　市川 団十郎（1代）　いちかわ・だんじゅうろう　1660～1704　歌舞伎俳優、元禄期の江戸劇壇を代表する立役の名優、市川の系祖、荒事の創始者　㊀江戸
団十郎（2代）
　市川 団十郎（2代）　いちかわ・だんじゅうろう　1688～1757　歌舞伎俳優、享保―宝暦時代の江戸劇壇を代表する立役の名優　㊀江戸
団十郎（4代）
　市川 団十郎（4代）　いちかわ・だんじゅうろう　1711～1778　歌舞伎俳優、宝暦期の実悪の名優　㊀江戸
団十郎（5代）
　市川 団十郎（5代）　いちかわ・だんじゅうろう　1741～1806　歌舞伎俳優、安永―寛政時代の立役の名優　㊀江戸
団十郎（6代）
　市川 団十郎（6代）　いちかわ・だんじゅうろう　1778～1799　歌舞伎俳優、寛政時代の立役の花形　㊀江戸
団十郎（7代）
　市川 団十郎（7代）　いちかわ・だんじゅうろう　1791～1859　歌舞伎俳優、文政・天保時代の江戸劇壇を代表する立役の名優　㊀江戸
団十郎（8代）
　市川 団十郎（8代）　いちかわ・だんじゅうろう　1823～1854　歌舞伎俳優、弘化―嘉永時代の人気役者　㊀江戸
団友〈号〉
　岩田 涼菟　いわた・りょうと　1661～1717　徳川中期の俳人　㊀伊勢山田
団友斎〈号〉
　岩田 涼菟　いわた・りょうと　1661～1717　徳川中期の俳人　㊀伊勢山田
団水
　北条 団水　ほうじょう・だんすい　1613～1711　徳川中期の俳人にして浮世草紙の作者　㊀大阪
団右衛門
　塙 団右衛門　ばん・だんえもん　～1615　安土桃山時代の武将　㊀遠江横須賀
団右衛門
　福田 団右衛門　ふくだ・だんえもん　元禄期の京阪に於る歌舞伎俳優
〔豊田〕団右衛門〈別名〉
　福田 団右衛門　ふくだ・だんえもん　元禄期の京阪に於る歌舞伎俳優
団四郎（1代）
　市川 団四郎（1代）　いちかわ・だんしろう　1651～1717　歌舞伎俳優、元禄期の立役
団平（1代）

豊沢 広助（2代）　とよざわ・ひろすけ　江戸時代後期の浄瑠璃三味線方
団兵衛〈通称〉
　原田 能興　はらだ・のうこう　江戸末期頃の和算家、肥前唐津藩水野氏家臣
団柳楼〈別称〉
　柳亭 燕枝（1代）　りゅうてい・えんし　1838～1900　落語家
団粋〈別号〉
　北条 団水　ほうじょう・だんすい　1613～1711　徳川中期の俳人にして浮世草紙の作者　㊀大阪
団蔵（6代）
　市川 団蔵（6代）　いちかわ・だんぞう　1800～1871　歌舞伎俳優、弘化―安政時代の立役の上手　㊀江戸

【男】

男人
　紀 男人　きの・おひと　682～738　奈良時代の官人貴族
男大迹天皇
　継体天皇　けいたいてんのう　?～531　第26代天皇
〔藤間〕男女太郎〈初名〉
　世家間 大助　せやま・だいすけ　天保―嘉永時代の大阪の劇場振附師の名手
男女蔵（2代）
　市川 男女蔵（2代）　いちかわ・おめぞう　歌舞伎俳優、文政・天保時代の立役の達者
男女蔵（3代）
　市川 男女蔵（3代）　いちかわ・おめぞう　歌舞伎俳優、安政・文久時代の立役
男耳
　県犬養 勇耳　あがたのいぬかいの・いさみみ　奈良～平安時代前期の女官

【段】

〔三保木〕段四郎〈別名〉
　榊山 段四郎（1代）　さかきやま・だんしろう　京阪の歌舞伎俳優
段四郎（1代）
　榊山 段四郎（1代）　さかきやま・だんしろう　京阪の歌舞伎俳優
段四郎（1代）
　市川 団四郎（1代）　いちかわ・だんしろう　1651～1717　歌舞伎俳優、元禄期の立役

【断】

断橋〈号〉
　高梨 一具　たかなし・いちぐ　1781～1853　徳川中期の俳人　㊀出羽国村山郡楯岡

【弾】

〔福田〕弾司〈本名〉
　富本 豊前太夫（1代）　とみもと・ぶぜんだゆう　1716～1764　富本節浄瑠璃の家元
弾左衛門
　弾 直樹　だん・なおき　1822～1889　幕末期の関八州長吏頭

〔浅草〕弾左衛門
弾 直樹　だん・なおき　1822〜1889　幕末期の関八州長吏頭
弾正
高坂 虎綱　こうさか・とらつな　1527〜1578　武田家の武臣　[出]甲斐伊沢
弾正〈別称〉
日置 正次　へき・まさつぐ　室町時代の射術家、日置流の祖　[出]大和
弾正
松浦 桂川　まつうら・けいせん　1737〜1792　江戸時代中期の武士、儒者
弾正介〈通称〉
益田 親祥　ますだ・ちかよし　1842〜1886　萩藩永代家老代役　[出]長門国萩
弾正少弼〈別称〉
松永 久秀　まつなが・ひさひで　〜1577　三好長慶の家宰　[出]京都西岡
弾正忠
一万田 鑑相　いちまだ・あきすけ　?〜1553　戦国時代の武将

【暖】

暖太郎〈通称〉
日野 醸泉　ひの・じょうせん　〜1858　幕末の漢学者

【談】

談天門院
談天門院　だんてんもんいん　1268〜1319　後宇多天皇の後宮
談州楼〈別号〉
烏亭 焉馬(1世)　うてい・えんば　1743〜1822　江戸中期の狂歌師、戯作者　[出]江戸
談州楼〈別称〉
柳亭 燕枝(1代)　りゅうてい・えんし　1838〜1900　落語家
談林軒〈号〉
田代 松意　たしろ・しょうい　徳川中期の俳人　[出]大和

【檀】

檀那僧都
覚運　かくうん　〜1007　平安朝時代の僧、天台宗檀那流の祖　[出]京都
檀林皇后
橘 嘉智子　たちばなの・かちこ　786〜850　嵯峨天皇の皇后
檀通
檀通　だんつう　〜1674　浄土宗の僧

【灘】

灘風〈号〉
風光　ふうこう　〜1755　享保時代の俳人　[出]奥州白河城下

【池】

池上阿闍梨
皇慶　こうげい　977〜1049　平安時代中期の僧
池大納言
平 頼盛　たいらの・よりもり　〜1186　平安時代の武将、清盛の異母弟
池守
多治比 池守　たじひの・いけもり　〜730　奈良時代の官僚
〔田治比〕池守
多治比 池守　たじひの・いけもり　〜730　奈良時代の官僚
池臣
宮本 池臣　みやもと・いけおみ　1798〜1878　丹後朝代社祠官、のち出石神社主典兼少講義　[出]丹後与謝郡男山
池香〈号〉
浅野 金之丞　あさの・きんのじょう　1816〜1880　江戸末期の幕臣　[出]江戸

【知】

〔荻野〕知一
荻野検校　おぎのけんぎょう　1731〜1801　江戸時代中期〜後期の平曲家(平家琵琶家)
知久〈名〉
柳亭 種彦(1世)　りゅうてい・たねひこ　1783〜1842　戯作者　[出]江戸
知久羅〈号〉
佐藤 晩得　さとう・ばんとく　〜1792　俳人、佐竹侯の臣　[出]秋田角館
知仁〈御名〉
後奈良天皇　ごならてんのう　1496〜1557　第105代の天皇、後柏原天皇の第2皇子
知木
鈴江 知木　すずえ・ちぼく　1697〜1740　江戸時代中期の俳人
知世
茂木 知世　もてぎ・ともよ　南北朝時代の武将、下野国茂木郡茂木郷の在地領主
知冬
安藤 知冬　あんどう・ともふゆ　1718〜1783　徳川中期の漢学者　[出]讃岐三野郡上勝間
知冬
安藤 知冬　あんどう・ともふゆ　1718〜1783　徳川中期の漢学者　[出]讃岐三野郡上勝間
知石
鈴鹿 知石　すずか・ちせき　1681〜1741　江戸時代前期〜中期の俳人
〔源〕知行
行阿　ぎょうあ　南北朝時代の僧
〔歓因〕知利
高貴　こうき　韓国百済の陶業技術家
知足
下里 知足　しもさと・ちそく　1640〜1704　徳川中期の俳人　[出]尾張鳴海
知足〈初号〉
松平 四山　まつだいら・しざん　〜1854　徳川中期の俳人、出雲母里藩主
知足坊〈号〉
清水 一瓢　しみず・いっぴょう　1770〜1840　徳川中期の俳人

知足軒〈別号〉
玉畹 梵芳　ぎょくえん・ぼんぽう　建仁・南禅寺主
知足軒
今井 弘済　いまい・こうさい　1652〜1689　徳川中期の国学者にして医家　[出]水戸
知足斎
下里 知足　しもさと・ちそく　1640〜1704　徳川中期の俳人　[出]尾張鳴海
知足斎
樋口 知足斎　ひぐち・ちそくさい　1750〜1826　徳川中期の漢学者、名古屋藩士
知周
粟田 知周　あわた・ともちか　熱田の神官にして歌人、宝暦天明頃の人
知周
浦野 知周　うらの・ともちか　1744〜1823　徳川中期の伊勢崎藩大目付
知周
高橋 知周　たかはし・ともちか　1794〜1852　徳川中末期の伊勢津藩士　[出]伊賀
〔鈴木〕知昌
石井 恕信　いしい・じょしん　1703〜?　江戸時代中期の囲碁棋士
知明〈名〉
桐雨　とうう　〜1782　天明期の俳人　[出]伊賀上野
知乗尼
森 知乗　もり・ちじょう　1787〜1847　江戸時代後期の尼僧、歌人
知信
富田 信高　とみた・のぶたか　?〜1633　織豊〜江戸時代前期の武将
知宣
尾藤 知定　びとう・ともさだ　?〜1590　織豊時代の武将
知度〈名〉
渡辺 沢山　わたなべ・たくざん　1825〜1909　幕末の算数家　[出]下総匝瑳郡共興村登戸
知政〈初名〉
茂木 知世　もてぎ・ともよ　南北朝時代の武将、下野国茂木郡茂木郷の在地領主
知栄〈名〉
宝生 九郎（16世）　ほうしょう・くろう　1837〜1917　能の宝生流シテ方宗家　[出]江戸神田
知退
東 知退　ひがし・ちたい　1641〜1713　徳川中期の国学者　[出]京都
知家
六条 知家　ろくじょう・ともいえ　1182〜　鎌倉時代の歌人
〔小田〕知家
八田 知家　はった・ともいえ　平安後期〜鎌倉時代の武将
〔藤原〕知家
六条 知家　ろくじょう・ともいえ　1182〜　鎌倉時代の歌人
知紘〈本名〉
沢辺 北冥　さわべ・ほくめい　1764〜1852　徳川末期の儒者　[出]丹後宮津
知商
今村 知商　いまむら・ちしょう　江戸初期の算家　[出]河内
知康
平 知康　たいらの・ともやす　平安鎌倉時代の廷臣
知斎〈号〉
福王家（1世）　ふくおうけ　1521〜1606　能楽脇方　[出]播磨
知焉〈号〉
牡年　ぼねん　〜1727　俳人、芭蕉一門、去来・魯町の弟
知随
浜野 鏞随　はまの・のぶゆき　1756〜1793　江戸時代中期〜後期の装剣金工
知雄〈名〉
早川 丈石　はやかわ・じょうせき　1695〜1779　徳川中期の俳人　[出]京都
知新庵〈号〉
近藤 右膳　こんどう・ゆうぜん　茶人　[出]江戸
知義〈名〉
田中 千梅　たなか・せんばい　1686〜1769　俳人　[出]近江栗太郡辻村
知静〈号〉
立 嘉度　たち・よしのり　1845〜1879　通詞、官吏、横須賀製鉄所などで通訳として活躍
知諸堂（2世）〈号〉
高井 立志（2世）　たかい・りつし　1658〜1705　徳川中期の俳人

【恥】

恥軒
貝原 好古　かいばら・よしふる　1664〜1700　江戸時代前期の儒者

【耻】

耻斎〈号〉
安東 省庵　あんどう・せいあん　1622〜1701　徳川初期の柳川藩儒　[出]筑後

【致】

致一〈諱〉
樋口 謙之允　ひぐち・けんのじょう　1825〜1866　対馬府中藩士
致曲庵〈号〉
笠家 逸志　かさや・いっし　1675〜1747　徳川中期の俳人
致美〈名〉
伊舟城 源一郎　いばらぎ・げんいちろう　1830〜1864　幕末の志士　[出]姫路
致貞
秦 致貞　はた・ちてい　藤原時代の画家
致貞〈名〉
川谷 致真　かわたに・ちしん　1704〜1768　徳川中期の暦算家、土佐藩士　[出]土佐
致真
秦 致貞　はた・ちてい　藤原時代の画家
致真
川谷 致真　かわたに・ちしん　1704〜1768　徳川中期の暦算家、土佐藩士　[出]土佐

致真
　川谷 薊山　かわたに・けいざん　1706〜1769　江戸時代中期の暦算家
致堂
　横山 政孝　よこやま・まさたか　1789〜1836　江戸時代後期の武士
致遠〈名〉
　原 在中　はら・ざいちゅう　1750〜1837　画家　㊌京都
致遠斎〈号〉
　杉山 忠亮　すぎやま・ただあき　1801〜1845　幕末の漢学者　㊌水戸
致鶴
　関屋 致鶴　せきや・ちかく　儒者

【智】

智子内親王
　後桜町天皇　ごさくらまちてんのう　1740〜1813　第117代天皇
智仁親王
　八条宮 智仁親王　はちじょうのみや・としひとしんのう　八条宮家の祖、正親町天皇の孫
智月
　河合 智月　かわい・ちげつ　徳川中期の俳人　㊌近江大津
〔川井〕智月
　河合 智月　かわい・ちげつ　徳川中期の俳人　㊌近江大津
智月尼
　河合 智月　かわい・ちげつ　徳川中期の俳人　㊌近江大津
智弁
　余慶　よけい　919〜991　寺門山門諍闘で有名な僧　㊌筑前早良
智努
　文室 浄三　ふんやの・きよみ　693〜770　奈良時代の公卿
智侃
　直翁 智侃　じきおう・ちかん　1245〜1322　鎌倉時代の僧
智忠親王
　八条宮 智忠親王　はちじょうのみや・としただしんのう　八条宮家2代
智明〈初名〉
　斎藤 彦麿　さいとう・ひこまろ　1768〜1854　徳川中期の国学者　㊌三河国矢作
智幽
　智幽　ちゆう　1666〜1752　江戸前期の天台律僧
〔吉田〕智首
　吉 智首　きちの・ちしゅ　奈良時代の官吏
智真
　一遍　いっぺん　1239〜1289　時宗の開祖　㊌伊予
智訥
　古剣 智訥　こけん・ちとつ　吉野朝時代の僧、和泉大雄寺（臨済宗）主
智覚普明国師
　春屋 妙葩　しゅんおく・みょうは　1311〜1388　臨済宗相国寺派の祖　㊌甲斐
智証大師

円珍　えんちん　814〜891　天台宗寺門派の開祖　㊌讃岐那珂郡
智瑞〈字〉
　高岡 増隆　たかおか・ぞうりゅう　1823〜1893　幕末・明治期の高野山無量寿院の僧
智演〈別号〉
　澄円　ちょうえん　1283〜1372　南北朝時代の僧　㊌和泉国大鳥郡
智聡
　豊智　ほうち　821〜?　平安時代前期の僧
智蘊
　蜷川 智蘊　にながわ・ちうん　〜1447　室町時代の連歌師
智鏡
　智鏡　ちきょう　鎌倉時代の戒律僧
智闇
　提室 智闇　ていしつ・ちせん　1461〜1536　室町〜戦国時代の僧

【遅】

遅日亭〈号〉
　自在庵 祇徳　じざいあん・ぎとく　1702〜1754　徳川中期江戸の札差、俳人
遅春
　井上 遅春　いのうえ・ちしゅん　〜1821　徳川中期の俳人　㊌摂州池田
遅斎〈号〉
　福王家(1世)　ふくおうけ　1521〜1606　能楽脇方　㊌播磨

【痴】

痴〈号〉
　慧澄　えちょう　1780〜1862　安楽律の再興者にして天台学を興隆せしめた徳川時代後期の高僧　㊌近江滋賀郡仰木村
痴空
　慧澄　えちょう　1780〜1862　安楽律の再興者にして天台学を興隆せしめた徳川時代後期の高僧　㊌近江滋賀郡仰木村
痴斎〈号〉
　谷 文一　たに・ぶんいち　1787〜1818　徳川中期の画家　㊌江戸

【稚】

稚川
　井上 稚川　いのうえ・ちせん　徳川中期の医家
稚日本根子彦大日日尊〈御名〉
　開化天皇　かいかてんのう　第9代の天皇
稚足姫皇女
　稚足姫皇女　わかたらしのひめみこ　雄略天皇の皇女
稚桜舎
　広瀬 厳雄　ひろせ・いずお　1815〜1874　国学者　㊌出羽鶴岡肴町
稚野毛二派皇子
　若野毛二俣王　わかぬけふたまたのおう　応神天皇の皇子とされる人物

【雉】

雉山人〈号〉
足羽 敬明　あすわ・もりあき　1672～1759　徳川中期の国学者、神道家　[出]越前福井
雉啄
遠藤 雉啄　えんどう・ちたく　1759～1844　徳川中期の俳人　[出]安房

【竹】

竹二〈幼名〉
渡辺 雲照　わたなべ・うんしょう　1827～1909　真言宗の僧　[出]出雲国神門郡東園村
竹人
川口 竹人　かわぐち・ちくじん　徳川中期の俳人　[出]伊賀
〔亀谷〕竹八〈前名〉
谷村 楯八（1代）　たにむら・たてはち　大阪の歌舞伎俳優、谷村系祖
〔山中〕竹十郎
水木 竹十郎　みずき・たけじゅうろう　1674～1721　江戸時代前期～中期の歌舞伎役者
竹三郎〈前名〉
坂東 彦三郎（5代）　ばんどう・ひこさぶろう　1832～1877　江戸の歌舞伎俳優　[出]江戸
〔市村〕竹三郎〈初名〉
坂東 彦三郎（4代）　ばんどう・ひこさぶろう　1800～1873　江戸の歌舞伎俳優　[出]江戸
竹丸〈幼名〉
安国寺 恵瓊　あんこくじ・えけい　～1600　安芸安国寺の僧、武田氏の遺孤
竹山〈号〉
疋田 棟隆　ひきた・むねたか　1807～1884　幕末明治の国学者　[出]京都
竹之丞
市村 羽左衛門（座元3代・名義1代）　いちむら・うざえもん　1628～1686　承応・寛文時代の歌舞伎座元、市村座名及び宇左衛門の元祖　[出]上州下津間
竹之丞（2代）
市村 竹之丞（2代）　いちむら・たけのじょう　1654～1718　寛文・延宝時代の歌舞伎座元、延宝期の立役の名優
竹之丞（3代）
市村 竹之丞（3代）　いちむら・たけのじょう　1680～1686　貞享時代の歌舞伎座元　[出]江戸
竹之丞（4代）
市村 羽左衛門（座元8代・名義3代）　いちむら・うざえもん　1698～1762　元禄―宝暦時代の歌舞伎座元、宝暦期の立役の名優　[出]江戸
竹之丞（5代）
市村 羽左衛門（座元12代・名義7代）　いちむら・うざえもん　1812～1851　文政―嘉永時代の歌舞伎座元、天保・弘化時代の立役の上手　[出]江戸
竹之進〈通称〉
益田 親祥　ますだ・ちかよし　1842～1886　萩藩永代家老代役　[出]長門国萩
〔藪内〕竹心
藪内 紹智（藪内流5世）　やぶのうち・じょうち　1678～1745　茶匠　[出]京都
竹犬子〈別号〉
伊藤 信徳　いとう・しんとく　1633～1698　徳川中期の俳人　[出]京都
竹外
藤井 竹外　ふじい・ちくがい　1807～1866　徳川末期の詩儒　[出]摂津
竹田
田能村 竹田　たのむら・ちくでん　1777～1835　徳川中期の文人画家　[出]豊後直入郡竹田村
竹石居〈別号〉
喜田 華堂　きだ・かどう　1812～1879　幕末明治の画家　[出]美濃今須
竹光〈号〉
溝口 素丸　みぞぐち・そがん　1713～1795　徳川中期の俳人　[出]江戸
竹有〈初号〉
竹内 塊翁　たけうち・かいおう　1764～1829　徳川中期の俳人　[出]尾州知多郡草木村
竹次郎〈幼名〉
川田 甕江　かわだ・おうこう　1830～1896　漢文学者　[出]備中浅口郡阿賀崎村
〔林〕竹次郎
楢崎 頼三　ならざき・らいぞう　1845～1875　幕末の萩藩士　[出]長門国萩土原梨木町
竹杖為軽〈狂歌名〉
森羅 万象（2世）　しんら・ばんしょう　1754～1808　江戸時代の戯作者
竹花幽窓主人〈別号〉
田能村 竹田　たのむら・ちくでん　1777～1835　徳川中期の文人画家　[出]豊後直入郡竹田村
竹邨方外史〈号〉
平野 五岳　ひらの・ごがく　1809～1893　詩画僧　[出]豊後日田
竹里
加藤 景範　かとう・かげのり　1720～1796　徳川中期の歌人　[出]大阪
竹里〈号〉
吉田 賢輔　よしだ・けんすけ　1838～1893　幕末明治の学者　[出]江戸
竹里
松田 竹里　まつだ・ちくり　徳川中期の医家
竹枝〈号〉
樋口 謙之允　ひぐち・けんのじょう　1825～1866　対馬府中藩士
竹松〈初名〉
岩井 半四郎（3代）　いわい・はんしろう　1698～1759　歌舞伎俳優、立役の上手
竹松〈初名〉
桜山 四郎三郎（2代）　さくらやま・しろさぶろう　京阪の歌舞伎俳優
竹林
石堂 竹林　いしどう・ちくりん　戦国・徳川初期の射術家、吉田流竹林派の祖
竹林
独雄　どくゆう　1760～1800　江戸時代中期～後期の僧
竹林長者〈号〉
遠藤 曰人　えんどう・えつじん　1758～1836　徳川中期の俳人　[出]仙台
竹林斎〈号〉
木瀬 三之　きせ・さんし　1606～1695　徳川初期の歌学者　[出]京都山科

竹阿
二六庵 竹阿　にろくあん・ちくあ　～1790　徳川中期の俳人　[出]江戸
竹雨〈初号〉
早野 巴人　はやの・はじん　1677～1742　徳川中期の俳人　[出]下野国烏山
竹亭〈号〉
東久世 通禧　ひがしくぜ・みちとみ　1833～1912　所謂七卿の1人、伯爵　[出]京都丸太町
竹亭
溝口 竹亭　みぞぐち・ちくてい　1658～1692　江戸時代前期の俳人
竹洞
人見 竹洞　ひとみ・ちくどう　1628～1696　徳川中期の儒者
竹洞
中林 竹洞　なかばやし・ちくどう　1776～1853　徳川中期の画家　[出]尾張
竹原
古屋 竹原　ふるや・ちくげん　1788～1861　幕末の画家　[出]高知
竹叟〈号〉
中西 耕石　なかにし・こうせき　1807～1884　幕末明治の南画家　[出]筑前芦屋
竹庭〈別号〉
馬場 錦江　ばば・きんこう　1801～1860　徳川中期の俳人、和算家　[出]江戸四谷
竹烟
坂上 竹烟　さかがみ・ちくえん　1795～1862　江戸時代後期の俳人
竹翁〈晩名〉
宇治 加賀掾　うじ・かがのじょう　1635～1711　延宝―宝永時代の京都の浄瑠璃太夫、嘉太夫節の流祖　[出]紀州和歌山の宇治
竹翁
竹芝 浦人　たけしばの・うらびと　狂歌師
竹翁〈号〉
津軽 信寿　つがる・のぶひさ　1669～1746　徳川中期の諸侯にして俳人　[出]江戸
竹翁
西村 良安　にしむら・よしやす　江戸時代前期の俳人、国学者
竹軒
若松 竹軒　わかまつ・ちくけん　1831～1908　幕末明治の漢学者、上州沼田藩の世臣
竹軒〈号〉
酒泉 竹軒　さかいずみ・ちくけん　1654～1718　徳川中期の史家　[出]筑前福岡
竹馬童子〈号〉
岡西 惟中　おかにし・いちゅう　1639～1711　徳川中期の俳人　[出]因州鳥取
竹堂
岸 竹堂　きし・ちくどう　1826～1897　徳川末期・明治時代の画家
竹堂
玉井 竹堂　たまい・ちくどう　1815～1897　幕末明治の儒者、教育家　[出]淡路州本
竹堂〈号〉
斎藤 竹堂　さいとう・ちくどう　1815～1852　江戸時代末期の儒者　[出]陸奥国遠田郡沼辺村
竹崖
石川 竹崖　いしかわ・ちくがい　1793～1843　江戸後期の儒学者　[出]近江国膳所
竹巣〈号〉
江森 月居　えもり・げっきょ　1756～1824　徳川中期の俳人　[出]京都
竹巣〈号〉
中島 秋挙　なかじま・しゅうきょ　1773～1826　徳川中期の俳人　[出]三河刈谷
竹庵〈別号〉
太田 晴斎　おおた・せいさい　1834～1897　幕末明治の儒者
竹庵〈別号〉
里村 昌琢　さとむら・しょうたく　1574～1636　織豊時代の連歌師
竹庵
上林 政重　かんばやし・まさしげ　1550～1600　織豊時代の武将、茶師
竹斎〈号〉
出島 明雅　でじま・あきまさ　1816～1887　幕末・明治時代の国学者　[出]駿河安倍郡豊田村小鹿
竹斎〈号〉
竹川 政胖　たけかわ・まさひろ　1809～1882　幕末の経世家　[出]伊勢飯南郡射和村
竹渓
中林 竹渓　なかばやし・ちくけい　1816～1867　幕末の画家
竹清堂〈号〉
水田 正秀　みずた・まさひで　1657～1723　徳川中期の俳人　[出]近江膳所
竹窓
久保木 竹窓　くぼき・ちくそう　1762～1829　徳川末期の儒者　[出]下総香取郡津宮村
〔福穂〕竹窓〈名〉
藤木 実斎　ふじき・じつさい　1824～1859　幕末の漢学者
竹逸
井上 竹逸　いのうえ・ちくいつ　1814～1886　徳川末―明治中期の画家
竹雫〈号〉
二六庵 竹阿　にろくあん・ちくあ　～1790　徳川中期の俳人　[出]江戸
竹雪山房〈別号〉
宇都宮 竜山　うつのみや・りゅうざん　1803～1886　幕末明治の儒者　[出]伊予新谷善安寺畔
竹壷〈号〉
佐々木 了綱　ささき・りょうこう　1826～1901　幕末明治時代の僧、歌人
竹尊者〈号〉
稲津 祇空　いなつ・ぎくう　1663～1733　徳川中期の俳人　[出]大阪堺
竹尊者〈号〉
慶 紀逸　けい・きいつ　1694～1761　徳川中期の俳人　[出]江戸
竹湾〈号〉
田中 桐江　たなか・とうこう　1668～1742　江戸中期の文人　[出]出羽国庄内
竹窗〈号〉
久保木 竹窓　くぼき・ちくそう　1762～1829　徳川末期の儒者　[出]下総香取郡津宮村
竹葉〈別名〉

奈河 七五三助（2代）　なかわ・しめすけ　京阪の歌舞伎狂言作者
竹葉軒〈別名〉
奈河 七五三助（2代）　なかわ・しめすけ　京阪の歌舞伎狂言作者
竹道
中島 竹道　なかじま・ちくどう　1779～1828　江戸時代後期の武士、俳人
竹遊斎（**1**代）
岸沢 古式部（4代）　きしざわ・こしきぶ　1806～1866　常磐津岸沢派家元　[出]江戸
竹遊斎（**2**代）
岸沢 竹遊斎（2代）　きしざわ・ちくゆうさい　1838～1906　常磐津浄瑠璃の三絃の名家、明治時代の老功　[出]江戸浅草橋場
竹園〈号〉
井上 宗端　いのうえ・そうたん　1785～1861　徳川末期の蘭医
竹園〈別号〉
山本 迂斎　やまもと・うさい　1819～1889　幕末明治時代の漢学者　[出]土佐
竹雅〈名〉
生懸 持吉　きがけ・もちよし　1769～1818　徳川中期江戸の狂歌師　[出]遠江立野
竹隠子〈号〉
自在庵 祇徳　じざいあん・ぎとく　1702～1754　徳川中期江戸の札差、俳人
竹潭
岸田 茂篤　きしだ・しげあつ　1777～1853　江戸時代後期の医師
竹暾〈号〉
人見 伝　ひとみ・でん　1638～1696　儒者　[出]京都
竹隣軒〈号〉
菅沼 游鷗　すがぬま・ゆうおう　～1866　幕府の寄合衆で、のち西丸側衆
竹籟山人〈別号〉
天方 暦山　あまかた・れきざん　徳川末文久頃の儒者　[出]江戸

【逐】

逐里〈号〉
風光　ふうこう　～1755　享保時代の俳人　[出]奥州白河城下
逐毳〈号〉
斎藤 宜義　さいとう・ぎぎ　1816～1889　幕末・明治時代の算家　[出]江戸

【筑】

筑山
疋田 棟隆　ひきた・むねたか　1807～1884　幕末明治の国学者　[出]京都
〔土岐〕筑波子
進藤 茂子　しんどう・しげこ　徳川中期の女流歌人　[出]江戸
筑波庵〈号〉
翠兄　すいけい　～1813　化政期の俳人　[出]常陸竜ヶ崎
筑波庵（**1**世）
筑波庵（1世）　つくばあん　～1832　狂歌師
筑波庵（**2**世）
筑波庵（2世）　つくばあん　1824～1886　狂歌師
筑前入道〈号〉
蓮禅　れんぜん　平安末期の文人貴族、漢詩人
筑前中納言
小早川 秀秋　こばやかわ・ひであき　1577～1602　安土・桃山時代の大名　[出]近江国長浜
筑前少掾
豊竹 筑前少掾　とよたけ・ちくぜんのしょうじょう　1700～1768　義太夫節の名手
筑前守〈別称〉
赤松 貞範　あかまつ・さだのり　～1374　吉野朝時代の武人
〔羽柴〕筑前守
前田 利家　まえだ・としいえ　1538～1599　加賀藩主前田家の祖、豊臣氏筆頭の臣　[出]尾張愛知郡荒子村
筑後少掾
竹本 義太夫（1代）　たけもと・ぎだゆう　1651～1714　義太夫節の太夫　[出]摂津国東成郡
筑後掾
竹本 義太夫（1代）　たけもと・ぎだゆう　1651～1714　義太夫節の太夫　[出]摂津国東成郡

【築】

築山殿
築山殿　つきやまどの　～1579　徳川家康の前夫人
築村
肥田野 築村　ひだの・ちくそん　1801～1874　幕末明治の儒者　[出]越後北蒲原郡築地村

【茶】

茶々〈名〉
淀殿　よどどの　～1615　秀吉側室、浅井長政の長女
茶々丸
足利 茶々丸　あしかが・ちゃちゃまる　～1491　足利将軍家の一族、堀越公方政知の子
茶全〈号〉
井上 新七　いのうえ・しんしち　京都の蒔絵師
茶臼山人〈別号〉
青青園 蕪坊　せいせいえん・かぶらぼう　1758～1815　江戸中期の医師、狂歌師
茶谷
片岡 仁左衛門（5代）　かたおか・にざえもん　大阪の歌舞伎俳優、狂言作者の功者
茶茶
淀殿　よどどの　～1615　秀吉側室、浅井長政の長女
茶酒隣〈号〉
大場 寥和　おおば・りょうわ　1677～1759　徳川中期の俳人　[出]江戸
茶話仙〈号〉
仙石 廬元坊　せんごく・ろげんぼう　1692～1747　徳川中期の俳人　[出]美濃北方
茶雷

山県 茶雷　やまがた・さらい　?～1772　江戸時代中期の俳人

【中】

中丈〈別号〉
　朝日 一貫斎　あさひ・いっかんさい　1783～1834　江戸末期の儒者
〔日南〕中大刀自
　藤原 耳面刀自　ふじわらの・みみのもとじ　弘文天皇の妃
中大兄皇子
　天智天皇　てんじてんのう　～671　第38代の天皇
中山大納言
　中山 忠能　なかやま・ただやす　1809～1888　幕末・維新期の公卿、功臣、中山家第24世　㊸京都石薬師
中川宮朝彦親王
　朝彦親王　あさひこしんのう　1824～1891　伏見宮邦家親王第4王子、久邇宮第1代、神宮斎主　㊸京都
中太夫〈1代〉
　竹本 中太夫（1代）　たけもと・なかだゆう　1732～1811　義太夫節の太夫　㊸大阪
中止斎〈号〉
　石塚 宗通（2世）　いしずか・そうつう　～1833　江戸後期の茶人
〔小河〕中台
　河原 保寿　かわはら・ほうじゅ　1714～1783　江戸時代中期の書家、画家
中立
　斎藤 中立　さいとう・ちゅうりつ　1743～1804　徳川中期の算家　㊸三州吉田（豊橋）
〔森島〕中良
　森羅 万象（2世）　しんら・ばんしょう　1754～1808　江戸時代の戯作者
中車
　市川 八百蔵（2代）　いちかわ・やおぞう　1734～1777　歌舞伎俳優、明和・安永時代の立役の花形
中和
　喜多 中和　きた・ちゅうわ　江戸時代中期の俳人
中和門院
　中和門院　ちゅうかもんいん　1575～1630　後水尾天皇御生母、近衛前子
中岳〈号〉
　坂部 広胖　さかべ・こうはん　1759～1824　徳川中期の和算家　㊸江戸
中岳堂〈別号〉
　佐脇 嵩雪　さわき・すうせつ　1736～1804　江戸末期の町絵師
中岳斎〈別号〉
　佐脇 嵩雪　さわき・すうせつ　1736～1804　江戸末期の町絵師
中信〈名〉
　狩野 董川　かのう・とうせん　1811～1871　徳川幕府の奥絵師
中南〈号〉
　平賀 晋民　ひらが・しんみん　1721～1792　徳川中期の儒者　㊸安芸豊田郡忠海
中洲
　三島 中洲　みしま・ちゅうしゅう　1830～1919　漢学者　㊸備中（岡山県）
〔三嶋〕中洲
　三島 中洲　みしま・ちゅうしゅう　1830～1919　漢学者　㊸備中（岡山県）
中津
　絶海 中津　ぜっかい・ちゅうしん　1336～1405　吉野朝時代義堂と共に五山文学者の双壁たりし僧　㊸土佐津野
中皇命
　間人皇后　はしひとのこうごう　～665　舒明天皇の皇女
中郎〈字〉
　藤原 鎌足　ふじわらの・かまたり　614～669　上代の政治家、大織冠内大臣　㊸大和国高市郡
中時楼〈号〉
　岡本 真古　おかもと・まふる　1780～1856　江戸後期の郷土史家
中書王
　具平親王　ともひらしんのう　964～1009　村上天皇の皇子
中書王
　兼明親王　かねあきらしんのう　914～987　醍醐天皇の皇子
中務〈通称〉
　佐竹 義祐　さたけ・よしとし　1819～1858　徳川中期の秋田の画家
中務内侍
　伏見院 中務内侍　ふしみいんの・なかつかさないし　鎌倉後期の日記作者、歌人
中務丞〈号〉
　桜井 基佐　さくらい・もとすけ　室町時代の連歌師
中務典侍
　藤原 高子　ふじわらの・こうし　平安時代中期の女官
中務卿法印
　有馬 則頼　ありま・のりより　1519～1602　摂津三田藩主　㊸摂津有馬
中斎〈号〉
　大塩 平八郎　おおしお・へいはちろう　1792～1837　天保乱の張本人　㊸大坂
中清
　雛田 中清　ひなた・なかきよ　1819～1886　幕末の志士
中陵
　佐藤 中陵　さとう・ちゅうりょう　1762～1848　徳川中末期の本草学者　㊸江戸青山
中蒂姫
　中蒂姫　なかしひめ　安康天皇の皇后
中園准后
　藤原 経子　ふじわらの・けいし　?～1324　後伏見天皇の母
中資王
　中資王　なかすけおう　1157～1222　鎌倉時代初期の神祇伯
中蔵〈通称〉
　伊良子 大洲　いらこ・たいしゅう　1763～1829　徳川中期の漢学者　㊸鳥取
中養父
　大菅 中養父　おおすが・なかやぶ　1709～1778　徳川中期の国学者、彦根藩士

ちゅう（仲）

中諦
　観中 中諦　かんちゅう・ちゅうたい　1342～1406　南北朝～室町時代の僧
中磯姫
　中蒂姫　なかしひめ　安康天皇の皇后
中籔〈別称〉
　大菅 中養父　おおすが・なかやぶ　1709～1778　徳川中期の国学者、彦根藩士

【仲】

仲
　酒井 仲　さかい・ちゅう　～1830　徳川中期の奇行家、実は上野伊勢崎藩主酒井駿河守忠温の第3子
仲子
　松室 仲子　まつむろ・なかこ　1707～1751　霊元天皇の後宮
〔藤原〕仲子
　崇賢門院　しゅけんもんいん　1335～1427　後光厳天皇の典侍、後円融天皇の御母
仲山
　草場 允文　くさば・いんぶん　1715～1753　江戸時代中期の書家
仲之〈別称〉
　下間 少進　しもつま・しょうしん　1551～1616　本願寺坊官で素人能役者
〔木村〕仲之丞
　村山 松根　むらやま・まつね　1822～1882　歌人 ㊦薩摩鹿児島
仲太夫
　大和路 仲太夫　やまとじ・なかだゆう　享保―寛保時代の豊後節浄瑠璃の太夫、大和路節（又は仲太夫節）の流祖
〔宮古路〕仲太夫
　大和路 仲太夫　やまとじ・なかだゆう　享保―寛保時代の豊後節浄瑠璃の太夫、大和路節（又は仲太夫節）の流祖
仲文〈通称〉
　坂 秋斎　さか・しゅうさい　～1785　徳川中期、京都の国学者
〔堀〕仲左衛門
　伊地知 貞馨　いじち・さだか　1826～1887　幕末の志士 ㊦鹿児島
〔勘解由小路〕仲光
　広橋 仲光　ひろはし・なかみつ　1342～1406　南北朝～室町時代の公卿
〔星山〕仲次
　金海　きんかい　1570～1622　薩摩焼の基礎をきずいた朝鮮出身の陶工
仲次〈2代〉
　星山 仲次〈2代〉　ほしやま・ちゅうじ　江戸前期の薩摩焼の陶工
仲次〈3代〉
　星山 仲次〈3代〉　ほしやま・ちゅうじ　江戸中期の薩摩焼の陶工
仲行〈字〉
　足代 立渓　あじろ・りっけい　1703～1761　徳川中期の漢学者
仲助〈3代〉〈前名〉

岸沢 竹遊斎〈2代〉　きしざわ・ちくゆうさい　1838～1906　常磐津浄瑠璃の三絃の名家、明治時代の老功 ㊦江戸浅草橘場
仲孝〈本名〉
　下間 少進　しもつま・しょうしん　1551～1616　本願寺坊官で素人能役者
仲寿
　三野 藻海　みの・そうかい　1760～1795　江戸時代後期の儒者
仲実〈号〉
　岡田 季誠　おかだ・きせい　徳川中期の陽明学者
仲明〈字〉
　多紀 藍渓　たき・らんけい　1732～1801　医家
仲枝
　宮地 水渓　みやじ・すいけい　1768～1841　江戸時代後期の儒者、国学者
仲直〈字〉
　住友 友善　すみとも・ともよし　1810～1871　大阪の富商、歌人
仲珊
　瑚海 仲珊　こかい・ちゅうさん　1390～1469　室町時代の僧
仲敏
　上田 仲敏　うえだ・なかとし　1809～1863　幕末の砲術家にして蘭学者、名古屋藩士
仲宣〈字〉
　井上 四明　いのうえ・しめい　1730～1819　江戸中期の儒者 ㊦江戸
仲基
　富永 仲基　とみなが・なかもと　1715～1746　徳川中期の独創的思想家 ㊦大阪
仲康〈別称〉
　下間 少進　しもつま・しょうしん　1551～1616　本願寺坊官で素人能役者
仲貫
　節菴 仲貫　ふしわらの・なかぬき　安永天明頃の狂歌師
仲麻呂
　阿倍 仲麻呂　あべの・なかまろ　698～770　奈良時代の文人、遣唐留学生 ㊦大和
仲麻呂
　藤原 仲麻呂　ふじわらの・なかまろ　706?～764　奈良時代の政治家
〔安倍〕仲麻呂
　阿倍 仲麻呂　あべの・なかまろ　698～770　奈良時代の文人、遣唐留学生 ㊦大和
仲善
　高橋 仲善　たかはし・ちゅうぜん　1799～1854　徳川中末期の和算家 ㊦羽州山形
仲弼〈別称〉
　平元 梅隣　ひらもと・ばいりん　1660～1743　徳川中期の儒医、俳人 ㊦秋田
仲順〈字〉
　中谷 梧庵　なかや・ごあん　1769～1841　徳川中期の俳人 ㊦淡路
〔白川〕仲資
　中資王　なかすけおう　1157～1222　鎌倉時代初期の神祇伯
仲資王
　中資王　なかすけおう　1157～1222　鎌倉時代初期の神祇伯

ちゅう（冲, 虫, 沖, 忠）

仲寧〈字〉
　原 市之進　はら・いちのしん　1830～1867　幕末の水戸藩士、将軍徳川慶喜の謀臣　㊨常陸国
仲輔
　椿 仲輔　つばき・なかすけ　1803～1846　徳川末期の国学者　㊨下総香取郡猿山村
仲縁
　藤原 仲統　ふじわらの・なかむね　818～875　平安時代前期の公卿
仲蔵〈前名〉
　姉川 新四郎（4代）　あねかわ・しんしろう　1809～1853　大阪の歌舞伎俳優、弘化・嘉永時代の実悪の達者
〔亀谷〕仲蔵〈初名〉
　藤川 武左衛門（2代）　ふじかわ・ぶざえもん　京阪の歌舞伎俳優
〔浅尾〕仲蔵〈前名〉
　姉川 新四郎（4代）　あねかわ・しんしろう　1809～1853　大阪の歌舞伎俳優、弘化・嘉永時代の実悪の達者
〔浅尾〕仲蔵〈前名〉
　藤川 武左衛門（2代）　ふじかわ・ぶざえもん　京阪の歌舞伎俳優
仲蔵（上方系4代）
　中村 歌七（4代）　なかむら・かしち　1817～1881　大阪の歌舞伎俳優
仲蔵（1代）
　中村 仲蔵（1代）　なかむら・なかぞう　1736～1790　江戸の歌舞伎俳優　㊨江戸深川小松町
仲蔵（3代）
　中村 仲蔵（3代）　なかむら・なかぞう　1809～1886　江戸の歌舞伎俳優　㊨江戸
仲澹痴綸〈号〉
　中林 竹洞　なかばやし・ちくどう　1776～1853　徳川中期の画家　㊨尾張
仲衛〈号〉
　大国 隆正　おおくに・たかまさ　1792～1871　幕末明治初期の国学者　㊨江戸桜田
仲聴
　長利 仲聴　おさり・なかあきら　1830～1903　明治時代の国学者、弘前藩士　㊨弘前市禰宜町

【冲】

冲巣〈号〉
　岡田 米仲　おかだ・べいちゅう　～1766　徳川中期の俳人　㊨江戸
冲澄
　文清舎 冲澄　ぶんせいしゃ・おきずみ　狂歌師

【虫】

虫夫
　吉本 虫雄　よしもと・むしお　1715～1805　国学者
虫麻呂
　矢集 虫麻呂　やずめの・むしまろ　奈良朝初期の法制学者
〔箭集〕虫麻呂
　矢集 虫麻呂　やずめの・むしまろ　奈良朝初期の法制学者
虫雄
　吉本 虫雄　よしもと・むしお　1715～1805　国学者

【沖】

沖所〈号〉
　坂上 忠介　さかがみ・ただすけ　1818～1890　幕末明治時代の漢学者　㊨長門国萩
沖巣〈号〉
　岡田 米仲　おかだ・べいちゅう　～1766　徳川中期の俳人　㊨江戸
沖雲〈字〉
　今枝 夢梅　いまえだ・むばい　1803～1852　徳川末期の京都の医家
沖嘿〈字〉
　井上 雪溪　いのうえ・せっけい　1684～1739　徳川中期の熊本藩の儒者　㊨肥州野田村

【忠】

忠〈名〉
　林 羅山　はやし・らざん　1583～1657　徳川初期の幕府儒官　㊨京都
忠七〈名〉
　青山 金貞　あおやま・かねさだ　1783～1855　徳川末期秋田の画家
忠七郎〈通称〉
　菅沼 忠政　すがぬま・ただまさ　1580～1614　飛騨守
忠三郎
　寺島 忠三郎　てらじま・ちゅうざぶろう　1843～1864　萩藩無給通士　㊨周防国熊毛郡原村
忠久〈名〉
　天野 伝七郎　あまの・でんしちろう　江戸時代の剣客、真陰流の祖
〔惟宗〕忠久
　島津 忠久　しまづ・ただひさ　?～1227　鎌倉時代の武将
〔小野〕忠也
　伊藤 忠也　いとう・ただなり　1602～1649　江戸時代前期の剣術家
〔藤原〕忠子
　談天門院　だんてんもんいん　1268～1319　後宇多天皇の後宮
忠之丞〈通称〉
　藤井 高尚　ふじい・たかなお　1764～1840　徳川中期末の国学者　㊨備中国賀湯郡宮内
忠五郎
　和田 蘭石　わだ・らんせき　1769～1837　徳川中期の儒者　㊨備前岡山
忠五郎（1代）
　松永 和風（1代）　まつなが・わふう　?～1808　江戸時代中期～後期の長唄方
〔宮崎〕忠五郎（3代）
　名見崎 徳治（3代）　なみざき・とくじ　1787～1841　富本節浄瑠璃三絃の名家
忠五郎（7代）
　松永 和風（3代）　まつなが・わふう　1837～1916　江戸長唄の唄方
忠介
　坂上 忠介　さかがみ・ただすけ　1818～1890　幕末明治時代の漢学者　㊨長門国萩

号・別名辞典　古代・中世・近世　367

忠方〈名〉
坂 新兵衛（高麗左衛門家筋4代） さか・しんべえ 1683〜1748 萩焼の陶工
忠右衛門〈通称〉
桐雨 とうう 〜1782 天明期の俳人 [出]伊賀上野
忠右衛門
甲州屋 忠右衛門 こうしゅうや・ちゅうえもん 1810〜1891 村名主、郡中総代、商人 [出]甲斐国八代郡東油川村
忠右衛門
楽 道楽 らく・どうらく 江戸時代前期の陶工
〔篠原〕忠右衛門
甲州屋 忠右衛門 こうしゅうや・ちゅうえもん 1810〜1891 村名主、郡中総代、商人 [出]甲斐国八代郡東油川村
忠央
山崎 子列 やまざき・しれつ 1660〜1734 江戸時代前期〜中期の儒者
忠左衛門〈名〉
春田 家次 はるた・いえつぐ 〜1628 金工
忠左衛門
松尾 芭蕉 まつお・ばしょう 1644〜1694 徳川初期の俳人名宗房、桃青、或は芭蕉庵桃青と号し、別に伯船堂、釣月軒など号した [出]伊賀国上野
忠左衛門〈通称〉
神野 忠知 かんの・ただとも 1625〜1676 徳川初期の俳人 [出]江戸
忠左衛門〈通称〉
早田 宗家 はやた・むねいえ 〜1636 徳川初期の金工
忠左衛門
番 忠左衛門 ばん・ちゅうざえもん 1628〜1658 徳川初期の対馬府中藩士
忠左衛門〈通称〉
平山 梅人 ひらやま・ばいじん 1744〜1801 徳川中期の俳人
忠左衛門〈通称〉
林 良本 はやし・よしもと 1794〜1869 国学者
忠左衛門
楢崎 正員 ならさき・まさかず 1620〜1696 江戸時代前期の儒者
忠左衛門朝定
大梶 七兵衛（2代） おおかじ・しちべえ 徳川時代の治水家
忠左衛門朝則
大梶 七兵衛（3代） おおかじ・しちべえ 徳川時代の治水家
忠平
沢阜 忠平 さわふ・ちゅうへい 木彫師 [出]摂津尼ケ崎
〔近江大掾〕忠広
肥前 忠吉（2代） ひぜん・ただよし 1614〜1693 江戸時代前期の刀工
〔奥平〕忠弘
松平 忠弘 まつだいら・ただひろ 1631〜1700 江戸時代前期の大名
忠正
結城 忠正 ゆうき・ただまさ キリシタン
忠民
本多 忠民 ほんだ・ただもと 1817〜1883 岡崎藩主、老中
忠永〈名〉
本多 清秋 ほんだ・せいしゅう 1724〜1817 徳川中期の俳人、伊勢神戸藩主
忠光
中山 忠光 なかやま・ただみつ 1845〜1864 維新時代の勤王家 [出]京都
忠光
藤原 忠光 ふじわらの・ただみつ 〜1192 鎌倉時代の武将、平氏の家臣
忠吉〈通称〉
斎藤 尚善 さいとう・しょうぜん 1826〜1862 徳川末期の数学者 [出]羽州山形
〔武蔵大掾〕忠吉
肥前 忠吉（1代） ひぜん・ただよし 1572〜1632 肥前の刀工 [出]肥前
〔陸奥守〕忠吉
肥前 忠吉（3代） ひぜん・ただよし 1637〜1686 江戸時代前期の刀工
忠吉（1代）
肥前 忠吉（1代） ひぜん・ただよし 1572〜1632 肥前の刀工 [出]肥前
忠因〈名〉
酒井 抱一 さかい・ほういつ 1761〜1828 徳川末期の画家にして俳人 [出]神田小川町
忠当
本多 忠周 ほんだ・ただちか 1641〜1712 江戸時代前期の大名
忠成〈諱〉
原 市之進 はら・いちのしん 1830〜1867 幕末の水戸藩士、将軍徳川慶喜の謀臣 [出]常陸国
忠次
国定 忠次 くにさだ・ちゅうじ 1810〜1850 徳川末期の侠客 [出]上野佐波郡国定村
忠次
榊原 忠次 さかきばら・ただつぐ 1732〜1792 姫路藩主、儒者
〔松平〕忠次
榊原 忠次 さかきばら・ただつぐ 1732〜1792 姫路藩主、儒者
忠次郎〈幼名〉
柳生 兵庫助 やぎゅう・ひょうごのすけ 1579〜1650 江戸初期の剣術家、尾張柳生の祖
忠次郎
鬼頭 忠純 きとう・ただすみ 1821〜1863 幕末の武士
〔長岡〕忠次郎〈本名〉
国定 忠次 くにさだ・ちゅうじ 1810〜1850 徳川末期の侠客 [出]上野佐波郡国定村
忠行〈名〉
大久保 藤五郎 おおくぼ・とうごろう 〜1617 宇津左衛門五郎忠茂の五男、三河大久保党三六騎の1人
忠兵衛〈通称〉
以哉坊 いさいぼう 1715〜1774 天明期の俳人 [出]美濃の黒野
忠兵衛
谷 忠澄 たに・ただずみ 1534〜1600 戦国〜織豊時代の武将
忠兵衛（1代）

ちゅう (忠)

上野 喜蔵　あがの・きぞう　安土桃山時代の上野焼及び八代焼の開祖、朝鮮の渡来人
忠助〈通称〉
原田 復初　はらだ・ふくしょ　1767〜1825　徳川中期の儒者　㊺肥前佐賀
忠告〈名〉
桜井 亀文　さくらい・きぶん　1742〜1805　徳川中期の諸侯にして俳人
忠告〈名〉
天野 八郎　あまの・はちろう　1830〜1867　彰義隊副長　㊺上野国甘楽郡磐戸村
〔松平〕**忠告**
桜井 亀文　さくらい・きぶん　1742〜1805　徳川中期の諸侯にして俳人
〔松殿〕**忠孝**
九条 忠孝　くじょう・ただたか　1748〜1768　江戸時代中期の公卿
忠臣
島田 忠臣　しまだ・ただおみ　828〜891　平安朝時代の儒者
〔嶋田〕**忠臣**
島田 忠臣　しまだ・ただおみ　828〜891　平安朝時代の儒者
忠尚〈諱〉
日置 帯刀　へき・たてわき　1829〜1918　岡山藩家老　㊺備前国岡山
〔奥平〕**忠尚**
松平 忠尚　まつだいら・ただなお　1651〜1726　江戸時代前期〜中期の大名
忠岱
伊藤 鹿里　いとう・ろくり　1778〜1838　江戸時代後期の儒者、医師
忠弥
丸橋 忠弥　まるばし・ちゅうや　〜1651　慶安の変の首領　㊺出羽山形
忠征
滝川 忠征　たきがわ・ただゆき　1559〜1635　秀吉の臣
忠明
小野 次郎右衛門 (忠明)　おの・じろうえもん　〜1628　近世初期の武芸者、徳川家の臣
〔奥平〕**忠明**
松平 忠明　まつだいら・ただあきら　1583〜1644　織豊〜江戸時代前期の武将、大名
〔神子上〕**忠明**
小野 次郎右衛門 (忠明)　おの・じろうえもん　〜1628　近世初期の武芸者、徳川家の臣
忠治
戸田 忠昌　とだ・ただまさ　1632〜1699　江戸時代前期の大名
忠知
神野 忠知　かんの・ただとも　1625〜1676　徳川初期の俳人　㊺江戸
忠英
松村 忠英　まつむら・ただひで　徳川末期の暦学者　㊺大阪
忠虎〈名〉
闌幽　せんゆう　〜1731　享保時代の俳人、信濃高島藩主
忠長
徳川 忠長　とくがわ・ただなが　1606〜1633　江戸前期の大名、2代将軍徳川秀忠の第3子
忠亮
杉山 忠亮　すぎやま・ただあき　1801〜1845　幕末の漢学者　㊺水戸
忠俊〈名〉
田中 常矩　たなか・つねのり　〜1682　徳川初期の俳人　㊺京都
忠信
坊門 忠信　ぼうもん・ただのぶ　1187〜　公卿
〔藤原〕**忠信**
坊門 清忠　ぼうもん・きよただ　〜1338　鎌倉・南北朝時代の公卿、左近衛中将藤原俊輔の子
〔藤原〕**忠信**
坊門 忠信　ぼうもん・ただのぶ　1187〜　公卿
忠保〈名〉
高桑 闌更　たかくわ・らんこう　1726〜1798　徳川中期の俳人　㊺金沢
忠保
大久保 忠保　おおくぼ・ただやす　1830〜1886　歌人
忠則〈諱〉
戸田 銀次郎　とだ・ぎんじろう　1829〜1865　水戸藩士、父は戸田銀次郎忠敵　㊺常陸国
忠厚〈名〉
阿万 鉄睚　あまん・てつがい　〜1876　幕末の日向飫肥藩士
忠囿〈名〉
入江 南溟　いりえ・なんめい　1678〜1765　徳川中期の儒者、秋田の徂徠学の開祖　㊺武州
忠度
平 忠度　たいらの・ただのり　1144〜1184　平安時代の武人、歌人
〔薩摩守〕**忠度**
平 忠度　たいらの・ただのり　1144〜1184　平安時代の武人、歌人
忠恒
島津 家久　しまず・いえひさ　1576〜1638　安土桃山・江戸前期の大名、島津義弘の第3子
忠恒
平 忠常　たいらの・ただつね　〜1031　平家の武将
〔奥平〕**忠恒**
松平 忠恒　まつだいら・ただつね　1720〜1768　江戸時代中期の大名
忠政
森 忠政　もり・ただまさ　1570〜1634　美濃金山城主　㊺美濃国可児郡金山
忠政
菅沼 忠政　すがぬま・ただまさ　1580〜1614　飛騨守
〔奥平〕**忠政**
菅沼 忠政　すがぬま・ただまさ　1580〜1614　飛騨守
〔松平〕**忠政**
菅沼 忠政　すがぬま・ただまさ　1580〜1614　飛騨守
〔大須賀〕**忠政**
松平 忠政　まつだいら・ただまさ　1580〜1614　織豊〜江戸時代前期の大名
忠昭〈名〉

号・別名辞典　古代・中世・近世　369

ちゅう（忠）

梅津 其雫　うめず・きだ　1672～1720　徳川中期の俳人　㊟秋田

忠昭
西尾 忠照　にしお・ただてる　1613～1654　江戸時代前期の大名

忠洲〈別号〉
狩野 探信　かのう・たんしん　1653～1718　徳川幕府の奥絵師

忠相
大岡 忠相　おおおか・ただすけ　1677～1751　江戸町奉行にして名判官

忠秋
渡 忠秋　わたり・ただあき　1811～1881　幕末明治の歌人　㊟近江舟木村

〔亘〕**忠秋**
渡 忠秋　わたり・ただあき　1811～1881　幕末明治の歌人　㊟近江舟木村

忠紀
本多 忠紀　ほんだ・ただとし　1819～1883　泉藩主　㊟陸奥国菊多郡泉城

忠貞〈名〉
弘 勝之助　ひろ・かつのすけ　1837～1864　幕末の志士　㊟長門国萩

〔藤原〕**忠家**
九条 忠家　くじょう・ただいえ　1229～1275　鎌倉時代の公卿

忠時
戸田 忠利　とだ・ただとし　1637～1712　江戸時代前期～中期の大名

忠能
中山 忠能　なかやま・ただやす　1809～1888　幕末・維新期の公卿、功臣、中山家第24世　㊟京都石薬師

〔江里川〕**忠能**〈姓名〉
滝本 千丈　たきのもと・ちたけ　～1843　狂歌師、画家

忠常
仁田 忠常　にった・ただつね　～1203　鎌倉時代初期の武士

忠常
平 忠常　たいらの・ただつね　～1031　平家の武将

忠庵
沢野 忠庵　さわの・ちゅうあん　1580?～1650?　徳川初期の切支丹伝道者　㊟ポルトガル

忠教〈本名〉
大久保 忠教　おおくぼ・ただたか　1560～1639　忠世の弟でその家臣　㊟三河

忠清〈名〉
坂 新兵衛（高麗左衛門家筋6代）　さか・しんべえ　1739～1803　萩焼の陶工

忠清
酒井 忠清　さかい・ただきよ　1623～1681　江戸時代初期の大老、上野厩橋（後の前橋）の城主

忠清
後藤 市次郎　ごとう・さいじろう　1634～1704　江戸時代前期の陶業家

〔藤原〕**忠清**
坊門 忠清　ぼうもん・ただきよ　鎌倉時代の公家

〔奥平〕**忠隆**
松平 忠隆　まつだいら・ただたか　1608～1632　江戸時代前期の大名

忠勝
本多 忠勝　ほんだ・ただかつ　1548～　徳川家康の武将　㊟三河

忠勝
松平 重治　まつだいら・しげはる　1642～1685　江戸時代前期の大名

忠善〈名〉
大久保 漣々　おおくぼ・れんれん　1798～1858　徳川末期の俳人　㊟江戸

忠敬
伊能 忠敬　いのう・ただたか　1745～1818　徳川中期の地理学者、測量家　㊟上総山武郡小関村

忠敬〈諱〉
原 市之進　はら・いちのしん　1830～1867　幕末の水戸藩士、将軍徳川慶喜の謀臣　㊟常陸国

忠敬〈諱〉
戸田 銀次郎　とだ・ぎんじろう　1804～1855　水戸藩士　㊟常陸国

〔奥平〕**忠暁**
松平 忠暁　まつだいら・ただあきら　1691～1736　江戸時代中期の大名

忠道親王
尊誠法親王　そんせいほうしんのう　1806～1822　貞敬親王の第4王子

忠雄
志筑 忠雄　しずき・ただお　1760～1806　徳川中期の蘭学者　㊟長崎

忠雄〈初名〉
大久保 忠教　おおくぼ・ただたか　1560～1639　忠世の弟でその家臣　㊟三河

忠雄〈名〉
大高 源吾　おおたか・げんご　1672～1703　赤穂義士の一人

〔松平〕**忠雄**
池田 忠雄　いけだ・ただかつ　1602～1632　江戸時代前期の大名

〔中野〕**忠雄**
志筑 忠雄　しずき・ただお　1760～1806　徳川中期の蘭学者　㊟長崎

忠順
原 忠順　はら・ただゆき　1834～1894　幕末の佐賀鹿島藩士、殖産家

忠順
坂 新兵衛（高麗左衛門家筋3代）　さか・しんべえ　1648～1729　長門萩焼の陶工

忠順
小栗 忠順　おぐり・ただまさ　1827～1868　幕末の幕臣　㊟江戸

忠寛
大久保 一翁　おおくぼ・いちおう　1817～1888　徳川末期―明治中期の政治家　㊟江戸

忠愛〈名〉
原 熊之介　はら・くまのすけ　1825～1865　幕末の水戸藩士　㊟常陸国

〔松平〕**忠継**
池田 忠継　いけだ・ただつぐ　1599～1615　江戸時代前期の大名

忠義〈別称〉
足利 直義　あしかが・ただよし　1306～1352　尊氏の同母弟

忠嘉

小笠原 貞嘉　おがさわら・さだひろ　1839～1860　幕末の大名
忠徳
酒井 凡兆　さかい・ぼんちょう　1755～1812　庄内藩第9代主にして俳人
〔太田垣〕忠説
日下部 忠説　くさかべ・ただとき　室町時代の武将、連歌師
忠誨〈諱〉
安島 帯刀　あじま・たてわき　1812～1859　幕末の志士、水戸藩士
忠輔〈諱〉
酒井 仲　さかい・ちゅう　～1830　徳川中期の奇行家、実は上野伊勢崎藩主酒井駿河守忠温の第3子
忠澄
伊木 三猿斎　いき・さんえんさい　1818～1886　備前岡山藩の首席家老　[出]備前
忠輝
松平 忠輝　まつだいら・ただてる　1592～1683　越後高田藩主　[出]江戸
〔徳川〕忠輝
松平 忠輝　まつだいら・ただてる　1592～1683　越後高田藩主　[出]江戸
忠憲〈名〉
本多 其香　ほんだ・きこう　1772～1823　徳川中期の俳人
忠興
細川 忠興　ほそかわ・ただおき　1563～1645　安土桃山・江戸前期の大名
忠興室
細川 ガラシヤ　ほそかわ・がらしや　1562～1600　安土・桃山時代のキリシタン、明智光秀の次女、細川忠興の妻
〔藤原〕忠衡
泉 忠衡　いずみ・ただひら　1167～1189　鎌倉時代の武将
忠親
観世 左近(9世)　かんぜ・さこん　1566～1626　能楽師、シテ方、観世流家元
忠親
本堂 忠親　ほんどう・ただちか　～1599　出羽本堂城主
〔和賀〕忠親
本堂 忠親　ほんどう・ただちか　～1599　出羽本堂城主
忠優
松平 忠固　まつだいら・ただかた　1812～1859　江戸時代後期の大名

【注】

注象〈俳名〉
沢井 注蔵　さわい・ちゅうぞう　宝暦期の江戸の歌舞伎狂言作者
注蔵
沢井 注蔵　さわい・ちゅうぞう　宝暦期の江戸の歌舞伎狂言作者

【昼】

昼夜言耳元鐘近
笹野 春泉　ささの・しゅんせん　1798～1864　徳川末期の医家、狂歌師にして岡山藩士　[出]備前

【紐】

紐蘭〈号〉
今井 惟典　いまい・これすけ　1799～1847　幕末の志士　[出]水戸

【偸】

偸閑舎〈号〉
桑野 万李　くわの・まんり　1678～1756　徳川中期の俳人、福岡藩士

【鋳】

鋳成〈号〉
早田 英房　はやだ・ひでふさ　1785～1847　徳川中期の金工家

【猪】

猪三郎
合原 猪三郎　あいはら・いさぶろう　1827～1901　幕末の神奈川奉行
猪三郎〈前名〉
百村 友九郎(2代)　ひゃくむら・ともくろう　1774～1834　大阪の歌舞伎俳優
〔中山〕猪三郎〈初名〉
百村 友九郎(2代)　ひゃくむら・ともくろう　1774～1834　大阪の歌舞伎俳優
猪三郎(1代)
嵐 猪三郎(1代)　あらし・いさぶろう　1766～1825　大阪の歌舞伎俳優、化政期の立役の達者
猪三郎(2代)〈後名〉
嵐 冠十郎(1代)　あらし・かんじゅうろう　1774～1846　歌舞伎俳優、化政期の実悪の老巧　[出]江戸
猪之吉
箕浦 猪之吉　みのうら・いのきち　1844～1868　幕末・維新期の志士　[出]土佐
猪右衛門〈通称〉
岸本 調和　きしもと・ちょうわ　1638～1715　徳川中期の俳人　[出]石州
猪右衛門〈初名〉
鷺 仁右衛門　さぎ・にえもん　1558～1651　徳川初期の能役者、狂言方鷺流家元初世
猪兵衛〈俗称〉
井上 宗次　いのうえ・むねつぐ　～1811　岡山の金工
猪来
蓑虫庵 猪来　みのむしあん・ちょらい　江戸時代後期の俳人

【著】

著作堂主人〈別号〉
滝沢 馬琴　たきざわ・ばきん　1767～1848　江戸時代の小説家　[出]深川高松通浄心寺側

【樗】

ちょう（丁, 兆, 町, 長）

樗良
　三浦 樗良　みうら・ちょら　1729〜1780　徳川中期の俳人　⑬志州鳥羽
樗堂
　栗田 樗堂　くりた・ちょどう　1749〜1814　徳川中期の俳人　⑬伊予松山
樗堂〈号〉
　青山 恵次　あおやま・のりつぐ　1832〜1893　幕末の金沢藩家老
樗庵〈別号〉
　堀 麦水　ほり・ばくすい　1718〜1783　徳川中期の俳人　⑬加賀金沢
樗渓〈号〉
　明石 毅　あかし・げい　1788〜1871　徳川末期の書家、鳥取藩士
樗園〈号〉
　横田 笙嶹　よこた・しょうとう　1806〜1888　幕末明治の漢学者
樗園〈号〉
　長山 貫　ながやま・かん　江戸時代末期の西洋兵学などを研究した儒者
樗翠堂〈号〉
　新井 寒竹　あらい・かんちく　〜1731　江戸中期の画家　⑬野州足利

【丁】

丁々軒〈号〉
　高野 幽山　たかの・ゆうざん　徳川中期の俳人　⑬京都
丁々斎〈号〉
　本多 清秋　ほんだ・せいしゅう　1724〜1817　徳川中期の俳人、伊勢神戸藩主
丁牧
　近松 茂矩　ちかまつ・しげのり　1697〜1778　江戸時代中期の武士
丁慶
　富村 丁慶　とみむら・ちょうけい　元文—宝暦時代の京都の歌舞伎狂言作者

【兆】

兆殿司
　明兆　みんちょう　1352〜1431　吉野朝・室町初期の画僧　⑬淡路

【町】

〔祇園〕町子
　池 玉瀾　いけ・ぎょくらん　1727〜1784　徳川中期の画家、池大雅の妻　⑬京都
町局
　見性院　けんしょういん　1703〜1770　中御門天皇の宮人

【長】

長七〈初名〉
　宇野 長七　うの・ちょうしち　〜1766　正徳—明和時代の江戸長唄の鼓打の名家
長二斎〈号〉

鈴木 長翁斎（2代）　すずき・ちょうおうさい　〜1886　鋳師
長人
　百薬 長人　ひゃくやく・ちょうにん　狂歌師、天保頃の人
長入
　楽 長入　らく・ちょうにゅう　1714〜1770　江戸時代中期の陶工
〔田中〕長入
　楽 長入　らく・ちょうにゅう　1714〜1770　江戸時代中期の陶工
長八
　入江 長八　いりえ・ちょうはち　1815〜1889　幕末から明治初年にかけて伊豆長八または伊豆の長八で聞えた左官の名工　⑬奥伊豆の松崎
〔伊豆〕長八
　入江 長八　いりえ・ちょうはち　1815〜1889　幕末から明治初年にかけて伊豆長八または伊豆の長八で聞えた左官の名工　⑬奥伊豆の松崎
〔江竹〕長八〈別名〉
　入江 長八　いりえ・ちょうはち　1815〜1889　幕末から明治初年にかけて伊豆長八または伊豆の長八で聞えた左官の名工　⑬奥伊豆の松崎
長八郎〈通称〉
　斎藤 雁鴎　さいとう・がんおう　1664〜1725　旗本
長八郎〈通称〉
　斎藤 総模　さいとう・そうも　1693〜1766　江戸幕府の西丸観音院番
長十郎
　今藤 長斎　こんどう・ちょうさい　1771〜1843　文化天保時代の江戸長唄鼓方の名手　⑬常陸水戸
長十郎
　小出 兼政　こいで・かねまさ　1797〜1865　江戸後・幕末期の暦算家　⑬阿波
長十郎（1代）
　河原崎 権之助（5代）　かわらざき・ごんのすけ　〜1830　歌舞伎俳優、寛政—文政時代の座元
長十郎（3代）
　沢村 宗十郎（1代）　さわむら・そうじゅうろう　1685〜1756　歌舞伎俳優　⑬京都西上京
長十郎（5代）
　沢村 源之助（2代）　さわむら・げんのすけ　歌舞伎俳優
長三郎〈小字〉
　佐久間 修理　さくま・しゅり　1581〜1657　徳川初期の画家　⑬尾張
長三郎〈通称〉
　神野 忠知　かんの・ただとも　1625〜1676　徳川初期の俳人　⑬江戸
〔服部〕長三郎〈通称〉
　万亭 応賀　まんてい・おうが　1818〜1890　戯作者　⑬江戸神田明神下
〔貢〕長丸
　新田園 長丸　しんでんえん・おさまる　?〜1817　江戸時代後期の狂歌師
〔藤原〕長子
　鷹司院　たかつかさいん　1218〜1275　後堀河天皇の皇后
〔藤原〕長子
　讃岐典侍　さぬきのてんじ　1079?〜?　平安時代後期の女官

372　号・別名辞典　古代・中世・近世

長川〈名〉
有賀 長因　ありが・ちょういん　1712〜1778　徳川中期の歌人　[出]京都
〔呉〕長丹
吉士 長丹　きしの・ながに　飛鳥時代の官吏
〔富沢〕長之助〈初名〉
沢村 宗十郎（2代）　さわむら・そうじゅうろう　1713〜1770　歌舞伎俳優
長井侍従
伊達 政宗　だて・まさむね　1567〜1636　織豊時代・徳川初期の武将　[出]出羽米沢
長五郎〈別称〉
末吉 勘兵衛（3世）　すえよし・かんべえ　京都銀座へ無役にて奉仕
長五郎
鈴木 長五郎　すずき・ちょうごろう　1844〜1867　出流山挙兵参加者　[出]下野国都賀郡粕尾村
〔山本〕長五郎
清水 次郎長　しみずの・じろちょう　1820〜1893　幕末明治初期の大侠客　[出]駿河国清水
〔二階堂〕長五郎
六郷 政乗　ろくごう・まさのり　1567〜1634　出羽本荘藩主
長仁親王
道助法親王　どうじょほうしんのう　1196〜1249　後鳥羽天皇の第2皇子
長太夫〈前名〉
桜井 和泉太夫（2代）　さくらい・いずみだゆう　江戸の金平浄瑠璃の太夫
長巴
清水 超波　しみず・ちょうは　1705〜1740　徳川中期の俳人　[出]江戸
長文
春日 長文　はるひの・ながぶみ　狂歌師　[出]武蔵糠田
長方
末吉 長方　すえよし・ながかた　1588〜1639　徳川初期の代官
長日売命
草香幡梭皇女　くさかはたひのひめみこ　5世紀後半の皇后、仁徳天皇の皇女
長月庵〈号〉
本多 清秋　ほんだ・せいしゅう　1724〜1817　徳川中期の俳人、伊勢神戸藩主
長氏
北条 早雲　ほうじょう・そううん　1432〜1519　戦国時代の武将
〔伊勢〕長氏
北条 早雲　ほうじょう・そううん　1432〜1519　戦国時代の武将
長水〈号〉
佐久間 柳居　さくま・りゅうきょ　1686〜1748　徳川中期の俳人　[出]江戸
長収
有賀 長収　ありが・ちょうしゅう　1750〜1818　徳川中期の歌人　[出]大阪
長右衛門〈名〉
伊能 友鷗　いのう・ゆうおう　〜1875　幕末の勤王家、宇和島藩士
長右衛門〈通称〉
関岡 野洲良　せきおか・やすら　1772〜1832　徳川中期の歌人　[出]武蔵八王子
長右衛門〈別名〉
小栗 重吉　おぐり・じゅうきち　1785〜1853　督乗丸乗組員、初の和露字典を編纂
長右衛門
大坂屋 長右衛門　おおさかや・ちょうえもん　〜1679　江戸前期の商人、開墾事業家
長右衛門〈通称〉
谷 安殷　たに・やすしげ　1669〜1721　徳川中期の篤学者、幕府幣制改革の功労者　[出]堺
長右衛門〈通称〉
非群　ひぐん　〜1734　俳人、芭蕉一門　[出]伊賀上野
〔橘屋〕長右衛門〈通称〉
福林堂 鈴成　ふくりんどう・すずなり　1752〜1836　江戸中期の狂歌師　[出]江戸牛込細工町
〔播磨屋〕長右衛門
内海 宗恵　うつみ・そうけい　江戸時代前期の歌人、商人
〔中村〕長右衛門正俊〈別名〉
大坂屋 長右衛門　おおさかや・ちょうえもん　〜1679　江戸前期の商人、開墾事業家
長四郎〈通称〉
岩井 半四郎（1代）　いわい・はんしろう　〜1699　歌舞伎俳優、立役の名優、大阪の座元
長左衛門〈前名〉
坂田 藤十郎（2代）　さかた・とうじゅうろう　1669〜1724　歌舞伎俳優
長左衛門
柴山 長左衛門　しばやま・ちょうざえもん　〜1632　会津若松のキリシタン
長左衛門〈通称〉
多賀谷 巌翁　たがや・がんおう　〜1722　徳川中期の俳人
長左衛門〈通称〉
大橋 重政　おおはし・しげまさ　1618〜1672　書家
長左衛門〈通称〉
大橋 重保　おおはし・しげやす　1582〜1645　書家、秀次の臣　[出]甲斐
長左衛門
大饗 正虎　おおあえ・まさとら　1520〜1596　安土桃山時代の書家　[出]備前
長左衛門
藤田 長左衛門　ふじた・ちょうざえもん　〜1716　延宝—正徳時代の歌舞伎俳優、狂言作者、振附師　[出]京都
〔遠山〕長左衛門
大道寺 直次　だいどうじ・なおつぐ　1571〜1651　戦国時代の北条氏直の臣、徳川初期の御先弓頭　[出]相模
〔吉見〕長左衛門
伊能 友鷗　いのう・ゆうおう　〜1875　幕末の勤王家、宇和島藩士
〔桑名屋〕長左衛門〈初名〉
坂田 藤十郎（2代）　さかた・とうじゅうろう　1669〜1724　歌舞伎俳優
〔池田屋〕長左衛門〈通称〉
堀 麦水　ほり・ばくすい　1718〜1783　徳川中期の俳人　[出]加賀金沢
〔中出〕長左衛門〈通称〉

ちょう（長）

宝嘉僧　ほうかそう　徳川中期の戯作者
〔辻村〕長左衛門〈通称〉
　清光(2代)　きよみつ　寛文頃の刀匠
長左衛門尉〈別称〉
　大饗正虎　おおあえ・まさとら　1520〜1596　安土桃山時代の書家　㊙備前
〔土佐〕長平
　長平　ちょうへい　1762〜1821　江戸時代中期〜後期の漂流民
長広
　大橋長広　おおはし・ながひろ　1788〜1851　徳川末期の国学者
長牙
　正木風状　まさき・ふうじょう　1713〜1764　徳川中期の俳人　㊙京都
長生庵〈号〉
　堀内仙鶴　ほりうち・せんかく　1675〜1748　江戸中期の茶人、俳人　㊙江戸
長田大娘皇女
　中蒂姫　なかしひめ　安康天皇の皇后
長光
　長船長光　おさふね・ながみつ　鎌倉後期の刀工　㊙備前国長船村
長充
　堆朱楊成(1代)　ついしゅ・ようぜい　堆朱彫之元祖
長吉〈本名〉
　阿武松緑之助　おうのまつ・ろくのすけ　1790〜1851　6代横綱　㊙能登国鳳至郡七海村
長吉
　山崎長吉　やまざき・ながよし　朝倉氏家臣
長吉
　茶屋新四郎　ちゃや・しんしろう　〜1663　江戸前期尾張徳川家の呉服師
長因
　有賀長因　ありが・ちょういん　1712〜1778　徳川中期の歌人　㊙京都
長因〈初名〉
　有賀長収　ありが・ちょうしゅう　1750〜1818　徳川中期の歌人　㊙大阪
長年
　鶴亀長年　つるかめ・ながとし　徳川中期寛政文化頃の狂歌師
長成
　大橋長成　おおはし・ながなり　〜1662　徳川中期の加賀藩士
長次
　伊東長実　いとう・ながざね　1560〜1629　織豊〜江戸時代前期の武将、大名
〔西田〕長次〈変名〉
　鈴木長五郎　すずき・ちょうごろう　1844〜1867　出流山挙兵参加者　㊙下野国都賀郡粕尾村
長次郎〈通称〉
　井上如常　いのうえ・いくつね　1811〜1890　幕末明治時代の心学者
長次郎
　近藤長次郎　こんどう・ちょうじろう　1838〜1866　幕末期の志士　㊙高知城下水道町
長次郎〈通称〉
　高桑蘭更　たかくわ・らんこう　1726〜1798　徳川中期の俳人　㊙金沢
長次郎〈通称〉

斎藤宣義　さいとう・ぎぎ　1816〜1889　幕末・明治時代の算家　㊙江戸
長次郎
　長次郎　ちょうじろう　1516〜1592　安土桃山時代の陶工、楽焼の始祖で楽家の初代
長次郎〈名〉
　鈴木長翁斎　すずき・ちょうおうさい　〜1867　鋳師
長次郎〈名〉
　鈴木長翁斎(2代)　すずき・ちょうおうさい　〜1886　鋳師
〔楽〕長次郎
　長次郎　ちょうじろう　1516〜1592　安土桃山時代の陶工、楽焼の始祖で楽家の初代
〔田中〕長次郎
　長次郎　ちょうじろう　1516〜1592　安土桃山時代の陶工、楽焼の始祖で楽家の初代
長江曽津毘古
　葛城襲津彦　かつらぎの・そつひこ　大和時代の武人
長羽
　林十江　はやし・じっこう　1777〜1813　江戸時代後期の画家
長行
　幸阿弥(18代)　こうあみ　蒔絵師
〔沢村〕長作〈初名〉
　藤本斗文　ふじもと・とぶん　〜1758　享保—宝暦時代の江戸の歌舞伎狂言作者
長住
　浅秀庵長住　せんしゅうあん・ながずみ　〜1837　狂歌師
長伯
　有賀長伯　ありが・ちょうはく　1662〜1737　徳川中期の国学者、歌人　㊙京都
長伯
　山県良斎　やまがた・りょうさい　1648〜1728　江戸時代前期〜中期の儒者
長兵衛〈通称〉
　国重　くにしげ　1312〜1371　山城住の刀匠、正宗門下十哲の一
長兵衛〈通称〉
　清水超波　しみず・ちょうは　1705〜1740　徳川中期の俳人　㊙江戸
〔塩江〕長兵衛〈通称〉
　車庸　しゃよう　俳人、芭蕉一門　㊙大阪
〔花川〕長兵衛
　幡随院長兵衛　ばんずいいん・ちょうべえ　?〜1657　江戸時代前期の侠客
〔今堀〕長兵衛〈通称〉
　鶴廼屋梅好　つるのや・うめよし　徳川中末期大阪の狂歌師
〔潮江〕長兵衛〈通称〉
　車庸　しゃよう　俳人、芭蕉一門　㊙大阪
長利〈名〉
　佐久間柳居　さくま・りゅうきょ　1686〜1748　徳川中期の俳人　㊙江戸
長孝
　幸阿弥(15代)　こうあみ　蒔絵師
長寿斎
　鈴木長翁斎(2代)　すずき・ちょうおうさい　〜1886　鋳師

長秀
　富田 長秀　とだ・ながひで　～1574　朝倉氏家臣
長秀
　正木 千幹　まさき・ちもと　1777～1823　江戸時代後期の国学者
長谷
　中条 兵庫助　ちゅうじょう・ひょうごのすけ　?～1384　南北朝時代の武将、剣術家
長谷雄
　紀 長谷雄　きの・はせお　845?～912　平安朝時代の儒者
長近
　金森 長近　かなもり・ながちか　1524～1607　戦国時代の武将
長邦
　堆朱 楊成（17代）　ついしゅ・ようぜい　堆朱彫中興開祖
長叔
　吉田 長叔　よしだ・ながよし　1779～1824　江戸時代後期の蘭医　㊀江戸
長周
　幸阿弥（16代）　こうあみ　蒔絵師
長国
　上村 長国　うえむら・ながくに　～1546　相良氏家臣
長宗
　堆朱 楊成（8代）　ついしゅ・ようぜい　慶長～寛永頃の堆朱彫師
長定
　森 長定　もり・ながさだ　～1582　信長の臣　㊀美濃
長庚〈名〉
　谷口 蕪村　たにぐち・ぶそん　1716～1783　天明期の俳人、南画家　㊀摂津国東成郡毛馬
長庚庵〈号〉
　鳥山 啓　とりやま・ひらく　1837～1914　理学者　㊀紀伊田辺
長房
　幸阿弥（11代）　こうあみ　1628～1682　蒔絵師
長房
　高山 右近　たかやま・うこん　1552～1614　戦国時代のキリシタン大名、摂津高槻城主　㊀摂津
長昌院
　お保良の方　おほらのかた　1637～1664　6代将軍徳川家宣の生母
長明
　鴨 長明　かもの・ちょうめい　1153～1216　鎌倉時代の文学者、歌人
〔松本〕長松〈初名〉
　岩井 半四郎（4代）　いわい・はんしろう　1747～1800　歌舞伎若女方の名優　㊀江戸
長松堂箕形〈号〉
　野口 在色　のぐち・ざいしき　1643～1719　徳川中期の俳人　㊀遠州今泉在草崎村
長法
　幸阿弥（9代）　こうあみ　～1618　蒔絵師
長英
　高野 長英　たかの・ちょうえい　1804～1850　蘭学者、医家　㊀陸奥国胆沢郡水沢
長英

伊藤 梅宇　いとう・ばいう　1683～1745　江戸時代中期の儒者
長門守
　木村 重成　きむら・しげなり　?～1615　江戸時代前期の武士
長俊
　桂田 長俊　かつらだ・ながとし　～1574　織豊時代の武将、越前守護代　㊀越前
長俊
　原田 長俊　はらだ・ながとし　～1576　戦国時代の武人
長俊
　原田 直政　はらだ・なおまさ　～1576　信長の臣
長俊〈名〉
　榊原 香山　さかきばら・こうざん　1730～1797　徳川中期の儒者　㊀江戸
〔辻村〕長屋衛門〈通称〉
　清光（3代）　きよみつ　元禄頃の刀匠
長彦
　千熊 長彦　ちくま・ながひこ　「日本書紀」神功皇后紀にみえる人物
長政
　井上 長政　いのうえ・ながまさ　～1625　金沢藩士
〔下妻〕長政
　小山 長政　おやま・ながまさ　?～1252　鎌倉時代の武将
〔浅井〕長政室
　小谷の方　おだにのかた　1547～1583　織田信長の妹、柴田勝家の妻　㊀尾張
長春〈号〉
　芥川 元風　あくたがわ・もとかぜ　1676～1741　徳川中期江戸の歌人
長春舎〈別号〉
　佐久間 晴岳　さくま・せいがく　1819～1885　幕末明治初期の画家
長栄軒〈別称〉
　鈴木 春信　すずき・はるのぶ　1723～1770　江戸中期の浮世絵師　㊀江戸
長為
　有阪 長為　ありさか・ちょうい　1784～1855　徳川末期の砲術家
長狭男〈諱〉
　万亭 応賀　まんてい・おうが　1818～1890　戯作者　㊀江戸神田明神下
長珊
　猪苗代 長珊　いなわしろ・ちょうさん　戦国～織豊時代の連歌師
長祐
　長次郎　ちょうじろう　1516～1592　安土桃山時代の陶工、楽焼の始祖で楽家の初代
長胤
　伊藤 東涯　いとう・とうがい　1670～1736　徳川中期の儒、堀川派の大成者　㊀京都堀河
長重
　幸阿弥（10代）　こうあみ　1599～1651　蒔絵師
長重
　丹羽 長重　にわ・ながしげ　1571～1637　秀吉の臣、のち秀忠の臣　㊀美濃国岐阜
長恩堂〈別号〉
　万亭 応賀　まんてい・おうが　1818～1890　戯作者　㊀江戸神田明神下

ちょう（長）

長晏
　幸阿弥(7代)　こうあみ　1569〜1610　蒔絵師
長流
　下河辺 長流　しもこうべ・ちょうりゅう　1624〜1686　徳川初期の国学者　㊙大和
長流〈号〉
　人見 藤寧　ひとみ・とうねい　1818〜1861　徳川中期の国学者、秋田藩士
長流
　尾崎 長流　おざき・ながる　歌人　㊙大和宇田
長益〈名〉
　織田 有楽斎　おだ・うらくさい　1542〜1615　安土桃山・江戸前期の武将、茶道有楽流の祖
長矩
　浅野 長矩　あさの・ながのり　1665〜1701　播磨赤穂藩主
長祚〈名〉
　浅野 金之丞　あさの・きんのじょう　1816〜1880　江戸末期の幕臣　㊙江戸
長純〈本名〉
　岩松 家純　いわまつ・いえずみ　室町時代の武将
長翁〈号〉
　入江 昌熹　いりえ・まさよし　1722〜1800　徳川中期寛政の頃の国学者、商人　㊙浪華
長翁
　氷室 長翁　ひむろ・ながとし　1784〜1863　歌人
長翁斎
　鈴木 長翁斎　すずき・ちょうおうさい　〜1867　錺師
長翁斎(2代)
　鈴木 長翁斎(2代)　すずき・ちょうおうさい　〜1886　錺師
長能
　喜多 七太夫(1代)　きた・しちだゆう　〜1653　能楽師、能楽喜多流の祖　㊙和泉堺
長造
　真葛 長造　まくず・ちょうぞう　1797〜1851　京都の陶工
〔楽〕長造
　真葛 長造　まくず・ちょうぞう　1797〜1851　京都の陶工
長基〈法名〉
　上杉 憲定　うえすぎ・のりさだ　〜1412　山内家上杉憲方の子
長基
　有賀 長基　ありが・ながもと　1777〜1833　徳川中期の歌人　㊙大阪
長基
　三好 元長　みよし・もとなが　1501〜1532　戦国時代の武将
長常
　一宮 長常　いちのみや・ながつね　1721〜1786　徳川末期の金属彫刻師　㊙越前
長庵〈別号〉
　赤塚 芸庵　あかつか・うんあん　〜1692　徳川中期の国学者
長救
　幸阿弥(12代)　こうあみ　1661〜1723　蒔絵師
長七
　宇野 長七　うの・ちょうしち　〜1766　正徳〜明和時代の江戸長唄の鼓打の名家

長斎
　今藤 長斎　こんどう・ちょうさい　1771〜1843　文化天保時代の江戸長唄鼓方の名手　㊙常陸水戸
長斎
　七五三 長斎　しめ・ちょうさい　1757〜1824　徳川中期の俳人　㊙大阪
長斎
　八田 長斎　はんだ・ちょうさい　戦国時代の陶工
長涯〈名〉
　間 重富　はざま・しげとみ　1756〜1816　江戸中期の天文・暦学者　㊙大坂
長淑
　吉田 長叔　よしだ・ながよし　1779〜1824　江戸時代後期の蘭医　㊙江戸
長清
　幸阿弥(6代)　こうあみ　1506〜1603　蒔絵師
〔藤原〕長清
　勝間田 長清　かつまた・ながきよ　鎌倉時代の歌人
長章
　稲垣 白　いながき・はくがん　1695〜1777　江戸時代中期の儒者
長経
　喜多 十太夫(5代)　きた・じゅうだゆう　能楽師
長喜
　栄松斎 長喜　えいしょうさい・ちょうき　徳川末期の浮世絵画家
長喜
　鶴脛 長喜　つるのはぎ・ながき　徳川中期江戸の狂歌師
長善
　幸阿弥(8代)　こうあみ　1589〜1613　蒔絵師
〔高巌〕長棟
　上杉 憲実　うえすぎ・のりざね　1410〜1466　室町時代の武将
長賀
　宅磨 長賀　たくま・ちょうが　鎌倉時代の画家
長道
　御輔 長道　みすけの・ながみち　800〜861　平安朝時代の法律学者　㊙右京
長雲
　出目 庸吉　でめ・やすよし　?〜1774　江戸時代中期の能面師
長順
　今村 岨雲　いまむら・そうん　1763〜1832　徳川中期の医家にして、山県大弐の遺子
長順(3世)
　小堀 長順(3世)　こぼり・ちょうじゅん　〜1771　小堀流家元
長寛
　黒田 綱政　くろだ・つなまさ　1659〜1711　江戸時代前期〜中期の大名
長楽門院
　長楽門院　ちょうらくもんいん　1283〜1352　後二条天皇の皇后
長煕〈名〉
　高橋 東洋　たかはし・とうよう　1700〜1781　徳川中期の儒者　㊙陸中下閉伊郡宮古
長継
　佐伯 長継　さえき・ながつぐ　770〜828　平安初期の詩人
長豊

稲津 永豊　いなづ・えいほう　1801～1851　江戸時代後期の和算家
長雅
平間 長雅　ひらま・ながまさ　1636～1710　国学者　[出]京都
長雋
足立 長雋　あだち・ちょうしゅん　1775～1836　医家
長鼠軒〈号〉
風光　ふうこう　～1755　享保時代の俳人　[出]奥州白河城下
長翠
常世田 長翠　つねよだ・ちょうすい　～1813　徳川中期の俳人　[出]下総匝瑳郡木戸村
長隠
山田 長隠　やまだ・ちょういん　江戸時代中期の俳人
長蔵〈通称〉
荒木 呉江　あらき・ごこう　1729～1793　江戸時代の書家
長蔵〈幼名〉
今村 岨雲　いまむら・そうん　1763～1832　徳川中期の医家にして、山県大弐の遺子
長蔵〈通称〉
福地 白瑛　ふくち・はくえい　浮世絵師、作家
〔福智〕長蔵〈通称〉
福地 白瑛　ふくち・はくえい　浮世絵師、作家
長輝
幸阿弥（17代）　こうあみ　蒔絵師
長輝
三好 之長　みよし・ゆきなが　1458～1520　戦国時代の武将
長嘯
木下 長嘯子　きのした・ちょうしょうし　1569～1649　小浜城主、「挙白集」の著者
長嘯子
木下 長嘯子　きのした・ちょうしょうし　1569～1649　小浜城主、「挙白集」の著者
長嘯楼〈号〉
古畑 玉函　ふるはた・ぎょくかん　1778～1848　徳川末期の儒者
長操
松木 長操　まつき・ながもち　1625～1652　徳川初期の義民　[出]若狭遠敷郡新道村
長繁
富田 長秀　とだ・ながひで　～1574　朝倉氏家臣
長興
金森 得水　かなもり・とくすい　1786～1865　江戸時代後期の茶人
〔小槻〕長興
大宮 長興　おおみや・ながおき　1412～1499　室町時代の官吏
長衡
伊藤 介亭　いとう・かいてい　1685～1772　江戸中期の儒者
長親
久留島 長親　くるしま・ながちか　1582～1612　伊予風早郡領主、通総の子　[出]来島
長親
藤原 長親　ふじわらの・ながちか　～1429　吉野朝の国学者、歌人
〔来島〕長親
久留島 長親　くるしま・ながちか　1582～1612　伊予風早郡領主、通総の子　[出]来島
長諳〈号〉
大饗 正虎　おおあえ・まさとら　1520～1596　安土桃山時代の書家　[出]備前
〔楠〕長諳
大饗 正虎　おおあえ・まさとら　1520～1596　安土桃山時代の書家　[出]備前
長賢
幸阿弥（19代）　こうあみ　蒔絵師
長頭丸〈号〉
松永 貞徳　まつなが・ていとく　1571～1653　織豊時代—徳川初期の俳人にして国学者　[出]京都
長頼
菅屋 長頼　すがや・ながより　～1582　信長の臣
長頼〈名〉
野一色 助義　のいっしき・すけよし　1548～1600　初め浅井長政の家人、のち秀吉の臣中村一氏に仕う
長頼
原 勝胤　はら・かつたね　?～1600　織豊時代の武将
〔菅谷〕長頼
菅屋 長頼　すがや・ながより　～1582　信長の臣
長孺
清水 雷首　しみず・らいしゅ　1755～1836　江戸時代中期～後期の儒者
長孺
川口 緑野　かわぐち・りょくや　1773～1835　江戸時代後期の儒者

【昶】

昶
近藤 長次郎　こんどう・ちょうじろう　1838～1866　幕末期の志士　[出]高知城下水道町
昶〈名〉
高安 蘆屋　たかやす・ろおく　大阪の儒者

【凋】

凋柏堂〈号〉
図司 呂丸　ずし・ろがん　～1693　徳川中期の俳人　[出]出羽羽黒山麓手向町

【晁】

晁有輝
浅岡 有輝　あさおか・ゆうき　～1807　徳川末期の画家

【張】

張昇角〈号〉
彭城 百川　さかき・ひゃくせん　1697～1752　徳川中期の画家　[出]名古屋本町八丁目

【彫】

彫窩主人〈別号〉
滝沢 馬琴　たきざわ・ばきん　1767～1848　江戸時代の小説家　[出]深川高松通浄心寺側

【釣】

釣方
普栗 釣方　ふぐりの・つりかた　～1783　狂歌師
釣月軒〈別号〉
松尾 芭蕉　まつお・ばしょう　1644～1694　徳川初期の俳人名宗房、桃青、或は芭蕉庵桃青と号し、別に伯船堂、釣月軒など号した　[出]伊賀国上野
釣客子〈号〉
宮内 嘉長　みやうち・よしなが　1789～1843　徳川中期の国学者　[出]下総海上郡新生町（今銚子市のうち）
釣虚散人〈号〉
清水 春流　しみず・しゅんりゅう　1626～　徳川初期の俳人　[出]尾州名古屋
釣雪〈号〉
百拙 元養　ひゃくせつ・げんよう　1667～1749　徳川中期の画僧　[出]京師

【鳥】

鳥
鞍作 鳥　くらつくりの・とり　飛鳥時代の仏師
鳥羽天皇
鳥羽院　とばいん　1103～1156　第74代の天皇
鳥羽院
鳥羽院　とばいん　1103～1156　第74代の天皇
鳥羽僧正
覚猷　かくゆう　1053～1140　平安後期の天台宗の画僧　[出]京都
鳥岳山人〈号〉
瀬見 善水　せみ・よしみ　1813～1892　歌人　[出]紀伊日高郡江川村
鳥巣仁〈号〉
雲裡　うんり　～1761　天明期の俳人　[出]尾張
鳥酔
白井 鳥酔　しらい・ちょうすい　1701～1769　徳川中期の俳人　[出]上総埴生郡地引村
鳥落人〈号〉
広瀬 惟然　ひろせ・いぜん　～1711　徳川中期の俳人　[出]美濃国関
鳥道
広部 鳥道　ひろべ・ちょうどう　～1881　幕末・明治初期の福井藩儒者　[出]越前国福井
鳥翠台〈号〉
立花 北枝　たちばな・ほくし　～1718　徳川中期の俳人　[出]加賀国小松

【朝】

朝〈字〉
朝岡 正章　あさおか・まさあき　1794～1840　徳川中期の歌人　[出]名古屋
朝三〈号〉
斎藤 如泉　さいとう・じょせん　1644～1715　徳川中期の俳人　[出]京都
朝三亭〈号〉
木下 幸文　きのした・たかふみ　1779～1821　徳川末期の歌人　[出]備中国
朝山
朝山 日乗　あさやま・にちじょう　～1577　戦国時代の高僧　[出]出雲神門郡（いま簸川郡）朝山郷
朝元
大槻 伝蔵　おおつき・でんぞう　1703～1748　江戸時代中期の武士
朝日方
旭姫　あさひひめ　1543～1590　徳川家康の室、豊臣秀吉の異父妹
朝日姫
旭姫　あさひひめ　1543～1590　徳川家康の室、豊臣秀吉の異父妹
朝日将軍
源 義仲　みなもとの・よしなか　1154～1184　平安時代の武将、左馬頭、伊予守、征夷大将軍
朝四〈号〉
佐藤 晩得　さとう・ばんとく　～1792　俳人、佐竹侯の臣　[出]秋田角館
朝次郎〈初名〉
浅尾 奥山（3代）　あさお・おくやま　大阪の歌舞伎俳優、幕末明治初期の敵役の巧者
朝来〈号〉
嵯峨 朝来　さが・ちょうらい　1743～1819　徳川中期肥後の儒者
朝秀
羽地 朝秀　はねじ・ちょうしゅう　1617～1675　江戸前期琉球の政治家、歴史家　[出]沖縄首里
朝和〈後名〉
桧垣 常和　ひがき・つねかず　1617～1700　徳川中期の神主
〔伊達〕朝宗
藤原 時長　ふじわらの・ときなが　鎌倉時代の武将
〔太田垣〕朝定
日下部 朝定　くさかべ・ともさだ　戦国時代の武将、連歌師
〔北条〕朝直
大仏 朝直　おさらぎ・ともなお　1206～1264　鎌倉時代の武将
朝保
宜湾 朝保　ぎわん・ちょうほ　1823～1876　琉球最後の政治家　[出]首里市赤平
朝彦親王
朝彦親王　あさひこしんのう　1824～1891　伏見宮邦家親王第4王子、久邇宮第1代、神宮斎主　[出]京都
〔久邇宮〕朝彦親王
朝彦親王　あさひこしんのう　1824～1891　伏見宮邦家親王第4王子、久邇宮第1代、神宮斎主　[出]京都
〔北条〕朝時
名越 朝時　なごえ・ともとき　1193～1245　鎌倉時代の武将
朝章〈俳名〉
坂田 市太郎　さかた・いちたろう　享保―寛延時代の歌舞伎俳優
〔多賀〕朝湖
英 一蝶（1世）　はなぶさ・いっちょう　1652～1724　徳川初中期の画家　[出]大阪
朝陽
永富 独嘯庵　ながとみ・どくしょうあん　1732～1766　江戸時代中期の医師
朝暉堂〈号〉

ちょう（超, 徴, 暢, 肇, 蔫, 趙, 澄, 潮, 蝶）

宮下 松岳　みやした・しゅうがく　1826～1900
　幕末明治の漢学者　㊗信濃更級郡大塚村
〔塩谷〕朝業
　信生　しんしょう　?～1248　鎌倉時代の歌人、僧
朝倉
　谷口 蕪村　たにぐち・ぶそん　1716～1783　天明期の俳人、南画家　㊗摂津国東成郡毛馬
朝綱
　大江 朝綱　おおえの・あさつな　886～957　平安朝の書家、漢詩人
朝薫
　玉城 朝薫　たまぐすく・ちょうくん　1684～1734
　徳川中期琉球劇作家の鼻祖　㊗首里
朝賢
　朝賢　ちょうけん　近江芦浦観音寺の住職
〔観音寺〕朝賢
　朝賢　ちょうけん　近江芦浦観音寺の住職

【超】

超光〈別号〉
　猪瀬 東寧　いのせ・とうねい　1838～1903　画家
　㊗下総三坂新田
超波
　清水 超波　しみず・ちょうは　1705～1740　徳川中期の俳人　㊗江戸
超空〈号〉
　円環　えんかん　1696～1734　徳川中期の僧
超信〈法名〉
　贄 正寿　にえ・まさとし　1741～1795　江戸中・後期の幕臣
超然
　超然　ちょうねん　1792～1868　歌僧　㊗近江
超継〈名〉
　蘭台　らんだい　～1793　化政期の俳人、越中井波瑞泉寺十四代住職誠心院従祐

【徴】

徴〈名〉
　坂 秋斎　さか・しゅうさい　～1785　徳川中期、京都の国学者

【暢】

暢〈名〉
　伴 香竹　ばん・こうちく　1659～1732　国学者
暢〈名〉
　服部 沽圃　はっとり・せんぽ　～1730　徳川中期の俳人　㊗江戸
暢栄
　宝生家（10世）　ほうしょうけ　～1730　能役者

【肇】

肇〈通称〉
　高橋 富兄　たかはし・とみえ　1825～1914　幕末明治の国学者
肇堂
　井上 肇堂　いのうえ・ちょうどう　1804～1881
　幕末明治の漢方医

【蔫】

蔫〈号〉
　大谷 暫酔　おおたに・ざんすい　1626～1681　徳川中期の俳人、東本願寺第13世宣如の第3子
蔫の本〈号〉
　乙彦　おとひこ　1826～1886　幕末から明治初期の俳人

【趙】

趙子〈号〉
　立花 北枝　たちばな・ほくし　～1718　徳川中期の俳人　㊗加賀国小松
趙北枝
　立花 北枝　たちばな・ほくし　～1718　徳川中期の俳人　㊗加賀国小松

【澄】

澄士
　入谷 澄士　いりや・ちょうし　1806～1882　幕末・明治の文学者　㊗高松
澄円
　澄円　ちょうえん　1283～1372　南北朝時代の僧
　㊗和泉国大鳥郡
澄水居〈号〉
　松平 雪川　まつだいら・せっせん　1753～1803
　徳川中期の俳人　㊗江戸
澄玄
　太田 澄玄　おおた・ちょうげん　1721～1795　徳川中期の本草学者、医家　㊗江戸
澄海
　隆海　りゅうかい　815～886　平安時代前期の僧
澄賀
　宅磨 勝賀　たくま・しょうが　鎌倉時代初期の代表的絵仏師
澄憲
　澄憲　ちょうけん　～1203　天台宗唱道家の祖
〔藤原〕澄憲
　澄憲　ちょうけん　～1203　天台宗唱道家の祖

【潮】

潮花
　伊藤 潮花　いとう・ちょうか　1810～1880　幕末・明治時代の軍談師
潮音
　慧海　えかい　1783～1836　江戸時代後期の僧
潮誉〈号〉
　普門　ふもん　1634～1692　真宗高田派の学僧
　㊗伊勢国津

【蝶】

蝶々子
　神田 貞宣　かんだ・ていせん　江戸時代前期の俳人
蝶之
　人見 蝶之　ひとみ・ちょうし　1718～1768　江戸時代中期の俳人
蝶羽

号・別名辞典　古代・中世・近世　379

下郷 蝶羽　しもさと・ちょうう　1677〜1741　徳川中期の俳人　[出]尾張鳴海
蝶庵
一柳 頼徳　ひとつやなぎ・よりのり　1666〜1724　伊予小松藩主
蝶夢
五升庵 蝶夢　ごしょうあん・ちょうむ　1732〜1796　江戸時代中期〜後期の俳人、僧
蝶麿
桃林堂 蝶麿　とうりんどう・ちょうまろ　江戸中期の浮世草子作者
蝶羅
下郷 蝶羅　しもさと・ちょうら　1723〜1776　徳川中期の俳人　[出]尾張鳴海

【調】

〔道島〕調心
井鳥 景雲　いとり・けいうん　1701〜1782　徳川中期肥後の武術家　[出]肥後東武士器町
調和
岸本 調和　きしもと・ちょうわ　1638〜1715　徳川中期の俳人　[出]石州
調和
堀尾 調和　ほりお・ちょうわ　?〜1743　江戸時代中期の俳人

【聴】

聴松軒〈号〉
高橋 宗恒　たかはし・むねつね　1640〜1706　有職家　[出]京都
聴雨〈号〉
心田 清播　しんでん・せいはん　1375〜1447　室町時代の僧、建仁・南禅寺主、五山文学者　[出]淡路
聴雨軒〈号〉
斎藤 雁鷗　さいとう・がんおう　1664〜1725　旗本
聴雨軒〈号〉
斎藤 総模　さいとう・そうも　1693〜1766　江戸幕府の西丸観音院番
聴亀庵〈号〉
宮 紫暁　みや・しぎょう　徳川中期の俳人　[出]京都

【寵】

〔名護〕寵文〈和名〉
程 順則　てい・じゅんそく　1663〜1734　江戸中期の琉球の儒学者　[出]琉球（沖縄）那覇久米村
寵松軒
福田 寵松軒　ふくだ・ちょうしょうけん　明和―天明時代の大阪の歌舞伎狂言作者

【直】

直
原田 東岳　はらだ・とうがく　1729〜1783　徳川中期の儒者　[出]豊後
直
赤松 直　あかまつ・ただし　陶工
直
谷村 直　たにむら・なおし　1828〜1865　明治維新の金沢藩の志士
〔坂本〕直〈通称〉
高松 太郎　たかまつ・たろう　1842〜1898　郷士、坂本竜馬の甥　[出]土佐国安芸郡安田村
直一〈字〉
望月 玉泉　もちずき・ぎょくせん　1834〜1913　画家　[出]京都
直三郎〈通称〉
松波 資之　まつなみ・すけゆき　1830〜1906　歌人　[出]安芸（現・広島県）
直久〈名〉
高木 元右衛門　たかぎ・もとえもん　1833〜1864　幕末の志士　[出]肥後菊池郡深川村
直久
山内 豊明　やまうち・とよあきら　1642〜1704　江戸時代前期の大名
直大〈名〉
坂本 浩雪　さかもと・こうせつ　1800〜1853　幕末の本草家、菌類採集家
〔芝崎〕直子
荷田 直子　かだの・なおこ　?〜1764　江戸時代中期の歌人
直之〈名〉
天野屋 利兵衛　あまのや・りへえ　〜1727　徳川時代大阪の俠客
直之
塙 団右衛門　ばん・だんえもん　〜1615　安土桃山時代の武将　[出]遠江横須賀
直元〈名〉
氏家 卜全　うじいえ・ぼくぜん　〜1571　戦国時代の武将
直円
安島 直円　あじま・なおのぶ　〜1798　江戸中期の数学者、羽州新庄侯戸沢上総介の江戸詰家臣　[出]江戸
直太郎〈通称〉
笹山 嗣立　ささやま・しりゅう　1791〜1853　幕末の書家　[出]長崎
直心庵〈号〉
諏訪 頼安　すわ・よりやす　旗本
直方
今枝 直方　いまえだ・なおかた　1653〜1728　徳川中期の国学者
直方〈字〉
今村 一鷗　いまむら・いちおう　徳川中期の小児科医　[出]広島
直方〈名〉
佐藤 剛斎　さとう・ごうさい　1650〜1719　徳川中期の儒者　[出]備後福山
直方〈名〉
嵯峨 朝来　さが・ちょうらい　1743〜1819　徳川中期肥後の儒者
直方
草間 直方　くさま・なおかた　1753〜1831　『三貨図彙』の著者
直方
伴 直方　ばん・なおかた　1790〜1842　徳川中期の国学者　[出]江戸
直方
堀 直重　ほり・なおしげ　信州須坂城主
直兄

ちょく（直）

松田 直兄　まつだ・なおえ　1783〜1854　徳川末期の歌学者　㊗京都
直右衛門〈通称〉
　平田 真賢　ひらた・さねかた　対馬府中藩士
直古
　採撰亭 直古　さいせんてい・なおふる　徳川中期の狂歌師　㊗駿河
直弘〈諱〉
　玉松 操　たままつ・みさお　1810〜1872　明治維新時代岩倉具視の謀臣にして皇学者
直正〈初名〉
　原田 長俊　はらだ・ながとし　〜1576　戦国時代の武人
直正
　赤井 直正　あかい・なおまさ　〜1579　戦国時代の武将
直正
　鍋島 閑叟　なべしま・かんそう　1814〜1871　佐賀藩主　㊗江戸
〔荻野〕直正
　赤井 直正　あかい・なおまさ　〜1579　戦国時代の武将
〔赤井〕直正
　荻野 直正　おぎの・なおまさ　1529〜1578　戦国〜織豊時代の武将
直光
　熊谷 直光　くまがい・なおみつ　1842〜1902　剣士、官吏　㊗出羽国仙北郡六郷
〔高畑〕直吉〈諱〉
　柳亭 種彦(3代)　りゅうてい・たねひこ　1838〜1885　幕府の坊主衆、戯作者　㊗江戸浅草七軒町組屋敷
直守〈諱〉
　中山 勘解由　なかやま・かげゆ　1633〜1687　江戸幕府の旗本
直次
　大道寺 直次　だいどうじ・なおつぐ　1571〜1651　戦国時代の北条氏直の臣、徳川初期の御先弓頭　㊗相模
直次
　堀 直清　ほり・なおきよ　桃山末期の越後三条城主
直次
　立花 直次　たちばな・なおつぐ　1572〜1617　徳川初期の武将
〔高橋〕直次
　立花 直次　たちばな・なおつぐ　1572〜1617　徳川初期の武将
〔赤川〕直次
　佐久間 佐兵衛　さくま・さへえ　1833〜1864　幕末の志士、山口藩士　㊗長門国萩
直次郎
　片岡 直次郎　かたおか・なおじろう　徳川末期の無頼漢、江戸四谷忍町の渡り徒士
直江大和守
　本多 政重　ほんだ・まさしげ　1580〜1647　前田利家の臣
〔藤原〕直行
　長谷川 馬光　はせがわ・ばこう　1687〜1751　徳川中期の俳人
〔橘〕直助〈変名〉

村橋 直衛　むらはし・なおえ　1840〜1892　薩摩藩士　㊗鹿児島
〔神田〕直助
　山本 四郎　やまもと・しろう　1839〜1862　維新時代の志士
直芳〈名〉
　粟田口 慶羽　あわたぐち・けいう　1723〜1791　徳川末期の画家
直侍〈異名〉
　片岡 直次郎　かたおか・なおじろう　徳川末期の無頼漢、江戸四谷忍町の渡り徒士
直宣
　堀 直宣　ほり・なおのぶ　1762〜1781　江戸時代中期の大名
直実
　安保 直実　あぼ・ただざね　南北朝時代の武将
直枝〈通称〉
　伴 資規　ばん・すけのり　〜1810　国学者　㊗近江国坂田郡目撫村
直治
　朝長 晋亭　ともなが・しんてい　1800〜1845　江戸時代後期の儒者
直知〈名〉
　佐々城 朴庵　ささき・ぼくあん　徳川中期の婦人科医　㊗陸前桃生郡中津山村新田
直長
　森 五六郎　もり・ごろくろう　1838〜1861　幕末の武士
直亮
　落合 直亮　おちあい・なおあき　1827〜1894　幕末・明治時代の国学者　㊗武蔵南多摩郡駒木野村
直信
　狩野 松栄　かのう・しょうえい　1519〜1592　狩野宗家4代目の画家
直彦
　熊谷 直彦　くまがい・なおひこ　1828〜1913　徳川末期の画家　㊗京都
直恒
　依田 伴蔵　よだ・ばんぞう　1823〜1866　幕末の武士
直政
　原田 直政　はらだ・なおまさ　〜1576　信長の臣
直柔〈名〉
　坂本 竜馬　さかもと・りょうま　1835〜1867　明治維新土佐出身の志士　㊗土佐高知本町1丁目
直胤
　正宗 直胤　まさむね・なおたね　1800〜1862　歌人
直胤
　横川 良助　よこかわ・りょうすけ　1774〜1858　江戸時代後期の郷土史家
直重
　高野 幽山　たかの・ゆうざん　徳川中期の俳人　㊗京都
直重
　堀 直重　ほり・なおしげ　信州須坂城主
直倉
　林 真倉　はやしの・まくら　平安時代前期の雅楽家
直郷
　一柳 頼徳　ひとつやなぎ・よりのり　1666〜1724　伊予小松藩主
直家〈名〉

ちょく（稙）　ちん（枕，珍）

稲富 祐直　いなとみ・すけなお　1551〜1611　砲術家　㊙丹後田辺
直恭
熊谷 蓮心　くまがい・れんしん　1783〜1859　江戸時代後期の社会事業家
〔杉浦〕直時
柳川 直時　やながわ・なおとき　江戸時代中期〜後期の装剣金工
直純
有馬 直純　ありま・なおすみ　1586〜1641　日向延岡藩主、キリシタンの洗礼をうけ後棄教
直記〈通称〉
井上 毅斎　いのうえ・きさい　1792〜1846　徳川中期の江戸の儒者
直起〈名〉
粟田口 桂羽　あわたぐち・けいう　1779〜1821　徳川幕府の御絵坊主
直斎〈号〉
千 宗守(4世)　せんの・そうしゅ　1715〜1782　茶道家
直清
堀 直清　ほり・なおきよ　桃山末期の越後三条城主
直盛
坂崎 直盛　さかざき・なおもり　〜1616　家康の臣
直陳
熊谷 直盛　くまがい・なおもり　?〜1600　織豊時代の武将
直勝
佐久間 直勝　さくま・なおかつ　1570〜1642　徳川初期の茶道家（織部流）
直勝
生駒 直勝　いこま・なおかつ　秀吉直領の代官
直敬〈名〉
新井 源八郎　あらい・げんぱちろう　1824〜1865　幕末の水戸藩士
直温〈諱〉
広沢 真臣　ひろさわ・さねおみ　1833〜1871　幕末明治の勤王家、萩藩士　㊙長門国萩十日市
直道
庄田 直道　しょうだ・なおみち　1836〜1910　越後高田藩士
〔遠山〕直随
浜野 直随　はまの・なおゆき　1745〜1819　江戸時代中期〜後期の装剣金工
直準〈諱〉
三国 大学　みくに・だいがく　1810〜1896　幕末・維新期の儒学者　㊙越前（福井県）三国
直熙
鍋島 治茂　なべしま・はるしげ　1745〜1805　江戸時代中期〜後期の大名
直継
井伊 直勝　いい・なおかつ　1590〜1662　江戸時代前期の大名
直義
足利 直義　あしかが・ただよし　1306〜1352　尊氏の同母弟
直義〈名〉
豊原 周延　とよはら・ちかのぶ　1838〜1912　画家　㊙越後高田
直該

井伊 直興　いい・なおおき　1656〜1717　江戸時代前期〜中期の大名
直徳〈通称〉
嵐窓 らんそう　〜1838　化政期の俳人
直徳
鈴木 直徳　すずき・なおのり　1797〜1853　徳川末期の歌人　㊙備後三原
直輔親王
良純法親王　りょうじゅんほうしんのう　1603〜1669　知恩院初代御門跡、後陽成天皇第八皇子
直蔵〈通称〉
平井 澹所　ひらい・たんしょ　1762〜1820　徳川中期の儒者　㊙伊勢の菰野
直輝〈諱〉
鯰江 伝左衛門　なまずえ・でんざえもん　1815〜1866　庄屋、温泉宿主人　㊙但馬国城崎郡城崎町湯島
直養〈名〉
菅野 兼山　すがの・けんざん　1680〜1747　江戸時代末期の儒者
直養〈名〉
落合 東堤　おちあい・とうてい　1753〜1841　徳川中期・末期の漢学者　㊙秋田藩
直樹
弾 直樹　だん・なおき　1822〜1889　幕末期の関八州長吏頭
直樹〈通称〉
伴 資規　ばん・すけのり　〜1810　国学者　㊙近江国坂田郡日撫村
直興〈名〉
粟田口 桂羽　あわたぐち・けいう　1779〜1821　徳川幕府の御絵坊主
直興
松平 四山　まつだいら・しざん　〜1854　徳川中期の俳人、出雲母里藩主
直衛
村橋 直衛　むらはし・なおえ　1840〜1892　薩摩藩士　㊙鹿児島
直頼
坂内 直頼　さかうち・なおより　徳川初中期京都の国学者
直鎮
坂本 奇山　さかもと・きざん　1810〜1887　幕末明治時代の漢学者、肥後熊本藩士

【稙】

稙通
波多野 元清　はたの・もときよ　?〜1530　戦国時代の武将

【枕】

枕流軒〈号〉
高屋 宋甫　たかや・そうほ　1623〜1690　徳川中期の医家　㊙仙台

【珍】

珍

倭王 珍　わおう・ちん　中国史料に見える5世紀前半の王者、倭の五王の1人
珍夕〈別称〉
洒堂　しゃどう　俳人、芭蕉一門　[出]近江膳所
珍斎其成〈号〉
夜雪庵 金羅　やせつあん・きんら　1830〜1894　俳人　[出]東京
珍碩〈別称〉
洒堂　しゃどう　俳人、芭蕉一門　[出]近江膳所
〔浜田〕珍碩
洒堂　しゃどう　俳人、芭蕉一門　[出]近江膳所

【陳】

陳
随朝 陳　ずいちょう・のぶる　1790〜1850　江戸中・末期の算家兼儒学者　[出]京都
〔藤原〕陳子
北白河院　きたしらかわのいん　1173〜1238　後高倉太上天皇の妃

【趁】

趁
源 趁　みなもとの・ちん　平安朝時代の歌人、中古三十六歌仙の一人

【椿】

椿子〈号〉
佐久間 柳居　さくま・りゅうきょ　1686〜1748　徳川中期の俳人　[出]江戸
椿水
内海 椿水　うつみ・ちんすい　1812〜1887　幕末明治初期の画家　[出]越前
椿丘
青野 太筇　あおの・たこう　1764〜1828　徳川末期の俳人　[出]下総香取
椿丘太筇〈号〉
青野 太筇　あおの・たこう　1764〜1828　徳川末期の俳人　[出]下総香取
椿老〈号〉
逸渕　いつえん　〜1861　幕末期の俳人　[出]武蔵国八幡
椿寿
村井 琴山　むらい・きんざん　1733〜1815　江戸時代中期〜後期の医師
椿杖斎〈号〉
井上 重厚　いのうえ・じゅうこう　1742〜1804　徳川中期の俳人　[出]京都
椿杖斎〈号〉
蛎山　れいざん　〜1862　幕末期の俳人　[出]越中福光
椿杖斎〈号〉
閑斎　かんさい　徳川中期の俳人　[出]吉備の中山
椿花亭〈号〉
西村 定雅　にしむら・ていが　1744〜1826　徳川中期の俳人　[出]京都
椿岳
淡島 椿岳　あわしま・ちんがく　1823〜1889　幕末明治の画家　[出]武蔵川越在小ケ谷村
椿亭〈号〉
西村 定雅　にしむら・ていが　1744〜1826　徳川中期の俳人　[出]京都
椿海
常世田 長翠　つねよだ・ちょうすい　〜1813　徳川中期の俳人　[出]下総匝瑳郡木戸村
椿海
大川 椿海　おおかわ・ちんかい　徳川中期の画家　[出]上総八日市場
椿香〈号〉
青木 政美　あおき・まさよし　〜1874　徳川末期の兵法家、小倉藩師範
椿庭
海寿 椿庭　かいじゅ・ちんてい　1318〜1401　室町初期の僧侶（禅宗）　[出]遠江国
椿軒〈号〉
内山 賀邸　うちやま・がてい　徳川中期の儒者　[出]江戸
椿堂
徳田 椿堂　とくだ・ちんどう　1758〜1825　江戸時代中期〜後期の俳人
椿園
伊丹 椿園　いたみ・ちんえん　〜1781　初期読本の作者
椿園〈号〉
佐藤 信淵　さとう・のぶひろ　1767〜1850　徳川中期の経済学者　[出]出羽雄勝郡西馬音内村
椿園〈号〉
氷室 長翁　ひむろ・ながとし　1784〜1863　歌人

【鎮】

鎮平〈別称〉
宮下 正岑　みやした・まさみね　1774〜1838　徳川中期の国学者　[出]信濃上伊那郡飯島村
〔鈴木〕鎮平
歌川 広重（2代）　うたがわ・ひろしげ　1826〜1869　浮世絵師
鎮吉
河尻 鎮吉　かわじり・しげよし　〜1584　戦国時代の武将、信濃岩久保城主　[出]伊勢
鎮西上人
聖光　しょうこう　1162〜1238　浄土宗鎮西派の祖　[出]筑前遠賀郡
鎮西宮
懐良親王　かねながしんのう　〜1383　南北朝時代の征西将軍宮、後醍醐天皇の皇子
鎮房
城井 鎮房　きのい・しげふさ　1536〜1589　豊前城井館を領す
〔宇都宮〕鎮房
城井 鎮房　きのい・しげふさ　1536〜1589　豊前城井館を領す
鎮経
志岐 麟泉　しき・りんせん　?〜1589　戦国〜織豊時代の武将
鎮漣
蒲池 鎮漣　かまち・しげなみ　戦国時代の武将、筑後柳河城主

つい（追，椎，槌）　つう（通）

【追】

追風（1代）
　吉田 追風（1代）　よしだ・おいかぜ　鎌倉時代の相撲行司、越前福井の郷士

【椎】

椎園〈別号〉
　三浦 千春　みうら・ちはる　1828～1903　幕末明治の国学者　㊗名古屋

【槌】

〔有福〕槌三郎
　都野 巽　つの・たつみ　1828～1895　幕末の志士　㊗周防岩国
〔芳沢〕槌松（1代）〈初名〉
　嵐 かのふ（1代）　あらし・かのう　大阪の歌舞伎俳優、文化・文政時代の若女方の功者

【通】

通
　橋本 香坡　はしもと・こうは　1809～1865　江戸時代後期の儒者
通女
　井上 通女　いのうえ・つうじょ　1660～1738　徳川中期の女流文学者　㊗丸亀
通元
　田中 紫紅　たしろ・しこう　～1731　徳川中期の俳人　㊗江戸
〔中院〕通方
　源 通方　みなもとの・みちかた　1189～1239　鎌倉時代の公卿
〔土御門〕通方
　源 通方　みなもとの・みちかた　1189～1239　鎌倉時代の公卿
通光
　源 通光　みなもとの・みちみつ　1187～1248　鎌倉時代の歌人
〔久我〕通光
　源 通光　みなもとの・みちみつ　1187～1248　鎌倉時代の歌人
通具
　源 通具　みなもとの・みちとも　1171～1227　平安時代の歌人
〔土御門〕通具
　源 通具　みなもとの・みちとも　1171～1227　平安時代の歌人
〔藤原〕通具
　源 通具　みなもとの・みちとも　1171～1227　平安時代の歌人
〔藤原〕通季
　西園寺 通季　さいおんじ・みちすえ　1090～1128　平安時代後期の公卿
〔村上〕通昌
　来島 通康　くるしま・みちやす　伊予河野氏の臣　㊗信濃の村上
通武

　久坂 玄瑞　くさか・げんずい　1840～1864　幕末の武士
通直
　河野 通尭　こうの・みちたか　?～1379　南北朝時代の武将
通亮〈諱〉
　岩下 探春　いわした・たんしゅん　1716～1785　徳川中期の儒者、熊本藩士
通信〈諱〉
　富田 孟次郎　とみた・もうじろう　1833～　佐土原藩士　㊗日向国住吉村島之内
通信
　堀 利重　ほり・とししげ　1581～1638　常陸玉取城主　㊗美濃国茜部
通政〈諱〉
　林 光時　はやし・みつとき　～1573　信長の臣
〔松平〕通春
　徳川 宗春　とくがわ・むねはる　1696～1764　江戸時代中期の大名
通神堂〈号〉
　中島 来章　なかじま・らいしょう　1796～1871　円山派画家　㊗京都
通恕
　惟忠 通恕　いちゅう・つうじょ　1349～1429　南北朝～室町時代の僧
通翁〈号〉
　石野 広道　いしの・ひろみち　1718～1800　徳川中期の国学者　㊗江戸
通高
　那珂 通高　なか・みちたか　1827～1879　盛岡藩士　㊗出羽国大館
通康
　来島 通康　くるしま・みちやす　伊予河野氏の臣　㊗信濃の村上
〔村上〕通康
　来島 通康　くるしま・みちやす　伊予河野氏の臣　㊗信濃の村上
通清
　河野 界浦　こうの・かいほ　江戸時代前期～中期の儒者
通郷
　浅加 久敬　あさか・ひさたか　1657～1727　江戸時代前期～中期の武士、国学者
通勝
　江戸 道勝　えど・みちかつ　戦国時代常陸の豪族
通
　林 秀貞　はやし・ひでさだ　戦国～織豊時代の武将
通喬〈名〉
　田中 玄蕃（9代）　たなか・げんばん　1740～1811　醤油醸造家
通陽門院
　通陽門院　つうようもんいん　1351～1406　後小松天皇の母
通煕
　井上 蘭台　いのうえ・らんだい　1705～1761　江戸中期の儒者　㊗江戸材木町
通総
　久留島 通総　くるしま・みちふさ　～1597　伊予風早郡領主　㊗伊予の来島
〔来島〕通総

つが（栂）　てい（呈, 弟, 定）

久留島 通総　くるしま・みちふさ　～1597　伊予風早郡領主　㊟伊予の来島
通憲
　藤原 通憲　ふじわらの・みちのり　～1159　平安時代の政治家
通融〈名〉
　久富 豊　ひさとみ・ゆたか　1844～1863　幕末の志士　㊟長門国萩
通親
　源 通親　みなもとの・みちちか　1149～1202　鎌倉時代初期の公卿、歌人
〔久我〕通親
　源 通親　みなもとの・みちちか　1149～1202　鎌倉時代初期の公卿、歌人
〔土御門〕通親
　源 通親　みなもとの・みちちか　1149～1202　鎌倉時代初期の公卿、歌人
通諄〈諱〉
　河野 李由　こうの・りゆう　1662～1705　徳川中期の俳人
通賢
　久米 栄左衛門　くめ・えいざえもん　1780～1841　徳川末期の経世家、砲術家　㊟讃岐大川郡篠原
通禧
　東久世 通禧　ひがしくぜ・みちとみ　1833～1912　所謂七卿の1人、伯爵　㊟京都丸太町

【栂】

栂尾上人
　明恵　みょうえ　1173～1232　華厳宗の高徳　㊟紀伊有田郡石垣荘吉原村

【呈】

〔藤原〕呈子
　九条院　くじょういん　1133～1176　近衛天皇の皇后

【弟】

弟上娘子
　狭野 茅上娘子　さのの・ちがみのおとめ　奈良時代の歌人
弟山
　出雲臣 弟山　いずものおみ・おとやま　奈良時代の出雲の国造
〔国造〕弟山
　出雲臣 弟山　いずものおみ・おとやま　奈良時代の出雲の国造
弟彦
　春山 弟彦　はるやま・おとひこ　1831～1899　国学者、姫路藩の儒臣
〔藤原〕弟貞
　山背王　やましろおう　？～763　奈良時代の公卿
〔高部〕弟嗣
　和 乙継　やまとの・おとつぐ　奈良時代の官吏
弟縄
　藤原 乙縄　ふじわらの・たかつな　～781　奈良時代の廷臣、刑部卿
弟橘比売命

弟橘比売命　おとたちばなひめのみこと　日本武尊の御妃
弟橘媛
　弟橘比売命　おとたちばなひめのみこと　日本武尊の御妃

【定】

定
　茅原 虚斎　ちはら・きょさい　1774～1840　江戸時代後期の医師、本草家
定二郎〈別名〉
　坂東 定次郎　ばんどう・さだじろう　幕末明治時代の大阪の長唄三絃の名手
〔坂東〕定十郎〈後名〉
　沢村 小伝次（3代）　さわむら・こでんじ　～1771　歌舞伎俳優
〔藤原〕定子
　開明門院　かいめいもんいん　1718～1790　桜町天皇の後宮
定之助〈通称〉
　立羽 不角　たてば・ふかく　1662～1753　徳川中期の俳人　㊟江戸
定友
　綾井 定友　あやい・さだとも　室町時代の堺の豪商
定加
　和気 定加　わけの・さだます　織豊時代の医家
定四郎〈前名〉
　坂田 藤十郎（3代）　さかた・とうじゅうろう　1701～1774　歌舞伎俳優
〔中院〕定平
　源 定平　みなもとの・さだひら　鎌倉～南北朝時代の公家、武将
〔橘村〕定広〈本名〉
　竹田 宗柏　たけだ・そうはく　～1551　室町時代の医家
定吉〈通称〉
　古谷 道生　ふるや・どうせい　1815～1888　幕末明治時代の和算家　㊟駿河
定吉〈前名〉
　坂東 定次郎　ばんどう・さだじろう　幕末明治時代の大阪の長唄三絃の名手
定吉〈通称〉
　森 鷗村　もり・おうそん　1831～1907　漢学者　㊟栃木県下都賀郡藤岡町
定好
　渡辺 定好　わたなべ・さだよし　1759～1814　徳川中期の書家
定次
　筒井 定次　つつい・さだつぐ　1562～1614　武将、キリシタン大名慈明寺順国の子　㊟大和国
〔青江〕定次
　貞次　さだつぐ　鎌倉時代備中青江の刀工
〔青江〕定次
　貞次　さだつぐ　鎌倉時代備中青江の刀工
〔青江〕定次
　貞次　さだつぐ　豊臣・徳川初期の刀工　㊟土佐石立村
定次郎
　坂東 定次郎　ばんどう・さだじろう　幕末明治時代の大阪の長唄三絃の名手

号・別名辞典　古代・中世・近世　385

てい（呈，弟，定）

定考
　篠田 明浦　しのだ・めいほ　1728〜1780　江戸時代中期の書家
定行
　宇佐美 定行　うさみ・さだゆき　〜1564　室町時代の上杉氏の宿将
定行
　宇佐美 定行　うさみ・さだゆき　〜1564　室町時代の上杉氏の宿将
定利
　綾小路 定利　あやのこうじ・さだとし　鎌倉時代の刀工
定助〈通称〉
　森 鷗村　もり・おうそん　1831〜1907　漢学者　㊨栃木県下都賀郡藤岡町
定孝〈名〉
　川崎 平右衛門　かわさき・へいえもん　1694〜1767　江戸中期の農政家
定志〈名〉
　菅沼 游鷗　すがぬま・ゆうおう　〜1866　幕府の寄合衆で、のち西丸側衆
定良
　竹田 梅廬　たけだ・ばいろ　1738〜1798　江戸時代中期〜後期の儒者
定房
　吉田 定房　よしだ・さだふさ　1274〜1338　吉野朝の延臣、内大臣
定房
　藤 定房　とう・さだふさ　1694〜1732　江戸中期の歴史学者
〔久松〕定房
　松平 定房　まつだいら・さだふさ　1604〜1676　江戸時代前期の大名
〔藤原〕定房
　吉田 定房　よしだ・さだふさ　1274〜1338　吉野朝の延臣、内大臣
定易
　斎藤 定易　さいとう・さだやす　1657〜1744　近世中期の馬術家
定明〈名〉
　安藤 了翁　あんどう・りょうおう　1577〜1637　徳川初期の国学者　㊨丹波
定林
　大西 定林　おおにし・じょうりん　〜1727　江戸の釜師大西家の祖
定治
　酒井 定治　さかい・さだはる　〜1540　戦国時代の上総土気城主　㊨鎌倉
定直
　久松 定直　ひさまつ・さだなお　1660〜1710　伊予松山藩主
定直
　竹田 定直　たけだ・さだなお　1661〜1745　徳川中期の儒家　㊨筑前福岡
定直
　木畑 定直　こばた・さだなお　〜1712　徳川中期の俳人　㊨備前岡山
〔松平〕定直
　久松 定直　ひさまつ・さだなお　1660〜1710　伊予松山藩主
〔藤原〕定長

寂蓮　じゃくれん　〜1202　平安末期から鎌倉時代の歌僧
定信
　春原 定信　はるはら・さだのぶ　1812〜1886　国学者
定信
　松平 定信　まつだいら・さだのぶ　1758〜1829　徳川末期の老中　㊨江戸
〔出雲路〕定信
　春原 定信　はるはら・さだのぶ　1812〜1886　国学者
定保〈名〉
　神田 雁赤　かんだ・がんせき　〜1816　徳川中期の俳人
定政
　土岐 定政　とき・さだまさ　1551〜1597　織豊時代の武将　㊨美濃多芸郡
定政
　矢部 定政　やべ・さだまさ　秀吉馬廻
〔本郷〕定政
　矢部 定政　やべ・さだまさ　秀吉馬廻
定泉
　定泉　じょうせん　1273〜　鎌倉後期の律宗の学僧
定為
　安藤 朴翁　あんどう・ぼくおう　1627〜1702　江戸時代前期の国学者
〔真行房〕定宴
　定宴　じょうえん　鎌倉時代の僧
定家
　藤原 定家　ふじわらの・さだいえ　1162〜1241　鎌倉前期の歌人・歌学者
定矩〈名〉
　遠藤 日人　えんどう・えつじん　1758〜1836　徳川中期の俳人　㊨仙台
〔久我〕定通
　土御門 定通　つちみかど・さだみち　1188〜1247　鎌倉時代の公卿
〔大江〕定基
　寂昭　じゃくしょう　962〜1034　恵心僧都の天台宗27間を携へて入宋した僧
定常〈名〉
　菅沼 曲翠　すがぬま・きょくすい　〜1717　徳川中期の俳人　㊨膳所
定常〈諱〉
　疋田 柳塘　ひきた・りゅうとう　1750〜1800　幕末の秋田藩執政
定清〈初名〉
　藤 定房　とう・さだふさ　1694〜1732　江戸中期の歴史学者
定清
　服部 定清　はっとり・さだきよ　江戸時代前期の俳人
〔稲葉〕定清女
　久免方　くめのかた　〜1777　徳川氏の外戚
定章〈名〉
　大沢 友佐　おおさわ・とものぶ　1773〜1835　徳川中期の医家にして開拓家　㊨前橋
〔蜂屋〕定章
　淡山 尚綱　あわやま・しょうけい　1686〜1749　江戸中期の数学者
定許〈初名〉

386　号・別名辞典　古代・中世・近世

藤 定房　とう・さだふさ　1694～1732　江戸中期の歴史学者
〔野宮〕定逸
花山院 定逸　かざんいん・さだとし　1610～1658　江戸時代前期の公卿
定勝
松平 定勝　まつだいら・さだかつ　1560～1624　家康の異父弟、伊勢国桑名領主　[出]尾張国智多郡
定勝
池 内蔵太　いけ・くらた　1841～1866　幕末期の志士、変名細川左馬之助、細井徳太郎　[出]土佐国小高坂村
〔久松〕定勝
松平 定勝　まつだいら・さだかつ　1560～1624　家康の異父弟、伊勢国桑名領主　[出]尾張国智多郡
〔柴田〕定勝
駒井 躋庵　こまい・せいあん　1810～1866　徳川末期の勤王家　[出]加賀国金沢城下
定然
葉室 定嗣　はむろ・さだつぐ　1208～1272　鎌倉中期の公卿
定雄
宮負 定雄　みやおい・やすお　1797～1858　江戸後期の国学者
定嗣〈名〉
葉室 定嗣　はむろ・さだつぐ　1208～1272　鎌倉中期の公卿
〔藤原〕定嗣
葉室 定嗣　はむろ・さだつぐ　1208～1272　鎌倉中期の公卿
定猷
松平 猷　まつだいら・みち　1834～1859　江戸時代後期の大名
〔佐々木〕定詮
六角 定詮　ろっかく・さだのり　南北朝時代の武将
定誉
祈親　きしん　1018～1107　高野山を再興した僧　[出]大和楠本
定雅
西村 定雅　にしむら・ていが　1744～1826　徳川中期の俳人　[出]京都
定輔親王
空性法親王　くうしょうほうしんのう　1573～1650　陽光太上天皇（誠仁親王）第2王子
定静〈名〉
渡辺 崋山　わたなべ・かざん　1793～1841　南画家　[出]江戸
〔町〕定静
小原 信窩子　おはら・きくつし　江戸時代前期の儒者
定慧円明国師〈諡号〉
南化 玄興　なんげ・げんこう　1538～1604　室町時代末・江戸時代初期の臨済宗の僧侶
定慧明光仏頂国師〈諡号〉
文守 一糸　ぶんしゅ・いっし　1607～1645　江戸時代初期の臨済宗の僧
定蔵〈通称〉
雨宮 越哉　あめのみや・えっさい　1826～1874　徳川末期・明治初期の俳人　[出]甲斐西山梨郡山城村上今井
定親
藤原 定親　ふじわらの・さだちか　1401～1459　室町時代初期の公卿
〔中山〕定親
藤原 定親　ふじわらの・さだちか　1401～1459　室町時代初期の公卿
定賢
実川 定賢　さねかわ・ていけん　1777～1835　徳川中期の算家　[出]下総香取郡今郡
定頼
六角 定頼　ろっかく・さだより　1495～1552　室町後期の近江半国の守護大名
〔佐々木〕定頼
六角 定頼　ろっかく・さだより　1495～1552　室町後期の近江半国の守護大名

【柢】

〔藤原〕柢子
弘徽殿女御　こきでんのにょうご　～985　花山天皇の女御

【亭】

亭々斎〈号〉
川上 宗雪　かわかみ・そうせつ　徳川中期の茶人　[出]紀州新宮
亭一庵〈号〉
加藤 暁台　かとう・ぎょうだい　1732～1792　天明期の俳人　[出]名古屋
亭子女御
永原媛　ながはらひめ　淳和天皇の女御
亭子院帝
宇多天皇　うだてんのう　867～931　第59代天皇

【貞】

貞〈名〉
入江 北海　いりえ・ほっかい　1714～1789　徳川中期の儒者　[出]出羽
〔重田〕貞一〈本姓名〉
十返舎 一九　じっぺんしゃ・いっく　1765～1831　戯作者　[出]駿府
貞一郎〈通称〉
三島 中洲　みしま・ちゅうしゅう　1830～1919　漢学者　[出]備中（岡山県）
〔藤原〕貞子
今林准后　いまばやしじゅごう　1196～1302　西園寺実氏の妻
貞子内親王
貞子内親王　さだこないしんのう　1607～1675　摂政二条康道の室、後陽成天皇第5皇女
貞山
桐淵 貞山　きりぶち・ていざん　1672～1749　江戸時代前期～中期の俳人
貞之丞
渋江 紫陽　しぶえ・しよう　1719～1792　江戸時代中期の儒者、書家
貞五郎〈通称〉
樋口 泉　ひぐち・いずみ　1809～1874　幕末明治の和算家
貞介

てい（貞）

佐々木 貞介　ささき・ていすけ　1835～1885　幕末明治時代の漢学者、長門萩藩士
貞六〈通称〉
川谷 致真　かわたに・ちしん　1704～1768　徳川中期の暦算家、土佐藩士　㊥土佐
貞六
川谷 薊山　かわたに・けいざん　1706～1769　江戸時代中期の暦算家
貞升
藤田 貞升　ふじた・さだます　1797～1840　江戸末期の和算家、久留米藩士
〔歌川〕貞升
五蝶亭 貞升　ごちょうてい・さだます　江戸時代後期の浮世絵師
〔中村〕貞太郎
北有馬 太郎　きたありま・たろう　1828～1862　久留米藩浪士　㊥肥前国高来郡北有馬村
貞木
出口 貞木　でぐち・ていぼく　1626～1696　江戸時代前期の俳人
貞世
今川 貞世　いまがわ・さだよ　1325～1420　南北朝・室町前期の武将
〔玉蝶斎〕貞右
混沌軒 国丸　こんとんけん・くにまる　1734～1790　江戸時代中期の狂歌師
貞右衛門〈通称〉
滝 方山　たき・ほうざん　1651～1730　徳川中期の俳人
貞広
大井 貞広　おおい・さだひろ　1676～1733　徳川中期の水戸藩儒臣　㊥京都
〔歌川〕貞広
五蝶亭 貞広　ごちょうてい・さだひろ　江戸時代後期の浮世絵師
〔度会〕貞永
上部 貞永　うわべ・さだなが　1528～1591　戦国～織豊時代の神職
貞由
馬場 佐十郎　ばば・さじゅうろう　1787～1822　江戸時代後期のオランダ通詞、蘭学者
貞吉〈名〉
佐竹 噌々　さたけ・かいかい　1738～1790　画家、畸人　㊥京都
貞吉〈通称〉
小関 三英　おぜき・さんえい　1787～1839　徳川中・末期の蘭医家、蘭学者　㊥出羽庄内
貞吉〈通称〉
姫井 桃源　ひめい・とうげん　1750～1818　徳川中期の儒者　㊥備中鴨方
貞因
榎並 貞因　えなみ・ていいん　1627～1700　江戸時代前期の俳人
〔長閑堂〕貞因
榎並 貞因　えなみ・ていいん　1627～1700　江戸時代前期の俳人
貞成
小池 甚之丞　こいけ・じんのじょう　織豊～江戸時代前期の有職家
貞成親王

後崇光院　ごすこういん　1372～1456　室町前期の僧、栄仁親王の王子
貞次
貞次　さだつぐ　鎌倉時代備中青江の刀工
貞次
貞次　さだつぐ　鎌倉時代備中青江の刀工
貞次
貞次　さだつぐ　豊臣・徳川初期の刀工　㊥土佐石立村
貞次郎〈別名〉
坂東 定次郎　ばんどう・さだじろう　幕末明治時代の大阪の長唄三絃の名手
貞次郎
鈴木 貞次郎　すずき・ていじろう　1811～1886　幕末・明治時代の算家　㊥上総（山武郡）牛熊
貞江
岸 貞江　きし・ていこう　?～1798　江戸時代中期～後期の俳人
貞至
中島 貞至　なかじま・ていし　江戸時代中期の俳人
貞行〈名〉
宮川 松堅　みやかわ・しょうけん　1632～1726　徳川中期の俳人　㊥京都
貞行
木村 岡右衛門　きむら・おかえもん　1658～1703　江戸時代前期の武士
貞佐
桑岡 貞佐　くわおか・ていさ　1674～1734　徳川中期の俳人　㊥江戸
貞佐
中川 貞佐　なかがわ・ていさ　1680～1747　徳川中期の俳人　㊥京都
貞佐
芥河 貞佐　あくたがわ・ていさ　1699～1779　江戸時代中期の狂歌師
〔桃縁斎〕貞佐
芥河 貞佐　あくたがわ・ていさ　1699～1779　江戸時代中期の狂歌師
貞甫〈字〉
天野 容斎　あまの・ようさい　1802～1868　江戸の儒者
貞秀
歌川 貞秀　うたがわ・さだひで　1807～1873　浮世絵師
〔橋本〕貞秀
歌川 貞秀　うたがわ・さだひで　1807～1873　浮世絵師
〔五雲亭〕貞秀
歌川 貞秀　うたがわ・さだひで　1807～1873　浮世絵師
貞臣
和気 貞臣　わけの・さだおみ　平安朝時代の儒者
貞和
大石 貞和　おおいし・ていわ　1812～1878　幕末・明治初期の数学者　㊥紀伊東牟婁郡新宮町
〔多気〕貞国
大掾 貞国　だいじょう・さだくに　戦国～織豊時代の武将
貞奇
山之内 貞奇　やまのうち・さだよし　1798～1874　薩摩藩士　㊥鹿児島城下上荒田町

〔山内〕貞奇
　山之内 貞奇　やまのうち・さだよし　1798〜1874
　薩摩藩士　㊤鹿児島城下上荒田町
貞宗
　貞宗　さだむね　鎌倉時代相州鎌倉の刀工
貞宗
　頓阿　とんあ　1289〜1372　鎌倉—吉野時代の歌僧
〔相州〕貞宗
　貞宗　さだむね　鎌倉時代相州鎌倉の刀工
〔二階堂〕貞宗
　頓阿　とんあ　1289〜1372　鎌倉—吉野時代の歌僧
貞尚〈名〉
　常盤 潭北　ときわ・たんぼく　〜1744　徳川中期の俳人、教育者　㊤下野国那須
〔久保〕貞幸
　久保木 貞幸　くぼき・さだゆき　江戸時代後期の農民
貞征
　阿閉 貞征　あべ・さだゆき　〜1582　浅井長政の臣、近江山本山城主
〔阿辻〕貞征
　阿閉 貞征　あべ・さだゆき　〜1582　浅井長政の臣、近江山本山城主
〔北条〕貞房
　大仏 貞房　おさらぎ・さだふさ　1272〜1310　鎌倉時代の武将
貞昌
　片桐 貞昌　かたぎり・さだまさ　1605〜1673　徳川初期石州流茶道の祖、大和小泉城主　㊤摂津
貞治〈通称〉
　斎藤 守敬　さいとう・もりゆき　1810〜1837　幕末の儒者　㊤陸前遠田郡沼部村
貞治
　酒井 定治　さかい・さだはる　〜1540　戦国時代の上総土気城主　㊤鎌倉
貞治〈通称〉
　平元 謹斎　ひらもと・きんさい　1810〜1876　徳川末期の儒者　㊤出羽
〔田村〕貞治
　絵馬屋 額輔(2世)　えまや・がくすけ　1821〜1890　狂歌師　㊤越後
貞直
　大仏 貞直　おさらぎ・さだなお　〜1333　鎌倉後期の武将
〔北条〕貞直
　大仏 貞直　おさらぎ・さだなお　〜1333　鎌倉後期の武将
貞虎
　歌川 貞虎　うたがわ・さだとら　江戸時代後期の浮世絵師
貞室
　安原 貞室　やすはら・ていしつ　1610〜1673　徳川初期の俳人　㊤京都
貞宣
　神田 貞宣　かんだ・ていせん　江戸時代前期の俳人
貞宣
　中島 貞晨　なかじま・ていしん　江戸時代前期の俳人
貞屋

　熊谷 貞屋　くまがい・ていおく　江戸時代中期の俳人
貞度
　石黒 貞度　いしぐろ・さだのり　〜1857　徳川末期の漢学者、岡山藩士
貞度
　桧垣 貞度　ひがき・さだのり　1784〜1831　徳川中期の国学者
〔岡地〕貞政
　暹羅屋 勘兵衛　しゃむろや・かんべえ　1566〜1649　織豊〜江戸時代前期の商人
貞柳
　油煙斎 貞柳　ゆえんさい・ていりゅう　1654〜1734　江戸前・中期の狂歌師　㊤大阪
〔永田〕貞柳
　油煙斎 貞柳　ゆえんさい・ていりゅう　1654〜1734　江戸前・中期の狂歌師　㊤大阪
〔鯛屋〕貞柳
　油煙斎 貞柳　ゆえんさい・ていりゅう　1654〜1734　江戸前・中期の狂歌師　㊤大阪
貞柳(3代)
　芥河 貞佐　あくたがわ・ていさ　1699〜1779　江戸時代中期の狂歌師
貞為
　梅原 貞為　うめはら・ていい　1669〜1728　江戸時代前期〜中期の俳人
貞重
　貞重　さだしげ　徳川初期の刀工
貞兼
　益田 貞兼　ますだ・さだかね　〜1526　室町中期の国人領主
貞卿〈字〉
　安藤 知冬　あんどう・ともふゆ　1718〜1783　徳川中期の漢学者　㊤讃岐三野郡上勝間
貞原
　越智 貞厚　おちの・さだあつ　平安時代前期の官吏
〔北条〕貞将
　金沢 貞将　かねざわ・さだゆき　?〜1333　鎌倉時代の武将
貞恕
　犬井 貞恕　いぬい・ていじょ　1633〜1702　徳川中期の俳人
貞扇
　北川 貞扇　きたがわ・ていせん　1685〜1748　江戸時代中期の俳人
貞矩〈名〉
　田中 玄蕃(10代)　たなか・げんばん　1778〜1849　醬油醸造家
貞竜〈諱〉
　斎藤 市左衛門(7代)　さいとう・いちざえもん　1737〜1799　『江戸名所図会』編著者、徳川中期の国学者
貞通
　稲葉 貞通　いなば・さだみち　1546〜1603　織豊時代の武将、豊後臼杵城主
〔三善〕貞連
　太田 貞連　おおた・さだつら　鎌倉時代の幕府官僚
〔佐々木〕貞高〈本姓名〉
　為永 春水(1世)　ためなが・しゅんすい　1790〜1843　徳川末期の戯作者　㊤江戸
貞基

号・別名辞典　古代・中世・近世　389

てい（庭，悌）

竹内 卯吉郎　たけのうち・うきちろう　1813～1863　幕末期の航海技術者　㊞長崎

貞崇
鳥栖寺 貞崇　とりすでら・ていそう　866～944　山城醍醐寺(真言宗)の僧　㊞京都

貞康親王
貞康親王　さだやすしんのう　1547～1568　伏見宮邦輔親王第4王子，伏見宮第8代主

〔伏見宮〕貞教親王
貞教親王　さだのりしんのう　1836～1862　邦家親王の王子

貞斎
鈴木 貞斎　すずき・ていさい　～1740　江戸中期の儒学者

貞晨
中島 貞晨　なかじま・ていしん　江戸時代前期の俳人

貞清
藤本 貞清　ふじもと・ていせい　江戸時代前期～中期の俳人

貞営〈名〉
入 庸昌　いり・ようしょう　1693～1752　江戸中期の数学者，信濃松代藩士

貞富
榎並 貞富　えなみ・ていふ　?～1712　江戸時代前期～中期の俳人

貞景
貞景　さだかげ　江戸末期の浮世絵師　㊞江戸

貞晴
桑山 宗仙　くわやま・そうせん　1560～1632　織豊～江戸時代前期の武士，茶人

貞朝
小笠原 貞朝　おがさわら・さだとも　1461～1515　室町時代の射術家

貞賀
桐淵 貞賀　きりぶち・ていが　江戸時代中期の俳人

貞閑
佐香保　さかほ　江戸時代前期の遊女

貞雄
瀬名 貞雄　せな・さだお　1716～1796　徳川中期の故実家　㊞江戸

〔森〕貞雄〈通称〉
福亭 三笑　ふくてい・さんしょう　文化文政頃の戯作者

貞幹〈名〉
神沢 杜口　かんざわ・とこう　1710～1795　徳川中期の国学者，京都町奉行組の与力　㊞大阪

貞幹
藤井 貞幹　ふじい・ていかん　1732?～1797?　考古学者　㊞京都

貞幹
小笠原 忠幹　おがさわら・ただよし　1827～1865　江戸時代後期の大名

〔藤〕貞幹
藤井 貞幹　ふじい・ていかん　1732?～1797?　考古学者　㊞京都

〔藤原〕貞幹
藤井 貞幹　ふじい・ていかん　1732?～1797?　考古学者　㊞京都

貞義〈名〉

石河 積翠　いしこ・せきすい　1738～1803　徳川中期の俳人　㊞江戸

貞資
藤田 貞資　ふじた・さだすけ　1734～1807　和算家　㊞武州本田村

貞徳
松永 貞徳　まつなが・ていとく　1571～1653　織豊時代―徳川初期の俳人にして国学者　㊞京都

貞熊〈名〉
有川 梅隠　ありかわ・ばいいん　1771～1852　江戸中期の画家

貞儀〈名〉
福山 鳳洲　ふくやま・ほうしゅう　1724～1785　徳川末期の儒者　㊞広島

貞慶
貞慶　じょうきょう　1155～1212　法相宗の高僧

貞慶
伊勢 貞国　いせ・さだくに　1398～1454　室町時代の武将

貞範
赤松 貞範　あかまつ・さだのり　～1374　吉野朝時代の武人

貞蔵〈通称〉
栗田 樗堂　くりた・ちょどう　1749～1814　徳川中期の俳人　㊞伊予松山

貞蔵
五味 貞蔵　ごみ・ていぞう　1718～1754　江戸中期の儒者　㊞甲斐国中巨摩郡藤田村

貞蔵〈通称〉
藤江 岱山　ふじえ・たいざん　1758～1823　徳川中期竜野藩儒

貞融
岩下 貞融　いわした・さだあき　1801～1867　徳川末期の国学者　㊞信濃善光寺

貞藤
二階堂 貞藤　にかいどう・さだふじ　1267～1334　鎌倉末期の武将

貞顕
金沢 貞顕　かねざわ・さだあき　～1333　鎌倉幕府の執権

〔北条〕貞顕
金沢 貞顕　かねざわ・さだあき　～1333　鎌倉幕府の執権

貞馨
伊地知 貞馨　いじち・さだか　1826～1887　幕末の志士　㊞鹿児島

【庭】

庭柏子〈号〉
鈴木 其一　すずき・きいち　1796～1858　画家　㊞江戸

庭柏子〈号〉
酒井 抱一　さかい・ほういつ　1761～1828　徳川末期の画家にして俳人　㊞神田小川町

〔都賀〕庭鐘
近路 行者　きんろ・ぎょうじゃ　江戸中期の戯作者　㊞大阪

【悌】

悌二郎〈名〉
秋月 韋軒　あきずき・いけん　1824〜1900　旧会津藩士、明治の漢学者　[出]会津若松
悌次郎
秋月 韋軒　あきずき・いけん　1824〜1900　旧会津藩士、明治の漢学者　[出]会津若松
悌侯〈字〉
平沢 元愷　ひらさわ・げんかい　1733〜1791　江戸中・後期の儒学者　[出]山城国宇治

【挺】

挺水〈号〉
鳥山 啓　とりやま・ひらく　1837〜1914　理学者　[出]紀伊田辺

【停】

停雲居〈別号〉
巨州　きょしゅう　〜1780　享保時代の俳人　[出]和泉の岸和田

【逞】

逞誉〈号〉
檀通　だんつう　〜1674　浄土宗の僧

【堤】

堤中納言
藤原 兼輔　ふじわらの・かねすけ　877〜933　平安朝初期の歌人、三十六歌仙の1
堤亭
下村 堤亭　しもむら・ていてい　1663〜1717　江戸時代前期〜中期の俳人

【提】

提雲〈後名〉
山内 六三郎　やまのうち・ろくさぶろう　1826〜1922　官吏、横浜鎖港談判などの通訳

【棣】

棣〈名〉
岡内 綾川　おかうち・りょうせん　1764〜1832　徳川中期の漢学者

【渟】

渟中倉太珠敷尊
敏達天皇　びだつてんのう　?〜585　第30代天皇
渟名城入姫命
渟名城入姫命　ぬなきいりひめのみこと　崇神天皇の皇女

【禎】

禎子内親王
陽明門院　ようめいもんいん　1013〜1094　後朱雀天皇の皇后
禎蔵
伊東 禎蔵　いとう・ていぞう　1836〜1866　萩藩八組士、奇兵隊騎馬斥候　[出]長門国萩
〔伊藤〕禎蔵
伊東 禎蔵　いとう・ていぞう　1836〜1866　萩藩八組士、奇兵隊騎馬斥候　[出]長門国萩

【鼎】

鼎〈通称〉
岡田 光大　おかだ・みつひろ　江戸末期の有職家
鼎〈本名〉
佐和 華谷　さわ・かこく　1749〜1831　徳川中期石見の儒者
鼎
山井 昆侖　やまのい・こんろん　〜1728　徳川中期の儒者　[出]紀伊
鼎〈名〉
秦 鼎　はた・かなえ　1761〜1831　江戸後期の儒者　[出]三河
鼎
西村 茂樹　にしむら・しげき　1828〜1902　思想家、教育家、佐倉藩士　[出]江戸
鼎
幡崎 鼎　はたざき・かなえ　〜1842　徳川中・末期の蘭学者
鼎
古屋 愛日斎　ふるや・あいじつさい　1731〜1798　江戸時代中期〜後期の儒者
鼎左
藤井 鼎左　ふじい・ていさ　1802〜1869　徳川末期の俳人　[出]備後
鼎吉
大利 正樹　おおり・まさき　1841〜1864　幕末土佐藩の志士　[出]高知城下上町
鼎哉
日野 鼎哉　ひの・ていさい　1797〜1850　幕末の蘭方医　[出]豊後
鼎峨
米山 鼎峨　よねやま・ていが　安永頃の戯作者
鼎湖〈号〉
荒木田 興正　あらきだ・おきまさ　伊勢山田の祠官
鼎湖〈号〉
高島 千春　たかしま・ちはる　1777〜1859　大和絵画家　[出]大阪

【鄭】

鄭〈名〉
橋本 宗吉　はしもと・そうきち　1763〜1836　徳川中末期の蘭学者　[出]大阪
鄭迵〈唐名〉
謝名 利山　じゃな・りざん　1545〜1611　江戸前期琉球の三司官　[出]沖縄

【薙】

薙雲窩〈号〉
広瀬 台山　ひろせ・だいざん　1751〜1813　徳川中期の南画家

【諦】

てい（樗, 嚏, 鵜）　でい（泥）　てき（䙝, 的, 荻, 笛, 滴, 翟, 適）　てつ（姪, 哲）

諦子内親王
　明義門院　めいぎもんいん　1217〜1243　順徳天皇の第2皇女
諦忍
　諦忍　たいにん　1705〜1786　江戸中期の真言宗の僧　㊗美濃
諦忍
　田丸 道隠　たまる・どういん　1741〜1813　徳川中期の真宗本願寺派の学僧　㊗薩摩
諦乗
　寂厳　じゃくごん　1702〜1771　江戸時代中期の僧

【樗】

樗園〈号〉
　渕野 真斎　ふちの・しんさい　1760〜1823　徳川中期の画家　㊗豊後

【嚏】

嚏居士〈号〉
　一音　いちおん　徳川中期の俳人　㊗越後

【鵜】

鵜殿〈号〉
　藤原 基家　ふじわらの・もといえ　1203〜1280　鎌倉時代の歌人

【泥】

泥平
　林 泥平　はやし・どろへい　1763〜1853　江戸時代後期の陶工

【䙝】

䙝〈名〉
　佐治 丹岳　さじ・たんがく　1805〜1869　幕末の画家、測量家　㊗近江甲賀郡水口

【的】

的翁了端信士〈法名〉
　下和田村 治左衛門　しもわだむら・じざえもん　1765〜1836　近世最大規模の百姓一揆とされる甲州一揆（1836）郡内衆の指導者

【荻】

荻子
　辻 荻子　つじ・てきし　〜1729　徳川中期の俳人、伊賀上野の藩士
荻風
　園田 荻風　そのだ・てきふう　江戸時代中期〜後期の俳人
荻軒〈号〉
　坂 秋斎　さか・しゅうさい　〜1785　徳川中期、京都の国学者

【笛】

笛南子〈号〉
　井上 童平　いのうえ・どうへい　徳川中期の俳人　㊗岐阜
笛躬（1代）
　若竹 東九郎　わかたけ・とうくろう　江戸時代の人形浄瑠璃の人形遣い　㊗大阪
笛躬（2代）
　若竹 笛躬（2代）　わかたけ・ふえみ　大阪の豊竹座の浄瑠璃作者
笛斎〈号〉
　堀内 仙鶴　ほりのうち・せんかく　1675〜1748　江戸中期の茶人、俳人　㊗江戸
笛の舎〈雅号〉
　末永 茂世　すえなが・しげつぐ　1837〜1915　歌人、福岡藩士　㊗筑前福岡郊外春吉村

【滴】

滴水
　由利 滴水　ゆり・てきすい　1822〜1899　禅僧　㊗丹波河鹿郡白道村

【翟】

翟巣〈別号〉
　斎藤 市左衛門（9代）　さいとう・いちざえもん　1804〜1878　『江戸名所図会』編著者　㊗江戸神田雉子町

【適】

適処〈号〉
　正墻 薫　しょうがき・かおる　1818〜1876　江戸末期の鳥取藩士、儒者
適圃〈別号〉
　村田 香谷　むらた・こうこく　1830〜1912　画家　㊗筑前福岡
適斎〈別号〉
　田口 柳所　たぐち・りゅうしょ　1839〜1892　幕末明治時代の漢詩人　㊗江戸

【姪】

〔蘇我〕姪娘
　石川夫人　いしかわのおおとじ　天智帝の夫人

【哲】

哲二郎
　西村 哲二郎　にしむら・てつじろう　1844〜1866　幕末の志士　㊗但馬八鹿町
〔服部〕哲二郎
　名和 道一　なわ・どういち　1838〜1873　幕末の志士、萩藩老臣毛利出雲の家士　㊗周防国吉敷
哲四郎
　本多 忠紀　ほんだ・ただとし　1819〜1883　泉藩主　㊗陸奥国菊多郡泉城
哲阿弥
　佐藤 晩得　さとう・ばんとく　〜1792　俳人、佐竹侯の臣　㊗秋田角館

てつ（鉄，銕，徹）

哲宮
　礼仁親王　うやひとしんのう　1790〜1791　光格天皇第1皇子
哲馬
　間崎 滄浪　まさき・そうろう　1834〜1863　幕末の武士
哲得庵〈号〉
　佐藤 晩得　さとう・ばんとく　〜1792　俳人、佐竹侯の臣　㊿秋田角館
哲蔵〈通称〉
　古市 金峨　ふるいち・きんが　1805〜1880　幕末明治の画家　㊿備前児島郡郷内村

【鉄】

鉄十字〈別号〉
　渡辺 重石丸　わたなべ・いかりまろ　1837〜1915　国学者　㊿豊前中津桜町
〔松永〕鉄十郎〈前名〉
　富士田 吉次(2代)　ふじた・きちじ　1845〜1919　江戸長唄謡い　㊿甲府
鉄之丞(1世)
　観世 鉄之丞(1世)　かんぜ・てつのじょう　1731〜1782　能楽師、シテ方、観世流分家
鉄之丞(2世)
　観世 鉄之丞(2世)　かんぜ・てつのじょう　1761〜1815　能楽師、シテ方、観世流分家
鉄之丞(5世)
　観世 清永　かんぜ・きよひさ　1843〜1911　幕末・明治時代の能楽師　㊿江戸京橋弓町
鉄之助
　下村 鉄之助　しもむら・てつのすけ　幕末・維新期の宗教家
鉄之助〈幼名〉
　桜井 蕉雨　さくらい・しょうう　1775〜1829　徳川中期の俳人　㊿信州飯田本町
鉄之助
　小川 文斎(2代)　おがわ・ぶんさい　〜1887　京都の陶工
鉄之助〈初名〉
　沢村 田之助(2代)　さわむら・たのすけ　1788〜1817　歌舞伎俳優
鉄太郎
　山岡 鉄太郎　やまおか・てつたろう　1836〜1888　明治維新の剣客　㊿飛騨高山
鉄次郎
　金次　きんじ　幕末の陶工
鉄舟〈通称〉
　山岡 鉄太郎　やまおか・てつたろう　1836〜1888　明治維新の剣客　㊿飛騨高山
〔宍戸〕鉄舟
　都の錦　みやこのにしき　1675〜　浮世草子の作者　㊿摂津大阪
〔大野〕鉄兵衛
　太田黒 伴雄　おおたぐろ・ともお　1834〜1876　熊本藩歩卒　㊿熊本城下被分町
鉄臣
　谷 鉄臣　たに・てつおみ　1822〜1905　維新時代の彦根藩士、のち左院一等議官
鉄門

船曳 鉄門　ふなびき・かねと　1823〜1895　幕末明治の国学者、祠官　㊿筑後三潴郡鳥飼村字大石
鉄研〈号〉
　斎藤 拙堂　さいとう・せつどう　1797〜1865　江戸時代末期の儒者　㊿江戸柳原
鉄叟〈号〉
　亀世　かめよ　〜1764　天明期の俳人
鉄砲又
　橘屋 又三郎　たちばなや・またさぶろう　戦国時代の貿易商人
鉄翁
　松永 和風(3代)　まつなが・わふう　1837〜1916　江戸長唄の唄方
鉄翁
　日高 鉄翁　ひたか・てつおう　1791〜1871　徳川末期長崎の画僧　㊿長崎
鉄馬
　安藤 鉄馬　あんどう・てつま　1843〜1864　幕末の志士　㊿美作英田郡土居村
〔安東〕鉄馬
　安藤 鉄馬　あんどう・てつま　1843〜1864　幕末の志士　㊿美作英田郡土居村
鉄厓〈号〉
　阿万 鉄厓　あまん・てつがい　〜1876　幕末の日向飫肥藩士
鉄斎〈別号〉
　荒木 蘭皐　あらき・らんこう　1717〜1767　江戸中期の文人　㊿大坂
〔橋本〕鉄猪〈通称〉
　大橋 慎三　おおはし・しんぞう　1836〜1872　土佐藩士(山内家家老深尾氏の臣)　㊿土佐国高岡郡佐川
鉄筆堂〈別号〉
　山東 京山　さんとう・きょうざん　1769〜1858　江戸後期の戯作者
鉄槍
　青山 鉄槍　あおやま・てつそう　1820〜1906　儒者
鉄蔵〈幼名〉
　坂東 彦三郎(5代)　ばんどう・ひこさぶろう　1832〜1877　江戸の歌舞伎俳優　㊿江戸

【銕】

銕牛〈号〉
　由利 公正　ゆり・きみまさ　1829〜1909　維新の功臣、子爵　㊿越前足羽郡毛矢町
銕胤〈名〉
　平田 銕胤　ひらた・かねたね　1799〜1880　神道学者　㊿伊予国喜多郡新谷

【徹】

徹〈名〉
　舟橋 晴潭　ふなばし・せいたん　徳川末期の儒者
徹〈名〉
　肥田野 築村　ひだの・ちくそん　1801〜1874　幕末明治の儒者　㊿越後北蒲原郡築地村
徹太郎〈通称〉
　肥田野 築村　ひだの・ちくそん　1801〜1874　幕末明治の儒者　㊿越後北蒲原郡築地村
徹定

鵜飼 徹定　うがい・てつじょう　1814～1891　徳川末期明治期の僧侶　[出]筑後
〔養鸕〕徹定
鵜飼 徹定　うがい・てつじょう　1814～1891　徳川末期明治期の僧侶　[出]筑後
徹翁〈号〉
藤村 当直　ふじむら・まさなお　1612～1699　徳川初期の茶人　[出]京都
〔松南〕徹翁
松波 六郎兵衛　まつなみ・ろくろべえ　1815～1884　大庄屋、郷士　[出]伯耆国汗入郡今津村
徹斎
丸目 蔵人　まるめ・くらんど　1540～1629　織豊～江戸時代前期の剣術家

【轍】

轍
芥川 玉潭　あくたがわ・ぎょくたん　1777～1832　江戸時代後期の儒者
轍士
高島 轍士　たかしま・てつし　～1707　徳川中期の俳人　[出]京都

【天】

天九郎〈通称〉
甘呂 俊長　かんろ・としなが　南北朝時代の近江の刀工
天下一土佐少掾橘正勝〈受領号〉
土佐少掾橘 正勝（1代）　とさのしょうじょうたちばなの・まさかつ　浄瑠璃太夫、土佐節の流祖
天下一出羽掾藤原信勝〈別号〉
伊藤 出羽掾　いとう・でわのじょう　明暦―寛文時代の大阪の浄瑠璃太夫
天下一近江
近江　おうみ　1611～1704　江戸時代の能面工
天万豊日尊
孝徳天皇　こうとくてんのう　～654　第36代の天皇
天山
吉田 天山　よしだ・てんざん　江戸後期の大坂の講釈師
天山〈号〉
栗栖 平次郎　くるす・へいじろう　1840～1867　岩国藩士　[出]長門国玖珂郡車村
天山〈号〉
坂本 天山　さかもと・てんざん　1745～1803　砲術学者、信州高遠藩士　[出]信濃国高遠
天山〈号〉
大艸 銃兵衛　おおくさ・じゅうべえ　徳川末期文政頃の砲術家
天山〈号〉
藤森 弘庵　ふじもり・こうあん　1799～1862　江戸の儒者　[出]江戸
天之真宗豊祖父天皇
文武天皇　もんむてんのう　683～707　第42代天皇
天水〈別号〉
雨森 三哲　あめのもり・さんてつ　1667～1722　徳川中期の漢学者
天外〈号〉
加藤 五助（2代）　かとう・ごすけ　尾張瀬戸の陶工
天永〈別号〉
佐竹 永海　さたけ・えいかい　1803～1874　幕末明治初期の画家　[出]奥州会津
天目山人〈号〉
広瀬 元恭　ひろせ・げんきょう　1821～1870　蘭方医　[出]甲斐の国藤田村
天地庵〈号〉
溝口 素丸　みぞぐち・そがん　1713～1795　徳川中期の俳人　[出]江戸
天江
江間 天江　えま・てんこう　1825～1901　徳川末期の勤王詩人　[出]近江
〔江馬〕天江
江間 天江　えま・てんこう　1825～1901　徳川末期の勤王詩人　[出]近江
天行〈字〉
綿引 東海　わたびき・とうかい　1837～1915　幕末明治の漢学者　[出]常陸久慈郡松栄村
天寿老人〈号〉
春秋庵 幹雄　しゅんじゅうあん・みきお　1829～1910　俳人　[出]磐城（現・福島県）石川郡形見村
天来
牧岡 天来　まきおか・てんらい　1786～1861　江戸時代後期の俳人
天秀〈名〉
水心子 正秀　すいしんし・まさひで　1750～1825　江戸中期の刀匠
天花道人〈号〉
日高 涼台　ひたか・りょうだい　1797～1868　幕末明治の医家　[出]安芸の山県郡新庄
天足彦国押人命
天足彦国押人命　あめたらしひこくにおしひとのみこと　孝昭天皇の第1皇子
天命開別尊
天智天皇　てんじてんのう　～671　第38代の天皇
天国排開広庭尊
欽明天皇　きんめいてんのう　?～571　第29代天皇
天岸〈号〉
慧広　えこう　1273～1335　臨済宗の僧
天押帯日子命
天足彦国押人命　あめたらしひこくにおしひとのみこと　孝昭天皇の第1皇子
天放生〈号〉
北条 霞亭　ほうじょう・かてい　1780～1823　江戸後期の儒学者、伊勢林崎文庫の長　[出]志摩国的矢
天明老人
尽語楼 内匠　じんごろう・たくみ　1781～1861　江戸時代後期の狂歌師
天武天皇
天武天皇　てんむてんのう　～686　第40代の天皇
天狗山人〈別号〉
芝 晋交　しば・しんこう　戯作者
天竺浪人〈号〉
平賀 源内　ひらが・げんない　1726～1779　本草学者、戯作者　[出]讃岐志度浦
天英院
藤原 熙子　ふじわらの・ひろこ　1662～1741　徳川家宣の御台所

天哉翁〈号〉
　木下 長嘯子　きのした・ちょうしょうし　1569～1649　小浜城主、「挙白集」の著者
天姥
　天姥　てんぼ　～1823　化政期の俳人　㊔信濃戸倉
天室
　天室　てんしつ　～1615　安土桃山・江戸時代初期の僧侶（臨済宗）、儒者（朱子学派、南学）
天海
　天海　てんかい　1536?～1643　寛永寺の開基
〔南光坊〕天海
　天海　てんかい　1536?～1643　寛永寺の開基
天香〈別号〉
　秋場 桂園　あきば・けいえん　1813～1895　徳川末期より明治中期に互る儒者　㊔下総
天倪居士〈別号〉
　信夫 恕軒　しのぶ・じょけん　1835～1910　漢学者　㊔江戸藩邸
天朗
　新井 天朗　あらい・てんろう　江戸時代後期の俳人
天馬〈号〉
　井上 井月　いのうえ・せいげつ　1822～1887　徳川末期～明治中期の俳人　㊔越後長岡
天庵
　大倉 大三　おおくら・たいぞう　徳川中期の歌人、本居宣長の門人
天逸〈号〉
　楠本 碩水　くすもと・せきすい　1832～1916　幕末・明治時代の儒者　㊔肥前針尾島
天散〈号〉
　荒川 天散　あらかわ・てんさん　1652～1734　徳川中期の漢学者　㊔山城国
天智天皇
　天智天皇　てんじてんのう　～671　第38代の天皇
天淳中原瀛真人尊
　天武天皇　てんむてんのう　～686　第40代の天皇
天覚〈名〉
　井上 毅斎　いのうえ・きさい　1792～1846　徳川中期の江戸の儒者
天瑞院
　天瑞院　てんずいいん　1513～1592　豊臣秀吉の生母
天継〈字〉
　有沢 永貞　ありさわ・ながさだ　1639～1715　徳川中期金沢藩の兵学家
天豊財重日足姫尊
　皇極天皇　こうぎょくてんのう　594?～661　7世紀中葉の女帝
天璋院
　天璋院　てんしょういん　1836～1883　徳川13代将軍家定の夫人　㊔鹿児島城下
天質
　天室　てんしつ　～1615　安土桃山・江戸時代初期の僧侶（臨済宗）、儒者（朱子学派、南学）
天樹院
　千姫　せんひめ　1597～1666　徳川秀忠の第一女、豊臣秀頼の夫人　㊔京都伏見
天爵堂〈号〉

新井 白石　あらい・はくせき　1657～1725　江戸時代中期の儒者、政治家、史学者、地理学者、言語学者　㊔江戸柳原
天谿〈字〉
　松本 楳柯　まつもと・さいか　1785～1840　徳川中期の俳人　㊔江戸
天璽国押開豊桜彦天皇
　聖武天皇　しょうむてんのう　701～756　第45代の天皇
天麟院
　伊達 五郎八　だて・いろは　1594～1661　松平忠輝の正室

【典】

典（興）〈名〉
　広瀬 蒙斎　ひろせ・もうさい　1768～1829　徳川中期江戸の儒者　㊔奥州白河
典仁親王
　慶光天皇　きょうこうてんのう　1733～1794　追尊太上天皇、光格天皇の父
典太〈別名〉
　倉石 典太　くらいし・てんた　1815～1876　維新の志士　㊔越後高田長門町
典信〈名〉
　狩野 栄川院　かのう・えいせんいん　1730～1790　徳川幕府の奥絵師　㊔江戸
典通
　稲葉 典通　いなば・のりみち　1566～1626　美濃曽禰城主、秀吉の臣
典膳
　伊藤 忠也　いとう・ただなり　1602～1649　江戸時代前期の剣術家
〔佐々木〕典膳
　鮭延 秀綱　さけのぶ・ひでつな　最上氏家臣
〔神子上〕典膳
　小野 次郎右衛門（忠明）　おの・じろうえもん　～1628　近世初期の武芸者、徳川家の臣

【沾】

沾山
　内田 沾山　うちだ・せんざん　～1758　徳川中期の俳人
沾木子〈号〉
　神野 忠知　かんの・ただとも　1625～1676　徳川初期の俳人　㊔江戸
沾洲
　貴志 沾洲　きし・せんしゅう　1670～1739　徳川中期の俳人　㊔江戸
沾圃
　服部 沾圃　はっとり・せんぽ　～1730　徳川中期の俳人　㊔江戸
沾涼
　菊岡 沾涼　きくおか・せんりょう　1680～1747　徳川中期の俳人　㊔江戸
沾葉〈号〉
　水間 沾徳　みずま・せんとく　1662～1726　徳川中期の俳人　㊔江戸
沾葉

てん（淀, 転）　でん（田, 伝）

大高 源吾　おおたか・げんご　1672～1703　赤穂義士の一人
沾徳
　水間 沾徳　みずま・せんとく　1662～1726　徳川中期の俳人　㊔江戸

【淀】

淀君
　淀殿　よどどの　～1615　秀吉側室、浅井長政の長女
淀姫命
　豊姫　とよひめ　神功皇后の御妹
淀殿
　淀殿　よどどの　～1615　秀吉側室、浅井長政の長女

【転】

転々堂主人〈別号〉
　高畠 藍泉　たかばたけ・らんせん　1838～1885　明治初期の戯作者、新聞記者　㊔江戸下谷世俗鳩組

【田】

田三
　牧野 信成　まきの・のぶしげ　？～1529　戦国時代の武将
田女
　谷口 田女　たにぐち・でんじょ　～1779　徳川中期の俳人
田之助
　小村 田之助　おもれ・たのすけ　1624～1644　江戸時代前期の農民
田之助（1代）
　沢村 宗十郎（3代）　さわむら・そうじゅうろう　1753～1801　歌舞伎俳優　㊔江戸
田之助（2代）
　沢村 田之助（2代）　さわむら・たのすけ　1788～1817　歌舞伎俳優
田之助（3代）
　沢村 田之助（3代）　さわむら・たのすけ　1845～1878　歌舞伎俳優
田村大嬢
　大伴 田村大嬢　おおともの・たむらのおおいらつめ　天平勝宝年間の万葉歌人、父は大伴宿奈麿、妹に坂上大嬢
田村皇子
　舒明天皇　じょめいてんのう　～641　第34代の天皇
田村麻呂
　坂上 田村麻呂　さかのうえの・たむらまろ　758～811　平安初期の武官
田村麿
　坂上 田村麻呂　さかのうえの・たむらまろ　758～811　平安初期の武官
田邑天皇
　文徳天皇　もんとくてんのう　827～858　第五十五代の天皇
田承

嫡宗 田承　ちゃくしゅう・でんしょう　江戸時代前期の僧
田舎珍夫〈号〉
　高本 順　たかもと・したごう　1738～1813　徳川中期の儒者
田狭
　吉備 田狭　きびの・たさ　雄略天皇朝の任那国司
田原船積〈別号〉
　俵 船積　たわらの・ふなつみ　～1820　狂歌師、戯作者
田喜庵〈号〉
　谷川 護物　たにかわ・ごぶつ　1772～1844　徳川中期の俳人　㊔伊勢
田善〈号〉
　亜欧堂 田善　あおうどう・でんぜん　1748～1822　徳川中期の銅版画家　㊔岩代須賀川
田達音
　島田 忠臣　しまだ・ただおみ　828～891　平安朝時代の儒者
田福
　川田 田福　かわだ・でんぷく　1721～1793　徳川中期の俳人　㊔京都
〔岩瀬〕田蔵〈本姓名〉
　山東 京伝　さんとう・きょうでん　1761～1816　戯作者　㊔江戸深川木場
田鶴丸
　芦辺 田鶴丸　あしべ・たずまる　1759～1835　江戸末期の狂歌師　㊔名古屋
田鶴舎〈号〉
　豊城 豊雄　とよき・とよお　1837～1917　国学者、信濃佐良志奈神社の神職
田鶴樹
　浅見 田鶴樹　あさみ・たずき　？～1778　江戸時代中期の俳人

【伝】

伝
　人見 伝　ひとみ・でん　1638～1696　儒者　㊔京都
伝一
　石野 氏利　いしの・うじとし　1621～1693　徳川初期の武芸家にして離想流槍術の祖
伝七
　松木 淡々　まつき・たんたん　1674～1761　徳川中期の俳人　㊔大阪西横堀
伝七郎
　天野 伝七郎　あまの・でんしちろう　江戸時代の剣客、真陰流の祖
〔猿若〕伝九郎
　中村 勘三郎（4代）　なかむら・かんざぶろう　1622～1713　歌舞伎座元および俳優
伝九郎（1代）
　中村 勘三郎（4代）　なかむら・かんざぶろう　1622～1713　歌舞伎座元および俳優
伝九郎（2代）
　中村 伝九郎（2代）　なかむら・でんくろう　1719～1777　江戸の歌舞伎俳優
伝九郎（3代）
　中村 伝九郎（3代）　なかむら・でんくろう　1766～1829　歌舞伎俳優

でん（伝）

伝九郎〈5代〉
　中村 勘三郎（12代）　なかむら・かんざぶろう　1800〜1851　歌舞伎俳優
〔深井〕伝二郎〈通称〉
　来年亭 鬼笑　らいねんてい・きしょう　文化頃の狂歌師
伝八郎
　宮杉 伝八郎　みやすぎ・でんぱちろう　1818〜1892　幕末明治中期の画家　㊨下野都賀郡部屋村
伝十郎
　杉 伝十郎　すぎ・でんじゅうろう　延宝元禄時代の江戸の歌舞伎俳優
〔前川〕伝十郎〈後名〉
　杉 伝十郎　すぎ・でんじゅうろう　延宝元禄時代の江戸の歌舞伎俳優
伝内
　建部 賢文　たけべ・かたぶみ　1522〜1590　戦国〜織豊時代の武将、書家
伝太夫〈通称〉
　町田 武須計　まちだ・ぶすけ　1838〜1895　桑名藩士　㊨伊勢国桑名
伝右衛門
　初鹿野 昌次　はじかの・まさつぐ　?〜1624　戦国〜江戸時代前期の武将
伝右衛門
　谷 本教　たに・もとのり　1689〜1752　江戸時代中期の武士
〔吉田屋〕伝右衛門
　豊田 伝右衛門　とよだ・でんえもん　1752〜1827　江戸時代中期〜後期の陶業家
伝衛門繁文〈通称〉
　靡聢　びじ　〜1718　俳人、芭蕉一門
伝左衛門
　川村 迂良　かわむら・うそう　〜1885　幕末・新期の尊王家、産業功労者
伝左衛門〈別称〉
　鯰江 伝左衛門　なまずえ・でんざえもん　1815〜1866　庄屋、温泉宿主人　㊨但馬国城崎郡城崎町湯島
伝平〈本名〉
　条野 採菊　じょうの・さいぎく　1832〜1902　戯作者、新聞記者　㊨江戸日本橋
伝吉〈通称〉
　岩吉　いわきち　〜1860　栄力丸乗組員、イギリス公使館通訳
伝吉
　宮崎 伝吉　みやざき・でんきち　元禄期に於ける立役の名優、狂言作者
伝吉〈初名〉
　生駒 万子　いこま・まんし　1654〜1719　徳川中期の俳人、加賀金沢の藩士
〔中村〕伝次〈通称〉
　万流亭 世富　まんりゅうてい・よとみ　狂歌師
伝次郎〈通称〉
　庄田 直道　しょうだ・なおみち　1836〜1910　越後高田藩士
伝次郎〈前名〉
　中川 潜叟　なかがわ・せんそう　〜1883　幕末の志士にして教育家
〔長島〕伝次郎〈本名〉

柳亭 燕枝（1代）　りゅうてい・えんし　1838〜1900　落語家
伝次郎〈5代〉
　中村 重助（4代）　なかむら・じゅうすけ　1807〜1841　江戸の歌舞伎狂言作者　㊨江戸
伝兵衛
　伊東 伝兵衛　いとう・でんべえ　1801〜1862　名主、治水家　㊨信濃国伊那郡伊那里村杉島
伝兵衛
　森本 伝兵衛　もりもと・でんべえ　1835〜1864　幕末の志士　㊨河内南河内郡狭山村
伝兵衛
　中初狩宿 伝兵衛　なかはつかりじゅく・でんべえ　〜1837　江戸後期の義民
伝兵衛
　伝兵衛　でんべえ　商人、ロシアに渡った最初の漂流日本人
伝兵衛
　伴 伝兵衛　ばん・でんべえ　近江商人
伝兵衛
　樋渡 次右衛門　ひわたり・じえもん　江戸時代後期の陶工
〔伊藤〕伝兵衛
　伊東 伝兵衛　いとう・でんべえ　1801〜1862　名主、治水家　㊨信濃国伊那郡伊那里村杉島
〔初狩宿〕伝兵衛
　中初狩宿 伝兵衛　なかはつかりじゅく・でんべえ　〜1837　江戸後期の義民
〔森下〕伝兵衛
　森本 伝兵衛　もりもと・でんべえ　1835〜1864　幕末の志士　㊨河内南河内郡狭山村
伝兵衛〈1代〉
　村山 伝兵衛（1代）　むらやま・でんべえ　江戸中期の、蝦夷地での場所請負人
伝助
　日本 伝助　にほん・でんすけ　江戸時代前期の歌舞伎役者、振付師
〔大倭〕伝助
　日本 伝助　にほん・でんすけ　江戸時代前期の歌舞伎役者、振付師
伝芳
　下郷 伝芳　しもさと・でんぽう　1763〜1820　徳川中期の俳人　㊨尾張鳴海
〔菅野〕伝弥
　松本 治太夫　まつもと・じだゆう　天和―宝永時代の京都の浄瑠璃太夫、治太夫節の始祖
〔春風亭〕伝枝〈別称〉
　柳亭 燕枝（1代）　りゅうてい・えんし　1838〜1900　落語家
伝笑
　関亭 伝笑　せきてい・でんしょう　徳川中期の戯作者
伝通院
　伝通院　でんつういん　1528〜1602　徳川家康の生母
伝教大師
　最澄　さいちょう　762〜822　日本天台宗の開祖　㊨江州志賀
伝習庵〈別号〉
　清水 道閑　しみず・どうかん　1579〜1648　徳川初期の茶道家（遠州流清水派1世）　㊨京都

と（斗，吐，杜，兎，徒）

伝尊
　天桂 伝尊　てんけい・でんそん　1648～1735　徳川中期の禅僧　㊚紀伊和歌山
伝蔵〈通称〉
　安藤 竜淵　あんどう・りゅうえん　1806～1884　幕末明治期の書家、幕吏
伝蔵〈通称〉
　新井 白石　あらい・はくせき　1657～1725　江戸時代中期の儒者、政治家、史学者、地理学者、言語学者　㊚江戸柳原
伝蔵〈通称〉
　新井 明卿　あらい・めいきょう　1699～1723　江戸中期の儒者、白石の次子
伝蔵〈通称〉
　杉山 見心　すぎやま・けんしん　1750～1811　尾州藩の熱田奉行、側用人
〔鈴木〕伝蔵〈通称〉
　竹芝 浦人　たけしばの・うらびと　狂歌師

【斗】

斗文
　藤本 斗文　ふじもと・とぶん　～1758　享保―宝暦時代の江戸の歌舞伎狂言作者
〔沢村〕斗文〈前名〉
　藤本 斗文　ふじもと・とぶん　～1758　享保―宝暦時代の江戸の歌舞伎狂言作者
斗学〈別号〉
　関 兎毛　せき・とも　～1828　狂歌師、秋山藩士
斗南
　原 斗南　はら・となん　徳川中期の儒者　㊚京都
斗竜〈別号〉
　津山 東溟　つやま・とうめい　1744～1801　徳川中期の学者　㊚筑後久留米
斗養一〈名〉
　山田 検校　やまだ・けんぎょう　1757～1817　箏曲家　㊚江戸

【吐】

吐月
　飯島 吐月　いいじま・とげつ　1727～1780　徳川中期の俳人　㊚駿河国島田
吐仙〈別号〉
　堀 麦水　ほり・ばくすい　1718～1783　徳川中期の俳人　㊚加賀金沢
吐屑庵〈別号〉
　慈延　じえん　1748～1805　歌僧　㊚信濃国長野
吐蚊〈俳名〉
　瀬川 如皐(3代)　せがわ・じょこう　1806～1881　江戸の歌舞伎狂言作者

【杜】

杜口
　神沢 杜口　かんざわ・とこう　1710～1795　徳川中期の国学者、京都町奉行組の与力　㊚大阪
杜太郎
　川本 杜太郎　かわもと・もりたろう　1841～1862　幕末の志士　㊚越後中魚沼郡十日町
〔河本〕杜太郎

　川本 杜太郎　かわもと・もりたろう　1841～1862　幕末の志士　㊚越後中魚沼郡十日町
杜芳
　桜川 杜芳　さくらがわ・とほう　～1788　戯作者、狂歌師
〔岸〕杜芳
　桜川 杜芳　さくらがわ・とほう　～1788　戯作者、狂歌師
〔岸田〕杜芳
　桜川 杜芳　さくらがわ・とほう　～1788　戯作者、狂歌師
〔桜〕杜芳〈通称〉
　桜川 杜芳　さくらがわ・とほう　～1788　戯作者、狂歌師
杜国
　坪井 杜国　つぼい・とこく　～1690　徳川中期の俳人　㊚尾張名古屋
杜若〈別名〉
　岩井 半四郎(5代)　いわい・はんしろう　1776～1847　文化文政時代の歌舞伎俳優、若女方を代表する名優　㊚江戸
杜若
　杜若　とじゃく　～1792　俳人、芭蕉一門　㊚伊賀上野
杜格斎(1代)
　北見 山奴　きたみ・さんぬ　江戸時代中期～後期の俳人
杜格斎(2代)
　大野 景山　おおの・けいざん　1786～1864　江戸時代後期の俳人
杜格斎(3代)
　大野 乙雨　おおの・おつう　?～1867　江戸時代後期の俳人
杜菱〈号〉
　中川 麦浪　なかがわ・ばくろう　～1768　徳川中期の俳人　㊚伊勢
杜陵〈号〉
　酒井 抱一　さかい・ほういつ　1761～1828　徳川末期の画家にして俳人　㊚神田小川町

【兎】

兎月
　手塚 兎月　てづか・とげつ　徳川中期享和文化頃の戯作者　㊚京都
兎毛
　関 兎毛　せき・とも　～1828　狂歌師、秋山藩士
兎毛〈号〉
　浅野 武経　あさの・たけつね　1824～1899　明治初期の歌人、もと名古屋藩士
兎毛〈通称〉
　伴 東山　ばん・とうざん　1773～1834　徳川中期の儒者

【徒】

徒義〈名〉
　伴 東山　ばん・とうざん　1773～1834　徳川中期の儒者

【茶】

茶舎〈号〉
　杉山 杉風　すぎやま・さんぷう　1647〜1732　徳川中期の俳人　⊕江戸小田原町
茶庵
　杉山 杉風　すぎやま・さんぷう　1647〜1732　徳川中期の俳人　⊕江戸小田原町

【莵】

莵道山樵 (山人)
　平沢 元愷　ひらさわ・げんかい　1733〜1791　江戸中・後期の儒学者　⊕山城国宇治

【堵】

堵庵
　手島 堵庵　てじま・とあん　1718〜1786　徳川中期の心学者　⊕京都富小路四条

【屠】

屠竜〈号〉
　酒井 抱一　さかい・ほういつ　1761〜1828　徳川末期の画家にして俳人　⊕神田小川町

【都】

都勾嶁〈号〉
　藤原 惺窩　ふじわら・せいか　1561〜1619　織豊時代─徳川初期の儒者　⊕播磨国細川荘
都牛
　高橋 都牛　たかはし・とぎゅう　1706〜1749　江戸時代中期の俳人
都加使主
　東漢掬　やまとのあやのつか　5世紀後半ころの廷臣
都里夕〈別名〉
　竹沢 平八 (1代)　たけざわ・へいはち　〜1760　江戸豊後浄瑠璃の三絃
都春〈名〉
　福地 白瑛　ふくち・はくえい　浮世絵師、作家
都竜
　天酒門 都竜　あまのと・とりゅう　1818〜1877　幕末明治の狂歌師
都雀
　高城 都雀　たかぎ・とじゃく　?〜1799　江戸時代中期〜後期の俳人
都喜丸〈号〉
　鴨 北元　かも・ほくげん　1776〜1838　徳川中期の俳人　⊕江戸
都塵舎
　都塵舎　とじんしゃ　1678〜1748　徳川中期の俳人、浮世草子作者　⊕京都
都の錦
　都の錦　みやこのにしき　1675〜　浮世草子の作者　⊕摂津大阪

【渡】

渡
　佐野 渡　さのの・わたり　1762〜1837　狂歌師
渡〈通称〉
　市川 清流　いちかわ・せいりゅう　1824〜　1862年遣欧使節に参加、文部省官吏、辞書編纂者、書籍館創設の功労者
渡辺狂〈号〉
　各務 支考　かがみ・しこう　1665〜1731　徳川中期の俳人　⊕美濃山県郡北野

【登】

登〈名〉
　岡宗 泰純　おかむね・たいじゅん　1768〜1833　徳川中期の医家、国学者　⊕土佐国
登〈名〉
　岡田 梅間　おかだ・ばいかん　1773〜1849　徳川中期の俳人、名古屋藩士　⊕尾張
登〈通称〉
　渡辺 崋山　わたなべ・かざん　1793〜1841　南画家　⊕江戸
〔赤橋〕登子
　北条 登子　ほうじょう・とうし　1306〜1365　足利尊氏の正室
登之助
　近藤 貞用　こんどう・さだもち　1606〜1696　江戸時代前期の武士
登代太郎
　今堀 登代太郎　いまほり・とよたろう　1830〜1898　幕末・明治時代の剣士　⊕江戸
登美三郎(1代)〈別名〉
　嵐 富三郎(2代)　あらし・とみさぶろう　1791〜1830　大阪の歌舞伎俳優、文化文政時代の若女方の花形
登美宮
　徳川 吉子　とくがわ・よしこ　1804〜1893　有栖川宮織仁親王王女、徳川斉昭夫人　⊕京都
登幾
　黒沢 登幾　くろさわ・とき　1806〜1890　水戸藩の烈女　⊕常陸東茨城郡岩船村錫高野

【莵】

莵道山樵〈号〉
　平沢 元愷　ひらさわ・げんかい　1733〜1791　江戸中・後期の儒学者　⊕山城国宇治

【土】

土仏〈俳号〉
　美馬 君田　みま・くんでん　1812〜1874　幕末の志士
土代士〈幼名〉
　加藤 弘之　かとう・ひろゆき　1836〜1916　啓蒙学者　⊕但馬国(現・兵庫県)出石城下谷山町
〔佐藤〕土平治
　土平治　どへいじ　?〜1788　江戸時代中期の農民
土佐太夫〈別名〉
　土佐少掾橘 正勝(1代)　とさのしょうじょうたちばなの・まさかつ　浄瑠璃太夫、土佐節の流祖
土佐太夫(2代)

号・別名辞典　古代・中世・近世　399

竹本 播磨大掾　たけもと・はりまのたいじょう　～1827　義太夫節の太夫　[出]大阪玉造
土佐侍従
長宗我部 元親　ちょうそかべ・もとちか　1538～1599　戦国・織豊時代の武将
土佐院
土御門天皇　つちみかどてんのう　1195～1231　第83代の天皇、後鳥羽天皇第1皇子
土佐掾
山本 角太夫　やまもと・かくだゆう　～1712?　寛文―元禄時代の京都の浄瑠璃太夫、角太夫節の流祖
土佐掾
哥沢 芝金（1代）　うたざわ・しばきん　1828～1874　江戸時代俗曲家元
土卯
土卯　とらん　～1819　化政期の俳人　[出]京都
土芳
服部 土芳　はっとり・どほう　1657～1730　徳川中期の俳人　[出]伊賀
土御門大納言〈尊称〉
藤原 邦綱　ふじわらの・くにつな　1122～1181　平安末期の公卿
土御門天皇
土御門天皇　つちみかどてんのう　1195～1231　第83代の天皇、後鳥羽天皇第1皇子
土満
栗田 土満　くりた・ひじまろ　1737～1811　徳川中期の歌人

【度】

度
天春 度　あまかす・わたる　1777～1859　幕末の歌人、伊勢の代官　[出]伊勢朝明郡中野村
度雪庵〈別号〉
慈延　じえん　1748～1805　歌僧　[出]信濃国長野

【怒】

怒風
怒風　どふう　～1743　俳人、芭蕉一門

【刀】

刀祢〈通称〉
安藤 野雁　あんどう・のかり　1810～1867　江戸末期の歌人　[出]岩代半田

【冬】

冬至庵〈号〉
山田 白居　やまだ・はくきょ　1724～1800　徳川中期の俳人　[出]仙台
冬尚
少弐 時尚　しょうに・ときひさ　?～1559　戦国時代の武将
冬映（1代）
牧 冬映（1代）　まき・とうえい　1721～1783　江戸時代中期の俳人
冬卿〈名〉
三浦 樗良　みうら・ちょら　1729～1780　徳川中期の俳人　[出]志州鳥羽
冬姫
織田 冬姫　おだ・ふゆひめ　1561～1641　蒲生氏郷の妻
〔三好〕冬康
安宅 冬康　あたぎ・ふゆやす　1528～1564　戦国時代の武将、歌人
冬経
一条 内房　いちじょう・うちふさ　1652～1705　公卿
冬樹〈号〉
赤川 晩翠　あかがわ・ばんすい　幕末の文人画家
冬嶺堂〈号〉
田代 松意　たしろ・しょうい　徳川中期の俳人　[出]大和

【当】

当太夫〈別名〉
観世 宗節　かんぜ・そうせつ　1509～1583　能楽師、七世観世大夫左近元忠
〔市川〕当太郎〈初名〉
嵐 雛助（7代）　あらし・ひなすけ　～1872　大阪の歌舞伎俳優、幕末・明治初期の立役の上手
当光
石井 庄助　いしい・しょうすけ　1743～?　江戸時代中期の蘭学者
当直
藤村 当直　ふじむら・まさなお　1612～1699　徳川初期の茶人　[出]京都

【侗】

侗谷〈号〉
平井 侗谷　ひらい・とうこく　1714～1797　播州竜野の書家
侗庵〈号〉
安東 侗庵　あんどう・とうあん　1667～1702　徳川初期の儒者
侗庵
伴 侗庵　ばん・とうあん　1806～1873　徳川末期の儒者　[出]近江彦根
侗窩〈名〉
倉石 典太　くらいし・てんた　1815～1876　維新の志士　[出]越後高田長門町

【東】

東〈名〉
雨森 芳洲　あめのもり・ほうしゅう　1621～1708　徳川中期の儒者　[出]近江
東一条院
東一条院　ひがしいちじょういん　1192～1247　順徳天皇の皇后
東一郎〈通称〉
竹尾 正胤　たけお・まさたね　1833～1874　歌人　[出]三河額田郡山中村舞木
東七条院
藤原 温子　ふじわらの・おんし　872～907　宇多天皇の女御
東九郎

とう（東）

若竹 東九郎　わかたけ・とうくろう　江戸時代の人形浄瑠璃の人形遣い　㊙大阪

東二条院
東二条院　ひがしにじょういん　1232～1304　後深草天皇の皇后

東十郎〈後名〉
沢村 四郎五郎（2代）　さわむら・しろごろう　～1832　歌舞伎俳優

東三条院〈別称〉
藤原 詮子　ふじわらの・せんし　961～1001　円融天皇の女御、一条天皇の母

東山
芦 東山　あし・とうざん　1696～1776　江戸中期の儒者、刑学者　㊙陸中東山渋民村

東山
千早 東山　ちはや・とうざん　1822～1901　幕末の儒者　㊙陸中東磐井郡奥玉村

東山〈号〉
入江 淡　いりえ・たん　1832～1902　徳川末期・明治時代の漢学者、教育家　㊙豊前企救郡足立村

東山
伴 東山　ばん・とうざん　1773～1834　徳川中期の儒者

〔芦野〕東山
芦 東山　あし・とうざん　1696～1776　江戸中期の儒者、刑学者　㊙陸中東山渋民村

〔岩淵〕東山
芦 東山　あし・とうざん　1696～1776　江戸中期の儒者、刑学者　㊙陸中東山渋民村

〔山路〕東山
千早 東山　ちはや・とうざん　1822～1901　幕末の儒者　㊙陸中東磐井郡奥玉村

〔蘆原〕東山
芦 東山　あし・とうざん　1696～1776　江戸中期の儒者、刑学者　㊙陸中東山渋民村

東山殿
足利 義政　あしかが・よしまさ　1435～1490　足利8代将軍

東山隠士〈号〉
中林 竹洞　なかばやし・ちくどう　1776～1853　徳川中期の画家　㊙尾張

東川居士〈別号〉
三浦 梅園　みうら・ばいえん　1723～1789　豊後杵築藩の儒者　㊙豊後国国東郡富永村

東工郎
若竹 東九郎　わかたけ・とうくろう　江戸時代の人形浄瑠璃の人形遣い　㊙大阪

東五郎〈通称〉
雨森 芳洲　あめのもり・ほうしゅう　1621～1708　徳川中期の儒者　㊙近江

東五郎〈前名〉
西国 兵五郎（1代）　さいこく・ひょうごろう　1656～1705　江戸の歌舞伎俳優

東巴
喜多村 東巴　きたむら・とうは　江戸時代中期～後期の俳人

東幻庵〈号〉
松平 四山　まつだいら・しざん　～1854　徳川中期の俳人、出雲母里藩主

東月〈号〉

白井 矢太夫　しらい・やだいふ　1753～1812　江戸後期の文人、藩政家

東水〈号〉
荒木 呉江　あらき・ごこう　1729～1793　江戸時代の書家

〔永楽屋〕東四郎〈通称〉
文屋 古文　ふみのや・こぶん　狂歌師

東吉郎
松本 東吉郎　まつだ・とうきちろう　1837～1859　福井藩士　㊙越前国福井

東向斎〈号〉
芦本 ろぼん　～1736　享保時代の俳人　㊙美濃

東安
村山 東安　むらやま・とうあん　1566～1619　長崎代官　㊙尾張名古屋

東成〈別号〉
谷口 蕪村　たにぐち・ぶそん　1716～1783　天明期の俳人、南画家　㊙摂津国東成郡毛馬

東江
沢田 東江　さわだ・とうこう　1732～1796　江戸中期の書家　㊙江戸

東羽
各務 東羽　かがみ・とうう　?～1757　江戸時代中期の俳人

東舟
林 永喜　はやし・えいき　1585～1638　儒官、林羅山の弟

東行〈別号〉
髙杉 晋作　たかすぎ・しんさく　1839～1867　幕末の志士、山口藩士高杉春樹の子

東佐（1代）
十寸見 藤十郎（3代）　ますみ・とうじゅうろう　江戸時代中期の浄瑠璃太夫

東作
藤尾 景秀　ふじお・かげひで　1796～1868　歌人

東作〈藤作〉〈通称〉
上田 秋成　うえだ・あきなり　1734～1809　江戸中期の国学者、歌人、俳人、浮世草子及び読本作者、茶人　㊙摂津曽根崎

〔平秩〕東作（1世）
立松 東蒙　たてまつ・とうもう　1726～1789　儒者、狂歌師　㊙江戸内藤新宿

東作（2世）
平秩 東作（2世）　へづつ・とうさく　1758～1825　狂歌師

東伯〈通称〉
田中 五竹坊　たなか・ごちくぼう　1700～1780　徳川中期の俳人　㊙美濃国北方

東花〈俳名〉
佐野川 市松（2代）　さのかわ・いちまつ　1747～1785　江戸の歌舞伎俳優

東谷〈別号〉
実川 定賢　さねかわ・ていけん　1777～1835　徳川中期の算家　㊙下総香取郡今郡

東軍〈別号〉
佐久間 熊水　さくま・ゆうすい　1751～1817　徳川中期の儒者　㊙陸奥守山

東里山人〈別号〉
東里 山人　とうり・さんにん　1790～1858　徳川中末期の江戸の戯作者

東京極院

号・別名辞典　古代・中世・近世　401

とう（東）

東京極院　ひがしきょうごくいん　1780〜1843　光格天皇の後宮、仁孝天皇の御母
東岡〈号〉
　高橋 作左衛門　たかはし・さくざえもん　1764〜1804　徳川中期の天文学者　㊙大坂
東岳
　原田 東岳　はらだ・とうがく　1729〜1783　徳川中期の儒者　㊙豊後
東岳
　成島 司直　なるしま・もとなお　1778〜1862　江戸時代後期の儒者
東昌〈字〉
　月歩　げっぽ　〜1838　幕末期の俳人　㊙岩代の会津高田町
東明〈号〉
　弘 勝之助　ひろ・かつのすけ　1837〜1864　幕末の志士　㊙長門国萩
東杵庵（2世）
　松本 槲柯　まつもと・さいか　1785〜1840　徳川中期の俳人　㊙江戸
東杵庵（3世）
　松本 顧言　まつもと・こげん　1817〜1881　幕末明治の俳人　㊙江戸
東林山人〈号〉
　植木 悦　うえき・えつ　寛文頃の人、「慶長軍記」の著者
東河〈号〉
　伊能 忠敬　いのう・ただたか　1745〜1818　徳川中期の地理学者、測量家　㊙上総山武郡小関村
東阿〈号〉
　入江 修敬　いりえ・しゅうけい　〜1773　江戸中期の数学者　㊙播磨
東雨〈号〉
　土屋 安親（1代）　つちや・あんしん　1670〜1744　金工、奈良派三作の一　㊙出羽庄内
東海
　広田 精一　ひろた・せいいち　1837〜1864　幕末の志士、宇都宮藩士
東海〈号〉
　綿引 東海　わたびき・とうかい　1837〜1915　幕末明治の漢学者　㊙常陸久慈郡松栄村
東海坊〈号〉
　松露庵 鳥明　しょうろあん・うめい　1726〜1801　徳川中期の俳人　㊙江戸
東洋
　吉田 東洋　よしだ・とうよう　1816〜1862　幕末期の政治家　㊙土佐
東洋
　高橋 東洋　たかはし・とうよう　1700〜1781　徳川中期の儒者　㊙陸中下閉伊郡宮古
東洋
　東 東洋　あずま・とうよう　1755〜1839　徳川中期の画家　㊙陸前登米郡石越村
東洋堂〈号〉
　芦野屋 麻績一　あしのや・おみのいち　1803〜1855　徳川末期の国学者、鍼医　㊙江戸
東洋釣史〈別号〉
　鱸 松塘　すずき・しょうとう　1823〜1898　幕末明治時代の漢詩人　㊙安房国安房郡国府村谷向
東郊

高原 東郊　たかはら・とうこう　1776〜1854　幕末の漢学者
東郊〈号〉
　壇 秋芳　だん・あきよし　1804〜1886　幕末明治時代の漢学者　㊙筑後山門郡松延
東原
　吉本 虫雄　よしもと・むしお　1715〜1805　国学者
東恕
　伊吹 東恕　いぶき・とうじょ　?〜1734　江戸時代中期の俳人
東浜〈号〉
　岡本 真古　おかもと・まふる　1780〜1856　江戸後期の郷土史家
東流館〈号〉
　文暁　ぶんぎょう　〜1816　徳川中期の俳人、肥後八代正教寺第10世住職　㊙肥後国八代
東純
　全厳 東純　ぜんがん・とうじゅん　?〜1495　室町時代の僧
東翁〈号〉
　土屋 安親（1代）　つちや・あんしん　1670〜1744　金工、奈良派三作の一　㊙出羽庄内
東翁〈号〉
　木下 長嘯子　きのした・ちょうしょうし　1569〜1649　小浜城主、「挙白集」の著者
東華
　志村 五城　しむら・ごじょう　1746〜1832　江戸時代中期〜後期の儒者
東華坊〈号〉
　各務 支考　かがみ・しこう　1665〜1731　徳川中期の俳人　㊙美濃山県郡北野
東軒〈号〉
　北川 瑞也　きたがわ・ずいや　播州赤穂藩の人
東寅居〈号〉
　谷川 護物　たにかわ・ごぶつ　1772〜1844　徳川中期の俳人　㊙伊勢
東庵
　村山 東安　むらやま・とうあん　1566〜1619　長崎代官　㊙尾張名古屋
東庵〈号〉
　米川 常伯　よねかわ・じょうはく　〜1676　徳川中期の香道家、米川流の祖
東念
　悦岩 東念　えつがん・とうよ　〜1529　建仁寺主　㊙京都
東涯
　伊藤 東涯　いとう・とうがい　1670〜1736　徳川中期の儒、堀川派の大成者　㊙京都堀河
東渓
　井上 東渓　いのうえ・とうけい　徳川中期の江戸の儒者
東渓〈別号〉
　石川 丈山　いしかわ・じょうざん　1583〜1672　江戸初期の武人、詩人　㊙三河碧海郡泉郷
東渓
　前田 東渓　まえだ・とうけい　1656〜1725　徳川中期の儒者　㊙京都
東渓
　山本 明清　やまもと・あききよ　1796〜1837　江戸時代後期の国学者
東皐

とう（東）

高橋 東皐　たかはし・とうこう　1739〜1820　徳川中期の俳人
東皐
大出 東皐　おおいで・とうこう　1841〜1905　幕末明治の画家　㊟江戸神田
東郭〈号〉
大河内 存真　おおこうち・そんしん　1796〜1883　徳川中末期の医家
東郷〈号〉
佐々木 太郎　ささき・たろう　1818〜1888　幕末明治の国学者　㊟大阪
東郷侍従
長谷川 秀一　はせがわ・ひでかず　〜1594　織豊時代の武将　㊟尾張
東野〈号〉
安藤 東野　あんどう・とうや　1683〜1719　江戸中期の儒者　㊟下野黒羽
東陵
石野 東陵　いしの・とうりょう　徳川中期林田藩の儒者　㊟播州太田村
東堤
落合 東堤　おちあい・とうてい　1753〜1841　徳川中期・末期の漢学者　㊟秋田藩
東寔
愚堂 東寔　ぐどう・とうしょく　1577〜1661　江戸前期の禅僧（臨済宗）　㊟美濃伊自良
東湖〈号〉
樋口 泉　ひぐち・いずみ　1809〜1874　幕末明治の和算家
東湖〈別号〉
槐本 之道　えもと・しどう　〜1711　徳川中期の俳人
東航（2代）
十寸見 可慶　ますみ・かけい　1806〜1871　文政―明治時代の河東節浄瑠璃の太夫　㊟北越
東随舎
東随舎　とうずいしゃ　徳川中期の狂歌師、戯作者
東陽〈号〉
津阪 東陽　つさか・とうよう　1757〜1825　江戸時代の儒者　㊟伊勢・津
東陽
東陽 英朝　とうよう・えいちょう　1428〜1504　京都大徳寺（臨済宗）の禅僧　㊟美濃国加茂郡
〔津坂〕東陽
津阪 東陽　つさか・とうよう　1757〜1825　江戸時代の儒者　㊟伊勢・津
東雄
桜 東雄　さくら・あずまお　1811〜1860　幕末の志士、歌人　㊟常陸新治郡浦須村
東雄
菫庵 東雄　すみれあん・あずまお　1798〜1881　江戸末期の狂歌師
〔佐久良〕東雄
桜 東雄　さくら・あずまお　1811〜1860　幕末の志士、歌人　㊟常陸新治郡浦須村
東雲
高村 東雲　たかむら・とううん　1826〜1879　幕末・明治初期の仏師　㊟江戸下谷北清島町源空寺門
東雲庵
小林 見外　こばやし・けんがい　1807〜1873　明治初期の俳人　㊟甲州猿橋

東雲館〈別号〉
篠目 保雅楽　しののめ・ほがら　狂歌師
東順
榎本 東順　えのもと・とうじゅん　1622〜1693　徳川中期の医家　㊟近江堅田
東順
竹下 東順　たけした・とうじゅん　1622〜1693　江戸時代前期の医師、俳人
〔竹下〕東順
榎本 東順　えのもと・とうじゅん　1622〜1693　徳川中期の医家　㊟近江堅田
東園〈号〉
巌垣 松苗　いわがき・まつなえ　1774〜1849　江戸後期の儒者
東園〈別号〉
瀬川 如皐（1代）　せがわ・じょこう　1739〜1794　江戸の歌舞伎狂言作者　㊟大阪
東園
相原 東園　あいはら・とうえん　江戸時代後期の俳人
東塢〈別号〉
梅田 雲浜　うめだ・うんぴん　1815〜1859　幕末の志士
東愚〈別号〉
赤城軒 元孚　せきじょうけん・もとたか　江戸中期の水戸の彫金家
東暉
山脇 東暉　やまわき・とうき　1777〜　画家　㊟京都
東漢掬
東漢掬　やまとのあやのつか　5世紀後半ころの廷臣
東源〈名〉
田川 鳳朗　たがわ・ほうろう　1762〜1845　徳川末期の俳人　㊟肥後熊本
東溟
津山 東溟　つやま・とうめい　1744〜1801　徳川中期の学者　㊟筑後久留米
東溟
善超　ぜんちょう　1785〜1855　江戸時代後期の僧、歌人
東福門院
東福門院　とうふくもんいん　1607〜1678　後水尾天皇の皇后
東蒙
立松 東蒙　たてまつ・とうもう　1726〜1789　儒者、狂歌師　㊟江戸内藤新宿
東路
松室 仲子　まつむろ・なかこ　1707〜1751　霊元天皇の後宮
東寧
猪瀬 東寧　いのせ・とうねい　1838〜1903　画家　㊟下総三坂新田
東漸大師
法然　ほうねん　1133〜1212　平安朝時代の高僧、浄土宗の開祖　㊟美作国久米
東維軒〈号〉
平林 惇信　ひらばやし・あつのぶ　1696〜1753　書家　㊟江戸
東閣

号・別名辞典　古代・中世・近世　403

とう（苔，逃，唐，島，桐）

劉 東閣　りゅう・とうかく　1633～1695　儒者　㊟長崎
〔彭城〕東閣
劉 東閣　りゅう・とうかく　1633～1695　儒者　㊟長崎
東潮
和田 東潮　わだ・とうちょう　1658～1706　江戸時代前期の俳人
〔荻野〕東蔵〈初名〉
沢村 四郎五郎(2代)　さわむら・しろごろう　～1832　歌舞伎俳優
東蔵(1代)〈別名〉
中村 歌右衛門(2代)　なかむら・うたえもん　1752～1798　京阪の歌舞伎俳優　㊟京都
東蔵(3代)
中村 東蔵(3代)　なかむら・とうぞう　1791～1848　京阪の歌舞伎俳優
東壁〈字〉
安藤 東野　あんどう・とうや　1683～1719　江戸中期の儒者　㊟下野黒羽
東壁堂〈別号〉
文屋 古文　ふみのや・こぶん　狂歌師
東鮒巷〈号〉
高島 轍士　たかしま・てつし　～1707　徳川中期の俳人　㊟京都
東鮒庵〈号〉
高島 轍士　たかしま・てつし　～1707　徳川中期の俳人　㊟京都
東壁〈号〉
弘 鴻　ひろ・ひろし　1829～1903　幕末・明治時代の和算家　㊟周防国都濃郡花岡
東藤
東藤　とうとう　俳人，芭蕉一門　㊟尾張扇川
〔穂積〕東藤
東藤　とうとう　俳人，芭蕉一門　㊟尾張扇川
東蘆〈号〉
惟馨 梵桂　いけい・ぼんけい　1403～1490　相国・南禅の寺主，五山文学者
東鷲
坂倉 東鷲　さかくら・とうしゅう　徳川中期の俳人　㊟名古屋
東籠軒〈号〉
相楽 等躬　さがら・とうきゅう　1628～1705　徳川中期の俳人　㊟奥州須賀川
東籠園〈号〉
条野 採菊　じょうの・さいぎく　1832～1902　戯作者，新聞記者　㊟江戸日本橋
東籠園〈別号〉
瀬川 菊之丞(3代)　せがわ・きくのじょう　1751～1810　江戸の歌舞伎俳優　㊟大阪

【苔】

〔源〕苔
松浦 答　まつら・こたう　鎌倉時代の武将

【逃】

逃禅堂〈号〉
北山 寿安　きたやま・じゅあん　～1701　徳川初期の医家　㊟肥前長崎

【唐】

唐人お吉
お吉　おきち　1841～1890　米国総領事ハリスの侍妾　㊟尾張国知多郡内海
唐左衛門(1代)
加藤 唐左衛門(1代)　かとう・とうざえもん　～1752　尾張瀬戸の陶業家
唐左衛門(2代)
加藤 唐左衛門(2代)　かとう・とうざえもん　尾張瀬戸の陶業家
唐左衛門(3代)
加藤 唐左衛門(3代)　かとう・とうざえもん　尾張瀬戸の陶業家
唐左衛門(4代)
加藤 唐左衛門(4代)　かとう・とうざえもん　1772～1832　尾張瀬戸の陶業家　㊟尾張
唐左衛門(5代)
加藤 唐左衛門(5代)　かとう・とうざえもん　尾張瀬戸の陶業家
唐左衛門(6代)
加藤 唐左衛門(6代)　かとう・とうざえもん　尾張瀬戸の陶業家
唐来山人〈別号〉
唐来 三和　とうらい・さんな　1744～1810　徳川中期江戸の戯作者，狂歌師
唐来参人〈号〉
唐来 三和　とうらい・さんな　1744～1810　徳川中期江戸の戯作者，狂歌師
唐棣園〈別号〉
馬渕 嵐山　まぶち・らんざん　1753～1836　徳川中期の漢学者　㊟京都

【島】

〔狂歌堂〕島人
相良 頼徳　さがら・よりのり　1774～1856　江戸時代後期の大名
島公方
足利 義稙　あしかが・よしたね　1466～1523　足利10代将軍
島太夫(2代)
豊竹 若太夫(2代)　とよたけ・わかだゆう　～1784　義太夫節の浄瑠璃太夫の名家　㊟大阪島の内周防町

【桐】

桐子園〈号〉
春秋庵 幹雄　しゅんじゅうあん・みきお　1829～1910　俳人　㊟磐城（現・福島県）石川郡形見村
桐江
田中 桐江　たなか・とうこう　1668～1742　江戸中期の文人　㊟出羽国庄内
桐江山人〈号〉
平林 惇信　ひらばやし・あつのぶ　1696～1753　書家　㊟江戸
桐雨
桐雨　とうう　～1782　天明期の俳人　㊟伊賀上野
桐南〈別号〉

404　号・別名辞典　古代・中世・近世

三島 中洲　みしま・ちゅうしゅう　1830〜1919　漢学者　[出]備中（岡山県）
桐笑〈号〉
寒瓜　かんが　〜1765　享保時代の俳人
桐軒〈号〉
今井 桐軒　いまい・どうけん　1646〜1683　徳川初期の水戸の儒者
桐斎
大内 桐斎　おおうち・とうさい　幕末の地誌学者
桐葉
林 桐葉　はやし・とうよう　〜1712　徳川中期の俳人　[出]尾張熱田
桐葉
田島 桐葉　たじま・とうよう　1771〜1823　江戸時代後期の俳人
桐園
今津 桐園　いまず・とうえん　1789〜1856　徳川中期より末期に至る儒者　[出]周防三田尻
桐麿〈別号〉
巨州　きょしゅう　〜1780　享保時代の俳人　[出]和泉の岸和田

【桃】

桃々坊〈別号〉
榎並 舎羅　えなみ・しゃら　徳川中期の俳人　[出]大阪
〔千葉〕桃三
壺中隠者　こちゅういんじゃ　江戸時代中期の医師、和算家
桃化
瑞泉寺 桃化　ずいせんじ・とうか　1696〜1745　江戸時代中期の僧、俳人
桃太郎〈前名〉
坂東 彦左衛門（2代）　ばんどう・ひこざえもん　〜1849　江戸の歌舞伎俳優
桃夭〈号〉
泉屋 桃妖　いずみや・とうよう　〜1751　徳川中期の俳人　[出]加賀山中温泉場
桃民
黒田 桃民　くろだ・とうみん　1838〜1895　幕末の医家にして志士　[出]上野新田郡生品村
桃先
太田 桃先　おおた・とうせん　〜1725　徳川中期の俳人　[出]三河新城
桃池堂〈号〉
天野 桃隣　あまの・とうりん　1639〜1719　徳川中期の俳人、芭蕉の門人　[出]伊賀上野
桃妖
泉屋 桃妖　いずみや・とうよう　〜1751　徳川中期の俳人　[出]加賀山中温泉場
〔長谷部〕桃妖
泉屋 桃妖　いずみや・とうよう　〜1751　徳川中期の俳人　[出]加賀山中温泉場
桃序〈号〉
菅沼 奇渕　すがぬま・きえん　1763〜1834　徳川中期の俳人　[出]大阪
桃花外史〈別号〉
鈴木 桃野　すずき・とうや　1800〜1852　江戸後期の随筆家
桃花庵〈別号〉
屏風 一双　びょうぶ・いっそう　文化文政頃の狂歌師
桃林契悟禅師〈諡号〉
残夢　ざんむ　〜1576　室町時代の奇行僧
桃林軒〈号〉
麋塒　びじ　〜1718　俳人、芭蕉一門
桃青
松尾 芭蕉　まつお・ばしょう　1644〜1694　徳川初期の俳人名宗房、桃青、或は芭蕉庵桃青と号し、別に伯船堂、釣月軒など号した　[出]伊賀国上野
桃廼舎〈号〉
長野 主膳　ながの・しゅぜん　1815〜1862　幕末の彦根藩重臣、歌人　[出]伊勢国飯高郡滝野村
桃後
桃後　とうご　俳人、芭蕉一門
桃洞〈号〉
小原 桃洞　おはら・とうどう　1746〜1825　江戸中・後期の動物学者　[出]紀伊
桃紅園〈号〉
細木 香以　さいき・こうい　1822〜1870　富商、俳人
桃栗山人〈別号〉
烏亭 焉馬（1世）　うてい・えんば　1743〜1822　江戸中期の狂歌師、戯作者　[出]江戸
桃翁〈号〉
天野 桃隣　あまの・とうりん　1639〜1719　徳川中期の俳人、芭蕉の門人　[出]伊賀上野
桃翁（2代）
瀬尾 桃翁　せお・とうおう　江戸時代中期の俳人
〔西村〕桃斎〈通称〉
燕栗園 千穎　ささぐりえん・ちかい　1776〜1837　狂歌師　[出]伊勢
桃渓〈号〉
高橋 春圃　たかはし・しゅんぽ　1805〜1868　徳川末期の蘭学医　[出]肥後阿蘇郡
桃渓山人
丹羽 桃渓　にわ・とうけい　1760〜1822　江戸時代中期〜後期の画家
桃野
鈴木 桃野　すずき・とうや　1800〜1852　江戸後期の随筆家
桃葉〈号〉
泉屋 桃妖　いずみや・とうよう　〜1751　徳川中期の俳人　[出]加賀山中温泉場
桃葉庵〈別号〉
馬場 錦江　ばば・きんこう　1801〜1860　徳川中期の俳人、和算家　[出]江戸四谷
桃蛘〈号〉
泉屋 桃妖　いずみや・とうよう　〜1751　徳川中期の俳人　[出]加賀山中温泉場
桃園右大臣
藤原 継縄　ふじわらの・つぐただ　727〜796　奈良平安時代の朝臣
桃源
姫井 桃源　ひめい・とうげん　1750〜1818　徳川中期の儒者　[出]備中鴨方
桃種成〈狂号〉
徳亭 三孝　とくてい・さんこう　徳川中期の狂歌師、戯作者
桃盧〈別号〉

とう（唎, 陶, 棟, 棹, 棠, 湯, 等）

朝岡 正章　あさおか・まさあき　1794〜1840　徳川中期の歌人　㊁名古屋
桃隣
　天野 桃隣　あまの・とうりん　1639〜1719　徳川中期の俳人、芭蕉の門人　㊁伊賀上野
〔太白堂〕桃隣（2代）
　切部 桃隣　きりべ・とうりん　1696〜1777　江戸時代中期の俳人
〔太白堂〕桃隣（3代）
　村田 桃隣　むらた・とうりん　1734〜1801　江戸時代中期〜後期の俳人
〔太白堂〕桃隣（4代）
　加藤 桃隣　かとう・とうりん　1773〜1806　江戸時代後期の俳人
桃隣堂
　桃林堂 蝶麿　とうりんどう・ちょうまろ　江戸中期の浮世草子作者
桃谿
　松本 顧言　まつもと・こげん　1817〜1881　幕末明治の俳人　㊁江戸
桃の井
　土御門 藤子　つちみかど・ふじこ　〜1875　14代将軍家茂夫人親子内親王の侍女
桃の本〈号〉
　藤井 鼎左　ふじい・ていさ　1802〜1869　徳川末期の俳人　㊁備後
桃の林〈号〉
　桃林堂 蝶麿　とうりんどう・ちょうまろ　江戸中期の浮世草子作者

【唎】

唎栢堂〈号〉
　図司 呂丸　ずし・ろがん　〜1693　徳川中期の俳人　㊁出羽羽黒山麓手向町

【陶】

陶山〈別号〉
　大須賀 鬼卵　おおすが・きらん　1741〜1823　徳川中期の文筆家　㊁河内
陶山〈号〉
　内海 吉造（4代）　うつみ・きちぞう　1831〜1885　加賀金沢の陶画工
陶白居〈号〉
　三井 嘉菊　みつい・かきく　1767〜1847　徳川中期の俳人　㊁京都
陶吉郎
　近藤 尊影　こんどう・たかかげ　江戸末期頃の磐城相馬焼の陶工
陶所
　池内 大学　いけうち・だいがく　1814〜1863　江戸時代後期の儒者
陶治〈号〉
　加藤 五助（1代）　かとう・ごすけ　尾張瀬戸の陶工
陶春
　加藤 唐左衛門（6代）　かとう・とうざえもん　尾張瀬戸の陶業家
陶翠〈号〉
　加藤 五助（3代）　かとう・ごすけ　尾張瀬戸の陶工
陶斎

趙 陶斎　ちょう・とうさい　1713〜1786　徳川中期の書家　㊁長崎
〔高良〕陶斎
　趙 陶斎　ちょう・とうさい　1713〜1786　徳川中期の書家　㊁長崎
陶然（1代）
　赤井 陶然（1代）　あかい・とうねん　1762〜1829　江戸時代中期〜後期の陶工

【棟】

〔平〕棟子
　京極 准后　きょうごく・じゅごう　後嵯峨天皇妃
棟常〈字〉
　山岸 半残　やまぎし・はんざん　1654〜1726　徳川中期の俳人　㊁伊賀上野
棟庵〈号〉
　稲垣 棟隆　いながき・むねたか　1730〜1800　江戸中期の国学者
棟庵
　大淵 棟庵　おおふち・とうあん　徳川末期の医家
棟隆
　稲垣 棟隆　いながき・むねたか　1730〜1800　江戸中期の国学者
棟隆
　疋田 棟隆　ひきた・むねたか　1807〜1884　幕末明治の国学者　㊁京都
棟幹
　小笠原 忠幹　おがさわら・ただよし　1827〜1865　江戸時代後期の大名
棟数〈字〉
　車来　しゃらい　〜1733　俳人、芭蕉一門

【棹】

棹歌亭主人〈別号〉
　棹歌亭 真樹　とうかてい・まかじ　徳川中期の国学者、狂歌師

【棠】

棠陰〈号〉
　清宮 秀堅　せいみや・ひでかた　1809〜1879　徳川末期・明治初期の国学者　㊁下総佐原
棠園〈号〉
　佐伯 順蔵　さえき・じゅんぞう　1788〜1849　徳川中期富山藩の儒者

【湯】

〔枡屋〕湯浅喜右衛門
　古高 俊太郎　こたか・しゅんたろう　1829〜1864　徳川末期の勤王家　㊁近江国大津

【等】

等
　源 等　みなもとの・ひとし　880〜951　平安時代の歌人
等仁
　義山 等仁　ぎざん・とうにん　1386〜1462　室町時代の僧

とう（答，筒，統，董，塘，嶋，樋，稲）

等元
　甫舟　等元　ほしゅう・とうげん　室町〜戦国時代の画家
等安〈名〉
　村山　東安　むらやま・とうあん　1566〜1619　長崎代官　㊗尾張名古屋
等伯
　長谷川　等伯　はせがわ・とうはく　1539〜1610　織豊〜江戸時代前期の画家
等寿
　生駒　等寿　いこま・とうじゅ　江戸中期元禄頃の画家
等周
　長谷川　等周　はせがわ・とうしゅう　江戸時代前期の画家
等持院
　足利　尊氏　あしかが・たかうじ　1305〜1358　室町幕府初代将軍
等重
　長谷川　左近　はせがわ・さこん　江戸時代前期の画家
等悦
　雲峰　等悦　うんぽう・とうえつ　画僧
等栽
　鳥越　等栽　とりごえ・とうさい　1803〜1890　幕末明治の俳人　㊗大阪
等躬
　相楽　等躬　さがら・とうきゅう　1628〜1705　徳川中期の俳人　㊗奥州須賀川
等清〈名〉
　寒瓜　かんが　〜1765　享保時代の俳人
等雪
　長谷川　等雪　はせがわ・とうせつ　江戸時代前期の画家
等貴
　宗山　等貴　しゅうざん・とうき　1464〜1526　戦国時代の僧
等楊
　雪舟　等楊　せっしゅう・とうよう　1420〜1506　室町〜戦国時代の画家
等蓮
　竺雲　等蓮　じくうん・とうれん　1390〜1470　南禅寺主、五山文学者
等膳
　鳳山　等膳　ほうざん・とうぜん　?〜1590　戦国〜織豊時代の僧
等観
　秋月　等観　しゅうげつ・とうかん　室町時代の画家　㊗薩摩島津
等顔
　雲谷　等顔　うんこく・とうがん　1547〜1618　室町時代の画家、雲谷派の始祖　㊗肥前

【答】

答斎〈別号〉
　塩川　文麟　しおかわ・ぶんりん　1808〜1877　四条派の画家　㊗京都

【筒】

筒長
　分草庵　筒長　ぶんそうあん・つつなが　狂歌師　㊗上野山田郡大間々

【統】

統子内親王
　上西門院　じょうさいもんいん　1126〜1189　鳥羽天皇の皇女
統作〈通称〉
　藤尾　景秀　ふじお・かげひで　1796〜1868　歌人
統治
　貴田　統治　きだ・むねはる　豊臣時代の剣客　㊗豊前彦山麓毛谷村

【董】

董川
　狩野　董川　かのう・とうせん　1811〜1871　徳川幕府の奥絵師
董烈
　山崎　董烈　やまざき・とうれつ　1786〜1837　画家

【塘】

塘雨
　百井　塘雨　ももい・とうう　?〜1794　江戸時代中期の俳人

【嶋】

嶋足
　道嶋　嶋足　みちのしまの・しまたり　〜783　奈良時代の官僚
〔牡鹿〕嶋足
　道嶋　嶋足　みちのしまの・しまたり　〜783　奈良時代の官僚
〔丸子〕嶋足〈本姓名〉
　道嶋　嶋足　みちのしまの・しまたり　〜783　奈良時代の官僚

【樋】

樋口宮
　小倉宮　おぐらのみや　?〜1443　恒敦親王の王子

【稲】

稲丸
　井上　稲丸　いのうえ・いねまる　1770〜1808　徳川中期の俳人　㊗奥州津軽
稲丸
　坂上　稲丸　さかのうえ・いねまる　1654〜1736　徳川中期の俳人　㊗摂州池田
稲丸（1代）
　三桝　稲丸（1代）　みます・いねまる　1834〜1858　大阪の歌舞伎俳優
稲中庵〈号〉
　山口　黒露　やまぐち・こくろ　1686〜1767　徳川中期の俳人
〔扇屋〕稲木

号・別名辞典　古代・中世・近世　407

とう（蕩, 鋥, 橙, 頭, 藤）

垢染 衣紋　あかしみの・えもん　1760～1825　江戸時代中期～後期の狂歌師
稲氷命
　稲飯命　いなひのみこと　神武天皇の皇弟
稲光庵〈号〉
　松木 竿秋　まつき・かんしゅう　1685～1772　徳川中期の俳人　㊞江戸
稲宮
　守恕法親王　しゅじょほうしんのう　1706～1729　京極宮文仁親王第2王子
稲飯命
　稲飯命　いなひのみこと　神武天皇の皇弟
稲穂庵〈別号〉
　沢山人 沢山　たくさんじん・たくさん　1801～1867　狂歌師　㊞武蔵南多摩郡栗須村

【蕩】

蕩々斎〈別号〉
　原 鳳山　はら・ほうざん　1717～1787　徳川中期の兵学家　㊞土佐

【鋥】

鋥之助
　石橋 鋥之助　いしばし・じょうのすけ　蒔絵師　㊞神田九軒町

【橙】

橙雨
　左橋 橙雨　さはし・とうう　1722～1785　江戸時代中期の俳人

【頭】

頭の光
　桑楊庵 光　そうようあん・ひかる　1753～1796　江戸中期の狂歌師　㊞江戸亀井町

【藤】

藤七
　林 重治(7代)　はやし・しげはる　～1877　肥後の金工
藤九郎
　加藤 藤九郎　かとう・とうくろう　尾張瀬戸窯本家の4世
〔羽柴〕藤八郎
　竜造寺 高房　りゅうぞうじ・たかふさ　1586～1607　秀吉の臣
藤十郎〈幼名〉
　大関 増裕　おおぜき・ますひろ　1837～1866　徳川末期の黒羽17代の藩主　㊞遠江国
藤十郎
　大木 藤十郎　おおき・とうじゅうろう　1785～1873　徳川末期の洋式砲術家　㊞肥前長崎
藤十郎
　小塚 秀得　こづか・ひでのり　1785～1859　江戸時代後期の武士、植林家
〔山本〕藤十郎〈通称〉

芝 全交(1世)　しば・ぜんこう　1746～1793　戯作者
〔伏見〕藤十郎〈俗称〉
　坂田 藤十郎(2代)　さかた・とうじゅうろう　1669～1724　歌舞伎俳優
藤十郎(1代)
　坂田 藤十郎(1代)　さかた・とうじゅうろう　1647～1709　歌舞伎俳優　㊞京都
藤十郎(1代)
　十寸見 河東(1代)　ますみ・かとう　1684～1725　河東節浄瑠璃の家元、河東節の流祖　㊞江戸
藤十郎(2代)
　坂田 藤十郎(2代)　さかた・とうじゅうろう　1669～1724　歌舞伎俳優
〔江戸太夫〕藤十郎(2代)
　十寸見 藤十郎(2代)　ますみ・とうじゅうろう　？～1744　江戸時代中期の浄瑠璃太夫
藤十郎(3代)
　坂田 藤十郎(3代)　さかた・とうじゅうろう　1701～1774　歌舞伎俳優
藤三〈通称〉
　今大路 親昌　いまおおじ・ちかまさ　1608～1639　徳川幕府の侍医
藤三郎
　加藤 藤三郎　かとう・とうざぶろう　尾張瀬戸窯本家の3世
藤子〈諱〉
　按察局　あぜちのつぼね　後嵯峨天皇の宮人
藤子
　葛井 藤子　かどいの・ふじこ　平安朝時代の官女、平城天皇の後宮
藤子
　土御門 藤子　つちみかど・ふじこ　～1875　14代将軍家茂夫人親子内親王の侍女
〔藤原〕藤子
　豊楽門院　ぶらくもんいん　1464～1535　後柏原天皇の後宮
〔番長〕藤子
　葛井 藤子　かどいの・ふじこ　平安朝時代の官女、平城天皇の後宮
〔玉川〕藤之助〈初名〉
　三保木 儀左衛門(1代)　みほき・ぎざえもん　～1745?　歌舞伎俳優
〔平山〕藤五〈本名〉
　井原 西鶴　いはら・さいかく　1642～1693　江戸初期の俳人また浮世草子作者　㊞大阪
藤五郎
　菊地 藤五郎　きくち・とうごろう　江戸前期の水利功労者　㊞羽前国西村山郡柴橋村
藤五郎〈前名〉
　坂東 岩五郎　ばんどう・いわごろう　1732～1795　宝暦―寛政時代の大阪の歌舞伎俳優　㊞大阪
藤五郎
　大久保 藤五郎　おおくぼ・とうごろう　～1617　宇津左衛門五郎忠茂の五男、三河大久保党三六騎の1人
藤五郎
　伴 直方　ばん・なおかた　1790～1842　徳川中期の国学者　㊞江戸
〔菊池〕藤五郎

408　号・別名辞典　古代・中世・近世

菊地 藤五郎　きくち・とうごろう　江戸前期の水利功労者　[出]羽前国西村山郡柴橋村
藤太
佐川 藤太　さがわ・とうた　文化・文政時代の浄瑠璃作者
藤太
俵 藤太　たわら・とうた　ムカデ退治伝説の主人公
〔佐川〕藤太
佐藤 魚丸　さとう・うおまる　戯作者、狂歌師
藤太夫〈通称〉
天野 桃隣　あまの・とうりん　1639〜1719　徳川中期の俳人、芭蕉の門人　[出]伊賀上野
〔釘屋〕藤太兵衛〈通称〉
佐藤 魚丸　さとう・うおまる　戯作者、狂歌師
藤太郎〈本名〉
三浦 乾也　みうら・けんや　1821〜1889　幕末から明治へかけての東都の陶工
藤右衛門〈通称〉
菊岡 沾涼　きくおか・せんりょう　1680〜1747　徳川中期の俳人　[出]江戸
藤右衛門〈通称〉
広沢 真臣　ひろさわ・さねおみ　1833〜1871　幕末明治の勤王家、萩藩士　[出]長門国萩十日市
藤右衛門
石黒 信由　いしぐろ・のぶよし　1760〜1836　江戸末期の数学者　[出]越中
藤四郎
和歌村 藤四郎　わかむら・とうしろう　元禄—享保時代の京都に於ける歌舞伎小唄謡いの名手
〔慶長〕藤四郎
加藤 春宗　かとう・はるむね　〜1619　尾張瀬戸の陶工
〔芳村〕藤四郎〈別名〉
和歌村 藤四郎　わかむら・とうしろう　元禄—享保時代の京都に於ける歌舞伎小唄謡いの名手
藤四郎景正
加藤 景正　かとう・かげまさ　1168〜1249　尾張瀬戸焼中興の祖　[出]大和
藤左衛門
宮部 藤左衛門　みやべ・とうざえもん　秀吉の臣
藤左衛門
佐久間 柳居　さくま・りゅうきょ　1686〜1748　徳川中期の俳人　[出]江戸
藤左衛門
早水 藤左衛門　はやみ・とうざえもん　1664〜1703　赤穂47士の1人
〔鯉屋〕藤左衛門〈通称〉
杉山 杉風　すぎやま・さんぷう　1647〜1732　徳川中期の俳人　[出]江戸小田原町
〔土肥〕藤左衛門
宮部 藤左衛門　みやべ・とうざえもん　秀吉の臣
藤左衛門尉〈通称〉
柴村 盛之　しばむら・もりゆき　徳川中期の和算家　[出]江戸
藤市〈本名〉
幡崎 鼎　はたざき・かなえ　〜1842　徳川中・末期の蘭学者
〔木下〕藤吉郎
豊臣 秀吉　とよとみ・ひでよし　1536?〜1598　関白太政大臣　[出]尾張中村
藤次郎
加藤 藤次郎　かとう・とうじろう　尾張瀬戸窯本家の2世
藤次郎〈初名〉
吾妻 藤蔵(1代)　あずま・とうぞう　1665〜1716　江戸の歌舞伎俳優、宝永正徳時代の道外方の功者、吾妻屋の祖
藤次郎〈前名〉
坂田 仙四郎(1代)　さかた・せんしろう　江戸長唄謡
藤次郎〈前名〉
富士田 千蔵(1代)　ふじた・せんぞう　1757〜1823　江戸長唄謡い、富士田の2代　[出]江戸
〔奥村〕藤次郎〈元姓名〉
高村 東雲　たかむら・とううん　1826〜1879　幕末・明治初期の仏師　[出]江戸下谷北清島町源空寺門
〔津国屋〕藤次郎〈通称〉
香以 散人　こうい・さんじん　〜1870　徳川末期の狂歌師　[出]江戸
藤次衛門
天野 景忠　あまの・かげただ　1829〜1867　幕末の武士
藤作
藤尾 景秀　ふじお・かげひで　1796〜1868　歌人
〔平野〕藤作〈通称〉
晴間 星丸　はれま・ほしまる　文政頃の狂歌師、信濃上田藩士
藤兵衛〈通称〉
芦本　ろぼん　〜1736　享保時代の俳人　[出]美濃
藤兵衛
稲垣 藤兵衛　いながき・ふじべえ　1813〜1879　造酒屋、文人　[出]富山町
藤兵衛
平野 藤兵衛　ひらの・とうべえ　幕末明治の加賀の鞘師　[出]越中富山
藤兵衛
望月 玉蟾　もちずき・ぎょくせん　1673〜1755　徳川中期の画家　[出]京都
〔岡本〕藤兵衛〈本名〉
清元 太兵衛(1世)　きよもと・たへえ　1802〜55　浄瑠璃の太夫
〔斎藤〕藤兵衛〈本姓名〉
清元 太兵衛(2世)　きよもと・たへえ　1832〜1904　浄瑠璃の太夫
〔山口屋〕藤兵衛〈通称〉
藤寿亭 松竹　とうじゅてい・しょうちく　〜1835　徳川中末期の江戸の戯作者
〔山城〕藤兵衛
堀 山城(6代)　ほり・やましろ　江戸時代中期の釜師
〔鞘師〕藤兵衛〈通称〉
平野 藤兵衛　ひらの・とうべえ　幕末明治の加賀の鞘師　[出]越中富山
藤助
藤堂 元甫　とうどう・げんぽ　1677〜1762　代々伊勢津藩藤堂氏の国老　[出]伊賀大野
藤孝
細川 藤孝　ほそかわ・ふじたか　1534〜1610　室町時代の武将、歌人
〔長岡〕藤孝
細川 藤孝　ほそかわ・ふじたか　1534〜1610　室町時代の武将、歌人

藤杏庵〈号〉
鈴木 新兵衛　すずき・しんべえ　朽木竜橋の家臣
藤岳〈号〉
古谷 道生　ふるや・どうせい　1815〜1888　幕末明治時代の和算家　[出]駿河
藤房
藤原 藤房　ふじわらの・ふじふさ　1295〜1380　吉野朝の廷臣、中納言
〔万里小路〕藤房
藤原 藤房　ふじわらの・ふじふさ　1295〜1380　吉野朝の廷臣、中納言
藤治
安威 藤治　あい・ふじはる　秀吉の馬廻、キリシタンに入り受洗
藤長
田口 森蔭　たぐち・もりかげ　1793〜1859　江戸時代後期の狂歌師、画家
藤垣庵〈別号〉
鈴木 道彦　すずき・みちひこ　1757〜1819　徳川末期の俳人　[出]仙台
藤圃〈号〉
広瀬 元恭　ひろせ・げんきょう　1821〜1870　蘭方医　[出]甲斐の国藤田村
藤躬
相楽 等躬　さがら・とうきゅう　1628〜1705　徳川中期の俳人　[出]奥州須賀川
藤造〈別名〉
佐川 藤太　さがわ・とうた　文化・文政時代の浄瑠璃作者
藤斎
安藤 織馬　あんどう・しきま　幕末の武士
藤景
伊藤 直之進　いとう・なおのしん　1738〜1811　江戸時代中期〜後期の兵法家
藤渠〈号〉
江馬 活堂　えま・かつどう　1806〜1891　幕末明治時代の本草学者　[出]美濃安八郡藤江村
藤園〈号〉
松田 直兄　まつだ・なおえ　1783〜1854　徳川末期の歌学者　[出]京都
藤寧
人見 藤寧　ひとみ・とうねい　1818〜1861　徳川中期の国学者、秋田藩士
藤蔵〈前名〉
沢村 四郎五郎（2代）　さわむら・しろごろう　〜1832　歌舞伎俳優
〔菅沼〕藤蔵
土岐 定政　とき・さだまさ　1551〜1597　織豊時代の武将　[出]美濃多芸郡
〔尾上〕藤蔵〈初名〉
坂東 三津五郎（2代）　ばんどう・みつごろう　1741〜1829　江戸の歌舞伎俳優
藤蔵（1代）
吾妻 藤蔵（1代）　あずま・とうぞう　1665〜1716　江戸の歌舞伎俳優、宝永正徳時代の道外方の功者、吾妻屋の祖
藤蔵（1代）
大西 藤蔵（1代）　おおにし・とうぞう　義太夫節三絃の名家、大西流祖
藤蔵（2代）
吾妻 藤蔵（2代）　あずま・とうぞう　1724〜1776　江戸の歌舞伎俳優、宝暦期の若女方の上手、舞踊吾妻流の祖　[出]江戸
藤蔵（3代）
吾妻 藤蔵（3代）　あずま・とうぞう　1756〜1798　江戸の歌舞伎俳優、寛政期の若女方の巧者　[出]江戸
藤蔵（4代）
吾妻 藤蔵（4代）　あずま・とうぞう　〜1843　江戸の歌舞伎俳優、化政期の若女方の老巧
藤蔵（5代）
吾妻 藤蔵（5代）　あずま・とうぞう　1821〜1862　江戸の歌舞伎俳優、幕末時代の若女方の達者
〔源平〕藤橘
森羅 万象（2世）　しんら・ばんしょう　1754〜1808　江戸時代の戯作者
藤樹
中江 藤樹　なかえ・とうじゅ　1608〜1648　徳川初期の儒者

【同】

同斎
朝川 同斎　あさかわ・どうさい　1814〜1857　江戸末期の儒者

【洞】

洞文
土岐 洞文　とき・どうぶん　武人画家
〔光厳〕洞水
全苗 月湛　ぜんみょう・げったん　1728〜1803　江戸時代中期〜後期の僧
洞仙〈別号〉
三浦 梅園　みうら・ばいえん　1723〜1789　豊後杵築藩の儒者　[出]豊後国国東郡富永村
洞白
出目 満喬　でめ・みつたか　1633〜1715　江戸時代前期〜中期の能面師
洞屋〈号〉
荒木田 尚賢　あらきだ・ひさかた　1739〜1788　徳川中期の神宮祠官　[出]宇治
洞春
狩野 洞春　かのう・どうしゅん　〜1723　江戸時代の画家
洞院摂政
九条 教実　くじょう・のりざね　1210〜1235　鎌倉時代の公卿
洞授
舜国 洞授　しゅんこく・とうじゅ　?〜1608　織豊〜江戸時代前期の僧
洞嵓
佐久間 洞嵓　さくま・どうがん　1653〜1736　徳川中期の儒者また書画家　[出]仙台
洞雲
狩野 洞雲　かのう・どううん　1625〜1694　幕府の表絵師　[出]京都

【堂】

堂々々〈号〉

山口 黒露　やまぐち・こくろ　1686～1767　徳川中期の俳人
〔桜沢〕堂山〈通称〉
柳水亭 種清　りゅうすいてい・たねきよ　1821～1907　戯作者

【童】

童平
　井上 童平　いのうえ・どうへい　徳川中期の俳人　㊞岐阜
童寿丸〈幼名〉
　太田 呑竜　おおた・どんりゅう　1556～1623　江戸初期の浄土宗の僧　㊞武蔵岩槻
童浦〈号〉
　鈴木 春山　すずき・しゅんざん　1801～1846　徳川中期の医家、兵学家、三河国田原藩士

【道】

道〈名〉
　坪井 信道　つぼい・しんどう　1795～1848　蘭医
道一
　名和 道一　なわ・どういち　1838～1873　幕末の志士、萩藩老臣毛利出雲の家士　㊞周防国吉敷
道乙
　三宅 鞏革斎　みやけ・きょうかくさい　1614～1675　江戸時代前期の儒者
道七
　伊勢屋 道七　いせや・どうしち　安土桃山時代の茶匠、堺の町人
〔山上〕道七
　伊勢屋 道七　いせや・どうしち　安土桃山時代の茶匠、堺の町人
道人
　天竜 道人　てんりゅう・どうじん　1718～1810　江戸中・後期の文人
道人
　方外 道人　ほうがい・どうじん　狂詩家
道入〈別号〉
　楽 のんかう　らく・のんこう　1599～1656　江戸前期の陶工
道入
　楽 道入　らく・どうにゅう　1599～1656　江戸時代前期の陶工
〔田中〕道入
　楽 道入　らく・どうにゅう　1599～1656　江戸時代前期の陶工
道八
　高橋 道八（1代）　たかはし・どうはち　1740～1804　京都の陶工　㊞伊勢亀山藩
〔仁阿弥〕道八
　高橋 道八（2代）　たかはし・どうはち　1783～1855　京都の陶工
道八（1代）
　高橋 道八（1代）　たかはし・どうはち　1740～1804　京都の陶工　㊞伊勢亀山藩
道八（2代）
　高橋 道八（2代）　たかはし・どうはち　1783～1855　京都の陶工
道八（3代）

　高橋 道八（3代）　たかはし・どうはち　1811～1879　京都の陶工
道三
　宮王 道三　みやおう・どうさん　室町末期の能役者　㊞堺
道三
　曲直瀬 正盛　まなせ・まさもり　1508～1595　医師
道三
　今大路 道三　いまおおじ・どうさん　1577～1626　医家
道三
　斎藤 道三　さいとう・どうさん　～1556　戦国時代の武将　㊞山城国西岡
道三
　松井 源水（2代）　まつい・げんすい　売薬者
〔宮尾〕道三
　宮王 道三　みやおう・どうさん　室町末期の能役者　㊞堺
〔今小路〕道三
　曲直瀬 正盛　まなせ・まさもり　1508～1595　医師
〔翠竹院〕道三
　曲直瀬 正盛　まなせ・まさもり　1508～1595　医師
道三（2代）
　曲直瀬 正紹　まなせ・まさつぐ　1541～1622　医師
道夕〈名〉
　洒堂　しゃどう　俳人、芭蕉一門　㊞近江膳所
道子
　田上 菊舎尼　たがみ・きくしゃに　1753～1826　徳川中期の俳人　㊞長門国長府在田耕村人名4
道寸
　三浦 義同　みうら・よしあつ　?～1516　戦国時代の武将
道寸
　夕陽庵 弘永　ゆうひあん・こうえい　1625～1676　江戸時代前期の連歌師、俳人
道仁
　平田 道仁　ひらた・どうにん　～1646　徳川初期の七宝師、我国七宝の創製者　㊞美濃
道元
　道元　どうげん　1200～1253　日本曹洞宗の開祖
〔永平〕道元
　道元　どうげん　1200～1253　日本曹洞宗の開祖
〔希玄〕道元
　道元　どうげん　1200～1253　日本曹洞宗の開祖
道円
　近藤 道円　こんどう・どうえん　江戸時代前期の漆工
道太
　原 道太　はら・みちた　1838～1864　維新時代久留米藩の世臣
道牛
　伊良子 道牛　いらこ・どうぎゅう　1671～1728　徳川中期の西洋流外科医　㊞羽後山形
道犬
　大野 道犬　おおの・どうけん　～1615　豊臣氏の将
道右衛門
　大鳥 道右衛門　おおとり・みちえもん　宝永―享保時代の大阪の歌舞伎俳優
道句〈号〉
　大賀 九郎左衛門　おおが・くろうざえもん　～1641　織豊・徳川初期の貿易家

どう（道）

〔津田〕道叱
　天王寺屋 道叱　てんのうじや・どうしつ　織豊時代の茶人
道平
　二条 道平　にじょう・みちひら　1288〜1335　鎌倉後期の公卿
〔藤原〕道平
　二条 道平　にじょう・みちひら　1288〜1335　鎌倉後期の公卿
道弘
　綾部 道弘　あやべ・みちひろ　1635〜1700　徳川初期の漢学者、杵築藩儒医　㊞豊後国東郡麻田
道生
　古谷 道生　ふるや・どうせい　1815〜1888　幕末明治時代の和算家　㊞駿河
道生
　鉄庵 道生　てつあん・どうしょう　1262〜1331　鎌倉時代の禅僧（臨済宗）、初期五山文学者　㊞出羽
道生
　茫 道生　はん・どうせい　1637〜1670　江戸前期に来日した中国福建省泉州の仏師
〔鉄菴〕道生
　鉄庵 道生　てつあん・どうしょう　1262〜1331　鎌倉時代の禅僧（臨済宗）、初期五山文学者　㊞出羽
道白
　卍山 道白　まんざん・どうはく　1636〜1715　江戸時代前期〜中期の僧
道立
　樋口 道立　ひぐち・どうりゅう　1732〜1812　徳川中期の俳人にして儒者　㊞京都
道光
　鉄眼 道光　てつげん・どうこう　1630〜1682　徳川初期の禅僧　㊞肥後益城郡森山
道光
　道光　どうこう　〜1290　京都悟真寺の開山（浄土宗）　㊞相模鎌倉
道光
　了慧　りょうえ　1243〜1330　鎌倉時代末期の僧侶（浄土宗）　㊞鎌倉
道光
　日謙　にちけん　1746〜1829　江戸時代中期〜後期の僧
道光法親王
　道晃法親王　どうこうほうしんのう　1611〜1678　聖護院門主、後陽成天皇の皇子
道因
　藤原 敦家　ふじわらの・あついえ　〜1091　平安時代の楽人
道因
　道因　どういん　平安末時代の歌僧
道如斎
　五十公野 信宗　いじみの・のぶむね　〜1587　上杉氏家臣
〔三条〕道如斎
　五十公野 信宗　いじみの・のぶむね　〜1587　上杉氏家臣
道安
　山田 道安　やまだ・どうあん　〜1573　水墨画にすぐれた武人画家
〔真砂庵〕道守

古満 寛哉　こま・かんさい　1767〜1835　江戸末期の漆芸家
〔仁義堂〕道守
　古満 寛哉　こま・かんさい　1767〜1835　江戸末期の漆芸家
〔片歌〕道守
　建部 凌岱　たてべ・りょうたい　1719〜1774　画家、俳諧・画・歌・国文と才学の人
〔片歌〕道守
　建部 涼袋　たけべ・りょうたい　1719〜1774　徳川中期の俳人にして画家　㊞弘前
〔惟宗〕道成
　令宗 道成　よしむねの・みちなり　平安時代中期の官吏
道有
　浅野 文驥　あさの・ぶんき　1764〜1830　江戸時代後期の医師
〔酢屋〕道全
　桃水 雲渓　とうすい・うんけい　1605〜1683　禅僧　㊞筑後柳河
道耳
　志野 道耳　しの・どうじ　室町時代の茶道家　㊞和泉堺
〔篠〕道耳
　志野 道耳　しの・どうじ　室町時代の茶道家　㊞和泉堺
道西〈号〉
　鈴木 五平次　すずき・ごへいじ　江戸中期の名古屋呉服町の鉄商
道作〈別称〉
　山脇 玄心　やまわき・げんしん　1597〜1678　医家　㊞近江山脇村
〔栄井〕道形
　日置 道形　へきの・みちかた　奈良時代の官吏
道快
　聖快　しょうかい　南北朝〜室町時代の僧
道甫〈字〉
　酒泉 竹軒　さかいずみ・ちくけん　1654〜1718　徳川中期の史家　㊞筑前福岡
道秀〈法名〉
　服部 持法　はっとり・じほう　鎌倉・南北朝期の伊賀国御家人
道秀斎〈号〉
　石塚 宗通（3世）　いしずか・そうつう　〜1849　江戸後期の茶人
道臣
　河合 隼之助　かわい・じゅんのすけ　1767〜1841　徳川中期の姫路藩士
道臣〈名〉
　河合 隼之助　かわい・じゅんのすけ　1767〜1841　徳川中期の姫路藩士
道臣
　河合 寸翁　かわい・すんのう　1767〜1841　江戸時代中期〜後期の武士
〔藤原〕道良
　二条 道良　にじょう・みちなが　1234〜1259　鎌倉時代の公卿
道芳
　曇仲 道芳　どんちゅう・どうほう　1367〜1409　南北朝〜室町時代の僧
道足

物部 道足　もののべの・みちたり　奈良朝の歌人　㊞常陸信太郡
〔信太〕道足
物部 道足　もののべの・みちたり　奈良朝の歌人　㊞常陸信太郡
道坦〈名〉
天野 容斎　あまの・ようさい　1802〜1868　江戸の儒者
道坦
万仞 道坦　ばんじん・どうたん　1698〜1775　江戸時代中期の僧
道宗
赤尾の 道宗　あかおの・どうしゅう　1452〜1516　室町〜戦国時代の仏教篤信者
道忠
無著 道忠　むじゃく・どうちゅう　1653〜1744　禅僧（臨済宗）　㊞但馬養父郡竹野村
道治
平野 富屋　ひらの・ふおく　1779〜1849　江戸時代後期の俳人
〔小川〕道的
本因坊 道的　ほんいんぼう・どうてき　1669〜1690　江戸時代前期の囲碁棋士
道空
久世 道空　くぜ・どうくう　1704〜1784　徳川中期の典礼家
道空
真巌 道空　しんがん・どうくう　1374〜1449　室町時代の僧
道茂〈号〉
菱川 吉左衛門　ひしかわ・きちざえもん　1597〜1662　江戸初期の縫箔染色家
道長
藤原 道長　ふじわらの・みちなが　966〜1027　平安時代の政治家、摂政太政大臣従一位
道阿〈号〉
佐々木 松後　ささき・しょうご　1732〜1798　徳川中期の俳人　㊞岡山橋本町
道阿〈号〉
寺町 百庵　てらまち・ひゃくあん　1695〜1786　徳川中期の俳人　㊞江戸
道阿弥
犬王　いぬおう　〜1413　近江猿楽の日吉座の名人
道阿弥
山岡 景友　やまおか・かげとも　1540〜1603　秀吉お咄の衆
道阿弥
山岡 景友　やまおか・かげとも　1540〜1603　秀吉お咄の衆
道阿弥
菅野 道阿弥　すがの・どうあみ　仙台藩主伊達家の茶頭
道彦
鈴木 道彦　すずき・みちひこ　1757〜1819　徳川末期の俳人　㊞仙台
道春
林 羅山　はやし・らざん　1583〜1657　徳川初期の幕府儒官　㊞京都
道栄〈名〉
泉屋 道栄　いずみや・どうえい　1412〜1484　堺の豪商、会合衆
道柯居士〈号〉
宮川 松堅　みやかわ・しょうけん　1632〜1726　徳川中期の俳人　㊞京都
道海
桑田 道海　そうでん・どうかい　?〜1309　鎌倉時代の僧
道珍
珠厳 道珍　しゅがん・どうちん　?〜1387　南北朝時代の僧
道祐
福住 道祐　ふくずみ・どうゆう　1612〜1688?　俳人
道秋〈号〉
渡辺 吾仲　わたなべ・ごちゅう　1673〜1733　徳川中期の俳人
道兼
藤原 道兼　ふじわらの・みちかね　961〜995　平安時代の政治家、関白右大臣
道卿
原 道卿　はら・どうけい　1772〜1834　徳川末期の剣客、広島藩士
道卿〈字〉
樋口 道立　ひぐち・どうりゅう　1732〜1812　徳川中期の俳人にして儒者　㊞京都
道家
九条 道家　くじょう・みちいえ　1193〜1252　鎌倉時代の朝臣、摂政関白
〔藤原〕道家
九条 道家　くじょう・みちいえ　1193〜1252　鎌倉時代の朝臣、摂政関白
道晃法親王
道晃法親王　どうこうほうしんのう　1611〜1678　聖護院門主、後陽成天皇の皇子
道桓
島田 道桓　しまだ・みちたけ　江戸中期の測量家
〔菅原〕道真妻
島田 宣来子　しまだの・のぶきこ　850〜?　菅原道真の妻
道通
大川 道通　だいせん・どうつう　1265〜1339　鎌倉〜南北朝時代の僧
道基
道意　どうい　1354〜1429　南北朝〜室町時代の僧
道康親王
文徳天皇　もんとくてんのう　827〜858　第五十五代の天皇
道清
幸阿弥（2代）　こうあみ　1433〜1500　蒔絵師
道皎
月林 道皎　げつりん・どうこう　1293〜1351　鎌倉・吉野朝時代の五山文学者
道設〈道名〉
人見 伝　ひとみ・でん　1638〜1696　儒者　㊞京都
道隆
蘭渓 道隆　らんけい・どうりゅう　1213〜1278　鎌倉建長寺の開山　㊞宋の西蜀涪江
道雪

立花 鑑連　たちばな・あきつら　1516〜1585　戦国時代の武将
〔戸次〕道雪
立花 鑑連　たちばな・あきつら　1516〜1585　戦国時代の武将
道勝
江戸 道勝　えど・みちかつ　戦国時代常陸の豪族
道喜〈号〉
近藤 伊右衛門　こんどう・いえもん　茶人
道喜
小瀬 甫庵　おせ・ほあん　1564〜1640　安土桃山・江戸初期の儒医、「太閤記」の著者　[出]尾張春日井郡
〔荻野〕道喜
氏家 行広　うじいえ・ゆきひろ　〜1615　美濃大垣城主、秀吉に属す
〔小倉〕道喜
秋山 仙朴　あきやま・せんぼく　江戸中期の碁客　[出]武蔵
道堅
岩山 道堅　いわやま・どうけん　?〜1532　戦国時代の武士、歌人
道尊法親王
道尊法親王　どうそんほうしんのう　1675〜1705　後西天皇の第9皇子
道敬〈号〉
牡年　ぼねん　〜1727　俳人、芭蕉一門、去来・魯町の弟
道暁
無住 道暁　むじゅう・どうぎょう　1227〜1312　鎌倉時代の僧
道智〈号〉
足利 満詮　あしかが・みつあき　〜1418　将軍足利義詮の第2子
道智
有馬 道智　ありま・どうち　1542〜1640　織豊時代長崎5僧の最古参者　[出]肥前午島
道満
芦屋 道満　あしや・どうまん　平安時代の陰陽家　[出]播磨
道然
葦航 道然　いこう・どうねん　1219〜1302　鎌倉時代の僧
道覚
美笑軒 道覚　びしょうけん・どうかく　1521〜1616　戦国時代の華道師範、美笑流宗家1世
道遂
北村 幽庵　きたむら・ゆうあん　1648〜1719　江戸時代前期〜中期の茶人
道達
宮川 道達　みやがわ・みちさと　国学者　[出]江戸
道閑
清水 道閑　しみず・どうかん　1579〜1648　徳川初期の茶道家（遠州流清水派1世）　[出]京都
道随
伊藤 清長　いとう・きよなが　1628〜1697　江戸時代前期の剣術家
道雲
池永 道雲　いけなが・どううん　1674〜1737　徳川中期江戸の書家
道雲
畑 道雲　はた・どううん　1767〜1809　徳川中期の医家、狂歌師
道順
朝倉 茂入（1代）　あさくら・もにゅう　江戸前期の古筆鑑定家
道寛〈名〉
墨江 武禅　すみえ・ぶぜん　1734〜1806　徳川中期の画家、彫金家　[出]大阪
道愛
道叟 道愛　どうそう・どうあい　?〜1379　南北朝時代の僧
道楽
楽 道楽　らく・どうらく　江戸時代前期の陶工
〔田中〕道楽
楽 道楽　らく・どうらく　江戸時代前期の陶工
道源〈法号〉
炭 太祇　たん・たいぎ　1709〜1771　徳川中期の俳人　[出]江戸
道照
智海　ちかい　?〜1306　鎌倉時代の僧
道節
井上 因碩（4世）　いのうえ・いんせき　〜1719　囲碁の家元　[出]美濃大垣
道節
斎藤 道節　さいとう・どうせつ　茶人　[出]大坂
道節〈号〉
南 正会　みなみ・まさえ　1740〜1819　徳川中期の茶人　[出]堺
道節
末吉 道節　すえよし・どうせつ　1608〜1654　徳川初期の俳人　[出]摂州平野
道該
幸阿弥（14代）　こうあみ　蒔絵師
道誉
佐々木 高氏　ささき・たかうじ　1296〜1373　吉野朝時代の武将
〔藤原〕道雅
左京大夫道雅　さきょうだいぶみちまさ　993〜1054　平安中期の歌人
〔聖護院〕道増
道増　どうぞう　1508〜1571　戦国時代の僧
道寧
道蔵　どうぞう　百済からの渡来僧
道綱母
右大将道綱母　うだいしょうみちつなのはは　平安中期の歌人
〔藤原〕道綱母
右大将道綱母　うだいしょうみちつなのはは　平安中期の歌人
道隠
田丸 道隠　たまる・どういん　1741〜1813　徳川中期の真宗本願寺派の学僧　[出]薩摩
道隠
霊山 道隠　りんざん・どういん　1255〜1325　元から来日した僧
〔山中〕道億
鴻池 道億　こうのいけ・どうおく　1656〜1736　江戸時代前期〜中期の豪商、茶人
道摩
芦屋 道満　あしや・どうまん　平安時代の陰陽家　[出]播磨

道澄
茶屋 四郎次郎（4代）　ちゃや・しろじろう　～1663　貿易家
道閲
井原 道閲　いはら・どうえつ　1649～1720　徳川初・中期の京都の医家　[出]筑前
道機
鉄牛 道機　てつぎゅう・どうき　1628～1700　徳川初中期の黄檗宗僧　[出]石見
道薫〈号〉
石村 近江（3代）　いしむら・おうみ　～1657　三味線の名工
道薫
荒木 村重　あらき・むらしげ　1535～1586　戦国～織豊時代の武将
道蘊
二階堂 貞藤　にかいどう・さだふじ　1267～1334　鎌倉末期の武将
道賢
日蔵　にちぞう　905?～985?　平安時代中期の僧
道隣〈号〉
翠兄　すいけい　～1813　化政期の俳人　[出]常陸竜ヶ崎
〔花廼屋〕道頼
花廼屋（1代）　はなのや　～1810　狂歌師
道鏡
弓削 道鏡　ゆげの・どうきょう　～772　奈良朝末の僧　[出]河内国弓削
道灌
太田 資長　おおた・すけなが　室町時代の武将　[出]相模

【銅】

銅脈
畠中 銅脈　はたなか・どうみゃく　1752～1801　徳川中期の狂詩家、戯作者
銅脈先生
畠中 銅脈　はたなか・どうみゃく　1752～1801　徳川中期の狂詩家、戯作者

【撞】

撞木林〈号〉
小林 反古　こばやし・はんこ　1742～1817　徳川中期の俳人　[出]信州長野新町

【禿】

禿尾
正宗 竜統　しょうじゅう・りゅうとう　1428～1498　室町～戦国時代の僧

【特】

特〈号〉
伴 信友　ばん・のぶとも　1772～1846　徳川中期の国学者　[出]若狭遠敷郡小浜

【得】

得入
小沢 得入　おざわ・とくにゅう　1616～1710　江戸時代前期～中期の俳人
〔田中〕得入
楽 得入　らく・とくにゅう　1745～1774　江戸時代中期の陶工
〔藤原〕得子
美福門院　びふくもんいん　1117～1160　鳥羽天皇の皇后
得水〈号〉
赤井 明啓　あかい・めいけい　1694～1746　徳川中期の書家　[出]加賀
得老
青山 得老　あおやま・とくろう　江戸時代後期の俳人
得寿斎
名見崎 徳治（5代）　なみざき・とくじ　富本節浄瑠璃三絃の名家
得所
佐瀬 得所　させ・とくしょ　1823～1878　幕末明治初期の書家　[出]会津
得斎
原 得斎　はら・とくさい　徳川末期の儒者　[出]京都
得斎
小川 得斎　おがわ・とくさい　1785～1865　江戸時代後期の陶工
得閑斎（1代）
得閑斎（1代）　とくかんさい　狂歌師
得閑斎（2代）
得閑斎（2代）　とくかんさい　狂歌師
得閑斎（3代）
得閑斎（3代）　とくかんさい　狂歌師
得僊
竺山 得仙　ちくさん・とくせん　1344～1413　南北朝～室町時代の僧
得蕪
井上 得蕪　いのうえ・とくぶ　?～1858　江戸時代後期の俳人
得巌
惟肖 得巌　いしょう・とくがん　1360～1437　天竜並に南禅の寺主たる五山文学者　[出]備中

【悳】

悳次
青山 悳次　あおやま・のりつぐ　1832～1893　幕末の金沢藩家老

【督】

督姫
良正院　りょうしょういん　1575～1615　徳川家康の次女

【徳】

徳〈名〉
平元 謹斎　ひらもと・きんさい　1810～1876　徳川末期の儒者　[出]出羽
徳三郎
亀田 徳三郎　かめた・とくさぶろう　1826～1864　幕末の志士　[出]下野安蘇郡船越村

とく（徳）

徳三郎
　広川 晴軒　ひろかわ・せいけん　1803〜1884　幕末・明治時代の科学者　㊐越後北魚沼郡小千谷町
徳三郎〈通称〉
　千葉 黙池　ちば・もくち　〜1881　幕末明治の俳人
徳三郎〈通称〉
　日野 資徳　ひの・すけかつ　1848〜1909　幕末明治の歌人　㊐越後新潟古町
徳三郎〈初名〉
　嵐 璃寛(2代)　あらし・りかん　1788〜1837　大阪の歌舞伎俳優、文政・天保時代の立役の名優　㊐大阪新靱町
徳三郎〈1代〉
　嵐 猪三郎(1代)　あらし・いさぶろう　1766〜1825　大阪の歌舞伎俳優、化政期の立役の達者
徳三郎(2代)〈前名〉
　嵐 璃寛(3代)　あらし・りかん　1812〜1863　大阪の歌舞伎俳優、弘化—文久時代の立役の名優　㊐京都二条新地
徳三郎(2代)
　嵐 璃寛(2代)　あらし・りかん　1788〜1837　江戸時代後期の歌舞伎役者
徳三郎(3代)
　嵐 璃寛(3代)　あらし・りかん　1812〜1863　江戸時代後期の歌舞伎役者
徳子
　平 徳子　たいらの・とくこ　1155〜1213　髙倉天皇の皇后、平清盛の第2女
徳之介〈初名〉
　玉造 清之允　たまつくり・せいのじょう　1845〜1865　幕末の志士、水戸藩士
徳之助
　金子 徳之助　かねこ・とくのすけ　1789〜1865　幕末の広島藩士
徳元
　徳元　とくげん　〜1647　俳人、貞門　㊐岐阜
〔斎藤〕徳元
　徳元　とくげん　〜1647　俳人、貞門　㊐岐阜
徳太古
　巨勢 徳陀古　こせ・とくたこ　〜658　孝徳・斉明天皇朝の大官
徳太郎〈通称〉
　斎藤 誠軒　さいとう・せいけん　1826〜1876　徳川末期伊勢津藩の儒者
徳太郎〈名〉
　杉田 玄端　すぎた・げんたん　1818〜1889　幕末・明治初期の蘭方医　㊐江戸
徳太郎〈通称〉
　頼 山陽　らい・さんよう　1772〜1832　鴻儒　㊐大阪
〔桜井〕徳太郎
　池 内蔵太　いけ・くらた　1841〜1866　幕末期の志士、変名細川左馬之助、細井徳太郎　㊐土佐国小高坂村
〔米山〕徳太郎〈初名〉
　大谷 広次(3代)　おおたに・ひろじ　1740〜1802　歌舞伎俳優、明和—寛政時代の名優
徳夫
　永山 二水　ながやま・にすい　1802〜1845　江戸時代後期の儒者
徳右衛門
　牧分 徳右衛門　まきわけ・とくえもん　徳川中期の義民、美作真庭郡仲間村の農
徳右衛門
　牧分 徳右衛門　まきぶん・とくえもん　?〜1727　江戸時代中期の一揆指導者
〔池田〕徳右衛門
　牧分 徳右衛門　まきぶん・とくえもん　?〜1727　江戸時代中期の一揆指導者
〔牧〕徳右衛門
　牧分 徳右衛門　まきわけ・とくえもん　徳川中期の義民、美作真庭郡仲間村の農
徳本
　永田 徳本　ながた・とくほん　1513〜1630　室町時代—徳川初期の医家
徳本
　岡崎 徳本　おかざき・とくほん　〜1869　江戸末期の算者、因州鳥取藩士
徳本〈名〉
　早瀬 蘭川　はやせ・らんせん　1777〜1837　徳川中期の画家　㊐福井
徳母〈号〉
　炭 太祇　たん・たいぎ　1709〜1771　徳川中期の俳人　㊐江戸
徳民〈字〉
　増野 徳民　ましの・とくみん　1842〜1877　幕末長州藩の尊攘家・医家
〔紀〕徳民
　細井 平洲　ほそい・へいしゅう　1728〜1801　徳川中期の儒者　㊐尾張
徳次〈通称〉
　大穂 能一　おおほ・のういち　1819〜1871　徳川末期の算者　㊐筑前博多
徳次(1代)
　大谷 徳次(1代)　おおたに・とくじ　1756〜1807　歌舞伎俳優、天明—文化時代の道外方の上手
徳兵衛
　大蔵 永常　おおくら・ながつね　1768〜　江戸後期の農学者　㊐豊後日田郡隈町
徳応
　木村 徳応　きむら・とくおう　江戸時代前期の画家
徳甫〈字〉
　山岡 元隣　やまおか・げんりん　1631〜1672　江戸前期の仮名草子作者・俳人　㊐伊勢国山田
徳見
　竜山 徳見　りゅうざん・とっけん　1284〜1358　鎌倉〜南北朝時代の僧
〔熊庄〕徳弥
　丸山 徳弥　まるやま・とくや　1751〜1827　江戸時代中期〜後期の殖産家
徳忠
　節香 徳忠　せっこう・とくちゅう　室町時代の僧、農濃温泉寺(曹洞宗)開山　㊐信濃
徳明〈名〉
　坂本 呉山　さかもと・ござん　1820〜1875　幕末・明治時代の儒者
徳松〈前名〉
　嵐 冠十郎(2代)　あらし・かんじゅうろう　1805〜1861　歌舞伎俳優、幕末時代の敵役の達者
徳治(3代)
　名見崎 徳治(3代)　なみざき・とくじ　1787〜1841　富本節浄瑠璃三絃の名家

とく（篤, 犢）　どく（独）

徳治（5代）
　名見崎 徳治（5代）　なみざき・とくじ　富本節浄瑠璃三絃の名家
徳陀古
　巨勢 徳陀古　こせの・とくたこ　～658　孝徳・斉明天皇朝の大官
徳乗
　後藤 四郎兵衛（5代）　ごとう・しろうべえ　1547～1631　大判金並に目貫笄彫物御用後藤家　㊞京都
徳乗光次
　後藤 四郎兵衛（5代）　ごとう・しろうべえ　1547～1631　大判金並に目貫笄彫物御用後藤家　㊞京都
徳春
　吉田 徳春　よしだ・とくしゅん　1384～1468　室町時代の医家
徳昭
　藤井 紋太夫　ふじい・もんだゆう　？～1695　江戸時代前期の武士
徳風〈名〉
　妹尾 徳風　せのお・とくふう　1846～1887　幕末明治時代の書家　㊞江戸
徳倹
　約翁 徳倹　やくおう・とくけん　1245～1320　禅僧
徳恵庵〈別号〉
　里村 昌琢　さとむら・しょうたく　1574～1636　織豊時代の連歌師
徳悟
　桃渓 徳悟　とうけい・とくご　1240～1307　鎌倉時代の僧
〔新田〕徳純
　岩松 徳純　いわまつ・よしずみ　1777～1825　江戸時代後期の武士
〔菊地〕徳基〈姓名〉
　式亭 小三馬　しきてい・こさんば　1812～1853　戯曲者
徳庵
　内藤 如安　ないとう・じょあん　～1626　キリスト教信者、秀吉の臣　㊞丹波
徳斎
　鞍作 多須奈　くらつくり・の・たすな　6世紀後半の仏師
徳済
　鉄舟 徳済　てっしゅう・とくさい　1394～　京都天竜寺（臨済宗）の禅僧　㊞下野
徳善院
　前田 玄以　まえだ・げんい　1539～1602　豊臣家五奉行の1人
徳道〈名〉
　井原 応輔　いはら・おうすけ　1823～1866　幕末の志士　㊞土佐国香美郡
徳義〈字〉
　大原 重徳　おおはら・しげとみ　1801～1879　公卿、維新の元勲　㊞京都
徳蔵〈通称〉
　斎藤 誠軒　さいとう・せいけん　1826～1876　徳川末期伊勢津藩の儒者
徳蔵〈通称〉
　斎藤 拙堂　さいとう・せつどう　1797～1865　江戸時代末期の儒者　㊞江戸柳原
〔西村〕徳蔵〈本名〉

　佐々木 市蔵（2代）　ささき・いちぞう　1798～1861　常磐津浄瑠璃三絃
徳瓊
　林叟 徳瓊　りんそう・とっけい　1251～1321　鎌倉時代の僧

【篤】

篤之進〈通称〉
　武田 真元　たけだ・しんげん　～1846　徳川中末期の和算家　㊞泉州左海
篤之輔
　阪東 篤之輔　ばんどう・とくのすけ　1820～1891　篠山藩士
篤老
　飯田 篤老　いいだ・とくろう　1778～1826　徳川中期の俳人　㊞芸州広島
〔蓑谷〕篤行〈旧名〉
　西村 太冲　にしむら・たちゅう　1767～1835　江戸時代後期の暦学者　㊞越中礪波郡
篤助（1代）
　奈河 篤助（1代）　なかわ・とくすけ　1764～1842　京阪の歌舞伎狂言作者
〔奈河〕篤助（2代）
　金沢 芝助　かなざわ・しばすけ　1778～1828　文化・文政時代の大阪の歌舞伎狂言作者
篤実〈名〉
　平田 銕胤　ひらた・かねたね　1799～1880　神道学者　㊞伊予国喜多郡新谷
篤治
　白井 佐一郎　しらい・さいちろう　1821～1877　幕末明治の漢学者　㊞奥州須賀川
篤信斎〈号〉
　斎藤 弥九郎（1代）　さいとう・やくろう　1798～1871　幕末維新時代の最も有名なる剣客　㊞越中氷見郡仏生寺村
篤胤
　平田 篤胤　ひらた・あつたね　1766～1843　国学者、世に国学の4大人と称せられる　㊞出羽国秋田久保城下下谷地
篤雅〈号〉
　熊谷 直彦　くまがい・なおひこ　1828～1913　徳川末期の画家　㊞京都

【犢】

犢庵〈号〉
　坂本 奇山　さかもと・きざん　1810～1887　幕末明治時代の漢学者、肥後熊本藩士

【独】

独心斎
　根来 重明　ねごろ・しげあき　1605～1682　江戸時代前期の剣術家
独正堂〈号〉
　鵜飼 大俊　うがい・たいしゅん　1846～1878　獄囚教誨に力めし勤王僧　㊞尾張中島郡片原一色村
独立
　独立　どくりゅう　1596～1672　江戸初期に来日した中国の禅僧

号・別名辞典　古代・中世・近世　417

どく（読） とつ（咄, 訥） とも（鞆） とん（惇, 敦）

独武者〈号〉
　平山 梅人　ひらやま・ばいじん　1744～1801　徳川中期の俳人
独歩庵
　清水 超波　しみず・ちょうは　1705～1740　徳川中期の俳人　⑱江戸
独南斎〈号〉
　菊岡 光行　きくおか・みつゆき　1750～1800　江戸時代末期の俳人、表具を業とし、彫物に巧であった
独南斎〈別号〉
　菊岡 沾凉　きくおか・せんりょう　1680～1747　徳川中期の俳人　⑱江戸
独師〈号〉
　卍元 師蛮　まんげん・しばん　1626～1710　徳川初期の禅僧　⑱相模
独清軒〈別号〉
　玄恵 法印　げんえ・ほういん　～1349　学僧
独楽亭〈号〉
　平尾 沂水　ひらお・ぎんすい　1764～1837　徳川中期彦根藩の儒者、国学者
独楽庵〈号〉
　斎藤 季義　さいとう・すえよし　1717～1803　徳川中期大阪の雅人
独徳〈号〉
　佐々木 利綱　ささき・としつな　1741～1802　徳川中期の医家にして歌人　⑱伊勢三重郡小杉村
独盧軒〈号〉
　村田 珠光　むらた・じゅこう　～1502　室町後期の茶人
独醒〈号〉
　雛田 中清　ひなた・なかきよ　1819～1886　幕末の志士
独醒庵〈号〉
　平賀 蕉斎　ひらが・しょうさい　～1804　徳川中期安芸の儒者

【読】

読画斎〈号〉
　春木 南華　はるき・なんか　1819～1866　幕末の画家
読耕斎
　林 読耕斎　はやし・どくこうさい　1624～1661　江戸前期の儒者

【咄】

咄々斎〈号〉
　千 宗旦　せんの・そうたん　1578～1658　織豊時代・徳川初期の茶道家
咄哉〈号〉
　竜湫 周沢　りゅうしゅう・しゅうたく　1308～1388　五山文学者、建仁・天竜・南禅寺主　⑱甲斐国

【訥】

訥子（1代）
　沢村 宗十郎（1代）　さわむら・そうじゅうろう　1685～1756　歌舞伎俳優　⑱京都西上京
訥子（2代）
　沢村 宗十郎（2代）　さわむら・そうじゅうろう　1713～1770　歌舞伎俳優
訥子（3代）
　沢村 宗十郎（3代）　さわむら・そうじゅうろう　1753～1801　歌舞伎俳優　⑱江戸
訥子（4代）
　沢村 源之助（1代）　さわむら・げんのすけ　歌舞伎俳優　⑱江戸
〔沢村〕訥升〈本名〉
　助高屋 高助（4代）　すけたかや・たかすけ　1838～1886　江戸の歌舞伎俳優
訥升（1代）
　沢村 源之助（2代）　さわむら・げんのすけ　歌舞伎俳優
〔沢村〕訥升（2代）〈前名〉
　助高屋 高助（4代）　すけたかや・たかすけ　1838～1886　江戸の歌舞伎俳優
訥庵
　大橋 順蔵　おおはし・じゅんぞう　1816～1862　徳川末期の勤王儒者　⑱江戸
訥庵〈号〉
　陶山 鈍翁　すやま・どんおう　1657～1732　徳川中期の儒者　⑱対馬厳原
訥斎
　江村 訥斎　えむら・とっさい　1623～1673　徳川初期の宇和島藩儒者　⑱京都
訥斎〈別号〉
　沢田 宗堅　さわだ・そうけん　1624～1707　徳川中期の儒者　⑱京都
訥菴
　大橋 順蔵　おおはし・じゅんぞう　1816～1862　徳川末期の勤王儒者　⑱江戸

【鞆】

鞆舎〈号〉
　大石 真虎　おおいし・まとら　1792～1833　徳川中期の画家　⑱名古屋
鞆の屋〈別号〉
　今泉 蟹守　いまいずみ・かにもり　1818～1898　徳川末期明治時代の国学者　⑱肥前小城

【惇】

惇信
　平林 惇信　ひらばやし・あつのぶ　1696～1753　書家　⑱江戸

【敦】

敦子
　松室 敦子　まつむろ・あつこ　～1746　霊元天皇の後宮
敦仁〈名〉
　醍醐天皇　だいごてんのう　885～930　第60代の天皇
敦明親王
　敦明親王　あつあきらしんのう　994～1051　三条天皇の皇子
敦家

藤原 敦家　ふじわらの・あついえ　～1091　平安時代の楽人
敦通
　久我 敦通　こが・あつみち　廷臣
敦賀侍従
　蜂屋 頼隆　はちや・よりたか　～1589　織豊時代の武人　⑮美濃
敦寛
　真田 敦寛　さなだ・あつひろ　1718～1791　徳川中期の歌人　⑮摂津西宮
〔藤原〕敦頼〈本名〉
　道因　どういん　平安末時代の歌僧

【頓】

頓阿
　頓阿　とんあ　1289～1372　鎌倉—吉野時代の歌僧
頓阿弥〈号〉
　頓阿　とんあ　1289～1372　鎌倉—吉野時代の歌僧
頓蔵主〈別称〉
　安国寺 恵瓊　あんこくじ・えけい　～1600　安芸安国寺の僧、武田氏の遺孤

【遯】

遯叟〈号〉
　日高 涼台　ひたか・りょうだい　1797～1868　幕末明治の医家　⑮安芸の山県郡新庄

【呑】

呑安
　酒廼屋 呑安　さけのや・のみやす　狂歌師　⑮上総苅谷
呑舟
　大原 呑舟　おおはら・どんしゅう　～1857　徳川末期の画家　⑮阿波
呑舟軒〈号〉
　藤本 箕山　ふじもと・きざん　1626～1704　生涯の過半を色道の樹立と体系化に費やした京都の上層町人
呑竜
　太田 呑竜　おおた・どんりゅう　1556～1623　江戸初期の浄土宗の僧　⑮武蔵岩槻
呑竜上人
　太田 呑竜　おおた・どんりゅう　1556～1623　江戸初期の浄土宗の僧　⑮武蔵岩槻
呑象〈号〉
　高島 嘉右衛門　たかしま・かえもん　1832～1914　幕末明治時代の実業家、易学大家　⑮常陸国牛渡村
呑溟
　呑溟　どんめい　天明期の俳人　⑮江州の湖南
呑獅
　呑獅　どんし　～1814　天明期の俳人
呑響
　大原 呑響　おおはら・どんきょう　～1810　徳川中期の画家　⑮陸中東磐井郡大原

【鈍】

鈍丸知野
　原 鈍丸知野　はら・どんまるちの　安土桃山時代のキリシタン宗徒、天正遣欧使節の副使　⑮肥前波佐見
鈍永
　九如館 鈍永　きゅうじょかん・どんえい　1723～1767　江戸時代中期の狂歌師
鈍全
　自然軒 鈍全　しぜんけん・どんぜん　狂歌師
鈍阿〈号〉
　平出 修甫　ひらで・しゅうほ　1809～1861　幕末の医家
鈍亭〈別号〉
　仮名垣 魯文　かながき・ろぶん　1829～1894　戯作者、新聞記者　⑮江戸京橋
鈍翁
　陶山 鈍翁　すやま・どんおう　1657～1732　徳川中期の儒者　⑮対馬厳原

【曇】

曇川
　前田 雲洞　まえだ・うんどう　1746～1833　江戸時代中期～後期の儒者
曇栄
　宗瞱 曇栄　そうよう・どんえい　1750～1816　禅僧、豊前崇福寺第87代
曇貞
　天徳 曇貞　てんとく・どんてい　1332～1429　南北朝～室町時代の僧
曇華
　慧寂　えじゃく　1695～1762　江戸時代中期の僧
曇華坊〈号〉
　堀部 魯九　ほりべ・ろきゅう　～1743　徳川中期の俳人　⑮美濃蜂屋
曇華斎〈号〉
　溝口 素丸　みぞぐち・そがん　1713～1795　徳川中期の俳人　⑮江戸
曇斎〈号〉
　橋本 宗吉　はしもと・そうきち　1763～1836　徳川中末期の蘭学者　⑮大阪
曇照
　浄業　じょうごう　1187～1259　鎌倉時代の僧

【奈】

奈良茂〈通称〉
　奈良屋 茂左衛門(1代)　ならや・もざえもん　～1714　江戸中期の江戸の豪商
奈とは十八〈別名〉
　奈河 七五三助(2代)　なかわ・しめすけ　京阪の歌舞伎狂言作者

【南】

南々舎〈号〉
　立羽 不角　たてば・ふかく　1662～1753　徳川中期の俳人　⑮江戸
南々斎
　松本 顧言　まつもと・こげん　1817～1881　幕末明治の俳人　⑮江戸

号・別名辞典　古代・中世・近世　419

なん（南）

南山〈号〉
　安島 直円　あじま・なおのぶ　～1798　江戸中期の数学者、羽州新庄侯戸沢上総介の江戸詰家臣　㊹江戸
南山〈別号〉
　荒井 鳴門　あらい・めいもん　1775～1853　徳川中期の儒者　㊹阿波
南山〈号〉
　池永 豹　いけなが・はだら　江戸時代中期の著述家　㊹大阪
南山〈号〉
　朝倉 景衡　あさくら・かげひら　徳川中期正徳頃の国学者、幕臣
南山〈号〉
　武川 幸順　たけかわ・こうじゅん　1725～1780　徳川中期京師の医家
〔朝比奈〕南山
　晁 南山　ちょう・なんざん　1698～1772　江戸時代中期の儒者
南化〈字〉
　南化 玄興　なんげ・げんこう　1538～1604　室町時代末・江戸時代初期の臨済宗の僧侶
南仙〈号〉
　菊岡 光行　きくおか・みつゆき　1750～1800　江戸時代末期の俳人、表具を業とし、彫物に巧であった
南仙〈別号〉
　菊岡 沾涼　きくおか・せんりょう　1680～1747　徳川中期の俳人　㊹江戸
南仙笑楚満人〈2世〉〈別号〉
　為永 春水〈1世〉　ためなが・しゅんすい　1790～1843　徳川末期の戯作者　㊹江戸
南北
　東西庵 南北　とうざいあん・なんぼく　～1827　徳川中期の江戸の戯作者
〔鶴屋〕南北〈1代〉
　南北 孫太郎　なんぼく・まごたろう　～1736　元禄―享保時代の江戸の歌舞伎俳優、鶴屋の祖
南北〈4代〉
　鶴屋 南北〈4代〉　つるや・なんぼく　1755～1829　歌舞伎狂言作者　㊹江戸
南台〈号〉
　井上 南台　いのうえ・なんだい　1749～1798　徳川中期の幕府の儒官　㊹常陸
南平堂〈号〉
　淡島 椿岳　あわしま・ちんがく　1823～1889　幕末明治の画家　㊹武蔵川越在小ケ谷村
南竹軒〈別号〉
　加藤 曳尾庵　かとう・えびあん　1763～　江戸後期の文人
南甫〈号〉
　岩本 昆寛　いわもと・こんかん　1744～1801　金工家　㊹江戸
南里〈号〉
　久保田 信平　くぼた・しんぺい　1832～1876　国学者　㊹淡路三原郡志知村
南岳〈号〉
　藤沢 南岳　ふじさわ・なんがく　1842～1920　儒者　㊹讃岐国大川郡引田村
南岳
　伊藤 宗介　いとう・そうすけ　江戸時代後期の儒者
南明院〈号〉

旭姫　あさひひめ　1543～1590　徳川家康の室、豊臣秀吉の異父妹
南枝〈1代〉
　中山 よしを〈1代〉　なかやま・よしお　1776～1818　大阪の歌舞伎俳優
南枝〈2代〉
　中山 南枝〈2代〉　なかやま・なんし　1790～1858　大阪の歌舞伎俳優
南門〈号〉
　石黒 貞度　いしぐろ・さだのり　～1857　徳川末期の漢学者、岡山藩士
南阿弥
　海老名 南阿弥　えびな・なあみ　?～1381　南北朝時代の謡曲作曲者
南柯
　細井 修　ほそい・しゅう　1785～1853　江戸時代後期の暦算家
南海
　松平 宗衍　まつだいら・むねのぶ　1729～1782　江戸時代中期の大名
南洲
　西郷 隆盛　さいごう・たかもり　1827～1877　明治維新の首勲、政治家　㊹鹿児島
南洲〈号〉
　青葉 士弘　あおば・しこう　1693～1772　徳川中期の漢学者
南洞〈号〉
　日野 資愛　ひの・すけなる　1780～1846　公卿　㊹京都
南浦〈号〉
　文之 玄昌　ぶんし・げんしょう　1555～1620　儒僧　㊹日向
南畝〈別称〉
　宮井 安泰　みやい・あんたい　～1815　和算家　㊹加賀金沢
南畝
　大田 南畝　おおた・なんぼ　1749～1823　江戸中期の狂歌師、戯作者　㊹江戸
南華〈字〉
　春木 南華　はるき・なんか　1819～1866　幕末の画家
南屏〈号〉
　座光寺 為祥　ざこうじ・ためよし　1735～1818　徳川中期甲斐の儒医
南涯
　菅原 南涯　すがわら・なんがい　篆刻家　㊹京都
〔曹〕南涯
　菅原 南涯　すがわら・なんがい　篆刻家　㊹京都
南渓〈号〉
　島田 道桓　しまだ・みちたけ　江戸中期の測量家
南渓
　南渓　なんけい　～1864　幕末の真宗学者　㊹筑前粕屋郡
南皋〈号〉
　吉雄 俊蔵　よしお・しゅんぞう　1787～1843　江戸時代後期の蘭学者
南菊〈号〉
　昨非窓 左明　さくひそう・さめい　1711～1760　徳川中期の俳人　㊹江戸
南陵
　荒木田 興正　あらきだ・おきまさ　伊勢山田の祠官

南湖
春木 南湖　はるき・なんこ　1759〜1839　徳川中末期の南宗画家
南湖〈号〉
大場 景明　おおば・かげあき　1719〜1785　江戸中期の暦算家、水戸藩士　[出]水戸
南湖子〈別号〉
七珍 万宝　しっちん・まんぽう　1758〜1831　戯作者、狂歌師
南陽
原 南陽　はら・なんよう　1753〜1820　徳川中期の医家　[出]水戸
南陽〈号〉
仁井田 好古　にいだ・こうこ　1770〜1848　江戸時代の儒者
南園〈号〉
平松 理準　ひらまつ・りじゅん　1796〜1881　幕末・維新期の真宗大谷派の僧
南楼〈号〉
関 其寧　せき・きねい　1733〜1800　江戸中期の書家
南溟
春木 南溟　はるき・なんめい　1795〜1878　徳川末期の南宗画家
南溟
入江 南溟　いりえ・なんめい　1678〜1765　徳川中期の儒者、秋田の徂徠学の開祖　[出]武州
南溟〈号〉
樋口 武　ひぐち・たけし　1815〜1870　幕末の高知藩士　[出]土佐国幡多郡中村
南嶠〈号〉
菅 甘谷　すが・かんこく　1690〜1764　江戸中期の儒学者　[出]江戸
南橋
石井 南橋　いしい・なんきょう　1831〜1887　狂詩家　[出]筑後
南嶺
多田 南嶺　ただ・なんれい　1698〜1750　江戸時代中期の国学者、有職故実家、浮世草子作家　[出]摂津
南谿
橘 南谿　たちばな・なんけい　1753〜1805　徳川中期の医家　[出]伊勢久居
〔宮川〕南谿
橘 南谿　たちばな・なんけい　1753〜1805　徳川中期の医家　[出]伊勢久居
南蘋
沈 南蘋　しん・なんぴん　江戸中期に来日した清（中国）の花鳥画家　[出]清（中国）呉興
〔四谷〕南蘋〈別名〉
大岡 雲峰　おおおか・うんぽう　1765〜1848　江戸後期の画家

【楠】

楠次
上田 楠次　うえだ・くすじ　1837〜1868　幕末の志士、高知藩士　[出]土佐郡江口村
楠蔵〈通称〉
吉田 正準　よしだ・まさとし　1790〜1846　徳川末期の国学者　[出]土佐

【二】

〔土岐〕二三
土肥 二三　どひ・じさん　1639〜1732　江戸時代前期〜中期の武士、茶人
〔沢村〕二三次
壕越 二三治　ほりこし・にそうじ　1721〜1781?　徳川中期宝暦期の江戸の歌舞伎狂言作者
二三治
壕越 二三治　ほりこし・にそうじ　1721〜1781?　徳川中期宝暦期の江戸の歌舞伎狂言作者
二万翁〈別号〉
井原 西鶴　いはら・さいかく　1642〜1693　江戸初期の俳人また浮世草子作者　[出]大阪
二万堂〈別号〉
井原 西鶴　いはら・さいかく　1642〜1693　江戸初期の俳人また浮世草子作者　[出]大阪
二丸殿
淀殿　よどどの　〜1615　秀吉側室、浅井長政の長女
二子山人〈別号〉
三浦 梅園　みうら・ばいえん　1723〜1789　豊後杵築藩の儒者　[出]豊後国国東郡富永村
二五壮〈別号〉
瀬川 如皐（3代）　せがわ・じょこう　1806〜1881　江戸の歌舞伎狂言作者
二六庵〈号〉
二六庵 竹阿　にろくあん・ちくあ　〜1790　徳川中期の俳人　[出]江戸
二天
宮本 武蔵　みやもと・むさし　1584?〜1645　徳川初期の剣道達人、二天流祖　[出]美作吉野郡宮本村
二代后
藤原 多子　ふじわらの・たし　1140〜1201　近衛天皇の皇后
二位尼
平 時子　たいらの・ときこ　〜1185　平清盛の妻
二位尼
北条 政子　ほうじょう・まさこ　1157〜1225　鎌倉前期の政治家、源頼朝の妻
二位局
藤原 房子　ふじわらの・ふさこ　鎌倉時代の女官
二条
後深草院二条　ごふかくさいんのにじょう　1258〜?　鎌倉時代の日記文学作者
二条后
藤原 高子　ふじわらの・たかいこ　842〜910　清和天皇の女御
二狂〈号〉
以哉坊　いさいぼう　1715〜1774　天明期の俳人　[出]美濃の黒野
二松〈号〉
原 勤堂　はら・きんどう　1825〜1896　幕末明治の医家　[出]能登鳳至郡鵜川村
二股庵〈号〉
三浦 樗良　みうら・ちょら　1729〜1780　徳川中期の俳人　[出]志州鳥羽
二苦翁〈号〉
上田 秋成　うえだ・あきなり　1734〜1809　江戸中期の国学者、歌人、俳人、浮世草子及び読本作者、茶人　[出]摂津曽根崎

二俗斎〈号〉
　鈴木 新兵衛　すずき・しんべえ　朽木竜橋の家臣
二柳
　勝見 二柳　かつみ・じりゅう　1723〜1803　徳川中期の俳人　⑱加賀国山中
二洲
　尾藤 二洲　びとう・にしゅう　1745〜1813　徳川中期の儒者　⑱伊予川江
二郎〈通称〉
　谷森 善臣　たにもり・よしおみ　1817〜1911　幕末明治時代の国学者　⑱京都
二郎〈通称〉
　副島 種臣　そえじま・たねおみ　1828〜1905　佐賀藩士、明治時代の功臣、伯爵
〔水原〕二郎
　落合 直亮　おちあい・なおあき　1827〜1894　幕末・明治時代の国学者　⑱武蔵南多摩郡駒木野村
〔太田〕二郎
　西村 哲二郎　にしむら・てつじろう　1844〜1866　幕末の志士　⑱但馬八鹿町
二郎太夫〈通称〉
　下郷 蝶羽　しもさと・ちょううう　1677〜1741　徳川中期の俳人　⑱尾張鳴海
二郎太郎〈通称〉
　佐久間 纉　さくま・さん　1819〜1896　幕末・明治時代の和算家　⑱磐城田村郡石森
二郎左衛門〈越前出目家の1代〉
　出目 満照　でめ・みつてる　能面工
二郎左衛門〈越前出目家の2代〉
　二郎左衛門〈越前出目家の2代〉　じろえもん　江戸時代の能面工
〔出目〕二郎左衛門則満
　二郎左衛門〈越前出目家の2代〉　じろえもん　江戸時代の能面工
二郎左衛門満照〈通称〉
　出目 満照　でめ・みつてる　能面工
二郎吉〈通称〉
　松本 交山　まつもと・こうざん　1784〜1866　画家　⑱江戸
二卿〈号〉
　浦上 春琴　うらがみ・しゅんきん　1779〜1846　江戸時代の文人画家　⑱備前
二峯〈号〉
　水野 秋彦　みずの・あきひこ　1849〜1889　幕末明治の国学者
二流間主〈別号〉
　東随舎　とうずいしゃ　徳川中期の狂歌師、戯作者
二尊庵〈庵名〉
　酒井 抱一　さかい・ほういつ　1761〜1828　徳川末期の画家にして俳人　⑱神田小川町
二童斎〈号〉
　爪木 晩山　つまき・ばんざん　1661〜1730　徳川中期の俳人
二葉子
　神田 二葉子　かんだ・じようし　1667〜?　江戸時代前期の俳人
二橘外史〈号〉
　石川 侃斎　いしかわ・かんさい　1764〜1840　江戸中・末期の画家　⑱越後新潟
二瓢庵〈号〉
　坂上 呉老　さかのうえ・ごろう　〜1834　徳川中期の俳人　⑱大阪

【尼】

尼子娘
　胸形 尼子娘　むなかたの・あまこのいらつめ　高市皇子の母
尼山亭〈別称〉
　秋山 章　あきやま・あきら　1723〜1808　徳川中期の国学者にして、地誌家　⑱伊豆君沢郡安久村
尼庄
　尼庄　あましょう　江戸中期文政頃の盗賊、大阪の商売
尼将軍〈俗称〉
　北条 政子　ほうじょう・まさこ　1157〜1225　鎌倉前期の政治家、源頼朝の妻
尼椿老人〈別号〉
　桜井 蕉雨　さくらい・しょうう　1775〜1829　徳川中期の俳人　⑱信州飯田本町

【日】

日三舎〈別号〉
　荒巻 助然　あらまき・じょぜん　〜1737　徳川中期の俳人　⑱筑前内野
日本左衛門
　日本左衛門　にほんざえもん　1718〜1747　徳川中期の大盗
日本足彦国押人尊
　孝安天皇　こうあんてんのう　第6代天皇
日本武尊
　日本武尊　やまとたけるのみこと　景行天皇の皇子
日本根子天津御代豊国成姫天皇
　元明天皇　げんめいてんのう　661〜721　第43代天皇
日本根子高瑞浄足姫天皇
　元正天皇　げんしょうてんのう　680〜748　奈良時代の女帝
日本隠士〈別号〉
　菅原 白竜　すがわら・はくりゅう　1833〜1898　日本画家　⑱山形県米沢
日氷
　氷見　ひみ　室町時代の能面創作期の名工の一人
日玉
　工藤 吉隆　くどう・よしたか　?〜1264　鎌倉時代の豪族
日吉丸
　豊臣 秀吉　とよとみ・ひでよし　1536?〜1598　関白太政大臣　⑱尾張中村
日向〈通称〉
　古屋 真章　ふるや・さねあき　1729〜1806　徳川中期の国学者　⑱甲斐東八代郡一宮村
日向
　日向　にっこう　1253〜1314　日蓮門下6老僧の1人、身延山久遠寺の第2世　⑱上総茂原
日甫上人
　大住院 以信　だいじゅういん・いしん　1607〜1696　江戸時代前期の華道家、京都本能寺の僧侶
日並知皇子

草壁皇子　くさかべのおうじ　662〜689　天武天皇の皇子
日岳
　富田 大鳳　とみた・たいほう　1762〜1803　江戸時代中期〜後期の儒者、医師
日法
　日法　にちほう　1252〜1341　日蓮宗の僧、甲斐立正寺の開山
日門
　日門　にちもん　〜1296　日蓮宗の僧、常陸妙光寺の開山
日乗
　朝山 日乗　あさやま・にちじょう　〜1577　戦国時代の高僧　㊙出雲神門郡（いま簸川郡）朝山郷
日政
　元政　げんせい　1623〜1668　徳川中期の日蓮宗の高僧　㊙京都一条
日祐
　日誉　にちよ　1556〜1641　織豊〜江戸時代前期の僧
日沼
　真沼　しんちょう　1596〜1659　江戸時代前期の僧
日峰軒〈号〉
　浅利 太賢　あさり・ふとかた　江戸中期の神道家
日従
　茂蘭　もらん　1713〜1779　江戸時代中期の僧、俳人
〔本勝寺〕日能
　日能　にちのう　？〜1652　江戸時代前期の僧、俳人
日常
　富木 日常　とき・にちじょう　1216〜1299　鎌倉時代の僧
日得
　阿仏房　あぶつぼう　1189〜1279　鎌倉時代の僧
日渓
　法霖　ほうりん　1693〜1741　江戸時代中期の僧
日現
　日現　にちげん　1496〜1561　池上本門寺第11代僧侶
日頂
　日頂　にっちょう　〜1317　日蓮門下六老僧の1人、日蓮宗本山弘法寺の開山　㊙駿河
日道
　延命院 日道　えんめいいん・にちどう　1764？〜1803　江戸時代中期〜後期の僧
日蔵庵〈別号〉
　知恵 猿人　ちえの・さるひと　1818〜1883　幕末―明治中期の狂歌師
〔優陀那〕日輝
　日輝　にちき　1800〜1859　江戸時代後期の僧
日賢
　日賢　にっけん　1243〜1338　日蓮宗の僧　㊙駿河安東
日薩
　新井 日薩　あらい・にっさつ　1830〜1888　僧侶（日蓮宗）　㊙上野国山田郡桐生町
〔新居〕日薩
　新井 日薩　あらい・にっさつ　1830〜1888　僧侶（日蓮宗）　㊙上野国山田郡桐生町

【入】

入江殿
　性恵女王　しょうえにょおう　1416〜1441　後崇光太上天皇第一王女
入唐僧正
　宗叡　しゅうえい　809〜884　平安朝初期の僧、のち入唐僧正と称せらるる入唐八家の一人　㊙京都
入斎
　鳥山 巽甫　とりやま・そんぽ　？〜1679　江戸時代前期の書家
入楚
　入楚　にゅうそ　〜1775　享保時代の俳人

【如】

如々庵〈号〉
　霞夫　かふ　〜1784　天明期の俳人　㊙但馬出石
如一
　即非 如一　そくひ・にょいち　1616〜1671　黄檗宗の高僧　㊙中国福州
如入斎〈号〉
　野々口 立圃　ののぐち・りゅうほ　1595〜1669　徳川初期の俳人　㊙丹波保津
如川
　狩野 周信　かのう・ちかのぶ　1660〜1728　木挽町狩野家三代目の画家
如元
　太山 如元　たいざん・にょげん　南北朝時代の僧
如幻斎〈号〉
　藤本 箕山　ふじもと・きざん　1626〜1704　生涯の過半を色道の樹立と体系化に費やした京都の上層町人
如日
　遅月庵 空阿　ちげつあん・くうあ　1750〜1812　江戸時代後期の僧、俳人
如毛
　岡崎 如毛　おかざき・じょもう　1763〜1830　江戸時代後期の俳人
如水〈号〉
　黒田 孝高　くろだ・よしたか　1546〜1603　豊臣時代の武将
如石斎〈別号〉
　森川 許六　もりかわ・きょろく　1656〜1715　徳川中期の俳人　㊙江州彦根
如圭　〈号〉
　香村 こうそん　〜1864　幕末期の俳人　㊙福島県北会津郡香塩
如圭
　江村 如亭　えむら・じょてい　？〜1732　江戸時代中期の俳者
如安〈初名〉
　内藤 如安　ないとう・じょあん　〜1626　キリスト教信者、秀吉の臣　㊙丹波
〔小西〕如安
　内藤 如安　ないとう・じょあん　〜1626　キリスト教信者、秀吉の臣　㊙丹波
如成〈名〉
　石堂 竹林　いしどう・ちくりん　戦国・徳川初期の射術家、吉田流竹林派の祖
如有子

朝比奈 如有子　あさひな・じょゆうし　1749～1829　徳川中期の地誌家

如竹
泊 如竹　とまり・じょちく　1570～1655　九州薩摩湾沖の屋久島安房村の儒者　[出]大隅

如竹
日章　にっしょう　1570～1655　織豊～江戸時代前期の僧、儒者

〔泊〕如竹
日章　にっしょう　1570～1655　織豊～江戸時代前期の僧、儒者

如竹斎〈号〉
斎藤 道節　さいとう・どうせつ　茶人　[出]大坂

如考〈俳名〉
瀬川 如皐（1代）　せがわ・じょこう　1739～1794　江戸の歌舞伎狂言作者　[出]大阪

如舟
如舟　じょしゅう　～1724　俳人、芭蕉一門

如行
近藤 如行　こんどう・じょこう　徳川中期の俳人　[出]美濃大垣

如花〈別号〉
岸 竹堂　きし・ちくどう　1826～1897　徳川末期・明治時代の画家

〔安〕如宝
如宝　にょほう　?～815　唐から来日した僧

如拙
大巧 如拙　たいこう・じょせつ　室町時代前期の画僧

如空
如一　にょいち　1262～1321　鎌倉時代の僧

如茂
栗田 定之丞　くりた・さだのじょう　1768～1827　江戸時代中期～後期の武士、植林家

如是住〈別号〉
此山 妙在　しざん・みょうざい　1296～1377　天竜・建仁・南禅・円覚寺主、五山文学者　[出]信濃

如是相〈号〉
坂内 直頼　さかうち・なおより　徳川初中期京都の国学者

如是庵〈号〉
貝増 卓袋　かいます・たくたい　1659～1706　徳川中期の俳人　[出]伊賀上野

如是庵〈号〉
長谷川 馬光　はせがわ・ばこう　1687～1751　徳川中期の俳人

如是観
笹原 如是観　ささはら・にょぜかん　～1832　徳川中期の国学者にして僧侶　[出]薩摩

如泉〈号〉
斎藤 如泉　さいとう・じょせん　1644～1715　徳川中期の俳人　[出]京都

〔真珠庵〕如泉
斎藤 如泉　さいとう・じょせん　1644～1715　徳川中期の俳人　[出]京都

如貞
井口 如貞　いのぐち・じょてい　江戸時代前期の俳人

如風
如風　じょふう　～1705　徳川中期の俳人、尾張鳴海如意寺の第6世

如格〈号〉
高井 立志（4世）　たかい・りつし　徳川中期の俳人　[出]江戸

如常
井上 如常　いのうえ・いくつね　1811～1890　幕末明治時代の心学者

如常老人〈号〉
竜渓 性潜　りゅうけい・しょうせん　1602～1670　隠元を補佐して宇治万福寺建立に最も与って力あった僧　[出]京都

如皐（1代）〈俳名〉
瀬川 如皐（1代）　せがわ・じょこう　1739～1794　江戸の歌舞伎狂言作者　[出]大阪

如皐（2代）
瀬川 如皐（2代）　せがわ・じょこう　1757～1833　江戸の歌舞伎狂言作者　[出]江戸

如皐（3代）
瀬川 如皐（3代）　せがわ・じょこう　1806～1881　江戸の歌舞伎狂言作者

如雪〈号〉
肥後 新造　ひご・しんぞう　薩摩焼の陶画工、狩野派の画家

如雪庵〈号〉
加藤 巻阿　かとう・かんあ　～1787　徳川中期の俳人　[出]江戸

如無有〈号〉
妹尾 信正　せのお・のぶまさ　1657～1733　徳川中期の儒者　[出]備後芦田郡広谷

如童
原 如童　はら・じょどう　1833～1892　尺八の名手　[出]常陸水戸

如雲〈別号〉
石田 悠汀　いしだ・ゆうてい　1798～1859　徳川中・末期の画家　[出]京都

如雲斎〈号〉
柳生 兵庫助　やぎゅう・ひょうごのすけ　1579～1650　江戸初期の剣術家、尾張柳生の祖

如意山人〈号〉
谷 鉄臣　たに・てつおみ　1822～1905　維新時代の彦根藩士、のち左院一等議官

如猿〈号〉
今村 弥次兵衛（3代）　いまむら・やじべえ　陶工

如鼎〈字〉
山崎 春樹　やまさき・はるき　～1831　徳川中期の俳人

如髪
如髪　じょはつ　～1829　幕末期の俳人

如蝶〈俳名〉
佐野川 花妻（2代）　さのかわ・はなずま　～1762　京阪の歌舞伎俳優　[出]近江

如樵〈別号〉
高久 靄厓　たかく・あいがい　1796～1843　徳川中期の南画家　[出]下野那須郡小松庄杉渡戸村

如蠖
良雄　りょうおう　1746～1815　江戸時代中期～後期の僧

如願
藤原 秀能　ふじわらの・ひでよし　1184～1240　鎌倉時代の武士、歌人

にん（任,忍,認）　ね（襧）　ねい（寧）　ねん（年,念）　のう（納）

【任】

任口
　西岸寺 任口　せいがんじ・にんこう　1606〜1686　俳人
任口
　藤堂 高通　とうどう・たかみち　1644〜1697　江戸時代前期の大名
任口
　藤堂 高通　とうどう・たかみち　1644〜1697　江戸時代前期の大名
〔藤原〕任子
　宜秋門院　ぎしゅうもんいん　1173〜1238　後鳥羽天皇の中宮任子の院号
任地庵〈号〉
　江森 月居　えもり・げっきょ　1756〜1824　徳川中期の俳人　㊙京都
任助法親王
　任助法親王　にんじょほうしんのう　1525〜1584　伏見宮貞敦親王の第5王子
任風舎川柳
　川柳（8世）　せんりゅう　1820〜1892　川柳点者
任蔵〈諱〉
　原 市之進　はら・いちのしん　1830〜1867　幕末の水戸藩士、将軍徳川慶喜の謀臣　㊙常陸国
任蔵
　桜 任蔵　さくら・じんぞう　1812〜1859　幕末期の志士　㊙常陸国真壁郡真壁

【忍】

忍之屋〈号〉
　大野 広城　おおの・ひろき　〜1841　徳川中期の国学者　㊙江戸
忍向
　月照　げっしょう　1813〜1858　江戸時代後期の僧
忍性
　忍性　にんしょう　1217〜1303　鎌倉時代の律僧、且つ社会事業家　㊙大和
忍軒〈号〉
　大野 広城　おおの・ひろき　〜1841　徳川中期の国学者　㊙江戸
忍壁皇子
　刑部親王　おさかべしんのう　〜705　天武天皇の第9皇子
忍壁親王
　刑部親王　おさかべしんのう　〜705　天武天皇の第9皇子

【認】

認得斎〈号〉
　千 宗室（10世）　せんの・そうしつ　1770〜1826　茶道家

【襧】

襧々
　豊臣 秀吉室杉原氏　とよとみ・ひでよししつすぎはらし　1542〜1624　北政所　㊙尾張

【寧】

寧〈名〉
　入江 寧　いりえ・ねい　〜1812　徳川中期の江戸の儒者
寧〈名〉
　福島 柳圃　ふくしま・りゅうほ　1820〜1889　南画家　㊙武州那珂郡湯本
〔藤原〕寧子
　広義門院　こうぎもんいん　1291〜1357　後伏見天皇の女御
寧夫〈字〉
　安田 石牙　やすだ・せきが　1733〜1797　徳川中期の俳人　㊙甲州山梨郡小原村
寧固〈号〉
　恵美 三白　えみ・さんぱく　1707〜1781　徳川中期の医家　㊙安芸広島
寧軒
　渡辺 弥一兵衛　わたなべ・やいちべえ　1796〜1850　江戸時代後期の武士
寧楽園〈号〉
　古川 松根　ふるかわ・まつね　1813〜1871　幕末の国学者、佐賀藩士　㊙江戸桜田

【年】

年々翁〈別号〉
　都塵舎　とじんしゃ　1678〜1748　徳川中期の俳人、浮世草子作者　㊙京都
年山〈号〉
　安藤 為章　あんどう・ためあきら　1659〜1716　徳川中期の儒者にして国学者　㊙丹波桑田郡千年山下小口村
年平
　飯田 年平　いいだ・としひら　1820〜1886　幕末・明治初期の国学者、歌人、神官　㊙因幡気多郡寺内村
年玉印〈号〉
　鈴木 広貞　すずき・ひろさだ　江戸末期の浮世絵師　㊙大阪
年定〈諱〉
　弘瀬 健太　ひろせ・けんた　〜1863　維新時代の志士　㊙高知
年治
　敷田 年治　しきだ・としはる　1817〜1902　幕末明治の国学者　㊙豊前宇佐郡敷田村

【念】

念斎
　原 念斎　はら・ねんさい　1774〜1820　徳川中期の儒者

【納】

納言
　紀 長谷雄　きの・はせお　845?〜912　平安朝時代の儒者
納言
　紀 長谷雄　きの・はせお　845?〜912　平安朝時代の儒者

のう（能，蕪）　は（巴）

【能】

能一
　大穂 能一　おおほ・のういち　1819〜1871　徳川末期の算者　㊞筑前博多
能子女王
　昭子女王　しょうしじょおう　?〜994　有明親王の王女
〔歌沢〕能六斎
　乙彦　おとひこ　1826〜1886　幕末から明治初期の俳人
能光
　瓦屋 能光　がおく・のうこう　?〜933　平安時代前期〜中期の僧
能充〈名〉
　桜井 梅室　さくらい・ばいしつ　1769〜1852　徳川末期の俳人　㊞加賀金沢
能忍
　大日 能忍　だいにち・のうにん　〜1189　鎌倉前期の禅僧（臨済宗）
能改斎〈号〉
　穂積 以貫　ほずみ・いかん　1692〜1769　儒者　㊞播磨国姫路
能近
　良親　よしちか　平安時代の画家
能長
　志賀 頼房　しが・よりふさ　南北朝時代の武将
能阿
　中尾 能阿　なかお・のうあ　室町時代の連歌師
能阿弥
　真能　しんのう　1397〜1471　室町時代の画家　㊞京都
能保
　藤原 能保　ふじわらの・よしやす　1147〜1197　鎌倉時代の政治家、幕府の京都守護
〔一条〕能保
　藤原 能保　ふじわらの・よしやす　1147〜1197　鎌倉時代の政治家、幕府の京都守護
能清〈諱〉
　宅間 源左衛門　たくま・げんざえもん　徳川中期の和算家　㊞大阪
能進
　勝 能進　かつ・のうしん　1821〜1886　幕末・明治初期の大阪の歌舞伎狂言作者　㊞江戸
能進（1代）
　河竹 新七（1代）　かわたけ・しんしち　1746〜1795　歌舞伎狂言作者
〔河竹〕能進（2代）
　勝 能進　かつ・のうしん　1821〜1886　幕末・明治初期の大阪の歌舞伎狂言作者　㊞江戸
能登
　鴨脚 克子　いちょう・かつこ　1816〜1883　孝明天皇女房　㊞京都
〔矢場〕能登守
　渡瀬 繁詮　わたらせ・しげあき　〜1595　秀次に属す
能登侍従
　前田 利政　まえだ・としまさ　1578〜1633　安土桃山時代の大名、前田利家の第2子
能達〈号〉

玉城 朝薫　たまぐすく・ちょうくん　1684〜1734　徳川中期琉球劇作家の鼻祖　㊞首里
能順
　上大路 能順　かみおおじ・のうじゅん　1628〜1706　徳川中期の連歌師　㊞京都北野
能静
　喜多 六平太（12代）　きた・ろっぺいた　〜1869　能楽士喜多流
能静叟
　高柳 荘丹　たかやなぎ・そうたん　1732〜1815　徳川中期の俳人　㊞武州川越
能興
　原田 能興　はらだ・のうこう　江戸末期頃の和算家、肥前唐津藩水野氏家臣

【蕪】

蕪道人〈別号〉
　谷口 蕪村　たにぐち・ぶそん　1716〜1783　天明期の俳人、南画家　㊞摂津国東成郡毛馬

【巴】

巴丁
　益戸 滄洲　ますど・そうしゅう　1726〜1777　江戸時代中期の儒者、俳人
巴人
　早野 巴人　はやの・はじん　1677〜1742　徳川中期の俳人　㊞下野国烏山
巴太夫（2代）
　豊竹 若太夫（4代）　とよたけ・わかだゆう　〜1835　義太夫節の浄瑠璃太夫の名家　㊞紀州
巴太夫（4代）
　豊竹 若太夫（6代）　とよたけ・わかだゆう　〜1869　義太夫節の浄瑠璃太夫の名家
巴明
　野崎 巴明　のざき・はめい　1755〜1837　徳川中期の俳人　㊞沼津魚町
巴東楼〈別号〉
　森川 許六　もりかわ・きょろく　1656〜1715　徳川中期の俳人　㊞江州彦根
巴竜舎〈号〉
　伊村 鷗沙　いむら・おうしゃ　1724〜1796　徳川中期の俳人　㊞名古屋
巴荻園〈別号〉
　阿部 櫟斎　あべ・れきさい　1805〜1870　幕末の本草家　㊞江戸
巴雀
　武藤 巴雀　むとう・はじゃく　1686〜1752　徳川中期の俳人
巴提便
　膳 巴提便　かしわでの・はてび　欽明天皇の御代の勇士
〔膳臣〕巴提便
　膳 巴提便　かしわでの・はてび　欽明天皇の御代の勇士
巴静
　太田 巴静　おおた・はじょう　1681〜1744　徳川中期の俳人　㊞美濃竹が鼻
巴鼻庵
　巴鼻庵　はびあん　加賀の禅僧

は（把，波，破，播，幡，灞）　ば（芭，馬）

巴蝶〈俳名〉
　宮崎 伝吉　みやざき・でんきち　元禄期に於ける立役の名優、狂言作者

【把】

把不住軒〈号〉
　雲居　うんご　1582～1659　松島瑞巌寺の中興　㊞土佐

【波】

波丸
　鉄格子 波丸　てつごうし・なみまる　～1811　徳川中期大阪の狂歌師
波雄
　至清堂 波雄　しせいどう・なみお　狂歌師
波羅門僧正
　菩提 僊那　ぼだい・せんな　700～760　奈良時代の渡来僧
波響
　蠣崎 波響　かきざき・はきょう　1764～1826　徳川末期の画家　㊞松前

【破】

破序〈俳号〉
　大谷 白話　おおたに・はくわ　1625～1671　真宗大谷派東本願寺第14世法主にして俳人
破笠
　小川 破笠　おがわ・はりつ　1663～1747　徳川中期の俳人、俠工芸術家　㊞江戸
〔市川〕破魔蔵〈後名〉
　瀬川 吉次(3代)　せがわ・きつじ　江戸の歌舞伎俳優　㊞江戸

【播】

播磨〈通称〉
　春田 永年　はるた・ながとし　1753～1800　具足師　㊞尾張
播磨大掾〈別称〉
　清光(2代)　きよみつ　寛文頃の刀匠
播磨大掾
　竹本 播磨大掾　たけもと・はりまのたいじょう　～1827　義太夫節の太夫　㊞大阪玉造
播磨少掾
　竹本 義太夫(2代)　たけもと・ぎだゆう　1691～1744　江戸時代の義太夫節太夫　㊞大阪島の内三津寺町
播磨少掾藤原要栄
　井上 播磨掾　いのうえ・はりまのじょう　1632？～1685？　明暦―延宝時代の京阪の浄瑠璃太夫、播磨節の流祖　㊞京都
播磨屋〈家号〉
　佐野川 花妻(3代)　さのかわ・はなづま　京阪の歌舞伎俳優
播磨屋〈通称〉
　福林堂 鈴成　ふくりんどう・すずなり　1752～1836　江戸中期の狂歌師　㊞江戸牛込細工町
播磨掾
　井上 播磨掾　いのうえ・はりまのじょう　1632？～1685？　明暦―延宝時代の京阪の浄瑠璃太夫、播磨節の流祖　㊞京都

【幡】

幡山〈別号〉
　河田 小竜　かわだ・しょうりゅう　1824～1898　画家　㊞土佐高知

【灞】

灞水
　福原 灞水　ふくはら・はすい　1777～1806　徳川末期の儒者

【芭】

芭蕉
　松尾 芭蕉　まつお・ばしょう　1644～1694　徳川初期の俳人名宗房、桃青、或は芭蕉庵桃青と号し、別に伯船堂、釣月軒など号した　㊞伊賀国上野
芭蕉林〈号〉
　田川 鳳朗　たがわ・ほうろう　1762～1845　徳川末期の俳人　㊞肥後熊本
芭蕉堂〈号〉
　田川 鳳朗　たがわ・ほうろう　1762～1845　徳川末期の俳人　㊞肥後熊本
芭蕉庵桃青〈号〉
　松尾 芭蕉　まつお・ばしょう　1644～1694　徳川初期の俳人名宗房、桃青、或は芭蕉庵桃青と号し、別に伯船堂、釣月軒など号した　㊞伊賀国上野

【馬】

馬十(1代)
　大谷 徳次(1代)　おおたに・とくじ　1756～1807　歌舞伎俳優、天明―文化時代の道外方の上手
馬十(2代)
　大谷 馬十(2代)　おおたに・ばじゅう　1768～1824　歌舞伎俳優、文化・文政時代の敵役の功者
馬才人〈号〉
　渡辺 吾仲　わたなべ・ごちゅう　1673～1733　徳川中期の俳人
馬之助
　岩崎 秋溟　いわさき・しゅうめい　1834～1887　幕末明治の志士にして漢学者　㊞土佐安芸郡井口村
馬之助〈幼名〉
　富本 豊前掾(2代)　とみもと・ぶぜんのじょう　1754～1822　常磐津太夫　㊞江戸
〔渡辺〕馬五郎
　斎藤 利行　さいとう・としゆき　1822～1881　高知藩士　㊞土佐国高知城下大川筋
馬円
　一峰斎 馬円　いっぽうさい・ばえん　～1811　徳川末期の画家　㊞東武
馬太郎〈前妻〉
　嵐 三五郎(4代)　あらし・さんごろう　1804～1837　京阪の歌舞伎俳優、天保時代の立役の花形
馬太郎(2代)〈前名〉
　嵐 三五郎(5代)　あらし・さんごろう　1818～1860　京阪の歌舞伎俳優、弘化―安政時代の立役の功者

号・別名辞典　古代・中世・近世　　427

はい（佩, 俳, 配）　ばい（売, 貝, 梅）

馬光
　長谷川 馬光　はせがわ・ばこう　1687〜1751　徳川中期の俳人
馬州
　榎本 馬州　えのもと・ばしゅう　1702〜1763　徳川中期の俳人　㊍尾張犬山
馬南〈号〉
　吉分 大魯　よしわけ・だいろ　〜1778　徳川中期の俳人　㊍阿波徳島
馬指堂〈号〉
　菅沼 曲翠　すがぬま・きょくすい　〜1717　徳川中期の俳人　㊍膳所
馬貞
　長野 馬貞　ながの・ばてい　1671〜1750　徳川中期の俳人　㊍豊後国東飯田村恵良
馬雪
　斉 馬雪　せい・ばせつ　宝暦―天明時代の江戸の歌舞伎狂言作者
〔広田〕馬雪〈別名〉
　斉 馬雪　せい・ばせつ　宝暦―天明時代の江戸の歌舞伎狂言作者
〔瀬川〕馬雪〈別名〉
　斉 馬雪　せい・ばせつ　宝暦―天明時代の江戸の歌舞伎狂言作者
馬琴
　滝沢 馬琴　たきざわ・ばきん　1767〜1848　江戸時代の小説家　㊍深川高松通浄心寺側
〔曲亭〕馬琴
　滝沢 馬琴　たきざわ・ばきん　1767〜1848　江戸時代の小説家　㊍深川高松通浄心寺側
〔東流斎〕馬琴〈別称〉
　宝井 馬琴(1代)　たからい・ばきん　講談師
〔東流斎〕馬琴〈別称〉
　宝井 馬琴(2代)　たからい・ばきん　講談師
馬琴(1代)
　宝井 馬琴(1代)　たからい・ばきん　講談師
馬琴(2代)
　宝井 馬琴(2代)　たからい・ばきん　講談師
馬楽(1代)
　蝶花楼 馬楽(1代)　ちょうかろう・ばらく　〜1889　落語家
馬楽童〈号〉
　上島 鬼貫　うえしま・おにつら　1661〜1738　江戸中期の俳人　㊍摂津国伊丹
馬寧〈号〉
　鴨 北元　かも・ほくげん　1776〜1838　徳川中期の俳人　㊍江戸
馬養
　伊与部 馬養　いよべの・うまかい　奈良時代の学者
馬養〈本名〉
　藤原 宇合　ふじわらの・うまかい　694?〜737　奈良時代の朝臣
〔伊予部〕馬養
　伊与部 馬養　いよべの・うまかい　奈良時代の学者
〔伊余部〕馬養
　伊与部 馬養　いよべの・うまかい　奈良時代の学者

【佩】

佩石〈字〉

淡雲　たんうん　1830〜1905　真宗西派、博多明蓮寺の僧
佩弦〈号〉
　青山 延光　あおやま・のぶみつ　1806〜1871　幕末の修史家、水戸藩儒　㊍水戸
佩弦斎
　青山 延光　あおやま・のぶみつ　1806〜1871　幕末の修史家、水戸藩儒　㊍水戸
佩香園(1代)
　佩香園(1代)　はいこうえん　京都の狂歌師
佩香園(2代)
　佩香園(2代)　はいこうえん　京都の狂歌師　㊍京都

【俳】

俳仏堂〈号〉
　文虎　ぶんこ　〜1855　幕末期の俳人　㊍信濃水内郡鳥居村
俳仙堂〈号〉
　神谷 玄武坊　かみや・げんぶぼう　1713〜1798　徳川中期の俳人　㊍江戸
俳仙堂〈号〉
　西村 定雅　にしむら・ていが　1744〜1826　徳川中期の俳人　㊍京都
俳聖堂〈号〉
　秋山 光好　あきやま・みつよし　1794〜1866　徳川末期秋田藩の俳人
俳歌堂卍葉〈号〉
　酒井 仲　さかい・ちゅう　〜1830　徳川中期の奇行家、実は上野伊勢崎藩主酒井駿河守忠温の第3子
俳諧寺〈号〉
　小林 一茶　こばやし・いっさ　1763〜1827　徳川中期の俳人　㊍信州水内郡柏原村
俳諧寺入道〈号〉
　小林 一茶　こばやし・いっさ　1763〜1827　徳川中期の俳人　㊍信州水内郡柏原村

【配】

配力
　配力　はいりき　〜1732　俳人、芭蕉一門　㊍伊賀上野

【売】

売茶翁
　高 遊外　こう・ゆうがい　1674〜1763　江戸中期の禅僧（黄檗宗）　㊍肥前国蓮池

【貝】

貝子
　深尾 貝子　ふかお・かいこ　1647〜1719　女流歌人
〔荷田〕貝子
　深尾 貝子　ふかお・かいこ　1647〜1719　女流歌人

【梅】

梅人
　平山 梅人　ひらやま・ばいじん　1744〜1801　徳川中期の俳人

ばい（梅）

梅山
　松野 梅山　まつの・ばいざん　1783～1857　江戸時代後期の画僧
梅山人南北〈別号〉
　東西庵 南北　とうざいあん・なんぼく　～1827　徳川中期の江戸の戯作者
梅之丞
　尾上 いろは　おのえ・いろは　大阪の歌舞伎俳優
〔谷〕梅之助〈変名〉
　高杉 晋作　たかすぎ・しんさく　1839～1867　幕末の志士、山口藩士高杉春樹の子
梅仁翁〈号〉
　寺町 百庵　てらまち・ひゃくあん　1695～1786　徳川中期の俳人　㊗江戸
梅太郎〈初名〉
　嵐 雛助(5代)　あらし・ひなすけ　大阪の歌舞伎俳優、文政・天保時代の立役
〔叶〕梅太郎〈前名〉
　嵐 雛助(5代)　あらし・ひなすけ　大阪の歌舞伎俳優、文政・天保時代の立役
〔才谷〕梅太郎〈変名〉
　坂本 竜馬　さかもと・りょうま　1835～1867　明治維新土佐出身の志士　㊗土佐高知本町1丁目
梅月〈号〉
　吉野 義巻　よしの・よしまる　1844～1903　国学者　㊗千葉県夷隅郡上野村名木細殿
梅外〈別号〉
　児島 大梅　こじま・だいばい　1772～1841　徳川中期の俳人　㊗江戸蔵前
〔加賀屋〕梅玉
　中村 歌右衛門(3代)　なかむら・うたえもん　1778～1836　京阪の歌舞伎俳優
梅玉(1代)
　中村 歌右衛門(3代)　なかむら・うたえもん　1778～1836　京阪の歌舞伎俳優
梅田〈号〉
　大原 利明　おおはら・りめい　～1831　徳川中期の数学者　㊗武蔵足立郡梅田村
梅光〈俳名〉
　三保木 七太郎　みおき・しちたろう　～1766?　享保―宝暦時代の京阪の歌舞伎俳優
梅好
　鶴酒屋 梅好　つるのや・うめよし　徳川中末期大阪の狂歌師
梅宇
　塩尻 梅宇　しおじり・ばいう　1804～1876　幕末明治時代の漢学者、備中岡田藩士
梅年
　原田 梅年　はらだ・ばいねん　1826～1905　俳人　㊗江戸
〔服部〕梅年
　原田 梅年　はらだ・ばいねん　1826～1905　俳人　㊗江戸
梅花
　藤堂 竜山　とうどう・りゅうざん　1770～1844　江戸時代後期の儒者
梅花仏〈号〉
　広瀬 惟然　ひろせ・いぜん　～1711　徳川中期の俳人　㊗美濃国関
梅花老人

栗の本 可大　くりのもと・かだい　1807～1862　徳川中期の俳人　㊗陸奥陸島
梅花翁〈号〉
　西山 宗因　にしやま・そういん　1605～1682　徳川初期の連歌俳諧師　㊗肥後八代
梅花鳥落人〈号〉
　広瀬 惟然　ひろせ・いぜん　～1711　徳川中期の俳人　㊗美濃国関
梅花園〈号〉
　岡田 梅間　おかだ・ばいかん　1773～1849　徳川中期の俳人、名古屋藩士　㊗尾張
梅里〈号〉
　杉田 成卿　すぎた・せいけい　1817～1859　徳川末期の蘭学医　㊗江戸
〔陶〕梅里
　梅里山人　ばいりさんじん　?～1798　江戸時代中期の画家
梅里道人〈別号〉
　木内 喜八　きうち・きはち　1826～1902　幕末・明治時代の木工家　㊗江戸深川佐賀町
梅価
　梅価　ばいか　～1843　化政期の俳人
梅国
　実貫 じっかん　1666～1720　江戸時代前期～中期の僧
梅夜〈初号〉
　早川 広海　はやかわ・こうかい　1775～1830　徳川中期の医家　㊗甲斐東山梨郡日下部村八日市場
梅岩
　石田 梅岩　いしだ・ばいがん　1685～1744　江戸中期の心学者　㊗丹波国桑田郡東懸村
梅幸(1代)
　尾上 菊五郎(1代)　おのえ・きくごろう　1717～1783　歌舞伎俳優、宝暦期の立役の名優　㊗京都
梅幸(1代)
　尾上 菊五郎(1代)　おのえ・きくごろう　1717～1783　歌舞伎俳優、宝暦期の立役の名優　㊗京都
梅幸(2代)
　尾上 菊五郎(2代)　おのえ・きくごろう　1769～1787　歌舞伎俳優、天明時代の若女方
梅幸(2代)
　尾上 菊五郎(2代)　おのえ・きくごろう　1769～1787　歌舞伎俳優、天明時代の若女方
梅幸(3代)
　尾上 松助(2代)　おのえ・まつすけ　1784～1849　歌舞伎俳優　㊗江戸
梅幸(4代)
　尾上 菊五郎(4代)　おのえ・きくごろう　1808～1860　歌舞伎俳優、弘化―安政時代の若女方の名優　㊗大阪
梅径
　水野 富福　みずの・ふくとみ　1652～1714　徳川中期の俳人　㊗備後福山
〔高楼〕梅明
　檜園 梅明　ひのきえん・うめあき　1793～1859　江戸時代後期の狂歌師
〔山村〕梅枝〈別名〉
　中村 歌六(1代)　なかむら・かろく　1779～1859　大阪の歌舞伎俳優　㊗大阪
梅林〈号〉

号・別名辞典　古代・中世・近世　429

福住 道祐　ふくずみ・どうゆう　1612〜1688?　俳人
梅長者〈号〉
井上 童平　いのうえ・どうへい　徳川中期の俳人　[出]岐阜
梅門
稲本 梅門　いなもと・ばいもん　江戸時代中期の俳人
梅雨〈号〉
伊能 穎則　いのう・ひでのり　1805〜1877　徳川末期・明治初期の国学者　[出]下総香取郡佐原村
梅亭〈号〉
紀 梅亭　き・ばいてい　江戸時代の画家　[出]京都
梅室
桜井 梅室　さくらい・ばいしつ　1769〜1852　徳川末期の俳人　[出]加賀金沢
梅屋〈号〉
水原 梅屋　みずはら・ばいおく　1835〜1893　幕末・明治の漢学者　[出]大阪
梅幽子〈号〉
西山 宗因　にしやま・そういん　1605〜1682　徳川初期の連歌俳諧師　[出]肥後八代
梅廼舎〈号〉
財部 実秋　たからべ・さねあき　1826〜1913　歌人、もと日向都城藩主
梅彦
文亭 梅彦　ぶんてい・うめひこ　1822〜1896　人情本作者、狂言作者
〔四方〕梅彦
文亭 梅彦　ぶんてい・うめひこ　1822〜1896　人情本作者、狂言作者
梅柳軒〈別号〉
儘田 柳軒　ままだ・りゅうけん　1723〜1795　歌人　[出]上野碓永郡松井田
梅洞
林 梅洞　はやし・ばいどう　1643〜1666　江戸前期の儒者
梅荘
北小路 竹窓　きたこうじ・ちくそう　1763〜1844　江戸時代中期〜後期の儒者
梅郎〈号〉
高柳 荘丹　たかやなぎ・そうたん　1732〜1815　徳川中期の俳人　[出]武州川越
梅首〈号〉
座田 維貞　さいだ・これさだ　1800〜1859　徳川末期の国学者　[出]美濃高須
梅叟
梅津 利忠　うめづ・としただ　1637〜1690　江戸時代前期の兵法家
梅員
春道 梅員　はるみちの・うめかず　天保頃の狂歌師
梅峯
古野 梅峯　ふるの・ばいほう　1674〜1740　徳川中期福岡藩の儒者
梅扇
篠塚 文三郎（1代）　しのずか・ぶんざぶろう　劇場振附師、舞踊篠塚流の家元
梅笑〈俳名〉
三桝 稲丸（1代）　みます・いねまる　1834〜1858　大阪の歌舞伎俳優
梅翁
篠塚 文三郎（1代）　しのずか・ぶんざぶろう　劇場振附師、舞踊篠塚流の家元
梅翁〈号〉
西山 宗因　にしやま・そういん　1605〜1682　徳川初期の連歌俳諧師　[出]肥後八代
梅翁〈号〉
川村 碩布　かわむら・せきふ　1750〜1843　徳川中期の俳人　[出]武蔵入間郡毛呂
梅軒〈号〉
高橋 作左衛門　たかはし・さくざえもん　1764〜1804　徳川中期の天文学者　[出]大坂
梅軒〈号〉
佐藤 憲欽　さとう・のりよし　1826〜1893　羽後亀田藩の儒者
梅軒〈号〉
藤江 岱山　ふじえ・たいざん　1758〜1823　徳川中期竜野藩儒
梅通
堤 梅通　つつみ・ばいつう　1797〜1864　徳川末期の俳人　[出]京都
梅堂〈号〉
浅野 金之丞　あさの・きんのじょう　1816〜1880　江戸末期の幕臣　[出]江戸
梅堀香以〈号〉
細木 香以　さいき・こうい　1822〜1870　富商、俳人
梅庵〈号〉
大村 由己　おおむら・ゆうこ　〜1596　豊臣秀吉の御伽衆、『天正記』の著者　[出]播磨
梅庵〈号〉
方外 道人　ほうがい・どうじん　狂詩家
梅庵
万里 集九　ばんり・しゅうく　1428〜　室町後期の禅僧（臨済宗）
梅渓〈別号〉
雪嶺 永瑾　せつれい・えいきん　〜1537　室町時代の僧、建仁寺主、五山文学者　[出]丹後
梅盛
高瀬 梅盛　たかせ・ばいせい　1611〜1699　徳川中期の俳人、貞門七俳仙の1人
〔佗心子〕梅盛
高瀬 梅盛　たかせ・ばいせい　1611〜1699　徳川中期の俳人、貞門七俳仙の1人
梅迺本〈号〉
鈴木 八束　すずき・やつか　1838〜1920　歌人　[出]伊豆田方郡中大見村梅木
梅陰
大黒 梅陰　だいこく・ばいいん　1797〜1851　徳川中期の漢学者　[出]江戸
梅雪
穴山 信君　あなやま・のぶきみ　〜1582　戦国時代の武将
梅雪〈別号〉
富永 華陽　とみなが・かよう　1816〜1879　幕末・明治初期の漢学者
梅雪斎不白〈号〉
穴山 信君　あなやま・のぶきみ　〜1582　戦国時代の武将
梅間
岡田 梅間　おかだ・ばいかん　1773〜1849　徳川中期の俳人、名古屋藩士　[出]尾張

梅閑人〈号〉
関 為山 せき・いざん 1804〜1878 徳川末期—明治初年の俳人 ㊔江戸

梅園〈号〉
高橋 富兒 たかはし・とみえ 1825〜1914 幕末明治の国学者

梅園
三浦 梅園 みうら・ばいえん 1723〜1789 豊後杵築藩の儒者 ㊔豊後国国東郡富永村

梅園〈別号〉
春廼舎 梅麿 はるのや・うめまる 文政天保頃の狂歌師、戯作者

梅塢
荻野 八百吉 おぎの・やおきち 1781〜1843 江戸時代後期の武士

梅路
梅路 ばいろ 〜1747 享保時代の俳人 ㊔伊勢山田

梅関〈号〉
閑斎 かんさい 徳川中期の俳人 ㊔吉備の中山

梅隠
有川 梅隠 ありかわ・ばいいん 1771〜1852 江戸中期の画家

梅墩〈号〉
広瀬 旭荘 ひろせ・きょくそう 1807〜1863 詩儒 ㊔豊後日田

梅潭〈号〉
杉浦 梅潭 すぎうら・ばいたん 1826〜1900 幕臣、幕末—明治時代の詩人 ㊔江戸

梅操〈号〉
佐々原 宣明 ささはら・のぶあき 〜1855 幕末の書家 ㊔大阪

梅橋散人〈号〉
山岡 俊明 やまおか・しゅんめい 1712〜1780 徳川中期の国学者 ㊔江戸

梅隣〈号〉
平元 梅隣 ひらもと・ばいりん 1660〜1743 徳川中期の儒医、俳人 ㊔秋田

梅嶺〈号〉
大石 千秋 おおいし・ちあき 1811〜1868 徳川末期の歌人

梅麿
春江亭 梅麿 しゅんこうてい・うめまろ 1793〜1859 狂歌師 ㊔江戸

梅麿
春廼舎 梅麿 はるのや・うめまる 文政天保頃の狂歌師、戯作者

〔園〕梅麿
春江亭 梅麿 しゅんこうてい・うめまろ 1793〜1859 狂歌師 ㊔江戸

〔臥竜園〕梅麿
春江亭 梅麿 しゅんこうてい・うめまろ 1793〜1859 狂歌師 ㊔江戸

梅顚
市川 一学 いちかわ・いちがく 1778〜1859 江戸時代後期の兵法家、儒者

梅巌
石田 梅岩 いしだ・ばいがん 1685〜1744 江戸中期の心学者 ㊔丹波国桑田郡東懸村

梅の本
関 為山 せき・いざん 1804〜1878 徳川末期—明治初年の俳人 ㊔江戸

梅の舎〈号〉
千家 俊信 せんげ・としざね 1764〜1831 徳川末期の国学者

【培】

培子女王
証明院 しょうみょういん 1711〜1733 徳川家重の妻

培次郎〈通称〉
河村 乾堂 かわむら・けんどう 1756〜1819 徳川中期の儒者

培根堂〈号〉
粟田 知周 あわた・ともちか 熱田の神官にして歌人、宝暦天明頃の人

【買】

買山〈別名〉
市川 清流 いちかわ・せいりゅう 1824〜1862年遣欧使節に参加、文部省官吏、辞書編纂者、書籍館創設の功労者

買年〈字〉
河野 李由 こうの・りゆう 1662〜1705 徳川中期の俳人

買夜子〈号〉
加藤 暁台 かとう・ぎょうだい 1732〜1792 天明期の俳人 ㊔名古屋

【楳】

楳仙
畔上 楳仙 あぜがみ・ばいせん 1825〜1901 幕末・明治の僧侶、曹洞宗総持寺独住第2代 ㊔信濃高井郡夜間瀬村

楳亭〈号〉
紀 梅亭 き・ばいてい 江戸時代の画家 ㊔京都

楳颸
頼 静子 らい・しずこ 1760〜1843 山陽の母 ㊔大阪

【禖】

禖子内親王
崇明門院 そうめいもんいん 後宇多天皇の皇女

【白】

白一居〈号〉
加藤 暁台 かとう・ぎょうだい 1732〜1792 天明期の俳人 ㊔名古屋

白山
中根 元圭 なかね・げんけい 1662〜1733 江戸時代前期〜中期の暦算家

白山老人〈号〉
神谷 玄武坊 かみや・げんぶぼう 1713〜1798 徳川中期の俳人 ㊔江戸

白山園〈号〉
平賀 蕉斎 ひらが・しょうさい 〜1804 徳川中期安芸の儒者

白水
雨森 白水　あめのもり・はくすい　1793～1881　幕末・明治時代の画家　[出]京都
白尼
武藤 白尼　むとう・はくに　1711～1792　徳川中期の俳人
白石〈号〉
新井 白石　あらい・はくせき　1657～1725　江戸時代中期の儒者、政治家、史学者、地理学者、言語学者　[出]江戸柳原
白朶〈号〉
河村 再和坊　かわむら・さいわぼう　1726～1786　徳川中期の俳人　[出]尾張
白羽
鹿島 白羽　かじま・はくう　1696～1755　江戸時代中期の俳人
白舌翁〈号〉
藤堂 元甫　とうどう・げんぽ　1677～1762　代々伊勢津藩藤堂氏の国老　[出]伊賀大野
白図
二木 白図　ふたつぎ・はくと　～1801　徳川中期の俳人　[出]名古屋の塩町
白寿
千村 鵞湖　ちむら・がこ　1727～1790　江戸時代中期の武士、儒者
白尾坊〈号〉
白雄　しらお　1738～1791　天明期の俳人　[出]江戸深川
白沢老人〈号〉
入江 昌熹　いりえ・まさよし　1722～1800　徳川中期寛政の頃の国学者、商人　[出]浪華
白狂〈号〉
各務 支考　かがみ・しこう　1665～1731　徳川中期の俳人　[出]美濃山県郡北野
白芹〈初号〉
溝口 素丸　みぞぐち・そがん　1713～1795　徳川中期の俳人　[出]江戸
白芹〈号〉
長谷川 馬光　はせがわ・ばこう　1687～1751　徳川中期の俳人
白芹
関根 白芹　せきね・はっきん　1756～1817　江戸時代中期～後期の俳人
白兎園〈号〉
中川 宗瑞　なかがわ・そうずい　1685～1744　徳川中期の俳人　[出]江戸
白居
山田 白居　やまだ・はくきょ　1724～1800　徳川中期の俳人　[出]仙台
白洲〈号〉
熱田 玄菴　あつた・げんあん　1803～1848　徳川末期の医家　[出]下総匝瑳郡長谷村
白峰亭〈号〉
岩本 昆寛　いわもと・こんかん　1744～1801　金工家　[出]江戸
白扇
村井 白扇　むらい・はくせん　1718～1768　江戸時代中期の俳人
白扇堂〈別号〉
真弓の屋 鶴彦　まゆみのや・つるひこ　狂歌師
白桜下〈号〉
谷 木因　たに・ぼくいん　1646～1725　徳川中期の俳人　[出]美濃大垣
白梅園〈別号〉
青木 鷺水　あおき・ろすい　1658～1733　徳川中期の俳人　[出]京都
白鳥〈号〉
琴路　きんろ　～1790　享保時代の俳人　[出]敦賀
白竜
菅原 白竜　すがわら・はくりゅう　1833～1898　日本画家　[出]山形県米沢
白竜子〈号〉
神田 勝久　かんだ・かつひさ　兵学を業とする
白翁〈号〉
田中 千梅　たなか・せんばい　1686～1769　俳人　[出]近江栗太郡辻村
白翁
平沢 白翁　ひらざわ・はくおう　幕末の易学者　[出]大阪
白翁〈号〉
歩簫　ほしょう　1791～1827　化政期の俳人　[出]飛騨国高山
白斎
白斎　はくさい　～1851　幕末期の俳人
白斎
伊藤 熊四郎　いとう・くましろう　?～1851　江戸時代後期の儒者
白梵庵〈号〉
榎本 馬州　えのもと・ばしゅう　1702～1763　徳川中期の俳人　[出]尾張犬山
白眼居士〈号〉
北条 団水　ほうじょう・だんすい　1613～1711　徳川中期の俳人にして浮世草紙の作者　[出]大阪
白野〈号〉
今西 正立　いまにし・せいりゅう　徳川中期の医家　[出]摂津
白雪
大田 白雪　おおた・はくせつ　1661～1735　徳川中期の俳人　[出]三河国新城
白雪廬主〈号〉
慧海　えかい　1701～1765　江戸中期、真言高田派の篤学者
白鹿園〈別号〉
東 東洋　あずま・とうよう　1755～1839　徳川中期の画家　[出]陸前登米郡石越村
白瑛
福地 白瑛　ふくち・はくえい　浮世絵師、作家
白賁
服部 仲英　はっとり・ちゅうえい　1714～1767　江戸時代中期の儒者
白賁堂
秋山 清風　あきやま・せいふう　1798～1874　徳川末期の儒者
白賁園〈号〉
人見 卜幽軒　ひとみ・ぼくゆうけん　1599～1670　儒者　[出]京二条烏丸
白道〈別称〉
幡 随意　ばん・ずいい　1542～1615　浄土宗の僧　[出]相模藤沢
白雄
白雄　しらお　1738～1791　天明期の俳人　[出]江戸深川

〔加舎〕白雄
白雄　しらお　1738〜1791　天明期の俳人　[出]江戸深川
〔春秋庵〕白雄
白雄　しらお　1738〜1791　天明期の俳人　[出]江戸深川
白雲〈字〉
白雲 慧暁　はくうん・えぎょう　1223〜1297　東福寺の僧　[出]讃岐国
白雲洞〈号〉
梅津 其雫　うめず・きだ　1672〜1720　徳川中期の俳人　[出]秋田
白雲堂〈別号〉
斎藤 市左衛門(9代)　さいとう・いちざえもん　1804〜1878　『江戸名所図会』編著者　[出]江戸神田雉子町
白雲道人〈別号〉
稲生 若水　いのう・じゃくすい　1655〜1715　江戸中期の本草学者　[出]江戸
白蛾〈号〉
新井 白蛾　あらい・はくが　1714〜1792　江戸時代中期の儒者、易家　[出]江戸
白話〈号〉
井上 童平　いのうえ・どうへい　徳川中期の俳人　[出]岐阜
白話〈俳号〉
大谷 白話　おおたに・はくわ　1625〜1671　真宗大谷派東本願寺第14世法主にして俳人
白鳳軒〈別号〉
福王家(9世)　ふくおうけ　1716〜1785　能楽脇方
白駒
岡田 白駒　おかだ・はっく　1692〜1767　徳川中期肥前蓮池藩の儒者　[出]播磨
白駒
関 白駒　せき・はっく　1802〜1875　大阪の画家
〔岡〕白駒
岡田 白駒　おかだ・はっく　1692〜1767　徳川中期肥前蓮池藩の儒者　[出]播磨
白壁王
光仁天皇　こうにんてんのう　708〜781　第49代の天皇、天智天皇の皇孫
白嶼〈号〉
有馬 白嶼　ありま・はくしょ　1735〜1817　徳川中期の熊本藩儒員
白藤子〈号〉
内藤 風虎　ないとう・ふうこ　1619〜1685　徳川初期の諸侯にして俳人　[出]江戸桜田
白鵠
大矢 白鵠　おおや・はっこう　1668〜1746　江戸時代前期〜中期の俳人
白鵠堂〈号〉
生玉 琴風　いくたま・きんぷう　1639〜1726　徳川中期の俳人　[出]大阪
白騮居士〈号〉
生駒 万子　いこま・まんし　1654〜1719　徳川中期の俳人、加賀金沢の藩士
白鶴翁〈号〉
堀内 仙鶴　ほりのうち・せんかく　1675〜1748　江戸中期の茶人、俳人　[出]江戸
白鷗堂〈号〉
百丸　ひゃくまる　〜1727　俳人、伊丹派　[出]伊丹
白鷗斎〈号〉
宮竹屋 小春　みやたけや・しょうしゅん　〜1718　徳川中期の俳人　[出]加賀金沢
白鷺
酒井 忠道　さかい・ただひろ　1777〜1837　江戸時代後期の大名

【伯】

伯山
神田 伯山(1代)　かんだ・はくざん　〜1873　講釈師
伯山(1代)
神田 伯山(1代)　かんだ・はくざん　〜1873　講釈師
伯円(2代)
松林 伯円(2代)　しょうりん・はくえん　1827〜1905　講釈師
伯水堂
梅風　ばいふう　江戸時代中期の歌人
伯母
四条宮 筑前　しじょうのみやの・ちくぜん　平安時代中期〜後期の女官、歌人
伯玉〈字〉
阿部 良平　あべ・りょうへい　幕末の篆刻家
伯先〈字〉
伯先　はくせん　〜1820　化政期の俳人
伯孝
阿部 伯孝　あべ・おさたか　1801〜1867　徳川末期の尾張藩士、漢学者
伯孝
阿部 松園　あべ・しょうえん　1801〜1866　江戸時代後期の儒者
伯寿〈字〉
坂本 天山　さかもと・てんざん　1745〜1803　砲術学者、信州高遠藩士　[出]信濃国高遠
伯信〈字〉
仁井田 好古　にいだ・こうこ　1770〜1848　江戸時代の儒者
伯重〈字〉
阿部 将翁　あべ・しょうおう　1650?〜1753　江戸中期の本草学者　[出]陸奥盛岡
伯耆殿局
左京大夫局　さきょうのだいぶのつぼね　南北朝時代の女官
伯華〈字〉
岡内 綾川　おかうち・りょうせん　1764〜1832　徳川中期の漢学者
伯高〈字〉
渡辺 方壺　わたなべ・ほうこ　〜1833　徳川中期の漢学者　[出]播磨明石
伯章〈字〉
綾部 絅斎　あやべ・けいさい　1676〜1750　徳川中期の豊後杵築藩の儒者　[出]豊後
伯登〈字〉
渡辺 崋山　わたなべ・かざん　1793〜1841　南画家　[出]江戸
伯随〈号〉
井上 頼圀　いのうえ・よりくに　1839〜1914　幕末・明治時代の国学者、歌人　[出]江戸神田松下町
伯陽〈字〉

雨森 芳洲　あめのもり・ほうしゅう　1621～1708　徳川中期の儒者　[出]近江
伯陽〈号〉
二山 伯養　ふたやま・はくよう　1623～1709　徳川初期江戸の儒者　[出]石見国浜田
伯陽〈字〉
鈴木 重昌　すずき・しげまさ　1812～1880　幕末・明治時代の算家　[出]上総周准郡（現今君津郡）貞元
伯幹〈字〉
安藤 永年　あんどう・えいねん　1778～1832　徳川末期の画家
伯節〈字〉
石竜子（1代）　せきりゅうし　～1808　徳川中期の観相家
伯碩〈字〉
東 夢亭　あずま・むてい　1791～1849　徳川末期の漢学者　[出]松阪
伯鳳
小山 儀　こやま・ただし　1750～1775　江戸時代中期の国学者
伯養
二山 伯養　ふたやま・はくよう　1623～1709　徳川初期江戸の儒者　[出]石見国浜田
伯蘭〈字〉
桜井 石門　さくらい・せきもん　1748～1799　徳川中期出石藩の儒者

【泊】

泊如〈号〉
運敞　うんしょう　1614～1693　徳川初期真言宗智積院派の僧、智積院の第7世　[出]大阪
泊翁〈号〉
西村 茂樹　にしむら・しげき　1828～1902　思想家、教育家、佐倉藩士　[出]江戸
泊船堂〈別号〉
松尾 芭蕉　まつお・ばしょう　1644～1694　徳川初期の俳人名宗房、桃青、或は芭蕉庵桃青と号し、別に伯船堂、釣月軒など号した　[出]伊賀国上野
泊瀬部皇子
崇峻天皇　すしゅんてんのう　～592　第32代の天皇
〔梅枝軒〕泊鶯
近松 梅枝軒　ちかまつ・ばいしけん　江戸時代後期の浄瑠璃作者

【柏】

柏〈名〉
大蟻　たいぎ　～1800　天明期の俳人
柏木〈号〉
飛鳥井 雅親　あすかい・まさちか　1417～1490　室町時代の公卿にして歌人
柏亭〈号〉
浅岡 有輝　あさおか・ゆうき　～1807　徳川末期の画家
柏原天皇
桓武天皇　かんむてんのう　737～806　第50代の天皇
柏叟〈号〉
千 宗室（10世）　せんの・そうしつ　1770～1826　茶道家
柏庭〈号〉
浅井 八百里　あさい・やおり　1811～1849　徳川中期の儒者、福井藩士
柏琳
仙客亭 柏琳　せんかくてい・はくりん　江戸の戯作者
柏園〈号〉
赤尾 可官　あかお・よしたか　1764～1852　徳川末期の国学者、林丘寺宮の家司　[出]京都
柏園〈号〉
相川 景見　あいかわ・かげみ　1811～1875　徳川末期・明治初期の国学者

【栢】

栢堂〈号〉
図司 呂丸　ずし・ろがん　～1693　徳川中期の俳人　[出]出羽羽黒山麓手向町

【博】

博高
明石 博高　あかし・ひろあきら　1839～1910　幕末明治時代の医家にして歌人　[出]京都
博愛〈改名〉
中村 宗見　なかむら・そうけん　1843～1902　1865年渡英、外交官
博雅
源 博雅　みなもとの・ひろまさ　～980　雅楽家、醍醐天皇皇孫
博雅三位
源 博雅　みなもとの・ひろまさ　～980　雅楽家、醍醐天皇皇孫

【璞】

璞〈名〉
天方 暦山　あまかた・れきざん　徳川末文久頃の儒者　[出]江戸
璞岩〈号〉
衍曜　えんよう　1767～1836　江戸末期の禅僧、万福寺29世　[出]肥前長崎

【麦】

麦水
堀 麦水　ほり・ばくすい　1718～1783　徳川中期の俳人　[出]加賀金沢
麦阿〈号〉
佐久間 柳居　さくま・りゅうきょ　1686～1748　徳川中期の俳人　[出]江戸
麦浪
中川 麦浪　なかがわ・ばくろう　～1768　徳川中期の俳人　[出]伊勢
麦浪舎〈号〉
中川 麦浪　なかがわ・ばくろう　～1768　徳川中期の俳人　[出]伊勢
麦慰舎〈別号〉
堤 梅通　つつみ・ばいつう　1797～1864　徳川末期の俳人　[出]京都

【畑】

畑舟亭〈別称〉
　田川 移竹　たがわ・いちく　1710～1760　徳川中期の俳人　㊍京都

【八】

八一山人〈別号〉
　芳室 ほうしつ　～1747　享保時代の俳人　㊍和泉の堺

八十二〈前名〉
　榊山 小四郎(4代)　さかきやま・こしろう　1740～1768　京都の歌舞伎俳優

八十右衛門〈通称〉
　岡島 常樹　おかじま・つねき　1672～1703　赤穂四十七士の1

〔叶〕八十次郎〈初名〉
　嵐 小六(5代)　あらし・ころく　～1858　大阪の歌舞伎俳優、天保―安政時代の年増役の上手

〔嶺琴〕八十助
　近松 八十翁　ちかまつ・やそおう　～1880　天保―明治時代の大阪の歌舞伎狂言作者

〔佐世〕八十郎
　前原 一誠　まえばら・いっせい　1834～1876　萩藩士　㊍長門

八十翁
　近松 八十翁　ちかまつ・やそおう　～1880　天保―明治時代の大阪の歌舞伎狂言作者

八千代(3世)
　井上 八千代(3世)　いのうえ・やちよ　1838～1938　日本舞踊家、京舞井上流3世家元　㊍京都

〔岸沢〕八五郎〈初名〉
　佐々木 市蔵(2代)　ささき・いちぞう　1798～1861　常磐津浄瑠璃三絃

〔沢野〕八五郎〈後名〉
　杉山 勘左衛門(2代)　すぎやま・かんざえもん　京阪の歌舞伎俳優

八太夫〈通称〉
　佐瀬 得所　させ・とくしょ　1823～1878　幕末明治初期の書家　㊍会津

八太郎〈前名〉
　藤川 八蔵(1代)　ふじかわ・はちぞう　1730～1777　京阪の歌舞伎俳優

八太郎〈前名〉
　藤川 八蔵(3代)　ふじかわ・はちぞう　1778～1805　京阪の歌舞伎俳優

八太郎〈前名〉
　藤川 八蔵(4代)　ふじかわ・はちぞう　京阪の歌舞伎俳優

八文字自笑〈筆名〉
　八文字屋 八左衛門　はちもんじや・はちざえもん　～1745　江戸中期の京都の本屋　㊍京都

八文舎〈号〉
　安藤 自笑　あんどう・じしょう　～1815　徳川中期の俳人　㊍京都

八方庵〈別号〉
　志満 山人　しま・さんにん　画家、戯作者

八仙堂〈号〉
　彭城 百川　さかき・ひゃくせん　1697～1752　徳川中期の画家　㊍名古屋本町八丁目

八右衛門〈通称〉
　宮下 正岑　みやした・まさみね　1774～1838　徳川中期の国学者　㊍信濃上伊那郡飯島村

八右衛門〈通称〉
　今枝 直方　いまえだ・なおかた　1653～1728　徳川中期の国学者

八右衛門
　柄井 川柳　からい・せんりゅう　1718～1790　江戸後期の前句附点者　㊍江戸

八右衛門
　佐藤 復斎　さとう・ふくさい　1749～1791　江戸時代中期～後期の儒者

八右衛門道祐〈通称〉
　鈴木 清風　すずき・せいふう　徳川中期の俳人、羽州尾花沢の富商　㊍羽前国尾花沢

八左衛門〈通称〉
　安藤 自笑　あんどう・じしょう　～1815　徳川中期の俳人　㊍京都

八左衛門
　八文字屋 八左衛門　はちもんじや・はちざえもん　～1745　江戸中期の京都の本屋　㊍京都

八左衛門
　松岡 好忠　まつおか・よしただ　1612～1694　江戸時代前期の武士

〔遠山〕八左衛門〈通称〉
　十方園 金成(1代)　じっぽうえん・かねなり　狂歌師　㊍尾張名古屋

〔遠山〕八左衛門〈通称〉
　十方園 金成(2代)　じっぽうえん・かねなり　狂歌師　㊍名古屋

〔吉井〕八左衛門〈通称〉
　清繁　きよしげ　徳川中期の刀匠

八平次〈通称〉
　簑田 卯七　みのだ・うしち　徳川中期の俳人　㊍長崎

八朶園〈号〉
　欅 寮松　みね・りょうしょう　1760～1832　徳川中期の俳人　㊍江戸

八次郎〈名〉
　井上 童平　いのうえ・どうへい　徳川中期の俳人　㊍岐阜

八百里
　浅井 八百里　あさい・やおり　1811～1849　徳川中期の儒者、福井藩士

八百蔵(1代)
　山下 八百蔵(1代)　やました・やおぞう　大阪の歌舞伎俳優

八百蔵(2代)
　市川 八百蔵(2代)　いちかわ・やおぞう　1734～1777　歌舞伎俳優、明和・安永時代の立役の花形

八百蔵(3代)
　助高屋 高助(2代)　すけたかや・たかすけ　1747～1818　江戸の歌舞伎俳優

〔市川〕八百蔵(3代)
　助高屋 高助(2代)　すけたかや・たかすけ　1747～1818　江戸の歌舞伎俳優

八百蔵(4代)
　市川 八百蔵(4代)　いちかわ・やおぞう　1772～1844　歌舞伎俳優、文化・天保時代の立役の功者

〔市川〕八百蔵(5代)〈前名〉

はち（八）

関 三十郎（3代）　せき・さんじゅうろう　1805〜1870　歌舞伎俳優　㊥江戸
八耳皇子〈別称〉
　聖徳太子　しょうとくたいし　〜622　用明天皇第2の皇子
八兵衛〈通称〉
　中村 宗哲（1代）　なかむら・そうてつ　1616〜1695　徳川中期の塗師、千家十職の一　㊥京都
八兵衛〈村山〉
　石田 重成　いしだ・しげなり　〜1600　桃山時代の武人
〔八木〕八兵衛
　武林 八郎　たけばやし・はちろう　1839〜1864　幕末の志士　㊥河内南河内郡長野
八助〈別称〉
　阿部 伯孝　あべ・おさたか　1801〜1867　徳川末期の尾張藩士、漢学者
八尾蔵〈別名〉
　山下 八百蔵（1代）　やました・やおぞう　大阪の歌舞伎俳優
八条宮〈号〉
　円恵法親王　えんえほうしんのう　1152〜1183　後白河天皇の皇子
八条宮智仁親王
　八条宮 智仁親王　はちじょうのみや・としひとしんのう　八条宮家の祖、正親町天皇の孫
八条禅尼
　西八条禅尼　にしはちじょうぜんに　1193〜1274　源実朝の妻
八束
　藤原 真楯　ふじわらの・またて　715〜766　奈良朝の廷臣、歌人
八束
　鈴木 八束　すずき・やつか　1838〜1920　歌人　㊥伊豆田方郡中大見村梅木
八甫〈前名〉
　藤川 八蔵（4代）　ふじかわ・はちぞう　京阪の歌舞伎俳優
八松
　大河内 存真　おおこうち・そんしん　1796〜1883　徳川中末期の医家
八束〈本名〉
　藤原 真楯　ふじわらの・またて　715〜766　奈良朝の廷臣、歌人
八巻判官
　平 兼隆　たいらの・かねたか　〜1180　平安時代伊豆の豪族
八郎
　清川 八郎　きよかわ・はちろう　1830〜1862　幕末の志士　㊥羽前東田川郡清川村
八郎
　天野 八郎　あまの・はちろう　1830〜1867　彰義隊副長　㊥上野国甘楽郡磐戸村
八郎
　武林 八郎　たけばやし・はちろう　1839〜1864　幕末の志士　㊥河内南河内郡長野
〔羽柴〕八郎
　宇喜多 秀家　うきた・ひでいえ　1572〜1655　安土・桃山時代の武将　㊥備前国岡山
〔郡武〕八郎〈変名〉

岡島 常樹　おかじま・つねき　1672〜1703　赤穂四十七士の1
〔清河〕八郎
　清川 八郎　きよかわ・はちろう　1830〜1862　幕末の志士　㊥羽前東田川郡清川村
〔白風〕八郎〈別称〉
　安倍 則任　あべの・のりとう　平安朝時代の武将
八郎太夫〈通称〉
　神田 雁赤　かんだ・がんせき　〜1816　徳川中期の俳人
八郎右衛門
　羽山 八郎右衛門　はやま・はちろうえもん　正徳・享保時代の江戸長唄三絃の名手
八郎右衛門
　三井 高福　みつい・たかよし　1808〜1885　実業家　㊥京都
八郎右衛門〈通称〉
　神戸 祐甫　かんべ・ゆうほ　1632〜1710　徳川中期の俳人　㊥伊賀上野
〔井筒屋〕八郎右衛門〈通称〉
　夏目 成美　なつめ・せいび　1749〜1816　徳川中期の俳人　㊥江戸
〔杵屋〕八郎右衛門〈別名〉
　羽山 八郎右衛門　はやま・はちろうえもん　正徳・享保時代の江戸長唄三絃の名手
〔富田屋〕八郎右衛門〈通称〉
　江田 世恭　えだ・せいきょう　〜1795　徳川中期の国学者
〔葉山〕八郎右衛門〈前名〉
　羽山 八郎右衛門　はやま・はちろうえもん　正徳・享保時代の江戸長唄三絃の名手
八郎右衛門則武〈通称〉
　椎本 才麿　しいのもと・さいまろ　1656〜1738　徳川中期の俳人　㊥大和宇陀郡
八郎左衛門〈通称〉
　高木 大翁　たかぎ・たいおう　幕末の画家
八郎兵衛〈通称〉
　岡田 正応　おかだ・まさかず　1806〜1872　徳川末期伊勢の本草学者　㊥伊勢員弁郡治田村
八郎兵衛〈通称〉
　池西 言水　いけにし・ごんすい　1650〜1722　徳川中期の俳人　㊥奈良
八郎兵衛〈通称〉
　中村 宗哲（1代）　なかむら・そうてつ　1616〜1695　徳川中期の塗師、千家十職の一　㊥京都
八郎兵衛〈初名〉
　天井 又右衛門　あまい・またえもん　天和―元禄時代の京都の歌舞伎俳優
八郎兵衛〈通称〉
　八姥 てんぽ　〜1823　化政期の俳人　㊥信濃戸倉
〔鎮西〕八郎為朝
　源 為朝　みなもとの・ためとも　1139〜1170　平安時代の武将
八重太夫（1代）
　豊竹 此太夫（2代）　とよたけ・このだゆう　1726〜1769　義太夫節の浄瑠璃太夫　㊥大阪堂島
八重太夫（3代）
　豊竹 八重太夫（3代）　とよたけ・やえだゆう　〜1795　義太夫節の浄瑠璃太夫　㊥大阪
八重太夫（5代）

豊竹 八重太夫(5代)　とよたけ・やえだゆう　1794〜1859　義太夫節の浄瑠璃太夫
〔荻野〕八重桐(3代)
　沢村 国太郎(2代)　さわむら・くにたろう　〜1836　京阪の歌舞伎俳優
八巣〈別号〉
　桜井 蕉雨　さくらい・しょうう　1775〜1829　徳川中期の俳人　㊞信州飯田本町
八僊堂〈号〉
　彭城 百川　さかき・ひゃくせん　1697〜1752　徳川中期の画家　㊞名古屋本町八丁目
八塩道翁〈号〉
　春原 民部　はるはら・みんぶ　1650〜1703　徳川初期の神道家
八楽庵〈号〉
　岡田 米仲　おかだ・べいちゅう　〜1766　徳川中期の俳人　㊞江戸
八椿舎〈号〉
　尾崎 康工　おざき・やすよし　1701〜1779　徳川中期の俳人　㊞越中戸出
八幡山侍従
　飯尾 信宗　いいお・のぶむね　1528〜1591　近江八幡山城主
八幡太郎
　源 義家　みなもとの・よしいえ　1039?〜1106　平安後期の武将
八蔵
　井土 八蔵　いど・はちぞう　〜1654　陶工、筑前高取焼の開祖
八蔵〈通称〉
　足立 正声　あだち・まさな　1841〜1907　旧鳥取藩士、男爵
〔高取〕八蔵
　井土 八蔵　いど・はちぞう　〜1654　陶工、筑前高取焼の開祖
〔芳沢〕八蔵〈前名〉
　坂東 国五郎(4代)　ばんどう・くにごろう　大阪の歌舞伎俳優
八蔵(1代)
　藤川 八蔵(1代)　ふじかわ・はちぞう　1730〜1777　京阪の歌舞伎俳優
八蔵(2代)
　藤川 八蔵(2代)　ふじかわ・はちぞう　1747〜1787　京阪の歌舞伎俳優
八蔵(3代)
　藤川 八蔵(3代)　ふじかわ・はちぞう　1778〜1805　京阪の歌舞伎俳優
八蔵(4代)
　藤川 八蔵(4代)　ふじかわ・はちぞう　京阪の歌舞伎俳優
八霜山人〈別号〉
　金子 徳之助　かねこ・とくのすけ　1789〜1865　幕末の広島藩士

【発】

発〈名〉
　京極 高次室　きょうごく・たかつぐしつ　〜1633　浅井長政の次女

【伐】

伐木斎〈号〉
　砂岡 雁宕　いさおか・がんとう　〜1773　徳川中期の俳人　㊞下総結城

【反】

反古
　小林 反古　こばやし・はんこ　1742〜1817　徳川中期の俳人　㊞信州長野新町
反古庵〈別号〉
　藤村 当直　ふじむら・まさなお　1612〜1699　徳川初期の茶人　㊞京都
反喬舎〈号〉
　武藤 巴雀　むとう・はじゃく　1686〜1752　徳川中期の俳人

【半】

半々庵〈号〉
　伊佐 幸琢(1代)　いさ・こうたく　〜1745　石州流茶人
半九郎〈通称〉
　槇村 正直　まきむら・まさなお　1834〜1896　萩藩無給通士　㊞長門国美称郡大田村
〔金井筒屋〕半九郎
　金井 三笑　かない・さんしょう　1731〜1797　宝暦—寛政時代の江戸の歌舞伎狂言作者、金井の系祖　㊞江戸
半二
　亀井 半二　かめい・はんじ　尾張瀬戸の陶画工　㊞名古屋
〔松島〕半一(1代)〈前名〉
　桜田 治助(2代)　さくらだ・じすけ　1768〜1829　江戸の歌舞伎狂言作者
〔松島〕半一(3代)〈前名〉
　桜田 治助(3代)　さくらだ・じすけ　1802〜1877　江戸の歌舞伎狂言作者
半八
　渡辺 柳斎　わたなべ・りゅうさい　1762〜1824　江戸時代中期〜後期の儒者
半十郎〈通称〉
　岡田 梅間　おかだ・ばいかん　1773〜1849　徳川中期の俳人、名古屋藩士　㊞尾張
半十郎(1代)〈別名〉
　藤村 半太夫(2代)　ふじむら・はんだゆう　〜1745　歌舞伎俳優
半三郎〈前名〉
　藤川 繁右衛門　ふじかわ・しげえもん　元禄期の京阪の歌舞伎俳優
半三郎〈前名〉
　藤川 武左衛門(2代)　ふじかわ・ぶざえもん　京阪の歌舞伎俳優
〔江戸〕半三郎〈前名〉
　坂本 梁雲(2代)　さかもと・りょううん　半太夫節浄瑠璃の太夫
〔坂田〕半三郎〈初名〉
　今村 七三郎(1代)　いまむら・しちさぶろう　1670〜1716　京都の歌舞伎俳優
半寸庵〈号〉

はん（半）

伊佐 幸琢（3代）　いさ・こうたく　～1808　石州流茶人
半山
　坂本 朱拙　さかもと・しゅせつ　徳川中期の俳人　㊸豊後日田
半山
　伊藤 三右衛門　いとう・さんえもん　？～1778　江戸時代中期の郷土史家
〔溝口〕半之丞
　亀田 高綱　かめだ・たかつな　～1633　桃山・徳川初期の武人、備後東条領主　㊸尾張
半之助〈前名〉
　岩井 半四郎（1代）　いわい・はんしろう　～1699　歌舞伎俳優、立役の名優、大阪の座元
半之助〈前名〉
　民谷 十三郎（1代）　たみや・じゅうざぶろう　～1747　京阪の歌舞伎俳優
半五郎（1代）
　坂田 半五郎（1代）　さかた・はんごろう　1683～1735　江戸の歌舞伎俳優
半五郎（2代）
　坂田 半五郎（2代）　さかた・はんごろう　1724～1782　江戸の歌舞伎俳優
半五郎（3代）
　坂田 半五郎（3代）　さかた・はんごろう　1756～1795　江戸の歌舞伎俳優
半五郎（4代）
　坂田 半五郎（4代）　さかた・はんごろう　1791～1840　江戸の歌舞伎俳優
半化坊〈号〉
　高桑 闌更　たかくわ・らんこう　1726～1798　徳川中期の俳人　㊸金沢
〔山岸〕半六〈通称〉
　車来　しゃらい　～1733　俳人、芭蕉一門
半六（4代）
　林 泥平　はやし・どろへい　1763～1853　江戸時代後期の陶工
半太夫（1代）
　江戸 半太夫（1代）　えど・はんだゆう　江戸節浄瑠璃の太夫、元禄—正徳時代の名手、半太夫節の流祖
半太夫（1代）
　藤村 半太夫（1代）　ふじむら・はんだゆう　歌舞伎俳優
半太夫（2代）
　江戸 半太夫（2代）　えど・はんだゆう　江戸節浄瑠璃の太夫、享保—宝暦時代の家元
半太夫（2代）
　藤村 半太夫（2代）　ふじむら・はんだゆう　～1745　歌舞伎俳優
半大夫〈字〉
　前田 左近　まえだ・さこん　1576～1601　安土桃山時代の武将、玄以の長子
半右衛門〈世襲名〉
　梅津 其雫　うめず・きだ　1672～1720　徳川中期の俳人　㊸秋田
〔山田屋〕半右衛門〈俗称〉
　大根 太木　おおね・ふとき　徳川時代天明頃の狂歌師
〔水野〕半右衛門
　本多 利久　ほんだ・としひさ　～1603　秀吉の臣
〔忠海屋〕半右衛門

高橋 石霞　たかはし・せっか　1808～1883　幕末・明治時代の漢学者　㊸安芸賀茂郡竹原
半四郎〈通称〉
　桃後　とうご　俳人、芭蕉一門
半四郎
　黒井 忠寄　くろい・ただより　1747～1799　江戸時代中期～後期の武士
〔宮田〕半四郎
　小川 佐吉　おがわ・さきち　1832～1868　幕末の勤王家　㊸久留米苧紺川
〔滝井〕半四郎〈前名〉
　民谷 四郎五郎　たみや・しろごろう　1685～1745　正徳—寛保時代の京阪の歌舞伎俳優
半四郎（1代）
　岩井 半四郎（1代）　いわい・はんしろう　～1699　歌舞伎俳優、立役の名優、大阪の座元
半四郎（2代）
　岩井 半四郎（2代）　いわい・はんしろう　歌舞伎俳優、元禄・宝永時代の座元
半四郎（3代）
　岩井 半四郎（3代）　いわい・はんしろう　1698～1759　歌舞伎俳優、立役の上手
半四郎（4代）
　岩井 半四郎（4代）　いわい・はんしろう　1747～1800　歌舞伎若女方の名優　㊸江戸
半四郎（5代）
　岩井 半四郎（5代）　いわい・はんしろう　1776～1847　文化文政時代の歌舞伎俳優、若女方を代表する名優　㊸江戸
半四郎（6代）
　岩井 半四郎（6代）　いわい・はんしろう　1799～1836　文政・天保時代の歌舞伎俳優、若女方の名優　㊸江戸
半四郎（7代）
　岩井 半四郎（7代）　いわい・はんしろう　1804～1845　文政弘化時代の歌舞伎俳優、若女方の名優　㊸江戸
半四郎（8代）
　岩井 半四郎（8代）　いわい・はんしろう　1829～1882　幕末・明治時代の歌舞伎俳優、若女方の名優　㊸江戸住吉町
半左衛門〈通称〉
　佐善 礼耕　さぜん・れいこう　1694～1771　徳川中期の儒者
半左衛門〈通称〉
　桜井 丹波少掾　さくらい・たんばのしょうじょう　承応—貞享時代の金平浄瑠璃の太夫、和泉太夫節（一名金平節）の流祖
半左衛門
　深井 半左衛門　ふかい・はんざえもん　1826～1880　津藩士　㊸伊勢国津
半左衛門〈通称〉
　菅野 道阿弥　すがの・どうあみ　仙台藩主伊達家の茶頭
半左衛門〈名〉
　長谷川 馬光　はせがわ・ばこう　1687～1751　徳川中期の俳人
半左衛門〈通称〉
　服部 土芳　はっとり・どほう　1657～1730　徳川中期の俳人　㊸伊賀
半平〈通称〉

はん（半）

富永 華陽　とみなが・かよう　1816〜1879　幕末・明治初期の漢学者
〔夫神村〕半平
　清水 半平　しみず・はんぺい　1704?〜1763　江戸時代中期の一揆指導者
半平太
　武市 瑞山　たけち・ずいざん　1829〜1865　幕末期の志士　㊗土佐国長岡郡仁井田郷吹井村
半圭子〈別号〉
　浜野 政随　はまの・しょうずい　1696〜1769　江戸時代の彫金家
〔富士田〕半次〈初名〉
　大薩摩 文太夫(3代)　おおざつま・ぶんだゆう　〜1842　大薩摩節の太夫、文政・天保時代の上手
半次郎〈前名〉
　江戸 半太夫(2代)　えど・はんだゆう　江戸節浄瑠璃の太夫、享保〜宝暦時代の家元
半次郎〈通称〉
　椎名 秋村　しいな・しゅうそん　1800〜1868　徳川中期の詩文家　㊗上野新田郡薮塚
〔榎並屋〕半次郎〈通称〉
　入江 昌熹　いりえ・まさよし　1722〜1800　徳川中期寛政の頃の国学者、商人　㊗浪華
〔新宮〕半次郎
　松脇 五左衛門　まつわき・ござえもん　1840〜1864　幕末の鹿児島藩士
半兵衛〈通称〉
　安藤 宜時　あんどう・よしとき　装剣工
半兵衛〈通称〉
　絵馬屋 額輔(3世)　えまや・がくすけ　1841〜1904　狂歌師
半兵衛
　金井 半兵衛　かない・はんべえ　〜1651　由井正雪の一味の浪人剣士
半兵衛
　絹屋 半兵衛　きぬや・はんべえ　1791〜1860　近江湖東焼の創業者　㊗彦根石ケ崎町
半兵衛
　竹中 重治　たけなか・しげはる　〜1575　戦国時代の武人　㊗美濃池田郡
半兵衛
　平田 篤胤　ひらた・あつたね　1766〜1843　国学者、世に国学の4大人と称せられる　㊗出羽国秋田久保城下下谷地
半兵衛〈通称〉
　鈴木 一保　すずき・かずやす　1744〜1812　徳川中期の国学者
半兵衛
　鈴木 半兵衛　すずき・はんべえ　1815〜1856　幕末の水戸藩の蘭学者・医者
〔伊藤〕半兵衛
　絹屋 半兵衛　きぬや・はんべえ　1791〜1860　近江湖東焼の創業者　㊗彦根石ケ崎町
〔鍵屋〕半兵衛
　石田 醒斎　いしだ・せいさい　1795〜1834　徳川末期の雑学者
〔万屋〕半兵衛〈別称〉
　藤原 保吉　ふじわら・やすよし　1760〜1784　徳川中期の俳人　㊗江戸
〔鱸〕半兵衛

鈴木 半兵衛　すずき・はんべえ　1815〜1856　幕末の水戸藩の蘭学者・医者
半助
　岡本 宣就　おかもと・のぶなり　1575〜1657　江戸時代前期の兵法家
半局庵〈号〉
　笠家 逸志　かさや・いっし　1675〜1747　徳川中期の俳人
〔三条〕半弥〈初名〉
　坂田 藤十郎(3代)　さかた・とうじゅうろう　1701〜1774　歌舞伎俳優
〔森島〕半弥重秀
　紀太 理兵衛(祖先)　きた・りへえ　讃岐高松藩窯の陶工
半松斎〈号〉
　谷 宗養　たに・そうよう　1526〜1562　室町時代の連歌師
半幽
　前川 由平　まえかわ・よしひら　?〜1707?　江戸時代前期の俳人
半草庵〈別号〉
　坂東 彦三郎(3代)　ばんどう・ひこさぶろう　1754〜1828　江戸の歌舞伎俳優　㊗江戸
半草庵楽善〈別号〉
　坂東 彦三郎(3代)　ばんどう・ひこさぶろう　1754〜1828　江戸の歌舞伎俳優　㊗江戸
半香
　福田 半香　ふくだ・はんこう　1804〜1864　幕末の南画家　㊗遠州見附
半時庵〈号〉
　松木 淡々　まつき・たんたん　1674〜1761　徳川中期の俳人　㊗大阪西横堀
半残
　山岸 半残　やまぎし・はんざん　1654〜1726　徳川中期の俳人　㊗伊賀上野
半渚老漁〈号〉
　佐藤 晩得　さとう・ばんとく　〜1792　俳人、佐竹侯の臣　㊗秋田角館
半提庵〈号〉
　伊佐 幸琢(2代)　いさ・こうたく　1706〜1795　石州流茶人
半僧〈号〉
　浅野 秋台　あさの・しゅうだい　〜1815　徳川中期金沢の書家
半痴〈別号〉
　椎名 秋村　しいな・しゅうそん　1800〜1868　徳川中期の詩文家　㊗上野新田郡薮塚
半隠軒〈号〉
　谷 宗牧　たに・そうぼく　〜1545　室町時代の連歌師、越前の人と伝わる
半静庵〈号〉
　鈴木 政通　すずき・まさみち　『茶人系譜』・『古今茶人花押数』の著者
半蔵
　荒井 鳴門　あらい・めいもん　1775〜1853　徳川中期の儒者　㊗阿波
半蔵
　細川 頼直　ほそかわ・よりなお　?〜1796　江戸時代中期〜後期の暦算家、からくり技術者
半蔵

号・別名辞典　古代・中世・近世　439

はん（帆，伴，判，坂，阪，板，泮，胖，班，畔，般，斑，飯）

渡辺 守綱　わたなべ・もりつな　1542〜1620　織豊〜江戸時代前期の武将
〔山県〕半蔵
宍戸 璣　ししど・たまき　1829〜1901　幕末の勤王家、明治時代の政治家

【帆】

帆亭〈号〉
　徳元　とくげん　〜1647　俳人、貞門　⑮岐阜
帆道〈号〉
　蛎山　れいざん　〜1862　幕末期の俳人　⑮越中福光

【伴】

伴七
　根岸 伴七　ねぎし・ばんしち　1809〜1890　幕末の志士　⑮武蔵大里郡吉見村青山
伴六
　大島 吉綱　おおしま・よしつな　1588〜1657　江戸時代前期の槍術家
伴仙翁〈号〉
　梅価　ばいか　〜1843　化政期の俳人
伴助
　北沢 伴助　きたざわ・ばんすけ　1796〜1884　幕末・維新期の義民　⑮信濃国下伊那郡南山郷米川村
〔米川村〕伴助
　北沢 伴助　きたざわ・ばんすけ　1796〜1884　幕末・維新期の義民　⑮信濃国下伊那郡南山郷米川村
伴良〈字〉
　須山 三益　すやま・さんえき　1810〜1870　幕末の医家にして本草家
伴馬〈前名〉
　桜間 左陣　さくらま・さじん　1835〜1917　能役者
伴雄
　太田黒 伴雄　おおたぐろ・ともお　1834〜1876　熊本藩歩卒　⑮熊本城下被分町
〔大田黒〕伴雄
　太田黒 伴雄　おおたぐろ・ともお　1834〜1876　熊本藩歩卒　⑮熊本城下被分町

【判】

判佐衛門〈通称〉
　高橋 東洋　たかはし・とうよう　1700〜1781　徳川中期の儒者　⑮陸中下閉伊郡宮古
判兵衛〈通称〉
　岡野 政繹　おかの・せいえき　〜1877　幕末維新の勤王家、金沢藩士

【坂】

坂上大嬢
　大伴 坂上大嬢　おおともの・さかのえのおおいらつめ　天平勝宝年間の歌人、大伴家持の妻
坂上郎女
　大伴 坂上郎女　おおともの・さかのえのいらつめ　奈良朝時代の歌人、大伴安麿の女
坂大〈通称〉
　坂東 大吉　ばんどう・だいきち　〜1843　文化—天保時代の江戸の道外方の俳優

【阪】

阪田舎居〈別号〉
　里の家 芳滝　さとのや・よしたき　1841〜1899　幕末—明治中期関西の浮世絵師　⑮大阪

【板】

板野命婦
　粟 若子　あわの・わくご　奈良時代の女官

【泮】

泮水園〈号〉
　八木 芹舎　やぎ・きんしゃ　1805〜1890　幕末明治の俳人　⑮山城八条村

【胖】

胖右衛門〈通称〉
　一柳 亀峰　ひとつやなぎ・きほう　1804〜1855　徳川末期伊予小松藩士

【班】

班鳩〈号〉
　祐昌　ゆうしょう　〜1807　化政期の俳人　⑮伊勢

【畔】

畔李
　南部 畔李　なんぶ・はんり　1765〜1835　徳川中期の諸侯、俳人　⑮江戸

【般】

般舟庵〈号〉
　加友　かゆう　俳人、貞門

【斑】

斑象〈号〉
　桜井 吏登　さくらい・りとう　1681〜1755　徳川中期の俳人

【飯】

〔六石園〕飯持
　正宗 直胤　まさむね・なおたね　1800〜1862　歌人
飯高皇女
　元正天皇　げんしょうてんのう　680〜748　奈良時代の女帝
〔宿屋〕飯盛
　石川 雅望　いしかわ・まさもち　1753〜1830　江戸中・末期の文人、狂歌師、国学者　⑮江戸
飯袋子〈号〉
　岡西 惟中　おかにし・いちゅう　1639〜1711　徳川中期の俳人　⑮因州鳥取
飯豊青皇女
　飯豊青皇女　いいとよあおのこうじょ　第17代履中天皇の皇子市辺押磐皇子の女

440　号・別名辞典　古代・中世・近世

はん（檠, 樊, 範, 繁, 蟠）

【檠】

檠〈名〉
　曽 占春　そ・せんしゅん　1758〜1834　江戸後期の本草学者　㊤江戸
檠特小僧〈別号〉
　椎本 才麿　しいのもと・さいまろ　1656〜1738　徳川中期の俳人　㊤大和宇陀郡

【樊】

樊六
　託間 樊六　たくま・はんろく　1833〜1864　幕末の鳥取藩士
〔託間〕樊六
　託間 樊六　たくま・はんろく　1833〜1864　幕末の鳥取藩士

【範】

範子内親王
　坊門院　ぼうもんいん　1177〜1210　高倉天皇の皇女
範五郎
　中井 範五郎　なかい・はんごろう　1840〜1868　鳥取藩士
範平〈通称〉
　有井 進斎　ありい・しんさい　1830〜1889　徳川末期・明治初期の儒者　㊤阿波徳島
範正
　村垣 淡叟　むらがき・たんそう　1813〜1880　幕末の外交家　㊤江戸築地
範成
　今小路 範成　いまこうじ・のりしげ　1820〜1864　幕末の勤王家　㊤会見郡境村
〔高倉〕範季
　藤原 範季　ふじわらの・のりすえ　1130〜1205　平安後期〜鎌倉時代の公卿
範治〈名〉
　広瀬 青邨　ひろせ・せいそん　1819〜1884　詩儒　㊤豊前下毛郡土田村
〔千秋〕範直
　熱田大宮司 範直　あつただいぐうじ・のりなお　鎌倉時代の神職
〔和田〕範長
　児島 範長　こじま・のりなが　?〜1336　鎌倉〜南北朝時代の武将
〔伊賀〕範俊
　安藤 守就　あんどう・もりなり　?〜1582　戦国〜織豊時代の武将
〔北条〕範貞
　常葉 範貞　ときわ・のりさだ　?〜1333　鎌倉時代の武将
範善
　彦坂 菊作　ひこさか・きくさく　1808〜1879　幕末・明治時代の和算家　㊤三州吉田（今の豊橋）
範義
　松田 重助　まつだ・じゅうすけ　1830〜1864　幕末の武士

【繁】

繁子
　森 繁子　もり・しげきこ　1718〜1796　江戸時代中期の歌人
繁之丞〈通称〉
　斎藤 尚中　さいとう・しょうちゅう　1773〜1844　徳川中・末期の和算家　㊤奥州一関
繁夫
　豊美 繁太夫　とよみ・しげだゆう　享保〜寛延時代の大阪の浄瑠璃太夫、繁夫節の流祖
〔宮古路〕繁太夫
　豊美 繁太夫　とよみ・しげだゆう　享保〜寛延時代の大阪の浄瑠璃太夫、繁夫節の流祖
繁太郎
　桧垣 繁太郎　ひがき・しげたろう　1849〜1864　幕末の志士　㊤土佐羽根村
繁右衛門
　大森 繁右衛門　おおもり・しげえもん　1744〜1809　徳川中期対馬藩の家老
繁右衛門
　藤川 繁右衛門　ふじかわ・しげえもん　元禄期の京阪の歌舞伎俳優
繁幸〈諱〉
　増田 歴治　ますだ・れきじ　1826〜1896　仙台藩士　㊤陸奥国名取郡増田
繁松〈幼名〉
　南部 畔季　なんぶ・はんり　1765〜1835　徳川中期の諸侯、俳人　㊤江戸
繁長
　本庄 繁長　ほんじょう・しげなが　1539〜1613　謙信の麾下、越後本庄城主
〔本荘〕繁長
　本庄 繁長　ほんじょう・しげなが　1539〜1613　謙信の麾下、越後本庄城主
繁門
　壺星楼 繁門　こせいろう・しげかど　〜1817　徳川中期の狂歌師　㊤江戸
〔福〕繁門
　壺星楼 繁門　こせいろう・しげかど　〜1817　徳川中期の狂歌師　㊤江戸
繁俊
　秀峰 繁俊　しゅうほう・はんしゅん　?〜1508　戦国時代の僧
繁特小僧〈号〉
　椎本 才麿　しいのもと・さいまろ　1656〜1738　徳川中期の俳人　㊤大和宇陀郡
繁詮
　渡瀬 繁詮　わたらせ・しげあき　〜1595　秀次に属す
〔横瀬〕繁詮
　渡瀬 繁詮　わたらせ・しげあき　〜1595　秀次に属す
繁雅
　得閑斎（1代）　とくかんさい　狂歌師
繁樹
　筑波庵（2世）　つくばあん　1824〜1886　狂歌師

【蟠】

蟠山

号・別名辞典　古代・中世・近世　441

ばん（曼, 晩, 番, 蛮, 盤, 磐）

木村 鉄太　きむら・てつた　1828～1862　幕末の武士
蟠竜
　水谷 蟠竜　みずのや・ばんりゅう　1521～1596　安土桃山時代の武将
蟠竜斎〈号〉
　水谷 蟠竜　みずのや・ばんりゅう　1521～1596　安土桃山時代の武将

【曼】

曼公〈字〉
　独立　どくりゅう　1596～1672　江戸初期に来日した中国の禅僧
〔戴〕曼公
　独立　どくりゅう　1596～1672　江戸初期に来日した中国の禅僧

【晩】

晩山
　爪木 晩山　つまき・ばんざん　1661～1730　徳川中期の俳人
晩成
　太田 晩成　おおた・ばんせい　1799～1865　徳川末期の江戸の儒者
晩花〈俳名〉
　藤田 長左衛門　ふじた・ちょうざえもん　～1716　延宝―正徳時代の歌舞伎俳優、狂言作者、振附師　㊨京都
晩香堂〈別号〉
　猪瀬 東寧　いのせ・とうねい　1838～1903　画家　㊨下総三坂新田
晩得
　佐藤 晩得　さとう・ばんとく　～1792　俳人、佐竹侯の臣　㊨秋田角館
晩翠〈号〉
　関 常純　せき・つねずみ　1801～1872　徳川末期の和算家　㊨秋田藩
晩翠
　赤川 晩翠　あかがわ・ばんすい　幕末の文人画家
晩翠〈号〉
　早瀬 来山　はやせ・らいざん　1808～1890　幕末・明治の画家
晩翠
　大岬 銃兵衛　おおくさ・じゅうべえ　徳川末期文政頃の砲術家
晩翠堂〈号〉
　役 尊為　えき・たかため　1624～1706　徳川初期の国学者　㊨羽後能代
晩翠園〈別号〉
　塩谷 簣山　しおのや・きざん　1812～1874　幕末明治初期の漢学者　㊨江戸愛宕山下
晩籟
　中江 晩籟　なかえ・ばんらい　1788～1855　江戸時代後期の俳人

【番】

番松盧〈号〉

高本 順　たかもと・したごう　1738～1813　徳川中期の儒者
番流〈号〉
　慶 紀逸　けい・きいつ　1694～1761　徳川中期の俳人　㊨江戸

【蛮】

蛮蕪〈号〉
　高橋 景保　たかはし・かげやす　1785～1829　江戸中期の天文学者　㊨大坂

【盤】

盤谷
　志水 盤谷　しみず・ばんこく　徳川中期の俳人　㊨摂津西成郡
盤斎〈号〉
　岡田 盤斎　おかだ・ばんさい　1667～1744　江戸中期垂加派の神道家　㊨江戸
盤察
　盤察　はんさつ　～1730　浄土宗の僧

【磐】

磐三郎
　磐司 磐三郎　ばんじ・ばんざぶろう　狩猟伝承にみられる狩人の名
〔磐次〕磐三郎
　磐司 磐三郎　ばんじ・ばんざぶろう　狩猟伝承にみられる狩人の名
磐之媛命
　磐姫皇后　いわのひめのこうごう　～347　第16代仁徳天皇の皇后
磐井
　磐井　いわい　～528　上古筑紫の国造、叛乱の指導者
〔筑紫〕磐井
　磐井　いわい　～528　上古筑紫の国造、叛乱の指導者
磐水〈号〉
　大槻 玄沢　おおつき・げんたく　1757～1827　江戸中期仙台藩の蘭医　㊨陸奥国一ノ関
磐里
　大槻 玄幹　おおつき・げんかん　1785～1832　江戸後期の蘭医　㊨仙台
〔難波吉士〕磐金
　吉士 磐金　きしの・いわかね　飛鳥時代の官吏
磐姫皇后
　磐姫皇后　いわのひめのこうごう　～347　第16代仁徳天皇の皇后
磐湖〈号〉
　福田 半香　ふくだ・はんこう　1804～1864　幕末の南画家　㊨遠州見附
磐隈皇女
　磐隈皇女　いわくまのこうじょ　欽明天皇の皇女
磐樹
　千種庵（3世）　ちくさあん　1811～1860　狂歌師
磐積
　坂合部 磐積　さかいべの・いわつみ　7世紀後半の遣唐留学生

【蕃】

蕃元
　喜安　きあん　～1653　茶人　[出]泉州堺

【比】

比仙斎〈号〉
　佐々木 松雨　ささき・しょうう　1752～1830　徳川中期の俳人　[出]岡山
〔馬史〕比奈麻呂
　馬 夷麻呂　うまの・ひなまろ　奈良時代の官僚
比経庵〈号〉
　是真　ぜしん　1795～1872　歌僧　[出]岩城
比羅夫
　阿倍 比羅夫　あべの・ひらぶ　7世紀後半の武将
〔阿部〕比羅夫
　阿倍 比羅夫　あべの・ひらぶ　7世紀後半の武将
〔荒田井〕比羅夫
　倭漢 比羅夫　やまとのあやの・ひらぶ　飛鳥時代の官吏

【皮】

皮聖〈通称〉
　行円　ぎょうえん　平安朝の僧

【披】

披雲〈号〉
　入田 披雲　いりた・ひうん　1826～1907　幕末明治時代の漢学者　[出]豊後直入郡岡本村字挟田

【肥】

肥舟〈号〉
　杉田 玄端　すぎた・げんたん　1818～1889　幕末・明治前期の蘭方医　[出]江戸
肥君
　肥君　ひのきみ　肥後国（熊本県）球磨郡地方に勢力を張った地方豪族
肥前守
　根岸 鎮衛　ねぎし・やすもり　1737～1815　江戸時代中期～後期の武士
〔羽柴〕肥前守
　前田 利長　まえだ・としなが　1562～1614　安土桃山・江戸初期の大名、利家の長子　[出]尾張荒子
肥前掾
　豊竹 肥前掾　とよたけ・ひぜんのじょう　1704～1757　享保―宝暦時代の義太夫節の浄瑠璃太夫、江戸肥前座の座本　[出]大阪松屋町

【非】

非群
　非群　ひぐん　～1734　俳人、芭蕉一門　[出]伊賀上野

【飛】

飛花山人〈号〉
　小林 文母　こばやし・ぶんぼ　1723～1798　徳川中期の俳人　[出]江戸
飛花窓〈号〉
　小林 文母　こばやし・ぶんぼ　1723～1798　徳川中期の俳人　[出]江戸
〔岡〕飛騨
　春日 九兵衛　かすが・くへえ　秀吉馬廻
飛騨守
　柳生 宗冬　やぎゅう・むねふゆ　1613～1675　江戸時代前期の剣術家、大名
飛騨掾
　山本 飛騨掾　やまもと・ひだのじょう　元禄期のからくり人形の細工人、手妻人形遣の名人、機巧人形の元祖
〔石井〕飛騨掾
　山本 飛騨掾　やまもと・ひだのじょう　元禄期のからくり人形の細工人、手妻人形遣の名人、機巧人形の元祖

【匪】

匪石〈号〉
　沢阜 忠平　さわふ・ちゅうへい　木彫師　[出]摂津尼ケ崎

【斐】

斐〈名〉
　熊代 繡江　くましろ・しゅうこう　1693～1772　江戸中期の画家　[出]長崎
斐子
　三枝 斐子　さいぐさ・あやこ　1759～　徳川中期の堺奉行土屋紀伊守の妻、女流文学者
〔土屋〕斐子
　三枝 斐子　さいぐさ・あやこ　1759～　徳川中期の堺奉行土屋紀伊守の妻、女流文学者
斐雄
　菅沼 斐雄　すがぬま・あやお　1786～1834　徳川中期の歌人

【誹】

誹泉〈号〉
　梅津 其雫　うめず・きだ　1672～1720　徳川中期の俳人　[出]秋田

【尾】

〔榊原〕尾上〈初名〉
　榊山 小四郎（1代）　さかきやま・こしろう　1671～1747　京都の歌舞伎俳優
尾張大海媛
　尾張大海媛　おわりのおおあまひめ　崇神天皇の妃
尾張内大臣
　織田 信雄　おだ・のぶお　1558～1630　織豊時代の武将、信長の次男
尾斎〈号〉
　佐竹 義根　さたけ・よしね　1688～1767　徳川中期の天文家　[出]仙台

【弥】

び（弥）

弥
　豊臣 秀吉室杉原氏　とよとみ・ひでよししつすぎはらし　1542〜1624　北政所　㊤尾張
弥
　倭王 珍　わおう・ちん　中国史料に見える5世紀前半の王者、倭の五王の1人
弥一
　永山 弥一　ながやま・やいち　〜1877　西南役薩軍の士
弥一
　高見 弥一　たかみ・やいち　土佐藩士　㊤土佐国
弥一郎〈通称〉
　赤井 水雄　あかい・みずお　幕末の歌人　㊤岩代国
弥一郎〈通称〉
　富尾 似船　とみお・じせん　1629〜1705　徳川中期の俳人　㊤京都
〔大竹屋〕弥七〈別名〉
　沢村 音右衛門(2代)　さわむら・おとえもん　歌舞伎俳優
弥七(2代)
　竹沢 弥七(2代)　たけざわ・やしち　義太夫節三絃
〔竹沢〕弥七(3代)
　豊沢 広助(1代)　とよざわ・ひろすけ　1777〜1824　義太夫節三絃の名家、豊沢の家元
弥七(4代)
　竹沢 弥七(4代)　たけざわ・やしち　〜1833　義太夫節三絃　㊤大阪
弥七(5代)
　竹沢 弥七(5代)　たけざわ・やしち　〜1855　義太夫節三絃　㊤堺
弥七(6代)
　竹沢 弥七(6代)　たけざわ・やしち　義太夫節三絃
〔森山〕弥七郎
　阿保 内蔵之助　あほ・くらのすけ　1573〜1666　徳川初期の弘前藩士
弥九郎〈別称〉
　正木 時茂　まさき・ときしげ　里見氏家臣
弥九郎(1代)
　斎藤 弥九郎(1代)　さいとう・やくろう　1798〜1871　幕末維新時代の最も有名なる剣客　㊤越中氷見郡仏生寺村
弥二郎〈通称〉
　二山 伯養　ふたやま・はくよう　1623〜1709　徳川初期江戸の儒者　㊤石見国浜田
弥八〈通称〉
　打越 樸斎　うちこえ・ぼくさい　1686〜1740　徳川中期水戸藩の文学者
弥十郎(4代)
　杵屋 弥十郎(4代)　きねや・やじゅうろう　1816〜1873　江戸長唄三絃
弥三郎
　山本 飛驒掾　やまもと・ひだのじょう　元禄期のからくり人形の細工人、妻手人形遣の名人、機巧人形の元祖
弥三衛門
　田代 重栄　たしろ・じゅうえい　1616〜1687　江戸時代前期の治水家
弥三郎〈通称〉
　桜井 基佐　さくらい・もとすけ　室町時代の連歌師
弥三郎〈通称〉
　松江 しょうこう　〜1696　俳人、芭蕉一門　㊤大垣
弥三郎
　川路 宜麦　かわじ・ぎばく　1757〜1828　徳川中期の幕臣、俳人　㊤江戸
弥三郎
　大野 弥三郎　おおの・やさぶろう　1820〜1886　1862年渡蘭、造幣局技師、計測機器の製作を指導
弥三郎
　二山 伯養　ふたやま・はくよう　1623〜1709　徳川初期江戸の儒者　㊤石見国浜田
弥三郎〈通称〉
　茂木 知世　もてぎ・ともよ　南北朝時代の武将、下野国茂木郡茂木郷の在地領主
弥三郎
　林 庸　はやし・よう　1843〜1864　徳川末期の常陸水戸支藩守山藩士
弥三郎〈初名〉
　鈴木 万里(3代)　すずき・ばんり　京阪における江戸長唄、ぶんご節謡
弥三郎
　樋口 建侯　ひぐち・たけよし　?〜1784　江戸時代中期の武士
〔赤松〕弥三郎
　斎村 政広　さいむら・まさひろ　1562〜1600　秀吉の臣
〔細田〕弥三郎時当〈本姓名〉
　鳥文斎 栄之　ちょうぶんさい・えいし　1756〜1829　江戸時代後期の浮世絵師
弥五八〈通称〉
　土屋 安親(1代)　つちや・あんしん　1670〜1744　金工、奈良派三作の一　㊤出羽庄内
弥五四郎
　福岡 弥五四郎　ふくおか・やごしろう　1641〜　元禄―享保時代の京阪の歌舞伎俳優、狂言作者
〔宮屋〕弥五四郎〈別名〉
　福岡 弥五四郎　ふくおか・やごしろう　1641〜　元禄―享保時代の京阪の歌舞伎俳優、狂言作者
弥五左衛門〈名〉
　井上 建明　いのうえ・ちかあき　徳川中期の長州藩士にして画家
弥五左衛門
　福井 弥五左衛門　ふくい・やござえもん　江戸時代前期の歌舞伎役者、歌舞伎作者
弥五郎〈通称〉
　篠井 秀次(1代)　しののい・ひでつぐ　漆工
弥仁親王
　後光厳天皇　ごこうごんてんのう　1338〜1374　北朝第4代天皇
弥太右衛門〈旧称〉
　原 忠順　はら・ただゆき　1834〜1894　幕末の佐賀鹿島藩士、殖産家
弥太郎
　羽笠 うりゅう　〜1726　俳人、芭蕉一門　㊤尾張熱田中瀬町
弥太郎
　関口 氏暁　せきぐち・うじあき　1640〜1729　徳川初中期の柔術家
弥太郎
　小島 弥太郎　こじま・やたろう　〜1582　戦国時代の武将

び（弥）

弥太郎〈幼名〉
　小林 一茶　こばやし・いっさ　1763～1827　徳川中期の俳人　㊐信州水内郡柏原村
弥太郎
　大蔵 政信　おおくら・まさのぶ　室町時代の能役者狂言方
〔堺屋〕弥太郎〈通称〉
　永田 芙雀　ながた・ふじゃく　徳川中期の俳人　㊐大阪
〔鳴尾〕弥太郎〈別名〉
　中村 大吉(1代)　なかむら・だいきち　1773～1823　大阪の歌舞伎俳優　㊐京都
弥太郎(9世)
　大蔵 弥太郎(9世)　おおくら・やたろう　大蔵流狂言師の家元
弥太郎(12世)
　大蔵 弥太郎(12世)　おおくら・やたろう　1566～1646　大蔵流狂言師の家元
弥太郎(13世)
　大蔵 虎明　おおくら・とらあきら　1597～1662　江戸初期の狂言役者、大蔵流家元13代目
弥右衛門
　小松 弥右衛門〈子〉　こまつ・やえもん　仙台平織出しの元祖、弥右衛門の子
弥右衛門〈通称〉
　人見 璣邑　ひとみ・きゅう　1729～1797　徳川中期の儒者
弥右衛門
　大蔵 虎明　おおくら・とらあきら　1597～1662　江戸初期の狂言役者、大蔵流家元13代目
弥右衛門〈通称〉
　于当　うとう　～1828　化政期の俳人　㊐近江坂本
〔橘屋〕弥右衛門〈通称〉
　羽笠　うりゅう　～1726　俳人、芭蕉一門　㊐尾張熱田中瀬町
〔三宅〕弥右衛門
　吉井 義之　よしい・よしゆき　1826～1892　幕末維新の志士　㊐但馬朝来郡梁瀬村
弥四郎
　桜井 基佐　さくらい・もとすけ　室町時代の連歌師
〔両口屋〕弥四郎〈通称〉
　帯梅　たいばい　～1826　化政期の俳人　㊐尾張知多郡横須賀
弥左衛門〈通称〉
　伊良子 大洲　いらこ・たいしゅう　1763～1829　徳川中期の漢学者　㊐鳥取
弥左衛門
　入 庸昌　いり・ようしょう　1693～1752　江戸期の数学者、信濃松代藩士
弥市
　江田 弥市　えだ・やいち　享保元文時代の江戸の歌舞伎狂言作者、振附師
〔阿久津〕弥市〈通称〉
　便便館 琵琶麿　べんべんかん・びわまろ　～1844　狂歌師
〔焼継屋〕弥平〈通称〉
　山崎 春樹　やまさき・はるき　～1831　徳川中期の俳人
弥平四郎〈通称〉
　海野 紫爛　うんの・しらん　徳川中期の広瀬藩儒者

弥平次〈通称〉
　太田 巴静　おおた・はじょう　1681～1744　徳川中期の俳人　㊐美濃竹が鼻
〔三宅〕弥平次
　明智 秀満　あけち・ひでみつ　～1582　安土・桃山時代の武将、明智光秀の家老
弥平兵衛氏利〈別称〉
　石野 氏利　いしの・うじとし　1621～1693　徳川初期の武芸家にして離想流槍術の祖
弥平治
　結城 弥平治　ゆうき・やへいじ　1545～　河内国若江城守池田丹後守の家臣、キリシタン
弥生庵(1代)
　弥生庵(1代)　やよいあん　狂歌師
弥生庵(3代)
　弥生庵(3代)　やよいあん　1813～1867　狂歌師
弥生庵(4代)
　弥生庵(4代)　やよいあん　狂歌師
弥吉〈幼名〉
　本因坊 秀甫　ほんいんぼう・しゅうほ　1838～1886　本因坊第18世　㊐江戸上野車坂下
弥次衛門〈通称〉
　荒木 寛快　あらき・かんかい　1785～1860　徳川中・末期の画家　㊐江戸
弥次兵衛(1代)
　今村 弥次兵衛(1代)　いまむら・やじべえ　陶工　㊐朝鮮熊川
弥次兵衛(2代)
　今村 弥次兵衛(2代)　いまむら・やじべえ　陶工
弥次兵衛(3代)
　今村 弥次兵衛(3代)　いまむら・やじべえ　陶工
弥次郎〈通称〉
　安島 帯刀　あじま・たてわき　1812～1859　幕末の志士、水戸藩士
弥次郎
　里見 ヤジロウ　さとみ・やじろう　日本人最初のキリシタンのイルマン（修士）
弥次郎堯景〈俗名〉
　里村 昌休　さとむら・しょうきゅう　1511～1552　室町時代の連歌師
弥兵衛〈通称〉
　安藤 叔明　あんどう・しゅくめい　1807～1842　徳川末期の画家　㊐能登
弥兵衛
　加藤 重五　かとう・じゅうご　徳川中期の俳人　㊐尾張名古屋
弥兵衛〈通称〉
　和田 正尹　わだ・まさただ　1685～1739　徳川中期の国学者　㊐備前岡山
弥兵衛
　田中 安敬　たなか・やすよし　1754～1817　江戸時代中期～後期の槍術家
弥助〈通称〉
　坂東 助三郎　ばんどう・すけさぶろう　宝暦期の京都の歌舞伎俳優
弥助〈本名〉
　堀 浄栄　ほり・じょうえい　江戸時代初期の釜師、江戸堀家の祖
〔伊豆屋〕弥助〈後名〉
　坂田 半五郎(4代)　さかた・はんごろう　1791～1840　江戸の歌舞伎俳優

号・別名辞典　古代・中世・近世　445

び（枇，眉，美，梶，備）

〔北沢〕弥助〈通称〉
　須原屋 伊八（4代）　すはらや・いはち　1823～1896　書店主
〔木村〕弥助（1代）
　久楽（1代）　きゅうらく　1748～1830　江戸中期～後期の陶工
弥助（伊三郎）惟久
　紀太 理兵衛（4代）　きた・りへえ　～1784　讃岐高松藩窯の陶工
弥弥
　淀殿　よどどの　～1615　秀吉側室、浅井長政の長女
弥惣兵衛
　井沢 為永　いざわ・ためなが　1654～1738　徳川中期の治水家　㉑紀伊国溝口村

【枇】

枇杷園〈号〉
　井上 士朗　いのうえ・しろう　1742～1812　江戸後期の俳人　㉑尾張国守山
枇杷麿
　青山堂 枇杷麿　せいざんどう・びわまろ　1773～1838　江戸中期の狂歌師

【眉】

眉斎〈号〉
　和田 正尹　わだ・まさただ　1685～1739　徳川中期の国学者　㉑備前岡山

【美】

美毛比麿〈通称〉
　岡田 真澄　おかだ・ますみ　～1838　徳川中・末期の国学者、書家
美作〈通称〉
　小栗 美作　おぐり・みまさか　1626～1681　越後高田藩主松平光長の家臣
美作守〈通称〉
　小栗 美作　おぐり・みまさか　1626～1681　越後高田藩主松平光長の家臣
〔羽柴〕美作守
　堀 親良　ほり・ちかよし　1580～1637　江戸前期の大名、秀政の次男
美材
　小野 美材　おのの・よしき　～902　平安前期の歌人、書家
美玖丸
　西瀬居 美玖丸　さいらいきょ・みくまる　狂歌師　㉑尾張半田
美男〈別名〉
　中山 文五郎（1代）　なかやま・ぶんごろう　1761～1814　大阪の歌舞伎俳優
美叔〈字〉
　皐月 平砂　さつき・へいさ　1708～1783　徳川中期の俳人　㉑江戸
美松〈号〉
　古友尼　こゆうに　享保時代の俳人
美直

高原 美直　たかはら・よしなお　1837～1916　福岡藩士、郷土史研究　㉑筑前御笠郡乙金村
美津
　杉木 美津　すぎき・みつ　1583～1647　江戸時代前期の俳人
美胤〈名〉
　原 五郎兵衛　はら・ごろべえ　1775～1849　徳川中期の治水功労者　㉑武蔵横見郡一ツ木村
美恵〈通称〉
　三浦 浪分女　みうら・ろうけいじょ　1838～1869　幕末明治初期の俳人　㉑陸前薄衣村
美雪軒〈号〉
　美笑軒 一鶯　びしょうけん・いちおう　1795～1888　幕末明治時代の華道師範、美笑流宗家9世、幕臣
美楯
　福田 美楯　ふくだ・みたて　1789～1850　徳川中末期の国学者　㉑京都
美福門院
　美福門院　びふくもんいん　1117～1160　鳥羽天皇の皇后
美農里
　太田 美農里　おおた・みのり　1831～1909　徳川末期の蘭医
美静〈名〉
　福羽 美静　ふくば・びせい　1831～1907　幕末明治の津和野藩出身の国学者、歌人、官吏、子爵　㉑石見国鹿足郡木部村下組木園
美黙〈初名〉
　福羽 美静　ふくば・びせい　1831～1907　幕末明治の津和野藩出身の国学者、歌人、官吏、子爵　㉑石見国鹿足郡木部村下組木園
美憲〈名〉
　平賀 鳳台　ひらが・ほうだい　徳川中期の儒者
美樹
　加藤 宇万伎　かとう・うまき　1721～1777　江戸中期の国学者、歌人　㉑江戸
美樹
　小野 美材　おのの・よしき　～902　平安前期の歌人、書家
美濃守親重〈俗名〉
　勝命　しょうみょう　鎌倉時代の歌僧

【梶】

梶太夫（1代）
　竹本 梶太夫（1代）　たけもと・かじだゆう　～1806　義太夫節の太夫
梶太夫（3代）
　竹本 越前大掾　たけもと・えちぜんのたいじょう　1791～1855　義太夫節の太夫　㉑阿波津田浦
梶太夫（4代）
　竹本 染太夫（6代）　たけもと・そめだゆう　1798～1869　義太夫節の太夫

【備】

備中守〈別称〉
　貞重　さだしげ　徳川初期の刀工
〔木下〕備中守
　荒木 重堅　あらき・しげかた　～1600　秀吉の臣
備中掾

び（琵, 微, 鼻, 麋）　ひつ（必, 弼, 筆, 謐）　ひゃく（百）

井関 家久　いぜき・いえひさ　1557〜1627　織豊〜江戸時代前期の能面師
備前守
　松本 尚勝　まつもと・なおかつ　1468〜1524　室町〜戦国時代の剣術家

【琵】

琵琶彦
　便便館 琵琶彦　べんべんかん・びわひこ　狂歌師
琵琶麿
　便便館 琵琶暦　べんべんかん・びわまろ　〜1844　狂歌師

【微】

微妙
　微妙　びみょう　鎌倉時代の舞女

【鼻】

鼻山人〈別号〉
　東里 山人　とうり・さんにん　1790〜1858　徳川中末期の江戸の戯作者

【麋】

麋塒
　麋塒　びじ　〜1718　俳人、芭蕉一門

【必】

〔平野〕必大
　人見 必大　ひとみ・ひつだい　1642？〜1701　江戸時代前期の医師、本草家
必化坊〈号〉
　岡 五雲　おか・ごうん　1720〜　徳川中期の俳人　㊥江戸
必東
　泉 必東　せん・ひっとう　〜1764　徳川中期の画家　㊥大阪
〔銭〕必東
　泉 必東　せん・ひっとう　〜1764　徳川中期の画家　㊥大阪

【弼】

弼次〈名〉
　佐々木 松後　ささき・しょうご　1732〜1798　徳川中期の俳人　㊥岡山橋本町

【筆】

筆綾人〈初号〉
　庭訓舎 綾人　ていきんしゃ・あやんど　〜1813　徳川中期江戸の狂歌師

【謐】

謐季
　秋田 長季　あきた・ながすえ　1776〜1811　江戸時代後期の大名

【百】

百々子〈別号〉
　榎並 舎羅　えなみ・しゃら　徳川中期の俳人　㊥大阪
百々斉〈別号〉
　榎並 舎羅　えなみ・しゃら　徳川中期の俳人　㊥大阪
百々斎
　榎並 舎羅　えなみ・しゃら　徳川中期の俳人　㊥大阪
百一宇〈号〉
　渡辺 吾仲　わたなべ・ごちゅう　1673〜1733　徳川中期の俳人
百八山人〈別号〉
　宇都宮 竜山　うつのみや・りゅうざん　1803〜1886　幕末明治の儒者　㊥伊予新谷善安寺畔
百八郎
　今村 百八郎　いまむら・ひゃくはちろう　1842〜1876　秋月藩士、敬神党の部将　㊥越前国秋月
百万坊〈号〉
　小栗 旨原　おぐり・しげん　1725〜1778　徳川中期の俳人　㊥江戸
百丸
　百丸　ひゃくまる　〜1727　俳人、伊丹派　㊥伊丹
〔模稜舎〕百子
　塘 潘山　つつみ・はんざん　江戸時代中期の狂歌師、俳人
百川〈号〉
　彭城 百川　さかき・ひゃくせん　1697〜1752　徳川中期の画家　㊥名古屋本町八丁目
百中亭真弦〈別号〉
　四季歌垣 箸高　しきのうたがき・はずたか　1797〜1877　狂歌師　㊥会津白沢
百之助〈1代〉
　福原 百之助〈1代〉　ふくはら・ひゃくのすけ　〜1859　江戸歌舞伎囃子方
百太郎
　竹内 百太郎　たけのうち・ひゃくたろう　1831〜1865　幕末の志士　㊥常陸国新治郡安食村
百布軒〈号〉
　角上　かくじょう　〜1747　徳川中期の俳人、芭蕉一門、近松堅田本福寺住職
百仲〈名〉
　森川 許六　もりかわ・きょろく　1656〜1715　徳川中期の俳人　㊥江州彦根
〔祇園〕百合
　百合　ゆり　1694〜1764　江戸時代中期の歌人
百年
　鈴木 百年　すずき・ひゃくねん　1825〜1891　四条派の画家　㊥京都
百年堂〈別号〉
　関屋 致鶴　せきや・ちかく　儒者
百成
　瓢亭 百成　ひょうてい・ひゃくなり　江戸の作家、文化頃の人　㊥上野
〔平田〕百曲
　安藤 勝助　あんどう・かつすけ　1789〜1865　江戸時代後期の武士、陶工
百池
　百池　ひゃくち　〜1835　天明期の俳人　㊥京都

百助〈通称〉
桂五　けいご　～1812　化政期の俳人　[出]名古屋
百助〈通称〉
佐々木 文山　ささき・ぶんざん　1651～1727　江戸中期の書家
百花〈別名〉
中山 文七（3代）　なかやま・ぶんしち　1764～1853　京阪の歌舞伎俳優　[出]京都
百花荘〈別号〉
常盤 潭北　ときわ・たんぼく　～1744　徳川中期の俳人、教育者　[出]下野国那須
百里
高野 百里　たかの・ひゃくり　1666～1727　俳人、魚問屋
百明
杉坂 百明　すぎさか・ひゃくめい　～1784　徳川中期の俳人　[出]上総東金
百明台〈号〉
白井 鳥酔　しらい・ちょうすい　1701～1769　徳川中期の俳人　[出]上総埴生郡地引村
百明坊〈号〉
白井 鳥酔　しらい・ちょうすい　1701～1769　徳川中期の俳人　[出]上総埴生郡地引村
百阿〈号〉
渡辺 吾仲　わたなべ・ごちゅう　1673～1733　徳川中期の俳人
百阿仏〈号〉
渡辺 吾仲　わたなべ・ごちゅう　1673～1733　徳川中期の俳人
百峡〈号〉
鳥山 啓　とりやま・ひらく　1837～1914　理学者　[出]紀伊田辺
百柳軒〈号〉
藤井 晋流　ふじい・しんりゅう　1681～1761　徳川中期の俳人　[出]上州小泉村
百祐〈通称〉
佐藤 信淵　さとう・のぶひろ　1767～1850　徳川中期の経済学者　[出]出羽雄勝郡西馬音内村
百哺
小林 百哺　こばやし・ひゃっぽ　1804～1887　幕末・明治前期の和算家　[出]越後（新潟県）
百倣〈号〉
榊原 忠次　さかきばら・ただつぐ　1732～1792　姫路藩主、儒者
百庵
寺町 百庵　てらまち・ひゃくあん　1695～1786　徳川中期の俳人　[出]江戸
百斎〈号〉
藤井 松林　ふじい・しょうりん　1824～1894　幕末明治の画家　[出]備後福山
百斎〈号〉
百斎 久信　ひゃくさい・ひさのぶ　江戸末期の浮世絵師
〔渡辺〕百済
兼康 百済　かねやす・ひゃくさい　1781～?　江戸時代後期の儒者
百葉泉〈号〉
望月 宋屋　もちずき・そうおく　1688～1766　徳川中期の俳人　[出]京都
百園〈号〉
敷田 年治　しきだ・としはる　1817～1902　幕末明治の国学者　[出]豊前宇佐郡敷田村
百歳
西島 百歳　にしじま・ひゃくさい　～1705　徳川中期の俳人　[出]伊賀上野
百路〈号〉
田中 玄蕃（10代）　たなか・げんばん　1778～1849　醤油醸造家
〔岩瀬〕百樹〈名〉
山東 京山　さんとう・きょうざん　1769～1858　江戸後期の戯作者

【氷】

〔藤原〕氷上娘
氷上娘　ひかみのいらつめ　?～682　天武天皇の夫人
氷見
氷見　ひみ　室町時代の能面創作期の名工の一人
氷固〈別号〉
非群　ひぐん　～1734　俳人、芭蕉一門　[出]伊賀上野
氷高〈別号〉
直菴 宗観　じきあん・しゅうかん　室町時代の僧、石見霊光院（曹洞宗）開山　[出]上州
氷高皇女
元正天皇　げんしょうてんのう　680～748　奈良時代の女帝
氷黒井〈号〉
樒 寥松　みね・りょうしょう　1760～1832　徳川中期の俳人　[出]江戸
氷壺
氷壺　ひょうこ　～1869　幕末期の俳人　[出]常陸土浦
〔岡田〕氷壺
氷壺　ひょうこ　～1869　幕末期の俳人　[出]常陸土浦

【表】

表次郎〈通称〉
平塚 瓢斎　ひらつか・ひょうさい　1794～1875　儒者　[出]京都

【俵】

〔勝〕俵蔵（1代）
鶴屋 南北（4代）　つるや・なんぼく　1755～1829　歌舞伎狂言作者　[出]江戸

【豹】

豹
池永 豹　いけなが・はだら　江戸時代中期の著述家　[出]大阪
豹庵〈別号〉
荒井 鳴門　あらい・めいもん　1775～1853　徳川中期の儒者　[出]阿波
豹蔵〈通称〉
原 狂斎　はら・きょうさい　1735～1790　徳川中期の儒者　[出]淡路洲本

【彪】

彪〈名〉
荒木 一助　あらき・かずすけ　越前丸岡藩の世臣にして漢学者

【漂】

漂麦園〈別号〉
鈴木 広川　すずき・こうせん　1780～1838　徳川中末期の儒者　[出]上野佐波郡剛志村保泉

【瓢】

瓢子〈号〉
原田 曲斎　はらだ・きょくさい　1817～1874　幕末明治の俳人　[出]周防徳山
瓢水
滝 瓢水　たき・ひょうすい　1684～1762　徳川中期の俳人　[出]播磨国別府
瓢水子〈号〉
浅井 了意　あさい・りょうい　～1691　徳川初期の仮名草子作者　[出]京都
瓢竹庵〈号〉
岡本 苔蘇　おかもと・たいそ　～1709　徳川時代の俳人　[出]伊賀上野
瓢庵〈号〉
山上 宗二　やまのうえ・そうじ　1544～1590　茶人　[出]堺山上
瓢斎
平塚 瓢斎　ひらつか・ひょうさい　1794～1875　儒者　[出]京都
瓢隠居〈号〉
逸渕　いつえん　～1861　幕末期の俳人　[出]武蔵国八幡
瓢簞園〈別号〉
西来居 未仏　さいらいきょ・みぶつ　狂歌師
瓢顛〈号〉
逸渕　いつえん　～1861　幕末期の俳人　[出]武蔵国八幡

【飄】

飄々子〈別号〉
長井 雲坪　ながい・うんぺい　1833～1899　南画家　[出]越後沼垂

【妙】

妙謙
無礙 妙謙　むげ・みょうけん　～1369　五山文学者　[出]武蔵

【猫】

猫々道人〈別号〉
仮名垣 魯文　かながき・ろぶん　1829～1894　戯作者、新聞記者　[出]江戸京橋
猫頭庵〈号〉
青野 太笻　あおの・たこう　1764～1828　徳川末期の俳人　[出]下総香取

【品】

品騰
伝翁 品騰　でんおう・ほんとう　1424～1492　室町時代の僧

【浜】

浜五郎
肥田 浜五郎　ひだ・はまごろう　1830～1889　幕末明治の海軍軍人　[出]伊豆田方郡対馬村八幡野
浜次郎〈前名〉
瀬川 富三郎（3代）　せがわ・とみさぶろう　江戸の歌舞伎俳優
〔市川〕浜蔵〈後名〉
瀬川 吉次（3代）　せがわ・きつじ　江戸の歌舞伎俳優　[出]江戸

【彬】

彬々斎〈号〉
国井 応文　くにい・おうぶん　1833～1887　幕末・明治時代の円山派の画家　[出]京都
彬斎
樋口 武　ひぐち・たけし　1815～1870　幕末の高知藩士　[出]土佐国幡多郡中村

【旻】

旻
新漢人 旻　いまきのあやひと・みん　～653　百済系の学僧で大化改新期の国博士

【珉】

珉子〈別名〉
嵐 三右衛門（10代）　あらし・さんえもん　1805～1859　大阪の歌舞伎俳優、天保―安政時代の若女方の上手
珉子〈前名〉
嵐 三右衛門（11代）　あらし・さんえもん　～1878　大阪の歌舞伎俳優、幕末・明治時代の若女方の立者
〔叶〕珉子
嵐 三右衛門（10代）　あらし・さんえもん　1805～1859　大阪の歌舞伎俳優、天保―安政時代の若女方の上手
〔叶〕珉子〈前名〉
嵐 三右衛門（11代）　あらし・さんえもん　～1878　大阪の歌舞伎俳優、幕末・明治時代の若女方の立者
〔叶〕珉子〈前名〉
嵐 小六（4代）　あらし・ころく　1783～1826　大阪の歌舞伎俳優、文化文政時代の若女方の大立者
〔叶〕珉子〈前名〉
嵐 小六（5代）　あらし・ころく　～1858　大阪の歌舞伎俳優、天保―安政時代の年増役の上手
珉子（1代）
嵐 三右衛門（9代）　あらし・さんえもん　1805～1859　江戸時代後期の歌舞伎役者
珉平
加集 珉平　かしお・みんぺい　1796～1871　淡路焼の開祖　[出]三原郡伊賀野村
〔賀集〕珉平

びん（敏,瓶）　ふ（不）

加集 珉平　かしお・みんぺい　1796〜1871　淡路焼の開祖　㊞三原郡伊賀野村
珉和
合川 珉和　あいかわ・みんわ　〜1821　浮世絵師

【敏】

敏〈名〉
丸山 学古　まるやま・がくこ　1776〜1837　徳川中期の漢学者　㊞出羽庄内
〔多田〕敏包
窓村 竹　まどの・むらたけ　1743〜1825　江戸時代中期〜後期の狂歌師
敏行〈諱〉
玉井 竹堂　たまい・ちくどう　1815〜1897　幕末明治の儒者、教育家　㊞淡路州本
敏行〈名〉
多賀庵 風律　たがあん・ふうりつ　1698〜1781　徳川中期の俳人　㊞安芸広島
敏行
梅園 直雨　うめぞの・ちょくう　?〜1848　江戸時代後期の和算家
敏景
朝倉 孝景　あさくら・たかかげ　1428〜1481　室町後期の武将
敏景
朝倉 孝景　あさくら・たかかげ　1428〜1481　室町時代の武将

【瓶】

瓶三郎〈本名〉
高畠 藍泉　たかばたけ・らんせん　1838〜1885　明治初期の戯作者、新聞記者　㊞江戸下谷世俗鳩組

【不】

不二山人〈号〉
寺町 百庵　てらまち・ひゃくあん　1695〜1786　徳川中期の俳人　㊞江戸
不二道人〈別号〉
岐陽 方秀　きよう・ほうしゅう　1361〜1424　室町時代五山文学者たる南禅寺主　㊞讃岐熊岡
不卜
岡村 不卜　おかむら・ふぼく　1632〜1691　徳川初期・中期の俳人
不千斎〈別号〉
佐久間 宗透　さくま・そうとう　1557〜1631　織豊・徳川初期の茶道家
不及子
服部 不及子　はっとり・ふきゅうし　江戸時代中期の俳人
不及庵〈別号〉
坂田 炉休　さかた・ろきゅう　〜1740　徳川中期の茶道家
不芳斎〈号〉
随朝 陳　ずいちょう・のぶる　1790〜1850　江戸中・末期の算家兼儒学者　㊞京都
不五舎人〈号〉
宇中　うちゅう　享保時代の俳人　㊞加賀の小松
不比

藤原 不比等　ふじわらの・ふひと　659〜720　上代の政治家
不去庵〈号〉
春秋庵 幹雄　しゅんじゅうあん・みきお　1829〜1910　俳人　㊞磐城（現・福島県）石川郡形見村
不玉
伊藤 不玉　いとう・ふぎょく　徳川中期の俳人
不玉亭〈号〉
伊藤 不玉　いとう・ふぎょく　徳川中期の俳人
不白（1代）
川上 宗雪　かわかみ・そうせつ　徳川中期の茶人　㊞紀州新宮
不白軒〈号〉
原田 梅年　はらだ・ばいねん　1826〜1905　俳人　㊞江戸
不白軒〈号〉
服部 嵐雪　はっとり・らんせつ　1654〜1707　徳川中期の俳人、蕉門十哲の1人　㊞江戸湯島
不争亭野鴎〈号〉
馬屋原 重帯　まやはら・しげよ　1762〜1836　徳川中期の儒者　㊞備後品治郡（今の芦品郡）向永谷村
不休庵〈号〉
千 宗室（5世）　せんの・そうしつ　1673〜1704　茶道家
不同庵〈号〉
白井 善朴　しらい・ぜんぼく　幕府の御広間組頭格
不存〈号〉
清水 春流　しみず・しゅんりゅう　1626〜　徳川初期の俳人　㊞尾州名古屋
不老軒〈号〉
三田 浄久　みた・じょうきゅう　1608〜1688　江戸中期の国学者　㊞河内志紀郡柏原
不忘斎
鳥山 正作　とりやま・しょうさく　1763〜1832　仙台伊達侯の家臣
不求〈号〉
古川 氏清　ふるかわ・うじきよ　1758〜1820　和算家
不見斎〈号〉
千 宗室（9世）　せんの・そうしつ　1746〜1801　茶道家
不角
立羽 不角　たてば・ふかく　1662〜1753　徳川中期の俳人　㊞江戸
不夜庵〈号〉
炭 太祇　たん・たいぎ　1709〜1771　徳川中期の俳人　㊞江戸
不知〈号〉
河田 寄三　かわだ・きさん　1807〜1872　明治初期の俳人　㊞武州熊谷
不知〈号〉
守村 抱儀　もりむら・ほうぎ　1807〜1862　徳川中期の俳人　㊞江戸浅草蔵前
不変
古市 宗也（3世）　ふるいち・そうや　〜1759　徳川中期の茶道家
不孤園〈号〉
露秀　ろしゅう　〜1806　化政期の俳人　㊞奥州郡山
不怨斎

450　号・別名辞典　古代・中世・近世

ふ（夫，布，芙，斧）

長沢 東海　ながさわ・とうかい　1698〜1745　江戸時代中期の儒者
不昧
　松平 治郷　まつだいら・はるさと　1751〜1818　第7代の出雲松江藩主、宗衍の子　㊁江戸
不染斎〈号〉
　古田 弘計　ふるた・ひろかず　豊後岡藩の老職にして国学者
不背〈号〉
　高岡 増隆　たかおか・ぞうりゅう　1823〜1893　幕末・明治期の高野山無量寿院の僧
〔酒上〕不埒
　恋川 春町　こいかわ・はるまち　1744〜1789　江戸中期の浮世絵師、戯作者　㊁駿州田中
〔武蔵〕不破麻呂
　丈部 不破麻呂　はせつかべの・ふわまろ　奈良時代の官吏
不寂斎〈号〉
　堀内 宗信　ほりうち・そうしん　1719〜1767　徳川中期の茶道家
不断斎〈号〉
　曽北 そほく　〜1743　享保時代の俳人　㊁伊勢国一志町
不琳〈別名〉
　戸川 不鱗　とがわ・ふりん　正徳・享保時代の浄瑠璃作者、歌舞伎狂言作者
不絶〈号〉
　盤察　はんさつ　〜1730　浄土宗の僧
不量軒〈号〉
　山崎 北華　やまさき・ほくか　1700〜1746　徳川中期の俳人　㊁江戸
不随斎〈号〉
　夏目 成美　なつめ・せいび　1749〜1816　徳川中期の俳人　㊁江戸
不僧
　今村 不僧　いまむら・ふそう　1628〜1694　初期の軍学者　㊁江戸
不羨斎〈号〉
　川上 宗雪　かわかみ・そうせつ　徳川中期の茶人　㊁紀州新宮
不遷
　物外 不遷　もつがい・ふせん　1794〜1867　拳骨和尚で有名な僧　㊁伊予松山
不遷法序
　不遷法序　ふせんほうじょ　1311〜1381　南禅寺主、五山文学者　㊁相州
不識斎〈号〉
　石塚 宗通(1世)　いしずか・そうつう　〜1808　江戸後期の茶人
不鱗
　戸川 不鱗　とがわ・ふりん　正徳・享保時代の浄瑠璃作者、歌舞伎狂言作者

【夫】

夫木庵〈号〉
　直山 大夢　なおやま・だいむ　1794〜1874　幕末明治の俳人　㊁加賀金沢
夫右衛門〈名〉
　桜井 兀峰　さくらい・こっぽう　1662〜1722　徳川中期の俳人　㊁岡山

夫卿〈字〉
　坂田 丈平　さかた・じょうへい　1839〜1899　漢学者　㊁備中国川上郡九名村
夫莱
　清水 夫莱　しみず・ふらい　1721〜1790　徳川中期の俳人

【布】

布舟
　田中 布舟　たなか・ふしゅう　1734〜1808　徳川中期の俳人　㊁播磨国高砂
布門
　桑原 老父　くわばら・ろうふ　1691〜1756　江戸時代中期の俳人
布留〈別名〉
　嵐 与市(1代)　あらし・よいち　1743〜1820　大阪の歌舞伎俳優、立役の老巧
布留廼舎〈号〉
　財部 実秋　たからべ・さねあき　1826〜1913　歌人、もと日向都城藩主

【芙】

芙雀
　永田 芙雀　ながた・ふじゃく　徳川中期の俳人　㊁大阪
芙雀(1代)
　尾上 新七(1代)　おのえ・しんしち　1745〜1809　歌舞伎俳優、安永—享和時代の立役の名優　㊁江戸
芙雀(2代)
　尾上 新七(2代)　おのえ・しんしち　1780〜1818　歌舞伎俳優、文化時代の立役の上手
芙雀(4代)
　尾上 松寿(1代)　おのえ・しょうじゅ　歌舞伎俳優、天保—安政時代の立役の功者
芙蓉〈号〉
　鈴木 芙蓉　すずき・ふよう　1749〜1816　徳川中期の画家　㊁信州飯田
芙蓉峰
　慧海　えかい　1701〜1765　江戸中期、真言高田派の篤学者
芙蓉庵風水〈号〉
　大久保 忠保　おおくぼ・ただやす　1830〜1886　歌人
芙葉館〈号〉
　荷汀　かてい　〜1864　幕末期の俳人

【斧】

斧木
　斧木 ふぼく　1772〜1825　歌人
〔原田〕斧右衛門〈変名〉
　潮田 高教　うしおだ・たかのり　1669〜1703　赤穂四十七士の一人
斧次郎
　立石 斧次郎　たていし・おのじろう　1843〜1917　オランダ通詞、英語通詞、英語教育、ハワイ移民に尽力
斧曳

号・別名辞典　古代・中世・近世　451

金谷 斧叟　かなや・ふそう　修験法印、好事的に陶器を作った人　㊌近江

【負】

負山子〈号〉
越智 越人　おち・えつじん　1656～　徳川中期の俳人　㊌越路

負月人〈号〉
窪田 松琵　くぼた・しょうひ　1672～1750　徳川中期の俳人　㊌近江大津

負月堂〈号〉
窪田 松琵　くぼた・しょうひ　1672～1750　徳川中期の俳人　㊌近江大津

【浮】

浮木
斧木 ふぼく　1772～1825　歌人

浮丘
里井 浮丘　さとい・ふきゅう　1799～1866　江戸後期の文人、砂糖仲買　㊌和泉国日根郡佐野村

浮生
北藤 浮生　ほくどう・ふせい　1670～1717　江戸時代前期～中期の俳人

浮風
浮風 ふふう　～1762　享保時代の俳人　㊌筑前直方

浮風
浮風 ふふう　～1762　享保時代の俳人　㊌筑前直方

浮亀庵〈号〉
加藤 巻阿　かとう・かんあ　～1787　徳川中期の俳人　㊌江戸

浮瓢子〈号〉
瀬下 敬忠　せしも・よしただ　1709～1789　徳川中期の国学者

【釜】

釜川
五味 貞蔵　ごみ・ていぞう　1718～1754　江戸中期の儒者　㊌甲斐国中巨摩郡藤田村

【富】

富八郎〈通称〉
新井 勝房　あらい・かつふさ　1793～1846　徳川末期の画家

富十郎（2代）
中村 富十郎（2代）　なかむら・とみじゅうろう　1786～1855　京阪の歌舞伎俳優　㊌大阪

富三郎〈通称〉
阿部 伯孝　あべ・おさたか　1801～1867　徳川末期の尾張藩士、漢学者

富三郎（1代）〈前名〉
瀬川 菊之丞（3代）　せがわ・きくのじょう　1751～1810　江戸の歌舞伎俳優　㊌大阪

富三郎（2代）〈前名〉
嵐 三五郎（2代）　あらし・さんごろう　1732～1803　京阪の歌舞伎俳優、天明寛政時代の立役の名優

富三郎（2代）
瀬川 富三郎（2代）　せがわ・とみさぶろう　～1804　江戸の歌舞伎俳優

富三郎（2代）
中山 富三郎（2代）　なかやま・とみさぶろう　1793～1837　江戸の歌舞伎俳優

富三郎（2代）
嵐 富三郎（2代）　あらし・とみさぶろう　1791～1830　大阪の歌舞伎俳優、文化文政時代の若女方の花形

富三郎（3代）
瀬川 富三郎（3代）　せがわ・とみさぶろう　江戸の歌舞伎俳優

〔嵐〕富三郎（4代）
尾上 いろは　おのえ・いろは　大阪の歌舞伎俳優

富士松〈初名〉
三保木 儀左衛門（2代）　みほき・ぎざえもん　1731～1789　歌舞伎俳優

富子〈通称〉
日野 富子　ひの・とみこ　1440～1496　室町幕府8代将軍足利義政の室

〔藤原〕富子
恭礼門院　きょうらいもんいん　1743～1795　桃園天皇の女御藤原富子の院号

〔藤原〕富子
日野 富子　ひの・とみこ　1440～1496　室町幕府8代将軍足利義政の室

富小路〈通称〉
野沢 喜八郎（2代）　のざわ・きはちろう　義太夫節三絃　㊌京都富小路

富山翁〈号〉
遠藤 日人　えんどう・えつじん　1758～1836　徳川中期の俳人　㊌仙台

富之助
水木 富之助　みずき・とみのすけ　～1728　元禄期の江戸の歌舞伎俳優、踊の師匠

富之助
浅津 富之助　あさず・とみのすけ　1838～1909　越中島練兵場のイギリス式歩兵連隊指揮官、のち海軍軍人

富之助（2代）〈初名〉
嵐 富三郎（2代）　あらし・とみさぶろう　1791～1830　大阪の歌舞伎俳優、文化文政時代の若女方の花形

富五郎〈前名〉
原 武太夫　はら・ぶだゆう　～1776　江戸中期の三絃の名手、狂歌師

富五郎〈初名〉
吾妻 藤蔵（3代）　あずま・とうぞう　1756～1798　江戸の歌舞伎俳優、寛政期の若女方の巧者　㊌江戸

富五郎
勢力 富五郎　せいりき・とみごろう　1813～1849　徳川中期博徒の頭領

〔中村〕富五郎〈前名〉
玉村 芝楽　たまむら・しらく　天保―安政時代の大阪に於ける歌舞伎囃子方の長唄、ぶんごの名手

富太郎〈通称〉
長 三洲　ちょう・さんしゅう　1833～1895　漢学者、書家　㊌豊後（現・大分県）日田郡

富太郎
林 抑斎　はやし・よくさい　1813～1871　徳川末期の備中松山藩士　㊌備中浅口郡玉島

ふ（普, 腐, 敷, 鮲）　ぶ（无, 武）

富兄
　高橋 富兄　たかはし・とみえ　1825〜1914　幕末明治の国学者
富永〈名〉
　佐々木 宇喬　ささき・うきょう　1769〜1837　徳川中期の俳人
富有〈名〉
　井上 富蔵　いのうえ・とみぞう　徳川中期の儒者
富有〈俳名〉
　江田 弥市　えだ・やいち　享保元文時代の江戸の歌舞伎狂言作者、振附師
富松〈初名〉
　嵐 三十郎（2代）　あらし・さんじゅうろう　大阪の歌舞伎俳優、元文—寛永時代の実事の雄鎮
富前掾（2代）
　富本 豊前掾（2代）　とみもと・ぶぜんのじょう　1754〜1822　常磐津太夫　㊔江戸
富南〈号〉
　秋山 章　あきやま・あきら　1723〜1808　徳川中期の国学者にして、地誌家　㊔伊豆君沢郡安久村
富春軒〈号〉
　富春軒 仙渓　ふしゅんけん・せんけい　江戸時代のいけ花作家
〔桑原〕富春軒仙渓
　富春軒 仙渓　ふしゅんけん・せんけい　江戸時代のいけ花作家
富春斎〈号〉
　滝 瓢水　たき・ひょうすい　1684〜1762　徳川中期の俳人　㊔播磨国別府
富鈴〈号〉
　望月 宋屋　もちずき・そうおく　1688〜1766　徳川中期の俳人　㊔京都
富蔵〈通称〉
　井上 富蔵　いのうえ・とみぞう　徳川中期の儒者

【普】

普山
　藤林 普山　ふじばやし・ふざん　1781〜1836　医家　㊔山城国普賢寺村
普円国師
　潜渓 処謙　せんけい・しょけん　〜1330　鎌倉時代の僧、南禅寺主、五山文学者　㊔武蔵
普広院
　足利 義教　あしかが・よしのり　1393〜1441　足利6代将軍、将軍義満の第4子
普光大幡国師
　月林 道皎　げつりん・どうこう　1293〜1351　鎌倉・吉野朝時代の五山文学者
普光観智国師
　存応　ぞんおう　1544〜1620　浄土宗の僧
普在
　在庵 普在　ざいあん・ふざい　1298〜1376　鎌倉〜南北朝時代の僧
普応大満国師
　徹岫 宗九　てっしゅう・しゅうく　1481〜1557　京都大徳寺（臨済宗）の禅僧　㊔近江石山
普明国師
　春屋 妙葩　しゅんおく・みょうは　1311〜1388　臨済宗相国寺派の祖　㊔甲斐
普門
　普門　ふもん　1634〜1692　真宗高田派の学僧　㊔伊勢国津
普門
　無関 普門　むかん・ふもん　1212〜1291　鎌倉中期の禅僧（臨済宗）　㊔信濃国保科
普門
　円通　えんつう　1754〜1834　江戸時代中期〜後期の僧
普門
　無関 玄悟　むかん・げんご　1212〜1292　鎌倉時代の僧
普門
　無関 玄悟　むかん・げんご　1212〜1292　鎌倉時代の僧
普済大聖禅師〈諡号〉
　宗然 そうねん　〜1345　鎌倉時代末期・南北朝時代ごろの禅僧
普済国師
　夢窓 疎石　むそう・そせき　1275〜1351　臨済宗の碩徳、天竜寺の開山　㊔伊勢
普庵
　兀庵 普寧　ごったん・ふねい　1197〜1276　鎌倉中期に渡来した宋の禅僧（臨済宗）　㊔西蜀
〔兀菴〕普寧
　兀庵 普寧　ごったん・ふねい　1197〜1276　鎌倉中期に渡来した宋の禅僧（臨済宗）　㊔西蜀

【腐】

腐俳子〈別号〉
　安原 貞室　やすはら・ていしつ　1610〜1673　徳川初期の俳人　㊔京都

【敷】

敷政門院
　敷政門院　ふせいもんいん　1390〜1448　後崇光太上天皇の妃

【鮲】

〔林〕鮲主
　宰相花波臣　さいしょうかなみおみ　1764〜1831　徳川中期の狂歌師　㊔京都

【无】

无名園〈別号〉
　平松 古道　ひらまつ・こどう　1686〜1738　徳川中期の漢学者　㊔大和

【武】

武〈諱〉
　安西 雲煙　あんざい・うんえん　1806〜1852　徳川中期の書画商、画家
武
　樋口 武　ひぐち・たけし　1815〜1870　幕末の高知藩士　㊔土佐国幡多郡中村
武
　倭王 武　わおう・ぶ　5世紀後半、倭の五王の最後の王

号・別名辞典　古代・中世・近世　453

ぶ（武）

武七〈通称〉
　下和田村 治左衛門　しもわだむら・じざえもん　1765〜1836　近世最大規模の百姓一揆とされる甲州一揆(1836)郡内衆の指導者
武十郎
　稲垣 寒翠　いながき・かんすい　1803〜1843　江戸時代後期の儒者
武小広国押盾尊
　宣化天皇　せんかてんのう　467〜539　第28代天皇
武太夫
　原 武太夫　はら・ぶだゆう　〜1776　江戸中期の三絃の名手、狂歌師
武右衛門〈通称〉
　山本 荷兮　やまもと・かけい　1648〜1716　徳川中期の俳人　㊕名古屋の城東志水
武左衛門〈通称〉
　葛伝　かつじん　〜1787　化政期の俳人　㊕江戸
〔牛股〕武左衛門
　大空 武左衛門　おおぞら・ぶざえもん　1796〜1832　江戸時代後期の力士
武左衛門〈2代〉
　藤川 武左衛門(2代)　ふじかわ・ぶざえもん　京阪の歌舞伎俳優
武平〈通称〉
　伴 香竹　ばん・こうちく　1659〜1732　国学者
武平〈世襲名〉
　繁田 満義　はんだ・みつよし　1845〜　埼玉県入間郡豊岡町黒須の名主、産業功労者
武平治〈別称〉
　青ття 綱義　あおと・つなよし　江戸中期の養魚家　㊕越後国村上
武光〈名〉
　山本 利兵衛(4代)　やまもと・りへえ　〜1870　京都の蒔絵師
武夷
　根本 遜志　ねもと・そんし　1699〜1764　江戸時代中期の漢学者　㊕相模
武兵衛〈名〉
　井上 親明　いのうえ・ちかあき　徳川中期の長州藩士にして画家
武兵衛
　轟 武兵衛　とどろき・ぶへえ　1818〜1873　幕末の志士　㊕熊本
〔轟木〕武兵衛
　轟 武兵衛　とどろき・ぶへえ　1818〜1873　幕末の志士　㊕熊本
〔柏屋〕武兵衛
　奥田 木白　おくだ・もくはく　1799〜1871　奈良の陶工
〔柏山〕武兵衛
　奥田 木白　おくだ・もくはく　1799〜1871　奈良の陶工
武助〈通称〉
　田中 桐江　たなか・とうこう　1668〜1742　江戸中期の文人　㊕出羽国庄内
武尭
　勝田 新左衛門　かつだ・しんざえもん　1680〜1703　江戸時代前期の武士
武幸

　倉橋 伝助　くらはし・でんすけ　1670〜1703　江戸時代前期の武士
〔藤原〕武明
　伊東 甲子太郎　いとう・きねたろう　〜1867　幕末新撰組隊士、のち山陵衛士、志筑藩士
武信
　竹内 武信　たけのうち・ぶしん　1784〜1853　徳川中末期の和算家、上田藩士
武則
　糟屋 武則　かすや・たけのり　豊臣時代の武将　㊕播磨
〔糟谷〕武則
　糟屋 武則　かすや・たけのり　豊臣時代の武将　㊕播磨
武厚
　松平 斉厚　まつだいら・なりあつ　1783〜1839　江戸時代後期の大名
武要
　江上 栄之進　えがみ・えいのしん　1834〜1865　幕末の武士
武倍堂〈号〉
　馬屋原 重帯　まやはら・しげよ　1762〜1836　徳川中期の儒者　㊕備後国治郡(今の芦品郡)向永谷村
武庸
　堀部 安兵衛　ほりべ・やすべえ　1670〜1703　江戸時代前期の武士
武清
　喜多 武清　きた・ぶせい　1776〜1856　江戸末期の浮世絵師　㊕江戸
武経
　浅野 武経　あさの・たけつね　1824〜1899　明治初期の歌人、もと名古屋藩士
武陵〈号〉
　無礙 妙謙　むげ・みょうけん　〜1369　五山文学者　㊕武蔵
武朝保〈戯名〉
　平塚 瓢斎　ひらつか・ひょうさい　1794〜1875　儒者　㊕京都
武然
　望月 武然　もちずき・ぶぜん　1720〜1803　徳川中期の俳人
武須計〈通称〉
　町田 武須計　まちだ・ぶすけ　1838〜1895　桑名藩士　㊕伊勢国桑名
武楽
　大石 進　おおいし・すすむ　1797〜1863　江戸時代後期の剣術家
武禅
　墨江 武禅　すみえ・ぶぜん　1734〜1806　徳川中期の画家、彫金家　㊕大阪
武継〈名〉
　山本 利兵衛(1代)　やまもと・りへえ　1688〜1766　京都の蒔絵師　㊕丹波桑田郡
武徳
　中山 作三郎　なかやま・さくさぶろう　1785〜1844　江戸時代後期のオランダ通詞
武蔵〈名〉
　宮本 武蔵　みやもと・むさし　1584?〜1645　徳川初期の剣道達人、二天流祖　㊕美作吉野郡宮本村
〔羽柴〕武蔵守

徳川 秀忠　とくがわ・ひでただ　1578～1632　徳川第2代将軍　[出]遠江浜松
武蔵坊〈号〉
弁慶　べんけい　～1189　源義経の従臣、鎌倉時代初期の僧

【部】

部焉〈字〉
大淀 三千風　おおよど・みちかぜ　1639～1707　徳川中期の俳人　[出]伊勢飯南郡射和村

【葡】

葡萄坊〈号〉
三上 千那　みかみ・せんな　1651～1723　徳川中期の俳人、近江堅田本福寺第14世住職　[出]近江堅田

【撫】

撫松〈号〉
梅津 其雫　うめず・きだ　1672～1720　徳川中期の俳人　[出]秋田

【舞】

舞扇斎
山村 舞扇斎　やまむら・ぶせんさい　1781～1844　文化―天保時代の大阪の劇場振附師、舞踊山村流の祖　[出]大阪
舞扇斎吾斗〈別名〉
山村 舞扇斎　やまむら・ぶせんさい　1781～1844　文化―天保時代の大阪の劇場振附師、舞踊山村流の祖　[出]大阪

【蕪】

蕪坊
青青園 蕪坊　せいせいえん・かぶらぼう　1758～1815　江戸中期の医師、狂歌師
蕪村
谷口 蕪村　たにぐち・ぶそん　1716～1783　天明期の俳人、南画家　[出]摂津国東成郡毛馬
〔与謝〕蕪村
谷口 蕪村　たにぐち・ぶそん　1716～1783　天明期の俳人、南画家　[出]摂津国東成郡毛馬

【風】

風下堂〈号〉
池西 言水　いけにし・ごんすい　1650～1722　徳川中期の俳人　[出]奈良
風也坊川柳
川柳（7世）　せんりゅう　1825～1891　川柳点者
風山
柴田 風山　しばた・ふうざん　1655～1728　徳川中期筑前福岡藩の儒者
風之
額田 風之　ぬかだ・ふうし　1687～1748　江戸時代中期の版元、俳人
風日〈号〉
白井 鳥酔　しらい・ちょうすい　1701～1769　徳川中期の俳人　[出]上総埴生郡地引村
風月〈号〉
江村 彦之進　えむら・ひこのしん　1832～1864　徳川末期の勤王家、徳山藩士
風月堂〈号〉
鷲尾 隆良　わしのお・たかなが　～1296　鎌倉時代の華道家、鷲尾松月堂古流の祖
風外
風外　ふうがい　1779～1847　画僧　[出]伊勢
風外軒〈号〉
山本 西武　やまもと・にしたけ　1606～1678　徳川初期の俳人
風外庵〈別号〉
藤村 蘭室　ふじむら・らんしつ　1650～1733　徳川中期の茶道家
風外斎〈号〉
山本 西武　やまもと・にしたけ　1606～1678　徳川初期の俳人
風光
風光　ふうこう　～1755　享保時代の俳人　[出]奥州白河城下
風竹亭〈別号〉
自嘯翁　じしょうおう　徳川中期の歌人
風老人〈号〉
小西 来山　こにし・らいざん　1654～1716　徳川中期の俳人　[出]大阪
風来山人（1世）〈号〉
平賀 源内　ひらが・げんない　1726～1779　本草学者、戯作者　[出]讃岐志度浦
風状
正木 風状　まさき・ふうじょう　1713～1764　徳川中期の俳人　[出]京都
風麦
風麦　ふうばく　～1700　俳人、芭蕉一門　[出]伊賀上野
風和〈号〉
下郷 蝶羽　しもさと・ちょうう　1677～1741　徳川中期の俳人　[出]尾張鳴海
風和斎〈号〉
下郷 蝶羽　しもさと・ちょうう　1677～1741　徳川中期の俳人　[出]尾張鳴海
風国
伊藤 風国　いとう・ふうこく　徳川中期の俳人　[出]京都
風虎
内藤 風虎　ないとう・ふうこ　1619～1685　徳川初期の諸侯にして俳人　[出]江戸桜田
風律
多賀庵 風律　たがあん・ふうりつ　1698～1781　徳川中期の俳人　[出]安芸広島
風柳軒〈号〉
高瀬 栄寿　たかせ・えいじゅ　彫金工
風香〈号〉
竹内 玄同　たけうち・げんどう　1805～1880　幕末・明治初期の医家　[出]加賀（石川県）大聖寺
風梳庵川柳
川柳（4世）　せんりゅう　1778～1844　川柳点者
風翁〈号〉
高島 轍士　たかしま・てつし　～1707　徳川中期の俳人　[出]京都

風喬
大谷 風喬　おおたに・ふうきょう　1668～1717　徳川中期の俳人
風葉〈初号〉
中川 宗瑞　なかがわ・そうずい　1685～1744　徳川中期の俳人　[出]江戸
風陽
久松 風陽　ひさまつ・ふうよう　徳川中期の尺八の名手
風雲社〈号〉
夏目 成美　なつめ・せいび　1749～1816　徳川中期の俳人　[出]江戸
風雲斎〈号〉
正木 風状　まさき・ふうじょう　1713～1764　徳川中期の俳人　[出]京都
風睡
浅井 風睡　あさい・ふうすい　?～1701　江戸時代前期の俳人
風鈴子〈号〉
内藤 風虎　ないとう・ふうこ　1619～1685　徳川初期の諸侯にして俳人　[出]江戸桜田
風鈴軒〈号〉
内藤 風虎　ないとう・ふうこ　1619～1685　徳川初期の諸侯にして俳人　[出]江戸桜田
風塵道人〈別号〉
延年　えんねん　1746～1819　徳川中期の篆刻家
風薫舎〈別号〉
永田 芙雀　ながた・ふじゃく　徳川中期の俳人　[出]大阪
風観堂〈号〉
平間 長雅　ひらま・ながまさ　1636～1710　国学者　[出]京都
風羅坊〈別号〉
松尾 芭蕉　まつお・ばしょう　1644～1694　徳川初期の俳人名宗房、桃青、或は芭蕉庵桃青と号し、別に伯船堂、釣月軒など号した　[出]伊賀国上野
風羅堂
井上 千山　いのうえ・せんざん　～1726　徳川中期の俳人、平福屋と号した豪商、姫路六人衆の1人
風羅堂〈号〉
広瀬 惟然　ひろせ・いぜん　～1711　徳川中期の俳人　[出]美濃国関

【涪】

涪渓
平田 涪渓　ひらた・ばいけい　1796～1879　幕末・明治の儒者

【楓】

楓所〈別号〉
鷹見 泉石　たかみ・せんせき　1785～1858　蘭学者、古河藩老臣　[出]古河
楓紅〈別名〉
富士田 吉次(1代)　ふじた・きちじ　～1771　江戸長唄謡い
楓湖
松本 楓湖　まつもと・ふうこ　1840～1923　日本画家　[出]常陸国河内郡寺内村

【諷】

諷竹〈号〉
槐本 之道　えもと・しどう　～1711　徳川中期の俳人

【伏】

伏見宮貞康親王
貞康親王　さだやすしんのう　1547～1568　伏見宮邦輔親王第4王子、伏見宮第8代主

【復】

復〈名〉
福田 金塘　ふくだ・きんとう　1807～1858　徳川末期の和算家
〔宮崎〕復太郎
日下部 伊三次　くさかべ・いそうじ　1814～1858　幕末の志士　[出]常陸国多賀郡
復初
原田 復初　はらだ・ふくしょ　1767～1825　徳川中期の儒者　[出]肥前佐賀
復堂〈号〉
杉山 忠亮　すぎやま・ただあき　1801～1845　幕末の漢学者　[出]水戸
復庵〈初号〉
今村 了庵　いまむら・りょうあん　1814～1890　幕末・明治時代の医師
復斎〈号〉
井上 修　いのうえ・おさむ　1841～1908　幕末の志士　[出]岡山
復斎〈号〉
佐藤 成充　さとう・しげみつ　1657～1708　徳川中期の儒者　[出]江戸

【福】

〔張〕福子
張氏 福子　ちょうしの・ふくし　奈良時代の医師
福内鬼外〈戯号〔浄瑠璃〕〉
平賀 源内　ひらが・げんない　1726～1779　本草学者、戯作者　[出]讃岐志度浦
福王家(1世)
福王家(1世)　ふくおうけ　1521～1606　能楽脇方　[出]播磨
福王家(2世)
福王家(2世)　ふくおうけ　1560～1625　能楽脇方
福王家(3世)
福王家(3世)　ふくおうけ　1609～1627　能楽脇方
福王家(4世)
福王家(4世)　ふくおうけ　～1637　能楽脇方
福王家(5世)
福王 宗巴　ふくおう・そうは　1609～1673　能役者
福王家(6世)
福王家(6世)　ふくおうけ　1644～1680　能楽脇方
福王家(7世)
福王家(7世)　ふくおうけ　1660～1721　能楽脇方
福王家(8世)
福王家(8世)　ふくおうけ　能楽脇方
福王家(9世)

ふく（腹, 覆）　ふつ（払）　ぶつ（仏）

福王家(9世)　ふくおうけ　1716〜1785　能楽脇方
福王家(**10世**)
　福王家(10世)　ふくおうけ　〜1790　能楽脇方
福王家(**11世**)
　福王家(11世)　ふくおうけ　能楽脇方
福助(**1代**)
　中村 芝翫(4代)　なかむら・しかん　1830〜1899　歌舞伎俳優　⑲大阪
〔藤永〕福寿太夫〈初名〉
　祇園 守太夫　ぎおん・もりだゆう　天保時代の江戸の浄瑠璃太夫
福林堂巨立〈初号〉
　便便館 湖鯉鮒　べんべんかん・こりゅう　1749〜1818　狂歌師
福信
　高倉 福信　たかくらの・ふくしん　709〜789　奈良朝時代の廷臣　⑲武蔵高麗郡
福信〈名〉
　狩野 洞春　かのう・どうしゅん　〜1723　江戸時代の画家
〔高麗〕福信
　高倉 福信　たかくらの・ふくしん　709〜789　奈良朝時代の廷臣　⑲武蔵高麗郡
福堂〈号〉
　秋山 光彪　あきやま・こうひょう　1775〜1832　徳川末期の国学者、小倉藩士
福庵〈号〉
　藤森 素檗　ふじもり・そばく　1758〜1821　徳川中期の俳人　⑲信州上諏訪
福麻呂
　田辺 福麻呂　たなべの・さきまろ　万葉集期の歌人
福富〈号〉
　水野 福富　みずの・ふくとみ　1652〜1714　徳川中期の俳人　⑲備後福山
福照院関白
　二条 満基　にじょう・みつもと　1383〜1410　公卿
福蔵〈初名〉
　大谷 友右衛門(4世)　おおたに・ともえもん　1791〜1861　歌舞伎俳優　⑲大阪
福隣堂巨立〈初号〉
　便便館 湖鯉鮒　べんべんかん・こりゅう　1749〜1818　狂歌師
福麿
　田辺 福麻呂　たなべの・さきまろ　万葉集期の歌人

【腹】

腹赤
　桑原 腹赤　くわばらの・はらあか　789〜825　平安初期の詩人　⑲左京
〔都〕腹赤
　桑原 腹赤　くわばらの・はらあか　789〜825　平安初期の詩人　⑲左京

【覆】

覆載〈別号〉
　味木 立軒　あじき・りっけん　1655〜1725　徳川中期の儒者　⑲山城

【払】

払庵〈号〉
　橘田 春湖　きつだ・しゅんこ　1815〜1886　俳人　⑲甲府

【仏】

仏幻庵〈号〉
　内藤 丈草　ないとう・じょうそう　1661〜1704　徳川中期の俳人　⑲尾張国犬山
仏心
　石井 仏心　いしい・ぶっしん　1795〜1863　江戸末期の数奇者
仏心慧灯国師
　古剣 智訥　こけん・ちとつ　吉野朝時代の僧、和泉大雄寺(臨済宗)主
仏日真照禅師〈諡号〉
　雪江 宗深　せっこう・そうしん　1408〜1486　室町前期の禅僧(臨済宗)　⑲摂津
仏日常光国師
　空谷 明応　くうこく・みょうおう　1328〜1407　五山文学者たる相国・天竜寺主　⑲近江浅井郡
仏日禅師
　了庵 桂悟　りょうあん・けいご　1425〜1514　室町時代中期の僧侶(臨済宗)、東福寺・南禅寺住持　⑲伊勢
仏兄〈号〉
　上島 鬼貫　うえしま・おにつら　1661〜1738　江戸中期の俳人　⑲摂津国伊丹
仏白〈号〉
　霞夫　かふ　〜1784　天明期の俳人　⑲但馬出石
仏光国師
　無学 祖元　むがく・そげん　1225〜1286　鎌倉時代の臨済僧、円覚寺の開山　⑲宋明州
仏光覚照国師
　関山 慧玄　かんざん・えげん　1277〜1360　南北朝時代の禅僧(臨済宗)　⑲信濃
仏灯大光国師
　約翁 徳倹　やくおう・とくけん　1245〜1320　禅僧
仏寿院〈号〉
　日現　にちげん　1496〜1561　池上本門寺第11代僧侶
仏狂子〈号〉
　武藤 白尼　むとう・はくに　1711〜1792　徳川中期の俳人
仏足庵盤古〈号〉
　山村 月巣　やまむら・げっそう　1730〜1785　徳川中期の俳人　⑲出羽国山郡寒河江
仏国応供広済国師
　高峰 顕日　こうほう・けんにち　1241〜1316　鎌倉時代の禅僧　⑲山城
仏性伝東国師
　道元　どうげん　1200〜1253　日本曹洞宗の開祖
仏乗禅師〈諡〉
　慧広　えこう　1273〜1335　臨済宗の僧
仏哲
　仏哲　ぶってつ　大和大安寺の僧　⑲林邑国(今の印度シナの南部)
仏狸斎〈号〉

号・別名辞典　古代・中世・近世　457

高島 轍士　たかしま・てつし　～1707　徳川中期の俳人　[出]京都
仏頂国師
一糸 文守　いっし・ぶんしゅ　1608～1646　江戸時代前期の僧
仏智大照国師
竺雲 慧心　じくうん・えしん　～1579　室町・織豊時代の僧、東福・南禅寺主、五山文学者、允芳の法嗣
仏智広照国師
絶海 中津　ぜっかい・ちゅうしん　1336～1405　吉野朝時代義堂と共に五山文学者の双壁たりし僧　[出]土佐津野
仏統国師
夢窓 疎石　むそう・そせき　1275～1351　臨済宗の碩徳、天竜寺の開山　[出]伊勢
仏照禅師〈諡〉
白雲 慧暁　はくうん・えぎょう　1223～1297　東福寺の僧　[出]讃岐国
仏徳大通禅師
愚中 周及　ぐちゅう・しゅうきゅう　1322～1409　吉野朝・室町時代の僧、愚中派の派祖　[出]美濃
仏徹
仏哲　ぶってつ　大和大安寺の僧　[出]林邑国（今の印度シナの南部）
仏慧正続国師
鄂隠 慧奯　がくいん・えかつ　1357～1425　室町前期の禅僧（臨済宗）、五山文学者　[出]筑後

【物】

〔武田〕物外
物外 不遷　もつがい・ふせん　1794～1867　拳骨和尚で有名な僧　[出]伊予松山
物事明輔〈初号〉
銭屋 金埒　ぜにや・きんらつ　1751～1807　江戸中期の狂歌師

【分】

分五郎〈通称〉
疋田 豊五郎　ひきた・ぶんごろう　1537?～1605　近世初頭の剣術家、疋田新陰流の祖
分洲〈号〉
皐月 平砂　さつき・へいさ　1708～1783　徳川中期の俳人　[出]江戸

【梵】

梵圭〈通称〉
林光院 梵圭　りんこういん・ぼんけい　1833～1864　相国寺塔頭林光院住職　[出]若狭国大飯郡青郷三松村
〔大川〕梵圭
林光院 梵圭　りんこういん・ぼんけい　1833～1864　相国寺塔頭林光院住職　[出]若狭国大飯郡青郷三松村
梵灯庵
朝山 梵灯庵　あさやま・ぼんとうあん　1349～?　南北朝～室町時代の連歌師
梵芳
玉畹 梵芳　ぎょくえん・ぼんぽう　建仁・南禅寺主
梵林〈別号〉
菅原 白竜　すがわら・はくりゅう　1833～1898　日本画家　[出]山形県米沢
梵桂
惟馨 梵桂　いけい・ぼんけい　1403～1490　相国・南禅の寺主、五山文学者
梵勝
梵勝　ぼんしょう　南朝の皇胤
梵僊
竺仙 梵僊　じくせん・ぼんせん　1292～1348　元から来日した僧

【奮】

奮郷〈字〉
川田 田福　かわだ・でんぷく　1721～1793　徳川中期の俳人　[出]京都

【文】

文一
谷 文一　たに・ぶんいち　1787～1818　徳川中期の画家　[出]江戸
文七
牧 文七　まき・ぶんしち　1782～1857　名古屋の陶工
〔辰松〕文七〈初名〉
大谷 広次（2代）　おおたに・ひろじ　～1757　歌舞伎俳優、寛延・宝暦時代の立役の名優
〔和歌山〕文七〈別名〉
中山 文七（1代）　なかやま・ぶんしち　1732～1813　京阪の歌舞伎俳優
文七（1代）
中山 文七（1代）　なかやま・ぶんしち　1732～1813　京阪の歌舞伎俳優
文七（2代）
中山 文七（2代）　なかやま・ぶんしち　1755～1798　京阪の歌舞伎俳優
文七（3代）
中山 文七（3代）　なかやま・ぶんしち　1764～1853　京阪の歌舞伎俳優　[出]京都
文二〈通称〉
首藤 水晶　すどう・すいしょう　1740～1772　徳川中期の漢学者　[出]美濃巌村
文三
村松 文三　むらまつ・ぶんぞう　1828～1874　幕末維新の志士　[出]伊勢山田八日市場町
文三郎〈通称〉
斎藤 義敏　さいとう・ぎびん　徳川中期の算者　[出]羽州山形
文三郎〈通称〉
福羽 美静　ふくば・びせい　1831～1907　幕末明治の津和野藩出身の国学者、歌人、官吏、子爵　[出]石見国鹿足郡木部村下組木園
文三郎（1代）
吉田 文三郎（1代）　よしだ・ぶんざぶろう　～1760　義太夫節の人形遣の名家
文三郎（1代）
篠塚 文三郎（1代）　しのずか・ぶんざぶろう　劇場振附師、舞踊篠塚流の家元
文三郎（2代）

　　　　　　　　　　　　　　　　　　　　　　　　　　　　ぶん（文）

　吉田 文三郎（2代）　よしだ・ぶんざぶろう　1732
〜1790　義太夫節の人形遣の名家　㊞大阪
文山
　佐々木 文山　ささき・ぶんざん　1651〜1727　江
戸中期の書家
文山〈号〉
　新井 世傑　あらい・せいけつ　1779〜1851　徳川
末期の儒者、郡奉行　㊞安房館山
〔南浦〕文之
　文之 玄昌　ぶんし・げんしょう　1555〜1620　儒
僧　㊞日向
〔石村〕文之助〈通称〉
　美笑軒 一鶯　びしょうけん・いちおう　1795〜1888
幕末明治時代の華道師範、美笑流宗家9世、幕臣
文之進
　山本 文之進　やまもと・ぶんのしん　江戸時代後
期の天文暦学者　㊞因州
文之進〈通称〉
　柴田 風山　しばた・ふうざん　1655〜1728　徳川
中期筑前福岡藩の儒者
文五郎
　疋田 文五郎　ひきた・ぶんごろう　〜1605　織豊
時代の剣道家、疋田陰流の祖
文五郎〈通称〉
　疋田 豊五郎　ひきた・ぶんごろう　1537?〜1605
近世初頭の剣術家、疋田新陰流の祖
文五郎〈別名〉
　平山 豊後　ひらやま・ぶんご　元禄時代の京都の
歌舞伎狂言作者
〔薩摩〕文五郎〈初名〉
　大薩摩 主膳太夫（1代）　おおざつま・しゅぜんだ
ゆう　〜1759　享保─宝暦時代の浄瑠璃太夫、大
薩摩節の流祖　㊞水戸
文五郎（1代）
　中山 文五郎（1代）　なかやま・ぶんごろう　1761
〜1814　大阪の歌舞伎俳優
文六〈通称〉
　落合 東堤　おちあい・とうてい　1753〜1841　徳
川中期・末期の漢学者　㊞秋田藩
文太夫（1代）〈前名〉
　大薩摩 主膳太夫（3代）　おおざつま・しゅぜんだ
ゆう　〜1800　明和─寛政時代の浄瑠璃太夫、大
薩摩節家元
文太夫（2代）
　大薩摩 文太夫（2代）　おおざつま・ぶんだゆう
〜1827　大薩摩節の太夫、文化・文政時代の名手
㊞水戸
文太夫（3代）
　大薩摩 文太夫（3代）　おおざつま・ぶんだゆう
〜1842　大薩摩節の太夫、文政・天保時代の上手
文斗
　質亭 文斗　しちてい・ぶんと　1768〜1849　狂歌
師　㊞江戸
文右衛門
　古畑 玉函　ふるはた・ぎょくかん　1778〜1848
徳川末期の儒者
文右衛門〈通称〉
　佐藤 成充　さとう・しげみつ　1657〜1708　徳川
中期の儒者　㊞江戸
文右衛門〈通称〉

　松倉 嵐蘭　まつくら・らんらん　1647〜1693　徳
川中期の俳人
文右衛門〈通称〉
　松本 交山　まつもと・こうざん　1784〜1866　画
家　㊞江戸
文右衛門本秀〈通称〉
　露秀　ろしゅう　〜1806　化政期の俳人　㊞奥州
郡山
文左衛門
　紀伊国屋 文左衛門　きのくにや・ぶんざえもん
江戸中期の豪商　㊞紀州
文左衛門〈通称〉
　吉分 大魯　よしわけ・だいろ　〜1778　徳川中期
の俳人　㊞阿波徳島
文左衛門〈通称〉
　新井 世傑　あらい・せいけつ　1779〜1851　徳川
末期の儒者、郡奉行　㊞安房館山
文左衛門
　千山　せんさん　享保時代の俳人
文左衛門〈通称〉
　大脇 春嶺　おおわき・はるみね　1789〜1834　徳
川中期の国学者　㊞越後
〔紀ノ国屋〕文左衛門
　紀伊国屋 文左衛門　きのくにや・ぶんざえもん
江戸中期の豪商　㊞紀州
〔紀國屋〕文左衛門
　紀伊国屋 文左衛門　きのくにや・ぶんざえもん
江戸中期の豪商　㊞紀州
〔山下〕文左衛門〈前名〉
　杉山 平八　すぎやま・へいはち　元禄─元文時代
の大阪の歌舞伎俳優
文平〈通称〉
　井上 金峨　いのうえ・きんが　1732〜1784　徳川
中期の儒者　㊞江戸青山
文平〈通称〉
　坂田 丈平　さかた・じょうへい　1839〜1899　漢
学者　㊞備中国川上郡九名村
文平
　千山　せんさん　享保時代の俳人
文母
　小林 文母　こばやし・ぶんぼ　1723〜1798　徳川
中期の俳人　㊞江戸
文会堂主人〈別号〉
　燕栗園 千寿　ささぐりえん・ちおぎ　1804〜1858
徳川末期の狂歌師、戯作者　㊞武蔵児玉郡八幡山
文仲〈字〉
　安達 清河　あだち・せいか　1726〜1792　徳川中
期の儒者　㊞下野烏山
文仲〈字〉
　栗山 孝庵　くりやま・こうあん　1731〜1793　江
戸中・後期の漢蘭折衷派医、萩藩医
文吉
　市川 文吉　いちかわ・ぶんきち　1847〜1927
1865年渡露、外務省官吏で千島・樺太交換条約締
結に尽力
文吉〈幼名〉
　千山　せんさん　享保時代の俳人
〔勝川〕文吉〈通称〉
　出久廼坊 画安　でくのぼう・かきやす　〜1871
徳川末期の狂歌師、画家
〔牧〕文吉

号・別名辞典　古代・中世・近世　459

ぶん（文）

朴斎　ぼくさい　1782～1857　江戸時代後期の陶工
〔宮古路〕文字太夫〈別名〉
　宮薗 鶯鳳軒（2代）　みやぞの・らんぽうけん　1748～1812　宮薗節浄瑠璃の家元　㊙大阪
〔大和路〕文字太夫〈別名〉
　宮薗 鶯鳳軒（2代）　みやぞの・らんぽうけん　1748～1812　宮薗節浄瑠璃の家元　㊙大阪
文字太夫（2代）
　常磐津 兼太夫（1代）　ときわず・かねだゆう　1731～1799　常磐津節の太夫
文字太夫（3代）
　常磐津 文字太夫（3代）　ときわず・もじだゆう　1791～1819　常磐津節浄瑠璃
文字太夫（4代）
　常磐津 文字太夫（4代）　ときわず・もじだゆう　1804～1862　常磐津節浄瑠璃
文字太夫（5代）
　常磐津 文字太夫（5代）　ときわず・もじだゆう　1822～1869　常磐津節浄瑠璃
〔富坂〕文字兵衛〈本名〉
　常磐津 文字兵衛（1代）　ときわず・もじべえ　1839～1905　常磐津節三絃　㊙越後
文字兵衛（1代）
　常磐津 文字兵衛（1代）　ときわず・もじべえ　1839～1905　常磐津節三絃　㊙越後
文一
　一糸 文守　いっし・ぶんしゅ　1608～1646　江戸時代前期の僧
〔一糸〕文守
　文守 一糸　ぶんしゅ・いっし　1607～1645　江戸時代初期の臨済宗の僧
〔河竹〕文次〈前名〉
　瀬川 如皐（2代）　せがわ・じょこう　1757～1833　江戸の歌舞伎狂言作者　㊙江戸
〔御園〕文次〈前名〉
　瀬川 如皐（2代）　せがわ・じょこう　1757～1833　江戸の歌舞伎狂言作者　㊙江戸
文次郎〈通称〉
　天野 栄親　あまの・えいしん　1841～1881　幕末・明治初期の数学者
〔佐々木〕文次郎
　吉田 秀長　よしだ・ひでなが　1703～1787　江戸時代中期の暦算家
文池〈別号〉
　平福 穂庵　ひらふく・すいあん　1844～1890　日本画家　㊙秋田
〔佐倉戸〕文作〈作者名〉
　桜山 四郎三郎（2代）　さくらやま・しろさぶろう　京阪の歌舞伎俳優
文助〈通称〉
　高野 昌碩　たかの・しょうせき　1760～1802　江戸後期の民政家　㊙常陸国久慈郡太田村
文吾
　今村 文吾　いまむら・ぶんご　1808～1864　幕末の志士　㊙大和添下郡安堵村
文吾（1代）
　吉田 文三郎（2代）　よしだ・ぶんざぶろう　1732～1790　義太夫節の人形遣の名家　㊙大阪
文吾（3代）

　吉田 文吾（3代）　よしだ・ぶんご　～1827　義太夫節の人形遣の名家
文声〈字〉
　大沢 友信　おおさわ・とものぶ　1773～1835　徳川中期の医家にして開拓家　㊙前橋
文岑
　象先 文岑　ぞうせん・もんしん　1275～1342　鎌倉～南北朝時代の僧
文応女王
　永応女王　えいおうじょおう　1703～1754　霊元天皇の皇女
文志〈別号〉
　古山 師政　ふるやま・もろまさ　江戸中期の浮世絵師
文車〈別号〉
　瀬川 如皐（2代）　せがわ・じょこう　1757～1833　江戸の歌舞伎狂言作者　㊙江戸
文里〈号〉
　斎藤 監物　さいとう・けんもつ　1822～1860　幕末の勤王家　㊙常陸那珂郡静村
〔正木〕文京
　文京　ぶんきょう　江戸時代中期の医師、作陶家
文尚堂虎円〈別号〉
　三亭 春馬　さんてい・しゅんば　～1851　戯作家
文弥〈俳名〉
　松本 五郎市　まつもと・ごろういち　文政・天保時代の江戸の劇場振附師の名手
文忠
　恕岳 文忠　じょがく・もんちゅう　1462～1548　室町～戦国時代の僧
文明夫人
　徳川 吉子　とくがわ・よしこ　1804～1893　有栖川宮織仁親王女王、徳川斉昭夫人　㊙京都
〔赤沢〕文治
　金光 大陣（大神）　こんこう・たいじん　1814～1883　幕末・明治期の神道家、神道13派の1金光教教祖　㊙備中浅口郡占見村
文治（3代）
　桂 文治（3代）　かつら・ぶんじ　～1857　落語家
文治（5代）
　桂 文治（5代）　かつら・ぶんじ　1830～1860　落語家
文治郎
　阿部 文治郎　あべ・ぶんじろう　1834～1863　徳川末期の和算家　㊙陸前玉造郡一栗村
〔川手〕文治郎
　金光 大陣（大神）　こんこう・たいじん　1814～1883　幕末・明治期の神道家、神道13派の1金光教教祖　㊙備中浅口郡占見村
文盲短斎〈号〉
　曲山人　きょくさんじん　～1836　人情本作者　㊙江戸
文英和尚
　如風　じょふう　～1705　徳川中期の俳人、尾張鳴海知意寺の第6世
〔具志頭親方〕文若
　蔡温　さいおん　1682～1761　琉球の政治家、三司官　㊙那覇久米邑
文虎
　文虎　ぶんこ　～1855　幕末期の俳人　㊙信濃水内郡鳥居村

文亮〈通称〉
　東 夢亭　あずま・むてい　1791～1849　徳川末期の漢学者　㊴松阪
文則
　信夫 恕軒　しのぶ・じょけん　1835～1910　漢学者　㊴江戸藩邸
文思
　十寸見 文思　ますみ・ぶんし　1730～1800　宝暦―天明時代の河東節浄瑠璃の名手　㊴江戸
文郁
　井上 文郁　いのうえ・ぶんいく　1823～1895　幕末の勤王家　㊴備中
文卿〈字〉
　横谷 藍水　よこたに・らんすい　1720～1778　江戸中期の漢詩人
文員
　文車庵 文員　ぶんしゃあん・ふみかず　1767～1832　狂歌師　㊴三河
文時
　菅原 文時　すがわらの・ふみとき　899～981　平安朝時代の学者
文晁
　谷 文晁　たに・ぶんちょう　1763～1840　徳川中期の画家　㊴江戸
文竜斎
　梶川 文竜斎　かじかわ・ぶんりゅうさい　官工
〔一筆庵〕文笑
　桑楊庵 光　そうようあん・ひかる　1753～1796　江戸中期の狂歌師　㊴江戸亀井町
〔岸〕文笑
　桑楊庵 光　そうようあん・ひかる　1753～1796　江戸中期の狂歌師　㊴江戸亀井町
文素堂〈別号〉
　福林亭 津葉成　ふくりんてい・つばなり　狂歌師
文翅等〈別号〉
　古山 師政　ふるやま・もろまさ　江戸中期の浮世絵師
文耕堂
　文耕堂　ぶんこうどう　享保・元文時代の大阪竹本座の浄瑠璃作者、歌舞伎狂言作者
〔雲林院〕文造（1代）
　宝山 文蔵（1代）　ほうざん・ぶんぞう　戦国時代の陶工　㊴近江国信楽
文造（2代）
　雲林院 文造（2代）　うんりんいん・ぶんぞう　～1568　京都粟田焼の陶家
文造（3代）
　雲林院 文造（3代）　うんりんいん・ぶんぞう　～1585　京都粟田焼の陶家
文造（4代）
　雲林院 文造（4代）　うんりんいん・ぶんぞう　～1595　京都粟田焼の陶家
文造（5代）
　雲林院 文造（5代）　うんりんいん・ぶんぞう　～1608　京都粟田焼の陶家
文造（6代）
　雲林院 文造（6代）　うんりんいん・ぶんぞう　～1635　京都粟田焼の陶家
文造（7代）
　雲林院 文造（7代）　うんりんいん・ぶんぞう　～1660　京都粟田焼の陶家

文造（8代）
　雲林院 文造（8代）　うんりんいん・ぶんぞう　～1683　京都粟田焼の陶家
文造（9代）
　雲林院 文造（9代）　うんりんいん・ぶんぞう　～1723　京都粟田焼の陶家
文造（10代）
　雲林院 文造（10代）　うんりんいん・ぶんぞう　～1752　京都粟田焼の陶家
文造（12代）
　雲林院 文造（12代）　うんりんいん・ぶんぞう　～1789　京都粟田焼の陶家
文造（13代）
　雲林院 文造（13代）　うんりんいん・ぶんぞう　～1818　京都粟田焼の陶家
文造（14代）
　雲林院 文造（14代）　うんりんいん・ぶんぞう　～1824　京都粟田焼の陶家
文造（15代）
　雲林院 文造（15代）　うんりんいん・ぶんぞう　～1842　京都粟田焼の陶家
文造（16代）
　雲林院 文造（16代）　うんりんいん・ぶんぞう　1820～1889　京都粟田焼の陶家
文通〈字〉
　今井 三郎右衛門　いまい・さぶろうえもん　1819～1864　幕末の志士、但馬豊岡藩士　㊴但馬国豊岡
〔谷〕文啓
　島田 元旦　しまだ・げんたん　1778～1840　江戸時代後期の画家、武士
文寂
　千 宗守（2世）　せんの・そうしゅ　1658～1708　茶道家
文斎〈号〉
　鈴木 泰平　すずき・やすひら　～1869　歌人　㊴紀伊日高郡南部
文斎（1代）
　小川 文斎（1代）　おがわ・ぶんさい　1809～1885　京都の陶工
文斎（2代）
　小川 文斎（2代）　おがわ・ぶんさい　～1887　京都の陶工
文渓堂〈別号〉
　米山 鼎蛾　よねやま・ていが　安永頃の戯作者
文淵〈字〉
　綾部 融　あやべ・とおる　1786～1837　徳川中期の儒者、高鍋藩士
文淵
　朝比奈 文淵　あさひな・ぶんえん　～1734　徳川中期の漢学者
〔晁〕文淵
　朝比奈 文淵　あさひな・ぶんえん　～1734　徳川中期の漢学者
文規〈字〉
　遠藤 日人　えんどう・えつじん　1758～1836　徳川中期の俳人　㊴仙台
文魚
　十寸見 文思　ますみ・ぶんし　1730～1800　宝暦―天明時代の河東節浄瑠璃の名手　㊴江戸
文鳥
　秋山 文鳥　あきやま・ぶんちょう　徳川中期の俳人

ぶん（汶，聞）

文弨〈諱〉
　斎木 坦窩　さいき・たんか　1706〜1786　徳川中期の漢学者、書家
文暁
　文暁　ぶんぎょう　〜1816　徳川中期の俳人、肥後八代正教寺第10世住職　⑩肥後国八代
〔豊田〕文景
　有馬 頼徸　ありま・よりゆき　1712〜1783　筑後久留米藩主にして和算家
文智
　佐和 文智　さわ・ぶんち　1768〜1873　徳川末期石州九日市の儒者
文朝
　日峰 文朝　にっぽう・もんちょう　室町〜戦国時代の僧
文覚
　文覚　もんがく　鎌倉初期の僧、山城高雄山の中興
文陽
　船曳 文陽　ふなびき・ぶんよう　1747〜1814　徳川中期播磨三日月藩の儒医
文雄
　芙蓉亭 文雄　ふようてい・ふみお　狂歌師
〔森〕文雄
　生駒 山人　いこま・さんじん　1712〜1752　徳川中期の漢学者　⑩河内
文園〈号〉
　岡田 啓　おかだ・けい　1781〜1860　徳川末期の歴史家
文楽〈1代〉
　桂 文治（3代）　かつら・ぶんじ　〜1857　落語家
文楽〈2代〉
　桂 文治（5代）　かつら・ぶんじ　1830〜1860　落語家
文熙〈字〉
　鈴木 芙蓉　すずき・ふよう　1749〜1816　徳川中期の画家　⑩信州飯田
文徳天皇
　文徳天皇　もんとくてんのう　827〜858　第五十五代の天皇
文種
　秋月 種方　あきづき・たねかた　?〜1557　戦国時代の武将
文蔵
　雲林院 文造（16代）　うんりんいん・ぶんぞう　1820〜1889　京都栗田焼の陶家
文蔵
　雲林院 文造（7代）　うんりんいん・ぶんぞう　〜1660　京都栗田焼の陶家
文蔵〈名〉
　仮名垣 魯文　かながき・ろぶん　1829〜1894　戯作者、新聞記者　⑩江戸京橋
文蔵〈前名〉
　坂東 満蔵　ばんどう・まんぞう　寛延─安永時代の京都の歌舞伎俳優
文蔵
　青木 昆陽　あおき・こんよう　1698〜1769　江戸中期の儒者　⑩江戸
文蔵
　青柳 文蔵　あおやぎ・ぶんぞう　1761〜1839　徳川中期の儒医
文蔵〈前名〉

大谷 広次（2代）　おおたに・ひろじ　〜1757　歌舞伎俳優、寛延・宝暦時代の立役の名優
文蔵〈通称〉
　谷頭 有寿　たにず・ありとし　1820〜1881　明治時代の漢学者、旧豊前小倉藩士
文蔵
　箕作 秋坪　みつくり・しゅうへい　1825〜1886　幕末明治の蘭学者
〔雲林院〕文蔵〈初名〉
　宝山 文蔵（1代）　ほうざん・ぶんぞう　戦国時代の陶工　⑩近江国信楽
〔福原〕文蔵
　文蔵　ぶんぞう　室町時代の能面師
〔宝山〕文蔵
　雲林院 文造（7代）　うんりんいん・ぶんぞう　〜1660　京都栗田焼の陶家
文蔵〈1代〉
　鶴沢 友次郎（2代）　つるざわ・ともじろう　〜1807　義太夫節三絃
文蔵〈1代〉
　宝山 文蔵（1代）　ほうざん・ぶんぞう　戦国時代の陶工　⑩近江国信楽
文蔵〈2代〉
　佐川 文蔵（2代）　さがわ・ぶんぞう　大阪の歌舞伎俳優
文樵
　石原 文樵　いしはら・ぶんしょう　徳川中期の俳人
文衛門〈16代〉
　山田 文衛門（16代）　やまだ・ぶんえもん　1818〜1883　北海道拓殖功労者
〔玉竜寺〕文隣
　文隣　ぶんりん　1800〜1863　江戸時代後期の僧
文館〈字〉
　高野 百里　たかの・ひゃくり　1666〜1727　俳人、魚問屋
文観
　弘真　こうしん　1278〜1357　鎌倉〜南北朝時代の僧
文鏡亭〈別号〉
　浦上 春琴　うらがみ・しゅんきん　1779〜1846　江戸時代の文人画家　⑩備前
文麟
　塩川 文麟　しおかわ・ぶんりん　1808〜1877　四条派の画家　⑩京都

【汶】

汶村
　松井 汶村　まつい・ぶんそん　徳川中期の俳人、近江彦根藩士

【聞】

聞本
　梅山 聞本　ばいさん・もんぼん　?〜1417　室町時代の僧
聞涛軒〈号〉
　松井 松宇　まつい・しょうう　徳川中期の俳人　⑩信州水内郡長沼
聞慧〈別称〉

平野 五岳　ひらの・ごがく　1809～1893　詩画僧　[出]豊後日田
聞潮介〈別号〉
亀世　かめよ　～1764　天明期の俳人

【平】

平七〈通称〉
春廼舎 梅麿　はるのや・うめまる　文政天保頃の狂歌師、戯作者
〔鳥居〕平七
成田 正右衛門　なりた・しょうえもん　1803～1865　江戸時代後期の砲術家
平八
杉山 平八　すぎやま・へいはち　元禄―元文時代の大阪の歌舞伎俳優
〔菊沢〕平八〈別名〉
竹沢 平八（1代）　たけざわ・へいはち　～1760　江戸豊後浄瑠璃の三絃
〔杉坂〕平八〈本名〉
坂東 三津右衛門　ばんどう・みつえもん　～1846　文化―天保時代の江戸に於る敵役の俳優　[出]江戸
平八（1代）
竹沢 平八（1代）　たけざわ・へいはち　～1760　江戸豊後浄瑠璃の三絃
平八（2代）
竹沢 平八（2代）　たけざわ・へいはち　江戸豊後浄瑠璃の三絃
平八郎
大塩 平八郎　おおしお・へいはちろう　1792～1837　天保乱の張本人　[出]大坂
平八郎
白石 平八郎　しらいし・へいはちろう　1812～1861　幕末の志士、水戸藩郷士　[出]常陸久慈郡大中
平八郎
本多 忠勝　ほんだ・ただかつ　1548～　徳川家康の武将　[出]三河
〔桑原〕平八郎
本山 安政　もとやま・やすまさ　～1626　会津の二本松城の守将
〔土佐屋〕平八郎〈通称〉
彭城 百川　さかき・ひゃくせん　1697～1752　徳川中期の画家　[出]名古屋本町八丁目
平十郎〈通称〉
吉野 義巻　よしの・よしまる　1844～1903　国学者　[出]千葉県夷隅郡上野村名木細殿
平三郎〈通称〉
桑岡 貞佐　くわおか・ていさ　1674～1734　徳川中期の俳人　[出]江戸
平三郎〈通称〉
佐藤 中陵　さとう・ちゅうりょう　1762～1848　徳川中末期の本草学者　[出]江戸青山
〔山田〕平三郎〈通称〉
文清舎 冲澄　ぶんせいしゃ・おきずみ　狂歌師
平山〈号〉
春田 永年　はるた・ながとし　1753～1800　具足師　[出]尾張
平五郎〈通称〉
岡野 湖中　おかの・こちゅう　～1831　徳川中期の俳人、水戸藩の御十人目附組頭　[出]水戸
平五郎〈通称〉
大串 雪蘭　おおぐし・せつらん　1658～1696　徳川初期の水戸藩士
平元子〈号〉
北条 団水　ほうじょう・だんすい　1613～1711　徳川中期の俳人にして浮世草紙の作者　[出]大阪
平内〈幼名〉
水野 福富　みずの・ふくとみ　1652～1714　徳川中期の俳人　[出]備後福山
平内左衛門
伊賀 家長　いが・いえなが　?～1185　平安時代後期の武将
平太〈通称〉
岡西 惟中　おかにし・いちゅう　1639～1711　徳川中期の俳人　[出]因州鳥取
平太〈通称〉
大庭 景義　おおば・かげよし　～1210　鎌倉前期の武士
〔平林〕平太夫〈俗名〉
安楽庵 策伝　あんらくあん・さくでん　1554～1642　安土桃山―江戸初期の説教僧、茶人、文人　[出]美濃
平太左衛門
堀 勝名　ほり・かつな　1716～1793　熊本藩の家臣
平太郎〈通称〉
吉田 令世　よしだ・のりよ　1791～1844　江戸後期の国学者
平右衛門〈通称〉
川崎 平右衛門　かわさき・へいえもん　1694～1767　江戸中期の農政家
平右衛門〈通称〉
川路 宜麦　かわじ・ぎばく　1757～1828　徳川中期の幕臣、俳人　[出]江戸
平右衛門〈通称〉
田中 桐江　たなか・とうこう　1668～1742　江戸中期の文人　[出]出羽国庄内
〔高砂屋〕平右衛門〈通称〉
福田 寵松軒　ふくだ・ちょうしょうけん　明和―天明時代の大阪の歌舞伎狂言作者
〔村瀬〕平右衛門
服部 出雲守　はっとり・いずものかみ　前田利長の臣
平右衛門（1代）
村山 又兵衛　むらやま・またべえ　承応―延宝時代の京都に於ける村山座の櫓主、京芝居中興の祖
〔米屋〕平右衛門（1代）
殿村 平右衛門（1代）　とのむら・へいえもん　1680～1721　江戸時代中期の商人
平右衛門（3代）
村山 平右衛門（3代）　むらやま・へいえもん　～1718　京都の村山座の櫓主、歌舞伎俳優
平右衛門尉蓮聖
安東 平右衛門尉蓮聖　あんどう・へいえもんのじょうれんしょう　鎌倉後期の得宗被官
〔榊原〕平四郎〈前名〉
榊山 小四郎（1代）　さかきやま・こしろう　1671～1747　京都の歌舞伎俳優
平左衛門〈通称〉
粟野 信賢　あわの・のぶかた　徳川中期の和算家
平左衛門
井戸 平左衛門　いど・へいざえもん　1671～1733　江戸中期の幕府民政家　[出]武蔵
平左衛門〈通称〉

今井 兼隆　いまい・かねたか　1602～1633　徳川初期の堺の茶人
平左衛門
藤井 平左衛門　ふじい・へいざえもん　1816～1865　幕末大阪の儒者
〔鈴木〕平左衛門（2代）
津打 半右衛門　つうち・はんえもん　江戸時代中期の歌舞伎役者、歌舞伎作者
平平山人〈別号〉
青山堂 枇杷麿　せいざんどう・びわまろ　1773～1838　江戸中期の狂歌師
平吉
北市屋 平吉　きたいちや・へいきち　1803～1870　加賀九谷焼の陶工　[出]加賀能美郡小松町
〔亀屋〕平吉〈通称〉
和気 亀亭　わけ・きてい　京都の陶工　[出]備前
〔小川〕平吉〈通称〉
春廼舎 梅麿　はるのや・うめまる　文政天保頃の狂歌師、戯作者
平次〈通称〉
原 道卿　はら・どうけい　1772～1834　徳川末期の剣客、広島藩士
平次〈名〉
森田 柿園　もりた・しえん　1823～1908　石川県の郷土史家
平次郎
栗栖 平次郎　くるす・へいじろう　1840～1867　岩国藩士　[出]長門国玖珂郡車村
〔来栖〕平次郎
栗栖 平次郎　くるす・へいじろう　1840～1867　岩国藩士　[出]長門国玖珂郡車村
平次郎兼時〈号〉
向井 去来　むかい・きょらい　1651～1704　徳川中期の俳人　[出]長崎
平兵衛
雲林院 文造（14代）　うんりんいん・ぶんぞう　～1824　京都粟田焼の陶家
平兵衛〈通称〉
加藤 暁台　かとう・ぎょうだい　1732～1792　天明期の俳人　[出]名古屋
平兵衛
坪井 杜国　つぼい・とこく　～1690　徳川中期の俳人　[出]尾張名古屋
平兵衛
富永 平兵衛　とみなが・へいべえ　延宝―元禄時代の京阪の歌舞伎狂言作者
〔大久保〕平兵衛〈通称〉
便便館 湖鯉鮒　べんべんかん・こりゅう　1749～1818　狂歌師
平判官助宗
飯沼 助宗　いいぬま・すけむね　～1293　鎌倉中期の武士
平助
工藤 平助　くどう・へいすけ　1732～1800　徳川中期の儒医、経世家　[出]紀州
平助〈通称〉
小川 破笠　おがわ・はりつ　1663～1747　徳川中期の俳人、嵌工芸術家　[出]江戸
平助
大久保 忠教　おおくぼ・ただたか　1560～1639　忠世の弟でその家臣　[出]三河
平助〈通称〉
大島 蓼太　おおしま・りょうた　1718～1787　徳川中期の俳人　[出]信州伊那郡大島
平坦〈字〉
吉田 令世　よしだ・のりよ　1791～1844　江戸後期の国学者
平岸
天野 平岸　あまの・へいがん　1803～1865　江戸中末期の画家　[出]駿河
平洲
細井 平洲　ほそい・へいしゅう　1728～1801　徳川中期の儒者　[出]尾張
平洲〈号〉
朝岡 興禎　あさおか・おきさだ　1800～1856　徳川末期の画家　[出]江戸
〔紀〕平洲
細井 平洲　ほそい・へいしゅう　1728～1801　徳川中期の儒者　[出]尾張
平砂〈号〉
桑岡 貞佐　くわおか・ていさ　1674～1734　徳川中期の俳人　[出]江戸
平砂
皐月 平砂　さつき・へいさ　1708～1783　徳川中期の俳人　[出]江戸
平砂（2世）〈号〉
皐月 平砂　さつき・へいさ　1708～1783　徳川中期の俳人　[出]江戸
平馬〈通称〉
入江 修敬　いりえ・しゅうけい　～1773　江戸中期の数学者　[出]播磨
平馬
名越 平馬　なごし・へいま　1845～　薩摩藩イギリス留学生
平馬
入江 東阿　いりえ・とうあ　1699～1773　江戸時代中期の暦算家、兵法家
平高望
平 高望　たいらの・たかもち　桓武天皇の曽孫
平野屋〈屋号〉
高木 善助　たかぎ・ぜんすけ　～1854　江戸後期の商人、紀行文家　[出]大坂天満
平輔
青木 千枝　あおき・ちえだ　1820～1897　幕末明治の歌人、彦根藩士
平蔵
小藤 平蔵　こふじ・へいぞう　1839～1866　幕末の志士　[出]筑前国福岡地行
平蔵〈通称〉
新井 宣卿　あらい・せんきょう　～1741　徳川中期の儒者、白石の子
平蔵〈通称〉
石野 広道　いしの・ひろみち　1718～1800　徳川中期の国学者　[出]江戸
平蔵〈幼名〉
津軽 信寿　つがる・のぶひさ　1669～1746　徳川中期の諸侯にして俳人　[出]江戸
平の相如〈号〉
山崎 北華　やまさき・ほくか　1700～1746　徳川中期の俳人　[出]江戸

【兵】

兵三郎〈前名〉
西国 兵五郎（3代）　さいこく・ひょうごろう　江戸の歌舞伎俳優
〔大村〕兵之丞
宇多 太左衛門　うだ・たざえもん　1820〜1868　幕末の志士、肥前大村藩士　[出]肥前国大村
兵五郎（1代）
西国 兵五郎（1代）　さいこく・ひょうごろう　1656〜1705　江戸の歌舞伎俳優
兵五郎（2代）
西国 兵助　さいこく・ひょうすけ　〜1725　元禄―享保時代の道外方の俳優、初代西国兵五郎の門弟
兵五郎（3代）
西国 兵五郎（3代）　さいこく・ひょうごろう　江戸の歌舞伎俳優
兵介
原田 兵介　はらだ・ひょうすけ　1792〜1863　幕末の水戸藩士
兵介
柳生 兵庫助　やぎゅう・ひょうごのすけ　1579〜1650　江戸初期の剣術家、尾張柳生の祖
兵介
猪子 高就　いのこ・たかなり　?〜1582　戦国〜織豊時代の武将
兵内
関 兵内　せきの・へいない　1725〜1766　武州児玉郡関村（埼玉県美里町）の名主で、伝馬騒動の首謀者といわれる
〔遠藤〕兵内
関 兵内　せきの・へいない　1725〜1766　武州児玉郡関村（埼玉県美里町）の名主で、伝馬騒動の首謀者といわれる
〔関村〕兵内
関 兵内　せきの・へいない　1725〜1766　武州児玉郡関村（埼玉県美里町）の名主で、伝馬騒動の首謀者といわれる
〔松島〕兵太郎
松田 百花　まつだ・ひゃっか　江戸時代中期の歌舞伎役者・作者
兵右衛門
福井 嘉平　ふくい・よしひら　1700〜1782　江戸時代中期の剣術家
兵左衛門尉
浅野 兵左衛門尉　あさの・ひょうざえもんのじょう　織豊時代の切支丹宗徒
兵次
渡辺 兵次　わたなべ・へいじ　1809〜1855　幕末の地誌家　[出]遠江引佐郡金指町
兵助
岸村 兵助　きしむら・ひょうすけ　元文〜宝暦時代の国太夫節の三絃弾
兵助〈通称〉
広沢 真臣　ひろさわ・さねおみ　1833〜1871　幕末明治の勤王家、萩藩士　[出]長門国萩十日市
兵助〈通称〉
佐藤 成知　さとう・なりとも　1763〜1834　徳川中末期の儒者　[出]仙台
兵助〈幼名〉
森川 許六　もりかわ・きょろく　1656〜1715　徳川中期の俳人　[出]江州彦根
兵助
西国 兵助　さいこく・ひょうすけ　〜1725　元禄―享保時代の道外方の俳優、初代西国兵五郎の門弟
〔山形屋〕兵助〈通称〉
鶴脛 長喜　つるのはぎ・ながき　徳川中期江戸の狂歌師
兵治〈通称〉
氷室 長翁　ひむろ・ながとし　1784〜1863　歌人
兵原〈号〉
平山 子竜　ひらやま・しりょう　1737〜1806　徳川中期の兵学家　[出]江戸
兵庫
成富 茂安　しげとみ・しげやす　1560〜1634　徳川初期の佐賀藩士、治水家
兵庫
田中 丘隅　たなか・きゅうぐ　1662〜1729　江戸中期の農政家　[出]武蔵国八王子平沢村
兵庫
島津 兵庫　しまず・ひょうご　薩摩藩家老
兵庫〈通称〉
氷室 長翁　ひむろ・ながとし　1784〜1863　歌人
兵庫
山内 豊誉　やまうち・とよたか　1841〜1867　幕末の武士
〔安倍〕兵庫
判 兵庫　ばんの・ひょうご　戦国〜織豊時代の陰陽師
〔三升屋〕兵庫〈別号〉
市川 団十郎（1代）　いちかわ・だんじゅうろう　1660〜1704　歌舞伎俳優、元禄期の江戸劇壇を代表する立役の名優、市川の系祖、荒事の創始者　[出]江戸
兵庫助
柳生 兵庫助　やぎゅう・ひょうごのすけ　1579〜1650　江戸初期の剣術家、尾張柳生の祖
兵庫助
向井 正綱　むかい・まさつな　1557〜1625　織豊〜江戸時代前期の武将
兵庫助利厳
柳生 兵庫助　やぎゅう・ひょうごのすけ　1579〜1650　江戸初期の剣術家、尾張柳生の祖
兵庫助茂安
成富 茂安　しげとみ・しげやす　1560〜1634　徳川初期の佐賀藩士、治水家
兵部
伊達 宗勝　だて・むねかつ　1621〜1679　江戸前期の大名　[出]仙台
兵部
牧村 政治　まきむら・まさはる　1545〜1593　秀吉に仕えた馬廻衆、利休七哲の1人
兵部〈通称〉
柳沢 米翁　やなぎさわ・べいおう　1725〜1792　徳川中期の諸侯にして俳人、大和郡山藩主
〔岡崎〕兵部〈別称〉
吉田 天山　よしだ・てんざん　江戸後期の大坂の講釈師
〔山科〕兵部
吉井 友実　よしい・ともざね　1828〜1891　明治の功臣、伯爵　[出]鹿児島

へい（坪，秉，苹，筐，斃）　べい（米）　へき（碧）

兵部卿法印
　金森 長近　かなもり・ながちか　1524～1607　戦国時代の武将
兵部卿法印
　有馬 則頼　ありま・のりより　1519～1602　摂津三田藩主　㊨摂津有馬
兵輔
　岸村 兵助　きしむら・ひょうすけ　元文～宝暦時代の国太夫節の三絃弾
兵蔵〈通称〉
　慶 紀逸　けい・きいつ　1694～1761　徳川中期の俳人　㊨江戸
〔宇田〕兵衛
　伊東 甲子太郎　いとう・きねたろう　～1867　幕末新撰組隊士、のち山陵衛士、志筑藩士
兵衛次郎入道生西
　生西 法師　しょうざい・ほっし　鎌倉後期の悪党
兵衛尉
　金剛 氏正　こんごう・うじまさ　1507～1576　戦国～織豊時代の能役者シテ方
兵衛督局〈別称〉
　丹波局　たんばのつぼね　後鳥羽天皇の宮人

【坪】

坪比良〈号〉
　本膳亭 坪平　ほんぜんてい・つぼひら　作家
坪平
　本膳亭 坪平　ほんぜんてい・つぼひら　作家

【秉】

秉哲
　鄭 秉哲　てい・へいてつ　1695～1760　江戸後期の琉球王府修史官　㊨琉球（沖縄）那覇久米村

【苹】

苹堂〈号〉
　大隈 言道　おおくま・ことみち　1798～1868　歌人　㊨筑前福岡

【筐】

筐峰〈号〉
　斎藤 守敬　さいとう・もりゆき　1810～1837　幕末の儒者　㊨陸前遠田郡沼部村

【斃】

斃止〈号〉
　天野 八郎　あまの・はちろう　1830～1867　彰義隊副長　㊨上野国甘楽郡磐戸村

【米】

米一馬
　貞松斎 一馬（1代）　ていしょうさい・いちば　1764～1838　江戸時代中期～後期の華道家
米人
　酒月 米人　さかずき・よねんど　狂歌師　㊨江戸
〔市川〕米十郎〈前名〉

坂東 秀調（2代）　ばんどう・しゅうちょう　1848～1901　江戸の歌舞伎俳優　㊨名古屋の薬屋町
米三郎（1代）
　松本 米三郎（1代）　まつもと・よねさぶろう　1774～1805　江戸の歌舞伎俳優
〔市川〕米丸〈初名〉
　坂東 秀調（2代）　ばんどう・しゅうちょう　1848～1901　江戸の歌舞伎俳優　㊨名古屋の薬屋町
米山人
　岡田 米山人　おかだ・べいさんじん　1744～1820　江戸時代中期～後期の画家
米山翁〈別号〉
　菊岡 沾涼　きくおか・せんりょう　1680～1747　徳川中期の俳人　㊨江戸
米仲
　岡田 米仲　おかだ・べいちゅう　～1766　徳川中期の俳人　㊨江戸
米守
　俵 米守　たわらの・よねもり　1781～1848　狂歌師　㊨上総木更津
米沢中納言
　上杉 景勝　うえすぎ・かげかつ　1555～1623　織豊時代及び徳川初期の武将、大名　㊨越後上田
米房
　万福亭 米房　まんぷくてい・べいぼう　狂歌師
米翁
　柳沢 米翁　やなぎさわ・べいおう　1725～1792　徳川中期の諸侯にして俳人、大和郡山藩主
米庵
　市河 寛斎　いちかわ・かんさい　1749～1820　徳川中期の儒者　㊨上野甘楽郡
米庵
　市河 米庵　いちかわ・べいあん　1779～1858　江戸後期の書家、前田家家臣　㊨江戸下谷長者町
〔市川〕米庵
　市河 米庵　いちかわ・べいあん　1779～1858　江戸後期の書家、前田家家臣　㊨江戸下谷長者町
米隣翁〈号〉
　樺 寥松　みね・りょうしょう　1760～1832　徳川中期の俳人　㊨江戸

【碧】

碧山〈号〉
　斎藤 尚善　さいとう・しょうぜん　1826～1862　徳川末期の数学者　㊨羽州山形
碧山〈別号〉
　太極　たいきょく　1421～1486?　室町後期の禅僧（臨済宗）
碧於亭
　池永 淵　いけなが・えん　徳川末期の紀伊の儒者
碧峰〈号〉
　稲垣 藤兵衛　いながき・ふじべえ　1813～1879　造酒屋、文人　㊨富山町
碧翁〈号〉
　清水 周竹　しみず・しゅうちく　徳川中期の俳人　㊨江戸
碧翁〈別号〉
　鳥山 崧岳　とりやま・すうがく　～1776　江戸中・後期の儒学者　㊨越前国府中
碧窓〈号〉

べつ（別）　へん（片, 遍, 蝙, 鞭）　べん（弁, 便）

鵜飼 大俊　うがい・たいしゅん　1846～1878　獄囚教誨に力めし勤王僧　㊗尾張中島郡片原一色村
碧遊亭〈号〉
　池永 淵　いけなが・えん　徳川末期の紀伊の儒者
碧潭〈道号〉
　碧潭 周皎　へきたん・しゅうこう　1291～1374　禅僧

【別】

別当大師
　光定　こうじょう　779～858　平安朝時代の比叡山に戒壇を設けた僧　㊗伊像風早郡

【片】

片痴〈号〉
　阿部 良平　あべ・りょうへい　幕末の篆刻家
片鉄
　三宅 友信　みやけ・とものぶ　1806～1886　幕末・維新期の蘭学愛好家

【遍】

遍昭
　良岑 宗貞　よしみねの・むねさだ　平安前期の歌人
遍照
　良岑 宗貞　よしみねの・むねさだ　平安前期の歌人
遍照院（9世）
　学堅　がくきょう　高野山の町石卒都婆発願者

【蝙】

〔俳諧寮〕蝙蝠
　白鯉館 卯雲（2代）　はくりかん・ぼううん　1744～1830　江戸時代中期～後期の狂歌師
蝙蝠軒魚丸〈別号〉
　佐藤 魚丸　さとう・うおまる　戯作者、狂歌師
蝙蝠庵〈号〉
　堀田 六林　ほった・ろくりん　1710～1792　徳川中期の俳人　㊗名古屋

【鞭】

鞭石
　福田 鞭石　ふくだ・べんせき　1649～1728　徳川中期の俳人　㊗京都
鞭羊居愚儂〈別号〉
　新井 精斎　あらい・せいさい　1773～1841　徳川中・末期の医家にして文章家　㊗上野厩橋

【弁】

弁之〈名〉
　早野 仰斎　はやの・こうさい　1746～1790　徳川中期大阪の儒者
弁之助〈通称〉
　安部井 帽山　あべい・ぼうざん　1778～1845　徳川中期の儒者
〔沢井〕弁之助
　市村 竹之丞（2代）　いちむら・たけのじょう　1654～1718　寛文・延宝時代の歌舞伎座元、延宝期の立役の名優
〔沢井〕弁之助
　市村 竹之丞（1代）　いちむら・たけのじょう　1654～1718　江戸時代前期の歌舞伎役者、座元
弁円
　円爾 弁円　えんに・べんえん　1202～1280　鎌倉中期の禅僧（臨済宗）　㊗駿河
弁円
　証信　しょうしん　1184～1251　鎌倉時代の僧
弁内侍
　藤原 弁内侍　ふじわらの・べんのないし　鎌倉時代の女流歌人
弁内侍
　後深草院 弁内侍　ごふかくさいんの・べんのないし　南北朝時代の女官
弁玉
　大熊 弁玉　おおくま・べんぎょく　1818～1880　幕末明治の歌人　㊗江戸浅草
弁次郎〈通称〉
　平尾 沍水　ひらお・ぎんすい　1764～1837　徳川中期彦根藩の儒者、国学者
弁吾
　宮竹 弁吾　みやたけ・べんご　安永―文化時代の京阪に於ける豊後節三絃の名手　㊗京都
〔春竹〕弁吾〈前名〉
　宮竹 弁吾　みやたけ・べんご　安永―文化時代の京阪に於ける豊後節三絃の名手　㊗京都
弁長
　聖光　しょうこう　1162～1238　浄土宗鎮西派の祖　㊗筑前遠賀郡
弁阿
　聖光　しょうこう　1162～1238　浄土宗鎮西派の祖　㊗筑前遠賀郡
弁道〈名〉
　山田 弁道　やまだ・さだみち　1821～1891　幕末明治の国学者　㊗信濃小諸
弁慶
　弁慶　べんけい　～1189　源義経の従臣、鎌倉時代初期の僧
弁慶庵〈号〉
　広瀬 惟然　ひろせ・いぜん　～1711　徳川中期の俳人　㊗美濃国関
弁蔵〈通称〉
　安藤 因蔭　あんどう・よりかげ　1843～1902　幕末明治期の書家　㊗名古屋
弁蔵〈前名〉
　春富士 大和掾　はるふじ・やまとのじょう　宝暦期に於ける豊後節三絃の名手、春富士（正伝節）三絃の祖
〔春竹〕弁蔵〈前名〉
　春富士 大和掾　はるふじ・やまとのじょう　宝暦期に於ける豊後節三絃の名手、春富士（正伝節）三絃の祖

【便】

便々居〈号〉
　春鴻　しゅんこう　～1803　化政期の俳人　㊗相模国戸塚在下飯田

号・別名辞典　古代・中世・近世　467

【嬪】

嬪子内親王
　寿成門院　じゅせいもんいん　1302～　後二条天皇の皇女

【甫】

甫三
　桂川 甫筑　かつらがわ・ほちく　1697～1781　江戸時代中期の医師
甫安
　嵐山 甫安　あらしやま・ほあん　1632～1693　医家　㊞筑前
〔十時〕甫快〈別名〉
　上野 喜蔵　あがの・きぞう　安土桃山時代の上野焼及び八代焼の開祖、朝鮮の渡来人
甫庵〈号〉
　岡 寿元　おか・じゅげん　徳川初期の小児科医
甫庵
　小瀬 甫庵　おせ・ほあん　1564～1640　安土桃山・江戸初期の儒医、「太閤記」の著者　㊞尾張春日井郡
〔桂川〕甫粲〈本名〉
　森羅 万象（2世）　しんら・ばんしょう　1754～1808　江戸時代の戯作者

【歩】

歩簫
　歩簫　ほしょう　1791～1827　化政期の俳人　㊞飛騨国高山

【保】

保丸〈初名〉
　東久世 通禧　ひがしくぜ・みちとみ　1833～1912　所謂七卿の1人、伯爵　㊞京都丸太町
保之助〈名〉
　布田 惟暉　ぬのた・これてる　1801～1873　幕末・維新期の治水家　㊞肥後国上益城郡矢部郷
保之進〈通称〉
　坂井 似堂　さかい・じどう　1825～1862　徳川末期の漢学者、広島藩士
〔篠原〕保太郎
　甲州屋 忠右衛門　こうしゅうや・ちゅうえもん　1810～1891　村名主、郡中総代、商人　㊞甲斐国八代郡東油川村
保平〈名〉
　荷江　かてい　～1864　幕末期の俳人
保吉
　藤原 保吉　ふじわら・やすよし　1760～1784　徳川中期の俳人　㊞江戸
保安〈通称〉
　土橋 友直　つちはし・ともなお　1685～1730　江戸中期の教育運動家　㊞和泉国貝塚
保全
　永楽 保全　えいらく・ほぜん　1795～1854　京都の陶工、永楽焼の11代目
〔木地屋〕保兵衛〈通称〉

多賀庵 風律　たがあん・ふうりつ　1698～1781　徳川中期の俳人　㊞安芸広島
保孝
　岡本 保孝　おかもと・やすたか　1797～1878　江戸中期―明治初期の国学者、漢学者
保臣〈諱〉
　真木 和泉　まき・いずみ　1813～1864　水天宮祠官、久留米藩中小性格　㊞筑後国久留米瀬下町
保良の方
　お保良の方　おほらのかた　1637～1664　6代将軍徳川家宣の生母
保具良〈名〉
　高橋 秀倉　たかはし・ほくら　～1759　徳川中期の国学者
保命
　大島 保命　おおしま・ほうめい　幕末・明治初期の算者
〔安倍〕保命
　大島 保命　おおしま・ほうめい　幕末・明治初期の算者
保定〈名〉
　森 鷗村　もり・おうそん　1831～1907　漢学者　㊞栃木県下都賀郡藤岡町
〔平井〕保昌
　藤原 保昌　ふじわらの・やすまさ　958～1036　平安時代中期の官吏
保明
　太田 保明　おおた・ほうめい　徳川中・末期の算者
保明
　田口 保明　たぐち・やすあき　1804～1892　幕末・明治時代の国学者　㊞武蔵入間郡入間村
保英
　服部 土芳　はっとり・どほう　1657～1730　徳川中期の俳人　㊞伊賀
保俊〈名〉
　雪芝　せっし　～1711　俳人、芭蕉一門　㊞伊賀上野
保胤
　慶滋 保胤　よししげの・やすたね　～1002　平安朝の儒者、詩文の大家
〔橘香〕保留
　蘭奢亭 薫　らんじゃてい・かおる　1769～1824　江戸時代後期の狂歌師、戯作者
保躬
　下沢 保躬　しもざわ・やすみ　1838～1896　幕末明治時代の国学者
保勝〈名〉
　武田 司馬　たけだ・しば　1797～1853　幕末の天文家　㊞仙台
保堅
　住田 素鏡　すみた・そきょう　1772～1847　徳川中期の俳人　㊞信濃国長沼穂保
保童坊〈号〉
　松永 貞徳　まつなが・ていとく　1571～1653　織豊時代―徳川初期の俳人にして国学者　㊞京都
保義
　岡 保義　おか・やすよし　1847～　1866年渡英、教師、開成所教授
保遠
　高橋 保遠　たかはし・やすとお　鎌倉時代承元頃の讃岐塩飽島の地頭

ほ（浦，蒲，輔） ぼ（戊，牡，姥，菩，暮） ほう（方）

保雅楽
　篠目 保雅楽　しののめ・ほがら　狂歌師

【浦】

浦人
　竹芝 浦人　たけしばの・うらびと　狂歌師
浦太郎〈通称〉
　志賀 親朋　しが・しんほう　1842〜1916　幕末明治時代のロシヤ語学者、代官支配地庄屋　㊙長崎浦上渕村
浦島子
　水江 浦島子　みずのえの・うらしまのこ　伝説上の人物、丹後国与謝郡日置里筒川村の漁師

【蒲】

蒲菴〈号〉
　古渓 宗陳　こけい・しゅうちん　1532〜1597　織豊時代の茶僧　㊙越前
蒲盧窩〈号〉
　丸山 学古　まるやま・がくこ　1776〜1837　徳川中期の漢学者　㊙出羽庄内

【輔】

輔〈通称〉
　嵯峨 朝来　さが・ちょうらい　1743〜1819　徳川中期肥後の儒者
輔〈名〉
　坂本 玄岡　さかもと・げんこう　1773〜1858　徳川中末期の儒者　㊙仙台
輔之
　船山 輔之　ふなやま・ほし　1738〜1804　江戸中期の暦算家、仙台藩士
輔熙
　鷹司 輔熙　たかつかさ・すけひろ　1807〜1878　公卿、幕末明治の功臣　㊙京都
輔凞
　鷹司 輔熙　たかつかさ・すけひろ　1807〜1878　公卿、幕末明治の功臣　㊙京都

【戊】

戊申
　鶴峯 戊申　つるみね・しげのぶ　1786〜1859　徳川中末期の国学者　㊙豊後臼杵

【牡】

牡年
　牡年　ぼねん　〜1727　俳人、芭蕉一門、去来・魯町の弟

【姥】

姥尉輔（3代）〈前名〉
　瀬川 如皐（3代）　せがわ・じょこう　1806〜1881　江戸の歌舞伎狂言作者

【菩】

菩提庵〈号〉
　稲津 祇空　いなつ・ぎくう　1663〜1733　徳川中期の俳人　㊙大阪堺

【暮】

暮水〈別号〉
　横井 也有　よこい・やゆう　1702〜1783　徳川中期の俳人　㊙尾張
暮四
　石井 暮四　いしい・ぼし　1666〜1734　江戸時代前期〜中期の俳人
暮年〈号〉
　牡年　ぼねん　〜1727　俳人、芭蕉一門、去来・魯町の弟
暮雨巷（1世）〈号〉
　加藤 暁台　かとう・ぎょうだい　1732〜1792　天明期の俳人　㊙名古屋
暮雨巷（2世）〈号〉
　桜田 臥央　さくらだ・がおう　〜1810　徳川中期の俳人　㊙名古屋
暮柳舎〈別号〉
　堀 麦水　ほり・ばくすい　1718〜1783　徳川中期の俳人　㊙加賀金沢
暮柳舎〈号〉
　和田 希因　わだ・きいん　1700〜1750　徳川中期の俳人
暮柳舎（2世）〈号〉
　和田 後川　わだ・ごせん　〜1799　徳川中期の俳人　㊙加州金沢

【方】

方寸斎〈号〉
　中村 宗哲（1代）　なかむら・そうてつ　1616〜1695　徳川中期の塗師、千家十職の一　㊙京都
方山
　滝 方山　たき・ほうざん　1651〜1730　徳川中期の俳人
方円居〈号〉
　加藤 巻阿　かとう・かんあ　〜1787　徳川中期の俳人　㊙江戸
方円斎〈別号〉
　桜井 梅室　さくらい・ばいしつ　1769〜1852　徳川末期の俳人　㊙加賀金沢
方外〈号〉
　由利 公正　ゆり・きみまさ　1829〜1909　維新の功臣、子爵　㊙越前足羽郡毛矢町
方外仙史〈号〉
　平野 五岳　ひらの・ごがく　1809〜1893　詩画僧　㊙豊後日田
方布斎〈号〉
　速水 房常　はやみ・ふさつね　〜1769　有職家　㊙京都
方平
　岩下 方平　いわした・まさひら　1827〜1900　幕末・維新期の志士　㊙薩摩（鹿児島県）
方広坊〈別号〉
　沂風 きふう　〜1800　徳川中期の俳人、真宗高田派の僧侶
方旧〈名〉

号・別名辞典　古代・中世・近世　469

堀田 六林　ほった・ろくりん　1710〜1792　徳川中期の俳人　[出]名古屋
方正〈名〉
井上 稚川　いのうえ・ちせん　徳川中期の医家
方成〈雅号〉
伊東 玄伯　いとう・げんぱく　1832〜1898　1862年渡蘭、侍医
方秀
岐陽 方秀　きよう・ほうしゅう　1361〜1424　室町時代五山文学者たる南禅寺主　[出]讃岐熊岡
方洲〈号〉
皐月 平砂　さつき・へいさ　1708〜1783　徳川中期の俳人　[出]江戸
方朗
高林 方朗　たかばやし・みちあきら　1769〜1846　徳川中期の国学者　[出]遠江長上郡有玉
方壺〈号〉
円山 応震　まるやま・おうしん　1790〜1838　円山派の画家　[出]京都
方壺〈号〉
天野 方壺　あまの・ほうこ　1824〜1894　徳川末期の画家　[出]伊予
方壺
渡辺 方壺　わたなべ・ほうこ　〜1833　徳川中期の漢学者　[出]播磨明石
〔佐々木〕方壺
渡辺 方壺　わたなべ・ほうこ　〜1833　徳川中期の漢学者　[出]播磨明石
方壺山人〈号〉
渡辺 方壺　わたなべ・ほうこ　〜1833　徳川中期の漢学者　[出]播磨明石
方壺山人〈号〉
望月 武然　もちずき・ぶぜん　1720〜1803　徳川中期の俳人
方壺外史〈号〉
三島 景雄　みしま・かげお　1727〜1812　徳川中期の国学者　[出]江戸
方琳堂〈号〉
中野 其明　なかの・きめい　1834〜1892　画家
方鏡叟〈号〉
田中 千梅　たなか・せんばい　1686〜1769　俳人　[出]近江栗太郡辻村

【包】

包吉〈名〉
包貞　かねさだ　鎌倉末・吉野朝初期の刀工
包秀
岡野 金右衛門　おかの・きんえもん　1680〜1703　江戸時代前期の武士
包貞
包貞　かねさだ　鎌倉末・吉野朝初期の刀工
包常
三村 次郎左衛門　みむら・じろざえもん　1667〜1703　江戸時代前期の武士
包嘉〈名〉
夏目 成美　なつめ・せいび　1749〜1816　徳川中期の俳人　[出]江戸

【抛】

抛筌斎〈号〉
川上 宗雪　かわかみ・そうせつ　徳川中期の茶人　[出]紀州新宮

【芳】

芳一〈別名〉
芳村 伊三郎（5代）　よしむら・いさぶろう　1832〜1882　江戸長唄の名家　[出]江戸麹町番町
〔吉村〕芳三郎
古河 黙阿弥　ふるかわ・もくあみ　1816〜1893　幕末明治時代の江戸の歌舞伎狂言作者、江戸歌舞伎最後の最大の集大成たる名作者　[出]江戸日本橋通り2丁目式部小路
芳三郎（2代）〈前名〉
嵐 璃玨（2代）　あらし・りかく　1812〜1864　大阪の歌舞伎俳優、弘化—文久時代の立役の名優　[出]大阪
芳川〈号〉
斎藤 中立　さいとう・ちゅうりつ　1743〜1804　徳川中期の算家　[出]三州吉田（豊橋）
芳工
川原 十左衛門　かわはら・じゅうざえもん　1727〜1798　江戸時代中期〜後期の陶工
芳中
中村 芳中　なかむら・ほうちゅう　?〜1819　江戸時代後期の画家
〔村越〕芳太郎
桜 任蔵　さくら・じんぞう　1812〜1859　幕末期の志士　[出]常陸国真壁郡真壁
芳方〈名〉
土屋 善四郎（1代）　つちや・ぜんしろう　〜1786　出雲楽山・布志名の陶工
芳玉
歌川 芳玉　うたがわ・よしたま　1836〜1870　幕末明治の女流浮世絵師
芳年
月岡 芳年　つきおか・よしとし　1839〜1892　浮世絵師　[出]江戸新橋丸屋町
〔大蘇〕芳年
月岡 芳年　つきおか・よしとし　1839〜1892　浮世絵師　[出]江戸新橋丸屋町
芳定〈名〉
佐藤 神符麿　さとう・しのぶまろ　徳川中末期の皇医、国学者　[出]陸奥伊達郡飯坂村
芳延
歌川 芳延　うたがわ・よしのぶ　1838〜1890　画家　[出]江戸
〔松本〕芳延
歌川 芳延　うたがわ・よしのぶ　1838〜1890　画家　[出]江戸
芳虎
歌川 芳虎　うたがわ・よしとら　幕末明治の浮世絵師　[出]江戸
〔孟斎〕芳虎
歌川 芳虎　うたがわ・よしとら　幕末明治の浮世絵師　[出]江戸
芳室
芳室　ほうしつ　〜1747　享保時代の俳人　[出]和泉の堺
〔椎本〕芳室

芳室　ほうしつ　～1747　享保時代の俳人　[出]和泉の堺
芳室軒〈号〉
木畑 定直　こばた・さだなお　～1712　徳川中期の俳人　[出]備前岡山
芳屋〈家号〉
佐野川 市松（1代）　さのかわ・いちまつ　1722～1762　江戸の歌舞伎俳優　[出]山城国伏見
芳春〈号〉
古川 謙　ふるかわ·けん　1783～1837　幕末の算家
芳栄
戸ヶ崎 熊太郎　とがさき·くまたろう　1807～1865　幕末期の剣客、志士　[出]武蔵国南埼玉郡清久村
芳洲〈号〉
雨森 芳洲　あめのもり・ほうしゅう　1621～1708　徳川中期の儒者　[出]近江
芳草林〈号〉
東 金羅　あずま・きんら　～1794　徳川中期の俳人　[出]江戸
芳員
歌川 芳員　うたがわ・よしかず　江戸末期の浮世絵師
芳訓亭〈号〉
為永 春鶯　ためなが・しゅんおう　江戸の戯作者　[出]名古屋
芳斎〈号〉
江左 尚白　こうさ・しょうはく　1650～1722　徳川中期の俳人　[出]近江大津
芳斎
青木 芳斎　あおき・ほうさい　1832～1905　医者　[出]武蔵国多摩郡日野
〔湯浅〕芳斎〈通称〉
青木 芳斎　あおき・ほうさい　1832～1905　医者　[出]武蔵国多摩郡日野
芳盛
歌川 芳盛　うたがわ・よしもり　1830～1884　江戸末期の浮世絵師　[出]江戸
芳野〈名〉
榊原 琴洲　さかきばら・きんしゅう　1832～1881　幕末明治初期の国学者　[出]水戸
芳隆〈諱〉
三宅 嘯山　みやけ・しょうざん　1718～1801　儒医にして俳人　[出]京都
芳滝
里の家 芳滝　さとのや・よしたき　1841～1899　幕末—明治中期関西の浮世絵師　[出]大阪
〔中井〕芳滝
里の家 芳滝　さとのや・よしたき　1841～1899　幕末—明治中期関西の浮世絵師　[出]大阪
芳譜〈号〉
青地 林宗　あおち・りんそう　1775～1823　江戸の医士
芳暾
朝山 芳暾　ちょうざん・ほうとん　1475～1558　戦国時代の僧
芳蘭〈号〉
黒川 春村　くろかわ・はるむら　1798～1866　徳川末期の国学者　[出]江戸

【邦】

邦〈名〉
三宅 橘園　みやけ・きつえん　1767～1819　徳川中期の儒者　[出]加賀
邦子〈諱〉
安嘉門院　あんかもんいん　1209～1283　高倉天皇の皇子守貞親王の王女
邦子内親王
安嘉門院　あんかもんいん　1209～1283　高倉天皇の皇子守貞親王の王女
〔西岡〕邦之介
青木 彦三郎　あおき・ひこさぶろう　1825～1864　幕末の志士　[出]下野国足利郡大前村
〔豊原〕邦之助
川本 杜太郎　かわもと・もりたろう　1841～1862　幕末の志士　[出]越後中魚沼郡十日町
邦光
日野 邦光　ひの·くにみつ　～1363　吉野朝の廷臣
〔秦〕邦光〈別称〉
曽北　そほく　～1743　享保時代の俳人　[出]伊勢国一志町
〔藤原〕邦光
日野 邦光　ひの·くにみつ　～1363　吉野朝の廷臣
邦光親王
義周法親王　ぎしゅうほうしんのう　1713～1740　邦永親王の第5王子
邦良親王
邦房親王　くにのぶしんのう　1566～1621　伏見宮貞康親王の第1王子
邦房親王
邦房親王　くにのぶしんのう　1566～1621　伏見宮貞康親王の第1王子
邦高親王
邦高親王　くにたかしんのう　1456～1532　伏見宮貞常親王（後崇光太上天皇）の第1皇子
邦綱
藤原 邦綱　ふじわらの・くにつな　1122～1181　平安末期の公卿
邦頼親王
邦頼親王　くによりしんのう　1733～1802　伏見宮貞建親王第2王子

【奉】

奉卿〈字〉
鈴木 半兵衛　すずき・はんべえ　1815～1856　幕末の水戸藩の蘭学者・医者

【宝】

宝山
高橋 宝山　たかはし・ほうざん　江戸末期の仏師
宝山
宝生家（5世）　ほうしょうけ　～1585　能役者
宝山居〈号〉
山崎 春樹　やまさき・はるき　～1831　徳川中期の俳人
宝台院
西郷局　さいごうのつぼね　1552～1589　徳川家康の側室
宝生家（1世）
宝生家（1世）　ほうしょうけ　～1468　能役者

宝生家（2世）
宝生家（2世）　ほうしょうけ　～1494　能役者
宝生家（3世）
宝生家（3世）　ほうしょうけ　～1524　能役者
宝生家（4世）
宝生家（4世）　ほうしょうけ　～1558　能役者
宝生家（5世）
宝生家（5世）　ほうしょうけ　～1585　能役者
宝生家（6世）
宝生家（6世）　ほうしょうけ　～1630　能役者
宝生家（7世）
宝生家（7世）　ほうしょうけ　～1665　能役者
宝生家（8世）
宝生家（8世）　ほうしょうけ　～1685　能役者
宝生家（9世）
宝生家（9世）　ほうしょうけ　～1728　能役者
宝生家（10世）
宝生家（10世）　ほうしょうけ　～1730　能役者
宝生家（11世）
宝生家（11世）　ほうしょうけ　～1772　能役者
宝生家（12世）
宝生家（12世）　ほうしょうけ　～1775　能役者
宝生家（13世）
宝生家（13世）　ほうしょうけ　～1791　能役者
宝生家（14世）
宝生家（14世）　ほうしょうけ　～1811　能役者
宝生家（15世）
宝生家（15世）　ほうしょうけ　～1863　能役者
宝皇女〈御名〉
皇極天皇　こうぎょくてんのう　594?～661　7世紀中葉の女帝
宝晋斎〈号〉
其角　きかく　1661～1707　俳人、芭蕉一門
宝珠庵臨江斎〈別号〉
里村 紹巴　さとむら・じょうは　～1602　室町時代の連歌師
宝捷斎〈号〉
自在庵 祇徳　じざいあん・ぎとく　1702～1754　徳川中期江戸の札差、俳人
宝奥〈号〉
風光　ふうこう　～1755　享保時代の俳人　[出]奥州白河城下
宝雲
宝雲　ほううん　1791～1847　真宗本願寺派の学僧　[出]筑前秋月
宝嘉僧
宝嘉僧　ほうかそう　徳川中期の戯作者
宝篋院
足利 義詮　あしかが・よしあきら　1330～1367　足利2代の将軍で尊氏の第3子
宝蔵〈通称〉
五味 可都里　ごみ・かつり　1743～1817　徳川中期の俳人　[出]甲斐
宝霞庵一也〈号〉
宝松庵 一玉（2世）　ほうしょうあん・いちぎょく　1823～1883　遠州流挿花家

【抱】

抱一
酒井 抱一　さかい・ほういつ　1761～1828　徳川末期の画家にして俳人　[出]神田小川町
抱琴
安藤 抱琴　あんどう・ほうきん　1654～1717　江戸中期の国学者　[出]丹波
抱琴子〈号〉
安藤 抱琴　あんどう・ほうきん　1654～1717　江戸中期の国学者　[出]丹波
抱義
守村 抱儀　もりむら・ほうぎ　1807～1862　徳川中期の俳人　[出]江戸浅草蔵前
抱儀
守村 抱儀　もりむら・ほうぎ　1807～1862　徳川中期の俳人　[出]江戸浅草蔵前
〔守邨〕抱儀
守村 抱儀　もりむら・ほうぎ　1807～1862　徳川中期の俳人　[出]江戸浅草蔵前
抱甕斎〈号〉
山岡 元隣　やまおか・げんりん　1631～1672　江戸前期の仮名草子作者・俳人　[出]伊勢国山田

【放】

放済
弘済　ぐさい　百済からの渡来僧
放雀園〈号〉
七五三 長斎　しめ・ちょうさい　1757～1824　徳川中期の俳人　[出]大阪

【朋】

朋厚
相場 朋厚　あいば・ともあつ　1834～1911　幕末明治時代の志士、画家　[出]下野足利田島村

【法】

法光大師
真雅　しんが　801～879　真言宗の僧、空海十大弟子の一人　[出]讃岐
法印
玄恵 法印　げんえ・ほういん　～1349　学僧
法灯円明国師
心地 覚心　しんち・かくしん　1207～1298　鎌倉時代の禅僧　[出]信濃国東筑摩郡神林
法児〈別称〉
福田 鞭石　ふくだ・べんせき　1649～1728　徳川中期の俳人　[出]京都
法均尼
和気 広虫　わけの・ひろむし　730～799　奈良時代の女官　[出]備前国藤野郡
法性院信玄〈号〉
武田 信玄　たけだ・しんげん　1521～1573　戦国時代の武将、政治家にして、軍政家、民政家　[出]甲斐の躑躅崎
法界坊
穎玄　えいげん　1751～1829　江戸時代中期～後期の僧
法善寺の津大夫〈通称〉
竹本 津大夫（2世）　たけもと・つだゆう　1839～1912　人形浄瑠璃太夫

〔足利〕法尊
　法尊　ほうそん　1397～1418　室町時代の僧
法提郎媛
　蘇我 法提郎媛　そがの・ほほてのいらつめ　7世紀前半舒明天皇の夫人、蘇我馬子の娘
法智〈法名〉
　大高 重成　だいこう・しげなり　～1375　南北朝時代の武将
法然
　法然　ほうねん　1133～1212　平安朝時代の高僧、浄土宗の開祖　㊲美作国久米
法策
　仲上 法策　なかがみ・ほうさく　1657～1725　江戸時代前期～中期の俳人
法雲寺殿〈法号〉
　赤松 円心　あかまつ・えんしん　1277～1350　武将
法蓮社性誉円阿〈別称〉
　鵜飼 大俊　うがい・たいしゅん　1846～1878　獄囚教誨に力めし勤王僧　㊲尾張中島郡片原一色村
法蓮社要誉〈号〉
　寅載　いんさい　1650～1721　徳川時代初期の神仏一致を強調せる浄土宗僧　㊲磐城国相馬
法蓮院宮
　法蓮院宮　ほうれんいんのみや　1484～1494　後土御門天皇の第4皇子
法爾院〈院号〉
　印定　いんじょう　1777～1851　真宗本願寺派勧学　㊲越中上新川郡
〔筑前〕法橋〈官途名〉
　下間 頼秀　しもつま・よりひで　～1538　戦国時代の本願寺家宰
法螺山人〈号〉
　髙橋 道八(2代)　たかはし・どうはち　1783～1855　京都の陶工

【苞】
苞〈名〉
　百武 万里　ひゃくたけ・ばんり　1794～1854　徳川末期福岡の蘭医　㊲筑前宗像郡福間

【峰】
峰松〈別号〉
　佐藤 剛斎　さとう・ごうさい　1650～1719　徳川中期の儒者　㊲備後福山

【峯】
峯次郎〈別称〉
　荒井 静野　あらい・せいや　～1868　徳川末の国学者　㊲上野邑楽郡館林

【逢】
逢春門院
　逢春門院　ほうしゅんもんいん　1604～1685　後西天皇の母
逢春軒〈号〉
　無外坊 燕説　むがいぼう・えんせつ　1671～1743　徳川中期の俳人　㊲濃州大垣

【匏】
匏湖〈別号〉
　髙橋 竜池　たかはし・りゅうち　1799～1864　幕末の漢学者　㊲江戸

【弸】
弸〈名〉
　天田 菁莪　あまだ・せいが　幕末の医家にして俳人

【彭】
彭百川〈号〉
　彭城 百川　さかき・ひゃくせん　1697～1752　徳川中期の画家　㊲名古屋本町八丁目
彭城百川〈号〉
　彭城 百川　さかき・ひゃくせん　1697～1752　徳川中期の画家　㊲名古屋本町八丁目

【葆】
葆光
　三田 葆光　さんた・かねみつ　1824～1907　歌人　㊲江戸
葆真庵〈号〉
　春田 九皐　はるた・きゅうこう　1812～1862　徳川末期の儒者

【蓬】
蓬生〈号〉
　荒木 寛快　あらき・かんかい　1785～1860　徳川中・末期の画家　㊲江戸
蓬室〈号〉
　浅草庵 維平　せんそうあん・いへい　1820～1886　江戸末期の歌人、狂歌師、新聞記者　㊲江戸
蓬洲〈号〉
　彭城 百川　さかき・ひゃくせん　1697～1752　徳川中期の画家　㊲名古屋本町八丁目
〔神屋〕蓬洲
　春川 五七　はるかわ・ごしち　1776～1832　江戸末期の浮世絵師
蓬首〈号〉
　川村 碩布　かわむら・せきふ　1750～1843　徳川中期の俳人　㊲武蔵入間郡毛呂
蓬島隣〈号〉
　下郷 蝶羽　しもさと・ちょうう　1677～1741　徳川中期の俳人　㊲尾張鳴海
蓬莱山人〈2代〉〈別号〉
　烏亭 焉馬(2世)　うてい・えんば　1792～1862　江戸末期の狂歌師　㊲江戸
蓬堂〈号〉
　石原 正明　いしはら・まさあきら　～1821　徳川中期の国学者　㊲尾張国海部郡神守駅
蓬莱山〈別号〉
　酒屋 呑安　さけのや・のみやす　狂歌師　㊲上総苅谷
蓬莱居〈別号〉
　鶴亀 長年　つるかめ・ながとし　徳川中期寛政文化頃の狂歌師
蓬莱亭〈別号〉

ほう（蜂, 豊）

春川 五七　はるかわ・ごしち　1776～1832　江戸末期の浮世絵師
蓬壺〈号〉
船曳 鉄門　ふなびき・かねと　1823～1895　幕末明治の国学者、祠官　㊟筑後三瀦郡鳥飼村字大石
蓬華斎〈号〉
菅沼 游陽　すがぬま・ゆうおう　～1866　幕府の寄合衆で、のち西丸側衆
蓬源斎〈号〉
千 宗左（4世）　せんの・そうさ　1613～1672　茶道家、表千家初代

【蜂】

蜂房
坂上 蜂房　さかがみ・はちふさ　?～1780　江戸時代中期の俳人
蜂庵〈号〉
佐藤 採花女　さとう・さいかじょ　1844～1901　幕末明治の俳人　㊟信州

【豊】

豊
久富 豊　ひさとみ・ゆたか　1844～1863　幕末の志士　㊟長門国萩
豊一〈名〉
西山 宗因　にしやま・そういん　1605～1682　徳川初期の連歌俳諧師　㊟肥後八代
豊三
加藤 豊三　かとう・とよぞう　1700～1806　江戸時代中期の陶工
豊三郎
坂東 豊三郎　ばんどう・とよさぶろう　～1775　宝暦期の大阪の歌舞伎俳優　㊟大阪
豊三郎〈通称〉
志倉 西馬　しくら・さいば　1808～1858　徳川末期の俳人　㊟上州高崎
〔万屋〕豊三郎〈別名〉
坂東 豊三郎　ばんどう・とよさぶろう　～1775　宝暦期の大阪の歌舞伎俳優　㊟大阪
豊三郎（3代）〈前名〉
坂東 簑助（3代）　ばんどう・みのすけ　江戸の歌舞伎俳優
〔簧〕豊丸
勝川 春朗（2代）　かつかわ・しゅんろう　?～1817　江戸時代中～後期の浮世絵師
〔梅花亭〕豊久
歌川 豊久（1代）　うたがわ・とよひさ　江戸時代後期の浮世絵師
豊子〈名〉
平田 玉蘊　ひらた・ぎょくうん　1787～1855　徳川末期の閨秀画家　㊟備後尾道
豊山〈号〉
佐原 盛純　さはら・もりずみ　1835～1908　幕末・明治の儒者　㊟会津若松
豊五郎
大西 豊五郎　おおにし・とよごろう　幕末・維新期の義民　㊟岡山藩領の上道郡神下村
豊五郎〈別名〉

中山 文五郎（1代）　なかやま・ぶんごろう　1761～1814　大阪の歌舞伎俳優
豊五郎
疋田 豊五郎　ひきた・ぶんごろう　1537?～1605　近世初頭の剣術家、疋田新陰流の祖
〔神下村〕豊五郎
大西 豊五郎　おおにし・とよごろう　幕末・維新期の義民　㊟岡山藩領の上道郡神下村
豊介子
石塚 豊芥子　いしずか・ほうかいし　1799～1861　徳川末期の雑学者　㊟江戸神田豊島町
豊仁親王
光明天皇　こうみょうてんのう　1321～1380　北朝第2代の天皇
豊太郎〈幼名〉
酒井 凡兆　さかい・ぼんちょう　1755～1812　庄内藩第9代主にして俳人
豊文
水谷 豊文　みずたに・とよぶみ　1779～1833　徳川中期の本草家
豊比咩命
豊姫　とよひめ　神功皇后の御妹
豊氏
有馬 豊氏　ありま・とようじ　1542～1614　久留米藩祖　㊟播磨
豊水
金子 健四郎　かねこ・たけしろう　1814～1864　江戸時代後期の剣術家
〔日野〕豊光
烏丸 豊光　からすまる・とよみつ　1378～1429　室町時代の公卿
〔湖出〕豊吉〈前名〉
鈴木 万里（4代）　すずき・ばんり　京阪における江戸長唄、ぶんご節謡
〔竹山〕豊吉〈初名〉
鈴木 万里（4代）　すずき・ばんり　京阪における江戸長唄、ぶんご節謡
〔田中〕豊吉〈前名〉
鈴木 万里（4代）　すずき・ばんり　京阪における江戸長唄、ぶんご節謡
〔岸ц〕豊次郎〈通称〉
桜川 杜芳　さくらがわ・とほう　～1788　戯作者、狂歌師
豊作
勝野 豊作　かつの・とよさく　1809～1859　志士
豊助
大喜 豊助　おおき・とよすけ　～1858　幕末期の陶工　㊟名古屋
豊坂〈号〉
深田 正詔　ふかだ・まさあき　1773～1850　儒者
豊来〈号〉
大島 蓼太　おおしま・りょうた　1718～1787　徳川中期の俳人　㊟信州伊那郡大島
豊芥子
石塚 豊芥子　いしずか・ほうかいし　1799～1861　徳川末期の雑学者　㊟江戸神田豊島町
豊国（1代）
歌川 豊国（1代）　うたがわ・とよくに　1769～1825　浮世絵師　㊟江戸芝神明町
豊国（2代）

ほう（蔀, 鳳）

歌川 豊国(2代)　うたがわ・とよくに　1777〜1835　浮世絵師
豊国〈3代〉
歌川 豊国(3代)　うたがわ・とよくに　1786〜1864　浮世絵師　㊍江戸
豊国〈4代〉
歌川 豊国(4代)　うたがわ・とよくに　1823〜1880　浮世絵師　㊍中川沿岸大島村
豊昌〈名〉
月渓 げっけい　〜1811　天明期の画家・俳人　㊍尾張
豊明
清水 豊明　しみず・ほうめい　〜1874　徳川中—明治中期の算家　㊍房州（九重村）清水
豊松〈幼名〉
菊貫 きくつら　〜1815　化政期の俳人
豊直
山内 豊定　やまうち・とよさだ　1638〜1677　江戸時代前期の大名
豊長〈初名〉
氷室 長翁　ひむろ・ながとし　1784〜1863　歌人
豊信
山内 豊信　やまのうち・とよしげ　1827〜1872　幕末・維新期の大名
豊信
石川 豊信　いしかわ・とよのぶ　1711〜1785　江戸中期の浮世絵師　㊍江戸
豊前太夫〈1代〉
富本 豊前太夫(1代)　とみもと・ぶぜんだゆう　1716〜1764　富本節浄瑠璃の家元
豊前太夫〈2代〉
富本 豊前掾(2代)　とみもと・ぶぜんのじょう　1754〜1822　常磐津太夫　㊍江戸
豊前太夫〈3代〉
富本 豊前太夫(3代)　とみもと・ぶぜんだゆう　1805〜1876　富本節浄瑠璃の家元　㊍江戸
豊前守
河田 長親　かわだ・ながちか　?〜1581　戦国〜織豊時代の武将
豊前掾〈1代〉
富本 豊前太夫(1代)　とみもと・ぶぜんだゆう　1716〜1764　富本節浄瑠璃の家元
豊前掾〈2代〉
富本 豊前掾(2代)　とみもと・ぶぜんのじょう　1754〜1822　常磐津太夫　㊍江戸
豊前掾〈3代〉
富本 豊前太夫(3代)　とみもと・ぶぜんだゆう　1805〜1876　富本節浄瑠璃の家元　㊍江戸
豊城
荘田 子謙　しょうだ・しけん　1697〜1754　江戸時代中期の儒者
豊城入彦命
豊城入彦命　とよきいりひこのみこと　崇神天皇の皇子
豊城命
豊城入彦命　とよきいりひこのみこと　崇神天皇の皇子
豊後
滝宮 豊後　たきみや・ぶんご　〜1582　織豊時代の武将
豊後

平山 豊後　ひらやま・ぶんご　元禄時代の京都の歌舞伎狂言作者
豊後大掾
常磐津 文字太夫(4代)　ときわず・もじだゆう　1804〜1862　常磐津節浄瑠璃
豊後守
肥田 頼常　ひだ・よりつね　江戸時代後期の武士
豊後掾
宮古路 豊後掾　みやこじ・ぶんごのじょう　〜1740　正徳一元文頃の浄瑠璃太夫、豊後節浄瑠璃の総祖　㊍京都
豊洲
岡本 花亭　おかもと・かてい　1768〜1850　徳川末期の勘定奉行
豊重
歌川 豊国(2代)　うたがわ・とよくに　1777〜1835　浮世絵師
豊姫
豊姫　とよひめ　神功皇后の御妹
豊浦
船越 清蔵　ふなこし・せいぞう　1805〜1862　江戸時代後期の武士
豊高
有井 庄司　ありい・しょうじ　吉野朝時代の勤王家、土佐幡多郡有川村の庄司
豊常〈名〉
滝原 宋閑　たきはら・そうかん　1773〜1845　歌人　㊍京都
豊御食炊屋姫尊
推古天皇　すいこてんのう　554〜628　第33代天皇
豊雄
豊城 豊雄　とよき・とよお　1837〜1917　国学者、信濃佐良志奈神社の神職
豊楽門院
豊楽門院　ぶらくもんいん　1464〜1535　後柏原天皇の後宮
豊聡耳皇子
聖徳太子　しょうとくたいし　〜622　用明天皇第2の皇子
豊蔵〈通称〉
阿万 鉄帷　あまん・てつがい　〜1876　幕末の日向飫肥藩士
豊麿〈号〉
井上 淑蔭　いのうえ・よしかげ　1804〜1886　国学者　㊍武州入間郡勝呂村

【蔀】

蔀山〈号〉
淡輪 元潜　たんなわ・げんせん　1729〜1808　筑後柳河藩の大坂蔵屋敷に勤めた藩医

【鳳】

鳳〈名〉
今津 桐園　いまず・とうえん　1789〜1856　徳川中期より末期に至る儒者　㊍周防三田尻
鳳下堂〈号〉
池西 言水　いけにし・ごんすい　1650〜1722　徳川中期の俳人　㊍奈良

鳳山
原 鳳山　はら・ほうざん　1717〜1787　徳川中期の兵学家　[出]土佐
鳳兮〈号〉
大石 鳳兮　おおいし・ほうけい　1790〜1837　徳川中期の地方史家、熊本藩郡代
鳳仭〈号〉
野明　やめい　俳人、芭蕉一門
鳳台
平賀 鳳台　ひらが・ほうだい　徳川中期の儒者
〔糸井〕鳳助
十字亭 三九　じゅうじてい・さんく　江戸時代後期の戯作者
鳳尾庵〈号〉
北条 時隣　ほうじょう・ときちか　1802〜1877　国学者
鳳谷〈号〉
鈴木 宗邦　すずき・そうほう　1802〜1869　徳川中末期の算家　[出]下総香取郡石成
鳳岡
林 信篤　はやし・のぶあつ　1644〜1732　徳川幕府儒官　[出]江戸
鳳洲
村井 鳳洲　むらい・ほうしゅう　1814〜1874　幕末明治初期の俳人　[出]奥州
鳳洲〈号〉
福山 鳳洲　ふくやま・ほうしゅう　1724〜1785　徳川末期の儒者　[出]広島
鳳泉〈号〉
作並 清亮　さくなみ・きよすけ　1841〜1915　幕末・明治時代の漢学者　[出]仙台
鳳剛園〈号〉
浅井 周斎　あさい・しゅうさい　〜1800　山城南山焼の主人
鳳朗
田川 鳳朗　たがわ・ほうろう　1762〜1845　徳川末期の俳人　[出]肥後熊本
鳳栖〈別号〉
岐陽 方秀　きよう・ほうしゅう　1361〜1424　室町時代五山文学者たる南禅寺主　[出]讃岐熊岡
鳳梧
一井 鳳梧　ひとつい・ほうご　1616〜1731　徳川中期の儒者　[出]出雲松江
鳳梧斎〈号〉
向井 魯町　むかい・ろちょう　1656〜1727　徳川中期の俳人、長崎聖堂祭酒　[出]長崎立山
鳳棲舎〈号〉
藤井 鼎左　ふじい・ていさ　1802〜1869　徳川末期の俳人　[出]備後
鳳焦〈号〉
大石 貞和　おおいし・ていわ　1812〜1878　幕末・明治初期の数学者　[出]紀伊東牟婁郡新宮町
鳳陽
上田 鳳陽　うえだ・ほうよう　1769〜1853　徳川末期の国学者　[出]周防吉敷郡山口
鳳雲
高橋 鳳雲　たかはし・ほううん　1810〜1858　江戸末期の仏師　[出]江戸神田

【縫】

〔泉町〕縫左衛門〈晩名〉
大薩摩 文太夫（2代）　おおざつま・ぶんだゆう　〜1827　大薩摩節の太夫、文化・文政時代の名手　[出]水戸
縫殿〈通称〉
井上 蘭台　いのうえ・らんだい　1705〜1761　江戸中期の儒者　[出]江戸材木町
縫殿
京極 高或　きょうごく・たかもち　1692〜1724　徳川中期の讃岐丸亀城主
縫殿〈通称〉
桧垣 貞度　ひがき・さだのり　1784〜1831　徳川中期の国学者

【亡】

亡羊
三宅 寄斎　みやけ・きさい　1580〜1649　徳川初期の儒者　[出]泉州堺

【卯】

卯七
蓑田 卯七　みのだ・うしち　徳川中期の俳人　[出]長崎
卯之助〈通称〉
春木 南溟　はるき・なんめい　1795〜1878　徳川末期の南宗画家
卯吉郎〈通称〉
大庭 恭　おおば・たい　徳川中期の儒者　[出]熊本
卯吉郎〈通称〉
竹内 卯吉郎　たけのうち・うきちろう　1813〜1863　幕末期の航海技術者　[出]長崎
卯兵衛〈通称〉
高橋 正次　たかはし・まさつぐ　江戸の金工
卯時庵〈号〉
松木 珪琳　まつき・けいりん　〜1742　徳川中期の俳人　[出]江戸
卯雲
木室 卯雲　きむろ・ぼううん　1708〜1783　狂歌師
〔白鯉館〕卯雲
木室 卯雲　きむろ・ぼううん　1708〜1783　狂歌師
卯観子〈号〉
小川 破笠　おがわ・はりつ　1663〜1747　徳川中期の俳人、嵌工芸術家　[出]江戸

【坊】

坊門院
坊門院　ぼうもんいん　1177〜1210　高倉天皇の皇女

【忘】

忘吾子〈号〉
西山 宗因　にしやま・そういん　1605〜1682　徳川初期の連歌俳諧師　[出]肥後八代
忘居士〈別号〉
青人　あおんど　〜1740　俳人、伊丹派　[出]伊丹
忘斎〈号〉
日高 涼台　ひたか・りょうだい　1797〜1868　幕末明治の医家　[出]安芸の山県郡新庄

忘筌斎〈号〉
榊原 香山　さかきばら・こうざん　1730〜1797　徳川中期の儒者　[出]江戸
忘憂草園主人〈雅号〉
末永 茂世　すえなが・しげつぐ　1837〜1915　歌人、福岡藩士　[出]筑前福岡郊外春吉村

【房】

〔藤原〕房子
新上西門院　しんじょうさいもんいん　1653〜1712　霊元天皇の皇后
〔万里小路〕房子
清光院　せいこういん　?〜1581　戦国〜織豊時代の女官
〔平〕房世
房世王　ふさよおう　?〜883　仲野親王の王子
房次郎
高畑 房次郎　たかはた・ふさじろう　1828〜1862　幕末の志士　[出]茨城県久滋郡小島村
房行〈幼名〉
菊岡 沾涼　きくおか・せんりょう　1680〜1747　徳川中期の俳人　[出]江戸
房宝〈初名〉
樋口 泉　ひぐち・いずみ　1809〜1874　幕末明治の和算家
房明
菱田 房明　ひしだ・ふさあき　1697〜1766　徳川中期の幕府の能吏　[出]江戸
房信
富川 吟雪　とみかわ・ぎんせつ　江戸中・後期の浮世絵師・戯作者
房政
鈴木 房政　すずき・ふさまさ　1832〜1908　歌人　[出]武蔵橘樹郡長尾村向丘
房常
速水 房常　はやみ・ふさつね　〜1769　有職家　[出]京都
〔日下〕房敬〈通称〉
日の下 花満　ひのもと・はなみつ　1785〜1835　狂歌師
房滋〈名〉
配力　はいりき　〜1732　俳人、芭蕉一門　[出]伊賀上野
房義
天野 房義　あまの・ふさよし　文政頃の綴錦の名手
房綱
佐野 房綱　さの・ふさつな　〜1601　徳川初期の下野佐野城主
房親
原 勝胤　はら・かつたね　?〜1600　織豊時代の武将

【茅】

茅上娘子
狭野 茅上娘子　さのの・ちがみのおとめ　奈良時代の歌人
茅海〈号〉
日根野 対山　ひねの・たいざん　1813〜1869　徳川中末期の南画家　[出]泉州佐野
茅風〈号〉
高野 百里　たかの・ひゃくり　1666〜1727　俳人、魚問屋
茅淳翁〈号〉
菅沼 奇渕　すがぬま・きえん　1763〜1834　徳川中期の俳人　[出]大阪
茅渕〈別称〉
三枝 斐子　さいぐさ・あやこ　1759〜　徳川中期の堺奉行土屋紀伊守の妻、女流文学者

【昴】

昴圭〈別号〉
佐藤 解記　さとう・げき　1814〜1859　徳川末期の和算家　[出]越後小千谷

【某】

某
高山 某　たかやま・ぼう　加藤清正の臣、キリスト教信奉者
某師〈号〉
伴 建尹　ばん・けんいん　徳川中期弘前藩の儒者

【皛】

皛
丹羽 盤桓　にわ・ばんかん　1773〜1841　江戸時代後期の書家、儒者

【望】

望一
杉田 望一　すぎた・もういち　1548〜1630　俳人　[出]伊勢山田
望東
野村 望東　のむら・ぼうとう　1806〜1867　維新時代の女流勤王家、歌人
望東尼
野村 望東　のむら・ぼうとう　1806〜1867　維新時代の女流勤王家、歌人
望春亭〈号〉
小野 素郷　おの・そごう　1749〜1820　徳川中期の俳人　[出]盛岡
望楠軒〈号〉
浅見 絅斎　あさみ・けいさい　1652〜1711　徳川中期の儒者　[出]近江高島郡太田村
望磨
満月居 望磨　まんげつきょ・もちまろ　狂歌師

【傍】

傍池亭〈別号〉
内藤 露沾　ないとう・ろせん　1655〜1733　徳川中期の俳人　[出]江戸桜田

【帽】

帽山〈号〉
安部井 帽山　あべい・ぼうざん　1778〜1845　徳川中期の儒者

【棒】

棒園〈号〉
　御巫 清直　みかなぎ・きよなお　1812～1894　国学者、神官　㊤伊勢国度会郡山田吹上町

【懋】

懋〈本名〉
　津山 東溟　つやま・とうめい　1744～1801　徳川中期の学者　㊤筑後久留米
懋
　池尻 茂四郎　いけじり・もしろう　1840～1864　幕末の武士
懋斎〈号〉
　人見 伝　ひとみ・でん　1638～1696　儒者　㊤京都
〔羽生〕**懋斎**
　土生 熊五郎　はぶ・くまごろう　江戸時代後期の儒者
懋遷〈字〉
　今枝 直方　いまえだ・なおかた　1653～1728　徳川中期の国学者

【北】

北小路斎院
　怡子内親王　いしないしんのう　輔仁親王(後三条天皇皇子)の王女
北山宮
　梵勝　ぼんしょう　南朝の皇胤
北山院
　北山院　きたやまいん　～1419　将軍足利義満の室
北山殿
　足利 義満　あしかが・よしみつ　1358～1408　足利3代将軍
北元
　鴨 北元　かも・ほくげん　1776～1838　徳川中期の俳人　㊤江戸
北方〈別号〉
　槻本 之道　えもと・しどう　～1711　徳川中期の俳人
北水
　浅野 北水　あさの・ほくすい　江戸時代の戯作者
〔葛städ〕**北水**
　浅野 北水　あさの・ほくすい　江戸時代の戯作者
北水浪士〈号〉
　岡西 惟中　おかにし・いちゅう　1639～1711　徳川中期の俳人　㊤因州鳥取
北玉堂〈号〉
　北市屋 平吉　きたいちや・へいきち　1803～1870　加賀九谷焼の陶工　㊤加賀能美郡小松町
北白河院〈院号〉
　北白河院　きたしらかわのいん　1173～1238　後高倉太上天皇の妃
北辺〈号〉
　富士谷 成章　ふじたに・なりあきら　1738～1779　徳川中期の国学者、歌人　㊤京都
北年〈号〉

大西 十左衛門　おおにし・じゅうざえもん　徳川中期の俳人
北庄中納言
　小早川 秀秋　こばやかわ・ひであき　1577～1602　安土・桃山時代の大名　㊤近江国長浜
北庄侍従
　堀 秀治　ほり・ひではる　1575～1606　桃山・徳川時代初期の武将
北肉山人〈号〉
　藤原 惺窩　ふじわら・せいか　1561～1619　織豊時代―徳川初期の儒者　㊤播磨国細川荘
北寿〈号〉
　早見 晋我　はやみ・しんが　1671～1745　徳川中期の俳人　㊤下総結城
北寿
　昇亭 北寿　しょうてい・ほくじゅ　1763?～?　江戸時代中期～後期の浮世絵師
北花坊〈号〉
　宇中　うちゅう　享保時代の俳人　㊤加賀の小松
北固
　波多 守節　はた・しゅせつ　1726～1755　江戸時代中期の儒者
北枝
　立花 北枝　たちばな・ほくし　～1718　徳川中期の俳人　㊤加賀国小松
北政所
　豊臣 秀吉室杉原氏　とよとみ・ひでよししつすぎはらし　1542～1624　北政所　㊤尾張
北栄子〈別号〉
　至清堂 捨魚　しせいどう・すてな　江戸の狂歌師
北海
　青木 北海　あおき・ほっかい　1782～1865　徳川中期の国学者、富山藩士
北海〈号〉
　入江 北海　いりえ・ほっかい　1714～1789　徳川中期の儒者　㊤出羽
〔殿岡〕**北海**
　青木 北海　あおき・ほっかい　1782～1865　徳川中期の国学者、富山藩士
北海陳人〈号〉
　藤田 祥元　ふじた・しょうげん　徳川中期の画家　㊤羽後秋田郡八幡岱村新田
北洲
　春好斎 北洲　しゅんこうさい・ほくしゅう　江戸時代後期の浮世絵師
北泉
　葛飾 戴斗　かつしか・たいと　江戸末期の浮世絵師
北泉
　近藤 北泉　こんどう・ほくせん　江戸時代の画家
北洋
　増井 熊太　ますい・くまた　1843～1864　幕末の武士
北冥〈号〉
　沢辺 北冥　さわべ・ほくめい　1764～1852　徳川末期の儒者　㊤丹後宮津
北華
　山崎 北華　やまさき・ほくか　1700～1746　徳川中期の俳人　㊤江戸
北馬
　蹄斎 北馬　ていさい・ほくば　1771～1844　江戸中期の浮世絵師　㊤江戸

ぼく（ト, 朴, 牧, 羹, 墨）

北堂〈号〉
　久世 央　くぜ・おう　1822〜1875　幕末・明治初期の算家　⊕越中上新川郡下砂子坂
北斎
　葛飾 北斎　かつしか・ほくさい　1760〜1849　江戸末期の浮世絵師　⊕江戸本所割下水
北斎〈号〉
　佐藤 晩得　さとう・ばんとく　〜1792　俳人、佐竹侯の臣　⊕秋田角館
北渓
　谷 北渓　たに・ほっけい　1727〜1797　徳川中期の国学者　⊕土佐国香美郡山田村
北渓
　魚屋 北渓　ととや・ほっけい　1780〜1850　江戸時代後期の浮世絵師
北窓〈別号〉
　白井 佐一郎　しらい・さいちろう　1821〜1877　幕末明治の漢学者　⊕奥州須賀川
北窓梅好〈初号〉
　鶴廼屋 梅好　つるのや・うめよし　徳川中末期大阪の狂歌師
北窓庵〈号〉
　二六庵 竹阿　にろくあん・ちくあ　〜1790　徳川中期の俳人　⊕江戸
北野〈号〉
　富士谷 御杖　ふじたに・みつえ　1768〜1823　徳川中期の国学者　⊕京都
北陲〈別号〉
　藤木 実斎　ふじき・じつさい　1824〜1859　幕末の漢学者
北越雲水〈号〉
　井上 井月　いのうえ・せいげつ　1822〜1887　徳川末期〜明治中期の俳人　⊕越後長岡
〔東南西〕北雲
　葛飾 北雲　かつしか・ほくうん　江戸時代後期の浮世絵師
北溟
　阿部 北溟　あべ・ほくめい　1704〜1765　徳川中期の医家　⊕越後村上町
北溟〈号〉
　佐藤 正持　さとう・まさもち　1809〜1857　徳川中期の画家　⊕江戸
北溟〈別号〉
　手塚 兎月　てずか・とげつ　徳川中期享和文化頃の戯作者　⊕京都
北溟合浦〈別号〉
　手塚 兎月　てずか・とげつ　徳川中期享和文化頃の戯作者　⊕京都
北鷲
　葛飾 北鷲　かつしか・ほくが　幕末の浮世絵師　⊕江戸
〔抱亭〕北鷲
　葛飾 北鷲　かつしか・ほくが　幕末の浮世絵師　⊕江戸

【ト】

ト一山房〈号〉
　雛田 中清　ひなた・なかきよ　1819〜1886　幕末の志士
ト尺
　小沢 ト尺　おざわ・ぼくせき　1723〜1749　徳川中期の俳人
ト全
　氏家 ト全　うじいえ・ぼくぜん　〜1571　戦国時代の武将
ト幽軒
　人見 ト幽軒　ひとみ・ぼくゆうけん　1599〜1670　儒者　⊕京二条烏丸
ト斎
　栗山 利安　くりやま・としやす　1549〜1631　豊臣・徳川初期の武将　⊕播磨
ト養
　半井 ト養　なからい・ぼくよう　1607〜1678　徳川初期の医家、狂歌師　⊕和泉国堺

【朴】

朴庵
　佐々城 朴庵　ささき・ぼくあん　徳川中期の婦人科医　⊕陸前国桃生郡中津山村新田
朴斎〈号〉
　河村 再転坊　かわむら・さいわぼう　1726〜1786　徳川中期の俳人　⊕尾張
朴斎〈号〉
　牧 文七　まき・ぶんしち　1782〜1857　名古屋の陶工

【牧】

牧山
　佐藤 牧山　さとう・ぼくざん　1801〜1891　幕末明治の儒者　⊕尾張中島郡山崎村
牧ヒ
　浅井 安国　あさい・やすくに　1805〜1867　幕末の兵学家、仙台藩士
牧羊人〈号〉
　白井 鳥酔　しらい・ちょうすい　1701〜1769　徳川中期の俳人　⊕上総埴生郡地引村
牧斎
　長山 牧斎　ながやま・ぼくさい　1765〜1849　画家　⊕秋田
牧童
　立花 牧童　たちばな・ぼくどう　徳川中期の俳人、研刀師　⊕加賀小松

【羹】

羹言
　寺島 羹言　てらしま・ぼくげん　1646〜1736　徳川中期の俳人　⊕尾州鳴海の本陣

【墨】

墨山樵夫〈別号〉
　延年　えんねん　1746〜1819　徳川中期の篆刻家
墨江斎〈号〉
　墨江 武禅　すみえ・ぶぜん　1734〜1806　徳川中期の画家、彫金家　⊕大阪
墨狂〈号〉
　伊村 鷗沙　いむら・おうしゃ　1724〜1796　徳川中期の俳人　⊕名古屋
墨松〈雅号〉

号・別名辞典　古代・中世・近世　479

末永 茂世　すえなが・しげつぐ　1837～1915　歌人、福岡藩士　[出]筑前福岡郊外春吉村
〔扇屋〕墨河
棟上 高見　むねあげの・たかみ　1744～1801　狂歌師
〔鈴木〕墨河
棟上 高見　むねあげの・たかみ　1744～1801　狂歌師
墨春亭梅麿〈別号〉
春廼舎 梅麿　はるのや・うめまる　文政天保頃の狂歌師、戯作者
墨斎〈号〉
大原 呑響　おおはら・どんきょう　～1810　徳川中期の画家　[出]陸中東磐井郡大原
墨斎
没倫 紹等　もつりん・じょうとう　?～1492　室町時代の僧
〔兵部〕墨渓
墨渓　ぼっけい　?～1473　室町時代の画僧
墨僊〈号〉
沼尻 完蔵　ぬまじり・かんぞう　1774～1856　江戸末期の天文・地理学者　[出]常陸

【撲】

撲斎〈号〉
打越 樸斎　うちこえ・ぼくさい　1686～1740　徳川中期水戸藩の文学者

【樸】

樸斎
打越 樸斎　うちこえ・ぼくさい　1686～1740　徳川中期水戸藩の文学者
樸斎〈号〉
大滝 光憲　おおたき・こうけん　1799～1862　江戸中・末期の数学者、国学者　[出]羽州庄内大山

【穆】

穆〈名〉
岡田 篁所　おかだ・こうしょ　1821～1903　徳川末期明治時代の漢学者、医家　[出]肥前長崎
穆
奥平 小太郎　おくだいら・こたろう　1834～1860　幕末の武士
〔岡〕穆斎
片岡 子蘭　かたおか・しらん　?～1818　江戸時代中期～後期の儒者

【勃】

勃窣翁〈号〉
松木 淡々　まつき・たんたん　1674～1761　徳川中期の俳人　[出]大阪西横堀

【本】

本平館〈別号〉
畠中 銅脈　はたなか・どうみゃく　1752～1801　徳川中期の狂詩家、戯作者
本立〈号〉
石村 近江（6代）　いしむら・おうみ　～1716　三味線の名工
本光国師
以心 崇伝　いしん・すうでん　1569～1633　室町時代公家、武家、諸寺の諸法度を記案した禅僧　[出]京都
本光窟〈号〉
越渓 守謙　えっけい・しゅけん　1810～1884　妙心寺主　[出]若狭
本有円成国師
関山 慧玄　かんざん・えげん　1277～1360　南北朝時代の禅僧（臨済宗）　[出]信濃
本助〈別名〉
春木 元助　はるき・もとすけ　安永・天明時代の大阪の歌舞伎狂言作者
本寿院
本寿院　ほんじゅいん　徳川家慶側室　[出]江戸
本町庵〈別号〉
式亭 小三馬　しきてい・こさんば　1812～1853　戯曲者
本実
黄文 本実　きぶみの・ほんじつ　7世紀後半から8世紀初め（白鳳時代）の画家、技術者
〔黄書〕本実
黄文 本実　きぶみの・ほんじつ　7世紀後半から8世紀初め（白鳳時代）の画家、技術者
本浄
業海 本浄　ごうかい・ほんじょう　?～1352　鎌倉～南北朝時代の僧
本翁〈号〉
古畑 玉函　ふるはた・ぎょくかん　1778～1848　徳川末期の儒者
本高
風外　ふうがい　1779～1847　画僧　[出]伊勢
本寂〈別称〉
華園 摂信　はなぞの・せっしん　1808～1877　僧侶　[出]京都
本庵〈別称〉
松田 竹里　まつだ・ちくり　徳川中期の医家
本清〈号〉
冷泉 雅二郎　れいぜい・まさじろう　1841～1903　萩藩大組の士
本覚大師
益信　やくしん　827～906　寛平法皇の師僧　[出]備後
本覚国師
虎関 師錬　こかん・しれん　1278～1346　鎌倉時代の南禅寺の学僧　[出]京都
本誉
利覚　りかく　?～1611　織豊～江戸時代前期の僧
本蔭〈号〉
黒川 春村　くろかわ・はるむら　1798～1866　徳川末期の国学者　[出]江戸

【凡】

凡兆
酒井 凡兆　さかい・ぼんちょう　1755～1812　庄内藩第9代主にして俳人
凡兆

野沢 凡兆　のざわ・ぼんちょう　～1714　江戸中期の俳人、医者　[出]加賀国金沢

【麻】

麻六坊〈号〉
松露庵 烏明　しょうろあん・うめい　1726～1801　徳川中期の俳人　[出]江戸
〔笠〕麻呂
沙弥満誓　さみまんせい　万葉集歌人
〔物部〕麻呂
石上 麻呂　いそのかみの・まろ　640～717　飛鳥～奈良時代の公卿
麻谷
大岳 麻谷　おおだけ・まこく　1727～1798　徳川中期江戸の儒者
麻績一〈名〉
芦野屋 麻績一　あしのや・おみのいち　1803～1855　徳川末期の国学者、鍼医　[出]江戸

【摩】

摩阿
加賀殿　かがどの　～1605　豊臣秀吉の側室
摩訶庵〈別号〉
遠藤 蒼山　えんどう・そうざん　1820～1869　徳川末期の俳人　[出]羽前赤湯
摩詰庵〈号〉
吉井 雲鈴　よしい・うんれい　～1717　徳川中期の俳人

【磨】

磨魂舎〈号〉
江上 栄之進　えがみ・えいのしん　1834～1865　幕末期の志士、福岡藩士

【妹】

妹子
小野 妹子　おのの・いもこ　推古朝に於ける遣隋大使、小野の祖

【苺】

苺苔園〈字〉
下郷 学海　しもさと・がくかい　1742～1790　徳川中期の俳人　[出]尾張鳴海

【枡】

枡太夫
豊竹 丹後少掾（2代）　とよたけ・たんごのしょうじょう　江戸時代中期の浄瑠璃太夫

【末】

末寿
荒木田 末寿　あらきだ・すえほぎ　～1828　徳川末期の国学者、伊勢内宮の神官
〔荒木田〕末偶
菊屋 末偶　きくや・すえとも　1736～1802　江戸時代中期～後期の国学者、神職

【万】

万
お万の方　おまんのかた　1580～1653　将軍徳川家康の側室
万
亀井 大年　かめい・たいねん　1777～1812　江戸時代後期の儒者、医師
万一郎〈通称〉
平野 喜房　ひらの・きぼう　江戸末期頃の和算家、尾州藩士
万三郎〈通称〉
井部 香山　いべ・こうざん　1794～1853　徳川中期の漢学者　[出]越後中頸城郡西島村
〔鶴沢〕万三郎（1代）〈前名〉
大西 藤蔵（1代）　おおにし・とうぞう　義太夫節三絃の名家、大西流祖
万子
生駒 万子　いこま・まんし　1654～1719　徳川中期の俳人、加賀金沢の藩士
万五郎〈通称〉
伴 直方　ばん・なおかた　1790～1842　徳川中期の国学者　[出]江戸
〔近江屋〕万五郎〈通称〉
菊川 英山　きくかわ・えいざん　1787～1867　江戸末期の浮世絵師、菊川流の祖　[出]江戸市ケ谷
万六〈初名〉
大谷 広右衛門（5代）　おおたに・ひろえもん　1804～1855　歌舞伎俳優、弘化・嘉永時代の実悪の達者
万太夫
中山 小夜之助　なかやま・さよのすけ　江戸時代前期の歌舞伎役者
万太郎〈初名〉
広瀬 式部太夫　ひろせ・しきぶだゆう　元禄期に於ける江戸の浄瑠璃太夫、式部節の流祖
万平
万乎　まんこ　～1724　俳人、芭蕉一門　[出]伊賀上野
万右衛門〈通称〉
多賀谷 亀翁　たがや・きおう　徳川中期の俳人　[出]江戸
万右衛門〈通称〉
多賀谷 亀翁　たがや・きおう　徳川中期の俳人　[出]江戸
万四郎
入 庸昌　いり・ようしょう　1693～1752　江戸中期の数学者、信濃松代藩士
万四郎
三谷 蒼山　みたに・そうざん　1779～1841　江戸時代後期の庄屋
〔関根〕万平〈本姓名〉
斎藤 宜明　さいとう・ぎめい　1794～1860　徳川中末期の算家　[出]上州勢多郡飯士井
万光〈号〉
工藤 平助　くどう・へいすけ　1732～1800　徳川中期の儒医、経世家　[出]紀州
万吉〈通称〉

まん（万）

菊川 英山　きくかわ・えいざん　1787〜1867　江戸末期の浮世絵師、菊川流の祖　㊥江戸市ケ谷
〔荒木〕万吉〈前名〉
　嵐 冠十郎(1代)　あらし・かんじゅうろう　1774〜1846　歌舞伎俳優、化政期の実悪の老巧　㊥江戸
〔坂東〕万吉〈初名〉
　嵐 冠十郎(1代)　あらし・かんじゅうろう　1774〜1846　歌舞伎俳優、化政期の実悪の老巧　㊥江戸
万年〈号〉
　牡年　ぼねん　〜1727　俳人、芭蕉一門、去来・魯町の弟
万年〈字〉
　榊原 霞洲　さかきばら・かしゅう　1691〜1748　徳川中期の漢学者　㊥紀州
万年〈号〉
　三宅 石庵　みやけ・せきあん　1665〜1730　儒者　㊥京都三条通
万年〈号〉
　石川 清澄　いしかわ・きよずみ　1786〜1834　江戸末期の狂歌師　㊥江戸
万年
　木村 八甲　きむら・はっこう　1762〜1813　江戸時代中期〜後期の医師
万次郎
　中浜 万次郎　なかはま・まんじろう　1827〜1898　徳川末期の幕臣　㊥土佐
万次郎〈通称〉
　土屋 温斎　つちや・おんさい　1823〜1890　幕末明治時代の和算家　㊥豊後西国東郡大岩屋
万次郎〈名〉
　鈴木 長翁斎(2代)　すずき・ちょうおうさい　〜1886　錺師
〔竹中〕万次郎〈変名〉
　竹内 百太郎　たけのうち・ひゃくたろう　1831〜1865　幕末の志士　㊥常陸国新治郡安食村
万作〈通称〉
　吉田 為幸　よしだ・ためゆき　1819〜1892　和算家、名古屋藩士
万作〈前名〉
　大谷 広右衛門(5代)　おおたに・ひろえもん　1804〜1855　歌舞伎俳優、弘化・嘉永時代の実悪の達者
万作〈前名〉
　大谷 友右衛門(4世)　おおたに・ともえもん　1791〜1861　歌舞伎俳優　㊥大阪
〔中村〕万作
　中山 小十郎(7代)　なかやま・こじゅうろう　1768〜1798　江戸時代中期〜後期の歌舞伎役者、振付師
〔志賀山〕万作(8代)〈別名〉
　中村 仲蔵(1代)　なかむら・なかぞう　1736〜1790　江戸の歌舞伎俳優　㊥江戸深川小松町
万兵衛重信〈通称〉
　生駒 万子　いこま・まんし　1654〜1719　徳川期の俳人、加賀金沢の藩士
万李
　桑野 万李　くわの・まんり　1678〜1756　徳川期の俳人、福岡藩士
万李居士〈号〉
　桑野 万李　くわの・まんり　1678〜1756　徳川期の俳人、福岡藩士
万里

百武 万里　ひゃくたけ・ばんり　1794〜1854　徳川末期福岡の蘭医　㊥筑前宗像郡福間
万里(1代)
　鈴木 万里(1代)　すずき・ばんり　〜1816　京阪における江戸長唄、ぶんご節謡
万里(2代)
　鈴木 万里(2代)　すずき・ばんり　1775〜1819　京阪における江戸長唄、ぶんご節謡
万里(3代)
　鈴木 万里(3代)　すずき・ばんり　京阪における江戸長唄、ぶんご節謡
万里(4代)
　鈴木 万里(4代)　すずき・ばんり　京阪における江戸長唄、ぶんご節謡
万里亭〈号〉
　大場 蓼和　おおば・りょうわ　1677〜1759　徳川中期の俳人　㊥江戸
万里斎〈号〉
　溝口 素丸　みぞぐち・そがん　1713〜1795　徳川中期の俳人　㊥江戸
万宝
　七珍 万宝　しっちん・まんぽう　1758〜1831　戯作者、狂歌師
万陀伎
　文斎 万陀伎　ぶんさい・まだき　狂歌師
万非〈号〉
　佐久間 果園　さくま・かえん　1803〜1892　幕末明治の国学者、豊前小倉藩士
万秋門院
　万秋門院　ばんしゅうもんいん　1268〜1338　後二条天皇の後宮
万庵
　市川 万庵　いちかわ・まんあん　1838〜1907　幕末明治時代の書家　㊥江戸和泉橋通
〔市河〕万庵
　市川 万庵　いちかわ・まんあん　1838〜1907　幕末明治時代の書家　㊥江戸和泉橋通
万斎〈号〉
　永山 弥一　ながやま・やいち　〜1877　西南役薩軍の士
万菊(2代)
　山下 万作　やました・まんさく　?〜1816　江戸時代後期の歌舞伎役者
万葉亭〈別号〉
　鹿都部 真顔　しかつべの・まがお　1752〜1829　徳川中期の戯作者、狂歌師　㊥江戸
万象〈号〉
　梅価　ばいか　〜1843　化政期の俳人
万誉
　顕道 けんどう　1790〜1858　江戸時代後期の僧
〔竹田〕万徳〈初名〉
　坂東 満蔵　ばんどう・まんぞう　寛延〜安永時代の京都の歌舞伎俳優
万蔵〈通称〉
　安島 直円　あじま・なおのぶ　〜1798　江戸中期の数学者、羽州新庄侯戸沢上総介の江戸詰家臣　㊥江戸
万蔵
　佐野川 万蔵　さのかわ・まんぞう　徳川時代大阪の長唄の三絃弾き
万蔵〈通称〉

森羅 万象（2世）　しんら・ばんしょう　1754〜1808　江戸時代の戯作者
〔森島〕万蔵
森羅 万象（2世）　しんら・ばんしょう　1754〜1808　江戸時代の戯作者
万齢〈字〉
夏目 成美　なつめ・せいび　1749〜1816　徳川中期の俳人　[出]江戸
万齢坊〈号〉
夏目 成美　なつめ・せいび　1749〜1816　徳川中期の俳人　[出]江戸
万麿
片岡 仁左衛門（7代）　かたおか・にざえもん　1755〜1837　大阪の歌舞伎俳優　[出]京都

【満】

満丸
柳条亭（2代）　りゅうじょうてい　京都の狂歌師
満仲
源 満仲　みなもとの・みつなか　912〜997　平安中期の武将
〔多田〕満仲
源 満仲　みなもとの・みつなか　912〜997　平安中期の武将
満光
栗山 満光　くりやま・みつてる　1702〜1772　徳川中期の歌人　[出]和泉国堺
〔大江〕満安
矢島 満安　やじま・みつやす　?〜1593　織豊時代の武将
満忠〈名〉
平瀬 伊右衛門　ひらせ・いえもん　〜1870　淡路洲本の奬略者　[出]淡路国洲本
満所
伊東 満所　いとう・まんしょ　1570〜1612　天正遣欧少年使節4人のうちの筆頭
〔近江〕満昌
児玉 満昌　こだま・みつまさ　1611〜1704　江戸時代前期の能面師
満基
二条 満基　にじょう・みつもと　1383〜1410　公卿
〔藤原〕満基
二条 満基　にじょう・みつもと　1383〜1410　公卿
満教
九条 満家　くじょう・みついえ　1394〜1449　室町時代の公卿
満清
逸見 満清　へんみ・まんせい　1683〜1768　徳川中期の和算家　[出]羽州山形
満堯〈名〉
早水 藤左衛門　はやみ・とうざえもん　1664〜1703　赤穂47士の1人
〔富本家〕満登太夫〈別名〉
富本 大和太夫（1代）　とみもと・やまとだゆう　富本浄瑠璃の名家
満照
出目 満照　でめ・みつてる　能面工
満義
繁田 満義　はんだ・みつよし　1845〜　埼玉県入間郡豊岡町黒須の名主、産業功労者
満詮
足利 満詮　あしかが・みつあき　〜1418　将軍足利義詮の第2子
満誓
沙弥満誓　さみまんせい　万葉集歌人
満慶
満米　まんべい　平安時代前期の僧
満潮〈法名〉
大熊 弁玉　おおくま・べんぎょく　1818〜1880　幕末明治の歌人　[出]江戸浅草
満蔵〈通称〉
安藤 知冬　あんどう・ともふゆ　1718〜1783　徳川中期の漢学者　[出]讃岐三野郡上勝間
満蔵
坂東 満蔵　ばんどう・まんぞう　寛延―安永時代の京都の歌舞伎俳優
〔鶴沢〕満蔵〈別名〉
佐野川 万蔵　さのかわ・まんぞう　徳川時代大阪の長唄の三絃弾き

【漫】

漫々
早川 広海　はやかわ・こうかい　1775〜1830　徳川中期の医家　[出]甲斐東山梨郡日下部村八日市場
〔安田〕漫々
早川 広海　はやかわ・こうかい　1775〜1830　徳川中期の医家　[出]甲斐東山梨郡日下部村八日市場
漫々堂〈別号〉
普栗 釣方　ふぐりの・つりかた　〜1783　狂歌師

【未】

未仏
西来居 未仏　さいらいきょ・みぶつ　狂歌師
未白
酒井 未白　さかい・みはく　?〜1845　江戸時代後期の俳人
未来坊〈号〉
山村 月巣　やまむら・げっそう　1730〜1785　徳川中期の俳人　[出]出羽村山郡寒河江
未来居士〈号〉
小西 来山　こにし・らいざん　1654〜1716　徳川中期の俳人　[出]大阪
未足斎〈号〉
堀田 六林　ほった・ろくりん　1710〜1792　徳川中期の俳人　[出]名古屋
未得
石田 未得　いしだ・みとく　1587〜1669　徳川初期の俳人　[出]江戸
未達
西村 市郎右衛門　にしむら・いちろうえもん　?〜1696　江戸時代前期の版元、浮世草子作者

【味】

味次
下間 政勝（2代）　しもつま・まさかつ　〜1800　京都の釜師
味宣
下間 政勝（3代）　しもつま・まさかつ　京都の釜師

味墨〈別号〉
浜野 政随　はまの・しょうずい　1696〜1769　江戸時代の彫金家

【密】

密雲〈号〉
大田 白雪　おおた・はくせつ　1661〜1735　徳川中期の俳人　[出]三河国新城
密雲峰〈号〉
大田 白雪　おおた・はくせつ　1661〜1735　徳川中期の俳人　[出]三河国新城
密厳
慈猛　じみょう　1212〜1277　鎌倉時代の僧

【妙】

妙立
妙立　みょうりゅう　1637〜1690　天台安楽律の創唱者　[出]美作
妙吉祥院
明子女王　あきこじょおう　1638〜1680　後西天皇の女御
妙在
此山 妙在　しざん・みょうざい　1296〜1377　天竜・建仁・南禅・円覚寺主、五山文学者　[出]信濃
妙安
惟高 妙安　いこう・みょうあん　1480〜1567　室町後期の僧侶（禅宗）、五山文学者　[出]近江
妙佐〈名〉
汝霖 良佐　じょりん・りょうさ　吉野朝時代の僧、五山文学者　[出]遠江
妙応
真空 妙応　しんくう・みょうおう　?〜1351　鎌倉〜南北朝時代の僧
妙沢
竜湫 周沢　りゅうしゅう・しゅうたく　1308〜1388　五山文学者、建仁・天竜・南禅寺主　[出]甲斐国
妙秀尼
本阿弥 妙秀　ほんあみ・みょうしゅう　1529〜1618　本阿弥光悦の母
妙実〈名〉
大覚　だいがく　1297〜1364　南北朝時代の日蓮宗の僧
妙胤
別伝 妙胤　べつでん・みょういん　?〜1348　南北朝時代の僧
妙竜
諦忍　たいにん　1705〜1786　江戸中期の真言宗の僧　[出]美濃
妙喆
大同 妙喆　だいどう・みょうてつ　鎌倉時代の僧
妙葩
春屋 妙葩　しゅんおく・みょうは　1311〜1388　臨済宗相国寺派の祖　[出]甲斐
妙超
妙超　みょうちょう　1282〜1337　京都大徳寺の開山、臨済宗大徳寺派の始祖　[出]播磨国揖西
〔宗峰〕妙超
妙超　みょうちょう　1282〜1337　京都大徳寺の開山、臨済宗大徳寺派の始祖　[出]播磨国揖西
妙意
慈雲 妙意　じうん・みょうい　1274〜1345　鎌倉・吉野朝時代の僧、臨済宗国泰寺派祖　[出]信濃
妙準
太平 妙準　たいへい・みょうじゅん　鎌倉時代の僧
妙環
枢翁 妙環　すうおう・みょうかん　1273〜1354　鎌倉〜南北朝時代の僧

【民】

民丁〈号〉
貴志 沾洲　きし・せんしゅう　1670〜1739　徳川中期の俳人　[出]江戸
民中〈俳名〉
大熊 宇太右衛門　おおくま・うたえもん　1664〜1721　元禄期の江戸の歌舞伎俳優
民之助〈通称〉
佐藤 神符麿　さとう・しのぶまろ　徳川中末期の皇医、国学者　[出]陸奥伊達郡飯坂村
民吉
加藤 民吉　かとう・たみきち　1772〜1824　尾張瀬戸の磁祖
〔太田〕民吉
広田 精一　ひろた・せいいち　1837〜1864　幕末の志士、宇都宮藩士
民治郎〈俗称〉
左術　さじゅつ　幕末江戸の浮世絵師
民部〈通称〉
弘員　ひろかず　〜1717　俳人、芭蕉一門、伊勢の神宮
民部〈号〉
今枝 直方　いまえだ・なおかた　1653〜1728　徳川中期の国学者
民部
春原 民部　はるはら・みんぶ　1650〜1703　徳川初期の神道家
〔仏師〕民部
民部　みんぶ　1657〜?　江戸時代前期〜中期の仏師
民部大輔政家
竜造寺 政家　りゅうぞうじ・まさいえ　1566〜1607　織豊時代の武将
民部大輔純忠入道理専斎
大村 純忠　おおむら・すみただ　1533〜1587　室町織豊時代の肥前大村藩主にして切支丹大名
民部丞時重〈俗称〉
高山 宗砌　たかやま・そうぜい　〜1455　室町時代の連歌師　[出]大和の人
民部法眼〈別称〉
粟田口 隆光　あわたぐち・たかみつ　吉野朝・室町時代の画家
〔徳川〕民部卿〈別称〉
一橋 治済　ひとつばし・はるなり　1751〜1827　江戸時代の三卿・一橋家の2代目
民部卿三位
源 親子　みなもとの・しんし　護良親王の母
民部卿典侍
後堀河院民部卿典侍　ごほりかわいんのみんぶきょうのすけ　1195〜?　鎌倉時代の歌人
民部卿法印

東条 行長　とうじょう・ゆきなが　1546～1608
　秀吉の馬廻
民さん〈通称〉
　左術　さじゅつ　幕末江戸の浮世絵師

【眠】

眠柳〈号〉
　佐久間 柳居　さくま・りゅうきょ　1686～1748
　徳川中期の俳人　㊨江戸
眠翁〈号〉
　生駒 等寿　いこま・とうじゅ　江戸中期元禄頃の画家
眠雲山房〈別号〉
　朝川 同斎　あさかわ・どうさい　1814～1857　江戸末期の儒者
眠獅
　嵐 雛助(1代)　あらし・ひなすけ　1741～1796
　大阪の歌舞伎俳優、天明・寛政時代の京阪劇壇を代表する立役の名優

【無】

無々居士〈別号〉
　森川 許六　もりかわ・きょろく　1656～1715　徳川中期の俳人　㊨江州彦根
無々道人
　沢田 東江　さわだ・とうこう　1732～1796　江戸中期の書家　㊨江戸
無一〈名〉
　近藤 無市　こんどう・むいち　織豊時代の勇士
無一堂〈別号〉
　深井 志道軒　ふかい・しどうけん　1682～1765　江戸中期の講釈師
無二三道人〈号〉
　昌谷 精溪　さかや・せいけい　1792～1858　徳川末期の漢学者、津山藩士　㊨備中川上郡九名村
無不可ուま〈別号〉
　青木 金山　あおき・きんざん　1781～1818　徳川中期の漢学者
無仏斎〈号〉
　藤井 貞幹　ふじい・ていかん　1732?～1797?　考古学者　㊨京都
無外坊〈号〉
　無外坊 燕説　むがいぼう・えんせつ　1671～1743　徳川中期の俳人　㊨濃州大垣
無外軒〈号〉
　山本 西武　やまもと・にしたけ　1606～1678　徳川初期の俳人
無市
　近藤 無市　こんどう・むいち　織豊時代の勇士
無生居士〈号〉
　烏黒　うこく　1838～1906　俳人
無辺〈号〉
　内藤 丈草　ないとう・じょうそう　1661～1704　徳川中期の俳人　㊨尾張国犬山
無辺
　山本 宗久　やまもと・むねひさ　江戸時代前期の武術家
無々庵(5世)〈号〉
　雲裡　うんり　～1761　天明期の俳人　㊨尾張

無名庵川柳
　川柳(9世)　せんりゅう　1835～1904　川柳点者
無名庵高津野々翁〈号〉
　志太 野坡　しだ・やば　1663～1740　江戸時代前期の俳人　㊨越前
無曲斎〈号〉
　有賀 長伯　ありが・ちょうはく　1662～1737　徳川中期の国学者、歌人　㊨京都
無似子〈号〉
　諸岳 奕堂　もろがく・えきどう　1805～1879　幕末・維新期の禅僧(曹洞宗)　㊨尾張名古屋
無事庵〈号〉
　橘田 春湖　きつだ・しゅんこ　1815～1886　俳人　㊨甲府
無事庵〈号〉
　仙鳥女　せんちょうじょ　天明期の俳人　㊨相模鎌倉
無事斎主人〈別号〉
　三浦 梅園　みうら・ばいえん　1723～1789　豊後杵築藩の儒者　㊨豊後国東郡富永村
無事窟〈号〉
　以哉坊　いさいぼう　1715～1774　天明期の俳人　㊨美濃の黒野
無咎〈字〉
　増野 徳民　ましの・とくみん　1842～1877　幕末長州藩の尊攘家・医家
無弦〈号〉
　池永 大虫　いけなが・だいちゅう　～1870　徳川末期明治初年の俳人
無思窓〈号〉
　山崎 北華　やまさき・ほくか　1700～1746　徳川中期の俳人　㊨江戸
無為〈号〉
　円岡 えんけい　1634～1706　江戸初期浄土宗知恩寺主　㊨京都
無為〈号〉
　向井 魯町　むかい・ろちょう　1656～1727　徳川中期の俳人、長崎聖堂祭酒　㊨長崎立山
無為庵
　三浦 樗良　みうら・ちょら　1729～1780　徳川中期の俳人　㊨志州鳥羽
無相
　文雄　もんのう　1700～1763　江戸時代中期の僧
無荒堂〈号〉
　伊良子 光顕　いらこ・こうけん　1737～1799　徳川中期の西洋流外科医　㊨年山城伏見
無倫
　志村 無倫　しむら・むりん　1655～1717　江戸時代前期～中期の俳人
無根叟〈号〉
　平賀 源内　ひらが・げんない　1726～1779　本草学者、戯作者　㊨讃岐志度浦
無能子〈号〉
　友次 ゆうじ　～1669　俳人、貞門　㊨名古屋
無庵〈号〉
　木下 幸文　きのした・たかふみ　1779～1821　徳川末期の歌人　㊨備中国
無得
　石田 無得　いしだ・むとく　1773～1840　秋田藩の書家　㊨久保田(今の秋田市)
無得鉄涯道人〈別号〉

む（夢，霧）　めい（名，明）

石田 無得　いしだ・むとく　1773～1840　秋田藩の書家　㊲久保田（今の秋田市）
無涯〈号〉
足立 長雋　あだち・ちょうしゅん　1775～1836　医家
無理弥
岡 無理弥　おか・むりや　1819～1888　幕末明治の公益家　㊲松本市
無逸〈号〉
伊良子 道牛　いらこ・どうぎゅう　1671～1728　徳川中期の西洋流外科医　㊲羽後山形
無満
藍沢 無満　あいざわ・むまん　1775～1864　徳川末期の国学者　㊲上野
無琴道人〈別号〉
青木 金山　あおき・きんざん　1781～1818　徳川中期の漢学者
無量
滝 無量　たき・むりょう　徳川中期出雲の儒者
無量〈名〉
福田 大華　ふくだ・たいか　1796～1854　画家また国学者
無量坊〈別号〉
根来 之白　ねごろ・しはく　1644～1713　徳川中期の俳人　㊲摂州堺
無算斎〈号〉
武田 真元　たけだ・しんげん　～1846　徳川中末期の和算家　㊲泉州左海
無雲
松林 左馬助　まつばやし・さまのすけ　1593～1667　江戸時代前期の剣術家
無極子
小松 無極子　こまつ・むきょくし　幕末の和算家
無腸〈号〉
上田 秋成　うえだ・あきなり　1734～1809　江戸中期の国学者、歌人、俳人、浮世草子及び読本作者、茶人　㊲摂津曽根崎
無関
豊田 忠知　とよだ・ただとも　1681～1741　江戸時代中期の武士、茶人
無窮庵〈号〉
竜石　りゅうせき　天明期の俳人
無懐
内藤 丈草　ないとう・じょうそう　1661～1704　徳川中期の俳人　㊲尾張国犬山
無難
至道 無難　しどう・ぶなん　1603～1676　江戸前期の禅僧（臨済宗）　㊲美濃国関ヶ原
〔至道庵〕無難
至道 無難　しどう・ぶなん　1603～1676　江戸前期の禅僧（臨済宗）　㊲美濃国関ヶ原
無竃庵〈号〉
神谷 玄武坊　かみや・げんぶぼう　1713～1798　徳川中期の俳人　㊲江戸

【夢】

夢中庵〈号〉
小川 破笠　おがわ・はりつ　1663～1747　徳川期の俳人、嵌工芸術家　㊲江戸
夢明坊〈号〉

山本 孟遠　やまもと・もうえん　1669～1729　徳川中期の俳人　㊲江州彦根
夢亭〈号〉
東 夢亭　あずま・むてい　1791～1849　徳川末期の漢学者　㊲松阪
夢南〈初号〉
高梨 一具　たかなし・いちぐ　1781～1853　徳川中期の俳人　㊲出羽国村山郡楯岡
夢皇女
磐隈皇女　いわくまのこうじょ　欽明天皇の皇女
夢梅〈雅号〉
今枝 夢梅　いまえだ・むばい　1803～1852　徳川末期の京都の医家
夢堂
高岡 夢堂　たかおか・むどう　1817～1869　幕末の大垣藩士
夢庵〈号〉
栗の本 可大　くりのもと・かだい　1807～1862　徳川中期の俳人　㊲陸奥陸島
夢楽
三笑亭 夢楽（1代）　さんしょうてい・むらく　1777～1831　落語家　㊲江戸麻布
夢楽（1代）
三笑亭 夢楽（1代）　さんしょうてい・むらく　1777～1831　落語家　㊲江戸麻布
夢楽（1代）
三笑亭 夢楽（1代）　さんしょうてい・むらく　1777～1831　落語家　㊲江戸麻布
夢霞山人〈号〉
箕作 省吾　みつくり・しょうご　1821～1846　徳川末期の地理学者
夢鷹〈号〉
岩付 太郎左衛門　いわつけ・たろうざえもん　越後村上藩士

【霧】

霧山軒〈別号〉
沢 露川　さわ・ろせん　1661～1743　徳川中期の俳人　㊲伊賀国山田郡友生村
霧渓
池田 霧渓　いけだ・むけい　1784～1857　江戸後期の医者　㊲上野

【名】

名垂
沢田 名垂　さわだ・なたり　1775～1845　幕末の国学者　㊲会津
〔水谷〕名武〈通称〉
法昌庵 谷住　ほうしょうあん・たにずみ　狂歌師

【明】

明子
藤原 明子　ふじわらの・あきらけいこ　829～900　文徳天皇の女御、清和天皇の御母
明心居士〈号〉
松永 貞徳　まつなが・ていとく　1571～1653　織豊時代—徳川初期の俳人にして国学者　㊲京都
明司

めい（迷，冥）

村上 忠明　むらかみ・ただあき　1844～1865　幕末の尊攘運動家
明石（1代）
　中村 勘三郎（2代）　なかむら・かんざぶろう　1647～1674　歌舞伎俳優
明石（2代）〈初名〉
　中村 明石清三郎　なかむら・あかしせいざぶろう　元禄期の江戸の歌舞伎狂言作者
明石（3代）
　中村 勘三郎（7代）　なかむら・かんざぶろう　1717～1775　歌舞伎俳優
明石（4代）
　中村 勘三郎（12代）　なかむら・かんざぶろう　1800～1851　歌舞伎俳優
明石清三郎
　中村 明石清三郎　なかむら・あかしせいざぶろう　元禄期の江戸の歌舞伎狂言作者
明兆
　明兆　みんちょう　1352～1431　吉野朝・室町初期の画僧　㊗淡路
〔吉山〕**明兆**
　明兆　みんちょう　1352～1431　吉野朝・室町初期の画僧　㊗淡路
明因〈名〉
　角上 かくじょう　～1747　徳川中期の俳人、芭蕉一門、近松堅田本福寺住職
明式〈名〉
　三上 千那　みかみ・せんな　1651～1723　徳川中期の俳人、近江堅田本福寺第14世住職　㊗近江堅田
明寿
　埋忠 明寿　うめただ・みょうじゅ　1556～1631　織豊時代の刀工また鐔工　㊗京都西陣
明応
　空谷 明応　くうこく・みょうおう　1328～1407　五山文学者たる相国・天竜寺主　㊗近江浅井郡
明宗
　大綱 明宗　だいこう・みょうしゅう　1363～1437　南北朝～室町時代の僧
明空
　明空　みょうくう　1240?～　鎌倉中期の僧で、早歌（宴曲）の大成者
明阿弥
　山岡 浚明　やまおか・まつあけ　1726～1780　江戸時代中期の国学者
明海
　実運　じつうん　1105～1160　平安時代後期の僧
〔金〕**明軍**
　余 明軍　よ・みょうぐん　奈良時代の歌人
明卿〈名〉
　雨森 三哲　あめのもり・さんてつ　1667～1722　徳川中期の漢学者
明卿
　新井 明卿　あらい・めいきょう　1699～1723　江戸中期の儒者、白石の次子
明峰〈字〉
　明峰 素哲　めいほう・そてつ　1277～1350　鎌倉後期・南北朝時代の禅僧（曹洞宗）
明恵
　明恵　みょうえ　1173～1232　華厳宗の高徳　㊗紀伊有田郡石垣荘吉原村
明啓

赤井 明啓　あかい・めいけい　1694～1746　徳川中期の書家　㊗加賀
明啓
　赤井 得水　あかい・とくすい　1690～1746　江戸時代中期の書家
明渓〈号〉
　北川 春成　きたがわ・はるなり　京都の画家
明逸
　明月　めいげつ　1727～1797　江戸時代中期～後期の僧
明尊
　明尊　みょうそん　971～1063　天台座主
明照大師
　法然　ほうねん　1133～1212　平安朝時代の高僧、浄土宗の開祖　㊗美作国久米
明蓮社顕誉〈号〉
　祐天　ゆうてん　1637～1718　浄土宗の高徳、画家　㊗陸奥磐城国石城郡新倉村
明誉〈号〉
　檀通　だんつう　～1674　浄土宗の僧
明遠〈室号〉
　不遷法序　ふせんほうじょ　1311～1381　南禅寺主、五山文学者　㊗相州
明雅
　出島 明雅　でじま・あきまさ　1816～1887　幕末・明治時代の国学者　㊗駿河安倍郡豊田村小鹿
明繁〈名〉
　佐久間 六所　さくま・ろくしょ　1792～1863　徳川中期の画家
明衡
　藤原 明衡　ふじわらの・あきひら　～1066　平安朝の廷臣、東宮学士
明親
　和気 明親　わけの・あきちか　室町時代の医家
〔半井〕**明親**
　和気 明親　わけの・あきちか　室町時代の医家
明篠堂秀葩〈号〉
　石川 豊信　いしかわ・とよのぶ　1711～1785　江戸中期の浮世絵師　㊗江戸
明霞
　宇野 明霞　うの・めいか　1698～1745　徳川中期の儒者　㊗京都
明観
　智鏡　ちきょう　鎌倉時代の戒律僧
明魏〈法号〉
　藤原 長親　ふじわらの・ながちか　～1429　吉野朝の国学者、歌人

【迷】

迷庵〈号〉
　市野 光彦　いちの・みつひこ　1765～1826　漢学者

【冥】

冥々
　塩田 冥々　しおだ・めいめい　1741～1824　徳川中期の俳人　㊗岩代郡山
冥々居〈庵名〉
　酒井 抱一　さかい・ほういつ　1761～1828　徳川末期の画家にして俳人　㊗神田小川町

号・別名辞典　古代・中世・近世　487

めい（溟, 酩, 銘, 鳴）　めん（綿）　も（茂）

【溟】

溟南〈号〉
　谷頭 有寿　たにず・ありとし　1820〜1881　明治時代の漢学者、旧豊前小倉藩士

【酩】

酩酔〈狂言〉
　沢田 名垂　さわだ・なたり　1775〜1845　幕末の国学者　㊼会津

【銘】

銘〈名〉
　雛田 中清　ひなた・なかきよ　1819〜1886　幕末の志士

【鳴】

鳴〈名〉
　井部 香山　いべ・こうざん　1794〜1853　徳川中期の漢学者　㊼越後中頸城郡西島村
鳴尾
　中村 大吉（3代）　なかむら・だいきち　1815〜1857　大阪の歌舞伎俳優
鳴門
　荒井 鳴門　あらい・めいもん　1775〜1853　徳川中期の儒者　㊼阿波
鳴卿〈字〉
　今津 桐園　いまず・とうえん　1789〜1856　徳川中期より末期に至る儒者　㊼周防三田尻
鳴湍
　斎藤 鳴湍　さいとう・めいたん　1822〜1895　幕末・明治時代の漢学者　㊼仙台

【綿】

綿山
　柚木 太玄　ゆのき・たいげん　?〜1788　江戸時代中期の医師
綿麻呂
　文室 綿麻呂　ふんやの・わたまろ　765〜823　平安前期の官僚、大納言従三位智努王の孫
〔文屋〕綿麻呂
　文室 綿麻呂　ふんやの・わたまろ　765〜823　平安前期の官僚、大納言従三位智努王の孫

【茂】

茂入（1代）
　朝倉 茂入（1代）　あさくら・もにゅう　江戸前期の古筆鑑定家
茂入（2代）
　朝倉 茂入（2代）　あさくら・もにゅう　江戸前期の古筆鑑定家
茂十郎
　杉本 茂十郎　すぎもと・もじゅうろう　文化文政年中最も活動した江戸商人　㊼甲斐八代郡夏目原村
茂十郎〈通称〉
　福王家（11世）　ふくおうけ　能楽脇方
茂三郎

高田 茂三郎　たかた・もさぶろう　1836〜1902　金沢の蒔絵師
茂子
　進藤 茂子　しんどう・しげこ　徳川中期の女流歌人　㊼江戸
茂山
　阿比留 茂山　あひる・もさん　朝鮮釜山窯の名工、対島の厳原在の人
〔中庭〕茂山
　阿比留 茂山　あひる・もさん　朝鮮釜山窯の名工、対島の厳原在の人
茂氏
　吉田 茂氏　よしだ・しげうじ　1588〜1644　徳川初期の弓術家
茂世
　末永 茂世　すえなが・しげつぐ　1837〜1915　歌人、福岡藩士　㊼筑前福岡郊外春吉村
茂右衛門
　永田 茂右衛門　ながた・もえもん　〜1659　徳川初期の鉱業家、治水家　㊼甲斐国黒川
茂右衛門〈通称〉
　寺倉 古文　てらくら・ひさふみ　1825〜1898　歌人
茂右衛門〈通称〉
　上田 鳳陽　うえだ・ほうよう　1769〜1853　徳川末期の国学者　㊼周防吉敷郡山口
茂右衛門〈通称〉
　福王家（10世）　ふくおうけ　〜1790　能楽脇方
茂右衛門〈通称〉
　福王家（7世）　ふくおうけ　1660〜1721　能楽脇方
茂右衛門〈通称〉
　福王家（8世）　ふくおうけ　能楽脇方
茂右衛門〈通称〉
　福王家（9世）　ふくおうけ　1716〜1785　能楽脇方
〔長田〕茂右衛門
　永田 茂右衛門　ながた・もえもん　〜1659　徳川初期の鉱業家、治水家　㊼甲斐国黒川
〔田尾〕茂右衛門
　浅井 政高　あさい・まさたか　〜1615　秀吉・秀頼の臣
茂左衛門
　柳生 兵庫助　やぎゅう・ひょうごのすけ　1579〜1650　江戸初期の剣術家、尾張柳生の祖
茂左衛門
　磔 茂左衛門　はりつけ・もざえもん　〜1686　徳川初期の義民　㊼上野国沼田
〔杉木〕茂左衛門
　磔 茂左衛門　はりつけ・もざえもん　〜1686　徳川初期の義民　㊼上野国沼田
〔奈良〕茂左衛門
　奈良屋 茂左衛門（1代）　ならや・もざえもん　〜1714　江戸中期の江戸の豪商
茂左衛門（1代）
　奈良屋 茂左衛門（1代）　ならや・もざえもん　〜1714　江戸中期の江戸の豪商
茂正
　三浦 浄心　みうら・じょうしん　1565〜1644　仮名草子作者　㊼相模国三浦
茂光
　工藤 茂光　くどう・しげみつ　〜1180　鎌倉時代の武将、源頼朝の臣
〔市允〕茂光

和邇部 用光　わにべの・もちみつ　平安時代中期の雅楽家
〔狩野〕茂光
工藤 茂光　くどう・しげみつ　～1180　鎌倉時代の武将、源頼朝の臣
〔南郷〕茂光〈別名〉
浅津 富之助　あさず・とみのすけ　1838～1909　越中島練兵場のイギリス式歩兵連隊指揮官、のち海軍軍人
茂安
成富 茂安　しげとみ・しげやす　1560～1634　徳川初期の佐賀藩士、治水家
茂兵衛〈通称〉
塩田 冥々　しおだ・めいめい　1741～1824　徳川中期の俳人　[出]岩代郡山
茂兵衛〈通称〉
駒沢 利斎(1代)　こまざわ・りさい　1673～1746　指物師
茂兵衛
村井 茂兵衛　むらい・もへえ　1821～1873　盛岡藩用達商人　[出]陸奥国盛岡
茂兵衛〈通称〉
福王家(6世)　ふくおうけ　1644～1680　能楽脇方
茂兵衛
福王家(7世)　ふくおうけ　1660～1721　能楽脇方
〔大坂屋〕茂兵衛
杉本 茂十郎　すぎもと・もじゅうろう　文化文政年中最も活動した江戸商人　[出]甲斐八代郡夏目原村
茂兵衛盛親〈初名〉
福王 宗巴　ふくおう・そうは　1609～1673　能役者
茂延
栖原 角兵衛(3代)　すはら・かくべえ　徳川時代の事業家
茂松〈号〉
由良 了祐　ゆら・りょうゆう　1817～1886　幕末・明治の茶人　[出]大阪
茂知〈名〉
江島 其磧　えじま・きせき　1667～1735　浮世草子作者
茂亭〈号〉
村上 英俊　むらかみ・ひでとし　1811～1890　幕末明治中期の仏蘭西学者　[出]下野那須郡佐久村
茂俊
栖原 角兵衛(1代)　すはら・かくべえ　徳川時代の事業家
〔物〕茂卿
荻生 徂徠　おぎゅう・そらい　1666～1728　江戸中期の儒学者　[出]江戸二番町
〔物〕茂卿
荻生 徂徠　おぎゅう・そらい　1666～1728　江戸中期の儒学者　[出]江戸二番町
茂記
衣非 茂記　いび・しげき　1831～1865　福岡藩士
〔衣斐〕茂記
衣非 茂記　いび・しげき　1831～1865　福岡藩士
茂高〈名〉
桧山 三之介　ひやま・さんのすけ　1839～1865　幕末の水戸藩士　[出]常陸国
茂勝
栖原 角兵衛(4代)　すはら・かくべえ　徳川時代の事業家
茂喬
得閑斎(2代)　とくかんさい　狂歌師
茂喬〈名〉
平塚 瓢斎　ひらつか・ひょうさい　1794～1875　儒者　[出]京都
〔牧野〕茂敬〈別称〉
小笠原 只八　おがさわら・ただはち　1829～1868　幕末・維新期の政治家　[出]土佐国高知江ノ口
茂楨〈名〉
大槻 玄幹　おおつき・げんかん　1785～1832　江戸後期の蘭医　[出]仙台
茂嘉
原田 茂嘉　はらだ・しげよし　1740～1807　徳川中期の天文算数家　[出]備前岡山
茂綱
青地 茂綱　あおじ・しげつな　～1570　信長の臣
茂樹
西村 茂樹　にしむら・しげき　1828～1902　思想家、教育家、佐倉藩士　[出]江戸
茂樹
蔵田 茂樹　くらた・しげき　1798～1853　佐渡相川の地役人、歌人

【毛】

毛有斐〈別名〉
池城 安規　いけぐすく・あんき　～1877　明治初期の琉球の政治家　[出]沖縄県首里
毛受照寛〈通称〉
西来居 未仏　さいらいきょ・みぶつ　狂歌師

【孟】

孟次郎
富田 孟次郎　とみた・もうじろう　1833～　佐土原藩士　[出]日向国住吉村島之内
孟昭
津田 玄蕃　つだ・げんば　1651～1724　江戸時代前期～中期の武士
孟著〈字〉
林 梅洞　はやし・ばいどう　1643～1666　江戸前期の儒者
孟遠
山本 孟遠　やまもと・もうえん　1669～1729　徳川中期の俳人　[出]江州彦根
孟翼〈字〉
斎藤 西山　さいとう・せいざん　1754～1809　徳川中期の肥前蓮池藩儒　[出]肥前

【猛】

猛郷〈字〉
神波 即山　かんなみ・そくざん　1832～1891　漢詩人　[出]尾張(現・愛知県)

【蒙】

蒙庵〈号〉
渡辺 蒙庵　わたなべ・もうあん　1687～　徳川中期の漢学者　[出]遠江浜松
蒙庵

春荘 宗椿　しゅんそう・そうちん　1458〜1513　室町〜戦国時代の僧
蒙斎
広瀬 蒙斎　ひろせ・もうさい　1768〜1829　徳川中期江戸の儒者　[出]奥州白河
蒙斎〈号〉
藤井 貞幹　ふじい・ていかん　1732?〜1797?　考古学者　[出]京都

【木】

木之助〈通称〉
枝吉 経種　えだよし・つねたね　1822〜1862　幕末期の志士　[出]佐賀郡今津
木仏居士〈別号〉
塩川 文麟　しおかわ・ぶんりん　1808〜1877　四条派の画家　[出]京都
木白〈号〉
奥田 木白　おくだ・もくはく　1799〜1871　奈良の陶工
木白〈号〉
岡本 苔蘇　おかもと・たいそ　〜1709　徳川時代の俳人　[出]伊賀上野
木因
谷 木因　たに・ぼくいん　1646〜1725　徳川中期の俳人　[出]美濃大垣
木瓜翁〈別号〉
赤松 太庾　あかまつ・たいゆ　1709〜1767　江戸中期の儒者　[出]江戸
木米
青木 木米　あおき・もくべい　1767〜1833　徳川後期の陶匠　[出]京都
木耳坊〈号〉
松露庵 烏明　しょうろあん・うめい　1726〜1801　徳川中期の俳人　[出]江戸
木児
伊藤 木児　いとう・もくじ　1689〜1763　徳川中期の俳人
木食上人〈尊称〉
阿本　あほん　〜1564　高野山大塔再興の発願人、高野山の住僧
木食上人
木食 五行　もくじき・ごぎょう　1718〜1810　徳川末期の僧　[出]甲斐国西八代郡古関村
木食上人
木食 養阿　もくじき・ようあ　〜1763　江戸中期の僧　[出]丹波国保津村
木翁〈号〉
江左 尚白　こうさ・しょうはく　1650〜1722　徳川中期の俳人　[出]近江大津
木曽宮
北陸宮　ほくりくのみや　1165〜1230　後白河天皇の孫
木犀居士〈号〉
松兄　しょうけい　〜1807　化政期の俳人、名古屋西別院内正覚寺十世の住職
木犀庵（2世）〈号〉
谷口 雞口　たにぐち・けいこう　1718〜1802　徳川中期の俳人　[出]江戸
木開足尼〈名〉
彦湯支命　ひこゆきのみこと　綏靖天皇時代の朝臣、物部氏の祖
木間庵
遠藤 日人　えんどう・えつじん　1758〜1836　徳川中期の俳人　[出]仙台
木雁〈号〉
佐藤 晩得　さとう・ばんとく　〜1792　俳人、佐竹侯の臣　[出]秋田角館
〔五竹庵〕木僊
八千房 駝岳　はっせんぼう・だがく　1733〜1815　江戸時代中期〜後期の俳人
木園〈号〉
福羽 美静　ふくば・びせい　1831〜1907　幕末明治の津和野藩出身の国学者、歌人、官吏、子爵　[出]石見国鹿足郡木部村下組木園
木節
望月 木節　もちずき・ぼくせつ　徳川中期の俳人　[出]近江国大津
〔吉士〕木蓮子
難波吉士 木蓮子　なにわのきし・いたび　飛鳥時代の官吏
木端〈号〉
谷 木因　たに・ぼくいん　1646〜1725　徳川中期の俳人　[出]美濃大垣
木綿子〈号〉
秋風の女房　あきかぜのにょうぼう　1760〜1826　江戸の狂歌師
木隠の翁〈別号〉
沢田 名垂　さわだ・なたり　1775〜1845　幕末の国学者　[出]会津
木導
直江 木導　なおえ・もくどう　1666〜1723　近江彦根の藩士
木雞
江轄 木雞　えばし・もくけい　徳川末期の易学者　[出]出羽大館
木鐘〈号〉
緒方 宗哲　おがた・そうてつ　〜1722　江戸前・中期の儒学者　[出]備後

【目】

目子媛
目子媛　めのこひめ　継体天皇の妃

【杢】

杢之丞
梅田 杢之丞　うめだ・もくのじょう　1626〜1694　近世の槍術、本心鏡智流（鍵槍）の祖
杢之助〈通称〉
荒木田 盛員　あらきだ・もりかず　1635〜1687　徳川初期の国学者
杢之助〈通称〉
枝吉 経種　えだよし・つねたね　1822〜1862　幕末期の志士　[出]佐賀郡今津
杢右衛門
守屋 杢右衛門　もりや・もくえもん　1815〜1877　徳川末期の本荘藩老臣　[出]出羽国由利郡本荘
〔守谷〕杢右衛門

守屋 杢右衛門　もりや・もくえもん　1815〜1877　徳川末期の本荘藩老臣　㊿出羽国由利郡本荘
杢左衛門
　加藤 杢左衛門(1代)　かとう・もくざえもん　尾張瀬戸の陶業家
杢左衛門(1代)
　加藤 杢左衛門(1代)　かとう・もくざえもん　尾張瀬戸の陶業家

【嘿】

嘿軒〈号〉
　中江 藤樹　なかえ・とうじゅ　1608〜1648　徳川初期の儒者

【黙】

黙々翁〈号〉
　佐川田 昌俊　さかわだ・まさとし　1579〜1643　桃山・徳川初期の歌人　㊿下野
黙池
　千葉 黙池　ちば・もくち　〜1881　幕末明治の俳人
〔中島〕黙池
　千葉 黙池　ちば・もくち　〜1881　幕末明治の俳人
黙老
　木村 黙老　きむら・もくろう　1774〜1856　江戸後期の藩政家
黙阿〈別名〉
　古河 黙阿弥　ふるかわ・もくあみ　1816〜1893　幕末明治時代の江戸の歌舞伎狂言作者、江戸歌舞伎最後の最大の集大成たる名作者　㊿江戸日本橋通り2丁目式部小路
黙阿弥
　古河 黙阿弥　ふるかわ・もくあみ　1816〜1893　幕末明治時代の江戸の歌舞伎狂言作者、江戸歌舞伎最後の最大の集大成たる名作者　㊿江戸日本橋通り2丁目式部小路
〔河竹〕黙阿弥〈慣用名〉
　古河 黙阿弥　ふるかわ・もくあみ　1816〜1893　幕末明治時代の江戸の歌舞伎狂言作者、江戸歌舞伎最後の最大の集大成たる名作者　㊿江戸日本橋通り2丁目式部小路
黙神草堂〈号〉
　福島 柳圃　ふくしま・りゅうほ　1820〜1889　南画家　㊿武州那珂郡湯本
黙叟〈字〉
　愛石　あいせき　徳川中期の画僧　㊿紀州
黙堂〈号〉
　緒方 宗哲　おがた・そうてつ　〜1722　江戸前・中期の儒学者　㊿備後
黙堂〈号〉
　中村 興三　なかむら・こうぞう　1809〜1879　幕末明治の国学者、歌人、高松藩士
黙庵〈号〉
　川上 宗雪　かわかみ・そうせつ　徳川中期の茶人　㊿紀州新宮
黙斎〈号〉
　宇井 黙斎　うい・もくさい　1725〜1781　徳川中期の崎門派の儒者　㊿肥前唐津
黙雷〈号〉
　川上 宗雪　かわかみ・そうせつ　徳川中期の茶人　㊿紀州新宮
黙霖
　宇都宮 黙霖　うつのみや・もくりん　1824〜1897　幕末・維新期の勤王僧　㊿安芸国賀茂郡長浜

【門】

門入(1世)
　林 門入斎　はやし・もんにゅうさい　1583〜1667　江戸時代前期の囲碁棋士
門入(3世)
　林 玄悦　はやし・げんえつ　1678〜1719　江戸時代前期〜中期の囲碁棋士
門入(4世)
　林 朴入　はやし・ぼくにゅう　1670〜1740　江戸時代中期の囲碁棋士
門入(5世)
　林 因長　はやし・いんちょう　1690〜1745　江戸時代中期の囲碁棋士
門入(6世)
　林 門利　はやし・もんり　?〜1746　江戸時代中期の囲碁棋士
門入(7世)
　林 転入　はやし・てんにゅう　?〜1757　江戸時代中期の囲碁棋士
門入(8世)
　林 祐元　はやし・ゆうげん　?〜1798　江戸時代中〜後期の囲碁棋士
門入(9世)
　林 門悦　はやし・もんえつ　?〜1817　江戸時代後期の囲碁棋士
門入(10世)
　林 鉄元　はやし・てつげん　?〜1819　江戸時代後期の囲碁棋士
門入(11世)
　林 元美　はやし・げんび　1778〜1861　碁所林家11世、水戸の藩士
門入(12世)
　林 柏栄　はやし・はくえい　1805〜1864　江戸時代後期の囲碁棋士
門三〈初名〉
　大谷 馬十(2代)　おおたに・ばじゅう　1768〜1824　歌舞伎俳優、文化・文政時代の敵役の功者
〔中山〕門三〈初名〉
　大谷 友右衛門　おおたに・ともえもん　1793〜1839　天保時代の大阪の歌舞伎俳優　㊿京都
門三郎〈前名〉
　嵐 三右衛門(2代)　あらし・さんえもん　1661〜1701　大阪の歌舞伎俳優、元禄時代の立役の名優
〔尾上〕門三郎〈前名〉
　坂東 三津五郎(2代)　ばんどう・みつごろう　1741〜1829　江戸の歌舞伎俳優
〔市川〕門之助(4代)
　常磐津 文字太夫(4代)　ときわず・もじだゆう　1804〜1862　常磐津節浄瑠璃
〔嵐〕門太郎
　富沢 門太郎(2代)　とみざわ・もんたろう　江戸時代中期の歌舞伎役者
門左衛門

もん（紋，問，捫）　や（也，夜，野）

近松 門左衛門　ちかまつ・もんざえもん　1653〜1724　狂言本作者、浄瑠璃作者
門吉〈別称〉
　半田 門吉　はんだ・もんきち　1834〜1864　維新時代の久留米藩士
門弥〈通称〉
　春木 南湖　はるき・なんこ　1759〜1839　徳川中末期の南宗画家
門蔵〈前名〉
　大谷 馬十(2代)　おおたに・ばじゅう　1768〜1824　歌舞伎俳優、文化・文政時代の敵役の功者
〔桐野谷〕門蔵〈前名〉
　大谷 馬十(2代)　おおたに・ばじゅう　1768〜1824　歌舞伎俳優、文化・文政時代の敵役の功者

【紋】

〔尾上〕紋三郎〈前名〉
　坂東 三津五郎(2代)　ばんどう・みつごろう　1741〜1829　江戸の歌舞伎俳優
〔尾上〕紋三郎〈1代〉
　荻野 伊三郎(2代)　おぎの・いさぶろう　1750〜1829　江戸の歌舞伎俳優、天明―文化時代の立役の上手
紋太夫〈4代〉
　竹本 綱太夫(2代)　たけもと・つなだゆう　義太夫節の太夫　⊕京猪熊
紋吉〈別称〉
　半田 門吉　はんだ・もんきち　1834〜1864　維新時代の久留米藩士
〔浅尾〕紋蔵
　三桝 宇八(1代)　みます・うはち　江戸時代中期の歌舞伎役者

【問】

問秦庵〈号〉
　岸 紹易　きし・しょうえき　1726〜1799　徳川中期の堺奉行与力、茶人

【捫】

捫虱庵主人〈別号〉
　渡辺 重石丸　わたなべ・いかりまろ　1837〜1915　国学者　⊕豊前中津桜町

【也】

也玉斎〈号〉
　海野 蠖斎　うんの・かくさい　1748〜1833　徳川中期の書画家
也有
　横井 也有　よこい・やゆう　1702〜1783　徳川中期の俳人　⊕尾張
也雲軒〈号〉
　宗旦　そうたん　〜1693　俳人、伊丹派

【夜】

夜半亭〈号〉
　早野 巴人　はやの・はじん　1677〜1742　徳川中期の俳人　⊕下野国烏山

夜半亭(2世)〈別号〉
　谷口 蕪村　たにぐち・ぶそん　1716〜1783　天明期の俳人、南画家　⊕摂津国東成郡毛馬
夜半亭(3世)〈号〉
　高井 几董　たかい・きとう　1741〜1788　徳川中期の俳人　⊕京都
夜半亭(4世)
　呂蛤　ろこう　化政期の俳人　⊕京都
夜半翁〈別号〉
　谷口 蕪村　たにぐち・ぶそん　1716〜1783　天明期の俳人、南画家　⊕摂津国東成郡毛馬
夜雪庵〈号〉
　東 金羅　あずま・きんら　〜1794　徳川中期の俳人　⊕江戸
夜話亭〈号〉
　雨考　うこう　〜1827　化政期の俳人　⊕奥州須賀川
夜話亭〈号〉
　武藤 白尼　むとう・はくに　1711〜1792　徳川中期の俳人

【野】

野々〈名〉
　淀殿　よどどの　〜1615　秀吉側室、浅井長政の長女
野々舎〈号〉
　大石 千引　おおいし・ちびき　1769〜1834　徳川中期の国学者で歌人　⊕江戸本所横川
野木瓜亭〈号〉
　大草 公弼　おおくさ・こうひつ　1775〜1817　徳川中期の国学者
野水
　岡田 野水　おかだ・やすい　1658〜1743　徳川中期の俳人　⊕名古屋
野水〈別号〉
　三宅 寄斎　みやけ・きさい　1580〜1649　徳川初期の儒者　⊕泉州堺
野坡
　志太 野坡　しだ・やば　1663〜1740　江戸時代前期の俳人　⊕越前
〔志多〕野坡
　志太 野坡　しだ・やば　1663〜1740　江戸時代前期の俳人　⊕越前
〔志田〕野坡
　志太 野坡　しだ・やば　1663〜1740　江戸時代前期の俳人　⊕越前
野明
　野明　やめい　俳人、芭蕉一門
野狐庵〈別号〉
　仮名垣 魯文　かながき・ろぶん　1829〜1894　戯作者、新聞記者　⊕江戸京橋
野狐窟〈号〉
　大島 完来　おおしま・かんらい　1748〜1817　徳川中期の俳人　⊕伊勢津
〔好華堂〕野亭
　山田 案山子　やまだの・かかし　1788〜1847　江戸時代後期の戯作者、浄瑠璃作者
野洲良
　関岡 野洲良　せきおか・やすら　1772〜1832　徳川中期の歌人　⊕武蔵八王子

492　号・別名辞典　古代・中世・近世

野紅
永野 野紅　ながの・やこう　1660～1740　徳川中期の俳人　[出]豊後日田渡里
野梅子〈号〉
西山 宗因　にしやま・そういん　1605～1682　徳川初期の連歌俳諧師　[出]肥後八代
〔田本〕野菊女
深川 秋色　ふかがわ・しゅうしき　1727～1784　江戸時代中期の俳人
野雁
安藤 野雁　あんどう・のかり　1810～1867　江戸末期の歌人　[出]岩代半田
〔加茂川〕野塩（2代）
中村 のしほ（1代）　なかむら・のしお　1752～1777　大阪の歌舞伎俳優　[出]京都
野蓼斎〈号〉
松井 汶村　まつい・ぶんそん　徳川中期の俳人、近江彦根藩士
野盤子〈号〉
各務 支考　かがみ・しこう　1665～1731　徳川中期の俳人　[出]美濃山県郡北野
野橋斎〈号〉
滝 瓢水　たき・ひょうすい　1684～1762　徳川中期の俳人　[出]播磨国別府
野鶴
幸塚 野鶴　こうずか・やかく　1824～1871　幕末—明治の俳人　[出]越中高岡守山町
野鶴〈号〉
大木 藤十郎　おおき・とうじゅうろう　1785～1873　徳川末期の洋式砲術家　[出]肥前長崎
野鶴方外〈号〉
佐和 文智　さわ・ぶんち　1768～1873　徳川末期石州九日市の儒者

【約】

約〈名〉
守村 抱儀　もりむら・ほうぎ　1807～1862　徳川中期の俳人　[出]江戸浅草蔵前
約山〈号〉
尾藤 二洲　びとう・にしゅう　1745～1813　徳川中期の儒者　[出]伊予川江

【薬】

薬
境部 薬　さかいべの・くすし　～672　壬申の乱の武将
〔坂合部〕薬
境部 薬　さかいべの・くすし　～672　壬申の乱の武将
薬師恵日
薬師恵日　くすしのえにち　最初の遣唐使
薬院
施薬院 全宗　やくいん・ぜんそう　1525～1599　施薬院使　[出]近江国甲賀郡

【油】

油屋〈屋号〉
油屋 伊三郎　あぶらや・いさぶろう　幕末の開墾家　[出]西宮

【喩】

喩〈名〉
原 鳳山　はら・ほうざん　1717～1787　徳川中期の兵学家　[出]土佐

【瑜】

瑜〈名〉
原 双桂　はら・そうけい　1718～1767　徳川中期の儒医
瑜〈名〉
日尾 荊山　ひお・けいざん　1789～1859　徳川末期の儒者　[出]武蔵国秩父郡日尾村

【唯】

唯八
小笠原 唯八　おがさわら・ただはち　1829～1868　土佐藩士　[出]高知城下大川筋
唯之〈名〉
和田 小伝次　わだ・こでんじ　1835～1863　幕末の萩藩士
唯四郎〈幼名〉
古橋 源六郎　ふるはし・げんろくろう　1813～1902　幕末・明治の民政家　[出]三河北設楽郡稲橋村
唯雪
大津 唯雪　おおつ・いせつ　1825～1887　幕末の志士、萩藩士　[出]長門国萩

【又】

又七〈通称〉
川井 乙州　かわい・おとくに　～1710　徳川中期の俳人　[出]江州大津
又七
林 重治（1代）　はやし・しげはる　1613～1699　肥後の金工、肥後林家の祖　[出]尾張
又七郎〈旧称〉
大野 右仲　おおの・うちゅう　1836～　幕末の志士、肥前唐津藩士
〔坂東〕又九郎（2代）
森田 勘弥（3代・名義2代）　もりた・かんや　1676～1734　江戸の森田座の座元、歌舞伎俳優
〔坂東〕又九郎（3代）
森田 勘弥（4代・名義3代）　もりた・かんや　～1722　江戸の森田座の座元、歌舞伎俳優
又八〈前名〉
坂東 三八（1代）　ばんどう・さんぱち　～1770　江戸の歌舞伎俳優
又八
林 重治（6代）　はやし・しげはる　～1839　肥後の金工
又八（2代）〈前名〉
坂東 三八（2代）　ばんどう・さんぱち　江戸の歌舞伎俳優
又三郎〈通称〉
新居 守村　あらい・もりむら　1808～1893　幕末明治期の国学者　[出]上野

ゆう（又）

又三郎
　村山 又三郎　むらやま・またさぶろう　1605〜1652　江戸前期の歌舞伎興行主　㊗泉州堺
又三郎〈通称〉
　大和田 気求　おおわた・ききゅう　〜1677　徳川初期の儒者、国学者
又三郎〈通称〉
　林 梅洞　はやし・ばいどう　1643〜1666　江戸前期の儒者
又三郎〈通称〉
　林 羅山　はやし・らざん　1583〜1657　徳川初期の幕府儒官　㊗京都
〔森田〕又三郎〈後名〉
　坂東 蓑助(3代)　ばんどう・みのすけ　江戸の歌舞伎俳優
又之丞
　潮田 高教　うしおだ・たかのり　1669〜1703　赤穂四十七士の一人
〔京屋〕又五郎〈俗称〉
　三笑亭 可楽(1代)　さんしょうてい・からく　1777〜1833　落語家戯作者　㊗馬喰町
又太郎(1代)
　山下 又太郎(1代)　やました・またろう　1712〜1762　京阪の歌舞伎俳優
又太郎(2代)
　坂東 又太郎(2代)　ばんどう・またろう　江戸の歌舞伎俳優
〔坂東〕又太郎(3代)〈前名〉
　大谷 広次(2代)　おおたに・ひろじ　〜1757　歌舞伎俳優、寛延・宝暦時代の立役の名優
又太郎(4代)
　坂東 又太郎(4代)　ばんどう・またろう　江戸の歌舞伎俳優
又太郎(5代)
　坂東 又太郎(5代)　ばんどう・またろう　江戸の歌舞伎俳優
又太郎(6代)
　坂東 又太郎(6代)　ばんどう・またろう　江戸の歌舞伎俳優
又右衛門〈通称〉
　小野 素水　おの・そすい　1814〜1897　幕末明治の俳人　㊗信濃国上伊那郡小野村
又右衛門
　天井 又右衛門　あまい・またえもん　天和─元禄時代の京都の歌舞伎俳優
〔紀州〕又右衛門
　又右衛門　またえもん　江戸時代中期の根付師
〔中島〕又右衛門〈通称〉
　武隈庵 双樹　たけくまあん・ふたき　〜1843　江戸の狂歌師
又四郎〈名〉
　丸上老人　まるがみろうじん　1836〜1905　畸人、東京日本橋の袋物屋の主人
又四郎
　表具 又四郎　ひょうぐ・またしろう　元禄期に於ける大阪の浄瑠璃太夫、表具節の流祖
〔表具屋〕又四郎〈俗称〉
　表具 又四郎　ひょうぐ・またしろう　元禄期に於ける大阪の浄瑠璃太夫、表具節の流祖
又四郎(2代)

山下 金作(1代)　やました・きんさく　〜1750　京阪の歌舞伎俳優
又左衛門
　新居 守村　あらい・もりむら　1808〜1893　幕末明治期の国学者　㊗上野
又左衛門〈通称〉
　人見 伝　ひとみ・でん　1638〜1696　儒者　㊗京都
又左衛門〈通称〉
　石田 未得　いしだ・みとく　1587〜1669　徳川初期の俳人　㊗江戸
〔北小路〕又左衛門
　牡小路 又左衛門　ひんのこうじ・またざえもん　江戸時代前期の陶工
又左衛門民部〈通称〉
　弘氏 ひろうじ　〜1683　俳人、芭蕉一門　㊗伊勢
〔吉田〕又市
　生駒 直勝　いこま・なおかつ　秀吉直領の代官
〔大津〕又平
　又平 久吉　またべい・ひさきち　江戸中期の町絵師
〔福屋〕又平〈通称〉
　万福亭 米房　まんぷくてい・べいぼう　狂歌師
又玄斎
　千 宗室(8世)　せんの・そうしつ　1719〜1771　茶道家
又次郎〈通称〉
　岩田 涼菟　いわた・りょうと　1661〜1717　徳川中期の俳人　㊗伊勢山田
又次郎(3代)〈前名〉
　坂東 又太郎(2代)　ばんどう・またろう　江戸の歌舞伎俳優
又衛〈別称〉
　岡部 以俊　おかべ・もちとし　〜1582　織豊時代の築城家
又兵衛
　岩佐 勝以　いわさ・かつもち　1578〜1650　江戸初期の画家
又兵衛
　後藤 又兵衛　ごとう・またべえ　1560〜1615　織豊・徳川初期の黒田家の武臣
又兵衛
　泉屋 桃妖　いずみや・とうよう　〜1751　徳川中期の俳人　㊗加賀山中温泉場
又兵衛
　村山 又兵衛　むらやま・またべえ　承応─延宝時代の京都に於ける村山座の櫓主、京芝居中興の祖
又兵衛〈通称〉
　大橋 長成　おおはし・ながなり　〜1662　徳川中期の加賀藩士
又兵衛〈通称〉
　樋口 知足斎　ひぐち・ちそくさい　1750〜1826　徳川中期の漢学者、名古屋藩士
又兵衛
　来島 又兵衛　きじま・またべえ　1816〜1864　幕末時代の志士、長州藩士　㊗長門国厚狭郡西高泊村
又兵衛
　村井 長頼　むらい・ながより　1543〜1605　織豊〜江戸時代前期の武士
〔宮崎〕又兵衛〈通称〉

文亭 綾継　ぶんてい・あやつぐ　～1878　狂歌師、戯作者
又兵衛(1代)
　住田 又兵衛(1代)　すみだ・またべえ　1805～1861　長唄囃子笛方
又兵衛祐英〈名〉
　佐藤 晩得　さとう・ばんとく　～1792　俳人、佐竹侯の臣　㊨秋田角館
又助
　木村 喜之　きむら・よしゆき　1744～?　江戸時代中期～後期の武士
又蔵
　大井川 又蔵　おおいがわ・またぞう　宝暦―天明時代の京都の劇場振附師、歌舞伎俳優　㊨江戸
又蔵
　土屋 虎松　つちや・とらまつ　1788～1811　江戸時代後期の武士
〔生島〕又蔵〈前名〉
　大井川 又蔵　おおいがわ・またぞう　宝暦―天明時代の京都の劇場振附師、歌舞伎俳優　㊨江戸
〔万屋〕又蔵〈別名〉
　大井川 又蔵　おおいがわ・またぞう　宝暦―天明時代の京都の劇場振附師、歌舞伎俳優　㊨江戸

【友】

友七〈通称〉
　飯島 吐月　いいじま・とげつ　1727～1780　徳川中期の俳人　㊨駿河国島田
〔中山〕友九郎〈前名〉
　百村 友九郎(1代)　ひゃくむら・ともくろう　大阪の歌舞伎俳優、百村系祖
友九郎(1代)
　百村 友九郎(1代)　ひゃくむら・ともくろう　大阪の歌舞伎俳優、百村系祖
友九郎(2代)
　百村 友九郎(2代)　ひゃくむら・ともくろう　1774～1834　大阪の歌舞伎俳優
〔市川〕友十郎〈初名〉
　榊山 段四郎(1代)　さかきやま・だんしろう　京阪の歌舞伎俳優
友十郎(1代)
　松本 友十郎(1代)　まつもと・ともじゅうろう　京都の歌舞伎俳優
友十郎(2代)
　松本 友十郎(2代)　まつもと・ともじゅうろう　京都の歌舞伎俳優
友三
　寺町 百庵　てらまち・ひゃくあん　1695～1786　徳川中期の俳人　㊨江戸
友三〈本名〉
　中村 友三(3代)　なかむら・ともぞう　大阪の歌舞伎俳優
友三(1代)
　中村 友三(1代)　なかむら・ともぞう　1762～1819　大阪の歌舞伎俳優
友三(3代)
　中村 友三(3代)　なかむら・ともぞう　大阪の歌舞伎俳優
友三郎〈前名〉

大谷 友右衛門(1代)　おおたに・ともえもん　1744～1781　歌舞伎俳優、明和・安永時代の実悪の上手
友三郎〈前名〉
　藤川 友吉(2代)　ふじかわ・ともきち　～1834　大阪の歌舞伎俳優
〔竹田〕友三郎〈初名〉
　大谷 友右衛門(1代)　おおたに・ともえもん　1744～1781　歌舞伎俳優、明和・安永時代の実悪の上手
友山〈号〉
　奥貫 五平次　おくぬき・ごへいじ　1708～1787　江戸中期の儒者(古学派)　㊨武蔵入間郡
友山〈号〉
　根岸 伴七　ねぎし・ばんしち　1809～1890　幕末の志士　㊨武蔵大里郡吉見村青山
友干
　宝生家(15世)　ほうしょうけ　～1863　能役者
友之
　島 左近　しま・さこん　～1600　織豊政権期の武将
友之允
　大島 友之允　おおしま・とものじょう　1826～1882　幕末・維新期の志士　㊨対馬国厳原
友之丞
　大島 友之允　おおしま・とものじょう　1826～1882　幕末・維新期の志士　㊨対馬国厳原
友之進〈通称〉
　阿部 将翁　あべ・しょうおう　1650?～1753　江戸中期の本草学者　㊨陸奥盛岡
友五郎〈名〉
　小野 広胖　おの・こうはん　幕末後期の和算家
友五郎(1代)
　山村 舞扇斎　やまむら・ぶせんさい　1781～1844　文化―天保時代の大阪の劇場振附師、舞踊山村流の祖　㊨大阪
友元〈通称〉
　人見 竹洞　ひとみ・ちくどう　1628～1696　徳川中期の儒者
友右衛門
　大谷 友右衛門　おおたに・ともえもん　1793～1839　天保時代の大阪の歌舞伎俳優　㊨京都
友右衛門(1代)
　大谷 友右衛門(1代)　おおたに・ともえもん　1744～1781　歌舞伎俳優、明和・安永時代の実悪の上手
友右衛門(2代)
　大谷 友右衛門(2代)　おおたに・ともえもん　1769～1830　歌舞伎俳優、文化・文政時代の敵役の名優
〔山村〕友右衛門(2代)〈後名〉
　坂東 国五郎(3代)　ばんどう・くにごろう　大阪の歌舞伎俳優
友右衛門(4世)
　大谷 友右衛門(4世)　おおたに・ともえもん　1791～1861　歌舞伎俳優　㊨大阪
友右衛門(5世)
　大谷 広次(5代)　おおたに・ひろじ　1832～1873　歌舞伎俳優　㊨江戸
友正
　岸本 調和　きしもと・ちょうわ　1638～1715　徳川中期の俳人　㊨石州
友交〈俳名〉
　滝川 吉平次　たきかわ・きっぺいじ　1669～1715　元禄期の江戸の歌舞伎俳優
友吉(2代)

藤川 友吉（2代） ふじかわ・ともきち ～1834 大阪の歌舞伎俳優
友吉（3代）
藤川 友吉（3代） ふじかわ・ともきち ～1872 大阪の歌舞伎俳優
友吉（4代）
藤川 友吉（4代） ふじかわ・ともきち ～1871 大阪の歌舞伎俳優
友尽斎〈号〉
日置 清親 へき・きよちか 江戸中期の町絵師
友次
友次 ゆうじ ～1669 俳人、貞門 [出]名古屋
〔吉田〕友次
友次 ゆうじ ～1669 俳人、貞門 [出]名古屋
〔大谷〕友次〈別称〉
浅尾 工左衛門（2代） あさお・くざえもん 1786～1845 大阪の歌舞伎俳優、天保弘化時代の敵役の老巧
友次郎（2代）
鶴沢 友次郎（2代） つるざわ・ともじろう ～1807 義太夫節三絃
友次郎（3代）
鶴沢 清七（1代） つるざわ・せいしち 1748～1826 義太夫節の三味線方
友芳〈名〉
住友 吉左衛門（4代） すみとも・きちざえもん 1668～1719 住友財閥 [出]大阪
友実
吉井 友実 よしい・ともざね 1828～1891 明治の功臣、伯爵 [出]鹿児島
友松〈初名〉
大谷 広次（5代） おおたに・ひろじ 1832～1873 歌舞伎俳優 [出]江戸
友松
北山 寿安 きたやま・じゅあん ～1701 徳川初期の医家 [出]肥前長崎
友林
戸川 秀安 とがわ・ひでやす 1538～1597 戦国～織豊時代の武将
友林
尼子 義久 あまこ・よしひさ 1540～1610 織豊時代の武将
友直〈諱〉
荒山 小左衛門 あらやま・こざえもん ～1604 織豊時代の民政家
友直
相原 友直 あいはら・ともなお 1703～1782 徳川中期の仙台藩士
友直
土橋 友直 つちはし・ともなお 1685～1730 江戸中期の教育運動家 [出]和泉国貝塚
友直
吉田 芝渓 よしだ・しけい 1752～1811 江戸時代中期～後期の農学者
友俊
風月庵 友俊 ふうげつあん・ともとし 狂歌師
友信〈名〉
横谷 藍水 よこたに・らんすい 1720～1778 江戸中期の漢詩人
友信
三宅 友信 みやけ・とものぶ 1806～1886 幕末・維新期の蘭学愛好家
友信
大沢 友信 おおさわ・とものぶ 1773～1835 徳川中期の医家にして開拓家 [出]前橋
友信
貝賀 弥左衛門 かいが・やざえもん 1650～1703 江戸時代前期の武士
友信
留守 希斎 るす・きさい 1705～1765 江戸時代中期の儒者
友春
宝生家（9世） ほうしょうけ ～1728 能役者
友貞
井上 友貞 いのうえ・ともさだ 1626～? 江戸時代前期の俳人、歌人
友兼〈字〉
水間 沾徳 みずま・せんとく 1662～1726 徳川中期の俳人 [出]江戸
友梅
雪村 友梅 せっそん・ゆうばい 1290～1346 鎌倉・吉野朝時代の僧、建仁寺主、五山文学者 [出]越後白鳥
友祥
高山 右近 たかやま・うこん 1552～1614 戦国時代のキリシタン大名、摂津高槻城主 [出]摂津
友通
宝生家（12世） ほうしょうけ ～1775 能役者
友常〈名〉
高松 喜六 たかまつ・きろく ～1713 徳川初期の名主、江戸内藤新宿の開発者
友斎
水間 沾徳 みずま・せんとく 1662～1726 徳川中期の俳人 [出]江戸
友郷〈字〉
鈴木 房政 すずき・ふさまさ 1832～1908 歌人 [出]武蔵橘樹郡長尾村向丘
友勝
宝生家（13世） ほうしょうけ ～1791 能役者
友善
住友 友善 すみとも・ともよし 1810～1871 大阪の富商、歌人
友善（1代）
一柳 友善（1代） ひとつやなぎ・ゆうぜん 徳川時代水戸の装剣金工、一柳派の祖
友琴
神戸 友琴 かんべ・ゆうきん 1633～1706 徳川中期の俳人 [出]京都
友閑
藤田 友閑 ふじた・ゆうかん 徳川初期の書画家 [出]摂州富田
友閑斎
狩野 有信 かのう・ありのぶ 1606～? 江戸時代前期の画家
友照
高山 図書 たかやま・ずしょ ～1595 安土・桃山時代の武将、キリシタン
友禅
宮崎 友禅 みやざき・ゆうぜん 江戸前・中期の染物絵師
友節〈字〉

ゆう（由, 有）

渡辺 蒙庵　わたなべ・もうあん　1687～　徳川中期の漢学者　㊞遠江浜松
友精
　宝生家(11世)　ほうしょうけ　～1772　能役者
友輔〈名〉
　若林 友輔　わかばやし・ともすけ　1799～1867　仙台藩の漢学者
友蔵(3代)〈前名〉
　浅尾 奥山(3代)　あさお・おくやま　大阪の歌舞伎俳優、幕末明治初期の敵役の巧者
友翰〈名〉
　大淀 三千風　おおよど・みちかぜ　1639～1707　徳川中期の俳人　㊞伊勢飯南郡射和村
友賢
　小池 桃洞　こいけ・とうどう　1683～1754　江戸時代前期～中期の儒者、和算家
友鷗
　伊能 友鷗　いのう・ゆうおう　～1875　幕末の勤王家、宇和島藩士

【由】

由己
　大村 由己　おおむら・ゆうこ　～1596　豊臣秀吉の御伽衆、『天正記』の著者　㊞播磨
由己
　藤本 由己　ふじもと・ゆうき　徳川中期の医家、狂歌師
由之〈名〉
　鈴木 道彦　すずき・みちひこ　1757～1819　徳川末期の俳人　㊞仙台
由五郎〈通称〉
　富士田 音蔵(3代)　ふじた・おとぞう　1838～1871　江戸長唄謡い
〔多喜村〕由五郎〈後名〉
　富士田 音蔵(3代)　ふじた・おとぞう　1838～1871　江戸長唄謡い
〔滝村〕由五郎〈後名〉
　富士田 音蔵(3代)　ふじた・おとぞう　1838～1871　江戸長唄謡い
由平
　前川 由平　まえかわ・よしひら　?～1707?　江戸時代前期の俳人
〔大和屋〕由平〈通称〉
　文斎 万陀伎　ぶんさい・まだき　狂歌師
由次郎〈初名〉
　沢村 田之助(3代)　さわむら・たのすけ　1845～1878　歌舞伎俳優
〔水田〕由次郎〈本名〉
　坂東 秀調(2代)　ばんどう・しゅうちょう　1848～1901　江戸の歌舞伎俳優　㊞名古屋の薬屋町
由豆流
　岸本 由豆流　きしもと・ゆずる　1789～1846　幕末の国学者　㊞伊勢朝田村
由貞
　伊藤 万年　いとう・まんねん　1641～1701　江戸時代前期の儒者
由真
　田中 正利　たなか・まさとし　17世紀の後半に活躍した数学者
由高

新屋 由高　あらや・よしたか　徳川中期の暦数家
由誓
　豊島 由誓　とよしま・ゆせい　1789～1859　徳川中期の俳人　㊞江戸
由輔(1代)
　金井 由輔(1代)　かない・ゆうすけ　江戸の歌舞伎狂言作者
〔松井〕由輔(1代)
　金井 由輔(1代)　かない・ゆうすけ　江戸の歌舞伎狂言作者
由輔(2代)
　金井 由輔(2代)　かない・ゆうすけ　江戸の歌舞伎狂言作者
〔松井〕由輔(2代)
　金井 由輔(2代)　かない・ゆうすけ　江戸の歌舞伎狂言作者
由輔(3代)
　金井 由輔(3代)　かない・ゆうすけ　江戸の歌舞伎狂言作者
〔松井〕由輔(3代)
　金井 由輔(3代)　かない・ゆうすけ　江戸の歌舞伎狂言作者
〔須藤〕由蔵
　藤岡 屋由蔵　ふじおかや・よしぞう　1793～?　江戸時代後期の本屋

【有】

有义
　滝川 有义　たきかわ・ゆうかい　1787～1844　徳川中末期の和算家　㊞加賀金沢
〔山山亭〕有人
　条野 採菊　じょうの・さいぎく　1832～1902　戯作者、新聞記者　㊞江戸日本橋
〔藤原〕有子
　安喜門院　あんきもんいん　1207～1286　後堀河天皇の皇后
有允
　宇津宮 有允　うつのみや・ありすけ　1837～1866　幕末の志士、豊前英彦山修験奉行職　㊞豊前国田川郡彦山
〔宇都宮〕有允
　宇津宮 有允　うつのみや・ありすけ　1837～1866　幕末の志士、豊前英彦山修験奉行職　㊞豊前国田川郡彦山
有文
　田中 泥斎　たなか・でいさい　1799～1865　江戸時代後期の儒者
有弘〈名〉
　文々舎 蟹子丸(1世)　ぶんぶんしゃ・かにこまる　1780～1837　江戸の狂歌師
〔植田〕有年
　井上 文郁　いのうえ・ぶんいく　1823～1895　幕末の勤王家　㊞備中
有竹
　香村 こうそん　～1864　幕末期の俳人　㊞福島県北会津郡香塩
有佐
　富岡 有佐　とみおか・ゆうさ　?～1758　江戸時代中期の俳人
有寿

号・別名辞典　古代・中世・近世　497

ゆう（有）

谷頭 有寿　たにず・ありとし　1820～1881　明治時代の漢学者、旧豊前小倉藩士
有志〈名〉
　今井 三郎右衛門　いまい・さぶろうえもん　1819～1864　幕末の志士、但馬豊岡藩士　㊞但馬国豊岡
〔増田〕有我〈別名〉
　宇治屋 三郎右衛門　うじや・さぶろうえもん　尾張名古屋の古物商にして雅陶の作者
有良〈諱〉
　広木 松之介　ひろき・まつのすけ　1838～1862　幕末の志士、水戸藩士　㊞常陸国
有芳庵〈号〉
　西山 宗因　にしやま・そういん　1605～1682　徳川初期の連歌俳諧師　㊞肥後八代
有侃庵〈号〉
　斎藤 道節　さいとう・どうせつ　茶人　㊞大坂
有国
　粟田口 有国　あわたぐち・ありくに　鎌倉時代の刀工
有宗〈名〉
　巨勢 有宗　こせの・ともむね　平安朝時代の画家
〔藤原〕有宗
　巨勢 有宗　こせの・ともむね　平安朝時代の画家
有房
　藤原 有房　ふじわらの・ありふさ　鎌倉時代の画家
〔千種〕有房
　六条 有房　ろくじょう・ありふさ　1251～1319　鎌倉時代の公卿、歌人
有所遊居〈号〉
　高橋 残夢　たかはし・ざんむ　1775～1851　徳川末期の歌人にして国語学者、桂門十哲の一人　㊞京都室町頭柳原南町金竜水
有的
　早矢仕 有的　はやし・うてき　1837～1901　蘭学者、書店主　㊞美濃国武儀郡武儀村笠賀村
有茂
　巨勢 有茂　こせの・ありしげ　鎌倉時代の画家
〔尚〕有恒
　宜湾 朝保　ぎわん・ちょうほ　1823～1876　琉球最後の政治家　㊞首里市赤平
有政
　算木 有政　さんぎ・ありまさ　～1794　江戸の狂歌師
有海〈別号〉
　吉川 介山　よしかわ・かいざん　1829～1897　幕末明治の漢学者　㊞富山
有秋〈名〉
　玉川 春菴　たまがわ・しゅんあん　水戸の医家
有美〈初号〉
　天沼 恒庵　あまぬま・こうあん　1743～1794　徳川中期の儒者　㊞江戸神田
有美
　林 有美　はやし・ゆうび　～1862　江戸末期の碁客
有貞
　藤岡 有貞　ふじおか・ありさだ　1820～1849　江戸末期の和算家、雲州松江藩士　㊞出雲国松江
〔曽野〕有原
　増野 雲門　ますの・うんもん　1718～1763　江戸時代中期の儒者
有益

安藤 有益　あんどう・ゆうえき　1624～1708　江戸初期の数学者、経済家　㊞出羽
有莘〈別号〉
　姥柳 時莘　うばやぎ・ときなが　1721～1786　徳川中期の漢学者、備後岡藩士
有馬皇子
　有間皇子　ありまのおうじ　640～658　孝徳天皇の皇子、歌人
有基〈名〉
　井上 雪渓　いのうえ・せっけい　1684～1739　徳川中期の熊本藩の儒者　㊞肥州野田村
有常
　宮下 有常　みやした・ありつね　1814～1871　幕末の漢学者　㊞信濃松代
有斎
　賀川 玄吾　かがわ・げんご　1733～1793　江戸時代中期～後期の医師
有清〈名〉
　佐伯 桜谷　さえき・おうこく　～1858　幕末の漢学者
有終〈字〉
　斎藤 拙堂　さいとう・せつどう　1797～1865　江戸時代末期の儒者　㊞江戸柳原
有期斎〈別号〉
　天方 暦山　あまかた・れきざん　徳川末文久頃の儒者　㊞江戸
有椎翁
　雲裡　うんり　～1761　天明期の俳人　㊞尾張
有無庵〈号〉
　稲津 祇空　いなつ・ぎくう　1663～1733　徳川中期の俳人　㊞大阪堺
有無庵
　馬場 存義　ばば・そんぎ　1702～1782　徳川中期の俳人　㊞江戸
有間皇子
　有間皇子　ありまのおうじ　640～658　孝徳天皇の皇子、歌人
有楽〈号〉
　織田 有楽斎　おだ・うらくさい　1542～1615　安土桃山・江戸前期の武将、茶道有楽流の祖
有楽斎
　織田 有楽斎　おだ・うらくさい　1542～1615　安土桃山・江戸前期の武将、茶道有楽流の祖
有穀〈名〉
　佐伯 順蔵　さえき・じゅんぞう　1788～1849　徳川中期富山藩の儒者
有髪散人〈号〉
　大田 白雪　おおた・はくせつ　1661～1735　徳川中期の俳人　㊞三河国新城
有慶〈通称〉
　今立 春山　いまだて・しゅんざん　～1855　徳川末期の画家　㊞越前福井
〔藤原〕有範
　日野 有範　ひの・ありのり　1302～1364　南北朝時代の公卿
〔高木〕有蔵〈変名〉
　大橋 慎三　おおはし・しんぞう　1836～1872　土佐藩士（山内家家老深尾氏の臣）　㊞土佐国高岡郡佐川
有輝

浅岡 有輝　あさおか・ゆうき　～1807　徳川末期の画家
有磧
鵜浦 有磧　ううら・ゆうせき　1798～1871　幕末の蘭医　[出]陸前西磐井郡涌津
有隣
大島 有隣　おおしま・うりん　1755?～1836　江戸後期の心学者
〔長忍〕有厳
有厳　ゆうごん　1186～1275　鎌倉時代の僧

【佑】

〔伊佐川〕佑実〈和名〉
鄭 秉哲　てい・へいてつ　1695～1760　江戸後期の琉球王府修史官　[出]琉球（沖縄）那覇久米村

【攸】

攸軒
木崎 盛標　きざき・もりすえ　1712～?　江戸時代中期の武士、博物家

【酉】

〔小島屋〕酉之助〈通称〉
児島 大梅　こじま・だいばい　1772～1841　徳川中期の俳人　[出]江戸蔵前

【勇】

勇〈名〉
原田 箭斎　はらだ・じゅんさい　1808～1875　幕末明治の儒者
〔阿都摩〕勇
北見 星月　きたみ・せいげつ　徳川中期の算家　[出]佐渡
勇七
副島 勇七　そえじま・ゆうしち　肥前大川内の陶工
〔久米〕勇七
副島 勇七　そえじま・ゆうしち　肥前大川内の陶工
勇二〈俗称〉
井上 守親　いのうえ・もりちか　彫金家
勇山〈号〉
中村 宗哲（1代）　なかむら・そうてつ　1616～1695　徳川中期の塗師、千家十職の一　[出]京都
勇左衛門〈通称〉
坂部 広胖　さかべ・こうはん　1759～1824　徳川中期の和算家　[出]江戸
勇梅〈俳名〉
水木 富之助　みずき・とみのすけ　～1728　元禄期の江戸の歌舞伎俳優、踊の師匠
勇健
大歇 勇健　たいかつ・ゆうけん　1331～1383　南北朝時代の僧
勇斎〈号〉
中村 宗哲（2代）　なかむら・そうてつ　～1706　徳川中期の塗師、千家十職の一
勇斎〈号〉
中村 宗哲（3代）　なかむら・そうてつ　1699～1776　徳川中期の塗師、千家十職の一

【宥】

宥軒〈名〉
山岸 陽和　やまぎし・ようわ　～1719　徳川中期の俳人　[出]伊賀上野
宥瑞
久世 宥瑞　くぜ・しょうずい　1746～1811　徳川中期の狂歌師　[出]大和奈良

【幽】

幽山
高野 幽山　たかの・ゆうざん　徳川中期の俳人　[出]京都
〔竹内〕幽山
高野 幽山　たかの・ゆうざん　徳川中期の俳人　[出]京都
幽汀〈号〉
石田 守直　いしだ・もりなお　1721～1786　徳川末期の画家　[出]京都
幽石〈別号〉
春木 南湖　はるき・なんこ　1759～1839　徳川中末期の南宗画家
幽竹〈号〉
香村　こうそん　～1864　幕末期の俳人　[出]福島県北会津郡香塩
幽吟〈号〉
神戸 友琴　かんべ・ゆうきん　1633～1706　徳川中期の俳人　[出]京都
幽松庵〈号〉
三村 照阿　みむら・しょうあ　～1842　徳川中期の茶人　[出]河内石川郡春日村
幽松庵〈号〉
松岡 青蘿　まつおか・せいら　1740～1791　徳川中期の俳人　[出]江戸
〔大藤〕幽叟
藤井 高雅　ふじい・たかつね　1819～1863　江戸時代後期の国学者
幽眠
三国 大学　みくに・だいがく　1810～1896　幕末・維新期の儒学者　[出]越前（福井県）三国
幽斎
細川 藤孝　ほそかわ・ふじたか　1534～1610　室町時代の武将、歌人
幽渓〈別号〉
大西 圭斎　おおにし・けいさい　徳川時代後期の画家　[出]江戸
幽琴〈号〉
神戸 友琴　かんべ・ゆうきん　1633～1706　徳川中期の俳人　[出]京都
幽遠窟〈号〉
入江 昌熹　いりえ・まさよし　1722～1800　徳川中期寛政の頃の国学者、商人　[出]浪華
幽篁庵〈別号〉
関亭 伝笑　せきてい・でんしょう　徳川中期の戯作者
幽篁庵〈号〉
久松 祐之　ひさまつ・すけゆき　安政・文久頃の国学者　[出]江戸
幽樵〈号〉

山田 検校　やまだ・けんぎょう　1757～1817　箏曲家　[出]江戸

【祐】

祐之
鴨 祐之　かも・すけゆき　1659～1723　徳川中期の国学者、神職　[出]京都
祐之
久松 祐之　ひさまつ・すけゆき　安政・文久頃の国学者　[出]江戸
〔梨木〕祐之
鴨 祐之　かも・すけゆき　1659～1723　徳川中期の国学者、神職　[出]京都
祐天
祐天　ゆうてん　1637～1718　浄土宗の高徳、画家　[出]陸奥磐城国石城郡新倉村
祐玄〈別称〉
大淵 棟庵　おおふち・とうあん　徳川末期の医家
祐生
那波 三郎右衛門（9代）　なば・さぶろうえもん　1772～1837　江戸時代後期の豪商
祐成
曽我 祐成　そが・すけなり　1172～1193　鎌倉時代の武士、孝子
祐次
伊東 祐由　いとう・すけみち　1631～1661　江戸時代前期の大名
〔高橋〕祐次郎
美玉 三平　みたま・さんぺい　1822～1863　幕末の鹿児島藩士　[出]鹿児島
祐作〈通称〉
川田 田福　かわだ・でんぷく　1721～1793　徳川中期の俳人　[出]京都
祐甫
神戸 祐甫　かんべ・ゆうほ　1632～1710　徳川中期の俳人　[出]伊賀上野
祐昌
祐昌　ゆうしょう　～1807　化政期の俳人　[出]伊勢
祐直
稲富 祐直　いなとみ・すけなお　1551～1611　砲術家　[出]丹後田辺
祐迪
今尾 祐迪　いまお・ゆうてき　1797～1856　徳川中期末期の医家　[出]足利
祐信
西川 祐信　にしかわ・すけのぶ　1670～1751　江戸中期の浮世絵師　[出]京都
祐春
千鳥 祐春　ちどり・すけはる　1245～1324　歌人
〔中臣〕祐春
千鳥 祐春　ちどり・すけはる　1245～1324　歌人
祐海
愚蒙　ぐもう　1683～1761　徳川中期の僧
祐為
鴨 祐為　かも・すけため　～1801　徳川中期天明頃の歌人、祠官
〔梨木〕祐為
鴨 祐為　かも・すけため　～1801　徳川中期天明頃の歌人、祠官
祐益〈本名〉
伊東 満所　いとう・まんしょ　1570～1612　天正遣欧少年使節4人のうちの筆頭
祐常
祐常　ゆうじょう　1723～1773　円満院第37世門跡、画家
〔堅田〕祐庵
北村 幽庵　きたむら・ゆうあん　1648～1719　江戸時代前期～中期の茶人
祐清〈別号〉
狩野 英信　かのう・てるのぶ　1717～1763　徳川幕府の奥絵師
祐経
工藤 祐経　くどう・すけつね　～1193　鎌倉時代伊豆の豪族　[出]伊豆
〔伊東〕祐経
工藤 祐経　くどう・すけつね　～1193　鎌倉時代伊豆の豪族　[出]伊豆
祐登〈名〉
新井 白蛾　あらい・はくが　1714～1792　江戸時代中期の儒者、易家　[出]江戸
祐道
伊藤 宗十郎　いとう・そうじゅうろう　?～1615?　織豊時代の豪商
祐勢
狩野 正信　かのう・まさのぶ　1434?～1530?　室町時代の画家、狩野派の始祖
祐雅〈号〉
飛鳥井 雅世　あすかい・まさよ　1390～1452　室町時代の公卿にして歌人、雅縁の子
祐輔〈本名〉
赤松 青竜軒　あかまつ・せいりゅうけん　江戸中期の講釈師　[出]播磨三木

【挹】

挹翠
井上 挹翠　いのうえ・ゆうすい　～1702　徳川中期水戸の儒医　[出]京都

【涌】

涌之助
小出 涌之助　こいで・ようのすけ　パリ万博参加、司法省官吏
涌泉亭真清〈狂号〉
美図垣 笑顔　みずがき・えがお　1789～1846　戯作者、狂歌師
涌蓮
慧亮　えりょう　1719～1774　江戸時代中期の僧、歌人

【悠】

悠山
今大路 悠山　いまおおじ・ゆうざん　1790～1849　徳川中期の画家
悠山
溝口 重雄　みぞぐち・しげかつ　1633～1708　江戸時代前期～中期の大名、茶人
悠汀

石田 悠汀　いしだ・ゆうてい　1798～1859　徳川中・末期の画家　㊞京都
悠悠館〈別号〉
　十方園 金成(1代)　じっぽうえん・かねなり　狂歌師　㊞尾張名古屋

【莠】

莠莪堂〈号〉
　佐藤 中陵　さとう・ちゅうりょう　1762～1848　徳川中末期の本草学者　㊞江戸青山

【湧】

湧之助〈別名〉
　小出 涌之助　こいで・ようのすけ　パリ万博参加、司法省官吏

【游】

游鷗
　菅沼 游鷗　すがぬま・ゆうおう　～1866　幕府の寄合衆で、のち西丸側衆

【猶】

猶太郎〈初名〉
　春山 源七(2代)　はるやま・げんしち　～1741　京都の歌舞伎俳優

【裕】

裕四郎〈通称〉
　佐々木 雪峰　ささき・せっぽう　1810～1873　幕末明治時代の漢学者　㊞美作勝田郡吉野村
裕甫〈字〉
　月渓　げっけい　～1811　天明期の画家・俳人　㊞尾張

【遊】

遊
　赤松 眉公　あかまつ・びこう　1757～1808　江戸時代中期～後期の篆刻家
遊山〈号〉
　松波 資之　まつなみ・すけゆき　1830～1906　歌人　㊞安芸(現・広島県)
遊外
　高 遊外　こう・ゆうがい　1674～1763　江戸中期の禅僧(黄檗宗)　㊞肥前国蓮池
遊行上人
　一遍　いっぺん　1239～1289　時宗の開祖　㊞伊予
遊行上人(2代)
　真教　しんきょう　1237～1319　鎌倉時代の僧　㊞京都
遊見
　松居 久左衛門　まつい・きゅうざえもん　1770～1855　江戸時代後期の商人
遊里山人〈号〉
　梅暮里 谷峨(1世)　うめぼり・こくが　1750～1821　江戸中期の洒落本作者、上総・久留里藩士
遊壺亭〈別号〉
　浜野 政随　はまの・しょうずい　1696～1769　江戸時代の彫金家
遊園堂〈別号〉
　内藤 露沾　ないとう・ろせん　1655～1733　徳川中期の俳人　㊞江戸桜田
遊義門院
　遊義門院　ゆうぎもんいん　1270～1307　尊称皇后、後深草天皇の皇女

【雄】

雄〈名〉
　鈴木 鵞湖　すずき・がこ　1816～1870　幕末の日本画家　㊞下総金堀村
雄七
　樋渡 雄七　ひわたり・ゆうしち　1827～1887　幕末・明治時代の和算家　㊞肥前国小城郡芦刈村道免
雄人〈名〉
　紀 男人　きの・おひと　682～738　奈良時代の官人貴族
雄仁入道親王
　嘉言親王　よしことしんのう　1821～1868　伏見宮邦家親王第2王子
雄太郎〈別称〉
　肥田 景直　ひだ・かげなお　1843～1868　幕末の志士
雄右衛宇〈通称〉
　塩尻 梅宇　しおじり・ばいう　1804～1876　幕末明治時代の漢学者、備中岡田藩士
雄右衛門
　財部 実秋　たからべ・さねあき　1826～1913　歌人、もと日向都城藩主
雄市
　藤岡 有貞　ふじおか・ありさだ　1820～1849　江戸末期の和算家、雲州松江藩士　㊞出雲国松江
雄吉〈通称〉
　春木 義彰　はるき・よしあき　1846～1904　幕末の志士、のち司法官　㊞大和法隆寺村
〔小坂〕雄吉
　前野 雄吉　まえの・かつよし　1526～1601　戦国～織豊時代の武将
〔難波吉士〕雄成
　吉士 雄成　きしの・おなり　飛鳥時代の遣隋使
雄次
　阿部 重道　あべ・じゅうどう　1825～1875　幕末・明治初期の数学者　㊞羽州大泉郡鶴岡
〔瀬川〕雄次郎(1代)
　助高屋 高助(2代)　すけたかや・たかすけ　1747～1818　江戸の歌舞伎俳優
雄次郎(2代)
　瀬川 雄次郎(2代)　せがわ・ゆうじろう　江戸の歌舞伎俳優
雄利
　滝川 雄利　たきかわ・かつとし　～1610　織豊末徳川初期の武将
雄助
　有村 雄助　ありむら・ゆうすけ　1833～1860　幕末の志士、薩藩士
雄君

号・別名辞典　古代・中世・近世　501

ゆう（雄, 熊）

物部 雄君　もののべの・おきみ　～676　壬申乱の功臣
〔朴井〕雄君
物部 雄君　もののべの・おきみ　～676　壬申乱の功臣
雄長老
英甫 永雄　えいほ・えいゆう　～1602　五山文学者、建仁・南禅の寺主　㊐若狭
雄飛〈字〉
鈴木 鷺湖　すずき・がこ　1816～1870　幕末の日本画家　㊐下総金堀村
雄淵
松岡 仲良　まつおか・ちゅうりょう　1701～1783　江戸時代中期の神道家
雄誉〈号〉
和気 定加　わけの・さだます　織豊時代の医家

【獣】

獣〈名〉
原 菜蘋　はら・さいひん　1798～1859　幕末の女流詩人
獣子女王
獣子女王　みちこじょおう　1720～1735　伏見宮貞建親王の第1王女

【熊】

〔坂田〕熊十郎
坂東 又太郎(5代)　ばんどう・またたろう　江戸の歌舞伎俳優
〔坂東〕熊十郎〈前名〉
坂田 半五郎(3代)　さかた・はんごろう　1756～1795　江戸の歌舞伎俳優
熊山
沢 熊山　さわ・ゆうざん　徳川時代伊予の儒者
熊之介
原 熊之介　はら・くまのすけ　1825～1865　幕末の水戸藩士　㊐常陸国
熊之助
雲林院 文造(12代)　うんりんいん・ぶんぞう　～1789　京都粟田焼の陶家
熊之助
雲林院 文造(15代)　うんりんいん・ぶんぞう　～1842　京都粟田焼の陶家
熊之助
雲林院 文造(6代)　うんりんいん・ぶんぞう　～1635　京都粟田焼の陶家
熊之助〈幼名〉
松木 淡々　まつき・たんたん　1674～1761　徳川中期の俳人　㊐大阪西横堀
熊之助康為
雲林院 文造(3代)　うんりんいん・ぶんぞう　～1585　京都粟田焼の陶家
熊之進
木村 熊之進　きむら・くまのしん　1817～1868　幕末の会津藩士
熊五郎〈名〉
生川 春明　なるかわ・はるあき　1804～1890　和歌とともに国語法・風俗史の研究　㊐伊勢津市岩田村
熊太郎
戸ヶ崎 熊太郎　とがさき・くまたろう　1807～1865　幕末期の剣客、志士　㊐武蔵国南埼玉郡清久村
熊太郎
戸賀崎 熊太郎　とがさき・くまたろう　1744～1809　江戸時代の剣術家　㊐武蔵国埼玉郡清久
〔戸賀崎〕熊太郎
戸ヶ崎 熊太郎　とがさき・くまたろう　1807～1865　幕末期の剣客、志士　㊐武蔵国南埼玉郡清久村
熊水
佐久間 熊水　さくま・ゆうすい　1751～1817　徳川中期の儒者　㊐陸奥守山
〔坂田〕熊右衛門〈前名〉
坂東 又太郎(5代)　ばんどう・またたろう　江戸の歌舞伎俳優
熊平〈前名〉
坂東 三津右衛門　ばんどう・みつえもん　～1846　文化―天保時代の江戸に於る敵役の俳優　㊐江戸
熊吉〈通称〉
高橋 宝山　たかはし・ほうざん　江戸末期の仏師
熊吉(宮田熊吉)
亀熊　かめくま　京都の陶工
〔宮田〕熊吉
亀熊　かめくま　京都の陶工
〔倉橋〕熊吉
歌川 豊国(1代)　うたがわ・とよくに　1769～1825　浮世絵師　㊐江戸芝神明町
熊次郎〈通称〉
佐々木 泉景　ささき・せんけい　1773～1848　徳川中期の画家
熊次郎〈前名〉
鈴木 万里(1代)　すずき・ばんり　～1816　京阪における江戸長唄、ぶんご節謡
〔坂東〕熊次郎〈初名〉
坂田 半五郎(3代)　さかた・はんごろう　1756～1795　江戸の歌舞伎俳優
〔村松〕熊次郎〈通称〉
文廼屋 秀茂　ふみのや・ひでしげ　1843～1923　狂歌師
熊耳
大内 熊耳　おおうち・ゆうじ　1697～1776　徳川中期の儒者　㊐陸奥三春
熊臣
岡 熊臣　おか・くまおみ　1783～1851　徳川中期の国学者　㊐石見鹿足郡木部木薗郷中村組
熊彦
高橋 熊彦　たかはし・くまひこ　～1880　徳川末期・明治初期の国学者
熊野御前
侍従　じじゅう　平安時代後期の遊女
熊斐〈通称〉
熊代 繡江　くましろ・しゅうこう　1693～1772　江戸中期の画家　㊐長崎
〔神代〕熊斐
熊代 繡江　くましろ・しゅうこう　1693～1772　江戸中期の画家　㊐長崎
熊雄
竹志田 熊雄　たけした・くまお　1846～1863　幕末の志士　㊐肥後玉名郡大浜町
熊蔵
下村 春坡　しもむら・しゅんぱ　1750～1810　徳川中期の俳人

熊蔵〈名〉
　香川 松石　かがわ・しょうせき　1844～1911　書家
熊蔵〈名〉
　藤村 王民　ふじむら・おうみん　1748～1826　徳川中期の詩人　㊕讃岐三豊郡和田浜

【誘】

誘引斎〈号〉
　役 尊閑　えき・たかやす　1651～1737　徳川初期の国学者　㊕羽後能代

【融】

融
　綾部 融　あやべ・とおる　1786～1837　徳川中期の儒者、高鍋藩士
融
　源 融　みなもとの・とおる　822～895　嵯峨天皇皇子
融川
　狩野 融川　かのう・ゆうせん　1778～1815　徳川中期浜町狩野家五代目の画家
融通王
　弓月君　ゆずきのきみ　秦氏の祖先とされる渡来人
融斎〈号〉
　高島 千春　たかしま・ちはる　1777～1859　大和絵画家　㊕大阪
融智
　滝田 融智　たきた・ゆうち　1837～1912　幕末明治時代の曹洞宗の僧　㊕尾張
融源
　融源　ゆうげん　真言宗僧　㊕肥前

【優】

優遊堂〈号〉
　阿部 千万多　あべ・ちまた　1821～1868　幕末の志士　㊕羽後飽海郡鵜渡川原村

【与】

与一
　那須 与一　なすの・よいち　鎌倉前期の武将　㊕下野国那須
与一右衛門
　村河 直方　むらかわ・なおかた　1824～1867　幕末の武士
与一郎
　黒田 与一郎　くろだ・よいちろう　1834～1866　幕末の志士　㊕但馬国養父郡高田村
与七〈通称〉
　十返舎 一九　じっぺんしゃ・いっく　1765～1831　戯作者　㊕駿府
与七郎
　阿部 与七郎　あべ・よしちろう　～1635　徳川初期の稲留流砲術の達人
〔西村屋〕与八〈通称〉
　永寿堂　えいじゅどう　江戸の書肆、戯作者
与三
　佐々木 与三　ささき・よぞう　筑前野間焼の創業者
与三太夫〈通称〉

佐々木 松後　ささき・しょうご　1732～1798　徳川中期の俳人　㊕岡山橘本町
与三右衛門
　弘中 与三右衛門　ひろなか・よさうえもん　1825～1864　幕末の武士　㊕長門国萩
〔渡辺〕与三左衛門
　伊木 均　いき・ひとし　1826～1876　清末藩士　㊕長門国豊浦郡清末
与三兵衛〈通称〉
　原 呉山　はら・ござん　1827～1897　加賀金沢の作陶家
与三兵衛
　佐々木 与三　ささき・よぞう　筑前野間焼の創業者
与三兵衛(1代)
　水越 与三兵衛(1代)　みずこし・よそべえ　文政(1818～30)ころの京焼の陶工
与三兵衛(1代)
　鈍通 与三兵衛(1代)　どんつう・よさべえ　～1771　江戸の歌舞伎狂言作者
〔鈍通〕与三兵衛(2代)
　津打 治兵衛(4代)　つうち・じへえ　歌舞伎狂言作者
与三郎
　小笠原 玄也　おがさわら・げんや　～1636　細川忠興の重臣
与五兵衛〈通称〉
　大竹 親従　おおたけ・ちかより　徳川中期水戸藩の儒者
与五郎〈通称〉
　新井 白石　あらい・はくせき　1657～1725　江戸時代中期の儒者、政治家、史学者、地理学者、言語学者　㊕江戸柳原
与五郎
　国友 尚克　くにとも・たかつ　1801～1862　江戸時代後期の儒者
〔大月〕与五郎
　国重　くにしげ　江戸時代前期の刀工
与右衛門〈通称〉
　恒丸　つねまる　～1810　化政期の俳人　㊕奥州三春
与右衛門〈通称〉
　新井 正斉　あらい・まさなり　1597～1678　徳川初期の武士、白石の父　㊕常陸
与右衛門〈通称〉
　中江 藤樹　なかえ・とうじゅ　1608～1648　徳川初期の儒者
与右衛門〈通称〉
　入江 北海　いりえ・ほっかい　1714～1789　徳川中期の儒者　㊕出羽
与右衛門入道〈通称〉
　池田 好運　いけだ・こううん　江戸前期の航海家
与左衛門
　岩井 与左衛門　いわい・よざえもん　徳川初期の甲冑師
与左衛門〈通称〉
　鶴田 卓池　つるだ・たくち　1768～1846　徳川末期の俳人　㊕三河岡崎
〔坂本〕与左衛門〈通称〉
　絵馬屋 額輔(2世)　えまや・がくすけ　1821～1890　狂歌師　㊕越後
〔反町〕与左衛門

梅暮里 谷峨(1世)　うめぼり・こくが　1750〜1821　江戸中期の洒落本作者、上総・久留里藩士
与市
塩塚 与市　しおずか・よいち　肥前(長崎県)島原のキリシタン
与市
那須 与一　なすの・よいち　鎌倉前期の武将　[出]下野国那須
与市(1代)
嵐 与市(1代)　あらし・よいち　1743〜1820　大阪の歌舞伎俳優、立役の老巧
与市郎通易〈通称〉
長野 馬貞　ながの・ばてい　1671〜1750　徳川中期の俳人　[出]豊後国東飯田村恵良
与平(2代)
清風 与平(2代)　せいふう・よへい　1844〜1878　京都の陶工
与平次〈通称〉
寺田 重徳　てらだ・じゅうとく　徳川中期の俳人
与吉郎〈通称〉
三国 大学　みくに・だいがく　1810〜1896　幕末・維新期の儒学者　[出]越前(福井県)三国
与次兵衛
明石 与次兵衛　あかしの・よじべえ　〜1592　織豊時代の船頭
〔石井〕与次兵衛
明石 与次兵衛　あかしの・よじべえ　〜1592　織豊時代の船頭
与次兵衛直房〈通称〉
如髪　じょはつ　〜1829　幕末期の俳人
〔関本〕与次兵衛直為〈通称〉
巨石　きょせき　〜1805　幕末期の俳人　[出]福島県小田付(現、喜多方)
与次郎
辻 与次郎　つじ・よじろう　安土・桃山時代の釜師　[出]近江栗太郡辻村
与兵衛〈通称〉
千葉 黙池　ちば・もくち　〜1881　幕末明治の俳人
〔久野〕与兵衛〈通称〉
庭訓舎 綾人　ていきんしゃ・あやんど　〜1813　徳川中期江戸の狂歌師
与兵衛(1世)
藤波 与兵衛(1代)　ふじなみ・よへえ　1829〜1906　演劇小道具製作者
与兵衛(1代)
藤波 与兵衛(1代)　ふじなみ・よへえ　1829〜1906　演劇小道具製作者
〔三浦〕与志子〈通称〉
蘭花亭 香保留　らんかてい・かおる　1823〜1892　閨秀狂歌師
〔四辻〕与津子
御与津御寮人　およつごりょうにん　?〜1639　江戸時代前期の女官
与清
小山田 与清　おやまだ・ともきよ　1783〜1847　江戸時代の国学者で故実家　[出]武蔵国多摩郡小山田村
〔高田〕与清
小山田 与清　おやまだ・ともきよ　1783〜1847　江戸時代の国学者で故実家　[出]武蔵国多摩郡小山田村
与惣右衛門〈通称〉
鶴田 卓池　つるだ・たくち　1768〜1846　徳川末期の俳人　[出]三河岡崎
与惣兵衛〈通称〉
上島 鬼貫　うえしま・おにつら　1661〜1738　江戸中期の俳人　[出]摂津国伊丹
与義
山入 与義　やまいり・ともよし　〜1422　室町時代の武士
〔佐竹〕与義
山入 与義　やまいり・ともよし　〜1422　室町時代の武士
与衛〈別号〉
吉川 介山　よしかわ・かいざん　1829〜1897　幕末明治の漢学者　[出]富山

【予】

予山〈号〉
一柳 千古　ひとつやなぎ・ちふる　〜1832　歌人　[出]江戸
予章台
渡辺 吾仲　わたなべ・ごちゅう　1673〜1733　徳川中期の俳人
予楽院
近衛 家熙　このえ・いえひろ　1667〜1736　徳川中期の関白、太政大臣

【余】

余一〈通称〉
古川 松根　ふるかわ・まつね　1813〜1871　幕末の国学者、佐賀藩士　[出]江戸桜田
余一
那須 与一　なすの・よいち　鎌倉前期の武将　[出]下野国那須
余一
祇園 南海　ぎおん・なんかい　1676〜1751　江戸時代前期〜中期の漢詩人、画家
余市
那須 与一　なすの・よいち　鎌倉前期の武将　[出]下野国那須
余夙夜〈号〉
青木 夙夜　あおき・しゅくや　〜1789　徳川中期の画家
〔山口〕余延
延年　えんねん　1746〜1819　徳川中期の篆刻家
余庵〈号〉
大内 桐斎　おおうち・とうさい　幕末の地誌学者
余慶
余慶　よけい　919〜991　寺門山門諍闘で有名な僧　[出]筑前早良

【誉】

誉子内親王
章義門院　しょうぎもんいん　〜1336　伏見天皇の皇女
誉田別尊〈名〉
応神天皇　おうじんてんのう　362?〜394?　第15代の天皇

よ（璵）　よう（夭, 用, 羊, 洋, 要, 容, 庸, 揚）

【璵】

璵〈初名〉
　新井 白石　あらい・はくせき　1657〜1725　江戸時代中期の儒者、政治家、史学者、地理学者、言語学者　㊼江戸柳原

【夭】

夭々軒〈別号〉
　松尾 芭蕉　まつお・ばしょう　1644〜1694　徳川初期の俳人名宗房、桃青、或は芭蕉庵桃青と号し、別に伯船堂、釣月軒など号した　㊼伊賀国上野

【用】

用兼
　金岡 用兼　きんこう・ようけん　1436〜?　室町〜戦国時代の僧
〔毛利〕用達
　今井 太郎右衛門　いまい・たろうえもん　1824〜1877　幕末の志士

【羊】

羊素
　鈴木 羊素　すずき・ようそ　1693〜1751　江戸時代中期の俳人
羊遊斎〈別号〉
　原 更山　はら・こうざん　1768〜1845　徳川末期の漆工

【洋】

洋〈名〉
　東 東洋　あずま・とうよう　1755〜1839　徳川中期の画家　㊼陸前登米郡石越村
洋々館〈号〉
　大原 重徳　おおはら・しげとみ　1801〜1879　公卿、維新の元勲　㊼京都
洋斎〈号〉
　鈴木 貞次郎　すずき・ていじろう　1811〜1886　幕末・明治時代の算家　㊼上総（山武郡）牛熊

【要】

要
　大久保 要　おおくぼ・かなめ　1798〜1859　幕末の志士、土浦藩用人　㊼江戸
要人
　松本 要人　まつもと・かなめ　1817〜1893　仙台藩士　㊼陸奥国遠田郡富永村休塚
要助
　秋山 要助　あきやま・ようすけ　1772〜1833　近世後期の剣術家
要蔵〈通称〉
　鈴木 李東　すずき・りとう　1781〜1838　徳川中期の俳人　㊼伊勢四日市
要蔵〈通称〉
　路堂　ろどう　〜1853　幕末期の俳人

【容】

容軒〈号〉
　佐久間 洞巌　さくま・どうがん　1653〜1736　徳川中期の儒者また書画家　㊼仙台
容堂
　山内 豊信　やまのうち・とよしげ　1827〜1872　幕末・維新期の大名
容斎
　天野 容斎　あまの・ようさい　1802〜1868　江戸の儒者

【庸】

庸
　林 庸　はやし・よう　1843〜1864　徳川末期の常陸水戸支藩守山藩士
庸子〈号〉
　藤村 当直　ふじむら・まさなお　1612〜1699　徳川初期の茶人　㊼京都
庸之〈名〉
　高木 善助　たかぎ・ぜんすけ　〜1854　江戸後期の商人、紀行文家　㊼大坂天満
庸之助〈別名〉
　小出 涌之助　こいで・ようのすけ　パリ万博参加、司法省官吏
庸昌
　入 庸昌　いり・ようしょう　1693〜1752　江戸中期の数学者、信濃松代藩士
庸昌〈諱〉
　殷 元良　いん・げんりょう　1718〜1767　琉球の画家　㊼首里
〔座間味〕庸昌
　殷 元良　いん・げんりょう　1718〜1767　琉球の画家　㊼首里
庸彦
　秋野 庸彦　あきの・つねひこ　1841〜1920　幕末明治の国学者　㊼山形県西田川郡加茂町
庸軒〈号〉
　佐久間 纉　さくま・さん　1819〜1896　幕末・明治時代の和算家　㊼磐城田村郡石森
庸軒〈号〉
　藤村 当直　ふじむら・まさなお　1612〜1699　徳川初期の茶人　㊼京都
庸綱〈名〉
　佐々木 宗六　ささき・そうろく　1768〜1853　徳川中期の書家　㊼京都

【揚】

揚巻
　総角　あげまき　徳川初期京都島原の娼妓
揚春亭
　陽春亭 慶賀　ようしゅんてい・けいが　天明寛政頃の狂歌師、戯作者
揚洲〈別号〉
　豊原 周延　とよはら・ちかのぶ　1838〜1912　画家　㊼越後高田
揚鏡
　三輪 翠羽　みわ・すいう　1767〜1846　徳川中期の女流俳人　㊼久保田

【葉】

葉上房
明庵 栄西　みょうあん・えいさい　1141〜1215　日本臨済宗の開祖、建仁寺派の派祖　[出]備中吉備津

【陽】

陽々〈号〉
新井 勝房　あらい・かつふさ　1793〜1846　徳川末期の画家
陽成天皇
陽成天皇　ようぜいてんのう　868〜949　第57代の天皇
陽成院
陽成天皇　ようぜいてんのう　868〜949　第57代の天皇
〔松島〕陽助〈初名〉
桜田 治助（2代）　さくらだ・じすけ　1768〜1829　江戸の歌舞伎狂言作者
陽甫〈字〉
今西 正立　いまにし・せいりゅう　徳川中期の医家　[出]摂津
陽和〈字〉
山岸 陽和　やまぎし・ようわ　〜1719　徳川中期の俳人　[出]伊賀上野
陽岳舎〈別号〉
志満 山人　しま・さんにん　画家、戯作者
陽明門院
陽明門院　ようめいもんいん　1013〜1094　後朱雀天皇の皇后
陽春
答本 陽春　つぼ・ようしゅん　奈良朝時代の廷臣
〔麻田〕陽春
答本 陽春　つぼ・ようしゅん　奈良朝時代の廷臣
〔麻田連〕陽春
答本 陽春　つぼ・ようしゅん　奈良朝時代の廷臣
陽春廬〈号〉
小中村 清矩　こなかむら・きよのり　1821〜1894　明治前期の国学者　[出]江戸麹町5丁目
陽喬〈名〉
大島 蓼太　おおしま・りょうた　1718〜1787　徳川中期の俳人　[出]信州伊那郡大島
陽禄門院
陽禄門院　ようろくもんいん　1311〜1352　光厳天皇の妃
陽舜房
筒井 順慶　つつい・じゅんけい　1549〜1584　戦国〜織豊時代の武将
陽徳門院
陽徳門院　ようとくもんいん　1288〜1352　後深草天皇の第5皇女

【暘】

暘谷
高階 暘谷　たかしな・ようこく　1719〜1766　江戸中期の詩人　[出]肥前長崎
暘谷〈号〉
藤岡 有貞　ふじおか・ありさだ　1820〜1849　江戸末期の和算家、雲州松江藩士　[出]出雲国松江
暘谷〈号〉
鈴木 良知　すずき・りょうち　1758〜1816　徳川中期の医家、本草学者　[出]江戸
〔高〕暘谷
高階 暘谷　たかしな・ようこく　1719〜1766　江戸中期の詩人　[出]肥前長崎
暘城
青山 暘城　あおやま・ようじょう　徳川末期の尾張藩の書家

【楊】

楊州〈別号〉
豊原 周延　とよはら・ちかのぶ　1838〜1912　画家　[出]越後高田
楊成（1代）
堆朱 楊成（1代）　ついしゅ・ようぜい　堆朱彫之元祖
楊成（8代）
堆朱 楊成（8代）　ついしゅ・ようぜい　慶長〜寛永頃の堆朱彫師
楊成（17代）
堆朱 楊成（17代）　ついしゅ・ようぜい　堆朱彫中興開祖
楊甫
住山 楊甫　すみやま・ようほ　1782〜1855　茶匠

【溶】

溶々
松井 溶々　まつい・ようよう　1795〜1848　江戸時代後期の俳人

【雍】

雍〈名〉
鈴木 芙蓉　すずき・ふよう　1749〜1816　徳川中期の画家　[出]信州飯田

【榕】

榕斎
奥山 榕斎　おくやま・ようさい　〜1841　江戸末期の儒者　[出]出羽国秋田
〔糸井〕榕斎
奥山 榕斎　おくやま・ようさい　〜1841　江戸末期の儒者　[出]出羽国秋田

【養】

養川
坂本 市之丞　さかもと・いちのじょう　1736〜1809　江戸時代中期〜後期の治水家
養川院
狩野 惟信　かのう・これのぶ　1753〜1808　江戸時代中期〜後期の画家
養安院
曲直瀬 正琳　まなせ・しょうりん　1565〜1611　医家　[出]山城
養朴
狩野 常信　かのう・つねのぶ　1636〜1713　木挽町狩野家2代目の画家
養老亭滝水〈初号〉

よう（繇,鏞,鷹）　よく（抑,翼）　ら（螺,羅,囉）

絵馬屋 額輔（3世）　えまや・がくすけ　1841～1904　狂歌師
養快
　小山 儀　こやま・ただし　1750～1775　江戸時代中期の国学者
養拙斎〈号〉
　岡宗 泰純　おかむね・たいじゅん　1768～1833　徳川中期の医家、国学者　⑱土佐国
養拙斎〈号〉
　恒丸　つねまる　～1810　化政期の俳人　⑱奥州三春
養松堂〈号〉
　五十川 昌安　いそがわ・まさやす　装剣師にして彫師
養阿
　木食 養阿　もくじき・ようあ　～1763　江戸中期の僧　⑱丹波国保津村
〔木食〕**養阿**
　養阿　ようあ　?～1763　江戸時代中期の僧
養阿弥
　宝生家（3世）　ほうしょうけ　～1524　能役者
養信〈名〉
　狩野 養信　かのう・おさのぶ　1796～1846　江戸後期の画家
養軒〈号〉
　芥川 丹丘　あくたがわ・たんきゅう　1710～1785　徳川中期の漢学者　⑱京都
養意
　笹山 養意　ささやま・ようい　～1743　徳川中期の画家
養院〈陰号〉
　永崇尼　えいすうに　1609～1690　徳川初・中期の尼僧、後陽成天皇の皇女
養徳院
　養徳院　ようとくいん　池田恒興（勝入）の母
養徳院勝山〈号〉
　足利 満詮　あしかが・みつあき　～1418　将軍足利義詮の第2子

【繇】

繇行〈字〉
　荒井 堯民　あらい・ぎょうみん　徳川中期の儒者

【鏞】

鏞宮（伊佐宮）
　政子女王　まさこじょおう　1817～1894　越後瑞泉寺住職室、伏見宮貞敬親王第11王女

【鷹】

鷹山
　上杉 治憲　うえすぎ・はるのり　1751～1822　出羽国米沢藩主　⑱江戸
鷹主
　中臣 鷹主　なかとみの・たかぬし　奈良朝末・平安初期の朝臣
〔大中臣〕**鷹主**
　中臣 鷹主　なかとみの・たかぬし　奈良朝末・平安初期の朝臣

鷹司院
　鷹司院　たかつかさいん　1218～1275　後堀河天皇の皇后
鷹峰
　平賀 鷹峰　ひらが・ようほう　1690～1751　徳川中期の儒者、長門藩士
鷹巣〈号〉
　三国 大学　みくに・だいがく　1810～1896　幕末・維新期の儒学者　⑱越前（福井県）三国

【抑】

抑斎
　林 抑斎　はやし・よくさい　1813～1871　徳川末期の備中松山藩士　⑱備中浅口郡玉島

【翼】

翼〈名〉
　杉田 玄白　すぎた・げんぱく　1733～1817　徳川中期の蘭学医　⑱江戸牛込矢来
翼〈名〉
　大原 呑響　おおはら・どんきょう　～1810　徳川中期の画家　⑱陸中東磐井郡大原
翼之〈字〉
　井上 宗端　いのうえ・そうたん　1785～1861　徳川末期の蘭医
翼卿〈字〉
　土田 献　つちだ・けん　江戸後期の漢方医
翼章〈名〉
　井上 織之丞　いのうえ・おりのじょう　1753～1820　徳川中期の福井藩士

【螺】

螺子〈号〉
　其角　きかく　1661～1707　俳人、芭蕉一門
螺山〈別号〉
　内海 椿水　うつみ・ちんすい　1812～1887　幕末明治初期の画家　⑱越前
螺舎〈初号〉
　其角　きかく　1661～1707　俳人、芭蕉一門

【羅】

羅人
　山口 羅人　やまぐち・らじん　1699～1752　徳川中期の俳人　⑱江州守山
羅山〈号〉
　林 羅山　はやし・らざん　1583～1657　徳川初期の幕府儒官　⑱京都
羅門回〈別号〉
　藤岡 月尋　ふじおか・げつじん　～1715　徳川中期の俳人　⑱大阪
羅城
　円珠庵 羅城　えんしゅあん・らじょう　1734～1807　江戸時代中期～後期の俳人

【囉】

囉々哩〈別号〉

号・別名辞典　古代・中世・近世　507

らい（来，雷，頼）

上島 鬼貫　うえしま・おにつら　1661～1738　江戸中期の俳人　㊗摂津国伊丹
囃斎〈号〉
　百丸　ひゃくまる　～1727　俳人、伊丹派　㊗伊丹

【来】

来山
　小西 来山　こにし・らいざん　1654～1716　徳川中期の俳人　㊗大阪
来山
　早瀬 来山　はやせ・らいざん　1808～1890　幕末・明治の画家
来川〈号〉
　田川 移竹　たがわ・いちく　1710～1760　徳川中期の俳人　㊗京都
〔堀井〕来助〈幼名〉
　胤吉　たねよし　1821～1903　幕末明治時代の刀匠　㊗近江石山
来助（1代）
　中山 来助（1代）　なかやま・らいすけ　1738～1783　大阪の歌舞伎俳優
来助（2代）
　中山 文七（2代）　なかやま・ぶんしち　1755～1798　京阪の歌舞伎俳優
来助（3代）
　中山 新九郎（3代）　なかやま・しんくろう　1761～1827　京阪の歌舞伎俳優
来芝（1代）〈晩名〉
　嵐 三五郎（2代）　あらし・さんごろう　1732～1803　京阪の歌舞伎俳優、天明寛政時代の立役の名優
来芝（2代）〈後名〉
　嵐 三五郎（3代）　あらし・さんごろう　～1836　京阪の歌舞伎俳優、文化文政時代の立役の上手
来章
　中島 来章　なかじま・らいしょう　1796～1871　円山派画家　㊗京都
来雪〈号〉
　山口 素堂　やまぐち・そどう　1642～1716　徳川初期の俳人　㊗甲州巨摩郡教来石村山口
来蔵法師〈号〉
　自在庵 祇徳　じざいあん・ぎとく　1702～1754　徳川中期江戸の札差、俳人

【雷】

雷夫〈初号〉
　高井 几董　たかい・きとう　1741～1788　徳川中期の俳人　㊗京都
雷州
　安田 雷洲　やすだ・らいしゅう　徳川末期の浮世絵師　㊗江戸
雷周
　葛飾 雷周　かつしか・らいしゅう　江戸時代後期の浮世絵師
雷柱子〈号〉
　其角　きかく　1661～1707　俳人、芭蕉一門
雷洲
　安田 雷洲　やすだ・らいしゅう　徳川末期の浮世絵師　㊗江戸
雷首〈俳名〉
　大森 繁右衛門　おおもり・しげえもん　1744～1809　徳川中期対馬藩の家老
雷堂百里〈号〉
　高野 百里　たかの・ひゃくり　1666～1727　俳人、魚問屋
雷淵〈号〉
　大場 景則　おおば・かげのり　江戸中期の暦学者、享保頃の人
雷蔵（3代）
　市川 男女蔵（2代）　いちかわ・おめぞう　歌舞伎俳優、文政・天保時代の立役の達者
雷蔵（4代）
　市川 雷蔵（4代）　いちかわ・らいぞう　1820～1866　歌舞伎俳優、安政―慶応時代の立役
雷鮓舎〈号〉
　風光　ふうこう　～1755　享保時代の俳人　㊗奥州白河城下

【頼】

頼三
　楢崎 頼三　ならざき・らいぞう　1845～1875　幕末の萩藩士　㊗長門国萩土原梨木町
頼之〈別称〉
　下間 少進　しもつま・しょうしん　1551～1616　本願寺坊官で素人能役者
頼之〈通称〉
　清民　せいみん　～1867　幕末期の俳人　㊗須賀川
頼方
　徳川 吉宗　とくがわ・よしむね　1684～1751　江戸幕府8代将軍
〔松平〕頼方
　徳川 吉宗　とくがわ・よしむね　1684～1751　江戸幕府8代将軍
頼氏
　喜連川 頼氏　きつれがわ・よりうじ　1580～1630　下野喜連川邑主
〔足利〕頼氏
　喜連川 頼氏　きつれがわ・よりうじ　1580～1630　下野喜連川邑主
頼世
　土岐 頼忠　とき・よりただ　?～1397　南北朝～室町時代の武将
頼兄
　犬童 頼兄　いんどう・よりもり　相良氏家臣
〔下間〕頼広
　池田 重利　いけだ・しげとし　1586～1632　江戸時代前期の大名
〔下間〕頼広
　池田 重利　いけだ・しげとし　1586～1632　江戸時代前期の大名
頼母
　恒遠 醒窓　つねとお・せいそう　1803～1863　江戸時代後期の儒者
頼安
　諏訪 頼安　すわ・よりやす　旗本
頼守〈本名〉
　頼助　らいじょ　1246～1296　鎌倉時代の真言宗の僧侶
頼助

らい（頼）

頼助　らいじょ　1246〜1296　鎌倉時代の真言宗の僧侶
頼秀
　下間 頼秀　しもつま・よりひで　〜1538　戦国時代の本願寺家宰
頼芸〈名〉
　土岐 洞文　とき・どうぶん　武人画家
頼房
　相良 長毎　さがら・ながつね　1574〜1636　織豊〜江戸時代前期の武将、大名
頼明
　石川 頼明　いしかわ・よりあき　〜1600　秀吉の臣　㊸美濃
〔石河〕頼明
　石川 頼明　いしかわ・よりあき　〜1600　秀吉の臣　㊸美濃
頼直
　遠山 政亮　とおやま・まさすけ　1625〜1693　江戸時代前期の大名
頼長
　青柳 伊勢守頼長　あおやぎ・いせのかみよりなが　〜1587　小笠原氏家臣
頼長
　藤原 頼長　ふじわらの・よりなが　1120〜1156　平安時代の政治家、左大臣
頼長
　内藤 風虎　ないとう・ふうこ　1619〜1685　徳川初期の諸侯にして俳人　㊸江戸桜田
〔横山〕頼信
　佐々木 頼信　ささき・よりのぶ　鎌倉時代の武将
頼囶
　井上 頼囶　いのうえ・よりくに　1839〜1914　幕末・明治時代の国学者、歌人　㊸江戸神田松下町
頼屋〈名〉
　坂上 稲丸　さかのうえ・いねまる　1654〜1736　徳川中期の俳人　㊸摂州池田
頼政
　源 頼政　みなもとの・よりまさ　1104?〜1180　平安朝末の武将、歌人
〔万喜〕頼春
　土岐 頼春　とき・よりはる　織豊時代の武将
頼昭〈名〉
　下間 頼照　しもづま・らいしょう　〜1575　本願寺坊官
頼重〈名〉
　山本 成行　やまもと・なりゆき　徳川家康の臣
頼純
　喜連川 頼純　きつれがわ・よりずみ　〜1601　下野喜連川城主、古河公方の後裔
〔足利〕頼純
　喜連川 頼純　きつれがわ・よりずみ　〜1601　下野喜連川城主、古河公方の後裔
頼純女
　喜連川 頼純女　きつれがわ・よりすみのじょ　徳川初期の烈女
〔松平〕頼致
　徳川 宗直　とくがわ・むねなお　1682〜1757　江戸時代中期の大名
頼通
　藤原 頼通　ふじわらの・よりみち　990〜1074　平安時代の政治家、関白

頼高
　下瀬 熊之進　しもせ・くまのしん　1843〜1863　幕末の武士
〔松平〕頼淳
　徳川 治貞　とくがわ・はるさだ　1728〜1789　江戸時代中期の大名
頼盛
　平 頼盛　たいらの・よりもり　〜1186　平安時代の武将、清盛の異母弟
頼経
　九条 頼経　くじょう・よりつね　1218〜1256　鎌倉幕府4代将軍
〔藤原〕頼経
　九条 頼経　くじょう・よりつね　1218〜1256　鎌倉幕府4代将軍
頼隆
　蜂屋 頼隆　はちや・よりたか　〜1589　織豊時代の武人　㊸美濃
頼嗣
　九条 頼嗣　くじょう・よりつぐ　1239〜1256　鎌倉幕府5代将軍
〔藤原〕頼嗣
　九条 頼嗣　くじょう・よりつぐ　1239〜1256　鎌倉幕府5代将軍
頼業
　藤原 頼業　ふじわらの・よりなり　平安末・鎌倉時代の歌人
頼源
　頼源　らいげん　吉野朝時代の僧、山雲鰐淵寺の長吏
頼照
　下間 頼照　しもづま・らいしょう　〜1575　本願寺坊官
〔藤原〕頼資
　広橋 頼資　ひろはし・よりすけ　1182〜1236　鎌倉時代の公卿
頼徳
　一柳 頼徳　ひとつやなぎ・よりのり　1666〜1724　伊予小松藩主
頼綱
　宇都宮 頼綱　うつのみや・よりつな　1172〜1259　鎌倉時代の武人、歌人
頼綱
　姉小路 頼綱　あねのこうじ・よりつな　1540〜1587　飛騨高山城主
〔三木〕頼綱
　姉小路 頼綱　あねのこうじ・よりつな　1540〜1587　飛騨高山城主
〔六角〕頼綱
　佐々木 頼綱　ささき・よりつな　1242〜1311　鎌倉時代の武将
頼徸
　有馬 頼徸　ありま・よりゆき　1712〜1783　筑後久留米藩主にして和算家
頼賢
　山県 守雌斎　やまがた・しゅしさい　1791〜1830　江戸時代後期の儒者
〔松平〕頼職
　徳川 頼職　とくがわ・よりもと　1680〜1705　江戸時代前期の大名

号・別名辞典　古代・中世・近世　509

らい（瀬）　らく（洛,落）　らん（乱,嵐,藍,闌,懶）

【瀬】

瀬名姫
　築山殿　つきやまどの　～1579　徳川家康の前夫人

【洛】

洛下童〈号〉
　池西 言水　いけにし・ごんすい　1650～1722　徳川中期の俳人　⑯奈良
洛陽散人〈号〉
　山岡 元隣　やまおか・げんりん　1631～1672　江戸前期の仮名草子作者・俳人　⑯伊勢国山田

【落】

落日庵〈別号〉
　谷口 蕪村　たにぐち・ぶそん　1716～1783　天明期の俳人、南画家　⑯摂津国東成郡毛馬
落月庵〈号〉
　水田 西吟　みずた・さいぎん　～1709　徳川中期の俳人　⑯摂州桜塚
落花軒〈号〉
　庄田 直道　しょうだ・なおみち　1836～1910　越後高田藩士
落柿舎〈別号〉
　向井 去来　むかい・きょらい　1651～1704　徳川中期の俳人　⑯長崎
落栗庵(2世)〈号〉
　三亭 春馬　さんてい・しゅんば　～1851　戯作家
落梧
　安川 落梧　やすかわ・らくご　～1691　徳川中期の俳人
落葉堂〈号〉
　池田 是誰　いけだ・ぜすい　徳川初期の俳人　⑯播磨姫路
落霞窓〈号〉
　白井 鳥酔　しらい・ちょうすい　1701～1769　徳川中期の俳人　⑯上総埴生郡地引村

【乱】

乱雪
　桜井 吏登　さくらい・りとう　1681～1755　徳川中期の俳人

【嵐】

嵐山
　馬渕 嵐山　まぶち・らんざん　1753～1836　徳川中期の漢学者　⑯京都
嵐外
　辻 嵐外　つじ・らんがい　1771～1845　徳川末期の俳人　⑯越前敦賀
嵐亭治助〈号〉
　服部 嵐雪　はっとり・らんせつ　1654～1707　徳川中期の俳人、蕉門十哲の1人　⑯江戸湯島
嵐窓
　嵐窓　らんそう　～1838　化政期の俳人
嵐雪
　服部 嵐雪　はっとり・らんせつ　1654～1707　徳川中期の俳人、蕉門十哲の1人　⑯江戸湯島
嵐蘭
　松倉 嵐蘭　まつくら・らんらん　1647～1693　徳川中期の俳人

【藍】

藍山〈号〉
　古市 金峨　ふるいち・きんが　1805～1880　幕末明治の画家　⑯備前児島郡郷内村
藍水
　横谷 藍水　よこたに・らんすい　1720～1778　江戸中期の漢詩人
藍水
　神谷 定令　かみや・ていれい　?～1811　江戸時代中期～後期の和算家
藍水狂客〈号〉
　田能村 竹田　たのむら・ちくでん　1777～1835　徳川中期の文人画家　⑯豊後直入郡竹田村
藍田〈号〉
　藤井 平左衛門　ふじい・へいざえもん　1816～1865　幕末大阪の儒者
藍谷
　竹花 正脩　たけはな・せいしゅう　1745～1805　江戸時代中期～後期の武士
藍亭〈別号〉
　芝 全交(2世)　しば・ぜんこう　1775～1827　戯作者
藍泉
　高畠 藍泉　たかばたけ・らんせん　1838～1885　明治初期の戯作者、新聞記者　⑯江戸下谷世俗鳩組
藍泉
　役 藍泉　えの・らんせん　1750～1806　徳川中期の儒僧
藍叟〈号〉
　鶴田 卓池　つるだ・たくち　1768～1846　徳川末期の俳人　⑯三河岡崎
藍渓
　多紀 藍渓　たき・らんけい　1732～1801　医家
藍蓼庵〈号〉
　田川 鳳朗　たがわ・ほうろう　1762～1845　徳川末期の俳人　⑯肥後熊本

【闌】

闌更
　高桑 闌更　たかくわ・らんこう　1726～1798　徳川中期の俳人　⑯金沢

【懶】

懶安〈号〉
　惟高 妙安　いこう・みょうあん　1480～1567　室町後期の僧侶(禅宗)、五山文学者　⑯近江
懶斎〈号〉
　藤井 懶斎　ふじい・らいさい　1626～1706　徳川初期京都の儒者　⑯筑後
懶雲〈号〉
　厳中 げんちゅう　1359～1428　室町時代の僧侶(臨済宗)、五山文学者

懶雲〈別号〉
文之 玄昌　ぶんし・げんしょう　1555〜1620　儒僧　[出]日向
懶僊〈号〉
早瀬 来山　はやせ・らいざん　1808〜1890　幕末・明治の画家
懶漁〈号〉
向井 魯町　むかい・ろちょう　1656〜1727　徳川中期の俳人、長崎聖堂祭酒　[出]長崎立山
懶窩〈号〉
内藤 丈草　ないとう・じょうそう　1661〜1704　徳川中期の俳人　[出]尾張国犬山

【蘭】

蘭丸
森 長定　もり・ながさだ　〜1582　信長の臣　[出]美濃
蘭丸
佩香園（1代）　はいこうえん　京都の狂歌師
蘭川
早瀬 蘭川　はやせ・らんせん　1777〜1837　徳川中期の画家　[出]福井
蘭台〈号〉
井上 蘭台　いのうえ・らんだい　1705〜1761　江戸中期の儒者　[出]江戸材木町
蘭台
蘭台　らんだい　〜1793　化政期の俳人、越中井波瑞泉寺十四代住職誠心院従祐
蘭田〈別号〉
滝 和亭　たき・かてい　1832〜1901　南画家　[出]江戸千駄谷
蘭石〈号〉
和田 蘭石　わだ・らんせき　1769〜1837　徳川中期の儒者　[出]備前岡山
蘭秀軒〈号〉
吉田 蘭秀軒　よしだ・らんしゅうけん　1653〜1696　徳川中期の俳人　[出]名古屋
蘭林
大村 荘助　おおむら・しょうすけ　1724〜1789　江戸時代中期の儒者
蘭亭〈号〉
歩簫　ほしょう　1791〜1827　化政期の俳人　[出]飛騨国高山
蘭室〈号〉
荒川 天散　あらかわ・てんさん　1652〜1734　徳川中期の漢学者　[出]山城国
蘭室
藤村 蘭室　ふじむら・らんしつ　1650〜1733　徳川中期の茶道家
蘭室
脇 愚山　わき・ぐざん　1764〜1814　儒者　[出]豊後速見郡小浦
蘭室
神保 綱忠　じんぼ・つなただ　1743〜1826　江戸時代中期〜後期の儒者
蘭洲
飯塚 蘭洲　いいずか・らんしゅう　1732〜1799　徳川中期の儒者、弘前藩の儒医
〔山崎〕蘭洲
飯塚 蘭洲　いいずか・らんしゅう　1732〜1799　徳川中期の儒者、弘前藩の儒医
蘭華山人〈別号〉
長井 雲坪　ながい・うんぺい　1833〜1899　南画家　[出]越後沼垂
蘭斎
江馬 蘭斎　えま・らんさい　1746〜1838　徳川中期末期の蘭医　[出]美濃大垣
蘭皐
荒木 蘭皐　あらき・らんこう　1717〜1767　江戸中期の文人　[出]大坂
蘭雪〈別号〉
村田 香谷　むらた・こうこく　1830〜1912　画家　[出]筑前福岡
蘭疇〈号〉
松本 順　まつもと・じゅん　1832〜1907　医家
蘭馨堂〈号〉
吉田 長叔　よしだ・ながよし　1779〜1824　江戸時代後期の蘭医　[出]江戸
蘭鶴〈別号〉
田口 柳所　たぐち・りゅうしょ　1839〜1892　幕末明治時代の漢詩人　[出]江戸

【鸞】

鸞
山本 日下　やまもと・にっか　1725〜1788　江戸時代中期の儒者
鸞江
斎藤 鸞江　さいとう・らんこう　1785〜1848　徳川中期の儒者　[出]阿波
鸞動
古沢 鸞動　ふるさわ・らんどう　1665〜1686　徳川中期の俳人　[出]摂州伊丹
〔宮薗〕鸞鳳軒（1代）
宮古路 薗八（2代）　みやこじ・そのはち　〜1785　浄瑠璃太夫　[出]京都
鸞鳳軒（2代）
宮薗 鸞鳳軒（2代）　みやぞの・らんぽうけん　1748〜1812　宮薗節浄瑠璃の家元　[出]大阪

【吏】

吏登
桜井 吏登　さくらい・りとう　1681〜1755　徳川中期の俳人
〔雪中庵〕吏登
桜井 吏登　さくらい・りとう　1681〜1755　徳川中期の俳人
吏登斎嵐雪〈号〉
桜井 吏登　さくらい・りとう　1681〜1755　徳川中期の俳人

【利】

利一町〈通称〉
山東 京山　さんとう・きょうざん　1769〜1858　江戸後期の戯作者
利久
本多 利久　ほんだ・としひさ　〜1603　秀吉の臣
利子内親王

式乾門院　しきけんもんいん　1197～1251　後高倉院の第1皇女

利山
謝名 利山　じゃな・りざん　1545～1611　江戸前期琉球の三司官　[出]沖縄

利仁将軍
藤原 利仁　ふじわらの・としひと　平安時代中期の武人

利太
前田 利太　まえだ・とします　安土桃山時代の武将、前田利家の兄利久の子

利方
末吉 勘兵衛（1世）　すえよし・かんべえ　1526～1607　江戸幕府の伏見銀座初代の頭役

利牛
池田 利牛　いけだ・りぎゅう　徳川中期の俳人　[出]江戸

利右衛門〈通称〉
水田 正秀　みずた・まさひで　1657～1723　徳川中期の俳人　[出]近江膳所

利右衛門〈通称〉
清宮 秀堅　せいみや・ひでかた　1809～1879　徳川末期・明治初期の国学者　[出]下総佐原

利右衛門〈別称〉
有川 梅隠　ありかわ・ばいいん　1771～1852　江戸中期の画家

利右衛門〈別称〉
鈴木 素雪　すずき・そせつ　～1736　徳川中期の書家　[出]佐渡夷町

〔一江〕利右衛門
市江 鳳造　いちえ・ほうぞう　1768～1852　江戸時代後期の陶工

利左衛門〈通称〉
鈴木 宗邦　すずき・そうほう　1802～1869　徳川中末期の算家　[出]下総香取郡石成

利平
天野屋 利兵衛　あまのや・りへえ　～1727　徳川時代大阪の侠客

利休
千 利休　せんの・りきゅう　1521～1591　織豊時代の茶道家　[出]泉州堺今市町

〔加藤〕利吉〈通称〉
便便館 琵琶彦　べんべんかん・びわひこ　狂歌師

利安
栗山 利安　くりやま・としやす　1549～1631　豊臣・徳川初期の武将　[出]播磨

利行
斎藤 利行　さいとう・としゆき　1822～1881　高知藩士　[出]土佐国高知城下大川筋

利兵衛
高橋 利兵衛　たかはし・りへえ　1840～1864　幕末の志士、周防熊毛郡上島田村の農

利兵衛
天野屋 利兵衛　あまのや・りへえ　～1727　徳川時代大阪の侠客

〔丹波屋〕利兵衛
田舎老人 多田爺　いなかろうじん・ただのじじい　江戸後期の洒落本作者

利兵衛（1代）
山本 利兵衛（1代）　やまもと・りへえ　1688～1766　京都の蒔絵師　[出]丹波桑田郡

利兵衛（2代）
山本 利兵衛（2代）　やまもと・りへえ　1743～1791　京都の蒔絵師

利兵衛（3代）
山本 利兵衛（3代）　やまもと・りへえ　1770～1838　京都の蒔絵師

利兵衛（4代）
山本 利兵衛（4代）　やまもと・りへえ　～1870　京都の蒔絵師

利助
大江丸　おおえまる　1722～1805　化政期の俳人　[出]大阪

利助〈通称〉
平塚 瓢斎　ひらつか・ひょうさい　1794～1875　儒者　[出]京都

利寿
奈良 利寿　なら・としなが　1667～1737　江戸時代前期～中期の装剣金工

利和〈名〉
今井 籛斎　いまい・せんさい　幕末の伊豆熱海村村長

利和
土井 利厚　どい・としあつ　1759～1822　江戸時代中期～後期の大名

利宗
斎藤 利光　さいとう・としみつ　1567～1647　織豊～江戸時代前期の武将

利征
八代 利征　やしろ・としゆき　1832～1873　幕末の福岡藩士

利明
大原 利明　おおはら・りめい　～1831　徳川中期の数学者　[出]武蔵足立郡梅田村

利直
松本 一指　まつもと・いっし　1586～1660　江戸時代前期の槍術家

利長〈名〉
斎藤 西山　さいとう・せいざん　1754～1809　徳川中期の肥前蓮池藩儒　[出]肥前

利長
前田 利長　まえだ・としなが　1562～1614　安土桃山・江戸初期の大名、利家の長子　[出]尾張荒子

利政
斎藤 道三　さいとう・どうさん　～1556　戦国時代の武将　[出]山城国西岡

利政
前田 利政　まえだ・としまさ　1578～1633　安土桃山時代の大名、前田利家の第2子

利政（1代）
江川 宗隣　えがわ・そうりん　水戸の金工、江川氏の祖　[出]水戸

利春
前田 利昌　まえだ・としまさ　?～1560　戦国時代の武将

利貞〈名〉
牧村 政治　まきむら・まさはる　1545～1593　秀吉に仕えた馬廻衆、利休七哲の1人

〔中村〕利貞〈本名〉
烏亭 焉馬（1世）　うてい・えんば　1743～1822　江戸中期の狂歌師、戯作者　[出]江戸

利重

り（李，里）

堀 利重　ほり・とししげ　1581〜1638　常陸玉取城主　⊕美濃国茜部
利家
　前田 利家　まえだ・としいえ　1538〜1599　加賀藩主前田家の祖、豊臣氏筆頭の臣　⊕尾張愛知郡荒子村
〔前田〕利家妻
　芳春院　ほうしゅんいん　1547〜1617　前田利家の妻
利益
　前田 利太　まえだ・とします　安土桃山時代の武将、前田利家の兄利久の子
利矩〈字〉
　飯田 篤老　いいだ・とくろう　1778〜1826　徳川中期の俳人　⊕芸州広島
利起〈名〉
　徳元　とくげん　〜1647　俳人、貞門　⊕岐阜
利通
　大久保 利通　おおくぼ・としみち　1830〜1878　明治維新の元勲、政治家　⊕鹿児島
利斎(1代)
　駒沢 利斎(1代)　こまざわ・りさい　1673〜1746　指物師
利勝〈名〉
　左 甚五郎　ひだり・じんごろう　1594〜1651　徳川初期の宮大工、宮彫の名工　⊕播磨国明石
利勝
　前田 利長　まえだ・としなが　1562〜1614　安土桃山・江戸初期の大名、利家の長子　⊕尾張荒子
利園〈号〉
　秋山 光彪　あきやま・こうひょう　1775〜1832　徳川末期の国学者、小倉藩士
利綱
　佐々木 利綱　ささき・としつな　1741〜1802　徳川中期の医家にして歌人　⊕伊勢三重郡小杉村
利蔭
　荒巻 利蔭　あらまき・としかげ　1836〜1913　歌人、もと和歌山藩士
利慶
　加藤 利慶　かとう・りけい　?〜1796　江戸時代中期〜後期の陶工
利厳
　柳生 兵庫助　やぎゅう・ひょうごのすけ　1579〜1650　江戸初期の剣術家、尾張柳生の祖
利謹〈名〉
　文清舎 沖澄　ぶんせいしゃ・おきずみ　狂歌師
利次〈通称〉
　菊岡 光行　きくおか・みつゆき　1750〜1800　江戸時代末期の俳人、表具を業とし、彫物に巧であった

【李】

李井庵〈号〉
　馬場 存義　ばば・そんぎ　1702〜1782　徳川中期の俳人　⊕江戸
李四〈号〉
　河野 李由　こうの・りゆう　1662〜1705　徳川中期の俳人
李由
　河野 李由　こうの・りゆう　1662〜1705　徳川中期の俳人

李杏〈初号〉
　坂上 呉老　さかのうえ・ごろう　〜1834　徳川中期の俳人　⊕大阪
李東
　李東　りとう　俳人、芭蕉一門
李東
　鈴木 李東　すずき・りとう　1781〜1838　徳川中期の俳人　⊕伊勢四日市
〔近藤〕李東
　李東　りとう　俳人、芭蕉一門
李嶠
　桜井 吏登　さくらい・りとう　1681〜1755　徳川中期の俳人
李洞〈号〉
　桜井 吏登　さくらい・りとう　1681〜1755　徳川中期の俳人
李恭〈号〉
　黒沢 登幾　くろさわ・とき　1806〜1890　水戸藩の烈女　⊕常陸東茨城郡岩船村錫高野
李庵〈号〉
　嵐山 甫安　あらしやま・ほあん　1632〜1693　医家　⊕筑前

【里】

里夕〈前名〉
　竹沢 平八(2代)　たけざわ・へいはち　江戸豊後浄瑠璃の三絃
里仲
　高木 里仲　たかぎ・りちゅう　宝暦期の大阪の歌舞伎狂言作者、歌舞伎俳優中村源左衛門の後身
〔中村〕里仲〈別名〉
　高木 里仲　たかぎ・りちゅう　宝暦期の大阪の歌舞伎狂言作者、歌舞伎俳優中村源左衛門の後身
里好(1代)
　中村 里好(1代)　なかむら・りこう　1742〜1786　大阪の歌舞伎俳優　⊕大阪
〔中村〕里好(2代)〈前名〉
　嵐 璃光(1代)　あらし・りこう　1784〜1839　大阪の歌舞伎俳優、化政期の若女方の上手
里長(2代)
　鳥羽屋 里長(2代)　とばや・りちょう　豊後節の三絃家
里紅〈号〉
　仙石 廬元坊　せんごく・ろげんぼう　1692〜1747　徳川中期の俳人　⊕美濃北方
里席
　大島 蓼太　おおしま・りょうた　1718〜1787　徳川中期の俳人　⊕信州伊那郡大島
里恭
　柳沢 淇園　やなぎさわ・きえん　1703〜1758　詩人画家、書家、儒学者
〔柳〕里恭
　柳沢 淇園　やなぎさわ・きえん　1703〜1758　詩人画家、書家、儒学者
〔故沢〕里桂
　鳥羽屋 里長(2代)　とばや・りちょう　豊後節の三絃家
〔故沢〕里慶
　鳥羽屋 里長(2代)　とばや・りちょう　豊後節の三絃家

り（狸, 梨, 理）

里鶯〈号〉
  役 尊閑　えき・たかやす　1651～1737　徳川初期の国学者　㊐羽後能代

【狸】

狸牙〈俳名〉
  沢村 音右衛門（3代）　さわむら・おとえもん　歌舞伎俳優

【梨】

梨一
  髙橋 梨一　たかはし・りいち　1714～1783　徳川中期の俳人
梨子園〈別号〉
  伊藤 信徳　いとう・しんとく　1633～1698　徳川中期の俳人　㊐京都
梨子園〈別号〉
  鶏冠井 令徳　かえでい・りょうとく　1589～1679　徳川初期の俳人　㊐京都
梨春
  後藤 梧桐庵　ごとう・ごどうあん　本草家　㊐江戸
梨陰〈号〉
  山田 錦所　やまだ・きんしょ　1762～1835　徳川中期の国学者　㊐京都
梨陰〈号〉
  速水 常忠　はやみ・つねただ　1753～1791　徳川中期の儒者
梨樹園〈別号〉
  今泉 蟹守　いまいずみ・かにもり　1818～1898　徳川末期明治時代の国学者　㊐肥前小城

【理】

〔荻江〕理八
  清元 斎兵衛（3代）　きよもと・さいべえ　?～1867　江戸時代後期の浄瑠璃三味線方
〔真field〕理子
  理子女王　さとこじょおう　1691～1710　徳川吉宗の正室
〔清水〕理太夫
  竹本 義太夫（1代）　たけもと・ぎだゆう　1651～1714　義太夫節の太夫　㊐摂津国東成郡
理右衛門〈通称〉
  白達磨 見風　はくだるま・けんぽう　1711～1783　徳川中期の俳人　㊐加賀津幡
〔柴田〕清右衛門
  宮城 清行　みやぎ・せいこう　1804～1829　京都の算家
理平〈通称〉
  天野 拙斎　あまの・せっさい　1662～1732　徳川中期の儒者　㊐伊予
理有
  大有 理有　だいゆう・りゆう　南北朝～室町時代の僧
理兵衛
  茨木 重謙　いばらき・しげかね　1767～1816　江戸時代中期～後期の武士
理兵衛〈祖先〉
  紀太 理兵衛（祖先）　きた・りへえ　讃岐高松藩窯の陶工
理兵衛（1代）
  紀太 理兵衛（1代）　きた・りへえ　～1678　讃岐高松藩窯の陶工
理兵衛（2代）
  紀太 理兵衛（2代）　きた・りへえ　～1704　讃岐高松藩窯の陶工
理兵衛（3代）
  紀太 理兵衛（3代）　きた・りへえ　～1738　讃岐高松藩窯の陶工
理兵衛（4代）
  紀太 理兵衛（4代）　きた・りへえ　～1784　讃岐高松藩窯の陶工
理兵衛（5代）
  紀太 理兵衛（5代）　きた・りへえ　讃岐高松藩窯の陶工
理兵衛（6代）
  紀太 理兵衛（6代）　きた・りへえ　讃岐高松藩窯の陶工
理兵衛（8代）
  紀太 理兵衛（8代）　きた・りへえ　讃岐高松藩窯の陶工
理兵衛（9代）
  紀太 理兵衛（9代）　きた・りへえ　讃岐高松藩窯の陶工
理兵衛行高
  紀太 理兵衛（3代）　きた・りへえ　～1738　讃岐高松藩窯の陶工
理兵衛重治
  紀太 理兵衛（2代）　きた・りへえ　～1704　讃岐高松藩窯の陶工
〔逸巖〕理秀
  理秀女王　りしゅうじょおう　1725～1764　中御門天皇の第4皇女
〔義山〕理忠
  理忠女王　りちゅうじょおう　1641～1689　後水尾天皇の皇女
〔久巖〕理昌
  理昌女王　りしょうじょおう　1631～1656　後水尾天皇の第5皇女
理知覚
  永安門院　えいあんもんいん　1216～1279　穠子内親王
理庵〈号〉
  藤本 由己　ふじもと・ゆうき　徳川中期の医家、狂歌師
理覚
  藤原 師長　ふじわらの・もろなが　1138～1192　平安時代後期の公卿
理遊
  関本 理遊　せきもと・りゆう　1772～1849　江戸の人、いけ花流派古流の中興の祖とされる
〔松盛斎〕理遊
  関本 理遊　せきもと・りゆう　1772～1849　江戸の人、いけ花流派古流の中興の祖とされる
理源大師
  聖宝　しょうぼう　832～909　真言宗小野流の祖
理準
  平松 理準　ひらまつ・りじゅん　1796～1881　幕末・維新期の真宗大谷派の僧

【裏】

〔浅黄〕裏成
朋誠堂 喜三二　ほうせいどう・きさんじ　1735～1813　江戸後期の戯作者・狂歌師　[出]江戸

【璃】

璃〈名〉
大沢 赤城　おおさわ・せきじょう　徳川中期の国学者　[出]江戸
璃光（1代）
嵐 璃光（1代）　あらし・りこう　1784～1839　大阪の歌舞伎俳優、化政期の若女方の上手
璃玨（1代）
嵐 璃寛（2代）　あらし・りかん　1788～1837　大阪の歌舞伎俳優、文政・天保時代の立役の名優　[出]大阪新靭町
璃玨（2代）
嵐 璃玨（2代）　あらし・りかく　1812～1864　大阪の歌舞伎俳優、弘化―文久時代の立役の名優　[出]大阪
璃寛（1代）
嵐 吉三郎（2代）　あらし・きちさぶろう　1769～1821　大阪の歌舞伎俳優、文化文政時代の立役の名優　[出]大阪
璃寛（2代）
嵐 璃寛（2代）　あらし・りかん　1788～1837　大阪の歌舞伎俳優、文政・天保時代の立役の名優　[出]大阪新靭町
璃寛（3代）
嵐 璃寛（3代）　あらし・りかん　1812～1863　大阪の歌舞伎俳優、弘化―文久時代の立役の名優　[出]京都二条新地

【藜】

藜翁〈号〉
入楚　にゅうそ　～1775　享保時代の俳人

【鯉】

〔市川〕鯉三郎〈前名〉
嵐 雛助（6代）　あらし・ひなすけ　1812～1847　大阪の歌舞伎俳優、天保・弘化時代の立役の達者　[出]江戸木挽町
鯉丈
滝亭 鯉丈　りゅうてい・りじょう　～1841　戯作者
鯉角〈号〉
細木 香以　さいき・こうい　1822～1870　富商、俳人

【離】

離屋〈号〉
鈴木 朖　すずき・あきら　1764～1837　徳川中期の国学者　[出]尾張枇杷島

【籬】

籬亭〈号〉
秋岡 素菊　あきおか・そきく　1765～1809　江戸中期の狂歌師　[出]近江彦根

【驪】

驪風堂〈別号〉
浜野 政随　はまの・しょうずい　1696～1769　江戸時代の彫金家
驪翁〈号〉
大島 完来　おおしま・かんらい　1748～1817　徳川中期の俳人　[出]伊勢津

【陸】

陸々〈号〉
桜井 梅室　さくらい・ばいしつ　1769～1852　徳川末期の俳人　[出]加賀金沢
陸々庵〈号〉
太田 巴静　おおた・はじょう　1681～1744　徳川中期の俳人　[出]美濃竹が鼻
陸平〈通称〉
別府 安宣　べっぷ・やすのぶ　1791～1863　徳川中末期の歌人
陸助〈通称〉
岡田 僊志　おかだ・けいし　徳川中期の人、摂陽群談を著す
陸沈〈別号〉
高野 昌碩　たかの・しょうせき　1760～1802　江戸後期の民政家　[出]常陸国久慈郡太田村
陸良親王
興良親王　おきながしんのう　大塔宮護良親王の王子
陸奥侍従
佐々 成政　さっさ・なりまさ　～1588　織豊時代の武将　[出]尾張春日井郡比良村
陸運士〈号〉
烏黒　うこく　1838～1906　俳人

【立】

〔藤原〕立子
東一条院　ひがしいちじょういん　1192～1247　順徳天皇の皇后
立之
森 立之　もり・りっし　1807～1885　幕末・維新期の医学者
立元〈名〉
井上 金峨　いのうえ・きんが　1732～1784　徳川中期の儒者　[出]江戸青山
立平
武元 北林　たけもと・ほくりん　1770～1820　江戸時代後期の儒者
立礼
細川 斉茲　ほそかわ・なりしげ　1755～1835　江戸時代中期～後期の大名
立宇
島田 立宇　しまだ・りつう　1787～1866　江戸時代後期の俳人
〔関〕立志
高井 立志（5世）　たかい・りつし　徳川中期の俳人　[出]江戸

りつ（律, 栗, 葎）

立志（1世）
　高井 立志（1世）　たかい・りつし　～1681　徳川中期の俳人松楽軒、知諧堂と号した　㊗京都
立志（2世）
　高井 立志（2世）　たかい・りつし　1658～1705　徳川中期の俳人
立志（3世）
　高井 立志（3世）　たかい・りつし　1683～1724　徳川中期の俳人
立志（4世）
　高井 立志（4世）　たかい・りつし　徳川中期の俳人　㊗江戸
立志（4代）
　浅見 立志　あさみ・りゅうし　江戸時代中期の俳人
立志（5世）
　高井 立志（5世）　たかい・りつし　徳川中期の俳人　㊗江戸
立岳
　木村 雅経　きむら・まさつね　1827～1890　幕末・明治の狩野派の画家　㊗越中富山
立信
　狩野 永悳　かのう・えいとく　1814～1891　徳川末期・明治初期中橋狩野家最終の画家　㊗江戸
立政
　細川 斉護　ほそかわ・なりもり　1804～1860　江戸時代後期の大名
立圃
　野々口 立圃　ののぐち・りゅうほ　1595～1669　徳川初期の俳人　㊗丹波保津
〔雛屋〕立圃
　野々口 立圃　ののぐち・りゅうほ　1595～1669　徳川初期の俳人　㊗丹波保津
立軒
　味木 立軒　あじき・りっけん　1655～1725　徳川中期の儒者　㊗山城
立斎
　佐久間 高方　さくま・たかかた　1661～1741　徳川中期の兵学者
立渓
　足代 立渓　あじろ・りっけい　1703～1761　中期の漢学者
立設
　熊谷 立設　くまがい・りゅうせつ　～1655　徳川初期の儒者
立雪斎〈号〉
　田川 俊蔵　たがわ・しゅんぞう　1813～1866　徳川末期の書家　㊗安芸広島
立詠〈号〉
　高井 立志（2世）　たかい・りつし　1658～1705　徳川中期の俳人
立詠〈号〉
　高井 立志（3世）　たかい・りつし　1683～1724　徳川中期の俳人
立達〈通称〉
　佐久間 晴岳　さくま・せいがく　1819～1885　幕末明治初期の画家
立誠
　伊藤 固庵　いとう・こあん　1641～1711　江戸時代前期～中期の儒者
立徳〈別称〉
　佐久間 六所　さくま・ろくしょ　1792～1863　徳川中期の画家
立綱
　立綱　りゅうこう　1763～1824　僧侶、国学者　㊗近江彦根

【律】

律〈名〉
　大橋　おおはし　徳川中期京都島原の名妓
律佐〈号〉
　皐月 平砂　さつき・へいさ　1708～1783　徳川中期の俳人　㊗江戸
律義
　杉山 松介　すぎやま・まつすけ　1838～1864　幕末の武士
〔手塚〕律蔵
　瀬脇 寿人　せわき・ひさと　1823～1878　幕末の蘭英学者　㊗周防熊毛郡小周防村

【栗】

栗山
　柴野 栗山　しばの・りつざん　1734～1807　江戸中期の儒者　㊗讃岐
〔柴〕栗山
　柴野 栗山　しばの・りつざん　1734～1807　江戸中期の儒者　㊗讃岐
栗之本〈号〉
　松岡 青蘿　まつおか・せいら　1740～1791　徳川中期の俳人　㊗江戸
栗居〈号〉
　青野 源左衛門　あおの・げんざえもん　1653～1706　江戸中期の儒学者、修史家　㊗京都
栗庵〈号〉
　松岡 青蘿　まつおか・せいら　1740～1791　徳川中期の俳人　㊗江戸
栗斎
　雨森 栗斎　あめのもり・りっさい　1784～1842　江戸時代の篆刻家
栗斎〈別号〉
　佐々木 宇考　ささき・うこう　1739～1820　徳川中期の俳人
栗窓
　桃李園 栗窓　とうりえん・くりまど　狂歌師
栗園〈号〉
　浅田 宗伯　あさだ・そうはく　1813～1894　漢方医の名家　㊗信州筑摩郡栗田村

【葎】

葎甘介我〈号〉
　介我　かいが　幕末期の俳人
葎居〈号〉
　黒沢 翁満　くろさわ・おきなまろ　1795～1859　徳川中・末期の国学者　㊗伊勢国桑名
葎門亭〈号〉
　芦本 ろぼん　～1736　享保時代の俳人　㊗美濃
葎亭〈号〉
　三宅 嘯山　みやけ・しょうざん　1718～1801　儒医にして俳人　㊗京都

蓮屠蘇〈号〉
　鴨 北元　かも・ほくげん　1776〜1838　徳川中期の俳人　㊙江戸
蓮斎〈別号〉
　山東 京伝　さんとう・きょうでん　1761〜1816　戯作者　㊙江戸深川木場
蓮雪庵(2世)〈号〉
　鴨 北元　かも・ほくげん　1776〜1838　徳川中期の俳人　㊙江戸
蓮園
　山川 正宣　やまかわ・まさのぶ　1790〜1863　江戸時代後期の国学者

【檪】

檪堂〈号〉
　合原 猪三郎　あいはら・いさぶろう　1827〜1901　幕末の神奈川奉行
檪斎
　阿部 檪斎　あべ・れきさい　1805〜1870　幕末の本草家　㊙江戸

【柳】

柳川侍従
　立花 宗茂　たちばな・むねしげ　1568〜1642　織豊時代・徳川初期の武将　㊙筑前岩屋城
柳之助〈通称〉
　宮井 安泰　みやい・あんたい　〜1815　和算家　㊙加賀金沢
柳太郎〈通称〉
　大窪 詩仏　おおくぼ・しぶつ　1767〜1837　徳川中期の漢詩人　㊙常陸多賀郡大久保村
〔山岸〕柳吉
　西川 古柳　にしかわ・こりゅう　1825〜1897　車人形創始者　㊙武蔵国高麗郡落合村阿須
柳安
　畑 黄山　はた・こうざん　1721〜1804　江戸時代中期〜後期の医師
柳羊子〈号〉
　広瀬 十口　ひろせ・じゅうこう　1723〜1791　徳川中期の俳人　㊙京都
柳条亭(1代)
　柳条亭(1代)　りゅうじょうてい　京都の狂歌師
柳条亭(2代)
　柳条亭(2代)　りゅうじょうてい　京都の狂歌師
柳村〈号〉
　若林 友輔　わかばやし・ともすけ　1799〜1867　仙台藩の漢学者
柳芳〈号〉
　逸見 満清　へんみ・まんせい　1683〜1768　徳川中期の和算家　㊙羽州山形
柳谷
　菱川 柳谷　ひしかわ・りゅうこく　江戸末期の浮世絵師
柳里恭〈別名〉
　柳沢 洪園　やなぎさわ・きえん　1703〜1758　詩人画家、書家、儒学者
柳実〈俳名〉
　沢村 音右衛門(1代)　さわむら・おとえもん　1687〜1741　歌舞伎俳優

柳居〈号〉
　久米田 杉尋　くめだ・さんじん　〜1729　徳川中期の医家、俳人
柳居
　佐久間 柳居　さくま・りゅうきょ　1686〜1748　徳川中期の俳人　㊙江戸
柳所
　田口 柳所　たぐち・りゅうしょ　1839〜1892　幕末明治時代の漢詩人　㊙江戸
柳舎
　鈴鹿 秀満　すずか・ひでまろ　1797〜1877　幕末明治初期の歌人、祠官
柳亭〈号〉
　春木 煥光　はるき・あきみつ　1777〜1843　徳川中期の本草家　㊙伊勢
柳亭
　生駒 直武　いこま・なおたけ　1695〜1762　江戸時代中期の武士
柳亭種彦〈号〉
　高畠 藍泉　たかばたけ・らんせん　1838〜1885　明治初期の戯作者、新聞記者　㊙江戸下谷世俗鳩組
柳後園〈号〉
　渡辺 吾仲　わたなべ・ごちゅう　1673〜1733　徳川中期の俳人
柳荘
　今井 柳荘　いまい・りゅうそう　1751〜1811　徳川中期の俳人　㊙里信濃
柳風庵〈号〉
　椋梨 一雪　むくなし・いっせつ　徳川初期の俳人　㊙京都
柳圃
　福島 柳圃　ふくしま・りゅうほ　1820〜1889　南画家　㊙武州那珂郡湯本
〔中野〕柳圃
　志筑 忠雄　しずき・ただお　1760〜1806　徳川中期の蘭学者　㊙長崎
柳島庵〈別号〉
　岩井 半四郎(5代)　いわい・はんしろう　1776〜1847　文化文政時代の歌舞伎俳優、若女方を代表する名優　㊙江戸
〔稗海亭〕柳浪
　馬田 柳浪　うまた・りゅうろう　江戸時代後期の戯作者
柳軒
　儘田 柳軒　ままだ・りゅうけん　1723〜1795　歌人　㊙上野碓永郡松井田
柳巣〈号〉
　井上 重厚　いのうえ・じゅうこう　1742〜1804　徳川中期の俳人　㊙京都
柳梢
　蘂埼　びじ　〜1718　俳人、芭蕉一門
柳菴〈号〉
　栗原 信光　くりはら・のぶみつ　1794〜1870　故実家　㊙江戸駿河台紅梅坂
柳傘子〈号〉
　伊藤 本児　いとう・もくじ　1689〜1763　徳川中期の俳人
柳景
　清水 九兵衛　しみず・くへえ　蒔絵師
柳葉軒〈別号〉

りゅう（流，留，竜）

富尾 似船　とみお・じせん　1629～1705　徳川中期の俳人　⑩京都
柳園〈号〉
青柳 種信　あおやぎ・たねのぶ　1766～1825　徳川中期の国学者、福岡藩士　⑩筑前福岡
柳園
狩野 柳園　かのう・りゅうえん　江戸時代中期の画家
柳塘
疋田 柳塘　ひきた・りゅうとう　1750～1800　幕末の秋田藩執政
柳塘閑人〈別号〉
井上 金峨　いのうえ・きんが　1732～1784　徳川中期の儒者　⑩江戸青山
柳塘漁夫
井上 井月　いのうえ・せいげつ　1822～1887　徳川末期～明治中期の俳人　⑩越後長岡
柳隠観〈別号〉
森本 蟻道　もりもと・ぎどう　1664～1711　徳川中期の俳人　⑩摂州伊丹
柳蔵〈前名〉
藤川 八蔵（2代）　ふじかわ・はちぞう　1747～1787　京阪の歌舞伎俳優
柳橋（1世）
麗々亭 柳橋（1世）　れいれいてい・りゅうきょう　～1840　落語家
柳隣〈号〉
大場 蓼和　おおば・りょうわ　1677～1759　徳川中期の俳人　⑩江戸
柳の家
井上 井月　いのうえ・せいげつ　1822～1887　徳川末期～明治中期の俳人　⑩越後長岡

【流】

流水
早野 流水　はやの・りゅうすい　1778～1831　徳川中期大阪の儒者
流行山人〈号〉
方外 道人　ほうがい・どうじん　狂詩家
流西〈号〉
阿部 重道　あべ・じゅうどう　1825～1875　幕末・明治初期の数学者　⑩羽州大泉郡鶴岡
流形庵〈号〉
舟泉　しゅうせん　～1737　俳人、芭蕉一門　⑩三河の挙母
流夢
杉 茸陳　すぎ・じょうちん　1713～1789　幕府の新御番

【留】

留方
留方　とめのかた　～1560　徳川家康の外祖母
留次郎
岡見 留次郎　おかみ・とめじろう　1842～1864　幕末の志士、水戸藩士
留郎〈通称〉
天野 宗歩　あまの・そうほ　1816～1859　幕末の将棋士　⑩江戸
留犢堂〈号〉

久世 氏美　くぜ・うじよし　1703～1770　江戸中期の民政家
留の方
華陽院　けよういん　1492～1560　徳川家康の祖母

【竜】

竜
秋月 竜　あきずき・りょう　1809～1880　徳川末期より明治初期にわたる儒者
竜
春木 南溟　はるき・なんめい　1795～1878　徳川末期の南宗画家
竜
小出 君徳　こいで・くんとく　幕末の解剖学者　⑩備後
竜
大岡 竜　おおかの・りょう　武烈帝時代の画家
〔小島〕竜三郎
雲井 竜雄　くもい・たつお　1844～1870　明治維新の際米沢藩出身の志士　⑩出羽米沢袋町
竜子
松丸殿　まつまるどの　～1634　豊臣秀吉の側室
竜山
宇都宮 竜山　うつのみや・りゅうざん　1803～1886　幕末明治の儒者　⑩伊予新谷善安寺畔
竜山
近衛 前久　このえ・さきひさ　1536～1612　戦国～織豊時代の公卿
竜山
木内 順二　きうち・じゅんじ　1812～1867　幕末の儒者
竜川〈号〉
藤田 嘉言　ふじた・よしとき　1772～1828　徳川中期の和算家
〔美濃屋〕竜太郎〈通称〉
武藤 阿竜　むとう・ありゅう　1819～1877　幕末明治初期の漢学者　⑩土佐
竜文（1代）
四方 竜文（1代）　しかた・りゅうぶん　1732～1798　鋳物師　⑩丹波国亀山
竜文堂
四方 竜文（1代）　しかた・りゅうぶん　1732～1798　鋳物師　⑩丹波国亀山
竜文堂
四方 竜文（2代）　しかた・りゅうぶん　1780～1841　江戸時代後期の鋳金家
竜右衛門
石川 竜右衛門　いしかわ・たつえもん　室町時代の能面作家　⑩山城国平安京四条
竜左衛門（1代）〈初名〉
大谷 広右衛門（2代）　おおたに・ひろえもん　～1747　歌舞伎俳優、享保—延享時代の敵役の名優
〔金沢〕竜玉（1代）
中村 歌右衛門（3代）　なかむら・うたえもん　1778～1836　京阪の歌舞伎俳優
〔司馬〕竜生（2世）
土橋亭 りう馬　どばしてい・りゅうま　1799～1853　徳川中末期の落語家、戯作者
竜石

518　号・別名辞典　古代・中世・近世

りゅう（笠）

竜石　りゅうせき　天明期の俳人
竜池
　猨山 竜池　さやま・りょうち　～1792　徳川中期江戸の書家
池
　高橋 竜池　たかはし・りゅうち　1799～1864　幕末の漢学者　⑬江戸
竜吾〈号〉
　入田 披雲　いりた・ひうん　1826～1907　幕末明治の漢学者　⑬豊後直入郡岡本村字挾田
竜幸〈名〉
　徳元　とくげん　～1647　俳人、貞門　⑬岐阜
竜門〈号〉
　加藤 暁台　かとう・ぎょうだい　1732～1792　天明期の俳人　⑬名古屋
竜洲
　柘植 叔順　つげ・しゅくじゅん　1770～1820　江戸時代中期～後期の医師
竜洞
　鈴木 竜洞　すずき・りゅうどう　徳川中期の国学者
竜派
　江西 竜派　こうぜい・りゅうは　1375～1446　室町時代の僧
竜音院〈院号〉
　慧海　えかい　1701～1765　江戸中期、真言高田派の篤学者
竜原〈号〉
　佐々木 俊信　ささき・としのぶ　1750～1800　徳川中期の漢学者　⑬周防都濃郡鹿野
〔国重〕竜原
　佐々木 俊信　ささき・としのぶ　1750～1800　徳川中期の漢学者　⑬周防都濃郡鹿野
竜朔〈号〉
　神波 即山　かんなみ・そくざん　1832～1891　漢詩人　⑬尾張（現・愛知県）
竜眠
　中川 淳庵　なかがわ・じゅんあん　1712～1781　徳川中期の医家
竜馬
　坂本 竜馬　さかもと・りょうま　1835～1867　明治維新土佐出身の志士　⑬土佐高知本町1丁目
竜渓
　巖垣 彦明　いわがき・ひこあき　1737～1806　江戸後期の儒者（古学派）　⑬京都
竜渚
　入江 修敬　いりえ・しゅうけい　～1773　江戸中期の数学者　⑬播磨
竜淵
　安藤 竜淵　あんどう・りゅうえん　1806～1884　幕末明治期の書家、幕吏
竜野侍従
　木下 長嘯子　きのした・ちょうしょうし　1569～1649　小浜城主、「挙白集」の著者
竜麻呂
　石塚 竜麿　いしずか・たつまろ　1764～1823　江戸時代の国学者　⑬遠江国細田村
竜喜
　熈春 竜喜　きしゅん・りゅうき　?～1594　織豊時代の僧
竜惺

瑞巌 竜惺　ずいがん・りゅうせい　1385～1460　建仁・南禅寺主、五山文学者　⑬和泉石津
〔中建〕竜惺
　瑞巌 竜惺　ずいがん・りゅうせい　1385～1460　建仁・南禅寺主、五山文学者　⑬和泉石津
竜温
　樋口 竜温　ひぐち・りゅうおん　1800～1885　幕末明治の真宗大谷派の学者　⑬会津
竜統
　正宗 竜統　しょうじゅう・りゅうとう　1428～1498　室町～戦国時代の僧
竜雄
　雲井 竜雄　くもい・たつお　1844～1870　明治維新の際米沢藩出身の志士　⑬出羽米沢袋町
竜雄〈諱〉
　斎藤 市左衛門（8代）　さいとう・いちざえもん　1772～1818　『江戸名所図会』編著者
竜園〈号〉
　座光寺 為祥　ざこうじ・ためよし　1735～1818　徳川中期甲斐の儒医
竜照院
　喜佐姫　きさひめ　1597～1655　毛利秀就の正室
竜雷神人〈号〉
　山口 貫道　やまぐち・つらみち　徳川中期の神官、国学者
竜暢
　高幢 竜暢　たかはた・りゅうちょう　1827～1912　幕末明治の高僧　⑬讃岐三木郡池戸村
竜慶
　大橋 重保　おおはし・しげやす　1582～1645　書家、秀次の臣　⑬甲斐
竜蔵〈初名〉
　嵐 七五郎（2代）　あらし・しちごろう　1733～1788　大阪の歌舞伎俳優、安永天明時代の実悪の功者
竜蔵〈前名〉
　嵐 七五郎（3代）　あらし・しちごろう　1761～1798　大阪の歌舞伎俳優、寛政時代の実悪の花形
〔市川〕竜蔵（1代）〈前名〉
　嵐 七五郎（2代）　あらし・しちごろう　1733～1788　大阪の歌舞伎俳優、安永天明時代の実悪の功者
竜際
　九淵 竜際　きゅうえん・りゅうじん　～1498　五山文学者たる建仁・南禅寺主
竜駒堂〈号〉
　大月 光興　おおつき・みつおき　1766～1834　徳川中期の彫金家
竜橋
　朽木 竜橋　くちき・りゅうきょう　1750～1802　徳川中期の丹波福知山城主
竜麿
　石塚 竜麿　いしずか・たつまろ　1764～1823　江戸時代の国学者　⑬遠江国細田村

【笠】

笠〈名〉
　独立　どくりゅう　1596～1672　江戸初期に来日した中国の禅僧
笠置上人
　貞慶　じょうきょう　1155～1212　法相宗の高僧

号・別名辞典　古代・中世・近世　519

【粒】
粒々斎〈号〉
　入楚　にゅうそ　～1775　享保時代の俳人

【隆】
隆〈名〉
　原 道卿　はら・どうけい　1772～1834　徳川末期の剣客、広島藩士
隆〈名〉
　荒木田 麗　あらきだ・れい　1732～1806　江戸時代の閨秀文学者
〔櫛笥〕隆子
　逢春門院　ほうしゅんもんいん　1604～1685　後西天皇の母
〔藤原〕隆子
　逢春門院　ほうしゅんもんいん　1604～1685　後西天皇の母
隆子女王
　隆姫子女王　たかひめこにょおう　995～1087　村上天皇の皇孫、関白太政大臣藤原頼通（宇治関白）の室
隆介〈通称〉
　沢辺 北冥　さわべ・ほくめい　1764～1852　徳川末期の儒者　㊹丹後宮津
隆古
　高久 隆古　たかひさ・りゅうこ　1801～1859　画家　㊹福島県白河
隆正
　大国 隆正　おおくに・たかまさ　1792～1871　幕末明治初期の国学者　㊹江戸桜田
〔野々口〕隆正
　大国 隆正　おおくに・たかまさ　1792～1871　幕末明治初期の国学者　㊹江戸桜田
隆永〈諱〉
　西郷 隆盛　さいごう・たかもり　1827～1877　明治維新の首勲、政治家　㊹鹿児島
隆光
　粟田口 隆光　あわたぐち・たかみつ　吉野朝・室町時代の画家
隆成
　藤原 隆成　ふじわらの・たかちか　平安後期～鎌倉時代の画家
隆佐
　小西 隆佐　こにし・りゅうさ　1520?～1593　戦国末・安土桃山期の堺の豪商、キリシタン
隆助〈通称〉
　天方 暦山　あまかた・れきざん　徳川末文久頃の儒者　㊹江戸
隆志
　北村 隆志　きたむら・りゅうし　1695～1764　江戸時代中期の俳人
隆良
　鷲尾 隆良　わしのお・たかなが　～1296　鎌倉時代の華道家、鷲尾松月堂古流の祖
隆命
　隆明　りゅうみょう　1020～1104　三井寺長吏
隆国
　源 隆国　みなもとの・たかくに　1004～1077　平安後期の公卿

〔藤原〕隆季
　四条 隆季　しじょう・たかすえ　1127～1185　平安時代後期の公卿
隆定〈初名〉
　高岡 増隆　たかおか・ぞうりゅう　1823～1893　幕末・明治期の高野山無量寿院の僧
隆房
　陶 隆房　すえ・たかふさ　～1555　大内氏家臣
〔藤原〕隆房
　四条 隆房　しじょう・たかふさ　1148～1209　平安後期～鎌倉時代の公卿、歌人
隆明〈名〉
　仙石 佐多雄　せんごく・さたお　1842～1863　幕末の志士、鹿野藩士
隆明
　隆明　りゅうみょう　1020～1104　三井寺長吏
〔藤原〕隆英
　道正　どうしょう　1171～1248　鎌倉時代の僧
〔道正庵〕隆英
　道正　どうしょう　1171～1248　鎌倉時代の僧
隆乗
　後藤 隆乗　ごとう・りゅうじょう　?～1723　江戸時代中期の装剣金工
隆度
　九鬼 隆度　くき・たかのり　～1834　丹後綾部藩主にして狂歌師
〔土佐〕隆相
　藤原 隆相　ふじわらの・たかすけ　鎌倉時代の画家
隆重
　武林 唯七　たけばやし・ただしち　1672～1703　江戸時代前期の武士
隆倚
　隠元　いんげん　1592～1673　日本黄檗宗の開祖　㊹明の福州福清
隆姫子女王
　隆姫子女王　たかひめこにょおう　995～1087　村上天皇の皇孫、関白太政大臣藤原頼通（宇治関白）の室
隆基
　赤津 隆基　あかず・りゅうき　1831～1897　幕末明治の僧　㊹磐城旧菊多郡後田村
〔藤原〕隆清
　坊門 隆清　ぼうもん・たかきよ　1168～1214　鎌倉時代の公卿
隆盛〈諱〉
　西郷 隆盛　さいごう・たかもり　1827～1877　明治維新の首勲、政治家　㊹鹿児島
〔土佐〕隆盛
　高階 隆盛　たかしな・たかもり　南北朝時代の画家
〔九条〕隆博
　藤原 隆博　ふじわらの・たかひろ　?～1299　鎌倉時代の公卿、歌人
隆琦〈諱〉
　隠元　いんげん　1592～1673　日本黄檗宗の開祖　㊹明の福州福清
隆達
　高三 隆達　たかさぶ・りゅうたつ　1527～1611　中世歌謡隆達節の祖　㊹和泉国堺
隆源
　藤原 隆源　ふじわらの・りゅうげん　平安時代の歌僧

隆瑞
　正木 護　まさき・まもる　本願寺派光永寺僧、邪教探索謀者
隆義
　甲斐 隆義　かい・りゅうぎ　1815〜1898　幕末—明治中期の算家、肥後熊本藩士
隆誉
　隆誉　りゅうよ　〜1492　室町時代の僧　㊗近江蒲生郡
隆塡
　榎並 隆塡　えなみ・たかてる　1775〜1844　徳川中期の国学者　㊗京都
〔油小路〕隆蔭
　四条 隆蔭　しじょう・たかかげ　1297〜1364　鎌倉〜南北朝時代の公卿
隆慶
　清水 隆慶　しみず・りゅうけい　享保頃の仏師　㊗京都
隆蔵〈通称〉
　井上 瑞枝　いのうえ・みずえ　1840〜1906　幕末時代の志士、石見津和野藩士
隆蔵〈本名〉
　石井 南橋　いしい・なんきょう　1831〜1887　狂詩家　㊗筑後

【榴】
榴岡
　林 榴岡　はやし・りゅうこう　1681〜1758　幕府の儒官

【驑】
〔渋谷〕驑太郎
　谷 鉄臣　たに・てつおみ　1822〜1905　維新時代の彦根藩士、のち左院一等議官

【旅】
旅子女王
　悦子女王　えっしじょおう　942〜?　重明親王の王女

【廬】
廬山
　山田 廬山　やまだ・ろざん　江戸時代中期の茶人、陶工
廬元坊
　仙石 廬元坊　せんごく・ろげんぼう　1692〜1747　徳川中期の俳人　㊗美濃北方

【驢】
驢庵
　半井 成安　なからい・なりやす　医師
驢庵（2代）
　半井 瑞策　なからい・ずいさく　1522〜1596　戦国〜織豊時代の医師

【了】
了
　渡辺 勘兵衛　わたなべ・かんべえ　1562〜1640　織豊〜江戸時代前期の武士
了入〈号〉
　楽 吉左衛門（9代）　らく・きちざえもん　1756〜1834　京都楽焼の家元
了幻院法侶上人〈諡号〉
　文暁　ぶんぎょう　〜1816　徳川中期の俳人、肥後八代正教寺第10世住職　㊗肥後国八代
了以
　角倉 了以　すみのくら・りょうい　1554〜1614　海外交通貿易家
〔吉田〕了以
　角倉 了以　すみのくら・りょうい　1554〜1614　海外交通貿易家
了任
　古筆 了任　こひつ・りょうにん　1610〜1673　徳川中期の鑑定家
了光
　寂室 了光　じゃくしつ・りょうこう　鎌倉〜南北朝時代の僧
了因〈号〉
　藤本 箕山　ふじもと・きざん　1626〜1704　生涯の過半を色道の樹立と体系化に費やした京都の上層町人
了全
　西村 善五郎（10代）　にしむら・ぜんごろう　〜1841　京都の永楽焼の陶工　㊗京都
〔永楽〕了全
　西村 善五郎（10代）　にしむら・ぜんごろう　〜1841　京都の永楽焼の陶工　㊗京都
〔天徳寺〕了伯
　佐野 房綱　さの・ふさつな　〜1601　徳川初期の下野佐野城主
了我〈号〉
　桑岡 貞佐　くわおか・ていさ　1674〜1734　徳川中期の俳人　㊗江戸
了兎庵〈通称〉
　松本 顧言　まつもと・こげん　1817〜1881　幕末明治の俳人　㊗江戸
了阿〈字〉
　吉川 五明　きっかわ・ごめい　1730〜1803　徳川中期の俳人　㊗秋田
了阿
　村田 了阿　むらた・りょうあ　1772〜1843　国学者　㊗江戸浅草黒船町
了俊
　今川 貞世　いまがわ・さだよ　1325〜1420　南北朝・室町前期の武将
了栄〈名〉
　松叟　しょうそう　〜1820　化政期の俳人、名古屋本重町常瑞寺の住職
了祐
　由良 了祐　ゆら・りょうゆう　1817〜1886　幕末・明治の茶人　㊗大阪
了翁
　安藤 了翁　あんどう・りょうおう　1577〜1637　徳川初期の国学者　㊗丹波
了庵
　今村 了庵　いまむら・りょうあん　1814〜1890　幕末・明治時代の医師

号・別名辞典　古代・中世・近世　521

りょう（両，良）

了琢
　木村 鳳郭　きむら・ほうかく　江戸時代後期の仏画師
〔奥平〕了雪
　大西 浄元（大西家9代）　おおにし・じょうげん　1749～1811　京都の釜師
〔銭屋〕了喜〈別称〉
　田中 清六　たなか・せいろく　家康の臣
了智房
　佐々木 高綱　ささき・たかつな　～1214　鎌倉時代の武士、源頼朝の家人
了閑
　三宅 康高　みやけ・やすたか　～1791　三河田原藩主、茶人
了順
　荒木 了順　あらき・りょうじゅん　～1649　江戸前期のキリスト教徒
了意
　浅井 了意　あさい・りょうい　～1691　徳川初期の仮名草子作者　㊟京都
〔釈〕了意
　浅井 了意　あさい・りょうい　～1691　徳川初期の仮名草子作者　㊟京都
〔西蓮社〕了誉
　了誉 聖冏　りょうよ・しょうげい　1341～1420　南北朝時代の僧侶（浄土宗）
了綱
　佐々木 了綱　ささき・りょうこう　1826～1901　幕末明治時代の僧、歌人
了慧
　道光　どうこう　～1290　京都悟真寺の開山（浄土宗）　㊟相模鎌倉
了慧
　了慧　りょうえ　1243～1330　鎌倉時代末期の僧侶（浄土宗）　㊟鎌倉
了蔵
　林 了蔵　はやし・りょうぞう　1829～1865　幕末の水戸藩士　㊟常陸国

【両】

両白堂〈庵号〉
　大原 重徳　おおはら・しげとみ　1801～1879　公卿、維新の元勲　㊟京都

【良】

良
　岸 良　きし・よし　1798～1852　徳川末期の画家
良山
　阿部 良山　あべ・りょうざん　1773～1821　徳川中期の篆刻家　㊟讃岐山田郡六条村由良山下
良介〈通称〉
　平部 嶠南　ひらべ・きょうなん　1815～1890　幕末・明治初期の儒者　㊟日向
良介
　友安 三冬　ともやす・みふゆ　1788～1862　江戸時代後期の国学者
良仁親王
　覚深法親王　かくしんほうしんのう　1588～1648　後陽成天皇第一皇子

良平〈字〉
　阿部 良山　あべ・りょうざん　1773～1821　徳川中期の篆刻家　㊟讃岐山田郡六条村由良山下
良平
　阿部 良平　あべ・りょうへい　幕末の篆刻家
良平〈通称〉
　赤松 太庾　あかまつ・たいゆ　1709～1767　江戸中期の儒者　㊟江戸
良平
　華岡 鹿城　はなおか・ろくじょう　1779～1827　江戸時代後期の医師
〔大川〕良平
　赤松 滄洲　あかまつ・そうしゅう　1721～1801　江戸時代後期の儒者　㊟播磨
〔藤原〕良平
　九条 良平　くじょう・よしひら　1184～1240　鎌倉時代の公卿
良本
　林 良本　はやし・よしもと　1794～1869　国学者
良永
　本木 仁太夫　もとき・にだゆう　1735～1794　長崎蘭通詞　㊟長崎
良由
　山村 蘇門　やまむら・そもん　1742～1823　江戸時代中期～後期の武士
良休〈名〉
　内山 七郎右衛門　うちやま・しちろうえもん　1807～1881　幕末・維新期の藩政家
良印
　月泉 良印　げっせん・りょういん　1319～1400　南北朝～室町時代の僧
良吉〈通称〉
　井上 良斎　いのうえ・りょうさい　陶工　㊟尾張瀬戸
良安
　黒川 良安　くろかわ・りょうあん　1817～1890　江戸中期―明治初年の蘭学医　㊟越中（富山県）新川郡黒川村
良全
　良詮　りょうぜん　鎌倉末期の絵仏師
良佐
　小野 栄重　おの・えいじゅう　1763～1831　江戸中期の数学者　㊟上野吾妻郡中野谷
良佐〈名〉
　汝霖 良佐　じょりん・りょうさ　吉野朝時代の僧、五山文学者　㊟遠江
良佐〈通称〉
　尾藤 二洲　びとう・にしゅう　1745～1813　徳川中期の儒者　㊟伊予川江
良助
　一柳 友善（1代）　ひとつやなぎ・ゆうぜん　徳川時代水戸の装剣金工、一柳派の祖
良助
　松岡 能一　まつおか・のういち　1737～1804　江戸時代中期～後期の和算家
〔貞方〕良助〈本名〉
　阿部 真造　あべ・しんぞう　1831～1888　唐通事筆者、キリスト教教導職　㊟長崎
良忍
　良忍　りょうにん　1072～1132　融通念仏宗祖で声明業の中興　㊟尾張知多郡富田

りょう（良）

良材〈名〉
　古屋 竹原　ふるや・ちくげん　1788〜1861　幕末の画家　㊹高知
良秀
　実峰 良秀　じっぽう・りょうしゅう　1318〜1405　南北朝〜室町時代の僧
〔館〕良臣
　山本 良臣　やまもと・よしたみ　江戸時代後期の医師、本草家
良和〈名〉
　広部 鳥道　ひろべ・ちょうどう　〜1881　幕末・明治初期の福井藩儒者　㊹越前国福井
良実
　二条 良実　にじょう・よしざね　1216〜1270　鎌倉時代の廷臣
〔藤原〕良実
　二条 良実　にじょう・よしざね　1216〜1270　鎌倉時代の廷臣
良定〈名〉
　袋中　たいちゅう　1544〜1639　江戸前期琉球に渡島した学僧　㊹陸奥
良忠
　然阿 良忠　ねんあ・りょうちゅう　1199〜1287　鎌倉時代中期の僧侶（浄土宗）、浄土宗の第3祖　㊹石見国三隅
良忠〈名〉
　藤堂 良忠　とうどう・よしただ　1642〜1666　江戸前期の俳人、津藩士　㊹伊賀上野
良明〈字〉
　天方 暦山　あまかた・れきざん　徳川末文久頃の儒者　㊹江戸
良直
　小原 桃洞　おはら・とうどう　1746〜1825　江戸中・後期の動物学者　㊹紀伊
良知〈字〉
　鈴木 良知　すずき・りょうち　1758〜1816　徳川中期の医家、本草学者　㊹江戸
良金
　大石 主税　おおいし・ちから　1688〜1703　赤穂義士の一
良長〈字〉
　藤堂 探丸　とうどう・たんがん　1666〜1710　徳川中期の俳人　㊹伊賀上野
良信〈名〉
　狩野 一渓　かのう・いっけい　1630〜1716　徳川幕府の表絵師
良保
　片桐 良保　かたぎり・りょうほ　江戸時代前期の俳人
良品
　良品　りょうぼん　〜1730　俳人、芭蕉一門　㊹伊賀上野
良珍〈名〉
　皐月 平砂　さつき・へいさ　1708〜1783　徳川中期の俳人　㊹江戸
良祐
　安覚 良祐　あんかく・りょうゆう　1160〜1242　平安後期〜鎌倉時代の僧
良胤
　大円 良胤　だいえん・りょういん　1212〜1291　鎌倉時代の真言宗の僧　㊹丹後

良悦
　洞仙寺 良悦　どうせんじ・りょうえつ　江戸時代前期の僧
良恵
　良恵　りょうえ　1599〜1674　融通念仏宗の僧　㊹摂津東成郡北花田村
良純法親王
　良純法親王　りょうじゅんほうしんのう　1603〜1669　知恩院初代御門跡、後陽成天皇第八皇子
良通
　稲葉 一鉄　いなば・いってつ　1515〜1589　戦国〜織豊時代の武将
良高
　徳翁 良高　とくおう・りょうこう　1649〜1709　江戸時代前期〜中期の僧
良基
　二条 良基　にじょう・よしもと　1320〜1388　歌人、吉野朝時代の朝臣
〔藤原〕良基
　二条 良基　にじょう・よしもと　1320〜1388　歌人、吉野朝時代の朝臣
〔二条〕良教
　藤原 良教　ふじわらの・よしのり　1224〜1287　鎌倉時代の公卿
良斎
　井上 良斎　いのうえ・りょうさい　陶工　㊹尾張瀬戸
〔幸阿弥〕良清
　尾崎 良清　おざき・りょうせい　1597〜1665　江戸時代前期の蒔絵師
良経
　九条 良経　くじょう・よしつね　1168〜1206　鎌倉前期の公卿、書道家
〔藤原〕良経
　九条 良経　くじょう・よしつね　1168〜1206　鎌倉前期の公卿、書道家
良隆〈名〉
　杉山 見心　すぎやま・けんしん　1750〜1811　尾州藩の熱田奉行、側用人
良勝〈別名〉
　宇佐美 定行　うさみ・さだゆき　〜1564　室町時代の上杉氏の宿将
良弼
　松永 権平　まつなが・ごんぺい　〜1744　徳川中期の和算家
〔寺内〕良弼
　松永 権平　まつなが・ごんぺい　〜1744　徳川中期の和算家
良貴
　小原 桃洞　おはら・とうどう　1746〜1825　江戸中・後期の動物学者　㊹紀伊
良雄
　大石 良雄　おおいし・よしお　1659〜1703　徳川中期の義士、播磨赤穂藩の家老
良順〈名〉
　松本 順　まつもと・じゅん　1832〜1907　医家
良寛
　良寛　りょうかん　1757〜1831　歌人、禅僧、書家にして農村託児所の最初の暗示者　㊹越後出雲崎
良源

号・別名辞典　古代・中世・近世　523

りょう（亮, 凌, 涼）

良源　りょうげん　912～985　天台の高僧　㊐近江浅井郡
良詮〈号〉
　宗然　そうねん　～1345　鎌倉時代末期・南北朝時代ごろの禅僧
良詮
　良詮　りょうぜん　鎌倉末期の絵仏師
良輔
　並木 良輔　なみき・りょうすけ　宝暦期の江戸の歌舞伎狂言作者
良輔
　林 良輔　はやし・よしすけ　1819～1882　幕末の山口藩士　㊐長門国萩
〔藤原〕良輔
　九条 良輔　くじょう・よしすけ　1185～1218　鎌倉時代の公卿
良澄
　西岸　せいがん　1571～1642　織豊～江戸時代前期の僧
良縁
　無着 良縁　むじゃく・りょうえん　鎌倉時代末の僧侶（臨済宗）
〔無着〕良縁
　無着 良縁　むじゃく・りょうえん　鎌倉時代末の僧侶（臨済宗）
良蔵〈通称〉
　岡宗 泰純　おかむね・たいじゅん　1768～1833　徳川中期の医家、国学者　㊐土佐国
良蔵
　小関 三英　おぜき・さんえい　1787～1839　徳川中・末期の蘭医家、蘭学者　㊐出羽庄内
良煕
　戸部 良煕　とべ・よしひろ　1713～1795　江戸中・後期の儒学者
良翰〈名〉
　桜井 舟山　さくらい・しゅうざん　1717～1757　徳川中期出石藩の儒者
良親
　良親　よしちか　平安時代の画家
良賢〈幼名〉
　跡部 良顕　あとべ・よしあき　1659～1729　徳川中期垂加派の神道家　㊐江戸
良観
　忍性　にんしょう　1217～1303　鎌倉時代の律僧、且つ社会事業家　㊐大和
良顕
　跡部 良顕　あとべ・よしあき　1659～1729　徳川中期垂加派の神道家　㊐江戸
良顕
　中村 良顕　なかむら・よしあき　1829～1900　幕末より明治に亘る歌人、国学者

【亮】

亮〈名〉
　今村 了庵　いまむら・りょうあん　1814～1890　幕末・明治時代の医師
亮
　坂本 葵園　さかもと・きえん　1827～1881　幕末明治初期の儒者　㊐淡路三原郡上堺村
亮
　豊田 天功　とよだ・てんこう　1805～1864　江戸時代後期の儒者
亮々舎
　木下 幸文　きのした・たかふみ　1779～1821　徳川末期の歌人　㊐備中国
亮子内親王
　殷富門院　いんぷもんいん　1147～1216　後白河天皇の皇女
亮之助
　横山 徳馨　よこやま・とくけい　1836～1864　幕末の尊攘運動家
亮之進〈別称〉
　作並 清亮　さくなみ・きよすけ　1841～1915　幕末・明治時代の漢学者　㊐仙台
亮平〈字〉
　坂本 葵園　さかもと・きえん　1827～1881　幕末明治初期の儒者　㊐淡路三原郡上堺村
亮法印〈別称〉
　頼助　らいじょ　1246～1296　鎌倉時代の真言宗の僧侶
亮致〈名〉
　平尾 魯仙　ひらお・ろせん　1808～1880　幕末明治の画家また国学者　㊐陸奥弘前
亮瑞〈法名〉
　亜元　あげん　1773～1842　徳川末期の国学者、僧侶　㊐伊豆国三島
亮親
　佐竹 織江　さたけ・おりえ　1816～1864　幕末の尊攘運動家

【凌】

凌岱
　建部 凌岱　たてべ・りょうたい　1719～1774　画家、俳諧・画・歌・国文と才学の人
凌雨堂〈号〉
　豊島 由誓　とよしま・ゆせい　1789～1859　徳川中期の俳人　㊐江戸
凌雲堂〈号〉
　安藤 自笑　あんどう・じしょう　～1815　徳川中期の俳人　㊐京都
凌霜亭〈号〉
　大高 源吾　おおたか・げんご　1672～1703　赤穂義士の一人

【涼】

涼及
　有馬 涼及　ありま・りょうきゅう　1633～1701　徳川中期京都の医家　㊐京都
涼宇
　安藤 涼宇　あんどう・りょうう　徳川期の華道家元、生花古流の創祖、歌人　㊐丹波篠山
涼至
　田中 伝左衛門（4代）　たなか・でんざえもん　?～1831　江戸時代中期～後期の歌舞伎囃子方
涼松
　明石屋 涼松　あかしや・りょうしょう　江戸時代後期の俳人
涼華坊〈号〉

りょう（梁, 涼, 聊, 量, 稜, 寥, 綾, 蓼）

会田 吾山　あいだ・ござん　1717〜1787　徳川中期の俳人にて言語学者　㊹武蔵越谷村
涼莵
　岩田 涼莵　いわた・りょうと　1661〜1717　徳川中期の俳人　㊹伊勢山田
涼朝
　秋元 涼朝　あきもと・すけとも　1717〜1775　山形藩主

【梁】

梁之〈諱〉
　桧垣 繁太郎　ひがき・しげたろう　1849〜1864　幕末の志士　㊹土佐羽根村
〔坂本〕梁珉〈別号〉
　江戸 半太夫(2代)　えど・はんだゆう　江戸節浄瑠璃の太夫、享保—宝暦時代の家元
〔坂本〕梁雲(1代)
　江戸 半太夫(1代)　えど・はんだゆう　江戸節浄瑠璃の太夫、元禄—正徳時代の名手、半太夫節の流祖
梁雲(2代)
　坂本 梁雲(2代)　さかもと・りょううん　半太夫節浄瑠璃の太夫

【涼】

涼及
　有馬 涼及　ありま・りょうきゅう　1633〜1701　徳川中期京都の医家　㊹京都
涼山〈別号〉
　山東 京山　さんとう・きょうざん　1769〜1858　江戸後期の戯作者
涼台
　日髙 涼台　ひたか・りょうだい　1797〜1868　幕末明治の医家　㊹安芸の山県郡新庄
涼宇
　安藤 涼宇　あんどう・りょうう　徳川期の華道家元、生花古流の創祖、歌人　㊹丹波篠山
涼袋
　建部 涼袋　たけべ・りょうたい　1719〜1774　徳川中期の俳人にして画家　㊹弘前
涼朝
　秋元 涼朝　あきもと・すけとも　1717〜1775　山形藩主

【聊】

聊爾斎
　板垣 宗憺　いたがき・そうたん　1638〜1698　江戸時代前期の国学者

【量】

量仁親王
　光厳院　こうごんいん　1313〜1364　後伏見天皇の第1皇子
量平〈通称〉
　塩谷 簀山　しおのや・きざん　1812〜1874　幕末明治初期の漢学者　㊹江戸愛宕山下

【稜】

稜威雄
　佐伯 稜威雄　さえき・いずお　1824〜1865　幕末の志士、周防国佐波郡鈴屋村の八幡宮祠官　㊹周防国佐波郡鈴屋八幡宮

【寥】

寥和
　大場 寥和　おおば・りょうわ　1677〜1759　徳川中期の俳人　㊹江戸
寥松
　欟 寥松　みね・りょうしょう　1760〜1832　徳川中期の俳人　㊹江戸

【綾】

綾人
　庭訓舎 綾人　ていきんしゃ・あやんど　〜1813　徳川中期江戸の狂歌師
綾丸〈号〉
　幸島 桂花　ゆきしま・けいか　1830〜1899　俳諧師　㊹遠江国佐野郡掛川
綾小路〈通称〉
　野沢 喜八郎(3代)　のざわ・きはちろう　義太夫節三絃
綾川
　岡内 綾川　おかうち・りょうせん　1764〜1832　徳川中期の漢学者
綾村
　浅草庵 維平　せんそうあん・いへい　1820〜1886　江戸末期の歌人、狂歌師、新聞記者　㊹江戸
綾岱〈名〉
　建部 凌岱　たてべ・りょうたい　1719〜1774　画家、俳諧・画・歌・国文と才学の人
綾足
　建部 涼袋　たけべ・りょうたい　1719〜1774　徳川中期の俳人にして画家　㊹弘前
〔池田〕綾岡
　綾岡 輝松　あやおか・てるまつ　1817〜1887　幕末—明治中期の商人、書家、画家　㊹江戸
綾雄〈別称〉
　菅沼 斐雄　すがぬま・あやお　1786〜1834　徳川中期の歌人
綾継
　文亭 綾継　ぶんてい・あやつぐ　〜1878　狂歌師、戯作者
綾繁
　南陀楼 綾繁　なんだろう・あやしげ　？〜1841　江戸時代後期の狂歌師

【蓼】

蓼太
　大島 蓼太　おおしま・りょうた　1718〜1787　徳川中期の俳人　㊹信州伊那郡大島
蓼生園〈号〉
　中村 良顕　なかむら・よしあき　1829〜1900　幕末より明治に亘る歌人、国学者
蓼舎〈号〉
　中村 良顕　なかむら・よしあき　1829〜1900　幕末より明治に亘る歌人、国学者

号・別名辞典　古代・中世・近世　525

蓼雨〈号〉
佐久間 柳居　さくま・りゅうきょ　1686～1748　徳川中期の俳人　[出]江戸
蓼園〈号〉
藍沢 無満　あいざわ・むまん　1775～1864　徳川末期の国学者　[出]上野

【鐐】

鐐英〈前名〉
大橋 宗与（8代 宗珉）　おおはし・そうよ　将棋家元

【力】

〔市川〕力松〈初名〉
浅尾 工左衛門（2代）　あさお・くざえもん　1786～1845　大阪の歌舞伎俳優、天保弘化時代の敵役の老巧
力造〈初名〉
竹沢 弥七（5代）　たけざわ・やしち　～1855　義太夫節三絃　[出]堺
〔朝倉〕力蔵〈通称〉
東西庵 南北　とうざいあん・なんぼく　～1827　徳川中期の江戸の戯作者

【緑】

緑之助
阿武松 緑之助　おうのまつ・ろくのすけ　1790～1851　6代横綱　[出]能登国鳳至郡七海村
緑竹園〈号〉
大堀 正輔　おおほり・まさすけ　1767～1830　徳川中期の歌人　[出]近江国
緑舎〈号〉
鬼沢 大海　きさわ・おおみ　1791～1873　徳川末期明治時代の国学者　[出]常陸鹿島郡高浜
〔水谷〕緑亭
川柳（5世）　せんりゅう　1787～1858　川柳点者　[出]日本橋南茅場町
緑亭川柳
川柳（5世）　せんりゅう　1787～1858　川柳点者　[出]日本橋南茅場町
緑亭無名庵〈号〉
柄井 川柳　からい・せんりゅう　1718～1790　江戸後期の前句附点者　[出]江戸
緑蕚〈号〉
井上 士朗　いのうえ・しろう　1742～1812　江戸後期の俳人　[出]尾張国守山
緑蔭〈号〉
町原 凞麿　まちはら・ひろまろ　1815～1890　幕末明治の漢学者
緑静堂〈号〉
杉原 心斎　すぎはら・しんさい　～1868　徳川末期の儒者　[出]江戸
緑樹園〈号〉
青木 政美　あおき・まさよし　～1874　徳川末期の兵法家、小倉藩師範

【林】

林女
永野 りん女　ながの・りんじょ　1674～1757　徳川中期の俳人　[出]筑前朝倉郡秋月
林之助〈初名〉
桜山 庄左衛門（1代）　さくらやま・しょうざえもん　京阪の歌舞伎俳優、桜山系祖
林之助〈前名〉
柴崎 林左衛門（1代）　しばさき・りんざえもん　～1722　歌舞伎俳優、柴崎系祖
林之助〈幼名〉
内藤 丈草　ないとう・じょうそう　1661～1704　徳川中期の俳人　[出]尾張国犬山
〔小桜〕林之助
大和山 甚左衛門（1代）　やまとやま・じんざえもん　1677～1721　京阪の歌舞伎俳優　[出]大和
〔柏崎〕林之助
望月 太左衛門（3代）　もちずき・たざえもん　1784～1861　江戸長唄囃子の名家、望月流の家元
林右衛門
福田 峨山　ふくだ・がざん　1758～1843　江戸時代後期の武士
林右衛門本常〈通称〉
内藤 丈草　ないとう・じょうそう　1661～1704　徳川中期の俳人　[出]尾張国犬山
林外〈号〉
広瀬 林外　ひろせ・りんがい　1836～1874　詩儒　[出]豊後日田
林左衛門（1代）
柴崎 林左衛門（1代）　しばさき・りんざえもん　～1722　歌舞伎俳優、柴崎系祖
林左衛門（2代）
柴崎 林左衛門（2代）　しばさき・りんざえもん　1741～1798　歌舞伎俳優
林左衛門（3代）
浅尾 工左衛門（2代）　あさお・くざえもん　1786～1845　大阪の歌舞伎俳優、天保弘化時代の敵役の老巧
〔柴崎〕林左衛門（3代）
浅尾 工左衛門（2代）　あさお・くざえもん　1786～1845　大阪の歌舞伎俳優、天保弘化時代の敵役の老巧
〔山岡〕林平〈本姓名〉
貞松斎 一馬（4代）　ていしょうさい・いちば　1827～1900　正風遠州流の華道師範　[出]土佐
〔伊勢屋〕林兵衛〈通称〉
万年堂 生成　まんねんどう・いきなり　～1866　狂歌師
〔福田〕林兵衛〈通称〉
文車庵 文員　ぶんしゃあん・ふみかず　1767～1832　狂歌師　[出]三河
林宗
青地 林宗　あおち・りんそう　1775～1823　江戸の医士
林弥
玉沢 林弥　たまざわ・りんや　正徳・享保時代の江戸の歌舞伎俳優
〔藍庭〕林信〈本名〉
芝 全交（2世）　しば・ぜんこう　1775～1827　戯作者
林紅
土屋 林紅　つちや・りんこう　徳川中期の俳人　[出]越中井波

りん（倫，琳，綸，輪，隣，臨，鱗，麟）　るい（類）　れい（令）

林斎〈号〉
　篠井 秀次（4代）　しのい・ひでつぐ　江戸前期の塗師
林窓舎〈号〉
　有馬 頼憧　ありま・よりゆき　1712～1783　筑後久留米藩主にして和算家
林塘庵〈号〉
　人見 卜幽軒　ひとみ・ぼくゆうけん　1599～1670　儒者　㊗京二条烏丸
林鴻
　堀江 林鴻　ほりえ・りんこう　江戸時代前期の俳人

【倫】

倫子女王
　倫子女王　ともこじょおう　1738～1771　徳川十代将軍家治の御台所
倫宗
　間宮 林蔵　まみや・りんぞう　1775～1844　江戸時代後期の探検家
〔矢野〕倫長
　三善 倫長　みよし・ともなが　1210～1273　鎌倉時代の幕府官僚
〔矢野〕倫重
　三善 倫重　みよし・ともしげ　1190～1244　鎌倉時代の幕府官僚
〔矢野〕倫経
　三善 倫経　みよし・ともつね　鎌倉時代の幕府官僚
倫超〈号〉
　石村 近江（8代）　いしむら・おうみ　～1785　三味線の名工
〔藤原〕倫寧女
　右大将道綱母　うだいしょうみちつなのはは　平安中期の歌人

【琳】

琳阿弥
　琳阿弥　りんあみ　南北朝末期の地下の遁世者
琳瑞
　細谷 琳瑞　ほそや・りんずい　1830～1867　僧侶　㊗出羽国村山郡谷地北口村
琳賢
　芝 琳賢　しば・りんけん　南都に於ける宅磨流の絵仏師　㊗南都（奈良）

【綸】

綸婦
　永野 りん女　ながの・りんじょ　1674～1757　徳川中期の俳人　㊗筑前朝倉郡秋月

【輪】

〔山本〕輪田丸
　詞海斎輪田丸　しかいさいわたまる　狂歌師
輪池
　屋代 弘賢　やしろ・ひろかた　1758～1841　江戸時代中期～後期の国学者
輪鼓〈別名〉
　藤村 半太夫（1代）　ふじむら・はんだゆう　歌舞伎俳優

【隣】

隣月楼〈号〉
　岡田 真澄　おかだ・ますみ　～1838　徳川中・末期の国学者、書家
隣春
　福島 隣春　ふくしま・ちかはる　1811～1882　土佐風の画家

【臨】

臨川居〈号〉
　下郷 蝶羅　しもさと・ちょうら　1723～1776　徳川中期の俳人　㊗尾張鳴海
臨江斎〈号〉
　里村 玄仲　さとむら・げんちゅう　1578～1638　織豊時代・徳川初期の連歌師　㊗江戸
臨高庵元竹〈号〉
　林 桐葉　はやし・とうよう　～1712　徳川中期の俳人　㊗尾張熱田

【鱗】

鱗〈名〉
　春木 南華　はるき・なんか　1819～1866　幕末の画家
鱗甲〈号〉
　神谷 玄武坊　かみや・げんぶぼう　1713～1798　徳川中期の俳人　㊗江戸

【麟】

麟太郎〈初名〉
　勝 海舟　かつ・かいしゅう　1822～1899　幕末及び明治初期の政治家　㊗本所亀沢町
麟仙
　志岐 諸経　しき・もろつね　～1589　肥後天草志岐城主
麟趾〈別称〉
　佐藤 成知　さとう・なりとも　1763～1834　徳川中末期の儒者　㊗仙台
麟嶼
　山田 麟嶼　やまだ・りんしょ　1712～1735　徳川中期の儒者　㊗江戸
〔菅原〕麟嶼
　山田 麟嶼　やまだ・りんしょ　1712～1735　徳川中期の儒者　㊗江戸

【類】

類子
　西 ルイス　にし・るいす　～1646　江戸前期の海外貿易商
類右衛門
　平田 喬信　ひらた・たかのぶ　1653～1715　江戸時代前期～中期の武士

【令】

令世
　吉田 令世　よしだ・のりよ　1791～1844　江戸後期の国学者

令茶〈号〉
松岡 青蘿　まつおか・せいら　1740〜1791　徳川中期の俳人　[出]江戸
令富
鶏冠井 令富　かえでい・りょうふ　江戸時代前期の俳人、歌人
令徳〈名〉
井上 竹逸　いのうえ・ちくいつ　1814〜1886　徳川末—明治中期の画家
令徳
鶏冠井 令徳　かえでい・りょうとく　1589〜1679　徳川初期の俳人　[出]京都

【礼】

礼〈名〉
渡辺 方壺　わたなべ・ほうこ　〜1833　徳川中期の漢学者　[出]播磨明石
礼子内親王
嘉陽門院　かようもんいん　1200〜1273　後鳥羽天皇の皇女
礼仁親王
礼仁親王　うやひとしんのう　1790〜1791　光格天皇第1皇子
礼司〈通称〉
渡辺 方壺　わたなべ・ほうこ　〜1833　徳川中期の漢学者　[出]播磨明石
礼成門院
礼成門院　れいせいもんいん　1303〜1333　後醍醐天皇の皇后、名は藤原禧子
礼成門院
礼成門院　れいせいもんいん　1650〜1725　後光明天皇の第1皇女、孝子内親王
礼助
志村 天目　しむら・てんもく　1746〜1817　江戸時代中期〜後期の心学者
礼阿
礼阿　らいあ　〜1294　浄土宗一条流祖
礼耕
佐善 礼耕　さぜん・れいこう　1694〜1771　徳川中期の儒者
礼斎
木村 謙次　きむら・けんじ　1752〜1811　江戸時代中期〜後期の探検家
礼焉〈号〉
向井 魯町　むかい・ろちょう　1656〜1727　徳川中期の俳人、長崎聖堂祭酒　[出]長崎立山

【姈】

姈子内親王
遊義門院　ゆうぎもんいん　1270〜1307　尊称皇后、後深草天皇の皇女

【苓】

苓陽〈別号〉
広瀬 淡窓　ひろせ・たんそう　1782〜1856　儒者　[出]豊後日田町

【蛎】

蛎山
蛎山　れいざん　〜1862　幕末期の俳人　[出]越中福光

【鈴】

鈴丸十次郎〈通称〉
坂上 重次郎(1代)　さかがみ・じゅうじろう　1788〜1830　紀伊の陶工
鈴之
小川 鈴之　おがわ・すずゆき　1821〜1893　幕末維新の勤王家　[出]下総国結城郡
鈴成
福林堂 鈴成　ふくりんどう・すずなり　1752〜1836　江戸中期の狂歌師　[出]江戸牛込細工町
〔福隣堂〕鈴成
福林堂 鈴成　ふくりんどう・すずなり　1752〜1836　江戸中期の狂歌師　[出]江戸牛込細工町
鈴波〈号〉
下郷 蝶羅　しもさと・ちょうら　1723〜1776　徳川中期の俳人　[出]尾張鳴海
鈴廼屋
本居 宣長　もとおり・のりなが　1730〜1801　江戸時代の国学者　[出]伊予松坂本町

【霊】

霊乙子〈号〉
各務 支考　かがみ・しこう　1665〜1731　徳川中期の俳人　[出]美濃山県郡北野
霊見
性海 霊見　しょうかい・れいけん　?〜1396　南北朝〜室町時代の僧
霊松道人〈別号〉
季亨 玄厳　きこう・げんごん　〜1457　五山文学者たる東福寺主　[出]日向
霊空
霊空　れいくう　1652〜1739　安楽律の大成者　[出]福岡
霊雨〈号〉
伊形 荘助　いがた・そうすけ　徳川中期の漢詩人　[出]熊本
霊彦
希世 霊彦　きせい・れいげん　1403〜1488　室町中期の禅僧(臨済宗)、五山文学者　[出]京都
〔村庵〕霊彦
希世 霊彦　きせい・れいげん　1403〜1488　室町中期の禅僧(臨済宗)、五山文学者　[出]京都
霊叟〈号〉
井上 玄徹　いのうえ・げんてつ　1602〜1686　医家
霊致
天境 霊致　てんきょう・れいち　1291〜1381　鎌倉〜南北朝時代の僧
霊陽院
足利 義昭　あしかが・よしあき　1537〜1597　足利15代将軍、義輝の弟、奈良一乗院の門主
霊雲斎〈号〉
立羽 不角　たてば・ふかく　1662〜1753　徳川中期の俳人　[出]江戸

れい（嶺, 麗）　れき（鬲, 暦, 歴, 櫟）　れつ（烈）　れん（連, 廉, 漣, 蓮）

【嶺】

嶺松軒東寧〈別号〉
　新井 精斎　あらい・せいさい　1773〜1841　徳川中・末期の医家にして文章家　㊟上野厩橋

【麗】

麗
　荒木田 麗　あらきだ・れい　1732〜1806　江戸時代の閨秀文学者
〔慶徳〕麗子
　荒木田 麗　あらきだ・れい　1732〜1806　江戸時代の閨秀文学者
〔藤原〕麗子
　陰明門院　おんめいもんいん　1185〜1243　土御門天皇の皇后
麗沢之舎〈号〉
　鈴木 四郎兵衛　すずき・しろべえ　1754〜1815　徳川中期の儒者にして公益家　㊟下野鹿沼町
麗居〈号〉
　大脇 春嶺　おおわき・はるみね　1789〜1834　徳川中期の国学者　㊟越後
麗景殿女御
　藤原 延子　ふじわらの・えんし　1016〜1095　後朱雀天皇の女御

【鬲】

鬲斎〈別号〉
　榊原 琴洲　さかきばら・きんしゅう　1832〜1881　幕末明治初期の国学者　㊟水戸
鬲蔵〈通称〉
　榊原 琴洲　さかきばら・きんしゅう　1832〜1881　幕末明治初期の国学者　㊟水戸

【暦】

暦山
　天方 暦山　あまかた・れきざん　徳川末文久頃の儒者　㊟江戸

【歴】

歴治
　増田 歴治　ますだ・れきじ　1826〜1896　仙台藩士　㊟陸奥国名取郡増田

【櫟】

櫟堂
　安部井 櫟堂　あべい・れきどう　1808〜1883　明治初期の篆刻家、近江の人
櫟斎
　阿部 櫟斎　あべ・れきさい　1805〜1870　幕末の本草家　㊟江戸

【烈】

〔照幡〕烈之助
　轟 武兵衛　とどろき・ぶへえ　1818〜1873　幕末の志士　㊟熊本

〔水戸〕烈公
　徳川 斉昭　とくがわ・なりあき　1800〜1860　水戸藩主

【連】

〔長尾〕連
　深井 半左衛門　ふかい・はんざえもん　1826〜1880　津藩士　㊟伊勢国津
〔浦〕連也
　柳生 厳包　やぎゅう・としかね　1625〜1694　兵法家、利厳の子
連也包
　柳生 厳包　やぎゅう・としかね　1625〜1694　兵法家、利厳の子
連日庵〈別号〉
　春道 梅員　はるみちの・うめかず　天保頃の狂歌師
連海法印
　心敬　しんけい　1406〜1475　室町前期の連歌師　㊟紀伊国名草郡田井荘
連胤
　鈴鹿 連胤　すずか・つらたね　1795〜1870　国学者、神官　㊟洛東吉田

【廉】

廉子
　阿野 廉子　あの・れんし　1311〜1359　後醍醐天皇の寵妃
〔藤原〕廉子
　阿野 廉子　あの・れんし　1311〜1359　後醍醐天皇の寵妃
廉子〈号〉
　丸川 廉斎　まるかわ・れんさい　1797〜1847　徳川中期の儒者　㊟備中浅口郡西阿知村(今の河内町)
廉之助
　松林 飯山　まつばやし・はんざん　1839〜1867　幕末の儒者
廉斎〈号〉
　丸川 廉斎　まるかわ・れんさい　1797〜1847　徳川中期の儒者　㊟備中浅口郡西阿知村(今の河内町)

【漣】

漣々
　大久保 漣々　おおくぼ・れんれん　1798〜1858　徳川末期の俳人　㊟江戸
漣々(1世)
　大久保 漣々　おおくぼ・れんれん　1798〜1858　徳川末期の俳人　㊟江戸
漣々(2世)〈号〉
　大久保 忠保　おおくぼ・ただやす　1830〜1886　歌人

【蓮】

蓮二〈号〉
　各務 支考　かがみ・しこう　1665〜1731　徳川中期の俳人　㊟美濃山県郡北野
蓮之〈号〉
　松木 珪琳　まつき・けいりん　〜1742　徳川中期の俳人　㊟江戸

れん（蓮, 錬, 鎌, 攣）　ろ（呂, 芦）

蓮月
　大田垣 蓮月　おおたがき・れんげつ　1791〜1875
　幕末期の女流歌人、尼僧　㊞京都
〔太田垣〕蓮月
　大田垣 蓮月　おおたがき・れんげつ　1791〜1875
　幕末期の女流歌人、尼僧　㊞京都
蓮月尼
　大田垣 蓮月　おおたがき・れんげつ　1791〜1875
　幕末期の女流歌人、尼僧　㊞京都
蓮台僧正
　寛空　かんくう　882〜970　平安時代東寺の長者
　㊞河内
蓮生
　宇都宮 頼綱　うつのみや・よりつな　1172〜1259
　鎌倉時代の武人、歌人
蓮生
　熊谷 直実　くまがい・なおざね　1141〜1208　平
　安後期〜鎌倉時代の武将
蓮如
　蓮如　れんにょ　1415〜1499　浄土真宗中興の祖
蓮州山人〈号〉
　遠藤 日人　えんどう・えつじん　1758〜1836　徳
　川中期の俳人　㊞仙台
蓮池翁〈号〉
　山口 素堂　やまぐち・そどう　1642〜1716　徳川
　初期の俳人　㊞甲州巨摩郡教来石村山口
蓮舟
　田辺 蓮舟　たなべ・れんしゅう　1831〜1915　漢
　学者、外交官
蓮杖
　下岡 蓮杖　しもおか・れんじょう　1823〜1914
　幕末明治の写真技術家にして画家　㊞伊豆下田町
　中原町
蓮花庵〈号〉
　川上 宗雪　かわかみ・そうせつ　徳川中期の茶人
　㊞紀州新宮
蓮阿
　川島 茂樹　かわしま・しげき　1768〜1835　江戸
　時代後期の国学者
〔林〕蓮阿
　川島 茂樹　かわしま・しげき　1768〜1835　江戸
　時代後期の国学者
蓮阿坊
　武藤 白尼　むとう・はくに　1711〜1792　徳川中
　期の俳人
蓮阿弥
　宝生家(1世)　ほうしょうけ　〜1468　能役者
蓮昭
　蓮照　れんしょう　〜1048　捨身行者　㊞備前
蓮崇
　下間 蓮崇　しもつま・れんそう　?〜1499　室町
　〜戦国時代の僧
蓮教
　経豪　きょうごう　1451〜1492　室町時代の僧
蓮照
　蓮照　れんしょう　〜1048　捨身行者　㊞備前
蓮禅
　蓮禅　れんぜん　平安末期の文人貴族、漢詩人
蓮聖
　安東 平右衛門尉蓮聖　あんどう・へいえもんの
　じょうれんしょう　鎌倉後期の得宗被官

蓮蔵海〈号〉
　玄楼 奥竜　げんろう・おくりゅう　1720〜1813
　徳川中期の僧侶　㊞志摩

【練】

練石
　福田 練石　ふくだ・れんせき　1702〜1789　徳川
　中期の俳人　㊞京都
練武堂〈号〉
　平山 子竜　ひらやま・しりょう　1737〜1806　徳
　川中期の兵学家　㊞江戸

【錬】

錬斎
　鵜飼 錬斎　うがい・れんさい　1633〜1693　徳川
　初期・中期の儒者　㊞京都

【鎌】

鎌子〈別称〉
　藤原 鎌足　ふじわらの・かまたり　614〜669　上
　代の政治家、大織冠内大臣　㊞大和国高市郡
〔中臣〕鎌子
　藤原 鎌足　ふじわらの・かまたり　614〜669　上
　代の政治家、大織冠内大臣　㊞大和国高市郡
鎌足
　藤原 鎌足　ふじわらの・かまたり　614〜669　上
　代の政治家、大織冠内大臣　㊞大和国高市郡
〔中臣〕鎌足
　藤原 鎌足　ふじわらの・かまたり　614〜669　上
　代の政治家、大織冠内大臣　㊞大和国高市郡

【攣】

攣山〈別号〉
　三浦 梅園　みうら・ばいえん　1723〜1789　豊後
　杵築藩の儒者　㊞豊後国国東郡富永村

【呂】

呂丸
　図司 呂丸　ずし・ろがん　〜1693　徳川中期の俳
　人　㊞出羽羽黒山麓手向町
呂平〈通称〉
　馬屋原 重帯　まやはら・しげよ　1762〜1836　徳
　川中期の儒者　㊞備後品治郡(今の芦品郡)向永谷村
呂国〈号〉
　松木 淡々　まつき・たんたん　1674〜1761　徳川
　中期の俳人　㊞大阪西横堀
呂音堂〈号〉
　谷 木因　たに・ぼくいん　1646〜1725　徳川中期
　の俳人　㊞美濃大垣
呂庵〈別号〉
　北村 季吟　きたむら・きぎん　1624〜1705　徳川
　中期の俳人、古典学者　㊞近江栗太郡北村
呂蛤
　呂蛤　ろこう　化政期の俳人　㊞京都

【芦】

芦月庵〈別号〉
　富尾 似船　とみお・じせん　1629～1705　徳川中期の俳人　⑩京都
芦本
　芦本 ろぼん　～1736　享保時代の俳人　⑩美濃
芦野屋〈別称〉
　芦野屋 麻績一　あしのや・おみのいち　1803～1855　徳川末期の国学者、鍼医　⑩江戸
芦陰舎〈号〉
　吉分 大魯　よしわけ・だいろ　～1778　徳川中期の俳人　⑩阿波徳島
芦鶴亭〈別号〉
　浅秀庵 長住　せんしゅうあん・ながずみ　～1837　狂歌師

【炉】

炉休
　坂田 炉休　さかた・ろきゅう　～1740　徳川中期の茶道家
〔山中〕炉雪
　鴻池 善右衛門(9代)　こうのいけ・ぜんえもん　1806～1851　江戸時代後期の豪商

【鹵】

鹵滴
　井上 鹵滴　いのうえ・ろてき　1814～1888　幕末・明治の畸人　⑩阿波板野郡斎田

【路】

〔瀬川〕路三郎〈前名〉
　嵐 璃光(1代)　あらし・りこう　1784～1839　大阪の歌舞伎俳優、化政期の若女方の上手
路之助〈前名〉
　瀬川 菊之丞(4代)　せがわ・きくのじょう　1782～1812　江戸の歌舞伎俳優
路考(1代)
　瀬川 菊之丞(1代)　せがわ・きくのじょう　1691～1749　江戸の歌舞伎俳優
路考(2代)
　瀬川 菊之丞(2代)　せがわ・きくのじょう　1741～1773　江戸の歌舞伎俳優　⑩武州王子
路考(3代)
　瀬川 菊之丞(3代)　せがわ・きくのじょう　1751～1810　江戸の歌舞伎俳優　⑩大阪
路考(4代)
　瀬川 菊之丞(4代)　せがわ・きくのじょう　1782～1812　江戸の歌舞伎俳優
路考(5代)
　瀬川 菊之丞(5代)　せがわ・きくのじょう　1802～1832　江戸の歌舞伎俳優
路時雨
　鷺十　ろじゅう　～1790　徳川中期の俳人、丹後橋立真照寺の住職
路通
　八十村 路通　やそむら・ろつう　1648～1738　徳川中期の俳人
路健
　路健　ろけん　俳人、芭蕉一門　⑩越中井波

路堂
　路堂　ろどう　～1853　幕末期の俳人

【魯】

魯九
　堀部 魯九　ほりべ・ろきゅう　～1743　徳川中期の俳人　⑩美濃蜂屋
魯中(1代)
　富士松 魯中(1代)　ふじまつ・ろちゅう　1797～1861　新内節浄瑠璃の太夫
魯文
　仮名垣 魯文　かながき・ろぶん　1829～1894　戯作者、新聞記者　⑩江戸京橋
魯仙〈号〉
　赤松 直　あかまつ・ただし　陶工
魯仙
　平尾 魯仙　ひらお・ろせん　1808～1880　幕末明治の画家また国学者　⑩陸奥弘前
魯佐〈号〉
　太田 晴軒　おおた・せいけん　1795～1873　徳川末期の漢学者
魯助
　花笠 文京(1代)　はながさ・ぶんきょう　1785～1860　江戸時代後期の歌舞伎作者、戯作者
魯町
　向井 魯町　むかい・ろちょう　1656～1727　徳川中期の俳人、長崎聖堂祭酒　⑩長崎立山
魯斎〈号〉
　今井 弘済　いまい・こうさい　1652～1689　徳川中期の国学者にして医家　⑩水戸
魯黙〈字〉
　安東 省庵　あんどう・せいあん　1622～1701　徳川初期の柳川藩儒　⑩筑後

【盧】

盧庵〈別号〉
　北村 季吟　きたむら・きぎん　1624～1705　徳川中期の俳人、古典学者　⑩近江栗太郡北村
盧橘庵
　田宮 仲宣　たみや・ちゅうせん　1753?～1815　江戸時代中期～後期の戯作者

【蘆】

蘆本
　浦田 蘆本　うらだ・ろほん　1664～1736　江戸時代前期～中期の俳人
蘆屋
　高安 蘆屋　たかやす・ろおく　大阪の儒者
蘆屋山人〈号〉
　高安 蘆屋　たかやす・ろおく　大阪の儒者
蘆洲
　浅山 蘆国　あさやま・あしくに　?～1818　江戸時代後期の浮世絵師
〔狂画堂〕蘆洲
　浅山 蘆国　あさやま・あしくに　?～1818　江戸時代後期の浮世絵師
蘆船(1代)

藤舎 蘆船（1代）　とうしゃ・ろせん　1830〜1889　東流二絃琴の家元
蘆野屋検校
芦野屋 麻績一　あしのや・おみのいち　1803〜1855　徳川末期の国学者、鍼医　[出]江戸
蘆燕
片岡 我当（1代）　かたおか・がとう　1810〜1863　大坂の歌舞伎俳優

【露】

露丸
図司 呂丸　ずし・ろがん　〜1693　徳川中期の俳人　[出]出羽羽黒山麓手向町
露川
沢 露川　さわ・ろせん　1661〜1743　徳川中期の俳人　[出]伊賀国山田郡友生村
露川〈号〉
鈴木 半兵衛　すずき・はんべえ　1815〜1856　幕末の水戸藩の蘭学者・医者
〔藤屋〕露川
沢 露川　さわ・ろせん　1661〜1743　徳川中期の俳人　[出]伊賀国山田郡友生村
露月
豊島 露月　とよしま・ろげつ　1667〜1751　徳川中期の俳人　[出]江戸
露牛
赤荻 露牛　あかおぎ・ろぎゅう　江戸時代中期の俳人
露休〈別号〉
露 五郎兵衛　つゆの・ごろべえ　1643〜1703　徳川初中期京都の落語家
露竹斎〈別号〉
朝岡 正章　あさおか・まさあき　1794〜1840　徳川中期の歌人　[出]名古屋
露秀
露秀　ろしゅう　〜1806　化政期の俳人　[出]奥州郡山
露言
福田 露言（1代）　ふくだ・ろげん　1630〜1691　江戸時代前期の俳人
露沾
内藤 露沾　ないとう・ろせん　1655〜1733　徳川中期の俳人　[出]江戸桜田
露柱庵〈号〉
春鴻　しゅんこう　〜1803　化政期の俳人　[出]相模国戸塚在下飯田
露柱庵〈号〉
白雄　しらお　1738〜1791　天明期の俳人　[出]江戸深川
露滴斎
松平 斉恒　まつだいら・なりつね　1791〜1822　出雲松江藩主　[出]江戸

【鷺】

鷺十
鷺十　ろじゅう　〜1790　徳川中期の俳人、丹後橋立真照寺の住職
鷺水
青木 鷺水　あおき・ろすい　1658〜1733　徳川中期の俳人　[出]京都

【鸕】

鸕野讃良皇女
持統天皇　じとうてんのう　645〜703　第41代天皇

【老】

老中居士〈別号〉
安積 澹泊　あさか・たんぱく　1655〜1737　徳川中期の水戸藩儒　[出]水戸
老之丞〈通称〉
町田 武須計　まちだ・ぶすけ　1838〜1895　桑名藩士　[出]伊勢国桑名
老団常山〈別号〉
安積 澹泊　あさか・たんぱく　1655〜1737　徳川中期の水戸藩儒　[出]水戸
老柳
原 老柳　はら・ろうりゅう　1783〜1854　徳川中期の医家　[出]摂津西宮
老俳仙〈号〉
本多 清秋　ほんだ・せいしゅう　1724〜1817　徳川中期の俳人、伊勢神戸藩主
老桂窩〈号〉
山口 羅人　やまぐち・らじん　1699〜1752　徳川中期の俳人　[出]江州守山
老狸〈号〉
足立 正声　あだち・まさな　1841〜1907　旧鳥取藩士、男爵
老婆居士〈号〉
嵐窓　らんそう　〜1838　化政期の俳人
老鳥〈号〉
大島 蓼太　おおしま・りょうた　1718〜1787　徳川中期の俳人　[出]信州伊那郡大島
老蓮〈号〉
鈴木 芙蓉　すずき・ふよう　1749〜1816　徳川中期の画家　[出]信州飯田
老鶯巣〈号〉
大島 蓼太　おおしま・りょうた　1718〜1787　徳川中期の俳人　[出]信州伊那郡大島

【弄】

弄山
沼波 弄山　ぬなみ・ろうざん　1718〜1777　万古焼の始祖　[出]伊勢桑名
弄月庵〈号〉
条野 採菊　じょうの・さいぎく　1832〜1902　戯作者、新聞記者　[出]江戸日本橋
弄竹〈俳号〉
大谷 古益　おおたに・こえき　1643〜1709　徳川中期の俳人、東本願寺第14世琢如の第2子

【郎】

郎女
紀 郎女　きの・いらつめ　歌人

【哢】

哢竹（弄竹）〈俳号〉
大谷 古益　おおたに・こえき　1643～1709　徳川中期の俳人、東本願寺第14世琢如の第2子

【朗】

朗誉
蔵叟 朗誉　ぞうそう・ろうよ　1194～1277　鎌倉時代の僧
朗廬〈号〉
阪谷 朗廬　さかたに・ろうろ　1822～1881　幕末明治の儒学者、漢詩人　[出]備中川上郡九名村

【浪】

〔細川〕浪二郎〈通称〉
東里 山人　とうり・さんにん　1790～1858　徳川中末期の江戸の戯作者
浪化
浪化　ろうか　1671～1703　俳人、芭蕉一門、越中井波瑞泉寺住職　[出]京都
浪兮女
三浦 浪兮女　みうら・ろうけいじょ　1838～1869　幕末明治初期の俳人　[出]陸前薄衣村
浪江（1代）
三条 浪江（1代）　さんじょう・なみえ　1716～　歌舞伎俳優
浪秀
広岡 浪秀　ひろおか・なみひで　1841～1864　幕末の志士　[出]長門国美弥郡大嶺
浪華俳諧長者〈別号〉
槐本 之道　えもと・しどう　～1711　徳川中期の俳人

【狼】

狼介
品川 大膳　しながわ・だいぜん　戦国時代の武士

【脼】

脼
鈴木 脼　すずき・あきら　1764～1837　徳川中期の国学者　[出]尾張枇杷島

【楼】

楼川
谷口 楼川　たにぐち・ろうせん　1699～1782　徳川中期の俳人

【滝】

滝口入道
斎藤 時頼　さいとう・ときより　平安朝時代の武人、平重盛の臣
滝口入道
斎藤 時頼　さいとう・ときより　平安時代後期の武人、僧
滝子〈名〉
吉田 松陰母　よしだ・しょういんのはは　1807～1890　山口藩士杉百合之助の妻　[出]毛利志摩
〔杉〕滝子
吉田 松陰母　よしだ・しょういんのはは　1807～1890　山口藩士杉百合之助の妻　[出]毛利志摩
滝之助〈通称〉
水野 秋彦　みずの・あきひこ　1849～1889　幕末明治の国学者
滝治〈通称〉
石井 南橋　いしい・なんきょう　1831～1887　狂詩家　[出]筑後
滝造〈前名〉
竹沢 弥七（6代）　たけざわ・やしち　義太夫節三絃
滝淵居士〈尊称〉
石川 垣守　いしかわの・かきもり　～786　奈良末期から平安初期の貴族
滝園〈号〉
黒田 清綱　くろだ・きよつな　1830～1917　明治維新時代の鹿児島藩の志士、明治の歌人　[出]鹿児島城下高見馬場

【臘】

臘居士〈号〉
神谷 玄武坊　かみや・げんぶぼう　1713～1798　徳川中期の俳人　[出]江戸

【朧】

朧月亭有人〈号〉
条野 採菊　じょうの・さいぎく　1832～1902　戯作者、新聞記者　[出]江戸日本橋
朧庵〈号〉
河村 再和坊　かわむら・さいわぼう　1726～1786　徳川中期の俳人　[出]尾張

【聾】

聾斎〈号〉
江森 月居　えもり・げっきょ　1756～1824　徳川中期の俳人　[出]京都

【六】

六々〈別号〉
森川 許六　もりかわ・きょろく　1656～1715　徳川中期の俳人　[出]江州彦根
六々山人〈別号〉
石川 丈山　いしかわ・じょうざん　1583～1672　江戸初期の武人、詩人　[出]三河碧海郡泉郷
六々仙〈号〉
香村　こうそん　～1864　幕末期の俳人　[出]福島県北会津郡香塩
六々庵
太田 巴静　おおた・はじょう　1681～1744　徳川中期の俳人　[出]美濃竹が鼻
六三郎
山内 六三郎　やまのうち・ろくさぶろう　1826～1922　官吏、横浜鎖港談判などの通訳
〔伊東〕六三郎〈初名〉
藤岡 大吉　ふじおか・だいきち　正徳―宝暦時代の歌舞伎俳優

ろく（六）

六三郎〈3代〉
　杵屋 六左衛門（5代）　きねや・ろくざえもん　〜1819　江戸長唄の三絃、杵屋家元、杵屋別家9代
六三郎
　杵屋 六左衛門（9代）　きねや・ろくざえもん　?〜1819　江戸時代後期の長唄三味線方
六三郎〈4代〉
　杵屋 六三郎（4代）　きねや・ろくさぶろう　1779〜1855　江戸長唄の三絃　㊴板橋
六六堂〈号〉
　日高 涼台　ひたか・りょうだい　1797〜1868　幕末明治の医家　㊴安芸の山県郡新庄
六方園〈別号〉
　菫庵 東雄　すみれあん・あずまお　1798〜1881　江戸末期の狂歌師
六代
　平 六代　たいらの・ろくだい　1173〜1198　平安後期・鎌倉時代の武士、平維盛の嫡子
六右衛門〈通称〉
　三井 秋風　みつい・しゅうふう　1646〜1717　徳川中期の俳人　㊴京都
六右衛門
　馬井 六右衛門　うまい・ろくえもん　〜1624　徳川初期の殉教者
六左衛門〈通称〉
　赤井 水雄　あかい・みずお　幕末の歌人　㊴岩代国
六左衛門〈通称〉
　堀田 沙羅　ほった・しゃら　1748〜1816　徳川中期の俳人　㊴江戸
六左衛門〈通称〉
　友次　ゆうじ　〜1669　俳人、貞門　㊴名古屋
〔堺屋〕六左衛門〈通称〉
　霞夫　かふ　〜1784　天明期の俳人　㊴但馬出石
六左衛門〈2代〉
　杵屋 六左衛門（2代）　きねや・ろくざえもん　1596〜1667　江戸長唄の三絃、杵屋家元、伝杵屋家系4代
六左衛門〈3代〉
　杵屋 六左衛門（3代）　きねや・ろくざえもん　江戸長唄の三絃、杵屋家元、伝杵屋家系6代
六左衛門〈5代〉
　杵屋 六左衛門（5代）　きねや・ろくざえもん　〜1819　江戸長唄の三絃、杵屋家元、杵屋別家9代
六左衛門〈6代〉
　杵屋 六左衛門（6代）　きねや・ろくざえもん　1800〜1858　江戸長唄の三絃、杵屋家元、杵屋別家10代
六左衛門〈7代〉
　杵屋 勘五郎（3代）　きねや・かんごろう　1815?〜1877　江戸長唄三絃　㊴江戸
六左衛門〈8代〉
　杵屋 六左衛門（8世）　きねや・ろくざえもん　長唄演奏家
六平太〈12代〉
　喜多 六平太（12代）　きた・ろっぺいた　〜1869　能楽士喜多流
六曲園〈別号〉
　屏風 一双　びょうぶ・いっそう　文化文政頃の狂歌師
六気庵〈号〉
　川村 碩布　かわむら・せきふ　1750〜1843　徳川中期の俳人　㊴武蔵入間郡毛呂

六兵衛〈通称〉
　舟泉　しゅうせん　〜1737　俳人、芭蕉一門　㊴三河の挙母
〔三升屋〕六兵衛〈通称〉
　亀玉堂 亀玉　きぎょくどう・きぎょく　1779〜1858　徳川末期の狂歌師
〔俵屋〕六兵衛〈通称〉
　堤 梅通　つつみ・ばいつう　1797〜1864　徳川末期の俳人　㊴京都
六兵衛〈1代〉
　清水 六兵衛（1代）　きよみず・ろくべえ　1738〜1799　京都清水焼の名工　㊴摂津島上郡
〔毛谷村〕六助
　貴田 統治　きだ・むねはる　豊臣時代の剣客　㊴豊前彦山麓毛谷村
六条局
　藤原 定子　ふじわらの・ていし　?〜1680　江戸時代前期の女官
六条宮
　雅成親王　まさなりしんのう　1200〜1255　後鳥羽天皇の皇子
六条斎院
　禖子内親王　ばいしないしんのう　1039〜1096　後朱雀天皇の第4皇女
六花苑三世〈号〉
　嵐窓　らんそう　〜1838　化政期の俳人
六花庵〈2世〉
　陶 官鼠　すえ・かんそ　〜1803　徳川中期の俳人　㊴伊豆北方郡三浦
六所〈号〉
　佐久間 六所　さくま・ろくしょ　1792〜1863　徳川中期の画家
六林
　堀田 六林　ほった・ろくりん　1710〜1792　徳川中期の俳人　㊴名古屋
六枳
　大谷 六枳　おおたに・りっき　1691〜1745　徳川中期の俳人
六郎〈通称〉
　阿部 淡斎　あべ・たんさい　1813〜1880　徳川末期の儒者
六郎〈通称〉
　伴 直方　ばん・なおかた　1790〜1842　徳川中期の国学者　㊴江戸
六郎
　伴林 光平　ともばやし・みつひら　1813〜1864　江戸時代後期の国学者、歌人
〔相良〕六郎
　桜 任蔵　さくら・じんぞう　1812〜1859　幕末期の志士　㊴常陸国真壁郡真壁
〔藤村〕六郎
　小藤 四郎　こふじ・しろう　1843〜1868　徳川末期の志士　㊴筑前早良郡鳥飼村
六郎左衛門〈12代〉
　辻 六郎左衛門　つじ・ろくろうざえもん　1653〜1738　江戸中期に活躍した地方巧者の幕臣
六郎兵衛
　松波 六郎兵衛　まつなみ・ろくろべえ　1815〜1884　大庄屋、郷士　㊴伯耆国汗入郡今津村
〔松南〕六郎兵衛

松波 六郎兵衛　まつなみ・ろくろべえ　1815～1884　大庄屋、郷士　[出]伯耆国汗入郡今津村
六孫王
源 経基　みなもとの・つねもと　～961　平安中期の武将
六翁（1代）
杵屋 六三郎（4代）　きねや・ろくさぶろう　1779～1855　江戸長唄の三絃　[出]板橋
六喩〈号〉
有賀 長伯　ありが・ちょうはく　1662～1737　徳川中期の国学者、歌人　[出]京都
六無斎〈号〉
広瀬 台山　ひろせ・だいざん　1751～1813　徳川中期の南画家
六極園〈別号〉
東西庵 南北　とうざいあん・なんぼく　～1827　徳川中期の江戸の戯作者
六蔵
岩垣 月洲　いわがき・げっしゅう　1808～1873　徳川末期より明治初年に亙る儒者　[出]京都
六蔵
渋川 敬直　しぶかわ・ひろなお　1815～1851　江戸時代後期の暦算家
〔巌垣〕六蔵
岩垣 月洲　いわがき・げっしゅう　1808～1873　徳川末期より明治初年に亙る儒者　[出]京都
六蔵亭〈号〉
大垣 守舎　おおがき・もりや　1777～1830　徳川末期の狂歌師　[出]上野大間々
六壁庵〈号〉
尾崎 康工　おざき・やすよし　1701～1779　徳川中期の俳人　[出]越中戸出
六橋〈別号〉
悦岩 東悆　えつがん・とうよ　～1529　建仁寺主　[出]京都
六橋園〈別号〉
佐野 渡　さのの・わたり　1762～1837　狂歌師
六樹園
石川 雅望　いしかわ・まさもち　1753～1830　江戸中・末期の文人、狂歌師、国学者　[出]江戸
六衛門
支倉 常長　はせくら・つねなが　1571～1622　伊達政宗の臣

【鹿】

鹿之助
山中 鹿之助　やまなか・しかのすけ　1540～1578　戦国末期の武将
鹿助
吉田 鹿助　よしだ・しかすけ　名古屋藩士
鹿杖山人〈別号〉
鹿都部 真顔　しかつべの・まがお　1752～1829　徳川中期の戯作者、狂歌師　[出]江戸
鹿苑院
足利 義満　あしかが・よしみつ　1358～1408　足利3代将軍
鹿門〈号〉
岡 千仭　おか・せんじん　1833～1914　幕末・明治時代の漢学者、漢詩人　[出]仙台
鹿斎〈号〉
大場 景明　おおば・かげあき　1719～1785　江戸中期の暦算家、水戸藩士　[出]水戸
鹿野山人〈号〉
佐々木 俊信　ささき・としのぶ　1750～1800　徳川中期の漢学者　[出]周防都濃郡鹿野

【禄】

禄郎
中川 漁村　なかがわ・ぎょそん　1796～1855　江戸時代後期の儒者
〔福亭〕禄馬
楽亭 西馬　らくてい・さいば　1799～1858　書肆、戯作者

【碌】

碌々山人〈号〉
三国 大学　みくに・だいがく　1810～1896　幕末・維新期の儒学者　[出]越前（福井県）三国
碌々庵〈別号〉
森川 許六　もりかわ・きょろく　1656～1715　徳川中期の俳人　[出]江州彦根
碌々庵〈号〉
由良 了祐　ゆら・りょうゆう　1817～1886　幕末・明治の茶人　[出]大阪

【麓】

麓太夫（2代）
豊竹 麓太夫（2代）　とよたけ・ふもとだゆう　1766～1838　義太夫節の浄瑠璃太夫
麓太夫（3代）
豊竹 八重太夫（5代）　とよたけ・やえだゆう　1794～1859　義太夫節の浄瑠璃太夫

【和】

和八郎〈俗称〉
宝田 寿萊　たからだ・じゅらい　1740～1796　天明時代の江戸の歌舞伎狂言作者　[出]江戸
和十郎〈通称〉
法道 寺善　ほうどう・じぜん　1820～1868　和算家　[出]広島
〔尾上〕和三郎〈初名〉
嵐 璃寛（3代）　あらし・りかん　1812～1863　大阪の歌舞伎俳優、弘化—文久時代の立役の名優　[出]京都二条新地
和三郎（1代）
嵐 音八（3代）　あらし・おとはち　1786～1855　江戸時代後期の歌舞伎役者
和及
三上 和及　みかみ・わきゅう　1649～1692　江戸時代前期の俳人
和女木堂〈号〉
猿山　えんざん　～1732　俳人、談林派　[出]信濃長野
〔源〕和子〈御名〉
東福門院　とうふくもんいん　1607～1678　後水尾天皇の皇后
〔徳川〕和子

わ（和）

東福門院　とうふくもんいん　1607〜1678　後水尾天皇の皇后
〔都太夫〕和中（2代）
　富士田 吉次（1代）　ふじた・きちじ　〜1771　江戸長唄謡い
和介〈通称〉
　有吉 蔵器　ありよし・ぞうき　1734〜1800　閑谷郷黌の講学　㊲備前和気郡
和仁〈字〉
　和気 貞臣　わけの・さだおみ　平安朝時代の儒者
和平治
　加藤 周左衛門（1代）　かとう・しゅうざえもん　尾張瀬戸の陶工
和由〈諱〉
　平岡 次郎右衛門　ひらおか・じろうえもん　1584〜1643　徳川初期の治水家、幕臣
〔松田〕和吉
　文耕堂　ぶんこうどう　享保・元文時代の大阪竹本座の浄瑠璃作者、歌舞伎狂言作者
和佐祢〈歌名〉
　鈴木 真実　すずき・まざね　1749〜1819　国学者
和助
　山城屋 和助　やましろや・わすけ　1836〜1872　明治初期の御用商人　㊲長門玖珂郡和泉村
和助〈通称〉
　松村 忠英　まつむら・ただひで　徳川末期の暦学者　㊲大阪
〔出雲屋〕和助
　植松 自謙　うえまつ・じけん　1750〜1810　徳川末期の心学者　㊲信濃国
〔和泉屋〕和助〈通称〉
　烏亭 焉馬（1世）　うてい・えんば　1743〜1822　江戸中期の狂歌師、戯作者　㊲江戸
和孝〈諱〉
　松田 東吉郎　まつだ・とうきちろう　1837〜1859　福井藩士　㊲越前国福井
和甫〈字〉
　美馬 君田　みま・くんでん　1812〜1874　幕末の志士
和英
　岸本 和英　きしもと・わえい　?〜1717　江戸時代中期の俳人
和亭
　滝 和亭　たき・かてい　1832〜1901　南画家　㊲江戸千駄谷
和泉
　宮内 嘉長　みやうち・よしなが　1789〜1843　徳川中期の国学者　㊲下総海上郡新生町（今銚子市のうち）
和泉
　真木 和泉　まき・いずみ　1813〜1864　水天宮祠官、久留米藩中小性格　㊲筑後国久留米瀬下町
〔丹波〕和泉太夫〈別称〉
　桜井 丹波掾　さくらい・たんばのしょうじょう　承応―貞享時代の金平浄瑠璃の太夫、和太夫節（一名金平節）の流祖
和泉太夫（1代）〈前名〉
　桜井 丹波掾　さくらい・たんばのしょうじょう　承応―貞享時代の金平浄瑠璃の太夫、和太夫節（一名金平節）の流祖
〔竹本〕和泉太夫（1代）

豊竹 和泉太夫（1代）　とよたけ・いずみだゆう　?〜1738　江戸時代中期の浄瑠璃太夫
和泉太夫（2代）
　桜井 和泉太夫（2代）　さくらい・いずみだゆう　江戸の金平浄瑠璃の太夫
和泉阿闍梨
　日法　にちほう　1252〜1341　日蓮宗の僧、甲斐立正寺の開山
〔京太夫〕和泉掾
　都太夫 一中（2代）　みやこだゆう・いっちゅう　一中節浄瑠璃の宗家
和風〈名〉
　佐久間 高方　さくま・たかかた　1661〜1741　徳川中期の兵学者
和風
　春山 和風　はるやま・わふう　嘉永頃の狂歌師
和風（3代）
　松永 和風（3代）　まつなが・わふう　1837〜1916　江戸長唄の唄方
和風亭川柳
　川柳（6世）　せんりゅう　1814〜1882　川柳点者
和唐内〈日本名〉
　鄭 成功　てい・せいこう　1624〜1662　明末・清初の明朝の遺臣　㊲平戸
和宮〈御幼名〉
　静寛院宮　せいかんいんのみや　1846〜1877　仁孝天皇第8皇女、孝明天皇の妹、14代将軍徳川家茂夫人
和宮親子内親王
　静寛院宮　せいかんいんのみや　1846〜1877　仁孝天皇第8皇女、孝明天皇の妹、14代将軍徳川家茂夫人
和訳太郎〈俳号〉
　上田 秋成　うえだ・あきなり　1734〜1809　江戸中期の国学者、歌人、俳人、浮世草子及び読本作者、茶人　㊲摂津曽根崎
和散斎
　高井 立志（3世）　たかい・りっし　1683〜1724　徳川中期の俳人
和楽園〈号〉
　高井 立志（4世）　たかい・りっし　徳川中期の俳人　㊲江戸
和煦〈諱〉
　日野 醸泉　ひの・じょうせん　〜1858　幕末の漢学者
和徳門院
　和徳門院　かとくもんいん　1234〜1289　仲恭天皇の皇女
和歌浦
　袖崎 いろは　そでさき・いろは　元禄―享保時代の歌舞伎俳優
和歌野（1代）
　嵐 和歌野（1代）　あらし・わかの　〜1728　京阪の歌舞伎俳優、享保時代の若女方の上手
和歌野（2代）
　嵐 和歌野（2代）　あらし・わかの　1727〜1763　京阪の歌舞伎俳優、宝暦期の若女方の巧者
和翠
　文柳堂 和翠　ぶんりゅうどう・わすい　狂歌師　㊲越前三国藩
和樽

わ（倭） わい（淮，隈） わん（椀，腕，碗） かな

祭 和樽　まつり・わたる　～1822　江戸の狂歌師
〔鈍々亭〕和樽
　祭 和樽　まつり・わたる　～1822　江戸の狂歌師
和諧堂〈号〉
　髙井 立志（1世）　たかい・りつし　～1681　徳川中期の俳人松楽軒、知諧堂と号した　⑲京都
和諧堂（2世）〈号〉
　髙井 立志（2世）　たかい・りつし　1658～1705　徳川中期の俳人
和邇吉師
　王仁　わに　上古百済より来朝せる者
和麿
　太田 和麿　おおた・わまろ　正倉院伎楽面の作者

【倭】

倭大后
　倭大后　やまとのおおきさき　舒明天皇の御子古人大兄皇子の王女、天智天皇の后
倭姫皇后
　倭大后　やまとのおおきさき　舒明天皇の御子古人大兄皇子の王女、天智天皇の后
倭麿
　太田 和麿　おおた・わまろ　正倉院伎楽面の作者

【淮】

淮水〈号〉
　南渓　なんけい　～1864　幕末の真宗学者　⑲筑前粕屋郡
淮南堂〈号〉
　朱楽 菅江　あけら・かんこう　1740～1800　江戸時代の狂歌師、戯作者　⑲江戸四谷二十騎町

【隈】

隈山〈号〉
　平井 収二郎　ひらい・しゅうじろう　1835～1863　幕末の高知藩士　⑲土佐

【椀】

椀子皇子
　当麻皇子　たいまのおうじ　用明天皇の皇子

【腕】

腕の喜三郎
　腕の喜三郎　うでのきさぶろう　江戸の侠客

【碗】

碗右衛門
　有村 碗右衛門　ありむら・わんえもん　薩摩堅野窯の陶工

【かな】

あやめ（1代）
　芳沢 あやめ（1代）　よしざわ・あやめ　1673～1729　京阪の歌舞伎俳優
あやめ（2代）
　芳沢 あやめ（2代）　よしざわ・あやめ　1702～1754　京阪の歌舞伎俳優
あやめ（3代）
　芳沢 あやめ（3代）　よしざわ・あやめ　1720～1774　京阪の歌舞伎俳優
あやめ（4代）
　芳沢 いろは（1代）　よしざわ・いろは　1755～1810　大阪の歌舞伎俳優
〔諏訪〕いそ
　小余綾 磯女　こよろぎ・いそめ　?～1852　江戸時代中期～後期の狂歌師
いち〈通称〉
　佐藤 採花女　さとう・さいかじょ　1844～1901　幕末明治の俳人　⑲信州
〔山下〕いつき〈初名〉
　杉山 平八　すぎやま・へいはち　元禄―元文時代の大阪の歌舞伎俳優
いろは
　袖崎 いろは　そでさき・いろは　元禄―享保時代の歌舞伎俳優
いろは
　尾上 いろは　おのえ・いろは　大阪の歌舞伎俳優
いろは（1代）
　芳沢 いろは（1代）　よしざわ・いろは　1755～1810　大阪の歌舞伎俳優
うつの山坊〈号〉
　山口 黒露　やまぐち・こくろ　1686～1767　徳川中期の俳人
お八の方〈別称〉
　お勝の方　おかつのかた　1578～1642　将軍徳川家康の側室
お万の方
　お万の方　おまんのかた　1548～1619　将軍徳川家康の側室、越前家の祖結城秀康の生母
お万の方
　お万の方　おまんのかた　1580～1653　将軍徳川家康の側室
お万の方
　お万の方　おまんのかた　～1711　将軍徳川家光の側室
お久の方
　お梅の方　おうめのかた　1689～1721　徳川吉宗の側室
お市の方
　小谷方　おだにのかた　1547～1583　織田信長の妹、柴田勝家の妻　⑲尾張
お由利の方
　浄円院　じょうえんいん　1655～1726　徳川吉宗の母
お伊根
　お美代の方　おみよのかた　～1872　徳川家斉の側室
お吉
　お吉　おきち　1841～1890　米国総領事ハリスの侍妾　⑲尾張国知多郡内海
お江与の方
　崇源院　すうげんいん　1573～1626　2代将軍徳川秀忠の室
お里加の方
　お楽の方　おらくのかた　?～1810　徳川家斉の側室

号・別名辞典　古代・中世・近世　537

お国
　出雲 阿国　いずもの・おくに　慶長初期の歌舞伎踊の名手、歌舞伎踊の始祖
お美代の方
　お美代の方　おみよのかた　〜1872　徳川家斉の側室
お美津の方
　本寿院　ほんじゅいん　徳川家慶側室　㊐江戸
お倉
　富貴楼 お倉　ふうきろう・おくら　1836〜1910　遊女、芸妓、料理店主　㊐江戸
お梅の方〈別称〉
　お万の方　おまんのかた　〜1711　将軍徳川家光の側室
お留の方
　華陽院　けよういん　1492〜1560　徳川家康の祖母
お梶の方
　亜欧堂 田善　あおうどう・でんぜん　1748〜1822　徳川中期の銅版画家　㊐岩代須賀川
お勝の方
　お勝の方　おかつのかた　1578〜1642　将軍徳川家康の側室
お喜宇の方
　お八百の方　おやおのかた　?〜1813　徳川家斉の側室
お富の方
　慈徳院　じとくいん　?〜1817　将軍徳川家斉の母
お遊の方
　安祥院　あんしょういん　〜1789　徳川家重の侍女
お愛の方
　西郷局　さいごうのつぼね　1552〜1589　徳川家康の側室
お源
　国重 お源　くにしげ・おげん　1733〜1808　江戸時代中期〜後期の刀工
〔大月〕お源
　国重 お源　くにしげ・おげん　1733〜1808　江戸時代中期〜後期の刀工
お静の方
　常光院　じょうこういん　1584〜1635　徳川秀忠の側室　㊐武蔵国板橋
〔柳屋〕お藤
　銀杏 お藤　いちょうおふじ　江戸時代中期の女性、明和の頃の三美人のひとり
かな〈名〉
　妹色女　しゅうしきじょ　〜1784　天明期の俳人　㊐江戸
かのふ〈1代〉
　嵐 かのふ〈1代〉　あらし・かのう　大阪の歌舞伎俳優、文化・文政時代の若女方の功者
かや
　軽　かる　〜1702　徳川中期京都の妓　㊐山城国京都
〔斎藤〕きち
　お吉　おきち　1841〜1890　米国総領事ハリスの侍妾　㊐尾張国知多郡内海
きよ〈名〉
　妹色女　しゅうしきじょ　〜1784　天明期の俳人　㊐江戸
きん

歌川 きん　うたがわ・きん　1810〜1871　江戸末期の浮世絵師
くめ〈本名〉
　水木 歌仙〈3代〉　みずき・かせん　1803〜1873　舞踊水木流の家元
こん〈本名〉
　鶴賀 鶴吉〈1代〉　つるが・つるきち　〜1827　新内節、鶴賀の元祖若狭椽の娘
し葉叟〈別号〉
　司馬 芝叟　しば・しばそう　天明―文化時代の大阪の浄瑠璃作者、歌舞伎狂言作者、読本作者、講談師　㊐肥前長崎
しう〈前名〉
　坂東 秀調〈2代〉　ばんどう・しゅうちょう　1848〜1901　江戸の歌舞伎俳優　㊐名古屋の薬屋町
しうか〈1代〉
　坂東 しうか〈1代〉　ばんどう・しゅうか　1813〜1855　江戸の歌舞伎俳優　㊐江戸
しま〈本名〉
　宮薗 千寿〈1代〉　みやぞの・せんじゅ　1806〜1868　宮薗節浄瑠璃の名家
しゃばく〈後名〉
　沢村 四郎五郎〈2代〉　さわむら・しろごろう　〜1832　歌舞伎俳優
しら尾〈号〉
　白雄　しらお　1738〜1791　天明期の俳人　㊐江戸深川
〔上原〕しん
　梅田 しん　うめだ・しん　1827〜1855　幕末、梅田雲浜の妻
せ見の屋〈号〉
　髙本 順　たかもと・したごう　1738〜1813　徳川中期の儒者
〔大森〕たか
　瀬川　せがわ　江戸時代中期の遊女
〔斎藤〕たけ〈本姓名〉
　富貴楼 お倉　ふうきろう・おくら　1836〜1910　遊女、芸妓、料理店主　㊐江戸
つち〈本名〉
　鶴賀 鶴吉〈2代〉　つるが・つるきち　1788〜1855　新内節
〔花道の〕つらね
　市川 団十郎〈5代〉　いちかわ・だんじゅうろう　1741〜1806　歌舞伎俳優、安永―寛政時代の立役の名優　㊐江戸
〔松島〕てう〈後名〉
　桜田 治助〈2代〉　さくらだ・じすけ　1768〜1829　江戸の歌舞伎狂言作者
とめ〈通称〉
　羽紅　うこう　俳人、芭蕉一門、凡兆の妻
ねね姫
　栄姫　えいひめ　?〜1635　黒田長政の後妻
のしほ〈1代〉
　中村 のしほ〈1代〉　なかむら・のしお　1752〜1777　大阪の歌舞伎俳優　㊐京都
のんかう
　楽 のんかう　らく・のんこう　1599〜1656　江戸前期の陶工
のんこう
　楽 のんかう　らく・のんこう　1599〜1656　江戸前期の陶工

538　号・別名辞典　古代・中世・近世

のんこう
　楽 道入　らく・どうにゅう　1599～1656　江戸時代前期の陶工
のんこう
　楽 道入　らく・どうにゅう　1599～1656　江戸時代前期の陶工
ひさ〈通称〉
　三輪 翠羽　みわ・すいう　1767～1846　徳川中期の女流俳人　㊊久保田
まさ〈名〉
　秋風の女房　あきかぜのにょうぼう　1760～1826　江戸の狂歌師
みき雄〈号〉
　春秋庵 幹雄　しゅんじゅうあん・みきお　1829～1910　俳人　㊊磐城（現・福島県）石川郡形見村
みなと（2代）〈前名〉
　姉川 新四郎（3代）　あねかわ・しんしろう　1748～1805　大阪の歌舞伎俳優、寛政期の立役の功者
みよ〈本名〉
　藤間 勘兵衛（4代）　ふじま・かんべえ　～1829　舞踊藤間派の本家
〔叶〕みんし〈前名〉
　嵐 小六（5代）　あらし・ころく　～1858　大阪の歌舞伎俳優、天保―安政時代の年増役の上手
もと
　野村 望東　のむら・ぼうとう　1806～1867　維新時代の女流勤王家、歌人
もとー〈都名〉
　八重崎 検校　やえざき・けんぎょう　江戸後期、大坂の地歌三弦家
〔浦〕もと子
　野村 望東　のむら・ぼうとう　1806～1867　維新時代の女流勤王家、歌人
〔岩井〕やまと〈初名〉
　嵐 三右衛門（11代）　あらし・さんえもん　～1878　大阪の歌舞伎俳優、幕末・明治時代の若女方の立者
よし〈通称〉
　谷口 田女　たにぐち・でんじょ　～1779　徳川中期の俳人
よしを（1代）
　中山 よしを（1代）　なかやま・よしお　1776～1818　大阪の歌舞伎俳優
よしを（3代）〈別名〉
　中山 南枝（2代）　なかやま・なんし　1790～1858　大阪の歌舞伎俳優
りう馬
　土橋亭 りう馬　どばしてい・りゅうま　1799～1853　徳川中末期の落語家、戯作者
りえ〈本名〉
　藤間 勘兵衛（6代）　ふじま・かんべえ　～1867　舞踊藤間派の本家
りん女
　永野 りん女　ながの・りんじょ　1674～1757　徳川中期の俳人　㊊筑前朝倉郡秋月
りん婦
　永野 りん女　ながの・りんじょ　1674～1757　徳川中期の俳人　㊊筑前朝倉郡秋月
るん〈本名〉
　藤間 勘兵衛（5代）　ふじま・かんべえ　～1840　舞踊藤間派の本家

【カナ】

アデレヤス〈聖名〉
　市右衛門　いちえもん　～1624　徳川初期の切支丹宗徒
アマオリ
　阿麻和利　あまわり　～1458　室町前期の琉球の武将　㊊琉球
アロンゾ・ハシャルド〈別称〉
　横沢 将監　よこざわ・しょうげん　支倉一行をメキシコまで帰るのを迎えに行った陸奥仙台藩士
アンジロウ〈安次郎〉
　里見 ヤジロウ　さとみ・やじろう　日本人最初のキリシタンのイルマン（修士）
アンタン〈洗礼名〉
　結城 左衛門尉　ゆうき・さえもんのじょう　1534～1565　戦国時代のキリシタン武士
アントニオ〈霊名〉
　村山 東安　むらやま・とうあん　1566～1619　長崎代官　㊊尾張名古屋
アントニヨ〈聖名〉
　穴沢 太右衛門　あなざわ・たえもん　～1628　徳川初期の切支丹殉教者
アンドレ〈洗礼名〉
　有馬 義貞　ありま・よしさだ　1521～1576　肥前日野江城主
アンドレア
　天草 種元　あまくさ・たねもと　織豊時代の武将
アンリケ〈受洗霊名〉
　結城 忠正　ゆうき・ただまさ　キリシタン
ウイリアム・アダムズ〈本名〉
　三浦 按針　みうら・あんじん　～1620　江戸前期最初に渡来したイギリス人航海士　㊊イギリス・ケント州ギリンガム
カヴリイル〈洗礼名〉
　伝兵衛　でんべえ　商人、ロシアに渡った最初の漂流日本人
ガスパル〈霊名〉
　西 玄可　にし・げんか　1555～1609　肥前生月の籠手田氏家老
ガスパル与作〈洗礼名〉
　下村 鉄之助　しもむら・てつのすけ　幕末・維新期の宗教家
ガラシヤ〈キリスト教名〉
　細川 ガラシヤ　ほそかわ・がらしや　1562～1600　安土・桃山時代のキリシタン、明智光秀の次女、細川忠興の妻
キアラ
　岡本 三右衛門　おかもと・さんえもん　1606～1685　江戸時代の渡来人　㊊イタリー国シシリー島
キアリ
　岡本 三右衛門　おかもと・さんえもん　1606～1685　江戸時代の渡来人　㊊イタリー国シシリー島
クリストファン・フェレイラ
　沢野 忠庵　さわの・ちゅうあん　1580?～1650?　徳川初期の切支丹伝道者　㊊ポルトガル
グロビウス〈号〉
　高橋 景保　たかはし・かげやす　1785～1829　江戸中期の天文学者　㊊大坂
コスモ〈告須蒙〉〈教名〉

呉服屋 安右衛門　ごふくや・やすえもん　～1588　織豊時代の耶蘇教殉教者　[出]泉州堺
サンセズ〈霊名〉
有馬 直純　ありま・なおすみ　1586～1641　日向延岡藩主、キリシタンの洗礼をうけ後棄教
シメオン〈霊名〉
池田 教正　いけだ・のりまさ　～1595　若江三人衆の一人、河内若江城主、キリシタン受洗
シモン〈霊名〉
安威 藤治　あい・ふじはる　秀吉の馬廻、キリシタンに入り受洗
シモン〈洗礼名〉
武田 五兵衛　たけだ・ごひょうえ　1569～1603　安土・桃山時代のキリシタン武士
ジアチン（常珍）〈受洗名〉
小西 隆佐　こにし・りゅうさ　1520?～1593　戦国末・安土桃山期の堺の豪商、キリシタン
チエゴ〈聖名〉
喜左衛　きさえ　1534～1597　切支丹殉教者、二十六聖人の1人　[出]備前
ジュアン
安斎 ジュアン　あんざい・じゅあん　～1623　織豊時代の切支丹宗徒　[出]仙台
ジュアン〈霊名〉
塩塚 与市　しおずか・よいち　肥前（長崎県）島原のキリシタン
ジュアン〈聖名〉
河井 喜右衛門　かわい・きえもん　～1624　徳川初期の切支丹殉教者　[出]秋田
ジュアン〈霊名〉
原 胤信　はら・たねのぶ　～1623　キリシタン
ジュアン〈聖名〉
大森 喜右衛門　おおもり・きえもん　～1631　徳川初期の殉教者
ジュスト〈受洗名〉
明石 掃部　あかし・かもん　安土桃山・江戸前期の武将
ジュリア
内藤 ジュリア　ないとう・ジュリア　1566?～1627　織豊～江戸時代前期のキリシタン
ジュリアン
中浦 ジュリアン　なかうら・じゅりあん　1568～1633　天正遣欧切支丹少年使節団の副使　[出]肥前波佐見
ジョアチム〈聖名〉
安斎 ジュアン　あんざい・じゅあん　～1623　織豊時代の切支丹宗徒　[出]仙台
ジョアン〈霊名〉
橋本 多兵衛　はしもと・たひょうえ　～1619　京都キリシタンの柱石
ジョアン〈霊名〉
三並 五郎左衛門　みなみ・ごろざえもん　1569～1603　キリシタン殉教者
ジョアン
天草 種元　あまくさ・たねもと　織豊時代の武将
〔五島〕ジョアン
後藤 寿安　ごとう・じゅあん　1578～1623　江戸前期のキリシタン
ジョアン・プロタシオ〈教名〉
有馬 晴信　ありま・はるのぶ　1567～1612　豊臣時代のキリシタン大名　[出]肥前
ジョセフ・カウロ〈本名〉
岡本 三右衛門　おかもと・さんえもん　1606～1685　江戸時代の渡来人　[出]イタリー国シシリー島
ジョセフ＝ヒコ〈別名〉
アメリカ 彦蔵　あめりか・ひこぞう　1836～1897　幕末・明治期の貿易商、通訳　[出]播磨（兵庫県）
ジョバンニ〈受洗名〉
明石 掃部　あかし・かもん　安土桃山・江戸前期の武将
ジョルジ〈霊名〉
結城 弥平治　ゆうき・やへいじ　1545～　河内国若江城守池田丹後守の家臣、キリシタン
ジョン万次郎
中浜 万次郎　なかはま・まんじろう　1827～1898　徳川末期の幕臣　[出]土佐
ジンゴロー〈通称〉
原 鈍丸知野　はら・どんまるちの　安土桃山時代のキリシタン宗徒、天正遣欧使節の副使　[出]肥前波佐見
ステ〈名〉
小笠原 湘英　おがさわら・しょうえい　1823～1859　女流書家　[出]能登菅原
ゼロニモ〈霊名〉
伊東 義勝　いとう・よしかつ　1569～1594　大友宗麟（義鎮）に寄食、キリシタンに入り受洗
トマス
荒木 了順　あらき・りょうじゅん　～1649　江戸前期のキリスト教徒
トマス〈霊名〉
内藤 采女　ないとう・うねめ　江戸時代初期のキリシタン、如安の子
トマス
荒木 了伯　あらき・りょうはく　?～1646　江戸時代前期のキリシタン
トマス了順〈洗礼名〉
荒木 了順　あらき・りょうじゅん　～1649　江戸前期のキリスト教徒
トマス・デ・サン・アウグスチノ
金鍔 次兵衛　きんつば・じへえ　1598～1637　江戸前期のアウグスチノ会日本人宣教師
トルレス
城 ジョアン　じょう・ジョアン　1550～?　織豊～江戸時代前期のキリシタン
ドミンゴ〈霊名〉
高木 仙右衛門　たかぎ・せんえもん　1823～1899　長崎郊外浦上村本原郷のキリシタン
ドン・トメー〈受洗名〉
高山 某　たかやま・ぼう　加藤清正の臣、キリスト教信奉者
ドン・フランシスコ・デ・ベラスコ〈受洗名〉
田中 勝介　たなか・しょうすけ　京都の商人
ニコライ・バイトルイチ〈ロシア名〉
太十郎　たじゅうろう　1759～1806　若宮丸乗組員、初めて世界一周
ノンコウ〈俗称〉
楽 のんかう　らく・のんこう　1599～1656　江戸前期の陶工
ハフテイ〈本名〉
慶友　けいゆう　織豊時代の医家　[出]葡萄
バルトロメオ〈霊名〉

伊東 義賢　いとう・よしかた　1568～1594　大友宗麟（義鎮）に寄食、キリシタンに入り受洗
バルトロメオ〈教名〉
　大村 純忠　おおむら・すみただ　1533～1587　室町織豊時代の肥前大村藩主にして切支丹大名
パウロ
　茨木 パウロ　いばらぎ・ぱうろ　～1597　織豊時代の切支丹宗徒にして26殉教聖人の1人　㊱尾張
パウロ〈洗礼名〉
　斎藤 小左衛門　さいとう・こざえもん　1577～1633　安土桃山・江戸前期のキリシタン　㊱丹波
パウロ
　三木 ポウロ　みき・ぽうろ　1564～1597　安土桃山時代後期のカトリック・イエズス会の宣教師、殉教者、日本26聖人の1人
パウロ〈霊名〉
　柴山 長左衛門　しばやま・ちょうざえもん　～1632　会津若松のキリシタン
パウロ
　養甫軒 パウロ　ようほけん・ぱうろ　～1596　京都の外科医、キリシタンに入り受洗、霊名パウロ
〔養方軒〕パウロ
　養甫軒 パウロ　ようほけん・ぱうろ　～1596　京都の外科医、キリシタンに入り受洗、霊名パウロ
フーカン・ファビアン〈霊名〉
　巴鼻庵　はびあん　加賀の禅僧
フランシスコ〈洗礼名〉
　遠山 信政　とおやま・のぶまさ　1601～1624　江戸前期のキリシタン　㊱甲斐
フランシスコ〈霊名〉
　菅沼 忠政　すがぬま・ただまさ　1580～1614　飛騨守
〔沢〕フランシスコ
　髙山 図書　たかやま・ずしょ　～1595　安土・桃山時代の武将、キリシタン
フランシスコ・チユウアリ〈本名〉
　黒川 寿庵　くろかわ・じゅあん　～1697　江戸前期に来日したイタリア人宣教師
ヘートロ〈教名〉
　浅野 兵左衛門尉　あさの・ひょうざえもんのじょう　織豊時代の切支丹宗徒
ポウロ
　三木 ポウロ　みき・ぽうろ　1564～1597　安土桃山時代後期のカトリック・イエズス会の宣教師、殉教者、日本26聖人の1人
ポオロ
　三木 ポウロ　みき・ぽうろ　1564～1597　安土桃山時代後期のカトリック・イエズス会の宣教師、殉教者、日本26聖人の1人
ポーロ
　茨木 パウロ　いばらぎ・ぱうろ　～1597　織豊時代の切支丹宗徒にして26殉教聖人の1人　㊱尾張
マチヤス〈聖名〉
　伊兵衛　いへえ　～1624　徳川初期の殉教者　㊱相模
マルチノ
　原 鈍丸知野　はら・どんまるちの　安土桃山時代のキリシタン宗徒、天正遣欧使節の副使　㊱肥前波佐見
マルチン〈洗礼名〉

　式見 市左衛門　しきみ・いちざえもん　江戸前期のキリシタン
マンシヤ
　松浦 マンシヤ　まつうら・まんしや　1571?～1656　キリスト教信者、大村純忠の女、松浦久信の妻
マンショ
　伊東 満所　いとう・まんしょ　1570～1612　天正遣欧少年使節4人のうちの筆頭
ミカエル〈受洗名〉
　有馬 義純　ありま・よしずみ　1553～1571　肥前日野江城主
ミゲル
　千々石 ミゲル　ちぢわ・みげる　天正遣欧使節の一人、キリシタン宗徒
ミゲル〈霊名〉
　天草 久武　あまくさ・ひさたけ　～1582　肥後天草郡本渡城主、領内に布教させ彼も受洗
〔大村〕メンシャ
　松浦 メンシャ　まつら・メンシャ　?～1657　織豊～江戸時代前期のキリシタン
ヤジロウ
　里見 ヤジロウ　さとみ・やじろう　日本人最初のキリシタンのイルマン（修士）
ヤン・ヘンドリック・ダップル〈蘭名〉
　鷹見 泉石　たかみ・せんせき　1785～1858　蘭学者、古河藩老臣　㊱古河
ヨハネ〈聖名〉
　馬井 六右衛門　うまい・ろくえもん　～1624　徳川初期の殉教者
リイノ〈聖名〉
　坂本 三太夫　さかもと・さんだゆう　～1631　徳川初期の切支丹殉教者
ルイス
　五島 玄雅　ごとう・はるまさ　1548～1612　織豊～江戸時代前期の大名
ルイス（類子）〈洗礼名〉
　西 ルイス　にし・るいす　～1646　江戸前期の海外貿易商
〔五島〕ルイス
　宇久 純堯　うく・すみたか　?～1579　戦国～織豊時代の武将

姓名から引く号・別名一覧

【あ】

相生治五右衛門　あいおいじごえもん
　一本
相川景見　あいかわかげみ
　景見
　山の井〈号〉
　柏園〈号〉
合川珉和　あいかわみんわ
　雪山〈号〉
　珉和
相沢朮　あいざわおけら
　朮
　雪廼舎〈号〉
会沢正志斎　あいざわせいしさい
　安
　正志斎
相沢石湖　あいざわせきこ
　観画楼主人〈号〉
　石湖
藍沢無満　あいざわむまん
　乙満〈号〉
　無満
　蓼園〈号〉
愛洲惟孝　あいずいこう
　惟孝
　移香
会津玄察　あいづげんさつ
　〔天草〕玄察
会津小鉄　あいずのこてつ
　小鉄
　〔上坂〕仙吉〈本名〉
愛石　あいせき
　愛石〈号〉
　真瑞〈名〉
　黙叟〈字〉
会田吾山　あいだござん
　古㘴堂〈号〉
　吾山
　〔越谷〕吾山〈呼称〉
　師竹庵〈別号〉
　〔越谷〕秀真
　凉華坊〈号〉
会田安明　あいだやすあき
　〔鈴木〕安旦
　安明
愛方　あいのかた
　愛方
　西郷局
相場朋厚　あいばともあつ
　古雲〈号〉
　朋厚
合原猪三郎　あいはらいさぶろう
　義適〈諱〉
　猪三郎
　擽堂〈号〉
合原窓南　あいはらそうなん
　〔草野〕権八
　窓南〈号〉
相原東園　あいはらとうえん
　東園
相原友直　あいはらともなお
　畏甫〈号〉
　友直
安威藤治　あいふじはる
　藤治
　シモン〈霊名〉
阿円我　あえんが
　阿円我
　雪窓〈号〉
亜欧堂田善　あおうどうでんぜん
　〔永田〕亜欧堂
　英勝院
　〔永田〕善吉〈本名〉
　田善〈号〉
　お梶の方
青木緝劖　あおきかんたん
　緝劖
　金山〈号〉
青木紀伊守　あおききいのかみ
　一炬
　紀伊守
　〔羽柴〕紀伊守
　秀以
　秀政
　重吉〈名〉
青木金山　あおききんざん
　金山
　無不可斎〈別号〉
　無琴道人〈別号〉
青木昆陽　あおきこんよう
　甘藷先生
　昆陽
　文蔵
青木重直　あおきしげなお
　刑部卿法印
　重直
青木重成　あおきしげなり
　重正
青木周弼　あおきしゅうすけ
　月橋〈号〉
　周弼
青木夙夜　あおきしゅくや
　夙夜
　大雅堂
　余夙夜〈号〉
青木樹堂　あおきじゅどう
　樹堂
　鷲巣〈別号〉
青木神叔　あおきしんしゅく
　神叔
青木宗平　あおきそうへい
　宗斎
青木宗鳳(1代)　あおきそうほう
　紫雪庵〈別号〉
　宗鳳(1代)
青木宗鳳(2代)　あおきそうほう
　温故斎〈号〉
　宗鳳(2代)
　新柳軒〈号〉
青木千枝　あおきちえだ
　蝦乎舎〈号〉
　千枝
　平輔
青木東庵　あおきとうあん
　〔余〕元澄
青木春澄　あおきはるすみ
　印雪軒〈号〉
　之平翁〈号〉
　春澄
　庄右衛門〈通称〉
　素心〈号〉
　素心子〈号〉
青木彦三郎　あおきひこさぶろう
　彦三郎
　〔西岡〕邦之介
青木芳斎　あおきほうさい
　芳斎
　〔湯浅〕芳斎〈通称〉
青木北海　あおきほっかい
　海雲
　黒顛〈別号〉
　神通〈別号〉
　真臣〈別号〉
　北海
　〔殿岡〕北海
青木政美　あおきまさよし
　政美
　尊五亭〈号〉
　椿香〈号〉
　緑樹園〈号〉
青木木米　あおきもくべい
　古器観
　木米
青木鷺水　あおきろすい
　歌仙堂〈別号〉
　五省〈別号〉
　三省軒〈別号〉
　治右衛門〈通称〉
　白梅園〈別号〉
　鷺水
青地茂綱　あおじしげつな
　駿河守茂綱
　茂綱
青地可頼　あおちからい
　可頼
青地斎賢　あおちせいけん
　兼山〈号〉
　斎賢
　譲水〈号〉
青地林宗　あおちりんそう
　芳滸〈号〉
　林宗
青地礼幹　あおちれいかん
　淩新斎
青砥綱義　あおとつなよし
　綱義
　武平治〈別称〉
青野源左衛門　あおのげんざえもん
　源左衛門
　叔元

栗居〈号〉
青野太笻　あおのたこう
　慶次郎〈通称〉
　迎風道人〈号〉
　青猿翁〈号〉
　太笻
　椿丘
　椿丘太笻〈号〉
　猫頭庵〈号〉
青葉士弘　あおばしこう
　士弘
　南洲〈号〉
青柳伊勢守頼長　あおやぎいせのかみよりなが
　伊勢守頼長
　頼長
青柳真武　あおやぎさねたけ
　一円斎〈号〉
　真武
青柳種信　あおやぎたねのぶ
　種信〈号〉
　柳園〈号〉
青柳文蔵　あおやぎぶんぞう
　近水楼主人〈号〉
　文蔵
青柳良光　あおやぎよしみつ
　光成
粟生屋源右衛門　あおやげんえもん
　源右衛門
青山興道　あおやまおきみち
　一谿〈号〉
　興道
　西塢〈号〉
青山金貞　あおやまかねさだ
　金貞
　仙流〈号〉
　忠七〈名〉
青山勘四郎　あおやまかんしろう
　勘四郎
　〔堺屋〕勘四郎
　貫洪〈号〉
青山清長　あおやまきよなが
　〔祖父江〕五郎右衛門
　清長
青山鉄槍　あおやまてっそう
　延寿〈名〉
　鉄槍〈号〉
青山得老　あおやまとくろう
　得老
青山延光　あおやまのぶみつ
　延光〈名〉
　佩弦〈号〉
　佩弦斎
青山延于　あおやまのぶゆき
　雲竜〈号〉
　延于
　拙斎〈号〉
青山懋次　あおやまのりつぐ
　樗堂
　懋次

青山暘城　あおやまようじょう
　星香〈号〉
　暘城
青人　あおんど
　一搏〈号〉
　勘四郎〈通称〉
　虚瓢〈別号〉
　治房〈名〉
　青人
　忘居士〈別号〉
赤井照景　あかいてるかげ
　照景
赤井陶然(1代)　あかいとうねん
　陶然(1代)
赤井得水　あかいとくすい
　明啓
赤井直正　あかいなおまさ
　直正
　〔荻野〕直正
赤井水雄　あかいみずお
　夏門〈号〉
　水雄
　弥一郎〈通称〉
　六左衛門〈通称〉
赤井明啓　あかいめいけい
　得水
　明啓
赤荻露牛　あかおぎろぎゅう
　露牛
赤尾の道宗　あかおのどうしゅう
　道宗
赤尾可官　あかおよしたか
　可官
　柏園〈号〉
赤垣源蔵　あかがきげんぞう
　〔赤埴〕源三
　源蔵
　〔赤埴〕源蔵
　〔赤埴〕重賢
赤川晩翠　あかがわばんすい
　爪畝〈号〉
　冬樹〈号〉
　晩翠
赤城山人　あかぎさんじん
　守信亭
赤崎源助　あかざきげんすけ
　海門〈号〉
　源介〈通称〉
　源助
明石覚一　あかしかくいち
　覚一
　検校
明石掃部　あかしかもん
　守重〈名〉
　全登〈号〉
　掃部
　ジュスト〈受洗名〉
　ジョバンニ〈受洗名〉
明石戩　あかしげい
　戩
　樗渓〈号〉

明石次郎　あかしじろう
　〔堀〕将俊
明石与次兵衛　あかしのよじべえ
　与次兵衛
　〔石井〕与次兵衛
明石博高　あかしひろあきら
　静瀾〈号〉
　博高
垢染衣紋　あかしみのえもん
　〔扇屋〕稲木
明石元知　あかしもととも
　元知
　全豊〈名〉
　則実〈名〉
　則春〈名〉
明石屋三去　あかしやさんきょ
　三去
明石屋涼松　あかしやりょうしょう
　涼松
明石酉軒　あかしゆうけん
　行憲
赤津隆基　あかずりゅうき
　生玉隠士〈号〉
　隆基
赤染衛門　あかぞめえもん
　赤染右衛門
　赤染衛門
県犬養橘三千代　あがたいぬかいのたちばなのみちよ
　三千代
　〔橘〕三千代
　〔県犬養〕三千代
赤田臥牛　あかたがぎゅう
　臥牛
　臥牛山人〈号〉
県犬養勇耳　あがたのいぬかいのいさみみ
　男耳
赤塚芸庵　あかつかうんあん
　芸庵
　長庵〈別号〉
赤穴久清　あかなひさきよ
　久清
　盛清〈旧名〉
上野喜蔵　あがのきぞう
　喜蔵
　忠兵衛(1代)
　〔十時〕甫快〈別名〉
上野太郎助　あがのたろすけ
　太郎助
赤橋英時　あかはしひでとき
　英時
　〔北条〕英時
赤橋守時　あかばしもりとき
　守時
　〔北条〕守時
赤橋義宗　あかはしよしむね
　〔北条〕義宗
赤松円心　あかまつえんしん
　円心〈法名〉

則村
　法雲寺殿〈法号〉
赤松小三郎　あかまつこさぶろう
　宇宙堂〈号〉
　小三郎
　*蘆田〈本姓〉
赤松貞範　あかまつさだのり
　筑前守〈別称〉
　貞範
赤松青竜軒　あかまつせいりゅうけん
　昌元
　〔原〕昌元
　青竜軒
　祐輔〈本名〉
赤松滄洲　あかまつそうしゅう
　静思翁〈号〉
　滄洲〈号〉
　〔大川〕良平
赤松太庾　あかまつたいゆ
　毅甫〈字〉
　述斎〈別号〉
　赤草〈別号〉
　太庾
　太庾山人〈号〉
　木瓜翁〈別号〉
　良平〈通称〉
赤松直　あかまつただし
　湘江斎〈号〉
　直
　魯仙〈号〉
赤松教康　あかまつのりやす
　教祐
　教康
赤松晴政　あかまつはるまさ
　政村
赤松眉公　あかまつびこう
　〔水野尾〕正珉
　遊
赤松広通　あかまつひろみち
　広秀
赤松光信　あかまつみつのぶ
　〔五番屋〕伊助
　光信
　松山〈号〉
阿川四郎　あがわしろう
　延実
阿川義広　あがわよしひろ
　玄蕃
秋枝王　あきえおう
　秋枝王
　春枝王
秋岡素菊　あきおかそきく
　素菊
　籬亭〈号〉
安芸荷青　あきかせい
　荷青
　牛子〈別号〉
秋風の女房　あきかぜのにょうぼう
　秋風の女房

木綿子〈号〉
　まさ〈名〉
顕国　あきくに
　顕国
　新五郎〈通称〉
　*長尾〈姓〉
顕子女王　あきこじょおう
　顕子女王
　光厳院
　高厳院
　浅宮
明子女王　あきこじょおう
　妙吉祥院
安芸三郎左衛門　あきさぶろうざえもん
　家友
秋月章軒　あきずきいけん
　章軒〈号〉
　胤永
　悌二郎〈名〉
　悌次郎
秋月種方　あきづきたねかた
　文種
秋月種実　あきずきたねざね
　種実
　宗闇〈号〉
　笑翁〈号〉
秋月種茂　あきづきたねしげ
　種穎
秋月竜　あきずきりょう
　橘門〈号〉
　竜
　*劉〈姓〉
秋田実季　あきたさねすえ
　実季
　〔安東〕太郎
秋田肥季　あきたともすえ
　憙季
秋田長季　あきたながすえ
　謐季
秋田延季　あきたのぶすえ
　治季
秋田愛季　あきたよしすえ
　〔安東〕愛季
秋田倩季　あきたよしすえ
　千季
秋野庸彦　あきのつねひこ
　松屋〈別号〉
　庸彦
秋の坊　あきのぼう
　寂玄
　秋の坊
秋葉桂園　あきばけいえん
　桂園
　天香〈別号〉
秋広　あきひろ
　九郎三郎〈通称〉
　秋広
秋元景朝　あきもとかげとも
　行朝

秋元正一郎　あきもとしょういちろう
　安民
　空室〈号〉
　正一郎
秋元涼朝　あきもとすけとも
　涼朝
　涼朝
秋元澹園　あきもとたんえん
　嶋夷〈号〉
　秋子師
　澹園〈号〉
秋山章　あきやまあきら
　希斎〈号〉
　章
　尼山亭〈別称〉
　富南〈号〉
秋山色樹　あきやまいろき
　夏山
秋山角左衛門　あきやまかくざえもん
　角左衛門
　〔常田〕角左衛門
秋山玉山　あきやまぎょくざん
　玉山
　青柯〈別号〉
秋山厳山　あきやまげんざん
　伊豆
　惟恭
秋山光彪　あきやまこうひょう
　光彪
　福堂〈号〉
　利冕〈号〉
秋山自雲　あきやまじうん
　自雲
　善兵衛〈名〉
秋山清風　あきやませいふう
　五郎治
　勝鳴〈別号〉
　清風
　白賁斐
秋山仙朴　あきやませんぼく
　仙朴
　〔小倉〕道喜
秋山津摩　あきやまつま
　下山殿
　津摩
秋山文鳥　あきやまぶんちょう
　景右衛門昌逸〈通称〉
　文鳥
秋山光好　あきやまみつよし
　応斎〈号〉
　御風〈号〉
　光好
　俳聖堂〈号〉
秋山要助　あきやまようすけ
　正武〈諱〉
　要助〈通称〉
芥川玉潭　あくたがわぎょくたん
　轍
芥川丹丘　あくたがわたんきゅう

煥〈名〉
丹丘
養軒〈号〉
芥河貞佐　あくたがわていさ
貞佐
〔桃縁斎〕貞佐
貞柳(3代)
芥川元風　あくたがわもとかぜ
元風
小野寺
寸草〈号〉
長春〈号〉
了意
*小野寺〈本姓〉
飽浦信胤　あくらのぶたね
〔佐々木〕信胤
明智秀満　あけちひでみつ
光春
左馬助
秀満
〔三宅〕弥平次
総角　あげまき
総角
揚巻
朱楽菅江　あけらかんこう
菅江
貫立〈号〉
朱楽館〈号〉
淮南堂〈号〉
亜元　あげん
亜元
葵園〈号〉
小竹園〈号〉
亮瑞〈法名〉
浅井周斎　あさいしゅうさい
周斎
鳳剛園〈号〉
浅井周伯　あさいしゅうはく
策庵〈号〉
周伯
浅井宗瑞　あさいそうずい
宗瑞(4代)
浅井図南　あさいとなん
図号〈号〉
図南
浅井奉政　あさいともまさ
士徳
浅井南溟　あさいなんめい
正路
阿佐井野宗瑞　あさいのそうずい
宗瑞
〔阿佐井〕宗瑞
浅井風睡　あさいふうすい
風睡
浅井政高　あさいまさたか
政高
〔田尾〕茂右衛門
浅井元秋　あさいもとあき
元秋
恬睡〈号〉
浅井八百里　あさいやおり
政昭

柏庭〈号〉
八百里
浅井安国　あさいやすくに
安国
春城〈号〉
牧山〈号〉
浅井了意　あさいりょうい
松雲〈号〉
松雲子〈号〉
昭儀坊〈号〉
瓢水子〈号〉
了意
〔釈〕了意
朝枝玖珂　あさえだくか
毅斎
朝江種寛　あさえたねひろ
種寛
浅尾奥山(3代)　あさおおくやま
奥山(3代)
朝次郎〈初名〉
友蔵(3代)〈前名〉
朝岡興禎　あさおかおきさだ
興禎
平洲〈号〉
朝岡正章　あさおかまさあき
宇朝
正章
朝〈字〉
桃盧〈別号〉
露竹斎〈別号〉
浅岡有輝　あさおかゆうき
晁有輝
柏亭〈号〉
有輝
浅尾工左衛門(1世)　あさおくざえもん
金田屋〈屋号〉
〔朝井〕工左衛門〈別称〉
工左衛門(1世)
〔竹田〕仁三郎〈初名〉
浅尾工左衛門(2代)　あさおくざえもん
金田屋〈屋号〉
工左衛門(2世)
〔大谷〕友次〈別称〉
〔市川〕力松〈初名〉
林左衛門(3代)
〔柴崎〕林左衛門(3代)
浅尾為十郎(1代)　あさおためじゅうろう
為十郎(1代)
奥山(1代)
浅尾為十郎(3代)　あさおためじゅうろう
為十郎(3代)
奥山(2代)〈別名〉
安積澹泊　あさかたんぱく
覚
澹泊
老中居士〈別号〉
老団常山〈別号〉

浅加久敬　あさかひさたか
通郷
浅香久敬　あさかひさたか
久敬
山井〈号〉
朝川善菴　あさかわぜんあん
学古塾〈号〉
善菴
朝川同斎　あさかわどうさい
嘉遯〈別号〉
〔小泉〕漁夫〈別号〉
同斎
眠雲山房〈別号〉
朝倉景衡　あさくらかげひら
景衡
南山〈号〉
朝倉源太郎　あさくらげんたろう
景行
朝倉孝景　あさくらたかかげ
孝景
敏景
朝倉孝景　あさくらたかかげ
教景
敏景
朝倉教景　あさくらのりかげ
教景
宗滴〈別称〉
朝倉元景　あさくらもとかげ
景総
朝倉茂入(1代)　あさくらもにゅう
道順
茂入(1代)
朝倉茂入(2代)　あさくらもにゅう
景頼
景頼
茂入(2代)
朝倉義景　あさくらよしかげ
延景
浅津富之助　あさずとみのすけ
富之助
〔南郷〕茂光〈別名〉
浅田久四郎　あさだきゅうしろう
〔近江屋〕久四郎
麻田剛立　あさだごうりゅう
剛立
〔綾部〕剛庵
璋庵
正庵〈号〉
妥彰〈名〉
〔綾部〕妥彰
浅田上山　あさだじょうざん
寛〈名〉
上山
大陸山人〈別号〉
浅田宗伯　あさだそうはく
宗伯〈医名〉
栗園〈号〉
*麻田〈姓〉
浅野金之丞　あさのきんのじょう
金之丞
蒋潭〈別号〉

池香〈号〉
長祚〈名〉
梅堂〈号〉
浅野秋台　あさのしゅうだい
　秋台
　息斎〈号〉
　半僧〈号〉
浅野西湖　あさのせいこ
　桂斎白豪〈号〉
　西湖
浅野井左　あさのせいさ
　井左
浅野武経　あさのたけつね
　兎毛〈号〉
　武経
浅野長矩　あさのながのり
　内匠頭
　長矩
浅野長広　あさのながひろ
　大学
朝野魚養　あさののうおかい
　魚養
　〔忍海原連〕魚養
浅野兵左衛門尉　あさのひょうざえもんのじょう
　兵左衛門尉
　ヘートロ〈教名〉
浅野文驥　あさのぶんき
　嵩山
　道有
浅野北水　あさのほくすい
　〔池田屋〕久三郎〈本名〉
　〔黄山〕自惚
　自惚山人
　北水
　〔葛飾〕北水
浅野陵　あさのりょう
　主計
朝日一貫斎　あさひいっかんさい
　一貫斎
　集義〈名〉
　中丈〈別号〉
朝彦親王　あさひこしんのう
　尹宮
　青蓮院宮〈称号〉
　粟田宮〈称号〉
　尊融法親王
　中川宮朝彦親王
　朝彦親王
　〔久邇宮〕朝彦親王
朝比奈如有子　あさひなじょゆうし
　煙霞楼〈別号〉
　〔朝夷〕厚生
　如有子
朝比奈文淵　あさひなぶんえん
　玄洲〈号〉
　文淵
　〔晁〕文淵
朝比奈義秀　あさひなよしひで
　〔和田〕義秀

三郎
旭姫　あさひひめ
　〔徳川〕家康室
　旭姫
　駿河御前〈別称〉
　朝日方
　朝日姫
　南明院〈号〉
浅見綱斎　あさみけいさい
　綱斎
　望楠軒〈号〉
浅見五郎介　あさみごろすけ
　五郎介
浅見田鶴樹　あさみたずき
　田鶴樹
浅見俊孝　あさみとしたか
　俊孝
　春向軒〈号〉
阿邪美能伊理毘売　あざみのいりびめ
　阿邪美能伊理毘売
　薊瓊入媛
浅見正敏　あさみまさとし
　正敏
　巣雲〈号〉
浅見安之丞　あさみやすのじょう
　安之丞
　煙渓〈号〉
浅見立志　あさみりゅうし
　立志(4代)
浅山蘆国　あさやまあしくに
　蘆洲
　〔狂画堂〕蘆洲
朝山意林庵　あさやまいりんあん
　意林庵〈号〉
　素心
朝山清常　あさやまきよつね
　清常
　蔵六堂〈号〉
浅山三五郎　あさやまさんごろう
　一伝斎〈号〉
　三五郎
朝山日乗　あさやまにちじょう
　朝山
　日乗
朝山梵灯庵　あさやまぼんとうあん
　師綱
　梵灯庵
浅利太賢　あさりふとかた
　太賢
　日峰軒〈号〉
足利安王丸　あしかがあんおうまる
　安王
　安王丸
足利氏満　あしかがうじみつ
　金王丸〈幼名〉
　氏満
足利成氏　あしかがしげうじ
　永寿王丸

足利春王丸　あしかがしゅんおうまる
　春王
　春王丸
足利尊満　あしかがそんまん
　尊満
足利尊氏　あしかがたかうじ
　高氏
　尊氏
　等持院
足利高経　あしかがたかつね
　高経
　〔斯波〕高経
足利直義　あしかがただよし
　錦小路殿〈別称〉
　高倉殿〈別称〉
　忠義〈別称〉
　直義
足利茶々丸　あしかがちゃちゃまる
　成就院〈号〉
　茶々丸
足利政知　あしかがまさとも
　堀越公方
　政知
足利満詮　あしかがみつあき
　道智〈号〉
　満詮
　養徳院勝山〈号〉
足利義昭　あしかがよしあき
　覚慶〈号〉
　覚慶
　義昭
　義秋
　霊陽院
足利義明　あしかがよしあき
　小弓御所
足利義詮　あしかがよしあきら
　義詮
　宝篋院
足利義勝　あしかがよしかつ
　義勝
　慶雲院
足利義兼　あしかがよしかね
　〔源〕義兼
足利義清　あしかがよしきよ
　〔源〕義清
足利義澄　あしかがよしずみ
　義高
　義澄
　清晃〈号〉
　清晃
足利義稙　あしかがよしたね
　義尹
　義材
　義稙
　恵林院
　島公方
足利義輝　あしかがよしてる
　義輝

あしか　　　　　　　　姓名から引く号・別名一覧

義藤
菊幢丸
光源院
足利義教　あしかがよしのり
　義円
　義教
　普広院
足利義晴　あしかがよしはる
　亀王丸
足利義尚　あしかがよしひさ
　義熙
　常徳院
足利義栄　あしかがよしひで
　義栄
　光徳院
足利義冬　あしかがよしふゆ
　義冬
　義維
足利義政　あしかがよしまさ
　義政
　慈昭院
　東山殿
足利義視　あしかがよしみ
　義尋
　今出川殿
　大智院
足利義満　あしかがよしみつ
　義満
　北山殿
　鹿苑院
足利義持　あしかがよしもち
　義持
　勝定院
足利義康　あしかがよしやす
　〔源〕義康
味木立軒　あじきりっけん
　覆載〈別号〉
　立軒
芦田信蕃　あしだのぶしげ
　信蕃
　〔依田〕信蕃
芦東山　あしとうざん
　東山
　〔芦野〕東山
　〔岩淵〕東山
　〔蘆〕東山
蘆名盛重　あしなもりしげ
　義広
　〔佐竹〕義広
　〔白川〕義広
芦名盛久　あしなもりひさ
　三郎左衛門尉〈別称〉
　盛久
芦野屋麻績一　あしのやおみのいち
　阿斯能舎〈別称〉
　東洋堂〈号〉
　麻績一〈名〉
　芦野屋〈別称〉
　蘆野屋検校
芦辺田鶴丸　あしべたずまる

鶴雛人〈別号〉
橘庵〈別号〉
三蔵楼〈別号〉
〔岩田〕次郎兵衛〈本名〉
春秋亭可蘭〈号〉
田鶴丸
安島帯刀　あじまたてわき
　峨興〈号〉
　思誠〈字〉
　信立〈諱〉
　帯刀
　忠諏〈諱〉
　弥次郎〈通称〉
安島直円　あじまなおのぶ
　直円
　南山〈号〉
　万蔵〈通称〉
芦屋道満　あしやどうまん
　道満
　道摩
網代清九郎　あじろせいくろう
　実行〈名〉
　清九郎
足代弘興　あじろひろおき
　弘興〈諱〉
　七郎右衛門〈通称〉
　真入〈号〉
　真興〈名〉
足代弘訓　あじろひろのり
　寛居〈号〉
　権太夫〈通称〉
　弘訓
足代立渓　あじろりっけい
　玄蕃〈通称〉
　弘道〈名〉
　仲行〈字〉
　立渓
飛鳥井曽衣　あすかいそえ
　雅量〈名〉
　曽衣
　*藤原〈本姓〉
飛鳥井雅章　あすかいまさあき
　雅昭〈初名〉
　雅章
飛鳥井雅量　あすかいまさかず
　曽衣
飛鳥井雅親　あすかいまさちか
　猿〈号〉
　雅親
　柏木〈号〉
飛鳥井雅経　あすかいまさつね
　雅経
　〔藤原〕雅経
飛鳥井雅庸　あすかいまさつね
　雅枝〈本名〉
　雅庸
飛鳥井雅俊　あすかいまさとし
　雅俊
　〔藤原〕雅俊
飛鳥井雅康　あすかいまさやす
　雅康

宋世
飛鳥井雅世　あすかいまさよ
　雅世
　寿応丸〈幼名〉
　祐雅〈号〉
飛鳥圭洲　あすかけいしゅう
　淵〈名〉
　圭洲
　子静〈字〉
飛鳥部常則　あすかべつねのり
　常典
　常則
足羽川浪　あすはかわなみ
　〔土屋〕市兵衛〈通称〉
　川浪
東阿沢　あずまあたく
　阿沢
東燕志　あずまえんし
　燕志
東金羅　あずまきんら
　桜風〈号〉
　峨眉山人〈号〉
　金羅
　芳草林〈号〉
　夜雪庵〈号〉
吾妻国太夫　あずまくにだゆう
　〔常磐津〕兼太夫(2代)〈前名〉
　国太夫
　〔常磐津〕大和太夫〈初名〉
吾妻路富士太夫　あづまじふじたゆう
　〔花園〕宇治太夫
吾妻藤蔵(1代)　あずまとうぞう
　藤次郎〈初名〉
　藤蔵(1代)
吾妻藤蔵(2代)　あずまとうぞう
　〔坂東〕橘作〈初名〉
　〔生島〕大吉(2代)
　藤蔵(2代)
吾妻藤蔵(3代)　あずまとうぞう
　〔生島〕大吉(4代)
　藤蔵(3代)
　富五郎〈初名〉
吾妻藤蔵(4代)　あずまとうぞう
　〔中村〕芝鶴(1代)〈後名〉
　〔中村〕七次〈前名〉
　藤蔵(4代)
吾妻藤蔵(5代)　あずまとうぞう
　橘之助〈前名〉
　市之丞(1代)〈後名〉
　藤蔵(5代)
東東洋　あずまとうよう
　儀蔵〈通称〉
　玉峨〈号〉
　大洋〈字〉
　東洋
　白鹿園〈別号〉
　洋〈名〉
東梅竜軒　あずまばいりゅうけん
　〔甲田〕新左衛門
　正英

550　号・別名辞典　古代・中世・近世

東夢亭　あずまむてい
　聚〈名〉
　伯碩〈字〉
　文亮〈通称〉
　夢亭〈号〉
足羽敬明　あすわもりあき
　右京〈幼名〉
　敬明
　雉山人〈号〉
畦上楳仙　あぜがみばいせん
　亀蔵〈幼名〉
　楳仙
按察局　あぜちのつぼね
　按察局
　藤子〈諱〉
阿蘇惟賢　あそこれかた
　惟賢
　玄与
　〔黒斎〕玄与
　内記
阿蘇惟澄　あそこれずみ
　〔恵良〕惟澄
阿蘇惟時　あそこれとき
　惟時
　〔宇治〕惟時
阿蘇惟直　あそこれなお
　〔宇治〕惟直
阿曽沼弘綱　あそぬまひろつな
　光郷
安宅冬康　あたぎふゆやす
　〔三好〕冬康
安立安立　あだちあんりゅう
　安立
　伊介〈通称〉
　栄菴〈号〉
足立一蕙　あだちいっけい
　一蕙
安達雲斎(1世)　あだちうんさい
　雲斎(1世)
　崇常
安達雲斎(2世)　あだちうんさい
　雲斎(2世)
　常行
安達景盛　あだちかげもり
　覚智
安達幸太郎　あだちこうたろう
　幸太郎
　〔松崎〕常五郎〈初名〉
安達幸之助　あだちこうのすけ
　寛栗〈名〉
　幸之助
　*中臣〈本姓〉
安立権斎　あだちごんさい
　権斎
　数右衛門〈通称〉
　数衛
足立信行　あだちしんこう
　久米之助〈初名〉
　左内〈名〉
　信行
足立信順　あだちしんじゅん

　重太郎〈通称〉
　信順
足立信頭　あだちしんとう
　渓隣〈号〉
　左内〈通称〉
　子秀〈字〉
　信頭
安達清河　あだちせいか
　干慶〈初名〉
　吉甫〈字〉
　市隠詩社〈別号〉
　修〈名〉
　清河〈号〉
　文仲〈字〉
足立長儁　あだちちょうしゅん
　世茂〈名〉
　長儁
　無涯〈号〉
足立正声　あだちまさな
　興郷〈字〉
　正声
　八蔵〈通称〉
　老狸〈号〉
阿知吉師　あちきし
　阿直岐
　阿知〈名〉
　阿知吉師
阿知子顕成　あちしあきなり
　顕成
阿茶局　あちゃのつぼね
　阿茶局
　雲光院
　須和
　須知〈名〉
敦明親王　あつあきらしんのう
　小一条院
　敦明親王
安家村俊作　あつかむらしゅんさく
　俊作
　〔菊池〕俊作
熱田玄菴　あつたげんあん
　玄菴〈号〉
　皐〈名〉
　白洲〈号〉
熱田大宮司季兼　あつただいぐうじすえかね
　季風〈本名〉
　季兼
　*藤原〈本姓〉
熱田大宮司季範　あつただいぐうじすえのり
　額田冠者〈別称〉
　季範
　〔藤原〕季範
熱田大宮司親昌　あつただいぐうじちかまさ
　〔千秋〕親昌
熱田大宮司範直　あつただいぐうじのりなお
　〔千秋〕範直

熱田大宮司昌能　あつただいぐうじまさよし
　〔千秋〕昌能
　〔藤原〕昌能
敦慶親王　あつよししんのう
　玉光宮
跡部良顕　あとべよしあき
　宮内〈通称〉
　光海翁〈号〉
　重予斎〈号〉
　良賢〈幼名〉
　良顕
穴沢太右衛門　あなざわたえもん
　太右衛門
　アントニヨ〈聖名〉
穴沢盛秀　あなざわもりひで
　雲斎
穴戸武媛　あなとたけひめ
　穴戸武媛
　〔吉備〕穴戸武媛
　大吉備建比売
穴山信君　あなやまのぶきみ
　伊豆守〈別称〉
　勝千代〈幼名〉
　信君〈名〉
　梅雪
　梅雪斎不白〈号〉
姉川新四郎(1代)　あねかわしんしろう
　〔豊島〕勝三郎〈初名〉
　〔豊島〕勝之助〈初名〉
　新四郎(1代)
姉川新四郎(2代)　あねかわしんしろう
　新之助〈初名〉
　新四郎(2代)
姉川新四郎(3代)　あねかわしんしろう
　綱吉〈初名〉
　新四郎(3代)
　みなと(2代)〈前名〉
姉川新四郎(4代)　あねかわしんしろう
　〔浅尾〕鬼吉〈初名〉
　〔浅尾〕工左衛門
　新四郎(4代)
　仲蔵〈前名〉
　〔浅尾〕仲蔵〈前名〉
姉川千代三郎(1代)　あねかわちよさぶろう
　喜代三郎〈後名〉
　千代三郎(1代)
姉川行道　あねがわゆきみち
　栄菴〈通称〉
　行道
姉小路局　あねのこうじのつぼね
　〔橋本〕伊与〈本名〉
　姉小路局
姉小路頼綱　あねのこうじよりつな
　自綱

〔三木〕白綱
　頼綱
　〔三木〕頼綱
阿野全成　あのぜんじょう
　今若
　全成
阿野廉子　あのれんし
　新待賢門院
　廉子
　〔藤原〕廉子
阿比野安太郎　あびのやすたろう
　安太郎
　善信〈諱〉
阿比留茂山　あひるもさん
　寿閑〈別称〉
　茂山
　〔中庭〕茂山
阿仏尼　あぶつに
　阿仏尼
　安嘉門院四条〈別称〉
　右衛門佐〈別称〉
阿仏房　あぶつぼう
　日得
油屋伊三郎　あぶらやいさぶろう
　伊三郎
　油屋〈屋号〉
　*吉田〈姓〉
油屋基田　あぶらやきでん
　垣覗坊〈号〉
　基田
　城久〈名〉
安部井帽山　あべいぼうざん
　襞〈名〉
　章卿〈字〉
　弁之助〈通称〉
　帽山〈号〉
安部井櫟堂　あべいれきどう
　音人
　音門〈別称〉
　奈〈名〉
　大介〈字〉
　櫟堂
阿部伯孝　あべおさたか
　松園〈号〉
　清兵衛〈通称〉
　伯孝
　八助〈別称〉
　富三郎〈通称〉
阿部豪逸　あべごういつ
　豪逸
　〔中坊〕豪端
阿部惟親　あべこれちか
　惟親
　魚声閣李山〈号〉
　恭庵〈号〉
　主善〈字〉
阿閉貞征　あべさだゆき
　貞征
　〔阿辻〕貞征
阿部重頓　あべしげより
　重頓

小平治〈通称〉
阿部莎鶏　あべしゃけい
　莎鶏
阿部重道　あべじゅうどう
　重道
　松治務本〈初名〉
　雄次
　流西〈号〉
阿部松園　あべしょうえん
　伯孝
阿部将翁　あべしょうおう
　輝任〈名〉
　将翁〈号〉
　丹山〈号〉
　伯重〈字〉
　友之進〈通称〉
阿部真造　あべしんぞう
　帰正痴士〈筆名〉
　真造
　〔貞方〕良助〈本名〉
阿部随波　あべずいは
　重貞〈名〉
　小平治〈通称〉
　随波
安倍季兼　あべすえかね
　季兼
　兼行〈初名〉
　〔東儀〕兼行
　*太秦〈本姓〉
阿部宗兵衛　あべそうべえ
　吉道〈名〉
　宗兵衛〈通称〉
阿部淡斎　あべたんさい
　子恭〈字〉
　正令〈名〉
　淡斎〈号〉
　六郎〈通称〉
阿部千万多　あべちまた
　九淵〈字〉
　水源堂〈号〉
　千万多
　優遊堂〈号〉
阿倍兄雄　あべのあにお
　兄雄
　〔阿部〕兄雄
阿倍内麻呂　あべのうちのまろ
　倉梯州
　〔阿部〕倉梯麿
　内麻呂
　〔阿部〕内麻呂
安倍興行　あべのおきゆき
　興行
　〔安部〕興行
阿倍小足媛　あべのおたらしひめ
　小足媛
阿倍宿奈麻呂　あべのすくなまろ
　宿奈麻呂
　〔阿部〕宿奈麻呂
阿倍仲麻呂　あべのなかまろ
　仲麻呂
　〔安倍〕仲麻呂

安倍則任　あべののりとう
　則任
　〔白鳥〕八郎〈別称〉
阿倍比羅夫　あべのひらぶ
　比羅夫
　〔阿部〕比羅夫
安倍広庭　あべのひろにわ
　広庭
　〔阿倍〕広庭
　〔阿部〕広庭
阿部御主人　あべのみうし
　御主人
　〔阿部〕御主人
　〔布勢〕御主人
阿倍安麻呂　あべのやすまろ
　安麻呂
　〔阿部〕安麻呂
阿部文治郎　あべぶんじろう
　昭方〈名〉
　文治郎
　*佐原〈本姓〉
阿部北溟　あべほくめい
　右膳〈別称〉
　元秀〈名〉
　北溟
阿部正精　あべまさきよ
　棕軒
阿部正信　あべまさのぶ
　正信
　大学〈名〉
阿倍正之　あべまさゆき
　四郎五郎
安倍泰邦　あべやすくに
　泰邦
　〔土御門〕泰邦
阿部与七郎　あべよしちろう
　宗定〈字〉
　与七郎
安倍頼任　あべよりとう
　宗左衛門
阿部良山　あべりょうざん
　世良〈名〉
　良山
　良平〈字〉
阿部良平　あべりょうへい
　温〈名〉
　縑州〈号〉
　伯玉〈字〉
　片痴〈号〉
　良平
阿部櫟斎　あべれきさい
　喜任〈名〉
　享〈字〉
　巴菽園〈別号〉
　櫟斎
　櫟斎
安保清康　あぼきよやす
　〔林〕謙三
　清康
阿北斎雀翁　あほくさいじゃく
　おう

〔堀越〕左源次
阿保内蔵之助　あほくらのすけ
　内蔵之助
　〔森山〕弥七郎
安保直実　あぼただざね
　信禅〈法名〉
　直実
阿本　あほん
　阿本
　木食上人〈尊称〉
天井又右衛門　あまいまたえもん
　八郎兵衛〈初名〉
　又右衛門
甘糟信綱　あまかすのぶつな
　右衛門
天春度　あまかすわたる
　九郎右衛門〈通称〉
　度
天方暦山　あまかたれきざん
　竹籟山人〈別号〉
　璞〈名〉
　有期斎〈別号〉
　隆助〈通称〉
　良明〈字〉
　暦山
天木時中　あまきじちゅう
　時中
　善六〈通称〉
天草種元　あまくさたねもと
　アンドレア
　ジョアン
天草久武　あまくさひさたけ
　久武
　ミゲル〈霊名〉
天草久種　あまくさひさたね
　太郎左衛門
尼子長三郎　あまこちょうざぶろう
　久恒
尼子晴久　あまこはるひさ
　詮久
尼子義久　あまこよしひさ
　友林
尼庄　あましょう
　〔尼ケ崎屋〕庄兵衛
　尼庄
天田菁莪　あまだせいが
　敬立〈字〉
　元貫〈別称〉
　自耕斎〈別号〉
　菁莪
　弸〈名〉
天沼恒庵　あまぬまこうあん
　楽善〈字〉
　恒庵〈号〉
　〔伊藤〕恒庵
　子済〈字〉
　爵〈名〉
　千蔵〈通称〉
　有美〈初名〉

海犬養岡麻呂　あまのいぬかいのおかまろ
　岡麻呂
　岡麿
天野栄親　あまのえいしん
　栄親
　文次郎〈通称〉
天野景忠　あまのかげただ
　藤次衛門
天野信景　あまのさだかげ
　宮内〈別称〉
　権三郎〈幼名〉
　信景
天野鵲橋　あまのじゃくきょう
　敬隆〈名〉
　鵲橋〈号〉
　善之助〈字〉
天野拙斎　あまのせっさい
　義道〈名〉
　拙斎〈号〉
　〔矢野〕拙斎
　理平〈通称〉
天野宗歩　あまのそうほ
　留次郎〈通称〉
　宗歩
天野伝七郎　あまのでんしちろう
　忠久〈名〉
　伝七郎
天野桃隣　あまのとうりん
　五無庵〈号〉
　呉竹軒〈号〉
　太白堂〈号〉
　桃池堂〈号〉
　桃翁〈号〉
　桃隣
　藤太夫〈通称〉
天廼門都竜　あまのととりゅう
　雲井園〈別号〉
　〔山本〕嘉兵衛〈通称〉
　都竜
天野八郎　あまのはちろう
　忠告〈名〉
　八郎
　艶止〈号〉
天広丸　あまのひろまる
　広丸
　〔磯田〕広吉〈通称〉
　酔亀亭〈別号〉
天野房義　あまのふさよし
　儀助〈通称〉
　作十郎〈通称〉
　房義
天野平岸　あまのへいがん
　尚和菴〈号〉
　真映〈名〉
　大及斎〈号〉
　大麓〈字〉
　平岸
天野平壺　あまのほうこ
　吉太〈字〉
　俊〈名〉

　方壺〈号〉
天野政徳　あまのまさのり
　葛盧〈号〉
　政徳
天野屋利兵衛　あまのやりへえ
　〔天川屋〕義兵衛
　直之〈名〉
　利平
　利兵衛
天野容斎　あまのようさい
　固仲〈字〉
　貞甫〈字〉
　道坦〈字〉
　容斎
甘利晴吉　あまりはるよし
　昌忠
阿麻和利　あまわり
　阿麻和利
　阿摩和利
　加那〈幼名〉
　アマオリ
阿万鉄崖　あまんてつがい
　忠厚〈名〉
　鉄崖〈号〉
　豊蔵〈通称〉
阿弥陀院大僧正　あみだいんだいそうじょう
　阿弥陀院大僧正
　聖兼〈諱〉
天足彦国押人命　あめたらしひこくにおしひとのみこと
　天足彦国押人命
　天押帯日子命
天香山命　あめのかぐやまのみこと
　高倉下
雨宮越哉　あめのみやえっさい
　越哉
　鴻巣〈別号〉
　定蔵〈通称〉
雨森三哲　あめのもりさんてつ
　三哲
　子哲〈字〉
　天水〈別号〉
　明卿〈名〉
雨森精翁　あめのもりせいおう
　精翁
　精斎〈別号〉
雨森宗真　あめのもりそうしん
　牙卿〈字〉
　牛南〈号〉
　宗真〈名〉
　松藤〈号〉
　*笹島〈本姓〉
雨森白水　あめのもりはくすい
　惟寅〈字〉
　寅〈名〉
　善四郎〈通称〉
　白水
雨森芳洲　あめのもりほうしゅう
　俊良〈名〉

誠清〈名〉
東〈名〉
東五郎〈通称〉
伯陽〈字〉
芳洲〈号〉
雨森栗斎　あめのもりりっさい
　士毅〈号〉
　正弘〈名〉
　栗斎
阿米夜　あめや
　阿米夜〈名〉
　飴也
　飴爺〈俗称〉
　宗慶〈本名〉
アメリカ彦蔵　あめりかひこぞう
　彦蔵
　〔播州〕彦蔵〈別名〉
　〔浜田〕彦蔵
　ジョセフ＝ヒコ〈別名〉
　＊浜田〈本姓〉
阿夜　あや
　双林寺宮
綾井定友　あやいさだとも
　九郎左衛門尉〈通称〉
　定友
綾岡輝松　あやおかてるまつ
　輝松
　〔奈良屋〕吉兵衛〈通称〉
　〔池田〕綾岡
綾小路定利　あやのこうじさだとし
　定利
漢山口大口　あやのやまぐちのおおぐち
　〔山口〕大口
綾部絅斎　あやべけいさい
　安正〈名〉
　惟木〈号〉
　絅斎〈号〉
　伯章〈字〉
綾部重麗　あやべじゅうれい
　恒兵衛〈通称〉
　重麗
綾部融　あやべとおる
　順輔〈通称〉
　文淵〈字〉
　融
綾部道弘　あやべみちひろ
　佐兵衛〈字〉
　道弘
鮎貝宗重　あゆかいむねしげ
　盛次
荒顕道　あらいあきみち
　顕道
　清兵衛
荒井郁之助　あらいいくのすけ
　郁之助
　顕徳〈名〉
新井雨窓　あらいうそう
　雨窓
　希中〈字〉

義右衛門〈通称〉
誼道〈名〉
＊戸板〈本姓〉
新井瀛洲　あらいえいしゅう
　瀛洲
　義路〈名〉
　彦七〈通称〉
　子平〈字〉
新井勝重　あらいかつしげ
　五村〈俳号〉
　勝重
　政之助〈名〉
新井勝房　あらいかつふさ
　雲亭〈号〉
　三省〈号〉
　勝房
　富八郎〈通称〉
　陽々〈号〉
新井玩三　あらいがんぞう
　玩三
　思格〈字〉
　成一〈諱〉
　大淵〈号〉
新井寒竹　あらいかんちく
　寒竹
　常償〈名〉
　樗翠堂〈号〉
荒井堯民　あらいぎょうみん
　堯民
　次郎右衛門〈通称〉
　晴湖〈号〉
　鯀行〈字〉
新井源八郎　あらいげんぱちろう
　源八郎
　直敬〈名〉
新井剛斎　あらいごうさい
　顕蔵〈通称〉
　剛斎
　子常〈字〉
　彰〈名〉
＊新田〈原姓〉
新井世傑　あらいせいけつ
　宏明〈字〉
　世傑
　文山〈号〉
　文左衛門〈通称〉
新井精斎　あらいせいさい
　元禎〈名〉
　叔泰〈字〉
　精斎
　鞭羊居愚儡〈別号〉
　嶺松軒東寧〈別号〉
荒井静野　あらいせいや
　政吉
　静野
　草薐舎〈号〉
　峯次郎〈別称〉
新井宣卿　あらいせんきょう
　宣卿
　平蔵〈通称〉
新井瀧洲　あらいそうしゅう

義質〈名〉
彦四郎〈通称〉
子敬〈字〉
滄洲〈号〉
荒井千春　あらいちはる
　次左衛門〈通称〉
　千春
新井天朗　あらいてんろう
　天朗
新井日薩　あらいにっさつ
　日薩
　〔新居〕日薩
新井白蛾　あらいはくが
　謙吉〈字〉
　織部〈通称〉
　白蛾〈号〉
　祐登〈名〉
新井白石　あらいはくせき
　勘解由〈通称〉
　錦屏山人〈号〉
　君美〈名〉
　済美〈字〉
　在中〈字〉
　紫陽〈号〉
　天爵堂〈号〉
　伝蔵〈通称〉
　白石〈号〉
　与五郎〈通称〉
　璵〈初名〉
新井正斉　あらいまさなり
　正斉
　与右衛門〈通称〉
新井明卿　あらいめいきょう
　伝蔵〈通称〉
　明卿
荒井鳴門　あらいめいもん
　蠛屈軒〈別号〉
　南山〈別号〉
　半蔵〈通称〉
　豹庵〈別号〉
　鳴門
新居守村　あらいもりむら
　守村
　又三郎〈通称〉
　又左衛門〈通称〉
荒川天散　あらかわてんさん
　敬元〈字〉
　景元〈字〉
　秀〈名〉
　善吾〈通称〉
　天散〈号〉
　蘭室〈号〉
荒木一助　あらきかずすけ
　一助
　彪〈名〉
荒木加友　あらきかゆう
　加友
　泰庵〈通称〉
荒木寛快　あらきかんかい
　寛快
　季舜〈名〉

挙公〈字〉
達庵〈号〉
弥次右衛門〈通称〉
蓬生〈号〉
荒木寛畝　あらきかんぽ
　寛畝
　吉〈名〉
　光三郎〈幼名〉
　達庵〈別号〉
　*田中〈本姓〉
荒木元融　あらきげんゆう
　為之進〈通称〉
　円山〈号〉
　元融
　士長〈字〉
荒木呉橋　あらきごきょう
　翹之〈名〉
　呉橋
　公楚〈字〉
荒木呉江　あらきごこう
　呉江
　克之〈名〉
　子盈〈字〉
　長蔵〈通称〉
　東水〈号〉
荒木古童(1代)　あらきこどう
　古童
　古童(1代)
　古童(2世)
荒木重堅　あらきしげかた
　重堅
　〔木下〕備中守
荒木千洲　あらきせんしゅう
　一〈名〉
　春潭〈号〉
　世万〈字〉
　千洲
荒木素白　あらきそはく
　光辰〈名〉
　三次〈通称〉
　素白
　内膳〈通称〉
荒木田氏篤　あらきだうじたけ
　斎震〈号〉
　氏篤
　春生〈字〉
　丹下〈通称〉
荒木田氏経　あらきだうじつね
　〔藤波〕氏経
荒木田興正　あらきだおきまさ
　興正
　薫卿〈字〉
　数馬〈通称〉
　鼎湖〈号〉
　南陵〈号〉
荒木田末寿　あらきだすえほぎ
　桜谷翁〈号〉
　玄蕃〈通称〉
　大学〈通称〉
　末寿
　*益谷〈本姓〉

荒木田経雅　あらきだつねただ
　経雅
　〔中川〕経雅
　*中川〈姓〉
荒木田久老　あらきだひさおい
　久老
　主税〈通称〉
　正董〈名〉
荒木田尚賢　あらきだひさかた
　雅楽〈通称〉
　尚賢
　〔蓬萊〕尚賢
　洞屋〈号〉
荒木田盛員　あらきだもりかず
　刑部〈通称〉
　源助〈通称〉
　七郎〈通称〉
　盛員
　〔堤〕盛員
　杢之助〈通称〉
　*堤〈姓〉
荒木田盛徴　あらきだもりずみ
　刑部〈通称〉
　次郎太夫〈通称〉
　盛徴〈別称〉
　盛澄〈初名〉
　*堤〈姓〉
荒木田守武　あらきだもりたけ
　守武
荒木田守晨　あらきだもりとき
　〔薗田〕守晨
荒木田守夏　あらきだもりなつ
　源十郎〈通称〉
　守夏
　将監〈通称〉
　*薗田〈姓〉
荒木田守訓　あらきだもりのり
　〔井面〕守訓
荒木田麗　あらきだれい
　子奇〈字〉
　紫山〈号〉
　清渚〈号〉
　隆〈名〉
　麗
　〔慶徳〕麗子
荒木村重　あらきむらしげ
　道薫
荒木蘭阜　あらきらんこう
　鉄斎〈別号〉
　蘭阜
荒木了順　あらきりょうじゅん
　了順
　トマス
　トマス了順〈洗礼名〉
荒木了伯　あらきりょうはく
　トマス
嵐猪三郎(1代)　あらしいさぶ
ろう
　環三郎〈前名〉
　〔中村〕大三郎〈初名〉
　猪三郎(1代)

　徳三郎(1代)
嵐音八(1代)　あらしおとはち
　音八(1代)
　音之助〈初名〉
嵐音八(2代)　あらしおとはち
　音八(2代)
　彦吉〈初名〉
嵐音八(3代)　あらしおとはち
　和三郎(1代)
嵐かのふ(1代)　あらしかのう
　加納〈前名〉
　〔叶〕三右衛門(2代)〈前名〉
　三右衛門(9代)〈前名〉
　〔芳沢〕槇松(1代)〈初名〉
　かのふ(1代)
嵐冠十郎(1代)　あらしかんじゅ
うろう
　冠九郎〈前名〉
　冠十郎(1代)
　猪三郎(2代)〈後名〉
　〔荒木〕万吉〈前名〉
　〔坂東〕万吉〈初名〉
嵐冠十郎(2代)　あらしかんじゅ
うろう
　冠十郎(2代)
　橘五郎〈前名〉
　虎蔵〈初名〉
　徳松〈前名〉
嵐吉三郎(1代)　あらしきちさぶ
ろう
　〔竹田〕吉三郎〈初名〉
　吉三郎(1代)
嵐吉三郎(2代)　あらしきちさぶ
ろう
　吉三郎(2代)
　橘三郎〈晩名〉
　大璃寛〈俗称〉
　璃寛(1代)
嵐吉三郎(3代)　あらしきちさぶ
ろう
　吉三郎(3代)
　橘三郎(3代)〈別名〉
嵐小六(1代)　あらしころく
　三右衛門(5代)〈別名〉
　小七〈通称〉
　小七〈晩名〉
　〔吉田〕小六〈初名〉
　小六(1代)
嵐小六(4代)　あらしころく
　岩次郎〈前名〉
　〔叶〕三右衛門(1代)〈前名〉
　三右衛門(8代)〈前名〉
　小六(4代)
　〔叶〕珉子〈前名〉
嵐小六(5代)　あらしころく
　小六(5代)
　〔叶〕八十次郎〈初名〉
　〔叶〕珉子〈前名〉
　〔叶〕みんし〈前名〉
嵐三右衛門(1代)　あらしさんえ
もん

〔丸小〕三右衛門〈初名〉
〔西崎〕三右衛門〈本名〉
三右衛門(1代)
嵐三右衛門(2代)　あらしさんえもん
　勘太郎〈初名〉
　三右衛門(2代)
　門三郎〈前名〉
嵐三右衛門(3代)　あらしさんえもん
　三右衛門(3代)
　新平〈晩名〉
嵐三右衛門(4代)　あらしさんえもん
　三右衛門(4代)
　松之丞〈初名〉
嵐三右衛門(6代)　あらしさんえもん
　三右衛門(6代)
　松次郎〈前名〉
嵐三右衛門(7代)　あらしさんえもん
　〔姉川〕菊八〈初名〉
　三右衛門(7代)
　小六(2代)〈前名〉
嵐三右衛門(9代)　あらしさんえもん
嵐三右衛門(10代)　あらしさんえもん
　三右衛門(10代)
　寿〈別名〉
　雛三郎〈初名〉
　珉子〈別名〉
　〔叶〕珉子
嵐三右衛門(11代)　あらしさんえもん
　〔岩井〕喜代三〈前名〉
　三右衛門(11代)
　珉子〈前名〉
　〔叶〕珉子〈前名〉
　〔岩井〕やまと〈初名〉
　珉子(1代)
嵐三幸(2代)　あらしさんこう
　音吉〈初名〉
　三幸(2代)
　三津五郎(2代)〈前名〉
　三津右衛門(2代)〈前名〉
嵐三五郎(1代)　あらしさんごろう
　喜之助〈幼名〉
　三五郎(1代)
嵐三五郎(2代)　あらしさんごろう
　三五郎(2代)
　〔京屋〕七兵衛〈別名〉
　富三郎(1代)〈前名〉
　来芝(1代)〈晩名〉
嵐三五郎(3代)　あらしさんごろう
　三五郎(3代)
　松之助〈初名〉

　来芝(2代)〈後名〉
嵐三五郎(4代)　あらしさんごろう
　三五郎(4代)
　馬太郎〈前名〉
嵐三五郎(5代)　あらしさんごろう
　〔三枡〕源之助(2代)〈後名〉
　三五郎(5代)
　三吉(2代)〈初名〉
　〔尾上〕多蔵〈前名〉
　馬太郎(2代)〈前名〉
嵐三十郎(1代)　あらしさんじゅうろう
　〔八木〕三十郎〈前名〉
　三十郎(1代)
　山十郎〈別名〉
　〔八木〕仁右衛門〈晩名〉
嵐三十郎(2代)　あらしさんじゅうろう
　三十郎(2代)
　富松〈初名〉
嵐三八　あらしさんぱち
　三八
　三幸(1代)
　三津右衛門〈別名〉
荒至重　あらししじゅう
　子成〈字〉
　至重
　専八〈通称〉
嵐七五郎(2代)　あらししちごろう
　七五郎(2代)
　竜蔵〈初名〉
　〔市川〕竜蔵(1代)〈前名〉
嵐七五郎(3代)　あらししちごろう
　七五郎(3代)
　竜蔵〈前名〉
嵐新平　あらししんぺい
　三右衛門〈前名〉
　新平
嵐富三郎(2代)　あらしとみさぶろう
　登美三郎(1代)〈別名〉
　富三郎(2代)
　富之助(2代)〈初名〉
嵐雛助(1代)　あらしひなすけ
　岩次郎(1代)〈幼名〉
　小六(3代)〈別名〉
　小六玉〈俗称〉
　雛助(1代)
　〔叶〕雛助(1代)〈別名〉
　眠獅
嵐雛助(2代)　あらしひなすけ
　〔叶〕秀之助〈前名〉
　〔中村〕十蔵(3代)〈前名〉
　雛助(2代)
嵐雛助(3代)　あらしひなすけ
　小七〈前名〉
　小三郎〈初名〉

雛助(3代)
嵐雛助(4代)　あらしひなすけ
　三十郎(6代)〈前名〉
　秀之助(2代)〈前名〉
　雛助(4代)
嵐雛助(5代)　あらしひなすけ
　三十郎(7代)〈前名〉
　三十郎(7代)
　小七〈後名〉
　小七(3代)
　〔叶〕雛助(2代)
　雛助(5代)
　梅太郎〈初名〉
　〔叶〕梅太郎〈前名〉
嵐雛助(6代)　あらしひなすけ
　〔市川〕新車〈前名〉
　〔叶〕雛助〈前名〉
　〔叶〕雛助(3代)
　雛助(6代)
嵐雛助(7代)　あらしひなすけ
　〔市川〕鯉三郎〈前名〉
　〔市川〕叶枡〈別名〉
　〔市川〕紅粉助〈前名〉
　〔叶〕雛助(3代)〈前名〉
　雛助(7代)
　〔市川〕当太郎〈初名〉
嵐山甫安　あらしやまほあん
　春育〈名〉
　甫安
　李庵〈号〉
　*判田〈本姓〉
嵐与市(1代)　あらしよいち
　布留〈別名〉
　与市(1代)
嵐璃珏(2代)　あらしりかく
　市太郎〈初名〉
　芳三郎(2代)〈前名〉
　璃珏(2代)
嵐璃寛(2代)　あらしりかん
　橘三郎(2代)〈前名〉
　寿三郎〈前名〉
　徳三郎〈初名〉
　璃珏(1代)
　璃寛(2代)
嵐璃寛(2代)　あらしりかん
　橘三郎〈前名〉
　徳三郎(2代)
嵐璃寛(3代)　あらしりかん
　橘蝶〈前名〉
　璃寛(3代)
　〔尾上〕和三郎〈初名〉
嵐璃寛(3代)　あらしりかん
　徳三郎(3代)
嵐璃光(1代)　あらしりこう
　〔滝中〕歌川〈前名〉
　〔瀬川〕菊三郎(2代)〈初名〉
　〔中村〕里好(2代)〈前名〉
　璃光(1代)
　〔瀬川〕路三郎〈前名〉
嵐和歌野(1代)　あらしわかの

春暁〈俳名〉
和歌野(1代)
嵐和歌野(2代)　あらしわかの
　扇子〈俳名〉
　和歌野(2代)
荒巻助然　あらまきじょぜん
　佐平次〈通称〉
　市郎左衛門重賢〈本名〉
　助然
　日三舎〈別号〉
荒巻利蔭　あらまきとしかげ
　安蔭〈名〉
　小次郎〈通称〉
　利蔭
荒山小左衛門　あらやまこざえ
もん
　小左衛門
　千代五郎〈通称〉
　友直〈諱〉
新屋由高　あらやよしたか
　源次郎〈名〉
　由高
有井庄司　ありいしょうじ
　三郎左衛門尉〈別称〉
　庄司
　豊高〈名〉
有井諸九尼　ありいしょきゅうに
　諸九尼
有井進斎　ありいしんさい
　進斎〈号〉
　範平〈通称〉
有賀長因　ありがちょういん
　教養斎〈号〉
　長川〈名〉
　長因
有賀長収　ありがちょうしゅう
　居貞斎〈号〉
　長収
　長因〈初名〉
有賀長伯　ありがちょうはく
　以敬斎〈号〉
　長伯
　無曲斎〈号〉
　六喩〈号〉
有賀長基　ありがながもと
　儀貫斎〈号〉
　長基
有川梅隠　ありかわばいいん
　貞熊〈名〉
　梅隠
　利右衛門〈別称〉
有木元善　ありきげんぜん
　吉〈名〉
　元善〈字〉
　〔荒木〕元善
有阪長為　ありさかちょうい
　淳蔵〈通称〉
　長為
有沢永貞　ありさわながさだ
　永貞
　才右衛門〈通称〉

天継〈字〉
有栖川宮幟仁親王　ありすがわの
　みやたかひとしんのう
　幟仁親王
有栖川宮熾仁親王　ありすがわの
　みやたるひとしんのう
　熾仁親王
在原業平　ありはらのなりひら
　在五中将
有馬一準　ありまかずのり
　寿純
有馬玄哲　ありまげんてつ
　玄哲
　瑞庵〈号〉
　素向〈字〉
有馬新七　ありましんしち
　正義
有馬道智　ありまどうち
　伊賀道知
　道智
有馬豊氏　ありまとようじ
　玄蕃頭
　豊氏
有馬直純　ありまなおすみ
　直純
　サンセズ〈霊名〉
有間皇子　ありまのおうじ
　有間皇子
　有間皇子
有馬則頼　ありまのりより
　則頼
　中務卿法印
　兵部卿法印
有馬白噢　ありまはくしょ
　源内〈通称〉
　亢章〈字〉
　常清〈名〉
　成〈名〉
　白噢〈号〉
有馬晴純　ありまはるずみ
　賢純〈名〉
　晴純
　仙巌〈号〉
有馬晴信　ありまはるのぶ
　晴信
　ジョアン・プロタシオ〈教名〉
有馬持家　ありまもちいえ
　〔赤松〕持家
有馬義貞　ありまよしさだ
　義直
　義貞
　アンドレ〈洗礼名〉
有馬義純　ありまよしずみ
　義純
　ミカエル〈受洗名〉
有馬頼徸　ありまよりゆき
　其映〈号〉
　〔吉田〕左近〈幼名〉
　秋風閣〈号〉
　潜淵子〈号〉
　〔豊田〕文景

頼徸
林窓舎〈号〉
有馬凉及　ありまりょうきゅう
　臥雲〈別号〉
　在庵〈名〉
　凉及
　凉及
有村雄助　ありむらゆうすけ
　兼武〈名〉
　雄助
有村碗右衛門　ありむらわんえ
もん
　久兵衛〈初名〉
　碗右衛門
有吉公甫　ありよしこうほ
　公甫
　高陽〈号〉
　蒸民〈字〉
　新六〈通称〉
有吉蔵器　ありよしぞうき
　以顕〈名〉
　叔孝〈字〉
　蔵器〈号〉
　和介〈通称〉
在原古玩　ありわらこがん
　鳩杖翁〈号〉
　古玩
　重寿〈名〉
　昔男軒〈号〉
　*古屋〈本姓〉
淡島椿岳　あわしまちんがく
　吉梵〈別号〉
　氏平年〈名〉
　城三〈通称〉
　椿岳
　南平堂〈号〉
粟津潤照　あわずじゅんしょう
　潤照
　照井〈本名〉
　*古谷〈本姓〉
阿和善右衛門　あわぜんえもん
　隼人
　善右衛門
粟田口有国　あわたぐちありくに
　有国
粟田口国綱　あわたぐちくにつな
　国綱
粟田口慶羽　あわたぐちけいう
　慶羽
　〔住吉〕広守門近藤五郎兵衛
〈別称〉
　直芳〈名〉
粟田口桂羽　あわたぐちけいう
　桂羽
　直紀〈名〉
　直興〈名〉
粟田口隆光　あわたぐちたかみつ
　民部法眼〈別称〉
　隆光
粟田口吉光　あわたぐちよしみつ
　吉光

粟田知周　あわたともちか
　　済夫〈字〉
　　知周
　　培根堂〈号〉
阿波十郎兵衛　あわのじゅうろべえ
　　〔板東〕十郎兵衛
粟野信賢　あわののぶかた
　　信賢
　　平左衛門〈通称〉
粟若子　あわのわくご
　　板野命婦
淡山尚綱　あわやましょうけい
　　〔蜂屋〕小十郎定章〈雅名〉
　　尚綱
　　〔蜂屋〕定章
安覚良祐　あんかくりょうゆう
　　色定
　　良祐
安嘉門院　あんかもんいん
　　安嘉門院
　　邦子〈諱〉
　　邦子内親王
安閑天皇　あんかんてんのう
　　勾大兄
安喜門院　あんきもんいん
　　安喜門院
　　〔藤原〕有子
安慶　あんきょう
　　安慶
　　谷阿闍梨
　　井房阿闍梨
安康天皇　あんこうてんのう
　　安康天皇
　　穴穂天皇
安国寺恵瓊　あんこくじえけい
　　一任斎〈号〉
　　恵瓊
　　〔瑤甫〕恵瓊
　　辰王丸〈幼名〉
　　竹丸〈幼名〉
　　頓蔵主〈別称〉
安西一奇　あんざいいっき
　　一奇
安西雲煙　あんざいうんえん
　　雲煙
　　於菟〈諱〉
　　虎吉〈通称〉
　　山君〈字〉
　　舟雪〈号〉
　　武〈諱〉
安斎ジュアン　あんざいじゅあん
　　ジュアン
　　ジョアチム〈聖名〉
　　*浅井〈姓〔一説〕〉
案山吉道　あんざんきつどう
　　吉道
安祥院　あんしょういん
　　安祥院
　　お遊の方
安叟宗楞　あんそうそうりょう

宗楞
奄智王　あんちおう
　　〔豊野〕奄智
安藤永年　あんどうえいねん
　　永年〈号〉
　　四郎二郎〈通称〉
　　俊貞〈名〉
　　伯幹〈字〉
安藤勝助　あんどうかつすけ
　　〔平田〕百曲
安藤亀子　あんどうかめこ
　　亀子
　　今式部〈別称〉
安藤箕山　あんどうきざん
　　箕山〈号〉
　　子憲〈字〉
　　庄助〈通称〉
　　章〈名〉
安藤惟実　あんどうこれざね
　　惟実
　　惟翁
　　〔恵日〕光院
安藤定実　あんどうさだざね
　　快翁
安藤織馬　あんどうしきま
　　藤斎
安藤自笑　あんどうじしょう
　　興邦〈名〉
　　自笑
　　素玉〈号〉
　　八文舎〈号〉
　　八左衛門〈通称〉
　　凌雲堂〈号〉
安藤叔明　あんどうしゅくめい
　　叔明
　　千丈〈号〉
　　弥兵衛〈通称〉
安藤真之助　あんどうしんのすけ
　　強恕
安東省庵　あんどうせいあん
　　子牧〈字〉
　　市之進〈通称〉
　　守正〈初名〉
　　守約
　　省庵〈号〉
　　〔安藤〕省庵
　　恥斎〈号〉
　　魯黙〈字〉
安東節庵　あんどうせつあん
　　子和〈字〉
　　守礼
　　助四郎〈通称〉
　　節庵〈号〉
安藤為章　あんどうためあきら
　　為明〈初名〉
　　為章
　　右平〈通称〉
　　年山〈号〉
安藤継明　あんどうつぐあき
　　儀太夫
安藤鉄馬　あんどうてつま

鉄馬
　　〔安東〕鉄馬
安東侗庵　あんどうとうあん
　　元簡〈字〉
　　守直〈名〉
　　正之進〈通称〉
　　侗庵〈号〉
安藤東野　あんどうとうや
　　煥図〈名〉
　　仁右衛門〈通称〉
　　東野〈号〉
　　東壁〈字〉
安藤知冬　あんどうともふゆ
　　知冬
　　知冬
　　貞卿〈字〉
　　満蔵〈通称〉
安藤直次　あんどうなおつぐ
　　帯刀
安藤野雁　あんどうのかり
　　謙次〈通称〉
　　政美〈名〉
　　刀祢〈通称〉
　　野雁
安藤信友　あんどうのぶとも
　　冠里
　　重行
　　信友
　　信賢
安藤広重(1世)　あんどうひろしげ
　　〔一立斎〕広重
　　広重(1世)
　　〔歌川〕広重(1代)
安東平右衛門尉蓮聖　あんどうへいえもんのじょうれんしょう
　　平右衛門尉蓮聖
　　蓮聖
安藤抱琴　あんどうほうきん
　　為実〈名〉
　　之浜〈号〉
　　素軒〈別号〉
　　大学〈通称〉
　　内匠
　　抱琴
　　抱琴子〈号〉
安藤朴翁　あんどうぼくおう
　　定為
安藤真鉄　あんどうまがね
　　一方〈号〉
　　市郎左衛門〈通称〉
　　真鉄
安東守経　あんどうもりつね
　　士勤〈字〉
　　仕学斎〈号〉
　　斯文〈字〉
　　守経〈名〉
　　助之進〈通称〉
安藤守就　あんどうもりなり
　　〔伊賀〕範俊
安藤有益　あんどうゆうえき

市兵衛〈通称〉
　有益
安藤宜時　あんどうよしとき
　宜時
　半兵衛〈通称〉
安藤因蔭　あんどうよりかげ
　因蔭
　帯雨〈号〉
　弁蔵〈通称〉
　*河村〈本姓〉
安藤竜淵　あんどうりゅうえん
　宜〈名〉
　伝蔵〈通称〉
　竜淵
安藤涼宇　あんどうりょうう
　涼宇
安藤了翁　あんどうりょうおう
　新太郎〈通称〉
　定明〈名〉
　了翁
安寧天皇　あんねいてんのう
　磯城津彦玉手看尊
安然　あんねん
　阿覚大師
　安然
　〔五大院〕大徳
安養寺禾麿　あんようじのぎまろ
　禾麿
　幸之丞〈通称〉
安養尼　あんように
　安養尼
　顧西尼
　顧証尼
安楽　あんらく
　安楽
　安楽房〈号〉
　遵西
安楽庵策伝　あんらくあんさく
　でん
　策伝
　〔平林〕平太夫〈俗名〉
安立坊周玉　あんりつぼうしゅう
　ぎょく
　〔高田〕安立坊
　周玉

【い】

飯尾宗祇　いいおそうぎ
　宗祇
飯尾信宗　いいおのぶむね
　信宗
　〔織田〕信宗
　八幡山侍従
飯島吐月　いいじまとげつ
　四郎左衛門〈通称〉
　吐月
　友七〈通称〉
飯塚蘭洲　いいずからんしゅう
　蘭洲

〔山崎〕蘭洲
飯田篤老　いいだとくろう
　完蔵〈通称〉
　篤老
　利矩〈字〉
飯田年平　いいだとしひら
　石園
　年平
飯豊青皇女　いいとよあおのこう
　じょ
　青海皇女
　飯豊青皇女
井伊直興　いいなおおき
　直該
井伊直勝　いいなおかつ
　直継
井伊直弼　いいなおすけ
　宗観
飯沼助宗　いいぬますけむね
　〔平〕資宗
　助宗
　平判官助宗
飯室昌楙　いいむろまさのぶ
　楽圃
　庄左衛門
庵井鯨　いおいのくじら
　鯨
　〔蘆井〕鯨
五百枝王　いおえのおう
　〔春原〕五百枝
五百野皇女　いおののこうじょ
　久須姫命
　五百野皇女
伊賀家長　いがいえなが
　平内左衛門
猪飼敬所　いかいけいしょ
　彦博
猪飼三枝　いがいさんし
　三左衛門
　三枝
伊形荘助　いがたそうすけ
　荘助〈字〉
　霊雨〈号〉
五十嵐浚明　いがらししゅんめい
　浚明
　〔呉〕浚明
五十嵐道甫(2代)　いがらしどう
　うほ
　喜三郎
鳩幸右衛門　いかるがこうえもん
　幸右衛門
　〔人形屋〕幸右衛門
井川鳴門　いかわめいもん
　〔伊川〕雪下園
伊木三猿斎　いきさんえんさい
　三猿斎
　忠澄
伊木均　いきひとし
　均
　〔渡辺〕与三左衛門
幾田伊俊　いくたこれとし

右門
生玉琴風　いくたまきんぷう
　琴風
　絮蘿架〈号〉
　白鵠堂〈号〉
生田万　いくたよろず
　国秀
郁芳門院　いくほうもんいん
　郁芳門院
　媞子内親王
生山正方　いくやままさかた
　君舟〈号〉
　秋斎〈号〉
　正方
惟馨周徳　いけいしゅうとく
　周徳
惟馨梵桂　いけいぼんけい
　東蘆〈号〉
　梵桂
池内大学　いけうちだいがく
　陶所
池上休柳　いけがみきゅうりゅう
　休柳
　青陽〈別号〉
池上太郎左衛門　いけがみたろう
　ざえもん
　幸豊
池城安規　いけぐすくあんき
　安規
　毛有斐〈別名〉
池内蔵太　いけくらた
　〔細川〕左馬之助
　内蔵太
　定勝
　〔細井〕徳太郎
池尻茂四郎　いけじりもしろう
　懋
池田英泉　いけだえいせん
　英泉
　〔菊川〕英泉
　〔渓斎〕英泉
　〔一筆庵〕可候
池田京水　いけだきょうすい
　瑞英
池田源兵衛　いけだげんべえ
　〔青海〕源兵衛
池田好運　いけだこううん
　好運
　与右衛門入道〈通称〉
池田定常　いけださだつね
　冠山
　〔松平〕冠山
池田重利　いけだしげとし
　〔下間〕頼広
　〔下間〕頼広
池田昌意　いけだしょうい
　〔古郡〕彦左衛門
　〔古郡〕彦左衛門之政〈初名〉
　昌意
池田瑞仙　いけだずいせん
　錦橋

いけた　　　　　　　　　　姓名から引く号・別名一覧

瑞仙
池田正直　いけだせいちょく
　嵩山
池田是誰　いけだぜすい
　秋風子〈号〉
　是誰
　落葉堂〈号〉
池田忠雄　いけだただかつ
　〔松平〕忠雄
池田忠継　いけだただつぐ
　〔松平〕忠継
池田恒興　いけだつねおき
　恒興
　信輝
池田輝興　いけだてるおき
　〔松平〕輝興
池田輝澄　いけだてるずみ
　〔松平〕輝澄
池田輝政　いけだてるまさ
　岐阜侍従
　輝政
　吉田侍従
　〔羽柴〕三左衛門
池田東籬　いけだとうり
　〔東籬亭〕菊人
池田独美　いけだどくび
　錦橋
　瑞仙(1代)
池田長恵　いけだながよし
　金時
池田教正　いけだのりまさ
　教正
　シメオン〈霊名〉
池田政綱　いけだまさつな
　〔松平〕政綱
池田正式　いけだまさのり
　重右衛門〈通称〉
　重郎左衛門
　正式
池田霧渓　いけだむけい
　柔行
　瑞仙
　霧渓
池田元助　いけだもとすけ
　元助
　之助
池田利牛　いけだりぎゅう
　十右衛門〈通称〉
　利牛
池永淵　いけながえん
　淵
　碧於亭
　碧遊亭〈号〉
池永大虫　いけながだいちゅう
　藻魚庵〈号〉
　大虫
　無弦〈号〉
池永道雲　いけながどううん
　一峯〈号〉
　道雲
池永豹　いけながはだら

南山〈号〉
豹
池西言水　いけにしごんすい
　兼志〈名〉
　言水
　紫藤軒〈号〉
　則好〈名〉
　八郎兵衛〈通称〉
　風下堂〈号〉
　鳳下堂〈号〉
　洛下童〈号〉
池玉瀾　いけのぎょくらん
　玉瀾
　〔徳山〕玉瀾
　〔祇園〕町子
池禅尼　いけのぜんに
　〔藤原〕宗子
池大雅　いけのたいが
　〔九霞〕山樵
　大雅
池坊専栄　いけのぼうせんえい
　専栄
池坊専応　いけのぼうせんおう
　専応
池坊専慶　いけのぼうせんけい
　専慶
池坊専好(1代)　いけのぼうせんこう
　専好(1代)
池坊専順　いけのぼうせんじゅん
　専順
池坊専定　いけのぼうせんじょう
　専定
池坊専鎮　いけのぼうせんちん
　専鎮
池辺璞　いけべはく
　汝玉
葦航道然　いこうどうねん
　道然
惟高妙安　いこうみょうあん
　妙安
　懶庵〈号〉
生駒山人　いこまさんじん
　山人
　〔森〕文雄
生駒等寿　いこまとうじゅ
　等寿
　眠翁〈号〉
生駒直勝　いこまなおかつ
　直勝
　〔吉田〕又市
生駒直武　いこまなおたけ
　柳亭
生駒万子　いこままんし
　此君庵〈号〉
　水国亭〈号〉
　水国館〈号〉
　伝吉〈初名〉
　白鷗居士〈号〉
　万子
　万兵衛重信〈通称〉

以哉坊　いさいぼう
　以哉坊
　雪庵〈号〉
　忠兵衛〈通称〉
　二狂〈号〉
　無事窟〈号〉
砂岡雁宕　いさおかがんとう
　雁宕
　四郎左衛門〈通称〉
　伐木斎〈号〉
伊佐幸琢(1代)　いさこうたく
　幸琢(1代)
　半々庵
伊佐幸琢(2代)　いさこうたく
　幸琢(2代)
　半提庵〈号〉
伊佐幸琢(3代)　いさこうたく
　幸琢(3代)
　半寸庵〈号〉
伊佐幸琢(4代)　いさこうたく
　栄琢
　看山〈号〉
　幸琢(4代)
五十狭茅宿祢　いさちのすくね
　伊佐比宿祢
　伊佐智須美
　五十狭茅宿祢
伊沢家景　いさわいえかげ
　〔留守〕家景
井沢為永　いざわためなが
　為永
　弥惣兵衛
石井雨石　いしいうせき
　雨石
石井磯岳　いしいきがく
　吉兵衛
石井三朶花　いしいさんだか
　収
石井庄助　いしいしょうすけ
　恒右衛門
　当光
石井恕信　いしいじょしん
　〔鈴木〕知昌
石井南橋　いしいなんきょう
　南橋
　隆驤〈本名〉
　滝治〈通称〉
石井仏心　いしいぶっしん
　安左衛門〈本名〉
　仏心
石井暮四　いしいぼし
　暮四
石井孫兵衛　いしいまごべえ
　一斉〈号〉
　孫兵衛
石井鑫　いしいれい
　子彭
石内序令　いしうちじょれい
　序令
石岡玄梅　いしおかげんばい
　玄梅

石谷貞清　いしがいさだきよ
　左近将監
　十蔵
石垣永将　いしがきえいしょう
　〔宮良〕永将
石川安亭　いしかわあんてい
　安亭
　乙五郎〈通称〉
　思甫〈字〉
　信順〈名〉
石川安貞　いしかわあんてい
　安貞
　香山
石川一夢　いしかわいちむ
　一夢
　〔会津屋〕佐兵衛
石川碓太郎　いしかわかくたろう
　碓太郎
　〔石河〕碓太郎
石川数正　いしかわかずまさ
　箇三寺
　数正
石川一光　いしかわかずみつ
　一光
　〔石河〕一光
石川侃斎　いしかわかんさい
　侃斎
　二橋外史〈号〉
石川清澄　いしかわきよずみ
　塵外楼〈号〉
　清澄
　〔塵外楼〕清澄
　万年〈号〉
石川彦岳　いしかわげんがく
　剛
石川晃山　いしかわこうざん
　晃山
　鬘髪山人〈号〉
石川貞清　いしかわさだきよ
　光吉
石川貞幹　いしかわさだもと
　一
石川潤次郎　いしかわじゅんじろう
　真義
石川丈山　いしかわじょうざん
　丈山
　東渓〈別号〉
　六々山人〈別号〉
石川清賞　いしかわせいしょう
　吉次郎
石川昔信　いしかわせきしん
　阿達照葩〈号〉
　円月堂〈号〉
　昔信
石川善右衛門　いしかわぜんえもん
　成一〈名〉
　善右衛門
石川大凡　いしかわたいぼん
　叔潭

石川台嶺　いしかわたいれい
　台嶺
石川太浪　いしかわたいろう
　薫松軒〈号〉
　太浪
石川竜右衛門　いしかわたつえもん
　竜右衛門
石川竹崖　いしかわちくがい
　之褧
　〔石河〕之褧
　竹崖
石河徳五郎　いしかわとくごろう
　幹忠
石川豊信　いしかわとよのぶ
　豊信
　明篠堂秀葩〈号〉
石川夫人　いしかわのおおとじ
　石川夫人
　〔蘇我〕姪娘
石川大蕤娘　いしかわのおおぬのいらつめ
　大蕤娘
　〔蘇我〕大蕤娘
石川垣守　いしかわのかきもり
　垣守
　滝淵居士〈尊称〉
石川宿禰　いしかわのすくね
　宿禰
　〔蘇我〕石川
石川柏山　いしかわはくざん
　勘介
石川雅望　いしかわまさもち
　雅望
　〔宿屋〕飯盛
　六樹園
石川三長　いしかわみつなが
　康長
石川康勝　いしかわやすかつ
　員矩
石川義兼　いしかわよしかね
　〔源〕義兼
石川頼明　いしかわよりあき
　頼明
　〔石河〕頼明
石川麟洲　いしかわりんしゅう
　正恒
石川魯庵　いしかわろあん
　嘉貞
石黒貞度　いしぐろさだのり
　貞度
　南門〈号〉
石黒信由　いしぐろのぶよし
　信由
　藤right衛門
石河積翠　いしこせきすい
　右膳〈通称〉
　積翠
　貞義〈名〉
石河正養　いしこまさかい
　審斎〈号〉

　正養
　多頭酒舎〈号〉
石崎右平次　いしざきうへいじ
　右平次
　床山
石崎元徳　いしざきげんとく
　元徳
　昌山〈号〉
石塚確斎　いしずかかくさい
　確斎
　雪堂〈別号〉
石塚宗通(1世)　いしずかそうつう
　宗通(1世)
　不識斎〈号〉
石塚宗通(2世)　いしずかそうつう
　宗通(2世)
　中止斎〈号〉
石塚宗通(3世)　いしずかそうつう
　宗通(3世)
　道秀斎〈号〉
石塚竜麿　いしずかたつまろ
　竜麻呂
　竜麿
石塚豊芥子　いしずかほうかいし
　豊介子
　豊芥子
石田安左衛門　いしだあんざえもん
　安左衛門
　一鼎〈号〉
　下田処士〈号〉
　宣之〈名〉
石田玉山　いしだぎょくざん
　玉山
石田重成　いしだしげなり
　重成
　〔村山〕八兵衛
石田醒斎　いしだせいさい
　醒斎
　〔鍵屋〕半兵衛
石田梅岩　いしだばいがん
　梅岩
　梅巌
石田正澄　いしだまさずみ
　一氏〈名〉
　正澄
石田三千井　いしだみちい
　三千井
石田未得　いしだみとく
　乾堂〈初号〉
　巽庵〈号〉
　未得
　又左衛門〈通称〉
石田無得　いしだむとく
　梧堂〈別号〉
　集虚斎〈別号〉
　無得
　無得鉄涯道人〈別号〉

石田守直　いしだもりなお
　守直
　幽汀〈号〉
石田悠汀　いしだゆうてい
　如雲〈別号〉
　悠汀
石田遊汀　いしだゆうてい
　守善
伊地知貞馨　いじちさだか
　〔堀〕仲左衛門
　貞馨
伊地知季安　いじちすえやす
　潜隠
石出烏旭　いしでうきょく
　烏旭
石出掃部亮　いしでかもんのすけ
　吉胤
石出常軒　いしでじょうけん
　帯刀
石堂竹林　いしどうちくりん
　竹林
　如成〈名〉
怡子内親王　いしないしんのう
　怡子内親王
　北小路斎院
石野氏利　いしのうじとし
　一蔵〈初名〉
　氏利
　伝一
　弥平兵衛氏利〈別称〉
石野東陵　いしのとうりょう
　子揚〈字〉
　充蔵〈通称〉
　東陵
石野広通　いしのひろみち
　〔中原〕広通
石野広道　いしのひろみち
　花月堂〈号〉
　広道
　大沢〈号〉
　通翁〈号〉
　平蔵〈通称〉
　*中原〈本姓〉
石橋庵真酔　いしばしあんますい
　増井
石橋一麿　いしばしいちまろ
　一麿
石橋鋥之助　いしばしじょうのすけ
　久家〈号〉
　鋥之助
石橋尚義　いしばしひさよし
　義久
石橋真国　いしばしまくに
　稽古楼〈号〉
　真国
石原文樵　いしはらぶんしょう
　送月堂〈号〉
　文樵
石原正明　いしはらまさあきら
　正明

蓬堂〈号〉
石丸虎五郎　いしまるとらごろう
　安世〈別名〉
　虎五郎
五十公野信宗　いじみののぶむね
　信宗
　道如斎
　〔三条〕道如斎
石村近江(2代)　いしむらおうみ
　近江(2代)
　浄本〈号〉
石村近江(3代)　いしむらおうみ
　近江(3代)
　道薫〈号〉
石村近江(4代)　いしむらおうみ
　近江(4代)
　浄心〈号〉
石村近江(5代)　いしむらおうみ
　近江(5代)
　性真〈号〉
石村近江(6代)　いしむらおうみ
　近江(6代)
　本立〈号〉
石村近江(7代)　いしむらおうみ
　近江(7代)
　相流〈号〉
石村近江(8代)　いしむらおうみ
　近江(8代)
　倫超〈号〉
石村近江(9代)　いしむらおうみ
　近江(9代)
　春峰〈号〉
石村近江(10代)　いしむらおうみ
　近江(10代)
　月峰〈号〉
石村近江(11代)　いしむらおうみ
　近江(11代)
　琴誉〈号〉
　秀本〈号〉
惟肖得巌　いしょうとくがん
　蕉雪〈別号〉
　得巌
以心崇伝　いしんすうでん
　円照本光国師
　崇伝
　〔金地院〕崇伝
　本光国師
泉守一　いずみしゅいち
　守一
　〔寿香亭〕守一
泉十郎　いずみじゅうろう
　〔野々村〕勘九郎
　十郎
泉忠衡　いずみただひら
　〔藤原〕忠衡
和泉法眼淵信　いずみほうげんえんしん
　淵信
泉屋道栄　いずみやどうえい
　春林〈号〉
　道栄〈名〉

泉屋桃妖　いずみやとうよう
　久米之助〈幼名〉
　甚左衛門
　桃夭〈号〉
　桃妖
　〔長谷部〕桃妖
　桃葉〈号〉
　桃蚌〈号〉
　又兵衛〈名〉
出雲阿国　いずものおくに
　阿国
　国
　お国
出雲臣弟山　いずものおみおとやま
　弟山
　〔国造〕弟山
出雲臣益方　いずものおみますかた
　益方
　〔国造〕益方
出雲国成　いずものくになり
　〔国造〕国成
出雲人長　いずものひとおさ
　〔国造〕人長
出雲益方　いずものますかた
　〔国造〕益方
井関家重　いぜきいえしげ
　〔河内大掾〕家重
井関家久　いぜきいえひさ
　備中掾
井関英太郎　いせきえいたろう
　英助
井関次郎左衛門　いぜきじろうざえもん
　次郎左衛門
伊勢華　いせさかえ
　華
　小湫
　〔北条〕新左衛門〈通称〉
伊勢貞国　いせさだくに
　貞慶
伊勢上人　いせのしょうにん
　伊勢上人
　〔慶光院〕清順
　清順尼
伊勢義盛　いせのよしもり
　義盛
　三郎
伊勢村重安　いせむらじゅうあん
　重安
伊勢屋道七　いせやどうしち
　道七
　〔山上〕道七
伊勢屋八兵衛　いせやはちべえ
　小知
渭川　いせん
　渭川
　一有〈号〉
　松風軒〈号〉

磯貝十郎左衛門　いそがいじゅうろうざえもん
　正久
磯谷久次　いそがいひさつぐ
　〔磯貝〕新右衛門
五十川昌安　いそがわまさやす
　昌安
　養松堂〈号〉
磯野員昌　いそのかずまさ
　秀昌
石上皇子　いそのかみのおうじ
　上王
　石上皇子
石上麻呂　いそのかみのまろ
　〔物部〕麻呂
石上部皇子　いそのかみべのおうじ
　伊美賀古王
　石上部皇子
磯部王　いそべのおう
　磯部王
　桑田王王子
磯村吉徳　いそむらよしのり
　吉徳
　〔礒村〕吉徳
居初乾峰(1代)　いそめけんぽう
　乾峰(1代)
板垣宗憺　いたがきそうたん
　聊爾斎
井田寒匡　いだかんがい
　一蔵〈俗称〉
　寒匡
　七右衛門〈通名〉
井田吉六　いだきちろく
　吉六
　〔飯田〕吉六
板倉勝静　いたくらかつきよ
　〔徳山〕四郎左衛門
　勝静
板倉塞馬　いたくらさいば
　〔一庵〕塞馬
板倉節山　いたくらせつざん
　勝明〈名〉
　節山〈号〉
板倉八右衛門　いたくらはちえもん
　勝彪
井田青峰　いだせいほう
　敬之
板部岡江雪斎　いたべおかこうせつさい
　江雪
　〔岡〕江雪
　江雪斎
　〔岡野〕嗣成
伊丹勝重　いたみかつしげ
　〔岡部〕勝重
伊丹椿園　いたみちんえん
　〔坂上〕善五郎〈本姓名〉
　椿園
伊丹元扶　いたみもとすけ

雅興
板谷慶舟　いたやけいしゅう
　広当
　〔住吉〕広当
板谷広長　いたやひろなが
　〔住吉〕広長
一庵一麟　いちあんいちりん
　〔天祥〕一麟
市江鳳造　いちえほうぞう
　〔一江〕利右衛門
市右衛門　いちえもん
　市右衛門
　アデレヤス〈聖名〉
一翁院豪　いちおういんごう
　一翁〈字〉
　院豪
一音　いちおん
　一音
　嚬居士〈号〉
市川荒五郎(1代)　いちかわあらごろう
　荒五郎(1代)
　〔佐野川〕市松(3代)
市川一学　いちかわいちがく
　達斎
　梅顛
市川鰕十郎(1代)　いちかわえびじゅうろう
　鰕十郎(1代)
　市蔵(1代)
市川鰕十郎(2代)　いちかわえびじゅうろう
　鰕十郎(2代)
　市蔵(2代)
市川鰕十郎(4代)　いちかわえびじゅうろう
　鰕十郎(4代)
　〔坂東〕寿太郎(2代)
市川男女蔵(2代)　いちかわおめぞう
　男女蔵(2代)
　雷蔵(3代)
市川男女蔵(3代)　いちかわおめぞう
　〔尾上〕新七(3代)
　男女蔵(3代)
市川鶴鳴　いちかわかくめい
　鶴鳴
　匡麻呂
市河寛斎　いちかわかんさい
　寛斎
　米庵
市川九蔵(2代)　いちかわくぞう
　九蔵(2代)
　〔袖岡〕庄太郎
市川左団次(1代)　いちかわさだんじ
　〔高橋〕栄三〈本名〉
　左団次(1代)
市川清流　いちかわせいりゅう
　央坡〈別名〉

　皪〈別名〉
　清流
　渡〈通称〉
　買山〈別名〉
市川団十郎(1代)　いちかわだんじゅうろう
　海老蔵(1代)
　才牛
　団十郎(1代)
　〔三升屋〕兵庫〈別号〉
市川団十郎(2代)　いちかわだんじゅうろう
　海老蔵(2代)
　九蔵(1代)
　三升
　団十郎(2代)
市川団十郎(4代)　いちかわだんじゅうろう
　海老蔵(3代)
　〔松本〕幸四郎(2代)
　団十郎(4代)
市川団十郎(5代)　いちかわだんじゅうろう
　鰕蔵
　〔松本〕幸四郎(3代)
　団十郎(5代)
　〔花道の〕つらね
市川団十郎(6代)　いちかわだんじゅうろう
　海老蔵(4代)
　団十郎(6代)
市川団十郎(7代)　いちかわだんじゅうろう
　海老蔵(5代)
　寿海(1世)〈俳名〉
　団十郎(7代)
市川団十郎(8代)　いちかわだんじゅうろう
　海老蔵(6代)
　団十郎(8代)
市川団四郎(1代)　いちかわだんしろう
　団四郎(1代)
　段四郎(1代)
市川団蔵(6代)　いちかわだんぞう
　九蔵(3代)
　団蔵(6代)
市川文吉　いちかわぶんきち
　兼秀〈本名〉
　秀太郎〈幼名〉
　文吉
市河米庵　いちかわべいあん
　米庵
　〔市河〕米庵
市川万庵　いちかわまんあん
　万庵
　〔市河〕万庵
市川森三郎　いちかわもりさぶろう
　炎次郎〈別名〉

昌盛〈諱〉
　森三郎
　〔平岡〕盛三郎〈別名〉
市川八百蔵(2代)　いちかわやおぞう
　中車
　八百蔵(2代)
市川八百蔵(4代)　いちかわやおぞう
　〔岩井〕喜世太郎(2代)
　八百蔵(4代)
市河頼房　いちかわよりふさ
　興仙
市川雷蔵(4代)　いちかわらいぞう
　寿美蔵(4代)
　雷蔵(4代)
市来勘十郎　いちきかんじゅうろう
　勘十郎
　〔松村〕淳蔵
一木権兵衛　いちきごんべえ
　政利
一条昭良　いちじょうあきよし
　恵観
　兼遐
　昭良
一乗院経覚　いちじょういんきょうかく
　経覚
一乗院宮真敬法親王　いちじょういんのみやしんけいほうしんのう
　真敬法親王
一条内房　いちじょううちふさ
　兼輝
　内房
　冬経
一条実経　いちじょうさねつね
　実経
　〔藤原〕実経
一条高能　いちじょうたかよし
　〔藤原〕高能
市野光彦　いちのみつひこ
　賓窓〈号〉
　光彦
　〔市野屋〕三右衛門〈通称〉
　子邦〈字〉
　俊卿〈字〉
　迷庵〈号〉
一宮長常　いちのみやながつね
　雪山〈号〉
　長常
市原多代女　いちはらたよじょ
　多代女
一万田鑑相　いちまだあきすけ
　弾正尬
市村羽左衛門(座元10代・名義5代)　いちむらうざえもん
　羽左衛門(座元10代・名義5代)
　亀蔵(2代)

市村羽左衛門(座元12代・名義7代)　いちむらうざえもん
　羽左衛門(座元12代・名義7代)
　竹之丞(5代)
市村羽左衛門(座元3代・名義1代)　いちむらうざえもん
　羽左衛門(座元3代・名義1代)
　竹之丞
市村羽左衛門(座元8代・名義3代)　いちむらうざえもん
　羽左衛門(座元8代・名義3代)
　竹之丞(4代)
市村羽左衛門(座元9代・名義4代)　いちむらうざえもん
　羽左衛門(座元9代・名義4代)
　亀蔵(1代)
市村竹之丞(1代)　いちむらたけのじょう
　宇左衛門(4代)
　〔沢井〕弁之助
市村竹之丞(2代)　いちむらたけのじょう
　羽左衛門(座元4代)
　竹之丞(2代)
　〔沢井〕弁之助
市村竹之丞(3代)　いちむらたけのじょう
　羽左衛門(座元6代)
　竹之丞(3代)
一文字則宗　いちもんじのりむね
　則宗
市山七十郎(1代)　いちやましちじゅうろう
　七十郎(1代)
　七宝斎
惟忠通恕　いちゅうつうじょ
　通恕
銀杏お藤　いちょうおふじ
　〔柳屋〕お藤
鴨脚克子　いちょうかつこ
　克子
　能登
一楽亭栄水　いちらくていえいすい
　一楽亭〈別名〉
　栄水
一路庵禅海　いちろあんぜんかい
　禅海
逸渕　いつえん
　逸渕
　可布庵〈号〉
　似我老人〈号〉
　椿老〈号〉
　瓢隠居〈号〉
　瓢頤〈号〉
斎静斎　いつきせいさい
　斎必簡
　静斎
　〔斎宮〕静斎
一休宗純　いっきゅうそうじゅん
　狂雲子

　宗純
一向　いっこう
　一向
　〔一向〕俊聖
一山一寧　いっさんいちねい
　〔寧〕一山
　一寧
一色公深　いっしきこうしん
　一色律師
一色義季　いっしきよしすえ
　義有
一糸文守　いっしぶんしゅ
　仏頂国師
　文守
一睡庵径童　いっすいあんけいどう
　径童(1代)
逸然性融　いつねんしょうゆう
　性融
一筆庵英寿　いっぴつあんえいじゅ
　英寿
　〔景斎〕英寿
一平安代　いっぺいやすよ
　安代
　〔主馬首一平〕安代
一遍　いっぺん
　一遍
　円照大師
　証誠大師
　智真
　遊行上人
一峰斎馬円　いっぽうさいばえん
　馬円
井出松翠　いでしょうすい
　臥渓
井手孫太郎　いでまごたろう
　〔松宮〕相良
　孫太郎
伊藤一清　いとういっせい
　〔銭屋〕一清
伊藤介亭　いとうかいてい
　介亭
　長衡
伊東甲子太郎　いとうきねたろう
　甲子太郎
　〔藤原〕武明
　〔宇田〕兵衛
伊藤清長　いとうきよなが
　十郎左衛門
　道随
伊藤熊四郎　いとうくましろう
　白斎
伊東玄伯　いとうげんぱく
　玄伯
　玄尚〈幼名〉
　玄昌〈幼名〉
　方成〈雅号〉
伊藤固庵　いとうこあん
　立誠
伊東小左衛門　いとうこざえもん

小左衛門
　〔納屋〕小左衛門
伊藤小平太　いとうこへいた
　春古山
伊藤三右衛門　いとうさんえもん
　半山
伊東重門　いとうしげかど
　采女
伊藤信徳　いとうしんとく
　助左衛門〈通称〉
　信徳
　竹犬子〈別号〉
　梨子園〈別号〉
伊東祐由　いとうすけみち
　祐次
伊藤宗十郎　いとうそうじゅう
　　　　　　　ろう
　祐道
伊藤宗介　いとうそうすけ
　南岳
伊藤忠一　いとうただかず
　孫兵衛
伊藤忠也　いとうただなり
　〔小野〕忠也
　典膳
伊藤潮花　いとうちょうか
　広明堂〈号〉
　潮花
伊東禎蔵　いとうていぞう
　禎蔵
　〔伊藤〕禎蔵
伊藤出羽掾　いとうでわのじょう
　出羽掾
　天下一出羽掾藤原信勝〈別号〉
伊東伝兵衛　いとうでんべえ
　伝兵衛
　〔伊藤〕伝兵衛
伊藤東涯　いとうとうがい
　長胤
　東涯
伊藤直之進　いとうなおのしん
　藤景
伊東長実　いとうながざね
　長次
伊藤梅宇　いとうばいう
　長英
伊藤風国　いとうふうこく
　玄恕〈通称〉
　風国
伊藤不玉　いとうふぎょく
　元順〈名〉
　玄順〈名〉
　潜庵〈号〉
　潜渕庵〈号〉
　不玉
　不玉亭〈号〉
伊藤孫右衛門　いとうまごえもん
　仙右衛門
伊東満所　いとうまんしょ
　満所
　祐益〈本名〉

マンショ
伊藤万年　いとうまんねん
　由貞
伊藤木児　いとうもくじ
　五条坊山逕〈号〉
　五条坊山慶〈号〉
　木児
　柳傘子〈号〉
伊東義賢　いとうよしかた
　義賢
　バルトロメオ〈霊名〉
伊東義勝　いとうよしかつ
　義勝
　ゼロニモ〈霊名〉
伊藤嘉融　いとうよしなが
　益荒
伊藤鹿里　いとうろくり
　忠岱
懿徳天皇　いとくてんのう
　大日本彦耜友尊
井土八蔵　いどはちぞう
　八蔵
　〔高取〕八蔵
井戸平左衛門　いどへいざえもん
　芋代官
　正朋
　平左衛門
糸屋宗貞　いとやむねさだ
　宗貞
　〔打它〕宗貞
井鳥巨雲　いとりきょうん
　為信
井鳥景雲　いとりけいうん
　為長
　影法師
　景雲
　〔道島〕調心
稲垣寒翠　いながきかんすい
　研岳
　武十郎
稲垣隆秀　いながきたかひで
　子華
稲垣白　いながきはくがん
　長章
稲垣藤兵衛　いながきふじべえ
　藤兵衛
　碧峰〈号〉
稲垣棟隆　いながきむねたか
　什助〈通称〉
　棟庵〈号〉
　棟隆
　*山口〈本姓〉
田舎老人多田爺　いなかろうじん
　　　　　　　　ただのじじい
　多田爺
　〔丹波屋〕利兵衛
稲津永豊　いなづえいほう
　長豊
稲津祇空　いなつぎくう
　阿桑門〈号〉
　祇空

玉筍山人〈号〉
空閑人〈号〉
敬雨〈号〉
青流
青流洞〈号〉
石霜庵〈号〉
竹尊者〈号〉
菩提庵〈号〉
有無庵〈号〉
稲富祐直　いなとみすけなお
　一夢
　直家〈名〉
　祐直
稲葉一鉄　いなばいってつ
　良通
稲葉貞通　いなばさだみち
　郡上侍従
　曽禰侍従
　貞通
稲葉典通　いなばのりみち
　彦六侍従
　典通
稲葉正員　いなばまさかず
　〔毛利〕正員
稲葉正純　いなばまさずみ
　采女
稲葉正往　いなばまさゆき
　正通
稲葉正倚　いなばまさより
　正喬
稲飯命　いなひのみこと
　稲氷命
　稲飯命
稲村三伯　いなむらさんぱく
　三伯
　〔海上〕随鴎
稲本梅門　いなもとばいもん
　梅門
猪苗代兼載　いなわしろけんさい
　兼載
猪苗代兼純　いなわしろけん
　　　　　　　　　　　じゅん
　兼純
猪苗代兼如　いなわしろけんにょ
　兼如
猪苗代長珊　いなわしろちょう
　　　　　　　　　　　　さん
　長珊
以南　いなん
　以南
　伊織
　左門〈通称〉
　泰雄〈名〉
伊邇色入彦命　いにしきいりひこ
　　　　　　　　　　のみこと
　伊邇色入彦命
　五十瓊敷入彦命
乾壺外　いぬいこがい
　壺外
犬井貞恕　いぬいていじょ
　治郎兵衛〈通称〉

重次〈名〉
貞恕
犬王　いぬおう
　犬王
　道阿弥
犬上郡兵衛　いぬがみぐんべえ
　永保〈名〉
　郡兵衛
井上如常　いのうえいくつね
　長次郎〈通称〉
　如常
井上市郎太夫　いのうえいちろだゆう
　〔石屋〕三右衛門〈通称〉
　市郎太夫
井上稲丸　いのうえいねまる
　義般〈名〉
　津軽稲丸〈別称〉
　稲丸
井上因磧(4世)　いのうえいんせき
　因磧(4世)
　道節
　*桑原〈本姓〉
井上因磧(5世)　いのうえいんせき
　因節
　因磧(5世)
　三崎策雲〈幼名〉
井上因磧(6世)　いのうえいんせき
　因磧(6世)
　〔伊藤〕春磧〈初名〉
　叟延〈号〉
井上因磧(7世)　いのうえいんせき
　因磧(7世)
　〔岡田〕春達〈本姓〉
井上因磧(10世)　いのうえいんせき
　因砂
　因済
　因随
　因磧(10世)
井上因磧(11世)　いのうえいんせき
　安節
　因徹〈名〉
　因磧(11世)
　橘斎〈別号〉
　幻庵〈号〉
　*橋本〈本姓〉
井上因磧(12世)　いのうえいんせき
　因磧(12世)
　順策〈別称〉
井上因磧(13世)　いのうえいんせき
　因磧(13世)
　〔松本〕錦四郎〈本名〉

井上因磧(14世)　いのうえいんせき
　因磧(14世)
　〔大塚〕亀太郎〈本姓名〉
井上因達　いのうえいんたつ
　因磧(8世)
井上雲扇　いのうえうんせん
　雲扇
井上修　いのうえおさむ
　子勉〈字〉
　修
　千太郎〈通称〉
　復斎
井上織之丞　いのうえおりのじょう
　織之丞
　素良〈名〉
　翼章〈名〉
井上馨　いのうえかおる
　馨
　世外〈号〉
井上毅斎　いのうえきさい
　毅斎〈号〉
　先民〈字〉
　直記〈通称〉
　天覚〈名〉
井上杏安　いのうえきょうあん
　杏安
　光章〈名〉
　子敏〈字〉
井上金峨　いのうえきんが
　金峨
　考槃翁〈別号〉
　純卿〈字〉
　文平〈通称〉
　立元〈名〉
　柳塘閑人〈別号〉
井上矩慶　いのうえくけい
　喜平〈通称〉
　矩慶
井上玄覚　いのうえげんかく
　因磧(2世)
井上玄徹　いのうえげんてつ
　玄徹
　霊叟〈号〉
井上四明　いのうえしめい
　四明〈号〉
　潜〈名〉
　仲竜〈字〉
　*戸口〈本姓〉
井上重厚　いのうえじゅうこう
　重厚
　椿杖斎〈号〉
　柳巣〈号〉
井上春策　いのうえしゅんさく
　因磧(9世)
井上春清　いのうえしゅんせい
　〔井坂〕春清
井上奨輔　いのうえしょうすけ
　奨輔
　正克〈名〉

井上省三　いのうえしょうぞう
　省三
　*伯野〈本姓〉
井上松坪　いのうえしょうへい
　松兵衛
　松坪〈号〉
　辰次
井上士朗　いのうえしろう
　士郎
　士朗
　支朗
　朱樹叟〈号〉
　松翁〈号〉
　正春〈名〉
　専庵〈通称〉
　枇杷園〈号〉
　緑尊〈号〉
井上新七　いのうえしんしち
　新七
　茶全〈号〉
井上井月　いのうえせいげつ
　雲衲井月
　狂言寺
　狂言道人
　孤雲山人
　克三〈号〉
　勝之進〈通称〉
　勝造〈本名〉
　井月
　〔乞食〕井月
　天馬〈号〉
　北越雲水〈号〉
　柳塘漁夫
　柳の家
井上静軒　いのうえせいけん
　謙〈名〉
　謙蔵〈通称〉
　子静〈字〉
　静軒
井上雪渓　いのうえせっけい
　雪渓〈号〉
　沖嘿〈字〉
　有基〈名〉
井上千山　いのうえせんざん
　〔平福屋〕三右衛門〈通称〉
　春曙堂
　千山
　丹頂堂
　風羅堂
　*越智〈本姓〉
井上千之助　いのうえせんのすけ
　義真〈名〉
　千之助
　〔井川〕千之助
井上宗端　いのうえそうたん
　宗端
　竹園〈号〉
　翼之〈字〉
井上親明　いのうえちかあき
　権之助〈幼名〉
　親明

弥五左衛門〈名〉
武兵衛〈名〉
井上竹逸　いのうえちくいつ
　季蔵〈字〉
　玄蔵〈通称〉
　竹逸
　令徳〈名〉
井上遅春　いのうえちしゅん
　〔布屋〕庄右衛門〈通称〉
　正利〈名〉
　遅春
井上稚川　いのうえちせん
　俊良〈別称〉
　稚川
　方正〈名〉
井上肇堂　いのうえちょうどう
　虎源太〈幼名〉
　春瑞
　肇堂
井上通女　いのうえつうじょ
　感通〈別称〉
　玉〈別称〉
　振〈別称〉
　通女
井上東渓　いのうえとうけい
　源蔵〈通称〉
　公棋〈名〉
　考甫〈字〉
　東渓
井上道砂　いのうえどうさ
　因磧(3世)
井上童平　いのうえどうへい
　何尾亭〈号〉
　笛南子〈号〉
　童平
　梅長者〈号〉
　白話〈号〉
　八次郎〈名〉
井上得蕪　いのうえとくぶ
　得蕪
井上富蔵　いのうえとみぞう
　子新〈字〉
　富有〈名〉
　富蔵〈通称〉
井上友貞　いのうえともさだ
　友貞
井上長政　いのうえながまさ
　勘左衛門〈通称〉
　長政
井上南台　いのうえなんだい
　子存〈字〉
　新蔵〈通称〉
　湛〈名〉
　南台〈号〉
井上信重　いのうえのぶしげ
　七左衛門〈通称〉
　信重
井上播磨掾　いのうえはりまのじょう
　市郎兵衛(1代)〈前名〉
　大和少掾

播磨少掾藤原要栄
播磨掾
井上文郁　いのうえぶんいく
　文郁
　〔植田〕有年
井上正貞　いのうえまささだ
　重次
井上正継　いのうえまさつぐ
　下記〈通称〉
　正継
井上瑞枝　いのうえみずえ
　瑞枝
　隆蔵〈通称〉
井上宗次　いのうえむねつぐ
　金光堂〈号〉
　宗次
　猪兵衛〈俗称〉
井上守親　いのうえもりちか
　金光堂〈号〉
　守親
　勇二〈俗称〉
井上八千代(3世)　いのうえやちよ
　〔片山〕春子〈本名〉
　八千代(3世)
井上挹翠　いのうえゆうすい
　〔寺井〕玄東
　挹翠
井上淑蔭　いのうえよしかげ
　英淑〈号〉
　淑蔭
　千顕〈号〉
　多蔵〈幼名〉
　豊麿〈号〉
井上頼圀　いのうえよりくに
　厚載〈号〉
　伯随〈号〉
　頼圀
井上蘭台　いのうえらんだい
　嘉善〈通称〉
　鍋助〈通称〉
　子叔〈字〉
　通熙〈名〉
　縫殿〈通称〉
　蘭台〈号〉
井上良斎　いのうえりょうさい
　良吉〈通称〉
　良斎
井上鹵滴　いのうえろてき
　正七〈名〉
　大渦道人〈別号〉
　鹵滴
稲生若水　いのうじゃくすい
　義〈名〉
　若水
　〔稲〕若水
　彰信〈字〉
　正助〈通称〉
　宣義〈字〉
　白雲道人〈別号〉
伊能忠敬　いのうただたか

勘解由
三郎右衛門〈通称〉
子斉〈字〉
忠敬
東河〈号〉
伊能穎則　いのうひでのり
　穎則
　外記
　藘村〈号〉
　三左衛門〈通称〉
　三造
　梅雨〈号〉
伊能友鴎　いのうゆうおう
　下野
　家憲〈名〉
　〔吉見〕左膳
　大膳〈名〉
　長右衛門〈名〉
　〔吉見〕長左衛門
　友鴎
井口如貞　いのぐちじょてい
　如貞
井ノ口常範　いのくちつねのり
　常範
　〔井口〕常範
猪熊千倉　いのくまちくら
　〔卜部〕兼吉〈本名〉
　千倉
猪子高就　いのこたかなり
　兵介
猪瀬東寧　いのせとうねい
　恕〈名〉
　超光〈別号〉
　東寧
　晩香堂〈別号〉
猪隼太　いのはやた
　高直〈名〉
　隼太
伊庭是水軒　いばぜすいけん
　秀明〈諱〉
　是水軒
井原応輔　いはらおうすけ
　栄江〈通称〉
　応輔〈通称〉
　徳道〈名〉
伊舟城源一郎　いばらぎげんいちろう
　源一郎
　宗一郎〈通称〉
　致美〈名〉
茨木重謙　いばらきしげかね
　理兵衛
茨木春朔　いばらきしゅんさく
　春朔
　〔地黄坊〕樽次
茨木パウロ　いばらぎぱうろ
　パウロ
　ポーロ
井原西鶴　いはらさいかく
　鶴永〈別号〉
　四千翁〈別号〉

松寿軒〈別号〉
松風軒〈別号〉
西鵬〈別号〉
西鶴
〔平山〕藤五〈本名〉
二万翁〈別号〉
二万堂〈別号〉
井原道閑　いはらどうえつ
　主信〈名〉
　道閑
衣非茂記　いびしげき
　茂記
　〔衣斐〕茂記
伊吹東恕　いぶきとうじょ
　東恕
伊兵衛　いへえ
　伊兵衛
　治兵衛
　マチヤス〈聖名〉
井部健斎　いべけんさい
　健斎
　潜〈名〉
　潜蔵〈通称〉
井部香山　いべこうざん
　香山
　子鶴〈字〉
　万三郎〈通称〉
　鳴〈名〉
今井兼隆　いまいかねたか
　兼隆
　平左衛門〈通称〉
今井兼規　いまいかねのり
　兼規〈名〉
　崑山〈号〉
　子範〈字〉
今井兼庭　いまいけんてい
　官蔵〈通称〉
　兼庭
　赤城〈号〉
今井弘済　いまいこうさい
　弘済〈名〉
　将興〈字〉
　知足軒
　魯斎〈号〉
今井惟典　いまいこれすけ
　惟典
　金衛門〈通称〉
　紐蘭〈号〉
今井栄　いまいさかえ
　栄
　敬義〈名〉
今井三郎右衛門　いまいさぶろうえもん
　三郎右衛門
　文通〈字〉
　有志〈名〉
今井似閑　いまいじかん
　偃鼠亭〈号〉
　見牛〈号〉
　〔大文字屋〕市兵衛
　自閑〈通称〉

似閑〈通称〉
小四郎〈通称〉
今井師聖　いまいしせい
　九郎右衛門〈通称〉
　師聖
今泉今右衛門(5代)　いまいずみいまえもん
　覚左衛門〈名〉
　今右衛門(5代)
今泉蟹守　いまいずみかにもり
　蟹守
　御蒼生
　胏隣居〈別号〉
　隼太〈通称〉
　則才〈名〉
　鞆の屋〈号〉
　梨樹園〈別号〉
今泉素月　いまいずみそげつ
　素月
今泉千春　いまいずみちはる
　尚文〈名〉
　千春
今井箋斎　いまいせんさい
　箋斎
　利和〈名〉
今井宗久　いまいそうきゅう
　久秀〈名〉
　兼員〈名〉
　彦右衛門〈通称〉
　昨夢斎〈号〉
　宗久〈号〉
　〔納屋〕宗久
　宗休〈号〉
今井宗薫　いまいそうくん
　兼久〈名〉
　宗薫〈号〉
　単丁斎〈号〉
今井太郎右衛門　いまいたろうえもん
　似幽〈号〉
　太郎右衛門
　〔毛利〕用達
今井桐軒　いまいどうけん
　可汲〈字〉
　順〈名〉
　桐軒〈号〉
今井永武　いまいながたけ
　永武
　彦十郎〈通称〉
今井潜　いまいひそむ
　晦堂〈号〉
　才次郎〈通称〉
　子竜〈字〉
　潜
今井柳荘　いまいりゅうそう
　鷗翁〈号〉
　礒右衛門〈通称〉
　古松亭〈別号〉
　市中庵〈別号〉
　叔達〈字〉
　成章〈名〉

柳荘
今枝直方　いまえだなおかた
　楽木〈号〉
　喬〈名〉
　内記
　直方
　八右衛門〈通称〉
　懋遜〈字〉
　民部〈字〉
今枝夢梅　いまえだむばい
　譲助〈通称〉
　潜〈名〉
　大魚〈字〉
　沖雲〈字〉
　夢梅〈雅号〉
今大路親昌　いまおおじちかまさ
　〔曲直瀬〕親昌
　藤三〈通称〉
今大路道三　いまおおじどうさん
　玄鑑〈別称〉
　〔曲直瀬〕玄鑑
　親清〈名〉
　道三
今大路悠山　いまおおじゆうさん
　源秀〈諱〉
　悠山
今尾清香　いまおきよか
　逸平〈通称〉
　瞿麦園〈号〉
　清香
　〔奥河内〕清香
今尾祐迪　いまおゆうてき
　増太郎〈通称〉
　祐迪
今川氏真　いまがわうじざね
　五郎〈幼名〉
　氏真
　宗関
今川貞世　いまがわさだよ
　貞世
　了俊
今川仲秋　いまがわなかあき
　国泰
今城崑山　いまきけんざん
　崑山〈号〉
　公紀〈字〉
　周右衛門〈通称〉
　世綱〈名〉
今北洪川　いまきたこうせん
　虚舟〈号〉
　洪川〈号〉
　宗温〈諱〉
今城嬉子　いまきたつこ
　孝順院〈号〉
　嬉子
　〔藤原〕嬉子
新漢人旻　いまきのあやひとみん
　新漢人日文
　僧旻
　旻
今小路範成　いまこうじのりしげ

孝兵衛〈通称〉
範成
今津桐園　いまずとうえん
　岐山〈別号〉
　喜三郎〈通称〉
　治平〈通称〉
　桐園
　鳳〈名〉
　鳴卿〈字〉
　*竹屋〈本姓〉
今田五雲　いまだごうん
　五雲
今立春山　いまだてしゅんざん
　五郎太夫〈通称〉
　春山
　有慶〈通称〉
今田靱負　いまだゆげい
　靱負
　靖之〈名〉
今出川院　いまでがわいん
　〔藤原〕嬉子〈諱〉
　今出川院
今出川実順　いまでがわさねあや
　実順
　〔菊亭〕実順〈別名〉
今出川晴季　いまでがわはるすえ
　晴季
今西正立　いまにしせいりゅう
　春芳〈名〉
　正立
　白野〈号〉
　陽甫〈字〉
今林准后　いまばやしじゅごう
　〔藤原〕貞子
今堀登代太郎　いまほりとよたろう
　越前守能済〈別称〉
　登代太郎
今村一鶚　いまむらいちおう
　一鶚〈号〉
　節〈名〉
　直方〈字〉
今村市兵衛　いまむらいちべえ
　英生
今村粂之助　いまむらくめのすけ
　粂之助
　〔村山〕粂之助〈初名〉
今村七三郎(1代)　いまむらしちさぶろう
　〔高橋〕元次郎〈前名〉
　七三郎(1代)
　〔坂田〕半三郎〈初名〉
今村七三郎(2代)　いまむらしちさぶろう
　〔三保木〕七三郎〈前名〉
　七三郎(2代)
今村岨雲　いまむらそうん
　岨雲
　長ание
　長蔵〈幼名〉
今村楽　いまむらたのし

楽
虎成
　子成〈字〉
　渋柿蒂成〈狂号〉
　丹次〈通称〉
今村知商　いまむらちしょう
　仁兵衛〈通称〉
　知商
今村百八郎　いまむらひゃくはち
ろう
　増賀〈名〉
　百八郎
今村不僧　いまむらふそう
　喜兵衛〈名〉
　江村軒〈別号〉
　辰千代〈幼名〉
　正員〈諱〉
　不僧
今村文吾　いまむらぶんご
　子約〈字〉
　宗博〈名〉
　松斎〈号〉
　文吾
今村弥次兵衛(1代)　いまむらやじべえ
　巨関
　弥次兵衛(1代)
今村弥次兵衛(2代)　いまむらやじべえ
　三之丞
　正一
　弥次兵衛(2代)
今村弥次兵衛(3代)　いまむらやじべえ
　如猿〈号〉
　弥次兵衛(3代)
今村了庵　いまむらりょうあん
　祇卿〈字〉
　復庵〈初号〉
　了庵
　亮〈名〉
　*山県〈本姓〉
惟明瑞智　いみょうずいち
　瑞智
伊村鶚沙　いむらおうしゃ
　一筆坊〈号〉
　逸筆坊〈号〉
　鶚沙
　瓜狐庵〈号〉
　過去庵〈号〉
　十六林〈号〉
　巴竜舎〈号〉
　墨狂〈号〉
壱与　いよ
　台与
伊与部馬養　いよべのうまかい
　馬養
　〔伊予部〕馬養
　〔伊余部〕馬養
伊良子光顕　いらここうけん
　光顕

無荒堂〈号〉
伊良子大洲　いらこたいしゅう
　子成〈字〉
　子典〈字〉
　大洲〈号〉
　中蔵〈通称〉
　弥左衛門〈通称〉
伊良子道牛　いらこどうぎゅう
　見道〈号〉
　好在〈諱〉
　助左衛門〈通称〉
　道牛
　無逸〈号〉
入江九一　いりえくいち
　杉蔵
入江若水　いりえじゃくすい
　兼通〈名〉
　子徹〈字〉
　若水
入江修敬　いりえしゅうけい
　一学〈別称〉
　修敬
　東阿〈号〉
　平馬〈通称〉
　竜渚〈号〉
入江太華　いりえたいか
　幸三郎〈通称〉
　駿〈名〉
　千里〈字〉
　太華〈号〉
入江淡　いりえたん
　宗記
　親周〈諱〉
　淡
　東山〈号〉
入江長八　いりえちょうはち
　長八
　〔伊豆〕長八
　〔江竹〕長八〈別名〉
入江東阿　いりえとうあ
　修敬
　平馬
入江南溟　いりえなんめい
　幸八〈通称〉
　子園〈字〉
　滄浪居士〈別号〉
　忠囲〈名〉
　南溟
入江寧　いりえねい
　皆助〈通称〉
　子道〈字〉
　寧〈名〉
入江弘毅　いりえひろき
　九一〈通称〉
　弘毅
　杉蔵
　子遠〈字〉
　〔河島〕小太郎〈別名〉
入江北海　いりえほっかい
　子実〈字〉
　貞〈名〉

北海〈号〉
与右衛門〈通称〉
入江昌熹　いりえまさよし
　昌熹〈名〉
　長翁〈号〉
　白沢老人〈号〉
　〔榎並屋〕半次郎〈通称〉
　幽遠窟〈号〉
入田披雲　いりたひうん
　賛平〈幼名〉
　披雲〈号〉
　竜吾〈号〉
入谷澄士　いりやちょうし
　桂舎〈舎号〉
　主水〈通称〉
　修蔵〈名〉
　小平〈通称〉
　待月〈俳号〉
　澄士
入庸昌　いりょうしょう
　章可〈号〉
　貞嘗〈名〉
　弥左衛門〈通称〉
　万四郎
　庸昌
磐井　いわい
　磐井
　〔筑紫〕磐井
岩井伊左衛門　いわいいざえもん
　伊左衛門
　伊助〈別名〉
岩井喜世太郎(1代)　いわいきよたろう
　喜世太郎(1代)
　〔菊川〕喜世太郎(2代)〈前名〉
　甚之助〈初名〉
岩井紫若(3代)　いわいしじゃく
　〔嵐〕栄三郎〈前名〉
　紫若(3代)
岩井宗雪　いわいそうせつ
　彦右衛門〈通称〉
　宗雪
岩井半四郎(1代)　いわいはんしろう
　長四郎〈通称〉
　半之助〈前名〉
　半四郎(1代)
岩井半四郎(2代)　いわいはんしろう
　亀松〈初名〉
　半四郎(2代)
岩井半四郎(3代)　いわいはんしろう
　竹松〈初名〉
　半四郎(3代)
岩井半四郎(4代)　いわいはんしろう
　〔松本〕七蔵〈前名〉
　〔松本〕長松〈初名〉
　半四郎(4代)

岩井半四郎(5代)　いわいはんしろう
　粂三郎(1代)〈前名〉
　杜若〈別名〉
　半四郎(5代)
　柳島庵〈別号〉
岩井半四郎(6代)　いわいはんしろう
　久次郎〈幼名〉
　粂三郎(2代)〈前名〉
　半四郎(6代)
岩井半四郎(7代)　いわいはんしろう
　紫若(1代)〈前名〉
　小紫〈初名〉
　松之助〈前名〉
　半四郎(7代)
岩井半四郎(8代)　いわいはんしろう
　久次郎〈初名〉
　粂三郎(3代)〈前名〉
　紫若(2代)〈前名〉
　半四郎(8代)
岩井与左衛門　いわいよざえもん
　江戸屋
　与右衛門
岩尾行吉　いわおゆきよし
　〔大井〕行吉
岩垣月洲　いわがきげっしゅう
　月洲
　〔巌垣〕月洲
　六蔵
　〔巌垣〕六蔵
巌垣彦明　いわがきひこあき
　彦明〈名〉
　竜渓〈号〉
巌垣松苗　いわがきまつなえ
　維光〈初名〉
　謙亭〈号〉
　松苗
　東園〈号〉
岩吉　いわきち
　岩吉
　伝吉〈通称〉
磐隈皇女　いわくまのこうじょ
　磐隈皇女
　夢皇女
岩倉具視　いわくらともみ
　華竜
　具視
　周丸〈小字〉
　対岳〈号〉
岩倉山吉兵衛　いわくらやまきちべえ
　〔錺屋〕吉兵衛
岩佐勝重　いわさかつしげ
　源兵衛〈号〉
　勝重
岩佐勝以　いわさかつもち
　勝以〈号〉
　又兵衛

岩崎梧泉　いわさきごせん
　梧泉
　〔大鯛屋〕清兵衛〈通称〉
岩崎秋溟　いわさきしゅうめい
　左馬之助〈通称〉
　秋溟
　馬之助
岩下貞融　いわしたさだあき
　桜園〈号〉
　管山〈号〉
　貞融
　*滋野〈本姓〉
岩下探春　いわしたたんしゅん
　吉左衛門〈通称〉
　大雅〈字〉
　探春
　探春亭〈号〉
　通亮〈諱〉
岩下方平　いわしたまさひら
　左次右衛門〈通称〉
　方平
岩田盛弘　いわたもりひろ
　休徳
　盛弘
　内蔵助〈通称〉
岩田涼菟　いわたりょうと
　権七郎〈通称〉
　神風館(3世)〈号〉
　正致〈名〉
　団友〈号〉
　団友斎〈号〉
　又次郎〈通称〉
　涼菟
岩付太郎左衛門　いわつけたろうざえもん
　持明〈名〉
　太郎左衛門
　夢鷹〈号〉
岩波喜山　いわなみきざん
　喜山
　雪散舎其残〈号〉
磐姫皇后　いわのひめのこうごう
　磐之媛命
　磐姫皇后
岩間誠之　いわましげゆき
　金平〈通称〉
　誠之
岩松家純　いわまついえずみ
　家純
　長純〈本名〉
岩松尚純　いわまつひさずみ
　〔新田〕尚純
岩松徳純　いわまつよしずみ
　〔新田〕徳純
岩間信随　いわまのぶより
　〔米沢〕信随
岩間政廬　いわままさよし
　金右衛門〈名〉
　金蔵〈名〉
　政廬

岩本乾什(1代)　いわもとけんじゅう
　　乾什(1代)
岩本昆寛　いわもとこんかん
　　〔浅井〕喜三郎〈本姓名〉
　　昆寛
　　春曙堂〈号〉
　　南甫〈号〉
　　白峰亭〈号〉
岩本子英　いわもとしえい
　　子英
　　〔山本〕子英
岩本正倫　いわもとまさのり
　　石見守
岩山道堅　いわやまどうけん
　　道堅
隠巌衍真尼　いんがんえんしんに
　　衍真尼
隠元　いんげん
　　隠元
　　大光普照国師
　　隆埼
　　隆埼〈諱〉
殷元良　いんげんりょう
　　延器〈字〉
　　元良
　　真牛〈童名〉
　　庸昌〈諱〉
　　〔座間味〕庸昌
寅哉　いんさい
　　寅哉
　　信智〈字〉
　　法蓮社要誉〈号〉
印定　いんじょう
　　印定
　　法爾院〈院号〉
引拙　いんせつ
　　引拙
　　引雪
　　印雪
犬童頼兄　いんどうよりもり
　　〔相良〕清兵衛
　　相良兵部〈別称〉
　　頼兄
允能　いんのう
　　允能
　　三位〈別称〉
殷富門院　いんぷもんいん
　　殷富門院
　　亮子内親王
斎部広成　いんべのひろなり
　　広成
　　〔物部〕広成

【う】

宇井黙斎　ういもくさい
　　弘篤〈名〉
　　小一郎〈通称〉
　　信卿〈字〉
　　黙斎〈号〉

外郎　ういろう
　　外郎
　　〔陳〕外郎
鵜浦有磧　ううらゆうせき
　　盛善〈号〉
　　尊祖〈号〉
　　有磧
上河淇水　うえかわきすい
　　淇水
　　正揚〈名〉
植木悦　うえきえつ
　　悦
　　東林山人〈号〉
上島鬼貫　うえしまおにつら
　　鬼貫
　　槿花翁〈号〉
　　犬居士〈別号〉
　　宗邇〈名〉
　　馬楽童〈号〉
　　仏兄〈号〉
　　与惣兵衛〈通称〉
　　曜々哩〈別号〉
上杉氏憲　うえすぎうじのり
　　氏憲
　　禅秀〈号〉
上杉快尊　うえすぎかいそん
　　快尊
上杉景勝　うえすぎかげかつ
　　会津中納言
　　景勝
　　米沢中納言
上杉景虎　うえすぎかげとら
　　〔武田〕三郎
上杉謙信　うえすぎけんしん
　　輝虎
　　景虎
　　〔長尾〕景虎
　　謙信
上杉綱憲　うえすぎつなのり
　　景倫
上杉憲勝　うえすぎのりかつ
　　憲勝
　　〔七沢〕七郎
上杉憲定　うえすぎのりさだ
　　安房守
　　憲定
　　長基〈法名〉
上杉憲実　うえすぎのりざね
　　〔高巌〕長棟
上杉憲孝　うえすぎのりたか
　　憲孝
　　大梁敬公〈法名〉
上杉治憲　うえすぎはるのり
　　治憲
　　鷹山
上杉義春　うえすぎよしはる
　　〔上条〕宜順斎
　　義春
　　〔畠山〕義春
　　〔上条〕政繁
上田秋成　うえだあきなり

休西〈号〉
御園〈俳号〉
秋也〈字〉
秋成〈字〉
鶉介〈号〉
鶉居
鶉翁〈号〉
蚋蔵主〈号〉
剪枝畸人〈俳号〉
東作(藤作)〈通称〉
二苫翁〈号〉
無腸〈号〉
和訳太郎〈俳号〉
植田乙次郎　うえだおとじろう
　　乙次郎
　　〔上田〕乙次郎
上田楠次　うえだくすじ
　　〔江口〕大蔵
　　楠次
上田重秀　うえだしげひで
　　但馬守
上田重安　うえだしげやす
　　主水正
　　宗箇
上田宗児　うえだそうじ
　　宗児
　　〔後藤〕深造
　　〔後藤〕深蔵
上田仲敏　うえだなかとし
　　菊の家〈号〉
　　帯刀〈通称〉
　　仲敏
上田鳳陽　うえだほうよう
　　鳳陽
　　茂右衛門〈通称〉
上田主水　うえだもんど
　　主水
　　宗古〈号〉
上田宜珍　うえだよしうず
　　元作
上野俊之丞　うえのとしのじょう
　　英乗〈号〉
　　俊之丞
上野彦馬　うえのひこま
　　季渓〈号〉
　　彦馬
上野屋伊右衛門　うえのやいえもん
　　伊右衛門
　　家文〈号〉
上原賢家　うえはらかたいえ
　　賢家
　　〔物部〕賢家
上原元秀　うえはらもとひで
　　元秀
　　〔物部〕元秀
植松自謙　うえまつじけん
　　自謙
　　〔出雲屋〕和助
植松是勝　うえまつぜしょう
　　〔中村〕勝蔵

是勝
植村信安　うえむらしんあん
　信安
　〔椁歌斎〕信安
植村宗峰　うえむらそうほう
　〔升屋〕九右衛門〈俗称〉
　宗峰
上村長国　うえむらながくに
　沙弥洞然〈法名〉
　長国
植村政勝　うえむらまさかつ
　新甫〈号〉
　政勝
植村正道　うえむらまさみち
　河東隠士〈号〉
　松風庵〈号〉
　正道
右衛門佐局　うえもんのすけのつぼね
　右衛門佐局
　常磐井〈号〉
鵜飼大俊　うがいたいしゅん
　大俊
　独正堂〈号〉
　碧窓〈号〉
　法蓮社性誉円阿〈別称〉
鵜飼徹定　うがいてつじょう
　杞憂道人
　徹定
　〔養鸕〕徹定
鵜飼錬斎　うがいれんさい
　金平
　錬斎
浮田一蕙　うきたいっけい
　一蕙
　〔右喜多〕一蕙
宇喜多秀家　うきたひでいえ
　休復
　秀家
　成元
　〔羽柴〕八郎
宇久純尭　うくすみたか
　〔五島〕ルイス
羽紅　うこう
　羽紅
　とめ〈通称〉
雨考　うこう
　雨考
　〔石井〕勝右衛門〈通称〉
　夜話亭〈号〉
烏黒　うこく
　烏黒
　応心〈名〉
　休翁〈号〉
　枯木庵〈号〉
　広卿〈号〉
　無生居士〈号〉
　陸運士〈号〉
宇佐美定行　うさみさだゆき
　定行

良勝〈別名〉
宇佐美実政　うさみさねまさ
　〔大見〕実政
鵜沢是橘　うざわぜきつ
　是橘
氏家卜全　うじいえぼくぜん
　直元〈名〉
　卜全
氏家行広　うじいえゆきひろ
　行広
　〔荻野〕道喜
潮田高教　うしおだたかのり
　高教
　〔原田〕斧右衛門〈変名〉
　又之丞
宇治加賀掾　うじかがのじょう
　加賀掾
　加賀掾藤原好澄〈受領号〉
　嘉太夫
　嘉太夫(1代)〈前名〉
　竹翁〈晩年〉
宇治紫文(1世)　うじしぶん
　〔勝田〕権左衛門〈本名〉
　紫文(1世)
　紫文斎
　千種庵(2世)
牛島盛庸　うしじませいよう
　鶴渓〈号〉
　盛庸
牛太夫　うしだゆう
　牛太夫
　牛阿〈法名〉
宇治屋三郎右衛門　うじやさぶろうえもん
　三郎右衛門
　〔増田〕三郎右衛門
　〔増田〕有我〈別名〉
臼井治堅　うすいはるかた
　銀杏下〈号〉
　治堅
臼杵駿平　うすきしゅんぺい
　横波〈号〉
　駿平
有節瑞保　うせつずいほう
　瑞保
右大将道綱母　うだいしょうみちつなのはは
　右大将道綱母
　道綱母
　〔藤原〕道綱母
　〔藤原〕倫寧女
歌川きん　うたがわきん
　国花女
　きん
歌川国郷　うたがわくにさと
　〔立川斎〕国郷
歌川国輝(2代)　うたがわくにてる
　〔山田〕国次郎
　国輝(2代)
歌川国虎　うたがわくにとら

久米蔵〈俗称〉
　国虎
歌川国宗(2代)　うたがわくにむね
　国政(2代)
歌川国芳　うたがわくによし
　国芳
　〔井草〕孫三郎
歌川貞虎　うたがわさだとら
　貞虎
歌川貞秀　うたがわさだひで
　〔橋本〕謙次郎
　貞秀
　〔橋本〕貞秀
　〔五雲亭〕貞秀
宇田川榛斎　うだがわしんさい
　玄真
　〔安岡〕玄真
　榛斎
歌川豊国(1代)　うたがわとよくに
　豊国(1代)
　〔倉橋〕熊吉
歌川豊国(2代)　うたがわとよくに
　豊国(2代)
　豊重
歌川豊国(3代)　うたがわとよくに
　一雄斎〈号〉
　五渡亭〈号〉
　国貞
　〔角田〕庄蔵〈本姓名〉
　豊国(3代)
歌川豊国(4代)　うたがわとよくに
　国政(2代)
　国貞(2代)
　豊国(4代)
歌川豊久(1代)　うたがわとよひさ
　〔梅花亭〕豊久
歌川広重(2代)　うたがわひろしげ
　広重(2代)
　〔鈴木〕鎮平
歌川広近(1代)　うたがわひろちか
　広近(1代)
歌川広近(2代)　うたがわひろちか
　〔安藤〕広近
　広近(2代)
歌川芳員　うたがわよしかず
　一寿斎〈別号〉
　芳員
歌川芳玉　うたがわよしたま
　〔清水〕玉〈通称〉
　芳玉
歌川芳虎　うたがわよしとら
　〔永島〕辰五郎

芳虎
　〔孟斎〕芳虎
歌川芳延　うたがわよしのぶ
　芳延
　〔松本〕芳延
歌川芳盛　うたがわよしもり
　〔三木〕作蔵
　芳盛
歌沢笹丸　うたざわささまる
　寅右衛門(1代)
哥沢芝金(1代)　うたざわしば
　　きん
　〔柴田〕金吉
　〔柴田〕金蔵
　芝金(1代)
　土佐掾
宇多太左衛門　うだたざえもん
　太左衛門
　〔大村〕兵之丞
宇多天皇　うだてんのう
　宇多天皇
　寛平法皇
　亭子院帝
打越樸斎　うちこえぼくさい
　弥八〈通称〉
　樸斎〈号〉
　樸斎
内田橘水　うちだきょうすい
　橘水
内田沽山　うちだせんざん
　玉桂坊〈別号〉
　桂二坊〈別号〉
　行輔坊
　沽山
内田鵜洲　うちだていしゅう
　頑石
内神屋九節　うちのかみやきゅう
　　せつ
　九節
内本宗英　うちもとそうえい
　宗英
内山賀邸　うちやまがてい
　賀邸
　椿軒〈号〉
内山七郎右衛門　うちやましちろ
　　うえもん
　七郎右衛門
　良休〈名〉
内山真弓　うちやままゆみ
　聚芳園〈号〉
　真弓
宇中　うちゅう
　宇中
　桜烏仙〈号〉
　〔薬種屋〕治平〈通称〉
　寂保斎〈号〉
　不五舎人〈号〉
　北花坊〈号〉
宇津木静斎　うつぎせいさい
　靖道
宇津宮有允　うつのみやありすけ

有允
　〔宇都宮〕有允
宇都宮興綱　うつのみやおきつな
　〔芳賀〕興綱
宇津宮堯珉　うつのみやぎょう
　　みん
　堯珉
　〔宇都宮〕堯珉
宇都宮信房　うつのみやのぶふさ
　〔中原〕信房
宇都宮正顕　うつのみやまさあき
　漁叟〈号〉
　正顕
宇都宮黙霖　うつのみやもくりん
　覚了〈僧名〉
　鶴梁〈僧名〉
　黙霖
宇都宮頼綱　うつのみやよりつな
　頼綱
　蓮生
宇都宮竜山　うつのみやりゅう
　　ざん
　竹雪山房〈別号〉
　百八山人〈別号〉
　竜山
内海吉造(4代)　うつみきちぞう
　吉造(4代)
　松齢堂〈号〉
　陶山〈号〉
内海宗恵　うつみそうけい
　宗恵
　〔播磨屋〕長右衛門
内海椿水　うつみちんすい
　帰山〈別号〉
　椿水
　螺山〈別号〉
烏亭焉馬(1世)　うていえんば
　〔立川〕焉馬〈号〉
　焉馬(1世)
　談州楼〈別号〉
　桃栗山人〈別号〉
　〔中村〕利貞〈本名〉
　〔和泉屋〕和助〈通称〉
　*中村〈本姓〉
烏亭焉馬(2世)　うていえんば
　焉馬(2世)
　〔蓬莱〕山人(2代)
　七国楼〈別号〉
　蓬莱山人(2代)〈別号〉
腕崎検校　うでさきけんぎょう
　衣一〈名〉
　検校
　絹一〈名〉
　*宇手佐喜〈姓〉
　*宇手崎〈姓〉
腕の喜三郎　うでのきさぶろう
　〔野出の〕喜三郎
　腕の喜三郎
于当　うとう
　于当
　〔三津川〕于当

弥右衛門〈通称〉
宇野長七　うのちょうしち
　〔六郷〕新三郎(1代)〈別名〉
　長七〈初名〉
　長斎〈別号〉
宇野明霞　うのめいか
　士新
　明霞
姥柳時莘　うばやぎときなが
　時莘
　有莘〈別号〉
右兵衛局　うひょうえのつぼね
　〔入江〕伊津子
馬井六右衛門　うまいろくえもん
　六右衛門
　ヨハネ〈聖名〉
馬詰権之助　うまずめごんのすけ
　権之助
　親音〈名〉
馬田柳浪　うまたりゅうろう
　〔稗海亭〕柳浪
馬毘登国人　うまのひとくにひと
　〔武生〕国人
馬夷麻呂　うまのひなまろ
　夷麻呂
　〔馬史〕比奈麻呂
梅津其雫　うめずきだ
　外記
　其雫
　忠昭〈名〉
　白雲洞〈号〉
　半右衛門〈世襲名〉
　誹泉〈号〉
　撫松〈号〉
梅津利忠　うめづとしただ
　梅叟
梅園直雨　うめぞのちょくう
　敏行
梅田雲浜　うめだうんぴん
　雲浜
　湖南〈別号〉
　東塢〈別号〉
梅田しん　うめだしん
　〔上原〕しん
埋忠明寿　うめただみょうじゅ
　明寿
梅田杢之丞　うめだもくのじょう
　治忠〈名〉
　杢之丞
梅辻規清　うめつじのりきよ
　規清
　〔賀茂〕規清
梅廼家鶴寿　うめのやかくじゅ
　鶴寿
　〔松枝〕鶴寿
　〔梅屋〕鶴寿
梅原貞為　うめはらていい
　貞為
梅暮里谷峨(1世)　うめぼりこ
　　くが
　谷峨(1世)

遊里山人〈号〉
　〔反町〕与左衛門
礼仁親王　うやひとしんのう
　哲宮
　礼仁親王
浦上春琴　うらがみしゅんきん
　春琴
　睡庵〈別号〉
　二卿〈別号〉
　文鏡亭〈別号〉
浦上盛栄　うらがみもりひで
　渓南〈号〉
　盛栄
浦田蘆本　うらだろほん
　蘆本
浦野知周　うらのともちか
　隅叟〈別号〉
　知周
卜部兼延　うらべかねのぶ
　〔吉田〕兼延
裏松固禅　うらまつこぜん
　固禅〈号〉
　光世〈名〉
羽笠　うりゅう
　羽笠
　弥太郎
　〔橘屋〕弥右衛門〈通称〉
上野家文　うわのかぶん
　家文
上部貞水　うわべさだなが
　〔度会〕貞永
上矢厳氷　うわやこうひょう
　厳氷
雲外玄嶂　うんがいげんしょう
　玄嶂
雲渓支山　うんけいしざん
　支山
雲鼓　うんこ
　雲鼓
　〔堀内〕雲鼓
　迎光庵〈号〉
　助給〈号〉
　千百翁〈号〉
雲居　うんご
　雲居
　大悲円満国師
　把不住軒〈号〉
雲岡舜徳　うんこうしゅんとく
　俊徳
　舜徳
雲谷等顔　うんこくとうがん
　治平〈通称〉
　等顔
運敞　うんしょう
　運敞
　泊如〈号〉
雲章一慶　うんしょういっけい
　一慶
雲沢韶興　うんたくしょうこう
　韶興
雲幢　うんどう

雲幢
　幻華菴〈号〉
　深信院〈院号〉
海野蠖斎　うんのかくさい
　瑷〈名〉
　蠖斎
　君玉〈字〉
　也玉斎〈号〉
海野紫爛　うんのしらん
　紫爛〈号〉
　弥平四郎〈通称〉
雲峰等悦　うんぽうとうえつ
　等悦
雲裡　うんり
　雲裡
　三四庵〈号〉
　杉夫〈号〉
　鳥巣仁〈号〉
　無名庵(5世)〈号〉
　有椎庵〈号〉
雲林院文造(2代)　うんりんいん
　　　　　　　　ぶんぞう
　安平康成
　文造(2代)
雲林院文造(3代)　うんりんいん
　　　　　　　　ぶんぞう
　文造(3代)
　熊之助康為
雲林院文造(4代)　うんりんいん
　　　　　　　　ぶんぞう
　安兵衛為宗
　文造(4代)
雲林院文造(5代)　うんりんいん
　　　　　　　　ぶんぞう
　安平
　文造(5代)
雲林院文造(6代)　うんりんいん
　　　　　　　　ぶんぞう
　文造(6代)
　熊之助
雲林院文造(7代)　うんりんいん
　　　　　　　　ぶんぞう
　文蔵
　〔宝山〕文蔵
雲林院文造(8代)　うんりんいん
　　　　　　　　ぶんぞう
　九左(右)衛門
　文造(8代)
雲林院文造(9代)　うんりんいん
　　　　　　　　ぶんぞう
　安兵衛
　文造(9代)
雲林院文造(10代)　うんりんいん
　　　　　　　　ぶんぞう
　安平
　文造(10代)
雲林院文造(12代)　うんりんいん
　　　　　　　　ぶんぞう
　文造(12代)

　熊之助
雲林院文造(13代)　うんりんいん
　　　　　　　　ぶんぞう
　安右衛門
　文造(13代)
雲林院文造(14代)　うんりんいん
　　　　　　　　ぶんぞう
　文造(14代)
　平兵衛
雲林院文造(15代)　うんりんいん
　　　　　　　　ぶんぞう
　文造(15代)
　熊之助
雲林院文造(16代)　うんりんいん
　　　　　　　　ぶんぞう
　文造(16代)
　文蔵

【え】

永安門院　えいあんもんいん
　永安門院
　穠子内親王
　理知覚〈号〉
永応女王　えいおうじょおう
　文応女王
栄賀　えいが
　栄賀
永嘉門院　えいかもんいん
　永嘉門院
　瑞子女王
英岩希雄　えいがんきゆう
　希雄
叡空　えいくう
　叡空
　慈眼房
頴玄　えいげん
　法界坊
永悟法親王　えいごほうしんのう
　永悟法親王
　貴平親王
栄実　えいじつ
　千寿丸
永寿堂　えいじゅどう
　永寿堂
　三巴亭〈号〉
　三巴亭青〈号〉
　松壱舎〈号〉
　松泉堂〈号〉
　〔西村屋〕与八〈通称〉
英俊　えいしゅん
　英俊
　雪華谷〈号〉
栄松斎長喜　えいしょうさいちょうき
　〔百川〕子興
　長喜
　*百川〈本姓〉
永崇尼　えいすうに
　永崇尼
　永崇尼

養徳院〈陰号〉
叡尊　えいそん
　叡尊
　興正菩薩
　思円〈字〉
栄尊　えいそん
　栄尊
　神子〈号〉
永忠　えいちゅう
　永忠
　*秋篠〈姓〉
盈仁法親王　えいにんほうしんのう
　盈仁法親王
　嘉種親王
栄姫　えいひめ
　大涼院
　ねね姫
永福門院　えいふくもんいん
　永福門院
　〔藤原〕鏱子
英甫永雄　えいほえいゆう
　永雄
　雄長老
永陽門院　えいようもんいん
　永陽門院
　久子内親王
永楽善五郎(2代)　えいらくぜんごろう
　宗善
　宗禅
　善五郎(2代)
永楽善五郎(4代)　えいらくぜんごろう
　宗善
　宗雲
　善五郎(4代)
永楽善五郎(5代)　えいらくぜんごろう
　宗筌
　善五郎(5代)
永楽善五郎(6代)　えいらくぜんごろう
　宗貞
　宗員
　善五郎(6代)
永楽善五郎(7代)　えいらくぜんごろう
　宗順
　善五郎(7代)
永楽善五郎(8代)　えいらくぜんごろう
　宗円
　善五郎(8代)
永楽善五郎(9代)　えいらくぜんごろう
　宗厳
　善五郎(9代)
永楽保全　えいらくほぜん
　〔西村〕善五郎(11代)
　保全

恵運　えうん
　安祥寺僧都
　恵運
*安曇〈姓〉
慧雲　えうん
　甘露〈号〉
　慧雲
慧隠　えおん
　慧隠
　志賀漢人慧隠
慧海　えかい
　慧海
　白雪廬主〈号〉
　芙蓉峰〈号〉
　竜音院〈院号〉
慧海　えかい
　潮音
江上栄之進　えがみえいのしん
　栄之進
　磨魂舎〈号〉
江上栄之進　えがみえいのしん
　武要
江川宗隣　えがわそうりん
　宗隣
　〔桂〕宗隣
　利政(1代)
江川太郎左衛門　えがわたろうざえもん
　英竜
　太郎左衛門
　坦奄〈号〉
恵灌　えかん
　恵観
　恵灌
　慧灌
慧岩　えがん
　堅卓
懌子内親王　えきしないしんのう
　懌子内親王
　五条院
江木仙右衛門　えぎせんえもん
　俊敬
役尊為　えきたかため
　桂葉〈号〉
　尊為
　〔平田〕尊為
　大光院〈別称〉
　晩翠堂〈号〉
役尊閑　えきたかやす
　少蝶庵〈号〉
　尊閑
　〔大光院〕尊閑
　〔平田〕尊閑
　誘引斎〈号〉
　里鶯〈号〉
益亭三友　えきていさんゆう
　呉竹園〈別号〉
　三友
恵旭　えきょく
　恵旭
　鷲丘〈号〉

江口の妙　えぐちのたえ
　江口君
慧堅　えけん
　戒山
慧広　えこう
　慧広
　天岸〈号〉
　仏乗禅師〈諡〉
　*伴〈俗姓〉
江崎幸和　えざきこうわ
　幸和
　春学〈号〉
　太左衛門〈通称〉
恵実　えじつ
　雪鼎
絵島　えじま
　絵島
　江島
江島其磧　えじまきせき
　〔江島屋〕其磧
　〔江嶋〕其磧
　基磧
　〔江島屋〕市郎右衛門〈通称〉
　茂知〈名〉
慧寂　えじゃく
　曇華
恵春　えしゅん
　恵春
　慧俊
江尻喜多右衛門　えじりきたえもん
　延勝〈名〉
　喜多右衛門
慧信　えしん
　覚継
慧聡　えそう
　恵総
　慧聡
江田世恭　えだせいきょう
　世恭
　〔富田屋〕八郎右衛門〈通称〉
江田広基　えだひろもと
　広基
　弘基
江田弥市　えだやいち
　弥市
　富有〈俳名〉
枝吉経種　えだよしつねたね
　経種
　神陽〈号〉
　木之助〈通称〉
　杢之助〈通称〉
越前康継　えちぜんやすつぐ
　康継
　〔葵〕康継
慧澄　えちょう
　慧澄
　痴〈号〉
　痴空
越翁周超　えつおうしゅうちょう
　原超

周超
悦岩東愈　えつがんとうよ
　　西湖〈別号〉
　　東愈
　　六橋〈別号〉
越渓周文　えっけいしゅうぶん
　　周文
　　〔天章〕周文
越渓守謙　えっけいしゅけん
　　守謙
　　本光窟〈号〉
悦子女王　えっしじょおう
　　旅子女王
江戸重長　えどしげなが
　　太郎
江戸重通　えどしげみち
　　重通
　　道
江戸太夫意教　えどだゆういきょう
　　意教
　　序活〈別号〉
江戸太夫双笠　えどだゆうそうりつ
　　〔常陸屋〕次右衛門〈通称〉
　　双笠
江戸半太夫(1代)　えどはんだゆう
　　半太夫(1代)
　　〔坂本〕梁雲(1代)
江戸半太夫(2代)　えどはんだゆう
　　半太夫(2代)
　　半次郎〈前名〉
　　〔坂本〕梁珉〈別号〉
江戸道勝　えどみちかつ
　　通勝
榎並舎羅　えなみしゃら
　　空草庵〈号〉
　　語雪〈別号〉
　　舎羅
　　桃々坊〈別号〉
　　百々子〈別号〉
　　百々斉〈別号〉
　　百々斎
榎並隆璉　えなみたかてる
　　助之丞〈通称〉
　　隆璉
榎並貞因　えなみていいん
　　貞因
　　〔長閑堂〕貞因
榎並貞富　えなみていふ
　　貞富
恵日房成忍　えにちぼうじょうにん
　　成忍
榎本星布尼　えのもとせいふに
　　星布尼
榎本東順　えのもととうじゅん
　　赤子〈号〉

東順
　　〔竹下〕東順
榎本馬州　えのもとばしゅう
　　権平〈通称〉
　　多門〈号〉
　　〔市川〕多門〈俗称〉
　　馬州
　　白梵庵〈号〉
江幡木鶏　えばしもくけい
　　愛之助〈通称〉
　　木鶏
江原阿人　えばらあじん
　　阿人
戎屋吉郎兵衛　えびすやきちろべえ
　　吉郎兵衛
　　〔夷屋〕吉郎兵衛
海老名南阿弥　えびななあみ
　　南阿弥
江馬活堂　えまかつどう
　　活堂
　　元益
　　藤栗〈号〉
江馬元弘　えまげんこう
　　元弘
　　好蘭堂〈別号〉
　　松斎〈別号〉
江馬元齢　えまげんれい
　　金粟〈号〉
　　元齢
江間細香　えまさいこう
　　箕山〈号〉
　　細香
　　〔江馬〕細香
　　湘夢〈号〉
江間天江　えまてんこう
　　天江
　　〔江馬〕天江
絵馬屋額輔(1世)　えまやがくすけ
　　〔奥田〕賀久輔
　　額輔(1世)
　　〔松下〕虎之助
絵馬屋額輔(2世)　えまやがくすけ
　　額輔(2世)
　　〔田村〕貞治
　　〔坂本〕与左衛門〈通称〉
絵馬屋額輔(3世)　えまやがくすけ
　　王川居〈号〉
　　額輔(3世)
　　半兵衛〈通称〉
　　養老亭滝水〈初号〉
江馬蘭斎　えまらんさい
　　春齢
　　蘭斎
恵美三白　えみさんぱく
　　三白
　　寧固〈号〉
慧猛　えみょう

慧猛
　　慈忍
江村如亭　えむらじょてい
　　如圭
江村青甸　えむらせいでん
　　毅庵〈別号〉
　　青甸
江村専斎　えむらせんさい
　　倚松庵〈号〉
　　専斎
江村訥斎　えむらとっさい
　　節斎〈別号〉
　　訥斎
江村彦之進　えむらひこのしん
　　彦之進
　　風月〈号〉
槐本之道　えもとしどう
　　槐之道諷竹〈別号〉
　　蟻門亭〈別号〉
　　〔伏見屋〕久右衛門〈通称〉
　　之道〈号〉
　　東湖〈別号〉
　　諷竹〈号〉
　　北方〈号〉
　　浪華俳諧長者〈別号〉
江森月居　えもりげっきょ
　　桂川〈号〉
　　月居
　　些居
　　三菓園〈号〉
　　師心〈名〉
　　竹巣〈号〉
　　任地庵〈号〉
　　甕斎〈号〉
慧亮　えりょう
　　涌蓮
円恵法親王　えんえほうしんのう
　　円恵法親王
　　八条宮〈号〉
円快　えんかい
　　円快
　　浄如房〈号〉
円覚　えんかく
　　〔田口〕円覚
円環　えんかん
　　円環
　　超空〈号〉
円観　えんかん
　　円観
　　恵鎮
　　慧鎮
　　慈威和尚〈別名〉
円冏　えんけい
　　円冏
　　信蓮社志誉〈法号〉
　　無為〈号〉
遠渓祖雄　えんけいそゆう
　　祖雄
衍劫　えんこう
　　衍劫
　　石窓〈号〉

猿左　えんさ
　猿左
　吉九郎〈通称〉
　漱芳庵〈号〉
猿山　えんざん
　猿山
　和女木堂〈号〉
円珠庵羅城　えんしゅあんらじょう
　羅城
円照　えんしょう
　円照
　実相〈号〉
延昌　えんしょう
　慈念
円信　えんしん
　円信
　円真
延政門院　えんせいもんいん
　悦子内親王
　延政門院
燕川洞石鳥　えんせんどうせきちょう
　石鳥
円澄　えんちょう
　円澄
　寂光大師
円珍　えんちん
　円珍
　智証大師
円通　えんつう
　普門
遠藤日人　えんどうえつじん
　日人
　狭庵〈号〉
　言外堂〈号〉
　細道庵〈号〉
　清左衛門〈通称〉
　清湖庵〈号〉
　濁斉〈号〉
　濁斎〈号〉
　竹林長者〈号〉
　定矩〈名〉
　富山翁〈号〉
　文規〈字〉
　木間庵
　蓮城山人〈号〉
遠藤鶴洲　えんどうかくしゅう
　勝助
遠藤蒼山　えんどうそうざん
　雲の屋〈別号〉
　慎七〈通称〉
　蒼山
　〔長嶋〕蒼山
　摩訶庵〈別号〉
遠藤胤富　えんどうたねとみ
　〔東〕胤富
遠藤足穂　えんどうたるほ
　足穂
　〔日下田〕足穂
遠藤雉啄　えんどうちたく

　雉啄
遠藤常春　えんどうつねはる
　〔東〕常春
円爾弁円　えんにべんえん
　聖一国師〈諡〉
　弁円
円仁　えんにん
　円仁
　慈覚大師
円忍　えんにん
　真政
延年　えんねん
　成修処子〈別号〉
　風塵道人〈別号〉
　墨山樵夫〈別号〉
　〔山口〕余延
役小角　えんのおずぬ
　行者
　小角
役藍泉　えんのらんせん
　興山〈別号〉
　藍泉
延命院日道　えんめいいんにちどう
　日道
延明門院　えんめいもんいん
　延子内親王
　延明門院
塩谷高貞　えんやたかさだ
　高貞
　〔塩冶〕高貞
衍膴　えんよう
　衍膴
　璞岩〈号〉

【お】

尾池享平　おいけきょうへい
　享平
　松湾
お犬　おいぬ
　〔細川〕昭元妻
応応　おうおう
　応応
　金令舎
応神天皇　おうじんてんのう
　応神天皇
　胎中天皇
　誉田別尊〈名〉
横川景三　おうせんけいさん
　景三
応善女王　おうぜんじょおう
　安禅寺宮
　応善女王
阿武松緑之助　おうのまつろくのすけ
　長吉〈本名〉
　緑之助
鷗歩　おうほ
　鷗歩

　〔加(賀)島〕善右衛門〈通称〉
近江　おうみ
　近江
　天下一近江
淡海槐堂　おうみかいどう
　槐堂
　〔板倉〕槐堂
　〔板倉〕重涂
近江大掾語斎　おうみのだいじょうごさい
　〔岡島〕勘兵衛〈通称〉
　〔岡島〕吉左衛門〈通称〉
　近江太夫語斎〈別名〉
　大掾〈受領号〉
　大掾語斎
お梅の方　おうめのかた
　お久の方
大饗正虎　おおあえまさとら
　甚四郎〈別称〉
　正虎
　〔楠〕正虎
　長左衛門
　長左衛門尉〈別称〉
　長諳〈号〉
　〔楠〕長諳
大新城　おおあらぐすく
　〔新城〕安基
大井川又蔵　おおいがわまたぞう
　又蔵
　〔生島〕又蔵〈前名〉
　〔万屋〕又蔵〈別名〉
大井貞広　おおいさだひろ
　松隣〈号〉
　貞広
大石久敬　おおいしきゅうけい
　久敬
　厳華〈号〉
大石進　おおいしすすむ
　武楽
大石千秋　おおいしちあき
　鴬巣園〈号〉
　清蔵〈通称〉
　千秋
　梅嶺〈号〉
大石主税　おおいしちから
　主税〈通称〉
　良金
大石千引　おおいしちびき
　星虞〈号〉
　千引
　野々舎〈号〉
大石貞和　おおいしていわ
　貞和
　鳳焦〈号〉
大石鳳鳴　おおいしほうけい
　真磨〈号〉
　鳳分〈号〉
大石真虎　おおいしまとら
　真虎
　鞆舎〈号〉
大石良雄　おおいしよしお

内蔵助〈通り名〉
良雄
大出東皐　おおいでとうこう
　愛次郎〈通称〉
　蝸牛窟〈号〉
　東皐
大井媛　おおいひめ
　世襲足媛皇后
　大井媛
大炊御門経宗　おおいみかどつねむね
　阿波大臣
　経宗
　〔藤原〕経宗
大炊御門宮　おおいみかどのみや
　惟明親王
　承安第三宮
　聖円〈法名〉
　大炊御門宮
大碓皇子　おおうすのみこ
　大碓命
　大碓皇子
大内惟義　おおうちこれよし
　惟義
　〔平賀〕惟義
大内輝弘　おおうちてるひろ
　輝弘
　尊光(氷上山別当)
　〔氷上〕太郎髙弘
大内桐斎　おおうちとうさい
　桐斎
　余庵〈号〉
大内熊耳　おおうちゆうじ
　〔余〕承祐
　熊耳
大江維輯　おおえいしゅう
　維輯
　荊山〈号〉
大江仙兵衛　おおえせんべえ
　円智〈号〉
　仙兵衛
大江朝綱　おおえのあさつな
　朝綱
大江親広　おおえのちかひろ
　〔源〕親広
大江広元　おおえのひろもと
　覚阿〈法名〉
　広元
　〔中原〕広元
　大官令〈号〉
大江宏隆　おおえひろたか
　宏隆
　操軒〈号〉
大江丸　おおえまる
　芥室〈号〉
　廻心斎〈号〉
　旧州〈号〉
　旧国〈号〉
　宗二(宗次)
　政胤〈名〉
　善兵衛〈通称〉

大江丸
　〔安井〕大江丸
　〔大伴〕大江丸
　〔大伴〕大江丸
　大江隣〈別号〉
　利助
大岡雲峰　おおおかうんぽう
　雲峰
　〔四谷〕南蘋〈別名〉
大岡春卜(春朴)　おおおかしゅんぼく
　春卜
　春朴
大岡忠相　おおおかただすけ
　越前守〈別称〉
　忠相
大岡竜　おおおかのりょう
　辰貴〈名〉
　竜
大神壱岐　おおがいき
　壱岐
　〔三輪〕松之助
大神活都　おおがいくと
　沢一
大垣守舎　おおがきもりや
　守舎
　〔浅草庵〕守舎
　新兵衛〈通称〉
　浅茅庵〈初号〉
　六蔵亭〈号〉
大賀九郎左衛門　おおがくろうざえもん
　九郎左衛門
　信房〈名〉
　道句〈号〉
大梶七兵衛(1代)　おおかじしちべえ
　七兵衛(1代)
　七兵衛朝泰
大梶七兵衛(2代)　おおかじしちべえ
　七兵衛(2代)
　忠左衛門朝定
大梶七兵衛(3代)　おおかじしちべえ
　七兵衛(3代)
　忠左衛門朝則
大川椿海　おおかわちんかい
　香海〈号〉
　酔仙〈号〉
　椿海
大河原具顕　おおかわらともあき
　九郎左衛門〈通称〉
　具顕
　湛楽斎〈号〉
大木藤十郎　おおきとうじゅうろう
　可月〈号〉
　藤十郎
　野鶴〈号〉
大喜豊助　おおきとよすけ

豊助
大吉備津彦命　おおきびつひこのみこと
　五十狭芹彦命
　大吉備津彦命
正親町院　おおぎまちいん
　覚子内親王
　正親町院
正親町三条公秀　おおぎまちさんじょうきんひで
　〔三条〕公秀
正親町三条実愛　おおぎまちさんじょうさねなる
　実愛
　〔嵯峨〕実愛
正親町三条実雅　おおぎまちさんじょうさねまさ
　〔三条〕実雅
正親町三条尹子　おおぎまちさんじょうただこ
　〔三条〕尹子
大草公弼　おおくさこうひつ
　公弼
　野木瓜亭〈号〉
大岬銃兵衛　おおくさじゅうべえ
　銃兵衛
　天山〈号〉
　晩翠〈号〉
大串雪蘭　おおぐしせつらん
　雪蘭〈号〉
　平五郎〈通称〉
大口屋治兵衛　おおぐちやじへえ
　暁雨
　治兵衛
大国隆正　おおくにたかまさ
　一造〈通称〉
　葵園〈号〉
　居射室〈号〉
　佐紀乃屋〈号〉
　真瓊園〈号〉
　仲衛〈号〉
　隆正
　〔野々口〕隆正
大久保一翁　おおくぼいちおう
　一翁
　忠寛
大久保要　おおくぼかなめ
　靖斎〈号〉
　要
大久保巨川　おおくぼきょせん
　巨川
大窪詩仏　おおくぼしぶつ
　詩仏
　詩聖堂〈別号〉
　痩梅〈別号〉
　柳太郎〈通称〉
大久保忠教　おおくぼただたか
　彦左衛門
　忠教〈本名〉
　忠雄〈初名〉
　平助

おおし

大久保忠保　おおくぼただやす
　伊三郎〈通称〉
　花墻〈号〉
　恪堂〈号〉
　忠保〈名〉
　芙蓉庵富水〈号〉
　漣々(2世)〈号〉
大久保藤五郎　おおくぼとうごろう
　主水
　忠行〈名〉
　藤五郎
大久保利通　おおくぼとしみち
　甲東〈号〉
　利通
大久保漣々　おおくぼれんれん
　伊三郎〈通称〉
　忠善〈名〉
　漣々
　漣々(1世)
大熊宇太右衛門　おおくまうたえもん
　宇太右衛門
　民中〈俳名〉
大隈言道　おおくまことみち
　言道
　清助〈通称〉
　萍堂〈号〉
　*清原〈本姓〉
大熊弁玉　おおくまべんぎょく
　慶阿上人
　瓊々室〈号〉
　善蓮社浄誉〈法名〉
　弁玉
　満潮〈法名〉
　*大熊〈俗姓〉
大倉大三　おおくらたいぞう
　大三
　天庵〈号〉
大蔵虎明　おおくらとらあきら
　虎明
　弥太郎(13世)
　弥右衛門
大蔵永常　おおくらながつね
　愛和園主人〈筆名〉
　永常
　黄葉園主人〈筆名〉
　亀太夫〈通称〉
　喜内〈通称〉
　徳兵衛
大蔵政信　おおくらまさのぶ
　弥太郎
大蔵弥太郎(9世)　おおくらやたろう
　政信
　弥太郎(9世)
大蔵弥太郎(12世)　おおくらやたろう
　虎清
　弥太郎(12世)
大河内存真　おおこうちそんしん

還諸子〈号〉
恒庵〈号〉
重敦〈名〉
存真
東郭〈号〉
八松〈号〉
大河内輝貞　おおこうちてるさだ
　〔松平〕輝貞
大河内輝規　おおこうちてるのり
　〔松平〕輝規
大河内信興　おおこうちのぶおき
　〔松平〕信興
大河内信古　おおこうちのぶひさ
　信古
　〔松平〕信古
大河内正敬　おおこうちまさかた
　〔松平〕正敬
大河内正貞　おおこうちまさささだ
　〔松平〕正貞
大河内正綱　おおこうちまさつな
　〔松平〕正綱
大河内正和　おおこうちまさとも
　〔松平〕正和
大河内正信　おおこうちまさのぶ
　〔松平〕正信
大河内正升　おおこうちまさのり
　〔松平〕正升
大河内正温　おおこうちまさはる
　〔松平〕正温
大河内正久　おおこうちまさひさ
　〔松平〕正久
大河内正路　おおこうちまさみち
　〔松平〕正路
大河内正義　おおこうちまさよし
　〔松平〕正義
大坂屋伊兵衛　おおさかやいへえ
　伊兵衛
　〔川上〕正吉〈本名〉
大坂屋長右衛門　おおさかやちょうえもん
　長右衛門
　〔中村〕長右衛門正俊〈別名〉
大薩摩主膳太夫(1代)　おおざつましゅぜんだゆう
　〔柳屋〕芝遊助〈通称〉
　主膳太夫(1代)
　大薩摩外記藤原直勝〈別号〉
　〔薩摩〕文五郎〈初名〉
大薩摩主膳太夫(3代)　おおざつましゅぜんだゆう
　主膳太夫(3代)
　文太夫(1代)〈前名〉
大薩摩文太夫(2代)　おおざつまぶんだゆう
　源太夫〈別名〉
　〔鍋屋〕新蔵〈通称〉
　〔富士田〕新蔵(1代)〈別名〉
　文太夫(2代)
　〔泉町〕縫左衛門〈晩名〉
大薩摩文太夫(3代)　おおざつまぶんだゆう

〔富士田〕勘右衛門〈別名〉
〔富士田〕半次〈初名〉
文太夫(3代)
大沢赤城　おおさわせきじょう
　四海〈号〉
　赤城
　璃〈名〉
大沢友信　おおさわとものぶ
　自全斎〈号〉
　定章〈名〉
　文声〈字〉
　友信
大沢政勝　おおさわまさかつ
　勘弥〈名〉
　亀之助〈幼名〉
　彦兵衛尉〈別称〉
　政勝
大塩平八郎　おおしおへいはちろう
　後素〈名〉
　子起〈字〉
　中斎〈号〉
　平八郎
大島有隣　おおしまうりん
　義展〈名〉
　幸右衛門〈通称〉
　有隣
大島完来　おおしまかんらい
　完来
　吉太郎〈通称〉
　空華居士〈号〉
　震柳舎〈号〉
　野狐宿〈号〉
　驪翁〈号〉
大島暉意　おおしまきい
　暉意
　〔綿屋〕太兵衛
大島喜侍　おおしまきじ
　喜侍
　芝蘭〈号〉
　善右衛門〈通称〉
大島対山　おおしまたいざん
　対山
大島友之允　おおしまとものじょう
　〔中村〕信造〈変名〉
　友之允
　友之丞
大島保命　おおしまほうめい
　保命
　〔安倍〕保命
大島吉綱　おおしまよしつな
　伴六
大島蓼太　おおしまりょうた
　宜来〈号〉
　空摩〈号〉
　雪中庵〈号〉
　平助〈通称〉
　豊来〈号〉
　陽喬〈名〉
　里席〈号〉

蓼太
老鳥〈号〉
老鷲巣〈号〉
＊吉川〈本姓〉
大須賀鬼卵　おおすがきらん
鬼卵
　〔栗杖亭〕鬼卵
　〔中山〕鬼卵
陶山〈別号〉
大菅中養父　おおすがなかやぶ
権兵衛〈通称〉
中養父
中籔〈別称〉
大関増裕　おおぜきますひろ
槐堂〈号〉
乗化亭(2世)〈号〉
増裕
藤十郎〈幼名〉
大空武左衛門　おおぞらぶざえもん
　〔牛股〕武左衛門
大田垣蓮月　おおたがきれんげつ
蓮月
　〔太田垣〕蓮月
蓮月尼
大高源吾　おおたかげんご
源五〈通称〉
源吾
湖月堂〈号〉
子葉〈号〉
忠雄〈名〉
沾葉
凌霜亭〈号〉
大滝光憲　おおたきこうけん
賢木之舎〈号〉
光憲
三郎〈通称〉
樸斎〈号〉
太田玉巌　おおたぎょくがん
玉巌
　〔和泉屋〕金右衛門〈通称〉
太田錦城　おおたきんじょう
錦城〈号〉
　〔太田〕錦城
才佐〈通称〉
太田黒伴雄　おおたぐろともお
　〔大野〕鉄兵衛
伴雄
　〔大田黒〕伴雄
大竹蒋塘　おおたけしょうとう
小舫〈別号〉
蒋塘
石舟〈別号〉
大竹親従　おおたけちかより
雲夢〈号〉
親従
与五兵衛〈通称〉
大岳麻谷　おおだけまこく
栄蔵〈通称〉
清暉楼〈別号〉
麻谷

太田権右衛門　おおたごんえもん
甘雨〈号〉
権右衛門
太田貞連　おおたさだつら
　〔三善〕貞連
太田資長　おおたすけなが
資長
道灌
太田資政　おおたすけまさ
源三郎〈通称〉
耕煙〈号〉
資政
太田資愛　おおたすけよし
資愛
　〔大田〕資愛
太田晴軒　おおたせいけん
晴軒
魯佐〈号〉
太田晴斎　おおたせいさい
玉海〈別号〉
修文〈名〉
成之進〈通称〉
晴斎
瀹淵〈別号〉
竹庵〈別号〉
太田澄玄　おおたちょうげん
子通〈字〉
崇広堂〈別号〉
大州〈号〉
澄玄
太田桃先　おおたとうせん
金左衛門重英〈名〉
新四郎〈幼名〉
桃先
太田時連　おおたときつら
　〔三善〕時連
大田南畝　おおたなんぽ
四方赤良〈別号〉
蜀山人〈別号〉
　〔四方〕赤良
南畝
大谷旧旅　おおたにきゅうりょ
一如
旧旅
愚山〈別号〉
大谷古益　おおたにこえき
古益〈俳号〉
弄竹〈俳号〉
唹竹(弄竹)〈俳号〉
大谷暫酔　おおたにざんすい
暫酔〈俳号〉
蔦〈号〉
大谷新左衛門　おおたにしんざえもん
休泊
新左衛門
大谷徳次(1代)　おおたにとくじ
徳次(1代)
馬十(1代)
大谷友右衛門　おおたにともえもん

　〔嵐〕三八(2代)〈前名〉
　〔嵐〕舎丸〈前名〉
　〔中山〕門三〈初名〉
友右衛門
大谷友右衛門(1代)　おおたにともえもん
友三郎〈前名〉
　〔竹田〕友三郎〈初名〉
友右衛門(1代)
大谷友右衛門(2代)　おおたにともえもん
　〔谷村〕虎蔵〈初名〉
友右衛門(2代)
大谷友右衛門(4世)　おおたにともえもん
福蔵〈初名〉
万作〈前名〉
友右衛門(4世)
大谷白話　おおたにはくわ
皆山〈俳号〉
破序〈俳号〉
白話〈俳号〉
大谷馬十(2代)　おおたにばじゅう
馬十(2代)
門三〈前名〉
門蔵〈前名〉
　〔桐野谷〕門蔵〈前名〉
大谷広右衛門(2代)　おおたにひろえもん
広右衛門(2代)
竜左衛門(1代)〈初名〉
大谷広右衛門(3代)　おおたにひろえもん
広右衛門(3代)
国蔵〈初名〉
大谷広右衛門(5代)　おおたにひろえもん
広右衛門(5代)
大作〈前名〉
万六〈初名〉
万作〈前名〉
大谷広次(1代)　おおたにひろじ
広次(1代)
人十町〈名〉
大十町〈俗称〉
大谷広次(2代)　おおたにひろじ
鬼次(1代)〈前名〉
広次(2代)
　〔辰松〕文七〈初名〉
文蔵〈前名〉
　〔坂東〕又太郎(3代)〈前名〉
大谷広次(3代)　おおたにひろじ
鬼次(2代)〈前名〉
広次(3代)
春次〈前名〉
　〔米山〕徳太郎〈初名〉
大谷広次(4代)　おおたにひろじ
鬼次(4代)〈前名〉
広五郎〈初名〉
広次(4代)
十町〈別名〉

大谷広次(5代)　おおたにひろじ
　広次(5代)
　紫道〈後名〉
　友右衛門(5世)
　友松〈初名〉
大谷風喬　おおたにふうきょう
　風喬
大谷吉継　おおたによしつぐ
　刑部
大谷六枳　おおたにりっき
　六枳
太田呑竜　おおたのどんりゅう
　源蓮社然誉大阿〈号〉
　然誉
　童寿丸〈幼名〉
　呑竜
　呑竜上人
大田皇女　おおたのひめみこ
　太田皇女
　大田皇女
大田白雪　おおたはくせつ
　金右衛門長孝〈通称〉
　白雪
　密雲〈号〉
　密雲峰〈号〉
　有髪散人〈号〉
太田巴静　おおたはじょう
　桑流下〈号〉
　藪流下〈号〉
　巴静
　弥平次〈通称〉
　陸々庵〈号〉
　六々庵
太田晩成　おおたばんせい
　敬時堂〈別号〉
　縄虎庵〈別号〉
　晩成
太田保明　おおたほうめい
　三省〈号〉
　保明
大田光家　おおたみついえ
　〔橘〕光家
太田美農里　おおたみのり
　雪岳〈号〉
　美農里
太田康宗　おおたやすむね
　〔三善〕康宗
太田和麿　おおたわまろ
　和麿
　倭麿
大津唯雪　おおついせつ
　〔村田〕次郎三郎
　唯雪
大塚敬業　おおつかけいぎょう
　敬業
　新左衛門〈通称〉
　水石〈号〉
大塚蒼梧　おおつかそうご
　嘉樹
　蒼梧
大槻玄幹　おおつきげんかん

　玄幹〈別称〉
　磐里
　茂楨〈名〉
大槻玄沢　おおつきげんたく
　玄沢
　磐水〈号〉
大槻西磐　おおつきせいばん
　恒輔
　瑞卿
　西磐
大槻伝蔵　おおつきでんぞう
　朝元
大月光興　おおつきみつおき
　〔山城屋〕喜八〈通称〉
　光興
　大竜斎〈号〉
　竜駒堂〈号〉
大富善好　おおとみぜんこう
　沙界〈号〉
　善好
　〔独峰〕清巍
大友氏泰　おおうじやす
大友宗麟　おおともそうりん
　義鎮
　宗麟
大伴坂上郎女　おおとものさかの
　えのいらつめ
　坂上郎女
大伴坂上大嬢　おおとものさかの
　えのおおいらつめ
　坂上大嬢
大伴宿奈麻呂　おおとものすくな
　まろ
　宿奈麻呂
　宿奈麿
大伴田村大嬢　おおとものたむら
　のおおいらつめ
　田村大嬢
大伴家持　おおとものやかもち
　家持
大伴安麻呂　おおとものやすまろ
　安麻呂
　安麿
大友義鑑　おおともよしあき
　義鑑
　宗玄
大鳥道右衛門　おおとりみちえ
　もん
　九郎次〈前名〉
　道右衛門
大中臣清万呂　おおなかとみのき
　よまろ
　清万呂
　清麻呂
　〔中臣〕清麻呂
　〔中臣〕清麿
　*中臣祭主〈本姓〉
大西圭斎　おおにしけいさい
　一簑烟客〈別号〉
　圭斎
　再生翁〈別号〉

　叔明〈字〉
　小痴道人〈別号〉
　西允〈名〉
　幽渓〈別号〉
大西十左衛門　おおにしじゅうざ
　えもん
　五交〈号〉
　十左衛門
　北年〈号〉
大西浄元(大西家9代)　おおにし
　じょうげん
　佐兵衛〈名〉
　浄元(大西家9代)
　〔奥平〕了雪
大西浄玄(大西家3代)　おおにし
　じょうげん
　浄玄(大西家3代)
　仁兵衛〈通称〉
大西浄玄(大西家7代)　おおにし
　じょうげん
　浄玄(大西家7代)
　清右衛門〈名〉
大西浄入(大西家5代)　おおにし
　じょうにゅう
　浄入(大西家5代)
　新兵衛〈通称〉
大西浄林(大西家1代)　おおにし
　じょうりん
　浄林(大西家1代)
　仁兵衛〈通称〉
大西定林　おおにしじょうりん
　延貞〈名〉
　五郎左衛門〈通称〉
　定林
大西藤蔵(1代)　おおにしとう
　ぞう
　藤蔵(1代)
　〔鶴沢〕万三郎(1代)〈前名〉
大西豊五郎　おおにしとよごろう
　豊五郎
　〔神下村〕豊五郎
大根太木　おおねふとき
　太木
　〔山田屋〕半右衛門〈俗称〉
　*松本〈姓〉
大野右仲　おおのうちゅう
　右仲
　又七郎〈旧称〉
大野乙雨　おおのおつう
　杜格斎(3代)
大野景山　おおのけいざん
　景山
　杜格斎(2代)
大野秀和　おおのしゅうわ
　秀和
大野出目　おおのでめ
　〔出目〕吉満
　〔是閑〕吉満
　出目
　〔出目〕是閑
大野道犬　おおのどうけん

おおの　　　　　　　　　姓名から引く号・別名一覧

治胤〈名〉
道犬
大野広城　おおのひろき
　権之丞〈通称〉
　広城〈名〉
　蕣園〈号〉
　忍之屋〈号〉
　忍軒〈号〉
大野弥三郎　おおのやさぶろう
　規周〈別名〉
　弥三郎
太安万呂　おおのやすまろ
　安万呂
　安万侶
　安麻呂
大場景明　おおばかげあき
　景明
　俊爾〈字〉
　大次郎〈通称〉
　南湖〈号〉
　鹿斎〈号〉
大場景則　おおばかげのり
　景則
　新蔵〈通称〉
　雷淵〈号〉
大庭景義　おおばかげよし
　景能〈名〉
　景義
　平太〈通称〉
大庭恭平　おおばきょうへい
　機〈名〉
　恭平
大橋　おおはし
　大橋
　律〈名〉
大橋円清　おおはしえんせい
　円清
　次郎兵衛〈通称〉
大橋重政　おおはししげまさ
　重政
　長左衛門〈通称〉
大橋重保　おおはししげやす
　重保
　長左衛門〈通称〉
　竜慶〈号〉
大橋秋二　おおはししゅうじ
　秋二
　松菴〈号〉
大橋順蔵　おおはしじゅんぞう
　順蔵〈通称〉
　訥庵
　訥菴
大橋慎三　おおはししんぞう
　慎三
　〔橋本〕鉄猪〈通称〉
　〔高木〕有蔵〈変名〉
大橋宗与(4代 宗与)　おおはしそうよ
　宗与(4代 宗与)
　宗民〈前名〉

大橋宗与(6代 宗英)　おおはしそうよ
　七之助〈前名〉
　宗与(6代 宗英)
大橋宗与(7代 宗与)　おおはしそうよ
　英長〈前名〉
　宗与(7代 宗与)
大橋宗与(8代 宗珉)　おおはしそうよ
　宗与(8代 宗珉)
　鐐英〈前名〉
大橋長成　おおはしながなり
　長成
　又兵衛〈通称〉
大橋長広　おおはしながひろ
　九右衛門〈通称〉
　柿園〈号〉
　長広
大庭泰　おおばたい
　泰
　卯吉郎〈通称〉
大原重徳　おおはらしげとみ
　仰之館〈号〉
　重徳
　常麿〈幼名〉
　徳義〈字〉
　洋々館〈号〉
　両白堂〈庵号〉
大原呑響　おおはらどんきょう
　左金吾〈通称〉
　呑響
　墨斎〈号〉
　翼〈名〉
　*熊谷〈本姓〉
大原呑舟　おおはらどんしゅう
　鯤〈名〉
　鯤崘〈号〉
　呑舟
大原今城　おおはらのいまき
　今城王
大原桜井　おおはらのさくらい
　桜井王
大原高安　おおはらのたかやす
　高安王
大原安綱　おおはらのやすつな
　安綱
　五良大夫〈通称〉
大原利明　おおはらりめい
　彦兵衛理正
　梅田〈号〉
　利明
大場寥和　おおばりょうわ
　規矩庵〈号〉
　咫尺〈通称〉
　咫尺斎〈号〉
　森茂〈名〉
　仁左衛門〈通称〉
　仁左衛門森茂〈通称〉
　青夢〈号〉
　茶酒隣〈号〉

万里亭〈号〉
柳隣〈号〉
寥和
太羊甲許母　おおひつじのここも
　〔城上〕胛巨茂
大淵棟庵　おおふちとうあん
　棟庵
　祐玄〈別称〉
大穂能一　おおほのういち
　徳次〈通称〉
　能一
大堀正輔　おおほりまさすけ
　正輔
　緑竹園〈号〉
大宮院　おおみやいん
　〔藤原〕姞子
　大宮院
大宮長興　おおみやながおき
　〔小槻〕長興
大宮真盛　おおみやまさもり
　真盛
　大和
大神巳井　おおみわのみい
　〔神〕御井
大村一秀　おおむらいっしゅう
　一秀
　金吾〈通称〉
大村加卜　おおむらかぼく
　加卜
大村成富　おおむらしげとみ
　載陽堂〈号〉
　成富
大村荘助　おおむらしょうすけ
　蘭林
大村純忠　おおむらすみただ
　純忠
　民部大輔純忠入道理専斎
　バルトロメオ〈教名〉
大村益次郎　おおむらますじろう
　永敏
　益次郎
　〔村田〕蔵六
大村由己　おおむらゆうこ
　藻虫斎〈号〉
　梅庵〈号〉
　由己
大目秋色　おおめしゅうしき
　菊后亭〈号〉
　菊後亭〈号〉
　秋色
大森喜右衛門　おおもりきえもん
　喜右衛門
　吉家〈名〉
　ジュアン〈聖名〉
大森繁右衛門　おおもりしげえもん
　功久〈名〉
　繁右衛門
　雷首〈俳名〉
大森重光(1代)　おおもりしげみつ

582　号・別名辞典　古代・中世・近世

重光
　重光(1代)
大森重光(2代)　おおもりしげみつ
　英昌
　重光(2代)
大森重光(3代)　おおもりしげみつ
　英秀
　重光(3代)
大森重光(4代)　おおもりしげみつ
　秀永
　重光(4代)
大森重光(5代)　おおもりしげみつ
　英満
　重光(5代)
大森捜雲　おおもりしゅううん
　守一〈名〉
　捜雲
大森漸斎　おおもりぜんさい
　安右衛門〈通称〉
　玉川〈初号〉
　秀祐〈名〉
　漸斎〈号〉
大森宗勲　おおもりそうくん
　策翁〈号〉
　宗勲
　岫庵〈号〉
大森彦七　おおもりひこしち
　彦七
　盛長〈名〉
大屋愷敔　おおやがいこう
　愷敔
　岸舟〈号〉
　暁山〈号〉
大谷休泊　おおやきゅうはく
　新左衛門
大矢野種村　おおやのたねむら
　三郎〈通称〉
　種村
大矢野種保　おおやのたねやす
　種保
　十郎〈別称〉
大矢白鴒　おおやはっこう
　白鴒
大淀三千風　おおよどみちかぜ
　三千風
　部馬〈字〉
　友翰〈名〉
　*三井〈本姓〉
大利正樹　おおりまさき
　正義〈名〉
　正樹
　鼎吉
大脇春嶺　おおわきはるみね
　春嶺
　常蔵〈通称〉
　文左衛門〈通称〉
　麗居〈号〉

大脇順若　おおわきまさより
　興之進〈通称〉
　順若
大和田気求　おおわたききゅう
　気求
　氏端〈名〉
　真清翁〈号〉
　又三郎〈通称〉
岡内綾川　おかうちりょうせん
　槐園〈別号〉
　甚蔵〈通称〉
　棣〈名〉
　伯華〈字〉
　綾川
岡熊臣　おかくまおみ
　蔵之助〈通称〉
　熊臣
岡五雲　おかごうん
　五雲
　必化坊〈号〉
岡崎如毛　おかざきじょもう
　如毛
岡崎徳本　おかざきとくほん
　太内〈通称〉
　徳本
岡崎屋勘亭　おかざきやかんてい
　勘六〈通称〉
　勘亭
岡崎蘆門　おかざきろもん
　信好
小笠原一庵　おがさわらいちあん
　為信
　一庵〈剃髪名〉
小笠原雲渓　おがさわらうんけい
　雲渓
　〔笠原〕雲渓
小笠原玄也　おがさわらげんや
　玄也
　秀次
　与三郎
小笠原貞朝　おがさわらさだとも
　修理大夫〈別称〉
　貞朝
小笠原貞嘉　おがさわらさだひろ
　忠嘉
小笠原湘英　おがさわらしょうえい
　湘英
　ステ〈名〉
小笠原只八　おがさわらただはち
　〔牧野〕群馬
　只八
　〔牧野〕茂敬〈別称〉
小笠原唯八　おがさわらただはち
　〔牧野〕群馬
　唯八
小笠原忠幹　おがさわらただよし
　貞幹
　棟幹
岡山鳥　おかさんちょう
　山鳥

〔丹前舎〕山鳥
小鹿島右衛門　おがしまうえもん
　右衛門
　〔渋江〕公尚
小鹿島公業　おがしまきみなり
　〔橘〕公業
岡島常樹　おかじまつねき
　常樹
　八十右衛門〈通称〉
　〔郡武〕八郎〈変名〉
岡寿元　おかじゅげん
　寿元
　甫庵〈号〉
岡井眉　おかせいび
　井眉
　井眉庵〈号〉
岡清兵衛　おかせいべえ
　重俊〈名〉
　清兵衛
岡千仞　おかせんじん
　啓輔〈通称〉
　敬輔〈通称〉
　修〈名〉
　振衣〈字〉
　千仞〈号〉
　鹿門〈号〉
岡泰安　おかたいあん
　惟雄〈名〉
　泰安
岡太玄　おかたいげん
　稽翁〈別号〉
　玄〈名〉
　太玄
　它山〈号〉
岡田季誠　おかだきせい
　季誠
　敬〈名〉
　仲実〈号〉
岡田吉太夫　おかだきちだゆう
　吉太夫〈通称〉
　実明〈諱〉
岡田啓　おかだけい
　金蔵〈通称〉
　啓
　康礼〈名〉
　文園〈号〉
岡田禊志　おかだけいし
　禊志
　摂西陳人〈号〉
　陸助〈通称〉
尾形乾山　おがたけんざん
　乾山
　乾山
緒方洪庵　おがたこうあん
　公裁〈字〉
　洪庵
　三平
　章〈名〉
岡田篁所　おかだこうしょ
　恒庵〈通称〉
　篁所

清風〈字〉
大可〈字〉
穆〈名〉
尾形幸蔵　おがたこうぞう
　幸蔵
　〔西村〕三次〈前名〉
　〔中村〕山次〈前名〉
尾形光琳　おがたこうりん
　光琳
　〔小形〕光琳
緒方惟儀　おがたこれよし
　〔大神〕惟栄
　三郎
緒方春朔　おがたしゅんさく
　済庵〈号〉
　春朔
緒方城次郎　おがたじょうじろう
　惟孝〈諱〉
　城次郎
岡田惣右衛門　おかだそうえもん
　奇良
緒方宗哲　おがたそうてつ
　維文〈名〉
　宗哲
　木鐘〈号〉
　黙堂〈号〉
岡田僑　おかだたかし
　鴨里〈号〉
　僑
　周輔〈通称〉
岡田為恭　おかだためちか
　為恭〈諱〉
　〔冷泉〕為恭
岡田梅間　おかだばいかん
　子善〈字〉
　登〈名〉
　梅花園〈号〉
　梅間
　半十郎〈通称〉
岡田白駒　おかだはっく
　白駒
　〔岡〕白駒
岡田盤斎　おかだばんさい
　磯波翁〈号〉
　左近〈通称〉
　正利
　盤斎〈号〉
岡田米山人　おかだべいさんじん
　米山人
岡田米仲　おかだべいちゅう
　青壚〈号〉
　沖巣〈号〉
　沖巣〈号〉
　八楽庵〈号〉
　米仲
岡田正応　おかだまさかず
　正応
　八郎兵衛〈通称〉
岡田真澄　おかだますみ
　真澄
　美毛比麿〈通称〉

隣月楼〈号〉
岡田光大　おかだみつひろ
　光大
　鼎〈通称〉
岡田野水　おかだやすい
　幸胤〈字〉
　左次右衛門〈通称〉
　佐左衛門〈通称〉
　佐治右衛門〈通称〉
　野水
お勝の方　おかつのかた
　お八の方〈別称〉
　お勝の方
岡西惟中　おかにしいちゅう
　惟中
　一有〈号〉
　一時軒〈号〉
　閑々翁〈号〉
　閑々堂〈号〉
　時適〈号〉
　竹馬童子〈号〉
　飯袋子〈号〉
　平太〈通称〉
　北水浪士〈号〉
岡野金右衛門　おかのきんえもん
　包秀
岡野湖中　おかのこちゅう
　湖中
　重成〈字〉
　庄八
　平五郎〈通称〉
岡野四郎　おかのしろう
　四郎
　〔外亀〕四郎〈旧称〉
岡野政繹　おかのせいえき
　政繹
　判兵衛〈通称〉
岡上景能　おかのぼりかげよし
　景能
　次郎兵衛〈俗称〉
岡部以俊　おかべもちとし
　以俊
　又兵衛〈別称〉
岡見留次郎　おかみとめじろう
　〔尾上〕菊次郎〈変名〉
　経成〈名〉
　留次郎
岡宗泰純　おかむねたいじゅん
　拙斎〈通称〉
　泰純
　登〈名〉
　養拙斎〈号〉
　良蔵〈通称〉
岡村尚謙　おかむらしょうけん
　桂園〈号〉
　尚謙
岡村不卜　おかむらふぼく
　一柳軒〈号〉
　一ండ右衛門〈通称〉
　不卜
岡無理弥　おかむりや

俊景〈名〉
無理弥
岡本一抱　おかもといっぽう
　為竹〈通称〉
　一抱
　一得斎〈号〉
　*杉森〈本姓〉
岡本胤及　おかもといんきゅう
　胤及
　仁意〈名〉
岡本花亭　おかもとかてい
　花亭
　豊洲
岡本三右衛門　おかもとさんえもん
　三右衛門
　キアラ
　キアリ
　ジョセフ・カウロ〈本名〉
岡本苔蘇　おかもとたいそ
　治右衛門〈通称〉
　正次〈字〉
　苔蘇
　瓢竹庵〈号〉
　木白〈号〉
岡本尚茂　おかもとなおしげ
　〔鉄元堂〕正楽
岡本宣就　おかもとのぶなり
　半助
岡本真古　おかもとまふる
　愚次郎〈通称〉
　真古
　水茎主人〈号〉
　中埜楼〈号〉
　東浜〈号〉
岡本保孝　おかもとやすたか
　況斎〈号〉
　保孝
岡保義　おかやすよし
　〔伊東〕昌之助〈別名〉
　保義
小川幸三　おがわこうぞう
　靖斎
小川佐吉　おがわさきち
　佐吉
　〔宮田〕半四郎
小川鈴之　おがわすずゆき
　〔水野〕渓斎
　鈴之
小川得斎　おがわとくさい
　得斎
小川破笠　おがわはりつ
　観〈名〉
　宗宇〈号〉
　宗羽〈号〉
　尚行〈字〉
　破笠
　平助〈通称〉
　卯観子〈号〉
　夢中庵〈号〉
小川文斎(1代)　おがわぶんさい

久左衛門
　文斎(1代)
小川文斎(2代)　おがわぶんさい
　鉄之助
　文斎(2代)
小河原雨塘　おがわらうとう
　〔下河原〕雨塘
荻田安静　おぎたあんせい
　安静
　九郎兵衛重和〈通称〉
　似空〈号〉
　似空軒〈号〉
お吉　おきち
　吉
　唐人お吉
　お吉
　〔斎藤〕きち
興良親王　おきながしんのう
　興良親王
　大塔若宮
　陸良親王
荻野伊三郎(2代)　おぎのいさぶろう
　伊三郎(2代)
　〔尾上〕紋三郎(1代)
荻野検校　おぎのけんぎょう
　〔荻野〕知一
荻野直正　おぎのなおまさ
　〔赤井〕悪右衛門
　〔赤井〕直正
荻野八百吉　おぎのやおきち
　梅塢
荻生徂徠　おぎゅうそらい
　徂徠
　〔物〕茂卿
　〔物〕茂卿
興世書主　おきよのふみぬし
　書主
　〔吉田〕書主
奥平壱岐　おくだいらいき
　寄梅
奥田急賀斎　おくだいらきゅうがさい
　急賀斎
　〔奥山〕孫次郎
奥平小太郎　おくだいらこたろう
　穆
奥田頴川　おくだえいせん
　頴川
奥田吟松　おくだぎんしょう
　吟松
奥田貞右衛門　おくださだえもん
　行高
奥田三角　おくださんかく
　三角
　士亨
奥田孫太夫　おくだまごだゆう
　重盛
奥田木白　おくだもくはく
　〔柏屋〕武兵衛
　〔柏木〕武兵衛

木白〈号〉
奥田頼杖　おくだらいじょう
　寿太郎
奥貫五平次　おくぬきごへいじ
　五平次
　正郷〈名〉
　友山〈号〉
奥山榕斎　おくやまようさい
　榕斎
　〔糸井〕榕斎
小倉公雄　おぐらきんお
　〔藤原〕公雄
小倉宮　おぐらのみや
　樋口宮
小倉鹿門　おぐらろくもん
　実廉
小栗旨原　おぐりしげん
　伽羅庵〈号〉
　其川〈号〉
　旨原
　次右衛門〈通称〉
　百万坊〈号〉
小栗重吉　おぐりじゅうきち
　重吉
　長右衛門〈別名〉
小栗宗湛　おぐりそうたん
　宗湛
小栗忠順　おぐりただまさ
　上野介
　忠順
小栗仁右衛門　おぐりにえもん
　正信
小栗美作　おぐりみまさか
　正矩〈本名〉
　美作〈通称〉
　美作守〈通称〉
忍坂王　おさかおう
　〔大原〕赤麻呂
刑部親王　おさかべしんのう
　刑部親王
　忍壁皇子
　忍壁親王
尾崎長流　おざきながる
　〔具平〕彦六〈別称〉
　長流
尾崎康工　おざきやすよし
　〔沢屋〕伊兵衛〈通称〉
　康工
　八椿舎〈号〉
　六壁庵〈号〉
尾崎良清　おざきりょうせい
　〔幸阿弥〕良清
長船長光　おさふねながみつ
　長光
大仏維貞　おさらぎこれさだ
　維貞
　〔北条〕維貞
大仏貞直　おさらぎさだなお
　貞直
　〔北条〕貞直
大仏貞房　おさらぎさだふさ

　〔北条〕貞房
大仏高直　おさらぎたかなお
　〔北条〕高直
大仏朝直　おさらぎともなお
　〔北条〕朝直
大仏宣時　おさらぎのぶとき
　〔北条〕宣時
大仏宗宣　おさらぎむねのぶ
　宗宣
　〔北条〕宗宣
長利仲聴　おさりなかあきら
　桜園〈号〉
　仲聴
小沢清次郎　おざわせいじろう
　圭次郎〈別名〉
　清次郎
小沢得入　おざわとくにゅう
　得入
小沢何丸　おざわなにまる
　一元〈名〉
　何丸〈字〉
　月院舎〈別号〉
　治郎右衛門〈別称〉
　*毛呂〈姓〉
小沢卜尺　おざわぼくせき
　太郎兵衛〈通称〉
　卜尺
小沢蘭江　おざわらんこう
　政敏
鴛田青峨　おしだせいが
　青峨
小槻匡遠　おづきのただとお
　〔壬生〕匡遠
小関三英　おぜきさんえい
　好義〈名〉
　三英
　貞吉〈通称〉
　良蔵〈通称〉
小瀬甫庵　おせほあん
　道喜
　甫庵
織田有楽斎　おだうらくさい
　源五侍従
　長益〈名〉
　有楽〈号〉
　有楽斎
小田海僊　おだかいせん
　海僊
織田勝長　おだかつなが
　〔津田〕源三郎
小田玄蛙　おだげんあ
　玄蛙
小谷庄兵衛　おたにしょうべえ
　三志
　庄兵衛
男谷精一郎　おだにせいいちろう
　信友
小谷方　おだにのかた
　市
　小谷方
　〔柴田〕勝家室

〔浅井〕長政室
　お市の方
織田信雄　おだのぶお
　信雄
　尾張内大臣
織田信包　おだのぶかね
　安濃津侍従・中将
　信包
織田信澄　おだのぶずみ
　信澄
　〔津田〕信澄
織田信孝　おだのぶたか
　信孝
　〔神戸〕信孝
織田信秀　おだのぶひで
　三吉侍従〈通称〉
　信秀
織田信広　おだのぶひろ
　〔津田〕信広
織田信光　おだのぶみつ
　〔津田〕信光
小田彦二郎　おだひこじろう
　〔朝田〕義助
　彦二郎
織田秀雄　おだひでかつ
　秀雄
　大野宰相
織田秀信　おだひでのぶ
　岐阜中納言
　三法師
　秀信
織田冬姫　おだふゆひめ
　冬姫
小田政光　おだまさみつ
　駿河守政光
　政光
落合東堤　おちあいとうてい
　直養〈名〉
　東堤
　文六〈通称〉
落合直亮　おちあいなおあき
　直亮
　〔水原〕二郎
越智越人　おちえつじん
　越人
　槿花翁〈号〉
　十蔵〈通称〉
　負山子〈号〉
越智貞厚　おちのさだあつ
　貞厚
弟橘比売命　おとたちばなひめのみこと
　弟橘比売命
　弟橘媛
乙彦　おとひこ
　乙彦
　〔萩原〕乙彦
　語一郎〈通称〉
　〔森〕語一郎
　〔梅暮里〕谷峨(2世)
　十時庵〈号〉

蕉華庵〈号〉
蔦の本〈号〉
〔歌沢〕能六斎
お夏の方　おなつのかた
　清雲院
お南の方　おなんのかた
　〔二階堂〕盛義妻
小野栄重　おのえいじゅう
　栄重
　良佐
尾上いろは　おのえいろは
　梅之丞
　〔嵐〕富三郎(4代)
　いろは
尾上菊五郎(1代)　おのえきくごろう
　菊五郎(1代)
　梅幸(1代)
　梅幸(1代)
尾上菊五郎(2代)　おのえきくごろう
　菊五郎(2代)
　梅幸(2代)
　梅幸(2代)
尾上菊五郎(4代)　おのえきくごろう
　栄三郎(3代)
　菊五郎(4代)
　梅幸(4代)
尾上松寿(1代)　おのえしょうじゅ
　〔中山〕喜楽(2代)
　松寿(1代)
　芙雀(4代)
尾上松緑(1代)　おのえしょうろく
　松助(1代)
　松緑(1代)
尾上新七(1代)　おのえしんしち
　新七(1代)
　芙雀(1代)
尾上新七(2代)　おのえしんしち
　新七(2代)
　芙雀(2代)
尾上松助(2代)　おのえまつすけ
　栄三郎(1代)
　音羽屋〈屋号〉
　菊五郎(3代)
　〔大川〕橘蔵
　松助(2代)
　梅幸(3代)
尾上松助(3代)　おのえまつすけ
　栄三郎(2代)
　松助(3代)
小野元立坊　おのげんりゅうぼう
　元立坊
小野広胖　おのこうはん
　広胖
　友五郎〈名〉
小野湖山　おのこざん
　晏吉〈別号〉
　狂々老夫〈別号〉
　湖山

小野権右衛門　おのごんえもん
　〔井筒屋〕権右衛門
　〔鍵屋〕権右衛門
　〔村井〕権兵衛
小野紹廉　おのしょうれん
　紹廉
小野次郎右衛門(忠明)　おのじろうえもん
　御子神主膳
　次郎右衛門
　忠明
　〔神子上〕忠明
　〔神子上〕典膳
小野善助　おのぜんすけ
　井筒屋
　善助
小野素郷　おのそごう
　永二〈通称〉
　松涛舎〈号〉
　素郷
　望春亭〈号〉
小野素水　おのそすい
　慶孝〈字〉
　素水
　又右衛門〈通称〉
　*宇治〈本姓〉
小野寺十内　おのでらじゅうない
　秀和
小野妹子　おののいもこ
　〔蘇〕因高
　妹子
小野美材　おののよしき
　義材
　美材
　美樹
小原僖窟子　おはらきくつし
　〔町〕定静
小原桃洞　おはらとうどう
　源三郎
　政之助〈通称〉
　桃洞〈号〉
　良直
　良貴〈名〉
帯屋治平　おびやじへい
　治平
　〔川上〕治平
お振の方　おふりのかた
　自証院
お保良の方　おほらのかた
　長昌院
　保良の方
お万の方　おまんのかた
　古茶
　小督局
　お万の方
お万の方　おまんのかた
　蔭山殿〈号〉
　万
　お万の方
お万の方　おまんのかた
　お万の方

お梅の方　〔別称〕
お美代の方　おみよのかた
　　お伊根
　　お美代の方
お牟須の方　おむすのかた
　　正栄院
小村田之助　おもれたのすけ
　　田之助
お八百の方　おやおのかた
　　お喜宇の方
遠弥計赤蜂　おやけあかはち
　　赤蜂
小山馨三郎　おやまけいざぶろう
　　馨三郎
　　〔小野〕馨之允
小山田与清　おやまだともきよ
　　与清
　　〔高田〕与清
小山長政　おやまながまさ
　　〔下妻〕長政
御与津御寮人　およつごりょう
　　　　　　　にん
　　〔四辻〕与津子
お楽の方　おらくのかた
　　お里衛の方
尾張大海媛　おわりのおおあま
　　　　　　ひめ
　　葛城高名姫
　　尾張大海媛
音阿弥　おんあみ
　　音阿弥
　　〔観世〕元重
飲光　おんこう
　　飲光〈名〉
　　〔慈雲〕飲光
　　慈雲尊者
温中清瑜　おんちゅうしょうゆ
　　清瑜
温伯正琇　おんぱくしょうしゅう
　　正琇
陰明門院　おんめいもんいん
　　陰明門院
　　〔藤原〕麗子

【か】

可庵円慧　かあんえんえ
　　円慧
介我　かいが
　　介我
　　孫四郎〈通称〉
　　葊甘介我〈号〉
開化天皇　かいかてんのう
　　開化天皇
　　稚日本根子彦大日日尊〈御名〉
貝賀弥左衛門　かいがやざえもん
　　友信
皆虚　かいきょ
　　皆虚
　　角茄軒〈号〉
　　空願〈名〉

快慶　かいけい
　　安阿弥
　　快慶
海眼浄光　かいげんじょうこう
　　鶴亭
槐市　かいし
　　槐市
　　源左衛門宗重〈通称〉
海寿椿庭　かいじゅちんてい
　　〔椿庭〕海寿
　　椿庭
快川紹喜　かいせんしょうき
　　紹喜
　　大通智勝国師
貝原好古　かいばらよしふる
　　恥軒
海間十郎　かいまじゅうろう
　　十郎
　　〔吉田屋〕十郎右衛門
貝増卓袋　かいますたくたい
　　市兵衛〈通称〉
　　卓袋
　　如是庵〈号〉
開明門院　かいめいもんいん
　　開明門院
　　〔藤原〕定子
甲斐隆義　かいりゅうぎ
　　慎軒
　　隆義
鶏冠井令徳　かえでいりょうとく
　　九郎右衛門〈通称〉
　　陀隣子〈別号〉
　　梨子園〈別号〉
　　令徳
鶏冠井令富　かえでいりょうふ
　　令富
瓦屋能光　がおくのうこう
　　能光
加賀殿　かがどの
　　加賀殿
　　摩阿
加賀井重望　かがのいしげもち
　　秀重〈名〉
　　秀望〈名〉
　　重茂〈名〉
　　重望
　　〔加々江〕重望
加賀千代　かがのちよ
　　千代
　　千代女
各務支考　かがみしこう
　　見竜〈号〉
　　支考
　　獅子庵〈号〉
　　是仏坊〈号〉
　　西華坊〈号〉
　　渡辺狂〈号〉
　　東華坊〈号〉
　　白狂〈号〉
　　野盤子〈号〉
　　霊乙子〈号〉

蓮二〈号〉
各務東羽　かがみとうう
　　東羽
鏡女王　かがみのおおきみ
　　鏡女王
　　鏡王女
　　鏡姫王
加賀美光章　かがみみつあき
　　桜塢
香川景樹　かがわかげき
　　景樹
香川景柄　かがわかげもと
　　黄中
賀川玄悦　かがわげんえつ
　　子玄
賀川玄吾　かがわげんご
　　有斎
賀川玄迪　かがわげんてき
　　子啓
香川修庵　かがわしゅうあん
　　修庵
　　修徳〈名〉
香川松石　かがわしょうせき
　　松石
　　熊蔵〈名〉
蠣崎季広　かきざきすえひろ
　　〔松前〕季広
蠣崎波響　かきざきはきょう
　　波響
柿本人麻呂　かきのもとのひと
　　　　　　　まろ
　　人麻呂
　　人麿
柿原源吾　かきはらげんご
　　義長
鍵屋喜兵衛　かぎやきへえ
　　喜兵衛
　　〔錦光山〕喜兵衛
覚晏　かくあん
　　〔仏地〕覚晏
鄂隠慧奯　がくいんえかつ
　　慧奯
　　〔顎隠〕慧奯
　　仏慧正続国師
覚運　かくうん
　　覚運
　　檀那僧都
覚円　かくえん
　　宇治僧正
　　覚円
覚円法親王　かくえんほうしん
　　　　　　　のう
　　覚円法親王
　　常信親王
覚王院義観　かくおういんぎかん
　　義観
覚翁慧等　かくおうえとう
　　慧等
学牧　がくきょう
　　学牧
　　教王上人〈別称〉

かくさ　　　　　　　　　姓名から引く号・別名一覧

遍照院(9世)
廓山　かくざん
　　一実
　　廓山
覚山尼　かくさんに
　　〔覚山〕志道
鶴洲　かくしう
　　鶴洲
　　〔住吉〕広夏〈俗称〉
覚芝広本　かくしこうほん
　　広本
覚洲　かくしゅう
　　覚洲
　　鳩〈号〉
角上　かくじょう
　　角上
　　〔三上〕角上
　　夕陽観〈号〉
　　百布軒〈号〉
　　明因〈名〉
覚深法親王　かくしんほうしんのう
　　覚深法親王
　　良仁親王
岳亭丘山　がくていきゅうざん
　　春信
覚如　かくにょ
　　覚如
　　宗昭
覚鑁　かくばん
　　覚鑁
　　興教大師
覚法法親王　かくほうほうしんのう
　　覚法法親王
　　高野御室
覚猷　かくゆう
　　覚猷
　　鳥羽僧正
覚融　かくゆう
　　行観
加倉井砂山　かくらいさざん
　　久雍
花月菴鶴翁　かげつあんかくおう
　　鶴翁
　　〔田中〕鶴翁
香月啓益　かげつけいえき
　　牛山
　　啓益
蔭山休安　かげやまきゅうあん
　　休安
陰山東門　かげやまとうもん
　　元質
葛西一清　かさいいっせい
　　一清
　　〔佐藤〕一清
笠井魚路　かさいぎょろ
　　魚路
笠原宗全　かさはらそうぜん
　　吸松斎宗全〈法号〉
　　宗全

侘助
　　侘助宗全〈通称〉
笠家逸志　かさやいっし
　　一志〈号〉
　　逸志
　　玄哲〈号〉
　　源左衛門〈通称〉
　　宗梅〈号〉
　　雪堂〈号〉
　　素竹軒〈号〉
　　致曲庵〈号〉
　　半局庵〈号〉
笠家旧室　かさやきゅうしつ
　　岳雨〈号〉
　　鱓糞〈号〉
　　活々井〈号〉
　　活々坊〈号〉
　　聒々坊〈号〉
　　旧室
　　〔活井〕旧室
笠家左簾(1代)　かさやされん
　　左簾(1代)
花山院兼雅　かざんいんかねまさ
　　〔藤原〕兼雅
花山院定逸　かざんいんさだとし
　　〔野宮〕定逸
花山院定熙　かざんいんさだひろ
　　家雅
峨山紹碩　がざんしょうせき
　　紹碩
花山天皇　かざんてんのう
　　花山天皇
　　花山院
加集珉平　かしおみんぺい
　　珉平
　　〔賀集〕珉平
梶川文竜斎　かじかわぶんりゅうさい
　　常寿
　　文竜斎
梶清次衛門　かじせいじえもん
　　清次右衛門
　　清次衛門
鹿島探春　かしまたんしゅん
　　〔鹿鳴〕探春
鹿島白羽　かじまはくう
　　白羽
賀島兵助　かしまひょうすけ
　　恕軒
勧修寺経顕　かじゅうじつねあき
　　経顕
　　〔藤原〕経顕
柏木素竜　かしわぎそりゅう
　　素竜
柏崎永以　かしわざきえいい
　　具元
膳巴提便　かしわでのはてび
　　巴提便
　　〔膳臣〕巴提便
膳菩岐岐美郎女　かしわのほきみのいらつめ

大娘
柏原瓦全　かしわばらがぜん
　　員仍〈名〉
　　嘉助〈通称〉
　　瓦全
　　鳩卯斎〈号〉
　　子由〈字〉
柏原省三　かしわばらしょうぞう
　　信郷
柏原禎吉　かしわばらていきち
　　義勝
梶原景継　かじわらかげつぐ
　　〔荻野〕三郎
梶原藍渠　かじわらんきょ
　　景惇
春日顕国　かすがあきくに
　　〔源〕顕時
春日花叔　かすがかしゅく
　　花叔
春日九兵衛　かすがくへえ
　　九兵衛
　　〔岡〕飛騨
春日山田皇女　かすがのやまだのこうじょ
　　山田赤見皇女〈別名〉
　　春日山田皇女
春日易重　かすがやすしげ
　　信風
糟谷磯丸　かすやいそまる
　　磯丸
糟屋武則　かすやたけのり
　　武則
　　〔糟谷〕武則
片岡我当(1代)　かたおかがとう
　　我当(1代)
　　我童(2代)
　　仁左衛門(8代)
　　蘆燕
片岡源五右衛門　かたおかげんごえもん
　　高房
片岡旨恕　かたおかしじょ
　　旨恕
　　宗岑〈号〉
　　宗森〈号〉
　　庄二郎〈通称〉
　　松舟軒〈号〉
　　松門亭〈号〉
片岡子蘭　かたおかしらん
　　〔岡〕穆斎
片岡直次郎　かたおかなおじろう
　　直次郎
　　直侍〈異名〉
片岡仁左衛門(5代)　かたおかにざえもん
　　仁左衛門(5代)
　　茶谷
片岡仁左衛門(7代)　かたおかにざえもん
　　我童(1代)
　　〔浅尾〕国五郎(2代)

仁左衛門(7代)
万сen
片桐貞昌　かたぎりさだまさ
　石州
　貞昌
片桐良保　かたぎりりょうほ
　良保
片倉鶴陵　かたくらかくりょう
　鶴陵
　元周
片倉小十郎　かたくらこじゅうろう
　景綱〈名〉
　小十郎
荷田直子　かだのなおこ
　〔芝崎〕直子
片野紅子　かたのもみこ
　紅子
片山周東　かたやましゅうとう
　周東
片山寸長　かたやますんちょう
　寸長
勝井源八　かついげんぱち
　源八
　〔勝浦〕周蔵
勝海舟　かつかいしゅう
　安芳
　安房
　安房守〈通称〉
　海舟
　麟太郎〈初名〉
勝川春扇　かつかわしゅんせん
　春好(2代)
　春扇
勝川春朗(2代)　かつかわしゅんろう
　〔叢〕豊丸
勝木氏家　かつきうじいえ
　権太夫〈通称〉
　氏家
勝木盛定(1代)　かつきもりさだ
　盛定
勝諺蔵(1代)　かつげんぞう
　諺蔵(1代)
　〔鶴屋〕孫次郎〈名〉
勝惟寅　かつこれとら
　小吉
葛飾為斎　かつしかいさい
　為斎
葛飾応為　かつしかおうい
　栄
　応為
葛飾戴斗　かつしかたいと
　戴斗
　北泉
葛飾北雲　かつしかほくうん
　〔東南西〕北雲
葛飾北鵞　かつしかほくが
　北鵞
　〔抱亭〕北鵞
葛飾北斎　かつしかほくさい

為一
　〔勝川〕春朗(1代)
　北斎
葛飾雷周　かつしからいしゅう
　雷周
葛人　かつじん
　葛人
　〔小島〕葛人
　松柯亭〈号〉
　水茎廬〈号〉
　武左衛門〈通称〉
勝田新左衛門　かつだしんざえもん
　武尭
葛蠧庵　かつとあん
　子琴
勝能進　かつのうしん
　〔竹柴〕諺蔵(1代)
　諺蔵(2代)
　能進
　〔河竹〕能進(2代)
勝野豊作　かつのとよさく
　〔仁科〕多一郎〈変名〉
　豊作
勝間田長清　かつまたながきよ
　〔藤原〕長清
勝見二柳　かつみじりゅう
　充茂〈名〉
　二柳
勝宮川春水　かつみやがわしゅんすい
　春水
　〔宮川〕春水
　〔勝川〕春水
勝屋四郎　かつやしろう
　一樵〈号〉
　四郎
葛井文哉　かつらいぶんさい
　温
桂川甫筑　かつらがわほちく
　甫三
葛城襲津彦　かつらぎのそつひこ
　襲津彦
　長江曽津昆古
葛城彦一　かつらぎひこいち
　彦一
　〔竹内〕五百都
　〔内藤〕助右衛門
桂田長俊　かつらだながとし
　〔前波〕吉継
　長俊
桂文治(3代)　かつらぶんじ
　文治(3代)
　文楽(1代)
桂文治(5代)　かつらぶんじ
　文治(5代)
　文楽(2代)
桂宗信　かつらむねのぶ
　雪典
荷汀　かてい
　荷汀

霞堤〈号〉
喜太郎〈通称〉
橘仙堂〈号〉
拾翠園〈号〉
松帆榭〈号〉
芙葉館〈号〉
保平〈名〉
葛井藤子　かどいのふじこ
　藤子
　〔番長〕藤子
加藤一純　かとういちじゅん
　虞山
加藤逸人　かといついじん
　逸人
加藤宇万伎　かとううまき
　宇万伎
　〔河津〕宇万伎
　美樹
加藤枝直　かとうえなお
　枝直
　〔橘〕枝直
加藤曳尾庵　かとうえびあん
　曳尾庵
　玄亀〈医名〉
　南竹軒〈別号〉
加藤遠塵斎　かとうえんじんさい
　信清
加藤景遠　かとうかげとお
　吉左衛門
加藤景豊　かとうかげとよ
　景久〈別名〉
　景豊
加藤景成　かとうかげなり
　景成
　源十郎
　源十郎(美濃の加藤源十郎)
加藤景範　かとうかげのり
　景範
　竹里
加藤景春　かとうかげはる
　景春
　春永〈別名〉
加藤景正　かとうかげまさ
　景正
　四郎左衛門
　四郎左衛門景正
　春慶
　藤四郎景正
加藤嘉仲　かとうかちゅう
　嘉仲
　重英
加藤勝助　かとうかつすけ
　春永〈号〉
　勝助
加藤巻阿　かとうかんあ
　巻阿
　貫阿〈号〉
　既明〈名〉
　士文〈字〉
　如雪庵〈号〉
　浮亀庵〈号〉

方円居〈号〉
均斎
〔慶長〕藤四郎
加藤勘六(2代)　かとうかんろく
誠之
加藤弘之　かとうひろゆき
　勘六(2代)
加藤善庵　かとうぜんあん
　弘之〈名〉
　閑陸
　草軒
　弘蔵〈幼名〉
加藤岸太郎　かとうきしたろう
加藤民吉　かとうたみきち
　成之〈名〉
　岸太郎
　民吉
　誠之
加藤暁台　かとうぎょうだい
加藤藤九郎　かとうとうくろう
　土代士〈幼名〉
　暁台
　政連〈別名〉
加藤光員　かとうみつかず
　〔久村〕暁台
　藤九郎
　加藤太
　呉一
加藤東岡　かとうとうこう
　光員
　後一
　以脩
加藤村三郎(1代)　かとうむらさ
　周挙〈名〉
加藤唐左衛門(1代)　かとうとう
　ぶろう
　他朗〈号〉
　ざえもん
　伊左衛門
　亭一庵〈号〉
　清助景房
　村三郎(1代)
　買夜子〈号〉
　唐左衛門(1代)
加藤村三郎(5代)　かとうむらさ
　白一居〈号〉
加藤唐左衛門(2代)　かとうとう
　ぶろう
　平兵衛〈通称〉
　ざえもん
　清兵衛〈初称〉
　暮雨巷(1世)〈号〉
　景盛
　村三郎(5代)
　竜門〈号〉
　唐左衛門(2代)
加藤杢左衛門(1代)　かとうもく
　*加藤〈本姓〉
加藤唐左衛門(3代)　かとうとう
　ざえもん
加藤源十郎　かとうげんじゅう
　ざえもん
　杢左衛門
　ろう
　景房
　杢左衛門(1代)
　源十郎
　唐左衛門(3代)
加藤弥三郎　かとうやさぶろう
　源十郎(飛騨の加藤源十郎)
加藤唐左衛門(4代)　かとうとう
　〔岩室〕勘右衛門
加藤原松　かとうげんしょう
　ざえもん
加藤利慶　かとうりけい
　原松
　高景
　利慶
加藤五助(1代)　かとうごすけ
　唐左衛門(4代)
和徳門院　かとくもんいん
　五助(1代)
加藤唐左衛門(5代)　かとうとう
　義子内親王
　陶治〈号〉
　ざえもん
　和徳門院
加藤五助(2代)　かとうごすけ
　春景
門田候兵衛　かどたそろべえ
　五助(2代)
　唐左衛門(5代)
　候兵衛
　天外〈号〉
加藤唐左衛門(6代)　かとうとう
　〔金井〕三平
加藤五助(3代)　かとうごすけ
　ざえもん
楫取素彦　かとりもとひこ
　五助(3代)
　唐左衛門(6代)
　〔小田村〕素太郎
　陶庵〈号〉
　陶春
　素彦
加藤作助(1代)　かとうさくすけ
加藤藤三郎　かとうとうざぶろう
金井烏洲　かないうしゅう
　作助
　景国
　烏洲
　作助(1代)
　藤三郎
　彦兵衛
加藤三右衛門　かとうさんえもん
加藤藤次郎　かとうとうじろう
金井三笑　かないさんしょう
　三右衛門
　基通
　三笑
　三右衛門重光
　藤次郎
　〔金井筒屋〕半九郎
加藤雀庵　かとうじゃくあん
加藤桃隣　かとうとうりん
金井半兵衛　かないはんべえ
　雀庵
　〔太白堂〕桃隣(4代)
　正同
　升金〈俳号〉
加藤徳成　かとうとくなり
　半兵衛
加藤重五　かとうじゅうご
　司書
金井由輔(1代)　かないゆうすけ
　重五
加藤豊三　かとうとよぞう
　由輔(1代)
　〔川方屋〕善右衛門〈通称〉
　豊三
　〔松井〕由輔(1代)
　弥兵衛
加藤仁兵衛　かとうにへえ
金井由輔(2代)　かないゆうすけ
加藤周左衛門(1代)　かとうしゅ
　景郷
　由輔(2代)
　うざえもん
　仁兵衛
　〔重〕扇助(1代)
　周左衛門(1代)
加藤信景　かとうのぶかげ
　〔松井〕由輔(2代)
　和平治
　孫五郎〈別称〉
金井由輔(3代)　かないゆうすけ
加藤周左衛門(2代)　かとうしゅ
加藤信景　かとうのぶかげ
　由輔(3代)
　うざえもん
　伊賀入道〈別称〉
　〔松井〕由輔(3代)
　周左衛門(2代)
　伊賀守〈別称〉
仮名垣魯文　かながきろぶん
　初平
　信景
　兼吉〈幼名〉
加藤春岱　かとうしゅんたい
加藤教明　かとうのりあき
　鈍亭〈別号〉
　春岱
　広明
　猫々道人〈別号〉
加藤春琳　かとうしゅんりん
加藤春宗　かとうはるむね
　文蔵〈名〉
　春琳
　春宗
　野狐庵〈別号〉
加藤誠之　かとうせいし
　魯文

＊野崎〈本姓〉
金沢吾輔　かなざわごすけ
　　　吾輔
　　　芝洛
　　　清造
金沢芝助　かなざわしばすけ
　　　芝助
　　　〔奈河〕篤助(2代)
金森宗和　かなもりそうわ
　　　宗和
　　　重近
金森得水　かなもりとくすい
　　　長興
金森長近　かなもりながちか
　　　長近
　　　兵部卿法印
金谷武英　かなやたけひで
　　　多門
金谷斧叟　かなやふそう
　　　〔横井〕金谷
　　　斧叟
鍛大角　かぬちのおおすみ
　　　大角
　　　〔鍛冶造〕大角
鍛冶大隅　かぬちのおおすみ
　　　〔鍛造〕大角
　　　大隅
　　　〔守部連〕大隅
　　　〔鍛師連〕大隅
兼明親王　かねあきらしんのう
　　　兼明親王
　　　小倉親王
　　　前中書王
　　　中書王
金ケ江三兵衛　かねがえさんべえ
　　　三兵衛
　　　〔李〕参平
金子重之輔　かねこしげのすけ
　　　〔市木〕公太
　　　重之輔
　　　重輔
金子楚常　かねこそじょう
　　　吟市〈通称〉
　　　楚常
金子健四郎　かねこたけしろう
　　　豊水
金子徳之助　かねことくのすけ
　　　済民〈名〉
　　　霜山〈号〉
　　　徳之助
　　　八霜山人〈別号〉
金子教孝　かねこのりたか
　　　教孝
　　　孫二郎
包貞　かねさだ
　　　包吉〈名〉
　　　包貞
金沢顕時　かねさわあきとき
　　　顕時
　　　〔北条〕顕時
金沢貞顕　かねざわさだあき

　　　貞顕
　　　〔北条〕貞顕
金沢貞将　かねざわさだゆき
　　　〔北条〕貞将
金沢実泰　かねざわさねやす
　　　〔北条〕実泰
金沢時直　かねざわときなお
　　　〔北条〕時直
金沢政顕　かねざわまさあき
　　　〔北条〕政顕
懐良親王　かねながしんのう
　　　懐良親王
　　　九州宮
　　　征西将軍宮
　　　鎮西宮
兼康百済　かねやすひゃくさい
　　　〔渡辺〕百済
狩野有信　かのうありのぶ
　　　友閑斎
狩野伊川院　かのういせんいん
　　　伊川院
　　　栄信
　　　玄賞斎
狩野一渓　かのういっけい
　　　一渓
　　　重良〈名〉
狩野一渓　かのういっけい
　　　一渓
　　　良信〈名〉
狩野雅楽介　かのううたのすけ
　　　雅楽介
　　　雅楽助
　　　之信
狩野永雲　かのえいうん
　　　〔太田〕永雲
狩野永岳　かのうえいがく
　　　永岳
　　　山梁〈別号〉
狩野永寿　かのうえいじゅ
　　　〔藤田〕永寿
狩野栄川院　かのうえいせんいん
　　　栄川院
　　　栄川院典信
　　　典信〈名〉
狩野永徳　かのうえいとく
　　　永徳
　　　古永徳
　　　州信
　　　重信
狩野永悳　かのうえいとく
　　　永悳
　　　立信
狩野永納　かのうえいのう
　　　一陽斎
　　　永納
狩野養信　かのうおさのぶ
　　　会心斎〈号〉
　　　玉川
　　　晴川
　　　晴川院〈別称〉
　　　養信〈名〉

狩野休山　かのうきゅうざん
　　　休山
　　　是信〈名〉
狩野玉楽　かのうぎょくらく
　　　玉楽
狩野惟信　かのうこれのぶ
　　　養川院
狩野山楽　かのうさんらく
　　　光頼
　　　山楽
狩野重郷　かのうしげさと
　　　一翁〈号〉
　　　久蔵〈初名〉
　　　重信
　　　重郷
　　　内膳〈別称〉
　　　内膳重郷
狩野舟川　かのうしゅうせん
　　　晴信
狩野昌庵　かのうしょうあん
　　　吉信
　　　昌庵
　　　昌庵吉信
　　　昌菴〈号〉
狩野松栄　かのうしょうえい
　　　松栄
　　　直信
狩野勝川　かのうしょうせん
　　　雅川
　　　勝川
　　　勝川院雅信
狩野常川　かのうじょうせん
　　　幸信
狩野素川　かのうそせん
　　　信政〈名〉
　　　素川
狩野素川　かのうそせん
　　　章信
　　　彰信〈名〉
　　　素川
狩野探信　かのうたんしん
　　　守政〈名〉
　　　図書
　　　仙千代〈幼名〉
　　　探信
　　　忠洲〈別号〉
狩野探幽　かのうたんゆう
　　　守信
　　　探幽
狩野周信　かのうちかのぶ
　　　周信
　　　如川
狩野常信　かのうつねのぶ
　　　耕寛斎
　　　常信
　　　養朴
狩野英信　かのうてるのぶ
　　　英信
　　　祐清〈別号〉
狩野洞雲　かのうどううん
　　　益信

松陰子
洞雲
狩野洞春　かのうどうしゅん
　　洞春
　　福信〈名〉
狩野董川　かのうとうせん
　　中信〈名〉
　　董川
狩野尚信　かのうなおのぶ
　　自適斎
　　尚信
狩野長信　かのうながのぶ
　　休伯(1代)
狩野正信　かのうまさのぶ
　　行蓮
　　正信
　　祐勢
狩野光信　かのうみつのぶ
　　古右京
　　古右京
　　光信
狩野岑信　かのうみねのぶ
　　覚柳斎
　　岑信
　　随川峯信
狩野元信　かのうもとのぶ
　　永仙
　　元信
狩野元秀　かのうもとひで
　　元信
　　真説
狩野主信　かのうもりのぶ
　　永叔〈別号〉
　　主信
狩野祐雪　かのうゆうせつ
　　宗信
狩野融川　かのうゆうせん
　　寛信
　　融川
狩野柳園　かのうりゅうえん
　　柳園
狩野柳雪　かのうりゅうせつ
　　秀信
樺山資之　かばやますけゆき
　　〔三円瀬〕吉郎
　　三円
　　資之
霞夫　かふ
　　霞夫
　　三之助〈幼名〉
　　如々庵〈号〉
　　仏白〈号〉
　　〔堺屋〕六左衛門〈通称〉
歌舞伎堂艶鏡　かぶきどうえん
　　　きょう
　　艶鏡
　　〔中村〕重助(2代)
　　〔中村〕政一〈別名〉
鎌倉景政　かまくらかげまさ
　　〔平〕景正
　　景政

権五郎景正
鎌田正清　かまたまさきよ
　　政家
蒲池鎮漣　かまちしげなみ
　　式部大輔鎮並
　　鎮漣
上大路能順　かみおおじのう
　　　じゅん
　　能順
神谷玄武坊　かみやげんぶぼう
　　一碗亭〈号〉
　　応一武者〈号〉
　　玄武坊
　　青白子〈号〉
　　俳仙堂〈号〉
　　白山老人〈号〉
　　無竈庵〈号〉
　　鱗甲〈号〉
　　臓居士〈号〉
　　＊水野〈本姓〉
神屋宗湛　かみやそうたん
　　宗湛
　　〔神谷〕宗湛
神谷定令　かみやていれい
　　藍水
亀井規礼　かめいきれい
　　規礼
　　〔亀岡〕規礼
　　光茂〈名〉
亀井大年　かめいたいねん
　　万
亀井半二　かめいはんじ
　　玉堂〈号〉
　　半二
亀菊　かめぎく
　　伊賀局
　　亀菊
亀熊　かめくま
　　亀熊
　　熊吉(宮田熊吉)
　　〔宮田〕熊吉
亀田純蔵　かめだじゅんぞう
　　鶴山
亀田高綱　かめだたかつな
　　高綱
　　大隅
　　〔溝口〕半之丞
亀田徳三郎　かめたとくさぶろう
　　〔園田〕七郎
　　徳三郎
亀谷省軒　かめたにせいけん
　　行〈名〉
　　省軒
亀方　かめのかた
　　亀方
　　〔志木〕宗清女
亀姫　かめひめ
　　加納御前
亀屋佐京　かめやさきょう
　　〔松浦〕七兵衛
亀山天皇　かめやまてんのう

亀山天皇
恒仁〈御名〉
亀世　かめよ
　　亀世
　　〔下郷〕亀世
　　金三郎元雄〈名〉
　　辰之助〈幼名〉
　　蔵六岡〈号〉
　　鉄叟〈号〉
　　聞潮介〈別号〉
蒲生氏郷　がもううじさと
　　会津少将
　　氏郷
　　松坂少将
　　松島侍従
蒲生済助　がもうさいすけ
　　〔堀〕斎
　　済助
蒲生郷成　がもうさとなり
　　郷成
　　〔関〕小番
蒲生秀行　がもうひでゆき
　　宇都宮侍従
　　秀行
鴨祐為　かもすけため
　　祐為
　　〔梨木〕祐為
鴨祐之　かもすけゆき
　　祐之
　　〔梨木〕祐之
鹿持雅澄　かもちまさずみ
　　雅澄
　　〔飛鳥井〕雅澄
賀茂蝦夷　かものえみし
　　蝦夷
　　〔鴨〕蝦夷
鴨吉備麻呂　かものきびまろ
　　賀茂〈別号〉
　　吉備麻呂
加茂季鷹　かものすえたか
　　雲錦〈号〉
　　季鷹
　　〔賀茂〕季鷹
　　生山〈号〉
鴨長明　かものちょうめい
　　長明
賀茂真淵　かものまぶち
　　県居
　　県居翁
　　真淵
　　〔岡部〕真淵
　　〔県居〕大人
賀茂光栄　かものみつひで
　　光栄
　　〔加茂〕光栄
鴨北元　かもほくげん
　　橿之本〈号〉
　　月丸〈号〉
　　都喜丸〈号〉
　　馬寧〈号〉
　　北元

苴屠蘇〈号〉 苴雪庵(2世)〈号〉 高陽院　かやのいん 　高陽院〈院号〉 　〔藤原〕泰子 萱野三平　かやのさんぺい 　重実 萱野宗斎(萱野流3世)　かやのそうさい 　〔宇田〕周悦 　宗斎(萱野流3世) 萱野宗保(萱野流7世)　かやのそうほ 　宗保 　宗保(萱野流7世) 萱野来章　かやのらいしょう 　銭塘 茅野和助　かやのわすけ 　常成 加友　かゆう 　加友 　春陽軒〈号〉 　殷舟庵〈号〉 嘉陽門院　かようもんいん 　嘉陽門院 　礼子内親王 柄井川柳　からいせんりゅう 　川柳 　川柳(1世) 　八右衛門 　緑亭無名庵〈号〉 唐金梅所　からかねばいしょ 　興隆 韓国広足　からくにのひろたり 　〔物部韓国〕広足 韓国源　からくにのみなもと 　〔高原〕源 嘉楽門院　からくもんいん 　嘉楽門院 　〔藤原〕信子 唐崎士愛　からさきことちか 　士愛 　常陸介〈通称〉 　信徳〈名〉 　赤斎〈号〉 烏丸豊光　からすまるとよみつ 　〔日野〕豊光 烏丸広賢　からすまるひろかた 　広隆 　広賢 唐橋君山　からはしくんざん 　世済 唐物久兵衛　からものきゅうべえ 　久兵衛 　〔唐物屋〕久兵衛 軽　かる 　軽 　かや 川井乙州　かわいおとくに 　乙州 　設楽堂〈別号〉	枳々庵〈号〉 　又七〈通称〉 河井喜右衛門　かわいきえもん 　喜右衛門 　ジュアン〈聖名〉 河合見風　かわいけんぷう 　見風 河相周兵衛　かわいしゅうべえ 　好祖 河合隼之助　かわいじゅんのすけ 　隼之助 　寸翁 　道臣 　道臣〈名〉 河合寸翁　かわいすんのう 　道臣 河合智月　かわいちげつ 　智月 　〔川井〕智月 　智月尼 川勝雲堂　かわかつうんどう 　雲堂 川上宗雪　かわかみそうせつ 　円頓斎〈号〉 　亀次郎〈幼名〉 　堯達〈字〉 　孤峰〈号〉 　宗雪 　亭々斎〈号〉 　不白(1代) 　不羨斎〈号〉 　抛筌斎〈号〉 　黙庵〈号〉 　黙雷〈号〉 　蓮花庵〈号〉 川上梟帥　かわかみのたける 　建 川口竹人　かわぐちちくじん 　維言〈名〉 　寓窩子〈号〉 　庄太夫〈通称〉 　竹人 川口緑野　かわぐちりょくや 　長孺 川崎平右衛門　かわさきへいえもん 　定孝〈名〉 　平右衛門〈通称〉 川路宜麦　かわじぎばく 　宜麦 　〔老鶯巣〕宜麦 　弥三郎〈通称〉 　平右衛門〈通称〉 川島茂樹　かわしましげき 　蓮阿 　〔林〕蓮阿 川島甚兵衛　かわしまじんべえ 　甚兵衛 　〔上田屋〕甚兵衛〈通称〉 河尻鎮吉　かわじりしげよし 　重能〈名〉	鎮吉 河瀬太宰　かわせだざい 　太宰 　〔川瀬〕太宰 川田甕江　かわだおうこう 　甕江〈号〉 　毅卿〈字〉 　剛〈名〉 　剛介 　竹次郎〈幼名〉 河田寄三　かわだきさん 　寄三 　甚平〈通称〉 　水石居〈号〉 　不知庵〈号〉 　*斎藤〈本姓〉 河竹新七(1代)　かわたけしんしち 　新七(1代) 　能進(1代) 河田小竜　かわだしょうりゅう 　小竜 　皤山〈別号〉 川田田福　かわだでんぷく 　維鱗〈名〉 　〔井筒屋〕庄兵衛〈通称〉 　松倚亭〈号〉 　田福 　舊郷〈字〉 　祐作〈通称〉 河田長親　かわだながちか 　豊前守 川谷薊山　かわたにけいざん 　致六 　貞六 川谷致真　かわたにちしん 　薊山 　致貞〈名〉 　致真 　貞六〈通称〉 川田雄琴　かわだゆうきん 　琴卿 川西函洲　かわにしかんしゅう 　函洲 　〔河西〕士竜 河畑慶山　かわばたけいざん 　慶山 河端五雲　かわばたごうん 　五雲 川原十左衛門　かわはらじゅうざえもん 　芳工 河原保寿　かわはらほうじゅ 　〔小河〕中冶 川原弥五郎　かわはらやごろう 　器遊斎 河曲一蜂　かわふいっぽう 　一蜂 川辺伊織　かわべいおり 　庵〈名〉 　伊織

〔川部〕伊織
川辺佐次衛門　かわべさじえもん
　元善
川村迂叟　かわむらうそう
　迂叟
　〔河村〕迂叟
　伝左衛門
河村乾堂　かわむらけんどう
　益根
　乾屋〈号〉
　乾堂〈号〉
　培次郎〈通称〉
河村公成　かわむらこうせい
　一事庵百古〈号〉
　錦波〈号〉
　公成
河村再和坊　かわむらさいわぼう
　観之坊〈号〉
　再和坊
　白朶〈号〉
　朴斎〈号〉
　朧庵〈号〉
川村碩布　かわむらせきふ
　樞寮〈号〉
　七郎兵衛〈通称〉
　春秋庵(4世)
　碩布
　梅翁〈号〉
　蓬首〈号〉
　六気庵〈号〉
川村羽積　かわむらはづみ
　〔流石庵〕羽積
川村元吉　かわむらもとよし
　元吉
　孫兵衛
川本杜太郎　かわもともりたろう
　杜太郎
　〔河本〕杜太郎
　〔豊原〕邦之助
河原崎権之助(4代)　かわらざき
　ごんのすけ
　権十郎(1代)
　権之助(4代)
河原崎権之助(5代)　かわらざき
　ごんのすけ
　権之助(5代)
　長十郎(1代)
観阿弥　かんあみ
　観阿弥
　〔観世〕清次
神尾春央　かんおはるひで
　五郎三郎
　若狭守
　春央
寒瓜　かんが
　寒瓜〈号〉
　十月堂〈号〉
　桐笑〈号〉
　等清〈名〉
寒巌義尹　かんがんぎいん
　義尹〈諱〉

岩亀楼喜遊　がんきろうきゆう
　喜遊
寛空　かんくう
　寛空
　蓮台僧正
頑極官慶　がんごくかんけい
　官慶
閑斎　かんさい
　閑斎
　椿杖斎〈号〉
　梅関〈号〉
神崎与五郎　かんざきよごろう
　則休
神沢杜口　かんざわとこう
　可々斎〈別号〉
　其蜩庵〈別号〉
　貞幹〈名〉
　杜口
　*入江〈本姓〉
関山慧玄　かんざんえげん
　慧玄
　仏光覚照国師
　本有円成国師
閑室元佶　かんしつげんきつ
　元佶
　三要
願性　がんしょう
　〔葛山〕景倫
元性　がんしょう
　覚恵
鑑真　がんじん
　過海大師
　鑑真
観心女王　かんしんにょおう
　安禅寺宮
　観心女王
　恵春
観世清永　かんぜきよひさ
　清永
　鉄之丞(5世)
観世小次郎信光　かんぜこじろう
　のぶみつ
　小次郎信光
　信光
観世左近(7世)　かんぜさこん
　元忠
　左近(7世)
観世左近(9世)　かんぜさこん
　元親
　左近(9世)
観世左近(15世)　かんぜさこん
　元章
　左近(15世)
観世宗節　かんぜそうせつ
　元忠
　宗節
　当太夫〈別名〉
観世身愛　かんぜただちか
　黒雪
観世鉄之丞(1世)　かんぜてつの
　じょう

　清尚
　鉄之丞(1世)
観世鉄之丞(2世)　かんぜてつの
　じょう
　清興
　鉄之丞(2世)
神田庵厚丸　かんだあんあつまる
　厚丸
　〔小金〕厚丸
神田勝久　かんだかつひさ
　勝久
　白竜子〈号〉
神田雁раスク　かんだがんせき
　雁赤
　定保〈名〉
　八郎太夫〈通称〉
神田二葉子　かんだじようし
　二葉子
神田孝平　かんだたかひら
　孝平
　淡崖〈号〉
神田貞宣　かんだていせん
　蝶々子
　貞宣
神田伯山(1代)　かんだはくざん
　伯山
　伯山(1代)
神足高雲　かんたりこううん
　守周
観中中諦　かんちゅうちゅうたい
　中諦
寒殿司　かんでんす
　寒殿司
　堪殿司
　感殿司
菅得庵　かんとくあん
　〔菅原〕玄同
甘南備伊香　かんなびのいかご
　伊香
　伊香王
神波即山　かんなみそくざん
　桓〈名〉
　即山〈号〉
　猛郷〈字〉
　竜朔〈号〉
神野忠知　かんのただとも
　忠左衛門
　忠知
　長三郎〈通称〉
　沽木子
上林久茂　かんばやしひさもち
　休徳
上林政重　かんばやしまさしげ
　竹庵
神戸友琴　かんべゆうきん
　山茶花逸人〈号〉
　識趣斎〈号〉
　友琴
　幽吟〈号〉
　幽琴〈号〉
神戸祐甫　かんべゆうほ

八郎右衛門〈通称〉
　祐甫
桓武天皇　かんむてんのう
　桓武天皇
　柏原天皇
甘呂俊長　かんろとしなが
　俊長
　天九郎〈通称〉

【き】

亀阿弥　きあみ
　亀阿弥
　喜阿弥
喜安　きあん
　喜安
　蕃元
規菴祖円　きあんそえん
　祖円
　〔規庵〕祖円
徽安門院　きあんもんいん
　寿子内親王
徽安門院一条　きあんもんいんの
　　　　　　　いちじょう
　一条局
木内喜八　きうちきはち
　喜八
　梅里道人〈別号〉
木内順二　きうちじゅんじ
　竜山
木内政章　きうちまさあき
　玄節
義円　ぎえん
　〔源〕義円
妓王　ぎおう
　妓王
　祇王
義翁紹仁　ぎおうしょうにん
　紹仁
祇園南海　ぎおんなんかい
　余一
祇園守太夫　ぎおんもりだゆう
　守太夫
　〔藤永〕咲太夫〈前名〉
　〔藤永〕福寿太夫〈初名〉
其角　きかく
　其角
　〔榎本〕其角
　〔晋〕其角〈別称〉
　〔宝井〕其角
　麒角〈号〉
　狂而堂〈号〉
　狂雷堂〈号〉
　渉川〈号〉
　晋子〈号〉
　善哉庵〈号〉
　宝晋斎〈号〉
　螺子〈号〉
　螺舎〈初号〉
　雷柱子〈号〉
義覚　ぎかく

〔足利〕義覚
生懸持吉　きがけもちよし
　安蔵〈通称〉
　会津楼〈号〉
　持吉
　竹雅〈名〉
　*栗田〈本姓〉
亀玉堂亀玉　きぎょくどうき
　　　　　ぎょく
　亀玉
　三升鶴包〈初号〉
　〔三升屋〕六兵衛〈通称〉
義空　ぎくう
　義空
　求法〈号〉
菊岡沾涼　きくおかせんりょう
　活剣子〈号〉
　光行〈名〉
　崔下庵〈別号〉
　沾涼
　藤右衛門〈通称〉
　独南斎〈別号〉
　南仙〈別号〉
　米山翁〈別号〉
　房行〈幼名〉
菊岡光行　きくおかみつゆき
　光行
　崔下庵〈号〉
　睡眠舎〈号〉
　独南斎〈号〉
　南仙〈号〉
　利藤次〈通称〉
菊川英山　きくかわえいざん
　英山
　重九斎〈別号〉
　〔近江屋〕万五郎〈通称〉
菊田伊洲　きくだいしゅう
　伊洲
　松塢〈号〉
菊池教中　きくちきょうちゅう
　教中
　〔佐野屋〕幸兵衛
　澹如
菊池清彦　きくちきよひこ
　五橋〈号〉
　西山外史〈号〉
　清彦
菊池渓琴　きくちけいきん
　海荘
　渓琴
　〔垣内〕渓琴
菊池五山　きくちござん
　五山
　娯庵〈別号〉
　小釣雪〈別号〉
菊池三渓　きくちさんけい
　三渓
　晴雪楼主人〈号〉
菊地序克　きくちじょこく
　蟻洞軒

宗寿〈号〉
序克
清次郎〈通称〉
草流軒〈号〉
菊池武経　きくちたけつね
　〔阿蘇〕惟長
菊地多兵衛　きくちたへえ
　多兵衛
　〔菊池〕多兵衛
菊池淡雅　きくちたんが
　〔佐野屋〕幸兵衛
　淡雅
　〔大橋〕淡雅
菊地藤五郎　きくちとうごろう
　藤五郎
　〔菊〕藤五郎
菊池義武　きくちよしたけ
　重治
菊貫　きくつら
　菊貫
　幸弘〈名〉
　〔真田〕幸弘
　幸豊〈名〉
　豊松〈幼名〉
菊屋末偶　きくやすえとも
　〔荒木田〕末偶
季瓊真蘂　きけいしんずい
　真蘂
義賢　ぎけん
　義賢
　後遍智院准后〈別称〉
季亭玄厳　きこうげんごん
　玄厳
　紫府真人〈別号〉
　霊松道人〈別号〉
季弘大淑　きこうだいしゅく
　大淑
木越正光　きごしまさみつ
　三右衛門
喜左衛　きさえ
　喜左衛
　チエゴ〈聖名〉
木崎盛標　きざきもりすえ
　攸軒
喜佐姫　きさひめ
　竜照院
鬼沢大海　きさわおおみ
　大海
　緑舎〈号〉
奇山円然　きざんえんねん
　円然
　奇山〈字〉
喜山性讃　きざんしょうさん
　性讃
鬼三太　きさんた
　鬼三太
　喜三太
義山等仁　ぎざんとうにん
　等仁
喜志喜太夫　きしきだゆう
　喜太夫

きしさ

〔貴志〕喜太夫
岸沢古式部(1代)　きしざわこしきぶ
　右和佐古式部〈別称〉
　古式部(1代)
岸沢古式部(4代)　きしざわこしきぶ
　古式部(4代)
　式佐(5代)
　竹遊斎(1代)
岸沢式佐(1代)　きしざわしきさ
　古式部(2代)
　式佐(1代)
岸沢式佐(2代)　きしざわしきさ
　古式部(3代)
　式佐(2代)
岸沢竹遊斎(2代)　きしざわちくゆうさい
　九助〈前名〉
　古式部(6代)〈後名〉
　竹遊斎(2代)
　仲助(3代)〈前名〉
岸紹易　きししょうえき
　一樹庵〈号〉
　紹易
　間棄庵〈号〉
貴志沾洲　きしせんしゅう
　五千叟〈号〉
　行輈斎〈号〉
　稿南居〈号〉
　篁影堂〈号〉
　沾洲
　民丁〈号〉
岸田月窓　きしだげっそう
　琴谷〈別号〉
　月窓
岸田茂篤　きしだしげあつ
　竹潭
岸竹堂　きしちくどう
　虎林〈別号〉
　残夢〈別号〉
　真月〈別号〉
　竹堂
　如花〈別号〉
岸貞江　きしていこう
　貞江
吉士磐金　きしのいわかね
　〔難波吉士〕磐金
吉士雄成　きしのおなり
　〔難波吉士〕雄成
岸野次郎三郎　きしのじろさぶろう
　次郎三
　次郎三〈通称〉
　次郎三郎
吉士長丹　きしのながに
　〔呉〕長丹
鬼島広蔭　きじまひろかげ
　広蔭
　〔富樫〕広蔭
　*井手〈本姓〉

来島又兵衛　きじままたべえ
　〔森〕鬼太郎
　政久
　又兵衛
岸村兵助　きしむらひょうすけ
　兵助
　兵輔
岸本調和　きしもとちょうわ
　壺瓢軒〈号〉
　士斎〈号〉
　猪右衛門〈通称〉
　調和
　友正〈名〉
岸本武太夫　きしもとぶだゆう
　就美
岸本由豆流　きしもとゆずる
　〔朝岡〕大隅
　由豆流
岸本和英　きしもとわえい
　和英
義周法親王　ぎしゅうほうしんのう
　邦光親王
宜秋門院　ぎしゅうもんいん
　宜秋門院〈院号〉
　〔藤原〕任子
宜秋門院丹後　ぎしゅうもんいんのたんご
　宜秋門院丹後
　〔異浦〕丹後
照春竜喜　きしゅんりゅうき
　竜喜
妓女　ぎじょ
　妓女
　祇女
希杖　きじょう
　希杖
　五郎治〈通称〉
　巣鶯舎〈号〉
義承　ぎしょう
　〔足利〕義承
岸良　きしよし
　画雲〈号〉
　乗鶴〈号〉
　良
祈親　きしん
　祈親
　持経上人
　定誉
義真　ぎしん
　義真
　修禅大師
亀祐　きすけ
　〔丹波屋〕亀助〈別称〉
　亀祐
　欽古堂
　欽古堂亀祐〈号〉
希世霊彦　きせいれいげん
　村葊〈号〉
　霊彦
　〔村庵〕霊彦

木瀬三之　きせさんし
　三之
　竹林斎〈号〉
亀泉集証　きせんしゅうしょう
　集証
　松岳〈別号〉
　松泉主人〈別号〉
亀巣　きそう
　亀巣
　〔銭屋〕五兵衛〈通称〉
　〔清水〕五兵衛保高〈通称〉
喜早清在　きそきよあり
　〔度会〕清在
北有馬太郎　きたありまたろう
　太郎
　〔中村〕貞太郎
北市屋平吉　きたいちやへいきち
　平吉
　北玉堂〈号〉
亀台尼　きだいに
　嘉代〈通称〉
　亀台尼
北尾政美　きたおまさよし
　〔鍬形〕蕙斎
喜田華堂　きだかどう
　華堂
　牛舟翁〈別号〉
　竹石居〈別号〉
喜多川歌麿　きたがわうたまろ
　歌麿
喜田川季荘　きたがわきそう
　季荘
　守貞
　〔尾張部〕守貞〈別称〉
北川瑞也　きたがわずいや
　瑞也
　東軒〈号〉
喜多川相説　きたがわそうせつ
　伊年〈号〉
　宗雪
　宗説
　相説
喜多川月麿　きたがわつきまろ
　菊麿
　月麿
北川貞扇　きたがわていせん
　貞扇
北川春成　きたがわはるなり
　春成
　明渓〈号〉
喜多川秀典　きたがわひでつね
　秀典
　宗典
喜多元規　きたげんき
　元規
北小路竹窓　きたこうじちくそう
　梅荘
貴田惟邦　きだこれくに
　十郎右衛門
北沢伴助　きたざわばんすけ
　伴助

〔米川村〕伴助
喜多七太夫(1代)　きたしちだゆう
　七太夫(1代)
　長能
喜多七太夫(3代)　きたしちだゆう
　七太夫(3代)
　宗能
喜多七太夫(9代)　きたしちだゆう
　古能
　七太夫(9代)
喜多十太夫(5代)　きたじゅうだゆう
　十太夫(5代)
　長経
喜多十太夫(7代)　きたじゅうだゆう
　員能
　十太夫(7代)
喜多十太夫(8代)　きたじゅうだゆう
　十太夫(8代)
　親能
北白河院　きたしらかわのいん
　〔藤原〕陳子
　北白河院〈院号〉
北静廬　きたせいろ
　〔網破損〕針金
北添佶摩　きたぞえきつま
　佶摩
　佶磨
喜多中和　きたちゅうわ
　中和
北辻将蔵　きたつじしょうぞう
　将蔵
　〔秦〕将蔵
北野鞠塢　きたのきくう
　鞠塢
　〔佐原〕鞠塢
　秋芳
北信愛　きたのぶちか
　〔南部〕信愛
北畠顕信　きたばたけあきのぶ
　顕信
　春日少将
北畠具行　きたばたけともゆき
　具行
　〔源〕具行
北畠治房　きたばたけはるふさ
　〔平岡〕鳩平〈別称〉
　治房
北畠雅家　きたばたけまさいえ
　〔源〕雅家
喜多武清　きたぶせい
　一柳斎〈別号〉
　可庵〈別号〉
　鶴翁〈別号〉
　五清堂〈別号〉
　武清

北見山奴　きたみさんぬ
　山奴
　杜格斎(1代)
北見星月　きたみせいげつ
　星月
　〔阿都摩〕勇
北向雲竹　きたむきうんちく
　雲竹
　王蘭堂〈別号〉
　渓翁〈別号〉
　太虚庵〈別号〉
貴田統治　きだむねはる
　統治
　〔毛谷村〕六助
北村季吟　きたむらきぎん
　季吟
　久助〈通称〉
　湖月亭〈別号〉
　七松子〈別号〉
　拾穂軒〈別号〉
　呂庵〈別号〉
　蘆庵〈別号〉
北村瓠界　きたむらこかい
　瓠界
北村湖春　きたむらこしゅん
　季重〈名〉
　休太郎〈通称〉
　湖春
喜多村東巴　きたむらとうは
　東巴
喜多村信節　きたむらのぶよ
　篤居〈号〉
　篤庭〈号〉
　信節
　静舎〈号〉
　静斎〈号〉
　節信
喜多村政方　きたむらまさかた
　校尉
　〔津軽〕校尉
北村幽庵　きたむらゆうあん
　道遂
　〔堅田〕祐庵
北村隆志　きたむらりゅうし
　隆志
北山院　きたやまいん
　〔藤原〕康子
　〔日野〕康子
　北山院
北山橘庵　きたやまきつあん
　世美
北山寿安　きたやまじゅあん
　寿安
　仁寿庵〈号〉
　逃禅堂〈号〉
　友松
紀太理兵衛(1代)　きたりへえ
　作兵衛重利
　紫峰
　理兵衛(1代)
紀太理兵衛(2代)　きたりへえ

　理兵衛(2代)
　理兵衛重治
紀太理兵衛(3代)　きたりへえ
　理兵衛(3代)
　理兵衛行高
紀太理兵衛(4代)　きたりへえ
　弥助(伊三郎)惟久
　理兵衛(4代)
紀太理兵衛(5代)　きたりへえ
　三千蔵惟精
　理兵衛(5代)
紀太理兵衛(6代)　きたりへえ
　三千蔵惟持
　理兵衛(6代)
紀太理兵衛(8代)　きたりへえ
　岩之丞惟貞
　理兵衛(8代)
紀太理兵衛(9代)　きたりへえ
　亀之丞惟通
　理兵衛(9代)
紀太理兵衛(祖先)　きたりへえ
　〔森島〕半弥重秀
　理兵衛(祖先)
喜多六平太(12代)　きたろっぺいた
　能静
　六平太(12代)
吉智首　きちのちしゅ
　〔吉田〕智首
義冲　ぎちゅう
　義冲
　〔大陽〕義冲
　〔太陽〕義冲
吉川五明　きっかわごめい
　兄之〈本名〉
　五明
　了阿〈字〉
吉川惟足　きっかわこれたる
　惟足
　〔尼崎屋〕五郎左衛門〈通称〉
　視吾堂
　湘山隠士〈号〉
吉川忠行　きっかわただゆき
　久治
吉川経幹　きっかわつねもと
　監物
　経幹
吉川広家　きっかわひろいえ
　広家
　新庄侍従
吉向治兵衛　きっこうじへえ
　治兵衛
橘樹園早苗　きつじゅえんさなえ
　早苗
　〔山田〕早苗
橘田春湖　きつだしゅんこ
　一笑〈号〉
　岳陰〈号〉
　幸蔵〈通称〉
　実茂〈名〉

きつた　　　　　　　姓名から引く号・別名一覧

春湖〈号〉
払庵〈号〉
無事庵〈号〉
吉田宜　きったのよろし
　宜
　〔吉〕宜
吉徳門院　きっとくもんいん
　〔藤原〕栄子
　吉徳門院
喜連川国朝　きつれがわくにとも
　国朝
　〔足利〕国朝
喜連川漑氏　きつれがわひろうじ
　漑氏
　〔足利〕漑氏
喜連川頼氏　きつれがわよりうじ
　頼氏
　〔足利〕頼氏
喜連川頼純　きつれがわよりずみ
　頼純
　〔足利〕頼純
喜連川頼純女　きつれがわよりすみのじょ
　古河姫君
　頼純女
義天玄詔　ぎてんげんしょう
　玄承
　玄詔
義堂周信　ぎどうしゅうしん
　空華道人
　周信
鬼頭忠純　きとうただすみ
　忠次郎
木戸常陽　きどじょうよう
　常陽
木梨恒充　きなしつねみつ
　三丘
木梨軽太子　きなしのかるのたいし
　軽太子
衣関甫軒　きぬどめほけん
　順庵
絹屋半兵衛　きぬやはんべえ
　半兵衛
　〔伊藤〕半兵衛
木鼠長吉　きねずみちょうきち
　吉五郎
杵淵重光　きねぶちしげみつ
　重光
　小源太〈別称〉
杵屋勝五郎(1代)　きねやかつごろう
　勝五郎(1代)
　勝左衛門〈後名〉
　象雅〈別号〉
杵屋勝五郎(2代)　きねやかつごろう
　慶次郎〈前名〉
　勝五郎(2代)
　象雅〈別号〉

杵屋勝三郎(2代)　きねやかつさぶろう
　小三郎〈前名〉
　勝三郎(2代)
　勝作(2代)〈後名〉
杵屋勘五郎(2代)　きねやかんごろう
　勘五郎(2代)
　喜三郎(1代)
杵屋勘五郎(3代)　きねやかんごろう
　勘五郎(3代)
　三郎助(5代)
　六左衛門(7代)
杵屋喜三郎(6代)　きねやきさぶろう
　喜三郎(6代)
　三郎助(1代)
杵屋喜三郎(7代)　きねやきさぶろう
　喜三郎(7代)
　三郎助(3代)
杵屋喜三郎(8代)　きねやきさぶろう
　喜三郎(8代)
　三郎助(1代)
杵屋喜三郎(9代)　きねやきさぶろう
　喜三郎(9代)
　三郎助(3代)
杵屋弥十郎(4代)　きねややじゅうろう
　新右衛門(2代)
　弥十郎(4代)
杵屋六左衛門(2代)　きねやろくざえもん
　喜三郎(2代)
　六左衛門(2代)
杵屋六左衛門(3代)　きねやろくざえもん
　喜三郎(4代)
　六左衛門(3代)
杵屋六左衛門(5代)　きねやろくざえもん
　三郎助(2代)
　六三郎(3代)
　六左衛門(5代)
杵屋六左衛門(6代)　きねやろくざえもん
　三郎助(4代)
　六左衛門(6代)
杵屋六左衛門(8世)　きねやろくざえもん
　三郎助〈初名〉
　六左衛門(8世)
杵屋六左衛門(9代)　きねやろくざえもん
　三郎助(2代)
　六三郎(3代)
杵屋六三郎(4代)　きねやろくさぶろう
　六三郎(4代)
　六翁(1代)

亀年　きねん
　亀年
　照天祖鑑国師
城井鎮房　きのいしげふさ
　鎮房
　〔宇都宮〕鎮房
紀郎女　きのいらつめ
　小鹿
　郎女
紀男人　きのおひと
　男人
　雄人〈名〉
紀伊国屋文左衛門　きのくにやぶんざえもん
　紀文〈通称〉
　文左衛門
　〔紀ノ国屋〕文左衛門
　〔紀国屋〕文左衛門
紀定丸　きのさだまる
　〔野原〕雲輔
木下韓村　きのしたいそん
　韓村
　業広
　犀潭
木下嘉久次　きのしたかくじ
　庫之助
木下浄庵　きのしたじょうあん
　敬節
木下幸文　きのしたたかふみ
　幸文
　朝三亭〈号〉
　無庵〈号〉
　亮々舎
木下長嘯子　きのしたちょうしょうし
　挙白〈号〉
　式部大輔
　若狭少将・宰相
　松洞〈号〉
　勝俊〈名〉
　西山樵翁〈号〉
　長嘯
　長嘯子
　天哉翁〈号〉
　東翁〈号〉
　竜野侍従
木下道円　きのしたどうえん
　菊所
紀貫之　きのつらゆき
　貫之
紀内侍　きのないし
　貫之女
紀長谷雄　きのはせお
　長谷雄
　納言
木本宗元　きのもとむねもと
　〔湯浅〕宗元
紀安雄　きのやすお
　安雄
　〔刈田〕安雄

598　号・別名辞典　古代・中世・近世

紀梅亭　きばいてい
　　九老〈号〉
　　〔立花屋〕九兵衛〈通称〉
　　子恵〈字〉
　　時敏〈名〉
　　梅亭〈号〉
　　楳亭〈号〉
規伯玄方　きはくげんぽう
　　玄方
既白寿采　きはくじゅさい
　　寿采
吉備内親王　きびないしんのう
　　吉備内親王
　　吉備皇女
吉備笠垂　きびのかさのしだる
　　垂
　　〔笠〕垂
吉備田狹　きびのたさ
　　多佐
　　田狹
沂風　きふう
　　沂風
　　爾時庵〈別号〉
　　方広坊〈別号〉
黄文大伴　きふみのおおとも
　　大伴
　　〔貴文〕大伴
黄文本実　きふみのほんじつ
　　本実
　　〔黄書〕本実
木俣守易　きまたもりやす
　　小自在庵
木村園夫　きむらえんぷ
　　園治
木村岡右衛門　きむらおかえもん
　　貞行
木村駅道　きむらきどう
　　駅道
　　珠林舎〈号〉
　　〔木屋〕新助〈通称〉
　　青雲居〈号〉
木村熊之進　きむらくまのしん
　　蕉陰〈号〉
　　熊之進
木村兼葭堂　きむらけんかどう
　　〔坪井屋〕吉右衛門〈通称〉
　　兼葭堂
　　孔恭
　　巽斎〈別号〉
　　遜斎〈別号〉
　　〔壺井屋〕太吉〈通称〉
木村謙次　きむらけんじ
　　礼斎
木村権之衛門　きむらごんのえ
　　もん
　　聿
木村林　きむらしげてる
　　俊左衛門
木村重成　きむらしげなり
　　長門守
木村紫貞　きむらしてい

　　紫貞
木村甚七　きむらじんしち
　　玄七
木村宗無　きむらそうむ
　　宗無
木村高敦　きむらたかあつ
　　毅斎
木村探元　きむらたんげん
　　〔大弐〕探元
木村長右衛門　きむらちょうえ
　　もん
　　重房
木村鉄太　きむらてつた
　　蟠山
木村徳応　きむらとくおう
　　徳応
木村八甲　きむらはっこう
　　年年
木村常陸介　きむらひたちのすけ
　　重茲
　　常陸介
木村平八郎　きむらへいはちろう
　　泰武
木村鳳郭　きむらほうかく
　　了琢
木村雅経　きむらまさつね
　　雅経〈名〉
　　立岳〈号〉
木村黙老　きむらもくろう
　　亘
　　黙老
木村善道　きむらよしみち
　　三穂介
木村喜之　きむらよしゆき
　　又助
木室卯雲　きむろぼううん
　　卯雲
　　〔白鯉館〕卯雲
義門　ぎもん
　　義門
　　〔東条〕義門
　　〔妙玄寺〕義門
逆翁宗順　ぎゃくおうそうじゅん
　　宗順
九淵竜𧮾　きゅうえんりゅうじん
　　葵斎〈別号〉
　　竜𧮾
九華玉崗　きゅうかぎょくこう
　　玉崗
急西　きゅうさい
　　急西
　　最誓〈号〉
九如館鈍永　きゅうじょかんどん
　　えい
　　鈍永
久兵衛　きゅうべえ
　　久兵衛
　　〔両替屋〕久兵衛
久兵衛(1代)　きゅうべえ
　　久光山
久楽(1代)　きゅうらく

　　〔木村〕弥助(1代)
行阿　ぎょうあ
　　行阿
　　〔源〕知行
行円　ぎょうえん
　　革上人〈呼称〉
　　革聖
　　行円
　　皮聖〈通称〉
堯延法親王　ぎょうえんほうしん
　　のう
　　堯延法親王
　　周慶親王
恭翁運良　きょうおううんりょう
　　運良
経覚　きょうがく
　　〔大乗院〕経覚
堯恭法親王　ぎょうきょうほうし
　　んのう
　　幾宮
　　久嘉親王
　　堯恭法親王
経豪　きょうごう
　　蓮教
慶光天皇　きょうこうてんのう
　　慶光天皇
　　典仁親王
京極院　きょうごくいん
　　〔藤原〕佶子
　　京極院〈院号〉
京極氏詮　きょうごくうじあき
　　〔佐々木〕氏詮
京極氏信　きょうごくうじのぶ
　　〔佐々木〕氏信
京極准后　きょうごくじゅごう
　　准后
　　〔平〕棟子
京極高次　きょうごくたかつぐ
　　高次
　　若狭守〈別称〉
　　小兵衛〈別称〉
　　小法師〈別称〉
　　大溝侍従
京極高次室　きょうごくたかつぐ
　　しつ
　　高次室
　　初〈名〉
　　常高院
　　発〈名〉
京極高規　きょうごくたかのり
　　高頼
京極高広　きょうごくたかひろ
　　安智
京極高或　きょうごくたかもち
　　高或
　　縫殿
京極為兼　きょうごくためかね
　　為兼
　　〔藤原〕為兼
　　〔冷泉〕為兼
京極為教　きょうごくためのり

〔藤原〕為教
京極秀詮　きょうごくひであき
　　〔佐々木〕秀詮
京極宗綱　きょうごくむねつな
　　〔佐々木〕宗綱
行慈　ぎょうじ
　　上覚
行助　ぎょうじょ
　　行助
　　総持坊〈号〉
慶仲周賀　きょうちゅうしゅうが
　　漚華道人〈別号〉
　　周賀
鏡堂覚円　きょうどうかくえん
　　覚円
　　大円禅師
卿二位　きょうにい
　　卿二位
　　卿三位
　　卿局
　　〔藤原〕兼子
巧如　ぎょうにょ
　　玄康
教如光寿　きょうにょこうじゅ
　　光寿
　　〔本願寺〕光寿
教仁法親王　きょうにんほうしん
　のう
　　教仁法親王
　　弘保親王
堯然法親王　ぎょうねんほうしん
　のう
　　堯然法親王
　　常嘉親王
岐陽方秀　きようほうしゅう
　　怡雲〈別号〉
　　不二道人〈別号〉
　　方秀
　　鳳栖〈別号〉
恭礼門院　きょうらいもんいん
　　恭礼門院〈院号〉
　　〔藤原〕富子
清岡治之助　きよおかじのすけ
　　正道
清岡道之助　きよおかみちのすけ
　　成章
清川八郎　きよかわはちろう
　　八郎
　　〔清河〕八郎
魚貫　ぎょかん
　　心祇
玉畹梵芳　ぎょくえんぼんぽう
　　知足軒〈別号〉
　　梵芳
曲山人　きょくさんじん
　　甑月庵〈号〉
　　曲山人
　　三文舎自楽〈号〉
　　司馬山人〈号〉
　　文盲短斎〈号〉
清繁　きよしげ

清繁
　　〔吉井〕八左衛門〈通称〉
巨州　きょしゅう
　　看忙舎〈別号〉
　　巨州
　　五彩堂〈別号〉
　　停雲居〈別号〉
　　桐麿〈別号〉
巨石　きょせき
　　巨石
　　〔関本〕与次兵衛直為〈通称〉
玉潤元寔　ぎょっかんげんしょく
　　元寔
玉崗蔵珍　ぎょっこうぞうちん
　　蔵珍
清原宣賢　きよはらのぶかた
　　環翠軒〈号〉
　　宣賢
　　〔舟橋〕宣賢
　　〔船橋〕宣賢
清原雪信　きよはらゆきのぶ
　　雪信
　　〔狩野〕雪信
　　〔清水〕雪信
　　〔狩野〕雪信女
清水六兵衛(1代)　きよみずろく
　べえ
　　愚斎
　　六兵衛(1代)
清光　きよみつ
　　国友
　　清光
清光(1代)　きよみつ
　　加州住清光〈銘〉
　　〔辻村〕五左衛門
　　清光(1代)
清光(2代)　きよみつ
　　清光(2代)
　　〔辻村〕長左衛門〈通称〉
　　播磨大掾〈別称〉
清光(3代)　きよみつ
　　清光(3代)
　　〔辻村〕長屋衛門〈通称〉
清村晋卿　きよむらしんけい
　　遠晋卿
　　晋卿
清元延寿太夫(1代)　きよもとえ
　んじゅだゆう
　　延寿太夫(1代)
　　斎宮太夫(2代)
　　〔富本〕斎宮太夫(2代)
清元斎兵衛(3代)　きよもとさい
　べえ
　　〔荻江〕理入
清元太兵衛(1世)　きよもとた
　へえ
　　延寿太夫(2代)
　　太兵衛(1世)
　　〔岡本〕藤兵衛〈本名〉
清元太兵衛(2世)　きよもとた
　へえ

延寿太夫(4代)
太兵衛(2世)
　　〔斎藤〕藤兵衛〈本姓名〉
吉良親実　きらちかざね
　　親実
　　〔蓮池〕親実
吉良義央　きらよしなか
　　義央
　　上野介〈別称〉
桐淵貞賀　きりぶちていが
　　貞賀
桐淵貞山　きりぶちていざん
　　貞山
切部桃隣　きりべとうりん
　　〔太白堂〕桃隣(2代)
木呂子退蔵　きろこたいぞう
　　元孝〈諱〉
　　退蔵
宜湾朝保　ぎわんちょうほ
　　朝保
　　〔尚〕有恒
金海　きんかい
　　〔星山〕仲次
錦光山(3代)　きんこうざん
　　〔小林〕喜兵衛
金岡市兼　きんこうようけん
　　用兼
金次　きんじ
　　鉄次郎
金城一国斉(1代)　きんじょう
　いっこくさい
　　〔中村〕一作〈本名〉
　　一国斉(1代)
金忠善　きんちゅうぜん
　　沙也可
金鍔次兵衛　きんつばじへえ
　　次兵衛〈俗名〉
　　トマス・デ・サン・アウグスチノ
欽明天皇　きんめいてんのう
　　天国排開広庭尊
琴路　きんろ
　　琴路
　　錦渓舎〈号〉
　　序睡〈号〉
　　〔白崎〕庄次郎〈通称〉
　　白鳥〈号〉
近路行者　きんろぎょうじゃ
　　行者
　　〔都賀〕庭鐘

【く】

空海　くうかい
　　空海
　　弘法大師
空谷明応　くうこくみょうおう
　　常光国師
　　仏日常光国師
　　明応
空性法親王　くうしょうほうしん
　のう

くにさ

空性法親王
　定輔親王
空也　くうや
　阿弥陀聖
　空也
　弘也
　光勝
　市上人
　市聖
久貝正勝　くがいまさかつ
　市右衛門
九鬼五郎八　くきごろうはち
　五郎七
　五郎八
九鬼隆之　くきたかのり
　歌垣
　隆度
公暁　くぎょう
　善哉
句空　くくう
　鶴や〈別号〉
　句空
　松堂〈別号〉
愚谷常賢　ぐこくじょうけん
　常賢
弘済　ぐさい
　放済
日下生駒　くさかいこま
　生駒
　〔孔〕生駒
久坂玄機　くさかげんき
　真
久坂玄瑞　くさかげんずい
　通武
草香幡梭皇女　くさかはたひのひ
　めみこ
　橘姫
　若日下命
　草香幡梭皇女
　草香幡梭姫
　長日売命
日下部伊三次　くさかべいそうじ
　伊三次
　伊三治
　〔深谷〕佐吉
　〔宮崎〕復太郎
草壁挙白　くさかべきょはく
　挙白
日下部忠説　くさかべただとき
　〔太田垣〕忠説
日下部朝定　くさかべともさだ
　〔太田垣〕朝定
草壁皇子　くさかべのおうじ
　草壁皇子
　日並知皇子
日下誠　くさかまこと
　誠
　〔鈴木〕誠政
草沢潜渓　くさのせんけい
　雲平
草場允文　くさばいんぶん

仲山
草間直方　くさまなおかた
　伊三郎
　伊助
　〔鴻池屋〕伊助〈通称〉
　鴻伊〈通称〉
　直方
九条忠家　くじょうただいえ
　〔藤原〕忠家
九条忠孝　くじょうただたか
　〔松殿〕忠孝
九条尚実　くじょうなおざね
　尭厳
九条院　くじょうのいん
　九条院〈院号〉
　〔藤原〕呈子
九条教実　くじょうのりざね
　洞院摂政
九条道家　くじょうみちいえ
　道家
　〔藤原〕道家
九条満家　くじょうみついえ
　満教
九条光経　くじょうみつつね
　〔藤原〕光経
九条良輔　くじょうよしすけ
　〔藤原〕良輔
九条良経　くじょうよしつね
　良経
　〔藤原〕良経
九条良平　くじょうよしひら
　〔藤原〕良平
九条頼嗣　くじょうよりつぐ
　頼嗣
　〔藤原〕頼嗣
九条頼経　くじょうよりつね
　頼経
　〔藤原〕頼経
城間清豊　ぐすくませいほう
　自了〈号〉
　清豊
薬師恵日　くすしのえにち
　恵日
　薬師恵日
楠木正成　くすのきまさしげ
　正成
　〔楠〕正成
楠木正行　くすのきまさつら
　正行
　〔楠〕正行
楠木正儀　くすのきまさのり
　正儀
　〔楠〕正儀
楠部子春　くすべししゅん
　芸台〈号〉
　子春
久隅守景　くすみもりかげ
　守景
楠目藤盛　くすめふじもり
　清馬
楠本碩水　くすもとせきすい

碩水〈号〉
天逸〈号〉
久世氏美　くぜうじよし
　一簀〈俳名〉
　氏美
　省事亭〈号〉
　孫之丞〈通称〉
　留犢堂〈号〉
久世央　くぜおう
　一二三堂〈号〉
　央
　北堂〈号〉
久世宥瑞　くぜしょうずい
　坤井堂〈号〉
　宥瑞
久世道空　くぜどうくう
　松窓庵〈号〉
　道空
久世広当　くぜひろまさ
　三四郎
百済足人　くだらのたるひと
　〔余〕足人
朽木竜橋　くちきりゅうきょう
　昌綱
　竜橋
愚中周及　ぐちゅうしゅうきゅう
　周及
　仏徳大通禅師
久津見華岳　くつみかがく
　華岳
　京国
　源京国
工藤茂光　くどうしげみつ
　茂光
　〔狩野〕茂光
工藤祐経　くどうすけつね
　祐経
　〔伊東〕祐経
工藤親光　くどうちかみつ
　親光
　〔狩野〕親光
愚堂東寔　ぐどうとうしょく
　〔東寔〕愚堂
　大円宝鑑国師〈諡号〉
　大円宝鑑禅師
　東寔
工藤平助　くどうへいすけ
　球卿
　平助
　万光〈号〉
工藤吉隆　くどうよしたか
　日玉
国井応文　くにいおうぶん
　応文
　彬々斎〈号〉
国貞(2代)　くにさだ
　国貞(2代)
　真改
国定忠次　くにさだちゅうじ
　忠次
　〔長岡〕忠次郎〈本名〉

号・別名辞典　古代・中世・近世　601

国重　くにしげ
　　国重
　　長兵衛〈通称〉
国重　くにしげ
　　国重
　　左兵衛〈通称〉
国重　くにしげ
　　国重
　　山城守〈通称〉
国重　くにしげ
　　〔大月〕与五郎
国重お源　くにしげおげん
　　女国重
　　お源
　　〔大月〕お源
国島筈斎　くにしまかっさい
　　宏
邦高親王　くにたかしんのう
　　恵空
　　邦高親王
国次　くにつぐ
　　〔来〕国次
国俊　くにとし
　　〔来〕国俊
国友重次　くにともしげつぐ
　　重次
国友尚克　くにともたかつ
　　善庵
　　与五郎
国友藤兵衛　くにともとうべえ
　　一貫斎
国中連公麻呂　くになかのむらじきみまろ
　　〔国〕君麻呂
　　公麻呂
　　〔国中〕公麻呂
邦房親王　くにのぶしんのう
　　邦良親王
　　邦房親王
国造広島　くにのみやつこひろしま
　　広島
　　〔出雲臣〕広嶋
国広　くにひろ
　　国広
　　〔堀川〕国広
国光(1世)　くにみつ
　　国光(1世)
　　新藤五〈別称〉
国行　くにゆき
　　〔来〕国行
国行　くにゆき
　　〔当麻〕国行
邦頼親王　くによりしんのう
　　寛宝法親王
　　邦頼親王
久能宗能　くのうむねよし
　　宗能
　　〔久野〕宗能
九峰恕珊　くほうにょさん
　　恕珊

久保木貞幸　くぼきさだゆき
　　〔久保〕貞幸
久保木竹窓　くぼきちくそう
　　竹窓
　　竹窗〈号〉
窪田猿雎　くぼたえんすい
　　猿雎
　　惣七郎〈通称〉
窪田松琵　くぼたしょうひ
　　宗心〈号〉
　　庄五郎〈通称〉
　　松琵
　　心正堂〈号〉
　　清十郎〈通称〉
　　負月人〈号〉
　　負月堂〈号〉
窪田真吉　くぼたしんきち
　　岩ケ岳
久保田信平　くぼたしんぺい
　　信平
　　南里〈号〉
窪田清音　くぼたすがね
　　源太夫〈号〉
　　修業堂〈号〉
　　助太郎〈通称〉
　　勝栄〈初名〉
　　清音
久保田太郎右衛門　くぼたたろうえもん
　　太郎右衛門
　　〔久保〕太郎右衛門
久保利世　くぼとしよ
　　権大輔
熊谷五一　くまがいごいち
　　五一
　　〔熊野〕五一
　　三四郎〈初名〉
熊谷貞屋　くまがいていおく
　　貞屋
熊谷直実　くまがいなおざね
　　蓮生
熊谷直彦　くまがいなおひこ
　　直彦
　　篤雅〈号〉
熊谷直光　くまがいなおみつ
　　〔富岡〕虎之助〈変名〉
　　直光
熊谷直盛　くまがいなおもり
　　直陳
熊谷元直　くまがいもとなお
　　阿曽沼豊前守
　　元直
熊谷立設　くまがいりゅうせつ
　　活水〈号〉
　　立設
熊谷蓮心　くまがいれんしん
　　直恭
熊沢惟興　くまざわこれおき
　　太郎
熊代繡江　くましろしゅうこう
　　繡江〈号〉

斐〈名〉
熊斐〈別称〉
　　〔神代〕熊斐
*熊代〈姓〉
*神代〈初姓〉
熊野正紹　くまのせいしょう
　　怡斎〈号〉
　　正紹
熊本元朗　くまもとげんろう
　　華山〈号〉
　　元朗
久米栄左衛門　くめえいざえもん
　　栄左衛門
　　通賢
久米田杉尋　くめださんじん
　　杉尋
　　柳居〈号〉
久免方　くめのかた
　　久免方
　　〔稲葉〕定清女
久米岑雄　くめのみねお
　　〔村部〕岑雄
雲井竜雄　くもいたつお
　　〔小島〕辰三郎
　　〔小島〕竜三郎
　　竜雄
愚蒙　ぐもう
　　愚蒙
　　祐海
雲津水国　くもつすいごく
　　鶴隣〈通称〉
　　水国
　　晴星
倉石典太　くらいしてんた
　　典太〈別名〉
　　伺窩〈名〉
倉田葛三　くらたかっさん
　　葛三
　　久右衛門〈通称〉
　　罩〈名〉
蔵田茂樹　くらたしげき
　　松隈所〈号〉
　　茂樹
鞍作多須奈　くらつくりのたすな
　　多須奈
　　徳斎
鞍作鳥　くらつくりのとり
　　止利
　　止利仏師
　　鳥
倉橋伝助　くらはしでんすけ
　　武幸
栗崎道喜(2代)　くりさきどうき
　　正勝
栗崎道有　くりさきどうゆう
　　正羽
栗田定之丞　くりたさだのじょう
　　如茂
栗田樗堂　くりたちょどう
　　政範〈名〉
　　専助〈通称〉

栲堂
貞蔵〈通称〉
栗田土満　くりたひじまろ
岡廼舎〈号〉
土満
栗の本可大　くりのもとかだい
可大
月見庵〈号〉
時雨庵〈号〉
梅花老人〈号〉
夢庵〈号〉
栗本玉屑　くりのもとぎょくせつ
玉屑
栗原子公　くりはらのこきみ
〔中臣栗原〕子公
栗原信光　くりはらのぶみつ
信光
柳菴〈号〉
栗本瑞仙院　くりもとずいせんいん
瑞仙院
丹州〈号〉
栗山孝庵　くりやまこうあん
献臣〈名〉
孝庵
文仲〈字〉
栗山利安　くりやまとしやす
卜庵〈号〉
利安
栗山満光　くりやまみつてる
春秋庵〈号〉
満光
久留島長親　くるしまながちか
長親
〔来島〕長親
久留島通総　くるしまみちふさ
〔村上〕出雲守
通総
〔来島〕通総
来島通康　くるしまみちやす
〔河野〕右衛門大夫
〔村上〕通昌
通康
〔村上〕通康
久留島義太　くるしまよしひろ
喜内
義太
扇数〈号〉
栗栖平次郎　くるすへいじろう
天山〈号〉
平次郎
〔来栖〕平次郎
黒井忠寄　くろいただより
半四郎
黒川亀玉(1代)　くろかわきぎょく
亀玉(1代)
松蘿〈号〉
黒川亀玉(2代)　くろかわきぎょく
〔松田〕亀玉
亀玉(2代)
松蘿

黒川寿庵　くろかわじゅあん
寿庵
フランシスコ・チユウアリ〈本名〉
黒川春村　くろかわはるむら
春村
〔浅草庵〕春村
芳蘭〈号〉
本蔭〈号〉
黒川良安　くろかわりょうあん
自然
静淵〈号〉
良安
黒駒勝蔵　くろこまのかつぞう
〔池田〕勝馬
勝蔵
〔池田〕数馬
黒沢翁満　くろさわおきなまろ
翁満
葎居〈号〉
黒沢琴古(3代)　くろさわきんこ
琴古(3代)
琴甫〈号〉
黒沢登幾　くろさわとき
登幾
李恭〈号〉
黒瀬虚舟　くろせきょしゅう
虚舟
黒滝儀任　くろたきよしとう
儀任
水斎〈号〉
黒田清綱　くろだきよつな
新太郎〈通称〉
清綱
滝園〈号〉
黒田綱政　くろだつなまさ
長寛
黒田桃民　くろだとうみん
三千赤城〈号〉
桃民
黒田与一郎　くろだよいちろう
〔中島〕重清
与一郎
黒田孝高　くろだよしたか
官兵衛〈通称〉
孝高
如水〈号〉
黒田宿泰順　くろのたじゅくたいじゅん
治右衛門〈通称〉
泰順
黒柳召波　くろやなぎしょうは
召波
桑岡貞佐　くわおかていさ
永房〈名〉
塩車〈号〉
桑々畔〈号〉
貞佐
平三郎〈通称〉
平砂〈号〉
了我〈号〉

鍬形蕙斎　くわがたけいさい
蕙斎
〔北尾〕政美〈別名〉
桑田衡平　くわたこうへい
衡平
省菴〈号〉
桑野万李　くわのまんり
好済〈名〉
草主翁〈号〉
太吉
多橘〈字〉
倚閑舎〈号〉
万李
万李居士〈号〉
桑原貞也　くわばらさだなり
次右衛門
桑原治兵衛　くわばらじへえ
幾太郎
桑原腹赤　くわばらのはらあか
腹赤
〔都〕腹赤
桑原老父　くわばらろうふ
布門
桑山貞政　くわやまさだまさ
可斎
桑山重晴　くわやましげはる
治部卿法印
重晴
桑山宗仙　くわやまそうせん
重長
貞晴
軍地功阿弥　ぐんじこうあみ
〔菊地〕功阿弥

【け】

芸阿弥　げいあみ
芸阿弥
真芸
桂庵玄樹　けいあんげんじゅ
玄樹
〔伊地知〕佐衛門尉重貞
重貞
慶紀逸　けいきいつ
倚柱子〈号〉
紀逸
硯田舎〈号〉
四時庵〈号〉
自在庵〈号〉
十明庵〈号〉
短長斎〈号〉
竹尊者〈号〉
番流〈号〉
兵蔵〈通称〉
桂五　けいご
一繁〈名〉
桂五
〔金森〕桂五
市之進〈通称〉
百助〈通称〉

慶光院守悦尼　けいこういんしゅ
　　えつに
　　守悦尼
慶光院周清尼　けいこういんしゅ
　　せいに
　　周清尼
慶光院周養尼　けいこういんしゅ
　　ように
　　周養尼
鶏山　けいざん
　　恭之〈字〉
　　鶏山
　　好謙〈名〉
　　水篤庵〈号〉
　　清右衛門〈通称〉
瑩山紹瑾　けいざんじょうきん
　　瑩山
　　紹瑾
桂昌院　けいしょういん
　　玉方
　　桂昌院
　　秋野殿
景徐周麟　けいじょしゅうりん
　　周麟
継体天皇　けいたいてんのう
　　男大迹天皇
契沖　けいちゅう
　　契沖
　　〔円珠庵〕契沖
敬長　けいちょう
　　越渓
慶忍　けいにん
　　〔住吉〕慶忍
　　〔住吉〕慶恩
敬法門院　けいほうもんいん
　　敬法門院
　　〔藤原〕宗子
琵文会　けいもんえ
　　琵文会
　　春日
慶友　けいゆう
　　慶友
　　ハフテイ〈本名〉
劇神仙(2代)　げきしんせん
　　劇神仙(2代)
　　〔宝田〕寿助
華厳曹海　けごんそうかい
　　曹海
月菴宗光　げつあんしゅうこう
　　宗光
　　〔月庵〕宗光
月華門院　げっかもんいん
　　月華門院〈院号〉
　　綜子内親王
月渓　げっけい
　　嘉右衛門〈通称〉
　　月渓
　　〔松村〕月渓
　　呉春
　　〔松村〕呉春
　　豊昌〈名〉

裕甫〈字〉
月渓聖澄　げっけいしょうちょう
　　聖澄
月光亭笑寿　げっこうていしょう
　　じゅ
　　松寿
月舟寿桂　げっしゅうじゅけい
　　寿桂
月舟宗胡　げっしゅうそうこ
　　宗胡
月照　げっしょう
　　忍向
月渚永乗　げっしょえいじょう
　　玄得
月泉良印　げっせんりょういん
　　良印
月庭周朗　げっていしゅうろう
　　周朗
月歩　げっぽ
　　月歩
　　昌之進〈通称〉
　　東昌〈字〉
月林道皎　げつりんどうこう
　　道皎
　　普光大幢国師
華陽院　けようい ん
　　留の方
　　お留の方
彦胤法親王　げんいんほうしん
　　のう
　　寛恒親王
　　彦胤法親王
玄慧　げんえ
　　玄恵
　　玄慧
玄恵法印　げんえほういん
　　健叟〈別号〉
　　独清軒〈別号〉
　　法印
賢円　けんえん
　　兼円
　　賢円
玄輝門院　げんきもんいん
　　〔藤原〕愔子
　　玄輝門院〈院号〉
元杲　げんごう
　　延命院僧都
　　元杲
元光斎(1代)　げんこうさい
　　〔常滑〕元光斎
元興寺玄朝　げんこうじげん
　　ちょう
　　玄朝
元秀女王　げんしゅうじょおう
　　〔松嶺〕元秀尼
賢俊　けんしゅん
　　賢俊
　　〔日野〕賢俊
賢順　けんじゅん
　　〔諸田〕賢順
建春門院　けんしゅんもんいん

建春門院〈院号〉
　　滋子
　　〔平〕滋子
顕昭　けんしょう
　　顕昭
　　〔藤原〕顕昭
憲静　けんじょう
　　願行
見性院　けんしょういん
　　伊予
　　見性院
　　町局
賢章院　けんしょういん
　　〔島津〕周子
元正天皇　げんしょうてんのう
　　元正天皇
　　新家皇女
　　日本根子高瑞浄足姫天皇
　　飯高皇女
　　氷高皇女
源信　げんしん
　　恵心
　　恵心僧都
　　源信〈諱〉
顕親門院　けんしんもんいん
　　〔藤原〕季子
　　顕親門院〈院号〉
顕誓　けんせい
　　兼順
元政　げんせい
　　元政
　　〔深草〕元政
　　日政
源盛　げんせい
　　〔信濃房〕源盛
萱泉　けんせん
　　洧泉〈号〉
　　萱泉
　　三平重実〈通称〉
顕宗天皇　けんそうてんのう
　　顕宗天皇
　　弘計王
厳中　げんちゅう
　　厳中
　　懶雲〈別号〉
乾亭　けんてい
　　乾亭
　　〔音羽屋〕惣太郎
顕道　けんどう
　　万誉
謙道宗設　けんどうそうせつ
　　宗設
顕如光佐　けんにょこうさ
　　顕如
　　光佐
　　〔本願寺〕光佐
乾峯士曇　けんぽうしどん
　　士曇
元明天皇　げんめいてんのう
　　阿閉皇女

日本根子天津御代豊国成姫
　天皇
彦竜周興　げんりゅうしゅうこう
　周興
顕了道快　けんりょうどうかい
　〔武田〕信道
玄楼奥竜　げんろうおくりゅう
　奥竜
　蓮蔵海〈号〉

【こ】

恋川春町　こいかわはるまち
　〔倉橋〕格〈本名〉
　〔倉橋〕寿平
　春町
　〔酒上〕不埒
小池甚之丞　こいけじんのじょう
　貞成
小池桃洞　こいけとうどう
　友賢
五井持軒　ごいじけん
　〔四書屋〕加助
　持軒
小泉次大夫　こいずみじだゆう
　吉次
小出兼政　こいでかねまさ
　兼政
　長十郎
小出君徳　こいでくんとく
　君徳
　竜
小出粲　こいでつばら
　粲
　楳園〈号〉
　新四郎〈幼名〉
小出涌之助　こいでようのすけ
　涌之助
　湧之助〈別名〉
　庸之助〈別名〉
幸阿弥(1代)　こうあみ
　元祖道長
　幸阿弥(1代)
幸阿弥(2代)　こうあみ
　幸阿弥(2代)
　道清
幸阿弥(3代)　こうあみ
　幸阿弥(3代)
　宗全
幸阿弥(4代)　こうあみ
　幸阿弥(4代)
　宗正
幸阿弥(5代)　こうあみ
　幸阿弥(5代)
　宗柏(舎弟)
幸阿弥(6代)　こうあみ
　幸阿弥(6代)
　長清
幸阿弥(7代)　こうあみ
　幸阿弥(7代)
　長晏

幸阿弥(8代)　こうあみ
　幸阿弥(8代)
　長善
幸阿弥(9代)　こうあみ
　幸阿弥(9代)
　長法
幸阿弥(10代)　こうあみ
　幸阿弥(10代)
　長重
幸阿弥(11代)　こうあみ
　幸阿弥(11代)
　長房
幸阿弥(12代)　こうあみ
　幸阿弥(12代)
　長救
幸阿弥(13代)　こうあみ
　幸阿弥(13代)
　正峰
幸阿弥(14代)　こうあみ
　幸阿弥(14代)
　道該
幸阿弥(15代)　こうあみ
　幸阿弥(15代)
　長孝
幸阿弥(16代)　こうあみ
　幸阿弥(16代)
　長周
幸阿弥(17代)　こうあみ
　幸阿弥(17代)
　長輝
幸阿弥(18代)　こうあみ
　幸阿弥(18代)
　長行
幸阿弥(19代)　こうあみ
　幸阿弥(19代)
　長賢
孝安天皇　こうあんてんのう
　日本足彦国押人尊
香以散人　こういさんじん
　散人
　〔津国屋〕藤次郎〈通称〉
上泉伊勢守　こういずみいせのかみ
　伊勢守
　大胡
髙栄女王　こうえいじょおう
　尊秀尼王
黄華庵升六　こうかあんしょうろく
　升六
業海本浄　ごうかいほんじょう
　本浄
髙覚女王　こうかくにょおう
　幾宮
　〔真如〕髙覚
　髙覚女王
交寛美　こうかんび
　寛美
髙貴　こうき
　髙貴
　〔新漢陶部〕髙貴

　〔陶部〕髙貴
　〔陶部〕髙貴
　〔歓因〕知利
広義門院　こうぎもんいん
　広義門院
　〔藤原〕寧子
皇極天皇　こうぎょくてんのう
　皇極天皇
　斉明天皇
　天豊財重日足姫尊
　宝女王〈御名〉
皇慶　こうげい
　池上阿闍梨
公啓法親王　こうけいほうしんのう
　寛義親王
　公啓法親王
江月宗玩　こうげつそうがん
　宗玩
　大梁興宗禅師
宏源　こうげん
　覚翁
孝謙天皇　こうけんてんのう
　孝謙天皇
　髙野天皇
　称徳天皇
孝元天皇　こうげんてんのう
　大日本根子彦国牽尊
光孝天皇　こうこうてんのう
　光孝天皇
　小松の帝
綱厳　こうごん
　慈視
光厳院　こうごんいん
　光厳天皇
　光厳院
　量仁親王
幸西　こうさい
　成覚房
向坂甚内　こうさかじんない
　〔勾崎〕甚内
髙坂虎綱　こうさかとらつな
　虎綱
　〔春日〕虎綱
　昌信
　弾正
江左尚白　こうさしょうはく
　虎助〈幼名〉
　三益〈字〉
　尚白
　大吉〈名〉
　芳斎〈号〉
　木翁〈号〉
　*塩川〈本姓〉
髙山慈照　こうさんじしょう
　慈照
翺子慧鳳　こうしえほう
　慧鳳
　〔翺之〕慧鳳
甲州屋忠右衛門　こうしゅうやちゅうえもん

忠右衛門
　〔篠原〕忠右衛門
　〔篠原〕保太郎
功叔　こうしゅく
　〔妙喜庵〕功叔
江春瑞超　こうしゅんずいちょう
　瑞超
光定　こうじょう
　光定
　別当大師
孝昭天皇　こうしょうてんのう
　観松彦香殖稲尊
公璋法親王　こうしょうほうしん
　のう
　公顕
弘真　こうしん
　文観
幸塚野鶴　こうずかやかく
　三六
　庄兵衛〈通称〉
　野鶴
江西竜派　こうぜいりゅうは
　竜派
江雪宗立　こうせつそうりゅう
　宗立
高泉性潡　こうせんしょうとん
　性潡
　大円広慧国師
香村　こうそん
　香村
　十五山水精舎〈号〉
　水石〈号〉
　痩梅〈号〉
　如圭〈号〉
　有竹
　幽竹〈号〉
　六々仙〈号〉
光存　こうぞん
　光存
　江存
　〔中田川〕善兵衛
香田正宣　こうだしょうせん
　正宣
幸忠能　こうただよし
　四郎次郎
幸地賢忠　こうちけんちゅう
　賢忠
　〔湛水〕賢忠
　湛水〈号〉
剛中玄柔　ごうちゅうげんじゅう
　玄柔
興儔心越　こうちゅうしんえつ
　〔心越〕興儔
　心越
　〔東皐〕心越
公澄法親王　こうちょうほうしん
　のう
　公澄法親王
　弘道親王
孝徳天皇　こうとくてんのう
　軽皇子

孝徳天皇
　天万豊日尊
光仁天皇　こうにんてんのう
　光仁天皇
　白壁王
河野安山　こうのあんざん
　安山
鴻池新六　こうのいけしんろく
　〔山中〕幸元〈別名〉
　新六
　新右衛門
鴻池善右衛門(2代)　こうのいけ
　ぜんえもん
　之宗〈名〉
　善右衛門(2代)
鴻池善右衛門(4代)　こうのいけ
　ぜんえもん
　宗貞〈名〉
　善右衛門(4代)
鴻池善右衛門(5代)　こうのいけ
　ぜんえもん
　宗益〈名〉
　宗智〈名〉
　善右衛門(5代)
鴻池善右衛門(9代)　こうのいけ
　ぜんえもん
　〔山中〕炉雪
鴻池道億　こうのいけどうおく
　〔山中〕道億
河野界浦　こうのかいほ
　通清
河野顕三　こうのけんぞう
　顕三
　〔越智〕顕三
　〔三島〕三郎
河野固浄　こうのこじょう
　固浄
河野通尭　こうのみちたか
　通直
河野守弘　こうのもりひろ
　伊右衛門
郷義弘　ごうのよしひろ
　義弘
河野李由　こうのりゆう
　亜古丸〈幼名〉
　孟耶観〈号〉
　月沢道人〈号〉
　四梅廬〈号〉
　通賢〈諱〉
　買年〈字〉
　李四〈号〉
　李由
　*河野〈俗姓〉
光範門院　こうはんもんいん
　光範門院
　〔藤原〕資子
弘文天皇　こうぶんてんのう
　伊賀皇子
　弘文天皇
　大友天皇
　大友皇子

高峰顕日　こうほうけんにち
　顕日
　仏国応供広済国師
興豊建隆　こうほうけんりゅう
　建隆
幸正能　こうまさよし
　五郎次郎
小馬命婦　こうまのみょうぶ
　駒命婦
　小馬命婦
光明皇后　こうみょうこうごう
　〔藤原〕安宿媛
　〔藤原〕光明子
　光明皇后
光明天皇　こうみょうてんのう
　光明天皇
　光明院
　豊仁親王
幸宗能　こうむねよし
　清五郎
高遊外　こうゆうがい
　元昭
　〔月海〕元昭
　〔柴山〕元昭
　売茶翁
　遊外
高麗左衛門　こうらいざえもん
　〔李〕敬〈朝鮮名〉
　高麗左衛門
　〔坂〕高麗左衛門
　〔坂〕助八
興隆　こうりゅう
　恵音
　僧音
孝霊天皇　こうれいてんのう
　大日本根子彦太瓊尊
孤雲懐奘　こうんえじょう
　懐奘
虚応円耳　こおうえんに
　円耳
　円耳
孤屋　こおく
　孤屋
　〔小泉〕孤屋
　小兵衛〈通称〉
郡宗保　こおりむねやす
　宗保
　十右衛門
　〔伊丹〕甚十郎
久我敦通　こがあつみち
　季通〈名〉
　吉通〈初名〉
　敦通
瑚海仲珊　こかいちゅうさん
　仲珊
虎角　こかく
　雲潮
古岳宗亘　こがくそうこう
　宗亘
　宗亘

後柏原天皇　ごかしわばらてんのう
　　後柏原天皇
　　勝仁〈名〉
黄金升成　こがねますなり
　　〔宝市亭〕升成
虎関師錬　こかんしれん
　　海蔵和尚
　　虎関
　　師錬〈名〉
　　本覚国師
弘徽殿中宮　こきでんのちゅうぐう
　　〔藤原〕娍子
　　弘徽殿中宮
弘徽殿女御　こきでんのにょうご
　　弘徽殿女御
　　〔藤原〕忯子
弘徽殿女御　こきでんのにょうご
　　弘徽殿女御
　　〔藤原〕述子
国分寺助国　こくぶんじすけくに
　　助国
古渓宗陳　こけいしゅうちん
　　古渓
　　〔蒲庵〕古渓
　　宗陳
　　蒲菴〈号〉
湖月瑞桂　こげつずいけい
　　瑞桂
古月禅材　こげつぜんざい
　　禅材
古源邵元　こげんしょうげん
　　邵元
古剣智訥　こけんちとつ
　　智訥
　　仏心慧灯国師
後光厳天皇　ごこうごんてんのう
　　弥仁親王
虎哉宗乙　こさいそうおつ
　　宗乙
後嵯峨院大納言典侍　ごさがいんのだいなごんのてんじ
　　大納言典侍
後桜町天皇　ごさくらまちてんのう
　　智子内親王
菰山　こざん
　　菰山
　　〔土井〕市蔵〈別名〉
固山一鞏　こざんいっきょう
　　一鞏
虎山永隆　こざんえいりゅう
　　〔足利〕永隆
呉師虔　ごしけん
　　雲谷〈号〉
　　子敬〈字〉
　　師虔〈唐名〉
　　〔山口〕宗季〈本姓名〉
小侍従　こじじゅう
　　待宵小侍従

児島強介　こじまきょうすけ
　　強介
　　〔韋原〕処士
児島大圭　こじまたいけい
　　大圭
児島大梅　こじまだいばい
　　筠〈名〉
　　孤山〈号〉
　　克従〈字〉
　　剰庵〈号〉
　　大梅〈号〉
　　大梅居〈号〉
　　梅外〈別号〉
　　〔小島屋〕酉之助〈通称〉
児島範長　こじまのりなが
　　〔和田〕範長
小島弥太郎　こじまやたろう
　　〔雲井田〕新兵衛
　　弥太郎
古寿衣苔翁　こじゅいたいおう
　　苔翁
悟宗圭頓　ごしゅうけいとん
　　圭頓
五松　ごしょう
　　五松
　　七左衛門知郷〈通称〉
五升庵蝶夢　ごしょうあんちょうむ
　　蝶夢
五条兼永　ごじょうかねなが
　　兼永
呉祥瑞　ごしょうずい
　　五良大甫
　　〔祥瑞〕五郎太夫
　　〔伊勢〕五郎太夫祥瑞
　　祥瑞
五条為実　ごじょうためざね
　　〔藤原〕為実
五条寛子　ごじょうひろこ
　　〔菅原〕寛子
五条義助　ごじょうよしすけ
　　義助
後白河天皇　ごしらかわてんのう
　　雅仁親王
　　後白河天皇
　　後白河法皇
午心　ごしん
　　午心
　　山花人〈初号〉
小塚秀得　こづかひでのり
　　藤十郎
小杉一笑　こすぎいっしょう
　　一笑
小椙一笑　こすぎいっしょう
　　一笑
　　〔茶屋〕新七味頓〈通称〉
木造具康　こずくりともやす
　　具康
　　大膳
小菅蒼狐　こすげそうこ

　　蒼狐
後崇光院　ごすこういん
　　後崇光太上天皇
　　後崇光院
　　貞成親王
呉須権兵衛　ごすごんべえ
　　権兵衛
　　〔宇田〕権兵衛〈別名〉
壺星楼繁門　こせいろうしげかど
　　壺星楼〈別号〉
　　繁門
　　〔福〕繁門
巨勢卓軒　こせたくけん
　　彦仙
巨勢有茂　こせのありしげ
　　有茂
巨勢相見　こせのおうみ
　　相見
　　相覧
巨勢金高　こせのきんたか
　　金高
　　公高
巨勢公望　こせのきんもち
　　公茂
　　公持
　　公望
巨勢源尊　こせのげんそん
　　源尊
巨勢惟久　こせのこれひさ
　　惟久
巨勢徳陀古　こせのとくたこ
　　徳太古
　　徳陀古
巨勢有宗　こせのともむね
　　有宗
　　〔藤原〕有宗
巨勢広貴　こせのひろたか
　　広高
　　広貴
　　弘高
古先印元　こせんいんげん
　　印元
後醍醐天皇　ごだいごてんのう
　　吉野院
　　尊治親王
後高倉院　ごたかくらいん
　　後高倉院
　　行助入道親王
　　守貞〈名〉
　　守貞親王
古高俊太郎　こたかしゅんたろう
　　俊太郎
　　〔枡屋〕湯浅喜右衛門
小谷三志　こたにさんし
　　〔禄行〕三志
児玉逸淵　こだまいつえん
　　逸淵
児玉空々　こだまくうくう
　　〔宿屋〕空々
児玉好春　こだまこうしゅん
　　好春

児玉南柯　こだまなんか
　宗吾
児玉満昌　こだまみつまさ
　〔近江〕満昌
壺中隠者　こちゅういんじゃ
　〔千葉〕桃三
後庁勘兵衛長行　ごちょうかんべえながゆき
　勘兵衛長行
　*三村〈本姓〉
五蝶亭貞広　ごちょうていさだひろ
　〔歌川〕貞広
五蝶亭貞升　ごちょうていさだます
　〔歌川〕貞升
兀庵普寧　ごったんふねい
　普寧
　〔兀菴〕普寧
後藤梧桐庵　ごとうごどうあん
　梧桐庵〈号〉
　梨春
後藤才次郎　ごとうさいじろう
　忠清
後藤寿安　ごとうじゅあん
　寿安
　〔五島〕ジョアン
古旃周勝　こどうしゅうしょう
　周勝
後藤庄三郎　ごとうしょうざぶろう
　光次
　庄三郎
後藤庄三郎(2代)　ごとうしょうざぶろう
　広世
後藤次郎　ごとうじろう
　次郎
　世琉兜宇須〈朝鮮名〉
後藤四郎兵衛(5代)　ごとうしろうべえ
　四郎兵衛(5代)
　徳乗
　徳乗光次
五島純玄　ごとうすみはる
　純玄
　〔宇久〕純玄
古藤田勘解由左衛門　ことうだかげゆざえもん
　勘解由左衛門
　〔小藤田〕勘解由左衛門
五島玄雅　ごとうはるまさ
　ルイス
後藤又兵衛　ごとうまたべえ
　基次
　又兵衛
後藤隆乗　ごとうりゅうじょう
　隆乗
後徳大寺実定　ごとくだいじさね
　さだ
　実定

実定
　〔藤原〕実定
　〔徳大寺〕実定
後鳥羽院宮内卿　ごとばいんのくないきょう
　宮内卿
後鳥羽院下野　ごとばいんのしもつけ
　信濃
後鳥羽天皇　ごとばてんのう
　隠岐院
　後鳥羽上皇
　後鳥羽天皇
小中村清矩　こなかむらきよのり
　清矩
　陽春廬〈号〉
後奈良天皇　ごならてんのう
　後奈良天皇
　知仁〈御名〉
小西似春　こにしじしゅん
　〔加賀屋〕三郎左衛門〈通称〉
　似春
小西春村　こにしはるむら
　恭次郎〈幼名〉
　春村
　〔本居〕春村
小西来山　こにしらいざん
　伊右衛門〈通称〉
　宗無居士〈号〉
　十万堂〈号〉
　湛々翁〈号〉
　湛翁〈号〉
　風老人〈号〉
　未来居士〈号〉
　来山
小西隆佐　こにしりゅうさ
　隆佐
　ジアチン(常珍)〈受洗名〉
小西梁山　こにしりょうざん
　好古
近衛家実　このえいえざね
　〔藤原〕家実
近衛家煕　このえいえひろ
　家煕
　予楽院
近衛前久　このえさきひさ
　竜山
近衛信尹　このえのぶただ
　三藐院
　信尹
　〔三藐院〕信尹
近衛信尋　このえのぶひろ
　応山
近衛基実　このえもとざね
　〔藤原〕基実
木畑定直　こばたさだなお
　虚心子〈号〉
　玄佐〈通称〉
　定直
　芳室軒〈号〉
小早川秀秋　こばやかわひであき

金吾中納言
　〔羽柴〕左衛門侍従
　〔羽柴〕秀俊
　〔豊臣〕秀俊
　秀秋
　大垣少将
　筑前中納言
　北庄中納言
小林一茶　こばやしいっさ
　圯橋〈号〉
　一茶
　菊明〈号〉
　信之〈名〉
　蘇生坊〈号〉
　俳諧寺〈号〉
　俳諧寺入道〈号〉
　弥太郎〈幼名〉
小林見外　こばやしけんがい
　円蔵〈通称〉
　菊守園〈号〉
　見外
　重陽堂〈号〉
　人間世廬〈号〉
　甚蔵〈通称〉
　東雲庵〈号〉
小林志知　こばやししち
　志知
　〔綾部〕志知
小林徳右衛門(1代)　こばやしとくえもん
　錦光山(1代)
小林徳右衛門(2代)　こばやしとくえもん
　錦光山(2代)
小林反古　こばやしはんこ
　久七〈通称〉
　撞木林〈号〉
　反古
小林百哺　こばやしひゃっぽ
　惟孝〈名〉
　嘉四郎〈通称〉
　牙籌堂〈別号〉
　百哺
小林文母　こばやしぶんぼ
　庄蔵〈通称〉
　飛花山人〈号〉
　飛花窓〈号〉
　文母
小林義信　こばやしよしのぶ
　義信
　〔樋口〕権右衛門
　謙貞
　〔樋口〕謙貞
古筆了任　こひつりょうにん
　了任
後深草院少将内侍　ごふかくさいんのしょうしょうのないし
　少将内侍
後深草院二条　ごふかくさいんのにじょう
　二条

後深草院弁内侍　ごふかくさいん
　のべんのないし
　　弁内侍
呉服屋安右衛門　ごふくややすえ
　もん
　　安右衛門
　　コスモ(告須蒙)〈教名〉
小藤四郎　こふじしろう
　　四郎
　　〔藤村〕六郎
小藤平蔵　こふじへいぞう
　　〔小柴〕三郎兵衛
　　平蔵
五平　ごへい
　　五平
　　〔浅野屋〕五平
　　〔浅野村〕五平
小弁　こべん
　　〔一宮〕小弁
孤峰覚明　こほうかくみょう
　　覚明
枯木紹栄　こぼくしょうえい
　　紹栄
小堀遠州　こぼりえんしゅう
　　遠州〈通称〉
　　孤篷庵〈号〉
　　宗甫〈号〉
　　政一〈名〉
後堀河院民部卿典侍　ごほりかわ
　いんのみんぶきょうのすけ
　　民部卿典侍
小堀寛順(3世)　こぼりちょう
　じゅん
　　常春〈名〉
　　寛順(3世)
小堀政尹　こぼりまさただ
　　権十郎
高麗井市二三　こまいいちにさん
　　市二三
　　〔高麗〕井酔逸
駒井源琦　こまいげんき
　　琦〈名〉
　　源琦
　　*源〈本姓〉
駒井躋庵　こまいせいあん
　　躋庵
　　〔柴田〕躋庵
　　〔柴田〕定勝
古満寛哉　こまかんさい
　　寛哉
　　〔真砂庵〕道守
　　〔仁義堂〕道守
古満休意(古満家の祖)　こまきゅ
　うい
　　休意
駒沢利斎(1代)　こまざわりさい
　　曲尺亭〈号〉
　　少斎〈号〉
　　信邦〈名〉
　　茂兵衛〈通称〉
　　利斎(1代)

小松快禅　こまつかいぜん
　　快禅
小松小太郎　こまつこたろう
　　楽成
　　楽成
小松千年　こまつせんねん
　　謙吉
小松帯刀　こまつたてわき
　　〔肝付〕尚五郎
　　帯刀
小松無極子　こまつむきょくし
　　純斎〈別名〉
　　無極子
小松弥右衛門(子)　こまつやえ
　もん
　　勘右衛門
　　弥右衛門
五味可都里　ごみかつり
　　可都里
　　宗伍〈通称〉
　　宝蔵〈通称〉
五味貞蔵　ごみていぞう
　　貞蔵
　　釜川
小南五郎　こみなみごろう
　　五郎〈通称〉
　　五郎右衛門〈別称〉
小宮山友晴　こみやまともはる
　　内膳
小宮山楓軒　こみやまふうけん
　　昌秀
小宮山昌世　こみやままさよ
　　謙亭
後村上天皇　ごむらかみてんのう
　　義良親王
　　後村上天皇
小紫　こむらさき
　　〔三浦屋〕小紫
古面翁　こめんおう
　　〔面堂〕安久楽(1世)
　　古面翁
小本村斎太　こもとむらさいた
　　斎太
小森卓朗　こもりたくろう
　　卓朗
　　〔孤山堂〕卓朗
小森桃塢　こもりとうう
　　玄良
小宅女王　こやけのひめみこ
　　小宅女王
　　小家女王
小山雨譚　こやまうたん
　　雨譚
小山儀　こやまただし
　　伯鳳
　　養快
古友尼　こゆうに
　　古友尼
　　松承庵〈号〉
　　美松〈号〉
小余綾磯女　こよろぎいそめ

　　〔ひまの〕内子
　　〔諏訪〕いそ
維駒　これこま
　　維駒
　　〔黒柳〕維駒
　　玄亭〈号〉
惟喬親王　これたかしんのう
　　惟喬親王
　　小野宮
是忠親王　これただしんのう
　　〔源〕是忠
惟宗允亮　これむねのただすけ
　　〔令宗〕允亮
金剛氏正　こんごううじまさ
　　新六
　　兵衛尉
金光大陣(大神)　こんこうたい
　じん
　　大神
　　大陣
　　〔赤沢〕文治
　　〔川手〕文治郎
金剛仏子印玄　こんごうぶっしい
　んげん
　　印玄
金剛正明　こんごうまさあき
　　善覚
金鐘　こんしゅ
　　益田直金鐘〈名〉
　　金鐘
近藤伊右衛門　こんどういえもん
　　伊右衛門
　　道喜〈号〉
近藤貞用　こんどうさだもち
　　登之助
近藤重蔵　こんどうじゅうぞう
　　守重
　　重蔵
近藤如行　こんどうじょこう
　　如行
近藤善蔵　こんどうぜんぞう
　　政房〈名〉
　　泉廓〈号〉
　　善蔵
近藤尊影　こんどうたかかげ
　　尊影
　　陶吉郎
近藤為美　こんどうためよし
　　次郎太郎
今藤長斎　こんどうちょうさい
　　〔田中〕佐十郎(2代)
　　長十郎
　　長斎
近藤長次郎　こんどうちょうじ
　ろう
　　〔永日〕次郎〈別名〉
　　〔上杉〕宗次郎〈別名〉
　　長次郎
近藤道円　こんどうどうえん
　　道円

近藤寿俊　こんどうひさとし
　　宗三
近藤北泉　こんどうほくせん
　　戴斗(2代)
　　北泉
近藤無市　こんどうむいち
　　無一〈名〉
　　無市
近藤右膳　こんどうゆうぜん
　　右膳
　　翠中軒〈号〉
　　知新庵〈号〉
混沌軒国丸　こんとんけんくにまる
　　〔玉雲斎〕貞右
今春氏信　こんぱるうじのぶ
　　金春禅竹
　　氏信
金春氏安　こんぱるうじやす
　　氏安
　　〔今春〕氏安
金春禅鳳　こんぱるぜんぽう
　　元安
　　禅鳳
金春豊氏　こんぱるとようじ
　　〔竹田〕三郎
金春安照　こんぱるやすてる
　　安照
　　禅曲
権兵衛　ごんべえ
　　権兵衛
　　〔倉崎〕権兵衛
　　〔蔵崎〕五郎左衛門
紺屋高尾　こんやたかお
　　高尾
　　高尾太夫
　　駄染高尾
金蓮　こんれん
　　依道

【さ】

左　さ
　　〔左文字〕源慶
在庵円有　ざいあんえんう
　　円有
在庵普斉　ざいあんふさい
　　普在
済翁証救　さいおうしょうく
　　証救
柴屋軒宗長　さいおくけんそうちょう
　　宗長
　　〔島田〕宗長
蔡温　さいおん
　　蔡温
　　〔具志頭親方〕文若
西園寺公経　さいおんじきんつね
　　〔藤原〕公経
西園寺公通　さいおんじきんみち

　　〔藤原〕公通
西園寺公宗　さいおんじきんむね
　　公宗
　　〔藤原〕公宗
西園寺実宗　さいおんじさねむね
　　〔藤原〕実宗
西園寺通季　さいおんじみちすえ
　　〔藤原〕通季
雑賀孫一　さいかまごいち
　　〔鈴木〕重秀〈本名〉
　　〔鈴木〕重朝
　　孫一
　　孫市
西礀子曇　さいかんしどん
　　子曇
　　〔西礀〕子曇
済関崇透　さいかんすうとう
　　崇透
細木香以　さいきこうい
　　香以
　　桃紅園〈号〉
　　梅堀香以〈号〉
　　鯉角〈号〉
斎木坦窩　さいきたんか
　　坦窩
　　文弱〈諱〉
西行　さいぎょう
　　〔佐藤〕義清
　　西行
斎宮女御　さいぐうのにょうご
　　徽子女王
　　斎宮女御
　　斎宮の女御
　　承香殿女御
三枝斐子　さいぐさあやこ
　　清風〈号〉
　　斐子
　　〔土屋〕斐子
　　茅淵〈別称〉
西郷隆盛　さいごうたかもり
　　吉之介〈名〉
　　吉之助
　　〔大島〕吉之助
　　吉兵衛〈通称〉
　　〔菊池〕源吾
　　三介
　　〔大島〕三右衛門
　　小吉〈幼名〉
　　南洲〈号〉
　　隆永〈諱〉
　　隆盛〈諱〉
西郷局　さいごうのつぼね
　　宝台院
　　お愛の方
西国兵五郎(1代)　さいこくひょうごろう
　　可楽〈俳名〉
　　東五郎〈前名〉
　　兵五郎(1代)
西国兵五郎(3代)　さいこくひょうごろう

　　兵三郎〈前名〉
　　兵五郎(3代)
西国兵助　さいこくひょうすけ
　　兵五郎(2代)
　　兵助
宰相花波臣　さいしょうかなみおみ
　　宰相花波臣
裁松窩鮒主　さいしょう〔別号〕
　　〔林〕鮒主
西笑承兌　さいしょうしょうたい
　　承兌
　　〔豊光寺〕承兌
裁松青牛　さいしょうせいぎゅう
　　青牛
済信　さいしん
　　済信
　　仁和寺大僧正〈別称〉
済深法親王　さいしんほうしんのう
　　一宮〈尊称〉
　　済深法親王
採撰亭直古　さいせんていなおふる
　　幸の屋〈別号〉
　　香久山鉾杉〈初号〉
　　直古
座田維貞　さいだこれさだ
　　維貞
　　子正〈字〉
　　梅首〈号〉
在仲宗宥　ざいちゅうそうゆう
　　宗宥
最澄　さいちょう
　　叡山大師
　　根本大師
　　最澄
　　伝教大師
在天宗鳳　ざいてんそうほう
　　宗鳳
斎藤県麿　さいとうあがたまろ
　　幸孝
斎藤市左衛門(7代)　さいとういちざえもん
　　幸雄〈諱〉
　　幸興〈字〉
　　市左衛門(7代)
　　松濤軒長秋〈号〉
　　淡水子〈号〉
　　貞竜〈諱〉
斎藤市左衛門(8代)　さいとういちざえもん
　　莞斎〈号〉
　　県麻呂〈号〉
　　幸孝〈諱〉
　　市左衛門(8代)
　　竜雄〈諱〉
斎藤市左衛門(9代)　さいとういちざえもん
　　鉄三郎〈幼名〉
　　月岑〈号〉

幸成〈名〉
市左衛門〈通称〉
市左衛門(9代)
松濤軒〈別号〉
翟巣〈別号〉
白雲堂〈別号〉
斎藤賀子　さいとうがし
　賀子
斎藤勝明　さいとうかつあき
　松園〈号〉
　勝明
　正五郎〈通称〉
斎藤雁鶖　さいとうがんおう
　応模〈名〉
　応総〈名〉
　雁鶖
　雁〈名〉
　雁総〈名〉
　暫休庵〈号〉
　長八郎〈通称〉
　聴雨軒〈号〉
斎藤宜義　さいとうぎぎ
　宜義
　今釈〈号〉
　算象〈別号〉
　逐蓴〈号〉
　長次郎〈通称〉
斎藤宜長　さいとうぎちょう
　宜長
　旭山〈号〉
　四方吉〈通称〉
斎藤義敏　さいとうぎびん
　義敏
　文三郎〈通称〉
斎藤宜明　さいとうぎめい
　宜明
　〔関根〕万平〈本姓名〉
斎藤九畹　さいとうきゅうえん
　一興
　岩之助〈通称〉
　九畹
　清次右衛門〈通称〉
斎藤監物　さいとうけんもつ
　一徳〈名〉
　監物
　文里〈号〉
斎藤小左衛門　さいとうこざえもん
　小左衛門
　パウロ〈洗礼名〉
斎藤定易　さいとうさだやす
　主税〈通称〉
　青人〈号〉
　定易
斎藤三平　さいとうさんぺい
　三平
　〔大岡〕丹下〈変名〉
斎藤芝山　さいとうしざん
　権佐〈通称〉
　高寿〈名〉
　芝山

斎藤尚善　さいとうしょうぜん
　子永〈字〉
　尚善
　雋〈名〉
　忠吉〈通称〉
　碧山〈号〉
斎藤尚中　さいとうしょうちゅう
　旭山〈号〉
　尚中
　繁之丞〈通称〉
斎藤如泉　さいとうじょせん
　朝三〈号〉
　如泉〈号〉
　〔真珠庵〕如泉
斎藤季義　さいとうすえよし
　季義
　元宜〈字〉
　佐右衛門〈通称〉
　独楽庵〈号〉
斎藤誠軒　さいとうせいけん
　敬卿〈字〉
　正格〈名〉
　誠軒〈号〉
　徳太郎〈通称〉
　徳蔵〈通称〉
斎藤西山　さいとうせいざん
　嘉右衛門〈通称〉
　西山
　孟翼〈字〉
　利長〈名〉
斎藤拙堂　さいとうせつどう
　正謙〈名〉
　拙翁〈号〉
　拙堂〈号〉
　鉄研〈号〉
　徳蔵〈通称〉
　有終〈号〉
斎藤総模　さいとうそうも
　醒々子我足庵〈号〉
　総模
　長八郎〈通称〉
　聴雨軒〈号〉
斎藤高行　さいとうたかゆき
　粂之助〈通称〉
　高行
斎藤竹堂　さいとうちくどう
　馨〈名〉
　子徳〈字〉
　順治〈通称〉
　竹堂〈号〉
斎藤中立　さいとうちゅうりつ
　一握堂〈号〉
　九郎左衛門〈通称〉
　子和〈字〉
　信芳〈諱〉
　中立
　芳川〈号〉
斎藤長秋　さいとうちょうしゅう
　幸雄
斎藤道三　さいとうどうさん
　〔西村〕勘九郎

道三
利政
斎藤道節　さいとうどうせつ
　義翁〈号〉
　道節
　如竹斎〈号〉
　有侭庵〈号〉
斎藤時頼　さいとうときより
　時頼
　滝口入道
斎藤時頼　さいとうときより
　滝口入道
斎藤利光　さいとうとしみつ
　利宗
斎藤利行　さいとうとしゆき
　〔渡辺〕馬五郎
　利行
斎藤信幸　さいとうのぶゆき
　右近〈通称〉
　信幸
斎藤彦麿　さいとうひこまろ
　葦仮庵〈号〉
　可怜〈字〉
　宮川舎〈号〉
　彦麿
　智明〈初名〉
　*荻野〈本姓〉
斎藤真蔭　さいとうまかげ
　彦之丞〈通称〉
　真蔭
斎藤鳴湍　さいとうめいたん
　驥〈名〉
　子徳〈字〉
　鳴湍
斎藤守敬　さいとうもりゆき
　公恕〈字〉
　守敬
　貞治〈通称〉
　箎峰〈号〉
斎藤弥九郎(1代)　さいとうやくろう
　篤信斎〈号〉
　弥九郎(1代)
斎藤鸞江　さいとうらんこう
　五郎〈通称〉
　象〈名〉
　世教〈字〉
　鸞江
済仁法親王　さいにんほうしんのう
　済仁入道親王
　修道親王
西仏　さいぶつ
　覚明
　信救
斎村政広　さいむらまさひろ
　政広
　〔赤松〕弥三郎
西瀬居美玖丸　さいらいきよみくまる
　〔川北〕次郎右衛門〈通称〉

森潤亭〈別号〉
美玖丸
西来居末仏　さいらいきょみぶつ
　一寸法師〈別号〉
　善喜〈名〉
　瓢簞園〈別号〉
　末仏
　毛受照寛〈通称〉
佐伯稜威雄　さえきいずお
　〔宮藤〕主水
　稜威雄
佐伯桜谷　さえきおうこく
　桜谷
　種徳〈字〉
　第作〈通称〉
　有清〈名〉
佐伯子則　さえきしそく
　孝思〈名〉
　子則〈字〉
佐伯順蔵　さえきじゅんぞう
　孔実〈字〉
　順蔵〈通称〉
　棠園〈号〉
　有穀〈名〉
佐伯長継　さえきながつぐ
　永継〈名〉
　長継
佐枝政之進　さえだまさのしん
　尹重〈名〉
　砕玉軒〈号〉
　政之進
左衛門　さえもん
　〔上杉〕禅秀妻
狭穂姫　さおひめ
　狭穂姫
　佐保姫
阪井虎山　さかいこざん
　華〈字〉
　臥虎山人〈号〉
　虎山〈号〉
　公実〈名〉
　*坂井〈姓〉
酒井定治　さかいさだはる
　定治
　貞治
坂井似堂　さかいじどう
　穀〈名〉
　似堂〈号〉
　石堅〈字〉
　保之進〈通称〉
堺春慶　さかいしゅんけい
　春慶
　舜慶
酒井勝作　さかいしょうさく
　〔山内〕下総
　勝作
酒泉竹軒　さかいずみちくけん
　一字恵廸〈別号〉
　彦太夫〈諱〉
　弘〈名〉
　竹軒〈号〉

道甫〈字〉
堺善平　さかいぜんべい
　善平
　〔栄〕善平〈別名〉
　〔近松〕善平〈後名〉
　〔坂井〕善平〈初名〉
　〔堺谷〕善平〈別名〉
酒井田柿右衛門　さかいだかきえもん
　柿右衛門
　柿右衛門(1代)
酒井田渋右衛門　さかいだしぶえもん
　渋右衛門
酒井忠清　さかいただきよ
　下馬将軍
　忠清
酒井忠以　さかいただざね
　宗雅
酒井忠道　さかいただひろ
　白鷺
酒井仲　さかいちゅう
　古調〈雅名〉
　仲
　忠輔〈諱〉
　俳歌堂卍葉〈号〉
栄井蓑麻呂　さかいのみのまろ
　〔日置〕蓑麻呂
坂合部磐積　さかいべのいわつみ
　〔境部〕石積
　〔阪合部〕石積
　磐積
境部薬　さかいべのくすし
　薬
　〔坂合部〕薬
酒井抱一　さかいほういつ
　雨華庵〈庵名〉
　栄八〈初名〉
　鶯村〈別号〉
　鶯邨〈号〉
　暉真〈字〉
　軽挙道人〈別号〉
　尻焼猿人〈狂号〉
　忠因〈名〉
　庭柏子〈号〉
　杜陵〈号〉
　屠竜〈号〉
　二尊庵〈庵名〉
　抱一
　冥々居〈庵名〉
酒井凡兆　さかいぼんちょう
　春花園凡兆〈号〉
　春華園凡兆〈号〉
　忠徳
　豊太郎〈幼名〉
　凡兆
酒井未白　さかいみはく
　未白
坂内直頼　さかうちなおより
　山雲子〈号〉
　雪庭〈字〉

直頼
如是相〈号〉
均上九山　さかがみくざん
　九山
　弘視〈名〉
　〔平野屋〕甚右衛門〈通称〉
　大業〈号〉
坂上重次郎(1代)　さかがみじゅうじろう
　岡崎屋〈別称〉
　重次郎(1代)
　鈴丸十次郎〈通称〉
坂上忠介　さかがみただすけ
　寓所〈号〉
　恒〈名〉
　作楽〈号〉
　山樵〈号〉
　沖所〈号〉
　忠介
坂上竹烟　さかがみちくえん
　竹烟
坂上蜂房　さかがみはちふさ
　蜂房
榊原霞洲　さかきばらかしゅう
　霞洲
　万年〈字〉
榊原琴洲　さかきばらきんしゅう
　雲錦堂〈別号〉
　桜舎〈別号〉
　金太郎〈通称〉
　琴洲
　琴洲佳ã〈号〉
　芳野
　鬲斎〈別号〉
　鬲蔵〈通称〉
榊原香山　さかきばらこうざん
　五陵香山〈号〉
　香山
　子章〈字〉
　長俊〈名〉
　忘筌斎〈号〉
榊原篁洲　さかきばらこうしゅう
　希翊〈字〉
　玄輔〈名〉
　篁洲
榊原忠次　さかきばらただつぐ
　国児〈字〉
　忠次
　〔松平〕忠次
　百做〈号〉
榊原政愛　さかきばらまさちか
　政恒
彭城百川　さかきひゃくせん
　昇角
　真渕〈名〉
　張昇角〈号〉
　八仙堂〈号〉
　八僊堂〈号〉
　百川〈号〉
　〔土佐屋〕平八郎〈通称〉
　彭百川〈号〉

彭城百川〈号〉
蓬洲〈号〉
*榊原〈本姓〉
榊山勘助　さかきやまかんすけ
　勘助
　〔宮崎〕清吉〈初名〉
榊山小四郎(1代)　さかきやまこしろう
　小四郎(1代)
　〔榊原〕尾上〈初名〉
　〔榊原〕平四郎〈前名〉
榊山小四郎(2代)　さかきやまこしろう
　四郎太郎〈前名〉
　四郎太郎(1代)
　鷺助〈晩名〉
　小四郎(2代)
榊山小四郎(3代)　さかきやまこしろう
　四郎太郎(2代)〈前名〉
　十太郎〈前名〉
　小四郎(3代)
　千太郎〈初名〉
榊山小四郎(4代)　さかきやまこしろう
　四郎太郎(3代)〈前名〉
　十太郎〈前名〉
　小四郎(4代)
　新太郎〈初名〉
　八十二〈前名〉
榊山小四郎(5代)　さかきやまこしろう
　〔山下〕小四郎〈初名〉
　小四郎(5代)
榊山四郎太郎(4代)　さかきやましろたろう
　〔山下〕四郎太郎〈別名〉
　四郎太郎(4代)
　小太郎〈初名〉
榊山四郎太郎(5代)　さかきやましろたろう
　〔松島〕国蔵〈初名〉
　四郎太郎(5代)
榊山段四郎(1代)　さかきやまだんしろう
　〔市川〕権十郎〈前名〉
　〔三保木〕段四郎〈別名〉
　段四郎(1代)
　〔市川〕友十郎〈初名〉
坂倉松鱸　さかくらしょうろ
　松鱸
坂倉東鷲　さかくらとうしゅう
　巨霊堂〈号〉
　東鷲
坂崎直盛　さかざきなおもり
　〔宇喜多〕左京亮
　出羽守
　直盛
坂秋斎　さかしゅうさい
　子謙〈字〉
　秋斎

水母野曳〈号〉
仲文〈通称〉
徴〈名〉
荻軒〈号〉
坂十仏　さかじゅうぶつ
　十仏
坂浄運　さかじょううん
　浄運
坂新兵衛(高麗左衛門家筋3代)　さかしんべえ
　新兵衛(高麗左衛門家筋3代)
　忠順〈名〉
坂新兵衛(高麗左衛門家筋4代)　さかしんべえ
　新兵衛(高麗左衛門家筋4代)
　忠方〈名〉
坂新兵衛(高麗左衛門家筋6代)　さかしんべえ
　新兵衛(高麗左衛門家筋6代)
　忠清〈名〉
坂新兵衛(高麗左衛門家筋8代)　さかしんべえ
　瓢土斎
　新兵衛(高麗左衛門家筋8代)
酒月米人　さかづきよねんど
　〔榎本〕治兵衛〈通称〉
　米人
坂田市太郎　さかたいちたろう
　市太郎
　朝章〈俳名〉
佐方乙語　さかたおつご
　乙語
坂田重兵衛(1代)　さかたじゅうべえ
　重兵衛(1代)
　仙之助〈初名〉
坂田重兵衛(3代)　さかたじゅうべえ
　重五郎〈初名〉
　重兵衛(3代)
坂田丈平　さかたじょうへい
　九郎〈別名〉
　警軒〈号〉
　丈〈名〉
　丈平
　丈助〈通称〉
　夫卿〈字〉
　文平〈通称〉
坂田仙四郎(1代)　さかたせんしろう
　仙四郎(1代)
　藤次郎〈前名〉
坂田仙四郎(3代)　さかたせんしろう
　〔岡安〕喜久三郎(2代)〈前名〉
　〔岡安〕甚六〈初名〉
　仙四郎(3代)
坂田藤十郎(1代)　さかたとうじゅうろう
　伊左衛門〈通称〉
　藤十郎(1代)

坂田藤十郎(2代)　さかたとうじゅうろう
　長左衛門〈前名〉
　〔桑名屋〕長左衛門〈初名〉
　〔伏見〕藤十郎〈俗称〉
　藤十郎(2代)
坂田藤十郎(3代)　さかたとうじゅうろう
　定四郎〈前名〉
　藤十郎(3代)
　〔三条〕半弥〈初名〉
阪谷朗廬　さかたにろうろ
　希八郎〈通称〉
　子絢〈字〉
　素〈名〉
　素三郎〈通称〉
　朗廬〈号〉
坂田公時　さかたのきんとき
　金太郎
坂田半五郎(1代)　さかたはんごろう
　杉暁〈俳名〉
　半五郎(1代)
坂田半五郎(2代)　さかたはんごろう
　〔仙国〕佐十郎〈前名〉
　〔仙国〕佐六〈初名〉
　半五郎(2代)
坂田半五郎(3代)　さかたはんごろう
　半五郎(3代)
　〔坂東〕熊十郎〈前名〉
　〔坂東〕熊次郎〈初名〉
坂田半五郎(4代)　さかたはんごろう
　〔大谷〕広右衛門(4代)
　〔坂東〕大五郎〈前名〉
　半五郎(4代)
　〔伊豆屋〕弥助〈後名〉
坂田炉休　さかたろきゅう
　源太郎〈通称〉
　従容軒〈別号〉
　甚左衛門〈通称〉
　不及庵〈別号〉
　炉休
嵯峨朝来　さがちょうらい
　朝来〈号〉
　直方〈名〉
　輔〈通称〉
坂上稲丸　さかのうえいねまる
　山本屋〈号〉
　宗仙〈字〉
　太郎右衛門〈通称〉
　稲丸
　頼屋〈名〉
坂上呉老　さかのうえごろう
　〔大和屋〕五郎兵衛〈通称〉
　呉老
　静閑舎〈別号〉
　二瓢庵〈号〉
　李杏〈初号〉

さかの　　　　　　　　　姓名から引く号・別名一覧

坂上苅田麻呂　さかのうえのかりたまろ
　苅田麻呂
　苅田暦
酒上熟寝　さかのうえのじゅくね
　〔島田〕左内〈通称〉
　熟寝
坂上田村麻呂　さかのうえのたむらまろ
　田村麻呂
　田村暦
坂部広胖　さかべこうはん
　広胖
　〔戸田〕広胖
　子顕〈字〉
　中岳〈号〉
　勇左衛門〈通称〉
佐香保　さかほ
　貞閑
相模　さがみ
　乙侍従
相模屋政五郎　さがみやまさごろう
　政五郎
　相政〈異称〉
坂本市之丞　さかもといちのじょう
　養川
坂本葵園　さかもときえん
　葵園〈号〉
　亮〈名〉
　亮平〈字〉
坂本奇山　さかもときざん
　奇山〈号〉
　彦兵衛〈通称〉
　彦衛〈通称〉
　直鎮〈名〉
　犢庵〈号〉
坂本玄岡　さかもとげんこう
　右馬之允〈通称〉
　玄岡〈号〉
　子徳〈字〉
　輔〈名〉
坂本浩雪　さかもとこうせつ
　桜宇〈字〉
　浩然〈通称〉
　純沢
　菅草林処〈号〉
　蕈渓〈号〉
　直大〈名〉
坂本呉山　さかもとござん
　呉山
　仁右衛門〈通称〉
　徳明〈名〉
坂本三太夫　さかもとさんだゆう
　三太夫
　リイロ〈聖名〉
坂本周斎　さかもとしゅうさい
　閑事庵〈別号〉
　周斎

宗心〈名〉
宗信〈名〉
坂本朱拙　さかもとしゅせつ
　牛山〈別号〉
　四方郎〈別号〉
　四野人〈別号〉
　四野狂夫〈別号〉
　守拙〈号〉
　朱拙
　半山
坂本天山　さかもとてんざん
　俊豊〈号〉
　孫八〈通称〉
　天山〈号〉
　伯寿〈字〉
坂本梁雲(2代)　さかもとりょううん
　〔江戸〕享蔵〈初名〉
　〔江戸〕半三郎〈前名〉
　梁雲(2代)
坂本竜馬　さかもとりょうま
　直柔〈名〉
　〔才谷〕梅太郎〈変名〉
　竜馬
昌谷精渓　さかやせいけい
　精渓〈号〉
　碩〈名〉
　無二三道人〈号〉
相楽総三　さがらそうぞう
　〔児島〕四郎
　〔村上〕四郎
　総三
相良窓巴　さがらそうは
　窓巴
相楽等躬　さがらとうきゅう
　伊左衛門〈通称〉
　一瓜子〈号〉
　乍単〈号〉
　乍単斎〈号〉
　乍憚〈号〉
　東離軒〈号〉
　等躬
　藤躬
相良長毎　さがらながつね
　頼房
相良頼徳　さがらよりのり
　〔狂歌堂〕島人
佐川田昌俊　さかわだまさとし
　喜六〈通称〉
　壺斉〈号〉
　昌俊
　黙々翁〈号〉
　*高階〈本姓〉
佐川藤太　さがわとうた
　佐藤太〈別名〉
　藤太
　藤造〈別名〉
佐川文蔵(2代)　さがわぶんぞう
　〔嵐〕三五〈初名〉
　〔市野谷〕十蔵〈前名〉
　文蔵(2代)

鷺仁右衛門　さぎにえもん
　宗玄〈法名〉
　仁右衛門
　大鷺〈俗称〉
　猪右衛門〈初名〉
左京大夫道雅　さきょうだいぶみちまさ
　左京大夫道雅
　〔藤原〕道雅
左京大夫局　さきょうのだいぶのつぼね
　伯耆殿局
策彦周良　さくげんしゅうりょう
　〔周良〕策彦
　周良
作並清亮　さくなみきよすけ
　采卿〈字〉
　清亮
　鳳泉〈号〉
　亮之進〈別称〉
作宮　さくのみや
　常磐井宮
昨非窓左明　さくひそうさめい
　夏冬庵〈号〉
　軽鷗〈号〉
　左明
　南菊〈号〉
朔平門院　さくへいもんいん
　璹子内親王
佐久間果園　さくまかえん
　果園
　種次郎〈通称〉
　万斉
佐久間玄徳　さくまげんとく
　吉重〈名〉
　玄徳
　掃部〈別称〉
佐久間真勝　さくまさねかつ
　寸松庵
佐久間佐兵衛　さくまさへえ
　佐兵衛
　〔赤川〕直次
佐久間纉　さくまさん
　纉
　正述〈字〉
　二郎太郎〈通称〉
　庸軒〈号〉
佐久間修理　さくましゅり
　吉次〈名〉
　左京〈別称〉
　修理〈別称〉
　長三郎〈小字〉
佐久間象山　さくましょうざん
　啓〈名〉
　子明〈字〉
　子迪〈字〉
　修理〈通称〉
　象山
佐久間晴岳　さくませいがく
　雅方〈名〉
　蕉雪〈別号〉

614　号・別名辞典　古代・中世・近世

晴岳
　長春舎〈別号〉
　立達〈通称〉
佐久間宗透　さくまそうとう
　宗透
　甚九郎〈通称〉
　不千斎〈別号〉
佐久間高方　さくまたかかた
　高方
　荘左衛門〈通称〉
　立斎
　和風〈名〉
佐久間洞巌　さくまどうがん
　義和〈名〉
　彦四郎〈通称〉
　子嵓〈字〉
　太白山人〈号〉
　洞巌
　容軒〈号〉
佐久間直勝　さくまなおかつ
　山隠宗可〈号〉
　実勝
　将監〈別称〉
　寸松庵〈号〉
　直勝
佐久間不干斎　さくまふかんさい
　正勝
佐久間盛政　さくまもりまさ
　玄蕃允
佐久間安政　さくまやすまさ
　安次
佐久間熊水　さくまゆうすい
　英二〈通称〉
　欽〈名〉
　子文〈字〉
　東里〈別号〉
　熊水
佐久間柳居　さくまりゅうきょ
　三郎右衛門長利〈通称〉
　三郎左衛門〈通称〉
　守黒庵〈別号〉
　松籟庵〈別号〉
　専鯉〈号〉
　痩居士〈号〉
　長水〈号〉
　長利〈名〉
　椿子〈号〉
　藤左衛門
　麦阿〈号〉
　眠柳〈号〉
　柳居
　蓼雨〈号〉
佐久間六所　さくまろくしょ
　子簡〈字〉
　明繁〈名〉
　立徳〈通称〉
　六所〈号〉
作屋九兵衛　さくやくへえ
　九兵衛
　〔作弥〕九兵衛
桜東雄　さくらあずまお

　蓋園〈号〉
　靮負〈通称〉
　静
　東雄
　〔佐久良〕東雄
桜井和泉太夫(2代)　さくらいいずみだゆう
　長太夫〈前名〉
　和泉太夫(2代)
桜井一右衛門　さくらいかずえもん
　一右衛門
　鶴尾軒〈号〉
　市陽軒捕風〈号〉
桜井亀文　さくらいきぶん
　一桜井亀文〈号〉
　亀文
　忠告〈名〉
　〔松平〕忠告
桜井兀峰　さくらいこっぽう
　兀峰
　夫右衛門〈名〉
桜井秋山　さくらいしゅうざん
　雪保
桜井舟山　さくらいしゅうざん
　子穎〈字〉
　舟山
　善蔵〈通称〉
　良翰〈名〉
桜井蕉雨　さくらいしょうう
　権堂〈別号〉
　三郎右衛門光喜〈別称〉
　小麓庵〈別号〉
　蕉雨
　鉄之助〈幼名〉
　尼椿老人〈別号〉
　八巣〈別号〉
桜井石門　さくらいせきもん
　一太郎〈通称〉
　苗〈名〉
　石門〈号〉
　伯蘭〈字〉
桜井雪館　さくらいせっかん
　館〈名〉
　山興〈号〉
　常翁〈字〉
　雪志〈号〉
　雪館〈号〉
桜井雪鮮　さくらいせっせん
　雪鮮
桜井丹波少掾　さくらいたんばのしょうじょう
　丹波太夫〈別称〉
　丹波少掾〈前名〉
　半左衛門〈通称〉
　〔丹波〕和泉太夫〈別称〉
　和泉太夫(1代)〈前名〉
桜井梅室　さくらいばいしつ
　次郎作〈幼名〉
　雪雄〈俳号〉
　素芯〈別号〉

　素信
　能充〈名〉
　梅室
　方円斎〈別号〉
　陸々〈号〉
桜井孫兵衛　さくらいまごべえ
　政能〈名〉
　孫兵衛
桜井元茂　さくらいもとしげ
　元茂
　子栄〈字〉
桜井基佐　さくらいもとすけ
　永仙
　基佐
　中務丞〈号〉
　弥三郎〈通称〉
　弥四郎
桜井吏登　さくらいりとう
　人左〈号〉
　斑象〈号〉
　乱雪
　吏登
　〔雪中庵〕吏登
　吏登斎嵐雪〈号〉
李嶇
　李洞〈号〉
桜川杜芳　さくらがわとほう
　言葉綾知
　杜芳
　〔岸〕杜芳
　〔岸田〕杜芳
　〔桜〕杜芳〈通称〉
　〔岸田〕豊次郎〈通称〉
桜任蔵　さくらじんぞう
　〔渡辺〕純蔵
　任蔵
　〔村越〕芳太郎
　〔相良〕六郎
佐倉惣五郎　さくらそうごろう
　〔木内〕宗五郎
　宗吾〈通称〉
　〔木内〕宗吾
　惣五郎
　〔木内〕惣五郎〈本名〉
桜田臥央　さくらだがおう
　臥央
　玄丈〈名〉
　暮雨巷(2世)〈号〉
桜田虎門　さくらだこもん
　欽斎〈別号〉
　虎門
　鼓缶子〈別号〉
桜田治助(1代)　さくらだじすけ
　左交
　〔津村〕治助〈前名〉
　〔田川〕治助〈初名〉
　治助(1代)
　〔笠屋〕善兵衛〈通称〉
桜田治助(2代)　さくらだじすけ
　治助(2代)
　〔松島〕半二(1代)〈前名〉

〔松島〕陽助〈初名〉
〔松島〕てふ〈後名〉
桜田治助(3代)　さくらだじすけ
　〔葛飾〕音助〈初名〉
　〔狂言堂〕左交
　治助(3代)
　〔松島〕半二(3代)〈前名〉
桜田治助(4代)　さくらだじすけ
　〔木村〕園治(2代)〈前名〉
　〔藤本〕元助〈前名〉
　治助(4代)
　〔藤本〕助〈初名〉
桜間左陣　さくらまさじん
　左陣〈名〉
　伴馬〈前名〉
桜間青匡　さくらませいがい
　迂亭〈別号〉
　咸〈名〉
　青匡
　善訥〈字〉
桜町天皇　さくらまちてんのう
　桜町天皇
　昭仁〈名〉
桜山庄左衛門(1代)　さくらやましょうざえもん
　庄七〈前名〉
　庄左衛門(1代)
　林之助〈初名〉
桜山四郎三郎(1代)　さくらやましろさぶろう
　四郎三郎(1代)
　小太夫〈前名〉
桜山四郎三郎(2代)　さくらやましろさぶろう
　四郎三〈後名〉
　四郎三郎(2代)
　庄左衛門(2代)〈前名〉
　竹松〈初名〉
　〔佐倉戸〕文作〈作者名〉
鮭延秀綱　さけのぶひでつな
　秀綱
　〔佐々木〕典膳
酒酒屋呑安　さけのやのみやす
　呑安
　蓬莱山〈別号〉
座光寺為祥　ざこうじためよし
　為祥
　南屏〈号〉
　竜園〈号〉
笹音十郎(2代)　ささおとじゅうろう
　音十郎(2代)
　篠音〈俳名〉
佐々木市蔵(1代)　ささきいちぞう
　〔海都〕見馬〈初名〉
　幸八(1代)〈前名〉
　市蔵(1代)
佐々木市蔵(2代)　ささきいちぞう
　〔岸沢〕市蔵〈前名〉
　市蔵(2代)
　〔西村〕徳蔵〈本名〉

〔岸沢〕八五郎〈初名〉
佐々木宇嶠　ささきうきょう
　宇狂
　宇嶠
　富永〈名〉
佐々木宇考　ささきうこう
　宇考
　記達〈名〉
　久右衛門〈通称〉
　栗斎〈別号〉
佐々木氏頼　ささきうじより
　氏頼
　〔六角〕氏頼
佐々木岸流　ささきがんりゅう
　岸柳
　岸流
　巌流
　小次郎
佐々木径童　ささきけいどう
　径童(2代)
佐々木幸八(2代)　ささきこうはち
　幸八(2代)
　市十郎〈前名〉
佐々木志津磨　ささきしずま
　志津磨
　志頭磨
　七兵衛〈通称〉
　春〈名〉
　松竹堂〈号〉
　静庵〈号〉
　専林〈字〉
佐々木松雨　ささきしょうう
　金馬仙〈号〉
　松雨
　比仙斎〈号〉
佐々木松後　ささきしょうご
　帰雲坊〈号〉
　松五郎〈幼名〉
　松吾〈号〉
　松後
　真空坊〈号〉
　森々庵〈号〉
　道阿
　弼次〈名〉
　与三太夫〈通称〉
佐々木仁里　ささきじんり
　琴台〈号〉
　源三郎〈通称〉
　彩瀾〈号〉
　仁里
佐々木雪峰　ささきせっぽう
　鏗〈名〉
　雪峰
　曽瑟〈字〉
　裕四郎〈通称〉
佐々木泉景　ささきせんけい
　守継〈名〉
　泉景
　熊次郎〈通称〉
佐々木泉明　ささきせんめい
　〔住吉屋〕市兵衛〈通称〉

泉明
佐々木泉竜　ささきせんりゅう
　越渓〈号〉
　泉竜
佐々木宗六　ささきそうろく
　玩易斎
　宗六
　庸綱〈名〉
佐々木高氏　ささきたかうじ
　高氏
　〔京極〕高氏
　道誉
佐々木高綱　ささきたかつな
　高綱
　了智房
佐々木高秀　ささきたかひで
　高秀
　〔京極〕高秀
佐々木太郎　ささきたろう
　菅之舎〈号〉
　義典〈諱〉
　春太
　太郎
　東郷〈号〉
佐々木近綱　ささきちかつな
　亀寿丸〈幼名〉
　近綱
佐々木貞介　ささきていすけ
　毅〈名〉
　時行〈字〉
　隼太〈通称〉
　松墩〈号〉
　貞介
佐々木時信　ささきときのぶ
　〔六角〕時信
佐々木利綱　ささきとしつな
　図書〈通称〉
　独徳〈号〉
　利綱
佐々木俊信　ささきとしのぶ
　俊信
　竜原〈字〉
　〔国重〕竜原
　鹿野山人〈号〉
佐々木春行　ささきはるゆき
　重五郎〈幼名〉
　春行
　〔銭屋〕惣四郎〈通称〉
佐々木秀綱　ささきひでつな
　秀綱
　〔京極〕秀綱
佐々木文山　ささきぶんざん
　淵竜〈字〉
　臥竜〈字〉
　佐文山〈通称〉
　襲〈名〉
　百助〈通称〉
　文山
佐々城朴庵　ささきぼくあん
　雀斎〈号〉
　直知〈名〉

朴庵
佐々木真足　ささきまたり
　寿六〈通称〉
　真足
　青峰〈号〉
佐々木持清　ささきもちきよ
　持清
　生観〈法号〉
佐々木泰綱　ささきやすつな
　〔六角〕泰綱
佐々木義賢　ささきよしかた
　義賢
　〔六角〕義賢
佐々木義弼　ささきよしすけ
　義治
　義弼
　〔六角〕義弼
佐々木与三　ささきよぞう
　与三
　与三兵衛
佐々木頼綱　ささきよりつな
　〔六角〕頼綱
佐々木頼信　ささきよりのぶ
　〔横山〕頼信
佐々木了綱　ささきりょうこう
　松園〈号〉
　竹壺〈号〉
　了綱
佐々木魯庵　ささきろあん
　〔左〕子岳
燕栗園千寿　ささぐりえんちおぎ
　久米六右衛門〈通称〉
　〔山田〕佐助〈通称〉
　石樹〈別号〉
　千寿
　文会堂主人〈別号〉
燕栗園千穎　ささぐりえんちかい
　雑体吟社〈別号〉
　千穎〈名〉
　〔西村〕桃斎〈通称〉
燕栗園千寿　ささぐりえんちほぎ
　〔久米〕千寿
佐座謙三郎　ささけんざぶろう
　謙三郎
　〔左座〕謙三郎
楽浪河内　さざなみのかわち
　河内
　〔高丘〕河内
笹野春泉　ささのしゅんせん
　君翼〈号〉
　膃骨長〈号〉
　春泉
　昼夜言耳元鐘近
篠野春泉　ささのしゅんせん
　〔昼夜言耳元〕鐘近
笹原如是観　ささはらにょぜかん
　三省堂〈号〉
　新々館〈号〉
　如是観
佐々原宣明　ささはらのぶあき
　数馬〈通称〉
　宣明
　梅操〈号〉
笹本金平　ささもときんぺい
　金平
　〔篠本〕彦太郎
　〔歌沢〕笹丸
笹屋騏六　ささやきろく
　騏六
笹山嗣立　ささやましりゅう
　伊興〈名〉
　花渓〈号〉
　嗣立〈字〉
　直太郎〈通称〉
笹山養意　ささやまようい
　逸斎
　養意
佐治丹岳　さじたんがく
　偃松子〈別号〉
　叢園〈別号〉
　丹岳
　廸〈名〉
左術　さじゅつ
　画賢斎〈号〉
　左術
　民治郎〈俗称〉
　民さん〈通称〉
佐瀬得所　させとくしょ
　恒〈名〉
　子象〈字〉
　松城〈号〉
　得所
　八太夫〈通称〉
佐善礼耕　さぜんれいこう
　元雅〈名〉
　半左衛門〈通称〉
　礼耕
貞景　さだかげ
　歌川〈別称〉
　五湖亭〈号〉
　庄五郎〈通称〉
　貞景
佐竹永海　さたけえいかい
　愛雪棲〈別号〉
　永海
　衛司〈通称〉
　天永〈別号〉
佐竹織江　さたけおりえ
　亮親
佐竹噲々　さたけかいかい
　応謙〈字〉
　彦四郎〈通称〉
　座馳〈号〉
　噲々〈号〉
　貞吉〈名〉
佐竹古関　さたけこかん
　古関〈号〉
　袋庵〈号〉
佐竹曙山　さたけしょざん
　義敦
　曙山
　泰嶺〈別号〉
佐竹昌成　さたけまさなり
　義季
佐竹義隆　さたけよしたか
　〔岩城〕吉隆
佐竹義祚　さたけよしとし
　義祚
　三斎〈号〉
　松林堂〈号〉
　中務〈通称〉
佐竹義根　さたけよしね
　義根
　九吉〈通称〉
　秋水〈号〉
　春山〈号〉
　尾斎〈号〉
佐竹義宣　さたけよしのぶ
　義宣
　常陸侍従
佐竹義久　さたけよしひさ
　〔東〕義久
佐竹義人　さたけよしひと
　義仁
　義憲
貞子内親王　さだこないしんのう
　斎宮
　貞子内親王
貞重　さだしげ
　貞重
　備中守〈別称〉
　*橘〈姓〉
貞次　さだつぐ
　右衛門佐
　〔青江〕定次
　貞次
貞次　さだつぐ
　右衛門太郎〈別称〉
　〔青江〕定次
　貞次
貞次　さだつぐ
　〔青江〕定次
　貞次
完敏親王　さだとししんのう
　逸堂
　完敏親王
　堯恕法親王
貞教親王　さだのりしんのう
　〔伏見宮〕貞教親王
貞宗　さだむね
　貞宗
　〔相州〕貞宗
貞康親王　さだやすしんのう
　貞康親王
　伏見宮貞康親王
皐月平砂　さつきへいさ
　解梅
　閑花林〈号〉
　其樹〈号〉
　新花林〈号〉
　美叔〈字〉
　分洲〈号〉
　平砂

平砂(2世)〈号〉
方洲〈号〉
律佐〈号〉
良珍〈名〉
*石川〈本姓〉
佐々十竹　さっさじっちく
　介三郎〈通称〉
　子朴〈字〉
　宗淳〈諱〉
　十竹
佐々成政　さっさなりまさ
　成政
　陸奥侍従
薩摩外記　さつまげき
　外記
　〔薩摩掾〕外記
薩摩小源太夫　さつまこげんだゆう
　小源太〈前名〉
　小源太夫
　〔大井〕小源太夫〈別名〉
薩摩浄雲　さつまじょううん
　源太郎〔〔伝〕初名〕
　薩摩太夫(1代)
　〔虎屋〕次郎右衛門〈通称〉
　〔江戸〕次郎右衛門〈別名〉
　次郎右衛門(1代)〈別名〉
　〔熊野〕小平太〔〔一説〕初名〕
　浄雲
薩摩太夫(2代)　さつまだゆう
　薩摩太夫(2代)
　薩摩太夫次郎右衛門(2代)〈別名〉
　〔薩摩〕次郎右衛門(2代)
里井浮丘　さといふきゅう
　快国〈別号〉
　元礼〈字〉
　孝幹〈名〉
　浮丘
佐藤一斎　さといっさい
　一斎
　捨蔵
佐藤魚丸　さとううおまる
　魚丸
　魚麻呂〈別号〉
　〔佐川〕藤太
　〔釘屋〕藤太兵衛〈通称〉
　蝙蝠軒魚丸〈別号〉
佐藤解記　さとうげき
　解記
　子精〈字〉
　数斎〈別号〉
　雪山〈号〉
　昴奎〈別号〉
佐藤剛斎　さとうごうさい
　五郎左衛門〈通称〉
　剛斎〈号〉
　直方〈名〉
　峰松〈別号〉
佐藤採花女　さとうさいかじょ
　採花女

蜂庵〈号〉
いち〈通称〉
佐藤枝彦　さとうしげひこ
　桜園〈号〉
　枝彦
佐藤成充　さとうしげみつ
　左充〈通称〉
　三復〈号〉
　春意〈通称〉
　成充
　復斎〈号〉
　文右衛門〈通称〉
佐藤神符麿　さとうしのぶまろ
　鶴城〈号〉
　神符麿
　大鳥舎〈号〉
　芳定〈名〉
　民之助〈通称〉
佐藤舜海　さとうしゅんかい
　舜海
　尚中〈号〉
　*山口〈本姓〉
佐藤正行　さとうせいこう
　子竜〈号〉
　常蔵〈通称〉
　正行
佐藤中陵　さとうちゅうりょう
　綽〈字〉
　成裕〈名〉
　中陵
　平三郎〈通称〉
　莠莪堂〈号〉
佐藤魚渕　さとうなぶち
　魚渕
　子鵬〈字〉
　松益〈医名〉
　信胤〈名ならびに通称〉
佐藤成知　さとうなりとも
　子円〈字〉
　成知
　兵助〈通称〉
　麟趾〈別称〉
佐藤信淵　さとうのぶひろ
　元海
　信淵
　椿園〈号〉
　百祐〈通称〉
佐藤憲欽　さとうのりよし
　憲欽
　元謨〈字〉
　梅軒〈号〉
佐藤晩得　さとうばんとく
　牛島庵〈号〉
　牛渚老漁〈号〉
　蘇狂〈号〉
　湛露〈号〉
　知久羅〈号〉
　朝四〈号〉
　哲阿弥〈号〉
　哲得庵〈号〉
　半渚老漁〈号〉

晩得
北斎〈号〉
木雁〈号〉
又兵衛祐英〈名〉
佐藤復斎　さとうふくさい
　八右衛門
佐藤牧山　さとうぼくざん
　雪斎〈別号〉
　牧山
佐藤正持　さとうまさもち
　正持
　北溟〈号〉
理子女王　さとこじょおう
　寛徳院
　〔真宮〕理子
恵子内親王　さとこないしんのう
　慧子内親王
里の家芳滝　さとのやよしたき
　一養斎〈別号〉
　阪田舎居〈別号〉
　芳滝
　〔中井〕芳滝
里見ヤジロウ　さとみやじろう
　弥次郎
　アンジロウ(安次郎)
　ヤジロウ
里見義成　さとみよしなり
　義成
　〔新田〕義成
里見義康　さとみよしやす
　安房侍従
　義康
里村玄昱　さとむらげんいく
　玄昱
　三木亭〈号〉
里村玄仍　さとむらげんじょう
　何羨堂〈号〉
　玄仍
里村玄仲　さとむらげんちゅう
　玄仲
　焦翁〈号〉
　臨江斎〈号〉
里村玄陳　さとむらげんちん
　一翁〈号〉
　玄陳
里村昌休　さとむらしょうきゅう
　牛隠軒〈号〉
　堯景〈別号〉
　指雪斎〈号〉
　昌休
　弥次郎堯景〈俗名〉
里村昌俔　さとむらしょうけん
　昌俔
里村昌叱　さとむらしょうしつ
　策庵〈別号〉
　昌叱
里村昌琢　さとむらしょうたく
　昌琢
　竹庵〈別号〉
　徳恵庵〈別号〉
里村紹巴　さとむらじょうは

618　号・別名辞典　古代・中世・近世

紹巴
　宝珠庵臨江斎〈別号〉
佐渡山田村善兵衛　さどやまだむらぜんべえ
　善兵衛
　〔中川〕善兵衛
真田安岐　さなだあぎ
　幸村妻
真田敦寛　さなだあつひろ
　兼叟〈別号〉
　太郎左衛門〈通称〉
　敦寛
真田小松　さなだこまつ
　信之妻
真田信尹　さなだのぶただ
　〔加津野〕信昌
真田昌幸　さなだまさゆき
　〔武藤〕喜兵衛
　昌幸
真田幸村　さなだゆきむら
　幸村
　信繁
讃岐典侍　さぬきのてんじ
　〔藤原〕長子
実川定賢　さねかわていけん
　定賢
　東谷〈別号〉
佐野氏忠　さのうじただ
　氏忠
　〔北条〕氏忠
佐野川市松(1代)　さのかわいちまつ
　市松(1代)
　新万屋〈家号〉
　盛府〈俳名〉
　芳屋〈家号〉
佐野川市松(2代)　さのかわいちまつ
　〔松本〕山十郎〈別名〉
　市松(2代)
　新万屋〈家号〉
　青布〈俳名〉
　盛府〈俳名〉
　東花〈俳名〉
佐野川花妻(1代)　さのかわはなづま
　花妻(1代)
　佐七〈通称〉
　素尋〈俳名〉
佐野川花妻(2代)　さのかわはなづま
　花妻(2代)
　如蝶〈俳名〉
佐野川花妻(3代)　さのかわはなづま
　花妻(3代)
　其源〈俳名〉
　〔嵐〕三十郎(3代)
　播磨屋〈家号〉
佐野川花妻(4代)　さのかわはなづま

〔中村〕歌門(1代)
佐野川万菊　さのがわまんぎく
　十吉
佐野川万蔵　さのかわまんぞう
　万蔵
　〔鶴沢〕満蔵〈別名〉
佐野郷成　さのさとなり
　郷成
　甚衛門〈通称〉
　清六〈通称〉
佐野紹益　さのしょうえき
　三郎兵衛〈通称〉
　重孝〈名〉
　紹益〈号〉
　〔灰屋〕紹益
狭野茅上娘子　さののちがみのおとめ
　弟上娘子
　茅上娘子
佐野信吉　さののぶよし
　信吉
　〔富田〕信吉
佐野渡　さののわたり
　〔田沼〕小右衛門〈通称〉
　待伴舎〈別号〉
　渡
　六橋園〈別号〉
佐野房綱　さのふさつな
　房綱
　〔天徳寺〕了伯
佐野政言　さのまさこと
　政言
　善左衛門
左行秀　さのゆきひで
　〔豊永〕久左衛門
　行秀
佐羽吉右衛門(2代)　さばきちえもん
　淡斎
左橘橙雨　さはしとうう
　橙雨
佐原盛純　さはらもりずみ
　業夫〈字〉
　盛純〈名〉
　蘇棋〈号〉
　豊山〈号〉
佐原盛連　さはらもりつら
　〔三浦〕盛連
佐保介我　さほかいが
　音船〈別号〉
　介我
　甘雨亭〈別号〉
　孫四郎〈通称〉
佐保穀我　さほこくが
　穀我
沙弥満誓　さみまんせい
　沙弥満誓
　〔笠〕麻呂
　満誓
鮫島白鶴　さめしまはっかく
　黄裳

鞘町東伊　さやちょうのとうい
　〔東国屋〕伊兵衛
佐屋裏襟　さやのうらえり
　衣紋亭〈別号〉
　襟
　縮緬堂〈別号〉
猨山竜池　さやまりょうち
　周暁〈本名〉
　大平山人〈別号〉
　竜池
沢井注蔵　さわいちゅうぞう
　注象〈俳名〉
　注蔵
佐和華谷　さわかこく
　華谷
　五鹿園〈別号〉
　鼎〈本名〉
佐脇嵩雪　さわきすうせつ
　仰止楼〈別号〉
　翠雲堂〈別号〉
　嵩雪
　中岳堂〈別号〉
　中岳斎〈別号〉
沢田一斎　さわだいっさい
　〔風月〕庄左衛門
沢田宗堅　さわだそうけん
　宗堅
　菖庵〈別号〉
　訥斎〈別号〉
沢田東江　さわだとうこう
　東江
　無々道人
沢田名垂　さわだなたり
　五家園〈別号〉
　自列亭〈狂号〉
　名垂
　酩酢〈狂言〉
　木隠の翁〈別号〉
猿渡盛章　さわたりもりあき
　樅園〈別号〉
　盛章
沢近嶺　さわちかね
　近嶺
　梧桐庵〈別号〉
沢野含斎　さわのがんさい
　含斎
　修輔〈通称〉
沢野忠庵　さわのちゅうあん
　忠庵
　クリストファン・フェレイラ〈本名〉
沢阜忠平　さわふちゅうへい
　忠平
　匪石〈号〉
佐和文智　さわぶんち
　昨〈本名〉
　九華〈号〉
　石顛〈号〉
　大五郎〈通称〉
　文智
　野鶴方外〈号〉

号・別名辞典　古代・中世・近世　619

沢辺北冥　さわべほくめい
　淡右衛門〈通称〉
　知紘〈本名〉
　北冥〈号〉
　隆介〈通称〉
沢村音右衛門(1代)　さわむらお
とえもん
　音右衛門(1代)
　柳実〈俳名〉
沢村音右衛門(2代)　さわむらお
とえもん
　音右衛門(2代)
　活蘆〈俳名〉
　〔大竹屋〕弥七〈別名〉
沢村音右衛門(3代)　さわむらお
とえもん
　音右衛門(3代)
　狸牙〈俳名〉
沢村勝為　さわむらかつため
　勘兵衛
沢村琴所　さわむらきんしょ
　琴所
　九内〈通称〉
沢村国太郎(1代)　さわむらくに
たろう
　其答〈俳名〉
　国太郎(1代)
沢村国太郎(2代)　さわむらくに
たろう
　国太郎(2代)
　〔荻野〕八重桐(3代)
沢村源之助(1代)　さわむらげん
のすけ
　源之助(1代)
　宗十郎(4代)
　訥子(4代)
沢村源之助(2代)　さわむらげん
のすけ
　源之助(2代)
　〔助高屋〕高助(3代)
　宗十郎(5代)
　長十郎(5代)
　訥升(1代)
沢村源之助(3代)　さわむらげん
のすけ
　〔市川〕右団次〈前名〉
　源之助(3代)
　〔市川〕清十郎〈前名〉
　清子〈初名〉
　〔市川〕清子〈後名〉
沢村小伝次(3代)　さわむらこで
んじ
　歌菊〈前名〉
　小伝次(3代)
　〔坂東〕定十郎〈後名〉
沢村四郎五郎(2代)　さわむらし
ろごろう
　四郎五郎(2代)
　東十郎〈後名〉
　〔荻野〕東蔵〈初名〉
　藤蔵〈前名〉

しゃばく〈後名〉
沢村宗十郎(1代)　さわむらそう
じゅうろう
　〔助高屋〕高助(1代)
　宗十郎(1代)
　長十郎(3代)
　訥子(1代)
沢村宗十郎(2代)　さわむらそう
じゅうろう
　〔滝中〕歌川〈前名〉
　〔竹中〕歌川〈前名〉
　〔歌川〕四郎五郎〈前名〉
　宗十郎(2代)
　〔富沢〕長之助〈初名〉
　訥子(2代)
沢村宗十郎(3代)　さわむらそう
じゅうろう
　宗十郎(3代)
　田之助(1代)
　訥子(3代)
沢村宗十郎(遙波宗十郎)　さわむ
らそうじゅうろう
　〔染川〕市十郎〈初名〉
　宗十郎(遙波宗十郎)
　春五郎〈前名〉
沢村田之助(2代)　さわむらたの
すけ
　鉄之助〈初名〉
　田之助(2代)
沢村田之助(3代)　さわむらたの
すけ
　田之助(3代)
　由次郎〈初名〉
沢村基宗　さわむらもとむね
　〔上村〕基宗
沢熊山　さわゆうざん
　三郎〈通称〉
　熊山
早良親王　さわらしんのう
　崇道天皇
　早良親王
沢露川　さわろせん
　鱠山窟〈別号〉
　月空居士〈別号〉
　〔藤屋〕市郎右衛門〈通称〉
　霧山軒〈別号〉
　露川
　〔藤屋〕露川
三益永因　さんえきえいいん
　永因
算木有政　さんぎありまさ
　常総庵〈別号〉
　〔羽倉〕則之〈通称〉
　有政
山旭亭主人　さんきょくていしゅ
じん
　山旭亭主人
　〔旭〕真葉行
三光院豪空　さんこういんごう
くう
　豪空

〔三条西〕実枝
三条勘太郎(2代)　さんじょうか
んたろう
　勘太郎(2代)
　〔花井〕才三郎(3代)
三条公広　さんじょうきんひろ
　公盛
三条実房　さんじょうさねふさ
　〔藤原〕実房
三条実行　さんじょうさねゆき
　〔藤原〕実行
三笑亭可楽(1代)　さんしょうて
いからく
　可楽(1代)
　山生亭花楽〈別号〉
　〔京屋〕又五郎〈俗称〉
三笑亭夢楽(1代)　さんしょうて
いむらく
　〔里見〕晋兵衛〈本名〉
　夢楽
　夢楽(1代)
　夢楽(1代)
三条天皇　さんじょうてんのう
　三条天皇
　三条院
三条浪江(1代)　さんじょうなみえ
　〔山下〕亀之丞(3代)
　浪江(1代)
三条西公条　さんじょうにしきん
えだ
　公条
　仍覚
三条局　さんじょうのつぼね
　大納言典侍
三条宗近　さんじょうむねちか
　宗近
山叟慧雲　さんそうえうん
　慧雲
　山叟慧雲
　山叟〈号〉
三田葆光　さんたかねみつ
　伊兵衛〈通称〉
　葆光
三陀羅法師　さんだらほうし
　一寸一葉〈別号〉
　三陀羅法師
　千秋庵〈別号〉
三亭春馬　さんていしゅんば
　加保茶元成(3世)〈別号〉
　花街楼〈別号〉
　九返舎一八〈別号〉
　〔磯部〕源兵衛〈通称〉
　柿園〈別号〉
　十返舎一九(3世)〈別号〉
　春馬
　文尚堂虎甲〈別号〉
　落栗庵(2代)〈別号〉
山東京山　さんとうきょうざん
　京山
　相四郎〈幼名〉
　鉄筆堂〈別号〉

〔岩瀬〕百樹〈名〉
　利一町〈通称〉
　涼山〈別号〉
山東京水　さんとうきょうすい
　京水
山東京伝　さんとうきょうでん
　甘谷〈別号〉
　菊軒〈別号〉
　京伝
　山東庵〈別号〉
　〔北尾〕政信
　政演〈別号〉
　〔北尾〕政演
　醒々老人〈別号〉
　醒々翁〈別号〉
　醒斎〈別号〉
　〔岩瀬〕田蔵〈本姓名〉
　葎斎〈別号〉
三位局　さんみのつぼね
　伊予局
　三位局
残夢　ざんむ
　残夢
　桃林契悟禅師〈諡号〉
三文字屋九右衛門　さんもんじやくえもん
　久右衛門
三遊亭円橘　さんゆうていえんきつ
　〔葉南志坊〕円馬
　円橘
　〔佐野〕三吉〈本姓名〉
三遊亭円生(2代)　さんゆうていえんしょう
　円生(2代)
　〔橘屋〕円蔵(1代)
三遊亭円朝(1代)　さんゆうていえんちょう
　円朝(1代)
　〔出渕〕次郎吉〈本名〉
三遊亭円馬(1代)　さんゆうていえんば
　円馬
　円馬(1代)
山陽堂山陽　さんようどうさんよう
　〔小島〕嘉門〈通称〉
　山陽

【し】

椎名秋村　しいなしゅうそん
　秋村
　半次郎〈通称〉
　半痴〈別号〉
椎本才麿　しいのもとさいまろ
　甘泉庵〈別号〉
　旧徳〈名〉
　狂六堂〈号〉
　才丸〈号〉
　才麿

春理斎〈号〉
少文〈字〉
松笠軒〈別号〉
西丸〈字〉
八郎右衛門則武〈通称〉
槃特小僧〈別号〉
繁特小僧〈号〉
椎原市太夫　しいはらいちだゆう
　市太夫
市隠　しいん
　市隠
　治左衛門〈通称〉
慈雲妙意　じうんみょうい
　慧日光明国師
　妙意
慈円　じえん
　慈円
　慈鎮
慈延　じえん
　慈延
　吐屑庵〈別号〉
　度雪庵〈別号〉
塩川文麟　しおかわぶんりん
　雲章〈初号〉
　可竹斎〈別号〉
　図書〈通称〉
　泉声〈別号〉
　答斎〈別号〉
　文麟
　木仏居士〈別号〉
塩尻梅宇　しおじりばいう
　清風楼主人〈号〉
　梅宇
　雄右衛門〈通称〉
塩塚与市　しおずかよいち
　与市
　ジュアン〈霊名〉
塩田随斎　しおだずいさい
　巨瓢子〈別号〉
　随斎
塩田冥々　しおだめいめい
　九淵斎〈別号〉
　冥々
　茂兵衛〈通称〉
塩谷簀山　しおのやきざん
　簀山
　晩翠園〈別号〉
　量平〈通称〉
塩見政誠　しおみまさなり
　小兵衛
塩谷艶二　しおやえんじ
　塩屋主人〈別号〉
　塩屋色主〈別号〉
　艶二
　驍々閣〈別号〉
　紫色主〈別号〉
塩屋九郎右衛門(2代)　しおやくろうえもん
　九左衛門
慈恩尼　じおんに
　兼葭

詞海斎輪田丸　しかいさいわたまる
　〔美濃屋〕五郎右衛門〈通称〉
　詞海斎輪田丸
　〔山本〕輪田丸
志賀親朋　しがしんほう
　親朋
　浦太郎〈通称〉
志賀巽軒　しがそんけん
　喬木〈号〉
　巽軒
四方竜文(1代)　しかたりゅうぶん
　竜文(1代)
　竜文堂
四方竜文(2代)　しかたりゅうぶん
　竜文堂
鹿都部真顔　しかつべのまがお
　〔北川〕嘉兵衛〈通称〉
　狂歌堂〈別号〉
　〔恋川〕好町
　好屋翁〈別号〉
　四方歌垣〈別号〉
　真顔
　〔狂歌堂〕真顔
　〔四方〕真顔
　万葉亭〈別号〉
　鹿杖山人〈別号〉
似我与左衛門　じがよざえもん
　〔観世〕国広
志賀頼房　しがよりふさ
　能長
直菴宗観　じきあんしゅうかん
　宗観
　氷高〈別号〉
直翁智侃　じきおうちかん
　智侃
食行身禄　じきぎょうみろく
　身禄
式乾門院　しきけんもんいん
　利子内親王
敷田年治　しきだとしはる
　大次郎〈通称〉
　年治
　百園〈号〉
式亭小三馬　しきていこさんば
　小三馬
　〔菊地〕徳基〈姓名〉
　本町庵〈別号〉
式亭三馬　しきていさんば
　三馬
　四季山人〈別号〉
　大町庵〈別号〉
　〔菊地〕大輔〈姓名〉
四季歌垣筈高　しきのうたがきはずたか
　羽染宗三郎〈通称〉
　筈高
　百中亭真弦〈別号〉
施基皇子　しきのおうじ
　施基皇子
　春日宮天皇

式見市左衛門　しきみいちざえもん
　市左衛門
　マルチン〈洗礼名〉
式守伊之助(1代)　しきもりいのすけ
　蝸牛
志岐諸経　しきもろつね
　諸経
　麟仙
志岐麟泉　しきりんせん
　鎮経
竺雲恵心　じくうんえしん
　慧心
　仏智大照国師
竺雲等蓮　じくうんとうれん
　繋雲〈別号〉
　自彊〈別号〉
　小柴子〈別号〉
　等蓮
竺仙梵僊　じくせんぼんせん
　梵僊
志倉西馬　しくらさいば
　弘門〈名〉
　俊明〈字〉
　西馬
　豊三郎〈通称〉
　*富処〈本姓〉
重勝　しげかつ
　〔下坂〕重勝
指月慧印　しげつえいん
　慧印
成富茂安　しげとみしげやす
　兵庫
　兵庫助茂安
　茂安
重富縄山　しげとみじょうざん
　永助〈通称〉
　縄山〈号〉
滋野井実国　しげのいさねくに
　〔藤原〕実国
重仁親王　しげひとしんのう
　空性
慈眼寺胤康　じげんじいんこう
　胤康
慈航　じこう
　性海
自在庵祇徳　じざいあんぎとく
　祇徳
　字尺〈号〉
　自在庵〈号〉
　慈尺〈初号〉
　水光洞〈号〉
　遅日亭〈号〉
　竹隠子〈号〉
　宝捷斎〈号〉
　来蔵法師〈号〉
此山妙在　しざんみょうざい
　絶鉱炉〈別号〉
　如是住〈別号〉
　妙在

四時堂其諺　しじどうきげん
　其諺
　肖菊翁〈別号〉
宍戸司箭　ししどしせん
　家俊
宍戸瑰　ししどたまき
　瑰
　〔安田〕三郎
　〔山県〕半蔵
宍戸弥四郎　ししどやしろう
　昌明
宍人橡媛娘　ししひとのかじひめのいらつめ
　橡媛娘
侍従　じじゅう
　熊野御前
自笑　じしょう
　左助〈通称〉
　自笑
　庄三郎〈通称〉
自嘯翁　じしょうおう
　自嘯翁
　〔姉小路〕実紀
　風竹亭〈別号〉
四条隆蔭　しじょうたかかげ
　〔油小路〕隆蔭
四条隆季　しじょうたかすえ
　〔藤原〕隆季
四条隆房　しじょうたかふさ
　〔藤原〕隆房
四条天皇　しじょうてんのう
　秀仁親王
四条宮下野　しじょうのみやしもつけ
　下野
四条宮筑前　しじょうのみやのちくぜん
　康資王母
　伯母
慈信　じしん
　空鉢上人〈別号〉
　慈信
志津兼氏　しずかねうじ
　兼氏
志筑忠雄　しずきただお
　忠雄
　〔中野〕忠雄
　〔中野〕柳圃
静女　しずじょ
　静女
　静御前
静間三積　しずまさんせき
　衡介〈通称〉
　三積
至清堂捨魚　しせいどうすてな
　三愛舎〈別号〉
　捨魚
　〔守川〕重助〈通称〉
　北栄子〈別号〉
至清堂波雄　しせいどうなみお
　〔戸川〕其免也〈通称〉

菊の家〈初号〉
　波雄
自然軒鈍全　しぜんけんどんぜん
　〔寺田〕宮内〈通称〉
　鈍全
信田作太夫　しださくだゆう
　作太夫
　〔信太〕作太夫
下萌少将　したもえのしょう
　しょう
　右近少将〈別名〉
　下萌少将
志太野坡　しだやば
　無名庵高津野々翁〈号〉
　野坡
　〔志多〕野坡
　〔志田〕野坡
　*竹田〈本姓〉
七才子　しちさいし
　〔岡本〕原一〈本名〉
　才子
七条院　しちじょういん
　七条院
　〔藤原〕殖子
七条院権大夫　しちじょういんのごんのだいぶ
　権大夫
質亭文斗　しちていぶんと
　〔鍋屋〕善五郎〈通称〉
　文斗
実運　じつうん
　明海
実川延若(1代)　じつかわえんじゃく
　延若(1代)
　〔天星〕庄八〈本名〉
実川額十郎(2代)　じつかわがくじゅうろう
　延三郎(1代)
　額十郎(2代)
実貫　じっかん
　梅国
実詮　じつせん
　極喜堂〈別号〉
　実詮
十達　じったつ
　十達
　俊才〈諱〉
七珍万宝　しっちんまんぽう
　錦雪庵三雅〈別号〉
　森羅万象(3世)〈別号〉
　〔福島屋〕仁右衛門〈通称〉
　南湖子〈別号〉
　万宝
実伝宗真　じつでんそうしん
　宗真
実如光兼　じつにょこうけん
　光兼
十返舎一九　じっぺんしゃいっく
　一九
　市九〈通称〉

十返舎一九
十遍舎〈別号〉
十偏舎一九〈別号〉
酔斎〈別号〉
　〔重田〕貞一〈本姓名〉
　与七〈通称〉
十方園金成(1代)　じっぽうえんかねなり
　金成(1代)
　大江知方〈別号〉
　〔遠山〕八左衛門〈通称〉
　悠悠館〈別号〉
十方園金成(2代)　じっぽうえんかねなり
　金成(2代)
　〔十万園〕金就〈号〉
　現金社〈別号〉
　大江知香〈別号〉
　〔遠山〕八左衛門〈通称〉
実峰良秀　じっぽうりょうしゅう
　良秀
持統天皇　じとうてんのう
　高天原広野姫尊
　大倭根子天之広野日女尊
　鸕野讚良皇女
至道無難　しどうぶなん
　無難
　〔至道庵〕無難
慈徳院　じとくいん
　お富の方
品川大膳　しながわだいぜん
　狼介
篠井秀次(3代)　しのいひでつぐ
　秀次(3代)
　善紹〈号〉
　〔野路〕善鏡
篠井秀次(4代)　しのいひでつぐ
　秀次(4代)
　林斎〈号〉
篠嶋元琪　しのじまげんき
　元琪
篠塚嘉左衛門　しのずかかざえもん
　嘉左衛門
　次郎左衛門(2代)
篠塚重広　しのづかしげひろ
　伊賀守
篠塚文三郎(1代)　しのずかぶんざぶろう
　梅扇
　梅翁
　文三郎(1代)
篠田琴風　しのだきんぷう
　琴風
篠田行休　しのだこうきゅう
　〔関口〕金鶏
篠田瑳助　しのださすけ
　佐助〈前名〉
　瑳助
信田仁十郎　しのだにじゅうろう
　仁十郎

〔志太〕仁十郎
〔信太〕仁十郎
篠井明浦　しのだめいほ
　定考
志野道耳　しのどうじ
　道耳
　〔篠〕道耳
篠井全及　しののいぜんきゅう
　右京次郎〈本名〉
　全及
篠井秀次(1代)　しののいひでつぐ
　秀次(1代)
　善斎〈号〉
　弥五郎〈通称〉
篠井秀次(2代)　しののいひでつぐ
　秀次(2代)
　善鏡
　〔野路〕善鏡
篠目保雅楽　しののめほがら
　煙草屋与右衛門〈通称〉
　東雲館〈別号〉
　保雅楽
篠原一孝　しのはらかずたか
　出羽
篠原長房　しのはらながふさ
　紫雲
忍岡常丸　しのぶがおかつねまる
　常丸
　〔常陸屋〕甚兵衛〈通称〉
信夫恕軒　しのぶじょけん
　粲〈名〉
　恕軒
　天倪居士〈別号〉
　文則
信俣正幸　しのまたまさゆき
　喜兵衛〈通称〉
　正幸
四宮与右衛門　しのみやよえもん
　晴成
斯波家氏　しばいえうじ
　〔足利〕家氏
斯波家兼　しばいえかね
　家兼
　彦三郎〈通称〉
　時家〈初名〉
司馬可因　しばかいん
　可因
芝甘交　しばかんこう
　一払斎〈別号〉
　甘交
　〔太伴〕寛十郎〈通称〉
柴崎林左衛門(1代)　しばさきりんざえもん
　林之助〈前名〉
　林左衛門(1代)
柴崎林左衛門(2代)　しばさきりんざえもん
　太吉〈前名〉
　林左衛門(2代)

司馬芝叟　しばしばそう
　司馬芝叟〈別号〉
　芝叟
　〔芝屋〕芝叟〈別号〉
　〔芝屋〕勝助
　〔雄崎〕勝助〈本名〉
　し葉芝叟〈別号〉
芝晋交　しばしんこう
　司馬山人〈号〉
　晋交
　天狗山人〈別号〉
芝全交(1世)　しばぜんこう
　月池交友〈別号〉
　司馬全交〈別号〉
　全交(1世)
　〔山本〕藤十郎〈通称〉
芝全交(2世)　しばぜんこう
　〔藍場〕玉粒
　晋米斎玉粒〈別号〉
　晋兵衛〈通称〉
　全交(2世)
　藍亭〈別号〉
　〔藍庭〕林信〈本名〉
斯波園女　しばそのじょ
　園女
芝尊海　しばそんかい
　尊海
柴田蛙水　しばたあすい
　蛙水
柴田収蔵　しばたしゅうぞう
　拗斎
司馬達等　しばたっと
　〔鞍部〕司馬達等
柴田風山　しばたふうざん
　風山
　文之進〈通称〉
芝の屋山陽　しばのやさんよう
　〔山陽堂〕山陽
柴野栗山　しばのりつざん
　栗山
　〔柴〕栗山
柴村盛之　しばむらもりゆき
　盛之
　藤左衛門尉〈通称〉
柴山長左衛門　しばやまちょうざえもん
　長左衛門
　パウロ〈霊名〉
斯波義重　しばよししげ
　義重
　〔足利〕義重
斯波義将　しばよしまさ
　義将
　〔足利〕義将
芝琳賢　しばりんけん
　琳賢
志斐三田次　しひのみたすき
　三田次
　悉斐〈名〉
渋江紫陽　しぶえしよう
　貞之丞

しふえ　　　　　　　　　姓名から引く号・別名一覧

渋江松石　しぶえしょうせき
　公正
渋川敬直　しぶかわひろなお
　六蔵
治部卿局　じぶきょうのつぼね
　春日局
渋沢喜作　しぶさわきさく
　喜作
　成一郎
島左近　しまさこん
　左近
　勝猛
　清興〈名〉
　友之
志満山人　しまさんにん
　一礼斎国信〈画号〉
　一陽亭〈別号〉
　堰隷楼〈別号〉
　〔歌川〕国信〈画号〉
　山人
　〔金子〕惣二郎〈通称〉
　八方庵〈別号〉
　陽岳舎〈別号〉
島津家久　しまずいえひさ
　家久
　義家〈名〉
島津家久　しまずいえひさ
　家久
　薩摩少将
　忠恒
島津忠久　しまづただひさ
　〔惟宗〕忠久
島津天錫　しまづてんしゃく
　久徴
島津兵庫　しまずひょうご
　〔碇山〕将曹
　兵庫
島津義弘　しまずよしひろ
　義弘
　薩摩侍従
島田元旦　しまだげんたん
　〔谷〕文啓
島田清庵　しまだせいあん
　善五郎
島田忠臣　しまだただおみ
　忠臣
　〔嶋知〕忠臣
　田達音
島田虎之助　しまだとらのすけ
　見山
島田宣来子　しまだののぶきこ
　〔菅原〕道真妻
島田道桓　しまだみちたけ
　道桓
　南渓〈号〉
島田立宇　しまだりつう
　立宇
島浪間　しまなみま
　義親
島村衛吉　しまむらえきち
　重険

島村喜四郎　しまむらきしろう
　〔切立村〕喜四郎
島村省吾　しまむらしょうご
　正文
島村紀孝　しまむらのりたか
　紀孝
　松の舎〈号〉
島屋西国　しまやさいこく
　勝兵衛〈通称〉
　西国
　〔中村〕西国
清水一瓢　しみずいっぴょう
　一瓢
　右之坊〈号〉
　橘中居〈号〉
　玉山人〈号〉
　雪耕庵〈号〉
　知足坊〈号〉
　*清水〈俗姓〉
志水延清　しみずえんせい
　延清
清水九兵衛　しみずくへえ
　九兵衛〈通称〉
　柳景
清水重好　しみずしげよし
　〔徳川〕重好
清水周竹　しみずしゅうちく
　舟竹
　周竹
　寸松斎〈号〉
　碧翁〈号〉
清水春流　しみずしゅんりゅう
　春流〈字〉
　仁〈名〉
　釣虚散人〈号〉
　不存〈号〉
清水将作　しみずしょうさく
　〔志水〕昌佐
　将作
清水諸葛監　しみずしょかつかん
　諸葛監
　静斎
清水静井　しみずせいせい
　快閑
清水千賀　しみずちか
　千賀
清水親知　しみずちかとも
　清太郎
清水超波　しみずちょうは
　清濁庵
　長巴
　長兵衛〈通称〉
　超波
　独歩庵
清水道閑　しみずどうかん
　猿若〈俗称〉
　宗怡〈別号〉
　宗治〈別号〉
　宗悟〈別号〉
　伝習庵〈別号〉
　道閑

清水次郎長　しみずのじろちょう
　次郎長
　〔山本〕長五郎
志水盤谷　しみずばんこく
　雪香斎〈号〉
　泉宇〈号〉
　盤谷
清水半平　しみずはんぺい
　〔夫神村〕半平
清水夫萊　しみずふらい
　水往亭〈号〉
　夫萊
清水豊明　しみずほうめい
　〔福原〕宗吉
　豊明
清水雷首　しみずらいしゅ
　長孺
清水隆慶　しみずりゅうけい
　隆慶
慈猛　じみょう
　密厳
持明院家行　じみょういんいえゆき
　〔藤原〕家行
　〔藤原〕家能
持明院基家　じみょういんもといえ
　〔藤原〕基家
志村五城　しむらごじょう
　東華
志村常仙　しむらじょうせん
　常仙
志村天目　しむらてんもく
　礼助
志村無倫　しむらむりん
　無倫
七五三長斎　しめちょうさい
　延美〈字〉
　公斎〈名〉
　〔倉舗屋〕作右衛門〈通称〉
　柿壺〈号〉
　酔郷祭酒長斎〈号〉
　長斎
　放雀園〈号〉
下岡蓮杖　しもおかれんじょう
　〔桜田〕久之助
　〔不二屋〕久之助
　蓮杖
下川丹斎　しもかわたんさい
　七左衛門〈通称〉
　丹斎
下河内村辰蔵　しもこうちむらたつぞう
　辰蔵
　〔松平〕辰蔵
下河辺長流　しもこうべちょうりゅう
　長流
下郷学海　しもさとがくかい
　学海
　楽山〈号〉

624　号・別名辞典　古代・中世・近世

寛〈名〉
君栗〈字〉
御柳園〈号〉
次郎八〈通称〉
千蔵〈通称〉
苺苕園〈字〉
下郷常和　しもさとじょうわ
　言夫〈字〉
　市左衛門
　次郎八〈通称〉
　昌雄〈名〉
　常和
　太夫助〈別称〉
下里知足　しもさとちそく
　蝸廬亭〈号〉
　勘兵衛〈名〉
　吉親〈字〉
　金五郎〈幼名〉
　知足
　知足斎
下郷蝶羽　しもさとちょうう
　次郎八〈通称〉
　習々軒〈号〉
　蝶羽
　二郎太夫〈通称〉
　風和
　風和斎〈号〉
　蓬島隣〈号〉
下郷蝶羅　しもさとちょうら
　玄雄〈名〉
　蓑虫庵〈号〉
　四郎兵衛〈通称〉
　春麗園〈号〉
　蝶羅
　臨川居〈号〉
　鈴波〈号〉
下郷伝芳　しもさとでんぽう
　勘右衛門〈通称〉
　景雄〈名〉
　次郎四郎〈通称〉
　是助
　伝芳
下沢保躬　しもざわやすみ
　花蔵〈号〉
　閑雲〈号〉
　鏡湖楼〈号〉
　玄風〈号〉
　保躬
下条信隆　しもじょうのぶたか
　〔片桐〕信隆
下間頼照　しもずまらいしょう
　頼照
下瀬熊之進　しもせくまのしん
　頼高
下間少進　しもつましょうしん
　下間少進〈俗官名〉
　性乗〈法名〉
　千代寿〈幼名〉
　仲之〈別称〉
　仲孝〈本名〉
　仲康〈別称〉
　頼之〈別称〉
下間政勝(2代)　しもつままさかつ
　政勝(2代)
　味次
下間政勝(3代)　しもつままさかつ
　政勝(3代)
　味宣
下間政勝(5代)　しもつままさかつ
　政勝(5代)
　荘兵衛
下間頼秀　しもつまよりひで
　実英〈法名〉
　〔筑前〕法橋〈官途名〉
　頼秀
下間蓮崇　しもつまれんそう
　蓮崇
下斗米秀之進　しもどまいひでのしん
　秀之進〈本名〉
　〔相馬〕大作
下村一漁　しもむらいちぎょ
　一漁(4代)
下村春坡　しもむらしゅんぱ
　兼邦〈名〉
　彦蔵〈通称〉
　春坡
　熊蔵〈通称〉
下村堤亭　しもむらていてい
　堤亭
下村鉄之助　しもむらてつのすけ
　鉄之助
　ガスパル与作〈洗礼名〉
下村彦右衛門　しもむらひこえもん
　正啓
下冷泉政為　しもれいぜいまさため
　政為
　〔冷泉〕政為
下和田村治左衛門　しもわだむらじざえもん
　〔森〕次左衛門
　治左衛門
　森戸〈屋号〉
　的翁了端信士〈法名〉
　武七〈通称〉
寂庵上昭　じゃくあんじょうしょう
　上昭
釈円栄朝　しゃくえんえいちょう
　栄朝
釈円房〈号〉
寂厳　じゃくごん
　諦乗
寂室堅光　じゃくしつけんこう
　堅光
寂室元光　じゃくしつげんこう
　円応禅師
　元光
寂室了光　じゃくしつりょうこう
　了光
寂昭　じゃくしょう
　円通大師
　寂昭
　〔大江〕定基
綽如　しゃくにょ
　時芸
寂如　じゃくにょ
　光常
若霖　じゃくりん
　汝岱
寂蓮　じゃくれん
　寂蓮
　〔藤原〕定長
洒堂　しゃどう
　洒堂〈別称〉
　〔高宮〕洒堂
　〔浜田〕洒堂
　洒落堂〈庵号〉
　珍夕〈別称〉
　珍碩〈別称〉
　〔浜田〕珍碩
　道夕〈名〉
謝名利山　じゃなりざん
　謝名親方
　親方利山
　鄭迵〈唐名〉
　利山
運羅屋勘兵衛　しゃむろやかんべえ
　〔岡地〕貞政
車庸　しゃよう
　車要
　車庸
　松涛庵〈号〉
　〔塩江〕長兵衛〈通称〉
　〔潮江〕長兵衛〈通称〉
車来　しゃらい
　車来
　重助〈名〉
　棟数〈字〉
　〔山岸〕半六〈通称〉
舎利尼　しゃりに
　舎利菩薩
斜嶺　しゃれい
　三郎兵衛〈通称〉
　斜嶺
士由　しゆう
　花逐樵夫〈別号〉
　塊然斎〈別号〉
　久敬〈字〉
　交教〈字〉
　採花幽人〈別号〉
　士由
　志由〈号〉
　信天翁
　〔大屋〕卓蔵〈通称〉

十一屋多右衛門　じゅういちやたえもん
　　太右衛門
　　多右衛門
宗叡　しゅうえい
　　宗叡
　　禅林寺僧正
　　入唐僧正
宗渕　しゅうえん
　　宗渕
　　真阿上人
秋月等観　しゅうげつとうかん
　　〔高城〕秋月
　　等観
周元　しゅうげん
　　周之
雌雄軒双蛾　しゆうけんそうが
　　一集
周興　しゅうこう
　　周興
　　瑞雲院
宗山等貴　しゅうざんとうき
　　等貴
烋色女　しゅうしきじょ
　　烋色女
　　かな〈名〉
　　きよ〈名〉
　　*田本〈本姓〉
十字亭三九　じゅうじていさんく
　　〔十返舎〕一九(2代)
　　〔糸井〕鳳助
重辰　じゅうしん
　　源右衛門〈通称〉
　　重辰
　　〔児玉〕重辰
舟泉　しゅうせん
　　介石園〈号〉
　　後凋子〈号〉
　　舟泉
　　流形庵〈号〉
　　六兵衛〈通称〉
柔仲宗隆　じゅうちゅうそうりゅう
　　宗隆
秀文　しゅうぶん
　　〔李〕秀文
秀峰繁俊　しゅうほうはんしゅん
　　繁俊
宗朗　しゅうろう
　　若拙
授翁宗弼　じゅおうそうひつ
　　円鑑国師
　　宗弼
樹下石上　じゅかせきじょう
　　石上
　　〔梶原〕石上
珠巌道珍　しゅがんどうちん
　　道珍
寿桂尼　じゅけいに
　　〔今川〕氏親妻
崇賢門院　しゅけんもんいん

崇賢門院
　　〔藤原〕仲子
姝子内親王　しゅしないしんのう
　　乙姫宮
　　高松院
　　姝子内親王
守恕法親王　しゅじょほうしんのう
　　守恕法親王
　　周典親王
　　稲宮
寿成門院　じゅせいもんいん
　　寿成門院
　　嬉子内親王
守澄法親王　しゅちょうほうしんのう
　　幸教親王
　　今宮
　　守澄法親王
　　尊敬法親王
珠牧　しゅぼく
　　一殊牧
修明門院　しゅめいもんいん
　　修明門院
　　〔藤原〕重子
春屋宗園　しゅんおくそうおん
　　宗園
　　大宝円鑑国師
春屋妙葩　しゅんおくみょうは
　　智覚普明国師
　　普明国師
　　妙葩
春華門院　しゅんかもんいん
　　昇子内親王
順芸　じゅんげい
　　丹山
春鴻　しゅんこう
　　源吾次〈通称〉
　　春鴻
　　便々居〈号〉
　　露柱庵〈号〉
春好斎北洲　しゅんこうさいほくしゅう
　　北洲
春江亭梅麿　しゅんこうていうめまろ
　　梅麿
　　〔園〕梅麿
　　〔隊園〕梅麿
舜国洞授　しゅんこくとうじゅ
　　洞授
俊才　しゅんさい
　　十達
准秀　じゅんしゅう
　　昭超
春秋庵幹雄　しゅんじゅうあんみきお
　　〔三森〕寛〈本姓名〉
　　幹雄
　　笈月山人〈号〉
　　樹下子〈号〉

静波〈号〉
天寿老人〈号〉
桐子園〈号〉
不去庵〈号〉
みき雄〈号〉
春秋軒一葉(1代)　しゅんじゅうけんいちよう
　　〔古実庵〕一葉
俊芿　しゅんじょう
　　月輪大師
　　俊芿
　　大興正法国師
春叢紹珠　しゅんそうしょうじゅ
　　紹珠
春荘宗椿　しゅんそうそうちん
　　宗椿
　　蒙庵
春沢永恩　しゅんたくえいおん
　　永恩
順徳天皇　じゅんとくてんのう
　　佐渡院
　　順徳天皇
　　順徳院
淳和天皇　じゅんなてんのう
　　淳和天皇
　　西院帝
准如　じゅんにょ
　　光昭
順如　じゅんにょ
　　光昭
淳仁天皇　じゅんにんてんのう
　　淳仁天皇
　　大炊王
　　淡路公
舜仁法親王　しゅんにんほうしんのう
　　正道親王
春甫　しゅんぽ
　　鷗巣〈号〉
　　照〈通称〉
　　菫庵〈号〉
　　胡菴〈号〉
　　春甫
　　処信〈字〉
正阿　しょうあ
　　亀吉〈通称〉
　　正阿
正阿弥伝兵衛　しょうあみでんべえ
　　〔秋田〕正阿弥
常庵竜崇　じょうあんりゅうそう
　　寅閣
　　角虎道人
松雲　しょううん
　　松雲
　　松雲元慶禅師
松雲元慶　しょううんげんけい
　　元慶
昌雲軒清春　しょううんけんせいしゅん
　　清春

しよう

笑雲清三　しょううんせいさん
　三東堂〈別号〉
　清三
性恵女王　しょうえにょおう
　性恵女王
　入江殿
定宴　じょうえん
　〔真行房〕定宴
浄円院　じょうえんいん
　お由利の方
聖快　しょうかい
　道快
性海霊見　しょうかいれいけん
　霊見
正墻薫　しょうがきかおる
　薫
　適処〈号〉
松花堂昭乗　しょうかどうしょうじょう
　昭乗
　〔滝本坊〕昭乗
常観　じょうかん
　〔自息軒〕常観
静観房好阿　じょうかんぼうこうあ
　〔摩志国〕好話
　〔山本〕静観房
章義門院　しょうぎもんいん
　章義門院
　誉子内親王
貞慶　じょうきょう
　解脱
　解脱上人〈勅諡〉
　貞慶
　笠置上人
承香殿俊子　しょうきょうでんのとしこ
　俊子
勝虞　しょうぐ
　勝悟
証空　しょうくう
　鑑智国師
性空　しょうくう
　書写上人
　性空
昭訓門院　しょうくんもんいん
　〔藤原〕瑛子
　昭訓門院
松兄　しょうけい
　義海〈名〉
　松兄
　木犀居士〈号〉
祥啓　しょうけい
　啓書記
　祥啓
　〔賢江〕祥啓
昭慶門院　しょうけいもんいん
　憙子内親王
　憙子内親王
　昭慶門院
勝賢　しょうけん

覚洞院侍従僧正
　勝賢
性憲　しょうけん
　慈空
松江　しょうこう
　松江
　〔本間〕松江
　弥三郎〈通称〉
聖光　しょうこう
　聖光
　鎮西上人
　弁長
　弁阿
浄業　じょうごう
　曇照
常光院　じょうこういん
　於静〈名〉
　常光院
　お静の方
上平振洋　じょうこうしんよう
　振洋
　遂幽〈号〉
樵谷惟僊　しょうこくいせん
　惟僊
浄厳　じょうごん
　覚彦
生西法師　しょうざいほっし
　生西法師
　兵衛次郎入道生西
上西門院　じょうさいもんいん
　皇后統子内親王〈尊称〉
　恂子内親王
　上西門院
　統子内親王
定山祖禅　じょうざんそぜん
　祖禅
昭子女王　しょうしじょおう
　能子女王
頌子内親王　しょうしないしんのう
　五辻斎院
承秋門院　しょうしゅうもんいん
　幸子女王
　承秋門院
正宗竜統　しょうじゅうりゅうとう
　蕭庵
　禿尾
　竜統
城ジョアン　じょうじょあん
　トルレス
性承法親王　しょうじょうほうしんのう
　周敦親王
　性承法親王
証信　しょうしん
　弁円
性心　しょうしん
　唱阿
成尋　じょうじん
　成尋

善慧大師
性信法親王　しょうしんほうしんのう
　師明親王
　性信法親王
祥水海雲　しょうすいかいうん
　海雲
城資永　じょうすけなが
　資永
　城太郎〈通称〉
定泉　じょうせん
　堯戒〈名〉
　定泉
章善門院　しょうぜんもんいん
　永子内親王
　章善門院
松叟　しょうそう
　花巓少汝〈号〉
　松叟〈号〉
　了栄〈名〉
聖聡　しょうそう
　聖聡
　大蓮社酉誉
正田錦江　しょうだきんこう
　錦江
荘田子謙　しょうだしけん
　豊城
庄田直道　しょうだなおみち
　直道
　伝次郎〈通称〉
　落花軒〈号〉
松亭金水　しょうていきんすい
　金水
　〔中村〕経年
昇亭北寿　しょうていほくじゅ
　北寿
聖徳太子　しょうとくたいし
　厩戸皇子〈別号〉
　厩戸豊聡耳皇子〈別称〉
　上宮太子〈別称〉
　聖徳太子
　八耳皇子〈別号〉
　豊聡耳皇子
章徳門院　しょうとくもんいん
　璜子内親王
　章徳門院
少弐資頼　しょうにすけより
　〔武藤〕資頼
少弐時尚　しょうにときひさ
　冬尚
証入　しょうにゅう
　観鏡
証如　しょうにょ
　光教
常如　じょうにょ
　光晴
条野採菊　じょうのさいぎく
　彩菊散人〈別号〉
　採菊〈号〉
　採菊山人〈号〉
　山々亭有人〈別号〉

号・別名辞典　古代・中世・近世　627

しよう　　　　　　　　　姓名から引く号・別名一覧

伝平〈本名〉
東籬園〈号〉
〔山山亭〕有人
弄月庵〈号〉
朧月亭有人〈号〉
笑福亭松鶴(1世)　しょうふくて
　いしょかく
　松鶴
　松鶴(1世)
生仏　しょうぶつ
　正仏
　生仏
　性仏
聖宝　しょうぼう
　聖宝
　理源大師
勝命　しょうみょう
　勝命
　美濃守親重〈俗名〉
昌明　しょうみょう
　〔常陸房〕昌明
証明院　しょうみょういん
　培子女王
聖武天皇　しょうむてんのう
　首皇子
　勝宝感神聖武皇帝
　聖武帝
　天璽国押開豊桜彦天皇
承明門院　しょうめいもんいん
　〔源〕在子
　承明門院
静誉　じょうよ
　越前阿闍梨
　静誉
浄耀　じょうよう
　宗舜
松林伯円(2代)　しょうりんはくえん
　〔若林〕義行〈本名〉
　伯円(2代)
笑嶺宗訴　しょうれいそうきん
　宗訴
乗蓮　じょうれん
　〔高階〕成順
松露庵烏明　しょうろあんうめい
　烏明
　東海坊〈号〉
　麻六坊〈号〉
　木耳坊〈号〉
如雲舎紫笛　じょうんしゃしてき
　紫笛
恕岳文忠　じょがくもんちゅう
　文忠
如舟　じょしゅう
　孫兵衛〈通称〉
　如舟
如水宗淵　じょすいそうえん
　宗淵
　宗渕
曙蔵主　しょぞうす
　〔東白〕円曙

如髪　じょはつ
　市中庵(2世)〈号〉
　睡翁〈号〉
　如髪
　与次兵衛直房〈通称〉
如風　じょふう
　如風
　文英和尚
舒明天皇　じょめいてんのう
　舒明天皇
　田村皇子
汝霖良佐　じょりんりょうさ
　妙佐〈名〉
　良佐〈名〉
白井権八　しらいごんぱち
　権八
　〔平井〕権八
白井佐一郎　しらいさいちろう
　佐一郎
　篤治〈名〉
　北窓〈別号〉
白石照山　しらいししょうざん
　照山〈号〉
　素山〈名〉
白石平八郎　しらいしへいはち
　ろう
　巨祺〈名〉
　平八郎
白井善朴　しらいぜんぼく
　善朴
　不同庵〈号〉
白井鳥酔　しらいちょうすい
　一円堂(2世)〈号〉
　一葉庵〈号〉
　寒歩坊〈号〉
　喜六〈幼名〉
　喜右衛門〈通称〉
　金竜庵〈号〉
　三斛庵〈号〉
　鳴立庵〈号〉
　松牛牧士〈号〉
　松原庵〈号〉
　松露庵〈号〉
　信興〈名〉
　西奴〈初号〉
　鳥酔
　百明台〈号〉
　百明坊〈号〉
　風日〈号〉
　牧羊人〈号〉
　落霞窓〈号〉
白井範秀　しらいのりひで
　〔白江〕成定
白井矢太夫　しらいやだいふ
　矢太夫〈通称〉
　重行〈名〉
　東月〈号〉
白雄　しらお
　吉春〈名〉
　五郎吉〈通称〉
　昨鳥〈号〉

　鳴立庵〈号〉
　春秋庵〈号〉
　白尾坊〈号〉
　白雄
　〔加舎〕白雄
　〔春秋庵〕白雄
　露柱庵〈号〉
　しら尾〈号〉
白尾斎蔵　しらおさいぞう
　鼓川〈号〉
　鼓泉〈号〉
　国桂〈号〉
　斎蔵
　助之進〈通称〉
　親白〈名〉
　親麿〈号〉
　端楓〈号〉
　*本多〈初姓〉
不知火光右衛門(2代)　しらぬい
　こうえもん
　光右衛門(2代)
　諾右衛門(2代)
次郎左衛門　じろざえもん
　次郎左衛門
　〔井関〕次郎左衛門〈通称〉
二郎左衛門(越前出目家の2代)
　じろざえもん
　二郎左衛門(越前出目家の2代)
　〔出目〕二郎左衛門則満
真雅　しんが
　真雅
　法光大師
真観　しんかん
　浄阿
　真観
真巌道空　しんがんどうくう
　道空
真教　しんきょう
　真教
　他阿
　他阿弥陀仏(1代)
　遊行上人(2代)
神功皇后　じんぐうこうごう
　気長足姫尊
　神功皇后
　息長帯比売命
真空妙応　しんくうみょうおう
　妙応
心敬　しんけい
　心恵
　心敬
　連海法師
心華元棣　しんげげんてい
　元棣
心月女王　しんげつじょおう
　安禅寺宮
　心月女王
新皇嘉門院　しんこうかもんいん
　〔御藤原〕繁子
　〔藤原〕繁子

628　号・別名辞典　古代・中世・近世

新皇嘉門院
新広義門院　しんこうぎもんいん
　〔藤原〕基子
　〔藤原〕国子
　新広義門院
進鴻渓　しんこうけい
　帰雲〈号〉
　鼓山〈号〉
　祥山〈号〉
　進鴻渓
神後宗治　じんごむねはる
　伊豆守
尽語楼内匠　じんごろうたくみ
　天明老人
甚左衛門　じんざえもん
　〔神吉〕寿平〈通称〉
　甚左衛門
　*神吉〈姓〉
新朔平門院　しんさくへいもんいん
　〔御藤原〕祺子
　〔藤原〕祺子
　新朔平門院
晋佐山　しんさざん
　古橘庵〈号〉
　晋佐山
真寂法親王　しんじゃくほうしんのう
　斉世親王
　真寂法親王
新崇賢門院　しんしゅけんもんいん
　〔藤原〕賀子
　新崇賢門院
森女　しんじょ
　慈柏
　森侍者
信生　しんしょう
　〔塩谷〕朝業
真紹　しんしょう
　石山僧都
信松院　しんしょういん
　〔武田〕松
　松姫
新上西門院　しんじょうさいもんいん
　新上西門院
　〔藤原〕房子
新上東門院　しんじょうとうもんいん
　新上東門院
　〔藤原〕晴子
信瑞　しんずい
　敬西房
新助の方　しんすけのかた
　清心院
真済　しんぜい
　高雄僧正
　真済
真盛　しんぜい
　円戒国師

慈摂大師
　真盛
新清和院　しんせいわいん
　欣子内親王
　新清和院
尋禅　じんぜん
　慈忍
真仙門院　しんせんもんいん
　真仙門院
　体子内親王
新宣陽門院　しんせんようもんいん
　憲子内親王
真相　しんそう
　真相
　相阿弥
新待賢門院　しんたいけんもんいん
　〔藤原〕雅子
　新待賢門院
心地覚心　しんちかくしん
　覚心
　〔無本〕覚心
　法灯円明国師
新中和門院　しんちゅうかもんいん
　〔藤原〕尚子
　新中和院
真迢　しんちょう
　日迢
新田園長丸　しんでんえんおさまる
　〔貢〕長丸
心田清播　しんでんせいはん
　謙斎〈別号〉
　春耕〈別号〉
　清播
　聴雨〈号〉
進藤茂子　しんどうしげこ
　〔土岐〕筑波子
　茂子
沈南蘋　しんなんぴん
　銓
　南蘋
真仁法親王　しんにんほうしんのう
　周翰親王
　真仁法親王
真然　しんねん
　後僧正〈別称〉
　真然
真能　しんのう
　三阿弥
　真能
　能阿弥
信培　しんぱい
　湛慧
新兵衛　しんべえ
　〔有来〕新兵衛
神保綱忠　じんぼつなただ
　蘭室

神保判太夫　じんぼはんだゆう
　静山
神武天皇　じんむてんのう
　始馭天下之天皇
　神日本磐余彦命
　神日本磐余彦尊
　神武天皇
新室町院　しんむろまちいん
　珣子内親王
　新室町院
津要玄梁　しんようげんりょう
　玄梁
　信行和尚
新陽明門院　しんようめいもんいん
　〔藤原〕位子
　新陽明門院
森羅万象(2世)　しんらばんしょう
　森羅万象(2世)
　竹杖為軽〈狂歌名〉
　〔森島〕中良
　〔源平〕藤橘
　〔桂川〕甫粲〈本名〉
　万蔵〈通称〉
　〔森島〕万蔵
親鸞　しんらん
　見真大師
　綽空
　親鸞
　善信
辰亮　しんりょう
　月峰

【す】

瑞巌韶麟　ずいがんしょうりん
　韶麟
瑞巌竜惺　ずいがんりゅうせい
　竜惺
　〔中建〕竜惺
翠兄　すいけい
　以貞〈号〉
　治兵衛〈通称〉
　翠兄
　筑波庵〈号〉
　道隣〈号〉
瑞渓周鳳　ずいけいしゅうほう
　臥雲山人
　周鳳
推古天皇　すいこてんのう
　豊御食炊屋姫尊
水心子正秀　すいしんしまさひで
　〔川部〕儀八郎正秀
　水心子〈号〉
　正秀
　天秀〈名〉
綏靖天皇　すいぜいてんのう
　神渟名川耳尊
瑞泉寺桃化　ずいせんじとうか
　桃化
随朝陳　ずいちょうのぶる

一貫堂鈍斎〈号〉
欽若〈字〉
若水
陳
不不芳斎〈号〉
＊大久保〈本姓〉
翠濤　すいとう
　〔松本〕検吾
　〔松本〕謙吾〈本名〉
　翠濤
随波　ずいは
　向西
水原親憲　すいばらちかのり
　〔杉原〕親憲
枢翁妙環　すうおうみょうかん
　妙環
崇源院　すうげんいん
　〔徳川〕秀忠室
　崇源院
　お江与の方
崇芝性岱　すうししょうたい
　性岱
陶官鼠　すえかんそ
　官鼠
　山南陳人〈号〉
　六花庵(2世)
　＊羽田〈本姓〉
陶隆房　すえたかふさ
　晴賢〈改名〉
　隆房
末永虚舟　すえながきょしゅう
　為左衛門〈通称〉
　虚舟
　九太夫〈通称〉
　景順〈諱〉
　十兵衛〈通称〉
末永茂世　すえながしげつぐ
　鬼門〈雅号〉
　橘長水清処〈雅号〉
　而楽〈雅号〉
　笛の舎〈雅号〉
　忘憂草園主人〈雅号〉
　墨松〈雅号〉
　茂世
末吉勘兵衛(1世)　すえよしかんべえ
　勘兵衛(1世)
　利方
末吉勘兵衛(3世)　すえよしかんべえ
　勘兵衛(3世)
　長五郎〈別称〉
末吉道節　すえよしどうせつ
　源太郎〈通称〉
　増則〈名〉
　道節
末吉長方　すえよしながかた
　孫左衛門
　〔平野〕孫左衛門
　長方
末吉吉安　すえよしよしやす

勘兵衛(2世)
吉安
吉康〈名〉
孫左衛門
菅江真澄　すがえますみ
　英二〈名〉
　〔白井〕秀雄〈本名〉
　真澄
菅甘谷　すがかんこく
　甘谷〈号〉
　〔菅谷〕甘谷
　堀南嶠〈号〉
　子旭〈字〉
　小善〈通称〉
　小膳〈通称〉
　晨耀〈名〉
　南嶠〈号〉
菅春風　すがしゅんぷう
　冠峯子〈別号〉
　冠翁〈別号〉
　勁節堂〈別号〉
　春風
　準愚公谷人〈別号〉
　須気酒屋〈別号〉
菅沼斐雄　すがぬまあやお
　斐雄
　綾雄〈別称〉
菅沼奇淵　すがぬまきえん
　奇淵
菅沼奇渕　すがぬまきえん
　花屋庵〈号〉
　花屋裏奇渕〈号〉
　奇渕
　七彩堂〈号〉
　大黒庵〈号〉
　桃序〈号〉
　茅淳翁〈号〉
菅沼曲翠　すがぬまきょくすい
　外記〈通称〉
　曲水〈号〉
　曲翠
　己卯庵〈号〉
　定常〈名〉
　馬指堂〈号〉
菅沼忠政　すがぬまただまさ
　忠七郎〈通称〉
　忠政
　〔奥平〕忠政
　〔松平〕忠政
　フランシスコ〈霊名〉
菅沼游鯛　すがぬまゆうおう
　游鯛
　四方庵〈号〉
　織部正〈通称〉
　竹隣軒〈号〉
　定志〈名〉
　蓬蓽斎〈号〉
　游鯛
菅野兼山　すがのけんざん
　兼山
　彦兵衛〈別称〉
　直養〈名〉

菅野道阿弥　すがのどうあみ
　道阿弥
　半左衛門〈通称〉
菅野佐世　すがののすけよ
　〔御船〕佐世
菅野真道　すがののまみち
　〔津〕真道
菅屋長頼　すがやながより
　長頼
　〔菅谷〕長頼
菅谷半之丞　すがやはんのじょう
　政利
菅原南涯　すがわらなんがい
　南涯
　〔菅〕南涯
菅原是善　すがわらのこれよし
　菅相公
菅原為長　すがわらのためなが
　〔高辻〕為長
菅原広貞　すがわらのひろさだ
　広貞
　〔出雲〕広貞
菅原文時　すがわらのふみとき
　菅三品〈尊称〉
　文時
菅原岑嗣　すがわらのみねつぐ
　岑嗣
　〔出雲〕岑嗣
菅原白竜　すがわらはくりゅう
　日本隠士〈別号〉
　白竜
　梵林〈別号〉
杉浦乗意　すぎうらじょうい
　乗意
　〔奈良〕乗意
杉浦大学　すぎうらだいがく
　〔三浦〕謙〈別名〉
　大学
杉浦梅潭　すぎうらばいたん
　誠〈名〉
　梅潭〈号〉
杉浦正職　すぎうらまさもと
　琴川〈号〉
　正職
杉生貞則　すぎおさだのり
　十右衛門
杉木美津　すぎきみつ
　美津
杉坂百明　すぎさかひゃくめい
　志蔵〈通称〉
　百明
杉茸陳　すぎじょうちん
　茸陳
　流夢〈号〉
杉田玄端　すぎたげんたん
　桜所〈号〉
　玄端
　充甫〈字〉
　泰岳〈号〉
　徳太郎〈名〉
　肥舟〈号〉

*吉野〈本姓〉
杉田玄白　すぎたげんぱく
　鷧斎〈号〉
　九幸翁〈号〉
　玄白
　子鳳〈字〉
　翼〈名〉
杉田成卿　すぎたせいけい
　信〈名〉
　成卿〈字〉
　梅里〈号〉
杉田旦藁　すぎたたんこう
　意水庵〈号〉
　旦藁
杉谷宗叔　すぎたにそうこ
　遠江〈別称〉
　宗叔
杉田望一　すぎたもういち
　望一
杉伝十郎　すぎでんじゅうろう
　伝十郎
　〔前川〕伝十郎〈後名〉
杉野十平次　すぎのじゅうへいじ
　次房
杉原心斎　すぎはらしんさい
　心斎
　緑静堂〈号〉
椙原治人　すぎはらはるんど
　〔木梨〕彦右衛門
　治人
杉村治兵衛　すぎむらじへえ
　治信
　正高
杉本茂十郎　すぎもともじゅうろう
　茂十郎
　〔大坂屋〕茂兵衛
杉山勘左衛門(2代)　すぎやまかんざえもん
　〔嵐〕勘九郎〈別名〉
　勘太郎〈初名〉
　勘左衛門(2代)
　〔沢野〕八五郎〈後名〉
杉山見心　すぎやまけんしん
　見心
　三右衛門〈通称〉
　宗伝〈法名〉
　伝蔵〈通称〉
　良隆〈名〉
杉山杉風　すぎやまさんぷう
　蓑杖〈号〉
　蓑枝〈号〉
　蓑翁〈号〉
　採茶庵〈号〉
　杉風
　〔鯉屋〕杉風
　市兵衛〈通称〉
　存耕庵〈号〉
　茶舎〈号〉
　茶庵〈号〉
　〔鯉屋〕藤左衛門〈通称〉

杉山忠亮　すぎやまただあき
　致遠斎〈号〉
　忠亮
　復堂〈号〉
杉山丹後掾　すぎやまたんごのじょう
　七郎左衛門〈通称〉
　七郎左衛門〈別称〉
　丹後掾
杉山平八　すぎやまへいはち
　勘左衛門(3代)〈後名〉
　〔山下〕文左衛門〈前名〉
　平八
　〔山下〕いつき〈初名〉
杉山松介　すぎやままつすけ
　律義
杉山和一　すぎやまわいち
　杉山検校
杉百合之助　すぎゆりのすけ
　常道
助高屋高助(2代)　すけたかやたかすけ
　〔沢村〕金平〈初名〉
　高助(2代)
　四郎五郎〈前名〉
　〔沢村〕四郎五郎(1代)〈前名〉
　八百蔵(3代)
　〔市川〕八百蔵(3代)
　〔瀬川〕雄次郎(1代)
助高屋高助(4代)　すけたかやたかすけ
　〔沢村〕源平〈初名〉
　高助(4代)
　〔沢村〕宗十郎(6代)
　〔沢村〕訥升〈本名〉
　〔沢村〕訥升(2代)〈前名〉
菅野谷高政　すげのやたかまさ
　高政
　総本寺半伝連社〈号〉
崇光天皇　すこうてんのう
　興仁〈御名〉
　崇光天皇
周滑平　すこつへい
　〔大河原〕亀文
朱雀天皇　すざくてんのう
　寛明〈御名〉
　朱雀天皇
崇峻天皇　すしゅんてんのう
　崇峻天皇
　泊瀬部皇子
図司呂丸　ずしろがん
　左吉〈通称〉
　佐吉〈通称〉
　凋柏堂〈号〉
　鴨栢堂〈号〉
　栢堂〈号〉
　呂丸
　露丸
崇神天皇　すじんてんのう
　御間城入彦五十瓊殖尊
鈴江知木　すずえちぼく

知木
鈴鹿知石　すずかちせき
　知石
鈴鹿連胤　すずかつらたね
　幸松〈幼名〉
　尚襲舎〈号〉
　誠斎〈号〉
　連胤
鈴鹿秀満　すずかひでまろ
　蛙遊〈号〉
　魏祖〈字〉
　秀満
　翠柳軒〈号〉
　柳舎〈号〉
鈴木胺　すずきあきら
　叔清〈字〉
　常介〈通称〉
　離屋〈号〉
　胺
鈴木黄軒　すずきおうけん
　素道
鈴木鵞湖　すずきがこ
　一鵞〈号〉
　鵞湖
　雄〈名〉
　雄飛
　雄〈字〉
鈴木一保　すずきかずやす
　一保
　甘井〈号〉
　半兵衛〈通称〉
鈴木其一　すずききいち
　其一
　元長〈名〉
　子渕〈字〉
　青々
　噌々〈号〉
　庭柏子〈号〉
鈴木広川　すずきこうせん
　惟親〈諱〉
　広川
　克敬〈字〉
　四九衛〈通称〉
　漂麦園〈別号〉
鈴木五平次　すずきごへいじ
　伊右衛門〈名〉
　五平次
　道西〈号〉
鈴木重胤　すずきしげたね
　厳橿本〈号〉
　重胤
　〔穂積〕重胤
　勝左衛門〈通称〉
鈴木重昌　すずきしげまさ
　駅路軒〈号〉
　重昌
　伯陽〈字〉
鈴木春山　すずきしゅんざん
　強〈名〉
　自強〈字〉
　春山〈号〉
　童浦〈号〉

鈴木正三　すずきしょうさん
　玄々軒〈号〉
　正三
　石平道人〈号〉
鱸松塘　すずきしょうとう
　〔鈴木〕元邦
　十臂双堂〈別号〉
　松塘
　東洋釣史〈別号〉
鈴木四郎兵衛　すずきしろべえ
　之徳〈名〉
　四郎兵衛
　石橋〈号〉
　沢民〈字〉
　麗沢之舎〈号〉
鈴木新兵衛　すずきしんべえ
　宗得〈通称〉
　新兵衛
　大空庵〈号〉
　藤杏庵〈号〉
　二俗斎〈号〉
鈴木清風　すずきせいふう
　紅花叟〈号〉
　残月亭〈号〉
　残月軒〈号〉
　清風
　八右衛門道祐〈通称〉
鈴木棲鳳　すずきせいほう
　棲鳳
鈴木千里　すずきせんり
　汪々〈名〉
　瀞斎〈号〉
　千里
鈴木宗邦　すずきそうほう
　宗邦
　鳳谷〈号〉
　利左衛門〈通称〉
鈴木素雪　すずきそせつ
　一直斎〈号〉
　之寅〈名〉
　素雪
　利右衛門〈別称〉
薄田兼相　すすきだかねすけ
　兼相
　隼人
鈴木長翁斎　すずきちょうおうさい
　長次郎〈名〉
　長翁斎
鈴木長翁斎(2代)　すずきちょうおうさい
　長二斎〈号〉
　長次郎〈名〉
　長寿斎
　長翁斎(2代)
　万次郎〈名〉
鈴木長五郎　すずきちょうごろう
　長五郎
　〔西田〕長次〈変名〉
鈴木貞斎　すずきていさい
　〔島羽〕金七〈本名〉

　金次郎
　重充〈名〉
　貞斎
鈴木貞次郎　すずきていじろう
　重董〈諱〉
　貞次郎
　洋斎〈号〉
鈴木桃野　すずきとうや
　詩瀑山人〈別号〉
　酔桃子〈別号〉
　孫兵衛〈通称〉
　桃花外史〈別号〉
　桃野
鈴木直徳　すずきなおのり
　萩舎〈号〉
　清太夫〈通称〉
　直徳
鈴木春蔭　すずきはるかげ
　春蔭
　多門次〈通称〉
　椰園〈号〉
鈴木春信　すずきはるのぶ
　春信
　長栄軒〈別称〉
鈴木半兵衛　すずきはんべえ
　金石〈号〉
　重時〈名〉
　半兵衛
　〔鱸〕半兵衛
　奉卿〈字〉
　露川〈号〉
　*鱸〈姓〉
鈴木万里(1代)　すずきばんり
　亀寿斎〈後名〉
　万里(1代)
　熊次郎〈前名〉
鈴木万里(2代)　すずきばんり
　宗吉〈前名〉
　惣吉
　万里(2代)
鈴木万里(3代)　すずきばんり
　左吉〈前名〉
　佐吉〈前名〉
　弥三郎〈初名〉
　万里(3代)
鈴木万里(4代)　すずきばんり
　〔湖出〕豊吉〈前名〉
　〔竹山〕豊吉〈初名〉
　〔田中〕豊吉〈前名〉
　万里(4代)
鈴木百年　すずきひゃくねん
　画仙堂〈号〉
　大椿翁〈号〉
　百年
鈴木広貞　すずきひろさだ
　歌川〈号〉
　五粽亭〈号〉
　広貞
　年玉印〈号〉
鈴木房政　すずきふさまさ
　一貫〈号〉

　久弥〈通称〉
　玉巌〈号〉
　房政
　友郷〈字〉
鈴木芙蓉　すずきふよう
　芙蓉〈号〉
　文熙〈字〉
　雍〈名〉
　老蓮〈号〉
鈴木真実　すずきまざね
　王社年〈歌名〉
　真実
　仙蔵〈通称〉
　早稲〈歌名〉
　和佐祢〈歌名〉
鈴木政通　すずきまさみち
　政通
　半静庵〈号〉
鈴木道彦　すずきみちひこ
　金令舎〈号〉
　秋香庵〈号〉
　十時庵〈号〉
　藤垣庵〈別号〉
　道彦
　由之〈名〉
鈴木主水　すずきもんど
　重則
鈴木泰平　すずきやすひら
　玄朴〈通称〉
　玄斎
　泰平
　文斎〈号〉
鈴木八束　すずきやつか
　歌風〈号〉
　健次郎〈通称〉
　梅酒本〈号〉
　八束
鈴木羊素　すずきようそ
　羊素
鈴木李東　すずきりとう
　一円斎〈号〉
　吉兵衛
　小草亭〈号〉
　要蔵〈通称〉
　李東
鈴木竜洞　すずきりゅうどう
　好古軒〈別号〉
　竜洞
鈴木良知　すずきりょうち
　素行〈名〉
　暘谷〈号〉
　良知〈字〉
鈴虫勘兵衛　すずむしかんべえ
　勘兵衛
　〔小唄〕勘兵衛〈別名〉
鈴虫権左衛門　すずむしごんざえもん
　権左衛門
　〔小唄〕権左衛門
須田一漁　すだいちぎょ
　一漁(3代)

首藤水晶　すどうすいしょう
　元畏〈名〉
　伸虎〈字〉
　水晶
　水晶山人〈号〉
　文二〈通称〉
須藤惣左衛門　すどうそうざえもん
　盛永〈実名〉
　惣左衛門〈通称〉
首藤経俊　すどうつねとし
　経俊
　〔山内〕経俊
栖原角兵衛(1代)　すはらかくべえ
　角兵衛(1代)
　茂俊
栖原角兵衛(2代)　すはらかくべえ
　角兵衛(2代)
　俊興
栖原角兵衛(3代)　すはらかくべえ
　角兵衛(3代)
　茂延
栖原角兵衛(4代)　すはらかくべえ
　角兵衛(4代)
　茂勝
栖原角兵衛(7代)　すはらかくべえ
　角兵衛(7代)
　信義
須原屋伊八(4代)　すはらやいはち
　伊八(4代)
　須伊〈通称〉
　青黎閣〈号〉
　〔北沢〕弥助〈通称〉
周布政之助　すふまさのすけ
　〔麻田〕公輔
　政之助
墨江武禅　すみえぶぜん
　心月〈号〉
　道寛〈名〉
　武禅
　墨江斎〈号〉
住田素鏡　すみたそきょう
　奥右衛門〈通称〉
　奥右衛門保堅〈通称〉
　皎斎〈別号〉
　素鏡
　保堅〈名〉
住田又兵衛(1代)　すみだまたべえ
　金太郎〈名〉
　又兵衛(1代)
住友吉左衛門(4代)　すみともきちざえもん
　〔泉屋〕吉左衛門〈別名〉
　吉左衛門(4代)

友芳〈名〉
住友友善　すみともともよし
　松鬣〈号〉
　〔泉屋〕甚次郎〈通称〉
　仲直〈字〉
　友善
角倉素庵　すみのくらそあん
　玄之
　素庵
角倉了以　すみのくらりょうい
　了以
　〔吉田〕了以
住谷寅之介　すみやとらのすけ
　寅之介
　〔加藤〕於菟之介
　〔小場〕源介
　信順
住山楊甫　すみやまようほ
　吽々斎〈号〉
　云々斎〈号〉
　西江軒〈号〉
　楊甫
住吉具慶　すみよしぐけい
　具慶
　広澄〈名〉
住吉如慶　すみよしじょけい
　〔土佐〕広通
住吉広行　すみよしひろゆき
　景金園〈号〉
　広行
菫庵東雄　すみれあんあずまお
　東雄
　六方園〈別号〉
酢屋国雄　すやくにお
　皎天斎〈号〉
　国雄
須山三益　すやまさんえき
　鎖翠〈号〉
　三益
　伴良〈字〉
陶山鈍翁　すやまどんおう
　海隅小生〈号〉
　訥庵〈号〉
　鈍翁
駿河采女　するがのうねめ
　采女
　駿河采女
諏訪甚六　すわじんろく
　〔島津〕広兼
　甚六
諏訪頼安　すわよりやす
　靱負〈名〉
　直心庵〈号〉
　頼安

【せ】

世阿弥　ぜあみ
　貫翁〈別号〉
　〔観世〕元清
　〔結崎〕三郎元清〈本名〉

至翁〈別号〉
　世阿弥
清庵宗冑　せいあんそうちゅう
　宗冑
盛胤法親王　せいいんほうしんのう
　常尹親王
　盛胤法親王
青海勘七　せいかいかんしち
　勘七
　〔清海〕勘七
聖覚　せいかく
　安居院法印
盛化門院　せいかもんいん
　〔藤原〕維子
　盛化門院
西華門院　せいかもんいん
　〔源〕基子
　西華門院
西岸　せいがん
　良澄
静寛院宮　せいかんいんのみや
　〔徳川〕家茂夫人
　親子内親王
　静寛院宮
　和宮〈御幼名〉
　和宮親子内親王
西岸寺任口　せいがんじにんこう
　任口
清巌正徹　せいがんしょうてつ
　招月庵〈号〉
　松月庵〈号〉
　正徹
青岐　せいき
　〔桑名屋〕佐代吉〈通称〉
　青岐
　〔上野〕青岐
青綺門院　せいきもんいん
　〔藤原〕舎子
　青綺門院
清光院　せいこういん
　〔万里小路〕房子
青山慈永　せいざんじえい
　慈永
青山堂枇杷麿　せいざんどうびわまろ
　枇杷麿
　平平山人〈別号〉
成三楼主人　せいさんろうしゅじん
　成三楼主人
　成三楼酒盛〈別号〉
盛資　せいし
　吉次郎
清松斎一杉(1代)　せいしょうさいっさん
　〔林華斎〕一紫
青青園蕪坊　せいせいえんかぶらぼう
　茶臼山人〈別号〉
　蕪坊

清拙正澄　せいせつしょうちょう
　正澄
　大鑑禅師
静尊法親王　せいそんほうしんのう
　恵尊法親王
斉馬雪　せいばせつ
　馬雪
　〔広田〕馬雪〈別名〉
　〔瀬井〕馬雪〈別名〉
清風与平(2代)　せいふうよへい
　五渓
　与平(2代)
清宮秀堅　せいみやひでかた
　縹浦漁者〈号〉
　秀堅
　棠陰〈号〉
　利右衛門〈通称〉
清民　せいみん
　観山居〈号〉
　清民
　頼之〈通称〉
勢力富五郎　せいりきとみごろう
　佐助〈本名〉
　富五郎
清和天皇　せいわてんのう
　惟仁〈御名〉
　水尾天皇
　清和天皇
瀬尾桃翁　せおとうおう
　桃翁(2代)
瀬上雲柱　せがみうんちゅう
　雲柱
瀬川　せがわ
　自貞
　〔大森〕たか
瀬川菊之丞(1代)　せがわきくのじょう
　菊之丞(1代)
　〔浜村〕吉次〈初名〉
　吉次(1代)〈前名〉
　路考(1代)
瀬川菊之丞(2代)　せがわきくのじょう
　菊之丞(2代)
　吉次(2代)〈前名〉
　路考(2代)
瀬川菊之丞(3代)　せがわきくのじょう
　菊之丞(3代)
　仙女
　仙女路考〈俗称〉
　東籬園〈別号〉
　富三郎(1代)〈前名〉
　路考(3代)
瀬川菊之丞(4代)　せがわきくのじょう
　菊之丞(4代)
　菊之助〈前名〉
　〔中村〕千之助〈前名〉
　路之助〈前名〉

路考(4代)
瀬川菊之丞(5代)　せがわきくのじょう
　菊之丞(5代)
　多門(1代)〈前名〉
　路考(5代)
瀬川吉次(3代)　せがわきつじ
　吉次(3代)
　吉松〈初名〉
　〔市川〕破魔蔵〈後名〉
　〔市川〕浜蔵〈後名〉
瀬川昌坪　せがわしょうばん
　朽樗軒〈号〉
　昌坪
瀬川如皐(1代)　せがわじょこう
　七歳〈前名〉
　東園〈別号〉
　如考〈俳名〉
　如皐(1代)〈俳名〉
瀬川如皐(2代)　せがわじょこう
　狂言堂
　〔津栗〕実生〈別名〉
　如皐(2代)
　〔河竹〕文次〈前名〉
　〔御園〕文次〈前名〉
　文車〈別号〉
瀬川如皐(3代)　せがわじょこう
　〔藤本〕吉兵衛
　吐蚊〈俳名〉
　二五壮〈別号〉
　如皐(3代)
　姥尉輔(3代)〈前名〉
瀬川恒成　せがわつねなり
　隔梅山人〈別号〉
　恒成
　山月庵主人
瀬川富三郎(2代)　せがわとみさぶろう
　〔山下〕松之丞〈前名〉
　富三郎(2代)
瀬川富三郎(3代)　せがわとみさぶろう
　浜次郎〈前名〉
　富三郎(3代)
瀬川初太夫　せがわはつだゆう
　初太夫
　〔藤村〕初太夫〈別名〉
瀬川雄次郎(2代)　せがわゆうじろう
　増吉〈前名〉
　雄次郎(2代)
石庵旨明　せきあんしみょう
　旨明
関為山　せきいざん
　為山
　永蔵〈通称〉
　月の本〈号〉
　渉após〈号〉
　正風園〈号〉
　千畆〈号〉

梅閑人〈号〉
梅の本〈号〉
関岡野洲良　せきおかやすら
　安良〈名〉
　花月斎〈号〉
　関亭〈号〉
　長右衛門〈通称〉
　野洲良
石屋真梁　せきおくしんりょう
　真梁
関兼衡　せきかねひら
　〔平〕兼衡
関其寧　せききねい
　其寧
　南楼〈号〉
関口氏暁　せきぐちうじあき
　氏暁
　弥太郎
関口氏心　せきぐちうじむね
　柔心
関克明　せきこくめい
　濆南〈号〉
　克明
関載甫　せきさいほ
　一楽
　載甫
　正軒〈号〉
関三十郎(1代)　せきさんじゅうろう
　〔荻野〕吉三郎〈前名〉
　三十郎(1代)
　〔嵐〕三十郎(4代)〈前名〉
　三右衛門〈別名〉
関三十郎(2代)　せきさんじゅうろう
　〔中村〕歌助〈前名〉
　三十郎(2代)
関三十郎(3代)　せきさんじゅうろう
　〔市川〕伊達十郎〈前名〉
　三十郎(3代)
　〔市川〕八百蔵(5代)〈前名〉
関重凝　せきしげさと
　喚醒〈号〉
　重凝
　助之丞〈通称〉
　睡嗣
石室善玖　せきしつぜんきゅう
　善玖
赤城軒元孚　せきじょうけんもとたか
　元孚
　〔東陽斎〕元春〈修業銘〉
　治兵衛〈通称〉
　新右衛門〈通称〉
　赤城軒〈別号〉
　東愚〈別号〉
関赤城　せきせきじょう
　懐風館主人〈別号〉
　赤城
関孝和　せきたかかず

孝和
　子豹〈字〉
　自由亭〈号〉
　新助〈通称〉
関忠親　せきただちか
　蔵人
関常純　せきつねずみ
　常純
　晩翠〈号〉
関亭伝笑　せきていでんしょう
　月池山人〈別号〉
　伝笑
　幽篁庵〈別号〉
関兎毛　せきとも
　狂詩〈別号〉
　斗学〈別号〉
　兎毛
関根白芹　せきねはっきん
　白芹
関兵内　せきのへいない
　兵内
　〔遠藤〕兵内
　〔関村〕兵内
関橋守　せきはしもり
　橋守
　紅葉楼〈号〉
　内蔵之助〈通称〉
関白駒　せきはっく
　蘘州〈号〉
　白駒
関政方　せきまさみち
　葭江〈号〉
　嘉平田舎〈号〉
　難頭樹屋〈号〉
　政方
赤猫斎全暇　せきみょうさいぜんか
　全暇
関本理遊　せきもとりゆう
　松盛斎〈号〉
　理遊
　〔松盛斎〕理遊
関屋致鶴　せきやちかく
　栄〈名〉
　致鶴
　百年堂〈別号〉
石竜子(1代)　せきりゅうし
　逸見相繁〈本名〉
　松斎〈号〉
　石竜子(1代)
　伯節〈字〉
石梁仁恭　せきりょうにんきょう
　仁恭
瀬下敬忠　せしもよしただ
　園右衛門〈通称〉
　鶴巣〈号〉
　敬忠
　子信〈字〉
　浮瓢子〈号〉
是真　ぜしん
　是真

比経庵〈号〉
瀬田掃部　せたかもん
　正忠
絶海中津　ぜっかいちゅうしん
　蕉堅道人〈号〉
　浄印翊聖国師
　中津
　仏智広照国師
雪鯨斎英信　せつげいさいひでのぶ
　英信
雪江宗深　せっこうそうしん
　宗深
　仏日真照禅師〈諡号〉
節香徳忠　せっこうとくちゅう
　円明禅師
　徳忠
雪芝　せっし
　七郎右衛門〈通称〉
　雪芝
　保俊〈名〉
雪舟等楊　せっしゅうとうよう
　等楊
雪人　せつじん
　〔西村〕岸太郎〈通称〉
　雪人
　*東海林〈本姓〉
雪叟一純　せっそういちじゅん
　一純
雪村友梅　せっそんゆうばい
　幻空〈自号〉
　友梅
摂津親致　せっつのちかむね
　〔藤原〕親致
雪嶺永瑾　せつれいえいきん
　永瑾
　識廬〈別号〉
　樵庵〈別号〉
　梅渓〈別号〉
瀬名貞雄　せなさだお
　狐阡軒〈号〉
　貞雄
銭屋金埓　ぜにやきんらつ
　金埓
　〔馬場〕金埓
　滄洲楼〈号〉
　物事明輔〈初号〉
銭屋宗徳　ぜにやそうとく
　〔松江〕宗徳
銭屋宗訥　ぜにやそうとつ
　〔松江〕宗訥
妹尾徳風　せのおとくふう
　雪斎〈号〉
　徳風〈名〉
妹尾信正　せのおのぶまさ
　小玉〈号〉
　信正
　如無有〈号〉
瀬見善水　せみよしみ
　翠湾〈号〉
　善水

鳥岳山人〈号〉
瀬山小左衛門　せやまこざえもん
　小左衛門
　〔山崎〕小左衛門〈前名〉
　〔松本〕小左衛門〈後名〉
世家間大助　せやまだいすけ
　大助
　〔世家真〕大助〈前名〉
　〔藤開〕大助(2代)〈前名〉
　〔藤開〕男女太郎〈初名〉
芹沢鴨　せりざわかも
　鴨
　〔木村〕継次〈本名〉
瀬脇寿人　せわきひさと
　寿人
　〔手塚〕律蔵
仙厓義梵　せんがいぎぼん
　義梵
　〔仙厓〕義梵
千呆性侒　せんがいしょうあん
　性侒
千鶴庵万亀　せんかくあんばんき
　千客亭万亀〈別号〉
　千鶴庵万亀
仙客亭柏琳　せんかくていはくりん
　〔荒井〕金次郎
　相州磯部〈初号〉
　柏琳
仙果亭嘉栗　せんかていかりつ
　〔三井〕高業〈通称〉
　仙果亭嘉栗〈号〉
宣化天皇　せんかてんのう
　武小広国押盾尊
泉花堂　せんかどう
　泉花堂
　泉花堂三蝶〈号〉
仙華門院　せんかもんいん
　曦子内親王
　皇后曦子内親王〈尊称〉
　仙華門院
全巌東純　ぜんがんとうじゅん
　東純
川関楼琴川　せんかんろうきんせん
　琴川〈号〉
　川関楼惟充〈号〉
千金斎春芳　せんきんさいはるよし
　春芳
　真中条〈初号〉
潜渓処謙　せんけいしょけん
　処謙
　普川国師
千家尊澄　せんげたかずみ
　松壺〈号〉
　尊澄
千家尊朝　せんげたかとも
　作舎〈号〉
　尊朝
千家俊信　せんげとしざね

俊信
清主〈別称〉
梅の舎〈号〉
浅縹庵夏海　せんけんあんなつみ
　夏海
　器水園〈別号〉
泉源楼うず女　せんげんろううずめ
　〔山の井〕寿女
宣光門院　せんこうもんいん
　〔藤原〕実子
　宣光門院
仙石九畹　せんごくきゅうえん
　九畹
　瓊翁〈号〉
　湊宵堂〈号〉
仙石佐多雄　せんごくさたお
　佐多雄
　隆明〈名〉
仙国彦十郎　せんごくひこじゅうろう
　彦十郎
　〔田川〕彦十郎〈別称〉
仙国彦助(2代)　せんごくひこすけ
　彦助(2代)
　〔坂田〕国八〈前名〉
仙石秀久　せんごくひでひさ
　権兵衛
　秀久
仙石廬元坊　せんごくろげんぼう
　獅子庵〈号〉
　茶話仙〈号〉
　里紅〈号〉
　廬元坊
千山　せんさん
　紀文大臣〈呼称〉
　千山
　文左衛門
　文平
　文吉〈幼名〉
選子内親王　せんしないしんのう
　選子内親王
　大斎院
浅秀庵長住　せんしゅうあんながずみ
　長住
　芦鶴亭〈別号〉
千秋堂愛竹　せんしゅうどうあいちく
　愛竹
　閑窓〈別号〉
千秋藤篤　せんしゅうふじあつ
　順之助
善住坊　ぜんじゅうぼう
　善住坊
　〔杉谷〕善住坊
宣政門院　せんせいもんいん
　憘子内親王
　宣政門院
千川　せんせん

治左衛門〈通称〉
　千川
浅草庵維平　せんそうあんいへい
　維平
　蓬室〈別号〉
　綾村〈号〉
川僧慧済　せんそうえさい
　慧済
千宗淳　せんそうじゅん
　宗淳
　少庵〈号〉
仙田市郎　せんだいちろう
　市郎
　〔結城〕正敏
善超　ぜんちょう
　東溟
仙鳥女　せんちょうじょ
　仙鳥女
　無事庵〈号〉
宣仁門院　せんにんもんいん
　〔藤原〕彦子
　宣仁門院
千宗左(4世)　せんのそうさ
　江岑〈号〉
　宗左(4世)
　蓬源斎〈号〉
千宗室(4世)　せんのそうしつ
　宗室(4世)
　仙叟〈号〉
千宗室(5世)　せんのそうしつ
　宗室(5世)
　常叟〈号〉
　不休庵〈号〉
千宗室(8世)　せんのそうしつ
　一灯〈号〉
　宗室(8世)
　又玄斎〈号〉
千宗室(9世)　せんのそうしつ
　寒翁〈号〉
　宗室(9世)
　石翁〈号〉
　不見斎〈号〉
千宗室(10世)　せんのそうしつ
　宗室(10世)
　認得斎〈号〉
　柏叟〈号〉
千宗守(1世)　せんのそうしゅ
　一翁〈号〉
　閑翁〈号〉
　宗守(1世)
千宗守(2世)　せんのそうしゅ
　宗守(2世)
　文寂〈号〉
千宗守(3世)　せんのそうしゅ
　宗守(3世)
　静々斎〈号〉
千宗守(4世)　せんのそうしゅ
　堅叟〈号〉
　宗守(4世)
　直斎〈号〉
千宗守(5世)　せんのそうしゅ

一啜斎〈号〉
休翁〈号〉
宗守(5世)
千宗守(6世)　せんのそうしゅ
好々斎〈号〉
宗守(6世)
仁翁〈号〉
千宗守(武者小路千家7世)　せんのそうしゅ
以心斎〈号〉
宗守(武者小路千家7世)
千宗旦　せんのそうたん
隠翁〈号〉
宗旦
咄々斎〈号〉
千宗把　せんのそうは
宗巴
宗把
千利休　せんのりきゅう
宗易
利休
泉必東　せんひっとう
必東
〔銭〕必東
千姫　せんひめ
〔豊臣〕秀頼室
千姫
天樹院
全苗月湛　ぜんみょうげったん
月湛
〔光厳〕洞水
宣瑜　せんゆ
浄覚
蘭幽　せんゆう
彰往軒〈号〉
蘭幽
忠虎〈名〉
船遊亭扇橋(1代)　せんゆうていせんきょう
〔常磐津〕若太夫(2代)
宣陽門院　せんようもんいん
覲子内親王
宣陽門院
川柳(4世)　せんりゅう
川柳(4世)
風梳庵川柳
川柳(5世)　せんりゅう
川柳(5世)
〔水谷〕緑亭
緑亭川柳
川柳(6世)　せんりゅう
川柳(6世)
和風亭川柳
川柳(7世)　せんりゅう
川柳(7世)
風也坊川柳
川柳(8世)　せんりゅう
〔児玉〕環
川柳(8世)
任風舎川柳
川柳(9世)　せんりゅう

川柳(9世)
　無名庵川柳

【そ】

相応　そうおう
　建立大師
象海恵湛　ぞうかいえたん
　恵湛
象外禅鑑　ぞうがいぜんかん
　禅鑑
宗好　そうこう
　宗七〈通称〉
　宗好
蔵山順空　ぞうざんじゅんくう
　順空
宗七(1代)　そうしち
　宗七
　〔正木〕宗七
　宗七(1代)
増賞法親王　ぞうしょうほうしんのう
　種徳親王
巣雪僊可　そうせつせんか
　僊可
象先文岑　ぞうせんもんしん
　文岑
蔵叟朗誉　ぞうそうろうよ
　朗誉
宋素卿　そうそけい
　朱縞〈名〉
　素卿
宗旦　そうたん
　依楢子〈号〉
　〔俵屋〕吉兵衛〈通称〉
　兀翁〈号〉
　宗旦
　夕雨〈号〉
　也雲軒〈号〉
宗澄女王　そうちょうじょおう
　谷宮
宗伝　そうでん
　宗伝
　〔深海〕新太郎
桑田道海　そうでんどうかい
　道海
宗然　そうねん
　可翁〈道号〉
　宗然〈字〉
　普済大聖禅師〈諡号〉
　良詮〈号〉
宗白　そうはく
　宗白
藻壁門院　そうへきもんいん
　〔藤原〕竰子
　藻壁門院
藻壁門院但馬　そうへきもんいんのたじま
　但馬
双峰宗源　そうほうそうげん
　宗源

増命　ぞうみょう
　静観僧正
崇明門院　そうめいもんいん
　崇明門院
　禖子内親王
桑楊庵光　そうようあんひかる
　光
　〔頭〕光
　頭の光
　〔一筆斎〕文笑
　〔岸〕文笑
宗曄曇栄　そうようどんえい
　曇栄
宗義智　そうよしとも
　義智
　対馬侍従
副島種臣　そえじまたねおみ
　種臣
　蒼海〈号〉
　二郎〈通称〉
副島勇七　そえじまゆうしち
　勇七
　〔久米〕勇七
曽我蛇足　そがじゃそく
　蛇足
　〔夫泉〕宗丈
曽我蕭白　そがしょうはく
　蕭白
曽我祐成　そがすけなり
　十郎
　祐成
曽我時致　そがときむね
　五郎時致
　時致
蘇我石川麻呂　そがのいしかわまろ
　石川麻呂
　倉山田石川麻呂
蘇我小姉君　そがのおあねきみ
　小兄比売
　小姉君
蘇我堅塩媛　そがのかたしひめ
　堅塩媛
蘇我河上娘　そがのかわかみのいらつめ
　河上娘
蘇我法提郎媛　そがのほてのいらつめ
　法提郎媛
蘇我造媛　そがのみやつこひめ
　遠智娘
　遠智娘
　造媛
素眼　そがん
　素阿
即庵宗覚　そくあんそうかく
　宗覚
即庵宗心　そくあんそうしん
　宗心
続翁宗伝　ぞくおうそうでん
　宗伝

即非如一　そくひにょいち
　如一
十河存保　そごうながやす
　〔三好〕政康
　存保
曽占春　そせんしゅん
　永年〈号〉
　恒蔵〈幼名〉
　士攸〈字〉
　士考〈字〉
　昌啓〈名〉
　松宇〈号〉
　占春〈号〉
　占春
　檠〈名〉
曽谷学川　そだにがくせん
　〔曽〕之唯
曽谷慶祐　そだにけいゆう
　〔曽我〕慶祐
曽谷伯庵　そだにはくあん
　慶伝
袖崎いろは　そでさきいろは
　和歌浦
　いろは
袖崎歌流　そでさきかりゅう
　〔歌流〕佐和右衛門
袖島市弥(2代)　そでしまいちや
　〔坂田〕政右衛門
袖島源次　そでしまげんじ
　市弥(3代)
祖道宗心　そどうそうしん
　宗心
衣通郎女　そとおしのいらつめ
　衣通郎女
　衣通姫
　軽大郎女
曽祢好忠　そねのよしただ
　好忠
　〔曽根〕好忠
　曽丹
園井東庵　そのいとうあん
　義斎
薗田一斎　そのだいっさい
　守彝
園田荻風　そのだてきふう
　荻風
薗田守宣　そのだもりのぶ
　守宣
　〔荒木田〕守宣
薗田守良　そのだもりよし
　守良
　〔荒木田〕守良
園文英　そのぶんえい
　円光院
園基隆　そのもとたか
　基宣
曽北　そほく
　権右衛門〈通称〉
　曽北
　不断斎〈号〉
　〔秦〕邦光〈別称〉

染崎延房　そめざきのぶふさ
　　延房
　　　〔為永〕春水(2代)〈世襲名〉
　　　〔為永〕春笑〈通称〉
染野井半四郎　そめのいはんしろう
　　　〔松木〕左流
染松七三郎(2代)　そめまつしちさぶろう
　　　〔中村〕吉三郎
　　　〔嵐〕小七(2代)
素由　そゆう
　　佐八郎〈通称〉
　　素由
　　曽由
曽良　そら
　　　〔岩波〕庄右衛門正字〈通称〉
　　曽良
　　　〔河合〕曽良
　　　〔河合〕惣五郎〈通称〉
尊胤法親王　そんいんほうしんのう
　　栄貞親王
尊円城間　そんえんぐすくま
　　城間
　　城間親方盛久
存応　ぞんおう
　　源誉
　　慈昌
　　存応
　　普光観智国師
存覚　ぞんかく
　　光玄
存耕祖黙　そんこうそもく
　　祖黙
尊興法親王　そんこうほうしんのう
　　尊興
　　尊興法親王
尊誠法親王　そんせいほうしんのう
　　忠道親王
尊朝法親王　そんちょうほうしんのう
　　尊敦親王
尊鎮法親王　そんちんほうしんのう
　　清彦親王
存如　ぞんにょ
　　円兼
損翁宗益　そんのうそうえき
　　宗益

【た】

泰雲守琮　たいうんしゅそう
　　守琮
大円良胤　だいえんりょういん
　　大円〈号〉
　　良胤

代翁守哲　だいおうしゅてつ
　　守哲
大覚　だいがく
　　大覚
　　妙実〈名〉
太岳周崇　たいがくしゅうすう
　　周崇
　　全愚道人〈号〉
大歟勇健　たいかつゆうけん
　　勇健
泰巌　たいがん
　　憲栄
大含　だいがん
　　雲華
大蟻　たいぎ
　　義進(儀之進)〈字〉
　　大蟻
　　柏〈名〉
大休宗休　たいきゅうしゅうきゅう
　　円満本光国師
　　宗休
大休正念　だいきゅうしょうねん
　　正念
太極　たいきょく
　　太極
　　碧山〈別号〉
　　*佐々木〈俗姓〉
代賢守中　だいけんしゅちゅう
　　守中
太原雪斎　たいげんせっさい
　　崇孚
　　雪斎
大源宗真　たいげんそうしん
　　宗真
　　〔太源〕宗真
待賢門院新少将　たいけんもんいんしんしょうしょう
　　新少将
　　待賢門院新少将
待賢門院加賀　たいけんもんいんのかが
　　〔伏柴〕加賀
退耕行勇　たいこうぎょうゆう
　　行勇
大高重成　だいこうしげなり
　　重成
　　法智〈法名〉
大巧如拙　たいこうじょせつ
　　如拙
大綱宗彦　だいこうそうげん
　　宗彦
大綱明就　だいこうみょうしゅう
　　明就
大黒常是(1代)　だいこくじょうぜ
　　〔湯浅〕常是
　　常是(1代)
　　大黒屋
大黒常是(2代)　だいこくじょうぜ
　　常春
　　常是(2代)

大黒常是(3代)　だいこくじょうぜ
　　常信
　　常是(3代)
大黒常是(4代)　だいこくじょうぜ
　　常政
　　常是(4代)
大黒常是(5代)　だいこくじょうぜ
　　常量
　　常是(5代)
大黒常是(6代)　だいこくじょうぜ
　　常貞
　　常是(6代)
大黒常是(7代)　だいこくじょうぜ
　　常峯
　　常是(7代)
大黒常是(8代)　だいこくじょうぜ
　　常房
　　常是(8代)
大黒常是(9代)　だいこくじょうぜ
　　常隣
　　常是(9代)
大黒梅陰　だいこくばいいん
　　亀二郎〈名〉
　　梅陰
大黒屋幸太夫　だいこくやこうだゆう
　　光太夫
　　幸太夫
　　〔大黒〕幸太夫
太古世源　たいこせいげん
　　世源
醍醐天皇　だいごてんのう
　　醍醐天皇
　　敦仁〈名〉
太山如元　たいざんにょげん
　　如元
帯山与兵衛(1代)　たいざんよへえ
　　〔高橋〕帯山
大賀祖圭　だいしつそけい
　　祖圭
大住院以信　だいじゅういんいしん
　　以信
　　日甫上人
大乗院実尊　だいじょういんじっそん
　　実尊
大乗院尋尊　だいじょういんじんそん
　　尋尊
大乗院尊信　だいじょういんそんしん
　　尊信
大掾貞国　だいじょうさだくに
　　〔多気〕貞国
大掾高幹　だいじょうたかもと
　　〔多気〕高幹
大初継覚　たいしょけいがく
　　継覚
大心義統　だいしんぎとう

義統
　大心〈号〉
大拙祖能　だいせつそのう
　祖能
泰仙　たいせん
　〔阿牟〕人足
大全一雅　だいぜんいちが
　一雅
大川道通　だいせんどうつう
　道通
袋中　たいちゅう
　袋中
　良定〈名〉
大潮元皓　だいちょうげんこう
　月枝
　元皓
大典顕常　だいてんけんじょう
　顕常
　〔梅荘〕顕常
大道一以　だいどういちい
　一以
大透圭徐　だいとうけいじょ
　圭徐
大道寺直次　だいどうじなおつぐ
　〔遠山〕長左衛門
　直次
大同妙喆　だいどうみょうてつ
　妙喆
大日能忍　だいにちのうにん
　能忍
　*梶原〈俗姓〉
大弐三位　だいにのさんみ
　〔藤原〕賢子
　大弐三位
諦忍　たいにん
　雲蓮社空花〈号〉
　諦忍
　妙竜
　*仙石〈俗姓〉
帯梅　たいばい
　祥幅〈名〉
　帯梅
　〔両口屋〕弥四郎〈通称〉
大眉性善　だいびしょうぜん
　性善
太平妙準　たいへいみょうじゅん
　妙準
大宝寺義興　だいほうじよしおき
　義興
　〔武藤〕義興
大法大闡　だいほうだいせん
　大闡
当麻皇子　たいまのおうじ
　椀子皇子
大用慧湛　だいゆうえかん
　慧湛
大有理有　だいゆうりゆう
　理有
平景清　たいらのかげきよ
　景清
　〔悪七兵衛〕景清

〔藤原〕景清
平兼隆　たいらのかねたか
　兼隆
　〔関〕兼隆
　〔山木〕兼隆
　〔山木判官〕兼隆
　山木判官
　八巻判官
平惟衡　たいらのこれひら
　惟衡
　維衡
平惟将　たいらのこれまさ
　惟将
　維将
平維盛　たいらのこれもり
　維盛
　小松中将
平高望　たいらのたかもち
　高望
　高望王
　平高望
平忠常　たいらのただつね
　忠恒
　忠常
平忠度　たいらのただのり
　忠度
　〔薩摩守〕忠度
平時子　たいらのときこ
　時子
　二位尼
平徳子　たいらのとくこ
　建礼門院〈院号〉
　徳子
平知康　たいらのともやす
　鼓判官
　知康
平信兼　たいらののぶかね
　〔関〕信兼
平広常　たいらのひろつね
　介八郎〈別称〉
　広常
　〔上総介〕広常
　〔千葉〕広常
平将門　たいらのまさかど
　将門
　新皇
平宗親　たいらのむねちか
　心戒房
平頼盛　たいらのよりもり
　池大納言
　頼盛
平六代　たいらのろくだい
　六代
大林善育　だいりんぜんいく
　善育
大林宗套　だいりんそうとう
　宗套
　正覚普通国師
多賀庵風律　たがあんふうりつ
　敏行〈名〉
　風律

〔木地屋〕保兵衛〈通称〉
高井几圭　たかいきけい
　几圭
　几圭庵宋是〈号〉
高井几董　たかいきとう
　塩山亭〈別号〉
　几董
　几薫
　高子舎〈号〉
　詐善居士〈号〉
　春夜楼〈号〉
　小八郎〈幼名〉
　晋明〈号〉
　夜半亭(3世)〈号〉
　雷夫〈初号〉
　*高井〈本姓〉
高井立志(1世)　たかいりつし
　松楽軒〈号〉
　立志(1世)
　和諧堂〈号〉
高井立志(2世)　たかいりつし
　吉章〈名〉
　犬松〈幼名〉
　松雨軒〈号〉
　知諧堂(2世)〈号〉
　立志(2世)
　立詠〈号〉
　和諧堂(2世)〈号〉
高井立志(3世)　たかいりつし
　春水〈号〉
　立志(3世)
　立詠〈号〉
　和散斎
高井立志(4世)　たかいりつし
　如格〈号〉
　立志(4世)
　和楽園〈号〉
高井立志(5世)　たかいりつし
　青松庵〈号〉
　大中庵〈号〉
　〔関〕立志
　立志(5世)
高岳親王　たかおかしんのう
　高丘親王
　高岳親王
　真如
　真如親王
高岡増隆　たかおかぞうりゅう
　増隆
　大心〈字〉
　智瑞〈字〉
　不背〈号〉
　隆定〈初名〉
高岡夢堂　たかおかむどう
　三郎兵衛〈通称〉
　西温〈字〉
　夢堂
高尾蕉鹿　たかおしょうろく
　蕉鹿
　酔夢亭〈号〉
高木健三郎　たかぎけんざぶろう

作右衛門(12代)
高木作太夫　たかぎさくだゆう
　　作右衛門(6代)
高木仙右衛門　たかぎせんえもん
　　仙右衛門
　　ドミンゴ〈霊名〉
高木善助　たかぎぜんすけ
　　善助〈通称〉
　　平野屋〈屋号〉
　　庸之〈名〉
高木大翁　たかぎたいおう
　　臥雪〈別号〉
　　秀真〈名〉
　　雪居〈別号〉
　　雪毉〈別号〉
　　大応〈別号〉
　　大翁
　　八郎左衛門〈通称〉
高城都雀　たかぎとじゃく
　　都雀
高木元右衛門　たかぎもとえもん
　　元右衛門
　　〔深川〕策助
　　直久〈名〉
高木守富　たかぎもりとみ
　　伊勢守〈別称〉
　　守富
高木里仲　たかぎりちゅう
　　里仲
　　〔中村〕里仲〈別名〉
高久靄厓　たかくあいがい
　　靄厓
　　秋輔〈通称〉
　　石巣〈別号〉
　　疎林外史〈別号〉
　　如樵〈別号〉
高倉福信　たかくらのふくしん
　　福信
　　〔高麗〕福信
高桑元吉　たかくわもとよし
　　雲峰〈号〉
　　金竜〈号〉
　　元吉
高桑闌更　たかくわらんこう
　　正保〈名〉
　　忠保〈名〉
　　長次郎〈通称〉
　　半化坊〈号〉
　　闌更
多賀左近　たがさこん
　　常長
高三隆達　たかさぶりゅうたつ
　　隆達
高階栄子　たかしなえいし
　　栄子
　　丹後局
高階隆盛　たかしなたかもり
　　〔土佐〕隆盛
高階貴子　たかしなのたかこ
　　貴子
　　儀同三司母

高内侍
高階信平　たかしなののぶひら
　　信寂
高階暘谷　たかしなようこく
　　暘谷
　　〔高〕暘谷
高島嘉右衛門　たかしまかえもん
　　嘉右衛門
　　呑象〈号〉
高島玄札　たかしまげんさつ
　　玄札
高島千春　たかしまちはる
　　寿一郎〈通称〉
　　千春
　　鼎湖〈号〉
　　融斎〈号〉
高島徹士　たかしまてつし
　　徹士
　　東鮒巷〈号〉
　　東鮒庵〈号〉
　　風翁〈号〉
　　仏狸斎〈号〉
高島正信　たかしままさのぶ
　　正信
　　孫右衛門〈通称〉
高杉晋作　たかすぎしんさく
　　晋作〈通称〉
　　〔谷〕潜蔵〈変名〉
　　東行〈別号〉
　　〔谷〕梅之助〈変名〉
高瀬栄寿　たかせえいじゅ
　　伊左衛門〈通称〉
　　栄寿
　　風柳軒〈号〉
高瀬梅盛　たかせばいせい
　　宗入居士〈号〉
　　太郎兵衛〈通称〉
　　佗心子〈通称〉
　　梅盛
　　〔佗心子〕梅盛
高滝以仙　たかたきいせん
　　以仙
高田幸佐　たかだこうさ
　　幸佐
高田の方　たかだのかた
　　勝姫
高田茂三郎　たかたもさぶろう
　　江月〈号〉
　　茂三郎
鷹司院　たかつかさいん
　　〔藤原〕長子
　　鷹司院
鷹司兼平　たかつかさかねひら
　　兼平
　　称念院入道
鷹司輔煕　たかつかさすけひろ
　　輔煕
　　輔熈
高辻是綱　たかつじこれつな
　　〔菅原〕是綱
高梨一具　たかなしいちぐ

一具
　　〔一具菴〕一具
　　一具庵〈号〉
　　愚春〈名〉
　　十夢〈号〉
　　断橋〈号〉
　　夢南〈初号〉
高根正也　たかねまさや
　　〔良什坊〕幸貫〈別名〉
　　正也
高野越中守　たかのえっちゅうのかみ
　　越中守
　　〔平尾〕刑部
高野昌碩　たかのしょうせき
　　子隠〈字〉
　　昌碩
　　世竜〈名〉
　　千比呂〈歌人名〉
　　文助〈通称〉
　　陸沈〈別号〉
高野長英　たかのちょうえい
　　鷲夢山人〈号〉
　　暁夢楼主人〈号〉
　　長英
高野百里　たかのひゃくり
　　市兵衛〈通称〉
　　勝春〈名〉
　　百里
　　文館〈字〉
　　茅風〈号〉
　　雷堂百里〈号〉
高野幽山　たかのゆうざん
　　孫兵衛〈名〉
　　孫兵衛〈通称〉
　　丁々軒〈号〉
　　直重〈名〉
　　幽山
　　〔竹内〕幽山
高橋景保　たかはしかげやす
　　観巣〈号〉
　　玉岡〈号〉
　　景保〈名〉
　　作左衛門〈通称〉
　　子昌〈字〉
　　蛮蕉〈号〉
　　グロビウス〈号〉
高橋記内　たかはしきない
　　記内
　　記内(2代)
高橋記内(1代)　たかはしきない
　　〔石川〕記内
高橋熊彦　たかはしくまひこ
　　萱園〈号〉
　　熊彦
高橋作左衛門　たかはしさくざえもん
　　作左衛門〈通称〉
　　子春〈字〉
　　至時〈名〉
　　東岡〈号〉

梅軒〈号〉
高橋残夢　たかはしざんむ
　元右衛門〈通称〉
　残夢
　正澄〈名〉
　清園〈号〉
　有所遊居〈号〉
高階重信　たかはししげのぶ
　三畏〈通称〉
　重信
高橋春圃　たかはししゅんぽ
　春圃
　桃渓〈号〉
高橋石霞　たかはしせっか
　石霞
　〔忠海屋〕半右衛門
高橋草坪　たかはしそうへい
　雨〈名〉
　元吉〈通称〉
　草坪
高橋坦室　たかはしたんしつ
　広備
高橋仲善　たかはしちゅうぜん
　吉左衛門〈通称〉
　仲善
高橋東皐　たかはしとうこう
　可興〈名〉
　山翁〈号〉
　子観〈字〉
　七右衛門〈通称〉
　春星亭〈別号〉
　東皐
高橋道八(1代)　たかはしどう
　はち
　空中
　周平光重〈号〉
　松風亭空中〈号〉
　道八
　道八(1代)
高橋道八(2代)　たかはしどう
　はち
　光時
　〔仁阿弥〕道八
　道八(2代)
　法螺山人〈号〉
高橋道八(3代)　たかはしどう
　はち
　華中亭〈号〉
　光英〈号〉
　道八(3代)
高橋東洋　たかはしとうよう
　子績〈字〉
　長熙〈名〉
　東洋
　判佐衛門〈通称〉
高橋利牛　たかはしとぎゅう
　都牛
高橋富兄　たかはしとみえ
　古学舎〈号〉
　肇〈通称〉
　梅園〈号〉

富兄
高橋知周　たかはしともちか
　省五郎〈通称〉
　知周
高橋鳳雲　たかはしほううん
　清次郎〈通称〉
　鳳雲
高橋宝山　たかはしほうざん
　宝山
　熊吉〈通称〉
高橋秀倉　たかはしほくら
　秀倉
　保具良〈名〉
高橋正功　たかはしまさこと
　作也〈通称〉
　正功
　担堂〈号〉
高橋政重　たかはしまさしげ
　七郎兵衛〈通称〉
　政重
高橋正次　たかはしまさつぐ
　正次
　卯兵衛〈通称〉
高橋正賀　たかはしまさよし
　吉次郎〈通称〉
　正賀
高橋宗恒　たかはしむねつね
　宗恒
　聴松軒〈号〉
　*紀〈姓〉
高橋宗直　たかはしむねなお
　円南〈号〉
　宗直
　〔紀〕宗直
　〔紀〕図南
　*紀〈姓〉
高橋守行　たかはしもりゆき
　守行
　庄左衛門〈通称〉
高橋保遠　たかはしやすとお
　時遠
　保遠
鷹羽浄典　たかばじょうてん
　浄典
　正応坊観道〈別称〉
高橋梨一　たかはしりいち
　一紹〈別称〉
　千啓〈諱〉
　香椿亭〈号〉
　蓑笠庵〈号〉
　子明〈字〉
　収蔵〈幼名〉
　相行〈別称〉
　梨一
高橋利兵衛　たかはしりへえ
　正都〈名〉
　利兵衛
高橋竜池　たかはしりゅうち
　匏湖〈別号〉
　竜池

高畠藍泉　たかばたけらんせん
　政
　足薪翁〈別号〉
　転々堂主人〈別号〉
　瓶三郎〈本名〉
　藍泉
　柳亭種彦〈号〉
高畑房次郎　たかはたふさじろう
　胤正〈名〉
　〔高畠〕総次郎
　房次郎
高幡竜暢　たかはたりゅうちょう
　峨峰〈号〉
　竜暢
高林方朗　たかばやしみちあきら
　伊兵衛〈通称〉
　舎人〈通称〉
　勝三郎〈通称〉
　臣下庵〈号〉
　方朗
高原五郎七　たかはらごろしち
　五郎七
高原東郊　たかはらとうこう
　清風〈別号〉
　東郊
高原美直　たかはらよしなお
　謙次郎〈通称〉
　美直
高久隆古　たかひさりゅうこ
　高隆古〈号〉
　隆古
多賀秀種　たがひでたね
　秀種
　〔堀〕秀種
隆姫子女王　たかひめこにょおう
　高倉北政所〈別称〉
　隆子女王
　隆姫子女王
高平真藤　たかひらまふじ
　虚甕〈号〉
　岡の舎〈号〉
　真藤
　清敏〈名〉
高松喜六　たかまつきろく
　喜六
　金八
　友常〈名〉
高松太郎　たかまつたろう
　太郎
　〔坂本〕直〈通称〉
鷹見右近右衛門　たかみうこんえ
　もん
　右近右衛門
　絵屋〈屋号〉
田上宇平太　たがみうへいた
　宇平太
　〔高崎〕鶴五郎
田上菊舎尼　たがみきくしゃに
　菊舎
　菊舎尼
　道子〈名〉

鷹見泉石　たかみせんせき
　可琴軒〈別号〉
　十郎左衛門〈通称〉
　泉石
　楓所〈別号〉
　ヤン・ヘンドリック・ダップ
　　ル〈蘭名〉
高見弥一　たかみやいち
　〔松元〕誠一
　弥一
高向玄理　たかむこのくろまろ
　漢人〈別称〉
　玄理
　黒麻呂〈名〉
多賀宗之　たかむねゆき
　安右衛門〈通称〉
　宗之
高村東雲　たかむらとううん
　東雲
　〔奥村〕藤次郎〈元姓名〉
高本順　たかもとしたごう
　敬蔵〈通称〉
　慶順〈通称〉
　慶蔵〈通称〉
　紫溟〈号〉
　〔李〕紫溟
　順
　田舎珍夫〈号〉
　番松盧〈号〉
　世見の屋〈号〉
　*李〈姓〉
高森正因　たかもりまさよし
　寂嘯〈号〉
　正因
　疎竹〈号〉
多賀谷厳翁　たがやがんおう
　厳翁
　長左衛門〈通称〉
多賀谷亀翁　たがやきおう
　亀翁
　万右衛門〈通称〉
　万右衛門〈通称〉
高屋去音　たかやきょおん
　去音
高安蘆屋　たかやすろおく
　荘次郎〈通称〉
　昶〈名〉
　蘆屋
　蘆屋山人〈号〉
高屋宋鵲　たかやそうじゃく
　喜庵〈通称〉
　宋鵲
高屋宋甫　たかやそうほ
　喜庵〈通称〉
　宗瑛〈名〉
　宋甫
　丹陽〈号〉
　枕流軒〈号〉
多賀谷尊経　たがやたかつね
　高経〈本名〉
　尊経

高屋近文　たかやちかぶみ
　海南雲山人〈号〉
　近文
　源八〈通称〉
　収駿窩〈号〉
　*大宅〈姓〉
高柳荘丹　たかやなぎそうたん
　菜窓〈号〉
　葛庵
　新十郎〈通称〉
　雪奴〈初号〉
　荘丹
　荘able〈号〉
　能静叟〈号〉
　梅郎〈号〉
高山右近　たかやまうこん
　右近
　右近大夫
　長房
　友祥
高山検校　たかやまけんぎょう
　検校
　丹一〈名〉
高山信濃　たかやましなの
　弘孝〈名〉
　信濃
高山図書　たかやまずしょ
　図書
　友照
　〔沢〕フランシスコ
高山宗砌　たかやまそうぜい
　宗砌
　民部丞時重〈俗称〉
高山某　たかやまぼう
　某
　ドン・トメー〈受洗名〉
多賀谷安貞　たがややすさだ
　安貞
　楽山〈号〉
宝井月叟　たからいげっそう
　月叟
宝井馬琴(1代)　たからいばきん
　〔吉田〕常吉〈本名〉
　〔東流斎〕馬琴〈別称〉
　馬琴(1代)
宝井馬琴(2代)　たからいばきん
　〔東流斎〕馬琴〈別称〉
　馬琴(2代)
宝山左衛門(2代)　たからさんざえもん
　〔望月〕鶴三郎〈前名〉
　山左衛門(2代)
　〔田中〕次郎兵衛〈本名〉
宝田寿萊　たからだじゅらい
　閑雅〈俳名〉
　劇神仙(1代)〈別号〉
　寿萊
　寿萊
　和八郎〈俗称〉
　*鈴木〈本姓〉
宝田千町　たからだせんちょう

谷金川〈別号〉
　賜堂〈別号〉
　千町
財部実秋　たからべさねあき
　実秋
　梅廼舎〈号〉
　布留廼舎〈号〉
　雄右衛門〈通称〉
田川移竹　たがわいちく
　移竹
　煙舟亭〈号〉
　畑舟亭〈別称〉
　来川〈号〉
多川源太夫　たがわげんだゆう
　源太夫
　〔竹本〕源太夫〈別名〉
　〔豊竹〕源太夫〈後名〉
田川俊蔵　たがわしゅんぞう
　俊蔵
　立雪斎〈号〉
田川鳳朗　たがわほうろう
　鴬笠〈号〉
　義長〈諱〉
　義長〈通称〉
　京陵山人〈号〉
　自然堂〈号〉
　信朗
　対竹〈号〉
　東源〈名〉
　芭蕉林〈号〉
　芭蕉堂〈号〉
　鳳朗
　藍蓼庵〈号〉
滝和亭　たきかてい
　謙〈名〉
　蘭田〈別号〉
　和亭
　*滝宮〈本姓〉
滝川雄利　たきかわかつとし
　〔羽柴〕下総守
　雄利
滝川吉平次　たきかわきっぺいじ
　吉平次
　友交〈俳名〉
滝川恕水　たきがわじょすい
　随有
滝川忠征　たきがわただゆき
　〔木全〕彦二郎
　忠征
滝川有乂　たきかわゆうかい
　子竜〈号〉
　新平〈通称〉
　崇山〈号〉
　有乂
多紀桂山　たきけいざん
　桂山
　元簡〈名〉
滝鴻　たきこう
　高梨〈号〉
　鴻
　鴻之允〈通称〉
田木幸助　たぎこうすけ

幸助
幸祐
滝沢宗伯　たきざわそうはく
　琴嶺
滝沢馬琴　たきざわばきん
　逸竹斎達竹〈別号〉
　傀儡子〈別号〉
　魁蕾子〈別号〉
　閑斎〈別号〉
　曲亭馬琴〈別号〉
　玉亭光峨〈別号〉
　愚山人〈別号〉
　玄同〈別号〉
　篁民〈別号〉
　蓑笠翁〈別号〉
　信天翁〈別号〉
　大栄山人〈別号〉
　著作堂主人〈別号〉
　彫窩主人〈別号〉
　馬琴
　〔曲亭〕馬琴
滝田融智　たきたゆうち
　泰円〈号〉
　融智
滝本千丈　たきのもとちたけ
　勘解由〈通称〉
　助右衛門〈通称〉
　千丈
　〔江里川〕忠能〈姓名〉
滝廼屋清麿　たきのやきよまろ
　〔長岡〕清兵衛〈通称〉
　清麿
滝原宋閑　たきはらそうかん
　小竹葉舎〈号〉
　将監〈通称〉
　仁住亭〈号〉
　宋閑
　豊常〈名〉
滝瓢水　たきひょうすい
　一鷹舎
　自得庵〈号〉
　〔叶屋〕新之丞〈通称〉
　新右衛門〈通称〉
　瓢水
　富春斎〈号〉
　野橋斎〈号〉
滝平主殿　たきひらとのも
　佳幹〈名〉
　主殿
滝方山　たきほうざん
　応々翁〈別号〉
　主水〈名〉
　招嶋軒〈別号〉
　貞右衛門〈通称〉
　方山
滝宮豊後　たきみやぶんご
　安資〈名〉
　豊後
滝無量　たきむりょう
　清
　無量

多紀藍渓　たきらんけい
　安元〈通称〉
　永寿院〈号〉
　元徳〈名〉
　仲明〈字〉
　藍渓
沢庵宗彭　たくあんそうほう
　宗彭
託何　たくが
　宿阿〈別称〉
　託何
沢山人沢山　たくさんじんたくさん
　〔石川〕嘉平次〈通称〉
　沢山
　稲穂庵〈別号〉
田口成能　たぐちしげよし
　成良
　成能
田口俊平　たぐちしゅんぺい
　安江〈旧名〉
　俊平
田口益人　たぐちのますひと
　益人
　上野守
田口森蔭　たぐちもりかげ
　〔雪廼屋〕森蔭
　藤長
田口保明　たぐちやすあき
　善八〈通称〉
　保明
田口柳所　たぐちりゅうしょ
　興治〈名〉
　子朗〈字〉
　適斎〈別号〉
　蘭鶴〈別号〉
　柳所
琢如　たくにょ
　愚玄〈別号〉
　光瑛〈諱〉
　淳寧〈院号〉
　琢如
宅間源左衛門　たくまげんざえもん
　源左衛門〈名〉
　能清〈諱〉
宅磨俊賀　たくましゅんが
　俊賀
宅磨勝賀　たくましょうが
　勝賀
　〔託磨〕勝賀
　証賀
　澄賀
託間為成　たくまためなり
　為成
　〔宅磨〕為成
　〔詫磨〕為成
宅磨長賀　たくまちょうが
　長賀
託間樊六　たくまはんろく
　敬敷〈名〉

神風〈号〉
樊六
〔詫間〕樊六
卓郎　たくろう
　久助〈通称〉
　弧山堂〈号〉
　卓郎
竹内塊翁　たけうちかいおう
　塊翁
　大鶴庵〈号〉
　竹有〈初号〉
竹内玄同　たけうちげんどう
　玄同
　西坡〈号〉
　風香〈号〉
竹内十丈　たけうちじゅうじょう
　間々軒〈別号〉
　十丈
竹尾正胤　たけおまさたね
　正胤
　東一郎〈通称〉
　*源〈本姓〉
武川幸順　たけかわこうじゅん
　幸順
　南山〈号〉
竹川政胖　たけかわまさひろ
　緑塵
　吉葛園〈号〉
　政胖
　積徳園〈号〉
　竹斎〈号〉
武隈庵双樹　たけくまあんふたき
　琴樹園二喜〈初号〉
　公木園〈号〉
　山海陳人〈別号〉
　双樹
　〔中島〕又右衛門〈通称〉
竹沢権右衛門(3代)　たけざわごんえもん
　亀吉〈初名〉
　〔豊沢〕亀吉〈前名〉
　〔豊沢〕権右衛門〈別名〉
　権右衛門(3代)
竹沢平八(1代)　たけざわへいはち
　都里夕〈別名〉
　〔菊沢〕平八〈別名〉
　平八(1代)
竹沢平八(2代)　たけざわへいはち
　平八(2代)
　里夕〈前名〉
竹沢弥七(2代)　たけざわやしち
　佐野七〈前名〉
　弥七(2代)
竹沢弥七(4代)　たけざわやしち
　宗六〈前名〉
　弥七(4代)
竹沢弥七(5代)　たけざわやしち
　権右衛門(4代)〈後名〉
　宗六(2代)〈前名〉

弥七(5代)
　力造〈初名〉
竹沢弥七(6代)　たけざわやしち
　〔滝沢〕蔵一〈初名〉
　弥七(6代)
　滝造〈前名〉
武下及庵　たけしたきゅうあん
　及庵
竹志田熊雄　たけしたくまお
　〔真鍋〕寿七郎
　熊雄
竹下東順　たけしたとうじゅん
　東順
竹柴其水　たけしばきすい
　其水
　進三〈初名〉
竹芝浦人　たけしばのうらびと
　狐軒打安〈別号〉
　竹翁
　〔鈴木〕伝蔵〈通称〉
　浦人
竹島幸左衛門(2代)　たけしまこうざえもん
　幸十郎(1代)〈前名〉
　幸左衛門(2代)
竹島幸左衛門(3代)　たけしまこうざえもん
　幸左衛門(3代)
　〔中村〕住平〈前名〉
竹田出雲(1代)　たけだいずも
　外記〈別称〉
　奚疑〈別称〉
　出雲(1代)
　千前〈俳号〉
竹田出雲(2代)　たけだいずも
　出雲(2代)
　清定
　千前軒〈号〉
竹田羽紅　たけだうこう
　羽紅
武田勝三　たけだかつみつ
　勝三
　勝近
武田菊峰　たけだきくほう
　菊峰
武田行忠　たけだぎょうちゅう
　行忠
　香涼〈院号〉
武田交来　たけだこうらい
　交来
　孝吉〈通称〉
　山閑人交来〈号〉
　勝次郎〈通称〉
武田五兵衛　たけだごひょうえ
　五兵衛
　シモン〈洗礼名〉
武田定清　たけださだきよ
　源乙衛門
竹田定直　たけださだなお
　子敬〈字〉
　七之介〈通称〉

春庵〈号〉
助太夫〈通称〉
定直
竹田治蔵　たけだじぞう
　〔讃岐屋〕治義〈通称〉
　治蔵
武田司馬　たけだしば
　司馬
　保勝〈名〉
竹田春江　たけだしゅんこう
　経豊〈名〉
　春江
　仁次郎〈通称〉
武田象庵　たけだしょうあん
　癸淵〈号〉
　象庵〈号〉
　信勝〈名〉
　大学山〈号〉
武田信玄　たけだしんげん
　勝千代〈幼名〉
　信玄
　晴信〈別称〉
　太郎〈幼名〉
　法性院信玄〈号〉
武田真元　たけだしんげん
　主計
　主計正〈通称〉
　真元〈号〉
　篤之進〈通称〉
　無畏斎〈号〉
竹田宗柏　たけだそうはく
　宗柏
　内蔵允〈通称〉
　〔橘村〕定広〈本名〉
武田信廉　たけだのぶかど
　信綱
武田信実　たけだのぶざね
　信実
　〔河窪〕信実
武田信広　たけだのぶひろ
　〔松前〕信広
竹田梅廬　たけだばいろ
　定良
武田立斎　たけだりっさい
　三益
武市瑞山　たけちずいさん
　瑞山
　半平太
竹中重固　たけなかしげかた
　重固
　〔吉野〕春山〈変名〉
竹中重次　たけなかしげつぐ
　重義
竹中重治　たけなかしげはる
　重治〈名〉
　半兵衛
武野安斎　たけのあんさい
　宗朝
竹内卯吉郎　たけのうちきちろう
　清潭〈号〉

貞基
卯吉郎〈通称〉
竹内玄々一　たけのうちげんげんいち
　玄々一
竹内式部　たけのうちしきぶ
　式部
　〔武内〕式部
竹内重信　たけのうちじゅうしん
　黄州〈号〉
　重信
　善次郎〈通称〉
竹内正兵衛　たけのうちしょうべえ
　正兵衛
　〔八谷〕清喜
竹内百太郎　たけのうちひゃくたろう
　百太郎
　〔竹中〕万次郎〈変名〉
竹内武信　たけのうちぶしん
　城山〈号〉
　善吾〈名〉
　武信
竹下草丸　たけのしたくさまる
　草丸
武野紹鷗　たけのじょうおう
　紹鷗
竹花正脩　たけはなせいしゅう
　藍谷
武林唯七　たけばやしただしち
　隆重
武林八郎　たけばやしはちろう
　〔八木〕八兵衛
　八郎
建部賢明　たけべかたあきら
　隼之助
建部賢文　たけべかたぶみ
　伝内
建部巣兆　たけべそうちょう
　英親〈名〉
　黄雀園〈号〉
　菜翁〈号〉
　秋香庵〈号〉
　巣兆
　族父〈字〉
建部涼袋　たけべりょうたい
　〔喜多村〕寒葉斎
　久城〈名〉
　〔片歌〕道守
　涼袋
　綾足
　*喜多村〈本姓〉
武村益友　たけむらえきゆう
　益友
竹本越前大掾　たけもとえちぜんのたいじょう
　越前大掾
　津大夫(1世)
　津太夫(1世)
　染太夫(5代)

梶太夫(3代)
竹本梶太夫(1代)　たけもとかじだゆう
　　染太夫(3代)
　　梶太夫(1代)
竹本義太夫(1代)　たけもとぎだゆう
　　義太夫(1代)
　　筑後掾少掾
　　筑後掾
　　〔清水〕理太夫
竹本義太夫(2代)　たけもとぎだゆう
　　義太夫(2代)
　　〔若竹〕政太夫
　　政太夫(1代)
　　播磨掾
竹本越路太夫(2代)　たけもとこしじだゆう
　　越路太夫(2代)
　　摂津大掾
竹本三郎兵衛(1代)　たけもとさぶろべえ
　　三郎兵衛(1代)
　　〔吉田〕三郎兵衛(1代)〈別名〉
竹本染太夫(6代)　たけもとそめだゆう
　　染太夫(6代)
　　梶太夫(4代)
竹本津大夫(2世)　たけもとつだゆう
　　津大夫(2世)
　　津太夫(2世)
　　法善寺の津大夫〈通称〉
竹本綱太夫(4代)　たけもとつなだゆう
　　綱太夫(4代)
　　紋太夫(4代)
竹本中太夫(1代)　たけもとなかだゆう
　　政太夫(3代)
　　中太夫(1代)
竹本男徳斎(1代)　たけもとなんとくさい
　　咲太夫(1代)
竹本男徳斎(2代)　たけもとなんとくさい
　　咲太夫(2代)
竹本播磨大掾　たけもとはりまのたいじょう
　　土佐太夫(2代)
　　播磨大掾
武元北林　たけもとほくりん
　　立平
竹本大和掾　たけもとやまとのじょう
　　〔豊竹〕上野少掾(2代)
　　大和掾
　　内匠太夫(1代)
建部人上　たけるべのひとかみ
　　〔阿保〕人上

多胡宇右衛門　たこうえもん
　　宇右衛門
　　宗右衛門
多治比池守　たじひのいけもり
　　池守
　　〔田治比〕池守
丹墀広成　たじひのひらなり
　　広成
　　〔多治比〕広成〈姓〉
丹比屋主　たじひのやぬし
　　屋主
　　〔多治比〕屋主
田島桐葉　たじまとうよう
　　桐葉
太十郎　たじゅうろう
　　太十郎
　　ニコライ・バイトルイチ〈ロシア名〉
多少庵秋瓜　たしょうあんしゅうか
　　秋瓜
田代毅軒　たしろきけん
　　政典
田代三喜斎　たしろさんきさい
　　三喜斎
田代紫紅　たしろしこう
　　止子山人〈号〉
　　紫孔
　　紫紅
　　通元
田代重栄　たしろじゅうえい
　　弥三左衛門
田代松意　たしろしょうい
　　琴風軒〈号〉
　　秀延〈名〉
　　松意
　　談林軒〈号〉
　　冬嶺堂〈号〉
多田南嶺　ただなんれい
　　義俊
　　南嶺
只野真葛子　ただのまくずこ
　　〔工藤〕真葛
　　真葛子
立川一阿　たちかわいちあ
　　一阿
立花鑑連　たちばなあきつら
　　鑑連
　　〔戸次〕鑑連
　　道雪
　　〔戸次〕道雪
橘曙覧　たちばなあけみ
　　曙覧
　　〔井手〕曙覧
立花実山　たちばなじつざん
　　宗有
橘千蔭　たちばなちかげ
　　千蔭
　　〔加藤〕千蔭
橘俊綱　たちばなとしつな
　　俊綱

〔藤原〕俊綱
立花直次　たちばななおつぐ
　　直次
　　〔高橋〕直次
橘南谿　たちばななんけい
　　南谿
　　〔宮川〕南谿
橘嘉智子　たちばなのかちこ
　　嘉智子
　　檀林皇后
橘佐為　たちばなのさい
　　佐為
　　〔橘宿禰〕佐為
橘広相　たちばなのひろみ
　　広相
　　贈納言
橘諸兄　たちばなのもろえ
　　葛城王
　　諸兄
立花北枝　たちばなほくし
　　源四郎〈通称〉
　　寿妖軒〈号〉
　　鳥翠台〈号〉
　　趙子〈号〉
　　趙北枝
　　北枝
立花牧童　たちばなぼくどう
　　〔とぎや〕彦三郎〈通称〉
　　松葉〈初号〉
　　牧童
立花宗茂　たちばなむねしげ
　　〔羽柴〕左近将監
　　宗茂
　　柳川侍従
橘家円喬(1代)　たちばなやえんきょう
　　円喬〈別号〉
　　円喬(1代)
　　〔山松亭〕円喬(1代)
　　花扇〈別号〉
　　岩橋〈別号〉
橘家円喬(2代)　たちばなやえんきょう
　　円喬(2代)
　　〔山松亭〕円喬(2代)
橘屋又三郎　たちばなやまたさぶろう
　　鉄砲又
立原春沙　たちはらしゅんさ
　　春沙
立嘉度　たちよしのり
　　嘉度
　　広作〈幼名〉
　　知静〈号〉
田付東渓　たつけとうけい
　　寿秀
達智門院　だっちもんいん
　　奨子内親王
　　達智門院
立石斧次郎　たていしおのじろう
　　〔米田〕為八〈幼名〉

教之〈別名〉
　　〔長野〕桂次郎〈別名〉
　斧次郎
伊達五郎八　だていろは
　　天麟院
立川銀馬　たてかわぎんば
　銀馬
　　〔談語楼〕銀馬
立川三玉斎(1代)　たてかわさん
　　ぎょくさい
　三光
立羽不角　たてばふかく
　虚無斎〈号〉
　松月堂〈号〉
　千翁〈号〉
　定之助〈通称〉
　南々舎〈号〉
　不角
　霊雲斎〈号〉
建部凌岱　たてべりょうたい
　　〔喜多村〕寒葉斎
　　〔片歌〕道守
　凌岱
　綾足〈名〉
伊達政景　だてまさかげ
　政景
　　〔高森〕雪斎
伊達政宗　だてまさむね
　　〔羽柴〕越前守
　　〔大崎〕左衛門督・少将
　政宗
　長井侍従
立松東蒙　たてまつとうもう
　　〔平秩〕東作(1世)
　東蒙
伊達宗勝　だてむねかつ
　宗勝
　兵部
伊達宗重　だてむねしげ
　安芸
伊達村豊　だてむらとよ
　宗春
田所騰次郎　たどころとうじろう
　重道
田中河内介　たなかかわちのすけ
　士徳
田中葵園　たなかきえん
　従太郎
田中丘隅　たなかきゅうぐ
　丘隅
　兵庫
田中魚江　たなかぎょこう
　魚江
田中金峰　たなかきんぽう
　君安
田中愿仲　たなかげんちゅう
　栄信
田中玄蕃(9代)　たなかげんばん
　玄蕃〈通称〉
　玄蕃(9代)
　通喬〈名〉

田中玄蕃(10代)　たなかげんばん
　敬夫〈字〉
　玄蕃〈通称〉
　玄蕃(10代)
　順治
　貞矩〈名〉
　百路〈号〉
田中五竹坊　たなかごちくぼう
　帰童仙〈号〉
　琴左〈号〉
　五竹坊〈号〉
　五筑坊
　幸次郎〈通称〉
　市郎八〈通称〉
　獅子門(4世)
　東伯〈通称〉
田中治兵衛　たなかじへえ
　　〔布屋〕次兵衛
田中勝介　たなかしょうすけ
　勝介
　ドン・フランシスコ・デ・ベ
　　ラスコ〈受洗名〉
田中静洲　たなかせいしゅう
　　〔朝倉〕省吾〈変名〉
　　〔朝倉〕盛明〈変名〉
　静洲
田中清六　たなかせいろく
　高屋〈別称〉
　清六
　　〔銭屋〕了喜〈別称〉
田中千梅　たなかせんばい
　七右衛門〈通称〉
　千梅
　知義〈名〉
　白翁〈号〉
　方鏡叟〈号〉
田中宗慶　たなかそうけい
　宗慶
田中多太麻呂　たなかただまろ
　多太麻呂
　多太暦
田中世誡　たなかつぐよし
　散木
田中常矩　たなかつねのり
　常矩
　真ум〈号〉
　甚兵衛〈通称〉
　忠俊〈名〉
田中泥斎　たなかでいさい
　有文
田中伝左衛門(4代)　たなかでん
　　ざえもん
　涼至
田中桐江　たなかとうこう
　豁然居士〈別号〉
　　〔富〕春叟
　清太夫
　雪翁〈別号〉
　雪華道人〈別号〉
　竹湾〈号〉
　桐江

　武助〈通称〉
　平右衛門〈通称〉
田中式如　たなかのりゆき
　恒斎
田中布舟　たなかふしゅう
　左太夫〈本名〉
　　〔鍵屋〕孫右衛門〈通称〉
　布舟
田中正雄　たなかまさお
　軍太郎
　　〔秋山〕虎之助
　正雄
田中正利　たなかまさとし
　吉真
　正利
　由真
田中宗得　たなかむねのり
　一閑
田中保親　たなかやすちか
　止水
　甚兵衛
田中安敬　たなかやすよし
　弥兵衛
田中佳政　たなかよしまさ
　　〔山野〕十右衛門
田辺晋斎　たなべしんさい
　希文
田辺整斎　たなべせいさい
　希賢
田辺福麻呂　たなべのさきまろ
　福麻呂
　福暦
田辺蓮舟　たなべれんしゅう
　太一〈本名〉
　蓮舟
谷一斎　たにいっさい
　一斎
　三山
谷維揚　たにいよう
　遵
谷川護物　たにかわごぶつ
　鶴飛〈号〉
　護物
　田喜庵〈号〉
　東寅居〈号〉
谷幹々　たにかんかん
　幹々
谷口雞口　たにぐちけいこう
　雞口
　獅子眠〈号〉
　木犀庵(2世)〈号〉
谷口重以　たにぐちじゅうい
　重以
谷口大雅　たにぐちたいが
　元淡
谷口田女　たにぐちでんじょ
　田女
　よし〈通称〉
谷口蕪村　たにぐちぶそん
　宰鳥〈別号〉
　三菓〈別号〉

四明〈別号〉
　　紫狐庵〈別号〉
　　春星〈字〉
　　長庚〈名〉
　　朝滄
　　東成〈別号〉
　　饕道人〈別号〉
　　蕪村
　　〔与謝〕蕪村
　　夜半亭(2世)〈別号〉
　　夜半翁〈別号〉
　　落日庵〈別号〉
　　*谷口〈本姓〉
谷口楼川　たにぐちろうせん
　　楼川
谷崎永律　たにざきながのり
　　谷崎勾当
谷秦山　たにしんざん
　　重遠〈名〉
　　秦山〈号〉
　　丹三郎〈通称〉
谷頭有寿　たにずありとし
　　山民〈字〉
　　文蔵〈通称〉
　　溪南〈号〉
　　有寿
谷宗牧　たにそうぼく
　　孤竹斎〈号〉
　　宗牧
　　半隠軒〈号〉
　　*谷〈姓〉
谷宗養　たにそうよう
　　宗養
　　半松斎〈号〉
谷宗臨　たにそうりん
　　守光〈名〉
　　宗臨
　　善三郎〈通称〉
　　*紀〈本姓〉
谷素外　たにそがい
　　素外
　　〔一陽井〕素外
　　*池田〈本姓〉
谷忠澄　たにただずみ
　　忠兵衛
谷鉄臣　たにてつおみ
　　太湖〈号〉
　　鉄臣
　　如意山人〈号〉
　　〔渋谷〕驪太郎
　　*渋谷〈旧姓〉
溪百年　たにひゃくねん
　　世尊
谷文一　たにぶんいち
　　痴斎〈号〉
　　文一
谷文晁　たにぶんちょう
　　文晁
谷木因　たにぼくいん
　　観水軒〈号〉
　　九太夫〈通称〉

　　白桜下〈号〉
　　木因
　　木端〈号〉
　　呂音堂〈号〉
谷北渓　たにほっけい
　　虎蔵〈通称〉
　　三舟〈別称〉
　　真潮
　　丹内〈字〉
　　北渓〈号〉
谷村楯八(1代)　たにむらたて
　はち
　　楯八(1代)
　　〔亀谷〕竹八〈前名〉
谷村楯八(2代)　たにむらたて
　はち
　　菊松〈前名〉
　　楯八(2代)
谷村楯八(3代)　たにむらたて
　はち
　　谷三郎〈前名〉
　　谷松〈初名〉
　　楯八(3代)
谷村直　たにむらなおし
　　謙次郎〈旧称〉
　　周斎〈号〉
　　周達〈号〉
　　直
谷本教　たにもとのり
　　伝右衛門
谷森善臣　たにもりよしおみ
　　外記〈通称〉
　　菫壺〈号〉
　　善臣
　　二郎〈通称〉
谷安殷　たにやすしげ
　　安殷
　　長右衛門〈通称〉
種子女王　たねこじょおう
　　種子女王
　　潤屋宮〈尊称〉
種子田政明　たねだまさあき
　　政明
　　〔種田〕政明
胤吉　たねよし
　　胤吉
　　〔堀井〕来助〈幼名〉
田能村竹田　たのむらちくでん
　　九畳仙史〈別号〉
　　君彛〈字〉
　　行蔵〈別称〉
　　孝憲〈名〉
　　紅荳詞人〈別号〉
　　随縁居士〈別号〉
　　竹田
　　竹花幽窓主人〈別号〉
　　藍水狂客〈別号〉
玉井権八　たまいごんぱち
　　権八
　　権八郎〈別名〉
玉井竹堂　たまいちくどう

　　自楽居士〈号〉
　　拙蔵〈通称〉
　　竹堂
　　敏行〈諱〉
玉楮象谷　たまかじぞうこく
　　〔藤川〕敬造〈本名〉
　　象谷
玉川春菴　たまがわしゅんあん
　　錦丘〈号〉
　　三省堂〈号〉
　　春菴〈別称〉
　　有秋〈名〉
玉木西涯　たまきせいがい
　　恒〈名〉
　　恒太郎〈通称〉
　　西涯
玉木正英　たまきまさひで
　　葦斎
玉城朝薫　たまぐすくちょうくん
　　朝薫
　　能達〈号〉
玉沢才次郎　たまざわさいじろう
　　紅朝〈俳名〉
　　才次郎
玉沢林弥　たまざわりんや
　　幸十郎〈別名〉
　　林弥
玉造清之允　たまつくりせいの
　じょう
　　清之允
　　徳之介〈初名〉
玉松操　たままつみさお
　　〔山本〕毅軒
　　操
　　直弘〈諱〉
　　*山本〈本姓〉
玉水五郎右衛門　たまみずごろえ
　もん
　　五郎右衛門
　　〔吾妻〕五郎右衛門〈別名〉
　　〔鈴虫〕五郎右衛門〈後名〉
玉虫尚茂　たまむしひさしげ
　　十蔵
玉村芝楽　たまむらしらく
　　〔田中〕吉蔵〈初名〉
　　芝楽
　　〔中村〕芝楽〈別名〉
　　〔中村〕富五郎〈前名〉
田丸道隠　たまるどういん
　　諦忍
　　道隠
田丸直昌　たまるなおまさ
　　具安
民島千寿　たみしませんじゅ
　　〔霧波〕千寿(2代)
民谷十三郎(1代)　たみやじゅう
　ざぶろう
　　三蝶〈俳名〉
　　十三郎(1代)
　　半之助〈前名〉
民谷四郎五郎　たみやしろごろう

江音〈俳名〉
四郎五郎
〔滝井〕半四郎〈前名〉
田宮仲宣　たみやちゅうせん
　橘庵
　盧橘庵
田村元長　たむらげんちょう
　元長
　西湖〈号〉
　善之〈名〉
田村仁平　たむらにへい
　吉房〈名〉
　仁平
田村宗顕　たむらむねあき
　敬顕
為永春鶯　ためながしゅんおう
　春鶯
　芳訓亭〈号〉
為永春江　ためながしゅんこう
　狂文亭〈別号〉
　春江
為永春水(1世)　ためながしゅんすい
　金竜山人〈別号〉
　春水(1世)
　鶯鶯正輔
　振鶯亭(2世)〈別号〉
　〔佐々木〕貞高〈本姓名〉
　南仙笑楚満人(2世)〈別号〉
為永春友　ためながしゅんゆう
　春友
　笑訓亭〈別号〉
為永太郎兵衛　ためながたろべえ
　〔豊田〕正蔵〈別名〉
　千蝶〈俳名〉
　太郎兵衛
袂広好　たもとひろよし
　広好
　浅裏庵〈別号〉
田安治察　たやすはるあき
　〔徳川〕治察
田安宗武　たやすむねたけ
　宗武
　〔徳川〕宗武
田山敬儀　たやまたかのり
　敬儀
　淡斎〈号〉
垂水繁昌　たるみしげまさ
　左衛門尉
太郎介　たろすけ
　太郎介
　〔向〕太郎介
田原紹忍　たわらしょうにん
　親賢
俵藤太　たわらとうた
　〔藤原〕秀郷
　藤太
俵船積　たわらのふなつみ
　船積
　田原船積〈別号〉
俵米守　たわらのよねもり

花咲庵〈別号〉
米守
俵屋宗雪　たわらやそうせつ
　宗雪
俵屋宗達　たわらやそうたつ
　宗達
俵屋宗理(3代)　たわらやそうり
　〔菱川〕宗理
壇秋芳　だんあきよし
　宇宙閑人〈号〉
　秋芳
　東郊〈号〉
淡雲　たんうん
　安国淡雲〈別称〉
　慨痴道人〈別称〉
　清浄院〈号〉
　淡雲
　佩石〈字〉
檀渓心凉　だんけいしんりょう
　心凉
丹下乙蔵　たんげおとぞう
　乙蔵
丹前勝山　たんぜんかつやま
　勝山
丹前十兵衛　たんぜんじゅうべえ
　十兵衛
　〔小唄〕十兵衛〈別名〉
炭太祇　たんたいぎ
　宮商洞〈別号〉
　三亭〈号〉
　水語〈号〉
　太祇
　道源〈法号〉
　徳母〈号〉
　不夜庵〈別号〉
檀通　だんつう
　檀通
　逞誉〈号〉
　明誉〈号〉
談天門院　だんてんもんいん
　談天門院
　〔藤原〕忠子
弾直樹　だんなおき
　弾左衛門
　〔浅草〕弾左衛門
　直樹
淡輪元潜　たんなわげんせん
　元潜〈医号〉
　重弱〈名〉
　蕃山〈号〉
丹波局　たんばのつぼね
　加賀内侍〈別称〉
　丹波局
　兵衛督局〈別称〉
丹波局　たんばのつぼね
　右衛門督
　石
　丹波局

【ち】

知恵猿人　ちえのさるひと
　猿人
　日蔵庵〈別号〉
智翁永宗　ちおうえいしゅう
　永宗
　詠宗
智海　ちかい
　心慧
　道照
親信　ちかのぶ
　上総介親信
　親信
近松加造　ちかまつかぞう
　加造
　桂寿〈別名〉
　慶寿〈別名〉
近松勘之助　ちかまつかんのすけ
　勘之助
　千木〈俳名〉
近松勘六　ちかまつかんろく
　行重
近松茂矩　ちかまつしげのり
　丁牧
近松梅枝軒　ちかまつばいしけん
　〔梅枝軒〕泊鶯
近松門左衛門　ちかまつもんざえもん
　〔杉森〕信盛〈本名〉
　門左衛門
近松八十翁　ちかまつやそおう
　〔奈河〕七五三助(4代)
　〔嶺琴〕八十助
　八十翁
智鏡　ちきょう
　智鏡
　明観
千種庵(1世)　ちくさあん
　千種庵(1世)
　霜解
千種庵(3世)　ちくさあん
　千種庵(3世)
　磐樹
千種庵(4世)　ちくさあん
　春吉
　千種庵(4世)
竺山得仙　ちくさんとくせん
　得僊
千熊長彦　ちくまながひこ
　職麻那那加比跪
　長彦
竹葉舎杜若　ちくようしゃとじゃく
　〔杉廼屋〕三寸美
遅月庵空阿　ちげつあんくうあ
　空阿
　如日
痴兀大慧　ちこつたいえ
　大慧
千々石ミゲル　ちじわみげる

清左衛門
　清左衛門
　ミゲル
千鳥祐春　ちどりすけはる
　祐春
　〔中臣〕祐春
千葉常重　ちばつねしげ
　〔平〕常重
千葉常秀　ちばつねひで
　〔境〕常秀
千葉常安　ちばつねやす
　〔臼井〕常安
千葉秀胤　ちばひでたね
　〔上総〕秀胤
千葉黙池　ちばもくち
　徳三郎〈通称〉
　黙池
　〔中島〕黙池
　与兵衛〈通称〉
千早東山　ちはやとうざん
　東山
　〔山路〕東山
茅原虚斎　ちはらきょさい
　定
千村鷲湖　ちむらがこ
　白寿
嫡宗田承　ちゃくしゅうでん
しょう
　田承
茶屋四郎次郎(5代)　ちゃやしろうじろう
　延宗
　四郎次郎(5代)
茶屋四郎次郎(1代)　ちゃやしろじろう
　四郎次郎(1代)
　清延
　〔中島〕清延
茶屋四郎次郎(2代)　ちゃやしろじろう
　四郎次郎(2代)
　清忠
茶屋四郎次郎(3代)　ちゃやしろじろう
　四郎次郎(3代)
　宗清
茶屋四郎次郎(4代)　ちゃやしろじろう
　四郎次郎(4代)
　道澄
茶屋新四郎　ちゃやしんしろう
　新四郎
　長吉
智幽　ちゆう
　玄門〈字〉
　智幽
忠快　ちゅうかい
　小川法印
中和門院　ちゅうかもんいん
　〔近衛〕前子
　〔藤原〕前子

中和門院
中巌円月　ちゅうがんえんげつ
　円月
忠室宗孝　ちゅうしつそうこう
　宗孝
中条兵庫助　ちゅうじょうひょうごのすけ
　長秀
仲方円伊　ちゅうほうえんい
　円伊
仲猷祖闡　ちゅうゆうそせん
　祖闡
澄円　ちょうえん
　智演〈別号〉
　澄円
蝶花楼馬楽(1代)　ちょうかろうばらく
　〔加藤〕幸之助〈本名〉
　馬楽(1代)
長慶天皇　ちょうけいてんのう
　寛成親王
張月樵　ちょうげっしょう
　月樵
澄憲　ちょうけん
　澄憲
　〔藤原〕澄憲
朝賢　ちょうけん
　朝賢
　〔観音寺〕朝賢
重源　ちょうげん
　重源
　〔俊乗坊〕重源
　俊乗房
長西　ちょうさい
　覚明房
長三洲　ちょうさんしゅう
　光太郎〈通称〉
　三洲〈号〉
　富太郎〈通称〉
朝山芳暾　ちょうざんほうとん
　芳暾
張氏福子　ちょうしのふくし
　〔張〕福子
長次郎　ちょうじろう
　長次郎
　〔楽〕長次郎
　〔田中〕長次郎
　長祐
長宗我部元親　ちょうそかべもとちか
　元親
　土佐侍従
趙陶斎　ちょうとうさい
　陶斎
　〔高良〕陶斎
晁南山　ちょうなんざん
　〔朝比奈〕南山
超然　ちょうねん
　〔深慨〕隠士
　超然

鳥文斎栄之　ちょうぶんさいえいし
　栄之
　〔細田〕栄之
　〔細田〕弥三郎時当〈本姓名〉
長平　ちょうへい
　〔土佐〕長平
長楽門院　ちょうらくもんいん
　〔藤原〕忻子〈御名〉
　長楽門院
陳元贇　ちんげんぴん
　元贇
　芝山

【つ】

堆朱楊成(1代)　ついしゅようぜい
　長充
　楊成(1代)
堆朱楊成(8代)　ついしゅようぜい
　長宗
　楊成(8代)
堆朱楊成(17代)　ついしゅようぜい
　長邦
　楊成(17代)
通翁鏡円　つうおうきょうえん
　鏡円
通幻寂霊　つうげんじゃくれい
　寂霊
津打治兵衛(2代)　つうちじへえ
　英子(1代)
津打治兵衛(4代)　つうちじへえ
　治兵衛(4代)
　〔鈍応〕与三兵衛(2代)
津打半右衛門　つうちはんえもん
　〔鈴木〕平左衛門(2代)
通陽門院　つうようもんいん
　〔藤原〕厳子
　通陽門院
塚田大峯　つかだたいほう
　虎〈名〉
　叔貔〈字〉
　多門〈通称〉
　大峰〈号〉
　大峯
　〔冢田〕大峯
津軽信寿　つがるのぶひさ
　栄翁〈号〉
　義軒〈庵号〉
　剛健〈庵号〉
　信寿
　信重
　竹翁〈号〉
　平蔵〈幼名〉
津軽順承　つがるゆきつぐ
　順徳
津川義近　つがわよしちか
　義近
　〔斯波〕義近
　三松

月岡芳年　つきおかよしとし
　　〔吉岡〕金三郎〈本名〉
　　芳年
　　〔大蘇〕芳年
築山殿　つきやまどの
　　駿河御前
　　築山殿
　　瀬名姫
築山楽山　つきやまらくざん
　　楽山堂
筑紫衛　つくしまもる
　　義門
筑波庵(1世)　つくばあん
　　紫蔭
　　筑波庵(1世)
筑波庵(2世)　つくばあん
　　〔八重の家〕菊枝
　　筑波庵(2世)
　　繁樹
継山検校　つぐやまけんぎょう
　　阿一〈名〉
　　検校
　　*次山〈姓〉
柘植葛城　つげかつらぎ
　　葛城〈号〉
　　君績〈字〉
　　常熙〈名〉
　　卓馬〈通称〉
柘植三郎左衛門尉　つげさぶろうざえもんのじょう
　　三郎右衛門
　　三郎左衛門尉
柘植叔順　つげしゅくじゅん
　　竜洲
津阪東陽　つさかとうよう
　　君裕〈字〉
　　孝綽〈名〉
　　〔津坂〕孝綽
　　東陽〈号〉
　　〔津坂〕東陽
津崎矩子　つざきのりこ
　　矩子
　　村岡
　　村岡局
辻格亮　つじかくりょう
　　格亮
辻将曹　つじしょうそう
　　維岳〈諱〉
　　将曹
辻端亭　つじたんてい
　　達
辻荻子　つじてきし
　　景方〈名〉
　　景賢〈名〉
　　五平次〈通称〉
　　荻子
辻原元甫　つじはらげんぽ
　　橘軒〈号〉
　　元甫

辻常陸大掾　つじひたちのだいじょう
　　喜平次
辻村高平　つじむらたかひら
　　兼若
辻与次郎　つじよじろう
　　与次郎
辻嵐外　つじらんがい
　　政輔〈通称〉
　　嵐外
辻六郎左衛門　つじろくろうざえもん
　　鶴翁〈号〉
　　守参〈諱〉
　　六郎左衛門〈通称〉
津田宜義　つだぎぎ
　　宜義
　　〔秋田〕義一
　　〔秋田〕十七郎
津田玄蕃　つだげんば
　　孟昭
津田監物　つだけんもつ
　　算長
津田助広　つだすけひろ
　　助広
　　〔越前守〕助広
　　助広(2世)
　　甚之丞〈通称〉
津田盛月　つだせいげつ
　　〔織田〕左馬允
　　〔外峯〕四郎左衛門
　　盛月
津田宗及　つだそうきゅう
　　宗及
　　〔天王寺屋〕宗及
津田宗達　つだそうたつ
　　宗達
　　〔天王寺屋〕宗達
津田東陽　つだとうよう
　　士雅
津田鳳卿　つだほうけい
　　梧崗
土田献　つちだけん
　　献
　　翼卿〈字〉
土橋宗静　つちはしそうじょう
　　宗静
土橋友直　つちはしともなお
　　好古堂〈号〉
　　四郎兵衛〈通称〉
　　七郎兵衛〈通称〉
　　誠斎〈号〉
　　保安〈通称〉
　　友直
土御門定通　つちみかどさだみち
　　〔久我〕定通
土御門天皇　つちみかどてんのう
　　阿波院
　　土佐院
　　土御門天皇
土御門藤子　つちみかどふじこ

桃の井
藤子
土御門泰福　つちみかどやすとみ
　　泰福
　　〔安倍〕泰福
土屋安親(1代)　つちやあんしん
　　安信
　　〔奈良〕安親
　　安親(1代)
　　東雨〈号〉
　　東翁〈号〉
　　弥五八〈通称〉
土屋一光(1代)　つちやいっこう
　　〔横萩〕一光
　　一光(1代)
土屋温斎　つちやおんさい
　　温斎
　　万次郎〈通称〉
土屋修蔵　つちやしゅうぞう
　　修蔵
　　親愛〈名〉
土屋蕭海　つちやしょうかい
　　矢之助
　　矢之助
　　蕭海
土屋善四郎(1代)　つちやぜんしろう
　　善四郎(1代)
　　芳方〈名〉
土屋善四郎(3代)　つちやぜんしろう
　　起徳〈名〉
　　善四郎(3代)
土屋虎松　つちやとらまつ
　　又蔵
土屋昌恒　つちやまさつね
　　惣蔵
土屋林紅　つちやりんこう
　　今宵庵〈号〉
　　是三〈通称〉
　　林紅
筒井定次　つついさだつぐ
　　伊賀侍従
　　〔小泉〕四郎
　　定次
筒井順慶　つついじゅんけい
　　陽舜房
筒井紀充　つついのりみつ
　　紀充
筒井村作兵衛　つついむらさくべえ
　　作兵衛
堤梅通　つつみばいつう
　　花の本(9世)〈別号〉
　　克昌〈名〉
　　梅通
　　麦慰舎〈別号〉
　　〔俵屋〕六兵衛〈通称〉
塘潘山　つつみはんざん
　　〔模稜舎〕百子
恒明親王　つねあきしんのう

常磐井宮
恒貞親王　つねさだしんのう
　　恒貞親王
　　恒寂
恒遠醒窓　つねとおせいそう
　　頼母
恒丸　つねまる
　　一〈字〉
　　玄圃〈号〉
　　玄圃斎恒丸〈号〉
　　恒丸
　　〔今泉〕恒丸
　　石巌山人〈号〉
　　泉子〈号〉
　　太寧〈号〉
　　与右衛門〈通称〉
　　養拙斎〈号〉
常見浩斎　つねみこうさい
　　一之
常世田長翠　つねよだちょうすい
　　胡床庵〈号〉
　　胡床庵
　　残露庵〈号〉
　　小蓑庵〈号〉
　　長翠
　　椿海
都野巽　つのたつみ
　　巽
　　〔有福〕槌三郎
津野之高　つのゆきたか
　　光高
椿仲輔　つばきなかすけ
　　寂庵〈別号〉
　　商塢〈別号〉
　　常磐舎〈別号〉
　　仲輔
坪井信道　つぼいしんどう
　　信道
　　誠軒〈号〉
　　道〈名〉
坪井杜国　つぼいとこく
　　庄兵衛〈通称〉
　　杜国
　　平兵衛
壺井義知　つぼいよしちか
　　鶴翁
壺屋九郎兵衛　つぼやくろべえ
　　〔茶碗屋〕久兵衛
　　九郎兵衛
答本陽春　つぼようしゅん
　　陽春
　　〔麻田〕陽春
　　〔麻田連〕陽春
爪木晩山　つまきばんざん
　　永可〈号〉
　　吟花堂〈号〉
　　二童斎〈号〉
　　晩山
津山検校(1代)　つやまけんぎょう
　　検校(1代)
　　〔中川〕検校(1代)

津山東溟　つやまとうめい
　　斗竜〈別号〉
　　東溟
　　懋〈本名〉
露五郎兵衛　つゆのごろべえ
　　雨洛〈別号〉
　　五郎兵衛
　　露休〈別号〉
鶴賀新内(1代)　つるがしんない
　　〔岡田〕五郎次郎〈本名〉
　　新内(1代)
鶴賀新内(5代)　つるがしんない
　　鶴吉(3代)
　　若狭太夫(2代)
　　新内(5代)
鶴賀鶴吉(1代)　つるがつるきち
　　鶴吉(1代)
　　こん〈本名〉
鶴賀鶴吉(2代)　つるがつるきち
　　鶴吉(2代)
　　つち〈本名〉
鶴賀鶴吉(3代)　つるがつるきち
　　鶴吉(3代)
　　庄兵衛
鶴亀長年　つるかめながとし
　　長年
　　蓬莱居〈別号〉
鶴賀若狭掾　つるがわかさのじょう
　　鶴吉
　　若狭掾
　　〔朝日〕若狭掾
　　〔高井〕庄兵衛〈通称〉
鶴沢清七(1代)　つるざわせいしち
　　松屋〈通称〉
　　清七(1代)
　　友次郎(3代)
鶴沢友次郎(2代)　つるざわともじろう
　　児島屋〈通称〉
　　文蔵(1代)
　　友次郎(2代)
鶴田卓池　つるだたくち
　　青々処〈号〉
　　卓池
　　与左衛門〈通称〉
　　与惣右衛門〈通称〉
　　藍叟〈号〉
鶴脛長喜　つるのはぎながき
　　浅瀬庵〈別号〉
　　長喜
　　〔山形屋〕兵助〈通称〉
鶴廼屋梅好　つるのやうめよし
　　鶴雛子〈号〉
　　〔今堀〕長兵衛〈通称〉
　　梅好
　　北窓梅乎〈初号〉
鶴廼屋平佐丸　つるのやおさまる
　　紀平佐丸〈初号〉
　　平佐丸

〔浅田屋〕宗兵衛〈通称〉
鶴海一漁(1代)　つるみいちぎょ
　　一漁(1代)
鶴海一漁(2代)　つるみいちぎょ
　　一漁(2代)
鶴峯戊申　つるみねしげのぶ
　　海西〈別号〉
　　皐舎〈別号〉
　　戊申
鶴屋南北(4代)　つるやなんぼく
　　南北(4代)
　　〔勝〕俵蔵(1代)

【て】

庭訓舎綾人　ていきんしゃあやんど
　　筆綾人〈初号〉
　　〔久野〕与兵衛〈通称〉
　　綾人
蹄斎北馬　ていさいほくば
　　北馬
提室智閑　ていしつちせん
　　智閑
程順則　ていじゅんそく
　　順則〈唐名〉
　　〔名護〕寵文〈和名〉
貞松斎一馬(1代)　ていしょうさいいちば
　　米一馬
貞松斎一馬(4代)　ていしょうさいいちば
　　一馬(4代)
　　〔山県〕林平〈本姓名〉
鄭成功　ていせいこう
　　国姓爺
　　成功
　　和唐内〈日本名〉
鄭秉哲　ていへいてつ
　　秉哲
　　〔伊佐川〕佑実〈和名〉
出口貞木　でぐちていぼく
　　貞木
出久㕝坊画安　でくのぼうかきやす
　　画安
　　春山〈画号〉
　　〔勝川〕文吉〈通称〉
出島明雅　でじまあきまさ
　　竹斎〈号〉
　　明雅
手島堵庵　てじまとあん
　　〔近江屋〕源右衛門〈本名〉
　　堵庵
手塚兎月　てづかとげつ
　　橘生堂〈別号〉
　　兎月
　　北溟〈別号〉
　　北溟合浦〈別号〉
鉄庵道生　てつあんどうしょう
　　道生

〔鉄菴〕道生
徹翁義亨　てつおうぎこう
　義亨
哲巌祖濬　てつがんそしゅん
　祖濬
鉄牛道心　てつぎゅうえんしん
　円心
鉄牛道機　てつぎゅうどうき
　大慈普応禅師
　道機
鉄眼道光　てつげんどうこう
　道光
鉄格子波丸　てつごうしなみまる
　似蜂軒波丸〈号〉
　〔木津屋〕周蔵〈通称〉
　糟長者〈初号〉
　波丸
　*西浦〈本姓〉
鉄山士安　てつさんしあん
　士安
鉄山宗鈍　てつざんそうどん
　宗鈍
徹岫宗九　てっしゅうしゅうく
　宗九
　普応大満国師
鉄舟徳済　てっしゅうとくさい
　円通大師
　徳済
徹通義介　てっつうぎかい
　義介
出目満喬　でめみつたか
　洞白
出目満照　でめみつてる
　二郎左衛門(越前出目家の1代)
　二郎左衛門満照〈通称〉
　満照
出目庸吉　でめやすよし
　長雲
出目栄満　でめよしみつ
　〔元利〕栄満
寺尾市四郎　てらおいちしろう
　五朗
　市四郎
寺倉古文　てらくらひさふみ
　古文
　茂右衛門〈通称〉
寺坂吉右衛門　てらさかきちえもん
　信行
寺崎紫白女　てらさきしはくじょ
　糸白〈別号〉
　紫白女
寺島忠三郎　てらじまちゅうざぶろう
　〔中島〕三郎
　昌昭
　忠三郎
寺島羮言　てらしまぼくげん
　安規〈名〉
　伊右衛門〈通称〉

羮言
寺島安信　てらしまやすのぶ
　安信
　嘉右衛門〈通称〉
寺田重徳　てらだじゅうとく
　重徳
　与平次〈通称〉
寺田正重　てらだまさしげ
　勘右衛門
寺田宗有　てらだむねあり
　喜代太〈通称〉
　三五郎〈通称〉
　宗有
寺野守水老　てらのしゅすいろう
　灌頂〈幼名〉
　守水老
　宗教〈本名〉
　*青山〈本姓〉
　*青野〈旧姓〉
寺町百庵　てらまちひゃくあん
　越智百庵
　三知〈本名〉
　新柳亭
　蜑子言満〈狂名〉
　道阿〈号〉
　梅仁翁〈号〉
　百庵
　不二山人〈号〉
　友三
寺村左膳　てらむらさぜん
　左膳
　〔日野〕春草〈通称〉
煕子女王　てるこにょおう
　煕子女王
　照子女王
伝翁品騰　でんおうほんとう
　品騰
天海　てんかい
　慈眼大師
　天海
　〔南光坊〕天海
天海正曇　てんかいしょうどん
　正曇
天鑑存円　てんかんそんえん
　存円
天境霊致　てんきょうれいち
　霊致
天桂伝尊　てんけいでんそん
　伝尊
天室　てんしつ
　天室
　天貿
天智天皇　てんじてんのう
　中大兄皇子
　天命開別尊
　天智天皇
天釈禅弥　てんしゃくぜんみ
　禅弥
天璋院　てんしょういん
　〔徳川〕家定夫人
　天璋院

天真法親王　てんしんほうしんのう
　守全法親王
天瑞院　てんずいいん
　大政所
　天瑞院
田捨女　でんすてじょ
　捨女
天先祖命　てんせんそみょう
　祖命
天叟順孝　てんそうじゅんこう
　順孝
伝通院　でんつういん
　於大の方
　〔徳川〕家康生母
　伝通院
天徳曇貞　てんとくどんてい
　曇貞
天南松薫　てんなんしょうくん
　松薫
天王寺屋道叱　てんのうじやどうしつ
　〔津田〕道叱
伝兵衛　でんべえ
　伝兵衛
　カヴリイル〈洗礼名〉
天姥　てんぼ
　古慊〈名〉
　天姥
　八郎兵衛〈通称〉
天武天皇　てんむてんのう
　大海人皇子
　天武天皇
　天渟中原瀛真人尊
天祐思順　てんゆうしじゅん
　思順
天誉清啓　てんよせいけい
　清啓
　〔天与〕清啓
天竜道人　てんりゅうどうじん
　虚庵〈別号〉
　〔渋川〕虚庵
　瑾〈名〉
　〔王〕瑾
　公瑜〈字〉
　岫竜〈別号〉
　道人
　*王〈姓〉
天倫宗忽　てんりんそうこつ
　宗忽

【と】

土井薫梅　どいくんばい
　薫梅子
土井利厚　どいとしあつ
　利和
土井杢之丞　どいもくのじょう
　正就
道意　どうい
　道基

道因　どういん
　道因
　　〔藤原〕敦頼〈本名〉
洞院公賢　とういんきんかた
　公賢
　　〔藤原〕公賢
桃隠玄朔　とういんげんさく
　玄朔
洞院実雄　とういんさねお
　〔西園寺〕実雄
　〔藤原〕実雄
桐雨　とうう
　知明〈名〉
　忠右衛門〈通称〉
　桐雨
道永法親王　どうえいほうしんのう
　高平親王
東海竺源　とうかいじくげん
　竺源
東海昌睃　とうかいしょうしゅん
　昌睃
棹歌亭真楫　とうかていまかじ
　〔林〕国雄
　〔林〕主水〈通称〉
　松園〈別号〉
　常磐舎〈別号〉
　真楫
　棹歌亭主人〈別号〉
東巌慧安　とうがんえあん
　慧安
胴胆太記　どうぎものふとき
　〔品川〕玄湖
道御　どうぎょ
　円覚
　修広
道鏡慧端　どうきょうえたん
　慧端
　正受老人
桃渓徳悟　とうけいとくご
　徳悟
道化清十郎　どうけせいじゅうろう
　清十郎
　〔道家〕清十郎
道元　どうげん
　承陽大師
　道元
　〔永平〕道元
　〔希玄〕道元
　仏性伝東国師
桃源瑞仙　とうげんずいせん
　蕉雨
　瑞仙
桃後　とうご
　桃後
　半四郎〈通称〉
道光　どうこう
　道光
　了慧
東郷愛之進　とうごうあいのしん

　愛之進
　〔岩屋〕虎之助〈変名〉
桃江園雛亀　とうこうえんひなかめ
　雛亀
道晃法親王　どうこうほうしんのう
　道光法親王
　道晃法親王
東西庵南北　とうざいあんなんぼく
　葛飾偶人〈別号〉
　阡陌園〈別号〉
　南北
　梅山人南北〈別号〉
　〔朝倉〕力蔵〈通称〉
　六極園〈別号〉
藤定房　とうさだふさ
　右近〈通称〉
　定房
　定清〈初名〉
　定許〈初名〉
道残　どうざん
　源立
東山湛照　とうざんたんしょう
　湛照
東重胤　とうしげたね
　〔千葉〕重胤
藤舎蘆船(1代)　とうしゃろせん
　〔加藤〕宗三郎〈本名〉
　蘆船(1代)
東洲斎写楽　とうしゅうさいしゃらく
　写楽
東洲至道　とうしゅうしどう
　至道
藤寿亭松竹　とうじゅていしょうちく
　松竹
　〔千代亭〕松武〈初号〉
　松亭竹馬〈別号〉
　千代松竹〈別号〉
　〔山口屋〕藤兵衛〈通称〉
道正　どうしょう
　〔藤原〕隆英
　〔道正庵〕隆英
東条行長　とうじょうゆきなが
　行長
　民部卿法印
道助法親王　どうじょほうしんのう
　長仁親王
桃水雲渓　とうすいうんけい
　雲渓
　乞食桃水
　〔酢屋〕道全
東随舎　とうずいしゃ
　松寿館老人〈別号〉
　青雲軒主人〈別号〉
　東随舎
　二流間主〈別号〉

東井坊寛佐　とうせいぼうかんさ
　寛佐
東漸健易　とうぜんけんえき
　健易
洞仙寺良悦　どうせんじりょうえつ
　良悦
道増　どうぞう
　〔聖護院〕道増
道蔵　どうぞう
　道寧
道叟道愛　どうそうどうあい
　道愛
道尊法親王　どうそんほうしんのう
　昌隆親王
　道尊法親王
東胤氏　とうたねうじ
　素純
　素純
東胤行　とうたねゆき
　素暹
東胤頼　とうたねより
　〔千葉〕胤頼
東常氏　とうつねうじ
　素山
東藤　とうとう
　元日坊〈号〉
　扇川堂〈号〉
　東藤
　〔穂積〕東藤
藤堂元甫　とうどうげんぽ
　伊織
　元甫
　好間斎〈号〉
　再形庵〈号〉
　千之助〈幼名〉
　藤助
　白舌翁〈号〉
藤堂監物　とうどうけんもつ
　〔長谷部〕一〈通称〉
　監物
藤堂高敦　とうどうたかさと
　高敦
藤堂高文　とうどうたかふみ
　高文
　子楼
　出雲〈通称〉
　大楼〈号〉
藤堂高朗　とうどうたかほら
　高豊
藤堂高通　とうどうたかみち
　任口
　任口
藤堂高吉　とうどうたかよし
　高吉
　〔宮内〕高吉
藤堂探丸　とうどうたんがん
　新之助〈幼名〉
　探丸
　良長〈字〉

藤堂良重　とうどうよししげ
　玄蕃
藤堂良忠　とうどうよしただ
　主計〈通称〉
　宗正〈字〉
　蟬吟〈号〉
　良忠〈名〉
藤堂竜山　とうどうりゅうざん
　梅花
東福門院　とうふくもんいん
　東福門院
　〔源〕和子〈御名〉
　〔徳川〕和子
東明慧日　とうみょうえにち
　慧日
東陽英朝　とうようえいちょう
　英朝〈名〉
　大道真源禅師〈諡〉
　東陽
唐来三和　とうらいさんな
　伊豆屋〈号〉
　〔和泉屋〕源蔵〈通称〉
　三和
　松下井三和〈別号〉
　唐来山人〈別号〉
　唐来参人〈別号〉
　*加藤〈本姓〉
桃李園栗窓　とうりえんくりまど
　遠々庵〈別号〉
　〔長橋〕間右衛門〈通称〉
　栗窓
東里山人　とうりさんにん
　九陽亭〈別号〉
　山人
　東里山人〈別号〉
　鼻山人〈別号〉
　〔細川〕浪二郎〈通称〉
東陵永璵　とうりょうえいよ
　永璵
桃林堂蝶麿　とうりんどうちょうまろ
　蝶麿
　桃隣堂
　桃の林〈号〉
東嶺円慈　とうれいえんじ
　円慈
遠山景晋　とおやまかげくに
　金四郎
　景晋
遠山景元　とおやまかげもと
　金四郎
　景元〈名〉
　左衛門尉
遠山荷塘　とおやまかとう
　一圭
　円陀
遠山信政　とおやまのぶまさ
　信政
　フランシスコ〈洗礼名〉
遠山政亮　とおやままさすけ
　頼直

戸ヶ崎熊太郎　とがさきくまたろう
　芳栄
　熊太郎
　〔戸賀崎〕熊太郎
戸賀崎熊太郎　とがさきくまたろう
　暉芳〈字〉
　熊太郎
栂井道敏　とがのいみちとし
　一室
戸川秀安　とがわひでやす
　友林
戸川不鱗　とがわふりん
　不琳〈別名〉
　不鱗
土岐霞亭　ときかてい
　元信
土岐定政　ときさだまさ
　定政
　〔菅沼〕藤蔵
土岐為頼　ときためより
　為頼
　〔万喜〕少弼
土岐洞文　ときどうぶん
　洞文
　頼芸〈名〉
土岐朝旨　ときともむね
　愚叟
富木日常　ときにちじょう
　胤継
　常忍
　日常
土岐光信　ときみつのぶ
　〔源〕光信
土岐持頼　ときもちより
　〔世保〕持頼
土岐康政　ときやすまさ
　〔世保〕康政
土岐頼忠　ときよりただ
　頼世
土岐頼春　ときよりはる
　〔万喜〕頼春
常磐津兼太夫(1代)　ときわずかねだゆう
　兼太夫(1代)
　文字太夫(2代)
常磐津文字太夫(3代)　ときわずもじだゆう
　小文字太夫(2代)
　文字太夫(3代)
常磐津文字太夫(4代)　ときわずもじだゆう
　小文字太夫(3代)
　文字太夫(4代)
　豊後大掾
　〔市川〕門之助(4代)
常磐津文字太夫(5代)　ときわずもじだゆう
　兼太夫(6代)
　小文字太夫(4代)

　文字太夫(5代)
常磐津文字兵衛(1代)　ときわずもじべえ
　〔富坂〕文字兵衛〈本名〉
　文字兵衛(1代)
常盤潭北　ときわたんぼく
　堯民〈字〉
　潭北
　貞尚〈名〉
　百花荘〈別号〉
常葉範貞　ときわのりさだ
　〔北条〕範貞
常盤光長　ときわみつなが
　光長
　〔土佐〕光長
　〔藤原〕光長
独庵玄光　どくあんげんこう
　玄光
徳翁良高　とくおうりょうこう
　良高
徳川家斉　とくがわいえなり
　家斉
　〔一橋〕家斉
徳川家宣　とくがわいえのぶ
　綱豊
徳川家茂　とくがわいえもち
　家茂
　慶福
徳川家康　とくがわいえやす
　家康
　〔松平〕元康
　三河大納言
　駿河大納言
徳川忠長　とくがわただなが
　駿河大納言
　忠長
徳川綱吉　とくがわつなよし
　犬公方
　綱吉
徳川斉昭　とくがわなりあき
　斉昭
　〔水戸〕烈公
徳川斉彊　とくがわなりかつ
　〔清水〕斉彊
徳川斉荘　とくがわなりたか
　〔田安〕斉荘
徳川斉順　とくがわなりゆき
　〔清水〕斉順
徳川信康　とくがわのぶやす
　〔岡崎〕次郎三郎
　信康
　〔松平〕信康
徳川治貞　とくがわはるさだ
　〔松平〕頼淳
徳川治行　とくがわはるゆき
　〔松平〕義柄
徳川秀忠　とくがわひでただ
　秀忠
　台徳院
　〔羽柴〕武蔵守
徳川振姫　とくがわふりひめ

振姫
徳川光圀　とくがわみつくに
　黄門
　義公
　光圀
　〔水戸〕光圀
　水戸黄門
徳川宗勝　とくがわむねかつ
　〔松平〕義淳
徳川宗尹　とくがわむねただ
　宗尹
　〔一橋〕宗尹
徳川宗直　とくがわむねなお
　〔松平〕頼致
徳川宗春　とくがわむねはる
　〔松平〕通春
徳川吉子　とくがわよしこ
　吉子
　登美宮
　文明夫人
徳川吉宗　とくがわよしむね
　頼方
　〔松平〕頼方
徳川頼職　とくがわよりもと
　〔松平〕頼職
得閑斎(1代)　とくかんさい
　得閑斎(1代)
　繁雅
　*山田〈本姓〉
得閑斎(2代)　とくかんさい
　得閑斎(2代)
　茂喬
得閑斎(3代)　とくかんさい
　砂портал
　得閑斎(3代)
徳元　とくげん
　斎宮〈通称〉
　斎宮頭〈通称〉
　徳元
　〔斎藤〕徳元
　帆亭〈号〉
　利起〈名〉
　竜幸〈名〉
徳山斎牛呑　とくざんさいぎゅうどん
　牛呑
独笑庵山甫　どくしょうあんさんぽ
　〔奥原〕山甫
徳大寺公能　とくだいじきんよし
　〔藤原〕公能
徳大寺実通　とくだいじさねみち
　実規
徳大寺実能　とくだいじさねよし
　〔藤原〕実能
徳田椿堂　とくだちんどう
　椿堂
徳亭三孝　とくていさんこう
　一徳斎〈別号〉
　〔和泉屋〕勘右衛門〈通称〉
　三孝

桃種成〈狂号〉
徳永千規　とくながちのり
　千規
　達助〈通称〉
徳永寿昌　とくながながまさ
　式部卿法印
　寿昌
徳永宗也　とくながむねなり
　次郎左衛門〈通称〉
　宗也
　〔長崎〕宗也〈通称〉
徳野英辰　とくのてるとき
　〔大森〕英辰
徳姫　とくひめ
　岡崎殿
徳標純清　とくひょうじゅんしょう
　純清
特芳禅傑　どくほうぜんけつ
　禅傑
独雄　どくゆう
　竹林
独立　どくりゅう
　性易
　独立
　曼公〈字〉
　〔戴〕曼公
　笠〈名〉
　*戴〈俗姓〉
床井荘三　とこいしょうぞう
　親徳
土佐経隆　とさつねたか
　〔藤原〕経隆
土佐少掾橘正勝(1代)　とさのしょうじょうたちばなのまさかつ
　〔内匠〕虎之助〈前名〉
　正勝(1代)
　天下一土佐少掾橘正勝〈受領号〉
　土佐太夫〈別名〉
　*杉岡〈〔一説〕姓〉
　*片岡〈本姓〉
土佐坊昌俊　とさぼうしょうしゅん
　〔渋谷〕金王丸
　昌俊
　〔土佐房〕昌俊
土佐光久　とさみつひさ
　光久
　千代女〈本名〉
土佐光吉　とさみつよし
　久翌
土佐行長　とさゆきなが
　〔藤原〕行長
土佐行秀　とさゆきひで
　行秀
　〔春日〕行秀
　〔藤原〕行秀
土佐行広　とさゆきひろ
　経光
　〔藤原〕行広

土佐行光　とさゆきみつ
　行光
　〔藤原〕行光
俊子内親王家河内　としこないしんのうけのかわち
　河内
悦仁親王　としひとしんのう
　悦仁親王
　高貴宮
豊島佳風　としまかふう
　佳風
　才尾
豊島信満　としまのぶみつ
　正次
杜若　とじゃく
　柞良〈別号〉
　小左衛門〈通称〉
　正祇〈名〉
　杜若
都塵舎　とじんしゃ
　雲峰
　雲峯〈号〉
　都塵舎
　年々翁〈別号〉
戸塚彦介　とづかひこすけ
　一心斎〈号〉
　英俊〈名〉
　彦介
戸田銀次郎　とだぎんじろう
　銀次郎
　忠則〈諱〉
戸田銀次郎　とだぎんじろう
　銀次郎
　忠敞〈諱〉
富田重政　とだしげまさ
　越後守
戸田次郎　とだじろう
　光形
富田勢源　とだせいげん
　五郎左衛門
戸田忠利　とだただとし
　忠時
戸田忠昌　とだただまさ
　忠治
富田長秀　とだながひで
　長秀
　長繁
戸田康長　とだやすなが
　康長
　〔松平〕康長
独吼性獅　どっくしょうし
　性一
百々玉翁　どどぎょくおう
　玉翁
　玉善
魚屋北渓　ととやほっけい
　北渓
轟武兵衛　とどろきぶへえ
　武兵衛
　〔轟木〕武兵衛
　〔照幡〕烈之助

舎人親王　とねりしんのう
　　舎人親王
　　崇道尽敬皇帝
殿村平右衛門(1代)　とのむらへいえもん
　　〔米屋〕平右衛門(1代)
鳥羽院　とばいん
　　鳥羽天皇
　　鳥羽院
土橋亭りう馬　どばしていりゅうま
　　〔司馬〕竜生(2世)
　　りう馬
鳥羽尊秀　とばそんしゅう
　　尊秀
　　〔源〕尊秀〈本名〉
鳥羽広丸　とばひろまる
　　〔歌川〕広丸
鳥羽屋里長(2代)　とばやりちょう
　　里長(2代)
　　〔故沢〕里桂
　　〔故沢〕里慶
土肥実平　どひさねひら
　　次郎
土肥二三　どひじさん
　　〔土岐〕二三
土肥秋窓　どひしゅうそう
　　渭虹
怒風　どふう
　　吉重〈名〉
　　佐之介〈幼名〉
　　怒風
土平治　どへいじ
　　〔佐藤〕土平治
戸部良凞　とべよしひろ
　　韓川〈別号〉
　　愿山〈号〉
　　助五郎〈通称〉
　　良凞
泊如竹　とまりじょちく
　　如竹
富家五十鈴　とみいえいすず
　　松浦
富岡正美　とみおかまさよし
　　正忠
富岡有佐　とみおかゆうさ
　　有佐
富尾似船　とみおじせん
　　似船
　　重隆〈名〉
　　弥一郎〈通称〉
　　柳葉軒〈別号〉
　　芦月庵〈別号〉
富川吟雪　とみかわぎんせつ
　　吟雪〈号〉
　　〔山本〕九左衛門〈通称〉
　　房信
富沢文左衛門　とみざわぶんざえもん
　　千代之助

富沢門太郎(2代)　とみざわもんたろう
　　〔嵐〕門太郎
富田氏紹　とみたうじつぐ
　　壱岐
富田大鳳　とみたたいほう
　　日岳
富田知信　とみたとものぶ
　　一白
　　信広
富田信高　とみたのぶたか
富田孟次郎　とみたもうじろう
　　通信〈諱〉
　　孟次郎
　　*河野〈本姓〉
富永燕石　とみながえんせき
　　燕石
富永華陽　とみながかよう
　　華陽
　　辰〈名〉
　　梅雪〈別号〉
　　半平〈通称〉
富永仲基　とみながなかもと
　　謙斎
　　仲基
富永平兵衛　とみながへいべえ
　　辰寿〈俳名〉
　　西林軒〈別号〉
　　平兵衛
富永正翼　とみながまさしげ
　　君厳
富森助右衛門　とみのもりすけえもん
　　春帆
　　正因
富村丁慶　とみむらちょうけい
　　多吉〈別名〉
　　丁慶
富本延寿　とみもとえんじゅ
　　延寿
　　斎宮太夫(1代)
富本豊前太夫(1代)　とみもとぶぜんだゆう
　　〔常磐津〕小文字太夫(1代)
　　〔福田〕弾司〈本名〉
　　豊前太夫(1代)
　　豊前掾(1代)
富本豊前太夫(3代)　とみもとぶぜんだゆう
　　豊前太夫(3代)
　　豊前掾(3代)
富本豊前掾(2代)　とみもとぶぜんのじょう
　　午之助
　　馬之助〈幼名〉
　　富前掾(2代)
　　豊前太夫(2代)
　　豊前掾(2代)
富本大和太夫(1代)　とみもとやまとだゆう

大和太夫(1代)
　　〔富本家〕満登大夫〈別名〉
留方　とめのかた
　　阿富方
　　留方
友石宗左衛門　ともいしそうざえもん
　　慈亭
倫子女王　ともこじょおう
　　五十宮
　　心観院
　　倫子女王
友田梢風尼　ともだしょうふうに
　　〔小川〕梢風
　　梢風尼
朝長晋亭　ともながしんてい
　　直治
伴林光平　ともばやしみつひら
　　六郎
具平親王　ともひらしんのう
　　具平親王
　　中書王
友部方升　ともべまさのり
　　新八郎
友安三冬　ともやすみふゆ
　　良介
友安盛敏　ともやすもりとし
　　象岳〈号〉
　　盛敏
豊城入彦命　とよきいりひこのみこと
　　豊城入彦命
　　豊城命
豊城豊雄　とよきとよお
　　鶴巣〈号〉
　　重枝〈歌名〉
　　田鶴舎〈号〉
　　豊雄
豊沢広助(1代)　とよざわひろすけ
　　〔竹沢〕権右衛門(2代)
　　広助(1代)
　　〔竹沢〕弥七(3代)
豊沢広助(2代)　とよざわひろすけ
　　団平(1代)
豊島由誓　とよしまゆせい
　　為誰庵〈号〉
　　坎窩〈通称〉
　　久蔵〈号〉
　　久蔵〈通称〉
　　由誓
　　凌雨堂〈号〉
豊島露月　とよしまろげつ
　　鵃翁〈号〉
　　五重軒〈号〉
　　治左衛門貞和〈通称〉
　　識月〈号〉
　　繊月〈号〉
　　露月

豊竹和泉太夫(1代)　とよたけいずみだゆう
　〔竹本〕和泉太夫(1代)
豊竹伊勢太夫　とよたけいせだゆう
　伊勢太夫
　新太夫(2代)
豊竹越前少掾　とよたけえちぜんのしょうじょう
　越前少掾
　若太夫(1代)
　上野少掾(1代)
豊竹此太夫(2代)　とよたけこのだゆう
　〔竹本〕此太夫
　此太夫(2代)
　八重太夫(1代)
豊竹丹後少掾(2代)　とよたけたんごのしょうじょう
　桝太夫
豊竹筑前少掾　とよたけちくぜんのしょうじょう
　此太夫(1代)
　筑前少掾
豊竹巴太夫(3代)　とよたけともえだゆう
　〔竹本〕咲太夫(6代)
豊竹肥前掾　とよたけひぜんのじょう
　新太夫(1代)
　肥前掾
豊竹麓太夫(2代)　とよたけふもとだゆう
　湊太夫(3代)
　麓太夫(2代)
豊竹八重太夫(3代)　とよたけやえだゆう
　湊太夫(2代)
　八重太夫(3代)
豊竹八重太夫(5代)　とよたけやえだゆう
　八重太夫(5代)
　麓太夫(3代)
豊竹若太夫(2代)　とよたけわかだゆう
　若太夫(2代)
　島太夫(2代)
豊竹若太夫(4代)　とよたけわかだゆう
　若太夫(4代)
　〔幾竹屋〕庄蔵
　巴太夫(2代)
豊竹若太夫(6代)　とよたけわかだゆう
　若太夫(6代)
　巴太夫(4代)
豊田古童　とよだこどう
　古童
　古童(1世)
豊田忠知　とよだただとも
　無関

豊田忠村　とよだただむら
　紹有
豊田伝右衛門　とよだでんえもん
　〔吉田屋〕伝右衛門
豊田天功　とよだてんこう
　彦次郎
　亮
豊臣秀次　とよとみひでつぐ
　近江中納言
　秀次
　〔羽柴〕秀次
　〔三好〕信吉
豊臣秀長　とよとみひでなが
　秀長
　〔羽柴〕秀長
　大和大納言
豊臣秀吉　とよとみひでよし
　秀吉
　〔羽柴〕秀吉
　〔木下〕藤吉郎
　日吉丸
豊臣秀吉室杉原氏　とよとみひでよししつすぎはらし
　高台院
　秀吉室杉原氏
　禰々
　弥
　北政所
豊名賀造酒太夫(1代)　とよながみきだゆう
　造酒太夫(1代)
　〔常磐津〕造酒太夫(1代)
豊名賀造酒太夫(2代)　とよながみきだゆう
　造酒太夫(2代)
　〔常磐津〕造酒太夫(2代)
豊名賀造酒太夫(3代)　とよながみきだゆう
　造酒太夫(3代)
　〔常磐津〕造酒太夫(3代)
豊原周延　とよはらちかのぶ
　周延
　〔橋本〕周延
　〔揚洲〕周延
　直義〈名〉
　揚洲〈別号〉
　楊州〈別号〉
　*橋本〈本姓〉
豊姫　とよひめ
　虚津比売命
　玉妃命
　淀姫命
　豊比咩命
　豊姫
豊美繁太夫　とよみしげだゆう
　繁太夫
　〔宮古路〕繁太夫
虎屋永閑　とらやえいかん
　永閑〈号〉
　小源太夫
　大薩摩〈号〉

虎屋喜太夫　とらやきだゆう
　喜太夫
　上総少掾
土卵　とらん
　数吉〈名〉
　土卵
鳥居勝商　とりいかつあき
　強右衛門
　勝商
鳥居清重(1代)　とりいきよしげ
　清重(1代)
　清朝軒〈別号〉
鳥居清長　とりいきよなが
　清長
鳥居清倍(1代)　とりいきよます
　庄二郎〈通称〉
　清倍(1代)
鳥居清満(2代)　とりいきよみつ
　清峯(1代)
　清満(2代)
鳥居清芳　とりいきよよし
　清芳
　清満(3代)
鳥居元忠　とりいもとただ
　彦右衛門
鳥越等栽　とりごえとうさい
　佳峰園〈号〉
　等栽
鳥栖寺貞崇　とりすでらていそう
　貞崇
鳥海松亭　とりのうみしょうてい
　恭
鳥山紫山　とりやましざん
　巳千斎〈別号〉
　紫山
鳥山正作　とりやましょうさく
　正作
　不忘斎〈号〉
鳥山新三郎　とりやましんざぶろう
　確斎
鳥山崧岳　とりやますうがく
　宇内〈通称〉
　宗成〈名〉
　崧岳
　雛岳〈別号〉
　世章〈字〉
　碧翁〈別号〉
鳥山巽甫　とりやまそんぽ
　入斎
鳥山啓　とりやまひらく
　啓
　啓明堂〈号〉
　三松の戸〈号〉
　夕づつの屋〈号〉
　長庚庵〈号〉
　挺水〈号〉
　百峡〈号〉
頓阿　とんあ
　感空〈号〉
　泰岳〈号〉

泰尋〈号〉
貞宗
〔二階堂〕貞宗
頓阿
頓阿弥〈号〉
呑獅　どんし
〔桔梗屋〕治助〈通称〉
呑獅
曇仲道芳　どんちゅうどうほう
道芳
鈍通与三兵衛(1代)　どんつうよさべえ
〔津打〕治兵衛(3代)
与三兵衛(1代)
曇芳周応　どんぽうしゅうおう
周応
呑溟　どんめい
新四郎〈通称〉
太助〈通称〉
呑溟

【な】

内新好　ないしんこう
〔内田屋〕新太郎
〔内田〕新好
内新好
内藤采女　ないとううねめ
休甫〈別号〉
好次〈別号〉
采女
トマス〈霊名〉
内藤希顔　ないとうきがん
以貫〈号〉
楽山〈号〉
閑斎〈号〉
希顔
内藤ジュリア　ないとうじゅりあ
ジュリア
内藤如安　ないとうじょあん
徳庵
如安〈初名〉
〔小西〕如安
内藤丈草　ないとうじょうそう
一風〈号〉
弘句庵〈号〉
庄之助
丈草
太忘軒〈号〉
仏幻庵〈号〉
無辺〈号〉
無懐〈号〉
懶窩〈号〉
林之助〈幼名〉
林右衛門本常〈通称〉
内藤風虎　ないとうふうこ
義概
左京大夫義泰
紫硯〈号〉
白藤子〈号〉
風虎

風鈴子〈号〉
風鈴軒〈号〉
頼長
内藤昌豊　ないとうまさとよ
〔工藤〕源右衛門
昌豊
内藤露沾　ないとうろせん
義英
五郎七郎義英〈幼名〉
政栄
傍池亭〈別号〉
遊園堂〈別号〉
露沾
苗村千里　なえむらちり
千里
直江木導　なおえもくどう
阿山人〈号〉
作右衛門光任〈通称〉
木導
直山大夢　なおやまだいむ
槐庵〈号〉
宗四郎〈通称〉
大夢
夫木庵〈号〉
直世王　なおよおう
真世王
長井雲坪　ながいうんぺい
雲坪
桂山居士〈別号〉
元〈名〉
瑞岩〈別号〉
飄々子〈別号〉
蘭華山人〈別号〉
中井桜洲　なかいおうしゅう
桜洲
弘〈通称〉
中伊三郎　なかいさぶろう
〔中屋〕伊三郎
中井範五郎　なかいはんごろう
正勝
〔笹木〕政吉
範五郎
中居屋重兵衛　なかいやじゅうべえ
重兵衛
〔黒岩〕撰之助
中浦ジュリアン　なかうらじゅりあん
寿理安
ジュリアン
中江新八　なかえしんぱち
〔中井〕新八
中江藤樹　なかえとうじゅ
顧軒〈号〉
〔近江〕聖人
藤樹
嚶軒〈号〉
与右衛門〈通称〉
中江晩籟　なかえばんらい
晩籟
長岡監物　ながおかけんもつ

是容
中尾我黒　なかおがこく
我黒
長岡住右衛門(2代)　ながおかすみえもん
空斎
住右衛門(2代)
長尾種常　ながおたねつね
〔山路〕久之丞
種常
中尾能阿　なかおのうあ
能阿
長尾隼人　ながおはやと
勝明
長尾政長　ながおまさなが
心通禅空〈法名〉
新五郎〈通称〉
政長
但馬守〈通称〉
仲上法策　なかがみほうさく
法策
中川乙由　なかがわおつゆう
乙由
喜右衛門〈通称〉
慶徳図書〈号〉
中川喜雲　なかがわきうん
喜雲
中川漁村　なかがわぎょそん
禄郎
中川重政　なかがわしげまさ
重政
織田駿河守
中川淳庵　なかがわじゅんあん
淳庵
竜眠〈名〉
中川淳庵　なかがわじゅんあん
玄鱗〈名〉
淳庵
中川濁子　なかがわじょくし
惟誰軒素水〈号〉
守雄〈名〉
甚五兵衛〈通称〉
濁子
中川潜叟　なかがわせんそう
重微〈実名〉
潜叟
潜次郎〈前名〉
中川宗瑞　なかがわそうずい
三郎兵衛〈通称〉
宗瑞
白兎園〈号〉
風葉〈初号〉
中川忠英　なかがわただてる
駿台
中川経晃　なかがわつねてる
〔荒木田〕経晃
中川貞佐　なかがわていさ
一十軒〈号〉
短頭翁〈別号〉
貞佐
中川麦浪　なかがわばくろう

杜菱〈号〉
麦浪
麦浪舎〈号〉
中川光重　なかがわみつしげ
　光重
　宗半
仲祇徳(2代)　なかぎとく
　祇徳(2代)
長坂信政　ながさかのぶまさ
　血槍九郎
長崎高綱　ながさきたかつな
　円喜〈法名〉
　高綱
永崎仁助　ながさきにすけ
　〔横道〕黒塗師
中沢浅之丞　なかざわあさのじょう
　〔夫神村〕浅之丞
長沢東海　ながさわとうかい
　不怨斎
中路延年　なかじのぶとし
　〔岡本〕栄之進
　延年
中蒂姫　なかしひめ
　中蒂姫
　中磯姫
　長田大娘皇女
中島秋挙　なかじましゅうきょ
　秋居〈前号〉
　秋挙
　曙庵〈号〉
　大之丞〈通称〉
　竹巣〈号〉
中島随流　なかじまずいりゅう
　一源子〈号〉
　源左衛門〈通称〉
　松月庵〈号〉
　勝直〈名〉
　勝通〈名〉
　随流
中島竹道　なかじまちくどう
　竹道
中島貞至　なかじまていし
　貞至
中島貞晨　なかじまていしん
　貞宣
　貞晨
中島東関　なかじまとうかん
　嘉春
中島長守　なかじまながもり
　太兵衛
中島広足　なかじまひろたり
　蛙麿〈別号〉
　黄口〈別号〉
　楓園〈号〉
　広足
中島米華　なかじまべいか
　子玉
中島宜門　なかじまよしかど
　回水園〈号〉
　宜門

中島来章　なかじまらいしょう
　春分斎〈号〉
　通神堂〈号〉
　来章
中資王　なかすけおう
　顕順〈幼名〉
　中資王
　〔白川〕仲資
　仲資王
仲宗根喜元　なかずにきげん
　喜元
　珠永輝〈唐名〉
中清泉　なかせいせん
　主膳
長曽祢虎徹　ながそねこてつ
　興里
　虎徹
中田粲堂　なかださんどう
　〔滕〕粲堂
中田心友　なかだしんゆう
　心友
永田徳本　ながたとくほん
　徳本
永田芙雀　ながたふじゃく
　〔堺屋〕弥太郎〈通称〉
　芙雀
　風薫舎〈別号〉
永田茂右衛門　ながたもえもん
　茂右衛門
　〔長田〕茂右衛門
仲地麗伸　なかちれいしん
　一六
中津五左衛門　なかつござえもん
　〔津打〕五左衛門
中津彦太郎　なかつひこたろう
　彦太郎
　矢筈岳
永富独嘯庵　ながとみどくしょうあん
　朝陽
中臣意美麻呂　なかとみのおみまろ
　意美麻呂
　臣麻呂
中臣鷹主　なかとみのたかぬし
　鷹主
　〔大中臣〕鷹主
中西耕石　なかにしこうせき
　耕石
　石山断流閣〈号〉
　茎岡〈号〉
　竹叟〈号〉
中西大町　なかにしだいちょう
　〔伊勢屋〕七兵衛〈通称〉
　大町
長沼宗敬　ながぬまむねよし
　澹斎
中根元圭　なかねげんけい
　璋
　白山
中根淑　なかねしゅく

　香亭
　淑
中根東平　なかねとうへい
　君美
中根半仙　なかねはんせん
　訒斎
長奥麻呂　ながのおきまろ
　意吉麻呂
　奥麻呂
　興麻呂
中野其明　なかののきめい
　其明
　晴々斎〈号〉
　方琳堂〈号〉
長野熊之丞　ながのくまのじょう
　衛介
長野主膳　ながのしゅぜん
　義言
　主馬〈通称〉
　主膳〈通称〉
　桃廼舎〈号〉
長野種正　ながのたねまさ
　〔青柳〕種正
長野馬貞　ながのばてい
　馬貞
　与市郎通易〈通称〉
中野方蔵　なかのほうぞう
　晴虎
永野野紅　ながのやこう
　三郎右衛門尉直玄〈通称〉
　野紅
仲野安雄　なかのやすお
　修竹
永野りん女　ながのりんじょ
　林女
　綸婦
　りん女
　りん婦
中初狩宿伝兵衛　なかはつかりじゅくでんべえ
　大安徹道居士〈法名〉
　伝兵衛
　〔初狩宿〕伝兵衛
　*小林〈姓〉
中浜万次郎　なかはままんじろう
　万次郎
　ジョン万次郎
中林竹渓　なかばやしちくけい
　臥河居士〈別号〉
　竹渓
中林竹洞　なかばやしちくどう
　大原庵〈号〉
　竹洞
　仲澹痴翁〈号〉
　東山隠士〈号〉
中原玄蘇　なかはらげんそ
　玄蘇
中原親能　なかはらちかよし
　親能
　〔藤原〕親能
中原章賢　なかはらののりかた

是円
永原媛　ながはらひめ
　　永原媛
　　亭子女御
那珂通高　なかみちたか
　　〔安積〕五郎〈変名〉
　　〔江幡〕五郎〈通称〉
　　〔国分〕五郎〈変名〉
　　通高
中村明石清三郎　なかむらあかしせいざぶろう
　　〔明石〕清三郎
　　清三郎(1代)
　　明石(2代)〈初名〉
　　明石清三郎
中村市右衛門　なかむらいちえもん
　　尚政
中村歌衛門(1代)　なかむらうたえもん
　　〔加賀屋〕歌七
　　歌七(1代)
　　歌右衛門(1代)
中村歌右衛門(2代)　なかむらうたえもん
　　歌右衛門(2代)
　　東蔵(1代)〈別名〉
中村歌右衛門(3代)　なかむらうたえもん
　　歌右衛門(3代)
　　〔大関〕市兵衛〈本名〉
　　芝翫(1代)〈別名〉
　　〔加賀屋〕梅玉
　　梅玉(1代)
　　〔金沢〕竜玉(1代)
中村歌右衛門(4代)　なかむらうたえもん
　　歌右衛門(4代)
　　鶴助(1代)
　　翫雀(1代)
　　芝翫(2代)
中村佳山(1代)　なかむらかさん
　　佳山(1代)
中村歌七(2代)　なかむらかしち
　　四郎兵衛
中村歌七(4代)　なかむらかしち
　　歌七(4代)
　　〔秋田〕七賀助〈本名〉
　　〔坂東〕寿三郎(1代)
　　仲蔵(上方系4代)
中村歌六(1代)　なかむらかろく
　　歌六(1代)
　　〔山村〕梅枝〈別名〉
中村勘三郎(1代)　なかむらかんざぶろう
　　〔猿若〕勘三郎
　　〔彦作〕勘三郎〈通称〉
　　勘三郎(1代)
中村勘三郎(2代)　なかむらかんざぶろう
　　〔明石〕勘三郎(1代)〈別名〉

　　勘三郎(2代)
　　新発知〈別名〉
　　明石(1代)
中村勘三郎(4代)　なかむらかんざぶろう
　　勘三郎(4代)
　　勘太郎(1代)
　　〔猿若〕伝九郎
　　伝九郎(1代)
中村勘三郎(7代)　なかむらかんざぶろう
　　勘三郎(7代)
　　明石(3代)
中村勘三郎(9代)　なかむらかんざぶろう
　　勘三郎(9代)
　　七三郎(3代)
中村勘三郎(12代)　なかむらかんざぶろう
　　勘三郎(12代)
　　伝九郎(5代)
　　明石(4代)
中村勘助　なかむらかんすけ
　　勘助
　　正辰〈名〉
中村吉右衛門(1代)　なかむらきちえもん
　　吉右衛門(1代)
　　〔佐野川〕十蔵
　　十蔵(1代)
中村吉兵衛　なかむらきちべえ
　　〔二朱判〕吉兵衛
中村喜代三郎(3代)　なかむらきよさぶろう
　　〔竹田〕喜代三〈別名〉
　　喜代三郎(3代)
中村敬宇　なかむらけいう
　　敬宇〈号〉
　　敬輔〈名〉
　　正直
　　釧太郎〈幼名〉
中村蕨石　なかむらこうせき
　　蕨石
中村興三　なかむらこうぞう
　　興三
　　蘚舎〈号〉
　　黙堂〈号〉
中村芝翫(3代)　なかむらしかん
　　鶴助(2代)
　　芝翫(3代)
中村芝翫(4代)　なかむらしかん
　　芝翫(4代)
　　福助(1代)
中村紫若　なかむらしじゃく
　　〔山下〕亀之丞(5代)
　　紫若
中村重助(4代)　なかむらじゅうすけ
　　重助(4代)
　　伝次郎(5代)

中村助五郎(1代)　なかむらすけごろう
　　〔仙国〕助五郎
　　助五郎(1代)
中村宗見　なかむらそうけん
　　宗見
　　〔吉野〕清左衛門〈変名〉
　　博愛〈改名〉
中村宗哲(1代)　なかむらそうてつ
　　玄弼〈名〉
　　漆翁〈号〉
　　宗哲(1代)
　　八兵衛〈通称〉
　　八郎兵衛〈通称〉
　　方寸斎〈号〉
　　勇山〈号〉
中村宗哲(2代)　なかむらそうてつ
　　元哲〈別称〉
　　宗哲(2代)
　　勇斎〈号〉
中村宗哲(3代)　なかむらそうてつ
　　汲斎〈号〉
　　〔漆桶〕宗哲〈別称〉
　　宗哲(3代)
　　紹朴〈号〉
　　勇斎〈号〉
中村大吉(1代)　なかむらだいきち
　　大吉(1代)
　　〔鳴尾〕弥太郎〈別名〉
中村大吉(2代)　なかむらだいきち
　　〔嵐〕亀之丞〈別名〉
　　大吉(2代)
中村大吉(3代)　なかむらだいきち
　　桂子〈別名〉
　　松江〈別名〉
　　松江(5代)
　　大吉(3代)
　　鳴尾
中村鶴助(4代)　なかむらつるすけ
　　鶴助(4代)
　　〔坂東〕太郎
中村鶴蔵(2代)　なかむらつるぞう
　　鶴蔵(2代)
　　雁八〈前名〉
　　〔姉川〕鬼久蔵〈初名〉
中村伝九郎(2代)　なかむらでんくろう
　　勘三郎(8代)
　　伝九郎(2代)
中村伝九郎(3代)　なかむらでんくろう
　　勘三郎(11代)
　　伝九郎(3代)

中村道碩　なかむらどうせき
　〔井上〕因碩(1世)
中村東蔵(3代)　なかむらとうぞう
　一暁〈別名〉
　東蔵(3代)
中村富十郎(2代)　なかむらとみじゅうろう
　松江(3代)
　富十郎(2代)
中村友三(1代)　なかむらともぞう
　丸幸〈別名〉
　友三(1代)
中村友三(3代)　なかむらともぞう
　友三〈本名〉
　友三(3代)
中村仲蔵(1代)　なかむらなかぞう
　小十郎(6代)〈別名〉
　仲蔵(1代)
　〔志賀山〕万作(8代)〈別名〉
中村仲蔵(3代)　なかむらなかぞう
　鶴(1代)
　仲蔵(3代)
中村のしほ(1代)　なかむらのしほ
　〔加茂川〕野塩(2代)
　のしほ(1代)
中村史邦　なかむらふみくに
　史邦
中村芳中　なかむらほうちゅう
　芳中
中村良顕　なかむらよしあき
　良顕
　蓼生園〈号〉
　蓼舎〈号〉
中村里好(1代)　なかむらりこう
　松江(1代)
　里好(1代)
中谷梧庵　なかやごあん
　円次〈通称〉
　梧庵
　順〈字〉
　〔橘〕政親
　仲順〈字〉
仲安真庸　なかやすさねやす
　康西堂
　真庸
中山家吉　なかやまいえよし
　角兵衛
中山勘解由　なかやまかげゆ
　勘解由
　直守〈諱〉
長山貫　ながやまかん
　貫
　子一〈字〉
　楞園〈号〉

中山小十郎(7代)　なかやまこじゅうろう
　〔中村〕万作
中山作三郎　なかやまさくさぶろう
　武徳
中山小夜之助　なかやまさよのすけ
　万大夫
中山新九郎(1代)　なかやましんくろう
　一蝶
　〔和歌山〕新九郎
　新九郎(1代)
　新十郎〈別名〉
中山新九郎(3代)　なかやましんくろう
　喜楽(1代)
　新九郎(3代)
　来助(3代)
中山忠光　なかやまただみつ
　〔森〕俊斎
　忠光
中山忠能　なかやまただやす
　中山大納言
　忠能
中山富三郎(2代)　なかやまとみさぶろう
　〔市川〕高麗蔵(4代)
　〔市川〕寿美蔵(3代)
　〔市川〕新蔵(3代)
　富三郎(2代)
中山南枝(2代)　なかやまなんし
　南枝(2代)
　よしを(3代)〈別名〉
永山二水　ながやまにすい
　徳夫
中山文五郎(1代)　なかやまぶんごろう
　美男〈別名〉
　文五郎(1代)
　豊五郎〈別名〉
中山文七(1代)　なかやまぶんしち
　〔和歌山〕文七〈別名〉
　文七(1代)
中山文七(2代)　なかやまぶんしち
　文七(2代)
　来助(2代)
中山文七(3代)　なかやまぶんしち
　百花〈別名〉
　文七(3代)
長山牧斎　ながやまぼくさい
　孔寅〈名〉
　牧斎
永山弥一　ながやまやいち
　弥一
　万斎〈号〉

中山よしを(1代)　なかやまよしお
　南枝(1代)
　よしを(1代)
中山よしを(2代)　なかやまよしを
　一徳(3代)
中山吉成　なかやまよしなり
　源兵衛
中山来助(1代)　なかやまらいすけ
　新九郎(2代)
　来助(1代)
半井瑞策　なからいずいさく
　臚庵(2代)
半井成安　なからいなりやす
　成安
　臚庵
半井卜養　なからいぼくよう
　奇雲〈号〉
　卜養
奈河亀輔　ながわかめすけ
　亀助
　〔奈川〕亀助〈別名〉
　亀助(1代)
　亀輔
奈河七五三助(2代)　なかわしめすけ
　銀鶴堂〈別名〉
　七五三助(2代)
　竹葉〈別名〉
　竹葉軒〈別名〉
　奈とは十八〈別名〉
奈河篤助(1代)　なかわとくすけ
　一洗
　亀助(2代)
　金亀堂
　篤助(1代)
奈河晴助(1代)　ながわはるすけ
　〔豊〕晴助(1代)
浪越家昌　なごえいえまさ
　家昌
　〔名越〕家昌
名越公時　なごえきんとき
　〔北条〕公時
名越時章　なごえときあきら
　〔北条〕時章
名越時基　なごえときもと
　〔北条〕時基
名越時幸　なごえときゆき
　〔北条〕時幸
名越朝時　なごえともとき
　〔北条〕朝時
名越光時　なごえみつとき
　〔北条〕光時
名越平馬　なごしへいま
　〔三笠〕政之介〈変名〉
　平馬
名古屋玄医　なごやげんい
　玄医
　〔名護屋〕玄医

＊名護屋〈姓〉
名古屋山三郎　なごやさんざぶろう
　山三郎
　〔名越〕山三郎
奈佐勝皐　なさかつたか
　〔日下部〕勝皐
那須俊平　なすしゅんぺい
　〔樗山〕源八郎
　俊平
那須信吾　なすしんご
　重民
那須与一　なすのよいち
　宗隆
　与一
　与市
　余一
　余市
夏目重蔵　なつめじゅうぞう
　可敬
夏目成美　なつめせいび
　四山道人〈号〉
　随斎〈号〉
　成美
　贅亭〈号〉
　大必山人〈号〉
　〔井筒屋〕八郎右衛門〈通称〉
　不随斎〈号〉
　風雲社〈号〉
　包嘉〈名〉
　万齢〈字〉
　万齢坊〈号〉
浪花亭駒吉　なにわていこまきち
　駒吉
　＊桜井〈本姓〉
難波吉士木蓮子　なにわのきしいたび
　〔吉士〕木蓮子
那波三郎右衛門(9代)　なばさぶろうえもん
　祐生
鍋島閑叟　なべしまかんそう
　閑叟
　直正
鍋島治茂　なべしまはるしげ
　直熙
鍋田晶山　なべたしょうざん
　三善〈名〉
　子行〈字〉
　舎人〈通称〉
　晶山〈号〉
鯰江伝左衛門　なまずえでんざえもん
　直輝〈諱〉
　伝左衛門〈通称〉
浪岡鯨児　なみおかげいじ
　鯨児
　〔並木〕鯨児〈別名〉
　黒蔵主
並木翁輔　なみきおうすけ
　翁助(2代)

翁輔
　千柳(2代)
並木五瓶(2代)　なみきごへい
　葛葉山人
　〔篠田〕金治(1代)
　五瓶(2代)
並木五瓶(3代)　なみきごへい
　〔篠田〕金治(2代)
　五瓶(3代)
並木五瓶(4代)　なみきごへい
　〔篠田〕金治(3代)
　五瓶(4代)
　善次郎〈本名〉
並木寂阿　なみきじゃくあ
　寂阿
並木十輔　なみきじゅうすけ
　寿輔〈別名〉
　十輔
　松寿軒〈別名〉
並木荘治　なみきそうじ
　宗治〈別名〉
　荘二〈別名〉
　荘治
並木宗輔　なみきそうすけ
　〔松屋〕宗介
　〔松屋〕宗助
　宗輔
　千柳(1代)〈別名〉
並木良輔　なみきりょうすけ
　蛙柳〈別名〉
　良輔
名見崎徳治(3代)　なみざきとくじ
　〔宮崎〕忠五郎(3代)
　徳治(3代)
名見崎徳治(5代)　なみざきとくじ
　〔小沢〕庄三郎〈本名〉
　得寿斎
　徳治(5代)
納屋助左衛門　なやすけざえもん
　助左衛門
　〔奥屋〕助左衛門
　〔呂宋(ルソン)〕助左衛門〈通称〉
楢崎正員　ならさきまさかず
　忠左衛門
楢崎頼三　ならざきらいぞう
　〔林〕竹次郎
　頼三
奈良利寿　ならとしなが
　利寿
楢林鎮山　ならばやしちんざん
　栄休
奈良屋茂左衛門(1代)　ならやもざえもん
　奈良茂〈通称〉
　〔奈良〕茂左衛門
　茂左衛門(1代)
　＊神田〈姓〉
成田重兵衛　なりたじゅうべえ

思斎
成田正右衛門　なりたしょうえもん
　〔鳥居〕平七
成田蒼虬　なりたそうきゅう
　久左衛門利定
　彦助〈通称〉
　蒼虬
生川春明　なるかわはるあき
　義五郎〈幼名〉
　五郎助〈名〉
　好問亭〈別号〉
　春明
　正香〈別号〉
　熊五郎〈名〉
成沢雲帯　なるさわうんたい
　雲帯
成島筑山　なるしまちくざん
　稼堂
成島司直　なるしまもとなお
　東岳
鳴渡阿波太夫　なるとあわだゆう
　阿波太夫
　〔鳴戸〕阿波太夫〈別名〉
名和清左衛門　なわせいざえもん
　〔見付〕清左衛門
　〔赤松〕清左衛門
名和道一　なわどういち
　〔服部〕哲二郎
　道一
南英謙宗　なんえいけんしゅう
　謙宗
南英禅茂　なんえいぜんも
　禅茂
南紀重国　なんきしげくに
　重国
南橋散史　なんきょうさんし
　吟坐居士〈別号〉
　散史
南渓　なんけい
　南渓
　淮水〈号〉
南化玄興　なんげげんこう
　虚白〈別称〉
　玄興
　定慧円明国師〈諡号〉
　南化
　＊一柳〈姓〉
南源性派　なんげんしょうは
　性派
南極寿星　なんごくじゅせい
　寿星
南山士雲　なんざんしうん
　士雲
南洲宏海　なんしゅうこうかい
　宏海
南寿慎終　なんじゅしんしゅう
　慎終
南条元清　なんじょうもときよ
　元清
　〔小鴨〕元清

南仙笑楚満人　なんせんしょうそまひと
　〔楠〕彦太郎〈本名〉
　楚満人
　杣人〈別号〉
南陀楼綾繁　なんだろうあやしげ
　綾繁
難波宗勝　なんばむねかつ
　〔飛鳥井〕雅宣
南部畔李　なんぶはんり
　右近信房
　畔李
　繁李〈幼名〉
南坊宗啓　なんぼうそうけい
　慶首座
南北孫太郎　なんぽくまごたろう
　孫太郎
　〔鶴屋〕孫太郎〈別名〉
　〔鶴屋〕南北(1代)
南浦紹明　なんぽしょうみょう
　円通大応国師
　紹明
　大応国師
南溟紹化　なんめいしょうか
　紹化

【に】

仁井田好古　にいだこうこ
　好古
　南陽〈号〉
　伯信〈字〉
仁井田碓嶺　にいだたいれい
　九十九坊〈号〉
　昨日庵〈号〉
　小蓑庵(2世)
　碓嶺
贄正寿　にえまさとし
　市之丞〈名〉
　正寿
　超信〈法名〉
二階堂貞藤　にかいどうさだふじ
　貞藤
　道蘊
二階堂是円　にかいどうぜえん
　是円
二階堂行清　にかいどうゆききよ
　行雄
二階堂行忠　にかいどうゆきただ
　行忠
　〔信濃〕行忠
二階堂行政　にかいどうゆきまさ
　〔藤原〕行政
仁賀保挙誠　にかぼたかのぶ
　挙誠
　〔二賀保〕挙誠
西浦円治(3代)　にしうらえんじ
　〔加藤〕円治
　円治(3代)
西尾忠照　にしおただてる
　忠昭

西川一四　にしかわいっし
　一四
西川奥蔵(1代)　にしかわおくぞう
　奥蔵(1代)
　憶蔵〈別名〉
西川古柳　にしかわこりゅう
　古柳
　〔山岸〕柳吉
西川祐信　にしかわすけのぶ
　〔狩野〕自得
　祐信
西川扇蔵(3代)　にしかわせんぞう
　巳之助(1代)
　扇蔵(3代)
西川扇蔵(5代)　にしかわせんぞう
　巳之助(2代)
　扇蔵(5代)
西玄可　にしげんか
　玄可
　ガスパル〈霊名〉
西玄甫　にしげんぽ
　吉兵衛
西沢一鳳　にしざわいっぽう
　一鳳
　〔狂言〕綺語堂
西島百歳　にしじまひゃくさい
　百歳
西田羽長坊　にしだうちょうぼう
　羽長坊
西洞院行時　にしのとういんゆきとき
　〔平〕行時
西八条禅尼　にしはちじょうぜんに
　八条禅尼
西村市郎右衛門　にしむらいちろうえもん
　末達
西村回全　にしむらかいぜん
　回全
　宗三郎〈別称〉
西村茂樹　にしむらしげき
　重器
　鼎
　泊翁〈号〉
　茂樹
西村善五郎(1代)　にしむらぜんごろう
　善五郎(1代)
　〔永楽〕善五郎(1代)
西村善五郎(3代)　にしむらぜんごろう
　宗全
　善五郎(3代)
西村善五郎(10代)　にしむらぜんごろう
　善五郎(10代)
　〔永楽〕善五郎(10代)

了全
　〔永楽〕了全
西村宗四郎　にしむらそうしろう
　宗四郎
　〔松木〕宗四郎
西村太沖　にしむらたちゅう
　太沖
　〔蓑谷〕篤行〈旧名〉
西村定雅　にしむらていが
　甚三郎〈通称〉
　椿花亭〈号〉
　椿亭〈号〉
　定雅
　俳仙堂〈号〉
西村哲二郎　にしむらてつじろう
　哲二郎
　〔太田〕二郎
西村彦兵衛　にしむらひこべえ
　宗忠
西村良安　にしむらよしやす
　竹翁
西山宗因　にしやまそういん
　一幽子〈号〉
　向栄庵〈号〉
　次郎作〈通称〉
　宗因
　西幽子〈号〉
　梅花翁〈号〉
　梅幽子〈号〉
　梅翁〈号〉
　豊一〈名〉
　忘吾子〈号〉
　野梅子〈号〉
　有芳庵〈号〉
二乗院　にじょういん
　章子内親王
　章子内親王
二条資季　にじょうすけすえ
　〔藤原〕資季
二条太皇太后宮摂津　にじょうたいこうたいごうぐうのせっつ
　摂津
二条太皇太后宮大弐　にじょうたいこうたいごうぐうのだいに
　〔藤原〕宗子
二条為定　にじょうためさだ
　為定
　〔藤原〕為定
二条為遠　にじょうためとお
　〔御子左〕為遠
二条為世　にじょうためよ
　為世
　〔藤原〕為世
二条教定　にじょうのりさだ
　教定
　〔藤原〕教定
　〔飛鳥井〕教定
二条道良　にじょうみちなが
　〔藤原〕道良
二条道平　にじょうみちひら
　道平

〔藤原〕道平
二条満基　にじょうみつもと
　福照院関白〈号〉
　満基
　〔藤原〕満基
二条良実　にじょうよしざね
　良実
　〔藤原〕良実
二条良基　にじょうよしもと
　良基
　〔藤原〕良基
西ルイス　にしるいす
　九兵衛〈通称〉
　宗真
　類子
　ルイス(類子)〈洗礼名〉
日輝　にちき
　〔優陀那〕日輝
日謙　にちけん
　道光
日現　にちげん
　日現
　仏寿院〈号〉
日蔵　にちぞう
　道賢
日能　にちのう
　〔本勝寺〕日能
日法　にちほう
　日法
　和泉阿闍梨
日門　にちもん
　一乗阿闍梨
　日門
日誉　にちよ
　日祐
日賢　にっけん
　淡路阿闍梨
　日賢
日向　にっこう
　佐渡公〈別称〉
　三位房〈別称〉
　日向
日秀尼　にっしゅうに
　瑞竜院
日章　にっしょう
　如竹
　〔泊〕如竹
仁田忠常　にったただつね
　四郎
　忠常
日頂　にっちょう
　伊予阿闍梨
　日頂
日峰宗舜　にっぽうそうしゅん
　宗舜
日峰文朝　にっぽうもんちょう
　文朝
蜷川智蘊　にながわちうん
　新右衛門親当〈俗名〉
　親当
　智蘊

蜷川親俊　にながわちかとし
　新右衛門尉〈通称〉
　親俊
　大和守親世
二宮尊徳　にのみやそんとく
　金次郎〈通称〉
　尊徳〈実名〉
日本左衛門　にほんざえもん
　〔浜島〕庄兵衛〈本名〉
　日本左衛門
日本伝助　にほんでんすけ
　伝助
　〔大倭〕伝助
二本松義継　にほんまつよしつぐ
　義継
　〔畠山〕義継
二本松義綱　にほんまつよしつな
　国王丸
仁村守三　にむらもりぞう
　〔香川〕実玄〈本名あて字〉
　守三
入楚　にゅうそ
　三太夫直由〈別称〉
　三郎兵衛〈通称〉
　入楚
　藜翁〈号〉
　粒々斎〈号〉
如一　によいち
　如空
如円　によえん
　真空
如宝　によほう
　〔安〕如宝
二六庵竹阿　にろくあんちくあ
　竹阿
　竹雫〈号〉
　二六庵〈号〉
　北窓庵〈号〉
丹羽謝菴　にわしゃあん
　嘉言
　謝菴
丹羽桃渓　にわとうけい
　桃渓山人
丹羽以之　にわともゆき
　以之
　〔浅野屋〕治右衛門〈通称〉
　少以〈別称〉
　千鳥庵〈号〉
丹羽長重　にわながしげ
　小松宰相
　松任侍従
　長重
丹羽盤桓　にわばんかん
　勗
丹羽正雄　にわまさお
　正雄
　〔佐々〕成之
仁海　にんかい
　雨僧正
　小野僧正
　仁海

仁賢天皇　にんけんてんのう
　億計天皇
　億計王
　仁賢天皇
忍性　にんしょう
　忍性
　良観
任助法親王　にんじょほうしんのう
　熙明親王
　〔厳島〕御室
　任助法親王
仁徳天皇　にんとくてんのう
　仁徳天皇
　大鷦鷯命
仁明天皇　にんみょうてんのう
　深草帝
　仁明天皇

【ぬ】

額田風之　ぬかだふうし
　風之
貫名海屋　ぬきなかいおく
　海屋
渟名城入姫命　ぬなきいりひめのみこと
　沼名木之入日売命
　渟名城入姫命
沼波弄山　ぬなみろうざん
　五左衛門
　弄山
布田惟暉　ぬのたこれてる
　惟暉〈別称〉
　保之助〈名〉
沼嘯翁　ぬましょうおう
　古濂
沼尻完蔵　ぬまじりかんぞう
　完蔵〈通称〉
　墨僊〈号〉

【ね】

根岸伴七　ねぎしばんしち
　伴七
　友山〈号〉
根岸鎮衛　ねぎしやすもり
　肥前守
根来重明　ねごろしげあき
　独心斎
根来之白　ねごろしはく
　之白
　芝柏
　宗雲〈別号〉
　無量坊〈別号〉
根々井行親　ねねいゆきちか
　〔根井〕行親
子日庵一草　ねのひあんいっそう
　一草
根本遜志　ねもとそんし
　遜志

姓名から引く号・別名一覧　　　　　　　　　　　　　　　　　　　　　　　　　　　はしは

武夷
念阿弥慈恩　ねんあみじおん
　慈恩
然阿良忠　ねんありょうちゅう
　然阿
　良忠

【の】

野一色助義　のいっしきすけよし
　助義
　長頼〈名〉
乃木初太郎　のぎはつたろう
　初之進〈通称〉
　初太郎〈通称〉
野際白雪　のぎわはくせつ
　紫微
野口在色　のぐちざいしき
　在色
　市暄堂〈号〉
　甚八郎利直〈通称〉
　長松堂箕形〈号〉
野崎巴明　のざきはめい
　巴明
　*小池〈本姓〉
野沢吉兵衛(1代)　のざわきちべえ
　吉兵衛(1代)
　松屋町〈通称〉
野沢喜八郎(1代)　のざわきはちろう
　喜八
　喜八郎(1代)
野沢喜八郎(2代)　のざわきはちろう
　喜八郎(2代)
　富小路〈通称〉
野沢喜八郎(3代)　のざわきはちろう
　喜八郎(3代)
　綾小路〈通称〉
野沢凡兆　のざわぼんちょう
　凡兆
能登永閑　のとえいかん
　永閑
野中元右衛門　のなかげんえもん
　元右衛門
　古水〈雅号〉
野々口立圃　ののぐちりゅうほ
　市兵衛
　次郎左衛門〈通称〉
　宗右衛門〈通称〉
　庄兵衛〈通称〉
　松斎〈別号〉
　親重〈名〉
　如入斎〈号〉
　立圃
　〔雛屋〕立圃
野々村仁清　ののむらにんせい
　仁清
　清右衛門〈通称〉

清兵衛〈通称〉
野間三竹　のまさんちく
　静軒
乃美宗勝　のみむねかつ
　〔浦〕宗勝
野村其梅　のむらきばい
　其梅
野村勝次郎　のむらしょうじろう
　庄次郎
　勝次郎
野村東皋　のむらとうこう
　公台
野村望東　のむらぼうとう
　向陵〈号〉
　招月〈号〉
　望東
　望東尼
　もと
　〔浦〕もと子
　*野村〈姓〉
野呂介石　のろかいせき
　介石

【は】

梅価　ばいか
　枯魚堂〈号〉
　公香〈名〉
　子国〈字〉
　梅価
　伴仙翁〈号〉
　万象〈通称〉
佩香園(1代)　はいこうえん
　佩香園(1代)
　蘭丸
佩香園(2代)　はいこうえん
　松丸
　佩香園(2代)
梅山聞本　ばいさんもんぽん
　聞本
禔子内親王　ばいしないしんのう
　六条斎院
梅風　ばいふう
　伯水堂
梅峰竺信　ばいほうじくしん
　竺信
灰屋紹由　はいやじょうゆう
　紹由
　〔佐野〕紹由
配力　はいりき
　勘兵衛〈通称〉
　配力
　房滋〈名〉
梅里山人　ばいりさんじん
　〔陶〕梅里
梅路　ばいろ
　乙鳥舎〈号〉
　梅路
芳賀一晶　はがいっしょう
　一晶
　治貞〈通称〉

芳賀禅可　はがぜんか
　高名〈実名〉
　禅可
芳賀高継　はがたかつぐ
　高規
萩野鳩谷　はぎのきゅうこく
　〔天愚〕孔平
萩原兼従　はぎわらかねつぐ
　兼従
　〔吉田〕兼従
萩原祇報　はぎわらぎほう
　祇報
白隠慧鶴　はくいんえかく
　慧鶴
　正宗国師
白雲慧暁　はくうんえぎょう
　隠谷子〈号〉
　慧暁
　白雲〈字〉
　仏照禅師〈諡〉
白雲子　はくうんし
　〔筒井〕左京進
璞巌衍曜　はくがんえんよう
　衍曜
白斎　はくさい
　寒岳園白斎〈号〉
　古傭〈号〉
　白斎
伯先　はくせん
　坎水園〈号〉
　元茂〈名〉
　昌玄〈医名〉
　淡斎〈字〉
　伯先〈字〉
白達磨見風　はくだるまけんぷう
　見風
　理右衛門〈通称〉
羽倉簡堂　はぐらかんどう
　外記
羽倉惟得　はぐらこれのり
　子馨
白鯉館卯雲(2代)　はくりかんぼううん
　〔俳諧寮〕蝙蝠
間喜兵衛　はざまきへえ
　光延
間重富　はざましげとみ
　耕雲〈号〉
　重富
　長涯〈号〉
間十次郎　はざまじゅうじろう
　光興
間新六　はざましんろく
　光風
初鹿野昌次　はじかのまさつぐ
　伝右衛門
土師吾笥　はじのあけ
　吾笥
羽柴秀勝　はしばひでかつ
　秀勝
　〔豊臣〕秀勝

号・別名辞典　古代・中世・近世　665

〔豊臣〕秀勝
小吉〈幼名〉
丹波少将・中納言
羽柴秀勝　はしばひでかつ
於次〈幼名〉
秀勝
丹波少将
羽柴秀保　はしばひでやす
秀保
〔豊臣〕秀保
大和中納言
間人皇后　はしひとのこうごう
間人皇女
間人皇后
中皇命
橘村正身　はしむらまさのぶ
〔度会〕正身
橋本琴上　はしもときんじょう
琴上
橋本香坡　はしもとこうは
通
橋本宗吉　はしもとそうきち
宗吉
鄭〈名〉
曇斎〈号〉
橋本泰里　はしもとたいり
河上庵〈号〉
五席庵〈号〉
存義(2代)
泰里
泰室〈号〉
橋本多兵衛　はしもとたひょうえ
〔桔梗屋〕寿庵〈名〉
多兵衛
ジョアン〈霊名〉
橋本湛月　はしもとたんげつ
湛月
橋本経子　はしもとつねこ
観行院
経子
橋本徳瓶　はしもととくべい
〔千代〕春道
長谷川雨柳　はせがわうりゅう
雨柳
長谷川左近　はせがわさこん
等長
長谷川夕道　はせがわせきどう
夕道
孫助〈通称〉
〔風月堂〕孫助
長谷川宗也　はせがわそうや
新之丞
長谷川等周　はせがわとうしゅう
等周
長谷川等雪　はせがわとうせつ
等雪
長谷川等伯　はせがわとうはく
信春
等伯
長谷川馬光　はせがわばこう
絢堂〈号〉

夕可庵〈号〉
素丸〈号〉
孫太郎〈幼名〉
〔藤原〕直行
如是庵〈号〉
馬光
白芹〈号〉
半左衛門〈名〉
長谷川秀一　はせがわひでかず
秀一
東郷侍従
長谷川与左衛門　はせがわよござえもん
基連
支倉常長　はせくらつねなが
常長
六衛門
支部不破麻呂　はせつかべのふわまろ
〔武蔵〕不破麻呂
畑井蟠竜　はたいばんりゅう
多仲
秦鼎　はたかなえ
滄浪〈号〉
鼎〈名〉
畠山義豊　はたけやまよしとよ
基家
波多兼虎　はたけんこ
嵩山
畑黄山　はたこうざん
柳安
幡崎鼎　はたざきかなえ
鼎
藤市〈本名〉
波多守節　はたしゅせつ
北固
秦致貞　はたちてい
致貞
致真
畑道雲　はたどううん
〔奇々羅〕金鶏
道雲
畑中荷沢　はたなかかたく
荷沢〈別号〉
太冲〈字〉
畠中銅脈　はたなかどうみゃく
寛斉
歓斎〈別号〉
観斎〈別号〉
正盈〈本姓名〉
銅脈
銅脈先生
本平館〈別号〉
秦浄足　はたのきよたり
〔阿倍小殿〕浄足
波多野検校　はたのけんぎょう
〔波多野〕孝一
波多野正平　はたのしょうへい
正平
〔亀文堂〕正平
波多信時　はたのぶとき

下野守信時
信時
波多野元清　はたのもときよ
稙通
八条宮智忠親王　はちじょうのみやとしただしんのう
智忠親王
八条宮智仁親王　はちじょうのみやとしひとしんのう
智仁親王
八条宮智仁親王
蜂須賀小六　はちすかころく
小六
正勝
蜂須賀宗員　はちすかむねかず
正員
蜂須賀山城　はちすかやましろ
〔池田〕内膳
八文字屋其笑　はちもんじやきしょう
其笑
八文字屋瑞笑　はちもんじやずいしょう
〔八文字屋〕自笑(2代)
八文字屋八左衛門　はちもんじやはちざえもん
自笑
八文字自笑〈筆名〉
八左衛門
蜂屋定章　はちやさだあき
〔淡山〕尚綱
蜂屋頼隆　はちやよりたか
敦賀侍従
頼隆
八千房屋鳥　はっせんぼうおくう
屋鳥
〔石井〕屋鳥
八千房駝岳　はっせんぼうだがく
〔五竹庵〕木偶
八千房淡叟　はっせんぼうたんそう
一肖
一肖
〔小森〕駝岳
八巣謝徳　はっそうしゃとく
謝徳
八田知家　はったともいえ
〔小田〕知家
八田竜渓　はったりゅうけい
憲章
服部出雲守　はっとりいずものかみ
出雲守
〔村瀬〕平右衛門
服部一忠　はっとりかずただ
小平太
服部左近衛門　はっとりさこんえもん
宗重
服部定清　はっとりさだきよ
定清

服部持法　はっとりじほう
　　右衛門太郎入道〈通称〉
　　〔高畠〕右衛門太郎入道持法
　　持法
　　道秀〈法名〉
　　*髙畠〈姓〉
服部常春　はっとりじょうしゅん
　　常春
服部沾圃　はっとりせんぽ
　　栄九郎〈別称〉
　　暢〈名〉
　　沾圃
服部蘇門　はっとりそもん
　　嘯翁〈号〉
　　蘇門
　　蘇門山人〈号〉
服部大方　はっとりたいほう
　　星渓
服部仲英　はっとりちゅうえい
　　白貢
服部土芳　はっとりどほう
　　土芳
　　半左衛門〈通称〉
　　保英
服部半蔵　はっとりはんぞう
　　正成
服部不及子　はっとりふきゅうし
　　不及子
服部嵐雪　はっとりらんせつ
　　黄落庵〈号〉
　　寒蓼堂〈号〉
　　久馬助〈幼名〉
　　玄峰堂〈号〉
　　彦兵衛〈別称〉
　　治助〈名〉
　　石中堂〈号〉
　　雪中庵〈号〉
　　孫之丞〈別称〉
　　不白軒〈号〉
　　嵐亭治助〈号〉
　　嵐雪
鳩野宗巴　はとのそうは
　　宗巴
　　〔中島〕宗巴
羽鳥一紅　はとりいっこう
　　一紅
華岡鹿城　はなおかろくじょう
　　良平
花笠文京(1代)　はながさぶん
　　きょう
　　魯助
華園摂信　はなぞのせっしん
　　摂信〈別称〉
　　大慶喜心院〈諡名〉
　　本寂〈別称〉
花園天皇　はなぞのてんのう
　　花園天皇
　　萩原院
花廼屋(1代)　はなのや
　　花廼屋(1代)
　　〔花廼屋〕道頼

花廼屋(2代)　はなのや
　　花廼屋(2代)
　　光枝
花廼屋(3代)　はなのや
　　蛙麿
　　花廼屋(3代)
英一蝶(1世)　はなぶさいっちょう
　　一蝶(1世)
　　〔多賀〕信香〈本名〉
　　〔多賀〕朝湖
花房職之　はなぶさもとゆき
　　職秀
埴忠宝　はなわただとみ
　　次郎
羽地朝秀　はねじちょうしゅう
　　象賢
　　〔向〕象賢
　　朝秀
馬場錦江　ばばきんこう
　　貫卿〈字〉
　　錦江
　　絢屋楼〈号〉
　　紅日庵〈別号〉
　　小太郎〈通称〉
　　正統〈名〉
　　竹庭〈別号〉
　　桃葉庵〈別号〉
馬場佐十郎　ばばさじゅうろう
　　職夫
　　貞由
馬場存義　ばばそんぎ
　　古来庵〈号〉
　　存義
　　泰里〈初号〉
　　有無庵〈号〉
　　李井庵〈号〉
馬場信春　ばばのぶはる
　　昌房
馬場信房　ばばのぶふさ
　　教来石民部
　　信房
　　〔馬場〕信房
　　〔馬場〕信春
　　〔馬場〕信勝
巴鼻庵　はびあん
　　恵俊
　　巴鼻庵
　　フーカン・ファビアン〈霊名〉
土生熊五郎　はぶくまごろう
　　応期
　　〔羽生〕懋斎
浜川自悦　はまかわじえつ
　　自悦
浜野政随　はまのしょうずい
　　一瞬庵〈別号〉
　　乙柳軒〈別号〉
　　閑経〈別号〉
　　子順〈別号〉
　　穐峰斎〈別号〉
　　政随〈名〉
　　太郎兵衛〈通称〉

半圭子〈別号〉
味墨〈別号〉
遊壺亭〈別号〉
驪風堂〈別号〉
浜野直随　はまのなおゆき
　　〔遠山〕直随
浜野舗随　はまののぶゆき
　　誠信
　　知随
浜野矩随(3代)　はまののりゆき
　　矩随(3代)
　　矩蕃
浜野政随(2代)　はまのまさゆき
　　兼随
　　政随(2代)
浜野政随(3代)　はまのまさゆき
　　政随(3代)
　　誠信
浜野政随(4代)　はまのまさゆき
　　政信
　　政随(4代)
浜村蔵六(1代)　はまむらぞう
　　ろく
　　蔵六(1代)
浜村蔵六(2代)　はまむらぞう
　　ろく
　　蔵六(2代)
浜村蔵六(3代)　はまむらぞう
　　ろく
　　蔵六(3代)
葉室顕隆　はむろあきたか
　　顕隆
　　〔藤原〕顕隆
葉室顕頼　はむろあきより
　　〔藤原〕顕頼
葉室定嗣　はむろさだつぐ
　　光嗣〈初名〉
　　高嗣〈名〉
　　定然
　　定嗣〈名〉
　　〔藤原〕定嗣
葉室時長　はむろときなが
　　〔藤原〕時長
葉室宣子　はむろのぶこ
　　一対局
　　宣子
葉室光雅　はむろみつまさ
　　〔藤原〕光雅
葉室宗行　はむろむねゆき
　　〔藤原〕宗行
葉室宗頼　はむろむねより
　　〔藤原〕宗頼
早川広海　はやかわこうかい
　　円吉〈通称〉
　　円橘庵〈号〉
　　広海〈名〉
　　光甫〈字〉
　　多善〈字〉
　　梅夜〈初号〉
　　漫々
　　〔安田〕漫々

早川丈石　はやかわじょうせき
　宗順〈号〉
　丈石
　丈石斎〈号〉
　千載堂〈号〉
　知雄〈名〉
早川新勝　はやかわしんかつ
　新次郎(1代)
林因長　はやしいんちょう
　門入(5世)
早矢仕有的　はやしうてき
　〔丸屋〕善七〈通称〉
　有的
林永喜　はやしえいき
　永喜
　東舟
林鷺峰　はやしがほう
　鷺峰
　鷺峯
　春斎
林義端　はやしぎたん
　九成
　九兵衛
林玄悦　はやしげんえつ
　門入(3世)
林研海　はやしけんかい
　紀〈本名〉
　紀太郎〈幼名〉
　研海
林元美　はやしげんび
　元美
　門入(11世)
林崎重信　はやしざきしげのぶ
　甚助
林左門　はやしさもん
　左門
　〔安孫子〕静逸
林重治(1代)　はやししげはる
　重吉〈名〉
　重治〈名〉
　重治(1代)
　又七
林重治(2代)　はやししげはる
　重光
　重治(2代)
林重治(3代)　はやししげはる
　重吉
　重治(3代)
林重治(4代)　はやししげはる
　重次
　重治(4代)
林重治(5代)　はやししげはる
　重久
　重治(5代)
林重治(6代)　はやししげはる
　重治(6代)
　又八
林重治(7代)　はやししげはる
　重治(7代)
　藤七
林十江　はやしじっこう

　長羽
林晋軒　はやししんけん
　春東
林壮軒　はやしそうけん
　健
林泰道　はやしたいどう
　泰道
林稚瞻　はやしちせん
　松林山人
林鉄元　はやしてつげん
　門入(10世)
林転入　はやしてんにゅう
　門入(7世)
林藤左衛門　はやしとうざえもん
　正盛
林桐葉　はやしとうよう
　七左衛門〈通称〉
　桐葉
　臨高庵元竹〈号〉
林読耕斎　はやしどくこうさい
　彦復〈字〉
　春徳〈通称〉
　靖〈名〉
　読耕斎
林泥平　はやしどろへい
　泥平
　半六(4代)
林源琳　はやしのげんりん
　〔瓜生〕源琳
林信篤　はやしのぶあつ
　信篤
　鳳岡
林真倉　はやしのまくら
　直倉
林梅洞　はやしばいどう
　戆〈名〉
　梅洞
　孟著〈字〉
　又三郎〈通称〉
林柏栄　はやしはくえい
　門入(12世)
林秀貞　はやしひでさだ
　通勝
林朴入　はやしぼくにゅう
　門入(4世)
林光時　はやしみつとき
　光時
　通政〈名〉
林毛川　はやしもうせん
　芥蔵
林門悦　はやしもんえつ
　門入(9世)
林門入斎　はやしもんにゅうさい
　門入(1世)
林門利　はやしもんり
　門入(6世)
林屋正蔵(5代)　はやしやしょう
　ぞう
　〔吉本〕庄三郎〈本名〉
　正蔵(5代)
林祐元　はやしゆうげん

　門入(8世)
林有美　はやしゆうび
　慶治〈名〉
　有美
　*高塩〈本姓〉
林庸　はやしよう
　政義〈諱〉
　弥三郎
　庸
林抑斎　はやしよくさい
　富太郎
　抑斎
林良輔　はやしよしすけ
　主税〈通称〉
　春郷〈諱〉
　良輔
林良本　はやしよしもと
　監物〈通称〉
　亀岡〈号〉
　荻翁〈号〉
　忠左衛門〈通称〉
　良本
林羅山　はやしらざん
　子信〈字〉
　信勝〈名〉
　忠〈名〉
　道春
　又三郎〈通称〉
　羅山〈号〉
林榴岡　はやしりゅうこう
　士厚〈字〉
　春察〈別称〉
　信充〈名〉
　榴岡
林竜潭　はやしりゅうたん
　信愛
林了蔵　はやしりょうぞう
　正竜〈諱〉
　了蔵
早瀬来山　はやせらいざん
　鴻〈名〉
　晩翠〈号〉
　来山
　懶儸〈号〉
早瀬蘭川　はやせらんせん
　松雲〈別号〉
　徳本〈名〉
　蘭川
早田英房　はやだひでふさ
　英房
　制兵衛〈通称〉
　鋳成〈号〉
早田宗家　はやたむねいえ
　宗家
　忠左衛門〈通称〉
隼士常辰　はやとじょうしん
　常辰
早野仰斎　はやのこうさい
　栄輔〈通称〉
　仰斎
　大瘦生〈号〉

弁之〈名〉
早野巴人　はやのはじん
　宋阿〈号〉
　竹雨〈初号〉
　巴人
　夜半亭〈号〉
早野流水　はやのりゅうすい
　義三〈通称〉
　三太郎〈通称〉
　正己〈名〉
　流水
葉山岡右衛門　はやまおかえもん
　岡右衛門
　〔羽山〕岡右衛門〈別名〉
葉山高行　はやまたかゆき
　鎧軒
　佐内
羽山八郎右衛門　はやまはちろうえもん
　八郎右衛門
　〔杵屋〕八郎右衛門〈別名〉
　〔葉山〕八郎右衛門〈前名〉
早見晋我　はやみしんが
　次良左衛門〈通称〉
　晋我
　素順〈名〉
　北寿〈号〉
速水常知　はやみつねただ
　常忠
　清流〈号〉
　梨陰〈号〉
早水藤左衛門　はやみとうざえもん
　藤左衛門
　満堯〈名〉
速水房常　はやみふさつね
　方布斎〈号〉
　房常
原市之進　はらいちのしん
　市之進〈諱〉
　尚不愧斎〈号〉
　仲寧〈字〉
　忠成〈諱〉
　忠敬〈諱〉
　任蔵〈諱〉
原芸庵　はらうんあん
　永貞〈名〉
　芸庵
原芸庵(2代)　はらうんあん
　善材
原雲沢　はらうんたく
　雲沢
　湖南〈号〉
　尚賢〈名〉
原花祭　はらかさい
　花祭
　五〈名〉
　五太夫〈通称〉
原勝胤　はらかつたね
　長頼
　房親

腹唐秋人　はらからあきんど
　嘉右衛門〈通称〉
　〔島田〕金谷
　薫堂〈号〉
　〔中井〕敬義
　秋人
　春里〈号〉
　小笠山樵〈号〉
　*中井〈姓〉
原狂斎　はらきょうさい
　狂斎
　公逸〈名〉
　修真道人〈号〉
　豹蔵〈通称〉
原勤堂　はらきんどう
　勤堂〈号〉
　省蔵〈通称〉
　碩
　二松〈号〉
原熊之介　はらくまのすけ
　忠愛〈名〉
　熊之介
原更山　はらこうざん
　粂次郎〈通称〉
　更山〈号〉
　羊遊斎〈別号〉
原呉山　はらござん
　〔紺屋〕伊右衛門〈別称〉
　呉山
　与三兵衛〈通称〉
原五郎兵衛　はらごろべえ
　五郎兵衛
　美胤〈名〉
原在中　はらざいちゅう
　臥遊〈号〉
　在中
　致遠〈名〉
原菜蘋　はらさいひん
　霞窓〈別号〉
　菜蘋
　猷〈名〉
原如童　はらじょどう
　信存〈名〉
　如童
原善三郎　はらぜんざぶろう
　亀屋
　善三郎
原総右衛門　はらそうえもん
　元辰〈名〉
　総右衛門
原双桂　はらそうけい
　尚庵〈号〉
　双桂〈号〉
　瑜〈名〉
原田甲斐　はらだかい
　甲斐
　宗輔〈名〉
原田霞裳　はらだかしょう
　霞裳
　讃〈名〉
原田亀太郎　はらだかめたろう

　一作〈別称〉
　亀太郎
　広〈名〉
原田曲斎　はらだきょくさい
　曲斎
　金作〈通称〉
　金助〈名〉
　重吉〈名〉
　瓢子〈号〉
原田権左衛門　はらだごんざえもん
　種明
原田茂嘉　はらだしげよし
　元五郎〈別称〉
　茂嘉
原田七兵衛　はらだしちべえ
　種茂
原田七郎　はらだしちろう
　七郎
　種方〈名〉
原田筍斎　はらだじゅんさい
　筍斎
　勇〈名〉
　*小森〈本姓〉
原田佐秀　はらだすけひで
　彦三郎〈通称〉
　佐秀
原田種直　はらだたねなお
　岩戸少卿〈号〉
　種直
　大蔵大夫〈号〉
原忠順　はらただゆき
　忠順
　弥太右衛門〈旧称〉
原田東岳　はらだとうがく
　吉右衛門〈通称〉
　殖〈名〉
　直
　東岳
　*原〈姓〉
原田利重　はらだとししげ
　市左衛門
原田直政　はらだなおまさ
　〔塙〕重友
　長俊
　直政
原田長俊　はらだながとし
　九郎左衛門〈通称〉
　長俊
　直正〈初名〉
原胤信　はらたねのぶ
　胤信
　ジュアン〈霊名〉
原田能興　はらだのうこう
　団兵衛〈通称〉
　能興
原田梅年　はらだばいねん
　幸次郎〈本名〉
　雪中庵〈号〉
　梅年
　〔服部〕梅年

不白軒〈号〉
原田兵介　はらだひょうすけ
　環翠〈号〉
　成祐〈名〉
　善右衛門〈別称〉
　兵介
原田復初　はらだふくしょ
　鶴橋〈別号〉
　喬〈名〉
　種雄〈名〉
　多嘉士〈通称〉
　忠助〈通称〉
　復初
原坦山　はらたんざん
　覚仙〈諱〉
　坦山〈字〉
原田卿　はらどうけい
　道卿
　平次〈通称〉
　隆〈名〉
原時行　はらときゆき
　公孫〈号〉
　時行
　小太郎〈通称〉
　千穂〈号〉
原得斎　はらとくさい
　正之進〈通称〉
　得斎
原斗南　はらとなん
　義助〈通称〉
　存之〈名〉
　斗南
原鈍丸知野　はらどんまるちの
　鈍丸知野
　ジンゴロー〈通称〉
　マルチノ
原南陽　はらなんよう
　玄与〈通称〉
　昌克〈名〉
　南陽
原念斎　はらねんさい
　三右衛門〈通称〉
　善〈名〉
　念斎
原久胤　はらひさたね
　久胤
　契月〈号〉
　五十槻舎〈号〉
　新左衛門〈通称〉
原武太夫　はらぶだゆう
　観流斎〈号〉
　〔岡安〕原富〈別名〉
　盛和〈名〉
　富五郎〈前名〉
　武太夫
原鳳山　はらほうざん
　琢左衛門〈通称〉
　蕩々斎〈別号〉
　鳳山
　喩〈名〉
原昌俊　はらまさとし

加賀守
原道太　はらみちた
　盾雄〈名〉
　道太
原主水　はらもんど
　胤信
原恭胤　はらやすたね
　恭胤
　敬仲〈字〉
原老柳　はらろううりゅう
　健〈名〉
　佐一郎〈通称〉
　老柳
針ケ谷夕雲　はりがやせきうん
　夕雲
　〔針谷〕夕雲〈号〉
磔茂左衛門　はりつけもざえもん
　茂左衛門
　〔杉木〕茂左衛門
春川英笑　はるかわえいしょう
　英笑
　亀助〈俗称〉
　春斎
　伸斎
春川五七　はるかわごしち
　〔青木〕亀助〈通称〉
　五七〈画名〉
　〔神屋〕蓬洲
　蓬莱亭〈別称〉
春木煥光　はるきあきみつ
　煥光
　三友堂〈号〉
　隼人〈通称〉
　柳亭〈号〉
春木南華　はるきなんか
　扇之助〈通称〉
　読画斎〈号〉
　南華〈字〉
　鱗〈名〉
春木南湖　はるきなんこ
　鯉〈名〉
　南湖
　門弥〈通称〉
　幽石〈別号〉
　*結城〈本姓〉
春木南溟　はるきなんめい
　耕雲漁者〈別号〉
　秀煕〈名〉
　南溟
　卯之助〈通称〉
　竜
春木元助　はるきもとすけ
　元助
　元輔〈別名〉
　本助〈別名〉
春木義彰　はるきよしあき
　義彰
　雄吉〈通称〉
春澄善縄　はるずみよしただ
　善縄
　達本〈字〉

*猪名部連〈姓〉
春田家次　はるたいえつぐ
　家次
　〔早田〕家次
　忠左衛門〈名〉
春田横塘　はるたおうとう
　横塘
　海老〈号〉
　仁右衛門〈通称〉
　走〈名〉
　*土生〈本姓〉
春田九皐　はるたきゅうこう
　九皐
　玄蔵〈通称〉
　葆真庵〈号〉
春田永年　はるたながとし
　永年
　播磨〈通称〉
　平山〈号〉
春廼舎梅麿　はるのやうめまる
　梅園〈別号〉
　梅麿
　平七〈通称〉
　墨春亭梅麿〈別号〉
春原定信　はるはらさだのぶ
　桂蔭〈号〉
　守静〈号〉
　定信
　〔出雲路〕定信
　*斎部〈姓〉
春原民部　はるはらみんぶ
　信直〈名〉
　〔出雲路〕信直
　八塩道翁〈号〉
　民部
春日長文　はるひのながぶみ
　〔河野〕喜七〈通称〉
　〔羅綾亭〕袖彦
　長文
春富士正伝　はるふじしょうでん
　〔宮古路〕薗八(3代)
　出雲掾〈受領号〉
　正伝
　正伝藤原貞政
春富士春太夫　はるふじはるだゆう
　春太夫
　〔宮薗〕春太夫
　〔宮古路〕春太夫
春富士大和掾　はるふじやまとのじょう
　大和〈通称〉
　大和掾
　弁蔵〈前名〉
　〔春竹〕弁蔵〈前名〉
春道梅員　はるみちのうめかず
　梅員
　連日庵〈別号〉
　*宮崎〈姓〉
春山弟彦　はるやまおとひこ

はんと

欽次郎〈通称〉
静方〈通称〉
弟彦
春山源七(1代)　はるやまげんしち
　源七(1代)
　源三郎〈前名〉
　〔松井〕左近〈初名〉
春山源七(2代)　はるやまげんしち
　源七(2代)
　猶太郎〈初名〉
春山和風　はるやまわふう
　〔大和屋〕小兵衛〈通称〉
　和風
晴間星丸　はれまほしまる
　星丸
　〔平野〕藤作〈通称〉
盤珪永琢　ばんけいえいたく
　永琢
　大法正眼国師
伴建尹　ばんけんいん
　建尹
　才助〈通称〉
　某師〈号〉
伴蒿蹊　ばんこうけい
　閑田子〈号〉
　蒿蹊〈号〉
　資芳〈名〉
繁興存栄　はんこうそんえい
　存栄
伴香竹　ばんこうちく
　香竹
　香竹堂〈号〉
　資矩〈名〉
　暢〈名〉
　武平〈通称〉
盤察　はんさつ
　盤察
　不絶〈号〉
磐司磐三郎　ばんじばんざぶろう
　磐三郎
　〔磐次〕磐三郎
万秋門院　ばんしゅうもんいん
　〔藤原〕頎子
　万秋門院
阪昌周　ばんしょうしゅう
　昌周
万仭道坦　ばんじんどうたん
　道坦
幡随意　ばんずいい
　演蓮社智誉向阿〈号〉
　随意
　白道〈別称〉
　＊上宮〈俗姓〉
幡随院長兵衛　ばんずいいんちょうべえ
　〔花川戸〕長兵衛
伴資規　ばんすけのり
　資規
　直枝〈通称〉

直樹〈通称〉
八田玄斎　はんだげんさい
　玄斎
繁田常牧　はんだじょうぼく
　常牧
八田長斎　はんだちょうさい
　長斎
繁田満義　はんだみつよし
　武平〈世襲名〉
　満義
半田門吉　はんだもんきち
　成久〈名〉
　門吉〈別称〉
　紋引〈別称〉
塙団右衛門　ばんだんえもん
　団右衛門
　直之
番忠左衛門　ばんちゅうざえもん
　成安〈名〉
　忠左衛門
伴伝兵衛　ばんでんべえ
　近江屋〈家号〉
　伝兵衛
伴佩庵　ばんとうあん
　温之〈名〉
　海村〈号〉
　材太郎〈通称〉
　只七〈通称〉
　成〈名〉
　佩庵
坂東岩五郎　ばんどういわごろう
　岩五郎
　国三郎〈初名〉
　藤五郎〈前名〉
坂東国五郎(2代)　ばんどうくにごろう
　〔中村〕虎次〈初名〉
　国五郎(2代)
　〔中村〕大太郎〈前名〉
坂東国五郎(3代)　ばんどうくにごろう
　国五郎(3代)
　〔山村〕儀左衛門〈後名〉
　国蔵〈前名〉
　〔山村〕国蔵〈初名〉
　〔山村〕友右衛門(2代)〈後名〉
坂東国五郎(4代)　ばんどうくにごろう
　国五郎(4代)
　〔芳沢〕八蔵〈前名〉
坂東定次郎　ばんどうさだじろう
　定二郎〈別称〉
　定吉〈前名〉
　定次郎
　貞次郎〈別称〉
伴東山　ばんとうざん
　只七〈通称〉
　兎毛〈通称〉
　徒義〈名〉
　東山

坂東三八(1代)　ばんどうさんぱち
　三八(1代)
　〔太田〕三十郎〈初名〉
　又八〈前名〉
坂東三八(2代)　ばんどうさんぱち
　金太郎〈初名〉
　三八(2代)
　又八(2代)〈前名〉
坂東三八(4代)　ばんどうさんぱち
　三八(4代)
　相蔵〈初名〉
坂東三八(5代)　ばんどうさんぱち
　羽舞八〈前名〉
　橘十郎(2代)
　橘之助〈前名〉
　三八(5代)
　相蔵〈初名〉
坂東しうか(1代)　ばんどうしうか
　玉三郎(1代)〈前名〉
　玉之助〈初名〉
　三津五郎(5代)
　しうか(1代)
坂東寿太郎(3代)　ばんどうじゅうたろう
　〔中村〕芝三郎〈初名〉
　〔中村〕芝蔵(2代)〈前名〉
　寿太郎(3代)
坂東秀調(2代)　ばんどうしゅうちょう
　秀調(2代)
　〔市川〕米十郎〈前名〉
　〔市川〕米丸〈初名〉
　〔水田〕由次郎〈本名〉
　しう調〈前名〉
坂東助三郎　ばんどうすけさぶろう
　岩松〈初名〉
　彦右衛門〈前名〉
　助三郎
　弥助〈通称〉
茫道生　はんどうせい
　印官〈字〉
　石甫〈字〉
　道生
伴道雪　ばんどうせつ
　〔番〕一安
　喜左衛門
坂東大吉　ばんどうだいきち
　大吉
　坂大〈通称〉
坂東玉三郎(2代)　ばんどうたまさぶろう
　玉三郎(2代)
　玉市〈前名〉
　蓑助(4代)〈後名〉
阪東篤之輔　ばんどうとくのすけ

号・別名辞典　古代・中世・近世　671

謙斎〈号〉
叔道〈字〉
信貫〈名〉
篤之輔
坂東豊三郎　ばんどうとよさぶろう
　〔豊田〕一東〈狂言作者名〉
　豊三郎
　〔万屋〕豊三郎〈別名〉
坂東彦左衛門(1代)　ばんどうひこざえもん
　彦左衛門(1代)
　善次(1代)〈前名〉
坂東彦左衛門(2代)　ばんどうひこざえもん
　一猿〈別名〉
　彦左衛門(2代)
　〔筑地〕善好〈別名〉
　善次(2代)〈前名〉
　桃太郎〈前名〉
坂東彦三郎(1代)　ばんどうひこさぶろう
　菊松〈前名〉
　彦三郎(1代)
坂東彦三郎(2代)　ばんどうひこさぶろう
　菊松(2代)〈前名〉
　彦三郎(2代)
坂東彦三郎(3代)　ばんどうひこさぶろう
　楽善坊〈別号〉
　〔市村〕吉五郎〈初名〉
　彦三郎(3代)
　半草庵〈別号〉
　半草庵楽善〈別号〉
坂東彦三郎(4代)　ばんどうひこさぶろう
　〔市村〕亀三郎〈初名〉
　亀蔵〈後名〉
　彦三郎(4代)
　〔市村〕竹三郎〈初名〉
坂東彦三郎(5代)　ばんどうひこさぶろう
　鶴之助〈初名〉
　彦三郎(5代)
　竹三郎〈前名〉
　鉄蔵〈幼名〉
坂東又太郎(2代)　ばんどうまたろう
　又太郎(2代)
　又次郎(3代)〈前名〉
坂東又太郎(4代)　ばんどうまたろう
　〔嵐〕九八〈前名〉
　又太郎(4代)
坂東又太郎(5代)　ばんどうまたろう
　又太郎(5代)
　〔坂田〕熊十郎
　〔坂田〕熊右衛門〈前名〉

坂東又太郎(6代)　ばんどうまたろう
　〔中村〕鶴十郎〈前名〉
　又太郎(6代)
坂東満蔵　ばんどうまんぞう
　文蔵〈前名〉
　〔竹田〕万徳〈初名〉
　満蔵
坂東三津右衛門　ばんどうみつえもん
　三津右衛門
　〔杉坂〕平八〈本名〉
　熊平〈前名〉
坂東三津五郎(1代)　ばんどうみつごろう
　三津五郎(1代)
　〔竹田〕巳之助〈前名〉
坂東三津五郎(2代)　ばんどうみつごろう
　三津五郎(2代)
　〔尾上〕藤蔵〈初名〉
　〔尾上〕門三郎〈前名〉
　〔尾上〕紋三郎〈前名〉
坂東三津五郎(3代)　ばんどうみつごろう
　〔森田〕勘次郎〈前名〉
　養助(1代)〈前名〉
　三田八〈初名〉
　三津五郎(3代)
坂東三津五郎(4代)　ばんどうみつごろう
　〔守田〕勘弥(11代)〈後名〉
　〔森田〕勘弥(11代)〈前名〉
　養助(2代)〈前名〉
　三八(3代)
　三津五郎(4代)
　秀調(1代)
坂東三津五郎(5代)　ばんどうみつごろう
　三津五郎(5代)
　大和屋〈屋号〉
坂東養助(3代)　ばんどうみのすけ
　養助(3代)
　豊三郎(3代)〈前名〉
　〔森田〕又三郎〈後名〉
伴直方　ばんなおかた
　直方
　藤五郎
　万五郎〈通称〉
　六郎〈通称〉
万安英種　ばんなんえいしゅ
　英種
判兵庫　ばんのひょうご
　〔安倍〕兵庫
伴信友　ばんのぶとも
　惟徳〈名〉
　鋭五郎〈幼名〉
　事負〈号〉
　州五郎〈名〉

信友
特〈号〉
万里集九　ばんりしゅうく
　周九
　集九
　梅庵

【ひ】

稗田阿礼　ひえだのあれ
　阿礼
日尾荊山　ひおけいざん
　荊山
　瑜〈名〉
檜垣本吉久　ひがいもとよしひさ
　〔観世〕吉久
桧垣貞度　ひがきさだのり
　常茂〈初名〉
　貞度
　縫殿〈通称〉
　*度会〈姓〉
桧垣繁太郎　ひがきしげたろう
　正体〈名〉
　繁太郎
　梁之〈諱〉
桧垣常和　ひがきつねかず
　常和
　朝和〈後名〉
　*度会〈姓〉
桧垣常真　ひがきつねざね
　常真
　常清〈初名〉
　*度会〈姓〉
桧垣常名　ひがきつねな
　左近〈通称〉
　常名
　*度会〈姓〉
東一条院　ひがしいちじょういん
　東一条院
　〔藤原〕立子
東京極院　ひがしきょうごくいん
　〔藤原〕婧子
　東京極院
東久世通禧　ひがしくぜみちとみ
　熈卿〈字〉
　古帆軒〈号〉
　竹亭〈号〉
　通禧
　保丸〈初名〉
東次郎　ひがしじろう
　次郎
　〔南部〕次郎〈通称〉
　政図
東沢瀉　ひがしたくしゃ
　崇一郎〈通称〉
　沢瀉
東知退　ひがしちたい
　〔相田〕信也〈前名〉
　知退
東二条院　ひがしにじょういん
　〔藤原〕公子

東二条院
氷上娘　ひかみのいらつめ
　〔藤原〕氷上娘
氷上塩焼　ひかみのしおやき
　塩焼
　塩焼王
疋田検校　ひきたけんぎょう
　検校
　仙都
　相一〈名〉
疋田以正　ひきたこれまさ
　以正
　小右衛門〈通称〉
疋田文五郎　ひきたぶんごろう
　小伯〈号〉
　文五郎
疋田豊五郎　ひきたぶんごろう
　景忠〈字〉
　景兼〈字〉
　栖雲斎〈号〉
　分五郎〈通称〉
　文五郎〈通称〉
　豊五郎
疋田棟隆　ひきたむねたか
　作左衛門〈通称〉
　作次郎〈通称〉
　竹山〈号〉
　筑山
　棟隆
　*藤木〈旧姓〉
疋田柳塘　ひきたりゅうとう
　斎〈通称〉
　定常〈諱〉
　柳塘
樋口泉　ひぐちいずみ
　主水〈通称〉
　信之
　泉
　貞五郎〈通称〉
　東湖〈号〉
　房宝〈初名〉
樋口謙之允　ひぐちけんのじょう
　謙之允
　致一〈諱〉
　竹枝〈号〉
樋口五左衛門　ひぐちござえもん
　五左衛門
　成尚〈名〉
樋口定　ひぐちさだたか
　十郎兵衛
樋口十三郎　ひぐちじゅうざぶろう
　景之〈名〉
　十三郎
樋口甚蔵　ひぐちじんぞう
　源清〈諱〉
　甚蔵
樋口武　ひぐちたけし
　愚庵〈号〉
　真吉〈通称〉
　南溟〈号〉

彬斎
武
樋口建侯　ひぐちたけよし
　弥三郎
樋口種実　ひぐちたねざね
　四郎左衛門〈別称〉
　種実
樋口知足斎　ひぐちちそくさい
　好古〈名〉
　碩果翁〈号〉
　知足斎
　又兵衛〈通称〉
樋口道立　ひぐちどうりゅう
　敬義〈名〉
　源左衛門〈通称〉
　柴庵〈号〉
　自在庵
　道立
　道卿〈字〉
樋口正虎　ひぐちまさとら
　信四郎
樋口光訓　ひぐちみつのり
　光訓
　真彦〈通称〉
　蒼竜〈号〉
樋口宗武　ひぐちむねたけ
　花月堂〈号〉
　主水〈通称〉
　宗武
樋口竜温　ひぐちりゅうおん
　香山院〈院号〉
　竜温
日暮重興　ひぐらししげおき
　重興
非群　ひぐん
　長右衛門〈通称〉
　非群
　氷固〈別号〉
美月軒古道(1世)　びげつけんこどう
　安之丞〈通称〉
　古道(1世)
彦坂菊作　ひこさかきくさく
　〔田中〕永貞
　菊作
　範善
　*田中〈本姓〉
肥後新造　ひごしんぞう
　新造
　如雪〈号〉
彦八　ひこはち
　彦八
　〔米沢〕彦八〈通称〉
彦湯支命　ひこゆきのみこと
　彦湯支命
　木開足尼〈名〉
久木政寿　ひさきまさひさ
　葛屋〈号〉
　儀右衛門〈通称〉
　政寿
久富豊　ひさとみゆたか

〔久留〕惣兵衛〈別称〉
通融〈名〉
豊
久永松陵　ひさながしょうりょう
　徹〈名〉
　助三〈通称〉
　松陵
久松喜代馬　ひさまつきよま
　重和
久松定直　ひさまつさだなお
　定直
　〔松平〕定直
久松資之　ひさまつすけゆき
　五十之助〈通称〉
　翠翁〈号〉
　幽篁庵〈号〉
　祐之
久松風陽　ひさまつふうよう
　雅五郎菅定晴〈本名〉
　謙蔵〈別称〉
　風陽
塵塒　びじ
　幻世
　伝右衛門繁文〈通称〉
　桃林軒〈号〉
　塵塒
　柳梢
土方歳三　ひじかたとしぞう
　歳三
　〔内藤〕隼人
菱川吉左衛門　ひしかわきちざえもん
　吉左衛門
　光竹
　道茂〈号〉
菱川月山　ひしかわげつざん
　月山
　在〈名〉
　宗助〈通称〉
菱川師興　ひしかわもろおき
　師興
　善次郎〈通称〉
菱川師重　ひしかわもろしげ
　師重
　〔古山〕師重
菱川師信　ひしかわもろのぶ
　師信
菱川師宣　ひしかわもろのぶ
　吉兵衛〈俗称〉
　師宣
菱川師寿　ひしかわもろひさ
　佐次兵衛〈通称〉
　師寿〈号〉
菱川師房　ひしかわもろふさ
　吉左衛門〈通称〉
　吉兵衛
　師房
菱川柳谷　ひしかわりゅうこく
　〔勝川〕春喬
　樵者〈号〉
　柳谷

ひした

菱田毅斎　ひしだきさい
　清次
菱田房明　ひしだふさあき
　一牛居士〈号〉
　香〈初名〉
　信
　丹後〈通称〉
　房明
美笑軒一鴬　びしょうけんいちおう
　一鴬
　美雪軒〈号〉
　〔石村〕文之助〈通称〉
美笑軒一水(美笑流別家2世)　びしょうけんいっすい
　一水(美笑流別家2世)
　〔川澄〕三五郎〈通称〉
美笑軒月指　びしょうけんげっし
　儀山〈別号〉
　月指
美笑軒道覚　びしょうけんどうかく
　〔後藤〕大学〈通称〉
　道覚
肥前忠吉(1代)　ひぜんただよし
　〔武蔵大掾〕忠吉
　忠吉(1代)
肥前忠吉(2代)　ひぜんただよし
　〔近江大掾〕忠広
肥前忠吉(3代)　ひぜんただよし
　〔陸奥守〕忠吉
肥田景直　ひだかげなお
　景直
　謙山〈号〉
　雄太郎〈別称〉
肥田景正　ひだかげまさ
　休右衛門〈別称〉
　景正
日髙鉄翁　ひたかてつおう
　祖門〈名〉
　〔鉄翁〕祖門
　鉄翁
　*日髙〈俗姓〉
日高涼台　ひたかりょうだい
　惟一〈名〉
　寛〈号〉
　精〈名〉
　天花道人〈号〉
　邂叟〈号〉
　忘斎〈号〉
　涼台
　六六堂〈号〉
常陸坊海尊　ひたちぼうかいそん
　快賢
　海尊
　荒尊
敏達天皇　びだつてんのう
　渟中倉太珠敷尊
肥田野築村　ひだのちくそん
　築村
　徹〈名〉

徹太郎〈通称〉
日田永季　ひたのながすえ
　〔大蔵〕永季
肥田浜五郎　ひだはまごろう
　為良〈名〉
　浜五郎
肥田頼常　ひだよりつね
　豊後守
左甚五郎　ひだりじんごろう
　甚五郎
　利勝〈名〉
　*伊丹〈姓〉
秀島寛三郎　ひでしまかんざぶろう
　寛三郎
　亀一〈諱〉
　義剛〈諱〉
　皷渓〈号〉
　信斎〈号〉
寿軌　ひでのり
　雲梯堂〈号〉
　寿軌
尾藤水竹　びとうすいちく
　弦庵〈号〉
　髙蔵〈通称〉
　水竹
　積髙〈名〉
尾藤知定　びとうともさだ
　知定
尾藤二洲　びとうにしゅう
　孝肇〈名〉
　二洲
　約山〈号〉
　良佐〈通称〉
一井鳳梧　ひとついほうご
　光宣〈名〉
　鳳梧
一橋治済　ひとつばしはるなり
　治済
　〔徳川〕治済
　〔徳川〕民部卿〈別称〉
一柳亀峰　ひとつやなぎきほう
　亀峰
　吉之進〈通称〉
　寿檀〈名〉
　胖右衛門〈通称〉
一柳千古　ひとつやなぎちふる
　章堂〈号〉
　千古
　予山〈号〉
　*越智〈姓〉
一柳友善(1代)　ひとつやなぎゆうぜん
　〔平野〕伊左衛門〈通称〉
　友善(1代)
　良助
一柳頼徳　ひとつやなぎよりのり
　蝶庵
　直卿
　頼徳
人見璣邑　ひとみきゆう

璣邑
恭〈名〉
黍〈名〉
弥右衛門〈通称〉
人見玄徳　ひとみげんとく
　賢知〈名〉
　玄徳
人見午寂　ひとみごじゃく
　午寂
人見竹洞　ひとみちくどう
　亀山〈号〉
　節〈名〉
　竹洞
　友元〈通称〉
人見蝶之　ひとみちょうし
　蝶之
人見伝　ひとみでん
　竹暾〈号〉
　伝
　道設〈道名〉
　懸斎〈号〉
　又左衛門〈通称〉
　*藤田〈姓〉
人見藤寧　ひとみとうねい
　主鈴右衛門
　蕉雨斎〈号〉
　常治〈通称〉
　但見〈号〉
　長流〈号〉
　藤寧
人見必大　ひとみひつだい
　〔平野〕必大
人見卜幽軒　ひとみぼくゆうけん
　壱〈名〉
　白賁園〈号〉
　卜幽軒
　林塘庵〈号〉
雛田中清　ひなたなかきよ
　一学〈通称〉
　我為我堂〈号〉
　松溪〈号〉
　中清
　独醒〈号〉
　卜一山房〈号〉
　銘〈名〉
鄙振庵愛歌人　ひなぶりあんあかんど
　愛歌人
　七久里山人〈別号〉
毘尼薩台巌　びにさつたいがん
　泰岸
　台巌
日根野対山　ひねのたいざん
　錦林子〈別号〉
　盛長〈名〉
　対山
　〔日根〕対山
　茅海〈号〉
　*日根〈別姓〉
日根野弘享　ひねのひろあき
　鏡水〈号〉

674　号・別名辞典　古代・中世・近世

恵右衛門弘言〈別称〉
　弘享
　修平〈通称〉
　夕佳園〈号〉
日祢野弘就　ひねのひろなり
　弘就
　〔日根野〕弘就
日野有範　ひのありのり
　〔藤原〕有範
日野家光　ひのいえみつ
　〔藤原〕家光
日野兼光　ひのかねみつ
　〔藤原〕兼光
樋野含斎　ひのがんさい
　含斎
　弘〈名〉
　松窓〈号〉
　多門〈通称〉
檜園梅明　ひのきえんうめあき
　〔高楼〕梅明
肥君　ひのきみ
　火の君〈号〉
　肥君
日野邦光　ひのくにみつ
　阿新丸
　邦光
　〔藤原〕邦光
日野実綱　ひのさねつな
　〔藤原〕実綱
日野重子　ひのしげこ
　重子
　〔裏松〕重子
日野醸泉　ひのじょうせん
　醸泉
　暖太郎〈通称〉
　和煦〈諱〉
日野資徳　ひのすけかつ
　瓊之舎〈号〉
　〔海籟〕皐民〈別名〉
　資徳
　徳三郎〈通称〉
日野資実　ひのすけざね
　〔藤原〕家実
　〔藤原〕資実
日野資朝　ひのすけとも
　資朝
　〔藤原〕資朝
日野資長　ひのすけなが
　〔藤原〕資長
日野資愛　ひのすけなる
　資愛
　南洞〈号〉
日野鼎哉　ひのていさい
　蔭香〈号〉
　暁碧〈号〉
　鼎哉
日野俊光　ひのとしみつ
　〔藤原〕俊光
日野富子　ひのとみこ
　富子〈通称〉
　〔藤原〕富子

日野名子　ひのめいし
　資名女
日の下花満　ひのもとはなみつ
　花満
　〔日下〕房敬〈通称〉
美福門院　びふくもんいん
　〔藤原〕得子
　美福門院
氷見　ひみ
　〔氷見〕宗忠〈別称〉
　日氷
　氷見
微妙　びみょう
　右兵衛尉為成〈名〉
　微妙
氷室長翁　ひむろながとし
　伊織〈通称〉
　将監〈号〉
　長翁
　椿園〈号〉
　兵治〈通称〉
　兵庫〈通称〉
　豊長〈初名〉
　*紀〈姓〉
姫井桃源　ひめいとうげん
　元詰〈名〉
　幸十郎〈通称〉
　静修
　貞吉〈通称〉
　桃源
媛蹈鞴五十鈴媛命　ひめたたらいすずひめのみこと
　媛蹈鞴五十鈴媛命
　五十鈴媛命
百済久信　ひゃくさいひさのぶ
　貫斗〈号〉
　久信〈号〉
　日斎〈号〉
百拙元養　ひゃくせつげんよう
　葦庵〈号〉
　元椿〈号〉
　元養
　釣雪〈号〉
百武万里　ひゃくたけばんり
　月処〈号〉
　苞〈名〉
　万里
百池　ひゃくち
　雅晁〈名〉
　三右衛門〈通称〉
　子文〈字〉
　助右衛門
　百池
百人一首源三郎　ひゃくにんいっしゅげんざぶろう
　源三郎
　〔百人首〕源三郎
百丸　ひゃくまる
　〔丸屋〕吉兵衛〈通称〉
　宗賢〈名〉
　白鷗堂〈号〉

百丸
　囁斎〈号〉
百村友九郎(1代)　ひゃくむらともくろう
　〔中山〕友九郎〈前名〉
　友九郎(1代)
百村友九郎(2代)　ひゃくむらともくろう
　〔井筒〕一斎〈狂言作者名〉
　翁子〈狂言作者名〉
　〔井筒〕翁子〈狂言作者名〉
　〔泉川〕楢蔵(2代)〈前名〉
　猪三郎〈前名〉
　〔中山〕猪三郎〈初名〉
　友九郎(2代)
百薬長人　ひゃくやくちょうにん
　〔播磨屋〕新兵衛〈通称〉
　長人
　*吉田〈姓〉
桧山三之介　ひやまさんのすけ
　三之介
　茂高〈名〉
表具師幸吉　ひょうぐしこうきち
　〔岡山〕幸吉
　〔備前屋〕幸吉
表具又四郎　ひょうぐまたしろう
　又四郎
　〔表具屋〕又四郎〈俗称〉
氷壺　ひょうこ
　双雀庵(2世)
　氷壺
　〔岡田〕氷壺
瓢亭百成　ひょうていひゃくなり
　村瓢子〈別号〉
　百成
屏風一双　びょうぶいっそう
　一双
　桃花庵〈別号〉
　六曲園〈別号〉
平井淳麿　ひらいあつまろ
　淳麿
　小左衛門〈旧称〉
　正淳〈別称〉
飛来一閑　ひらいいっかん
　一閑
平井顕斎　ひらいけんさい
　顕斎
　元次郎〈幼名〉
　三谷〈号〉
　忱〈名〉
平井権八　ひらいごんぱち
　〔白井〕権八
平井収二郎　ひらいしゅうじろう
　義比〈諱〉
　収二郎
　隈山〈号〉
平井澹所　ひらいたんしょ
　業〈名〉
　澹所〈号〉
　直蔵〈通称〉
平井侗谷　ひらいとうこく

平井

惟和〈諱〉
節庵〈号〉
侗谷〈号〉
平巌仙山　ひらいわせんざん
　一柳軒〈別号〉
　桂〈名〉
　仙山
平岡次郎右衛門　ひらおかじろうえもん
　次郎右衛門
　和由〈諱〉
平尾数也(1代)　ひらおかずや
　〔曹〕数也
平尾沂水　ひらおぎんすい
　沂水〈号〉
　義本〈名〉
　独楽亭〈号〉
　弁次郎〈通称〉
平尾魯仙　ひらおろせん
　初三郎〈通称〉
　亮致〈名〉
　魯仙
平賀源内　ひらがげんない
　鳩渓〈号〉
　源内
　国倫〈名〉
　子彝〈字〉
　紙鳶堂〈号〉
　松籟子〈号〉
　森羅万象(1世)〈号〉
　天竺浪人〈号〉
　風来山人(1世)〈号〉
　福内鬼外〈戯号〔浄瑠璃〕〉
　無根叟
平賀蕉斎　ひらがしょうさい
　周蔵〈名〉
　蕉斎
　独醒庵〈号〉
　白山園〈号〉
平賀晋民　ひらがしんみん
　果亭〈号〉
　叔明〈名〉
　晋民〈名〉
　惣右衛門〈通称〉
　孫次郎〈通称〉
　中南〈号〉
平賀鳳台　ひらがほうだい
　美憲〈名〉
　鳳台
平賀元義　ひらがもとよし
　吉備雄〈号〉
　元義
　楯之舎主人〈号〉
　石楯〈号〉
平賀鷹峰　ひらがようほう
　共昌〈名〉
　鷹峰
平賀義信　ひらがよしのぶ
　〔源〕義信
　〔大内〕義信

平川坦翁　ひらかわたんおう
　駿太〈通称〉
　清古〈名〉
　坦翁
平沢九郎　ひらさわくろう
　一貞〈名〉
　九郎
　九朗〈別称〉
　今昔職〈通称〉
　清九郎〈通称〉
平沢元愷　ひらさわげんかい
　旭山〈名〉
　元愷
　〔沢〕元愷
　五助〈通称〉
　悌侯〈字〉
　菟道山樵(山人)
　菟道山樵〈号〉
　＊平沢〈本姓〉
平沢随貞　ひらさわずいてい
　左内
平沢白翁　ひらさわはくおう
　一生観〈別号〉
　楽只館〈別号〉
　勝〈名〉
　白翁
平住専庵　ひらずみせんあん
　橘館〈号〉
　周道〈名〉
　静斎〈号〉
　専庵
平瀬伊右衛門　ひらせいえもん
　伊右衛門
　満忠〈名〉
平田篤胤　ひらたあつたね
　気吹之舎〈号〉
　真菅乃舎〈号〉
　正吉〈通称〉
　大角〈号〉
　大壑〈号〉
　篤胤
　半兵衛
平田銕胤　ひらたかねたね
　大角〈通称〉
　内蔵介〈通称〉
　銕胤〈名〉
　篤実〈名〉
平田玉蘊　ひらたぎょくうん
　玉蘊
　豊〈名〉
平田真賢　ひらたさねかた
　真賢
　直右衛門〈通称〉
平田嵩信　ひらたたかのぶ
　類右衛門
平田道仁　ひらたどうにん
　彦四郎〈通称〉
　道仁
平田就貞　ひらたなりひさ
　彦四郎〈別称〉
　就久

平田延胤　ひらたのぶたね
　延太郎〈別称〉
　延胤〈別称〉
　延麿〈別称〉
平田涪渓　ひらたばいけい
　淳〈名〉
　新左衛門〈通称〉
　涪渓
平田職忠　ひらたもとただ
　〔中原〕職忠
平塚三郎右衛門　ひらつかさぶろうえもん
　三郎右衛門
　三郎兵衛
平塚瓢斎　ひらつかひょうさい
　〔津久井〕清影〈別称〉
　善十郎〈通称〉
　表次郎〈通称〉
　瓢斎
　武朝保〈戯名〉
　茂喬〈名〉
　利助〈通称〉
平出修甫　ひらでしゅうほ
　延齢〈名〉
　修甫
　順益
　鈍阿〈号〉
平手甚左衛門　ひらてじんざえもん
　甚右衛門
　甚左衛門
平野喜房　ひらのきぼう
　意山〈号〉
　喜房
　万一郎〈通称〉
平野金華　ひらのきんか
　金華
　玄中〈名〉
　玄仲〈名〉
　玄冲〈名〉
　源右衛門〈通称〉
平野国臣　ひらのくにおみ
　次郎
平野五岳　ひらのごがく
　岳〈名〉
　古竹園〈号〉
　五岳
　竹邨方外史〈号〉
　聞慧〈別称〉
　方外仙史〈号〉
平野昌伝　ひらのしょうでん
　悟黙軒〈別称〉
　昌伝
　善兵衛〈通称〉
平野藤兵衛　ひらのとうべえ
　藤兵衛
　〔鞘師〕藤兵衛〈通称〉
平野富屋　ひらのふおく
　道治
平林惇信　ひらばやしあつのぶ
　庄五郎〈通称〉

消日居士〈号〉
静斎〈号〉
東維軒〈号〉
桐江山人〈号〉
悼信
平福穂庵　ひらふくすいあん
　芸〈本名〉
　穂庵
　文池〈別号〉
平部嶠南　ひらべきょうなん
　嶠南
　俊良〈名〉
　良介〈通称〉
　*和田〈本姓〉
平松古道　ひらまつこどう
　維時〈名〉
　箕踞庵〈別号〉
　古道
　无名園〈別号〉
平松旦海　ひらまつたんかい
　威陽〈号〉
　雑木堂〈号〉
　旦海
平松正篤　ひらまつまさあつ
　子敬〈字〉
　正篤
平松理準　ひらまつりじゅん
　南園〈号〉
　理準
平間長雅　ひらまながまさ
　長雅
　風観堂〈号〉
平元謹斎　ひらもときんさい
　謹斎
　顗堂〈号〉
　重徳〈名〉
　正〈通称〉
　貞治〈通称〉
　徳〈名〉
平元梅隣　ひらもとばいりん
　月潭〈号〉
　仲弼〈別称〉
　梅隣
平山子竜　ひらやましりょう
　行蔵〈通称〉
　子竜
　潜〈名〉
　潜軒〈号〉
　兵原〈号〉
　練武堂〈号〉
平山尚住　ひらやまなおずみ
　角左衛門〈通称〉
　尚住
平山梅人　ひらやまばいじん
　菅梅人〈号〉
　採茶庵(2世)〈号〉
　第一園
　忠左衛門〈通称〉
　独武者〈号〉
　梅人
平山豊後　ひらやまぶんご

文五郎〈別名〉
豊後
蛭田玄仙　ひるたげんせん
　玄仙
　克明〈名〉
広井遊冥　ひろいゆうめい
　鴻
弘氏　ひろうじ
　弘氏
　又左衛門民部〈通称〉
広岡久右衛門(4代)　ひろおか
　きゅうえもん
　久右衛門(4代)
　宗喜〈名〉
広岡宗瑞　ひろおかそうずい
　宗瑞(2代)
広岡浪秀　ひろおかなみひで
　〔広分〕彦也
　正恭〈諱〉
　浪秀
広岡古那可智　ひろおかのこな
　かち
　橘夫人〈別称〉
　古那可智
　〔橘〕古那可智
弘員　ひろかず
　権太夫〈通称〉
　弘員
　助之進〈通称〉
　雪堂〈号〉
　民部〈通称〉
弘勝之助　ひろかつのすけ
　勝之助
　忠貞〈名〉
　東明〈号〉
広川晴軒　ひろかわせいけん
　亀七〈初名〉
　九皐楼主人〈号〉
　晴軒〈号〉
　徳三郎
広木松之介　ひろきまつのすけ
　松之介
　有良〈諱〉
広沢真臣　ひろさわさねおみ
　金吾〈通称〉
　〔波多野〕金吾
　祁季之進〈通称〉
　障岳〈号〉
　真臣〈諱〉
　直温〈諱〉
　藤右衛門〈通称〉
　兵助〈通称〉
広瀬厳雄　ひろせいずお
　厳雄
　真珠舎〈号〉
　水青〈別称〉
　稚桜舎
広瀬惟然　ひろせいぜん
　惟然
　源之丞〈俗称〉
　源之丞〈俗称〉

湖南人〈号〉
素牛〈号〉
鳥落人〈号〉
梅花仏〈号〉
梅花鳥落人〈号〉
風羅堂〈号〉
弁慶庵〈号〉
広瀬旭荘　ひろせきょくそう
　旭荘
　謙〈名〉
　謙吉〈通称〉
　梅墩〈号〉
広瀬元恭　ひろせげんきょう
　龔〈名〉
　元恭
　天目山人〈号〉
　藤圃〈号〉
弘瀬健太　ひろせけんた
　健太
　年定〈諱〉
広瀬式部太夫　ひろせしきぶだ
　ゆう
　式部太夫
　万太郎〈初名〉
広瀬十口　ひろせじゅうこう
　意心斎〈号〉
　佐徳〈号〉
　十口
　〔青木〕十口
　清古散人〈号〉
　兌庵〈号〉
　柳羊子〈号〉
広瀬青邨　ひろせせいそん
　青邨
　範治〈名〉
　*矢野〈本姓〉
広瀬台山　ひろせだいざん
　雲太夫〈通称〉
　書画斎〈別号〉
　清風〈名〉
　台山
　薙雲窩〈号〉
　六無斎〈号〉
広瀬淡窓　ひろせたんそう
　遠思楼主人〈別号〉
　健〈名〉
　青渓〈別号〉
　淡窓〈別号〉
　苓陽〈別号〉
広瀬蒙斎　ひろせもうさい
　政典
　台八〈通称〉
　典(興)〈名〉
　蒙斎
広瀬林外　ひろせりんがい
　孝〈名〉
　林外〈号〉
広田精一　ひろたせいいち
　執中〈名〉
　精一
　東海〈号〉

〔太田〕民吉
広田精知　ひろたせいち
　　　語石庵
　　　四時庵〈号〉
　　　精知
広辻松叟　ひろつじしょうそう
　　　光春〈名〉
　　　光昶〈名〉
　　　松戸〈別号〉
　　　松叟
　　　*小林〈初姓〉
弘中重義　ひろなかしげよし
　　　自軒〈号〉
　　　重義
弘中与三右衛門　ひろなかよさうえもん
　　　恒忠〈諱〉
　　　与三右衛門
広橋兼仲　ひろはしかねなか
　　　〔勘解由小路〕兼仲
広橋経光　ひろはしつねみつ
　　　〔藤原〕経光
広橋仲光　ひろはしなかみつ
　　　〔勘解由小路〕仲光
広橋頼資　ひろはしよりすけ
　　　〔藤原〕頼資
弘鴻　ひろひろし
　　　円斎〈号〉
　　　鴻
　　　東壁〈号〉
広部鳥道　ひろべちょうどう
　　　鳥道
　　　良和〈名〉
広渡心海　ひろわたりしんかい
　　　心海
樋渡次右衛門　ひわたりじえもん
　　　伝兵衛
樋渡雄七　ひわたりゆうしち
　　　〔古賀〕栄吉〈初名〉
　　　雄七
牝小路又左衛門　ひんのこうじまたざえもん
　　　〔北小路〕又左衛門

【ふ】

風外　ふうがい
　　　泰円〈初名〉
　　　風外
　　　本高
富貴楼お倉　ふうきろうおくら
　　　お倉
　　　〔斎藤〕たけ〈本姓名〉
風月庵友俊　ふうげつあんそうとし
　　　〔内田〕清兵衛〈通称〉
　　　友俊
風光　ふうこう
　　　月窓〈号〉
　　　言寓斎〈庵号〉
　　　山海堂〈号〉

　　　夕顔庵〈号〉
　　　巽二坊〈号〉
　　　灘風〈号〉
　　　逐里〈号〉
　　　長鼠軒〈号〉
　　　風光
　　　宝奥〈号〉
　　　雷艀舎〈号〉
風麦　ふうばく
　　　源太夫〈通称〉
　　　次郎兵衛〈通称〉
　　　政任〈名〉
　　　風麦
深井志道軒　ふかいしどうけん
　　　栄山〈僧号〉
　　　志道軒
　　　無一堂〈別号〉
深井秋水　ふかいしゅうすい
　　　主膳〈別称〉
　　　秋水
　　　政円〈名〉
深井象山　ふかいしょうざん
　　　修〈名〉
　　　象山
　　　太平〈通称〉
深井半左衛門　ふかいはんざえもん
　　　半左衛門
　　　〔長尾〕連
深江簡斎　ふかえかんさい
　　　簡斎
　　　三太夫〈通称〉
　　　順房〈名〉
深尾貝子　ふかおかいこ
　　　貝子
　　　〔荷田〕貝子
深尾角馬　ふかおかくま
　　　重義
深尾式部　ふかおしきぶ
　　　〔近江屋〕五兵衛
　　　式部
深川湖十(1代)　ふかがわこじゅう
　　　〔森部〕湖十
深川湖十(2代)　ふかがわこじゅう
　　　〔村瀬〕湖十
深川秋色　ふかがわしゅうしき
　　　秋色(2代)
　　　〔田本〕野菊女
深川元倍　ふかがわもととし
　　　元倍
　　　〔小林〕元倍
　　　柴の戸の誰也良〈狂号〉
　　　齋宇〈号〉
深沢勝清　ふかざわかつきよ
　　　儀太夫
深沢勝幸　ふかざわかつゆき
　　　儀太夫
深沢又市　ふかざわまたいち
　　　胤次
深栖幾太郎　ふかすきたろう
　　　俊助

深田円空　ふかだえんくう
　　　正室
深田香実　ふかだこうじつ
　　　正詔
深田正詔　ふかだまさあき
　　　香実〈号〉
　　　正詔
　　　増蔵〈通称〉
　　　豊坂〈号〉
深田正倫　ふかだまさみち
　　　慎斎〈号〉
　　　正倫
深田明峯　ふかだめいほう
　　　正室
深見玄岱　ふかみげんたい
　　　〔高〕玄岱
深見大誦　ふかみたいしょう
　　　大誦
　　　〔高〕大誦
復庵宗己　ふくあんそうき
　　　宗己
福井敬斎　ふくいけいさい
　　　小車
福井弥五左衛門　ふくいやござえもん
　　　弥五左衛門
福井嘉平　ふくいよしひら
　　　兵右衛門
福王家(1世)　ふくおうけ
　　　神右衛門〈通称〉
　　　盛忠
　　　知斎〈号〉
　　　遅斎〈号〉
　　　福王家(1世)
福王家(2世)　ふくおうけ
　　　神介
　　　神右衛門〈通称〉
　　　盛義
　　　福王家(2世)
福王家(3世)　ふくおうけ
　　　左太夫〈通称〉
　　　盛貞
　　　福王家(3世)
福王家(4世)　ふくおうけ
　　　神兵衛〈通称〉
　　　甚兵衛
　　　盛厚
　　　福王家(4世)
福王家(6世)　ふくおうけ
　　　盛仍
　　　福王家(6世)
　　　茂兵衛〈通称〉
福王家(7世)　ふくおうけ
　　　盛信
　　　福王家(7世)
　　　茂右衛門〈通称〉
　　　茂兵衛
福王家(8世)　ふくおうけ
　　　盛有
　　　福王家(8世)
　　　茂右衛門〈通称〉

福王家(9世)　ふくおうけ
　盛勝
　　雪岑〈画号〉
　　白鳳軒〈別号〉
　　福王家(9世)
　　茂右衛門〈通称〉
福王家(10世)　ふくおうけ
　盛世
　　福王家(10世)
　　茂右衛門〈通称〉
福王家(11世)　ふくおうけ
　盛充
　　盛翁
　　福王家(11世)
　　茂十郎〈通称〉
福王宗巴　ふくおうそうは
　宗巴
　　福王家(5世)
　　茂兵衛盛親〈初名〉
福王盛勝　ふくおうもりかつ
　雪岑
福王盛親　ふくおうもりちか
　〔服部〕宗巴
福岡惣助　ふくおかそうすけ
　義比
福岡弥五四郎　ふくおかやごしろう
　〔藤村〕一角〈初名〉
　〔藤村〕宇左衛門〈前名〉
　弥五四郎
　〔京屋〕弥五四郎〈別号〉
福島隣春　ふくしまちかはる
　雨廼屋〈号〉
　花所〈号〉
　隣春
福島親之　ふくしまちかゆき
　安太郎〈通称〉
　華岸〈号〉
　杉廼舎〈号〉
　親之
福島正則　ふくしままさのり
　〔羽柴〕左衛門大夫
　正則
　清洲侍従
福島柳圃　ふくしまりゅうほ
　寧〈名〉
　黙神草堂〈号〉
　柳圃
福住道祐　ふくずみどうゆう
　道祐
　梅林〈号〉
福田峨山　ふくだがざん
　林右衛門
福田行誡　ふくだぎょうかい
　行誡
福田金塘　ふくだきんとう
　嘉当〈別称〉
　貫通斎〈別号〉
　金塘
　復〈名〉
福田松琴　ふくだしょうきん

　久三郎〈名〉
　松琴
福田宗禎　ふくだそうてい
　浩斎
福田大華　ふくだたいか
　儀右衛門〈通称〉
　湘雨〈号〉
　川象〈名〉
　大華〈号〉
　無量〈名〉
福田団右衛門　ふくだだんえもん
　団右衛門
　〔豊田〕団右衛門〈別名〉
福田寵松軒　ふくだちょうしょうけん
　勢三〈別名〉
　寵松軒
　〔高砂屋〕平右衛門〈通称〉
福田半香　ふくだはんこう
　佶〈名〉
　暁夢〈別号〉
　松蔭山房〈別号〉
　半香
　磐湖〈号〉
福田秀一　ふくだひでいち
　〔東田〕行蔵
　秀一
福田鞭石　ふくだべんせき
　而咲堂〈号〉
　井亀軒〈号〉
　鞭石
　法児〈別称〉
福田美楯　ふくだみたて
　幸舎〈号〉
　左兵衛〈通称〉
　美楯
福田練石　ふくだれんせき
　玄児〈号〉
　石々翁〈号〉
　練石
福田露言(1代)　ふくだろげん
　露言
福地白瑛　ふくちはくえい
　桂中楼白瑛〈号〉
　大根土成〈狂号〉
　長蔵〈通称〉
　〔福智〕長蔵〈通称〉
　都春〈名〉
　白瑛
福亭三笑　ふくていさんしょう
　三笑
　〔富久亭〕三笑〈別名〉
　〔森〕貞雄〈通称〉
福野七郎右衛門　ふくのしちろうえもん
　正勝
福廼屋内成　ふくのやうちなり
　〔藤井〕勘次郎〈通称〉
　鬼外楼〈別号〉
　内成
福羽美静　ふくばびせい

　硯堂〈号〉
　美静〈名〉
　美黙〈初名〉
　文三郎〈通称〉
　木園〈号〉
福原五岳　ふくはらごがく
　楽聖堂〈号〉
　玉峰〈号〉
　元素〈名〉
　五岳
　大助〈通称〉
福原瀬水　ふくはらはすい
　敬蔵〈名〉
　克〈名〉
　松皞〈号〉
　瀬水
福原百之助(1代)　ふくはらひゃくのすけ
　〔望月〕太左衛門(4代)
　百之助(1代)
福間寿昭　ふくまじゅしょう
　〔山名〕五郎兵衛
　寿昭
福森久助(1代)　ふくもりきゅうすけ
　喜宇助〈別名〉
　〔玉巻〕久二
　〔玉巻〕久次〈前名〉
　久助(1代)
　〔玉巻〕丘次〈前名〉
　〔昌橋〕丘次〈初名〉
福森久助(2代)　ふくもりきゅうすけ
　久助(2代)
　〔松本〕幸二
　是守弥助〈前名〉
　成田屋助〈初名〉
福山鳳洲　ふくやまほうしゅう
　雨亭〈号〉
　松門〈号〉
　貞儀〈名〉
　鳳洲〈号〉
福来石王兵衛　ふくらいいしおうびょうえ
　正友
　石王兵衛
普栗釣方　ふぐりのつりかた
　〔奈良屋〕清吉〈通称〉
　釣方
　漫々堂〈別号〉
福林亭津葉成　ふくりんていつばなり
　旭水楼〈別号〉
　〔斎藤〕谷亮〈通称〉
　津葉成
　文素堂〈別号〉
福林堂鈴成　ふくりんどうすずなり
　〔橘屋〕長右衛門〈通称〉
　播磨屋〈通称〉
　鈴成

〔福隣堂〕鈴成
普光女王　ふこうじょおう
　安禅寺宮
普済善救　ふさいぜんきゅう
　善救
房世王　ふさよおう
　〔平〕房世
藤井織之助　ふじいおりのすけ
　織之助
　〔千葉〕成信
藤井希璞　ふじいきぼく
　希璞
　〔神崎〕少進
藤井西洞　ふじいさいどう
　玄芝〈名〉
　祥庵〈号〉
　西洞〈号〉
藤井松林　ふじいしょうりん
　好文〈名〉
　松林
　清遠〈号〉
　百斎〈号〉
藤井晋流　ふじいしんりゅう
　源右衛門
　左膳〈名〉
　佐膳〈名〉
　茱月洞〈号〉
　晋柳
　晋流〈号〉
　菁青堂〈号〉
　太仲〈通称〉
　百柳軒〈号〉
藤井高雅　ふじいたかつね
　〔大藤〕幽叟
藤井高尚　ふじいたかなお
　高尚
　小膳
　松斎〈号〉
　松の舎〈号〉
　忠之丞〈通称〉
藤井竹外　ふじいちくがい
　雨香仙史〈別号〉
　啓〈名〉
　竹外
藤井貞幹　ふじいていかん
　盈科堂〈号〉
　亀石堂〈号〉
　好古〈号〉
　叔蔵〈通称〉
　端祥斎〈号〉
　貞幹
　〔藤〕貞幹
　〔原〕貞幹
　無仏斎〈号〉
　蒙斎〈号〉
藤井鼎左　ふじいていさ
　花屋庵〈号〉
　花屋裏〈号〉
　大黒庵〈号〉
　鼎左
　桃の本〈号〉

鳳棲舎〈号〉
藤井俊長　ふじいとしなが
　〔鎌田〕俊長
葛井広成　ふじいのひろなり
　広成
　〔白猪〕広成
藤井平左衛門　ふじいへいざえもん
　平左衛門
　藍田〈号〉
藤井紋太夫　ふじいもんだゆう
　徳昭
藤井懶斎　ふじいらいさい
　伊蒿子〈号〉
　臧〈名〉
　懶斎〈号〉
藤江岱山　ふじえたいざん
　惟孝〈諱〉
　岱山
　貞蔵〈通称〉
　梅軒〈号〉
藤江梅軒　ふじえばいけん
　岱山
藤岡有貞　ふじおかありさだ
　観瀾〈号〉
　景山〈号〉
　有貞
　雄市
　暘谷〈号〉
藤岡月尋　ふじおかげつじん
　月尋
　宵雨軒〈号〉
　霄雨軒〈別号〉
　羅門回〈別号〉
藤尾景秀　ふじおかげひで
　桂園〈号〉
　景秀
　東作〈通称〉
　統作〈通称〉
　藤作
藤岡大吉　ふじおかだいきち
　大吉
　〔伊東〕六三郎〈初名〉
藤岡屋由蔵　ふじおかやよしぞう
　〔須藤〕由蔵
富士岡若太夫　ふじおかわかだゆう
　〔朝日〕異国太夫〈前名〉
　若太夫
　〔常磐津〕若太夫(1代)〈前名〉
藤掛永勝　ふじかけながかつ
　永勝
　〔藤懸〕永勝
藤川山八　ふじかわさんぱち
　〔不二川〕一向〈別号〉
　山八
藤川繁右衛門　ふじかわしげえもん
　〔片岡〕仁左衛門(3代)〈前名〉
　半三郎〈前名〉
　繁右衛門

藤川友吉(2代)　ふじかわともきち
　花友〈別名〉
　勝次郎〈前名〉
　友三郎〈前名〉
　友吉(2代)
藤川友吉(3代)　ふじかわともきち
　花友〈前名〉
　〔荻野〕扇女〈後名〉
　友吉(3代)
藤川友吉(4代)　ふじかわともきち
　花友〈前名〉
　官吉〈前名〉
　勝三郎〈前名〉
　友吉(4代)
藤川八蔵(1代)　ふじかわはちぞう
　八太郎〈前名〉
　八蔵(1代)
藤川八蔵(2代)　ふじかわはちぞう
　八蔵(2代)
　柳蔵〈前名〉
藤川八蔵(3代)　ふじかわはちぞう
　八太郎〈前名〉
　八蔵(3代)
藤川八蔵(4代)　ふじかわはちぞう
　八太郎〈前名〉
　八甫〈前名〉
　八蔵(4代)
藤川武左衛門(2代)　ふじかわぶざえもん
　〔亀谷〕仲蔵〈初名〉
　〔浅尾〕仲蔵〈前名〉
　半三郎〈前名〉
　武左衛門(2代)
藤木実斎　ふじきじつさい
　実斎
　〔福穂〕竹窓〈名〉
　北陲〈別号〉
藤沢南岳　ふじさわなんがく
　恒〈名〉
　香翁〈号〉
　醒狂〈号〉
　南岳〈号〉
富士田音蔵(1代)　ふじたおとぞう
　音蔵(1代)
　仁三郎〈〔一説〕前名〉
　正三〈前名〉
富士田音蔵(2代)　ふじたおとぞう
　〔多喜村〕音右衛門〈後名〉
　〔滝村〕音右衛門
　〔滝村〕音蔵〈後名〉
　音蔵(2代)
　歌成〈別名〉

新蔵(3代)
富士田音蔵(3代)　ふじたおとぞう
　音蔵(3代)
　〔滝村〕歌成〈後名〉
　吉太郎〈前名〉
　由五郎〈通称〉
　〔多喜村〕由五郎〈後名〉
　〔滝村〕由五郎〈後名〉
富士田吉次(1代)　ふじたきちじ
　〔藤田〕吉次〈前名〉
　吉次(1代)
　〔藤田〕吉次郎〈前名〉
　〔佐野川〕千蔵
　楓紅〈別名〉
　〔都太夫〕和中(2代)
富士田吉次(2代)　ふじたきちじ
　吉次(2代)
　〔上松〕吉兵衛〈本名〉
　〔岡安〕小源次〈前名〉
　千蔵(6代・名義4代)〈前名〉
　〔松永〕鉄十郎〈前名〉
藤田貞資　ふじたさだすけ
　権平〈通称〉
　彦太夫〈通称〉
　退道山人〈号〉
　貞資
藤田貞升　ふじたさだます
　閑海〈号〉
　貞升
藤田祥元　ふじたしょうげん
　衛園〈号〉
　祥元
　雪願斎〈号〉
　北海陳人〈号〉
藤田助次郎　ふじたすけじろう
　秀斎〈号〉
　助次郎
富士田千蔵(1代)　ふじたせんぞう
　千蔵(1代)
　藤次郎〈前名〉
富士田千蔵(2代)　ふじたせんぞう
　新蔵(2代)〈前名〉
　千太郎〈初名〉
　千蔵(2代)
藤田長左衛門　ふじたちょうざえもん
　長左衛門
　晩花〈俳名〉
富士谷成章　ふじたになりあきら
　成章
　千右衛門〈通称〉
　層城〈号〉
　北辺〈号〉
富士谷御杖　ふじたにみつえ
　源吾〈通称〉
　御杖
　千右衛門〈通称〉
　北野〈号〉

藤田広見　ふじたひろみ
　広見
　真木の舎〈号〉
藤田康邦　ふじたやすくに
　〔用土〕康邦
藤田友閑　ふじたゆうかん
　栄閑〈号〉
　彩雲翁〈号〉
　友閑
藤田嘉言　ふじたよしとき
　嘉言
　竜川〈号〉
藤波時綱　ふじなみときつな
　時綱
　〔真野〕時綱
藤波与兵衛(1代)　ふじなみよへえ
　与兵衛(1世)
　与兵衛(1代)
藤野三楽　ふじのさんらく
　〔松応斎〕三楽
藤林宗幽　ふじばやしそうゆう
　〔神谷〕宗幽
藤林普山　ふじばやしふさん
　泰助
　普山
藤間勘右衛門(1代)　ふじまかんえもん
　勘右衛門(1代)
　〔市川〕金太郎〈前名〉
藤間勘右衛門(2代)　ふじまかんえもん
　勘右衛門〈本名〉
　勘右衛門(2代)
　勘翁〈晩名〉
　金太郎〈初名〉
　〔西川〕扇蔵(6代)〈別名〉
藤間勘十郎(1代)　ふじまかんじゅうろう
　勘十郎(1代)〈別名〉
　勘兵衛(3代)
　弘丁〈俳名〉
藤間勘十郎(2代)　ふじまかんじゅうろう
　勘十郎(2代)
　〔岩井〕大助〈前名〉
　〔瀬山〕大助〈前名〉
　大助(1代)〈前名〉
藤間勘十郎(亀三勘十郎)　ふじまかんじゅうろう
　勘十郎〈前名〉
　亀三勘十郎
藤間勘兵衛(4代)　ふじまかんべえ
　勘兵衛(4代)
　みよ〈本名〉
藤間勘兵衛(5代)　ふじまかんべえ
　勘兵衛(5代)
　るん〈本名〉

藤間勘兵衛(6代)　ふじまかんべえ
　勘兵衛(6代)
　りえ〈本名〉
富士松薩摩掾(1代)　ふじまつさつまのじょう
　〔宮古路〕加賀太夫(1代)
　薩摩掾
富士松魯中(1代)　ふじまつろちゅう
　〔鶴賀〕加賀八太夫〈前名〉
　加賀太夫
　〔野中〕彦兵衛〈本名〉
　魯中(1代)
伏見院中務内侍　ふしみいんのなかつかさないし
　中務内侍
藤村王民　ふじむらおうみん
　王民
　熊蔵〈名〉
藤村半太夫(1代)　ふじむらはんだゆう
　半太夫(1代)
　輪鼓〈別名〉
藤村半太夫(2代)　ふじむらはんだゆう
　半十郎(1代)〈別名〉
　半太夫(2代)
藤村当直　ふじむらまさなお
　〔十二屋〕源兵衛〈通称〉
　源兵衛尉〈通称〉
　政直〈初名〉
　徹翁〈号〉
　当直
　反古庵〈別号〉
　庸子〈号〉
　庸軒〈号〉
藤村芳隆　ふじむらよしたか
　顕翁
藤村蘭室　ふじむらんしつ
　松杉堂〈別号〉
　正員
　正隠〈名〉
　風外庵〈別号〉
　蘭室
藤本箕山　ふじもときざん
　箕山〈号〉
　〔畠山〕箕山
　幻々斎〈号〉
　七郎右衛門〈名〉
　盛庸〈字〉
　素仙〈号〉
　琢斎〈号〉
　呑舟軒〈号〉
　如幻斎〈号〉
　了因〈号〉
　*畠山〈別姓〉
藤本貞清　ふじもとていせい
　貞清
藤本斗文　ふじもととぶん
　〔沢村〕長作〈初名〉

斗文
　〔沢村〕斗文〈前名〉
藤本由己　ふじもとゆうき
　松庵〈号〉
　由己
　理庵〈名〉
藤森弘庵　ふじもりこうあん
　恭助〈通称〉
　弘庵
　大雅〈名〉
　天山〈号〉
藤森素檗　ふじもりそばく
　素檗
　〔島屋〕太郎右衛門〈通称〉
　福庵〈号〉
藤山衛門　ふじやまえもん
　成連
富春軒仙渓　ふしゅんけんせんけい
　仙渓
　富春軒〈号〉
　〔桑原〕富春軒仙渓
普照　ふしょう
　業行
藤原暉昌　ふじわらあきまさ
　暉昌
　〔森〕暉昌
藤原豪信　ふじわらごうしん
　豪信
藤原惺窩　ふじわらせいか
　柴立子〈別号〉
　粛〈名〉
　惺窩
　都勾墩〈号〉
　北肉山人〈号〉
藤原斉延　ふじわらただのぶ
　斉延
　〔藤〕斉延
藤原顕季　ふじわらのあきすえ
　顕季
　〔六条〕顕季
藤原顕輔　ふじわらのあきすけ
　〔六条〕顕輔
藤原明衡　ふじわらのあきひら
　明衡
藤原明光　ふじわらのあきみつ
　悪霊左府
　顕光
藤原明子　ふじわらのあきらけいこ
　染殿后
　明子
藤原敦家　ふじわらのあついえ
　道因
　敦家
藤原在衡　ふじわらのありひら
　在衡
　粟田大臣
　粟田左大臣
藤原有房　ふじわらのありふさ
　有房

藤原家忠　ふじわらのいえただ
　家忠
　〔花山院〕家忠
藤原家成　ふじわらのいえなり
　家成
　〔中御門〕家成
藤原家良　ふじわらのいえよし
　〔衣笠〕家良
藤原五百重媛　ふじわらのいおえひめ
　五百重媛
　〔大原〕大刀自
藤原懿子　ふじわらのいし
　〔源〕懿子
藤原石津　ふじわらのいしづ
　石津王
藤原宇比良古　ふじわらのうひらこ
　袁比良
藤原宇合　ふじわらのうまかい
　宇合
　馬養〈本名〉
藤原延子　ふじわらのえんし
　延子
　麗景殿女御
藤原延子　ふじわらのえんし
　堀河女御
藤原小黒麻呂　ふじわらのおぐろまろ
　小黒麻呂
　小黒麿
藤原温子　ふじわらのおんし
　温子
　東七条院
藤原穏子　ふじわらのおんし
　穏子
　五条后〈別称〉
藤原景綱　ふじわらのかげつな
　〔伊藤〕景綱
藤原兼実　ふじわらのかねざね
　月輪関白
　兼実
　〔九条〕兼実
藤原兼輔　ふじわらのかねすけ
　兼輔
　堤中納言
藤原鎌足　ふじわらのかまたり
　中郎〈字〉
　鎌子〈別称〉
　〔中臣〕鎌子
　鎌足
　〔中臣〕鎌足
藤原歓子　ふじわらのかんし
　歓子
　小野后
　小野皇太后
　小野皇后
藤原義子　ふじわらのぎし
　弘徽殿女御
藤原清廉　ふじわらのきよかど
　清廉

大蔵大夫〈通称〉
藤原清衡　ふじわらのきよひら
　清衡
　〔清原〕清衡
藤原公季　ふじわらのきんすえ
　公季
　〔閑院〕公季
藤原公教　ふじわらのきんのり
　公教
　〔三条〕公教
藤原国兼　ふじわらのくにかね
　〔御神本〕国兼
藤原邦綱　ふじわらのくにつな
　五条大納言〈別称〉
　土御門大納言〈尊称〉
　邦綱
藤原経子　ふじわらのけいし
　中園准后
藤原元子　ふじわらのげんし
　承香殿女御
藤原原子　ふじわらのげんし
　淑景舎女御
藤原高子　ふじわらのこうし
　中務典侍
藤原惟方　ふじわらのこれかた
　惟方
　粟田別当
藤原伊尹　ふじわらのこれただ
　伊尹
　謙徳公
藤原伊周　ふじわらのこれちか
　伊周
　帥内大臣
藤原是人　ふじわらのこれひと
　是人
　相模守
藤原定家　ふじわらのさだいえ
　定家
藤原定親　ふじわらのさだちか
　定親
　〔中山〕定親
藤原実兼　ふじわらのさねかね
　実兼
　〔西園寺〕実兼
藤原実資　ふじわらのさねすけ
　実資
　〔小野宮〕実資
藤原実教　ふじわらのさねのり
　〔山科〕実教
藤原実雅　ふじわらのさねまさ
　〔一条〕実雅
藤原実頼　ふじわらのさねより
　実頼
　〔小野宮〕実頼
　清慎公
藤原彰子　ふじわらのしょうし
　彰子
　上東門院
藤原昭子　ふじわらのしょうし
　堀河女御
　昭子

藤原璋子　ふじわらのしょうし 　璋子 　待賢門院〈別称〉 藤原資明　ふじわらのすけあき 　資明 　〔日野〕資明 　〔柳原〕資明 藤原資業　ふじわらのすけなり 　資業 　〔日野〕資業 　素舜〈法名〉 藤原聖子　ふじわらのせいし 　皇嘉門院 　聖子 藤原詮子　ふじわらのせんし 　詮子 　東三条院〈別称〉 藤原高子　ふじわらのたかいこ 　高子 　二条后 藤原隆相　ふじわらのたかすけ 　〔土佐〕隆相 藤原隆親　ふじわらのたかちか 　隆親 藤原乙縄　ふじわらのたかつな 　乙縄 　弟縄 藤原隆博　ふじわらのたかひろ 　〔九条〕隆博 藤原多子　ふじわらのたし 　多子 　二代后 藤原忠光　ふじわらのただみつ 　〔上総〕五郎兵衛尉 　忠光 藤原為家　ふじわらのためいえ 　〔御子左〕為家 藤原為氏　ふじわらのためうじ 　為氏 　〔御子左〕為氏 　〔二条〕為氏 藤原為重　ふじわらのためしげ 　〔日南〕為重 　〔二条〕為重 藤原為経　ふじわらのためつね 　為経 　為隆 　寂超 藤原為業　ふじわらのためなり 　為業 　寂念 藤原為憲　ふじわらのためのり 　〔工藤〕為憲 藤原帯子　ふじわらのたらしこ 　英帯能子 　帯子 藤原親信　ふじわらのちかのぶ 　〔水無瀬〕親信 　〔坊門〕親信 藤原朝子　ふじわらのちょうし 　紀二位	藤原継縄　ふじわらのつぐただ 　継縄 　桃園右大臣 藤原経任　ふじわらのつねとう 　〔中御門〕経任 藤原定子　ふじわらのていし 　六条局 藤原時朝　ふじわらのときあさ 　塩屋〈号〉 　時朝 　〔笠間〕時朝 藤原時長　ふじわらのときなが 　〔伊達〕朝宗 藤原節信　ふじわらのときのぶ 　〔加久夜〕節信 藤原俊成　ふじわらのとしなり 　顕広〈初名〉 　釈阿〈法名〉 　俊成 藤原俊成女　ふじわらのとしなり のむすめ 　俊成女 藤原利仁　ふじわらのとしひと 　利仁将軍 藤原執弓　ふじわらのとりゆみ 　真先 藤原長親　ふじわらのながちか 　魏公上人〈法名〉 　畊雲〈号〉 　長親 　明魏〈法号〉 節藘仲貫　ふしわらのなかぬき 　〔吉田〕十五郎〈通称〉 　節原中貫〈別号〉 　仲貫 藤原長房　ふじわらのながふさ 　覚心 　慈心 藤原仲麻呂　ふじわらのなかまろ 　〔恵美〕押勝 　仲麻呂 藤原仲統　ふじわらのなかむね 　仲縁 藤原成頼　ふじわらのなりより 　〔葉室〕成頼 藤原信実　ふじわらののぶざね 　寂西〈号〉 　信実 藤原宣房　ふじわらののぶふさ 　宣房 　〔万里小路〕宣房 藤原信能　ふじわらののぶよし 　信能 　〔一条〕信能 藤原範季　ふじわらののりすえ 　〔高倉〕範季 藤原秀能　ふじわらのひでよし 　如願 藤原熈子　ふじわらのひろこ 　熈子 　天英院	藤原房子　ふじわらのふさこ 　二位局 藤原藤房　ふじわらのふじふさ 　藤房 　〔万里小路〕藤房 藤原不比等　ふじわらのふひと 　淡海公 　不比等 藤原弁内侍　ふじわらのべんのな いし 　弁内侍 藤原芳子　ふじわらのほうし 　宣耀殿女御 藤原真楯　ふじわらのまたて 　真楯 　八束 　八束〈本名〉 藤原御楯　ふじわらのみたて 　千尋 藤原道兼　ふじわらのみちかね 　粟田関白 　道兼 藤原道長　ふじわらのみちなが 　御堂関白 　道長 藤原通憲　ふじわらのみちのり 　信西 　通憲 藤原光国　ふじわらのみつくに 　〔土佐〕光国 藤原光隆　ふじわらのみつたか 　〔猫間〕光隆 藤原光親　ふじわらのみつちか 　〔葉室〕光親 藤原光俊　ふじわらのみつとし 　真観 藤原光頼　ふじわらのみつより 　光頼 　〔葉室〕光頼 藤原耳面刀自　ふじわらのみみの もとじ 　耳面刀自 　〔日南〕中大刀自 藤原基家　ふじわらのもといえ 　鶴殿 　基家 　鶴殿〈号〉 藤原基経　ふじわらのもとつね 　基経 　昭宣公 藤原基平　ふじわらのもとひら 　基平 　〔近衛〕基平 　深心院〈法謚〉 藤原基房　ふじわらのもとふさ 　〔松殿〕基房 藤原基通　ふじわらのもとみち 　基通 　〔近衛〕基通 藤原基光　ふじわらのもとみつ 　〔春日〕基光

藤原基頼　ふじわらのもとより
　　〔持明院〕基頼
藤原師家　ふじわらのもろいえ
　　〔松殿〕師家
藤原師兼　ふじわらのもろかね
　　〔花山院〕師兼
藤原師輔　ふじわらのもろすけ
　　師輔
　　〔九条〕師輔
藤原師継　ふじわらのもろつぐ
　　師継
　　〔花山院〕師継
藤原師嗣　ふじわらのもろつぐ
　　師嗣
　　〔二条〕師嗣
藤原師長　ふじわらのもろなが
　　理覚
藤原師光　ふじわらのもろみつ
　　師光
　　西光
藤原保昌　ふじわらのやすまさ
　　〔平井〕保昌
藤原行房　ふじわらのゆきふさ
　　〔一条〕行房
　　〔世尊寺〕行房
藤原吉次　ふじわらのよしつぐ
　　吉次
　　〔狭掾藤原〕吉次
　　〔若狭守〕吉次
　　〔若狭目藤原〕吉若次〈別名〉
　　左内太夫〈別称〉
　　若狭目〈受領名〉
　　若狭守〈別称〉
　　若狭掾〈別称〉
藤原吉次　ふじわらのよしつぐ
　　河内介
　　監物〈別称〉
　　吉次
藤原良教　ふじわらのよしのり
　　〔二条〕良教
藤原能保　ふじわらのよしやす
　　能保
　　〔一条〕能保
藤原頼長　ふじわらのよりなが
　　悪左府
　　頼長
藤原頼業　ふじわらのよりなり
　　寂然
　　頼業
藤原頼通　ふじわらのよりみち
　　宇治殿
　　頼通
藤原隆源　ふじわらのりゅうげん
　　隆源
藤原久国　ふじわらひさくに
　　久国
　　掃部助〈別称〉
藤原保吉　ふじわらやすよし
　　〔万屋〕半兵衛〈別称〉
　　保吉
敷政門院　ふせいもんいん

　　〔源〕幸子
　　〔庭田〕幸子
　　敷政門院
布施松翁　ふせしょうおう
　　伊右衛門〈通称〉
　　矩道〈名〉
　　松翁
　　〔万町〕素狄
不遷法序　ふせんほうじょ
　　三秀〈号〉
　　清寥〈僧堂名〉
　　不遷法序
　　明遠〈室号〉
二川相近　ふたがわすけちか
　　松陰
二木白図　ふたつぎはくと
　　桂葉下〈号〉
　　治右衛門〈通称〉
　　白図
二山伯養　ふたやまはくよう
　　義方〈名〉
　　義長〈号〉
　　時習堂〈号〉
　　伯陽〈号〉
　　伯養
　　弥二郎〈通称〉
　　弥三郎〈通称〉
渕野真斎　ふちのしんさい
　　雲山叟〈別称〉
　　玉鱗〈字〉
　　真斎
　　世竜〈名〉
　　糧園〈号〉
仏厳　ぶつごん
　　聖心
仏洲仙英　ぶっしゅうせんえい
　　仙英
仏哲　ぶってつ
　　仏哲
　　仏徹
舟木嘉助　ふなきかすけ
　　嘉助〈通称〉
　　藻雅堂〈号〉
船越晋　ふなこししん
　　錦海〈号〉
　　敬祐〈名〉
　　晋
船越清蔵　ふなこしせいぞう
　　豊浦
船越宗舟　ふなこしそうしゅう
　　伊予
船田一琴　ふなだいっきん
　　〔熊谷〕一琴
船橋玄悦　ふなばしげんえつ
　　玄悦
舟橋晴潭　ふなばしせいたん
　　秋月〈字〉
　　晴潭〈号〉
　　徹〈名〉
舟橋秀賢　ふなはしひでかた

　　〔清原〕夏野(27世)
　　秀賢
　　〔清原〕秀賢
　　〔船橋〕秀賢
船曳鉄門　ふなびきかねと
　　花庵〈号〉
　　若草舎〈号〉
　　鉄門
　　蓬壺〈号〉
船曳文陽　ふなびきぶんよう
　　図書〈通称〉
　　文陽
船山輔之　ふなやまほし
　　喜一〈別称〉
　　国賢〈別称〉
　　善左衛門〈初名〉
　　輔之
史根麻呂　ふひとのねまろ
　　根麻呂
　　根麻呂
　　〔書〕根麻呂
浮風　ふふう
　　〔軍治〕義保〈通称〉
　　新之助〈幼名〉
　　浮風
　　浮風
斧木　ふぼく
　　翠雲軒〈号〉
　　斧木
　　浮木
文屋古文　ふみのやこぶん
　　古文
　　〔永楽屋〕東四郎〈通称〉
　　東壁堂〈号〉
文廼屋秀茂　ふみのやひでしげ
　　看森堂〈初号〉
　　香山人〈別号〉
　　秀茂〈名〉
　　〔村松〕熊次郎〈通称〉
普門　ふもん
　　潮誉〈号〉
　　普門
不聞契聞　ふもんかいもん
　　契聞
芙蓉亭文雄　ふようていふみお
　　〔青山〕敬慎
　　文雄
豊楽門院　ぶらくもんいん
　　〔藤原〕藤子
　　豊楽門院
古市金峨　ふるいちきんが
　　金峨〈号〉
　　献〈名〉
　　哲蔵〈通称〉
　　藍山〈号〉
古市宗円　ふるいちそうえん
　　円乗坊〈号〉
　　宗円
古市宗也(3世)　ふるいちそうや
　　宗也(3世)
　　宗理

不変
古内重広　ふるうちしげひろ
　主膳
古川氏清　ふるかわうじきよ
　珺璋〈号〉
　氏清
　不求〈号〉
古川謙　ふるかわけん
　君嶂〈字〉
　謙
　氏一
　新之丞〈名〉
　芳春〈号〉
古川古松軒　ふるかわこしょうけん
　古松軒
　子曜
古川善兵衛　ふるかわぜんべえ
　〔古河〕重吉
　善兵衛
　〔古河〕善兵衛
古川太無　ふるかわたいむ
　太無
古川松根　ふるかわまつね
　楢園〈号〉
　松根
　寧楽園〈号〉
　余一〈通称〉
古河黙阿弥　ふるかわもくあみ
　其水〈俳名〉
　〔河竹〕其水〈別名〉
　〔勝〕諺蔵(1代)〈前名〉
　〔斯波〕晋輔〈前名〉
　〔柴〕晋輔〈前名〉
　〔吉村〕新七〈本名〉
　〔河竹〕新七(2代)〈前名〉
　〔吉村〕芳三郎〈前名〉
　黙阿〈別名〉
　黙阿弥
　〔河竹〕黙阿弥〈慣用名〉
古沢鶯動　ふるさわらんどう
　形役庵〈号〉
　獅子吼〈号〉
　鶯動
　*橘川〈本姓〉
古瀬勝雄　ふるせかつお
　花朗斎〈画号〉
　〔松本〕亀三郎〈通称〉
　勝雄
古田織部　ふるたおりべ
　〔金甫〕宗屋
　重然
　織部
古田弘計　ふるたひろかず
　淵黙〈号〉
　温古堂〈号〉
　弘計
　弘卿〈字〉
　不染斎〈号〉
布留糸道　ふるのいとみち
　〔原〕夏若〈通称〉

糸道
古野梅峯　ふるのばいほう
　鏡山〈別号〉
　厚軒〈別号〉
　梅峯
古橋源六郎　ふるはしげんろくろう
　暉児〈名〉
　源六郎
　唯四郎〈幼名〉
古畑玉函　ふるはたぎょくかん
　岳〈名〉
　玉函
　長嘯楼〈号〉
　文右衛門〈通称〉
　本翁〈号〉
古林見宜　ふるばやしけんぎ
　桂庵
古人大兄皇子　ふるひとのおおえのみこ
　古人大兄皇子
　古人皇子
古屋愛日斎　ふるやあいじつさい
　鼎
古屋真章　ふるやさねあき
　君洞〈号〉
　真章
　日向〈通称〉
古屋竹原　ふるやちくげん
　尉助〈通称〉
　十畝園主〈別号〉
　荘助〈別号〉
　竹原
　良材〈名〉
古谷道生　ふるやどうせい
　後節右衛門
　定吉〈通称〉
　藤岳〈号〉
　道生
古山師政　ふるやまもろまさ
　月々堂〈別号〉
　師政
　〔菱川〕昌則
　新七郎〈通称〉
　文志〈別号〉
　文翅等〈別号〉
不破数右衛門　ふわかずえもん
　正種
文英清韓　ぶんえいせいかん
　清韓
文京　ぶんきょう
　〔正木〕文京
文暁　ぶんぎょう
　紫海〈号〉
　吹雪庵〈号〉
　東流館〈号〉
　文暁
　了幻院法侶上人〈諡号〉
文虎　ぶんこ
　〔西原〕佐右衛門〈通称〉
　松堂〈号〉

松園〈号〉
俳仏堂〈号〉
文虎
文耕堂　ぶんこうどう
　文耕堂
　〔松田〕和吉〈通称〉
文斎万陀伎　ぶんさいまだき
　信春〈名〉
　万陀伎
　〔大和屋〕由平〈通称〉
文察女王　ぶんさつじょおう
　尊賀尼王
文之玄昌　ぶんしげんしょう
　玄昌
　時習斎〈別号〉
　南浦〈号〉
　〔南浦〕文之
　懶雲〈別号〉
文車庵文員　ぶんしゃあんふみかず
　文員
　〔福田〕林兵衛〈通称〉
文守一糸　ぶんしゅいっし
　一糸〈字〉
　定慧明光仏頂国師〈諡号〉
　〔一糸〕文守
　*源〈俗姓〉
文清舎沖澄　ぶんせいしゃおきずみ
　沖澄
　〔山田〕平三郎〈通称〉
　利謹〈名〉
文蔵　ぶんぞう
　〔福原〕文蔵
分草庵筒長　ぶんそうあんつつなが
　〔伊勢屋〕源兵衛〈通称〉
　筒長
文亭綾継　ぶんていあやつぐ
　〔宮崎〕又兵衛〈通称〉
　綾継
文亭梅彦　ぶんていうめひこ
　〔四方〕正木〈別称〉
　梅彦
　〔四方〕梅彦
文々舎蟹子丸(1世)　ぶんぶんしゃかにこまる
　蟹子丸(1世)
　〔久保〕泰十郎〈通称〉
　有弘〈名〉
文宝亭文宝　ぶんぽうていぶんぽう
　散木
　蜀山人(2代)
文屋大市　ふんやのおおち
　大市
　〔文室〕大市
文室大原　ふんやのおおはら
　〔三諸〕大原
文室浄三　ふんやのきよみ
　智努

文室助雄　ふんやのすけお
　助雄王
文室安雄　ふんやのやすお
　安雄
　　〔富田屋〕新兵衛〈通称〉
文室綿麻呂　ふんやのわたまろ
　綿麻呂
　　〔文屋〕綿麻呂
文柳堂和翠　ぶんりゅうどうわすい
　　〔津田〕庄右衛門〈通称〉
　和翠
文隣　ぶんりん
　　〔玉竜寺〕文隣

【へ】

平山善均　へいざんぜんきん
　善均
平亭銀鶏　へいていぎんけい
　銀鶏
　　〔畑〕時倚
　数馬〈通称〉
日置花木　へきかぼく
　花木
　深処〈別号〉
　新〈名〉
　新六〈通称〉
日置清親　へききよちか
　清親
　友尽斎〈号〉
碧山瑞泉　へきざんずいせん
　瑞泉
日置帯刀　へきたてわき
　英彦〈諱〉
　帯刀
　忠尚〈諱〉
碧潭周皎　へきたんしゅうこう
　周皎
　宗鏡禅師〈諡号〉
　碧潭〈道号〉
日置道形　へきのみちかた
　　〔栄井〕道形
日置正次　へきまさつぐ
　正次
　弾正〈別称〉
平秩東作(2世)　へずつとうさく
　光村〈名〉
　東作(2世)
臍穴主　へそのあなぬし
　　〔渡瀬〕庄左衛門〈通称〉
　臍穴主
戸次庄左衛門　べっきしょうざえもん
　庄左衛門
　　〔別木〕庄左衛門
別源円旨　べつげんえんし
　円旨
　縦性〈自号〉
別伝妙胤　べつでんみょういん
　妙胤

別府安宣　べっぷやすのぶ
　安宣
　寒水〈号〉
　陸平〈通称〉
別峰大珠　べっぽうだいじゅ
　円光禅師
　大珠
　大珠円光禅師〈勅号〉
蛇口義明　へびぐちよしあき
　安太郎〈通称〉
　義明
弁慶　べんけい
　武蔵坊〈号〉
　弁慶
便便館湖鯉鮒　べんべんかんこりゅう
　湖鯉鮒
　福林堂巨立〈初号〉
　福隣堂巨立〈初号〉
　　〔大久保〕平兵衛〈通称〉
便便館琵琶彦　べんべんかんびわひこ
　琵琶彦
　　〔加藤〕利吉〈通称〉
便便館琵琶麿　べんべんかんびわまろ
　　〔阿久津〕弥市〈通称〉
　琵琶麿
弁房承誉　べんぼうしょうよ
　承誉
逸見満清　へんみまんせい
　十兵衛〈通称〉
　満清
　柳芳〈号〉

【ほ】

穂田元清　ほいだもときよ
　元清
　　〔毛利〕元清
宝雲　ほううん
　烏水〈号〉
　深諦院〈院号〉
　宝雲
法雲寺春色　ほううんじしゅんしょく
　春色
方外道人　ほうがいどうじん
　　〔木下〕健蔵〈通称〉
　道人
　梅庵〈号〉
　流行山人〈号〉
宝嘉僧　ほうかそう
　元日堂〈号別〉
　　〔中出〕長左衛門〈通称〉
　宝嘉僧
法岸　ほうがん
　性如
伯耆顕孝　ほうきあきたか
　顕孝
　　〔名和〕顕孝

宝景　ほうけい
　順了
芳郷光隣　ほうごうこうりん
　愚島〈号〉
　光隣
鳳語園花門　ほうごえんはなかど
　花門
　玩月楼〈別号〉
　　〔丹治〕専右衛門〈通称〉
鳳山等膳　ほうざんとうぜん
　等膳
宝山文蔵(1代)　ほうざんぶんぞう
　　〔雲林院〕太郎左衛門
　　〔雲林院〕文造(1代)
　　〔雲林院〕文蔵〈初名〉
　文蔵(1代)
芳室　ほうしつ
　甘泉庵〈別号〉
　旧室〈別号〉
　八一山人〈別号〉
　芳室
　　〔椎本〕芳室
彭叔守仙　ほうしゅくしゅせん
　守仙
芳春院　ほうしゅんいん
　　〔前田〕利家妻
逢春門院　ほうしゅんもんいん
　逢春門院
　　〔櫛笥〕隆子
　　〔藤原〕隆子
宝松庵一玉(1代)　ほうしょうあんいちぎょく
　一玉(1代)
　清二郎〈通称〉
宝松庵一玉(2世)　ほうしょうあんいちぎょく
　一玉(2世)
　　〔飯田〕銈之助〈通称〉
　宝霞庵一也〈号〉
法昌庵谷住　ほうしょうあんたにずみ
　谷住
　　〔水谷〕名武〈通称〉
北条氏邦　ほうじょううじくに
　　〔藤田〕新太郎
北条氏房　ほうじょううじふさ
　　〔太田〕氏房
北条霞亭　ほうじょうかてい
　霞亭〈号〉
　景陽〈字〉
　子譲〈字〉
　譲〈名〉
　譲四郎〈通称〉
　天放生〈号〉
宝生九郎(16世)　ほうしょうくろう
　九郎(16世)
　九郎知栄〈本名〉
　石之助〈幼名〉
　知栄〈名〉

宝生家(1世)　ほうしょうけ
　　宝生家(1世)
　　蓮阿弥
宝生家(2世)　ほうしょうけ
　　宗阿弥
　　宝生家(2世)
宝生家(3世)　ほうしょうけ
　　宝生家(3世)
　　養阿弥
宝生家(4世)　ほうしょうけ
　　一閑
　　宝生家(4世)
宝生家(5世)　ほうしょうけ
　　宝山
　　宝生家(5世)
宝生家(6世)　ほうしょうけ
　　勝吉
　　宝生家(6世)
宝生家(7世)　ほうしょうけ
　　重房
　　宝生家(7世)
宝生家(8世)　ほうしょうけ
　　重友
　　宝生家(8世)
宝生家(9世)　ほうしょうけ
　　宝生家(9世)
　　友春
宝生家(10世)　ほうしょうけ
　　暢栄
　　宝生家(10世)
宝生家(11世)　ほうしょうけ
　　宝生家(11世)
　　友精
宝生家(12世)　ほうしょうけ
　　宝生家(12世)
　　友通
宝生家(13世)　ほうしょうけ
　　宝生家(13世)
　　友勝
宝生家(14世)　ほうしょうけ
　　英勝
　　宝生家(14世)
宝生家(15世)　ほうしょうけ
　　宝生家(15世)
　　友千
北条実時　ほうじょうさねとき
　　実時
　　〔金沢〕実時
　　称名寺殿
北条実政　ほうじょうさねまさ
　　実政
　　〔金沢〕実政
北条重時　ほうじょうしげとき
　　〔平〕重時
北条角磨　ほうじょうすみまろ
　　一楽〈号〉
　　角磨
　　舎安〈字〉
北条早雲　ほうじょうそううん
　　〔伊勢〕新九郎
　　早雲

〔伊勢〕早雲
長氏
〔伊勢〕長氏
北条団水　ほうじょうだんすい
　　滑稽堂〈号〉
　　橘堂〈号〉
　　団水
　　団粋〈別号〉
　　白眼居士〈号〉
　　平元子〈号〉
北条登子　ほうじょうとうし
　　〔赤橋〕登子
北条時隣　ほうじょうときちか
　　時隣
　　鳳尾庵〈号〉
北条時広　ほうじょうときひろ
　　〔平〕時広
北条時宗　ほうじょうときむね
　　時宗
　　〔相模〕太郎
北条時頼　ほうじょうときより
　　最明寺殿
　　時頼
北条久時　ほうじょうひさとき
　　久時
　　〔赤橋〕久時
北条政子　ほうじょうまさこ
　　政子
　　〔平〕政子
　　二位尼
　　尼将軍〈俗称〉
北条義時　ほうじょうよしとき
　　義時
　　〔江間〕小四郎
北条義政　ほうじょうよしまさ
　　〔塩田〕義政
朋誠堂喜三二　ほうせいどうきさんじ
　　喜三二
　　〔手柄〕岡持
　　〔浅黄〕裏成
宝蔵院胤栄　ほうぞういんいんえい
　　胤栄
法尊　ほうそん
　　〔足利〕法尊
鳳潭　ほうたん
　　僧濬
豊智　ほうち
　　智聡
法道寺善　ほうどうじぜん
　　観山〈号〉
　　寺善
　　和十郎〈通称〉
法然　ほうねん
　　円光大師
　　慧成大師
　　源空
　　弘覚大師
　　黒谷上人
　　慈教大師

東漸大師
法然
明照大師
坊門院　ぼうもんいん
　　範子内親王
　　坊門院
坊門清忠　ぼうもんきよただ
　　清忠
　　〔藤原〕忠信
坊門隆清　ぼうもんたかきよ
　　〔藤原〕隆清
坊門忠清　ぼうもんただきよ
　　〔藤原〕忠清
坊門忠信　ぼうもんただのぶ
　　忠信
　　〔藤原〕忠信
坊門局　ぼうもんのつぼね
　　〔坊門〕信清女
坊門信清　ぼうもんのぶきよ
　　〔藤原〕信清
法霖　ほうりん
　　日渓
法蓮院宮　ほうれんいんのみや
　　今若宮
　　法蓮院宮
朴斎　ぼくさい
　　〔牧〕文吉
牧中正授　ぼくちゅうしょうじゅ
　　正授
北藤浮生　ほくどうふせい
　　浮生
朴平意　ぼくへいい
　　興用
北陸宮　ほくりくのみや
　　木曽宮
保科正之　ほしなまさゆき
　　会津中将
　　正之
星野文平　ほしのぶんぺい
　　著山
星山仲次(2代)　ほしやまちゅうじ
　　金和〈名〉
　　仲次(2代)
星山仲次(3代)　ほしやまちゅうじ
　　金豊〈名〉
　　仲次(3代)
甫舟等元　ほしゅうとうげん
　　等元
歩簫　ほしょう
　　貴雄〈字〉
　　〔加藤〕小三郎〈通称〉
　　白翁〈号〉
　　歩簫
　　蘭亭〈号〉
穂積以貫　ほずみいかん
　　以貫
　　伊助〈別称〉
　　能改斎〈号〉
穂積永機　ほずみえいき
　　永機
　　〔其角堂〕永機

善之〈通称〉
穂積重麿　ほづみしげまろ
　　〔鈴木〕重麿
細井貞雄　ほそいさだお
　　昌阿
細井修　ほそいしゅう
　　南柯
細井平洲　ほそいへいしゅう
　　〔紀〕徳民
　　平洲
　　〔紀〕平洲
細川昭元　ほそかわあきもと
　　昭元
　　信良〈名〉
細川ガラシヤ　ほそかわがらしや
　　玉〈名〉
　　忠興室
　　ガラシヤ〈キリスト教名〉
細川清氏　ほそかわきようじ
　　元氏
細川忠興　ほそかわただおき
　　〔羽柴〕越中守
　　〔長岡〕越中守
　　三斎
　　丹後侍従
　　忠興
細川斉茲　ほそかわなりしげ
　　立礼
細川斉護　ほそかわなりもり
　　立政
細川藤孝　ほそかわふじたか
　　玄旨法印
　　藤孝
　　〔長岡〕藤孝
　　幽斎
細川政国　ほそかわまさくに
　　元国
細川真元　ほそかわまさもと
　　真之
　　真元
細川頼直　ほそかわよりなお
　　半蔵
細谷琳瑞　ほそやりんずい
　　琳瑞
菩提僊那　ぼだいせんな
　　僊那
　　波羅門僧正
牡丹花肖柏　ぼたんかしょうはく
　　肖柏
墨溪　ぼっけい
　　〔桃林〕安栄
　　〔兵部〕墨溪
堀田沙羅　ほったしゃら
　　沙羅
　　六左衛門〈通称〉
堀田六林　ほったろくりん
　　維新〈字〉
　　芋印亭〈号〉
　　紀六〈号〉
　　紀六林〈通称〉
　　護花関〈号〉

　　恒山〈号〉
　　治右衛門〈通称〉
　　森々園〈号〉
　　蝠蝙庵〈号〉
　　方旧〈名〉
　　未足斎〈号〉
　　六林
牡年　ぼねん
　　七郎左衛門利文〈通称〉
　　知焉〈号〉
　　道敬〈号〉
　　牡年
　　暮年〈号〉
　　万年〈号〉
堀内氏弘　ほりうちうじひろ
　　〔新宮〕左馬助
　　氏弘
堀内氏善　ほりうちうじよし
　　氏善
　　重俊
堀内匡平　ほりうちきょうへい
　　寛左衛門〈通称〉
　　匡平
　　清太郎〈通称〉
堀内吟霞　ほりうちぎんか
　　吟霞
堀内宗信　ほりうちそうしん
　　宗信
　　不寂斎〈号〉
堀江林鴻　ほりえりんこう
　　林鴻
堀尾秀斎　ほりおしゅうさい
　　春芳
堀尾調和　ほりおちょうわ
　　調和
堀勝名　ほりかつな
　　君綽〈字〉
　　勝名
　　巣雲〈号〉
　　平太左衛門
堀河院中宮上総　ほりかわいん
　　ちゅうぐうのかずさ
　　上総
壕越二三治　ほりこしにそうじ
　　〔堀越〕菜陽
　　〔沢村〕二三治
　　二三治
堀若翁　ほりじゃくおう
　　若翁
堀衆楽　ほりしゅうらく
　　新右衛門
堀浄栄　ほりじょうえい
　　山城(1代)
　　浄栄〈号〉
　　清光〈号〉
　　弥助〈本名〉
堀親良　ほりちかよし
　　親良
　　〔羽柴〕美作守
堀利重　ほりとししげ
　　通信

堀直清　ほりなおきよ
　　直次
　　直清
堀直重　ほりなおしげ
　　直方
　　直重
堀直宣　ほりなおのぶ
　　直宣
堀内仙鶴　ほりのうちせんかく
　　化笛斎〈号〉
　　仙鶴
　　長生庵〈号〉
　　笛斎〈号〉
　　白鶴翁〈号〉
堀麦水　ほりばくすい
　　可遊〈別号〉
　　牛口山人〈別号〉
　　四楽庵〈別号〉
　　操叟〈別号〉
　　樗庵〈別号〉
　　〔池田屋〕長左衛門〈通称〉
　　吐仙〈別号〉
　　麦水
　　暮柳舎〈別号〉
堀秀成　ほりひでなり
　　琴舎〈号〉
　　秀成
堀秀治　ほりひではる
　　秀治
　　北庄侍従
堀秀政　ほりひでまさ
　　〔羽柴〕左衛門督
　　秀政
堀部安兵衛　ほりべやすべえ
　　〔中山〕安兵衛
　　武庸
堀部弥兵衛　ほりべやへえ
　　金丸
堀部魯九　ほりべろきゅう
　　佐七郎〈通称〉
　　曇華坊〈号〉
　　魯九
堀山城(2代)　ほりやましろ
　　浄甫
堀山城(6代)　ほりやましろ
　　〔山城〕藤兵衛
本阿弥光悦　ほんあみこうえつ
　　光悦
本阿弥光甫　ほんあみこうほ
　　空中斎〈号〉
　　光甫
本阿弥妙秀　ほんあみみょう
　　しゅう
　　妙秀尼
本因坊秀甫　ほんいんぼうしゅ
　　うほ
　　秀甫
　　〔村瀬〕秀甫
　　弥吉〈幼名〉

本因坊道的　ほんいんぼうどう
　　てき
　　〔小川〕道的
北郷資知　ほんごうすけとも
　　資知
　　十郎〈通称〉
　　清兵衛〈通称〉
本郷村善九郎　ほんごうむらぜん
　　くろう
　　善九郎
　　〔馬場〕善九郎
　　〔万葉〕善九郎
本寿院　ほんじゅいん
　　於美津之方〈通称〉
　　本寿院
　　お美津の方
梵勝　ぼんしょう
　　河野宮
　　梵勝
　　北山宮
本松斎一鯨(1世)　ほんしょうさ
　　いいっけい
　　一甫派(3世)
　　一鯨(1世)
本松斎一鯨(2世)　ほんしょうさ
　　いいっけい
　　一甫派(4世)
　　一鯨(2世)
本松斎一鯨(3世)　ほんしょうさ
　　いいっけい
　　一甫派(5世)
　　一鯨(3世)
本松斎一甫(1世)　ほんしょうさ
　　いいっぽ
　　一甫(1世)
　　一甫派(6世)
本庄繁長　ほんじょうしげなが
　　〔雨順斎〕全長
　　繁長
　　〔本荘〕繁長
本庄資俊　ほんじょうすけとし
　　〔松平〕資俊
本庄資訓　ほんじょうすけのり
　　〔松平〕資訓
本庄資昌　ほんじょうすけまさ
　　〔松平〕資昌
本庄宗云　ほんじょうそううん
　　宗云
　　〔本荘〕宗云
本庄宗敬　ほんじょうそうけい
　　宗敬
　　〔本荘〕宗敬
本庄宗秀　ほんじょうむねひで
　　宗秀
　　〔本荘〕宗秀
本膳亭坪平　ほんぜんていつぼ
　　ひら
　　坪比良〈号〉
　　坪平
本多其香　ほんだきこう
　　其香

忠憲〈名〉
本多月楽　ほんだげつらく
　　安勝子
本多小太郎　ほんだこたろう
　　素行
本多重次　ほんだしげつぐ
　　作左衛門
本田四明　ほんだしめい
　　真郷
本多清秋　ほんだせいしゅう
　　宇喜寿老人〈号〉
　　清秋
　　忠永〈名〉
　　丁々窩〈号〉
　　長月庵〈号〉
　　老俳仙〈号〉
本多忠勝　ほんだただかつ
　　忠勝
　　平八郎
本多忠周　ほんだただちか
　　忠当
本多忠紀　ほんだただとし
　　忠紀
　　哲四郎
本多忠統　ほんだただむね
　　猗蘭
本多忠民　ほんだただもと
　　楷之助〈通称〉
　　忠民
本多利久　ほんだとしひさ
　　〔水野〕半右衛門
　　利久
本多政重　ほんだまさしげ
　　〔正木〕左兵衛
　　政重
　　直江大和守
本多正純　ほんだまさずみ
　　上野介
本多正信　ほんだまさのぶ
　　佐渡守
本堂忠親　ほんどうただちか
　　忠親
　　〔和賀〕忠親
本如　ほんにょ
　　光摂
本間清雄　ほんまきよお
　　清雄
　　潜蔵〈幼名〉
本間精一郎　ほんませいいちろう
　　至誠
本間光丘　ほんまみつおか
　　四郎三郎

【ま】

蒔田義成　まいたよしなり
　　〔吉良〕義成
前川由平　まえかわよしひら
　　半幽
　　由平
前田雲洞　まえだうんどう

曇川
前田玄以　まえだげんい
　　玄以
　　徳善院
前田左近　まえださこん
　　左近
　　半右衛門〈字〉
前田茂勝　まえだしげかつ
　　主膳
前田繁馬　まえだしげま
　　正種
前田青峨　まえだせいが
　　青峨
前田東渓　まえだとうけい
　　〔一色〕時棟
　　東渓
前田利家　まえだとしいえ
　　加賀大納言
　　〔羽柴〕筑前守
　　利家
前田利長　まえだとしなが
　　加賀中納言
　　〔羽柴〕肥前守
　　利長
　　利勝
前田利昌　まえだとしまさ
　　利春
前田利政　まえだとしまさ
　　能登侍従
　　利政
前田利太　まえだとします
　　利太
　　利益
前田夏蔭　まえだなつかげ
　　鴬園〈号〉
　　夏蔭
前田秀以　まえだひでもち
　　亀山侍従
　　秀以
前田宗恭　まえだむねやす
　　紫洲〈号〉
　　宗恭
前野雄吉　まえのかつよし
　　〔小坂〕雄吉
前原伊助　まえばらいすけ
　　宗房
前原一誠　まえばらいっせい
　　一誠
　　〔佐世〕八十郎
真柄直澄　まがらなおずみ
　　十郎左衛門
真木和泉　まきいずみ
　　保臣〈諱〉
　　和泉
蒔絵師源三郎　まきえしげんざぶ
　　ろう
　　源三郎
牧岡天来　まきおかてんらい
　　天来
牧夏岳　まきかがく
　　〔新興〕周平

まきし

槇島光明　まきしまみつあき
　光明
　光顕〈名〉
　〔槇島〕錠之助
牧園茅山　まきぞのぼうざん
　進士
牧冬映(1代)　まきとうえい
　冬映(1代)
牧野成命　まきのなりなが
　信成
　成命
牧野信成　まきののぶしげ
　成命
　田三
牧百峰　まきひゃくほう
　善輔
牧文七　まきぶんしち
　文七
　朴斎〈号〉
牧分徳右衛門　まきぶんとくえもん
　徳右衛門
　〔池田〕徳右衛門
槇村正直　まきむらまさなお
　安之進〈通称〉
　正直
　半九郎〈通称〉
牧村政治　まきむらまさはる
　政治
　兵部
　利貞〈名〉
牧分徳右衛門　まきわけとくえもん
　徳右衛門
　〔牧〕徳右衛門
真葛長造　まくずちょうぞう
　香斎〈号〉
　長造
　〔楽〕長造
孫六兼元　まごろくかねもと
　兼元
　孫六
間崎滄浪　まさきそうろう
　哲馬
正木段之進　まさきだんのしん
　俊光
正木千幹　まさきちもと
　長秀
正木時茂　まさきときしげ
　時尭
　時茂
　時堯
　大膳亮〈別称〉
　弥九郎〈別称〉
正木風状　まさきふうじょう
　長牙
　風状
　風雲斎〈号〉
正木正康　まさきまさやす
　正春
　正康

正木護　まさきまもる
　護
　〔桃江〕正吉
　隆瑞
正清　まさきよ
　〔主水正〕正清
政子女王　まさこじょおう
　政子女王
　鏞宮(伊佐宮)
正子内親王　まさこないしんのう
　押小路斎院〈別称〉
　正子内親王
政二　まさじ
　小主人〈通称〉
　政二
雅成親王　まさなりしんのう
　雅成親王
　但馬宮
　六条宮
正宗　まさむね
　正宗
　〔岡崎〕正宗
　〔五郎〕正宗
　〔相州〕正宗
正宗直胤　まさむねなおたね
　直胤
　〔六石園〕飯持
増子金八　ましこきんぱち
　金八
　〔落合〕誠三郎〈変名〉
増野徳民　ましのとくみん
　乾〈名〉
　徳民〈字〉
　無咎〈字〉
真島鶴堂　まじまかくどう
　鶴翁〈号〉
　鶴堂
馬島重常　まじましげつね
　重常
　〔宗慈坊〕重常
　大智坊
馬島清眼　まじませいがん
　清眼
　清眼僧都
真清水蔵六(1代)　ましみずぞうろく
　蔵六
　蔵六(1代)
増山正賢　ましやままさかた
　雪斎
増井熊太　ますいくまた
　北洋
増井玄覧　ますいげんらん
　勝之
益田貞兼　ますださだかね
　全田〈法名〉
　貞兼
益田親祥　ますだちかよし
　宇右衛門〈通称〉
　主殿〈通称〉
　親祥

弾正介〈通称〉
竹之進〈通称〉
益田時貞　ますだときさだ
　〔天草〕四郎
　四郎時貞
　時貞
　〔天草〕時貞
増田仁右衛門　ますだにえもん
　〔菅井〕秀助
　仁右衛門
増田雅宅　ますだまさいえ
　休意
増田宗介　ますだむねすけ
　久寿〈号〉
　宗介
益田好次　ますだよしつぐ
　甚兵衛
　〔天草〕甚兵衛
増田立軒　ますだりっけん
　謙之
増田歴治　ますだれきじ
　繁幸〈諱〉
　歴治
益継　ますつぐ
　〔六角〕益継
益戸滄洲　ますどそうしゅう
　巴丁
増野雲門　ますのうんもん
　〔曽野〕有原
十寸見可慶　ますみかけい
　可慶
　河丈(5代)
　河東(9代)
　東舸(2代)
十寸見河丈(1代)　ますみかじょう
　河丈〈前名〉
　河丈(1代)
　河東(2代)〈後名〉
十寸見河丈(2代)　ますみかじょう
　河丈(2代)
　金次郎〈前名〉
十寸見河東(1代)　ますみかとう
　河東
　〔江戸太夫〕河東
　河東(1代)
　藤十郎(1代)
十寸見藤十郎(2代)　ますみとうじゅうろう
　夕丈(1代)
　〔江戸太夫〕藤十郎(2代)
十寸見藤十郎(3代)　ますみとうじゅうろう
　東佐(1代)
十寸見文思　ますみぶんし
　〔大和屋〕太郎次
　文思
　文魚
増山金八(1代)　ますやまきんぱち
　金八(1代)
　呉山〈俳名〉

増山金八(2代)　ますやまきんぱち
　　金八(2代)
　　呉山〈俳名〉
間瀬久太夫　まぜきゅうだゆう
　　正明
間瀬孫九郎　まぜまごくろう
　　正辰
又右衛門　またえもん
　　〔紀州〕又右衛門
俣野景久　またのかげひさ
　　〔大庭〕景久
股野五郎　またのごろう
　　〔大庭〕景久
　　五郎
又平久吉　またべいひさきち
　　久吉
　　〔大津〕又平
町尻説久　まちじりときひさ
　　兼久
町尻説望　まちじりときもち
　　兼望
町田寿安　まちだじゅあん
　　宗加
町田申四郎　まちだしんしろう
　　〔塩田〕権之丞〈変名〉
　　申四郎
町田久成　まちだひさなり
　　久成
　　石谷〈号〉
町田武須計　まちだぶすけ
　　伝太夫〈通称〉
　　武須計〈通称〉
　　老之丞〈通称〉
町原凞暦　まちはらひろまろ
　　凞暦
　　緑蔭〈号〉
松居久左衛門　まついきゅうざえもん
　　遊見
松井源水(1代)　まついげんすい
　　玄長
　　源水(1代)
松井源水(2代)　まついげんすい
　　源水(2代)
　　道三
松井松宇　まついしょうう
　　松宇
　　松宇
　　善右衛門〈通称〉
　　聞涛軒〈号〉
松井宗瑞　まついそうずい
　　宗瑞(3代)
松井汶村　まついぶんそん
　　九華亭〈号〉
　　師薑〈字〉
　　汶村
　　野蓼斎〈号〉
松井三津人　まついみつんど
　　三津人
松井溶々　まついようよう
　　溶々
松井義彰　まついよしあき
　　蛙助
松井蛙助　まついわすけ
　　蛙助
　　時習軒〈号〉
松浦儀兵衛　まつうらぎべえ
　　儀兵衛
　　〔太鼓屋〕儀兵衛〈通称〉
松浦桂川　まつうらけいせん
　　弾正
松浦松洞　まつうらしょうどう
　　亀太郎
松浦マンシヤ　まつうらまんしや
　　松東院
　　マンシヤ
松江重頼　まつえしげより
　　維舟〈別号〉
　　江翁〈別号〉
　　〔大文字屋〕治右衛門〈通称〉
　　重頼
松江宗安　まつえそうあん
　　〔銭屋〕宗安
松岡士川　まつおかしせん
　　五仙窓〈号〉
　　士川
松岡恕庵　まつおかじょあん
　　玄達
松岡青蘿　まつおかせいら
　　鍋五郎〈名〉
　　香松庵〈号〉
　　三眺庵〈号〉
　　山李坊〈号〉
　　青蘿
　　幽松庵〈号〉
　　栗之本〈号〉
　　栗庵〈号〉
　　合茶〈号〉
松岡大蟻　まつおかたいぎ
　　儀之進
　　大蟻
松岡仲良　まつおかちゅうりょう
　　雄淵
松岡能一　まつおかのういち
　　良助
松岡好忠　まつおかよしただ
　　八左衛門
松尾宗二　まつおそうじ
　　治兵衛〈通称〉
　　宗二
　　重賢〈名〉
松尾芭蕉　まつおばしょう
　　金作〈幼名〉
　　栩々斎〈号〉
　　宗房〈別号〉
　　甚七郎
　　忠左衛門
　　釣月軒〈別号〉
　　桃青
　　芭蕉
　　芭蕉庵桃青〈号〉
　　泊船堂〈別号〉
　　風羅坊〈別号〉
　　天々軒〈別号〉
松貫四　まつかんし
　　貫四
　　〔万屋〕吉右衛門〈通称〉
松木乙児　まつきおつじ
　　乙児
　　五郎右衛門〈通称〉
松木竿秋　まつきかんしゅう
　　竿秋
　　〔香稲庵〕竿秋
　　〔奈良屋〕市郎兵衛〈通称〉
　　稲光庵〈号〉
　　*橋本〈本姓〉
松木珪琳　まつきけいりん
　　珪琳
　　珪琳斎〈号〉
　　次郎右衛門〈通称〉
　　雪外老人〈号〉
　　樽巷郎〈号〉
　　卯時庵〈号〉
　　蓮之〈号〉
松木淡々　まつきたんたん
　　渭北〈号〉
　　因角〈号〉
　　〔森〕三楊〈別称〉
　　〔曲渕〕宗治〈別称〉
　　淡々
　　伝七
　　半時庵〈号〉
　　勃章翁〈号〉
　　熊之助〈幼名〉
　　呂国〈号〉
松木長操　まつきながもち
　　荘左衛門
　　長操
松倉嵐蘭　まつくららんらん
　　甚左衛門
　　甚兵衛
　　盛教〈名〉
　　文右衛門〈通称〉
　　嵐蘭
松崎白圭　まつざきはくけい
　　観瀾
松沢以中坊　まつざわいちゅうぼう
　　以中坊
松沢老泉　まつざわろうせん
　　〔和泉屋〕庄次郎(2代)
松下烏石　まつしたうせき
　　〔葛〕烏石
松下見林　まつしたけんりん
　　見林
　　西峯散人〈号〉
松下之綱　まつしたゆきつな
　　嘉兵衛
松平明矩　まつだいらあきのり
　　義知
松平清武　まつだいらきよたけ
　　清武

〔越智〕清武
松平清道　まつだいらきよみち
　〔奥平〕清道
松平清康　まつだいらきよやす
　清康
　〔徳川〕清康
松平君山　まつだいらくんざん
　君山
　*松本〈姓〉
松平定勝　まつだいらさだかつ
　定勝
　〔久松〕定勝
松平定朝　まつだいらさだとも
　左金吾
松平定信　まつだいらさだのぶ
　楽翁
　〔白河〕楽翁
　定信
松平定房　まつだいらさだふさ
　〔久松〕定房
松平重治　まつだいらしげはる
　忠勝
松平四山　まつだいらしざん
　一鏡
　閑花林〈号〉
　孤円斎〈号〉
　四山
　志摩守宗玄
　志摩守直興
　紫野の玄々子〈号〉
　宗玄居士〈号〉
　知足〈初号〉
　直興
　東幻庵〈号〉
松平雪川　まつだいらせっせん
　為楽庵〈号〉
　雲間〈号〉
　衍親〈名〉
　駒次郎〈幼名〉
　三助
　雪川
　澄水居〈号〉
松平忠暁　まつだいらただあきら
　〔奥平〕忠暁
松平忠明　まつだいらただあきら
　〔奥平〕忠明
松平忠固　まつだいらただかた
　忠優
松平忠隆　まつだいらただたか
　〔奥平〕忠隆
松平忠恒　まつだいらただつね
　〔奥平〕忠恒
松平忠輝　まつだいらただてる
　忠輝
　〔徳川〕忠輝
松平忠尚　まつだいらただなお
　〔奥平〕忠尚
松平忠憲　まつだいらただのり
　憲良
松平忠弘　まつだいらただひろ
　〔奥平〕忠弘

松平忠政　まつだいらただまさ
　〔大須賀〕忠政
松平親氏　まつだいらちかうじ
　〔世良田〕親氏
松平親忠　まつだいらちかただ
　西忠
松平斉厚　まつだいらなりあつ
　武厚
松平斉貴　まつだいらなりたけ
　斉斎
松平斉恒　まつだいらなりつね
　斉恒〈名〉
　露滴斎
松平斉宣　まつだいらなりのぶ
　斉宜
松平念誓　まつだいらねんせい
　親宅
松平信一　まつだいらのぶかず
　勘四郎〈別称〉
　信一
松平信平　まつだいらのぶひら
　〔鷹司〕信平
松平乗紀　まつだいらのりただ
　〔石川〕乗紀
松平乗政　まつだいらのりまさ
　〔石川〕乗政
松平治郷　まつだいらはるさと
　治郷
　不昧
松平広忠　まつだいらひろただ
　広忠
　〔徳川〕広忠
松平献　まつだいらみち
　定献
松平宗衍　まつだいらむねのぶ
　南海
松平宗昌　まつだいらむねまさ
　昌平
松平康定　まつだいらやすさだ
　〔松井〕康定
松平康重　まつだいらやすしげ
　康重
　〔松井〕康重
松平康純　まつだいらやすずみ
　寒松〈号〉
　康純
松平康親　まつだいらやすちか
　〔松井〕康親
松平康任　まつだいらやすとう
　〔松井〕康任
松平康俊　まつだいらやすとし
　勝俊
松平康元　まつだいらやすもと
　〔久松〕康元
松平康福　まつだいらやすよし
　〔松井〕康福
松平義真　まつだいらよしざね
　義貞
松平吉透　まつだいらよしとお
　近憲
松平慶永　まつだいらよしなが

　慶永
　〔徳川〕慶永
　春岳
松平吉品　まつだいらよしのり
　昌親
松平義行　まつだいらよしゆき
　義行
　〔徳川〕義行
松田重助　まつだじゅうすけ
　範義
松田竹里　まつだちくり
　竹里
　本庵〈別称〉
松田棣園　まつだていえん
　昭裕
松田東吉郎　まつだとうきちろう
　誠道〈字〉
　東吉郎
　和孝〈諱〉
松田直見　まつだなおみ
　直兄
　藤園〈号〉
松田百花　まつだひゃっか
　〔松島〕兵太郎
松永権平　まつながごんぺい
　権平
　良弼
　〔寺内〕良弼
松永尺山　まつながせきざん
　尺山
松永貞徳　まつながていとく
　延陀丸〈号〉
　花咲の翁〈号〉
　五条の翁〈号〉
　松友〈号〉
　逍遊軒〈号〉
　勝熊〈幼名〉
　長頭丸〈号〉
　貞徳
　保童坊〈号〉
　明心居士〈号〉
　*松永〈姓〉
松永永種　まつながながたね
　永種
松永久秀　まつながひさひで
　久秀
　弾正少弼〈別称〉
松永和風(1代)　まつながわふう
　忠五郎(1代)
松永和風(3代)　まつながわふう
　栄次郎〈本名〉
　忠五郎(7代)
　鉄翁
　和風(3代)
松波資之　まつなみすけゆき
　資之
　随処〈別号〉
　随所〈号〉
　大学大允〈通称〉
　直三郎〈通称〉
　遊山〈号〉

*藤原〈姓〉
松波六郎兵衛　まつなみろくろべえ
　〔松南〕徹翁
　六郎兵衛
　〔松南〕六郎兵衛
松根図書　まつねとしょ
　三楽〈通称〉
　図書
松の門三岫子　まつのとみさこ
　三岫子
　小三〈別称〉
松野梅山　まつのばいざん
　純恵
　梅山
松林左馬助　まつばやしさまのすけ
　無雲
松林飯山　まつばやしはんざん
　廉之助
松原慶輔　まつばらけいほ
　一閑斎
松原惣兵衛　まつばらそうべえ
　〔水野〕吉平〈前名〉
　惣兵衛
松前慶広　まつまえよしひろ
　慶広
　〔蠣崎〕慶広
松丸殿　まつまるどの
　京極殿
　松丸殿
　西丸殿
　竜子
松村景文　まつむらけいぶん
　華渓〈号〉
　景文
松村深蔵　まつむらしんぞう
　深蔵
　〔蒲生〕太郎〈変名〉
松村忠英　まつむらただひで
　忠英
　和implicit〈通称〉
松室敦子　まつむろあつこ
　伊勢
　右衛門佐局
　敦子
松室松峡　まつむろしょうこう
　〔秦〕松峡
松室仲子　まつむろなかこ
　少納言局
　仲子
　東路
松本一指　まつもといっし
　利直
松本一雄　まつもとかずお
　一雄
　仙鶴堂〈号〉
松本要人　まつもとかなめ
　成章〈諱〉
　要人
松本儀平　まつもとぎへえ

儀平
　玄々堂〈号〉
松本奎堂　まつもとけいどう
　奎堂
　謙三郎〈通称〉
松本交山　まつもとこうざん
　煥〈名〉
　景文〈字〉
　交山
　真宰〈字〉
　大機〈名〉
　二郎吉〈通称〉
　文右衛門〈通称〉
*上条〈本姓〉
松本幸四郎(4代)　まつもとこうしろう
　〔瀬川〕錦次
　幸四郎(4代)
　〔市川〕高麗蔵(2代)
松本幸四郎(5代)　まつもとこうしろう
　〔鼻高〕幸四郎
　幸四郎(5代)
　〔市川〕高麗蔵(3代)
松本幸四郎(6代)　まつもとこうしろう
　幸四郎(6代)
　〔市川〕高麗蔵(5代)
松本顧言　まつもとこげん
　可磨斎〈通称〉
　空羅〈別称〉
　顧言
　子圭〈字〉
　順亭〈通称〉
　東杵庵(3世)
　桃谿
　南々斎
　了兎庵〈通称〉
松本五郎市　まつもとごろういち
　五郎市
　文弥〈俳名〉
松本榍柯　まつもとさいか
　空然〈号〉
　紫花園〈号〉
　守雌〈名〉
　榍柯
　天谿〈字〉
　東杵庵(2世)〈号〉
松本重巻　まつもとしげまき
　〔菱屋〕重助〈通称〉
　重巻
松本治太夫　まつもとじだゆう
　治太夫
　〔菅野〕伝弥
松本重寿　まつもとじゅうじゅ
　重寿
　甚三郎〈通称〉
松本順　まつもとじゅん
　子良〈字〉
　順
　順之助〈幼名〉

蘭疇〈号〉
　良順〈名〉
松本斗機蔵　まつもとときぞう
　胤親
松本友十郎(1代)　まつもととともじゅうろう
　〔藤川〕庄松〈前名〉
　友十郎(1代)
松本友十郎(2代)　まつもととともじゅうろう
　新九郎〈前名〉
　友十郎(2代)
松本尚勝　まつもとなおかつ
　政信
　備前守
松本楓湖　まつもとふうこ
　安雅堂〈別号〉
　敬忠〈本名〉
　楓湖
松本米三郎(1代)　まつもとよねさぶろう
　〔芳沢〕吉十郎(1代)〈初名〉
　米三郎(1代)
松屋久重　まつやひさしげ
　久重
　〔漆屋〕源三郎
　源三郎(5代)
松屋久政　まつやひさまさ
　久政
　源三郎(3代)
松屋久好　まつやひさよし
　久好
　源三郎(4代)
松山玖也　まつやまきゅうや
　玖也
松山正夫　まつやままさお
　深縅
松浦答　まつらこたう
　〔源〕答
松浦静山　まつらせいざん
　清
松浦メンシャ　まつらめんしゃ
　〔大村〕メンシャ
祭和樽　まつりわたる
　和樽
　〔鈍々亭〕和樽
松脇五左衛門　まつわきござえもん
　五左衛門
　〔新宮〕半次郎
万里小路季房　までのこうじすえふさ
　〔藤原〕季房
万里小路時房　までのこうじときふさ
　〔藤原〕時房
窓村竹　まどのむらたけ
　〔多田〕敏包
曲直瀬正琳　まなせしょうりん
　正琳
　養安院

まなせ　　　　　　　　　姓名から引く号・別名一覧

曲直瀬正紹　まなせまさつぐ
　玄朔
　正紹
　道三(2代)
曲直瀬正盛　まなせまさもり
　正盛
　〔今大路〕正盛
　正慶
　道三
　〔今小路〕道三
　〔翠竹院〕道三
学の門悟喜　まなびのとごき
　悟喜
　〔中島〕正興〈通称〉
学の門悟章　まなびのとごしょう
　〔中島〕喜代治〈通称〉
　悟章
真野安通　まのやすみち
　是翁
馬渕嵐山　まぶちらんざん
　唐棣園〈別号〉
　嵐山
儘田柳軒　ままだりゅうけん
　主水〈通称〉
　重明〈名〉
　梅柳軒〈別号〉
　柳軒
間宮五郎兵衛　まみやごろべえ
　久也
間宮林蔵　まみやりんぞう
　倫宗
馬屋原重帯　まやはらしげつ
　堋堂〈号〉
　次右衛門〈通称〉
　重帯
　不争亭野鷗〈号〉
　武倍堂〈号〉
　呂平〈通称〉
真弓の屋鶴彦　まゆみのやつるひこ
　鶴彦
　好々亭〈別号〉
　〔長山〕新平〈通称〉
　白扇堂〈別号〉
丸上老人　まるがみろうじん
　丸上老人
　又四郎〈名〉
　*板倉〈本姓〉
丸川松隠　まるかわしょういん
　一郎
丸川廉斎　まるかわれんさい
　九三〈通称〉
　廉山〈号〉
　廉斎〈号〉
丸田盛次　まるたもりつぐ
　九左衛門
丸橋忠弥　まるばしちゅうや
　盛任〈名〉
　盛澄〈名〉
　忠弥
丸目蔵人　まるめくらんど
　徹斎
丸毛兼利　まるもかねとし
　親吉
円山応挙　まるやまおうきょ
　一嘯〈号〉
　応挙
　夏雲〈号〉
　主水〈俗称〉
　仙嶺〈号〉
円山応震　まるやまおうしん
　応震
　星聚館〈号〉
　方壺〈号〉
円山応瑞　まるやまおうずい
　怡真堂〈号〉
　応瑞
丸山学古　まるやまがくこ
　学古
　学古堂〈号〉
　敏〈名〉
　蒲盧窩〈号〉
丸山活堂　まるやまかつどう
　可澄
丸山徳弥　まるやまとくや
　〔熊庄〕徳弥
丸山株修　まるやまもとのぶ
　久右衛門〈通称〉
　琴里〈号〉
　子行〈字〉
　株修
丸山株徳　まるやまもとのり
　久右衛門〈通称〉
　子善〈字〉
　株徳
　松石〈号〉
卍海宗珊　まんかいそうさん
　宗珊
満月居望暦　まんげつきょもちまろ
　〔板倉〕作次郎〈通称〉
　望暦
卍元師蛮　まんげんしばん
　師蛮
　独師〈号〉
万乎　まんこ
　〔大阪屋〕次郎太夫〈通称〉
　万乎
卍山道白　まんざんどうはく
　道白
饅頭屋宗二(1代)　まんじゅうやそうじ
　〔林〕逸〈本姓名〉
　〔林〕宗二
　宗二(1代)
万亭応賀　まんていおうが
　応賀
　〔服部〕幸三郎〈通称〉
　春頌斎〈初号〉
　〔服部〕長三郎〈通称〉
　長狭男〈諱〉
　長恩堂〈別号〉

万年舎亀丸　まんねんしゃかめまる
　亀丸
　〔亀屋〕三郎右衛門〈通称〉
万年堂生成　まんねんどういきなり
　生成
　〔伊勢屋〕林兵衛〈通称〉
万福亭米房　まんぷくていべいぼう
　米房
　〔福屋〕又平〈通称〉
満米　まんべい
　満慶
万無　まんむ
　心阿
万流亭世富　まんりゅうていよとみ
　世富
　大笑亭娯狂〈初号〉
　〔中村〕伝次〈通称〉

【み】

三浦按針　みうらあんじん
　按針
　ウイリアム・アダムズ〈本名〉
三浦一竿　みうらいっかん
　一竿〈号〉
　子漁〈字〉
三浦乾也　みうらけんや
　乾也
　藤太郎〈本名〉
三浦呉山　みうらござん
　呉山
三浦重成　みうらしげなり
　〔佐原〕作十郎
　重成
三浦浄心　みうらじょうしん
　五郎左衛門〈通称〉
　三五庵木算〈雅号〉
　浄心
　茂正〈名〉
三浦為春　みうらためはる
　為庵
　循庵〈号〉
　〔正木〕勝兵衛〈本名〉
三浦千春　みうらちはる
　権左衛門〈通称〉
　萩園〈号〉
　従容軒〈別号〉
　千春
　椎園〈別号〉
三浦樗良　みうらちょら
　一呆廬〈号〉
　榎本庵〈号〉
　勘兵衛〈通称〉
　玄仲〈号〉
　樗良
　冬卿〈名〉
　二股庵〈号〉

無為庵〈号〉
三浦梅園　みうらばいえん
　安貞〈字〉
　季山〈別号〉
　晋〈名〉
　東川居士〈別号〉
　洞仙〈別号〉
　二子山人〈別号〉
　梅園
　無事斎主人〈別号〉
　攀山〈別号〉
三浦義同　みうらよしあつ
　道寸
三浦義連　みうらよしつら
　〔佐原〕義連
三浦浪兮女　みうらろうけいじょ
　三恵〈通称〉
　美恵〈通称〉
　浪兮女
三保木七太郎　みおきしちたろう
　産子〈俳名〉
　七太郎
　梅光〈俳名〉
三笠城右衛門　みかさじょうえもん
　丈右衛門〈別名〉
　城右衛門
御巫清直　みかなぎきよなお
　清直
　棒園〈号〉
三上千那　みかみせんな
　宮山子〈号〉
　千那
　千那堂官江〈号〉
　葡萄坊
　明式〈名〉
　*三上〈俗姓〉
三上千羅　みかみせんら
　千羅
三上和及　みかみわきゅう
　和及
右江渭北　みぎえいほく
　渭北
三木ポウロ　みきぽうろ
　パウロ
　ポウロ
　ポオロ
三国大学　みくにだいがく
　士縄〈字〉
　大学
　直準〈諱〉
　幽眠
　与吉郎〈通称〉
　鷹巣〈号〉
　礫々山人〈号〉
三国彦作(1代)　みくにひこさく
　〔猿若〕彦作
三国彦作(2代)　みくにひこさく
　〔猿若〕三作
御子田正治　みこだまさはる
　正治

〔神子田〕正治
三島景雄　みしまかげお
　吉兵衛〈通称〉
　景雄
　自寛〈号〉
　蕉雨亭〈号〉
　方壺外史〈号〉
三島中洲　みしまちゅうしゅう
　遠叔〈字〉
　絵荘
　毅
　中洲
　〔三嶋〕中洲
　貞一郎〈通称〉
　桐南〈別号〉
美図垣笑顔　みずがきえがお
　愛亭〈別号〉
　笑顔
　〔美濃屋〕甚三郎〈通称〉
　涌泉亭真清〈狂号〉
水木歌仙(3代)　みずきかせん
　歌仙(3代)
　くめ〈本名〉
水木竹十郎　みずきたけじゅうろう
　〔山中〕竹十郎
水木辰之助(1代)　みずきたつのすけ
　〔大和屋〕宇右衛門
　辰之助(1代)
水木辰之助(2代)　みずきたつのすけ
　辰之助(2代)〈前名〉
　〔大和屋〕甚兵衛(3代)〈後名〉
水木富之助　みずきとみのすけ
　富之助
　勇梅〈俳名〉
御輔長道　みすけのながみち
　水道〈名〉
　長道
水越与三兵衛(1代)　みずこしよそべえ
　伊勢屋〈屋号〉
　義資〈名〉
　与三兵衛(1代)
水田西吟　みずたさいぎん
　桜山〈号〉
　岡松軒〈号〉
　庄左衛門〈通称〉
　西吟
　西吟
　落月庵〈号〉
水谷豊文　みずたにとよぶみ
　鉤致堂〈号〉
　助六〈通称〉
　豊文
水田正秀　みずたまさひで
　正秀
　清庵〈号〉
　節青堂〈号〉
　節浄堂〈号〉

竹清堂〈号〉
利右衛門〈通称〉
水野秋彦　みずのあきひこ
　秋彦
　二峯〈号〉
　滝之助〈通称〉
水江浦島子　みずのえのうらしまのこ
　浦島子
水野十郎左衛門　みずのじゅうろうざえもん
　十郎左衛門
　成之
水野忠暁　みずのただあき
　逸斎
水野忠邦　みずのただくに
　越前守
水野福富　みずのふくとみ
　将監
　織部
　梅径
　福富〈号〉
　平内〈幼名〉
水野岷山　みずのみんざん
　千之右衛門
水谷蟠竜　みずのやばんりゅう
　治村〈別称〉
　勝村〈別称〉
　正村〈別称〉
　蟠竜
　蟠竜斎〈号〉
水原三折　みずはらさんせつ
　義博
水原梅屋　みずはらばいおく
　凝香〈号〉
　耕豊〈名〉
　士明〈字〉
　梅屋
水間沽徳　みずませんとく
　合歓堂〈号〉
　治郎左衛門〈通称〉
　沽葉〈号〉
　沽徳
　友兼〈字〉
　友斎
溝口重雄　みぞぐちしげかつ
　悠山
溝口素丸　みぞぐちそがん
　渭浜庵〈号〉
　一練窓〈号〉
　絢堂〈号〉
　謙虚道人〈号〉
　向旭楼〈号〉
　十太夫勝昌〈通称〉
　青虾〈号〉
　素丸
　竹光〈号〉
　天地庵〈号〉
　曇華斎〈号〉
　白芹〈初号〉
　万里斎〈号〉

みそく　　　　　　　　　姓名から引く号・別名一覧

溝口竹亭　みぞぐちちくてい
　竹亭
溝口直諒　みぞぐちなおあき
　景山
三田浄久　みたじょうきゅう
　〔大文字屋〕庄左衛門〈通称〉
　浄久
　不老軒〈号〉
　＊水野〈本姓〉
三谷永玄　みたにえいげん
　〔狩野〕永玄
三谷蒼山　みたにそうざん
　万四郎
美玉三平　みたまさんぺい
　三平
　〔高橋〕祐次郎
三田村国定　みたむらくにさだ
　国定
　秀俊〈名〉
猷子女王　みちこじょおう
　五百宮
　猷子女王
道伊羅都売　みちのいらつめ
　〔越道〕伊羅都売
道嶋嶋足　みちのしまのしまたり
　嶋足
　〔牡鹿〕嶋足
　〔丸子〕嶋足〈本姓名〉
三井嘉菊　みついかきく
　嘉菊
　後楽園〈号〉
　高英〈名〉
　次郎右衛門〈通称〉
　仙渓亭〈号〉
　陶白居〈号〉
三井秋風　みついしゅうふう
　時治〈名〉
　秋風
　六右衛門〈通称〉
三井高陰　みついたかかげ
　高陰
　高照〈初名〉
　宗十郎〈通称〉
三井高福　みついたかよし
　高福
　八郎右衛門
箕作秋坪　みつくりしゅうへい
　宜信斎〈号〉
　矩〈名〉
　矩二郎〈通称〉
　秋坪
　文蔵〈通称〉
箕作省吾　みつくりしょうご
　寛〈名〉
　玉海〈字〉
　省吾〈通称〉
　夢霞山人〈号〉
光子女王　みつこじょおう
　岩宮
　光子女王
光子内親王　みつこないしんのう

　〔照山〕元瑤
　元瑤内親王
　光子内親王
光瀬左近　みつせさこん
　〔山下〕佐五右衛門
光忠　みつただ
　〔長船〕光忠
三ツ橋勾当　みつはしこうとう
　勾当
　〔三津橋〕勾当
光世　みつよ
　〔三池典太〕光世
満良親王　みつよししんのう
　花園宮
弥天永釈　みてんえいしゃく
　永釈
翠千秋　みどりせんじょう
　〔千菊園〕一葉
三並五郎左衛門　みなみごろざえ
　もん
　五郎左衛門
　ジョアン〈霊名〉
南正会　みなみまさえ
　正会
　道節〈号〉
源清麿　みなもときよまろ
　清麿
　〔山浦〕清麿
源顕房　みなもとのあきふさ
　顕房
　〔藤原〕顕房
源家増　みなもとのいえます
　家増
源清　みなもとのきよし
　秋篠禅師
源国明　みなもとのくにあき
　〔藤原〕国明
源計子　みなもとのけいし
　広幡御息所
源厳子　みなもとのげんし
　温明殿女御
源定平　みなもとのさだひら
　〔中院〕定平
源実朝　みなもとのさねとも
　実朝
　千幡
源資子　みなもとのしし
　資子
　〔庭田〕資子
源親子　みなもとのしんし
　民部卿三位
源高明　みなもとのたかあきら
　高明
　西宮左大臣
源隆国　みなもとのたかくに
　宇治大納言
　隆国
源為朝　みなもとのためとも
　為朝
　〔鎮西〕八郎為朝

源趁　みなもとのちん
　安法法師
　趁
源経基　みなもとのつねもと
　経基
　六孫王
源貞子　みなもとのていし
　温明殿女御
源融　みなもとのとおる
　河原左大臣
　融
源俊房　みなもとのとしふさ
　寂俊
源具守　みなもとのとももり
　〔堀川〕具守
源等　みなもとのひとし
　参議等
　等
源博雅　みなもとのひろまさ
　博雅
　博雅三位
源雅通　みなもとのまさみち
　〔久我〕雅通
源通方　みなもとのみちかた
　〔中院〕通方
　〔土御門〕通方
源通親　みなもとのみちちか
　通親
　〔久我〕通親
　〔土御門〕通親
源通具　みなもとのみちとも
　通具
　〔土御門〕通具
　〔藤原〕通具
源通光　みなもとのみちみつ
　通光
　〔久我〕通光
源満仲　みなもとのみつなか
　満仲
　〔多田〕満仲
源行綱　みなもとのゆきつな
　行綱
　〔多田〕行綱
源義家　みなもとのよしいえ
　義家
　〔八幡太郎〕義家
　八幡太郎
源義高　みなもとのよしたか
　〔志水〕義高
源義隆　みなもとのよしたか
　〔森〕義隆
源義経　みなもとのよしつね
　義経
　牛若〈幼名〉
　牛若丸
源義仲　みなもとのよしなか
　義仲
　〔木曽〕義仲
　朝日将軍
源義平　みなもとのよしひら
　悪源太

義平
源義広　みなもとのよしひろ
　　〔志田〕義広
　　義範
源義光　みなもとのよしみつ
　　義光
　　〔新羅〕三郎
源頼政　みなもとのよりまさ
　　源三位
　　源三位入道
　　頼政
源和子　みなもとのわし
　　承香殿女御
峰崎検校　みねさきけんぎょう
　　検校
　　勾当
簔寥松　みねりょうしょう
　　太年廬〈号〉
　　八朶園〈号〉
　　氷黒井〈号〉
　　米隣翁〈号〉
　　寥松
簑内可童　みのうちかとう
　　可童
箕浦猪之吉　みのうらいのきち
　　元章
　　猪之吉
箕浦直簔　みのうらなおつね
　　江南
三野藻海　みのそうかい
　　仲寿
簑田卯七　みのだうしち
　　十里亭〈号〉
　　八攸次〈通称〉
　　卯七
美濃局　みののつぼね
　　〔紀〕家子
簑虫庵猪来　みのむしあんちょらい
　　猪来
三橋花城　みはしかじょう
　　花城
壬生院　みぶいん
　　京極局
　　〔藤原〕光子
三保木儀左衛門(1代)　みほきぎざえもん
　　〔三浦〕儀右衛門〈別名〉
　　儀左衛門(1代)
　　〔片岡〕仁左衛門(4代)
　　〔若村〕沢之助
　　〔玉川〕藤之助〈初名〉
三保木儀左衛門(2代)　みほきぎざえもん
　　儀左衛門(2代)
　　〔片岡〕仁左衛門(6代)
　　富士松〈初名〉
御堀耕助　みほりこうすけ
　　耕助
　　〔太田〕市之進
御牧景則　みまきかげのり

景則
　　〔四手井〕景則
三牧謙蔵　みまきけんぞう
　　秀胤
御牧信景　みまきのぶかげ
　　信景
　　〔四手井〕清庵
美馬君田　みまくんでん
　　援造〈通称〉
　　桜水〈号〉
　　諧〈名〉
　　休翁〈号〉
　　君田〈号〉
　　三嶺
　　土仏〈俳号〉
　　和甫〈字〉
三桝稲丸(1代)　みますいねまる
　　稲丸(1代)
　　梅笑〈俳名〉
三桝宇八(1代)　みますうはち
　　〔浅尾〕紋蔵
三桝大五郎(3代)　みますだいごろう
　　清兵衛〈別名〉
　　大五郎(3代)
三桝大五郎(4代)　みますだいごろう
　　源之助(1代)
　　大五郎(4代)
三升家小勝(2代)　みますやこかつ
　　小勝(2代)
　　〔富沢〕常吉〈本名〉
三村照阿　みむらしょうあ
　　照阿
　　幽松庵〈号〉
三村次郎左衛門　みむらじろざえもん
　　包常
宮井安泰　みやいあんたい
　　安泰
　　南畝〈別称〉
　　柳之助〈通称〉
宮内喜雄　みやうちよしお
　　喜雄
　　君浦〈号〉
　　主水〈別称〉
　　大節〈字〉
宮内嘉長　みやうちよしなが
　　嘉長
　　実水〈号〉
　　主水〈通称〉
　　仁里〈号〉
　　釣客子〈号〉
　　和泉
宮負定雄　みやおいやすお
　　佐平〈通称〉
　　定雄
宮王道三　みやおうどうさん
　　道三
　　〔宮尾〕道三

宮川松堅　みやかわしょうけん
　　宇兵衛〈通称〉
　　松亭子〈号〉
　　松亭軒〈号〉
　　松堅
　　正由〈通称〉
　　正行〈名〉
　　貞行〈名〉
　　道柯居士〈号〉
宮川寅之助　みやがわとらのすけ
　　寅之助
　　香山〈号〉
宮川正幸　みやがわまさゆき
　　正幸
宮川道達　みやがわみちさと
　　一翠子〈別称〉
　　道達
宮城清行　みやぎせいこう
　　清行
　　〔柴田〕理右衛門
三宅環翠　みやけかんすい
　　環翠
　　遵生軒〈号〉
　　帯刀〈通称〉
三宅観瀾　みやけかんらん
　　観瀾〈号〉
　　端山〈号〉
三宅寄斎　みやけきさい
　　寄斎
　　喜斎〈別号〉
　　江南
　　亡羊
　　野水〈別号〉
三宅橘園　みやけきつえん
　　威如斎〈号〉
　　橘園
　　元興〈字〉
　　邦〈名〉
三宅犟革斎　みやけきょうかくさい
　　道乙
三宅嘯山　みやけしょうざん
　　橘斎〈号〉
　　之元〈字〉
　　嘯山
　　滄浪居〈号〉
　　芳隆〈諱〉
　　蒹亭〈号〉
三宅石庵　みやけせきあん
　　正名〈名〉
　　石庵〈号〉
　　万年〈号〉
三宅董庵　みやけとうあん
　　春齢
三宅友信　みやけとものぶ
　　毅斎
　　片鉄
　　友信
三宅康高　みやけやすたか
　　吟雲庵了閑〈号〉
　　康高

了閑
都金太夫三中　みやこかねだゆうさんちゅう
　〔都太夫〕一中(3代)
　〔吾妻路〕宮古太夫(1代)
　〈後名〉
　金太夫三中
　三中(1代)〈略称〉
宮古路薗八(2代)　みやこじそのはち
　薗八(2代)
　〔宮薗〕鶯鳳軒(1代)
宮古路薗八(3世)　みやこじそのはち
　薗八(3世)
　可(哥)内〈前名〉
　〔春富士〕正伝
宮古路豊後掾　みやこじぶんごのじょう
　国太夫(1代)
　〔都〕国太夫半中
　豊後掾
都太夫一中(1世)　みやこだゆういっちゅう
　〔都〕一中
　一中(1世)
　恵俊〈本名〉
　〔須賀〕千朴
都太夫一中(2代)　みやこだゆういっちゅう
　〔京太夫〕一中〈別名〉
　一中(2代)
　〔京太夫〕和泉掾
都太夫一中(5代)　みやこだゆういっちゅう
　一中(5代)
　〔千葉〕嘉六
　〔吾妻路〕宮古太夫〈前名〉
都太夫一中(8代)　みやこだゆういっちゅう
　一中(8代)
　〔千葉〕仙之助〈本名〉
都太夫一中(9代)　みやこだゆういっちゅう
　一中(9代)
　〔千葉〕仙助〈本名〉
都の錦　みやこのにしき
　〔宍戸〕光風〈姓名〉
　〔宍戸〕鉄舟
　都の錦
都秀太夫千中　みやこひでだゆうせんちゅう
　〔都太夫〕一中(4代)
　千中
都万太夫　みやこまんだゆう
　〔都越〕後目
　〔都越〕後掾
宮崎寒雉　みやざきかんち
　寒雉
宮崎義平太　みやざきぎへいた
　義平太

据風呂〈異名〉
　〔宮木〕善左衛門〈別名〉
宮崎荊口　みやざきけいこう
　荊口
　太左衛門〈通称〉
宮崎此筋　みやざきしきん
　此筋
　太左衛門〈通称〉
宮崎玉緒　みやざきたまお
　桜戸〈号〉
　玉緒
　大輔〈通称〉
宮崎伝吉　みやざきでんきち
　伝吉
　巴蝶〈俳名〉
宮崎友禅　みやざきゆうぜん
　友禅
宮紫暁　みやしぎょう
　紫暁
　春宵楼〈号〉
　松林居〈号〉
　聴亀庵〈号〉
宮地水渓　みやじすいけい
　仲枝
宮地楚水　みやじそすい
　源左衛門〈通称〉
　正辰〈名〉
　楚水〈号〉
宮下有常　みやしたありつね
　主鈴〈通称〉
　尚綱〈号〉
　有常
宮下崧岳　みやしたしゅうがく
　暁宗〈名〉
　弘遠〈字〉
　昇之助〈通称〉
　崧岳〈号〉
　朝暉堂〈号〉
宮地太仲　みやじたちゅう
　果仙〈号〉
　太仲
宮下正岑　みやしたまさみね
　鬼拉〈号〉
　正岑
　鎮平〈別称〉
　八右衛門〈通称〉
宮杉伝八郎　みやすぎでんぱちろう
　槐葊〈号〉
　伝八郎
宮薗千之(1代)　みやそのせんし
　〔山城屋〕清八〈通称〉
　千之(1代)
宮薗千寿(1代)　みやぞのせんじゅ
　千寿(1代)
　しま〈本名〉
宮薗鶯鳳軒(2代)　みやぞのらんぼうけん
　〔宮古路〕文字太夫〈別名〉
　〔大和路〕文字太夫〈別名〉
　鶯鳳軒(2代)

宮竹弁吾　みやたけべんご
　弁吾
　〔春竹〕弁吾〈前名〉
宮竹屋小春　みやたけやしょうしゅん
　伊右衛門勝豊〈通称〉
　小春
　白鷗斎〈号〉
宮原雪堂　みやはらせつどう
　雪堂
宮部藤左衛門　みやべとうざえもん
　藤左衛門
　〔土肥〕藤左衛門
宮部義正　みやべよしまさ
　三藁
宮本池臣　みやもといけおみ
　近江〈通称〉
　池臣
宮本虎杖　みやもとこじょう
　虎杖
宮本辰之介　みやもとたつのすけ
　辰之介
　辰之助
宮本茶村　みやもとちゃそん
　尚一郎
　水雲
宮本武蔵　みやもとむさし
　二天
　武蔵〈名〉
明庵栄西　みょうあんえいさい
　栄西
　千光国師
　千光祖師
　千家国師
　葉上房
明恵　みょうえ
　高弁
　栂尾上人
　明恵
明空　みょうくう
　月江
　明空
妙光寺家賢　みょうこうじいえかた
　家賢
　〔花山院〕家賢
明窓宗鑑　みょうそうそうかん
　宗鑑
明尊　みょうそん
　志賀僧正
　明尊
妙超　みょうちょう
　大灯国師
　妙超
　〔宗峰〕妙超
明珍宗介　みょうちんむねすけ
　〔紀〕宗介
妙法院常胤法親王　みょうほういんじょういんほっしんのう
　常胤法親王

妙立　みょうりゅう
　慈山
　妙立
三善清行　みよしきよゆき
　清行
　善相公
三善倫重　みよしともしげ
　〔矢野〕倫重
三善倫経　みよしともつね
　〔矢野〕倫経
三善倫長　みよしともなが
　〔矢野〕倫長
三好政長　みよしまさなが
　宗三
三好元長　みよしもとなが
　長基
三善康有　みよしやすあり
　康有
　〔太田〕康有
三善康連　みよしやすつら
　〔太田〕康連
三善康俊　みよしやすとし
　〔町野〕康俊
三好康長　みよしやすなが
　笑岩
三善康持　みよしやすもち
　〔町野〕康持
三好之長　みよしゆきなが
　長輝
三善庸礼　みよしようれい
　〔町野〕可名生
三好義賢　みよしよしかた
　実休
三好吉房　みよしよしふさ
　吉房
　〔長尾〕常閑
三輪休雪　みわきゅうせつ
　休雪
三輪月底　みわげってい
　月底
三輪翠羽　みわすいう
　翠羽
　翠羽女
　揚鏡〈別号〉
　ひさ〈通称〉
三輪西阿　みわせいあ
　勝房
　西阿
　〔開地井〕西阿
　〔玉井〕西阿
三輪素覧　みわそらん
　鶏頭野客〈号〉
　四郎太夫〈号〉
　四郎兵衛〈通称〉
　松隣軒〈号〉
　素覧
明極楚俊　みんきそしゅん
　楚俊
明兆　みんちょう
　吉山〈名〉
　兆殿司

明兆
　〔吉山〕明兆
民部　みんぶ
　〔仏師〕民部

【む】

無隠円範　むいんえんぱん
　円範
無隠元晦　むいんげんかい
　元晦
無外円照　むがいえんしょう
　円照
向井可南女　むかいかなじょ
　可南女
向井去来　むかいきょらい
　喜平次〈通称〉
　義焉子〈号〉
　去来
　慶千代〈幼名〉
　元渕〈字〉
　平次郎兼時〈号〉
　落柿舎〈別号〉
無外承広　むがいしょうこう
　承広
向井忠勝　むかいただかつ
　将監
向井千子　むかいちね
　千子
　千代〈通称〉
無外爾然　むがいにねん
　爾然
無外如大　むがいにょだい
　景愛尼
無涯仁浩　むがいにんこう
　仁浩
無外坊燕説　むがいぼうえんせつ
　燕説
　止白堂〈号〉
　逢春軒〈号〉
　無外坊〈号〉
向井正綱　むかいまさつな
　兵庫助
向井魯町　むかいろちょう
　亀千代〈幼名〉
　元成〈号〉
　叔明〈字〉
　小源太兼丸
　鳳梧斎〈号〉
　無為〈号〉
　懶漁〈号〉
　礼焉〈字〉
　魯町
無学祖元　むがくそげん
　円満常照国師
　子元
　祖元
　仏光国師
無関玄悟　むかんげんご
　玄悟
　大明国師

普門
普門
夢巌祖応　むがんそおう
　祖応
無関普門　むかんふもん
　玄悟
　大明国師
　普門
椋梨一雪　むくなしいっせつ
　一雪
　牛露軒〈号〉
　三郎兵衛〈通称〉
　自斎〈号〉
　柳風庵〈号〉
椋木潜　むくのきひそむ
　潜
　〔倉木〕潜
無礙妙謙　むげみょうけん
　妙謙
　武陵〈号〉
向山一履　むこうやまかずふみ
　一色〈旧名〉
　一履〈諱〉
　栄〈諱〉
　栄五郎〈通称〉
　黄村〈雅号〉
　黄邨〈雅号〉
　欣夫〈字〉
　欣文〈字〉
　景蘇軒〈斎号〉
無極志玄　むごくしげん
　志玄
無言昌謹　むごんしょうきん
　昌謹
無著道忠　むじゃくどうちゅう
　道忠
無着良縁　むじゃくりょうえん
　良縁
　〔無著〕良縁
無住一円　むじゅういちえん
　一円
無住道暁　むじゅうどうぎょう
　一円
　大円国師
　道暁
無象静照　むぞうじょうしょう
　静照
夢窓疎石　むそうそせき
　玄猷国師
　正覚心宗国師
　疎石
　大円国師
　普済国師
　仏統国師
陸竹小和泉太夫　むつたけこいずみだゆう
　〔難波〕三蔵
　春草堂
　小和泉太夫
武藤阿竜　むとうありゅう
　阿竜

清娯斎〈別号〉
　〔美濃屋〕竜太郎〈通称〉
武藤資時　むとうすけとき
　資時
　〔少小〕資時
武藤白尼　むとうはくに
　菊兎〈初号〉
　白尼
　仏狂子〈号〉
　夜話亭〈号〉
　蓮阿坊〈号〉
武藤巴雀　むとうはじゃく
　七兵衛〈通称〉
　巴雀
　反喬舎〈号〉
武藤義氏　むとうよしうじ
　〔大宝寺〕義氏
武藤義勝　むとうよしかつ
　〔大宝寺〕義勝
無徳至孝　むとくしこう
　至孝
胸形尼子娘　むなかたのあまこの
　いらつめ
　尼子娘
棟上髙見　むねあげのたかみ
　髙見
　〔扇屋〕墨河
　〔鈴木〕墨河
宗良親王　むねながしんのう
　宗良親王
　尊澄法親王
無能　むのう
　学運
無文元選　むもんげんせん
　円明大師
　元選
　聖鑑国師
村井琴山　むらいきんざん
　椿寿
村井古道　むらいこどう
　古道
村井蕉雪　むらいしょうせつ
　古香
村井長頼　むらいながより
　又兵衛
村井白扇　むらいはくせん
　白扇
村井鳳洲　むらいほうしゅう
　圭蔵〈通称〉
　雪中庵(7世)
　鳳洲
村井政礼　むらいまさのり
　〔松延〕次郎
　政礼
村井茂兵衛　むらいもへえ
　鍵屋
　茂兵衛
村岡幸治(1代)　むらおかこうじ
　幸次
　幸治(1代)
村垣淡叟　むらがきたんそう

淡叟
範正
村上忠明　むらかみただあき
　明司
村上忠勝　むらかみただかつ
　義明
村上英俊　むらかみひでとし
　英俊
　松翁〈号〉
　茂亭〈号〉
村上頼勝　むらかみよりかつ
　義明
村河直方　むらかわなおかた
　与一右衛門
村瀬重治　むらせしげはる
　重治
　〔磯貝〕小三郎
村田九郎右衛門　むらたくろうえ
　もん
　〔市村〕宇左衛門(2代)
村田香谷　むらたこうこく
　香谷
　叔〈名〉
　適圃〈別号〉
　蘭雪〈別号〉
村田珠光　むらたじゅこう
　休心法師
　香楽庵南星〈号〉
　珠光
　独盧軒〈号〉
村田精一　むらたせいいち
　蠛堂
村田桃隣　むらたとうりん
　〔太白堂〕桃隣(3代)
村田嘉言　むらたよしこと
　〔一柳〕嘉言
村田了阿　むらたりょうあ
　了阿
村野一貞尼　むらのいっていに
　一貞尼
村橘直衛　むらはしなおえ
　〔橘〕直助〈変名〉
　直衛
村正　むらまさ
　村正
　〔勢州〕村正
　〔千子〕村正
村松喜兵衛　むらまつきへえ
　秀直
村松三太夫　むらまつさんだゆう
　高直
村松文三　むらまつぶんぞう
　〔青井〕幹三郎
　文三
村山伝兵衛(1代)　むらやまでん
　べえ
　阿部屋〈屋号〉
　伝兵衛(1代)
村山東安　むらやまとうあん
　東安
　東庵

等安〈名〉
アントニオ〈霊名〉
村山平右衛門(3代)　むらやまへ
　いえもん
　〔市村〕羽左衛門(座元2代)
　〔小桜〕千之助(2代)
　平右衛門(3代)
村山又三郎　むらやままたさぶ
　ろう
　〔市村〕羽左衛門(座元1代)
　又三郎
村山又兵衛　むらやままたべえ
　平右衛門(1代)
　又兵衛
村山松根　むらやままつね
　松根
　〔木村〕仲之丞
室町院　むろまちいん
　暉子内親王
　室町院

【め】

明義門院　めいぎもんいん
　諦子内親王
明月　めいげつ
　明逸
明峰素哲　めいほうそてつ
　素哲〈諱〉
　明峰〈字〉
目子媛　めのこひめ
　色部
　目子媛
面山瑞方　めんざんずいほう
　瑞方
面堂安久楽(2世)　めんどうあ
　ぐら
　〔岩上亭〕安久楽
　安久楽(2世)

【も】

毛国鼎　もうこくてい
　護佐丸
　国鼎
毛利勝永　もうりかつなが
　吉政
毛利勝信　もうりかつのぶ
　吉成
毛利重就　もうりしげなり
　匡敬
毛利季光　もうりすえみつ
　〔大江〕季光
毛利高誠　もうりたかのぶ
　高聴
毛利高政　もうりたかまさ
　〔森〕勘八
　高政
毛利輝元　もうりてるもと
　安芸宰相・中納言
　輝元

宗瑞
毛利秀包　もうりひでかね
　久留米侍従
　秀包
　〔小早川〕秀包
毛利秀頼　もうりひでより
　伊奈侍従
　河内侍従
　〔京極〕高知
　秀頼
毛利扶揺　もうりふよう
　壺邱
毛利匡邦　もうりまさくに
　政美
毛利元平　もうりもとひら
　匡広
毛利元康　もうりもとやす
　〔末次〕元康
毛利元義　もうりもとよし
　〔梅廼門〕真門
最上義光　もがみよしあき
　義光
　出羽侍従
木庵性瑫　もくあんしょうとう
　慧明国師
　性瑫
木食応其　もくじきおうご
　応其
　興山上人
木食五行　もくじきごぎょう
　五行
　行道
　木食上人
木食養阿　もくじきようあ
　木食上人
　養阿
茂彦善叢　もげんぜんそう
　善叢
望月玉泉　もちづきぎょくせん
　玉泉
　玉渓〈別号〉
　主一〈字〉
　重岑〈名〉
　駿三〈通称〉
　直一〈字〉
望月玉蟾　もちづきぎょくせん
　玉蟾
　藤兵衛
望月五郎左衛門　もちづきごろざえもん
　五郎左衛門
　〔恒隆〕五郎左衛門
望月宋屋　もちづきそうおく
　机墨庵〈号〉
　宋屋
　百葉泉〈号〉
　富鈴〈号〉
望月太左衛門(1代)　もちづきたざえもん
　〔柏崎〕吾四郎
　太左衛門(1代)

望月太左衛門(3代)　もちづきたざえもん
　太左衛門(3代)
　〔柏崎〕林之助
望月武然　もちづきぶぜん
　〔吉田〕啓斎
　雪下庵〈号〉
　武然
　方壺山人〈号〉
望月木節　もちづきぼくせつ
　稽翁〈号〉
　木節
以仁王　もちひとおう
　高倉宮
物外可什　もつがいかじゅう
　可什
物外不遷　もつがいふせん
　拳骨和尚
　不遷
　〔武田〕物外
没倫紹等　もつりんじょうとう
　墨斎
茂木知世　もてぎともよ
　沙弥賢安〈通称〉
　知世
　知政〈初名〉
　弥三郎〈通称〉
本居大平　もとおりおおひら
　大平
　〔稲垣〕大平
本居宣長　もとおりのりなが
　宣長
　鈴廼屋
本居春庭　もとおりはるにわ
　後鈴屋
　春庭
本木庄左衛門　もときしょうざえもん
　正栄
本木仁太夫　もときにだゆう
　仁太夫
　良永
本山安政　もとやまやすまさ
　安政
　〔加藤〕清兵衛
　〔桑原〕平八郎
物部宇麻乃　もののべのうまの
　〔石上〕宇麻呂
物部雄君　もののべのおきみ
　雄君
　〔朴井〕雄君
物部道足　もののべのみちたり
　道足
　〔信太〕道足
百井塘雨　ももいとうう
　塘雨
百川治兵衛　ももかわじへえ
　正次
茂蘭　もらん
　日従
森宇左衛門　もりうざえもん

　精斎
森鷗村　もりおうそん
　鷗村
　士与〈字〉
　定吉〈通称〉
　定助〈通称〉
　保定〈名〉
森川袁丁　もりかわえんてい
　袁丁
森川許六　もりかわきょろく
　羽官〈字〉
　菊阿仏〈別号〉
　許六
　金平〈幼名〉
　五助〈通称〉
　琢々庵〈別号〉
　如石斎〈別号〉
　巴東楼〈別号〉
　百仲〈名〉
　兵助〈幼名〉
　無々居士〈別号〉
　六々〈別号〉
　碌々庵〈別号〉
森川安範　もりかわやすのり
　〔上月〕安範
森儼塾　もりげんじゅく
　尚謙
森五六郎　もりごろくろう
　直長
森繁子　もりしげきこ
　繁子
森狙仙　もりそせん
　狙仙
森田岡太郎　もりたおかたろう
　桂園
森田勘弥(3代・名義2代)　もりたかんや
　勘弥(3代・名義2代)
　〔坂東〕又九郎(2代)
森田勘弥(4代・名義3代)　もりたかんや
　勘弥(4代・名義3代)
　〔坂東〕又九郎(3代)
森田勘弥(7代・名義6代)　もりたかんや
　勘弥(7代・名義6代)
　〔沢村〕小伝次(2代)
森田柿園　もりたしえん
　柿園
　平次〈名〉
森忠政　もりただまさ
　金山侍従
　川中島侍従
　忠政
森田太郎兵衛　もりたたろべえ
　勘弥(1代)
　太郎兵衛
　〔宇奈木〕太郎兵衛
森知乗　もりちじょう
　知乗尼
森長定　もりながさだ

長定
蘭丸
護良親王　もりながしんのう
　護良親王
　尊雲法親王
　尊雲親王
　大塔宮
森通寧　もりみちやす
　勤作
守村抱儀　もりむらほうぎ
　鷗嶼〈号〉
　希曽〈字〉
　次郎兵衛〈通称〉
　小青軒〈号〉
　不知斎〈号〉
　抱義
　抱儀
　〔守邨〕抱儀
　約〈名〉
森本蟻道　もりもとぎどう
　蟻道
　〔丸屋〕五郎兵衛〈通称〉
　柳隠観〈別号〉
森本伝兵衛　もりもとでんべえ
　伝兵衛
　〔森下〕伝兵衛
森山繁之介　もりやましげのすけ
　政徳
森山弥七郎　もりやまやしちろう
　内蔵之助
守屋杢右衛門　もりやもくえもん
　杢右衛門
　〔守谷〕杢右衛門
森立之　もりりっし
　枳園〈号〉
　立之
諸岳奕堂　もろがくえきどう
　奕堂
　〔栴崖〕奕堂
　無似子〈号〉
両角虎定　もろずみとらさだ
　〔諸角〕昌清
文覚　もんがく
　〔遠藤〕盛遠
　文覚
文徳天皇　もんとくてんのう
　田邑天皇
　道康親王
　文徳天皇
文如　もんにょ
　光曜
文雄　もんのう
　無相
文武天皇　もんむてんのう
　軽皇子
　天之真宗豊祖父天皇

【や】

八板若狭　やいたわかさ
　若狭

〔八坂〕若狭
八重崎検校　やえざきけんぎょう
　検校
　もと一〈都名〉
宅子娘　やかこのいらつめ
　伊賀宅子娘
　宅子
　宅子娘
宅媛　やかひめ
　宅媛
　〔物部〕宅媛
八木芹舎　やぎきんしゃ
　芹舎
　〔花の本〕芹舎
　泮水園〈号〉
柳生厳包　やぎうとしかね
　厳包
　〔浦〕連也
　連也斎
柳生兵庫助　やぎゅうひょうごのすけ
　伊予長慶
　忠次郎〈幼名〉
　如雲斎〈号〉
　兵介
　兵庫助
　兵庫助利厳
　茂左衛門
　利厳
柳生三厳　やぎゅうみつよし
　三厳
　十兵衛
柳生宗矩　やぎゅうむねのり
　宗矩
　但馬守
柳生宗冬　やぎゅうむねふゆ
　飛騨守
柳生宗厳　やぎゅうむねよし
　宗厳
　石舟斎
施薬院全宗　やくいんぜんそう
　全宗
　〔丹波〕全宗
　〔徳雲軒〕全宗
　薬院
約翁徳倹　やくおうとくけん
　徳倹
　仏灯大光国師
薬師寺公義　やくしじきんよし
　元可
薬師寺貴能　やくしじたかよし
　次郎左衛門
益信　やくしん
　益信
　本覚大師
八坂検校　やさかけんぎょう
　検校
　城玄
矢島蟻洞　やじまぎどう
　蟻洞
八島増行　やじまますゆき

久右衛門
矢島満安　やじまみつやす
　〔大江〕満安
八代利征　やしろとしゆき
　〔吉田〕主馬
　利征
屋代秀正　やしろひでまさ
　勝永
屋代弘賢　やしろひろかた
　輪池
安井金竜　やすいきんりゅう
　儀
安井算哲　やすいさんてつ
　算哲
　春海
　〔渋川〕春海
安井算哲　やすいさんてつ
　算哲
　〔渋川〕算哲
安井道頓　やすいどうとん
　市右衛門
安川落梧　やすかわらくご
　〔万屋〕助右衛門〈通称〉
　落梧
安田吉右衛門　やすだきちえもん
　吉郎次
安田国継　やすだくにつぐ
　〔天野〕源右衛門
　国継
　作兵衛
保田信六郎　やすだしんろくろう
　正経
安田石牙　やすだせきが
　永〈名〉
　石牙
　多善〈通称〉
　寧夫〈字〉
安田雷洲　やすだらいしゅう
　雷州
　雷洲
安富常通　やすとみじょうつう
　常通
　〔天満屋〕常通
安原貞室　やすはらていしつ
　一嚢軒〈別号〉
　〔鑓屋〕彦左衛門〈通称〉
　正章〈名〉
　貞室
　腐俳子〈別号〉
矢集虫麻呂　やずめのむしまろ
　虫麻呂
　〔箭集〕虫麻呂
夜須行宗　やすゆきむね
　行家
夜雪庵金羅　やせつあんきんら
　〔伊藤〕栄治郎〈本名〉
　金羅
　三卍屋〈号〉
　珍斎其成〈号〉
八十村路通　やそむらろつう
　路通

矢頭右衛門七　やとうえもしち
　教兼
柳川一蝶斎(3世)　やながわいっちょうさい
　一蝶斎(3世)
　〔青木〕治三郎〈木名〉
梁川紅蘭　やながわこうらん
　〔張〕景婉
　紅蘭
柳川春三　やながわしゅんさん
　春三
　〔柳河〕春三
梁川星巌　やながわせいがん
　〔梁〕詩禅
柳川滄洲　やながわそうしゅう
　〔向井〕滄洲
柳川直時　やながわなおとき
　〔杉浦〕直時
柳川直光　やながわなおみつ
　宗固
柳沢淇園　やなぎさわきえん
　淇園
　里恭
　〔柳〕里恭
　柳里恭〈別名〉
柳沢経隆　やなぎさわつねたか
　〔松平〕経隆
柳沢米翁　やなぎさわべいおう
　信鴻
　兵部〈通称〉
　米翁
柳沢保光　やなぎさわやすみつ
　尭山
簗田広正　やなだひろまさ
　〔別喜〕右近大夫
　広正
　〔梁田〕広正
藪内紹庵　やぶのうちじょうあん
　紹庵
藪内紹春　やぶのうちじょうしゅん
　紹春
藪内紹拙　やぶのうちじょうせつ
　紹拙
藪内紹節　やぶのうちじょうせつ
　紹節
藪内紹智(藪内流1世)　やぶのうちじょうち
　剣仲
　紹智(藪内流1世)
　紹智(1世)
藪内紹智(藪内流2世)　やぶのうちじょうち
　紹智(藪内流2世)
藪内紹智(藪内流3世)　やぶのうちじょうち
　紹智(藪内流3世)
藪内紹智(藪内流4世)　やぶのうちじょうち
　紹智(藪内流4世)

藪内紹智(藪内流5世)　やぶのうちじょうち
　紹智(藪内流5世)
　〔藪内〕竹心
藪内紹智(藪内流6世)　やぶのうちじょうち
　紹智(藪内流6世)
藪内紹智(藪内流7世)　やぶのうちじょうち
　紹智(藪内流7世)
藪内紹貞　やぶのうちじょうてい
　紹貞
藪内宗也　やぶのうちそうや
　宗也
矢部定政　やべさだまさ
　定政
　〔本郷〕定政
山入与義　やまいりともよし
　上総介
　常元
　与義
　〔佐竹〕与義
山内豊明　やまうちとよあきら
　直久
山内豊定　やまうちとよさだ
　豊定
山内豊誉　やまうちとよたか
　兵庫
山浦国清　やまうらくにきよ
　国清
　〔村上〕国清
山浦玄蕃　やまうらげんば
　〔磯〕九兵衛
　〔猪熊〕光則
山岡景友　やまおかかげとも
　宮内卿法印
　景友
　道阿弥
　道阿弥
山岡元隣　やまおかげんりん
　元隣〈俗称〉
　而慍斎〈号〉
　徳甫〈字〉
　抱甕斎〈号〉
　洛陽散人〈号〉
山岡俊明　やまおかしゅんめい
　俊明〈名〉
　梅橘散人〈号〉
山岡静山　やまおかせいざん
　正視
山岡宗無　やまおかそうむ
　〔住吉屋〕宗無
山岡次隆　やまおかつぎたか
　源左衛門
山岡鉄太郎　やまおかてつたろう
　鉄太郎
　鉄舟〈通称〉
　*小野〈旧姓〉
山岡浚明　やまおかまつあけ
　明阿弥
山県茶雷　やまがたさらい

　茶雷
山県守雌斎　やまがたしゅしさい
　頼賢
山片蟠桃　やまがたばんとう
　〔升屋〕小右衛門
山県昌景　やまがたまさかげ
　〔飯富〕昌景
山県良斎　やまがたりょうさい
　長伯
山川下物　やまかわかぶつ
　下物
山川星府　やまかわせいふ
　星府
山川正宣　やまかわまさのぶ
　蓴園
山岸秋良　やまぎししゅうりょう
　秋良
山岸半残　やまぎしはんざん
　重左衛門〈通称〉
　棟常〈字〉
　半残
山岸陽和　やまぎしようわ
　重左衛門〈通称〉
　宥軒〈名〉
　陽和〈号〉
山吉　やまきち
　〔山坂〕吉兵衛
　山吉
山口郁賀　やまぐちいくが
　郁賀
山口凹巷　やまぐちおうこう
　凹巷
　〔山本〕凹庵
山口菅山　やまぐちかんざん
　重明
山口黒露　やまぐちこくろ
　庵々〈号〉
　雁山〈初号〉
　芹草斎〈号〉
　黒露
　守常〈名〉
　須磨屋〈号〉
　稲中庵〈号〉
　堂々〈号〉
　うつの山坊〈号〉
山口志道　やまぐちしどう
　志道
　〔杉庵〕志道
山口慎斎　やまぐちしんさい
　弘顕
山口瑞馬　やまぐちずいば
　瑞馬
　〔生々〕瑞馬
山口素堂　やまぐちそどう
　官兵衛
　勘兵衛〈通称〉
　公商〈号〉
　今日庵〈号〉
　山素堂
　子晋〈字〉
　信章〈名〉

信章斎〈号〉
素堂
来雪〈号〉
蓮池翁〈号〉
山口辰之介　やまぐちたつのすけ
　辰之介
　辰之助
山口貫道　やまぐちつらみち
　貫道
　〔大神〕貫道
　竜雷神人〈号〉
山口正弘　やまぐちまさひろ
　宗永
山口羅人　やまぐちらじん
　御射山翁〈号〉
　蛭牙斎〈号〉
　〔柊屋〕甚四郎〈通称〉
　羅人
　老桂窩〈号〉
山国兵部　やまぐにひょうぶ
　喜八郎
山崎源太左衛門　やまざきげんたざえもん
　郷義
山崎子列　やまざきしれつ
　忠央
山崎宗鑑　やまざきそうかん
　宗鑑
山崎董烈　やまざきとうれつ
　董烈
山崎長吉　やまざきながよし
　祖桂
　長吉
山崎春樹　やまさきはるき
　三綱〈名〉
　春樹
　春樹道人〈号〉
　如鼎〈字〉
　〔焼継屋〕弥平〈通称〉
　宝山居〈号〉
山崎北華　やまさきほくか
　伊三郎〈幼名〉
　碓蓮坊〈号〉
　桓〈字〉
　三左衛門
　自堕落先生〈号〉
　七富道人〈号〉
　拾楽斎〈号〉
　十無居士〈号〉
　俊明
　臍人〈号〉
　不量軒〈号〉
　平の相如〈号〉
　北華
　無思庵〈号〉
山下金作(1代)　やましたきんさく
　金作(1代)
　又四郎(2代)
山下才平　やましたさいへい
　才平

昇山〈号〉
山下宗十郎　やましたそうじゅうろう
　才三郎
山下又太郎(1代)　やましたまたたろう
　京右衛門(2代)
　又太郎(1代)
山下万作　やましたまんさく
　万菊(2代)
山下八百蔵(1代)　やましたやおぞう
　八百蔵(1代)
　八尾蔵〈別名〉
山科李蹊　やましなりけい
　宗安
山路正国　やまじまさくに
　将監
山背王　やましろおう
　〔藤原〕弟貞
山城屋和助　やましろやわすけ
　〔野村〕三千三
　和助
山瀬春政　やませはるまさ
　〔梶取屋〕治右衛門
山田雲窓　やまだうんそう
　雲窓
　恒久〈名〉
山田宮常　やまだきゅうじょう
　雲嶂
山田清安　やまだきよやす
　作楽園〈号〉
　秋園〈号〉
　清安
山田錦所　やまだきんしょ
　阿波介〈通称〉
　以文〈名〉
　伊豆〈号〉
　錦所〈号〉
　梨陰〈号〉
山田吟石　やまだぎんせき
　吟石
山田検校　やまだけんぎょう
　検校
　勝善〈諱〉
　斗養一〈名〉
　幽樵〈号〉
山田弁道　やまださだみち
　葵園〈号〉
　吟泉〈号〉
　弁道〈名〉
山田袖香　やまだしゅうこう
　袖香
　淳子〈本名〉
山田新川　やまだしんせん
　新川
　太刀山人〈号〉
山田宗円　やまだそうえん
　〔生駒〕宗円
山田宗偏　やまだそうへん
　宗偏

山田長隠　やまだちょういん
　長隠
山田道安　やまだどうあん
　太郎左衛門尉順清〈名〉
　道安
山田案山子　やまだのかかし
　〔好華堂〕野亭
山田白居　やまだはくきょ
　瓢形庵〈号〉
　庄兵衛〈通称〉
　丈芝坊〈号〉
　正兵衛〈通称〉
　冬至庵〈号〉
　白居
山田文衛門(16代)　やまだぶんえもん
　清富〈名〉
　文衛門(16代)
山田麟嶼　やまだりんしょ
　麟嶼
　〔菅原〕麟嶼
山田廬山　やまだろざん
　廬山
大和路仲太夫　やまとじなかだゆう
　仲太夫
　〔宮古路〕仲太夫
日本武尊　やまとたけるのみこと
　小碓皇子
　小碓尊
　日本武尊
東漢掬　やまとのあやのつか
　都加使主
　東漢掬
倭漢比羅夫　やまとのあやのひらぶ
　〔荒田井〕比羅夫
倭大后　やまとのおおきさき
　倭大后
　倭姫皇后
和乙継　やまとのおとつぐ
　〔高野〕弟継
大和長岡　やまとのながおか
　小東人
大和山甚左衛門(1代)　やまとやまじんざえもん
　甚左衛門(1代)
　〔小桜〕林之助
山中鹿之助　やまなかしかのすけ
　幸盛
　鹿之助
山中新左衛門　やまなかしんざえもん
　新左衛門
　〔山口〕新左衛門
山中信天翁　やまなかしんてんおう
　献〈名〉
　七左衛門〈通称〉
　信天翁
山名宗全　やまなそうぜん

山本春正(6代)　やまもとしゅんしょう
　春正(6代)
　正之
山本春正(7代)　やまもとしゅんしょう
　春正(7代)
　正徳
山本春正(8代)　やまもとしゅんしょう
　春正(8代)
　正周
山本春正(9代)　やまもとしゅんしょう
　春正(9代)
　正章
山本四郎　やまもとしろう
　四郎
　〔神田〕直助
山本退庵　やまもとたいあん
　〔堅田〕退庵
山本忠亮　やまもとただすけ
　正胤
山本道勺　やまもとどうしゃく
　助五郎
山本成行　やまもとなりゆき
　成行
　頼重〈名〉
山本西武　やまもとにしたけ
　〔綿屋〕九郎右衛門〈通称〉
　西武〈名〉
　風外軒〈号〉
　風外軒〈号〉
　無外軒〈号〉
山本日下　やまもとにっか
　鶯
山本彦五郎　やまもとひこごろう
　歌石〈作者名〉
　彦五郎
山本飛騨掾　やまもとひだのじょう
　飛騨掾
　〔石井〕飛騨掾
　弥三郎
山本広足　やまもとひろたり
　箇斎
山本文之進　やまもとぶんのしん
　時憲
　文之進
山本宗久　やまもとむねひさ
　無辺
山本孟遠　やまもともうえん
　横斜庵〈号〉
　四十九軒〈号〉
　七七軒〈号〉
　須弥仏〈号〉
　夢明坊〈号〉
　孟遠
山本良臣　やまもとよしたみ
　箇斎
　〔館〕良臣

持豊
宗全
山名教清　やまなのりきよ
　教清
　浄勝〈法名〉
山井昆侖　やまのいこんろん
　昆侖
　崑崙
　鼎
山井青霞　やまのいせいか
　〔大神〕景貫
　青霞
山井清渓　やまのいせいけい
　幹六〈通称〉
　重章〈名〉
　清渓
　善輔〈通称〉
山上宗二　やまのうえそうじ
　宗二
　瓢庵〈号〉
山内一豊妻　やまのうちかずとよのつま
　一豊妻
　見性院
山之内貞奇　やまのうちさだよし
　貞奇
　〔山内〕貞奇
山内豊信　やまのうちとよしげ
　豊信
　容堂
山内久重　やまのうちひさしげ
　太郎兵衛
山内道恒　やまのうちみちつね
　甚兵衛
山内道慶　やまのうちみちよし
　甚之丞
山内致信　やまのうちむねのぶ
　小藤太
山内六三郎　やまのうちろくさぶろう
　提雲〈後名〉
　六三郎
山彦河良(1代)　やまびこかりょう
　河良(1代)
山彦河良(2代)　やまびこかりょう
　河良(2代)
山彦河良(3代)　やまびこかりょう
　河良(3代)
山彦河良(4代)　やまびこかりょう
　河良(4代)
山彦河良(5代)　やまびこかりょう
　河良(5代)
山部赤人　やまべのあかひと
　赤人
山村歌左衛門　やまむらかざえもん
　嘉左衛門〈別名〉
　歌左衛門
山村月巣　やまむらげっそう
　月巣
　春安〈通称〉

雪屋人〈号〉
仏足庵盤古〈号〉
未来坊〈号〉
山村才助　やまむらさいすけ
　才助
　昌永
山村蘇門　やまむらそもん
　良由
山村舞扇斎　やまむらぶせんさい
　吾斗〈別名〉
　舞扇斎
　舞扇斎吾斗〈別名〉
　友五郎(1代)〈別名〉
山本明清　やまもとあききよ
　東渓
山本迂斎　やまもとうさい
　迂斎
　国香園〈別号〉
　竹園〈別号〉
山本角太夫　やまもとかくだゆう
　角太夫
　土佐掾
山本荷分　やまもとかけい
　加慶〈別号〉
　荷分
　周知〈名〉
　太一
　太市〈名〉
　武右衛門〈通称〉
山本勘助　やまもとかんすけ
　勘助
　晴幸
山本九右衛門　やまもとくえもん
　〔正本屋〕九右衛門
山本九兵衛　やまもとくへえ
　〔正本屋〕九兵衛
山本経定　やまもとけいてい
　経定
山本重澄　やまもとしげずみ
　神右衛門
山本重成　やまもとしげなり
　重成
　正成〈名〉
山本春正(2代)　やまもとしゅんしょう
　景正
　〔春正〕次郎兵衛
　春正(2代)
山本春正(3代)　やまもとしゅんしょう
　春正(3代)
　政幸
山本春正(4代)　やまもとしゅんしょう
　春正(4代)
　春継
山本春正(5代)　やまもとしゅんしょう
　春正(5代)
　正令

山本義信　やまもとよしのぶ
　　重春
山本利兵衛(1代)　やまもとり
　へえ
　　武継〈名〉
　　利兵衛(1代)
山本利兵衛(2代)　やまもとり
　へえ
　　周三〈名〉
　　利兵衛(2代)
山本利兵衛(3代)　やまもとり
　へえ
　　光春〈名〉
　　利兵衛(3代)
山本利兵衛(4代)　やまもとり
　へえ
　　武光〈名〉
　　利兵衛(4代)
山脇玄心　やまわきげんしん
　　玄心
　　道作〈別称〉
山脇東暉　やまわきとうき
　　〔紀〕広成
　　東暉
野明　やめい
　　作太夫包元(宗正)〈別称〉
　　鳳侃〈号〉
　　野明
弥生庵(1代)　やよいあん
　　雛丸
　　弥生庵(1代)
弥生庵(3代)　やよいあん
　　雛群
　　弥生庵(3代)
弥生庵(4代)　やよいあん
　　雛興
　　弥生庵(4代)
山家清兵衛　やんべせいべえ
　　公頼〈実名〉
　　清兵衛

【ゆ】

湯浅宗藤　ゆあさむねふじ
　　〔阿瀬川〕宗藤
結城左衛門尉　ゆうきさえもんの
　じょう
　　左衛門尉
　　アンタン〈洗礼名〉
結城忠正　ゆうきただまさ
　　忠正
　　アンリケ〈受洗霊名〉
結城秀伴　ゆうきひでとも
　　快堂〈号〉
　　秀伴
結城秀康　ゆうきひでやす
　　三河少将
　　秀康
　　〔羽柴〕秀康
　　〔松平〕秀康
　　〔徳川〕秀康

　　〔豊臣〕秀康
遊義門院　ゆうぎもんいん
　　遊義門院
　　姈子内親王
結城弥平治　ゆうきやへいじ
　　弥平治
　　ジョルジ〈霊名〉
結城義親　ゆうきよしちか
　　義親
　　〔白河〕義親
融源　ゆうげん
　　五号〈号〉
　　融源
有厳　ゆうごん
　　〔長忍〕有厳
友次　ゆうじ
　　一水〈号〉
　　一醒〈号〉
　　無能子〈号〉
　　友次
　　〔吉田〕友次
　　六左衛門〈通称〉
祐昌　ゆうしょう
　　班鳩〈号〉
　　祐昌
祐常　ゆうじょう
　　月渚〈別号〉
　　祐常
祐長宗弥　ゆうちょうそうみ
　　宗弥
祐天　ゆうてん
　　顕誉
　　明蓮社顕誉〈号〉
　　祐天
祐天仙之助　ゆうてんせんのすけ
　　〔山本〕仙之助
夕陽庵弘永　ゆうひあんこうえい
　　道寸
油煙斎貞柳　ゆえんさいてい
　りゅう
　　貞柳
　　〔永田〕貞柳
　　〔鯛屋〕貞柳
幸島桂花　ゆきしまけいか
　　桂花
　　桂花園(2世)〈号〉
　　紫曙堂〈号〉
　　曙山〈号〉
　　〔大阪屋〕庄一郎〈通称〉
　　庄助〈名〉
　　綾丸〈名〉
雪廼門(1代)　ゆきのと
　　清明
　　雪廼門(1代)
弓削浄人　ゆげのきよと
　　浄人
　　清人
弓削道鏡　ゆげのどうきょう
　　道鏡
弓月君　ゆずきのきみ
　　弓月君

融通王
柚木太玄　ゆのきたいげん
　　綿山
由美原泉　ゆみげんせん
　　〔稲留〕希賢
弓の屋(1代)　ゆみのや
　　楽水居
　　弓の屋(1代)
　　春兄
由良了祐　ゆらりょうゆう
　　時々庵〈号〉
　　茂松〈号〉
　　了祐
　　碌々庵〈号〉
百合　ゆり
　　〔祇園〕百合
由利公正　ゆりきみまさ
　　雲軒〈号〉
　　公正
　　好々庵〈号〉
　　銑牛〈号〉
　　方外〈号〉
由利滴水　ゆりてきすい
　　〔滴水〕宜牧
　　滴水
由利八郎　ゆりはちろう
　　維平

【よ】

養阿　ようあ
　　〔木食〕養阿
用健周乾　ようけんしゅうけん
　　周乾
陽春亭慶賀　ようしゅんていけ
　いが
　　慶賀
　　揚春亭
陽成天皇　ようぜいてんのう
　　陽成天皇
　　陽成院
養叟宗頤　ようそうそうい
　　宗頤
陽徳院　ようとくいん
　　愛姫
養徳院　ようとくいん
　　〔池田〕恒興母
　　養徳院
陽徳門院　ようとくもんいん
　　媖子内親王
　　陽徳門院
養甫軒パウロ　ようほけんぱうろ
　　浄法軒
　　パウロ
　　〔養方軒〕パウロ
用明天皇　ようめいてんのう
　　橘豊日尊
陽明門院　ようめいもんいん
　　禎子内親王
　　陽明門院
陽禄門院　ようろくもんいん

〔藤原〕秀子
　陽禄門院
余慶　よけい
　智弁
　余慶
横井一蛙　よこいいちあ
　一蛙
横井也有　よこいやゆう
　永言斎〈別号〉
　市郎平
　紫隠里〈号〉
　辰之丞〈幼名〉
　孫右衛門〈通称〉
　暮水〈別号〉
　也有
横尾文輔　よこおふみすけ
　紫洋
横川玄悦　よこかわげんえつ
　玄悦
　心庵〈号〉
横川良助　よこかわりょうすけ
　直胤
横沢将監　よこざわしょうげん
　将監
　〔向井〕将監
　アロンゾ・ハシャルド〈別称〉
横田艶士　よこたえんし
　艶士
横田笙﨟　よこたしょうとう
　九十九湾漁史〈号〉
　笙﨟
　楙園〈号〉
横谷藍水　よこたにらんすい
　玄圃〈通称〉
　文卿〈字〉
　友信〈名〉
　藍水
横田康景　よこたやすかげ
　十郎兵衛
横道兵庫助　よこみちひょうごのすけ
　政光
横山雲安　よこやまうんあん
　雲安
　石痴道人〈別号〉
横山華山　よこやまかざん
　華山
横山徳馨　よこやまとくけい
　亮之助
横山政孝　よこやままさたか
　敬堂
横山丸三　よこやままるみつ
　丸三
吉井雲鈴　よしいうんれい
　雲鈴
　摩詰庵〈号〉
吉井友実　よしいともざね
　幸輔
　〔山科〕兵部
　友実
吉井信発　よしいのぶおき

〔松平〕信和
　信発
〔松平〕信発
吉井義之　よしいよしゆき
　義之
　〔三宅〕弥右衛門
吉岡庄助　よしおかしょうすけ
　庄助
　〔吉田〕庄助
吉岡信之　よしおかのぶゆき
　橲園〈号〉
　信之
　水善〈号〉
吉雄俊蔵　よしおしゅんぞう
　常三
　南皐
吉川介山　よしかわかいざん
　越雲〈別号〉
　介山
　青州〈別号〉
　有海〈別号〉
　与衛〈別号〉
吉川多門　よしかわたもん
　〔多門〕庄左衛門(2代)〈後名〉
　多門
吉川楽平　よしかわよしひら
　楽平
　柿園〈号〉
嘉言親王　よしことしんのう
　嘉言親王
　純仁法親王
　雄仁入道親王
芳沢あやめ(1代)　よしざわあやめ
　権七〈別名〉
　あやめ(1代)
芳沢あやめ(2代)　よしざわあやめ
　崎之助(1代)
　あやめ(2代)
芳沢あやめ(3代)　よしざわあやめ
　崎之助(2代)
　あやめ(3代)
芳沢あやめ(4代)　よしざわあやめ
　崎之助(3代)
芳沢いろは(1代)　よしざわいろは
　あやめ(4代)
　いろは(1代)
芳沢金毛　よしざわきんもう
　金毛
慶滋保胤　よししげのやすたね
　寂心
　保胤
吉住小三郎(2代)　よしずみこさぶろう
　〔芳村〕伊十郎(3代)
　小三郎(2代)
吉田意庵　よしだいあん

　意安
　意庵
　宗桂〈名〉
吉田為閑　よしだいかん
　為閑
　五郎左衛門〈通称〉
吉田一調　よしだいっちょう
　一調
　清風軒〈号〉
吉田追風(1代)　よしだおいかぜ
　家永〈名〉
　家長〈名〉
　善左衛門〈通称〉
　追風(1代)
吉田兼方　よしだかねかた
　懐賢
　兼方
　〔卜部〕兼方
吉田兼倶　よしだかねとも
　兼倶
　〔卜部〕兼倶
吉田兼煕　よしだかねひろ
　兼煕
　〔卜部〕兼煕
吉田兼敬　よしだかねゆき
　兼連
吉田清基　よしだきよもと
　清右衛門
吉武助左衛門　よしたけすけざえもん
　〔山口〕嘉兵衛〈通称〉
　助左衛門
吉田兼好　よしだけんこう
　兼好
　〔卜部〕兼好
　兼好法師
吉田賢輔　よしだけんすけ
　賢輔
　彦信〈名〉
　竹里〈号〉
吉田玄二坊　よしだげんにぼう
　玄二坊
吉田広均　よしだこうきん
　公均〈別号〉
　広均
吉田定房　よしださだふさ
　定房
　〔藤原〕定房
吉田実重　よしださねしげ
　実重
　重長
吉田三郎兵衛(1代)　よしださぶろべえ
　〔竹本〕三郎兵衛(1代)
吉田鹿助　よしだしかすけ
　五朗
　鹿助
吉田芝渓　よしだしけい
　友直
吉田重氏　よしだしげうじ
　印西
吉田茂氏　よしだしげうじ

重氏
大蔵
茂氏
吉田重賢　よしだしげかた
　重長
　重賢
　上野介重賢
吉田重勝　よしだしげかつ
　雪荷
吉田重蔵　よしだじゅうぞう
　〔田中〕重吉
　重蔵
吉田松陰母　よしだしょういんのはは
　松陰母
　滝子〈名〉
　〔杉〕滝子
吉田宗活　よしだそうかつ
　機安〈号〉
　機庵〈号〉
　宗活
吉田宗恂　よしだそうじゅん
　宗恂
　〔角倉〕宗恂
吉田辰五郎(2代)　よしだたつごろう
　辰五郎(2代)
　辰造(1代)
吉田為幸　よしだためゆき
　為幸
　万作〈通称〉
吉田忠左衛門　よしだちゅうざえもん
　兼亮
吉田経房　よしだつねふさ
　経房
　〔藤原〕経房
吉田天山　よしだてんざん
　〔菊地〕源蔵〈本姓名〉
　天山
　〔岡崎〕兵部〈別称〉
吉田東洋　よしだとうよう
　正秋〈名〉
　東洋
吉田徳春　よしだとくしゅん
　仁庵〈号〉
　徳春
吉田長叔　よしだながよし
　駒谷〈号〉
　長叔
　長淑
　蘭馨堂〈号〉
吉田令世　よしだのりよ
　活堂〈号〉
　平太郎〈通称〉
　平坦〈字〉
　令世
吉田秀長　よしだひでなが
　〔佐々木〕文次郎
吉田文吾(3代)　よしだぶんご
　三郎兵衛(3代)〈別名〉

文吾(3代)
吉田文三郎(1代)　よしだぶんざぶろう
　冠子
　文三郎(1代)
吉田文三郎(2代)　よしだぶんざぶろう
　三郎兵衛(2代)
　文三郎(2代)
　文吾(1代)
吉田正準　よしだまさとし
　正準
　楠蔵〈通称〉
吉田又市　よしだまたいち
　〔桟原〕吉蔵
吉田蘭秀軒　よしだらんしゅうけん
　横船
　古渡堂横船〈号〉
　蘭秀軒〈号〉
良親　よしちか
　能近
　良親
熙永親王　よしながしんのう
　永助入道親王
　熙永親王
吉成又右衛門　よしなりまたえもん
　慎亭
吉野義巻　よしのよしまる
　義巻
　千本の屋〈号〉
　梅月〈号〉
　平十郎〈通称〉
良岑宗貞　よしみねのむねさだ
　宗貞
　僧正遍昭
　僧正遍照
　遍昭
　遍照
良岑安世　よしみねのやすよ
　安世
　〔良峯〕安世
善統親王　よしむねしんのう
　四辻宮
令宗道成　よしむねのみちなり
　〔惟宗〕道成
芳村伊三郎(3代)　よしむらいさぶろう
　伊十郎(2代)
　伊三郎(3代)
　〔坂田〕仙四郎(2代)
芳村伊三郎(5代)　よしむらいさぶろう
　伊十郎(4代)
　伊三郎(5代)
　芳一〈別名〉
芳村伊三郎(1代)　よしむらいじゅうろう
　伊十郎(1代)
　伊三郎(2代)

芳村孝次郎(1代)　よしむらこうじろう
　〔奥山〕孝次郎〈本名〉
　孝次郎(1代)
芳村孝次郎(3代)　よしむらこうじろう
　孝次郎(3代)
　善四郎〈本名〉
芳村孝次郎(4代)　よしむらこうじろう
　〔大薩摩〕一宝斉〈別名〉
　孝一(3代)〈別名〉
　孝次郎(4代)
吉村周山　よしむらしゅうざん
　探仙
吉村蘭陵　よしむららんりょう
　孝敬
吉村柳亭　よしむらりゅうてい
　信之助
吉村了斎　よしむらりょうさい
　孝文
吉本虫雄　よしもとむしお
　外市〈通称〉
　虫夫
　虫雄
　東原〈号〉
吉分大魯　よしわけだいろ
　為虎〈名〉
　〔今田〕為虎
　君威〈字〉
　月下庵〈号〉
　三遷号〈号〉
　大魯
　〔今田〕大魯
　馬南〈号〉
　文左衛門〈通称〉
　芦陰舎〈号〉
依田伴蔵　よだばんぞう
　直恒
依田康勝　よだやすかつ
　康勝
　〔松平〕康勝
　〔加藤〕宗月
依田康国　よだやすくに
　康国
　〔芦田〕康国
　〔松平〕康国
四辻宮　よつつじのみや
　四辻宮
　善統親王
　善統親王四辻宮
四辻善成　よつつじよしなり
　善成
　〔源〕善成
四谷庵月良　よつやあんつきよし
　月良
　〔津江〕月良
淀殿　よどどの
　茶々〈名〉
　茶茶
　淀君

淀殿
二丸殿
弥弥
　野々〈名〉
与那原良応　よなばるりょうおう
　〔馬〕異才
米川常伯　よねかわじょうはく
　常伯
　東庵〈号〉
米山鼎峨　よねやまていが
　鼎峨
　文渓堂〈別号〉
余明軍　よみょうぐん
　〔金〕明軍

【ら】

礼阿　らいあ
　然空
　礼阿
頼源　らいげん
　讃岐律師
　頼源
頼山陽　らいさんよう
　久太郎〈通称〉
　三十六峰外史〈別号〉
　山陽
　子成〈字〉
　襄〈名〉
　徳太郎〈通称〉
頼静子　らいしずこ
　静子
　楳颸〈号〉
頼助　らいじょ
　円城寺〈称〉
　佐々目僧正〈別称〉
　頼守〈本名〉
　頼助
　亮法印〈別称〉
来年亭鬼笑　らいねんていきしょう
　鬼笑
　〔深井〕伝二郎〈通称〉
楽吉左衛門(4代)　らくきちざえもん
　一入〈名〉
　吉左衛門(4代)
楽吉左衛門(5代)　らくきちざえもん
　吉左衛門(5代)
　宗入〈号〉
楽吉左衛門(9代)　らくきちざえもん
　吉左衛門(9代)
　了入〈号〉
楽吉左衛門(10代)　らくきちざえもん
　吉左衛門(10代)
　旦入〈号〉
楽吉左衛門(11代)　らくきちざえもん
　吉左衛門(11代)
　慶入(楽家11代)〈号〉
楽左入　らくさにゅう
　左入
　〔田中〕左入
楽常慶　らくじょうけい
　常慶
　〔田中〕常慶
楽長入　らくちょうにゅう
　長入
　〔田中〕長入
楽亭西馬　らくていさいば
　西馬
　〔福亭〕禄馬
楽道入　らくどうにゅう
　道入
　〔田中〕道入
　のんこう
　のんこう
楽道楽　らくどうらく
　忠右衛門
　道楽
　〔田中〕道楽
楽得入　らくとくにゅう
　〔田中〕得入
楽のんかう　らくのんこう
　道入〈別号〉
　のんかう
　のんこう
　ノンコウ〈俗称〉
蘭花亭香保留　らんかていかおる
　香保留
　〔三浦〕与志子〈通称〉
蘭渓若芝　らんけいじゃくし
　若芝
　〔河村〕若芝
　*河村〈俗姓〉
蘭渓道隆　らんけいどうりゅう
　大覚禅師
　道隆
蘭奢亭薫　らんじゃていかおる
　〔橘家〕保留
蘭奢亭香保留　らんじゃていかおる
　香保留
　〔橘〕香保留
嵐窓　らんそう
　乙莵斎〈号〉
　空斎〈号〉
　直徳〈通称〉
　嵐窓
　老婆居士〈号〉
　六花苑三世〈号〉
蘭台　らんだい
　郁々堂〈号〉
　杉谷主人〈号〉
　託静軒〈号〉
　超継〈名〉
　蘭台
藍田素瑛　らんでんそえい
　素瑛

【り】

利覚　りかく
　本誉
六如　りくにょ
　慈周
理秀女王　りしゅうじょおう
　〔逸巌〕理秀
理昌女王　りしょうじょおう
　〔久巌〕理昌
理忠女王　りちゅうじょおう
　〔義山〕理忠
笠亭仙果(1代)　りっていせんか
　〔浅草庵〕仙果
　仙果(1代)
笠亭仙果(2代)　りっていせんか
　〔篠田〕久次郎〈通称〉
　〔笠々亭〕仙果
　仙果(2代)
李東　りとう
　源五郎〈通称〉
　李東
　〔近藤〕李東
隆海　りゅうかい
　澄海
竜渓性潜　りゅうけいしょうせん
　性潜
　如常老人〈号〉
立綱　りゅうこう
　大寂庵〈号〉
　立綱
柳斎重春　りゅうさいしげはる
　〔山口〕重春
竜山徳見　りゅうざんとっけん
　徳見
竜湫周沢　りゅうしゅうしゅうたく
　周沢
　咄哉〈号〉
　妙沢
柳条亭(1代)　りゅうじょうてい
　小道
　柳条亭(1代)
柳条亭(2代)　りゅうじょうてい
　満丸
　柳条亭(2代)
柳水亭種清　りゅうすいていたねきよ
　種清
　〔桜沢〕堂山〈通称〉
竜石　りゅうせき
　慈円〈名〉
　無窮庵〈号〉
　竜石
竜造寺家兼　りゅうぞうじいえかね
　〔水ケ江〕家兼
竜造寺右馬大夫信門　りゅうぞうじうめのたびゅうのぶかど
　右馬大夫信門
　大輔信門

竜造寺高房　りゅうぞうじたかふさ
　高房
　〔羽柴〕藤八郎
竜造寺政家　りゅうぞうじまさいえ
　佐賀侍従
　政家
　民部大輔政家
柳亭燕枝(1代)　りゅうていえんし
　〔談洲楼〕燕枝
　燕枝(1代)
　団柳楼〈別称〉
　談州楼〈別称〉
　〔長島〕伝次郎〈本名〉
　〔春風亭〕伝枝〈別称〉
柳亭種彦(1世)　りゅうていたねひこ
　愛省軒〈別号〉
　修紫楼〈別号〉
　彦四郎〈通称〉
　〔高屋〕種彦
　足薪翁〈別号〉
　知久〈名〉
柳亭種彦(2世)　りゅうていたねひこ
　〔髙橋〕広道
　種彦(2世)
　〔浅草庵〕仙果
　〔笠亭〕仙果(1代)
柳亭種彦(3世)　りゅうていたねひこ
　種彦(3代)
　〔髙畑〕直吉〈諱〉
滝亭鯉丈　りゅうていりじょう
　鯉丈
劉東閣　りゅうとうかく
　〔彭城〕宣義
　東閣
　〔彭城〕東閣
竜煕近　りゅうひろちか
　〔竜野〕煕近
　〔竜野〕尚舎
隆明　りゅうみょう
　隆命
　隆明
隆誉　りゅうよ
　光岡
　珠阿弥光岡〈別称〉
　隆誉
柳々亭辰斎　りゅうりゅうきょしんさい
　辰斎
了庵慧明　りょうあんえみょう
　慧明
了庵桂悟　りょうあんけいご
　桂悟
　〔了菴〕桂悟
　仏日禅師
良因　りょういん

雲甫
了慧　りょうえ
　道光
　了慧
良恵　りょうえ
　舜空
　良恵
良雄　りょうおう
　如蝶
蓼海　りょうかい
　慧雲
良寛　りょうかん
　大愚
　良寛
了源　りょうげん
　空性
良源　りょうげん
　角大師
　元三大師
　慈恵大師
　慈慧大師
　良源
了実　りょうじつ
　成阿
良純法親王　りょうじゅんほうしんのう
　以心庵
　直輔親王
　良純法親王
良正院　りょうしょういん
　督姫
良尚法親王　りょうしょうほうしんのう
　勝行入道親王
良詮　りょうぜん
　良全
　良詮
良如　りょうにょ
　光円
良忍　りょうにん
　聖応大師
　良忍
了然元総尼　りょうねんげんそうに
　元総尼
良敏　りょうびん
　金渓道人
良品　りょうぼん
　覚(角)左衛門〈通称〉
　良品
了誉聖冏　りょうよしょうげい
　三日月上人
　聖冏
　〔西蓮社〕了誉
琳阿弥　りんあみ
　玉林〈通称〉
　琳阿弥
林光院梵圭　りんこういんぼんけい
　梵圭〈通称〉
　〔大川〕梵圭

霊山道隠　りんざんどういん
　道隠
林叟徳瓊　りんそうとっけい
　徳瓊

【る】

留守希斎　るすきさい
　友信

【れ】

霊空　れいくう
　光謙
　霊空
蛎山　れいざん
　椿杖斎〈号〉
　帆道〈号〉
　蛎山
冷泉為相　れいぜいためすけ
　為相
　〔藤原〕為相
冷泉為守　れいぜいためもり
　〔藤原〕為守
　暁月房
冷泉雅二郎　れいぜいまさじろう
　雅二郎
　〔天野〕御民
　清稚〈名〉
　本清〈号〉
礼成門院　れいせいもんいん
　〔藤原〕禧子
　後京極院
　礼成門院
礼成門院　れいせいもんいん
　孝子内親王
　礼成門院
麗々亭柳橘(1世)　れいれいていりゅうきょう
　柳橘(1世)
礫川亭栄里　れきせんていえいり
　栄里
　〔鳰鳩斎〕栄里
　〔鳥橘斎〕栄里
蓮秀　れんしゅう
　経照
蓮照　れんしょう
　蓮昭
　蓮照
蓮禅　れんぜん
　〔藤原〕資基〈俗名〉
　筑前入道〈号〉
　蓮禅
蓮如　れんにょ
　慧灯大師
　兼寿
　信証院
　蓮如

【ろ】

浪化　ろうか

応々山人〈号〉
応真院常照〈法号〉
休々山人〈号〉
司晨楼主人〈号〉
自遣堂〈号〉
常照
正丸〈童名〉
晴研〈諱〉
晴寛〈諱〉
浪化
弄松閣只丸　ろうしょうかくしがん
　只丸
六郷新三郎(2代)　ろくごうしんざぶろう
　〔猿若〕山左衛門(4代)
　新三郎(2代)
六郷政乗　ろくごうまさのり
　政乗
　〔二階堂〕長五郎
六条有房　ろくじょうありふさ
　〔千種〕有房
六条知家　ろくじょうともいえ
　知家
　〔藤原〕知家
路健　ろけん
　〔能美屋〕宗右衛門〈通称〉
　清花堂〈号〉
　路健
呂蛤　ろこう
　山鳥房〈号〉
　若夢〈号〉
　大菊庵〈号〉
　夜半亭(4世)
　呂蛤
露秀　ろしゅう
　希声破人〈号〉
　謙斎〈号〉
　不狐園〈号〉
　文右衛門本秀〈通称〉
　露秀
鷺十　ろじゅう
　恵乗〈名〉
　路時雨
　鷺十
六角定詮　ろっかくさだのり
　〔佐々木〕定詮
六角定頼　ろっかくさだより
　定頼
　〔佐々木〕定頼
六角寂済　ろっかくじゃくさい
　〔藤原〕光益
　寂済
六角高頼　ろっかくたかより
　高頼
　〔佐々木〕高頼
六角義治　ろっかくよしはる
　義弼
路堂　ろどう
　雲機〈号〉
　鷺立閣〈号〉

義達〈名〉
要蔵〈通称〉
路堂
芦本　ろぼん
　相雄〈字〉
　東向斎〈号〉
　藤兵衛〈通称〉
　蓽門亭〈号〉
　芦本

【わ】

倭王興　わおうこう
　興
倭王讚　わおうさん
　讚
倭王済　わおうせい
　済
倭王珍　わおうちん
　珍
　弥
倭王武　わおうぶ
　武
若江薫子　わかえにおこ
　薫子
　秋蘭〈号〉
若杉直綱　わかすぎなおつな
　弘之進
若竹東九郎　わかたけとうくろう
　笛躬(1代)
　東九郎
　東工郎
若竹笛躬(2代)　わかたけふえみ
　伊助〈本名〉
　〔塩屋〕治兵衛〈通称〉
　松隣
　笛躬(2代)
稚足姫皇女　わかたらしのひめみこ
　栲幡娘姫皇女
　稚足姫皇女
若野毛二俣王　わかぬけふたまたのおう
　若野毛二俣王
　稚野毛二派皇子
若林強斎　わかばやしきょうさい
　強斎〈号〉
　自牧〈号〉
　進居〈名〉
　新七〈通称〉
若林友輔　わかばやしともすけ
　鴻〈名〉
　鵠之〈字〉
　済美〈字〉
　三郎左衛門〈通称〉
　修理〈通称〉
　靖亭〈号〉
　友輔〈名〉
　柳村〈号〉
若松竹軒　わかまつちくけん

甘吉〈通称〉
節〈名〉
竹軒
和歌村藤四郎　わかむらとうしろう
　藤四郎
　〔芳村〕藤四郎〈別名〉
脇愚山　わきぐざん
　儀一郎
　愚山
　蘭室
脇坂安董　わきざかやすただ
　〔汐止亭〕丸丸
　淡路守
脇坂安照　わきざかやすてる
　淡路守
脇坂安治　わきざかやすはる
　甚内
脇田槐莟　わきたかいあん
　槐莟
　信親〈名〉
脇屋義助　わきやよしすけ
　〔新田〕義助
脇屋義則　わきやよしのり
　〔新田〕義隆
涌井藤四郎　わくいとうしろう
　荘五郎
和気遠舟　わけえんしゅう
　遠舟
和気亀亭　わけきてい
　亀亭
　〔亀屋〕平吉〈通称〉
和気明親　わけのあきちか
　明親
　〔半井〕明親
和気清麻呂　わけのきよまろ
　〔藤別〕真人
　清麻呂
　〔藤原〕清麻呂
　*磐梨別公〈旧姓〉
和気貞臣　わけのさだおみ
　貞臣
　和仁〈字〉
和気定加　わけのさだます
　光英〈名〉
　定加
　雄誉〈号〉
和気広虫　わけのひろむし
　広虫
　〔藤野〕広虫
　法均尼
分部光嘉　わけべみつよし
　光嘉
　政寿
鷲津毅堂　わしずきどう
　毅堂〈号〉
　九蔵〈通称〉
　重光〈字〉
　宣光
　蘇洲〈号〉
鷲尾隆良　わしのおたかなが

風月堂〈号〉
　隆良
和田以悦　わだいえつ
　宗翁
和田希因　わだきいん
　希因
　幾因〈初号〉
　幾因〈初号〉
　〔綿屋〕彦右衛門〈通称〉
　申石子〈初号〉
　暮柳舎〈号〉
和田後川　わだごせん
　後川
　市郎右衛門〈通称〉
　暮柳舎(2世)〈号〉
和田小伝次　わだこでんじ
　小伝次
　唯之〈名〉
和田惟政　わだこれまさ
　惟政
　維政
和田佐市　わださいち
　佐市
　信勝〈名〉
和田静観窩　わだせいかんか
　宗允
和田東郭　わだとうかく
　泰純
和田東潮　わだとうちょう
　一甫
　東潮
渡辺重光丸　わたなべいかりまろ
　鶯栖園隠士〈別号〉
　重石丸
　鉄十字〈別号〉
　押風庵主人〈別号〉
渡辺雲照　わたなべうんしょう
　雲照
　〔釈〕雲照
　竹二〈幼名〉
渡辺崋山　わたなべかざん
　華山〈号〉
　崋山〈号〉
　観海居士〈別号〉
　昨非居士〈別号〉
　子安〈字〉
　随安居士〈別号〉
　定静〈名〉
　登〈通称〉
　伯登〈字〉
渡辺一　わたなべかず
　治右衛門
渡辺勝　わたなべかつ
　〔速水〕庄兵衛
　勝
渡辺勘兵衛　わたなべかんべえ
　了
渡辺清　わたなべきよし
　周渓〈号〉
　清
渡辺内蔵助　わたなべくらのすけ

紅
渡辺玄対　わたなべげんたい
　玄対
　〔内田〕玄対
渡辺吾仲　わたなべごちゅう
　吾仲
　道秋〈号〉
　馬才人〈号〉
　百一宇〈号〉
　百阿〈号〉
　百阿仏〈号〉
　予章台
　柳後園〈号〉
渡辺定好　わたなべさだよし
　永吉〈通称〉
　定好
渡辺秀実　わたなべしゅうじつ
　鶴洲〈別号〉
　秀実
渡辺小崋　わたなべしょうか
　舜治〈別称〉
　小崋
渡辺沢山　わたなべたくざん
　権兵衛〈通称〉
　沢山〈号〉
　知度〈名〉
渡辺道可　わたなべどうか
　確斎
渡辺兵次　わたなべへいじ
　謙堂〈号〉
　兵次
渡辺方壺　わたなべほうこ
　伯高〈字〉
　方壺
　〔佐々木〕方壺
　方壺山人〈号〉
　礼〈名〉
　礼司〈通称〉
　*佐々木〈本姓〉
渡辺真楫　わたなべまかじ
　鵑舟〈号〉
　真楫
渡辺蒙庵　わたなべもうあん
　操〈名〉
　蒙庵〈号〉
　友節〈字〉
渡辺守綱　わたなべもりつな
　半蔵
渡辺弥一兵衛　わたなべやいちべえ
　寧軒
渡辺柳斎　わたなべりゅうさい
　半八
綿引東海　わたびきとうかい
　泰〈名〉
　泰助〈通称〉
　天行〈字〉
　東海〈号〉
和田正忠　わだまさただ
　五郎〈通称〉
　正忠

和田正尹　わだまさただ
　子温〈字〉
　正尹〈名〉
　弥兵衛〈通称〉
　眉斎
度会家行　わたらいいえゆき
　家行
　〔渡会〕家行
　行家
度会鶴渓　わたらいかくけい
　季茂
度会常彰　わたらいつねあきら
　常彰
　〔久志本〕常彰
　*度会神主〈本姓〉
度会常昌　わたらいつねよし
　常昌
　〔桧垣〕常昌
　*度会神主〈本姓〉
度会延経　わたらいのぶつね
　〔出口〕延経
度会延佳　わたらいのぶよし
　延佳
　〔出口〕延佳
度会久守　わたらいひさもり
　〔荒木田〕久守〈本名〉
　五十槻園〈号〉
度会益弘　わたらいますひろ
　益弘
　〔黒瀬〕益弘
度会行忠　わたらいゆきただ
　〔西河原〕行忠
渡瀬繁詮　わたらせしげあき
　〔矢場〕能登守
　繁詮
　〔横瀬〕繁詮
和田蘭石　わだらんせき
　正定〈名〉
　忠五郎〈通称〉
　蘭石〈号〉
亘理乙二　わたりおつに
　乙二
　〔岩間〕乙二
　松窓〈別号〉
　清雄〈通称〉
　〔岩間〕清雄〈俗称〉
渡忠秋　わたりただあき
　忠秋
　〔亘〕忠秋
　*鳥居〈本姓〉
王仁　わに
　王仁
　和邇吉師
和邇部用光　わにべのもちみつ
　〔市允〕茂光

新訂増補 号・別名辞典 古代・中世・近世	

2003年 5月26日 第1刷発行

発 行 者／大高利夫
編集・発行／日外アソシエーツ株式会社
　　　　　〒143-8550 東京都大田区大森北1-23-8 第3下川ビル
　　　　　電話(03)3763-5241(代表)　FAX(03)3764-0845
　　　　　URL　http://www.nichigai.co.jp/
発 売 元／株式会社紀伊國屋書店
　　　　　〒163-8636 東京都新宿区新宿3-17-7
　　　　　電話(03)3354-0131(代表)
　　　　　ホールセール部(営業)　電話(03)5469-5918

電算漢字処理／日外アソシエーツ株式会社
印刷・製本／株式会社平河工業社

不許複製・禁無断転載　　　　　《中性紙三菱クリームエレガ使用》
(落丁・乱丁本はお取り替えいたします)
ISBN4-8169-1777-2　　　　　Printed in Japan, 2003

本書はディジタルデータでご利用いただくことが
できます。詳細はお問い合わせください。

よみかた辞典シリーズ

日本人の苗字84,000種とそれらの読み方130,000種
苗字8万よみかた辞典 A5・1,330頁 定価(本体7,400円+税) 1998.3刊

日本人の名前106,000種とそれらの読み方137,000種
名前10万よみかた辞典 A5・1,040頁 定価(本体7,800円+税) 2002.12刊

全国の地名117,300件と駅名8,500件
全国地名駅名よみかた辞典 A5・1,380頁 定価(本体7,400円+税) 2000.9刊

歌舞伎および音曲15,000件の外題の読み方がわかる
歌舞伎・浄瑠璃外題よみかた辞典
野島寿三郎編 A5・490頁 定価(本体9,417円+税) 1990.6刊

20,700語収録、季節を読む
季語季題よみかた辞典 A5・830頁 定価(本体19,223円+税) 1994.7刊

タイトルの読み方が難しい7,600点を収録、初出年も併記
近代文学難読作品名辞典 A5・310頁 定価(本体7,000円+税) 1998.11刊

読めそうで読めない日本史用語26,000語
歴史民俗用語よみかた辞典 A5・750頁 定価(本体15,000円+税) 1998.12刊

幕末以前の日本人名68,000件の読み方がわかる
日本史人名よみかた辞典 A5・1,270頁 定価(本体9,800円+税) 1999.1刊

各部9,000件収録、実在の人物例で読み方を確認
増補改訂 人名よみかた辞典
　　　■姓の部 A5・510頁 定価(本体4,515円+税) 1994.10刊
　　　■名の部 A5・570頁 定価(本体4,835円+税) 1994.12刊

外国人の姓や名のアルファベット表記(9万件)からカタカナ表記(14万件)を確認
アルファベットから引く 外国人名よみ方字典
A5・590頁 定価(本体3,600円+税) 2003.2刊

外国人の姓や名のカタカナ表記(11万件)からアルファベット表記(14万件)を確認
カタカナから引く 外国人名綴り方字典
A5・600頁 定価(本体3,600円+税) 2002.7刊

●お問い合わせ・資料請求は… データベースカンパニー **日外アソシエーツ** 〒143-8550 東京都大田区大森北1-23-8 TEL.(03)3763-5241 FAX.(03)3764-0845

点訳・朗読ボランティアのための辞書SHOP http://www.nichigai.co.jp/yomikata 点辞館